AF889367

उत्तर प्रदेश बुन्देलखण्ड विश्वविधालय झाँसी द्वारा आयोजित

बी.एड.

संयुक्त प्रवेश परीक्षा 2025

कला वर्ग

उत्तर प्रदेश बुन्देलखण्ड विश्वविधालय झाँसी द्वारा आयोजित

बी.एड.

संयुक्त प्रवेश परीक्षा 2025

कला वर्ग

लेखकगण

प्रदीप श्रीवास्तव, राजीव पाण्डेय

सुशील सिंह, डॉ. प्रताप सिंह

arihant

SUCCESS AND NOTHING LESS

arihant
SUCCESS AND NOTHING LESS

अरिहन्त पब्लिकेशन्स (इण्डिया) लिमिटेड

卐 रजि. कार्यालय

'रामछाया' 4577/15, अग्रवाल रोड, दरिया गंज, नई दिल्ली- 110002
फोन: 011-47630600, 43518550

卐 मुख्य कार्यालय

कालिन्दी, टी.पी. नगर, मेरठ (यूपी)– 250002
फोन: 0121-7156203, 7156204

卐 शाखा कार्यालय

आगरा, अहमदाबाद, बरेली, बेंगलुरु, चेन्नई, दिल्ली, गुवाहाटी, हैदराबाद, जयपुर, झाँसी, कोलकाता, लखनऊ, नागपुर तथा पुणे

卐 मूल्य ₹ 575.00

PO No : TXT-XX-XXXXXXX-X-XX

PUBLISHED BY ARIHANT PUBLICATIONS (INDIA) LTD.

'अरिहन्त' की पुस्तकों के बारे में अधिक जानकारी के लिए हमारी वेबसाइट **www.arihantbooks.com** पर लॉग इन करें या **info@arihantbooks.com** पर सम्पर्क करें।

49. पूर्णतया कार्बनिक (ऑर्गेनिक) बनने वाला प्रथम भारतीय राज्य कौन-सा है?
(a) मेघालय (b) सिक्किम
(c) मणिपुर (d) असम

50. दस ठाठ या स्वरग्राम, संगीत की किस प्रणाली से सम्बन्धित है?
(a) हिन्दुस्तानी संगीत (b) लोक संगीत
(c) चीनी संगीत (d) पाश्चात्य संगीत

खण्ड ब : सामान्य हिन्दी

निर्देश (प्र. सं. 51-53) *निम्नलिखित शब्दों में विलोम शब्द चुनिए।*

51. ओजस्वी
(a) कायर (b) निस्तेज
(c) भीरु (d) आलसी

52. लघु
(a) बड़ा (b) भारी
(c) गुरु (d) वजन

53. ऐश्वर्य
(a) अनेश्वर्य (b) वैभव
(c) विलासिता (d) दरिद्रता

निर्देश (प्र. सं. 54-55) *निम्न वाक्यों में से सही वाक्य चुनिए।*

54. (a) फल बच्चे को काटकर खिलाओ
(b) बच्चे को काटकर फल खिलाओ
(c) बच्चे को फल काटकर खिलाओ
(d) काटकर फल बच्चे को खिलाओ

55. (a) बैल और बकरी घास चरती हैं
(b) बैल और बकरी घास चरते हैं
(c) बैल और बकरी घास चरता है
(d) बैल और बकरी घास चरती है

निर्देश (प्र. सं. 56-77) *निम्नलिखित प्रश्नों में दिए गए वाक्य के लिए एक शब्द चुनें।*

56. जानने की इच्छा रखने वाला
(a) उत्साही (b) जिज्ञासु (c) तत्पर (d) जिज्ञासा

57. दूसरों की बात सहन करने वाला
(a) कृपालु (b) सहिष्णु (c) उदार (d) तटस्थ

58. जिसके पास कुछ भी न हो
(a) गरीब (b) अकिंचन (c) दरिद्र (d) विनीत

59. संस्कृति का विशेषण क्या है?
(a) संस्कृत (b) सांस्कृति
(c) संस्कृतिक (d) सांस्कृतिक

60. 'आनन्द' का पर्यायवाची है
(a) सहकार (b) स्पृहा (c) प्रमाद (d) प्रमोद

61. 'चपला' का समानार्थी है
(a) ज्वाला (b) कंजूस (c) भामिनी (d) दामिनी

62. 'चौमासा' में समास है
(a) द्वन्द्व (b) कर्मधारय (c) द्विगु (d) तत्पुरुष

63. 'देशान्तर' में कौन-सा समास है?
(a) बहुव्रीहि (b) द्विगु (c) द्वन्द्व (d) कर्मधारय

64. पीताम्बर में समास है
(a) तत्पुरुष (b) अव्ययीभाव (c) बहुव्रीहि (d) द्विगु

65. 'राजपुत्र' कौन-सा समास है?
(a) बहुवीहि (b) तत्पुरुष
(c) द्विगु (d) कर्मधारय

66. 'एक मुँह दो बात' मुहावरे का अर्थ है
(a) अत्यधिक बातें करना (b) बहुत कम बोलना
(c) अपनी बात से पलट जाना (d) बात बनाना

67. 'पानी पी-पीकर कोसना'
(a) स्वार्थ की बात करना (b) पानी पीकर अमंगल चाहना
(c) हँसी उड़ाना (d) हर घड़ी दूसरे का अमंगल चाहना

68. 'कागज काले करना' मुहावरे का अर्थ है
(a) कागज बदलना (b) ज्यादा लिखना
(c) व्यर्थ लिखना (d) किताब लिखना

69. तुम क्यों उसके काम में अड़चन डालते रहते हो। यहाँ 'अड़चन डालते' का अर्थ है
(a) जले पर नमक छिड़कना (b) पापड़ बेलना
(c) टाँग अड़ाना (d) मुँह की खाना

70. 'अनजान सुजान, सदा कल्यान' लोकोक्ति का भावार्थ है
(a) अनजान और सुजान के साथ सदैव लाभ मिलता है
(b) भोला-भाला ज्ञानी कल्याणकारक होता है
(c) मूर्ख और ज्ञानी दोनों मजे में रहते हैं
(d) मूर्ख स्वयं को ज्ञानी समझकर नुकसान कराता है

71. 'रीत्यनुसार' का सही सन्धि-विच्छेद है
(a) रीत्य + अनुसार (b) रीत + अनुसार
(c) रीति + अनुसार (d) रीत्य + अनुसार

72. निम्नलिखित में से कौन-सा सन्धि विच्छेद सही है?
(a) प्रा + उढ़ (b) प्र + ऊढ़
(c) प्रौ + ढ़ (d) प्र + औढ़

73. 'बहिर्मुखी' शब्द में कौन-सा उपसर्ग है?
(a) बहिस (b) बहि
(c) बहिर (d) बहिर

74. उपसर्ग युक्त शब्द है
(a) आहार-विहार (b) चढ़ावा-चढ़ाई
(c) भुलावा-छलावा (d) डूबता-बहता

75. किस शब्द में 'अन्' उपसर्ग का प्रयोग नहीं हुआ है?
(a) अनिच्छा (b) अनुचित (c) अनुपम (d) अनुगमन

76. निम्न में से 'भारोपीय परिवार' की भाषा नहीं है
(a) हिन्दी (b) कन्नड़
(c) अंग्रेजी (d) प्राचीन फारसी

77. निम्नलिखित में से कौन-सी द्रविड़ परिवार की भाषा है
(a) उड़िया (b) बांग्ला (c) असमिया (d) कन्नड़

निर्देश (प्र. सं. 78-83) *निम्नांकित प्रश्नों में शुद्ध वर्तनी विकल्प का चयन कीजिए।*

78. (a) बहीष्कार (b) बहिष्कार (c) बहीपकार (d) बहीश्कार

79. (a) निरपराध (b) निरपराधी (c) निरपराद (d) निरपरादी

80. निम्नलिखित में से कौन-सा शब्द शुद्ध है?
(a) विद्वतापूर्वक (b) भिखारिणी (c) मुन्सी (d) लब्धप्रतिष्ठित

81. विकास के लिए आर्थिक .... आवश्यक होती है।
(a) सक्षमता (b) बहुलता (c) विविधता (d) आत्मनिर्भरता

82. शास्त्र में हमें किसी विषय का ज्ञान विधिपूर्वक होता है और कला से हम उस विषय का .... सीखते हैं।
(a) प्रयोग (b) संयोग (c) उपयोग (d) ज्ञान

83. प्राचीन काल में मध्य-प्रदेश धार्मिक, सांस्कृतिक, आर्थिक और राजनैतिक क्रियाकलापों का मुख्य .... रहा है।
(a) बाजार (b) घर (c) क्षेत्र (d) केन्द्र

निर्देश (प्र. सं. 84-92) *निम्नलिखित प्रश्नों में त्रुटिपूर्ण वाक्य चुनिए।*

84. (a) तुमने अपनी (b) स्वेच्छा से
(c) यह काम किया है (d) कोई त्रुटि नहीं

85. (a) समय का (b) सदुपयोग द्वारा
(c) मनुष्य देवता (d) बन जाता है

86. निम्नलिखित में कौन-सा शब्द 'अधर' शब्द का अनेकार्थक नहीं है?
(a) आकाश (b) अनाधार (c) होंठ (d) अक्षि

87. निम्नलिखित में कौन-सा 'अमृत' शब्द का अनेकार्थक नहीं है?
(a) अमर (b) अनमोल (c) दूध (d) जल

88. श, ष, स और ह व्यंजन हैं
(a) उत्क्षिप्त (b) ऊष्म (c) स्पर्श (d) ड़, ढ़

89. त, थ, द, ध, स आदि का उच्चारण है
(a) तालव्य (b) दन्त्य (c) मूर्धन्य (d) दन्त्योष्ठ्य

90. 'वह गलत होने से .... डरती है।' वाक्य में उचित क्रिया विशेषण शब्द आएगा।
(a) बहुत (b) तेज (c) अचानक (d) धीरे-धीरे

91. 'वह <u>दिनभर</u> काम करता रहा।' रेखांकित पद किस अव्यय के भेद का उदाहरण है?
(a) तुलनाबोधक (b) स्थानबोधक
(c) कालवाचक (d) रीतिवाचक

92. पुल्लिंग-स्त्रीलिंग शब्द-युग्म की दृष्टि से कौन-सा युग्म अशुद्ध है?
(a) कर्ता-कर्त्री (b) नेता-नेत्री
(c) धाता-धात्री (d) दाता-दात्री

निर्देश (प्र. सं. 93-100) *नीचे दिए गए गद्यांश को ध्यान से पढ़िए और उसके आधार पर पूछे गए प्रश्नों के उत्तर दीजिए।*

कबीर ने समाज में रहकर समाज का बड़े समीप से निरीक्षण किया। समाज में फैले बाह्याडम्बर, भेदभाव, साम्प्रदायिकता आदि का उन्होंने पुष्ट-प्रमाण लेकर ऐसा दृढ़ विरोध किया कि किसी की हिम्मत नहीं हुई, जो उनके अकाट्य तर्कों को काट सके। कबीर का व्यक्तित्व इतना ऊँचा था कि उनके सामने टिक सकने की हिम्मत किसी में नहीं थी। इस प्रकार, उन्होंने समाज तथा धर्म की बुराइयों को निकाल-निकालकर सबके सामने रखा। ऊँचा नाम रखकर संसार को ठगने वालों के नकली चेहरों को सबको दिखाया और दीन-दलितों को ऊपर उठने का उपदेश देकर अपने व्यक्तित्व को सुधारकर सबके सामने एक महान् आदर्श प्रस्तुत कर सिद्धान्तों का निरूपण किया। कर्म, सेवा, अहिंसा तथा निर्गुण मार्ग का प्रसार किया। कर्मकाण्ड तथा मूर्तिपूजा का विरोध किया। अपनी साखियों, रमैनियों तथा शब्दों को बोलचाल की भाषा में रचकर सबके सामने एक विशाल ज्ञानमार्ग खोला। इस प्रकार, कबीर ने समन्वयवादी दृष्टिकोण अपनाया और कथनी-करनी की एकता पर बल दिया, वे महान् युगदृष्टा, समाज सुधारक तथा महान् कवि थे, उन्होंने हिन्दू-मुस्लिम के बीच समन्वय की धारा प्रवाहित कर दोनों को ही शीतलता प्रदान की।

93. कबीर के सामने कोई टिक नहीं पाता था, क्योंकि कबीर
(a) उच्च शिक्षा प्राप्त विद्वान और बहुश्रुत थे
(b) शास्त्रार्थ में अत्यन्त प्रवीण थे
(c) का व्यक्तित्व बहुत ऊँचा था
(d) का सामाजिक निरीक्षण तथ्यात्मक था

94. कबीर ने विरोध किया
(a) आचरणहीन ढोंगियों का (b) शोषकों और दलितों का
(c) साम्प्रदायिक सामंजस्य का (d) शोषितों और पीड़ितों का

95. सन्त कबीर ने प्रशस्त किया
(a) ज्ञानमार्ग को
(b) भक्तिमार्ग को
(c) वेद-मार्ग को
(d) सत्य और अहिंसा का मार्ग

96. कबीर की रचनाओं की भाषा बोलचाल की भाषा थी, क्योंकि उनके उपदेश थे
(a) असाधारण और असामान्य लोगों के लिए
(b) सम्पन्न एवं समृद्ध लोगों के लिए
(c) कवियों एवं लेखकों के लिए
(d) सर्वसाधारण के लिए

97. उपर्युक्त गद्यांश का सर्वाधिक उचित शीर्षक है
(a) निर्गुणवादी कबीर (b) महानायक कबीर
(c) समाज सुधारक कबीर (d) इनमें से कोई नहीं

98. 'मुर्दहिया' किस रचनाकार की आत्मकथा है
(a) महादेवी वर्मा (b) शरण कुमार लिबांले
(c) ओमप्रकाश वाल्मीकि (d) तुलसीराम

99. निम्नलिखित में से कौन-सी एक रचना जीवनी है
(a) आवारा मसीहा (b) पंचरत्न
(c) दस तस्वीरें (d) दहकती भट्ठी

100. 'भाग्यवती' उपन्यास है
(a) श्रद्धाराम फुल्लौरी (b) भारतेन्दु हरिश्चन्द्र
(c) राधाकृष्ण दास (d) देवदत्त

द्वितीय प्रश्न-पत्र

खण्ड अ : सामान्य बुद्धिमत्ता

निर्देश (प्र.सं. 1-3) *दिए गए विकल्पों में से विषम शब्द/अक्षर/संख्या चुनिए।*

1. (a) मौज (b) दुर्बलता
(c) विशिष्टता (d) सनक

2. (a) 532 (b) 734
(c) 853 (d) 751

3. (a) HGFE (b) DCBA
(c) PONM (d) IJKL

निर्देश (प्र.सं. 4-6) *दिए गए विकल्पों में से सम्बन्धित शब्द/अक्षरों/ संख्या को चुनिए।*

4. आँखे : आँसू :: ?
(a) भूख : रोटी (b) ज्वालामुखी : लावा
(c) हृदय : धमनी (d) समुद्र : जल

5. 32 : 28 :: 160 : ?
(a) 80 (b) 120 (c) 110 (d) 140

6. SNAKE : VQDNH :: CRADLE : ?
(a) EVFGOF (b) FUDGOH (c) EUDGOH (d) FVDGPH

7. कौन-सी उत्तर आकृति प्रश्न आकृति के प्रतिरूप को पूरा करेगी?
प्रश्न आकृति

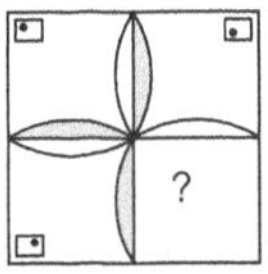

उत्तर आकृतियाँ

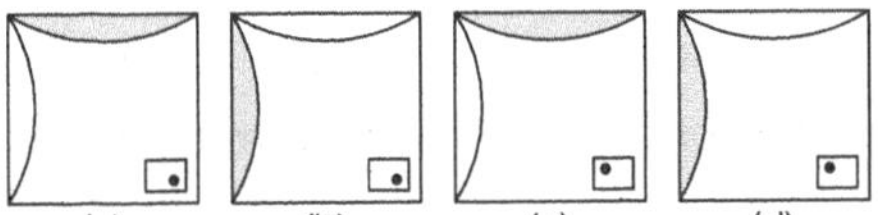

(a) (b) (c) (d)

निर्देश (प्र.सं. 8) *दिए गए विकल्पों में से लुप्त अंक ज्ञात कीजिए।*

8.

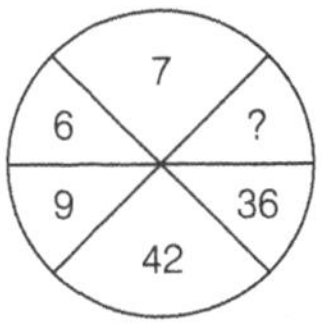

(a) 54 (b) 34 (c) 78 (d) 24

निर्देश (प्र.सं. 9) *निम्नलिखित विकल्पों में से वह शब्द चुनिए, जो दिए गए शब्द के अक्षरों का प्रयोग करके नहीं बनाया जा सकता।*

9. Calculate
(a) Cat (b) Team (c) Tea (d) Late

निर्देश (प्र.सं. 10) *नीचे दिए गए अक्षरों का कौन-सा समूह खाली स्थानों पर क्रमवार रखने से दी गई अक्षर श्रृंखला को पूरा करेगा?*

10. a_baa_baa_ba
(a) bba (b) bbb
(c) aab (d) bab

11. लुप्त संख्या ज्ञात करें।
361, ?, 169, 121, 49, 25
(a) 196 (b) 324
(c) 256 (d) 289

12. नीचे प्रश्न आकृतियों में दिखाए अनुसार कागज को मोड़कर काटने तथा खोलने के बाद वह किस उत्तर आकृति जैसा दिखाई देगा?
प्रश्न आकृतियाँ

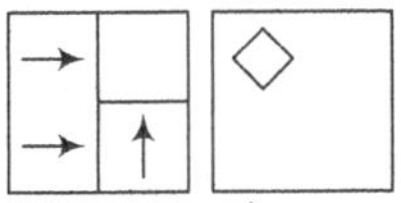

उत्तर आकृतियाँ

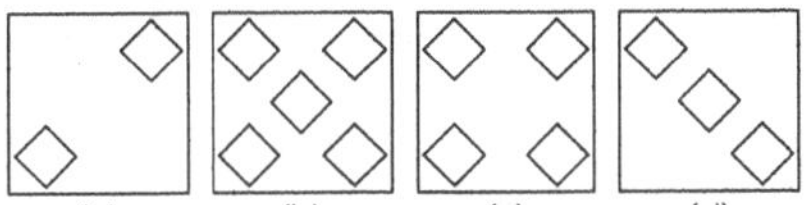

(a) (b) (c) (d)

निर्देश (प्र.सं. 13) *दिए गए कथनों के सम्बन्ध में कौन-सा निष्कर्ष सही है?*

13. कथन सभी वर्ग आयत हैं। सभी आयत बहुभुज हैं।
निष्कर्ष
(a) वर्ग, बहुभुज है
(b) वर्ग, आयत और बहुभुज है
(c) वर्ग, बहुभुज नहीं है
(d) वर्ग, आयत नहीं है

14. दी गई उत्तर आकृतियों में से उस उत्तर आकृति को चुनिए जिसमें प्रश्न आकृति निहित है?
प्रश्न आकृति

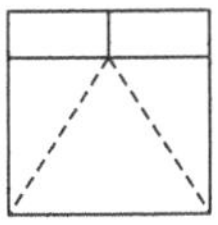

उत्तर आकृतियाँ

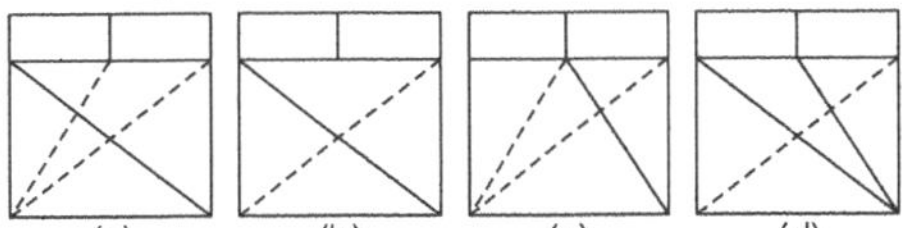

(a) (b) (c) (d)

15. यदि सीता पश्चिम की ओर 10 किमी चलती है, फिर दक्षिण की ओर मुड़कर 10 किमी चलती है, तब पूर्व की ओर मुड़कर 10 किमी चलती है और फिर उत्तर की ओर मुड़कर 10 किमी चलती है। वह प्रारम्भिक स्थल से कितनी दूर है?
(a) 40 किमी (b) 20 किमी
(c) 0 किमी (d) 10 किमी

16. वह आरेख चुनिए जो नीचे दिए गए वर्गों के बीच सम्बन्ध का सही निरूपण करता है।
सामाजिक विज्ञान, इतिहास और भूगोल

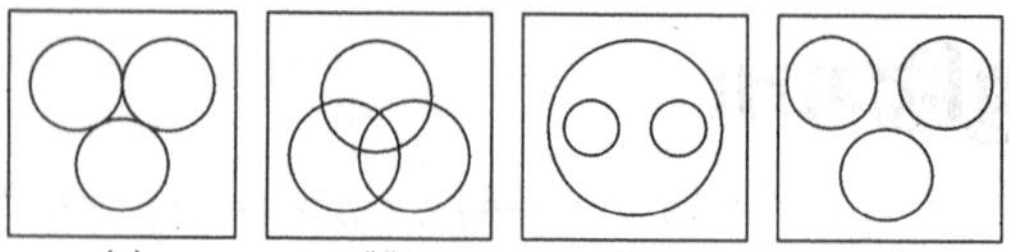

(a) (b) (c) (d)

17. यदि ARMS, 1234 के बराबर है, तो MARS किसके बराबर होगा?
(a) 1243 (b) 4321 (c) 3124 (d) 4213

18. यदि +, भाग के लिए है, ×, जमा के लिए है, –, गुणा के लिए है, ÷, घटाने के लिए है, तो निम्नलिखित में से कौन-सा सही है?
(a) 25 × 3 – 7 ÷ 8 + 32 = 45.75 (b) 25 + 3 × 7 – 8 ÷ 32 = 10.89
(c) 25 – 3 ÷ 7 × 8 + 32 = 132 (d) 25 ÷ 3 × 7 – 8 + 32 = 19.3

19. अली के पास ₹ 320 थे। उसने उसका $\frac{3}{4}$ भाग एक घड़ी खरीदने में खर्च कर दिया। शेष रुपयों में से $\frac{1}{8}$ भाग उसने एक पेन खरीदने में खर्च कर दिया। उसके पास कितनी राशि शेष बची?
(a) ₹ 120 (b) ₹ 90 (c) ₹ 70 (d) ₹ 100

निर्देश (प्र. सं. 20) *नीचे प्रश्न में दो कथन दिए गए हैं जिनके आगे दो निष्कर्ष I और II निकाले गए हैं। दिए गए कथनों को सत्य मानकर चाहे वे ज्ञात तथ्यों से भिन्न प्रतीत होते हों। आपको निर्णय करना है कि दिए गए निष्कर्ष में से कौन-सा/से निश्चित रूप से कथनों द्वारा सही निकाले जा सकते हैं, यदि कोई हों?*

20. **कथन** कुछ लिपिक गरीब हैं। A गरीब है।
निष्कर्ष I. A लिपिक है। II. A के पास बड़ा परिवार है।
कूट
(a) न तो I और न ही II निष्कर्ष निकलता है
(b) I और II दोनों निष्कर्ष निकलते हैं
(c) केवल निष्कर्ष II निकलता है
(d) केवल निष्कर्ष I निकलता है

21. लक्ष्मी मेरे घर से 10 किमी पश्चिम की ओर गई, तब बाएँ मुड़कर 20 किमी चली। फिर वह पूर्व में मुड़ी और 25 किमी चली और अन्त में बाएँ मुड़कर 20 किमी गई। वह मेरे घर से कितनी दूरी पर थी?
(a) 5 किमी (b) 15 किमी (c) 40 किमी (d) 10 किमी

22. यदि एक दर्पण को RS रेखा पर रखा जाए, तो दी गई उत्तर आकृतियों में से कौन-सी आकृति प्रश्न आकृति की सही प्रतिबिम्ब होगी?
प्रश्न आकृति

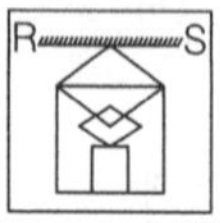

उत्तर आकृतियाँ

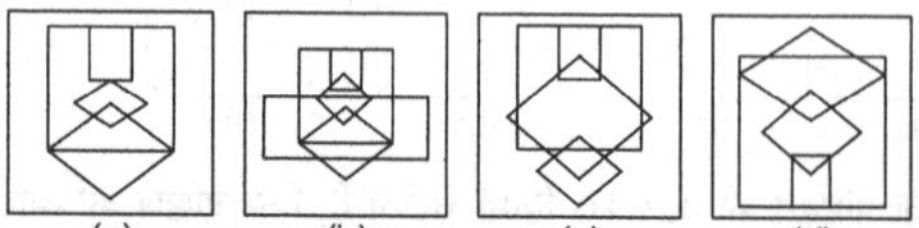

(a) (b) (c) (d)

23. निम्नलिखित शब्दों को शब्दकोष में विपरीत क्रम में व्यवस्थित कीजिए।
1. Multitude 2. Multinational 3. Multiplier
4. Multinomial 5. Multilingual
कूट
(a) 1, 3, 2, 4, 5 (b) 4, 5, 3, 2, 1 (c) 5, 4, 3, 2, 1 (d) 1, 3, 4, 2, 5

24. निम्नलिखित सांख्यिकीय अंकों में अंकगणितीय संक्रियाएँ लगाइए।
4 _ 3_4 = 48
(a) ×, × (b) +, + (c) ×, + (d) +, –

25. करन का एक भाई प्रेम और एक बहन निशा है। करन की पत्नी नाज है और पुत्री नक्षा है। नक्षा की शादी निशा के पुत्र अकबर से हुई और उसकी एक पुत्री रिया है। नक्षा और निशा के बीच क्या सम्बन्ध है?
(a) माँ एवं पुत्री (b) बहने
(c) भतीजी और बुआ (d) माँ और पौत्री

26. यदि Stress को Rtress लिखा जाए, तो Pulse को कैसे कोडित किया जाएगा?
(a) Oulse (b) Qulse (c) Rulse (d) Fulse

27. निम्न विकल्पों में से कौन-सा विकल्प नीचे दिए हुए शब्दों का आरोही क्रम में सार्थक क्रम दर्शाता है?
1. परमाणु 2. पदार्थ 3. अणु 4. इलेक्ट्रॉन
कूट
(a) 4, 1, 3, 2 (b) 3, 4, 1, 2 (c) 1, 2, 3, 4 (d) 3, 1, 4, 2

28. निम्नलिखित शब्दों को शब्दकोष में दिए गए क्रम के अनुसार लिखें।
1. Silt 2. Silicon 3. Silicate 4. Silken
कूट
(a) 1, 4, 3, 2 (b) 2, 1, 4, 3
(c) 4, 1, 3, 2 (d) 3, 2, 4, 1

29. निम्नलिखित शब्दों को शब्दकोश के अनुसार व्यवस्थित करने पर कौन-सा शब्द अंतिम स्थान पर आएगा?
1.Onion 2. Owl 3. Omnious 4. Ostrich
5. Oxford
कूट
(a) Ostrich (b) Owl
(c) Oxford (d) Onion

30. निम्नलिखित शब्दों को शब्दकोश में आने वाले क्रम के अनुसार लिखें।
1. Kite 2. Kangaroo 3. Krypton 4. Kaizen
5. Karma
कूट
(a) 42513 (b) 45213 (c) 24513 (d) 25413

31. निम्नलिखित प्रश्न में दिए गए विकल्पों में से विषम संख्या युग्म को चुनिए।
(a) 9 - 90 (b) 6 - 42 (c) 5 - 30 (d) 4 - 36

32. निम्नलिखित प्रश्न में दिए गए विकल्पों में से विषम अक्षरों को चुनिए।
(a) GJHI (b) MPNO (c) RUST (d) UVXW

33. यदि 13 L 4 A 7 = 41 तथा 14 A 3 L 12 = 54, हो, तो 12 L 3 A 9 = ?
(a) 84 (b) 39 (c) 42 (d) 56

34. किन दो चिह्नों को आपस में परस्पर बदलने पर समीकरण सही हो जाएगी?
$$16 + 31 - 3 \times 93 \div 11 = 966$$
(a) + तथा – (b) – तथा ÷ (c) ÷ तथा × (d) × तथा +

35. निम्नलिखित विकल्पों में से वह शब्द चुनिए जो दिए गए शब्द में अक्षरों का प्रयोग करके नहीं बनाया जा सकता।
TRADITIONAL
(a) LAID (b) TRADE (c) RADIATION (d) RATIONAL

36. निम्नलिखित विकल्पों में से वह शब्द चुनिए जो दिए गए शब्द के अक्षरों का प्रयोग करके नहीं बनाया जा सकता।

HANGOVER

(a) RANGE (b) RAGE (c) HOVER (d) HANGS

37. नीचे दिए गए प्रश्न में कुछ कथन और उनके बाद उन कथनों पर आधारित कुछ निष्कर्ष दिए गए हैं, हालाँकि उनमें सामान्य ज्ञात तथ्यों से भिन्नता हो सकती है। सभी निष्कर्ष पढ़ें और फिर निर्धारित करें कि दिए गए कौन से निष्कर्ष, दिए गए कथनों के आधार पर युक्तिसंगत हैं?

कथन I. सभी कान हाथ हैं। II. कोई हाथ नाक नहीं है।

निष्कर्ष I. कोई कान नाक नहीं है। II. सभी नाक कान है।

III. कुछ हाथ नाक हैं।

कूट

(a) केवल I (b) केवल II

(c) केवल III (d) कोई भी सही नहीं है

38. एक विशिष्ट कोड भाषा में, 'PHONE' को 'QJRRJ' लिखा जाता है। इस कोड भाषा में 'PAGER' को किस प्रकार लिखा जाएगा?

(a) QCJIW (b) QCJKW (c) QCKIW (d) QCKIY

39. एक विशिष्ट कोड भाषा में, 'RUN' को 50 तथा 'BUS' को '39' लिखा जाता है। इस कोड भाषा में 'GUN' को किस प्रकार लिखा जाएगा?

(a) 37 (b) 38 (c) 39 (d) 42

40. निम्नलिखित प्रश्न में दिए गए विकल्पों में से प्रश्न चिन्ह (?) के स्थान पर आने वाली संख्या को चुनिए।

3	6	4	18
2	5	8	21
3	1	7	?

(a) 20 (b) 21 (c) 22 (d) 24

41. निम्नलिखित प्रश्न में दिए गए विकल्पों में से प्रश्न चिन्ह (?) के स्थान पर आने वाली संख्या को चुनिए।

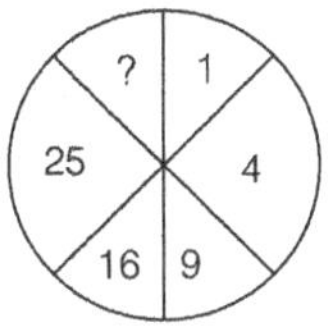

(a) 36 (b) 49 (c) 50 (d) 64

42. सुमन उत्तर की ओर 15 किमी चलती है। वह दाईं और मुड़ती है तथा 15 किमी और चलती है। वह दाईं और मुड़ती है तथा 15 किमी और चलती है। वह अपने आरम्भिक बिन्दु से किस दिशा में है?

(a) उत्तर (b) दक्षिण (c) पूर्व (d) पश्चिम

43. A, B से 2 वर्ष बड़ा है। B, C से 5 वर्ष छोटा है। C, D से 3 वर्ष बड़ा है। D, E से 6 वर्ष छोटा है। सबसे छोटा कौन है?

(a) A (b) B (c) C (d) D

44. P, Q, R, S तथा T एक पंक्ति में पश्चिम की ओर मुख करके बैठे हैं। P तथा Q एक साथ बैठें हैं। R दक्षिण छोर पर बैठा है तथा S उत्तरी छोर पर बैठा है। T, Q तथा R का पड़ोसी है। मध्य में कौन बैठा है?

(a) P (b) Q (c) R (d) S

45. P का भार Q का दोगुना है। Q का भार R का आधा है। R का भार T का 3 गुना है। T का भार S का आधा है। Q का भार P, R, S तथा T में से कितने व्यक्तियों से अधिक है?

(a) 1 (b) 2 (c) 3 (d) 4

46. कौन-सी उत्तर आकृति प्रश्न आकृति के प्रतिरूप को पूरा करेगी?

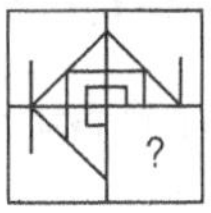

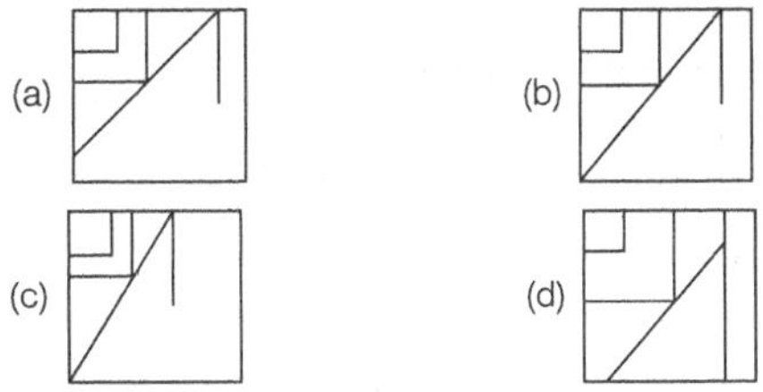

47. दी गई उत्तर आकृति में से उस उत्तर आकृति को चुनिए, जिस में प्रश्न आकृति निहित है।

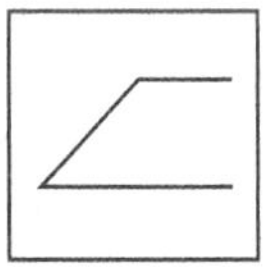

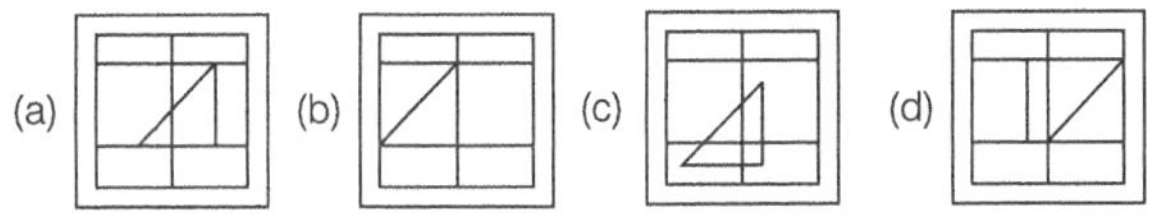

48. यदि एक दर्पण को AB रेखा पर रखा जाए, तो दी गई उत्तर आकृतियों में से कौन-सी आकृति प्रश्न आकृति का सही प्रतिबिम्ब होगी?

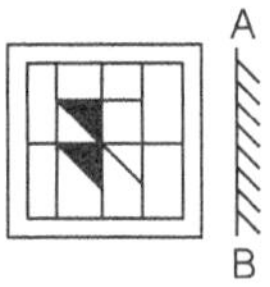

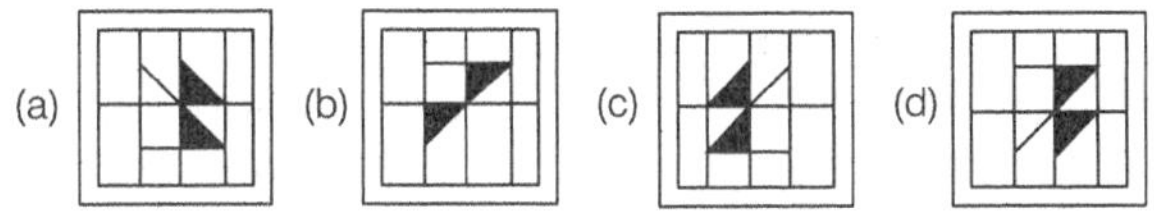

49. निम्नलिखित विकल्पों में से कौन-सी उत्तर आकृति प्रश्न में दी गई आकृति को मोड़कर बनाई जा सकती हैं?

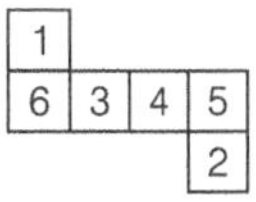

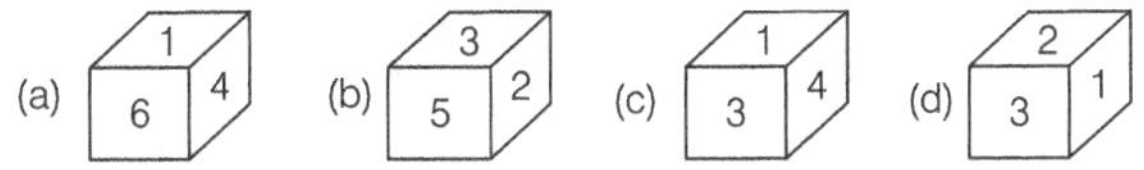

50. वह आरेख चुनिए, जो नीचे दिए गए वर्गों के बीच के सम्बन्ध का सही निरूपण करता है।

सब्जियाँ, प्याज, खाद्य पदार्थ

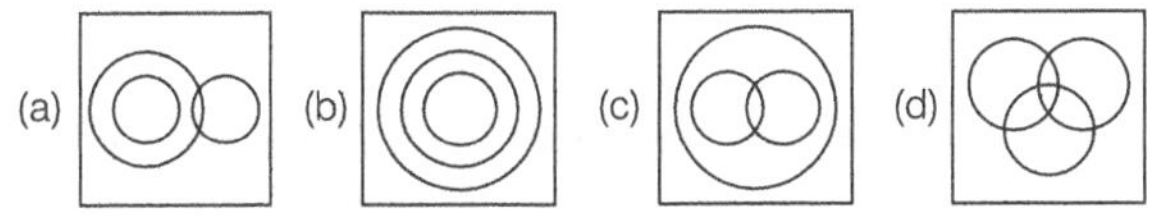

खण्ड ब : कला वर्ग

51. यू.एस.ए. में सैन फ्रांसिस्कों में 'गदर पार्टी' का संस्थापन किसने किया था?
(a) लाला हरदयाल (b) लाला लाजपत राय
(c) अजीत सिंह (d) विपिनचन्द्र पाल

52. प्राचीनतम भारतीय सभ्यता का नाम बताइए
(a) मेसोपोटामिया सभ्यता (b) मिस्री सभ्यता
(c) सिन्धु घाटी सभ्यता (d) इनमें से कोई नहीं

53. किसके शासनकाल में तुलसीदास ने रामचरितमानस लिखी?
(a) बाबर (b) अकबर (c) औरंगजेब (d) जहाँगीर

54. हस्तलिपियों के मूल संस्थापक और कौटिल्य के अर्थशास्त्र के सम्पादक कौन थे?
(a) श्रीकान्त शास्त्री (b) श्रीनिवास अयंगर
(c) आर. शामाशास्त्री (d) विलियम जोन्स

55. रविकीर्ति, जो एक जैन थे और जिन्होंने एहोल प्रशास्ति की रचना की थी, को किसका संरक्षण प्राप्त था?
(a) पुलकेशी I (b) हर्ष
(c) पुलकेशी II (d) खारवेल

56. निम्नलिखित में से क्या राष्ट्रकूटों का सर्वाधिक चिरस्थायी योगदान है?
(a) कैलाश मन्दिर
(b) कन्नड़ काव्य के तीन कवि पम्पा, पोन्ना और रान्ना तथा कैलाश मन्दिर
(c) जैनवाद का संरक्षण
(d) विजय

57. कौन-से गोलमेज सम्मेलन में महात्मा गाँधी ने हिस्सा लिया था?
(a) प्रथम गोलमेज सम्मेलन, 1930
(b) द्वितीय गोलमेज सम्मेलन, 1931
(c) तृतीय गोलमेज सम्मेलन, 1932
(d) उपरोक्त सभी

58. इलाहाबाद स्तम्भ शिलालेख किसने बनवाया था?
(a) विष्णुसेन (b) हरिषेण (c) महासेन (d) वीरसेन

59. 'सर्वोदय' की अवधारणा के संस्थापक कौन थे?
(a) महात्मा गाँधी (b) के. जी. मुशरूवाला
(c) विनोबा भावे (d) जयप्रकाश नारायण

60. प्लासी की लड़ाई किसके बीच लड़ी गई थी?
(a) सिराजुद्दौला और रॉबर्ट क्लाइव
(b) मीर कासिम और रॉबर्ट क्लाइव
(c) मीर जाफर और रॉबर्ट क्लाइव
(d) उपरोक्त में से कोई नहीं

61. असहयोग आन्दोलन को किसके कारण स्थगित किया गया था?
(a) पूना समझौता (b) चौरी-चौरा घटना
(c) जलियाँवाला बाग हत्याकाण्ड (d) गाँधी-इर्विन समझौता

62. वह प्रथम भारतीय कौन था, जो ब्रिटिश संसद का सदस्य बना?
(a) फिरोजशाह मेहता (b) दादाभाई नौरोजी
(c) सुरेन्द्र नाथ बनर्जी (d) डी. एन. वाचा

63. तालीकोटा के युद्ध के समय विजयनगर साम्राज्य में कौन-से राजवंश का राज था?
(a) संगम (b) अनिरिद
(c) तुलुवा (d) सुलुवा

64. पोलो या चौगान खेलते समय निम्नलिखित में से किस सुल्तान की मृत्यु हुई?
(a) कुतुबुद्दीन ऐबक (b) बलबन
(c) इल्तुतमिश (d) नसीरुद्दीन मुहम्मद

65. सिन्धु घाटी के सभ्यता के लोग किसकी पूजा करते थे?
(a) विष्णु (b) पशुपति (c) इन्द्र (d) ब्रह्मा

66. विश्व व्यापार संगठन (डब्ल्यू. टी. ओ.) किस वर्ष में कार्यान्वित हुआ?
(a) 1995 (b) 1997 (c) 1990 (d) 1993

67. संविधान का कौन-सा अनुच्छेद राज्य को ग्राम पंचायत स्थापित करने का आदेश देता है?
(a) अनुच्छेद 44 (b) अनुच्छेद 57 (c) अनुच्छेद 32 (d) अनुच्छेद 40

68. मन्त्रिपरिषद् सामूहिक रूप से किसके प्रति उत्तरदायी हैं?
(a) राष्ट्रपति (b) प्रधानमन्त्री (c) लोकसभा (d) राज्यसभा

69. भारतीय संविधान में राज्य नीति-निदेशक सिद्धान्तों की संकल्पना कहाँ अंगीकार की गई है?
(a) आयरलैण्ड और स्पेन
(b) यू. एस. और यू. के
(c) यू. एस. एस. आर. और चीन
(d) जापान और कोरिया

70. निम्नलिखित में से किस अधिनियम में नियन्त्रक महालेखा परीक्षक का सुझाव दिया गया?
(a) 1909 का अधिनियम (b) 1919 का अधिनियम
(c) 1935 का अधिनियम (d) 1947 का अधिनियम

71. कोलकाता में उच्चतम-न्यायालय की स्थापना किसके द्वारा की गई थी?
(a) 1773 का विनियामक अधिनियम
(b) 1784 का पिट्स इण्डिया अधिनियम
(c) 1793 का चार्टर अधिनियम
(d) 1813 का चार्टर अधिनियम

72. निम्नलिखित में से किस अनुसूची में असम, मेघालय, त्रिपुरा और मिजोरम के चार पूर्वोत्तर राज्यों में जनजातीय क्षेत्रों के प्रशासन का विशेष प्रावधान है?
(a) प्रथम अनुसूची (b) दूसरी अनुसूची
(c) तीसरी अनुसूची (d) छठी अनुसूची

73. वह प्रथम भारतीय कौन था, जिसे कम्युनिस्ट इण्टरनेशनल का नेता निर्वाचित किया गया था?
(a) जवाहरलाल नेहरू (b) पी. सी. जोशी
(c) सरदार वल्लभभाई पटेल (d) एम. एन. राय

74. भारतीय संविधान के अनुसार, आपात स्थिति घोषित करने का अधिकार किसको है?
(a) प्रधानमन्त्री को (b) राष्ट्रपति को
(c) मुख्य न्यायाधीश को (d) संसद को

75. राज्य लोकसेवा आयोग के सदस्यों की नियुक्ति कौन करता है?
(a) मुख्यमन्त्री (b) राज्यपाल
(c) मुख्य न्यायाधीश (d) उपराष्ट्रपति

76. किस वर्ष में भाषाई आधार पर राज्यों का पुनर्गठन किया गया?
(a) 1951 (b) 1947 (c) 1950 (d) 1956

77. अखिल भारतीय सेवाओं के सृजन की शक्ति किसे प्राप्त है?
(a) उच्चतम न्यायालय (b) संसद
(c) मन्त्रिपरिषद् (d) प्रधानमन्त्री

78. आर्थिक सहायता सरकार द्वारा किसको किया जाने वाला भुगतान है?
(a) उपभोक्ता यूनिट (b) उत्पादक यूनिट
(c) बैंकिंग यूनिट (d) सेवानिवृत्त व्यक्ति

79. विदेशों में कार्य कर रहे भारतीय बैंक का लाभ किसका भाग है?
(a) विदेश में अर्जित उद्यम वृत्ति से आय
(b) भारत में घरेलू घटक आय
(c) भारत की आन्तरिक सीमा में कार्य कर रहे उद्यमी को होने वाला लाभ
(d) भारत में स्थित बैंक का प्रचालन अधिशेष

80. सूचना प्रौद्योगिकी में एसोसिएटिव मेमोरी को क्या कहते हैं?
(a) वर्चुअल मेमोरी (b) कैश मेमोरी
(c) कंटेण्ट एड्रेसेबल मेमोरी (d) मेन मेमोरी

81. भारत की राष्ट्रीय आय का संकलन कौन करता है?
(a) वित्त आयोग
(b) भारतीय सांख्यिकीय संस्थान
(c) राष्ट्रीय विकास परिषद्
(d) केन्द्रीय सांख्यिकीय संगठन

82. यदि किसी राज्य के विधानमण्डल में बजट गिर जाता है, तो
(a) केवल वित्त मन्त्री को त्याग-पत्र देना पड़ता है
(b) सम्बन्धित वित्त मन्त्री को निलम्बित कर दिया जाता है।
(c) मुख्यमन्त्री सहित, मन्त्रिपरिषद् को त्यागपत्र देना पड़ता है।
(d) दोबारा चुनाव के आदेश दिए जाते हैं।

83. निम्नलिखित में से कौन-सी नदी मकर रेखा से दो बार गुजरती है?
(a) वाआल (b) लिम्पोपो (c) नाइजर (d) जाम्बेजी

84. रोहतांग दर्रा भारत के किस राज्य में स्थित है?
(a) जम्मू एवं कश्मीर (b) उत्तराखण्ड
(c) हिमाचल प्रदेश (d) सिक्किम

85. नियामगिरि पहाड़ी किस राज्य के कालाहाण्डी जिले में स्थित है?
(a) पंजाब (b) केरल
(c) ओडिशा (d) पश्चिम बंगाल

86. निम्नलिखित सूची में से जैविक खेती की एक विशेषता कौन-सी नहीं है?
(a) संश्लिष्ट उर्वरकों का प्रयोग
(b) बहुत कम ऊर्जा उपभोग
(c) रासायनिक उर्वरकों और कीटनाशियों का अप्रयोग (प्रयोग न करना)
(d) सूक्ष्म-जीवों को बनाए रखकर भविष्य में प्रयोग के लिए मृदा को पोषित किया जाता है

87. वह पठार कौन-सा है, जिसमें पश्चिम और पूर्व दोनों ओर बहने वाली जल निकास प्रणाली है?
(a) मालवा (b) छोटानागपुर
(c) राँची (d) हजारीबाग

88. निम्नलिखित में से भारत का कौन-सा क्षेत्र उष्णकटिबन्धीय सदाबहार वन से ढका हुआ है?
(a) गुजरात का अर्द्ध-शुष्क क्षेत्र
(b) पूर्वी घाट
(c) पश्चिमी घाट
(d) मध्यप्रदेश

89. निम्नलिखित में से कौन उष्णकटिबन्धीय पतझड़ी पौधा है, जो दक्कन के पठार की विशेषता है?
(a) सागौन (b) शीशम
(c) चन्दन (d) साल

90. तरंग कटाव से बनने वाली भूमि को क्या कहते हैं?
(a) संकरी रेती (b) समुद्र तट
(c) गुफा (d) रोध द्वीप

91. जल निकास प्रतिमान, जिसमें सहायक नदियाँ लम्बवत् मिलें, वह क्या कहलाता है?
(a) द्रुमाकृतिक (b) जाली (फंफरी)
(c) आयताकार (d) त्रिज्यीय

92. पेड़ों की कतारों के बीच में फसलें उगाने को क्या कहते हैं?
(a) सामाजिक वानिकी (b) झूम
(c) तोंग्या प्रणाली (d) कृषि वानिकी

93. निम्नलिखित में कौन नाइट्रोजनीय उर्वरक नहीं है?
(a) अमोनियम सल्फेट (b) यूरिया
(c) अमोनिया नाइट्रेट (d) सुपर फॉस्फेट

94. निम्नलिखित नगरों में से मरुस्थल देश माली की राजधानी कौन-सी है?
(a) डैमसकस (b) बमाको
(c) आड्रा (d) अंकारा

95. भारतीय सिनेमा में जीवनभर योगदान के लिए भारत सरकार द्वारा सालाना दिया जाने वाला सिनेमा का सर्वोच्च पुरस्कार निम्नलिखित में से कौन-सा है?
(a) अशोक चक्र (b) दादा साहेब फाल्के पुरस्कार
(c) अर्जुन पुरस्कार (d) पद्म श्री

96. सुन्दरवन आरक्षित वन (एस. आर. एफ) जो भारत में सुन्दरवन राष्ट्रीय उद्यान के आसन्न है, किस पड़ोसी देश में स्थित है?
(a) भूटान (b) पाकिस्तान
(c) बांग्लादेश (d) नेपाल

97. नेपाल भारत के अतिरिक्त किस अन्य देश से अपनी सीमा साझा करता है?
(a) चीन (b) भूटान
(c) बांग्लादेश (d) अफगानिस्तान

98. पण्डित भीमसेन जोशी निम्नलिखित में से किस क्षेत्र से सम्बन्ध रखते हैं?
(a) साहित्य (b) सामाजिक सेवाएँ
(c) शास्त्रीय संगीत (d) राजनीति

99. निम्न में कौन-सा राष्ट्रीय उद्यान/अभ्यारण्य राजस्थान में नहीं है?
(a) रणथम्बौर राष्ट्रीय उद्यान
(b) सरिस्का राष्ट्रीय उद्यान
(c) सांबर वनजीवन अभयारण्य
(d) राजाजी राष्ट्रीय उद्यान

100. निम्न में अफ्रीका का कौन-सा एक देश, OPEC का सदस्य नहीं है?
(a) अल्जीरिया (b) अंगोला
(c) लीबिया (d) दक्षिण अफ्रीका

उत्तरमाला

प्रथम प्रश्न-पत्र

1.	(b)	2.	(a)	3.	(a)	4.	(d)	5.	(c)	6.	(b)	7.	(c)	8.	(a)	9.	(d)	10.	(c)
11.	(d)	12.	(a)	13.	(a)	14.	(c)	15.	(b)	16.	(b)	17.	(a)	18.	(b)	19.	(a)	20.	(d)
21.	(c)	22.	(d)	23.	(d)	24.	(d)	25.	(d)	26.	(c)	27.	(b)	28.	(d)	29.	(c)	30.	(c)
31.	(d)	32.	(b)	33.	(b)	34.	(b)	35.	(a)	36.	(b)	37.	(d)	38.	(a)	39.	(d)	40.	(b)
41.	(d)	42.	(b)	43.	(d)	44.	(c)	45.	(d)	46.	(a)	47.	(c)	48.	(a)	49.	(b)	50.	(a)
51.	(b)	52.	(c)	53.	(a)	54.	(c)	55.	(b)	56.	(b)	57.	(b)	58.	(b)	59.	(d)	60.	(d)
61.	(d)	62.	(c)	63.	(d)	64.	(c)	65.	(b)	66.	(c)	67.	(d)	68.	(c)	69.	(c)	70.	(c)
71.	(c)	72.	(b)	73.	(c)	74.	(a)	75.	(d)	76.	(b)	77.	(d)	78.	(b)	79.	(a)	80.	(a)
81.	(a)	82.	(c)	83.	(d)	84.	(a)	85.	(a)	86.	(d)	87.	(b)	88.	(b)	89.	(b)	90.	(a)
91.	(c)	92.	(a)	93.	(c)	94.	(a)	95.	(a)	96.	(d)	97.	(c)	98.	(d)	99.	(a)	100.	(a)

द्वितीय प्रश्न-पत्र

1.	(c)	2.	(d)	3.	(d)	4.	(b)	5.	(d)	6.	(b)	7.	(a)	8.	(a)	9.	(b)	10.	(b)
11.	(d)	12.	(c)	13.	(b)	14.	(c)	15.	(c)	16.	(c)	17.	(c)	18.	(a)	19.	(c)	20.	(a)
21.	(b)	22.	(a)	23.	(d)	24.	(a)	25.	(c)	26.	(a)	27.	(a)	28.	(d)	29.	(c)	30.	(a)
31.	(d)	32.	(d)	33.	(b)	34.	(b)	35.	(b)	36.	(d)	37.	(a)	38.	(a)	39.	(c)	40.	(c)
41.	(a)	42.	(c)	43.	(b)	44.	(b)	45.	(a)	46.	(a)	47.	(b)	48.	(d)	49.	(c)	50.	(b)
51.	(a)	52.	(c)	53.	(b)	54.	(c)	55.	(c)	56.	(a)	57.	(b)	58.	(b)	59.	(a)	60.	(a)
61.	(b)	62.	(b)	63.	(a)	64.	(a)	65.	(b)	66.	(a)	67.	(d)	68.	(c)	69.	(a)	70.	(b)
71.	(a)	72.	(d)	73.	(d)	74.	(b)	75.	(b)	76.	(d)	77.	(b)	78.	(b)	79.	(c)	80.	(c)
81.	(d)	82.	(c)	83.	(b)	84.	(c)	85.	(c)	86.	(a)	87.	(a)	88.	(c)	89.	(c)	90.	(c)
91.	(b)	92.	(c)	93.	(d)	94.	(b)	95.	(b)	96.	(c)	97.	(a)	98.	(c)	99.	(d)	100.	(d)

संकेत एवं हल

प्रथम प्रश्न-पत्र

1. चोल अभिलेखों में उल्लेखित भूमि की विभिन्न कोटियों के अनुसार 'ब्रह्मदेय अनुदान' को ब्राह्मणों को उपहार में दी गई भूमि कहा जाता है। सामान्यतः यह भूमि कर से मुक्त होती थी। प्रारम्भ में चोल शासकों द्वारा ब्राह्मणों को भूमि अनुदान के रूप में दी जाती थी, जो सिंचाई योग्य होती थी। अतः सिंचाई के साधनों की उस भूमि तक आसानी से पहुँच बनी होती थी।

2. शेरशाह सूरी ने मुगल शासक हुमायूँ को पराजित किया था। शेरशाह सूरी को भारत में द्वितीय अफगान राज्य का संस्थापक माना जाता है। शेरशाह सूरी बाबर का एक सैनिक था, लेकिन योग्यता के कारण बाबर ने उसे सेनापति बनाया। शेरशाह सूरी कन्नौज (1539 ई.) एवं बिलग्राम (1540 ई.) के युद्ध में मुगल शासक हुमायूँ को पराजित कर दिल्ली का शासक बना। एक शासक के रूप में शेरशाह का शासनकाल (1540-45 ई0) अत्यन्त लघु था। इसका मकबरा सासाराम (बिहार) में है।

3. नमक सत्याग्रह महात्मा गाँधी द्वारा चलाए गए प्रमुख आन्दोलनों में से एक था। 12 मार्च, 1930 में बापू ने अहमदाबाद के पास स्थित साबरमती आश्रम से दाण्डी गाँव तक 24 दिनों का पैदल मार्च निकाला था। गाँधीजी द्वारा यह पैदल यात्रा नमक पर ब्रिटिश राज के एकाधिकार के खिलाफ निकाली गई थी।

4. साइमन कमीशन की नियुक्ति ब्रिटिश प्रधानमन्त्री द्वारा वर्ष 1927 में सर साइमन के नेतृत्व में की गई थी। इसमें कुल सात सदस्य थे। वर्ष 1928 में भारत आए इस कमीशन का मुख्य उद्देश्य यह पता करना था कि क्या भारत इस लायक हो गया है कि इसे संवैधानिक अधिकार दिए जाएँ। भारत में संवैधानिक व्यवस्था में सुधार के लिए साइमन कमीशन भारत आया था।

5. नालन्दा (महाविहार) का निर्माण कुमारगुप्त ने शुरू करवाया था। नालन्दा (महाविहार) प्राचीन भारत में उच्च शिक्षा का सर्वाधिक महत्त्वपूर्ण और प्रसिद्ध केन्द्र था। यह वर्तमान में बिहार राज्य की राजधानी पटना से 88 किमी दूर राजगीर के समीप स्थित है।

इसका निर्माण करने का श्रेय गुप्त शासक कुमारगुप्त को जाता है।

6. वर्ष 1928 में स्थापित हिन्दुस्तान सोशलिस्ट रिपब्लिकन आर्मी (एसोसिएशन) के नेता भगत सिंह थे। वर्ष 1928 में दिल्ली फिरोजशाह कोटला में इसकी स्थापना की गई थी। इसकी स्थापना में भगत सिंह, शचीन्द्र सान्याल व चन्द्रशेखर आजाद द्वारा की गई। उल्लेखनीय है वर्ष 1924 में कानपुर सम्मेलन में हिन्दुस्तान रिपब्लिकन एसोसिएशन की स्थापना शचीन्द्र नाथ सान्याल, राम प्रसाद बिस्मिल, योगेशचन्द्र चटर्जी तथा चन्द्रशेखर आजाद ने की थी।

7. भारत सरकार ने 5 जुलाई, 1947 को भारतीय रियासत विभाग की स्थापना की, जिसका कार्यभार सरदार वल्लभभाई पटेल को सौंपा गया। स्वतन्त्रता के बाद अन्तरिम सरकार के गृहमन्त्री सरदार वल्लभभाई पटेल ने भारतीय रियासतों का भारत संघ में एकीकरण में महत्त्वपूर्ण भूमिका निभाई।

8. 'थियोसोफिकल सोसायटी' की स्थापना संयुक्त राज्य अमेरिका में मैडम एच. पी. ब्लावत्स्की तथा कर्नल एच. एस. ऑल्काट द्वारा की गई थी। भारत में इसकी स्थापना सन् 1893 में ऐनी बेसेण्ट के द्वारा की गई थी।

9. सैयद वंश दिल्ली सल्तनत का चतुर्थ वंश था, जिसका कार्यकाल 1414 ई. से 1451 ई. तक रहा। सैयद वंश के राजाओं ने तुगलक वंश के पतन के बाद इस राज्य (वंश) की स्थापना की। इस वंश का संस्थापक खिज्र खाँ था।

10. फरवरी, 1946 में 'कैबिनेट मिशन', जिसका नेतृत्व सर पैथिक लॉरेन्स कर रहे थे, भारत आया। इसके अन्य सदस्य सर स्टेफर्ड क्रिप्स एवं ए. वी. अलेक्जेण्डर थे। इस मिशन का उद्देश्य भारत को शान्तिपूर्ण सत्ता हस्तान्तरण करना था।

11. मार्क्सवादी कम्युनिस्ट पार्टी ऑफ इण्डिया (सीपीआई-एम) की स्थापना 7 नवम्बर, 1964 को हुई। इस पार्टी का उदय भारतीय कम्युनिस्ट पार्टी के विभाजन के परिणामस्वरूप हुआ। यह साम्यवादी दल है। इसका मुख्यालय दिल्ली में है।

12. द्वितीय विश्व युद्ध के दौरान ब्रिटिश सरकार को भारतीय उपमहाद्वीप से बाहर भगाने हेतु एवं धुरी राष्ट्रों (जर्मनी, इटली और जापान) को सैन्य सहायता प्रदान करने के उद्देश्य से वर्ष 1942 में, सुभाषचन्द्र बोस के एक सहयोगी कैप्टन मोहन सिंह ने सिंगापुर में आजाद हिन्द फौज की स्थापना की।

13. गाँधीजी के नेतृत्व में बिहार के चम्पारण जिले में वर्ष 1917-18 में आन्दोलन शुरू हुआ। इसे चम्पारण सत्याग्रह के नाम से भी जाना जाता है। गाँधीजी एक किसान नेता राजकुमार शुक्ल के आग्रह पर चम्पारण गए थे।

14. ईस्ट इण्डिया कम्पनी की स्थापना 31 दिसम्बर, 1600 ई. को महारानी एलिजाबेथ के आज्ञा पत्र के द्वारा 15 वर्षों हेतु पूर्वी देशों के साथ व्यापार करने के लिए की गई थी। ईस्ट इण्डिया कम्पनी का पूरा नाम गवर्नर एण्ड कम्पनी ऑफ मर्चेन्ट्स ऑफ लन्दन ट्रेडिंग इन टू द ईस्ट इण्डीज रखा गया।

15. विजय स्तम्भ राजस्थान के चित्तौड़गढ़ में स्थित है, जिसका निर्माण राणा कुम्भा ने महमूद खिलजी के नेतृत्व वाली गुजरात-मालवा की सेना को पराजित करने के पश्चात् करवाया था। यह 120 फीट ऊँचा है। राणा कुम्भा मेवाड़ के राजपूत शासक (सिसोदिया राजवंश) थे, जिनका कालखण्ड 1433 से 1465 ई. तक था।

16. बारहवीं सदी के समय में तोमर राजपूतों को अजमेर के चौहानों ने परास्त किया। विग्रहराज चतुर्थ, जिसे बीसलदेव के नाम से भी जाना जाता है, 1153 ई. में अजमेर की गद्दी पर आसीन हुआ। इसने अपने राज्य की सीमा का अत्यधिक विस्तार किया तथा गजनी के शासक अमीर खुशरूशाह (हम्मीर) को हराया। इसके पश्चात् दिल्ली के तोमर शासक को पराजित कर दिल्ली को अपने राज्य में मिला लिया।

17. प्रारम्भ से ही बंगाल जूट उत्पादन में अग्रणी राज्य रहा है। हुगली नदी का किनारा जूट उत्पादन के लिए प्रसिद्ध है, जहाँ शृंखलाबद्ध तरीके से जूट की खेती की जाती है। अंग्रेजों के शासनकाल में जूट की खेती पर अत्यधिक लगान लगाया जाता था, जिससे किसान जूट की खेती करना बन्द करने लगे, परन्तु अंग्रेज किसानों को जूट उगाने के लिए मजबूर करते रहे।

18. पुष्यभूति (वर्द्धन वंश) का शासक हर्षवर्धन ने नागानन्द अभिनय को संस्कृत में लिखा था
हर्षवर्धन पुष्यभूति वंश का शासक था। हर्ष 606 ई. में थानेश्वर की गद्दी पर बैठा तथा 647 ई. तक शासन किया। हर्ष की ख्याति एक कवि एवं लेखक के रूप में प्रचलित है। इसने नागानन्द, रत्नावली एवं प्रियदर्शिका नामक नाटक की
रचना की।

19. यदि किसी वस्तु के लिए उपभोक्ता की माँग उसी दिशा में है, जिस दिशा में उपभोक्ता की आय है, तो उस वस्तु के लिए उपभोक्ता की माँग का उसकी कीमत के साथ विपरीत सम्बन्ध होता है, जिसे माँग का नियम कहा जाता है। यह नियम तभी लागू होता है, जब वस्तु की कीमत में कोई परिवर्तन नहीं होता है, खरीदार या उपभोक्ता की आय में कोई परिवर्तन न हो तथा वस्तु के मूल्यों में वृद्धि न हो।

20. बलुआ पत्थर जल द्वारा निर्मित अवसादी चट्टान है। पृथ्वी तल पर आग्नेय व रूपान्तरित चट्टानों के अपरदन व निक्षेपण के फलस्वरूप निर्मित चट्टानों को अवसादी चट्टान कहते हैं।

21. पृथ्वी की आन्तरिक संरचना परतों के रूप में पाई जाती है। पृथ्वी की आन्तरिक संरचना को तीन भागों में वर्गीकृत किया जाता है, जो भू-पर्पटी, मैटल एवं क्रोड के रूप में हैं। इसमें पृथ्वी की सतह की सबसे ऊपरी परत को भू-पर्पटी कहा जाता है।

22. पद्मा नदी, बांग्लादेश में गंगा की मुख्य धारा है। दूसरे शब्दों में, बांग्लादेश में गंगा नदी को पद्मा के नाम से जाना जाता है। यह नदी मुर्शिदाबाद, बहरमपुर, नदिया, हुगली और कलकत्ता (कोलकाता) होती हुई पश्चिम-दक्षिण में बंगाल की खाड़ी में गिर जाती है।

23. बहिर्मण्डल वायुमण्डल की सबसे ऊपरी परत है। वायुमण्डल में 640 किमी से ऊपर के भाग को बहिर्मण्डल कहा जाता है। इसकी कोई ऊपरी सीमा निर्धारित नहीं है। इस मण्डल में हाइड्रोजन एवं हीलियम गैस की प्रधानता होती है।

24. कोयला, पेट्रोलियम, प्राकृतिक गैस इत्यादि ऊर्जा के वाणिज्यिक स्रोत हैं। ऊर्जा के वाणिज्यिक स्रोत से तात्पर्य इन ईंधनों का उपयोग वृहत पैमाने पर उद्योग, परिचालन इत्यादि में होने से है। कोयले का उपयोग तापीय विद्युत उत्पादन में टरबाइन को घुमाने, पेट्रोलियम का उपयोग वाहनों में ईंधन के रूप में, प्राकृतिक गैस का उपयोग वाहनों में ईंधन एवं अन्य स्थानों पर ईंधन के रूप में, होता है। अतः ये सभी वाणिज्यिक स्रोत हैं, जबकि जलने वाली लकड़ी (Firewood) का उपयोग निम्न स्तर पर घरेलू कार्यों तथा अन्य जगहों पर ईंधन के रूप में किया जाता है। इस प्रकार जलने वाली लकड़ी ईंधन का वाणिज्यिक स्रोत नहीं है।

25. पश्चिमोत्तर प्रशान्त महासागर तथा चीन सागर में उत्पन्न होने वाले उष्णकटिबन्धीय चक्रवात, जिसमें हवाएँ अत्यधिक तेजी के साथ बाहर से केन्द्र की ओर चलती हैं, चीन में टाइफून के नाम से जाना जाता है।

26. जिब्राल्टर जलडमरूमध्य, अटलाण्टिक महासागर तथा भूमध्य सागर को जोड़ता है। इसके उत्तर में यूरोप के स्पेन और जिब्राल्टर क्षेत्र हैं, जबकि दक्षिण में उत्तरी अफ्रीका के मोरक्को का क्षेत्र है।

27. भारत का उप-राष्ट्रपति बनने के लिए न्यूनतम आयु 35 वर्ष होनी चाहिए। भारत के उप-राष्ट्रपति का पद देश का दूसरा उच्चतम संवैधानिक पद है। उनका कार्यकाल 5 वर्ष की अवधि का होता है। भारत का उपराष्ट्रपति राज्यसभा का पदेन अध्यक्ष होता है।

28. अधिकार पृच्छा का अर्थ 'प्राधिकृत या वारण्ट के द्वारा होता है, जिसका मुख्य उद्देश्य किसी व्यक्ति को किसी सार्वजनिक अथवा लोकपद के अवैध रूप से धारण करने से रोकना है। यह आदेश उच्च न्यायालय तथा उच्चतम न्यायालय द्वारा जारी किया जाता है।

29. भारतीय राष्ट्रीय कांग्रेस की स्थापना दिसम्बर, 1885 में एक अंग्रेज सेवानिवृत अधिकारी ए. ओ. ह्यूम के द्वारा की गई थी। कांग्रेस का प्रथम अधिवेशन बॉम्बे (मुम्बई) में आयोजित किया गया था, जिसकी अध्यक्षता डब्ल्यू. सी (व्योमेश चन्द्र) बनर्जी ने की थी।
कांग्रेस के प्रथम सम्मेलन में कुल 72 सदस्यों ने भाग लिया था जिनमें, अधिकांश वकील एवं पत्रकार थे।

30. संविधान के अनुच्छेद-94(b) के अन्तर्गत लोकसभा अध्यक्ष, अपना त्याग-पत्र, लोकसभा उपाध्यक्ष को सौंप सकता है। ठीक इसी तरह लोकसभा उपाध्यक्ष अपना त्याग-पत्र अध्यक्ष को सौंप कर अपना पद छोड़ सकता है।

31. भारत के संविधान के अनुच्छेद-155 के अनुसार, राज्य के राज्यपाल की नियुक्ति राष्ट्रपति करता है। राष्ट्रपति अपने हस्ताक्षर और मुद्रा सहित अधिपत्र द्वारा राज्यपाल को नियुक्त करता है।

32. हिन्दू वृद्धि दर (Hindu Rate of Growth) शब्द राज कृष्णा ने प्रस्तावित किया। भारतीय अर्थव्यवस्था की वर्ष 1950 से लेकर 1980 तक निम्न वृद्धि दर को हिन्दू ग्रोथ रेट या 'हिन्दू वृद्धि' दर कहा जाता है। इस शब्द का प्रयोग भारत के अर्थशास्त्री प्रो. राज कृष्णा ने व्यंग्यात्मक रूप में एक सभा में किया था।

33. पोर्टफोलियो निवेश, विदेशी प्रत्यक्ष निवेश के रूप में असुरक्षित माना जाता है। पोर्टफोलियों निवेश मुख्य रूप से संस्थागत निवेश होता है तथा शेयर बाजारों के माध्यम से निवेश करते हैं, जिसे असुरक्षित निवेश माना जाता है।

34 सेनवैट का सम्बन्ध उत्पादन शुल्क से है। उत्पाद शुल्क देश में उत्पादित की जाने वाली वस्तुओं पर लगाया जाता है। यह वस्तु की वास्तविक बिक्री पर नहीं, बल्कि उस वस्तु के उत्पादन पर लगाया जाता है। सेनवैट को मुख्यतः केन्द्रीय उत्पाद शुल्क के रूप में जाना जाता है।

35. ध्रुव रेखा पर एक वस्तु का भार सर्वाधिक होता है। ध्रुवों पर गुरुत्वीय त्वरण का मान अधिकतम तथा भूमध्य रेखा पर गुरुत्वीय त्वरण का मान न्यूनतम होता है।

36. नेफ्रॉन वृक्क की संरचना की इकाई होता है। यह उत्सर्जन प्रणाली से सम्बन्धित है। वृक्क हमारे शरीर के रुधिर को साफ करने का कार्य करता है तथा यूरिया का मूत्र के रूप में उत्सर्जन करता है।

37. थायरॉक्सिन हॉर्मोन जन्तु जगत का हॉर्मोन है। यह शरीर की उपापचयी दर को नियन्त्रित करता है। जिब्रेलिक अम्ल, ऑक्सिन एवं साइटोकाइनिन वनस्पति जगत के हॉर्मोन हैं।

38. ताप का एस. आई. मात्रक केल्विन है। सेल्सियस तथा फॉरेनहाइट, ताप के अन्य मात्रक हैं।

39. सूर्य से आने वाली किरणों से मुख्यतः त्वचा का कर्करोग हो जाता है। ये अधिक ऊर्जा वाली किरणें त्वचा की कोशिकाओं को हानि पहुँचाती हैं।

40. विटामिन D सूर्य की किरणों से प्राप्त होता है। यह मानव शरीर की अस्थियों के रख-रखाव एवं वृद्धि के लिए आवश्यक विटामिन होता है।

41. मछली, उभयचर, सरीसर्प, पक्षी एवं स्तनधारी वर्गीकरण संघ (फाइलम) श्रेणी को निर्मित करते हैं।

42. चूने के जल [$Ca(OH)_2$] में कार्बन डाइ-ऑक्साइड (CO_2) गैस प्रवाह करने पर दुधिया जल प्राप्त होता है, जबकि कैल्शियम कार्बोनेट ($CaCO_3$) के निर्माण को दर्शाता है। यह अभिक्रिया CO_2 गैस की जाँच के लिए भी उपयोगी है।

43. अम्ल एवं उनके स्रोत निम्न हैं

लैक्टिक अम्ल - दही (Curd)

फॉर्मिक अम्ल - चींटी का डंग (Ant bite)

एसीटिक अम्ल - सिरका (Vinegar)

टार्टरिक अम्ल - अंगूर, इमली आदि

44. क्योटो प्रोटोकॉल का प्रथम शिखर सम्मेलन जापान में आयोजित किया गया था। यह एक अन्तर्राष्ट्रीय पर्यावरण सन्धि है, जिसका आयोजन 11 दिसम्बर, 1997 को जापान के क्योटो शहर में किया गया, जिसमें लगभग 160 देशों ने भाग लिया। क्योटो प्रोटोकॉल वर्ष 2005 से लागू है।

45. मरुस्थल में मरीचिका या मृगतृष्णा बनाने का मुख्य कारण प्रकाश का अपवर्तन तथा पूर्ण आन्तरिक प्रतिबिम्ब है।

46. विम्बलडन स्थान लन्दन में स्थित लॉन टेनिस खेल से सम्बन्धित है। यह चार ग्रेण्ड स्लेम टेनिस प्रतियोगिताओं में से एक है। विम्बलडन में लॉन टेनिस का आयोजन घास के मैदान पर किया जाता है।

47. वॉलीबॉल की एक टीम में 6 खिलाड़ी होते हैं। इसके मैदान की लम्बाई 18 मीटर तथा चौड़ाई 9 मीटर होती है।

48. 'सेलेक्शन डे' नामक पुस्तक के लेखक अरविन्द अडिगा हैं। ये अंग्रेजी में लिखने वाले भारतीय लेखक हैं, जिन्हें पहले उपन्यास 'द व्हाइट टाइगर' के लिए मैन बुकर पुरस्कार से सम्मानित किया गया है।

49. पूर्णतया कार्बनिक (ऑर्गेनिक) बनने वाला प्रथम राज्य सिक्किम है। सिक्किम सरकार ने अपनी 75000 हेक्टेयर कृषि भूमि पर कार्बनिक विस्तार के कारण यह उपलब्धि प्राप्त की है।
कार्बनिक कृषि की शुरुआत सिक्किम में वर्ष 2003 में हुई थी।

50. दस ठाठ या स्वरग्राम का सम्बन्ध हिन्दुस्तानी शास्त्रीय संगीत से है। इस संगीत में शुद्ध दस ठाठ स्वर लहरियों का प्रयोग एक सुर में किया जाता है।

राजदरबार इस संगीत के प्रमुख संरक्षक रहे हैं।

51. ओजस्वी का विलोम शब्द 'निस्तेज' है। अन्य विकल्पों में, कायर, 'निडर' का, भीरू, 'वीर' का, तथा आलसी, 'परिश्रमी' का विलोम शब्द है।

52. लघु का विलोम 'गुरु' है। अन्य विकल्पों में बड़ा, 'छोटा' का भारी, 'हल्का' का विलोम है।

53. ऐश्वर्य का विलोम शब्द 'अनेश्वर्य' है। अन्य विकल्पों में, वैभव, 'दैन्य' का, दरिद्रता, 'सम्पन्नता' का विलोम शब्द है।

54. दिए गए वाक्यों में 'बच्चे को फल काटकर खिलाओ' वाक्य सही है। जबकि अन्य विकल्प व्याकरण व वाक्य शुद्धि नियमों के अनुसार उपयुक्त प्रतीत नहीं होते हैं। अतः विकल्प (c) सही है।

55. दिए गए वाक्यों में 'बैल और बकरी घास चरते हैं' वाक्य सही है। अन्य विकल्प व्याकरण व वाक्य शुद्धि नियमों के अनुसार उपयुक्त प्रतीत नहीं होते हैं। अतः विकल्प (b) सही है।

56. जानने की इच्छा रखने वाला 'जिज्ञासु' कहलाता है। अन्य विकल्पों में, उत्साह युक्त व्यक्ति 'उत्साही', जो काम करने को तैयार हो 'तत्पर' तथा कुछ जानने या ज्ञान प्राप्त करने की चाह 'जिज्ञासा' कहलाती है। अतः विकल्प (b) सही है।

57. दूसरों की बात सहन करने वाला 'सहिष्णु' कहलाता है। अन्य विकल्पों में, कृपा करने वाला 'कृपालु', जो विशाल हृदय वाला हो 'उदार' तथा किसी भी पक्ष का समर्थन न करने वाला 'तटस्थ' कहलाता है। अतः विकल्प (b) सही है।

58. जिसके पास कुछ न हो वह 'अकिंचन' कहलाता है। अन्य विकल्पों में, जो निर्धन हो वह 'गरीब', जो कंगाल हो वह 'दरिद्र' तथा विनय से युक्त 'विनीत' कहलाता है। अतः विकल्प (b) सही है।

59. 'संस्कृति' एक संज्ञा शब्द है। इसमें 'इक' प्रत्यय लगाने से 'सांस्कृतिक' विशेषण बनेगा। अतः संस्कृति का विशेषण 'सांस्कृतिक' है।

60. समान अर्थ व्यक्त करने वाले शब्दों को पर्यायवाची शब्द कहते हैं। 'आनन्द' का पर्यायवाची शब्द 'प्रमोद' है। इसके अन्य पर्यायवाची शब्द हैं आमोद, विनोद, प्रसन्नता, सुख, हर्ष आदि। अन्य विकल्पों में, सहकार-सहयोग, सहयोगिता, सहभाग, सहायक आदि।

स्पृहा-अभिलाषा, इच्छा, आकांक्षा, मनोरथ आदि।

प्रमाद-पागलपन, लापरवाही आदि।

61. 'चपला' का समानार्थी शब्द 'दामिनी' होगा। इसके अन्य समानार्थी शब्द हैं बिजली, तड़ित, चंचला, बीजुरी आदि। अन्य विकल्पों में, 'ज्वाला'-अग्नि, हुताशन, दहन, पावक आदि। 'कंजूस'-कृपण, सूम आदि। 'भामिनी'-स्त्री, कान्ता, तिया, कामिनी आदि समानार्थी शब्द हैं।

62. दो या दो से अधिक शब्दों के मेल से बने स्वतन्त्र शब्द को समास कहते हैं। 'चौमासा' में द्विगु समास है। द्विगु समास में पूर्वपद संख्यावाचक होता है; जैसे-चौमासा (चार मासों का समूह)

यहाँ पूर्व पद 'चार' संख्यावाचक होने से इसमें द्विगु समास है।

63. जिस समाज में पूर्वपद विशेषण और उत्तरपद विशेष्य हो, कर्मधारय समास कहलाता है; जैसे देशान्तर-देशों के बीच अन्तर। यहाँ उत्तर पद (अन्तर) विशेष्य तथा पूर्व पद (देश) विशेषता है। अतः यहाँ कर्मधारय समास है।

64. जिस समास में दोनों पदों के माध्यम से एक विशेष अर्थ का बोध होता हैं, बहुव्रीहि समास कहलाता है; जैसे पीताम्बर-पीत (पीला) है अम्बर जिसका अर्थात् श्रीकृष्ण।

यहाँ पूर्व एवं उत्तरपद के माध्यम से एक विशेष अर्थ (श्रीकृष्ण) का बोध होने से, इसमें बहुव्रीहि समास है।

65. जिस समास में पूर्वपद गौण तथा उत्तरपद प्रधान हो, तत्पुरुष समास कहलाता है तथा इसमें दोनों पदों के बीच परसर्ग का लोप रहता है; जैसे राजपुत्र-राजा का पुत्र यहाँ पूर्वपद (राजा) गौण तथा उत्तर पद (पुत्र) प्रधान होने के साथ-साथ 'का' परसर्ग का लोप हुआ है। अतः इसमें तत्पुरुष समास है।

66. वाक्य में जिस शब्द समूह का साधारण अर्थ न होकर विशेष अर्थ होता है, वह मुहावरा कहलाता है। 'एक मुँह दो बात' मुहावरे का अर्थ है-अपनी बात से पलट जाना।

वाक्य प्रयोग-राजू की बातों पर विश्वास न करना वह तो एक मुँह दो बात करता है।

67. 'पानी पी-पीकर कोसना' मुहावरे का अर्थ है हर घड़ी दूसरे का अमंगल चाहना। **वाक्य प्रयोग**-जब से रामलाल से मेरा झगड़ा हुआ है, वह तो मुझे 'पानी पी-पीकर कोसता' रहता है।

68. 'कागज काले करना' मुहावरे का अर्थ है-व्यर्थ लिखना।

वाक्य प्रयोग-नौकरी की तलाश में घर से बाहर निकलो, घर बैठे 'कागज काले करने' से कोई लाभ नहीं होने वाला।

69. 'तुम क्यों उसके काम में अड़चन डालते रहते हो' इस वाक्य में 'अड़चन डालते रहते' के लिए उपयुक्त मुहावरा है- टाँग अड़ाना। अतः विकल्प (c) सही उत्तर है।

70. 'अनजान सुजान, सदा कल्यान' लोकोक्ति का भावार्थ है मूर्ख और ज्ञानी दोनों मजे में रहते हैं। अतः विकल्प (c) सही उत्तर है, जबकि अन्य तीनों विकल्प असंगत है।

71. दो वर्णों के मेल से होने वाले विकार को सन्धि कहते हैं। रीत्यनुसार का सही सन्धि विच्छेद-'रीति + अनुसार' होगा। यह यण सन्धि का उदाहरण है। यण सन्धि के नियमानुसार यदि इ, ई के आगे कोई भिन्न स्वर आता है, तो उसका परिवर्तन 'य' में हो जाता है; जैसे

रीति + अनुसार = रीत्यनुसार

(इ) + (अ) = (य)

अतः विकल्प (c) सही उत्तर है।

72. 'प्रौढ़' गुण सन्धि है। गुण सन्धि में दो भिन्न स्वरों की सन्धि होती है और इसके परिणामस्वरूप एक नवीन सन्धि का निर्माण होता है; जैसे आ + उ = ओ, अ + ऊ = ओ। प्रौढ़ का सन्धि विच्छेद प्र + ऊढ़ होगा।

73. उपसर्ग शब्द में, 'उप' का अर्थ 'समीप', 'निकट' या पास में होता है, जबकि 'सर्ग' का अर्थ है 'सृष्टि करना'। उपसर्ग को आदि प्रत्यक्ष भी कहा जाता है। इसका प्रयोग शब्द के आदि में किया जाता है। 'बहिर्मुखी' में मूल शब्द 'मुखी' तथा 'बहिर' उपसर्ग है।

74. दिए गए विकल्पों में आहार-विहार शब्द उपसर्ग युक्त हैं। आहार में 'आ' उपसर्ग विद्यमान है जबकि विहार में 'वि' उपसर्ग है। इनमें मूल शब्द 'हार' है।

75. दिए गए विकल्पों में से 'अन्' उपसर्ग का प्रयोग 'अनुगमन' शब्द में नहीं हुआ है। अनुगमन शब्द में 'अनु' उपसर्ग का प्रयोग हुआ। जबकि अन्य विकल्प अनिच्छा, अनुचित, अनुपम अन उपसर्ग से बने हैं।

76. भारोपीय भाषा का समूह भाषाओं का सबसे बड़ा परिवार है और सर्वाधिक महत्त्वपूर्ण भी है, क्योंकि रूसी, अंग्रेजी, हिन्दी, पंजाबी, जर्मन, प्राचीन फारसी ये सभी भाषाएँ इस समूह से सम्बन्ध रखती हैं। जबकि कन्नड़ इस समूह में शामिल नहीं है। अतः विकल्प (b) सही है।

76. द्रविड़ भाषा-परिवार दक्षिण भारत से सम्बन्धित भाषाओं का समूह है। इसमें मुख्यतः तमिल, तेलुगु, कन्नड़ तथा मलयालम भाषाएँ समाहित है। अतः विकल्प (d) सही है।

78. दिए गए विकल्पों में से 'बहिष्कार' शब्द वर्तनीगत रूप से शुद्ध है। अन्य सभी विकल्प वर्तनीगत रूप से अशुद्ध हैं। अतः विकल्प (b) सही है।

79. दिए गए विकल्पों में से 'निरपराध' शब्द वर्तनीगत रूप से शुद्ध है। अन्य सभी विकल्प वर्तनीगत रूप से अशुद्ध है। अतः विकल्प (a) सही है।

80. दिए गए विकल्पों में से 'विद्वतापूर्वक' शब्द वर्तनीगत रूप से शुद्ध है। अन्य विकल्प भिखारिणी, मुन्सी, तथा लब्धप्रतिष्ठित वर्तनीगत रूप से अशुद्ध है, जिनका शुद्ध रूप क्रमशः भिखारिन, मुन्शी तथा लब्धप्रतिष्ठ होगा।

81. दिए गए वाक्य में रिक्त स्थान की पूर्ति 'सक्षमता' शब्द द्वारा होगी। अन्य विकल्प बहुलता, विविधता तथा आत्मनिर्भरता रिक्त स्थान की पूर्ति हेतु उचित प्रतीत नहीं होते हैं। अतः विकल्प (a) सही है।

82. दिए गए वाक्य में रिक्त स्थान की पूर्ति 'उपयोग' शब्द द्वारा होगी। अन्य विकल्प प्रयोग, संयोग तथा ज्ञान रिक्त स्थान की पूर्ति हेतु उचित प्रतीत नहीं होते हैं। अतः विकल्प (c) सही है।

83. दिए गए वाक्य में रिक्त स्थान की पूर्ति 'केन्द्र' शब्द द्वारा होगी। अन्य विकल्प बाजार, घर तथा क्षेत्र रिक्त स्थान की पूर्ति हेतु उचित प्रतीत नहीं होते हैं। अतः विकल्प (d) सही है।

84. दिए गए वाक्य में विकल्प (a) 'तुमने अपनी' त्रुटिपूर्ण है, क्योंकि अपनी व स्वेच्छा शब्द का प्रयोग एक साथ नहीं किया जा सकता है। यहाँ अपनी शब्द का प्रयोग नहीं होगा। अतः शुद्ध वाक्य 'तुमने स्वेच्छा से यह काम किया है' होगा।

85. दिए गए वाक्य में विकल्प (a) 'समय का' त्रुटिपूर्ण है, क्योंकि यहाँ कर्म कारक चिह्न 'को' का प्रयोग अनुचित है। यहाँ 'समय के' शब्द प्रयुक्त होना चाहिए था। 'समय' के शब्द प्रयोग होने पर शुद्ध वाक्य 'समय के सदुपयोग द्वारा मनुष्य देवता बन जाता है', होगा।

86. 'अधर' शब्द का अनेकार्थक 'अक्षि' नहीं है। अन्य विकल्प आकाश, अनाधार तथा होंठ 'अधर' शब्द के अनेकार्थक शब्द हैं। जबकि 'अक्षि' आँख के अनेकार्थी शब्दों में से एक है। अतः विकल्प (d) सही है।

87. 'अमृत' शब्द का अनेकार्थक 'अनमोल' नहीं है। अन्य विकल्प अमर, दूध तथा जल 'अमृत' के अनेकार्थक शब्द हैं, जबकि अनमोल 'अमूल्य' का अनेकार्थक शब्द है, अतः विकल्प (b) सही है।

88. जिन व्यंजनों के उच्चारण में एक प्रकार की गरमाहट या सुरसुराहट सी प्रतीत होती है, ऊष्म व्यंजन कहलाते हैं। श, ष, स और ह ऊष्म व्यंजन हैं। अतः विकल्प (b) सही है।

89. जिन व्यंजनों के उच्चारण में जिह्वा की नोंक ऊपरी दाँतों को स्पर्श करती है, दन्त्य व्यंजन कहलाते हैं। त, थ, द, ध, स दन्त्य व्यंजन हैं। अतः विकल्प (b) सही है।

90. जिन शब्दों से क्रिया की विशेषता का पता चलता है, उन्हें क्रियाविशेषण कहते हैं; जैसे–वह गलत होने से 'बहुत' डरती है। यहाँ 'बहुत' शब्द विशेषण है। अतः विकल्प (a) सही है।

91. जिन शब्दों से क्रिया में समय सम्बन्धी विशेषता प्रकट हो, उन्हें कालवाचक क्रिया विशेषण कहते हैं; जैसे- अब, कब, तब, आज, दिनभर, आजकल आदि। अतः विकल्प (c) सही है।

62. प्रस्तुत विकल्पों में पुल्लिंग-स्त्रीलिंग शब्द-युग्म की दृष्टि से कर्ता-कत्री युग्म अशुद्ध है।
जिसका शुद्ध रूप कर्ता-कर्ती होगा।
अतः विकल्प (a) सही है।

93. गद्यांश में स्पष्ट रूप से दर्शाया गया है कि कबीर का व्यक्तित्व बहुत ऊँचा था, इसलिए उनके समक्ष कोई टिक नहीं पाता था। वह सामाजिक बुराइयों के विरोध में ऐसे अकाट्य देते थे कि उनके समक्ष कोई टिक नहीं पाता था। अतः विकल्प (c) सही है।

94. गद्यांश में स्पष्ट रूप से दर्शाया गया है कि कबीर आचरणहीन ढोंगियों के विरोधी थे। उनके द्वारा समाज में फैले बाह्याडम्बर तथा भेदभाव का पुरजोर विरोध किया जाता था। अतः विकल्प (a) सही है।

95. कबीर द्वारा कर्म सेवा, अहिंसा तथा निर्गुण मार्ग का प्रसार किया गया था। उन्होंने अपनी रचनाओं द्वारा सबके लिए ज्ञानमार्ग को प्रशस्त किया था। अतः विकल्प (a) सही है।

96. गद्यांश में स्पष्ट रूप से दर्शाया गया है कि कबीर की रचनाओं की भाषा बोलचाल की भाषा इसलिए थी, क्योंकि उनके उपदेश सर्व साधारण हेतु थे। उन्होंने अपनी साखियों, रमैनियों तथा शब्दों को बोलचाल की भाषा में रचकर सबके सामने एक विशाल मार्ग खोला। अतः विकल्प (d) सही है।

97. गद्यांश में कबीर द्वारा समाज सुधार के लिए किए गए कार्यों को दर्शाया गया है। अतः 'समाज सुधारक कबीर' गद्यांश का सर्वाधिक उचित शीर्षक होगा।

98. 'मुर्दहिया' तुलसीराम की आत्मकथा है, जिसमें दलित जीवन की विडम्बना को दर्शाया गया है। यह वर्ष 2010 में प्रकाशित हुई कृति है।

99. दिए गए विकल्पों में से 'आवारा मसीहा' जीवनी है। अन्य विकल्पों में, 'पंचरत्न', 'दस तस्वीरें' तथा 'दहकती भट्ठी' रेखाचित्र हैं। अतः विकल्प (a) सही है।

100. (a) 'भाग्यवती' उपन्यास के रचनाकार श्रद्धाराम फुल्लौरी हैं। भाग्यवती की रचना मुख्यतः अमृतसर में हुई थी। सन् 1888 इसका प्रकाशन वर्ष माना जाता है।

द्वितीय प्रश्न-पत्र

1. विशिष्टता को छोड़कर, अन्य सभी अपना एक समूह बनाते हैं।

2. $532 \Rightarrow 5 = 3 + 2; 734 \Rightarrow 7 = 3 + 4$

$853 \Rightarrow 8 = 5 + 3; 751 \Rightarrow 7 \neq 5 + 1$

स्पष्ट है कि 751 अन्य सभी से भिन्न है।

3.

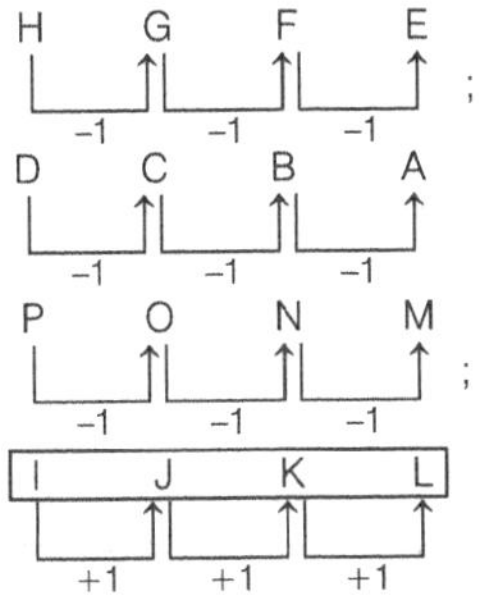

स्पष्ट है कि IJKL अन्य सभी से भिन्न है।

4. जिस प्रकार, 'आँसू' आँख से गिरते हैं। ठीक उसी प्रकार, ज्वालामुखी' से लावा गिरता है।

5. जिस प्रकार,

32 ⟶ 28 ($\div 8 \times 7$)

उसी प्रकार,

160 ⟶ [140] ($\div 8 \times 7$)

6. जिस प्रकार,

S N A K E ⟶ V Q D N H (+3, +3, +3, +3, +3)

उसी प्रकार,

C R A D L E ⟶ [F U D G O H] (+3, +3, +3, +3, +3, +3)

7. उत्तर आकृति (a) प्रश्न आकृति के प्रतिरूप को पूरा करेगी।

8. जिस प्रकार, $6 \times 6 = 36$

तथा $7 \times 6 = 42$

उसी प्रकार, $9 \times 6 = \boxed{54}$

9. शब्द Calculate में अक्षर M नहीं है। अतः शब्द Team मूल शब्द के अक्षरों का प्रयोग करके नहीं बनाया जा सकता है।

10. विकल्प (b) से,

abb/aab/baa/bba ⇒ bbb

11.

361, [289], 169, 121, 49, 25

$(19)^2$, $(17)^2$, $(13)^2$, $(11)^2$, $(7)^2$, $(5)^2$

−2, −4, −2, −4, −2

12. कागज को काटने और मोड़े गए पैटर्न में पुनः खोलने के बाद वह उत्तर आकृति (c) जैसा दिखाई देगा।

13. कथनानुसार,

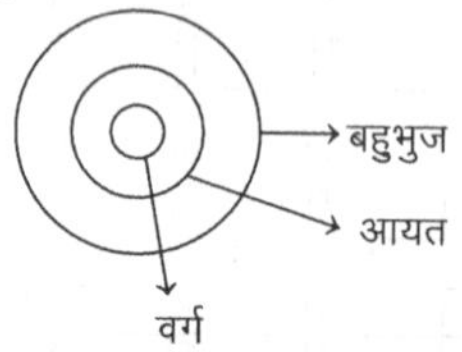

अतः विकल्प (b) में दिया गया निष्कर्ष सही है।

14. उत्तर आकृति (c) में प्रश्न आकृति निहित है।

15. सीता के चलने का क्रम (प्रारम्भिक व अंतिम स्थान) निम्नवत् होगा

स्पष्ट है कि वह अन्त में अपने प्रारम्भिक स्थल पर ही होगी।

16. इतिहास और भूगोल, सामाजिक विज्ञान के उपविषय हैं।

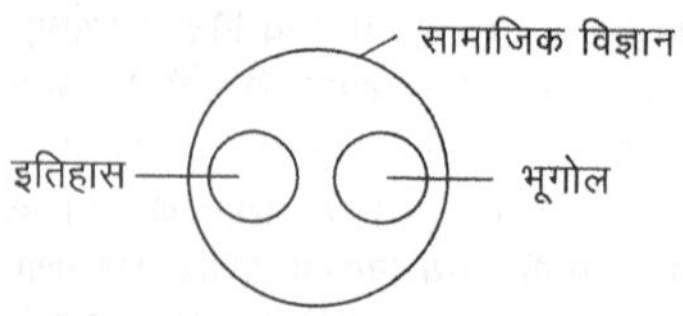

17. ∵

A R M S → 1 2 3 4

∴

M A R S → [3 1 2 4]

18. विकल्प (a) से, $25 \times 3 - 7 \div 8 + 32 = 45.75$

प्रश्नानुसार,

$$25 + 3 \times 7 - 8 \div 32 = 45.75$$

$$\Rightarrow \quad 25 + 3 \times 7 - \frac{8}{32} = 45.75$$

$$\Rightarrow \quad 25 + 21 - \frac{1}{4} = 45.75$$

$$\Rightarrow \quad 46 - 0.25 = 45.75$$

$$\Rightarrow \quad 46 - 0.25 = 45.75$$

$$\Rightarrow \quad 45.75 = 45.75$$

19. अली के पास कुल राशि = ₹320

प्रश्नानुसार, घड़ी पर खर्च = $320 \times \frac{3}{4}$ = ₹ 240

घड़ी पर खर्च करने के पश्चात्

शेष राशि = 340 − 240 = ₹80

तथा पेन पर खर्च = $80 \times \frac{1}{8} = 10$

अब, शेष राशि = 80 − 10 = ₹70

20. कथनानुसार, कोई भी निष्कर्ष नहीं निकलता है।

21. लक्ष्मी के चलने का क्रम निम्नवत् होगा

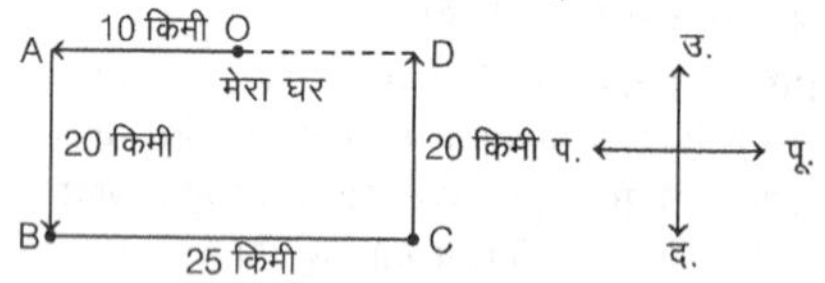

अभीष्ट दूरी (OD) = BC − OA

= 25 − 10 = 15 किमी

22. उत्तर आकृति (a) प्रश्न आकृति का सही दर्पण प्रतिबिम्ब होगी।

23. शब्दकोष के अनुसार, शब्दों का विपरीत क्रम निम्नवत् होगा

1. Multitude → 3. Multiplier → 4. Multinomial → 2. Multinational → 5. Multilingual

⇒ 1, 3, 4, 2, 5

24. विकल्प (a) से, $4 \times 3 \times 4 = 48$

25. प्रश्नानुसार,

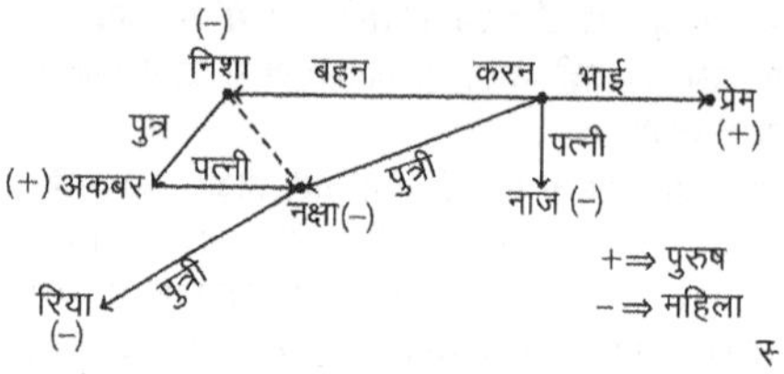

स्पष्ट है कि नक्षा और निशा के बीच भतीजी और बुआ का सम्बन्ध है।

26. जिस प्रकार, Stress ⟶ Rtress (−1)

उसी प्रकार, Pulse ⟶ Oulse (−1)

27. शब्दों का सार्थक क्रम निम्नवत् होगा

4. इलेक्ट्रॉन → 1. परमाणु → 3. अणु → 2. पदार्थ

⇒ 4, 1, 3, 2

28. शब्दकोषानुसार, शब्दों का सार्थक क्रम निम्नवत् होगा

3. Silicate → 2. Silicon → 4. Silken → 1. Silt

⇒ 3, 2, 4, 1

29. दिए गए शब्दों को शब्दकोश के अनुसार व्यवस्थित करने पर,

Omnious → Onion → Ostrich → Owl → Oxford

अतः अन्तिम स्थान पर Oxford आएगा।

30. दिए गए शब्दों को शब्दकोश के अनुसार व्यवस्थित करने पर,

Kaizen → Kangaroo → Karma → Kite → Krypton

(4) (2) (5) (1) (3)

31. $9 \to 90 \Rightarrow 9 \times 10 = 90$

$6 \to 42 \Rightarrow 6 \times 7 = 42$

$5 \to 30 \Rightarrow 5 \times 6 = 30$

$4 \to 36 \Rightarrow 4 \times 5 = 20 \neq 36$

∴ 4 → 36 दिए गए समूह से भिन्न है।

32.

G J H I (+3, −2, +1)

M P N O (+3, −2, +1)

R U S T (+3, −2, +1)

[U V X W] (+1, +2, −1)

उपरोक्त से स्पष्ट है कि UVXW अन्य सबसे अलग है।

33. यहाँ 'L' योग के लिए और 'A' गुणन के लिए प्रयुक्त हुआ है।

अर्थात, जिस प्रकार $13\,L\,4\,A\,7 = 13 + 4 \times 7 = 41$

तथा $14\,A\,3\,L\,12 = 14 \times 3 + 12 = 54$

उसी प्रकार, $12\,L\,3\,A\,9 = 12 + 3 \times 9 = 39$

34. $16 + 31 - 3 \times 93 \div 11 = 966$ में − और ÷ को बदलने पर,

$= 16 + 31 \div 3 \times 93 - 11$

$= 16 + \frac{31}{3} \times 93 - 11$

$= 16 + 961 - 11 = 966$

35. 'TRADE' शब्द, दिए गए शब्द TRADITIONAL के अक्षरों से नहीं बनाया जा सकता है, क्योंकि उसमें अक्षर 'E' नहीं है।

36. शब्द 'HANGS', दिए गए शब्द HANGOVER से नहीं बनाया जा सकता है क्योंकि इसमें अक्षर S नहीं है।

37. कथनानुसार,

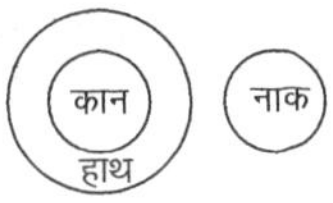

निष्कर्ष I. (✓) II. (✗) III. (✗)
अतः केवल निष्कर्ष I सत्य है।

38. जिस प्रकार,

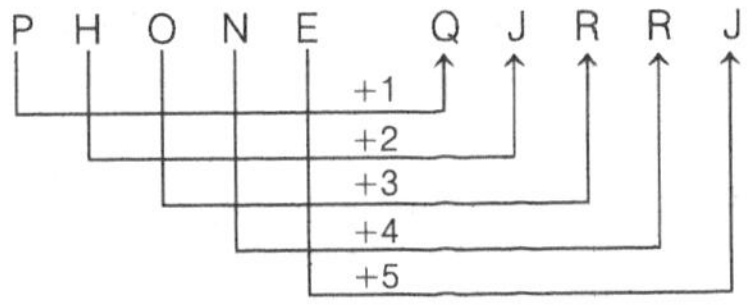

उसी प्रकार,

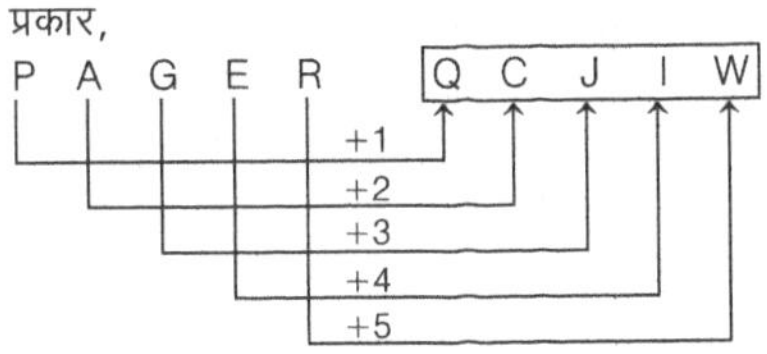

39. जिस प्रकार,

RUN = 18 + 21 + 14 = 53 − 3 = 50

तथा BUS = 2 + 21 + 19 = 42 − 3 = 39

उसी प्रकार, GUN = 7 + 21 + 14 = 42 − 3 = 39

40. जिस प्रकार,

पहली पंक्ति में $3 \times 4 + 6 = 18$

दूसरी पंक्ति में $2 \times 8 + 5 = 21$

उसी प्रकार, तीसरी पंक्ति में $3 \times 7 + 1 = 22$

41. जिस प्रकार,

$1^2 = 1 \quad 2^2 = 4 \quad 3^2 = 9 \quad 4^2 = 16 \quad 5^2 = 25$

उसी प्रकार, अगला पद $6^2 = 36$

42. प्रश्नानुसार,

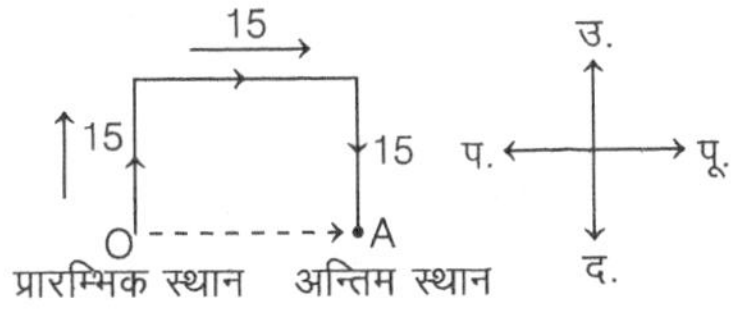

अतः वह अपने प्रारम्भ बिन्दु से पूर्व दिशा में है।

43. माना B की आयु = x

∴ A की आयु = $x + 2$

C की आयु = $x + 5$

D की आयु = C − 3 = $(x + 5) - 3 = x + 2$

E की आयु = D + 6 = $x + 8$

अतः B सबसे छोटा है।

44. प्रश्नानुसार,

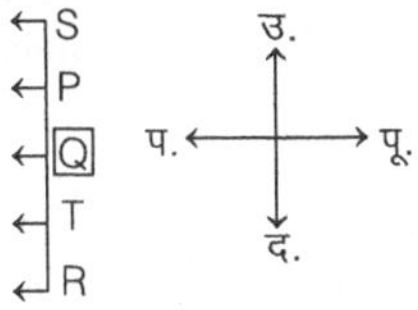

आरेख से स्पष्ट है कि पंक्ति के मध्य में Q बैठा है।

45. माना Q का भार = x

P का भार = $2x$, R का भार = $2x$

T का भार = $\frac{2x}{3}$, S का भार = $\frac{4x}{3}$

∴ $\frac{2x}{3} < x < \frac{4x}{3} < 2x$

अतः Q का भार केवल एक व्यक्ति T से अधिक है।

46. विकल्प आकृति (a), प्रश्न आकृति के प्रतिरूप को पूरा करेगी।

47. विकल्प आकृति (b) में प्रश्न आकृति निहित है।

48. प्रश्न आकृति का सही प्रतिबिम्ब आकृति (d) है।

49. दिए गए पासे में (1, 2), (3, 5) और (4, 6) विपरीत फलक है।

∴ इस प्रकार केवल आकृति (c) बनाई जा सकती है।

50. प्रश्नानुसार,

51. वर्ष 1913 में लाला हरदयाल ने अमेरिका के सैन फ्रांसिस्को नगर में 'गदर पार्टी' की स्थापना की थी। इसके संस्थापकों में तारकनाथ दास एवं सोहन सिंह भकना भी थे।

52. प्राचीनतम भारत सभ्यता सिन्धु घाटी की सभ्यता थी। यह भारत के उत्तर-पश्चिम भाग में लगभग 13 लाख किमी में विस्तृत थी। कार्बन डेटिंग विधि के अनुसार इसका समय 2350 ई. पू. से 1750 ई. पू. तक था।

53. तुलसीदास, मुगल बादशाह अकबर (1556-1605 ई.) के समकालीन थे, परन्तु वे दरबार से सम्बन्धित नहीं थे। इन्होंने रामचरितमानस की रचना इसी समय की थी।

54. आर. शामाशास्त्री हस्तलिपियों के मूल संस्थापक और कौटिल्य के अर्थशास्त्र के सम्पादक थे। यह वर्ष 1909 में प्रकाशित किया गया।

55. रविकीर्ति, बादामी के चालुक्य शासक पुलकेशी द्वितीय (608-642 ई.) का मन्त्री था। यह जैन धर्म का अनुयायी था। रविकीर्ति ने पुलकेशी II की प्रशंसा में एहोल प्रशस्ति की रचना की, जिसमें चालुक्य शासक की नीतियों, विजयों आदि का वर्णन किया गया है।

56. भारतीय इतिहास में राष्ट्रकूटों का सर्वाधिक चिरस्थायी योगदान कैलाश मन्दिर है। इसका निर्माण राष्ट्रकूट शासन कृष्ण प्रथम (756-772 ई.) ने एलोरा में, द्रविड़ शैली में करवाया था। यह आज भी उसी रूप में विद्यमान है।

57. भारतीय समस्याओं के विचारार्थ लन्दन में तीन गोलमेज सम्मेलनों का आयोजन किया गया। इसमें दूसरे गोलमेज सम्मेलन (1931) में महात्मा गाँधी ने कांग्रेस के एकमात्र प्रतिनिधि के रूप में भाग लिया यह सम्मेलन अपने उद्देश्यों में असफल रहा था।

58. इलाहाबाद शिलालेख की रचना समुद्रगुप्त के मन्त्री हरिषेण ने की थी। यह चम्पू काव्य शैली में है। इसमें गुप्त शासक समुद्रगुप्त की विजयों तथा उपलब्धियों का वर्णन है।

59. सर्वोदय की अवधारणा के संस्थापक महात्मा गाँधी थे। यह जान रस्किन की पुस्तक 'अन टू द लास्ट' से प्रभावित है। सर्वोदय का अर्थ होता है सब की समान उन्नति। सर्वोदय का सिद्धान्त गाँधी जी ने बेन्थम तथा मिल के उपयोगितावाद के विरोध में प्रतिस्थापित किया था।

60. प्लासी की लड़ाई 1757 ई. में बंगाल के नवाब सिराजुद्दौला और रॉबर्ट क्लाइव के बीच हुई थी। इस युद्ध में सिराजुद्दौला पराजित हो गया तथा अंग्रेजों ने बंगाल पर अपना आधिपत्य स्थापित कर लिया अब बंगाल के नवाब अंग्रेजों के अधीन हो गए।

61. चौरी-चौरा घटना के कारण असहयोग आन्दोलन स्थगित कर दिया गया था। महात्मा गाँधी हिंसक घटनाओं के खिलाफ थे, परन्तु 5 फरवरी, 1922 को चौरी-चौरा हत्याकाण्ड हो गया, जिससे नाराज होकर महात्मा गाँधी ने असहयोग आन्दोलन समाप्त किया।

62. ब्रिटिश संसद का सदस्य बनने वाले पहले भारतीय दादाभाई नौरोजी थे। वे वर्ष 1892 में लिबरल पार्टी के उम्मीदवार के तौर पर सेन्ट्रल फिनसवरी से ब्रिटिश सांसद चुने गए थे। इन्होंने पावर्टी एंड अन-ब्रिटिश इन इंडिया' नामक पुस्तक लिखी थी।

63. तालीकोटा का युद्ध 26 जनवरी, 1565 को दक्कन की सल्तनतों और विजयनगर साम्राज्य की यह लड़ाई राक्षस-तांगडी नामक स्थान पर लड़ी गई थी। इस युद्ध में विजयनगर साम्राज्य को हार का सामना करना पड़ा था। इस समय विजयनगर साम्राज्य का शासक संगम वंश का सदाशिव राय था।

64. पोलो या चौगान खेलते समय वर्ष 1210 में सल्तनत काल के प्रथम शासक कुतुबुद्दीन ऐबक की मृत्यु हुई थी। तराईन के द्वितीय युद्ध 1192 ई. के बाद मोहम्मद गौरी द्वारा दिल्ली पर अधिकार कर लिया गया। बाद में 1206 ई. में ऐबक को सुल्तान बनाया गया।

65. सिन्धु सभ्यता में एक मुहर मिली है। इस पर एक तिपाई पर व्यक्ति विराजमान है, इसका एक पैर मुड़ा तथा एक लटका है। इसके तीन सिर हैं और सिर पर तीन सींग हैं। मार्शल तथा मैके ने इसे शिव की मूर्ति माना। इससे पता चला कि इस सभ्यता में लोग पशुपतिनाथ अर्थात् शिव की पूजा करते थे।

66. विश्व व्यापार संगठन (WTO) की स्थापना वर्ष 1995 में की गई थी। इसका मुख्यालय 'जेनेवा' में है। इसका उद्देश्य अन्तर्राष्ट्रीय व्यापार के सामान्य नियमों तथा सीमा शुल्क से सम्बन्धित नियमों में एकरूपता एवं स्थिरता स्थापित करना है।

67. संविधान के अनुच्छेद 40 द्वारा राज्य को यह निर्देश दिया गया है कि यह ग्राम पंचायतों का गठन करें। यह राज्य के नीति-निदेशक तत्त्व के अन्तर्गत आता है।

68. संविधान के अनुच्छेद 75 के अन्तर्गत, मन्त्रिपरिषद् सामूहिक रूप से लोकसभा के प्रति उत्तरदायी होती है अर्थात् जब तक मन्त्रिपरिषद् का लोकसभा में विश्वास बना रहता है, तब तक वह कार्य करती रहती है।

69. नीति-निदेशक तत्त्वों का उल्लेख संविधान के भाग IV में अनुच्छेद 36-51 तक में किया गया है। यह आयरलैण्ड और स्पेन के संविधान से ग्रहण किए गए हैं।

70. भारत शासन अधिनियम (मॉण्टेग्यू-चेम्सफोर्ड सुधार) वर्ष 1919 के अन्तर्गत पहली बार नियन्त्रक एवं महालेखा परीक्षक (CAG) की नियुक्ति की गई थी। CAG द्वारा देश की समस्त वित्तीय प्रणाली को नियन्त्रित किया जाता है। इसकी नियुक्ति राष्ट्रपति द्वारा अनुच्छेद-148 के अन्तर्गत की जाती है।

71. कोलकाता में उच्चतम न्यायालय की स्थापना वर्ष 1773 के विनियामक अधिनियम द्वारा की गई। इसके प्रथम जज इम्पे को बनाया गया था।

72. भारतीय संविधान में कुल 12 अनुसूचियाँ हैं। इसकी छठी अनुसूची में असम, मेघालय, त्रिपुरा और मिजोरम के चार पूर्वोत्तर राज्यों में जनजातीय क्षेत्रों के प्रशासन का विशेष प्रावधान है।

73. मानवेन्द्रनाथ राय (1887-1954) भारतीय स्वतन्त्रता संग्राम के राष्ट्रवादी क्रान्तिकारी तथा विश्वप्रसिद्ध राजनीतिक सिद्धान्तकार थे। उनका मूल नाम 'नरेन्द्रनाथ भट्टाचार्य' था। वे मैक्सिको एवं भारत दोनों की ही कम्युनिस्ट पार्टियों के संस्थापक थे। वे कम्युनिस्ट इण्टरनेशनल कांग्रेस के प्रतिनिधिमण्डल में निर्वाचित हुए थे।

74. भारतीय संविधान के अनुसार, आपात स्थिति घोषित करने का अधिकार राष्ट्रपति को है। यह मन्त्रिमण्डल की लिखित सलाह पर आपात की घोषणा करता है। राष्ट्रपति अनुच्छेद-352 के अन्तर्गत 'राष्ट्रीय आपात', अनुच्छेद-356 के अन्तर्गत राज्य के संवैधानिक तन्त्र की विफलता तथा अनुच्छेद-360 के अन्तर्गत 'वित्तीय आपात' की घोषणा करता है।

75. राज्य लोकसेवा आयोग के अध्यक्ष एवं सदस्यों की नियुक्ति राज्यपाल के द्वारा की जाती है, परन्तु इन्हें हटाने का अधिकार राष्ट्रपति को प्राप्त है। राज्य लोक सेवा आयोग के अध्यक्ष एवं सदस्यों का कार्यकाल 6 वर्ष या 62 वर्ष की उम्र तक होता है।

76. जस्टिस फजल अली आयोग की सिफारिश के बाद वर्ष 1956 में 'राज्य पुनर्गठन आयोग' की स्थापना की गई थी। इसके पश्चात् भाषा के आधार पर राज्यों का पुनर्गठन किया गया।

77. अखिल भारतीय सेवाओं के सृजन की शक्ति संसद को प्राप्त है। संसद के उच्च सदन राज्यसभा को, संविधान के अनुच्छेद 312 के अन्तर्गत यह विशेषाधिकार प्राप्त है। इसके अन्तर्गत राज्यसभा, उपस्थित एवं मत देने वाले सदस्यों के कम-से-कम 2/3 बहुमत द्वारा अखिल भारतीय सेवाओं का सृजन कर सकती है।

78. आर्थिक सहायता (Subsidies) सरकार द्वारा उत्पादक यूनिट (Producing units) को प्रदान की जाती है, जिससे उत्पादक यूनिट उपभोक्ता को कम दाम पर वस्तुएँ उपलब्ध कराता है।

79. विदेशों में कार्य कर रहे भारतीय बैंक का लाभ, भारत की आन्तरिक सीमा में कार्य कर रहे उद्यमी को होने वाले लाभ का भाग होगा।

80. कंटेण्ट एड्रेसेबल मेमोरी एक विशेष प्रकार की कम्प्यूटर मेमोरी है, जो कुछ बहुत ही उच्च गति वाली खोज अनुप्रयोगों में उपयोग की जाती है। इसे एसोसिएटिव मेमोरी, एसोसिएटिव स्टोरेज या एसोसिएटिव सारणी के रूप में भी जाना जाता है, किन्तु इसका उपयोग हमेशा प्रोग्रामिंग डेटा स्ट्रक्चर के लिए इस्तेमाल किया जाता है।

81. भारत में राष्ट्रीय आय का संकलन केन्द्रीय सांख्यिकीय संगठन द्वारा किया जाता है। यह एक शासकीय संस्था है, जो सांख्यिकीय एवं कार्यक्रम क्रियान्वयन मन्त्रालय के अधीन शासित है। इस संगठन का मुख्यालय नई दिल्ली में स्थित है।

82. यदि किसी राज्य के विधानमण्डल में बजट गिर जाता है तो मुख्यमंत्री सहित, मंत्रिपरिषद को त्यागपत्र देना पड़ता है। बजट गिरने का तात्पर्य है कि सरकार के पास सदन में आवश्यक बहुमत प्राप्त नहीं है।

83. लिम्पोपो नदी मकर रेखा (23.5° दक्षिणी अक्षांश को दो बार काटती है। कांगो या जायरे नदी भूमध्य रेखा (0° अक्षांश रेखा) को दो बार तथा माही नदी कर्क रेखा (23.5° उत्तरी, अक्षांश) को दो बार काटती है।

84. रोहतांग दर्रा हिमाचल प्रदेश में स्थित है। यह पीरपंजाल श्रेणी में अवस्थित है। इसकी ऊँचाई 3978 मीटर है। यह दर्रा मनाली से लेह को जोड़ता है।

85. नियामगिरि पहाड़ी ओडिशा के कालाहाण्डी जिले में स्थित है। इसकी ऊँचाई 1515 मी है।

86. जैविक खेती (Organic farming) में रासायनिक उर्वरकों एवं कीटनाशकों (संश्लिष्ट उर्वरक एवं कीटनाशक) का प्रयोग नहीं किया जाता। इसमें सम्पूर्ण प्राकृतिक मिश्र तकनीकों का उपयोग किया जाता है।

87. मालवा पठार के पश्चिम की ओर जल निकास नर्मदा एवं साबरमती नदियों द्वारा, जबकि पूर्व की ओर जल निकास, चम्बल, बेतवा आदि नदियों द्वारा होता है।

88. भारत में उष्णकटिबन्धीय सदाबहार वन उत्तर-पूर्वी भारत, पश्चिमी घाट के पश्चिमी भाग तथा अण्डमान-निकोबार द्वीप समूह में पाए जाते हैं, जहाँ वार्षिक वर्षा का औसत 250 सेमी से अधिक, तापमान 25°C से 27°C के बीच तथा औसत वार्षिक आर्द्रता की मात्रा 77% से अधिक पाई जाती है।

89. भारत में चन्दन का पेड़ कर्नाटक के जंगलों में मिलता है। इसके अतिरिक्त भारत के अन्य भागों में भी कहीं-कहीं पाया जाता है। भारत के 600 से 900 मीटर तक कुछ ऊँचे स्थल और मध्यद्वीप इसके मूल स्थान हैं। यह उष्णकटिबन्धीय पतझड़ी पौधा है। यह दक्कन के पठार की मुख्य विशेषता है। इस पेड़ की ऊँचाई 18 से लेकर 20 मीटर तक होती है।

90. तरंग कटाव से बनने वाली भूमि को गुफा कहते हैं। इसके अतिरिक्त समुद्री तरंगों तथा लहरों से बनने वाली अन्य आकृतियाँ निम्न हैं; जैसे-समुद्री भृगु, स्टैक, लैगून झील, आदि।

91. जल निकास प्रतिमान, जिसमें सहायक नदियों लम्बवत् मिलें, वह जाली (फंफरी) कहलाता है। प्रायद्वीपीय नदियाँ द्रुमाकृतिक आकृति का निर्माण करती हैं।

92. पेड़ों की कतारों के बीच फसलें उगाने की प्रणाली को तोंग्या प्रणाली कहते हैं।

93. सुपर फॉस्फेट एक नाइट्रोजनीय उर्वरक नहीं है।

94. अफ्रीकी देश माली की राजधानी बमाको है। इस देश में सहारा मरुस्थल का विस्तार है। बमाको नाइजर नदी के तट पर स्थित नगर है। यह माली का सबसे बड़ा नगर भी है।

95. दादा साहेब फाल्के पुरस्कार, भारतीय सिनेमा में जीवनभर योगदान देने के लिए भारत सरकार द्वारा प्रत्येक वर्ष दिया जाने वाला सिनेमा के क्षेत्र में सर्वोच्च पुरस्कार है। इस पुरस्कार का प्रारम्भ दादा साहब फाल्के की जन्म शताब्दी वर्ष 1969 से हुआ है। सर्वप्रथम यह पुरस्कार देविका रानी (अभिनेत्री) को प्रदान किया गया था।

96. सुन्दरवन विश्व का सबसे बड़ा नदी डेल्टा है। सुन्दरवन आरक्षित वन है, जो भारत के सुन्दरवन राष्ट्रीय उद्यान के समीप है। यह भारत एवं इसके पड़ोसी देश बांग्लादेश के मध्य स्थित है। सुन्दरवन में सुन्दरी नामक वृक्ष बहुतायत संख्या में पाए जाते हैं, इसलिए इसी वृक्ष के नाम पर इसका नाम सुन्दरवन पड़ा। यह वन बंगाल टाइगर का निवास क्षेत्र है। सुन्दरवन मैंग्रोव वृक्ष का क्षेत्र है।

97. नेपाल भारत के अतिरिक्त चीन से अपनी सीमा साझा करता है। नेपाल भारत का एक पड़ोसी देश है। यह भारतीय उपमहाद्वीप में स्थित एक दक्षिण एशियाई स्थलरुद्ध हिमालयी राष्ट्र है।

98. पण्डित भीमसेन जोशी का सम्बन्ध शास्त्रीय संगीत से है। वर्ष 1998 में इन्हें संगीत नाटक अकादमी से सम्मानित किया गया था। वर्ष 1972 में पद्म श्री, वर्ष 1999 में पद्म विभूषण और वर्ष 2009 में भारत रत्न से सम्मानित किया गया था।

99. राजाजी राष्ट्रीय उद्यान, उत्तराखण्ड की शिवालिक श्रेणियों में है। इसका विस्तार तीन जिलों हरिद्वार, देहरादून तथा टिहरी गढ़वाल में फैला है।

100. ओपेक (OPEC) तेल निर्यातक देशों का एक संगठन है, जिसकी स्थापना सितम्बर, 1960 में हुई थी। वर्तमान में इसके 12 सदस्य देश हैं, जिनमें दक्षिण अफ्रीका नहीं है। इसका मुख्यालय वियना, ऑस्ट्रिया में है।

मॉडल सॉल्वड पेपर
2023

उत्तर प्रदेश
बी.एड. प्रवेश परीक्षा

मॉडल सॉल्वड पेपर 2023

प्रथम प्रश्न-पत्र

खण्ड-अ सामान्य ज्ञान

1. बांग्लादेश भारत के निम्नलिखित में से किस राज्य के साथ अपनी सीमा साझा करता है?
(a) मणिपुर (b) बिहार
(c) नागालैण्ड (d) मेघालय

2. छठी शताब्दी ईसा पूर्व में, निम्नलिखित में से महाजनपद गान्धार की राजधानी क्या थी?
(a) हस्तिनापुर (b) वाराणसी
(c) मथुरा (d) तक्षशिला

3. भारतीय संविधान ने ………… के संविधान से 'संविधान में संशोधन की प्रक्रिया' गृहीत की है।
(a) ऑस्ट्रेलिया (b) फ्रांस
(c) दक्षिण अफ्रीका (d) यूनाइटेड किंगडम

4. एलेलाक्करादी (Elelakkaradi) किस भारतीय राज्य का आदिवासी नृत्य है?
(a) केरल (b) गोवा
(c) झारखण्ड (d) राजस्थान

5. ओडिशा और आस-पास के जिलों के मन्दिरों की वास्तुकला में मन्दिर के शीर्ष पर दिखाई देने वाली पत्थर जैसी चकती (डिस्क) को क्या कहा जाता है?
(a) आमलक (b) जगती
(c) अन्तराल (d) कलश

6. वर्ष 1991 की LPG रणनीति में 'L' का क्या अर्थ है?
(a) लेजिस्लेटिव (b) लैण्डमार्क
(c) लिबरलाइजेशन (d) लिक्विड

7. निम्नलिखित में से कौन दर्पण एकेडमी ऑफ परफॉर्मिंग आर्ट्स के सह-संस्थापक हैं?
(a) पण्डित बिरजू महाराज
(b) मल्लिका साराभाई
(c) उदय शंकर
(d) मृणालिनी साराभाई

8. वर्ष 2011 की जनगणना के अनुसार, भारत में नगरीय जनसंख्या का प्रतिशत क्या था? (अनुमानित परास बताएँ।)
(a) 40% से 45% के बीच
(b) 30% से 35% के बीच
(c) 20% से 25% के बीच
(d) 10% से 15% के बीच

9. गोरखपुर भारत के ………… रेलवे का मुख्यालय है।
(a) पूर्वी (b) पश्चिमी
(c) उत्तर-पूर्वी (d) उत्तरी

10. निम्नलिखित में से कौन-सी कृति प्रसिद्ध भारतीय लेखक खुशवन्त सिंह की है?
(a) सैक्रेड गेम्स (b) द गाइड
(c) ट्रेन टू पाकिस्तान (d) ए सुटेबल बॉय

11. प्लासी के युद्ध में सिराजुद्दौला की हार का मुख्य कारण क्या था?
(a) सेनापति मीर जाफर के नेतृत्व वाली सेना ने युद्ध में भाग नहीं लिया।
(b) सिराजुद्दौला के प्रधानमन्त्री ने अंग्रेजों के स्थान की गलत सूचना दी।
(c) अंग्रेजों ने सिराजुद्दौला की सेना की खाद्य आपूर्ति बन्द कर दी और उन्हें आत्मसमर्पण करने के लिए मजबूर किया।
(d) अंग्रेजों को सिराजुद्दौला के महल में प्रवेश करने का गुप्त रास्ता पता था।

12. चेरा पंहारा अनुष्ठान किससे सम्बन्धित है?
(a) ओडिशा की रथ यात्रा
(b) पंजाब की बैसाखी
(c) गुजरात की नवरात्रि
(d) पश्चिम बंगाल की दुर्गा पूजा

13. निम्नलिखित में से कौन-सी भारत की सबसे ऊँची पर्वत चोटी है?
(a) नन्दा देवी
(b) नमचा बरवा
(c) कामेट
(d) मकालु

14. मॉर्ले-मिण्टो सुधारों की शुरुआत के समय भारत का वायसरॉय कौन था?
(a) लॉर्ड वेवेल (b) लॉर्ड एटली
(c) लॉर्ड मिण्टो (d) लॉर्ड लिनलिथगो

15. इल्बारी वंश (दिल्ली सल्तनत) का प्रथम शासक कौन था?
(a) रजिया सुल्तान (b) गयासुद्दीन तुगलक
(c) कुतुबुद्दीन ऐबक (d) इल्तुतमिश

16. समशीतोष्ण घास के मैदान ………… की खेती के लिए आदर्श होते हैं।
(a) अँगूर (b) सेब (c) गेहूँ (d) कपास

17. उपाधियों का उन्मूलन किसके अन्तर्गत आता है?
(a) सांस्कृतिक और शैक्षिक अधिकार
(b) शोषण के विरुद्ध अधिकार
(c) स्वतन्त्रता के अधिकार
(d) समता के अधिकार

18. भारतीय संविधान का इनमें से कौन-सा अनुच्छेद, शोषण के विरुद्ध अधिकार प्रदान करता है?
(a) अनुच्छेद-22 (b) अनुच्छेद-25
(c) अनुच्छेद-23 (d) अनुच्छेद-21

19. निम्नलिखित में से किस प्रायद्वीपीय नदी में सबसे बड़ी जलनिकासी घाटी (अपवाह बेसिन) है?
(a) नर्मदा (b) गोदावरी
(c) कृष्णा (d) महानदी

20. इनमें से कौन-सी नदी, राजस्थान में सबसे बड़ा नदी तन्त्र निर्मित करती है?
(a) नर्मदा (b) लूणी
(c) तापी (d) कृष्णा

21. 'अनफिनिश्ड : ए मेमॉयर' ……… की आत्मकथा है।
(a) दीपिका पादुकोण (b) करीना कपूर
(c) प्रियंका चोपड़ा जोनस (d) आलिया भट्ट

22. मृदारहित कृषि को ……… कहा जाता है।
(a) चारागाह खेती
(b) शुष्क खेती
(c) हाइड्रोपोनिक्स
(d) स्थानान्तरी कृषि

23. भारत के संविधान के अनुसार, भारत के राष्ट्रपति अपना पद ग्रहण करने की तिथि से ………… की अवधि के लिए पद धारण करते हैं।
(a) तीन वर्ष (b) चार वर्ष
(c) पाँच वर्ष (d) छह वर्ष

24. ग्रामीण क्षेत्रों में एक प्रकार की बेरोजगारी, जब लोगों को वर्ष के कुछ महीनों के दौरान नौकरी नहीं मिल पाती है, ………… कहलाती है।
(a) प्रतिरोधात्मक बेरोजगारी
(b) शिक्षित बेरोजगारी
(c) प्रच्छन्त्र बेरोजगारी
(d) मौसमी बेरोजगारी

25. इनमें से किस चोल शासक ने तंजावुर में बृहदीश्वर मन्दिर का निर्माण कराया था?
(a) राजेन्द्र प्रथम (b) राजराजा प्रथम
(c) विजयालय (d) राजेन्द्र तृतीय

26. निम्नलिखित में से कौन प्रसिद्ध सितार वादक हैं?
(a) अनुष्का शंकर (b) किशन महाराज
(c) उस्ताद रहमान खान (d) अली अहमद हुसैन

27. वित्तीय सेवा का एक रूप, जो गरीब और कम आय वाले परिवारों को छोटे ऋण और अन्य वित्तीय सेवाएँ प्रदान करता है, ………… कहलाता है।
(a) वाणिज्यिक बन्धक (कमर्शियल मॉर्गेज)
(b) चालान वित्तपोषण (इनवॉइस फाइनेंसिंग)
(c) व्यक्तिगत वित्त (पर्सनल फाइनेंस)
(d) सूक्ष्म वित्त (माइक्रो फाइनेंस)

28. मोहिनीअट्टम किस भारतीय राज्य की शास्त्रीय नृत्य शैली है?
(a) केरल (b) तमिलनाडु
(c) आन्ध्र प्रदेश (d) असम

29. खानवा का युद्ध किसके बीच लड़ा गया था?
(a) बाबर और राणा सांगा
(b) बाबर और शेरशाह सूरी
(c) शेरशाह सूरी और राणा सांगा
(d) बाबर और इब्राहिम लोदी

30. निम्नलिखित में से कौन-सा कृषि के लिए एक संस्थागत कारक नहीं है?
(a) बिजली (b) भूमि सुधार
(c) खेतों का आकार (d) भू-धृति

31. पण्डित राम नारायण किस वाद्य यन्त्र से जुड़े थे?
(a) बाँसुरी (b) सारंगी
(c) गिटार (d) सरोद

32. ……… किसी सदस्य द्वारा सदन के समक्ष किसी मामले पर बहस को संक्षिप्त करने के लिए पेश किया गया एक प्रस्ताव है।
(a) अविश्वास (b) विशेषाधिकार
(c) निन्दा प्रस्ताव (d) समापन

33. भारतीय संविधान की प्रस्तावना में पहली बार संशोधन किस वर्ष किया गया था?
(a) वर्ष 1968 (b) वर्ष 1988
(c) वर्ष 1955 (d) वर्ष 1976

34. भोगाली बिहु उत्सव भारत के किस राज्य में मनाया जाता है?
(a) आन्ध्र प्रदेश (b) तमिलनाडु
(c) राजस्थान (d) असम

35. 1773 ई. में भारत के प्रथम गवर्नर-जनरल कौन बने?
(a) वॉरेन हेस्टिंग्स (b) रॉबर्ट क्लाइव
(c) चार्ल्स कॉर्नवालिस (d) थॉमस मुनरो

36. निम्नलिखित में से कौन-सा वेद सबसे पुराना वेद है?
(a) यजुर्वेद (b) ऋग्वेद
(c) अथर्ववेद (d) सामवेद

37. 'द किस ऑफ लाइफ (The Kiss of Life)' निम्नलिखित में से किसकी आत्मकथा है?
(a) डिनो मोरिया (b) संजय सूरी
(c) इमरान हाशमी (d) जॉन अब्राहम

38. निम्नलिखित में से कौन एक प्रसिद्ध भारतीय पार्श्व गायक के साथ-साथ एक अभिनेता भी थे?
(a) किशोर कुमार (b) प्रणब मुखर्जी
(c) काशीनाथ घाणेकर (d) सुनील छेत्री

39. निम्नलिखित में से कौन-सी गैस पृथ्वी की सतह को सूर्य से आने वाली पराबैंगनी (UV) विकिरण से बचाती है?
(a) कार्बन-डाइ-ऑक्साइड (b) ऑक्सीजन
(c) ओजोन (d) कार्बन-मोनो-ऑक्साइड

40. मौसम में होने वाले सभी परिवर्तन ········ द्वारा संचालित होते हैं।
(a) चन्द्रमा (b) सूर्य
(c) तारे (d) जोवियन ग्रह

41. दन्तिदुर्ग भारत के किस राजवंश से सम्बन्धित थे?
(a) चोल (b) चालुक्य (c) राष्ट्रकूट (d) चेर

42. ब्लॉक पर्वतों में उत्थान ब्लॉकों को ········ कहा जाता है।
(a) शंकु (b) ढलान
(c) उत्खण्ड (d) द्रोणिका

43. गुजरात के हज़ीरा से उत्तर प्रदेश के जगदीशपुर तक जाने वाली HVJ गैस पाइपलाइन निम्न में से किस राज्य से होकर गुजरती है?
(a) उत्तराखण्ड (b) मध्य प्रदेश
(c) हिमाचल प्रदेश (d) झारखण्ड

44. भारतीय संविधान का कौन-सा भाग राज्य के नीति निर्देशक तत्त्वों से सम्बन्धित है?
(a) भाग III (b) भाग V (c) भाग IV (d) भाग II

45. निम्न में से कौन-सा कारण भारत में ग्रामीण गरीबी का नहीं है?
(a) निरक्षरता
(b) ग्रामीण क्षेत्रों से पलायन
(c) कृषि के अतिरिक्त वैकल्पिक रोजगार के अवसरों में कमी
(d) पूँजी की कमी

46. यदि न्यायपालिका का यह मानना है, कि संसद द्वारा पारित विशेष कानून संविधान के मूल ढाँचे का उल्लंघन करते हैं, तो उसके पास ऐसे कानूनों को रद्द करने की शक्ति है। इसे ········ कहा जाता है।
(a) न्यायिक समीक्षा (b) जन-हित याचिका
(c) न्यायिक सक्रियता (d) विवाद समाधान

47. निम्नलिखित में से कलकत्ता (कोलकाता) में ब्रह्म समाज की स्थापना किसने की?
(a) स्वामी विवेकानन्द
(b) स्वामी दयानन्द सरस्वती
(c) ईश्वर चन्द्र विद्यासागर
(d) राजा राममोहन राय

48. प्रति इकाई क्षेत्र में व्यक्तियों की संख्या ········ का माप देती है।
(a) जनसंख्या वृद्धि दर
(b) जनसंख्या लिंगानुपात
(c) जनसंख्या घनत्व
(d) जनसंख्या आवागमन

49. भारत के मन्दिरों से सम्बन्धित दिए गए कथनों में से कौन-से कथन सत्य हैं?
I. नागर शैली की वास्तुकला को उत्तर भारतीय शैली के नाम से भी जाना जाता है।
II. द्रविड़ शैली की वास्तुकला को दक्षिण भारतीय शैली के रूप में भी जाना जाता है।
(a) केवल I
(b) I और II दोनों
(c) न तो I और न ही II
(d) केवल II

50. निम्न में से कौन-सी भारत की सबसे पुरानी पर्वत श्रेणी है?
(a) पूर्वी घाट (b) अरावली श्रेणी
(c) पश्चिमी घाट (d) सतपुड़ा श्रेणी

खण्ड-ब भाषा (हिन्दी)

51. निम्नलिखित प्रश्न में चार विकल्प दिए गए हैं जिनमें से उस विकल्प का चयन करें, जो दिए गए शब्द/वाक्य का सबसे अच्छा 'एक शब्द' विकल्प है।
'उपकार को मानने वाला'
(a) कृतज्ञ (b) कृतघ्न
(c) परोपकारी (d) धर्मज्ञ

52. निम्नलिखित प्रश्न में चार विकल्प दिए गए हैं जिनमें से एक शब्द दिए गए अनेकार्थी शब्द का एक अर्थ है। उस शब्द को चुनें।
'कनक'
(a) सोना (b) चाँदी (c) चावल (d) कंगन

53. निम्नलिखित प्रश्न में चार विकल्पों में से रेखांकित पद के उचित कारक को पहचानिए।
'बोतल <u>में</u> दूध बचा है।'
(a) सम्बोधन कारक (b) अधिकरण कारक
(c) सम्बन्ध कारक (d) कर्म कारक

54. निम्नलिखित प्रश्न में चार विकल्पों में से क्रिया का सही रूप वाला विकल्प पहचानिए।
'स्कूल बस पाँच मिनट ·····।' (आना – सामान्य भविष्यत् काल)
(a) में आ गई (b) में आएगी
(c) में आ के गई (d) में आ के चली गई

55. निम्नलिखित प्रश्न में वाक्य की संरचना के आधार पर उसका भेद बताइए।
"रवि दीवार रंगने लगा है।"
(a) कृदन्त क्रिया (b) पूर्वकालिक क्रिया
(c) नामधातु क्रिया (d) संयुक्त क्रिया

56. निम्नलिखित प्रश्न में चार विकल्पों में से उस विकल्प का चयन करें, जो दिए गए शब्द का सही स्त्रीलिंग वाला विकल्प है।
'हंस'
(a) हंसिनी (b) हंसीनी
(c) हंसी (d) हंसिया

57. निम्नलिखित प्रश्न में चार विकल्पों में से दिए गए शब्द का सही पुल्लिंग रूप वाला विकल्प चुनिए।
'कुम्हार'
(a) कुम्हारी (b) कुम्हारिन
(c) कॉमहिन (d) कुम्हरईन

58. नीचे दिए गए शब्द का सही बहुवचन रूप वाला विकल्प पहचानिए।
चुटिया
(a) चुटियाँ (b) चुटियों
(c) चुटियो (d) चटियाये

59. निम्नलिखित प्रश्न में चार विकल्पों में से उस विकल्प को चुनिए, जो सही पूर्णरूपेण वर्ण-विच्छेद वाला है।
कृपण
(a) करी + प + ण
(b) क + ऋ + प + आ + ण
(c) क + ऋ + प + आ + ण + अ
(d) क् + ऋ + प् + अ + ण् + अ

60. निम्न चार विकल्पों में से शुद्ध वर्तनी वाला शब्द पहचानिए
(a) कृष्ण (b) क्रष्ण
(c) कृषण (d) कृश्ण

61. निम्नलिखित प्रश्न में चार विकल्पों में से उस विकल्प का चयन करें, जो दिए गए वाक्य में विशेषण शब्द की विशेषता प्रकट करता है।
"इस पर्वतमाला में बहुत ऊँचे-ऊँचे पहाड़ हैं।"
(a) इस (b) बहुत
(c) ऊँचे-ऊँचे (d) पहाड़

62. निम्नलिखित प्रश्न में चार विकल्पों में से उस विकल्प का चयन करें, जो दिए गए वाक्य का सही विकल्प है।
'सर्वनाम' का शाब्दिक अर्थ क्या होता है?
(a) सबका नाम (b) दूसरों का नाम
(c) अपना नाम (d) सम्बन्ध का नाम

63. निम्नलिखित प्रश्न में चार विकल्पों में से उस सही विकल्प का चयन करें जो दिए गए पद्य के उचित अलंकार रूप का सबसे अच्छा विकल्प है।
"रघुपति राघव राजा राम"
(a) अनुप्रास अलंकार (b) यमक अलंकार
(c) रूपक अलंकार (d) उपमा अलंकार

64. निम्नलिखित प्रश्न में चार विकल्पों में से, उस सही विकल्प का चयन करें, जो रेखांकित शब्दों के सही अव्यय के भेद हो– "सीता के आगे रमा खड़ी है।"
(a) क्रिया-विशेषण अव्यय
(b) सम्बन्धबोधक अव्यय
(c) समुच्चयबोधक अव्यय
(d) विस्मयादिबोधक अव्यय

65. निम्नलिखित प्रश्न में चार विकल्पों में से उस सही विकल्प का चयन करें, जो अशुद्ध वाक्य के शुद्ध रूप का सबसे अच्छा विकल्प है।
"घूमना सुबह अच्छा है।"
(a) घूमना अच्छा है सुबह (b) घूमना सुबह है अच्छा
(c) सुबह अच्छा है घूमना (d) सुबह घूमना अच्छा है

66. निम्नलिखित प्रश्न में चार विकल्पों में से, उस सही विकल्प का चयन करें, जो बताता है कि नीचे दिए गए छन्द के प्रत्येक चरण में कितनी मात्राएँ हैं?
"करते अभिषेक पयोद है, बलिहारी इस वेश की।
हे मातृभूमि! तू सत्य ही, सगुण-मूर्ति सर्वेश की।।"
(a) 15 से 13 के क्रम से 28
(b) पहले और तीसरे में 12
(c) प्रत्येक चरण में 12
(d) प्रत्येक चरण में 24

67. निम्नलिखित प्रश्न में चार विकल्पों में से उस विकल्प का चयन करें, जो दिए गए मुहावरे का सही अर्थ वाला विकल्प है।
'अंक भरना'
(a) रो पड़ना (b) गले लगाना
(c) बदल जाना (d) मूर्ख बनाना

68. निम्नलिखित प्रश्न में चार विकल्पों में से उस सही विकल्प का चयन करें, जो बताता है कि
संयोग और वियोग किस रस के रूप है?
(a) वात्सल्य (b) भयानक
(c) श्रृंगार (d) अद्‌भुत

69. निम्नलिखित प्रश्न में चार विकल्पों में से उस सही विकल्प का चयन करें, जो निर्देशानुसार वाक्य परिवर्तन वाला सही विकल्प है।
"पिता जी पत्र पढ़ रहे हैं।" (कर्मवाच्य)
(a) पत्र पिता जी द्वारा पढ़ा गया
(b) पिता जी ने पत्र पढ़ा
(c) पिता जी से पत्र पढ़ा जा रहा है
(d) पिता जी पत्र पढ़ रहे हैं

70. 'योजक चिह्न' का सही उदाहरण कौन-सा है?
(a) शिवजी और शिवेश भाई-बहन हैं
(b) हेमा, गुनगुन, माया सहेलियाँ हैं
(c) रोहन ने कहा, मुझे पढ़ाई करनी है
(d) मैं घूमने जा रही हूँ

71. निम्नलिखित प्रश्न में चार विकल्पों में से दिए गए शब्द के सही समास वाला विकल्प पहचानिए।
'सप्तसिन्धु'
(a) सात सिन्धों का समूह (b) सात सिन्धुओं का समूह
(c) सात सिन्धुओं का समूह (d) सात नदियों का समूह

72. निम्नलिखित प्रश्न में चार विकल्पों में से उस विकल्प का चयन करें, जो दिए गए शब्द का सही समान अर्थ वाला शब्द है।
'पत्थर'
(a) पाषाण (b) गिरि
(c) नभचर (d) निर्भय

73. निम्नलिखित प्रश्न में चार विकल्पों में से उस विकल्प का चयन करें, जो दिए गए शब्द का सही समान अर्थ वाला शब्द है।
'दुविधा'
(a) धर्मसंकट (b) यथातथ्य
(c) विस्तृत (d) होनहार

74. निम्नलिखित प्रश्न में चार विकल्पों में से उस विकल्प का चयन करें, जो उपसर्ग से बना शब्द नहीं है
(a) पुनर्जन्म (b) कुधर्म
(c) आजीवन (d) दिखावा

75. एक विद्यार्थी को अपने स्कूल के प्रधानाचार्य को अभिनिवेदन में क्या लिखना चाहिए ?
(a) आपका
(b) भवदीय
(c) आपका आज्ञाकारी शिष्य
(d) आपका सेवक

76. जिह्वा के आधार पर स्वर कितने प्रकार के होते हैं?
(a) 2 (b) 3 (c) 4 (d) 6

77. निम्न में कौन-सा शब्द स्त्रीलिंग है?
(a) विवाद (b) सार (c) रूप (d) आय

78. 'सदानन्द' का सन्धि विच्छेद कीजिए:
(a) सत् + आनन्द (b) सत + आनन्द
(c) सद + आनन्द (d) सदा + आनन्द

79. 'परमेश्वर' में कौन-सा समास है?
(a) द्वन्द्व (b) कर्मधारय
(c) अव्ययीभाव (d) तत्पुरुष

80. 'अध्यक्ष' में कौन-सा उपसर्ग है?
(a) अभि (b) अधि
(c) अत (d) अद

81. 'सावधानी' में कौन-सा प्रत्यय है?
(a) नी (b) धानी
(c) ई (d) आनी

82. निम्न में कौन-सा शब्द तत्सम है?
(a) प्रिय (b) पिया
(c) मोर (d) चार

83. निम्न में कौन-सा शब्द तत्सम नहीं है?
(a) वचन (b) शलाका
(c) तिक्त (d) चार

84. निम्न में कौन-सा शब्द विदेशज है?
(a) रिक्शा (b) जूता
(c) तेन्दुआ (d) नव

85. 'गाय' कौन-सी संज्ञा है?
(a) व्यक्तिवाचक (b) जातिवाचक
(c) भाववाचक (d) द्रव्यवाचक

86. हिन्दी में कुल कितने सर्वनाम हैं?
(a) 9 (b) 10
(c) 11 (d) 12

87. 'पर्वतीय' कौन-सा विशेषण है?
(a) गुणवाचक (b) संख्यावाचक
(c) परिमाणवाचक (d) सार्वनामिक

88. निम्न में कौन-सा शब्द विशेषण है?
(a) आगरा (b) चमकीला
(c) कुछ (d) लिखना

89. 'राम सो रहा है' इस वाक्य में कौन-सी क्रिया है?
(a) अकर्मक (b) सकर्मक
(c) प्रेरणार्थक (d) द्विकर्मक

90. 'वह एक सप्ताह बाद आया' इस वाक्य में कौन-सा शब्द क्रिया विशेषण है?
(a) वह (b) एक
(c) बाद (d) आया

91. 'सेनाएँ युद्ध क्षेत्र से आगे बढ़ीं' इस वाक्य में सम्बन्ध वाचक शब्द बताइए;
(a) सेनाएँ (b) युद्ध क्षेत्र
(c) आगे (d) बढ़ी

92. 'वह आया और मैं गया' इस वाक्य में समुच्चयबोधक शब्द बताइए।
(a) वह (b) आया
(c) और (d) गया

93. कौन-सा शब्द 'अनीक' का पर्यायवाची है?
(a) अर्जुन (b) सेना
(c) अग्नि (d) घोड़ा

94. 'अभय-उभय' शब्द युग्म का सही अर्थ है;
(a) निर्भय – दोनों (b) हवा – अग्नि
(c) पढ़ना – पढ़ाना (d) दोनों – निर्भय

95. 'अलि-अली' शब्द युग्म का सही अर्थ है;
(a) कन्धा-हिस्सा
(b) भौंरा-सखी
(c) दमन-दामन
(d) दसन-दर्शन

निर्देश (प्र.सं. 96-99) *दिए गए गद्यांश को ध्यानपूर्वक पढ़कर निम्न प्रश्नों के उत्तर दीजिए।*

कुन्ती अपने लाड़ले लाल को, अपने हृदय के टुकड़े को, अपने प्यारे नवजात शिशु को नदी में छोड़कर लौट आई। वह छोटी नदी थी। वायु अनुकूल थी, दैव की गति जानी नहीं जाती। वह नदी चम्बल नदी में जाकर मिलती है। अब शिशु की पिटारी बहती-बहती चम्बल नदी में आ गई। इटावे के पास चम्बल नदी आकर यमुना में मिलती है अतः चम्बल के प्रवाह के साथ वह भी यमुना में आ गई और यमुना के साथ प्रयाग की ओर बढ़ी। तीर्थराज प्रयाग में जाकर यमुना, गंगा में मिल जाती है अतः अब वह मंजूषा शिशु को लेकर काशी की ओर बहने लगी। उसके साथ न कोई मल्लाह था न पथ प्रदर्शक। भाग्य उसे स्वयं ही बहाकर ले जा रहा था। काशीपुरी, पाटलिपुत्र आदि राज्यों की सीमा को पार करती हुई गंगा के प्रवाह के साथ वह मंजूषा बिना किसी रुकावट के आगे बढ़ी चली जा रही थी। आगे चलकर वह अंग देश की सीमा में पहुँची। अब मानो उसकी यात्रा समाप्त होगी उसी समय चम्पा नगरी के राजा अधिरथ अपनी स्त्री राधा और अपने सेवकों के सहित गंगा स्नान करने आए थे। उन्होंने दूर से इस सुन्दर-सी पेटी को जाह्नवी की लहरों के साथ क्रीड़ा करते देखा। अन्त में उन्होंने अपने सेवकों को आज्ञा दी-सामने यह जो मंजूषा बहती जा रही है उसे पकड़ कर लाओ।

96. कुन्ती अपने नवजात सुकुमार शिशु को कहाँ छोड़कर आई थी?
(a) तालाब (b) नदी (c) समुद्र (d) कुआँ

97. मंजूषा को कौन लेकर जा रहा था?
(a) सेवक (b) मल्लाह
(c) पथप्रदर्शक (d) भाग्य

98. राजा अधिरथ ने सेवकों को क्या आज्ञा दी थी?
(a) मंजूषा को लाने की
(b) शिशु को लाने की
(c) सेना को लाने की
(d) राधा को लाने की

99. चम्पा नगरी के राजा किसके साथ गंगा-स्नान करने आए थे?
(a) राधा और सेवक
(b) सेना और सेवक
(c) राधा और सेना
(d) सेना और शिशु

100. जब कोई सरकारी पत्र ज्ञापन या कार्यालय ज्ञापन एक साथ अनेक प्रेषितयों को भेजा जाए उसे क्या कहते हैं?
(a) आदेश (b) अनुस्मारक पत्र
(c) अधिसूचना (d) परिपत्र

द्वितीय प्रश्न-पत्र

खण्ड-अ तार्किक अभिरुचि

1. निम्नलिखित वेन आरेख में, वृत्त, 'सब्जियों' को निरूपित करता है, त्रिभुज, 'जड़ों को निरूपित करता है, वर्ग 'कठोर मृदा' को निरूपित करता है, और आयत 'गर्मियों' को निरूपित करता है। निम्नलिखित में से कौन-सा अक्षर उन जड़ वाली सब्जियों को निरूपित करता है, जो गर्मी में उगती हैं, लेकिन कठोर मृदा में नहीं उगती हैं?

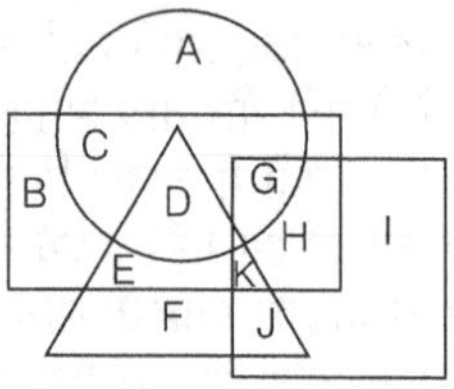

(a) G (b) K
(c) E (d) D

2. उस विकल्प का चयन करें, जिसका तीसरे पद से वही सम्बन्ध है, जो दूसरे पद का पहले पद से है।

BLOCK : LBPKC : : MARGIN : ?

(a) OBHQHL (b) OHQHBL
(c) OHBHQL (d) OHHQBL

3. दिए गए पैटर्न का ध्यानपूर्वक अध्ययन करें और उस संख्या का चयन करें, जो इसमें प्रश्नवाचक चिह्न (?) के स्थान पर आ सकती है।

13 26 39
30 42 ?
17 16 15

(a) 40 (b) 54 (c) 45 (d) 60

4. दिए गए चित्र में कागज के एक टुकड़े को मोड़ने का क्रम और मुड़े हुए टुकड़े को काटने की विधि दर्शाई गई है। यह कागज खोलने पर कैसा दिखेगा?

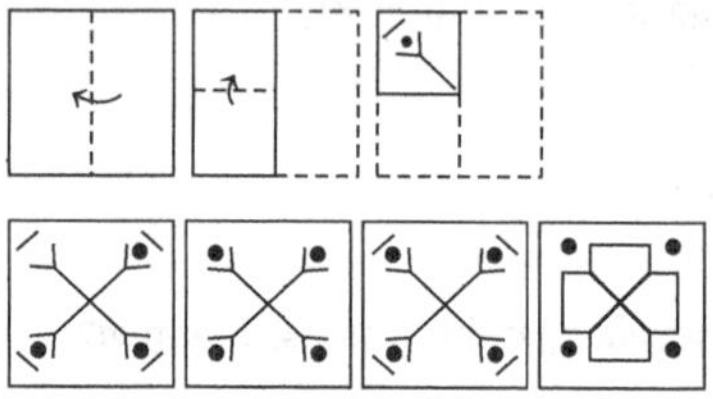

(a) (b) (c) (d)

5. दिए गए विकल्पों में से उस आकृति का चयन कीजिए, जो निम्नांकित आकृति शृंखला में प्रश्नवाचक चिह्न (?) के स्थान पर आ सकती है।

(a) (b) (c) (d)

6. पाँच मित्र, P, Q, R, S और T दक्षिण दिशा की ओर मुख करके एक पंक्ति में बैठे हैं। Q, मध्य स्थान पर बैठा है। P पश्चिमी सिरे पर बैठा है। T और R, Q के एक ही ओर बैठे हैं। P और R के बीच दो व्यक्ति बैठे हैं। Q और P के बीच में कौन बैठा है?

(a) Q (b) T (c) S (d) R

7. एक काल्पनिक गणितीय प्रणाली में, चिह्न '–' का अर्थ जोड़ है, चिह्न '+' का अर्थ भाग है, चिह्न '×' का अर्थ घटाना है, और चिह्न '÷' का अर्थ गुणा है। गणित के अन्य सभी नियम मौजूदा प्रणाली के समान हैं। निम्नलिखित व्यंजक का मान ज्ञात कीजिए।

$240 \times 72 + 8 \div 24 - 6$

(a) 19 (b) 26 (c) 36 (d) 30

8. दिए गए कथनों और निष्कर्षों को ध्यानपूर्वक पढ़ें। कथनों में दी गई जानकारी को सत्य मानते हुए विचार करें, भले ही वह सामान्य रूप से ज्ञात तथ्यों से भिन्न प्रतीत होती हों, और बताइए कि दिए गए निष्कर्षों में से कौन-से, तार्किक रूप से कथनों का पालन करते हैं?

कथन

सभी नीले, सफेद हैं।
कुछ सफेद, स्लेटी हैं।

निष्कर्ष

I. सभी स्लेटी, सफेद हैं।
II. सभी स्लेटी, नीले हैं।

(a) केवल निष्कर्ष I पालन करता है।
(b) न तो निष्कर्ष I और न ही निष्कर्ष II पालन करता है।
(c) दोनों ही निष्कर्ष पालन करते हैं।
(d) केवल निष्कर्ष II पालन करता है।

9. उस विकल्प का चयन करें, जिसका तीसरे शब्द से वही सम्बन्ध है, जो दूसरे शब्द का पहले शब्द से है।

भुवनेश्वर : ओडिशा :: आइज़ोल : ?

(a) मिज़ोरम (b) मेघालय
(c) मणिपुर (d) त्रिपुरा

10. किसी निश्चित कूट भाषा में, 'ARROW' को 'FOOSE' लिखा जाता है और 'GERM' को 'THOR' लिखा जाता है। उसी भाषा में 'MOWER' को किस प्रकार लिखा जाएगा?

(a) SHORE (b) ROSHE
(c) HORSE (d) RSEHO

11. उस विकल्प का चयन करें, जिसका तीसरी संख्या से वही सम्बन्ध है, जो दूसरी संख्या का पहली संख्या से है।

31 : 90 : : 43 : ?

(a) 125 (b) 102 (c) 130 (d) 75

12. अक्षरों के उस संयोजन का चयन करें, जिसे दी गई श्रेणी के रिक्त स्थानों पर क्रमिक रूप से रखने पर श्रेणी पूर्ण हो जाएगी।

C 2 _ X 2 C C _ X X 2 _ C 2 _ X _ C

(a) C2X2X (b) XCX2C
(c) AXX2C (d) X2CX2

13. निम्नलिखित चार अक्षर-समूहों में से तीन किसी तरह से संगत हैं और एक असंगत है। उस अक्षर-समूह का चयन करें, जो असंगत है।

(a) QRS (b) NMP
(c) HIJ (d) DEF

14. एक विशिष्ट कूट भाषा में, 'India is my country' का अर्थ '8573' है, 'Sam is my friend' का अर्थ '8634' है, 'My country' का अर्थ '73' और 'Team India' का अर्थ '59' है। उस कूट भाषा में 'Country' के लिए प्रयुक्त कूट क्या है?

(a) 3 (b) 7 (c) 8 (d) 5

15. उस विकल्प का चयन करें, जिसमें दी गई आकृति अंतर्निहित है (घुमाने की अनुमति नहीं है)।

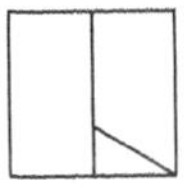

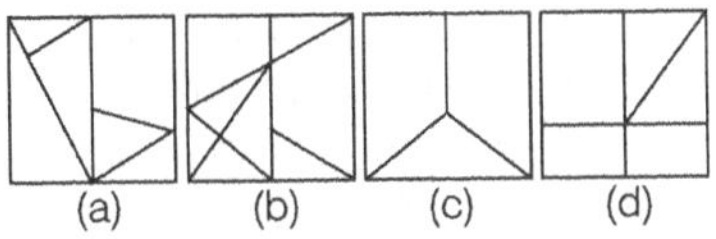

16. दिए गए विकल्पों में से उस अक्षर-समूह का चयन कीजिए, जो दी गई श्रृंखला में प्रश्नवाचक चिह्न (?) के स्थान पर आ सकता है।

SKH, PMG, MOF, JQE, ?

(a) HSD (b) SDF
(c) GSD (d) GTD

17. उस सही विकल्प का चयन करें, जो दिए गए शब्दों के उस क्रम को दर्शाता है, जिस क्रम में वे अंग्रेजी शब्दकोष में मौजूद होते हैं।

1. Prestige 2. Pristine
3. Prescribe 4. Prepaid
5. Premium

(a) 5, 4, 3, 1, 2 (b) 5, 3, 4, 1, 2
(c) 4, 5, 3, 2, 1 (d) 4, 5, 3, 1, 2

18. दिए गए विकल्पों में से उस संख्या का चयन कीजिए, जो निम्नलिखित श्रेणी में प्रश्नवाचक चिह्न (?) के स्थान पर आएगी।

19, 23, 32, 48, 73, ?

(a) 111 (b) 109
(c) 108 (d) 103

19. X, $, Y, &, Z और @ अक्षरों/प्रतीकों द्वारा चिह्नित एक ही पासे की दो विभिन्न स्थितियाँ दर्शाई गई हैं। उस अक्षर/प्रतीक का चयन करें, जो $ प्रतीक दर्शाने वाले फलक के विपरीत फलक पर होगा।

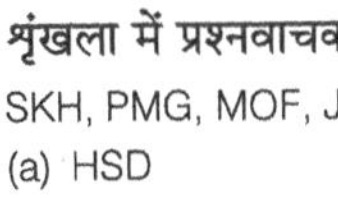

(a) Z (b) X (c) @ (d) &

20. 'R+S' का अर्थ है –'R, S की पुत्री है'। 'R–S' का अर्थ है – 'R,S का पति है'। 'R × S' का अर्थ है – 'R, S का भाई है'।
यदि 'T × V + Z' है, तो निम्नलिखित में से कौन-सा विकल्प सत्य है?

(a) T, Z का पिता है।
(b) T, Z का पुत्र है।
(c) T, Z का चाचा/ताऊ/मामा/मौसा/फूफा है।
(d) T, Z का भाई है।

21. दिए गए संयोजन के सही दर्पण प्रतिबिम्ब का चयन करें, जब दर्पण को निम्नांकित चित्रानुसार 'PQ' पर रखा गया है।

22. आठ मित्र, A, B, C, D, E, F, G और H सभी एक सीधी रेखा में उत्तर की ओर मुख करके बैठे हैं। F, D और G के बीच बैठा है। B, H और A के बीच बैठा है। E, G के बाईं ओर तीसरे स्थान पर है। G एक सिरे पर बैठा है। H, C के बाईं ओर तीसरे स्थान पर है। A और E के बीच कौन बैठा है?

(a) D (b) B (c) C (d) H

23. दिए गए कथनों और निष्कर्षों को ध्यान से पढ़ें। यह मानते हुए कि कथनों में दी गई जानकारी सत्य है, भले ही यह सामान्य रूप से ज्ञात तथ्यों से भिन्न प्रतीत होती हो, यह निर्णय लें कि दिए गए निष्कर्षों में से कौन-सा/कौन-से निष्कर्ष कथनों का तार्किक रूप से अनुसरण करता है/करते हैं?

कथन

कुछ बिल्लियाँ, पशु हैं।
सभी पशु, पौधे हैं।

निष्कर्ष

I. सभी बिल्लियाँ, पौधे हैं।
II. कुछ पौधे, बिल्लियाँ हैं।
III. कुछ पौधे, पशु हैं।
IV. सभी पशु, बिल्लियाँ हैं।

(a) केवल निष्कर्ष I अनुसरण करता है।
(b) केवल निष्कर्ष I, II और III अनुसरण करते हैं।
(c) सभी निष्कर्ष अनुसरण करते हैं।
(d) केवल निष्कर्ष II और III अनुसरण करते हैं।

24. विकल्पों में चार संख्या-त्रिक दिए गए हैं, जिनमें से तीन किसी तरह से संगत हैं और कोई एक असंगत है। असंगत संख्या त्रिक का चयन कीजिए।

(a) (46, 65, 82)
(b) (54, 73, 90)
(c) (21, 40, 57)
(d) (39, 48, 75)

25. एक विशिष्ट कूट भाषा में, 'PHENYL' का कोड '9-11-17-8-5-13' और 'COLONY' का कोड '6-12-13-12-8-5' है। इसी कूट भाषा में 'COLONEL' का कोड क्या होगा?

(a) 6-17-12-13-8-13-11
(b) 6-12-12-13-8-17-13
(c) 6-12-13-12-8-17-13
(d) 6-12-12-13-8-11-13

26. अदिति, संकेत की पुत्री है। वृत्ति, अंकित की पुत्री है। कृति, माही की माँ है। नीता, संकेत की पत्नी है। नीता, वृत्ति की माँ कृति की सास है। निम्नलिखित में से कौन-सा कथन सही नहीं है?

(a) कृति, संकेत की पुत्री है
(b) वृत्ति, माही की बहन है
(c) अदिति, नीता की पुत्री है
(d) अंकित, माही का पिता है

27. उस पासे/उन पासों का चयन कीजिए जिसे/जिन्हें दी गई शीट को रेखाओं पर मोड़कर बनाया जा सकता है।

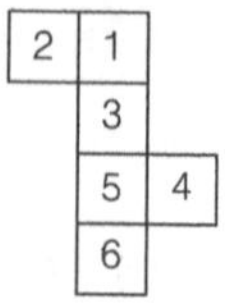

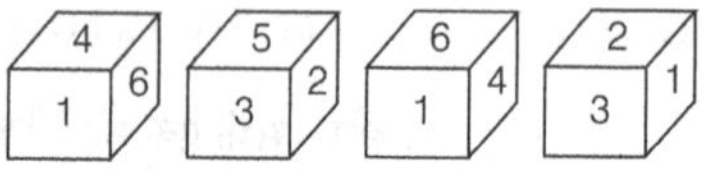

(a) (b) (c) (d)

(a) केवल B
(b) केवल B और D
(c) केवल B, C और D
(d) केवल A और C

28. उस वेन आरेख का चयन करें, जो निम्नलिखित वर्गों के बीच के सम्बन्ध को सबसे अच्छे तरीके से दर्शाता है।
विद्यालय, शिक्षक, कर्मचारी

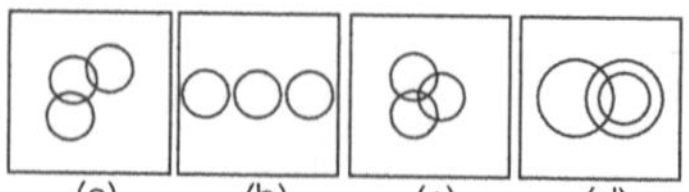

(a) (b) (c) (d)

29. जिस प्रकार 'प्रयोगकर्ता', 'प्रयोगशाला' से सम्बन्धित है, उसी प्रकार, 'रसोईया' से सम्बन्धित होगा
(a) रसोईघर (b) बर्तन
(c) खाना बनाना (d) भोजन

30. यदि 'A' 'जोड' को 'B', 'गुणा' को 'C', 'घटाव' को और 'D' भाग को प्रदर्शित करते हों, तब निम्नलिखित समीकरण का मान क्या होगा?
100 D (1B4) A2B (13A11) C3B (17C12)
(a) 60 (b) 58
(c) 52 (d) 49

31. एक कक्षा में 64 छात्र हैं, जिसमें कोमल की रैंक, अपनी सहेली शिखा की रैंक से 6 स्थान नीचे है (नीचे की ओर), जोकि अन्तिम से 59वीं रैंक पर है। शीर्ष से देखा जाए, तो कक्षा में कोमल की रैंक क्या होगी?
(a) 12वीं (b) 16वीं
(c) 15वीं (d) 19वीं

32. P, Q, R, S, T और U छः दोस्त एक वृत्ताकार मेज के परितः एक-दूसरे से समान दूरी पर केन्द्र की ओर मुख करके बैठे हैं। U, T के बाएँ चौथे स्थान पर बैठा है। कोई S और T के बीच में बैठा है, लेकिन यह P नहीं है। R, U के ठीक बाएँ बैठा है। T के सामने कौन बैठा है?
(a) Q (b) P
(c) S (d) R

33. उस विकल्प का चयन करें, जिसे खाली जगह में रखने पर शृंखला पूर्ण हो जाएगी।
EBA, _____ , UJI, ONO, IRU
(a) PJA (b) AFE (c) PIA (d) QJZ

34. अक्षर-समूह दिए गए हैं, जिनमें से तीन किसी प्रकार से समान हैं और एक भिन्न है। भिन्न अक्षर-समूह का चयन करें।
(a) CHMRW (b) DJOTY
(c) BGLQV (d) DINSX

35. शाम, जब रोजी बाजार जा रही थी, तो उसने सूर्य को अपने दाएँ देखा। वह 100 मी चली और बाएँ मुड़कर 50 मी चलकर चौराहे पर पहुँची। वहाँ से वह 40 मी दक्षिण की ओर चली और अन्ततः वह बाएँ मुड़कर 60 मी चलकर बाजार पहुँची। उसके घर से बाजार किस दिशा में हैं?
(a) दक्षिण-पूर्व (b) दक्षिण-पश्चिम
(c) उत्तर-पश्चिम (d) उत्तर-पूर्व

36. A, C का पुत्र है, लेकिन C, A की माँ नहीं है। B, A की बहन है। C और D विवाहित युगल हैं। E, C की माँ है। A की माँ कौन है?
(a) B (b) D (c) E (d) C

37. यदि दी गई अक्षर शृंखला के पहले आधे भाग को उलट दिया जाता है, तो निम्न में से कौन-सा विकल्प दाईं ओर से आठवें के बाईं ओर से तीसरा अक्षर होगा?
A U R R G H R S W C G I O P D S Q T
(a) W (b) U (c) A (d) R

38. एक साइकिल चलाने वाला पूर्व की ओर 2 किमी चला ओर फिर बाएँ मुड़कर 1 किमी चला। वहाँ से, वह बाएँ मुड़कर और 800 मी चलकर एक चाय की दुकान पर पहुँचा। वहाँ कुछ देर रुकने के बाद, वह दक्षिण की ओर मुड़ा औ 500 मी चला। वहाँ से, वह दाएँ मुड़ा और 1.2 किमी चला। अन्ततः वह दाएँ मुड़ा और 1 किमी चला। वह अब अपने प्रारम्भिक स्थान से किस दिशा में है?
(a) उत्तर (b) पूर्व (c) पश्चिम (d) दक्षिण

39. यदि '$<$' का अर्थ '$\times$' है, '$\times$' का अर्थ '$-$' है, '$\div$' का अर्थ '$+$' है, और '$+$' का अर्थ '$\div$' है, तो निम्न व्यंजक का मान ज्ञात करें।
$5 \div 3 < 2 + (9 \div 3) \times 2 = ?$
(a) 1 (b) 7 (c) 5 (d) 12

40. निम्न शब्दों को तार्किक और सार्थक क्रम में व्यवस्थित करें।
1. पेस्ट करना2. कॉपी करना
3. सेवा करना4. प्रिण्ट करना
5. चयन करना
(a) 2, 1, 5, 3, 4 (b) 5, 2, 1, 3, 4
(c) 2, 1, 3, 4, 5 (d) 5, 4, 2, 1, 3

41. A, ऊँचाई में B से बड़ा है। C और D ऊँचाई में समान हैं। E, ऊँचाई में B से छोटा लेकिन D से बड़ा है। F, ऊँचाई में C से छोटा है, जोकि B से छोटा है। इन सभी में ऊँचाई में सबसे छोटा कौन है?
(a) F (b) E (c) D (d) C

42. तमन्ना अपने घर से उत्तर दिशा की ओर चल रही है। 500 मी चलने के बाद वह बाएँ मुड़ी और 500 मी चली। फिर वह बाएँ मुड़ी और 250 मी चली और अपने दोस्त के घर पहुँच गई। उसके दोस्त के घर से उसका घर किस दिशा में है?
(a) दक्षिण-पूर्व (b) दक्षिण-पश्चिम
(c) उत्तर (d) दक्षिण

43. दिए गए पैटर्न का ध्यानपूर्वक अध्ययन करें और उस संख्या का चयन करें, जो इसमें प्रश्नवाचक चिह्न (?) के स्थान पर हो सकती है।

125	25	10
216	49	13
27	121	?

(a) 14 (b) 12
(c) 8 (d) 16

44. रीना और उसके पिता की आयु का योगफल 60 है और उनकी आयु के बीच का अन्तर 36 है। रीना के पिता की आयु ज्ञात करें।
(a) 48 वर्ष (b) 52 वर्ष
(c) 58 वर्ष (d) 60 वर्ष

45. 10 छात्रों वाले समूह को उनकी आयु के अनुसार किसी पंक्ति में बैठाया गया है। रोहन, शुरुआत से छठे स्थान पर बैठा है और उसकी दोस्त सौम्या पंक्ति के अन्त से नौवें स्थान पर बैठी है। उनके बीच कितने छात्र बैठे हैं?
(a) 3 (b) 2 (c) 4 (d) 5

46. चिह्नों के उस संयोजन का चयन करें, जिन्हें दिए गए रिक्त स्थानों में क्रामिक रूप से रखने पर दिया गया समीकरण सन्तुलित हो जाएगा।
7_3_4_12_6 = 19
(a) −, ×, +, ÷ (b) ×, −, +, ÷
(c) ÷, ×, +, − (d) +, ÷, ×, −

47. A, B का पति है। D, C का इकलौता पुत्र है, जो E का भाई है। B, F की बहू है, जिसकी पत्नी की मृत्यु हो चुकी है। C, F का पुत्र है। परिवार में कितने पुरुष सदस्य हैं?
(a) 5 (b) 4
(c) 3 (d) 2

48. जोश, सोनल का बेटा है। सोनल, मानसी की बहन है और मानवी की माँ है। तारू, मानवी का पति है। जोश का तारू से क्या सम्बन्ध है?
(a) ससुर (b) चचेरा भाई
(c) साला (d) भाई

49. एक सुबह, रीती पूर्व की ओर चलती है और अपने दोस्त सन्जू को किसी दिशा से आते हुए देखती है। वह, सन्जू की परछाई को उसकी दाईं ओर देखती है। सन्जू किस दिशा से आ रहा है?
(a) पूर्व (b) उत्तर
(c) दक्षिण (d) पश्चिम

50. दिए गए पैटर्न का ध्यानपूर्वक अध्ययन करें और उस संख्या का चयन करें, जो इसमें प्रश्नवाचक चिह्न (?) के स्थान पर हो सकती है।

14	12	336
15	18	540
16	?	416

(a) 11 (b) 14
(c) 12 (d) 13

खण्ड–ब कला वर्ग

51. जलियाँवाला बाग जनसंहार किस वर्ष में हुआ था?
(a) 1910 (b) 1925
(c) 1919 (d) 1920

52. निम्नलिखित राजवंशों को अपने शासन की अवधि के अनुसार सही क्रम में व्यवस्थित करें।
कूट
1. तुगलक राजवंश 2. लोदी राजवंश
3. सैय्यद वंश 4. खिलजी वंश
(a) 2, 1, 4, 3 (b) 4, 1, 3, 2
(c) 3, 1, 2, 4 (d) 1, 4, 2, 3

53. भारतीय राष्ट्रीय काँग्रेस की स्थापना किस वर्ष में हुई थी?
(a) 1880 (b) 1885
(c) 1890 (d) 1895

54. प्रसिद्ध जंग प्रतिरोधी लौह स्तम्भ कहाँ पर स्थित है?
(a) मैसूर (b) दिल्ली
(c) हैदराबाद (d) कोलकाता

55. अपने शासन के अन्तिम वर्षों में अकबर की सत्ता राजकुमार सलीम के विद्रोहों के कारण लड़खड़ायी, जो भविष्य में सम्राट .... कहलाए।
(a) औरंगजेब (b) जहाँगीर
(c) शाहजहाँ (d) बहादुरशाह

56. वर्ष 1824 में सिपाहियों ने ईस्ट इण्डिया कम्पनी के लिए लड़ने के लिए समुंद्र मार्ग से कहाँ जाने से इनकार कर दिया?
(a) युनाइटेड किंगडम (b) बर्मा
(c) फ्रांस (d) डच

57. गुप्तवंश के किस शासक ने सबसे पहले महाराजाधिराज जैसी बड़ी उपाधि धारण की थी?
(a) अशोक (b) चन्द्रगुप्त-I
(c) समुद्रगुप्त (d) चन्द्रगुप्त-II

58. 1761 की पानीपत की तीसरी लड़ाई में कौन पराजित हुए थे?
(a) मुगल (b) मराठा
(c) हैदराबाद के निजाम (d) फ्रेंच

59. निम्नलिखित में से कौन-सी अक्षांश रेखा यूरोप से होकर गुजरती है?
(a) आर्कटिक वृत्त (b) कर्क रेखा
(c) अण्टार्टिक वृत्त (d) मकर रेखा

60. भारत का कश्मीर से कन्याकुमारी तक उत्तर-दक्षिण विस्तार लगभग कितना है?
(a) 2500 किमी (b) 2900 किमी
(c) 3200 किमी (d) 3600 किमी

61. पृथ्वी के आकार को कैसा बताया जाता है?
(a) परिपत्र (b) अण्डाकार
(c) चपटा अण्डाकार (d) गोलाकार

62. रूस में यूराल पर्वत किस प्रकार के पर्वत हैं?
(a) पुराने वलित पर्वत (b) युवा वलित पर्वत
(c) भ्रंशोत्थ पर्वत (d) ज्वालामुखी पर्वत

63. उत्तर अयनान्त के समय उत्तरी गोलार्द्ध में कौन-सी ऋतु होती है?
(a) शीत (b) ग्रीष्म
(c) वसन्त (d) पतझड़

64. कौन-सी पर्वत शृंखला एशिया को यूरोप से अलग करती है?
(a) हिमालय (b) एण्डीज
(c) यूराल (d) रॉकी

65. उत्तरी गोलार्द्ध में वर्ष कि किस तिथि को उत्तर अयनान्त होता है?
(a) 21 मार्च (b) 23 सितम्बर
(c) 21 जून (d) 22 दिसम्बर

66. यूरेशिया एशिया तथा .... का संयुक्त भू-भाग है।
(a) यूरोप (b) रूस
(c) अफ्रीका (d) ग्रीनलैण्ड

67. निम्नलिखित में से कौन-सा/कौन-से भारतीय सरकार का अंग है?
I. मीडिया II. विधायिका
III. कार्यकारी IV. न्यायपालिका
(a) I और II (b) I, II और III
(c) II, III और IV (d) I, III और IV

68. किस प्रकार की सरकार नागरिकों का सम्मान बढ़ाती है?
(a) कुलीनतान्त्रिक (b) एकतान्त्रिक
(c) लोकतान्त्रिक (d) राजतान्त्रिक

69. भारतीय संविधान में कितने प्रकार के प्रादेश जारी किए जा सकते हैं?
(a) एक (b) पाँच
(c) सात (d) ग्यारह

70. किस प्रकार के शासन में शासकों का चुनाव लोग करते हैं?
(a) एकतान्त्रिक (b) लोकतन्त्र
(c) कुलीनतन्त्र (d) राजतन्त्र

71. किस मौलिक अधिकार के तहत 'कानून के नज़र में सभी लोग समान हैं?
(a) स्वतन्त्रता का अधिकार
(b) सांस्कृतिक और शैक्षणिक अधिकार
(c) समानता का अधिकार
(d) शोषण के विरुद्ध अधिकार

72. भारतीय संविधान के किस भाग में राज्य के नीति-निर्देशक सिद्धान्त वर्णित हैं?
(a) भाग-I (b) भाग-II
(c) भाग-III (d) भाग-IV

73. नागरिक कौन-से मौलिक अधिकार का सहारा लेकर अदालत जा सकता है, जब उसे लगता है कि राज्य द्वारा उसके किसी मौलिक अधिकार का उल्लंघन किया जा रहा है?
(a) समानता का अधिकार
(b) स्वतन्त्रता का अधिकार
(c) शोषण के विरुद्ध अधिकार
(d) संवैधानिक उपचार का अधिकार

74. भारतीय संविधान के किस खण्ड को आम तौर पर उसकी 'अन्तरात्मा' भी कहा जाता है?
(a) मौलिक कर्तव्य
(b) मौलिक अधिकार
(c) राज्य के नीति-निदेशक तत्व
(d) उपरोक्त में से कोई नहीं

75. राष्ट्रीय आय की गणना कैसे की जाती है?
(a) निवल (नेट) राष्ट्रीय उत्पाद – अप्रत्यक्ष कर + अनुवृत्ति
(b) निवल (नेट) घरेलू उत्पाद – अप्रत्यक्ष कर – मूल्यह्रास
(c) निवल (नेट) घरेलू उत्पाद + अप्रत्यक्ष कर – मूल्यह्रास
(d) निवल (नेट) राष्ट्रीय उत्पाद + अप्रत्यक्ष कर – मूल्यह्रास

76. आर्थिक गतिविधियों, हालाँकि, तीन अलग-अलग श्रेणियों में वर्गीकृत है, बहुत ……. हैं।
(a) स्वतन्त्र (b) स्वायत्त
(c) असंबद्धित (d) अन्योन्याश्रित

77. अर्थशास्त्र में GDP में अक्षर D ……… को प्रदर्शित करता है।
(a) डोमेस्टिक (b) डेवलपमेण्ट
(c) डेपरिसिएशन (d) डिस्ट्रकशन

78. प्राकृतिक तन्त्र की क्षमता को बनाए रखने के साथ ही मनुष्यों का विकास ……… कहा जाता है।
(a) अविश्वसनीय विकास (b) पर्यावरण विकास
(c) सतत विकास (d) सामाजिक विकास

79. मानवजाति का सबसे पुराना साहित्यिक विरासत कौन-सा है?
(a) ऋग्वेद (b) अष्टाध्यायी
(c) रत्नावली (d) अर्थशास्त्र

80. 'अनहैप्पी इण्डिया' नामक पुस्तक के लेखक कौन हैं?
(a) जवाहरलाल नेहरू (b) लाला लाजपत राय
(c) संजय बारू (d) जय शंकर प्रसाद

81. 'मोहिनीअट्टम' किस राज्य का शास्त्रीय नृत्य है?
(a) केरल (b) गोवा
(c) महाराष्ट्र (d) कर्नाटक

82. इण्टरनेट का आविष्कार किसने किया?
(a) स्टीव जॉब्स (b) जाप हैर्टसेन
(c) जैन कौम (d) विण्ट सर्फ

83. निम्नलिखित में से कौन-सा युग्म कुम्भ मेले के सन्दर्भ में गलत है?
(a) इलाहाबाद – सरस्वती
(b) नासिक – गोदावरी
(c) हरिद्वार – गोमती
(d) उज्जैन – शिप्रा

84. अफगानिस्तान के किस शहर में भारत दूतावास संचालित करता है?
(a) काबुल (b) कन्धार
(c) जलालाबाद (d) गजनी

85. सलवार, कुर्ता, टोपीज आदि जैसे सिले हुए कपड़े भारत में किसके द्वारा लाए गए?
(a) मुगलों तथा मंगोलों
(b) अफगान तथा तुर्क
(c) कुशन, शाक तथा पार्थियन
(d) पुर्तगाली तथा अंग्रेजों

86. दिए गए वाक्यांश के लिए एक शब्द दीजिए।
काम से जी चुराने वाला
(a) कर्मठ (b) मेहनती (c) कामचोर (d) निर्लज्ज

87. सही वर्तनी वाले शब्द का चयन करें
(a) अतिथीगृह (b) अतिथिगृह (c) अतिथिग्रह (d) अतीथिगृह

88. दिए गए शब्द का विलोम चुनें
शोक
(a) हर्ष (b) दुर्भाग्य (c) सौभाग्य (d) दुख

89. दिए गए शब्द के पर्यायवाची शब्द का चयन करें।
क्षति
(a) क्षमता (b) हार (c) हानि (d) श्रुति

90. दिए गए वाक्यांश के लिए एक शब्द दीजिए।
जिसके समान कोई दूसरा न हो
(a) दण्डनीय (b) गोपनीय (c) अद्वितीय (d) तुलनीय

91. रिक्त स्थान को भरने के लिए एक शब्द दीजिए।
'तुमने मेहनत नहीं की' इसलिए …… हुए।
(a) मेहमान (b) पागल (c) सफल (d) असफल

92. **निम्नलिखित में से उस विकल्प का चयन करें, जो 'बाल-बाल बचना' मुहावरे का अर्थ व्यक्त करता है।**
(a) बालों को बचाना
(b) संकट में कठिनाई से बचना
(c) कठिनाई होना
(d) आसानी से बचना

93. **रिक्त स्थान को भरने के लिए उपयुक्त शब्द का चयन करें।**
वसंत ऋतुओं का ······ है।
(a) भाई (b) नाना (c) राजा (d) मामा

94. **स्थिर मूल्यों पर सकल घरेलू उत्पाद कहलाता है**
(a) वास्तविक सकल घरेलू उत्पाद
(b) सांकेतिक सकल घरेलू उत्पाद
(c) वास्तविक राष्ट्रीय आय
(d) सांकेतिक प्रति व्यक्ति आय

95. **निम्न में से कौन-सी राष्ट्रीय आय को मापने की रीति नहीं है?**
(a) उपभोग-बचत रीति
(b) आय प्राप्ति रीति
(c) वस्तु सेवा रीति
(d) विनियोग रीति

96. **स्वर्णमान को सर्वप्रथम किस राष्ट्र ने अंगीकृत किया?**
(a) अमेरिका ने
(b) ग्रेट ब्रिटेन ने
(c) फ्रांस ने
(d) जर्मनी ने

97. **किसने सर्वप्रथम 'मिश्रित धातुमान' की बात की?**
(a) पीगू ने
(b) मार्शल ने
(c) ग्रेसम ने
(d) कीन्स ने

98. **निम्नलिखित में से कौन-सी स्वर्ण समतामान की विशेषता नहीं है?**
(a) केन्द्रीयकृत स्वर्ण कोष
(b) अन्तर्राष्ट्रीय मुद्रा कोष से सहायता
(c) विनिमय दरों का निर्धारण
(d) स्वर्ण में परिवर्तनशीलता

99. **निश्चित विश्वासाश्रित प्रणाली इंग्लैण्ड द्वारा अपनाई गई**
(a) 1840 ई. में
(b) 1844 ई. में
(c) 1850 ई. में
(d) इनमें से कोई नहीं

100. **कौन-सा पत्र मुद्रामान का गुण नहीं है?**
(a) मितव्ययी
(b) एकरूपता
(c) सुविधाजनक
(d) गैर-लोचपूर्ण

उत्तरमाला

प्रथम प्रश्न-पत्र

1 (d)	2 (d)	3 (c)	4 (a)	5 (a)	6 (c)	7 (d)	8 (b)	9 (c)	10 (c)
11 (a)	12 (a)	13 (a)	14 (c)	15 (c)	16 (c)	17 (d)	18 (c)	19 (b)	20 (b)
21 (c)	22 (c)	23 (c)	24 (d)	25 (b)	26 (a)	27 (d)	28 (a)	29 (a)	30 (a)
31 (b)	32 (d)	33 (d)	34 (d)	35 (a)	36 (b)	37 (c)	38 (a)	39 (c)	40 (b)
41 (c)	42 (d)	43 (b)	44 (c)	45 (b)	46 (a)	47 (d)	48 (c)	49 (b)	50 (b)
51 (a)	52 (a)	53 (b)	54 (b)	55 (d)	56 (a)	57 (b)	58 (a)	59 (d)	60 (a)
61 (c)	62 (a)	63 (a)	64 (b)	65 (d)	66 (a)	67 (b)	68 (c)	69 (c)	70 (a)
71 (c)	72 (a)	73 (a)	74 (d)	75 (c)	76 (b)	77 (d)	78 (a)	79 (b)	80 (b)
81 (c)	82 (a)	83 (d)	84 (a)	85 (b)	86 (c)	87 (a)	88 (b)	89 (a)	90 (c)
91 (c)	92 (c)	93 (b)	94 (a)	95 (b)	96 (b)	97 (d)	98 (a)	99 (a)	100 (d)

द्वितीय प्रश्न-पत्र

1 (d)	2 (d)	3 (b)	4 (c)	5 (d)	6 (c)	7 (d)	8 (b)	9 (a)	10 (d)
11 (b)	12 (d)	13 (b)	14 (b)	15 (b)	16 (c)	17 (a)	18 (b)	19 (d)	20 (b)
21 (d)	22 (c)	23 (d)	24 (d)	25 (c)	26 (a)	27 (c)	28 (c)	29 (a)	30 (b)
31 (a)	32 (b)	33 (b)	34 (b)	35 (a)	36 (b)	37 (b)	38 (a)	39 (c)	40 (b)
41 (a)	42 (a)	43 (a)	44 (a)	45 (a)	46 (b)	47 (b)	48 (c)	49 (b)	50 (d)
51 (c)	52 (b)	53 (b)	54 (b)	55 (b)	56 (b)	57 (b)	58 (b)	59 (a)	60 (c)
61 (c)	62 (a)	63 (b)	64 (c)	65 (b)	66 (a)	67 (c)	68 (c)	69 (b)	70 (b)
71 (c)	72 (d)	73 (d)	74 (b)	75 (a)	76 (d)	77 (a)	78 (c)	79 (a)	80 (b)
81 (a)	82 (d)	83 (c)	84 (a)	85 (b)	86 (c)	87 (b)	88 (a)	89 (c)	90 (c)
91 (d)	92 (b)	93 (c)	94 (a)	95 (d)	96 (b)	97 (c)	98 (d)	99 (b)	100 (d)

संकेत एवं हल

प्रथम प्रश्न-पत्र

1. (d) बांग्लादेश भारत के मेघालय राज्य के साथ अपनी सीमा साझा करता है। बांग्लादेश के साथ भारत के उत्तर-पूर्वी 5 राज्यों असम, पश्चिम बंगाल, मेघालय, मिजोरम एवं त्रिपुरा की सीमा स्पर्शित होती हैं। भारत एवं बांग्लादेश के बीच 4096.70 किमी की लम्बी सीमा है, जिसमें मेघालय की 443 किमी की सीमा बांग्लादेश को स्पर्शित करती है।

2. (d) छठी शताब्दी ईसा पूर्व में महाजनपद गान्धार की राजधानी तक्षशिला थी। छठी शताब्दी ईसा पूर्व में महाजनपदों की कुल संख्या 16 थी, जिसमें गान्धार महाजनपद की राजधानी के अनुसार, तक्षशिला की भौगोलिक स्थित आधुनिक पाकिस्तान में पड़ती है। इसकी राजधानी तक्षशिला एक प्रसिद्ध सांस्कृतिक स्थल थी, जहाँ पर विश्व का प्रथम विश्वविद्यालय तक्षशिला नाम से स्थापित किया गया था।

3. (c) भारतीय संविधान ने दक्षिण अफ्रीका के संविधान से 'संविधान में संशोधन' की प्रक्रिया गृहीत की है। भारतीय संविधान सभा ने भारतीय संविधान के निर्माण हेतु विभिन्न देशों में स्थापित बेहतरीन व्यवस्था को शामिल करना श्रेष्ठ समझा। इसी क्रम में दक्षिण अफ्रीकी संविधान से इन्होंने संविधान में संशोधन की प्रक्रिया शामिल की।

4. (a) एलेलाक्कराडी भारतीय राज्य केरल का आदिवासी नृत्य है।
एलेलाक्कराडी नृत्य केरल के जनजाती समुदायों द्वारा मनाया जानेवाला एक पारम्परिक त्योहार है। इस त्योहार में जनजातियों पर हमले करने वाले भालूओं और उनसे संघर्ष की कहानी एलेलाक्कराडी नामक ड्रम के माध्यम से बजाकर दिखाया जाता है। इस आदिवासी नृत्य में छोटे बच्चे, महिलाएँ और पुरुष भी शामिल होते हैं। इस नृत्य का मंचन मुख्यतः केरल के पलक्कड जिले में होता है।

5. (a) ओडिशा और आस-पास के जिलों के मन्दिरों की वास्तुकला में मन्दिर के शीर्ष पर दिखाई देने वाली पत्थर जैसी चकती (डिस्क) को आमलक कहा जाता है। आमलक संस्कृत भाषा से उद्धृत एक अपभ्रंश शब्द है, जिसका अर्थ खण्डित होता है। यह नुकीले प्रस्तर की डिस्क है। यह प्रायः हिन्दू मन्दिरों के शिखर पर स्थित होता है, जिसके ऊपर कलश स्थापित किया जाता है।
आमलक सामान्य तौर पर कमल के आकार का होता है। एक मान्यता के अनुसार, यह स्वर्ग का प्रवेश द्वार होता है, जिसके प्रतीक सूर्य देवता होते हैं।

6. (c) वर्ष 1991 की LPG रणनीति में 'L' का अर्थ लिबरलाइजेशन होता है। वर्ष 1991 में नरसिम्हा राव सरकार ने अन्तर्राष्ट्रीय दबावों एवं परिस्थितियों को ध्यान में रखकर भारत के लिए LPG रणनीति की शुरुआत की। यह उदारीकरण की नवीन शुरुआत थी, जिसने भारतीय अर्थव्यवस्था को अन्तर्राष्ट्रीय स्तर पर खोल दिया ताकि इसका लाभ सभी को प्राप्त हो सकें।

LPG के अन्तर्गत उदारीकरण, निजीकरण एवं भूमण्डलीकरण शामिल था।

7. (d) मृणालिनी साराभाई 'दर्पण एकेडमी ऑफ परफॉर्मिंग आर्ट्स' की सह-संस्थापक हैं। 'दर्पण एकेडमी ऑफ परफॉर्मिंग आर्ट्स' की स्थापना वर्ष 1949 में प्रसिद्ध अन्तरिक्ष वैज्ञानिक विक्रम साराभाई एवं उनकी पत्नी मृणालिनी साराभाई ने अहमदाबाद (गुजरात) में की थी। यह संस्था भारतीय शास्त्रीय नृत्य एवं नाटक के साथ ही वर्तमान में भारत सरकार के साथ मिलकर लगभग 50 प्रोजेक्टस पर कार्य कर रही है। इन प्रोजेक्टस में जन स्वास्थ्य, महिला सशक्तिकरण, लिंग भेद, मानवाधिकार साम्प्रदायिक हिंसा जैसे मुद्दों को शामिल किया गया है। वर्तमान में इस संस्था की अध्यक्षा मल्लिका साराभाई हैं।

8. (b) वर्ष 2011 की जनगणना के अनुसार, भारत में नगरीय जनसंख्या का प्रतिशत (अनुमानित परास के आधार पर) 30% से 35% के बीच में था।
जनगणना वर्ष 2011 के आँकड़ों के अनुसार, भारत के नगरों में निवास करने वाले लोगों का प्रतिशत लगभग 31.2 हैं। उपरोक्त विकल्प में अनुमानित परास के अनुसार सही विकल्प (b) है।

9. (c) गोरखपुर भारत के उत्तर-पूर्वी रेलवे का मुख्यालय है।
उत्तर-पूर्वी रेलवे का गठन 14 अप्रैल, 1952 को किया गया था। इसका उद्घाटन प्रथम प्रधानमंत्री पण्डित जवाहर लाल नेहरू ने किया था। वर्ष 1958 में इसका विभाजन उत्तर पूर्व सीमान्त रेलवे एवं पूर्वोत्तर रेलवे में कर दिया गया। पुनः वर्ष 2002 में उत्तर-पूर्वी रेलवे के सोनपुर एवं समस्तीपुर मण्डल का विलय नवगठित पूर्व मध्य रेलवे में कर दिया गया। पूर्व-मध्य रेलवे का मुख्यालय हाजीपुर में है।

10. (c) दिए गए विकल्पों में से 'ट्रेन टू पाकिस्तान' नामक कृति प्रसिद्ध भारतीय लेखक खुशवन्त सिंह की है। खुशवन्त सिंह ने अगस्त, 1947 में भारत विभाजन की त्रासदी पर केन्द्रित पुस्तक 'ट्रेन टू पाकिस्तान' में पंजाब को आधार बनाकर एक कल्पित गाँव मनु माजरा का वर्णन किया है। इनकी इस रचना को काफी सराहा गया तथा वर्ष 1956 में ग्रोव प्रेस अवार्ड (USA) से पुरस्कृत किया गया।

11. (a) प्लासी के युद्ध में सिराजुद्दौला की हार का मुख्य कारण 'सेनापति' मीर जाफर के नेतृत्व वाली सेना ने युद्ध में भाग नहीं लिया' था।
प्लासी का युद्ध बंगाल के नवाब सिराजुद्दौला एवं ब्रिटिश कम्पनी के मध्य 23 जून, 1757 ई. को लड़ा गया था। इस युद्ध में अंग्रेजों ने नवाब के रिश्तेदारों, अमीरों एवं सेनापति मीर जाफर को प्रलोभन देकर अपने वश में कर लिया था, जिससे सिराजुद्दौला की सेना युद्ध में पराजित हो गई थी।

12. (a) चेरा पंहारा अनुष्ठान ओडिशा की रथ यात्रा से सम्बन्धित है।
यह जगन्नाथ पुरी रथ यात्रा से सम्बन्धित है, जिसमें गजपति राजा सोने की झाडू से भगवान जगन्नाथ, बालभद्रा एवं शुभद्रा की मूर्तियों के स्थान को स्वयं साफ करते हैं। यह परम्परा शुरुआत से ही आज तक जारी है।

13. (a) दिए गए विकल्पों के अनुसार, नन्दा देवी भारत की सबसे ऊँची पर्वत चोटी है। लेकिन भारत की सभी पर्वत चोटियों में सबसे ऊँची पर्वत चोटी कंचनजंघा है। दिए गए विकल्पों में कंचनजंघा नहीं होने के कारण इसका सही उत्तर नन्दादेवी होगा। नन्दा देवी पर्वत चोटी भारत की दूसरी सबसे ऊँची चोटी है। यह उत्तराखण्ड के चमोली गढ़वाल जिले में अवस्थित है। इसकी ऊँचाई 7817 मीटर (25646 फीट) है।

14. (c) मार्ले-मिण्टो सुधारों के समय भारत के वायसराय लॉर्ड मिण्टो थे। इनके कार्यकाल (1807-1813 ई.) में ही मार्ले-मिण्टो सुधार आरम्भ हुआ था। मार्ले उस वक्त भारत सचिव (वायसराय) के पद पर कार्यरत थे। इनका मुख्य उद्देश्य राष्ट्रवादियों के मध्य फूट डालना, उदारवादियों को धोखे में रखना तथा साम्प्रदायिक निर्वाचन पद्धति को अपनाकर राष्ट्रीय एकता को खण्डित करना रहा था।

15. (c) इल्बारी वंश (दिल्ली सल्तनत) का प्रथम शासक कुतुबुद्दीन ऐबक था।

कुतुबुद्दीन ऐबक (1206-1210 ई.) मुहम्मद गोरी का गुलाम था। इसलिए इस वंश को गुलाम वंश के नाम से भी जाना जाता है। चूँकि यह एक इल्बारी तुर्क समुदाय से सम्बन्धित था। अत: इसे इल्बारी वंश के नाम से भी जाना जाता है। वह दिल्ली सल्तनत का स्थापक एवं गुलाम वंश का प्रथम सुल्तान था। ऐबक ने अपनी राजधानी लाहौर को बनाया एवं दिल्ली में कुतुबमीनार की नींव रखी।

16. (c) समशीतोष्ण घास के मैदान गेहूँ की खेती के लिए आदर्श होते हैं।

गेहूँ एक समशीतोष्ण कटिबन्धीय फसल है। इसमें फसल बोते समय तापमान 10-15°C के मध्य तथा पकते समय 20-28°C होना चाहिए। यह दोमट मिट्टी पर ज्यादा ऊपज देती है। विशिष्ट गुण के कारण इसे विश्व के कई भागों में उपजाया जाता है। भारत में गेहूँ दूसरी सबसे ज्यादा उगाई जाने वाली फसल है। यहाँ विश्व उत्पादन का आठ प्रतिशत गेहूँ उगाया जाता है।

17. (d) उपाधियों का उन्मूलन समता के अधिकार के अन्तर्गत आता है।

भारतीय संविधान के भाग-3 में अनुच्छेद (12-35) तक मौलिक अधिकारों का प्रावधान किया गया है।

समता का अधिकार (अनुच्छेद-14 अनुच्छेद-18) के अन्तर्गत अनुच्छेद-18 में उपाधियों के अन्त की व्यवस्था की गई है। इस अनुच्छेद में स्पष्ट किया गया है कि राज्य, सेना या विद्या सम्बन्धी सम्मान के अलावा कोई भी उपाधि प्रदान नहीं करेगा।

18. (c) भारतीय संविधान का अनुच्छेद-23 शोषण के विरुद्ध अधिकार प्रदान करता है।

भारतीय संविधान के भाग-3 में अनुच्छेद-12 से 35 तक मौलिक अधिकारों का वर्णन किया गया है। इसमें अनुच्छेद-23 शोषण के विरुद्ध नागरिकों की रक्षा करता है। इसके तहत् मानव तस्करी, बाल श्रम एवं बेगार पर प्रतिबन्ध आरोपित किया गया है साथ ही यह अधिकार नागरिकों एवं गैर नागरिकों दोनों को प्राप्त है।

19. (b) प्रायद्वीपीय नदी गोदावरी में सबसे बड़ी जलनिकासी घाटी (अपवाह बेसिन) है।

दक्षिण की गंगा नाम से प्रचलित गोदावरी नदी का उद्गम महाराष्ट्र के नासिक जिले में अवस्थित त्र्यम्बकेश्वर पहाड़ी से होता है। इसकी कुल लम्बाई लगभग 1465 किमी है, जो महाराष्ट्र, तेलंगाना, आन्ध्र प्रदेश और छत्तीसगढ से होकर बहती है। इसकी सहायक नदियाँ प्रवरा, पूर्णा, मंजरा, पेनगंगा, प्राणहिता, इन्द्रावती, मनेर और सबरी हैं।

20. (b) 'लूणी' नदी राजस्थान में सबसे बड़ा नदी तंत्र निर्मित करती है।

लूनी/लूणी नदी का उद्गम अरावली रेंज में अवस्थित नाग पहाड़ से होता है। अजमेर के नाग पहाड़ से निकलकर यह नागौर, जोधपुर, बाड़मेर, पाली, जालौर जिलों से गुजरते हुए कच्छ के रण में विलुप्त हो जाती है। इसकी कुल लम्बाई लगभग 511 किमी है।

21. (c) 'अनफिनिश्ड : ए मेमॉयर' प्रियंका चोपड़ा जोनस की आत्मकथा है।

प्रियंका चोपड़ा ने कोविड-19 के दौरान 6 महीने के पृथकवास में अपने जीवन पर आधारित किताब अनफिनिश्ड ए मेमॉयर की रचना की। इस पुस्तक में उन्होंने भारत में बिताएँ अपने बचपन, अमेरिका प्रवास के अनुभव एवं सौन्दर्य प्रतियोगिता समेत अपने फिल्मी जीवन पर प्रकाश डाला है।

22. (c) मृदारहित कृषि को हाइड्रोपोनिक्स कहा जाता है। कृषि की एक ऐसी पद्धति जिसमें न तो मिट्टी की आवश्यकता होती है और न ही ज्यादा जल की, हाइड्रोपोनिक्स (Hydroponic Farming) कृषि कहलाती है। इसमें मिट्टी की जगह कंकड़ या बालू का प्रयोग किया जा सकता है। यह पूर्णत: आधुनिक तकनीक पर आधारित कृषि है। आजकल शहरों में इसका प्रचलन काफी अधिक है एवं कई स्थानों पर व्यवसायिक लाभ हेतु लोग इसका उपयोग कर रहे हैं।

23. (c) भारतीय संविधान के अनुसार, भारत के राष्ट्रपति अपना पद ग्रहण करने की तिथि से पाँच वर्ष की अवधि के लिए पद धारण करते हैं।

भारतीय संविधान के भाग 5 में अनुच्छेद-52 से 78 तक संघीय कार्यपालिका का वर्णन किया गया है। राष्ट्रपति पद ग्रहण की तिथि से 5 वर्ष तक अपने पद पर बना रहता है। संविधान में यह उल्लिखित है कि वह पुन: निर्वाचित होने की योग्यता रखता है।

24. (d) ग्रामीण क्षेत्रों में एक प्रकार की बेरोजगारी, जब लोगों को वर्ष के कुछ महीनों के दौरान नौकरी नहीं मिल पाती है, मौसमी बेरोजगारी कहलाती है।

मौसमी बेरोजगारी सामान्यत: कृषि क्षेत्र में पायी जाती है। कृषि के मौसम में यथा बुआई, कटाई, जुताई, भण्डारण आदि के समय इन्हें रोजगार प्राप्त होता है, लेकिन कृषक कार्य समाप्त होते ही ये बेरोजगार हो जाते हैं।

25. (b) चोल शासक राजराजा प्रथम ने तंजावुर में बृहदीश्वर मन्दिर का निर्माण कराया था।

राजराजा प्रथम (985-1014 ई.) प्रसिद्ध चोल शासक परान्तक द्वितीय का उत्तराधिकारी था। इसने तात्कालिक दक्षिणी स्वतन्त्र राज्यों पर विजय अभियान चलाया एवं उसे अपने साम्राज्य में शामिल कर लिया। पाण्डय राज्य को विजित करने के उपरान्त इसने श्रीलंका एवं मालदीव जैसे सामरिक दृष्टिकोण से महत्त्वपूर्ण क्षेत्रों पर अधिकार जमा लिया। इसने मुम्माडीचोलदेव, चोलमार्तण्ड जयनगोण्ड, रविकुल माणिक्य जैसी भारी भरकम उपाधियाँ धारण कीं। द्रविड़ शैली में इसने तंजौर में विश्व प्रसिद्ध राजराजेश्वर/बृहदीश्वर मन्दिर का निर्माण करवाया।

26. (a) दिए गए विकल्पों में से अनुष्का शंकर एक प्रसिद्ध सितार वादक हैं।

अनुष्का शंकर, प्रसिद्ध सितारवादक रविशंकर की पुत्री हैं। इनका जन्म वर्ष 1981 को लन्दन में हुआ था। इन्हें भारतीय शास्त्रीय संगीत सितारवादन के लिए कई राष्ट्रीय एवं अन्तर्राष्ट्रीय सम्मान प्रदान किए जा चुके हैं। विश्व संगीत श्रेणी में तीसरे एल्बम के लिए वर्ष 2003 में इन्हें ग्रैमी पुरस्कार के लिए नामांकित किया गया था।

27. (d) वित्तीय सेवा का एक रूप, जो गरीब और कम आय वाले परिवारों को छोटे ऋण और अन्य वित्तीय सेवाएँ प्रदान करता है, सूक्ष्म वित्त (माइक्रो फाइनेंस कहलाता है।)

सूक्ष्म वित्त (Microfinance) इसकी परिभाषा विश्व के भिन्न-भिन्न देशों में अलग-अलग होती है। भारत में 1 लाख रूपये से कम प्रदान की गए सभी ऋणों को सूक्ष्म ऋण में शामिल किया जाता है। ये ऋण भारतीय समाज के वंचित और कमजोर वर्गों को जिनकी पहुँच बैंकों तक नहीं है, उन्हें प्रदान किया जाता है ताकि उनका आर्थिक सशक्तिकरण किया जा सके। भारत सरकार सूक्ष्म वित्त संस्थाओं के द्वारा निम्न आय वर्ग के लोगों को सस्ती ब्याजों पर व्यवसाय करने हेतु सूक्ष्म वित्त उपलब्ध करवाती है।

28. (a) मोहिनीअट्टम भारतीय राज्य केरल की शास्त्रीय नृत्य शैली है।

मोहिनीअट्टम केरल की शास्त्रीय नृत्य शैली है, जिसका मंचन महिलाओं के द्वारा किया जाता है। ऐतिहासिक सन्दर्भ में यह नृत्य कथकली से भी प्राचीन है। इसकी विषयवस्तु प्रेम एवं भगवान के प्रति समर्पण है। इस नृत्य के नायक भगवान विष्णु या कृष्ण होते हैं। एक कथा के अनुसार, समुद्र मन्थन में मिले अमृत को वितरित करने के लिए भगवान विष्णु के द्वारा मोहिनी का रूप धारण किया गया था, वैष्णव परम्परा में इसे ही मोहिनीअट्टम का रूप दे दिया।

29. (a) खानवा का प्रथम युद्ध 16 मार्च, 1527 को बाबर और राणा सांगा के बीच लड़ा गया था। इस युद्ध में बाबर विजयी हुआ था। इस युद्ध के बाद बाबर ने 'गाजी' की उपाधि धारण की थी। पानीपत के बाद बाबर द्वारा लड़ा गया यह दूसरा युद्ध था। भारत में मुगल वंश के संस्थापक बाबर थे।

30. (a) संस्थागत कारक के अन्तर्गत भूमि सुधार अर्थात् बिचौलियों का अन्त चकबन्दी, इदबन्दी एवं काश्तकारी सुधार जिसमें लगान का नियमन, काश्त अधिकार की सुरक्षा तथा काश्तकारों का भूमि पर मालिकाना अधिकार आता है। इसके अतिरिक्त इसका लक्ष्य भूमि का पुनर्वितरण और पुराने भूमि सम्बन्धों को समाप्त करना है। कृषि के संस्थागत कारक में बिजली नहीं आती। अतः उत्तर बिजली होगा।

31. (b) पण्डित राम नारायण सारंगी वाद्य यन्त्र से जुड़े हुए थे तथा महाराष्ट्र से सम्बन्धित हैं। इनका जन्म उदयपुर के पास हुआ। ये प्रथम अन्तर्राष्ट्रीय सारंगी वादक हैं। अन्य सारंगी वादकों में शकूर खाँ, रमेश मिश्रा, सुल्तान खान प्रमुख नाम हैं।

32. (d) समापन किसी सदस्य द्वारा संसद के समक्ष किसी मामले पर बहस को संक्षिप्त करने के लिए पेश किया गया एक प्रस्ताव है। अविश्वास प्रस्ताव तब पेश किया जाता है, जब लोकसभा में किसी विपक्षी पार्टी को लगता है कि सरकार के पास बहुमत नहीं है या सरकार विश्वास खो चुकी है, इसे No confidence Motion भी कहते हैं। विशेषाधिकार प्रस्ताव एक नोटिस है, जिसे सदन में तब पेश किया जाता है, जब किसी संसद सदस्य या मंत्री द्वारा विशेषाधिकार उल्लंघन की सूचना दी जाती है। निन्दा प्रस्ताव वास्तव में विपक्ष द्वारा सरकार की नीतियों और कार्यों के प्रति असन्तोष प्रकट करने या सरकार के कार्यों की निन्दा करने के लिए निचले सदन में लाया जाता है।

33. (d) भारतीय संविधान की प्रस्तावना में संशोधन 42वें संविधान संशोधन अधिनियम द्वारा वर्ष 1976 में किया गया था। 42वें संविधान संशोधन अधिनियम 1976 द्वारा प्रस्तावना में 'समाजवाद', 'पन्थनिरपेक्ष' और 'राष्ट्र की अखण्डता' शब्द जोड़े गए। भारतीय संविधान का 42वाँ संशोधन इन्दिरा गाँधी के प्रधानमन्त्रित्व वाली भारतीय राष्ट्रीय कांग्रेस द्वारा आपातकाल के दौरान किया गया था। यह एक बहुत बड़ा संशोधन था और इसके अधिकांश संशोधन 3 जनवरी, 1977 से लागू हो गए।

34. (d) भोगली बिहु उत्सव असम में मनाया जाता है। बिहु असम में फसल कटाई का प्रमुख त्योहार है, जो फल पकने की खुशी में हर साल 15 जनवरी को बहुत ही धूमधाम से मनाया जाता है। इस दिन असम के लोग प्रकृति और भगवान का फसलों की अच्छी पैदावार के लिए शुक्रिया अदा करते हैं। साथ ही जो फसल पक चुकी है, उनकी कटाई भी करते हैं।

35. (a) 1773 ई. में भारत के प्रथम गवर्नर जनरल वॉरेन हेस्टिंग्स बने। रेगुलेटिंग एक्ट-1773 के पारित होने के बाद 'बंगाल का गवर्नर' पद नाम बदलकर, बंगाल का गवर्नर जनरल रख दिया गया। इस अधिनियम (रेगुलेटिंग एक्ट-1773) के माध्यम से बाम्बे और मद्रास के गवर्नर ने बंगाल के गवर्नर जनरल के अधीन कार्य किया। चार्टर एक्ट 1833 द्वारा बंगाल के गवर्नर जनरल का पदनाम पुनः बदलकर भारत का गवर्नर जनरल कर दिया गया। भारत के पहले गवर्नर जनरल लार्ड विलियम बेण्टिक थे।

36. (b) सबसे प्राचीन वेद ऋग्वेद है, जिसकी रचना लगभग 3500 ई. पूर्व हुई थी। इसकी रचना का वर्ष ठीक से ज्ञात नहीं है, इसलिए इसकी गणना की गई थी। ऋग्वेद संहिता मूल पाठ है और इसमें लगभग 10,600 छन्दों में 1028 श्लोकों (सूक्तों) के साथ 10 पुस्तकों (मण्डलों) का संग्रह है। यह 10 मण्डलों में 2 से 7 मण्डल तक पुराना माना जाता है और इन्हें गोत्र मण्डल भी कहा जाता है क्योंकि इसकी रचना गोत्र विशेष के ऋषियों द्वारा की गई थी।

37. (c) 'द किस ऑफ लाइफ (The Kiss of Life)' इमरान हाशमी की आत्मकथा है। यह किताब इमरान हाशमी के चार साल के बेटे अयान के किडनी के कैंसर से जूझने और उससे उबरने की कहानी है। इस किताब को इमरान और उनके दोस्त बिलाल सिद्दकी ने मिलकर लिखी है। कैंसर के इलाज के दौरान हाशमी और उनकी पत्नी ने जो कुछ सहन किया, उस संघर्ष की दास्तां इस किताब में है।

38. (a) किशोर कुमार एक प्रसिद्ध पार्श्व गायक के साथ एक अभिनेता भी थे। इनका जन्म, 4 अगस्त, 1929 को खण्डवा मध्य प्रदेश में हुआ था।

39. (c) ओजोन गैस पृथ्वी की सतह को सूर्य से आने वाले पराबैंगनी विकिरण से बचाती है। ओजोन गैस ऑक्सीजन के तीन परमाणुओं से मिलकर बनती है। यह वायुमण्डल में बहुत कम मात्रा (0.02%) में पाई जाती है।

40. (b) मौसम में सभी परिवर्तन सूर्य द्वारा संचालित होते हैं।

41. (c) दन्तिदुर्ग भारत के राष्ट्रकूट राजवंश से सम्बन्धित थे। इन्होंने चालुक्य साम्राज्य को पराजित कर राष्ट्रकूट साम्राज्य की स्थापना की थी। दन्तिदुर्ग ने उज्जयिनो में हिरण्यगर्भ दान किया था तथा उन्होंने महाराजाधिराज, परमेश्वर, परमभट्टारक की उपाधियाँ धारण की थीं।

42. (d) ब्लॉक पर्वतों के उठे हुए खण्डों को होर्स्ट (द्रोणिका) कहा जाता है।

43. (b) गुजरात के हजीरा से उत्तर प्रदेश के जगदीशपुर तक जाने वाली HVJ गैस पाइपलाइन मध्य प्रदेश राज्य से होकर जाती है। इस परियोजना की शुरुआत वर्ष 1986 में उत्तर प्रदेश राज्य में स्थित उर्वरक संयन्त्रों को गैस की आपूर्ति के लिए गैस लिमिटेड को शामिल करने के बाद की गई थी।

44. (c) भारतीय संविधान का भाग IV राज्य के नीति-निर्देशक तत्त्वों से सम्बन्धित है। राज्य के नीति निर्देशक सिद्धान्त आयरलैण्ड के संविधान से लिया गया है। नीति-निर्देशक तत्त्वों में वे उद्देश्य, लक्ष्य निहित हैं, जिनका पालन करना राज्य का कर्त्तव्य है।

45. (b) ग्रामीण क्षेत्रों से पलायन भारत में ग्रामीण गरीबी का स्रोत नहीं है।

46. (a) यदि न्यायपालिका का यह मानना है, कि संसद द्वारा पारित विशेष कानून संविधान के मूल ढाँचे का उल्लंघन करते हैं, तो उसके पास ऐसे कानून को रद्द करने की शक्ति है। इसे न्यायिक समीक्षा कहा जाता है। न्यायिक समीक्षा विधायी अधिनियमों तथा कार्यपालिका के आदेशों की संवैधानिकता की जाँच करने हेतु न्यायपालिका की शक्ति है, जो केन्द्र एवं राज्य सरकारों पर लागू होती हैं।

47. (d) कलकत्ता में ब्रह्म समाज की स्थापना राजा राम मोहन राय ने की। ब्रह्म समाज भारत का एक सामाजिक धार्मिक आन्दोलन था, जिसने बंगाल के पुनर्जागरण युग को प्रभावित किया। 20 अगस्त, 1828 को इसकी स्थापना राजा राम मोहन राय एवं द्वारकानाथ टैगोर ने की थी।

48. (c) प्रति इकाई क्षेत्र में व्यक्तियों की संख्या जनसंख्या घनत्व का माप देती है। प्रति इकाई क्षेत्रफल में रहने वाले लोगों की संख्या को जनसंख्या घनत्व कहते हैं।

49. (b) नागर शैली की वास्तुकला को उत्तर भारतीय शैली कहा जाता है, इसमें मन्दिर मुख्यतया नीचे से ऊपर तक आयताकार रूप में निर्मित होते हैं, यह शैली उत्तर भारत में लोकप्रिय हुई, इसलिए इसे उत्तर भारतीय शैली कहा जाता है। द्रविड शैली दक्षिण भारत में विकसित हुई, इसलिए इसे दक्षिण भारतीय शैली कहा जाता है।

50. (b) अरावली श्रेणी भारत की सबसे पुरानी पर्वत श्रेणी है। इसकी लम्बाई 1100 किमी है, जो दिल्ली में अहमदाबाद तक फैली है। अरावली पर्वत का सर्वोच्च शिखर गुरु शिखर है, जो माउण्ट आबू की पहाड़ी पर स्थित है। पीपली घाट दर्रा इसी पर्वत में स्थित है। वर्तमान समय में इसे अवशिष्ट पर्वत कहा जाता है।

51. (a) 'उपकार को मानने वाला' वाक्यांश के लिए एक शब्द होगा–**कृतज्ञ।**
अन्य विकल्पों में,
उपकार को न मानने वाला–कृतघ्न
दूसरों पर उपकार करने वाला–परोपकारी
धर्म को जानने वाला–धर्मज्ञ

52. (a) 'कनक' के अनेकार्थी शब्द होते हैं-सोना, धतूरा, गेहूँ आदि। अतः **सोना** कनक का अनेकार्थी है। अन्य विकल्प असंगत हैं।

53. (b) 'बोतल में दूध बचा है' वाक्य में रेखांकित शब्द में **अधिकरण कारक** है। अधिकरण कारक में क्रिया के आधार का बोध होता है। इसके विभक्ति चिह्न 'में तथा पर' हैं।
अन्य विकल्पों में,
जिस शब्द से किसी को पुकारा या बुलाया जाए, उसे 'सम्बोधन कारक' कहते हैं। इसके विभक्ति चिह्न 'हे!, अरे!' हैं।
शब्द के जिस रूप से एक का दूसरे से सम्बन्ध का पता चले, उसे 'सम्बन्ध कारक' कहते हैं। इसके विभक्ति चिह्न 'का, के, की' हैं।
कार्य का प्रभाव जिस पर पड़ता है, उसे 'कर्म कारक' कहते हैं। इसका विभक्ति चिह्न 'को' है।

54. (b) 'स्कूल बस पाँच मिनट में आएगी।'
सामान्य भविष्यत् काल में कार्य भविष्य में सामान्य रूप में होता है। 'आना' का सामान्य भविष्यत् काल 'आएगी' है। अन्य विकल्प असंगत हैं।

55. (d) ''रवि दीवार रंगने लगा है'' वाक्य में **संयुक्त क्रिया** का प्रयोग हुआ है। दो या दो से अधिक धातुओं के संयोग से बनने वाली क्रिया को संयुक्त क्रिया कहते हैं। अन्य विकल्पों में,
कृत प्रत्ययों के प्रयोग से बनने वाली क्रिया 'कृदन्त क्रिया' कहलाती है; जैसे-चलता, दौड़ता, नहाता, खाता आदि।
जिसमें एक क्रिया की समाप्ति के बाद दूसरी क्रिया का आरम्भ होता है, वहाँ 'पूर्वकालिक क्रिया' होती है; जैसे-सरिता पढ़कर सोती है।
संज्ञा, सर्वनाम तथा विशेषण से बनने वाली क्रिया नामधातु क्रिया कहलाती है; जैसे-हथियाना, अपनाना, गरमाना आदि।

56. (a) 'हंस' का स्त्रीलिंग रूप **हंसिनी** होगा। अन्य विकल्प असंगत हैं।

57. (b) 'कुम्हार' पुल्लिंग शब्द है। इसका स्त्रीलिंग रूप **कुम्हारिन** होगा। यहाँ प्रश्न में पुल्लिंग रूप पूछा गया है, जो गलत है।

58. (a) 'चुटिया' का बहुवचन रूप होगा-**चुटियाँ**। अन्य विकल्प असंगत हैं।

59. (d) कृपण का सही पूर्णरूपेण वर्ण-विच्छेद होगा-
क् + ऋ + प् + अ + ण् + अ
अन्य विकल्प असंगत हैं।

60. (a) यहाँ शुद्ध वर्तनी वाला शब्द है–**कृष्ण।** अन्य विकल्प असंगत हैं।

61. (c) ''इस पर्वतमाला में बहुत ऊँचे-ऊँचे पहाड़ हैं।'' इस वाक्य में **''ऊँचे-ऊँचे''** विशेषण शब्द है, जो 'पहाड़' संज्ञा शब्द की विशेषता बताता है।

62. (a) 'सर्वनाम' संज्ञा के स्थान पर प्रयुक्त होते हैं, जिसका शाब्दिक अर्थ होता है–**सबका नाम।** अन्य विकल्प असंगत हैं।

63. (a) ''रघुपति राघव राजा राम'' पंक्ति में 'र' की आवृत्ति होने के कारण यहाँ **अनुप्रास अलंकार** है। अन्य विकल्पों में,
यदि किसी काव्य-पंक्ति में एक ही शब्द दो बार आता हो और दोनों जगह उसका अर्थ अलग-अलग हो, तो वहाँ 'यमक अलंकार' होता है; जैसे-
''तीन बेर खाती थी तीन बेर खाती है''
जहाँ उपमेय में उपमान का भेद रहित आरोप हो, वहाँ 'रूपक अलंकार' होता है; जैसे-
''चरण-कमल बंदौ हरिराई''
जहाँ एक से अधिक व्यक्तियों, वस्तुओं की तुलना हो, वहाँ 'उपमा अलंकार' होता है; जैसे-
''सागर-सा गम्भीर हृदय से, गिरि-सा ऊँचा हो जिसका मन।''

64. (b) ''सीता के आगे रमा खड़ी है।'' वाक्य में दो शब्दों 'सीता' व 'रमा' में 'के आगे' शब्द परस्पर सम्बन्ध बता रहा है इसलिए यहाँ **सम्बन्धबोधक अव्यय** है।
अन्य विकल्पों में, क्रिया की विशेषता बताने वाले शब्द क्रिया-विशेषण अव्यय कहलाते हैं; जैसे-तेज, धीरे-धीरे, लगातार आदि।
'समुच्चयबोधक अव्यय' शब्दों, वाक्यों या वाक्यांशों को जोड़ते हैं; जैसे-और, लेकिन, तथा, या आदि।
'विस्मयादिबोधक अव्यय' शोक, हर्ष, घृणा, आश्चर्य आदि भावों को व्यक्त करते हैं; जैसे-आह!, वाह!, छि! आदि।

65. (d) **सुबह घूमना अच्छा है।** दिए गए वाक्य का शुद्ध रूप है। अन्य विकल्प असंगत हैं।

66. (a) IIS IISI ISI S IISS II SI S
करते अभिषेक पयोद हैं, बलिहारी इस देश की।
हे मातृभूमि! तू सत्य ही, सगुण-मर्ति सर्वेश की।।
अतः यहाँ **15 से 13 के क्रम में 28 मात्राएँ** हैं।
अन्य विकल्प असंगत हैं।

67. (b) 'अंक भरना' एक मुहावरा है, जिसका सही अर्थ होता है-**गले लगाना।**
वाक्य प्रयोग-मोहन ने रवि को अपने अंक में भर लिया।

68. (c) संयोग और वियोग **शृंगार रस** के रूप हैं। शृंगार रस में नायक और नायिका के मन में संस्कार रूप में स्थित रति या प्रेम जब रस की अवस्था में पहुँच जाता है, तब शृंगार रस होता है। अन्य विकल्पों में,
अपने से छोटों के प्रति मन में उमड़ने वाले स्नेह भाव से 'वात्सल्य रस' की निष्पत्ति होती है।
किसी वस्तु या दृश्य को देखकर उत्पन्न होने वाले भय भाव से 'भयानक रस' की निष्पत्ति होती है।
किसी विचित्र वस्तु या दृश्य को देखकर उत्पन्न होने वाले विस्मय भाव से 'अद्भुत रस' की निष्पत्ति होती है।

69. (c) ''पिता जी पत्र पढ़ रहे हैं।'' का कर्मवाच्य रूप होगा
पिता जी से पत्र पढ़ा जा रहा है।

70. (a) योजक चिह्न सामासिक पदों, पुनरुक्त विलोम या पर्यायवाची शब्दों और युग्म शब्दों आदि के मध्य लगाया जाता है। (-) को योजक चिह्न कहा जाता है। योजक चिह्न का सही उदाहरण होगा
शिवजी और शिवेश भाई-बहन हैं। यहाँ भाई-बहन विलोम शब्दों के मध्य योजक चिह्न (-) का प्रयोग हुआ है।

71. (c) 'सप्तसिन्धु' का समास विग्रह **सात सिन्धुओं का समूह** होगा। यहाँ पूर्व पद सप्त (सात) संख्यावाची है तथा विग्रह करने पर समूह शब्द का बोध हो रहा है अतः यह द्विगु समास का उदाहरण है।

72. (a) 'पत्थर' के समान अर्थ वाले शब्द (समानार्थी) होंगे

पाषाण, पाहन, शिला, शैल, प्रस्तर, उपल, अश्म आदि।

अन्य विकल्पों में,

गिरि–पर्वत, अचल, नग, भूधर, महीधर, शिखर।

नभचर–पक्षी, पँछी, चिड़िया, विहग, खग।

निर्भय–भयमुक्त, निडर।

73. (a) 'दुविधा' का समान अर्थ वाला शब्द **धर्मसंकट** होता है।
अन्य विकल्पों में,
यथातथ्य - ज्यों का त्यों
विस्तृत - लम्बा-चौड़ा/बहुत बड़ा
होनहार- लायक।

74. (d) **दिखावा** में 'आवा' प्रत्यय का प्रयोग हुआ है। अतः इसमें उपसर्ग का प्रयोग नहीं हुआ है। यहाँ पुनर्जन्म, कुधर्म, आजीवन में क्रमशः 'पुनः, कु तथा आ' उपसर्ग लगे हैं।

75. (c) एक विद्यार्थी को अपने स्कूल के प्रधानाचार्य को अभिनिवेदन में 'आपका आज्ञाकारी शिष्य' लिखना चाहिए।

76. (b) जिह्वा के आधार पर स्वर तीन प्रकार के होते हैं
(i) **अग्र स्वर** इ, इ, ई, ए, ऐ
(ii) **मध्य स्वर** अ
(iii) **पश्च स्वर** उ, ऊ, ओ, औ

77. (d) 'आय' शब्द स्त्रीलिंग है।

78. (a) सदानन्द का सन्धि विच्छेद सत् + आनन्द होगा। यहाँ त् + आ = द में परिवर्तित हो गए हैं। अतः यह व्यंजन सन्धि का उदाहरण है।

79. (b) जिस समास में पूर्वपद विशेषण और उत्तरपद विशेष्य हो वह कर्मधारय समास कहलाता है; जैसे-परमेश्वर इसका समास विग्रह होगा परम है जो ईश्वर। अतः परमेश्वर में कर्मधारय समास है।

80. (b) अध्यक्ष में 'अधि' उपसर्ग है।

81. (c) सावधानी में 'ई' प्रत्यय तथा 'सावधान' मूल शब्द है।

82. (a) 'प्रिय' शब्द तत्सम है।

83. (d) 'चार' शब्द तत्सम नहीं है।

84. (a) 'रिक्शा' शब्द विदेशज है।

85. (b) जिस संज्ञा शब्द से किसी व्यक्ति, वस्तु, स्थान की सम्पूर्ण जाति का बोध हो उसे जातिवाचक संज्ञा कहते हैं; जैसे–गाय, गाय शब्द से सम्पूर्ण गाय जाति का बोध होता है, अतः गाय जातिवाचक संज्ञा है।

86. (c) संज्ञा के स्थान पर जिन शब्दों का प्रयोग किया जाता है, उन्हें सर्वनाम कहते हैं। हिन्दी में सर्वनामों की संख्या 11 है, जो इस प्रकार हैं- मैं, तू, आप, यह, वह, जो, सो, कोई, कुछ, कौन, क्या।

87. (a) जिन शब्दों द्वारा संज्ञा के गुण अथवा दोष का बोध होता है, उन्हें गुणवाचक विशेषण कहते हैं। 'पर्वतीय' शब्द में गुणवाचक विशेषण है। पर्वतीय शब्द स्थान विशेष का सूचक है।

88. (b) 'चमकीला' शब्द विशेषण है।

89. (a) 'राम सो रहा है' इस वाक्य में 'सोना' क्रिया का फल राम (कर्ता) पर पड़ता है अर्थात् क्रिया के कार्य का फल कर्ता में ही रहता है। अतः यह अकर्मक क्रिया है।

90. (c) जिन शब्दों से क्रिया में समय सम्बन्धी विशेषता प्रकट हो उन्हें कालवाचक क्रिया-विशेषण कहते हैं, जैसे 'वह एक सप्ताह बाद आया' इस वाक्य में 'बाद' शब्द से समय का बोध हो रहा है। अतः यहाँ 'बाद' शब्द क्रिया-विशेषण है।

91. (c) 'सेनाएँ युद्ध क्षेत्र से आगे बढ़ी' इस वाक्य में 'आगे' शब्द सम्बन्ध वाचक शब्द है, जो सेना और युद्ध क्षेत्र के बीच सम्बन्ध को प्रकट कर रहा है।

92. (c) 'वह आया और मैं गया' इस वाक्य में 'और' शब्द वाक्य को जोड़ने का कार्य कर रहा है। अतः और शब्द समुच्चय बोधक शब्द है।

93. (b) सेना शब्द अनीक का पर्यायवाची है। इसके अन्य पर्यायवाची फौज, दल, आर्मी, कटक आदि हैं।

94. (a) 'अभय-उभय' शब्द युग्म का सही अर्थ है, 'निर्भय-दोनों'।

95. (b) 'अलि-अली' शब्द युग्म का सही अर्थ है, 'भौंरा-सखी'।

96. (b) कुन्ती अपने लाड़ले लाल को, अपने हृदय के टुकड़े को अपने प्यारे नवजात शिशु को नदी में छोड़कर लौट आई।

97. (d) मंजूषा शिशु को लेकर काशी की ओर बहने लगी। उसके साथ न कोई मल्लाह था न पथ प्रदर्शक। भाग्य उसे स्वयं ही बहाकर ले जा रहा था।

98. (a) राजा अधिरथ दूर से इस सुन्दर-सी पेटी को जाह्नवी की लहरों के साथ क्रीड़ा करते देखा। अन्त में उन्होंने अपने सेवकों को आज्ञा दी-सामने यह जो मंजूषा बहती जा रही है उसे पकड़ कर लाओ।

99. (a) चम्पा नगरी के राजा अधिरथ अपनी स्त्री राधा और अपने सेवकों के सहित गंगा स्नान करने आए थे।

100. (d) जब कोई सरकारी पत्र ज्ञापन या कार्यालय ज्ञापन एक साथ अनेक प्रेषितियों को भेजा जाए उसे 'परिपत्र' कहते हैं।

द्वितीय प्रश्न-पत्र

1. (d)

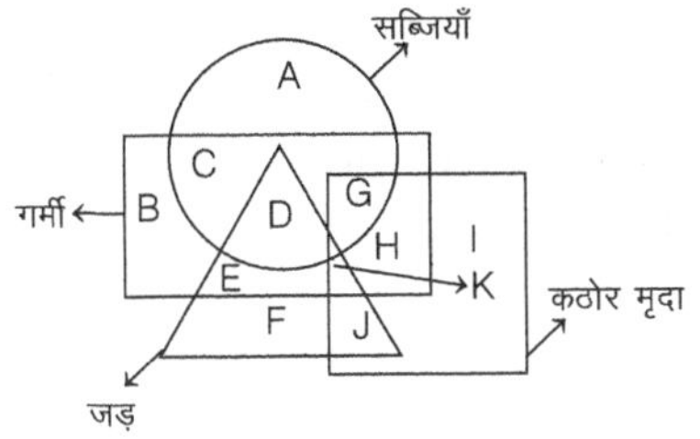

अतः उपरोक्त से स्पष्ट है, अक्षर D उन जड़ वाली सब्जियों को निरूपित करता है, जो गर्मी में उगती हैं।

2. (d) जिस प्रकार,

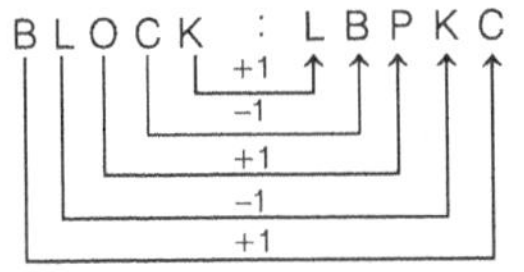

उसी प्रकार,

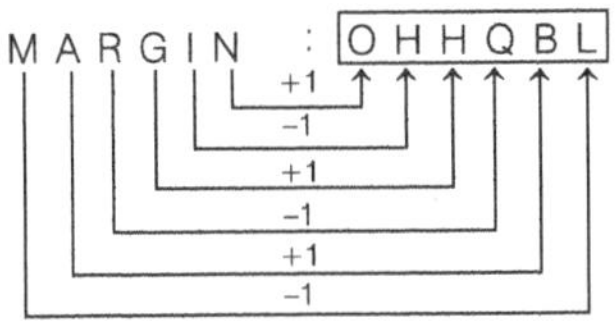

∴ ? = OHHQBL

3. (b) दिए गए पैटर्न का क्रम निम्न प्रकार है,

13 + 17 = 30, 26 + 16 = 42

∴ 15 + 39 = 54

4. (c) प्रश्न में दिए गए क्रमानुसार, कागज़ को मोड़कर काटने के पश्चात् खोलने पर विकल्प आकृति (c) जैसी दिखाई देगी।

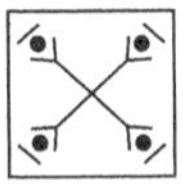

5. (d) दी गई क्रम व्यवस्था में बॉक्स के अन्दर की रेखा प्रत्येक अगले चरण में 'एक' बढ़ जाती है तथा क्रमानुसार स्थान तथा स्थिति परिवर्तित करती है। उसी प्रकार दिए गए घन का काला फलक क्रमानुसार दक्षिणावर्त दिशा में स्थानान्तरित होता है।

अतः विकल्प आकृति (d) दिए गए पैटर्न को पूरा करेगी।

6. (c) प्रश्नानुसार,

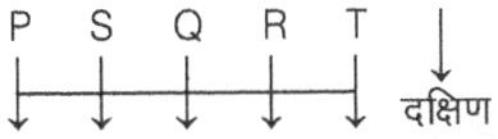

अतः उपरोक्त से स्पष्ट है; S, Q और P के बीच बैठा है।

7. (d) व्यंजक 240 × 72 + 8 ÷ 24 − 6

प्रश्नानुसार, चिह्न बदलने पर,

= 240 − 72 ÷ 8 × 24 + 6

= 240 − 9 × 24 + 6

= 240 − 216 + 6

= 246 − 216 = 30

8. (b) कथनानुसार,

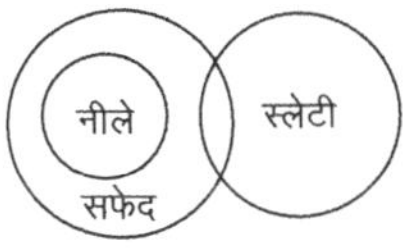

निष्कर्ष I. (✗) II. (✗)

अतः न तो निष्कर्ष I और न ही निष्कर्ष II पालन करता है।

9. (a) जिस प्रकार, भुवनेश्वर, उडीसा की राजधानी है उसी प्रकार, आइजोल, मिज़ोरम की राजधानी है।

10. (d) जिस प्रकार,

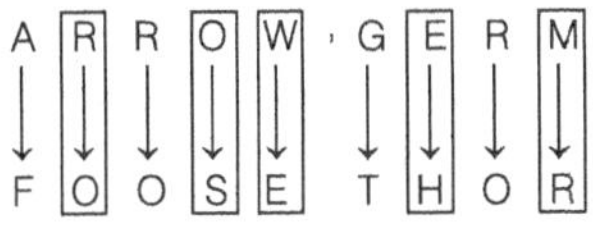

उसी प्रकार,

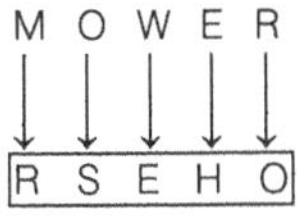

11. (b) दी गई संख्याओं का क्रम निम्न है

12. (d) दी गई श्रृंखला का क्रम निम्न प्रकार है;

C2X/X2C/C2X/X2C/2CX/X2C ⇒ X2CX2

13. (b) अक्षर समूह NMP के अतिरिक्त अन्य सभी अक्षर-समूह अंग्रेजी वर्णमाला क्रम में है।

14. (b) प्रश्न में दी गई जानकारी के अनुसार,

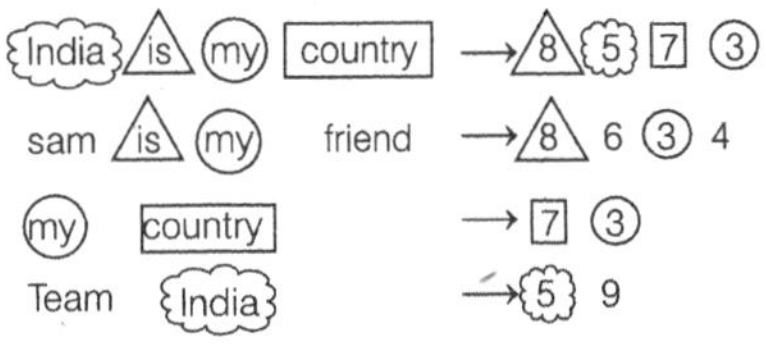

अतः उपरोक्त से स्पष्ट है,

Country का कूट 7 होगा।

15. (b)

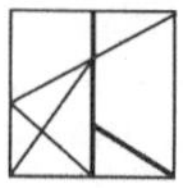

अतः स्पष्ट है, दी गई प्रश्न आकृति, विकल्प आकृति (b) में अन्तर्निहित है।

16. (c) दी गई श्रृंखला का क्रम निम्न प्रकार है

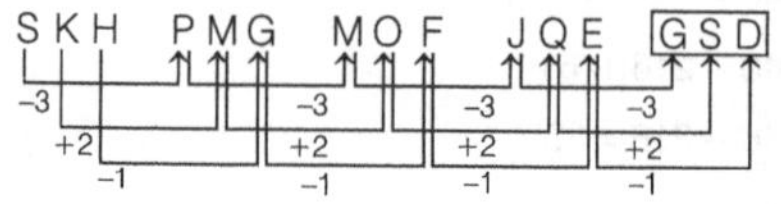

∴ ? = GSD

17. (a) दिए गए शब्दों को अंग्रेजी शब्दकोष के अनुसार लगाने पर,

Premium (5) → Prepaid (4) → Prescribe (3) → Prestige (1) → Prestine (2)

⇒ 5, 4, 3, 1, 2

18. (b) दी गई श्रृंखला का क्रम निम्न प्रकार है

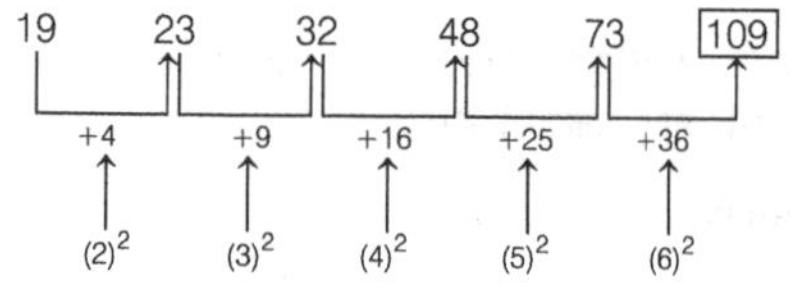

19. (d) दिए गए दोनों पासों में Y और Z दोनों उभयनिष्ठ फलक हैं। अतः शेष $ का विपरीत फलक '&' होगा।

20. (b) प्रश्नानुसार,

व्यंजक T × V + Z

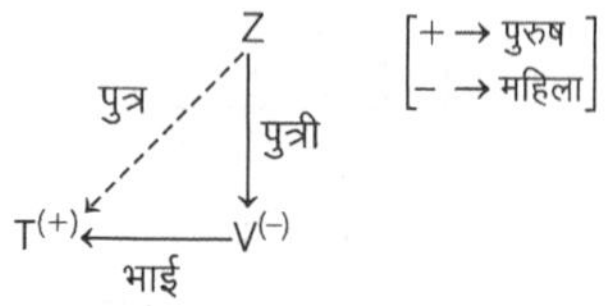

अतः उपरोक्त से स्पष्ट है, T, Z का पुत्र है।

21. (d)

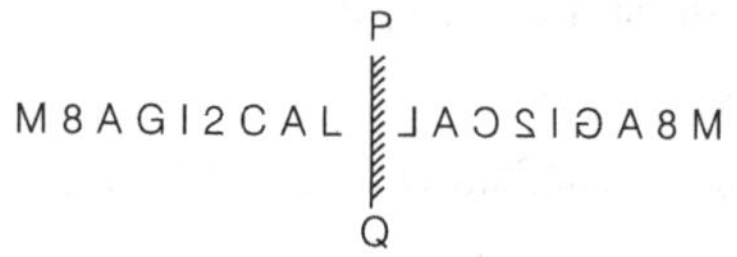

अतः प्रश्न आकृति का सही दर्पण प्रतिबिम्ब, विकल्प आकृति (d) होगी।

22. (c) प्रश्न में दी गई जानकारी के अनुसार,

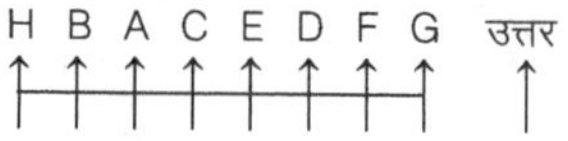

अतः स्पष्ट है, A और E के बीच C बैठा है।

23. (d) कथनानुसार,

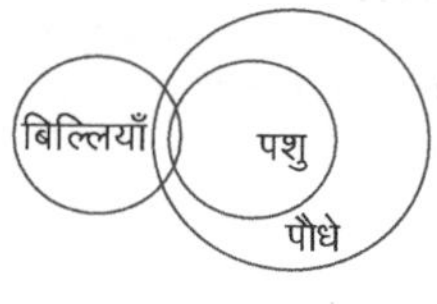

निष्कर्ष

I. (✗) II. (✓) III. (✓) IV. (✗)

अतः केवल निष्कर्ष II और III अनुसरण करते हैं।

24. (d) जिस प्रकार,

(46, 65, 82) ⇒ 46 + 19 = 65 तथा 65 + 17 = 82

(54, 73, 90) ⇒ 54 + 19 = 73 तथा 73 + 17 = 90

(21, 40, 57) ⇒ 21 + 19 = 40 तथा 40 + 17 = 57

लेकिन

(39, 48, 75) ⇒ 39 + 19 = 58 तथा 58 + 17 = 75

अतः (39, 48, 75) अन्य सभी से असंगत है।

25. (c) जिस प्रकार,

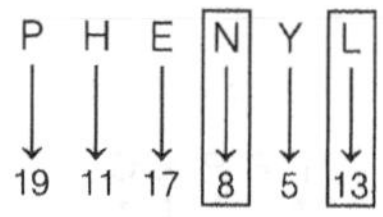

तथा

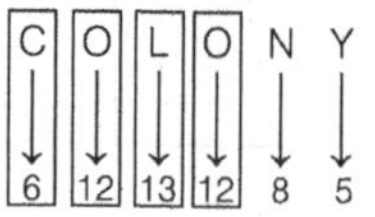

उसी प्रकार,

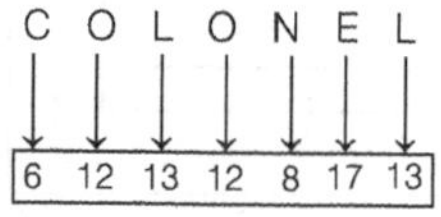

26. (a) प्रश्नानुसार,

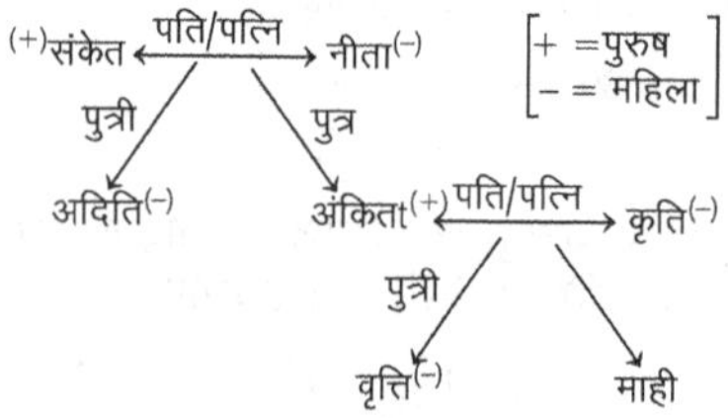

अतः कृति, संकेत की पुत्री नहीं है।

27. (c) दी गई शीट को रेखाओं पर मोड़कर पासा बनाने पर, 1 के विपरीत 5, 3 के विपरीत 6 तथा 2 के विपरीत 4 होगा।

हम जानते हैं कि कोई दो विपरीत फलक कभी भी संलग्न नहीं होते हैं। तब केवल B, C और D बनाए जा सकते हैं।

28. (c) प्रश्नानुसार,

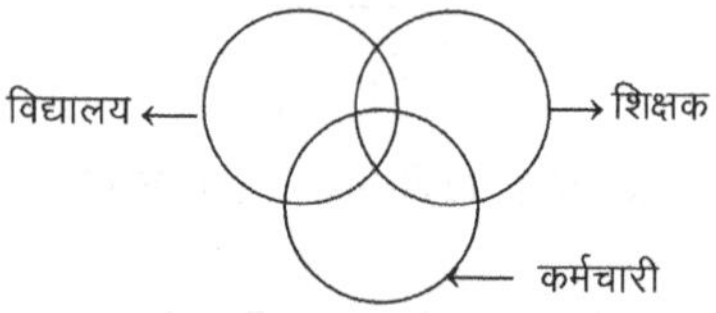

29. (a) जिस प्रकार प्रयोगकर्ता, प्रयोगशाला में प्रयोग करते हैं, उसी प्रकार बावर्ची, रसोईघर में खाना पकाता है।

30. (b) दिया गया व्यंजक है,

100 D (1 B 4) A 2 B (13 A 11) C 3 B (17 C 12)

प्रश्नानुसार, $100 \div (1 \times 4) + 2 \times (13 + 11) - 3 \times (17 - 12)$

$= 100 \div 4 + 2 \times 24 - 3 \times 5$

$= 25 + 48 - 15 = 73 - 15 = 58$

31. (a) शिखा की आरम्भ (शीर्ष) से रैंक

$= (64 - 59) + 1 = 6$

कोमल की शीर्ष से रैंक = 6 + 6 = 12वीं

32. (b) प्रश्नानुसार,

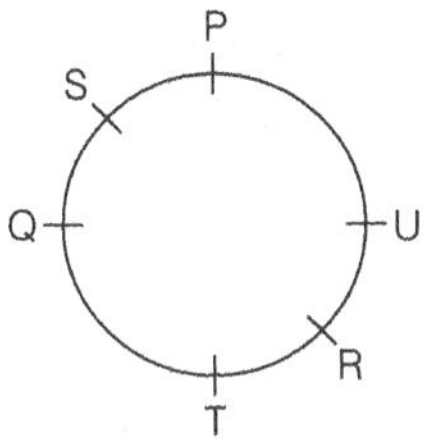

अत: T के सामने P बैठा है।

33. (b) दी गई शृंखला का क्रम निम्न प्रकार है,

$E \xrightarrow{-\text{स्वर}} A \xrightarrow{-\text{स्वर}} U \xrightarrow{-\text{स्वर}} O \xrightarrow{-\text{स्वर}} I$

$B \xrightarrow{+4} F \xrightarrow{+4} J \xrightarrow{+4} N \xrightarrow{+4} R$

$A \xrightarrow{+\text{स्वर}} E \xrightarrow{+\text{स्वर}} I \xrightarrow{+\text{स्वर}} O \xrightarrow{+\text{स्वर}} U$

∴ ? = AFE

34. (b) जिस प्रकार,

$C \xrightarrow{+5} H \xrightarrow{+5} M \xrightarrow{+5} R \xrightarrow{+5} W$

$B \xrightarrow{+5} G \xrightarrow{+5} L \xrightarrow{+5} Q \xrightarrow{+5} V$

$D \xrightarrow{+5} I \xrightarrow{+5} N \xrightarrow{+5} S \xrightarrow{+5} X$

परन्तु, $D \xrightarrow{+6} J \xrightarrow{+5} O \xrightarrow{+5} T \xrightarrow{+5} Y$

∴ D J O T Y भिन्न अक्षर समूह है।

35. (a) प्रश्नानुसार,

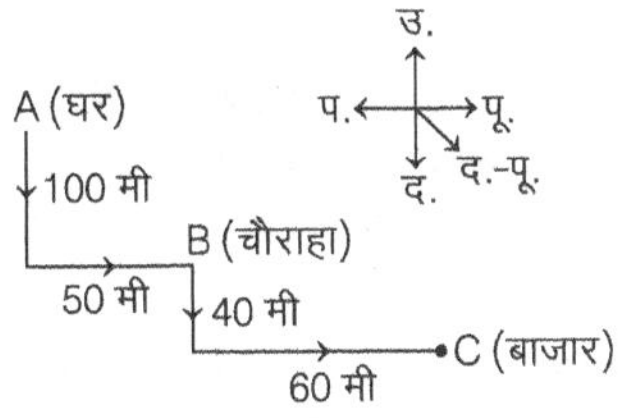

उसके घर से बाजार दक्षिण-पूर्व दिशा में है।

36. (b) प्रश्नानुसार,

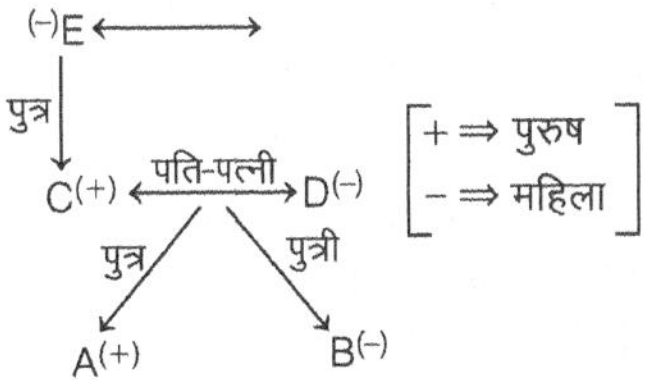

उपरोक्त चित्र से स्पष्ट है, कि D, A की माँ है।

37. (b) पहले आधे भाग को उलटने पर नई शृंखला,

W S R H G R K U A C G I O P D S Q T

बाएँ ओर से तीसरा दाएँ से आठवाँ

∴ अभीष्ट अक्षर = U

38. (a) प्रश्नानुसार,

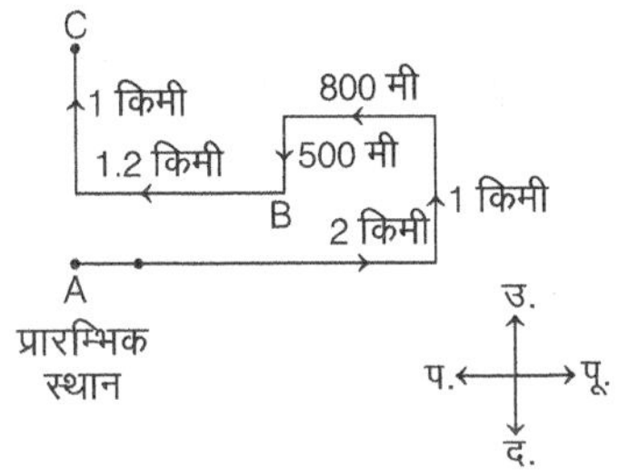

A = प्रारम्भिक स्थान, B = चाय की दुकान, C = अन्तिम स्थान

अत: वह अपने प्रारम्भिक स्थान से उत्तर दिशा की ओर है।

39. (c) दिया है,

$< \Rightarrow \times, \; \times \Rightarrow -,$

$\div \Rightarrow +, \; + \Rightarrow \div$

दिया गया व्यंजक,

$5 \div 3 < 2 + (9 + 3) \times 2 = ?$

प्रश्नानुसार, चिह्नों को बदलने पर,

$5 + 3 \times 2 \div (9 \div 3) - 2 = ?$

$\Rightarrow \quad 5 + 3 \times 2 \div 3 - 2 = ?$

$\Rightarrow \quad 5 + 3 \times \frac{2}{3} - 2 = ?$

$\Rightarrow \quad 5 + 2 - 2 = ?$

$\therefore \quad ? = 5$

40. (b) शब्दों का तार्किक और सार्थक क्रम निम्न है,

चयन करना → कॉपी करना → पेस्ट करना → सेव करना → प्रिण्ट करना

(5) (2) (1) (3) (4)

∴ सही अनुक्रम ⇒ 5, 2, 1, 3, 4

41. (a) ऊँचाई के अनुसार व्यक्तियों को क्रम में लगाने पर,

A > B > E > C = D > F

↑ सबसे छोटा

अत: F ऊँचाई में सबसे छोटा है।

42. (a) प्रश्नानुसार,

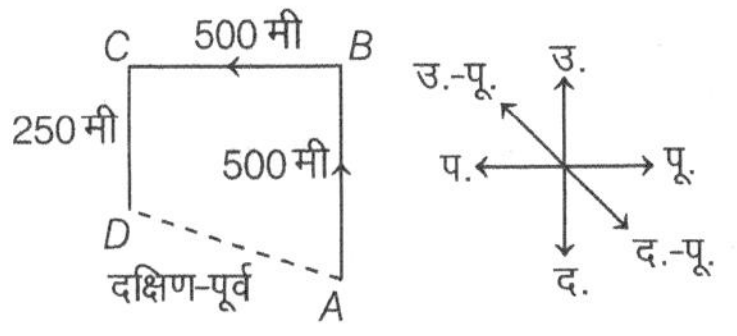

A = तमन्ना का घर, D = दोस्त का घर

अत: तमन्ना का घर, उसके दोस्त के घर के दक्षिण-पूर्व दिशा में है।

43. (a) जिस प्रकार, पहली पंक्ति में

$$10 - \sqrt{25} = 5 \text{ तथा } 5^3 = 125$$

दूसरी पंक्ति में,

$$13 - \sqrt{49} = 6 \text{ तथा } 6^3 = 216$$

उसी प्रकार, तीसरी पंक्ति में

$$14 - \sqrt{121} = 3 \text{ तथा } 3^3 = 27$$

$\therefore \quad ? = 14$

44. (a) माना रीना के पिता की आयु 'x' वर्ष है।
अतः रीना की आयु = $(x - 36)$ वर्ष
प्रश्नानुसार,

$\Rightarrow \quad x + x - 36 = 60$

$\Rightarrow \quad 2x = 96$

$\therefore \quad x = 48$

अतः रीना के पिता 48 वर्ष के हैं।

45. (a) प्रश्नानुसार,

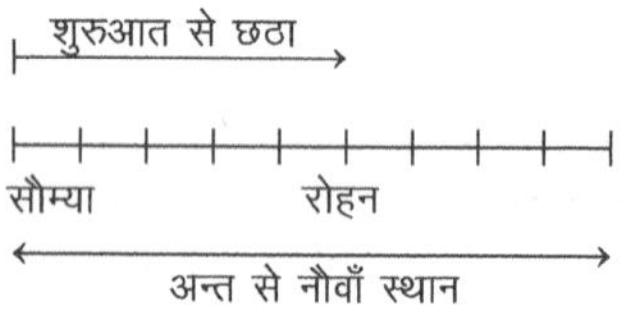

अतः सौम्या और रोहन के बीच 3 छात्र बैठे हैं।

46. (b) दिया गया समीकरण,

7_3_4_12_6 = 19

विकल्प (b) से,

$\Rightarrow \quad 7 \times 3 - 4 + 12 \div 6 = 19$

$\Rightarrow \quad 7 \times 3 - 4 + 2 = 19$

$\Rightarrow \quad 21 - 4 + 2 = 19$

$\Rightarrow \quad 17 + 2 = 19$

$\therefore \quad 19 = 19$

47. (b) प्रश्नानुसार,

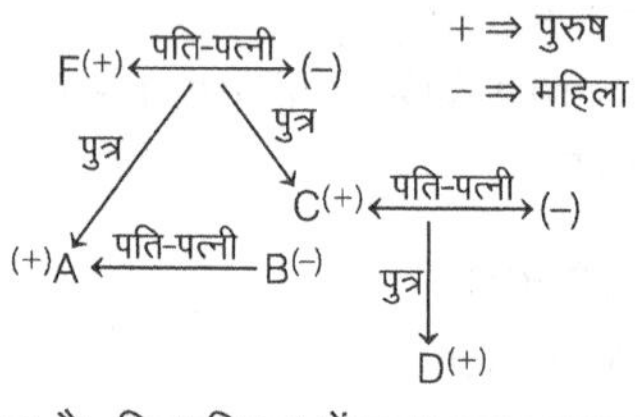

उपरोक्त चित्र से स्पष्ट है, कि परिवार में चार पुरुष सदस्य (F, C, A, D) हैं

48. (c)

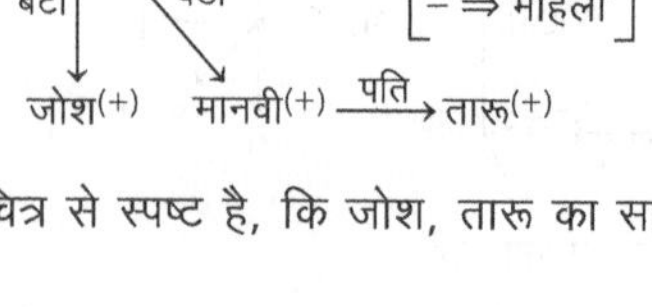

उपरोक्त चित्र से स्पष्ट है, कि जोश, तारू का साला है।

49. (b) हम जानते हैं कि, सूर्य पूर्व दिशा से उगता है।

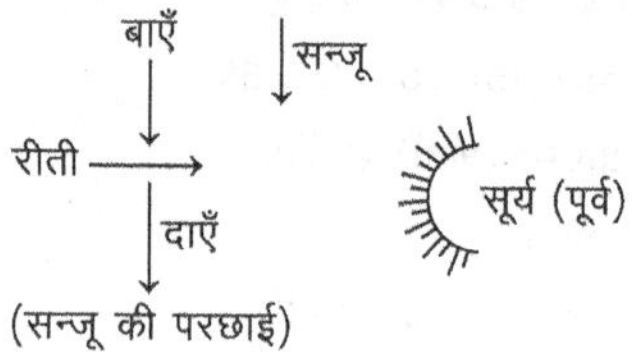

हम जानते हैं कि, सूर्य पूर्व दिशा से उगता है।

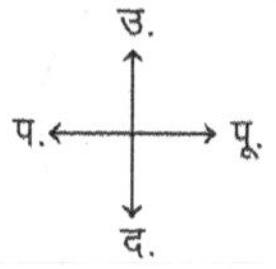

उपरोक्त चित्र से स्पष्ट है, कि सन्जू उत्तर दिशा से आ रहा है।

50. (d) जिस प्रकार,

$$(14, 12, 336) \Rightarrow (14 \times 12) \times 2 = 336$$

और

$$(15, 18, 540) \Rightarrow (15 \times 18) \times 2 = 540$$

उसी प्रकार,

$$(16, 13, 416) \Rightarrow (16 \times 13) \times 2 = 416$$

$\therefore \quad ? = 13$

51. (c) अमृतसर (पंजाब) में 13 अप्रैल, 1919 को जलियाँवाला बाग जनसंहार हुआ था। जलियाँवाला बाग में हो रही जनसभा पर ब्रिटिश अधिकारी जनरल डायर द्वारा अन्धाधुन्ध गोलियाँ चलाई गईं। इस जनसंहार में 1000 से अधिक व्यक्तियों की मौत हो गई। इस हत्याकाण्ड के विरोध में महात्मा गाँधी ने 'कैसर-ए-हिन्द' की उपाधि तथा जमनालाल बजाज ने 'रायबहादुर' की उपाधि व रबीन्द्रनाथ टैगोर ने 'सर' की उपाधि को लौटा दिया।

52. (b) मध्यकालीन भारत के दिए गए राजवंशों के शासन की अवधि का सही क्रम है — खिलजी वंश, तुगलक वंश, सैय्यद वंश व लोदी राजवंश। खिलजी वंश (1290 ई. से 1320 ई.) का संस्थापक जलालुद्दीन फिरोज खिलजी था। खिलजी वंश का सबसे प्रसिद्ध शासक अलाउद्दीन खिलजी (1296-1316 ई. तक) था। तुगलक वंश (1320-1398 ई.) का संस्थापक ग्यासुद्दीन तुगलक था, जो 8 सितम्बर, 1320 को दिल्ली की गद्दी पर बैठा। सैय्यद वंश (1414-1451 ई.) का संस्थापक 'खिज्र खाँ' था तथा वह तैमूरलंग का सेनापति था। लोदी राजवंश (1451-1526 ई.) का संस्थापक बहलोल लोदी था, जो 19 अप्रैल, 1451 को 'बहलोल शाहगाजी' के नाम से दिल्ली की गद्दी पर बैठा।

53. (b) भारतीय राष्ट्रीय काँग्रेस की स्थापना वर्ष 1885 के ब्रिटिश सेवानिवृत्त अधिकारी ए.ओ. ह्यूम एवं राष्ट्रवादी नेताओं के प्रयासों से की गई थी। प्रारम्भ में इसका नाम इण्डियन नेशनल यूनियन था बाद में दादाभाई नौरोजी द्वारा इस संस्था का नाम काँग्रेस रखा गया। भारतीय राष्ट्रीय काँग्रेस का प्रथम अधिवेशन 1885 ई. में बम्बई के गोकुल दास तेजपाल संस्कृत महाविद्यालय में हुआ था। इस अधिवेशन की अध्यक्षता व्योमेश चन्द्र बनर्जी ने की थी। इस अधिवेशन में कुल 72 सदस्यों ने भाग लिया था।

54. (b) प्रसिद्ध जंग प्रतिरोधी लौह स्तम्भ दिल्ली में स्थित है। इस लौह स्तम्भ का निर्माण गुप्त शासक चन्द्रगुप्त-II (375-413 ई.) द्वारा कराया गया था। इस स्तम्भ की ऊँचाई 7 मी है, इसका वजन 6000 किग्रा से अधिक है

यह स्तम्भ 98% लोहे से निर्मित है। फिर भी इस पर अभी तक जंग नहीं लगना आश्चर्यचकित करता है। वह लौह स्तम्भ मुख्यतः भगवान विष्णु को समर्पित है।

55. (b) मुगल शासक अकबर के अपने शासन के अन्तिम वर्षों में सत्ता राजकुमार सलीम के विद्रोहों के कारण लड़खड़ाई, जो भविष्य में सम्राट जहाँगीर (1605-1627 ई.तक) के नाम से प्रसिद्ध हुए। जहाँगीर को 'न्याय की जंजीर' के लिए याद किया जाता है, जो उसने आगरा के किले के शाहबुर्ज व यमुना तट पर स्थित पत्थर के खम्भे में लगवाई थी। इसके अतिरिक्त मुगल चित्रकला अपने चरमोत्कर्ष पर जहाँगीर के शासनकाल में ही पहुँची। उसके शासनकाल को चित्रकला का स्वर्णकाल कहा जाता है। जहाँगीर के शासनकाल में ही कैप्टन हॉकिन्स (प्रथम अंग्रेज), सर टॉमस रो और विलियम फिंच जैसे यूरोपीय यात्री भारत आए थे। जहाँगीर द्वारा लिखित आत्मकथा का नाम 'तुजुक-ए-जहाँगीरी' है, जो फारसी भाषा में रचित है।

56. (b) 1824 ई. में भारतीय सिपाहियों ने ईस्ट इण्डिया कम्पनी के लिए लड़ने के लिए समुद्री मार्ग से बर्मा जाने से इनकार कर दिया था, क्योंकि तत्कालीन समाज में किसी भी व्यक्ति द्वारा समंद्र पार करना धर्म को भ्रष्ट करना माना जाता था। भारतीय सिपाहियों ने इसी आधार पर कम्पनी के आदेश की अह्वेलना की और कहा कि वे विदेश जाकर अपने धर्म व जाति को भ्रष्ट नहीं करेंगे। बाद में उन्हें स्थल मार्ग से बर्मा युद्ध के लिए भेजा गया। प्रथम आंग्ल-बर्मा युद्ध 1824 ई. से 1826 ई. तक लड़ा गया। इस युद्ध में बर्मा व अंग्रेजों के बीच याण्डाबू की सन्धि' हुई, जिसके तहत् अंग्रेज अधिकार वाले क्षेत्र का विस्तार हुआ व अंग्रेजी शासन के प्रभाव में भी वृद्धि हुई।

57. (b) गुप्तवंश शासक चन्द्रगुप्त-I (319-335 ई.) ने सर्वप्रथम 'महाराजाधिराज' जैसी बड़ी उपाधि धारण की थी। वह गुप्त वंश का प्रथम स्वतन्त्र शासक था उसने लिच्छवी राजकुमारी कुमारदेवी से विवाह किया, जिसके फलस्वरूप उसे वैशाली राज्य प्राप्त हुआ। चन्द्रगुप्त-I ने ही गुप्त सम्वत् (319-320 ई. में) की शुरुआत की थी।

58. (b) 14 जनवरी, 1761 को मराठों व अफगानों के मध्य हुए पानीपत के तीसरे युद्ध में मराठा बुरी तरह पराजित हुए थे। यह युद्ध अफगान सरदार अहमद शाह अब्दाली तथा मराठा सेनापति सदाशिव राव भाऊ के बीच लड़ा गया था। इस हार को सहन न कर पाने के कारण मराठा पेशवा बालाजी बाजीराव की 1761 ई. में मृत्यु हो गई। इस युद्ध में भील प्रमुख इब्राहिम खाँ गार्दी ने मराठों का साथ दिया, परन्तु दोआब के अफगान रोहिल्ला तथा अवध के नवाब शुजाउद्दौला ने अहमद शाह अब्दाली का साथ दिया।

59. (a) आर्कटिक वृत्त अक्षांश रेखा यूरोप से होकर गुजरती है। आर्कटिक वृत्त अक्षांश, भूमध्य रेखा के 66° 34' उत्तर में स्थित हैं। यह अक्षांश रेखा 8 देशों से होकर गुजरती है ये देश है — नॉर्वे, स्वीडन, फिनलैण्ड, रूस, संयुक्त राज्य अमेरिका, कनाडा, डेनमार्क व आयरलैण्ड।

60. (c) भारत का उत्तर-से दक्षिण विस्तार (कश्मीर से कन्याकुमारी) लगभग 3200 किमी तक विस्तृत है। जबकि पूर्व-पश्चिम विस्तार लगभग 2900 किमी तक विस्तृत है। भारत का कुल क्षेत्रफल 32 लाख 87 हजार 267 वर्ग किमी है, जो विश्व के सम्पूर्ण क्षेत्रफल का 2.42% है। इसके अतिरिक्त भारत की स्थलीय सीमा की लम्बाई 15200 किमी तथा तटीय भाग की लम्बाई 7516 किमी तक है।

61. (c) पृथ्वी का आकार चपटा अण्डाकार है। यह अपने अक्ष पर $23\frac{1}{2}°$ झुकी हुई है। पृथ्वी अपने अक्ष पर पश्चिम से पूर्व की ओर 1610 किमी/घण्टा की चाल से 23 घण्टे 56 मिनट व 4 सेकण्ड में एक पूरा चक्कर लगाती है इस गति के कारण पृथ्वी पर दिन-रात होते हैं। पृथ्वी पर ऋतु परिवर्तन इसकी अक्ष पर झुके होने के कारण तथा सूर्य के सापेक्ष इसकी स्थिति में परिवर्तन या वार्षिक गति के कारण होता है। जल की उपस्थिति के कारण इसे 'नीला ग्रह' भी कहा जाता है। पृथ्वी का एकमात्र उपग्रह चन्द्रमा है।

62. (a) रूस में स्थित यूराल पर्वत पुराने वलित पर्वतों के उदाहरण हैं। इन पर्वतों का निर्माण पृथ्वी की आन्तरिक शक्तियों से धरातल की चट्टानों के मुड़ जाने से होता है। ये लहरदार पर्वत होते हैं, जिनपर असंख्य अपनतियाँ व अभिनतियाँ होती हैं। यूराल पर्वत श्रृंखला का विस्तार उत्तर में आर्कटिक महासागर से दक्षिण में कैस्पियन सागर तक विस्तृत है। यह पर्वत श्रृंखला एशिया को यूरोप से अलग करता है। इस पर्वत का सर्वोच्च शिखर 'जरोदनाया' है, जिसकी ऊँचाई 1894 मी है।

63. (b) उत्तर अयनान्त या संक्रान्ति के समय उत्तरी गोलार्द्ध में ग्रीष्म ऋतु होती है। भूमध्य रेखा के उत्तर में $23\frac{1}{2}°$ अक्षांश को कर्क रेखा कहा जाता है, 21 जून को जब सूर्य कर्क रेखा पर लम्बवत् होता है, तो उत्तरी गोलार्द्ध में सबसे बड़ा दिन होता है तथा ग्रीष्म ऋतु होती है। इसे कर्क संक्रान्ति या ग्रीष्म अयनान्त भी कहा जाता है।

64. (c) यूराल पर्वत श्रृंखला एशिया को यूरोप से अलग करती है। यह पर्वत श्रृंखला उत्तर में आर्कटिक महासागर से दक्षिण में कैस्पियन सागर तक विस्तृत है। इस श्रृंखला की सर्वाधिक ऊँचाई दक्षिणी भाग में पाई जाती है। इस पर्वत श्रृंखला से अनेक नदियाँ निकलती हैं, जिनमें सबसे प्रमुख नदी 'कामा' है, जो कैस्पियन सागर में गिरती है। इस पर्वत श्रृंखला का सर्वोच्च शिखर 'नरोदनाया' है, जिसकी ऊँचाई 1894 मी है। ये पर्वत यूराल ऑरोजेनिक बेल्ट का निर्माण करते हैं, जो अरल सागर से उत्तर में नॉवाया जेमल्या तक विस्तृत है। मुगलझर पहाड़ियाँ भी इसी ऑरोजेनिक बेल्ट में पाई जाती हैं।

65. (b) उत्तरी गोलार्द्ध में अयनान्त 21 जून से 23 सितम्बर के बीच होता है। अयनान्त का अन्त शरद विषुव के आरम्भ के साथ 23 सितम्बर को होता है।

66. (a) यूरेशिया, एशिया तथा यूरोप महाद्वीप का संयुक्त भू-भाग है। यूरेशिया मुख्यतः उत्तरी तथा पूर्वी गोलार्द्ध में स्थित है। इसके पश्चिम में अटलाण्टिक महासागर, पूर्व में प्रशान्त महासागर, उत्तर में आर्कटिक महासागर तथा दक्षिण में अफ्रीका महाद्वीप तथा भूमध्य सागर व हिन्द महासागर स्थित है। यह संयुक्त भू-भाग पृथ्वी के कुल 35% भू-भाग को कवर करता है, जिसमें 90 से अधिक देश स्थित हैं।

67. (c) विधायिका, कार्यपालिका तथा न्यायपालिका भारत सरकार के प्रमुख अंग हैं। भारत में केन्द्रीय विधायिका या व्यवस्थापिका को संसद के नाम से जाना जाता है। संसद का गठन राष्ट्रपति, राज्यसभा व लोकसभा से मिलकर होता है। भारतीय संघ की कार्यपालिका शक्ति राष्ट्रपति में निहित होती है (अनुच्छेद-53 के तहत)। राष्ट्रपति केवल नाममात्र की कार्यपालिका है वास्तविक कार्यपालिका शक्ति प्रधानमन्त्री व उसके मन्त्रिमण्डल में निहित होती है। भारत की न्यायपालिका के अन्तर्गत सर्वोच्च न्यायालय व उच्च न्यायालय आते हैं जिनके गठन अधिकारिता, शक्तियों के विनिमयन से सम्बन्धित विधि-निर्माण की शक्ति संसद को प्राप्त है।

68. (c) लोकतान्त्रिक सरकार नागरिकों के सम्मान को बढ़ाती है। लोकतान्त्रिक व्यवस्था में नागरिकों को गरिमा व आजादी मिलती है। महिलाओं का सम्मान व समानता का व्यवहार लोकतान्त्रिक व्यवस्था का आवश्यक आधार है। लोकतान्त्रिक व्यवस्था में समाज में निर्बल व भेदभाव के शिकार हुए दुर्बल वर्ग, जाति के लोगों को समान दर्जा व समानता के अवसर प्रदान किए जाते हैं।

69. (b) भारतीय संविधान में नागरिकों के मौलिक अधिकारों की रक्षा के लिए अनुच्छेद-32 के तहत् सर्वोच्च न्यायालय व उच्च न्यायालय द्वारा 5 प्रकार की रिट (याचिका) जारी करने का अधिकार प्राप्त है। ये 5 रिटें या प्रादेश – बन्दी प्रत्यक्षीकरण, परमादेश, प्रतिषेध, उत्प्रेषण तथा अधिकार पृच्छा हैं। इन्हें अधिकार रक्षा रिट भी कहा जाता है। भारतीय संविधान के जनक बीआर अम्बेडकर द्वारा इसे 'संविधान की आत्मा' भी कहा गया है।

70. (b) लोकतन्त्र शासन में शासकों का चुनाव सीधे जनता या लोगों द्वारा किया जाता है। लोकतन्त्र का शाब्दिक अर्थ लोगों का शासन है। यह शब्द लोकतान्त्रिक व्यवस्था व राज्य के लिए प्रयुक्त होता है। लोकतन्त्र शासन प्रणाली में जनता अपनी स्वेच्छा से किसी भी दल को मत देकर अपना प्रतिनिधि चुनती है। लोकतन्त्र मुख्यत: दो प्रकार का होता है।

(1) प्रतिनिधि लोकतन्त्र

(2) प्रत्यक्ष लोकतन्त्र

प्रतिनिधि लोकतन्त्र में जनता द्वारा सीधे प्रतिनिधियों का चुनाव किसी जिले या संसदीय क्षेत्र से होता है, लेकिन जनता के हित में कार्य करने की नीतियाँ प्रतिनिधि स्वयं करते हैं, जबकि प्रत्यक्ष लोकतन्त्र में सभी नागरिक सारे महत्वपूर्ण नीतिगत फैसलों पर मतदान करते हैं, इसमें कोई प्रतिनिधि या मध्यस्थ नहीं होता जैसे-स्विट्ज़रलैण्ड।

71. (c) 'समानता का अधिकार' जो भारतीय संविधान में मौलिक अधिकारों की श्रेणी में अनुच्छेद-14 से 18 के बीच आता है। इस अधिकार के तहत् 'कानून की नजर में सभी लोग समान हैं'। संविधान में मौलिक अधिकारों के अन्तर्गत अनुच्छेद-14 में भारत के सभी नागरिकों को विधि (कानून) के समक्ष समान अधिकार प्राप्त हैं अर्थात् राज्य सभी नागरिकों के लिए समान कानून का प्रावधान करेगा और उसे समान रूप से लागू भी करेगा। भारतीय संविधान के भाग-III में अनुच्छेद-12 से 35 तक मौलिक अधिकार वर्णित हैं। मौलिक अधिकारों को संविधान का 'मैग्नाकार्टा' भी कहा जाता है।

72. (d) भारतीय संविधान के भाग-IV में अनुच्छेद-36 से 51 तक राज्य के नीति-निदेशक सिद्धान्त वर्णित हैं। भारतीय संविधान में इनका प्रारूप आयरलैण्ड के संविधान से लिया गया है। राज्य के नीति-निदेशक तत्व शासन के लिए आधारभूत हैं। भारतीय संविधान में कल्याणकारी राज्य की संकल्पना का समावेश राज्य के नीति-निदेशक तत्वों में किया गया है। कल्याणकारी राज्य का उद्देश्य सामाजिक व आर्थिक प्रजातन्त्र की स्थापना करना होता है। इसी उद्देश्य से ही संविधान में नीति-निर्देशक तत्वों को शामिल किया गया है। नीति-निर्देशक तत्वों को न्यायालय द्वारा लागू नहीं किया जा सकता अर्थात् इन्हें वैधानिक शक्ति प्राप्त नहीं है।

73. (d) यदि किसी नागरिक को लगता है कि राज्य द्वारा उसके किसी मौलिक अधिकार का उल्लंघन किया जा रहा है, तो संवैधानिक उपचारों के मौलिक अधिकार का सहारा लेकर सर्वोच्च न्यायालय में अपील कर सकता है। भारतीय संविधान में अनुच्छेद-32 के अन्तर्गत संवैधानिक उपचारों का प्रावधान किया गया है। इस अनुच्छेद के अन्तर्गत मौलिक अधिकारों को प्रवर्तित कराने के लिए सर्वोच्च न्यायालय को 5 प्रकार की रिट (writ) निकालने की शक्ति प्रदान की गई है। – (1) बन्दी प्रत्यक्षीकरण (2) परमादेश (3) प्रतिषेध लेख (4) उत्प्रेषण (5) अधिकार पृच्छा लेख।

संवैधानिक उपचारों के अधिकारों को भारतीय संविधान के जनक डॉ. भीमराव अम्बेडकर ने 'संविधान की आत्मा व हृदय' कहा है।

74. (b) भारतीय संविधान में मौलिक अधिकारों को आम तौर पर 'संविधान की अन्तरात्मा' भी कहा जाता है। संविधान में मौलिक अधिकारों का प्रावधान संयुक्त राज्य अमेरिका के संविधान से लिया गया है। मौलिक अधिकारों को 'भारत का मैग्नाकार्टा' भी कहा जाता है, मौलिक अधिकारों का प्रावधान भारतीय संविधान के भाग-III में अनुच्छेद-12 से 35 तक किया गया है। वर्तमान में भारतीय संविधान में मौलिक अधिकारों की संख्या 6 है।

75. (a) राष्ट्रीय आय = निवल (नेट) राष्ट्रीय उत्पाद – अप्रत्यक्ष कर + अनुवृत्ति

राष्ट्रीय आय से तात्पर्य किसी देश में एक वित्तीय वर्ष में उत्पादित सभी वस्तुओं व सेवाओं के मौद्रिक मूल्य के योग से है इसमें उन सभी अन्तिम वस्तुओं व सेवाओं के मूल्य को शामिल किया जाता है जिसका उत्पादन देश के नागरिकों द्वारा देश में या उनके बाहर किया गया हो। भारत में राष्ट्रीय आय की गणना केन्द्रीय सांख्यिकी संगठन (CSO) द्वारा की जाती थी, जो अब राष्ट्रीय सांख्यिकीय कार्यालय (NSO) बन गया है।

76. (d) अर्थव्यवस्था की आर्थिक गतिविधियाँ मुख्यत: तीन श्रेणियों में वर्गीकृत है लेकिन एक-दूसरे पर अन्योन्याश्रित भी हैं। इन्हें श्रेणियों को अर्थव्यवस्था का 'क्षेत्रक' भी कहा जाता है। ये श्रेणियाँ हैं-(1) प्राथमिक क्षेत्र (2) द्वितीयक क्षेत्र (3) तृतीयक क्षेत्र

प्राथमिक क्षेत्र के अन्तर्गत कृषि, पशुपालन, मत्यस्यपालन व खनन तथा उससे सम्बन्धित गतिविधियों को रखा जाता है। द्वितीयक क्षेत्र, प्राथमिक क्षेत्र के उत्पादों को अपनी गतिविधियों में कच्चे माल की तरह उपयोग करता है; जैसे — लोहा-इस्पात उद्योग, वस्त्र उद्योग, इलेक्ट्रॉनिक्स व वाहन उद्योग आदि। इसे औद्योगिक क्षेत्र भी कहा जाता है। तृतीयक क्षेत्र में विभिन्न प्रकार की सेवाओं जैसे — बीमा, बैंकिंग, चिकित्सा, शिक्षा, पर्यटन आदि का उत्पादन किया जाता है। इस क्षेत्र को 'सेवा क्षेत्र' भी कहा जाता है।

77. (a) अर्थशास्त्र में GDP में अक्षर D 'डोमेस्टिक' (Domestic) को प्रदर्शित करता है। GDP का पूरा नाम सकल घरेलू उत्पाद या Gross Domestic Product है। किसी देश की घरेलू सीमा के अन्तर्गत एक वर्ष में उत्पादित सभी अन्तिम वस्तुओं व सेवाओं के मौद्रिक मूल्य को सकल घरेलू उत्पाद कहा जाता है। इसमें विदेशियों द्वारा देश में अर्जित आय को भी सम्मिलित किया जाता है, परन्तु विदेशों में बसे भारतीयों द्वारा भेजी गई आय को शामिल नहीं किया जाता।

78. (c) प्राकृतिक तन्त्र की क्षमता को बनाए रखने के साथ ही मनुष्य का विकास सतत् विकास कहा जाता है। सतत् विकास की अवधारणा को सर्वप्रथम वर्ष 1987 में ब्रैटलैण्ड द्वारा अपनी रिर्पोट 'Our Common Future' में प्रस्तुत किया गया था। सतत् विकास एक ऐसी प्रक्रिया है, जिसमें वर्तमान उपलब्ध संसाधनों का उपयोग करते समय इस बात का ध्यान रखा जाता है कि भावी पीढ़ी की आवश्यकताओं में कटौती न हो। साथ ही पर्यावरण भी सुरक्षित रहे। पर्यावरण के ह्रास को रोकने तथा भूमण्डलीय तापन की समस्या के समाधान के लिए टिकाऊ विकास अनिवार्य है।

79. (a) मानवजाति का सबसे पुराना साहित्यिक विरासत ऋग्वेद है। यह भारत का सर्वप्राचीन धर्मग्रन्थ है। यह 10 मण्डलों में विभाजित है जिसमें देवताओं की स्तुति हेतु 1028 श्लोक व 10462 ऋचाएँ हैं। इस वेद के पाठकर्ता को होतृ कहा जाता है। इस वेद से आर्यों के राजनीतिक प्रणाली व इतिहास के विषय में जानकारी मिलती है।

80. (b) 'अनहैप्पी इण्डिया' पुस्तक के लेखक लाला लाजपतराय हैं। इस पुस्तक का प्रकाशन वर्ष 1928 में कलकत्ता में किया गया था। इस पुस्तक में भारत की तत्कालीन सामाजिक व्यवस्था पर प्रकाश डाला गया है। लाला लाजपतराय (1865-1928 ई.) भारत के प्रमुख स्वतन्त्रता सेनानी थे। वे भारतीय राष्ट्रीय कॉंग्रेस में गरम दल के प्रमुख नेताओं में से एक थे उन्हें 'पंजाब केसरी' भी कहा जाता है।

81. (a) मोहिनीअट्टम केरल राज्य का शास्त्रीय नृत्य है। मोहिनीअट्टम शब्द 'मोहिनी' नामक शब्द से लिया गया है, जो भारतीय पौराणिक कथाओं में भगवान विष्णु का प्रसिद्ध नारी अवतार है। मोहिनी का अर्थ 'मन मोहने वाला' होता है। इस शास्त्रीय नृत्य का वर्णन भारतीय कला के प्राचीन ग्रन्थ नाट्यशास्त्र में किया गया है, जो भरतमुनि द्वारा रचित है। इस नृत्य शैली में संगीत व गायन का भी योगदान रहता है, मोहिनीअट्टम में प्रयोग वाले संगीत वाद्य यन्त्र मृंदगम, इदक्का, बाँसुरी व वीणा शामिल हैं, इसे रागों के सोपान शैली में धीमी गति से गाया जाता है।

82. (d) इण्टरनेट का आविष्कार विण्ट सर्फ ने किया था, उन्हें इण्टरनेट के पिता के रूप में भी जाना जाता है। इण्टरनेट का प्रयोग सर्वप्रथम वर्ष 1960 में अमेरिका के कैलिफॉर्निया में शुरू हुआ था। वर्ष 1961 में 'Information Flow In Large Communication Nets' नामक पहला पेपर प्रकाशित किया गया। शुरुआत में इस तकनीक का उपयोग युद्ध के समय गोपनीय सूचना भेजने के लिए किया जाता था। वर्तमान में यह सूचना तकनीक की सबसे आधुनिक प्रणाली है। यह विभिन्न कम्प्यूटर नेटवर्कों का एक विश्वस्तरीय नेटवर्क है, जिसमें लाखों कम्प्यूटर एक-दूसरे से जुड़े हुए हैं।

83. (c) हरिद्वार-गोमती कुम्भ मेले के सन्दर्भ में गलत युग्म है। हरिद्वार, गंगा नदी के किनारे स्थित है। यहाँ प्रति 12 वर्ष में कुम्भ मेले का आयोजन किया जाता है। इसके अलावा कुम्भ मेले का आयोजन (प्रति 12 वर्ष में) प्रयागराज (इलाहाबाद), नासिक व उज्जैन में भी किया जाता है। यह मेला मकर संक्रान्ति से प्रारम्भ होता है। मान्यता है कि इस दिन कुम्भ पर्व में स्नान करने से आत्मा को उच्च लोक की प्राप्ति होती है।

84. (a) अफगानिस्तान की राजधानी काबुल शहर से भारत दूतावास संचालित करता है। काबुल स्थित भारतीय दूतावास पर कई बार आतंकी हमले हो चुके हैं। 7 जुलाई, 2008 को भारतीय दूतावास पर आत्मघाती हमला हुआ था इस आतंकी हमले में 58 लोगों की मौत हो गई थी। इसके अतिरिक्त वर्ष 2009 तथा वर्ष 2016 में भी काबुल स्थित भारतीय दूतावास पर हमला किया गया था।

85. (b) सलवार, कुर्ता, टोपी आदि सिले हुए कपड़े भारत में अफगानों व तुर्कों द्वारा लाए गए थे। भारत में तुर्कों व अफगानों का आगमन 11वीं शताब्दी से 15वीं शताब्दी के बीच हुआ। भारत में तुर्की राज्य का संस्थापक मुहम्मद गौरी (1173-1206) को माना जाता है, जबकि प्रथम अफगान वंश लोदी वंश (1451-1526) था।

86. (c) 'काम से जी चुराने वाला' वाक्यांश के लिए एक शब्द 'कामचोर' होगा। अन्य विकल्पों के लिए वाक्यांश हैं
- कर्मठ – अत्यधिक काम करने वाला
- मेहनती – बहुत मेहनत करने वाला
- निर्लज्ज – जिसे लज्जा न आती हो

87. (b) 'अतिथिगृह' वर्तनी की दृष्टि से शुद्ध शब्द है।

अन्य विकल्प असंगत हैं।

88. (a) 'शोक' का विलोम शब्द 'हर्ष' होगा।

अन्य विकल्पों के विलोम शब्द हैं
- दुर्भाग्य – सौभाग्य
- दुःख – सुख

89. (c) 'क्षति' शब्द का पर्यायवाची शब्द 'हानि' होगा। अन्य विकल्पों के पर्यायवाची शब्द हैं
- क्षमता– पात्रता, सम्पन्नता, सुघड़ता, शक्ति, बड़ाई, महिमा, सामर्थ्य।
- हार– पराजय, पराजित, शिकस्त, पराभव, विनाश।
- श्रुति– कर्ण, कान, श्रुतिपटल, श्रवण, श्रोत, श्रुतिपट।

90. (c) 'जिसके समान कोई दूसरा न हो' वाक्यांश के लिए एक शब्द 'अद्वितीय' होगा।

अन्य विकल्पों के लिए वाक्यांश हैं
- (i) दण्डनीय– दण्ड देने के योग्य कार्य।
- (ii) गोपनीय– गुप्त रहने योग्य।
- (iii) तुलनीय– तुलना के योग्य।

91. (d) यहाँ रिक्त स्थान के लिए 'असफल' शब्द उपयुक्त होगा।

अतः पूर्ण वाक्य होगा- 'तुमने मेहनत नहीं की' इसलिए असफल हुए।

92. (b) 'बाल-बाल बचना' मुहावरे का अर्थ होगा-संकट में कठिनाई से बचना।

वाक्य-प्रयोग मैं शेर के हमले से बाल-बाल बचा।

93. (c) यहाँ रिक्त स्थान के लिए 'राजा' शब्द उपयुक्त होगा।

अतः पूर्ण वाक्य होगा-वसंत ऋतुओं का राजा है।

94. (a) वास्तविक सकल घरेलू उत्पाद एक मुद्रास्फीति-समायोजित उपाय है, जो किसी दिए गए वर्ष में अर्थव्यवस्था द्वारा उत्पादित सभी वस्तुओं और सेवाओं के मूल्य को दर्शाता है। स्थिर मूल्यों पर सकल घरेलू उत्पाद वास्तविक सकल घरेलू उत्पाद कहलाता है।

95. (d) राष्ट्रीय आय को मापने के मुख्य तरीके हैं–उपभोग बचत रीति, आय प्राप्ति रीति, वस्तु सेवा रीति आदि। विनियोग रीति के द्वारा राष्ट्रीय आय को नहीं मापा जा सकता।

96. (b) 1821 ई. में (इंग्लैण्ड) ग्रेट ब्रिटेन ने सर्वप्रथम स्वर्णमान को अंगीकृत किया।

97. (c) ग्रेसम पहले व्यक्ति थे, जिन्होंने मिश्रित धातुमान के बारे में बात की थी, जिसका अर्थ है कि दो या दो से अधिक धातुओं का उपयोग जोकि एक मानक अनुपात के रूप में तथा एक संकेत अनुपात में सोना और चाँदी संयुक्त है।

98. (d) स्वर्ण समतामान का स्वर्ण से कोई संबंध नहीं होता है। अतः स्वर्ण में परिवर्तनशीलता स्वर्ण समतामान की विशेषता नहीं है।

99. (b) इंग्लैंड ने 1844 ई. में बैंक चार्टर एक्ट के तहत् निश्चित विश्वासाश्रित प्रणाली को अपनाया था। इस प्रणाली के तहत मुद्रा एक विशेष स्तर के बाद सोने में परिवर्तित हो जाती है।

100. (d) पत्र मुद्रामान मितव्ययी, एकरूप व सुविधाजनक होता है, परन्तु गैर-लोचपूर्ण पत्र मुद्रामान का गुण नहीं है।

उत्तर प्रदेश
बी.एड. प्रवेश परीक्षा

मॉडल सॉल्वड पेपर 2022

प्रथम प्रश्न-पत्र

खण्ड अ सामान्य ज्ञान

1. पूर्व-वैदिक आर्यों का धर्म प्रमुखतः था
(a) भक्ति (b) मूर्तिपूजा और यज्ञ
(c) प्रकृति पूजा और यज्ञ (d) प्रकृति पूजा और भक्ति

2. भारत के किस स्थल की खुदाई से लौह धातु के प्रचलन के प्राचीनतम प्रमाण मिले हैं?
(a) तक्षशिला (b) अतरंजीखेड़ा
(c) कौशाम्बी (d) हस्तिनापुर

3. दिल्ली की कुव्वत-उल-इस्लाम मस्जिद के प्रांगण में उन्नत प्रसिद्ध लौह-स्तम्भ किसकी स्मृति में बना है?
(a) अशोक (b) चन्द्रगुप्त
(c) हर्ष (d) अनंगपाल

4. पाल वंश का संस्थापक कौन था, जिसे बंगाल की आम जनता ने अराजकता से मुक्ति दिलाने के लिए चुना था?
(a) गोपाल (b) धर्मपाल
(c) देवपाल (d) नारायणपाल

5. जलियाँवाला बाग हत्याकाण्ड के लिए जिम्मेदार ओ डायर को निम्न में किसने मार डाला?
(a) पृथ्वीसिंह आजाद (b) सरदार किशन सिंह
(c) ऊधम सिंह (d) सोहन सिंह जोश

6. किस आन्दोलन को हिन्दुओं और मुसलमानों दोनों का समर्थन मिला था?
(a) चम्पारण सत्याग्रह (b) विभाजन विरोधी आन्दोलन
(c) असहयोग आन्दोलन (d) भारत छोड़ो आन्दोलन

7. माउण्ट एटना, जिसे यूरोप का सबसे सक्रिय ज्वालामुखी माना जाता है, वह निम्नलिखित में से किस देश में स्थित है?
(a) पुर्तगाल (b) स्पेन (c) ग्रीस (d) इटली

8. निम्नलिखित में से कौन-सी एक आग्नेय चट्टान नहीं है?
(a) ग्रेनाइट (b) नाइस
(c) इनोवा (d) बेसाल्ट

9. भारतीय वानस्पतिक सर्वेक्षण (बोटेनिकल सर्वे ऑफ इण्डिया) का मुख्यालय कहाँ है?
(a) लखनऊ (b) ऊटकमण्ड
(c) दार्जिलिंग (d) कोलकाता

10. मानस राष्ट्रीय उद्यान (नेशनल पार्क) कहाँ अवस्थित है?
(a) मध्य प्रदेश (b) झारखण्ड
(c) असम (d) पश्चिम बंगाल

11. भारत में सबसे अधिक जैव-विविधता सम्पन्न क्षेत्र है
(a) गंगा का मैदान (b) ट्रान्स हिमालय
(c) पश्चिमी घाट (d) मध्य भारत

12. 'साइलेण्ट वैली परियोजना' निम्नलिखित में से किस राज्य से सम्बन्धित है?
(a) उत्तराखण्ड (b) हिमाचल प्रदेश
(c) केरल (d) तमिलनाडु

13. भारत में नागरिकों के लिए निर्धारित मत देने की न्यूनतम आयु क्या है?
(a) 18 वर्ष (b) 21 वर्ष
(c) 16 वर्ष (d) 20 वर्ष

14. निम्नलिखित में से कौन सरकारिया आयोग का सदस्य था?
(a) वी. शंकर (b) के. हनुमन्तैया
(c) डॉ. एस.आर. सेन (d) ओ.वी. अलगेसन

15. भारत में निर्वाचनों का अधीक्षण, निर्देशन और नियन्त्रण किसमें निहित है?
(a) भारत के सर्वोच्च न्यायालय
(b) भारत की संसद
(c) भारत के निर्वाचन आयोग
(d) मुख्य निर्वाचन आयुक्त

16. निम्नलिखित में से कौन अन्तर्राज्यीय परिषद् गठन करने के लिए अधिकृत है?
(a) संसद (b) राष्ट्रपति
(c) लोकसभा के अध्यक्ष (d) प्रधानमन्त्री

17. भारतीय संविधान के अनुच्छेद 1 में यह घोषणा की गई है कि इण्डिया अर्थात् भारत है
(a) राज्यों का संघ
(b) एकात्मक विशिष्टताओं वाला संघीय राज्य
(c) संघीय विशिष्टताओं वाला संघीय राज्य
(d) संघीय राज्य

18. भारत में किसकी स्वीकृति के बिना कोई भी सरकारी खर्च नहीं किया जा सकता है?
(a) संसद (b) प्रधानमन्त्री
(c) राष्ट्रपति (d) उच्चतम न्यायालय

19. गरीबी हटाओ का आह्वान किस पंचवर्षीय योजना में सम्मिलित किया गया था?
(a) चौथी (b) पाँचवीं
(c) छठी (d) सातवीं

20. कृषि एवं ग्रामीण विकास क्रियाओं की सभी प्रकार की साख आवश्यकताओं की पूर्ति करने वाली एकमात्र संस्था है
(a) आर.बी.आई. (b) नाबार्ड
(c) ए.आर.डी.सी. (d) नेफेड

21. निम्न में कौन-सा कर केन्द्र सरकार नहीं लगाती है?
(a) उपहार कर (b) मनोरंजन कर
(c) व्यक्तिगत आयकर (d) निगम कर

22. भारत में रुपए का अवमूल्यन पहली बार किस वर्ष किया गया, वह था
(a) 1949 (b) 1996
(c) 1972 (d) 1990

23. कार्बन टैक्स लगाने वाला विश्व का प्रथम देश कौन-सा है?
(a) स्वीडन (b) न्यूजीलैण्ड
(c) ब्राजील (d) फ्रांस

24. उत्तर प्रदेश की प्रथम महिला मुख्यमन्त्री थीं
(a) सरोजिनी नायडू (b) विजयालक्ष्मी पण्डित
(c) सुचेता कृपलानी (d) सुश्री जयललिता

25. किस भारतीय राज्य में 'गमछा' एक सांस्कृतिक प्रतीक है?
(a) केरल (b) राजस्थान
(c) असम (d) हरियाणा

26. भारत की सबसे लम्बी तट रेखा वाला राज्य निम्नलिखित में से कौन-सा है?
(a) महाराष्ट्र (b) गुजरात
(c) आन्ध्र प्रदेश (d) तमिलनाडु

27. भारत में हरित क्रान्ति के जनक माने जाने वाले नॉर्मन बोरलॉग कहाँ के हैं?
(a) ऑस्ट्रेलिया (b) न्यूजीलैण्ड
(c) यू.एस.ए. (d) मैक्सिको

28. भारत का कौन-सा शहर 'सिटी ऑफ पैलेसेज' के नाम से जाना जाता है?
(a) आगरा (b) हैदराबाद
(c) मैसूर (d) चेन्नई

29. निम्नलिखित में से कौन विश्व का सबसे बड़ा मरुस्थल है?
(a) अरेबियन (b) कालाहारी
(c) सहारा (d) थार

30. पद्म श्री सुदर्शन पटनायक किसलिए विख्यात हैं?
(a) उपन्यासकार
(b) गोल्फ खिलाड़ी
(c) शास्त्रीय नर्तक
(d) बालुका कलाकार (सैण्ड आर्टिस्ट)

31. 'ढिंग एक्सप्रेस' के नाम से किस भारतीय खिलाड़ी को जाना जाता है?
(a) हिमा दास (b) दुतीचन्द
(c) मनु भाकर (d) दिव्या काकरान

32. नोबेल पुरस्कार प्रतिवर्ष कहाँ बाँटे जाते हैं?
(a) मनीला (b) स्टॉकहोम
(c) जेनेवा (d) न्यूयॉर्क

33. सलीम अली थे
(a) एक विख्यात उर्दू कवि (b) एक विख्यात पक्षीविज्ञानी
(c) एक विख्यात गजल गायक (d) इनमें से कोई नहीं

34. ज्ञानपीठ पुरस्कार किस क्षेत्र में दिया जाता है?
(a) साहित्य (b) इतिहास
(c) नाटक (d) नृत्य

35. भारत में मीठे पानी की सबसे बड़ी झील कौन-सी है?
(a) चिल्का (b) वूलर
(c) लोकटक (d) साम्भर

36. मिजोरम की राजधानी कहाँ है?
(a) कोहिमा (b) आइजोल
(c) ईटानगर (d) करबी एंगलांग

37. 'एजरा कप' का सम्बन्ध किस खेल से है?
(a) पोलो (b) हॉकी
(c) फुटबॉल (d) नौकाचालन

38. लोकपाल नियुक्त करने वाला विश्व का प्रथम देश कौन-सा है?
(a) फ्रांस (b) स्वीडन
(c) चीन (d) बेलग्रेड

39. 'अफ्रीका के गाँधी' के नाम से कौन मशहूर था?
(a) मीर करजई (b) नेल्सन मण्डेला
(c) फिरोज गाँधी (d) एम. के. गाँधी

40. ऑल इण्डिया रेडियो की स्थापना कब हुई थी?
(a) वर्ष 1947 (b) वर्ष 1950
(c) वर्ष 1927 (d) वर्ष 1936

41. भारत के राष्ट्रीय गान के रचयिता हैं
(a) बंकिमचन्द्र चटर्जी (b) रवीन्द्रनाथ टैगोर
(c) सरोजिनी नायडू (d) अरविन्द घोष

42. भारत के किस राज्य ने मलखम्भ को अपना राज्य खेल घोषित किया है?
(a) महाराष्ट्र (b) मध्य प्रदेश
(c) दिल्ली (d) कर्नाटक

43. संगणकों के आई.सी. चिप्स प्राप्यः बने होते हैं
(a) लेड के (b) क्रोमियम के
(c) सिलिकॉन के (d) सोने के

44. अनुपम क्या है?
(a) एक शोध संस्थान (b) एक सुपर कम्प्यूटर
(c) नवनिर्मित प्रक्षेपास्त्र (d) कम्प्यूटर सॉफ्टवेयर

45. न्यूनतम मेमोरी साइज की इकाई चुनिए।
(a) के. बी. (b) एम. बी.
(c) जी. बी. (d) टी. बी.

46. जावा को किस कम्पनी ने विकसित किया था?
(a) माइक्रोसॉफ्ट (b) सन माइक्रोसिस्टम्स
(c) नोबेल (d) ऑरेकल

47. तीसरे राष्ट्रीय जल पुरस्कारों में 'सर्वश्रेष्ठ राज्य श्रेणी' के तहत् किस राज्य ने शीर्ष स्थान प्राप्त किया?
(a) उत्तर प्रदेश (b) मध्य प्रदेश
(c) कर्नाटक (d) गुजरात

48. भारत का पहला अमृत सरोवर किस शहर की ग्राम पंचायत को पूरा हो गया है?
(a) रायपुर (b) लखनऊ (c) अयोध्या (d) कानपुर

49. किस राज्य ने भारत में पहला राज्य स्तरीय पक्षी एटलस तैयार किया है?
(a) केरल (b) हिमाचल प्रदेश
(c) मध्य प्रदेश (d) अरुणाचल प्रदेश

50. कौन-सा देश बहुपक्षीय अभ्यास मिलान, 2022 की मेजबानी कर रहा है?
(a) भारत (b) फ्रांस
(c) ब्रिटेन (d) मलेशिया

खण्ड ब भाषा (हिन्दी)

51. 'क्ष' ध्वनि किसके अन्तर्गत आती है?
(a) मूल स्वर (b) घोष वर्ण
(c) संयुक्त वर्ण (d) तालव्य वर्ण

52. 'विभावरी' किस भाषा का शब्द है?
(a) तत्सम (b) तद्भव
(c) देशज (d) संकर

53. 'पंकज' में कौन-सा समास है?
(a) कर्मधारय (b) द्विगु
(c) बहुव्रीहि (d) द्वन्द्व

54. 'अत्याचार' शब्द में कौन-सा उपसर्ग है?
(a) अत् (b) अति
(c) अती (d) अत्य

55. 'राम आम खाता है।' में वाच्य का कौन-सा रूप है?
(a) भाववाच्य (b) कर्मवाच्य
(c) कर्तृवाच्य (d) उभयवाच्य

56. 'हेमन्त को खीर अच्छी लगती है।' वाक्य किस कारक का उदाहरण है?
(a) कर्म कारक
(b) सम्बन्ध कारक
(c) सम्प्रदान कारक
(d) अधिकरण कारक

57. 'वकील' किस भाषा का शब्द है?
(a) फारसी (b) अरबी
(c) तुर्की (d) पुर्तगाली

58. 'आँख फटी रहना' मुहावरे का सही अर्थ क्या है?
(a) अँगूठा देखना (b) कठपुतली होना
(c) आश्चर्यचकित रह जाना (d) आँख चुराना

59. 'लेखक' शब्द में कौन-सा प्रत्यय है?
(a) अक (b) क
(c) अक् (d) आक

60. '<u>ईश्वर का कोई आकार नहीं होता है</u>'। रेखांकित शब्द का एक शब्द है
(a) सरोकार (b) स्वीकार
(c) साकार (d) निराकार

61. किस विकल्प में विसर्ग सन्धि का प्रयोग नहीं हुआ?
(a) तिरोधान (b) शिरोधार्य
(c) दीपोत्सव (d) रजोभाव

62. नमस्कार का सही सन्धि-विच्छेद है
(a) मन + कार (b) नमः + कार
(c) न + स्कार (d) मस् + कार

63. वह आता में 'वह' सर्वनाम किसका द्योतक हो सकता है?
(a) गाँधी जी (b) अतिथि
(c) भिक्षुक (d) विकलांग

64. अतीत के चलचित्र के रचनाकार कौन हैं?
(a) महादेवी वर्मा (b) निराला
(c) शिव प्रसाद सिंह (d) अज्ञेय

65. 'से' विभक्ति निम्न में से किस कारक के लिए प्रयुक्त होती है?
(a) सम्प्रदान (b) कर्म
(c) करण (d) कर्ता

66. वे अविकारी शब्द जो वाक्यों, वाक्याँशों अथवा एकाधिक शब्दों को जोड़ते हैं, क्या कहलाते हैं?
(a) सम्बन्धवाचक शब्द
(b) विस्मयादिबोधक शब्द
(c) क्रिया-विशेषण शब्द
(d) समुच्चयबोधक शब्द

67. 'उल्का सी रानी दिशा दीप्त करती थी' पंक्ति में कौन-सा अलंकार है?
(a) यमक (b) रूपक
(c) उत्प्रेक्षा (d) उपमा

68. शुद्ध वर्तनी वाला शब्द कौन-सा है?
(a) सुसुप्ति (b) सुसप्ति
(c) सुषप्ति (d) सुषुप्ति

69. अवर शब्द का विलोम होगा
(a) दूसरा (b) अपर
(c) प्रवर (d) अधम

70. 'क्या वह पढ़ रहा है' वाक्य में प्रयुक्त चिह्न होगा
(a) , (b) ;
(c) ? (d) -

71. आदिकाल व भक्तिकाल का सन्धि कवि किसको कहा जाता है?
(a) विद्यापति को (b) खुमाण रासो को
(c) पृथ्वीराज रासो को (d) चन्दबरदाई को

72. निम्न में से अशुद्ध वाक्य पहचानिए
(a) वह अपना चश्मा भूल गया
(b) पिताजी ने मुझसे कहा
(c) तुम तो अपना काम करो
(d) ये सच्चे इन्सान हैं

73. 'लघूर्मि में कौन-सी सन्धि है?
(a) अयादि स्वर सन्धि (b) दीर्घ स्वर सन्धि
(c) वृद्धि स्वर सन्धि (d) यण स्वर सन्धि

74. निम्नलिखित में से 'रुढ़' शब्द कौन-सा है?
(a) पीला (b) घुड़सवार
(c) लम्बोदर (d) नाक

75. 'अ' उपसर्ग के प्रयोग से बना शब्द है
(a) अनन्त (b) अन्वेषण
(c) अवैतनिक (d) अपेक्षा

76. 'कंचन' का पर्यायवाची है
(a) स्वर्ण (b) मंगल
(c) श्याम (d) कौशल

77. 'उन्मीलन' का विलोम शब्द है
(b) निमीलन (b) उत्मीलन
(c) निलन (d) नि : मीलन

78. 'जो पहले कभी नहीं हुआ हो' कहलाता है
(a) अद्‌भुत (b) अप्रत्याशित
(c) अनुपम (d) अभूतपूर्व

79. 'पानदान' शब्द है
(a) योगरूढ़ (d) यौगिक
(c) तद्‌भव (d) संकर

80. 'आँख का अन्धा नाम नयन सुख' का अर्थ है
(a) एक ही व्यक्ति में कई अवगुण
(b) गुण के विपरीत नाम
(c) आँख न होने पर भी सुखी
(d) आँख न होने पर दु:खी

81. 'उत्साह' किस रस का स्थायी भाव है?
(a) करुण (b) वीर
(c) हास्य (d) श्रृंगार

82. 'सूरसागर' किस भाषा की रचना है?
(a) अवधी (b) बुन्देली
(c) ब्रज (d) छत्तीसगढ़ी

83. 'दिगम्बर' शब्द उदाहरण है
(a) स्वर सन्धि (b) यण् सन्धि
(c) विसर्ग सन्धि (d) व्यंजन सन्धि

84. इनमें सर्वनाम रहित वाक्य है
(a) वह दौड़ता है
(b) कोई तो आया ही है
(c) मोहन पढ़ता है
(d) तुम नहीं पढ़ते

85. 'मृगावती' किसकी रचना है?
(a) उसमान (b) मंझन
(c) कुतुबन (d) जायसी

86. निम्न में संयुक्त वाक्य का चयन करें
(a) वह पढ़ता है
(b) मोहन खेलता है और सोहन पढ़ता है
(c) मोहन खेलता है
(d) वह धीरे-धीरे दौड़ता है

87. 'वह प्रातः उठकर स्नान करता है' वाक्य में क्रिया-विशेषण है
(a) वह (b) प्रातः
(c) उठकर (d) करता है

88. निम्नलिखित में से कौन-सी रचना द्विवेदी युग में लिखी गई है?
(a) तारसप्तक (b) प्रियप्रवास
(c) कामायनी (d) ग्राम्या

89. 'गूलर का फूल होना' मुहावरे का सही अर्थ है
(a) दुर्लभ वस्तु (b) असम्भव कार्य
(c) पेड़ की प्रशंसा (d) इनमें से कोई नहीं

90. विशेषण की विशेषता बताने वाला शब्द कहलाता है
(a) विधेय-विशेषण (b) प्रविशेषण
(c) क्रिया-विशेषण (d) विशेष्य

91. 'अक्षत' का विलोम शब्द है
(a) क्षत (b) नक्षत
(c) विक्षत (d) इनमें से कोई नहीं

92. 'कृष्णार्जुन' में कौन-सा समास है?
(a) तत्पुरुष (b) द्वन्द्व
(c) बहुव्रीहि (d) कर्मधारय

93. 'जो काम न करना चाहे' के लिए एक शब्द क्या होगा?
(a) आलसी (b) निकम्मा
(c) अकर्मण्य (d) दुष्कर

94. 'यामा' किसकी रचना है?
(a) भवानी प्रसाद मिश्र (b) महादेवी वर्मा
(c) अज्ञेय (d) मुक्तिबोध

95. 'शोक' किस रस का स्थायीभाव है?
(a) शान्त (b) करुण
(c) हास्य (d) वीर

96. स्वतन्त्र सत्ता धारण न करने वाले शब्द कहलाते हैं
(a) रूढ़ (b) यौगिक
(c) योगरूढ़ (d) इनमें से कोई नहीं

97. 'पहाड़ पर लालटेन' किसकी रचना है?
(a) रमेश चन्द्र (b) शिवानी
(c) मंगलेश डबराल (d) नागार्जुन

98. हिमालय शब्द का सन्धि-विच्छेद है
(a) हिम + आलय (b) हि + आलय
(c) हित + आलय (d) हिमा + लय

99. 'अत्याचार' शब्द में उपसर्ग बताएँ
(a) अति (b) आ
(c) अत् (d) अत्यु

100. 'राम ने कहा गाड़ी पलट गई' कौन-सा वाक्य है?
(a) सरल वाक्य है
(b) द्वित्व वाक्य है
(c) संयुक्त वाक्य है
(d) मिश्र वाक्य है

द्वितीय प्रश्न-पत्र

खण्ड अ तार्किक अभिरुचि

1. यदि किसी सांकेतिक भाषा में 'SYSTEM' को 'SYSMET' तथा 'NESRER' को 'SENRER' लिखा जाता है, तो उसी भाषा में 'FRACTION' को किस प्रकार लिखा जाएगा?

(a) CARFNOIT (b) CARFONTI
(c) RAC (d) CARFOITN

2. यदि 'A' का अर्थ '×', 'B' का अर्थ '÷' तथा 'C' का अर्थ '–' हो, तो निम्नलिखित विकल्पों में से कौन-सा सही है?

(a) 5A7B35C1 = 0 (b) 15A7B21C3 = 4
(c) 18A7B6C7 = 12 (d) 5A5B5C5 = 5

3. कुछ समीकरण किसी विशेष प्रणाली के आधार पर हल किए गए हैं। हल नहीं किए गए समीकरण को उसी प्रणाली का प्रयोग करके हल कीजिए।
यदि 10 – 3 = 12, 12 – 4 = 13, 14 – 5 = 14 तथा 16 – 6 = ?

(a) 10 (b) 15
(c) 16 (d) 18

4. पाँच व्यक्ति केन्द्र की ओर मुख करके एक वृत्ताकार घेरे में बैठकर ताश खेल रहे हैं। अभिषेक, राहुल के बाएँ ओर है। रवि साकेत के दाएँ ओर एवं साकेत और गौतम के बीच में है। बताइए कि गौतम के ठीक दाएँ ओर कौन है?

(a) अभिषेक (b) साकेत
(c) राहुल (d) रवि

निर्देश (प्र. सं. 5 और 6) *दिए गए विकल्पों में से लुप्त संख्या ज्ञात कीजिए।*

5.

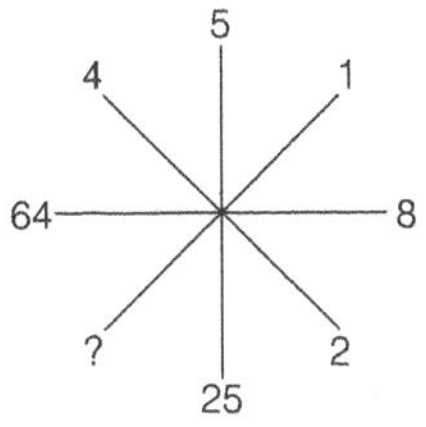

(a) 1 (b) 2
(c) 3 (d) 4

6.

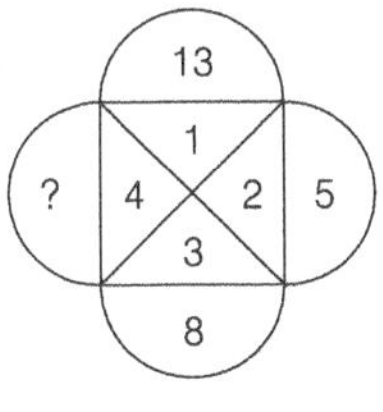

(a) 10 (b) 11
(c) 12 (d) 13

7. विनीत से संजय ने कहा कि "दिया तुम्हारी मौसी है और मेरी माँ भी तुम्हारी मौसी है तथा रीमा मेरी बहन है।" बताइए कि संजय का रीमा से क्या सम्बन्ध है?

(a) मौसेरा भाई या बहन (b) ममेरा भाई
(c) फुफेरा भाई (d) ज्ञात नहीं कर सकते

8. कामु अपने घर से पश्चिम दिशा में 5 किमी चलती है। वहाँ से वह दाएँ मुड़कर 3 किमी चलती है। फिर वह बाएँ मुड़कर 2 किमी चलती है। फिर बाएँ मुड़कर 3 किमी चलती है और अन्त में दाएँ मुड़कर 3 किमी चलती है। अब वह अपने घर से किस दिशा में है?

(a) पश्चिम (b) उत्तर (c) दक्षिण (d) पूर्व

9. मोहन A बिन्दु से दक्षिण दिशा में 1 किमी चलता है। वहाँ से वह बाएँ मुड़कर 1 किमी चलता है और पुनः बाएँ मुड़कर 1 किमी चलता है। अब उसका मुख किस दिशा की ओर है?

(a) पूर्व (b) पश्चिम (c) उत्तर (d) दक्षिण-पश्चिम

10. यदि A = 1, FAT = 27 हो, तो FAITH = ?

(a) 44 (b) 42 (c) 41 (d) 40

11. यदि B का भाई है A, D का पिता है C, B की माता है E, A और D भाई हैं, तो E का C से क्या सम्बन्ध है?

(a) बहन (b) साली (c) भतीजी (d) पत्नी

12. प्रकाश ने बिन्दु P से दक्षिण की ओर चलना प्रारम्भ किया। 40 मी चलने के बाद बाएँ मुड़ा और 30 मी चलकर बिन्दु Q पर पहुँचा। P एवं Q के बीच सरल रेखा की दूरी कितनी है और P से Q की दिशा क्या है?

(a) 60 मी, दक्षिण-पूर्व (b) 50 मी, दक्षिण-पश्चिम
(c) 50 मी, दक्षिण-पूर्व (d) इनमें से कोई नहीं

13. एक कम्पनी के प्रबन्ध निदेशक ने साक्षात्कार लेने के लिए हॉल में 12 : 30 से 10 मिनट पूर्व प्रवेश लिया। वह चेयरमैन से 20 मिनट पूर्व आया था चेयरमैन 30 मिनट विलम्ब से आया था। साक्षात्कार का नियत समय क्या था?

(a) 12 : 00 (b) 12 : 10 (c) 12 : 20 (d) 12 : 30

14. यदि 'STOVE' शब्द को 'FNBLK' के रूप में लिखा जा सकता है तो उसी कूट में 'VOTES' शब्द को कैसे लिखा जाएगा?

(a) LBNKF (b) LNBKF
(c) LKNBF (d) FLKBN

15. दिए गए विकल्पों में से लुप्त संख्या ज्ञात कीजिए।

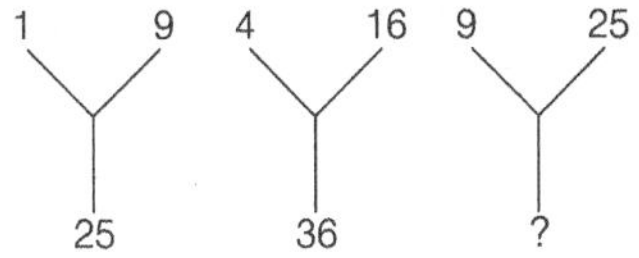

(a) 47 (b) 49 (c) 50 (d) 57

निर्देश (प्र.सं. 16-19) *निम्नलिखित जानकारी को ध्यानपूर्वक पढ़िए और पूछे गए प्रश्नों के उत्तर दीजिए!*

A, B, C, D, E, F और G उत्तर की ओर मुख करके एक सीधी रेखा में खड़े हैं किन्तु यह आवश्यक नहीं है कि इसी क्रम में। सभी के मध्य समान दूरी है। इनमें से प्रत्येक अलग-अलग व्यवसायी अभिनेता, रिपोर्टर, डॉक्टर, इन्जीनियर, वकील, शिक्षक तथा चित्रकार हैं, परन्तु यह आवश्यक नहीं है कि इसी क्रम मे हों। G, C के बाएँ पाँचवाँ है। रिपोर्टर G के दाएँ तीसरा है। F, A के दाएँ पाँचवाँ है। E, B के बाएँ दूसरा है। इन्जीनियर, D के बाएँ दूसरा है। इन्जीनियर और चित्रकार के मध्य केवल तीन व्यक्ति हैं। डॉक्टर, इन्जीनियर के तुरन्त बाएँ है। वकील, शिक्षक के तुरन्त दाएँ हैं।

16. A का व्यवसाय क्या है?
(a) चित्रकार (b) डॉक्टर
(c) शिक्षक (d) अभिनेता

17. दिए गए व्यवस्थिकरण के अनुसार, निम्न में से कौन-सा कथन सही है?
(a) F एक शिक्षक है
(b) F, E के बाएँ तीसरा है
(c) चित्रकार, B के तुरन्त बाएँ है
(d) वकील व्यवस्था के ठीक मध्य में खड़ा है

18. निम्न में से कौन अभिनेता है?
(a) E (b) F
(c) C (d) B

19. चित्रकार के सन्दर्भ में D की स्थिति क्या है?
(a) बाएँ से तीसरा (b) दाएँ से दूसरा
(c) दाएँ से चौथा (d) बाएँ से दूसरा

20. कुछ समीकरण किसी विशेष प्रणाली के आधार पर हल किए गए हैं। इसी आधार पर हल ना किए गए समीकरण का उत्तर दीजिए।
यदि 8 + 6 = 8, 4 + 7 = 8, 13 + 5 = 5, तो 18 + 9 =?
(a) 9 (b) 7
(c) 12 (d) 2

21. पाँच व्यक्ति A, B, X, Y और Z एक इमारत की पाँच विभिन्न मन्जिलों पर रहते हैं (जैसे भूतल को 1 के रूप में और शीर्ष मन्जिल को 5 के रूप में संख्यांकित किया गया है)। A और B के मध्य तीन मन्जिलें हैं। X, Y के ऊपर किसी एक मन्जिल पर रहता है। तीसरी मन्जिल पर निम्नलिखित में से कौन रहता है?
(a) B (b) A
(c) X (d) निर्धारित नहीं किया जा सकता

22. चार रास्ते हैं। आप दक्षिण की ओर से आए हैं और मन्दिर जाना चाहते हैं। दाहिनी ओर का मार्ग आपको कॉफी हाउस से दूर ले जाता है। सीधा सामने जाने वाला मार्ग केवल कॉलेज की ओर ले जाता है। ज्ञात करें मन्दिर किस दिशा में है?
(a) उत्तर (b) दक्षिण
(c) पूर्व (d) पश्चिम

23. लड़कियों की एक पंक्ति में दिव्या बाएँ से 18वें स्थान पर तथा नम्रता दाएँ से 12वें स्थान पर है। यदि नम्रता को पाँच स्थान दाएँ प्रतिस्थापित किया जाता है, तब दिव्या की स्थिति नम्रता के तुरन्त दाएँ हो जाती है, तो पंक्ति में कुल कितनी लड़कियाँ हैं?
(a) 30 (b) 24
(c) 22 (d) 23

निर्देश (प्र.सं. 24-26) *दिए गए विकल्पों में से सम्बन्धित शब्द/अक्षर/संख्या को चुनिए।*

24. मछली : शल्क : : भालू : ?
(a) पंख (b) पत्ते
(c) लोमचर्म (d) त्वचा

25. PNLJ : IGEC : : VTRP : ?
(a) OMKI (b) RSTU
(c) QSRC (d) RPOM

26. 6 : 64 : : 11 : ?
(a) 144 (b) 169
(c) 121 (d) 124

निर्देश (प्र. सं. 27-31) *दी गई जानकारी का ध्यानपूर्वक अध्ययन करें और उस पर आधारित प्रश्नों के उत्तर दीजिए।*
माया, पवन, अमित, अरविन्द, रघु, राजीव तथा अशोक एक इमारत के विभिन्न तलों पर रहते हैं। इमारत के सबसे निचले तल को संख्या 1, उससे ऊपर वाले तल को संख्या 2 तथा इसी प्रकार आगे भी सबसे ऊपरी तल को संख्या 7 दी गई है।
अरविन्द सम संख्या वाले तल पर रहता है। माया, अरविन्द के तल से ऊपर वाले तल पर नहीं रहती है। पवन, राजीव के तल से तीन तल ऊपर रहता है। माया तथा राजीव के रहने वाले तलों के बीच में केवल एक व्यक्ति रहता है। अशोक विषम संख्या वाले तल पर रहता है। राजीव, अरविन्द के नीचे वाले तल पर नहीं रहता है। अमित, अशोक के तल से तुरन्त ऊपर वाले तल पर रहता है।

27. तल संख्या 3 पर कौन रहता है?
(a) माया (b) रघु
(c) राजीव (d) अमित

28. रघु के तल से तुरन्त ऊपर वाले तल पर कौन रहता है?
(a) माया (b) अशोक
(c) पवन (d) रघु

29. सबसे ऊपरी तल पर कौन रहता है?
(a) अमित (b) अशोक
(c) पवन (d) रघु

30. अमित कौन-से तल पर रहता है?
(a) सातवें तल पर (b) छठे तल पर
(c) पाँचवें तल पर (d) चौथे तल पर

31. यदि सभी व्यक्तियों को उनके नामों के अनुसार, शब्दकोश के क्रमानुसार ऊपर से नीचे तल की ओर व्यवस्थित किया जाए, तो नई बनी व्यवस्था में कितने लोगों का स्थान अपरिवर्तित रहेगा?
(a) कोई नहीं (b) एक
(c) दो (d) तीन

निर्देश (प्र.सं. 32-34) *दिए गए चार विकल्पों में से उस विकल्प को चुनिए जो अन्य तीन से भिन्न है।*

32. (a) बाँसुरी (b) वायलिन
(c) गिटार (d) सितार

33. (a) JKOP (b) MNST
(c) CABD (d) OPWX

34. (a) 156 (b) 201
(c) 273 (d) 345

35. एक घन की 6 सतहें इस प्रकार रंगी हुई हैं
(i) लाल के विपरीत काला
(ii) लाल और काले के बीच हरा
(iii) नीला रंग सफेद सतह के बगल में
(iv) भूरा रंग नीली सतह के बगल में
(v) नीचे की सतह लाल रंग से
ऊपर के विकरण के आधार पर बताइए कि भूरे रंग के विपरीत कौन-सा रंग है?
(a) सफेद (b) लाल
(c) हरा (d) नीला

36. शब्द REPUTATION के अक्षरों द्वारा दिए गए विकल्पों में से कौन-सा शब्द बनाया जा सकता है?
(a) TUTOR (b) PONDER
(c) REQUIRE (d) RETIRE

निर्देश (प्र.सं. 37 और 38) *एक कथन के बाद दो निष्कर्ष। और॥ दिए गए हैं। आपको कथनों को सत्य मानकर विचार करना है चाहे वे सामान्यतः ज्ञात तथ्यों से भिन्न प्रतीत होते हों। आपको निर्णय करना है कि दिए गए निष्कर्षों में से कौन-सा यदि कोई हो, निश्चित रूप से कथनों के आधार पर निकाला जा सकता है। अपना उत्तर निर्दिष्ट करें।*

37. **कथन** केवल अच्छे लोग कम उम्र में मरते हैं।
निष्कर्ष I. कोई अच्छा व्यक्ति वृद्धावस्था तक जीवित नहीं रहता।
II. वृद्धावस्था तक जीने वाला हर व्यक्ति बुरा होता है।
(a) केवल निष्कर्ष I निकलता है
(b) केवल निष्कर्ष II निकलता है
(c) निष्कर्ष। और II दोनों निलकते हैं
(d) न निष्कर्ष I और न ही निष्कर्ष II निकलता है

38. **कथन** लाइट सूर्य से आती है, पंख लाइट होते हैं।
निष्कर्ष I. पंख सूर्य से आते हैं।
II. सूर्य लाइट है।
(a) केवल निष्कर्ष I निहितार्थ है
(b) केवल निष्कर्ष II निहितार्थ है
(c) निष्कर्ष। और II दोनों निहितार्थ हैं
(d) न निष्कर्ष I और न ही निष्कर्ष II निहितार्थ है

39. छः लड़के एक पंक्ति में बैठे हैं। जोन्स और मनु की स्थिति राजू के सन्निकट है। उदय के सन्निकट गोपी और राम हैं। गोपी, जोन्स अथवा मनु किसी से भी आगे नहीं है। राजू भी मनु से आगे स्थान पर नहीं बैठा है, तो जोन्स के सन्निकट कौन बैठा है?
(a) राजू और उदय (b) राजू और मनु
(c) राजू और राम (d) केवल राजू

40. एक शब्द बड़े अक्षरों में लिखा गया है। इसके बाद चार शब्द लिखे गए हैं। इनमें से तीन शब्द बड़े अक्षरों वाले शब्द के अक्षरों द्वारा नहीं बनाए जा सकते हैं। उस शब्द को पहचानें जो बड़े अक्षरों में लिखे शब्द के अक्षरों द्वारा लिखा जा सकता है।
PREMONITION
(a) ACTION (b) NATION (c) MONITOR (d) REMOVE

41. दिए गए वैकल्पिक शब्दों में से उस शब्द को चुनिए जो दिए गए शब्द के अक्षरों के प्रयोग द्वारा नहीं लिखा जा सकता।
CONVERSATION
(a) NATION (b) VERSION (c) STATION (d) REASON

42. अक्षरों का कौन-सा समूह खाली स्थानों पर क्रमवार रखने से दी गई अक्षर शृंखला को पूर करेगा?
_aa_ba_bb_ab_aab
(a) babab (b) aaabb (c) bbaab (d) bbbaa

निर्देश (प्र. सं. 43) *दिए गए विकल्पों में से कौन-सा निम्नलिखित शब्दों का सार्थक आरोही क्रम दर्शाएगा?*

43. 1. लकड़ी 2. किताब 3. कारखाना 4. कागज 5. छापना
(a) 1, 3, 4, 5, 2 (b) 2, 5, 1, 3, 4
(c) 3, 1, 4, 5, 2 (d) 4, 2, 3, 1, 5

44. कौन-सा आरेख राजनीतिज्ञों, कवियों और महिलाओं के बीच सम्बन्ध का सही निरूपण करता है?

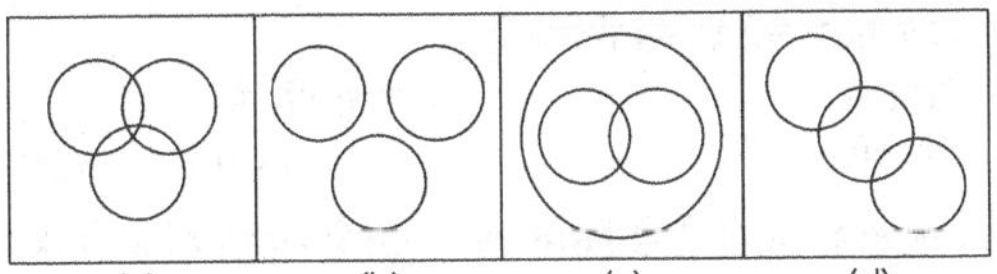

(a) (b) (c) (d)

45. उत्तर आकृति में से कौन-सी आकृति प्रश्न आकृति का सही प्रतिबिम्ब होगी, जबकि दर्पण AB रेखा पर रखा हो?
प्रश्न आकृति

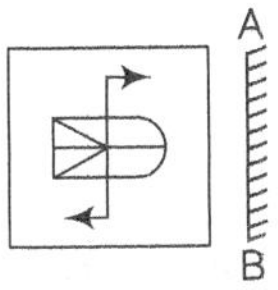

उत्तर आकृतियाँ

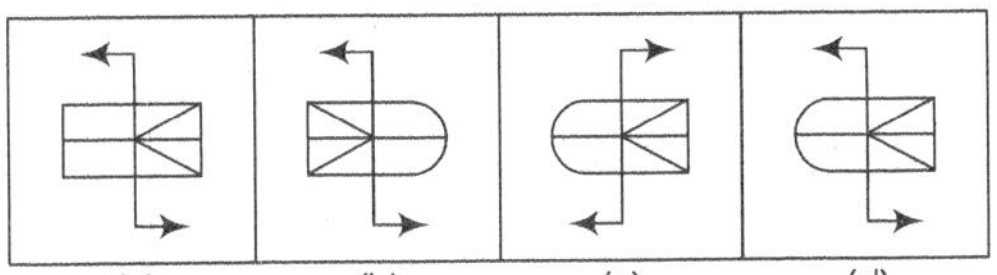

(a) (b) (c) (d)

46. दिए गए विकल्पों में से उस विकल्प का चयन कीजिए जिसमें दी हुई संख्याओं का समूह प्रश्न में दी हुई संख्या के समान है।
दी हुई संख्या समूह (6, 36, 63)
(a) 7, 49, 98
(b) 8, 64, 46
(c) 9, 84, 45
(d) 11, 111, 84

47. दिए गए विकल्पों में से लुप्त संख्या ज्ञात कीजिए।

176	24	526
434	18	325
253	?	471

(a) 19 (b) 42
(c) 30 (d) 06

निर्देश (प्र. सं. 48-50) *दिए गए विकल्पों में से उस विकल्प को चुनिए जो अनुक्रम को पूरा करेगा।*

48. ABE, BCF, CDG, ?, EFI
(a) CDH (b) EFH
(c) DEG (d) DEH

49. FPC, ITH, LXM, ?
(a) OAS (b) OBR
(c) OMR (d) OCR

50. 123, 234, 345, 456, ?
(a) 556
(b) 567
(c) 789
(d) 765

खण्ड-ब कला वर्ग

51. नए राज्य गठन की शक्ति निहित है
(a) संसद में (b) राष्ट्रपति में
(c) मन्त्रिपरिषद् में (d) राज्य पुनर्गगठन आयोग में

52. संसद के दोनों सदनों में से किसी एक सदन में न्यूनतम कितने सदस्य होने अनिवार्य हैं, जिससे सदन की कार्यवाही चलती रहे?
(a) कुल सदस्यों का पाँचवाँ भाग (b) कुल सदस्यों का छठा भाग
(c) कुल सदस्यों का सातवाँ भाग (d) कुल सदस्यों का दसवाँ भाग

53. हिमाचल प्रदेश से होकर बहने वाली नदियाँ कौन-सी हैं?
(a) व्यास और चिनाब
(b) व्यास और रावी
(c) चिनाब, रावी और सतलज
(d) व्यास, चिनाब, रावी, सतलज और यमुना

54. इनमें से किसने अप्रैल, 1930 में नमक कानून तोड़ने के लिए तन्जौर तट पर एक अभियान संगठित किया था?
(a) वी ओ चिदम्बरम पिल्लै (b) सी. राजगोपालाचारी
(c) के. कामराज (d) ऐनी बेसेण्ट

55. साँची का स्तूप कहाँ स्थित है?
(a) रायसेन (मध्य प्रदेश) (b) संकिशा (छत्तीसगढ़)
(c) गोरखपुर (उत्तर प्रदेश) (d) पाटलिपुत्र (बिहार)

56. निम्नलिखित में कौन संसद का अनन्य भाग नहीं है?
(a) लोकसभा (b) राज्यसभा
(c) राष्ट्रपति (d) उपराष्ट्रपति

57. उत्तराखण्ड की कुल संसदीय सीटें (लोकसभा निर्वाचन क्षेत्र) हैं
(a) 14 (b) 5
(c) 80 (d) 2

58. दो नदियों के बीच की उपजाऊ भूमि को कहते हैं
(a) जलसम्भर (b) जल विभाजक
(c) दोआब (d) तराई

59. भारत के निम्नलिखित में से किस राज्य में घने सदापर्णी वन आच्छादन के अन्तर्गत विशालतम क्षेत्रफल है
(a) हिमाचल प्रदेश (b) अरुणाचल प्रदेश
(c) कर्नाटक (d) उत्तराखण्ड

60. 'टी बी हारेगा, देश जीतेगा' अभियान के सन्दर्भ में टी बी किस वर्ष तक देश से खत्म हो जाएगा?
(a) 2020 (b) 2024 (c) 2025 (d) 2029

61. निम्नलिखित में से किसे हरित सोना कहा जाता है?
(a) यूकेलिप्ट्स को (b) बाँस को
(c) सवई घास को (d) जूट को

62. लोकहित वाद की संकल्पना का उद्गम देश है
(a) ऑस्ट्रेलिया (b) भारत
(c) यू.एस.ए (d) यू.के.

63. पंचायत के चुनाव कराने हेतु निर्णय किसके द्वारा लिया जाता है?
(a) केन्द्र सरकार (b) राज्य सरकार
(c) जिला न्यायाधीश (d) चुनाव आयोग

64. अनुच्छेद 79 के अनुसार, संसद का अभिन्न अंग होता है
(a) राष्ट्रपति (b) राज्यसभा
(c) लोकसभा (d) ये सभी

65. सरकार के संसदीय रूप का विचार कहाँ से लिया गया है?
(a) संयुक्त राज्य अमेरिका (b) ब्रिटेन
(c) फ्रांस (d) सोवियत रूस

66. सर्वोच्च न्यायालय का न्यायाधीश अपने पद से त्याग-पत्र किसको लिखकर दे सकता है?
(a) मुख्य न्यायाधीश को (b) राष्ट्रपति को
(c) प्रधानमन्त्री को (d) विधि मन्त्री को

67. जब राष्ट्रपति और उपराष्ट्रपति दोनों के पद खाली हों, तब उनके काम कौन करेगा?
(a) प्रधानमन्त्री (b) गृहमन्त्री
(c) भारत का मुख्य न्यायाधीश (d) लोकसभा का अध्यक्ष

68. रूसी यात्री निकितिन किसके शासनकाल में बहमनी राज्य में आया था?
(a) मुहम्मद तृतीय (b) हसन गंगू
(c) हुमायूँ (d) महमूद बेगड़ा

69. निम्नलिखित में से किस काँग्रेस अधिवेशन में 31 दिसम्बर, 1929 को पूर्ण स्वराज की घोषणा की गई थी?
(a) अहमदाबाद (b) कोलकाता
(c) लाहौर (d) लखनऊ

70. निम्नलिखित में से किसने गाँधीजी के नमक आन्दोलन में भाग लिया?
(a) सरोजिनी नायडू (b) राजकुमारी अमृत कौर
(c) कमलादेवी चट्टोपाध्याय (d) ये सभी

71. वर्ष 1919 में अखिल भारतीय खिलाफत सम्मेलन का अध्यक्ष किसे चुना गया?
(a) महात्मा गाँधी (b) मोहम्मद अली जिन्ना
(c) मौलाना अली जिन्ना (d) मोतीलाल नेहरू

72. आकाशगंगा वर्गीकृत की गई है
(a) सर्पिलाकार गैलेक्सी के रूप में
(b) विद्युत् गैलेक्सी के रूप में
(c) अनियमित गैलेक्सी के रूप में
(d) गोलाकार गैलेक्सी के रूप में

73. सूर्य से दूरी के क्रम में निम्नलिखित में से कौन-से दो ग्रह, मंगल और यूरेनस के बीच हैं?
(a) पृथ्वी और बृहस्पति
(b) बृहस्पति और शनि
(c) शनि और पृथ्वी
(d) शनि और वरुण (नेप्च्यून)

74. वर्ष 1928 में साइमन कमीशन भारत में किस उद्देश्य से आया?
(a) प्रशासनिक सुधार पर विचार के लिए
(b) शिक्षा में सुधार के लिए
(c) कृषि क्षेत्र में सुधार के लिए
(d) सैनिक क्षमता में मूल्यांकन हेतु

75. निम्नांकित में से कौन-सा वर्ष 1929 में काँग्रेस के लाहौर अधिवेशन में पारित संकल्प में शामिल नहीं था?
(a) भारत की विदेश नीति की घोषणा
(b) पूर्ण स्वराज्य के लक्ष्य की घोषणा
(c) सविनय अवज्ञा आन्दोलन प्रारम्भ करने की तैयारी
(d) अस्पृश्यता उन्मूलन

76. भू-पर्पटी में, निम्नलिखित में किसकी सर्वाधिक प्रचुरता है?
(a) कार्बन (b) लोहा
(c) सिलिका (d) कैल्सियम

77. भूकम्प की तीव्रता का मापन किया जाता है
(a) रिएक्टर पैमाने पर (b) केल्विन पैमाने पर
(c) डेसीबल में (d) पास्कल में

78. भूमि विकास बैंक भाग है
(a) व्यापारिक बैंकों का (b) आई डी बी आई का
(c) एफ सी आई का (d) सहकारी साख संरचना का

79. कापार्ट (CAPART) एक स्ववित्त संस्था है, जो निम्नलिखित के अधीन कार्य करती है
(a) कृषि मन्त्रालय (b) ग्रामीण विकास मन्त्रालय
(c) उद्योग मन्त्रालय (d) योजना आयोग

80. निम्नलिखित कथनों में से कौन अलबरूनी के सम्बन्ध में सही नहीं है?
(a) वह एक धर्मनिरपेक्ष लेखक था
(b) उसका ग्रन्थ उस समय के जीवन्त भारत से प्रभावित था
(c) वह संस्कृत का विद्वान् था
(d) वह त्रिकोणमिति का विशेषज्ञ था

81. कश्मीर का शासक जो 'कश्मीर का अकबर' के नाम से जाना जाता है, वह है
(a) शम्सुद्दीनशाह (b) सिकन्दर बुतशिकन
(c) हैदरशाह (d) जैनुल (जैन-उल) आबिदीन

82. किसके गुरुत्वाकर्षण के कारण ज्वार-भाटा आता है?
(a) पृथ्वी का चन्द्रमा पर
(b) पृथ्वी का सूर्य पर
(c) पृथ्वी पर सूर्य और चन्द्रमा का
(d) चन्द्रमा का पृथ्वी पर

83. निम्न में से किस धारा के कारण पेरु तट का तापमान सामान्य से अधिक हो जाता है?
(a) हम्बोल्ट धारा के कारण (b) कैलिफोर्निया धारा के कारण
(c) एल-निनो धारा के कारण (d) क्यूरोशिया प्रसार के कारण

84. प्रथम बौद्ध संगीति का आयोजन हुआ था
(a) अनिरुद्ध के शासनकाल में (b) अजातशत्रु के शासनकाल में
(c) बिम्बिसार के शासनकाल में (d) उदयभद्र के शासनकाल में

85. कौटिल्य का अर्थशास्त्र है, एक
(a) चन्द्रगुप्त मौर्य के सन्दर्भ में नाटक
(b) आत्मकथा
(c) चन्द्रगुप्त मौर्य का इतिहास
(d) शासनों के सिद्धान्त की पुस्तक

86. निम्न में से कौन-सा एक महासागरीय धाराओं के जनन का कारण नहीं है?
(a) भूमण्डलीय पवन
(b) महासागरीय जल के तापमान में विचरण
(c) पृथ्वी का परिक्रमण
(d) तट रेखाओं की आकृति और विन्यास

87. सूर्यातप के अवशोषण में सबसे महत्त्वपूर्ण भूमिका किसके द्वारा निभाई जाती है?
(a) कार्बन डाइऑक्साइड (b) ओजोन
(c) ऑक्सीजन (d) धुन्ध

88. पृथ्वी पर सबसे उच्चतम तापक्रम रिकॉर्ड किए जाते हैं
(a) भूमध्य रेखा पर (b) 10° उत्तरी अक्षांश पर
(c) 20° उत्तरी अक्षांश पर (d) 25° उत्तरी अक्षांश पर

89. वायुदाब में अचानक आने वाली कमी निम्न में से किसकी सूचक होती है?
(a) स्वच्छ मौसम (b) तूफानी मौसम
(c) अत्यधिक शीतल मौसम (d) वर्षा का मौसम

90. डब्ल्यू टी.ओ. का मुख्यालय अवस्थित है
(a) जेनेवा में (b) पेरिस में
(c) रोम में (d) न्यूयॉर्क में

91. 'पत्र-स्वर्ण' का अर्थ है
(a) अन्तर्राष्ट्रीय मुद्रा कोष का विशेष आहरण अधिकार
(b) विश्व बैंक की विशेष सहायता
(c) वे मुद्राएँ, जो अब भी स्वर्णमान पर हैं
(d) घाटा प्रबन्धन

92. 'बचपन' किस संज्ञा का उदाहरण है
(a) भाववाचक संज्ञा (b) जातिवाचक संज्ञा
(c) द्रव्यवाचक संज्ञा (d) व्यक्तिवाचक संज्ञा

93. 'चलाचल' शब्द में कौन-सी सन्धि है?
(a) स्वर सन्धि (b) दीर्घ सन्धि
(c) यण् सन्धि (d) विसर्ग सन्धि

94. 'बहेलिया' शब्द का समानार्थी शब्द क्या होगा?
(a) केश (b) अलि
(c) आखेटक (d) गहना

95. संस्कृति का सन्धि-विच्छेद क्या है?
(a) सस् + कृति (b) सम् + कृति
(c) सं + स्कृति (d) सं + कृति

96. राजपुरुष में समास है
(a) कर्मधारय (b) द्वन्द्व (c) अव्ययीभाव (d) तत्पुरुष

97. निम्न में से कौन-सा शब्द 'पुल्लिंग' है?
(a) मनोवृत्ति (b) जीविका
(c) बैठी (d) स्वप्न

98. 'परिश्रमी' शब्द में कौन-से विशेषण का बोध होता है?
(a) गुणवाचक (b) संख्यावाचक
(c) परिमाणवाचक (d) सार्वनामिक

99. "काहे री नलिनी तू कुम्हलानी, तेरे ही नाल सरोवर पानी"। पंक्ति के रचनाकार कौन हैं?
(a) जायसी (b) रैदास (c) कबीर (d) दादू

100. निम्नांकित में दीर्घ सन्धि का उदाहरण है
(a) रमेश (b) पुराकाश
(c) नवौशधि (d) रवीश

उत्तरमाला

प्रथम प्रश्न-पत्र

1 (c)	2 (b)	3 (b)	4 (a)	5 (c)	6 (c)	7 (d)	8 (b)	9 (d)	10 (c)
11 (c)	12 (c)	13 (a)	14 (c)	15 (c)	16 (b)	17 (a)	18 (a)	19 (b)	20 (b)
21 (b)	22 (a)	23 (b)	24 (c)	25 (c)	26 (b)	27 (c)	28 (c)	29 (c)	30 (d)
31 (a)	32 (b)	33 (b)	34 (a)	35 (b)	36 (b)	37 (a)	38 (b)	39 (b)	40 (d)
41 (b)	42 (b)	43 (c)	44 (b)	45 (a)	46 (b)	47 (a)	48 (a)	49 (a)	50 (a)
51 (c)	52 (b)	53 (c)	54 (b)	55 (c)	56 (a)	57 (a)	58 (c)	59 (a)	60 (d)
61 (c)	62 (b)	63 (c)	64 (a)	65 (c)	66 (d)	67 (d)	68 (d)	69 (c)	70 (a)
71 (a)	72 (c)	73 (b)	74 (a)	75 (c)	76 (a)	77 (c)	78 (d)	79 (c)	80 (b)
81 (b)	82 (c)	83 (d)	84 (c)	85 (c)	86 (b)	87 (c)	88 (c)	89 (a)	90 (b)
91 (b)	92 (b)	93 (c)	94 (b)	95 (b)	96 (b)	97 (c)	98 (a)	99 (a)	100 (d)

द्वितीय प्रश्न-पत्र

1 (a)	2 (a)	3 (b)	4 (a)	5 (a)	6 (c)	7 (a)	8 (a)	9 (c)	10 (a)
11 (d)	12 (c)	13 (b)	14 (a)	15 (b)	16 (b)	17 (d)	18 (c)	19 (d)	20 (d)
21 (d)	22 (d)	23 (d)	24 (c)	25 (a)	26 (b)	27 (c)	28 (b)	29 (c)	30 (b)
31 (b)	32 (a)	33 (b)	34 (a)	35 (a)	36 (a)	37 (d)	38 (b)	39 (c)	40 (c)
41 (c)	42 (c)	43 (a)	44 (d)	45 (d)	46 (b)	47 (a)	48 (d)	49 (b)	50 (b)
51 (a)	52 (d)	53 (d)	54 (b)	55 (a)	56 (d)	57 (b)	58 (c)	59 (b)	60 (c)
61 (b)	62 (c)	63 (b)	64 (d)	65 (b)	66 (b)	67 (c)	68 (a)	69 (c)	70 (d)
71 (a)	72 (a)	73 (b)	74 (a)	75 (d)	76 (c)	77 (a)	78 (d)	79 (b)	80 (a)
81 (d)	82 (c)	83 (c)	84 (b)	85 (d)	86 (d)	87 (a)	88 (c)	89 (b)	90 (a)
91 (a)	92 (a)	93 (b)	94 (c)	95 (b)	96 (d)	97 (d)	98 (a)	99 (c)	100 (d)

संकेत एवं हल

प्रथम प्रश्न-पत्र

1. (c) पूर्व-वैदिक आर्यों का धर्म प्रमुखतः प्रकृति पूजा और यज्ञ पर आधारित था। पूर्व-वैदिक आर्यों का काल सामान्यतः 1500-1000 ई. पू. माना जाता है। इस समय इस काल के लोग कृषि, पशुपालन तथा प्रकृति की पूजा करते थे, जिसमें पीपल पूजा, बरगद पूजा आदि प्रचलित थी।

2. (b) भारत में लौह धातु के प्रचलन के प्राचीनतम साक्ष्य उत्तर प्रदेश में अवस्थित अतरंजीखेड़ा से प्राप्त किए गए हैं। अतरंजीखेड़ा उत्तर प्रदेश के एटा (Etah) जनपद में स्थित है। जहाँ से वर्ष 1964 में आर. सी. गौड़ और नुरुल हसन ने इस स्थल का उत्खनन कार्य किया और बड़ी मात्रा में लौह उपकरण की प्राप्ति हुई, जिनमें बाण, भाला-फलक चिमटे, कीलें, कुल्हाड़ी और मछली पकड़ने का काँटा मिला है।

3. (b) दिल्ली की कुव्वत-उल-इस्लाम मस्जिद के प्रांगण में उन्नत प्रसिद्ध लौह-स्तम्भ गुप्तवंशी शासक चन्द्रगुप्त द्वितीय की स्मृति में बना है। इस लौह स्तम्भ की स्थापना चन्द्रगुप्त द्वितीय ने हूणों के विरुद्ध विजय के फलस्वरूप करायी थी। इस विजय स्तम्भ में किसी चन्द्र नामक शासक का वर्णन है, जिसका सम्बन्ध इतिहासकार चन्द्रगुप्त द्वितीय से बताते हैं।

4. (a) पाल वंश का संस्थापक गोपाल को माना जाता है। ऐसा कहा जाता है कि गोपाल को बंगाल का शासक वहाँ के लोगों ने बनाया था। गोपाल बौद्ध धर्म का अनुयायी था तथा इसने ओदन्तपुरी विश्वविद्यालय की स्थापना की थी।

5. (c) जलियाँवाला बाग हत्याकाण्ड के लिए जिम्मेदार अंग्रेज ऑफिसर जनरल ओ डायर की हत्या इंग्लैण्ड में सरदार ऊधम सिंह ने कर दी थी। जनरल ओ डायर ने ही जलियाँवाला बाग में निहत्थे लोगों पर वर्ष 1919 में अन्धाधुन्ध गोलियाँ बरसाई थीं जिससे सैकड़ों लोगों की जान चली गई थी।

6. (c) असहयोग आन्दोलन को हिन्दुओं और मुसलमानों दोनों का समर्थन मिला था। असहयोग आन्दोलन वर्ष 1920 गाँधीजी द्वारा चलाया गया एक व्यापक आन्दोलन था, जिसमें सभी वर्गों की भागीदारी थी, जिसके कारण इस आन्दोलन को पहली बार पूरे भारत से समर्थन मिला।

7. (d) माउण्ट एटना ज्वालामुखी इटली में स्थित है। इसे यूरोप का सबसे सक्रिय ज्वालामुखी माना जाता है। यह यूरोप के सिसली द्वीप पर स्थित है। इसे यूनेस्को की विश्व धरोहरों में शामिल किया जाता है।

8. (b) नाइस (नीस) आग्नेय चट्टान नहीं है। नाइस चट्टान को अवसादी या रूपान्तरित चट्टान कहा जाता है। आग्नेय चट्टानों का निर्माण क्रस्ट के नीचे उपस्थित तप्त एवं तरल मैग्मा के ठण्डा होने से होता है। आग्नेय चट्टान रवेदार (crystalline) होती है।

9. (d) भारतीय वानस्पतिक सर्वेक्षण (Botanical Survey of India) का मुख्यालय कोलकाता में स्थित है। इसकी स्थापना ब्रिटिश सरकार द्वारा 13 फरवरी, 1890 को की गई थी। इसका मुख्य उद्देश्य भारत में विद्यमान पादप-संसाधन का सर्वेक्षण करना है। वर्तमान में यह वन एवं पर्यावरण मन्त्रालय के अधीन एक वानस्पतिक वैज्ञानिक संस्थान है।

10. (c) मानस राष्ट्रीय उद्यान (नेशनल पार्क) असम राज्य में अवस्थित है। इसकी स्थापना वर्ष 1990 में की गई थी। इस राष्ट्रीय उद्यान में एक टाइगर रिजर्व और एक हाथी रिजर्व भी है। यह उद्यान अपने दुर्लभ और लुप्तप्राय स्थानिक वन्यजीवों के लिए जाना जाता है। जैसे कि गोल्डन लंगूर, पिग्मी हॉग मानस, जंगली भैंसा आदि।

11. (c) भारत में सबसे अधिक जैव-विविधता सम्पन्न क्षेत्र पश्चिमी घाट है। विश्व में जैविकीय विविधता के लिए यह बहुत महत्त्वपूर्ण है और इस दृष्टि से विश्व में इसका 8वाँ स्थान है। इसे यूनेस्को के विश्व धरोहर स्थल के रूप में मान्यता प्राप्त है।

12. (c) साइलेण्ट वैली परियोजना का सम्बन्ध केरल राज्य से है। साइलेण्ट वैली परियोजना केरल के पलक्कड़ जिले में नीलगिरि की पहाड़ियों में स्थित है। यह उद्यान भारत के दक्षिण-पश्चिमी घाट के वर्षा वनों और आर्द्र उष्णकटिबन्धीय सदाबहार वन के आखिरी छोर पर है।

साइलेण्ट वैली परियोजना एक सामाजिक आन्दोलन था, जिसका उद्देश्य भारत के केरल के पलक्कड़ जिले में एक सदाबहार उष्णकटिबन्धीय जंगल, साइलेण्ट वैली के संरक्षण के उद्देश्य से था।

13. (a) भारत में नागरिकों के लिए निर्धारित मत देने की न्यूनतम आयु 18 वर्ष है। वर्ष 1989 से पहले यह आयु 21 वर्ष थी। 61वें संविधान संशोधन द्वारा मतदान के लिए आयु सीमा 21 वर्ष से घटाकर 18 वर्ष की थी। भारत में मत देने का अधिकार एक संवैधानिक अधिकार है।

14. (c) भारत सरकार में सरकारिया आयोग का गठन जून, 1983 में केन्द्र और राज्य सरकार के बीच सम्बन्ध और शक्ति के सन्तुलन की क्षमता की जाँच के लिए किया गया। इसके अध्यक्ष सुप्रीम कोर्ट के रिटायर्ड जज जस्टिस राजेन्द्र सिंह सरकारिया थे, जबकि अन्य सदस्य श्री वी शिवरामन और डॉ. एस आर सेन थे।

15. (c) भारत में निर्वाचनों का अधीक्षण निर्देशन और नियन्त्रण भारत के निर्वाचन आयोग में निहित है। भारत संविधान में अनुच्छेद 324 के तहत् राष्ट्रपति, उपराष्ट्रपति, लोकसभा तथा विधानसभा हेतु स्वतन्त्र एवं निष्पक्ष चुनाव प्रक्रिया की व्यवस्था के लिए निर्वाचन आयोग का प्रावधान किया गया है।

16. (b) संविधान के अनुच्छेद-263 के अन्तर्गत राष्ट्रपति द्वारा लोक हित में अन्तर्राष्ट्रीय परिषद् का गठन किया जा सकता है। वर्ष 1990 में राष्ट्रपति द्वारा अन्तर्राज्यीय परिषद् का गठन किया गया। अन्तर्राज्यीय परिषद् का कार्य राज्यों के मध्य उत्पन्न विवादों की जाँच करना तथा उस सम्बन्ध में आवश्यक सुझाव देना है।

17. (a) भारतीय संविधान के अनुच्छेद 1 में यह घोषणा की गई है कि इण्डिया अर्थात् भारत 'राज्यों का संघ' है। संविधान के भाग 1 में अनुच्छेद 1 से 4 के अन्तर्गत भारतीय संघ तथा उसके राज्य क्षेत्रों का वर्णन किया गया है।

18. (a) भारत में संसद की स्वीकृति के बिना कोई भी सरकारी खर्च नहीं किया जा सकता है। संविधान के अनुच्छेद 112 के अन्तर्गत प्रत्येक वित्तीय वर्ष के सम्बन्ध में राष्ट्रपति द्वारा भारत सरकार की अनुमानित प्राप्तियों एवं व्यय का विवरण संसद के समक्ष प्रस्तुत करवाया जाता है, जिसे बजट कहा जाता है।

19. (b) गरीबी हटाओ का आह्वान पाँचवीं पंचवर्षीय योजना में सम्मिलित किया गया था। इस पंचवर्षीय योजना का कार्यकाल (1974-79) तक था। इस योजना को जनता पार्टी की सरकार ने वर्ष 1979 के स्थान पर वर्ष 1978 में ही बन्द कर दिया था।

20. (b) कृषि एवं ग्रामीण विकास क्रियाओं की सभी प्रकार की साख आवश्यकताओं की पूर्ति करने वाली संस्था नाबार्ड थी। नाबार्ड की स्थापना 12 जुलाई, 1982 को हुई थी। यह केन्द्र सरकार के पूर्णत: स्वामित्व में कार्यरत् संस्था है।

21. (b) मनोरंजन कर का निर्धारण राज्य सरकार द्वारा किया जाता है, जबकि उपहार कर, व्यक्तिगत आयकर तथा निगम कर का निर्धारण केन्द्र सरकार द्वारा किया जाता है। मनोरंजन कर एक अप्रत्यक्ष प्रकार का कर है।

22. (a) भारत में रुपए का अवमूल्यन पहली बार वर्ष 1949 में हुआ था। रुपए के अवमूल्यन के अन्तर्गत देश की मुद्रा को अन्तर्राष्ट्रीय मुद्रा से कम किया जाता है। जिससे निर्यात में वृद्धि तथा आयात में कमी की आशा की जाती है।

23. (b) कार्बन टैक्स लगाने वाला विश्व का प्रथम देश न्यूजीलैण्ड है। कार्बन टैक्स प्रदूषण पर कर का रूप है, जिसमें कार्बन के उत्सर्जन की मात्रा के आधार पर जीवाश्म ईंधनों के उत्पादन, वितरण एवं उपयोग पर शुल्क लगाया जाता है।

24. (c) उत्तर प्रदेश की प्रथम महिला मुख्यमन्त्री सुचेता कृपलानी थी। यह भारत के किसी राज्य की पहली मुख्यमन्त्री भी थी। वर्तमान में उत्तर प्रदेश के मुख्यमन्त्री श्री योगी आदित्य नाथ जी हैं।

25. (c) असम राज्य में गमछा एक सांस्कृतिक प्रतीक है। असमी गमछा सामान्यत: सूती कपड़े से बना हुआ एक सफेद आयताकार टुकड़ा होता है। असम में परम्परागत रूप से दो प्रकार के गमछे बुने जाते हैं इन्हें डका और कूलम कहते हैं।

26. (b) भारत की सबसे लम्बी तट रेखा वाला राज्य गुजरात (1600 किमी) है। इसके बाद आन्ध्र प्रदेश का स्थान आता है। गोवा की समुद्र तटीय सीमा सबसे छोटी है। भारत के 9 राज्य तट रेखा से लगे हैं।

27. (c) भारत में हरित क्रान्ति के जनक माने जाने वाले नॉर्मन बोरलॉग यू.एस.ए. के थे। वर्ष 1970 में नॉर्मन बोरलॉग को उच्च उपज देने वाली किस्मों को विकसित करने में उनके कार्य के लिए नोबल शान्ति पुरस्कार प्रदान किया गया था। हरित क्रान्ति के परिणामस्वरूप भारत के खाद्यान्न उत्पादन में भारी वृद्धि हुई।

28. (c) भारत के मैसूर शहर को सिटी ऑफ पैलेसेज के नाम से जाना जाता है। मैसूर कर्नाटक का एक शहर है, जो चामुण्डी पहाड़ियों की तलहटी में स्थित है। मैसूर के अधिकांश महलों का स्थापत्य पैटर्न इण्डो सरसेनिक है। डिजाइन में वास्तुकला की इस्लामी और हिन्दू दोनों शैलियों के प्रभाव शामिल हैं।

29. (c) सहारा विश्व का सबसे बड़ा मरुस्थल है, जो अफ्रीका महाद्वीप में स्थित है। अफ्रीका के माली, मोरक्को मुरितानिया, अल्जीरिया, ट्यूनीशिया, लीबिया, नाइजर, चाड़, सूडान एवं मिस्र देशों में इस मरुस्थल का विस्तार है।

30. (d) पद्म श्री सुदर्शन पटनायक बालुका कलाकार के लिए विख्यात हैं। सुदर्शन पटनायक ओडिशा राज्य से सम्बन्धित हैं। कला क्षेत्र में योगदान के लिए वर्ष 2014 में केन्द्र सरकार ने इन्हें पद्म श्री पुरस्कार से सम्मानित किया था।

31. (a) ढिंग एक्सप्रेस के नाम से हिमा दास को जाना जाता है, जो भारत में असम से भारतीय धावक हैं, उन्हें वर्ष 2018 में अर्जुन पुरस्कार से भी सम्मानित किया गया था।

32. (b) नोबेल पुरस्कार अल्फ्रेड बर्नार्ड नोबेल की स्मृति में प्रत्येक वर्ष 10 दिसम्बर को नोबेल फाउण्डेशन द्वारा स्टॉकहोम में वितरित किए जाते हैं, जबकि शान्ति का नोबेल नॉर्वे की राजधानी ओस्लो में दिया जाता है। नोबेल पुरस्कार विश्व स्तर पर सबसे प्रतिष्ठित पुरस्कार है।

33. (b) सलीम अली एक विख्यात पक्षी विज्ञानी थे। उन्हें भारत के बर्डमैन के रूप में भी जाना जाता है। सलीम अली भारत के ऐसे पहले व्यक्ति थे, जिन्होंने भारत भर में व्यवस्थित रूप से पक्षी सर्वेक्षण का आयोजन किया और पक्षियों पर लिखी उनकी किताबों ने भारत में पक्षी विज्ञान के विकास में काफी मदद की।

34. (a) भारत में ज्ञानपीठ पुरस्कार मान्यता प्राप्त 22 भाषाओं में से किसी भी भाषा के साहित्यकार के सृजनात्मक योगदान हेतु भारतीय ज्ञानपीठ ट्रस्ट द्वारा दिया जाता है। इस पुरस्कार के प्रथम विजेता जी शंकर कुरूप (1965-मलयालम साहित्य) थे।

35. (b) भारत में मीठे पानी की सबसे बड़ी झील वुलर है। जो भारत में जम्मू-कश्मीर (केन्द्र शासित) प्रदेश में अवस्थित है। विश्व में ताजे पानी की सबसे बड़ी झील (सुपीरियर झील) USA में अवस्थित है।

36. (b) मिजोरम की राजधानी आइजोल है, जबकि कोहिमा नागालैण्ड की तथा ईटानगर अरुणाचल प्रदेश की राजधानी है।

37. (a) एजरा कप पोलो खेल से सम्बन्धित है। पोलो खेल से सम्बन्धित अन्य ट्रॉफियाँ पृथ्वीपाल सिंह कप राधामोहन कप, क्लासिक कप आदि हैं।

38. (b) लोकपाल नियुक्त करने वाला विश्व का प्रथम देश स्वीडन है। लोकपाल कुछ निश्चित श्रेणी के सरकारी अधिकारियों के विरुद्ध लगे भ्रष्टाचार के आरोपों की जाँच करते हैं। भारत में केन्द्र स्तर पर लोकपाल तथा राज्य स्तर पर लोकायुक्तों की नियुक्ति की जाती है।

39. (b) अफ्रीका के गाँधी के नाम से नेल्सन मण्डेला मशहूर थे। ये दक्षिण अफ्रीका के पहले अश्वेत राष्ट्रपति भी थे। इन्होंने दक्षिण अफ्रीका में रंगभेद नीति के विरुद्ध में अभूतपूर्व कार्य किए। वर्ष 1990 में इन्हें भारत रत्न तथा वर्ष 1993 में इन्हें नोबेल पुरस्कार प्राप्त हुआ था।

40. (d) ऑल इण्डिया रेडियो की स्थापना वर्ष 1936 में हुई थी। प्रारम्भ में इसे भारतीय प्रसारण सेवा के नाम से जाना जाता था। ऑल इण्डिया रेडियो को वर्ष 1957 में आकाशवाणी के नाम से जाना जाने लगा।

41. (b) भारत में राष्ट्रीय गान के रचयिता रवीन्द्रनाथ टैगोर हैं। यह मूल रूप से बांग्ला भाषा में लिखा गया था, लेकिन बाद में इसका हिन्दी और अंग्रेजी में अनुवाद कराया गया और संविधान द्वारा 24 जनवरी, 1950 को इसे स्वीकार किया।

42. (b) भारत के मध्य प्रदेश राज्य ने मलखम्भ को अपना राज्य खेल घोषित किया है। मलखम्भ भारत का एक पारम्परिक खेल है, जिसमें खिलाड़ी लकड़ी के एक उर्ध्वाधर खम्भे या रस्सी के ऊपर तरह-तरह से करतब दिखाते हैं।

43. (c) संगणकों के आई.सी. चिप्स प्राप्य: सिलिकॉन के बने होते हैं।

44. (b) अनुपम 'भाभा परमाणु अनुसंधान केन्द्र' (BARC) द्वारा उनके आंतरिक उपयोग के लिए डिजाइन और विकसित किए गए सुपर कम्प्यूटरों की एक शृंखला है।

45. (a) किलोबाइट (KB) एक बाइट से अधिक माप की सबसे छोटी इकाई है।

किलोबाइट (KB) =1024 बाइट्स

मेगाबाइट (MB) =1024 KB

गीगाबाइट (GB) =1024 MB

टैराबाइट (TB) =1024 GB

पेटाबाइट (PB) =1024 TB

46. (b) जावा एक प्रोग्रामिंग भाषा है जिसे मूलतः सन माइक्रोसिस्टम्स के जेम्स गोसलिंग द्वारा विकसित किया गया तथा 1995 में इसे सन माइक्रोसिस्टम्स के जावा प्लेटफार्म के एक मुख्य अवयव के रूप में रिलीज किया गया।

47. (a) तीसरे राष्ट्रीय जल पुरस्कारों में सर्वश्रेष्ठ राज्य श्रेणी के तहत् उत्तर प्रदेश राज्य को शीर्ष स्थान प्रदान किया गया। राजस्थान और तमिलनाडु को सर्वश्रेष्ठ राज्य श्रेणी में क्रमशः दूसरा और तीसरा पुरस्कार मिला है। जल शक्ति मन्त्रालय द्वारा पहला राष्ट्रीय जल पुरस्कार वर्ष 2018 में शुरू किया गया था।

48. (a) भारत का पहला अमृत सरोवर उत्तर प्रदेश के रामपुर शहर की ग्राम पंचायत को पूरा हो गया है। आजादी का अमृत महोत्सव के हिस्से के रूप में अमृत सरोवर पहल के हिस्से के रूप में 75 जल निकायों को विकसित और पुनर्जीवित किया जाएगा।

49. (a) केरल बर्ड एटलस (KBA) भारत में अपनी तरह का पहला राज्य स्तरीय पक्षी एटलस है, जिसे 22 जनवरी, 2022 को जारी किया गया। यह एटलस निर्विवाद रूप से भौगोलिक सीमा नमूना प्रयास और प्रजातियों के कवरेज के मामले में एशिया का सबसे बड़ा पक्षी एटलस है।

50. (a) भारत बहुपक्षीय अभ्यास मिलान 2022 की मेजबानी कर रहा है। इसका उद्घाटन आन्ध्र प्रदेश के विशाखापत्तनम में फरवरी, 2022 को किया था। इस बहुपक्षीय अभ्यास में 42 देशों ने भाग लिया था।

51. (c) 'क्ष' ध्वनि संयुक्त वर्ण (व्यंजन) के अन्तर्गत आती है, क्योंकि जो व्यंजन वर्ण दो व्यंजनों के मेल से बने होते हैं, उसे संयुक्त व्यंजन कहते हैं।

52. (b) 'विभावरी' तद्भव भाषा का शब्द है क्योंकि संस्कृत के वे शब्द जो बोलते-बोलते घिस गए, सरल हो गए, बदल गए, तद्भव शब्द कहलाते हैं।

53. (c) 'पंकज' शब्द में बहुव्रीहि समास है। इसका समास विग्रह है, जो पंकज (कीचड़) से उत्पन्न हो। जिस समास में कोई पद प्रधान न होकर (दिए गए पदों में) किसी अन्य पद की प्रधानता होती है, यह अपने पदों से भिन्न किसी विशेष संज्ञा का विशेषण है। इसे बहुव्रीहि समास कहा जाता है।

54. (b) 'अत्याचार' शब्द में 'अति' उपसर्ग तथा 'अचार' मूल शब्द है। 'अति' का अर्थ है-अधिक/सीमा से परे। अति उपसर्ग से अन्य शब्द बने हैं- अतिवृद्धि, अत्युक्ति, अतिशय, अत्यन्त, अतिकाल आदि।

55. (c) क्रिया के जिस रूप में कर्ता की प्रधानता रहती है और क्रिया का सीधा तथा प्रधान सम्बन्ध कर्ता से होता है, उसे कर्तृवाच्य कहते हैं। इस वाच्य में क्रिया के लिंग और वचन कर्ता के अनुसार होते हैं। 'राम आम खाता है' इस वाक्य में राम कर्ता की प्रधानता है तथा क्रिया का लिंग और वचन, कर्ता के अनुसार है।

56. (a) वाक्य में क्रिया का प्रभाव या फल जिस शब्द पर पड़ता है उसे कर्म कारक कहते हैं; जैसे- 'हेमन्त को खीर अच्छी लगती है' इस वाक्य में 'हेमन्त' कर्ता है और अच्छी लगती है का प्रभाव खीर पर पड़ता है। अतः 'खीर' कर्म है। यहाँ को विभक्ति चिह्न है।

57. (a) 'वकील' फारसी भाषा का शब्द है, क्योंकि कानून तथा लेखन से सम्बद्ध शब्द फारसी भाषा के अन्तर्गत आते हैं।

58. (c) 'आँख फटी रहना' मुहावरे का अर्थ होता है- आश्चर्यचकित रह जाना।

वाक्य प्रयोग अचानक घर के बाहर भालू देखकर मोनू की आँख फटी रह गई।

59. (a) 'लेखक' शब्द में एक प्रत्यय है, क्योंकि लेखक में 'लेख' मूलशब्द और 'अक' प्रत्यय है।

60. (d) जब श्रोता या वक्ता कम-से-कम शब्दों में अधिकाधिक भाव या विचार व्यक्त करते हैं, तो वहाँ अनेक शब्दों के बदले एक शब्द प्रयुक्त होते हैं, इसलिए ईश्वर का कोई आकार नहीं होता है अतः वाक्य के लिए एक शब्द निराकार है।

61. (c) दिए गए विकल्पों में से दीपोत्सव में विसर्ग सन्धि नहीं है क्योंकि दीपोत्सव का सन्धि विच्छेद होगा

दीप + उत्सव = दीपोत्सव

यहाँ अ + उ = ओ में परिवर्तित होने के कारण गुण सन्धि है।

62. (b) नमस्कार का सही सन्धि-विच्छेद नमः + कार होगा।

63. (c) वह आता में 'वह' सर्वनाम 'भिक्षुक' का द्योतक है भिक्षुक को अपना पेट भरने के लिए भीख माँगते हुए दिखाया गया है।

64. (a) अतीत के चलचित्र के रचनाकार महादेवी वर्मा हैं। यह कहानी एक युग पुरानी, पर करुणा से भीगी है।

65. (c) 'से' विभक्ति करण कारक के लिए प्रयुक्त होती है, जिस वस्तु की सहायता से या जिसके द्वारा किसी काम को पूरा किया जाता है, उसे करण कारक कहते हैं।

66. (d) वे अविकारी शब्द जो वाक्यों, वाक्याँशों अथवा एकाधिक शब्दों को जोड़ते हैं समुच्चयबोधक शब्द कहलाते हैं। समुच्चयबोधक शब्द निम्न हैं—और, तथा, किन्तु, परन्तु, इसलिए, एवं, वरन् आदि।

67. (d) 'उल्का सी रानी दिशा करती थी' पंक्ति में 'उपमा अलंकार' है। यहाँ पर रानी को उल्का पिण्ड के समान दीप्तिमान बताया गया है अतः यहाँ पर उपमा अलंकार है।

68. (d) 'सुषुप्ति' शुद्ध वर्तनी वाला शब्द है, क्योंकि वर्तनी का सीधा सम्बन्ध उच्चारण से होता है।

69. (c) 'अवर' निम्न शब्द का विलोम 'प्रवर' (उच्च) होगा।

70. (a) 'क्या वह पढ़ रहा है' वाक्य में प्रयुक्त चिह्न (,) होगा।

71. (a) आदिकाल व भक्तिकाल का सन्धि कवि विद्यापति को कहा जाता है।

72. (c) 'पिताजी ने मुझसे कहा'। 'वह अपना चश्मा भूल गया' एवं 'ये सच्चे इन्सान है' सभी शुद्ध वाक्य है परन्तु 'तुम तो अपना काम करो' वाक्य अशुद्ध है इसका शुद्ध रूप होगा 'तुम अपना काम करो'।

73. (b) 'लघूर्मि' में दीर्घ स्वर सन्धि है, क्योंकि लघु + ऊर्मि (उ + ऊ = ऊ) लघूर्मि होता है।

74. (a) पीला शब्द 'रूढ़' शब्द है, क्योंकि जिन शब्दों के खण्ड सार्थक न हो उन्हें रूढ़ शब्द कहते हैं; जैसे—जल (ज + ल), हाथ (हा + थ) आदि।

75. (c) अवैतनिक शब्द में 'अ' उपसर्ग का प्रयोग हुआ है। 'अ' का अर्थ होता है-निषेध 'अ' उपसर्ग से बनने वाले अन्य शब्द हैं- अमोल, अपथ्य, अगाध, अजान आदि।

76. (a) कंचन का पर्यायवाची शब्द स्वर्ण होता है तथा इसके अन्य पर्यायवाची शब्द हैं—हेम, सोना, कनक।

77. (c) 'उन्मीलन' का विलोम शब्द निलन होता है, क्योंकि किसी शब्द का उल्टा या विपरीत अर्थ प्रकट करने वाले शब्द को विलोम शब्द कहते हैं।

78. (d) 'जो पहले कभी नहीं हुआ हो' वह अभूतपूर्व होता है। तथा
अप्रत्याशित - जिसकी आशा न की गई हो।
अनुपम - जिसकी कोई उपमा न हो।
अद्भुत - विचित्र प्रकार का।

79. (c) 'पानदान' शब्द 'तद्भव' शब्द है। जो शब्द संस्कृत शब्दों से विकृत होकर (परिवर्तित होकर) बनते हैं। तद्भव शब्द कहलाते हैं।

80. (b) 'आँख का अन्धा नाम नयनसुख' का अर्थ है-गुण के विपरीत नाम होना।

81. (b) 'उत्साह' वीर रस का स्थायीभाव होता है। स्थायीभाव हृदय में सदैव विद्यमान रहता है। मूलतः स्थायीभाव 9 माने गए हैं।

82. (c) 'सूरसागर' भक्तिकाल के कृष्णभक्ति शाखा के प्रमुख कवि सूरदास की रचना है, जो ब्रजभाषा में रचित है। सूरदास 'अष्टछाप' के प्रमुख कवि माने जाते हैं।

83. (d) दिगम्बर में 'जश्त्व संधि या व्यंजन सन्धि' है। दिगम्बर का सधि विच्छेद 'दिक् + अम्बर' है।

84. (c) मोहन पढ़ता है यह सर्वनाम रहित वाक्य है, जबकि वह दौड़ता है, कोई तो आया ही है और तुम नहीं पढ़ते इन सभी वाक्यों में सर्वनाम है।

85. (c) 'मृगावती' सूफी कवि कुतुबन की रचना है, जो 1503 ई. में लिखी गई थी।

86. (b) मोहन खेलता है और सोहन पढ़ता है यह संयुक्त वाक्य है। जिस वाक्य में और, तथा, एवं, या, लेकिन, किन्तु, परन्तु इत्यादि शब्द लगते हैं वहाँ संयुक्त वाक्य होता है।

87. (c) 'वह प्रातः उठकर स्नान करता है' वाक्य में उठकर क्रिया-विशेषण है।

88. (c) कामायनी की रचना द्विवेदी युग में की गई थी। कामायनी हिन्दी भाषा का एक महाकाव्य है इसके रचयिता जयशंकर प्रसाद हैं।

89. (a) ऐसे वाक्यांश जो सामान्य अर्थ को छोड़कर विशेष अर्थ प्रकट करते हैं, उसे मुहावरा कहते हैं। 'गूलर का फूल होना' मुहावरे का सही अर्थ है दुर्लभ वस्तु।

90. (b) विशेषण की विशेषता बताने वाले शब्द को प्रविशेषण कहते हैं।
जैसे—वह बहुत सुन्दर है।
इसमें सुन्दर शब्द विशेषण है, क्योंकि इस शब्द से उसके रूप की विशेषता का बोध हो रहा है और सुन्दर में भी वह बहुत सुन्दर है अर्थात् 'बहुत' शब्द प्रविशेषण है।

91. (b) 'अक्षत' का विलोम शब्द नक्षत्र होता है, क्योंकि किसी शब्द का विलोम अर्थ या उल्टा अर्थ प्रकट करने वाले शब्द ही विलोम शब्द होते हैं।

92. (b) कृष्णार्जुन अर्थात् कृष्णा और अर्जुन, यहाँ दोनों पद प्रधान हैं तथा दोनों पद योजक शब्द 'और' से जुड़े हैं। इसलिए 'कृष्णार्जुन' में द्वन्द्व समास है।

93. (c) 'जो काम न करना चाहे' वाक्य के लिए अकर्मण्य एक शब्द है।

94. (b) 'यामा' छायावाद की प्रमुख कवयित्री महादेवी वर्मा का काव्य-संग्रह है। महादेवी वर्मा जी की अन्य रचनाएँ नीहार, रश्मि, नीरजा आदि है महादेवी वर्मा को आधुनिक युग की मीरा भी कहा जाता है।

95. (b) 'शोक' करुण रस का स्थायीभाव होता है जहाँ पर अपने प्रिय व्यक्ति, वस्तु आदि के बिछुड़ने या विनष्ट होने से शोक का भाव उत्पन्न हो, वहाँ करुण रस होता है।

96. (b) स्वतन्त्र सत्ता धारण न करने वाले शब्द यौगिक शब्द कहलाते हैं, क्योंकि यौगिक शब्द दो शब्दों के मेल से बने होते हैं जिनके खण्ड सार्थक होते हैं इसलिए इनको यौगिक शब्द कहा जाता है।

97. (c) 'पहाड़ पर लालटेन' समकालीन कवि मंगलेश डबराल की रचना है। घर का रास्ता, आवाज भी एक जगह है, हम जो देखते हैं, उनकी काव्य कृतियाँ हैं 'हम जो देखते हैं' कृति पर इन्हें साहित्य अकादमी पुरस्कार प्रदान किया गया।

98. (a) स्वर वर्ण के साथ स्वर वर्ण के मेल से उत्पन्न विकार या रूप परिवर्तन स्वर सन्धि कहलाता है।
इसलिए हिमालय का सन्धि-विच्छेद है।
हिम + आलय (अ + आ)।

99. (a) अत्याचार = अति + आचार इस शब्द में अति उपसर्ग का प्रयोग हुआ है।
'अति' का अर्थ होता है—अधिक, ऊपर आदि।
अति उपसर्ग से बने अन्य शब्द हैं—
अतिशय, अत्यन्त, अतिक्रमण, अत्यधिक आदि।

100. (d) 'राम ने कहा गाड़ी पलट गई' वाक्य में 'गाड़ी पलट गई' प्रधान उपवाक्य तथा 'राम ने कहा' आश्रित उपवाक्य है।
अतः यह मिश्र वाक्य है।

द्वितीय प्रश्न-पत्र

1. (a) जिस प्रकार,

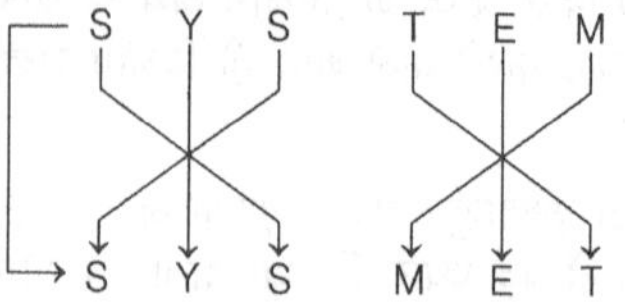

तथा

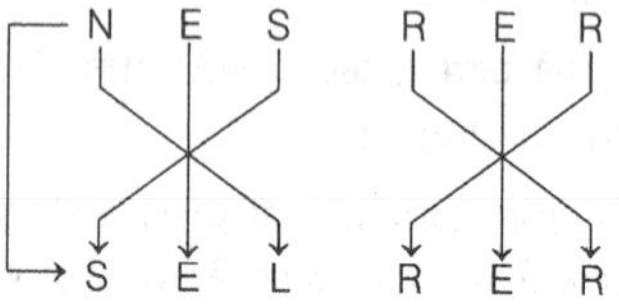

उसी प्रकार,

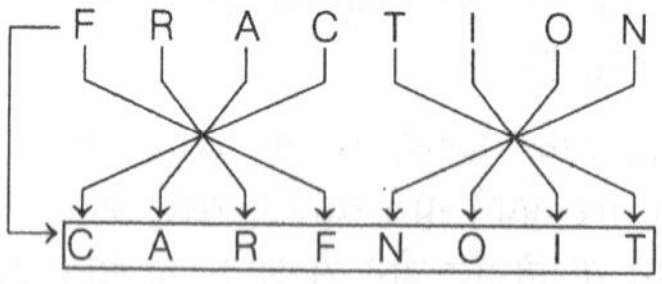

अतः FRACTION को उसी सांकेतिक भाषा में CARFNOIT लिखा जाएगा।

2. (a) दिए गए व्यंजकों में अक्षरों को गणितीय चिह्नों में परिवर्तित करने पर,

(a) 5A7B35C1 = $5 \times 7 \div 35 - 1 = 0$

(b) 15A7B21C3 = $15 \times 7 \div 21 - 3 = 2 \neq 4$

(c) 18A7B6C7 = $18 \times 7 \div 6 - 7 = 14 \neq 12$

(d) 5A5B5C5 = $5 \times 5 \div 5 - 5 = 0 \neq 5$

अतः दी गई व्यवस्था में विकल्प (a) सही दर्शाता है।

3. (b) जिस प्रकार, $10 - 3 = 7; 7 + 5 = 12,$
$12 - 4 = 8; 8 + 5 = 13,$

तथा $14 - 5 = 9; 9 + 5 = 14$

इसी प्रकार, $16 - 6 = 10; 10 + 5 = \boxed{15}$

4. (a)

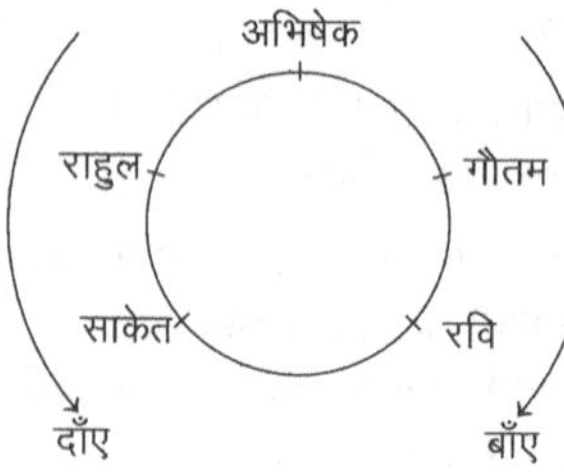

अतः स्पष्ट है कि गौतम के दाएँ ओर अभिषेक है।

5. (a) एक रेखा के एक छोर पर संख्या तथा दूसरे छोर पर उसका वर्ग लिखा जाता है।

अतः $1^2 = 1$

6. (c) क्रम $5 + 3 = 8, 8 + 4 = 12,$
$12 + 1 = 13$

∴ लुप्त संख्या = 12

7. (a) आरेख बनाने पर,

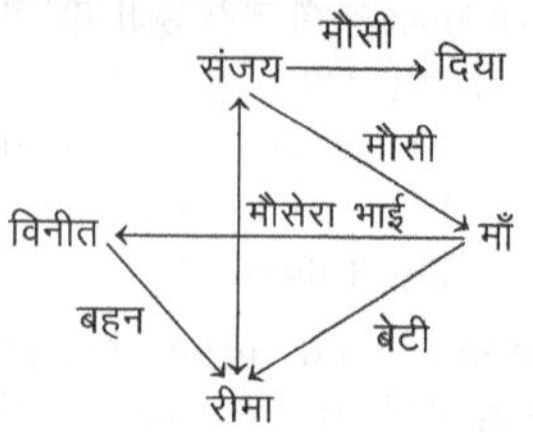

अतः संजय, रीमा का मौसेरा भाई या बहन है।

8. (a) प्रश्नानुसार,

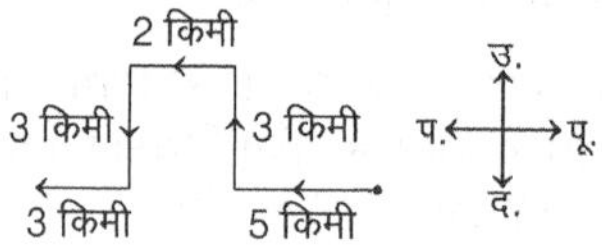

अतः कामु अपने घर से पश्चिम दिशा में है।

9. (c)

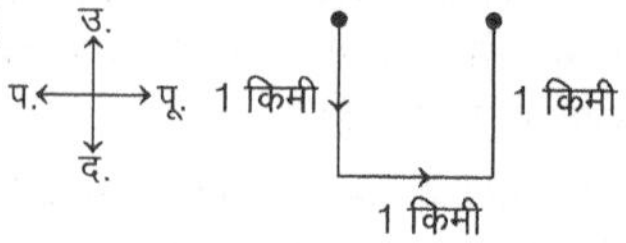

अतः मोहन का मुख उत्तर दिशा की ओर है।

10. (a) A = 1 ⇒ वर्णमाला में स्थान संख्या

F A T
↓ ↓ ↓
6 +1 +20 = 27

अतः उसी प्रकार,

F A I T H
↓ ↓ ↓ ↓ ↓
6 +1 +9 +20 +8 = 44

11. (d) प्रश्नानुसार,

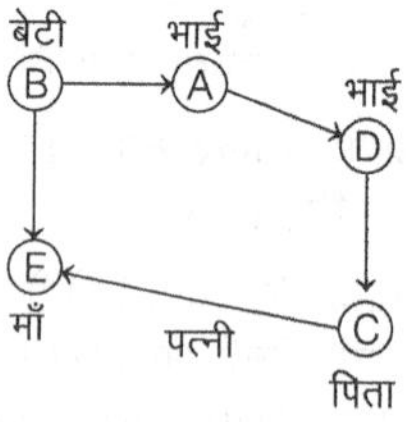

अतः E, C की पत्नी है।

12. (c) प्रश्नानुसार,

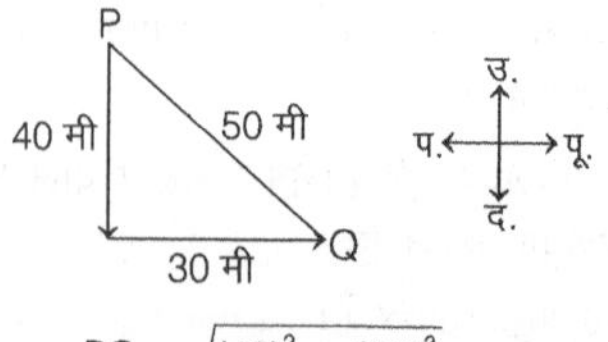

∴ $PQ = \sqrt{(40)^2 + (30)^3}$

$= \sqrt{1600 + 900} = \sqrt{2500} = 50$

अतः P से Q के बीच की दूरी 50 मी तथा दिशा दक्षिण-पूर्व है।

13. (b) प्रबन्ध निदेशक के प्रवेश करने का समय = 12 : 30

चेयरमैन के प्रवेश करने का समय = 12 : 40

चेयरमैन 30 मिनट विलम्ब से आया था।

अतः साक्षात्कार का नियत समय

= 12 : 40 − 0 : 30 = 12 : 10

14. (a) जिस प्रकार,
S T O V E
↓ ↓ ↓ ↓ ↓
F N B L K

उसी प्रकार,
V O T E S
↓ ↓ ↓ ↓ ↓
[L B N K F]

15. (b) $1^2 \rightarrow 3^2 \rightarrow 5^2 \rightarrow$

(पहली आकृति का क्रम)

$2^2 \rightarrow 4^2 \rightarrow 6^2 \rightarrow$ (दूसरी आकृति का क्रम)

∴ $3^2 \rightarrow 5^2 \rightarrow 7^2 \rightarrow = (49) \rightarrow$

(तीसरी आकृति का क्रम)

हल (प्र.सं. 16-19) दी गई जानकारी के अनुसार व्यवस्थित करने पर,

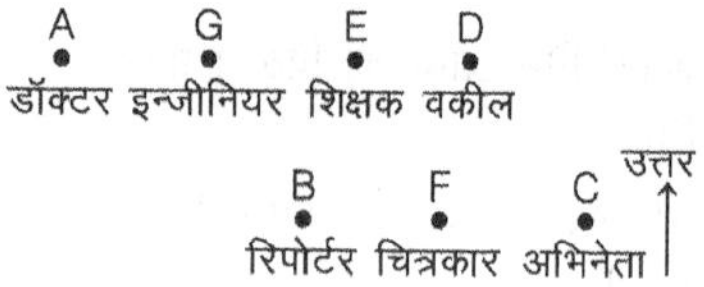

16. (b) A डॉक्टर है।

17. (d) वकील व्यवस्था के ठीक मध्य में है।

18. (c) C अभिनेता है।

19. (d) D, चित्रकार के बाएँ से दूसरा है।

20. (d) जिस प्रकार,

$8 \times 6 = 48 \Rightarrow 8, 4 \times 7 = 28 \Rightarrow 8,$

$13 \times 5 = 65 \Rightarrow 5$

उसी प्रकार, $18 \times 9 = 162 \Rightarrow 2$

21. (d) दी गई जानकारी के अनुसार व्यवस्थित करने पर,

तल	5	4	3	2	1
व्यक्ति	A/B	Z/X	X/Y/Z	Y/Z	B/A

अतः तीसरी मन्जिल पर X या Y या Z में से एक होगा। जोकि निर्धारित नहीं किया जा सकता है।

22. (d)

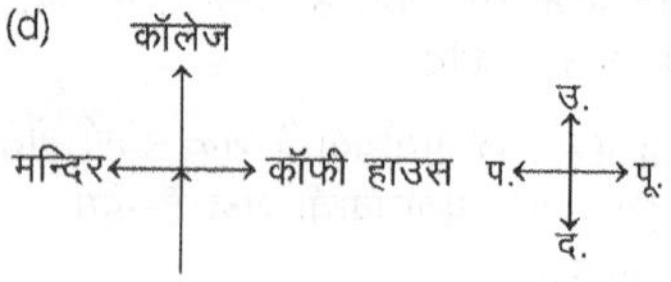

अतः मन्दिर पश्चिम दिशा में है।

23. (d) पंक्ति में लड़कियों की संख्या

= 18 + (12 − 7) = 23

24. (c) जिस प्रकार मछली का शरीर शल्क से ढका रहता है, उसी प्रकार भालू का शरीर लोमचर्म से ढका रहता है।

25. (a) जिस प्रकार,

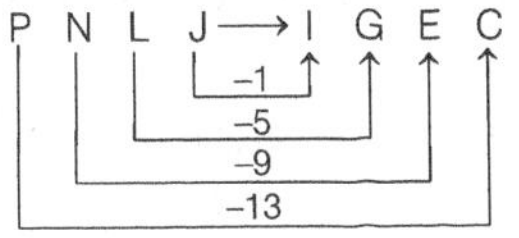

उसी प्रकार,

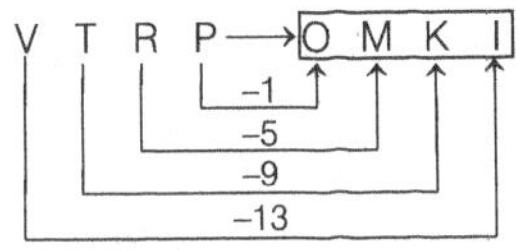

26. (b) जिस प्रकार, $(6 + 2) = (8)^2 = 64$

उसी प्रकार, $(11 + 2)^2 = (13)^2 = 169$

हल (प्र.सं. 27-31) दी गई जानकारी के अनुसार व्यवस्थित करने पर,

तल संख्या	व्यक्ति
7	पवन
6	अमित
5	अशोक
4	रघु
3	राजीव
2	अरविन्द
1	माया

27. (c) तल संख्या 3 पर राजीव रहता है।

28. (b) अशोक, रघु के तल के तुरन्त ऊपर वाले तल पर रहता है।

29. (c) पवन सबसे ऊपर के तल पर रहता है।

30. (b) अमित छठे तल पर रहता है।

31. (b) प्रश्नानुसार,

नई व्यवस्था
अमित
अरविन्द
अशोक
माया
पवन
रघु
राजीव

अतः उपरोक्त तालिका से स्पष्ट है कि केवल एक व्यक्ति अशोक का स्थान अपरिवर्तित रहेगा।

32. (a) बाँसुरी को छोड़कर अन्य सभी तन्तुयुक्त संगीत उपकरण हैं।

33. (b) 'MNST' को छोड़कर अन्य सभी में एक स्वर वर्ण है।

34. (a) संख्या 156 को छोड़कर, अन्य सभी विषम संख्याएँ हैं।

35. (a)

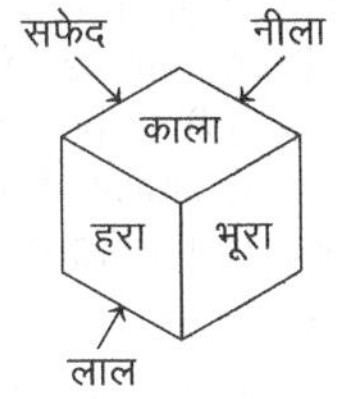

अतः भूरे रंग के विपरीत सफेद रंग है।

36. (a) मूल शब्द से TUTOR शब्द बनाया जा सकता है।

37. (d) कोई भी निष्कर्ष कथनानुसार तर्कसंगत नहीं है।

38. (b) लाइट सूर्य से आती है, अतः हम कह सकते हैं कि सूर्य लाइट है।

39. (c) बैठने का क्रम इस प्रकार सम्भव है

(i) गोपी, उदय, राम, जोन्स, राजू, मनु

तथा (ii) राम, उदय, गोपी, जोन्स, राजू, मनु

इस प्रकार, दिए गए विकल्पों से व्यवस्था (i) ही सम्भव है जिससे विकल्प (c) सही है।

40. (c) 'MONITOR' शब्द ही दिए गए शब्द के अक्षरों से लिखा जा सकता है।

41. (c) शब्द 'STATION' में दो 'T' है जबकि दिए गए शब्द में केवल एक 'T' है।

42. (c) b a a b b a a b b a b b a a b

शृंशला ⇒ b b a a b

43. (a) सार्थक क्रम इस प्रकार होगा

लकड़ी → कारखाना → कागज → छापना → किताब

⇒ 1, 3, 4, 5, 2

44. (d) कुछ राजनीतिज्ञ कवि हो सकते हैं। कुछ कवि राजनीतिज्ञ हो सकते हैं। कुछ राजनीतिज्ञ महिलाएँ हो सकती हैं। कुछ महिलाएँ राजनीतिज्ञ हो सकती हैं। कोई कवि महिला नहीं है। कोई महिला कवि नहीं है।

नोट महिला कवि को कवयित्री कहा जाता है।

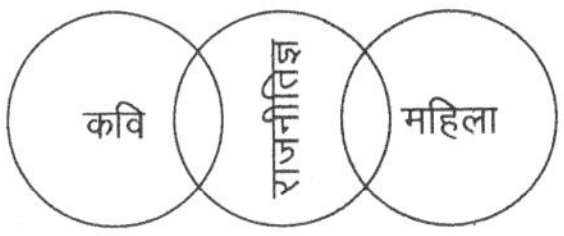

45. (d)

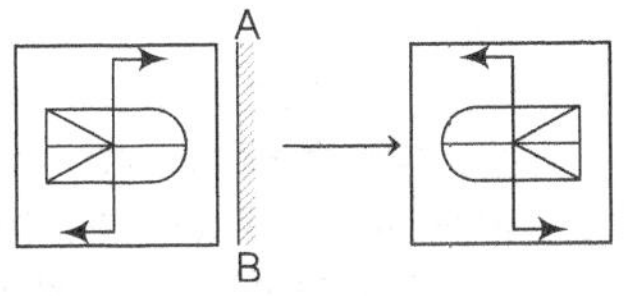

दर्पण, आकृति के दाएँ ओर रखा है अतः काल्पनिक रेखा के दाएँ ओर का भाग बाएँ ओर तथा बाएँ ओर का भाग दाएँ ओर करने पर आकृति (d) प्राप्त होती है।

46. (b) दी हुई संख्या = 6 × 6 = 36 का उल्टा 63

उसी प्रकार, 8 × 8 = 64 का उल्टा 46

47. (a) पहली पंक्ति में,

⇒ 1 + 7 + 6 + 5 + 2 + 6 = 27 − 3 = 24

दूसरी पंक्ति में,

⇒ 4 + 3 + 4 + 3 + 2 + 5 = 21 − 3 = 18

अतः तीसरी पंक्ति में,

2 + 5 + 3 + 4 + 7 + 1 = 22 − 3 = 19

48. (d) शृंखला का सही क्रम निम्न है

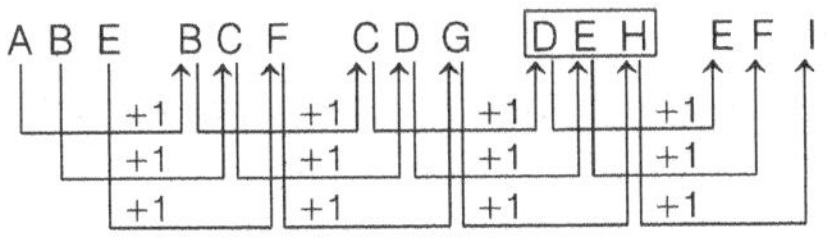

अतः प्रश्नचिह्न (?) के स्थान पर DEH होगा।

49. (b) शृंखला का सही क्रम निम्न है

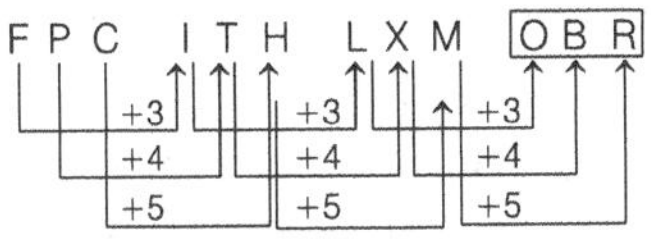

अतः प्रश्नचिह्न ? के स्थान पर OBR होगा।

50. (b) शृंखला का सही क्रम निम्न है

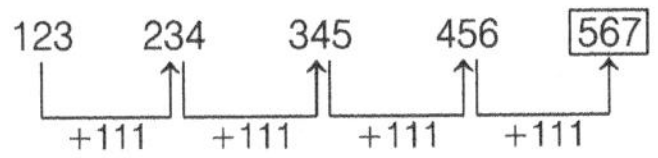

अतः प्रश्नचिह्न (?) के स्थान पर 567 होगा।

51. (a) नए राज्य गठन की शक्ति संसद में निहित है। संविधान के अनुच्छेद 2 के तहत् संसद को यह अधिकार प्राप्त है कि वह विधि द्वारा भारत संघ में नए राज्यों का प्रवेश अथवा नए राज्यों की स्थापना कर सकता है।

52. (d) संसद के दोनों सदनों में से किसी एक सदन में न्यूनतम सदस्यों की संख्या कुल सदस्यों का दसवाँ भाग होना अनिवार्य है जिससे सदन की कार्यवाही चलती रहे।

संसद के दोनों सदनों के सुचारु संचालन के लिए कुल सदस्यों का 1/10 भाग उपस्थित होना अनिवार्य है जिससे सदन की प्रकिया का संचालन हो सके।

53. (d) हिमाचल प्रदेश से होकर बहने वाली नदियाँ हैं-व्यास, चिनाब, रावी, सतलज और यमुना। व्यास नदी हिमाचल प्रदेश में कुल्लू घाटी से गुजरती है। इसके अतिरिक्त चिनाब नदी हिमाचल प्रदेश के केलांग के निकट से गुजरती है।

54. (b) अप्रैल, 1930 में नमक कानून तोड़ने के लिए तन्जौर तट पर सी. राजगोपालाचारी ने एक अभियान संगठित किया था।

नमक कानून को गाँधीजी द्वारा 6 अप्रैल, 1930 को डाण्डी पहुँचकर तोड़ा गया था, जिसके परिणामस्वरूप पूरे भारत में लोगों और नेताओं द्वारा जगह-जगह इस कानून को तोड़ा गया।

55. (a) साँची का स्तूप मध्य प्रदेश के रायसेन जिले में स्थित है।

साँची का महान/मुख्य स्तूप मूलतः सम्राट अशोक द्वारा तीसरी सदी ई. पू. में बनवाया गया था। बाद में साँची स्तूप को सम्राट अग्निमित्र शुंग द्वारा जीर्णोद्धार करके और बड़ा तथा विशाल बना दिया गया। यह बौद्ध धर्म का प्रसिद्ध स्थल है जहाँ पर कई बौद्ध स्मारक भी स्थित हैं।

56. (d) उपराष्ट्रपति संसद का अनन्य भाग नहीं है। भारतीय संविधान के अनुच्छेद 79 के अनुसार भारत की संसद राष्ट्रपति, राज्यसभा तथा लोकसभा से मिलकर बनती है।

57. (b) उत्तराखण्ड में लोकसभा संसदीय सीटें 5 तथा राज्यसभा संसदीय सीटों की संख्या 3 है।

58. (c) दो नदियों के बीच की उपजाऊ भूमि को 'दोआब' कहते हैं। बिस्ट दोआब-व्यास एवं सतलज के बीच का क्षेत्र, बाटी दोआब-व्यास एवं रावी के बीच का क्षेत्र, रचना दोआब-रावी एवं चिनाब के बीच का क्षेत्र एवं चाज दोआब-चिनाब एवं झेलम के बीच का क्षेत्र कहलाता है।

59. (b) भारत के अरुणाचल प्रदेश में घने सदापर्णी वन आच्छादन के अन्तर्गत विशालतम क्षेत्रफल है। अरुणाचल प्रदेश में कुल भौगोलिक क्षेत्रफल के 80.64% (67536 वर्ग किमी) भाग पर वनावरण एवं वृक्षावरण है। घने सदापर्णी वन में वर्षा 200 सेमी से अधिक होती है।

60. (c) 'टी बी हारेगा देश जीतेगा' अभियान के सन्दर्भ में टी बी वर्ष 2025 तक देश से खत्म हो जाएगा। इसके तीन मजबूत स्तम्भ हैं, जिनमें नैदानिक दृष्टिकोण, सार्वजनिक स्वास्थ्य घटक और सक्रिय सामुदायिक भागीदारी शामिल है।

61. (b) बाँस को 'हरित सोना' कहा जाता है। भारत में बाँस के सर्वाधिक वन पूर्वोत्तर भारत में पाए जाते हैं। बाँस का इस्तेमाल घरेलू वस्तुएँ बनाने, हस्तशिल्प् के उत्पाद तैयार करने, कागज बनाने, मछली पालन तथा परिवहन आदि में किया जाता है।

62. (c) लोकहित वाद की संकल्पना का उद्गम देश यू.एस.ए है। लोकहित वाद ऐसा वाद या न्यायिक कार्यवाही है, जिसमें जन-साधारण अथवा जनता के एक बड़े वर्ग का हित निहित होता है।

63. (b) पंचायत के चुनाव कराने हेतु निर्णय राज्य सरकार के अन्तर्गत राज्य चुनाव करता है। भारतीय संविधान के अनुच्छेद 243(K)(1) के अनुसार पंचायती राज संस्थाओं में चुनाव के लिए निर्वाचन नामावली तैयार करने और चुनाव आयोजित कराने हेतु अधीक्षण निर्देशन एवं नियन्त्रण सम्बन्धी सभी शक्तियाँ राज्य निर्वाचन आयोग में निहित होती हैं।

64. (d) संविधान के अनुच्छेद 79 के अनुसार राष्ट्रपति, राज्यसभा एवं लोकसभा भारतीय संसद का अभिन्न अंग है।

राष्ट्रपति संसद के दोनों सदनों के सत्रों का आह्वान कर सकता है, उसका सत्रावसान कर सकता है तथा लोकसभा को भंग भी कर सकता है (अनुच्छेद 85)।

65. (b) सरकार के संसदीय रूप का विचार ब्रिटेन से लिया गया है।

भारतीय संविधान द्वारा देश में संसदीय लोकतन्त्र की व्यवस्था की गई है। संसदात्मक व्यवस्था में संसद की प्रधानता रही है तथा यह जनता का प्रतिनिधित्व करती है। भारत में द्विसदनात्मक केन्द्रीय विधायिका (संसद) की व्यवस्था की गई है। शासन व्यवस्था जनता द्वारा चुने गए प्रतिनिधियों द्वारा संचालित की जाती है।

66. (b) सर्वोच्च न्यायालय का न्यायाधीश अपने पद से त्याग-पत्र राष्ट्रपति को सम्बोधित करके देता है।

संविधान के अनुच्छेद 124(b) के अनुसार प्रत्येक न्यायाधीश को राष्ट्रपति अथवा इसके निमित्त नियुक्त किसी व्यक्ति के समक्ष अपने पद की शपथ लेनी पड़ती है।

67. (c) जब राष्ट्रपति और उपराष्ट्रपति दोनों के पद खाली हों तो उनकी अनुपस्थिति में सर्वोच्च न्यायालय का मुख्य न्यायाधीश राष्ट्रपति के रूप में कार्य करेगा।

संविधान के अनुच्छेद 124(1) के तहत् वर्ष 1950 में उच्चतम न्यायालय की स्थापना की गई। वर्तमान में एक मुख्य न्यायाधीश तथा 33 अन्य न्यायाधीश को मिलाकर कुल 34 न्यायाधीश हैं।

68. (a) रूसी यात्री निकितिन बहमनी शासक मुहम्मद तृतीय के शासनकाल में भारत आया था। यह 1470 ई. में बहमनी साम्राज्य (बीदर) की यात्रा पर आया था। बहमनी साम्राज्य की स्थापना 1347 ई. में हसन गंगू ने की थी।

69. (c) कांग्रेस के लाहौर अधिवेशन में 31 दिसम्बर, 1929 को पूर्ण स्वराज की घोषणा की थी। काँग्रेस के लाहौर अधिवेशन की अध्यक्षता पण्डित जवाहरलाल नेहरू ने की थी। इस अधिवेशन में ही 26 जनवरी को स्वतन्त्रता दिवस (पूर्ण स्वराज दिवस) मनाने की घोषणा की गई थी।

70. (d) गाँधीजी के नमक आन्दोलन में सरोजिनी नायडू, राजकुमारी अमृत कौर और कमलादेवी चट्टोपाध्याय ने भाग लिया था। गाँधी ने 6 अप्रैल, 1930 को डाण्डी पहुँचकर नमक कानून तोड़ा और सविनय अवज्ञा आन्दोलन की शुरुआत की। सुभाषचन्द्र बोस ने नमक सत्याग्रह की तुलना नेपोलियन के एल्बा से पेरिस यात्रा से की।

71. (a) वर्ष 1919 में अखिल भारतीय खिलाफत आन्दोलन का अध्यक्ष महात्मा गाँधी को चुना गया था। खिलाफत आन्दोलन भारतीय मुसलमानों का मित्र राष्ट्रों के विरुद्ध विशेषकर ब्रिटेन के खिलाफ टर्की के खलीफा के समर्थन में आन्दोलन था। 19 अक्टूबर, 1919 को समूचे देश में खिलाफत दिवस मनाया गया।

72. (a) आकाशगंगा (Galaxy) को सर्पिलाकार गैलेक्सी के रूप में वर्गीकृत किया गया है। आकाशगंगा तारों का एक विशाल पूँज है। ब्रह्माण्ड में लगभग 100 अरब आकाशगंगाएँ हैं। प्रत्येक आकाशगंगा में गैसें एवं धूल भी पाई जाती है। सर्पिल आकाशगंगाओं के केन्द्र में तारों का अधिक जमाव पाया जाता है।

73. (b) सूर्य से दूरी के क्रम में मंगल और यूरेनस ग्रह के मध्य बृहस्पति और शनि ग्रह मौजूद हैं। सूर्य से दूरी के क्रम में ग्रहों का क्रम इस प्रकार है—बुध, शुक्र, पृथ्वी, मंगल, बृहस्पति, शनि, अरुण (Uranus) और वरुण (Neptune)।

74. (a) वर्ष 1928 में साइमन कमीशन भारत में प्रशासनिक सुधार पर विचार करने के उद्देश्य से भारत आया था। साइमन कमीशन 3 फरवरी, 1928 को भारत आया। इसे व्हाइट मैन कमीशन भी कहा जाता है, क्योंकि इसके सभी सदस्य गोरे अंग्रेज थे।

75. (d) वर्ष 1929 में काँग्रेस के लाहौर अधिवेशन में पारित संकल्प में अस्पृश्यता उन्मूलन शामिल नहीं था। काँग्रेस के लाहौर अधिवेशन की अध्यक्षता जवाहरलाल नेहरू ने की थी और इसमें पहली बार भारत के पूर्ण स्वराज के प्रस्ताव को पारित किया गया था। इस अधिवेशन में 26 जनवरी, 1930 को प्रथम स्वाधीनता दिवस (पूर्ण स्वराज दिवस) मनाने की घोषणा की गई।

76. (c) भू-पर्पटी में सिलिका की सर्वाधिक मात्रा पाई जाती है। भू-पर्पटी के नीचे मैन्टल पाया जाता है, भू-पर्पटी की गहराई 0 किमी से 30 किमी तक है, परन्तु महाद्वीपीय भागों के नीचे यह अधिक गहराई तक पाई जाती है। भू-पर्पटी के मुख्य खनिज फेल्सपार, ऑक्सीजन, सिलिका तथा एल्युमीनियम हैं।

77. (a) भूकम्प की तीव्रता रिएक्टर पैमाने पर मापी जाती है। जब किसी बाहरी या अन्तर्जात कारणों से पृथ्वी के भूपटल में कम्पन होता है, तो वह भूकम्प कहलाता है। भूकम्प उत्पत्ति के स्थान को भूकम्प मूल (focus) कहा जाता है। भूकम्पनीय तीव्रता को मापने वाले यन्त्र को सीस्मोग्राफ कहते हैं।

78. (d) भूमि विकास बैंक सहकारी साख संरचना का भाग है। यह बैंक कृषि क्षेत्र से सम्बन्धित दीर्घकालिक ऋण प्रदान करता है, जो भूमि सुधार के लिए आवश्यक है।

79. (b) कापार्ट एक स्ववित्त संस्था है जो ग्रामीण विकास मन्त्रालय के अधीन कार्य करती है। ग्रामीण क्षेत्रों में स्थायी विकास योजनाओं के कार्यान्वयन में स्वयंसेवी क्षेत्र के संगठनों को सहयोग देना, उचित ग्रामीण तकनीकी के विकास की योजना को राष्ट्रीय नोडल बिन्दु के रूप में कार्य करना आदि इसके प्रमुख उद्देश्य हैं।

80. (a) अलबरूनी एक धर्मनिरपेक्ष लेखक नहीं था, क्योंकि अलबरूनी ने मुस्लिम धर्म के बारे में बढ़ा-चढ़ाकर लिखा है और अन्य धर्मों की इसके द्वारा आलोचना की गई है। अलबरूनी महमूद गजनवी के साथ भारत आया था तथा इसकी पुस्तक का नाम तारीख-ए-हिन्द/किताबुल-हिन्द है।

81. (d) कश्मीर के शासक जैनुल (जैन-उल) आबिदीन को कश्मीर के अकबर के नाम से भी जाना जाता है। जैन-उल आबिदीन 1420 ई. में सिंहासन पर बैठा। इसकी धार्मिक सहिष्णुता के कारण ही इसे कश्मीर का अकबर कहा जाता था। जैन-उल-आबिदीन फारसी, संस्कृत, कश्मीरी, तिब्बती आदि भाषाओं का ज्ञाता था।

82. (c) पृथ्वी पर सूर्य और चन्द्रमा के गुरुत्वाकर्षण बल के कारण ज्वार-भाटा आता है। पृथ्वी के घूर्णन के कारण उत्पन्न होने वाला अपकेन्द्रीय बल, ज्वार-भाटा का एक अन्य कारण है। गुरुत्वाकर्षण बल तथा अपकेन्द्रीय बल दोनों मिलकर पृथ्वी पर दो महत्त्वपूर्ण ज्वार-भाटाओं को उत्पन्न करते हैं।

83. (c) एल-निनो धारा के कारण पेरु तट का तापमान सामान्य से अधिक हो जाता है।
एल-निनो प्रशान्त महासागर में उठने वाली एक गर्म जलधारा है, जिसके कारण भारत सहित दक्षिण एशिया में मानसून की अच्छी वर्षा होती है।

84. (b) प्रथम बौद्ध संगीति का आयोजन अजातशत्रु के शासनकाल में हुआ था।
अजातशत्रु हर्यंक वंशी शासक था, जिसने मगध साम्राज्य पर 460 से 380 ई. पू. तक शासन किया। प्रथम बौद्ध संगीति का आयोजन राजगृह में महाकस्यप की अध्यक्षता में हुआ था।

85. (d) कौटिल्य का अर्थशास्त्र शासन से सम्बन्धित सिद्धान्तों की पुस्तक है।
कौटिल्य, मगध साम्राज्य के शासक चन्द्रगुप्त मौर्य का प्रधानमन्त्री या प्रधान सलाहकार था। इसने शासन से सम्बन्धित सप्तभंगी/सप्त सिद्धान्त की व्याख्या प्रस्तुत की, जिसमें शासन संचालन का वर्णन है। अर्थशास्त्र मुख्यतः 18 अध्यायों में विभक्त है।

86. (d) तट रेखाओं की आकृति और विन्यास महासागरीय धाराओं के जनन का कारण नहीं है।
महासागरीय धाराओं के जनन के लिए भूमण्डलीय पवन, महासागरीय जल के तापमान में वितरण और पृथ्वी का परिक्रमण इसका प्रमुख कारण है।

87. (a) सूर्यातप के अवशोषण में सबसे महत्त्वपूर्ण भूमिका कार्बन डाइ-ऑक्साइड द्वारा निभाई जाती है। सूर्य पृथ्वी पर ऊष्मा का मुख्य स्रोत है। सूर्य की सतह पर लगभग 6000°C तापमान पाया जाता है।

88. (c) पृथ्वी पर सबसे उच्चतम तापक्रम 20° उत्तरी अक्षांश पर रिकॉर्ड किए गए हैं, क्योंकि इस भाग में महाद्वीपीयता के कारण तापक्रम अधिक पाया जाता है। पृथ्वी पर सबसे अधिक तापमान सहारा मरुस्थल के अल-अजीजिया क्षेत्र में पाया गया है जहाँ का तापमान 58°C दर्ज किया गया था।

89. (b) वायुदाब में अचानक आने वाली कमी तूफानी मौसम की सूचना देती है। यह सूचना वायुदाब मापी यन्त्र से प्राप्त होती है, जिसमें पारे का पाठ्यांक अचानक नीचे गिर जाता है। वहीं जब इस पाठ्यांक में पारा धीरे-धीरे ऊपर चढ़ता है, तो साफ मौसम की सूचना प्राप्त होती है।

90. (a) डब्ल्यू. टी. ओ. का मुख्यालय जेनेवा में है। इसकी स्थापना 1 जनवरी, 1995 में की गई थी। इसका प्रमुख कार्य विश्व व्यापार सम्बन्धी कानूनों का निर्धारण करना तथा विवादों का समाधान करना है।

91. (a) पत्र-स्वर्ण का अर्थ अन्तर्राष्ट्रीय मुद्राकोष का विशेष आहरण अधिकार है। IMF ने वर्ष 1970 में इस व्यवस्था को प्रारम्भ किया था। इसने स्वर्ण की दुर्लभता को ध्यान में रखते हुए एसडीआर को स्वर्ण के स्थान पर साख के रूप में स्वीकार किया गया।

92. (a) जिस संज्ञा से किसी व्यक्ति या वस्तु के गुण, धर्म, स्वभाव इत्यादि का बोध हो, उसे भाववाचक संज्ञा कहते हैं। इसीलिए बचपन शब्द में भाववाचक संज्ञा है।

93. (b) जब दो समान स्वर मिलकर दीर्घ हो जाते हैं अर्थात् अ, आ, इ, ई, उ, ऊ और ऋ के बाद यही ह्स्व या दीर्घ स्वर आएँ तो दोनों मिलकर दीर्घ हो जाते हैं। इसीलिए चल + अचल (अ + अ = आ) मिलकर चलाचल शब्द बना है। अतः इसमें दीर्घ सन्धि प्रयुक्त हुई है।

94. (c) जब दो शब्दों के अर्थों में समानता होती है, तब वे शब्द एक-दूसरे के समानार्थी शब्द कहलाते हैं। इसलिए बहेलिया शब्द का समानार्थी शब्द आखेटक है तथा इसके अन्य समानार्थी शब्द अहेरी, शिकारी, व्याघ्र हैं।

95. (b) 'संस्कृति' का सन्धि-विच्छेद सम् + कृति होगा। यह व्यंजन सन्धि का उदाहरण है। व्यंजन सन्धि के अन्य उदाहरण हैं—
सम् + कृत = संस्कृत, सम् + कार = संस्कार आदि।

96. (d) राजपुरुष शब्द में तत्पुरुष समास है इसका समास विग्रह है-राज का पुरुष।
यह सम्बन्ध तत्पुरुष समास का उदाहरण है।

97. (d) निम्न में से 'स्वप्न' शब्द पुल्लिंग है जिन संज्ञा शब्दों से यथार्थ या कल्पित पुरुषत्व का बोध होता है उन्हें पुल्लिंग शब्द कहते हैं। मनोवृत्ति, जीविका तथा बैठी स्त्रीलिंग शब्द हैं।

98. (a) 'परिश्रमी' शब्द गुणवाचक विशेषण शब्द है, क्योंकि यह संज्ञा के गुण का बोध करा रहा है। गुणवाचक विशेषण संज्ञा के गुण, रंग, दशा, काल, स्थान और आकार का बोध कराते हैं।

99. (c) प्रस्तुत पंक्ति सन्त कवि ज्ञानाश्रयी के समाज सुधारक, निर्गुण ब्रह्म के उपासक तथा धर्माडम्बर के विरोधी कबीरदास जी की है।

100. (d) 'रवीश' दीर्घ सन्धि का उदाहरण है, क्योंकि जब दो समान स्वर मिलकर दीर्घ हो जाते हैं अर्थात् अ, आ, इ, ई, उ, ऊ और ऋ के बाद यदि ह्रस्व या दीर्घ स्वर आए, तो दोनों मिलकर दीर्घ हो जाते हैं।

उत्तर प्रदेश
बी.एड. प्रवेश परीक्षा

मॉडल सॉल्वड पेपर 2021

प्रथम प्रश्न-पत्र

खण्ड अ सामान्य ज्ञान

1. वायुमण्डल की संरचना में धरातल से कौन-सा मण्डल 32-60 किमी के मध्य स्थित है?
(a) आयनमण्डल (b) ओजोनमण्डल
(c) बाह्यमण्डल (d) क्षोभमण्डल

2. मध्य एशिया के स्टेपी क्षेत्र के निवासियों द्वारा बनाए गए मानवीय आवास को क्या कहते हैं?
(a) युर्त (b) तिपि
(c) इग्लू (d) क्राल

3. बच्चों में टीकाकरण को बढ़ावा देने के लिए भारत सरकार द्वारा किस वर्ष मिशन इन्द्रधनुष योजना की शुरुआत की गई?
(a) वर्ष 2016 (b) वर्ष 2014
(c) वर्ष 2012 (d) वर्ष 2010

4. जब किसी देश की प्रधान मुद्रा स्वर्ण में परिवर्तनशील होती है, तो इस मौद्रिक व्यवस्था को क्या कहा जाता है?
(a) हीनार्थ प्रबन्धन
(b) मुद्रा संकुचन
(c) स्वर्णमान
(d) कर्ब ट्रेडिंग

5. किस गवर्नर-जनरल के कार्यकाल में अहस्तक्षेप की नीति अपनाई गई?
(a) सर जॉन मैक्फरसन
(b) सर जॉन शोर
(c) सर जॉर्ज बार्लो
(d) चार्ल्स मेटकॉफ

6. संविधान के किस अनुच्छेद के अनुसार राष्ट्रपति को उसके कार्यों के सम्पादन एवं सलाह देने हेतु एक मन्त्रिपरिषद् की व्यवस्था की गई है?
(a) अनुच्छेद 74
(b) अनुच्छेद 86
(c) अनुच्छेद 97
(d) अनुच्छेद 65

7. राज्यसभा एक स्थायी सदन है, जो कभी भी भंग नहीं होता, इसके सदस्यों का कार्यकाल कितने वर्षों का होता है?
(a) 4 वर्ष (b) 7 वर्ष
(c) 10 वर्ष (d) 6 वर्ष

8. मानव सेवा के लिए स्थापित रेडक्रॉस का मुख्यालय कहाँ स्थित है?
(a) स्विट्जरलैण्ड की राजधानी जेनेवा में
(b) ऑस्ट्रिया की राजधानी विएना में
(c) फ्रांस की राजधानी पेरिस में
(d) जर्मनी की राजधानी बर्लिन में

9. मेजर ध्यानचन्द के जन्मदिन के अवसर पर प्रतिवर्ष किस तिथि को राष्ट्रीय खेल दिवस मनाया जाता है?
(a) 16 जून
(b) 11 अक्टूबर
(c) 29 अगस्त
(d) 23 जनवरी

10. रवीन्द्रनाथ ठाकुर द्वारा शान्ति निकेतन की स्थापना किस राज्य में की गई थी?
(a) तमिलनाडु (b) कर्नाटक
(c) मध्य प्रदेश (d) पश्चिम बंगाल

11. भारत-चीन युद्ध के बाद सीमावर्ती क्षेत्रों की सुरक्षा के लिए सशस्त्र सीमा बल (SSB) का गठन किस वर्ष किया गया?
(a) वर्ष 1963 (b) वर्ष 1960
(c) वर्ष 1958 (d) वर्ष 1965

12. सूर साम्राज्य के संस्थापक अफगान वंशीय शेरशाह सूरी किस युद्ध के बाद दिल्ली की गद्दी पर बैठा?
(a) पानीपत का प्रथम युद्ध (1526 ई.)
(b) खानवा का युद्ध (1527 ई.)
(c) चन्देरी का युद्ध (1528 ई.)
(d) बिलग्राम का युद्ध (1540 ई.)

13. किस अधिवेशन में मुस्लिम लीग ने काँग्रेस के साथ मिलकर एक संयुक्त समिति की स्थापना की थी?
(a) मद्रास अधिवेशन (1914) (b) लखनऊ अधिवेशन (1916)
(c) कलकत्ता अधिवेशन (1917) (d) दिल्ली अधिवेशन (1918)

14. जब भारतीय न्यायिक पद्धति में लोकहित मुकद्मा (PIL) लाया गया था, तब भारत के मुख्य न्यायाधीश कौन थे?
(a) दीपक मिश्रा (b) नारायण सिंह
(c) तीरथ सिंह ठाकुर (d) पी.एन. भगवती

15. 'पीपुल्स डेली' किस एशियाई देश से प्रकाशित होने वाला प्रमुख समाचार-पत्र है?
(a) कोलम्बो (श्रीलंका) (b) बीजिंग (चीन)
(c) दिल्ली (भारत) (d) ढाका (बांग्लादेश)

16. भारत रत्न पुरस्कार प्राप्त करने वाले प्रथम भारतीय कौन थे?
(a) डॉ. सर्वपल्ली राधाकृष्णन (b) आशापूर्ण देवी
(c) डॉ. जाकिर हुसैन (d) भगवती देवी

17. प्रकाश पादुकोण किस खेल से सम्बन्धित हैं?
(a) क्रिकेट से (b) वाटरपोलो से
(c) बैडमिण्टन से (d) फुटबॉल से

18. संयुक्त राष्ट्र संघ के किस अंग को विश्व का पुलिसमैन भी कहा जाता है?
(a) महासभा (b) सुरक्षा परिषद्
(c) प्रन्यास परिषद् (d) सचिवालय

19. दक्षिण-पूर्वी एशियाई राष्ट्रों का संघ 'आसियान' (ASEAN) किस वर्ष स्थापित किया गया था?
(a) 08 अगस्त, 1967 (b) 12 सितम्बर, 1972
(c) 31 जुलाई, 1962 (d) 18 अगस्त, 1977

20. प्रसिद्ध अभिनेत्री हेमा मालिनी किस शास्त्रीय नृत्य में पारंगत है?
(a) कथकली (b) कुचिपुड़ी
(c) मोहिनीअट्टम (d) भरतनाट्यम

21. 'ट्रेन टू पकिस्तान बुरियल एट सी' के लेखक कौन हैं?
(a) नीरद सी. चौधरी (b) खुशवन्त सिंह
(c) अमिताभ घोष (d) मोरारजी देसाई

22. 'स्वास्थ्य विज्ञान विश्वविद्यालय विधेयक 2021' किस राज्य की विधानसभा द्वारा पारित किया गया?
(a) असम (b) आन्ध्र प्रदेश
(c) ओडिशा (d) अरुणाचल प्रदेश

23. अगस्त, 2021 में भारत सरकार के किस मन्त्रालय ने 'सुजलाम अभियान' की शुरुआत की है?
(a) जल शक्ति मन्त्रालय
(b) वन एवं पर्यावरण मन्त्रालय
(c) पेट्रोलियम एवं ऊर्जा मन्त्रालय
(d) सहकारिता मन्त्रालय

24. पंजाबी भाषा किस लिपि में लिखी जाती है?
(a) सिन्धी (b) गुरुमुखी
(c) देवनागरी (d) इनमें से कोई नहीं

25. भारत में प्रथम स्थापित परमाणु-सयंत्र (Atomic Plant) कौन-सा है?
(a) कैटेनोम परमाणु संयन्त्र
(b) कुडनकुलम परमाणु संयन्त्र
(c) तारापुर परमाणु संयन्त्र
(d) भाभा परमाणु संयन्त्र

26. CAD का पूर्ण रूप क्या है?
(a) Computer Aided Design
(b) Call All Design
(c) Cash All Daily
(d) Computer All Design

27. निम्नलिखित में से किसने तीसरे गोलमेज सम्मेलन में भाग लिया था?
(a) महात्मा गाँधी (b) मदन मोहन मालवीय
(c) डॉ. भीमराव अम्बेडकर (d) चितरंजन दास

28. निम्न में से कौन-सा अनुच्छेद सुमेलित नहीं है?
(a) अनुच्छेद 343-संघ की राजभाषा
(b) अनुच्छेद 351-उच्चतम न्यायालय एवं उच्च न्यायालय के लिए राजभाषा
(c) अनुच्छेद 345-राज्य की राजभाषा
(d) अनुच्छेद 344-राजभाषा पर संसदीय समिति एवं आयोग

29. कपास की खेती के लिए उपयुक्त काली मिट्टी को किस अन्य नाम से भी जाना जाता है?
(a) बाँगर मृदा (b) सोनार मृदा
(c) रेगुर मृदा (d) खादर मृदा

30. उत्तरी भारत के विशाल मैदान (गंगा का मैदान) एवं दक्कन पठार का किस पर्वत शृंखला द्वारा विभाजन किया जाता है?
(a) विन्ध्याचल पर्वत शृंखला (b) सतपुड़ा पर्वत शृंखला
(c) अरावली पर्वत शृंखला (d) अजन्ता पर्वत शृंखला

31. भारत का एकमात्र सक्रिय ज्वालामुखी निम्नलिखित में किस स्थान पर स्थित है?
(a) कार निकोबार (b) माया बन्दर
(d) लक्षद्वीप (d) बैरन द्वीप

32. महाराष्ट्र के किस प्रसिद्ध सन्त ने रामायण पर भावार्थ रामायण नामक टीका लिखी?
(a) रामदास (b) एकनाथ
(c) नामदेव (d) ज्ञानदेव

33. ओ. चन्द्रशेखरन जिनका अगस्त, 2021 में निधन हो गया, इन्होंने किस खेल में ओलम्पिक में भारत का प्रतिनिधित्व किया?
(a) क्रिकेट (b) तीरंदाजी खेल
(c) हॉकी (d) फुटबॉल खेल

34. केन्द्रीय पर्यावरण, वन एवं जलवायु परिवर्तन मन्त्रालय द्वारा भारत के किस शहर में पहला कार्यात्मक स्मॉग टावर का उद्घाटन किया गया?
(a) चेन्नई (b) विशाखापट्टनम
(c) दिल्ली (d) कोलकाता

35. निम्नलिखित में कौन मौर्य सम्राट अशोक के मेरठ एवं टोपरा शिलालेखों को दिल्ली ले गया था?
(a) मोहम्मद गोरी
(b) फिरोजशाह तुगलक
(c) जलालुद्दीन फिरोज
(d) ग्यासुद्दीन तुगलक

36. भारत का प्रधानमन्त्री उसकी सरकार के खिलाफ अविश्वास प्रस्ताव में भाग नहीं ले सकता जब
(a) वह गठबन्धन सरकार चलाता हो
(b) वह राज्यसभा का सदस्य हो
(c) वह लोकसभा का सदस्य हो
(d) जब उसके पास कम सांसद हों

37. एशिया की सबसे बड़ी खारे पानी की झील कहाँ स्थित है?
(a) आन्ध्र प्रदेश (b) तेलंगाना
(c) ओडिशा (d) मणिपुर

38. 'वाचस्पति पुरस्कार' किस संस्था/मन्त्रालय द्वारा दिया जाता है?
(a) के.के. बिड़ला फाउण्डेशन (b) साहित्य कला अकादमी
(c) अजीज प्रेमजी फाउण्डेशन (d) संस्कृति मन्त्रालय

39. 'हॉर्नबिल' त्यौहार किस राज्य में मनाया जाता है?
(a) नागालैण्ड (b) मणिपुर
(c) मिजोरम (d) मेघालय

40. उद्योगों के लिए वित्तीय सहायता देने के लिए सर्वोच्च बैंक कौन-सा है?
(a) एक्सिस बैंक (b) SBI
(c) IDBI (d) ICICI

41. कम्प्यूटरों में प्रयुक्त आई.सी. चिप बनते हैं
(a) सिलिकॉन से (b) आयरन ऑक्साइड से
(c) सिल्वर से (d) क्रोमियम से

42. मल्टी प्रोसेसिंग (Multi Processing) होती है
(a) बिना किसी प्रोसेसर के
(b) एक से अधिक प्रोसेसर द्वारा
(c) एक प्रोसेसर द्वारा
(d) उपरोक्त में से कोई नहीं

43. भारत ने अगस्त, 2021 में किस देश के साथ दक्षिण चीन सागर में नौसैनिक अभ्यास किया?
(a) वियतनाम (b) सिंगापुर
(c) फिलीपीन्स (d) मलेशिया

44. भारत के भौगोलिक केन्द्र होने के कारण निम्नलिखित में से किस शहर को "जीरो मील सेण्टर" कहा जाता है?
(a) नागपुर (b) भोपाल
(c) इन्दौर (d) जबलपुर

45. भारत के संविधान में संशोधन द्वारा किस आयोग की स्थापना की गई थी?
(a) राष्ट्रीय अल्पसंख्यक आयोग
(b) राष्ट्रीय महिला आयोग
(c) राष्ट्रीय अनुसूचित जनजाति आयोग
(d) राष्ट्रीय बाल अधिकार संरक्षण आयोग

46. निम्नलिखित में से कौन-सी पुस्तक कुलदीप नैयर द्वारा लिखी गई है?
(a) गोल्डेन थ्रेशहोल्ड (b) इण्डिया द क्रिटिकल ईयर्स
(c) पेण्टर ऑफ साइन्स (d) द ब्राइसड्स बुक ऑफ ब्यूटी

47. यक्षगान किस राज्य की प्रमुख नृत्य कला है?
(a) आन्ध्र प्रदेश (b) मेघालय
(c) मध्य प्रदेश (d) कर्नाटक

48. निम्न में से भारतेन्द्र हरिश्चन्द्र की रचना है
(a) अमृत बाजार पत्रिका (b) वन्देमातरम्
(c) भारत-दुर्दशा (d) मराठा

49. संविधान में उद्देश्य प्रस्ताव किसके द्वारा प्रस्तुत किया गया?
(a) महात्मा गाँधी (b) रवीन्द्रनाथ टैगोर
(c) जवाहरलाल नेहरू (d) बी.जे. तिलक

50. प्लाण्ड इकोनॉमिक फॉर इण्डिया के लेखक कौन हैं?
(a) डॉ. विश्वेश्वरैया (b) महबूब-उल-हक
(c) अमर्त्य सेन (d) जयप्रकाश नारायण

खण्ड ब भाषा (हिन्दी)

51. 'श' वर्ण का उच्चारण स्थान है
(a) मूर्धा (b) कण्ठ
(c) तालु (d) दन्त्य

52. इनमें से 'पगड़ी' कौन-सा शब्द है?
(a) तत्सम (b) विदेशज
(c) देशज (d) तद्भव

53. 'आपबीती' में कौन-सा समास है?
(a) द्विगु समास (b) कर्मधारय समास
(c) तत्पुरुष समास (d) द्वन्द्व समास

54. निम्नांकित एक शब्द में उपसर्ग नहीं लगा है
(a) अपवाद (b) ओढ़ना
(c) प्रभाव (d) पराजय

55. 'अंकित ने गाना गाया होगा' वाक्य किस काल में है?
(a) वर्तमान काल (b) भूतकाल
(c) भविष्य काल (d) अनिश्चित काल

56. 'अपादान' कारक का परसर्ग है
(a) का (b) से (अलग होना)
(c) लिए (d) में, पर

57. 'कैंची' किस भाषा का शब्द है?
(a) अरबी (b) फारसी
(c) तुर्की (d) पुर्तगाली

58. निम्नलिखित में से कौन-सा 'आधा तीतर आधा बटेर' मुहावरे का सही अर्थ है?
(a) आधी-आधी चीजों को साथ रखना
(b) बेमेल चीजों का सम्मिश्रण
(c) सुमेल चीजों को बटोरना
(d) आधी-आधी चीजों को मिलाकर एक करना

59. 'अनुज' शब्द को स्त्रीवाचक बनाने के लिए किस प्रत्यय का प्रयोग होगा?
(a) इक (b) आ
(c) ई (d) ईय

60. 'इन्द्रियों को वश में रखने वाला' का एक शब्द क्या होगा?
(a) इन्द्रजीत (b) इन्द्रियजीत
(c) इन्द्रियातीत (d) इन्द्रदेव

61. 'गायक' शब्द के सही सन्धि विच्छेद पर सही का निशान लगाएँ
(a) ग + आयक (b) गै + यक
(c) ग + यक (d) गै + अक

62. 'पाठशाला' शब्द है
(a) रूढ़ (b) यौगिक
(c) योगरूढ़ (d) विदेशी

63. निम्नलिखित में निश्चयवाचक सर्वनाम है
(a) कहाँ (b) कोई
(c) यह (d) आप

64. हिन्दी के प्रमुख ललित निबन्धकार हैं
(a) रामधारी सिंह दिनकर (b) हरिशंकर परसाई
(c) रामचन्द्र शुक्ल (d) हजारी प्रसाद द्विवेदी

65. मन में उत्पन्न होने वाले अस्थिर मनोविकारों को क्या कहते हैं?
(a) संचारी भाव (b) विभाव
(c) आलम्बन (d) अनुभाव

66. वाक्यांशों अथवा वाक्यों को जोड़ने का कार्य कौन करता है?
(a) सम्बन्धबोधक अव्यय (b) विस्मयादिबोधक अव्यय
(c) समुच्चयबोधक अव्यय (d) क्रिया-विशेषण अव्यय

67. नहिं पराग नहि मधुर मधु, नहिं विकास इहि काल।
अली कली ही सों बिंध्यौ, आगे कौन हवाल।।
पंक्ति में अलंकार है
(a) रूपक (b) श्लेष
(c) अन्योक्ति (d) उत्प्रेक्षा

68. इनमें से कौन-सा शब्द शुद्ध है?
(a) अभिवयक्ति (b) उपयुक्त
(c) इतिहासिक (d) कवियत्री

69. (!) चिह्न है
(a) उद्धरण चिह्न (b) लाघव चिह्न
(c) विवरण चिह्न (d) विस्मयादिबोधक चिह्न

70. 'लक्ष्य' शब्द के दो अर्थ हैं
(a) गति, चाल (b) नाम, बल
(c) उद्देश्य, निशाना (d) सही, उद्देश्य

71. 'सौन्दर्य और प्रेम' के कवि कहे जाते हैं
(a) रामधारी सिंह 'दिनकर'
(b) मैथिलीशरण गुप्त
(c) जयशंकर प्रसाद
(d) सूर्यकान्त त्रिपाठी निराला

72. निम्नलिखित में से अशुद्ध वाक्य का चयन कीजिए
(a) पेड़ पर मैना बैठी है
(b) मोहित गेहूँ पिसवाने चक्की पर गया है
(c) निर्दयी व्यक्ति से मित्रता नहीं करनी चाहिए
(d) उसके घर के पास एक मिठाई की दुकान है

73. 'यशोदा' शब्द में कौन-सी सन्धि है?
(a) स्वर सन्धि (b) व्यंजन सन्धि
(c) विसर्ग सन्धि (d) गुण सन्धि

74. निम्नलिखित में से 'रूढ़' शब्द कौन-सा है?
(a) सरल (b) राजपुत्र
(c) विज्ञान (d) चौपाई

75. श्रव्य काव्य के अन्तर्गत आते हैं
(a) नाटक और प्रहसन (b) कहानी और कविता
(c) नाटक और व्यंग्य (d) प्रहसन और कहानी

76. 'चपला' का पर्यायवाची है
(a) ज्वाला (b) कंजूस
(c) दामिनी (d) भगिनी

77. 'ऋजु' का विलोम शब्द है
(a) सरल (b) वक्र
(c) त्रिकोण (d) सीधा

78. रात में विचरण करने वाला
(a) निशाकर (b) वनचर
(c) तमचोर (d) निशाचर

79. 'पाषाण' शब्द है
(a) तत्सम (b) तद्भव
(c) देशज (d) विदेशज

80. 'अवसर का लाभ उठाना' मुहावरे का सही अर्थ है
(a) फूले न समाना
(b) आकाश-पाताल एक करना
(c) बहती गंगा में हाथ धोना
(d) अंगारों पर पैर रखना

81. वीर रस का स्थायी भाव है
(a) शोक (b) रति
(c) उत्साह (d) ग्लानि

82. 'पृथ्वीराज की आँखें' किस विधा की रचना है?
(a) नाटक (b) कहानी
(c) उपन्यास (d) एकांकी

83. 'भावुक' शब्द उदाहरण है
(a) दीर्घ स्वर सन्धि (b) गुण स्वर सन्धि
(c) वृद्धि स्वर सन्धि (d) अयादि स्वर सन्धि

84. 'तुमने' कैसा शब्द है?
(a) मध्यम पुरुष (b) अन्य पुरुष
(c) उत्तम पुरुष (d) प्रथम पुरुष

85. 'प्रिय प्रवास' किसकी रचना है?
(a) भारतेन्दु हरिश्चन्द्र
(b) अयोध्यासिंह उपाध्याय 'हरिऔध'
(c) महावीर प्रसाद द्विवेदी
(d) जयशंकर प्रसाद

86. निम्नलिखित में से मिश्र वाक्य का चयन कीजिए
(a) लड़के ने अपना दोष मान लिया
(b) मैं चाहता हूँ और मैं कार्य करूँगा
(c) जब अनीता गाएगी तब सुजाता नाचेगी
(d) अरे! वह उत्तीर्ण हो गया

87. 'अंजलि बहुत थोड़ा भोजन करती है' वाक्य में क्रिया-विशेषण है
(a) अंजलि (b) बहुत
(c) भोजन (d) करती है

88. खण्डकाव्य में किसका वर्णन होता है?
(a) मानव जीवन के एक भाग का चित्रण
(b) मानव जीवन के सूक्ष्म पक्ष का चित्रण
(c) मानवेत्तर जीवन के सम्पूर्ण पक्ष का चित्रण
(d) मानव जीवन के वृहद् एवं व्यापक पक्ष का चित्रण

89. 'निन्यानवे के फेर में पड़ना' मुहावरे का अर्थ है
(a) किसी कार्य को पूरा न करना
(b) वास्तविकता से भिन्न स्थिति
(c) अनुभवहीन होना
(d) धन संग्रह की चिन्ता में पड़ना

90. विशेषण जिसकी विशेषता बताता है, वह क्या कहलाता है?
(a) विशेष्य (b) प्रविशेषण
(c) परिमाणवाचक विशेषण (d) सार्वनामिक विशेषण

91. 'उद्यत' का विलोम शब्द है
(a) विनय (b) अवनति
(c) अनुदार (d) विनीत

92. 'छमाही' में कौन-सा समास है?
(a) अव्ययीभाव (b) द्विगु
(c) द्वन्द्व (d) तत्पुरुष

93. 'समुद्र में लगने वाली आग' के लिए एक शब्द क्या होगा?
(a) जठराग्नि (b) दावाग्नि
(c) बड़वाग्नि (d) वनाग्नि

94. 'भाव और मनोविकार' किसकी रचना है?
(a) अज्ञेय (b) रामचन्द्र शुक्ल
(c) नगेन्द्र (d) महादेवी वर्मा

95. काव्य के शोभा कारक धर्म किसे माना जाता है?
(a) रस (b) छन्द
(c) अलंकार (d) शब्द शक्ति

96. 'वैद्यशाला' शब्द है
(a) योगरूढ़ (b) यौगिक
(c) रूढ़ (d) अयौगिक

97. प्रबन्ध काव्य के कुल कितने भेद बताए गए हैं?
(a) दो (b) तीन
(c) चार (d) पाँच

98. 'दिगम्बर' शब्द का सन्धि विच्छेद है
(a) दिग् + अम्बर (b) दिक् + अम्बर
(c) दिग + म्बर (d) दि: + अम्बर

99. 'अधिमानता' में प्रयुक्त उपसर्ग बताएँ
(a) अ (b) अध
(c) अधि (d) ता

100. 'बन्धन' किसका प्रतीक है?
(a) स्वाधीनता का (b) अकेलेपन का
(c) गुलामी का (d) असमानता का

द्वितीय प्रश्न-पत्र

खण्ड अ तार्किक अभिरुचि

1. P, Q, R, S और T साथ बैठे हैं। T एक अन्तिम छोर पर है। P, T का पड़ोसी है और Q के बाएँ से तीसरे स्थान पर है। T के दाएँ से चौथे स्थान पर कौन है?
(a) P (b) T
(c) Q (d) S

2. दिए गए विकल्पों में से भिन्न संख्या चुनिए।
(a) 2378 (b) 7562
(c) 6662 (d) 1155

3. दिए गए विकल्पों में से भिन्न शब्द चुनिए।
(a) इस्लामाबाद (b) काबुल
(c) कैनबरा (d) सिडनी

4. एक अनुक्रम दिया गया है, जिसमें से एक पद लुप्त है। दिए गए विकल्पों में से वह सही विकल्प चुनिए, जो अनुक्रम को पूरा करे।
TU, ?, NO, XY
(a) IJ (b) FG (c) DF (d) DE

5. एक विशिष्ट कोड भाषा में BRAIN को CSBJO लिखा जाता है। तब, इस कोड भाषा में MAKER को किस प्रकार लिखा जाएगा?
(a) BNLFS (b) NBLFS
(c) FSLBN (d) NBLFT

6. काजल अस्पताल जाने के लिए घर से चलती है। वह पूर्व की दिशा में 5 किमी चलती है, फिर वह दक्षिण-पूर्व दिशा में मुड़कर 10 किमी चलती है, वह फिर उत्तर-पूर्व दिशा में मुड़कर 10 किमी चलती है और अन्ततः अस्पताल पहुँच जाती है। उसके घर से अस्पताल किस दिशा में है?
(a) दक्षिण (b) उत्तर
(c) पश्चिम (d) पूर्व

7. दिए गए विकल्पों में से सम्बन्धित शब्द/अक्षर/संख्या को चुनिए।
13 : 156 : : 17 : ?
(a) 135 (b) 270
(c) 272 (d) 130

8. दिए गए विकल्पों में से सम्बन्धित शब्द को चुनिए।
प्रतिरोध : ओम : : विद्युत धारा : ?
(a) फैराडे
(b) रेडियन
(c) एम्पियर
(d) वोल्ट

9. P, Q, R, S, T का वजन अलग-अलग है। R केवल P से भारी है तथा S, Q से हल्का है तथा T से भारी है। सबसे भारी है
(a) P (b) Q
(c) S (d) T

10. यदि 1986 को कूट भाषा में ∧ o Δ > लिखा जाता है और 2345 को + × ◊ □ लिखा जाता है, तो Δ > □ × + ◊ किसका कूट होगा?
(a) 865324
(b) 896542
(c) 864325
(d) 869243

11. एक परिवार में एक पुरुष, उसकी पत्नी, उसके 4 पुत्र और उनकी पत्नियाँ हैं। प्रत्येक पुत्र के अपने परिवार में तीन-तीन बेटे और एक-एक बेटी भी है। पूरे परिवार में पुरुष सदस्यों की संख्या ज्ञात कीजिए।
(a) 1 (b) 12
(c) 4 (d) 17

12. वह आरेख चुनिए जो नीचे दिए गए वर्गों के बीच सम्बन्ध का सही निरूपण करता है।

पुरुष, चिकित्सक, भाई

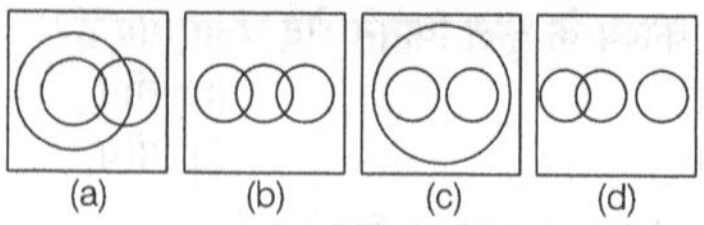

13. यदि K का अर्थ घटाना है, L का अर्थ भाग है, M का अर्थ जोड़ है और D का अर्थ गुणा है, तो

117 L 3 K 5 M 12 D 8 = ?

(a) 150 (b) 125
(c) 130 (d) 145

14. एक अनुक्रम दिया गया है, जिसमें से एक पद लुप्त है। दिए गए विकल्पों में से वह सही विकल्प चुनिए, जो अनुक्रम को पूरा करें।

? , LMN, RST, WXY

(a) FEG (b) DFE
(c) DEF (d) EFG

15. दिए गए विकल्पों में से विषम अक्षर युग्म चुनिए।

(a) EG (b) EB
(c) BY (d) GD

16. रेखा, जिसका मुख दक्षिण की ओर है, वह अपने बाएँ मुड़ती है और 15 मी चलती है फिर वह अपने बाएँ मुड़ती है और 7 किमी चलती है फिर पश्चिम की ओर मुख किए हुए 15 मी चलती है। अब वह अपने वास्तविक स्थान से कितनी दूर है?

(a) 22 मी (b) 37 मी
(c) 44 मी (d) 7 मी

17. एक पुत्री और उसकी माँ की आयु का योगफल 56 वर्ष है। 4 वर्ष बाद माँ की आयु पुत्री की आयु की 3 गुनी हो जाएगी। पुत्री व माँ की आयु क्रमशः है

(a) 10 वर्ष व 46 वर्ष (b) 12 वर्ष व 44 वर्ष
(c) 11 वर्ष व 45 वर्ष (d) 13 वर्ष व 43 वर्ष

18. यदि $J = 1, K = 2, L = 5, M = 7, N = 11, O = 13$ तथा $P = 17$, तब दिए गए व्यंजक में प्रश्नवाचक चिह्न के स्थान पर क्या आएगा?

$(N \times ? + M) \div K = 31$

(a) L (b) P
(c) J (d) O

19. निम्नलिखित शब्दों को शब्दकोश में आने वाले क्रम के अनुसार लिखें।

I. Joke II. Jockey
III. Jocular IV. Jocund

(a) IV, II, I, III
(b) II, III, IV, I
(c) II, III, I, IV
(d) IV, II, III, I

20. एक अनुक्रम दिया गया है, जिसमें से एक पद लुप्त है। दिए गए विकल्पों में से वह सही विकल्प चुनिए, जो अनुक्रम को पूरा करें।

3, 12, 48, ?

(a) 96 (b) 184
(c) 192 (d) 384

21. दिए गए विकल्पों में से सम्बन्धित संख्या को चुनिए।

64 : 8 : : 289 : ?

(a) 17 (b) 27 (c) 26 (d) 19

22. नीचे दिए गए वेन आरेख में कौन-सी संख्या उन डॉक्टरों की द्योतक है, जो न तो इन्जीनियर हैं, न अच्छे वक्ता हैं?

A → इन्जीनियर B → अच्छे वक्ता C → डॉक्टर

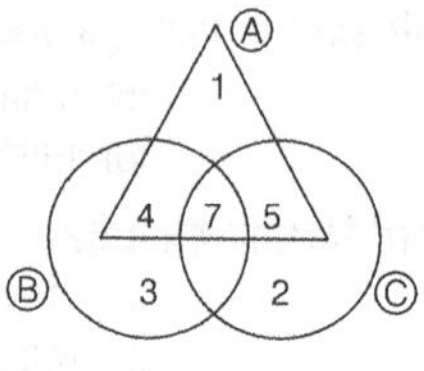

(a) 2 (b) 7 (c) 4 (d) 6

23. नीचे दिए गए दो कथनों के आधार पर उचित निष्कर्ष का चयन कीजिए।

I. मेरी कक्षा में सभी विद्यार्थी होनहार हैं।
II. मनीष होनहार नहीं है।

निष्कर्ष

(a) मनीष को कठिन परिश्रम करना चाहिए
(b) मनीष मेरी कक्षा का विद्यार्थी नहीं है
(c) कुछ विद्यार्थी होनहार नहीं हैं
(d) जो होनहार नहीं हैं, वे विद्यार्थी नहीं हैं

24. कमला को याद है कि उसकी बहन का जन्मदिन 12 और 16 दिसम्बर के मध्य है, जबकि उमेश को याद है कि जन्मदिन 14 के बाद और 17 से पहले है। कमला की बहन का जन्मदिवस है

(a) 15 दिसम्बर
(b) 14 दिसम्बर
(c) 13 दिसम्बर
(d) उपरोक्त में से कोई नहीं

25. निम्नलिखित प्रश्न में, दो कथन दिए गए हैं जिनके आगे दो निष्कर्ष I और II निकाले गए हैं। आपको मानना है कि कथन सत्य है चाहे वे सामान्यतः ज्ञात तथ्यों से भिन्न प्रतीत होते हों। आपको निर्णय करना है कि दिए गए निष्कर्षों में से कौन-सा/से निश्चित रूप से कथनों द्वारा सही निकाला जा सकता है/सकते हैं, यदि कोई हो।

कथन कुछ ऊँट जहाज हैं।
कोई जहाज नाव नहीं है।

निष्कर्ष

I. कुछ जहाज ऊँट हैं।
II. कुछ ऊँट नाव नहीं हैं।

कूट

(a) निष्कर्ष I सही है
(b) निष्कर्ष II सही है
(c) न तो निष्कर्ष I और न ही II सही है
(d) निष्कर्ष I और II दोनों सही हैं

26. दिए गए चित्र में लुप्त संख्या ज्ञात कीजिए।

9	6	8
5	8	4
7	4	?
11	2	7

(a) 4 (b) 7 (c) 3 (d) 6

27. दिए गए विकल्पों में से विषम संख्या चुनिए।
(a) 19 (b) 1
(c) 21 (d) 13

28. निम्नलिखित प्रश्न में अक्षरों का कौन-सा समूह खाली स्थानों पर क्रमवार रखने से दी गई अक्षर श्रृंखला को पूरा करेगा?
P_R_S_QRR_
(a) QPRS (b) QRPS
(c) QRPP (d) QPSR

29. A, B, C, D और E एक बेंच पर बैठे हैं। उनमें A, B के बराबर में बैठा है तथा C, D के बराबर में। पर D, E के पास नहीं बैठा है। क्योंकि E बेंच के बाएँ किनारे पर बैठा है। C का स्थान दाईं ओर से दूसरा है और A, B और E के दाई ओर है। लेकिन A और C साथ बैठे हैं, तब A किस स्थान पर बैठा है?
(a) B और D के बीच में
(b) B और C के बीच में
(c) E और D के बीच में
(d) C और E के बीच में

30. पाँच पक्षी कौवा, कबूतर, छोटा कबूतर, बड़ा कौवा और गरुढ़ एक पेड़ की शाखा से एक के बाद एक उड़ते हैं। बड़ा कौवा, कौवा के बाद, मगर गरुढ़ से आगे है। कबूतर, कौवा और बड़ा कौवा के बीच में है। छोटा कबूतर कौवा के आगे है। सबसे पीछे कौन-सा पक्षी है?
(a) कबूतर
(b) बड़ा कौवा
(c) गरुड़
(d) उपरोक्त में से कोई नहीं

31. संध्या सीधे A से B तक चलती है, जो 2 किमी दूर है। फिर वह 90° पर बाईं ओर मुड़कर 8 किमी C तक चलती है। वहाँ से वह फिर 90° बाईं ओर मुड़कर D तक 5 किमी चलती है। फिर वहाँ से 90° पर बाएँ E मुड़कर 8 किमी तक चलती है, तो A से E कितनी दूरी पर है?
(a) 2 किमी (b) 3 किमी
(c) 5 किमी (d) 8 किमी

32. दीपक के एक भाई का नाम आदित्य है। दीपक, कुलदीप का बेटा है। बण्टी, कुलदीप के पिता हैं। आदित्य, बण्टी से कैसे सम्बन्धित है?
(a) चाचा (b) भाई
(c) पोता (d) दादा

33. एक विशिष्ट कोड भाषा में DANGER को 145237 लिखा जाता है, और RANCOR को 745967 लिखा है। इस कोड भाषा में RAGE को किस प्रकार लिखा जाएगा?
(a) 7231 (b) 7234
(c) 7423 (d) 7441

34. दिए गए विकल्पों में से सम्बन्धित शब्द/अक्षर-युग्म को चुनिए।
UHCDN : VIDEO : : OKZXDQ : ?
(a) REPLAY
(b) REPOSE
(c) PLAYER
(d) OPPOSE

35. दिए गए विकल्पों में से भिन्न संख्या चुनिए।
(a) 149 (b) 157
(c) 199 (d) 121

निर्देश (प्र.सं. 36-38) *निम्नलिखित प्रश्नों के उत्तर देने के लिए दी गई संरचनाओं का अध्ययन करें।*

(i) A, B, C, D, E, तथा F छः मित्र एक वृत्त के केन्द्र की ओर मुख करके बैठे हैं।
(ii) C, A व E के मध्य है।
(iii) F, D और B के मध्य है।
(iv) B, E के ठीक बाएँ है।

36. A के ठीक बाएँ कौन बैठा है?
(a) C (b) D
(c) B (d) E

37. D के सापेक्ष E का क्या स्थान है?
(a) ठीक बाएँ ओर (b) दाईं ओर दूसरे स्थान पर
(c) दाईं ओर तीसरे स्थान पर (d) बाईं ओर दूसरे स्थान पर

38. E व F के बीच में कौन है?
(a) D (b) A
(c) B (d) इनमें से कोई नहीं

39. एक वृक्ष पर 15 कबूतरों का झुण्ड बैठा है। एक शिकारी उस झुण्ड पर बन्दूक से गोली दागता है जिस कारण 2 कबूतर मर जाते हैं, शेष कितने कबूतर वहाँ रह गए?
(a) 11 (b) 13
(c) 2 (d) 15

40. 39 विद्यार्थियों की एक कक्षा में सुरेश, अशोक से 7 रैंक आगे हैं। यदि अशोक की रैंक अन्त से 17वीं है, तो सुरेश की आरम्भ से रैंक कौन-सी है?
(a) 16वीं (b) 23वीं
(c) 24वीं (d) 15वीं

निर्देश (प्र. सं. 41-43) *निम्नलिखित जानकारी को ध्यानपूर्वक पढ़कर उसके नीचे लिखे प्रश्नों के उत्तर विकल्प को चुनिए।*

एक स्कूल में 5 अध्यापक हैं। A और B हिन्दी और अंग्रेजी पढ़ाते हैं। C और B अंग्रेजी और भूगोल पढ़ाते हैं। D व A गणित और हिन्दी पढ़ाते हैं। E व B इतिहास और फ्रेंच के अध्यापक हैं।

41. इनमें से कौन-सा/से विषय दो से अधिक अध्यापक पढ़ाते हैं?
(a) फ्रेंच (b) हिन्दी
(c) इतिहास (d) भूगोल

42. इनमें से कौन-सा अध्यापक सर्वाधिक विषय पढ़ाता है?
(a) A (b) B
(c) C (d) E

43. D, B व A कौन-से विषय पढ़ाते हैं?
(a) हिन्दी व अंग्रेजी
(b) गणित व हिन्दी
(c) केवल अंग्रेजी
(d) हिन्दी

44. यदि 5 से भाग होने वाली सभी संख्याओं और जिसमें एक अंक 5 आता है उनमें से 1 से 50 के बीच से 5 से भाग होने वाली तथा एक अंक 5 आने वाली संख्याओं से हटा दिया जाए, तो कितनी संख्याएँ शेष रहेंगी?
(a) 38 (b) 41
(c) 39 (d) 40

45. A और B बहनें हैं। R व S भाई हैं। A की पुत्री की R की बहन है। B का S से क्या रिश्ता है?
(a) माँ (b) दादी
(c) बहन (d) आंटी/मौसी

46. बाला (BALA) का पूर्ण रूप क्या है?
(a) अधिगम सहायक के रूप में बिल्डिंग
(b) ब्रेल सहायक अधिगम आकलन
(c) मस्तिष्क सहायता अधिगम असाइन्मेण्ट
(d) ब्रेल सहायक के रूप में बिल्डिंग

47. कक्षा परीक्षणों में अच्छा प्रदर्शन करने में एक बच्चे की असफलता हमें किस विचार की ओर ले जाती है?
(a) बच्चे कुछ निश्चित क्षमताओं एवं कमियों के साथ पैदा होते हैं
(b) पाठ्यक्रम, शिक्षण पद्धति तथा आकलन प्रक्रिया पर विचार की आवश्यकता है
(c) कुछ बच्चे कक्षा में अनुत्तीर्ण होते हैं, चाहे व्यवस्था उनके लिए कितना भी प्रयास करें
(d) कक्षा में कुछ बच्चों की असफलता का कारण उनकी स्वयं की अयोग्यता है

48. यदि कोई बच्चा 'saw' एवं 'was' में अन्तर नहीं कर पाता, तो यह अधिगम अशक्तता है
(a) डिस्ग्राफिया
(b) डिस्लेक्सिया
(c) डिस्कैल्कुलिया
(d) अप्रेक्सिया

49. बच्चों को समूह कार्य देना एक प्रभावी शिक्षण रणनीति है, क्योंकि
(a) बच्चों को अन्यों के समक्ष अपना ज्ञान दिखाने का अवसर मिलता है
(b) सीखने की प्रक्रिया सुचारु होती है
(c) सीखने की प्रक्रिया में बच्चे एक-दूसरे से सीखते हैं और परस्पर सहायता भी करते हैं
(d) इससे शिक्षक का बोझ कम हो जाता है

50. निम्न में से कौन-सा रचनात्मक आकलन का उचित उपकरण नहीं है?
(a) मौखिक प्रश्न
(b) सत्र परीक्षा
(c) प्रश्नोत्तरी
(d) दत्त कार्य

खण्ड-ब कला वर्ग

51. राज्य का सप्तांग सिद्धान्त किसने प्रतिपादित किया था?
(a) मनु ने मनुस्मृति में
(b) कल्हण ने राजतरंगिणी में
(c) कौटिल्य ने अर्थशास्त्र में
(d) बाणभट्ट ने हर्षचरित में

52. निम्नलिखित में बिहार में कौन-सा स्थान है जो जैन एवं बौद्ध धर्म का तीर्थ स्थान है?
(a) राजगीर (b) नालन्दा
(c) बोधगया (d) वैशाली

53. गुप्त राजाओं के बाद किस राजवंश के शासकों ने गरुड़ को अपना राज्य का चिह्न बनाया?
(a) राष्ट्रकूट (b) पल्लव
(c) वर्धन (d) चोल

54. फतवा-ए-आलमगीरी नामक इस्लामिक कानूनों का संग्रह किस मुगल शासक के काल में किया गया था?
(a) औरंगजेब (b) शेरशाह सूरी
(c) अलाउद्दीन खिलजी (d) अकबर

55. मध्यकाल की एकमात्र मुस्लिम महिला शासक रजिया सुल्तान किसकी पुत्री थी?
(a) इल्तुतमिश (b) बलबन
(c) नसीरुद्दीन (d) कुतुबुद्दीन ऐबक

56. अकबर के किस दरबारी विद्वान ने अथर्ववेद का फारसी अनुवाद किया?
(a) अबुल फजल (b) हाजी इब्राहिम सरहिन्दी
(c) राजा मानसिंह (d) दाराशिकोह

57. महात्मा गाँधी के दाण्डी मार्च के साथ किस जन आन्दोलन की शुरुआत हुई?
(a) असहयोग आन्दोलन
(b) भारत छोड़ो आन्दोलन
(c) खिलाफत आन्दोलन
(d) सविनय अवज्ञा आन्दोलन

58. साइमन कमीशन की नियुक्ति किस वायसराय के कार्यकाल में की गई?
(a) लॉर्ड रीडिंग (b) लॉर्ड चेम्सफोर्ड
(c) लॉर्ड इरविन (d) लॉर्ड वेलिंगटन

59. काँग्रेस के किस अधिवेशन में पूर्ण स्वराज्य का लक्ष्य रखा गया था?
(a) कलकत्ता अधिवेशन (b) नागपुर अधिवेशन
(c) लखनऊ अधिवेशन (d) लाहौर अधिवेशन

60. वर्ष 1946 के चुनावों के बाद मुस्लिम लीग ने किस राज्य में अपनी पहली सरकार बनाई?
(a) बंगाल (b) बम्बई
(c) संयुक्त प्रान्त (d) मद्रास

61. किस दर्रे को भारत, चीन एवं म्यांमार का त्रिकोणीय संगम कहा जाता है?
(a) बोमडीला दर्रा (b) जेलेप्ला दर्रा
(c) नाथूला दर्रा (d) दिफू दर्रा

62. काल बैसाखी अथवा नॉर्वेस्टर नामक तूफान पश्चिम बंगाल में किस ऋतु में अकसर आता है?
(a) शीतकाल के अन्त में (b) ग्रीष्म काल के आरम्भ में
(c) वर्षा ऋतु में (d) शुरुआती शीतकाल में

63. पेनगंगा किस नदी की सहायक नदी है?
(a) गोदावरी नदी (b) नर्मदा नदी
(c) कावेरी नदी (d) कृष्णा नदी

64. भारत का सबसे गहरा बन्दरगाह कौन-सा है?
(a) पारादीप बन्दरगाह (b) गंगावरम बन्दरगाह
(c) ओखा बन्दरगाह (d) विजाग बन्दरगाह

65. चाय, कॉफी, मसाले, नारियल, रबड़, इलायची एवं मिर्च को किस समूह में रखा जाता है?
(a) बागानी फसलें
(b) नकदी फसलें
(c) खाद्य फसलें
(d) खाद्य व नकदी फसलें

66. जारवा एवं सेंतिलीज जनजातियाँ भारत के किस राज्य/केन्द्रशासित प्रदेश से सम्बन्धित हैं?
(a) लक्षद्वीप
(b) अण्डमान एवं निकोबार द्वीप
(c) अरुणाचल प्रदेश
(d) मध्य प्रदेश

67. भारतीय चरागाह एवं चारा अनुसन्धान संस्थान किस जगह स्थित है?
(a) झाँसी (b) कोयम्बटूर
(c) जोधपुर (d) करनाल

68. बेतला राष्ट्रीय उद्यान किस राज्य में स्थित है?
(a) हिमाचल प्रदेश में (b) झारखण्ड में
(c) हरियाणा में (d) उत्तर प्रदेश में

69. ओजोन परत किसमें पाई जाती है?
(a) स्ट्रेटोस्फियर (b) मेसोस्फियर
(c) आयनोस्फियर (d) ट्रोपोस्फीयर

70. सौरमण्डल में कौन-सा ग्रह सूर्य निकलने से दो घण्टे पहले दिखाई पड़ता है?
(a) बृहस्पति ग्रह
(b) शुक्र ग्रह
(c) वरुण ग्रह
(d) मंगल ग्रह

71. भारत में एक विधेयक संसद का अधिनियम बन जाता है,
(a) जब विधेयक राज्यसभा से पास हो जाता है
(b) जब विधेयक लोकसभा से पास हो जाता है
(c) जब विधेयक पर राष्ट्रपति की सहमति प्राप्त हो जाती है
(d) जब विधेयक लोकसभा एवं राज्यसभा में पास हो जाता है

72. केन्द्र एवं राज्य के बीच विधायी शक्तियों का बँटवारा संविधान की किस अनुसूची में है?
(a) 7वीं (b) 6वीं
(c) 8वीं (d) 9वीं

73. 108वाँ संविधान संशोधन किससे सम्बन्धित है?
(a) अनुसूचित जनजातियों की सूची में राजस्थान के गुज्जर समुदाय को शामिल करना
(b) संसद एवं राज्य विधानसभा में महिलाओं के लिए एक तिहाई आरक्षण प्रदान करना
(c) उपभोक्ताओं को संरक्षण प्रदान करना
(d) गिरफ्तारी के तहत व्यक्तियों के अधिकारों का संरक्षण

74. संविधान के किस अनुच्छेद में राज्य के महाधिवक्ता की नियुक्ति, कार्य एवं कार्यकाल का वर्णन है?
(a) अनुच्छेद 165 (b) अनुच्छेद 155
(c) अनुच्छेद 162 (d) अनुच्छेद 160

75. संविधान सभा की सलाहकार समिति के अध्यक्ष कौन थे?
(a) श्यामा प्रसाद मुखर्जी
(b) जवाहरलाल नेहरू
(c) सरदार वल्लभभाई पटेल
(d) मौलाना आजाद

76. सरदार स्वर्ण सिंह समिति की रिपोर्ट के बाद किस संविधान संशोधन के तहत् मौलिक कर्त्तव्य भारत के संविधान में जोड़े गए थे?
(a) 42वें (b) 40वें
(c) 38वें (d) 35वें

77. भारत में स्थानीय स्वशासन की 3 स्तरीय प्रणाली में कौन-सा दूसरा स्तर है?
(a) जिला पंचायत (b) पंचायत समिति
(c) पंचायत (d) ग्रामसभा

78. भारत में राज्यों/केन्द्रशासित प्रदेशों की अधिकतम संख्या किस उच्च न्यायालय के अधिकार क्षेत्र में आती है?
(a) कोलकाता (b) गुवाहाटी
(c) मद्रास (d) मुम्बई

79. भारत का आर्थिक सर्वेक्षण किसके द्वारा प्रकाशित किया जाता है?
(a) नीति आयोग द्वारा
(b) वित्त मन्त्रालय द्वारा
(c) वाणिज्य मन्त्रालय द्वारा
(d) केन्द्रीय सांख्यिकी मन्त्रालय द्वारा

80. इनमें से कौन-सा मुद्रास्फीति का कारण नहीं बन सकता है?
(a) लोगों के खर्च में कमी (b) उच्च अप्रत्यक्ष कर
(c) मुद्रा कीमत में कमी (d) सरकारी खर्च की कमी

81. किसी कमेटी ने क्षेत्रीय ग्रामीण बैंकों को उनके स्पॉन्सर बैंकों से मिलाने का सुझाव दिया?
(a) रंगराजन कमेटी (b) दत्त कमेटी
(c) खुसरो कमेटी (d) मोइली कमेटी

82. निम्नलिखित में से कौन-सा प्रत्यक्ष कर है?
(a) उत्पाद शुल्क (b) आयकर
(c) सेल्स टैक्स (d) VAT

83. किस समस्या से निपटने के लिए नेहरू रोजगार योजना शुरू की गई थी?
(a) ग्रामीण गरीबी (b) शहरी गरीबी
(c) बन्धुआ मजदूर (d) ग्रामीण एवं शहरी गरीबी

84. राजकोषीय नीति किससे सम्बन्धित है?
(a) रिजर्व आवश्यकताओं में बदलाव
(b) तरलता एवं सरकारी खर्च
(c) कराधान एवं सरकारी खर्च
(d) खुला बाजार परिचालन

85. भारत में माइक्रो क्रेडिट किस श्रेणी के अन्तर्गत आता है?
(a) सरकारी बैंकिंग (b) वाणिज्यिक बैंकिंग
(c) प्राइवेट बैंकिंग (d) गैर बैंकिंग वित्त

86. 'उद्धार' का सन्धि विच्छेद होगा
(a) उद् + धार (b) उत् + हार
(c) उत् + दार (d) उद् + दार

87. 'मृत्युंजय' में समास है
(a) कर्मधारय (b) तत्पुरुष
(c) अव्ययीभाव (d) बहुव्रीहि

88. निम्नलिखित में से शुद्ध वाक्य का चयन कीजिए
(a) तूफान आने का सन्देह है
(b) इसके मात्र दो कारण हो सकते हैं
(c) मेरा घर में तुम्हारी स्वागत है
(d) माता-पिता की शुश्रूषा करनी चाहिए

89. 'अपना हाथ जगन्नाथ' का अर्थ है
(a) अपने हाथ से दान करना
(b) अपना हाथ पूजनीय होता है
(c) अपने आप से काम करना ही उपयुक्त होता है
(d) मनमानी करना

90. शान्त रस का स्थायी भाव है
(a) रति (b) जुगुप्सा
(c) वत्सल्य (d) निर्वेद

91. 'काली घटा का घमण्ड घटा' पंक्ति में कौन-सा अलंकार है?
(a) यमक (b) रूपक
(c) अनुप्रास (d) श्लेष

92. 'रजनी ने पुस्तक पढ़ी है'-वाक्य में कौन-सा काल है?
(a) भविष्यकाल (b) वर्तमान काल
(c) भूतकाल (d) असामान्य काल

93. 'माता जी ने रोहित को कुछ फल दिए', रेखांकित पद में विशेषण का कौन-सा प्रकार है?
(a) सार्वनामिक विशेषण
(b) निश्चित संख्यावाचक विशेषण
(c) अनिश्चित संख्यावाचक विशेषण
(d) निश्चित परिमाणवाचक विशेषण

Direction (Q. Nos. 94) *Choose the alternative which meaningfully completes the sentence.*

94. The committee .... these questions carefully.
(a) debates (b) instructs
(c) observes (d) tells

Directions (Q. Nos. 95 and 96) *Choose the most suitable one word for the given sentence.*

95. Medicine given to counteract posion
(a) Antibiotic (b) Antidote (c) Antiseptic (d) Antifungal

96. Violation of the sanctity of the Church
(a) Infringement (b) Irreverence
(c) Transgression (d) Sacrilege

Directions (Q. Nos. 97 and 98) *Choose the word oppostie in meaning to the given word.*

97. Bleak
(a) Dull (b) Dark (c) Bright (d) Exposure

98. Amazing
(a) Astounding (b) Clumsy (c) Filmy (d) Monotonous

Directions (Q. Nos. 99 and 100) *Choose the option which best expresses the meaning of the given word.*

99. Cunning
(a) Clever (b) Honest (c) Naive (d) Innocent

100. Aberration
(a) Justification (b) Deviation (c) Intensification (d) Rationality

उत्तरमाला

प्रथम प्रश्न-पत्र

1 (b)	2 (a)	3 (b)	4 (c)	5 (b)	6 (a)	7 (d)	8 (a)	9 (c)	10 (d)
11 (a)	12 (d)	13 (b)	14 (d)	15 (b)	16 (a)	17 (c)	18 (b)	19 (a)	20 (c)
21 (b)	22 (c)	23 (a)	24 (b)	25 (c)	26 (a)	27 (c)	28 (b)	29 (c)	30 (a)
31 (d)	32 (b)	33 (d)	34 (c)	35 (b)	36 (b)	37 (c)	38 (a)	39 (a)	40 (c)
41 (a)	42 (b)	43 (a)	44 (a)	45 (c)	46 (b)	47 (d)	48 (c)	49 (c)	50 (a)
51 (c)	52 (c)	53 (c)	54 (b)	55 (b)	56 (b)	57 (c)	58 (b)	59 (b)	60 (b)
61 (d)	62 (b)	63 (c)	64 (d)	65 (a)	66 (c)	67 (c)	68 (b)	69 (d)	70 (c)
71 (c)	72 (d)	73 (c)	74 (a)	75 (b)	76 (c)	77 (b)	78 (d)	79 (a)	80 (c)
81 (c)	82 (d)	83 (d)	84 (a)	85 (b)	86 (c)	87 (b)	88 (a)	89 (d)	90 (a)
91 (d)	92 (b)	93 (c)	94 (b)	95 (c)	96 (b)	97 (a)	98 (b)	99 (c)	100 (c)

द्वितीय प्रश्न-पत्र

1 (c)	2 (d)	3 (d)	4 (d)	5 (b)	6 (d)	7 (c)	8 (c)	9 (b)	10 (a)
11 (d)	12 (a)	13 (c)	14 (d)	15 (a)	16 (d)	17 (b)	18 (a)	19 (b)	20 (c)
21 (a)	22 (a)	23 (b)	24 (a)	25 (b)	26 (c)	27 (c)	28 (b)	29 (b)	30 (c)
31 (b)	32 (c)	33 (c)	34 (c)	35 (d)	36 (a)	37 (c)	38 (c)	39 (c)	40 (a)
41 (b)	42 (b)	43 (d)	44 (d)	45 (d)	46 (a)	47 (b)	48 (b)	49 (c)	50 (b)
51 (c)	52 (d)	53 (b)	54 (a)	55 (a)	56 (b)	57 (d)	58 (c)	59 (d)	60 (a)
61 (d)	62 (b)	63 (a)	64 (b)	65 (a)	66 (b)	67 (a)	68 (b)	69 (a)	70 (b)
71 (c)	72 (a)	73 (b)	74 (a)	75 (c)	76 (a)	77 (b)	78 (b)	79 (b)	80 (a)
81 (c)	82 (b)	83 (b)	84 (c)	85 (d)	86 (b)	87 (d)	88 (d)	89 (c)	90 (d)
91 (a)	92 (b)	93 (c)	94 (a)	95 (b)	96 (d)	97 (c)	98 (d)	99 (a)	100 (b)

संकेत एवं हल

प्रथम प्रश्न-पत्र

1. (b) पृथ्वी के चारों ओर विस्तृत वायु के आवरण को वायुमण्डल कहा जाता है।
वायुमण्डल को पृथ्वी की सतह से ऊँचाई के आधार पर 5 परतों में विभाजित किया गया है–क्षोभमण्डल, समतापमण्डल, मध्यमण्डल, आयनमण्डल और बाह्यमण्डल।
समतापमण्डल (ओजोनमण्डल) धरातल से 32-60 किमी की ऊँचाई में पाया जाता है। समतापमण्डल में ओजोन गैस पायी जाती है, जो सूर्य से आने वाली हानिकारक पराबैंगनी किरणों को अवशोषित कर पृथ्वी को सुरक्षा प्रदान करती है।

2. (a) स्टेपी एक शीतोष्ण घास का मैदान है, जो एशिया तथा यूरोप के क्षेत्रों में फैला है। मध्य एशिया के स्टेपी क्षेत्र में अनेक कबीलाई समूह; जैसे- खिरगीज, कालमख और कज्जाक आदि निवास करते हैं। इनके द्वारा पशुओं की खालों से एक अस्थायी आवास बनाया जाता है, जिसे युर्त कहते हैं।

3. (b) बच्चों में टीकाकरण को बढ़ावा देने के लिए भारत सरकार द्वारा वर्ष 2014 में मिशन इन्द्रधनुष योजना की शुरुआत की गई थी। इस योजना के तहत 2 वर्ष से कम उम्र के बच्चों और गर्भवती महिला को कुल 12 प्रकार के टीके दिए जाते हैं।

4. (c) जब किसी देश की प्रधान मुद्रा स्वर्ण में परिवर्तनशील होती है अथवा मुद्रा का मूल्य सोने में मापा जाता है तो इस मौद्रिक व्यवस्था को स्वर्णमान (Gold Standard) कहा जाता है।
वर्तमान में यह मौद्रिक व्यवस्था किसी भी देश में प्रचलित नहीं है।

5. (b) सर जॉन शोर भारत के गवर्नर जनरल थे, इनका कार्यकाल 1793-98 ई. तक था। इन्होंने भारतीय राज्यों के सम्बन्ध में अहस्तक्षेप की नीति अपनाई। अहस्तक्षेप की नीति का अर्थ यह था कि ब्रिटिश ईस्ट इण्डिया कम्पनी भारतीय देसी रियासतों के आन्तरिक मामले में हस्तक्षेप नहीं करेगी।

6. (a) भारतीय संविधान के अनुच्छेद 74 के अनुसार राष्ट्रपति को उसके कार्यों के सम्पादन व सलाह देने हेतु एक मन्त्रिपरिषद् होती है, जिसका प्रमुख प्रधानमन्त्री होता है।

7. (d) राज्यसभा भारतीय संसद का उच्च सदन है। यह एक स्थायी सदन है, जो कभी भंग नहीं होता है। इसके सदस्यों का कार्यकाल 6 वर्ष होता है तथा इसके एक-तिहाई सदस्य प्रति दो वर्ष बाद सेवानिवृत्त हो जाते हैं।

8. (a) रेडक्रॉस एक अन्तर्राष्ट्रीय गैर-सरकारी संगठन है। इसका मुख्य उद्देश्य विपदा या युद्ध के समय मानव की सेवा करना है। इसका मुख्यालय स्विट्जरलैण्ड की राजधानी जेनेवा में स्थित है।

9. (c) भारत में राष्ट्रीय खेल दिवस प्रतिवर्ष 29 अगस्त को मनाया जाता है, क्योंकि इसी दिन हॉकी के जादूगर मेजर ध्यानचन्द का जन्मदिन है, जिन्होंने हॉकी में भारत को ओलम्पिक खेल (वर्ष 1928, 1932 और 1936) में स्वर्ण पदक दिलाया था।

10. (d) रवीन्द्रनाथ टैगोर का जन्म 1861 ई. में बंगाल में हुआ था। ये एक महान् कवि, दार्शनिक व समाज सुधारक थे। इन्हें उनकी रचना गीतांजलि के लिए वर्ष 1913 का साहित्य में नोबेल पुरस्कार प्रदान किया गया था। रवीन्द्रनाथ टैगोर के द्वारा शान्ति निकेतन की स्थापना पश्चिम बंगाल में की गई थी।

11. (a) भारत-चीन युद्ध (1962) के बाद वर्ष 1963 में सशस्त्र सीमा बल को स्थापित किया गया। वर्तमान में सशस्त्र सीमा बल भारत-नेपाल तथा भारत-भूटान सीमा की रक्षा में तैनात है। यह भारत सरकार के गृह मन्त्रालय के प्रशासनिक नियन्त्रण में आता है।

12. (d) सूर साम्राज्य का संस्थापक अफगान वंशीय शेरशाह सूरी था। इसने मुगल बादशाह हुमायूँ को 1540 ई. के बिलग्राम के युद्ध में पराजित किया और दिल्ली की गद्दी पर बैठा। इसने दिल्ली पर लगभग 5 वर्ष (1540-45) तक शासन किया। 1545 ई. में इसकी मृत्यु हो गई।

13. (b) भारतीय राष्ट्रीय काँग्रेस का 32वाँ वार्षिक अधिवेशन वर्ष 1916 में लखनऊ में आयोजित किया गया, इसे लखनऊ अधिवेशन के नाम से भी जाना जाता है। इस अधिवेशन की अध्यक्षता अम्बिका चरण मजूमदार ने की थी। इसी अधिवेशन से भारतीय राष्ट्रीय काँग्रेस और मुस्लिम लीग साथ आए और ब्रिटिश सरकार के समक्ष अपनी साझा माँगें रखने के लिए एक संयुक्त समिति की स्थापना की।

14. (d) जनहित याचिका (PIL) की अवधारणा का विकास संयुक्त राज्य अमेरिका में हुआ। इसे भारत में शुरु करने का श्रेय मुख्य न्यायाधीश पी.एन. भगवती को दिया जाता है। भारत में इसकी शुरुआत 1980 के दशक से हुई। जनहित याचिका जनता के व्यापक हितों को सुरक्षित करने के लिए दायर किए गए मुकदमे को दर्शाती है। इसका उद्देश्य सामाजिक रूप से वंचित पक्ष को न्याय सुनिश्चित कराना है।

15. (b) पीपुल्स डेली चीन का एक प्रमुख सरकारी समाचार-पत्र है। इसका प्रकाशन बीजिंग से किया जाता है। इसकी प्रकाशक चाइनीज कम्यूनिस्ट पार्टी है।

16. (a) भारत रत्न पुरस्कार भारत का सर्वश्रेष्ठ नागरिक सम्मान है। इसकी शुरुआत भारत सरकार द्वारा वर्ष 1954 में की गई थी। भारत रत्न पुरस्कार प्राप्त करने वाले प्रथम भारतीय डॉ. सर्वपल्ली राधाकृष्णन थे। ये भारत के दूसरे राष्ट्रपति थे।

17. (c) प्रकाश पादुकोण का सम्बन्ध बैडमिण्टन से है। बैडमिण्टन में सर्वश्रेष्ठ प्रदर्शन के लिए भारत सरकार द्वारा इन्हें अर्जुन अवार्ड और पद्म श्री पुरस्कार से भी नवाजा गया है। प्रकाश पादुकोण, बॉलीवुड अभिनेत्री दीपिका पादुकोण के पिता हैं।

18. (b) सुरक्षा परिषद् संयुक्त राष्ट्र संघ का एक मुख्य अंग है। यह अन्तर्राष्ट्रीय शान्ति और सुरक्षा को बनाए रखने के लिए उत्तरदायी है, इसलिए इसे दुनिया का पुलिसमैन भी कहा जाता है। सुरक्षा परिषद् में सदस्यों की संख्या 15 होती है। इसमें 5 स्थायी तथा 10 अस्थायी सदस्य होते हैं। स्थायी सदस्यों में अमेरिका, चीन, रूस, फ्रांस तथा ब्रिटेन शामिल हैं।

19. (a) दक्षिण-पूर्वी एशियाई राष्ट्रों के संघ (आसियान) की स्थापना 8 अगस्त, 1967 को की गई। इसके सदस्य देशों की संख्या 10 हैं जो हैं- म्यांमार, थाइलैण्ड, लाओस, कम्बोडिया, वियतनाम, मलेशिया, इण्डोनेशिया, ब्रूनेई, फिलीपींस, सिंगापुर। इसका मुख्यालय जकार्ता (इण्डोनेशिया) में है।

20. (c) प्रसिद्ध बॉलीवुड अभिनेत्री हेमा मालिनी शास्त्रीय नृत्य ''मोहिनीअट्टम'' में पारंगत हैं। यह केरल राज्य का प्रमुख नृत्य है। भारत सरकार के संस्कृति मन्त्रालय के अनुसार वर्तमान में आठ शास्त्रीय नृत्य हैं, जो हैं-भरतनाट्यम्, कुचिपुड़ी, कथक, कथकली, मोहिनीअट्टम्, मणिपुरी, ओडिसी और सत्रिया।

21. (b) 'ट्रेन टू पाकिस्तान बुरियल एट सी' पुस्तक के लेखक खुशवन्त सिंह हैं। खुशवन्त सिंह एक भारतीय राजनीतिज्ञ थे। इन्होंने अपनी इस पुस्तक में वर्ष 1947 में भारत के विभाजन के समय की घटनाओं का उल्लेख किया है।

22. (c) हाल ही में ओडिशा राज्य की विधानसभा द्वारा स्वास्थ्य विज्ञान विश्वविद्यालय विधेयक 2021 पारित किया गया। इस विधेयक को राज्य विधानसभा ने 3 सितम्बर, 2021 को पारित किया। इस विधेयक के द्वारा राज्य में एक स्वास्थ्य विज्ञान विश्वविद्यालय की स्थापना की जाएगी और इसके तहत राज्य में विद्यमान सभी चिकित्सा और पैरामेडिकल संस्थानों को सम्बद्ध किया जाएगा।

23. (a) 'सुजलाम अभियान' की शुरुआत भारत सरकार के जलशक्ति मन्त्रालय द्वारा की गई है। इसका मुख्य उद्देश्य भारत के ग्रामीण क्षेत्रों में अधिक-से-अधिक गाँवों को खुले में शौच मुक्त (ODF) बनाना है। इस अभियान की शुरुआत आजादी के अमृत महोत्सव के एक हिस्से के रूप में की गई है। यह 100 दिनों का एक अभियान है, जिसे 25 अगस्त, 2021 को लॉन्च किया गया।

24. (b) पंजाबी भाषा गुरुमुखी लिपि में लिखी जाती है। गुरुमुखी लिपि का विकास सिखों के दूसरे गुरु, गुरु अंगद द्वारा किया गया था।

25. (c) भारत में स्थापित प्रथम परमाणु ऊर्जा संयन्त्र तारापुर परमाणु संयन्त्र है, जिसकी स्थापना वर्ष 1969 में अमेरिका के सहयोग से की गई थी। वर्तमान में भारत में 7 परमाणु ऊर्जा संयन्त्र हैं, जो हैं–नरौरा (उत्तर प्रदेश), रावत भाटा (राजस्थान), काकरापार (गुजरात), तारापुर (महाराष्ट्र), कैगा (कर्नाटक), कलपक्कम (तमिलनाडु) और कुडनकुलम (तमिलनाडु)।

26. (a) CAD का पूरा नाम–Computer Aided Design है।

27. (c) तीसरा गोलमेज सम्मेलन वर्ष 1932 में लन्दन में आयोजित किया गया। इसमें डॉ. भीमराव अम्बेडकर ने हिस्सा लिया था। तीसरे गोलमेज सम्मेलन में काँग्रेस ने भाग नहीं लिया था। हालाँकि काँग्रेस के प्रतिनिधि के रूप में महात्मा गाँधी ने दूसरे गोलमेज सम्मेलन में भाग लिया था।

28. (b) भारतीय संविधान के अनुच्छेद 351 में यह प्रावधान किया गया है कि संघ का यह कर्त्तव्य होगा कि वह हिन्दी भाषा का प्रसार एवं उत्थान करे, ताकि यह भारत के सभी लोगों की अभिव्यक्ति का माध्यम बन सके।

29. (c) कपास की खेती के लिए सबसे उपयुक्त मिट्टी काली मिट्टी होती है। इसे रेगुर मिट्टी के नाम से भी जाना जाता है। इसका निर्माण बेसाल्ट चट्टानों के टूटने-फूटने से होता है। भारत में यह मिट्टी गुजरात, महाराष्ट्र, मध्य प्रदेश, कर्नाटक, आन्ध्र प्रदेश तथा तमिलनाडु के क्षेत्रों में पाई जाती है।

30. (a) विन्ध्याचल पर्वत शृंखला उत्तर भारत के विशाल मैदान (गंगा का मैदान) को दक्कन पठार से अलग करती है। इस प्रकार यह उत्तर भारत को दक्षिण भारत से अलग करती है। विन्ध्याचल पर्वत शृंखला प्रायद्वीपीय पठार का हिस्सा है। मुख्यतः यह मध्य प्रदेश तथा उत्तर प्रदेश के क्षेत्रों में फैली है।

31. (d) भारत का एकमात्र सक्रिय ज्वालामुखी बैरन द्वीप में स्थित है। बैरन द्वीप निकोबार द्वीप समूह का हिस्सा है, जबकि अण्डमान-निकोबार द्वीप समूह में स्थित नारकोंडा एक सुषुप्त ज्वालामुखी है।

32. (b) महाराष्ट्र के एक प्रमुख वैष्णव सन्त एकनाथ ने रामायण पर 'भावार्थ रामायण' नामक टीका लिखी। सन्त एकनाथ का महाराष्ट्र के भक्ति आन्दोलन तथा मराठी भाषा एवं साहित्य में महत्त्वपूर्ण योगदान है।

33. (d) हाल ही में अगस्त, 2021 में भारत के एक महान खिलाड़ी ओ. चन्द्रशेखरन मेनन का निधन हो गया। ये फुटबॉल से सम्बन्धित थे। इन्होंने वर्ष 1960 के ग्रीष्मकालीन ओलम्पिक में भारत का प्रतिनिधित्व किया था।

34. (c) हाल ही में केन्द्रीय पर्यावरण, वन एवं जलवायु मन्त्रालय द्वारा आनन्द विहार (दिल्ली) में देश के पहले कार्यात्मक स्मॉग टावर का उद्घाटन किया गया है। यह वायु प्रदूषण से निपटने की दिशा में केन्द्र सरकार का एक महत्त्वपूर्ण प्रयास है।

35. (b) तुगलक वंश के शासक फिरोजशाह तुगलक ने सम्राट अशोक के मेरठ और टोपरा शिलालेख को दिल्ली लाकर स्थापित करवाया। इसके अतिरिक्त फिरोजशाह तुगलक ने अनेकों शहरों की स्थापना की, जिसमें हिसार, फिरोजाबाद, फतेहाबाद, जौनपुर तथा फिरोजपुर प्रमुख हैं।

36. (b) अविश्वास प्रस्ताव के माध्यम से सत्ताधारी दल का सदन में (बहुमत का) परीक्षण किया जाता है। इसे केवल लोकसभा में प्रस्तुत किया जाता है, अतः जब प्रधानमन्त्री राज्यसभा का सदस्य हो, तो वह अविश्वास प्रस्ताव के मतदान में भाग नहीं ले सकता है।

37. (c) एशिया की सबसे बड़ी खारे पानी की झील चिल्का झील है। यह एक प्रकार की लैगून झील है। यह ओडिशा राज्य में स्थित है। यह भारत की सबसे बड़ी तटीय झील है। इसकी लम्बाई 65 किमी है।

38. (a) वाचस्पति पुरस्कार के.के. बिड़ला फाउण्डेशन द्वारा प्रदान किया जाता है। यह पुरस्कार संस्कृत साहित्य के क्षेत्र में उत्कर्ष योगदान के लिए प्रदान किया जाता है। 15वाँ वाचस्पति पुरस्कार डॉ. भास्कराचार्य त्रिपाठी को प्रदान किया गया।

39. (a) हॉर्नबिल त्यौहार प्रतिवर्ष 1 से 10 दिसम्बर के बीच नागालैण्ड में मनाया जाता है। हॉर्नबिल पक्षी नागालैण्ड का एक राजकीय पक्षी है। यह त्यौहार हॉर्नबिल पक्षी के संरक्षण का प्रतीक है।

40. (c) भारत में उद्योगों को वित्तीय सहायता प्रदान करने के लिए गठित सर्वोच्च संगठन भारतीय औद्योगिक विकास बैंक (IDBI) है। यह उद्योगों को दीर्घकालिक ऋण प्रदान करता है। इसकी स्थापना वर्ष 1964 में की गई थी।

41. (a) कम्प्यूटरों में प्रयुक्त होने वाली इण्टीग्रेटेड सर्किट चिप (I.C. Chip) सिलिकॉन की बनी होती है। आई.सी. चिप का विकास सर्वप्रथम जे.एस. किल्बी द्वारा किया गया था।

42. (b) मल्टी प्रोसेसिंग कम्प्यूटर की एक प्रणाली है, जिसमें दो या दो से अधिक कम्प्यूटर प्रोग्राम एक साथ प्रोसेस किए जाते हैं। इसमें एक ही कम्प्यूटर दो या दो से अधिक सी.पी.यू. का प्रयोग करता है।

43. (a) हाल ही में अगस्त, 2021 में भारतीय नौसेना ने वियतनाम के नौसैनिकों के साथ दक्षिणी चीन सागर में द्विपक्षीय नौसैनिक अभ्यास किया। यह दो देशों के मध्य बढ़ते सामुद्रिक सहयोग को दर्शाता है।

44. (a) भारत के महाराष्ट्र राज्य का शहर नागपुर 'जीरो मील सेण्टर' के नाम से जाना जाता है। दरअसल अंग्रेजों के शासनकाल में यह जगह भारत का केन्द्र-बिन्दु थी। अंग्रेज यहाँ से देश के अन्य हिस्सों की दूरी मापते थे।

45. (c) राष्ट्रीय अनुसूचित जाति और जनजाति आयोग एक संवैधानिक निकाय है। इसकी स्थापना 65वें संविधान संशोधन अधिनियम, 1990 के द्वारा की गई थी। 89वाँ संविधान संशोधन अधिनियम, 2003 के द्वारा अनुसूचित जनजाति के लिए पृथक् राष्ट्रीय आयोग की स्थापना की गई।

46. (b) 'इण्डिया द क्रिटिकल ईयर्स' पुस्तक के रचयिता कुलदीप नैयर हैं। कुलदीप नैयर भारत के प्रख्यात पत्रकार थे। इस पुस्तक में भारत की स्वतन्त्रता के बाद भारतीय लोकतन्त्र की स्थिति का वर्णन किया गया है।

47. (d) यक्षगान दक्षिण भारतीय राज्य कर्नाटक का प्रमुख नृत्य है। यह नृत्य की एक अनूठी शैली है, जिसमें नृत्य, संगीत, वेशभूषा एवं संवाद आदि पर विशेष ध्यान दिया जाता है। सिद्धकट्टे

चेनप्पा शेट्टी, नारनप्पा उप्पूर, कलिंग नावदा एवं चिन्तानी रामचन्द्र हेगी आदि इस नृत्य शैली के प्रसिद्ध कलाकार हैं।

48. (c) भारत दुर्दशा भारतेन्दु हरिश्चन्द्र की रचना है। इस पुस्तक में इन्होंने भारत की सामाजिक व्यवस्था का बड़ा ही मार्मिक चित्रण किया है।

49. (c) भारतीय संविधान 26 नवम्बर, 1949 को स्वीकार किया गया था। संविधान में उद्‌देश्य प्रस्ताव पण्डित जवाहरलाल नेहरू दिया गया था।

50. (a) 'प्लाण्ड इकोनॉमिक फॉर इण्डिया' नामक पुस्तक प्रसिद्ध भारतीय अर्थशास्त्री डॉ. विश्वेश्वरैया द्वारा रचित है।

51. (c) 'श' वर्ण का उच्चारण स्थान तालु है। वे व्यंजन जिनके उच्चारण में जीभ के पिछले भाग का तालु से स्पर्श हो, उन्हें तालव्य व्यंजन कहते हैं। च, छ, ज, झ, ञ वर्ण का उच्चारण स्थान तालु होता है। अन्य विकल्पों में,

कण्ठ–क, ख, ग, घ, ङ

मूर्धा–ट, ठ, ड, ढ, ण

दन्त्य–त, थ, द, ध, न

52. (c) वे शब्द जिनकी उत्पत्ति के मूल का पता न हो, परन्तु वे प्रचलन में हो, ऐसे शब्द देशज शब्द कहलाते हैं; जैसे–पगड़ी, लोटा, डोंगा, डिबिया, खिड़की, जूता आदि।

53. (c) 'आपबीती' का समास विग्रह 'आप पर बीती' है। यहाँ पूर्वपद 'आप' गौण तथा उत्तरपद 'बीती' प्रधान है तथा विग्रह करने पर 'पर' विभक्ति का लोप होने के कारण अधिकरण तत्पुरुष समास है।

54. (b) 'ओढ़ना' शब्द में उपसर्ग नहीं है, क्योंकि इसमें 'ना' प्रत्यय का प्रयोग हुआ है। 'ना' प्रत्यय से बने अन्य शब्द चलना, लिखना, पढ़ना, गाना आदि हैं। जबकि अपवाद में 'अप', प्रभाव में 'प्र' तथा पराजय में 'परा' उपसर्ग का प्रयोग हुआ है।

55. (b) 'अंकित ने गाना गाया होगा' वाक्य भूतकाल में है, क्योंकि इसमें गाना गाने की क्रिया के बीते हुए समय में पूर्ण होने के कारण यहाँ भूतकाल है।

56. (b) संज्ञा या सर्वनाम के किसी रूप से किन्हीं दो वस्तुओं के अलग होने का बोध होता है, तब वहाँ अपादान कारक होता है। 'अपादान' कारक का परसर्ग चिह्न 'से' (अलग होना) है; जैसे–'पेड़ से आम नीचे गिर गया'।

57. (c) 'कैंची' शब्द तुर्की भाषा का शब्द है। हिन्दी में तुर्की शब्दों की सूची बहुत लम्बी है और यह शब्द अकसर अरबी-फारसी से भिन्न और हिन्दी के देशज शब्दों की तरह की लगते हैं; जैसे–नौकर, बहादुर, चादर, चमचा, छतरी, कुली, तोप आदि।

58. (b) 'आधा तीतर आधा बटेर' मुहावरे का सही अर्थ है–बेमेल चीजों का सम्मिश्रण; जैसे–अजय ने धोती-कुर्ता पहनकर गले में टाई लगा ली, वह आधा तीतर आधा बटेर लग रहा था।

59. (b) 'अनुज' शब्द को स्त्रीवाचक बनाने के लिए 'आ' प्रत्यय का प्रयोग होगा। 'आ' प्रत्यय लगाने से 'अनुजा' शब्द बन जाएगा।

60. (b) 'इन्द्रियों को वश में रखने वाला' वाक्यांश के लिए एक शब्द इन्द्रियजीत होगा। जबकि 'इन्द्रियातीत' का अर्थ होगा–जिसे इन्द्रियों से न जाना जा सके।

'इन्द्रदेव'–स्वर्ग तथा देवताओं के अधिपति को कहा जाता है तथा 'इन्द्रजीत'–इन्द्रियों को जीतने वाला के सन्दर्भ में प्रयुक्त होता है।

61. (d) 'गायक' का सही सन्धि विच्छेद गै + अक होगा; यहाँ ऐ + अ = आय में परिवर्तित होने के कारण अयादि सन्धि है। अयादि सन्धि स्वर सन्धि का ही एक भेद है।

62. (b) 'पाठशाला' यौगिक शब्द है। वे शब्द जो दो या दो से अधिक सार्थक शब्द खण्डों के योग से निर्मित होते हैं, यौगिक शब्द कहलाते हैं; जैसे–पाठशाला शब्द 'पाठ' और 'शाला' शब्दों के योग से निर्मित हुआ है।

63. (c) जिन सर्वनाम शब्दों से किसी निश्चित वस्तु (निकट या दूर) का बोध होता है; उन्हें निश्चयवाचक सर्वनाम कहते हैं; जैसे–यह, वह, ये, वे आदि। अन्य विकल्पों में, कहाँ-प्रश्नवाचक सर्वनाम, कोई-अनिश्चयवाचक सर्वनाम, आप-निजवाचक सर्वनाम शब्द हैं।

64. (d) हिन्दी के प्रमुख ललित निबन्धकार हजारी प्रसाद द्विवेदी हैं। उनके निबन्धों को ललित निबन्धों के लिए मानदण्ड स्वीकार किया जाता है। कुटज, देवदारू, अशोक के फूल आदि इनके प्रमुख निबन्ध हैं।

65. (a) मन में उत्पन्न होने वाले अस्थिर मनोविकारों की संचारी भाव कहते हैं। संचारी भावों की संख्या 33 हैं। इनमें हर्ष, विषाद, त्रास, लज्जा, ग्लानि, चिन्ता, शंका, असूया, अमर्ष, मोह आदि शामिल हैं।

66. (c) जो अव्यय क्रिया या संज्ञा की विशेषता न बतलाकर शब्दों, वाक्यों तथा वाक्यांशों को जोड़ने का कार्य करते हैं, उन्हें समुच्चयबोधक अव्यय कहते हैं; जैसे–'अमित और राजेश कॉलेज को जाते हैं।' इस वाक्य में 'और' शब्द अमित तथा राजेश को क्रिया 'जाते हैं' से जोड़ता है इसलिए यहाँ 'और' शब्द समुच्चयबोधक है।

67. (c) जहाँ किसी वस्तु या व्यक्ति को लक्ष्य कर कही जाने वाली बात किसी दूसरे के लिए कही जाए, वहाँ अन्योक्ति अलंकार होता है; जैसे–नहिं पराग नहि मधुर मधु, नहिं विकास इहि काल। अली कली ही सों बिंध्यौ, आगे कौन हवाल; यहाँ 'कली' और 'भौरें' उपमान के बहाने उपमेय राजा जयसिंह और उनकी नवोढ़ा नायिका की ओर संकेत किया गया है। अतः यह अन्योक्ति अलंकार है।

68. (b) दिए गए विकल्पों में 'उपयुक्त' शब्द वर्तनी की दृष्टि से शुद्ध है जबकि अन्य तीनों अशुद्ध शब्द हैं। इनके शुद्ध वर्तनी रूप इस प्रकार है–अभिव्यक्ति, ऐतिहासिक तथा कवयित्री।

69. (d) ! चिह्न विस्मयादिबोधक का चिह्न है। आश्चर्य, करुणा, घृणा, भय, विषाद आदि भावों की अभिव्यक्ति के लिए विस्मयादिबोधक चिह्न (!) का प्रयोग किया जाता है; जैसे–'अरे! तुम अनुत्तीर्ण हो गए'। यहाँ आश्चर्य का भाव व्यक्त करने के लिए विस्मयादिबोधक चिह्न का प्रयोग हुआ है।

70. (c) लक्ष्य के दो अर्थ उद्‌देश्य तथा निशाना हैं। जिन शब्दों से एक से अधिक अर्थ बोध होता है, उन्हें अनेकार्थक शब्द कहते हैं।

71. (c) 'सौन्दर्य और प्रेम' का कवि जयशंकर प्रसाद को कहा जाता है। प्रसादजी छायावादी काव्यधारा के चार स्तम्भों में प्रमुख कवि हैं। इन्होंने अपने काव्य में सौन्दर्य और प्रेम का वर्णन किया है। इनके द्वारा रचित 'कामायनी' महाकाव्य अत्यन्त प्रसिद्ध है।

72. (d) दिए गए विकल्पों में से अशुद्ध वाक्य है–'उसके घर के पास एक मिठाई की दुकान है' इसका शुद्ध वाक्य होगा-उसके घर के पास मिठाई की एक दुकान है।

73. (c) यशोदा का सन्धि विच्छेद यशः + दा है, यहाँ विसर्ग (:) के बाद 'अ' आने पर विसर्ग का 'ओ' में परिवर्तन हो जाने के कारण विसर्ग सन्धि है। विसर्ग सन्धि के अन्य उदाहरण हैं

मनः + हर = मनोहर

मनः + रंजन = मनोरंजन

शिरः + मणि = शिरोमणि

74. (a) रूढ़ शब्द वे शब्द हैं जिनका कोई भी खण्ड सार्थक नहीं होता है और जो परम्परा से किसी विशिष्ट अर्थ में चले आ रहे हैं; जैसे–'सरल' में 'स', 'र' और 'ल' खण्डों का कोई अर्थ नहीं है अतः 'सरल' रूढ़ शब्द है।

75. (b) जिस काव्य का रसास्वदन दूसरे से सुनकर या स्वयं पढ़कर किया जाता है उसे श्रव्य काव्य कहते हैं। कहानी और कविता श्रव्य काव्य के अन्तर्गत आते हैं।

76. (c) 'चपला' का पर्यायवाची शब्द 'दामिनी' है। इसके अन्य पर्यायवाची हैं–तड़ित, विद्युत, चंचला, सौदामिनी, बीजुरी आदि। अन्य विकल्पों के पर्यायवाची शब्द इस प्रकार हैं

ज्वाला–आग, अनल, पावक, कृशानु

कंजूस–कृपण, सूम, मक्खीचूस, अनुदार

भगिनी–दीदी, बहन, जीजी

77. (b) 'ऋजु' का विलोम शब्द 'वक्र' है। अन्य विकल्पों के विलोम शब्द इस प्रकार हैं

सरल–कठिन

सीधा–औंधा

त्रिकोण–षट्कोण

78. (d) 'रात में विचरण करने वाला' वाक्यांश के लिए एक शब्द 'निशाचर' है।

अन्य विकल्पों में,

निशाकर–निशा करने वाला (चन्द्रमा)

वनचर–वन में विचरण करने वाला (सिंह)

79. (a) 'षाषाण' तत्सम शब्द है। वे शब्द जो संस्कृत भाषा से हिन्दी में आए हैं और ज्यों के त्यों प्रयुक्त हो रहे हैं, तत्सम शब्द कहलाते हैं; जैसे–पुष्प, कवि, अग्नि, आज्ञा, वायु, वत्स आदि।

80. (c) 'अवसर का लाभ उठाना' मुहावरे का सही अर्थ है 'बहती गंगा में हाथ धोना'; जैसे–प्रत्येक व्यक्ति बहती गंगा में हाथ धोना चाहता है चाहे उसमें क्षमता हो या न हो।

81. (c) वीर रस का स्थायी भाव 'उत्साह' है। हृदय में मूल रूप से विद्यमान रहने वाले भावों को स्थायी भाव कहते हैं। शोक–करुण रस, रति-शृंगार रस तथा ग्लानि–वीभत्स रस का स्थायी भाव है।

82. (d) 'पृथ्वीराज की आँखें' एकांकी विधा की रचना है। इसके रचनाकार 'रामकुमार वर्मा' हैं। इस एकांकी को लिखने के पीछे का उद्देश्य तत्कालीन भारत की राजनैतिक स्थिति का चित्रण करना है।

83. (d) भावुक का सन्धि विच्छेद भौ + उक है; यहाँ औ + उ = आवु में परिवर्तित होने के कारण अयादि सन्धि है। अयादि सन्धि स्वर सन्धि का एक भेद है।

84. (a) 'तुमने' मध्यम पुरुष शब्द है। जिन सर्वनामों का प्रयोग श्रोता (सुनने वाले) के लिए किया जाता है, उन्हें मध्यम पुरुष सर्वनाम कहते हैं; जैसे–तुम, तू, तुमने, आप, आपने, तुम्हें आदि।

85. (b) 'प्रिय प्रवास' अयोध्यासिंह उपाध्याय 'हरिऔध' द्वारा रचित हिन्दी खड़ी बोली का प्रथम महाकाव्य है। यह एक विरह काव्य है। इसके नायक-नायिका राधा-कृष्ण हैं। यह कृष्ण-काव्य परम्परा में होते हुए भी उससे भिन्न है।

86. (c) वे वाक्य, जिनमें एक साधारण वाक्य हो तथा उसके अधीन या आश्रित दूसरा उपवाक्य हो तथा जो आपस में कि, क्योंकि, जो, जब-तब, जहाँ-वहाँ, यदि, अगर, तथापि आदि से जुड़ा हो, उसे मिश्र वाक्य कहते हैं; जैसे–जब अनीता गाएगी तब सुजाता नाचेगी। इसमें 'अनीता गाएगी' साधारण तथा 'सुजाता नाचेगी' आश्रित उपवाक्य है। यहाँ 'जब-तब' शब्दों द्वारा दो वाक्य आपस में जुड़े हुए हैं। अतः यह मिश्र वाक्य का उदाहरण है।

87. (b) 'अंजलि बहुत थोड़ा भोजन करती है' वाक्य में 'बहुत' शब्द क्रिया-विश्लेषण है, क्योंकि यह 'थोड़ा भोजन करती है' क्रिया की विशेषता बता रहा है।

88. (a) खण्डकाव्य में मानव जीवन के एक भाग का चित्रण होता है। इसमें मानव जीवन की किसी एक घटना की प्रधानता रहती है।

89. (d) 'निन्यानवे के फेर में पड़ना' मुहावरे का अर्थ है–धन संग्रह की चिन्ता में पड़ना; जैसे–रामलाल की आयु बहुत अधिक हो चुकी है किन्तु फिर भी वह निन्यानवे के फेर में पड़े रहता है।

90. (a) विशेषण जिसकी विशेषता बताता है, उसे विशेष्य कहते हैं; जैसे–'अर्जुन बहुत तेज दौड़ता है', यहाँ 'तेज' विशेषण है जो अर्जुन की विशेषता बता रहा है। अतः 'अर्जुन' विशेष्य है।

91. (d) 'उद्यत' का विलोम शब्द 'विनीत' है। अन्य विकल्पों के विलोम शब्द इस प्रकार हैं

विनय–अविनय

अवनति–उन्नति

अनुदार–उदार

92. (b) 'छमाही' का समास विग्रह होगा–छह माहों का समाहार, यहाँ पूर्वपद 'छह' संख्यावाची विशेषण है तथा विग्रह करने पर समाहार शब्द का बोध हो रहा है अतः यह द्विगु समास का उदाहरण है।

93. (c) समुद्र में लगने वाली आग के लिए एक शब्द 'बड़वाग्नि' होगा। अन्य विकल्पों में,

जठराग्नि–पेट की आग

दावाग्नि–जंगल में लगने वाली आग

वनाग्नि–वन की आग

94. (b) 'भाव और मनोविकार' निबन्ध आचार्य रामचन्द्र शुक्ल द्वारा रचित है। यह उनका मनोविश्लेषणात्मक निबन्ध है।

95. (c) काव्य के शोभा कारक धर्म अलंकार को माना जाता है। काव्य में भाषा सुसज्जित, सुन्दर और आकर्षक बनाने के लिए अलंकारों का प्रयोग किया जाता है।

96. (b) 'वैद्यशाला' यौगिक शब्द है, क्योंकि यह दो सार्थक शब्दों वैद्य + शाला के योग से बना है।

97. (a) प्रबन्ध काव्य, काव्य की वह रचना होती है जिसमें कथा या घटना क्रम में चलती है। इनके बीच क्रम नहीं टूटता है। प्रबन्ध काव्य के दो भेद होते हैं–महाकाव्य और खण्डकाव्य।

98. (b) दिगम्बर का सन्धि विच्छेद दिक् + अम्बर होगा; यहाँ 'क' के अपने ही वर्ग के तीसरे वर्ण 'ग' में परिवर्तित होने के कारण व्यंजन सन्धि है।

99. (c) 'अधिमानता' शब्द में 'अधि' उपसर्ग प्रयुक्त हुआ है। 'अधि' का अर्थ है-अधिक, ऊपर, श्रेष्ठ, समीपता। 'अधि' उपसर्ग से बने अन्य शब्द हैं–अधिकृत, अध्यवसाय, अधिकार आदि।

100. (c) 'बन्धन' गुलामी का प्रतीक है। बन्धन में बन्धकर व्यक्ति दूसरे का गुलाम बन जाता है तथा उसके अनुसार कार्य करने को मजबूर हो जाता है।

द्वितीय प्रश्न-पत्र

1. (c) दी गई जानकारी से

T — P — R/S — R/S — Q

आरेख से स्पष्ट है कि T के दाएँ से चौथे स्थान पर Q बैठा है।

2. (d) 2378 ⇒ 2 + 3 + 7 + 8 = 20

7562 ⇒ 7 + 5 + 6 + 2 = 20

6662 ⇒ 6 + 6 + 6 + 2 = 20

1155 ⇒ 1 + 1 + 5 + 5 = 12 ≠ 20

उपरोक्त से स्पष्ट है कि 1155 के अतिरिक्त अन्य सभी अंकों का योग 20 है। अतः 1155 सबसे अलग है।

3. (d) सिडनी के अतिरिक्त अन्य सभी विभिन्न देशों की राजधानियाँ हैं, जबकि सिडनी, ऑस्ट्रेलिया का एक शहर है।

4. (d) शृंखला का सही क्रम निम्न है-

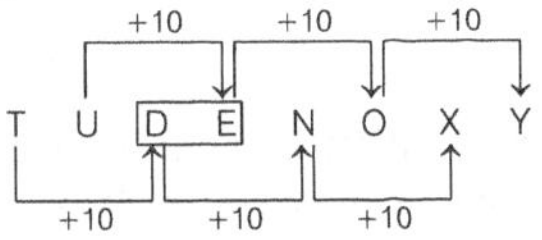

5. (b) जिस प्रकार,

B R A I N → (+1 प्रत्येक) → C S B J O

उसी प्रकार,

M A K E R → (+1 प्रत्येक) → N B L F S

6. (d) काजल के चलने का क्रम निम्न है

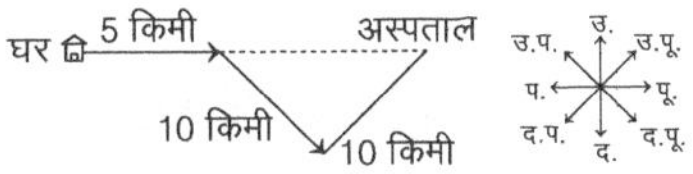

आरेख से स्पष्ट है कि काजल के घर से अस्पताल पूर्व दिशा में है।

7. (c) जिस प्रकार,

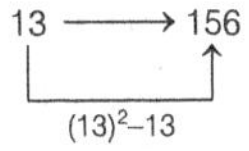

उसी प्रकार,

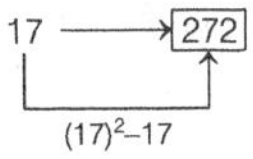

8. (c) जिस प्रकार, प्रतिरोध का मात्रक ओम है, उसी प्रकार, विद्युत धारा का मात्रक एम्पियर है।

9. (b) R > P ...(i)

Q > S > T ...(ii)

अब चूँकि R केवल P से भारी है, जबकि Q, S, T से भारी नहीं हो सकता।

तब, Q > S > T > R > P

इस प्रकार Q सबसे भारी है।

10. (a) 1 → ^, 9 → O, 8 → Δ, 6 → > तथा 2 → +, 3 → ×, 4 → ◇, 5 → □

अतः Δ > □ × + ◊ → 865324

11. (d) परिवार में पुरुष सदस्यों की कुल संख्या = 1 (पुरुष) + 4 (बेटे) + 4 × 3 (बेटों के बेटे)

= 1 + 4 + 12

= 17

12. (a) प्रश्नानुसार, सभी भाई पुरुष हैं। कुछ पुरुष चिकित्सक हैं। कुछ चिकित्सक पुरुष हैं। कुछ भाई चिकित्सक हैं। कुछ चिकित्सक भाई हैं।

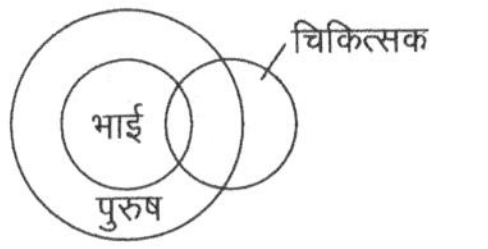

अतः विकल्प (a) सही उत्तर है।

13. (c) दिया है,

117 L 3 K 5 M 12 D 8 = ?

प्रश्नानुसार, वर्णों को चिह्नों में परिवर्तित करने पर,

⇒ $? = 117 \div 3 - 5 + 12 \times 8$

⇒ $? = \frac{117}{3} - 5 + 12 \times 8$

⇒ $? = 39 - 5 + 96$

⇒ $? = 135 - 5 = 130$

14. (d) शृंखला का क्रम निम्न प्रकार है-

E →(+7) L →(+6) R →(+5) W

F →(+7) M →(+6) S →(+5) X

G →(+7) N →(+6) T →(+5) Y

∴ ? = E F G

15. (a)

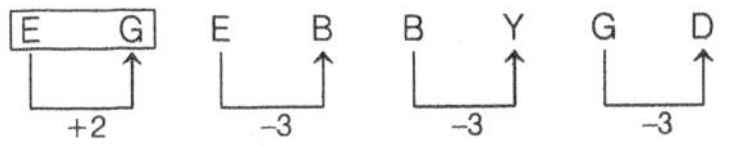

उपरोक्त से स्पष्ट है कि EG सबसे अलग है।

16. (d) प्रश्नानुसार, दिशा दूरी आरेख निम्न प्रकार होगा

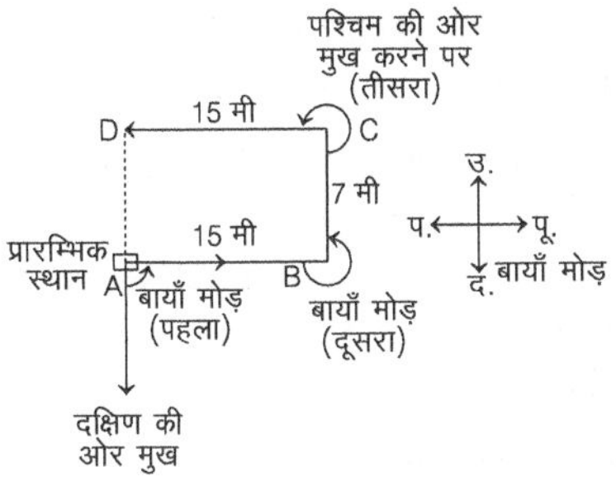

अभीष्ट दूरी = DA = BC = 7 मी

17. (b) माना माँ की आयु x वर्ष तथा पुत्री की आयु y वर्ष है।

तब,

$x + y = 56$ ...(i)

तथा $x + 4 = (y + 4) \times 3$

⇒ $x + 4 = 3y + 12$

$x - 3y = 8$ ...(ii)

समी (i) और (ii) से,

⇒ $y = 12$

∴ $x = 56 - 12 = 44$ वर्ष

इसी प्रकार, $x = 44$ वर्ष (माँ की आयु)

तथा $y = 12$ वर्ष (पुत्री की आयु)

18. (a) दिया है, J = 1, K = 2, L = 5, M = 7

N = 11, O = 13 और P = 17 अब, माना प्रश्नवाचक चिह्न के स्थान पर आने वाला अक्षर $= x$

तब, दिए गए व्यंजक में मान रखने पर,

$(11 \times x + 7) \div 2 = 31$

$\frac{11 \times x + 7}{2} = 31$

⇒ $11x + 7 = 62$

⇒ $11x = 55$

⇒ $x = 5$

∴ $x = 5 = L$

अतः प्रश्नवाचक चिह्न के स्थान पर अक्षर L आएगा।

19. (b) दिए गए शब्दों का शब्दकोश क्रम निम्न है

Jockey → Jocular → Jocund → Joke

II III IV I

20. (c) दिया गया अनुक्रम है-

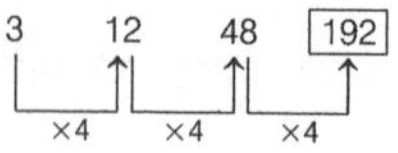

21. (a) जिस प्रकार, $64 \Rightarrow \sqrt{64} = 8$

उसी प्रकार, $289 \Rightarrow \sqrt{289} = \square$

22. (a) जो संख्या इन्जीनियर (A) व अच्छे वक्ता (B) में न हो वह केवल 2 है।

23. (b) मेरी कक्षा के सभी विद्यार्थी होनहार हैं तथा मनीष होनहार नहीं है। अतः यह मेरी कक्षा का विद्यार्थी नहीं है।

24. (a) कमला के अनुसार,

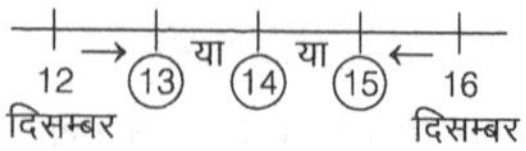

उमेश के अनुसार,

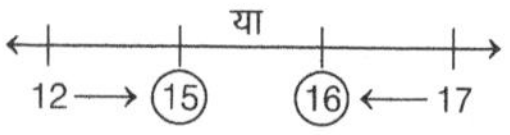

दोनों के अनुसार, उभयनिष्ठ तारीख = 15

अतः कमला की बहन का जन्म दिवस 15 दिसम्बर को है।

25. (a) कथनानुसार,

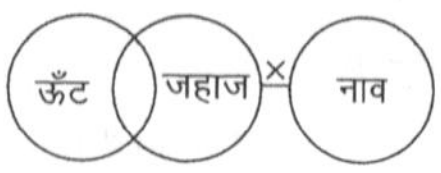

निष्कर्ष I. (✓) II. (✗)

आरेख से स्पष्ट है कि निष्कर्ष I सही है।

26. (c) पहले स्तम्भ में,

$9 + 7 - 5 = 11$

दूसरे स्तम्भ में, $6 + 4 - 8 = 2$

तीसरे स्तम्भ में, $8 + ? - 4 = 7$

$\Rightarrow ? + 4 = 7$

$\Rightarrow ? = 7 - 4 = \boxed{3}$

27. (c) 21 के अतिरिक्त दी गई अन्य सभी अभाज्य संख्याएँ हैं जबकि 21 एक भाज्य संख्या है।

28. (b) PQRRS/PQRRS ⇒ QRPS

29. (b) दी गई जानकारी के अनुसार

अतः B और C के बीच में A बैठा है।

30. (c) सभी पक्षियों को उनकी दूरी के घटते क्रम में व्यवस्थित करने पर, छोटा कबूतर > कौवा > कबूतर > बड़ा कौवा > गरुड़

अतः गरुड़ सबसे पीछे है।

31. (b) संध्या के चलने का क्रम निम्नवत् है

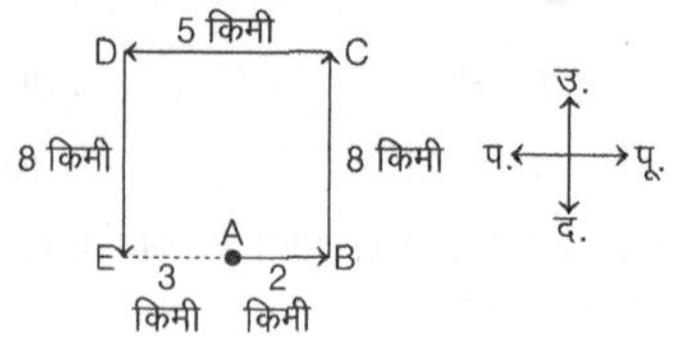

अतः A से E तक की दूरी = EB – AB = DC – AB

= 5 – 2 = 3 किमी

32. (c) दी गई जानकारी से सम्बन्ध आरेख बनाने पर,

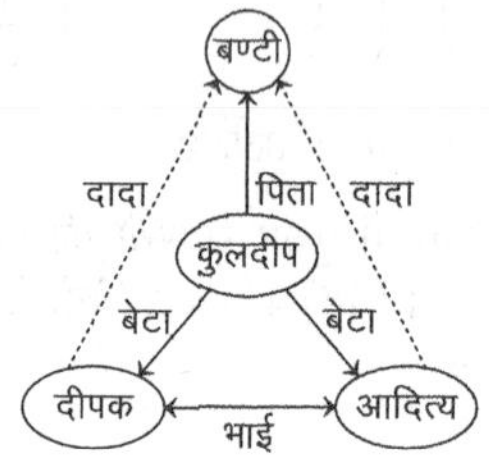

आरेख से स्पष्ट है कि आदित्य, बण्टी का पोता है।

33. (c) जिस प्रकार,

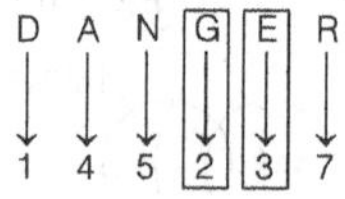

तथा

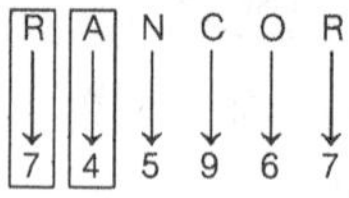

उसी प्रकार,

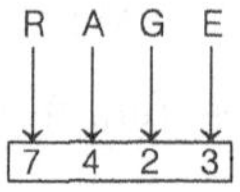

34. (c) जिस प्रकार,

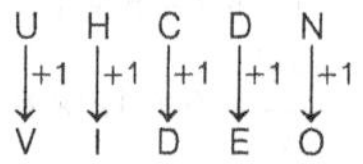

उसी प्रकार,

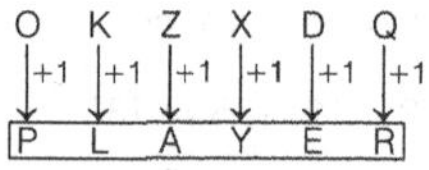

35. (d) 121 के अतिरिक्त अन्य सभी अभाज्य संख्याएँ हैं, जबकि 121 अभाज्य संख्या 11 की वर्ग संख्या है।

निर्देश (प्र सं. 36-38) छः मित्रों का बैठने का क्रम निम्न प्रकार है

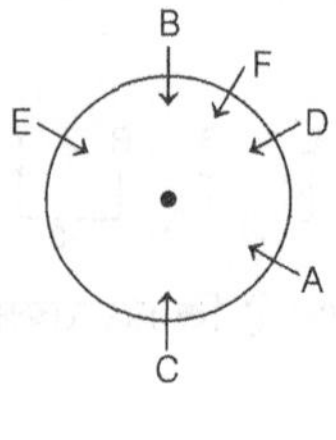

36. (a) A के ठीक बाएँ C है।

37. (c) D के सापेक्ष E दाईं ओर तीसरे स्थान पर है।

38. (c) E व F के मध्य B है।

39. (c) जैसे ही शिकारी बन्दूक की गोली दागेगा सभी कबूतर उड़ जाएँगे सिवाय उनके जो गोली लगने के कारण नीचे गिए गए, उनकी संख्या 2 है।

40. (a) सुरेश की अन्त से रैंक = 17 + 7 = 24वीं

सुरेश की आरम्भ से रैंक = 39 – 24 + 1 = 16वीं

उत्तर (41-43) दी गई जानकारी के अनुसार,

	A	B	C	D	E
हिन्दी	✓	✓	–	✓	–
अंग्रेजी	✓	✓	✓	–	–
भूगोल	–	✓	✓	–	–
गणित	✓	–	–	✓	–
इतिहास	–	✓	–	–	✓
फ्रेंच	–	✓	–	–	✓

41. (b) दो से अधिक अध्यापक हिन्दी व अंग्रेजी पढ़ाते हैं। चूँकि उत्तर विकल्प में हिन्दी ही है अंग्रेजी नहीं। अतः अभीष्ट विषय हिन्दी होगा।

42. (b) उपरोक्त से स्पष्ट है कि अध्यापक B सभी विषय पढ़ाता है।

43. (d) D, B व A कम-से-कम हिन्दी अवश्य पढ़ाते हैं।

44. (d) 1 से 50 तक की 5 से भाज्य तथा 5 अंक वाली कुल संख्याएँ 5, 10, 15, 20, 25, 30, 35, 40, 45, 50 = 10 संख्याएँ

अतः 50 में से 10 संख्याएँ हटा दी जाती हैं, तब शेष संख्याएँ = 50 – 10 = 40 संख्याएँ

45. (d)

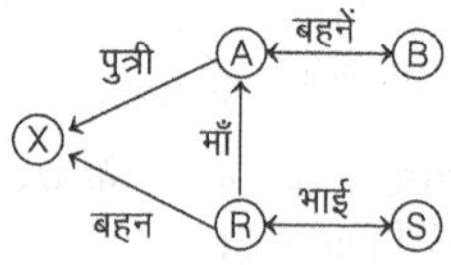

B, S की आंटी या मौसी है।

46. (a) बाला (BALA) का पूर्ण रूप (अधिगम सहायक के रूप में बिल्डिंग) Building As Learning Aid है। यह शिक्षण को प्रभावित करने वाला कारक है, जो अधिगम सहायक सामग्री के रूप में शामिल है। इसकी शिक्षण अधिगम प्रक्रिया को प्रभावी बनाने में महत्त्वपूर्ण भूमिका होती है। इसके अतिरिक्त शिक्षण कौशल, शिक्षण विधियाँ एवं शिक्षण तकनीक आदि शिक्षण को सरल एवं प्रभावी बनाने तथा वांछित उद्देश्यों की पूर्ति करने में सहायक होते हैं।

47. (b) यदि कोई बच्चा कक्षा परीक्षणों में अच्छा प्रदर्शन करने में असफल होता है, तो यह दर्शाता है कि हमें पाठ्यक्रम, शिक्षण पद्धति तथा आकलन प्रक्रिया पर पुनः विचार की आवश्यकता है।

48. (b) डिस्लेक्सिया पठन सम्बन्धित विकार है। इस अधिगम अशक्तता में बच्चे को पढ़ने में कठिनाई होती है क्योंकि वह कुछ शब्दों; जैसे 'saw' और 'was' तथा 'nuclear' और 'unclear' आदि में अन्तर नहीं कर पाता।

49. (c) सीखने की प्रक्रिया में बच्चे एक-दूसरे से सीखते हैं तथा परस्पर सहयोग एवं सहायता करते हुए आगे बढ़ते हैं इसलिए बच्चों को समूह कार्य देना एक प्रभावी शिक्षण रणनीति को दर्शाता है।

50. (b) सत्र की समाप्ति के पश्चात् आयोजित की जाने वाली परीक्षा सत्र परीक्षा कहलाती है। सत्र परीक्षा संकल्पनात्मक आकलन के अन्तर्गत आती है। अतः यह रचनात्मक आकलन का उपकरण नहीं है क्योंकि इसमें विद्यार्थियों का सतत् एवं व्यापक मूल्यांकन न होकर परम्परागत पद्धति के अनुरूप वर्ष में एक बार होता है, जबकि मौखिक प्रश्न, दत्त कार्य, प्रश्नोत्तरी एवं निरीक्षण आदि रचनात्मक आकलन के उपकरण हैं।

51. (c) राज्य का सप्तांग सिद्धान्त कौटिल्य ने अपने ग्रन्थ अर्थशास्त्र में प्रतिपादित किया था। मौर्यकाल में कौटिल्य द्वारा रचित अर्थशास्त्र तत्कालीन भारतीय राजनैतिक एवं राज्य व्यवस्था को दर्शाता है। कौटिल्य ने राज्य (राष्ट्र) को सात अंगों में विभाजित किया था, जिसे सप्तांग सिद्धान्त कहा जाता है। ये सात अंग-स्वामी (शासक), अमात्य (मन्त्री), जनपद, दुर्ग, कोष, दण्ड (सेना) एवं मित्र हैं।

52. (d) जैन एवं बौद्ध धर्म का पवित्र स्थल वैशाली है। आधुनिक बिहार में स्थित वैशाली (हाजीपुर) जैन धर्म के 24वें तीर्थंकर भगवान महावीर की जन्मस्थली तथा महात्मा बुद्ध के समय सोलह महाजनपदों में प्रमुख स्थान था। वैशाली बुद्धकाल के समय एक स्वतन्त्र गणराज्य था, जो गंगा के किनारे स्थित था।

53. (b) प्राचीन काल में गुप्त वंश के शासकों के बाद पल्लवों ने 'गरुड़' को राज्य चिह्न बनाया था। दक्षिण भारत में कृष्णा एवं गोदावरी नदियों के बीच के प्रदेश में पल्लव वंश के राज्य की स्थापना हुई। पल्लवों ने काँची या कांजीवरम् को अपनी राजधानी तथा गरुड़ को अपना राज्य चिह्न बनाया। सिंह विष्णु इस राजवंश का संस्थापक था, इसे पोत्तरयण एवं अवनिसिंह भी कहा जाता था, इसने अपने शासनकाल में चेर, चोल, पाण्ड्य एवं वल्लभ राजाओं को युद्ध में पराजित कर अपनी ख्याति बढ़ाई।

54. (a) फतवा-ए-आलमगीरी नामक इस्लामिक कानूनों का संग्रह मुगल शासक औरंगजेब के काल में किया गया था। इस ग्रन्थ में मुगल राज्य स्तरीय व्यवस्था, सैन्य रणनीति, आर्थिक नीति न्याय इत्यादि का शरिया आधारित संकलन/संग्रह है। इस ग्रन्थ में दक्षिण एशिया की अर्थव्यवस्था का महत्त्वपूर्ण उल्लेख किया गया है।

55. (a) मध्यकाल की एकमात्र मुस्लिम महिला शासक रजिया सुल्तान, इल्तुतमिश की पुत्री थी। इल्तुतमिश दिल्ली सल्तनत में शम्सी वंश का एक प्रमुख शासक था। इसकी पुत्री रजिया सुल्तान ने दिल्ली सल्तनत की राजगद्दी पर 1236 ई. से 1240 ई. तक शासन किया था। यह पर्दा प्रथा त्याग कर पुरुषों की तरह पोशाक धारण कर राजदरबार में आती थी। मध्यकालीन भारत के इतिहास में यह पहला मौका था, जब उत्तराधिकार के स्थान पर जनता ने किसी महिला सुल्तान को चुना था।

56. (b) अकबर के दरबारी विद्वान हाजी इब्राहिम सरहिन्दी ने अथर्ववेद का फारसी में अनुवाद किया था। इसके अतिरिक्त इन्होंने रामायण, महाभारत जैसे कई ग्रन्थों का भी फारसी में अनुवाद किया था।

57. (d) महात्मा गाँधी जी ने 12 मार्च, 1930 को ऐतिहासिक नमक सत्याग्रह शुरू किया। इन्होंने साबरमती आश्रम से अपने 78 समर्थकों के साथ दाण्डी के लिए पदयात्रा प्रारम्भ की। 24 दिनों के पश्चात् यह पदयात्रा 240 मील (375 किमी) चलकर 5 अप्रैल को दाण्डी पहुँची। 6 अप्रैल को गाँधी जी ने नमक बनाकर कानून तोड़ा। इसके पश्चात् पूरे देश में सविनय अवज्ञा आन्दोलन की शुरुआत हुई।

58. (c) साइमन कमीशन की नियुक्ति वायसराय लॉर्ड इरविन के कार्यकाल में की गई थी।
साइमन कमीशन सात ब्रिटिश सांसदों का समूह था, जिसका गठन नवम्बर, 1927 में भारत में संविधान सुधारों के अध्ययन के लिए किया गया था। वर्ष 1928 में भारत के गवर्नर जनरल/वायसराय लॉर्ड इरविन के कार्यकाल में साइमन कमीशन भारत आया था, परन्तु इस कमीशन में एक भी भारतीय नहीं था, इसी कारण भारत में इसका बहुत विरोध हुआ।

59. (d) काँग्रेस के 1929 ई. के लाहौर अधिवेशन में पूर्ण स्वराज्य का लक्ष्य रखा गया था। इस अधिवेशन की अध्यक्षता पं. जवाहरलाल नेहरू ने की थी। इस अधिवेशन में 26 जनवरी, 1930 ई. को प्रथम स्वाधीनता दिवस मनाने की घोषणा की गयी तथा रावी नदी के तट पर भारत का तिरंगा झण्डा फहराया गया।

60. (a) 1946 के चुनावों के बाद मुस्लिम लीग ने बंगाल राज्य में अपनी पहली सरकार बनाई थी।
जुलाई, 1946 में मन्त्रिमण्डल मिशन योजना के अनुसार चुनाव हुए। ब्रिटिश प्रान्तों के लिए 210 सामान्य सीटों में से काँग्रेस ने 191 सीटें जीतीं। 78 मुस्लिम सीटों में से मुस्लिम लीग ने 73 सीटें जीतीं। ये सीटें सर्वाधिक बंगाल में थीं। इस कारण मुस्लिम लीग ने बंगाल में अपनी पहली सरकार बनाई।

61. (d) दिफू दर्रे को भारत, चीन एवं म्यांमार का त्रिकोणीय संगम कहा जाता है।
दिफू दर्रा भारत, चीन एवं म्यांमार की त्रिबिन्दु सीमाओं पर स्थित एक पहाड़ी दर्रा है। यह दर्रा देश के अरुणाचल प्रदेश के पूर्वी भाग में स्थित है जिसकी ऊँचाई 4587 मीटर (5049 फीट) है। यह दर्रा भारत एवं म्यांमार के बीच परिवहन के लिए वर्ष भर खुला रहता है।

62. (b) ग्रीष्म ऋतु में मार्च से मई की तीन महीनों की अवधि में पूर्वी भारत के इलाकों में भयानक मेघ गर्जना, आकाशीय बिजली का गिरना तथा तेज हवाओं के चलने की मौसमी घटना को काल बैसाखी या नॉर्वेस्टर कहा जाता है।
काल बैसाखी का व्यापक प्रभाव पश्चिम बंगाल, बिहार, झारखण्ड एवं ओडिशा में देखने को मिलता है।

63. (a) पेनगंगा, गोदावरी नदी की सहायक नदी है। यह नदी दक्षिण भारत में बहने वाली एक प्रमुख नदी है, जो महाराष्ट्र की अजन्ता की पहाड़ियों से निकलती है। पेनगंगा नदी आन्ध्र प्रदेश के आदिलाबाद जिले से बहती हुई पिम्पूर नगर के पास गोदावरी नदी में गिरती है।
पेनगंगा की प्रमुख सहायक नदियाँ पूस, अरना एवं अरान हैं।

64. (b) भारत का सबसे गहरा बन्दरगाह गंगावरम बन्दरगाह है। गंगावरम बन्दरगाह, आन्ध्र प्रदेश राज्य के विशाखापटट्नम में स्थित है। इस बन्दरगाह की शुरुआत वर्ष 2009 में की गई थी। यह बन्दरगाह देश का सबसे गहरा बन्दरगाह है, जिसकी गहराई लगभग 21 मीटर है। यह बन्दरगाह बोरम्मा गेट्टा नदी समुद्र के तट पर स्थित है। इस बन्दरगाह का निर्माण वर्ष 2005 में शुरू हुआ था।

65. (a) चाय, कॉफी, मसाले, नारियल, रबड़, इलायची एवं मिर्च इत्यादि को बागानी फसलों में रखा जाता है। भारत की बागानी फसलों के अन्तर्गत चाय, कॉफी, नारियल, रबड़, इलायची, मिर्च व हल्दी इत्यादि को रखा जाता है।

बागानी या रोपड़ कृषि लम्बे-चौड़े क्षेत्र में एकल फसल बोई जाती है। बागानी फसलें व्यापक स्तर पर पैदा की जाती हैं जो अत्यधिक पूँजी एवं श्रमिकों की सहायता से की जाती हैं। इससे प्राप्त सम्पूर्ण उत्पादन उद्योग में कच्चे माल के रूप में प्रयोग होता है।

66. (b) जारवा एवं सेंतिलीज जनजातियाँ भारत के केन्द्रशासित प्रदेश अण्डमान निकोबार द्वीप में पायी जाती हैं। अण्डमान निकोबार में 6 से 7 मूल जनजातियाँ पायी जाती हैं जिसमें जारवा, ओन्गे, ग्रेट अण्डमानीज, सेंटेनेलीज या सेंतिलीज, शोम्पेंस एवं बो शामिल हैं। यह जनजाति वर्तमान समय में भी पाषाण काल की तरह जीवन-यापन करती है।

67. (a) भारतीय चरागाह एवं चारा अनुसन्धान संस्थान उत्तर प्रदेश के झाँसी में स्थित है। इसकी स्थापना वर्ष 1962 में की गई थी। यह संस्थान देश के सभी प्रमुख घासों पर शोध करता है। इसके अतिरिक्त इस संस्थान में अखिल भारतीय चारा समन्वित परियोजना का संचालन भी किया जाता है साथ ही संस्थान के उद्देश्यों की पूर्ति के लिए देश-विदेश के सहयोग से अन्य परियोजनाएँ भी सफलतापूर्वक संचालित की जाती हैं।

68. (b) बेतला राष्ट्रीय उद्यान झारखण्ड राज्य में स्थित है। यह राष्ट्रीय उद्यान लातेहार एवं पलामू जिलों में विस्तृत है, जो लगभग 1026 वर्ग किमी क्षेत्र में फैला है। यहाँ बड़ी संख्या में बाघ, तेन्दुआ, जंगली भालू, साम्भर, नीलगाय, मोर व चीतल इत्यादि पाए जाते हैं। वर्ष 1974 में इस राष्ट्रीय उद्यान को टाइगर रिजर्व क्षेत्र घोषित किया गया।

69. (a) ओजोन परत पृथ्वी के समतापमण्डल (स्ट्रेटोस्फियर) के निचले भाग में पृथ्वी की सतह के ऊपर लगभग 10 किमी से 50 किमी की दूरी तक पाई जाती है। ओजोन परत तीन ऑक्सीजन परमाणुओं से बनी है। सामान्यत: दो ऑक्सीजन परमाणुओं के विपरीत बिना सीमांकित सीमा के साथ यह पृथ्वी की सतह से 10 से 20 किमी की दूरी पर पाई जाती है।

70. (b) सौरमण्डल में शुक्र ग्रह सूर्य निकलने से लगभग दो घण्टे पहले दिखाई पड़ता है। इस कारण इसे भोर का तारा एवं साँझ का तारा भी कहते हैं। शुक्र ग्रह का कोई उपग्रह नहीं है। यह अपनी धुरी पर असामान्य रूप से अर्थात् पूर्व से पश्चिम की ओर घूमता है। इस ग्रह को पृथ्वी की जुड़वाँ बहन भी कहते हैं। यह सौरमण्डल का सबसे गर्म ग्रह है।

71. (c) जब किसी विधेयक पर राष्ट्रपति की सहमति प्राप्त हो जाती है, तो विधेयक अधिनियम/कानून बन जाता है। संवैधानिक व्यवस्थाओं के अनुसार वित्तीय विधेयक को छोड़कर कोई भी विधेयक संसद के किसी भी सदन में प्रस्तुत किया जा सकता है। दोनों सदनों में से पारित होने के पश्चात् ही कोई विधेयक राष्ट्रपति की स्वीकृति के लिए भेजा जाता है। राष्ट्रपति की स्वीकृति मिलने के पश्चात् विधेयक अधिनियम/कानून बन जाता है।

72. (a) भारत का संविधान अपने स्वरूप में संघीय है तथा समस्त शक्तियाँ (विधायी, प्रशासनिक एवं वित्तीय) केन्द्र एवं राज्यों के मध्य विभाजित हैं। भारतीय संविधान में केन्द्र व राज्यों के बीच विधायी शक्तियों के रूप में 7वीं अनुसूची में तीन प्रकार की सूचियाँ दी गई हैं, जिसमें प्रथम-संघ सूची, द्वितीय राज्य सूची तथा तृतीय-समवर्ती सूची हैं।

73. (b) 108वाँ संविधान संसोधन संसद एवं राज्य विधानसभा में महिलाओं के लिए एक-तिहाई आरक्षण प्रदान करने से सम्बन्धित है। वर्ष 2008 में मनमोहन सिंह सरकार ने लोकसभा एवं विधानसभाओं में 33% महिला आरक्षण से जुड़ा 108वाँ संविधान संशोधन विधेयक राज्यसभा में पेश किया।

इसके दो वर्ष बाद यह वर्ष 2010 में राज्यसभा में पास हो गया और अन्त में लोकसभा में पेश किया गया, परन्तु वहाँ यह विधेयक पास न हो सका और यह विधेयक 15वीं लोकसभा में लैप्स हो गया।

74. (a) संविधान के अनुच्छेद 165 में राज्य के महाधिवक्ता की नियुक्ति, कार्य एवं कार्यकाल का वर्णन किया गया है। भारतीय संविधान के अनुच्छेद 165 में वर्णित है कि प्रत्येक राज्य का राज्यपाल अर्हित किसी व्यक्ति को राज्य का महाधिवक्ता नियुक्त करेगा। महाधिवक्ता का यह कर्त्तव्य होगा कि वह उस राज्य की सरकार को विधि सम्बन्धी विषयों पर सलाह दे एवं कर्त्तव्यों का पालन करे, राज्यपाल उसको समय-समय पर निर्देशित करे।

75. (c) संविधान सभा की सलाहकार समिति के अध्यक्ष सरदार वल्लभभाई पटेल थे।

सरदार वल्लभभाई पटेल का जन्म 31 अक्टूबर, 1875 को गुजरात के नाडियावाड में हुआ था। ये भारत के पहले गृहमन्त्री व उपप्रधानमन्त्री थे, इन्होंने भारतीय संघ बनाने के लिए भारतीय रियासतों के एकीकरण में महत्त्वपूर्ण भूमिका निभाई। सरदार पटेल संविधान सभा की मौलिक अधिकारों एवं अल्पसंख्यकों की सलाहकार समिति के अध्यक्ष भी थे।

76. (a) इन्दिरा गाँधी की सरकार में वर्ष 1976 में गठित सरदार स्वर्ण सिंह समिति की रिपोर्ट के आधार पर संविधान के अनुच्छेद 51 में 42वें संविधान संशोधन द्वारा मौलिक कर्त्तव्यों को जोड़ा गया।

इस समय अनुच्छेद 51(A) के तहत् 10 मौलिक कर्त्तव्यों को जोड़ा गया था तथा 11वें मौलिक कर्त्तव्य को वर्ष 2002 में 86वें संविधान संशोधन के माध्यम से जोड़ा गया। इस प्रकार वर्तमान में अनुच्छेद 51(A) के तहत् वर्णित 11 मौलिक कर्त्तव्य हैं।

77. (b) भारत में त्रिस्तरीय पंचायती राज व्यवस्था के अन्तर्गत पंचायत समिति मध्यवर्ती पंचायत के रूप में महत्त्वपूर्ण भूमिका निभाती है। यह ग्राम पंचायत एवं जिला परिषद् के बीच कड़ी का कार्य करती है। जिस प्रकार केन्द्र सरकार एवं राज्य सरकार के प्रशासनिक एवं विधायी सम्बन्धी सारे कार्य संविधान के नियमों के अनुकूल संचालित होते हैं, ठीक उसी प्रकार पंचायती राजव्यवस्था के अन्तर्गत ग्राम पंचायत, पंचायत समिति एवं जिला परिषद् संचालित होती है।

78. (b) भारत में राज्यों/केन्द्रशासित प्रदेशों की अधिकतम संख्या गुवाहाटी उच्च न्यायालय के अधिकार क्षेत्र में आती है। गुवाहाटी उच्च न्यायालय के अन्तर्गत 7 राज्य-असम, मणिपुर, मेघालय, नागालैण्ड, त्रिपुरा, अरुणाचल प्रदेश एवं मिजोरम आते हैं।

79. (b) भारत का आर्थिक सर्वेक्षण वित्त मन्त्रालय द्वारा प्रकाशित किया जाता है। इसे प्रत्येक वर्ष वार्षिक बजट से पहले भारत के वित्त मन्त्री द्वारा संसद में रखा जाता है, जिसमें देश के विगत वर्ष की आर्थिक स्थिति की समीक्षा की जाती है। आर्थिक सर्वेक्षण वित्त मन्त्रालय का एक प्रमुख दस्तावेज है जो पिछले 12 महीनों में भारतीय अर्थव्यवस्था में विकास की समीक्षा करता है।

80. (a) लोगों के खर्च में कमी मुद्रास्फीति का कारण नहीं बन सकता है। जब माँग एवं आपूर्ति में असन्तुलन पैदा होता है, तो वस्तुओं एवं सेवाओं की कीमतें बढ़ जाती हैं। कीमतों में इस वृद्धि को ही मुद्रास्फीति कहते हैं। मुद्रास्फीति तब हो सकती है जब उच्च अप्रत्यक्ष कर, मुद्रा कीमत में कमी, सरकारी खर्चों का देश में कम उपयोग तथा उत्पादन लागत में वृद्धि होती है।

81. (c) खुसरो कमेटी को वर्ष 1989-90 में गठित किया गया था। प्रो ए एम खुसरो की अध्यक्षता में इस समिति ने कृषि एवं ग्रामीण ऋण की समस्या, संरचनात्मक एवं परिचालन सम्बन्धी कमियों को माप तथा ग्रामीण बैंकों को उनके स्पॉन्सर बैंकों से मिलाने से सम्बन्धित सुझाव दिए थे।

82. (b) आगकर एक प्रत्यक्ष कर है। प्रत्यक्ष कर ऐसा कर है जो एक व्यक्ति या संगठन द्वारा प्रत्यक्ष तौर पर उस संस्था को दिया जाता है, जिसने इसे अधिरोपित किया है। उदाहरण के लिए एक व्यक्तिगत करदाता, आयकर, वास्तविक सम्पत्ति कर, व्यक्तिगत सम्पत्ति कर सहित विभिन्न उद्देश्यों के लिए सरकार को प्रत्यक्ष कर का भुगतान करता है।

83. (b) नेहरू रोजगार योजना की शुरुआत वर्ष 1989-90 को हुई थी। इस योजना के तहत शहरी भागों में जिन परिवारों की वार्षिक आय निम्न थी, उन परिवारों को इस योजना के तहत् लाभ प्रदान किया गया। यह योजना शहरी क्षेत्रों में समाज के कमजोर वर्गों को रोजगार प्रदान करने से सम्बद्ध थी।

84. (c) कराधान एवं सरकारी खर्च, राजकोषीय नीति से सम्बन्धित है।

भारत सरकार के राजस्व संग्रह (करारोपण) एवं व्यय के समुचित नियमन द्वारा अर्थव्यवस्था को वांछित दिशा देना राजकोषीय नीति (Fiscal Policy) कहलाती है। राजकोषीय नीति आर्थिक विकास को बल देती है। यह कई तरह से काम करती है। इसके जरिए सरकार अधिक खर्च को नियन्त्रित या टैक्स में कटौती करती है।

85. (d) भारत में माइक्रो क्रेडिट, गैर-बैंकिंग वित्त कम्पनियों के अन्तर्गत आता है। गैर-बैंकिंग वित्तीय कम्पनी उस संस्था को कहते हैं जो कम्पनी अधिनियम 1956 के अन्तर्गत पंजीकृत है एवं जिसका मुख्य कार्य उधार देना एवं विभिन्न प्रकार के शेयरों, प्रतिभूतियों, बीमा कारोबार तथा चिटफण्ड से सम्बन्धित कार्यों में निवेश करना है।

86. (b) उद्धार का सन्धि विच्छेद 'उत् + हार' होगा, यहाँ 'त्' के बाद 'ह' आने पर 'त्' के स्थान पर 'द्' तथा 'ह' के स्थान पर 'ध' हो जाने के कारण व्यंजन सन्धि है।

87. (d) 'मृत्युंजय' का समास विग्रह होगा—मृत्यु को जीतने वाला है जो अर्थात् शिव। यहाँ पूर्वपद 'मृत्यु' तथा उत्तर पद 'जय' प्रधान न होकर तीसरे पद 'शिव' की ओर संकेत कर रहे हैं अतः यह बहुव्रीहि समास का उदाहरण है।

88. (d) दिए गए वाक्यों में शुद्ध वाक्य है—माता-पिता की शुश्रूषा करनी चाहिए। अन्य तीनों वाक्य अशुद्ध हैं जिनके शुद्ध रूप इस प्रकार हैं

- तूफान आने की आशंका है।
- इसके दो कारण हो सकते हैं।
- मेरे घर में तुम्हारा स्वागत है।

89. (c) 'अपना हाथ जगन्नाथ' का अर्थ है—अपने आप से काम करना ही उपयुक्त होता है; जैसे—जहाँ तक हो सके अपना कार्य स्वयं करना चाहिए, क्योंकि अपना हाथ जगन्नाथ होता है।

90. (d) शान्त रस का स्थायी भाव 'निर्वेद' होता है।

अन्य विकल्पों में,
रति—शृंगार रस
जुगुप्सा—वीभत्स रस
वत्सल्य—वात्सल्य रस

91. (a) 'काली घटा का घमण्ड घटा' पंक्ति में यमक अलंकार हैं, क्योंकि यहाँ 'घटा' शब्द दो बार प्रयुक्त हुआ है और दोनों बार उसका अर्थ भिन्न है। पहली 'घटा' का अर्थ 'घने बादल' तथा दूसरी 'घटा' का अर्थ 'कम होना' है।

92. (b) 'रजनी ने पुस्तक पढ़ी है' वाक्य से 'पढ़ी है' क्रिया का वर्तमान समय में होना पाया जाता है अतः यह वर्तमान काल का उदाहरण है।

93. (c) 'माता जी ने रोहित को कुछ फल दिए' वाक्य के रेखांकित अंश 'कुछ' में अनिश्चित संख्यावाचक विशेषण है, क्योंकि कुछ शब्द से फलों की निश्चित संख्या का बोध नहीं हो रहा है।

94. (a) 'debates' is the correct answer here.

95. (b) Antidote is the medicine given to counteract poison.

96. (d) Sacrilege is the violation of sanctity of Church.

97. (c) Bleak means dull or dark so bright is its antonym.

98. (d) Amazing means lively and monotonous means boring so, they are antonym.

99. (a) Cunning means achieving one's means by deceit, clever is its synonym.

100. (b) Aberration is slight distraction from the usual, therefore, deviation is its synonym.

उत्तर प्रदेश
बी.एड. प्रवेश परीक्षा

मॉडल सॉल्वड पेपर 2020

प्रथम प्रश्न-पत्र

खण्ड अ सामान्य ज्ञान

1. भारत में सर्व शिक्षा अभियान कब चालू किया गया?
(a) 1998-1999 (b) 1999-2000
(c) 2000-2001 (d) 2001-2002

2. कमाण्ड Ctrl+v का प्रयोग है
(a) पोस्ट करना (b) पेस्ट करना
(c) हटाना (d) अलग करना

3. राष्ट्रपति को राष्ट्रपति पद की शपथ कौन दिलाता है?
(a) भारत का मुख्य न्यायाधीश (b) भारत का उपराष्ट्रपति
(c) राज्यपाल (d) लोकसभा का अध्यक्ष

4. मौलिक अधिकार प्रतिस्थापित हैं
(a) भाग-2 (अनु. 5-11) में
(b) भाग-3 (अनु. 12-35) में
(c) भाग-4 (अनु. 36-51) में
(d) भाग-4 क (अनु. 51 क) में

5. भारत के पहले सुपर कम्प्यूटर का क्या नाम है?
(a) परम-1000 (b) परम ईशान
(c) परम-8000 (d) परम शिवाय

6. LINUX क्या है?
(a) ऑपरेटिंग सिस्टम (b) इण्ट्री सिस्टम
(c) इनपुट सिस्टम (d) आउटपुट सिस्टम

7. भारत में वर्तमान सेना प्रमुख जनरल का क्या नाम है?
(a) जनरल दलवीर सुहाग
(b) जनरल मनोज मुकुंद नरवाने
(c) जनरल वी. के. सिंह
(d) जनरल विपिन रावत

8. बंगाल में दोहरी शासन व्यवस्था को किसने समाप्त किया?
(a) वारेन हेस्टिंग्स (b) लॉर्ड कार्नवालिस
(c) लॉर्ड क्लाइव (d) लॉर्ड डलहौजी

9. किस संगीतकार को मिर्ची म्यूजिक अवार्ड, 2020 के 'म्यूजिक कम्पोजर ऑफ द ईयर' से सम्मानित किया गया?
(a) प्रीतम चक्रवर्ती (b) प्रिया चक्रवर्ती
(c) अमृता नारंग (d) प्रतिभा प्रियदर्शी

10. IGNOU के डिजिटल कोष का नाम क्या है?
(a) e-ARJUN (b) e-Gyan (c) e-Aryan (d) e-Raman

11. कौन-सा नाम महिला क्रिकेट से सम्बन्धित नहीं है?
(a) झूलन गोस्वामी (b) हरमनप्रीत कौर
(c) मिताली राज (d) दीपिका कुमारी

12. 'डोगरी' भाषा भारत के किस राज्य से सम्बन्धित है?
(a) सिक्किम (b) हिमाचल प्रदेश
(c) जम्मू-कश्मीर (d) उत्तराखण्ड

13. अफ्रीकी भाषा का प्रयोग मुख्य रूप से कहाँ किया जाता है?
(a) पूर्वी अफ्रीका
(b) पश्चिमी अफ्रीका
(c) द. अफ्रीका एवं उत्तरी अफ्रीका
(d) सम्पूर्ण अफ्रीका

14. राष्ट्रीय ग्रामीण रोजगार गारण्टी योजना अधिनियम कब पारित हुआ?
(a) वर्ष 1995 (पारित-1996)
(b) वर्ष 2000 (पारित-2001)
(c) वर्ष 2005 (पारित-2006)
(d) वर्ष 2007 (पारित-2008)

15. NCERT के वर्तमान निदेशक हैं
(a) राजेन्द्र सिंह (b) मिथिलेष कुमार
(c) ऋषिकेश सेनापति (d) रविन्द्र अहलूवालिया

16. EDUSAT लॉन्च किया गया
(a) फरवरी, 1998 में (b) अप्रैल, 2001 में
(c) सितम्बर, 2003 में (d) सितम्बर, 2004 में

17. मानव शरीर का कौन-सा अंग इन्सुलिन पैदा करता है?
(a) यकृत (b) अग्न्याशय
(c) तिल्ली (d) पित्ताशय

18. भारतीय संविधान द्वारा कितनी भाषाओं को मान्यता प्राप्त है?
(a) 18 (b) 22
(c) 24 (d) 28

19. प्रथम भारतीय महिला ओलम्पिक पदक विजेता कौन हैं?
(a) कर्णम मल्लेश्वरी (b) एस. चानू
(c) गीता फोगाट (d) एस. सी. मैरीकॉम

20. देवधर ट्रॉफी किस खेल से सम्बन्धित है?
(a) टेबल टेनिस (b) फुटबॉल
(c) क्रिकेट (d) हॉकी

21. कौन-सा रक्त समूह सार्वभौमिक दाता है?
(a) B^+ (b) A
(c) AB^+ (d) O^+

22. प्रकाश वर्ष किसकी इकाई है?
(a) दूरी की (b) समय की
(c) तीव्रता की (d) चाल की

23. 'A Hindu View of Life' के लेखक कौन हैं?
(a) सुभाषचन्द्र बोस
(b) डॉ. राजेन्द्र प्रसाद
(c) डॉ. सर्वपल्ली राधाकृष्णन
(d) पं. जवाहरलाल नेहरू

24. 'Asian Drama' पुस्तक के लेखक हैं
(a) गुन्नार मिर्डाल (b) जोनाथन ग्रेगसन
(c) मार्क थैंड (d) जॉन ग्रेशम

25. 'AGMARK' का अर्थ है
(a) पर्यावरण संरक्षण चिन्ह
(b) मिट्टी निर्मित पात्रों का चिन्ह
(c) खाद एवं बीजों का प्रमाणन चिन्ह
(d) खाद्य पदार्थों का प्रमाणन चिन्ह

26. भारत के किस राज्य की तटीय रेखा सबसे लम्बी है?
(a) आन्ध्र प्रदेश (b) तमिलनाडु
(c) गुजरात (d) केरल

27. पाण्डिचेरी एक ······· कॉलोनी थी।
(a) ब्रिटिश (b) फ्रांसीसी
(c) डच (d) पुर्तगाली

28. सूरत में चरमपन्थी और नरमपन्थी के बीच कांग्रेस में विभाजन कब हुआ था?
(a) 1901 (b) 1905
(c) 1907 (d) 1916

29. भारत की राजधानी कलकत्ता से नई दिल्ली कब स्थानान्तरित की गई?
(a) वर्ष-1912 (b) वर्ष-1914
(c) वर्ष-1913 (d) इनमें से कोई नहीं

30. भारत में सर्वोच्च न्यायालय के किस न्यायाधीश को ग्रीन जज कहा गया?
(a) ए. के. अय्यर (b) ज्ञानसुधा मिश्रा
(c) कुलदीप सिंह (d) एस. बालाकृष्णन

31. भारतीय संविधान को कब अपनाया गया?
(a) 15 अगस्त, 1947 (b) 29 अगस्त, 1947
(c) 26 जनवरी, 1948 (d) 26 नवम्बर, 1949

32. 'My Country My Life' पुस्तक के लेखक हैं
(a) लाल कृष्ण आडवाणी (b) डॉ. मनमोहन सिंह
(c) राजदीप सरदेसाई (d) वेंकैया नायडू

33. भारत में कौन पहली महिला पुलिस महानिदेशक बनीं?
(a) कंचन चौधरी (b) सौमित्रा चटर्जी
(c) अमृता शर्मा (d) शालिनी गंगवार

34. भारत कितने पिन कोड क्षेत्रों में विभाजित है?
(a) 6 (b) 7
(c) 8 (d) 9

35. रेडक्रॉस की स्थापना किसने की?
(a) डेनिश डॉल्टन ने (b) हेनरी ड्यूरेण्ट ने
(c) जेम्स केलमैन ने (d) जेम्स मिचनर ने

36. मॉण्ट्रियल प्रोटोकॉल का सम्बन्ध किससे है?
(a) ओजोन परत संरक्षण से (b) पर्यावरण प्रदूषण से
(c) कार्बन उत्सर्जन से (d) इनमें से कोई नहीं

37. सीस्मोलॉजी के अन्तर्गत ······· का अध्ययन किया जाता है।
(a) पृथ्वी की आयु (b) ज्वालामुखी विस्फोट
(c) भूकम्प (d) हृदय की धड़कन

38. लोकसभा की पहली महिला स्पीकर कौन हैं?
(a) सुमित्रा महाजन (b) मीरा कुमार
(c) पूनम महाजन (d) सुषमा स्वराज

39. 'टोबा-टेक सिंह' के लेखक हैं
(a) गुलाम बख्श (b) समादत हसन मिण्टो
(c) अर्नाल्ड जैकब (d) मुस्तफा खान

40. ईस्ट इण्डिया कम्पनी द्वारा नियुक्त 'गुमास्ता' क्या था?
(a) सैनिक अधिकारी
(b) सेनापति
(c) प्रतिनिधि (जो माल खरीदने या बेचने पर लेखा-जोखा अर्थात् बहीखाता तैयार करते थे)
(d) उपरोक्त में से कोई नहीं

41. नरेन्द्र मोदी की पहली बार प्रधानमन्त्री पद के लिए शपथ की तिथि क्या थी?
(a) 20 मई, 2014 (b) 22 मई, 2014
(c) 26 मई, 2014 (d) 26 मई, 2015

42. वर्ष 1918 में महात्मा गाँधी का सत्याग्रह किसके समर्थन में था?
(a) किसानों के (b) मजदूरों के
(c) जमींदारों के (d) पूँजीपतियों के

43. बजट 2019-20 के अनुसार भारत में दुग्ध उत्पादन को दोगुना करने का लक्ष्य वर्ष है
(a) वर्ष-2022 (b) वर्ष-2024
(c) वर्ष-2025 (d) वर्ष-2030

44. शरीर की सबसे बड़ी ग्रन्थि है
(a) अग्न्याशय (b) यकृत
(c) आमाशय (d) इनमें से कोई नहीं

45. फिरोजशाह कोटला मैदान का नया नाम क्या है?
(a) अरुण जेटली स्टेडियम
(b) सुषमा स्वराज स्टेडियम
(c) अटल बिहारी वाजपेयी स्टेडियम
(d) मुकुन्द राव पाटिल स्टेडियम

46. आन्ध्र प्रदेश में मकर संक्रान्ति किस नाम से जानी जाती है?
(a) पोंगल या संक्रान्ति (b) दोंगक
(c) कणन्न (d) गोमक

47. ऑस्ट्रेलिया ओपन एकल खिताब, 2020 किसने जीता?
(a) रोजर फेडरर (b) नोवाक जोकोविच
(c) राफेल नडाल (d) क्षेमनिक थिएम

48. भारत का पहला परमाणु रिएक्टर है
(a) लक्ष्मी (b) इन्दिरा
(c) अप्सरा (d) गंगोत्री

49. सौर ऊर्जा का स्रोत है
(a) नाभिकीय संलयन
(b) नाभिकीय विखण्डन
(c) सूर्य का संकुचन
(d) सूर्य का प्रसार

50. भारत के किस राज्य में सभी घरों में छत पर बारिश के पानी का संग्रहण अनिवार्य कर दिया गया है?
(a) महाराष्ट्र (b) कर्नाटक
(c) तमिलनाडु (d) उत्तर प्रदेश

खण्ड ब भाषा (हिन्दी)

51. इनमें से पृथ्वी कौन-सा शब्द है?
(a) तद्भव (b) विदेशज
(c) तत्सम (d) इनमें से कोई नहीं

52. सम्प्रदान कारक का परसर्ग है
(a) का (b) को
(c) से (d) के लिए

53. "मैं चित्र बना रहा हूँ"– वाक्य में काल है
(a) भविष्य (b) भूत
(c) अनिश्चित (d) वर्तमान

54. 'आलू' किस भाषा का शब्द है?
(a) पुर्तगाली (b) चीनी
(c) अरबी (d) अंग्रेजी

55. 'ष' वर्ण का उच्चारण स्थान है
(a) दाँत (b) मूर्धा
(c) तालु (d) कण्ठ

56. निम्नलिखित में से कौन-सा 'गूलर का फूल होना' मुहावरे का सही अर्थ है?
(a) अति प्रसन्न होना (b) फूल की तरह खिलना
(c) दुर्लभ वस्तु (d) सुगंधित होना

57. 'सुत' शब्द को स्त्रीवाचक बनाने के लिए किस प्रत्यय का प्रयोग होगा?
(a) ईय (b) ई
(c) इक (d) आ

58. 'पैरों से लेकर सिर तक' का एक शब्द क्या होगा?
(a) आद्योपान्त (b) आपादमस्तक
(c) नतमस्तक (d) इनमें से कोई नहीं

59. काव्य में भाव तथा कला के सौन्दर्य को बढ़ाने वाले कारक कहलाते हैं
(a) रस (b) छन्द
(c) चौपाई (d) अलंकार

60. हिन्दी के सर्वश्रेष्ठ हास्य व्यंग्य निबन्धकार हैं
(a) हरिशंकर परसाई (b) जयशंकर प्रसाद
(c) आचार्य राम प्रसाद शुक्ल (d) महावीर प्रसाद द्विवेदी

61. 'षडानन' शब्द के सही सन्धि विच्छेद पर सही का निशान लगाएँ
(a) षड + आनन (b) षडा + आनन
(c) पडा + नन (d) षट् + आनन

62. चक्रधर शब्द है
(a) रूढ़ (b) यौगिक
(c) योगरूढ़ (d) विदेशी

63. निम्नलिखित में अनिश्चयवाचक सर्वनाम है
(a) कुछ (b) कौन
(c) यह (d) क्या

64. सम्बन्धबोधक अव्यय किसके साथ प्रयुक्त होते हैं?
(a) संज्ञा अथवा सर्वनाम के (b) विशेषण के
(c) क्रिया के (d) काल के

65. स्थायी भाव को जगाने और उद्दीप्त करने वाला कारक है
(a) आलम्बन (b) उद्दीपन
(c) विभाव (d) अनुभाव

66. ज्यों-ज्यों निहारिए नेरे है नैनाहिं।
त्यों-त्यों खरी निकरै सा निकाई।
पंक्ति में अलंकार है
(a) उपमा (b) रूपक
(c) अनुप्रास (d) पुनरुक्ति

67. इनमें से कौन-सा शब्द शुद्ध है?
(a) उज्जवल (b) दिपक
(c) मुर्ति (d) इनमें से कोई नहीं

68. निम्नांकित एक शब्द में उपसर्ग नहीं लगा है
(a) अतिक्रमण (b) प्रतिक्षण
(c) सुगम (d) दर्शन

69. दृश्य काव्य के अन्तर्गत आते हैं
(a) नाटक और प्रहसन
(b) नाटक और कहानी
(c) नाटक और व्यंग्य
(d) प्रहसन और कहानी

70. (") चिन्ह है
(a) लाघव चिन्ह (b) पुनरुक्तिबोध चिन्ह
(c) आदेश चिन्ह (d) हंस पद

71. 'प्रकृति के सुकुमार कवि' कहे जाते हैं
(a) सूर्यकान्त त्रिपाठी निराला (b) सुमित्रानन्दन पन्त
(c) जयशंकर प्रसाद (d) कबीर

72. स्वाभिमान-स्वाधीनता का प्रतीक है
(a) चूहा (b) श्वान (c) कबूतर (d) सिंह

73. 'अलि' शब्द के दो अर्थ हैं
(a) भौंरा, सखि (b) घाट, घर
(c) जल, पानी (d) पिता, भाई

74. "वह बहुत बोलती है"– वाक्य में क्रिया-विशेषण है
(a) वह (b) बहुत
(c) बोलती (d) है

75. 'उज्ज्वल' पद में सन्धि है
(a) दीर्घ (b) गुण
(c) व्यंजन (d) विसर्ग

76. छायावादी युग के प्रवर्तक हैं
(a) जयशंकर प्रसाद (b) श्रीधर पाठक
(c) सुमित्रानन्दन पन्त (d) रामचन्द्र शुक्ल

77. 'पावक' शब्द उदाहरण है
(a) दीर्घ स्वर सन्धि का
(b) गुण स्वर सन्धि का
(c) वृद्धि स्वर सन्धि का
(d) अयादि स्वर सन्धि का

78. सामान्यतया काव्य के कुल कितने भेद बताए गए हैं?
(a) एक (b) दो
(c) तीन (d) चार

79. 'प्रसारण' का विलोम शब्द है
(a) प्रतिपादन (b) आरक्षण
(c) आकुंचन (d) सदर्शन

80. लोक संस्कृति का जन्म हुआ
(a) शहरों में (b) गाँवों में
(c) कस्बों में (d) विद्यालयों में

81. 'कृपाण' शब्द है
(a) आगत (b) देशज
(c) तद्‌भव (d) तत्सम

82. 'बुद्धि भ्रमित होना' किस मुहावरे का सही अर्थ है?
(a) चक्कर में पड़ना (b) अक्ल पर पत्थर पड़ना
(c) धोखा खाना (d) उल्लू बनाना

83. 'सिर से बोझ उतारना' मुहावरे का अर्थ है
(a) भार टालना (b) बक्सा रखना
(c) जमीन पर कुछ पटकना (d) बात पक्की होना

84. निम्नलिखित में रूढ़ शब्द कौन-सा है?
(a) वाचनालय (b) समतल
(c) विद्यालय (d) पशु

85. महोत्सव में सन्धि है
(a) गुण सन्धि (b) विसर्ग सन्धि
(c) अयादि सन्धि (d) व्यंजन सन्धि

86. अम्बर का विलोम है
(a) अवनी (b) आकाश
(c) अभिन्न (d) प्रक्षिप्त

87. 'मुझे' कैसा शब्द है
(a) मध्यम पुरुष (b) अन्य पुरुष
(c) उत्तम पुरुष (d) प्रथम पुरुष

88. 'बहिर्मुखी' में समास है
(a) अव्ययीभाव समास (b) द्वन्द्व समास
(c) तत्पुरुष समास (d) कर्मधारय समास

89. सूरदास की साहित्यिक भाषा है
(a) ब्रजभाषा (b) अवधी
(c) भोजपुरी (d) मैथिली

90. महाकाव्य में वर्णन होता है
(a) मानव-जीवन के वृहद् और व्यापक चित्रण का
(b) मानव-जीवन के सूक्ष्म पक्ष का चित्रण
(c) मानव-जीवन के एकांकी पक्ष का चित्रण
(d) मानवेत्तर जीवन के वृहद् पक्ष का चित्रण

91. 'कालीमिर्च' में कौन-सा समास है?
(a) कर्मधारय (b) तत्पुरुष
(c) द्वन्द्व (d) बहुब्रीहि

92. 'उर्वशी' किसकी काव्य कृति है?
(a) अज्ञेय (b) सुमित्रानन्दन पन्त
(c) रामधारी सिंह 'दिनकर' (d) कुँवर नारायण

93. 'संन्यासी' का पर्यायवाची है
(a) ढोंगी (b) बाबा
(c) वृद्धा (d) दण्डी

94. अद्‌भुत रस का स्थायी भाव है
(a) जुगुप्सा (b) विस्मय
(c) भय (d) उत्साह

95. निम्नलिखित में से कौन-सा कवि भक्तिकाल का नहीं है?
(a) ईश्वरदास (b) नाभादास
(c) मतिराम (d) रहीम

96. निम्नलिखित में से अशुद्ध वाक्य का चयन कीजिए
(a) मैं आज विद्यालय नहीं जाऊँगा
(b) बच्चों को काटकर फल खिला दो
(c) वाह! सुन्दर दृश्य है
(d) वह अत्यन्त बुद्धिमान तथा बलशाली है

97. 'कारवाँ' किस विधा की रचना है?
(a) नाटक (b) कहानी
(c) उपन्यास (d) एकांकी

98. निम्नलिखित में से संयुक्त वाक्य का चयन कीजिए
(a) उत्तर देने का यह ढंग ठीक नहीं है
(b) उसे गर्व है कि वह उच्च कुल में पैदा हुआ
(c) दवा लो और बुखार कम हो जाएगा
(d) यह बात सभी को स्वीकार्य है

99. कंजूसी से धन व्यय करने वाला
(a) मसृण (b) मितव्ययी
(c) अल्पव्ययी (d) कृपण

100. विशेषणों की विशेषता बताने वाले शब्द कहलाते हैं
(a) विषेष्य (b) क्रिया विशेषण
(c) प्रविशेषण (d) सार्वनामिक विशेषण

द्वितीय प्रश्न-पत्र

खण्ड अ तार्किक अभिरुचि

1. निम्न में से अलग कौन है?
(a) पनीर (b) मक्खन
(c) दूध (d) दही

2. जिस प्रकार से उड़ना तोते से सम्बन्धित है, उसी प्रकार रेंगना किससे सम्बन्धित है?
(a) गौरैया (b) मगरमच्छ
(c) मेंढक (d) मछली

3. निम्न में से सही विकल्प का चयन कीजिए
पाखण्ड : ईमानदारी
(a) साहित्य : दर्शन (b) हेकड़ : कुटचात
(c) कभी-कभी : प्रायः (d) बध : सहानुभूति

4. निम्न में से सही विकल्प का चयन कीजिए।
हिटलर : जर्मनी
(a) शेक्सपियर : इंग्लैण्ड
(b) मुसोलिनी : इटली
(c) तुलसीदास : भारत
(d) चिनुआ अकेव : नाइजीरिया

5. यदि रेल को बस कहा जाता है, बस को ट्रैक्टर कहा जाता है, ट्रैक्टर को कार कहा जाता है, कार को स्कूटर कहा जाता है, स्कूटर को साइकिल कहा जाता है, साइकिल को जीप कहा जाता है, तो खेत जोतने के लिए किसकी आवश्यकता पड़ेगी?
(a) बस (b) ट्रैक्टर
(c) कार (d) रेल

6. सोहन उत्तर दिशा में 10 किमी चलने के बाद वह वहाँ से वापस मुड़कर दक्षिण की ओर 6 किमी चला, फिर वह पूर्व की ओर 3 किमी चला, बताइए वह प्रारम्भिक बिन्दु से कितनी दूरी पर है?
(a) 3 किमी (b) 5 किमी
(c) 6 किमी (d) 4 किमी

7. नीचे दिए गए शब्दों को एक अर्थपूर्ण क्रम में रखिए तथा फिर नीचे दिए गए विकल्पों में से सही क्रम चुनिए।
1. जिला 2. गाँव 3. राज्य 4. तहसील 5. राष्ट्र
(a) 2, 4, 1, 3, 5 (b) 2, 4, 1, 5, 3
(c) 4, 2, 1, 3, 5 (d) 2, 1, 4, 5, 3

8. निम्न में से सही विकल्प का चयन कीजिए।
भार तथा किलोग्राम
(a) मील : लम्बाई (b) दूरी : किलोमीटर
(c) पाउण्ड : माप (d) आयतन : द्रव

9. यदि आज बुधवार है, तो आगामी रविवार के 25 दिन बाद कौन-सा दिन होगा?
(a) रविवार (b) सोमवार
(c) बृहस्पतिवार (d) शनिवार

10. दिए गए आरेख में से सही आरेख को चुनें।
फल, सब्जी, सेब

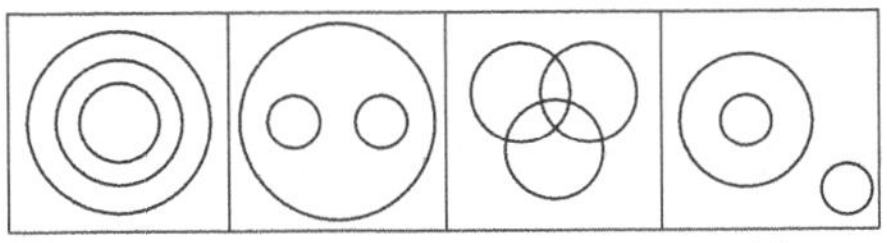
(a) (b) (c) (d)

11. 'क' ने 'ख' को एक साइकिल 20% मुनाफे में बेची और 'ख' ने 'ग' को 25% मुनाफे में बेची, यदि 'ग' ने ₹ 1500 का भुगतान किया तो 'क' ने कितना भुगतान किया?
(a) ₹ 825 (b) ₹ 1000
(c) ₹ 1100 (d) ₹ 1125

12. यदि आप किसी कतार में दोनों सिरों से गिनने पर बारहवें व्यक्ति हैं, तो कतार में कुल व्यक्तियों की संख्या बताइए।
(a) 25 (b) 24
(c) 23 (d) 21

13. यदि P का अर्थ '+', Q का अर्थ '–', R का अर्थ '÷' तथा S का अर्थ '×' हो तो, दिए गए समीकरण का मान बताइए।
16 S 60 R 10 Q 6 P 7 = ?
(a) 23 (b) 97
(c) 82 (d) 83

14. यदि किसी सांकेतिक भाषा में MASTER को NCVXJX से लिखा जाता है, तो कूट भाषा में DOCTOR को कैसे लिखा जाता है?
(a) EQFXTX (b) EPXTX
(c) FPEXTX (d) FRGXOY

15. निम्न श्रेणी को पूर्ण करने हेतु दिए गए विकल्पों से अनुपस्थित शब्द का चयन करिए।
FGH, IJK, LMN, OPQ, ?
(a) RSV (b) RTV
(c) RST (d) RTS

16. राम ने एक बिन्दु X से सीधे बिन्दु Y तक पूर्व दिशा में 50 मी की दूरी तय की। वह पुनः दाहिनी ओर मुड़ और 50 मी चला। वह पुनः दाहिनी ओर मुड़ा और 60 मी चला। अंत में वह पुनः दाहिनी ओर 50मी चला। वह प्रारम्भिक बिन्दु से कितनी दूरी पर है?
(a) 10 मी (b) 20 मी
(c) 20 मी (d) 40 मी

17. लखनऊ से दिल्ली के लिए हर 5 घण्टे पर बस छूटती है। सूचना केन्द्र से मुझे 10 : 45 am पर ज्ञात हुआ कि बस 25 मिनट पहले छूटी है, तो अगली बस छूटने का समय क्या होगा?
(a) 2 : 20 pm (b) 3 : 20 pm
(c) 3 : 30 pm (d) 3 : 55 pm

निर्देश (प्र. सं. 18 और 19) *निम्नलिखित आकृति में, त्रिभुज गाँव के युवाओं को दर्शाता है। वर्ग शिक्षित को ओर वृत्त बेरोजगार युवाओं को दर्शाता है, तो निम्न प्रश्नों का उत्तर दें।*

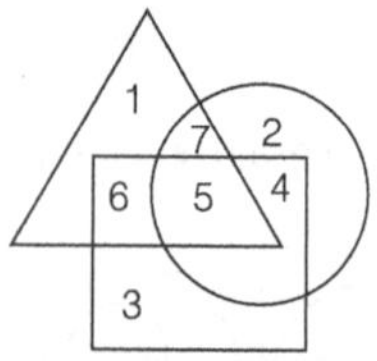

18. गाँव में शिक्षित बेरोजगार युवाओं को दर्शाता है
(a) 5 से (b) 4 से
(c) 5 और 4 से (d) 4, 5 और 6 से

19. गाँव के बाहर शिक्षित बेरोजगार युवाओं को दर्शाता है
(a) 3 और 4 से (b) 3 से
(c) 4 से (d) 3, 2 और 4 से

20. तीनों कथनों के आगे दो निष्कर्ष I और II दिए गए हैं, निष्कर्षों में से कौन-सा निष्कर्ष सही है। यदि कोई हो तो दिए कथनों में कौन-सा निष्कर्ष सत्य है?
कथन : सभी गारबेज जंक है। कोई जंक मेल नहीं है ।
सभी जंक स्पैम है।
निष्कर्ष :
I. सभी गारबेज स्पैम है।
II. कुछ स्पैम मेल नहीं है।
(a) केवल निष्कर्ष I अनुसरण करता है
(b) निष्कर्ष I और II दोनों अनुसरण करता है
(c) न निष्कर्ष I और न ही II अनुसरण करता है
(d) निष्कर्ष II केवल अनुसरण करता है

21. निम्न श्रेणी को पूर्ण करने हेतु दिए गए विकल्पों से अनुपस्थित शब्द का चयन करिए। DG, HK, LO, ?, TW
(a) PS (b) RU
(c) OQ (d) QT

22. निम्न श्रेणी को पूर्ण करने हेतु दिए गए विकल्पों से अनुपस्थित संख्या का चयन कीजिए।
27, 81, 54, 31, 93, ?
(a) 54 (b) 62
(c) 57 (d) 27

23. विद्यार्थियों की एक कक्षा में विनोद बाईं ओर से 5वें जबकि रीना दाईं ओर से 18वें स्थान पर है, यदि वे अपना स्थान बदल लेते हैं तो विनोद बाईं ओर से 7वें स्थान पर आ जाता है। पंक्ति में कितने विद्यार्थी हैं?
(a) 23 (b) 13
(c) 24 (d) 25

24. अंग्रेजी वर्णमाला में बाईं ओर से 11वें अक्षर के बाएँ ओर का 8वाँ अक्षर कौन-सा होगा?
(a) C (b) D
(c) D (d) F

25. निम्न श्रेणी को पूर्ण करने हेतु दिए गए विकल्पों से अनुपस्थित संख्या का चयन करिए।
2, 10, 45, 231, 1393, ?
(a) 9195 (b) 7959
(c) 9759 (d) 9751

26. 5 : 30 बजे से 6 : 00 बजे के बीच में किस समय घड़ी की सुईयाँ समकोण बनाती है?
(a) 5 बजकर 40 मिनट (b) 5 बजकर $43\frac{7}{11}$
(c) 5 बजकर 45 मिनट (d) 5 बजकर $43\frac{5}{11}$

27. यदि किसी सांकेतिक भाषा में PRAYAGRAJ = 28 लिखा जाता है और VARANASI = 25 लिखा जाता है, तो LOCKNOW = ?
(a) 20 (b) 21
(c) 22 (d) 23

28. एक घड़ी प्रतिदिन 30 मिनट आगे हो जाती है दोपहर 12 : 00 बजे इसको मिलाया गया। अगले दिन प्रातः 4 : 00 बजे कितना समय दर्शाएगी?
(a) 4 : 30 (b) 4 : 25
(c) 4 : 15 (d) 4 : 20

29. यदि आयत का विकर्ण और क्षेत्रफल 25 मी और 168 वर्ग मी तो आयत की लम्बाई कितनी है?
(a) 17 मी (b) 31 मी
(c) 12 मी (d) 24 मी

30. एक परीक्षा में सम्मिलित होने वाले पुरुष तथा महिला विद्यार्थियों की संख्या क्रमशः 1160 और 840 है 55% पुरुष तथा 45% महिला विद्यार्थी ने परीक्षा पास की। कुल कितने प्रतिशत विद्यार्थियों परीक्षा में असफल हुए विद्यार्थी बताइए।
(a) लगभग 47%
(b) लगभग 48%
(c) लगभग 49%
(d) उपरोक्त में से कोई नहीं

31. निम्न में से कौन-सा शब्द नहीं बनाया जा सकता है?
MIRACULOUS
(a) MOLAR (b) LOCUS
(c) SOLACE (d) SCAR

32. नीचे दिए शब्दों को एक अर्थपूर्ण क्रम में रखिए तथा फिर नीचे दिए विकल्पों में से सही क्रम चुनिए।
1. मेज 2. पत्ती
3. लकड़ी 4. बीज
5. पौधा
(a) 1, 2, 3, 4, 5 (b) 1, 3, 2, 4, 5
(c) 4, 5, 2, 3, 1 (d) 4, 5, 3, 2, 1

33. निम्न में से भिन्न कौन है?
(a) बढ़ई (b) कुम्हार
(c) मिस्त्री (d) किसान

34. एक लड़के के फोटो की तरफ इंगित करते हुए सुरेश ने कहा, यह मेरी माँ के इकलौते पुत्र का पुत्र है, सुरेश उस लड़के से किस प्रकार से सम्बन्धित है?
(a) भाई (b) चाचा
(c) चचेरा भाई (d) पिता

35. दो कथनों के आगे दो निष्कर्ष I और II दिए गए हैं, निष्कर्षों में से कौन-सा, निष्कर्ष सही है। यदि कोई हो तो दिए गए कथनों में कौन-सा निष्कर्ष सत्य है?
कथन : सभी शेर चूहे हैं। कुछ बिल्लियाँ शेर हैं।
निष्कर्ष : I कुछ बिल्लियाँ चूहे हैं।
II. कोई चूहा बिल्ली नहीं है।

(a) केवल निष्कर्ष I अनुसरण करता है
(b) निष्कर्ष I और II दोनों अनुसरण करते हैं
(c) न निष्कर्ष I और न ही II अनुसरण करता है
(d) केवल निष्कर्ष II अनुसरण करता है

36. पाँच पुस्तकें A, B, C, D तथा E हैं। C, D के ऊपर रखी है। E, A के नीचे है D, A के ऊपर और B, E के नीचे रखी है। कौन-सी पुस्तक बीच में है?
(a) E (b) B
(c) A (d) C

37. शर्माजी ने कहा 'यह लड़की मेरी माँ के पोते की पत्नी है। शर्माजी का उस लड़की से क्या सम्बन्ध है?
(a) पिता (b) दादा
(c) पति (d) ससुर

38. 50 व्यक्तियों के एक समूह में सभी हिन्दी या अंग्रेजी अथवा दोनों भाषाएँ बोल सकते हैं। 35 हिन्दी बोल सकते हैं, जबकि 25 हिन्दी और अंग्रेजी दोनों बोल सकते हैं। कितने व्यक्ति केवल अंग्रेजी बोल सकते हैं?
(a) 10 (b) 15
(c) 20 (d) 25

39. एक सुबह सुर्योदय के बाद विक्रम और शैलेष एक लॉन में एक दूसरे की ओर पीठ करके खड़े हैं। विक्रम की परछाई ठीक उसके बाएँ हाथ की ओर पड़ रही है। शैलेष किस दिशा की ओर मुँह करके खड़ा है?
(a) पूर्व (b) पश्चिम
(c) उत्तर (d) दक्षिण

40. निम्न में विषम को चुनें।
(a) 72 (b) 45
(c) 81 (d) 28

41. लड़कों की एक पंक्ति में मोहन का स्थान दोनों ओर से 18वाँ है। उस पंक्ति में कितने लड़के हैं?
(a) 26 (b) 32
(c) 24 (d) 35

42. दो कथनों के आगे दो निष्कर्ष I और II दिए गए हैं, निष्कर्षों में से कौन-सा निष्कर्ष सही है। यदि कोई हो तो दिए गए कथनों में कौन-सा निष्कर्ष सत्य है?
कथन : सभी आम सुनहरे रंग के हैं।
कोई सुनहरे रंग की वस्तु सस्ती नहीं है।
निष्कर्ष : I. सभी आम सस्ते हैं।
II. सुनहरे रंग के आम सस्ते नहीं हैं।
(a) केवल निष्कर्ष I अनुसरण करता है
(b) निष्कर्ष I और II दोनों अनुसरण करते हैं
(c) न निष्कर्ष I और न ही II अनुसरण करता है
(d) निष्कर्ष II केवल अनुसरण करता है

43. यदि A का अर्थ −, B का अर्थ ÷, C का अर्थ +, D का अर्थ × है, तो 30 B5A22 C 40 D 10 = ?
(a) 384 (b) 288 (c) 406 (d) 422

44. सीमा और अंजली की आयु का अनुपात 7 : 3 है। छः वर्षों बाद उनकी आयु का अनुपात 5 : 3 होगा। उनकी आयु का अन्तर क्या होगा?
(a) 8 (b) 12
(c) 10 (d) 24

निर्देश (प्र. सं. 45-47) *दिए गए सम्बन्ध के अनुसार निम्न प्रश्नों का उत्तर दीजिए।*
P, R का पिता है, किन्तु R उसका बेटा नहीं है। T, R की बेटी है। U, P की पत्नी है। Q, R का भाई है। S, Q का बेटा है। V, Q की पत्नी है। W, V का पिता है।

45. S की दादी कौन है?
(a) W (b) P
(c) R (d) U

46. U का बेटा कौन है?
(a) Q (b) R
(c) T (d) S

47. Q का ससुर कौन है?
(a) R (b) P
(c) W (d) T

48. शिक्षा को परिभाषित किया जाता है
(a) अनुभवों के द्वारा होने वाली ज्ञान वृद्धि के रूप में
(b) पुस्तकों से ज्ञान प्राप्ति के रूप में
(c) विद्यालयी शिक्षा के पर्यायवाची शब्द के रूप में
(d) जीवन की तैयारी के रूप में

49. सांस्कृतिक कार्यक्रमों का विद्यालयों में आयोजन किया जाना चाहिए, क्योंकि इससे
(a) छात्रों को मनोरंजन का अवसर मिलता है
(b) छात्रों को अभिव्यक्ति का अवसर मिलता है
(c) शिक्षक कुछ दिन आराम कर सकते हैं
(d) छात्रों को पुरस्कार पाने का अवसर मिलता है

50. कक्षा के सभी छात्र गृह कार्य करने में रुचि ले सकें, इसके लिए गृह कार्य कैसा होना चाहिए?
(a) छात्रों की योग्यता के अनुसार
(b) पुस्तक के बाहर से हो
(c) एक ही स्तर का हो
(d) केवल पुस्तक के भीतर का हो

खण्ड-ब कला वर्ग

51. सिन्धु घाटी सभ्यता के किस स्थल से कब्रगाह में आदमी के साथ कुत्ते दफनाए जाने के साक्ष्य मिले हैं?
(a) लोथल (b) रोपड़
(c) बालाकोट (d) सुरकोटदा

52. मगध पर शासन करने वाला प्रथम शासकीय वंश कौन-सा था?
(a) शिशुनाग वंश (b) नन्द वंश
(c) हर्यंक वंश (d) शुंग वंश

53. पाल शासक धर्मपाल ने किस विश्वविद्यालय की स्थापना करवाई थी?
(a) विक्रमशिला (b) तक्षशिला
(c) नालन्दा (d) वल्लभी

54. दिल्ली के सुल्तान का पद सम्भालने से पहले बलबन किस सुल्तान का प्रधानमन्त्री था?
(a) कुतुबद्दीन ऐबक (b) आरामशाह
(c) नसीरुद्दीन (d) बहरामशाह

55. अलाउद्दीन खिलजी ने दक्षिण विजय करने का मिशन किसे सौंपा था?
(a) मलिक काफूर (b) शाजी मलिक
(c) उलूग खाँ (d) खिज्र खान

56. मराठा साम्राज्य में किस पेशवा को 'लड़ाकू पेशवा' कहा जाता था?
(a) बाजीराव द्वितीय (b) बालाजी विश्वनाथ
(c) बालाजी बाजीराव (d) बाजीराव प्रथम

57. कलकत्ता में उच्चतम न्यायालय की स्थापना किसके द्वारा की गई थी?
(a) 1773 का विनियामक अधिनियम
(b) 1784 का पिट्स इण्डिया अधिनियम
(c) 1793 का चार्टर अधिनियम
(d) 1813 का चार्टर अधिनियम

58. 'भारत छोड़ो आन्दोलन' के दौरान 'समानान्तर सरकार' का गठन कहाँ किया गया था?
(a) इलाहाबाद (b) बलिया
(c) वाराणसी (d) गोरखपुर

59. 'डॉक्ट्रिन ऑफ लैप्स' सिद्धान्त को किस गर्वनर जनरल ने प्रारम्भ किया था?
(a) लॉर्ड कर्जन (b) लॉर्ड लिटन
(c) लॉर्ड डलहौजी (d) लॉर्ड वेलेजली

60. भारत के संविधान के ऊपर सबसे अधिक प्रभाव किसका माना जाता है?
(a) भारत सरकार अधिनियम, 1935
(b) सोवियत संघ का संविधान
(c) ब्रिटिश संविधान
(d) संयुक्त राज्य अमेरिका का संविधान

61. 'चतुरानन' में समास है
(a) कर्मधारय (b) बहुव्रीहि
(c) अव्ययीभाव (d) तत्पुरुष

62. 'अन्वेषण' का सन्धि-विच्छेद होगा
(a) अन् + वेषण (b) अनु + एषण
(c) अनु + ऐषण (d) अनव + एषण

63. निम्नलिखित में से शुद्ध वाक्य का चयन कीजिए
(a) आज सकूल बन्द रहेगा
(b) आज बड़े दिनों बाद सुख प्राप्ति हुई
(c) अस्सी घाट पर सन्तों की बहुलता है
(d) आपकी मनोकामना पूरी हो

64. 'काठ की हाण्डी बार-बार नहीं चढ़ती' का अर्थ है
(a) दुर्भाग्य की मार बार-बार नहीं होती
(b) बुरे दिन हमेशा नहीं रहते
(c) छल-कपट का व्यवहार हमेशा नहीं चलता
(d) लकड़ी का बर्तन अग्नि से जल सकता है

65. करुण रस का स्थायी भाव है
(a) रति (b) शोक
(c) ह्रास (d) उत्साह

66. "जेते तुम तारे, तेते नभ में न तारे हैं" पंक्ति में कौन-सा अलंकार है?
(a) रूपक (b) अनुप्रास
(c) उत्प्रेक्षा (d) यमक

67. "मैं खाना खा चुका हूँ"-वाक्य में कौन-सा काल है?
(a) भविष्यकाल (b) भूतकाल
(c) वर्तमान काल (d) आसामान्य काल

68. पिताजी ने <u>दो लीटर दूध</u> खरीदा में रेखांकित पद में विशेषण का कौन-सा प्रकार है?
(a) निश्चित परिमाणवाचक (b) अनिश्चित परिमाणवाचक
(c) अनिश्चित संख्यावाचक (d) निश्चित संख्यावाचक

Direction (Q. No. 69) *Choose the alternative which meaningfully completes the sentence.*

69. Increasingly, post-graduate students are asked to be came teaching assistants in order to ... undergraduates.
(a) inform (b) drill
(c) instruct (d) teach

Directions (Q. Nos. 70 and 71) *Choose the most suitable one-word for the given expressions.*

70. An unconventional style of living
(a) Bohemian (b) Uncivilised
(c) Contemporary (d) Cosmopolitan

71. Someone who leaves one country to live in another
(a) Migrant (b) Emigrant
(c) Immigrant (d) Fanatic

Directions (Q. Nos. 72 and 73) *Choose the word opposite in meaning to the given word.*

72. Abundant
(a) Triple (b) Luxuriant
(c) Scarce (d) Plentiful

73. Noticeable
(a) Awake (b) Hidden
(c) Unavailable (d) Conspicious

Directions (Q. Nos. 74 and 75) *Choose the option which best expresses the meaning of the given wrod.*

74. Courageous
(a) Fickle (b) Insipid
(c) Timorous (d) Fearless

75. Ravishing
(a) Hungry (b) Ripped
(c) Odd (d) Pretty

76. भारतीय उपमहाद्वीप किसका भाग था?
(a) गोण्डवानालैण्ड (b) अंगारालैण्ड
(c) जुरैसिकलैण्ड (d) आर्यावर्त

77. किस भारतीय राज्य की समुद्र तटीय सीमा सबसे छोटी है?
(a) केरल (b) गुजरात
(c) गोवा (d) ओडिशा

78. भारत की सबसे ऊँची चोटी कौन-सी है?
(a) नन्दा देवी (b) कामेट
(c) नन्दाकोट (d) K-2 (गॉडविन ऑस्टिन)

79. पर्वतीय स्लोपों (Hill Slopes) पर मृदा अपरदन को किस प्रकार नियन्त्रित किया जा सकता है?
(a) सोपान कृषि (b) पट्टीदार खेती
(c) समोच्च रेखीय जुताई (d) वनरोपण

80. किस भारतीय नदी का अन्तर्देशीय जल निकास है?
(a) लूनी (b) गोदावरी
(c) गंगा (d) तापी

81. 'सुन्दरी वृक्ष' किसकी एक विशेष प्रकार की वनस्पति है?
(a) ज्वारीय वन (b) कंटक वन
(c) टैगा वनस्पति (d) पर्वत वनस्पति

82. मुख्य आयरन एवं स्टील उद्योग किस पठार में स्थित हैं?
(a) मालवा (b) दक्कन
(c) छोटानागपुर (d) तेलंगाना

83. कौन-सा तत्त्व सूर्य में सर्वाधिक पाया जाता है?
(a) हाइड्रोजन (b) क्रिप्टन
(c) ऑक्सीजन (d) ऑर्गन

84. स्वतन्त्र न्यायपालिका एवं शक्तियों का विभाजन किसकी दो महत्त्वपूर्ण विशेषताएँ हैं?
(a) सरकार का समाजवादी स्वरूप
(b) सरकार का एकात्मक स्वरूप
(c) सरकार का लोकतान्त्रिक स्वरूप
(d) सरकार का संघीय स्वरूप

85. डॉ. अम्बेडकर ने किस अनुच्छेद को भारतीय संविधान का सबसे महत्त्वपूर्ण अनुच्छेद बताया है?
(a) अनुच्छेद 256 (b) अनुच्छेद 32
(c) अनुच्छेद 24 (d) अनुच्छेद 21

86. संविधान के किस संशोधन ने मौलिक अधिकारों की अपेक्षा राज्य नीति के निदेशक सिद्धान्तों को अधिक महत्त्वपूर्ण बना दिया?
(a) 56वें (b) 44वें
(c) 42वें (d) 52वें

87. भारत के उपराष्ट्रपति पर महाभियोग किसके द्वारा लगाया जा सकता है?
(a) राज्यसभा (b) लोकसभा
(c) राष्ट्रपति (d) विधानपरिषद्

88. मन्त्रिपरिषद् में निम्न में से कौन-से शामिल नहीं है?
(a) कैबिनेट मन्त्री (b) कैबिनेट सचिव
(c) राज्य मन्त्री (d) बिना विभाग के मन्त्री

89. भारत की संसद द्वारा दल-बदल विरोधी कानून किस वर्ष में पारित किया गया था?
(a) वर्ष 1986 (b) वर्ष 1988
(c) वर्ष 1983 (d) वर्ष 1985

90. भारतीय संविधान के किस संशोधन ने नगरीय स्थानीय सरकारों को संवैधानिक दर्जा दिया था?
(a) 74वाँ (b) 72वाँ
(c) 73वाँ (d) 71वाँ

91. एक उष्माक्षेपी प्रतिक्रिया क्या होती है?
(a) प्रतिक्रिया जिसमें उष्मा विमोचित होती है
(b) प्रतिक्रिया जिसमें उष्मा अवशोषित होती है
(c) सूर्य के प्रकाश को पूर्णतया शीतल कर देते हैं
(d) उपरोक्त में से कोई नहीं

92. किसी तत्त्व की रासायनिक प्रकृति निम्नलिखित में से किस पर निर्भर करती है?
(a) प्रोटॉन पर (b) आवेश पर
(c) संयोजी इलेक्ट्रॉन पर (d) इनमें से कोई नहीं

93. निम्नलिखित में वह ग्रन्थि कौन-सी है, जो शरीर का ताप स्थायी रखती है?
(a) पीयूष-ग्रन्थि (b) हाइपोथैलेमस
(c) पीनियल-ग्रन्थि (d) अवटु ग्रन्थि

94. घटिया वस्तु के लिए माँग गिरती है, जब
(a) कीमत बढ़ती है (b) आय बढ़ती है
(c) कीमत घटती है (d) आय घटती है

95. किस प्रकार के बाजार में एक व्यवसाय संघ कीमतों को नियन्त्रित करने में असमर्थ रहता है?
(a) मिश्रित स्पर्धा (b) अल्पाधिकार
(c) एकाधिकार (d) पूर्ण स्पर्धा

96. बाजार नियम किसने प्रस्तुत किया था?
(a) एडम स्मिथ (b) जे. बी. से
(c) टी. आर. माल्थस (d) डेविड रिकार्डो

97. कौन-सी पंचवर्षीय योजना केवल चार वर्ष की थी?
(a) दूसरी (b) छठी
(c) पाँचवी (d) तीसरी

98. निम्न में से कौन हिन्द महासागर तटीय क्षेत्रीय सहयोग संघ (IORA) का सदस्य नहीं है?
(a) मॉरीशस (b) अफगानिस्तान
(c) भारत (d) बांग्लादेश

99. सूक्ष्म अर्थशास्त्र का सम्बन्ध किससे है?
(a) समग्र यूनिट (b) सीमांत यूनिट
(c) व्यक्तिगत यूनिट (d) आंशिक यूनिट

100. किसान क्रेडिट कार्ड योजना किस वर्ष शुरू की गई थी?
(a) वर्ष 1998 (b) वर्ष 1991
(c) वर्ष 2000 (d) वर्ष 1996

उत्तरमाला

प्रथम प्रश्न-पत्र

1 (c)	2 (b)	3 (a)	4 (b)	5 (c)	6 (a)	7 (b)	8 (a)	9 (a)	10 (b)
11 (d)	12 (c)	13 (c)	14 (c)	15 (c)	16 (d)	17 (b)	18 (b)	19 (a)	20 (c)
21 (d)	22 (a)	23 (c)	24 (a)	25 (d)	26 (c)	27 (b)	28 (c)	29 (a)	30 (c)
31 (d)	32 (a)	33 (a)	34 (d)	35 (b)	36 (a)	37 (c)	38 (b)	39 (b)	40 (c)
41 (c)	42 (a)	43 (c)	44 (b)	45 (a)	46 (a)	47 (b)	48 (c)	49 (a)	50 (c)
51 (c)	52 (d)	53 (d)	54 (a)	55 (b)	56 (c)	57 (d)	58 (b)	59 (d)	60 (a)
61 (d)	62 (c)	63 (a)	64 (a)	65 (c)	66 (d)	67 (d)	68 (d)	69 (a)	70 (b)
71 (b)	72 (d)	73 (a)	74 (b)	75 (c)	76 (a)	77 (d)	78 (b)	79 (c)	80 (b)
81 (d)	82 (a)	83 (a)	84 (d)	85 (a)	86 (a)	87 (c)	88 (a)	89 (a)	90 (a)
91 (a)	92 (c)	93 (d)	94 (b)	95 (c)	96 (b)	97 (d)	98 (c)	99 (b)	100 (c)

द्वितीय प्रश्न-पत्र

1 (c)	2 (b)	3 (c)	4 (b)	5 (c)	6 (b)	7 (a)	8 (b)	9 (c)	10 (d)
11 (b)	12 (c)	13 (b)	14 (a)	15 (c)	16 (a)	17 (b)	18 (a)	19 (c)	20 (a)
21 (a)	22 (b)	23 (c)	24 (a)	25 (c)	26 (b)	27 (c)	28 (d)	29 (d)	30 (c)
31 (c)	32 (c)	33 (d)	34 (d)	35 (a)	36 (c)	37 (d)	38 (b)	39 (d)	40 (d)
41 (d)	42 (d)	43 (a)	44 (a)	45 (d)	46 (a)	47 (c)	48 (a)	49 (b)	50 (a)
51 (b)	52 (c)	53 (a)	54 (c)	55 (a)	56 (d)	57 (a)	58 (b)	59 (c)	60 (a)
61 (b)	62 (b)	63 (c)	64 (c)	65 (b)	66 (d)	67 (b)	68 (a)	69 (c)	70 (a)
71 (b)	72 (c)	73 (b)	74 (d)	75 (d)	76 (a)	77 (c)	78 (d)	79 (c)	80 (a)
81 (a)	82 (c)	83 (a)	84 (d)	85 (b)	86 (c)	87 (a)	88 (b)	89 (d)	90 (a)
91 (a)	92 (c)	93 (b)	94 (b)	95 (d)	96 (b)	97 (c)	98 (b)	99 (c)	100 (a)

संकेत एवं हल

प्रथम प्रश्न-पत्र

1. (c) भारत में सर्व शिक्षा अभियान वर्ष 2000-2001 में प्रारम्भ किया गया था। यह एक निश्चित समयावधि के भीतर प्रारम्भिक शिक्षा के सार्वभौमीकरण लक्ष्य को प्राप्त करने हेतु भारत सरकार का एक महत्त्वपूर्ण कार्यक्रम है। इस अभियान को देशभर में राज्य सरकारों की सहभागिता से चलाया जा रहा है।

2. (b) कमाण्ड Ctrl + v का प्रयोग पेस्टिंग से सम्बन्धित होता है। यह क्लिपबोर्ड में copy या cut किए हुए item या text को paste करने से सम्बन्धित होता है।

3. (a) भारतीय संविधान के अनुच्छेद 60 के अनुसार भारत के राष्ट्रपति को उच्चतम न्यायालय के मुख्य न्यायाधीश या फिर उसकी अनुपस्थिति में वरिष्ठतम न्यायाधीश द्वारा पद की शपथ दिलाई जाती है।

4. (b) संविधान के भाग-3 में अनुच्छेद 12 से 35 तक उपलब्ध अधिकारों को मूल अधिकारों की संज्ञा दी गई है। मूल अधिकारों से तात्पर्य राजनीतिक लोकतन्त्र के आदर्शों की उन्नति से है। ये अधिकार देश में व्यवस्था बनाए रखने के साथ ही राज्य के कठोर नियमों के विरुद्ध नागरिकों को स्वतन्त्रता प्रदान करते हैं।

5. (c) परम 8000 को भारत का पहला सुपर कम्प्यूटर माना जाता है। इसमें 64 CPU प्रयोग किए गए थे। इसका वर्ष 1991 में अनावरण किया गया था। यह स्वदेश में सी-डैक कम्पनी द्वारा वर्ष 1990 में बनाया गया था।

6. (a) LINUX एक ऑपरेटिंग सिस्टम है। ऑपरेटिंग सिस्टम एक तरह का कम्प्यूटर का कण्ट्रोल प्रोग्राम है, जो कम्प्यूटर के समस्त क्रियाकलापों अर्थात् कार्यों पर नियन्त्रण रखता है।

7. (b) भारत में वर्तमान सेना प्रमुख मनोज मुकुंद नरवाने हैं। थलसेना अध्यक्ष की नियुक्ति, मन्त्रिमण्डल द्वारा नियुक्त समिति द्वारा की जाती है। इस पद की अवधि 3 वर्ष या 62 वर्ष की आयु तक होती है।

8. (a) बंगाल में दोहरी शासन व्यवस्था का अन्त वारेन हेस्टिंग्स द्वारा किया गया था। कम्पनी ने इलाहाबाद की सन्धि के अन्तर्गत बिहार, उड़ीसा तथा बंगाल पर द्वैध शासन लागू किया। इसके अन्तर्गत यहाँ का प्रशासन का जिम्मा नवाब को दिया गया, जबकि कर वसूलने के अधिकार कम्पनी ने अपने पास रखे।

9. (a) प्रीतम चक्रवर्ती को मिर्ची म्यूजिक अवार्ड, 2020 के म्यूजिक कम्पोजर ऑफ द ईयर से सम्मानित किया गया। सॉन्ग ऑफ द ईयर 'कलंक' को तथा एल्बम ऑफ द ईयर 'केसरी' को प्रदान किया गया।

10. (b) IGNOU के डिजिटल कोष का नाम e-GYAN है। e-GYAN कोष पर स्टूडेंट्स और अन्य सभी सेल्फ-लर्नर्स के लिए इग्नू के सभी यू-ट्यूब वीडियोज, स्वयं कोर्सेज मैटीरियल, एफबी लाइव रिकॉर्डेड वीडियोज और सेल्फ लर्निंग मैटीरियल अपलोड किए गए हैं।

11. (d) दीपिका कुमारी का सम्बन्ध क्रिकेट से न होकर तीरन्दाजी से है। दीपिका कुमारी ने वर्ष 2006 में मैक्सिको में आयोजित वर्ल्ड चैम्पियनशिप में कम्पाउण्ड एकल प्रतियोगिता में स्वर्ण पदक हासिल किया था। ऐसा करने वाली वह दूसरी भारतीय थी। उन्होंने वर्ष 2010 के एशियन गेम्स में काँस्य पदक तथा वर्ष 2010 के कॉमनवेल्थ में महिला एकल और टीम के साथ दो स्वर्ण पदक हासिल किए।

12. (c) 'डोगरी', भारत के जम्मू-कश्मीर राज्य (वर्तमान में दोनों केन्द्रशासित प्रदेश) में बोली जाने वाली एक प्रमुख भाषा है। वर्ष 2001 में इसे भारतीय संविधान की आठवीं अनुसूची में शामिल किया गया है।

13. (c) दक्षिण अफ्रीका एवं उत्तरी अफ्रीका में मुख्य रूप से अफ्रीकी भाषा का प्रयोग किया जाता है। अफ्रीका महाद्वीप में बुशमैन, बांटू, तथा सामी-हामी परिवार की भाषाएँ बोली जाती हैं।

14. (c) महात्मा गाँधी राष्ट्रीय ग्रामीण रोजगार गारण्टी अधिनियम को भारत सरकार द्वारा वर्ष 2005 में 'राष्ट्रीय ग्रामीण रोजगार गारण्टी अधिनियम, 2005 (नरेगा) के रूप में प्रस्तुत किया गया। इसे वर्ष 2006 में संसद से पारित किया गया। वर्ष 2010 में नरेगा का नाम बदलकर मनरेगा कर दिया गया था।

15. (c) NCERT (National Council of Education Research and Training) के वर्तमान निदेशक ऋषिकेश सेनापति हैं। NCERT भारत सरकार द्वारा स्थापित संस्थान है, जो विद्यालयी शिक्षा से जुड़े मामलों पर केन्द्रीय सरकार एवं प्रान्तीय सरकारों को सलाह देने के उद्देश्य से स्थापित किया गया है।

16. (d) 20 सितम्बर, 2004 को पूरी तरह से शिक्षा पर आधारित एडुसैट (ADUSAT) जीसैट-3 को श्रीहरिकोटा से प्रक्षेपित किया गया। यह देशभर में शैक्षणिक सामग्री के संवितरण के लिए कक्षा को उपग्रह आधारित दोतरफा संचार उपलब्ध कराता है।

17. (b) मानव शरीर का प्रमुख अंग अग्न्याशय इंसुलिन का उत्पादन करता है।

18. (b) संविधान की आठवीं अनुसूची में 22 भाषाएँ (मूल रूप से 14) शामिल हैं। ये हैं- असमिया, बंगाली, बोडो, डोगरी, गुजराती, हिन्दी, कन्नड़, कश्मीरी, कोंकणी, मैथिली, मलयालम, मैतई, मराठी, नेपाली, ओडिया, पंजाबी, संस्कृत, सन्थाली, सिन्धि, तमिल, तेलुगू और उर्दू।

19. (a) कर्णम मल्लेश्वरी भारत की महिला भारोत्तोलक हैं। वे ओलम्पिक खेलों में कांस्य पदक जीतने वाली प्रथम महिला खिलाड़ी हैं। मल्लेश्वरी को वर्ष 1995 में अर्जुन पुरस्कार, वर्ष 1996 में राजीव गाँधी खेल रत्न पुरस्कार और वर्ष 1997 में पद्मश्री से सम्मानित किया गया।

20. (c) देवधर ट्रॉफी भारत की एक घरेलू क्रिकेट प्रतियोगिता है। देवधर ट्रॉफी भारतीय घरेलू क्रिकेट में 50 ऑवर नॉट आउट लिस्ट एक क्रिकेट प्रतियोगिता है, जिसका आयोजन प्रत्येक वर्ष भारतीय क्रिकेट कण्ट्रोल बोर्ड द्वारा किया जाता है।

21. (d) O^+ रक्त समूह सार्वभौमिक दाता है, क्योंकि इसमें एण्टीजन तथा एण्टीबॉडी का अभाव होता है। जबकि AB^+ को यूनिवर्सल ब्लड रिसीवर कहा जाता है, क्योंकि इसमें दोनों प्रकार के एण्टीजन तथा एण्टीबॉडी पाए जाते हैं।

22. (a) प्रकाश वर्ष Ly द्वारा चिह्नित किया जाता है। यह लम्बाई की (दूरी) एक मापन इकाई है। यह लगभग 95 खरब किमी की होती है। अन्तर्राष्ट्रीय खगोलीय संघ के अनुसार एक प्रकाश वर्ष वह दूरी है, जो प्रकाश अपने निर्वात में एक वर्ष में पूरा करता है।

23. (c) 'A Hindu view of Life' पुस्तक डॉ. सर्वपल्ली राधाकृष्णन ने लिखी है। डॉ. सर्वपल्ली राधाकृष्णन भारत के पहले उपराष्ट्रपति तथा दूसरे राष्ट्रपति थे।

24. (a) 'Asian Drama' के लेखक गुन्नार मिर्डाल हैं। गुन्नार मिर्डाल स्वीडन के प्रसिद्ध अर्थशास्त्री तथा समाजवादी विचारधारा के व्यक्ति हैं। इनकी मृत्यु 17 मई, 1987 में हुई थी।

25. (d) 'AGMARK' एक प्रमाणन चिह्न है, जो भारत में कृषि/खाद्य उत्पादों/पदार्थों पर लगाया जाता है, जिन उत्पादों पर एगमार्क लगा हो, उनके बारे में आशा की जाती है कि वे उत्पाद कुछ निर्धारित मानकों पर खरे उतरते हैं। ये मानक भारत सरकार के विपणन तथा निरीक्षण निर्देशालय द्वारा अनुमोदित होते हैं।

26. (c) भारत के गुजरात राज्य की तटीय रेखा सबसे लम्बी है। गुजरात की 1214.7 किमी लम्बी समुद्री रेखा देश की कुल मुख्य भूमि के तट का लगभग 23% है। भारत में सबसे छोटी तट रेखा वाला राज्य गोवा है, जिसकी कुल लम्बाई 101 किमी है।

27. (b) पाण्डिचेरी (पुदुचेरी) एक फ्रांसीसी कॉलोनी थी, जिसे 1 नवम्बर, 1954 को भारत में विलय किया गया था। पुदुचेरी के क्षेत्र में दक्षिण में फैले पुदुचेरी, कराईकल, माहे और मनाम के क्षेत्र शामिल थे।

28. (c) सूरत में चरमपन्थी और नरमपन्थी के बीच कांग्रेस का विभाजन वर्ष 1907 में हुआ था।

इस विभाजन का तात्कालिक कारण यह था कि चरमपन्थी चाहते थे कि कांग्रेस का यह अधिवेशन नागपुर में हो तथा इसके अध्यक्ष लाला लाजपत राय या बाल गंगाधर तिलक बने तथा इसमें

स्वदेशी व बहिष्कार आन्दोलन और राष्ट्रीय शिक्षा के पूर्ण समर्थन में एक प्रस्ताव पारित किया जाए। वहीं नरमपन्थी अधिवेशन को सूरत में आयोजित करवाना चाहते थे तथा रास बिहारी घोष को अध्यक्ष बनाने तथा स्वदेशी बहिष्कार एवं राष्ट्रीय शिक्षा के प्रस्ताव को वापिस लेने की जोरदार माँग उठाना चाहते थे।

29. (a) भारत की राजधानी कलकत्ता से नई दिल्ली वर्ष 1912 में स्थानान्तरित की गई थी। वर्ष 1912 में अंग्रेज शासकों ने यह महसूस किया कि देश का शासन बेहतर तरीके से चलाने के लिए कलकत्ता की जगह यदि दिल्ली को राजधानी बनाए जाए, तो बेहतर होगा, क्योंकि यहाँ से शासन का संचालन अधिक प्रभावी होगा। इस पर विचार करने के बाद जॉर्ज पंचम ने देश की राजधानी को दिल्ली स्थानान्तरित करने के आदेश दिए।

30. (c) भारत में सर्वोच्च न्यायालय के न्यायाधीश कुलदीप सिंह को 'ग्रीन जज' कहा जाता है। इन्होंने अपने सुप्रीम कोर्ट के कार्यकाल में बहुत से पर्यावरणीय मुद्दों से सम्बन्धित PIL का निस्तारण किया था। इस कारण इन्हें 'ग्रीन जज' कहा जाता है।

31. (d) भारतीय संविधान को 26 नवम्बर, 1949 में अपनाया गया था, परन्तु इसे लागू 26 जनवरी, 1950 में किया गया था। डॉ. भीमराव अम्बेडकर को भारत के संविधान का जनक कहा जाता है।

32. (a) 'My Country, My Life' पुस्तक के लेखक लालकृष्ण आडवाणी हैं। इस पुस्तक का विमोचन 19 मार्च, 2008 में तत्कालीन राष्ट्रपति अब्दुल कलाम द्वारा किया गया था।

33. (a) कंचन चौधरी भारत में पहली महिला पुलिस महानिदेशक बनी हैं। वह उत्तराखण्ड राज्य की वर्ष 2007 में पुलिस महानिदेशक बनी थी। वह किरण बेदी के बाद देश की दूसरी महिला आईपीएस अधिकारी हैं।

34. (d) भारत 9 पिन कोड क्षेत्रों में विभाजित है। पोस्टल इण्डेक्स नम्बर या पिन कोड भारतीय डाक द्वारा प्रयोग किया जाने वाला 6 अंकों का कोड है। इसकी शुरुआत 15 अगस्त, 1972 को हुई थी।

35. (b) रेडक्रॉस की स्थापना 1863 ई. में हेनरी ड्यूरेण्ट ने की थी। रेडक्रॉस एक अन्तर्राष्ट्रीय संगठन है, जिसका मिशन मानवीय जिन्दगी व सेहत को सुरक्षित रखना है। इसका मुख्यालय जेनेवा, स्विट्जरलैण्ड में है।

36. (a) मॉण्ट्रियल प्रोटोकाल एक अन्तर्राष्ट्रीय सन्धि है, जिसे ओजोन क्षरण को रोकने के लिए बनाया गया था। इस प्रोटोकॉल के माध्यम से उन पदार्थों के उत्पादन को कम करना है, जोकि ओजोन परत की क्षरण के लिए जिम्मेदार है।

37. (c) सीस्मोलॉजी इंजीनियरिंग की ही एक शाखा है। इसके अन्तर्गत पृथ्वी की प्लेटों में बढ़ती हलचलों तथा भूकम्प से सम्बन्धित क्षेत्रों में हो रहे विस्तार का पता लगाया जाता है।

38. (b) लोकसभा की पहली महिला स्पीकर मीरा कुमार थी। इन्होंने पन्द्रहवीं लोकसभा में बिहार के सासाराम लोकसभा क्षेत्र का प्रतिनिधित्व किया।

39. (b) टोबा-टेक सिंह के लेखक सआदत हसन मिण्टो हैं। टोबा-टेक सिंह एक लघु कहानी पुस्तक है, जो वर्ष 1955 में प्रकाशित हुई थी।

40. (c) ईस्ट इण्डिया कम्पनी द्वारा नियुक्त 'गुमास्ता' एक प्रतिनिधि था, जो बुनकरों पर निगरानी रखने, माल इकट्ठा करने और कपड़ों की गुणवत्ता जाँचने के लिए एक वेतन भोगी कर्मचारी था। यह माल खरीदने या बेचने पर लेखा-जोखा तैयार करता था।

41. (c) नरेन्द्र मोदी ने प्रधानमन्त्री के रूप में पहली बार शपथ 26 मई, 2014 को ग्रहण की थी। इससे पूर्व वे गुजरात राज्य के मुख्यमन्त्री थे। नरेन्द्र मोदी ने प्रधानमन्त्री के रूप में दूसरी बार 30 मई, 2019 को शपथ ली थी। प्रधानमन्त्री को शपथ राष्ट्रपति के द्वारा दिलाई जाती है।

42. (a) महात्मा गाँधी ने वर्ष 1918 में गुजरात के खेड़ा जिले में किसानों की फसल नष्ट हो जाने के बावजूद सरकार द्वारा लगान में छूट न दिए जाने के कारण सरकार के विरुद्ध किसानों का साथ दिया और उन्हें यह राय दी कि जब तक लगान में छूट नहीं मिलती, वे लगान देना बन्द कर दें।

43. (c) बजट 2019-20 के अनुसार, भारत में दुग्ध उत्पादन को वर्ष 2025 तक दोगुना करने का लक्ष्य रखा गया था। इसके अन्तर्गत दुग्ध प्रसंस्करण क्षमता 53.5 मिलियन टन से बढ़ाकर 108 मिलियन टन करने का लक्ष्य रखा गया था।

44. (b) मानव शरीर की सबसे बड़ी ग्रन्थि यकृत है। इसका वजन लगभग 1.5-2 किग्रा होता है। यकृत द्वारा पित्त स्रावित होता है।

45. (a) फिरोजशाह कोटला (दिल्ली) स्टेडियम का नाम बदलकर वर्ष 2019 में पूर्व वित्त मन्त्री अरुण जेटली स्टेडियम कर दिया गया। फिरोजशाह तुगलक दिल्ली सल्तनत में तुगलक वंश का शासक था।

46. (a) आन्ध्र प्रदेश में मकर संक्रान्ति पोंगल या संक्रान्ति के नाम से जानी जाती है। यह दक्षिण भारत (तमिलनाडु) का एक फसल उत्सव है, जो जनवरी-फरवरी के महीने में चार दिनों तक मनाया जाता है।

47. (b) ऑस्ट्रेलिया ओपन एकल खिताब 2020 नोवाक जोकोविच द्वारा जीता गया। उन्होंने टूर्नामेण्ट के फाइनल में ऑस्ट्रिया के डोमिनिक थिएम को हराकर जीत दर्ज की।

48. (c) भारत ने परमाणु युग में 4 अगस्त, 1956 में उस समय प्रवेश किया, जब देश के पहले परमाणु रिएक्टर अप्सरा का शुभारम्भ किया गया। इस रिएक्टर का डिजाइन एवं निर्माण भारत द्वारा किया गया था। परन्तु इसके लिए परमाणु ईंधन की आपूर्ति ब्रिटेन द्वारा की गई थी।

49. (a) सौर ऊर्जा का मुख्य स्रोत नाभिकीय संलयन है, जब दो हल्के नाभिकीय संचालित होकर एक बड़े नाभिक का निर्माण करते हैं, तब यह प्रक्रिया नाभिकीय संलयन कहलाती है।

50. (c) भारत का तमिलनाडु राज्य देश का पहला ऐसा राज्य है, जहाँ पूरे राज्य में हर घर की छत पर वर्षा जल संग्रहण करना आवश्यक कर दिया गया है।

51. (c) तत्सम दो शब्दों 'तत् + सम' से मिलकर बना है, जिसका अर्थ है 'उसके समान' अर्थात् संस्कृत के समान। संस्कृत के ऐसे शब्द जिसे हम ज्यों-का-त्यों प्रयोग में लाते हैं, तत्सम शब्द कहलाते हैं; जैसे–अग्नि, वायु, माता, प्रकाश, सूर्य, पृथ्वी आदि। अतः 'पृथ्वी' तत्सम शब्द है, जिसका तद्भव रूप 'प्रथ्वी' है।

52. (d) जिसके लिए कुछ किया जाए या जिसको कुछ दिया जाए इसका बोध कराने वाले शब्द को सम्प्रदान कारक कहते हैं। इसका परसर्ग 'के लिए' है; जैसे-''माँ ने बच्चे के लिए खिलौने खरीदे।''

53. (d) क्रिया के जिस रूप से वर्तमान समय में क्रिया का होना पाया जाए, उसे वर्तमान काल कहते हैं। इसमें क्रिया का आरम्भ हो चुका होता है पर समाप्ति नहीं होती है; जैसे-''मैं चित्र बना रहा हूँ'' इस वाक्य में वर्तमान समय में चित्र बनाने का बोध हो रहा है यानि क्रिया अभी चल रही है। इसलिए यह वर्तमान काल का उदाहरण है।

54. (a) 'आलू' पुर्तगाली भाषा का शब्द है। इसलिए विकल्प (a) सही उत्तर है। पुर्तगाली भाषा के अन्य शब्द हैं-आलपिन, अलमारी, इस्पात, गोदाम, पिस्तौल, तम्बाकू, काजू, सन्तरा, मिस्त्री आदि।

55. (b) कठोर तालु के मध्य का भाग 'मूर्धा' कहलाता है। जब जिह्वा की उल्टी हुई नोंक का निचला भाग मूर्धा से स्पर्श करता है, तब ऐसी स्थिति में उत्पन्न ध्वनि को मूर्धन्य व्यंजन कहते हैं। ट, ठ, ड, ढ, ण, ष मूर्धन्य व्यंजन हैं। 'ष' के उच्चारण में जिह्वा मूर्धा को स्पर्श करती है, इसलिए इसका उच्चारण स्थान मूर्धा है।

56. (c) 'गूलर का फूल होना' मुहावरे का अर्थ है-दुर्लभ वस्तु; जैसे-आज के युग में लक्ष्मण जैसे भाई का मिलना 'गूलर का फूल' होना है।

57. (d) 'सुत' शब्द को स्त्रीवाचक बनाने के लिए 'आ' प्रत्यय का प्रयोग करके 'सुता' शब्द बनेगा। सुत का अर्थ है 'बेटा' तथा 'सुता' का अर्थ है 'बेटी।' वे प्रत्यय जो कुछ शब्दों के अन्त में जुड़कर उन्हें स्त्रीवाचक बना देते हैं, स्त्रीवाचक प्रत्यय कहलाते हैं; जैसे-आइन, आनी, इन, ईया, ई, नी आदि स्त्रीवाचक प्रत्यय हैं।

58. (b) 'पैरों से लेकर सिर तक' वाक्यांश के लिए एक शब्द 'आपादमस्तक' होगा। अन्य विकल्पों में,

आद्योपान्त-आदि से लेकर अन्त तक।

नतमस्तक-किसी के सम्मान में सिर झुकाने वाला।

59. (d) काव्य में भाव तथा कला के सौन्दर्य को बढ़ाने वाले कारक अलंकार कहलाते हैं। हिन्दी में अलंकार मुख्यतः दो प्रकार के होते हैं-शब्दालंकार, अर्थालंकार। अनुप्रास, यमक, श्लेष शब्दालंकार तथा उपमा, रूपक, एवं उत्प्रेक्षा अर्थालंकार के अन्तर्गत आते हैं।

60. (a) हिन्दी के सर्वश्रेष्ठ हास्य-व्यंग्य निबन्धकार 'हरिशंकर परसाई' हैं। वे हिन्दी के पहले रचनाकार हैं, जिन्होंने व्यंग्य को विधा का दर्जा दिलाया और उसे हल्के-फुल्के मनोरंजन की परम्परागत परिधि से उबारकर समाज के व्यापक प्रश्नों से जोड़ा। उनकी व्यंग्य रचनाएँ समाज की वास्तविकता को हमारे सामने खड़ा करती हैं। उनके प्रमुख व्यंग्य निबन्ध हैं–बेइमानी की परत, प्रेमचन्द के फटे जूते, वैष्णव की फिसलन, पगडण्डियों का जमाना, सदाचार का ताबीज, विकलांग श्रद्धा का दौर आदि।

61. (d) 'षडानन' शब्द का सही सन्धि विच्छेद षट् + आनन होगा। यहाँ ट् + आ = डा में परिवर्तित होने के कारण यह व्यंजन सन्धि का उदाहरण है। व्यंजन सन्धि के नियमानुसार, यदि स्पर्श व्यंजनों के प्रथम अक्षर अर्थात् क्, च, त्, प् के आगे कोई स्वर अथवा किसी वर्ग का तीसरा या चौथा वर्ण अथवा य, र, ल, व आए तो क्, च्, त्, प् के स्थान पर उसी वर्ग का तीसरा अक्षर अर्थात् क के स्थान पर ग, च के स्थान पर ज, ट के स्थान पर ड, त के स्थान पर द और प के स्थान पर ब हो जाता है; जैसे-

दिक् + अम्बर = दिगम्बर

अच् + अन्त = अजन्त

सत् + आचार = सदाचार

उद् + घाटन = उद्घाटन

सुप् + अन्त = सुबन्त

62. (c) वे शब्द जो यौगिक तो होते हैं, परन्तु जिनका अर्थ रूढ़ (विशेष अर्थ) हो जाता है, योगरूढ़ कहलाते हैं। ये सामान्य अर्थ को प्रकट न कर किसी विशेष अर्थ का प्रकटीकरण करते हैं, जैसे- 'चक्रधर'। यह 'चक्र' और 'धर' के योग से बना है, जिसका अर्थ है-'चक्र को धारण करने वाला'। चक्रधर शब्द 'विष्णु' के अर्थ में रूढ़ है। इसलिए यह योगरूढ़ शब्द है।

63. (a) जिन सर्वनाम शब्दों से किसी निश्चित वस्तु का बोध न हो, उन्हें अनिश्चयवाचक सर्वनाम कहते हैं; जैसे-कोई, कुछ आदि। उदाहरण-कोई आ रहा है, वह कुछ लाया था। इन वाक्य में 'कोई' तथा 'कुछ' शब्द से निश्चित व्यक्ति या वस्तु का बोध न होने के कारण यह अनिश्चयवाचक सर्वनाम शब्द हैं। अन्य विकल्पों में, 'कौन' तथा 'क्या' प्रश्नवाचक सर्वनाम तथा 'यह' निश्चयवाचक सर्वनाम है।

64. (a) सम्बन्धबोधक अव्यय संज्ञा अथवा सर्वनाम के साथ प्रयुक्त होते हैं। जिन अविकारी शब्दों से संज्ञा या सर्वनाम का सम्बन्ध दूसरे शब्दों में प्रकट होता है, उन्हें सम्बन्धबोधक अव्यय कहते हैं; जैसे-'मैं गोपाल के बिना नहीं जाऊँगा'' इस वाक्य में 'बिना' शब्द 'गोपाल' (संज्ञा) और 'मैं' (सर्वनाम) के बीच सम्बन्ध प्रकट करता है। अतः 'बिना' शब्द एक सम्बन्धबोधक अव्यय का उदाहरण है।

65. (c) स्थायी भाव को जगाने और उद्दीप्त करने वाला कारक विभाव कहलाता है। दूसरे शब्दों में, जो व्यक्ति, वस्तु या परिस्थितियाँ स्थायी भावों को उद्दीप्त या जाग्रत करती हैं, उन्हें विभाव कहते हैं। विभाव दो प्रकार के होते हैं—आलम्बन विभाव तथा उद्दीपन विभाव।

66. (d) कथन में सौन्दर्य के बहाने एक ही शब्द की आवृत्ति को पुनरुक्ति प्रकाश अलंकार कहते हैं। प्रश्न में दिए गए उदाहरण में 'ज्यों-ज्यों' तथा 'त्यों-त्यों' शब्द में पुनरुक्ति अलंकार है।

67. (d) प्रश्न में दिए गए तीनों विकल्पों की वर्तनी अशुद्ध हैं। इनके शुद्ध वर्तनी रूप निम्न हैं

उज्जवल-उज्ज्वल, दिपक-दीपक, मुर्ति-मूर्ति।

68. (d) दिए गए विकल्पों में से 'दर्शन' शब्द में उपसर्ग नहीं लगा है, क्योंकि दर्शन शब्द 'दृश्' धातु में 'अन्' प्रत्यय लगाने से बना है। अन्य विकल्पों में,

अति (उपसर्ग) + क्रमण (मूल शब्द) = अतिक्रमण

प्रति (उपसर्ग) + क्षण (मूल शब्द) = प्रतिक्षण

सु (उपसर्ग) + गम (मूल शब्द) = सुगम

69. (a) जब हम काव्य का आनन्द उसे देखकर प्राप्त करते हैं, तो वह 'दृश्यकाव्य' कहलाता है। नाटक तथा प्रहसन दृश्यकाव्य के अन्तर्गत ही आते हैं, क्योंकि इन्हें मंच पर मंचित होते देखकर ही आनन्द की अनुभूति होती है, जबकि कहानी तथा व्यंग्य श्रव्यकाव्य के अन्तर्गत आते हैं।

70. (b) पुनरुक्ति बोध या पुनरुक्ति सूचक चिह्न ('') का प्रयोग ऊपर लिखे किसी वाक्य के अंश को दोबारा लिखने से बचने के लिए किया जाता है। इसका चिह्न ('') है; जैसे-

दानकर्ता	दान राशि (₹)
अनिल	₹ 200
सुमित	''
रामू	''
श्याम	₹ 100

71. (b) छायावादी युग के महान कवि सुमित्रानन्दन पन्त को 'प्रकृति का सुकुमार कवि' कहा जाता है। पन्त जी ने प्रकृति के माध्यम से प्रत्येक भाव बड़ी ही सुन्दरता से शब्दों में व्यक्त किए हैं। इसी विशेषता के कारण उन्हें प्रकृति का सुकुमार कवि कहा जाता है।

72. (d) स्वाभिमान-स्वाधीनता का प्रतीक 'सिंह' को माना जाता है।

73. (a) 'अलि' शब्द के दो अर्थ भौंरा तथा सखि हैं। 'अलि' अनेकार्थी शब्द है। अनेकार्थी शब्द का अर्थ है, अनेक अर्थ वाला, जिन शब्दों से एक से अधिक अर्थ का बोध होता है, उन्हें अनेकार्थी शब्द कहते हैं।

'अलि' के अन्य अनेकार्थी शब्द हैं-भ्रमर, कोयल, सहेली, पंक्ति, बाँध, सेतु आदि।

74. (b) जो शब्द क्रिया के अर्थ में विशेषता प्रकट करते हैं, उन्हें क्रिया विशेषण कहते हैं; जैसे- ''वह बहुत बोलती है।'' वाक्य में 'बहुत' शब्द क्रिया विशेषण है, जो 'बोलती है' क्रिया की विशेषता बताता है।

75. (c) 'उज्ज्वल' शब्द का सन्धि विच्छेद उत् + ज्वल होगा। इसमें व्यंजन सन्धि है। व्यंजन सन्धि के नियमानुसार यदि त् और द् के आगे ज् या झ् आए तो ज्, झ, 'ज' में बदल जाते हैं; जैसे-

सत् + जन = सज्जन
विपद् + जाल = विपज्जाल
सत् + जाति – सज्जाति

76. (a) छायावादी युग के प्रवर्तक जयशंकर प्रसाद हैं। प्रसाद जी की प्रथम रचना 'झरना' (1918) थी, तभी से छायावादी युग का आरम्भ माना जाता है।

77. (d) जब ए, ऐ, ओ, औ के बाद कोई भिन्न स्वर आता है, तो ए का 'अय', ऐ का 'आय' ओ का अव तथा औ का आव हो जाता है, तो उसे अयादि सन्धि कहते हैं, जैसे-

ने + अयन = नयन
नै + अक = नायक
पौ + अन = पवन
पौ + अक = पावक

इस प्रकार पावक शब्द अयादि सन्धि का उदाहरण है।

78. (b) सामान्यतः काव्य के कुल दो भेद बताए गए हैं-दृश्य काव्य तथा श्रव्य काव्य।
जिस काव्य में भाव तथा चमत्कार संकेतों, अभिनय आदि के द्वारा प्रदर्शित होते हैं और इन भावों से जिस आनन्द की अनुभूति होती है, तो उसे दृश्य काव्य कहते हैं, जैसे-'महाराणा प्रताप'। जिस काव्य में आनन्द को सुनकर या पढ़कर प्राप्त किया जा सकता है, वहाँ पर श्रव्य काव्य होता है, जैसे- 'रामचरितमानस'।

79. (c) प्रसारण का विलोम शब्द 'आकुंचन' है, क्योंकि प्रसारण का अर्थ है-फैलाना, जबकि आकुंचन का अर्थ है-सिकुड़ना। इस प्रकार ये दोनों शब्द एक-दूसरे के विपरीत हैं। अतः विकल्प (c) सही उत्तर है।

80. (b) लोक संस्कृति का जन्म गाँवों में हुआ। भारतीय लोक संस्कृति की आत्मा भारतीय साधारण जनता है, जो नगरों से दूर गाँवों, वन-प्रान्तों में निवास करती है।

81. (d) 'कृपाण' तत्सम शब्द है, इसका तद्भव रूप 'कटार' है। अतः विकल्प (d) सही उत्तर है।

82. (a) 'चक्कर में पड़ना' मुहावरे का सही अर्थ है, बुद्धि भ्रमित होना; जैसे-मेरे मित्र ने ऐसा प्रश्न पूछा कि मैं चक्कर में पड़ गया, परन्तु उसका जवाब मुझे सूझा ही नहीं।

83. (a) 'सिर से बोझ उतारना' मुहावरे का अर्थ है—भार टालना; जैसे-रमेश का कर्ज माफ करके उसके मित्र ने उसके सिर से बोझ उतार दिया।

84. (d) रूढ़ वे शब्द होते हैं, जिनका कोई भी खण्ड सार्थक नहीं होता और जो परम्परा से किसी विशिष्ट अर्थ में चले आ रहे हैं; जैसे- 'पशु'। इसमें 'प' और 'शु' खण्डों का कोई अर्थ नहीं है तथा परम्परा से यह जानवर या चौपाया के विशिष्ट अर्थ में प्रयोग होते आ रहे हैं।

85. (a) जब अ, आ के आगे इ, ई या उ, ऊ तथा ऋ हो तो वह क्रमशः ए, ओ और अर् हो जाता है, इसे गुण सन्धि कहते हैं; जैसे-
महोत्सव = महा + उत्सव, यहाँ आ + उ = ओ
में परिवर्तित होने के कारण गुण सन्धि है। गुण सन्धि के अन्य उदाहरण हैं

उप + इन्द्र = उपेन्द्र
रमा + ईश = रमेश
चन्द्र + उदय = चन्द्रोदय
देव + ऋषि = देवर्षि

86. (a) 'अम्बर' शब्द का विलोम 'अवनि' है, क्योंकि अम्बर का अर्थ है-आकाश तथा अवनि का अर्थ है- धरती। इस प्रकार ये दोनों शब्द एक-दूसरे के विपरीत हैं।

87. (c) वक्ता या लेखक जिन सर्वनामों का प्रयोग अपने लिए करता है, उसे उत्तम पुरुष सर्वनाम कहते हैं, जैसे- मुझे, मैं, हम उत्तम पुरुष सर्वनाम हैं।

88. (a) जिस समास का पूर्वपद अव्यय तथा प्रधान हो, वह अव्ययीभाव समास कहलाता है; जैसे-बहिर्मुखी, इसका समास विग्रह होगा 'बाहरी मुख वाला' या 'सबसे घुलने-मिलने वाला'। यहाँ पूर्वपद 'बहि' अव्यय तथा प्रधान होने के कारण यह अव्ययीभाव समास का उदाहरण है।

89. (a) सूरदास की साहित्यिक भाषा 'ब्रज भाषा' है। सूरदास भक्तिकालीन कृष्णकाव्य परम्परा के श्रेष्ठ कवि हैं। उनकी रचनाएँ सूर सारावली, साहित्य लहरी में ब्रजभाषा का प्रयोग किया गया है।

90. (a) महाकाव्य में मानव जीवन के वृहद् और व्यापक चित्रण का वर्णन होता है। इसमें सर्गों का निबन्धन होता है। कथानक ऐतिहासिक अथवा इतिहासाश्रित होता है।

91. (a) जिस समस्त-पद का उत्तरपद प्रधान हो तथा पूर्वपद व उत्तरपद में उपमान-उपमेय अथवा विशेषण- विशेष्य का सम्बन्ध हो, वह कर्मधारय समास कहलाता है; जैसे- 'कालीमिर्च' का समास विग्रह होगा 'काली है जो मिर्च।' यहाँ पूर्वपद 'काली' विशेष्य तथा उत्तरपद 'मिर्च' विशेषण है। अतः इसमें 'कर्मधारय समास' है।

92. (c) 'उर्वशी', रामधारी सिंह 'दिनकर' की काव्य कृति है, जो वर्ष 1961 में प्रकाशित हुयी। इसमें दिनकर जी ने उर्वशी और पुरुरवा के प्राचीन आख्यान को एक नए अर्थ में जोड़ना चाहा है। 'उर्वशी' वीर रस प्रधान रचना है।

93. (d) 'संन्यासी' का पर्यायवाची शब्द 'दण्डी' है। इसके अन्य पर्यायवाची वैरागी, विरत, परिव्राजक आदि हैं।

94. (b) हृदय में मूल रूप में विद्यमान रहने वाले भावों को स्थायी भाव कहते हैं। ये चिरकाल तक रहने वाले तथा रस रूप में सृजित या परिणत होते हैं। स्थायी भावों की संख्या नौ है- रति, हास, शोक, क्रोध, उत्साह, भय, जुगुप्सा, विस्मय और निर्वेद। अद्भुत रस का स्थायी भाव 'विस्मय' है।

95. (c) दिए गए विकल्पों में ईश्वरदास, नाभादास, रहीम तीनों भक्तिकाल के कवि हैं, जबकि मतिराम रीतिकाल के कवि हैं।

96. (b) दिए गए विकल्पों में, बच्चों को काटकर फल खिला दो' अशुद्ध वाक्य है। इसका शुद्ध रूप होगा-''बच्चों को फल काटकर खिला दो।''

97. (d) 'कारवाँ' भुवनेश्वर की एकांकी विधा की रचना है, जो वर्ष 1935 में प्रकाशित हुई।

98. (c) वे वाक्य, जिनमें एक से अधिक प्रधान उपवाक्य हों (चाहे वह मिश्र वाक्य हों या साधारण वाक्य) और वे संयोजक अव्ययों द्वारा जुड़े हों, संयुक्त वाक्य कहलाते हैं; जैसे-''दवा लो और बुखार कम हो जाएगा''। इस वाक्य में 'दवा लो' तथा 'बुखार कम हो जाएगा' प्रधान उपवाक्य हैं, जो 'और' संयोजक अव्यय से जुड़े हैं।

99. (b) 'कंजूसी से धन व्यय करने वाला' वाक्यांश के लिए एक शब्द 'मितव्ययी' है। अतः विकल्प (b) सही उत्तर है।

100. (c) विशेषणों की विशेषता बताने वाले शब्द प्रविशेषण कहलाते हैं, जबकि विशेषण जिसकी विशेषता बताता है, उसे विशेष्य कहते हैं; जैसे-

''रोहित बहुत तेज दौड़ता है।''

यहाँ 'रोहित' विशेष्य, 'बहुत' प्रविशेषण, 'तेज' विशेषण तथा 'दौड़ता है' क्रिया है।

द्वितीय प्रश्न-पत्र

1. (c) दूध के अतिरिक्त अन्य सभी दूध से बनने वाले उत्पाद हैं।

2. (b) जिस प्रकार 'तोता' हवा में उड़ता है, उसी प्रकार 'मगरमच्छ' जमीन पर रेंगता है।

3. (c) जिस प्रकार पाखण्ड का विपरीतार्थक शब्द ईमानदारी है, उसी प्रकार कभी-कभी का विपरीतार्थक शब्द प्रायः है।

4. (b) जिस प्रकार 'हिटलर जर्मनी का तानाशाह था, उसी प्रकार मुसोलिनी, इटली का तानाशाह था।

5. (c) हम जानते हैं कि खेत जोतने के लिए ट्रेक्टर की आवश्यकता होती है, प्रश्नानुसार ट्रैक्टर को कार कहा जाता है। इसलिए खेत को जोतने के लिए कार की आवश्यकता पड़ेगी।

6. (b) प्रश्नानुसार,

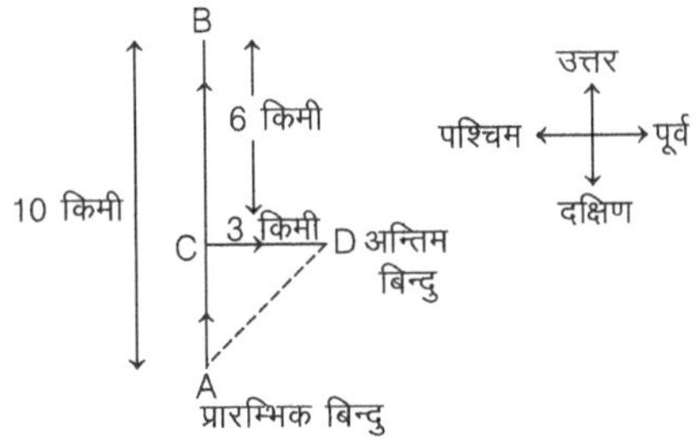

ΔACD में,

$AC = 10 - 6 = 4$ किमी

तथा $CD = 3$ किमी

पाइथागोरस प्रमेय से,

$AD^2 = AC^2 + CD^2$

$AD^2 = (4)^2 + (3)^2 = 16 + 9 = 25$

$\therefore$ $AD = 5$ किमी

7. (a) दिए गए शब्दों को अर्थपूर्ण क्रम में लगाने पर,

गाँव → तहसील → जिला → राज्य → राष्ट्र

2 4 1 3 5

8. (b) जिस प्रकार भार का मात्रक किलोग्राम है। उसी प्रकार दूरी का मात्रक किलोमीटर है।

9. (c) 25 दिन में विषम दिन

$= \frac{25}{7}$ में शेषफल

$= 4$ विषम दिन $(\because 25 = 3 \times 7 + 4)$

अतः आगामी रविवार के 25 दिन बाद रविवार से 4 दिन बाद का दिन अर्थात् बृहस्पतिवार होगा।

10. (d) प्रश्नानुसार,

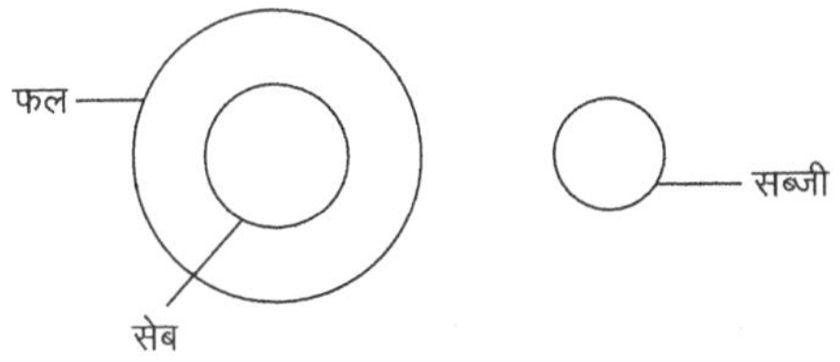

11. (b) माना 'क' ने साइकिल के लिए भुगतान किया = ₹ x

$\therefore$ 'ख' ने साइकिल के लिए भुगतान किया

$= x \times \frac{100 + 20}{100} = ₹ \frac{6}{5}x$

$\therefore$ 'ग' ने साइकिल के लिए भुगतान किया

$= \frac{6}{5}x \times \frac{100 + 25}{100}$

$= \frac{6}{5}x \times \frac{5}{4}$

$= ₹ \frac{3}{2}x$

प्रश्नानुसार, $\frac{3}{2}x = 1500$

$\therefore \quad x = 1500 \times \frac{2}{3} = ₹\,1000$

12. (c) प्रश्नानुसार,

कतार में कुल व्यक्ति की संख्या

= किसी व्यक्ति का दाएँ सिरे से स्थान
+ उसी व्यक्ति का बाएँ सिरे से स्थान – 1

$= 12 + 12 - 1 = 24 - 1 = 23$

13. (b) दिया गया समीकरण है

16 S 60 R 10Q 6 P 7 = ?

प्रश्नानुसार चिह्न परिवर्तन करने पर,

$? = 16 \times 60 \div 10 - 6 + 7$

$= 16 \times 6 - 6 + 7 = 96 - 6 + 7$

$= 103 - 6 = 97$

14. (a) जिस प्रकार,

M	A	S	T	E	R
↓+1	↓+2	↓+3	↓+4	↓+5	↓+6
N	C	V	X	J	X

उसी प्रकार,

D	O	C	T	O	R
↓+1	↓+2	↓+3	↓+4	↓+5	↓+6
E	Q	F	X	T	X

15. (c) दी गई श्रृंखला निम्न प्रकार है

F $\xrightarrow{+3}$ I $\xrightarrow{+3}$ L $\xrightarrow{+3}$ O $\xrightarrow{+3}$ R

G $\xrightarrow{+3}$ J $\xrightarrow{+3}$ M $\xrightarrow{+3}$ P $\xrightarrow{+3}$ S

H $\xrightarrow{+3}$ K $\xrightarrow{+3}$ N $\xrightarrow{+3}$ Q $\xrightarrow{+3}$ T

16. (a) प्रश्नानुसार,

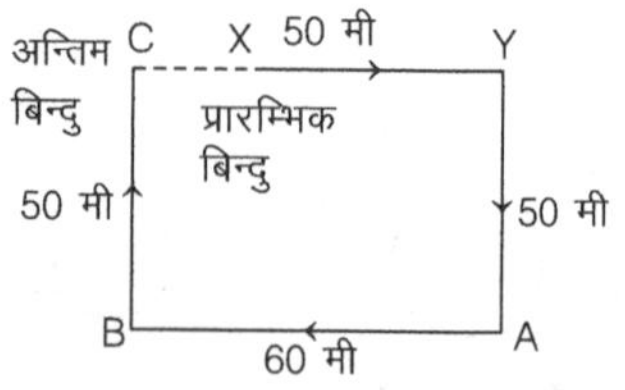

अतः राम की प्रारम्भिक बिन्दु से दूरी

$= CX = CY - XY$

$= 60 - 50 \quad [\because CY = AB]$

= 10 मी

17. (b) प्रश्नानुसार,

सूचना प्राप्त होने का समय = 10 : 45 am

∴ पिछली बस छूटने का समय = 10: 45 – 00 : 25

= 10 : 20 am

अब क्योंकि बस प्रत्येक 5 घण्टे पर छूटती है

∴ अगली बस छूटने का समय

= 10 : 20 am + 5 घण्टे = 3 : 20 pm

हल (प्र.सं. 18 और 19) त्रिभुज ⇒ गाँव के युवा

वर्ग ⇒ शिक्षित

वृत्त ⇒ बेरोजगार

18. (a) गाँव में शिक्षित बेरोजगार युवाओं को 5 से दर्शाया जाता है।

19. (c) गाँव के बाहर के शिक्षित बेरोजगार युवाओं को 4 से दर्शाया जाता है।

20. (a) कथनानुसार,

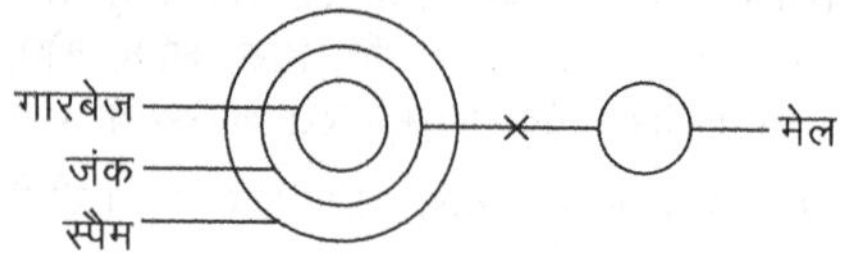

निष्कर्ष I. (✓)

II. (✗)

अतः केवल निष्कर्ष I अनुसरण करता है।

21. (a) दी गई श्रेणी निम्न प्रकार है

D $\xrightarrow{+4}$ H $\xrightarrow{+4}$ L $\xrightarrow{+4}$ P $\xrightarrow{+4}$ T

G $\xrightarrow{+4}$ K $\xrightarrow{+4}$ O $\xrightarrow{+4}$ S $\xrightarrow{+4}$ W

22. (b) दी गई श्रृंखला निम्न प्रकार है

27 81 54 (×3, ×2)   31 93 62 (×3, ×2)

23. (c) प्रश्नानुसार,

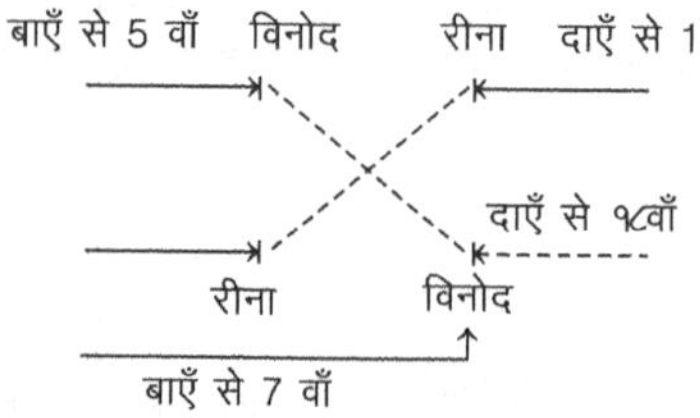

स्थान परिवर्तन के बाद विनोद बाएँ से 7वाँ तथा दाएँ से 18वाँ हो जाता है।

∴ पंक्ति में कुल विद्यार्थी = 7 + 18 – 1

= 24

24. (a) अंग्रेजी वर्णमाला है

XYZ

अतः बाएँ से 11वाँ अक्षर K है और K के बाएँ 8वाँ अक्षर C है।

25. (c) दी गई श्रृंखला है

$2 \times 3 + 4 = 10$

$10 \times 4 + 5 = 45$

$45 \times 5 + 6 = 231$

$231 \times 6 + 7 = 1393$

$1393 \times 7 + 8 = \boxed{9759}$

26. (b) हम जानते हैं कि मिनट की सुई 1 मिनट में 6° घूमती है तथा घण्टे की सुई 1 मिनट में $\frac{1°}{2}$ घूमती है।

$\therefore$ 30 मिनट में घण्टे की सुई द्वारा बना कोण

$$= 30 \times \frac{1}{2} = 15°$$

$\therefore$ 5 : 30 बजे घण्टे तथा मिनट की सूई के बीच कोण = 15°

अब दोनों सुई के समकोण बनने के लिए अतिरिक्त कोण = 90 − 15 = 75°

दोनों सुई एक-दूसरे के सापेक्ष प्रति मिनट कोण बनाएगी $= 6 - \frac{1}{2} = \frac{11°}{2}$ प्रति मिनट

$\therefore$ 75° कोण बनाने के लिए लगा समय

$$= \frac{75}{\frac{11}{2}} = 75 \times \frac{2}{11}$$

$$= \frac{150}{11} \text{ मिनट}$$

$$= 13\frac{7}{11} \text{ मिनट}$$

अतः 5 : 30 से 6 : 00 बजे के बीच 5 बजकर $43\frac{7}{11}$ मिनट पर घड़ी समकोण बनाती है।

27. (c) जिस प्रकार,

PRAYAGRAJ (1 2 3 4 5 6 7 8 9) $\Rightarrow 9 \times 3 + 1 = 28$

तथा VARANASI (1 2 3 4 5 6 7 8) $\Rightarrow 8 \times 3 + 1 = 25$

उसी प्रकार, LOCKNOW (1 2 3 4 5 6 7) $\Rightarrow 7 \times 3 + 1 = \boxed{22}$

28. (d) $\because$ घड़ी पूरे दिन में आगे हो जाती है

= 30 मिनट

$\therefore$ 1 घण्टे में आगे हो जाएगी $= \frac{30}{24}$ मिनट

अब दोपहर 12 बजे से प्रातः 4 : 00 बजे के बीच कुल घण्टे

= 12 + 4 = 16 घण्टे

$\therefore$ 16 घण्टे में घड़ी आगे हो जाएगी

$$= \frac{30}{24} \times 16 = 20 \text{ मिनट}$$

अतः अगले दिन प्रातः 4:00 बजे घड़ी 4:20 समय दर्शाएगी।

29. (d) दिया है, आयत का विकर्ण = 25 मी

आयत का क्षेत्रफल = 168 वर्ग मी

माना आयत की लम्बाई = l

चौड़ाई = b

प्रश्नानुसार, $l^2 + b^2 = (25)^2 = 625$

तथा $l \times b = 168$

$\because$ $(l + b)^2 = l^2 + b^2 + 2lb$

$= 625 + 2 \times 168$

$= 625 + 336 = 961$

$\therefore$ $l + b = 31$ ...(i)

तथा $(l - b)^2 = l^2 + b^2 - 2lb$

$= 625 - 2 \times 168$

$= 625 - 336 = 289$

$l - b = 17$ ...(ii)

समी (i) व (ii) जोड़ने पर,

$2l = 31 + 17 = 48$

$\therefore$ $l = 24$ मी

30. (c) दिया है, परीक्षा में सम्मिलित होने वाले पुरुष विद्यार्थियों की संख्या = 1160

तथा महिला विद्यार्थियों की संख्या = 840

$\therefore$ कुल विद्यार्थी = 1160 + 840 = 2000

परीक्षा में पास पुरुष विद्यार्थी $= 1160 \times \frac{55}{100} = 638$

तथा महिला विद्यार्थी $= 840 \times \frac{45}{100} = 378$

$\therefore$ पास कुल विद्यार्थी = 638 + 378 = 1016

$\therefore$ परीक्षा में असफल विद्यार्थी = 2000 − 1016 = 984

अतः अभीष्ट प्रतिशत $= \frac{984}{2000} \times 100$

$= 49.2\% \approx 49\%$

31. (c) दिए गए शब्द MIRACULOUS से शब्द SOLACE नहीं बनाया जा सकता है; क्योंकि दिए गए शब्द में अक्षर E नहीं है ।

32. (c) दिए गए शब्दों का अर्थपूर्ण क्रम निम्न है

बीज → पौधा → पत्ती → लड़की → मेज

4 5 2 3 1

33. (d) किसान के अतिरिक्त अन्य सभी किसी न किसी वस्तु का निर्माण करते हैं, जबकि किसान खेतों में अनाज उगाता है।

34. (d) प्रश्नानुसार,

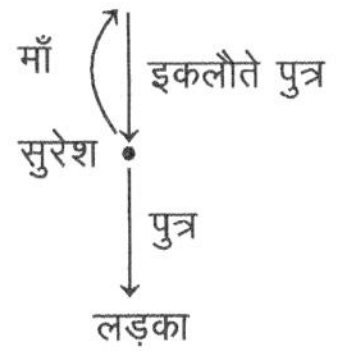

अतः सुरेश उस लड़के का पिता है।

35. (a) कथनानुसार,

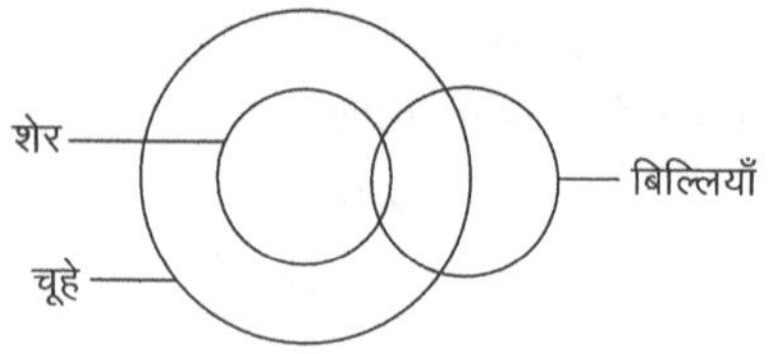

निष्कर्ष I. (✓) II. (✗)

अतः केवल निष्कर्ष I अनुसरण करता है।

36. (c) प्रश्नानुसार,

अतः पुस्तक A बीच में रखी है।

37. (d) प्रश्नानुसार,

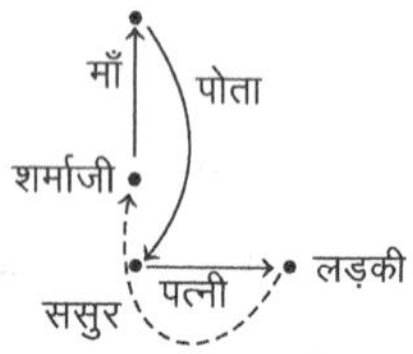

अतः शर्माजी उस लड़की के ससुर हैं।

38. (b) दिया है कुछ व्यक्ति = 50

हिन्दी बोलने वाले = 35

हिन्दी और अंग्रेजी दोनों बोलने वाले = 25

∴ केवल हिन्दी बोलने वाले = 35 – 25 = 10

∴ अंग्रेजी बोलने वाले = 50 – 10 = 40

अतः केवल अंग्रेजी बोलने वाले = 40 – 25 = 15

39. (d) प्रश्नानुसार सूर्योदय के बाद विक्रम की परछाई उसके बाएँ हाथ की ओर पड़ रही है। इसका मतलब है विक्रम उत्तर की ओर मुख करके खड़ा है। शैलेष जोकि उसके विपरीत खड़ा है, उसका मुख दक्षिण की ओर है।

40. (d) 28 के अतिरिक्त अन्य सभी 9 से विभाज्य है तथा अन्य सभी के अंकों का योग 9 है।

41. (d) प्रश्नानुसार पंक्ति में कुल लड़कों की संख्या

= मोहन का दाएँ से स्थान + मोहन का बाएँ से स्थान – 1

= 18 + 18 – 1 = 35

42. (d) कथनानुसार,

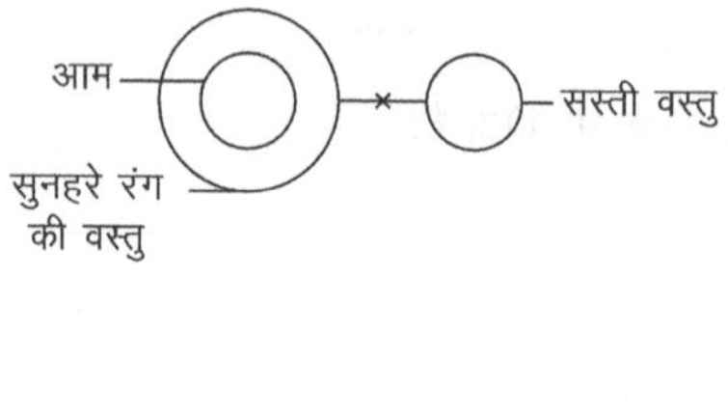

निष्कर्ष I. (✗) II. (✓)

अतः केवल निष्कर्ष II अनुसरण करता है।

43. (a) दी गई समीकरण है

30 B 5 A 22 C 40 D 10 = ?

प्रश्नानुसार चिह्न बदलने पर,

$$? = 30 \div 5 - 22 + 40 \times 10$$
$$= 6 - 22 + 400$$
$$= 406 - 22 = 384$$

44. (a) माना सीमा और अंजली की आयु क्रमशः $7x$ और $3x$ है

प्रश्नानुसार,

$$\frac{7x + 6}{3x + 6} = \frac{5}{3}$$

$$\Rightarrow \quad 21x + 18 = 15x + 30$$
$$\Rightarrow \quad 6x = 12$$
$$\therefore \quad x = 2$$

अतः उनकी आयु का अन्तर $= 7x - 3x = 4x$

$= 4 \times 2 = 8$

हल (प्र. सं. 45-47) दी गई जानकारी के अनुसार

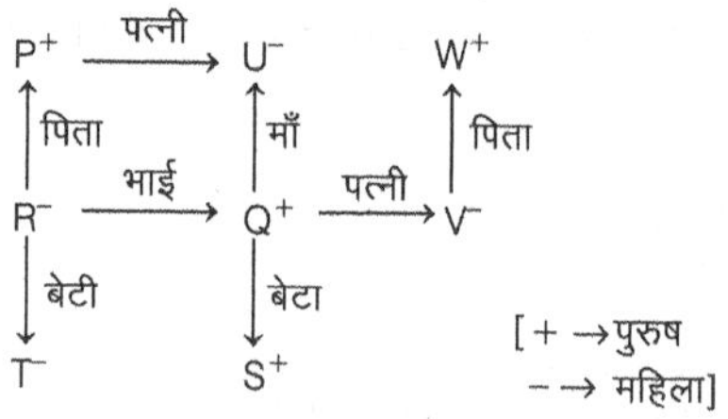

45. (d) U, S की दादी है।

46. (a) Q, U का बेटा है।

47. (c) W, Q का ससुर है।

48. (a) शिक्षा को अनुभवों द्वारा होने वाली ज्ञान वृद्धि के रूप में परिभाषित किया जा सकता है, दूसरे शब्दों में मनुष्य की अन्तर्निहित पूर्णता को अभिव्यक्त करने की शिक्षा है।

49. (b) विद्यालय में विभिन्न सांस्कृतिक कार्यक्रमों के आयोजन से छात्रों में छिपी प्रतिभा का पता चलता है तथा उन्हें अभिव्यक्ति का अवसर प्राप्त होता है। इससे छात्रों के व्यक्तित्व का विकास होता है।

50. (a) एक ही कक्षा के सभी छात्रों में समान योग्यता नहीं होती। अतः प्रत्येक छात्र को उनकी योग्यतानुसार गृह कार्य देना चाहिए।

51. (b) रोपड़ से ताँबे की कुल्हाड़ी एवं एक कब्रगाह में आदमी के साथ कुत्ते को दफनाए जाने का साक्ष्य मिला है। यहाँ शवों को अण्डाकार गड्ढों में दफनाया जाता था। कुछ शवाधान में मिट्टी के पकाए गए आभूषण, शंख की चूड़ियाँ, गोमेद, पत्थर के मनके, ताँबे की अँगूठियाँ इत्यादि प्राप्त हुई हैं।

52. (c) मगध पर शासन करने वाला प्रथम वंश हर्यंक वंश था। बिम्बिसार (544-492 ई.) इस वंश का पहला साम्राज्यवादी शासक था। इसने गिरिव्रज (राजगृह) को मगध साम्राज्य की राजधानी बनाया। विजय और विस्तार की

नीति अपनाते हुए अंग देश पर अधिकार कर लिया तथा इसने अपनी स्थिति सुदृढ़ करने के लिए वैवाहिक सम्बन्ध स्थापित किए।

53. (a) विक्रमशिला महाविहार (विश्वविद्यालय) की स्थापना पाल नरेश धर्मपाल ने करवाई थी। उसने यहाँ मन्दिर तथा मठ बनवाए और उन्हें उदारतापूर्वक अनुदान दिए। विक्रमशिला विश्व विद्यालय में छः महाविद्यालय थे, प्रत्येक में एक केन्द्रीय कक्ष तथा 108 अध्यापक थे। केन्द्रीय कक्ष को विज्ञान भवन कहा जाता था।

54. (c) दिल्ली के सुल्तान का पद सम्भालने से पहले बलबन, नसीरुद्दीन का प्रधानमन्त्री था। नसीरुद्दीन ने बलबन को 'उलुग खाँ' की उपाधि प्रदान की थी। 1266 ई. में नसीरुद्दीन की मृत्यु हो जाने के पश्चात् बलबन उसका उत्तराधिकारी बना, क्योंकि नसीरुद्दीन का कोई पुत्र नहीं था,

55. (a) मदुरई, पाण्ड्य राज्य की राजधानी थी। यहाँ पर 1311 ई. में दिल्ली के सुल्तान अलाउद्दीन खिलजी के सेनापति मलिक काफूर ने आक्रमण किया था।

यहाँ का शासक वीर पाण्ड्य राजधानी छोड़कर भाग गया था। मदुरई तक पहुँचने वाला मलिक काफूर दिल्ली का प्रथम सेनापति था। इसने मदुरई के साथ-साथ देवगिरि, वारंगल, काकतीय आदि राज्यों को भी विजित किया।

56. (d) बाजीराव प्रथम मराठा साम्राज्य के महान सेनानायक थे। इन्हें 'लड़ाकू पेशवा' के नाम से भी जाना जाता था। बालाजी विश्वनाथ की मृत्यु हो जाने के बाद बाजीराव प्रथम को दूसरा पेशवा नियुक्त किया गया। शिवाजी के बाद बाजीराव प्रथम ही दूसरा ऐसा मराठा सेनापति था, जिसने गुरिल्ला युद्ध प्रणाली को अपनाया था।

57. (a) कलकत्ता में उच्चतम न्यायालय की स्थापना 1773 ई. के विनियामक अधिनियम (रेग्युलेटिंग एक्ट) के द्वारा की गई थी। इस न्यायालय में प्रधान न्यायाधीश के अतिरिक्त तीन अन्य न्यायाधीश थे। सर एलिजा इम्पे को मुख्य न्यायाधीश तथा चैम्बर्स, लिमैस्टर तथा हाइड को सहायक न्यायाधीश बनाया गया था।

58. (b) वर्ष 1942 के भारत छोड़ो आन्दोलन के दौरान देश के कई क्षेत्रों में समानान्तर सरकारें स्थापित की गई थीं। बलिया (उत्तर प्रदेश) उन क्षेत्रों में से एक था, जहाँ समानान्तर सरकार का गठन किया गया था। यहाँ की सरकार का नेतृत्व चित्तू पाण्डे ने किया था।

बलिया के अतिरिक्त बंगाल के तामलुक, महाराष्ट्र के सतारा एवं उड़ीसा के तलचर में भी भारत छोड़ो आन्दोलन के दौरान समानान्तर सरकारें गठित की गई थीं।

59. (c) 'डॉक्ट्रिन ऑफ लैप्स' (व्यपगत सिद्धान्त) का आरम्भ लॉर्ड डलहौजी ने किया था। इस सिद्धान्त के आधार पर 1848 ई. में सतारा, 1849 ई. में जैतपुर व सम्भलपुर, 1850 ई. में बालाघाट, 1822 ई. में उदयपुर, 1853 ई. में झाँसी, 1854 ई. में नागपुर तथा 1855 ई. में करौली व 1856 ई. में अवध राज्यों को अंग्रेजी राज्य में मिला (विलय) लिया गया। इस सिद्धान्त में अयोग्य शासन, कुशासन व पुत्र विहीन राज्य इत्यादि के आधार पर इन राज्यों का विलय किया गया था।

60. (a) भारत का वर्तमान संवैधानिक ढाँचा बहुत कुछ भारत सरकार अधिनियम, 1935 पर आधारित है। भारतीय संविधान के लगभग दो-तिहाई तत्त्वों परिमाण को वर्ष 1935 अधिनियम से ही लिया गया है। अतः इस अधिनियम का भारत के संविधान पर सर्वाधिक प्रभाव पड़ा है।

61. (b) जिस समास में दोनों पद प्रधान न होकर तीसरा (विशिष्ट) पद प्रधान हो, वह बहुव्रीहि समास कहलाता है; जैसे-चतुरानन-चार है आनन (मुख) जिसके अर्थात् ब्रह्मा। यहाँ पूर्वपद 'चार' तथा उत्तर पद 'आनन' प्रधान न होकर तीसरा पद 'ब्रह्मा' प्रधान है। अतः यह बहुव्रीहि समास का उदाहरण है।

62. (b) अन्वेषण का सही सन्धि विच्छेद अनु + एषण होगा। यहाँ उ + ए = व में परिवर्तित होने के कारण यण् सन्धि है। यण् सन्धि के नियमानुसार, जब इ, ई, उ, ऊ, ऋ के आगे कोई भिन्न स्वर आता है, तो ये क्रमशः य, व, र, ल में परिवर्तित हो जाते हैं,

जैसे– अति + अल्प = अत्यल्प
देवी + अर्पण = देव्यर्पण
सु + आगत = स्वागत
वधू + आगमन = वध्वागमन
पितृ + आज्ञा = पित्राज्ञा

63. (c) दिए गए विकल्पों में, ''अस्सी घाट पर सन्तों की बहुलता है'' शुद्ध वाक्य है, जबकि अन्य तीनों अशुद्ध वाक्य हैं। जिनका शुद्ध रूप क्रमशः इस प्रकार है—आज स्कूल बन्द रहेगा, आज बहुत दिनों बाद सुख की प्राप्ति हुई, आपकी मनःकामना पूरी हो।

64. (c) 'काठ की हाण्डी बार-बार नहीं चढ़ती' का अर्थ है कि छल-कपट का व्यवहार हमेशा नहीं चलता, जैसे-तुमने एक बार झूठ बोलकर मुझसे सहायता ले ली तुम्हें क्या लगता है कि कोई फिर तुम्हारी सहायता करेगा, क्या तुम नहीं जानते कि 'काठ की हण्डी बार-बार नहीं चढ़ती' है।

65. (b) 'करुण रस' का स्थायी भाव 'शोक' है, जबकि रति-श्रृंगार रस, हास-हास्य रस तथा उत्साह-वीर रस का स्थायी भाव है।

66. (d) जहाँ एक शब्द या शब्द समूह अनेक बार आए, किन्तु उनका अर्थ प्रत्येक बार भिन्न हो, वहाँ यमक अलंकार होता है; जैसे- ''जेते तुम तारे, तेते नभ में न तारे हैं''। यहाँ 'तारे' शब्द दो बार आया है। प्रथम 'तारे' का अर्थ तारण करना या उद्धार करना है और द्वितीय 'तारे' का अर्थ तारागण है। अतः यहाँ यमक अलंकार है।

67. (b) क्रिया के जिस रूप से कार्य की समाप्ति का बोध हो उसे भूतकाल कहते हैं। दूसरे शब्दों में, जिस क्रिया से बीते हुए समय में क्रिया का होना पाया जाता है, उसे भूतकाल कहते हैं; जैसे ''मैं खाना खा चुका हूँ'' यहाँ 'खा चुका हूँ' क्रिया से बीते हुए समय में खाना खाने का बोध होने के कारण यह 'भूतकाल' का उदाहरण है।

68. (a) जिन विशेषण शब्दों से संज्ञा की निश्चित मात्रा का बोध होता है, उन्हें निश्चित परिणामवाचक विशेषण कहते हैं, जैसे- ''पिताजी ने दो लीटर दूध खरीदा'' में रेखांकित पद 'दो लीटर' से निश्चित परिमाण का बोध होने के कारण यह निश्चित परिमाणवाचक विशेषण का उदाहरण है।

69. (c) 'Instruct' is the correct answer.

70. (a) 'Bohemian' is an unconventional way of living.

71. (b) Emigrant is the one who leaves one country to live in another country.

72. (c) 'Abundant' means available in large quantity and 'scarce' means insufficient. So, option (c) is the correct answer.

73. (b) 'Noticeable' means easily seen or noticed and 'hidden' means which cannot be seen. So option, (b) is the correct answer.

74. (d) 'Courageous' means not deterred by danges : brave and fearless' also means lack of fear. Therefore, option (d) is the correct answer.

75. (d) 'Ravishing' means 'delightful' and 'pretty' also means attractive. So, option (d) is the correct answer.

76. (a) भारतीय उपमहाद्वीप मूलतः गोण्डवानालैण्ड का भाग था, ऑस्ट्रेलिया, अफ्रीका, दक्षिण अमेरिका, मेडागास्कर इत्यादि इसी के भाग थे। इसका विभाजन दो वृहद स्थल खण्डों में हुआ। इसके उत्तरी खण्ड को अंगारालैण्ड तथा दक्षिणी खण्ड को गोण्डवानालैण्ड कहा जाता था। इन दोनों स्थल खण्डों के विभाजन के बाद ही विश्व का वर्तमान आकार सामने आया।

77. (c) गोवा राज्य की समुद्र तटीय सीमा सबसे छोटी (101 किमी) है, जबकि गुजरात राज्य की समुद्र तटीय सीमा सबसे लम्बी (1214.70 किमी) है। भारत तीन ओर से समुद्र से घिरा हुआ है तथा इसकी तट रेखा 7516 किमी लम्बी है। भारत की तट रेखा पूर्व में बंगाल की खाड़ी, दक्षिण में हिन्द महासागर एवं पश्चिम में अरब सागर सहित मुख्य भूमि और द्वीपों से घिरी है। इसकी तट रेखा पर नौ 9 राज्य अवस्थित हैं।

78. (d) भारत में सबसे ऊँची चोटी K-2 (गॉडविन ऑस्टिन) है, जिसकी ऊँचाई 8611 मी (28.251 फीट) है। 31 अक्टूबर, 2019 से यह केन्द्रशासित प्रदेश लद्दाख में है, इसके पूर्व यह जम्मू-कश्मीर में शामिल था। यह माउण्ट एवरेस्ट के बाद विश्व की दूसरी सबसे ऊँची चोटी भी है।

79. (c) पर्वतीय ढलानों पर, मृदा अपरदन के ढाल को काटकर सीढ़ीनुमा खेत बनाकर तथा समोच्च रेखीय जुताई (Contour Ploughing) करके नियन्त्रित किया जाता है। सोपान कृषि के द्वारा भी ऐसा किया जा सकता है, परन्तु समोच्च रेखीय विधि सर्वाधिक उपयुक्त व महत्त्वपूर्ण है।

80. (a) लूनी नदी का अन्तर्देशीय जल निकास है। यह अजमेर (राजस्थान) के दक्षिण-पश्चिम में अरावली श्रेणी से निकलती है। लगभग 320 किमी तक प्रवाहित होने के बाद यह कच्छ के रन में विलुप्त हो जाती है। अतः इसका सम्पर्क समुद्र तट से नहीं होता है। यह नदी राजस्थान के दक्षिण पश्चिम क्षेत्र में नागौर, पाली, जोधपुर, बाड़मेर, जालौर से होते हुए कच्छ के रण में जाकर विलीन हो जाती है।

81. (a) सुन्दरी वृक्ष, ज्वारीय वन की विशेष प्रकार की वनस्पति है। ज्वारीय वनस्पति मुख्यतया भारत के पूर्वी तटीय क्षेत्र में मिलती है। पूर्वी तट के गंगा, गोदावरी, कृष्णा इत्यादि के निम्न डेल्टाई भाग में उच्च समुद्री ज्वार का पानी जमा हो जाता है तथा इस पानी से यहाँ की भूमि दलदली हो जाती है। बंगाल का सुन्दरवन ज्वारीय वनस्पति का प्रमुख उदाहरण है।

82. (c) भारत में छोटानागपुर पठारी क्षेत्र (छत्तीसगढ़, उत्तरी ओडिशा, झारखण्ड एवं पश्चिम बंगाल के पश्चिमी भाग) में लौह-इस्पात उद्योग का संकेन्द्रण है। लौह इस्पात उद्योग के लिए लौह अयस्क एवं कोयला, चूना-पत्थर, डोलोमाइट, मैंगनीज एवं अग्निसहमृत्तिका इत्यादि कच्चे माल की आवश्यकता होती है तथा ये सभी कच्चे माल छोटानागपुर के पठार में प्रचुर मात्रा पाए जाते हैं।

83. (a) सूर्य में सर्वाधिक मात्रा में हाइड्रोजन गैस पाई जाती है। सूर्य की ऊर्जा का मुख्य स्रोत उसके अन्दर उपस्थित हाइड्रोजन और हीलियम का विशाल भण्डार है। नाभिकीय संलयन की प्रक्रिया द्वारा अनवरत सूर्य में ऊर्जा उत्पन्न होती रहती है।

84. (d) संघ और राज्यों के बीच शक्तियों का विभाजन संघात्मक संविधान का मूल तत्त्व है, यह विभाजन प्रायः एक संविधान द्वारा किया जाता है, जो देश की सर्वोच्च विधि होती है। चूँकि सरकारों की शक्तियों का विभाजन एक लिखित संविधान द्वारा होता है, जिससे विभिन्न सरकारें एक-दूसरे के कार्यक्षेत्र में हस्तक्षेप न करें। इसके लिए एक ऐसी संस्था की आवश्यकता होती है, जो स्वतन्त्र एवं निष्पक्ष होकर केन्द्रीय एवं राज्य सरकारों के बीच विवादों को निष्पक्षता से निपटा सके।

85. (b) डॉ. बी. आर अम्बेडकर ने अनुच्छेद 32 अर्थात् संवैधानिक उपचारों के अधिकार को 'संविधान की आत्मा' कहा है। संवैधानिक उपचारों का अधिकार स्वयं में कोई अधिकार न होकर अन्य मौलिक अधिकारों का रक्षोपाय है, इसके अन्तर्गत व्यक्ति मौलिक अधिकारों के हनन की अवस्था में न्यायालय की शरण ले सकता है।

86. (c) 42वें संविधान संशोधन अधिनियम, 1976 द्वारा अनुच्छेद 31 (ग) में पुनः संशोधन किया गया तथा उसके विस्तार को और बढ़ाकर उसमें सभी नीति निदेशक तत्त्वों को शामिल कर दिया गया। इस प्रकार सभी नीति निदेशक तत्त्वों को मूल अधिकारों पर प्राथमिकता प्रदान की गई है।

87. (a) भारत के उपराष्ट्रपति पर महाभियोग राज्यसभा द्वारा लगाया जाता है। भारतीय संविधान के अनुच्छेद 67 (ख) के अन्तर्गत राज्यसभा के द्वारा उपराष्ट्रपति पर महाभियोग लगाया जा सकता है, ऐसा प्रस्ताव लाने से 14 दिनों के पूर्व सूचना देनी आवश्यक होती है। महाभियोग का संकल्प राज्यसभा के तत्कालीन सदस्यों के बहुमत द्वारा पारित एवं लोकसभा द्वारा समर्थित होना चाहिए।

88. (b) मन्त्रिपरिषद् में कैबिनेट सचिव को शामिल नहीं किया जाता है, जबकि कैबिनेट मन्त्री, राज्य मन्त्री और बिना विभाग के मन्त्री मन्त्रिपरिषद् का अंग होते हैं। अनुच्छेद 74 (1) में मन्त्रिपरिषद् का उल्लेख किया गया है, जिसके अनुसार राष्ट्रपति को उसके कार्य संचालन में सहायता के लिए एक मन्त्रिपरिषद् होगी, जिसका अध्यक्ष प्रधानमन्त्री होगा, आमतौर पर सरकार का तात्पर्य मन्त्रिपरिषद् से ही होता है।

89. (d) वर्ष 1985 के 52वें संवैधानिक संशोधन द्वारा राजनैतिक दल-बदल पर प्रतिबन्ध लगाया गया था। इस संवैधानिक संशोधन के अन्तर्गत संविधान में दसवीं अनुसूची जोड़कर दल-बदल के आधार पर निर्हता सम्बन्धी उपबन्ध किए गए हैं।

90. (a) भारत के संविधान के 74वें संशोधन द्वारा संविधान में भाग IX(A) जोड़कर नगरीय स्थानीय सरकारों को संवैधानिक दर्जा दिया गया। इसके साथ ही संविधान में 12वीं अनुसूची भी जोड़ी गई, जिसमें नगरीय स्थानीय सरकारों के अधीन आने वाले विषयों का उल्लेख है।

91. (a) उष्माक्षेपी (Exothermic) अभिक्रिया में उष्मा निकलती है, जिससे अभिकर्मक या विलयन गर्म हो जाते हैं; जैसे- सोडियम हाइड्रॉक्साइड (NaOH) या कास्टिक सोडा को जल में डालने पर उष्मा निकलती है, जिसमें इसका जलीय विलयन अभिक्रिया के दौरान गर्म हो जाता है।

92. (c) किसी तत्त्व की रासायनिक प्रकृति तत्त्वों के संयोजी इलेक्ट्रॉन पर निर्भर करती है। किसी तत्त्व का संयोजी इलेक्ट्रॉन उस तत्त्व के बाह्य कोश में उपस्थित होता है, जो किसी अन्य तत्त्व के साथ बन्ध बनाने में सहायक होता है।

93. (b) पीयूष ग्रन्थि 'मास्टर ग्रन्थि' कही जाती है तथा हाइपोथैलेमस ग्रन्थि, तन्त्रिका-तन्त्र एवं अन्तः स्रावी तन्त्र के प्रमुख संयोजन की भूमिका निभाती है। यह शरीर-ताप, भूख-प्यास, लैंगिक आचरण तथा शरीर की सुरक्षा इत्यादि का नियन्त्रण करती है।

94. (b) निम्नकोटि या घटिया वस्तुएँ (Inferior Goods) ऐसी वस्तुएँ होती हैं, जिनकी माँग उपभोक्ता की आय बढ़ने पर घट जाती है और आय कम होने पर बढ़ जाती है, इस प्रकार उपभोक्ता आय तथा घटिया वस्तु की माँग में विपरीत सम्बन्ध होता है।

95. (d) पूर्ण स्पर्धा या पूर्ण प्रतियोगिता के अन्तर्गत फर्म कीमतों को नियन्त्रित करने में असमर्थ होते हैं। पूर्ण प्रतियोगिता में फर्म कीमत स्वीकारती है तथा एकाधिकार (Monopoly) की फर्म कीमत निर्धारक होती है।

96. (b) बाजार नियम जे. बी. से ने प्रस्तुत किया था। बाजार नियम के अनुसार 'पूर्ति स्वयं अपनी माँग उत्पन्न करती है, यह नियम वस्तु विनिमय एवं मुद्रा विनिमय दोनों पर लागू होता है। यह प्रतिष्ठित रोजगार सिद्धान्त का समावेशन है।

97. (c) पाँचवी पंचवर्षीय योजना (1974-79) का कार्यकाल वर्ष 1947 से 1978 तक रहा। मार्च, 1978 में जनता पार्टी की सरकार ने चार वर्षों के पश्चात् ही पाँचवी पंचवर्षीय योजना को समाप्त कर दिया था।

98. (b) 'अफगानिस्तान', हिन्द महासागर तटीय क्षेत्रीय सहयोग संघ (हिमत क्षेत्र IORA) का सदस्य नहीं है। यह संघ क्षेत्रीय सहयोग और अन्तर महाद्वीपीय व्यापार में तेजी लाने के उद्देश्य से हिन्द महासागर के तीन प्रायद्वीपों-एशिया, अफ्रीका और ऑस्ट्रेलिया को एक मंच पर लाता है, इसकी स्थापना मार्च, 1997 में हुई थी। वर्तमान में इसके 21 सदस्य देश हैं।

99. (c) सूक्ष्म अर्थशास्त्र, अर्थशास्त्र की एक शाखा है, जो यह अध्ययन करता है कि किस प्रकार अर्थव्यवस्था के व्यक्तिगत अवयव, परिवार एवं फर्म विशिष्ट रूप से उन बाजारों में सीमित संसाधनों के आवण्टन का निर्णय करते हैं, जहाँ वस्तुएँ एवं सेवाएँ खरीदी तथा बेची जाती हैं।

100. (a) किसान क्रेडिट कॉर्ड योजना की शुरुआत अगस्त, 1998 में हुई थी। कृषि तथा कृषि सम्बन्धित गतिविधियों के लिए अल्प, मध्यम और दीर्घावधि ऋण समय पर उपलब्ध कराने हेतु इस योजना की शुरुआत हुई थी।

उत्तर प्रदेश
बी.एड. प्रवेश परीक्षा

मॉडल सॉल्वड पेपर 2019

प्रथम प्रश्न-पत्र

खण्ड अ सामान्य ज्ञान

1. मातृदेवी की पूजा किस सभ्यता से सम्बन्धित थी?
(a) आर्य सभ्यता (b) भूमध्यसागरीय सभ्यता
(c) सिन्धु घाटी सभ्यता (d) उत्तर वैदिक सभ्यता

2. राजस्थान के माउण्टआबू में स्थित दिलवाड़ा का जैन मन्दिर किस धर्म के अनुयायियों के द्वारा निर्मित किया गया था?
(a) बौद्धगीतों द्वारा (b) जैनियों द्वारा
(c) हिन्दुओं द्वारा (d) सिखों द्वारा

3. गीत गोविन्द किसकी कृति है?
(a) जयदेव (b) कल्हण (c) कालिदास (d) राजाराव

4. शिवाजी का राज्याभिषेक कब हुआ था?
(a) 1627 ई. (b) 1674 ई. (c) 1680 ई. (d) 1670 ई.

5. अकालतख्त का निर्माणकर्ता इनमें से कौन सिख गुरु थे?
(a) गुरु रामदास (b) गुरु तेगबहादुर
(c) गुरु हरगोविन्द (d) गुरुनानक

6. भारत के समुद्री मार्ग की खोज किसने की?
(a) वास्कोडिगामा (b) कोलम्बस
(c) मैगलन (d) हेनरी-द-नेविगेटर

7. भारत में पहली अंग्रेजी व्यापारिक कम्पनी कहाँ खोली गई थी?
(a) बम्बई (b) सूरत (c) सूतानाती (d) मद्रास

8. बेगम हजरत महल, 1857 की क्रान्ति में किस स्थान से सम्बन्धित रहीं?
(a) लखनऊ (b) कानपुर (c) बनारस (d) इलाहाबाद

9. गाँधीजी के द्वारा क्रियान्वित प्रथम सत्याग्रह जो नील किसानों से सम्बन्धित रहा। इससे जुड़ा स्थल कौन-सा था?
(a) चम्पारण (b) चौरी-चौरा
(c) बारदोली (d) साबरमती

10. समाचार-पत्र 'केसरी' का सम्पादन किसने किया था?
(a) जी. के. गोखले (b) बी. जी. तिलक
(c) सरदार पटेल (d) राजा राममोहन राय

11. दाण्डी यात्रा की शुरुआत महात्मा गाँधी ने कहाँ से की थी?
(a) दाण्डी (b) पोरबन्दर
(c) अहमदाबाद (d) साबरमती आश्रम

12. हमारे सौरमण्डल का कौन-सा ग्रह आकार में पृथ्वी के समान है?
(a) बुध (b) मंगल (c) शुक्र (d) बृहस्पति

13. टुण्ड्रा है
(a) पर्णपाती वन (b) उष्णकटिबन्धीय वन
(c) शीत मरुस्थल (d) गर्म मरुस्थल

14. वायुमण्डल की सबसे निचली परत को क्या कहा जाता है?
(a) समताप मण्डल (b) तापमण्डल
(c) क्षोभमण्डल (d) मध्यमण्डल

15. भारत का सबसे ऊँचा पठार कौन-सा है?
(a) दक्कन का पठार (b) छोटानागपुर का पठार
(c) लद्दाख का पठार (d) बघेलखण्ड का पठार

16. प्रायद्वीपीय भारत की सबसे लम्बी नदी है
(a) कावेरी (b) नर्मदा (c) कृष्णा (d) गोदावरी

17. पश्चिमी घाट के उत्तरी भाग को किस नाम से जाना जाता है?
(a) कोरोमण्डल तट (b) मालाबार तट
(c) कोंकण तट (d) उत्तरी सिरकार

18. वह प्रोग्राम जो किसी व्यक्ति द्वारा पढ़ा जा सके, उसे क्या कहते हैं?
(a) प्रोग्राम कोड (b) ह्यूमेन कोड (c) सोर्स कोड (d) सिस्टम कोड

19. निम्नलिखित में से कौन-सा भारत की निम्न कृषि उत्पादकता के लिए उत्तरदायी नहीं है?
(a) सहकारी कृषि
(b) आवश्यक आदतों की उपलब्धता
(c) भूमि के उपयोग और उसकी अधिकारिता
(d) कमजोर वित्त व्यवस्था और विपणन

20. निम्नलिखित में से कौन-सा बन्दरगाह भारत के पश्चिमी तट से सम्बन्धित नहीं है?
(a) न्हावाशेवा (b) मारमागोआ
(c) तूतीकोरिन (d) कोच्चि

21. दिल्ली में सर्दियों के समय वर्षा होती है
(a) दक्षिण-पश्चिम मानसून (b) उत्तर-पूर्व मानसून
(c) संवहनीय वर्षा (d) पश्चिमी विक्षोभ

22. सामूहिक उपभोग का अर्थ है
(a) घरेलू खपत (b) वैयक्तिक खपत
(c) स्व-खपत (d) देश के नागरिक द्वारा की गई खपत

23. राष्ट्रीय आय को और किस नाम से जाना जाता है?
(a) जी. एन. पी. – साधन लागत पर
(b) जी. एन. पी. – बाजार कीमत पर
(c) एन. एन. पी. – साधन लागत पर
(d) एन. एन. पी. – बाजार कीमत पर

24. भारत में राज्यों के लिए राजस्व का सर्वाधिक महत्त्वपूर्ण स्रोत निम्नलिखित में से क्या है?
(a) बिक्री कर (b) उत्पाद शुल्क (c) आयकर (d) कम्पनी कर

25. निम्न में से किस वर्ष भारत G-20 शिखर सम्मेलन की मेजबानी करेगा?
(a) 2019 (b) 2020
(c) 2021 (d) 2022

26. निम्नलिखित में से क्या वैकल्पिक मुद्रा का एक उदाहरण है?
(a) करेन्सी नोट (b) सिक्के (c) चेक (d) बॉण्ड

27. निम्नलिखित में से किस पंचवर्षीय योजना में वास्तविक विकास दर लक्षित विकास दर से कम थी?
(a) आठवीं पंचवर्षीय योजना (b) चौथी पंचवर्षीय योजना
(c) पाँचवीं पंचवर्षीय योजना (d) सातवीं पंचवर्षीय योजना

28. संविधान किस तिथि को पूर्णतः बनकर तैयार हुआ?
(a) 26 जनवरी, 1950 (b) 26 दिसम्बर, 1947
(c) 26 नवम्बर, 1949 (d) 30 नवम्बर ,1950

29. भारत में राजनीतिक-शक्ति का प्रमुख स्रोत क्या है?
(a) भारत की जनता (b) संविधान
(c) संसद (d) संसद और राज्यों की विधायिकाएँ

30. 'शिक्षा' शब्द किससे सम्बन्धित है?
(a) संघ-सूची (b) राज्य सूची (c) समवर्ती सूची (d) अवशिष्ट विषय

31. भारत के संविधान के किस अनुच्छेद के अन्तर्गत सशस्त्र बलों के मौलिक अधिकार विशेष रूप से प्रतिबन्धित हो सकते हैं?
(a) अनुच्छेद 19 (b) अनुच्छेद 21 (c) अनुच्छेद 25 (d) अनुच्छेद 33

32. सम्पत्ति के अधिकार की वर्तमान प्रास्थिति क्या है?
(a) वैधानिक अधिकार (b) मानव अधिकार
(c) मौलिक अधिकार (d) प्राकृतिक अधिकार

33. भारत के संविधान के अन्तर्गत नीति-निदेशक सिद्धान्तों के मुख्य उद्देश्य हैं
(a) लोक कल्याणकारी राज्य की स्थापना
(b) धर्म-निरपेक्ष राज्य की स्थापना
(c) कार्यपालिका के मनमाने कार्य की जाँच करना
(d) राज्य द्वारा विकास के लिए अवसर उपलब्ध कराना

34. राष्ट्रपति के निर्वाचन में विजयी उम्मीदवार के लिए प्राप्त करना आवश्यक है
(a) कुल मतदान का बहुमत प्राप्त हो
(b) कुल हुए मतदान का 66%
(c) कुल कराए मतदान का 50%
(d) कुल कराए गए मतदान का 50% से अधिक और कुल मतों का बहुमत

35. गुट-निरपेक्षता से तात्पर्य है
(a) अपनी नीति को चुनना (b) शक्ति पुंजों से तटस्थता
(c) विश्व में शान्ति एवं एकता लाना (d) तृतीय विश्व की शक्ति होना

36. भारत राष्ट्रसंघ का सदस्य कब बना?
(a) वर्ष 1945 (b) वर्ष 1947 (c) वर्ष 1950 (d) वर्ष 1954

37. विश्व व्यापार संगठन का मुख्य उद्देश्य है
(a) विश्व व्यापार के लिए सद्भावनापूर्ण बाजार बनाना
(b) विश्व व्यापार को बढ़ावा
(c) विश्व व्यापार की मात्रा में वृद्धि करना और प्रतिबन्धों की समाप्ति
(d) व्यापार के लिए केन्द्र स्थापित करना

38. निम्नलिखित में से कौन-सा पुरस्कार खेल क्षेत्र में प्रशिक्षण के लिए लिया जाता है?
(a) साहित्य अकादमी पुरस्कार (b) द्रोणाचार्य पुरस्कार
(c) अर्जुन पुरस्कार (d) दादा साहेब फाल्के पुरस्कार

39. अर्थशास्त्र का नोबेल किसके द्वारा दिया जाना आरम्भ हुआ?
(a) अल्फ्रेड नोबेल (b) स्वीडीश सेण्ट्रल बैंक
(c) नोबेल कमीटी (d) विश्व बैंक

40. 'स्पैल ऑन द टाइगर' पुस्तक किसके द्वारा लिखी गई?
(a) जिम कार्बन (b) वाल्मीकि थापर
(c) सैय्यद माउण्टगोमेरी (d) अतुल सेठी

41. वीर सावरकर अंतर्राष्ट्रीय हवाई अड्डा जो .... में स्थित है, को एक अधिकृत आव्रजन चेक पोस्ट के रूप में घोषित किया गया है।
(a) गुवाहाटी, असम
(b) कटक, ओडिसा
(c) पोर्ट ब्लेयर, अंडमान-निकोबार द्वीप समूह
(d) ईटानगर, अरूणाचल प्रदेश

42. संघाई कॉपरेशन संगठन में कौन-कौन देश शामिल हैं?
(a) चीन, रूस, कजाकिस्तान, उज्बेकिस्तान, तजाकिस्तान
(b) चीन, रूस, मंगोलिया, कजाकिस्तान, उज्बेकिस्तान और तजाकिस्तान
(c) चीन, रूस, मंगोलिया, ईरान, कजाकिस्तान और उज्बेकिस्तान
(d) चीन, रूस, ईरान, उज्बेकिस्तान, तजाकिस्तान और किर्गिस्तान

43. दूरी मापने की सबसे बड़ी इकाई कौन-सी है?
(a) प्रकाश वर्ष (b) खगोलीय इकाई
(c) पारसेक (d) इनमें से कोई नहीं

44. विटामिन B_6 का रासायनिक नाम क्या है?
(a) नियासिन (b) पायरीडॉक्सिन
(c) साइनोकोबालामिन (d) राइबोफ्लेविन

45. गति के नियम का प्रतिपादन किसने किया था?
(a) न्यूटन (b) आइंसटीन
(c) फेरल (d) कॉपरनिकस

46. DTP का विस्तार करें
(a) Desktop Publishing (b) Delhitop Publisher
(c) Disktop Per second (d) Development Of Public

47. दवा व खाद्य पदार्थों के संरक्षण आदि में किस अम्ल का प्रयोग होता है?
(a) साइट्रिक अम्ल (b) बेंजोइक अम्ल
(c) फॉर्मिक अम्ल (d) एसीटिक अम्ल

48. मस्तिष्क किसके साथ मिलकर केन्द्रीय तन्त्रिका तन्त्र की स्थापना करता है?
(a) तन्त्रिका तन्त्र (b) मस्तिष्क (c) मेरुरज्जु (d) केन्द्रीय तन्त्र

49. रंग वर्णान्धता किस प्रकार का रोग है?
(a) संक्रामक (b) उपार्जित (c) आनुवंशिक (d) जन्मजात

50. चीनी यात्री फाहियान किस शासक के समय भारत आया था?
(a) हर्षवर्धन (b) महमूद गजनवी
(c) चन्द्रगुप्त द्वितीय (d) चन्द्रगुप्त प्रथम

खण्ड ब भाषा (हिन्दी)

निर्देश (प्र. सं. 51 और 52) *निम्नलिखित शब्दों के विलोम शब्द चुनिए।*

51. अभिसरण
(a) सायास (b) अपसरण (c) प्रसारण (d) प्रतिरक्षण

52. सुषुप्त
(a) श्रेष्ठ (b) जागृत (c) मृत (d) कृतघ्न

निर्देश (प्र.सं. 53 और 54) *निम्न वाक्यों में से सही वाक्य चुनिए।*

53. (a) गत रविवार को वह मुम्बई जाएगा
(b) आने वाले रविवार को वह मुम्बई जाएगा
(c) आगामी रविवार को वह मुम्बई जाएगा
(d) पूर्वार्द्ध रविवार को वह मुम्बई जाएगा

54. (a) आपकी शंकाओं का निराकरण हो जाना चाहिए
(b) आपकी शंकाओं का समाधान हो जाना चाहिए
(c) आपकी शंकाओं का सम्मान हो जाना चाहिए
(d) आपकी शंकाओं का वरदान हो जाना चाहिए

निर्देश (प्र.सं. 55 और 56) *निम्नलिखित वाक्यांशों के लिए एक-शब्द चुनिए।*

55. दिशाएँ ही जिनके वस्त्र हैं
(a) विश्वम्भर (b) दिक्पाल (c) पैगम्बर (d) दिगम्बर

56. युद्ध की इच्छा रखने वाला
(a) मुमुक्षु (b) बहुश्रूत (c) युयुत्सु (d) मौक्तिक

57. आमलक का तद्भव शब्द है
(a) आदर्शिका (b) आम्र (c) आपाक (d) आँवला

58. तिनका का तत्सम शब्द है
(a) तृण (b) तिक्त (c) ताम्र (d) त्वरित

59. विशेषण की विशेषता बताने वाले शब्द क्या कहलाते हैं?
(a) क्रिया (b) प्रविशेषण
(c) विशेष्य (d) सर्वनाम

60. 'परिश्रमी' शब्द में कौन-से विशेषण का बोध होता है?
(a) संख्यावाचक (b) परिणामवाचक
(c) परिमाणवाचक (d) गुणवाचक

61. 'मन्दिर' का पर्यायवाची है
(a) देवगृह (b) परमधाम (c) निर्वाण (d) परमपद

62. 'तृष्णा' का पर्यायवाची है
(a) मकरन्द (b) सहचर
(c) रसीका (d) लिप्सा

63. 'राजपुत्र' में कौन-सा समास है?
(a) बहुब्रीहि (b) द्विगु
(c) तत्पुरुष (d) कर्मधारय

64. 'सच्चिदानन्द' शब्द का सन्धि-विच्छेद है
(a) सत् + चित् + आनन्द (b) सच्चिद् + आनन्द
(c) सच्चि + दानन्द (d) सत् +चिद् + आनन्द

65. 'जुगुप्सा' किस रस का स्थायी भाव है?
(a) अद्भुत (b) भयानक
(c) बीभत्स (d) रौद्र

66. 'सूरज को दीपक दिखाना' का अर्थ है
(a) रोशनी में अन्धकार होना
(b) किसी व्यक्ति की तुच्छ प्रशंसा करना
(c) प्रभाव स्थापित करना
(d) सम्मान बढ़ाना

67. निम्नलिखित में से कौन-सी द्रविड़ परिवार की भाषा है?
(a) उड़िया (b) बांग्ला (c) असमिया (d) कन्नड़

निर्देश (प्र. सं. 68 और 69) *निम्नांकित प्रश्नों में शुद्ध वर्तनी विकल्प का चयन कीजिए।*

68. (a) भौगोलिक (b) भोगोलिक (c) भूगोलिक (d) भूगौलिक

69. (a) प्रफुलित (b) प्रफुलीत (c) प्रफुल्लित (d) प्रफुल्लत

निर्देश (प्र. सं. 70) *नीचे दिए गए विकल्पों में से सही विकल्प का चयन कीजिए।*

70. स्वावलम्बन मनुष्य को आत्मनिर्भर ही नहीं बनाता बल्कि उसमें .... भी जगाता है।
(a) विवेक (b) आत्मविश्वास (c) परिश्रम (d) आत्मबल

71. 'बीड़ा उठाना' से तात्पर्य है
(a) दृढ़ संकल्प करना (b) भार उठाना
(c) मेहनत करना (d) कठोर परिश्रम

72. मनोज का पी. सी. एस. में चयन हो गया, समझो उसने गढ़ जीत लिया। गढ़ जीत जाना का अर्थ है
(a) युद्ध जीत जाना (b) कब्जा कर लेना
(c) अनुभव प्राप्त करना (d) कठिन कार्य पूरा होना

73. ङ, ञ, ण, न और म कौन-से व्यंजन हैं?
(a) स्पर्श व्यंजन (b) उत्क्षिप्त व्यंजन
(c) अन्तःस्थ व्यंजन (d) अनुनासिक व्यंजन

74. 'वह आया और मैं चला गया।' इस वाक्य में कौन-सा अव्यय है?
(a) सम्बन्धबोधक (b) विस्मयादिबोधक
(c) समुच्चयबोधक (d) आदरबोधक

75. निम्नलिखित में से कौन-सा शब्द कालवाचक क्रिया-विशेषण है?
(a) बारी-बारी (b) भीतर
(c) आज (d) यथासम्भव

76. निम्नलिखित वाक्यों में से अशुद्ध वाक्य को पहचानिए।
(a) श्रीमती गाँधी भारत की प्रधानमन्त्री थी।
(b) मेरे ऊपर कृपा करें।
(c) मेरे घर के सामने पाठशाला है।
(d) वहाँ भारी भीड़ थी।

77. निम्नलिखित में से मिश्र वाक्य का चयन कीजिए।
(a) प्रातः काल होने पर चिड़ियाँ चहचहाने लगती हैं।
(b) सुबह पहली बस पकड़कर शाम तक लौट आओ।
(c) जो विद्यार्थी परिश्रमी है, वह अवश्य सफल होगा।
(d) राजकुमार ने भाई को मार डाला और स्वयं राजा बन गया।

78. निम्नलिखित में से कौन-सा उपसर्ग रहित शब्द है?
(a) संयोग (b) विदेश
(c) अत्यधिक (d) सुरेश

79. 'गर्व शून्य' शब्द में समास है
(a) कर्म तत्पुरुष (b) करण तत्पुरुष
(c) सम्प्रदान तत्पुरुष (d) अपादान तत्पुरुष

80. सब्ज़बाग दिखाना का अर्थ है
(a) प्रभाव स्थापित करना (b) लालच देकर बहकाना
(c) विवेक खो देना (d) होश उड़ जाना

81. निम्नलिखित में से कौन-सा सन्धि-विच्छेद सही है?
(a) अधि + कांश (b) अनू + दित
(c) प्राणा + याम (d) त्रिपुर + अरि

82. 'पंचानन' में कौन-सा समास है?
(a) तत्पुरुष (b) बहुव्रीहि
(c) द्विगु (d) कर्मधारय

83. 'तीन तेरह करना' का अर्थ है
(a) पृथक्ता की बात करना
(b) जैसे को तैसा
(c) गुस्सा करना
(d) पूरी तरह फट जाना

84. 'हँसुए के ब्याह में खुरपे का गीत' कहावत का अर्थ है
(a) शादी में गीत गाना (b) जश्न मनाना
(c) असंगत बातें करना (d) निचले स्तर की बातें करना

85. 'देव्यर्पण' का सन्धि-विच्छेद है
(a) देव + अर्पण (b) देवी + अर्पण
(c) दे + अर्पण (d) देव्य + पण

86. 'पुस्तकीय' शब्द में प्रत्यय बताइए।
(a) कीय (b) य
(c) ईय (d) इय

87. '<u>स्वतन्त्रता</u> सबको प्यारी होती है।' वाक्य के रेखांकित शब्द का संज्ञा भेद है
(a) जातिवाचक संज्ञा (b) भाववाचक संज्ञा
(c) गुणवाचक संज्ञा (d) इनमें से कोई नहीं

88. 'मुझे' किस प्रकार का सर्वनाम है?
(a) उत्तम पुरुष (b) मध्यम पुरुष
(c) अन्य पुरुष (d) इनमें से कोई नहीं

89. विशेषण शब्द जिस संज्ञा या सर्वनाम की विशेषता बताते हैं, उसे कहते हैं
(a) क्रिया-विशेषण (b) विशेष्य
(c) प्रविशेषण (d) उपमान

90. मूल अकर्मक धातुओं के साथ प्रत्यय जोड़कर बनाई गई क्रिया-धातुएँ क्या कहलाती हैं?
(a) संयुक्त धातु (b) द्विकर्मक धातु
(c) साधित सकर्मक धातु (d) समस्त धातु

91. 'प्रेमवाटिका' किसकी काव्यकृति है?
(a) रसखान (b) नरहरी दास
(c) आलम (d) भारतेन्दु हरिश्चन्द्र

92. निम्नलिखित में से कौन-सा शब्द 'अलि' शब्द का अनेकार्थक नहीं है?
(a) सखी (b) भ्रमर (c) रूपसी (d) बिच्छू

93. त, थ, द, ध, स आदि का उच्चारण स्थान है
(a) तालव्य (b) दन्त्य
(c) मूर्धन्य (d) दन्त्योष्ठ्य

94. निम्नांकित में कौन-सा शब्द पुल्लिंग रूप में प्रयुक्त नहीं होता?
(a) हाथी (b) दही
(c) नदी (d) पानी

95. सप्त +ऋषि इससे बनी सन्धि है
(a) दीर्घ (b) यण्
(c) व्यंजन (d) गुण

96. बाढ़ पीड़ितों की सहायता के सम्बन्ध में पत्र लिखा जाता है
(a) लेखाधिकारी महोदय को (b) जिलाधिकारी को
(c) कुलपति महोदय को (d) आचार्य महोदय को

97. 'ठेले पर हिमालय' किस विधा की रचना है?
(a) निबन्ध (b) कहानी
(c) उपन्यास (d) यात्रा-वृत्त

98. इनमें से कौन-सा कवि अष्टछाप का नहीं है?
(a) सूरदास (b) कुम्भनदास
(c) नन्ददास (d) रैदास

99. किस वाक्य में अपादान कारक है?
(a) राम ने रावण को तीर मारा
(b) मोहन से अब नहीं गाया जाता
(c) हिमालय से गंगा निकलती है
(d) चाकू से फल काटो

100. निम्नलिखित में से अशुद्ध वर्तनी कौन-सी है?
(a) आंगन (b) मुश्किल
(c) पच्चीस (d) ईर्ष्या

द्वितीय प्रश्न-पत्र

खण्ड अ तार्किक अभिरुचि

निर्देश (प्र.सं. 1-3) *दिए गए विकल्पों में से सम्बन्धित अक्षर / शब्द / संख्या को चुनिए।*

1. SRPQ : ONLM : : KJHI : ?
(a) GEDF (b) GFED (c) GFDC (d) GFDE

2. 11 : 121 : 110 : : 15 : 225 : 210 : : ?
(a) 9 : 81 : 70 (b) 18 : 324 : 306
(c) 17 : 288 : 272 (d) 16 : 255 : 239

3. स्वप्न : वास्तविकता : : तर्कसंगत :
(a) मिथ्या (b) न्याय सिद्ध
(c) समझदार (d) यथार्थता

निर्देश (प्र.सं. 4-5) *निम्नलिखित प्रश्नों में दी गई संख्या श्रृंखलाओं में कौन-सी एक संख्या सही नहीं है?*

4. 2, 6, 18, 32, 50, 72, 98
(a) 6 (b) 18 (c) 32 (d) 50

5. 541, 514, 312, 743, 945, 816
(a) 312 (b) 945 (c) 816 (d) 541

निर्देश (प्र.सं. 6-7) *निम्नलिखित में से उस विकल्प को चुनिए, जो अन्य तीन से भिन्न है।*

6. (a) खेल-मैदान (b) सिनेमा-स्क्रीन (c) नाटक-मंच (d) रबड़-मिटाना

7. (a) 32-41 (b) 62-44 (c) 46-28 (d) 33-56

8. M, P का पुत्र है। Q पौती है O की, जोकि P का पति है। M, O से किस प्रकार सम्बन्धित है?
(a) पुत्र (b) पुत्री
(c) माता (d) पिता

9. लड़कों की एक पंक्ति में अमर बाएँ से 7वाँ है और विवेक दाएँ से 12वाँ है। यदि वे अपना स्थान बदल लेते हैं, तो अमर बाएँ से 22वाँ हो जाता है। पंक्ति में कुल कितने लड़के हैं?
(a) 19 (b) 31
(c) 33 (d) 34

10. निम्नलिखित विकल्पों में से उस शब्द को चुनिए जो दिए गए शब्द के अक्षरों का प्रयोग करके नहीं बनाया जा सकता है।

IMPASSIONABLE

(a) IMPASSABLE (b) IMPOSSIBLE
(c) IMPASSIVE (d) IMPASSION

11. दिए गए विकल्पों में से कौन-सा निम्नलिखित शब्दों का सार्थक क्रम दर्शाएगा?
1. कार्य करना 2. सुनना
3. विश्लेषण करना 4. अवलोकन करना
5. निर्णय करना
(a) 3, 1, 4, 5, 2 (b) 4, 2, 3, 5, 1
(c) 5, 4, 1, 3, 2 (d) 1, 5, 4, 2, 3

12. लुप्त संख्या ज्ञात कीजिए।

1	2	3
4	5	6
7	8	9
27	38	?

(a) 52 (b) 51 (c) 50 (d) 49

13. यदि 3 * 5 * 6 = 92536, 2 * 4 * 9 = 41681
तब, 7 * 8 * 10 = ?
(a) 6410049 (b) 813625 (c) 98164 (d) 4964100

14. यदि 'सफेद' को 'नीला' कहा जाए, 'नीले' को 'लाल' कहा जाए, 'लाल' को 'पीला' कहा जाए, 'पीले' को हरा कहा जाए, हरे को 'काला' कहा जाए, 'काले' को 'बैंगनी' कहा जाए और 'बैंगनी' को 'नारंगी' कहा जाए, तो मनुष्य के खून का रंग कैसा होगा?
(a) लाल (b) हरा (c) पीला (d) बैंगनी

15. किसी निश्चित कूट भाषा में 'BAT' को 'YZG' लिखा जाता है, तो उसी कूट भाषा में 'SICK' को कैसे लिखा जाएगा?
(a) HRYV (b) HRZP (c) HRXP (d) RHPX

16. अजय अपने घर से 15 किमी पश्चिम की ओर गया, फिर वह बाएँ मुड़ा और 20 किमी चला। वह पूर्व की ओर मुड़ा और 25 किमी चला और आखिर में बाएँ मुड़कर उसने 20 किमी की दूरी तय की। अब वह अपने घर से कितनी दूर है?
(a) 15 किमी (b) 20 किमी (c) 25 किमी (d) 10 किमी

17. यदि किसी निश्चित कोड में 'DAUGHTER' को 'TERDAUGH' लिखा जाता है, तो उसी कोड में 'APTITUDE' को कैसे लिखा जाएगा?
(a) DEUAPTIT (b) UDEAPTIT (c) DUEAPTIT (d) DAUEPTIT

18. यदि किसी निश्चित कूट भाषा में 'PICK' को 'OQHJBDJL' लिखा जाता है, तो उसी कूट भाषा में 'FLAT' को किस प्रकार लिखा जाएगा?
(a) EGKMZBSU (b) EGKMZBUS
(c) EGKMBZSU (d) EKGMZBSU

निर्देश (प्र.सं. 19-20) *दिए गए विकल्पों में से सही विकल्प चुनिए जो अनुक्रम को पूरा करे।*

19. 2, 8, 18, 32, 50, ?
(a) 64 (b) 72 (c) 70 (d) 68

20. 5, 11, 23, 47, 95, ?
(a) 190 (b) 161 (c) 169 (d) 191

21. लुप्त संख्या ज्ञात कीजिए।

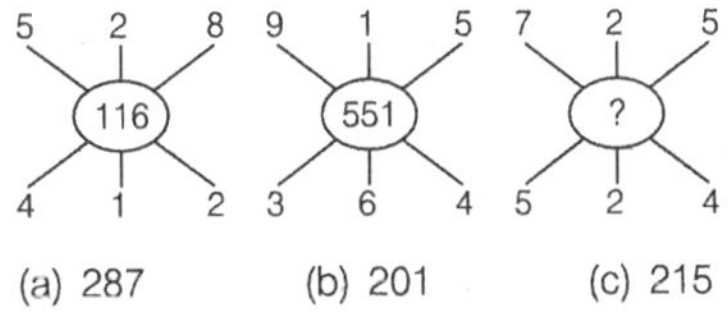

(a) 287 (b) 201 (c) 215 (d) 275

22. दिए गए विकल्पों में से कौन-सा निम्नलिखित शब्दों का सार्थक क्रम दर्शाएगा?

1. देश 2. फर्नीचर
3. जंगल 4. लकड़ी
5. पेड़

(a) 1, 3, 5, 4, 2 (b) 1, 4, 3, 2, 5 (c) 2, 4, 3, 1, 5 (d) 5, 2, 3, 1, 4

23. एक लड़के की ओर इशारा करते हुए वीणा ने कहा, "वह मेरे दादा के इकलौते पुत्र का लड़का है।" वह लड़का, वीणा से किस प्रकार सम्बन्धित है?

(a) अंकल (b) भाई
(c) चचेरा भाई (d) आँकड़े अपर्याप्त

24. निम्न में से कौन-सी आकृति वकील, महिलाएँ और डॉक्टर के बीच के सम्बन्ध को दर्शाती है?

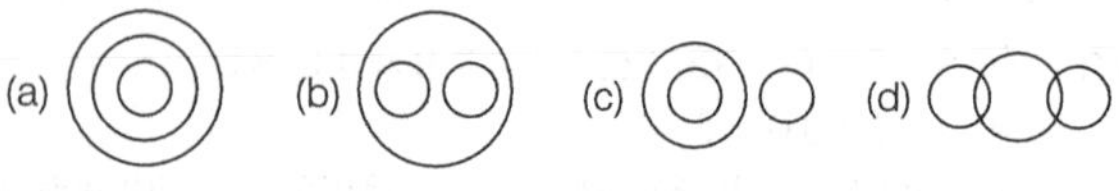

25. रचित उत्तर की ओर चलना शुरू करता है 15 मी चलने के बाद वह दक्षिण की ओर मुड़ता है और 20 मी चलता है। फिर वह पूर्व की मुड़ता है और 10 मी चलता है। फिर वह 5 मी उत्तर की ओर चलता है। वह अपने प्रारम्भिक स्थान से किस दिशा में तथा कितनी दूरी पर है?

(a) 10 मी पश्चिम (b) 5 मी पूर्व (c) 5 मी उत्तर (d) 10 मी पूर्व

26. पाँच मित्र P, Q, R, S और T उत्तर की ओर मुख किए बैठे हैं। S, T और Q के बीच में है और Q, R के एकदम बाएँ है। P, T के एकदम बाएँ है। बीच में कौन व्यक्ति है?

(a) S (b) T (c) Q (d) R

27. निम्न आकृति का अध्ययन करके उस क्षेत्र को ज्ञात करें जो उन छात्रों को दर्शाता है जो कवि और गायक दोनों हैं, किन्तु डांसर नहीं हैं।

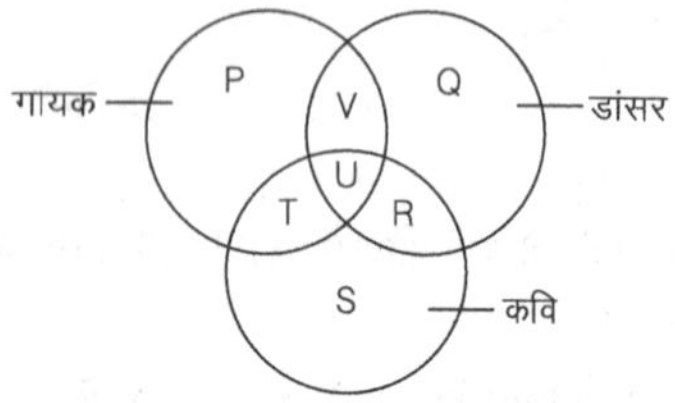

(a) P + T + S (b) T
(c) T + U + R + S (d) T + U + S + P

28. यदि $5 \times 3 \times 9 = 395$, $9 \times 7 \times 5 = 759$, तो $7 \times 6 \times 4 = ?$

(a) 674 (b) 476 (c) 647 (d) 764

29. यदि $9 * 7 = 32$, $13 * 7 = 120$, $17 * 9 = 208$, तो $19 * 11 = ?$

(a) 64 (b) 160 (c) 240 (d) 210

30. नितिन को याद है कि निधि का जन्मदिन शुक्रवार से पहले किन्तु मंगलवार के बाद है। दीपक को याद है कि निधि का जन्मदिन बुधवार के बाद किन्तु शनिवार से पहले है। निधि का जन्मदिन निम्न में से किस दिन है?

(a) सोमवार (b) मंगलवार
(c) शुक्रवार (d) गुरुवार

31. रहीम बिन्दु X से चला और 5 किमी पश्चिम की ओर चला, फिर बाएँ मुड़ा और सीधे 2 किमी चला और फिर वह बाएँ मुड़ा और सीधे 7 किमी चला। अब वह बिन्दु X से किस दिशा में है?

(a) उत्तर-पूर्व (b) दक्षिण-पश्चिम
(c) दक्षिण-पूर्व (d) उत्तर-पश्चिम

32. यदि 1 जनवरी को शुक्रवार है, तो एक अधिवर्ष में मार्च का प्रथम दिन क्या होगा?

(a) मंगलवार (b) बुधवार (c) बृहस्पतिवार (d) शुक्रवार

33. बरुण लम्बा है संजय से, बिपुल लम्बा है बरुण से, कृष्णा उतना लम्बा नहीं है जितना बिपुल है, किन्तु बरुण से लम्बा है । सबसे लम्बा कौन है?

(a) बरुण (b) बिपुल (c) कृष्णा (d) संजय

34. राजन आयु में अपने पिता से 20 वर्ष छोटा है। 5 वर्ष पूर्व उसके पिता उससे तीन गुना बड़े थे। उसके पिता की वर्तमान आयु ज्ञात कीजिए।

(a) 25 वर्ष (b) 30 वर्ष (c) 35 वर्ष (d) 36 वर्ष

35. एक आदमी ने एक महिला से कहा, "आपके भाई का एकमात्र पुत्र, मेरी पत्नी का भाई है।" वह महिला उस आदमी की पत्नी से किस प्रकार सम्बन्धित है?

(a) बुआ (b) बहन (c) माता (d) दादी

36. यदि $2463 = 36$ और $5552 = 30$, तो $6732 = ?$

(a) 32 (b) 36 (c) 34 (d) 39

37. यदि '÷' का अर्थ '+', '×' का अर्थ '–' हो, तो $(15 \times 9) \div (12 \times 4) \times (4 \div 4) = ?$

(a) 96 (b) 6 (c) 143/8 (d) 3/128

38. एक कथन के आगे दो निष्कर्ष I और II दिए गए हैं। आपको कथन को सत्य मानकर विचार करना है, चाहे वह सामान्यतः ज्ञात तथ्यों से भिन्न प्रतीत होता हो। आपको निर्णय करना है कि दिए गए निष्कर्षों में से कौन-सा, यदि कोई हो, निश्चित रूप से दिए गए कथन के आधार पर निकलता है? अपना उत्तर निर्दिष्ट करें।

कथन पदक पुरस्कार हैं।

निष्कर्ष I. सभी पुरस्कार पदक नहीं हैं।

II. सभी प्राप्त पदक पुरस्कार कहलाते हैं।

(a) केवल निष्कर्ष I निकलता है
(b) केवल निष्कर्ष II निकलता है
(c) निष्कर्ष I और II दोनों निकलते हैं
(d) न तो निष्कर्ष I और न ही II निकलता है

39. यदि 'MACHINE' को 19-7-9-14-15-20-11 कोड में लिखा जाता है, तो उसी कोड में 'DANGER' को किस प्रकार लिखा जाएगा?

(a) 11-7-20-16-11-24 (b) 13-7-20-9-11-25
(c) 10-7-20-13-11-24 (d) 13-7-20-10-11-25

40. यदि किसी निश्चित कोड भाषा में 'TRIVENDRUM' को 'VTKXGPFTWO' लिखा जाता है, तो उसी कोड भाषा में 'ERNAKULAM' को किस प्रकार लिखा जाएगा?

(a) GTPCMWNOC (b) GTPCMWNCO
(c) GTPCMNWCO (d) GTPMCWNCO

41. दी गई संख्या श्रृंखला में ऐसी कितनी विषम संख्याएँ हैं, जिनके तुरन्त पहले एक सम संख्या तथा तुरन्त बाद एक विषम संख्या है?

51473985726315 863852243496

(a) 1 (b) 2 (c) 3 (d) 4

42. यदि शब्द 'QUALIFICATION' के चौथे, छठे, नौवें और 11वें अक्षरों से कोई अर्थपूर्ण शब्द बनाना सम्भव हो तो उस शब्द का 'तीसरा' अक्षर क्या होगा? यदि ऐसे एक से ज्यादा शब्द बन सकते हैं, तो 'M' उत्तर पर निशान लगाएँ और यदि ऐसा कोई शब्द नहीं बन सकता है, तो 'N' उत्तर पर निशान लगाएँ।

(a) M (b) I (c) F (d) N

43. विभाजन के एक सवाल में, विभाजक, भागफल का 3 गुना तथा शेषफल का 6 गुना है। तदनुसार, यदि शेषफल 2 हो, तो उसमें भाज्य कितना होगा?
(a) 36 (b) 28
(c) 50 (d) 48

44. $(x + y) - (x - y)$ का मान ज्ञात कीजिए।
(a) $2x$ (b) $2y$
(c) $x + y$ (d) $x - y$

45. यदि 120, एक संख्या का 20% हो, तो उस संख्या का 120% कितना होगा?
(a) 20 (b) 120
(c) 360 (d) 720

46. A तथा B की औसत आयु 20 वर्ष है। यदि A को C से बदल दिया जाए, तो औसत 19 वर्ष हो जाएगा। इसमें C तथा A की औसत आयु 21 वर्ष है। तदनुसार, A, B तथा C की आयु (वर्षों में) क्रमशः कितनी होगी?
(a) 22, 18, 20
(b) 22, 20, 18
(c) 18, 22, 20
(d) 18, 20, 22

47. A तथा B एक कार्य मिलकर 30 दिनों में पूरा कर सकते हैं। उन्होंने एकसाथ 20 दिनों तक कार्य किया, उसके बाद B चला गया। तब A ने शेष कार्य 20 दिनों में पूरा कर दिया। तदनुसार, B अकेला वह कार्य कितने दिनों में पूरा कर सकता है?
(a) 54 (b) 60 (c) 50 (d) 48

48. बाल केन्द्रित शिक्षाशास्त्र का अर्थ है
(a) बच्चों के अनुभवों और आवाजों को प्रमुखता देना
(b) शिक्षक द्वारा बच्चों को आदेश देना कि क्या-क्या किया जाना चाहिए
(c) निर्धारित सूचना का अनुसरण करने में बच्चों को सक्षम बनाना
(d) कक्षा में सारी बातें सीखने के लिए शिक्षक का आगे-आगे होना

49. समावेशी शिक्षा में शिक्षक की सबसे कम महत्त्वपूर्ण विशेषता कौन-सी है?
(a) बच्चों के प्रति संवेदनशीलता
(b) विद्यार्थियों के लिए लगाव और धैर्य
(c) विद्यार्थियों की अक्षमताओं का ज्ञान
(d) शिक्षक का सामाजिक-आर्थिक स्तर

50. बच्चों की सीखने की प्रक्रिया में माता-पिता को भूमिका निभानी चाहिए
(a) नकारात्मक (b) अग्रोन्मुखी
(c) सहानुभूतिपूर्ण (d) तटस्थ

खण्ड ब कला वर्ग

51. भारतीय उपमहाद्वीप में कृषि के प्राचीनतम साक्ष्य कहाँ से प्राप्त हुए हैं?
(a) लोथल (b) मेहरगढ़
(c) मुण्डिगाक (d) कालीबंगा

52. उपनिषद् पुस्तकें हैं
(a) धर्म पर (b) योग पर
(c) विधि पर (d) दर्शन पर

53. कोणार्क का सूर्य मन्दिर किसने बनवाया था?
(a) नरसिंह देव वर्मन (b) राजेन्द्र चोल
(c) अशोक (d) कृष्णदेव राय

54. पुराणों का अध्ययन करने वाला प्रथम मुसलमान था
(a) अबुल फजल (b) अब्दुल कादिर बदायूनी
(c) अलबरूनी (d) दाराशिकोह

55. किसने सल्तनतकाल में डाक-व्यवस्था का विस्तृत विवरण दिया है?
(a) अमीर खुसरो (b) इब्नबतूता
(c) सुल्तान फिरोजशाह (d) जियाउद्दीन बरनी

56. निम्नलिखित में से किसे 'भारत का सादी' कहा गया है?
(a) अमीर हसन (b) अमीर खुसरो
(c) अबू तालिब कलीम (d) चन्द्रभान ब्राह्मण

57. शिवाजी ने मुगलों को किस युद्ध में हराया था?
(a) पुरन्दर (b) रायगढ़
(c) सलहार (d) शिवनेर

58. शुद्ध वर्तनी वाले शब्द को पहचानिए।
(a) दर्शनभिलासी (b) दर्शनाभिलाषी
(c) दर्शनभिलाशी (d) दर्शनाभिलासी

59. 'चन्द्रमुखी' में कौन-सा समास है?
(a) द्वन्द (b) बहुव्रीहि
(c) अव्ययीभाव (d) कर्मधारय

60. 'अरण्य रोदन' का अर्थ है
(a) व्यर्थ प्रयास (b) स्वार्थ पूरा करना
(c) केवल कल्पना करना (d) मूर्खतापूर्ण कार्य करना

61. 'जितेन्द्रिय' शब्द का तात्पर्य है
(a) जिसकी इन्द्रियाँ न हों
(b) जिसका इन्द्रियों पर नियन्त्रण न हों
(c) जिसकी इन्द्रियाँ वश में हों
(d) जो इन्द्रियों के पीछे भागे

62. तद्भव शब्द का चयन कीजिए।
(a) गुहा (b) गोपाल
(c) गोधूम (d) गाय

63. "इस परीक्षार्थी ने नकल की है" इस वाक्य में 'इस' शब्द क्या है?
(a) अव्यय (b) सर्वनाम
(c) सार्वनामिक विशेषण (d) संज्ञा

64. 'चूहे के चाम से नगाड़े नहीं मढ़े जाते' लोकोक्ति का अर्थ है
(a) कंजूसी करना
(b) सीमित साधनों से काम करना
(c) छोटा होकर बड़ा काम करना
(d) सीमित साधनों से बड़े काम नहीं होते

65. 'पन्नग' का समानार्थी शब्द है
(a) पिक (b) उरग
(c) केसरी (d) पिनाक

Direction (Q. No 66) *Pick the most effective word from the given words to fill in the blank to make the sentence meaningfully complete.*

66. There was an .... response for the Marathon.
(a) overwhelming (b) overriding
(c) excessive (d) extreme

Directions (Q. Nos. 67 and 68) *In each of the following questions choose the most suitable 'oneword' for the given expressions.*

67. A person who lends money at high rate of interest.
(a) Solvent (b) Shylock
(c) Usurer (d) Debtor

68. The original inhabitants of a country.
(a) Aborigines (b) Citizens
(c) Natives (d) Primitive

Directions (Q. Nos. 69 and 70) *In the following questions choose the word opposite in meaning to the given word.*

69. Voluntary
(a) Compulsory (b) Violent
(c) Deliberate (d) Valuable

70. Aggravate
(a) Abbreviate (b) Alleviate
(c) Advocate (d) Appreciate

Directions (Q. Nos. 71 and 72) *In the following questions, out of the given alternatives, choose the one which best expresses the meaning of the given word.*

71. Frailties
(a) Timidness (b) Failures
(c) Oddities (d) Weaknesses

72. Contemplative
(a) Thoughtful (b) Careless
(c) Over-zealous (d) Mischievous

73. किसने यह विचार किया था कि भारत में 'ब्रिटिश आर्थिक नीति' घिनौनी है?
(a) बी. जी. तिलक (b) दादाभाई नौरोजी
(c) कार्ल मार्क्स (d) एडम स्मिथ

74. हरिजन के प्रारम्भकर्ता थे
(a) तिलक (b) गोखले (c) गाँधी जी (d) नौरोजी

75. राजनैतिक सुधारों को लेकर विरोध करने वाले पहले भारतीय कौन थे?
(a) दादाभाई नौरोजी (b) सुरेन्द्रनाथ बनर्जी
(c) राजा राममोहन राय (d) बाल गंगाधर तिलक

76. सूर्य की बाह्यतम परत को क्या कहते हैं?
(a) वर्ण मण्डल (b) प्रकाश मण्डल (c) किरीट (d) स्थलमण्डल

77. किसके गुरुत्वाकर्षण के कारण ज्वार-भाटा आता है?
(a) पृथ्वी का चन्द्रमा पर (b) पृथ्वी का सूर्य पर
(c) पृथ्वी पर सूर्य और चन्द्रमा का (d) चन्द्रमा का पृथ्वी पर

78. सुनामी तरंगें किससे उत्पन्न होती हैं?
(a) समुद्र के नीचे भूकम्प (b) चन्द्रमा के अभिकर्षण
(c) समुद्र में ज्वार (d) चक्रवात

79. जब ग्रेनाइट की चट्टानों का कायान्तरण होता है, तो वे किसमें परिवर्तित हो जाती हैं?
(a) संगमरमर (b) फेल्सपार (c) नीस (d) क्वार्टजाइट

80. विजयवाड़ा किस नदी के किनारे स्थित है?
(a) कावेरी (b) कृष्णा
(c) महानदी (d) ताप्ती

81. भारत में सबसे ऊँचा जलप्रपात कौन-सा है?
(a) शिप्सा जलप्रपात (b) होगेनक्कल जलप्रपात
(c) कोर्यक्कल जलप्रपात (d) जोग जलप्रपात

82. झूम है
(a) एक लोकनृत्य
(b) एक नदी का उपनाम
(c) भारत के उत्तर पूर्व में एक जनजाति
(d) कृषि (खेती) का एक प्रकार

83. HYV कार्यक्रम को भारत में .... भी कहा जाता है।
(a) श्वेत क्रान्ति (b) नीली क्रान्ति
(c) पारम्परिक कृषि (d) नव कृषिनीति (हरित क्रान्ति)

84. मध्य प्रदेश के नेपानगर में है
(a) चीनी मिल (b) इस्पात संयन्त्र
(c) अखबारी कागज का कारखाना (d) भारी इंजीनियरिंग संयन्त्र

85. काजीरंगा राष्ट्रीय उद्यान किसलिए प्रसिद्ध है?
(a) गैण्डे के लिए (b) बाघ के लिए
(c) शेर के लिए (d) मगरमच्छ के लिए

86. मानसरोवर झील कहाँ स्थित है?
(a) नेपाल (b) चीन (c) तिब्बत (d) भूटान

87. सामूहिक खपत से क्या मतलब है?
(a) घरेलू खपत (b) व्यक्तिगत खपत
(c) स्वयं खपत (d) वरिष्ठ नागरिकों द्वारा उपभोग

88. निम्न में कौन-सा एक जोड़ा संयुक्त आपूर्ति का अच्छा उदाहरण है?
(a) चाय और कॉफी (b) कलम और स्याही
(c) टूथब्रश और टूथ पेस्ट (d) ऊन और मांस

89. पूँजीवादी अर्थव्यवस्था की मुख्य विशेषता क्या है?
(a) प्रशासनिक मूल्यों (b) सार्वजनिक स्वामित्व
(c) नियोजित अर्थव्यवस्था (d) निजी स्वामित्व

90. भारत के महान्यायवादी की नियुक्ति निम्नलिखित में से कौन करता है?
(a) राष्ट्रपति (b) प्रधानमन्त्री
(c) विधि मन्त्री (d) मन्त्रिमण्डलीय समिति द्वारा नियुक्ति

91. सर्वोच्च न्यायालय द्वारा शिक्षा के निःशुल्क अधिकार को किस अधिकारों के अन्तर्गत रखा गया है?
(a) जीवन का अधिकार
(b) शोषण के विरुद्ध अधिकार
(c) विचार और अभिव्यक्ति की स्वतन्त्रता
(d) शिक्षा एवं संस्कृति का अधिकार

92. भारत का उपराष्ट्रपति निर्वाचित होने के लिए उम्मीदवार की आयु कितनी निर्धारित की गई?
(a) 18 वर्ष (b) 25 वर्ष (c) 30 वर्ष (d) 35 वर्ष

93. निम्नलिखित में से कौन भारत के सर्वोच्च न्यायालय की पहली महिला न्यायाधीश नियुक्त की गईं?
(a) लीला सेठ (b) अन्ना चाण्डी
(c) फातिमा बीवी (d) सुजाता मनोहर

94. पंचायत के सदस्य होते हैं
(a) जिला अधिकारी द्वारा मनोनीत
(b) सम्बन्धित निर्वाचन क्षेत्र के मतदाता गणों द्वारा
(c) स्थानीय शासन के मन्त्री द्वारा नाम निर्दिष्ट
(d) खण्ड विकास समिति द्वारा नाम निर्दिष्ट

95. राज्य की कार्यपालिका शक्तियाँ निहित हैं
(a) मुख्यमन्त्री (b) राष्ट्रपति
(c) राज्यपाल (d) मन्त्रिपरिषद्

96. निम्नलिखित में कौन-से दो राज्यों में सर्वप्रथम 1956 में पंचायती राज स्थापित किया गया?
(a) राजस्थान और महाराष्ट्र
(b) राजस्थान और आन्ध्र प्रदेश
(c) राजस्थान और उड़ीसा
(d) राजस्थान और पंजाब

97. कीमत सिद्धान्त के साथ निम्न में कौन-सा सिद्धान्त आबद्ध है?
(a) व्यष्टि अर्थव्यवस्था (b) विकसित अर्थव्यवस्था
(c) सार्वजनिक अर्थव्यवस्था (d) समष्टि अर्थव्यवस्था

98. पैमाने की अर्थव्यवस्थाओं से क्या तात्पर्य है?
(a) उत्पादन की इकाई लागत में कमी
(b) वितरण की इकाई लागत में कमी
(c) उत्पादन की कुल लागत में कमी
(d) वितरण की कुल लागत में कमी

99. किस संविधान संशोधन अधिनियम द्वारा मतदान की आयु 21 वर्ष से घटाकर 18 वर्ष कर दी गई?
(a) 59वाँ संशोधन अधिनियम (b) 60वाँ संशोधन अधिनियम
(c) 61वाँ संशोधन अधिनियम (d) 62वाँ संशोधन अधिनियम

100. आपातकालीन प्रावधानों को भारतीय संविधान में लिया गया है
(a) जर्मनी (b) जापान
(c) सोवियत संघ (d) संयुक्त राज्य अमेरिका

उत्तरमाला

प्रथम प्रश्न-पत्र

1	(c)	2	(b)	3	(a)	4	(b)	5	(c)	6	(a)	7	(b)	8	(a)	9	(a)	10	(b)
11	(d)	12	(c)	13	(c)	14	(c)	15	(c)	16	(d)	17	(c)	18	(b)	19	(a)	20	(c)
21	(d)	22	(a)	23	(c)	24	(a)	25	(d)	26	(c)	27	(b)	28	(c)	29	(a)	30	(c)
31	(d)	32	(a)	33	(a)	34	(d)	35	(b)	36	(a)	37	(c)	38	(b)	39	(b)	40	(c)
41	(c)	42	(a)	43	(c)	44	(b)	45	(a)	46	(a)	47	(b)	48	(c)	49	(c)	50	(c)
51	(b)	52	(b)	53	(c)	54	(b)	55	(d)	56	(c)	57	(d)	58	(a)	59	(b)	60	(d)
61	(a)	62	(d)	63	(c)	64	(a)	65	(c)	66	(b)	67	(d)	68	(a)	69	(c)	70	(b)
71	(a)	72	(d)	73	(d)	74	(c)	75	(c)	76	(b)	77	(c)	78	(d)	79	(b)	80	(b)
81	(d)	82	(b)	83	(a)	84	(c)	85	(b)	86	(c)	87	(b)	88	(a)	89	(b)	90	(c)
91	(a)	92	(c)	93	(b)	94	(c)	95	(d)	96	(b)	97	(a)	98	(d)	99	(c)	100	(a)

द्वितीय प्रश्न-पत्र

1	(d)	2	(b)	3	(a)	4	(a)	5	(c)	6	(d)	7	(d)	8	(a)	9	(c)	10	(c)
11	(b)	12	(b)	13	(d)	14	(c)	15	(c)	16	(d)	17	(b)	18	(a)	19	(b)	20	(d)
21	(b)	22	(a)	23	(b)	24	(d)	25	(d)	26	(a)	27	(b)	28	(c)	29	(c)	30	(d)
31	(c)	32	(a)	33	(b)	34	(c)	35	(a)	36	(a)	37	(b)	38	(b)	39	(c)	40	(b)
41	(c)	42	(b)	43	(c)	44	(b)	45	(d)	46	(a)	47	(b)	48	(a)	49	(d)	50	(b)
51	(b)	52	(d)	53	(a)	54	(c)	55	(b)	56	(a)	57	(c)	58	(b)	59	(d)	60	(a)
61	(c)	62	(d)	63	(c)	64	(d)	65	(b)	66	(a)	67	(c)	68	(a)	69	(a)	70	(b)
71	(d)	72	(a)	73	(c)	74	(c)	75	(b)	76	(c)	77	(c)	78	(a)	79	(c)	80	(b)
81	(d)	82	(d)	83	(d)	84	(c)	85	(a)	86	(c)	87	(a)	88	(d)	89	(d)	90	(a)
91	(a)	92	(d)	93	(c)	94	(b)	95	(c)	96	(b)	97	(a)	98	(a)	99	(c)	100	(a)

संकेत एवं हल

प्रथम प्रश्न-पत्र

1. सिन्धु घाटी सभ्यता एक मातृप्रधान सभ्यता थी। इस सभ्यता के कई स्थलों से मृणमूर्ति का प्रमाण मिला है। मृणमूर्तियाँ मुख्य रूप से मिट्टियों से बनाई जाती हैं। सिन्धु घाटी सभ्यता के एक स्थल हड़प्पा से एक मातृदेवी का चित्र मिला है, जिसमें मातृदेवी के गर्भ से पौधे को निकलता हुआ दिखाया गया है।

2. राजस्थान के माउण्टआबू में स्थित दिलवाड़ा का जैन मन्दिर, जैनियों के अनुयायी द्वारा निर्मित किया गया था।

3. गीत गोविन्द के रचनाकार जयदेव हैं। लक्ष्मणसेन की राज्यसभा में जयदेव, पवनदूत के लेखक धोयी एवं ब्राह्मणसर्वस्व के लेखक हलायुद्ध रहते थे। गीतगोविन्द में कृष्ण और वृन्दावन के गोपियों का वर्णन है।

4. शिवाजी का जन्म 20 अप्रैल, 1627 को शिवनेर के दुर्ग में हुआ था। शिवाजी ने 1674 ई. में राज्याभिषेक के बाद 'छत्रपति' की उपाधि धारण की। 53 वर्ष की आयु में 1680 ई. में शिवाजी की मृत्यु हो गई।

5. सिखों के छठे गुरु हरगोविन्द (1606-1645 ई.) हुए। इन्होंने सिखों को सैन्य संगठन का रूप दिया तथा अकाल तख्त या ईश्वर के सिंहासन का निर्माण करवाया।

6. वास्कोडिगामा भारत के पश्चिमी तट पर स्थित बन्दरगाह कालीकट पर 20 मई, 1498 ई. को पहुँचा। उसने यहाँ पहुँचकर भारत के नए समुद्री मार्ग की खोज की।

कालीकट के तत्कालीन शासक जमोरिन ने वास्कोडिगामा का स्वागत किया।

7. जहाँगीर के शासनकाल में इंग्लिश ईस्ट इण्डिया कम्पनी ने सर्वप्रथम 1611 ई. में मसूलीपत्तनम अथवा मछलीपत्तनम में एक अस्थायी कारखाना स्थापित किया था। 1613 ई. में सूरत में स्थापित कारखाना अंग्रेजों का प्रथम स्थायी कारखाना था।

8. लखनऊ में 4 जून, 1857 को विद्रोह की शुरुआत हुई। बेगम हजरत महल ने अपने अल्पायु पुत्र बिरजिस कादिर को नवाब घोषित किया तथा लखनऊ स्थित ब्रिटिश रेजीडेंसी पर आक्रमण किया।

9. 19वीं सदी के आरम्भ में गोरे बागान मालिकों ने चम्पारण के किसानों से एक अनुबन्ध के आधार पर यह विनिश्चित करा लिया था कि उन्हें अपनी जमीन के 3/20 वें भू-भाग में नील की खेती करना अनिवार्य है, जिसे 'तिनकठिया पद्धति' के नाम से जाना जाता था। राजकुमार शुक्ल के आग्रह पर वर्ष 1917 में गाँधीजी ने चम्पारण सत्याग्रह की शुरुआत की थी।

10. बाल गंगाधर तिलक के द्वारा 1881 ई. में समाचार-पत्र केसरी का सम्पादन किया गया था। भारत में क्रान्तिकारी गतिविधियों की शुरुआत 1897 ई. में महाराष्ट्र से मानी जाती है। इसमें तिलक की महत्त्वपूर्ण भूमिका थी। वेलेण्टाइन शिरोल ने तिलक को भारतीय अशान्ति का जनक कहा था।

11. 12 मार्च, 1930 को गाँधीजी ने दाण्डी मार्च शुरू किया। उन्होंने अपने साबरमती आश्रम (अहमदाबाद) से चुने हुए 78 साथियों के साथ सत्याग्रह के लिए प्रस्थान किया। 24 दिनों की लम्बी यात्रा के बाद 5 अप्रैल, 1930 को वे दाण्डी पहुँचे तथा 6 अप्रैल, 1930 को उन्होंने एक मुट्ठी नमक हाथ में लेकर सविनय अवज्ञा आन्दोलन का श्री गणेश किया।

12. शुक्र पृथ्वी का निकटतम ग्रह है। इसे पृथ्वी का भगिनी ग्रह कहते हैं। यह घनत्व, आकार एवं व्यास में पृथ्वी के समान है। इसे साँझ का तारा या भोर का तारा कहा जाता है। यह सबसे चमकीला एवं सबसे गर्म ग्रह है। इसका कोई उपग्रह नहीं है।

13. टुण्ड्रा एक रसियन शब्द है, जिसका अर्थ समतल दलदली मैदान होता है। यह सदा बर्फ से ढका रहता है। गर्मी के मौसम में यहाँ मौसएक लाइकेन उगते हैं।

14. यह वायुमण्डल की सबसे निचली परत है। इसकी ऊँचाई ध्रुवों पर 8 किमी तथा विषुवत् रेखा पर लगभग 18 किमी होती है। यह सभी वायुमण्डलीय घटनाएँ; जैसे–बादल, आँधी एवं वर्षा के लिए उत्तरदायी होती हैं।

15. लद्दाख का पठार जम्मू और कश्मीर में अवस्थित है। यह हिमालय के दक्षिण एवं कानूलून पर्वत शृंखला के उत्तर में अवस्थित है। तंगलंग का दर्रा यहाँ अवस्थित है। इसकी ऊँचाई 10,000 फीट से अधिक है।

16. गोदावरी प्रायद्वीपीय भारत की सबसे लम्बी नदी है। इसको दक्षिण की गंगा के नाम से भी जाना जाता है। यह नदी नासिक के निकट महाबलेश्वर से निकलकर दक्षिण पूर्व की ओर बहती हुई बंगाल की खाड़ी में गिरती है।

17. पश्चिमी घाट का उत्तरी भाग कोंकण तट कहलाता है। इसमें अवस्थित मैदान गुजरात से प्रारम्भ होकर केरल तक जाता है। यह 720 किमी लम्बा है। इसमें महाराष्ट्र, गोवा और कर्नाटक के भाग भी आते हैं।

18. वह प्रोग्राम जो किसी व्यक्ति द्वारा पढ़ा जा सके, उसे ह्यूमेन कोड कहते हैं। इसे केप्चा (captcha) कोड भी कहते हैं।

19. भारत के कृषि क्षेत्र में निम्न उत्पादकता के लिए निम्न कारक उत्तरदायी हैं।

- जोतों का आकार छोटा होना
- कृषि में यान्त्रिकरण एवं मशीनीकरण का अभाव
- वित्त की अनुचित व्यय
- आवश्यक कृषि आदानों की अभाव के कारण

20. तूतीकोरिन तमिलनाडु में है। यह भारत के पूर्वी तट पर अवस्थित है। शेष सभी बन्दरगाह न्हावशेवा, कोच्चि और मरमागोआ भारत के पश्चिमी तट पर अवस्थित हैं।

21. दिल्ली में सर्दी के मौसम में वर्षा पश्चिमी विक्षोभ का परिणाम है। यहाँ पर कम दबाव का क्षेत्र बना है, जिसमें यह भूमध्यसागर क्षेत्र से भारत की तरफ बढ़ता है। इसके दौरान यह इराक, ईरान, अफगानिस्तान, पाकिस्तान को पार करते हुए भारत में प्रवेश करता है।

22. सामूहिक खपत का सम्बन्ध उस खपत से है, जो किसी समूह द्वारा की जाती है। व्यक्ति परिवार में एक समूह के रूप में निवास करता है तथा परिवार के सभी सदस्यों की भी निर्भरता व्यक्ति के ऊपर होती है। अतः सामूहिक उपभोग से तात्पर्य घरेलू खपत से है, जिसे व्यक्ति परिवार के साथ मिलकर खर्च करता है।

23. साधन लागत पर नेट नेशनल प्रोडक्ट को राष्ट्रीय आय के रूप में भी जाना जाता है। यह उत्पादन के अभिकरणों द्वारा उत्पादन क्रिया में भाग लेकर प्राप्त की हुई आय होती है; जैसे-वेतन, रेण्ट, लाभ आदि।

24. कम्पनी कर और आयकर केन्द्रीय सरकार द्वारा लगाए जाते हैं। कम्पनी कर तथा आयकर दोनों ही प्रत्यक्ष करों की श्रेणी में आते हैं। बिक्री कर और उत्पाद शुल्क केन्द्र और राज्यों दोनों सरकारों द्वारा लगाए जाते हैं। राज्य सरकारों को सर्वाधिक आय की प्राप्ति बिक्री कर द्वारा प्राप्त होती है।

25. भारत वर्ष 2022 में G-20 शिखर सम्मेलन की मेजबानी करेगा। G-20,20 ऐसे देशों का समूह है जो औद्योगिक और विकासशील देश वैश्विक उत्पादन के लिए 90 फीसदी जिम्मेदार है। इस संगठन में 19 देश तथा यूरोपीय संघ सदस्य हैं।

26. स्वीकार्यता के आधार पर पैसे को दो वर्गों में विभाजित किया जाता है। यह दो वर्ग हैं कानूनी निविदा और वैकल्पिक मुद्रा। कानूनी निविदा कानून द्वारा स्वीकृत कराए जाते हैं। उपर्युक्त में से चेक वैकल्पिक मुद्रा है।

27. चौथी पंचवर्षीय योजना का लक्षित विकास दर 5.7% था वहीं वास्तविक विकास दर 3.3% रहा। चतुर्थ पंचवर्षीय योजना का कार्यकाल-1969-74 तक रही। पाँचवीं पंचवर्षीय योजना, सातवीं पंचवर्षीय योजना और आठवीं पंचवर्षीय योजना का लक्षित विकास दर और वास्तविक विकास दर क्रमशः 4.4%, 5%, 5.6% तथा 4.8%, 6%, 6.8% रहे।

28. 29 अगस्त, 1947 को संविधान सभा द्वारा एक प्रारूप समिति का गठन किया गया, जिसका कार्य संविधान का प्रारूप तैयार करना था, इस समिति के अध्यक्ष डॉ. भीमराव अम्बेडकर थे।

26 नवम्बर, 1949 को इसका निर्माण पूर्ण हुआ तथा 26 जनवरी, 1950 को संविधान, देश में लागू हो गया।

29. भारत एक प्रजातान्त्रिक देश है इसकी समस्त शक्ति का स्रोत जनता में निहित है। इसका अभिप्राय यह होता है कि एक प्रजातान्त्रिक देश में प्रतिनिधि जनता द्वारा निर्वाचित होते हैं।

30. शिक्षा सम्बन्धी विषय संविधान की अनुसूची 7 के समवर्ती सूची में वर्णित है, जिस पर कानून बनाने का अधिकार केन्द्र तथा राज्य दोनों को है। 42वें संविधान संशोधन, 1976 द्वारा शिक्षा को राज्य सूची से हटाकर समवर्ती सूची में डाला गया।

31. अनुच्छेद 33, संसद सदस्यों को सशस्त्र बल के जवानों के (सदस्यों को) मौलिक अधिकार को प्रतिबन्धित या रद्द करने की शक्ति देता है। प्रावधानों का उद्देश्य यह है कि इसके माध्यम से वे अपने कर्त्तव्यों के उचित निर्वहन तथा अनुशासन का रखरखाव सुनिश्चित कर सकते हैं।

32. भारतीय संविधान सम्पत्ति को मूल अधिकारों के अन्तर्गत नहीं रखता। 1977 के 44वें संविधान संशोधन द्वारा इसके उपयुक्तता तथा समाधान के सन्दर्भ में प्रयास किया गया। अनुच्छेद 300 (A) द्वारा यह स्पष्ट किया गया कि कोई व्यक्ति विधिक प्रक्रिया के अतिरिक्त किसी अन्य विधि से अपनी सम्पत्ति से वंचित नहीं किया जा सकता।

33. देश में लोक कल्याणकारी तथा न्यायशील शासन की स्थापना हेतु नीति-निदेशक सिद्धान्त राज्यों को तथा केन्द्र को दिशा-निर्देश देता है। संविधान के भाग-4 के अनुच्छेद 36-51 तक राज्य की नीति के निदेशक तत्त्वों को संविधान में शामिल किया गया।

34. भारत के राष्ट्रपति पद (अनुच्छेद 54) के उम्मीदवार को विजय हासिल करने के लिए 50% से अधिक वोट, कुल वोटों का बहुमत पाया जाना आवश्यक है। राष्ट्रपति के चुनाव में लोकसभा तक राज्यसभा के निर्वाचित प्रतिनिधि तथा विधानसभा के निर्वाचित प्रतिनिधि भाग लेते हैं।

35. गुट-निरपेक्ष आन्दोलन की शुरुआत दो ध्रुवीय विश्व में शक्ति पुंजों से अलग रहने की नीति का उदाहरण है। इसकी स्थापना अप्रैल, 1961 में हुई थी। इसका पहला सम्मेलन बेलग्रेड में हुआ था।

36. भारत राष्ट्रसंघ के संस्थापक सदस्य देशों में से था। भारत वर्ष 1945 से ही राष्ट्रसंघ का सदस्य है, जबकि इसके 2 साल बाद वर्ष 1947 में भारत आजाद हुआ था।

37. विश्व व्यापार संगठन का मुख्य उद्देश्य प्रतिबन्धों की समाप्ति के आलोक में वैश्विक व्यापार की मात्रा में भारी बढ़ोतरी करना है।

38. द्रोणाचार्य पुरस्कार युवा एवं खेल मन्त्रालय, भारत सरकार द्वारा दिया जाता है। यह खेल के क्षेत्र में उत्कृष्ट प्रशिक्षण के लिए प्रशिक्षक को दिया जाता है। इसमें पुरस्कार स्वरूप ₹ 5 लाख और द्रोणाचार्य की एक कांस्य मूर्ति प्रदान की जाती है। अधिकारिक तौर पर खेल और खेलों में उत्कृष्ट कोचों के लिए दिया जाने वाला यह पुरस्कार वर्ष 1985 से प्रतिवर्ष दिया जा रहा है।

39. अर्थशास्त्र के क्षेत्र में नोबेल पुरस्कार देने की शुरुआत की घोषणा स्वीडीश सेण्ट्रल बैंक के द्वारा की गई थी। इस बैंक के 300वीं वर्षगाँठ पर वर्ष 1968 में शुरू की गई थी। यह पुरस्कार स्टॉकहोम में दिया जाता है।

40. स्पैल ऑफ द टाइगर पुस्तक सर सैयद माउण्टगोमरी के द्वारा लिखी गई है। इसमें इन्होंने वृहत मैंग्रोव के दलदल, सुन्दरवन के ज्वारीय डेल्टा का वर्णन किया है, जो भारत और बांग्लादेश के बीच अवस्थित है।

41. वीर सावरकर अंतर्राष्ट्रीय हवाई अड्डा, जो पोर्ट ब्लेयर, अंडमान-निकोबार द्वीप समूह में स्थित है, को 3 जनवरी, 2019 को एक अधिकृत आव्रजन चेकपोस्ट के रूप में घोषित किया गया है।

42. शंघाई सहयोग संगठन में उपर्युक्त में से शामिल देश हैं- चीन, रूस, कजाकिस्तान, उज्बेकिस्तान तथा तजाकिस्तान। इस संगठन की स्थापना रूस, चीन, तजाकिस्तान, कजाकिस्तान तथा किर्गिस्तान को मिलकर वर्ष 1996 में की गई थी। बाद में उज्बेकिस्तान इसमें छठें सदस्य के रूप में शामिल हुआ था। इस संगठन का प्रथम सम्मेलन 14-15 जून 2001 को शंघाई (चीन) में हुआ था। वर्तमान में भारत एवं पाकिस्तान भी इस संगठन के सदस्य बन गए हैं।

43. पारसेक दूरी मापने की सबसे बड़ी इकाई है। (1 Parsec = 3.08×10^{16}m) खगोलीय इकाई के द्वारा सूर्य और पृथ्वी के बीच की माध्य दूरी 'खगोलीय इकाई' कहलाती है।

44. विटामिन तथा सम्बन्धित रासायनिक नाम

विटामिन	रासायनिक नाम
विटामिन B_2	राइबोफ्लेविन
विटामिन B_5	नियासिन
विटामिन B_6	पाइरीडॉक्सिन
विटामिन B_{12}	साइनोकोबालामिन

45. गति के नियमों को सबसे पहले सर आइजक न्यूटन ने 1687 ई. में अपनी पुस्तक प्रिंसीपिया में प्रतिपादित किया। इसलिए, इस वैज्ञानिक के सम्मान में इन नियमों को न्यूटन के गति नियम कहते हैं।

46. DTP का पूरा नाम Desktop Publishing है।

47. अम्ल एवं सम्बन्धित उपयोग

अम्ल	उपयोग
साइट्रिक अम्ल	धातुओं को साफ करने में
बेंजोइक अम्ल	दवा व खाद्य पदार्थों के संरक्षण में
फॉर्मिक अम्ल	जीवाणुनाशक के रूप
एसीटिक अम्ल	विलायक के रूप में

48. तन्त्रिका तन्त्र का वह भाग, जो सम्पूर्ण शरीर तथा स्वयं तन्त्रिका तन्त्र पर नियन्त्रण रखता है, केन्द्रीय तन्त्रिका तन्त्र कहलाता है। मस्तिष्क तथा मेरुरज्जु मिलकर केन्द्रीय तन्त्रिका तन्त्र की स्थापना करते हैं। मस्तिष्क मेरुरज्जु का ही बढ़ा हुआ भाग है।

49. रंग वर्णान्धता से पीड़ित व्यक्ति लाल एवं हरे रंग का भेद नहीं कर पाते हैं। यह लिंग सम्बन्धित रोग है, जो वंशगति के द्वारा एक पीढ़ी से दूसरी पीढ़ी में जाता है।

50. चीनी यात्री फाहियान गुप्त वंश के शासक चन्द्रगुप्त द्वितीय विक्रमादित्य (380-412 ई.) के दरबार में आया था। फाहियान बौद्ध मतावलम्बी था।

51. अभिसरण का विलोम शब्द अपसरण है।

52. सुषुप्त का विलोम शब्द जागृत है। अन्य शब्द श्रेष्ठ का विलोम अधम, मृत का विलोम जीवित तथा कृतघ्न का विलोम कृतज्ञ है।

53. व्याकरण की दृष्टि से दिए गए वाक्यों में से सही व मानक वाक्य है - 'आगामी रविवार को वह मुम्बई जाएगा।'

54. दिए गए वाक्यों में से व्याकरण की दृष्टि से सही व मानक वाक्य है - आपकी शंकाओं का समाधान हो जाना चाहिए।

55. 'दिशाएँ ही जिनके वस्त्र हैं' वाक्यांश के लिए उचित शब्द 'दिगम्बर' है।

56. 'युद्ध की इच्छा रखने वाला' वाक्यांश के लिए उचित शब्द 'युयुत्सु' है।

57. आमलक का तद्भव शब्द 'आँवला' है। अन्य शब्द आदर्शिका का तद्भव शब्द आरसी, आम्र का तद्भव शब्द आम तथा आपाक का तद्भव शब्द आवाँ है।

58. तिनका का तत्सम शब्द 'तृण' है। अन्य शब्द 'तिक्त' तीता का तत्सम रूप है, 'ताम्र' ताँबा का तत्सम रूप है तथा 'त्वरित' तुरन्त का तत्सम रूप है।

59. विशेषण की विशेषता बताने वाले शब्द 'प्रविशेषण' कहलाते हैं; जैसे- 'राम बहुत तेज़ दौड़ता है।' इसका वाक्य में 'बहुत' शब्द प्रविशेषण है, जो तेज विशेषण की विशेषता बता रहा है।

60. 'परिश्रमी' शब्द से गुणवाचक विशेषण का बोध होता है। जिन शब्दों द्वारा संज्ञा के गुण अथवा दोष का बोध होता है, वे 'गुणवाचक विशेषण' शब्द कहलाते हैं।

61. 'मन्दिर' का पर्यायवाची शब्द 'देवगृह' है। इसके अतिरिक्त देवालय, देवस्थान, ईशगृह आदि मन्दिर के अन्य पर्यायवाची शब्द हैं।

62. 'तृष्णा' का पर्यायवाची शब्द 'लिप्सा' है। इसके अतिरिक्त लालसा, अभिलाषा, लालच आदि तृष्णा के पर्यायवाची शब्द हैं।

63. 'राजपुत्र' में तत्पुरुष समास है, जिस समास में पूर्वपद गौण तथा उत्तर पद प्रधान हो, तत्पुरुष समास कहलाता है। दोनों पदों के बीच परसर्ग का लोप रहता है। 'राजपुत्र' अर्थात् 'राजा का पुत्र' यह सम्बन्ध तत्पुरुष का उदाहरण है।

64. 'सच्चिदानन्द' शब्द का सन्धि-विच्छेद है - सत् + चित् + आनन्द। यह व्यंजन सन्धि का उदाहरण है। व्यंजन के साथ व्यंजन या स्वर का मेल होने से जो विकार होता है, उसे व्यंजन सन्धि कहते हैं।

65. ''जुगुप्सा' या 'घृणा' बीभत्स रस का स्थायी भाव है। इसके अतिरिक्त अन्य दिए गए विकल्प अद्भुत रस का स्थायी भाव विस्मय तथा भयानक रस का स्थायी भाव भय तथा रौद्र रस का स्थायी भाव क्रोध है।

66. 'सूरज को दीपक दिखाना' का अर्थ है - किसी व्यक्ति की तुच्छ प्रशंसा करना।

67. 'कन्नड़' भाषा द्रविड़ परिवार की भाषा है। अन्य विकल्पों में 'उड़िया', 'बांग्ला', 'असमिया' यूरोपीय भाषा परिवार के अन्तर्गत आती हैं।

68. व्याकरण की दृष्टि से दिए गए शब्दों में से शुद्ध शब्द 'भौगोलिक' है।

69. व्याकरण की दृष्टि से दिए गए शब्दों में से शुद्ध शब्द 'प्रफुल्लित' है।

70. स्वावलम्बन मनुष्य को आत्मनिर्भर ही नहीं बनाता, बल्कि उसमें आत्मविश्वास भी जगाता है।

71. 'बीड़ा उठाना' से तात्पर्य है - दृढ़ संकल्प करना।

72. दिए गए वाक्य में गढ़ जीत जाना का अर्थ है कठिन कार्य पूरा होना।

73. जिन व्यंजनों के उच्चारण में वायु नासिका मार्ग से निकलती है, अनुनासिक व्यंजन कहलाते हैं। ङ, ञ, ण, न और म अनुनासिक व्यंजन हैं।

74. दिए गए वाक्य में समुच्चयबोधक अव्यय है, जो अव्यय क्रिया या संज्ञा की विशेषता न बताकर शब्दों, वाक्यांशों अथवा वाक्यों को जोड़ने का कार्य करते हैं, उन्हें समुच्चयबोधक अव्यय कहते हैं। प्रस्तुत वाक्य में 'और' समुच्चयबोधक अव्यय है।

75. दिए गए शब्दों में से 'आज' कालवाचक क्रिया विशेषण है। जिन शब्दों से क्रिया में समय सम्बन्धी विशेषता प्रकट हो, उन्हें कालवाचक क्रिया-विशेषण कहते हैं।

76. दिए गए विकल्पों में 'मेरे ऊपर कृपा करें' अशुद्ध वाक्य है। इसके स्थान पर 'मुझ पर कृपा करें' आएगा, जबकि अन्य सभी शुद्ध वाक्य हैं।

77. 'जो विद्यार्थी परिश्रमी है, वह अवश्य सफल होगा'। वाक्य में 'विद्यार्थी परिश्रमी है' प्रधान उपवाक्य तथा 'अवश्य सफल होगा' आश्रित उपवाक्य है। अतः यह मिश्र वाक्य है।

78. दिए गए शब्दों में से 'सुरेश' उपसर्ग रहित शब्द है। संयोग में 'सन्' उपसर्ग है, विदेश में 'वि' तथा अत्यधिक में 'अति' उपसर्ग का प्रयोग हुआ है।

79. 'गर्व शून्य' शब्द में 'करण तत्पुरुष' समास है। करण तत्पुरुष समास वहाँ होता है, जहाँ करण-कारण चिह्न का लोप हो जाता है। 'गर्व शून्य' अर्थात् 'गर्व से शून्य' यहाँ 'से' कारक चिह्न का लोप हो जाने के कारण करण तत्पुरुष समास है।

80. सब्ज़बाग दिखाना का अर्थ है - लालच देकर बहकाना। जैसे- सब्ज़बाग दिखाकर ही रमेश ने सुरेश के दस हजार रुपए लिए थे।

81. दिए गए शब्द में से त्रिपुर + अरि = त्रिपुरारी सन्धि-विच्छेद सही है। अन्य शब्दों का सही सन्धि-विच्छेद रूप है - अधिक + अंश = अधिकांश, अनु + उदित = अनुदित, प्राण + आयाम = प्राणायाम।

82. 'पंचानन' शब्द में बहुव्रीहि समास है। जिस समास में दोनों पद प्रधान ने होकर किसी तीसरे (अन्य) पद की ओर संकेत करते हैं वहाँ बहुव्रीहि समास होता है। 'पंचानन' का समास विग्रह पाँच आनन है जिनके अर्थात् शिव। यहाँ पूर्वपद 'पाँच' और उत्तरपद 'आनन' मिलकर तीसरे पद 'शिव' की ओर संकेत कर रहे हैं।

83. 'तीन तेरह करना' का अर्थ है - पृथक्कता की बात करना।

84. 'हँसुए के ब्याह में खुरपे का गीत' कहावत का अर्थ है - असंगत बातें करना।

85. 'देव्यर्पण' शब्द का सन्धि-विच्छेद है - देवी + अर्पण। यह स्वर सन्धि के अन्तर्गत यण् सन्धि का उदाहरण है। जब इ, ई, उ, ऊ, ऋ के आगे कोई भिन्न स्वर आता है, तो ये क्रमशः य्, व्, र्, ल् में परिवर्तित हो जाते हैं, इस परिवर्तन को यण् सन्धि कहते हैं।

86. 'पुस्तकीय' शब्द में 'ईय' प्रत्यय लगा है। यह संज्ञा शब्द 'पुस्तक' के अन्त में जुड़ा है, इसलिए यहाँ यह तद्धित प्रत्यय है। 'ईय' प्रत्यय से बनने वाले अन्य शब्द हैं—नगरीय तथा भारतीय आदि।

87. 'स्वतन्त्रता' भाववाचक संज्ञा है। भाववाचक संज्ञा शब्द किसी भाव, गुण, दशा, अवस्था आदि का बोध कराते हैं; जैसे—कुशाग्रता, बचपन, अवनति, शत्रुता आदि।

88. मुझे उत्तम पुरुषवाचक सर्वनाम है। ये सर्वनाम वक्ता या लेखक अपने लिए प्रयोग करता है। मैं, हम सर्वनामों में कारक चिह्न लगाने पर उनमें विकार आ जाता है; जैसे—मुझे, हमें, हमने, मेरा, मेरी आदि।

89. विशेषण शब्द जिस संज्ञा या सर्वनाम की विशेषता बताते हैं, उसे 'विशेष्य' कहते हैं; जैसे—मोटा आदमी में 'मोटा' विशेषण है और 'आदमी' विशेष्य है।

90. क्रिया का मूल रूप धातु होता है। धातुओं में प्रत्यय जोड़कर सकर्मक या अकर्मक तथा प्रेरणार्थक धातुएँ बनाई जाती हैं। ऐसी क्रियाएँ साधित सकर्मक धातु भी कहलाती हैं।

संयुक्त धातुएँ दो या दो से अधिक धातुओं से बनती हैं; जैसे-रोने लगा, पढ़ने लगा, जा चुका आदि।

द्विकर्मक धातु में दो कर्म होते हैं; जैसे-राम ने हिरण को बाण से मारा आदि।

91. 'प्रेमवाटिका' रसखान द्वारा रचित काव्यकृति है। इस कृति की रचना संवत 1671 में की गई थी। इसमें कुल 53 दोहे हैं, जिसमें भक्ति रस और शृंगार रस दोनों की प्रधानता है।

92. दिए गए विकल्पों में से 'रूपसी' शब्द 'अलि' का अनेकार्थक नहीं है। सखी, भ्रमर, बिच्छू, 'अलि' शब्द के अनेकार्थक रूप हैं।

93. त, थ, द, ध, स आदि का उच्चारण स्थान दन्त्य है। जिन व्यंजनों के उच्चारण में जिह्वा की नोंक ऊपरी दाँतों को स्पर्श करती है, दन्त्य व्यंजन कहलाते हैं।

94. दिए गए शब्दों में से 'नदी' शब्द का प्रयोग पुल्लिंग रूप में नहीं होता, जबकि हाथी, दही व पानी का प्रयोग पुल्लिंग रूप में होता है।

95. सप्त + ऋषि गुण सन्धि का उदाहरण है। जब अ अथवा आ के आगे 'इ' अथवा 'ई' आता है, तो इनके स्थान पर ए हो जाता है।

इसी प्रकार अ या आ के आगे उ या ऊ आता है, तो ओ हो जाता है तथा अ या आ के आगे ऋ आने पर अर् हो जाता है। इसे गुण सन्धि कहा जाता है।

96. बाढ़ पीड़ितों की सहायता के सम्बन्ध में 'जिलाधिकारी महोदय' को पत्र लिखा जाता है।

97. 'ठेले पर हिमालय' धर्मवीर भारती द्वारा रचित निबन्ध है। इसमें लेखक ने नैनीताल से कौसानी तक की यात्रा का रोचक वर्णन किया है।

98. रैदास अष्टछाप के कवि नहीं हैं। अष्टछाप की स्थापना 1565 ई. गोस्वामी विट्ठलनाथ द्वारा हुई थी।

अष्टछाप के कवि हैं - कुम्भनदास, सूरदास, परमानन्ददास, कृष्णदास, गोविन्दस्वामी, नन्ददास, छीतस्वामी, चतुर्भुजदास।

99. दिए गए वाक्यों में 'हिमालय से गंगा निकलती है' में अपादान कारक है। संज्ञा या सर्वनाम के किस रूप में दूर होने, निकलने, डरने, रक्षा करने, तुलना करने का भाव प्रकट होता है, उसे अपादान कारक कहते हैं।

100. दिए गए शब्दों में से अशुद्ध वर्तनी वाला शब्द 'आंगन' है। इसका शुद्ध रूप आँगन है।

द्वितीय प्रश्न-पत्र

1. जिस प्रकार,

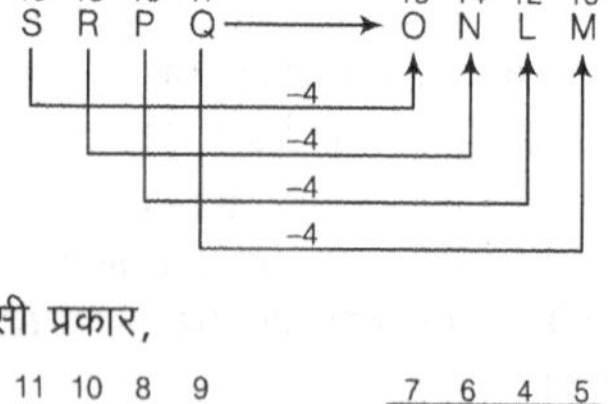

उसी प्रकार,

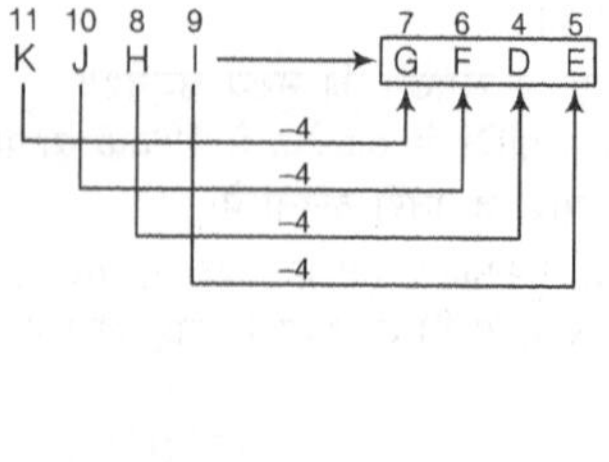

2. जिस प्रकार,

$(11)^2 = 121$ और $121 - 11 = 110$

$(15)^2 = 225$ और $225 - 15 = 210$

उसी प्रकार,

$(18)^2 = 324$ और $324 - 18 = 306$

3. जिस प्रकार, स्वप्न, वास्तविकता का विलोम है उसी प्रकार, तर्कसंगत, मिथ्या का विलोम है।

4. दी गई शृंखला का क्रम निम्नवत् है।

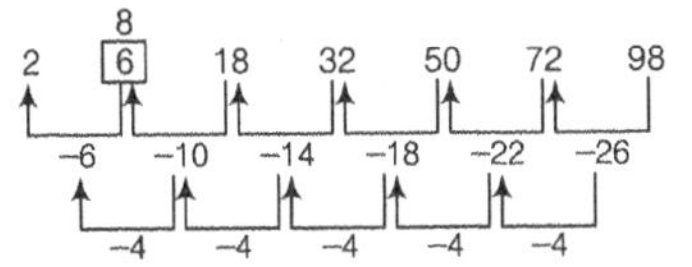

अत: उपरोक्त शृंखला में संख्या 6 के स्थान पर संख्या 8 आएगी।

5. जिस प्रकार, $541 \rightarrow 5 = 4 + 1$,

$514 \rightarrow 5 = 1 + 4$, $312 \rightarrow 3 = 1 + 2$,

$743 \rightarrow 7 = 4 + 3$, $945 \rightarrow 9 = 4 + 5$,

परन्तु, $816 \rightarrow 8 \neq 1 + 6$

6. खेल मैदान में आयोजित किए जाते हैं। सिनेमा को स्क्रीन पर दिखाया जाता है। नाटक का प्रदर्शन मंच पर किया जाता है। लेकिन रबड़ का प्रयोग कागज पर लिखा हुआ मिटाने के लिए किया जाता है।

7. जिस प्रकार, $3 + 2 = 4 + 1$, $6 + 2 = 4 + 4$,

$4 + 6 = 2 + 8$ परन्तु, $3 + 3 \neq 5 + 6$

8. ∵ O, P का पति है। M, P का पुत्र है

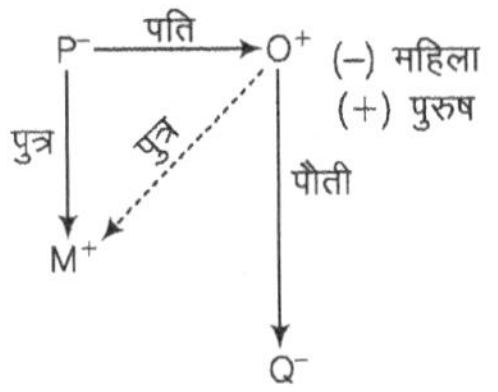

∴ M, O का पुत्र होगा।

9. प्रश्नानुसार,

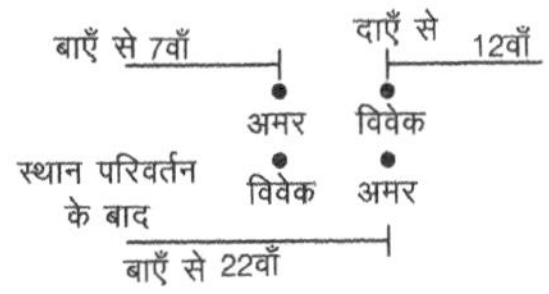

∴ पंक्ति में लड़कों की कुल संख्या = अमर का बाएँ से स्थान + अमर का दाएँ से स्थान −1

$= 22 + 12 - 1 = 33$

10. शब्द IMPASSIONABLE के अक्षरों का प्रयोग करके शब्द 'IMPASSIVE' नहीं बनाया जा सकता है, क्योंकि IMPASSIVE शब्द में प्रयुक्त अक्षर 'V' का प्रयोग मूल शब्द में नहीं हुआ है।

11. दिए गए शब्दों का सार्थक क्रम निम्नवत हैं

अवलोकन करना (4) → सुनना (2) → विश्लेषण करना (3) → (5) निर्णय करना → (1) कार्य करना

12. जिस प्रकार, $7 \times 4 - 1 = 28 - 1 = 27$

$8 \times 5 - 2 = 40 - 2 = 38$

उसी प्रकार, $9 \times 6 - 3 = 54 - 3 = \boxed{51}$

13. जिस प्रकार,

$3 * 5 * 6 = (3)^2(5)^2(6)^2 \Rightarrow 92536$

$2 * 4 * 9 = (2)^2\ (4)^2\ (9)^2 = 41681$

$7 * 8 * 10 = (7)^2(8)^2(10)^2 \Rightarrow \boxed{4964100}$

14. ∵ मनुष्य के खून का रंग लाल होता है और यहाँ, लाल को पीला कहा गया है।

अत: मनुष्य के खून का रंग पीला होगा।

15. जिस प्रकार,

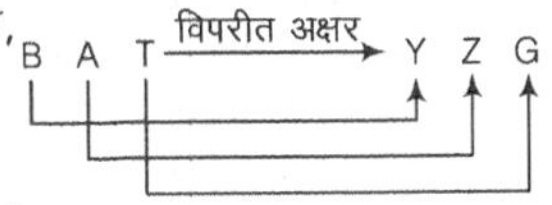

उसी प्रकार,

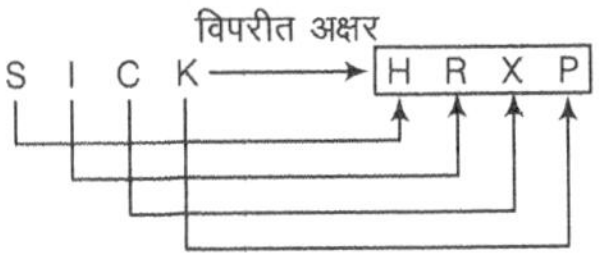

16. प्रश्नानुसार, अजय के चलने का क्रम निम्नवत् है।

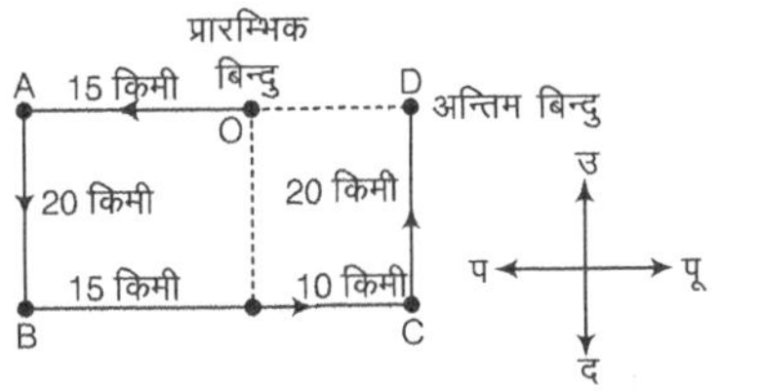

अभीष्ट दूरी = OD = BC − OA = 10 किमी

अत: अजय अपने घर से 10 किमी की दूरी पर है।

17. जिस प्रकार,

D A U G H T E R → T E R D A U G H
1 2 3 4 5 6 7 8 → 6 7 8 1 2 3 4 5

उसी प्रकार,

A P T I T U D E → $\boxed{\text{UDEAPTIT}}$
1 2 3 4 5 6 7 8 → 6 7 8 1 2 3 4 5

18. प्रत्येक अक्षर को क्रमशः उसके बाएँ तथा दाएँ अक्षर के साथ कूटबद्ध किया गया है।

जिस प्रकार,

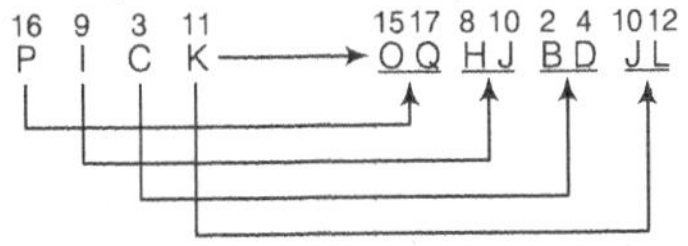

उसी प्रकार,

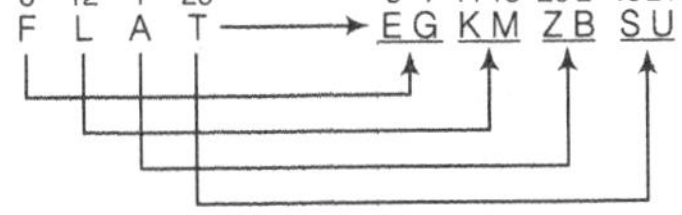

19. दी गई शृंखला का क्रम निम्नवत् है।

$1^2 \times 2 = 1 \times 2 \Rightarrow 2$

$2^2 \times 2 = 4 \times 2 \Rightarrow 8$

$3^2 \times 2 = 9 \times 2 \Rightarrow 18$

$4^2 \times 2 = 16 \times 2 \Rightarrow 32$

$5^2 \times 2 = 25 \times 2 \Rightarrow 50$

∴ $6^2 \times 2 = 36 \times 2 \Rightarrow \boxed{72}$

20. दी गई शृंखला का क्रम निम्नवत् है।

21. जिस प्रकार, $528 - 412 = 116$

$915 - 364 = 551$

उसी प्रकार, $725 - 524 = \boxed{201}$

22. दिए गए शब्दों का सार्थक क्रम निम्नवत् है

देश (1) → जंगल (3) → पेड़ (5) → लकड़ी (4) → फर्नीचर (2)

23. प्रश्नानुसार,

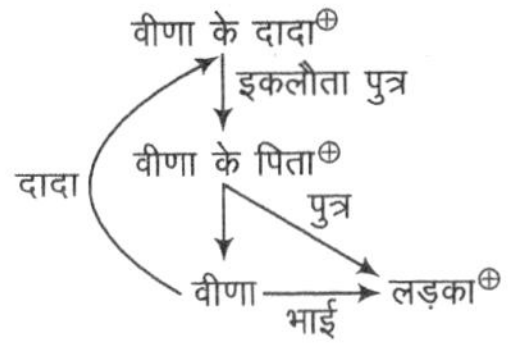

चित्र से स्पष्ट है कि वह लड़का वीणा का भाई है।

24. कुछ वकील और डॉक्टर महिलाएँ हो सकती हैं।

∴ सही आकृति

25. रचित के चलने का क्रम निम्नवत् है।

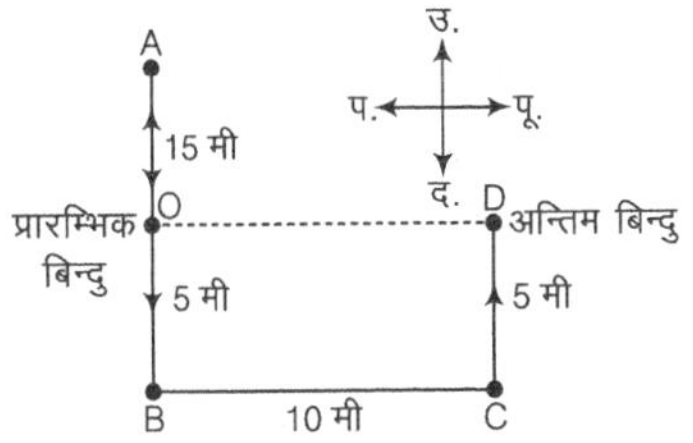

अभीष्ट दूरी = OD = BC = 10 मी

अत: रचित अपने प्रारम्भिक स्थान से 10 मी पूर्व दिशा में है।

26. प्रश्नानुसार व्यवस्थित करने पर,

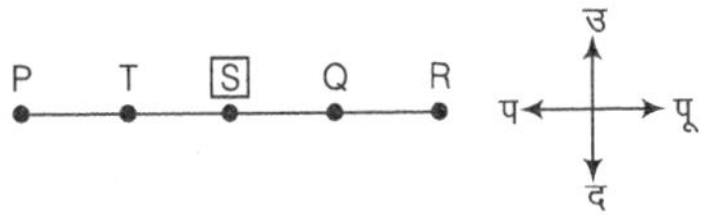

स्पष्ट है कि 'S' बीच में बैठा है।

27. क्षेत्र 'T' उन छात्रों को दर्शाता है जो कवि और गायक दोनों हैं किन्तु डांसर नहीं है।

28. जिस प्रकार,

$5 \times 3 \times 9 = 3\ 9\ 5$
1 2 3 → 2 3 1

तथा $9 \times 7 \times 5 = 7\ 5\ 9$
1 2 3 → 2 3 1

उसी प्रकार, $7 \times 6 \times 4 = \boxed{6\ 4\ 7}$
1 2 3 → 2 3 1

29. जिस प्रकार,

$9 * 7 = (9)^2 - (7)^2 = 81 - 49 = 32$

$13 * 7 = (13)^2 - (7)^2 = 169 - 49 = 120$

$17 * 9 = (17)^2 - (9)^2 = 289 - 81 = 208$

उसी प्रकार,

$19 * 11 = (19)^2 - (11)^2 = 361 - 121 = \boxed{240}$

30. नितिन के अनुसार, निधि का जन्मदिन

= बुधवार, (गुरुवार)

दीपक के अनुसार, निधि का जन्मदिन

= (गुरुवार), शुक्रवार

∴ गुरुवार दोनों में उभयनिष्ठ है

अतः निधि का जन्मदिन 'गुरुवार' को है।

31. रहीम के चलने का क्रम निम्नवत् है।

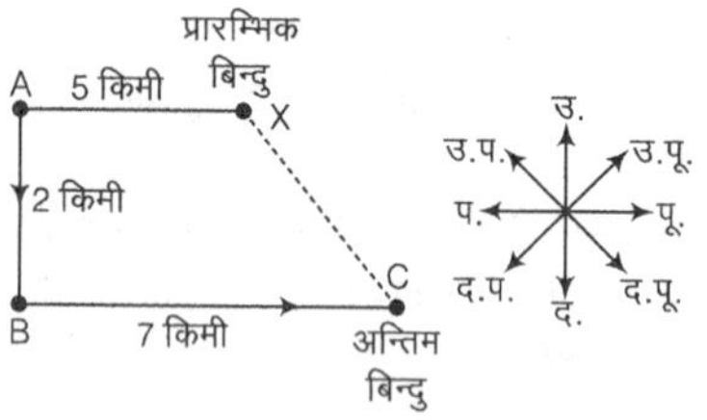

चित्र से स्पष्ट है कि रहीम, बिन्दु X से दक्षिण-पूर्व दिशा में है।

32. 1 जनवरी से 1 मार्च तक कुल दिनों की संख्या

$= 31 + 29 + 1 = 61$

(अधिवर्ष में फरवरी = 29 दिन)

⇒ $61 \div 7 = 8$ सप्ताह तथा शेष 5 दिन

अतः शुक्रवार से पाँचवाँ दिन = मंगलवार

33. प्रश्नानुसार, लम्बाई का क्रम है

बिपुल > कृष्णा > बरुण > संजय

अतः बिपुल सबसे लम्बा है।

34. माना पिता की आयु = x वर्ष

∴ राजन की आयु = $x - 20$ वर्ष

प्रश्नानुसार, $x - 5 = 3(x - 20 - 5)$

$3x - x = 75 - 5$

$2x = 70$

$x = 35$

∴ पिता की वर्तमान आयु 35 वर्ष है।

35. प्रश्नानुसार,

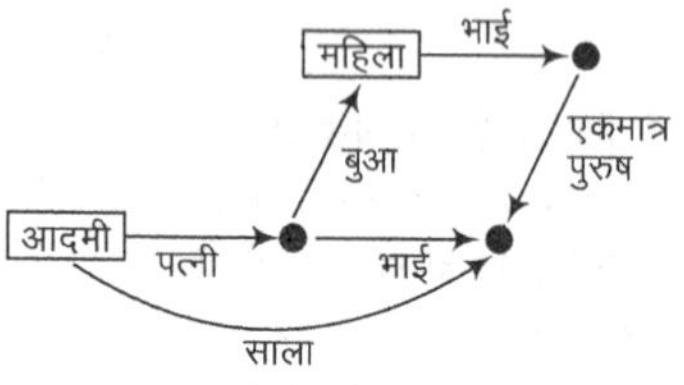

अतः वह महिला उस आदमी की पत्नी की बुआ है।

36. जिस प्रकार,

$2463 \Rightarrow (2 + 4 + 6) \times 3 \Rightarrow 12 \times 3 = 36$

$5552 \Rightarrow (5 + 5 + 5) \times 2 \Rightarrow 15 \times 2 = 30$

उसी प्रकार, $6732 \Rightarrow (6 + 7 + 3) \times 2 \Rightarrow 16 \times 2 = \boxed{32}$

37. दिया है, $(15 \times 9) \div (12 \times 4) \times (4 \div 4)$

प्रश्नानुसार चिन्हों को बदलने पर,

$\Rightarrow (15 - 9) + (12 - 4) - (4 + 4) = 6 + 8 - 8 = 6$

38. कथनानुसार,

यहाँ निष्कर्ष I सभी पुरस्कार पदक नहीं हैं की सत्यता की जाँच नहीं की जा सकती, परन्तु निष्कर्ष II सभी प्राप्त पदक पुरस्कार कहलाते हैं आवश्यक रूप से सत्य है।

अतः केवल निष्कर्ष II निकलता है।

39. जिस प्रकार,

M ⟶ 13 + 6 = 19
A ⟶ 1 + 6 = 7
C ⟶ 3 + 6 = 9
H ⟶ 8 + 6 = 14
I ⟶ 9 + 6 = 15
N ⟶ 14 + 6 = 20
E ⟶ 5 + 6 = 11

उसी प्रकार,

D ⟶ 4 + 6 = 10
A ⟶ 1 + 6 = 7
N ⟶ 14 + 6 = 20
G ⟶ 7 + 6 = 13
E ⟶ 5 + 6 = 11
R ⟶ 18 + 6 = 24

∴ DANGER = 10 – 7 – 20 – 13 – 11 – 24

40. जिस प्रकार,

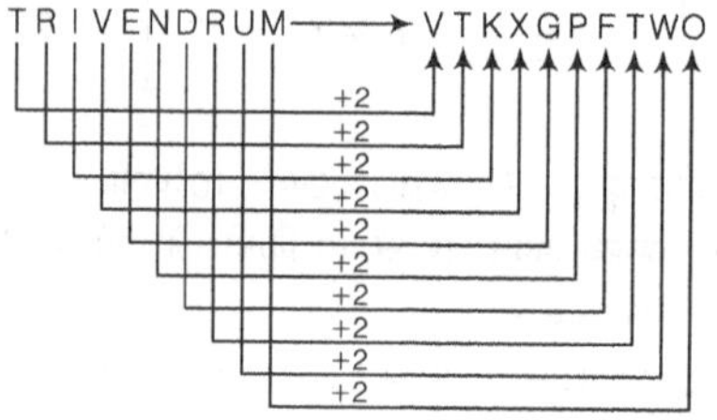

उसी प्रकार,

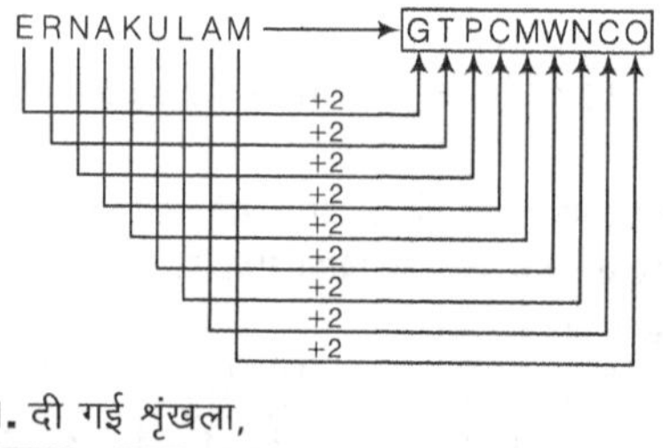

41. दी गई श्रृंखला,

51 [473] 9 [857] 2 [631] 586 3852243496

अतः उपरोक्त श्रृंखला में ऐसी 'तीन' विषम संख्याएँ हैं, जिनके तुरन्त पहले एक सम संख्या और तुरन्त बाद एक विषम संख्या है।

42. शब्द 'QUALIFICATION' का चौथा, छठा, नौवा और ग्याहरवाँ अक्षर क्रमशः L, F, A और I हैं।

∴ इन अक्षरों से बनने वाला अर्थपूर्ण शब्द = FAIL

अतः 'FAIL' शब्द का तीसरा अक्षर = 'I'

43. ∵ शेषफल = 2

∴ विभाजक = $6 \times 2 = 12$

और भागफल = $12 \div 3 = 4$

∴ भाज्य = भागफल × विभाजक + शेषफल

$= 4 \times 12 + 2 = 50$

44. $(x + y) - (x - y) = x + y - x + y = 2y$

45. संख्या का 20% = 120

∴ संख्या = $120 \times \frac{100}{20} = 600$

∴ संख्या का 120% = $600 \times \frac{120}{100} = 720$

46. प्रश्नानुसार, $\frac{A + B}{2} = 20$

$\Rightarrow A + B = 40$ ... (i)

$\frac{B + C}{2} = 19$

$\Rightarrow B + C = 38$ ...(ii)

$\frac{C + A}{2} = 21$

$\Rightarrow C + A = 42$ ... (iii)

समी (i), (ii) और (iii) को जोड़ने पर,

$2(A + B + C) = 120$

$\Rightarrow A + B + C = 60$

A की आयु = 60 – 38 = 22 वर्ष

B की आयु = 60 – 42 = 18 वर्ष

C की आयु = 60 – 40 = 20 वर्ष

47. A व B द्वारा मिलकर 20 दिनों में किया गया कार्य = $\frac{20}{30} = \frac{2}{3}$

शेष कार्य अर्थात् $\frac{1}{3}$ कार्य A ने 20 दिन में पूरा किया।

∴ A को कार्य पूरा करने में लगा समय

$= 20 \times 3 = 60$ दिन

∴ B को कार्य पूरा करने में लगा समय

$= \frac{60 \times 30}{60 - 30} = 60$ दिन

48. बाल केन्द्रित शिक्षाशास्त्र बालकों की शिक्षण प्रक्रिया का अध्ययन करता है। इसमें बच्चों के अनुभव द्वारा सीखने की प्रक्रिया बेहतर है, क्योंकि बच्चा स्वयं करके या स्वअर्जित ज्ञान प्राप्त करता है।

49. दिए गए विकल्पों में समावेशी शिक्षा में शिक्षक की सबसे कम भूमिका सामाजिक आर्थिक स्तर पर होती है। समावेशी शिक्षा में शिक्षक की सर्वाधिक विशेषता है

50. बच्चों की सीखने की प्रक्रिया में माता-पिता को अग्रोन्मुखी भूमिका निभानी चाहिए। माता-पिता को बच्चों के विकास में आनेवाली कठिनाइयों को दूर करने का प्रयास करना चाहिए। साथ ही नई-नई चीजों को सीखने के लिए प्रेरित करना चाहिए।

51. भारतीय उपमहाद्वीप का प्राचीनतम कृषि साक्ष्य वाला स्थल मेहरगढ़ है। यह पाकिस्तान के बलूचिस्तान प्रान्त में स्थित है, यहाँ से 7000 ई. पूर्व. के गेहूँ के साक्ष्य मिले हैं।

52. उपनिषद् दर्शन पर आधारित पुस्तकें हैं। भारतीय दर्शन का मुख्य आधार तथा वैदिक साहित्य का अन्तिम वर्ग उपनिषद् हैं। इन्हें वेदान्त भी कहा जाता है। उपनिषद् का अर्थ शिष्य द्वारा ज्ञान प्राप्ति हेतु गुरु के समीप बैठना है।

53. पुरी स्थित कोणार्क का विशाल सूर्यदेव का मन्दिर नरसिंह देववर्मन प्रथम चोडगंग ने बनवाया था। यह मन्दिर 13वीं शताब्दी का है तथा यह अपनी विशिष्ट शैली के लिए प्रसिद्ध है।

कोणार्क के सूर्य मन्दिर को काला पैगोडा भी कहा जाता है।

54. पुराणों का अध्ययन करने वाला प्रथम मुसलमान अलबरूनी था। उसका जन्म 973 ई. में हुआ था। वह महमूद गजनवी के साथ भारत आया था। अलबरूनी ने अरबी भाषा में 'तहकीक-ए-हिन्द' की रचना की थी।

55. सल्तनतकाल में डाक-व्यवस्था का विस्तृत विवरण हमें इब्नबतूता के यात्रा वृत्तान्त द्वारा प्राप्त होता है। यह मोरक्को के तानजीर प्रदेश का निवासी था और मुहम्मद-बिन-तुगलक के शासनकाल में भारत आया था। 'किताब-उल-रेहला' उसकी प्रसिद्ध पुस्तक है।

56. अमीर हसन-ए-देहलवी को उसकी उच्च गजलों के कारण उसे 'भारत का सादी' कहा गया है। बलबन के दरबार में फारसी के प्रसिद्ध कवि अमीर खुसरो एवं अमीर हसन रहते थे।

57. शिवाजी ने 1659 ई. सलहार के युद्ध में मुगलों को हराया था, शिवाजी का जन्म 20 अप्रैल, 1627 को शिवनेर के दुर्ग में हुआ था। शिवाजी ने 1674 ई. में राज्याभिषेक के बाद 'छत्रपति' की उपाधि धारण की।

58. दिए गए विकल्पों में 'दर्शनाभिलाषी' शब्द वर्तनी की दृष्टि से शुद्ध शब्द है, जबकि अन्य तीनों अशुद्ध शब्द हैं।

59. जिस समास में पूर्वपद विशेषण और उत्तरपद विशेष्य हो कर्मधारय समास कहलाता है। इसमें उत्तरपद प्रधान होता है: जैसे–'चन्द्रमुखी'–चन्द्र के समान मुख वाली। यहाँ पूर्वपद चन्द्र विशेषण तथा उत्तरपद मुख विशेष्य है। साथ ही उत्तरपद मुख प्रधान है। अतः यह कर्मधारय समास का उदाहरण है।

60. 'अरण्य रोदन' मुहावरे का अर्थ है–'व्यर्थ प्रयास।' जैसे–कंजूस व्यक्ति से धन की याचना करना अरण्य रोदन है।

61. जितेन्द्रिय शब्द का तात्पर्य है- 'जिसकी इन्द्रियाँ वश में हों।' अन्य तीनों विकल्प इस सन्दर्भ में उचित नहीं हैं।

62. वे शब्द जो संस्कृत से उत्पन्न या विकसित हुए हैं, तद्भव शब्द कहलाते हैं, जैसे–मोर, बच्चा, फूल आदि। दिए गए विकल्पों में 'गाय' तद्भव शब्द है। इसका तत्सम रूप 'गो' है, जबकि अन्य तीनों विकल्प तत्सम शब्द हैं।

63. जो सर्वनाम शब्द संज्ञा के लिए विशेषण का काम करते हैं, उन्हें सार्वनामिक विशेषण कहते हैं, जैसे–यह, वह, जो, कौन, क्या, कोई, ऐसा, ऐसी, वैसा, वैसी आदि। दिए गए वाक्य 'इस परीक्षार्थी ने नकल की है' में 'इस' शब्द सार्वनामिक विशेषण है, क्योंकि यह परीक्षार्थी के लिए विशेषण का काम कर रहा है।

64. 'चूहे के चाम से नगाड़े नहीं मढ़े जाते' लोकोक्ति का अर्थ है- 'समिति साधनों से बड़े काम नहीं होते।' जैसे–रोशन का सपना है कि वह वकील बने, लेकिन उसके पास एक भी वकालत से सम्बन्धित पुस्तक नहीं है। यह तो वही बात हुई कि चूहे के चाम से नगाड़े नहीं मढ़े जाते।

65. 'पन्नग' का समानार्थी शब्द 'उरग' है। इसके अन्य समानार्थी विषधर व्याल, भुजंग, नाग, अहि, सर्प आदि हैं। अन्य विकल्पों में 'पिक'-कोयल का, 'पिनाक'–धनुष का तथा 'केसरी'–सिंह का समानार्थी है।

66. Overwhelming is the most suitable word for the blank. The word means very great in amount. We generally say 'overwhelming response' i.e. response in great numbers.

67. Usurer is one word for the given expression.

68. Aborigins is one word for the given expression. Aborigin is a person who has been in country for earliest times.

69. The word voluntary means acting of one's own free will. Its antonym from the given options is compulsory which means mandatory or necessary.

70. The word aggravate means to make a bad situation worse. Its antonym from the given options is alleviate which means to reduce or make a problem less severe.

71. Frailties also means weaknesses or condition of being weak and delicate for e.g. The increasing frailties of old age.

72. The word contemplative can also mean thoughtful or pensive. e.g. She regarded me with a contemplative eye.

73. कार्ल मार्क्स ने यह विचार व्यक्त किया था कि ब्रिटिश आर्थिक नीति घिनौनी है। अंग्रेजी हस्तक्षेप से सूत कातने वाला तो लंकाशायर में रहता है। तन्तुवाय बंगाल और उसका आर्थिक आधार समाप्त होने के कारण लगभग लुप्त हो गया है।

74. गाँधीजी ने साप्ताहिक समाचार-पत्रों के रूप में 'हरिजन' अंग्रेजी में, 'हरिजन बन्धु' गुजराती में तथा 'हरिजन सेवक' हिन्दी में प्रारम्भ किए थे।

75. राजनीतिक सुधारों को लेकर विरोध करने वाले पहले भारतीय सुरेन्द्रनाथ बनर्जी थे। इन्होंने आनन्द मोहन बोस के साथ मिलकर 1876 ई. में कलकत्ता में इण्डियन एसोसिएशन की स्थापना की थी। इन्हें दो बार कांग्रेस का अध्यक्ष चुना गया था।

76. सूर्य की बाह्यतम परत किरीट (कोरोना) है। यह केवल पूर्ण सूर्यग्रहण के समय ही दिखाई देती है। कोरोना से रेडियो तरंगें निकलती हैं। कोरोना से बाहर की ओर प्रवाहित होने वाली प्रोटॉन की धाराओं को सौर पवन कहा जाता है।

77. पृथ्वी, चन्द्रमा और सूर्य की पारस्परिक गुरुत्वाकर्षण शक्ति की क्रियाशीलता ही ज्वार-भाटा की उत्पत्ति का मुख्य कारण है। ये जब एक सीध में या समकोण पर होते हैं, तो क्रमशः उच्च या निम्न ज्वार आता है।

78. सर्वाधिक सुनामी जापान में आते हैं और भारत में 26 दिसम्बर, 2004 को सुनामी आया था। समुद्र के नीचे होने वाली भूकम्प की तीव्रता जब 7.5 से अधिक होती है, तब सूनामी उत्पन्न होता है।

79.

आग्नेय चट्टान	कायान्तरित चट्टान
ग्रेनाइट	नीस
बेसाल्ट	शिस्ट
ग्रेबो	सरपेण्टाइन

80. विजयवाड़ा आन्ध्र प्रदेश के कृष्णा जिले में कृष्णा नदी पर अवस्थित है। विजयवाड़ा की जलवायु उष्णकटिबन्धीय है। मई एवं जून में यहाँ का तापमान 47°C तक पहुँच जाता है।

81. भारत का सबसे ऊँचा जलप्रपात कर्नाटक राज्य के शिमोगा जिले में शरावती नदी पर स्थित जोग प्रपात है। इसे गरसोप्पा प्रपात भी कहते हैं, इसकी ऊँचाई 253 मीटर है।

82. पर्वतीय एवं पठारी जंगली क्षेत्रों में जनजातियों द्वारा की जाने वाली कृषि का एक प्रकार है। इसे अलग-अलग स्थानों पर अलग-अलग नामों से जाना जाता है। उत्तर-पूर्वी में इस कृषि पद्धति को झूम कहा जाता है।

83. HYV (High Yeilding Varieties) को भारत में नव कृषिनीति अथवा हरित क्रान्ति के नाम से जाना जाता है। यह तृतीय पंचवर्षीय योजना के दौरान वर्ष 1966 में प्रारम्भ हुआ था। एम. एस. स्वामीनाथन भारत में हरित क्रान्ति के जनक हैं।

84. मध्य प्रदेश के बुरहानपुर जिले में अवस्थित नेपानगर अखबारी कागज के कारखानों के लिए प्रसिद्ध है।

85. काजीरंगा राष्ट्रीय उद्यान असम में स्थित है और एक सींग वाले गैण्डे के लिए प्रसिद्ध है। शेर के लिए गुजरात एवं बाघ के लिए मध्य प्रदेश राज्य अधिक विख्यात है।

86. मानसरोवर झील तिब्बत में अवस्थित है, जिसके आस-पास भारत की मुख्यतः तीन नदियों का उद्गम स्थल है, वे हैं- सिन्धु, सतलज और ब्रह्मपुत्र नदी।

87. एक सामूहिक खपत सेवा एक सामान्य सेवा द्वारा प्रदान की जाती है, जो एक साथ सामान्य समुदाय के सभी सदस्यों को प्रदान करती है, जैसे परिमित क्षेत्र में रहने वाले सभी परिवार।

दूसरों शब्दों में, हम इसे उपभोक्ताओं के समूह द्वारा पूरी तरह से समुदाय द्वारा एक साथ उपभोग के सामान एवं सेवाओं के रूप में समझा सकते हैं। जैसे:- राज्य द्वारा उपलब्ध कराई गई स्कूल, कॉलेज एवं स्वास्थ्य केन्द्र की सुविधा।

88. जब दो या दो से अधिक वस्तुओं का उत्पादन एक ही संसाधन के निर्गम से एक साथ हो, तो उसे संयुक्त आपूर्ति कहते हैं।

ऊन तथा मांस का सम्बन्ध एक ही संसाधन से होने के कारण ये संयुक्त आपूर्ति का सम्बन्ध स्थापित करते हैं।

89. पूँजीवादी अर्थव्यवस्था की सबसे मुख्य विशेषता निजी स्वामित्व होती है। निजी स्वामित्व के द्वारा उन्हें किसी भी प्रकार की हस्तक्षेप की सम्भावना नहीं रहती है। पूँजीवादी अर्थव्यवस्था में कीमत निर्धारण पूर्ति और माँग के द्वारा निर्धारित होती है। पूँजीवादी अर्थव्यवस्था में बाजार की ही महत्ता होती है।

90. भारत का महान्यायवादी, भारत के सरकार का विधिक परामर्शकार या सलाहकार होता है और यह सरकार का पक्ष, सर्वोच्च न्यायालय में रखने वाला विधिक अधिकारी होता है। उसकी नियुक्ति राष्ट्रपति द्वारा अनुच्छेद 76 (1) के अनुसार की जाती है, यह राष्ट्रपति के प्रसाद पर्यन्त अपने पद पर बना रहता है।

91. 6 से 14 वर्ष के बच्चों को निःशुल्क शिक्षा का अधिकार अनुच्छेद 21A के अन्तर्गत, संविधान में जीवन के अधिकार के प्रावधान में रखा गया, जिससे इसकी अनिवार्यता स्पष्ट हो जाती है।

92. भारत का उपराष्ट्रपति देश का द्वितीय सर्वोच्च पद है। इससे सम्बन्धित प्रावधान संविधान के अनुच्छेद 63 में उल्लिखित हैं, जिसमें कहा गया है कि ''भारत का एक उपराष्ट्रपति होगा'' इसके चयन की न्यूनतम आयु अर्हता 35 वर्ष नियत की गई है।

93. न्यायाधीश फातिमा बीवी, भारत के सर्वोच्च न्यायालय की प्रथम महिला न्यायाधीश नियुक्त हुईं। (6 अक्टूबर, 1989-29 अप्रैल, 1992 तक)

94. पंचायती राज से सम्बन्धित विशेष प्रावधान 73वें संविधान संशोधन द्वारा निर्दिष्ट है, जिसके अन्तर्गत विभिन्न प्रावधान, शासन सम्बन्धी दिए गए हैं। इसके सदस्यों का निर्वाचन सम्बन्धित निर्वाचिन क्षेत्र के मतदाताओं द्वारा होता है।

95. राज्य की कार्यपालिका शक्तियाँ राज्यपाल में निहित होती हैं, क्योंकि राज्य का संवैधानिक प्रमुख राज्यपाल होता है, जिस प्रकार राष्ट्रपति, भारत संघ का प्रमुख है।

96. राजस्थान और आन्ध्र प्रदेश में वर्ष 1956 में पंचायती राज सर्वप्रथम स्थापित किया गया।

97. कीमत सिद्धान्त व्यष्टि अर्थशास्त्र का सिद्धान्त है। व्यष्टि अर्थशास्त्र के अन्तर्गत पूर्ण प्रतियोगिता, एकाधिकारी तथा एकाधिकारी प्रतियोगिता इत्यादि आते हैं, जिसके अन्तर्गत कीमतों का निर्धारण हो पाता है। कीमत का निर्धारण एक सतत् व महत्त्वपूर्ण प्रक्रिया है। कीमत निर्धारण की प्रक्रिया को मूल निर्धारण प्रक्रिया भी कहते हैं।

98. पैमाने की अर्थव्यवस्थाओं की लम्बी अवधि की अवधारणा यह है कि एक सुविधा के आकार एवं अन्य इनपुट (आन्तरिक) वृद्धि के उपयोग के स्तर के रूप में इकाई (यूनिट) लागत में कमी का उल्लेख करता है, यह अधिक विशेषज्ञता की ओर जाता है।

99. वर्ष 1989 में 61वें संविधान संशोधन अधिनियम द्वारा मतदान की आयु 21 वर्ष से घटाकर 18 वर्ष कर दी गई।

100. जर्मनी के वाइमर संविधान से आपातकालीन उपबन्ध लिए गए हैं। यह संविधान के 18वें भाग में वर्णित है।

उत्तर प्रदेश
बी.एड. प्रवेश परीक्षा

सॉल्वड पेपर 2018

प्रथम प्रश्न-पत्र

खण्ड अ सामान्य ज्ञान

1. 'उगते हुए सूरज' का देश किसे कहा जाता है?
(a) म्यांमार (b) जापान
(c) भारत (d) नॉर्वे

2. किस संविधान संशोधन के द्वारा मताधिकार की आयु को 21 वर्ष से घटा कर 18 वर्ष कर दिया गया?
(a) 55वाँ संशोधन अधिनियम, 1986
(b) इनमें से कोई नहीं
(c) 61वाँ संशोधन अधिनियम, 1989
(d) 56वाँ संशोधन अधिनियम, 1987

3. विश्व शिक्षक दिवस मनाया जाता है
(a) 5 अक्टूबर को (b) 5 दिसम्बर को
(c) 5 अगस्त को (d) 5 सितम्बर को

4. किसके द्वारा खालसा पंथ की स्थापना की गई थी?
(a) गुरु तेग बहादुर (b) गुरु गोविन्द सिंह
(c) गुरु हरगोविन्द (d) गुरु नानकदेव

5. भाखड़ा नांगल परियोजना किस नदी पर स्थित है?
(a) महानदी (b) सतलुज
(c) कृष्णा (d) ताप्ती

6. सूर्य ग्रहण होता है, जब
(a) सूर्य, पृथ्वी और चन्द्रमा के बीच आता है
(b) इनमें से कोई नहीं
(c) पृथ्वी, सूर्य और चन्द्रमा के बीच होती है
(d) चन्द्रमा, सूर्य और पृथ्वी के बीच आता है

7. एन. सी. टी. ई. है
(a) नेशनल कॉउन्सिल फॉर टीचर एजूकेशन
(b) इनमें से कोई नहीं
(c) नेशनल कमीशन फॉर टीचर एजूकेशन
(d) नेशनल कॉउन्सिल ऑफ टीचर एजूकेशन

8. जैनवाद के अनुसार कितने तीर्थंकर हैं?
(a) 24 (b) 25
(c) 20 (d) 22

9. चूना-पत्थर परिष्कृतीकरण के बाद परिवर्तित होता है
(a) मार्बल (b) क्वाट्‌र्जाइट
(c) ग्रेनाइट (d) स्लेट

10. एक बैंक शेड्यूल्ड बैंक कहलाता है- यदि
(a) यह एक नामीकरण है, जो कभी-कभी सरकारी एवं सहकारी बैंकों के लिए प्रयुक्त किया जाता है
(b) इनमें से कोई नहीं
(c) यह 1969 एवं उसके बाद घोषित राष्ट्रीयकृत बैंकों की सूची में है
(d) यह आर.बी.आई. एक्ट, 1934 की द्वितीय अनुसूची में शामिल है

11. भारत का राष्ट्रपति राज्यसभा के लिए कितने सदस्य मनोनीत कर सकता है?
(a) 12 सदस्य (b) 15 सदस्य (c) 06 सदस्य (d) 09 सदस्य

12. किस क्षेत्र में बुकर पुरस्कार जीता जाता है?
(a) कथा साहित्य (फिक्शन राइटिंग)
(b) साहसिक-कार्य (एडवेंचर)
(c) विज्ञान (साइंस)
(d) औषधि (मेडिसिन)

13. 'चौथा खम्भा' सम्प्रत्यय सन्दर्भित करता है
(a) न्यायपालिका (b) प्रेस
(c) विधायिका (d) कार्यपालिका

14. 'भारतीय नेपोलियन' किसे कहा जाता है?
(a) सम्राट अशोक
(b) चन्द्रगुप्त मौर्य
(c) समुद्रगुप्त
(d) चन्द्रगुप्त विक्रमादित्य

15. शोभना गुर्टू प्रवर्तक हैं
(a) ख्याल एवं ध्रुपद (b) इनमें से कोई नहीं
(c) ख्याल (d) ठुमरी

16. सौरमण्डल के किन ग्रहों को 'निकृष्ट ग्रहों' के रूप में जाना जाता है?
(a) मंगल एवं बुध (b) बुध एवं शुक्र
(c) पृथ्वी एवं मंगल (d) पृथ्वी एवं बुध

17. रेटिनॉल का सामान्य नाम है
(a) विटामिन C (b) विटामिन D
(c) विटामिन A (d) विटामिन B

18. पाक जलडमरूमध्य अलग करता है दो देशों को
(a) पाकिस्तान और श्रीलंका
(b) ब्रिटेन और फ्रांस
(c) भारत और पाकिस्तान
(d) भारत और श्रीलंका

19. संविधान के किस अनुच्छेद में निर्वाचन आयोग के विशेषाधिकार निहित हैं?
(a) 350 (b) 356
(c) 280 (d) 324

20. पोंगल त्योहार है
(a) तमिलनाडु का (b) पश्चिम बंगाल का
(c) असम का (d) केरल का

21. वर्ष 2014 में भारत का कौन-सा राज्य 29वाँ राज्य बना?
(a) तेलंगाना (b) इनमें से कोई नहीं
(c) उत्तराखण्ड (d) छत्तीसगढ़

22. जापान की संसद का नाम है
(a) शोरा (b) मजलिस
(c) डायट (d) नेसेट

23. ओमान की राजधानी कहाँ है?
(a) रियाद (b) रामल्लाह
(c) आबू धाबी (d) मस्कट

24. बिहु ……… का मुख्य त्योहार है।
(a) असम (b) गुजरात
(c) ओडिशा (d) पश्चिम बंगाल

25. भारत के संविधान के अनुच्छेद ……… में मौलिक कर्त्तव्यों का वर्णन है।
(a) 29 (b) 51A
(c) 12 (d) 15

26. विटामिन C की कमी से होने वाला रोग है
(a) पेलाग्रा (b) बेरीबेरी
(c) ऑस्टियोमेलैसिया (d) स्कर्वी

27. सतत विकास लक्ष्यों को प्राप्त करने हेतु संयुक्त राष्ट्र द्वारा कौन-सी अवधि निर्धारित की गई है?
(a) 2011-2025 (b) 2016-2030
(c) 2001-2015 (d) 2006-2020

28. कैलाश सत्यार्थी सम्बन्धित है
(a) निर्मल भारत अभियान से (b) बचपन बचाओ आन्दोलन से
(c) नर्मदा बचाओ आन्दोलन से (d) चिपको आन्दोलन से

29. किसने सन् 2016 में भारत का अन्तिम पृथक् रेलबजट पेश किया था?
(a) अरुण जेटली (b) सुरेश प्रभु
(c) पीयूष गोयल (d) मनोज सिन्हा

30. भारत का राष्ट्रपति बनने से पूर्व श्री रामनाथ कोविन्द ……… के राज्यपाल थे।
(a) बिहार (b) राजस्थान
(c) मध्य प्रदेश (d) उत्तर प्रदेश

31. फ्रांसीसी क्रान्ति का सही नारा क्या था?
(a) स्वतन्त्रता, अधिकार, कर्त्तव्य (b) समता, समानता, भ्रातृत्व
(c) स्वतन्त्रता, समानता, भ्रातृत्व (d) स्वतन्त्रता, समानता, अधिकार

32. निम्न में से किस खिलाड़ी ने रियो पैरालिम्पिक्स 2016 में ऊँची कूद में स्वर्ण पदक जीता था?
(a) शरद कुमार (b) मुरलीकान्त केटकर
(c) वरुण सिंह भाटी (d) मरियप्पन थंगावेलु

33. न्यायमूर्ति दलवीर भण्डारी चर्चा में रहे, क्योंकि वह
(a) इलाहाबाद उच्च न्यायालय के मुख्य न्यायाधीश बने
(b) इनमें से कोई नहीं
(c) नेशनल जुडिशियल कमीशन के सदस्य बने
(d) इन्टरनेशनल कोर्ट ऑफ जस्टिस के लिए पुनर्निर्वाचित हुए

34. ……… को भारत में सर्वाधिक पुराना ग्रन्थ माना जाता है।
(a) न्याय (b) रामायण
(c) गीता (d) ऋग्वेद

35. किसी प्राणी की ज्ञानेन्द्रियाँ उसे सहायता प्रदान करती हैं
(a) श्वसन
(b) गतिशीलता में
(c) तीव्र वृद्धि में
(d) उद्दीपक के प्रति अनुक्रिया करने में

36. ……… को भारत में हरित क्रान्ति का जनक माना जाता है।
(a) डॉ. वर्गीज कुरियन
(b) इनमें से कोई नहीं
(c) एम. एस. स्वामीनाथन
(d) सी. डी. देशमुख

37. जस्टिन ट्रूडो, जिन्होंने फरवरी, 2018 में भारत की यात्रा की, प्रधानमन्त्री हैं
(a) कनाडा के (b) स्पेन के
(c) इटली के (d) फ्रांस के

38. निम्न में से कौन-सा नाटक विलियम शेक्सपीयर द्वारा नहीं लिखा गया है?
(a) जूलियस सीजर (b) हैमलेट
(c) आर्म्स एण्ड द मैन (d) एज यू लाइक इट

39. राष्ट्रीय प्रतिरक्षा संस्थान स्थित है
(a) चेन्नई में (b) मुम्बई में
(c) नई दिल्ली में (d) बंगलुरु में

40. 2020 में ग्रीष्मकालीन ओलम्पिक खेलों का आयोजन किस देश में किया जायेगा?
(a) जापान में (b) स्पेन में
(c) चीन में (d) दक्षिण कोरिया में

41. कॉलम-I को कॉलम-II के साथ सुमेलित कीजिए।

कॉलम I (बीमारी)		कॉलम II (कारण)	
A.	रिंगवर्म	1.	प्रोटोजोआ
B.	मलेरिया	2.	बैक्टीरिया
C.	कोलेरा	3.	फंजाई
D.	एनीमिया	4.	लौह की कमी

कूट

	A	B	C	D		A	B	C	D
(a)	3	4	2	1	(b)	3	1	4	2
(c)	3	1	2	4	(d)	3	2	4	1

42. निम्न में से कौन 'राज्य हड़प नीति' से सम्बन्धित है?
(a) लॉर्ड रिपन (b) लॉर्ड मिन्टो
(c) लॉर्ड कर्जन (d) लॉर्ड डलहौजी

43. निम्न में कौन सा इनपुट डिवाइस नहीं है?
(a) कैमरा (b) प्रिन्टर (c) की-बोर्ड (d) माउस

44. हिन्दी फीचर फिल्म 'पद्मावत' किस लेखक की रचना पर आधारित है?
(a) अबुल फजल की (b) रसखान की
(c) मलिक मुहम्मद जायसी की (d) अमीर खुसरो की

45. सोमनाथ मन्दिर पर आक्रमण किया था
(a) मुहम्मद बिन कासिम ने (b) इल्तुतमिश ने
(c) मोहम्मद गोरी ने (d) महमूद गजनवी ने

46. सांख्य दर्शन का प्रतिपादक किसे माना जाता है?
(a) पतंजलि को (b) वाल्मीकि को
(c) कपिल को (d) गौतम को

47. प्रसिद्ध पुस्तक 'पॉवर्टी एण्ड अनब्रिटिश रूल इन इण्डिया' के लेखक हैं
(a) दादाभाई नौरोजी (b) इनमें से कोई नहीं
(c) महात्मा गाँधी (d) गोपाल कृष्ण गोखले

48. निम्न में से कौन प्रसिद्ध हिन्दी पत्रिका 'सरस्वती' के सम्पादक रहे हैं?
(a) पं. पूरणचन्द्र (b) महावीरप्रसाद द्विवेदी
(c) राजा शिवप्रसाद 'सितारेहिन्द' (d) बालकृष्ण भट्ट

49. 'मदर' पुस्तक किसने लिखी?
(a) बेन जॉनसन ने (b) ऑस्कर वाइल्डे ने
(c) टी.एस. इलियट ने (d) मैक्सिम गोर्की ने

50. वस्तु एवं सेवा कर (GST) भारत में लागू किया
(a) 01 जुलाई, 2017 से (b) 01 सितम्बर, 2017 से
(c) 01 जनवरी, 2017 से (d) 01 अप्रैल, 2017 से

खण्ड ब भाषा (हिन्दी)

51. 'शशक' का पर्यायवाची शब्द है
(a) खरगोश (b) चन्द्रमा
(c) शिशु (d) मृग

52. 'गंगा गए गंगादास, जमुना गए जमुनादास' लोकोक्ति का सही अर्थ है
(a) अपने काम से काम रखना
(b) तीर्थ-यात्रा करना
(c) महान भक्त होना
(d) अवसरवादी होना

53. 'सूर्य' का पर्याय नहीं है
(a) भास्कर (b) मयंक
(c) दिवाकर (d) सविता

54. 'प्रत्येक' का सन्धि-विच्छेद है
(a) प्रति + एक (b) प्रत्य + इक
(c) प्रत्य + एक (d) प्रती + एक

55. 'जो शास्त्र जानता है' वह कहलाता है
(a) जानकार (b) शास्त्रज्ञ
(c) विद्वान (d) शास्त्र ज्ञाता

56. पुराण में इक प्रत्यय संयुक्त होकर शब्द बनता है
(a) पौराणिक (b) पौराणीक
(c) पुराणिक (d) पोराणिक

57. हाथ से हथियाना
लात से लतियाना
संज्ञा से बनने वाली क्रिया को क्या कहते हैं?
(a) प्रेरणार्थक क्रिया (b) पूर्वकालिक क्रिया
(c) संयुक्त क्रिया (d) नामधातु क्रिया

58. 'मीठा' विशेषण से भाववाचक संज्ञा बनती है
(a) मिठापा (b) मीठास
(c) मिठाई (d) मिठास

59. 'कोई आया है' वाक्य में 'कोई' किस प्रकार का सर्वनाम है?
(a) प्रश्नवाचक (b) पुरुषवाचक
(c) निश्चयवाचक (d) अनिश्चयवाचक

60. निम्न में से तत्पुरुष समास कौन-सा है?
(a) प्रतिदिन (b) कोना-कोना
(c) पथभ्रष्ट (d) मारपीट

61. प्रार्थना पत्र के समापन में क्या लिखा जाता है?
(a) भवदीय (b) स्नेहाकांक्षी
(c) आपका विश्वासपात्र (d) शुभचिन्तक

62. भक्तिकालीन सन्त परम्परा के प्रसिद्ध कवि कौन थे?
(a) जयशंकर प्रसाद (b) मीरा
(c) बिहारी (d) कबीर

63. 'पावक' और 'अग्नि' शब्दों के मध्य क्या सम्बन्ध है?
(a) अवनामी (b) समनामी (c) पर्यायवाची (d) विलोम

64. 'शोक' किस रस का स्थायी भाव है?
(a) रौद्र (b) वात्सल्य (c) करुण (d) वीर

65. 'वह विद्यार्थी नहीं आया।' वाक्य में 'वह' कौन-सा विशेषण है?
(a) सार्वनामिक विशेषण (b) परिमाणबोधक विशेषण
(c) गुणवाचक विशेषण (d) संख्यावाचक विशेषण

66. 'अज्ञ' का विपरीतार्थक शब्द है
(a) विज्ञ (b) अनज्ञ (c) सर्वज्ञ (d) सद्यज्ञ

67. 'बहिरंग' का विलोम शब्द है
(a) सौरंग (b) बहुरंग (c) सबरंग (d) अन्तरंग

68. निम्नलिखित वाक्यों में से एक में अपादान कारक के विभक्ति चिह्न का प्रयोग हुआ है
(a) मेज पर रखा हुआ गिलास का पानी बहुत शीतल था
(b) दुधवा पार्क में बहुत से दर्शनीय जीव निवास करते हैं
(c) पैरों से चलना यात्रा, समुदाय से चलना समाज तथा देश और काल से चलना इतिहास कहलाता है
(d) आकाश से गिरी एक बूँद कहीं मोती, कहीं विष तो कहीं कीचड़ बनी

69. 'स्फूर्ति' शब्द का तद्भव रूप है
(a) सुफीत (b) सौफीति
(c) फुर्ती (d) स्फीति

70. तुरंग शब्द का पर्यायवाची शब्द चुनिए
(a) शशः (b) वाजि
(c) कुरंग (d) शार्दूल

71. निम्नांकित शब्दों में एक स्त्रीलिंग शब्द है
(a) रस्सा (b) सूत
(c) धागा (d) डोर

72. निम्नलिखित वाक्यों में एक में सकर्मक क्रिया का प्रयोग हुआ है
(a) लड़की सिल रही है (b) राम सो रहा है
(c) मैं चला (d) वह नहाता है

73. हिन्दी दिवस मनाने की तिथि है
(a) 14 सितम्बर (b) 26 जनवरी
(c) 14 अगस्त (d) 14 नवम्बर

74. 'जैसा करोगे, वैसा भरोगे' -में कौन-सा सर्वनाम है?
(a) पुरुषवाचक सर्वनाम (b) निजवाचक सर्वनाम
(c) प्रश्नवाचक सर्वनाम (d) सम्बन्धवाचक सर्वनाम

75. 'छ' के बारे में सही नहीं है
(a) तालव्य ध्वनि है (b) कण्ठ्य ध्वनि है
(c) महाप्राण ध्वनि है (d) अघोष ध्वनि है

76. 'भवानी' का पुल्लिंग है
(a) भवदेव (b) भवन
(c) देव (d) भव

77. उत्पत्ति की दृष्टि से हिन्दी शब्द समूह को कितने वर्गों में बाँटा जाता है?
(a) 5 (b) 3
(c) 4 (d) 2

78. 'जो कठिनाई से प्राप्त किया जा सके' शब्द समूह के लिए एक शब्द दें
(a) दुर्बोध (b) दुर्गम
(c) दुर्लभ (d) दुःसाध्य

79. "वे शब्द जो विभिन्न पदों, वाक्यों अथवा वाक्य खण्डों को जोड़ते हैं" कहलाते हैं
(a) सर्वनाम (b) विस्मयादिबोधक
(c) समुच्चयबोधक (d) सम्बन्धबोधक

80. किस वर्ग के व्यंजन अन्तःस्थ व्यंजन कहलाते हैं
(a) 'च' वर्ग (b) 'ट' वर्ग
(c) 'क' वर्ग (d) 'य' वर्ग

81. निम्नांकित में से कौन-सा शब्द भाववाचक संज्ञा नहीं है?
(a) अस्तित्व (b) थकावट
(c) बेईमान (d) हरियाली

82. निम्नांकित में से कौन-सा शब्द गुणवाचक विशेषण नहीं है?
(a) बहुत (b) नरम
(c) ईमानदार (d) सुगन्धित

83. निम्नांकित में से कौन-सा शब्द 'अग्नि' शब्द का पर्याय नहीं है?
(a) पावक (b) वह्नि
(c) अनल (d) अमी

84. 'सूत' शब्द का तत्सम शब्द है
(a) पीटना (b) धागा
(c) सूत्र (d) नीच

85. 'आध्यात्मिक' शब्द का विलोम है
(a) आत्मा से परे (b) अआध्यात्मिक
(c) आत्मिक (d) भौतिक

86. रिक्त स्थान की पूर्ति करें-'कभी भी अपने मित्र की उन्नति पर .... न करो।'
(a) वैराग्य (b) अहंकार
(c) द्वेष (d) ईर्ष्या

87. कौन-सा शब्द का शुद्ध रूप है?
(a) उज्ज्वल (b) उजजवल
(c) उज्जवल (d) उजज्वल

88. "जब मीरा पढ़ती है, तो मोहन सोता है" - रचना के आधार पर वाक्य का प्रकार बताइए।
(a) मिश्र वाक्य (b) आज्ञावाचक वाक्य
(c) सरल वाक्य (d) संयुक्त वाक्य

89. "सांझ होते ही पक्षी अपने-अपने नीर को लौट आते हैं।" वाक्य में रेखांकित शब्द के स्थान पर सही शब्द का प्रयोग कीजिए।
(a) जगह (b) वृक्ष (c) नीड़ (d) स्थान

90. निम्नांकित में से कौन-सा शब्द अशुद्ध है?
(a) विशिष्ठ (b) कृतज्ञ
(c) प्रतिज्ञा (d) शुष्क

91. 'दुरुपयोग' शब्द में किस उपसर्ग का प्रयोग है?
(a) दुरु (b) दुरुप
(c) दुर् (d) दु

92. 'धर्मावलम्बी' शब्द किस प्रकार निर्मित हुआ है?
(a) धर्म + अवलम्बी (b) धर्मा + अव + लम्बी
(c) धर्म + अवलम्ब + ई (d) धर्मा + वलम्बी

93. 'आन' प्रत्यय से बनने वाला शब्द कौन-सा है?
(a) लगान (b) आना
(c) आन-बान (d) आनन्द

94. 'जिसकी लाठी उसकी भैंस' में लाठी और भैंस संज्ञाएँ हैं। शेष दोनों शब्द क्या हैं?
(a) क्रिया (b) क्रियाविशेषण
(c) सर्वनाम (d) विशेषण

95. 'लाल' से निर्मित होता है 'लाली' तो 'काला' से क्या होगा?
(a) कालिमा (b) कलूटा (c) काली (d) कालापन

96. 'रोना' का सकर्मक रूप क्या होगा?
(a) रुलाना (b) कोई नहीं
(c) रोता (d) रुला

97. 'आवाज उठाना' मुहावरे का अर्थ है
(a) क्रोध करना (b) चीखना
(c) जोर से बोलना (d) विरोध करना

98. षडानन शब्द का सन्धि-विच्छेद क्या होगा?
(a) षड + आनन (b) षडा + नन
(c) षट् + आनन (d) षट + आनन

99. गाकर, खाकर क्रियाओं को क्या कहते हैं?
(a) पूर्वकालिक क्रिया (b) अकर्मक क्रिया
(c) सहायक क्रिया (d) सकर्मक क्रिया

100. एक वाक्य अशुद्ध है, उसका चयन कीजिए।
(a) उसके अंग-अंग सजाए गए
(b) यह सब आपकी कृपा है
(c) उसने मुझे दिल्ली दिखाई
(d) वह बुद्धिमती स्त्री है

द्वितीय प्रश्न-पत्र

खण्ड अ तार्किक अभिरुचि

1. निम्न विकल्पों में से विषम को चुनिए।
(a) LEAN (b) LIEN (c) LINE (d) NILE

2. (m – n) में से (m + n) घटाने पर कितना होगा?
(a) – 2n (b) + 2n
(c) –2m (d) + 2m

3. निम्न में से बेमेल को पहचानिए।
बोलना, सोना, चलना, खाना
(a) चलना (b) बोलना (c) खाना (d) सोना

4. निम्न में से FIXING का दर्पण में प्रतिबिम्ब क्या होगा?
(a) GNIXIF (b) ᘓИIXIF
(c) ꟻIXIИᘓ (d) ᘓИIXIꟻ

5. लुप्त संख्या ज्ञात कीजिए।

594	198
?	66

(a) 11 (b) 12 (c) 33 (d) 22

6. निम्न में से सही विकल्प का चयन कीजिए।
अखबार : प्रेस : : कपड़ा : ?
(a) दर्जी (b) वस्त्र (c) तन्तु (d) मिल

7. निम्न में से विषम का चयन कीजिए।
दही, मक्खन, तेल, पनीर, क्रीम
(a) क्रीम (b) पनीर
(c) तेल (d) दही

8. ₹ 3,000 का 10% प्रतिशत की वार्षिक दर से 2 वर्ष का कुल चक्रवृद्धि ब्याज कितना होगा, यदि ब्याज वार्षिक रूप से जोड़ा जाए?
(a) ₹ 3,630 (b) ₹ 600
(c) ₹ 630 (d) ₹ 3,600

9. वैभव दो दिनों में 10 पूरी तथा सौरभ एक दिन में 20 पूरी खाता है। वैभव और सौरभ मिलकर, 250 पूरियाँ कितने दिनों में खाएँगे?
(a) 25 (b) 20
(c) 10 (d) 12

10. निम्न श्रृंखला में गलत पद को पहचानिए।
3, 10, 27, 4, 16, 64, 5, 25, 125
(a) 27 (b) 10
(c) 4 (d) 3

11. निम्न श्रृंखला को पूर्ण कीजिए।
2, 7, 16, ?, 46, 67, 92
(a) 32 (b) 29 (c) 31 (d) 25

12. नीचे दिए शब्दों को एक अर्थपूर्ण क्रम में रखिए तथा फिर नीचे दिए विकल्पों में से सही क्रम चुनिए।
1. पुस्तक 2. चाबी
3. दरवाजा 4. ताला
5. कमरा
(a) 5, 1, 2, 4, 3 (b) 1, 5, 3, 4, 2
(c) 2, 4, 3, 5, 1 (d) 4, 2, 3, 5, 1

13. एक कॉलेज में छात्रों की संख्या में हर साल वृद्धि हो रही है। दी गई सूचना के आधार पर कॉलेज में 2018 में छात्रों की संख्या ज्ञात कीजिए।

वर्ष	2013	2014	2015	2016	2017	2018
छात्रों की संख्या	520	523	529	538	550	?

(a) 15 (b) 565 (c) 559 (d) 575

14. एक महिला की ओर संकेत करते हुए अमित ने कहा, 'इनके पिता के एकमात्र पुत्र मेरे पिता हैं'। अमित उस महिला से किस प्रकार सम्बन्धित है?
(a) पुत्र (b) भतीजा (c) पति (d) भाई

15. 73 + 75 + 78 + 57 + 197 को 34 से विभाजित करने पर शेष क्या बचेगा?
(a) 14 (b) 15 (c) 4 (d) 28

16. यदि TEACHER को VGCEJGT लिखा जाए तो CHILDREN कैसे लिखा जाएगा?
(a) EJKNEGTP (b) EGKNFITP
(c) EJKNFGTO (d) EJKNFTGP

17. निम्न श्रृंखला को पूर्ण कीजिए।
9, 25, 49, ?, 121
(a) 97 (b) 81 (c) 85 (d) 82

18. किसी कूट भाषा में 926 का अर्थ 'अपनी टाई क्लिप' है, 175 का अर्थ 'सुराख और बटन' है तथा 297 का अर्थ 'टाई क्लिप बटन' है, तो उस भाषा में बटन का अर्थ क्या होगा?
(a) 7 (b) 6 (c) 2 (d) 9

19. A, B और C की औसत आयु 18 वर्ष है। यदि B दो वर्ष A से बड़ा है और C से पाँच वर्ष छोटा है, तो C की क्या आयु है?
(a) 22 वर्ष (b) 23 वर्ष (c) 24 वर्ष (d) 25 वर्ष

20. यदि 1, फरवरी 1900 को सोमवार था, तो 1, मार्च 1901 को कौन-सा दिन था?
(a) रविवार (b) सोमवार (c) मंगलवार (d) शुक्रवार

21. यदि शहर को गाँव कहा जाए, गाँव को जंगल, जंगल को सोफा, सोफा को फ्रिज और फ्रिज को कमरा कहा जाए तो हिरन कहाँ रहता है?
(a) गाँव (b) सोफा (c) फ्रिज (d) कमरा

22. प्रश्नवाचक चिह्न (?) के लिए विकल्प चुनिए।
144 : 13 : : 36 : ?
(a) 1 (b) 2 (c) 6 (d) 7

23. उस आकृति को चुनिए जो प्रश्न में दिए गए वर्गों को अच्छी तरह दर्शाती हो।
शिक्षक, अनुसंधानकर्ता, वैज्ञानिक

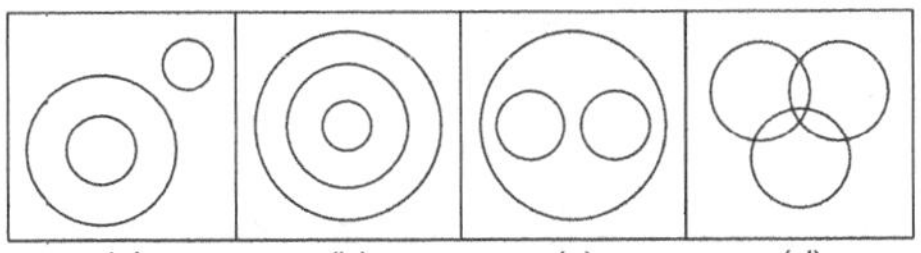

(a) (b) (c) (d)

24. यदि किसी माह का 22वाँ दिन रविवार था तो उस माह का 13वाँ दिन कौन-सा था?
(a) बृहस्पतिवार (b) शुक्रवार
(c) शनिवार (d) रविवार

25. लुप्त संख्या ज्ञात कीजिए

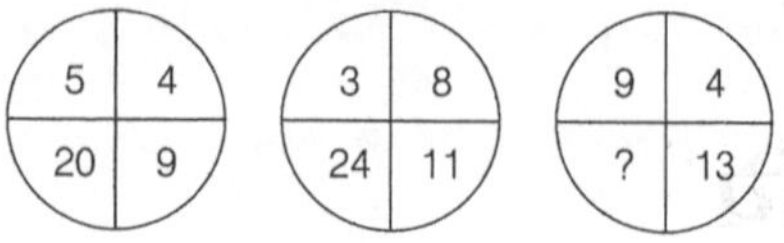

(a) 36 (b) 32 (c) 26 (d) 42

26. X, Y और Z तीनों मित्र हैं, जिसमें X उम्र में सबसे बड़ा है उससे छोटा Y है और उससे छोटा Z है। X, Y से दो वर्ष और Z से पाँच वर्ष बड़ा है। वर्तमान में X और Z की उम्र का योग, Y की 5 वर्ष पूर्व आयु के तीन गुने के बराबर है। वर्तमान में Y की उम्र क्या है?

(a) 14 वर्ष (b) 12 वर्ष
(c) 16 वर्ष (d) 18 वर्ष

27. नीचे पासे की तीन स्थितियाँ दर्शाई गई हैं। F अक्षर लिखे हुए पृष्ठ के विपरीत पृष्ठ पर कौन-सा अक्षर लिखा होगा?

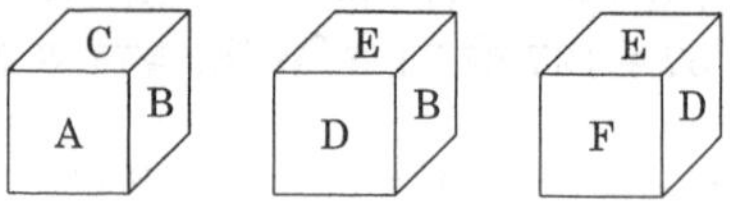

(a) B (b) A (c) E (d) C

28. निम्न वेन चित्रों में से किस चित्र द्वारा सीमेन्ट, घर तथा सेतु के सही सम्बन्ध को चित्रित किया गया है?

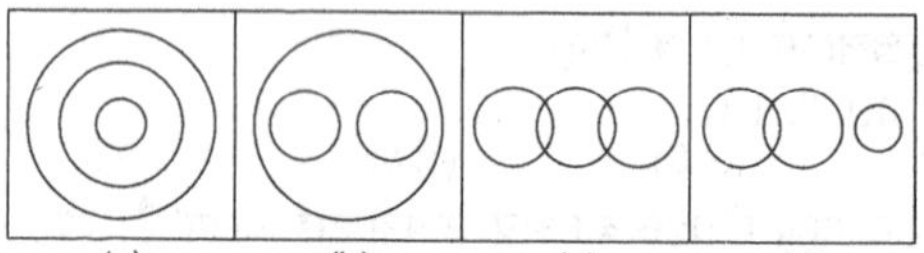

(a) (b) (c) (d)

29. निम्नलिखित में लुप्त पद ज्ञात कीजिए।
30, 100, 180, 270, ?

(a) 370 (b) 410 (c) 420 (d) 430

30. एक आदमी पूर्व दिशा में 2 किमी चलता है और फिर वो दक्षिण दिशा की तरफ घूमकर 4 किमी चलता है फिर वह पूर्व दिशा की ओर घूमकर 1 किमी चलता है। इसके बाद वह उत्तर दिशा में 8 किमी चलता है। अब वह अपनी प्रारम्भिक स्थिति से कितनी दूर है?

(a) 3 किमी (b) 4 किमी (c) 5 किमी (d) 7 किमी

31. संख्या 0.01 का वर्ग ज्ञात कीजिए।

(a) 0.1 (b) 0.01 (c) 0.001 (d) 0.0001

32. लुप्त पद ज्ञात कीजिए।
HI : CD : : 89 : ?

(a) 34 (b) 43 (c) 45 (d) 98

33. साधारण गुणा के एक प्रश्न में एक बच्चे ने दोनों संख्याओं के अंकों को आपस में उलट दिया और फिर गुणन किया। यह पाया गया कि गुणनफल एकदम वही था जो मूल संख्याओं का गुणनफल होता। वे मूल संख्याएँ कौन-सी हैं?

(a) 14, 22 (b) 13, 62 (c) 19, 33 (d) 42, 28

34. संख्या '84617925' के सभी अंकों को बाईं ओर से दाईं ओर अवरोही क्रम में लगाया जाए, तो कितने अंकों का स्थान अपरिवर्तित रहेगा?

(a) एक
(b) दो
(c) तीन
(d) सभी परिवर्तित हो जायेंगे। (एक भी नहीं)

35. एक पर्वतारोही ने अपने जीवन का $\frac{1}{4}$ समय बढ़ई के रूप में, $\frac{1}{5}$ समय नायक के रूप में, $\frac{1}{3}$ प्रबन्धक के रूप में तथा 13 वर्ष बूढ़े लोगों की संस्था में बिताए। पर्वतारोही की वर्तमान आयु क्या है?

(a) 80 वर्ष (b) 70 वर्ष (c) 85 वर्ष (d) 60 वर्ष

36. अंकित, बलवन्त से अधिक धनी है। चेतन, अंकित से अधिक धनी है। दिनेश, चेतन से अधिक धनी है। समीर इन सबमें सबसे धनी है। इनमें से सबसे कम धन किसके पास है?

(a) बलवन्त (b) अंकित (c) दिनेश (d) चेतन

37. A से शुरू होकर Z तक की अंग्रेजी वर्णमाला के बाद वाले (second half) आधे अक्षरों को यदि उलटे क्रम में लिख दिया जाए, तो बाएँ से छठे अक्षर के दाएँ पड़ने वाला चौदहवाँ अक्षर होगा

(a) F (b) R (c) T (d) U

38. निम्न श्रेणी को पूर्ण करने हेतु दिए गए विकल्पों से अनुपस्थित शब्द का चयन करिए।
CAT, FDW, IGZ, ?

(a) KJA (b) KTC (c) LHD (d) LJC

39. नीचे चार शब्द दिए गए हैं। पहले और दूसरे शब्द में वही सम्बन्ध है जो तीसरे और चौथे शब्द में है। दिए गए विकल्पों में से प्रश्नवाचक चिह्न (?) को भरिए।
? : समय :: थर्मामीटर : ?

(a) घड़ी, ऊष्मा (b) सूर्य, तापमान
(c) घड़ी, तापमान (d) दिन, ऊर्जा

40. नीचे दिए विकल्पों में से प्रश्नवाचक चिह्न (?) को भरिए
पक्षी : मछली : : हवा : ?

(a) नौका (b) कार (c) जल (d) हवा

41. निम्न चार में से तीन किसी मायने में एक जैसे हैं और इस कारण से एक समूह बनाते हैं। इनमें से कौन एक विषम (बेमेल) है और समूह का भाग नहीं हो सकता?

(a) DEHG (b) RSVU (c) LMQP (d) JKNM

42. V, W, X, Y, Z पाँच मित्र हैं। V, X तथा Z आम पसन्द करते हैं। W, X तथा Y सेब पसन्द करते हैं। V, W तथा Z अमरूद पसन्द करते हैं। W, X तथा Z केला पसन्द करते हैं। V तथा Y सन्तरा, W, Y तथा Z चीकू पसन्द करते हैं। X कौन से फल पसन्द करता है?

(a) आम, सेब तथा केला (b) अमरूद, सन्तरा तथा केला
(c) केला, चीकू तथा सेब (d) आम, चीकू तथा अमरूद

43. दिए गए शब्दों में कौन-सा CORRESPONDING के अक्षरों से नहीं बनाया जा सकता?

(a) DROPERS (b) SUPERIOR
(c) GRINDER (d) DISCERN

44. एक पंक्ति में पाँच मकान P, B, T, D, C हैं। P, B के दाईं ओर है और T के बाईं ओर है। C, P के दाईं तरफ है। B, D के दाईं ओर है। बीच में कौन-सा मकान है?

(a) B (b) P
(c) T (d) D

45. एक व्यक्ति 60 मी ऊँचे खम्भे पर चढ़ रहा है। वह एक मिनट में 5 मी चढ़कर फिर 4 मी नीचे खिसक जाता है। वह कितने मिनट में खम्भे के शीर्ष को छू सकेगा?

(a) 60 (b) 59 (c) 56 (d) 55

46. प्राथमिक विद्यालय के बच्चों के लिए किस प्रकार की शिक्षा अधिक वांछनीय है?
(a) शाब्दिक
(b) चित्रीय
(c) शाब्दिक तथा चित्रीय
(d) वास्तविक जीवन के अनुभव

47. छात्र के किस व्यवहार को अधिक गम्भीर समझना चाहिए?
(a) कक्षा में शिक्षण काल में बातें करता है
(b) बहुधा अन्य छात्रों को धक्का देता है
(c) कक्षा में बहुत प्रश्न करता है
(d) अलग-अलग-सा रहता है

48. आज एक पिता की आयु उसके पुत्र की आयु से चार गुना है। दस वर्ष पहले पिता की आयु पुत्र की आयु से 14 गुना थी। यदि आज पिता-पुत्र की आयु का योग 65 है, तो पिता-पुत्र की वर्तमान आयु क्रमशः है
(a) 44 और 11 (b) 40 और 10
(c) 48 और 12 (d) 52 और 13

49. निम्न समीकरणों में से किसका परिणाम 22 होगा?
(a) $16 \div 12 + 8 - 13 \times 15$ (b) $16 - 12 \times 8 \div 13 + 15$
(c) $16 \times 12 \div 8 + 13 - 15$ (d) $16 + 12 - 8 \times 13 \div 15$

50. निम्नलिखित अक्षर क्रम में ? के स्थान पर क्या होगा?
AZB, CYD, EXF, ?, IVJ, KUL
(a) GUF (b) GWG (c) GWH (d) HWH

खण्ड ब कला वर्ग

51. भारत का संविधान अंगीकृत हुआ
(a) 26 नवम्बर, 1949 को
(b) 15 अगस्त, 1947 को
(c) 15 अगस्त, 1950 को
(d) 26 जनवरी, 1950 को

52. निम्नलिखित में से कौन-सा आयोग एक संवैधानिक निकाय नहीं है?
(a) संघ लोक सेवा आयोग
(b) राष्ट्रीय मानव अधिकार आयोग
(c) राष्ट्रीय अनुसूचित जाति आयोग
(d) भारत का निर्वाचन आयोग

53. भारत में आपातकाल की घोषणा निम्नलिखित में से किन परिस्थितियों में नहीं की जा सकती है?
(a) बाह्य आक्रमण (b) वित्तीय संकट
(c) सशस्त्र विद्रोह (d) आन्तरिक अशान्ति

54. व्यवस्थापिका के उच्च सदन के सदस्यों का कार्यकाल छः वर्ष का होता है
(a) भारत में (b) फ्रांस
(c) भारत और फ्रांस में (d) ब्रिटेन में

55. भारत के निर्वाचन आयोग निम्न मे से किसका चुनाव सम्पादित नहीं करता है?
(a) राष्ट्रपति (b) उपराष्ट्रपति
(c) पंचायत (d) संसद सदस्य

56. भारतीय संविधान की उद्देशिका में इनमें से किसका उल्लेख नहीं है?
(a) सम्प्रभु (b) संघात्मक
(c) समाजवादी (d) गणतन्त्र

57. भारत में ई. वी. एम. का प्रयोग प्रथम बार कब हुआ?
(a) 1995 (b) 1996
(c) 1997 (d) 1998

58. शुद्ध वर्तनी वाले शब्द को पहचानिए
(a) लहुलुहान (b) लहुलोहान
(c) लोहुलुहान (d) लहूलुहान

59. 'हिमतनया' में कौन-सा समास है?
(a) द्विगु (b) बहुव्रीहि
(c) तत्पुरुष (d) द्वन्द्व

60. 'आँखों का काजल चुराना' का अर्थ है
(a) काजल की सफाई से चोरी (b) सफाई से चोरी करना
(c) काजल का व्यापार करना (d) आँखों से प्यार का प्रस्ताव रखना

61. 'दुस्तर' शब्द का तात्पर्य है
(a) जो अच्छे स्तर का न हो
(b) जिसे भेदना कठिन हो
(c) जिसके पार जाना कठिन हो
(d) दोहरे स्तर वाला

62. तद्भव शब्द का चयन कीजिए
(a) प्रहर (b) पक्व
(c) पहर (d) पक्ष

63. 'ऐसा आदमी नहीं देखा।' इस वाक्य में 'ऐसा' शब्द क्या है?
(a) सर्वनाम (b) संज्ञा
(c) अव्यय (d) सार्वनामिक विशेषण

64. 'दान की बछिया के दाँत नहीं देखे जाते' लोकोक्ति का अर्थ है
(a) दान की बछिया सहर्ष स्वीकार करनी चाहिए
(b) मुफ्त की वस्तु के गुण-अवगुण नहीं देखे जाते
(c) दान की वस्तु का मूल्य नहीं पूछा जाता
(d) दाँत देखकर पशु की उम्र ज्ञात हो जाती है

65. 'वर्चस्व' का समानार्थी शब्द है
(a) सफलता (b) प्राबल्य
(c) विजय (d) अधिकार

Direction (Q. No. 66) *Pick the most effective word from the given words to fill in the blank to make the sentence meaningfully complete.*

66. He is too .... to be deceived easily.
(a) strong (b) intelligent
(c) kind (d) honest

Directions (Q. Nos. 67 and 68) *In each of the following questions, choose the most suitable 'one word' for the given expressions.*

67. Large scale departure of people
(a) Immigration (b) Migration
(c) Exodus (d) Exile

68. A poem written on the death of someone loved and lost
(a) Epic (b) Elegy
(c) Sonnet (d) Ode

Directions (Q. Nos. 69 and 70) *In the following questions, choose the word opposite in meaning to the given word.*

69. COMIC
(a) Awesome (b) Painful
(c) Tragic (d) Fearful

70. SUBJUGATE
(a) Liberate (b) Invade
(c) Emerge (d) Enslave

Directions (Q. Nos. 71 and 72) *In the following questions, out of the given alternatives, choose the one which best expresses the meaning of the given word.*

71. HIATUS
(a) Narrow (b) High (c) Gap (d) Long

72. UNCANNY
(a) Clever (b) Ugly
(c) Strange (d) Ambiguous

73. 'इतिहास के जनक' के रूप में कौन जाना जाता है?
(a) कल्हण (b) हेरोडोटस
(c) जस्टिन (d) हाल

74. बिम्बिसार के राजकीय वैद्य का क्या नाम था?
(a) जीवक (b) चरक
(c) सुश्रुत (d) चनालस्वामिन्

75. किस गुप्त राजा ने अश्वमेध का सम्पादन किया था?
(a) चन्द्रगुप्त प्रथम (b) समुद्रगुप्त
(c) स्कन्दगुप्त (d) नरसिंहगुप्त

76. शतपथ-ब्राह्मण का सम्बन्ध किस देव से है?
(a) ऋग्वेद (b) सामवेद
(c) यजुर्वेद (d) अथर्ववेद

77. कौन-सा हड़प्पाई स्थल अपने गोदीबाड़े के लिए प्रसिद्ध है?
(a) मोहनजोदड़ो (b) हड़प्पा
(c) लोथल (d) कालीबंगा

78. सुवर्ण नामक भारतीय स्वर्ण मुद्रा का क्या भार था?
(a) 20 रत्ती (b) 32 रत्ती
(c) 80 रत्ती (d) 100 रत्ती

79. शेरशाह द्वारा चलाई गई चाँदी की मुद्रा जिसको मुगलों ने भी आगे बढ़ाया क्या कहलाता है?
(a) रुपया (b) दीनार
(c) अशर्फी (d) मुहर

80. भारत के निम्नलिखित क्षेत्रों में से किसमें मैंग्रोव, सदापर्णी और पर्णपाती वनों का संयोजन है?
(a) उत्तर तटीय आन्ध्र प्रदेश (b) दक्षिण-पश्चिम बंगाल
(c) दक्षिण सौराष्ट्र (d) अण्डमान निकोबार द्वीपसमूह

81. निम्नलिखित में से किसका सम्बन्ध प्लेट विवर्तनिकी से नहीं है?
(a) भूकम्प
(b) ज्वालामुखी
(c) वलित पर्वत
(d) महासागरीय धाराओं की दिशा

82. निम्नलिखित में से कौन-सा सतपुड़ा श्रेणी की सबसे ऊँची चोटी है?
(a) गुरु शिखर (b) धूपगढ़
(c) मलयगिरि (d) महेन्द्र गिरि

83. निम्नलिखित में से कौन-सी चट्टानें प्राथमिक चट्टानें हैं?
(a) अवसादी (b) कायान्तरित
(c) आग्नेय (d) सरोवरी

84. भूकम्प रचित वृहत् ज्वारीय लहर को कहते हैं
(a) ज्वारीय लहर (b) प्रवाह
(c) विशाल लहर (d) सुनामी

85. किस पवन तन्त्र के अन्तर्गत पवन की दिशा प्रतिदिन परिवर्तित होती है?
(a) व्यापारिक पवनें (b) मानसून पवनें
(c) इनमें से कोई नहीं (d) जल स्थल समीरें

86. निम्नलिखित में से कौन सुमेलित नहीं है?

(a)	कन्याकुमारी	– तमिलनाडु
(b)	ऊटी	– कर्नाटक
(c)	काजीरंगा	– असम
(d)	सिमलीपाल	– ओडिशा

87. इड, अहम, पराअहम का प्रयोग करने वाले का नाम है
(a) मीड (b) फ्रायड
(c) हार्टन एवं हण्ट (d) कूले

88. जनांकिकी का जनक कौन है?
(a) माल्थस (b) निमकॉफ
(c) गोल्डन (d) ग्रुआण्ट

89. ज्ञान मीमांसा क्या है?
(a) क्षेत्रीय कार्य (b) सर्वे कार्य
(c) ज्ञान का स्रोत (d) क्रिया पद्धति

90. पंचायती राज व्यवस्था क्या है?
(a) लोकतान्त्रिक विकेन्द्रीकरण
(b) संघीय संरचना
(c) केन्द्रीय संरचना
(d) उपरोक्त में से कोई नहीं

91. "समाज एक अद्वितीय वास्तविकता है।" यह किसका कथन है?
(a) मैक्स वेबर (b) एमील दुर्खीम
(c) अगस्त काम्ट (d) सेन्ट साइमन

92. उपभोग की सीमान्त प्रवृत्ति, किसके बीच में स्थित होती है?
(a) 0 से 1 (b) 0 से ∞
(c) 1 से ∞ (d) ∞ से ∞

93. निम्नलिखित में से कौन-सा संस्कृतिकरण के बारे में सही नहीं है?
(a) पद में परिवर्तन (b) सामूहिक प्रक्रिया
(c) ऊर्ध्वगामी गतिशीलता (d) व्यक्तिगत प्रक्रिया

94. स्तरीकरण का आधार क्या है?
(a) सामाजिक सहयोग
(b) सामाजिक पारस्परिकता
(c) सामाजिक असमानता
(d) सामाजिक प्रतिस्पर्धा

95. यदि उपभोक्ता की आय में 50% की वृद्धि होती है और दूध की माँग में 25% की वृद्धि होती है, ऐसे में दूध की माँग की आय लोच कितनी होगी?
(a) 0.5 (b) 1.0 (c) 1.5 (d) 2.0

96. **ब्याज के ऋणयोग्य धनराशि के अनुसार ब्याज दरों में वृद्धि के साथ ऋणयोग्य धनराशि की माँग**
(a) कम होगी
(b) बढ़ेगी
(c) नहीं बदलेगी
(d) निर्धारित करना मुश्किल है

97. **उन वस्तुओं को क्या कहा जाता है, जिनकी माँग उपभोक्ता की आय बढ़ने के कारण बढ़ती है?**
(a) स्थानापन्न वस्तुएँ
(b) पूरक वस्तुएँ
(c) घटिया वस्तुएँ
(d) सामान्य वस्तुएँ

98. **उपभोक्ता अधिशेष किसे सन्दर्भित करता है?**
(a) उपभोक्ता जिसका भुगतान करने को तैयार है और वह वास्तव में कितना भुगतान करता है, इसके बीच का अन्तर है
(b) राशि जिसका भुगतान वास्तव में उपभोक्ता करता है
(c) वस्तु की कीमत तथा वस्तु की लागत का अन्तर
(d) कुल उपयोगिता तथा सीमान्त उपयोगिता के बीच का अन्तर

99. **किंकड़ माँग वक्र की एक विशेषता है**
(a) एकाधिकार (b) अल्पाधिकार
(c) एक क्रेताधिकार (d) द्वयधिकार

100. **राष्ट्रीय आय को और किस रूप में कहा जाता है?**
(a) कारक लागत पर जी. एन. पी. (b) बाजार मूल्य पर जी. एन. पी.
(c) कारक लागत पर एन. एन. पी. (d) बाजार मूल्य पर एन. एन. पी.

उत्तरमाला

प्रथम प्रश्न-पत्र

1	(b)	2	(c)	3	(a)	4	(b)	5	(b)	6	(d)	7	(a)	8	(a)	9	(a)	10	(d)
11	(a)	12	(a)	13	(b)	14	(c)	15	(d)	16	(b)	17	(c)	18	(d)	19	(d)	20	(a)
21	(a)	22	(c)	23	(d)	24	(a)	25	(b)	26	(d)	27	(b)	28	(b)	29	(b)	30	(a)
31	(c)	32	(d)	33	(d)	34	(d)	35	(d)	36	(c)	37	(a)	38	(c)	39	(c)	40	(a)
41	(c)	42	(d)	43	(b)	44	(c)	45	(d)	46	(c)	47	(a)	48	(b)	49	(d)	50	(a)
51	(a)	52	(d)	53	(b)	54	(a)	55	(b)	56	(a)	57	(d)	58	(d)	59	(d)	60	(c)
61	(a)	62	(d)	63	(c)	64	(c)	65	(a)	66	(a)	67	(d)	68	(d)	69	(c)	70	(b)
71	(d)	72	(b)	73	(a)	74	(d)	75	(b)	76	(d)	77	(a)	78	(c)	79	(c)	80	(d)
81	(c)	82	(a)	83	(d)	84	(c)	85	(d)	86	(d)	87	(a)	88	(a)	89	(c)	90	(a)
91	(c)	92	(c)	93	(a)	94	(c)	95	(c)	96	(a)	97	(d)	98	(c)	99	(a)	100	(a)

द्वितीय प्रश्न-पत्र

1	(a)	2	(a)	3	(c)	4	(d)	5	(d)	6	(d)	7	(c)	8	(c)	9	(c)	10	(b)
11	(b)	12	(c)	13	(b)	14	(b)	15	(c)	16	(d)	17	(b)	18	(a)	19	(a)	20	(c)
21	(b)	22	(d)	23	(d)	24	(b)	25	(a)	26	(a)	27	(a)	28	(c)	29	(a)	30	(c)
31	(d)	32	(a)	33	(b)	34	(a)	35	(d)	36	(a)	37	(c)	38	(d)	39	(c)	40	(c)
41	(c)	42	(a)	43	(b)	44	(b)	45	(c)	46	(c)	47	(d)	48	(d)	49	(c)	50	(c)
51	(a)	52	(b)	53	(d)	54	(c)	55	(c)	56	(b)	57	(d)	58	(d)	59	(b)	60	(b)
61	(c)	62	(c)	63	(d)	64	(b)	65	(b)	66	(b)	67	(c)	68	(b)	69	(c)	70	(a)
71	(c)	72	(c)	73	(b)	74	(a)	75	(b)	76	(c)	77	(c)	78	(c)	79	(a)	80	(d)
81	(d)	82	(b)	83	(c)	84	(d)	85	(d)	86	(b)	87	(b)	88	(d)	89	(c)	90	(a)
91	(b)	92	(a)	93	(d)	94	(c)	95	(a)	96	(a)	97	(d)	98	(a)	99	(b)	100	(c)

संकेत एवं हल

प्रथम प्रश्न-पत्र

1. जापान को 'उगते हुए सूरज' का देश कहा जाता है। यह दुनिया का पहला ऐसा देश है जहाँ सूरज की किरणें सबसे पहले पड़ती हैं। जापान को जापानी भाषा में निहोन या निप्पॉन भी कहा जाता है। इसकी अवस्थिति द्वीपीय है, जो प्रशान्त महासागर में है।

2. 61वाँ संविधान संशोधन 1989 को आधिकारिक तौर पर 1988 का अधिनियम माना जाता है, जिसके अनुसार मताधिकार की आयु 21 वर्ष से 18 वर्ष कर दी गई। लोकतन्त्र में युवाओं की भागीदारी बढ़ाने के लिए सरकार ने ऐसा कदम उठाया।

3. विश्व शिक्षक दिवस, जिसे अन्तर्राष्ट्रीय शिक्षक दिवस भी कहा जाता है, सालाना '5 अक्टूबर' को आयोजित किया जाता है। यह दिवस 1994 में अस्तित्व में आया। इसी दिन 1966 में अन्तर्राष्ट्रीय श्रम संगठन द्वारा सिफारिश पत्र पर हस्ताक्षर किए गए थे।

4. खालसा पंथ की स्थापना गुरु गोविन्द सिंह जी ने 1699 ई. में बैशाखी वाले दिन आनन्दपुर साहिब में की। खालसा सिख धर्म के विधिवत दीक्षा प्राप्त अनुयायियों का सामूहिक रूप है।

5. भाखड़ा नांगल बाँध सतलुज नदी पर बना है। यह बाँध दो बाँधों भाखड़ा और नांगल बाँधों से मिलकर बना है। भाखड़ा बाँध नांगल बाँध से 13 किमी दूर बना है। इस परियोजना का उद्देश्य जल विद्युत उत्पादन और सिंचाई है।

6. जब चन्द्रमा, पृथ्वी और सूर्य के मध्य से होकर गुजरता है तथा पृथ्वी से देखने पर सूर्य पूर्ण अथवा आंशिक रूप में चन्द्रमा द्वारा आच्छादित होता है, तो ऐसी स्थिति में सूर्य ग्रहण, पूर्ण या आंशिक होता है।

7. एन. सी. टी. ई. 'नेशनल कॉउन्सिल फॉर टीचर एजुकेशन'। यह 1993 के अधिनियम का परिणत रूप है। इसका औपचारिक कार्य भारतीय शिक्षा प्रणाली में मानकों और प्रक्रियाओं की निगरानी करना है।

8. जैनवाद के अनुसार 24 तीर्थंकर माने गए हैं, जिनमें पहले तीर्थंकर ऋषभदेव तथा 24वें तीर्थंकर महावीर स्वामी थे। 'जैन धर्म' का अर्थ है जिन द्वारा प्रवर्तित धर्म। जो 'जिन' के अनुयायी हों उन्हें जैन कहते हैं।

9. मार्बल या संगमरमर पत्थर एक कायान्तरित शैल है, जोकि चूना-पत्थर के कायान्तरण का परिणाम है। यह अधिकतर कैलसाइट का बना होता है, जोकि कैल्शियम कार्बोनेट का स्फटकीय रूप है।

10. भारत में शेड्यूल्ड बैंक, वह बैंक है जिन्हें भारतीय रिज़र्व बैंक (आर. बी. आई.) अधिनियम 1934 की द्वितीय अनुसूची में शामिल किया गया है। यह एक नामकरण जैसी प्रक्रिया है, जो कभी-कभी सरकारी एवं सहकारी बैंकों के लिए प्रयुक्त किया जाता है।

11. संविधान के अनुच्छेद 80 के अन्तर्गत राज्यसभा 250 से अधिक सदस्यों से बनी है, जिनमें से 12 सदस्य, भारत के राष्ट्रपति द्वारा उन लोगों में से नामांकित किए जाते हैं, जिनके पास साहित्य, विज्ञान, कला और सामाजिक सेवा में विशेष ज्ञान एवं अनुभव हो।

12. बुकर पुरस्कार कथा साहित्य (फिक्शन राइटिंग) के क्षेत्र में दिया जाता है। रचना अंग्रेजी भाषा में होनी चाहिए। अरविन्द अडिगा सहित यह पुरस्कार 5 बार भारतीय मूल के लेखकों को दिया जा चुका है।

13. 'चौथा खम्भा' संज्ञा लोकतान्त्रिक देशों में प्रेस के सन्दर्भ में कहा जाता है। प्रिन्ट तथा इलेक्ट्रॉनिक मीडिया किसी भी देश में लोकतान्त्रिक मूल्यों के आधारभूत सिद्धान्तों को बनाए रखने का कार्य करता है। विधायिका (संसद), कार्यपालिका तथा न्यायपालिका इसके अन्य तीन स्तम्भ हैं।

14. समुद्रगुप्त, गुप्त साम्राज्य के सबसे प्रतापी शासक रहे हैं। प्रयाग-प्रशस्ति तथा अन्य ऐतिहासिक स्रोतों के माध्यम से पता चलता है कि समुद्रगुप्त की विजय पताका लगभग सम्पूर्ण भारत पर लहराती थी। इन्हीं समान गुण धर्म होने के कारण ही इनकी नेपोलियन से तुलना की गयी है।

15. शोभना या शोभा गुर्टू, भारतीय शास्त्रीय शैली की एक प्रसिद्ध गायिका थीं। उनका मूलनाम भानुमति शिरोडकर था। उन्होंने गायन की ठुमरी शैली को विश्व भर में ख्याति दिलाई। शोभा गुर्टू को 'ठुमरियों की रानी' कहा जाता है। उन्होंने ठुमरी के अतिरिक्त कजरी, होरी, दादरा आदि के गायन व विकास में योगदान दिया।

16. सौरमण्डल के जिन दो ग्रहों को निकृष्टतम या इनफीरियर-प्लैनेट की श्रेणी में रखा गया है वह बुध और शुक्र हैं। निकृष्टतम या इनफीरियर ग्रह ऐसे ग्रह हैं जो पृथ्वी की तुलना में सूर्य के निकटस्थ ग्रह हैं।

17. विटामिन A का वैज्ञानिक नाम रेटिनॉल है। यह विटामिन आँखों से देखने के लिए अत्यन्त आवश्यक तत्त्व है, साथ ही यह बीमारी से बचने के काम आता है। यह अनेक अंगों को सामान्य बनाए रखने में मदद करता है। इसकी कमी से रतौंधी भी हो जाता है।

18. पाक जलडमरूमध्य, भारत और श्रीलंका को अलग करता है, यह पाक की खाड़ी के रूप में जाना जाता है। भारत के राज्य तमिलनाडु और द्वीप राष्ट्र के उत्तरी भाग के बीच स्थित एक जल संयोजी है। यह बंगाल की खाड़ी को पूर्वोत्तर में पाक खाड़ी और दक्षिण पश्चिम में मन्नार की खाड़ी के साथ जोड़ता है।

19. भारत निर्वाचन आयोग एक स्वायत्त एवं अर्द्ध न्यायिक संस्थान है, जिसका गठन भारत में स्वतन्त्र एवं निष्पक्ष रूप से विभिन्न प्रतिनिधिक संस्थाओं के प्रतिनिधि के चुनाव हेतु किया जाता है। निर्वाचन आयोग का वर्णन संविधान के अनुच्छेद 324 में किया गया है।

20. पोंगल तमिल हिन्दुओं का एक प्रमुख त्योहार है। यह प्रतिवर्ष 14-15 जनवरी को मनाया जाता है। इसकी तुलना नवान्न से की जा सकती है, जो फसल कटाई का उत्सव होता है। पोंगल का तमिल में अर्थ 'उफान या विप्लव' होता है।

21. तेलंगाना, भारत के आन्ध्र प्रदेश राज्य से अलग होकर बना, देश का 29वाँ राज्य है। हैदराबाद को दस साल के लिए तेलंगाना और आन्ध्र प्रदेश की संयुक्त राजधानी बनाया गया है। तेलंगाना का शाब्दिक अर्थ-तेलुगुओं की भूमि। यह राज्य जून, 2014 में अस्तित्व में आया।

22. जापान की संसद को डायट कहा जाता है, जो द्विसदनीय है। इसकी निचली सदन को प्रतिनिधि सभा और ऊपरी सदन को पार्षद-सभा कहते हैं। दोनों सदनों का चुनाव समान्तर मतदान से होता है। कानून बनाने के साथ-साथ प्रधानमन्त्री का चुनाव करना भी संसद की जिम्मेदारी है।

23. ओमान, अरब प्रायद्वीप के पूर्व-दक्षिण में स्थित एक देश है, जिसे आधिकारिक रूप से सल्तनत उमान नाम से जानते हैं। ओमान की राजधानी 'मस्कट' है।

24. बिहु असम का मुख्य त्योहार है। यह असम के तीन अलग-अलग सांस्कृतिक उत्सवों के एक समूह को दर्शाता है और दुनिया भर के असमी प्रवासी इसे धूमधाम से मनाते हैं। यद्यपि ये प्राचीन संस्कार और प्रथाओं को उनके मूल मानते हैं। 'बिहु' शब्द बिहु नृत्य और बिहु लोक गीत दोनों की ओर संकेत करते हैं।

25. भारत के संविधान के अनुच्छेद 51(A), जो संविधान के भाग 4(क) में वर्णित है। मूल कर्त्तव्यों के प्रावधान मूल संविधान में नहीं थे, इसे 42वें संशोधन अधिनियम 1976 द्वारा स्वर्ण सिंह समिति की अनुशंसा पर जोड़ा गया है। यह पूर्व सोवियत संघ के संविधान से अभिप्रेरित है।

26. विटामिन-सी की कमी से स्कर्वी रोग होता है। इस रोग के लक्षणों में त्वचा में खरोंचे, मसूड़ों में खून आना, कमजोरी, थकान और त्वचा पर चकते होते हैं। आँवला, नीबू आदि खट्टे फल इस विटामिन के प्रमुख स्रोत हैं।

27. सतत विकास लक्ष्यों को प्राप्त करने हेतु संयुक्त राष्ट्र द्वारा वर्ष 2016-2030 की अवधि निर्धारित की गयी है। यह पूर्व में वर्ष 2000-2015 की अवधि निर्धारित की गयी थी।

28. कैलाश सत्यार्थी एक भारतीय बाल अधिकार कार्यकर्ता और बाल श्रम के विरुद्ध पक्षधर हैं। उन्होंने वर्ष 1980 में बचपन बचाओ आन्दोलन की शुरुआत की, जिसके बाद से वे विश्व भर के 144 देशों के 83 हजार बच्चों से अधिक के अधिकारों की रक्षा के लिए कार्य कर चुके हैं।

29. वर्ष 2016 के बजट में आर्थिक बजट और रेल बजट अन्तिम बार अलग-अलग पेश किया गया। रेल बजट को तत्कालीन रेल मन्त्री सुरेश प्रभु द्वारा प्रस्तुत किया गया। वर्ष 2017 में आम बजट में रेल बजट को भी शामिल कर दिया गया।

30. भारत के 14वें राष्ट्रपति के रूप में निर्वाचित रामनाथ कोविन्द अपने निर्वाचित होने से पूर्व तक बिहार के राज्यपाल थे (2015-2017)। उन्होंने राष्ट्रपति पद 25 जुलाई, 2017 को ग्रहण किया तथा उनकी पदावधि जुलाई, 2022 तक रहेगी।

31. 1789 की फ्रांसीसी क्रान्ति का प्रमुख नारा 'स्वतन्त्रता, समानता और भ्रातृत्व' था। फ्रांसीसी क्रान्ति को पूरे विश्व के इतिहास में 'मील का पत्थर' कहा जाता है। इस क्रान्ति ने अन्य यूरोपीय देशों में भी स्वतन्त्रता की ललक कायम की। क्रान्ति के इस नारे को भारत के संविधान की प्रस्तावना में शामिल किया गया।

32. 'मरियप्पन थंगावेलु' ने ऊँची कूद में रियो पैरालिम्पिक्स वर्ष 2016 में स्वर्ण पदक प्राप्त किया। वे 5 वर्ष की आयु में स्कूल जाते समय दुर्घटनाग्रस्त होने से अपना दाहिना पैर गँवा बैठे। 21 वर्षीय थंगावेलु ने 1.89 मीटर की कूद लगाकर स्वर्ण पदक जीता।

33. न्यायमूर्ति दलवीर भण्डारी वर्तमान में अन्तर्राष्ट्रीय न्यायालय के न्यायाधीश हैं। भारत की ओर से वे अन्तर्राष्ट्रीय न्यायालय में न्यायाधीश के तौर पर 27 अप्रैल, 2012 को निर्वाचित हुए थे। नवम्बर, 2017 में वे इस पद पर दूसरे कार्यकाल के लिए भी चुन लिए गए हैं। उनका यह कार्यकाल वर्ष 2022 तक रहेगा।

34. प्राचीन भारत के वैदिक युग में ऋचाओं के संकलन का ग्रन्थ ऋग्वेद सर्वाधिक पुराना ग्रन्थ है। यह श्रुति ग्रन्थ है। रामायण, वाल्मीकि द्वारा, गीता-वेदव्यास तथा न्याय गौतम द्वारा रचित हैं।

35. किसी प्राणी की ज्ञानेन्द्रियाँ संवेदनाओं तथा स्पर्श के प्रति उद्दीपक का कार्य करती हैं तथा जिसके फलस्वरूप अनुक्रिया होती है। ये ज्ञानेन्द्रियाँ आँख, कान, नाक, जिह्वा, त्वचा हैं। इनके गुणधर्म द्वारा प्राप्त ज्ञान से अनुवर्ती क्रियाएँ होती हैं।

36. एम. एस. स्वामीनाथन, पौधों के जेनेटिक वैज्ञानिक हैं, जिन्हें भारत की हरित क्रान्ति का जनक माना जाता है। उन्होंने वर्ष 1966 में मैक्सिको के बीजों को पंजाब की घरेलू किस्मों के साथ मिश्रित करके उच्च उत्पादकता वाले गेहूँ के हाइब्रिड बीज विकसित किए। वर्ष 1972 में भारत सरकार ने इन्हें पद्म भूषण से सम्मानित किया।

37. जस्टिन ट्रूडो, 46 वर्षीय कनाडा के राजनेता, लिबरल पार्टी के नेता और कनाडा के प्रधानमन्त्री हैं। जस्टिन कनाडा के पन्द्रहवें प्रधानमन्त्री पियर ट्रूडो के ज्येष्ठ पुत्र हैं। उन्होंने फरवरी, 2018 में भारत की यात्रा की।

38. जूलियस सीजर, हैमलेट, एज यू लाइक इट नाटक शेक्सपीयर द्वारा रचित हैं, जबकि 'आर्म्स एण्ड द मैन' जार्ज बर्नार्ड शॉ द्वारा रचित नाटक है। यह हास्य नाटक है। यह प्रेम तथा युद्ध की समानता दर्शाता है।

39. राष्ट्रीय प्रतिरक्षा संस्थान नई दिल्ली में स्थित है। इसकी स्थापना 24 जून, 1981 में की गयी। राष्ट्रीय प्रतिरक्षा संस्थान, जैव प्रौद्योगिकी विभाग के अन्तर्गत प्रतिरक्षा शोध सम्बन्धी कार्य किया जाता है।

40. वर्ष 2020 में ग्रीष्मकालीन ओलम्पिक खेलों का आयोजन जापान की राजधानी टोक्यो में आयोजित किया जाएगा। यह आयोजन 24 जुलाई से 9 अगस्त, 2020 तक आयोजित किया जाएगा। 56 वर्षों पश्चात् जापान में ओलम्पिक खेल आयोजित किए जाएँगे।

41. रिंगवर्म या त्वचा पर खाज करने वाले चकत्ते कवक या फंजाई के कारण होते हैं, मलेरिया, प्रोटोजोआ द्वारा, कोलेरा जीवाणुओं अर्थात् बैक्टीरिया द्वारा तथा एनीमिया अर्थात् रक्ताल्पता, रक्त में लौह तत्त्व की कमी के कारण होता है।

42. 1857 की क्रान्ति के सभी प्रमुख कारणों में एक राज्य हड़प नीति भी रहा। इसका प्रायोजक लॉर्ड डलहौजी था, जिसने अवध, सतारा, धौलपुर, झाँसी, उदयपुर की रियासतों को छिन्न-भिन्न करके रख दिया। इस हड़प नीति द्वारा उत्तराधिकार विहीन राजाओं के राज्य को अंग्रेजी राज्य में मिला लिया जाता था।

43. प्रिन्टर एक आउटपुट डिवाइस है, जो दस्तावेजों (कागज) और चित्रों को प्रिन्ट करता है तथा जो सॉफ्ट कापी को हार्ड कापी में कनवर्ट करता है। यह एक बाह्य आउटपुट डिवाइस है। यह डेटा प्रिन्ट करता है, जिससे कम्प्यूटर संसाधित होता है।

44. हिन्दी फीचर फिल्म 'पद्मावत' मध्यकालीन घटनाओं को चित्रित करती है, मलिक मुहम्मद जायसी द्वारा रचित है। यह चित्तौड़ की रानी पद्मावती तथा दिल्ली के सुल्तान अलाउद्दीन खिलजी की तथाकथित कथा को दर्शाती है।

45. महमूद गजनवी, अफगानिस्तान के गजनी राज्य का शासक था, जिसने धन की चाह में भारत पर 17 बार हमले किए, 1024 ई. में उसने अपनी सेना के साथ सोमनाथ मन्दिर पर आक्रमण कर दिया। यहाँ 25 हजार श्रद्धालुओं की हत्या कर दी। भयंकर लूटपाट के बाद गजनवी कच्छ के रण से वापस जाने के लिए निकल पड़ा।

46. भारतीय दर्शन के छः प्रकारों में से सांख्य भी एक है, जो प्राचीनकाल में अत्यन्त लोकप्रिय तथा प्रचलित रहा। इसके प्रतिपादक कपिल मुनि थे। यह अद्वैत वेदान्त से सर्वथा विपरीत मान्यताएँ रखने वाला दर्शन है।

47. 'पॉवर्टी एण्ड अनब्रिटिश रूल इन इण्डिया' के लेखक दादाभाई नौरोजी हैं। वे ब्रिटिश कालीन भारत के एक पारसी बुद्धिजीवी शिक्षाशास्त्री, कपास व्यापारी तथा आरम्भिक राजनीतिक व सामाजिक नेता थे, जिन्हें तीन बार कांग्रेस अध्यक्ष पद पर चुना गया।

48. 'सरस्वती' हिन्दी साहित्य की प्रसिद्ध रूप गुण सम्पन्न प्रतिनिधि पत्रिका थी। इस पत्रिका का प्रकाशन इलाहाबाद से वर्ष 1900 के जनवरी मास में प्रारम्भ हुआ था। वर्ष 1903 में महावीरप्रसाद द्विवेदी इसके सम्पादक हुए और वर्ष 1920 तक रहे।

49. 'मदर' पुस्तक रूसी लेखक मैक्सिम गोर्की द्वारा रचित है। मैक्सिम गोर्की ने 'समाजवादी यथार्थवाद' नामक साहित्यिक परिभाषा की स्थापना की थी। वर्ष 1906-1913 तक और फिर वर्ष 1921-1929 तक वे रूस से निष्कासित रहे।

50. वस्तु व सेवा कर (GST) भारत में 1 जुलाई, 2017 से लागू किया गया। यह 'एक देश, एक कर' के सिद्धान्त पर कार्य करने वाली दर है। इस कर के पाँच स्तर हैं।

51. शशक का पर्यायवाची शब्द खरगोश है। इसके अन्य पर्यायवाची शशा तथा खरहा हैं।

52. 'गंगा गए गंगादास, जमुना गए जमुनादास' लोकोक्ति का सही अर्थ है- अवसरवादी होना।

53. सूर्य के पर्यायवाची भास्कर, दिवाकर, सविता आदि हैं, जबकि मयंक चन्द्रमा का पर्यायवाची है।

54. प्रत्येक का सन्धि-विच्छेद प्रति + एक है। यहाँ इ + ए = ऐ में परिवर्तित हो गया है। यह यण् सन्धि का नियम है जिसमें इ के बाद कोई भिन्न स्वर आने पर इ का 'य' में परिवर्तन हो जाता है। विकल्प (a) सही है

55. जो शास्त्र जानता हो वह शास्त्रज्ञ कहलाता है।

56. पुराण शब्द में इक प्रत्यय जोड़ने से पौराणिक शब्द बनता है।

57. संज्ञा या विशेषण से बनने वाली क्रिया को नामधातु क्रिया कहते हैं; जैसे-हाथ से हथियाना, लात से लतियाना।

58. किसी भाव, गुण, दशा आदि का बोध कराने वाले शब्द भाववाचक संज्ञा होते हैं; जैसे-मिठास, क्रोध, यौवन आदि। यहाँ 'मीठा' विशेषण से मिठास भाववाचक संज्ञा बनी है।

59. जिन सर्वनामों से किसी निश्चित वस्तु का बोध नहीं होता, उन्हें अनिश्चयवाचक सर्वनाम कहते हैं; जैसे-'कोई आया है'-वाक्य में 'कोई' शब्द से किसी निश्चित व्यक्ति का बोध नहीं होता। अतः 'कोई' अनिश्चयवाचक सर्वनाम है।

60. दिए गए विकल्पों में पथभ्रष्ट में तत्पुरुष समास है। पथभ्रष्ट का समास विग्रह होगा-पथ से भ्रष्ट। यहाँ अपादान कारक की विभक्ति 'से' का लोप होने के कारण अपादान तत्पुरुष समास है।

61. प्रार्थना-पत्र के समापन में भवदीय लिखा जाता है, जबकि अन्य स्नेहाकांक्षी, आपका विश्वासपात्र तथा शुभचिन्तक अनौपचारिक पत्रों के अन्त में लिखा जाता है।

62. भक्तिकालीन सन्त परम्परा के प्रसिद्ध कवि कबीरदास जी हैं, जबकि जयशंकर प्रसाद आधुनिक काल, बिहारी रीतिकाल तथा मीराबाई सगुण भक्ति परम्परा की कवयित्री हैं।

63. पावक, अग्नि का पर्यायवाची शब्द है। अतः पावक और अग्नि शब्दों के मध्य पर्यायवाची सम्बन्ध है।

64. शोक, करुण रस का स्थायी भाव है, क्योंकि जो भाव मूल रूप से सदैव हृदय में विद्यमान रहते हैं, उन्हें स्थायी भाव कहते हैं। इनकी संख्या नौ है।

65. जो सर्वनाम शब्द संज्ञा के लिए विशेषण का काम करते हैं, उन्हें सार्वनामिक विशेषण कहते हैं; जैसे-'वह विद्यार्थी नहीं आया' वाक्य में 'वह' सार्वनामिक विशेषण है।

66. 'अज्ञ' का विपरीतार्थक शब्द 'विज्ञ' है।

67. 'बहिरंग' का विलोम शब्द 'अन्तरंग' है।

68. आकाश से गिरी एक बूँद कहीं मोती, कहीं विष तो कहीं कीचड़ बनी

संज्ञा या सर्वनाम के जिस रूप से दूर होने, निकलने, डरने, रक्षा करने, विद्या सीखने, तुलना करने का भाव प्रकट होता है, उसे अपादान कारक कहते हैं; जैसे–'आकाश से गिरी एक बूँद कहीं मोती, कहीं विष तो कहीं कीचड़ बनी' वाक्य में 'आकाश से' बूँद के अलग होने का भाव परिलक्षित होता है। अतः यहाँ अपादान कारक है

69. स्फूर्ति का तद्भव रूप **'फुर्ती'** होगा।

70. 'तुरंग' का पर्यायवाची शब्द **'वाजि'** है। इसके अतिरिक्त घोड़ा, अश्व, हय, घटिक, सैंधव आदि भी हैं।

71. रस्सा, सूत व धागा पुल्लिंग शब्द हैं, जबकि **डोर** 'स्त्रीलिंग' शब्द है।

72. 'राम सो रहा है' वाक्य में सकर्मक क्रिया का प्रयोग हुआ है, क्योंकि यहाँ 'रहना' क्रिया के साथ 'सोना' कर्म है। अतः विकल्प (b) सही है।

73. हिन्दी दिवस मनाने की तिथि **14 सितम्बर** है।

74. वाक्य में संज्ञा या सर्वनाम के साथ सम्बन्ध प्रदर्शित करने के लिए जिस सर्वनाम का प्रयोग किया जाता है, उसे सम्बन्धवाचक सर्वनाम कहते हैं; जैसे–

जैसा करोगे, वैसा भरोगे

यहाँ जैसा, वैसा शब्द सम्बन्ध प्रदर्शित करते हैं। अतः विकल्प (d) सही है।

75. 'छ' कण्ठ्य ध्वनि है। यह सही नहीं है, क्योंकि क, ख, ग, घ, ङ कण्ठ्य ध्वनियाँ हैं, जबकि च, छ, ज, झ, द्ध, ञ तालव्य ध्वनियाँ हैं और 'छ' अघोष महाप्राण ध्वनि भी है।

76. 'भवानी' का पुल्लिंग **'भव'** होगा।

77. उत्पत्ति की दृष्टि से हिन्दी शब्द समूह को 5 वर्गों में बाँटा जाता है

1. तत्सम शब्द
2. तद्भव शब्द
3. देशी/देशज शब्द
4. विदेशी शब्द
5. संकर शब्द

78. 'जो कठिनाई से प्राप्त किया जा सके' शब्द समूह के लिए एक शब्द 'दुर्लभ' होगा।

79. वे शब्द जो विभिन्न पदों वाक्यों अथवा वाक्य खण्डों को जोड़ते हैं, वे समुच्चयबोधक कहलाते हैं।

80. 'य' वर्ग के व्यंजन अन्तःस्थ व्यंजन है। अतः विकल्प (d) सही है। य, र, ल, व अन्तःस्थ व्यंजन हैं।

81. अस्तित्व, थकावट और हरियाली तीनों शब्द भाववाचक संज्ञा शब्द हैं, जबकि 'बेईमान' विशेषण शब्द है। अतः विकल्प (c) सही है।

82. नरम, ईमानदार, सुगन्धित तीनों गुणवाचक शब्द हैं, क्योंकि जो शब्द संज्ञा या सर्वनाम के गुण अथवा दोष का बोध कराते हैं, उन्हें गुणवाचक विशेषण कहते हैं, जबकि 'बहुत' शब्द 'प्रविशेषण' शब्द है। अतः विकल्प (a) सही है।

83. अग्नि शब्द के पर्यायवाची पावक, वह्नि तथा अनल हैं। अतः अमी शब्द अग्नि का पर्यायवाची नहीं है।

84. 'सूत' शब्द का तत्सम शब्द 'सूत्र' है।

85. आध्यात्मिक शब्द का विलोम 'भौतिक' है।

86. कभी भी अपने मित्र की उन्नति पर 'ईर्ष्या' न करो। अतः रिक्त स्थान में ईर्ष्या शब्द आएगा।

87. दिए गए विकल्पों में वर्तनी की दृष्टि से उज्ज्वल शब्द शुद्ध है, जबकि अन्य तीन अशुद्ध हैं।

88. वे वाक्य जिनमें एक साधारण वाक्य हो तथा उसके अधीन या आश्रित दूसरा उपवाक्य हो, वे वाक्य मिश्र वाक्य कहलाते हैं; जैसे-'जब मीरा पढ़ती है तो मोहन सोता है'-वाक्य में 'मीरा पढ़ती है' प्रधान उपवाक्य तथा 'मोहन सोता है'-आश्रित उपवाक्य है, जब .... तो प्रधान उपवाक्य और आश्रित उपवाक्य को मिलाने वाले शब्द हैं।

89. नीर का अर्थ पानी होता है, जबकि नीड़ का अर्थ घोंसला (पक्षियों का घर) होता है। अतः नीर के स्थान पर नीड़ शब्द के प्रयोग से वाक्य शुद्ध होगा; जैसे-'साँझ होते ही पक्षी अपने-अपने नीड़ को लौट आते हैं।'

90. दिए गए विकल्पों में कृतज्ञ, प्रतिज्ञा तथा शुष्क शब्द वर्तनी की दृष्टि से शुद्ध हैं, जबकि विशिष्ठ शब्द अशुद्ध है। इसका शुद्ध रूप विशिष्ट होगा।

91. दुरुपयोग शब्द में 'दुर्' उपसर्ग तथा 'उपयोग' मूल शब्द है। अतः दुरुपयोग शब्द में दुर् उपसर्ग का प्रयोग हुआ है।

92. धर्मावलम्बी शब्द धर्म + अवलम्ब + ई से निर्मित हुआ है।

93. आन प्रत्यय से बनने वाला शब्द लगान है। इसमें लग् धातु और आन प्रत्यय का प्रयोग हुआ है।

94. 'जिसकी लाठी उसकी भैंस' में लाठी और भैंस संज्ञाएँ हैं तथा शेष दोनों शब्द जिसकी और उसकी सर्वनाम हैं।

95. 'लाल' से निर्मित शब्द लाली है, तो काला से निर्मित शब्द काली होगा। लाल और काला में 'ई' प्रत्यय जोड़ने से 'लाली' और 'काली' शब्द बनेंगे।

96. 'रोना' का सकर्मक रूप रुलाना होगा।
जैसे-सीमा ने रेखा को रुलाना-वाक्य में सीमा (कर्ता) द्वारा रुलाना के कार्य का फल रेखा (कर्म) पर पड़ा। अतः यहाँ रुलाना सकर्मक क्रिया है।

97. आवाज़ उठाना मुहावरे का अर्थ है-विरोध करना।

98. जब किसी वर्ग के पहले वर्ण (क्, च्, ट्, प्) का मेल किसी वर्ग के तीसरे वर्ण (ग्, ज्, ड्, द्, ब) के साथ होता है तो पहला वर्ण अपने ही वर्ण के तीसरे वर्ण में परिवर्तित हो जाता है। यह व्यंजन सन्धि का नियम है; जैसे-

षट् + आनन = षडानन यहाँ ट् अपने ही वर्ण के तीसरे स्वर 'ड्' में परिवर्तित हो गया।

99. जिन क्रियाओं के पहले कोई अन्य क्रिया आए, उन्हें पूर्वकालिक क्रिया कहते हैं। पूर्वकालिक क्रिया, क्रिया का मूलरूप होती है अथवा उसके साथ 'कर' या 'करके' का प्रयोग होता है; जैसे-गाकर, खाकर यहाँ 'गा' और 'खा' क्रिया के बाद 'कर' अन्य क्रिया होने के कारण यह पूर्वकालिक क्रिया है।

100. दिए गए वाक्यों में वाक्य (a) उसके अंग-अंग सजाए गए अशुद्ध वाक्य है। यहाँ अंग शब्द का एक ही बार प्रयोग होना चाहिए था।

द्वितीय प्रश्न-पत्र

1. विकल्प (a) छोड़कर बाकी सभी विकल्पों में समान वर्ण L, I, E और N हैं।

2. $(m-n)-(m+n)$

$$= m - n - m - n = -2n$$

3. चलना, बोलना और सोना शारीरिक क्रियाएँ हैं, परन्तु खाना शारीरिक क्रिया नहीं है।

4. अतः विकल्प (d) सही है।

5. जिस प्रकार, $\frac{594}{3} = 198$

तथा $\frac{198}{3} = 66$

उसी प्रकार, $\frac{66}{3} = \boxed{22}$

6. जिस प्रकार अखबार, प्रेस में छपता है, उसी प्रकार कपड़ा, मिल में बनता है।

7. तेल को छोड़कर बाकी सब दूध के उत्पाद हैं।

8. चक्रवृद्धि मिश्रधन $= 3000\left(1+\frac{10}{100}\right)^2$

$$= 3000 \times \frac{11}{10} \times \frac{11}{10} = ₹\,3630$$

$\therefore$ चक्रवृद्धि ब्याज $= 3630 - 3000 = 630$

9. वैभव द्वारा एक दिन में खाई गई पूरियाँ

$$= \frac{10}{2} = 5$$

सौरभ द्वारा एक दिन में खाई गई पूरियाँ = 20

दोनों द्वारा एक दिन में खाई गई पूरियाँ

$$= 20 + 5 = 25$$

अभीष्ट दिनों की संख्या $= \frac{250}{25} = 10$

10. 3, [10], 27, 4, 16, 64, 5, 25, 125

3^1, $3^2 = 9$, 3^3, 4^1, 4^2, 4^3, 5^1, 5^2, 5^3

11.

2, 7, 16, [29], 46, 67, 92

+[(4×1+1)], +[(4×2+1)], +[(4×3+1)], +[(4×4+1)], +[(4×5+1)], +[(4×6+1)]

$\therefore ? = 29$

12. चाबी ⟶ ताला ⟶ दरवाजा ⟶ कमरा ⟶ पुस्तक

(2) (4) (3) (5) (1)

अतः विकल्प (c) सही है।

13. 520, 523, 529, 538, 550, [565]

+3, +6, +9, +12, +15

+3, +3, +3, +3

अतः 2018 में छात्रों की संख्या 565 है।

14.

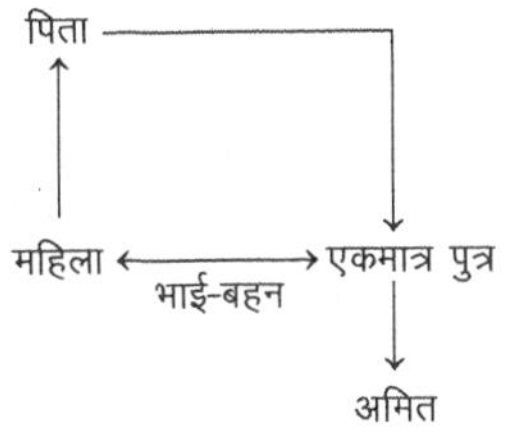

अतः अमित उस महिला का भतीजा है।

15. 73 + 75 + 78 + 57 + 197 = 480

34) 480 (14
34
140
136
4

शेषफल = 4

16. जिस प्रकार,

T E A C H E R
+2 +2 +2 +2 +2 +2 +2
V G C E J G T

उसी प्रकार,

C H I L D R E N
+2 +2 +2 +2 +2 +2 +2 +2
[E J K N F T G P]

17.

9, 25, 49, [81], 121

3^2, 5^2, 7^2, 9^2, 11^2

$\therefore ? = 81$

18. (9) (2) 6 ⟶ अपनी (टाई) (क्लिप)

1 [7] 5 ⟶ सुराख और [बटन]

(2) (9) [7] ⟶ (टाई) (क्लिप) [बटन]

अतः बटन का अर्थ 7 है।

19. माना A की वर्तमान आयु 'a' वर्ष है।

माना B की वर्तमान आयु 'b' वर्ष है।

माना C की वर्तमान आयु 'c' वर्ष है।

प्रश्नानुसार,

$b = a + 2 \Rightarrow a = b - 2$ ...(i)

$b = c - 5 \Rightarrow c = b + 5$ ...(ii)

$\frac{a + b + c}{3} = 18$

$a + b + c = 54$ ...(iii)

समी (i) व (ii) का मान समी (iii) में रखने पर,

$b - 2 + b + b + 5 = 54$

$3b + 3 = 54$

$3b = 51$

$b = 17$

b का मान समी (ii) में रखने पर,

$\therefore$ $c = 17 + 5$

$c = 22$ वर्ष

अतः C की आयु 22 वर्ष है।

20. 1900 एक सामान्य वर्ष है।

विषम दिन = 1

1, फरवरी 1990 से 1, फरवरी 1901 = 1 विषम दिन

1, फरवरी 1901 से 1, मार्च 1901 = 28 दिन

कुल विषम दिन = 29

$= 7 \times 4 + 1$

= 4 हफ्ते + 1 विषम दिन

अतः 1 मार्च 1901 को मंगलवार है।

21. हिरण जंगल में रहता है, और जंगल को सोफा कहा गया है।

22. जिस प्रकार,

$\sqrt{144} = 12$

$12 + 1 = 13$

उसी प्रकार, $\sqrt{36} = 6$

$6 + 1 = 7$

23.

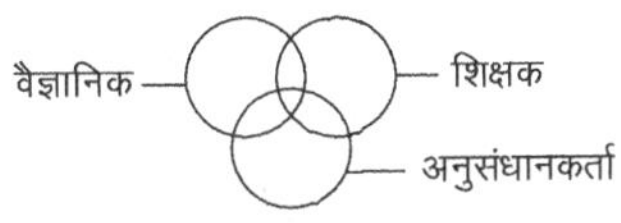

24. यदि 22वाँ दिन रविवार था

तब, 15 वाँ दिन भी रविवार होगा।

$\therefore$ 13 वाँ दिन शुक्रवार है।

25. जिस प्रकार, $5 \times 4 = 20$

$3 \times 8 = 24$

उसी प्रकार, $9 \times 4 =$ [36]

26. माना X, Y और Z की वर्तमान आयु x वर्ष, y वर्ष और z वर्ष है।

$\therefore$ $x = y + 2$

$x = 5 + z$

$\Rightarrow$ $z = x - 5$

प्रश्नानुसार,

$x + z = 3(y - 5)$

$x + x - 5 = 3y - 15$

$2(2 + y) - 5 = 3y - 15$

$4 + 2y - 5 = 3y - 15$

$-y = -15 + 1$

$-y = -14$

$y = 14$ वर्ष

अतः Y की वर्तमान आयु 14 वर्ष है।

27. F के विपरीत पृष्ठ पर B है।

28.

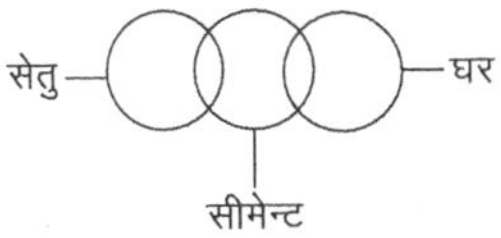

सीमेन्ट से घर तथा सेतु दोनों बनते हैं।

29.

30, 100, 180, 270, [370]

+70, +80, +90, +100

+10, +10, +10

30.

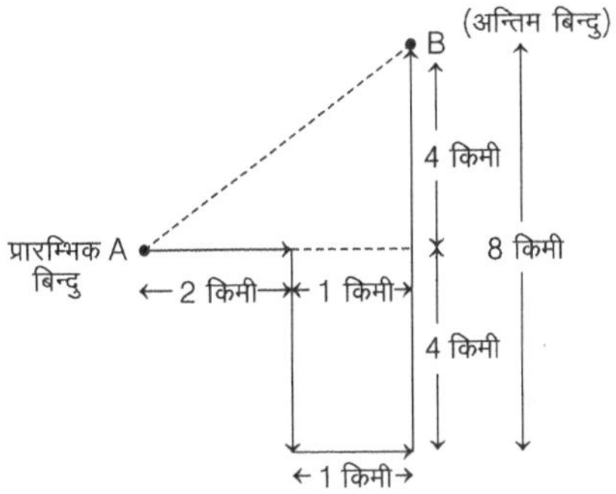

प्रारम्भिक बिन्दु से दूरी $= AB = \sqrt{3^2 + 4^2}$

$= \sqrt{16 + 9}$

$= \sqrt{25} = 5$ किमी

31. $(0.01)^2 = 0.0001$

32. H I तथा C D

8 9 [3 4] ⟵ अंग्रेजी वर्णमाला का क्रम

+1 +1

$\therefore$? = 34

33. $13 \times 62 = 806$
दोनों संख्याओं के अंकों को आपस में उलट देने के बाद प्राप्त गुणनफल

$31 \times 26 = 806$

34. दी गई संख्या → 8 4 6 1 7 9 [2] 5
अवरोही क्रम → 9 8 7 6 5 4 [2] 1

∴ केवल एक ही अंक, 2 का स्थान अपरिवर्तित रहेगा।

35. माना पर्वतारोही की वर्तमान आयु x वर्ष है।
∴ प्रश्नानुसार,

$$x - 13 - \frac{1}{4}x - \frac{1}{5}x - \frac{1}{3}x = 0$$
$$x - \frac{1}{4}x - \frac{1}{5}x - \frac{1}{3}x = 13$$
$$\frac{60x - 15x - 12x - 20x}{60} = 13$$
$$\frac{13}{60}x = 13$$
$$x = 60 \text{ वर्ष}$$

36. सभी व्यक्तियों को धन के अनुसार अवरोही क्रम में लगाने पर,
समीर > दिनेश > चेतन > अंकित > बलवन्त
अतः सबसे कम धन बलवन्त के पास है।

37. अभीष्ट व्यवस्था

A B C D E F G H I J K L M Z Y X W V U [T] S R Q P O N

बाएँ से छठा — दाएँ को 14वाँ वर्ण

अतः T अभीष्ट वर्ण है।

38.

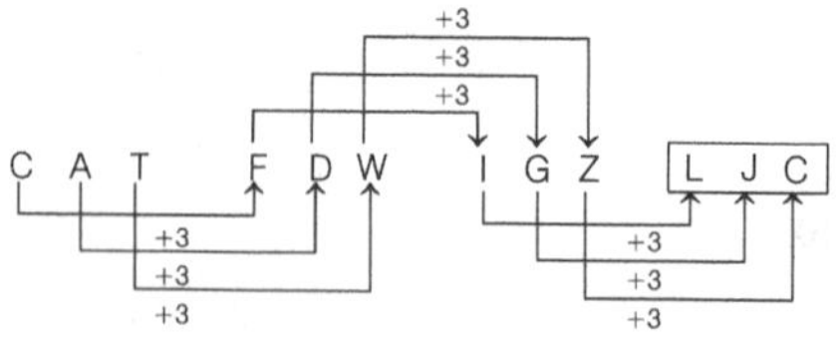

? = LJC

39. जिस प्रकार समय को घड़ी से मापा जाता है, उसी प्रकार तापमान को थर्मामीटर से मापा जाता है।

40. जिस प्रकार पक्षी हवा में उड़ता है और मछली जल में तैरती है।
उसी प्रकार हवाई जहाज हवा में उड़ता है और नौका पानी में तैरती है।

41.

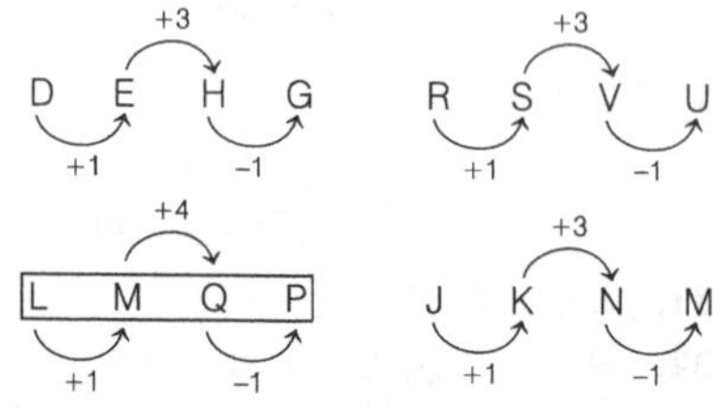

अतः LMQP विषम है।

42.

व्यक्ति	फल					
	आम	सेब	अमरूद	केला	सन्तरा	चीकू
V	✓		✓		✓	
W		✓	✓	✓		✓
X	✓	✓		✓		
Y		✓			✓	✓
Z	✓		✓	✓		✓

X, आम, सेब और केला पसन्द करता है।

43. 'CORRESPONDING' शब्द के वर्णों का प्रयोग करके 'SUPERIOR' नहीं बनाया जा सकता, क्योंकि उसमें 'U' वर्ण नहीं है।

44. मकानों की व्यवस्था निम्न प्रकार से है।

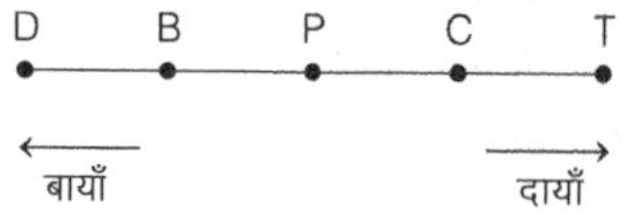

∴ मकान, P सबसे मध्य में है।

45. एक मिनट में चढ़ी गई दूरी = (5 − 4) = 1 मी
55 मिनट में चढ़ी गई दूरी = $55 \times 1 = 55$ मी
56वें मिनट में चढ़ी गई दूरी = 55 + 5 = 60 मी
अतः अभीष्ट उत्तर 56 मिनट

46. शाब्दिक और चित्रीय विधि ही प्राथमिक विद्यालय के बच्चों के लिए सबसे अधिक वांछनीय है।

47. यदि कोई छात्र कक्षा में अलग-अलग-सा रहता है, तो उसके इस व्यवहार को गम्भीर रूप से लेना चाहिए, क्योंकि हो सकता है कि छात्र किसी मानसिक तनाव से गुजर रहा हो।

48. माना पुत्र की वर्तमान आयु x वर्ष है।
माना पिता की वर्तमान आयु y वर्ष है।

अतः $x + y = 65 \Rightarrow x = 65 - y$
$y = 4x$
∴ $x = 65 - 4x$
⇒ $5x = 65$
$x = 13$

∴ पुत्र की आयु = x = 13 वर्ष
पिता की आयु = $4x = 4 \times 13 = 52$ वर्ष

49. विकल्प (c) से, $16 \times 12 \div 8 + 13 - 15$
⇒ $16 \times \frac{12}{8} + 13 - 15$
⇒ $2 \times 12 + 13 - 15$
⇒ $24 + 13 - 15$
⇒ $37 - 15 = 22$

50.

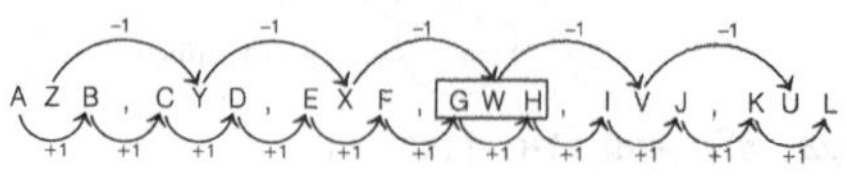

∴ ? = GWH

51. 26 नवम्बर, 1949 के दिन भारत का संविधान अंगीकृत हुआ और भारत अपने लम्बे ऐतिहासिक दौर में पहली बार एक आधुनिक संस्थागत ढाँचे के साथ पूर्ण संसदीय लोकतन्त्र बना। 26 जनवरी, 1950 को भारतीय संविधान पूर्णरूप से लागू किया गया, क्योंकि वर्ष 1930 से ही 26 जनवरी का दिन सम्पूर्ण भारत में स्वाधीनता दिवस के रूप में मनाया जाता था।

52. भारतीय संविधान में कानून के संचालन के लिए अनेक स्वतन्त्र संस्थाओं का प्रावधान किया गया है, जिसमें संघ लोक सेवा आयोग, नियन्त्रक एवं महालेखा परीक्षक, भारत का निर्वाचन आयोग, राष्ट्रीय अनुसूचित जाति आयोग, वित्त आयोग जैसी संस्थाएँ शामिल हैं।

राष्ट्रीय मानव अधिकार आयोग एक स्वायत्त संस्था है, जिसकी स्थापना 12 अक्टूबर, 1993 में भारत सरकार द्वारा की गई थी। इसके वर्तमान अध्यक्ष एच. एच. दत्तू हैं।

53. भारत में राष्ट्रपति को तीन स्थितियों में आपातकाल की घोषणा करने की शक्तियाँ हैं-
संविधान के अनु 352 के अन्तर्गत युद्ध, बाह्य आक्रमण या सशस्त्र विद्रोह की स्थिति में राष्ट्रपति को यह अधिकार प्राप्त है कि पूरे भारत या किसी एक भाग की सुरक्षा खतरे में है, तो वह सम्पूर्ण भारत या किसी भाग में आपातकाल की घोषणा कर सकता है तथा अनु 360 के तहत राष्ट्रपति आर्थिक संकट के समय वित्तीय आपातकाल लगा सकता है।

54. भारतीय संविधान का अनुच्छेद 80 संसद के उच्च सदन के रूप में राज्यसभा का उल्लेख करता है। यह एक स्थायी सदन है, जो कभी भंग नहीं किया जा सकता। प्रत्येक 2 वर्ष पश्चात् इसके 1/3 सदस्य अवकाश ग्रहण करते हैं और उनके स्थान पर नए सदस्य स्थान ग्रहण करते हैं। इस प्रकार एक सदस्य का कार्यकाल 6 वर्ष हो जाता है।
फ्रेंच संसद के ऊपरी सदन (सीनेट) के सदस्यों का कार्यकाल भी 6 वर्ष का होता है।

55. संविधान निर्माताओं द्वारा संविधान के भाग 15 में अनुच्छेद 324 में एक स्वतन्त्र एवं निष्पक्ष निर्वाचन आयोग की व्यवस्था की गई है। निर्वाचन आयोग राष्ट्रपति, उपराष्ट्रपति, संसद, राज्य विधानसभा आदि का चुनाव कराता है। निर्वाचन आयोग एक संवैधानिक संस्था है। पंचायतों का चुनाव राज्य सरकार के निर्वाचन अधिकारी द्वारा कराया जाता है।

56. प्रस्तावना को संविधान की कुंजी कहा जाता है। 42वें संविधान संशोधन (1976) द्वारा इसमें पन्थनिरपेक्ष, समाजवादी तथा अखण्डता शब्द जोड़े गए। प्रख्यात संविधान विशेषज्ञ एच. ए. पालकीवाला ने प्रस्तावना को संविधान का परिपत्र कहा है। केशवानन्द भारती वाद (1973) में प्रस्तावना को संविधान का भाग माना गया है।

57. भारत में EVM का उत्पादन वर्ष 1989-90 के बीच शुरू हो गया था। इसका पहली बार उपयोग 1998 के राज्य विधानसभा चुनाव में कुल 16 चुनावी क्षेत्रों में किया गया था। इसमें 5 मध्य प्रदेश, 5 राजस्थान और 6 दिल्ली के निर्वाचन क्षेत्र शामिल थे।

58. दिए गए विकल्पों में से वर्तनी की दृष्टि से शुद्ध शब्द लहूलुहान है, जबकि तीनों अशुद्ध वर्तनी वाले शब्द हैं।

59. 'हिमतनया' में बहुव्रीहि समास है। इसका समास विग्रह होगा-हिम की तनया (पुत्री) है अर्थात् पार्वती। यहाँ दोनों पद (हिम + तनय) मिलकर तीसरे पद (पार्वती) की ओर संकेत कर रहे हैं।

60. आँखों से काजल चुराना एक मुहावरा है, जिसका अर्थ है- सफाई से चोरी करना।

61. दुस्तर शब्द का तात्पर्य है-जिसके पार जाना कठिन हो।

62. दिए गए विकल्पों में से 'पहर' शब्द तद्भव है, जबकि अन्य प्रहर, पक्व, पक्ष तत्सम शब्द हैं।

63. जो सर्वनाम शब्द संज्ञा के लिए विशेषण का कान करते हैं, उन्हें सार्वनामिक विशेषण कहते हैं। यह, वह, कौन, क्या, कोई ऐसा, ऐसी, वैसा, वैसी सार्वनामिक विशेषण हैं; जैसे-'ऐसा आदमी नहीं देखा' वाक्य में 'ऐसा' शब्द आदमी से पहले प्रयुक्त होकर विशेषण का कार्य कर रहा है। अतः सार्वनामिक विशेषण है।

64. 'दान की बछिया के दाँत नहीं देखे जाते' लोकोक्ति का अर्थ है—मुफ्त की वस्तु के गुण-अवगुण नहीं देखे जाते।

65. वर्चस्व का समानार्थी शब्द प्राबल्य है। उसके अन्य समानार्थी प्राधान्य, तेज, आधिपत्य आदि हैं।

66. The sentence means, he is so intelligent that he can not be deceived.

67. The word 'exodus' means a 'mars departure of people'.

68. Elegy is a poem written on the death of some one loved and lost.

69. Comic-means something which makes us laugh. Its antonym is 'tragic', it means something 'sad' or 'unpleasant'.

70. The word 'subjugate' means to bring under 'domination' or 'control'. Its antonym is 'liberate' which means to 'set someone free from slavery' or 'oppression'.

71. The word 'gap' is similar is meaning to the word Hiatus which means a 'break' or 'a pause in continuity in a sequence'.

72. The word 'strange' in similar is meaning to the word 'uncanny'. Both words means 'something mysterious'.

73. हेरोडोटस यूनान का प्रथम इतिहासकार था। इन्हें 'इतिहास के जनक' के रूप में जाना जाता है। इन्होंने हिस्टोरिका नामक पुस्तक लिखी थी।

74. जीवक प्राचीन भारत के प्रसिद्ध आयुर्वेदाचार्य थे। ये बिम्बिसार के राजकीय वैद्य थे। इनकी शिक्षा तक्षशिला विश्वविद्यालय में हुई थी। यहाँ पर उन्होंने चिकित्साशास्त्र का अध्ययन किया था।

75. चन्द्रगुप्त प्रथम के उपरान्त समुद्रगुप्त शासक बना। यह महान् विजेता था। अपने विजय अभियान को पूरा करने के पश्चात् अश्वमेध यज्ञ सम्पन्न किया तथा अश्वमेध पराक्रम की उपाधि ली।

76. शतपथ-ब्राह्मण का सम्बन्ध यजुर्वेद से है। शतपथ-ब्राह्मण में गांधार, शल्य, कैकेय, कुरू, पांचाल, कोशल, विदेह आदि राजाओं के नाम का उल्लेख किया गया है।

77. लोथल गुजरात के अहमदाबाद जिले में भोगवा नदी के तट पर स्थित है। इसकी खोज डॉ. एस. आर. राव ने वर्ष 1957 में की थी। लोथल का सबसे प्रमुख स्थल जहाजों की गोदी (डॉक यार्ड) है।

78. सुवर्ण नामक भारतीय स्वर्ण मुद्रा का रत्ती भार 80 होता है, जो लगभग 8.5 ग्राम के बराबर है।

79. शेरशाह ने चाँदी के सिक्के चलाए जिसको रुपया कहा गया। इसका भार 178 ग्रेन था और वर्तमान रुपये के समान ही था। इस प्रकार की सिक्का प्रणाली को मुगलों ने भी आगे बढ़ाया जो 20 वीं शताब्दी के पूर्वार्द्ध तक प्रचलित रहा।

80. भारत के अण्डमान एवं निकोबार द्वीप समूह में मैंग्रोव, सदापर्णी और पर्णपाती वनों का संयोजन मिलता है। वर्तमान वन आवृत्त अण्डमान एवं निकोबार द्वीप समूह की कुल भूमि क्षेत्र का लगभग 86.2 प्रतिशत है।

81. स्थलीय दृढ़ भूखण्ड को प्लेट कहते हैं तथा इन प्लेटों के स्वभाव एवं प्रवाह से सम्बन्धित अध्ययन को प्लेट विवर्तनिकी कहते हैं। प्लेट विवर्तनिकी का सम्बन्ध भूकम्प, ज्वालामुखी, वलित पर्वत तथा महासागरीय गर्त से है। महासागरीय धाराओं की दिशा महाद्वीपीय आकृति तथा पृथ्वी की घूर्णन गति से होती है।

82. धूपगढ़ की पहाड़ी सतपुड़ा श्रेणी की सबसे ऊँची चोटी है जो पंचमढ़ी मध्य प्रदेश में अवस्थित है। इसकी कुल ऊँचाई 1350 मी. है। इसको मध्य प्रदेश की सबसे ऊँची बिन्दु का दर्जा प्राप्त है।

83. आग्नेय चट्टान को प्राथमिक चट्टान कहते हैं। इसका निर्माण तप्त एवं तरल मैग्मा के शीतल होने से हुआ है। इसमें कोई जीवावशेष नहीं पाया जाता है। यह कठोर होती है तथा जल बड़ी कठिनाई से जोड़ों के सहारे प्रविष्ट हो पाता है।

84. अन्तः सागरीय भूकम्प से उत्पन्न वृहत् ज्वारीय लहर को सुनामी कहते हैं। जब सुनामी तट के समीप आती है, तो कम सागरीय गहराई के कारण इसकी गति कम, लेकिन इसकी ऊँचाई अधिक हो जाती है।

85. स्थलीय एवं जलीय समीर की दिशा में 24 घण्टे के अन्दर दो बार परिवर्तन हो जाते हैं। जलीय समीर दिन में सागर से स्थल की ओर तथा स्थलीय समीर रात्रि में स्थल से जल की ओर चला करती है।

86. ऊटी तमिलनाडु में स्थित है। इसे उटकमण्डलम भी कहते हैं। यह एक पर्वतीय स्थल है, जो नीलगिरि की पहाड़ियों पर बसा है। यह समुद्र तल से लगभग 7440 फीट की ऊँचाई पर स्थित है।

87. सिग्मण्ड फ्रायड एक यहूदी थे। फ्रायड ने मन या व्यक्तित्व के स्वरूप को गत्यात्मक माना है। फ्रायड के अनुसार, व्यक्तित्व का गत्यात्मक पक्ष तीन अवस्थाओं द्वारा निर्मित होता है-

(i) इड (Id)

(ii) अहम (Ego)

(iii) पराअहम (Super ego)

88. जनांकिकी का जनक ग्रुआण्ट को माना जाता है। इन्होंने जनांकिकी के क्षेत्र में महत्त्वपूर्ण योगदान दिए हैं। इन्होंने ही जनांकिकी को जनसंख्या सम्बन्धी आँकड़ों के विश्लेषण के लिए उपयुक्त बताया। जनांकिकी के क्षेत्र में माल्थस का योगदान भी महत्त्वपूर्ण है। इन्होंने अनुकूलतम जनसंख्या का सिद्धान्त प्रतिपादित किया है।

89. ज्ञान मीमांसा दर्शनशास्त्र की एक शाखा है, जिसमें ज्ञान के स्रोत की व्याख्या की गई है। ज्ञान के स्रोत के सन्दर्भ से दर्शनशास्त्र के दो मत हैं-बुद्धिवाद एवं अनुभववाद। बुद्धिवाद के अनुसार ज्ञान का स्रोत हमारी बुद्धि है, जबकि अनुभववाद के अनुसार ज्ञान का स्रोत अनुभव है।

90. भारत में पंचायती राज शब्द का अभिप्राय ग्रामीण स्थानीय स्वशासन पद्धति से है। बलवन्त राय मेहता समिति ने नवम्बर, 1957 को अपनी रिपोर्ट सौंपी और 'लोकतान्त्रिक विकेन्द्रीकरण' की योजना की सिफारिश की, जो अन्तिम रूप से पंचायती राज के रूप में जाना गया।

91. एमील दुर्खीम के अनुसार, ''समाज एक अद्वितीय वास्तविकता है।'' यह फ्रांस के समाजशास्त्री थे। इन्होंने 'द डिविजन ऑफ लेबर इन सोसायटी' नामक पुस्तक लिखी थी।

93. संस्कृतिकरण भारत में एक विशेष तरह का सामाजिक परिवर्तन है। इसका तात्पर्य उस प्रक्रिया है, जिसमें जाति व्यवस्था में निचले पायदान पर स्थित जातियाँ ऊँचा उठने का प्रयास करती हैं।

94. सामाजिक स्तरीकरण वह प्रक्रिया है, जिसमें व्यक्तियों के समूहों को उनकी प्रतिष्ठा, सम्पत्ति और शक्ति की मात्रा के सापेक्ष पदानुक्रम में विभिन्न श्रेणियों में उच्च से निम्न रूप में स्तरीकृत किया जाता है।

95. माँग की लोच

$$= \frac{\text{माँग की मात्रा में अनुपातिक परिवर्तन}}{\text{आय की मात्रा में परिवर्तन}}$$

$$= \frac{25}{50} = \frac{1}{2} = 0.5$$

96. ब्याज के ऋणयोग्य धनराशि के अनुसार जब ब्याज दरों में वृद्धि होती है, तो ऋणयोग्य धनराशि की माँग कम होगी यदि आपूर्ति में वृद्धि हो जाएगी। इसे ग्राफ की सहायता से समझा जा सकता है

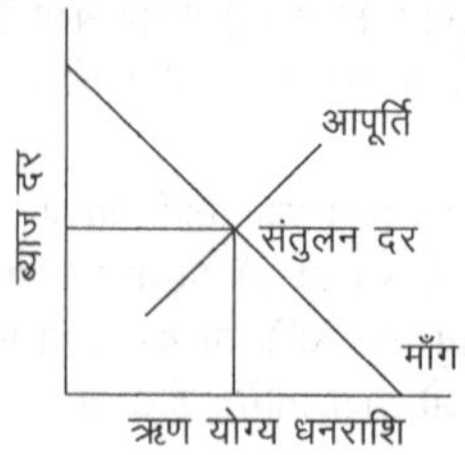

97. सामान्य वस्तुएँ वह होती हैं, जिनकी माँग उपभोक्ता की आय के बढ़ने के कारण बढ़ती है। सामान्य वस्तु को एक आवश्यक वस्तु भी कहते हैं। यह घटिया वस्तुओं से विपरीत होती हैं।

98. उपभोक्ता अधिशेष से तात्पर्य यह है कि उपभोक्ता को कितनी सन्तुष्टि प्राप्त होती है। इनमें गणना इस आधार पर होती है कि उपभोक्ता किसी वस्तु व सेवा के लिए कितना भुगतान करता है और उसके वनिस्बत से उसको कितनी सन्तुष्टि प्राप्त होती है। इसमें गणना का आधार यह भी होता है कि उपभोक्ता जिसका भुगतान करने को तैयार है और वह वास्तव में कितना भुगतान करता है, इसके बीच का अन्तर होता है।

99. किंकड़ माँग वक्र की एक विशेषता है- अल्पाधिकार। जब बाजार में वस्तु के थोड़े विक्रेता हों अर्थात् तीन, चार, पाँच आदि तो हम अल्पाधिकार बाजार कहते हैं। अल्पाधिकार बाजार में कीमत निर्धारण भी द्वि-विक्रेताधिकार की भाँति होती है इसलिए इसकी किंकड़ माँग वक्र बनती है।

100. राष्ट्रीय आय से तात्पर्य किसी देश में एक वर्ष में उत्पादित सभी वस्तुओं और सेवाओं के बाजार मूल्य के योग से है, जिसमें ह्रास घटाकर तथा विदेशी लाभ जोड़कर निकाला जाता है। कारक लागत पर शुद्ध राष्ट्रीय उत्पाद (एन.एन.पी.) राष्ट्रीय आय का होता है।

सामान्य ज्ञान

अध्याय

1

भारत का इतिहास
History of India

प्राचीन भारत

भारतीय इतिहास के स्रोत

- भारतीय इतिहास के विषय में जानकारी के चार प्रमुख स्रोत हैं—धर्मग्रन्थ, ऐतिहासिक धर्मग्रन्थ, विदेशियों का विवरण एवं पुरातत्त्व-संबंधी साक्ष्य।
- चाणक्य द्वारा रचित 'अर्थशास्त्र' नामक पुस्तक से मौर्यकालीन इतिहास की जानकारी मिलती है।
- कल्हण द्वारा रचित 'राजतरंगिणी' को ऐतिहासिक घटनाओं पर आधारित भारत की प्रथम पुस्तक कहा जाता है। इससे कश्मीर के इतिहास की जानकारी मिलती है।
- पाणिनी द्वारा रचित संस्कृत भाषा व्याकरण की प्रथम पुस्तक 'अष्टाध्यायी' से भी प्राचीन भारतीय इतिहास से संबंधित महत्त्वपूर्ण जानकारियाँ प्राप्त होती हैं।
- विदेशी लेखकों में मेगस्थनीज, टॉलमी, फाह्यान, ह्वेनसाँग, इत्सिंग, अलबरूनी, तारानाथ, मार्कोपोलो इत्यादि की पुस्तकें प्राचीन भारतीय इतिहास के विभिन्न कालों के विवरण की महत्त्वपूर्ण स्रोत हैं।
- मेगस्थनीज सेल्युकस निकेटर का राजदूत था, जो चन्द्रगुप्त के राजदरबार में आया था, इसके द्वारा रचित पुस्तक 'इण्डिका' से मौर्यकालीन समाज एवं संस्कृति के संबंध में महत्त्वपूर्ण जानकारियाँ मिलती हैं।
- टॉलमी ने 'भारत का भूगोल' नामक पुस्तक लिखी।
- चन्द्रगुप्त द्वितीय (विक्रमादित्य) के दरबार में आने वाले चीनी यात्री फाह्यान द्वारा लिखे गए विवरणों से गुप्तकालीन भारतीय समाज एवं संस्कृति की जानकारी मिलती है।
- हर्षवर्धन के शासनकाल में आने वाले चीनी यात्री ह्वेनसाँग द्वारा लिखे भ्रमण वृत्तांत 'सि-यू-की' से छठी सदी के भारतीय समाज, धर्म तथा राजनीति के बारे में पता चलता है।
- इत्सिंग नामक चीनी यात्री सातवीं शताब्दी के अन्त में भारत आया था, इसने अपने विवरण में नालंदा विश्वविद्यालय, विक्रमशिला विश्वविद्यालय तथा अपने समय के भारत का वर्णन किया है।
- महमूद गजनवी के साथ दूसरी शताब्दी के प्रारम्भ में भारत आने वाले लेखक अलबरूनी ने अपना विवरण तहकीक-ए-हिन्द या किताबुल हिन्द (भारत की खोज) नामक पुस्तक में लिखा है, इसमें राजपूत-कालीन समाज, धर्म, रीति-रिवाज, राजनीति आदि पर सुन्दर प्रकाश डाला गया है।
- तारानाथ एक तिब्बती लेखक था, जिसने कंग्युर तथा तंग्युर नामक दो पुस्तकों में भारतीय इतिहास का वर्णन किया है।
- पुरातत्त्व संबंधी साक्ष्यों में अभिलेख, सिक्के, अवशेष, इत्यादि से भारतीय इतिहास के विविध पहलुओं का पता चलता है।
- मध्य भारत में भागवत धर्म विकसित होने का प्रमाण यवन राजदूत 'होलियोडोरस' के वेसनगर (विदिशा) के गरुड़ स्तम्भ लेख से प्राप्त होता है।
- कश्मीरी नवपाषाणिक पुरास्थल बुर्जहोम से गर्तावास का साक्ष्य मिला है।
- प्राचीनतम सिक्कों को आहत सिक्के कहा जाता है, इसी को साहित्य में कार्षापण कहा गया है।
- सर्वप्रथम सिक्कों पर लेख लिखने का कार्य यवन शासकों ने किया।
- अरिकमेडू (पुदुचेरी के निकट) से रोमन सिक्के प्राप्त हुए हैं।
- कलिंग राजा खारवेल के हाथी गुम्फा अभिलेख, रुद्रदामन के जूनागढ़ (गिरनार) अभिलेख, समुद्रगुप्त के प्रयाग स्तम्भ अभिलेख, इत्यादि ऐतिहासिक जानकारियों के दृष्टिकोण से महत्त्वपूर्ण हैं।

पाषाण काल

- पाषाण काल को तीन भागों में बाँटा गया है—पुरापाषाण काल, मध्यपाषाण काल तथा नवपाषाण काल।
- पुरापाषाण काल में मनुष्य की जीविका का मुख्य आधार शिकार था। इस काल को आखेटक तथा खाद्य-संग्राहक काल भी कहा जाता है।
- लगभग 36,000 ई. पू. में आधुनिक मानव पहली बार अस्तित्व में आया। आधुनिक मानव को 'होमोसेपियन' भी कहा जाता है।
- मानव द्वारा प्रथम पालतू पशु कुत्ता था, जिसे मध्यपाषाण काल में पालतू बनाया गया।
- आग की जानकारी मानव को पुरापाषाण काल से ही थी, किन्तु इसका प्रयोग नवपाषाण काल से प्रारम्भ हुआ था।
- नवपाषाण काल से मानव ने कृषि-कार्य प्रारम्भ किया, जिससे उसमें स्थायी निवास की प्रवृत्ति विकसित हुई।
- भारत में पाषाणकालीन सभ्यता का अनुसन्धान सर्वप्रथम रॉबर्ट ब्रूस फुट ने 1863 ई. में प्रारम्भ किया।
- भारत में व्यवस्थित कृषि का पहला साक्ष्य मेहरगढ़ से प्राप्त हुआ है।
- बिहार के चिरांद नामक नवपाषाणकालीन स्थल से हड्डी के औजार मिले हैं।
- पाषाण काल के तीनों चरणों का साक्ष्य बेलन घाटी इलाहाबाद से प्राप्त हुआ है।
- औजारों में प्रयुक्त की जाने वाली पहली धातु ताँबा थी तथा इस धातु का ज्ञान मनुष्य को सर्वप्रथम हुआ।
- चावल की खेती का प्राचीनतम साक्ष्य कोलडीहवा (इलाहाबाद) से पाया गया है।
- पहिए का आविष्कार नवपाषाण काल में हुआ।

4 भारत का इतिहास

सिन्धु घाटी सभ्यता (हड़प्पा)

सिन्धु घाटी (हड़प्पा) सभ्यता के प्रमुख स्थल, उत्खननकर्ता, ई., नदी, वर्तमान स्थिति एवं प्राप्त महत्त्वपूर्ण साक्ष्य

प्रमुख स्थल	उत्खननकर्ता	ई.	नदी	वर्तमान स्थिति	प्राप्त महत्त्वपूर्ण साक्ष्य
हड़प्पा	दयाराम साहनी एवं माधोस्वरूप वत्स	1921	रावी	पाकिस्तान का माण्टगोमरी जिला	ताँबे का पैमाना, ताँबे की इक्कागाड़ी, ताँबा गलाने की भट्ठी, अन्नागार
मोहनजोदड़ो	राखालदास बनर्जी	1922	सिन्धु	पाकिस्तान के सिन्ध प्रान्त का लरकाना जिला	स्नानागार, अन्नागार, पुरोहित आवास, सभा भवन, कांसे की नर्तकी की मूर्ति, पशुपति की मूर्ति, सूती धागा
चन्हूदड़ो	गोपाल मजूमदार	1934	सिन्धु	सिन्ध प्रान्त (पाकिस्तान)	मनका बनाने का कारखाना, दवात, काजल, कंघा
रंगपुर	रंगनाथ राव	1953-54	मादर	गुजरात का काठियावाड़ जिला	चावल की भूसी
रोपड़	यज्ञदत्त शर्मा	1953-55	सतलज	पंजाब का रोपड़ जिला	मानव के साथ कुत्ते को दफनाने का साक्ष्य
लोथल	रंगनाथ राव	1955-62	भोगवा	गुजरात का अहमदाबाद जिला	गोदीवाड़ा, युग्मित शवाधान, रँगाई के कुण्ड, हाथी दाँत का पैमाना
कोटदीजी	फजल अहमद	1955	सिन्धु	सिन्ध प्रान्त का खैरपुर स्थान	पत्थर के वाणाग्र
आलमगीरपुर	यज्ञदत्त शर्मा	1958	हिन्डन	उत्तर प्रदेश का मेरठ जिला	साँप तथा रीछ की मृण्मूर्ति
कालीबंगा	बी. बी. लाल एवं बी. के. थापर	1961	घग्घर	राजस्थान का श्रीगंगानगर जिला	जुते खेत, अग्नि वेदियाँ, पकी ईंटें, अलंकृत फर्श
धौलावीरा	जे. पी. जोशी	1967-68		गुजरात का कच्छ जिला	पॉलिशदार श्वेत पाषाण खण्ड, स्टेडियम सैन्धव लिपि के दस बड़े अक्षर, लम्बा जलाशय
बनावली	रवीन्द्र सिंह बिष्ट	1973-74	रंगोई	हरियाणा का हिसार जिला	मिट्टी का खिलौना, हल, जौ, मातृदेवी की मृण्मूर्ति

- सर्वप्रथम 1921 ई. में रायबहादुर दयाराम साहनी ने तत्कालीन भारतीय पुरातत्व विभाग के निदेशक सर जॉन मार्शल के नेतृत्व में हड़प्पा नामक स्थल की खुदाई कर इस सभ्यता की खोज की।
- हड़प्पा के पश्चात् 1922 ई. में राखालदास बनर्जी ने मोहनजोदड़ो नामक स्थल की खोज की।
- रेडियो कार्बन C^{14} विश्लेषण पद्धति के द्वारा सिन्धु सभ्यता की सर्वमान्य तिथि 2350 ई. पू. से 1750 ई. पू. मानी गई है।
- सिन्धु सभ्यता के अन्य नदी-घाटियों तक विस्तृत स्वरूप का पता चलने के कारण इसे 'हड़प्पा सभ्यता' के नाम से अधिक जाना जाता है। हड़प्पा को इस नगरीय सभ्यता का प्रथम उत्खनन स्थल होने के कारण नामकरण का यह सम्मान प्राप्त हुआ।
- भारत में सर्वाधिक सैन्धव स्थल गुजरात में पाए गए हैं।
- सिन्धु घाटी सभ्यता (हड़प्पा सभ्यता) कांस्ययुगीन सभ्यता थी।
- मोहनजोदड़ो को 'मृतकों का टीला' भी कहा जाता है।
- कालीबंगा का अर्थ 'काले रंग की चूड़ियाँ' होता है।
- सिन्धु घाटी सभ्यता की महत्त्वपूर्ण विशेषता नगर-निर्माण योजना का होना था। एक सुव्यवस्थित जल निकास प्रणाली, इस सभ्यता के नगर-निर्माण योजना की प्रमुख विशेषता थी।
- हड़प्पा सभ्यता का समाज मातृसत्तात्मक था।
- कृषि तथा पशुपालन के साथ-साथ उद्योग एवं व्यापार भी अर्थव्यवस्था के मुख्य आधार थे।
- हड़प्पा सभ्यता के आर्थिक जीवन का मुख्य आधार कृषि था।
- विश्व में सर्वप्रथम यहीं के निवासियों ने कपास की खेती प्रारम्भ की थी। मेसोपोटामिया में 'कपास' के लिए 'सिन्धु' शब्द का प्रयोग किया जाता था। यूनानियों ने इसे 'सिण्डन' कहा, जो सिन्धु का ही यूनानी रूपान्तरण है।
- हड़प्पा सभ्यता में आन्तरिक तथा विदेशी दोनों प्रकार का व्यापार होता था। व्यापार वस्तु-विनिमय के द्वारा होता था।
- माप-तौल की इकाई सम्भवत: 16 के अनुपात में थी।
- हड़प्पा सभ्यता में प्रशासन सम्भवत: वणिक् वर्ग द्वारा चलाया जाता था।
- इस सभ्यता में मातृदेवी की उपासना का प्रमुख स्थान था। साथ ही पशुपति, लिंग, योनि, वृक्षों एवं पशुओं की भी पूजा की जाती थी।
- पशुओं में कूबड़ वाला सांड सर्वाधिक महत्त्वपूर्ण पशु था और उसकी पूजा का प्रचलन था। इस काल में मन्दिर के अवशेष नहीं मिले हैं।
- इस सभ्यता के निवासी मिट्टी के बर्तन-निर्माण, मुहरों के निर्माण, मूर्ति-निर्माण आदि कलाओं में प्रवीण थे।
- मुहरें अधिकांशत: सेलखड़ी की बनी होती थीं।
- हड़प्पा की लिपि, भाव-चित्रात्मक है। यह लिपि प्रथम पंक्ति में दाएँ से बाएँ तथा दूसरी पंक्ति में बाएँ से दाएँ लिखी गई है। इस लेखन पद्धति को 'ब्रुस्टोफेदम' कहा गया है। इसे अभी तक पढ़ा नहीं जा सका है।
- हड़प्पा सभ्यता में शवों को दफनाने एवं जलाने की प्रथा प्रचलित थी।
- मानवशास्त्रियों के अनुसार चार जाति समूहों; प्रोटो-ऑस्ट्रेलॉयड, भूमध्य सागरीय, मंगोलियन एवं अल्पाइन; द्वारा इस सभ्यता का निर्माण हुआ था।

वैदिक काल

- *वैदिक काल का विभाजन दो भागों में किया गया है*
  (i) ऋग्वैदिक काल—इसे 1500 ई. पू.-1000 ई. पू. माना गया है।
  (ii) उत्तर वैदिक काल—इसे 1000 ई. पू.-600 ई. पू. माना गया है।
- मैक्स मूलर ने आर्यों का मूल निवास स्थान मध्य एशिया को माना है।
- भारत में आर्य सर्वप्रथम 'सप्तसिन्धु' क्षेत्र में बसे। यह क्षेत्र आधुनिक पंजाब तथा उसके आस-पास का क्षेत्र था।

ऋग्वैदिक काल

- ऋग्वैदिक आर्य कई छोटे-छोटे कबीलों में विभक्त थे। ऋग्वैदिक साहित्य में कबीले को 'जन' कहा गया है।
- कबीले के सरदार को 'राजन' कहा जाता था, जो शासक होते थे।

- सबसे छोटी राजनीतिक इकाई कुल या परिवार थी, कई कुल मिलकर ग्राम बनते थे जिसका प्रधान 'ग्रामणी' होता था, कई ग्राम मिलाकर 'विश' होता था, जिसका प्रधान 'विशपति' होता था तथा कई 'विश' मिलकर 'जन' होता था जिसका प्रधान 'राजा' होता था।
- ऋग्वेद में 'जन' का 275 बार तथा 'विश' का 170 बार उल्लेख हुआ है।
- 'सभा', 'समिति' एवं 'विदथ' राजनीतिक संस्थाएँ थीं।
- परिवार पितृसत्तात्मक था।
- समाज में वर्ण-व्यवस्था कर्म पर आधारित थी। ऋग्वेद के दसवें मण्डल के 'पुरुष सूक्त' में चार वर्णों; ब्राह्मण, क्षत्रिय, वैश्य, शूद्र; का उल्लेख है।
- 'सोम' आर्यों का मुख्य पेय था तथा 'यव' (जौ) मुख्य खाद्य पदार्थ।
- समाज में स्त्रियों की स्थिति अच्छी थी। इस समय समाज में 'विधवा विवाह', 'नियोग प्रथा' तथा 'पुनर्विवाह' का प्रचलन था लेकिन 'पर्दा प्रथा', 'बाल-विवाह' तथा 'सती-प्रथा' प्रचलित नहीं थी।

ऋग्वैदिक नदियाँ

क्र.	प्राचीन नाम	आधुनिक नाम	क्र.	प्राचीन नाम	आधुनिक नाम
1.	कुभु	कुर्रम	7.	कुभा	काबुल
2.	वितस्ता	झेलम	8.	अस्किनी	चिनाब
3.	परुषणी	रावी	9.	शतुद्रि	सतलुज
4.	विपाशा	व्यास	10.	सदानीरा	गण्डक
5.	दृषद्वती	घग्घर	11.	गोमती	गोमल
6.	सुवास्तु	स्वात्			

नोट *ऋग्वेद में उल्लिखित सभी नदियों में सरस्वती सबसे अधिक महत्त्वपूर्ण तथा पवित्र मानी जाती थी।*

- ऋग्वैदिक काल के देवताओं में सर्वाधिक महत्त्व 'इन्द्र' को तथा उसके उपरान्त 'अग्नि' व 'वरुण' को महत्त्व प्रदान किया गया था।
- ऋग्वेद में इन्द्र को 'पुरन्दर' अर्थात् 'किले को तोड़ने वाला' कहा गया है। ऋग्वेद में उसके लिए 250 सूक्त हैं।

उत्तर वैदिक काल

- उत्तर वैदिक काल के राजनीतिक संगठन की मुख्य विशेषता बड़े राज्यों तथा जनपदों की स्थापना थी।
- राजत्व के 'दैवी उत्पत्ति के सिद्धान्त' का सर्वप्रथम उल्लेख 'ऐतरेय ब्राह्मण' में किया गया है।
- इस काल में राजा का महत्त्व बढ़ा। उसका पद वंशानुगत हो गया।
- उत्तर वैदिक काल में परिवार पितृसत्तात्मक होते थे। संयुक्त परिवार की प्रथा विद्यमान थी।
- समाज स्पष्ट रूप से चार वर्णों; ब्राह्मण, क्षत्रिय, वैश्य एवं शूद्र; में बँटा था। वर्ण व्यवस्था कर्म के बदले जाति पर आधारित थी।
- स्त्रियों की स्थिति अच्छी नहीं थी। उन्हें धन सम्बन्धी तथा किसी प्रकार के राजनीतिक अधिकार प्राप्त नहीं थे।
- 'जाबालोपनिषद्' में सर्वप्रथम चार आश्रमों; ब्रह्मचर्य, गृहस्थ, वानप्रस्थ एवं संन्यास; का विवरण मिलता है।
- धार्मिक एवं यज्ञीय कर्मकाण्डों में जटिलता आई।
- इस काल में सबसे प्रमुख देवता प्रजापति (ब्रह्मा), विष्णु एवं रुद्र (शिव) थे।
- लोहे के प्रयोग का सर्वप्रथम साक्ष्य 1000 ई. पू. उत्तर प्रदेश के अतरंजीखेड़ा (उत्तर प्रदेश) से मिला है।

षड्दर्शन एवं उनके रचयिता

दर्शन	रचयिता	दर्शन	रचयिता
सांख्य	कपिल	पूर्व मीमांसा	जैमिनी
योग	पंतञ्जलि	उत्तर मीमांसा	बादरायण
न्याय	गौतम	वैशेषिक	कणाद या उलूक

वैदिक साहित्य

वेदों की संख्या चार है

1. **ऋग्वेद**
   - यह प्राचीनतम वेद है, इसमें 10 मण्डल तथा 1028 सूक्त हैं।
   - इसकी भाषा पद्यात्मक है। इसमें गायत्री मन्त्र का उल्लेख है, जो सूर्य से सम्बन्धित देवी सावित्री को सम्बोधित है।
2. **सामवेद**
   - इसमें संकलित मन्त्रों को यज्ञ के अवसर पर देवताओं की स्तुति के लिए गाया जाता था।
   - इसे 'भारतीय संगीत का मूल' कहा जाता है।
3. **यजुर्वेद**
   - यह एकमात्र ऐसा वेद है जिसकी रचना पद्य तथा गद्य दोनों में की गई है।
   - यह मूलतः कर्मकाण्ड प्रधान ग्रन्थ है।
4. **अथर्ववेद**

इसमें ब्रह्म ज्ञान, औषधि प्रयोग, रोग निवारण, जन्त्र-तन्त्र टोना-टोटका आदि का वर्णन है।

उपनिषद
- ब्रह्म विषयक होने के कारण इसे 'ब्रह्म विद्या' भी कहा जाता है।
- इसमें आत्मा-परमात्मा एवं संसार के सन्दर्भ में प्रचलित दार्शनिक विचारों का संग्रह मिलता है।
- इसकी संख्या 108 है। भारत का राष्ट्रीय आदर्श वाक्य 'सत्यमेव जयते' मुण्डकोपनिषद् से लिया गया है।

वेदांग
- वेदों के अर्थ समझने व सूक्तियों के सही उच्चारण के लिए वेदांग की रचना की गई।
- इनकी संख्या 6 है–शिक्षा, कल्प, व्याकरण, निरुक्त, छन्द एवं ज्योतिष।

स्मृति
- स्मृतियों को 'धर्म-शास्त्र' भी कहा जाता है।
- 'मनुस्मृति' सबसे प्राचीन है जिसकी रचना 200 ई. पू. से 100 ई. के मध्य की गई।

पुराण
- इनकी संख्या 18 है।
- सर्वाधिक प्राचीन एवं प्रामाणिक 'मत्स्य पुराण' है। इसमें विष्णु के दस अवतारों का उल्लेख है।

धार्मिक आन्दोलन

जैन धर्म

- जैन धर्म के प्रथम तीर्थंकर ऋषभदेव थे। इन्हें इस धर्म का संस्थापक भी माना जाता है।
- जैन धर्म में कुल 24 तीर्थंकर हुए। महावीर स्वामी जैन धर्म के 24वें तीर्थंकर थे। इन्हें जैन धर्म का वास्तविक संस्थापक माना जाता है।

- जैन धर्म में कर्मफल से छुटकारा पाने के लिए त्रिरत्न का पालन आवश्यक माना गया है। ये त्रिरत्न हैं—सम्यक् दर्शन, सम्यक् ज्ञान एवं सम्यक् आचरण।

महावीर स्वामी : संक्षिप्त परिचय

जन्म	कुण्डग्राम (वैशाली)
जन्म का वर्ष	540 ई. पू.
पिता	सिद्धार्थ (ज्ञातृक क्षत्रिय कुल)
माता	त्रिशला (लिच्छवि शासक चेटक की बहन)
पत्नी	यशोदा
गृह त्याग	30 वर्ष की आयु में
तपस्थल	जृम्भिक ग्राम (ऋजुपालिका नदी के किनारे)
कैवल्य	ज्ञान की प्राप्ति 42 वर्ष की अवस्था में
निर्वाण	468 ई. पू. (पावापुरी में)

- महावीर ने पाँच महाव्रतों के पालन का उपदेश दिया। ये पाँच महाव्रत हैं—सत्य, अहिंसा, अस्तेय, अपरिग्रह एवं ब्रह्मचर्य। इनमें से शुरू के चार महाव्रत जैन धर्म के 23वें तीर्थंकर पार्श्वनाथ के थे, अन्तिम महाव्रत ब्रह्मचर्य महावीर स्वामी ने जोड़ा। जैन धर्म अनीश्वरवादी है।
- कालान्तर में जैन धर्म दो सम्प्रदायों श्वेताम्बर एवं दिगम्बर में बँट गया। श्वेताम्बर सम्प्रदाय के अनुयायी श्वेत वस्त्र धारण करते हैं जबकि दिगम्बर सम्प्रदाय के अनुयायी वस्त्रों का परित्याग करते हैं।
- महावीर स्वामी ने अपने उपदेश **प्राकृत** भाषा में दिये।

जैन महासंगीतियाँ

संगीति	समय	स्थल	अध्यक्ष	कार्य
प्रथम	322 ई.पू. -298 ई.पू.	पाटलिपुत्र	स्थूलभद्र	जैन धर्म दो भागों श्वेताम्बर एवं दिगम्बर में विभाजित।
द्वितीय	512 ई.	वल्लभी	देव ऋद्धिगणि (क्षमाश्रमण)	धर्मग्रन्थों को लिपिबद्ध किया गया।

बौद्ध धर्म

- बौद्ध धर्म के संस्थापक गौतम बुद्ध थे।

गौतम बुद्ध : संक्षिप्त परिचय

जन्म	लुम्बिनी ग्राम, कपिलवस्तु
जन्म का वर्ष	563 ई. पू.
पिता	शुद्धोधन (शाक्य गण के प्रधान)
माता	महामाया (कोलियगण की राजकुमारी)
पत्नी	यशोधरा
पुत्र	राहुल
गृह त्याग	29 वर्ष की आयु में (महाभिनिष्क्रमण)
तपस्थल	उरुवेला (निरंजना नदी के किनारे)
ज्ञान	ज्ञान की प्राप्ति 35 वर्ष की अवस्था में
महापरिनिर्वाण	483 ई. पू. (कुशीनगर में)

- गौतम बुद्ध ने अपना पहला उपदेश सारनाथ (ऋषिपतनम) में दिया।
- बुद्ध ने सांसारिक दु:खों के बारे में चार आर्य सत्य बताये हैं। ये हैं—दु:ख, दु:ख समुदय, दु:ख विशेष तथा दु:ख निरोध गामिनी प्रतिपदा।
- दु:खों से छुटकारा पाने के लिए बुद्ध ने अष्टांगिक मार्ग का उपदेश दिया। ये हैं—सम्यक् दृष्टि, सम्यक् संकल्प, सम्यक् वाक्, सम्यक् कर्मान्त, सम्यक् आजीव, सम्यक् व्यायाम, सम्यक् स्मृति तथा सम्यक् समाधि।
- प्रतीत्यसमुत्पाद को गौतम बुद्ध की शिक्षाओं का सार कहा जाता है।
- बौद्ध धर्म अनीश्वरवादी तथा अनात्मवादी है।
- बुद्ध, संघ एवं धम्म—ये तीन बौद्ध धर्म के त्रिरत्न हैं।

बुद्ध के जीवन से सम्बन्धित घटनाएँ एवं उनके प्रतीक चिह्न

घटना	प्रतीक चिह्न	घटना	प्रतीक चिह्न
जन्म	कमल एवं सांड	निर्वाण	पद चिह्न
गृह त्याग	घोड़ा	मृत्यु	स्तूप
ज्ञान	पीपल वृक्ष		

- जातक कथाओं में गौतम बुद्ध की जीवन सम्बन्धी कहानियाँ हैं।
- बौद्ध ग्रन्थों; सुत्त पिटक, विनय पिटक तथा अभिधम्म पिटक; को सामूहिक रूप से 'त्रिपिटक' कहा गया है। त्रिपिटक की भाषा पालि है।
- महात्मा बुद्ध ने अपने उपदेश पालि भाषा में दिये।
- कालान्तर, कनिष्क के शासनकाल में बौद्ध धर्म का विभाजन हीनयान तथा महायान दो शाखाओं में हो गया।
- हीनयान शाखा के अनुयायियों ने गौतम बुद्ध के मूल उपदेशों को स्वीकार किया जबकि महायान शाखा के अनुयायियों ने बुद्ध की मूर्ति-पूजा का प्रचलन शुरू किया।

बौद्ध संगीतियाँ

संगीति	स्थान	शासनकाल	समय	अध्यक्ष
प्रथम बौद्ध संगीति	राजगृह	अजातशत्रु	483 ई. पू.	महाकस्सप
द्वितीय बौद्ध संगीति	वैशाली	कालाशोक	383 ई. पू.	सर्वकामी (सब्बकामी)
तृतीय बौद्ध संगीति	पाटलिपुत्र	अशोक	251 ई. पू.	मोग्गलिपुत्त तिस्स
चतुर्थ बौद्ध संगीति	कुण्डल वन	कनिष्क	ई. की प्रथम शताब्दी	वसुमित्र

प्राचीन भारत में प्रचलित सम्प्रदाय एवं संस्थापक

सम्प्रदाय	संस्थापक	सम्प्रदाय	संस्थापक
आजीवक	मक्खलिपुत्त गोशाल	घोर अक्रियावादी	पूरण कस्सप
यदृच्छावाद (अनिश्चयवादी)	आचार्य अजित केशकम्बलिन	भौतिकवादी (भौतिक दर्शन)	पकुध कच्चायन संजय वेट्ठलिपुत्त

मगध साम्राज्य

- ईसा पूर्व के सोलह महाजनपदों में मगध सर्वाधिक शक्तिशाली महाजनपद था।
- प्राचीन भारत में साम्राज्यवाद की शुरूआत या विकास का श्रेय मगध को दिया जाता है।

हर्यंक वंश (544 ई.पू.—412 ई.पू.)

- मगध साम्राज्य की महत्ता का वास्तविक संस्थापक बिम्बिसार (544 ई. पू.-492 ई. पू.) था। उसकी राजधानी गिरिव्रज (राजगृह) थी।
- बिम्बिसार ने वैवाहिक सम्बन्धों के आधार पर अपनी राजनीतिक स्थिति सुदृढ़ की।
- बिम्बिसार ने अपने राजकीय चिकित्सक 'जीवक' को पड़ोसी राज्य अवन्ति के शासक चण्डप्रद्योत महासेन की चिकित्सा के लिए भेजा था।
- बिम्बिसार को उसके पुत्र अजातशत्रु (492 ई. पू.-460 ई. पू.) ने बन्दी बनाकर सत्ता पर कब्जा जमाया। अजातशत्रु को 'कुणिक' के नाम से भी जाना जाता है।

- अजातशत्रु ने वज्जि संघ के लिच्छवियों को पराजित करने के लिए 'रथमूसल' एवं 'महाशिलाकण्टक' नामक नये हथियारों का प्रयोग किया।
- अजातशत्रु के शासनकाल में राजगृह के सप्तपर्णि गुफा में प्रथम बौद्ध संगीति का आयोजन हुआ था।
- अजातशत्रु का पुत्र उदयिन (उदयभद्र) (460 ई. पू.-444 ई. पू.) हर्यंक वंश का तीसरा महत्त्वपूर्ण शासक था, उसने पाटलिपुत्र (वर्तमान पटना) की स्थापना की तथा उसे अपनी राजधानी बनाया।

शिशुनाग वंश (412 ई.पू.—344 ई.पू.)

- हर्यंक वंश के सेनापति शिशुनाग ने मगध की सत्ता पर कब्जा कर शिशुनाग वंश की स्थापना की।
- इस वंश के शासक कालाशोक (काकवर्ण) के शासनकाल में मगध की राजधानी वैशाली थी, जहाँ द्वितीय बौद्ध संगीति का आयोजन हुआ।

नन्द वंश (344 ई.पू.—324 ई.पू.)

- नन्द वंश का संस्थापक महापद्मनन्द था। उसे सर्वक्षत्रान्तक अर्थात् 'सभी क्षत्रियों का नाश करने वाला' कहा गया है।
- महापद्मनन्द ने एकछत्र राज्य की स्थापना की तथा 'एकराट्' की उपाधि धारण की।
- नन्द वंश का अन्तिम शासक धननन्द था। इसी के शासनकाल में सिकन्दर ने भारत पर आक्रमण किया था।

सिकन्दर का भारत अभियान

- सिकन्दर मेसीडोनिया (मकदूनिया) के क्षत्रप फिलिप का पुत्र था।
- अपने विश्व विजय की योजना के अन्तर्गत सिकन्दर ने भारत पर आक्रमण किया।
- झेलम तथा चिनाब के मध्यवर्ती प्रदेश के शासक पोरस (पुरु) ने सिकन्दर का प्रतिरोध किया। सिकन्दर एवं पोरस के बीच 326 ई. पू. में झेलम नदी के किनारे भीषण युद्ध हुआ, जिसमें पोरस की हार हुई। इस युद्ध को 'वितस्ता का युद्ध' या 'हाइडेस्पीज का युद्ध' के नाम से जाना जाता है।
- बाद में सिकन्दर की सेना ने व्यास नदी के आगे बढ़ने से इनकार कर दिया। अन्ततः सिकन्दर को वापस लौटना पड़ा।
- वापस लौटते समय 323 ई. पू. में बेबीलोन में सिकन्दर की मृत्यु हो गई।

मौर्य साम्राज्य

- चन्द्रगुप्त मौर्य (322 ई. पू.-298 ई. पू.) ने चाणक्य की सहायता से नन्द वंश के शासक धननन्द को अपदस्थ कर मौर्य साम्राज्य की स्थापना की।
- सेल्यूकस ने मेगस्थनीज को अपने राजदूत के रूप में चन्द्रगुप्त के दरबार में भेजा था।
- सेन्ड्रोकोट्स की पहचान चन्द्रगुप्त के रूप में सर्वप्रथम 'विलियम जोन्स' ने की।
- चन्द्रगुप्त मौर्य ने अपने अन्तिम समय में जैन भिक्षु भद्रबाहु से दीक्षा लेकर श्रवणबेलगोला में कायाक्लेश के द्वारा प्राण त्याग दिया।
- बिन्दुसार (298 ई. पू.-272 ई. पू.) को 'अमित्रघात' के नाम से भी जाना जाता है। वह आजीवक सम्प्रदाय का अनुयायी था।
- बिन्दुसार ने सीरिया के शासक एण्टियोकस से अंजीर मदिरा तथा एक दार्शनिक की माँग की थी।
- अशोक (273 ई. पू.-236 ई. पू.) अपनी प्रजा के नैतिक उत्थान के लिए प्रतिपादित 'धम्म' के लिए विश्व विख्यात है।
- अशोक ने अपने शासन के 8वें वर्ष (261 ई. पू.) में कलिंग पर आक्रमण किया तथा उसे जीत लिया।
- कलिंग के साथ हुए युद्ध में भारी रक्तपात को देख अशोक ने 'युद्ध नीति' को छोड़ 'धम्म नीति' का पालन किया।
- अशोक ने अपने बड़े भाई सुमन के पुत्र 'निग्रोध' से प्रभावित होकर बौद्ध धर्म को अपनाया। बाद में 'उपगुप्त' ने उसे बौद्ध धर्म में दीक्षित किया।
- अशोक के धम्म की परिभाषा 'राहुलोवादसुत्त' से ली गई है।
- अशोक के कलिंग युद्ध तथा हृदय परिवर्तन की जानकारी उसके 13वें शिलालेख से मिलती है।
- अशोक ने अपने शासकीय एवं राजकीय आदेशों को शिलालेखों पर खुदवाकर साम्राज्य के विभिन्न भागों में स्थापित किया।
- ये शिलालेख 'ब्राह्मी', 'खरोष्ठी, 'अरामाईक' तथा 'ग्रीक' लिपि में हैं।
- अशोक के शिलालेखों का पता सर्वप्रथम टी. फैन्थेलर ने लगाया तथा इसे पढ़ने में सर्वप्रथम सफलता जेम्स प्रिंसेप को मिली।
- मौर्य साम्राज्य में उच्च स्तर के अधिकारियों को 'तीर्थ' कहा जाता था, जिनकी संख्या 18 बताई गई है।
- कौटिल्य (चाणक्य) के 'अर्थशास्त्र' तथा मेगस्थनीज के 'इण्डिका' से मौर्य साम्राज्य के बारे में विशेष जानकारी मिलती है।

मौर्योत्तर काल में विदेशी आक्रमण

यवन

- मौर्योत्तर काल में भारत पर सबसे पहला विदेशी आक्रमण बैक्ट्रिया के ग्रीकों ने किया। इन्हें 'हिन्द-यवन' या 'इण्डोग्रीक' के नाम से भी जाना जाता है।
- हिन्द-यवन शासकों में मिनाण्डर सर्वाधिक महत्त्वपूर्ण है। उसकी राजधानी साकल थी।
- प्रसिद्ध बौद्ध दार्शनिक नागसेन के साथ मिनाण्डर (मिलिन्द) के द्वारा किये गए वाद-विवाद का विस्तृत वर्णन 'मिलिन्दपन्हो' नामक ग्रन्थ में है।
- इण्डो-ग्रीक शासकों ने भारत में सर्वप्रथम 'सोने के सिक्के' तथा 'लेखयुक्त सिक्के' जारी किये।
- विभिन्न ग्रहों के नाम, नक्षत्रों के आधार पर भविष्य बताने की कला, सम्वत् तथा सप्ताह के सात दिनों का विभाजन यूनानियों ने भारत को सिखलाया।

शक

- शक मूलतः मध्य एशिया के निवासी थे।
- शक शासन क्षत्रपों में विभाजित था, जिसका एक प्रमुख क्षत्रप गुजरात में स्थित था।
- गुजरात शाखा में रुद्रदामन प्रथम प्रमुख शासक था। जूनागढ़ से प्राप्त 15 ई. का उसका अभिलेख संस्कृत भाषा का पहला अभिलेख है।
- रुद्रदामन प्रथम ने चन्द्रगुप्त मौर्य के समय निर्मित सुदर्शन झील का पुनरुद्धार करवाया था।

पहलव (पार्थियन)

- पहलव मूलतः पार्थिया के निवासी थे। इन्होंने तक्षशिला को अपनी राजधानी बनाया।
- पहलवों का सर्वाधिक प्रसिद्ध शासक गोन्दोफर्निस था। उसके शासनकाल में ईसाई धर्म-प्रचारक सेण्ट टॉमस भारत आया था।

कुषाण

- कुषाण यू-ची जनजाति से सम्बन्धित थे। वे पश्चिमी चीन से भारत आये थे।
- कुजुल कडफिसेस ने 15 ई. में कुषाण वंश की स्थापना की। उसका उत्तराधिकारी विम कडफिसेस था, जिसने भारत में सर्वप्रथम सोने के सिक्के चलाए।
- कनिष्क कुषाण वंश का सबसे प्रसिद्ध शासक था। कनिष्क ने 78 ई. में शक सम्वत् को प्रचलित किया।
- कनिष्क ने पुरुषपुर (पेशावर) को अपनी राजधानी बनाया। मथुरा कनिष्क की द्वितीय राजधानी थी।
- कश्मीर में कनिष्क ने 'कनिष्कपुर' नामक नगर की स्थापना की।
- कनिष्क बौद्ध धर्म का अनुयायी था। उसके शासनकाल में चौथी बौद्ध संगीति का आयोजन कुण्डल वन (कश्मीर) में हुआ था।
- कनिष्क ने नागार्जुन, चरक, अश्वघोष, वसुमित्र, पार्श्व, मातृचेट, संघरक्ष आदि विद्वानों को संरक्षण प्रदान किया था।

गुप्त साम्राज्य

- गुप्त वंश का प्रथम महत्त्वपूर्ण शासक चन्द्रगुप्त प्रथम था, लेकिन इसके पहले श्रीगुप्त (240-285 ई.) तथा घटोत्कच (280-320 ई.) का शासक के रूप में उल्लेख मिलता है।
- **चन्द्रगुप्त प्रथम** (319-350 ई.) ने 320 ई. में गुप्त सम्वत् की शुरूआत की। उसने महाराजाधिराज की उपाधि धारण की थी।
- चन्द्रगुप्त प्रथम ने अपने राजनीतिक उद्देश्यों की पूर्ति के लिए लिच्छवि राजकुमारी कुमारदेवी से विवाह किया था, जो उस समय की महत्त्वपूर्ण घटना थी।
- **समुद्रगुप्त** (350-375 ई.) चन्द्रगुप्त प्रथम का पुत्र था। विभिन्न अभियानों के कारण इतिहासकार वी. ए. स्मिथ ने उसे 'भारत का नेपोलियन' कहा है।
- समुद्रगुप्त की विजयों और उसके बारे में जानकारी के स्रोत उसके दरबारी कवि हरिषेण द्वारा रचित प्रयाग प्रशस्ति या इलाहाबाद स्तम्भ अभिलेख है।
- समुद्रगुप्त की अनुमति से सिंहल (श्रीलंका) के राजा मेघवर्मन ने बोधगया में एक बौद्ध मठ स्थापित किया था।
- समुद्रगुप्त के सिक्कों पर उसे वीणा बजाते हुए दिखाया गया है।
- **चन्द्रगुप्त द्वितीय** (375-415 ई.) का काल गुप्तकाल में साहित्य और कला का **स्वर्ण-काल** कहा जाता है।
- चन्द्रगुप्त द्वितीय ने शकों को पराजित कर 'विक्रमादित्य' की उपाधि धारण की तथा चाँदी के सिक्के चलाये।
- चन्द्रगुप्त द्वितीय के शासनकाल में चीनी यात्री **फाह्यान** (399-412 ई.) भारत आया था।
- उसके दरबार में नौ विद्वानों की मण्डली थी जिसे 'नवरत्न' कहा जाता था। इस नवरत्न में कालिदास अमर सिंह आदि शामिल थे।
- **कुमार गुप्त प्रथम** (415-455 ई.) के समय में नालन्दा विश्वविद्यालय की स्थापना की गई थी।
- **स्कन्दगुप्त** (455-467 ई.) गुप्त वंश का अन्तिम प्रतापी शासक था। उसने हूणों के आक्रमण को विफल किया था।
- स्कन्दगुप्त ने भी चन्द्रगुप्त मौर्य द्वारा के समय निर्मित सुदर्शन झील का पुनरुद्धार करवाया था।
- गुप्तकालीन प्रशासन की सबसे छोटी इकाई 'ग्राम' थी, जिसका प्रशासन ग्रामिक के हाथ में होता था।
- कई गाँवों को मिलाकर पेठ बनते थे।
- भारत में मन्दिरों का निर्माण गुप्तकाल से शुरू हुआ। देवगढ़ का दशावतार मन्दिर गुप्तकाल का सबसे उत्कृष्ट मन्दिर है।
- गुप्तकालीन बौद्ध गुफा मन्दिरों में अजन्ता एवं बाघ की गुफाएँ प्रमुख हैं।
- गुप्त शासकों की राजकीय या आधिकारिक भाषा संस्कृत थी।
- गुप्तकाल में 'भाग' एवं 'भोग' राजस्व कर था, 'भाग' उपज का छठा हिस्सा होता था जबकि भोग सब्जी तथा फलों के रूप में दी जाती थी।

गुप्तोत्तर वंश एवं पुष्यभूति वंश

- पुष्यभूति वंश की स्थापना थानेश्वर में हुई थी। इस वंश का पहला महत्त्वपूर्ण शासक प्रभाकरवर्द्धन था।
- **हर्षवर्द्धन** (606-647 ई.) इस वंश का महान् शासक था। उसने अपनी राजधानी थानेश्वर से कन्नौज स्थानान्तरित की।
- बाणभट्ट हर्ष का दरबारी कवि था। उसने 'हर्षचरित' की रचना की। हर्ष ने स्वयं 'नागानन्द', 'रत्नावली' एवं 'प्रियदर्शिका' नामक नाटकों की रचना की थी।
- हर्ष का चालुक्य शासक पुलकेशिन द्वितीय से नर्मदा नदी तट पर युद्ध हुआ था, जिसमें हर्ष की पराजय हुई थी।
- हर्षवर्द्धन के शासनकाल में चीनी यात्री ह्वेनसांग भारत आया था। उसका यात्रा-वृत्तांत 'सी-यू-की' के नाम से जाना जाता है।
- पल्लव वंश की स्थापना सिंहविष्णु ने की थी। इसकी राजधानी काँची (काँचीपुरम) थी।
- 'मत्तविलास प्रहसन' की रचना पल्लव नरेश महेन्द्र वर्मन ने की।
- महाबलीपुरम् के रथ मन्दिर का निर्माण पल्लव नरेश नरसिंहवर्मन प्रथम के समय हुआ था। उसने वातापीकोंड की उपाधि ग्रहण की।
- राष्ट्रकूट वंश की स्थापना दन्तिदुर्ग ने की थी। इसकी राजधानी मान्यखेट थी।
- ध्रुव प्रथम राष्ट्रकूट (दक्षिण भारत) शासक था, जिसने कन्नौज पर अधिकार के लिए त्रिपक्षीय संघर्ष में भाग लिया।
- अमोघवर्ष जैन धर्म का अनुयायी था, इसने कन्नड़ में 'कविराजमार्ग' की रचना की।
- एलोरा के प्रसिद्ध कैलाश मन्दिर का निर्माण कृष्ण प्रथम ने करवाया था।
- एलोरा एवं एलिफेंटा गुहा मन्दिरों का निर्माण राष्ट्रकूट शासकों के द्वारा हुआ।
- चोल वंश की स्थापना विजयालय ने की थी। इसकी राजधानी तंजौर थी।
- चोल शासक राजराज प्रथम ने श्रीलंका पर आक्रमण करके विजित प्रदेशों को चोल साम्राज्य का नया प्रान्त बनाया।
- राजराज प्रथम ने तंजौर में 'राजराजेश्वर का शिव मन्दिर' (वृहदेश्वर मन्दिर) बनवाया।
- राजराज प्रथम ने शैलेन्द्र शासक को नागपट्टनम् में बौद्ध मठ स्थापित करने की अनुमति दी थी।
- राजेन्द्र प्रथम ने गंगाघाटी के सफल अभियान के क्रम में पाल वंश के शासक महिपाल को पराजित किया। इस विजय की स्मृति में उसने 'गंगैकोण्डचोलपुरम्' नगर का निर्माण किया।
- स्थानीय स्वशासन चोल साम्राज्य की प्रमुख विशेषता थी।
- पाल वंश का संस्थापक गोपाल था। उसने औदन्तपुरी (बिहार शरीफ) में बौद्ध विहार की स्थापना की थी।
- धर्मपाल ने विक्रमशिला विश्वविद्यालय का निर्माण करवाया।

- कन्नौज के लिए हुए त्रिपक्षीय संघर्ष की शुरूआत प्रतिहार नरेश वत्सराज ने की थी तथा त्रिपक्षीय संघर्ष का अन्त गुर्जर-प्रतिहारों की अन्तिम विजय से हुआ था।
- कश्मीर के कार्कोट वंश के शासक ललितादित्य मुक्तापीड ने प्रसिद्ध सूर्य मन्दिर 'मार्तण्ड' का निर्माण करवाया।
- 'राजतरंगिणी' का रचयिता कल्हण कश्मीर के लौहार वंश के शासक हर्ष के दरबार में रहता था।
- कल्हण ने 'राजतरंगिणी' की रचना लौहार वंश के अन्तिम शासक जयसिंह के काल में की।
- उड़ीसा के गंग वंश के शासक नरसिंह प्रथम ने भी कोणार्क में सूर्य मन्दिर का निर्माण करवाया।
- चन्देल वंश का संस्थापक नन्नुक था। इसकी राजधानी खजुराहो थी। खजुराहो के मन्दिरों का निर्माण चन्देलों ने करवाया था।
- परमारों की राजधानी उज्जैन थी, बाद में चलकर धारा उनकी राजधानी बनी।
- परमारवंशी शासक भोज एक महान् कवि था, उसने कविराज की उपाधि धारण की थी।
- भोज की कुछ रचनाओं में—'समरांग सूत्रधार', 'सरस्वतीकण्ठाभरण', 'विद्याविनोद', 'राजमार्तण्ड' आदि प्रमुख हैं।
- भोज ने धार में एक सरस्वती मन्दिर की स्थापना की।
- चौहान शासक अजयपाल ने अजमेर नगर की स्थापना की।
- पृथ्वीराज चौहान को 'रायपिथौरा' भी कहा जाता है। उसके राजकवि चन्दबरदाई ने 'पृथ्वीराज रासो' नामक महाकाव्य लिखा।
- पृथ्वीराज चौहान ने तराईन के प्रथम युद्ध (1191 ई.) में मुहम्मद गोरी को पराजित किया, किन्तु तराईन के द्वितीय युद्ध (1192 ई.) में गोरी से पराजित हो गया।
- अनंगपाल तोमर ने दिल्ली शहर की नींव डाली थी।

मध्यकालीन भारत

भारत पर मुस्लिम आक्रमण

- भारत पर पहला सफल मुस्लिम आक्रमण मुहम्मद बिन कासिम ने 712 ई. में किया था। उसने सिन्ध एवं मुल्तान को जीत लिया था।
- महमूद गजनवी ने 1001 से 1027 ई. के बीच भारत पर 17 आक्रमण किये। इनमें 1025 ई. में सोमनाथ के शिव मन्दिर पर किया गया आक्रमण सबसे प्रसिद्ध था। मुहम्मद गोरी को भारत में तुर्क सत्ता का संस्थापक माना जाता है।
- 1175 ई. में चालुक्य सोलंकी वंश के शासक भीम द्वितीय ने आबू पर्वत के समीप मुहम्मद गोरी को पराजित किया था।
- 1191 ई. के तराईन के प्रथम युद्ध में पृथ्वीराज चौहान के हाथों पराजय के बाद 1192 ई. के तराईन के द्वितीय युद्ध में उसने पृथ्वीराज चौहान को पराजित किया। 1194 ई. में चन्दावर के युद्ध में कन्नौज के गहड़वाल राजा जयचन्द को मुहम्मद गोरी ने पराजित किया।
- 1206 ई. में मुहम्मद गोरी की हत्या गजनी लौटने के क्रम में हो गई।

दिल्ली सल्तनत

गुलाम वंश (1206-1290 ई.)

- गुलाम वंश का संस्थापक **कुतुबुद्दीन ऐबक** (1206-1210 ई.) था।
- कुतुबुद्दीन ऐबक को उसकी उदारता के कारण 'लाखबख्श' (लाखों का दान करने वाला) कहा गया।
- ऐबक ने ख्वाजा कुतुबुद्दीन बख्तियार काकी की स्मृति में कुतुबमीनार का निर्माण प्रारम्भ करवाया।
- 1210 ई. में चौगान (पोलो) खेलते समय ऐबक की मृत्यु हो गई।
- **इल्तुतमिश** (1210-1236 ई.) ने अपने विरोधियों से निबटने के लिए चालीस दासों का एक दल बनाया जिसे 'तुर्कान ए-चहलगानी' कहा गया।
- इल्तुतमिश ने अपने साम्राज्य को छोटे-छोटे क्षेत्रों में बाँट दिया जिसे **इक्ता** कहा गया, इसका प्रशासक इक्तादार होता था।
- इल्तुतमिश ने कुतुबमीनार के निर्माण को पूरा करवाया।
- इसने अपनी राजधानी लाहौर से दिल्ली स्थानान्तरित की।
- **रजिया सुल्तान** (1236-1240 ई.) भारत की प्रथम महिला मुस्लिम शासिका थी।
- रजिया ने पहनावे में पर्दे को त्याग कर कुबा (कोट) तथा कुलाह (टोपी) धारण की। उसने भटिण्डा के प्रशासक अल्तूनिया से निकाह किया।
- **बलबन** (1265-87 ई.) दिल्ली सल्तनत का प्रथम सुल्तान था, जिसने सुल्तान की प्रतिष्ठा की पुनर्स्थापना के उद्देश्य से राजत्व सम्बन्धी विचार प्रस्तुत किया।
- बलबन ने फारसी (ईरानी) परम्परा की तर्ज पर 'सिजदा' तथा 'पाबोस' की प्रथा चलाई।
- उसने फारसी परम्परा पर आधारित 'नवरोज' उत्सव की शुरूआत की।
- बलबन ने अपने विरोधियों से निबटने के लिए 'लौह एवं रक्त' की नीति का अनुसरण किया।

खिलजी वंश (1290-1320 ई.)

- खिलजी वंश का संस्थापक जलालुद्दीन फिरोज खिलजी (1290-96 ई.) था। उसने अपनी राजधानी दिल्ली के निकट किलोखरी में बनाई।
- जलालुद्दीन फिरोज दिल्ली सल्तनत का पहला सुल्तान था जिसने राजत्व का आधार प्रजा का समर्थन माना।
- अलाउद्दीन खिलजी (1296-1316 ई.) का मूल नाम अली गुरशास्प था। उसने सिकन्दर द्वितीय सानी की उपाधि धारण की।
- अलाउद्दीन खिलजी प्रथम मुस्लिम सुल्तान था, जिसने दक्षिण भारत पर आक्रमण किया और उसे अपने अधीन किया।
- उसके सेनानायक मलिक काफूर को दक्षिण विजय का श्रेय दिया जाता है। अलाउद्दीन की नीतियों में सर्वाधिक महत्त्वपूर्ण 'बाजार नियन्त्रण नीति' थी, जिसका उद्देश्य अपनी विशाल सेना की आवश्यकताओं को पूरा करना था।
- अलाउद्दीन ने इनाम, मिलक तथा वक्फ भूमि को खालसा भूमि में परिवर्तित कर दिया।
- वह प्रथम सुल्तान था जिसने भूमि की माप के आधार पर लगान निर्धारित किया।

- अलाउद्दीन ने सैनिकों की सीधी भर्ती तथा नकद वेतन देने की प्रथा की शुरूआत की। उसने सैनिकों के लिए 'चेहरा' तथा उनके घोड़ों के लिए 'दाग' प्रथा की शुरूआत की।

तुगलक वंश (1320-1413 ई.)

- तुगलक वंश का संस्थापक ग्यासुद्दीन तुगलक (1320-25 ई.) था।
- ग्यासुद्दीन तुगलक ने नहरों तथा कुओं का निर्माण करवाया तथा डाक-व्यवस्था को संगठित किया।
- मुहम्मद बिन तुगलक (1325-51 ई.) का मूल नाम जौना खाँ था।
- कुछ इतिहासकारों ने मुहम्मद बिन तुगलक को 'पागल', 'रक्त- पिपासु' कहा है।
- मुहम्मद तुगलक द्वारा चार प्रयोग किये गए, ये राजधानी परिवर्तन, दोआब क्षेत्र में कर वृद्धि, सांकेतिक मुद्रा का प्रचलन तथा कराचिल एवं खुरासान विजय की योजना थी।
- उसने अपनी राजधानी दिल्ली से दौलताबाद (देवगिरि) स्थानान्तरित की। पर बाद में पुन: दिल्ली ही राजधानी बनी।
- सांकेतिक मुद्रा के प्रचलन के लिए उसने ताँबे तथा इससे मिश्रित काँसे के सिक्के चलाए थे। पर यह योजना भी कतिपय कारणों से असफल रही।
- 'रेहला' पुस्तक का रचयिता मोरक्को का यात्री इब्नबतूता था, जो मुहम्मद बिन तुगलक के शासनकाल में भारत आया था।
- मुहम्मद बिन तुगलक ने कृषि के विकास के लिए एक नवीन कृषि विभाग 'दीवान-ए-अमीर कोही' की स्थापना की।
- फिरोजशाह तुगलक (1351-88 ई.) अपने कल्याणकारी कार्यों के लिए प्रसिद्ध है।
- फिरोजशाह ने सिंचाई की सुविधा के लिए कई नहरों का निर्माण करवाया। वह पहला सुल्तान था जिसने प्रजा से सिंचाई कर 'शर्ब' वसूला।
- फिरोजशाह ने एक दान विभाग 'दीवान-ए-खैरान' की स्थापना की। उसने एक दास विभाग 'दीवान-ए-बन्दगान' की भी स्थापना की थी।
- वह पहला सुल्तान था जिसने ब्राह्मणों पर भी 'जजिया कर' लगाया।
- फिरोजशाह तुगलक ने अपनी आत्मकथा 'फुतूहात-ए-फिरोजशाही' की रचना की।
- मुहम्मदशाह 'तुगलक वंश' का अन्तिम शासक था, जिसके शासनकाल में तैमूरलंग का दिल्ली पर आक्रमण (1398 ई.) हुआ।

सैय्यद वंश (1414-1451 ई.)

- सैय्यद वंश की स्थापना खिज्र खाँ ने की तथा उसने 'रैय्यत-ए-आला' की उपाधि धारण की।
- खिज्र खाँ तैमूरलंग का सेनापति था।
- उसके उत्तराधिकारी मुबारक शाह ने 'शाह' की उपाधि धारण की।
- तारीख-ए-मुबारकशाही के लेखक याहया बिन अहमद सरहिन्दी को मुबारकशाह का संरक्षण प्राप्त था।
- सैय्यद वंश का अन्तिम शासक अलाउद्दीन आलमशाह था, जिसे बहलोल लोदी ने अपदस्थ कर सैय्यद वंश का अन्त कर दिया।

लोदी वंश (1451-1526 ई.)

- लोदी वंश का संस्थापक बहलोल लोदी (1451-88 ई.) था, उसने भारत में पहली बार अफगान राज्य की स्थापना की।
- सिकन्दर लोदी (1489-1517 ई.) ने भूमि की माप के लिए सिकन्दरी गज के इस्तेमाल की शुरुआत की।
- उसने 'गुलरुखी' के उपनाम से कविताएँ भी लिखीं।
- सिकन्दर लोदी ने 1504 ई. में आगरा नगर की स्थापना की तथा उसे अपनी राजधानी बनाया।
- इब्राहिम लोदी (1517-26 ई.) दिल्ली सल्तनत का अन्तिम सुल्तान था। पानीपत के प्रथम युद्ध (1526 ई.) में बाबर ने इब्राहिम लोदी को पराजित कर दिल्ली सल्तनत का अन्त कर दिया।

भक्ति एवं सूफी आन्दोलन

- मध्यकाल में सर्वप्रथम दक्षिण के आलवार सन्तों द्वारा भक्ति आन्दोलन की शुरूआत हुई।
- उत्तर भारत में भक्ति आन्दोलन प्रारम्भ करने का श्रेय रामानन्द को है।
- रामानन्द का जन्म प्रयाग (इलाहाबाद) में हुआ था। उन्होंने विष्णु के अवतार के रूप में राम की भक्ति को लोकप्रिय बनाया।
- कबीर ने हिन्दू-मुस्लिम एकता पर बल दिया। उनकी रचनाएँ 'बीजक' में संगृहीत हैं। वे निर्गुण भक्ति धारा के प्रमुख कवि थे।
- गुरुनानक का जन्म ननकाना साहब (तलवण्डी) में हुआ था। उन्होंने हिन्दू-मुस्लिम एकता पर बल दिया।
- चैतन्य बंगाल में भक्ति आन्दोलन के प्रवर्तक थे। उन्होंने संकीर्तन प्रथा को जन्म दिया।
- सूरदास कृष्ण भक्ति परम्परा से सम्बन्धित थे। उन्होंने अपने ग्रन्थ 'सूरसागर' के राधा-कृष्ण के आदर्श प्रेम को लोकप्रिय बनाया।
- गुजरात के संत नरसिंह मेहता राधा-कृष्ण भक्ति से सम्बन्धित थे।
- शंकराचार्य के अद्वैतदर्शन के विरोध में दक्षिण में वैष्णव सन्तों द्वारा चार भक्ति सम्प्रदायों की स्थापना की गई थी, जो इस प्रकार हैं

सम्प्रदाय	प्रवर्तक	मत
श्री सम्प्रदाय	रामानुजाचार्य	विशिष्टाद्वैतवाद
ब्रह्म सम्प्रदाय	माधवाचार्य	द्वैतवाद
रुद्र सम्प्रदाय	वल्लभाचार्य	शुद्धाद्वैतवाद
सनकादि सम्प्रदाय	निम्बार्काचार्य	द्वैताद्वैतवाद

- सूफियों का संगठन 'सिलसिला' कहा जाता था। जो लोग सूफी संतों से शिष्यता ग्रहण करते थे, उन्हें 'मुरीद' कहा जाता था।
- चिश्ती सम्प्रदाय के संस्थापक ख्वाजा मुईनुद्दीन चिश्ती थे। उनका मकबरा अजमेर में स्थित है।
- बाबा फरीद की कुछ रचनाएँ 'गुरु ग्रन्थ साहिब' में शामिल हैं।
- हजरत निजामुद्दीन औलिया ने अपने जीवनकाल में दिल्ली के सात सुल्तानों का शासन देखा था। 'अभी दिल्ली दूर है,' ये वचन निजामुद्दीन औलिया ने ग्यासुद्दीन तुगलक को कहे थे।
- शेख अब्दुल्ला सत्तारी ने सत्तारी सिलसिले की स्थापना की थी। इसका मुख्य केन्द्र बिहार था।
- रोशनिया सम्प्रदाय के संस्थापक वायजीद अंसारी थे।
- सुहरावर्दी परम्परा की शाखा फिरदौसी पूर्वी भारत विशेषकर बिहार में विकसित हुई, जिसके महत्त्वपूर्ण सन्त शर्फुद्दीन याह्या मनेरी थे।

सूफी सन्त एवं उनकी उपाधियाँ

सूफी सन्त	उपाधि	सूफी सन्त	उपाधि
शेख निजामुद्दीन औलिया	महबूब-ए-इलाही	शेख अहमद सरहिन्दी	मुजाहिद
सैयद मुहम्मद गेसूदराज	बन्दा नवाज	शेख नासिरुद्दीन महमूद	चिराग-ए-दिल्ली

दक्षिण के राज्य

विजयनगर साम्राज्य की स्थापना संगम के पुत्रों **हरिहर** तथा **बुक्का** ने 1336 ई. में की। उस समय दिल्ली का सुल्तान मुहम्मद बिन तुगलक था।

विजयनगर साम्राज्य

राजवंश	शासनकाल	संस्थापक
संगम वंश	1336-1485 ई.	हरिहर एवं बुक्का
सलुव वंश	1485-1505 ई.	नरसिंह सलुव
तुलुव वंश	1505-1570 ई.	वीर नरसिंह
अरवीडु वंश	1570-1650 ई.	तिरूमल्ल

- विजयनगर का महान् शासक कृष्णदेव राय (1509-29 ई.) तुलुव वंश का था।
- कृष्णदेव राय के दरबार में आठ महान् कवि रहते थे, जिन्हें 'अष्ट दिग्गज' कहा जाता था।
- कृष्णदेव राय ने तेलुगू भाषा में 'अमुक्तमाल्यद' ग्रन्थ की रचना की। उसने 'हजारा' तथा 'विट्ठल स्वामी मन्दिर' का निर्माण भी करवाया।
- सदाशिव राय के शासनकाल में 1565 ई. में 'तालिकोटा' या 'बन्नीहट्टी' की लड़ाई हुई, जिसमें विजयनगर की हार हुई तथा विजयनगर साम्राज्य का पतन हो गया।

विजयनगर आने वाले प्रमुख विदेशी यात्री

यात्री	देश	काल	शासक
निकोलो कोंटी	इटली	1420 ई.	देवराय-II
अब्दुर्रज्जाक	फारस	1442 ई.	देवराय-II
नूनिज	पुर्तगाल	1450 ई.	मल्लिकार्जुन
डोमिंग पायस	पुर्तगाल	1515 ई.	कृष्णदेव राय
बारबोसा	पुर्तगाल	1515-16 ई.	कृष्णदेव राय

बहमनी राज्य

- मुहम्मद बिन तुगलक के शासनकाल में 1347 ई. में हसनगंगू ने बहमनी राज्य की स्थापना की। वह अलाउद्दीन बहमन शाह के नाम से सत्तासीन हुआ।
- मुहम्मद तृतीय के शासनकाल में 'ख्वाजा जहाँ' की उपाधि से महमूद गवाँ को प्रधानमन्त्री नियुक्त किया गया।
- महमूद गवाँ ने बीदर में एक महाविद्यालय की स्थापना की।
- ताजुद्दीन फिरोज के शासनकाल में रूसी यात्री निकितन बहमनी राज्य की यात्रा पर आया था।
- कलीमउल्लाह बहमनी वंश का अन्तिम शासक था। इसकी मृत्यु के समय बहमनी राज्य पाँच स्वतन्त्र राज्यों में बँट गया। इन स्वतन्त्र राज्यों से सम्बन्धित विवरण इस प्रकार है

राज्य	वंश	संस्थापक	वर्ष
बीजापुर	आदिलशाही	युसुफ आदिल शाह	1489 ई.
अहमदनगर	निजामशाही	मलिक अहमद	1490 ई.
बरार	हमादशाही	फतेहउल्लाह इमादशाह	1490 ई.
गोलकुण्डा	कुतुबशाही	कुलीकुतुबशाह	1512 ई.
बीदर	बरीदशाही	अमीर अली बरीद	1526 ई.

मुगल साम्राज्य

मुगल वंश का संस्थापक बाबर था। उसने पानीपत के प्रथम युद्ध (1526 ई.) में इब्राहिम लोदी को पराजित कर भारत में मुगल वंश की स्थापना की।

बाबर

- बाबर फरगना के शासक उमर शेख मिर्जा का बेटा था।
- पानीपत के प्रथम युद्ध में बाबर ने पहली बार तुलगमा पद्धति तथा तोपखाने का प्रयोग किया था।

बाबर के शासनकाल में लड़े गए प्रमुख युद्ध

युद्ध का नाम	वर्ष	प्रतिपक्षी शासक	परिणाम
पानीपत का प्रथम युद्ध	1526 ई.	इब्राहिम लोदी	बाबर विजयी
खानवा का युद्ध	1527 ई.	राणा साँगा	बाबर विजयी
चन्देरी का युद्ध	1528 ई.	मेदनी राय	बाबर विजयी
घाघरा का युद्ध	1529 ई.	अफगानों की सम्मिलित सेना	बाबर विजयी

- बाबर ने अपनी आत्मकथा 'बाबरनामा' की रचना तुर्की भाषा में की; जिसका अनुवाद बाद में फारसी भाषा में अब्दुल रहीम खानखाना ने किया।
- प्रारम्भ में बाबर के शव को आगरा में दफनाया गया, बाद में काबुल में दफनाया गया।

हुमायूँ (1530-1526 ई.)

- दिल्ली की गद्दी पर बैठने से पूर्व हुमायूँ बदख्शाँ का सूबेदार था।
- 1533 ई. में उसने 'दीनपनाह' नामक नगर की स्थापना की।
- जून 1539 ई. में हुमायूँ तथा शेर खाँ के बीच चौसा का युद्ध हुआ, जिसमें हुमायूँ पराजित हुआ।
- 1540 ई. में हुमायूँ तथा शेर खाँ, के बीच कन्नौज या बिलग्राम का युद्ध हुआ, जिसमें हुमायूँ पुन: पराजित हुआ तथा उसे भारत छोड़कर भागना पड़ा।
- हुमायूँ के निर्वासन काल में ही 1542 ई. में अमरकोट में अकबर का जन्म हुआ।
- 1555 ई. में 'मच्छीवाड़ा एवं सरहिन्द के युद्ध' में हुमायूँ ने अपना खोया साम्राज्य वापस प्राप्त कर लिया।
- 1556 ई. में दीनपनाह भवन में स्थित पुस्तकालय की सीढ़ियों से गिरकर उसकी मृत्यु हो गई।

शेरशाह सूरी (1540-45 ई.)

- शेरशाह का असली नाम फरीद खाँ था। उसके पिता हसन खाँ सासाराम के जमींदार थे।
- 1540 ई. में कन्नौज के युद्ध में विजयी होने के बाद उसने शेरशाह की उपाधि धारण की।
- उसने पुराने सिक्कों की जगह शुद्ध सोने-चाँदी के सिक्के जारी किये।
- उसने 'जब्ती' प्रणाली लागू की, जिसके अन्तर्गत लगान का निर्धारण भूमि की माप के आधार पर किया जाता था।
- शेरशाह ने रुपया का प्रचलन शुरू किया, जो 178 ग्रेन चाँदी का होता था।
- उसने दिल्ली में पुराने किले का निर्माण करवाया। उसके अन्दर 'किला-ए-कुहना मस्जिद' का निर्माण करवाया।
- उसके शासनकाल में मलिक मुहम्मद जायसी ने 'पद्मावत' की रचना की।
- शेरशाह का मकबरा सासाराम में स्थित है।
- कालिंजर विजय अभियान के दौरान शेरशाह की गोला फटने से मृत्यु हो गई।
- शेरशाह ने 'सड़क-ए-आजम' (ग्राण्ड-ट्रंक रोड) का निर्माण करवाया, जो सोनारगाँव से पेशावर तक जाती थी।

अकबर (1556-1605 ई.)

- अकबर का राज्याभिषेक 14 वर्ष की आयु में पंजाब के कलानौर नामक स्थान पर हुआ था।
- बैरम खाँ अकबर का संरक्षक था।
- पानीपत का द्वितीय युद्ध नवम्बर, 1556 ई. में हुआ, जिसमें बैरम खाँ के नेतृत्व वाली मुगल सेना ने हेमू के नेतृत्व वाली अफगान सेना को पराजित किया।

अकबर के कुछ महत्त्वपूर्ण कार्य

क्र.सं.	वर्ष	कार्य
1.	1562 ई.	दासप्रथा का अन्त
2.	1562 ई.	अकबर को हरमदल से मुक्ति
3.	1562 ई.	तीर्थयात्रा कर समाप्त
4.	1564 ई.	जजिया कर समाप्त
5.	1571 ई.	फतेहपुर सीकरी की स्थापना एवं राजधानी का आगरा से फतेहपुर सीकरी स्थानान्तरण
6.	1575 ई.	इबादतखाने की स्थापना
7.	1578 ई.	इबादतखाने में सभी धर्मों के लोगों के प्रवेश की अनुमति
8.	1579 ई.	मजहर की घोषणा
9.	1582 ई.	दीन-ए-इलाही की स्थापना
10.	1583 ई.	इलाही सम्वत् की शुरूआत

- अकबर के शासनकाल के दौरान 1576 ई. में मेवाड़ के शासक राणा प्रताप तथा मुगल सेना के बीच 'हल्दी-घाटी का युद्ध' हुआ, जिसमें मानसिंह के नेतृत्व में मुगल सेना विजयी रही।
- अकबर के दीवान राजा टोडरमल ने 1580 ई. में 'दहसाला बन्दोबस्त' लागू किया।
- दीन-ए-इलाही स्वीकार करने वाला प्रथम एवं अन्तिम हिन्दू राजा बीरबल था। बीरबल के बचपन का नाम महेश दास था।
- अबुल फजल ने 'आईन-ए-अकबरी' तथा 'अकबरनामा' नामक ग्रन्थ की रचना की।
- अकबर के दरबार में 'नवरत्न' थे जिनमें तानसेन, बीरबल, टोडरमल आदि प्रमुख थे।
- 'मनसबदारी प्रथा' एक विशिष्ट सैन्य एवं प्रशासनिक व्यवस्था थी, जिसे भारत में अकबर ने प्रारम्भ किया था।
- अकबर के दरबार में अब्दुस्समद, दसवन्त एवं बसावन प्रमुख चित्रकार थे।
- अकबर का मकबरा सिकन्दरा में है।

जहाँगीर (1605-27 ई.)

- जहाँगीर के बचपन का नाम सलीम था। यह नाम अकबर ने सूफी सन्त शेख सलीम चिश्ती के नाम पर रखा था।
- जहाँगीर को 'न्याय की जंजीर' के लिए याद किया जाता है जो उसने आगरा के किले में लगवाई थी।
- अपने विद्रोही पुत्र खुसरो का साथ देने के आरोप में उसने सिखों के पाँचवें गुरु अर्जुन देव को फाँसी दे दी थी।
- जहाँगीर ने मेहरुन्निसा को शादी के बाद 'नूरमहल' एवं 'नूरजहाँ' की उपाधि दी।
- नूरजहाँ ईरान निवासी ग्यासबेग की पुत्री एवं अली कुली बेग (शेर अफगन) की विधवा थी।
- जहाँगीर के शासनकाल में ईस्ट इण्डिया कम्पनी ने भारत में अपनी पहली फैक्ट्री सूरत में स्थापित की।
- जहाँगीर ने अपनी आत्मकथा 'तुजुके-जहाँगीरी' की रचना फारसी भाषा में की।
- जहाँगीर के समय मुगल चित्रकला चरमोत्कर्ष पर थी।
- जहाँगीर के दरबार में आगा रजा, अबुल हसन, उस्ताद मंसूर, बिशनदास, मनोहर आदि प्रमुख चित्रकार थे।
- जहाँगीर की मृत्यु भीमवार नामक स्थान पर हुई। उसे शहादरा (लाहौर) में रावी नदी के किनारे दफनाया गया।

शाहजहाँ (1627-1657 ई.)

- शाहजहाँ के शासनकाल को 'स्थापत्य कला का स्वर्ण युग' कहा जाता है।
- उसने पुर्तगालियों के बढ़ते प्रभाव को समाप्त करने के उद्देश्य से 1632 ई. में पुर्तगालियों से युद्ध किया एवं हुगली पर अधिकार कर लिया।
- उसने दिल्ली में एक महाविद्यालय का निर्माण एवं दारुल बका नामक महाविद्यालय की मरम्मत करवाई।
- उसने दिल्ली में 'शाहजहाँनाबाद' नामक नया नगर बसाया तथा यहाँ नई राजधानी स्थापित की।
- मयूर सिंहासन का निर्माण शाहजहाँ ने ही करवाया था।
- अपनी बेगम मुमताजमहल की याद में शाहजहाँ ने आगरा में ताजमहल का निर्माण करवाया।
- शाहजहाँ द्वारा बनवाई गई प्रमुख इमारतें हैं—दिल्ली का लाल किला, दिल्ली की जामा मस्जिद, आगरा की मोती मस्जिद आदि।
- उत्तराधिकार के युद्ध में औरंगजेब ने शाहजहाँ को बन्दी बना कर आगरा के किले में डाल दिया जहाँ, 1666 ई. में उसकी मृत्यु हो गई।

औरंगजेब (1658-1707 ई.)

- औरंगजेब को शासक बनने के लिए अपने भाइयों से युद्ध करना पड़ा था।
- दारा एवं औरंगजेब के बीच उत्तराधिकार का अन्तिम युद्ध देवराई की घाटी में 1659 ई. में हुआ। युद्ध में औरंगजेब विजयी रहा। उसके बाद उसने इस्लाम धर्म की अवहेलना के आरोप में दारा की हत्या करवा दी।
- 1659 ई. में दिल्ली में शाहजहाँ के महल में दूसरी बार औरंगजेब का राज्याभिषेक हुआ।
- औरंगजेब के समय मुगल साम्राज्य का सर्वाधिक विस्तार हुआ था। उसके शासनकाल में हिन्दू मनसबदारों की संख्या भी सबसे अधिक थी।
- इस्लाम धर्म नहीं स्वीकार करने के कारण सिखों के नवें गुरु तेग बहादुर की हत्या औरंगजेब ने करवा दी।
- उसे 'जिन्दा पीर' भी कहा जाता है।
- उसने 1679 ई. में हिन्दुओं पर जजिया कर लगाया।
- उसने 'झरोखा दर्शन' तथा 'तुलादान प्रथा' पर प्रतिबन्ध लगा दिया।
- औरंगजेब ने अपना अधिकतर समय दक्षिण भारत को जीतने में लगा दिया, जो उसके लिए नासूर साबित हुआ।
- औरंगजेब को मृत्यु के बाद दौलताबाद के निकट दफना दिया गया। उसका मकबरा औरंगाबाद में स्थित है।
- दिल्ली के लाल किला में 'मोती मस्जिद' का निर्माण औरंगजेब ने करवाया था।

उत्तर मुगल शासक

- औरंगजेब की मृत्यु के पश्चात् जो मुगल शासक आए, वे सभी सामान्यत: अयोग्य थे।
- बहादुरशाह को शाहे बेखबर कहा जाता था।
- मुहम्मद शाह (1719-1748 ई.) के शासनकाल में ईरानी आक्रमणकारी नादिरशाह ने 1739 ई. में दिल्ली पर आक्रमण किया।
- नादिरशाह मयूर सिंहासन और कोहिनूर हीरा भारत से ले गया था। मुहम्मदशाह 'रंगीला' नाम से विख्यात था।
- मुहम्मदशाह द्वितीय ने उर्दू भाषा एवं संगीत को प्रोत्साहित किया।
- शाहआलम द्वितीय (1759-1806 ई.), अवध के नवाब शुजाउद्दौला और बंगाल के नवाब मीर कासिम के साथ मिलकर 1764 ई. में अंग्रेजों के विरुद्ध बक्सर का युद्ध लड़ा था, परन्तु पराजित हुआ।
- शाहआलम द्वितीय के समय अहमदशाह अब्दाली एवं मराठों के बीच पानीपत का तीसरा युद्ध (1761 ई.) हुआ। इस युद्ध में मराठों की हार हुई।
- अकबर द्वितीय ने 1833 ई. में राजा राममोहन राय को अपनी पेंशन बढ़वाने इंग्लैण्ड भेजा।
- अन्तिम मुगल सम्राट बहादुरशाह द्वितीय (जफर) ने 1857 ई. के विद्रोह का केन्द्रीय नेतृत्व किया।
- विद्रोह के दमन के बाद बहादुरशाह द्वितीय (जफर) को उसकी पत्नी जीनत महल के साथ बर्मा की रंगून स्थित माण्डले जेल में रखा गया। उसकी मृत्यु वहीं हुई एवं उसका मकबरा रंगून में ही स्थित है।

मराठा उत्कर्ष

- मराठा-शक्ति का उत्कर्ष शिवाजी के नेतृत्व में हुआ। उनका जन्म 1627 ई. में पूना के निकट स्थित शिवनेर किले में हुआ था।
- शिवाजी (1627-1680 ई.) के पिता का नाम शाहजी भोंसले तथा माता का नाम जीजाबाई था।
- शिवाजी के गुरु एवं संरक्षक दादाजी कोण्डदेव थे। उनके आध्यात्मिक गुरु स्वामी समर्थ रामदास थे।
- अपने सैन्य अभियान के अन्तर्गत शिवाजी ने सर्वप्रथम तोरण के किले को जीता।
- शिवाजी की राजधानी रायगढ़ थी।
- उन्होंने बीजापुर के सेनापति अफजल खाँ को पराजित कर, उसकी हत्या कर दी। शिवाजी ने 'गुरिल्ला युद्ध' पद्धति को अपनाया था।
- शिवाजी और राजा जयसिंह के बीच 1665 ई. में पुरन्दर की सन्धि हुई।
- 1674 ई. में शिवाजी ने रायगढ़ में अपना राज्याभिषेक कराया। उनका राज्याभिषेक काशी के प्रसिद्ध विद्वान् श्री गंगा भट्ट से करवाया गया। उन्होंने 'छत्रपति' की उपाधि धारण की।
- शिवाजी का अन्तिम महत्त्वपूर्ण अभियान 1676 ई. में कर्नाटक का अभियान था। उनकी मृत्यु 1680 ई. में हो गई।
- शिवाजी ने शासन कार्यों में सहयोग के लिए आठ मन्त्रियों की एक परिषद गठित की, जिसे 'अष्ट प्रधान' कहा जाता था।
- शिवाजी की कर व्यवस्था मलिक अम्बर की व्यवस्था पर आधारित थी।
- बालाजी विश्वनाथ मराठों के प्रथम पेशवा थे, उन्हें 'मराठा साम्राज्य का द्वितीय संस्थापक' भी कहा जाता है।
- बालाजी विश्वनाथ ने 1719 ई. में मुगलों से एक सन्धि की, जिसे 'मराठा साम्राज्य का मैग्नाकार्टा' कहा जाता है।
- बाजीराव प्रथम के समय मराठों की शक्ति चरमोत्कर्ष पर थी। उसे हिन्दू पद पादशाही का सिद्धान्त प्रतिपादित करने का भी श्रेय दिया जाता है।
- बालाजी बाजीराव को 'नाना साहब' के नाम से भी जाना जाता है। इसने पेशवा के पद को पैतृक बनाया।
- बालाजी बाजीराव के समय ही पानीपत का तृतीय युद्ध (14 जनवरी, 1716 ई.) हुआ। इसमें अहमदशाह अब्दाली के नेतृत्व में अफगान सेना विजयी रही।
- बाजीराव द्वितीय मराठों का अन्तिम पेशवा था। 1818 ई. में अंग्रेजों ने पेशवा पद को समाप्त करके बाजीराव द्वितीय को कानपुर के निकट बिठूर निर्वासित कर दिया, जहाँ 1853 ई. में उसकी मृत्यु हो गई।

सिख धर्म गुरु और उनके कार्य

समय (गुरु-काल)	**गुरु**	**कार्य**	**समय** (गुरु-काल)	**गुरु**	**कार्य**
1469-1539 ई.	गुरु नानक देव	सिख धर्म की स्थापना, 'आदिग्रन्थ' की रचना	1606-1645 ई.	गुरु हरगोविन्द सिंह	'अकाल तख्त' की स्थापना, सिखों को सैनिक जाति में बदला
1539-1552 ई.	गुरु अंगद	गुरुमुखी लिपि के जनक	1645-1661 ई.	गुरु हरराय	उत्तराधिकार (मुगलों के) युद्ध में भाग
1552-1574 ई.	गुरु अमरदास	धर्म प्रसार हेतु 22 गद्दियों की स्थापना	1661-1664 ई.	गुरु हरकिशन	अल्पवयस्क अवस्था में ही मृत्यु
1574-1581 ई.	गुरु रामदास	अमृतसर की स्थापना (1577 ई.)	1664-1675 ई.	गुरु तेग बहादुर	इस्लाम कुबूल न करने के कारण औरंगजेब द्वारा सिर कटवा दिया गया।
1581-1606 ई.	गुरु अर्जुन देव	**'श्री हरमन्दिर साहिब'** या **'स्वर्ण मन्दिर'** की नींव रखी, 'गुरु ग्रन्थ साहब' का संकलन	1675-1708 ई.	गुरु गोविन्द सिंह	'खालसा पंथ' की स्थापना, अन्तिम गुरु

आधुनिक भारत

भारत में यूरोपीय व्यापारिक कम्पनियों का आगमन तथा अंग्रेजी आधिपत्य

- 1498 ई. में वास्कोडिगामा केरल के कालीकट के तट पर समुद्री मार्ग से पहुँचा।
- 1505 ई. में 'फ्रांसिस्को द अल्मीडा' भारत में प्रथम पुर्तगाली वायसराय बनकर आया।
- अल्बुकर्क ने 1510 ई. में बीजापुर के युसूफ आदिलशाह से गोवा जीता।
- भारत में प्रथम पुर्तगाली व्यापारिक कोठी कोचीन में स्थापित हुई।
- भारत में पहली डच फैक्ट्री मसूलीपट्टनम् में स्थापित की गई।
- डचों का भारत में अन्तिम रूप से पतन 1759 ई. में 'वेदरा के युद्ध' से हुआ।
- मुगल दरबार में जाने वाला प्रथम अंग्रेज कैप्टन हॉकिन्स था, जो जेम्म प्रथम के राजदूत के रूप में जहाँगीर के दरबार में गया था।
- 1615 ई. में सर टॉमस रो जहाँगीर के दरबार में पहुँचा।
- 1717 ई. में फर्रूखसियर ने 3,000 रुपये वार्षिक कर के बदले कम्पनी को बंगाल, बिहार तथा उड़ीसा में व्यापारिक अधिकार प्रदान किया।
- 1757 ई. में क्लाइव के नेतृत्व में अंग्रेजों ने बंगाल के नवाब सिराजुद्दौला को प्लासी के युद्ध में हराकर अंग्रेजी आधिपत्य कायम किया।
- बक्सर के युद्ध (1764 ई.) में अंग्रेजों ने शाहआलम (मुगल सम्राट), शुजाउद्दौला (अवध का नवाब) तथा मीर कासिम (बंगाल का नवाब) की संयुक्त सेनाओं को पराजित कर अंग्रेजी प्रभुत्व का विस्तार दिल्ली तक किया।
- फ्रांसीसियों ने 1667 ई. में सूरत में अपनी पहली फैक्ट्री खोली।
- फ्रांसीसी गवर्नर डूप्ले बहुत महत्त्वाकांक्षी था। वह भारत में फ्रांसीसी विस्तार की इच्छा रखता था।
- 1760 ई. में 'वाण्डीवाश के युद्ध' में फ्रांसीसियों की महत्त्वाकांक्षा ध्वस्त हो गई। उसे अंग्रेजों से इस युद्ध में पराजय मिली।

भारत में यूरोपीय व्यापारिक कम्पनियों का आगमन

कम्पनी	स्थापना-वर्ष	कम्पनी	स्थापना-वर्ष
पुर्तगाली ईस्ट इण्डिया कम्पनी	1498 ई.	डेनिश ईस्ट इण्डिया कम्पनी	1616 ई.
अंग्रेजी ईस्ट इण्डिया कम्पनी	1600 ई.	फ्रांसीसी ईस्ट इण्डिया कम्पनी	1664 ई.
डच ईस्ट इण्डिया कम्पनी	1602 ई.	स्वीडिश ईस्ट इण्डिया कम्पनी	1731 ई.

1857 का विद्रोह

- 1857 ई. के विद्रोह की शुरूआत 10 **मई**, 1857 **ई.** को मेरठ से हुई।
- विद्रोह का तात्कालिक कारण नई एनफील्ड राइफल में चर्बीयुक्त (गाय एवं सूअर की चर्बी) कारतूस का प्रयोग करना था।
- इससे पहले बैरकपुर (प. बंगाल) में **34वीं** नेटिव के सिपाही मंगल पाण्डे ने 28 मार्च, 1857 ई. को अपने सार्जेण्ट मेजर लेफ्टिनेण्ट बाघ पर गोली चला दी।
- 1857 के विद्रोह के बाद ब्रिटिश सरकार ने भारत शासन अधिनियम, 1858 के द्वारा भारत में कम्पनी का शासन समाप्त कर इसे अपने हाथ में ले लिया।

1857 ई. के विद्रोह के केन्द्र, भारतीय नायक तथा विद्रोह को दबाने वाले अधिकारी

केन्द्र	भारतीय नायक	ब्रिटिश अधिकारी (विद्रोह दबाने वाला)	केन्द्र	भारतीय नायक	ब्रिटिश अधिकारी (विद्रोह दबाने वाला)
दिल्ली	बहादुरशाह जफर/बख्त खाँ (सैन्य नेतृत्व)	निकल्सन एवं हडसन	जगदीशपुर	कुँवर सिंह	विलियम टेलर एवं विन्सेंट आयर
कानपुर	नाना साहब /तात्यां टोपे (सैन्य नेतृत्व)	कैंपबेल	बरेली	खान बहादुर खाँ	—
लखनऊ	बेगम हजरत महल	कैंपबेल	फैजाबाद	मौलवी अहमद उल्ला	—
झाँसी	रानी लक्ष्मीबाई	ह्यूरोज	फतेहपुर	अजीमुल्ला	जनरल रेनर्ड
इलाहाबाद	लियाकत अली	कर्नल नील			

सामाजिक एवं धार्मिक सुधार आन्दोलन

- राजा राममोहन राय को 'भारतीय पुनर्जागरण का जनक' कहा जाता है।
- राजा राममोहन राय ने कोलकाता में 'वेदान्त कॉलेज' तथा डेविड हेयर के साथ मिलकर 'हिन्दू कॉलेज' की स्थापना की।
- 'ब्रह्म समाज' की स्थापना 1828 ई. में राजा राममोहन राय ने की।
- 'ब्रह्म समाज' में विभाजन के बाद केशवचन्द्र सेन ने 1866 ई. में आदि ब्रह्म समाज की स्थापना की।
- यंग बंगाल आन्दोलन के प्रवर्तक हेनरी विवियन डेरोजियो, हिन्दू कॉलेज के प्राध्यापक थे।
- प्रार्थना समाज की स्थापना आत्माराम पाण्डुरंग ने बम्बई में की।
- आर्य समाज की स्थापना स्वामी दयानन्द सरस्वती ने 1875 ई. में बम्बई में की।
- दयानन्द सरस्वती का वास्तविक नाम मूलशंकर था।
- दयानन्द सरस्वती ने 'वेदों की ओर लौटो' का नारा दिया।
- रामकृष्ण मिशन की स्थापना स्वामी विवेकानन्द ने 1897 ई. में की। इस मिशन का नाम रामकृष्ण परमहंस के नाम पर रखा गया था।
- स्वामी विवेकानन्द का वास्तविक नाम नरेन्द्र दत्त था।

सामाजिक सुधार अधिनियम : *एक नजर*

अधिनियम	वर्ष	गवर्नर-जनरल
शिशु वध प्रतिबन्ध	1804 ई.	वेलेजली
सती प्रथा प्रतिबन्ध	1829 ई.	लार्ड विलियम बैंटिक
हिन्दू विधवा पुनर्विवाह	1856 ई.	लॉर्ड कैनिंग
नैटिव मैरिज एक्ट	1872 ई.	नार्थब्रुक
शारदा एक्ट	1930 ई.	इरविन

- विवेकानन्द ने 1893 ई. में शिकागो (अमेरिका) की विश्व धर्म संसद में भाग लिया था।

- थियोसोफिकल सोसायटी की स्थापना न्यूयॉर्क में 1875 ई. में कर्नल एच. एस. अल्काट तथा मैडम ब्लावाट्स्की द्वारा की गई।
- थियोसोफिकल सोसायटी की शाखा चेन्नई के निकट अड्यार में 1886 ई. में स्थापित की गई।
- वहाबी आन्दोलन के नेता सैयद अहमद बरेलवी थे। वहाबी आन्दोलन का मुख्य केन्द्र पटना था।
- 'अलीगढ़ आन्दोलन' की शुरूआत सर सैयद अहमद खाँ ने की थी।

भारत का स्वतन्त्रता आन्दोलन

- भारतीय राष्ट्रीय कांग्रेस की स्थापना एक सेवानिवृत्त ब्रिटिश प्रशासनिक अधिकारी ए.ओ. ह्यूम द्वारा 1885 ई. में की गई।
- कांग्रेस का प्रथम अधिवेशन दिसम्बर 1885 ई. में बम्बई में हुआ। इसमें कुल 72 सदस्यों ने भाग लिया था। इसके पहले अध्यक्ष व्योमेश चन्द्र बनर्जी थे।
- बदरुद्दीन तैयबजी कांग्रेस के पहले मुस्लिम अध्यक्ष (1887 ई.) तथा जार्ज यूले प्रथम ईसाई तथा विदेशी अध्यक्ष (1888 ई.) थे।
- बाल गंगाधर तिलक ने राष्ट्रवादी भावना को बढ़ाने के उद्देश्य से 1893 ई. में 'गणपति उत्सव' तथा 1895 ई. में 'शिवाजी उत्सव' प्रारम्भ किया।
- बंगाल में राष्ट्रीय चेतना को समाप्त करने के लिए लॉर्ड कर्जन द्वारा 16 अक्टूबर, 1905 ई. में बंगाल का विभाजन कर दिया गया।
- बंगाल विभाजन के विरोध में पूरे देश में स्वदेशी एवं बहिष्कार आन्दोलन चलाया गया। लाल, बाल एवं पाल क्रमश: लाला लाजपत राय, बाल गंगाधर तिलक एवं विपिनचन्द्र पाल को कहा जाता था। ये उग्रपन्थी विचारधारा के समर्थक थे।
- दादा भाई नौरोजी ने कांग्रेस के कलकत्ता अधिवेशन (1906 ई.) में सर्वप्रथम स्वराज की माँग प्रस्तुत की। उन्हें 'ग्रैण्ड ओल्ड मैन ऑफ इण्डिया' कहा जाता है।
- दादा भाई नौरोजी ने सर्वप्रथम 'धन निकासी' का सिद्धान्त दिया जिसमें यह स्पष्ट किया गया था कि किस प्रकार अंग्रेज भारत से धन ले जा रहे हैं।
- स्वदेशी के मुद्दे पर 1907 ई. के कांग्रेस के सूरत अधिवेशन में कांग्रेस का विभाजन दो भागों में हो गया।
- 1906 ई. में ढाका के नवाब सलीमुल्ला के नेतृत्व में 'मुस्लिम लीग' का गठन हुआ।
- सरकार ने 1909 ई. में भारतीय परिषद् अधिनियम पारित किया, जिसमें पहली बार मुसलमानों के लिए पृथक् निर्वाचन क्षेत्र एवं मताधिकार की व्यवस्था दी गई थी।
- 1911 ई. में दिल्ली में इंग्लैण्ड के सम्राट जॉर्ज पंचम एवं महारानी मेरी के स्वागत में भव्य दरबार का आयोजन किया गया। इस समारोह में बंगाल विभाजन को रद्द करने तथा भारत की राजधानी कलकत्ता से दिल्ली स्थानान्तरित करने की घोषणा की गई।
- 1916 ई. में लखनऊ में आयोजित कांग्रेस के अधिवेशन में कांग्रेस के विभाजित धड़ों में समझौता हो गया। इसी अधिवेशन में पहली बार कांग्रेस एवं मुस्लिम लीग एक मंच पर आये।
- स्वशासन की माँग तेज करने के लिए बाल गंगाधर तिलक ने अप्रैल, 1916 ई. में तथा ऐनी बेसेन्ट ने सितम्बर, 1916 ई. में 'होमरूल लीग' का गठन किया।
- कांग्रेस के 1917 ई. के कलकत्ता अधिवेशन की अध्यक्षता श्रीमती ऐनी बेसेन्ट ने की। इस पद पर चुनी जाने वाली वे पहली महिला थीं।
- 20 अगस्त, 1917 को ब्रिटेन की संसद में भारत सचिव मान्टेग्यू ने एक प्रस्ताव पेश किया जो अगस्त घोषणा के नाम से जाना जाता है, इसके अनुसार भारत में प्रशासन की हर शाखा में भारतीयों को अधिक प्रतिनिधित्व प्रदान करने की बात कही गई थी।
- 1919 ई. के भारत सरकार अधिनियम द्वारा प्रान्तों में द्वैध शासन की व्यवस्था की गई।
- पंजाब के दो महत्त्वपूर्ण नेता सैफुद्दीन किचलू तथा डॉ. सत्यपाल की गिरफ्तारी के विरोध में अमृतसर के जलियाँवाला बाग में 13 अप्रैल, 1919 ई. को विशाल जनसभा आयोजित की गई थी। जनरल डायर के निर्देश पर इस सभा पर गोलियाँ चलाई गईं, जिसमें सैकड़ों निहत्थे लोग मारे गए। इसे 'जलियाँवाला बाग हत्याकाण्ड' के नाम से जाना जाता है।
- जलियाँवाला बाग हत्याकाण्ड के विरोध में रवीन्द्र नाथ टैगोर ने अपनी 'सर' की उपाधि लौटा दी।
- 1920 ई. में तुर्की के खलीफा के साथ किये जा रहे दुर्व्यवहार के विरोध में भारत में 'खिलाफत आन्दोलन' चलाया गया।
- कांग्रेस ने गाँधीजी के नेतृत्व में 1920 ई. में असहयोग आन्दोलन प्रारम्भ किया। 5 फरवरी, 1922 ई. को उत्तर प्रदेश के देवरिया जिले के चौरी-चौरा नामक स्थान पर उत्तेजित भीड़ ने कुछ सिपाहियों को थाने में जिन्दा जला दिया। इससे क्षुब्ध होकर गाँधीजी ने आन्दोलन को तत्काल वापस ले लिया।
- जनवरी, 1923 ई. में चित्तरंजन दास एवं मोतीलाल नेहरू ने 'कांग्रेस खिलाफत स्वराज्य पार्टी' की स्थापना की।
- 1923 ई. के चुनावों में स्वराज पार्टी केन्द्रीय विधायिका में विट्ठल भाई पटेल को अध्यक्ष के पद पर निर्वाचित करवाने में सफल रही।
- 8 नवम्बर, 1927 ई. को 1919 ई. के भारत सरकार अधिनियम की समीक्षा करने के लिए साइमन कमीशन का गठन किया गया।
- 3 फरवरी, 1928 ई. को साइमन कमीशन भारत आया, लेकिन इस कमीशन में एक भी भारतीय के न होने के कारण देश भर में इसका विरोध किया गया।
- लाहौर में साइमन कमीशन के विरोध प्रदर्शन पर हुए लाठी चार्ज में लाला लाजपत राय को गम्भीर चोट लगी, जिसके कारण बाद में उनकी मृत्यु हो गई।
- 1929 ई. के कांग्रेस के लाहौर अधिवेशन की अध्यक्षता करते हुए, जवाहलाल नेहरू ने 'पूर्ण स्वराज' का लक्ष्य घोषित किया।
- 31 दिसम्बर, 1929 ई. को लाहौर में रावी नदी के तट पर जवाहरलाल नेहरू ने तिरंगे झण्डे को फहराया।
- 12 मार्च, 1930 ई. को महात्मा गाँधी ने 78 स्वयं सेवकों के साथ साबरमती आश्रम से डाण्डी के लिए प्रस्थान किया।
- 6 अप्रैल 1930 ई. को डाण्डी पहुँचकर गाँधीजी ने नमक कानून तोड़कर सविनय अवज्ञा आन्दोलन की शुरूआत की।
- 5 मार्च, 1931 को गाँधीजी एवं तत्कालीन वायसराय इरविन के बीच हुए समझौते के बाद सविनय अवज्ञा आन्दोलन को स्थगित कर दिया गया।
- लन्दन में आयोजित तीन गोलमेज सम्मेलनों में कांग्रेस ने सिर्फ द्वितीय गोलमेज सम्मेलन में भाग लिया। इसमें कांग्रेस का प्रतिनिधित्व महात्मा गाँधी ने किया था।
- ब्रिटिश प्रधानमन्त्री रैम्जे मैक्डोनाल्ड द्वारा 1932 ई. में दलितों के लिए पृथक निर्वाचन सम्बन्धी 'साम्प्रदायिक पंचाट' (कम्युनल अवार्ड) की घोषणा की गई।
- 1932 ई. में महात्मा गाँधी एवं बी. आर. अम्बेडकर के बीच 'पूना समझौता' हुआ, जिसके बाद अम्बेडकर ने दलितों (हरिजनों) के लिए पृथक प्रतिनिधित्व की माँग को वापस ले लिया।

- जयप्रकाश नारायण, आचार्य नरेन्द्र देव एवं मीनू मसानी के प्रयासों से 1934 ई. में 'कांग्रेस समाजवादी दल' का गठन किया गया।
- भारत सरकार अधिनियम 1935 के अन्तर्गत 'प्रान्तीय स्वायत्तता' की व्यवस्था की गई तथा एक संघीय न्यायालय के गठन का प्रावधान किया गया। 1937 ई. के प्रान्तीय विधानसभाओं के चुनाव के बाद कांग्रेस ने 8 प्रान्तों में अपनी सरकार बनाई।
- मुहम्मद अली जिन्ना ने 1940 ई. के मुस्लिम लीग के लाहौर अधिवेशन में पृथक पाकिस्तान की माँग की।
- 8 अगस्त, 1942 ई. को बम्बई के ग्वालिया टैंक मैदान में 'भारत छोड़ो आन्दोलन' प्रारम्भ करते हुए, महात्मा गाँधी ने 'करो या मरो' का नारा दिया।
- महात्मा गाँधी से मतभेद होने के कारण सुभाष चन्द्र बोस ने कांग्रेस से इस्तीफा देकर 1939 ई. में 'फॉरवर्ड ब्लॉक' का गठन किया।
- 'आजाद हिन्द फौज' के गठन का विचार सर्वप्रथम कैप्टन मोहन सिंह के मन में आया था।
- 21 अक्टूबर, 1943 ई. को सुभाष चन्द्र बोस ने सिंगापुर में अस्थायी भारत सरकार 'आजाद हिन्द सरकार' की स्थापना की।
- 'दिल्ली चलो' तथा 'तुम मुझे खून दो, मैं तुम्हें आजादी दूँगा' का नारा सुभाषचन्द्र बोस ने दिया था।
- महात्मा गाँधी को सर्वप्रथम 'राष्ट्रपिता' सुभाष चन्द्र बोस ने कहा था।
- 1946 ई. में 'कैबिनेट मिशन' भारत आया। इसके सदस्य थे—स्टैफर्ड क्रिप्स, पैथिक लॉरेन्स एवं ए. वी. अलेक्जेण्डर।
- कैबिनेट मिशन की संस्तुति पर ही 'संविधान सभा' का गठन किया गया था।
- 3 जून, 1947 ई. को तत्कालीन वायसराय माउण्टबेटन ने 'माउण्टबेटन योजना' प्रस्तुत की, जो बाद में भारत विभाजन का आधार बनी।
- 15 अगस्त, 1947 ई. को भारत एवं पाकिस्तान नाम के दो नये राष्ट्र अस्तित्व में आए।
- भारत की स्वतन्त्रता के समय ब्रिटेन के प्रधानमन्त्री क्लीमेण्ट एटली थे। वे 'लेबर पार्टी' से सम्बन्धित थे।
- भारत की स्वतन्त्रता के समय भारतीय राष्ट्रीय कांग्रेस के अध्यक्ष जे.बी. कृपलानी थे।
- स्वतन्त्र भारत के प्रथम गवर्नर जनरल 'लॉर्ड माउण्टबेटन' थे। बाद में चक्रवर्ती राजगोपालाचारी प्रथम एवं अन्तिम भारतीय गवर्नर जनरल बने थे।

राष्ट्रीय आन्दोलन की महत्त्वपूर्ण तिथियाँ

सैन्य विद्रोह (प्रथम स्वतन्त्रता संग्राम)	10 मई, 1857	भगत सिंह द्वारा केन्द्रीय असेम्बली भवन में बम फेंकना	1929
विक्टोरिया भारत की साम्राज्ञी घोषित	1858	कांग्रेस द्वारा पूर्ण स्वराज की माँग	1929
इण्डियन काउन्सिल एक्ट	1861	सविनय अवज्ञा आन्दोलन	1930
कूका विद्रोह	1872	प्रथम गोलमेज सम्मेलन	1930
लॉर्ड लिटन द्वारा दिल्ली दरबार का आयोजन	1877	द्वितीय गोलमेज सम्मेलन	1931
प्रथम फैक्ट्री अधिनियम	1881	तृतीय गोलमेज सम्मेलन	1932
इल्बर्ट बिल	1883	साम्प्रदायिक निर्वाचक प्रणाली की घोषणा	1932
भारतीय विश्वविद्यालय अधिनियम	1904	पूना पैक्ट	1932
बंगाल का विभाजन	1905	सुभाषचन्द्र बोस का भारत छोड़ना	1941
सूरत अधिवेशन, कांग्रेस में प्रथम फूट	1907	भारत छोड़ो आन्दोलन	9 अगस्त, 1942
मार्ले-मिण्टो सुधार	1909	क्रिप्स मिशन का आगमन	1942
ब्रिटिश साम्राज्य का दिल्ली दरबार	1911	कैबिनेट मिशन का आगमन	1946
प्रथम विश्वयुद्ध	1914-18	भारत संविधान सभा का निर्वाचन	1946
मुस्लिम लीग-कांग्रेस समझौता	1916	नौसेना का विद्रोह	12 फरवरी, 1946
चम्पारण सत्याग्रह	1917	मुस्लिम लीग द्वारा 'सीधी कार्यवाही' की घोषणा	16 अगस्त, 1946
रौलेट अधिनियम	1919	अन्तरिम सरकार की स्थापना	2 सितम्बर, 1946
जलियाँवाला बाग हत्याकाण्ड	1919	भारत के विभाजन की माउण्टबेटन योजना	3 जून, 1947
मॉण्टेग्यू-चेम्सफोर्ड सुधार	1919	भारतीय स्वतन्त्रता प्राप्ति	15 अगस्त, 1947
खिलाफत आन्दोलन	1920	महात्मा गाँधी की हत्या	30 जनवरी, 1948
असहयोग आन्दोलन	1920-22	कश्मीर का भारत में विलय	1948
चौरी-चौरा काण्ड	1922	देशी रियासतों का भारत में विलय	1948-50
साइमन कमीशन की नियुक्ति	1927	भारतीय गणतन्त्र का गठन	26 जनवरी, 1950
साइमन कमीशन का भारत आगमन	1928		

स्वतन्त्रता आन्दोलन के दौरान प्रमुख क्रान्तिकारी घटनाएँ

- भारत में प्रथम क्रान्तिकारी घटना 22 जून, 1897 ई. को घटी, जब चापेकर बन्धुओं ने पूना के प्लेग अधिकारियों रैण्ड एवं आमर्स्ट की गोली मारकर हत्या कर दी।
- 'अभिनव भारती' की स्थापना वी.डी. सावरकर ने की थी।
- प्रफुल्ल चन्द्र चाकी एवं खुदीराम बोस ने मुजफ्फरपुर के जज किंग्स फोर्ड को 1907 ई. में मारने का प्रयास किया। इस मामले में खुरीदाम बोस को फाँसी दी गई।
- 1905 ई. में लन्दन में श्याम जी कृष्ण वर्मा ने 'इण्डिया हाउस' की स्थापना की।
- 1907 ई. में जर्मनी के स्टुटगार्ट शहर में मैडम भीकाजी कामा ने भारत का राष्ट्रीय तिरंगा फहराया। उन्हें 'मदर ऑफ इण्डियन रिवोल्यूशन' कहा जाता है।

- रासबिहारी बोस ने 1911 ई. में नई राजधानी दिल्ली में प्रवेश करते समय लॉर्ड हार्डिंग पर बम फेंका था।
- लाला हरदयाल ने प्रवासी भारतीयों के सहयोग से 1913 ई. में सेनफ्रांसिस्को में 'गदर पार्टी' की स्थापना की।
- 1924 ई. में 'हिन्दुस्तान रिपब्लिकन एसोसिएशन' की स्थापना हुई, जिसके सदस्यों ने अगस्त, 1925 ई. को काकोरी जाने वाली ट्रेन में सरकारी खजाने को लूटा।
- चन्द्रशेखर आजाद के नेतृत्व में 1928 ई. में दिल्ली में 'हिन्दुस्तान सोशलिस्ट रिपब्लिकन एसोसिएशन' की स्थापना हुई।
- लाल लाजपत राय की मृत्यु का बदला लेने के लिए भगत सिंह के नेतृत्व में पुलिस कप्तान साण्डर्स की हत्या 1928 ई. में कर दी गई।
- 8 अप्रैल, 1929 ई. को 'पब्लिक सेफ्टी बिल' के विरोध में भगत सिंह एवं बटुकेश्वर दत्त ने सेण्ट्रल लेजिस्लेटिव असेम्बली में बम फेंका।
- बंगाल से प्रसिद्ध क्रान्तिकारी सूर्यसेन के नेतृत्व में 1930 ई. में चटगाँव शस्त्रागार पर धावा बोला गया था।
- 23 मार्च, 1931 ई. को लाहौर षड्यन्त्र केस में भगतसिंह, सुखदेव एवं राजगुरु को फाँसी दी गई।

आधुनिक भारत एवं स्वतन्त्रता आन्दोलन के समय गठित महत्त्वपूर्ण राजनीतिक एवं सामाजिक संगठन तथा संस्थाएँ

संस्था	स्थापना वर्ष	संस्थापक
एशियाटिक सोसाइटी	1784 ई.	विलियम जोन्स
आत्मीय सभा	1815 ई.	राजा राममोहन राय
वेदान्त कॉलेज	1825 ई.	राजा राममोहन राय
युवा बंगाल आन्दोलन	1826 ई.	हेनरी लुई विवियन डेरोजियो
ब्रह्म समाज	1828 ई.	राजा राममोहन राय
तत्त्वबोधिनी सभा	1839 ई.	देवेन्द्रनाथ ठाकुर
ब्रिटिश सार्वजनिक सभा	1843 ई.	दादाभाई नौरोजी
परमहंस सभा	1849 ई.	दादोबा पाण्डुरंग
रहनुमाई माजदायान सभा	1851 ई.	दादाभाई नौरोजी
बालिका विद्यालय	1851 ई.	ज्योतिबा फूले
मोहम्मडन एंग्लो लिटरेरी सोसायटी	1863 ई.	अब्दुल लतीफ
साइण्टिफिक सोसायटी	1864 ई.	सर सैयद अहमद खाँ
इण्डियन एसोसिएशन	1866 ई.	दादाभाई नौरोजी
पूना सार्वजनिक सभा	1867 ई.	एम. जी. रानाडे
प्रार्थना समाज	1867 ई.	एम. जी. रानाडे, आत्माराम पाण्डुरंग
वेद समाज	1867 ई.	श्री घरलू नायडू
अलीगढ़ मोहम्मडन एंग्लो ओरिएण्टल कॉलेज	1875 ई.	सर सैयद अहमद खाँ
इण्डियन लीग	1875 ई.	शिशिर कुमार घोष
आर्य समाज	1875 ई.	स्वामी दयानन्द सरस्वती
इण्डियन एसोसिएशन	1876 ई.	आनन्दमोहन बोस, सुरेन्द्रनाथ बनर्जी
थियोसोफिकल सोसायटी	1882 ई.	मैडम ब्लावट्स्की एवं कर्नल अल्काट
यूनाइटेड इण्डियन कमेटी	1883 ई.	व्योमेशचन्द्र बनर्जी
भारतीय राष्ट्रीय कांग्रेस	1885 ई.	ए. ओ. ह्यूम
बॉम्बे प्रेसीडेन्सी एसोसिएशन	1885 ई.	फिरोजशाह मेहता, तैलंग तथा तैयबजी
वेलूर मठ	1887 ई.	स्वामी विवेकानन्द
इण्डियन सोशल कॉन्फ्रेंस	1887 ई.	महादेव गोविन्द रानाडे
शारदा सदन	1889 ई.	रमाबाई
रामकृष्ण मिशन	1897 ई.	स्वामी विवेकानन्द
सर्वेन्ट्स ऑफ इण्डिया सोसायटी	1905 ई.	गोपाल कृष्ण गोखले
मुस्लिम लीग	1906 ई.	आगा खाँ एवं सलीमुल्लाखान
अभिनव भारती	1906 ई.	विनायक दामोदर सावरकर
अनुशीलन समिति	1907 ई.	बारीन्द्र घोष, भूपेन्द्र दत्त
सोशल सर्विस लीग	1911 ई.	नारायण मल्हार जोशी
विश्व भारती	1912 ई.	रवीन्द्रनाथ ठाकुर
गदर पार्टी	1913 ई.	लाला हरदयाल, काशीराम
हिन्दू महासभा	1915 ई.	मदन मोहन मालवीय, लाला लाजपत राय एवं केलकर
होमरूल लीग	1916 ई.	तिलक एवं ऐनी बेसेन्ट
वीमेन्स इण्डिया एसोसिएशन	1917 ई.	लेडी सदाशिव अय्यर
खिलाफत आन्दोलन	1919 ई.	अली बन्धु
अखिल भारतीय ट्रेड यूनियन	1920 ई.	एन. एम. जोशी
स्वराज पार्टी	1923 ई.	मोतीलाल नेहरू एवं चितरंजन दास
बहिष्कृत हितकारिणी सभा	1924 ई.	बी. आर. अम्बेडकर
राष्ट्रीय स्वयंसेवक संघ	1927 ई.	डॉ. हेडगेवार एवं बी. एस. मुंजे
हिन्दुस्तान सोशलिस्ट रिपब्लिकन आर्मी	1928 ई.	भगत सिंह एवं चन्द्रशेखर आजाद
स्वतन्त्र श्रमिक पार्टी	1936 ई.	बी. आर. अम्बेडकर
खुदाई खिदमतगार	1937 ई.	खान अब्दुल गफ्फार खाँ
फॉरवर्ड ब्लॉक	1939 ई.	सुभाषचन्द्र बोस
आजाद हिन्द फौज	1942 ई.	रास बिहारी बोस
आजाद हिन्द सरकार	1943 ई.	सुभाषचन्द्र बोस

प्रमुख गवर्नर जनरल एवं वायसराय तथा उनसे सम्बन्धित प्रमुख कार्य

बंगाल के गवर्नर जनरल

गवर्नर जनरल	कार्यकाल	कार्य
वारेन हेस्टिंग्स	1774-85 ई.	*रेवेन्यू, फौजदारी व अपीलीय न्यायालयों की स्थापना, द्वैध शासन की समाप्ति*
लॉर्ड कार्नवालिस	1786-93 ई.	*स्थायी भूमि बन्दोबस्त, कार्नवालिस कोड*
लॉर्ड वेलेजली	1798-1805 ई.	*सहायक सन्धि प्रणाली*

भारत के गवर्नर जनरल		
विलियम बैंटिंक	1833-35 ई.	*सती प्रथा की समाप्ति, ठगी प्रथा का उन्मूलन*
चार्ल्स मेटकॉफ	1835-36 ई.	*प्रेस पर प्रतिबन्ध की समाप्ति*
लॉर्ड एलनबरो	1842-44 ई.	*सिन्ध का विलय*
लॉर्ड डलहौजी	1848-46 ई.	*रेल, आधुनिक डाक, तार व पी. डब्ल्यू. डी. की स्थापना, वुड डिस्पैच की घोषणा, 'हड़प नीति' का जनक*

भारत के वायसराय		
लॉर्ड कैनिंग	1858-62 ई.	*कलकत्ता, बम्बई व मद्रास विश्वविद्यालय स्थापित*
लॉर्ड लिटन	1876-80 ई.	*दिल्ली दरबार, वर्नाक्यूलर प्रेस एक्ट, आर्म्स एक्ट*
लॉर्ड रिपन	1880-84 ई.	*प्रथम कारखाना अधिनियम, इल्बर्ट बिल*
लॉर्ड कर्जन	1899-1905 ई.	*बंगाल विभाजन, प्राचीन स्मारक परिरक्षण कानून, भारतीय विश्वविद्यालय कानून*
लॉर्ड मिण्टो	1995-10 ई.	*पृथक निर्वाचन क्षेत्र की व्यवस्था*
लॉर्ड हार्डिंग	1910-16 ई.	*भारत की राजधानी कलकत्ता से दिल्ली स्थानान्तरित*
लॉर्ड चेम्सफोर्ड	1916-21 ई.	*रौलेट एक्ट, जलियाँवाला बाग हत्याकाण्ड*
लॉर्ड इरविन	1926-31 ई.	*गाँधी-इरविन समझौता (1931 ई.)*
लॉर्ड वेलिंगटन	1931-34 ई.	*कम्युनल अवार्ड (1931 ई.)*
लॉर्ड लिनलिथगो	1934-37 ई.	*प्रान्तीय चुनाव*
लॉर्ड वैवेल	1943-47 ई.	*शिमला सम्मेलन, कैबिनेट मिशन, संविधान सभा की स्थापना*
लॉर्ड माउण्टबेटन	1947 ई.	*भारत विभाजन एवं भारत की स्वतन्त्रता*

अंग्रेजी शासन के दौरान हुए महत्त्वपूर्ण विद्रोह

आन्दोलन/विद्रोह	प्रभावित क्षेत्र	सम्बन्धित नेता / नेतृत्व	विद्रोह का वर्ष
संन्यासी विद्रोह	बिहार, बंगाल	केना सरकार, दिरजीनारायण	1763-1800 ई.
फकीर विद्रोह	बंगाल	मजनुशाह एवं चिराग अली	1776-77 ई.
चुआर विद्रोह	बाकुड़ा (बंगाल)	दुर्जन सिंह	1798 ई.
पॉलीगरों का विद्रोह	तमिलनाडु	वीर पी. काट्टावाग्मान	1799-01 ई.
वेलुथाम्पी विद्रोह	ट्रावनकोर	वेलुथाम्पी	1808-09 ई.
भील विद्रोह	पश्चिमी घाट	सेवाराम	1825-31 ई.
रामोसी विद्रोह	पश्चिमी घाट	चित्तर सिंह	1822-29 ई.
पागलपन्थी विद्रोह	असोम	टीपू	1825-27 ई.
अहोम विद्रोह	असोम	गोमधर कुँवर	1828 ई.
वहाबी आन्दोलन	बिहार, उत्तर प्रदेश	सैयद अहमद टीटूमीर	1831 ई.
कोल आन्दोलन	छोटा नागपुर (झारखण्ड)	नारायण राव	1831-32 ई.
खासी विद्रोह	असोम	तीरथ सिंह	1833 ई.
फैराजी आन्दोलन	बंगाल	शरीयतुल्ला	1839 ई.
संथाल विद्रोह	बंगाल, बिहार	सिद्धू कान्हू	1855-57 ई.
मुण्डा विद्रोह	बिहार	बिरसा मुण्डा	1899-1900 ई.
पाइक विद्रोह	उड़ीसा	बख्शी जंगबन्धु	1817-1825 ई.
नील आन्दोलन	बंगाल	दिगम्बर	1859-60 ई.
पाबना विद्रोह	पाबना (बंगाल)	ईशानचन्द्र राय एवं शम्भुपाल	1873-76 ई.
दक्कन विद्रोह	महाराष्ट्र	–	1874-75 ई.
मोपला विद्रोह	मालाबार (केरल)	अली मुदालियार	1920-22 ई.
कूका आन्दोलन	पंजाब	भगत जवाहरमल	–
रम्पा विद्रोह	आन्ध्र प्रदेश	सीताराम राजू	1879-1922 ई.
ताना भगत आन्दोलन	बिहार	जतरा भगत	1914 ई.
तेभागा आन्दोलन	बंगाल	कम्पाराम सिंह एवं भवन सिंह	1946 ई.
तेलंगाना आन्दोलन	आन्ध्र प्रदेश	–	1946 ई.

अभ्यास प्रश्न

1. दक्षिण अफ्रीका से लौटने पर गाँधीजी ने प्रथम सत्याग्रह .... में शुरू किया। [UP बी.एड. 2014]
(a) चौरी-चौरा (b) दाण्डी
(c) चम्पारण (d) बारदौली

2. महाराष्ट्र में जो एलोरा की गुफा है, उसका निर्माण किसके शासनकाल में हुआ था? [UP बी.एड. 2014]
(a) राष्ट्रकूट (b) पल्लव
(c) पाल (d) चोल

3. सिख गुरु अर्जुन देव का वध किसके शासनकाल में हुआ था? [UP बी.एड. 2014]
(a) हुमायूँ (b) अकबर
(c) शाहजहाँ (d) जहाँगीर

4. मुगल शासन में मनसबदारी प्रणाली का प्रवर्तन .... द्वारा किया गया। [UP बी.एड. 2014]
(a) शाहजहाँ (b) अकबर
(c) जहाँगीर (d) बाबर

5. जब भारत स्वतन्त्र हुआ था, उस समय इंग्लैण्ड का प्रधानमन्त्री कौन था? [UP बी.एड. 2014]
(a) लॉर्ड माउण्टबेटन (b) विन्स्टन चर्चिल
(c) क्लीमेन्ट एटली (d) लॉर्ड इरविन

6. गाँधीजी किसे अपना 'राजनीतिक गुरु' मानते थे? [UP बी.एड. 2014]
(a) दादाभाई नौरोजी
(b) गोपालकृष्ण गोखले
(c) बाल गंगाधर तिलक
(d) जवाहरलाल नेहरू

7. भारतीय राष्ट्रीय कांग्रेस के सर्वप्रथम मुस्लिम अध्यक्ष थे [UP बी.एड. 2014]
(a) अबुल कलाम आजाद
(b) रफी अहमद किदवई
(c) एम ए अंसारी
(d) बदरुद्दीन तैयबजी

8. सबसे पहली रेलवे लाइन किसके शासनकाल में निर्मित हुई? [UP बी.एड. 2014]
(a) लॉर्ड डलहौजी
(b) जेम्स कॉर्नवालिस
(c) वारेन हेस्टिंग्स
(d) लॉर्ड विलियम बैंण्टिंक

9. किस वंश का शासन सबसे अच्छा रहा है? [UP बी.एड. 2013]
(a) मौर्य (b) कुषाण
(c) सातवाहन (d) कण्व

10. गुप्त वंश का संस्थापक कौन था? [UP बी.एड. 2013]
(a) चन्द्रगुप्त मौर्य (b) चन्द्रगुप्त प्रथम
(c) श्री गुप्त (d) समुद्रगुप्त

11. अकबर का जन्म कहाँ हुआ? [UP बी.एड. 2013]
(a) अमरकोट (b) राजाकोट
(c) मानकोट (d) नगरकोट

12. सिंचाई कर किसने लगाया? [UP बी.एड. 2013]
(a) अलाउद्दीन खिलजी
(b) फिरोज शाह तुगलक
(c) इल्तुतमिश
(d) मोहम्मद-बिन-तुगलक

13. शाहजहाँ के बचपन का नाम क्या था? [UP बी.एड. 2013]
(a) सलीम (b) खुसरा
(c) खुर्रम (d) मुराद

14. बौद्ध धर्म का चौथा सत्य क्या है? [UP बी.एड. 2013]
(a) दुःख समुदाय
(b) दुःख
(c) दुःख निरोध
(d) दुःख निरोध गामिनी प्रतिप्रदा

15. भगवान बुद्ध ने अपना पहला उपदेश कहाँ दिया? [UP बी.एड. 2013]
(a) सारनाथ (b) वैशाली
(c) उरुवेला (d) लुम्बिनी

16. जैन धर्म में कुल कितने तीर्थंकर थे? [UP बी.एड. 2013]
(a) पच्चीस (b) चौबीस
(c) दस (d) पाँच

17. पाँच सत्यों में से जैन धर्म ने सबसे ज्यादा जोर किस पर दिया? [UP बी.एड. 2013]
(a) सत्य (b) अहिंसा
(c) अपरिग्रह (d) ब्रह्मचर्य

18. गुलरुखी के नाम से कौन-सा शासक कविता लिखता था? [UP बी.एड. 2013]
(a) अलाउद्दीन खिलजी
(b) बहलोल लोदी
(c) सिकन्दर लोदी
(d) मोहम्मद-बिन-तुगलक

19. 'खालसा' की स्थापना किसने की? [UP बी.एड. 2013]
(a) गुरु गोविन्द सिंह
(b) गुरु रामदास
(c) गुरु नानक देव
(d) गुरु अर्जुन देव

20. सितार का आविष्कार किसने किया था? [UP बी.एड. 2013]
(a) लतीफ खाँ (b) अमीर खुसरो
(c) जाकिर हुसैन (d) पण्डित रविशंकर

21. भारत का बिस्मार्क किसे कहा जाता है? [UP बी.एड. 2013]
(a) जवाहरलाल नेहरू
(b) सरदार वल्लभभाई पटेल
(c) महात्मा गाँधी
(d) रवीन्द्र नाथ टैगोर

22. 'किताब-उल-हिंद' के लेखक कौन थे? [UP बी.एड. 2013]
(a) अमीर खुसरो
(b) मिनहाज-उस-सिराज
(c) अलबरुनी
(d) जियाउद्दीन बरनी

23. अनेकान्तवाद किस धर्म से सम्बन्धित है? [UP बी.एड. 2013]
(a) जैन धर्म (b) बौद्ध धर्म
(c) ब्राह्मण धर्म (d) मुस्लिम धर्म

24. 'तारीख-ए-फिरोजशाही' किसकी रचना है? [UP बी.एड. 2013]
(a) जियाउद्दीन बरनी (b) अमीर खुसरो
(c) अहमद सरहिन्दी (d) फिरोजशाह तुगलक

25. लोदी वंश का अन्तिम शासक कौन था? [UP बी.एड. 2013]
(a) सिकन्दर लोदी (b) महमूद लोदी
(c) इब्राहिम लोदी (d) बहलोल लोदी

26. दीन-ए-इलाही की स्थापना किसने की थी? [UP बी.एड. 2013]
(a) शाहजहाँ ने (b) हुमायूँ ने
(c) औरंगजेब ने (d) अकबर ने

27. टीपू सुल्तान के पिता का नाम क्या था? [UP बी.एड. 2013]
(a) हैदर अली (b) अली मुराद
(c) हैदर शेख (d) चिक्का कृष्णराज

28. अर्थशास्त्र की रचना किसने की थी? [UP बी.एड. 2012]
(a) घनानन्द (b) कौटिल्य
(c) बिम्बिसार (d) पुष्यमित्र

29. भारत के राष्ट्रवादी नेताओं ने साइमन कमीशन का बहिष्कार किया था क्योंकि [UP बी.एड. 2012]
(a) वे समझते थे कि यह मात्र दिखावा है
(b) कमीशन के सभी सदस्य अंग्रेज थे
(c) कमीशन के सदस्य भारत के विरुद्ध धारणाओं वाले थे
(d) वह भारतीयों की माँगों को पूरा नहीं करता था

30. नालन्दा विश्वविद्यालय को नष्ट करने वाला मुस्लिम शासक था **[UP बी.एड. 2012]**
(a) अलाउद्दीन खिलजी
(b) मुहम्मद बिन तुगलक
(c) मुहम्मद बिन बख्तियार
(d) मुहम्मद बिन कासिम

31. चन्द्रगुप्त मौर्य के दरबार में भेजा गया यूनानी राजदूत था **[UP बी.एड. 2012]**
(a) कौटिल्य (b) सेल्युकस निकेटर
(c) मैगस्थनीज (d) जस्टिन

32. रामायण का अनुवाद फारसी में किसने किया था? **[UP बी.एड. 2012]**
(a) अबुल फजल (b) बदायूँनी
(c) अब्दुल लतीफ (d) ईसर दास

33. निम्न ब्रिटिश व्यक्तियों में से किसने स्वीकार किया था कि 1857 का विद्रोह एक राष्ट्रीय विद्रोह था? **[UP बी.एड. 2012]**
(a) लॉर्ड डलहौजी (b) लॉर्ड कैनिंग
(c) लॉर्ड एलनबरो (d) डिजरैली

34. चित्रकारी किसके शासनकाल के दौरान अपने उच्चतम स्तर पर पहुँची? **[UP बी.एड. 2012]**
(a) अकबर (b) औरंगजेब
(c) जहाँगीर (d) शाहजहाँ

35. साम्प्रदायिक निर्वाचन वर्ग भारत में पहली बार किस वर्ष में आरम्भ किया गया था? **[UP बी.एड. 2012]**
(a) 1919 (b) 1935
(c) 1906 (d) 1909

36. ह्वेनसांग किसके शासन काल के दौरान भारत आया था? **[UP बी.एड. 2012]**
(a) चन्द्रगुप्त प्रथम (b) चन्द्रगुप्त द्वितीय
(c) हर्षवर्धन (d) रुद्रामन

37. ''वापस वेदों की ओर'' का आह्वान किया गया था **[UP बी.एड. 2012]**
(a) स्वामी विवेकानन्द द्वारा
(b) स्वामी दयानन्द सरस्वती द्वारा
(c) अरविन्द घोष द्वारा
(d) राजा राम मोहन राय द्वारा

38. ऑल इण्डिया मुस्लिम लीग की स्थापना किसने की थी? **[UP बी.एड. 2012]**
(a) मौलाना अहमद अली
(b) मुहम्मद अली जिन्ना
(c) आगा खान
(d) हकीम अजमल खान

39. भारत में मुगल साम्राज्य के संस्थापक कौन थे? **[UP बी.एड. 2011]**
(a) बाबर
(b) हुमायूँ
(c) अलाउद्दीन खिलजी
(d) अकबर

40. खजुराहो में पाए गए ऐतिहासिक स्मारक किस काल के हैं? **[UP बी.एड. 2011]**
(a) चंदेल (b) पाल
(c) चोल (d) पल्लव

41. पानीपत की तीसरी लड़ाई किस वर्ष हुई थी? **[UP बी.एड. 2011]**
(a) 1526 ई. (b) 1539 ई.
(c) 1605 ई. (d) 1761 ई.

42. भारत में सर्वप्रथम रेललाइन का आरम्भ किस वर्ष हुआ था? **[UP बी.एड. 2011]**
(a) 1857 (b) 1853
(c) 1966 (d) 1866

43. अंग्रेजों द्वारा निम्न में से किसे बन्दी नहीं बनाया जा सका? **[UP बी.एड. 2011]**
(a) मंगल पाण्डे (b) तांत्या टोपे
(c) नाना साहब (d) कुँवर सिंह

44. भारत के अन्तिम गवर्नर जनरल थे **[UP बी.एड. 2011]**
(a) सी. राजगोपालाचारी
(b) कैनिंग
(c) डलहौजी
(d) लुईस माउंटबेटन

45. 'अभिनव भारत' के संस्थापक कौन थे? **[UP बी.एड. 2010]**
(a) महात्मा गाँधी
(b) विनायक दामोदर सावरकर
(c) लाला हरदयाल
(d) बाल गंगाधर तिलक

46. 'सत्यार्थ प्रकाश' किस भाषा में लिखी गई है? **[UP बी.एड. 2010]**
(a) हिन्दी (b) संस्कृत
(c) बंगाली (d) असोमी

47. स्वर्ण मन्दिर की स्थापना किसने की थी? **[UP बी.एड. 2010]**
(a) गुरु अर्जुनदेव (b) गुरु गोविन्द सिंह
(c) गुरु नानक (d) गुरु तेग बहादुर

48. दीन-ए-इलाही की स्थापना कब हुई थी? **[UP बी.एड. 2011]**
(a) 1682 ई. में (b) 1782 ई. में
(c) 1582 ई. में (d) 1882 ई. में

49. 'सत्यमेव जयते' लिया गया है **[UP बी.एड. 2008]**
(a) कठोपनिषद् से
(b) ऐतरेयोपनिषद् से
(c) माडूक्योपनिषद् से
(d) मुण्डकोपनिषद् से

50. भारत में सोने के सिक्के का प्रचलन सर्वप्रथम किसने किया? **[UP बी.एड. 2008]**
(a) कुषाण (b) शक
(c) पार्थियन (d) यवन

51. चित्तौड़ के प्रसिद्ध कीर्तिस्तम्भ का निर्माण किसने कराया? **[UP बी.एड. 2008]**
(a) महाराणा प्रताप सिंह
(b) महाराणा कुम्भा
(c) राणा उदय सिंह
(d) जयसिंह

52. भारतीय राष्ट्रीय कांग्रेस के 1929 ई. के ऐतिहासिक लाहौर अधिवेशन की अध्यक्षता की थी **[UP बी.एड. 2008]**
(a) सरदार पटेल ने
(b) मोतीलाल नेहरू ने
(c) डॉ. राजेन्द्र प्रसाद ने
(d) जवाहर लाल नेहरू ने

53. निम्न किस विश्वविद्यालय की स्थापना 1857 ई. में हुई? **[UP बी.एड. 2008]**
(a) दिल्ली विश्वविद्यालय
(b) कलकत्ता विश्वविद्यालय
(c) इलाहाबाद विश्वविद्यालय
(d) पंजाब विश्वविद्यालय

54. 'इण्डिया विन्स फ्रीडम' आत्मकथा है **[UP बी.एड. 2008]**
(a) अबुल कलाम आजाद की
(b) जाकिर हुसैन की
(c) सैयद अहमद खान की
(d) एफ.ए. अहमद की

55. प्रागैतिहासिक काल के अन्तर्गत किन संस्कृतियों को रखा जाता है ?
(a) कांस्य (b) लौह
(c) पाषाण (d) ताम्र

56. मानव सभ्यता के विकास की प्रथम अवस्था कौन-सी थी?
(a) पशुचारण अवस्था
(b) शिकार अवस्था
(c) कृषि अवस्था
(d) औद्योगिक अवस्था

57. प्रागैतिहासिक काल के उपकरण एवं हथियार किससे बनाए जाते थे?
(a) लोहा (b) ताँबा
(c) कांसा (d) पत्थर

58. प्राचीन मानव ने सर्वप्रथम किस पशु को पालतू बनाया?
(a) बैल (b) कुत्ता
(c) सिंह (d) घोड़ा

59. मानव ने आग का प्रयोग सर्वप्रथम किस युग में किया?
(a) नवपाषाण युग (b) ताम्रपाषाण युग
(c) मध्यपाषाण युग (d) धातु युग

60. मानव ने कृषि कार्य किस युग से आरम्भ किया?
(a) पुरापाषाण युग (b) मध्यपाषाण युग
(c) नवपाषाण युग (d) धातु युग

61. मानव द्वारा सर्वप्रथम किस धातु का प्रयोग किया गया?
(a) कांसा (b) तांबा
(c) लोहा (d) चाँदी

62. मानव ने सर्वप्रथम किस फसल का उपयोग किया?
(a) जौ (b) चावल
(c) गेहूँ (d) कपास

63. नवपाषाण युग में चावल की खेती का प्राचीनतम साक्ष्य कहाँ से मिला है?
(a) मेहरगढ़ (b) कोल्डिहवा
(c) बुर्जहोम (d) दैमाबाद

64. सिन्धु घाटी सभ्यता किस काल की सभ्यता मानी जाती है?
(a) पुरापाषाण काल (b) लौह काल
(c) कांस्य काल (d) महापाषाण काल

65. हड़प्पा की खुदाई सर्वप्रथम कब हुई?
(a) 1930 ई. में
(b) 1925 ई. में
(c) 1922 ई. में
(d) 1921 ई. में

66. निम्न में से किस स्थल को 'मृतकों का टीला' के नाम से जाना जाता है?
(a) हड़प्पा (b) धौलावीरा
(c) मोहनजोदड़ो (d) कालीबंगा

67. मोहनजोदड़ो के टीले को खोजने का श्रेय किसे है?
(a) राखालदास बनर्जी
(b) दयाराम साहनी
(c) जॉन मार्शल
(d) माधवस्वरूप वत्स

68. हड़प्पा सभ्यता में विशाल 'स्नानागार' का साक्ष्य कहाँ से प्राप्त हुआ है?
(a) हड़प्पा (b) मोहनजोदड़ो
(c) लोथल (d) धौलावीरा

69. निम्न में से कौन-सा युग्म सुमेलित नहीं है?

	नगर		नदी
(a)	हड़प्पा	–	रावी
(b)	मोहनजोदड़ो	–	सिन्धु
(c)	कालीबंगा	–	घग्घर
(d)	लोथल	–	सतलज

70. सिन्धु घाटी सभ्यता में 'गोदीवाड़ा' का साक्ष्य कहाँ से प्राप्त हुआ है?
(a) धौलावीरा
(b) लोथल
(c) सुरकोटड़ा
(d) चन्हूदड़ो

71. निम्न में से किस धातु का प्रयोग हड़प्पा के लोग नहीं करते थे?
(a) सोना (b) चाँदी
(c) कांसा (d) लोहा

72. किस हड़प्पा सभ्यता स्थल से 'कांस्य नर्तकी की मूर्ति' प्राप्त हुई है?
(a) मोहनजोदड़ो (b) हड़प्पा
(c) कालीबंगा (d) चन्हूदड़ो

73. प्राचीनतम सिक्कों को क्या कहा जाता है?
(a) प्राचीन मुद्रा (b) दीनार
(c) आहत सिक्के (d) स्वर्ण सिक्के

74. 'हाथी गुम्फा अभिलेख' का संबंध किस राजा से है?
(a) रुद्रदामन (b) खारवेल
(c) समुद्रगुप्त (d) अशोक

75. 'प्रयाग स्तम्भ अभिलेख' का संबंध किस राजा से है?
(a) समुद्रगुप्त (b) चन्द्रगुप्त
(c) रुद्रदामन (d) अजातशत्रु

76. सर्वप्रथम सिक्कों पर लेख लिखने का कार्य किसने किया?
(a) गुप्तकालीन शासकों ने
(b) मौर्यकालीन शासकों ने
(c) यवन शासकों ने
(d) उपरोक्त में से कोई नहीं

77. 'गर्तावास' के साक्ष्य कहाँ से मिले हैं?
(a) बुर्जहोम (कश्मीर)
(b) चेचर (बिहार)
(c) लोथल (गुजरात)
(d) रोपड़ (पंजाब)

78. 'जुते हुए खेत' के साक्ष्य कहाँ से मिले हैं?
(a) लोथल (b) कालीबंगा
(c) हड़प्पा (d) चन्हूदड़ो

79. जिस काल का कोई लिखित विवरण प्राप्त नहीं होता उसे क्या कहते हैं?
(a) नवपाषाण काल
(b) पुरापाषाण काल
(c) वैदिक काल
(d) प्रागऐतिहासिक काल

80. आर्य भारत में सबसे पहले कहाँ बसे?
(a) सप्त सिन्धु प्रदेश
(b) गंगा-यमुना दोआब
(c) घग्घर-हकरा पाट
(d) उपरोक्त सभी जगहों पर

81. ऋग्वैदिक काल का सर्वाधिक महत्त्वपूर्ण देवता कौन था?
(a) अग्नि (b) विष्णु
(c) इन्द्र (d) वरुण

82. ऋग्वेद में उल्लिखित नदियों में सर्वाधिक पवित्र नदी कौन-सी थी?
(a) गंगा (b) सरस्वती
(c) यमुना (d) सिन्धु

83. ऋग्वैदिक आर्य किसकी पूजा करते थे?
(a) गाय की (b) वृक्ष की
(c) माता की (d) प्रकृति की

84. ऋग्वेद के दसवें मण्डल में निम्न में से किसका उल्लेख पहली बार मिलता है?
(a) पुरोहित (b) शूद्र
(c) सेनानी (d) सोम रस

85. 'गायत्री मन्त्र' का उल्लेख किस वेद में है?
(a) यजुर्वेद (b) अथर्ववेद
(c) ऋग्वेद (d) सामवेद

86. ऋग्वैदिक आर्यों की भाषा क्या थी?
(a) द्रविड़ (b) संस्कृत
(c) पालि (d) प्राकृत

87. निम्नलिखित में से प्राचीनतम वेद कौन-सा है?
(a) ऋग्वेद (b) सामवेद
(c) यजुर्वेद (d) अथर्ववेद

88. निम्नलिखित में से किस वेद की रचना गद्य एवं पद्य दोनों में की गई है?
(a) ऋग्वेद (b) सामवेद
(c) यजुर्वेद (d) अथर्ववेद

89. ऋग्वेदकाल में विनिमय के माध्यम में किसका प्रयोग किया जाता था?
(a) भूमि (b) मुद्रा
(c) दास (d) गाय

90. ऋग्वैदिक काल की सबसे प्राचीन राजनीतिक संस्था कौन-सी थी?
(a) सभा (b) समिति
(c) विदथ (d) परिषद्

91. निम्न में कौन-सा युग्म सुमेलित नहीं है?

	नदियों के प्राचीन नाम		आधुनिक नाम
(a)	वितस्ता	–	झेलम
(b)	विपासा	–	व्यास
(c)	परुष्णी	–	रावी
(d)	कुम्भा	–	सुवास्तु

92. उत्तरवैदिक काल का सर्वाधिक महत्त्वपूर्ण देवता था
(a) इन्द्र (b) विष्णु
(c) प्रजापति (d) शिव

93. उत्तर वैदिककालीन लोगों ने किस धातु की खोज की?
(a) लोहा (b) कांसा
(c) ताँबा (d) चाँदी

94. भारत का आदर्श राष्ट्रीय वाक्य 'सत्यमेव जयते' कहाँ से लिया गया है?
(a) कठोपनिषद्
(b) मुण्डकोपनिषद्
(c) छान्दोग्य उपनिषद्
(d) ऋग्वेद

95. किस वेद में 'संगीत विद्या' का वर्णन है?
(a) ऋग्वेद (b) सामवेद
(c) यजुर्वेद (d) अथर्ववेद

96. वेदांगों की संख्या कितनी है?
(a) 2 (b) 4
(c) 5 (d) 6

97. भारतीय पुराणों की संख्या कितनी है?
(a) 18 (b) 108 (c) 111 (d) 28

98. निम्नलिखित में से किसे धर्मशास्त्र भी कहा जाता है
(a) वेद (b) पुराण
(c) गीता (d) स्मृति

99. 'ब्रह्म विद्या' का संबंध किस वैदिक साहित्य से है?
(a) वेद (b) उपनिषद
(c) स्मृति (d) पुराण

100. 'न्याय दर्शन' प्रवर्तक किसे माना जाता है?
(a) कपिल (b) पतंजलि
(c) जैमिनी (d) गौतम

101. 'योग दर्शन' का प्रवर्तक किसे माना जाता है
(a) बाबा रामदेव (b) दयानन्द सरस्वती
(c) पतंजलि (d) गौतम

102. जैन धर्म का वास्तविक संस्थापक किसे माना जाता है?
(a) ऋषभदेव (b) नेमिनाथ
(c) महावीर (d) पार्श्वनाथ

103. जैन धर्म के 24वें तथा अन्तिम तीर्थंकर थे
(a) महावीर (b) पार्श्वनाथ
(c) भद्रबाहु (d) स्थूलबाहु

104. पार्श्वनाथ द्वारा प्रतिपादित चार महाव्रतों में महावीर स्वामी ने कौन-सा पाँचवाँ व्रत जोड़ा?
(a) अपरिग्रह (b) ब्रह्मचर्य
(c) सत्य (d) अस्तेय

105. जैन धर्म में 'त्रिरत्न' में निम्नलिखित में से किसे सम्मिलित किया जाता है?
(a) सम्यक् दर्शन (b) सम्यक् ज्ञान
(c) सम्यक् चरित्र (d) ये सभी

106. महावीर का जन्म कहाँ हुआ था?
(a) राजगीर (बिहार)
(b) सारनाथ (उत्तर प्रदेश)
(c) वैशाली (बिहार)
(d) कुशीनगर (उत्तर प्रदेश)

107. 'स्याद्वाद' किस धर्म के दर्शन का मूल आधार है?
(a) जैन धर्म (b) बौद्ध धर्म
(c) शैव धर्म (d) भागवत् धर्म

108. प्रथम जैन संगीति कहाँ आयोजित की गई थी?
(a) सारनाथ (b) पाटलिपुत्र
(c) वल्लभी (d) श्रवणबेलगोला

109. महावीर ने किस भाषा में उपदेश दिया?
(a) प्राकृत (b) संस्कृत
(c) हिन्दी (d) द्रविड़

110. महात्मा बुद्ध का जन्म कहाँ हुआ था?
(a) सारनाथ (b) गया
(c) राजगीर (d) लुम्बिनी

111. महात्मा बुद्ध के 'गृह त्याग' को बौद्ध ग्रन्थों में क्या कहा जाता है?
(a) महापरिनिर्वाण (b) धर्मचक्रप्रवर्तन
(c) महाभिनिष्क्रमण (d) इनमें से कोई नहीं

112. महात्मा बुद्ध को ज्ञान की प्राप्ति कहाँ हुई?
(a) पाटलिपुत्र, गंगा नदी के तट पर
(b) इलाहाबाद, संगम पर
(c) बोधगया (उरुवेला), निरंजना नदी के तट पर
(d) जाम्भिक, ऋजुपालिका नदी के तट पर

113. महात्मा बुद्ध ने अपना पहला उपदेश कहाँ दिया?
(a) लुम्बिनी (b) बोधगया
(c) कुशीनगर (d) सारनाथ

114. बौद्ध धर्म के 'त्रिरत्न' में निम्नलिखित में से किसे सम्मिलित किया जाता हैं?
(a) बुद्ध (b) धम्म
(c) संघ (d) इन सभी को

115. महात्मा बुद्ध ने अपने उपदेश किस भाषा में दिये?
(a) पालि (b) संस्कृत
(c) द्रविड़ (d) इन सभी में

116. महावीर को निर्वाण की प्राप्ति कहाँ हुई?
(a) पावापुरी (b) कुण्डग्राम
(c) वैशाली (d) कुशीनगर

117. मौर्यकालीन समाज एवं संस्कृति के सम्बन्ध में महत्त्वपूर्ण जानकारी मिलती हैं?
(a) इण्डिका
(b) राजतरंगिणी
(c) अर्थशास्त्र
(d) प्रयाग स्तम्भ अभिलेख

118. प्रथम बौद्ध संगीति का आयोजन कहाँ किया गया?
(a) पाटलिपुत्र (b) कुण्डलवन
(c) वैशाली (d) राजगृह

119. चतुर्थ बौद्ध संगीति कुण्डलवन में किसके शासन काल में आयोजित की गई थी?
(a) अशोक (b) कालाशोक
(c) कनिष्क (d) अजातशत्रु

120. गौतम बुद्ध ने सांसारिक दुःखों के बारे में कितने आर्य सत्य बताए हैं?
(a) तीन (b) चार (c) आठ (d) पाँच

121. गौतम बुद्ध की जवीन सम्बन्धी कहानियों का वर्णन किसमें है?
(a) जातक कथा (b) त्रिपिटक
(c) (a) व (b) दोनों में (d) इनमें से कोई नहीं

122. सोलह महाजनपदों के बारे में किस बौद्ध ग्रन्थ से जानकारी मिलती है ?
(a) अंगुत्तरनिकाय (b) महावस्तु
(c) जातक (d) महावंश

123. निम्न में से कौन-सा युग्म सुमेलित नहीं है?

	महाजनपद		राजधानी
(a)	गंधार	–	तक्षशिला
(b)	अंग	–	चम्पा
(c)	मगध	–	गिरिव्रज
(d)	कोशल	–	मथुरा

124. हर्यंक वंश के किस शासक को 'कुणिक' कहा जाता है?
(a) बिम्बिसार (b) अजातशत्रु
(c) उदायिन (d) प्रद्युम्न

125. पाटलिपुत्र नगर की स्थापना किसने की?
(a) बिम्बिसार (b) अजातशत्रु
(c) उदायिन (d) महापद्मनन्द

126. निम्न में से किस शासक ने वैवाहिक सम्बन्धों के आधार पर अपने साम्राज्य को स्थिरता प्रदान की?
(a) बिम्बिसार
(b) अजातशत्रु
(c) उदायिन
(d) कालाशोक

127. अवन्ति को मगध साम्राज्य में मिलाने का श्रेय किस शासक को है?
(a) उदायिन (b) कालाशोक
(c) शिशुनाग (d) महापद्मनन्द

128. कालाशोक की राजधानी कहाँ थी?
(a) वैशाली (b) राजगृह
(c) चम्पा (d) पाटलिपुत्र

129. निम्न में से किस शासक को 'सर्वक्षत्रान्तक' अर्थात् क्षत्रियों का नाश करने वाला कहा गया है?
(a) धननन्द (b) महापद्मनन्द
(c) अजातशत्रु (d) सिकन्दर

130. सिकन्दर के आक्रमण के समय मगध का शासक कौन था?
(a) महापद्मनन्द
(b) चन्द्रगुप्त मौर्य
(c) धननन्द
(d) राष्ट्रपाल

131. सिकन्दर कहाँ का शासक था?
(a) बेबीलोन (b) मकदूनिया
(c) ईरान (d) चीन

132. सिकन्दर एवं पोरस के बीच हुआ 326 ई. पू. का युद्ध किस नाम से जाना जाता है?
(a) पानीपत का युद्ध
(b) वितस्ता या झेलम का युद्ध
(c) दाशराज्ञ युद्ध
(d) अरवेला का युद्ध

133. चन्द्रगुप्त मौर्य की 'सैण्ड्रोकोट्स' के रूप में किसने पहचान की?
(a) जॉन मार्शल (b) विलियम जोन्स
(c) जेम्स प्रिन्सेप (d) वी. स्मिथ

134. चन्द्रगुप्त मौर्य का प्रधानमन्त्री कौन था?
(a) चाणक्य (b) मेगस्थनीज
(c) तुषास्फ (d) उपगुप्त

135. चन्द्रगुप्त मौर्य ने नन्द वंश के किस शासक को समाप्त कर मौर्य वंश की स्थापना की थी?
(a) महापद्मनन्द (b) नन्दिवर्धन
(c) राष्ट्रपाल (d) धननन्द

136. प्रसिद्ध यूनानी राजदूत मेगस्थनीज किसके दरबार में रहता था?
(a) चन्द्रगुप्त मौर्य (b) अशोक
(c) बिन्दुसार (d) दशरथ

137. कौटिल्य की विश्व प्रसिद्ध रचना है
(a) नीतिसार (b) अर्थशास्त्र
(c) मुद्राराक्षस (d) इण्डिका

138. 'इण्डिका' किसकी रचना है?
(a) विष्णुगुप्त (b) चाणक्य
(c) मैगस्थनीज (d) टॉलेमी

139. निम्नलिखित में से कौन-सा कथन असत्य है?
(a) कौटिल्य का दूसरा नाम विष्णुगुप्त या चाणक्य था
(b) चन्द्रगुप्त ने सौराष्ट्र में सुदर्शन झील का निर्माण करवाया था
(c) चन्द्रगुप्त मौर्य ने अपने अन्तिम समय में जैन धर्म की दीक्षा ले श्रवणबेलगोला में प्राण त्याग दिये
(d) उपरोक्त में से कोई नहीं

140. यूनानियों ने किसे 'अमित्रोचेट्स' कहा है?
(a) चन्द्रगुप्त मौर्य (b) अशोक
(c) बिन्दुसार (d) कुणाल

141. मौर्य शासक अशोक ने कलिंग पर कब आक्रमण किया था?
(a) 269 ई.पू. (b) 261 ई.पू.
(c) 259 ई.पू. (d) 251 ई.पू.

142. अशोक के शिलालेखों को सर्वप्रथम किसने पढ़ा?
(a) पाद्रेटी फैन्थेलर (b) विलियम जोन्स
(c) चार्ल्स विल्किन्स (d) जेम्स प्रिन्सेप

143. अशोक के किस शिलालेख में उसकी कलिंग विजय का वर्णन है?
(a) नवें (b) दसवें
(c) ग्यारहवें (d) तेरहवें

144. निम्न में से किस लघु शिलालेख में अशोक का 'बुद्धशाक्य' एवं 'अशोक' नाम मिलता है?
(a) अहरौरा (b) मास्की
(c) एर्रगुडी (d) सहसराम

145. अशोक का कौन-सा अभिलेख दो भाषाओं (ग्रीक, अरामेईक) में प्राप्त होता है?
(a) शरे-कुना (b) शाहबाज-गढ़ी
(c) कालसी (d) रुम्मिनदेई

146. साँची के स्तूप का निर्माण किसने कराया था ?
(a) चन्द्रगुप्त मौर्य (b) बिन्दुसार
(c) अशोक (d) कनिष्क

147. मेगस्थनीज ने भारतीय समाज का वर्गीकरण कितने भागों में किया है?
(a) चार (b) पाँच (c) छह (d) सात

148. किस मौर्य शासक ने 'धम्म' का प्रतिपादन किया था?
(a) चन्द्रगुप्त मौर्य (b) अशोक
(c) दशरथ (d) कुणाल

149. निम्नलिखित में से कौन-सा कथन असत्य है?
(a) अशोक ने धम्म के प्रचार के लिए महेन्द्र एवं संघमित्रा को श्रीलंका भेजा था
(b) चन्द्रगुप्त मौर्य की राजधानी पाटलिपुत्र थी
(c) अशोक के धम्म की परिभाषा 'राहुलोवादसुत्त' नामक बौद्ध ग्रन्थ से ली गई है
(d) उपरोक्त में से कोई नहीं

150. मौर्यकाल में 'विष्टि' किसे कहा जाता था?
(a) धार्मिक कर को (b) सिंचाई कर को
(c) निःशुल्क श्रम को (d) भू-राजस्व को

151. निम्नलिखित में से किस शासक ने 'अश्वमेघ यज्ञ' कराया था?
(a) अशोक (b) दशरथ
(c) पुष्यमित्र शुंग (d) कुणाल

152. प्रसिद्ध व्याकरणाचार्य 'पतंजलि' किसके समकालीन थे ?
(a) अशोक (b) पुष्यमित्र शुंग
(c) वसुदेव (d) कनिष्क

153. शुंग वंश का संस्थापक कौन था?
(a) पुष्यमित्र शुंग (b) पुष्यभूति
(c) अग्निमित्र (d) वसुमित्र

154. 'भूमिदान' का सर्वप्रथम उल्लेख किस राजवंश के समय का प्राप्त होता है?
(a) शुंग (b) कण्व
(c) सातवाहन (d) गुप्त

155. सीसे के सिक्के किस राजवंश के शासकों ने चलाए थे?
(a) शुंग (b) सातवाहन
(c) कुषाण (d) गुप्त

156. भारत में सबसे पहले किस वंश के शासकों ने सोने के सिक्के चलाए?
(a) इण्डो ग्रीक (b) शक
(c) पहलव (d) कुषाण

157. किस राजा के शासनकाल में ईसाई धर्म प्रचारक 'सेण्ट थॉमस' भारत आया?
(a) मिनाण्डर (b) कनिष्क
(c) गोन्दोफर्निस (d) कुषाण

158. गुप्त वंश का संस्थापक कौन था?
(a) घटोत्कच गुप्त (b) चन्द्रगुप्त प्रथम
(c) श्रीगुप्त (d) रामगुप्त

159. गुप्त वंश के किस शासक ने सर्वप्रथम 'महाराजाधिराज' की उपाधि धारण की?
(a) श्रीगुप्त (b) घटोत्कच गुप्त
(c) चन्द्रगुप्त प्रथम (d) समुद्रगुप्त

160. किस गुप्त शासक को 'कविराज' कहा गया?
(a) समुद्रगुप्त (b) रामगुप्त
(c) स्कन्दगुप्त (d) कुमारगुप्त

161. किस गुप्त शासक को 'भारत का नेपोलियन' कहा जाता है?
(a) चन्द्रगुप्त द्वितीय (b) समुद्रगुप्त
(c) रामगुप्त (d) कुमारगुप्त

162. श्रीलंका के राजा मेघवर्मन ने किस गुप्त शासक से भगवान बुद्ध का मन्दिर बनवाने की अनुमति माँगी थी?
(a) समुद्रगुप्त (b) स्कन्दगुप्त
(c) कुमारगुप्त (d) उपगुप्त

163. चीनी यात्री फाह्यान किसके शासनकाल में भारत आया था?
(a) समुद्रगुप्त (b) चन्द्रगुप्त प्रथम
(c) चन्द्रगुप्त द्वितीय (d) कुमारगुप्त

164. चन्द्रगुप्त विक्रमादित्य ने किस उपलक्ष में चाँदी के सिक्के जारी किए थे?
(a) राजा बनने के
(b) हूणों को पराजित करने के
(c) शादी करने के
(d) शकों को पराजित करने के

165. गुप्तकालीन 'नवरत्न' किस शासक के दरबार में थे?
(a) कुमारगुप्त (b) स्कन्दगुप्त
(c) समुद्रगुप्त (d) चन्द्रगुप्त द्वितीय

166. निम्नलिखित में से कौन-सा कथन सत्य है?
(a) मेहरौली के स्तम्भ लेख का सम्बन्ध चन्द्रगुप्त द्वितीय से है
(b) नालन्दा विश्वविद्यालय की स्थापना कुमारगुप्त ने की थी
(c) भारत पर हूणों का आक्रमण स्कन्दगुप्त के समय में हुआ
(d) उपरोक्त सभी

167. गुप्तकालीन स्वर्ण सिक्कों को क्या कहा जाता था?
(a) दीनार (b) रूपक
(c) कार्षापण (d) निष्क

168. मन्दिर निर्माण की कला का जन्म सर्वप्रथम कब हुआ?
(a) मौर्य काल में (b) गुप्त काल में
(c) कुषाण काल में (d) सैन्धव काल में

169. गुप्त स्थापत्य कला का सर्वोत्कृष्ट नमूना है
(a) देवगढ़ का दशावतार मन्दिर
(b) तिगवा का विष्णु मन्दिर
(c) भितरगांव का मन्दिर
(d) भूमरा का शिव मन्दिर

170. सर्वाधिक सोने के सिक्के किस काल में चलाये गए?
(a) गुप्त (b) कुषाण
(c) वर्द्धन (d) मौर्य

171. हर्षवर्द्धन की राजधानी थी
(a) थानेश्वर (b) पाटलिपुत्र
(c) उज्जैन (d) कन्नौज

172. चीनी यात्री ह्वेनसांग किसके शासनकाल में भारत आया था?
(a) चन्द्रगुप्त द्वितीय (b) कुमारगुप्त
(c) हर्षवर्द्धन (d) राज्यवर्द्धन

173. 'प्रयाग प्रशस्ति' की रचना किसने की थी?
(a) बाणभट्ट (b) हरिषेण
(c) रविकीर्ति (d) कालिदास

174. हर्षवर्द्धन को नर्मदा नदी के तट पर किस शासक ने हराया था?
(a) पुलकेशिन प्रथम
(b) अमोघवर्ष
(c) पुलकेशिन द्वितीय
(d) देवपाल

175. कन्नौज के लिये हुए त्रिपक्षीय युद्ध को अन्तत: किसने जीता?
(a) पाल (b) प्रतिहार
(c) राष्ट्रकूट (d) चालुक्य

176. एलोरा के 'कैलाश मन्दिर' का निर्माण किसने करवाया था?
(a) कृष्ण प्रथम (b) इन्द्र प्रथम
(c) इन्द्र तृतीय (d) कृष्ण तृतीय

177. 'स्थानीय स्वशासन' किसके प्रशासन की विशेषता थी?
(a) चेरों की (b) पल्लवों की
(c) चोलों की (d) पालों की

178. निम्नलिखित में से किसके शासनकाल को साहित्य और कला का स्वर्ण-काल कहा जाता है?
(a) समुद्रगुप्त (b) चन्द्रगुप्त मौर्य
(c) चन्द्रगुप्त द्वितीय (d) अजातशत्रु

179. नालन्दा विश्वविद्यालय की स्थापना किसके शासन काल में की गई?
(a) स्कन्दगुप्त (b) कुमारगुप्त प्रथम
(c) चन्द्रगुप्त (d) समुद्रगुप्त

180. 'राजतरंगिणी' के रचयिता हैं
(a) कालिदास (b) कल्हण
(c) बाणभट्ट (d) इनमें से कोई नहीं

181. कल्हण द्वारा रचित राजतरंगिणी में किसके इतिहास का वर्णन है?
(a) विजयनगर (b) राजगृह
(c) कश्मीर (d) पाटलिपुत्र

182. तंजौर के वृहदेश्वर मंदिर का निर्माण किसने करवाया?
(a) नरसिंह प्रथम
(b) चन्द्रगुप्त विक्रमादित्य
(c) राजेन्द्र प्रथम
(d) राजराज प्रथम

183. 712 ई. में भारत पर पहला सफल मुस्लिम आक्रमण किसके द्वारा किया गया?
(a) मुहम्मद बिन कासिम
(b) मुहम्मद हज्जाल
(c) महमूद गजनवी
(d) मुहम्मद गोरी

184. महमूद गजनवी ने भारत पर कुल कितने आक्रमण किए?
(a) 15 (b) 16
(c) 17 (d) 19

185. महमूद गजनवी के आक्रमणों में सबसे महत्त्वपूर्ण आक्रमण कौन-सा था?
(a) वैहिन्द पर आक्रमण
(b) सोमनाथ पर आक्रमण
(c) कालिंजर पर आक्रमण
(d) नारायणपुर पर आक्रमण

186. महमूद गजनवी के भारत पर आक्रमण के समय भारत आए विद्वान् 'अलबरूनी' ने किस ग्रन्थ की रचना की?
(a) किताब-उल-रहला (b) शाहनामा
(c) राजतरंगिणी (d) किताब-उल-हिन्द

187. भारत का वह पहला शासक कौन था जिसने मुहम्मद गोरी को पराजित किया था?
(a) पृथ्वीराज चौहान (b) मूलराज प्रथम
(c) मूलराज द्वितीय (d) जयचन्द

188. 'शाहनामा' के रचयिता हैं
(a) फिरदौसी (b) उत्बी
(c) अमीर खुसरो (d) अलबरूनी

189. दिल्ली सल्तनत के किस सुल्तान की मृत्यु चौगान (पोलो) खेलते समय हो गई?
(a) इल्तुतमिश
(b) बलबन
(c) कुतुबुद्दीन ऐबक
(d) अलाउद्दीन खिलजी

190. 'कुतुबमीनार' का निर्माण किस सूफी की याद में किया गया था?
(a) निजामुद्दीन औलिया
(b) कुतुबुद्दीन बख्तियार काकी
(c) मुहम्मद गौस
(d) सलीम चिश्ती

191. भारत की प्रथम मुस्लिम महिला शासिका कौन थी?
(a) चाँद बीबी (b) रजिया सुल्तान
(c) गुलबदन बेगम (d) नूरजहाँ

192. 'इक्तादारी' प्रथा किसने प्रारम्भ की?
(a) मुहम्मद गोरी
(b) मुहम्मद बिन तुगलक
(c) सिकन्दर लोदी
(d) इल्तुतमिश

193. भारत में 'सिजदा' एवं 'पाबोस' प्रथा की किसने शुरूआत की?
(a) बलबन
(b) इल्तुतमिश
(c) मुहम्मद बिन तुगलक
(d) उपरोक्त में से कोई नहीं

194. निम्न में से किस सुल्तान ने बाजार नियन्त्रण व्यवस्था लागू की ?
(a) इल्तुतमिश
(b) बलबन
(c) अलाउद्दीन खिलजी
(d) सिकन्दर लोदी

195. 'तूती-ए-हिन्द' (हिन्द का तोता) किसे कहा जाता था?
(a) अमीर खुसरो (b) अलबरूनी
(c) अबुल फजल (d) बदायूँनी

196. मुहम्मद बिन तुगलक ने अपनी राजधानी दिल्ली से कहाँ स्थानान्तरित की थी?
(a) लाहौर (b) आगरा
(c) कराची (d) दौलताबाद

197. 'किताब-उल-रेहला' का लेखक इब्नबतूता कहाँ का निवासी था?
(a) सऊदी अरब (b) मोरक्को
(c) तुर्की (d) पुर्तगाल

198. 'दीवान-ए-अमीर-कोही' विभाग की स्थापना किस सुल्तान ने की थी?
(a) मुहम्मद बिन तुगलक
(b) फिरोज तुगलक
(c) सिकन्दर लोदी
(d) बहलोल लोदी

199. सल्तनतकालीन किस सुल्तान ने सर्वप्रथम किसानों पर 'सिंचाई कर' तथा ब्राह्मणों पर 'जजिया कर' लगाया?
(a) अलाउद्दीन खिलजी
(b) मुहम्मद बिन तुगलक
(c) फिरोज तुगलक
(d) सिकन्दर लोदी

200. 'सांकेतिक मुद्रा' का प्रचलन किस शासक ने किया?
(a) मुहम्मद बिन तुगलक
(b) फिरोज तुगलक
(c) शेरशाह
(d) शाहजहाँ

201. दिल्ली सल्तनत का कौन सुल्तान 'गुलरुखी' उपनाम से कविताएँ लिखता था?
(a) फिरोज तुगलक (b) बहलोल लोदी
(c) खिज्र खाँ (d) सिकन्दर लोदी

202. किस सुल्तान ने 'टोपरा' तथा 'मेरठ' से अशोक स्तम्भ लाकर दिल्ली में स्थापित करवाया?
(a) फिरोज तुगलक
(b) नासिरुद्दीन महमूद
(c) बहलोल लोदी
(d) सिकन्दर लोदी

203. बाबर के आक्रमण के समय दिल्ली का सुल्तान कौन था?
(a) बहलोल लोदी
(b) इब्राहिम लोदी
(c) सिकन्दर लोदी
(d) राणा साँगा

204. 1336 ई. में विजयनगर साम्राज्य की स्थापना किसने की?
(a) कृष्णदेव राय ने
(b) सदाशिव राय ने
(c) हरिहर तथा बुक्का ने
(d) देवराय ने

205. 'अष्ट दिग्गज' किस शासक के दरबार को सुशोभित करते थे?
(a) कृष्णदेव राय के (b) हरिहर द्वितीय के
(c) देवराय द्वितीय के (d) नरसिंह सालुव के

206. कृष्णदेव राय द्वारा रचित 'अमुक्तमाल्यद' किस भाषा का ग्रन्थ है?
(a) हिन्दी (b) संस्कृत
(c) फारसी (d) तेलुगू

207. प्रसिद्ध 'विट्ठल स्वामी का मन्दिर' तथा 'हजारा का मन्दिर' का निर्माण किसने करवाया था?
(a) देवराय द्वितीय (b) हरिहर द्वितीय
(c) कृष्णदेव राय (d) बुक्का प्रथम

208. ख्वाजा मुईनुद्दीन चिश्ती की दरगाह कहाँ स्थित है?
(a) आगरा (b) अजमेर (c) दिल्ली (d) लाहौर

209. सुहरावर्दी सिलसिला का मुख्य केन्द्र कहाँ था?
(a) बिहार (b) महाराष्ट्र
(c) पंजाब (d) गुजरात

210. सूफी सन्तों के शिष्यों को क्या कहा जाता था?
(a) पीर (b) वली
(c) मुरीद (d) ये सभी

211. 'विशिष्टाद्वैत' मत के प्रवर्तक हैं
(a) शंकराचार्य (b) मधवाचार्य
(c) निम्बार्काचार्य (d) रामानुजाचार्य

212. 'अद्वैत वाद' मत को प्रवर्तन किसने किया था?
(a) शंकराचार्य (b) कबीर
(c) चैतन्य (d) निम्बार्काचार्य

213. उत्तर भारत में भक्ति आन्दोलन के विस्तार का श्रेय किसे है?
(a) कबीर (b) चैतन्य
(c) मीराबाई (d) रामानन्द

214. निम्न में से किस सन्त का सम्बन्ध जुलाहा जाति से था?
(a) कबीर (b) धन्ना
(c) रैदास (d) दादू दयाल

215. 'दोहावली', 'कवितावली, 'विनयपत्रिका' जैसी भक्ति रचनाएँ किस भक्ति सन्त की हैं?
(a) कबीरदास (b) तुलसीदास
(c) सूरदास (d) रैदास

216. महात्मा गाँधी के प्रिय भजन 'वैष्णव जन ते तेने कहिए' के रचयिता कौन थे?
(a) शंकर देव (b) मीराबाई
(c) नामदेव (d) नरसी मेहता

217. 'साखी' एवं 'सबद' रचनाएँ किस संत की हैं?
(a) कबीर (b) तुलसीदास
(c) सूरदास (d) रामानन्द

218. पानीपत का प्रथम युद्ध (1526 ई.) किनके मध्य हुआ था?
(a) बाबर-इब्राहिम लोदी
(b) बाबर-राणा सांगा
(c) गोरी-जयचन्द
(d) गोरी-पृथ्वीराज चौहान

219. भारत में मुगल वंश का संस्थापक था
(a) अकबर (b) हुमायूँ
(c) बाबर (d) जहाँगीर

220. किस शासक की मृत्यु पुस्तकालय की सीढ़ियों से गिरने के कारण हुई?
(a) बाबर (b) हुमायूँ
(c) जहाँगीर (d) फर्रूखसियर

221. शेरशाह का प्रारम्भिक नाम क्या था?
(a) जूना खाँ (b) शेर खाँ
(c) हसन खाँ (d) फरीद खाँ

222. दिल्ली स्थित 'पुराना किला' का निर्माण किसने करवाया था?
(a) हुमायूँ (b) शेरशाह
(c) शाहजहाँ (d) औरंगजेब

223. शेरशाह का मकबरा कहाँ अवस्थित है?
(a) पटना (b) सीतामढ़ी
(c) सासाराम (d) रोहतास गढ़

224. पानीपत का द्वितीय युद्ध कब हुआ था?
(a) 1536 ई. में (b) 1556 ई. में
(c) 1750 ई. में (d) 1761 ई. में

225. प्रसिद्ध हल्दी घाटी का युद्ध (1576 ई.) किनके मध्य लड़ा गया था?
(a) अकबर-हेमू
(b) अकबर-राणा सांगा
(c) अकबर-राणा प्रताप
(d) बाबर-मेदिनी राय

226. 'अकबर नामा' के रचनाकार थे
(a) फैजी (b) अबुल फजल
(c) गुलबदन बेगम (d) बदायूँनी

227. अकबर ने 'दीन-ए-इलाही' का प्रवर्तन किस वर्ष किया?
(a) 1575 ई. (b) 1581 ई.
(c) 1582 ई. (d) 1583 ई.

228. निम्न में से किस मुगल शासक ने 'न्याय की जंजीर' लगवाई थी?
(a) अकबर (b) जहाँगीर
(c) शाहजहाँ (d) औरंगजेब

229. 'नूरजहाँ' का वास्तविक नाम क्या था?
(a) मेहरुन्निसां (b) चाँदबीबी
(c) अस्तमत बेगम (d) इनमें से कोई नहीं

230. किस मुगल शासक के शासनकाल में 'चित्रकला' का सर्वाधिक विकास हुआ था?
(a) अकबर (b) शाहजहाँ
(c) बाबर (d) जहाँगीर

231. निम्न में से किसके शासनकाल को वास्तुकला की दृष्टि से 'स्वर्ण-काल' कहा जाता है?
(a) अकबर (b) जहाँगीर
(c) शाहजहाँ (d) ये सभी

232. शाहजहाँ ने आगरा का 'ताजमहल' किसकी स्मृति में बनवाया?
(a) रोशन आरा (b) गुलबदन बेगम
(c) नूरजहाँ (d) मुमताज महल

233. किस मुगल बादशाह ने हिन्दुओं पर 'जजिया' नामक कर लगाया था?
(a) जहाँगीर (b) शाहजहाँ
(c) औरंगजेब (d) ये सभी

234. जाटों ने सर्वप्रथम किसके नेतृत्व में 1669 ई. में औरंगजेब के विरुद्ध विद्रोह किया?
(a) गोकुल (b) राजाराम
(c) चूड़ामन (d) सूरजमल

235. 'गुरु ग्रन्थ साहिब' का संकलन किस सिख गुरु ने किया?
(a) गुरु नानक (b) गुरु अर्जुन देव
(c) गुरु हर राय (d) गुरु गोविन्द सिंह

236. निम्न में से किस सिख गुरु ने 'खालसा' सेना की स्थापना तथा 'पाहुल' पर्व का प्रवर्तन किया?
(a) गुरु अर्जुन देव
(b) गुरु तेग बहादुर
(c) गुरु हरगोविन्द सिंह
(d) गुरु गोविन्द सिंह

237. सिखों के दसवें तथा अन्तिम गुरु, गुरु गोविन्द सिंह का जन्म कहाँ हुआ था?
(a) अमृतसर (b) लुधियाना
(c) पटना (d) दिल्ली

238. भारतीय इतिहास में 'राजा बनाने वाले' के नाम से प्रसिद्ध सैयद बन्धु कौन-कौन थे?
(a) अब्दुल्ला खाँ एवं हुसैन अली
(b) अब्दुल्ला खाँ एवं सादात खाँ
(c) चिनिकिलिच खाँ एवं सादात खाँ
(d) मुर्शीद कुली खाँ एवं हुसैन अली

239. किस मुगल शासक ने 'ईस्ट इण्डिया कम्पनी' को बंगाल में व्यापार करने का विशेषाधिकार प्रदान किया था?
(a) मुहम्मद शाह
(b) फर्रुखसियर
(c) बहादुर शाह प्रथम
(d) अहमदशाह

240. नादिरशाह ने 1739 ई. में किस मुगल बादशाह के कार्यकाल में दिल्ली पर आक्रमण किया था?
(a) फर्रुखसियर (b) अहमद द्वितीय
(c) आलमगीर द्वितीय (d) मुहम्मद शाह

241. शिवाजी की राजधानी कहाँ अवस्थित थी?
(a) तोरण (b) रायगढ़
(c) पूना (d) मावल

242. किस शासक की मन्त्रिपरिषद् को 'अष्ट प्रधान' की संज्ञा दी गई थी?
(a) शिवाजी (b) कृष्णदेव राय
(c) अकबर (d) चन्द्रगुप्त द्वितीय

243. मराठा प्रशासन में 'चौथ' एवं 'सरदेशमुखी' क्या था?
(a) सेना का भाग (b) तोपखाना
(c) एक प्रकार का कर (d) पद

244. निम्न में से किस शासक ने 'स्वतन्त्रता का वृक्ष' लगाया तथा फ्रांस के 'जैकोबिन क्लब' का सदस्य बना?
(a) हैदर अली (b) टीपू सुल्तान
(c) बाजीराव II (d) सादात खाँ

245. हैदराबाद राज्य का संस्थापक कौन था?
(a) चिनकिलिच खाँ (b) सादात खाँ
(c) मुर्शीद कुली खाँ (d) सवाई जयसिंह

246. 'जयपुर' नगर की स्थापना किसने की?
(a) मानसिंह (b) अमर सिंह
(c) राणा प्रताप (d) सवाई जयसिंह

247. पानीपत का तृतीय युद्ध (1761 ई.) किनके मध्य लड़ा गया था?
(a) मराठा-अफगान
(b) मराठा-मुगल
(c) अफगान-मुगल
(d) अफगान-टीपू सुल्तान

248. मयूर सिंहासन का निर्माण किसने करवाया था?
(a) शेरशाह (b) औरंगजेब
(c) जहाँगीर (d) शाहजहाँ

249. ग्रैंड-ट्रंक रोड का निर्माण किसने करवाया?
(a) शेरशाह (b) शाहजहाँ
(c) अकबर (d) जहाँगीर

250. 'आईन-ए-अकबरी' का रचयिता है
(a) बाबर (b) अबुलफजल
(c) रहीम (d) हुमायूँ

251. पुरन्दर की सन्धि किनके बीच हुई?
(a) शिवाजी एवं राजा जयसिंह
(b) शिवाजी एवं औरंगजेब
(c) बाबर एवं इब्राहीम लोदी
(d) शेरशाह एवं हुमायूँ

252. मराठों के प्रथम पेशवा कौन थे?
(a) बालाजी विश्वनाथ (b) बाजीराव प्रथम
(c) शिवाजी (d) बाजीराव द्वितीय

253. भारत में सर्वप्रथम आने वाले यूरोपीय व्यापारी कौन थे?
(a) अंग्रेज (b) पुर्तगाली
(c) डच (d) फ्रांसीसी

254. भारत आने वाला सबसे पहला पुर्तगाली कौन था?
(a) कोलम्बस
(b) फ्रांसिस्को डी अलमीडा
(c) अल्बुकर्क
(d) वास्कोडिगामा

255. भारत में पहला पुर्तगाली गवर्नर था
(a) वास्कोडिगामा
(b) नुनो-डी-कुन्हा
(c) अलफांसो द अल्बुकर्क
(d) फ्रांसिस्को डी अलमीडा

256. डचों ने अपनी पहला कारखाना कहाँ स्थापित किया?
(a) पुलीकट (b) सूरत
(c) मसूलीपट्टम् (d) चिनसुरा

257. डचों का भारत से अन्तिम पतन अंग्रेजों के साथ हुई किस लड़ाई से हुआ?
(a) वाण्डीवाश का युद्ध
(b) बेदरा का युद्ध
(c) प्रथम कर्नाटक युद्ध
(d) सप्तवर्षीय युद्ध

258. ईस्ट इण्डिया कम्पनी की स्थापना कब की गई?
(a) 1600 ई. में (b) 1602 ई. में
(c) 1608 ई. में (d) 1615 ई. में

259. ब्रिटेन के सम्राट जेम्स प्रथम के राजदूत के रूप में जहाँगीर के दरबार में आने वाला यात्री कौन था?
(a) राल्फ फिंच (b) टॉमस रो
(c) एडवर्ड टैरी (d) रॉबर्ट क्लाइव

260. ईस्ट इण्डिया कम्पनी को 3000 रु. के बदले बंगाल में नि:शुल्क व्यापार करने का अधिकार कब प्राप्त हुआ?
(a) 1715 ई. में (b) 1716 ई. में
(c) 1717 ई. में (d) 1719 ई. में

261. अंग्रेजों ने सर्वप्रथम अपनी व्यापारिक कोठी कहाँ स्थापित की?
(a) मसूलीपट्टम (b) पटना
(c) बालासोर (d) सूरत

262. कलकत्ता शहर की नींव किसने डाली?
(a) जाब चार्नाक (b) टॉमस रो
(c) विलियम हॉकिन्स (d) वारेन हेस्टिंग्स

263. भारत में फ्रांसीसियों ने पहली फैक्ट्री कहाँ स्थापित की?
(a) मसूलीपट्टम (b) सूरत
(c) पाण्डिचेरी (d) मद्रास

264. यूरोपीय व्यापारियों की प्रारम्भ में किसके व्यापार में अधिक रुचि थी?
(a) मसाले (b) सूती वस्त्र
(c) नील (d) अफीम

265. यूरोपीय व्यापारियों के भारत आगमन का सही क्रम कौन-सा है?
(a) पुर्तगाली-ब्रिटिश-डच-डेन-फ्रेंच
(b) पुर्तगाली-डच-डेन-ब्रिटिश-फ्रेंच
(c) पुर्तगाली-डच-ब्रिटिश-डेन-फ्रेंच
(d) पुर्तगाली-ब्रिटिश-डच-फ्रेंच-डेन

266. वह पुर्तगाली कौन था, जिसने गोवा पर अधिकार किया था?
(a) फ्रांसिस्को डी अलमीडा
(b) अलफांसो डी अल्बुकर्क
(c) वास्कोडिगामा
(d) उपरोक्त में से कोई नहीं

267. भारत तक पहुँचने के समुद्री मार्ग की खोज की गई थी
(a) पुर्तगालियों द्वारा (b) अंग्रेजों द्वारा
(c) डचों द्वारा (d) फ्रांसीसियों द्वारा

268. ईस्ट इंडिया कंपनी ने भारत में अपनी पहली फैक्ट्री कहाँ स्थापित की?
(a) बम्बई (b) कलकत्ता
(c) सूरत (d) कानपुर

269. प्लासी का युद्ध कब हुआ?
(a) 1757 ई. (b) 1764 ई.
(c) 1758 ई. (d) 1766 ई.

270. बक्सर का युद्ध कब हुआ
(a) 1757 ई. (b) 1764 ई.
(c) 1758 ई. (d) 1766 ई.

271. वास्कोडिगामा भारत कब आया था?
(a) 1498 ई. (b) 1757 ई.
(c) 1510 ई. (d) 1600 ई.

272. कर्नाटक युद्ध किस-किन के मध्य लड़ा गया?
(a) अंग्रेज व फ्रांसीसी (b) अंग्रेज व उच्च
(c) अंग्रेज व मराठे (d) हैदरअली व मराठे

273. प्लासी का युद्ध (1757 ई.) किसके मध्य लड़ा गया था?
(a) मीरजाफर एवं अंग्रेज
(b) मीरकासिम एवं अंग्रेज
(c) सिराजुद्दौला एवं अंग्रेज
(d) शुजाउद्दौला एवं अंग्रेज

274. मीरकासिम ने अपनी राजधानी मुर्शीदाबाद से हटाकर कहाँ स्थानान्तरित की?
(a) मुंगेर (b) बक्सर
(c) इलाहाबाद (d) पटना

275. बक्सर की लड़ाई (1764 ई.) में मीरकासिम का साथ किन शासकों ने दिया था?
(a) शाहआलम द्वितीय (मुगल सम्राट)
(b) शुजाउद्दौला (अवध का नवाब)
(c) टीपू सुल्तान (मैसूर का शासक)
(d) (a) एवं (b)

276. बंगाल में 'द्वैध शासन प्रणाली' की समाप्ति किसने की?
(a) वारेन हेस्टिंग्स (b) रॉबर्ट क्लाइव
(c) लॉर्ड कार्नवालिस (d) लॉर्ड वेलेजली

277. बंगाल में 'स्थायी बन्दोबस्त' किसने लागू किया?
(a) लॉर्ड वेलेजली (b) लॉर्ड डलहौजी
(c) लॉर्ड कार्नवालिस (d) लॉर्ड रिपन

278. बंगाल का प्रथम गवर्नर जनरल कौन था?
(a) लॉर्ड विलियम बैंटिक
(b) वारेन हेस्टिंग्स
(c) रॉबर्ट क्लाइव
(d) इम्पे

279. भारत का प्रथम गवर्नर जनरल कौन था?
(a) लॉर्ड रिपन
(b) लॉर्ड कैनिंग
(c) वारेन हेस्टिंग्स
(d) लॉर्ड विलियम बैण्टिक

280. 'सहायक सन्धि' पर हस्ताक्षर करने वाला पहला शासक था
(a) हैदराबाद का निजाम
(b) पेशवा बाजीराव द्वितीय
(c) अवध का नवाब
(d) टीपू सुल्तान

281. निम्नलिखित में से किस युद्ध में फ्रांसीसियों की निर्णायक हार हुई तथा अंग्रेजों की सर्वोच्चता स्थापित हुई?
(a) वाण्डीवाश का युद्ध
(b) बेदरा का युद्ध
(c) प्रथम कर्नाटक युद्ध
(d) तृतीय कर्नाटक युद्ध

282. 'सती प्रथा' का अन्त तथा 'ठगी प्रथा' को समाप्त करने का श्रेय किसे है?
(a) लॉर्ड मेयो
(b) लॉर्ड कैनिंग
(c) लॉर्ड डलहौजी
(d) लॉर्ड विलियम बैण्टिक

283. राज्यालय/हड़प नीति/गोद निषेध सिद्धान्त किसके द्वारा लागू किया गया था?
(a) लॉर्ड मेयो
(b) लॉर्ड लिटन
(c) लॉर्ड डलहौजी
(d) लॉर्ड कैनिंग

284. हड़प नीति/राज्यालय सिद्धान्त के द्वारा सर्वप्रथम किस राज्य को ब्रिटिश साम्राज्य में मिलाया गया?
(a) सतारा (b) नागपुर
(c) झाँसी (d) मैसूर

285. भारत में आधुनिक शिक्षा प्रणाली की नींव किससे पड़ी?
(a) 1813 ई. के चार्ट अधिनियम से
(b) 1835 ई. के मैकॉले मैन्यूट से
(c) 1854 ई. के वुड डिस्पैच से
(d) 1882 ई. के हण्टर आयोग से

286. सिन्ध विजय का श्रेय किसे दिया जाता है?
(a) मैकॉले
(b) अलेक्जेण्डर बर्न्स
(c) आउट्रम
(d) चार्ल्स नेपियर

287. भारत में समाचार-पत्रों पर से प्रतिबन्ध हटाने का श्रेय किसे है?
(a) चार्ल्स मेटकॉफ
(b) विलियम बैंटिक
(c) चार्ल्स मैकॉले
(d) चार्ल्स वुड

288. निम्नलिखित में से किस अधिनियम के द्वारा ईस्ट इण्डिया कम्पनी का भारत के साथ व्यापारिक एकाधिकार समाप्त कर दिया गया?
(a) 1813 ई. का चार्टर अधिनियम
(b) 1833 ई. का चार्टर अधिनियम
(c) 1858 ई. का अधिनियम
(d) 1861 ई. का भारतीय परिषद् अधिनियम

289. भारत में पहली रेल किस वर्ष चली?
(a) 1852 ई. (b) 1853 ई.
(c) 1854 ई. (d) 1855 ई.

290. भारतीय शिक्षा का 'मैग्नाकार्टा' किसे कहा जाता है?
(a) हण्टर कमीशन
(b) मैकॉले मैन्यूट
(c) वुड डिस्पैच
(d) 1813 ई. का चार्टर अधिनियम

291. किस अधिनियम के द्वारा बंगाल के गवर्नर जनरल को भारत का गवर्नर जनरल बना दिया गया?
(a) 1773 ई. का रेग्यूलेटिंग अधिनियम
(b) 1793 ई. का चार्टर अधिनियम
(c) 1813 ई. का चार्टर अधिनियम
(d) 1833 ई. का चार्टर अधिनियम

292. मराठों की अन्तिम पराजय के बाद पेशवा बाजीराव द्वितीय को पेंशन भोगी बनाकर कहाँ भेज दिया गया?
(a) सतारा (b) नागपुर
(c) बिठूर (d) त्रिवेन्द्रम्

293. 'दिल्ली दरबार', 'वर्नाक्यूलर प्रेस अधिनियम', 'भारतीय शस्त्र अधिनियम' जैसी घटनाओं का सम्बन्ध किस वायसराय से है ?
(a) लॉर्ड मेयो (b) लॉर्ड रिपन
(c) लॉर्ड डफरिन (d) लॉर्ड लिटन

294. किस वायसराय को भारत में 'स्थानीय स्वशासन' की स्थापना का श्रेय है?
(a) लॉर्ड लिटन (b) लॉर्ड नॉर्थब्रुक
(c) लॉर्ड रिपन (d) लॉर्ड डफरिन

295. बंगाल में हुए 'पागलपंथी विद्रोह' को किसने नेतृत्व प्रदान किया ?
(a) करम शाह (b) टीपू
(c) शरीयतुल्ला (d) भूषण सिंह

296. असम के 'अहोम विद्रोह' का नायक था
(a) सिद्धू (b) चित्तर सिंह
(c) गोमधर कुँवर (d) सेवरम्

297. बंकिमचन्द्र चटर्जी के उपन्यास 'आनन्द मठ' में किस विद्रोह का उल्लेख है?
(a) पागलपंथी (b) सन्थाल
(c) मुण्डा (d) संन्यासी

298. वहाबी आन्दोलन के प्रवर्तक कौन थे?
(a) शरीयतुल्ला (b) मौलाना अली
(c) शौकत अली (d) सैयद अहमद

299. 'उलगुलान' विद्रोह का सम्बन्ध है
(a) सिद्धू से (b) कान्हू से
(c) बिरसा मुण्डा से (d) इन सभी से

300. सन्थाल विद्रोह (1855-56 ई.) का नेतृत्व किसने किया था?
(a) सिद्धू (b) कान्हू
(c) बिरसा मुण्डा (d) (a) एवं (b)

301. 1857 ई. का सिपाही विद्रोह कहाँ से प्रारम्भ हुआ?
(a) बैरकपुर (b) रोहिणी
(c) मेरठ (d) दिल्ली

302. 1857 ई. के विद्रोह के समय भारत का गवर्नर जनरल कौन था?
(a) लॉर्ड डलहौजी (b) लॉर्ड कैनिंग
(c) लॉर्ड रिपन (d) लॉर्ड डफरिन

303. 1857 ई. के विद्रोह का तात्कालिक कारण क्या था?
(a) सैनिकों को विदेश भेजा जाना
(b) सैनिकों के कान में कुण्डल पहनने तथा माथे पर चन्दन लगाने पर रोक
(c) सैनिकों को अतिरिक्त भत्ता न दिया जाना
(d) सैनिकों द्वारा चर्बी युक्त कारतूस का प्रयोग

304. बिहार में 1857 ई. के विद्रोह को किसने नेतृत्व प्रदान किया था?
(a) अमर सिंह (b) कुँवर सिंह
(c) धर्मवीर सिंह (d) मंगल पाण्डे

305. लखनऊ में 1857 ई. के विद्रोह का नेतृत्व किसने किया?
(a) विरजिस कादिर
(b) बेगम हजरत महल
(c) तात्यां टोपे
(d) नाना साहब

306. 1857 ई. के विद्रोह के समय सैनिकों ने किसे भारत का सम्राट घोषित किया?
(a) बहादुर शाह द्वितीय
(b) बख्त खान
(c) नाना साहब
(d) कुँवर सिंह

307. नील आन्दोलन (1859-60 ई.) का नेतृत्व किसने किया था?
(a) नील विश्वास
(b) दिगम्बर विश्वास
(c) विष्णु विश्वास
(d) (b) एवं (c)

308. 'तेभागा आन्दोलन' कहाँ हुआ था?
(a) बिहार (b) बंगाल
(c) उड़ीसा (d) गुजरात

309. 'कूका आन्दोलन' के संस्थापक थे
(a) भगत जवाहर मल (b) बाबा राम सिंह
(c) बाबा रामचन्द्र (d) जतरा भगत

310. 'भारतीय पुनर्जागरण का मसीहा' किसे माना जाता है?
(a) राजा राममोहन राय
(b) केशव चन्द्र सेन
(c) स्वामी दयानन्द सरस्वती
(d) स्वामी विवेकानन्द

311. राजा राममोहन राय ने 'ब्रह्म समाज' की स्थापना कब की?
(a) 1827 ई. में (b) 1828 ई. में
(c) 1829 ई. में (d) 1830 ई. में

312. किसके अनुयायियों को 'यंग बंगाल' कहा जाता था?
(a) राजा राममोहन राय
(b) डेविड हेयर
(c) हेनरी विवियन डेराजियो
(d) जी. आर. भण्डारकर

313. 'सत्यार्थ प्रकाश' किसकी कृति है?
(a) स्वामी विवेकानन्द
(b) नरेन्द्र दत्त
(c) केशव चन्द्र सेन
(d) स्वामी दयानन्द सरस्वती

314. 'वेदों की ओर चलो' का नारा किसने दिया?
(a) स्वामी रामकृष्ण परमहंस
(b) स्वामी दयानन्द सरस्वती
(c) स्वामी विवेकानन्द
(d) आचार्य नरेन्द्र देव

315. निम्न में कौन सा युग्म सुमेलित नहीं है?

	संगठन	स्थापना वर्ष
(a)	आर्य समाज	1875 ई.
(b)	रामकृष्ण मिशन	1892 ई.
(c)	प्रार्थना समाज	1867 ई.
(d)	थियोसोफिकल सोसायटी	1875 ई.

316. थियोसोफिकल सोसायटी के संस्थापक थे
(a) हेलेना पेट्रावना ब्लावत्सकी
(b) हेनरी स्टील ऑल्काट
(c) ऐनी बेसेन्ट
(d) (a) एवं (b)

317. वहाबी आन्दोलन का मुख्य केन्द्र कहाँ था?
(a) पटना (b) कलकत्ता
(c) अमृतसर (d) जालन्धर

318. 'अलीगढ़ आन्दोलन' के प्रवर्तक थे
(a) सैयद अहमद बरेलवी
(b) मुहम्मद कासिम ननौतवी
(c) सर सैयद अहमद खाँ
(d) मौलाना मुहम्मद अली

319. 'विधवा विवाह' के प्रति समर्पित कार्यकर्ता थे
(a) ईश्वरचन्द्र विद्यासागर
(b) राजा राममोहन राय
(c) बाल गंगाधर तिलक
(d) एम. जी. रानाडे

320. 'सत्यशोधक समाज' की स्थापना किसने की?
(a) केशवचन्द्र सेन
(b) ज्योतिबा फूले
(c) सावित्री फूले
(d) एम. जी. रानाडे

321. 'परमहंस मंडली' के संस्थापक थे
(a) गोपाल हरि देशमुख
(b) चितरंजन दास
(c) ज्योतिबा फूले
(d) बी. आर. अम्बेडकर

322. 'गुलामगिरी' की रचना किसने की?
(a) राजा राममोहन राय ने
(b) स्वामी दयानन्द सरस्वती ने
(c) ज्योतिबा फूले ने
(d) ईश्वरचन्द्र विद्यासागर ने

323. दक्षिण भारत 'आत्म सम्मान' आन्दोलन किसने चलाया?
(a) बी. आर. अम्बेडकर
(b) महात्मा गाँधी
(c) सी. एन. मुदालियार
(d) ई. वी. रामास्वामी नायकर

324. 'अहमदिया आन्दोलन' के प्रवर्तक थे
(a) सैयद अहमद खाँ
(b) मिर्जा गुलाम अहमद
(c) मुहम्मद कासिम ननौतवी
(d) मिर्जा रसूल अहमद

325. निम्नलिखित में कौन-सा युग्म सुमेलित नहीं है?

	संगठन	स्थापना वर्ष
(a)	ईस्ट इण्डिया एसोसिएशन	1866 ई.
(b)	इण्डिया एसोसिएशन	1876 ई.
(c)	इण्डिया लीग	1872 ई.
(d)	पूना सार्वजनिक सभा	1870 ई.

326. भारतीय राष्ट्रीय कांग्रेस की स्थापना कब की गई?
(a) 1883 ई. (b) 1885 ई.
(c) 1892 ई. (d) 1895 ई.

327. भारतीय राष्ट्रीय कांग्रेस के प्रथम अध्यक्ष थे
(a) सुरेन्द्र नाथ बनर्जी
(b) शिशिर घोष
(c) व्योमेश चन्द्र मुखर्जी
(d) व्योमेश चन्द्र बनर्जी

328. भारतीय राष्ट्रीय कांग्रेस की स्थापना कहाँ हुई?
(a) बम्बई (b) पूना (c) नागपुर (d) सतारा

329. राष्ट्रवाद की भावना के प्रचार के लिए 'गणपति' एवं 'शिवाजी' उत्सव किसने प्रारम्भ किया?
(a) गोपाल कृष्ण गोखले
(b) बाल गंगाधर तिलक
(c) विपिनचन्द्र पाल
(d) उपरोक्त में से कोई नहीं

330. निम्न में 'लाल', 'पाल' एवं 'बाल' से किसका सम्बन्ध नहीं है?
(a) लाला लाजपत राय
(b) विपिनचन्द्र पाल
(c) बाल गंगाधर तिलक
(d) गोपाल कृष्ण गोखले

331. किस वायसराय ने 'बंगाल का विभाजन' (1905 ई.) किया?
(a) लॉर्ड लिटन (b) लॉर्ड रिपन
(c) लॉर्ड कर्जन (d) लॉर्ड मिण्टो

332. बंगाल विभाजन की घोषणा किस दिन से प्रभावी हुई थी?
(a) 16 सितम्बर, 1905 ई.
(b) 16 अक्टूबर, 1905 ई.
(c) 16 जुलाई, 1905 ई.
(d) 26 जुलाई, 1905 ई.

333. 'स्वदेशी' एवं 'बहिष्कार' आन्दोलन का सम्बन्ध था
(a) बंगाल विभाजन से
(b) असहयोग आन्दोलन से
(c) सविनय अवज्ञा आन्दोलन से
(d) चम्पारण सत्याग्रह से

334. 'मित्रमेला' संस्था के संस्थापक थे
(a) बारीन्द्र कुमार घोष
(b) दामोदर चापेकर
(c) वी.डी. सावरकर
(d) भगत सिंह

335. 'अभिनव भारती' नामक क्रान्तिकारी संगठन की स्थापना किसने की थी?
(a) अवध बिहारी
(b) जतिन दास
(c) वी. डी. सावरकर
(d) मास्टर सूर्य सेन

336. किस क्रान्तिकारी को मुजफ्फरपुर के जज किंग्सफोर्ड पर बम फेंकने के आरोप में फाँसी दी गई थी?
(a) प्रफुल्ल चाकी (b) खुदीराम बोस
(c) भगत सिंह (d) रास बिहारी बोस

337. दादाभाई नौरोजी ने कांग्रेस के किस अधिवेशन में सर्वप्रथम 'स्वराज्य' की माँग प्रस्तुत की?
(a) बम्बई (1905 ई.)
(b) कलकत्ता (1906 ई.)
(c) पूना (1906 ई.)
(d) मद्रास (1905 ई.)

338. कांग्रेस का प्रथम विभाजन किस अधिवेशन में हुआ?
(a) कलकत्ता (1906 ई.)
(b) बनारस (1905 ई.)
(c) सूरत (1907 ई.)
(d) अहमदाबाद (1907 ई.)

339. मुस्लिम लीग की स्थापना कब की गई?
(a) 1904 ई. में (b) 1905 ई. में
(c) 1906 ई. में (d) 1907 ई. में

340. विदेश में सर्वप्रथम भारतीय ध्वज फहराने का श्रेय किसे है?
(a) मैडम भीकाजी कामा
(b) राजा महेन्द्र प्रताप
(c) लाला हरदयाल
(d) रास बिहारी बोस

341. किस अधिनियम के द्वारा 'पृथक् निर्वाचन प्रणाली' की व्यवस्था की गई?
(a) 1892 ई. का भारतीय परिषद् अधिनियम
(b) 1909 ई. का भारतीय परिषद् अधिनियम
(c) 1919 ई. का भारतीय परिषद् अधिनियम
(d) 1935 ई. का भारत सरकार अधिनियम

342. 'दिल्ली दरबार' (1911 ई.) के समय भारत के वायसराय थे
(a) लॉर्ड कर्जन
(b) लॉर्ड इर्विन
(c) लॉर्ड मिण्टो
(d) लॉर्ड हार्डिंग

343. किस वायसराय पर नई राजधानी दिल्ली में प्रवेश करते समय रासबिहारी बोस ने बम फेंका था?
(a) लॉर्ड हार्डिंग
(b) लॉर्ड मिण्टो
(c) लॉर्ड चेम्सफोड
(d) लॉर्ड इरविन

344. सैनफ्रांसिस्को में 'गदर पार्टी' की स्थापना किसने की?
(a) सोहन सिंह भाखना
(b) रास बिहारी बोस
(c) लाला हरदयाल
(d) राजा महेन्द्र प्रताप

345. ''स्वराज्य मेरा जन्म सिद्ध अधिकार है'' यह प्रसिद्ध उक्ति किसकी है?
(a) गोपाल कृष्ण गोखले
(b) बाल गंगाधर तिलक
(c) ऐनी बेसेन्ट
(d) भगत सिंह

उत्तरमाला

1. (c)	2. (a)	3. (d)	4. (b)	5. (c)	6. (b)	7. (d)	8. (a)	9. (a)	10. (c)
11. (a)	12. (b)	13. (c)	14. (d)	15. (a)	16. (b)	17. (b)	18. (c)	19. (a)	20. (b)
21. (b)	22. (c)	23. (a)	24. (a)	25. (c)	26. (d)	27. (a)	28. (b)	29. (b)	30. (c)
31. (c)	32. (b)	33. (d)	34. (c)	35. (d)	36. (c)	37. (b)	38. (c)	39. (a)	40. (a)
41. (d)	42. (b)	43. (d)	44. (a)	45. (b)	46. (a)	47. (a)	48. (c)	49. (d)	50. (d)
51. (b)	52. (d)	53. (b)	54. (a)	55. (c)	56. (b)	57. (d)	58. (b)	59. (a)	60. (c)
61. (b)	62. (a)	63. (b)	64. (c)	65. (d)	66. (c)	67. (a)	68. (b)	69. (d)	70. (b)
71. (d)	72. (a)	73. (c)	74. (b)	75. (a)	76. (c)	77. (a)	78. (b)	79. (d)	80. (a)
81. (c)	82. (b)	83. (d)	84. (b)	85. (c)	86. (b)	87. (a)	88. (c)	89. (d)	90. (a)
91. (d)	92. (c)	93. (a)	94. (b)	95. (b)	96. (d)	97. (a)	98. (d)	99. (b)	100. (d)
101. (c)	102. (c)	103. (a)	104. (b)	105. (d)	106. (c)	107. (a)	108. (b)	109. (a)	110. (d)
111. (c)	112. (c)	113. (d)	114. (d)	115. (a)	116. (a)	117. (a)	118. (d)	119. (c)	120. (b)
121. (a)	122. (a)	123. (d)	124. (b)	125. (c)	126. (a)	127. (c)	128. (a)	129. (b)	130. (c)
131. (b)	132. (b)	133. (b)	134. (a)	135. (d)	136. (a)	137. (b)	138. (c)	139. (d)	140. (c)
141. (b)	142. (d)	143. (d)	144. (b)	145. (a)	146. (c)	147. (d)	148. (b)	149. (d)	150. (c)
151. (c)	152. (b)	153. (a)	154. (c)	155. (b)	156. (a)	157. (c)	158. (c)	159. (c)	160. (a)
161. (b)	162. (a)	163. (c)	164. (d)	165. (d)	166. (d)	167. (a)	168. (b)	169. (a)	170. (a)
171. (d)	172. (c)	173. (b)	174. (c)	175. (b)	176. (a)	177. (c)	178. (c)	179. (b)	180. (b)
181. (c)	182. (d)	183. (a)	184. (c)	185. (b)	186. (d)	187. (c)	188. (a)	189. (c)	190. (b)
191. (b)	192. (d)	193. (a)	194. (c)	195. (a)	196. (d)	197. (b)	198. (a)	199. (c)	200. (a)
201. (d)	202. (a)	203. (b)	204. (c)	205. (a)	206. (d)	207. (c)	208. (b)	209. (c)	210. (c)
211. (d)	212. (a)	213. (d)	214. (a)	215. (b)	216. (d)	217. (a)	218. (a)	219. (c)	220. (b)
221. (d)	222. (b)	223. (c)	224. (b)	225. (c)	226. (b)	227. (c)	228. (b)	229. (a)	230. (d)
231. (c)	232. (d)	233. (c)	234. (a)	235. (b)	236. (d)	237. (c)	238. (a)	239. (b)	240. (d)
241. (b)	242. (a)	243. (c)	244. (b)	245. (a)	246. (d)	247. (a)	248. (c)	249. (a)	250. (b)
251. (a)	252. (a)	253. (b)	254. (d)	255. (d)	256. (c)	257. (b)	258. (a)	259. (b)	260. (c)
261. (d)	262. (a)	263. (b)	264. (a)	265. (d)	266. (b)	267. (a)	268. (c)	269. (a)	270. (b)
271. (b)	272. (a)	273. (c)	274. (a)	275. (d)	276. (a)	277. (c)	278. (b)	279. (d)	280. (a)
281. (a)	282. (d)	283. (c)	284. (a)	285. (b)	286. (d)	287. (a)	288. (a)	289. (b)	290. (c)
291. (d)	292. (c)	293. (d)	294. (c)	295. (a)	296. (c)	297. (d)	298. (d)	299. (c)	300. (d)
301. (c)	302. (b)	303. (d)	304. (b)	305. (b)	306. (a)	307. (d)	308. (b)	309. (b)	310. (a)
311. (c)	312. (c)	313. (d)	314. (b)	315. (b)	316. (d)	317. (a)	318. (c)	319. (a)	320. (b)
321. (a)	322. (c)	323. (d)	324. (b)	325. (c)	326. (b)	327. (d)	328. (a)	329. (b)	330. (d)
331. (c)	332. (b)	333. (a)	334. (c)	335. (c)	336. (b)	337. (b)	338. (c)	339. (c)	340. (a)
341. (b)	342. (d)	343. (a)	344. (c)	345. (b)					

अध्याय

2

भूगोल

Geography

ब्रह्माण्ड

- ब्रह्माण्ड की उत्पत्ति आज से 13.7 अरब वर्ष पहले बिग बैंग (Big Bang) की घटना से हुई। जिसके प्रतिपादक बेल्जियम के खगोलविद् जॉर्ज लेमेस्टर थे।
- ब्रह्माण्ड के नियमित अध्ययन का आरम्भ **क्लॉडियस टॉलेमी** द्वारा हुआ। उनका मत था कि पृथ्वी ब्रह्माण्ड का केन्द्र बिन्दु है तथा सूर्य एवं अन्य ग्रह इसकी परिक्रमा करते हैं।
- 1543 ई. में सर्वप्रथम **कोपरनिकस** (पोलैण्डवासी) ने पृथ्वी के स्थान पर सूर्य को केन्द्र में स्वीकार किया और सौरमण्डल की खोज की।
- ब्रह्माण्ड मुख्यत: कई अरब **मन्दाकिनी** (Galaxy) के सम्मिलन से बनता है और मन्दाकिनी असंख्य तारों का एक विशाल पुँज होता है, जो कि गुरुत्वाकर्षण के द्वारा एक-दूसरे से जुड़े होते हैं, मन्दाकिनी को प्रायद्वीपीय ब्रह्माण्ड भी कहा जाता है।
- हमारी मन्दाकिनी (आकाशगंगा) की आकृति सर्पिलाकार है।

सौरमण्डल

- सूर्य तथा उसके चारों ओर परिभ्रमण करने वाले ग्रह, उपग्रह, धूमकेतु, उल्का-पिण्डों एवं क्षुद्र ग्रहों को संयुक्त रूप से सौरमण्डल कहा जाता है।
- पृथ्वी अपनी धुरी पर घूमती है। ग्रह तथा अन्य पिण्ड सूर्य के चारों ओर चक्कर लगाते हैं, इस सिद्धान्त का प्रतिपादन कोपरनिकस ने किया था।
- सूर्य के चारों ओर चक्कर लगाने वाले ग्रहों की संख्या 8 है।
- आकार के अनुसार ग्रह हैं (घटते क्रम में)—बृहस्पति, शनि, अरुण (यूरेनस), वरुण (नेपच्यून), पृथ्वी, शुक्र, मंगल तथा बुध।
- सूर्य से दूरी के अनुसार ग्रह हैं—बुध, शुक्र, पृथ्वी, मंगल, बृहस्पति, शनि, अरुण (यूरेनस) तथा वरुण (नेपच्यून)।

सौरमण्डल के ग्रह

ग्रह	सूर्य की परिक्रमा अवधि (पृथ्वी के दिनों के अनुसार)	अपने अक्ष पर घूर्णन की अवधि (पृथ्वी के दिनों के अनुसार)	उपग्रह संख्या
बुध (Mercury)	88	58.65	0
शुक्र (Venus)	224.7	243	0
पृथ्वी (Earth)	365.25	1.00	1
मंगल (Mars)	687	1.03	2
बृहस्पति (Jupiter)	4333	0.41	95
शनि (Saturn)	10759	0.43	146
अरुण (Uranus)	30686	0.45	28
वरुण (Neptune)	60188	0.66	14

सौरमण्डल : महत्त्वपूर्ण तथ्य

सबसे बड़ा ग्रह	बृहस्पति
सबसे छोटा ग्रह	बुध
पृथ्वी का उपग्रह	चन्द्रमा
सूर्य से सबसे निकट ग्रह	बुध
सूर्य से सबसे दूर स्थित ग्रह	वरुण
पृथ्वी के सबसे निकट ग्रह	शुक्र
सबसे चमकीला ग्रह	शुक्र
सबसे चमकीला तारा	साइरस
सबसे अधिक उपग्रहों वाला ग्रह	बृहस्पति
सबसे भारी ग्रह	बृहस्पति
रात्रि में लाल दिखाई देने वाला ग्रह	मंगल
सौरमण्डल का सबसे बड़ा उपग्रह	गैनीमेड
सौरमण्डल का सबसे छोटा उपग्रह	डीमोस
नीला ग्रह	पृथ्वी
भोर का तारा	शुक्र
साँझ का तारा	शुक्र
पृथ्वी की बहन	शुक्र
हरा ग्रह	वरुण
विशाल लाल धब्बे वाला ग्रह	बृहस्पति

सूर्य : एक परिचय

पृथ्वी से दूरी	149.8 मिलियन किमी (लगभग)
परम दृश्य कान्तिमान	4.75
व्यास	13,92,000 किमी
क्रोड का तापमान	15 मिलियन केल्विन (°K)
प्रकाश मण्डल का तापमान	5760°C
घूर्णन अवधि	25.38 दिन (विषुवत् रेखा के सापेक्ष), 33 दिन (ध्रुवों के सापेक्ष)
रासायनिक संघटन	हाइड्रोजन-71%, हीलियम-26.5%, अन्य तत्त्व-2.5%
आयु	5 बिलियन वर्ष
सामान्य तारे का सम्भावित जीवन काल	10 बिलियन वर्ष
सूर्य के प्रकाश को पृथ्वी तक पहुँचने में लगा समय	8 मिनट 16.6 सेकण्ड

पृथ्वी : मूलभूत तथ्य

पृथ्वी की अनुमानित आयु	4,60,00,00,000 वर्ष
भूमि क्षेत्रफल (29.08%)	14, 89,50,800 वर्ग किमी
जलीय क्षेत्रफल (सम्पूर्ण धरातल का 70.92%)	36,11,49,700 वर्ग किमी
औसत घनत्व	5.52 ग्राम प्रति घन सेमी
विषुवत रेखीय व्यास	12,753 किमी
ध्रुवीय व्यास	12,710 किमी
गुरुत्वाकर्षण से बाहर निकलने के लिए आवश्यक निर्गमन गति	11.2 किमी/सेकण्ड
पृथ्वी का द्रव्यमान	5.880×10^{24} किलोग्राम
समुद्रतल से पृथ्वी पर सर्वाधिक ऊँचाई	8,850 मीटर (माउण्ट एवरेस्ट)
समुद्रतल से समुद्र में सर्वाधिक गहराई	11,033 मीटर (मेरियाना ट्रेन्च) प्रशान्त महासागर, फिलीपीन्स के पूर्व में स्थित
पृथ्वी के धरातल पर समुद्रतल से सर्वाधिक निचला स्थान	396 मीटर (Dead Sea) मृत सागर (इजराइल, जोर्डन)
पृथ्वी द्वारा अपने अक्ष पर घूर्णन अवधि	23 घण्टे, 56 मिनट, 40.91 सेकण्ड
पृथ्वी द्वारा सूर्य की परिक्रमा अवधि	365 दिन, 5 घण्टे, 48 मिनट, 45.51 सेकण्ड
पृथ्वी का उपग्रह	चन्द्रमा
अक्ष का कक्षा के तल से झुकाव	23°27′
भूमध्य रेखा पर परिधि	40,066 किमी
ध्रुवीय परिधि	39,992 किमी
सूर्य के सबसे नजदीक की अवस्था (उपसौर)	3 जनवरी
सूर्य के सबसे ज्यादा दूरी की अवस्था (अपसौर)	4 जुलाई

महासागरों की प्रमुख धाराएँ

नाम	प्रकृति
अटलाण्टिक महासागर की धाराएँ	
उत्तरी विषुवतीय जलधारा	उष्ण अथवा गर्म
दक्षिणी विषुवतीय रेखा	उष्ण
फ्लोरिडा की धारा	उष्ण
गल्फ स्ट्रीम या खाड़ी की धारा	उष्ण
नॉर्वे की जलधारा	उष्ण
लेब्रोडोर की धारा	ठण्डी
पूर्व ग्रीनलैण्ड धारा	ठण्डी
कनारी की धारा	ठण्डी
ब्राजील की जलधारा	उष्ण
बेंगुएला की धारा	ठण्डी
अण्टार्कटिका प्रवाह	ठण्डी
विपरीत विषुवतरेखीय जलधारा	उष्ण
प्रशान्त महासागर की धाराएँ	
उत्तरी विषुवतरेखीय जलधारा	उष्ण अथवा गर्म
उत्तरी प्रशान्त प्रवाह	गर्म
अलास्का की धारा	गर्म
सुशीमा धारा	गर्म
क्यूराइल जलधारा (आयोशियो धारा)	ठण्डी
कैलिफोर्निया की धारा	ठण्डी
दक्षिणी विषुवतरेखीय जलधारा	गर्म
पूर्वी ऑस्ट्रेलिया धारा (न्यू साउथवेल्स धारा)	गर्म
हम्बोल्ट अथवा पेरूवियन धारा	ठण्डी
विपरीत विषुवतरेखीय जलधारा	गर्म
हिन्द महासागर की धाराएँ	
दक्षिणी विषुवतरेखीय जलधारा	गर्म एवं स्थायी
मोजाम्बिक धारा	गर्म एवं स्थायी
अगुलहास धारा	गर्म एवं स्थायी
पश्चिमी ऑस्ट्रेलिया की धारा	ठण्डी एवं स्थायी
ग्रीष्मकाल मानसून प्रवाह	गर्म एवं परिवर्तनशील
शीतकालीन मानसून प्रवाह	परिवर्तनशील

विश्व के महासागर

नाम	क्षेत्रफल (वर्ग किमी में)	गहरा स्थान	(मीटर में)
प्रशान्त महासागर	16,53,84,000	मेरियाना गर्त	11,776
अटलाण्टिक महासागर	8,22,17,000	प्यूर्टोरिको गर्त	9,200
हिन्द महासागर	7,34,81,000	जावा गर्त	7,450
आर्कटिक महासागर	1,40,56,000	–	—
अण्टार्कटिक महासागर	–	–	–

विश्व की प्रमुख नहरें

नाम	स्थिति	किसको जोड़ती है
सू नहर	सं. राज्य अमेरिका	सुपीरियर झील को ह्यूरल झील से जोड़ती है।
ईरी नहर	सं. राज्य अमेरिका	ईरी झील और मिशीगन झील को जोड़ती है।
कील नहर	जर्मनी	उत्तरी सागर और बाल्टिक सागर के बीच।
डॉन वोल्गा नहर	रूस	रोस्टोव और स्टालिनग्राड के बीच।
के. पी. नहर	भारत	आन्ध्र प्रदेश और तमिलनाडु के बीच।
स्वेज नहर	मिस्र	लाल सागर एवं भूमध्य सागर के बीच।
पनामा नहर	पनामा	अटलाण्टिक महासागर और प्रशान्त महासागर के मध्य।

विश्व की जल-सन्धियाँ

जलसन्धि	किनको जोड़ती है	स्थिति
मलक्का	अण्डमान सागर एवं दक्षिण चीन सागर	इण्डोनेशिया-मलयेशिया
पाक	पाक खाड़ी एवं बंगाल की खाड़ी	भारत-श्रीलंका
सुण्डा	जावा सागर एवं हिन्द महासागर	इण्डोनेशिया
कुक	दक्षिण प्रशान्त महासागर	न्यूजीलैण्ड (उ. एवं द. द्वीप)
बेरिंग	बेरिंग सागर एवं चुकसी सागर	अलास्का-रूस
डेविस	बेफिन की खाड़ी एवं अटलाण्टिक महासागर	ग्रीनलैण्ड-कनाडा
फ्लोरिडा	मैक्सिको की खाड़ी एवं अटलाण्टिक महासागर	सं. रा. अमेरिका-क्यूबा
हॉरमुज	फारस की खाड़ी एवं ओमान की खाड़ी	ओमान-ईरान
हडसन	हडसन की खाड़ी एवं अटलाण्टिक महासागर	कनाडा
जिब्राल्टर	भूमध्य सागर एवं अटलाण्टिक महासागर	स्पेन-मोरक्को
फारमोसा	द. चीन सागर-पू. चीन सागर	चीन-ताइवान

भू-पर्पटी का रासायनिक संघटन

तत्व	मात्रा (%में)	तत्व	मात्रा (%में)
ऑक्सीजन	46.71%	कैल्शियम	3.65%
सिलिकन	27.69%	सोडियम	2.75%
एल्युमीनियम	8.07%	पोटैशियम	2.58%
लोहा	5.05%	मैग्नीशियम	2.08%

विश्व के प्रमुख पठार एवं उनकी स्थिति

पठार	स्थिति
एशिया माइनर का पठार	तुर्की
अनातोलिया का पठार	तुर्की
मेसेटा पठार	स्पेन
चियापास पठार	दक्षिणी मैक्सिको
अलास्का/यूक्रॉन पठार	अमेरिका
कोलम्बिया पठार	अमेरिका
ग्रेट बेसिन पठार	अमेरिका
कोलोरैडो पठार	अमेरिका
पामीर का पठार	तिब्बत
मैक्सिको का पठार	मैक्सिको
मंगोलिया का पठार	मंगोलिया
दक्कन का पठार	भारत
अबीसीनिया का पठार	इथोपिया/सोमालिया
मेडागास्कर का पठार	मेडागास्कर (अफ्रीका)
ऑस्ट्रेलिया का पठार	पश्चिमी ऑस्ट्रेलिया

विश्व की प्रमुख पर्वतश्रेणियाँ, स्थिति एवं सर्वोच्च चोटी

पर्वतश्रेणी	स्थिति	सर्वोच्च चोटी	अवस्थिति	ऊँचाई (मीटर)
हिमालय	एशिया	माउण्ट एवरेस्ट	नेपाल	8,850
एण्डीज	द. अमेरिका	अकांकागुआ	अर्जेन्टीना	6,960
कराकोरम	एशिया	गाडविन ऑस्टिन (K-2)	भारत	8,611
ग्रेट डिवाइडिंग	ऑस्ट्रेलिया	माउण्ट कोशियुस्की	ऑस्ट्रेलिया	2,230
आल्पस	यूरोप	माउण्ट ब्लॉक	फ्रांस	4,807

विश्व के प्रमुख मरुस्थल

नाम	क्षेत्रफल (वर्ग किमी में)	देश
सहारा	90,65,000	अल्जीरिया, चाड, लीबिया, माली, मॉरीटानिया, नाइजर, सूडान, ट्यूनीशिया, मिस्र, मोरक्को, लीबिया
ग्रेट सैंडी डेजर्ट	15,50,000	ऑस्ट्रेलिया
अरब	13,00,000	सऊदी अरब, यमन, सीरिया
गोबी	10,40,000	मंगोलिया, चीन
कालाहारी	5,20,000	बोत्सवाना
तकलामकान	3,20,000	चीन (सीक्यांग)
नामीब	3,10,000	नामीबिया
थार	2,60,000	उत्तर-पश्चिमी भारत, पाकिस्तान
अटाकामा	1,80,000	उत्तरी चिली

प्रमुख ज्वालामुखी पर्वत

नाम	ऊँचाई (मीटर में)	देश	अवस्थिति	अन्तिम उद्भेदन
ओजोस डेल सालाडो	7,084	अर्जेण्टीना-चीन	एण्डीज	1981
गुयालातिरी	6,060	चीली	एण्डीज	1960
कोटोपैक्सी	5,897	इक्वाडोर	एण्डीज	1975
लस्कर	5,641	चिली	एण्डीज	1968
टुपुंगाटीटो	5,640	चिली	एण्डीज	1964
पोपोकेटापेटल	5,451	मैक्सिको	अल्टीप्लानो डी मैक्सिको	1920
नेवाडो डेल रूइज	5,400	कोलम्बिया	एण्डीज	1985
सैंगेय	5,230	इक्वाडोर	एण्डीज	1976

महत्त्वपूर्ण स्थानीय पवनें

स्थानीय पवन	प्रकृति	स्थान का नाम
लू (Loo)	गर्म व शुष्क	उत्तरी भारत-पाकिस्तान
चिनूक (Chinook)	गर्म व शुष्क	रॉकी पर्वत
मिस्ट्रल (Mistral)	ठण्डी	स्पेन-फ्रांस
हरमट्टन (Harmattan)	गर्म व शुष्क	पश्चिम अफ्रीका
सिरोको (Sirocco)	गर्म व शुष्क	सहारा मरुस्थल
ब्लिजर्ड (Blizzard)	ठण्डी	टुण्ड्रा प्रदेश
खमसिन (Khamsin)	गर्म व शुष्क	मिस्र
नॉर्वेस्टर (Norwester)	गर्म	न्यूजीलैण्ड

विश्व की प्रसिद्ध नदियाँ

नाम	उद्‌गम स्थल	गिरने का स्थान	लम्बाई (किमी)
नील	विक्टोरिया झील	भूमध्य सागर	6,670
अमेजन	एण्डीज पर्वत (पेरू)	अटलाण्टिक महासागर	6,447
मिसीसिपी-मिसौरी	इतास्का झील (सं. रा. अ.)	मैक्सिको की खाड़ी	6,020
यांग्टीसिक्यांग	तिब्बत का पठार	चीन सागर	5,494
ह्वांगहो	कुनलुन पर्वत	चीन की खाड़ी	4,344
नाइजर	गिनी	गिनी की खाड़ी	4,180
वोल्गा	ब्लडाई पठार	कैस्पियन सागर	3,690
डेन्यूब	ब्लैक फॉरेस्ट	काला सागर	2,840
डार्लिंग	ऑस्ट्रेलियन आल्पस से	मर्रे नदी	2,740
मरे	ऑस्ट्रेलियन आल्पस से	हिन्द महासागर	2,589

नदियों पर बसे विश्व के प्रमुख नगर

नगर का नाम	नदियों के नाम
लन्दन (इंग्लैण्ड)	टेम्स
बर्लिन (जर्मनी)	स्प्री
बेलग्रेड (सर्बिया)	डेन्यूब
वियना (ऑस्ट्रिया)	डेन्यूब
लिस्बन (पुर्तगाल)	टैगुस
डबलिन (आयरलैण्ड)	लीफे
बॉन (जर्मनी)	राइन
प्राग (चेक गणराज्य)	विटावा
रोम (इटली)	टाइबर
पेरिस (फ्रांस)	सीन
बुडापेस्ट (हंगरी)	डेन्यूब
मैड्रिड (स्पेन)	मैन्जनियर
वाशिंगटन (सं. रा. अ.)	पोटोमैक
रंगून (म्यांमार)	इरावदी
टोक्यो (जापान)	अराकाव
सिडनी (ऑस्ट्रेलिया)	डार्लिंग
न्यूयॉर्क (सं. रा. अ.)	हडसन
कराची (पाकिस्तान)	सिन्धु
लाहौर (पाकिस्तान)	रावी
शंघाई (चीन)	यांग्टीसिक्यांग
ब्यूनस आयर्स (अर्जेण्टीना)	लाप्लाटा
काहिरा (मिस्र)	नील
बगदाद (इराक)	टिग्रिस

प्रमुख स्थानों के भौगोलिक उपनाम

उपनाम	स्थान
सफेद हाथियों का देश	लाओस
नील नदी की देन	मिस्र
चीनी का कटोरा	क्यूबा
कंगारूओं का देश	ऑस्ट्रेलिया
पूरब का मोती	सिंगापुर
हजार झीलों का देश	फिनलैण्ड
मध्यरात्रि के सूर्य का देश	नार्वे
भूमध्य सागर की कुन्जी	जिब्राल्टर
संसार का रोटी भण्डार	उत्तरी अमेरिका का प्रेयरीज मैदान
यूरोप का मरीज	तुर्की
सूर्योदय का देश	जापान
पवित्र भूमि	येरूसलम
चीन का शोक	ह्वांग-हो नदी
सात पर्वतों का नगर	रोम
यूरोप का स्वर्ग	स्विट्जरलैण्ड
दुनिया की छत	पामीर का पठार
पिरामिडों का देश	मिस्र
निषिद्ध शहर	ल्हासा (तिब्बत)
एम्पायर सिटी	न्यूयॉर्क
लौंग का द्वीप	जंजीबार (अफ्रीका)
इटरनल सिटी (शाश्वत नगर)	रोम
एड्रियाटिक की रानी	वेनिस (इटली)
अट्टालिकाओं का शहर	वाशिंगटन (डी. सी.)

प्रमुख द्वीप

नाम (स्थिति सहित)	**क्षेत्रफल** (वर्ग किमी)
ग्रीनलैण्ड (उत्तरी अटलाण्टिक महासागर)	21,75,000
न्यूगिनी (प्रशान्त महासागर)	7,89,900
बोर्नियो (प्रशान्त महासागर)	7,51,000
मेडागास्कर (हिन्द महासागर)	5,87,041
बेफिन द्वीप (कनाडा)	5,07,451
सुमात्रा (इण्डोनेशिया)	4,22,200

प्रमुख कृषि फसलें और उनके उत्पादक देश

चावल	चीन, भारत, इण्डोनेशिया, बांग्लादेश।
गेहूँ	चीन, भारत, यू. एस. ए., रूस।
तम्बाकू	चीन, ब्राजील, भारत, यू. एस. ए.।
सोयाबीन	यू. एस. ए., ब्राजील, अर्जेण्टीना, चीन।
कॉफी	ब्राजील, वियतनाम, इण्डोनेशिया।
रबर	थाईलैण्ड, इण्डोनेशिया, वियतनाम, भारत।
मक्का	यू. एस. ए., चीन, ब्राजील, अर्जेण्टीना।
कपास	चीन, भारत, यू. एस. ए., पाकिस्तान।
गन्ना	ब्राजील, भारत, चीन, थाईलैण्ड।
चाय	चीन, भारत, केन्या, श्रीलंका।

विश्व के प्रमुख औद्योगिक नगर

नगर	उद्योग	नगर	उद्योग
बेलफास्ट	जहाज निर्माण	चेलियाबिंस्क	लोहा एवं इस्पात
बर्मिंघम	लोहा एवं इस्पात	डेट्रायट	ऑटोमोबाइल
एसेन (जर्मनी)	लोहा एवं इस्पात	ग्लासगो	जहाज निर्माण
हवाना	सिगार	हॉलीवुड	फिल्म उद्योग
लॉस एंजिल्स	पेट्रोलियम, फिल्म	कंशास	मांस उद्योग
कोबे	लोहा एवं इस्पात	कीव	इन्जीनियरिंग उद्योग
लियोन्स (फ्रांस)	सिल्क उद्योग	मैनचेस्टर	सूती वस्त्र उद्योग
मिलान	सिल्क वस्त्र उद्योग	फिलाडेल्फिया	लोकोमोटिव
प्लेमाउथ	जहाज निर्माण	पिट्सबर्ग	लोहा एवं इस्पात
शेफील्ड (ब्रिटेन)	कैंची, छुरी	सिएटल	वायु निर्माण
वेनिस	काँच उद्योग	ब्लाडीवोस्टक	जहाज निर्माण
वेलिंगटन	डेयरी उद्योग	मुल्तान	मिट्टी के बर्तन
ढाका	कालीन उद्योग	म्यूनिख (जर्मनी)	लेन्स निर्माण
नागोया	जहाज निर्माण, सूती वस्त्र	ओसाका	सूती वस्त्र, लोहा एवं इस्पात

प्रमुख खनिज तथा उसके उत्पादक देश

खनिज	उत्पादक देश
लोहा	चीन, ऑस्ट्रेलिया, ब्राजील
ताँबा	चिली, पेरू, चीन, सं. रा. अ.
मैंगनीज	चीन, ऑस्ट्रेलिया, दक्षिण अफ्रीका
बॉक्साइट	ऑस्ट्रेलिया, चीन, ब्राजील, भारत
टिन	चीन, इण्डोनेशिया, पेरू, बोलीविया
सोना	चीन, ऑस्ट्रेलिया, अमेरिका
चाँदी	पेरू, मैक्सिको, चीन, ऑस्ट्रेलिया
हीरा	रूस, कांगों, ऑस्ट्रेलिया
अभ्रक	चीन, अमेरिका, दक्षिण कोरिया
कोयला	चीन, सं. रा. अ., भारत
यूरेनियम	कजाखस्तान, कनाडा, ऑस्ट्रेलिया, नामीबिया

प्रमुख भौगोलिक खोजें

अन्वेषक	खोज
आर. एमण्डसन (नार्वे)	दक्षिणी ध्रुव पर पहुँचने वाला प्रथम व्यक्ति (1911 ई.)
रॉबर्ट पियरी (अमेरिका)	उत्तरी ध्रुव की खोज (1909 ई.)
क्रिस्टोफर कोलम्बस	पश्चिमी द्वीप समूह (1492), दक्षिण अमेरिका (1498 ई.)
कैप्टन कुक	हवाई द्वीप समूह (1770 ई.)
कोपरनिकस (पोलैण्ड)	सौरमण्डल (1540 ई.)
फर्नेण्डीज डी लैसेप्स	स्वेज नहर का निर्माण (1869 ई.)
केपलर (जर्मन)	ग्रहों का गति-नियम (1600 ई.)
मैगलन	विश्व का भ्रमण, अटलाण्टिक के द. से प्रशान्त महासागर की खोज (1519 ई.)
वास्कोडिगामा (पुर्तगाल)	केप ऑफ गुड होप होकर भारत आगमन (1498 ई.)

विश्व की घास-भूमियों के प्रादेशिक नाम

उष्ण कटिबन्धीय घास-भूमि	क्षेत्र	शीतोष्ण कटिबन्धीय घास-भूमि	क्षेत्र
कैम्पोज	ब्राजील	प्रेयरी	उत्तरी अमेरिका
लानोज	वेनेजुएला	पम्पास	अर्जेण्टीना
सवाना	उत्तरी अफ्रीका	स्टेपी	यूरेशिया
पार्कलैण्ड	ऑस्ट्रेलिया	वेल्ड्स	दक्षिणी अफ्रीका
पटाना	श्रीलंका	डाउन्स	ऑस्ट्रेलिया

विश्व की प्रमुख जनजातियाँ

जनजाति	सम्बन्धित देश/क्षेत्र	जनजाति	सम्बन्धित देश/क्षेत्र
एस्कीमो	ग्रीनलैण्ड एवं कनाडा	यूकाधिर	साइबेरिया
खिरगीज	मध्य एशिया	रेड इण्डियन	उत्तरी अमेरिका
माओरी	न्यूजीलैण्ड	पिग्मीज	कांगो बेसिन
जुलु	नटाल प्रान्त (द. अफ्रीका)	बोरो	ब्राजील (अमेजन बेसिन)
सेमांग	मलेशिया, थाईलैण्ड	बद्दू	अरब
बुशमैन	कालाहारी मरुस्थल (बोत्सवाना)		

मानचित्र की रेखाएँ

समोच्च रेखा (Isohypse)	समुद्र तल से समान ऊँचाई वाले बिन्दुओं को मिलाने वाली रेखा।
आइसोबाथ (Isobath)	समुद्र के भीतर समान गहराई वाले स्थानों को मिलाने वाली रेखा।
समदाब रेखा (Isobar)	समान वायुदाब वाले स्थानों को जोड़ने वाली रेखा।
आइसोहैलाइन (Isohaline)	समान लवणीयता के बिन्दुओं को मिलाने वाली रेखा।
आइसोहेल (Isohel)	समान सूर्यातप की अवधि को मिलाने वाली रेखा।
समवर्षा रेखा (Isohyets)	समान वर्षा वाले स्थानों को जोड़ने वाली रेखा।
आइसोनिफ (Isonif)	समान हिम स्थानों को जोड़ने वाली रेखा।
सम-मेघ रेखा (Isoneph)	एक समान औसत मेघाच्छन्नता (Orercrast) वाले स्थानों को जोड़ने वाली रेखा।
सम-भूकम्पी रेखा (Iso-seismals)	समान भूकम्पीय तीव्रता को मिलाने वाली रेखा।
समताप रेखा (Isotherm)	समान ताप व ऊँचाई वाले स्थानों को मिलाने वाली रेखा।

विश्व में सर्वाधिक बड़ा, ऊँचा एवं लम्बा

सबसे ऊँची इमारत	बुर्ज खलीफा (दुबई)
सबसे बड़ा समुद्री पुल	क्विंगडाओ हाइवान (चीन)
सबसे बड़ा महाद्वीप	एशिया
सबसे छोटा महाद्वीप	ऑस्ट्रेलिया
सबसे बड़ा महासागर	प्रशान्त महासागर
सबसे छोटा महासागर	आर्कटिक महासागर
सबसे ऊँचा पठार	पामीर का पठार
सबसे लम्बी पर्वतमाला	एण्डीज (दक्षिण अमेरिका)
सबसे ऊँची पर्वतमाला	हिमालय (एशिया)
सबसे ऊँची पर्वतचोटी	माउण्ट एवरेस्ट-हिमालय (नेपाल)
सबसे लम्बी दीवार	चीन की दीवार
सबसे बड़ा बन्दरगाह	न्यूयॉर्क (सं. रा. अ.)
सबसे बड़ा रेगिस्तान	सहारा (अफ्रीका)
सबसे बड़ा देश (क्षेत्रफल)	रूस
सबसे बड़ा देश (जनसंख्या)	चीन
सबसे विशाल मन्दिर	अंकोरवाट का मन्दिर (कम्बोडिया)
सबसे गहरा महासागर	प्रशान्त महासागर
सबसे लम्बा रेलमार्ग	ट्रांस साइबेरियन रेलमार्ग (रूस)
सबसे लम्बी नदी	नील नदी (अफ्रीका)
सबसे बड़ी नदी	अमेजन (दक्षिण अमेरिका)
खारे पानी की सबसे बड़ी झील	कैस्पियन सागर
ताजे पानी की सबसे बड़ी झील	सुपीरियर झील (उत्तरी अमेरिका)
सबसे गहरी झील	बैकाल झील (साइबेरिया)
सबसे बड़ा स्टेडियम	रुंग्राडो मे डे स्टेडियम
सबसे बड़ा द्वीपसमूह	इण्डोनेशिया
सर्वाधिक जनसंख्या वाला नगर	टोक्यो
सबसे बड़ी खाड़ी	मैक्सिको की खाड़ी
सबसे बड़ा प्रायद्वीप	अरब का प्रायद्वीप
सबसे लम्बा रेलवे प्लेटफार्म	हुबली (भारत)
सबसे बड़ा रेलवे स्टेशन	ग्रैण्ड सेन्ट्रल टर्मिनल, न्यूयॉर्क
सबसे बड़ा डेल्टा	सुन्दरबन (भारत-बांग्लादेश)
सबसे ऊँचा जलप्रपात	एन्जिल (वेनेजुएला)
सर्वाधिक ऊँचा ज्वालामुखी	कोटोपैक्सी (इक्वेडोर)
सबसे ठण्डा प्रदेश	बर्खोयांस्क (साइबेरिया)
सबसे गर्म प्रदेश	डेथ वैली (यू.एस.ए.)
सबसे ऊँची मीनार	कुतुबमीनार (भारत)
सबसे कम आबादी वाला देश	वेटिकन सिटी
सबसे बड़ा राजमार्ग	पैन-अमेरिकन राजमार्ग
सबसे ऊँची राजधानी	लापाज (बोलीविया)
समुद्र पर सबसे लम्बा सड़क पुल	हांगकांग-झुहाई-मकाऊ (चीन)
सबसे बड़ी रेल सुरंग	गोथार्ड बेस सुरंग (स्विट्जरलैण्ड)
सबसे ऊँचा नगर	वेनचुआन (चीन)
सबसे ऊँची सड़क	उमलिंग-ला मार्ग (भारत)
सर्वाधिक वर्षा का स्थान	मासिनराम (मेघालय, भारत)
सबसे बड़ा सागर	दक्षिण चीन सागर
सबसे व्यस्त व्यापारिक नदी	राइन नदी (जर्मनी)
सबसे बड़ी नहर	स्वेज नहर (मिस्र)
सबसे व्यस्त नहर	कील नहर
सबसे बड़ा हवाई अड्डा	किंग फहाद अन्तर्राष्ट्रीय हवाई अड्डा, (सऊदी अरब)
सबसे बड़ी मूर्ति	स्टैच्यू ऑफ यूनिटी (भारत)
सबसे छोटा पक्षी	हमिंग बर्ड
सबसे ऊँचा पशु	जिराफ
सबसे विशालकाय पशु	नीली व्हेल
सबसे बुद्धिमान पशु	चिम्पैन्जी
सबसे बड़ा पक्षी	ऑस्ट्रिच (शुतुरमुर्ग)
सबसे बड़ा चिड़ियाघर	बर्लिन जूलॉजिकल गार्डन (जर्मनी)
सर्वाधिक ऊँचाई पर स्थित झील	टिटिकाका (द. अमेरिका)
सबसे ऊँचा बाँध	जिनपिंग बाँध (चीन)
सबसे लम्बा बाँध	हीराकुड बाँध, ओडिशा
सबसे बड़ा नदी-द्वीप	माजुली (ब्रह्मपुत्र नदी, असोम)
विश्व की सबसे बड़ी मूँगे की चट्टान	ग्रेट बैरियर रीफ (ऑस्ट्रेलिया)
सबसे बड़ी सड़क सुरंग	ऑरलैंड-लॉयरडेल सड़क सुरंग (नार्वे)

भारत का भूगोल

स्थिति एवं विस्तार

- भारत एशिया महाद्वीप के दक्षिणी भाग में स्थित है। यह तीन ओर से समुद्र से घिरा है। हिन्द महासागर इसके दक्षिण में है। भारत की अवस्थिति उत्तरी गोलार्द्ध में है।
- भारत का विस्तार 8°4′ उत्तरी अक्षांश से 37°6′ उत्तरी अक्षांश तक तथा 68°7′ पूर्वी देशान्तर से 97°25′ पूर्वी देशान्तर तक है।
- **कर्क रेखा** देश को लगभग दो बराबर हिस्सों में बाँटते हुए 8 राज्यों—गुजरात, राजस्थान, मध्य प्रदेश, छत्तीसगढ़, झारखण्ड, पश्चिम बंगाल, त्रिपुरा तथा मिजोरम से होकर गुजरती है।
- भारत का **मानक समय** प्रयागराज के नैनी नामक स्थान से लिया गया है, जो 82° 30′ पूर्वी देशान्तर पर स्थित है। यह समय ग्रीनविच माध्य समय से 5 घण्टे 30 मिनट आगे है।
- भारत का क्षेत्रफल 32,87,263 वर्ग किमी है। क्षेत्रफल में भारत का विश्व में **सातवाँ** स्थान है।
- जनसंख्या की दृष्टि से विश्व में भारत का चीन के बाद **दूसरा** स्थान है।
- विश्व की कुल भूमि का 2.4% भाग भारत के पास है, जबकि विश्व की लगभग 17.5% जनसंख्या भारत में निवास करती है।
- क्षेत्रफल की दृष्टि से **राजस्थान** भारत का सबसे बड़ा तथा **गोवा** सबसे छोटा राज्य है।
- केन्द्रशासित प्रदेशों में अण्डमान निकोबार द्वीप समूह का क्षेत्रफल सबसे अधिक तथा लक्षद्वीप का सबसे कम है।
- भारत की स्थलीय सीमा की लम्बाई 15,200 **किमी** तथा द्वीप सहित जलीय सीमा की लम्बाई 7,516.6 **किमी** है।
- मुख्य धरातलीय भाग की समुद्री सीमा की लम्बाई 6,100 **किमी** है। भारत में सबसे लम्बी तट रेखा वाला राज्य गुजरात है।
- भारत की प्रादेशिक जल सीमा 12 समुद्री मील की दूरी तक है।
- भारत के सबसे दक्षिणतम बिन्दु **इन्दिरा प्वाइण्ट** है और यह बंगाल की खाड़ी में स्थित ग्रेट निकोबार द्वीप पर अवस्थित है।
- अरब सागर में स्थित लक्षद्वीप प्रवाल भित्ति से निर्मित है।
- बंगाल की खाड़ी में स्थित अण्डमान निकोबार द्वीप समूह में बैरन तथा नारकोण्डम नामक दो ज्वालामुखी पाये जाते हैं।

स्थलीय सीमाओं पर स्थित भारतीय राज्य

देश	सीमा पर स्थित भारतीय राज्य/केन्द्रशासित प्रदेश
पाकिस्तान	गुजरात, पंजाब, जम्मू-कश्मीर, राजस्थान
चीन	जम्मू-कश्मीर, उत्तराखण्ड, सिक्किम, अरुणाचल प्रदेश, हिमाचल प्रदेश
नेपाल	उत्तर प्रदेश, बिहार, पश्चिम बंगाल, सिक्किम, उत्तराखण्ड
बांग्लादेश	पश्चिम बंगाल, असोम, मेघालय, त्रिपुरा, मिजोरम
म्यांमार	अरुणाचल प्रदेश, नागालैण्ड, मणिपुर, मिजोरम
अफगानिस्तान	जम्मू-कश्मीर (पाक अधिकृत)
भूटान	सिक्किम, पश्चिम बंगाल, असोम, अरुणाचल प्रदेश

प्रमुख दर्रे

नाम	अवस्थिति
कराकोरम, जोजिला, बनिहाल, बुर्जिल	जम्मू-कश्मीर
शिपकी ला, बड़ालाचा ला	हिमाचल प्रदेश
माना, लिपुलेख	उत्तराखण्ड
नाथू ला, जेलेप ला	सिक्किम
बोमडी ला, दिफू	अरुणाचल प्रदेश
थाल घाट, भोर घाट	महाराष्ट्र
पाल घाट	केरल

भारत में प्रमुख शिखर (चोटी)

चोटी	अवस्थिति	ऊँचाई (मी)
माउण्ट एवरेस्ट	नेपाल-तिब्बत	8850
माउण्ट K_2	भारत का सर्वोच्च	8611
कंचनजंघा	नेपाल-भारत	8598
धौलागिरि	नेपाल	8172
नंगा पर्वत	भारत	8126
अन्नपूर्णा	नेपाल	8078
नन्दा देवी	भारत	7817
माउण्ट कामेट	भारत	7756

प्रमुख नदियाँ

नाम	उद्गम स्थल	संगम/मुहाना	लम्बाई (किमी)
सिन्धु	मानसरोवर झील के समीप स्थित राक्षस ताल झील	अरब सागर	2,880
गंगा	गंगोत्री के पास गोमुख हिमानी	बंगाल की खाड़ी	2,510
ब्रह्मपुत्र	मानसरोवर झील के समीप स्थित चीमायुंगदुंग हिमानी	बंगाल की खाड़ी	2,900
सतलज	मानसरोवर झील के समीप स्थित राक्षस ताल	चिनाब नदी	1,050
रावी	कांगड़ा जिले में रोहतांग दर्रे के समीप	चिनाब नदी	720
व्यास	रोहतांग दर्रे के समीप	सतलज नदी	625
यमुना	बन्दरपूँछ के पश्चिमी ढाल पर स्थित यमुनोत्री हिमानी	गंगा नदी (प्रयागराज)	1,375
चम्बल	मध्य प्रदेश में महू के समीप स्थित जनापाव पहाड़ी	यमुना नदी	1,050
गण्डक	नेपाल	गंगा नदी	425
कोसी	गोसाई धाम चोटी के उत्तर में	गंगा नदी	730
सोन	अमरकण्टक की पहाड़ियाँ	गंगा नदी	780
कृष्णा	महाबलेश्वर के समीप पश्चिमी घाट पहाड़	बंगाल की खाड़ी	1,327
गोदावरी	नासिक जिले (महाराष्ट्र) के दक्षिण-पश्चिम में 64 किमी दूर स्थित, त्र्यम्बक पहाड़ी	बंगाल की खाड़ी	1,465
कावेरी	कर्नाटक के कुर्ग जिले में स्थित ब्रह्मगिरि पहाड़ी	बंगाल की खाड़ी	805
तुंगभद्रा	कर्नाटक में पश्चिम घाट पहाड़	कृष्णा नदी	640
महानदी	मध्य प्रदेश के रामपुर जिले में सिंहावा के समीप	बंगाल की खाड़ी (कटक के समीप)	858
नर्मदा	अमरकण्टक की पहाड़ियाँ	खम्भात की खाड़ी	1,057
ताप्ती	बैतूल (म. प्र.) के मुल्ताई के पास	खम्भात की खाड़ी	724
लूनी	अजमेर जिले में स्थित नाग पहाड़ी (अरावली पर्वत)	कच्छ की खाड़ी	450

नदियों के किनारे बसे नगर

नगर	नदी	नगर	नदी
आगरा	यमुना	अहमदाबाद	साबरमती
कटक	महानदी	कोलकाता	हुगली
हरिद्वार	गंगा	गुवाहाटी	ब्रह्मपुत्र
नासिक	गोदावरी	पणजी	माण्डवी
उज्जैन	क्षिप्रा	सूरत	ताप्ती
श्रीनगर	झेलम	अयोध्या	सरयू
तिरुचिरापल्ली	कावेरी	हैदराबाद	मूसी
जौनपुर	गोमती	सम्बलपुर	महानदी
डिब्रूगढ़	ब्रह्मपुत्र	लखनऊ	गोमती
पटना	गंगा	प्रयागराज	गंगा-यमुना

भारत के प्रमुख जलप्रपात

जलप्रपात	ऊँचाई (किमी)	नदी	राज्य
कुंचिकल	455	वराही	कर्नाटक
गरसोप्पा या जोग	225	शरावती	कर्नाटक
येना	183	येना	महाराष्ट्र
शिवसमुद्रम	90	कावेरी	कर्नाटक
हुण्डरु	74	स्वर्णरेखा	झारखण्ड
चूलिया	18	चम्बल	राजस्थान
केवटी	98	महाना	मध्य प्रदेश

भारत की प्रमुख झीलें

झील	राज्य	झील	राज्य
वुलर, डल, पोगांग शो	जम्मू-कश्मीर	लोनार	महाराष्ट्र
नैनीताल, भीमताल	उत्तराखण्ड	लोकटक	मणिपुर
वेम्बनाद कयाल, अष्टमुदी	केरल	साल्ट लेक	कोलकाता
कोलेरु, पुलिकट	आन्ध्र प्रदेश	चिल्का	ओडिशा
साम्भर, पुष्कर, नक्की	राजस्थान	सुकना	चण्डीगढ़

मुख्य बहुउद्देशीय परियोजनाएँ

बहुउद्देशीय परियोजना	राज्य	नदी/नदियाँ
भीमा परियोजना	महाराष्ट्र	पवना एवं कृष्णा
सरदार सरोवर परियोजना	गुजरात	नर्मदा (इसका जलाशय इन्दिरा सागर के नाम से है)
इन्दिरा गांधी नहर परियोजना	राजस्थान	रावी, व्यास, सतलज
फरक्का परियोजना	पश्चिम बंगाल	गंगा
दामोदर घाटी परियोजना	पश्चिम बंगाल व झारखण्ड	दामोद
इडुक्की परियोजना	केरल	पेरियार
थीन बाँध	पंजाब	रावी
भाखड़ा नांगल बाँध परियोजना	पंजाब	सतलज (यह विश्व का दूसरा सबसे ऊँचा बाँध–226 मीटर) है एवं इसका जलाशय गोविन्द सागर झील कहलाता है।
सलाल पनबिजली परियोजना	जम्मू व कश्मीर	चिनाब
कोसी परियोजना	बिहार (भारत-नेपाल)	कोसी
सोन परियोजना	बिहार	सोन
काकरापारा परियोजना	गुजरात (सूरत)	ताप्ती
उकाई परियोजना	गुजरात	ताप्ती
गांधी सागर परियोजना	मध्य प्रदेश	चम्बल
राणाप्रताप सागर परियोजना	राजस्थान	चम्बल
जवाहर सागर परियोजना	राजस्थान	चम्बल
माताटीला बाँध परियोजना	उत्तर प्रदेश, मध्य प्रदेश	बेतवा
टिहरी बाँध परियोजना	उत्तराखण्ड	भागीरथी
नागार्जुन सागर परियोजना	आन्ध्र प्रदेश	कृष्णा
तुंगभद्रा परियोजना	आन्ध्र प्रदेश, कर्नाटक	तुंगभद्रा

राष्ट्रीय उद्यान एवं वन्यजीव अभयारण्य

उद्यान	स्थान
काजीरंगा राष्ट्रीय उद्यान	जोरहाट (असोम)
मानस वन्यजीव अभयारण्य	बारपेटा (असोम)
हजारीबाग राष्ट्रीय पार्क	हजारीबाग (झारखण्ड)
बेतला राष्ट्रीय पार्क	पलामू (झारखण्ड)
बान्दीपुर राष्ट्रीय पार्क	बान्दीपुर (कर्नाटक)
गिर राष्ट्रीय उद्यान	जूनागढ़ (गुजरात)
केवलादेव पक्षी विहार	भरतपुर (राजस्थान)
सरिस्का वन्यजीव अभयारण्य	अलवर (राजस्थान)
दचीगाम वन्यजीव अभयारण्य	श्रीनगर (जम्मू-कश्मीर)
बान्धवगढ़ राष्ट्रीय उद्यान	बान्धवगढ़ (मध्य प्रदेश)
कान्हा राष्ट्रीय उद्यान	बालाघाट (मध्य प्रदेश)
सिमलीपाल राष्ट्रीय उद्यान	मयूरभंज (उड़ीसा)
दुधवा राष्ट्रीय उद्यान	लखीमपुर खीरी (उत्तर प्रदेश)
कॉर्बेट राष्ट्रीय उद्यान	नैनीताल (उत्तराखण्ड)
पेरियार वन्यजीव अभयारण्य	इडुक्की (केरल)
मदुमल्लाई वन्यजीव अभयारण्य	नीलगिरि (तमिलनाडु)
पेराम्बिकुलम वन्यजीव अभयारण्य	पालघाट (केरल)
शरावती वन्यजीव अभयारण्य	शिमोगा (कर्नाटक)
नन्दादेवी पशु विहार	चमोली (उत्तराखण्ड)
चन्द्रप्रभा वन्यजीव अभयारण्य	वाराणसी (उत्तर प्रदेश)
रणथम्भौर वन्यजीव अभयारण्य	सवाई माधोपुर (राजस्थान)
कैमूर वन्यजीव अभयारण्य	बिहार

मुख्य कृषि फसलें एवं उत्पादक राज्य

कृषि फसल	उत्पादक राज्य
चावल	पश्चिम बंगाल, उत्तर प्रदेश, आन्ध्र प्रदेश
गेहूँ	उत्तर प्रदेश, पंजाब, हरियाणा
मक्का	कर्नाटक, उत्तर प्रदेश, राजस्थान
गन्ना	उत्तर प्रदेश, महाराष्ट्र, कर्नाटक
कपास	गुजरात, महाराष्ट्र, आन्ध्र प्रदेश
जूट	पश्चिम बंगाल, बिहार, असोम
कॉफी	कर्नाटक, केरल, तमिलनाडु
रबड़	केरल, तमिलनाडु, कर्नाटक
रेशम	कर्नाटक, आन्ध्र प्रदेश, पश्चिम बंगाल
तम्बाकू	आन्ध्र प्रदेश, कर्नाटक, गुजरात
आलू	उत्तर प्रदेश, बिहार, पश्चिम बंगाल
चाय	असोम, पश्चिम बंगाल, तमिलनाडु

भारत में कृषि क्षेत्र की महत्त्वपूर्ण क्रान्तियाँ

हरित क्रान्ति (Green Revolution) कृषि उत्पादन।
श्वेत क्रान्ति (White Revolution) दुग्ध उत्पादन।
नीली क्रान्ति (Blue Revolution) मत्स्य उत्पादन।
गुलाबी क्रान्ति (Pink Revolution) झींगा मछली का उत्पादन।
पीली क्रान्ति (Yellow Revolution) सूर्यमुखी व अन्य तिलहनों का उत्पादन।
भूरी क्रान्ति (Brown Revolution) गैर-परम्परागत ऊर्जा उत्पादन।
लाल क्रान्ति (Red Revolution) मांस/टमाटर उत्पादन।
गोल क्रान्ति (Round Revolution) आलू उत्पादन।
रजत क्रान्ति (Silver Revolution) अण्डा उत्पादन।
सुनहरी क्रान्ति (Golden Revolution)–फल उत्पादन (बागवानी)।
इन्द्रधनुषी क्रान्ति (Rainbow Revolution)–कृषि सम्बन्धी समग्र क्रान्ति।

प्रमुख खनिज एवं उत्पादक राज्य

प्रमुख खनिज	प्रमुख उत्पादक राज्य
अभ्रक	आन्ध्र प्रदेश, राजस्थान, झारखण्ड
बॉक्साइट	ओडिशा, गुजरात, महाराष्ट्र
लौह-अयस्क	ओडिशा, छत्तीसगढ़, गोवा
जस्ता	राजस्थान, आन्ध्र प्रदेश, ओडिशा
जिप्सम	राजस्थान, जम्मू-कश्मीर, तमिलनाडु
सोना	कर्नाटक, आन्ध्र प्रदेश, झारखण्ड
चाँदी	राजस्थान, कर्नाटक, झारखण्ड
हीरा	मध्य प्रदेश, आन्ध्र प्रदेश
ताँबा	मध्य प्रदेश, राजस्थान, झारखण्ड
मैंगनीज	ओडिशा, मध्य प्रदेश, महाराष्ट्र
टिन	छत्तीसगढ़, ओडिशा
लिग्नाइट	तमिलनाडु, गुजरात, राजस्थान
कोयला	छत्तीसगढ़, ओडिशा, झारखण्ड
पेट्रोलियम	मुम्बई, गुजरात, असोम

भारतीय नगर और उनके प्रमुख उद्योग

नगर	राज्य	उद्योग
अलीगढ़	*उत्तर प्रदेश*	ताले
भण्डारा	*महाराष्ट्र*	विस्फोटक पदार्थ
चण्डीगढ़	*पंजाब*	भवन-निर्माण
चितरंजन	*पश्चिम बंगाल*	लोकोमोटिव
दिल्ली	*दिल्ली*	सूती कपड़ा, इंजीनियरिंग सामान
डिण्डीगुल	*तमिलनाडु*	सिगार तथा तम्बाकू
एर्नाकुलम	*केरल*	केबिल्स
फरीदाबाद	*हरियाणा*	ट्रैक्टर एवं कृषि यन्त्र व इंजीनियरिंग सामान
ग्वालियर	*मध्य प्रदेश*	चीनी के बर्तन
गोमिया	*बिहार*	विस्फोटक पदार्थ
हिसार	*हरियाणा*	भेड़ों का फार्म
तिरुपति	*आन्ध्र प्रदेश*	स्कूटर्स
उदयपुर	*राजस्थान*	जस्ता
आनन्द	*गुजरात*	मक्खन, पनीर, दूध
आगरा	*उत्तर प्रदेश*	संगमरमर, चमड़ा, दरी
अहमदाबाद	*गुजरात*	सूती वस्त्र
अम्बाला	*हरियाणा*	वैज्ञानिक सामग्री
उज्जैन	*मध्य प्रदेश*	नायलोन धागा
उत्तरपाड़ा	*पश्चिम बंगाल*	एम्बेसडर गाड़ियाँ
बड़ोदरा	*गुजरात*	नायलोन धागा
जैनाकोट	*जम्मू-कश्मीर*	एचएमटी फैक्ट्री
नेपानगर	*मध्य प्रदेश*	अखबारी कागज
कटनी	*मध्य प्रदेश*	सीमेण्ट, चूना पत्थर
जमशेदपुर	*झारखण्ड*	आयरन, स्टील, रेल डिब्बे
फिरोजाबाद	*उत्तर प्रदेश*	काँच की चूड़ियाँ
आवड़ी	*तमिलनाडु*	हैवी टैंक
बंगलुरु	*कर्नाटक*	टेलीफोन
बरेली	*उत्तर प्रदेश*	रेजिन, लकड़ी का काम
बैलाडिला	*छत्तीसगढ़*	खनिज लोहा

प्रमुख राष्ट्रीय राजमार्ग

राष्ट्रीय राजमार्ग (N.H.) संख्या	मार्ग
राष्ट्रीय राजमार्ग संख्या-1	*दिल्ली-अम्बाला-जालन्धर-अमृतसर-पाक सीमा तक*
राष्ट्रीय राजमार्ग संख्या-2	*दिल्ली-कोलकाता*
राष्ट्रीय राजमार्ग संख्या-3	*आगरा-मुम्बई*
राष्ट्रीय राजमार्ग संख्या-4	*मुम्बई-चेन्नई*
राष्ट्रीय राजमार्ग संख्या-5	*चेन्नई-वहारधोरा*
राष्ट्रीय राजमार्ग संख्या-6	*कोलकाता-हजीरा*
राष्ट्रीय राजमार्ग संख्या-8	*दिल्ली-मुम्बई*
राष्ट्रीय राजमार्ग संख्या-9	*पुणे-मछलीपत्तनम*
राष्ट्रीय राजमार्ग संख्या-10	*दिल्ली-फाजिल्का*
राष्ट्रीय राजमार्ग संख्या-28	*लखनऊ-बरौनी*

रेल-मण्डल एवं उनके मुख्यालय

रेल-मण्डल	मुख्यालय
उत्तर रेलवे	नई दिल्ली
पश्चिम रेलवे	मुम्बई (चर्च गेट)
दक्षिण रेलवे	चेन्नई
पूर्व रेलवे	कोलकाता
मध्य रेलवे	मुम्बई (छत्रपति-शिवाजी टर्मिनस)
दक्षिण मध्य रेलवे	सिकन्दराबाद
दक्षिण-पूर्व रेलवे	कोलकाता
उत्तर-पूर्व रेलवे	गोरखपुर
उत्तर-पूर्व सीमान्त रेलवे	मालेगाँव (गुवाहाटी)
पूर्व-मध्य रेलवे	हाजीपुर
उत्तर-मध्य रेलवे	प्रयागराज
पश्चिम-मध्य रेलवे	जबलपुर
दक्षिण-पश्चिम रेलवे	बंगलुरु
उत्तर-पश्चिम रेलवे	जयपुर
पूर्वी-तटवर्ती रेलवे	भुवनेश्वर
दक्षिण-पूर्व-मध्य रेलवे	बिलासपुर
कोलकाता मैट्रो	कोलकाता
दक्षिण तटीय	विशाखापत्तनम
कोंकण रेलवे	नवी मुम्बई

प्रमुख बड़े बन्दरगाह

नाम	राज्य/केन्द्र शासित प्रदेश	नदी/खाड़ी एवं समुद्र
कोलकाता	*पश्चिम बंगाल*	हुगली
मुम्बई	*महाराष्ट्र*	अरब सागर
चेन्नई	*तमिलनाडु*	बंगाल की खाड़ी
कोचीन	*केरल*	अरब सागर
विशाखापत्तनम	*आन्ध्र प्रदेश*	बंगाल की खाड़ी
पारादीप	*ओडिशा*	बंगाल की खाड़ी
न्यू तूतीकोरिन	*तमिलनाडु*	बंगाल की खाड़ी
एन्नौर	*तमिलनाडु*	बंगाल की खाड़ी
मार्मागाओ	*गोवा*	अरब सागर
काण्डला	*गुजरात*	अरब सागर
न्यू मंगलौर	*कर्नाटक*	अरब सागर
न्हावा शेवा	*महाराष्ट्र*	अरब सागर
पोर्ट ब्लेयर	*अंडमान निकोबार*	बंगाल की खाड़ी

भारत के राष्ट्रीय जलमार्ग

जलमार्ग	स्थान	लम्बाई (किमी)
राष्ट्रीय जलमार्ग-1	इलाहाबाद से हल्दिया (1986)	1620
राष्ट्रीय जलमार्ग-2	सादिया से धुबरीपट्टी (1988)	891
राष्ट्रीय जलमार्ग-3	कोल्लम से कोट्टापुरम (1991)	168
राष्ट्रीय जलमार्ग-4	काकीनाडा से कालुवैली तक। (गोदावरी व कृष्णा नदी) (2008)	1100
राष्ट्रीय जलमार्ग-5	ब्रह्माणी नदी के तालचर धमारा से छरबतिया धमारा मार्ग तक। (2008)	585
राष्ट्रीय जलमार्ग-6	लखीपुर से भागा (2013)	121

प्रमुख अन्तर्राष्ट्रीय हवाई अड्डे

नाम	स्थान
छत्रपति शिवाजी अन्तर्राष्ट्रीय हवाई अड्डा	*मुम्बई*
सुभाषचन्द्र बोस हवाई अड्डा	*कोलकाता*
इन्दिरा गांधी अन्तर्राष्ट्रीय हवाई अड्डा	*दिल्ली*
मीनाम्बक्कम अन्तर्राष्ट्रीय हवाई अड्डा	*चेन्नई*
तिरुअनन्तपुरम अन्तर्राष्ट्रीय हवाई अड्डा	*तिरुअनन्तपुरम*
अमृतसर अन्तर्राष्ट्रीय हवाई अड्डा	*अमृतसर*
बेगमपेट अन्तर्राष्ट्रीय हवाई अड्डा	*हैदराबाद*
कोच्चि अन्तर्राष्ट्रीय हवाई अड्डा	*कोच्चि*
लोकप्रिय गोपीनाथ वारदोलोई अन्तर्राष्ट्रीय हवाई अड्डा	*गुवाहाटी*
गोवा अन्तर्राष्ट्रीय हवाई अड्डा	*गोवा*
बंगलुरु अन्तर्राष्ट्रीय हवाई अड्डा	*बंगलुरु*
सरदार वल्लभ भाई पटेल अन्तर्राष्ट्रीय हवाई अड्डा	*अहमदाबाद*
देवी आहिल्याबाई होल्कर अन्तर्राष्ट्रीय हवाई अड्डा	*इन्दौर*
महर्षि वाल्मिकी अन्तर्राष्ट्रीय हवाई अड्डा	अयोध्या

भारत की प्रमुख जनजातियाँ

राज्य/केन्द्रशासित प्रदेश	जनजातियाँ
हिमाचल प्रदेश	गद्दी, गुज्जर, किन्नर आदि।
जम्मू-कश्मीर	गद्दी, बकरवाल आदि।
राजस्थान	भील, मीणा, कथोड़िया, गरासिया आदि।
आन्ध्र प्रदेश	चेंचू, यनाड़ी, कुरुम्बा, खोण्ड, बगडाज, कोया, वगोटा आदि।
केरल	इरूला, कुरुम्बा, कडार, पुलियान आदि।
तमिलनाडु	टोडा, कोटा, कुरुम्बा, बड़ागा आदि।
अण्डमान एवं निकोबार	ग्रेट अण्डमानी, निकोबारी, ओंगे, जारवा, शौम्पेन, सेंटेनलीज आदि।
अरुणाचल प्रदेश	अप्तानी, मिशमी, डफला, मिरी, आका, सिंगपों, खामती आदि।
असोम	चकमा, मिकिर, कचारी, बोरो आदि।
मेघालय	गारो, खासी, जयन्तिया, हमार आदि।
नागालैण्ड	अंगामी नागा, सितेंग, सेमा नागा, कोन्याक नागा, लोथा नागा आदि।
मणिपुर	कुकी, लेपचा, मुघ आदि।
त्रिपुरा	भूटिया, चकमा, गारो, कुकी आदि।
मिजोरम	मिजो, लाखेर, पावो, लुशाई आदि।
पश्चिमी बंगाल	असुर, भूमिज, बिरहोर, लोधा, लेपचा, महाली, मालपहाड़िया, पोलिया आदि।
झारखण्ड	सन्थाल, पहाड़िया, मुण्डा, हो, बिरहोर, ओराँव, खरिया, तमरिया आदि।
उत्तर प्रदेश एवं उत्तराखण्ड	थारू, भोटिया, जौनसारी, भोक्सा, राजी, खासा, भुइयाँ, खरवाड़, माँझी, कोल आदि।
ओडिशा	जुआंग, सवारा, खरिया, खोण्ड, कान्ध आदि।
मध्य प्रदेश एवं छत्तीसगढ़	हिल-मारिया, मुरिया, डण्डामी, गोण्डा, बैगा, परजा, भटरा, अगरिया, भील, सहरिया, कोरवा, हलवा आदि।

भारत में सर्वाधिक बड़ा, लम्बा एवं ऊँचा

सबसे लम्बा सड़क पुल	भूपेन हजारिका पुल (असम, लोहित)
सबसे बड़ा पशु मेला	सोनपुर (बिहार)
सबसे ऊँची मीनार	कुतुबमीनार (दिल्ली)
सबसे ऊँचा बाँध	टिहरी बाँध (उत्तराखण्ड)
सबसे बड़ा रेगिस्तान	थार (राजस्थान)
सबसे बड़ा गुफा मन्दिर	कैलाश मन्दिर (एलोरा)
सबसे बड़ा चिड़ियाघर	अरीगनर अन्ना जूलोजिकल गार्डन्स (तमिलनाडु)
सबसे बड़ी मस्जिद	जामा मस्जिद (दिल्ली)
सबसे ऊँची चोटी	गॉडविन ऑस्टिन (K-2)
सबसे लम्बी सड़क सुरंग	चेनानी-नाशरी सड़क सुरंग (जम्मू-कश्मीर)
सबसे बड़ा डेल्टा	सुन्दरबन (पश्चिम बंगाल)
सर्वाधिक वनों का राज्य (क्षेत्रफल में)	मध्य प्रदेश
सर्वाधिक वनों का राज्य (प्रतिशत में)	मिजोरम
सबसे ऊँचा जलप्रपात	कुंचिकल जलप्रपात (कर्नाटक)
सबसे लम्बी सड़क	ग्राण्ड ट्रंक रोड
सबसे ऊँचा दरवाजा	बुलन्द दरवाजा
सबसे लम्बी नदी	गंगा नदी
सबसे बड़ा अजायबघर	कोलकाता अजायबघर
सबसे बड़ा गुम्बज	गोल गुम्बज (बीजापुर)
सबसे ऊँची मूर्ति	स्टैच्यू ऑफ यूनिटी (गुजरात)
सर्वाधिक वर्षा का स्थान	मासिनराम (मेघालय)
सबसे बड़ा लीवर पुल	हावड़ा ब्रिज (कोलकाता)
सबसे लम्बी नहर	इन्दिरा गाँधी नहर (राजस्थान)
सबसे लम्बा रेलवे प्लेटफार्म	हुबली (कर्नाटक)
सबसे लम्बा रेल मार्ग	डिब्रूगढ से कन्याकुमारी
सबसे बड़ा प्राकृतिक बन्दरगाह	मुम्बई
सबसे लम्बा राष्ट्रीय राजमार्ग	राष्ट्रीय राजमार्ग सं.-44 (श्रीनगर से कन्याकुमारी)
सबसे लम्बी तटरेखा वाला राज्य	गुजरात
सबसे ऊँची झील	चोलाम झील (सिक्किम)
खारे पानी की सबसे बड़ी झील	चिल्का झील (ओडिशा)
मीठे पानी की सबसे बड़ी झील	वूलर झील (कश्मीर)
भारत की सबसे लम्बी सहायक नदी	यमुना
दक्षिण भारत की सबसे लम्बी नदी	गोदावरी
सबसे लम्बा बाँध	हीराकुड बाँध (ओडिशा)
भारत का सर्वोच्च सम्मान	भारत रत्न
भारत का सर्वोच्च शौर्य सम्मान	परमवीर चक्र
सबसे बड़ा गुरुद्वारा	स्वर्ण मन्दिर (अमृतसर)
सबसे बड़ा गिरिजाघर	सेन्ट-कैथेड्रल (गोवा)
सबसे ऊँचा टी. वी. टावर	रामेश्वरम (तमिलनाडु)
सबसे अधिक आबादी वाला शहर	मुम्बई
सबसे अधिक शहरी क्षेत्र वाला राज्य	महाराष्ट्र
सबसे अधिक मार्ग बदलने वाली नदी	कोसी
सबसे बड़ी कृत्रिम झील	गोविन्द बल्लभ पन्त सागर (सोनभद्र)
सबसे बड़ा नदी द्वीप	माजुली (ब्रह्मपुत्र नदी, असोम)
सबसे बड़ा तारामण्डल	बिरला प्लैनेटोरियम (कोलकाता)
सबसे ऊँचा हवाई अड्डा	लेह (लद्दाख)

अभ्यास प्रश्न

1. क्षेत्रफल की दृष्टि से भारत का सबसे बड़ा राज्य कौन-सा है? [UP बी.एड. 2014]
(a) उत्तर प्रदेश (b) बिहार
(c) राजस्थान (d) महाराष्ट्र

2. भारत एवं पाकिस्तान का विभाजन किस योजना के तहत् हुआ था? [UP बी.एड. 2014]
(a) माउण्टबेटन योजना
(b) क्रिप्स योजना
(c) चेम्सफोर्ड योजना
(d) बैवेल योजना

3. टूटते हुए तारे के सम्बन्ध में निम्नलिखित में से कौन-सा कथन सही है? [UP बी.एड. 2014]
(a) उल्का पिण्ड
(b) तारे के प्रकार
(c) वायु के घर्षण में प्रज्वलित होना
(d) पुच्छल तारे का मलवा

4. पृथ्वी के वायुमण्डल में कौन-सी गैस विपुल मात्रा में है? [UP बी.एड. 2014]
(a) नाइट्रोजन
(b) ऑक्सीजन
(c) ऑर्गन
(d) कार्बन डाइऑक्साइड

5. ग्रीन हाऊस प्रभाव के कारण [UP बी.एड. 2014]
(a) पृथ्वी का तापमान कम हो रहा है
(b) पृथ्वी का तापमान बढ़ रहा है
(c) पृथ्वी का तापमान स्थिर है
(d) उपरोक्त में से कोई नहीं

6. निम्नलिखित में से कौन-सी झील दुनिया की प्राचीनतम और सर्वाधिक गहरी ताजे पानी की झील है? [UP बी.एड. 2014]
(a) तितिकाका झील (b) बैकाल झील
(c) चिल्का झील (d) सुपीरियर झील

7. अधिकेन्द्र शब्द किससे सम्बन्धित है? [UP बी.एड. 2014]
(a) भूकम्प
(b) वलन
(c) पृथ्वी का भीतरी प्रदेश
(d) भ्रंशन

8. अलमाट्टी बाँध किस नदी पर बना है? [UP बी.एड. 2014]
(a) गोदावरी (b) कावेरी
(c) कृष्णा (d) महानदी

9. बाघ परियोजना कब आरम्भ की गई? [UP बी.एड. 2014]
(a) 1973 ई. में (b) 1976 ई. में
(c) 1978 ई. में (d) 1983 ई. में

10. क्षेत्रफल के अनुसार विश्व में भारत का स्थान है [UP बी.एड. 2014]
(a) दसवाँ (b) दूसरा
(c) पाँचवाँ (d) सातवाँ

11. कोडाईकनाल पर्वतीय स्थान स्थित है [UP बी.एड. 2014]
(a) सेवराय पहाड़ी में
(b) पालनी पहाड़ियों में
(c) इलायची पहाड़ी में
(d) नल्लामलाई पहाड़ियों में

12. कौन-से ग्रह का कोई उपग्रह नहीं है? [UP बी.एड. 2013]
(a) शुक्र (b) पृथ्वी
(c) मंगल (d) बृहस्पति

13. निम्न में से किस नदी को 'बिहार का शोक' कहा जाता है [UP बी.एड. 2013]
(a) गंगा (b) गण्डक
(c) सोन (d) कोसी

14. पृथ्वी से सूर्य की दूरी कितनी है? [UP बी.एड. 2013]
(a) 16.98 करोड़ किमी
(b) 14.98 करोड़ किमी
(c) 18.06 करोड़ किमी
(d) 12.98 करोड़ किमी

15. बब्बर शेरों का अभ्यारण्य हैं [UP बी.एड. 2013]
(a) काजीरंगा (b) गिर
(c) केवलादेव (d) मानस

16. भारत में पेट्रोलियम का सबसे बड़ा स्थान कौन-सा है? [UP बी.एड. 2013]
(a) कच्छ की खाड़ी (b) गंगा-यमुना बेसिन
(c) खम्भात की खाड़ी (d) मुम्बई हाई

17. कौन-सी ठण्डी जल धारा है? [UP बी.एड. 2013]
(a) गल्फ स्ट्रीम धारा (b) कनारी धारा
(c) मोजाम्बिक धारा (d) अलगुहास धारा

18. भारत का सबसे बड़ा साक्षर प्रदेश है? [UP बी.एड. 2013]
(a) केरल (b) महाराष्ट्र
(c) आन्ध्र प्रदेश (d) उत्तर प्रदेश

19. सबसे बड़ा महासागर है [UP बी.एड. 2013]
(a) हिन्द महासागर
(b) अटलाण्टिक महासागर
(c) प्रशान्त महासागर
(d) आर्कटिक महासागर

20. जावा मानव सम्बन्धित है [UP बी.एड. 2013]
(a) काकेशायड प्रजाति से
(b) मंगोलायड प्रजाति से
(c) नीग्रोयड प्रजाति से
(d) उपरोक्त में से कोई नहीं

21. समुद्र समीर बनती है [UP बी.एड. 2012]
(a) दिन के समय (b) रात के समय
(c) दोनों समय (d) मौसमी

22. निम्न में से कौन-सा, भारत के पूर्वी तट का एक मुख्य बन्दरगाह (पत्तन) है? [UP बी.एड. 2012]
(a) काँडला (b) विशाखापत्तनम
(c) करीकल (d) पाण्डिचेरी

23. वायुमण्डल की सबसे नीचे की परत है। [UP बी.एड. 2012]
(a) समतापमण्डल (b) बाह्य वायुमण्डल
(c) क्षोभमण्डल (d) मध्यमण्डल

24. दिगबोई (असम) किस उद्योग के लिए जाना जाता है? [UP बी.एड. 2011]
(a) लोकोमोटिव (b) कच्चा तेल
(c) कोयला (d) लोहा

25. सूर्य के सबसे समीप कौन-सा ग्रह है? [UP बी.एड. 2011]
(a) बुध (b) शुक्र
(c) मंगल (d) बृहस्पति

26. मूँगफली का सबसे बड़ा उत्पादक है [UP बी.एड. 2011]
(a) भारत (b) सूडान
(c) ब्राजील (d) चीन

27. भाखड़ा नागल बाँध परियोजना किस नदी पर है? [UP बी.एड. 2010]
(a) सतलज (b) तुंगभद्रा
(c) गंगा (d) रिहन्द

28. सर्वाधिक गेहूँ की पैदावार भारत के किस राज्य में होती है? [UP बी.एड. 2010]
(a) पंजाब (b) उत्तर प्रदेश
(c) हरियाणा (d) मध्य प्रदेश

29. निम्नलिखित में से कौन-से दो ग्रह पृथ्वी की तुलना में सूर्य के निकट हैं? [UP बी.एड. 2008]
(a) बृहस्पति एवं बुध (b) वरुण एवं शुक्र
(c) मंगल एवं शनि (d) शुक्र एवं बुध

30. पृथ्वी अपनी धुरी पर एक चक्कर पूरा करती है [UP बी.एड. 2008]
(a) 23 घण्टे एवं 30 मिनट में
(b) 23 घण्टे, 56 मिनट एवं 4.09 सेकण्ड में
(c) 24 घण्टे एवं 01 मिनट में
(d) 23 घण्टे, 50 मिनट एवं 2.06 सेकण्ड में

31. निम्नलिखित में से किसकी आयु-निर्धारण हेतु 'कार्बन डेटिंग' विधि का प्रयोग किया जाता है? [UP बी.एड. 2008]
(a) जीवाश्मों (b) चट्टानों
(c) पेड़ों (d) (a) व (b)

32. निम्नलिखित भारतीय राज्यों में से किस राज्य की कोई समुद्री सीमा नहीं है? **[UP बी.एड. 2008]**
(a) गुजरात (b) गोवा
(c) राजस्थान (d) महाराष्ट्र

33. बगलिहार परियोजना सम्बन्धित है **[UP बी.एड. 2008]**
(a) हिमाचल प्रदेश से (b) जम्मू-कश्मीर से
(c) हरियाणा से (d) उत्तर प्रदेश से

34. घाना पक्षी विहार स्थित है **[UP बी.एड. 2008]**
(a) राजस्थान (b) उड़ीसा
(c) उत्तर प्रदेश (d) मध्य प्रदेश

35. निम्नलिखित में से किस फसल के लिए प्रति हेक्टेयर पानी की सर्वाधिक आवश्यकता होती है? **[UP बी.एड. 2008]**
(a) जौ (b) मक्का
(c) गन्ना (d) गेहूँ

36. सूर्य के चारों ओर परिक्रमा करने वाले खगोलीय पिण्ड क्या कहलाते हैं?
(a) ग्रह (b) उपग्रह
(c) क्षुद्र ग्रह (d) पुच्छल तारा

37. ग्रहों की गति का नियम किसने प्रतिपादित किया?
(a) कोपरनिकस (b) गैलीलियो
(c) केप्लर (d) न्यूटन

38. सौरमण्डल में कुल कितने ग्रह हैं?
(a) 9 (b) 8 (c) 7 (d) 10

39. सूर्य से बढ़ती दूरी के अनुसार ग्रहों का सही क्रम है
(a) बुध, शुक्र, मंगल, पृथ्वी
(b) बुध, पृथ्वी, शुक्र, मंगल
(c) बुध, मंगल, पृथ्वी, शुक्र
(d) बुध, शुक्र, पृथ्वी, मंगल

40. सबसे चमकीला ग्रह है
(a) पृथ्वी (b) शुक्र
(c) मंगल (d) बृहस्पति

41. सूर्य से सबसे दूर स्थित ग्रह है
(a) प्लूटो (b) नेप्च्यून
(c) यूरेनस (d) जुपीटर

42. निम्नलिखित में सबसे गर्म ग्रह है
(a) पृथ्वी (b) मंगल (c) शनि (d) बुध

43. सूर्य के धरातल का तापमान लगभग कितना होता है?
(a) 3000°C (b) 5000°C
(c) 6000°C (d) 7000°C

44. सूर्य के संघटन में सहायक गैस हैं
(a) ऑक्सीजन एवं नाइट्रोजन
(b) हीलियम एवं ऑक्सीजन
(c) हीलियम एवं नाइट्रोजन
(d) हीलियम एवं हाइड्रोजन

45. बिना उपग्रह वाले ग्रह हैं
(a) बुध एवं मंगल (b) मंगल एवं शुक्र
(c) मंगल एवं वरुण (d) बुध एवं शुक्र

46. सूर्य के प्रकाश को पृथ्वी पर पहुँचने में लगभग कितना समय लगता है?
(a) 8 मिनट (b) 9 मिनट
(c) 7 मिनट (d) 8 सेकण्ड

47. पृथ्वी का उपग्रह है
(a) कोरोना (b) चन्द्रमा
(c) जेना (d) कारला

48. 'सी आफ ट्रांक्विलिटी' कहाँ पर है?
(a) पृथ्वी (b) सूर्य (c) शुक्र (d) चन्द्रमा

49. सौरमण्डल में सबसे बड़ा ग्रह है
(a) शुक्र (b) शनि
(c) बृहस्पति (d) पृथ्वी

50. पृथ्वी के अतिरिक्त किस ग्रह पर वायुमण्डल पाया जाता है?
(a) बुध (b) मंगल
(c) बृहस्पति (d) शनि

51. किस ग्रह को 'भोर का तारा' कहा जाता है?
(a) मंगल (b) शनि
(c) शुक्र (d) बृहस्पति

52. सबसे अधिक उपग्रहों वाला ग्रह है
(a) मंगल (b) बृहस्पति
(c) शनि (d) शुक्र

53. सौरमण्डल का सबसे छोटा ग्रह है
(a) शनि (b) मंगल
(c) बुध (d) पृथ्वी

54. रात में लाल दिखाई देने वाला ग्रह है
(a) मंगल (b) पृथ्वी (c) शनि (d) शुक्र

55. कौन-सा ग्रह हरे रंग का प्रतीत होता है?
(a) शनि (b) बृहस्पति
(c) वरुण (d) शुक्र

56. 'नीला ग्रह' के नाम से जाना जाता है
(a) मंगल (b) पृथ्वी
(c) शुक्र (d) यूरेनस

57. सूर्य से पृथ्वी की दूरी कितनी है?
(a) 149 मिलियन किमी
(b) 150 मिलियन किमी
(c) 236 मिलियन किमी
(d) 256 मिलियन किमी

58. पृथ्वी पर दिन-रात की अवधि कहाँ समान होती है?
(a) भूमध्य रेखा पर (b) मकर रेखा पर
(c) कर्क रेखा पर (d) ध्रुवों पर

59. पृथ्वी पर दिन एवं रात होने का कारण है
(a) पृथ्वी का अपने अक्ष पर घूर्णन
(b) पृथ्वी की सापेक्ष सूर्य की गति
(c) पृथ्वी के अक्ष का झुकाव
(d) पृथ्वी का सूर्य के चारों ओर परिक्रमण

60. पृथ्वी की अपनी कक्षा में गति है
(a) पश्चिम से पूर्व (b) पूर्व से पश्चिम
(c) उत्तर से दक्षिण (d) दक्षिण से उत्तर

61. सूर्य और पृथ्वी के बीच अधिकतम दूरी (अपसौर) होती है
(a) 4 जुलाई (b) 30 जनवरी
(c) 22 दिसम्बर (d) 23 सितम्बर

62. सूर्य एवं पृथ्वी के बीच न्यूनतम दूरी (उपसौर) होती है
(a) 14 जुलाई (b) 30 जनवरी
(c) 3 जनवरी (d) 23 सितम्बर

63. निम्नलिखित में से किस तिथि को दिन-रात बराबर होते हैं ?
(a) 21 मार्च (b) 23 दिसम्बर
(c) 22 सितम्बर (d) (a) एवं (c)

64. 'चन्द्रग्रहण' का कारण है
(a) पृथ्वी एवं सूर्य के बीच चन्द्रमा का आना
(b) पृथ्वी एवं चन्द्रमा के बीच सूर्य का आना
(c) सूर्य एवं चन्द्रमा के बीच पृथ्वी का आना
(d) उपरोक्त में से कोई नहीं

65. 'सूर्यग्रहण' का कारण है
(a) पृथ्वी एवं सूर्य के बीच चन्द्रमा का आना
(b) पृथ्वी एवं चन्द्रमा के बीच सूर्य का आना
(c) सूर्य एवं चन्द्रमा के बीच पृथ्वी का आना
(d) उपरोक्त में से कोई नहीं

66. 'मध्य रात्रि का सूर्य' कहाँ दिखाई देता है?
(a) आर्कटिक क्षेत्र में (b) अण्टार्कटिक क्षेत्र में
(c) नॉर्वे में (d) सऊदी अरब में

67. भूमध्य रेखा पर पृथ्वी का व्यास है लगभग
(a) 25,000 किमी (b) 20,000 किमी
(c) 12,800 किमी (d) 6,400 किमी

68. प्रधान मध्याह्न रेखा किस स्थान से होकर गुजरती है?
(a) सिडनी (b) मेलबोर्न
(c) बर्खोयान्स्क (d) ग्रीनविच

69. एक देशान्तर से दूसरे देशान्तर के बीच कितना समयान्तराल होता है?
(a) 15 मिनट (b) 12 मिनट
(c) 10 मिनट (d) 4 मिनट

70. ध्रुवों की तरफ जाने पर अक्षांश रेखाओं के व्यास की प्रकृति कैसी होती है?
(a) स्थिर रहती है (b) घटती है
(c) बढ़ती है (d) इनमें से कोई नहीं

71. किस ग्रह को 'पृथ्वी की बहन' कहा जाता है?
(a) शनि (b) मंगल
(c) बुध (d) शुक्र

72. पृथ्वी से निकटतम दूरी पर ग्रह है
(a) बुध (b) शुक्र
(c) मंगल (d) शनि

73. पृथ्वी की अनुमानित आयु कितनी है?
(a) 4.6 अरब वर्ष (b) 5.0 अरब वर्ष
(c) 5.6 अरब वर्ष (d) 3.6 अरब वर्ष

74. पृथ्वी के केन्द्र में पाया जाने वाला चुम्बकीय पदार्थ है
(a) ग्रेनाइट (b) बेसाल्ट
(c) निकेल (d) डायोराइट

75. पृथ्वी की ऊपरी परत को क्या कहा जाता है?
(a) मेण्टल
(b) भूपर्पटी (क्रस्ट)
(c) क्रोड
(d) उपरोक्त में से कोई नहीं

76. पृथ्वी में कौन-सा तत्त्व सर्वाधिक मात्रा में पाया जाता है?
(a) कैल्शियम (b) लोहा
(c) सिलिकॉन (d) ऑक्सीजन

77. पृथ्वी के लगभग कितने प्रतिशत भाग पर स्थल है?
(a) 29% (b) 39%
(c) 31% (d) 41%

78. निम्नलिखित में से कौन कायान्तरित चट्टान है?
(a) ग्रेनाइट (b) शैल
(c) संगमरमर (d) बेसाल्ट

79. धरातल के जिस स्थान पर सर्वप्रथम भूकम्प का अनुभव किया जाता है, वह कहलाता है
(a) भूकम्प मूल
(b) भूकम्प अधिकेन्द्र
(c) भूकम्प केन्द्र
(d) उपरोक्त में से कोई नहीं

80. विश्व के सर्वाधिक भूकम्प निम्न में से किस पेटी में आते हैं?
(a) हिन्द महासागरीय पेटी
(b) मध्य महासागरीय पेटी
(c) परिप्रशान्त महासागरीय पेटी
(d) उपरोक्त में से कोई नहीं

81. 'रिक्टर स्केल' से क्या मापा जाता है?
(a) भूकम्प की तीव्रता
(b) सापेक्षिक आर्द्रता
(c) वर्षा की मात्रा
(d) ताप

82. भूकम्पीय तरंगों को किस यन्त्र से मापा जाता है?
(a) बैरोग्राफ
(b) क्लाइमोग्राफ
(c) सीस्मोग्राफ
(d) उपरोक्त में से कोई नहीं

83. वह कौन-सा महाद्वीप है जहाँ एक भी ज्वालामुखी नहीं है?
(a) यूरोप (b) अफ्रीका
(c) दक्षिण अमेरिका (d) ऑस्ट्रेलिया

84. विश्व का सबसे ऊँचा ज्वालामुखी 'कोटोपैक्सी' कहाँ स्थित है?
(a) जापान (b) इक्वेडोर
(c) कोस्टारिका (d) पेरु

85. निम्नलिखित में से किसे 'प्रकृति का सुरक्षा वाल्व' कहा जाता है?
(a) ज्वालामुखी (b) भूकम्प
(c) ओजोन गैस (d) नदियाँ

86. निम्नलिखित में से कौन-सा युग्म सुमेलित नहीं है?

	ज्वालामुखी		स्थान
(a)	एटना	-	इटली
(b)	फ्यूजीयामा	-	जापान
(c)	पोपा	-	म्यांमार
(d)	क्राकाटोआ	-	मलेशिया

87. 'रॉकीज', 'एण्डीज', 'एटलस', 'आल्पस' 'हिमालय' आदि किस प्रकार के पर्वत हैं?
(a) वलित (b) अवशिष्ट
(c) ब्लॉक (d) ज्वालामुखी

88. विश्व का सबसे ऊँचा पर्वत शिखर 'माउण्ट एवरेस्ट' कहाँ स्थित है?
(a) भारत (b) पाकिस्तान
(c) नेपाल (d) तिब्बत

89. 'लोयस का पठार' है
(a) हिमानीकृत (b) जलकृत
(c) नदीकृत (d) पवनकृत

90. विश्व का सर्वाधिक ऊँचा पठार कौन-सा है?
(a) तिब्बत का पठार
(b) कोलम्बिया का पठार
(c) कोलोरेडो का पठार
(d) बोलीविया का पठार

91. निम्नलिखित में से किस देश को 'हजार झीलों की भूमि' कहा जाता है?
(a) नीदरलैण्ड (b) थाइलैण्ड
(c) फिनलैण्ड (d) आयरलैण्ड

92. विश्व की सबसे बड़ी मीठे पानी की झील है
(a) सुपीरियर (b) कैस्पियन
(c) बैकाल (d) विक्टोरिया

93. विश्व का सबसे ऊँचा जलप्रपात है
(a) बोयोमा (b) स्टेनली
(c) एंजिल (d) न्याग्रा

94. विश्व का सबसे बड़ा महासागर है
(a) प्रशान्त (b) हिन्द
(c) आर्कटिक (d) अटलाण्टिक

95. विश्व का सबसे गहरा गर्त्त 'मेरियाना ट्रेंच' किस महासागर में स्थित है?
(a) प्रशान्त (b) हिन्द
(c) आर्कटिक (d) अटलाण्टिक

96. पृथ्वी के कितने प्रतिशत भाग पर जल मण्डल का विस्तार है?
(a) 29% (b) 65% (c) 71% (d) 74%

97. समुद्री जल में सर्वाधिक मात्रा में कौन सा लवण पाया जाता है?
(a) मैग्नीशियम क्लोराइड
(b) सोडियम क्लोराइड
(c) कैल्शियम कार्बोनेट
(d) पोटैशियम सल्फेट

98. सबसे लवणीय सागर है
(a) अरब सागर
(b) भूमध्य सागर
(c) लाल सागर
(d) मृत सागर

99. 'पाक जलसन्धि' किन दो देशों को अलग करती है?
(a) भारत एवं पाकिस्तान
(b) भारत एवं श्रीलंका
(c) भारत एवं बांग्लादेश
(d) भारत एवं म्यांमार

100. भूमध्य सागर एवं अटलांटिक महासागर को कौन-सी जलसन्धि जोड़ती है?
(a) डेविस (b) मलक्का
(c) बॉस (d) जिब्राल्टर

101. 'पनामा नहर' किन दो महासागरों को जोड़ती है?
(a) भूमध्य एवं लाल सागर
(b) प्रशान्त एवं अटलांटिक महासागर
(c) प्रशान्त एवं हिन्द महासागर
(d) अटलांटिक एवं हिन्द महासागर

102. 'स्वेज नहर' जोड़ती है
(a) भूमध्य सागर को कैस्पियन सागर से
(b) लाल सागर को हिन्द महासागर से
(c) भूमध्य सागर को लाल सागर से
(d) उपरोक्त में से कोई नहीं

103. कौन-सी नहर बाल्टिक सागर को उत्तरी सागर से मिलाती है?
(a) कील (b) पनामा
(c) सू (d) स्वेज

104. निम्नलिखित में से कौन-सा युग्म सुमेलित नहीं है?

	जलधारा		प्रकृति
(a)	लैब्रेडोर	–	ठण्डी
(b)	अंगुल्हास	–	गर्म
(c)	क्यूरोसियो	–	गर्म
(d)	गल्फ स्ट्रीम	–	ठण्डी

105. विश्व का सबसे ऊँचा ज्वार कहाँ आता है?
(a) कच्छ की खाड़ी
(b) फंडी की खाड़ी
(c) खम्भात की खाड़ी
(d) उत्तरी सागर

106. 'ज्वार-भाटा' की उत्पत्ति में किसका प्रभाव अधिक होता है?
(a) सूर्य (b) पृथ्वी
(c) चन्द्रमा (d) महासागर

107. निम्नलिखित में से कौन-सी नदी भ्रंशघाटी से होकर बहती है?
(a) अमेजन (b) सिन्धु (c) नर्मदा (d) गंगा

108. किस सभ्यता को 'नील नदी का वरदान' कहा जाता है?
(a) असीरिया की सभ्यता
(b) मेसोपोटामिया की सभ्यता
(c) बेबीलोनिया की सभ्यता
(d) मिस्त्र की सभ्यता

109. वायुमण्डल का सर्वाधिक स्थायी तत्त्व क्या है?
(a) नाइट्रोजन
(b) ऑक्सीजन
(c) कार्बन डाइ-ऑक्साइड
(d) जलवाष्प

110. वायुमण्डल में सर्वाधिक मात्रा में कौन-सी गैस विद्यमान है?
(a) ऑक्सीजन
(b) नाइट्रोजन
(c) कार्बन डाइ-ऑक्साइड
(d) ऑर्गन

111. निम्नलिखित में से कौन-सी गैस 'ग्रीन हाउस प्रभाव' के लिए उत्तरदायी है?
(a) क्लोरीन
(b) हाइड्रोजन
(c) कार्बन डाइ-ऑक्साइड
(d) ऑक्सीजन

112. वायुमण्डल में दैनिक मौसम परिवर्तन निम्न में से किसमें अधिक होता है?
(a) क्षोभमण्डल (b) मध्यमण्डल
(c) आयनमण्डल (d) समतापमण्डल

113. 'ओजोन परत' कहाँ अवस्थित है?
(a) क्षोभमण्डल में (b) क्षोभसीमा में
(c) समतापमण्डल में (d) आयनमण्डल में

114. वायुदाब में अचानक आने वाली कमी किस परिघटना की सूचक है?
(a) स्वच्छ मौसम (b) वर्षा का मौसम
(c) शीतल मौसम (d) तूफानी मौसम

115. वायुदाब को किस यन्त्र से मापा जाता है?
(a) बैरोमीटर (b) मैनोमीटर
(c) लैक्टोमीटर (d) हाइग्रोमीटर

116. 'डोलड्रम पेटी' (शान्त पेटी) का विस्तार कहाँ पाया जाता है?
(a) 0° - 5° उत्तर
(b) 0° - 5° दक्षिण
(c) 0° - 15° उत्तर एवं दक्षिण
(d) 0° - 5° उत्तर एवं दक्षिण

117. 'चीखता साठा' पवनें कहाँ प्रवाहित होती है?
(a) 60° पूर्वी देशान्तर के पास
(b) 60° दक्षिणी अक्षांश के पास
(c) 60° पश्चिमी देशान्तर के पास
(d) 60° उत्तरी अक्षांश के पास

118. आल्पस पर्वत के उत्तरी भाग में बहने वाली उष्ण शुष्क स्थानीय हवाओं को क्या कहा जाता है?
(a) फॉन (b) चिनूक
(c) सिरोको (d) खमसिन

119. निम्नलिखित में से कौन-सा युग्म सुमेलित नहीं है?

हवा		स्थान
(a) मिस्ट्रल	–	फ्रांस
(b) यामो	–	जापान
(c) सिरोको	–	ऑस्ट्रेलिया
(d) खमसिन	–	मिस्त्र

120. प्रतिचक्रवात की विशेषता है
(a) तापमान में वृद्धि (b) तेज पवन
(c) तीव्र दृष्टि (d) स्वच्छ आकाश

121. निम्नलिखित में से कौन सर्वाधिक विनाशकारी होता है?
(a) टाइफून (b) टॉरनेडो
(c) हरिकेन (d) तड़ित झंझा

122. किस मेघ से अत्यधिक वर्षा होती है?
(a) कपासी (b) कपासी वर्षा
(c) वर्षा स्तरी (d) पक्षाभ स्तरी

123. संसार की अधिकतम वर्षा निम्नलिखित में से किस रूप में होती है?
(a) पर्वतकृत (b) चक्रवातीय
(c) संवहनीय (d) प्रतिचक्रवात

124. निम्नलिखित में से किस क्षेत्र में साल भर वर्षा होती है?
(a) मानसूनी (b) भूमध्यरेखीय
(c) भूमध्यसागरीय (d) टुण्ड्रा

125. समान वर्षा की मात्रा वाले स्थानों को मिलाने वाली रेखा को क्या कहा जाता है?
(a) आइसोबाथ (b) आइसोराइम
(c) आइसोहाइट (d) आइसोनेफ

126. वायुमण्डल की आर्द्रता मापने वाला यन्त्र है
(a) मैनोमीटर (b) हाइड्रोमीटर
(c) हाइग्रोमीटर (d) हाइड्रोफोन

127. 'ओजोन परत' पृथ्वी के लोगों की रक्षा करती है
(a) कार्बन डॉइ-आक्साइड की बढ़ती मात्रा से
(b) पृथ्वी पर आने वाले अन्य ग्रहवासियों से
(c) पृथ्वी पर उपस्थित रेडियमधर्मी तत्त्वों से
(d) सूर्य से निकलने वाली पराबैंगनी किरणों से

128. चीन सागर में आने वाले उष्ण कटिबन्धीय चक्रवात को क्या नाम दिया गया है?
(a) टाइफून (b) सुनामी
(c) टॉरनेडो (d) हरिकेन

129. विश्व का सबसे बड़ा गेहूँ उत्पादक देश है
(a) चीन (b) भारत
(c) यू.एस.ए. (d) फ्रांस

130. विश्व में केले का सबसे ज्यादा उत्पादन कहाँ होता है?
(a) चीन (b) भारत
(c) पाकिस्तान (d) बांग्लादेश

131. ब्राजील किसका प्रमुख उत्पादक है ?
(a) कोको (b) कपास
(c) कॉफी (d) तम्बाकू

132. निम्नलिखित में से कौन-सा बन्दरगाह 'कॉफी-पत्तन' के नाम से जाना जाता है ?
(a) साओपालो (b) सेण्टोस
(c) रियो-डि-जेनेरो (d) ब्यूनस-आयर्स

133. विश्व में चाय का सर्वाधिक उत्पादन किस देश में किया जाता है?
(a) भारत (b) चीन
(c) इंग्लैण्ड (d) रूस

134. विश्व में प्राकृतिक रबड़ का सबसे बड़ा उत्पादक देश कौन-सा है ?
(a) मलयेशिया (b) इण्डोनेशिया
(c) भारत (d) थाईलैण्ड

135. विश्व में कृत्रिम रबड़ का सबसे बड़ा उत्पादक है
(a) यू.एस.ए. (b) इण्डोनेशिया
(c) थाईलैण्ड (d) मलयेशिया

136. दुग्ध उत्पादन में किस देश का प्रथम स्थान है?
(a) डेनमार्क (b) यू.एस.ए.
(c) भारत (d) चीन

137. निम्न में से किसे 'हरित क्रान्ति का जन्मदाता' कहा जाता है?
(a) एम. एस. स्वामीनाथन
(b) नार्मन ई. बोरलॉग
(c) बीरबल साहनी
(d) पंचानन माहेश्वरी

138. 'सेरीकल्चर' का सम्बन्ध है
(a) लाख से
(b) मछली से
(c) मधुमक्खी से
(d) रेशम कीट से

139. व्यापारिक स्तर पर किया जाने वाला विभिन्न प्रकार के फलों का उत्पादन कहलाता है
(a) एपीकल्चर (b) हॉर्टिकल्चर
(c) मेरीकल्चर (d) सिल्वीकल्चर

140. विश्व का प्रमुख मत्स्यन क्षेत्र 'ग्राण्ड बैंक' कहाँ स्थित है?
(a) बाल्टिक सागर में
(b) उत्तरी सागर में
(c) बोथनिया की खाड़ी में
(d) अटलाण्टिक महासागर में

141. स्वच्छ जल की मछली का सबसे बड़ा उत्पादक देश है
(a) भारत (b) चीन (c) जापान (d) नॉर्वे

142. विश्व में सर्वाधिक सोने का उत्पादन किस देश में किया जाता है?
(a) दक्षिण अफ्रीका (b) यू.एस.ए.
(c) चीन (d) जापान

143. विश्व का कौन-सा देश टिन का सर्वाधिक उत्पादन करता है?
(a) चीन (b) बोलीविया
(c) पेरु (d) कनाडा

144. चाँदी का सबसे बड़ा उत्पादक देश है
(a) कनाडा (b) भारत (c) पेरू (d) चीन

145. विश्व का सबसे बड़ा यूरेनियम उत्पादक देश है
(a) कजाखिस्तान (b) यू.एस.ए.
(c) रूस (d) चीन

146. विश्व में 'पवन ऊर्जा' का सबसे बड़ा उत्पादक देश है
(a) यू.एस.ए. (b) भारत
(c) रूस (d) जर्मनी

147. विश्व का सबसे बड़ा कोयला उत्पादक देश है
(a) भारत (b) चीन
(c) यू.एस.ए. (d) रूस

148. संसार की सबसे महत्त्वपूर्ण जहाजी नहर है
(a) स्वेज (b) सू (c) कील (d) पनामा

149. 'पिग्मी' जनजाति निवासी है
(a) कांगो की (b) मलेशिया की
(c) सुमात्रा की (d) ऑस्ट्रेलिया की

150. निम्नलिखित में कौन-सा युग्म सुमेलित नहीं है?

जनजाति		निवास
(a) माओरी	-	न्यूजीलैण्ड
(b) ऐनू	-	फ्रांस
(c) सेमांग	-	मलेशिया की
(d) एस्कीमो	-	कनाडा

151. 'जूलु' जनजाति कहाँ पायी जाती है?
(a) न्यूजीलैण्ड (b) भारत
(c) दक्षिण अफ्रीका (d) ऑस्ट्रेलिया

152. 'युर्त' किस जनजाति का घर है?
(a) एस्कीमो (b) पिग्मी
(c) बुशमैन (d) खिरगीज

153. कौन-सा देश पहले 'स्याम' के नाम से जाना जाता था?
(a) थाईलैण्ड (b) कम्बोडिया
(c) श्रीलंका (d) भारत

154. किस देश का प्राचीन नाम 'पर्शिया' है?
(a) इराक (b) ईरान
(c) ताइवान (d) चीन

155. निम्नलिखित में से किसे 'पूर्व का मोती' के नाम से जाना जाता है?
(a) जापान (b) हांगकांग
(c) श्रीलंका (d) ताइवान

156. किस देश को 'सफेद हाथियों की भूमि' के नाम से जाना जाता है?
(a) थाईलेण्ड (b) कीनिया
(c) जापान (d) लाओस

157. 'उगते सूर्य का देश' निम्न में से किसे कहा जाता है?
(a) नॉर्वे (b) फिलिपीन्स
(c) इंग्लैण्ड (d) जापान

158. 'कंगारुओं का देश' किसे कहा जाता है?
(a) न्यूजीलैण्ड (b) सुमात्रा
(c) ऑस्ट्रेलिया (d) कोरिया

159. 'सात पहाड़ियों का नगर' किसे माना जाता है?
(a) रोम (b) बर्लिन (c) बर्न (d) पेरिस

160. 'फारबिडन सिटी' के उपनाम से कौन जाना जाता है?
(a) क्वीटो (b) ल्हासा
(c) लीमा (d) बोगोटा

161. 'बगदाद' किस नदी के किनारे स्थित है?
(a) पोटोमेक (b) डेन्यूब
(c) हडसन (d) टिग्रिस

162. 'लन्दन' किस नदी के किनारे स्थित है ?
(a) राइन (b) टेम्स
(c) सीन (d) मोस्कावा

163. विश्व का सबसे बड़ा डेल्टा है
(a) महानदी का डेल्टा
(b) नील नदी का डेल्टा
(c) गंगा-ब्रह्मपुत्र नदी का डेल्टा
(d) कृष्णा-कावेरी नदी का डेल्टा

164. विश्व की सबसे व्यस्त व्यापारिक नदी कौन-सी है?
(a) राइन (b) गंगा
(c) टिग्रिस (d) टेम्स

165. विश्व का सबसे बड़ा पार्क कहाँ अवस्थित है?
(a) गिर राष्ट्रीय उद्यान (भारत)
(b) वुड बफैलो नेशनल पार्क (कनाडा)
(c) ग्रीनलैण्ड नेशनल पार्क (डेनमार्क)
(d) सागरमाथा नेशनल पार्क (डेनमार्क)

166. 'सवाना' घास का मैदान कहाँ पाया जाता है?
(a) यू.एस.ए. (b) दक्षिण अमेरिका
(c) अफ्रीका (d) रूस

167. 'वेल्ड' घास का मैदान कहाँ पाया जाता है?
(a) अमेरिका (b) दक्षिणी अफ्रीका
(c) ऑस्ट्रेलिया (d) न्यूजीलैण्ड

168. निम्नलिखित में से कौन-सा युग्म सुमेलित नहीं है?

घास के मैदान		प्राप्ति स्थल
(a) डाउन्स	-	ऑस्ट्रेलिया
(b) पम्पास	-	अर्जेण्टीना
(c) प्रेयरी	-	यू.एस.ए.
(d) स्टेपी	-	भारत

169. विश्व का सबसे बड़ा प्रायद्वीप है
(a) ग्रीनलैण्ड
(b) भारत
(c) इण्डोनेशिया
(d) उपरोक्त में से कोई नहीं

170. 'चक्रवात' के केन्द्र में होता है
(a) निम्न दाब
(b) सम दाब
(c) उच्च दाब
(d) उपरोक्त में से कोई नहीं

171. 'पेट्रोलियम' एवं 'कोयला' किन चट्टानों में पाया जाता है ?
(a) आग्नेय (b) अवसादी
(c) कायान्तरित (d) ये सभी

172. विश्व में रेशमी वस्त्र का सबसे बड़ा उत्पादक देश है
(a) जापान (b) भारत
(c) यू.एस.ए. (d) चीन

173. मानचित्र पर 'वायुदाब की समान स्थिति' दर्शाने वाली रेखाएँ क्या कहलाती हैं?
(a) आइसोबाथ (b) आइसोबार
(c) आइसोकोर (d) आइसोकेप

174. विश्व का सबसे बड़ा रेगिस्तान है
(a) गोबी (b) कालाहारी
(c) सहारा (d) थार

175. किस नदी को 'चीन का शोक' कहा जाता है?
(a) ह्वांग-हो (b) नील
(c) अमेजन (d) आंग-सी-हू

176. नील नदी का उद्गम स्थल है
(a) एण्डीज पर्वत (b) विक्टोरिया झील
(c) तिब्बत का पठार (d) इतास्का झील

177. लंदन शहर किस नदी के किनारे अवस्थित है?
(a) स्प्री (b) डेन्यूब (c) राइन (d) टेम्स

178. बर्लिन शहर किस नदी के किनारे अवस्थित है?
(a) डेन्यूब (b) स्प्री
(c) राइन (d) टेम्स

179. विश्व का सबसे बड़ा समुद्री पुल है
(a) ब्रान्द्रा-वर्ली ब्रिज (भारत)
(b) जियझोउ सी ब्रिज (चीन)
(c) डोंगई ब्रिज (चीन)
(d) महात्मा गाँधी सेतु (भारत)

180. विश्व की सबसे ऊँची इमारत है
(a) एम्पायर एस्टेट बिल्डिंग (न्यूयॉर्क)
(b) बुर्ज खलीफा (दुबई)
(c) ताइपेई 101 (ताइपेई)
(d) पेट्रानॉए टॉवर (कुआलाल्मपुर)

181. जनसंख्या की दृष्टि से विश्व का सबसे बड़ा देश है?
(a) रूस (b) चीन
(c) भारत (d) अमेरिका

182. विश्व की सर्वाधिक बड़ी नहर है
(a) पनामा नहर (b) सू नहर
(c) स्वेज नहर (d) कील नहर

183. खारे पानी की सबसे बड़ी झील है
(a) बैकाल झील (b) कैस्पियन सागर
(c) सुपीरियर झील (d) इनमें से कोई नहीं

184. ताजे पानी की सबसे बड़ी झील है
(a) सुपीरियर झील (b) बैकाल झील
(c) कैस्पियन सागर (d) इनमें से कोई नहीं

185. विश्व की सबसे बड़ी झील है
(a) सुपीरियर झील (b) बैकाल झील
(c) कैस्पियन सागर (d) इनमें से कोई नहीं

186. विश्व का सबसे ऊँचा बाँध है
(a) हीराकुड बाँध (भारत)
(b) जिनपिंग बाँध । (चीन)
(c) भाखड़ा बाँध (भारत)
(d) उपरोक्त में से कोई नहीं

187. पम्पास घास के मैदान कहाँ हैं?
(a) उत्तरी अफ्रीका (b) अर्जेण्टीना
(c) ऑस्ट्रेलिया (d) उत्तरी अमेरिका

188. ऑस्ट्रेलिया के शीतोष्ण कटिबन्धीय घास-भूमि को क्या कहते हैं?
(a) पम्पास (b) स्टेपी
(c) प्रेयरी (d) डाउन्स

189. भारत का क्षेत्रफल सम्पूर्ण विश्व के क्षेत्रफल का कितना प्रतिशत है?
(a) 2.42% (b) 2.84%
(c) 3.22% (d) 4.52%

190. क्षेत्रफल की दृष्टि से भारत का विश्व में स्थान है
(a) छठा (b) सातवाँ
(c) आठवाँ (d) नवाँ

191. भारत की स्थलीय सीमा की लम्बाई कितनी है?
(a) 2,933 किमी (b) 3,214 किमी
(c) 15,200 किमी (d) 17,320 किमी

192. द्वीपों सहित भारत के तट रेखा की लम्बाई कितनी है?
(a) 6,100 किमी (b) 6,200 किमी
(c) 6,700 किमी (d) 7,516.5 किमी

193. कर्क रेखा भारत के कितने राज्यों से होकर गुजरती है?
(a) 7 (b) 8 (c) 9 (d) 10

194. भारतीय मानक समय एवं ग्रीनविच समय में अन्तर है
(a) $+5\frac{1}{2}$ घण्टे (b) $-5\frac{1}{2}$ घण्टे
(c) + 6 घण्टे (d) –6 घण्टे

195. भारतीय मानक समय आधारित है
(a) 80° पूर्व देशान्तर पर
(b) 80° पश्चिम देशान्तर पर
(c) 80° 30′ पूर्व देशान्तर पर
(d) 82° 30′ पश्चिम देशान्तर पर

196. भारतीय राज्यों में किस राज्य की सबसे अधिक लम्बी तट रेखा है?
(a) तमिलनाडु (b) केरल
(c) आन्ध्र प्रदेश (d) गुजरात

197. क्षेत्रफल की दृष्टि से भारत का सबसे बड़ा राज्य है
(a) मध्य प्रदेश (b) राजस्थान
(c) महाराष्ट्र (d) उत्तर प्रदेश

198. भारत की प्रादेशिक जल सीमा समुद्र तट से कितने समुद्री मील की दूरी तक है?
(a) 12 मील (b) 24 मील
(c) 36 मील (d) 112 मील

199. कर्क रेखा निम्नलिखित में से किस राज्य से होकर नहीं गुजरती है?
(a) उड़ीसा (b) त्रिपुरा
(c) झारखण्ड (d) मिजोरम

200. भारत का दक्षिणतम स्थान 'इन्दिरा प्वाइण्ट' कहाँ स्थित है?
(a) केरल
(b) तमिलनाडु
(c) अण्डमान निकोबार द्वीप समूह
(d) लक्षद्वीप

201. 'डंकन पास' अवस्थित है
(a) उत्तरी अण्डमान एवं मध्य अण्डमान
(b) दक्षिणी अण्डमान एवं मध्य अण्डमान
(c) दक्षिणी अण्डमान एवं छोटा अण्डमान
(d) कार निकोबार एवं छोटा निकोबार

202. लक्षद्वीप समूह के द्वीपों की उत्पत्ति निम्नलिखित में से किस प्रकार हुई है?
(a) मृदा निक्षेपण से
(b) ज्वालामुखी उत्पत्ति से
(c) प्रवाल उत्पत्ति से
(d) उपरोक्त में से कोई नहीं

203. भारतीय क्षेत्र में स्थित दो ज्वालामुखी द्वीप हैं
(a) बैरन एवं नारकोण्डम
(b) कवारत्ती एवं न्यूमूर
(c) ग्रेट अण्डमान एवं लिटिल निकोबार
(d) पम्बन एवं बैरन

204. किस भारतीय राज्य की सीमा सर्वाधिक राज्यों की सीमा को स्पर्श करती है?
(a) मध्य प्रदेश (b) असोम
(c) आन्ध्र प्रदेश (d) उत्तर प्रदेश

205. भारत का अनन्य आर्थिक क्षेत्र (EEZ) का विस्तार है
(a) 120 समुद्री मील तक
(b) 200 समुद्री मील तक
(c) 12 समुद्री मील तक
(d) उपरोक्त में से कोई नहीं

206. भारत का सर्वोच्च पर्वत शिखर है
(a) गाडविन आस्टिन
(b) कंचनजंगा
(c) माउण्ट एवरेस्ट
(d) नंगा पर्वत

207. भारत में हिमालय श्रेणी का सर्वोच्च शिखर कंचनजंगा किस राज्य में स्थित है?
(a) असोम (b) उत्तराखण्ड
(c) सिक्किम (d) अरुणाचल प्रदेश

208. निम्नलिखित में से कौन-सा युग्म सुमेलित नहीं है?

दर्रे		अवस्थिति
(a) जोजिला	–	जम्मू-कश्मीर
(b) बारालाचाला	–	हिमाचल प्रदेश
(c) लिपुलेख	–	उत्तराखण्ड
(d) बोमडिला	–	सिक्किम

209. हिमालय पर्वत का सबसे बड़ा 'ग्लेशियर' है
(a) वालटोरो (b) सियाचिन
(c) फेडशेंको (d) हिस्पार

210. 'असम हिमालय' का विस्तार है
(a) सतलुज व काली नदी के बीच
(b) काली व तिस्ता नदी के बीच
(c) तिस्ता व दिहांग नदी के बीच
(d) उपरोक्त में से कोई नहीं

211. हिमालय में हिम रेखा निम्न के मध्य होती है
(a) 5400 से 6000 मी०
(b) 5000 से 7200 मी०
(c) 5000 से 6500 मी०
(d) 4500 से 6000 मी०

212. निम्नलिखित में कौन-सी पर्वत चोटी संसार की दूसरी सर्वोच्च पर्वत चोटी है ?
(a) के-2 (गाडविन आस्टिन)
(b) कंचनजंगा
(c) नन्दा देवी
(d) धौलागिरि

213. निम्नलिखित में कौन-सी पर्वत श्रृंखला सबसे पुरानी है ?
(a) हिमालय (b) अरावली
(c) नीलगिरी (d) सतपुड़ा

214. निम्नलिखित में से अवशिष्ट पर्वत का उदाहरण है
(a) नीलगिरि (b) कंचनजंगा
(c) अरावली (d) अनाईमुदी

215. निम्नलिखित में से 'ब्लॉक पर्वत' का उदाहरण है
(a) नीलगिरी (b) अरावली
(c) सतपुड़ा (d) ये सभी

216. थाल घाट, भोर घाट, पाल घाट दर्रें अवस्थित हैं
(a) काराकोरम श्रेणी में
(b) विन्ध्याचल श्रेणी में
(c) हिमालय श्रेणी में
(d) पश्चिमी घाट में

217. भारत की सबसे लम्बी नदी है
(a) गंगा (b) ब्रह्मपुत्र
(c) कावेरी (d) गोदावरी

218. अलकनन्दा एवं भागीरथी नदियाँ किस स्थान पर आपस में मिलकर गंगा नदी का नाम पाती हैं?
(a) रुद्रप्रयाग (b) देव प्रयाग
(c) टिहरी (d) केदारनाथ

219. 'सोन नदी' कहाँ से निकलती है ?
(a) शेषनाग झील से
(b) नेपाल से
(c) अमरकंटक पहाड़ी से
(d) कैमूर पहाड़ी से

220. तिब्बत में मानसरोवर झील के पास किस नदी का उद्‌गम स्रोत स्थित है?
(a) सिन्धु (b) सतलज
(c) ब्रह्मपुत्र (d) ये सभी

221. निम्नलिखित में से कौन-सी नदी अपना मार्ग बदलने के लिए कुख्यात है?
(a) नर्मदा (b) यमुना (c) कोसी (d) सोन

222. विश्व का सबसे बड़ा नदीद्वीप 'माजुली' अवस्थित है
(a) सिन्धु नदी में (b) ब्रह्मपुत्र नदी में
(c) गंगा नदी में (d) यमुना नदी में

223. किस नदी को 'वृद्ध गंगा' के नाम से जाना जाता है?
(a) कृष्णा (b) गोदावरी
(c) कावेरी (d) नर्मदा

224. गोदावरी नदी का उद्‌गम स्थान है
(a) ब्रह्मगिरि पहाड़ी
(b) अमरकण्टक पहाड़ी
(c) विन्ध्याचल पहाड़ी
(d) जानापाव पहाड़ी

225. निम्नलिखित में से कौन-सी नदी डेल्टा नहीं बनाती है ?
(a) कावेरी (b) गोदावरी
(c) नर्मदा (d) कृष्णा

226. 'सुन्दरवन का डेल्टा' कौन-सी नदी बनाती है?
(a) गंगा (b) ब्रह्मपुत्र
(c) गंगा-ब्रह्मपुत्र (d) कृष्णा-कावेरी

227. 'ब्राह्मणी' किसकी सहायक नदी है?
(a) यमुना (b) सोन
(c) गंगा (d) महानदी

228. कावेरी नदी गिरती है
(a) बंगाल की खाड़ी में
(b) अरब सागर में
(c) पाक जलडमरूमध्य में
(d) खम्भात की खाड़ी में

229. पश्चिम की ओर बहने वाली नदी है
(a) नर्मदा (b) ताप्ती
(c) साबरमती (d) ये सभी

230. प्रायद्वीपीय भारत की सबसे बडी नदी है
(a) नर्मदा (b) गोदावरी
(c) महानदी (d) कावेरी

231. 'जमशेदपुर' किस नदी के तट पर स्थित है?
(a) स्वर्ण रेखा (b) दामोदर
(c) सोन (d) मयूराक्षी

232. किस नदी को 'बंगाल का शोक' कहा जाता है?
(a) गंगा (b) कोसी
(c) दामोदर (d) स्वर्ण रेखा

233. निम्नलिखित में से कौन-सा युग्म सुमेलित नहीं है?

नदी		नदी किनारे स्थित शहर
(a) साबरमती	-	अहमदाबाद
(b) गोदावरी	-	नासिक
(c) गंगा	-	पटना
(d) राऊरकेला	-	स्वर्ण रेखा

234. 'हीराकुड बाँध' किस नदी पर बना है?
(a) गंगा (b) गोदावरी
(c) महानदी (d) कावेरी

235. 'गाँधी सागर', 'जवाहर सागर' तथा 'राणा प्रताप सागर' बाँध किस नदी पर निर्मित हैं?
(a) नर्मदा (b) चम्बल
(c) कृष्णा (d) कावेरी

236. 'अलमाटी बाँध' किस नदी पर बना है?
(a) गोदावरी (b) कावेरी
(c) नर्मदा (d) कृष्णा

237. 'लोनार झील' किस राज्य में स्थित है?
(a) महाराष्ट्र (b) राजस्थान
(c) गुजरात (d) पंजाब

238. भारत की सबसे बड़ी मीठे पानी की झील कौन-सी है?
(a) डल (b) वुलर
(c) पुष्कर (d) लोकटक

239. टिहरी बाँध परियोजना में निर्मित जलाशय का नाम है
(a) गोविन्द सागर
(b) राम सागर
(c) लक्ष्मण सागर
(d) स्वामी रामतीर्थ सागर

240. 'सरदार सरोवर परियोजना' किस नदी पर बनायी गई है?
(a) नर्मदा (b) चम्बल
(c) लूनी (d) साबरमती

241. 'बगलिहार जल-विद्युत परियोजना' की स्थापना किस नदी पर की जा रही है?
(a) झेलम (b) रावी
(c) चिनाब (d) ताप्ती

242. राष्ट्रीय वन नीति के अनुसार देश के कितने प्रतिशत क्षेत्र पर वनों का आवरण आवश्यक है?
(a) 23% (b) 29% (c) 33% (d) 37%

243. देश में सर्वाधिक वन क्षेत्र किस राज्य में है?
(a) मध्य प्रदेश (b) मिजोरम
(c) छत्तीसगढ़ (d) अरुणाचल प्रदेश

244. कुल भौगोलिक क्षेत्र के प्रतिशत के रूप में सर्वाधिक वन क्षेत्र वाला राज्य है
(a) मध्य प्रदेश (b) मिजोरम
(c) अरुणाचल प्रदेश (d) सिक्किम

245. किस राज्य के कुल भौगोलिक क्षेत्रफल के सबसे कम भाग पर वनों का विस्तार पाया जाता है?
(a) गुजरात (b) बिहार
(c) राजस्थान (d) हरियाणा

246. 'फूलों की घाटी' स्थित है
(a) केरल में
(b) जम्मू-कश्मीर में
(c) उत्तराखण्ड में
(d) हिमाचल प्रदेश में

247. दलदली अथवा ज्वार-भाटा क्षेत्रों में पाए जाने वाले वन को क्या कहा जाता है?
(a) मैन्ग्रोव वन (b) पतझड़ वन
(c) दलदली वन (d) मानसूनी वन

248. 'सुन्दरी वृक्ष' कहाँ बहुतायत मात्रा में पाया जाता है?
(a) कृष्णा-कावेरी डेल्टा
(b) गंगा-ब्रह्मपुत्र डेल्टा
(c) विन्ध्याचल की पहाड़ियों में
(d) सतपुड़ा के जंगलों में

249. 'शान्त घाटी' (साइलेंट वैली) कहाँ अवस्थित है?
(a) हिमाचल प्रदेश (b) उत्तराखण्ड
(c) झारखण्ड (d) केरल

250. भारत में चन्दन की लकड़ी के लिए प्रसिद्ध राज्य है
(a) असोम (b) केरल
(c) कर्नाटक (d) पश्चिम बंग

251. उष्ण कटिबन्धीय आर्द्र सदाबहार वन कहाँ पाए जाते हैं?
(a) अरावली पर्वतमाला पर
(b) शिलांग पठार पर
(c) हिमालय के निम्नवर्ती भागों में
(d) प्रायद्वीपीय पठार पर

252. देश के सर्वाधिक क्षेत्रफल पर पाए जाने वाले वन हैं
(a) आर्द्र मानसूनी वन
(b) उष्णार्द्र सदाबहार वन
(c) उष्णार्द्र पतझड़ वन
(d) दलदली वन

253. निम्नलिखित में से किन पहाड़ियों पर उष्ण-कटिबंधीय सदाबहार वन पाए जाते हैं?
(a) अरावली पहाड़ियाँ
(b) शिवालिक पहाड़ियाँ
(c) राजमहल पहाड़ियाँ
(d) उपरोक्त में से कोई नहीं

254. भारत का कौन-सा राज्य तेंदु पत्ते का मुख्य उत्पादक है?
(a) उड़ीसा (b) मध्य प्रदेश
(c) महाराष्ट्र (d) उत्तर प्रदेश

255. 'घाना पक्षी बिहार' किस राज्य में स्थित है?
(a) मध्य प्रदेश (b) असोम
(c) राजस्थान (d) झारखण्ड

256. एशियाई शेर के लिए प्रसिद्ध 'गिर राष्ट्रीय उद्यान' किस राज्य में स्थित है?
(a) पश्चिम बंग (b) केरल
(c) गुजरात (d) कर्नाटक

257. निम्नलिखित में से कौन-सा युग्म सुमेलित नहीं है?

राज्य		वन्यजीव अभयारण्य
(a) उत्तर प्रदेश	-	राजाजी नेशनल पार्क
(b) असोम	-	मानस
(c) कर्नाटक	-	बांदीपुर
(d) बिहार	-	डालमा

258. भारतीय गैण्डे कहाँ पाए जाते हैं?
(a) जिम कार्बेट राष्ट्रीय उद्यान
(b) कान्हा राष्ट्रीय उद्यान
(c) काजीरंगा अभयारण्य
(d) बांदीपुर राष्ट्रीय उद्यान

259. सुल्तानपुर पक्षी अभयारण्य किस राज्य में है?
(a) गुजरात (b) महाराष्ट्र
(c) हरियाणा (d) पंजाब

260. निम्नलिखित में से कौन-सा अभयारण्य जंगली हाथियों के लिए प्रसिद्ध है?
(a) पेरियार (b) मानस
(c) गिर (d) जिम कार्बेट

261. 'नल सरोवर पक्षी अभयारण्य' किस राज्य में है?
(a) महाराष्ट्र (b) गुजरात
(c) ओडिशा (d) राजस्थान

262. भारत के सर्वाधिक क्षेत्र पर किस प्रकार की मिट्टी पायी जाती है ?
(a) जलोढ़ (b) लैटेराइट
(c) काली (d) लाल

263. 'नवीन जलोढ़ मिट्टी' को किस नाम से जाना जाता है?
(a) बांगर (b) कल्लर
(c) खादर (d) रेगुड़

264. गंगा के मैदानों की पुरानी कछारी मिट्टी कहलाती है
(a) खादर (b) बांगर (c) रेह (d) पाट

265. कपास की खेती के लिए सर्वोत्तम मिट्टी कौन-सी है?
(a) जलोढ़ (b) लाल (c) पर्वतीय (d) काली

266. 'रेगुड़' नाम है
(a) लाल मिट्टी का
(b) काली मिट्टी का
(c) पीली मिट्टी का
(d) कछारी मिट्टी का

267. किस मिट्टी में कृषि के लिए अधिक सिंचाई की आवश्यकता नहीं होती है?
(a) लाल मिट्टी (b) काली मिट्टी
(c) लैटेराइट मिट्टी (d) जलोढ़ मिट्टी

268. 'लैटेराइट मिट्टी' की प्रधानता है
(a) मालाबार तटीय प्रदेश में
(b) कोरोमण्डल तटीय प्रदेश में
(c) बघेलखण्ड में
(d) बुन्देलखण्ड में

269. धान की खेती के लिए सर्वाधिक उपयुक्त मिट्टी है
(a) काली (b) लाल
(c) लैटेराइट (d) जलोढ़

270. 'लाल मिट्टी' का विस्तार पाया जाता है
(a) गारो, खासी, जैन्तिया क्षेत्र
(b) छोटानागपुर का पठारी क्षेत्र
(c) अरावली का पूर्वी क्षेत्र
(d) उपरोक्त सभी

271. मृदा अपरदन को किस प्रकार रोका जा सकता है?
(a) अति चराई द्वारा
(b) वनस्पति उन्मूलन द्वारा
(c) वन रोपण द्वारा
(d) उपरोक्त सभी के द्वारा

272. भारत के उत्तरी मैदान में किस मिट्टी का सर्वाधिक विस्तार है?
(a) काली (b) जलोढ़
(c) लैटेराइट (d) पीट

273. काली मिट्टी का विस्तार पाया जाता है
(a) महाराष्ट्र (b) मध्य प्रदेश
(c) गुजरात (d) ये सभी

274. भारत में किस प्रकार की जलवायु पाई जाती है?
(a) समशीतोष्ण
(b) भूमध्य सागरीय
(c) उष्ण कटिबन्धीय मानसूनी
(d) उपरोक्त में से कोई नहीं

275. भारत में सबसे ज्यादा गर्म स्थान है
(a) बीकानेर (b) जोधपुर
(c) जैसलमेर (d) अजमेर

276. ग्रीष्म ऋतु में उत्तर-पश्चिम भारत में चलने वाली गर्म एवं शुष्क हवाओं को कहा जाता है
(a) नार्वेस्टर (b) काल वैशाखी
(c) जेट स्ट्रीम (d) लू

277. जाड़े के दिनों के उत्तर-पश्चिम भारत के मैदानी भागों में किस कारण से वर्षा होती है ?
(a) लौटती मानसून से
(b) पश्चिमी विक्षोभों से
(c) दक्षिण-पश्चिम मानसून से
(d) उपरोक्त में से कोई नहीं

278. भारत में अधिकांश वर्षा होती है
(a) दक्षिण-पश्चिम मानसून से
(b) उत्तर-पूर्व मानसून से
(c) लौटती मानसून से
(d) उपरोक्त में से कोई नहीं

279. तमिलनाडु में शीतकालीन वर्षा का कारण है
(a) दक्षिण-पश्चिम मानसून
(b) उत्तर-पश्चिम मानसून
(c) उत्तर-पूर्वी मानसून
(d) पश्चिमी विक्षोभ

280. भारत में सर्वाधिक वर्षा पाने वाला स्थान है
(a) बीकानेर (b) सोहरा
(c) शिमला (d) मासिनराम

281. भारत में सबसे कम वर्षा का स्थान है
(a) कश्मीर (b) बीकानेर
(c) लेह (d) जैसलमेर

282. 'आम्र वर्षा' (Mango shower) है
(a) आमों की बौछार
(b) मानसून से पूर्व पश्चिमी तटीय प्रदेश में होने वाली वर्षा
(c) आम को बहुतायत मात्रा में उपजाना
(d) उपरोक्त सभी

283. ग्रीष्मकाल में आने वाले तूफानों को निम्नलिखित में से किस राज्य में 'काल वैशाखी' के नाम से जाना जाता है?
(a) पश्चिम बंग (b) पंजाब
(c) राजस्थान (d) हरियाणा

284. दक्षिण-पश्चिम मानसून निम्नालिखित में से किस राज्य में सर्वप्रथम प्रवेश करती है?
(a) महाराष्ट्र (b) केरल
(c) तमिलनाडु (d) गोवा

285. दिल्ली में अधिक वार्षिक तापान्तर का कारण है
(a) अल्प वर्षा
(b) कर्क रेखा से निकटता
(c) समुद्र से अधिक दूरी
(d) उपरोक्त सभी

286. निम्नलिखित में से कहाँ महाद्वीपीय जलवायु पाई जाती है ?
(a) पटना (b) कोलकाता
(c) मुम्बई (d) दिल्ली

287. एलनिनो के बारे में कौन-सा कथन सत्य है ?
(a) यह गर्म जलधारा है
(b) इसकी उत्पत्ति पेरू के तटीय क्षेत्रों में होती है
(c) इसके कारण सूखा, बाढ़ आदि भी होती है
(d) उपरोक्त सभी

288. मानसून निवर्तन से सबसे अधिक वर्षा कहाँ होती है?
(a) चेन्नई (b) मुम्बई
(c) कोलकाता (d) अहमदाबाद

289. भारत का सबसे बड़ा चावल उत्पादक राज्य है
(a) उत्तर प्रदेश (b) बिहार
(c) पंजाब (d) पश्चिम बंग

290. भारत की सर्वाधिक भूमि में कौन-सी फसल उगाई जाती है?
(a) धान (b) गेहूँ
(c) गन्ना (d) मक्का

291. निम्नलिखित में से रबी की फसल कौन-सी है?
(a) गेहूँ (b) मटर
(c) राई (d) ये सभी

292. निम्नलिखित में से खरीफ की फसल कौन-सी है?
(a) धान (b) मक्का
(c) मूँगफली (d) ये सभी

293. भारत का सबसे बड़ा मूँगफली उत्पादक राज्य है
(a) आन्ध्र प्रदेश (b) महाराष्ट्र
(c) गुजरात (d) राजस्थान

294. भारत का सबसे बड़ा गन्ना उत्पादक राज्य है
(a) उत्तर प्रदेश (b) महाराष्ट्र
(c) तमिलनाडु (d) कर्नाटक

295. निम्नलिखित में से कौन-सा युग्म सुमेलित नहीं है?

फसल		सर्वाधिक उत्पादक राज्य
(a) चाय	-	असोम
(b) तम्बाकू	-	आन्ध्र प्रदेश
(c) रेशम	-	कर्नाटक
(d) कपास	-	आन्ध्र प्रदेश

296. निम्नलिखित में से कौन-सा युग्म सुमलित नहीं है?

कृषि क्रान्ति		सम्बन्धित उत्पादन
(a) हरित	-	खाद्यान्न
(b) श्वेत	-	दुग्ध
(c) गुलाबी	-	झींगा
(d) रजत	-	चाँदी

297. निम्नलिखित में से कौन-सा युग्म सुमेलित नहीं है?

कृषि क्रान्ति		सम्बन्धित उत्पादन
(a) नीली	-	मत्स्य
(b) पीली	-	तिलहन
(c) भूरी	-	उर्वरक
(d) लाल	-	गुलाब

298. किस फसल की बुवाई तथा कटाई के बीच सर्वाधिक अन्तराल पाया जाता है?
(a) गेहूँ (b) गन्ना
(c) जौ (d) मक्का

299. 'ऑपरेशन फ्लड' का सम्बन्ध है
(a) दुग्ध उत्पादन से (b) बाढ़ नियन्त्रण से
(c) मत्स्य उत्पादन से (d) अण्डा उत्पादन से

300. भारत में हरित क्रान्ति से जुड़े वैज्ञानिक हैं
(a) एस. एस. भटनागर
(b) जे. सी. बोस
(c) डॉ. एम. एस. स्वामीनाथन
(d) वी. आर. राव

301. 'दुग्ध उत्पादन' में भारत का विश्व में कौन-सा स्थान है?
(a) प्रथम (b) द्वितीय
(c) तृतीय (d) चतुर्थ

302. गुजरात का सबसे महत्त्वपूर्ण तेल क्षेत्र है
(a) कलोल (b) अंकलेश्वर
(c) मेहसाना (d) सूरत

303. सिंहभूम (झारखण्ड) किसके लिए प्रसिद्ध है?
(a) कोयला
(b) एल्युमीनियम
(c) तांबा
(d) लोहा

304. 'कुद्रेमुख लौह खनिज परियोजना' किस राज्य में स्थित है ?
(a) कर्नाटक (b) झारखण्ड
(c) छत्तीसगढ़ (d) आन्ध्र प्रदेश

305. भारत में सर्वाधिक कोयला भण्डार पाये जाते हैं
(a) छत्तीसगढ़ में (b) ओडिशा में
(c) झारखण्ड में (d) बिहार में

306. भारत में खनिज तेल का उत्पादन सर्वप्रथम कहाँ प्रारम्भ किया गया था?
(a) मुम्बई हाई (b) अंकलेश्वर
(c) नाहरकटिया (d) डिग्बोई

307. निम्नलिखित में से कौन-सा युग्म सुमेलित नहीं है?

खनिज		प्राप्ति स्थान
(a) अभ्रक	-	झारखण्ड
(b) सोना	-	कर्नाटक
(c) लौह अयस्क	-	बिहार
(d) लिग्नाइट	-	तमिलनाडु

308. 'खेतड़ी' किसके लिए प्रसिद्ध है?
(a) सोना (b) तांबा
(c) जस्ता (d) मैंगनीज

309. 'बैलाडिला' किसके लिए प्रसिद्ध है?
(a) लौह-अयस्क (b) कोयला
(c) तांबा (d) उर्वरक

310. निम्न में से कौन-सा युग्म सुमेलित नहीं है?

उद्योग		सम्बन्धित नगर
(a) लोकोमोटिव	-	वाराणसी
(b) रेल डिब्बा	-	कपूरथला
(c) विद्युत इंजन	-	चित्तरंजन
(d) मोटर कार	-	सीतामढ़ी

311. भारत में सबसे बड़ा तेलशोधन कारखाना है
(a) डिग्बोई (b) बरौनी
(c) जामनगर (d) मथुरा

312. 'पिम्परी' सम्बन्धित है
(a) इस्पात उद्योग (b) पेनिसिलीन उद्योग
(c) कागज उद्योग (d) उर्वरक उद्योग

313. भारत का प्रथम स्टील प्रोजेक्ट शहर स्थापित किया गया
(a) भिलाई (b) कोलकाता
(c) जमशेदपुर (d) बोकारो

314. पंजाब में कौन-सा स्थान हौजरी उद्योग के लिए प्रसिद्ध है
(a) लुधियाना (b) जालन्धर
(c) अमृतसर (d) गुरुदासपुर

315. रोजगार की दृष्टि से भारत में सबसे बड़ा उद्योग कौन-सा है?
(a) लौह-इस्पात (b) सीमेन्ट
(c) सूती वस्त्र (d) चीनी

316. नेताजी सुभाष चन्द्र बोस हवाई अड्डा कहाँ है?
(a) पटना (b) कोलकाता
(c) मुम्बई (d) जलपाईगुड़ी

317. प्रथम सम्पर्क क्रान्ति ट्रेन चली
(a) दिल्ली-पटना (b) दिल्ली-चेन्नई
(c) दिल्ली-सिकन्दराबाद (d) दिल्ली-बंगालूरू

318. निम्नलिखित में से कौन-सी रेलगाड़ी देश के सबसे लम्बे रेलमार्ग पर चलती है?
(a) जी. एल. एक्सप्रेस
(b) विवेक एक्सप्रेस
(c) सम्पूर्ण क्रान्ति एक्सप्रेस
(d) अवध-असोम एक्सप्रेस

319. निम्नलिखित बन्दरगाहों में से कौन एक मुक्त व्यापार क्षेत्र है?
(a) कोच्चि (b) तूतीकोरिन
(c) काण्डला (d) चेन्नई

320. भारत के पूर्वी तट पर प्राकृतिक बन्दरगाह कौन-सा है?
(a) कोलकाता (b) विशाखापत्तनम
(c) चेन्नई (d) तूतीकोरिन

321. 'स्वर्णिम चतुर्भुज परियोजना' किससे सम्बन्धित है?
(a) सड़क परिवहन (b) रेल परिवहन
(c) वायु परिवहन (d) जल परिवहन

322. हिमालय पर्वत श्रेणी का सबसे नवीन भाग है
(a) वृहत् हिमालय (b) लघु हिमालय
(c) बाह्य हिमालय (d) सह्याद्रि

323. कौन-सी अक्षांश रेखा भारत के मध्य से होकर गुजरती है ?
(a) कर्क रेखा (b) मकर रेखा
(c) विषुवत रेखा (d) आर्कटिक रेखा

324. भारत का कौन-सा भू-आकृतिक प्रदेश प्राचीनतम है?
(a) उत्तरी पर्वतीय प्रदेश
(b) प्रायद्वीपीय पठार
(c) गंगा-ब्रह्मपुत्र का मैदान
(d) समुद्रतटीय मैदान

325. हैदराबाद का जुड़वां नगर है
(a) निजामाबाद (b) साहिबाबाद
(c) आसिफाबाद (d) सिकन्दराबाद

326. भारत का एकमात्र शक्ति मरुस्थल है
(a) लद्दाख (b) चम्बा
(c) पूर्वी कामेंग (d) लाचेन

327. पाकिस्तान की सीमा से लगे भारतीय राज्य कौन-कौन-से हैं?
(a) गुजरात, हिमाचल प्रदेश, जम्मू-कश्मीर, पंजाब
(b) गुजरात, जम्मू-कश्मीर, उत्तराखण्ड, पंजाब
(c) गुजरात, राजस्थान, पंजाब, जम्मू-कश्मीर
(d) गुजरात, राजस्थान, पंजाब, हरियाणा, जम्मू-कश्मीर

328. भारत के सबसे दक्षिणी भाग में कौन-सी पहाड़ी स्थित है?
(a) नीलगिरि (b) कार्डेमम
(c) अनाईमुदी (d) मैकाल

329. गारो, खासी और जैन्तिया पहाड़ियाँ किस राज्य में स्थित हैं?
(a) मणिपुर (b) त्रिपुरा
(c) असोम (d) मेघालय

330. खैबर दर्रा कहाँ स्थित है?
(a) भारत (b) बांग्लादेश
(c) पाकिस्तान (d) भूटान

331. निम्न में से किसी नदी को 'बिहार का शोक' कहा जाता है ?
(a) कोसी (b) दामोदर
(c) बागमती (d) सोन

332. निम्नलिखित में से 'रिफ्ट-वैली' से होकर बहने वाली नदी है
(a) गोदावरी
(b) नर्मदा
(c) कृष्णा
(d) महानदी

333. नदियों को आपस में जोड़ने का प्रस्ताव किसके शासन काल में रखा गया था?
(a) नरसिम्हा राव
(b) इन्द्रकुमार गुजराल
(c) अटल बिहारी वाजपेयी
(d) मनमोहन सिंह

334. जम्मू-कश्मीर की राजधानी 'श्रीनगर' किस नदी के तट पर स्थित है?
(a) रावी (b) चिनाब
(c) व्यास (d) झेलम

335. 'उज्जैन' किस नदी के किनारे स्थित है?
(a) नर्मदा (b) क्षिप्रा
(c) तवा (d) तुंगभद्रा

उत्तरमाला

1. (c)	2. (a)	3. (a)	4. (a)	5. (b)	6. (b)	7. (a)	8. (c)	9. (a)	10. (d)
11. (b)	12. (a)	13. (d)	14. (b)	15. (b)	16. (d)	17. (b)	18. (a)	19. (c)	20. (b)
21. (a)	22. (b)	23. (c)	24. (b)	25. (a)	26. (d)	27. (a)	28. (b)	29. (d)	30. (b)
31. (a)	32. (c)	33. (b)	34. (a)	35. (c)	36. (a)	37. (c)	38. (b)	39. (d)	40. (b)
41. (b)	42. (d)	43. (c)	44. (d)	45. (d)	46. (a)	47. (b)	48. (d)	49. (c)	50. (b)
51. (c)	52. (b)	53. (c)	54. (a)	55. (c)	56. (b)	57. (a)	58. (a)	59. (a)	60. (a)
61. (a)	62. (c)	63. (d)	64. (c)	65. (a)	66. (c)	67. (c)	68. (d)	69. (d)	70. (b)
71. (d)	72. (b)	73. (a)	74. (c)	75. (b)	76. (d)	77. (a)	78. (c)	79. (b)	80. (c)
81. (a)	82. (c)	83. (d)	84. (b)	85. (a)	86. (d)	87. (a)	88. (c)	89. (d)	90. (a)
91. (c)	92. (a)	93. (c)	94. (a)	95. (a)	96. (c)	97. (b)	98. (d)	99. (b)	100. (d)
101. (b)	102. (c)	103. (a)	104. (d)	105. (b)	106. (c)	107. (c)	108. (d)	109. (d)	110. (b)
111. (c)	112. (d)	113. (c)	114. (a)	115. (a)	116. (d)	117. (b)	118. (a)	119. (c)	120. (d)
121. (b)	122. (c)	123. (a)	124. (b)	125. (c)	126. (c)	127. (d)	128. (a)	129. (a)	130. (b)
131. (c)	132. (b)	133. (b)	134. (d)	135. (a)	136. (c)	137. (b)	138. (d)	139. (b)	140. (d)
141. (b)	142. (c)	143. (a)	144. (c)	145. (a)	146. (d)	147. (b)	148. (a)	149. (a)	150. (b)
151. (c)	152. (d)	153. (a)	154. (b)	155. (c)	156. (d)	157. (d)	158. (c)	159. (a)	160. (b)
161. (d)	162. (b)	163. (c)	164. (a)	165. (b)	166. (c)	167. (b)	168. (d)	169. (c)	170. (a)
171. (b)	172. (d)	173. (b)	174. (c)	175. (a)	176. (b)	177. (d)	178. (b)	179. (b)	180. (b)
181. (b)	182. (c)	183. (b)	184. (a)	185. (b)	186. (b)	187. (b)	188. (d)	189. (a)	190. (b)
191. (c)	192. (d)	193. (b)	194. (a)	195. (c)	196. (d)	197. (b)	198. (a)	199. (a)	200. (c)
201. (c)	202. (c)	203. (a)	204. (d)	205. (b)	206. (a)	207. (c)	208. (d)	209. (b)	210. (c)
211. (d)	212. (a)	213. (b)	214. (c)	215. (a)	216. (d)	217. (a)	218. (b)	219. (c)	220. (d)
221. (c)	222. (b)	223. (b)	224. (a)	225. (c)	226. (c)	227. (d)	228. (a)	229. (d)	230. (b)
231. (a)	232. (c)	233. (d)	234. (c)	235. (b)	236. (d)	237. (a)	238. (b)	239. (d)	240. (a)
241. (c)	242. (c)	243. (a)	244. (b)	245. (d)	246. (c)	247. (a)	248. (b)	249. (d)	250. (c)
251. (d)	252. (c)	253. (d)	254. (b)	255. (c)	256. (c)	257. (d)	258. (c)	259. (c)	260. (a)
261. (b)	262. (a)	263. (c)	264. (b)	265. (d)	266. (b)	267. (b)	268. (a)	269. (d)	270. (d)
271. (c)	272. (b)	273. (d)	274. (c)	275. (c)	276. (d)	277. (b)	278. (a)	279. (c)	280. (d)
281. (c)	282. (b)	283. (d)	284. (b)	285. (c)	286. (d)	287. (d)	288. (a)	289. (d)	290. (a)
291. (d)	292. (d)	293. (c)	294. (a)	295. (d)	296. (a)	297. (d)	298. (b)	299. (a)	300. (c)
301. (a)	302. (b)	303. (d)	304. (a)	305. (c)	306. (d)	307. (c)	308. (b)	309. (a)	310. (d)
311. (c)	312. (b)	313. (c)	314. (a)	315. (c)	316. (d)	317. (b)	318. (b)	319. (c)	320. (c)
321. (a)	322. (c)	323. (a)	324. (b)	325. (d)	326. (a)	327. (c)	328. (b)	329. (d)	330. (c)
331. (a)	332. (b)	333. (c)	334. (d)	335. (b)					

अध्याय

3

भारतीय राजव्यवस्था

Indian Polity

संविधान का निर्माण

- कैबिनेट मिशन की संस्तुतियों के आधार पर भारतीय संविधान के निर्माण के लिए **संविधान सभा** का गठन जुलाई, 1946 में किया गया।
- संविधान सभा का प्रथम अधिवेशन **9 दिसम्बर, 1946** को संसद भवन के केन्द्रीय कक्ष में प्रारम्भ हुआ। **डॉ. सच्चिदानन्द सिन्हा** को सर्वसम्मति से अस्थायी अध्यक्ष चुना गया।
- 11 दिसम्बर, 1946 की बैठक में **डॉ. राजेन्द्र प्रसाद** को संविधान सभा का स्थायी अध्यक्ष चुना गया।
- 13 दिसम्बर, 1946 को पं. जवाहरलाल नेहरू ने **'उद्देश्य प्रस्ताव'** प्रस्तुत कर संविधान की आधारशिला रखी।
- संविधान के निर्माण का कार्य करने के लिए कई समितियाँ बनाई गईं। इसमें 'प्रारूप समिति' प्रमुख थी। इसकी अध्यक्षता डॉ. भीमराव अम्बेडकर ने की।
- **प्रारूप समिति** में डॉ. अम्बेडकर के अतिरिक्त एन गोपालास्वामी आयंगर, अल्लादि कृष्णास्वामी अय्यर, के. एम. मुंशी, मोहम्मद सादुल्लाह, डी. पी. खेतान (1948 ई. में इनकी मृत्यु के पश्चात् टी. टी. कृष्णामाचारी) और एन माधवराव अन्य सदस्य थे।
- **बी एन राव** को संविधान सभा का संवैधानिक सलाहकार नियुक्त किया गया था।

संविधान सभा की प्रमुख समितियाँ

समिति	अध्यक्ष
प्रारूप समिति	डॉ. भीमराव अम्बेडकर
संघ संविधान समिति	जवाहरलाल नेहरू
प्रान्तीय संविधान समिति	वल्लभ-भाई पटेल
कार्य संचालन समिति	डॉ. राजेन्द्र प्रसाद
मूल अधिकार एवं अल्पसंख्यक समिति	वल्लभ-भाई पटेल
झण्डा समिति	जे. बी. कृपलानी

- संविधान को तैयार करने में 2 **वर्ष** 11 **महीने और 18 दिन** का समय लगा।
- संविधान 26 नवम्बर, 1949 को बनकर तैयार हो गया था और इसी दिन इसे अंगीकृत किया गया।
- संविधान 26 नवम्बर, 1949 को तैयार हो गया था, किन्तु इसके अधिकतर भागों को 26 जनवरी, 1950 को लागू किया गया।
- 1930 से ही सम्पूर्ण भारत में 26 जनवरी का दिन 'स्वाधीनता दिवस' के रूप में मनाया जाता था। इस कारण 26 जनवरी, 1950 को प्रथम 'गणतन्त्र दिवस' मनाया गया।
- संविधान सभा की अन्तिम बैठक 24 जनवरी, 1950 को हुई और इसी दिन संविधान सभा द्वारा डॉ. राजेन्द्र प्रसाद को भारत का प्रथम राष्ट्रपति निर्वाचित किया गया।
- मूल संविधान में 395 अनुच्छेद, 22 भाग तथा 8 अनुसूचियाँ (वर्तमान में 12) थीं।
- डॉ. भीमराव अम्बेडकर को भारतीय संविधान के 'जनक' के रूप में जाना जाता है।

महत्त्वपूर्ण तथ्य

- संविधान सभा ने राष्ट्र-ध्वज (**तिरंगा**) का प्रारूप 22 जुलाई, 1947 को अपनाया।
- रवीन्द्रनाथ टैगोर द्वारा रचित **'जन-गण-मन'** को भारत के राष्ट्रगान के रूप में स्वीकार किया गया। राष्ट्रगान को 24 जनवरी, 1950 को संविधान सभा द्वारा अंगीकृत किया गया।
- बंकिमचन्द्र चटर्जी द्वारा रचित **'वन्दे मातरम्'** को भारत के राष्ट्रगीत के रूप में 24 जनवरी, 1950 को अपनाया गया।
- 26 जनवरी, 1950 को संविधान सभा ने सारनाथ स्थित **अशोक स्तम्भ** के शीर्ष की अनुकृति को राष्ट्रीय चिह्न के रूप में स्वीकार किया।
- भारत ने सरकारी उद्देश्य के लिए 22 मार्च, 1957 को राष्ट्रीय पंचांग को अपनाया। भारतीय राष्ट्रीय पंचांग शक सम्वत् पर आधारित है।

भारतीय संविधान के स्रोत

ब्रिटिश संविधान	संसदीय शासन प्रणाली, विधि-निर्माण प्रक्रिया एवं एकल नागरिकता।
दक्षिण अफ्रीकी संविधान	संशोधन प्रणाली।
कनाडा का संविधान	संघीय व्यवस्था, केन्द्रीय सरकार के अधीन अवशिष्ट शक्तियाँ।
अमेरिकी संविधान	प्रस्तावना, मूल अधिकार, सर्वोच्च न्यायालय, न्यायिक पुनरावलोकन, राष्ट्रपति के अधिकार एवं कार्य, उपराष्ट्रपति की स्थिति तथा संशोधन प्रणाली।
ऑस्ट्रेलियाई संविधान	प्रस्तावना की भाषा, समवर्ती सूची एवं केन्द्र-राज्य सम्बन्ध।
जर्मनी का वाइमर	संविधान राष्ट्रपति के आपातकालीन अधिकार।
जापानी संविधान	कानून द्वारा स्थापित प्रक्रिया तथा शब्दावली।
रूसी संविधान	मौलिक कर्त्तव्य।
फ्रांसीसी संविधान	गणतन्त्र।

आयरलैण्ड का संविधान	राज्य के नीति-निदेशक तत्व, राष्ट्रपति के निर्वाचक मण्डल, राज्यसभा में 12 सदस्यों का मनोनयन।
गवर्नमेन्ट ऑफ इण्डिया एक्ट 1935	इस अधिनियम के लगभग 200 अनुच्छेद प्रत्यक्ष अथवा अप्रत्यक्ष रूप से भारतीय संविधान के विभिन्न अनुच्छेदों से मिलते-जुलते हैं।

मूल अधिकार

- भारत के संविधान के भाग 3 तथा अनुच्छेद 12 से 35 में मूल अधिकार सम्बन्धी प्रावधान हैं।
- भारतीय संविधान में नागरिकों को सात मौलिक या मूल अधिकार प्रदान किए गए थे, लेकिन 44वें संविधान संशोधन 1978 ई. द्वारा सम्पत्ति के मौलिक अधिकार को समाप्त कर अनुच्छेद 300 'क' के अन्तर्गत एक विधिक अधिकार बना दिया गया। वर्तमान में नागरिकों को प्राप्त मूल अधिकारों की संख्या 6 है।

क्र.सं.	मूल अधिकार	अनुच्छेद
1.	समानता का अधिकार	अनुच्छेद 14 - 18
2.	स्वतन्त्रता का अधिकार	अनुच्छेद 19 - 22
3.	शोषण के विरुद्ध अधिकार	अनुच्छेद 23 - 24
4.	धार्मिक स्वतन्त्रता का अधिकार	अनुच्छेद 25 - 28
5.	संस्कृति तथा शिक्षा सम्बन्धी अधिकार	अनुच्छेद 29 - 30
6.	संवैधानिक उपचारों का अधिकार	अनुच्छेद 32

मौलिक कर्त्तव्य

- संविधान का अनुच्छेद 51(क) मौलिक कर्त्तव्यों का प्रावधान करता है।
- भारतीय संविधान की मूलप्रति में मौलिक कर्त्तव्यों का प्रावधान नहीं था। यह संकल्पना पूर्व सोवियत संघ (रूस) से ली गई है।
- संविधान में मौलिक कर्त्तव्यों को सरदार स्वर्ण सिंह समिति की सिफारिश पर 42वें संविधान संशोधन अधिनियम (1976) के तहत जोड़ा गया।
- प्रारम्भ में इनकी संख्या 10 थी, 11वाँ मौलिक कर्त्तव्य वर्ष 2002 में 86वें संविधान संशोधन अधिनियम द्वारा जोड़ा गया।
- मौलिक कर्त्तव्य भारतीय नागरिकों के लिए उन दायित्वों को प्रस्तुत करता है, जिनकी अपेक्षा राष्ट्र अपने नागरिकों से करता है ताकि वे राष्ट्र निर्माण में सक्रिय योगदान दे सकें।

राज्य के नीति-निदेशक तत्व

- भारतीय संविधान के भाग IV के अनुच्छेद 36-51 में राज्य के लिए नीति-निदेशित करने वाले तत्वों का उल्लेख किया गया है।
- यह संकल्पना आयरलैण्ड के संविधान से अभिप्रेरित है।
- नीति-निदेशक तत्वों का उद्देश्य सामाजिक एवं आर्थिक लोकतन्त्र की स्थापना करना है तथा ये राज्य को कुछ सकारात्मक करने की सलाह देते हैं।
- नीति-निदेशक तत्व असीमित हैं तथा इन्हें किसी भी स्थिति में निलम्बित नहीं किया जा सकता।
- नीति-निदेशक तत्वों को न्यायालय द्वारा लागू नहीं किया जा सकता।

संघ की सरकार

राष्ट्रपति

- भारतीय संघ की कार्यपालिका शक्ति राष्ट्रपति में निहित है। वह देश का संवैधानिक प्रधान होता है।
- भारत में संसदीय व्यवस्था को अपनाया गया है। अत: राष्ट्रपति नाममात्र को ही कार्यपालिका का प्रधान है, जबकि प्रधानमन्त्री तथा उसके मन्त्रिपरिषद् में वास्तविक कार्यपालिका शक्तियाँ निहित हैं।
- भारत का राष्ट्रपति अप्रत्यक्ष रूप से एक निर्वाचक मण्डल द्वारा निर्वाचित होता है जिसमें संसद के दोनों सदनों के निर्वाचित सदस्य, राज्य विधानसभाओं तथा संघशासित क्षेत्रों की विधानसभाओं के निर्वाचित सदस्य भाग लेते हैं। राष्ट्रपति के निर्वाचक मण्डल में संसद के मनोनीत सदस्य, राज्य विधानसभाओं के मनोनीत सदस्य तथा राज्य विधानपरिषदों के सदस्य शामिल नहीं किये जाते।
- राष्ट्रपति के चुनाव के लिए आनुपातिक प्रतिनिधित्व की एकल संक्रमणीय प्रणाली को अपनाया गया है।
- राष्ट्रपति के चुनाव से सम्बन्धित विवादों की छानबीन तथा निर्णय सर्वोच्च न्यायालय द्वारा किया जाता है।
- राष्ट्रपति का कार्यकाल 5 वर्ष का होता है।
- भारतीय संविधान के अनुच्छेद 61 के अनुसार राष्ट्रपति द्वारा संविधान का उल्लंघन करने पर उसके विरुद्ध महाभियोग चलाकर, उसे पदच्युत किया जा सकता है।
- महाभियोग प्रस्ताव संसद के किसी भी सदन में लाया जा सकता है।
- राष्ट्रपति सशस्त्र सैन्य बलों का प्रधान होता है।
- कार्यपालिका सम्बन्धी शक्तियाँ : महत्त्वपूर्ण अधिकारियों की नियुक्ति व पदच्युति, शासन संचालन सम्बन्धी शक्ति, सैनिक क्षेत्र में शक्ति इत्यादि।
- विधायी शक्तियाँ : विधायी क्षेत्र का प्रशासन, सदस्यों का मनोनयन, अध्यादेश जारी करने की शक्ति इत्यादि।
- संविधान द्वारा राष्ट्रपति को देश या उसके किसी हिस्से में आसन्न संकट से निबटने के लिए आपातकालीन शक्तियाँ दी गई हैं, जिसका प्रयोग वह केन्द्रीय मन्त्रिमण्डल की सलाह से करता है, *ये शक्तियाँ हैं*
  - युद्ध, बाहरी आक्रमण या सशस्त्र विद्रोह की स्थिति से सम्बन्धित आपातकालीन व्यवस्था (अनुच्छेद 352)।
  - राज्यों में संवैधानिक तन्त्र के विफल होने से उत्पन्न आपातकालीन व्यवस्था (अनुच्छेद 356)।
  - वित्तीय संकट (अनुच्छेद 360)।

महत्त्वपूर्ण तथ्य

- डॉ. राजेन्द्र प्रसाद दो कार्यकाल रखने वाले एकमात्र राष्ट्रपति थे।
- नीलम संजीव रेड्डी निर्विरोध निर्वाचित होने वाले एकमात्र राष्ट्रपति थे।
- वी वी गिरि एकमात्र ऐसे राष्ट्रपति थे जिनके निर्वाचन में द्वितीय चक्र की मतगणना करानी पड़ी थी।
- वी वी गिरि प्रथम कार्यवाहक राष्ट्रपति थे।
- राष्ट्रपति पद की शपथ लेने वाले सर्वोच्च न्यायालय के एकमात्र मुख्य न्यायाधीश न्यायमूर्ति एम हिदायतुल्ला थे।
- डॉ. जाकिर हुसैन देश के पहले अल्पसंख्यक राष्ट्रपति थे।
- के आर नारायणन देश के पहले दलित राष्ट्रपति थे।
- श्रीमती प्रतिभा पाटिल देश की पहली महिला राष्ट्रपति थी।
- वर्तमान राष्ट्रपति द्रौपदी मुर्मू प्रथम अनुसूचित जनजातीय महिला राष्ट्रपति है।

उपराष्ट्रपति

- उपराष्ट्रपति राज्यसभा का पदेन सभापति होता है।
- उपराष्ट्रपति का निर्वाचन संसद के दोनों सदनों के निर्वाचित सदस्यों द्वारा आनुपातिक प्रतिनिधित्व की एकल संक्रमणीय प्रणाली द्वारा होता है।
- उपराष्ट्रपति का कार्यकाल 5 वर्ष होता है, किन्तु वह स्वेच्छा से त्यागपत्र देकर इस अवधि के पूर्व भी अपना पद छोड़ सकता है अथवा उसे राज्यसभा के कुल बहुमत द्वारा पारित प्रस्ताव से, जिसे लोकसभा भी स्वीकार कर ले, पदच्युत किया जा सकता है।
- उपराष्ट्रपति राज्यसभा का सदस्य नहीं होता है, अतः उसे मतदान का अधिकार नहीं होता है, किन्तु राज्यसभा के सभापति के रूप में निर्णायक मत देने का अधिकार उसे प्राप्त है।
- राष्ट्रपति की अनुपस्थिति तथा अस्थायी रूप से अपने कर्त्तव्यों को पूरा करने में असमर्थ रहने की स्थिति में उपराष्ट्रपति उसके स्थान पर कार्य करता है।

महत्त्वपूर्ण तथ्य

- जी एस पाठक, बी डी जत्ती, एम हिदायतुल्ला और कृष्णकान्त राष्ट्रपति पद पर पदोन्नति न पाने वाले उपराष्ट्रपति रहे।
- डॉ. कृष्णकान्त एकमात्र उपराष्ट्रपति थे जिनका निधन कार्यकाल के दौरान हुआ।

मन्त्रिपरिषद् और प्रधानमन्त्री

- मन्त्रिपरिषद् में एक प्रधानमन्त्री तथा आवश्यकतानुसार अन्य मन्त्री होते हैं। 91वें संवैधानिक संशोधन 2003 द्वारा अनुच्छेद 164 में प्रावधान किया गया है कि केन्द्र और राज्य मन्त्रिपरिषद् की सदस्य संख्या लोकसभा (केन्द्र के लिए) और विधानसभा (राज्यों के लिए) की कुल सदस्य संख्या के 15% से अधिक नहीं होनी चाहिए, परन्तु छोटे राज्यों के लिए न्यूनतम संख्या 12 निर्धारित की गई है।
- *मन्त्रिपरिषद् में तीनों श्रेणियों,* कैबिनेट मन्त्री, राज्यमन्त्री और उपमन्त्री; के मन्त्री सम्मिलित होते हैं, लेकिन मन्त्रिमण्डल में प्रधानमन्त्री और कैबिनेट स्तर के मन्त्री शामिल होते हैं।
- संसदीय प्रणाली में राष्ट्रपति नव निर्वाचित लोकसभा के बहुमत दल के नेता को प्रधानमन्त्री पद पर नियुक्त करने के लिए बाध्य है।
- प्रधानमन्त्री को वही वेतन तथा भत्ते दिए जाते हैं, जो संसद के सदस्यों को प्रदान किए जाते हैं।
- प्रधानमन्त्री लोकसभा का नेता होता है। वह राष्ट्रपति तथा मन्त्रिमण्डल के बीच सम्बन्ध स्थापित करता है।
- प्रधानमन्त्री मन्त्रिपरिषद् का निर्माण, विभिन्न मन्त्रियों में विभागों का बँटवारा तथा उनके विभागों में आवश्यकतानुसार परिवर्तन भी करता है।

भारत की संसद

- भारत की संसद राष्ट्रपति, राज्यसभा तथा लोकसभा से मिलकर बनी है।
- संसद के निम्न सदन को लोकसभा तथा उच्च सदन को राज्यसभा कहते हैं।

राज्यसभा

- संविधान के अनुच्छेद 80 के अनुसार राज्यसभा के सदस्यों की अधिकतम संख्या 250 हो सकती है लेकिन वर्तमान में यह संख्या 245 है।
- राज्यसभा के 12 सदस्य राष्ट्रपति द्वारा मनोनीत किए जाते हैं।
- राज्यसभा एक स्थायी सदन है। यह कभी भंग नहीं होता बल्कि इसके एक-तिहाई सदस्य प्रत्येक दो वर्ष पर अवकाश ग्रहण करते हैं। राज्यसभा के प्रत्येक सदस्य का कार्यकाल 6 वर्ष का होता है।

लोकसभा

- लोकसभा की अधिकतम सदस्य संख्या 552 (530 + 20 + 2) हो सकती है। वर्तमान में इसकी सदस्य संख्या 545(530 + 13 + 2) है।
- लोकसभा का कार्यकाल 5 वर्ष है, किन्तु प्रधानमन्त्री के परामर्श के आधार पर राष्ट्रपति द्वारा लोकसभा को समय से पूर्व भी भंग किया जा सकता है।
- लोकसभा सदस्यों द्वारा अध्यक्ष तथा उपाध्यक्ष का निर्वाचन होता है।
- लोकसभा एवं राज्यसभा की दो बैठकों में 6 माह से अधिक का अन्तर नहीं होना चाहिए।

संसद की महत्त्वपूर्ण समितियाँ

समिति	लोकसभा से	राज्यसभा से	कुल सदस्य संख्या	कार्य
लोक लेखा समिति	15	7	22	विभिन्न मन्त्रालयों के व्यय और नियन्त्रक एवं महालेखा परीक्षक के प्रतिवेदन पर विचार-विमर्श करना।
प्राक्कलन समिति	30		30	सरकार को वित्तीय नीतियों के सम्बन्ध में सुझाव देना।
सार्वजनिक उपक्रम समिति	15	7	22	नियन्त्रक एवं महालेखा परीक्षक (CAG) के प्रतिवेदनों एवं सार्वजनिक उपक्रमों के लेखा व प्रतिवेदनों की समीक्षा और संवीक्षा करना।

राज्य सरकार

राज्यपाल

- राज्य की कार्यपालिका का प्रधान राज्यपाल होता है।
- राज्यपाल की नियुक्ति राष्ट्रपति द्वारा 5 वर्षों के लिए की जाती है, किन्तु वह राष्ट्रपति के प्रसादपर्यन्त पद धारण करता है।

- वह मुख्यमन्त्री की नियुक्ति करता है तथा उसके परामर्श से अन्य मन्त्रियों की नियुक्ति करता है। वह महाधिवक्ता तथा राज्य लोक सेवा आयोग के अध्यक्ष तथा सदस्यों की नियुक्ति करता है।
- उसे राज्य व्यवस्थापिका का अधिवेशन बुलाने, स्थगित करने तथा व्यवस्थापिका के निम्न सदन 'विधानसभा' को भंग करने की शक्ति है।
- यदि राज्य के विधानमण्डल का अधिवेशन नहीं चल रहा हो, तो राज्यपाल अध्यादेश जारी कर सकता है।
- यदि राज्य का प्रशासन संविधान के उपबन्धों के अनुसार नहीं चल रहा हो, तो वह राष्ट्रपति को राज्य में संवैधानिक तन्त्र की विफलता के सम्बन्ध में सूचना देता है और उसकी रिपोर्ट के आधार पर अनुच्छेद 356 के अन्तर्गत राज्य में राष्ट्रपति शासन लागू होता है।

मुख्यमन्त्री

- मुख्यमन्त्री की नियुक्ति राज्यपाल द्वारा की जाती है। सामान्यतया विधानसभा में बहुमत प्राप्त दल के नेता को मुख्यमन्त्री नियुक्त किया जाता है।
- मुख्यमन्त्री विधानसभा का नेता होता है।
- वह मन्त्रिपरिषद् का निर्माण, विभिन्न मन्त्रियों में विभागों का बँटवारा तथा उनके विभागों में परिवर्तन करता है।

विधानपरिषद्

- राज्य के विधानमण्डल के उच्च सदन को विधानपरिषद् कहा जाता है।
- वर्तमान समय में विधानपरिषद् भारतीय संघ के केवल 6 राज्यों; उत्तर प्रदेश, बिहार, महाराष्ट्र, कर्नाटक, आन्ध्र प्रदेश और तेलंगाना में है।
- विधानपरिषद् एक स्थायी सदन है।
- विधानपरिषद् के सदस्यों का कार्यकाल 6 वर्ष होता है।
- प्रत्येक दो वर्ष पर एक-तिहाई सदस्य अवकाश ग्रहण करते हैं और उनके स्थान पर नये सदस्यों का निर्वाचन होता है।
- संविधान में यह व्यवस्था की गई है कि प्रत्येक राज्य की विधानपरिषद् में सदस्यों की संख्या उस राज्य के विधानसभा सदस्यों की संख्या के एक-तिहाई से अधिक नहीं होगी, किन्तु साथ ही यह संख्या 40 से कम नहीं हो सकती।
- 36 सदस्यों वाली जम्मू-कश्मीर की विधानपरिषद् इस नियम का अपवाद है।

विधानपरिषद् के गठन के लिए निम्न 5 आधारों का सहारा लिया जाता है

- 1/3 सदस्य राज्य की स्थानीय संस्थाओं द्वारा चुने जाते हैं।
- 1/3 सदस्य राज्य की विधानसभा द्वारा निर्वाचित होते हैं।
- 1/12 सदस्य राज्य के पंजीकृत स्नातकों द्वारा निर्वाचित होते हैं।
- 1/12 सदस्य राज्य के ऐसे अध्यापकों द्वारा निर्वाचित होते हैं, जो माध्यमिक पाठशाला या इससे उच्च शिक्षण संस्था में कम-से-कम 3 वर्ष से अध्यापन कार्य कर रहे हों।
- 1/6 सदस्य राज्यपाल द्वारा मनोनीत किए जाते हैं। राज्यपाल द्वारा मनोनयन उन व्यक्तियों में से किया जाता है जिनका साहित्य, विज्ञान, कला, सहकारिता और समाज सेवा के क्षेत्र में विशेष योगदान हो।

विधानसभा

- विधानसभा राज्य के विधानमण्डल का निम्न सदन है।
- विधानसभा के सदस्यों का निर्वाचन प्रत्यक्ष रूप से राज्य के मतदाताओं द्वारा होता है।
- राज्य की विधानसभा के सदस्यों की अधिकतम संख्या 500 और न्यूनतम संख्या 60 होती है।
- साधारण अवस्था में राज्य विधानसभा का कार्यकाल उसकी पहली बैठक से पाँच वर्ष का होता है, किन्तु राज्यपाल द्वारा मुख्यमन्त्री के परामर्श पर, इसे समय से पूर्व भी भंग किया जा सकता है।

पंचायती राज

- ब्रिटिश शासन के दौरान 1882 ई. में तत्कालीन वायसराय **लॉर्ड रिपन** ने स्थानीय स्वायत्त शासन की स्थापना का प्रयास किया था।
- संविधान के अनुच्छेद 40 में राज्यों को पंचायतों के गठन का निर्देश दिया गया है।
- 1958 ई. में राष्ट्रीय विकास परिषद् ने **बलवन्त राय मेहता समिति** की लोकतान्त्रिक विकेन्द्रीकरण की संस्तुतियों को स्वीकार करते हुए इसे क्रियान्वित करने के लिए कहा।
- 2 अक्टूबर, 1959 को पण्डित जवाहरलाल नेहरू ने राजस्थान के **नागौर** में लोकतान्त्रिक विकेन्द्रीकरण की योजना को प्रारम्भ किया। इसे **पंचायती राज** कहा गया।
- राजस्थान प्रथम राज्य है, जहाँ सर्वप्रथम सम्पूर्ण राज्य में पंचायती राज की स्थापना की गई।
- जनता पार्टी ने पंचायत राज में सुधार के लिए **अशोक मेहता समिति** गठित की, जिसने द्विस्तरीय पंचायत संगठन की संस्तुति की। इससे पूर्व त्रिस्तरीय संगठन अस्तित्व में था। इस समिति की संस्तुतियाँ लागू नहीं हुईं।
- 73वाँ संविधान संशोधन पंचायती राज के लिए तथा **74वाँ संविधान संशोधन** नगर निकायों को संवैधानिक दर्जा प्रदान करने के लिए किया गया।

उच्च न्यायालय : स्थापना वर्ष, अधिकारिता, मूल स्थान तथा खण्डपीठ

उच्च न्यायालय	स्थापना वर्ष	राज्य क्षेत्रीय अधिकारिता	मूल स्थान	खण्डपीठ
बम्बई	1862 ई.	*महाराष्ट्र, गोवा, दादरा और नगर हवेली, दमन तथा दीव*	मुम्बई	नागपुर, पणजी, औरंगाबाद
कलकत्ता	1862 ई.	*पश्चिम बंगाल, अण्डमान और निकोबार द्वीप समूह*	कोलकाता	पोर्ट ब्लेयर
मद्रास (चेन्नई)	1862 ई.	*तमिलनाडु, पुदुचेरी*	चेन्नई	मदुरै
इलाहाबाद	1866 ई.	*उत्तर प्रदेश*	प्रयागराज	लखनऊ
कर्नाटक	1884 ई.	*कर्नाटक*	बंगलुरु	धारवाड़, गुलबर्गा (सर्किट बेंच)
पटना	1916 ई.	*बिहार*	पटना	–
जम्मू-कश्मीर	1928 ई.	*जम्मू-कश्मीर*	श्रीनगर	
गुवाहाटी	1948 ई.	*असोम, नागालैण्ड, मिजोरम और अरुणाचल प्रदेश*	गुवाहाटी	कोहिमा, आईजोल, ईटानगर
उड़ीसा	1948 ई.	*उड़ीसा*	कटक	–
राजस्थान	1949 ई.	*राजस्थान*	जोधपुर	जयपुर
मध्य प्रदेश	1956 ई.	*मध्य प्रदेश*	जबलपुर	ग्वालियर, इन्दौर
केरल	1958 ई.	*केरल, लक्षद्वीप*	एर्नाकुलम	–
गुजरात	1960 ई.	*गुजरात*	अहमदाबाद	–
दिल्ली	1966 ई.	*दिल्ली*	दिल्ली	–
हिमाचल प्रदेश	1971 ई.	*हिमाचल प्रदेश*	शिमला	–
पंजाब और हरियाणा	1975 ई.	*पंजाब, हरियाणा*	चण्डीगढ़	–
सिक्किम	1975 ई.	*सिक्किम*	गंगटोक	–
छत्तीसगढ़	2000 ई.	*छत्तीसगढ़*	बिलासपुर	–
उत्तराखण्ड	2000 ई.	*उत्तराखण्ड*	नैनीताल	–
झारखण्ड	2000 ई.	*झारखण्ड*	राँची	–
मणिपुर	2013 ई.	*मणिपुर*	इम्फाल	–
मेघालय	2013 ई.	*मेघालय*	शिलांग	–
त्रिपुरा	2013 ई.	*त्रिपुरा*	अगरतला	–
आन्ध्रप्रदेश	2019 ई.	*आन्ध्रप्रदेश*	अमरावती	–
तेलगांना	2019 ई.	*तेलगांना*	हैदराबाद	–

भारत के मुख्य पदाधिकारियों से सम्बन्धित आयु सम्बन्धी तथ्य

पदाधिकारी	न्यूनतम आयु	अधिकतम आयु	पदाधिकारी	न्यूनतम आयु	अधिकतम आयु
राष्ट्रपति	35 वर्ष	—	अध्यक्ष (लोक सेवा आयोग)	–	65 वर्ष
उपराष्ट्रपति	35 वर्ष	—	राज्यपाल	35 वर्ष	–
लोकसभा अध्यक्ष	25 वर्ष	—	मुख्यमन्त्री	25 वर्ष	–
लोकसभा सदस्य	25 वर्ष	—	विधानसभा सदस्य	25 वर्ष	–
राज्यसभा सदस्य	30 वर्ष	—	विधानपरिषद् सदस्य	30 वर्ष	–
मुख्य न्यायाधीश (सर्वोच्च न्यायालय)	—	65 वर्ष	मुख्य न्यायाधीश (उच्च न्यायालय)	–	62 वर्ष
महान्यायवादी	—	65 वर्ष	अन्य न्यायाधीश (उच्च न्यायालय)	–	62 वर्ष
नियन्त्रक एवं महालेखा परीक्षक	—	65 वर्ष			

संविधान के प्रमुख संशोधन

पहला संशोधन (1951 ई.)	इस संशोधन द्वारा नवीं अनुसूची को शामिल किया गया।
7वाँ संशोधन (1956 ई.)	इस संशोधन द्वारा भाषायी आधार पर राज्यों का पुनर्गठन किया गया।
26वाँ संशोधन (1971 ई.)	इसके द्वारा भूतपूर्व देशी राज्यों के शासकों की विशेष उपाधियों तथा उनके प्रिवीपर्स को समाप्त कर दिया गया।
36वाँ संशोधन (1975 ई.)	सिक्किम को भारतीय संघ में 22वें राज्य के रूप में मान्यता प्रदान की गई।
42वाँ संशोधन (1976 ई.)	कुछ विद्वानों द्वारा इसकी व्यापक प्रकृति को दृष्टिगत रखते हुए इसे **'लघु संविधान'** (Mini Constitution) की संज्ञा प्रदान की गई है। *इसकी प्रमुख बातें इस प्रकार हैं*
	इसके द्वारा संविधान की प्रस्तावना में 'धर्मनिरपेक्ष', 'समाजवादी' और 'अखण्डता' शब्द जोड़े गए।
	इसके द्वारा अधिकारों के साथ-साथ कर्त्तव्यों की व्यवस्था करते हुए नागरिकों के 10 मूल कर्त्तव्य निश्चित किए गए।
44वाँ संशोधन (1978 ई.)	*इसकी प्रमुख बातें इस प्रकार हैं* सम्पत्ति के मूलाधिकार को समाप्त कर विधिक अधिकार बना दिया गया। 'व्यक्ति के जीवन और स्वतन्त्रता के अधिकार' को शासन के द्वारा आपातकाल में भी स्थगित या सीमित नहीं किया जा सकता।
52वाँ संशोधन (1985 ई.)	इस संशोधन द्वारा संविधान में दसवीं अनुसूची जोड़ी गई। इसके द्वारा राजनीतिक दल-बदल पर कानूनी रोक लगाने की चेष्टा की गई।

61वाँ संशोधन (1989 ई.)	मताधिकार के लिए न्यूनतम आयु 21 वर्ष से घटाकर 18 वर्ष कर दी गई।
73वाँ संशोधन (1992 ई.)	संविधान में एक नया भाग 9 तथा एक नई अनुसूची 11वीं अनुसूची जोड़ी गई और पंचायती राज व्यवस्था को संवैधानिक दर्जा प्रदान किया गया।
74वाँ संशोधन (1993 ई.)	संविधान में एक नया भाग 9क और एक नई 12वीं अनुसूची जोड़कर शहरी क्षेत्र की स्थानीय स्वशासन संस्थाओं को संवैधानिक दर्जा प्रदान किया गया।
84वाँ संशोधन (2001 ई.)	लोकसभा एवं विधानसभाओं की सीटों की संख्या में सन् 2026 ई. तक कोई छेड़छाड़ नहीं करने सम्बन्धी 84वाँ संवैधानिक संशोधन अधिनियम, 2002 पारित किया गया। निर्वाचन क्षेत्रों का परिसीमन सन् 1991 की जनगणना पर आधारित होगा।
85वाँ संशोधन (2001 ई.)	इस संशोधन से सरकारी नौकरियों में अनुसूचित जाति व अनुसूचित जनजाति के कर्मचारियों को पदोन्नति में आरक्षण का मार्ग प्रशस्त किया गया।
91वाँ संशोधन (2003 ई.)	इसमें दलबदल विरोधी कानून में संशोधन किया गया है। इसके अतिरिक्त यह प्रावधान भी किया गया है कि केन्द्र एवं राज्य सरकारें अपने-अपने मन्त्रिपरिषद् में मन्त्रियों की संख्या लोकसभा और विधानसभा की सीटों के 15% से ज्यादा नहीं कर सकतीं।
92वाँ संशोधन (2003 ई.)	इसमें 8वीं अनुसूची में चार भाषाओं; मैथिली, डोगरी, बोडो और सन्थाली; को जोड़ा गया है।
93वाँ संशोधन (2005 ई.)	सरकारी शिक्षण संस्थाओं के साथ ही निजी शिक्षण संस्थाओं में भी आरक्षण का प्रावधान लागू करने के लिए लाया गया।
94वाँ संशोधन (2006 ई.)	इसके द्वारा जनजातीय लोगों के कल्याण के उद्देश्य से अनुच्छेद 164 के अन्तर्गत झारखण्ड और छत्तीसगढ़ को भी शामिल करते हुए इन दोनों राज्यों में भी जनजातीय मन्त्री बनाने का प्रावधान किया गया है।
95वाँ संशोधन (2010 ई.)	अनुसूचित जाति/जनजाति के लिए आरक्षण की अवधि लोकसभा/राज्य की विधानसभा के लिए 60 वर्ष से बढ़ाकर 70 वर्ष (10 वर्ष के लिए)
96वाँ संशोधन (2011 ई.)	'उडिया' भाषा का 'ओडिया' में परिवर्तन किया गया।
97वाँ संशोधन (2012 ई.)	अनुच्छेद 19 (1)(c) में 'सहकारी समितियाँ' शब्द को जोड़ा गया।
98वाँ संशोधन (2013 ई.)	हैदराबाद, कर्नाटक क्षेत्र को विकसित करने के लिए कर्नाटक के राज्यपाल को अतिरिक्त शक्तियाँ प्रदान करने हेतु
99वाँ संशोधन (2014 ई.)	राष्ट्रीय न्यायिक नियुक्ति आयोग का गठन
105वाँ संशोधन (2021 ई.)	संशोधन के अनुसार राष्ट्रपति केवल केन्द्र सरकार के उद्देश्यों के लिए सामाजिक और शैक्षणिक रूप से पिछड़े वर्गों की सूची को अधिसूचित कर सकता है।
106वाँ संशोधन (2023 ई.)	लोकसभा व राज्यो/केन्द्रशासित प्रदेशों की विधानसभाओं में महिलाओ के लिए एक तिहाई आरक्षित की गयी।

भारत के राष्ट्रीय प्रतीक

प्रतीक	सम्बन्धित तथ्य	प्रतीक	सम्बन्धित तथ्य
राष्ट्रीय ध्वज	तिरंगा	राष्ट्र भाषा	देवनागरी लिपि में लिखी जाने वाली हिन्दी
राष्ट्रीय चिह्न	अशोक स्तम्भ		
राष्ट्रीय गान	जन-गण-मन	राष्ट्रीय ध्वज गीत	हिन्द देश का प्यारा झण्डा
राष्ट्रगीत	वन्देमातरम्	राष्ट्रीय नारा	श्रमेव जयते
राष्ट्रीय पंचांग	शक सम्वत्	राष्ट्रपिता	महात्मा गाँधी
राष्ट्रीय खेल	हॉकी	राष्ट्रीय मुद्रा	रुपया (₹)
राष्ट्रीय पशु	बाघ	राष्ट्रीय नदी	गंगा
राष्ट्रीय पक्षी	मोर	राष्ट्रीय पर्व	26 जनवरी (गणतन्त्र दिवस) 15 अगस्त (स्वतन्त्रता दिवस) 2 अक्टूबर (गाँधी जयन्ती)
राष्ट्रीय वृक्ष	बरगद		
राष्ट्रीय पुष्प	कमल		
राष्ट्रीय फल	आम		
राष्ट्रीय जलजीव	डॉल्फिन		
राष्ट्रीय विरासत पशु	हाथी		
राष्ट्रीय वाक्य	सत्यमेव जयते		
राष्ट्रीयता	भारतीय		

अभ्यास प्रश्न

1. भारत में न्यायपालिका निम्न की देख-रेख में कार्य करती है [UP बी.एड. 2014]
(a) प्रधानमन्त्री की देख-रेख में
(b) राष्ट्रपति की देख-रेख में
(c) संसद की देख-रेख में
(d) स्वतन्त्र

2. निम्नलिखित में से कौन समवर्ती सूची का विषय नहीं है? [UP बी.एड. 2014]
(a) समाचार-पत्र (b) परिवार नियोजन
(c) कारखाना (d) लोक स्वास्थ्य

3. किसी कारणवश कार्यकाल के दौरान राष्ट्रपति की मृत्यु हो जाए, तो उपराष्ट्रपति अधिकतम कितने समय तक राष्ट्रपति के रूप में कार्य कर सकता है? [UP बी.एड. 2014]
(a) 2 वर्ष तक (b) 1 वर्ष तक
(c) 3 महीने तक (d) 6 महीने तक

4. कोई विधेयक धन विधेयक है अथवा नहीं, इसका निर्णय कौन करता है? [UP बी.एड. 2014]
(a) लोकसभा का अध्यक्ष
(b) प्रधानमन्त्री
(c) राष्ट्रपति
(d) संसदीय समिति

5. राष्ट्रपति अपना त्याग-पत्र किसे सम्बोधित करते हुए देता है? [UP बी.एड. 2014]
(a) भारत के मुख्य न्यायाधीश
(b) लोकसभा अध्यक्ष
(c) उपराष्ट्रपति
(d) प्रधानमन्त्री

6. राज्य में मन्त्रिपरिषद् उत्तरदायी होती है [UP बी.एड. 2014]
(a) विधानमण्डल के सदनों के प्रति
(b) राज्यपाल के प्रति
(c) संसद के प्रति
(d) विधानसभा के प्रति

7. निम्नलिखित में से किस संविधान संशोधन के अन्तर्गत मौलिक कर्त्तव्यों को शामिल किया गया है? [UP बी.एड. 2014]
(a) 42वें (b) 43वें
(c) 44वें (d) 39वें

8. भारतीय संविधान में राज्य के नीति-निदेशक तत्वों की संकलपना किस देश के संविधान पर आधारित है? [UP बी.एड. 2013]
(a) फ्रांस (b) जापान
(c) आयरलैण्ड (d) ब्रिटेन

9. भारतीय संविधान की अस्पृश्यता उन्मूलन से सम्बन्धित अनुच्छेद है [UP बी.एड. 2013]
(a) अनुच्छेद 17 (b) अनुच्छेद 16
(c) अनुच्छेद 15 (d) अनुच्छेद 14

10. ईस्ट की नीतियों से कौन-सा प्रधानमन्त्री सबसे ज्यादा प्रभावित हुआ? [UP बी.एड. 2013]
(a) एच. डी देवगौड़ा
(b) अटल बिहारी वाजपेयी
(c) इन्द्र कुमार गुजराल
(d) मनमोहन सिंह

11. संसद का अर्थ है [UP बी.एड. 2012]
(a) राज्य सभा-लोक सभा
(b) राज्य सभा-लोक सभा-प्रधानमन्त्री
(c) भारत का राष्ट्रपति-राज्य सभा-लोक सभा
(d) भारत का राष्ट्रपति-भारत का उपराष्ट्रपति-लोक सभा-राज्य सभा

12. भारत में त्रिस्तरीय पंचायत राज प्रणाली का प्रस्ताव किसने किया था? [UP बी.एड. 2012]
(a) बलवन्त राय मेहता समिति
(b) अशोक मेहता समिति
(c) रॉयल कमीशन
(d) उपरोक्त में से कोई नहीं

13. संवैधानिक प्रणाली के असफल हो जाने पर, किसी राज्य में राष्ट्रपति शासन संविधान की किस धारा के अन्तर्गत लागू किया जाता है? [UP बी.एड. 2012]
(a) 352 (b) 356 (c) 360 (d) 350

14. संविधान सभा के अध्यक्ष कौन थे? [UP बी.एड. 2012]
(a) पं. जवाहरलाल नेहरू
(b) सरदार पटेल
(c) डॉ. राजेन्द्र प्रसाद
(d) डॉ. बी आर अम्बेडकर

15. भारतीय संसद द्वारा विश्व संसदीय प्रणालियों में कौन-सी अभिनव चर्चा प्रक्रिया समाविष्ट की गई है? [UP बी.एड. 2012]
(a) प्रश्न काल
(b) शून्य काल
(c) संकल्प
(d) राष्ट्रपति का भाषण

16. किस संविधान संशोधन द्वारा मतदान की आयु 21 वर्ष से घटाकर 18 वर्ष की गई? [UP बी.एड. 2011]
(a) 61वाँ संविधान संशोधन अधिनियम, 1989
(b) 55वाँ संविधान संशोधन अधिनियम, 1986
(c) 73वाँ संविधान संशोधन अधिनियम, 1992
(d) 84वाँ संविधान संशोधन अधिनियम, 2002

17. संसद के संयुक्त सत्र का संचालन कौन करता है? [UP बी.एड. 2011]
(a) राष्ट्रपति (b) प्रधानमन्त्री
(c) राज्यसभाध्यक्ष (d) लोकसभाध्यक्ष

18. राष्ट्रपति द्वारा राज्यसभा के लिए मनोनीत की गई सदस्यों की संख्या है [UP बी.एड. 2011]
(a) 2 (b) 6 (c) 8 (d) 12

19. भारतीय राजनीतिक एकता का प्रतीक है [UP बी.एड. 2011]
(a) जनता
(b) सार्वजनिक मताधिकार
(c) राजनैतिक पार्टियाँ
(d) मन्त्रिगण

20. मुख्य न्यायाधीश की नियुक्ति कौन करता है? [UP बी.एड. 2010]
(a) प्रधानमन्त्री (b) राष्ट्रपति
(c) मन्त्रिपरिषद् (d) उपराष्ट्रपति

21. कितने वर्षों तक के बच्चों को शिक्षा अनिवार्य की गई है? [UP बी.एड. 2010]
(a) 6-14 वर्ष (b) 5-10 वर्ष
(c) 3-8 वर्ष (d) 7-12 वर्ष

22. किस अनुच्छेद के तहत बच्चों को शिक्षा अनिवार्य की गई? [UP बी.एड. 2010]
(a) 18 (C) (b) 20 (B)
(c) 15 (D) (d) 21 (A)

23. राष्ट्रपति किस अनुच्छेद के तहत लोकसभा को भंग कर सकता है? [UP बी.एड. 2010]
(a) 80 (B) (b) 60 (B)
(c) 70 (A) (d) 90 (C)

24. राज्यसभा व लोकसभा का संयुक्त अधिवेशन कौन बुलाता है? [UP बी.एड. 2010]
(a) लोकसभाध्यक्ष (b) प्रधानमन्त्री
(c) उपराष्ट्रपति (d) राष्ट्रपति

25. उच्च न्यायालय के न्यायाधीशों की नियुक्ति कौन करता है? [UP बी.एड. 2010]
(a) मुख्यमन्त्री (b) राज्यपाल
(c) मुख्य न्यायाधीश (d) राष्ट्रपति

26. भारतीय नागरिक के कितने मौलिक कर्त्तव्य हैं? [UP बी.एड. 2010]
(a) 10 (b) 11 (c) 12 (d) 14

27. राष्ट्रपति की आपातकालीन धारा कौन-सी है? [UP बी.एड. 2010]
(a) 352 (b) 124 (c) 331 (d) 162

28. 6 से 14 वर्ष की अनिवार्य शिक्षा किस संशोधन द्वारा लागू की गई है? [UP बी.एड. 2010]
(a) 84वें (b) 85वें
(c) 86वें (d) 88वें

29. केन्द्रीय मन्त्रिपरिषद् के विरुद्ध अविश्वास प्रस्ताव कहाँ प्रस्तुत किया जा सकता है? [UP बी.एड. 2008]
(a) केवल राज्यसभा में
(b) केवल लोकसभा में
(c) लोकसभा और राज्यसभा दोनों में
(d) राज्यों की विधानसभाओं में

30. किस संशोधन के द्वारा संविधान में भारतीय नागरिकों के लिए मूल कर्त्तव्यों को जोड़ा गया है? **[UP बी.एड. 2008]**
(a) 40वें संविधान संशोधन
(b) 41वें संविधान संशोधन
(c) 42वें संविधान संशोधन
(d) 44वें संविधान संशोधन

31. संविधान का कौन-सा अनुच्छेद 14 वर्ष तक की अवस्था के बच्चों की नि:शुल्क एवं अनिवार्य शिक्षा का प्रावधान करता है? **[UP बी.एड. 2008]**
(a) अनुच्छेद 18 (b) अनुच्छेद 19
(c) अनुच्छेद 20 (d) अनुच्छेद 21 (ए)

32. उस आयोग का अध्यक्ष कौन था, जिसने शिक्षा के सभी पक्षों के बारे में संस्तुतियाँ दीं? **[UP बी.एड. 2008]**
(a) एल.एस. मुदालियर
(b) एस. राधाकृष्णन
(c) श्री टी. प्रकाश
(d) डी.एस. कोठारी

33. भारत की संविधान सभा किसके अनुसार गठित की गई ?
(a) साइमन कमीशन का प्रस्ताव
(b) क्रिप्स प्रस्ताव
(c) माउण्टबेटन योजना
(d) कैबिनेट मिशन योजना

34. संविधान सभा के सदस्यों को निम्न में से किसने प्रत्यक्ष रूप से निर्वाचित किया?
(a) प्रान्तों की विधानसभा
(b) संघीय व्यवस्थापिका
(c) (a) एवं (b) दोनों
(d) उपरोक्त में से कोई नहीं

35. संविधान सभा की स्थापना कब हुई?
(a) 10 जून, 1946
(b) 9 दिसम्बर, 1946
(c) 26 नवम्बर, 1949
(d) 26 दिसम्बर, 1949

36. संविधान सभा के उद्घाटन अधिवेशन की अध्यक्षता किसने की ?
(a) जवाहरलाल नेहरू
(b) बी. आर. अम्बेडकर
(c) सच्चिदानन्द सिन्हा
(d) राजेन्द्र प्रसाद

37. संविधान सभा के स्थायी अध्यक्ष कौन थे ?
(a) बी. आर. अम्बेडकर
(b) महात्मा गाँधी
(c) राजेन्द्र प्रसाद
(d) सच्चिदानन्द सिन्हा

38. भारतीय संविधान सभा की प्रारूप समिति के अध्यक्ष थे
(a) बी. आर. अम्बेडकर
(b) जे. बी. कृपलानी
(c) जवाहरलाल नेहरू
(d) बी. एन. राव

39. संविधान सभा का संवैधानिक सलाहकार किसे नियुक्त किया गया था?
(a) बी. आर. अम्बेडकर
(b) बी. एन. राव
(c) के. एम. मुंशी
(d) वल्लभभाई पटेल

40. संविधान सभा में उद्देश्य प्रस्ताव किसने प्रस्तुत किया?
(a) सच्चिदानन्द सिन्हा
(b) वल्लभभाई पटेल
(c) राजेन्द्र प्रसाद
(d) जवाहरलाल नेहरू

41. संविधान सभा ने अन्तिम रूप से संविधान को कब पारित कर दिया?
(a) 26 जनवरी, 1950
(b) 15 अगस्त, 1947
(c) 26 नवम्बर, 1949
(d) 2 अक्टूबर, 1950

42. भारतीय संविधान किस दिन से पूर्णत: लागू हुआ?
(a) 26 जनवरी, 1949
(b) 26 नवम्बर, 1949
(c) 26 जनवरी, 1950
(d) 15 अगस्त, 1947

43. भारत गणतन्त्र कब बना?
(a) 15 अगस्त, 1949
(b) 26 नवम्बर, 1949
(c) 26 जनवरी, 1949
(d) 26 जनवरी, 1950

44. भारत एक गणतन्त्र है, इसका अर्थ है
(a) सभी मामलों में अन्तिम अधिकार जनता के पास हैं
(b) भारत में संसदीय शासन व्यवस्था है
(c) भारत में वंशानुगत शासक नहीं है
(d) भारत राज्यों का एक संघ है

45. संविधान सभा द्वारा अन्तिम रूप से पारित संविधान में कुल कितने अनुच्छेद और अनुसूचियाँ थीं?
(a) 395 अनुच्छेद, 8 अनुसूचियाँ
(b) 395 अनुच्छेद, 10 अनुसूचियाँ
(c) 375 अनुच्छेद, 7 अनुसूचियाँ
(d) 444 अनुच्छेद, 12 अनुसूचियाँ

46. भारतीय संविधान के किस भाग को उसकी आत्मा की संज्ञा दी गई है?
(a) मूल अधिकार
(b) प्रस्तावना
(c) संवैधानिक उपचारों का अधिकार
(d) संशोधन प्रक्रिया

47. भारतीय संविधान की कौन-सी विशेषता इंग्लैण्ड से ली गई है?
(a) संसदीय प्रणाली (b) संघीय प्रणाली
(c) मूल अधिकार (d) मूल कर्त्तव्य

48. वर्तमान में भारतीय संविधान में कुल कितनी अनुसूचियाँ हैं ?
(a) 8 (b) 10 (c) 12 (d) 14

49. भारत संघ में शामिल राज्यों तथा संघ शासित क्षेत्रों का उल्लेख भारतीय संविधान की किस अनुसूची में है?
(a) प्रथम (b) द्वितीय (c) तृतीय (d) चतुर्थ

50. भारतीय संविधान की तीसरी अनुसूची का सम्बन्ध है
(a) राज्यसभा में प्रतिनिधित्व से
(b) शपथ एवं प्रतिज्ञान से
(c) भाषाओं से
(d) उपरोक्त में से कोई नहीं

51. भारतीय संविधान की किस अनुसूची में राजभाषाओं का उल्लेख है?
(a) सातवीं (b) आठवीं
(c) नवीं (d) दसवीं

52. दलबदल से सम्बन्धित प्रावधान किस अनुसूची में रखे गए हैं?
(a) पाँचवीं (b) छठी (c) आठवीं (d) दसवीं

53. पंचायती राज व्यवस्था सम्बन्धित प्रावधान भारतीय संविधान की किस अनुसूची में रखे गए हैं?
(a) आठवीं (b) नवीं
(c) दसवीं (d) ग्यारहवीं

54. भारतीय संविधान के किस अनुच्छेद में यह अंकित है कि ''भारत अर्थात् इण्डिया राज्यों का एक संघ होगा''।
(a) अनुच्छेद-1 (b) अनुच्छेद-2
(c) अनुच्छेद-3 (d) अनुच्छेद-4

55. भारतीय संविधान के किस अनुच्छेद में 'अन्तर्राष्ट्रीय शान्ति' की बात कही गई है?
(a) अनुच्छेद-31 (b) अनुच्छेद-36
(c) अनुच्छेद-38 (d) अनुच्छेद-51

56. संविधान के किस अनुच्छेद के अन्तर्गत राष्ट्रपति अध्यादेश जारी करता है?
(a) अनुच्छेद-109 (b) अनुच्छेद-110
(c) अनुच्छेद-123 (d) अनुच्छेद-124

57. संविधान के किस अनुच्छेद के द्वारा संघ एवं राज्यों के लिए लोक सेवा आयोग का प्रावधान किया गया है?
(a) अनुच्छेद-310 (b) अनुच्छेद-312
(c) अनुच्छेद-314 (d) अनुच्छेद-315

58. भारतीय संघ में किसी राज्य को सम्मिलित करने का अधिकार किसे हैं?
(a) राष्ट्रपति (b) संसद
(c) प्रधानमन्त्री (d) लोकसभा अध्यक्ष

59. वर्ष 1953 में गठित 'राज्य पुनर्गठन आयोग' के अध्यक्ष कौन थे?
(a) न्यायमूर्ति फजल अली
(b) वल्लभभाई पटेल
(c) बी. आर. अम्बेडकर
(d) के. एम. मुंशी

60. भाषायी आधार पर राज्यों का पुनर्गठन कब किया गया?
(a) वर्ष 1947 में (b) वर्ष 1952 में
(c) वर्ष 1953 में (d) वर्ष 1956 में

61. भाषायी आधार पर गठित भारत का प्रथम राज्य था
(a) हरियाणा (b) केरल
(c) तमिलनाडु (d) आन्ध्र प्रदेश

62. पाण्डिचेरी को किस वर्ष भारतीय संघ में शामिल किया गया?
(a) 1956 (b) 1959 (c) 1955 (d) 1958

63. भारतीय संविधान निम्नलिखित में से कौन-सी नागरिकता प्रदान करता है?
(a) एकल नागरिकता
(b) दोहरी नागरिकता
(c) 'a' एवं 'b' दोनों
(d) उपरोक्त में से कोई नहीं

64. भारत की नागरिकता किस प्रकार प्राप्त की जा सकती है ?
(a) जन्म से (b) वंशानुक्रम से
(c) देशीयकरण से (d) इन सभी से

65. भारतीय नागरिकता का अन्त किस प्रकार किया जा सकता है?
(a) नागरिकता का परित्याग करने से
(b) सरकार द्वारा नागरिकता छीनने से
(c) अन्य देश की नागरिकता ग्रहण करने से
(d) उपरोक्त सभी प्रकार से

66. निम्नलिखित में से कौन-सी शर्त भारत की नागरिकता प्राप्त करने के लिए नहीं है?
(a) अधिवास (b) पंजीकरण
(c) वंशानुक्रम (d) सम्पत्ति स्वामित्व

67. वर्तमान में भारत में राज्यों एवं केन्द्रशासित प्रदेशों की संख्या क्रमशः है
(a) 25 एवं 7 (b) 27 एवं 8
(c) 28 एवं 8 (d) 28 एवं 5

68. भारतीय संविधान में नागरिकों के मूल अधिकारों का वर्णन है
(a) अनुच्छेद-12 से 35 तक
(b) अनुच्छेद-13 से 36 तक
(c) अनुच्छेद-15 से 39 तक
(d) अनुच्छेद-16 से 40 तक

69. वर्तमान में भारतीय नागरिकों को कितने मूल अधिकार प्राप्त हैं ?
(a) 5 (b) 6 (c) 7 (d) 8

70. मूल अधिकारों को प्रवर्तित कराने की शक्ति किसे प्राप्त है?
(a) संसद को
(b) राष्ट्रपति को
(c) उच्च एवं उच्चतम न्यायालय को
(d) सिर्फ उच्चतम न्यायालय को

71. प्रेस की स्वतन्त्रता का अधिकार निहित है
(a) अनुच्छेद-19 (1) में
(b) अनुच्छेद-19 (2) में
(c) अनुच्छेद-21 (1) में
(d) अनुच्छेद-24 (2) में

72. 'सम्पत्ति के अधिकार' को किस संविधान संशोधन के द्वारा मूल अधिकार से हटा दिया गया?
(a) 42वें (b) 43वें (c) 44वें (d) 46वें

73. वर्तमान में 'सम्पत्ति का अधिकार' है एक प्रकार का
(a) मूल अधिकार
(b) नैसर्गिक अधिकार
(c) विधिक अधिकार
(d) उपरोक्त में से कोई नहीं

74. किस अनुच्छेद के द्वारा 6 से 14 वर्ष तक के बच्चों के लिए शिक्षा का अधिकार मूल अधिकार माना गया है?
(a) अनुच्छेद-20 (b) अनुच्छेद-21
(c) अनुच्छेद-22 (d) अनुच्छेद-21 A

75. 'व्यक्तिगत स्वतन्त्रता' के लिए निम्नलिखित में से कौन-सी रिट (writ) याचिका दायर की जा सकती है?
(a) मैण्डेमस (परमादेश)
(b) हेबियस कार्पस (बन्दी प्रत्यक्षीकरण)
(c) को-वारन्टो (अधिकार-पृच्छा)
(d) सर्शियोरेरी (उत्प्रेषण)

76. मत देने अधिकार होता है
(a) राजनीतिक अधिकार
(b) नागरिक अधिकार
(c) आर्थिक अधिकार
(d) कानूनी अधिकार

77. भारतीय संविधान के किस अनुच्छेद में राज्य के नीति निदेशक तत्त्वों का उल्लेख है?
(a) अनुच्छेद 33-46 (b) अनुच्छेद 34-48
(c) अनुच्छेद 36-51 (d) अनुच्छेद 34-52

78. संविधान में 'कल्याणकारी राज्य' की अवधारणा किसमें निहित है?
(a) प्रस्तावना में
(b) मूल अधिकार में
(c) नीति-निदेशक तत्त्वों में
(d) मूल कर्त्तव्य में

79. नीति-निदेशक सिद्धान्त है
(a) वाद योग्य
(b) वाद योग्य नहीं
(c) अंशतः वाद योग्य
(d) उपरोक्त में से कोई नहीं

80. भारतीय नागरिकों के लिए एक समान सिविल संहिता का उल्लेख किस अनुच्छेद में है?
(a) अनुच्छेद-40 (b) अनुच्छेद-42
(c) अनुच्छेद-43 (d) अनुच्छेद-44

81. भारत के किस राज्य में 'समान नागरिक संहिता' लागू है?
(a) हरियाणा (b) बिहार
(c) गोवा (d) कर्नाटक

82. राज्य के नीति-निदेशक सिद्धान्तों के अनुसार किस आयु तक के बच्चों को निःशुल्क एवं अनिवार्य शिक्षा देने की आशा की जाती है?
(a) 14 वर्ष (b) 16 वर्ष
(c) 8 वर्ष (d) 12 वर्ष

83. भारतीय संविधान में 'मूल कर्त्तव्यों' का वर्णन किस अनुच्छेद में है?
(a) अनुच्छेद-51 (b) अनुच्छेद-51 (क)
(c) अनुच्छेद-52 (d) अनुच्छेद-53

84. संविधान में मूल कर्त्तव्यों की प्रेरणा किस देश से ली गई है?
(a) जर्मनी (b) आयरलैण्ड
(c) पूर्व सोवियत संघ (d) दक्षिण अफ्रीका

85. वर्तमान में संविधान में मूल कर्त्तव्यों की कुल संख्या है
(a) 8 (b) 9 (c) 10 (d) 11

86. भारत में कार्यपालिका का अध्यक्ष कौन होता है?
(a) राष्ट्रपति
(b) प्रधानमन्त्री
(c) विपक्ष का नेता
(d) भारत सरकार का मुख्य सचिव

87. भारतीय संघ की शक्ति किसमें निहित है?
(a) संसद (b) प्रधानमन्त्री
(c) राष्ट्रपति (d) मन्त्रिमण्डल

88. राष्ट्रपति के निर्वाचक मण्डल में शामिल है
(a) संसद के दोनों सदनों के सदस्य तथा राज्यों की विधानसभाओं के निर्वाचित सदस्य
(b) संसद के दोनों सदनों के निर्वाचित सदस्य तथा राज्यों की विधानसभाओं एवं विधान परिषदों के निर्वाचित सदस्य
(c) संसद के दोनों सदनों के निर्वाचित सदस्य तथा राज्यों की विधानसभाओं के निर्वाचित सदस्य
(d) संसद के दोनों सदनों के निर्वाचित सदस्य

89. राष्ट्रपति पद के चुनाव सम्बन्धी विवाद किसे निदेशित किया जाता है?
(a) संसदीय समिति (b) लोकसभा सदस्य
(c) निर्वाचन आयोग (d) उच्चतम न्यायालय

90. राष्ट्रपति पद के निर्वाचन हेतु कौन-सी पद्धति अपनाई जाती है?
(a) एकल संक्रमणीय
(b) अप्रत्यक्ष मतदान
(c) समानुपातिक प्रतिनिधित्व
(d) उपरोक्त सभी

91. भारतीय सेवाओं का सर्वोच्च सेनापति होता है
(a) राष्ट्रपति (b) उप-राष्ट्रपति
(c) रक्षामन्त्री (d) फील्ड मार्शल

92. भारत के प्रथम राष्ट्रपति थे
(a) जवाहरलाल नेहरू
(b) राजेन्द्र प्रसाद
(c) वल्लभभाई पटेल
(d) महात्मा गाँधी

93. निर्विरोध चुने जाने वाले एकमात्र राष्ट्रपति थे
(a) राजेन्द्र प्रसाद
(b) ज्ञानी जैल सिंह
(c) नीलम संजीव रेड्डी
(d) ए. पी. जे. अब्दुल कलाम

94. राष्ट्रपति पर महाभियोग का आरोप संसद के किस सदन द्वारा लगाया जाता है?
(a) राज्यसभा
(b) लोकसभा
(c) संसद के किसी भी सदन द्वारा
(d) उपरोक्त में से कोई नहीं

95. कोई व्यक्ति राष्ट्रपति पद के लिए अधिकतम कितनी बार निर्वाचित हो सकता है?
(a) एक बार (b) दो बार
(c) तीन बार (d) कोई सीमा नहीं

96. राष्ट्रपति को पद एवं गोपनीयता की शपथ कौन दिलवाता है?
(a) उपराष्ट्रपति
(b) उच्चतम न्यायालय के मुख्य न्यायाधीश
(c) प्रधानमन्त्री
(d) लोकसभा अध्यक्ष

97. उपराष्ट्रपति के निर्वाचक मण्डल में शामिल होते हैं
(a) सिर्फ राज्यसभा के सदस्य
(b) सिर्फ लोकसभा के सदस्य
(c) राज्यसभा एवं लोकसभा के निर्वाचित सदस्य
(d) राज्यसभा एवं लोकसभा के सदस्य

98. भारत के उप-राष्ट्रपति को पद से कौन हटा सकता है?
(a) मन्त्रिमण्डल की सलाह से राष्ट्रपति
(b) राष्ट्रपति की सम्मति से लोकसभा
(c) लोकसभा की सम्मति से राज्यसभा
(d) राष्ट्रपति की सम्मति से राज्यसभा

99. राज्यसभा की बैठकों का सभापतित्व कौन करता है?
(a) राष्ट्रपति
(b) उपराष्ट्रपति
(c) प्रधानमन्त्री
(d) राज्यसभा का उपसभापति

100. किस एकमात्र उपराष्ट्रपति की मृत्यु पद पर आसीन रहते हुई?
(a) कृष्णकान्त
(b) जी. एस. पाठक
(c) बी. डी. जत्ती
(d) मोहम्मद हिदायतुल्ला

101. निम्न में से कौन संसद का स्थायी एवं उच्च सदन है?
(a) लोकसभा
(b) राज्यसभा
(c) (a) एवं (b) दोनों
(d) उपरोक्त में से कोई नहीं

102. राष्ट्रपति द्वारा राज्यसभा में कितने सदस्यों को मनोनीत किया जाता है?
(a) 10 (b) 11
(c) 12 (d) 14

103. राज्यसभा में किस राज्य के प्रतिनिधियों की संख्या सर्वाधिक है?
(a) बिहार (b) तमिलनाडु
(c) मध्य प्रदेश (d) उत्तर प्रदेश

104. लोकसभा के लिए प्रथम आम चुनाव कब हुआ था?
(a) वर्ष 1948 (b) वर्ष 1952
(c) वर्ष 1953 (d) वर्ष 1954

105. लोकसभा का चुनाव लड़ने के इच्छुक व्यक्ति की न्यूनतम आयु होनी चाहिए
(a) 21 वर्ष (b) 24 वर्ष
(c) 25 वर्ष (d) 28 वर्ष

106. कौन-सा राज्य सबसे अधिक प्रतिनिधि लोकसभा में भेजता है?
(a) उत्तर प्रदेश (b) बिहार
(c) पश्चिम बंग (d) आन्ध्र प्रदेश

107. लोकसभा एवं राज्यसभा के दो अधिवेशनों के बीच अधिकतम कितने समय का अन्तर होना चाहिए?
(a) 3 महीने (b) 6 महीने
(c) 8 महीने (d) 9 महीने

108. कोई विधेयक 'धन विधेयक' है, इसका निर्णय कौन लेता है?
(a) प्रधानमन्त्री
(b) लोकसभा का महासचिव
(c) राष्ट्रपति
(d) लोकसभा अध्यक्ष

109. संसद के संयुक्त अधिवेशन को कौन बुलाता है?
(a) राष्ट्रपति (b) प्रधानमन्त्री
(c) लोकसभा अध्यक्ष (d) विपक्ष का नेता

110. प्रधानमन्त्री की नियुक्ति कौन करता है?
(a) लोकसभा अध्यक्ष
(b) राष्ट्रपति
(c) उप-राष्ट्रपति
(d) बहुमत दल का नेता

111. स्वतन्त्र भारत के प्रथम प्रधानमन्त्री थे
(a) वल्लभभाई पटेल (b) राजेन्द्र प्रसाद
(c) जवाहरलाल नेहरू (d) महात्मा गाँधी

112. प्रधानमन्त्री या कोई मन्त्री जो संसद के किसी सदन का सदस्य नहीं है उसे मन्त्री पद पर बने रहने के लिए कितने दिनों के अन्दर संसद का सदस्य बनना आवश्यक है?
(a) 3 माह (b) 6 माह (c) 9 माह (d) 1 वर्ष

113. मन्त्रिपरिषद् सामूहिक रूप से किसके प्रति उत्तरदायी होती है?
(a) प्रधानमन्त्री (b) राष्ट्रपति
(c) लोकसभा (d) राज्यसभा

114. यदि किसी मन्त्री के विरुद्ध अविश्वास मत पारित हो जाए, तो
(a) सिर्फ सम्बन्धित मन्त्री त्यागपत्र देता है
(b) प्रधानमन्त्री को त्यागपत्र देना होता है
(c) मन्त्रिपरिषद् इस्तीफा देती है
(d) उपरोक्त में से कुछ नहीं होता

115. वित्त विधेयक सबसे पहले संसद के किस सदन में पेश किया जाता है?
(a) लोकसभा
(b) राज्यसभा
(c) किसी भी सदन में
(d) उपरोक्त में से किसी में नहीं

116. निम्नलिखित में से किसे लोकसभा की कार्यवाहियों में भाग लेने का अधिकार तो है, परन्तु मत देने का अधिकार नहीं है?
(a) महान्यायवादी
(b) महाधिवक्ता
(c) विपक्ष का नेता
(d) राज्यसभा का सभापति

117. सरकार के विरुद्ध अविश्वास प्रस्ताव संसद के किस सदन में लाया जाता है?
(a) लोकसभा (b) राज्यसभा
(c) किसी भी सदन में (d) इनमें से कोई नहीं

118. लोकसभा का विघटन कौन कर सकता है?
(a) राष्ट्रपति (b) प्रधानमन्त्री
(c) गृहमन्त्री (d) लोकसभा अध्यक्ष

119. लोकसभा का नेता कौन होता है?
(a) विपक्ष का नेता (b) प्रधानमन्त्री
(c) लोकसभा अध्यक्ष (d) गृहमन्त्री

120. भारत के नियन्त्रक एवं महालेखा परीक्षक की नियुक्ति कौन करता है?
(a) प्रधानमन्त्री (b) गृहमन्त्री
(c) राष्ट्रपति (d) वित्तमन्त्री

121. राज्य की कार्यपालिका का प्रमुख कौन होता है?
(a) राज्यपाल
(b) मुख्यमन्त्री
(c) विधानसभा अध्यक्ष
(d) राष्ट्रपति

122. राज्यों में राज्यपाल की नियुक्ति कौन करता है?
(a) प्रधानमन्त्री
(b) राष्ट्रपति
(c) गृहमन्त्री
(d) भारत के मुख्य न्यायाधीश

123. राज्यपाल पद पर बना रहता है
(a) 5 वर्षों के लिए
(b) संसद द्वारा निश्चित समय के लिए
(c) राष्ट्रपति के प्रसादपर्यन्त
(d) उपरोक्त सभी

124. राज्यपाल विधानसभा में आंग्ल भारतीय समुदाय के कितने सदस्यों को नियुक्त कर सकता है?
(a) 4 (b) 3
(c) 2 (d) 1

125. राज्य स्तर पर मन्त्रिपरिषद् के मन्त्रियों की नियुक्ति कौन करता है ?
(a) दल का अध्यक्ष (b) मुख्यमन्त्री
(c) राज्यपाल (d) प्रधानमन्त्री

126. मुख्यमन्त्री की नियुक्ति किसके द्वारा की जाती है?
(a) राष्ट्रपति (b) प्रधानमन्त्री
(c) राज्यपाल (d) विधानसभाध्यक्ष

127. संघ राज्य क्षेत्रों का प्रशासन कौन चलाता है?
(a) उप-राज्यपाल
(b) राष्ट्रपति द्वारा नियुक्त प्रशासक
(c) मुख्यमन्त्री
(d) उपरोक्त सभी

128. राज्य का राज्यपाल किसके प्रति उत्तरदायी होता है?
(a) विधानसभा (b) विधान परिषद्
(c) लोकसभा (d) राष्ट्रपति

129. किस राज्य में विधानसभा सदस्यों की संख्या सर्वाधिक है?
(a) उत्तर प्रदेश (b) बिहार
(c) आन्ध्र प्रदेश (d) तमिलानाडु

130. विधानसभा एवं विधानपरिषद् के वर्ष में कम-से-कम कितने अधिवेशन होने अनिवार्य हैं?
(a) एक (b) दो (c) तीन (d) चार

131. विधानपरिषद् के बारे में निम्न में से कौन-सा कथन असत्य है ?
(a) इस सदन का सदस्य बनने के लिए न्यूनतम आयु 30 वर्ष है
(b) इसकी सदस्य संख्या विधानसभा की सदस्य संख्या के एक-तिहाई से अधिक नहीं हो सकती है
(c) इसकी न्यूनतम सदस्य संख्या 40 है
(d) उपरोक्त में से कोई नहीं

132. संविधान के अनुच्छेद 370 के द्वारा किस राज्य को विशेष राज्य का दर्जा प्राप्त था?
(a) झारखण्ड (b) उत्तराखण्ड
(c) जम्मू-कश्मीर (d) अरुणाचल प्रदेश

133. वर्तमान में भारत में कितने राज्यों में विधान परिषद् कार्यरत् है?
(a) 3 (b) 5 (c) 7 (d) 6

134. राष्ट्रीय विकास परिषद् की बैठक में राज्य का प्रतिनिधित्व कौन करता है?
(a) मुख्यमन्त्री (b) राज्यपाल
(c) कैबिनेट सचिव (d) विधानसभाध्यक्ष

135. राज्य का प्रथम 'विधि अधिकारी' कौन होता है?
(a) महान्यायवादी
(b) उच्च न्यायालय का मुख्य न्यायाधीश
(c) महाधिवक्ता
(d) उपरोक्त में से कोई नहीं

136. भारत के सर्वोच्च न्यायालय में न्यायाधीशों की कुल संख्या है
(a) 24 (b) 25 (c) 31 (d) 34

137. सर्वोच्च न्यायालय के मुख्य न्यायाधीश की नियुक्ति कौन करता है?
(a) राष्ट्रपति (b) प्रधानमन्त्री
(c) मन्त्रिपरिषद् (d) संसद

138. भारत के सर्वोच्च न्यायालय का न्यायाधीश कितनी आयु तक अपने पद पर बना रह सकता है?
(a) 60 वर्ष (b) 62 वर्ष (c) 64 वर्ष (d) 65 वर्ष

139. सर्वोच्च न्यायालय के प्रथम मुख्य न्यायाधीश कौन थे?
(a) एच. जे. सारस्वत
(b) एच. जे. कानिया
(c) एस. एस. सीकरी
(d) वाई. वी. चन्द्रचूड़

140. संविधान की व्याख्या करने का अन्तिम अधिकार किसे प्राप्त है?
(a) लोकसभा अध्यक्ष (b) राष्ट्रपति
(c) सर्वोच्च न्यायालय (d) महान्यायवादी

141. सर्वोच्च न्यायालय की पहली महिला न्यायाधीश थीं
(a) लीला सेठ (b) एम. फातिमा बीबी
(c) सुनन्दा भण्डारे (d) इन्दिरा जय सिंह

142. निम्न में से भारत के किस मुख्य न्यायाधीश ने राष्ट्रपति के रूप में काम किया?
(a) जस्टिस एम. हिदायतुल्ला
(b) जस्टिस पी. एन. भगवती
(c) जस्टिस बी. के. मुखर्जी
(d) जस्टिस एम. सी. महाजन

143. भारत में सर्वोच्च न्यायालय की स्थापना हुई थी
(a) 1950 के संसद के एक अधिनियम द्वारा
(b) भारतीय स्वतन्त्रता अधिनियम, 1947 के द्वारा
(c) भारतीय संविधान के द्वारा
(d) भारत सरकार अधिनियम, 1935 द्वारा

144. सर्वोच्च न्यायालय के न्यायाधीशों की संख्या में वृद्धि करने की शक्ति किसके पास है?
(a) राष्ट्रपति (b) संसद
(c) प्रधानमन्त्री (d) विधि मन्त्रालय

145. भारत में न्यायपालिका है
(a) स्वतन्त्र (b) संसद के अधीन
(c) सामूहिक (d) व्यावहारिक

146. भारत में कुल कितने उच्च न्यायालय हैं?
(a) 15 (b) 18 (c) 25 (d) 28

147. उच्च न्यायालय के मुख्य न्यायाधीश की नियुक्ति कौन करता है ?
(a) राज्यपाल
(b) राष्ट्रपति
(c) प्रधानमन्त्री
(d) सर्वोच्च न्यायालय का मुख्य न्यायाधीश

148. उच्च न्यायालय के न्यायाधीश किस आयु तक अपना पद धारण कर सकते हैं?
(a) 58 वर्ष
(b) 60 वर्ष
(c) 62 वर्ष
(d) 65 वर्ष

149. उच्च न्यायालय का मुख्य न्यायाधीश अपना त्यागपत्र किसको देता है ?
(a) राष्ट्रपति
(b) सर्वोच्च न्यायालय के मुख्य न्यायाधीश
(c) अपने राज्य के राज्यपाल
(d) अपने राज्य के मुख्यमन्त्री

150. उच्च न्यायालय के मुख्य न्यायाधीश के पद पर नियुक्त होने वाली पहली महिला कौन है?
(a) अन्ना चण्डी (b) फातिमा बीबी
(c) दुर्बा बनर्जी (d) लीला सेठ

151. निम्न में से किस उच्च न्यायालय की अधिकारिता सर्वाधिक क्षेत्रों पर है?
(a) गुवाहाटी (b) कोलकाता
(c) पटना (d) चेन्नई

152. भारत के संविधान के अन्तर्गत कितने प्रकार की आपातकालीन व्यवस्थाएँ दी गई हैं?
(a) एक (b) दो
(c) तीन (d) इनमें से कोई नहीं

153. संविधान के किस अनुच्छेद के तहत राष्ट्रीय आपातकाल की उद्घोषणा राष्ट्रपति करता है?
(a) अनुच्छेद-352 (b) अनुच्छेद-355
(c) अनुच्छेद-356 (d) अनुच्छेद-360

154. युद्ध या बाह्य आक्रमण के कारण की गई आपातकाल की घोषणा का संसद द्वारा अनुमोदन होना चाहिए
(a) एक महीने में (b) दो महीने में
(c) तीन महीने में (d) कभी भी

155. राष्ट्रीय आपातकाल की घोषणा देश में अभी तक कितनी बार की गई है?
(a) एक (b) दो (c) तीन (d) चार

156. संविधान के किस अनुच्छेद के तहत राज्यों में राष्ट्रपति शासन लगाया जा सकता है?
(a) अनुच्छेद-352 (b) अनुच्छेद-356
(c) अनुच्छेद-360 (d) अनुच्छेद-368

157. किसकी सिफारिश पर राज्यों में राष्ट्रपति शासन लगाया जा सकता है?
(a) मुख्यमन्त्री
(b) संसद
(c) प्रधानमन्त्री
(d) सम्बन्धित राज्य का राज्यपाल

158. किसी राज्य में राष्ट्रपति शासन की प्रारम्भिक अवधि कितनी होती है?
(a) 1 वर्ष (b) 3 माह (c) 6 माह (d) 2 वर्ष

159. भारत में सर्वप्रथम राष्ट्रपति शासन कहाँ लगाया गया?
(a) बिहार (b) पंजाब
(c) जम्मू-कश्मीर (d) महाराष्ट्र

160. अभी तक देश में कितनी बार वित्तीय आपात की घोषणा की गई है?
(a) एक (b) दो
(c) तीन (d) एक बार भी नहीं

161. किस संवैधानिक संशोधन के द्वारा संविधान में 'समाजवादी', 'धर्मनिरपेक्षता' तथा 'राष्ट्र की एकता एवं अखण्डता' जैसे शब्द जोड़े गए थे?
(a) 42वाँ (b) 44वाँ
(c) 52वाँ (d) 61वाँ

162. किस संवैधानिक संशोधन द्वारा मताधिकार की आयु 21 वर्ष से घटाकर 18 वर्ष कर दी गई?
(a) 72वें (b) 73वें (c) 61वें (d) 62वें

163. भारतीय संविधान के 73वें संशोधन का सम्बन्ध है
(a) नगरपालिका से
(b) पंचायती राज से
(c) केन्द्र-राज्य सम्बन्ध से
(d) काम के अधिकार से

164. भारतीय संविधान में किस अनुच्छेद के आधार पर संशोधन किया जाता है?
(a) अनुच्छेद-365 (b) अनुच्छेद-366
(c) अनुच्छेद-367 (d) अनुच्छेद-368

165. संविधान के किस संशोधन अधिनियम के द्वारा मैथिली, डोगरी, बोडो तथा संथाली को आठवीं अनुसूची में शामिल किया गया है?
(a) 92वाँ (b) 87वाँ
(c) 88वाँ (d) 89वाँ

166. संविधान के किस संशोधन अधिनियम के द्वारा 6 से 14 वर्ष के सभी बच्चों के लिए शिक्षा के अधिकार को मूल अधिकार बनाया गया है?
(a) 84वाँ (b) 86वाँ (c) 88वाँ (d) 91वाँ

167. भारत में किस प्रकार की दलीय व्यवस्था है?
(a) एकदलीय (b) बहुदलीय
(c) द्विदलीय (d) इनमें से कोई नहीं

168. संघ शासित क्षेत्रों/केन्द्रशासित प्रदेशों के लिए प्रशासकों की नियुक्ति कौन करता है?
(a) राष्ट्रपति (b) उपराष्ट्रपति
(c) गृहमन्त्री (d) प्रधानमन्त्री

169. संविधान की आठवीं अनुसूची में सम्मिलित भाषाओं की संख्या है
(a) 14 (b) 15 (c) 18 (d) 22

170. सरकारिया आयोग सम्बन्धित है
(a) नदी जल विवाद से
(b) अन्तर्राज्यीय सम्बन्धों से
(c) केन्द्र-राज्य सम्बन्ध से
(d) उपरोक्त तीनों से

171. भारतीय संविधान में अवशिष्ट अधिकार है
(a) राज्यों के पास
(b) केन्द्र के पास
(c) न्यायपालिका के पास
(d) केन्द्र एवं राज्य दोनों के पास

172. निर्वाचन आयोग का प्रमुख होता है
(a) प्रधानमन्त्री
(b) राष्ट्रपति
(c) मुख्य निर्वाचन आयुक्त
(d) गृहमन्त्री

173. उपचुनाव कब कराया जाता है?
(a) 2 वर्ष बाद
(b) 3 वर्ष बाद
(c) 5 वर्ष बाद
(d) जब आवश्यक हो

174. भारत में पहला आम चुनाव कब सम्पन्न हुआ?
(a) 1947 ई. में (b) 1950 ई. में
(c) 1952 ई. में (d) 1953 ई. में

175. भारत के राजनीतिक दलों को राष्ट्रीय या क्षेत्रीय दलों का दर्जा कौन प्रदान करता है?
(a) प्रधानमन्त्री (b) चुनाव आयोग
(c) संसद (d) राष्ट्रपति

176. राज्य लोक सेवा आयोग के सदस्यों की नियुक्ति कौन करता है?
(a) राज्यपाल
(b) मुख्यमन्त्री
(c) राष्ट्रपति
(d) संघ लोक सेवा आयोग का अध्यक्ष

177. पहले वित्त आयोग के अध्यक्ष थे
(a) सुकुमार सेन (b) के. संथानम
(c) के. सी. नियोगी (d) वाई. वी. चह्वाण

178. 'बलवन्त राय मेहता समिति' का गठन किया गया था
(a) केन्द्र-राज्य सम्बन्धों के लिए
(b) नदीजल बँटवारे के लिए
(c) पंचायती राज के लिए
(d) आरक्षण के लिए

179. भारत में सर्वप्रथम 2 अक्टूबर, 1959 को पंचायती राज व्यवस्था का शुभारम्भ कहाँ से किया गया?
(a) राजमुन्द्री, आन्ध्र प्रदेश
(b) सीतामढ़ी, बिहार
(c) फैजाबाद, उत्तर प्रदेश
(d) नागौर, राजस्थान

180. निम्नलिखित में से कौन पंचायती राज संस्था नहीं है?
(a) जिला परिषद् (b) परिषद्
(c) पंचायत परिषद् (d) ग्राम सभा

181. संसद द्वारा देश में 'सूचना पाने का अधिकार' सम्बन्धी विधेयक कब पारित किया गया है?
(a) जून, 2002 (b) अप्रैल, 2003
(c) जून, 2005 (d) जुलाई, 2006

उत्तरमाला

1. (d)	**2.** (d)	**3.** (d)	**4.** (a)	**5.** (c)	**6.** (d)	**7.** (a)	**8.** (c)	**9.** (a)	**10.** (c)
11. (c)	**12.** (a)	**13.** (b)	**14.** (c)	**15.** (b)	**16.** (a)	**17.** (d)	**18.** (d)	**19.** (c)	**20.** (b)
21. (a)	**22.** (d)	**23.** (a)	**24.** (d)	**25.** (d)	**26.** (b)	**27.** (a)	**28.** (c)	**29.** (b)	**30.** (c)
31. (d)	**32.** (d)	**33.** (d)	**34.** (a)	**35.** (b)	**36.** (c)	**37.** (c)	**38.** (a)	**39.** (b)	**40.** (d)
41. (c)	**42.** (c)	**43.** (d)	**44.** (c)	**45.** (a)	**46.** (c)	**47.** (a)	**48.** (c)	**49.** (a)	**50.** (b)
51. (b)	**52.** (d)	**53.** (d)	**54.** (a)	**55.** (d)	**56.** (c)	**57.** (d)	**58.** (b)	**59.** (a)	**60.** (c)
61. (d)	**62.** (b)	**63.** (a)	**64.** (d)	**65.** (d)	**66.** (d)	**67.** (c)	**68.** (a)	**69.** (b)	**70.** (c)
71. (a)	**72.** (c)	**73.** (c)	**74.** (d)	**75.** (b)	**76.** (a)	**77.** (c)	**78.** (c)	**79.** (b)	**80.** (d)
81. (c)	**82.** (a)	**83.** (b)	**84.** (c)	**85.** (d)	**86.** (a)	**87.** (a)	**88.** (c)	**89.** (d)	**90.** (d)
91. (a)	**92.** (b)	**93.** (c)	**94.** (c)	**95.** (d)	**96.** (b)	**97.** (d)	**98.** (c)	**99.** (b)	**100.** (a)
101. (b)	**102.** (c)	**103.** (d)	**104.** (b)	**105.** (c)	**106.** (a)	**107.** (b)	**108.** (d)	**109.** (a)	**110.** (b)
111. (c)	**112.** (b)	**113.** (c)	**114.** (c)	**115.** (a)	**116.** (a)	**117.** (c)	**118.** (a)	**119.** (b)	**120.** (c)
121. (a)	**122.** (b)	**123.** (c)	**124.** (d)	**125.** (c)	**126.** (c)	**127.** (b)	**128.** (d)	**129.** (a)	**130.** (b)
131. (d)	**132.** (c)	**133.** (d)	**134.** (a)	**135.** (c)	**136.** (d)	**137.** (a)	**138.** (d)	**139.** (b)	**140.** (c)
141. (b)	**142.** (a)	**143.** (d)	**144.** (b)	**145.** (a)	**146.** (c)	**147.** (b)	**148.** (c)	**149.** (a)	**150.** (d)
151. (a)	**152.** (c)	**153.** (a)	**154.** (a)	**155.** (c)	**156.** (b)	**157.** (d)	**158.** (c)	**159.** (b)	**160.** (d)
161. (a)	**162.** (c)	**163.** (b)	**164.** (d)	**165.** (a)	**166.** (b)	**167.** (b)	**168.** (a)	**169.** (d)	**170.** (c)
171. (b)	**172.** (c)	**173.** (d)	**174.** (c)	**175.** (b)	**176.** (a)	**177.** (c)	**178.** (c)	**179.** (d)	**180.** (b)
181. (c)									

अध्याय

4

भारतीय अर्थव्यवस्था

Indian Economy

भारतीय आयोजना

- भारत में आर्थिक आयोजना सम्बन्धी प्रस्ताव सर्वप्रथम वर्ष 1934 में डॉ. विश्वेश्वरैया ने अपनी पुस्तक 'प्लाण्ड इकोनॉमी फॉर इण्डिया' में दिया।
- 1943 ई. में बम्बई के आठ प्रमुख उद्योगपतियों ने 'ए प्लान फॉर इकोनॉमिक डेवलपमेन्ट इन इण्डिया' तैयार किया जिसे बॉम्बे प्लान कहा जाता है।
- 1946 ई. में के.सी. नियोगी की अध्यक्षता में सलाहकारी योजना परिषद् की स्थापना की गई।
- 15 मार्च, 1950 को योजना आयोग का गठन किया गया। यह संवैधानिक निकाय नहीं है।
- प्रधानमन्त्री योजना आयोग के पदेन अध्यक्ष होते हैं।
- भारत की पहली पंचवर्षीय योजना 1 अप्रैल, 1951 से प्रारम्भ हुई।
- 6 अगस्त, 1952 को राष्ट्रीय विकास परिषद् का गठन किया गया। यह एक संवैधानिक निकाय है। इसका कार्य योजना का अन्तिम अनुमोदन करना है।
- तीन वार्षिक योजनाओं (1966-67, 67-68S 68-69) को योजना अवकाश कहा जाता है।
- कांग्रेस द्वारा लागू की गई पाँचवीं पंचवर्षीय योजना (1974-79) को जनता पार्टी की सरकार ने अपने निर्धारित समय से एक वर्ष पूर्व ही समाप्त घोषित करके छठी पंचवर्षीय योजना (1978-83) लागू किया, जिसे अनवरत योजना (रोलिंग प्लान) कहा जाता है।
- राष्ट्रीय रोजगार गारण्टी अधिनियम (NREGA) के अन्तर्गत राष्ट्रीय ग्रामीण रोजगार गारण्टी योजना (NREGS) का शुभारम्भ प्रधानमन्त्री मनमोहन सिंह द्वारा 2 फरवरी, 2006 को आन्ध्र प्रदेश के अनन्तपुर जिले से किया गया था। 1 अप्रैल, 2008 से इस योजना को सम्पूर्ण देश में लागू किया गया तथा 2 अक्टूबर, 2009 से राष्ट्रीय ग्रामीण रोजगार गारण्टी अधिनियम (NREGA) का नाम बदलकर महात्मा गांधी राष्ट्रीय ग्रामीण रोजगार गारण्टी अधिनियम (MNREGA) कर दिया गया है।

पंचवर्षीय योजना एक दृष्टि में

योजना	योजनावधि	उद्देश्य	विकास दर लक्ष्य (प्रतिशत में)	विकास दर, वास्तविक प्राप्ति (प्रतिशत में)
प्रथम	1951-56 ई.	कृषि का विकास	2.1	3.6
द्वितीय (महालनोबिस मॉडल पर आधारित)	1956-61 ई.	तीव्र औद्योगिकीकरण	4.5	4.27
तृतीय (सर्वाधिक असफल)	1961-66 ई.	आत्मनिर्भर एवं स्वतः स्फूर्त अर्थव्यवस्था की स्थापना	5.6	2.84
वार्षिक योजनाएँ (योजनावकाश)	1966-69 ई.	—	—	—
चौथी	1969-74 ई.	स्थिरता के साथ आर्थिक विकास तथा आत्मनिर्भरता। 'गरीबी हटाओ' का नारा दिया गया।	5.7	3.30
पाँचवीं	1974-78 ई.	गरीबी की समाप्ति तथा आत्मनिर्भरता की प्राप्ति (1978-80–गांधीवादी मॉडल पर रॉलिंग प्लान)	4.4	4.8
छठी	1980-85 ई.	(नेहरू मॉडल पर अर्थव्यवस्था का विकास) गरीबी की समस्या को दूर करना	5.2	5.66
सातवीं	1985-90 ई.	खाद्यान्नों की वृद्धि, रोजगार के क्षेत्रों में विस्तार, उत्पादन बढ़ाने के प्रयास	5.0	6.01
आठवीं	1992-97 ई.	मानव संसाधन, शिक्षा, स्वास्थ्य और रोजगार विकास	5.6	6.5
नवीं	1997-02 ई.	वृद्धि के साथ सामाजिक न्याय तथा समानता	6.5	5.4
दसवीं	2002-07 ई.	रोजगार, ऊर्जा सुधार तथा अवसंरचना का विकास	8.6	7.60
ग्यारहवीं	2007-12 ई.	तीव्र आर्थिक विकास के साथ प्रति व्यक्ति आय में वृद्धि तथा विकास को गति प्रदान करना	9.0	7.9
बारहवीं	2012-17 ई.	त्वरित, सतत एवं अधिक समावेशी विकास, औसत राजकोषीय घाटा कुल GDP के 3.25% तक लाना	8.0	—

नीति आयोग

केन्द्र सरकार द्वारा योजना आयोग की जगह अब नीति आयोग (National Institution for Transforming India) का गठन किया गया है। नीति आयोग के अध्यक्ष प्रधानमन्त्री होंगे तथा एक उपाध्यक्ष होगा इसके अतिरिक्त दो पूर्णकालिक सदस्य होगें। **अरविन्द पनगढ़िया** को नीति आयोग का **पहला उपाध्यक्ष** तथा विवेक देवराय तथा बी के सारस्वत को पूर्णकालिक सदस्य बनाया गया है। वर्तमान उपाध्यक्ष सुमनबेरी तथा डा. विनोद पाल, विजय कुमार सारस्वत व रमेश चंद को पूर्णकालिक सदस्य बनाया गया है।

पदेन सदस्य

- राजनाथ सिंह (रक्षा मंत्री)
- अमित शाह (गृह मंत्री)
- निर्मला सीतारमण (वित्त मंत्री)
- राधा मोहन सिंह (कृषिमंत्री)

निर्धनता उन्मूलन, विकास एवं रोजगारपरक प्रमुख कार्यक्रम एवं योजनाएँ

प्रमुख कार्यक्रम/योजना	वर्ष
सामुदायिक विकास कार्यक्रम	2 अक्टूबर, 1952 ई.
ग्रामीण युवाओं को स्वरोजगार हेतु प्रशिक्षण कार्यक्रम (ट्राइसेम)	15 अगस्त, 1979 ई.
एकीकृत ग्रामीण विकास कार्यक्रम (आई.आर.डी.पी.)	2 अक्टूबर, 1980 ई.
सम्पूर्ण ग्रामीण रोजगार योजना	2001 ई.
अन्त्योदय अन्न योजना	25 दिसम्बर, 2001 ई.
प्रधानमन्त्री ग्रामोदय योजना	2000-01 ई.
जननी सुरक्षा योजना	12 अप्रैल, 2005 ई.
मनरेगा	2 अक्टूबर, 2009 ई.
दीनदयाल उपाध्याय अन्त्योदय योजना	25 सितम्बर, 2014
प्रधानमन्त्री जन-धन योजना	28 अगस्त, 2014
सांसद आदर्श ग्राम योजना	11 अक्टूबर, 2014
स्वच्छ भारत अभियान	2 अक्टूबर, 2014
पं. दीनदयाल उपाध्याय श्रमेव जयते कार्यक्रम	16 अक्टूबर, 2014
डी बी टी एल (DBTL)	1 जनवरी, 2015
बेटी बचाओ, बेटी पढ़ाओ	22 जनवरी, 2015
पीएम गरीब कल्याण अन्न योजना	मार्च, 2020
प्रधानमंत्री गतिशक्ति योजना	2021
मुस्कान योजना	2022
प्रधानमंत्री विश्वकर्मा योजना	सितम्बर, 2023
प्रधानमंत्री सूर्योदया योजना	अप्रैल, 2024
प्रधानमंत्री ई-ड्राइव योजना	अक्टूबर, 2024
प्रधानमंत्री जनजातीय उत्कर्ष ग्राम अभियान	अक्टूबर, 2024
प्रधानमंत्री धन-धान्य कृषि योजना	अप्रैल, 2025

भारत में कृषि

- भारत के कुल क्षेत्रफल के लगभग 51% भाग पर कृषि की जाती हैं।
- देश की कुल श्रम शक्ति का लगभग 52% भाग कृषि एवं इससे सम्बन्धित उद्योग-धन्धों से अपनी आजीविका चलाता है।
- देश के सकल घरेलू उत्पाद में कृषि का योगदान लगभग 17.7% है। *ऋतुओं के आधार पर फसलों का वर्गीकरण*

1. **रबी फसल** यह अक्टूबर-नवम्बर में बोयी जाती है और मार्च-अप्रैल में काट ली जाती है। इसकी मुख्य फसलें हैं—गेहूँ चना, जौ, मटर, सरसों, आलू, राई इत्यादि।
2. **खरीफ फसल** यह जून-जुलाई में बोयी जाती है और सितम्बर-अक्टूबर में काट ली जाती है। *इसकी मुख्य फसलें हैं*—धान, गन्ना, तिलहन, ज्वार, बाजार, मक्का, अरहर आदि।
3. **जायद फसल** यह मई-जून में बोयी जाती है और जुलाई-अगस्त में काट ली जाती है। इसकी मुख्य फसलें हैं—राई, मक्का, ज्वार, जूट, मडुआ आदि।

- कृषि में प्रयुक्त भूमि का 65.8% भाग खाद्यान्न फसलों में तथा शेष 35.2% भाग व्यापारिक फसलों में प्रयोग किया जाता है।
- भारत की मुख्य खाद्य फसल चावल है।
- विश्व में चावल उत्पादन में चीन के बाद भारत का दूसरा स्थान है।
- भारत में कुल कृषि योग्य भूमि के लगभग 47% भाग पर चावल की खेती की जाती है। चावल का सर्वाधिक उत्पादन करने वाला राज्य पश्चिम बंगाल है, दूसरे एवं तीसरे स्थान पर क्रमश: आन्ध्र प्रदेश तथा उत्तर प्रदेश हैं।
- विश्व में गेहूँ के उत्पादन में चीन के बाद भारत का दूसरा स्थान है।
- देश की कुल कृषि योग्य भूमि के लगभग 15 प्रतिशत भाग पर गेहूँ की खेती की जाती है। उत्तर प्रदेश गेहूँ का सर्वाधिक उत्पादन करने वाला राज्य है, पंजाब तथा हरियाणा क्रमश: दूसरे एवं तीसरे स्थान पर हैं।
- गेहूँ की प्रति हेक्टेयर उत्पादकता में प्रथम स्थान पंजाब का है तथा दूसरे स्थान पर हरियाणा है।
- साठ के दशक में हुए हरित क्रान्ति का सर्वाधिक प्रभाव गेहूँ और चावल की कृषि पर पड़ा है, परन्तु चावल की तुलना में गेहूँ के उत्पादन में अधिक वृद्धि हुई है।
- भारत में हरित क्रान्ति लाने का श्रेय डॉ. एम.एस. स्वामीनाथन को जाता है।
- भारत में मोटे अनाजों का सर्वाधिक उत्पादन राजस्थान में होता है, महाराष्ट्र एवं कर्नाटक क्रमश: दूसरे एवं तीसरे स्थान पर हैं।
- दालों का सर्वाधिक उत्पादन महाराष्ट्र में होता है, मध्य प्रदेश एवं उत्तर प्रदेश क्रमश: दूसरे एवं तीसरे स्थान पर आते हैं।
- भारत में दालों का कुल उत्पादन यहाँ की कुल माँग से कम है। इसकी पूर्ति के लिए दालों का आयात मुख्य रूप से म्यांमार से किया जाता है।
- फलोत्पादन में भारत का विश्व में दूसरा स्थान हैं।
- भारत विश्व में गेहूँ, चावल, मूँगफली, गन्ना, जूट का दूसरा सबसे बड़ा उत्पादक तथा चावल का तीसरा सबसे बड़ा निर्यातक देश है।
- चीनी के उत्पादन एवं उपभोग में भारत का विश्व में दूसरा स्थान है, जबकि उत्पादन में प्रथम स्थान ब्राजील का है।
- फलों एवं सब्जियों के कुल उत्पादन में भारत का चीन के बाद दूसरा स्थान है, किन्तु भारत केला, आम, चीकू, नींबू, काजू, नारियल, काली मिर्च, अदरक, हल्दी, अंगूर और मिंट के उत्पादन में विश्व में प्रथम है।
- भारत विश्व में मसालों का सबसे बड़ा उत्पादक, उपभोक्ता तथा निर्यातक देश है।
- भारत विश्व में चाय का सबसे बड़ा उत्पादक एवं उपभोक्ता देश है तथा श्रीलंका के बाद चाय के निर्यात में इसे दूसरा स्थान प्राप्त है।
- कॉफी के उत्पादन में भारत का विश्व में छठा स्थान है, भारत में कर्नाटक सबसे बड़ा कॉफी उत्पादक राज्य है।
- कपास के उत्पादन में भारत का स्थान चीन के बाद दूसरा है।
- रबर के उत्पादन में भारत का विश्व में चौथा स्थान है। रबर की प्रति हेक्टेयर उत्पादकता में भारत को विश्व में प्रथम स्थान प्राप्त है।
- दूध के उत्पादन में भारत को विश्व में प्रथम स्थान प्राप्त है।
- वर्तमान में भारत में प्रति व्यक्ति दूध की उपलब्धता 459 ग्राम प्रतिदिन है। सर्वाधिक प्रति व्यक्ति दूध की उपलब्धता पंजाब की है।
- भारत उर्वरकों का विश्व में तीसरा सबसे बड़ा उत्पादक और उपभोक्ता देश है।

भारत में उद्योग

- वस्त्र उद्योग भारत का सबसे अधिक संगठित एवं व्यापक उद्योग है।
- भारत में प्रथम आधुनिक सूती वस्त्र मिल की स्थापना मुम्बई (बम्बई) में 'कवास जी. एन. डाबर' द्वारा की गई थी।
- मुम्बई को सूती वस्त्रों की राजधानी कहा जाता है तथा कानपुर को '**उत्तर भारत का मैनचेस्टर**' कहा जाता है।
- गुजरात के अहमदाबाद को '**पूर्व का बोस्टन**' कहते हैं।
- चीन के बाद कच्चे रेशम का उत्पादन करने वाला भारत विश्व का दूसरा देश है।
- भारत में सर्वाधिक रेशम उत्पादन कर्नाटक में होता है।
- टाटा आयरन एण्ड स्टील कम्पनी (TISCO) की स्थापना 1907 ई. में जमशेदपुर (झारखण्ड) में की गई।
- भारतीय इस्पात का सबसे बड़ा आयातक जापान है।

सार्वजनिक क्षेत्र के इस्पात कारखाने

स्थान	तथ्य	देश की सहायता से
राउरकेला (ओडिशा)	*द्वितीय पंचवर्षीय योजना*	जर्मनी
भिलाई (छत्तीसगढ़)	*द्वितीय पंचवर्षीय योजना*	रूस
दुर्गापुर (पश्चिम बंग)	*द्वितीय पंचवर्षीय योजना*	ब्रिटेन
बोकारो (झारखण्ड) (एशिया का सबसे बड़ा संयन्त्र)	*तृतीय पंचवर्षीय योजना*	रूस
विशाखापत्तनम (आन्ध्र प्रदेश)	*चौथी पंचवर्षीय योजना*	रूस
सलेम (तमिलनाडु)	*चौथी पंचवर्षीय योजना*	–
भद्रावती (कर्नाटक)	*चौथी पंचवर्षीय योजना*	–

- 1859 ई. में भारत में जूट का पहला कारखाना पश्चिम बंग के रिसरा में लगाया गया।
- पहली कागज मिल 1881 ई. में टीटागढ़ में स्थापित की गई।
- अखबारी कागज का पहला कारखाना 1947 ई. में नेपानगर में स्थापित किया गया।
- भारत में रासायनिक खाद का प्रथम कारखाना तमिलनाडु में 1906 ई. में लगाया गया। 1951 ई. में सिन्दरी में उर्वरक कारखाने की स्थापना हुई।

राजस्व

- *करों द्वारा प्राप्त होने वाली आय दो प्रकार के स्रोतों से प्राप्त होती है*
  (a) प्रत्यक्ष करों से प्राप्त आय (b) अप्रत्यक्ष करों से प्राप्त आय
- भारत में आयकर 'जेम्स विल्सन' ने प्रारम्भ किया।

केन्द्र सरकार के कर स्रोत

प्रत्यक्ष कर	अप्रत्यक्ष कर
आयकर, निगम कर, धन कर, एस्टेट ड्यूटी, उपहार कर, व्यय कर, ब्याज कर आदि	सीमा शुल्क, सेवा कर, केन्द्रीय उत्पाद शुल्क, केन्द्रीय बिक्री कर आदि

राज्य सरकार के कर स्रोत

प्रत्यक्ष कर	अप्रत्यक्ष कर
कृषि आय पर कर, भू-राजस्व, व्यवसाय पर कर, रोजगारों पर कर, होटल प्राप्तियों पर कर, गैर शहरी अचल सम्पत्तियों पर कर आदि	बिक्री कर, विज्ञापन कर, राज्य उत्पाद शुल्क, प्रवेश कर, डीजल/पेट्रोल पर बिक्री कर, स्टाम्प और पंजीयन शुल्क, शिक्षा उपकर, सट्टेबाजी पर कर आदि।

- भारत में वित्तीय वर्ष 'अप्रैल से मार्च' तक होता है।
- एल. के. झा समिति की संस्तुतियों को काफी वर्षों बाद महत्त्व देते हुए सरकार द्वारा देश में 1 अप्रैल, 2005 ई. से 'वैट' लागू किया गया है।

भारत में बैंकिंग प्रणाली

- 1881 ई. में स्थापित अवध कॉमर्शियल बैंक किसी भारतीय द्वारा संचालित पहला बैंक था।
- पूर्णरूप से पहला भारतीय बैंक पंजाब नेशनल बैंक था जिसकी स्थापना 1884 ई. में की गई थी।
- भारतीय रिजर्व बैंक की स्थापना 1 अप्रैल, 1935 ई. में हुई थी।
- 1 जनवरी, 1949 ई. को रिजर्व बैंक का राष्ट्रीयकरण किया गया। इसका मुख्यालय मुम्बई में है।
- इम्पीरियल बैंक ऑफ इण्डिया का 1955 ई. में आंशिक राष्ट्रीयकरण कर इसका नाम स्टेट बैंक ऑफ इण्डिया रखा गया। 19 जुलाई, 1969 ई. को 14 बड़े व्यावसायिक बैंकों का राष्ट्रीयकरण कर दिया गया।
- 15 अप्रैल, 1980 ई. को 6 निजी बैंकों का राष्ट्रीयकरण किया गया।
- वर्तमान में भारत में कुल राष्ट्रीकृत बैंकों की संख्या 12 है।

भारत में बीमा

- भारत की प्रथम जीवन बीमा कम्पनी ओरियण्टल सोसायटी (1818 ई.) थी। भारतीय जीवन बीमा निगम (LIC) की स्थापना 1 सितम्बर, 1956 ई. में हुई। इसका मुख्यालय मुम्बई में है।
- भारतीय साधारण बीमा निगम की स्थापना 1972 ई. में की गई थी, जिसने 1 जनवरी, 1973 ई. से काम करना शुरू कर दिया।
- मल्होत्रा समिति की संस्तुति पर भारत में बीमा क्षेत्र का निजीकरण कर दिया गया है।
- बीमा क्षेत्र में निजी कम्पनियों के प्रवेश का मार्ग खोलते हुए सरकार ने 'बीमा नियामक एवं विकास प्राधिकरण' की स्थापना की है, जो बीमा कम्पनियों की कार्य प्रणाली पर निगरानी रखती है।

प्रमुख वित्तीय संस्थान एवं उनके स्थापना वर्ष

वित्तीय संस्थान	स्थापना वर्ष
रिजर्व बैंक ऑफ इण्डिया (RBI)	1 अप्रैल, 1935 ई.
स्टेट बैंक ऑफ इण्डिया (SBI)	1955 ई.
भारतीय जीवन बीमा निगम (LIC)	1956 ई.
भारतीय यूनिट ट्रस्ट (UTI)	1964 ई.
भारतीय औद्योगिक विकास बैंक (IDBI)	1964 ई.
साधारण बीमा निगम (GIC)	1972 ई.
क्षेत्रीय ग्रामीण बैंक	2 अक्टूबर, 1975 ई.
भारतीय निर्यात-आयात बैंक (EXIM)	1982 ई.
राष्ट्रीय कृषि व ग्रामीण विकास बैंक (NABARD)	1982 ई.
भारतीय औद्योगिक पुनर्निर्माण बैंक (IRBI)	1985 ई.
राष्ट्रीय आवास बैंक (NHB)	1988 ई.
भारतीय लघु उद्योग विकास बैंक (SIDBI)	1990 ई.

विश्व के प्रसिद्ध शेयर बाजारों के प्रमुख शेयर मूल्य सूचकांक

शेयर मूल्य सूचकांक	स्टॉक एक्सचेंज
डॉलेक्स, सेंसेक्स, बैकेलस, एस. एण्ड पी. सी. एन. एक्स. निफ्टी (फिफ्टी)	मुम्बई
डो जोन्स	न्यूयॉर्क
निक्की	टोक्यो
मिड डेक्स	फ्रैंकफर्ट (जर्मनी)
हांग सेंग	हांगकांग
सिमेक्स, स्ट्रेट्स टाइम्स	सिंगापुर

भारत की जनगणना 2011

कुल जनसंख्या	: 1210569573
पुरुष	623121843 (51.47%)
स्त्री	587447730 (48-53%)
दशकीय जनसंख्या वृद्धि प्रतिशत (2001-11)	: 17.7
औसत वार्षिक वृद्धि दर	: 1.64
प्रति वर्ग किलोमीटर जन घनत्व	: 382
लिंगानुपात	: 943/1000
साक्षरता दर	: 73.4
पुरुष	: 80.09
स्त्री	: 64.6
वर्ष में जीवन अपेक्षा	: 66.1
पुरुष	: 64.6
स्त्री	: 67.7
शिशु जनसंख्या (0-6 वर्ष)	: 164478150
जनसंख्या की दृष्टि से सबसे बड़ा राज्य	: उत्तर प्रदेश
क्षेत्रफल की दृष्टि से सबसे बड़ा राज्य	: राजस्थान
जनसंख्या की दृष्टि से सबसे छोटा राज्य	: सिक्किम
क्षेत्रफल की दृष्टि से सबसे छोटा राज्य	: गोवा
जनसंख्या की दृष्टि से सबसे बड़ा केन्द्रशासित प्रदेश	: दिल्ली
क्षेत्रफल की दृष्टि से सबसे बड़ा केन्द्रशासित प्रदेश	: अण्डमान-निकोबार द्वीप समूह
जनसंख्या की दृष्टि से सबसे छोटा केन्द्रशासित प्रदेश	: लक्षद्वीप
क्षेत्रफल की दृष्टि से सबसे छोटा केन्द्रशासित प्रदेश	: लक्षद्वीप
जनसंख्या की दृष्टि से सबसे बड़ा जिला	: थाने (महाराष्ट्र)
क्षेत्रफल की दृष्टि से सबसे बड़ा जिला	: लद्दाख (जम्मू-कश्मीर)
जनसंख्या की दृष्टि से सबसे छोटा जिला	: दियाबंग घाटी (अरुणाचल प्रदेश)
सर्वाधिक जनघनत्व वाला राज्य	बिहार (1106)
सबसे कम जनघनत्व वाला राज्य	: अरुणाचल प्रदेश (17)
सर्वाधिक जनघनत्व वाला केन्द्रशासित प्रदेश	: दिल्ली (11320)
सबसे कम जनघनत्व वाला केन्द्रशासित प्रदेश	: अण्डमान-निकोबार द्वीप समूह (46)
सर्वाधिक लिंगानुपात वाला राज्य	: केरल (1084)
सबसे कम लिंगानुपात वाला राज्य	: हरियाणा (877)
सर्वाधिक लिंगानुपात वाला केन्द्रशासित प्रदेश	: पुदुचेरी (1037)
सबसे कम लिंगानुपात वाला केन्द्रशासित प्रदेश	: दमन-दीव (618)
सर्वाधिक साक्षरता दर वाला राज्य	: केरल (94%)
सबसे कम साक्षरता दर वाला राज्य	: बिहार (61.8%)
सर्वाधिक स्त्री साक्षरता दर वाला राज्य	: केरल (92.1%)
सबसे कम स्त्री साक्षरता दर वाला राज्य	: राजस्थान (53.33%)
सर्वाधिक साक्षरता दर वाला केन्द्रशासित प्रदेश	: लक्षद्वीप (92.28%)
सबसे कम साक्षरता दर वाला केन्द्रशासित प्रदेश	: दादरा एवं नगर हवेली (76.3%)
सर्वाधिक स्त्री साक्षरता दर वाला केन्द्रशासित प्रदेश	: लक्षद्वीप (89.5%)
सबसे कम स्त्री साक्षरता दर वाला केन्द्रशासित प्रदेश	: दादरा एवं नगर हवेली (70.5%)

राज्य (अधिकतम एवं न्यूनतम)

अधिकतम जनसंख्या		न्यूनतम जनसंख्या	
उत्तर प्रदेश	199881477	सिक्किम	607688
महाराष्ट्र	112372972	मिजोरम	1091014
बिहार	104094637	अरुणाचल प्रदेश	1382611
पश्चिम बंग	91247873	गोवा	1457723
आन्ध्र प्रदेश	84565566	नागालैण्ड	1980602

अधिकतम जन-घनत्व		न्यूनतम जन-घनत्व	
बिहार	1106	अरुणाचल प्रदेश	17
पश्चिम बंगाल	1028	मिजोरम	52
केरल	860	सिक्किम	86
उत्तर प्रदेश	829	मणिपुर	115
हरियाणा	573	नागालैण्ड	119

अधिकतम लिंगानुपात		न्यूनतम लिंगानुपात	
केरल	1084	हरियाणा	879
तमिलनाडु	996	जम्मू-कश्मीर	889
आन्ध्र प्रदेश	993	सिक्किम	890

अधिकतम साक्षरता दर		न्यूनतम साक्षरता दर	
केरल	94.91	बिहार	61.8
मिजोरम	91.3	अरुणाचल प्रदेश	65.6
त्रिपुरा	88.60	राजस्थान	66.1

अधिकतम स्त्री साक्षरता दर		न्यूनतम स्त्री साक्षरता दर	
केरल	92.1	राजस्थान	52.1
मिजोरम	89.3	बिहार	53.33
गोवा	84.7	झारखण्ड	55.4

अधिकतम दशकीय वृद्धि		न्यूनतम दशकीय वृद्धि	
मेघालय	27.9	नागालैण्ड	–0.6
अरुणाचल प्रदेश	26.0	केरल	4.9
बिहार	25.4	गोवा	8.2

केन्द्रशासित प्रदेश (अधिकतम एवं न्यूनतम)

अधिकतम जनसंख्या		न्यूनतम जनसंख्या	
दिल्ली	16787941	लक्षद्वीप	64429
पुदुचेरी	1247953	दमन एवं दीव	242911
चण्डीगढ़	1055450	दादरा एवं नगर हवेली	342853

अधिकतम लिंगानुपात		न्यूनतम लिंगानुपात	
पुदुचेरी	1037	दमन एवं दीव	618
लक्षद्वीप	947	दादरा एवं नगर हवेली	774
अण्डमान-निकोबार	876	चण्डीगढ़	818

अधिकतम जनसंख्या घनत्व		न्यूनतम जनसंख्या घनत्व	
दिल्ली	11320	अण्डमान-निकोबार	46
चण्डीगढ़	9258	दादरा एवं नगर हवेली	700
पुदुचेरी	2547	लक्षद्वीप	2149

अधिकतम साक्षरता दर		न्यूनतम साक्षरता दर	
लक्षद्वीप	91.8	दादरा एवं नगर हवेली	76.2
दमन एवं दीव	87.1	पुदुचेरी	85.8
अण्डमान-निकोबार	86.6	चण्डीगढ़	86.0

अभ्यास प्रश्न

1. भारत में वित्त आयोग का प्रधान कार्य है **[UP बी.एड. 2014]**
   (a) केन्द्र और राज्यों के बीच राजस्व वितरण
   (b) वार्षिक बजट तैयार करना
   (c) वित्तीय मामलों में राष्ट्रपति को सलाह देना
   (d) संघ के मन्त्रालयों और राज्यों को निधि का विनिधान

2. एगमार्क है **[UP बी.एड. 2014]**
   (a) अण्डों की पैदावार की एक को-ऑपरेटिव
   (b) व्यवस्थित जई मार्किट
   (c) किसानों की को-ऑपरेटिव
   (d) प्रयोग करने वाली चीजें जैसे-अण्डे, दूध, घी आदि की क्वालिटी गारण्टी मोहर

3. भारत में कैसी अर्थव्यवस्था है? **[UP बी.एड. 2014]**
   (a) समाजवादी अर्थव्यवस्था
   (b) मिश्रित अर्थव्यवस्था
   (c) एकल अर्थव्यवस्था
   (d) पूँजीवादी अर्थव्यवस्था

4. इनकम टैक्स से जुड़ा हुआ पैन कार्ड में, PAN का पूर्ण रूप है **[UP बी.एड. 2014]**
   (a) परमानेण्ट अकाउण्ट नम्बर
   (b) पेमेण्ट अकाउण्ट नम्बर
   (c) पासबुक अकाउण्ट नम्बर
   (d) उपरोक्त में से कोई नहीं

5. सन् 1955 में बंगाल, मद्रास और बम्बई के प्रेसीडेन्सी बैंकों को मिलाकर उनका राष्ट्रीयकरण किया था, एक बैंक को नया नाम भी दिया गया था, वह नाम क्या था? **[UP बी.एड. 2014]**
   (a) पंजाब नेशनल बैंक
   (b) सिंडिकेट बैंक
   (c) स्टेट बैंक ऑफ इण्डिया
   (d) पंजाब एण्ड सिन्ध बैंक

6. वाणिज्यिक बैंक द्वारा बट्टा-गृहों से आरक्षण-सम्पत्ति अनुपात बनाए रखने के लिए उधार ली गई मुद्रा क्या कहलाती है? **[UP बी.एड. 2014]**
   (a) हॉट मनी (b) सॉफ्ट मनी
   (c) कॉल मनी (d) इनमें से कोई नहीं

7. भारत सरकार ने परिवार नियोजन कार्यक्रम को राष्ट्रीय स्तर पर निम्न वर्ष में अपनाया **[UP बी.एड. 2014]**
   (a) 1965 में (b) 1962 में
   (c) 1957 में (d) 1952 में

8. ड्रिप सिंचाई किस राज्य में की जाती है? **[UP बी.एड. 2013]**
   (a) उत्तर प्रदेश (b) मध्य प्रदेश
   (c) महाराष्ट्र (d) राजस्थान

9. भारत में हरित-क्रान्ति के पितामह कौन है? **[UP बी.एड. 2014]**
   (a) नार्मन बोरलॉग
   (b) एम. एस. स्वामीनाथन
   (c) आर. के. नरसिंहन
   (d) डॉ. बर्गीज कुरियन

10. किसी निश्चित समयावधि में किसी देश में उत्पादित वस्तुओं और सेवाओं के कुल मूल्य को क्या कहते हैं? **[UP बी.एड. 2012]**
    (a) प्रयोज्य आय
    (b) राष्ट्रीय आय
    (c) प्रति व्यक्ति आय
    (d) निवल राष्ट्रीय आय

11. किसी अर्थव्यवस्था में निम्न में से कौन-सा ऐसा कार्य है, जो केन्द्रीय बैंक के कार्यों में शामिल नहीं है? **[UP बी.एड. 2012]**
    (a) विदेशी मुद्रा-विनिमय का कार्य
    (b) मौद्रिक नीति पर नियन्त्रण
    (c) सरकारी खर्च पर नियन्त्रण
    (d) बैंकर के बैंक के रूप में कार्य

12. 'भूरी क्रान्ति' किसे कहते हैं? **[UP बी.एड. 2012]**
    (a) चारा उद्योग का विकास
    (b) समुद्री उत्पादों का विकास
    (c) दुग्ध एवं दुग्ध उत्पादों का विकास
    (d) भारत में खाद्य प्रसंस्करण एवं शीतल पेयों के उद्योगों का विकास

13. भारतीय कृषि का किसी महत्त्वपूर्ण स्तर तक यन्त्रीकरण किस कारण से सम्भव नहीं है? **[UP बी.एड. 2012]**
    (a) छोटे जोत-क्षेत्र
    (b) ट्रैक्टरों की कमी
    (c) किसानों की गरीबी
    (d) लोगों की उदासीनता

14. राष्ट्रीय विकास परिषद् की स्थापना किस वर्ष हुई थी? **[UP बी.एड. 2011]**
    (a) 1948 (b) 1954 (c) 1942 (d) 1952

15. SEZ का पूर्ण रूप है **[UP बी.एड. 2011]**
    (a) Small Economic Zone
    (b) Social Economic Zone
    (c) Special Economic Zone
    (d) Service & Economic Zone

16. निम्न में से कौन-सी रबी की फसल नहीं है? **[UP बी.एड. 2011]**
    (a) गेहूँ (b) जौ (c) चावल (d) चना

17. योजना आयोग के प्रथम अध्यक्ष कौन थे? **[UP बी.एड. 2011]**
    (a) पं. जवाहर लाल नेहरू
    (b) के.सी. नियोगी
    (c) प्रो.पी.सी. महालनोबिस
    (d) डॉ. राजेन्द्र प्रसाद

18. वह उपभोक्ता वस्तु जिसके आयात के लिए सरकार महत्तम राशि खर्च करती है **[UP बी.एड. 2011]**
    (a) खाद्य पदार्थ (b) पेट्रोलियम पदार्थ
    (c) खनिज पदार्थ (d) रासायनिक पदार्थ

19. निम्न में से कौन-सा प्रत्यक्ष कर नहीं है? **[UP बी.एड. 2011]**
    (a) सम्पत्ति कर (b) पेशाकर
    (c) बिक्री कर (d) निगम कर

20. दसवीं पंचवर्षीय योजना का उद्देश्य है **[UP बी.एड. 2011]**
    (a) मानवीय संसाधनों का विकास
    (b) सामाजिक न्याय
    (c) कृषि तथा सम्बद्ध क्षेत्र में रोजगार
    (d) आर्थिक विकास

21. पंचायती राज किस योजना में प्रस्तावित हुआ? **[UP बी.एड. 2011]**
    (a) प्रथम (b) द्वितीय
    (c) तृतीय (d) चतुर्थ

22. योजना आयोग का पदेन अध्यक्ष कौन होता है? **[UP बी.एड. 2010]**
    (a) राष्ट्रपति (b) उपराष्ट्रपति
    (c) प्रधानमन्त्री (d) लोकसभा अध्यक्ष

23. प्रथम पंचवर्षीय योजना कब लागू की गई? **[UP बी.एड. 2010]**
    (a) 1 अप्रैल, 1949 (b) 1 अप्रैल, 1950
    (c) 1 अप्रैल, 1951 (d) 1 अप्रैल, 1952

24. तेरहवीं वित्त आयोग का अध्यक्ष किसे बनाया गया है? **[UP बी.एड. 2010]**
    (a) के.सी. पन्त
    (b) डॉ. सी. रंगराजन
    (c) ए.एम. खुसरो
    (d) डॉ. विजय एल. केलकर

25. 2008-09 के बजट के अनुसार करों पर शिक्षा उपकर का प्रतिशत है **[UP बी.एड. 2008]**
    (a) 2 (b) 3 (c) 4 (d) 5

26. भारतीय रिजर्व बैंक (RBI) के नव-नियुक्त गवर्नर कौन हैं? **[UP बी.एड. 2008]**
    (a) योगेश अग्रवाल
    (b) डॉ. डी. सुब्बाराव
    (c) डॉ. आर. चिदम्बरम
    (d) वी. वैद्यलिंगम

27. भारतीय अर्थव्यवस्था को किस रूप में व्यक्त किया जा सकता है?
    (a) मिश्रित अर्थव्यवस्था
    (b) पूँजीवादी अर्थव्यवस्था
    (c) समाजवादी अर्थव्यवस्था
    (d) ग्रामीण अर्थव्यवस्था

28. 'मिश्रित अर्थव्यवस्था' का अर्थ है
(a) वृहद् एवं कुटीर उद्योग का सह-अस्तित्व
(b) औद्योगिक विकास में विदेशों का सहयोग
(c) सार्वजनिक तथा निजी क्षेत्र का सह अस्तित्व
(d) उपरोक्त में से कोई नहीं

29. आर्थिक विकास की दृष्टि से भारत है
(a) विकसित राष्ट्र
(b) विकासशील राष्ट्र
(c) अविकसित राष्ट्र
(d) अर्द्ध विकसित राष्ट्र

30. 'बन्द अर्थव्यवस्था' का तात्पर्य है
(a) आयात बन्द
(b) नियन्त्रित पूँजी
(c) निर्यात बन्द
(d) आयात-निर्यात बन्द

31. भारतीय अर्थव्यवस्था के पिछड़ेपन का सर्वप्रमुख कारण क्या है?
(a) परम्परागत कृषि व्यवस्था
(b) देश की विशाल जनसंख्या
(c) उद्योगों का अल्प विकास
(d) उपरोक्त सभी

32. 'आर्थिक विकास' का तात्पर्य है
(a) घरेलू उत्पादन में वृद्धि
(b) उत्पादन क्षमता में वृद्धि
(c) आय का समान वितरण एवं आत्मनिर्भरता
(d) उपरोक्त सभी

33. अर्थव्यवस्था के प्राथमिक क्षेत्र में शामिल है
(a) कृषि (b) वन
(c) उत्खनन (d) ये सभी

34. 'सेवा क्षेत्र' अर्थव्यवस्था के किस क्षेत्र के अन्तर्गत आता है ?
(a) प्राथमिक (b) द्वितीयक
(c) तृतीयक (d) चतुर्थक

35. भारत में राष्ट्रीय आय की गणना का कार्य करता है
(a) केन्द्रीय सांख्यिकीय संगठन
(b) राष्ट्रीय सांख्यिकीय संगठन
(c) योजना आयोग
(d) रिजर्व बैंक ऑफ इण्डिया

36. राष्ट्रीय आय की गणना का आधार वर्ष है
(a) 1989-90 (b) 1993-94
(c) 1999-2000 (d) 2002-03

37. 'राष्ट्रीय आय' है
(a) बाजार मूल्य पर निवल राष्ट्रीय उत्पाद
(b) उत्पादन लागत पर निवल राष्ट्रीय उत्पाद
(c) बाजार मूल्य पर निवल देशीय उत्पाद
(d) उत्पादन लागत पर निवल देशीय उत्पाद

38. भारत की राष्ट्रीय आय में सर्वाधिक योगदान किसका है?
(a) प्राथमिक क्षेत्र (b) द्वितीयक क्षेत्र
(c) तृतीयक क्षेत्र (d) इनमें से कोई नहीं

39. भारत की राष्ट्रीय आय का सर्वप्रथम अनुमान किसने लगाया था ?
(a) के. एन. राज (b) के. एम. मुन्शी
(c) आर. सी. दत्त (d) दादाभाई नौरोजी

40. वर्तमान में भारत की राष्ट्रीय आय में सर्वाधिक योगदान किस क्षेत्र का है?
(a) कृषि (b) सेवा
(c) उद्योग (d) अवस्थापना

41. 'इण्डिया विजन 2020' क्या है?
(a) डॉ. ए.पी.जे. अब्दुल कलाम की आत्मकथा
(b) मनमोहन सिंह द्वारा भारत को विकसित देश बनाने का विवरण पत्र
(c) योजना आयोग द्वारा भारत को 2020 ई. तक विकसित राष्ट्र बनाने के उद्देश्य से तैयार किया गया दृष्टि पत्र
(d) उपरोक्त में से कोई नहीं

42. भारत में बेरोजगारी के आँकड़े कौन तैयार करता है?
(a) वित्त मन्त्रालय
(b) ग्रामीण विकास मन्त्रालय
(c) ग्राम पंचायत
(d) राष्ट्रीय नमूना सर्वेक्षण संगठन

43. भारत में बेरोजगारी की किस्म पायी जाती है
(a) ग्रामीण अल्प रोजगार
(b) चक्रीय बेरोजगारी
(c) संरचनात्मक बेरोजगारी
(d) ऐच्छिक बेरोजगारी

44. भारत के ग्रामीण क्षेत्रों में पायी जाने वाली बेरोजगारी है
(a) प्रच्छन्न (b) संरचनात्मक
(c) चक्रीय (d) ऐच्छिक

45. राज्य एवं राष्ट्रीय स्तर पर गरीबी का अनुमान लगाने के लिए योजना आयोग किसके सूत्र का प्रयोग करता है?
(a) डान्डेकर एवं रथ
(b) डी. टी. लकड़ावाला
(c) बी. एस. मिन्हास
(d) पी. के. वर्द्धन

46. भारत में रोजगार के अवसर उत्पन्न करने की दर किस क्षेत्र में सर्वोच्च रही है?
(a) कृषि (b) निर्माण (c) खनन (d) ये सभी

47. 'अत्योदय कार्यक्रम' का उद्देश्य था
(a) शहरी गरीबी में कमी करना
(b) अनुसूचित जनजातियों के जीवन स्तर में सुधार करना
(c) गरीबों में सर्वाधिक गरीबी की मदद करना
(d) अल्पसंख्यकों को उन्नत करना

48. 'कुटीर ज्योति योजना' का सम्बन्ध है
(a) ग्रामीण क्षेत्रों में कुटीर उद्योगों को प्रोत्साहन देने से
(b) ग्रामीण क्षेत्रों में बेरोजगारों को रोजगार देने से
(c) ग्रामीण क्षेत्रों में गरीबी रेखा से नीचे जीवन-यापन करने वाले परिवारों को विद्युत सुविधा उपलब्ध कराने से
(d) उपरोक्त सभी

49. 'वर्ल्ड डेवलपमेन्ट रिपोर्ट' कौन प्रकाशित करता है?
(a) विश्व बैंक
(b) विश्व मुद्रा कोष
(c) अन्तर्राष्ट्रीय व्यापार संगठन
(d) संयुक्त राष्ट्र संघ

50. मानव विकास सूचकांक (HDI) किस अर्थशास्त्री की देन है?
(a) एडम स्मिथ (b) अमर्त्य सेन
(c) मार्शल (d) महबूब-उल-हक

51. 'मानव विकास सूचकांक' में शामिल होते हैं
(a) जीवन प्रत्याशा
(b) साक्षरता दर
(c) प्रति व्यक्ति राष्ट्रीय आय
(d) उपरोक्त सभी

52. 'राष्ट्रीय ग्रामीण रोजगार गारण्टी योजना' कब प्रारम्भ की गई?
(a) 15 अगस्त, 2005
(b) 20 जनवरी, 2007
(c) 11 मार्च, 2000
(d) 2 फरवरी, 2006

53. भारत में 'मानव विकास रिपोर्ट' जारी करने वाला पहला राज्य कौन था?
(a) केरल (b) मध्य प्रदेश
(c) गोवा (d) महाराष्ट्र

54. 'भारत निर्माण योजना' सम्बन्धित है
(a) भारत को एक जुट रखने से
(b) भारत की सड़कों की मजबूती से
(c) भारत की ग्रामीण अधिसंरचना के विकास से
(d) भारत की नदियों को आपस में जोड़ने से

55. 'प्रधानमन्त्री ग्राम सड़क योजना' को कब प्रारम्भ किया गया ?
(a) 25 दिसम्बर, 2000
(b) 24 दिसम्बर, 2001
(c) 23 दिसम्बर, 2001
(d) 15 अगस्त, 2001

56. राजीव गाँधी श्रमिक कल्याण योजना कब प्रारम्भ की गई ?
(a) 1 अप्रैल, 2005
(b) 19 नवम्बर, 2005
(c) 26 जनवरी, 2006
(d) 15 अगस्त, 2006

57. भारत में योजना निर्माण के उद्देश्य हैं
(a) राष्ट्रीय आय में वृद्धि
(b) आय और सम्पत्ति में असमानताओं को घटाना
(c) निर्धनता उन्मूलन
(d) उपरोक्त सभी

58. पंचवर्षीय योजना बनाने की जिम्मेदारी किसकी है?
(a) प्रधानमन्त्री कार्यालय
(b) राष्ट्रीय विकास परिषद्
(c) योजना आयोग
(d) ग्राम पंचायत

59. पंचवर्षीय योजना का अन्तिम प्रारूप कौन अनुमोदित करता है ?
(a) केन्द्रीय मन्त्रिमण्डल
(b) राष्ट्रीय विकास परिषद्
(c) योजना आयोग
(d) उपरोक्त सभी

60. योजना आयोग की स्थापना कब हुई?
(a) 10 मार्च, 1950 (b) 15 मार्च, 1950
(c) 16 मार्च, 1951 (d) 20 मार्च, 1950

61. योजना आयोग का पदेन अध्यक्ष होता है
(a) प्रधानमन्त्री (b) योजना मन्त्री
(c) वित्त मन्त्री (d) कैबिनेट सचिव

62. भारत में योजना आयोग की स्थापना की गई
(a) संसद के एक अधिनियम द्वारा
(b) केन्द्रीय मन्त्रिमण्डल के एक प्रस्ताव द्वारा
(c) राष्ट्रपति के एक अध्यादेश द्वारा
(d) संविधान के एक प्रावधान द्वारा

63. राष्ट्रीय विकास परिषद् का अध्यक्ष होता है
(a) गृहमन्त्री
(b) वित्तमन्त्री
(c) प्रधानमन्त्री
(d) योजना आयोग का उपाध्यक्ष

64. भारत में पहली पंचवर्षीय योजना कब शुरू की गई?
(a) 1 अप्रैल, 1951 (b) 1 मई, 1951
(c) 1 जून, 1952 (d) 1 जून, 1953

65. प्रथम पंचवर्षीय योजना का मुख्य बल किस क्षेत्र पर था?
(a) कृषि (b) उद्योग
(c) पर्यटन (d) गरीबी हटाओ

66. द्वितीय पंचवर्षीय योजना विकास के किस मॉडल पर आधारित थी?
(a) प्रो. डी. आर. गाडगिल
(b) एम. एन. राय
(c) मन्ना नारायण
(d) पी. सी. महालनोबिस

67. राष्ट्रीय विकास परिषद् का गठन कब किया गया था?
(a) वर्ष 1947 में (b) वर्ष 1949 में
(c) वर्ष 1950 में (d) वर्ष 1952 में

68. भारत में योजनावकाश (Planning holiday) था
(a) 1962 के चीन-भारत युद्ध के बाद
(b) 1966 के सूखे के बाद
(c) 1971 में बांग्लादेश की स्वतन्त्रता के बाद
(d) उपरोक्त में से कोई नहीं

69. निम्नलिखित में से किस इस्पात कारखाने की स्थापना द्वितीय पंचवर्षीय योजना के दौरान की गई?
(a) राऊरकेला (b) भिलाई
(c) दुर्गापुर (d) ये सभी

70. 'गरीबी हटाओ' तथा 'आत्मनिर्भरता की प्राप्ति' किस योजना का मुख्य उद्योग निर्धारित किया गया था?
(a) चौथी (b) पांचवीं
(c) सातवीं (d) नवीं

71. दसवीं पंचवर्षीय योजना के अन्तर्गत कितने प्रतिशत वार्षिक विकास दर निर्धारित किया गया था?
(a) 7% (b) 7.5%
(c) 8% (d) 8.5%

72. 'भारतीय लघु उद्योग विकास बैंक' का मुख्यालय कहाँ स्थित है ?
(a) पटना (b) लखनऊ
(c) कानपुर (d) नई दिल्ली

73. मुद्रा स्फीति की माप के लिए किस वर्ष को आधारवर्ष माना जाता है ?
(a) 1978-79 (b) 1981-82
(c) 1993-94 (d) 1999-2000

74. निम्नलिखित में से केन्द्र सरकार द्वारा लगाए जाने वाले कर हैं
(a) सीमा शुल्क (b) आय कर
(c) निगम कर (d) ये सभी

75. निम्नलिखित में से अप्रत्यक्ष कर हैं
(a) उत्पादन शुल्क (b) सीमा शुल्क
(c) तट कर (d) ये सभी

76. 'रेखी समिति' का सम्बन्ध है
(a) प्रत्यक्ष कर से (b) कर सुधारों से
(c) अप्रत्यक्ष कर से (d) इन सभी से

77. 'बिक्री कर' किसकी आय का महत्त्वपूर्ण भाग है?
(a) राज्य सरकार (b) केन्द्र सरकार
(c) ग्राम पंचायत (d) ये सभी

78. भारत को अधिकतम कर आय प्राप्त होती है
(a) निगम कर से (b) उत्पाद शुल्क से
(c) आयात शुल्क से (d) निर्यात शुल्क से

79. निम्नलिखित प्रत्यक्ष करों में से किस कर से सरकार को अधिकतम आय की प्राप्ति होती है?
(a) निगम कर (b) आय कर
(c) सम्पत्ति कर (d) दान कर

80. 'राजा चेलैया समिति' का सम्बन्ध है
(a) भुगतान सन्तुलन से
(b) बीमा के निजीकरण से
(c) कर सुधारों से
(d) उपरोक्त में से कोई नहीं

81. निम्नलिखित में से प्रत्यक्ष कर है
(a) आय कर (b) सम्पत्ति कर
(c) उपहार कर (d) ये सभी

82. भारत में सरकारी तौर पर 'आर्थिक सर्वेक्षण' कौन प्रकाशित करता है?
(a) वित्त मन्त्रालय
(b) वित्त आयोग
(c) वाणिज्य मन्त्रालय
(d) योजना आयोगाारत ने स्वतन्त्रता प्राप्ति के बाद विकास के लिए 'मिश्रित

83. वैट (VAT) किस प्रकार का कर है?
(a) प्रत्यक्ष (b) अप्रत्यक्ष
(c) (a) एवं (b) दोनों (d) इनमें से कोई नहीं

84. भारत में 'वैट' कब से लागू हुआ?
(a) 28 मार्च, 2004 (b) 1 अप्रैल, 2004
(c) 1 अप्रैल, 2005 (d) 31 मार्च, 2005

85. भारत की विधिग्राह्य मुद्रा है
(a) यूरो (b) डॉलर
(c) रुपया (d) पाउण्ड स्टर्लिंग

86. सरकार द्वारा पुरानी मुद्रा को समाप्त कर नई मुद्रा चलाना कहलाता है
(a) अवमूल्यन (b) विमुद्रीकरण
(c) मुद्रा संकुचन (d) मुद्रा स्फीति

87. वह अवस्था जिसमें मुद्रा का मूल्य गिर जाता है और कीमतें बढ़ जाती हैं कहलाती है
(a) मुद्रा स्फीति (b) मुद्रा अवस्फीति
(c) अवमूल्यन (d) ये सभी

88. मुद्रास्फीति से लाभान्वित होता है
(a) बचतकर्ता (b) ऋणी
(c) ऋणदाता (d) पेंशन प्राप्तकर्ता

89. अब तक भारतीय रुपये का कितनी बार अवमूल्यन किया जा चुका है?
(a) एक बार (b) दो बार
(c) तीन बार (d) चार बार

90. भारत का केन्द्रीय बैंक है
(a) स्टेट बैंक ऑफ इण्डिया
(b) सेण्ट्रल बैंक ऑफ इण्डिया
(c) आई. सी. आई. सी. आई. बैंक
(d) रिजर्व बैंक ऑफ इण्डिया

91. भारतीय रिजर्व बैंक की स्थापना कब की गई थी?
(a) 1 मार्च, 1934
(b) 1 अप्रैल, 1935
(c) 16 अगस्त, 1947
(d) 26 जनवरी, 1950

92. निम्नलिखित में से किस बैंक में कोई व्यक्ति अपना खाता नहीं खोल सकता?
(a) स्टेट बैंक ऑफ इण्डिया
(b) अनुसूचित व्यापारिक बैंक
(c) भारतीय रिजर्व बैंक
(d) क्षेत्रीय ग्रामीण बैंक

93. एक रुपये के नोट पर किसके हस्ताक्षर होते हैं?
(a) वित्तमन्त्री, भारत सरकार
(b) गवर्नर, भारतीय रिजर्व बैंक
(c) वाणिज्य मन्त्री, भारत सरकार
(d) वित्त सचिव, भारत सरकार

94. भारत में नोट जारी करने की कौन-सी प्रणाली अपनायी जाती है ?
(a) अधिकतम प्रत्ययी प्रणाली
(b) न्यूनतम आरक्षित प्रणाली
(c) आनुपातिक प्रत्ययी प्रणाली
(d) नित्य प्रत्ययी प्रणाली

95. इम्पीरियल बैंकों का आंशिक राष्ट्रीयकरण करके भारतीय स्टेट बैंक की स्थापना कब की गई?
(a) 1935 ई. (b) 1949 ई.
(c) 1955 ई. (d) 1962 ई.

96. भारतीयों द्वारा सीमित देयताओं वाला संचालित पहला बैंक था
(a) अवध कॉमर्शियल बैंक
(b) पंजाब नेशनल बैंक
(c) रिजर्व बैंक
(d) आई. सी. आई. सी. आई.

97. भारतीय जीवन बीमा निगम की स्थापना किस वर्ष की गई थी?
(a) 1954 (b) 1955 (c) 1956 (d) 1957

98. भारतीय स्टेट बैंक से जुड़े सहयोगी बैंकों की संख्या है
(a) 5 (b) 7 (c) 8 (d) 9

99. 'नरसिंहम समिति' सम्बन्धित है
(a) उच्च शिक्षा सुधार से
(b) कर सुधारों से
(c) बीमा सुधारों से
(d) बैंकिंग संरचना सुधारों से

100. निम्नलिखित में से कौन-सी संख्या शेयर बाजारों पर नियन्त्रण रखती है?
(a) रिजर्व बैंक ऑफ इण्डिया
(b) सेबी
(c) यू. टी. आई.
(d) वित्त मन्त्रालय

101. देश में कृषि एवं ग्रामीण विकास हेतु वित्त सुविधा उपलब्ध कराने वाली सर्वोच्च संस्था है
(a) नाबार्ड (b) क्षेत्रीय बैंक
(c) भूमि विकास बैंक (d) सहकारी बैंक

102. नाबार्ड (NABARD) की स्थापना कब की गई?
(a) 1980 ई. (b) 1981 ई.
(c) 1982 ई. (d) 1983 ई.

103. 'मन्दड़िया' एवं 'तेजड़िया' शब्दावली किससे सम्बन्धित है
(a) बीमा व्यवसाय से (b) बैंकिंग व्यवसाय से
(c) आयात निर्यात से (d) शेयर बाजार से

104. टोक्यो स्थित स्टॉक एक्सचेन्ज का नाम है
(a) हांगसांग (b) निक्की
(c) टोकाक (d) डो-जोन्स

105. वर्ष 2011 की जनगणना के अनुसार भारत की कुल जनसंख्या है
(a) 1.21 अरब (b) 1.04 अरब
(c) 1.24 अरब (d) 1.25 अरब

106. भारत में पहली नियमित जनगणना कब प्रारम्भ हुई?
(a) 1872 ई. में (b) 1878 ई. में
(c) 1881 ई. में (d) 1890 ई. में

107. वर्ष 2011 की जनगणना भारत की कौन-सी जनगणना थी?
(a) बारहवीं (b) तेरहवीं
(c) चौदहवीं (d) पन्द्रहवीं

108. भारत में जनसंख्या विभाजक दशक किसे माना जाता है?
(a) 1901-1911 ई. (b) 1911-1921 ई.
(c) 1921-1931 ई. (d) 1971-1981

109. निम्नलिखित में से किस राज्य में सर्वाधिक अनुसूचित जनजातियाँ निवास करती हैं?
(a) झारखण्ड (b) मध्य प्रदेश
(c) छत्तीसगढ़ (d) उत्तराखण्ड

110. 2011 की जनगणना के अनुसार सर्वाधिक जनसंख्या वाले राज्यों का घटता हुआ क्रम है
(a) उत्तर प्रदेश, महाराष्ट्र, बिहार
(b) उत्तर प्रदेश, पश्चिम बंग, महाराष्ट्र
(c) उत्तर प्रदेश, महाराष्ट्र, पश्चिम बंग
(d) उत्तर प्रदेश, बिहार, महाराष्ट्र

111. 2011 की जनगणना के अनुसार, सबसे कम जनसंख्या वाले राज्यों का बढ़ता हुआ क्रम है
(a) सिक्किम, मिजोरम, गोवा
(b) सिक्किम, मिजोरम,अरुणाचल प्रदेश
(c) सिक्किम, गोवा, मिजोरम,
(d) सिक्किम, गोवा अरुणाचल प्रदेश

112. सर्वाधिक घनी आबादी वाले राज्य घटते क्रम में हैं
(a) पश्चिम बंग, बिहार, उत्तर प्रदेश, केरल
(b) बिहार, पश्चिम बंग, उत्तर प्रदेश
(c) बिहार, पश्चिम बंग, केरल
(d) बिहार, पश्चिम बंग, महाराष्ट्र

113. जनगणना-2011 के अनुसार, सबसे कम घनी आबादी वाले राज्यों का बढ़ता हुआ क्रम है
(a) अरुणाचल प्रदेश, मिजोरम, सिक्किम
(b) अरुणाचल प्रदेश, सिक्किम, मणिपुर
(c) अरुणाचल प्रदेश, मणिपुर, मिजोरम
(d) अरुणाचल प्रदेश, सिक्किम, मिजोरम

114. जनगणना-2011 के अनुसार, सर्वाधिक लिंगानुपात वाले राज्यों का बढ़ता हुआ क्रम है
(a) केरल, अरुणाचल प्रदेश, तमिलनाडु
(b) केरल, तमिलनाडु अरुणाचल प्रदेश
(c) केरल, पश्चिम बंग, तमिलनाडु
(d) केरल, तमिलनाडु, कर्नाटक

115. जनगणना-2011 के अनुसार, सबसे कम लिंगानुपात वाले राज्यों का बढ़ता हुआ क्रम है
(a) हरियाणा, पंजाब, बिहार
(b) हरियाणा, राजस्थान, सिक्किम
(c) हरियाणा, पश्चिम बंग, सिक्किम
(d) हरियाणा, जम्मू-कश्मीर, सिक्किम

116. 2001-11 के दौरान, दशकीय जनसंख्या वृद्धि दर है
(a) 15.24% (b) 16.13%
(c) 17.7% (d) 18.67%

117. जनगणना-2011 के अनुसार, भारत में प्रति एक हजार पुरुषों पर महिलाओं की संख्या है
(a) 939 (b) 943 (c) 933 (d) 937

118. जनगणना-2011 के अनुसार, किस राज्य में स्त्री साक्षरता दर सर्वाधिक है
(a) केरल (b) पश्चिम बंग
(c) तमिलनाडु (d) मध्य प्रदेश

119. जनगणना 2011 के अनुसार, किस केन्द्रशासित प्रदेश में स्त्री साक्षरता दर सर्वाधिक है
(a) चण्डीगढ़
(b) दिल्ली
(c) लक्षद्वीप
(d) दादरा एवं नगर हवेली

120. जनगणना 2011 के अनुसार, किस राज्य में स्त्री साक्षरता दर सबसे कम है
(a) बिहार (b) हरियाण
(c) उत्तर प्रदेश (d) राजस्थान

121. निम्नलिखित केन्द्रशासित प्रदेशों में किसकी जनसंख्या सर्वाधिक है
(a) अण्डमान एवं निकोबार
(b) दिल्ली
(c) दादरा एवं नगर हवेली
(d) दमन एवं दीव

122. क्षेत्रफल की दृष्टि से भारत का सबसे बड़ा जिला है
(a) थाने (महाराष्ट्र)
(b) लद्दाख (जम्मू एवं कश्मीर)
(c) नॉर्थ ईस्ट (दिल्ली)
(d) आगरा (उत्तर प्रदेश)

123. जनसंख्या की दृष्टि से भारत का सबसे बड़ा जिला है
(a) थाने (महाराष्ट्र)
(b) लद्दाख (जम्मू एवं कश्मीर)
(c) नॉर्थ ईस्ट (दिल्ली)
(d) आगरा (उत्तर प्रदेश)

124. क्षेत्रफल की दृष्टि से भारत का सबसे बड़ा राज्य है
(a) उत्तर प्रदेश (b) राजस्थान
(c) महाराष्ट्र (d) पश्चिम बंग

125. 2011 की जनगणना के अनुसार, भारत का औसत वार्षिक वृद्धि दर है
(a) 2.64% (b) 1.64%
(c) 3.64% (d) 2.54%

126. 2011 की जनगणना के अनुसार, भारत में प्रति किलोमीटर जनसंख्या घनत्व है
(a) 324 (b) 344
(c) 382 (d) 335

127. 2011 की जनगणना के अनुसार, भारत में स्त्री साक्षरता दर है
(a) 55.46% (b) 45.46%
(c) 65.46% (d) 75.46%

128. 2011 की जनगणना के अनुसार, भारत में जीवन अपेक्षा है
(a) 65.4 वर्ष (b) 55.4 वर्ष
(c) 45.4 वर्ष (d) 75.4 वर्ष

129. 2011 की जनगणना के अनुसार, किस केन्द्रशासित प्रदेश का जनसंख्या घनत्व सबसे कम है
(a) दिल्ली
(b) अण्डमान एवं निकोबार द्वीप समूह
(c) लक्षद्वीप
(d) दमन एवं दीव

130. देश का सबसे बड़ा वाणिज्यिक बैंक है
(a) भारतीय स्टेट बैंक
(b) भारतीय रिजर्व बैंक
(c) आई. सी. आई. सी. आई.
(d) आई. डी. बी. आई.

131. केन्द्र सरकार के बजट के चालू खाते में व्यय की सबसे बड़ी मद है
(a) किसानों को सब्सिडी
(b) सामाजिक सेवाओं पर व्यय
(c) ब्याज भुगतान
(d) रक्षा व्यय

132. आर. एन. मल्होत्रा समिति का सम्बन्ध था
(a) कर सुधार
(b) बीमा क्षेत्र
(c) बैंकिंग क्षेत्र
(d) बीमार उद्योग

133. 'योजना' पत्रिका का प्रकाशन कहाँ से होता है?
(a) मानव संसाधन विकास मन्त्रालय
(b) सूचना एवं प्रसारण मन्त्रालय
(c) प्रकाशन विभाग
(d) उपरोक्त में से कोई नहीं

134. भारत का वित्तीय वर्ष प्रारम्भ होता है
(a) 1 जनवरी (b) 28 फरवरी
(c) 1 मार्च (d) 1 अप्रैल

135. गिलड एज्ड बाजार किससे सम्बन्धित है?
(a) करेन्सी नोट से
(b) सोना-चाँदी / सर्राफा से
(c) सरकारी प्रतिभूतियों से
(d) निगम ऋण पत्र से

136. 'बैंक नोट प्रेस' कहाँ स्थित है?
(a) नासिक (b) देवास
(c) नोएडा (d) मुम्बई

137. दस रुपये या इससे ऊपर के नोट पर किसके हस्ताक्षर होते हैं?
(a) वित्त मन्त्री
(b) वाणिज्य मन्त्री
(c) गवर्नर भारतीय रिजर्व बैंक
(d) प्रधानमन्त्री

138. भारतीय रिवर्ज बैंक का राष्ट्रीयकरण कब किया गया?
(a) 1947 ई. (b) 1948 ई.
(c) 1949 ई. (d) 1951 ई.

139. निजी क्षेत्र में देश का पहला निर्यात प्रोसेसिंग क्षेत्र (EPZ) की स्थापना कहाँ की गई थी?
(a) सूरत
(b) काण्डला
(c) विशाखापट्टनम
(d) नन्दीग्राम

140. भारत में प्रथम ग्रामीण बैंक की स्थापना कब की गई थी?
(a) 19 नवम्बर, 1970
(b) 2 अक्टूबर, 1975
(c) 21 मई, 1972
(d) 14 नवम्बर, 1972

उत्तरमाला

1. (a)	2. (d)	3. (b)	4. (a)	5. (c)	6. (c)	7. (d)	8. (d)	9. (b)	10. (b)
11. (c)	12. (d)	13. (a)	14. (d)	15. (c)	16. (c)	17. (a)	18. (b)	19. (c)	20. (a)
21. (b)	22. (c)	23. (c)	24. (d)	25. (b)	26. (b)	27. (a)	28. (c)	29. (b)	30. (d)
31. (d)	32. (d)	33. (d)	34. (c)	35. (a)	36. (c)	37. (a)	38. (c)	39. (d)	40. (b)
41. (c)	42. (d)	43. (c)	44. (a)	45. (b)	46. (b)	47. (c)	48. (c)	49. (a)	50. (d)
51. (d)	52. (d)	53. (b)	54. (c)	55. (a)	56. (a)	57. (d)	58. (c)	59. (b)	60. (b)
61. (a)	62. (b)	63. (c)	64. (a)	65. (a)	66. (d)	67. (d)	68. (b)	69. (d)	70. (a)
71. (c)	72. (b)	73. (c)	74. (d)	75. (d)	76. (c)	77. (a)	78. (b)	79. (b)	80. (c)
81. (d)	82. (a)	83. (a)	84. (c)	85. (c)	86. (b)	87. (a)	88. (b)	89. (c)	90. (d)
91. (b)	92. (c)	93. (d)	94. (b)	95. (c)	96. (a)	97. (c)	98. (a)	99. (d)	100. (b)
101. (a)	102. (c)	103. (d)	104. (b)	105. (a)	106. (c)	107. (d)	108. (b)	109. (b)	110. (a)
111. (b)	112. (c)	113. (a)	114. (b)	115. (d)	116. (c)	117. (b)	118. (a)	119. (c)	120. (d)
121. (b)	122. (b)	123. (a)	124. (b)	125. (b)	126. (c)	127. (c)	128. (a)	129. (b)	130. (a)
131. (c)	132. (b)	133. (b)	134. (d)	135. (c)	136. (b)	137. (c)	138. (c)	139. (a)	140. (b)

अध्याय

5

सामान्य विज्ञान
General Science

भौतिक विज्ञान

भौतिक राशियाँ Physical Quantities

- भौतिक राशि किसी वस्तु, पदार्थ या परिघटना का गुण है तथा इस गुण को संख्यात्मक मान एवं कोई मानक सन्दर्भ प्रदान किया जा सकता है। जैसे—वस्तु का द्रव्यमान, लम्बाई, बल, चाल, दूरी, विद्युत धारा, घनत्व आदि।
- *भौतिक राशियाँ दो प्रकार की होती हैं*
  1. अदिश राशियाँ 2. सदिश राशियाँ
- भौतिक राशि, जिनमें केवल परिमाण होता है दिशा नहीं, उन्हें अदिश राशियाँ कहा जाता है।
  उदाहरण दूरी, द्रव्यमान, चाल, आयतन, कार्य, समय, ऊर्जा, विद्युत धारा, ताप, दाब।
- भौतिक राशि, जिन्हें व्यक्त करने के लिए परिमाण के साथ दिशा की भी आवश्यकता होती है, सदिश राशियाँ कहलाती हैं। *उदाहरण* विस्थापन, वेग, त्वरण, बल, संवेग तथा बल–आघूर्ण।

महत्त्वपूर्ण राशियाँ

- **दूरी** किसी वस्तु द्वारा तय किए गए मार्ग की लम्बाई दूरी कहलाती है।
- **विस्थापन** एक निश्चित दिशा में दो बिन्दुओं के बीच की लम्बवत् दूरी को विस्थापन कहते हैं। यह धनात्मक, ऋणात्मक और शून्य कुछ भी हो सकता है।
- **चाल** किसी वस्तु द्वारा प्रति सेकण्ड में तय की गई दूरी चाल कहलाती है।
- **वेग** किसी वस्तु के विस्थापन की दर को वेग कहते हैं। इसका मात्रक मी/से होता है।
- **त्वरण** किसी वस्तु के वेग में परिवर्तन की दर को त्वरण कहते हैं। यदि समय के साथ वस्तु का वेग बढ़ रहा है, तो त्वरण धनात्मक होता है। यदि समय के साथ वस्तु का वेग घट रहा है, तो त्वरण ऋणात्मक होगा।
- **संवेग** किसी वस्तु के द्रव्यमान तथा वेग के गुणनफल को उस वस्तु का संवेग कहते हैं। यह एक सदिश राशि है तथा इसका मात्रक किग्रा-मी/से है।

राशि एवं उनके मात्रक

राशि	मात्रक (SI)	राशि	मात्रक (SI)
लम्बाई	मीटर	कोणीय वेग	रेडियन/से
द्रव्यमान	किलोग्राम	आवृत्ति	हर्ट्ज
समय	सेकण्ड	संवेग	किग्रा-मी/से
कार्य, ऊर्जा	जूल	आवेग	न्यूटन-से
विद्युत धारा	ऐम्पियर	पृष्ठ तनाव	न्यूटन/मी
ऊष्मागतिक ताप ज्योति	केल्विन	विद्युत आवेश	कूलॉम
तीव्रता	केण्डिला	विभवान्तर	वोल्ट
कोण	रेडियन	विद्युत प्रतिरोध	ओम
त्वरण	मीटर/से^{2}	विद्युत धारिता	फैराडे
बल	न्यूटन	चुम्बकीय- फ्लक्स	वेबर
दाब	पास्कल	ज्योति फ्लक्स	ल्यूमेन
शक्ति	वाट	प्रदीप्ति घनत्व	लक्स
क्षेत्रफल	वर्ग मीटर	प्रकाश तरंगदैर्ध्य	एंग्स्ट्राम
आयतन	घन मीटर	प्रकाशीय दूरी	प्रकाश वर्ष
चाल	मी/से		

नोट *लम्बाई, द्रव्यमान, समय, विद्युत धारा, ताप, ज्योति तीव्रता तथा पदार्थ की मात्रा मूल राशियाँ कहलाती हैं तथा इनके मात्रकों को मूल मात्रक कहते हैं।*

गति Motion

यदि किसी वस्तु की स्थिति, किसी स्थिर वस्तु के सापेक्ष एकसमान रूप से बदल रही हो, तो वह वस्तु गति में कही जाती है।

दूरी और विस्थापन Distance and Displacement

- किसी वस्तु द्वारा तय किये गये पथ की लम्बाई को, वस्तु द्वारा चली गई दूरी कहते हैं।
- किसी वस्तु की प्रारम्भिक तथा अन्तिम स्थिति के अन्तर को, उस वस्तु का विस्थापन कहते हैं।

स्मरणीय बिन्दु

- दूरी अदिश राशि तथा विस्थापन सदिश राशि है।
- दिए गए समयान्तराल में वस्तु का विस्थापन धनात्मक, ऋणात्मक अथवा शून्य हो सकता है।
- दो बिन्दुओं के बीच किसी वस्तु का विस्थापन उन बिन्दुओं के बीच न्यूनतम दूरी है।
- किसी दिए गए समयान्तराल में वस्तु द्वारा तय की गई दूरी वस्तु के विस्थापन से अधिक अथवा बराबर हो सकती है परन्तु किसी भी स्थिति में यह विस्थापन से कम नहीं हो सकती।

चाल Speed

किसी गतिशील वस्तु द्वारा एकांक समय में चली गई दूरी को चाल कहते हैं। इसका मात्रक मी/से या किमी/घण्टा है।

$$\text{चाल} = \frac{\text{दूरी}}{\text{समय}}$$

वेग Velocity

एकांक समय में कोई वस्तु एक निश्चित दिशा में जितनी विस्थापित होती है, उसे वस्तु का वेग कहते हैं। यह सदिश राशि है तथा SI पद्धति में इसका मात्रक मी/से है।

$$\text{वेग} = \frac{\text{निश्चित दिशा में वस्तु का विस्थापन}}{\text{समय}}$$

त्वरण Acceleration

- वेग परिवर्तन की दर को त्वरण कहते हैं। इसका मात्रक SI पद्धति में मी/से^{2} है।
- बिना दिशा परिवर्तित हुए यदि किसी वस्तु का वेग बढ़ता है, तो उसका त्वरण धनात्मक होता है।
- बिना दिशा परिवर्तित हुए यदि किसी वस्तु का वेग घटता है, तो कहा जाता है कि उस वस्तु का त्वरण ऋणात्मक है अथवा वह वस्तु मंदित हो रही है।
- यदि कोई वस्तु स्थिर है अथवा समान वेग से चल रही है, तो उस वस्तु का त्वरण शून्य होता है।
- यदि वस्तु का समान समयान्तरालों में वेग परिवर्तन समान हो, तो वस्तु एकसमान त्वरण से गतिशील होती है।
- यदि वस्तु का समान समयान्तरालों में वेग परिवर्तन असमान हो, तो वह वस्तु असमान त्वरण से गतिशील होती है।

नियत त्वरण वाली गति के समीकरण
Equations of Uniformaly Accelerated Motion

गति का प्रथम समीकरण

यदि प्रारम्भिक वेग u वाली वस्तु नियत त्वरण a से गतिशील हो, तो t समय पश्चात् वस्तु का वेग

$$v = u + at$$

गति का द्वितीय समीकरण

यदि प्रारम्भिक वेग u वाली वस्तु नियत त्वरण a से गतिशील हो, तो t समय में वस्तु द्वारा चली गयी दूरी

$$s = ut + \frac{1}{2}at^2$$

गति का तृतीय समीकरण

s दूरी तय करने में वस्तु द्वारा प्राप्त वेग

$$v^2 = u^2 + 2as$$

वृत्तीय गति Circular Motion

- यदि कोई वस्तु वृत्तीय पथ पर एकसमान चाल से चलती है, तो उसकी गति एकसमान वृत्तीय गति कहलाती है।
- वृत्तीय गति त्वरित गति होती है तथा त्वरण की दिशा सदैव केन्द्र की ओर होती है।
- उपग्रहों की गति त्वरित गति होती है।

कोणीय वेग Angular Velocity

- कोणीय विस्थापन की दर को कोणीय वेग कहते हैं। इसका पद्धति में मात्रक रेडियन/सेकण्ड है।

बल Force

- बल वह धक्का या खिंचाव (push or pull) है जो या तो किसी वस्तु की अवस्था को परिवर्तित कर देता है, या परिवर्तित करने का प्रयत्न करता है।
- यह एक सदिश राशि है तथा बल की दिशा में खींची गई रेखा को बल की क्रिया रेखा कहते हैं। जब किसी वस्तु पर दो या दो से अधिक बल कार्य करें, तो अकेला बल जो वे सभी प्रभाव प्रदर्शित करें, जो सभी बल एकसाथ कार्य करने पर करते हैं, परिणामी बल कहलाता है।
- यदि किसी वस्तु पर दो या दो से अधिक कार्यरत बलों का परिणामी शून्य हो, तो वस्तु सन्तुलन की अवस्था में कही जाती है।

जड़त्व Inertia

- वस्तु का वह गुण जिसके कारण वह अपनी अवस्था परिवर्तन का विरोध करता है, जड़त्व कहलाता है।
- किसी वस्तु के द्रव्यमान द्वारा वस्तु के जड़त्व की गणना कर सकते हैं।

न्यूटन के गति के नियम Newton's Law of Motion

प्रथम नियम First Law

इस नियम के अनुसार यदि कोई वस्तु विरामावस्था में है या एकसमान गति की अवस्था में है, तो वह विरामावस्था या गति की अवस्था में ही रहेगी जब तक कि उस पर कोई बाह्य बल आरोपित न हो।

अनुप्रयोग

- एथलीट ऊँचा कूदने से पहले कुछ दूरी दौड़ता है।
- एक गतिमान ट्रेन में ऊर्ध्वाधर ऊपर की ओर फेंकी गई गेंद फेंकने वाले के हाथों में गिरती है। पहिए पर लगे धूल के कण स्पर्श रेखा के अनुदिश उड़ते हैं।
- जब हम आम के पेड़ को हिलाते हैं, तो आम नीचे गिर पड़ते हैं।
- गतिमान ट्रेन से कूदने वाला यात्री आगे की ओर गिर पड़ता है।
- यदि किसी गुटके के नीचे रखे हुए कपड़े को अचानक खींच देते हैं, तो यह आसानी से बाहर निकल आता है।
- जब दौड़ता घोड़ा अचानक रुक जाता है, तो घुड़सवार आगे की ओर गिर पड़ता है। जब घोड़ा अचानक दौड़ना प्रारम्भ कर देता है, तो घुड़सवार पीछे की ओर गिर पड़ता है।
- जब हम कारपेट को छड़ से पीटते हैं, तो धूल के कण अलग हो जाते हैं।

द्वितीय नियम Second Law

इसके अनुसार किसी वस्तु पर कार्य करने वाले बल का मान उस वस्तु के द्रव्यमान तथा वस्तु में उत्पन्न त्वरण के गुणनफल के समानुपाती होता है।

अनुप्रयोग

- काँच के बर्तन को पैक करने से पहले भूसे अथवा पेपर में लपेटा जाता है।
- पक्के फर्श पर गिरने वाले व्यक्ति को, कच्चे फर्श पर गिरने वाले व्यक्ति की अपेक्षा अधिक चोट लगती है।
- जब एक क्रिकेटर कैच पकड़ता है, तो वह अपने हाथों को पीछे की ओर खींचता है।

तृतीय नियम Third Law

इस नियम के अनुसार प्रत्येक क्रिया के बराबर तथा विपरीत दिशा में एक प्रतिक्रिया (reaction) होती है।

अनुप्रयोग

- फर्श पर चलने के लिए हम पंजों से फर्श को पीछे की ओर धकेलते हैं।
- बिना पकड़े लकड़ी के गुटके में छिद्र करना मुश्किल है।
- घोड़े का गाड़ी खींचना।
- बन्दूक से गोली चलाने पर पीछे की तरफ धक्का लगना।
- किसी व्यक्ति का किनारे लगी नाव से कूदना।

घर्षण Friction

घर्षण बल वह विरोधी बल है, जो दो सतहों के बीच होने वाली आपेक्षिक गति का विरोध करता है।

घर्षण के नियम Laws of Friction

घर्षण के नियम निम्न हैं

- घर्षण बल वस्तु की गति की दिशा के विपरीत दिशा में कार्य करता है।
- घर्षण बल सम्पर्क में स्थित सतहों की प्रकृति पर निर्भर करता है।
- घर्षण बल सम्पर्क में स्थित सतहों के क्षेत्रफल पर निर्भर नहीं करता।
- लोटनी घर्षण बल का मान फिसलने वाले घर्षण बल से कम होता है।
- घर्षण बल अभिलम्ब प्रतिक्रिया (normal reaction) के अनुक्रमानुपाती होता है।

लाभ Advantages

- घर्षण बल के कारण ही हम पृथ्वी की सतह पर चलते हैं।
- गाड़ियों के ब्रेक घर्षण बल के कारण ही कार्य करते हैं।
- बर्फ पर कम घर्षण के कारण ही उत्तरी ध्रुव पर बिना पहियों वाली गाड़ी प्रयोग करते हैं।

हानि Disadvantages

घर्षण बल के कारण ही ऊर्जा के एक भाग का ह्रास हो जाता है तथा मशीन में टूट-फूट होती है। घर्षण बल के कारण ही गाड़ियों का वेग एक निश्चित मान से अधिक नहीं हो सकता।

घर्षण को कम करने की विधियाँ Methods of Reducing Friction

- स्नेहक का प्रयोग करके, *उदाहरण* तेल अथवा ग्रीस
- बॉल-बियरिंग का प्रयोग करके
- गत्यात्मक घर्षण के स्थान पर लोटनी घर्षण का प्रयोग करके
- साबुन के घोल का प्रयोग करके
- पाउडर का प्रयोग करके

प्रकृति में कार्यरत बल Force Operating in Nature

गुरुत्वीय बल Gravitational Force, F_G

- यह व्युत्क्रम वर्ग के नियम का पालन करता है।
- यह सदैव आकर्षण बल होता है।
- यह सबसे क्षीण बल है, परन्तु इसकी परास बहुत अधिक है।
- यह केन्द्रीय तथा संरक्षी बल है।

गणितीय रूप में इसे निम्न प्रकार व्यक्त किया जा सकता है

$$F_G = \frac{GMm}{r^2}$$

- G का मान 6.67×10^{-11} न्यूटन-मी^{2}/किग्रा^{2} होता है।
- गुरुत्व के कारण जो त्वरण उत्पन्न होता है उसे गुरुत्व जनित त्वरण(g) कहते हैं तथा इसका मान 9.8 मी/से^{2} होता है।
- पृथ्वी तल से नीचे या ऊपर जाने पर g का मान घटता है। पृथ्वी के केन्द्र पर g का मान शून्य होता है अत: किसी वस्तु का भार पृथ्वी के केन्द्र पर शून्य होता है लेकिन द्रव्यमान नियत रहता है।
- g का मान पृथ्वी के ध्रुव पर महत्तम होता है।
- g का मान विषुवत् रेखा पर न्यूनतम होता है।
- पृथ्वी की घूर्णन गति बढ़ने पर g का मान कम हो जाता है।
- पृथ्वी की घूर्णन गति घटने पर g का मान बढ़ जाता है।
- यदि पृथ्वी अपने अक्ष के चारों ओर घूमना बन्द कर दे, तो ध्रुवों के अतिरिक्त प्रत्येक स्थान पर g के मान में वृद्धि हो जाएगी। यह वृद्धि विषुवत् रेखा पर सर्वाधिक तथा ध्रुवों पर सबसे कम होगी।

क्षीण बल Weak Force, F_W

- ये बल रेडियोएक्टिव पदार्थों में β -कणों के साथ संयुक्त रहता है।
- ये बल गुरुत्वीय बलों की अपेक्षा 10^{25} गुना अधिक प्रबल होते हैं।

विद्युत-चुम्बकीय बल Electromagnetic Force, F_E

- ये बल गुरुत्वीय बलों की अपेक्षा बहुत अधिक प्रबल होते हैं।
- यह व्युत्क्रम वर्ग के नियम का पालन करता है।
- ये बल आकर्षण अथवा प्रतिकर्षण बल होते हैं तथा इनकी परास अधिक होती है।
- ये बल प्रोटॉनों के लिए गुरुत्वीय बल से 10^{36} गुना अधिक प्रबल तथा क्षीण बलों से 10^{11} गुना अधिक प्रबल होते हैं।

प्रबल बल Strong Force, F_S

- ये नाभिकीय बल हैं। ये आकर्षण बल हैं।
- π -मेसॉन नाभिकीय बलों का आधार है।
- ये बहुत तीव्र तथा लघुपरास बल हैं।
- ये गुरुत्वीय बलों से 10^{38} गुना अधिक प्रबल हैं।
- ये केन्द्रीय बल नहीं हैं।

कार्य, सामर्थ्य और ऊर्जा Work, Power and Energy

कार्य Work

- किसी वस्तु पर बल लगाकर बल की दिशा में विस्थापन को कार्य कहते हैं अर्थात् कार्य = बल × विस्थापन

  या $W = \vec{F} \cdot \vec{s}$
- SI पद्धति में कार्य का मात्रक जूल है।

(a) धनात्मक कार्य (Positive work done) होता है

- जब कोई वस्तु स्वतन्त्र रूप से गुरुत्व के अधीन गिरती है।
- जब घोड़ा समतल सड़क पर गाड़ी को खींचता है।

(b) ऋणात्मक कार्य (Negative work done) होता है

- जब कोई वस्तु एक खुरदरी सतह पर फिसलती है।
- जब एक धनावेशित कण दूसरे धनावेशित कण की ओर जाता है।

(c) शून्य कार्य (Zero work done) होता है

- जब एक कुली सिर पर बोझा लिए समतल प्लेटफॉर्म पर चलता है।
- जब वस्तु वृत्त पर एक पूरा चक्कर लगाती है।
- जब एक व्यक्ति अधिक बोझ लिए हुए अपने स्थान से विस्थापित नहीं होता।

सामर्थ्य Power

- कार्य करने की दर को सामर्थ्य कहते हैं।
- यदि t समय में किया गया कार्य W हो, तो सामर्थ्य $P = \frac{W}{t}$
- SI पद्धति में सामर्थ्य का मात्रक जूल/सेकण्ड अथवा वाट है।

ऊर्जा Energy

- किसी वस्तु के कार्य करने की क्षमता को ऊर्जा कहते हैं।
- यह अदिश राशि है तथा इसका (SI) मात्रक जूल है।

- ऊर्जा के कई रूप हैं, उदाहरण के लिए यान्त्रिक ऊर्जा, ऊष्मीय ऊर्जा, ध्वनि ऊर्जा, प्रकाश ऊर्जा आदि।
- *यान्त्रिक ऊर्जा दो प्रकार की होती है*—(i) गतिज ऊर्जा,
  (ii) स्थितिज ऊर्जा।

गतिज ऊर्जा Kinetic Energy

- किसी वस्तु की गति के कारण उसमें जो ऊर्जा होती है, उसे गतिज ऊर्जा कहते हैं।
- यदि m द्रव्यमान की वस्तु v वेग से चल रही हो, तो उस वस्तु की गतिज ऊर्जा

$$K = \frac{1}{2} mv^2$$

उदाहरण

- वायु की गतिज ऊर्जा पवन-चक्की को चलाने के काम में आती है।
- पानी की गतिज ऊर्जा जल-चक्की को चलाने के काम में आती है।
- गतिज ऊर्जा के कारण ही बन्दूक की गोली लक्ष्य में धँस जाती है।

स्थितिज ऊर्जा Potential Energy

- किसी वस्तु की स्थिति के कारण उसमें जो ऊर्जा होती है, उसे स्थितिज ऊर्जा कहते हैं।
- यदि m द्रव्यमान की वस्तु पृथ्वी तल से h ऊँचाई पर स्थित हो, तो वस्तु की स्थितिज ऊर्जा

$$U = mgh$$

उदाहरण

- लिपटे हुए स्प्रिंग की स्थितिज ऊर्जा घड़ी चलाने के लिए प्रयुक्त की जाती है।
- तने हुए धनुष की स्थितिज ऊर्जा के कारण ही बाण आगे की दिशा में जाता है।
- बाँध में स्थित पानी की स्थितिज ऊर्जा का प्रयोग विद्युत ऊर्जा का उत्पादन करने में किया जाता है।

ऊर्जा रूपान्तरित करने वाले कुछ उपकरण

उपकरण	ऊर्जा का रूपान्तरण
डायनेमो	यान्त्रिक ऊर्जा को विद्युत ऊर्जा में
विद्युत मोटर	विद्युत ऊर्जा को यान्त्रिक ऊर्जा में
माइक्रोफोन	ध्वनि ऊर्जा को विद्युत ऊर्जा में
लाउडस्पीकर	विद्युत ऊर्जा को ध्वनि ऊर्जा में
विद्युत बल्ब	विद्युत ऊर्जा को प्रकाश व ऊष्मा ऊर्जा में
सोलर सेल	सौर ऊर्जा को विद्युत ऊर्जा में
मोमबत्ती	रासायनिक ऊर्जा को प्रकाश एवं ऊष्मा ऊर्जा में
विद्युत हीटर	विद्युत ऊर्जा को ऊष्मीय ऊर्जा में
जलता हुआ कोयला	रासायनिक ऊर्जा को ऊष्मीय ऊर्जा में
प्रकाश विद्युत सेल	प्रकाश ऊर्जा को विद्युत ऊर्जा में

ऊर्जा संरक्षण का सिद्धान्त
Principle of Conservation of Energy

- ऊर्जा को न तो उत्पन्न किया जा सकता है और न ही नष्ट किया जा सकता है परन्तु केवल एक प्रकार की ऊर्जा को दूसरे प्रकार की ऊर्जा में परिवर्तित किया जा सकता है।
- इस ब्रह्माण्ड (universe) की कुल ऊर्जा नियत है।

द्रव्यमान-ऊर्जा तुल्यता Mass-energy Equivalence

- सन् 1905 में आइन्स्टीन ने द्रव्यमान तथा ऊर्जा के मध्य एक सम्बन्ध स्थापित किया।

$$E = mc^2 \text{ (जहाँ, } c \text{ प्रकाश का वेग है)}$$

- $E = mc^2$ में द्रव्यमान संरक्षण तथा ऊर्जा संरक्षण का एकीकरण हो जाता है।

ध्वनि तरंगें Sound Waves

ध्वनि एक स्थान से दूसरे स्थान तक तरंगों के रूप में गमन करती है। ध्वनि तरंगें अनुदैर्ध्य यान्त्रिक तरंगें होती हैं।

ध्वनि तरंगों के आवृत्ति परिसर
Frequency Range of Sound Waves

श्रव्य तरंगें (Audible Waves) 20 हर्ट्ज से 20000 हर्ट्ज के बीच की आवृत्ति वाली तरंगों को श्रव्य तरंगें कहते हैं। इन तरंगों को हमारे कान सुन सकते हैं।

अपश्रव्य तरंगें (Infrasonic Waves) 20 हर्ट्ज से नीचे की आवृत्ति वाली ध्वनि तरंगों को अपश्रव्य तरंगें कहते हैं। इसे सुन नहीं सकते।

पराश्रव्य तरंगें (Ultrasonic Waves) 20000 हर्ट्ज से ऊपर की तरंगों को पराश्रव्य तरंगें कहा जाता है, मनुष्य के कान इसे सुन नहीं सकते हैं लेकिन बिल्ली,कुत्ता, मच्छर इन तरंगों को सुन सकते हैं। चमगादड़ इन तरंगों को उत्पन्न भी कर सकता है। गाल्टन की सीटी द्वारा तथा दाब विद्युत प्रभाव की विधि द्वारा पराश्रव्य तरंगों को उत्पन्न किया जा सकता है।

> **सोनार** (Sonar) यह एक ऐसी विधि है, जिसके द्वारा समुद्र में डूबी हुई वस्तुओं का पता लगाया जाता है। इसके लिए पराश्रव्य तरंगों का प्रयोग किया जाता है।

पराश्रव्य तरंगों के उपयोग (i) संकेत भेजने में, (ii) समुद्र की गहराई का पता लगाने में, (iii) कीमती कपड़ों, वायुयान तथा घड़ियों के पुर्जों को साफ करने में, (iv) कल-कारखानों की चिमनियों से कालिख हटाने में, (v) दूध के अन्दर के हानिकारक जीवाणुओं को नष्ट करने में, (vi) गठिया रोग के उपचार एवं मस्तिष्क के ट्यूमर का पता लगाने में।

ध्वनि की चाल Speed of Sound

- ध्वनि द्वारा एक सेकण्ड में तय दूरी ध्वनि की चाल कहलाती है, 0°C पर शुष्क हवा में ध्वनि की चाल 330 मी/से होती है।
- ताप बढ़ने पर ध्वनि की चाल बढ़ती है।
- दाब परिवर्तन का ध्वनि की चाल पर कोई प्रभाव नहीं पड़ता है।
- हवा की आर्द्रता बढ़ने पर ध्वनि की चाल बढ़ जाती है।
- जब ध्वनि एक माध्यम से दूसरे माध्यम में जाती है, तो ध्वनि की चाल तथा तरंगदैर्ध्य बदल जाती है जबकि आवृत्ति नहीं बदलती है।
- ध्वनि का तारत्व आवृत्ति पर निर्भर करता है।
- किसी माध्यम में पिण्ड की चाल तथा ध्वनि की चाल का अनुपात मैक संख्या कहलाता है। यदि मैक संख्या 1 से अधिक है, तो पिण्ड की चाल पराध्वनिक, 5 से अधिक है तो ध्वनि की चाल अति पराध्वनिक कहलाती है।

> - प्रतिध्वनि सुनने के लिये स्रोत तथा परावर्तन सतह के बीच-न्यूनतम 17 मी दूरी होनी चाहिए।
> - कान पर ध्वनि का प्रभाव 1/10 सेकण्ड तक रहता है।
> - ध्वनि के अपवर्तन के कारण ध्वनि दिन की अपेक्षा रात में अधिक दूरी तक सुनाई पड़ती है। चन्द्रमा पर वायुमण्डल की अनुपस्थिति के कारण ही प्रतिध्वनि नहीं सुनाई पड़ती है।

दाब Pressure

- किसी सतह के एकांक क्षेत्रफल पर लगने वाले बल को दाब कहते हैं।

$$\text{दाब} = \frac{\text{बल}}{\text{क्षेत्रफल}} = \frac{F}{A}$$

- इसका मात्रक न्यूटन/मी ^{2} या पास्कल है। यह अदिश राशि है।
- द्रवों में दाब का सूत्र $p = hdg$ होता है।

- हाइड्रोलिक लिफ्ट, हाइड्रोलिक प्रेस, हाइड्रोलिक ब्रेक आदि पास्कल नियम पर आधारित हैं।
- गर्म करने पर जिन पदार्थों का आयतन घट जाता है, दाब बढ़ाने पर उनका गलनांक भी कम हो जाता है।
- सभी द्रवों का क्वथनांक दाब बढ़ाने पर बढ़ जाता है।

पृथ्वी की सतह से ऊपर जाने पर वायुमण्डलीय दाब कम हो जाता है। जिसके कारण

- पहाड़ों पर खाना बनाने में कठिनाई होती है।
- वायुयान में बैठे यात्री के फाउण्टेन पेन से स्याही रिस जाती है।
- नमक मिले पानी का क्वथनांक कम होने के कारण इसमें भोजन जल्दी पक जाता है।
- व्यक्ति की नाक से खून निकलने लगता है तथा रक्त नलिकाओं के फटने का डर भी रहता है।
- जल 100°C से कम ताप पर उबलने लगता है।
- अधिक ऊँचाई पर कम दाब के कारण वायु की मात्रा कम होती है, अतः साँस लेने में कठिनाई होती है।
- बैरोमीटर का पाठ्यांक जब एकाएक नीचे गिरता है, तो आँधी आने की सम्भावना होती है।
- बैरोमीटर का पाठ्यांक जब धीरे-धीरे नीचे गिरता है, तो वर्षा होने की सम्भावना होती है।
- बैरोमीटर का पाठ्यांक जब धीरे-धीरे ऊपर चढ़ता है, तो दिन साफ रहने की सम्भावना होती है।

आर्किमिडीज का सिद्धान्त Archimedes' Principle

जब कोई वस्तु किसी द्रव में डुबोई जाती है, तो उसके भार में कमी का आभास होता है, भार में यह आभासी कमी वस्तु द्वारा हटाए गए द्रव के भार के बराबर होती है।

- लोहे की बनी छोटी-सी गेंद पानी में डूब जाती है तथा बड़ा जहाज तैरता रहता है क्योंकि जहाज द्वारा विस्थापित किए गए जल का भार उसके भार के बराबर होता है।
- हवा की अपेक्षा पानी में वस्तु को उठाना आसान होता है क्योंकि पानी में वस्तु के भार में कमी होती है।
- हाइड्रोजन से भरे गुब्बारे हवा में उड़ते हैं क्योंकि हाइड्रोजन का भार इसके द्वारा विस्थापित वायु के भार से कम होता है।

घनत्व Density

- द्रव्यमान प्रति एकांक आयतन पर घनत्व कहलाता है।
- आपेक्षिक घनत्व $= \dfrac{\text{वस्तु का घनत्व}}{4°\text{C पर पानी का घनत्व}}$
- आपेक्षिक घनत्व को **हाइड्रोमीटर** से मापा जाता है।

महत्त्वपूर्ण तथ्य

- लोहे का घनत्व जल के घनत्व से अधिक तथा पारे के घनत्व से कम होता है इसलिए लोहे का टुकड़ा पानी में डूब जाता है लेकिन पारे में तैरता रहता है।
- किसी बर्तन में पानी भरा है और उस पर बर्फ तैर रही है, जब बर्फ पूरी तरह पिघल जाएगी, तो पात्र में पानी का तल बढ़ता नहीं है, पहले के समान ही रहता है।
- जब बर्फ पानी में तैरती है, तो उसके आयतन का 1/10 भाग पानी के ऊपर रहता है।
- समुद्र के जल का घनत्व साधारण जल से अधिक होता है इसलिए समुद्री जल में तैरना आसान होता है।

समान परिस्थितियों में किसी द्रव का घनत्व उसके वाष्प के घनत्व से 10^3 कोटि (Order of) अधिक होता है।

पृष्ठ तनाव Surface Tension

- किसी द्रव का वह गुण जिसके कारण द्रव की सतह तनी हुई झिल्ली के समान व्यवहार करती है व न्यूनतम क्षेत्रफल प्राप्त करने की चेष्टा करती है पृष्ठ तनाव कहलाता है। पृष्ठ तनाव का मात्रक **न्यूटन/मी** या **जूल/मी²** होता है।
- द्रव का ताप बढ़ाने पर पृष्ठ तनाव कम हो जाता है और क्रान्तिक ताप पर यह शून्य हो जाता है। ($T = F / \Delta A$)
- साबुन के घोल के बुलबुले, घोल के पृष्ठ तनाव कम होने के कारण बड़े बनते हैं।
- पतली सुई पृष्ठ तनाव के कारण ही पानी पर तैराई जा सकती है। पृष्ठ तनाव के कारण ही द्रव की बूँदें गोलाकार होती हैं।
- पानी में मिट्टी का तेल डालने पर पानी का पृष्ठ तनाव कम हो जाता है जिसके कारण पानी की सतह पर तैरते मच्छर के अण्डे आदि डूब जाते हैं और मच्छरों की वृद्धि रुक जाती है।
- नदी से समुद्र में पहुँचने पर जहाज थोड़ा ऊपर उठ जाता है क्योंकि समुद्र में उपस्थित नमक के कारण इसकी सघनता अधिक होती है।
- गर्म सूप स्वादिष्ट लगता है क्योंकि गर्म द्रव का पृष्ठ तनाव कम होता है, अतः वह जीभ के ऊपर सभी भागों में अच्छी तरह फैल जाता है।
- साफ जल का पृष्ठ तनाव, साबुन के घोल के पृष्ठ तनाव से अधिक होता है। साबुन के घोल को जल में मिलाकर जल के पृष्ठ तनाव को कम किया जा सकता है।
- एक ही पदार्थ के अणुओं के मध्य लगने वाले आकर्षण बल को **ससंजक बल** कहते हैं जबकि विभिन्न पदार्थों के अणुओं के बीच के आकर्षण बल को **आसंजक बल** कहते हैं। आसंजक बल के कारण ही जल किसी वस्तु को भिगोता है, पारा काँच से नहीं चिपकता आदि।

केशिकत्व Capillarity

- केशनली में द्रव के ऊपर चढ़ने या नीचे दबने की घटना को केशिकत्व कहते हैं।
- ब्लॉटिंग पेपर स्याही को शीघ्र सोख लेता है क्योंकि इसमें बने छोटे-छोटे छिद्र केशनली की तरह कार्य करते हैं। लालटेन या लैम्प की बत्ती में केशिकत्व के कारण ही तेल ऊपर चढ़ता है।

ऊष्मा Heat

- ऊष्मा ऊर्जा का वह रूप है जिससे हमें वस्तु की गर्माहट का अहसास होता है।
- यह वस्तु के पदार्थ के अणुओं की गतिज ऊर्जा के कारण होती है।
- इसका मात्रक कैलोरी, किलोकैलोरी अथवा जूल है।

कैलोरी (Calorie) 1 ग्राम जल का ताप (10°C से 11°C) बढ़ाने के लिए आवश्यक ऊष्मा की मात्रा को 1 कैलोरी कहते हैं।

किलोकैलोरी (Kilocalorie) यह ऊष्मा की वह मात्रा है जो एक किग्रा जल का ताप 1°C बढ़ाने के लिए आवश्यक होती है। 1 कैलोरी = 4.18 जूल

ताप Temperature

- किसी वस्तु की गर्माहट को उस वस्तु का ताप कहते हैं।
- जब दो वस्तुएँ सम्पर्क में स्थित होती हैं, तो ऊष्मा का प्रवाह सदैव ऊँची ताप वाली वस्तु से नीचे ताप वाली वस्तु में होता है।

थर्मामीटर Thermometer

वस्तु के ताप को मापने के लिए जो यन्त्र प्रयोग किया जाता है, उसे थर्मामीटर कहते हैं।

सेल्सियस पैमाना (Celcius Scale) इसमें बर्फ के हिमांक को 0°C तथा जल के क्वथनांक को 100°C माना जाता है। इस पैमाने का आविष्कार वर्ष 1710 में ए सेल्सियस ने किया था।

फारेनहाइट पैमाना (Fahrenheit Scale) इसमें जल के हिमांक को 32°F तथा क्वथनांक को 212°F माना गया। इसका आविष्कार फारेनहाइट नामक वैज्ञानिक ने वर्ष 1717 में किया था।

रयूमर पैमाना (Reumer Scale) इसमें जल के हिमांक को $0°R$ तथा क्वथनांक को $80°R$ माना गया है। इसका आविष्कार रयूमर नामक वैज्ञानिक ने वर्ष 1730 में किया था।

- निम्न समीकरण द्वारा एक पैमाने द्वारा मापे गए ताप को दूसरे पैमाने के ताप में परिवर्तित कर सकते हैं— $\frac{C}{5} = \frac{F-32}{9} = \frac{R}{4}$

विशिष्ट ऊष्मा Specific Heat

- किसी पदार्थ के एकांक द्रव्यमान का ताप 1°C बढ़ाने के लिए आवश्यक ऊष्मा की मात्रा को उस पदार्थ की विशिष्ट ऊष्मा कहते हैं। इसे प्राय: Q के द्वारा व्यक्त किया जाता है।
- विशिष्ट ऊष्मा का मात्रक कैलोरी/ग्राम/°C या किलोकैलोरी/किग्रा/°C अथवा जूल/किग्रा/°C होता है।
- सोने (gold) की विशिष्ट ऊष्मा = 130 जूल/किग्रा/°C
- पानी की विशिष्ट ऊष्मा = 4180 जूल/किग्रा/°C

प्रकाश Light

प्रकाश एक प्रकार की ऊर्जा है जो जब किसी वस्तु पर पड़ती है, तो वह वस्तु हमें दिखाई देती है।

प्रकाश का परावर्तन Reflection of Light

जब प्रकाश किसी चिकने धरातल पर पड़ता है, तो वह उसी माध्यम में वापस लौट आता है। इस घटना को प्रकाश का परावर्तन कहते हैं।

परावर्तन के नियम Laws of Reflection

- आपतन कोण ($\angle i$) का मान परावर्तन कोण ($\angle r$) के बराबर होता है।
- आपतित किरण, परावर्तित किरण तथा आपतन बिन्दु पर अभिलम्ब तीनों एक ही तल में होते हैं।

प्रकाश का अपवर्तन Refraction of Light

- जब प्रकाश किरण किसी पारदर्शी माध्यम के पृथक्कारी तल पर पड़ती है, तो वह अपने मार्ग से विचलित हो जाती है। प्रकाश किरण के एक माध्यम से दूसरे माध्यम में जाने पर अपने मार्ग से विचलित होने की घटना को 'प्रकाश का अपवर्तन' कहते हैं।
- जब प्रकाश किरण विरल (rarer) माध्यम से सघन (denser) माध्यम में जाती है, तो प्रकाश की किरण अभिलम्ब की ओर झुक जाती है।
- जब प्रकाश किरण सघन माध्यम से विरल माध्यम में जाती है, तो वह अभिलम्ब से दूर हट जाती है।

गोलीय दर्पण Spherical Mirrors

गोलीय दर्पण काँच के खोखले गोले का भाग होता है, जिसकी एक सतह पर पॉलिश की जाती है। *गोलीय दर्पण दो प्रकार के होते हैं*

(i) अवतल दर्पण (Concave mirror)

(ii) उत्तल दर्पण (Convex mirror)

दर्पणों के उपयोग Uses of Mirrors

अवतल दर्पण Concave Mirror

- इनका उपयोग कारों, बसों में परावर्तन के रूप में किया जाता है।
- इनका उपयोग शेविंग (दाढ़ी बनाने) के दर्पणों के बनाने में किया जाता है।
- डॉक्टरों द्वारा आँख, कान व नाक आदि का परीक्षण करने में तीव्र प्रकाश फेंकने में किया जाता है।

उत्तल दर्पण Convex Mirror

- कार व बस आदि में पीछे का दृश्य देखने के लिए इनका उपयोग किया जाता है।
- इनका उपयोग सीधा प्रतिबिम्ब देखने में किया जाता है।

महत्त्वपूर्ण तथ्य

- समतल दर्पण द्वारा बना प्रतिबिम्ब दर्पण से उतनी ही दूरी पर होता है जितनी दूरी पर वस्तु रखी जाती है।
- समतल दर्पण द्वारा बने प्रतिबिम्ब का आकार वस्तु के आकार के बराबर होता है।
- समतल दर्पण द्वारा बना प्रतिबिम्ब सदैव सीधा व आभासी होता है।
- किसी वस्तु का पूरा प्रतिबिम्ब देखने के लिये समतल दर्पण की लम्बाई, वस्तु की लम्बाई की आधी होती है।
- वस्तु तथा प्रतिबिम्ब को मिलाने वाली रेखा, समतल दर्पण पर लम्ब होती है।
- जब एक दर्पण को किसी निश्चित कोण से घुमाया जाता है, तो परावर्तित किरण दोगुने कोण से घूम जाती है।

गोलीय लेन्स Spherical Lenses

लेन्स एक ऐसा समांग पारदर्शी माध्यम होता है, जो दो गोलीय अथवा एक गोलीय व एक समतल पृष्ठों से घिरा होता है।

लेन्स दो प्रकार के होते हैं

1. अवतल लेन्स (अपसारी लेन्स) 2. उत्तल लेन्स (अभिसारी लेन्स)

प्रकाश का वर्ण विक्षेपण Dispersion of Light

- न्यूटन के अनुसार जब प्रकाश की किरण एक पतले प्रिज्म से गुजरती है, तो निर्गत किरण अपने मार्ग से विचलित होने के साथ-साथ सात विभिन्न रंगों के प्रकाश में विभक्त हो जाती है। इस घटना को वर्ण विक्षेपण कहते हैं। प्रिज्म से श्वेत प्रकाश के कारण प्राप्त सात रंगों की पट्टिका (band) को **वर्णक्रम** या **स्पेक्ट्रम** कहते हैं। इस स्पेक्ट्रम में रंगों का क्रम इस प्रकार होता है : बैंगनी, आसमानी, नीला, हरा, पीला, नारंगी तथा लाल या अंग्रेजी में VIBGYOR
- किसी वस्तु का रंग, उसके द्वारा परावर्तित होने वाला प्रकाश होता है।
- बैंगनी रंग सबसे अधिक तथा लाल रंग सबसे कम विचलित होता है।
- लाल, हरा और नीले रंग को **प्राथमिक रंग** या **मूल रंग** कहते हैं।
- मैजेंटा, मोरनी रंग व पीला द्वितीयक रंग कहलाते हैं।
- यदि किसी वस्तु से सफेद प्रकाश के सभी सात रंग परावर्तित होते हैं, तो वह वस्तु हमें सफेद दिखाई पड़ती है।
- यदि किसी वस्तु द्वारा सफेद प्रकाश के सभी सात रंग अवशोषित हो जाते हैं, तो वह वस्तु हमें काली दिखाई पड़ती है।

मानव नेत्र Human Eye

- मानव नेत्र प्रकाशिक यन्त्र है जो फोटोग्राफिक कैमरे की तरह व्यवहार करता है इसके द्वारा वास्तविक प्रतिबिम्ब रेटिना पर बनता है।
- स्पष्ट दृष्टि की न्यूनतम दूरी 25 सेमी होती है।
- सामान्य आँखों से देखी जा सकने वाली अधिकतम दूरी अनन्त है।

दृष्टि दोष Defects of Vision

- **निकट दृष्टि दोष** (Myopia) इस रोग से ग्रसित व्यक्ति नजदीक की वस्तु तो देख लेता है परन्तु दूर स्थित वस्तु को स्पष्ट नहीं देख पाता है। इस दोष के निवारण में **अवतल लेन्स** का प्रयोग किया जाता है।
- **दूर दृष्टि दोष** (Hypermetropia) इस रोग से ग्रसित व्यक्ति निकट की वस्तु स्पष्ट नहीं देख पाता है। इस दोष के निवारण के लिए **उत्तल लेन्स** का प्रयोग किया जाता है।
- **जरा दृष्टि दोष** (Presbyopia) इस दोष में व्यक्ति दूर तथा पास की वस्तुओं को स्पष्ट नहीं देख पाता है। इस दोष का निवारण द्विफोकसीय लेन्स द्वारा किया जाता है।
- **अबिन्दुकता** या **दृष्टि वैषम्य** (Astigmatism) इसमें नेत्र क्षैतिज दिशा में तो ठीक देख पाता है परन्तु ऊर्ध्व दिशा में नहीं देख पाता है। इसके निवारण के लिए बेलनाकार लेन्स का उपयोग किया जाता है।

विद्युतिकी Electricity

- भौतिक विज्ञान की वह शाखा जिसमें आवेशों का अध्ययन किया जाता है, विद्युतिकी कहलाती है। *इसकी दो उपशाखाएँ होती हैं*
  1. स्थिर विद्युतिकी (Electrostatics)
  2. गतिक विद्युतिकी (Electrodynamics)
- विद्युतिकी की वह शाखा जिसमें स्थिरावस्था में आवेशों का अध्ययन किया जाता है, स्थिर विद्युतिकी कहलाती है तथा गतिक अवस्था में आवेशों का अध्ययन गतिक विद्युतिकी कहलाती है। आवेश द्रव्य का एक मूल गुण है इसे द्रव्य से अलग करना असम्भव है।
  यह दो प्रकार के होते हैं
- **धनावेश** किसी पिण्ड अथवा कण पर पदार्थ में इलेक्ट्रॉन की कमी को धनावेश कहते हैं। धनावेशन पर इसका द्रव्यमान कुछ घट जाता है।
  ऋणावेश किसी पिण्ड अथवा कण पर पदार्थ में इलेक्ट्रॉन की अधिकता को ऋणावेश कहते हैं। ऋणावेशन पर इसका द्रव्यमान कुछ बढ़ जाता है। किसी वस्तु को घर्षण अथवा प्रेरण के द्वारा आवेशित किया जा सकता है।

चुम्बक Magnet

- प्राकृतिक चुम्बक लोहे का ऑक्साइड (Fe_3O_3) है।
- चुम्बक लोहे तथा अन्य पदार्थों का एक टुकड़ा होता है जो लोहे के पदार्थों को अपनी ओर आकर्षित करता है और लटकाने पर उत्तर तथा दक्षिण ध्रुव में ठहरता है।
- समान ध्रुव मे प्रतिकर्षण एवं असमान ध्रुव में आकर्षण होता है।
- स्थायी चुम्बक इस्पात तथा अस्थायी चुम्बक नर्म लोहे का बनाया जाता है।

चुम्बकीय पदार्थों का वर्गीकरण

प्रतिचुम्बकीय पदार्थ	जस्ता, ताँबा, चाँदी, सोना, हीरा, नमक, जल आदि प्रतिचुम्बकीय पदार्थों के उदाहरण हैं।
अनुचुम्बकीय पदार्थ	प्लेटिनम, क्रोमियम, सोडियम, एल्युमीनियम, ऑक्सीजन आदि अनुचुम्बकीय पदार्थों के उदाहरण हैं।
लौह चुम्बकीय पदार्थ	लोहा, निकिल, कोबाल्ट, इस्पात लौह, फैरिक क्लोराइड का जलीय विलयन चुम्बकीय पदार्थों के उदाहरण हैं।

चुम्बक के चारों ओर का वह क्षेत्र जिसमें चुम्बक के प्रभाव का अनुभव किया जा सकता है चुम्बकीय क्षेत्र कहलाता है।

विभिन्न यन्त्रों के नाम एवं उनका उपयोग

यन्त्र	उपयोग
अल्टीमीटर (Altimeter)	*यह ऊँचाई मापक यन्त्र है जिसका उपयोग विमानों में किया जाता है।*
ऐनीमोमीटर (Anemometer)	*इससे वायु के वेग तथा गति को मापा जाता है। यह वायु की दिशा भी बताता है।*
ऑडियोमीटर (Audiometer)	*यह ध्वनि की तीव्रता को मापता है।*
एयरोमीटर (Aerometer)	*यह वायु और गैसों के घनत्व को मापने वाला यन्त्र है।*
ऑडियोफोन (Audiophone)	*इसे लोग सुनने में सहायता के लिए कान में लगाते हैं। इसे सुनने की मशीन भी कहते हैं।*
बैरोमीटर (Barometer)	*यह उपकरण वायुदाब मापने के काम आता है।*
बाइनोक्यूलर (Binocular)	*यह उपकरण दूर की वस्तुएँ देखने के काम में आता है।*
कैलीपर्स (Calipers)	*इसके द्वारा बेलनाकार वस्तुओं के अन्दर तथा बाहर के व्यास मापे जाते हैं तथा इससे वस्तु की मोटाई भी मापी जाती है।*
कैलोरीमीटर (Calorimeter)	*यह उपकरण ताँबे का बना होता है और ऊष्मा की मात्रा ज्ञात करने के काम में आता है।*
सिनेमैटोग्राफ (Cinematograph)	*छोटी-छोटी फिल्मों को बड़ा करके पर्दे पर लगातार क्रम में प्रक्षेपण (Projection) करने के लिए इस यन्त्र का प्रयोग किया जाता है।*
फैदोमीटर (Fathometer)	*यह यन्त्र समुद्र की गहराई नापने के काम आता है।*
गाइरोस्कोप (Gyroscope)	*इस यन्त्र से घूमती हुई वस्तुओं की गति ज्ञात करते हैं।*
हाइड्रोमीटर (Hydrometer)	*इस उपकरण के द्वारा द्रवों का आपेक्षिक घनत्व ज्ञात करते हैं।*
हाइग्रोस्कोप (Hygroscope)	*यह वायुमण्डलीय आर्द्रता में परिवर्तन दिखाने वाला यन्त्र है।*
लैक्टोमीटर (Lactometer)	*दूध की शुद्धता जाँच करने का यन्त्र। यह यन्त्र दूध का आपेक्षिक घनत्व मापता है जिससे उसमें पानी की मात्रा का पता चलता है।*
माइक्रोफोन (Microphone)	*यह यन्त्र ध्वनि तरंगों को विद्युत स्पन्दनों में परिवर्तित करता है।*
ओडोमीटर (Odometer)	*इससे मोटरगाड़ी की गति को ज्ञात किया जाता है। इसे चक्करमापी भी कहते हैं।*
पेरिस्कोप (Periscope)	*इसके द्वारा जब पनडुब्बी पानी के अन्दर होती है, तो पानी की सतह का अवलोकन किया जा सकता है और उसमें बैठे लोग बिना किसी के जानकारी में आए, बिना किसी बाधा के बाहरी हलचलों को देख सकते हैं। दीवार के दूसरी ओर (अपने कमरे में ही बैठे हुए) देखने के लिए भी इसका प्रयोग किया जाता है।*
रडार (Radar)	*रेडियो तरंगों द्वारा पास आते हुए वायुयान की दिशा और दूरी को ज्ञात करने के लिए इस यन्त्र का प्रयोग किया जाता है। रडार (RADAR) वास्तव में संक्षिप्त रूप है Radio Detection and Ranging का।*
सिस्मोग्राफ (Seismograph)	*इस यन्त्र से पृथ्वी की सतह पर आने वाले भूकम्प के झटकों की तीव्रता का ग्राफ स्वतः ही चित्रित हो जाता है।*
स्पीडोमीटर (Speedometer)	*इससे मोटरगाड़ी की गति मापी जाती है।*
ट्रांसफॉर्मर (Transformer)	*इसके द्वारा कम या अधिक वोल्टेज की AC को अधिक या कम वोल्टेज की AC में बदला जाता है।*
अल्ट्रासोनोस्कोप (Ultrasonoscope)	*यह यन्त्र पराध्वनि (अल्ट्रासोनिक साउण्ड) को मापता है और उसको प्रयुक्त करता है। इसका उपयोग मस्तिष्क के ट्यूमर का पता लगाने, हृदय के दोषों को ज्ञात करने, आदि के लिए इकोग्राम (echogram) बनाने में किया जाता है।*
वेन्चुरीमीटर (Venturimeter)	*द्रव के प्रवाह की दर ज्ञात करने का यन्त्र।*

रसायन विज्ञान

द्रव्य और उनकी अवस्थाएँ Matter and Its States

द्रव्य Matter

द्रव्य वह है जो स्थान घेरता है तथा जिसमें भार होता है।
द्रव्य तीन भौतिक अवस्थाओं में पाया जाता है : ठोस, द्रव और गैस

ठोस Solid

द्रव्य की वह अवस्था, जिसमें उसका आकार तथा आयतन निश्चित होता हैं, ठोस अवस्था कहलाती है।

द्रव Liquid

द्रव्य की वह अवस्था, जिसमें उसका आयतन तो निश्चित होता है लेकिन आकार, उस पात्र के आकार जैसा हो जाता है, जिसमें वह रखा गया है, द्रव अवस्था कहलाती है।

गैस Gas

द्रव्य की वह अवस्था जिसमें उसका आयतन तथा आकार निश्चित नहीं होते लेकिन उस पात्र के आयतन जितने व आकार जैसे हो जाते हैं जिसमें उसे रखा जाता है, गैस अवस्था कहलाती है।

तत्त्व Element

- समान प्रकार (समान परमाणु क्रमांक) के परमाणुओं से बने हुए शुद्ध पदार्थ को **तत्त्व** कहते हैं।
- वर्तमान में, 118 तत्त्व ज्ञात हैं, जिनमें से 94 तत्त्व प्रकृति में पाए जाते हैं जबकि शेष 24 तत्त्व कृत्रिम रूप से बनाये जाते हैं।

यौगिक Compound

- यौगिक दो या दो से अधिक तत्त्वों के निश्चित अनुपात में रासायनिक संयोग से बनते हैं।
- यौगिकों को उनके अवयवों में भौतिक विधियों द्वारा पृथक् नहीं किया जा सकता है।
- यौगिक के गुण उसके अवयव तत्त्वों के गुणों से भिन्न होते हैं।
- यौगिकों के गलनांक तथा क्वथनांक निश्चित होते हैं।
- यौगिक के प्रत्येक भाग का संघटन समान होता है अत: यह एक समांगी द्रव्य है।

मिश्रण Mixture

- मिश्रण दो या दो से अधिक पदार्थों को किसी भी अनुपात में मिलाने से बन जाते हैं। मिश्रण के अवयवों को भौतिक विधियों द्वारा पृथक् किया जा सकता है।
- मिश्रण के क्वथनांक व गलनांक निश्चित नहीं होते तथा ये अपने अवयवों के गुण प्रदर्शित करते हैं।
- मिश्रण समांगी तथा विषमांगी दोनों प्रकार के हो सकते हैं।

विलयन Solutions or True Solutions

- दो या दो से अधिक पदार्थों के समांगी मिश्रण होते हैं।
- इनमें दो अवयव उपस्थित होते हैं विलय (कम मात्रा) तथा विलायक (अधिक मात्रा)
  उदाहरण चीनी का विलयन, आयोडीन टिंचर (अर्थात् आयोडीन का एल्कोहॉल में विलयन)
- नॉमर्लता, मोललता तथा मोलरता, सान्द्रता को प्रदर्शित करने की विधियाँ हैं। इनमें से मोललता, तापमान में परिवर्तन से अप्रभावित रहती है।

कोलॉइडी विलयन Colloidal Solutions

- विषमांगी मिश्रण होते हैं। इसमें दो प्रावस्थाएँ होती हैं अर्थात् परिक्षिप्त प्रावस्था (dispersed phase) तथा परिक्षेपण माध्यम (dispersion medium)
- विलेय के कणों का आकार बड़ा होने के कारण, प्रकाश का प्रकीर्णन करते हैं अर्थात् ये टिण्डल प्रभाव तथा ब्राउनियन गति प्रदर्शित करते हैं।

परिक्षिप्त प्रावस्था तथा परिक्षेपण माध्यम की अवस्था के आधार पर प्रकार

परिक्षिप्त प्रावस्था	परिक्षेपण माध्यम	कोलॉइड का प्रकार	उदाहरण
द्रव	गैस	ऐरोसॉल	कोहरा, बादल, कुहासा
ठोस	गैस	ऐरोसोल (ठोस)	धुआँ, वाहनों से निकला अपशिष्ट
गैस	द्रव	फॉम	शेविंग क्रीम
द्रव	द्रव	इमल्शन (पायस)	दूध, फेस क्रीम
ठोस	द्रव	सॉल	मैग्नीशिया मिल्क, कीचड़
गैस	ठोस	फॉम	फॉम, रबड़ स्पंज, प्यूमिस
द्रव	ठोस	जैल	जेली, पनीर, मक्खन
ठोस	ठोस	ठोस सॉल	रंगीन रत्न पत्थर, दूधिया काँच

भौतिक परिवर्तन Physical Change

- भौतिक परिवर्तन वह परिवर्तन है जिसमें केवल पदार्थ के भौतिक गुण जैसे—रंग, कठोरता, घनत्व, गलनांक आदि परिवर्तित होते हैं।
- इसमें पदार्थ का संघटन तथा रासायनिक गुण प्रभावित नहीं होते हैं। *उदाहरण* क्रिस्टलीकरण, ऊर्ध्वपातन, पेड़ों को काटना, नमक को पानी में घोलना, मोमबत्ती का जलना।

रासायनिक परिवर्तन Chemical Change

- पदार्थ के संघटन तथा रासायनिक गुणों को प्रभावित करते हैं जिसमें नये पदार्थ का निर्माण होता है।
  उदाहरण ईंधन का दहन, मोमबत्ती का जलना, जल का विद्युत-अपघटन, कागज का जलना, प्रकाश-संश्लेषण, फलों का पकना आदि।

परमाणु संरचना Atomic Structure

डाल्टन का परमाणु सिद्धान्त Dalton's Atomic Theory

- वर्ष 1808 में जॉन डाल्टन ने परमाणु सिद्धान्त दिया। जिसके अनुसार प्रत्येक तत्त्व (पदार्थ या द्रव्य) अति सूक्ष्म, अविभाज्य कणों से मिलकर बना होता है, जिन्हें परमाणु कहते हैं।
- परमाणु को न बनाया जा सकता है और न ही नष्ट किया जा सकता है।
- एक ही तत्त्व के सभी परमाणु, भार, आकार तथा अन्य गुणों में समान होते हैं, किन्तु दूसरे तत्त्वों के परमाणुओं से भिन्न होते हैं।
- एक ही यौगिक के समस्त यौगिक परमाणु आपस में समान होते हैं। इनमें प्रत्येक तत्त्व के परमाणुओं की निश्चित स्थायी संख्या उपस्थित रहती है।

परमाणु Atom

- तत्त्व का वह सूक्ष्म कण, जिसमें पदार्थ के सभी गुण होते हैं तथा रासायनिक क्रिया में भाग लेता है, परमाणु कहलाता है।
- परमाणु के तीन मूल कण हैं : इलेक्ट्रॉन, प्रोटॉन तथा न्यूट्रॉन

कण	खोज	आवेश	द्रव्यमान	स्थिति
इलेक्ट्रॉन ($_{-1}e^0$)	जे जे थॉमसन	-1.6×10^{-19}	9.1×10^{-31} या 0.000554	नाभिक के चारों ओर
प्रोटॉन ($_1p^1$)	गोल्डस्टीन	$+1.6 \times 10^{-19}$	1.65×10^{-27} किग्रा या 1.007344	नाभिक में
न्यूट्रॉन ($_0n^1$)	चैडविक	0	1.67×10^{-27} किग्रा या 1.00894	नाभिक में

अणु Molecule

- पदार्थ का वह अति सूक्ष्म कण, जो स्वतन्त्र अवस्था में रह सकता है, अणु कहलाता है।
- यौगिकों के अणुओं में दो या दो से अधिक प्रकार के परमाणु होते हैं।

नाभिक Nucleus

- खोजकर्ता—रदरफोर्ड
- परमाणु के मध्य में एक अति सूक्ष्म पिण्ड होता है जिसे नाभिक कहते हैं। नाभिक में परमाणु का समस्त धनावेश तथा द्रव्यमान स्थित रहता है।

परमाणु क्रमांक Atomic Number

- किसी तत्त्व के परमाणु में उपस्थित प्रोटॉनों की संख्या, परमाणु क्रमांक के बराबर होती है अर्थात्
- परमाणु क्रमांक = प्रोटॉनों की संख्या = इलेक्ट्रॉनों की संख्या

द्रव्यमान संख्या Mass Number

- किसी तत्त्व के परमाणु के नाभिक में उपस्थित प्रोटॉनों तथा न्यूट्रॉनों की संख्या के योग को द्रव्यमान संख्या कहते हैं अर्थात्

  द्रव्यमान संख्या (परमाणु भार)

  = प्रोटॉनों की संख्या + न्यूट्रॉनों की संख्या

  = परमाणु संख्या + न्यूट्रॉनों की संख्या

  = इलेक्ट्रॉनों की संख्या + न्यूट्रॉनों की संख्या

संयोजी इलेक्ट्रॉन Valency Electron

- किसी तत्त्व के परमाणुओं द्वारा रासायनिक संयोग में स्थानान्तरण या साझे में प्रयुक्त इलेक्ट्रॉनों को उस तत्त्व के संयोजी इलेक्ट्रॉन कहते हैं। संयोजी इलेक्ट्रॉन जिस कोश में होते हैं उसे संयोजी कोश कहते हैं।
- समान संयोजी इलेक्ट्रॉन वाले तत्त्वों के रासायनिक गुण भी समान होते हैं।
- ऐसे तत्त्व, जिनके परमाणुओं में संयोजी इलेक्ट्रॉनों की संख्या 1, 2 तथा 3 होती है, धातु कहलाते हैं तथा ऐसे तत्त्व, जिनके परमाणुओं में संयोजी इलेक्ट्रॉनों की संख्या 4, 5, 6 और 7 होती है, अधातु कहलाते हैं।

समस्थानिक Isotopes

एक ही तत्त्व के परमाणुओं को जिनकी परमाणु संख्या समान हो परन्तु परमाणु द्रव्यमान संख्या भिन्न हो, समस्थानिक कहते हैं। उदाहरण के लिए

- $_1H^1, {}_1H^2, {}_1H^3$ हाइड्रोजन के समस्थानिक हैं।
- $_6C^{12}, {}_6C^{13}, {}_6C^{14}$ कार्बन के समस्थानिक हैं।
- $_8O^{16}, {}_8O^{17}, {}_8O^{18}$ ऑक्सीजन के समस्थानिक हैं।
- तथा $_{10}Ne^{20}, {}_{10}Ne^{21}, {}_{10}Ne^{22}$ निऑन के समस्थानिक हैं।

आइसोटॉन या समन्यू ट्रॉनिक Isotones

इनमें न्यूट्रॉनों की संख्या समान होती है।

उदाहरण $_1H^3$ तथा $_2He^4$ दोनों में न्यूट्रॉनों की संख्या 2 है।

समभारी Isobars

- विभिन्न तत्त्वों के ऐसे परमाणु, जिनकी द्रव्यमान संख्या समान होती है लेकिन परमाणु क्रमांक भिन्न-भिन्न होते हैं, समभारी कहलाते हैं। *उदाहरण* $_1H^3$ और $_2He^3$; $_{18}Ar^{40}, {}_{19}K^{40}$ और $_{20}Ca^{40}$; $_{52}Te^{130}$, $_{56}Ba^{130}$ और $_{54}Xe^{130}$

रेडियोएक्टिवता Radioactivity

- वे तत्त्व जो प्रकृति में स्वत: विघटित होते रहते हैं, रेडियोएक्टिव तत्त्व कहलाते हैं, इनसे निकलने वाली किरणें रेडियोएक्टिव किरणें कहलाती हैं तथा इनका यह गुण रेडियोएक्टिवता कहलाता है। रेडियोएक्टिवता की खोज फ्रांस के भौतिकशास्त्री हेनरी बैक्विरल ने वर्ष 1896 में की।
- रेडियोएक्टिव पदार्थों से निकलने वाली किरणें तीन प्रकार की होती हैं।

एल्फा कण α-particles

- एल्फा कण हीलियम नाभिक या $[He^{4+}]$ होते हैं तथा प्रत्येक में दो प्रोटॉन, दो न्यूट्रॉन तथा दो इकाई धन आवेश होता है।
- ये प्रबल चुम्बकीय या विद्युत क्षेत्र में ऋण प्लेट की ओर विक्षेपित हो जाते हैं।

बीटा कण β-particles

ये ऋणात्मक आवेश वाले कण हैं अत: ये कण वास्तव में इलेक्ट्रॉन हैं। ये विद्युतीय तथा चुम्बकीय क्षेत्र में धन प्लेट की ओर अधिक विक्षेपित होते हैं।

गामा किरणें γ-rays

- आवेश शून्य होता है तथा ये द्रव्यमान रहित होती हैं।
- ये किरणें विद्युतीय तथा चुम्बकीय क्षेत्र में विचलित नहीं होती हैं अत: ये उदासीन होती हैं।
- ये ऐसी इलेक्ट्रो चुम्बकीय तरंगें हैं जिनकी तरंगदैर्ध्य 10^{-10} सेमी से 10^{-12} सेमी होती है।
- गामा किरणों को रेडियोसक्रिय विघटन का द्वितीयक प्रभाव मान सकते हैं।
- ऐसे नाभिक जिनमें प्रोटॉनों तथा न्यूट्रॉनों की संख्या समान होती है, स्थायी नाभिक कहलाते हैं।
- सभी ज्ञात तत्त्वों के समस्थानिक जिनका परमाणु क्रमांक 83 से ज्यादा होता है, रेडियोएक्टिव तत्त्व कहलाते हैं।

अर्द्ध-आयु काल Half-life Period

एक रेडियोएक्टिव पदार्थ के किसी नमूने की आधी मात्रा विघटित होने में जो समय लगता है, उसे उस पदार्थ की 'अर्द्ध-आयु' कहते हैं।

नाभिकीय विखण्डन Nuclear Fission

- वर्ष 1938 में ऑटो हॉन तथा फिट्ज स्ट्रासमैन ने ज्ञात किया कि जब U-235 पर मन्द गति के न्यूट्रॉनों की बौछार की जाती है, तो यूरेनियम-235 का भारी नाभिक मध्यम द्रव्यमान के दो खण्डों में विभक्त हो जाता है और इसके साथ बहुत अधिक ऊर्जा उत्सर्जित होती है, इस नाभिकीय अभिक्रिया को नाभिकीय विखण्डन कहते हैं। अत: वह प्रक्रिया जिसमें एक भारी नाभिक दो छोटे नाभिकों में टूट जाता है तथा अपार ऊर्जा उत्पन्न करता है, नाभिकीय विखण्डन कहलाता है।
- परमाणु बम, इसी सिद्धान्त पर आधारित है।
- 'न्यूक्लियर रिएक्टर' एक विशेष प्रकार की भट्ठी है जिसमें U-235 का नियन्त्रित नाभिकीय विखण्डन कराया जाता है। रिएक्टरों में कैडमियम की छड़ें, न्यूट्रॉन अवशोषक का कार्य करती हैं, इन छड़ों को नियन्त्रक कहते हैं। भारी जल तथा ग्रेफाइट का कार्य न्यूट्रॉनों की गति को मन्द करना है अर्थात् भारी जल तथा ग्रेफाइट मन्दक का कार्य करते हैं। यूरेनियम-235 ईंधन का कार्य करता है।

नाभिकीय संलयन Nuclear Fusion

- नाभिकीय संलयन वह प्रक्रिया है जिसमें दो हल्के नाभिक संयोजित होकर एक भारी नाभिक का निर्माण करते हैं तथा अत्यधिक मात्रा में ऊर्जा उत्पन्न करते हैं क्योंकि उत्पाद का कुल भार, अभिकारक के कुल भार से कम होता है।
- हाइड्रोजन बम, नाभिकीय संलयन के सिद्धान्त पर आधारित है।
- रेडियो कार्बन काल, कार्बनिक मूल की पुरातत्त्व वस्तुओं की आयु ज्ञात करने में प्रयोग किया जाता है

$$N = N_0\left(\frac{1}{2}\right)^n$$

जहाँ, $n = \frac{\text{कुल समय}}{\text{अर्द्ध-आयु काल}}$

- सौर ऊर्जा का स्रोत, नाभिकीय संलयन है।

ऑक्सीकरण और अपचयन

Oxidation and Reduction

ऑक्सीकरण Oxidation

- परमाणुओं, आयनों या अणुओं द्वारा एक या एक से अधिक इलेक्ट्रॉन त्यागने की प्रक्रिया ऑक्सीकरण कहलाती है। *उदाहरण*

$$Mg \longrightarrow Mg^{2+} + 2e^-$$

- ऑक्सीकरण के द्वारा किसी तत्त्व की धनात्मक संयोजकता बढ़ जाती है।
- इलेक्ट्रॉन त्यागना ऑक्सीकरण है।
- किसी तत्त्व की ऑक्सीकरण अवस्था धनात्मक, ऋणात्मक, शून्य या भिन्न हो सकती है।

अपचयन Reduction

- परमाणुओं, आयनों तथा अणुओं द्वारा एक या एक से अधिक इलेक्ट्रॉन ग्रहण करने की प्रक्रिया अपचयन कहलाती है। *उदाहरण*

$$S + 2e^- \longrightarrow S^{2-}$$

- अपचयन में तत्त्व की धनात्मक संयोजकता घटती है।
- ऑक्सीकरण और अपचयन साथ-साथ समान मात्रा में हो सकते हैं।

ऑक्सीकारक Oxidising Agent

- वह पदार्थ जो रासायनिक प्रक्रिया में इलेक्ट्रॉन ग्रहण करता है, ऑक्सीकारक कहलाता है।
- सभी धनावेशित तत्त्व, ऑक्सीकारक की तरह व्यवहार करते हैं।
- ऑक्सीकारक पदार्थ, लुईस क्षार होते हैं।

अपचायक Reducing Agent

- वे पदार्थ जो रासायनिक प्रक्रिया में इलेक्ट्रॉन देते हैं, अपचायक कहलाते हैं।
- सभी ऋणावेशित पदार्थ, अपचायक की तरह व्यवहार करते हैं।
- अपचायक पदार्थ, लुईस अम्ल होते हैं।

उत्प्रेरण Catalysis

- इसकी खोज बर्जीलियस ने की थी।
- वह प्रक्रम है जिनमें कुछ पदार्थ अभिक्रिया में प्रयुक्त हुए बिना अभिक्रिया की दर को बढ़ा देते हैं। ऐसे पदार्थ उत्प्रेरक (catalyst) कहलाते हैं।

कुछ महत्त्वपूर्ण प्रक्रम एवं उनमें प्रयुक्त उत्प्रेरक

प्रक्रम	उत्प्रेरक
वनस्पति तेलों से घी का निर्माण	निकिल
सल्फ्यूरिक अम्ल के निर्माण की सम्पर्क विधि	Pt चूर्ण
प्रोटीन का ग्लूकोस में परिवर्तन	पेप्सिन एन्जाइम
ग्लूकोस का एथिल एल्कोहॉल में परिवर्तन	जाइमेस एन्जाइम
स्टार्च का माल्टोस में परिवर्तन	डास्टेज एन्जाइम
शर्करा से सिरके का निर्माण	माइकोडर्मा ऐसिटी
सुक्रोस का ग्लूकोस व फ्रक्टोस में परिवर्तन	इन्वर्टेज एन्जाइम
दूध का दही में परिवर्तन	लेक्टेस (*लेक्टोबेसिली*)

अम्ल Acid

- वे पदार्थ हैं जिनका स्वाद खट्टा होता है तथा जो नीले लिटमस को लाल कर देते हैं।
- वे पदार्थ हैं जो जलीय विलयन में H^+ आयन देते हैं (आरहेनियस परिकल्पना)।
  उदाहरण HCl या जो प्रोटॉन देते हैं (ब्रॉन्सटेड-लॉरी संकल्पना)।
  जैसे— CH_3COOH या जो इलेक्ट्रॉन ग्रहण करते हैं (लुईस संकल्पना)।
  उदाहरण BF_2, SF_4, PF_5 आदि।
- जलीय विलयन में विद्युत का चालन कर सकते हैं।

प्रमुख अम्लों के स्रोत

अम्ल	स्रोत
सिट्रिक अम्ल	नींबू, सन्तरा, अंगूर
मौलिक अम्ल	कच्चे सेब
टार्टरिक अम्ल	इमली
एसीटिक अम्ल	सिरका
लैक्टिक अम्ल	दूध
हाइड्रोक्लोरिक अम्ल	आमाशय या रासायनिक विधि
ऑक्सेलिक अम्ल	टमाटर

क्षारक Base

- वे पदार्थ हैं जिनका स्वाद कड़वा होता है तथा जो लाल लिटमस को नीला कर देते हैं।
- वे पदार्थ हैं जो जलीय विलयन में OH^- आयन देते हैं (आरहेनियस संकल्पना)।
  उदाहरण NaOH, KOH, CsOH, $Mg(OH)_2$ आदि या जो प्रोटॉन (H^+) ग्रहण करते हैं (ब्रॉन्सटेड-लॉरी संकल्पना)।
  उदाहरण NH_3, H_2O आदि या जो इलेक्ट्रॉनों का दान करते हैं (लुईस संकल्पना)।
  उदाहरण सरल ऋणायन जैसे— Cl^-, F^-, OH^- आदि अयुग्मित इलेक्ट्रॉन युग्म युक्त अणु जैसे—NH_3, ROH, RO पिरिडीन आदि।

- जल में विलय क्षारकों को क्षार (alkali) कहते हैं। *उदाहरण* NaOH, KOH आदि।
- अचार को सदैव काँच की बोतलों में रखा जाता है क्योंकि इनमें उपस्थित अम्ल धात्विक जार की धातु से अभिक्रिया कर सकता है।

pH मान pH value

- किसी विलयन की अम्लता व क्षारकता की माप है।
- किसी विलयन में हाइड्रोजन आयन सान्द्रता (मोल/ली) का ऋणात्मक लघुगणक होता है अर्थात्

$$pH = \log[H^+] \quad \text{या} \quad [H^+] = 1 \times 10^{-pH}$$

- उदासीन विलयन के लिए 7 होता है, क्षारीय विलयन के लिए 7 से अधिक व अम्लीय विलयन के लिए 7 से कम होता है।

सामान्य पदार्थों के pH मान

आमाशयी रस	1.0-3.0	वर्षा का जल	6.0
पेय पदार्थ (soft drinks)	2.0-4.0	समुद्री जल	8.5
सिरका	2.4-3.4		
यूरिन (मानव)	4.8-8.4	दूध (गाय का)	6.3-6.6
लार (मानव)	6.5-7.5	रक्त प्लाज्मा	7.36

आवर्त सारणी Periodic Table

तत्त्वों का वर्गीकरण
Classification of Elements

- वर्ष 1869 में एशियन वैज्ञानिक मेण्डलीफ ने तत्त्वों का प्रथम आवर्ती वर्गीकरण दिया।
- तत्त्वों के गुण, उनके परमाणु भारों के आवर्ती फलन हैं।
- मेण्डलीफ के समय में 63 ज्ञात तत्त्व थे जिन्हें उन्होंने सात आवर्तों (क्षैतिज कॉलमों) तथा आठ वर्गों (खड़े कॉलमों) में बाँटा।
- आधुनिक आवर्त नियम के अनुसार, "तत्त्वों के गुण, उनके परमाणु क्रमांकों के आवर्ती फलन हैं।"
- मेण्डलीफ की संशोधित आवर्त सारणी को 18 खड़े कॉलम (जिन्हें समूह कहते हैं) तथा सात क्षैतिज कॉलमों (जिन्हें आवर्त कहते हैं) में बाँटा गया।

आवर्तों के सामान्य लक्षण
General Characteristics of Periods

- प्रत्येक आवर्त में बाएँ से दाएँ जाने पर तत्त्वों में संयोजी इलेक्ट्रॉनों की संख्या 1 से 8 तक बढ़ती है।
- आवर्तों में तत्त्वों को बढ़ते हुए परमाणु क्रमांक के अनुसार रखा गया है।
- आवर्तों में बाएँ से दाएँ जाने पर तत्त्वों की संयोजकता पहले 1 से 4 तक बढ़ती है, फिर 4 से 1 तक क्रमश: घटती है।
- आवर्तों में बाएँ से दाएँ जाने पर परमाणु का आकार क्रमश: घटता है।
- प्रत्येक आवर्त में बाएँ से दाएँ चलने पर तत्त्व का धनात्मक गुण घटता है।
- प्रत्येक आवर्त में बाएँ से दाएँ चलने पर परमाणु का आकार घटने के कारण तत्त्वों की धात्विकता भी घटती जाती है।
- प्रत्येक आवर्त में बाएँ से दाएँ जाने पर तत्त्वों का अपचायक गुण घटता है।
- प्रत्येक आवर्त में बाएँ से दाएँ जाने पर ऑक्साइडों का क्षारीय गुण घटता है।
- प्रत्येक आवर्त में बाएँ से दाएँ जाने पर ऋणविद्युती प्रकृति, अधात्विक प्रकृति तथा ऑक्साइडों का अम्लीय गुण क्रमश: बढ़ता है।
- प्रत्येक आवर्त में बाएँ से दाएँ जाने पर आयनन विभव क्रमश: बढ़ता है।
- प्रत्येक आवर्त में बाएँ से दाएँ जाने पर इलेक्ट्रॉन बन्धुता भी सामान्यत: बढ़ती है।

वर्गों के सामान्य लक्षण General Characteristics of Groups

- आवर्त सारणी में वर्गों के सभी तत्त्वों में संयोजी इलेक्ट्रॉनों की संख्या समान होती है।
- प्रत्येक समूह में ऊपर से नीचे जाने पर परमाणु त्रिज्या में वृद्धि होती है।
- प्रत्येक समूह में ऊपर से नीचे जाने पर धनविद्युती प्रकृति, धात्विकता, अपचायक गुण तथा ऑक्साइडों का क्षारीय गुण क्रमश: बढ़ता है।
- प्रत्येक समूह में ऊपर से नीचे जाने पर ऋणविद्युती प्रकृति, अधात्विकता तथा ऑक्साइडों का अम्लीय गुण परमाणु क्रमांक बढ़ने के साथ-साथ घटता है।
- आवर्त सारणी में, समूह में ऊपर से नीचे जाने पर आयनन विभव, इलेक्ट्रॉन बन्धुता क्रमश: घटते हैं।

धातुएँ Metals

- ये कठोर, चमकदार, आघातवर्ध्य, तन्य तथा ध्वनिक होती हैं। ये विद्युत तथा ऊष्मा का चालन ठोस तथा गलित दोनों अवस्थाओं में कर सकती हैं।

प्रमुख धातुएँ एवं उनके उपयोग

धातु	उपयोग
सोडियम (Na)	सड़क पर रोशनी के लिए प्रयुक्त पीले लैम्पों में।
ताँबा (Cu)	तार (विद्युत के चालन के लिए), बर्तन तथा पन्नी (foil) के निर्माण में।
एल्युमीनियम (Al)	तार, बर्तन, पन्नी (पैकिंग के लिए) के निर्माण में, अन्तरिक्ष व ऑटो उद्योग में।
आयरन (Fe)	बर्तन, चुम्बक (जो ट्रांसफार्मर की कोर में प्रयुक्त होती है), स्टेनलेस स्टील में।
गोल्ड (Au) तथा चाँदी (Ag)	आभूषण में तथा भोज्य पदार्थों की सजावट के लिए।
पारा (Hg)	थर्मामीटर में तथा अतिचालक के रूप में, ट्यूबलाइट में (Hg वाष्प + ऑर्गन)
टाइटेनियम (Ti)	परमाणु व अन्तरिक्ष अनुसन्धान में तथा हवाई जहाज उद्योग में।

- जो अधिक सक्रिय होती हैं, कम सक्रिय धातुओं को उनके लवणों से विस्थापित कर देती हैं।

धातुओं की सक्रियता का क्रम है

पोटैशियम (K) > सोडियम (Na) > कैल्सियम (Ca) > मैग्नीशियम (Mg) > एल्युमीनियम (Al) > आयरन (Fe) > लेड (Pb) > हाइड्रोजन (H) > ताँबा (Cu) > पारा (Hg) > चाँदी (Ag) > सोना (Au)।

उदाहरण लोहे की कीलों को कॉपर सल्फेट के विलयन (नीले) में रखने पर, लोहा अधिक सक्रिय होने के कारण, कॉपर सल्फेट के विलयन से कॉपर को विस्थापित कर देता है जिससे विलयन का नीला रंग लुप्त हो जाता है।

$$Fe + CuSO_4 \longrightarrow FeSO_4 + Cu$$

धातु : विशेष तथ्य

- सोडियम तथा पोटैशियम मृदु धातुएँ हैं। ये अत्यधिक क्रियाशील होने के कारण जल तथा वायु से भी क्रिया करती हैं। इस कारण इन्हें केरोसीन के तेल में रखा जाता है।
- सोडियम तथा पोटैशियम जल में जलने लगते हैं जबकि कैल्सियम धातु जल के ऊपर तैरने लगती है।
- टाइटेनियम को रणनीतिक धातु (strategic metal) भी कहा जाता है।
- आतिशबाजी में हरा रंग बेरियम की तथा गहरा लाल रंग स्ट्रॉन्शियम की उपस्थिति के कारण होता है। ओसमियम सबसे भारी धातु है।

अधातुएँ Non-metals

- ठोस, द्रव या गैस अवस्था में हो सकती हैं।
- ये ऑक्सीजन के साथ सामान्यत: अम्लीय ऑक्साइड बनाती हैं।

हीलियम Helium

इसे गुब्बारों तथा हल्के वायुयानों में भरा जाता है (क्योंकि यह अज्वलनशील होती है) इसको ऑक्सीजन के साथ मिलाकर, कृत्रिम श्वसन के लिए प्रयोग में लाया जाता है। इस मिश्रण का प्रयोग गहरे समुद्री गोताखारों तथा साँस के रोग से पीड़ित रोगी द्वारा किया जाता है। गैस शीतलक नाभिकीय रिएक्टर में ऊष्मास्थानान्तरण कारक के रूप में प्रयुक्त होती है।

ऑर्गन Argon

वैल्डिंग के लिए, अक्रिय वातावरण उत्पन्न करने के लिए तथा अत्यधिक चमकने वाले विद्युत बल्बों को भरने के लिए प्रयोग में लाई जाती है।

ट्यूब लाइट में पारे की वाष्प तथा ऑर्गन गैस का मिश्रण भरा रहता है।

जीनॉन Xenon

इसे स्ट्रेन्जर गैस (stranger gas) भी कहा जाता है। इसको Kr के साथ मिलाकर, उच्च तीव्रता एवं छोटे प्रकाशकाल (short exposure) वाली फोटोग्राफिक फ्लेश ट्यूब (flash tube) में प्रयुक्त किया जाता है।

उपधातुएँ Metalloids

धातु व अधातु दोनों के गुण रखती हैं *उदाहरण* आर्सेनिक, एण्टिमनी, जर्मेनियम आदि हैं।

धातुकर्म Metallurgy

अयस्क से धातु के निष्कर्षण का प्रक्रम है। इसमें निम्न पद प्रयुक्त होते हैं।

खनिज Mineral

वे पदार्थ हैं जिनके रूप में धातु प्रकृति में उपस्थित होती है।

अयस्क Ores

वे खनिज हैं जिनसे धातु का निष्कर्षण सुविधापूर्वक व मितव्ययता के साथ किया जा सकता है। सभी अयस्क, खनिज होते हैं परन्तु सभी खनिज, अयस्क नहीं होते हैं।

कुछ महत्त्वपूर्ण धातुओं के अयस्क

धातु	अयस्क
सोडियम (Na)	चिली साल्ट पीटर ($NaNO_3$)
	नमक या ब्राइन (NaCl)
एल्युमीनियम (Al)	बॉक्साइट ($Al_2O_3 \cdot 2H_2O$)
	कोरण्डम (Al_2O_3)
	क्रायोलाइट (Na_3AlF_6)
	फेलस्पार ($KAlSi_3O_8$)
पोटैशियम (K)	नाइटर (KNO_3)
	कार्नेलाइट ($KCl \cdot MgCl_2 \cdot 6H_2O$)
मैग्नीशियम (Mg)	डोलोमाइट ($MgCO_3.CaCO_3$)
	एप्सम लवण ($MgSO_4 \cdot 7H_2O$)
कैल्सियम (Ca)	कैल्साइट ($CaCO_3$)
	फ्लुओरस्पर (CaF_2)
कॉपर (Cu)	क्यूप्राइट (Cu_2O)
	कॉपर ग्लांस (Cu_2S)
	कॉपर पायराइट ($CuFeS_2$)
सिल्वर या चाँदी (Ag)	रूबी सिल्वर ($3Ag_2S \cdot Sb_2S_3$)
	हॉर्न सिल्वर (AgCl)
जिंक (Zn)	जिंक ब्लेडी (ZnS)
	कैलेमाइन ($ZnCO_3$)
	जिंकाइट (ZnO) या यशद पुष्प
मर्करी या पारा (Hg)	सिनेबार (HgS)
लेड (Pb)	गैलेना (PbS)
	सिरूसाइट ($PbCO_3$)
आयरन (Fe)	हेमेटाइट (Fe_2O_3)
	मैग्नेटाइट (Fe_3O_4)
	सिडेराइट ($FeCO_3$)
यूरेनियम (U)	पिच ब्लेण्डी (कार्नेटाइट) (U_3O_8)
थोरियम (Th)	मोनेजाइट

- माणिक्य और नीलम रासायनिक रूप से एल्युमीनियम ऑक्साइड (Al_2O_3) हैं।
- हीमोग्लोबिन तथा मायोग्लोबिन में Fe धातु (Fe^{2+}) अवस्था में उपस्थित होती है।
- अयस्क के साथ सम्मिलित अशुद्धियाँ मैट्रिक्स या गैंग कहलाती हैं।

निस्तापन Calcination

सान्द्रित अयस्क को उसके गलनांक से कम ताप पर, वायु की अनुपस्थिति या सीमित मात्रा में गर्म करने का प्रक्रम है। यह सामान्यत: हाइड्रॉक्साइड या कार्बोनेट अयस्कों के लिए किया जाता है।

भर्जन Roasting

सान्द्रित अयस्क की वायु की अधिकता में गर्म करने का प्रक्रम है। यह सल्फाइड अयस्क के लिए प्रयोग किया जाता है।

गालक Flux

- वह पदार्थ है जो अगलनीय अशुद्धियों को गलनीय पदार्थ अर्थात् धातुमल (slag) में परिवर्तित कर देता है।
- ये दो प्रकार के होते हैं—अम्लीय गालक
  जैसे—SiO_2 (ये क्षारीय अशुद्धि को दूर करने के लिए मिलाए जाते हैं),
  क्षारीय गालक जैसे—CaO, MgO
  ये अम्लीय अशुद्धि को दूर करने के लिए मिलाए जाते हैं।

विद्युत अपघटनी परिष्करण में, एनोड अशुद्ध धातु का बनाया जाता है तथा कैथोड शुद्ध धातु की पत्ती का बनाया जाता है।

संक्षारण Corrosion

- किसी धातु की सतह का वातावरण के प्रभाव द्वारा ऑक्सीकारक अपक्षय (oxidative deterioration) है। *उदाहरण* लोहे की सतह का भूरे रंग की जंग ($Fe_2O_3 \cdot xH_2O$) में परिवर्तन, सिल्वर का काला पड़ना (काले रंग के Ag_2S के निर्माण के कारण), कॉपर तथा ब्रॉन्ज की सतह पर हरे रंग (बेसिक कॉपर कार्बोनेट, ($Cu(OH)_2 \cdot CuCO_3$) की पर्त जमना आदि।
- यह एक विद्युत रासायनिक प्रक्रम है।
  लोहे की स्थिति में जंग लगना (rusting) कहलाता है। यह प्रक्रम अशुद्धि, H^+, विद्युत-अपघट्य जैसे—NaCl, गैसें; जैसे— CO_2, SO_2, NO, NO_2, आदि के द्वारा त्वरित होता है।
  इससे निम्न प्रकार बचाव किया जा सकता है
  - विद्युत लेपन द्वारा
  - सतह लेपन द्वारा (अर्थात् सतह पर तेल, ग्रीस, पेन्ट तथा वार्निश के लेपन द्वारा)
  - लोहे के गैल्वेनीकरण द्वारा (अर्थात् लोहे की सतह पर जिंक के लेपन द्वारा)

- एल्युमीनियम की सतह पर एल्युमीनियम ऑक्साइड की पर्त जम जाती है जो इसकी पुन: संक्षारण से रक्षा करती है।
- कटे हुए सेब को वायु में रखने पर कुछ समय पश्चात् वह भूरा पड़ जाता है। इसका कारण यह है कि सेब में आयरन उपस्थित होता है जो वायु की उपस्थिति में ऑक्सीकृत होकर भूरा हो जाता है।

मिश्रधातुएँ Alloys

- दो या अधिक धातुओं अथवा एक धातु व अधातु का मिश्रण होती हैं।
- ये धातुएँ अमलगम कहलाती हैं जब प्रयुक्त एक धातु पारा (mercury) हो।

प्रमुख मिश्रधातुएँ

मिश्रधातु	संगठन	प्रमुख उपयोग
सोल्डर	टिन तथा लैड	टाँका लगाने में
काँसा	कॉपर तथा टिन	बर्तन, मूर्तियाँ आदि बनाने में
टाइप मैटल	टिन, लैड, एण्टीमनी	छपाई में
ब्यूटर	टिन, लैड	बर्तन बनाने में
बैल मैटल	कॉपर, टिन	घण्टे, पुर्जे
गन मैटल	कॉपर, टिन और जिंक	बन्दूकें, हथियार, मशीनों के पुर्जे
पीतल	कॉपर और जिंक	तार, मशीनों के पुर्जे, बर्तन
एल्युमीनियम ब्रान्ज	कॉपर और एल्युमीनियम	सिक्के, सस्ते आभूषण
जर्मन सिल्वर	कॉपर, जिंक और निकिल	बर्तन, मूर्तियाँ आदि
कॉन्सटैन्टन	कॉपर और निकिल	तार, विद्युतीय यन्त्र
डैन्टल मिश्रधातु	सिल्वर, मरकरी, जिंक, टिन	दाँतों में भरने के लिए
स्टेनलैस स्टील	आयरन, क्रोमियम, निकिल	बर्तन, चिकित्सा के औजार
एल्नीको	आयरन, एल्युमीनियम, निकिल	स्थायी चुम्बक
मैग्नेलियम	मैग्नीशियम और एल्युमीनियम	वायुयान तथा जहाजों को बनाने में

ईंधन Fuels

- वे पदार्थ हैं जो दहन पर प्रकाश व ऊष्मा उत्पन्न करते हैं।

ऊष्मीय मान Calorific Value

- ऊष्मा की वह मात्रा है जो 1 ग्राम ईंधन को ऑक्सीजन की अधिकता में जलने पर मुक्त होती है।
- इनको किलोजूल/ग्राम में व्यक्त किया जाता है।
- किसी पदार्थ को जलाने के लिए इसका ज्वलन ताप कम होना चाहिए।

कुछ महत्त्वपूर्ण ईंधनों के मात्रक

ईंधन	ऊष्मीय मान (किलोजूल/ग्राम)
केरोसिन तेल	48
पेट्रोल	50
डीजल	45
एल पी जी	50
लकड़ी	17
गोबर के कण्डे	6-8
मेथेन	55
हाइड्रोजन	150

ज्वाला Flame

यह आग का गर्म भाग है। *इसके तीन भाग होते हैं*

1. **आन्तरिक भाग** (Innermost Part) बिना जले कार्बन कणों की उपस्थिति के कारण काला होता है। इसका तापमान सबसे कम होता है।
2. **मध्य भाग** (Middle Region) ईंधन के अपूर्ण दहन के कारण पीला होता है।
3. **बाह्य भाग** (Outermost Region) ईंधन के पूर्ण दहन के कारण नीला होता है। ज्वाला का सर्वाधिक गर्म भाग है तथा सुनारों द्वारा सोने को पिघलाने में प्रयुक्त किया जाता है।

ईंधन के विभिन्न प्रकार

ईंधन	संघटन	स्रोत
भाप-अंगार गैस	कार्बन मोनॉक्साइड (CO) + हाइड्रोजन (H_2)	लाल तप्त कोक पर वाष्प प्रवाहित करके
प्रोड्यूसर गैस	कार्बन मोनॉक्साइड (CO) + नाइट्रोजन (N_2)	रक्त तप्त कोक पर अपर्याप्त वायु प्रवाहित करके
तेल गैस	मेथेन (CH_4), एथिलीन (C_2H_4), एसीटिलीन (C_2H_2)	केरोसिन का भंजक आसवन
कोल गैस	हाइड्रोजन, मेथेन, एथिलीन, एसीटिलीन, (CO)	लकड़ी का भंजक आसवन
प्राकृतिक गैस	मेथेन (83%) + एथेन	पेट्रोलियम से
एल पी जी (LPG)	ब्यूटेन (C_4H_{10}) + प्रोपेन (C_3H_8)	तेल के कुँओं से
बायोगैस या गोबर गैस	मेथेन (CH_4) + कार्बन डाइऑक्साइड (CO_2) + हाइड्रोजन (H_2) + नाइट्रोजन (N_2)	कार्बनिक अपशिष्ट से

मनुष्य द्वारा निर्मित पदार्थ

Man-made Substances

साबुन Soap

- उच्च वसीय अम्लों के सोडियम एवं पोटैशियम लवण साबुन कहलाते हैं, जैसे—सोडियम पालमिटेड, स्टीरेड तथा सोडियम ओलिएट आदि।
- साबुन के निर्माण में आवश्यक प्रयुक्त सामग्री जन्तुओं की चर्बी, वनस्पति तेल, सोडियम हाइड्रॉक्साइड, सोडियम क्लोराइड आदि (अत: साबुन बनाने का प्रक्रम साबुनीकरण कहलाता है)।

डिटर्जेण्ट Detergent

- डिटर्जेण्ट एक विशेष प्रकार के कार्बनिक यौगिक हैं जिनमें साबुन के समान ही सफाई का गुण विद्यमान होता है परन्तु ये स्वयं साबुन नहीं होते।
- लॉरिल सल्फ्यूरिक एसिड को सोडियम हाइड्रॉक्साइड के साथ अभिक्रिया कराने पर सोडियम लॉरिल सल्फेट प्राप्त हो जाता है, यही डिटर्जेण्ट (कृत्रिम साबुन) है।
- डिटर्जेण्ट के निर्माण में आवश्यक प्रयुक्त सामग्री उच्च अणु भार वाले हाइड्रोकार्बन, सल्फ्यूरिक एसिड तथा सोडियम हाइड्रॉक्साइड आदि।

बहुलक Polymer

अधिक अणु भार वाला वह यौगिक जो कम अणु भार वाले एक या एक से अधिक प्रकार के बहुत से अणुओं के संयोजन से बनते हैं, जिनके बीच सहसंयोजक बन्ध होते हैं, बहुलक कहलाते हैं तथा यह प्रक्रम बहुलीकरण कहलाता है।

काँच की विभिन्न किस्में

काँच	संघटन	उपयोग
सोडा या मृदु काँच	सोडियम कैल्सियम सिलिकेट ($Na_2O \cdot CaO \cdot 6SiO_2$)	बोतल, खिड़की के काँच आदि के निर्माण में।
पोटैश या कठोर काँच	पोटैशियम कैल्सियम सिलिकेट (इसमें K_2O होता है)	रासायनिक उपकरण जैसे–बीकर, कीप, प्लास्क आदि के निर्माण में।
क्राउन काँच	इसमें बेरियम ऑक्साइड (BaO) होता है।	प्रकाशिक उपकरण बनाने में।
फिलण्ट काँच	इसमें लेड ऑक्साइड (PbO) होता है।	प्रकाशिक उपकरण जैसे–लेन्स, प्रिज्म आदि के निर्माण में।
जेना काँच	इसमें B_2O_3 तथा Al_2O_3 होता है।	प्रयोगशाला में प्रयुक्त बोतल बनाने में (क्योंकि अम्ल व क्षार से अप्रभावित रहता है।)
क्रुक्स काँच	इसमें CeO_2 होता है।	धूप के चश्मे बनाने में (क्योंकि यह पैराबैंगनी प्रकाश को अवशोषित करता है।)
दूधिया काँच	टिन ऑक्साइड (SnO_2), कैल्सियम फॉस्फेट तथा क्रायोलाइट से बनाया जाता है।	–
लैमिनेटिड काँच	काँच की परतों के बीच बहुलक की शीट को स्थिर करके बनाया जाता है।	गोलीरोधक या बुलेटप्रुफ वस्तुओं के निर्माण में।

रासायनिक पदार्थों के व्यापारिक तथा रासायनिक नाम एवं सूत्र

व्यापारिक नाम	रासायनिक नाम	सूत्र
साधारण लवण	सोडियम क्लोराइड	$NaCl$
चिली साल्टपीटर	सोडियम नाइट्रेट	$NaNO_3 \cdot 10H_2O$
सुहागा	बोरेक्स	$Na_2B_4O_7$
खाने का सोडा	सोडियम बाइकार्बोनेट	$NaHCO_3$
धावन सोडा	सोडियम कार्बोनेट	Na_2CO_3
कास्टिक सोडा	सोडियम हाइड्रॉक्साइड	$NaOH$
तूतिया (नीला थोथा)	कॉपर सल्फेट	$CuSO_4$
उजला थोथा (सफेद कसीस)	जिंक सल्फेट	$ZnSO_4$
हरा कसीस	फेरस सल्फेट	$[Fe_2(SO_4)_3]$
संगमरमर	कैल्सियम कार्बोनेट	$CaCO_3$
कली चूना	कैल्सियम ऑक्साइड	CaO
भखरा चूना	कैल्सियम हाइड्रॉक्साइड	$Ca(OH)_2$
सिन्दूर	मरक्यूरिक सल्फाइड	HgS
शोरा	पोटैशियम नाइट्रेट	KNO_3
शोरे का अम्ल	नाइट्रिक एसिड	HNO_3
नमक का अम्ल	हाइड्रोक्लोरिक एसिड	HCl
गन्धक का अम्ल	सल्फ्यूरिक एसिड	H_2SO_4
नौसादर	अमोनियम क्लोराइड	NH_4Cl
लाफिंग गैस	नाइट्रस ऑक्साइड	N_2O
जिप्सम	कैल्सियम सल्फेट	$CaSO_4 \cdot 2H_2O$
शुष्क गैस (ड्राइ आइस)	ठोस कार्बन डाइऑक्साइड	CO_2
फिटकरी	पोटैशियम एल्युमीनियम सल्फेट	$K_2SO_4Al_2(SO_4)_3$ $24H_2O$
गैलेना	लेड सल्फाइड	PbS
टी एन टी	ट्राई नाइट्रोटाल्वीन	$C_6H_2CH_3(NO_2)_3$
कास्टिक पोटाश	पोटैशियम हाइड्रॉक्साइड	KOH
विरंजक चूर्ण	ब्लीचिंग पाउडर	$CaOCl_2$
प्लास्टर ऑफ पेरिस	कैल्शियम सल्फेट हाफ हाइड्रेट	$(CaSO_4)_2 \cdot H_2O$
साल्ट केक	सोडियम सल्फेट	Na_2SO_4
ग्लोबर लवण	सोडियम सल्फेट	$Na_2SO_4 \cdot 10H_2O$
बालू	सिलिकॉन ऑक्साइड	SiO_2
अम्लराज	अम्लराज	$3HCl + HNO_3$
भारी जल	ड्यूटेरियम ऑक्साइड	D_2O
श्वेत पोटाश	पोटैशियम क्लोरेट	$KClO_3$
हाइड्रोजन परॉक्साइड	हाइड्रोजन परॉक्साइड	H_2O_2
चाइनीज श्वेत	जिंक ऑक्साइड	ZnO
हाईपो	सोडियम थायोसल्फेट	$Na_2S_2O_3 \cdot 5H_2O$
मार्श गैस	मेथेन	CH_4
एल्कोहॉल	इथाइल एल्कोहॉल	C_2H_5OH
चीनी	सुक्रोज	$C_{12}H_{22}O_{11}$

रसायन विज्ञान के महत्त्वपूर्ण बिन्दु

- क्षार ऐसा भस्म है (base) जो जल में विलय होता है।
- भस्म ऐसा पदार्थ है जो अम्ल से क्रिया करके लवण तथा जल बनाता है। यह इलेक्ट्रॉनदाता होता है।
- एमोर्फस ऐसा पदार्थ है जिसका निश्चित रूप और आकार न हो।
- उभयधर्मी ऐसा पदार्थ है जिसमें अम्ल तथा भस्म दोनों के गुण विद्यमान रहते हैं।
- अमलगम किसी धातु की मरकरी के साथ मिश्रधातु को अमलगम कहते हैं।
- एक ग्राम अणु में उपस्थित अणुओं की संख्या को आवोगाद्रो संख्या कहते हैं। इसका भाग 6.023×10^{23} होता है।
- कार्बोहाइड्रेट कार्बनिक यौगिक जिनका सामान्य सूत्र $C_n(H_2O)_n$ होता है। ये भोजन का मुख्य अंग होते हैं।
- प्रोटीन नाइट्रोजनी यौगिक जो प्राणी तथा वनस्पति अंगों के प्रमुख रचक होते हैं। ये अमीनो अम्ल से बनते हैं।
- ऐसा पदार्थ जो किसी रासायनिक क्रिया की दर को परिवर्तित करता है, उत्प्रेरक कहलाता है।
- दो या दो से अधिक तत्त्वों के निश्चित अनुपात से बना पदार्थ यौगिक कहलाता है।
- भौतिक परिवर्तन में कोई रासायनिक क्रिया नहीं होती अर्थात् नया पदार्थ नहीं बनता।
- तत्त्वों की आवर्त सारणी (दीर्घ) में 18 समूह तथा 7 आवर्त हैं।
- परमाणु क्रमांक की खोज वैज्ञानिक मोजले ने की थी। परमाणु संख्या किसी तत्त्व के परमाणु में उपस्थित प्रोटॉनों अथवा इलेक्ट्रॉनों की संख्या के बराबर होती है।
- मेण्डलीफ की आवर्त सारणी की समूह संख्या, उस समूह में उपस्थित तत्त्वों की संयोजकता को प्रदर्शित करती है।
- प्रथम-ए समूह के तत्त्वों को क्षार धातुएँ कहते हैं। (Li, Na, K, Rb, Cs and Fr)
- प्रथम-बी समूह के तत्त्वों को सिक्का धातु कहते हैं। (Cu, Ag, Au)
- मरकरी को क्विक सिल्वर कहा जाता है।
- फॉर्मिक अम्ल लाल चींटियों से प्राप्त किया जाता है।
- सर्वाधिक वैद्युत ऋणात्मक तत्त्व फ्लोरीन है।
- सर्वाधिक वैद्युत धनात्मक तत्त्व फ्रैन्शियम है।
- सर्वाधिक विद्युत चालकता वाला तत्त्व सिल्वर होता है।
- सर्वाधिक विद्युत चालक अधातु ग्रेफाइट होता है।
- उच्चतम इलेक्ट्रॉन बन्धुता वाला तत्त्व क्लोरीन होता है।
- प्लेटिनम को सफेद स्वर्ण कहते हैं।
- भू-परत में सबसे कम मात्रा में पाया जाने वाला तत्त्व एस्टैटीन (At) है।
- भू-परत में सबसे अधिक मात्रा में पाया जाने वाला तत्त्व ऑक्सीजन है।
- वायुमण्डल में सर्वाधिक मात्रा में पाया जाने वाला तत्त्व नाइट्रोजन है।
- पेट्रोल को द्रव स्वर्ण कहा जाता है।
- 24 कैरेट स्वर्ण, शुद्ध स्वर्ण को कहते हैं।
- केवल हाइड्रोजन परमाणु ही ऐसा परमाणु है जिसके नाभिक में न्यूट्रॉन नहीं होता है।
- गोल्ड, प्लेटिनम, मरकरी तथा सिल्वर उत्कृष्ट धातुएँ हैं।
- लीथियम सबसे हल्का धात्विक तत्त्व है।
- रेडॉन गैसीय तत्त्वों में सबसे भारी तत्त्व है।
- एस्टैटीन ठोस अधातुओं में सबसे भारी तत्त्व है।
- सबसे प्रबल अपचायक लीथियम होता है।
- परमाणु बम नाभिकीय विखण्डन पर आधारित है।
- हाइड्रोजन बम नाभिकीय संलयन पर आधारित है।
- ठोस कार्बन डाइऑक्साइड को शुष्क बर्फ कहते हैं।
- केवल हाइड्रोजन एक ऐसा तत्त्व है जिसके सभी तीनों समस्थानिकों को अलग-अलग नाम दिए गए हैं। (प्रोटियम, ड्यूटीरियम तथा ट्राइटियम)।
- एल्फा कण (α) हीलियम नाभिक के समकक्ष होता है।
- बीटा कण (β) इलेक्ट्रॉन के समकक्ष होता है।
- हीरा प्रकृति में पाया जाने वाला सबसे कठोर पदार्थ होता है।
- पोलोनियम (Po) के सर्वाधिक समस्थानिक (27 समस्थानिक) होते हैं।
- आयरन सल्फाइड (FeS_2) को झूठा सोना कहा जाता है।
- कार्बन ऐसा तत्त्व है जिसमें सबसे अधिक शृंखलन की प्रवृत्ति होती है।
- मार्श गैस का प्रमुख रचक मेथेन (CH_4) है।
- ऑक्सी-एसीटिलीन ज्वाला धातुओं को काटने तथा वैल्ड करने के काम आती है।
- पेट्रोल को खनिज तेल, रॉक तेल तथा क्रूड तेल भी कहते हैं।
- एसिटिक अम्ल के 10% विलयन को सिरका कहते हैं।
- शुद्ध सेलुलोस से कागज बनता है।
- फ्रिऑन (CF_2Cl_2) एक अति प्रचलित प्रशीतक है।
- रेक्टिफाइड स्पिरिट (rectified spirit) में 95.6% एथिल एल्कोहॉल तथा 4.4% जल होता है। इसे कामर्शियल एल्कोहॉल भी कहते हैं।
- ग्रेफाइट को पेन्सिल लेड भी कहते हैं।
- स्टेनलेस स्टील में 73% आयरन, 18% क्रोमियम, 1% कार्बन और 8% निकिल होता है।
- चाय तथा कॉफी में कैफीन नामक प्यूरीन पाया जाता है जो स्फूर्ति का अनुभव कराता है।
- दूध में जल, वसा, शर्करा के अतिरिक्त कैफीन नामक फॉस्फोप्रोटीन भी पाया जाता है।
- प्रोटीन पाचन का अन्तिम उत्पाद अमीनो अम्ल होता है।
- भारी जल परमाणु भट्‌ठी में मन्दक के रूप में प्रयुक्त होता है।
- जब तेलों को निकिल फॉर्मेट की उपस्थिति में 150°-180°C पर गर्म करके हाइड्रोजन गैस प्रवाहित की जाती है तो दानेदार ठोस वनस्पति घी प्राप्त होता है।
- मिथाइल आइसोसायनेट को (MIC) मिक गैस कहते हैं। यह अत्यन्त विषैली गैस है। भोपाल गैस काण्ड (1984) में इसी गैस ने हाहाकार मचाया था।
- शुद्ध जल का pH 7 होता है।
- 4°C तापमान पर जल का घनत्व अधिकतम होता है।
- आग बुझाने के लिए कार्बन डाइऑक्साइड का प्रयोग किया जाता है।
- हीरा तथा ग्रेफाइट कार्बन के क्रिस्टलीय अपररूप हैं।
- ईंधनों के जलने से प्राप्त कार्बन डाइऑक्साइड प्रदूषण का प्रमुख कारण है।
- ओजोनमण्डल पराबैंगनी किरणों को अवशोषित करके पृथ्वी के जीवों की रक्षा करता है।
- पेट्रोल की गाड़ी चन्द्रमा पर नहीं चल सकती क्योंकि वहाँ पर वायुमण्डल नहीं है।
- नाइट्रस ऑक्साइड तथा सल्फर डाइऑक्साइड पर्यावरण में अम्ल वर्षा का प्रमुख कारण हैं।
- सोने के आभूषण बनाते समय सोने में ताँबा मिलाया जाता है।
- पानी की स्थायी कठोरता का कारण कैल्सियम तथा मैग्नीशियम के घुलित क्लोराइड तथा सल्फेट लवण होते हैं।
- पानी की अस्थायी कठोरता कैल्सियम तथा मैग्नीशियम के बाइकार्बोनेटों के कारण होती है।
- पानी की अस्थायी कठोरता को उबालकर दूर किया जा सकता है।
- नींबू में साइट्रिक अम्ल पाया जाता है।
- इमली में टार्टरिक अम्ल होता है
- साधारण काँच में सोडियम, पोटैशियम, कैल्सियम और लेड के सिलिकेट होते हैं।
- यदि साधारण काँच को बनाते समय उसमें सिल्वर क्लोराइड डाल दिया जाए तो वह काँच फोटोक्रोमिक किस्म का अथवा स्वतः रंग बदलने वाला बन जाता है।
- घरों में ईंधन के रूप में प्रयुक्त की जाने वाली द्रवित प्राकृतिक गैस को एल पी जी कहते हैं। यह ब्यूटेन तथा प्रोपेन गैसों का मिश्रण होती है।
- किसी विद्युत अपघटनी सेल के एनोड पर हमेशा ऑक्सीकरण और कैथोड पर अवकरण की क्रिया होती है।
- सोडियम एक ऐसी धातु है जो जल पर तैरती है।
- ग्रीन हाउस प्रभाव में प्रमुख उत्तरदायी गैस कार्बन डाइऑक्साइड है।
- गन्धक के अम्ल का प्रयोग मोटर कार की बैटरियों में किया जाता है।
- क्वार्ट्ज प्रकृति में सबसे अधिक मात्रा में पाया जाने वाला खनिज है। अधिकतर चट्टानें इसी से बनी हैं।

- कुछ पदार्थ सूर्य के प्रकाश में रखने के बाद प्रकाश से हटाए जाने पर भी प्रकाश निकालते रहते हैं। इस घटना को स्फुरण (phosphorescence) कहते हैं। यह गुण कैल्सियम सल्फाइड में पाया जाता है।
- सबसे भारी धातु ओसमियम (Os) है।
- डी डी टी का पूरा नाम डाइक्लोरो डाइफिनाइल ट्राइक्लोरोएथेन है। यह एक कीटाणुनाशक दवा है।
- धातुओं की विद्युत चालकता तापक्रम बढ़ाने पर घटती है और तापक्रम कम करने पर बढ़ती है।
- अर्द्धचालकों की विद्युत चालकता तापमान बढ़ाने के साथ बढ़ती है और तापमान घटाने पर कम होती है।
- परम शून्य तापमान पर गैसों का आयतन शून्य हो जाता है अथवा अणुओं के सभी प्रकार की गति शून्य हो जाती है।
- VII B उपसमूह के तत्त्वों (F, Cl, Br, I, At) को हैलोजन कहते हैं जिसका अर्थ है लवण बनाने वाले।
- क्लोरीन एक रोगाणुनाशी है।
- एस्प्रिन तथा पैरासिटामोल ज्वरनाशी पदार्थ हैं।
- नाइट्रस ऑक्साइड (N_2O) एक सामान्य निश्चेतक है।
- क्लोरोफॉर्म का प्रयोग भी निश्चेतक के रूप में किया जाता है।
- प्रतिजैविक (antibiotics) बैक्टीरिया, कवक तथा मोल्डस द्वारा उत्पन्न होते हैं जो अन्य बैक्टीरिया के लिए विषैले होते हैं।
- पेनसिलिन एक उत्तम प्रतिजैविक है जो कवक से प्राप्त होता है।
- क्लोरोमफेनिकोल का व्यापारिक नाम क्लोरोमाइसिटिन है। इसका प्रयोग टायफॉइड, ज्वर, डायरिया तथा पेचिस में किया जाता है। यह एक प्रभावी प्रतिजैविक है।
- रेशम तथा ऊन जान्तव प्राकृतिक रेशे हैं। सूत, जूट तथा हैम्प वानस्पतिक प्राकृतिक रेशे हैं।
- बोरिक अम्ल तथा पोटैशियम परमैग्नेट प्रतिरोधी (antiseptic) पदार्थ हैं।
- आयोडीन एक प्रबल जीवाणुनाशी है। आयोडीन का प्रयोग टिंक्चर बनाने में किया जाता है।
- एन्जाइम विशेष प्रकार के प्रोटीन होते हैं।
- गेमैक्सिन ($C_6H_6Cl_6$) हैक्साक्लोरो साइक्लो हैक्सेन है। यह एक उत्तम कीटनाशी है।
- अधिकांश संक्रमण धातु आयन एवं उनके यौगिक रंगीन होते हैं।
- हीमोग्लोबिन एक विशेष प्रकार की प्रोटीन है जिसका प्रमुख कार्य फेफड़ों से ऑक्सीजन को रक्त धारा की सहायता से विभिन्न ऊतकों को पहुँचाना है।
- कार्बन टेट्राक्लोराइड (CCl_4) का प्रयोग पायरीन के नाम से आग बुझाने के संयन्त्रों में किया जाता है।
- नाइट्रोग्लिसरीन का प्रयोग डायनामाइट बनाने में किया जाता है।
- एलम (alum) का प्रयोग चमड़े की टेनिंग में किया जाता है।
- क्यूप्रस ऑक्साइड (Cu_2O) को रूबी कॉपर कहते हैं। इसका प्रयोग काँच को रंगीन बनाने में किया जाता है।
- मैग्नीशियम सल्फेट ($MgSO_4 \cdot 7H_2O$) को एप्सोम लवण कहते हैं। इसका उपयोग दस्तावर (purgative) के रूप में होता है
- स्टैनिक सल्फाइड (SnS_2) को मोसाइक गोल्ड कहते हैं। इसका प्रयोग पेन्ट के रूप में किया जाता है।
- मैग्नीशियम हाइड्रॉक्साइड [$Mg(OH)_2$] को मिल्क ऑफ मैग्नीशियम कहा जाता है। इसका प्रयोग पेट की दवाओं में किया जाता है।
- प्रोड्यूसर गैस में CO_2, N_2 तथा H_2 होती है। यह एक ईंधन गैस है।
- पोटैशियम कार्बोनेट को पर्ल एश (pearl ash) कहते हैं। यह साबुन बनाने में काम आता है।
- अमोनियम क्लोराइड (NH_4Cl) को नौसादर कहते हैं। यह औषधियों में काम आता है।
- कैल्सियम फॉस्फेट [$Ca_3(PO_4)_2$] का प्रयोग टूथपेस्ट बनाने में किया जाता है।
- प्लास्टर ऑफ पेरिस [$(CaSO_4)_2 \cdot H_2O$] का प्रयोग हड्डी टूटने पर प्लास्टर चढ़ाने के काम आता है।
- सिक्का धातु में 75% कॉपर तथा 25% निकिल होता है।
- नाइक्रोम (nichrome) क्रोमियम, निकिल तथा आयरन की मिश्रधातु है। यह हीटरों के कॉइल (coil) बनाने के काम आती है।
- ग्रेफाइट का प्रयोग शुष्क स्नेहक (dry lubricant) के रूप में किया जाता है।
- कार्बन डाइऑक्साइड पौधों के लिए प्राणदायिनी गैस है।
- बादल तथा कोहरा कोलॉइडी विलयन हैं।
- जब कोई द्रव किसी ठोस में परिक्षेपित होकर कोलॉइडी विलयन बनाता है तो वह जैल (gel) कहलाता है; जैसे—जैली, पनीर, मक्खन आदि।
- जब एक द्रव दूसरे अमिश्रणीय द्रव में परिक्षेपित होकर कोलॉइडी विलयन बनाता है तो वह पायस (emulsion) कहलाता है; जैसे—दूध।
- धुआँ वायु में कार्बन और अन्य कणों का कोलॉइडी विलयन होता है।
- फोटोग्राफिक प्लेट पर सिल्वर ब्रोमाइड तथा जिलैटिन की पतली परत चढ़ी होती है।
- हीलियम गैस हल्की होने के कारण वायुयानों के टायरों में भरी जाती है।
- हीलियम और ऑक्सीजन का मिश्रण गहरे समुद्रों में गोताखोरों द्वारा वायु के स्थान पर प्रयोग किया जाता है क्योंकि अधिक दाब पर हीलियम नाइट्रोजन की अपेक्षा रक्त में कम विलय होती है।
- दमा के रोगी को भी हीलियम और ऑक्सीजन का मिश्रण वायु के स्थान पर दिया जाता है।
- विज्ञापन चिह्नों में विभिन्न रंग के प्रकाश उत्पन्न करने के लिए नियॉन गैस का प्रयोग किया जाता है।
- हवाई अड्डों पर विमानचालकों को संकेत देने के लिए नियॉन लैम्प का प्रयोग किया जाता है क्योंकि यह प्रकाश कुहरे में अधिक चमकता है।
- ऑर्गन गैस विद्युत बल्बों में भरी जाती है क्योंकि इसकी उपस्थिति में तन्तु (filament) बहुत समय तक सुरक्षित रहता है।
- रेडॉन का प्रयोग कैंसर उपचार में किया जाता है।
- हाइड्रोजन परॉक्साइड के तनु विलयन का प्रयोग कीटाणुनाशक के रूप में दाँत, कान, घाव आदि धोने में किया जाता है।
- पुराने तैल चित्रों को चमकदार बनाने के लिए हाइड्रोजन परॉक्साइड का प्रयोग किया जाता है।
- सोडियम हाइड्रॉक्साइड का प्रयोग सूती कपड़ों में चमक पैदा करने (marcerisation) में किया जाता है।
- –273°C तापमान का केल्विन में मान 0°K होता है।
- 0°K तापमान को परम शून्य (absolute zero) कहते हैं।
- सोडियम बाइकार्बोनेट ($NaHCO_3$) का प्रयोग बेकिंग पाउडर, झागदार पेय तथा अनेक दवाइयों में किया जाता है।
- पोटैशियम क्लोरेट ($KClO_3$) का प्रयोग आतिशबाजी तथा कीड़े मारने की दवाई के रूप में किया जाता है।
- पोटैशियम सायनाइट (KCN) एक विष है, इसका प्रयोग सोने व चाँदी के विद्युत लेपन में किया जाता है।
- कॉपर सल्फेट एक जहर है। इसे कीटाणुनाशक के रूप में प्रयोग किया जाता है।
- सिल्वर नाइट्रेट ($AgNO_3$) का प्रयोग निशान लगाने वाली स्याही बनाने में किया जाता है। वोटरों की अँगुली पर इसी का निशान लगाया जाता है।
- बुझा हुआ चूना [$Ca(OH)_2$] दीवारों पर सफेदी करने के काम आता है।
- कैल्सियम कार्बोनेट ($CaCO_3$) का प्रयोग दन्तमंजन, पाउडर तथा पेस्ट बनाने में किया जाता है।
- जिंक ऑक्साइड (ZnO), जिंक ह्वाइट अथवा चाइनीज ह्वाइट के नाम से सफेद पेन्टों में प्रयोग किया जाता है।
- मरहम और चेहरे की क्रीम बनाने में भी जिंक ऑक्साइड (ZnO) काम आता है।
- जिंक सल्फाइड स्फुरदीप्ति पर्दे (phosphorescence screens) बनाने में काम आता है। मरक्यूरिक क्लोराइड ($HgCl_2$) का 1% विलयन शल्यकर्म औजारों के निजर्मीकरण (sterilisation) में प्रयोग किया जाता है।
- पारे का उपयोग मरकरी वाष्प लैम्प बनाने में होता है।
- एल्युमीनियम का प्रयोग सिगरेट, साबुन, मिठाई लपेटने के लिए पतली परतों के रूप में होता है।
- हाइड्रोजन आवर्त सारणी का प्रथम तत्त्व है।
- ट्राइटियम हाइड्रोजन का रेडियोएक्टिव समस्थानिक है।
- जल हाइड्रोजन का उदासीन ऑक्साइड है।
- शुद्ध जल का क्वथनांक 100°C तथा हिमांक 0°C होता है।
- शुद्ध जल एक ध्रुवीय यौगिक है। (द्विध्रुव आघूर्ण = 1.85D) तथा इसका डाइइलेक्ट्रिक स्थिरांक उच्च होता है।
- जियोलाइट जल के शुद्धिकरण मे प्रयोग होता है।
- भारी जल हाइड्रोजन का ऑक्साइड होता है।
- भारी जल का क्वथनांक 101.42°C तथा हिमांक 3.8°C होता है।

जीव विज्ञान

परिचय Introduction

जीव विज्ञान (Biology), विज्ञान की वह शाखा है, जिसके अन्तर्गत जीवधारियों का अध्ययन किया जाता है। जीव विज्ञान (Biology) शब्द का प्रयोग सर्वप्रथम **लैमार्क** एवं **ट्रेविरेनस** ने वर्ष 1802 में किया था। जन्तुओं का अध्ययन जन्तु विज्ञान (Zoology), पादपों का अध्ययन वनस्पति विज्ञान (Botany) तथा सूक्ष्मजीवों का अध्ययन सूक्ष्मजीव विज्ञान (Microbiology) के अन्तर्गत किया जाता है।

कुछ प्रमुख जीवों में गुणसूत्रों की संख्या

जीव	संख्या	जीव	संख्या
ऐस्कैरिस मैगासिफेलस	190	मानव	46
		घरेलू मक्खी	12
अमीबा	250	बिल्ली	38
मटर	14	चूहा	40
मक्का	20	गेहूँ	42
मेढ़क	26	आलू	48
चिम्पैंजी	48	घोड़ा	64
गोरिल्ला	48	कुत्ता	78

कोशिका एवं कोशिकांग Cell and Cell Organelles

- सभी जीवधारियों का शरीर या तो (एककोशिकीय, जैसे—जीवाणु, प्रोटोजोआ या बहुकोशिकीय); जैसे—अधिकांश पादप एवं जन्तु, इकाइयों से मिलकर बना होता है। इन इकाइयों को **कोशिका** (Cell) कहते हैं।
- **रॉबर्ट हुक** (वर्ष 1665) ने कोशिका की खोज की तथा अपनी पुस्तक **माइक्रोग्राफिया** में इसे 'कोशिका' नाम दिया। कोशिका जीवन की सबसे छोटी संरचनात्मक एवं कार्यात्मक इकाई है।
- वनस्पति विज्ञान शास्त्री **श्लाइडेन** (वर्ष 1838 में) एवं जन्तु विज्ञान शास्त्री **श्वान** (वर्ष 1839 में) ने **कोशिकावाद** प्रस्तुत किया।

कोशिकांग, उनके खोजकर्ता एवं कार्य Cell Organelles, their Discoverer and Functions

कोशिकांग	खोजकर्ता	कार्य
हरितलवक (Chloroplast)	हेकल	प्रकाश-संश्लेषण द्वारा भोजन का निर्माण।
माइटोकॉण्ड्रिया (Mitochondria)	कॉलिकर	कोशिकीय श्वसन द्वारा ATP का निर्माण।
अन्तःप्रद्रव्यी जालिका (Endoplasmic reticulum)	पोर्टर	प्रोटीन संश्लेषण (RER में) एवं लिपिड, ग्लाइकोजन तथा स्टीरॉइड संश्लेषण (SER में)।
गॉल्जीकाय (Golgi body)	कैमिलो गॉल्जी	शुक्राणु के एक्रोसोम का निर्माण, हॉर्मोन स्रावण, पदार्थों का संचय एवं स्थानान्तरण।
कोशिका भित्ति (Cell wall)	रॉबर्ट हुक	मुख्यतया सेलुलोस की बनी, कैल्शियम व मैग्नीशियम पेक्टेट की बनी मध्य पटलिका कोशिकाओं के बीच सीमेण्ट का कार्य करती है।
जीवद्रव्य (Protoplasm)	पुरकिन्जे	जीवन की भौतिक आधारशिला।
कोशिका झिल्ली का तरल मोजैक मॉडल (Fluid mosaic model)	सिंगर एवं निकोलसन	आकृति प्रदान करना व पदार्थों का आदान-प्रदान।
क्वाण्टासोम (Quantasome)	पार्क एवं पोन	प्रकाश-संश्लेषण की इकाई।
राइबोसोम (Ribosome)	पैलेड	प्रोटीन का संश्लेषण।
तारककाय (Centrosome)	टी बोवेरी	कोशिका विभाजन के समय एस्टर किरणों का विकास।
लाइसोसोम (Lysosome)	डी डुवे	बाह्य कोशिका पदार्थों तथा आन्तर कोशिका पदार्थों का पाचन, आत्महत्या की थैली
परॉक्सीसोम (Peroxisome)	टॉल्बर्ट	प्रकाश श्वसन।
सूक्ष्मनलिकाएँ (Microtubules)	डी रॉबर्टिस	सीलिया, कशाभिका, तारककाय एवं कोशिका कंकाल का निर्माण।
केन्द्रक (Nucleus)	रॉबर्ट ब्राउन	कोशिका का नियन्त्रक।
केन्द्रिका (Nucleolus)	फोण्टाना	RNA तथा राइबोसोम का संश्लेषण।
गुणसूत्र (Chromosome)	वाल्डेयर	जननिक लक्षणों का एक पीढ़ी से दूसरी पीढ़ी में स्थानान्तरण।

पोषण Nutrition

उन सभी क्रियाओं का कुल योग है जो भोजन के अन्तर्ग्रहण, पाचन, पचे हुए भोजन के अवशोषण और अपचित भोजन के बहिष्कार से सम्बन्धित है

पोषण मुख्यतया दो प्रकार का होता है

1. **स्वपोषण** जीव अपना भोजन स्वयं बनाते हैं; जैसे-सभी हरे पौधे, कुछ एककोशिकीय जीव—*युग्लीना, क्लेमाइडोमोनाज, वोल्वॉक्स*।
2. **परपोषण** जीव अपने भोजन हेतु अन्य जीवों पर निर्भर रहते हैं; जैसे-परजीवी, मृतोपजीवी तथा कीटाहारी पौधे।

भोजन Food

भोजन वह पोषक पदार्थ है जो किसी जीव द्वारा वृद्धि, कार्य, मरम्मत और जीवन क्रियाओं के संचालन हेतु ग्रहण किया जाता है। यह विभिन्न पदार्थों का मिश्रण होता है। जिसकी मात्रा एवं उसके अवयव भिन्न-भिन्न हो सकते हैं।

भोजन के अवयव Components of Food

भोजन के सात मुख्य अवयव निम्नलिखित हैं

1. कार्बोहाइड्रेट 2. वसा 3. प्रोटीन 4. विटामिन 5. खनिज लवण 6. जल

कार्बोहाइड्रेट Carbohydrates

- कार्बोहाइड्रेट, पॉलीहाइड्रोक्सी एल्डिहाइड अथवा कीटोन होते हैं जो C, H, एवं O से बने होते हैं। इनमें C, H एवं O का अनुपात सामान्यतया 1 : 2 : 1 होता है।
- सामान्य सूत्र $C_n(H_2O)\ n$, n = कार्बन परमाणुओं की संख्या
- कार्बोहाइड्रेट हमारे शरीर हेतु मुख्य ऊर्जा का स्रोत है। ये ऑक्सीकरण के पश्चात् शरीर में ऊर्जा उत्पन्न करते हैं।
- 1 ग्राम कार्बोहाइड्रेट के ऑक्सीकरण से 17 किलो जूल ऊर्जा अथवा 4.1 किलो कैलोरी ऊर्जा निकलती है।
- हमारे भोजन की कुल ऊर्जा में से लगभग 60-80% ऊर्जा कार्बोहाइड्रेट से आती है।
- कार्बोहाइड्रेट हमारे शरीर का लगभग 1% भाग बनाते हैं।

कार्बोहाइड्रेट के प्रकार Types of Carbohydrates

शर्करा अणुओं के आधार पर इन्हें तीन भागों में बाँटा जा सकता है

1. **मोनोसैकेराइड्स** ये सबसे सरल कार्बोहाइड्रेट हैं। ये केवल एक शर्करा अणु के बने होते हैं;
   जैसे-ग्लूकोज, फ्रक्टोज, गेलेक्टोज।
2. **डाईसैकेराइड्स** ये मोनोसैकेराइड्स की दो इकाइयों के बने होते हैं;
   जैसे-सुक्रोज (चीनी), माल्टोज, लैक्टोज (दुग्ध शर्करा)।
3. **पोलीसैकेराइड्स** ये बहुत सी मोनोसैकेराइड इकाइयों के ग्लाइकोसाइडिक बन्ध द्वारा जुड़ने से बनते हैं;
   जैसे-सेलुलोस, स्टार्च (आलू में), ग्लाइकोजन (जन्तु यकृत में), काइटीन (आर्थ्रोपोड्स के कवच), हैलुरिक अम्ल।

भोजन में कार्बोहाइड्रेट Carbohydrates in Food

भोजन में पाए जाने वाले कुछ कार्बोहाइड्रेट निम्न हैं

सेलुलोस Cellulose

- यह पौधे की कोशिका भित्ति में पाया जाता है।
- कपास एवं कागज शुद्ध सेलुलोस के बने होते हैं। यह ग्लूकोज का बहुलक है।
- पशुओं जैसे-गाय, भैंस, बकरी आदि में सेलुलोस का पाचन होता है परन्तु मनुष्य में इसका पाचन नहीं होता।

शर्करा Sugar

- यह मीठा, क्रिष्टलीय, सफेद, जल में घुलनशील पदार्थ है। मुख्यतया फलों में पाया जाता है।
- ग्लूकोज शर्करा की अतिरिक्त मात्रा, यकृत में ग्लाइकोजन के रूप में तथा शरीर के अन्य भागों में वसा के रूप में संग्रहित रहती है।
- यकृत की ग्लाइकोजन, रुधिर में शर्करा का स्तर नियन्त्रित करती है।

स्टार्च Starch

- पादप कोशिकाओं का संग्रहित पदार्थ है।
- रासायनिक रूप से यह एमाइलोज एवं एमाइलोपेक्टिन का मिश्रण है जिनमें इनका अनुपात 1 : 4 होता है।
- तनु HCl द्वारा यह ग्लूकोज में अपघटित हो जाता है।

कार्बोहाइड्रेट के स्रोत Sources of Carbohydrates

- इसके मुख्य स्रोत आलू, फल (केला, आम), अनाज (चावल, गेहूँ, मक्का), शर्करा (शहद, गन्ना, चकुन्दर, जैम) रोटी, दूध आदि हैं।
- कार्बोहाइड्रेट की अत्यधिक मात्रा लेने से पाचन तन्त्र सम्बन्धी रोग हो जाते हैं।
- कार्बोहाइड्रेट की अत्यधिक मात्रा लेने से बच्चों एवं वयस्कों में मोटापा हो जाता है।

वसा Fats

- वसा, वसीय अम्लों एवं ग्लिसरॉल से बना यौगिक है जो कार्बन (C), हाइड्रोजन (H) एवं ऑक्सीजन (O) का बना होता है।
- इसमें अत्यधिक कैलोरी (ऊर्जा) होती है और ये आवश्यक वसा अम्लों के मुख्य स्रोत हैं।
- 1 ग्राम वसा के ऑक्सीकरण द्वारा 37 किलो जूल ऊर्जा या 9 किलो कैलोरी ऊर्जा उत्पन्न होती है।
- ये जल में अविलेय एवं एसीटोन, बेन्जीन, क्लोरोफार्म आदि में विलेय होते हैं।
- जन्तु वसाएँ अर्द्ध ठोस होती हैं जबकि वनस्पति वसाएँ तरल रूप में होती हैं तथा तेल कहलाती हैं।

वसा के स्रोत Sources of Fats

- घी, मक्खन, बादाम, पनीर, अण्ड योक, मांस, सोयाबीन और सभी वनस्पति तेल वसा के मुख्य स्रोत हैं।
- वसा की अल्पता से त्वचा सूखी हो जाती है।
- वसा की कमी के कारण वसा में घुलनशील विटामिनों की भी कमी हो जाती है।
- वसा की अत्यधिक मात्रा के सेवन से मोटापा हो जाता है।
- कोलेस्ट्रॉल के स्तर में वृद्धि से हृदय रोग उत्पन्न हो जाते हैं।

प्रोटीन Proteins

- प्रोटीन शब्द जे बर्जीलियस ने वर्ष 1930 में प्रतिपादित किया था।
- प्रोटीन अमीनो अम्लों का बहुलक है।
- प्रोटीन कार्बन (C), हाइड्रोजन (H), ऑक्सीजन (O) एवं नाइट्रोजन (N) से बनी होती हैं। कुछ प्रोटीनों में गन्धक (S), फॉस्फोरस (P) और लौह (Fe) भी पाया जाता है।
- प्रोटीनों में लगभग 20 प्रकार के अमीनो अम्ल पाए जाते हैं।

प्रोटीन के स्रोत Sources of Proteins

- प्रोटीन के मुख्य स्रोत दालें, मछली, अण्डा, पत्तीदार सब्जियाँ, दूध, फल, सोयाबीन, मटर, सेम, पनीर, दही आदि हैं।
- प्रोटीन की कमी से बच्चों में सूखा रोग (Marasmus) एवं क्वाशरकोर (Kwashiorkor) रोग उत्पन्न हो जाते हैं।

विटामिन Vitamins

- विटामिन शब्द फंक (Funk) ने प्रतिपादित किया था।

इन्हें इनकी घुलनशीलता के आधार पर दो भागों में विभाजित किया जाता है

- **जल में घुलनशील विटामिन** विटामिन B-कॉम्पलैक्स, विटामिन C
- **वसा में घुलनशील विटामिन** विटामिन A, विटामिन D, विटामिन E, विटामिन K

विटामिनों के कार्य और महत्त्वपूर्ण स्रोत

विटामिन का नाम	कार्य	मुख्य स्रोत	कमी से प्रभाव
A (रेटीनॉल)	वृद्धि, आँखों की निरोगता, त्वचा और श्लेष्मिक झिल्ली की कोशिकाओं की क्रियाओं के लिए आवश्यक।	मछली के यकृत का तेल, यकृत, गुर्दा, फल, टमाटर, गाजर, मक्खन, अण्डे की जर्दी आदि।	वृद्धि रुकना, रतौंधी व जीरोफ्थैल्मिय, संक्रमणों के प्रति प्रभाव्यता, त्वचा और झिल्लियों में परिवर्तन का आना, दोषपूर्ण दाँत तथा बीमारियाँ आदि।
B_1 (थायमीन)	वृद्धि, कार्बोहाइड्रेट उपापचय नियन्त्रण, हृदय, तन्त्रिका और पेशियों की सक्रियता के लिए आवश्यक।	बीज वाले अन्न, मांस, दूध, सोयाबीन, मुर्गा, अंकुरित अनाज, अण्डा, यीस्ट, आदि।	वृद्धि का रुकना, भूख और वजन घटना, तन्त्रिका विकास, बेरी-बेरी, थकान का होना, बदहजमी, पेट की खराबी, आदि।
B_2 (राइबोफ्लेविन)	वृद्धि, त्वचा और मुख की निरोगता, आँखों की सक्रियता।	मांस, सोयाबीन, दूध, हरी तरकारियाँ, अण्डे, मुर्गा, आदि।	वृद्धि का रुकना, धुँधली दृष्टि का होना, जीभ पर छाले पड़ जाना, असमय बुढ़ापा आना, प्रकाश न सह पाना, आदि।
B_3 (पेण्टोथेनिक एसिड)	कोएन्जाइम-A तथा ऐसीटाइलकोलीन के संश्लेषण के लिए आवश्यक।	यीस्ट, मांस, जिगर, गुर्दा, दूध, अण्डे, आदि।	पेशियों में लकवा, पैरों में जलन महसूस होना।
B_5 (नियासिन, निकोटिनिक अम्ल)	वृद्धि, कार्बोहाइड्रेट उपापचय, आमाशय और आँतों की सक्रियता, तन्त्रिका तन्त्र की सक्रियता के लिए।	मांस, मूँगफली का मक्खन (पीनट बटर), आलू, साबुत अनाज, टमाटर, पत्ते वाली तरकारियाँ आदि।	जीभ का चिकनापन, त्वचा पर फोड़े-फुंसी का होना, पाचन क्रिया में गड़बड़ी होना, मानसिक विकारों (पेलाग्रा) का होना।
B_6 (पाइरीडॉक्सिन)	अमीनो अम्ल का उपापचय।	यकृत, मांस, अनाज आदि।	त्वचा रोग, मस्तिष्क का ठीक से कार्य न करना। शरीर का भार कम होना, अनीमिया।
B_7 (बायोटिन)	कार्बोहाइड्रेट उपापचय, त्वचा व बालों की रक्षा।	मांस, अण्डा, यकृत, गिरीदार फल, दूध, आदि।	लकवा, शरीर में दर्द, बालों का गिरना तथा वृद्धि में कमी, आदि।
B_9 (फोलिक अम्ल)	रुधिर कोशिकाओं का निर्माण तथा वृद्धि, न्यूक्लिक अम्ल के उपापचय में सहायक।	गिरीदार फल, हरी तरकारियाँ, यकृत, सेम, यीस्ट, अण्डा, आदि।	अनीमिया तथा पेचिश रोग हो जाता है।
B_{12} (साइनोकोबैलेमिन)	रुधिराणु बनाना, न्यूक्लिक अम्ल के संश्लेषण के लिए, नाइट्रोजन उपापचय आदि।	यकृत आदि।	रुधिर की कमी का होना आदि।
C (एस्कॉर्बिक अम्ल)	वृद्धि, दाँतों का विकास तथा मजबूती, मसूड़ों की निरोगता, घाव भरना आदि।	नींबू, सन्तरा, नारंगी, टमाटर, पत्ती वाली तरकारियाँ, आँवला, खट्टे पदार्थ, आदि।	मसूड़े फूलना, अस्थियों के चारों ओर स्राव, जरा-सी चोट पर रुधिर निकलने लगना (स्कर्वी), अस्थियाँ कमजोर होना।
D (केल्सीफेरॉल)	वृद्धि तथा अस्थियों और दाँतों का निर्माण।	मछली का यकृत का तेल, सम्पूर्ण दूध, अण्डे, सूर्य का प्रकाश।	(रिकेट्स) सूखा रोग, कमजोर दाँत, दाँतों के रोग, दाँतों का सड़ना आदि।
E (टोकोफेरॉल)	सामान्य जनन।	पत्ती वाली तरकारियाँ, दूध, मक्खन, अंकुरित गेहूँ, वनस्पति तेल आदि।	जनन-शक्ति का कम होना।
K (फिलोक्विनोन)	रुधिर के सामान्य थक्के जमना, यकृत की सामान्य क्रियाओं के लिए।	हरी तरकारियाँ, सोयाबीन का तेल, टमाटर, आँतों में जीवाणु भी संश्लेषण करते हैं।	रुधिर स्राव का होना, ऐंठन आदि।

खनिज लवण Mineral Salts

धातु, अधातु एवं उनके लवण खनिज लवण कहलाते हैं। ये हमारे शरीर का लगभग 4% भाग बनाते हैं।

खनिज लवण दो प्रकार के होते हैं

- **वृहत्त पोषक** (Macronutrients) इन तत्त्वों की शरीर को अधिक मात्रा में आवश्यकता होती है। *उदाहरण* Ca, P, K, S, Na, Cl और Mg
- **सूक्ष्म मात्रिक** (Micronutrients) इन तत्त्वों की शरीर को बहुत कम मात्रा में आवश्यकता होती है। *उदाहरण* I, Fe, Co, F, Mo और Fe

प्रमुख खनिज लवणों के महत्त्व, स्रोत तथा अभावजनित रोग

खनिज लवण	महत्त्व	स्रोत	अभावजनित रोग
कैल्शियम	अस्थियों तथा दाँतों का निर्माण, हृदय एवं पेशियों का नियन्त्रण, रक्त का थक्का जमने में सहायक।	दूध, अण्डा, हरी पत्तीदार सब्जियाँ।	अस्थिभंगुरता, अनियन्त्रित हृदय स्पन्दन तथा पेशियों में गति।
फॉस्फोरस	कोशिकाओं को ऊर्जा, अस्थियों तथा दाँतों का निर्माण।	अनाज, दाल, दूध, अण्डा, मछली।	शारीरिक कमजोरी, कमजोर दाँत एवं अस्थियाँ।
लोहा	कोशिकाओं में ऑक्सीजन तथा कार्बन डाइऑक्साइड का आदान-प्रदान। गर्भवती महिलाओं के लिए अत्यावश्यक।	अनाज, दाल, मांस, हरी पत्तीदार सब्जियाँ, केला, सेब, अमरूद।	अरुधिरता, रक्त द्वारा ऑक्सीजन अवशोषित करने की क्षमता में कमी।
मैग्नीशियम	पेशियों एवं तन्त्रिकाओं पर नियन्त्रण, कुछ एन्जाइमों के लिए आवश्यक।	हरी पत्तीदार सब्जियाँ, अनाज।	पेशियों तथा तन्त्रिकाओं के कार्य में कमी।
गन्धक	प्रोटीन निर्माण में सहायक।	अनाज, दाल, मेथी, काला नमक।	पेशियों तथा तन्त्रिकाओं के कार्य में कमी।
ताँबा, जस्ता एवं कोबाल्ट	प्रोटीन एवं एन्जाइम का निर्माण।	अनाज, दाल, मांस, सब्जियाँ।	भूख न लगना, वृद्धि में कमी, अरक्तता।
आयोडीन	भोजन के ऑक्सीकरण का नियन्त्रण।	मछली, समुद्री नमक, आयोडाइज्ड नमक।	घेंघा रोग, असामान्य उपापचय।
क्लोरीन	एन्जाइम, तन्त्रिका तथा आमाशय के कार्यों में सहायक।	नमक, अनाज, फल।	निर्जलीकरण, अत्यधिक कमजोरी।
सोडियम एवं पोटैशियम	शरीर की सभी कोशिकाओं को उचित स्थिति में रखने में सहायक।	नमक, प्रायः सभी भोजन।	रक्तदाब में कमी, निर्जलीकरण, शारीरिक कमजोरी।

जल Water

- यह एक अकार्बनिक पदार्थ है।
- मानव शरीर में लगभग 65-70% जल होता है।
- यह पसीने एवं वाष्पन द्वारा शरीर का ताप नियन्त्रित करता है।
- यह पाचन, परिवहन एवं उत्सर्जन में सहायक है।
- इसके मुख्य स्रोत उपापचयी जल, तरल भोजन और पीने का जल है।
- इसकी कमी से निर्जलीकरण (Dehydration) हो जाता है।

मानव शरीर क्रिया विज्ञान

पाचन तन्त्र Digestive System

- मनुष्य एवं अन्य जन्तुओं में जन्तुसम पोषण (Holozoic nutrition) पाया जाता है।

1. भोजन का अन्तर्ग्रहण Ingestion of Food

- भोजन का पोषण आहारनाल में होता है। यह पोषण निम्न चरणों में होता है
- भोजन मुखगुहा द्वारा लिया जाता है।
- यह दाँतों द्वारा कुतरा जाता है तथा लार के साथ मिश्रित किया जाता है।
- अन्तर्ग्रहण मुख गुहा (Buccal cavity) में होता है।
- लार ग्रन्थियाँ भोजन को गीला करके, भोज्य कणों को समूह में लाकर लुग्दी बना देती हैं। लार ग्रन्थि में स्टार्च को तोड़ने वाला एन्जाइम टायलिन (Ptyalin) पाया जाता है।

2. भोजन का पाचन Digestion of Food

- संयुक्त एवं अघुलनशील भोज्य कणों को सरल, घुलनशील एवं अवशोषण योग्य भोज्य कणों में परिवर्तन की क्रिया पाचन (Digestion) कहलाती है।

(a) मुखगुहा में पाचन Digestion in Buccal Cavity

- मुखगुहा में स्टार्च पर लारीय एमाइलेज कार्य करता है।

$$\underset{\text{Complex form}}{\text{Starch}} \xrightarrow{\text{Ptyalin}} \underset{\text{Simple form}}{\text{Maltose}}$$

(b) आमाशय में पाचन Digestion in Stomach

- भोजन ग्रासनली (Oesophagus) से होकर आमाशय में प्रवेश करता है।
- अब भोजन आमाशयी रस एवं हाइड्रोक्लोरिक अम्ल में मिलता है जो भोजन को जीवाणु रहित एवं माध्यम को अम्लीय बना देता है।
- पेप्सिन प्रोटीन का पाचन करके उन्हें पेप्टोन्स में परिवर्तित कर देता है।
- रेनिन दूध को दही में परिवर्तित करता है।
- अब पचित भोजन (Chyme) काइम कहलाता है।

(c) छोटी आँत में पाचन Digestion in Small Intestine

- काइम, ग्रहणी (Duodenum) में पहुँचता है।
- भोजन पित्तरस (यकृत से स्रावित) से मिलता है जो वसा को छोटी गोलियों (Small globules) में तोड़ देता है।
- ट्रिप्सिन, प्रोटीन पर कार्य करके उसे पेप्टाइड में तोड़ देता है।
- एमाइलेज स्टार्च को सरल शर्करा में परिवर्तित कर देता है।
- लाइपेज, वसा को वसा अम्लों एवं ग्लिसरॉल में परिवर्तित कर देता है।
- भोजन, इलियम (Ileum) में पहुँचकर आँत रस से मिलता है।
- माल्टेज, माल्टोज को ग्लूकोज में परिवर्तित कर देता है।
- लेक्टेज, लेक्टोज को ग्लूकोज में परिवर्तित कर देता है।
- सुक्रेज, सुक्रोज को ग्लूकोज में बदल देता है।
- ट्रिप्सिन, पेप्टाइडस का अमीनो अम्लों में पाचन करता है।
- अब भोजन काइल (Chyle) कहलाता है।

3. पचे हुए भोजन का अवशोषण एवं श्वांगीकरण
Absorption and Assimilation of Digested Food

- इलियम (Ilium) की आन्तरिक सतह पर अँगुलीनुमा उभार पाए जाते हैं जिन्हें विलाई (villi) कहते हैं।
- प्रत्येक विलाई पर रुधिर वाहिनियों (Blood capillaries) और लिम्फ वाहिनियों (Lymph capillaries) का जाल बिछा होता है जो भोजन के अवशोषण में सहायता करता है।

4. अनावश्यक भोजन का बहिष्करण
Egestion of Unwanted Food

- पचा हुआ भोजन बड़ी आँत में प्रवेश करता है।
- बड़ी आँत भोजन का अवशोषण नहीं कर सकती लेकिन जल का अवशोषण करती है।
- शेष बचा हुआ ठोस वर्ज्य पदार्थ विष्ठा (Faeces) कहलाता है और मलाशय (Rectum) में पहुँचता है।
- यह मलद्वार (Anus) के द्वारा बाहर निकाल दिया जाता है।

रुधिर परिसंचरण तन्त्र Blood Circulatory System

रुधिर परिवहन तन्त्र तीन अवयवों का बना होता है

1. **हृदय** (Heart) यह मोटा, पेशीय, रुधिर को शरीर में प्रवाहित करने वाला अंग है।
2. **रुधिर नलिकाएँ** (Blood Vessels) *रुधिर नलिकाएँ दो प्रकार की होती हैं*
   (i) **धमनियाँ** (Arteries) मोटी भित्तियुक्त रुधिर नलिकाएँ जो रुधिर को हृदय से विभिन्न अंगों में पहुँचाती हैं। ये शरीर में गहराई में स्थित होती हैं तथा इनमें वाल्व (Valve) का अभाव होता है। फुफ्फुस धमनी (Pulmonary artery) के अतिरिक्त सभी धमनियों में ऑक्सीकृत (शुद्ध) रुधिर प्रवाहित होता है। धमनियों में रुधिर अधिक दाब एवं अधिक गति से बहता है।
   (ii) **शिराएँ** (Veins) ये पतली भित्ति वाली रुधिर नलिकाएँ हैं जो विभिन्न अंगों से रुधिर को हृदय तक ले जाती हैं ये शरीर में अधिक गहराई में नहीं होती तथा इनमें रुधिर की विपरीत गति को रोकने हेतु वाल्व (Valves) पाए जाते हैं। इनमें रुधिर कम दाब एवं कम गति से बहता है। फुफ्फुस शिरा के अतिरिक्त सभी शिराओं में अनॉक्सीकृत रुधिर प्रवाहित होता है।
   (iii) **वाहिनियाँ** (Capillaries) ये सबसे पतली रुधिर नलिकाएँ हैं जो धमनियों को शिराओं से जोड़ती हैं। प्रत्येक वाहिनी चपटी कोशिकाओं की एक परत से बनी होती है। ये पोषक पदार्थों, वर्ज्य पदार्थों, गैस आदि पदार्थों का रुधिर एवं कोशिका के मध्य आदान-प्रदान करने में सहायक हैं।
3. **रुधिर** (Blood) यह लाल, संवहनी (Vascular), संयोजी ऊतक है जिसमें रुधिर कणिकाएँ, प्लाज्मा, हीमोग्लोबिन, प्लाज्मा प्रोटीन आदि उपस्थित होती हैं।

- मनुष्य का हृदय चार कोष्ठीय होता है जिसमें दो अलिन्द एवं दो निलय पाए जाते हैं।

हृदय की संरचना Structure of Heart

- दायाँ अलिन्द (Right atrium/auricle)
- दायाँ निलय (Right ventricle)
- बायाँ अलिन्द (Left atrium/auricle)
- बायाँ निलय (Left ventricle)

रुधिर दाब Blood Pressure

- रुधिर द्वारा हृदय की बार-बार पम्पिंग के कारण रुधिर नलिकाओं की दीवारों पर पड़ने वाला दाब रुधिर दाब कहलाता है।
- रुधिर दाब को हमारे शरीर के कुछ स्थानों पर महसूस किया जा सकता है; जैसे— हाथ की कलाई।
- उत्तेजित अवस्था में हृदयस्पन्दन की दर बढ़ जाती है।
- सामान्य मनुष्य का रुधिर दाब 120/80 mm Hg होता है।
- हृदयस्पन्दन (Heart beat) की सामान्य दर 70-72 बार प्रति मिनट होती है।

रुधिर Blood

रुधिर प्लाज्मा एवं उसमें तैरने वाली रुधिर कोशिकाओं से मिलकर बना होता है। रुधिर में निर्जीव प्लाज्मा 65% एवं सजीव रुधिर कोशिकाएँ 35% होती हैं।

प्लाज्मा Plasma

इसमें 90% जल एवं 10% अन्य पदार्थ होते हैं।

लाल रुधिर कोशिकाएँ RBC

इनमें उपस्थित हीमोग्लोबिन (Haemoglobin) नामक लाल वर्णक (Red pigments) के कारण ही रुधिर का रंग लाल होता है। हीमोग्लोबिन शरीर की हर कोशिका में ऑक्सीजन पहुँचाना तथा कार्बन डाइऑक्साइड को वापस लाने का कार्य करती हैं। लाल रुधिर कोशिकाओं का जीवनकाल 120 दिन होता है और इनका निर्माण लाल अस्थिमज्जा (Red bone marrow) में होता है।

श्वेत रुधिर कोशिकाएँ WBC

ये अनियमित आकार की होती हैं और संख्या में लाल रुधिर कोशिकाओं की तुलना में बहुत कम होती हैं। इनका जीवनकाल 24 से 30 घण्टे होता है तथा निर्माण लाल अस्थिमज्जा में होता है। इनके मुख्य कार्य रुधिर परिवहन, मृत पदार्थों को हटाना एवं जीवाणु के विरुद्ध लड़ना आदि हैं।

प्लेटलेट्स कोशिकाएँ Platelets Cells

ये रक्त जमने (Blood clotting) में सहायता प्रदान करती हैं।

रुधिर समूह Blood Group

वर्ष 1902 में नोबेल पुरस्कार विजेता कार्ल लैण्डस्टीनर ने रुधिर समूहों की खोज की। मनुष्यों में चार रुधिर समूह होते हैं : A, B, AB, O, O समूह का रुधिर किसी भी मनुष्य को दिया जा सकता है, इसे सर्वदाता (Universal Donor) कहते हैं। AB समूह सभी रुधिर समूहों से रुधिर ग्रहण कर सकता है, इसे सर्वग्राही (Universal Recipient) कहते हैं।

रक्त आधान (Blood Transfusion)

रक्त समूह (Blood Group)	रक्त प्राप्तकर्ता वर्ग (Blood Recipient Group)	रक्तदाता वर्ग (Blood Donor Group)
A	A, AB	A, O
B	B, AB	B, O
AB	AB	A, B, AB, O
O	A, B, AB, O	O

Rh फैक्टर Rh factor

Rh एक प्रकार का एण्टीजन होता है जो लाल रुधिर कोशिकाओं में पाया जाता है। जिस मनुष्य के शरीर में यह पाया जाता है वह Rh^+ एवं जिसके शरीर में नहीं पाया जाता है वह Rh^- कहलाता है। भारत में लगभग 97% लोग Rh^+ के हैं। यदि किसी Rh^- वाले व्यक्ति को Rh^+ वाले व्यक्ति का रुधिर दे दिया जाए, तो उसकी मृत्यु हो जाएगी।

तन्त्रिका तन्त्र Nervous System

- ये तन्त्र मानव के शरीर में होने वाली क्रियाओं का नियमन एवं नियन्त्रण करता है।
- मस्तिष्क, मेरुरज्जु तथा तन्त्रिकाएँ इस तन्त्र के अंग हैं।
- मस्तिष्क (Brain) तन्त्रिका तन्त्र का सर्वप्रथम अंग है।

मस्तिष्क को तीन भागों में विभाजित किया जा सकता है

1. वृहत मस्तिष्क Cerebrum

यह मस्तिष्क का सबसे बड़ा भाग है। यह इच्छा शक्ति, स्मरण शक्ति, अनुभव, सुनना, देखना, सूँघना, बोलने तथा शरीर में चेतना के कार्यों को नियन्त्रित करता है।

2. लघु मस्तिष्क Cerebellum

यह शरीर को सन्तुलित तथा मांसपेशियों के कार्यों को नियन्त्रित करता है।

3. मेड्यूला ऑब्लोंगेटा Medulla Oblongata

- यह कशेरुक दण्ड (Vertebral Column) के न्यूरल के नाल में प्रवेश करने के बाद मेरुरज्जु (Spinal cord) कहलाता है तथा हृदय की धड़कन, पाचन अंगों एवं श्वसन अंगों के कार्यों को नियन्त्रित करता है।
- आँखों की पलकों का झपकना एक अनैच्छिक (Involuntary) क्रिया है। औसतन हर 6 सेकण्ड में एक बार पलक झपकती है।
- आँसू का निकलना एक प्रतिवर्ती (Reflexive)क्रिया है।
- जिन अंगों से पर्यावरण एवं बाहरी परिवेश का ज्ञान होता है, ज्ञानेन्द्रियाँ कहलाती हैं। नेत्र (Eye),त्वचा (Skin), जिह्वा (Tongue), कर्ण (Ear) तथा नाक (Nose) ज्ञानेन्द्रियाँ हैं।

उत्सर्जन तन्त्र Excretory System

- जीवों के शरीर में उपापचयी क्रियाओं के फलस्वरूप बने विषैले अपशिष्ट पदार्थों (Waste products) के निष्कासन को उत्सर्जन (Excretion) कहा जाता है।
- नाक, फेफड़े, त्वचा, यकृत, बड़ी आँत एवं वृक्क (Kidney) मनुष्य के उत्सर्जी अंग हैं।
- श्वसन के दौरान कार्बन डाइऑक्साइड गैस का उत्सर्जन फेफड़े द्वारा होता है। जल का उत्सर्जन वृक्क को छोड़कर त्वचा द्वारा सम्पन्न होता है। ठोस अपशिष्ट भोजन का अपचित भाग बड़ी आँत से होते हुए गुदा मार्ग द्वारा उत्सर्जित होता है।
- तरल पदार्थों के उत्सर्जन के लिए जटिल क्रिया सम्पादित होती है, जिसका सम्पादन वृक्क द्वारा होता है। रुधिर में पोषक तत्त्व एवं अपशिष्ट पदार्थ दोनों ही होते हैं। वृक्क द्वारा उपयोगी पदार्थ छनकर शरीर में ही रह जाते हैं। शरीर में वृक्क की संख्या दो होती हैं। यदि इनमें से एक वृक्क कार्य करना बन्द कर दे, तो दूसरा वृक्क अकेले ही पूरा कार्य कर सकता है।
- वृक्क की कार्यात्मक इकाई को नेफ्रॉन (Nephron) कहा जाता है।
- वृक्क के काम न करने के कारण मनुष्य को जीवित रखने के लिए अपोहन (Dialysis) नामक आपात सेवा प्रदान की जाती है।
- 24 घण्टे में लगभग 2 लीटर मूत्र का उत्सर्जन होता है।

अन्त:स्रावी तन्त्र Endocrine System

अन्तः स्रावी ग्रन्थियाँ Endocrine Glands

- इन ग्रन्थियों में अपने स्राव को लक्ष्य अंगों तक ले जाने हेतु नलिकाएँ नहीं होती हैं।
- अन्त:स्रावी ग्रन्थियों से सम्बन्धित विज्ञान एण्डोक्राइनोलॉजी कहलाता है।
- इनके स्राव (हॉर्मोन) का परिवहन रुधिर द्वारा होता है। *उदाहरण* थायरॉइड, पिट्यूटरी, हाइपोथैलेमस, एड्रिनल आदि।

बहि:स्रावी ग्रन्थियाँ Exocrine Glands

- इन ग्रन्थियों में नलिकाएँ (Ducts) होती हैं।
- ये अपना स्राव इन नलिकाओं में स्रावित कर लक्ष्य तक पहुँचाती हैं। *उदाहरण* त्वचा की स्वेद ग्रन्थियाँ एवं तेल ग्रन्थियाँ, लार ग्रन्थियाँ, यकृत आदि।

हॉर्मोन Hormones

- ये अन्त:स्रावी ग्रन्थियों से अल्प मात्रा में स्रावित होने वाले कार्बनिक पदार्थ हैं।
- ये जैव उत्प्रेरकों के रूप में कार्य करते हैं। अत: ये शरीर की क्रियाओं को प्रेरित करते हैं। उनकी गति को बढ़ा देते हैं अथवा घटा देते हैं।
- ये सूचना के प्रथम वाहक अणु (Messenger molecule) होते हैं।
- ये अन्त: वातावरण को नियन्त्रित करते हैं तथा अन्य हॉर्मोनों की क्रिया को अनुमति प्रदान करते हैं।
- हॉर्मोन की खोज बेलेस (Bayliss) और अर्नेस्ट एच स्टर्लिंग (Ernst H. Starling) ने सिक्रिटीन हॉर्मोन के रूप में की थी।

हॉर्मोन अल्पस्रावण से होने वाले रोग

रोग का नाम	हॉर्मोन	अन्त:स्रावी ग्रन्थि	लक्षण
सायमण्ड रोग	STH	एडिनोहाइपोफाइसिस	व्यक्ति समय से पूर्व बूढ़ा दिखाई देता है
मिक्सोडिमा	STH	एडिनोहाइपोफाइसिस	कमजोरी व जनन क्षमता में कमी
बौनापन	STH	एडिनोहाइपोफाइसिस	वृद्धि में निरोधन
हाशीमोटो रोग	थाइरॉक्सिन	थायरॉइड	आत्महत्या (थायरॉइड की)
टिटेनी	पैराथायरॉइड हॉर्मोन	पैराथायरॉइड	पेशियों में ऐंठन
हाइपोकैल्सीमिया	पैराथॉरर्मोन	पैराथायरॉइड	Ca^+ कम व फॉस्फेट अधिक
डाइबिटीज मैलिटस	इन्सुलिन	अग्न्याशय (B-कोशिका)	रुधिर में अधिक शर्करा
डाइबिटीज इन्सीपिडस	वैसोप्रेसिन (ADH)	न्यूरोहाइपोफाइसिस	पॉलीयूरिया
एडीसन रोग	मिनरेलोकॉर्टिकॉएड	एड्रीनल कॉर्टेक्स	रुधिर दाब कम, Na^+ की कमी
अवटुमनता	थायरॉक्सिन	थायरॉइड	शारीरिक व मानसिक वृद्धि मन्द
मिक्सोडिमा	थायरॉक्सिन	थायरॉइड	हृदय गति मन्द, पलकें व होंठ मोटे
लैंगिक अपरिपक्वता	FSH	पिट्यूटरी	नर एवं मादा में लैंगिक अंगों का विकास

हॉर्मोन अतिस्रावण से होने वाले रोग

नेत्रोत्सेंधी गलगण्ड	थायरॉक्सिन	थायरॉइड	नेत्र गोलक में उभार
ग्रेव का रोग	थायरॉक्सिन	थायरॉइड	थायरॉइड का फूलना
ऑस्टियोपोरोसिस	पैराथॉरमोन	पैराथायरॉइड	अस्थियाँ कमजोर व भंगुर
कुशिंग रोग	एड्रीनेलीन	एड्रीनल कॉर्टेक्स	वसा के जमाव से शरीर भौंडा
एण्ड्रीनोजिनाइटल सिण्ड्रोम	डीहाइडो-एपीएण्डोस्टीन	एड्रीनल कॉर्टेक्स	महिलाओं में मूँछ व दाढ़ी का आना
महाकायता	वृद्धि हॉर्मोन	एडीनोहाइपोफाइसिस	भीमकाय शरीर (बाल्यावस्था में)
अग्रातिकायता	वृद्धि हॉर्मोन	एडीनोहाइपोफाइसिस	भीमकाय शरीर (वयस्क में)
गैलेक्टोरिया	प्रोलैक्टिन	एडीनोहाइपोफाइसिस	कम दूध स्रावण

जनन-तन्त्र Reproductive System

नर जनन तन्त्र Male Reproductive System

- वृषण, वृषणकोष के अन्दर बन्द रहते हैं।
- एपिडिडाइमिस, सेमीनीफेरस ट्यूब्यूल्स (Seminiferous tubules) के जुड़ने से बनी कुण्डलित नलिका है।
- शिश्न (Penis) पेशीय अंग है जिसमें रुधिर आपूर्ति अत्यधिक होती है।
- नर में स्पर्मेटोजोआ (Spermatozoa) 13-14 वर्ष की आयु में बनने प्रारम्भ हो जाते हैं तथा पूरी आयु बनते हैं।
- शरीर पर बालों का उगना स्कूलाइन नर लिंग हॉर्मोन (Male sex hormones) के कारण होता है।

मादा जनन तन्त्र Female Reproductive System

- वयस्कता के पश्चात् अण्डाशय में प्रत्येक 28 दिन के अन्तराल पर अण्डाणु (Ovum or egg cell) बनता है।
- विकसित हो रहा भ्रूण माता से ऑवल (Placenta) द्वारा जुड़ा होता है यह भ्रूण को रुधिर आदि की आपूर्ति करता है।
- गर्भाशय में भ्रूण 9 महीने तक विकास करता है। यह काल गर्भावस्था (Gestation period) कहलाता है।
- विकास के पश्चात् बच्चा गर्भाशय से बाहर निकलता है और माँ बच्चे को दूध द्वारा पोषित करती है।

मादा जनन अंग	संख्या	कार्य
अण्डाशय (Ovary)	2	हॉर्मोन एवं अण्ड निर्माण
अण्डवाहिनी (Oviduct)	2	अण्डाणु (Ova) को गर्भाशय में पहुँचाना
गर्भाशय (Uterus)	1	गर्भस्थ शिशु हेतु स्थान प्रदान करना
योनि (Vagina)	1	शुक्राणु प्राप्त करना

- महिलाओं में जनन क्षमता 10-14 वर्ष की आयु में प्रारम्भ होकर मैनोपोज (Menopause) तक रहती है।
- मैनोपोज का औसत समय 52 वर्ष है।
- योनि से आर्तव चक्र (Menstrual cycle) के दौरान रुधिर स्राव रजोधर्म (Menstruation) कहलाता है।
- आर्तव चक्र की सामान्य अवधि 28 दिन होती है।
- यह गर्भावस्था के दौरान अनुपस्थित होता है तथा मैनोपोज के दौरान पूर्ण रूप से बन्द हो जाता है।
- महिलाओं के दोनों अण्डाशयों से एक वर्ष में लगभग 13 परिपक्व अण्डाणु बनते हैं।

परखनली शिशु Test Tube Baby

- बच्चा जो उस अण्डाणु से विकसित हुआ है जिसका निषेचन कृत्रिम रूप से (शरीर से बाहर) करके महिला के गर्भाशय में आगे के विकास हेतु डाला गया है परखनली शिशु कहलाता है।

आनुवंशिकी Genetics

- जोहन्सन (1905) में ने सर्वप्रथम जीन शब्द का प्रयोग किया।
- ग्रेगर जॉहन मेण्डल (Gregor Johann Mendel) ने मटर (*Pisum sativum*) के पौधे पर अपने प्रयोग किए।
- विषम युग्मजी F_1 पौधे का समयुग्मजी अप्रभावी जनक से क्रॉस परीक्षार्थ संकरण (Test cross) कहलाता है। इससे एक संकर क्रॉस में 1 : 1 व द्विसंकर क्रॉस में 1 : 1 : 1 : 1 का अनुपात मिलता है।
- डच वैज्ञानिक ह्यूगो डी व्रीज, जर्मन वैज्ञानिक कार्ल कॉरेन्स तथा ऑस्ट्रियन वैज्ञानिक वी शरमाक ने स्वतन्त्र रूप से मेण्डल के निष्कर्षों का पुन: वर्णन किया एवं तीन नियम दिए
प्रभाविता का नियम, पृथक्करण का नियम, स्वतन्त्र अपव्यूहन का नियम
- यदि पिता का रुधिर Rh^+ तथा माता का Rh^- हो, तो प्रथम सन्तान सामान्य होगी परन्तु बाद की सन्तान की इरिथ्रोब्लास्टोसिस फिटेलिस के कारण मृत्यु हो जाएगी।

सहलग्नता Linkage

- वर्णान्धता (Colour blindness) तथा हीमोफीलिया (Haemophilia) मानव में लिंग सहलग्नता के उदाहरण हैं।

(i) **वर्णान्धता** (Colour Blindness) इस रोग से ग्रसित व्यक्ति लाल व हरे रंग का भेद नहीं कर पाता। इसका जीन X-गुणसूत्र पर उपस्थित होता है और अप्रभावी होता है। *उदाहरण* जब एक वर्णान्ध स्त्री का विवाह एक सामान्य पुरुष से करा दिया जाता है, तो इनसे उत्पन्न सन्तानों में पुत्रों में वर्णान्धता के गुण होंगे, जबकि पुत्रियाँ वाहक (सामान्य) होंगी।

(ii) **हीमोफीलिया** (Haemophilia) इसे ब्लीडर रोग (Bleeder's disease) भी कहते हैं। इस रोग से पीड़ित व्यक्ति में चोट लगने पर रुधिर का थक्का नहीं बनता या बहुत देर से बनता है और लगातार रुधिर बहने से रोगी की मृत्यु तक हो जाती है। यह रोग अप्रभावी X-सहलग्न जीन के कारण होता है। *उदाहरण* जब एक हीमोफिलिक पुरुष का विवाह सामान्य स्त्री से कराया जाता है, तो उनकी सभी पुत्रियाँ वाहक (carrier), जबकि पुत्र सामान्य होंगे।

जैव विकास Biological Evolution

हमारी पृथ्वी की उत्पत्ति लगभग 4.6 अरब वर्ष पूर्व हुई परन्तु इस पर जीवन की उत्पत्ति लगभग 3.8 अरब वर्ष पूर्व हुई। उसके पश्चात् इन जीवों में विकास की क्रिया द्वारा नई जातियों की उत्पत्ति हुई। पृथ्वी की कुल जीवन अवधि (4.6 अरब वर्ष) को भू-वैज्ञानिक समय कहते हैं।

लैमार्कवाद Lamarckism

- लैमार्क ने वर्ष 1809 में **फिलोस्फी जूलोजिक** नामक पुस्तक में उपार्जित लक्षणों की वंशागति का सिद्धान्त प्रस्तुत किया।
- अंगों के कम उपयोग का *उदाहरण* लैमार्क ने साँपों में दिया।
- **वीजमान** ने 1886 में **जननद्रव्य की निरन्तरता का सिद्धान्त** (Theory of continuity of germplasm) प्रतिपादित किया।

डार्विनवाद Darwinism

- **चार्ल्स रॉबर्ट डार्विन** ने अपनी प्रसिद्ध पुस्तक **'जातियों का अभ्युदय'** (The Origin of Species) में विकासीय सिद्धान्त की व्याख्या की।
- डार्विन के द्वारा प्रतिपादित सिद्धान्त को **प्राकृतिक चयन का सिद्धान्त** अथवा **डार्विनवाद** के रूप में जाना जाता है।

जैव विकास के प्रमाण Evidences of Organic Evolution

- यह मुख्यतया संरचनात्मक अथवा समजात एवं समवृत्ति अंगों से सम्बन्धित है।

(a) **समजात अंग** (Homologous organs) ऐसे अंग, जो रचना व उत्पत्ति में समान हों लेकिन कार्य में भिन्न हों, **समजात अंग** कहलाते हैं। *उदाहरण* मेढक, पक्षी एवं मनुष्य के अग्रपाद।

(b) **समवृत्ति अंग** (Analogous organs) ऐसे अंग, जो रचना व उत्पत्ति में भिन्न हों लेकिन कार्य में समान हों, **समवृत्ति अंग** कहलाते हैं। *उदाहरण* पक्षियों तथा कीटों के पंख।

(c) **अवशेषी अंग** (Vestigial organs) वे अंग, जो पूर्वजों में कार्यशील थे, लेकिन वर्तमान में कार्यविहीन हैं, **अवशेषी अंग** कहलाते हैं। *उदाहरण* प्लीका सेमील्यूनेरिस या निमेषक झिल्ली, कर्ण पल्लवों की पेशियाँ, पुच्छ कशेरुकाएँ, वर्मीफॉर्म एपेण्डिक्स, अकलदाढ़ आदि हैं।

विभिन्न वर्गों के बीच की कड़ियाँ

आर्किओप्टेरिक्स	–	सरीसृपों और पक्षियों
विषाणु	–	सजीव और निर्जीव
युग्लीना	–	जन्तु और पादप
प्रोटीरोस्पॉन्जिया	–	प्रोटोजोआ और पोरीफेरा
निओपिलिना	–	मोलस्का और एनीलिडा
पेरिपेटस	–	एनीलिडा और ऑर्थ्रोपोडा
बैलेनोग्लोसस	–	अकशेरुकी और कशेरुकी
प्रोटोथीरिया	–	सरीसृप और स्तनधारी

मानव रोग Human Diseases

मनुष्य में विषाणुओं (Virus) द्वारा होने वाले प्रमुख रोग

रोग का नाम	प्रभावित अंग	रोग के लक्षण
गलसुआ (Mumps)	पेरोटिड लार ग्रन्थियाँ (Parotid Salivary glands)	लार ग्रन्थियों में सूजन, अग्न्याशय, अण्डाशय और वृषण (Sterility) होने का भय रहता है।
फ्लू या इन्फ्लूएंजा (Flu or Influenza)	श्वसन तन्त्र	ज्वर, शरीर में पीड़ा, सिरदर्द, जुकाम, खाँसी।
रेबीज या हाइड्रोफोबिया (Rabies or Hydrophobia) पागल कुत्ते के काटने से होने वाला रोग	तन्त्रिका तन्त्र	पीड़ा, ज्वर, पानी से अत्यधिक भय, मांसपेशियों तथा श्वसन तन्त्र में लकवा, बेहोशी, बेचैनी, यह घातक रोग है।
हरपीस (Herpes)	त्वचा, श्लेष्मकला	त्वचा में जलन, बेचैनी, शरीर पर फोड़े।
मस्तिष्क शोथ या एन्सेफैलिटिस (Encephalitis)	तन्त्रिका तन्त्र	ज्वर, बेचैनी, दृष्टि-दोष, अनिद्रा, बेहोशी यह घातक रोग है।
रोहे या ट्रेकोमा (Trachoma)	नेत्र	नेत्रों में सूजन, जलन तथा पानी का बहना
खसरा (Measles)	सम्पूर्ण शरीर	ज्वर, पीड़ा, सम्पूर्ण शरीर में खराश, नेत्रों में जलन, आँख और नाक से द्रव का बहना।
चेचक (Small pox)	सम्पूर्ण शरीर विशेषकर चेहरा तथा हाथ-पैर	ज्वर, पीड़ा, जलन व बेचैनी, सम्पूर्ण शरीर पर फफोले।
पोलियो (Polio) भोजन व पानी के साथ शरीर में प्रवेश करने वाला विषाणु	तन्त्रिका तन्त्र (स्पाइनल कॉर्ड के मोटर तन्त्रिका की क्षति)	मांसपेशियों के संकुचन में अवरोध तथा हाथ व पैरों में लकवा।
एड्स	सम्पूर्ण शरीर	कमजोरी, प्रतिरोध शक्ति की समाप्ति, श्वेत रक्त कणिकाओं का क्षय

मनुष्य में जीवाणुओं (Bacteria) द्वारा होने वाले प्रमुख रोग

रोग का नाम	प्रभावित अंग	रोग के लक्षण	जीवाणु का नाम
निमोनिया (Pneumonia)	फेफड़े	फेफड़ों में संक्रमण, फेफड़ों में जल भर जाना, तीव्र ज्वर, श्वास लेने में पीड़ा होना	*डिप्लोकोकस न्यूमोनी (Diplococcus pneumoniae)*
टिटेनस (Tetanus)	तन्त्रिका तन्त्र तथा मांसपेशियाँ	शरीर में झटके लगना, जबड़ा न खुलना, बेहोशी	*क्लोस्ट्रीडियम टिटैनी (Clostridium tetani)*
हैजा (Cholera)	आँत या आहार नाल	निर्जलीकरण, वमन (Vomiting), दस्त	*विब्रियो कोलेरी (Vibrio colerae)*
डिफ्थीरिया (Diphtheria)	श्वास नली (Trachea)	तीव्र ज्वर, श्वास लेने में पीड़ा, दम घुटना	*कॉरीनिबैक्टीरियम डिफ्थीरी (Cornebacterium diphtheriae)*
काली खाँसी (Whooping cough)	श्वसन तन्त्र	निरन्तर आने वाली तेज खाँसी, खाँसी के साथ वमन	*बेसीलिस परट्यूसिस (Bacillus pertussis)*
सिफिलिस (Syphilis)	जनन अंग, मस्तिष्क, तन्त्रिका तन्त्र	जननांगों पर चकते बनना, लकवा, त्वचा पर दाने, बालों का झड़ना	*ट्रिपोनेमा पैलिडम (Treponema pallidum)*
प्लेग (Plague)	बगलें या काँखें (Armpits), फेफड़े, लाल रुधिर कणिकाएँ	तीव्र ज्वर, काँखों में गिल्टी का निकलना, बेहोशी	*पास्ट्यूरेला पेस्टिस (Pasteurella pestis)*
मेनिनजाइटिस (Meningitis)	मस्तिष्क के ऊपर की झिल्लियाँ, मस्तिष्क	तीव्र ज्वर, बेहोशी, मस्तिष्क की झिल्ली में शोथ या सूजन	*नीसेरिया मेनिनजाइटिस (Neisseria meningitis)*
बॉटयूलिज्म (Botulism) या भोजन विषाक्तता (Food poisoning)	तन्त्रिका तन्त्र	वमन (Vomiting), दोहरी दृष्टि, साँस लेने में पीड़ा	*क्लोस्ट्रीडियम बॉट्यूलिनम (Clostridium botulinum)*
मियादी बुखार (Typhoid fever)	आँत का रोग	ज्वर, दुर्बलता, अधिक प्रकोप होने पर आँतों में छेद हो जाना	*सालमोनैला टाइफी (Salmonella typhi or Eberthella typhosa)*
कुष्ठ (कोढ़) (Leprosy)	त्वचा तथा तन्त्रिकाएँ	व्रणों तथा गाँठों (Nodules) का बन जाना, हाथ तथा पैर की अँगुलियों के ऊतकों (Tissues) का धीरे-धीरे नष्ट होना	*माइकोबैक्टीरियम लिप्रैरी (Mycobacterium leprae)*
क्षय रोग (Tuberculosis)	शरीर का कोई भी अंग, विशेषकर फेफड़े	ज्वर, खाँसी, दुर्बलता, साँस फूलना, बलगम आना तथा थूक में खून का आना	*माइकोबैक्टीरियम ट्यूबरकुलोसिस (Mycobacterium tuberculosis)*

मनुष्य में प्रोटोजोआ (Protozoa) द्वारा होने वाले रोग

रोग का नाम	प्रभावित अंग	रोग के लक्षण	परजीवी का नाम
पायरिया (Pyorrhoea)	दाँतों की जड़ें तथा मसूड़े	मसूड़ों में सूजन, रक्त-स्राव तथा मवाद का निकलना	1. *एन्टअमीबा जिन्जवेलिस (Entamoeba gingivalis)* 2. *ट्राइकोमोनास टीनैक्स (Trichomonas tenax)*
दस्त व आमातिसार	बड़ी आँत	बड़ी आँत में सूजन व दर्द, बार-बार दस्त का होना	*ट्राइकोमोनास होमिनिस (Trichomonas hominis)*
अमीबियेसिस (Amoebiasis)	बड़ी आँत (कोलन)	कोलन में सूजन, दस्त के साथ आँव (Mucous) का आना	*एन्टअमीबा हिस्टोलिटिका (Entamoeba histolytica)*
घातक अतिसार या पेचिश	आँत के अगले भाग	दस्त, सिरदर्द तथा कभी-कभी पीलिया रोग का जनक	*जिआरडिया लैम्बलिया (Giardia lamblia)*
सूजाक (पुरुषों में) तथा श्वेत प्रदर (स्त्रियों में)	पुरुषों में मूत्रमार्ग तथा स्त्रियों में योनि	मूत्र-त्याग में जलन व दर्द, स्त्रियों में श्वेत द्रव का निकलना तथा दर्द	*ट्राइकोमोनास वेजाइनेलिस (Trichomonas vaginalis)*
दस्त	छोटी आँत	पेट में ऐंठन तथा दस्त	*आइसोस्पोरा होमीनिस*
काला-अजार	रुधिर, लसिका, प्लीहा, अस्थिमज्जा	ज्वर, एनीमिया, प्लीहा तथा यकृत में सूजन	*लीशमानिया (Leishmania)*
निद्रा रोग (Sleeping sickness)	रुधिर, सेरीब्रोस्पाइनल द्रव तथा केन्द्रीय तन्त्रिका-तन्त्र	तीव्र ज्वर, बेहोशी, रोगी को लम्बी निद्रा	*ट्राइपैनोसोमा गैम्बियन्स (Trypanosoma gambiens)*
मलेरिया	लाल रुधिराणु, प्लीहा, यकृत	तीव्र ज्वर, सिर-दर्द, कमर में दर्द	*प्लाज्मोडियम (Plasmodium)*

अभ्यास प्रश्न

भौतिक विज्ञान

1. मोटर वाहन में पीछे का दृश्य दिखाने वाले दर्पण होते हैं **[UP बी.एड. 2014]**
(a) द्वि-अवतल (b) उत्तल
(c) समतल (d) अवतल

2. 'प्रकाश वर्ष' से किसे मापा जाता है? **[UP बी.एड. 2014]**
(a) प्रकाश की तीव्रता (b) द्रव्यमान
(c) समय (d) खगोलीय दूरी

3. किसी पदार्थ का वह केन्द्र जहाँ उसका सम्पूर्ण भार प्रभावी होता है, कहलाता है **[UP बी.एड. 2014]**
(a) दोलन केन्द्र (b) निलम्बन केन्द्र
(c) द्रव्यमान केन्द्र (d) गुरुत्व केन्द्र

4. किसी मनुष्य के शरीर का तापमान होता है? **[UP बी.एड. 2013]**
(a) 98°F (b) 98°C (c) 68°C (d) 66°C

5. धारा की इकाई क्या है? **[UP बी.एड. 2013]**
(a) केल्विन (b) ऐम्पियर
(c) ओम (d) कूलॉम

6. पेण्डुलम को चन्द्रमा पर ले जाने पर उसकी समय अवधि **[UP बी.एड. 2012]**
(a) उतनी ही रहेगी (b) घटेगी
(c) शून्य हो जाएगी (d) बढ़ेगी

7. हीलियम से भरा गुब्बारा वायु में उड़ने लगता है, क्योंकि **[UP बी.एड. 2012]**
(a) वायु से गुब्बारे को ऊपर उठने का बल मिलता है
(b) गुब्बारा भारहीन हो जाता है
(c) हीलियम का घनत्व वायु से कम होता है
(d) हीलियम गुब्बारे के नीचे से वायु को हटा देता है

8. कोई व्यक्ति सूक्ष्मदर्शी और दूरदर्शी यन्त्रों में अन्तर क्या देखकर जान सकता है? **[UP बी.एड. 2012]**
(a) लम्बाई
(b) रंग
(c) लेन्स का आकार
(d) लेन्स की लम्बाई और आकार

9. यदि कोई दण्ड चुम्बक दो बराबर हिस्सों में काट दिया जाए, तो प्रत्येक टुकड़े की ध्रुवीय शक्ति पर क्या प्रभाव पड़ेगा? **[UP बी.एड. 2012]**
(a) दोगुनी हो जाएगी (b) आधी हो जाएगी
(c) शून्य हो जाएगी (d) यथावत रहेगी

10. चमगादड़ की ध्वनि कैसी होती है? **[UP बी.एड. 2012]**
(a) श्रव्य (b) अवध्वानिक
(c) अवश्रवरू (d) पराश्रव्य

11. मृत शरीर पानी में क्यों तैरता है? **[UP बी.एड. 2012]**
(a) मृत्यु के बाद शारीरिक भार कम होने से
(b) तापमान शून्य होने से बर्फ-सा तैरता है
(c) शरीर द्वारा विस्थापित पानी का भार शरीर के भार से अधिक होता है
(d) उपरोक्त तीनों

12. ध्वनि का वेग किसमें अधिकतम है? **[UP बी.एड. 2010]**
(a) जल (b) वायु (c) पारा (d) लोहा

13. प्रकाश वर्ष किसकी इकाई है? **[UP बी.एड. 2008]**
(a) दूरी (b) समय (c) आवृत्ति (d) ताप

14. एनीमोमीटर क्या मापने के काम आता है? **[UP बी.एड. 2008]**
(a) पवन की दिशा
(b) पवन का वेग
(c) दाब की प्रवणता
(d) पवन की गति और समय

15. निकट दृष्टि दोष को दूर करने के लिए निम्न में से किस लेन्स का प्रयोग किया जाना चाहिए? **[UP बी.एड. 2008]**
(a) अवतल लेन्स (b) उत्तल लेन्स
(c) द्विफोकस लेन्स (d) बेलनाकार लेन्स

16. कौन-सा यन्त्र प्रत्यावर्ती धारा को दिष्ट धारा में बदलता है? **[UP बी.एड. 2008]**
(a) ट्रांसफॉर्मर (b) डायनेमो
(c) दिष्टकारी (d) जेनरेटर

17. कार्य का मात्रक है
(a) जूल (b) न्यूटन (c) वाट (d) डाइन

18. किसी अन्तरिक्ष यात्री को आकाश का रंग कैसा दिखाई देता है?
(a) लाल (b) हरा
(c) काला (d) पीला

19. खाद्य ऊर्जा को हम किस इकाई में माप सकते हैं?
(a) केल्विन (b) जूल (c) कैलोरी (d) अर्ग

20. 'डेसीबिल' किसे मापने के लिए प्रयोग में लाया जाता है?
(a) रक्त में हीमोग्लोबिन
(b) वातावरण में ध्वनि
(c) पेशाब में शक्कर
(d) वायु में जलवाष्प

21. निम्नलिखित में से कौन एक सदिश राशि नहीं है?
(a) संवेग (b) वेग
(c) कोणीय वेग (d) द्रव्यमान

22. निम्न में से कौन-सी सदिश राशि है?
(a) वेग (b) द्रव्यमान (c) समय (d) लम्बाई

23. शून्य में स्वतन्त्र रूप से गिरने वाली वस्तु की/का
(a) गति समान होती है
(b) वेग समान होता है
(c) त्वरण समान होता है
(d) बल समान होता है

24. एकसमान वृत्तीय गति में
(a) चाल और वेग दोनों अचर रहते हैं
(b) चाल और वेग दोनों चर रहते हैं
(c) चाल चर और वेग अचर रहते हैं
(d) चाल अचर और वेग चर रहते हैं

25. रॉकेट का ऊपर जाना किस सिद्धान्त पर कार्य करता है?
(a) ऊर्जा संरक्षण (b) संवेग संरक्षण
(c) द्रव्यमान संरक्षण (d) बरनॉली प्रमेय

26. वस्तु की मात्रा बदलने पर अपरिवर्तित रहता है
(a) आयतन (b) भार (c) द्रव्यमान (d) घनत्व

27. जल में तैरना न्यूटन की गति के किस नियम के कारण सम्भव है ?
(a) प्रथम नियम (b) द्वितीय नियम
(c) तृतीय नियम (d) ये सभी

28. न्यूटन की गति का प्रथम नियम कहलाता है
(a) जड़त्व का निमय
(b) गुरुत्वाकर्षण का नियम
(c) संवेग संरक्षण का नियम
(d) गतिशीलता का नियम

29. 'डायनमो' ऊर्जा का रूपान्तरण करता है
(a) विद्युत ऊर्जा का यान्त्रिक ऊर्जा में
(b) यौगिक ऊर्जा का विद्युत ऊर्जा में
(c) ऊष्मा से यान्त्रिक ऊर्जा में
(d) रासायनिक ऊर्जा से विद्युत ऊर्जा में

30. 'माइक्रोफोन' ऊर्जा का रूपान्तर करता है
(a) विद्युत ऊर्जा का ध्वनि ऊर्जा में
(b) ध्वनि ऊर्जा का यान्त्रिक ऊर्जा में
(c) ध्वनि ऊर्जा का विद्युत ऊर्जा में
(d) यान्त्रिक ऊर्जा का ध्वनि ऊर्जा में

31. 'सौर-सेल' बनाए जाते हैं
(a) सिलिकॉन से (b) गैलियम से
(c) जर्मेनियम से (d) (a) एवं (b)

32. गहराई बढ़ने पर द्रव का दाब
(a) घटता है
(b) बढ़ता है
(c) अपरिवर्तित रहता है
(d) घनत्व पर निर्भर करता है

33. बर्फ पर स्केटिंग करना प्रदर्शित करता है कि दाब बढ़ाने पर बर्फ का गलनांक
(a) बढ़ता है
(b) घटता है
(c) अपरिवर्तित रहता है
(d) पहले बढ़ता है फिर घटता है

34. ऊँचाई पर चढ़ता हुआ व्यक्ति आगे की ओर क्यों झुक जाता है ?
(a) तेज चलने के लिए
(b) फिसलने से बचने के लिए
(c) स्थायित्व बढ़ाने के लिए
(d) उपरोक्त सभी के लिए

35. एक ग्लिास में पानी पर बर्फ तैर रही है। जब बर्फ पूर्णत: पिथल जाए तो पानी का तल
(a) बढ़ेगा
(b) घटेगा
(c) अपरिवर्तित रहेगा
(d) पहले बढ़ेगा बाद में घटेगा

36. एक प्रकाशवर्ष बराबर होता है
(a) 9.46×10^{15} मी (b) 9.46×12 मी
(c) 9.46×10^{9} मी (d) (a) एवं (b)

37. पृथ्वी के तल का पलायन वेग है
(a) 11.2 किमी प्रति सेकण्ड
(b) 12.4 किमी प्रति सेकण्ड
(c) 10.8 किमी प्रति सेकण्ड
(d) 13.2 किमी प्रति सेकण्ड

38. चाबी भरी घड़ी में कौन–सी ऊर्जा होती है?
(a) गतिज ऊर्जा (b) स्थितिज ऊर्जा
(c) यान्त्रिक ऊर्जा (d) संचित ऊर्जा

39. झूला झूलती कोई लड़की अगर खड़ी हो जाए तो दोलन का आवर्तकाल
(a) कम हो जाएगा
(b) बढ़ जाएगा
(c) अपरिवर्तित रहेगा
(d) उपरोक्त में से कोई नहीं

40. पानी का घनत्व अधिकतम होता है
(a) 0°C पर (b) 2°C पर
(c) 4°C पर (d) 5°C पर

41. वर्षा की बूँदें गोलाकार होती हैं
(a) सतही तनाव के कारण
(b) वर्षा जल की श्यानता के कारण
(c) वायु के वातावरणीय घर्षण के कारण
(d) उपरोक्त सभी

42. ध्वनि तरंगों की प्रकृति होती है
(a) अनुप्रस्थ (b) अनुदैर्ध्य
(c) अप्रगामी (d) विद्युत चुम्बकीय

43. निकट आती किसी रेलगाड़ी की सीटी की आवृत्ति या तीक्ष्णता बढ़ती जाती है, ऐसा किस कारण से होता है?
(a) चार्ल्स नियम
(b) बरनॉली प्रमेय
(c) डाप्लर प्रभाव
(d) आर्किमिडीज सिद्धान्त

44. सोनार (SONAR) अधिकांशत: प्रयोग में लाया जाता है
(a) नाविकों द्वारा
(b) अन्तरिक्ष यात्रियों द्वारा
(c) अभियन्ताओं द्वारा
(d) उपरोक्त सभी के द्वारा

45. ध्वनि तरंगें किसके कारण प्रतिध्वनि उत्पन्न करती हैं?
(a) अपवर्तन (b) विवर्तन
(c) परावर्तन (d) अनुरणन

46. रेडियो का समस्वरण स्टेशन उदाहरण है
(a) परावर्तन (b) अपवर्तन
(c) अनुरणन (d) अनुनाद

47. रडार की कार्यप्रणाली निम्न में से किस सिद्धान्त पर आधारित है ?
(a) रेडियो तरंगों का परावर्तन
(b) रेडियो तरंगों का अपवर्तन
(c) डाप्लर प्रभाव
(d) रमण प्रभाव

48. ध्वनि की चाल अधिकतम होती है
(a) वायु में
(b) निर्वात् में
(c) जल में
(d) ठोस में

49. वायु में ध्वनि का वेग
(a) ताप के बढ़ने से घटता है
(b) ताप के घटने से घटता है
(c) ताप के घटने से बढ़ता है
(d) उपरोक्त में से कोई नहीं

50. स्त्रियों की आवाज पुरुषों की आवाज से किस कारण से पतली होती है?
(a) स्त्रियों की ध्वनि का तारत्व अधिक होता है
(b) स्त्रियों की ध्वनि का तारत्व कम होता है
(c) स्त्रियों की ध्वनि की तीव्रता अधिक होती है
(d) स्त्रियों की ध्वनि की तीव्रता कम होती है

51. श्रव्य परिसर में ध्वनि तरंगों की आवृत्ति क्या होती है?
(a) 20 Hz से 20,000 Hz
(b) 1 Hz से 10 Hz
(c) 20,000 Hz से 40,000 Hz
(d) उपरोक्त में से कोई नहीं

52. आवृत्ति का मात्रक है
(a) किलो हर्ट्ज
(b) किलो हर्ट्ज/सेकण्ड
(c) हर्ट्ज/सेकण्ड
(d) हर्ट्ज

53. वायु में ध्वनि की चाल है
(a) 220 मी/से (b) 232 मी/से
(c) 332 मी/से (d) 432 मी/से

54. मानव शरीर का तापमान 98.6°F होता है। सेल्सियस स्केल पर यह कितना होगा?
(a) 32°C (b) 35°C
(c) 37°C (d) 40°C

55. किस तापमान पर सेल्सियस और फारेनहाइट तापमापियों के मान एक समान होंगे?
(a) –40° (b) 212° (c) 40° (d) 100°

56. किसी वस्तु का ताप किसका सूचक है?
(a) उसके अणुओं की कुल ऊर्जा का
(b) उसके अणुओं की औसत ऊर्जा का
(c) उसके अणुओं के कुल वेग का
(d) उसके अणुओं की औसत गतिज ऊर्जा का

57. जल को 0°C से 10°C तक गर्म किये जाने पर उसका आयतन
(a) लगातार बढ़ता है
(b) लगातार घटता है
(c) पहले घटता है फिर बढ़ता है
(d) पहले बढ़ता है फिर घटता है

58. न्यूनतम सम्भव ताप है
(a) 0° (b) –273°C
(c) –373°C (d) ये सभी

59. किसी झील की सतह का पानी जमा हुआ है। उस झील के अध:स्तल में जल का तापमान क्या होगा?
(a) 0°C (b) 1°C (c) 2°C (d) 4°C

60. प्रेशर कुकर में खाना जल्दी पकता है क्योंकि
(a) क्वथन अधिक ताप पर होने लगता है
(b) क्वथन कम ताप पर होता है
(c) दाब स्थिर रहता है
(d) उपरोक्त सभी

61. उबलते जल की अपेक्षा भाप के जलने से अधिक कष्ट होता है क्योंकि उबलते जल की अपेक्षा भाप की गुप्त ऊष्मा
(a) कम होती है
(b) अधिक होती है
(c) एकसमान होती है
(d) उपरोक्त में से कोई नहीं

62. निम्नलिखित में से किसकी विशिष्ट ऊष्मा सबसे अधिक है?
(a) बर्फ (b) बालू (c) पानी (d) लोहा

63. ठोस कपूर से कपूर के वाष्प बनने की प्रक्रिया है
(a) उर्ध्वपातन (b) आसवन
(c) क्वथन (d) बहुलीकरण

64. थर्मस फ्लास्क में उष्मा का क्षय रोका जा सकता है
(a) संवहन से (b) विकिरण से
(c) चालन से (d) इन सभी से

65. निम्नलिखित द्रवों में कौन–सा ऊष्मा का बहुत अच्छा चालक है ?
(a) पारा (b) पानी (c) ईथर (d) बेंजीन

66. ''अच्छे उत्सर्जक अच्छे अवशोषक होते हैं''। यह नियम है
(a) स्टीफन का (b) न्यूटन का
(c) बरनॉली का (d) किरचॉफ का

67. निम्नलिखित में से कौन ऊष्मा का सबसे अच्छा सुचालक है?
(a) ठण्डा पानी (b) गर्म गानी
(c) आस्वित पानी (d) समुद्र का पानी

68. उष्मा का SI मात्रक है
(a) वाट (b) जूल (c) एम्पियर(d) न्यूटन

69. प्रकाश के विकिरण की प्रकृति कैसी होती है?
(a) तरंग के समान
(b) कण के समान
(c) तरंग एवं कण दोनों के समान
(d) उपरोक्त में से कोई नहीं

70. प्रकाश का वेग अधिकतम होता है
(a) निर्वात्
(b) पानी
(c) काँच
(d) उपरोक्त में से कोई नहीं

71. प्रकाश तरंग किस प्रकार की तरंग है?
(a) अनुप्रस्थ (b) अनुदैर्ध्य
(c) विद्युत चुम्बकीय (d) (a) एवं (c)

72. माध्यम में तापमान में वृद्धि के साथ प्रकाश की गति होती है
(a) बढ़ती है (b) घटती है
(c) अपरिवर्तित (d) इनमें से कोई नहीं

73. प्रकाश की गति है
(a) 9×10^2 मी/से (b) 3×10^{11} मी/से
(c) 3×10^8 मी/से (d) 2×10^4 मी/से

74. रेगिस्तान में 'मृग मरीचिका' जैसी घटना का कारण है
(a) प्रकाश का अपवर्तन
(b) प्रकाश का पूर्ण आन्तरिक परावर्तन
(c) प्रकाश का प्रकीर्णन
(d) प्रकाश का वर्ण विक्षेपण

75. आकाश का रंग किस कारण से नीला दिखाई पड़ता है?
(a) विवर्तन के कारण
(b) अपवर्तन के कारण
(c) परावर्तन के कारण
(d) प्रकीर्णन के कारण

76. वायुमण्डल में प्रकाश के विसरण का कारण है
(a) कार्बन डाइआक्साइड
(b) जलवाष्प
(c) धूलकण
(d) हीलियम

77. किस रंग के प्रकाश का अपवर्तनांक सबसे कम होता है?
(a) लाल (b) बैंगनी
(c) पीला (d) आसमानी

78. मोटर कार में पीछे के दृश्य को देखने के लिए कौन-सा दर्पण प्रयुक्त किया जाता है?
(a) समतल दर्पण (b) अवतल दर्पण
(c) समतलोत्तल दर्पण (d) उत्तल दर्पण

79. दाढ़ी बनाने के लिए काम में लाया जाता है
(a) उत्तल दर्पण
(b) समतल दर्पण
(c) अवतल दर्पण
(d) अवतलोत्तल दर्पण

80. लाल काँच को अधिक गर्म करने पर वह दिखाई देगा
(a) हरा (b) लाल
(c) नीला (d) पीला

81. निकट दृष्टि दोष से पीड़ित व्यक्ति के चश्में में प्रयोग किया जाता है
(a) उत्तल लेन्स (b) अवतल लेन्स
(c) उत्तल दर्पण (d) बेलनाकार लेन्स

82. यदि एक व्यक्ति दो समतल दर्पण जो 60° कोण पर रखे हैं के बीच खड़ा हो तब उसे कितने प्रतिबिम्ब दिखेंगे?
(a) 4 (b) 5
(c) 6 (d) 7

83. इन्द्र धनुष का निर्माण कैसे होता है?
(a) प्रकाश के परावर्तन से
(b) प्रकाश के अपवर्तन से
(c) अपवर्तन तथा प्रकाश के पूर्ण आन्तरिक परावर्तन से
(d) प्रकाश के विसरण से

84. 1.5 मीटर लम्बे व्यक्ति को अपना पूर्ण प्रतिबिम्ब देखने के लिए आवश्यक दर्पण की न्यूनतम लम्बाई होगी
(a) 1.5 मीटर (b) 0.75 मीटर
(c) 3 मीटर (d) 2 मीटर

85. दूर की वस्तुओं का निरीक्षण करने के लिए किस प्रकाशिक यन्त्र का उपयोग किया जाता है?
(a) सरल सूक्ष्मदर्शी
(b) संयुक्त सूक्ष्मदर्शी
(c) इलेक्ट्रॉन माइकोस्कोप
(d) दूरदर्शी

86. तड़ित चालक बनाए जाते हैं
(a) लोहे के (b) ताँबे के
(c) एल्युमीनियम के (d) इस्पात के

87. बिजली के बल्व का फिलामेन्ट किस तत्त्व का बना होता है?
(a) ताँबा (b) लोहा
(c) सीसा (d) टंग्स्टन

88. निम्नलिखित में से कौन-सा पदार्थ विद्युत का सबसे अच्छा चालक है?
(a) चाँदी (b) ताँबा
(c) सोना (d) अभ्रक

89. फ्यूज तार की विशेषता होती है
(a) उच्च प्रतिरोध तथा उच्च गलनांक
(b) निम्न प्रतिरोध तथा निम्न गलनांक
(c) उच्च प्रतिरोध तथा निम्न गलनांक
(d) निम्न प्रतिरोध तथा उच्च गलनांक

90. बिजली के फ्यूज का तार किससे बना होता है?
(a) टिन से
(b) सीसा से
(c) निकेल से
(d) टिन और सीसे की मिश्र धातु से

91. एक कार बैटरी मं प्रयुक्त विद्युत अपघट्य होता है
(a) हाइड्रोक्लोरिक अम्ल
(b) सल्फ्यूरिक अम्ल
(c) नाइट्रिक अम्ल
(d) आसुत जल

92. शुष्क सेल है
(a) प्राथमिक सेल (b) द्वितीयक सेल
(c) तृतीयक सेल (d) चतुर्थक सेल

93. लोहे के ऊपर जिंक की परत चढ़ाने को क्या कहते हैं?
(a) गैल्वेनाइजेशन
(b) इलेक्ट्रोप्लेटिंग
(c) आयनन
(d) उपरोक्त में से कोई नहीं

94. 'इन्वर्टर' एक ऐसा यन्त्र है जो
(a) AC वोल्टेज को DC वोल्टेज में बदलता है
(b) DC वोल्टेज को AC वोल्टेज में बदलता है
(c) सिर्फ DC वोल्टेज में प्रयुक्त होता है
(d) (a) एवं (b)

95. घरों में पंखा, बल्ब आदि उपकरण किस क्रम में लगे होते हैं?
(a) समानान्तर क्रम में
(b) श्रेणी क्रम में
(c) किसी भी क्रम में
(d) किसी क्रम में नहीं

96. एक स्वतन्त्र रूप से लटका हुआ चुम्बक सदैव ठहरता है
(a) पूर्व-पश्चिम दिशा में
(b) उत्तर-दक्षिण दिशा में
(c) उत्तर-पश्चिम दिशा में
(d) दक्षिण-पूर्व दिशा में

97. चुम्बकीय क्षेत्र का मात्रक होता है
(a) गौस (b) वेबर (c) हेनरी (d) डोमेन

98. स्थायी चुम्बक बनाए जाते हैं
(a) नर्म लोहे के (b) ताँबे के
(c) इस्पात के (d) एल्युमीनियम के

99. विद्युत धारा का चुम्बकीय प्रभाव सर्व प्रथम अवलोकित किया गया
(a) हेनरी फोर्ड द्वारा (b) फैराडे द्वारा
(c) वोल्टा द्वारा (d) ऑरस्टेड द्वारा

100. निम्नलिखित में से अनुचुम्बकीय पदार्थ है
(a) सोडियम (b) एल्युमीनियम
(c) ऑक्सीजन (d) ये सभी

101. विद्युत चुम्बकीय सिद्धान्त का प्रतिपादन किसने दिया था?
(a) ओम ने (b) फैराडे ने
(c) वोल्टा ने (d) न्यूटन ने

102. अस्थायी चुम्बक बनाने के लिए प्रयोग किया जाता है
(a) नर्म लोहा (b) इस्पात
(c) चाँदी (d) ताँबा

103. वोल्टता को घटाने व बढ़ाने में प्रयुक्त उपकरण है
(a) रेक्टिफायर (b) डायनमो
(c) ट्रान्सफार्मर (d) विद्युत मोटर

104. संधारित्र (capacitor) का मुख्य कार्य है
(a) आवेशों का संचय
(b) अवेशों का वितरण
(c) आवेशों का प्रतिरोध
(d) उपरोक्त में से कोई नहीं

105. किसी चुम्बक की आकर्षण शक्ति सबसे अधिक कहाँ होती है ?
(a) दोनों किनारों पर (b) चुम्बकीय अक्ष पर
(c) सभी जगहों पर (d) मध्य में

106. नाभिकीय रिएक्टर के निर्माण में निम्नलिखित में से कौन-सा क अनिवार्य है?
(a) कोबाल्ट (b) निकेल
(c) जर्कोनियम (d) टंग्स्टन

107. सूर्य की ऊर्जा उत्पन्न होती है
(a) नाभिकीय संलयन द्वारा
(b) नाभिकीय विखण्डन द्वारा
(c) ऑक्सीकरण द्वारा
(d) आयनन द्वारा

108. 'क्यूरी' किसकी इकाई है?
(a) तापक्रम
(b) ऊर्जा
(c) उष्मा
(d) रेडियोसक्रियता

109. 'परमाणु बम' का सिद्धान्त आधारित है
(a) नाभिकीय संलयन पर
(b) नाभिकीय विखण्डन पर
(c) (a) एवं (b) दोनों पर
(d) (a) एवं (b) में किसी पर नहीं

110. 'हाइड्रोजन बम' आधारित है
(a) नाभिकीय संलयन पर
(b) नाभिकीय विखण्डन पर
(c) रेडियो एक्टिव विघटन पर
(d) उपरोक्त सभी पर

111. नाभिकीय का आकार होता है
(a) 10^{-10} मी (b) 10^{-9} मी
(c) 10^{-13} मी (d) 10^{-15} मी

112. नाभिकीय रिएक्टरों में ऊर्जा उत्पन्न होती है
(a) नियन्त्रित संलयन द्वारा
(b) अनियन्त्रित संलयन द्वारा
(c) नियन्त्रित विखण्डन द्वारा
(d) अनियन्त्रित विखण्डन द्वारा

113. निम्न में से कौन-सा धातु अर्द्धचालक की तरह ट्रांजिस्टर में प्रयोग होता है?
(a) ताँबा (b) जर्मेनियम
(c) ग्रेफाइट (d) चाँदी

114. लेसर किरणें होती हैं
(a) केवल एक रंग की
(b) दो रंगों की
(c) सात रंगों की
(d) उपरोक्त में से कोई नहीं

115. नाभिकीय रिएक्टर में भारी जल का प्रयोग किस रूप में किया जाता है?
(a) मन्दक (b) शीतलक
(c) नियन्त्रक (d) परिरक्षक

116. द्रव्यमान-ऊर्जा सम्बन्ध किसका निष्कर्ष है?
(a) क्वान्टम सिद्धान्त
(b) सापेक्षता का सामान्य सिद्धान्त
(c) ऊर्जा का क्षेत्र सिद्धान्त
(d) सापेक्षता का विशिष्ट सिद्धान्त

117. सापेक्षिक आर्द्रता किसमें मापी जाती है?
(a) थर्मामीटर (b) बैरोमीटर
(c) हाइड्रोमीटर (d) लैक्टोमीटर

118. दूध की शुद्धता की पुष्टि किस यन्त्र द्वारा की जाती है?
(a) बैरोमीटर (b) लैक्टोमीटर
(c) आल्टोमीटर (d) हाइग्रो मीटर

119. 'माइक्रोफोन' का आविष्कार किसने किया था?
(a) स्टीफन हाकिंग (b) सी. वी. रमण
(c) एस. चन्द्रशेखर (d) ग्राह्म बेल

120. 'ब्लैक होल सिद्धान्त' की खोज किसके द्वारा की गई?
(a) एस. चन्द्रशेखर (b) सी. वी. रमण
(c) ऑरस्टेड (d) पास्कल

121. 'बैलिस्टिक मिसाइल' का जनक कौन था?
(a) एडवर्ड टेलर
(b) जे. रॉबर्ट ओपेन हीमर
(c) वर्नर वॉन ब्रीन
(d) सैमुएल कोहेन

122. सूक्ष्म समय अन्तरालों को सही-सही मापने के लिए निम्नलिखित में से किसका प्रयोग किया जाता है?
(a) पल्सर (b) क्वार्ट्ज घड़ियाँ
(c) परमाणु घड़ियाँ (d) इनमें से कोई नहीं

123. स्वतः चालित गाड़ियों के ब्रेक में किस प्रकार की व्यवस्था होती है?
(a) टर्बो
(b) गियर
(c) इलेक्ट्रो-मैग्नेटिक
(d) हाइड्रोलिक

124. नाभिकीय रिएक्टर में नियन्त्रक (controller) के रूप में किसका प्रयोग होता है?
(a) भारी जल (b) कैडमियम छड़
(c) आसुत जल (d) इन सभी का

125. यदि गैस का आयतन स्थिर बनाए रखा जाए तो ताप के बढ़ने पर गैस का दाब
(a) बढ़ेगा
(b) स्थिर रहेगा
(c) घटेगा
(d) गैस की प्रकृति पर निर्भर करेगा

रसायन विज्ञान

1. तम्बाकू में पाया जाने वाला रसायन निम्न में से है **[UP बी.एड. 2014]**
(a) मार्फिन (b) निकोटीन
(c) हेरोइन (d) क्वीनीन

2. निम्न में से किसमें सीसे की मात्रा अधिक पाई जाती है? **[UP बी.एड. 2012]**
(a) कोयला
(b) खाना पकाने की गैस
(c) उच्च ऑक्टेन वाला ईंधन
(d) निम्न ऑक्टेन वाला ईंधन

3. लोहे में जंग लगने के लिए किसकी आवश्यकता है? **[UP बी.एड. 2012]**
(a) ऑक्सीजन तथा कार्बन डाइऑक्साइड
(b) ऑक्सीजन तथा जल
(c) सीसा कार्बन डाइऑक्साइड
(d) सीसा ऑक्सीजन

4. सीसा है एक **[UP बी.एड. 2012]**
(a) शुद्ध ठोस पदार्थ
(b) अतिशीतित द्रव पदार्थ
(c) जैल
(d) बहुलक (पॉलीमर)

5. यूरेनियम अन्ततः किस तत्व के स्थायी आइसोटोप (समस्थानिक) में बदल जाता है? **[UP बी.एड. 2012]**
(a) रेडियम (b) थोरियम
(c) सीसा (d) पोलोनियम

6. पोर्टलैण्ड सीमेन्ट में जिप्सम मिलाने से मदद मिलती है **[UP बी.एड. 2012]**
(a) सीमेन्ट का सामर्थ्य बढ़ाने में
(b) सीमेन्ट के शीघ्र जमने में
(c) सीमेन्ट को शीघ्र जमने से रोकने में
(d) सीमेन्ट की लागत कम करने में

7. लोहे का शुद्ध रूप कौन-सा है? **[UP बी.एड. 2012]**
(a) स्टील (b) ढलवाँ लोहा
(c) कच्चा लोहा (d) पिटवाँ लोहा

8. खाना पकाने का तेल, वनस्पति घी में किस प्रक्रिया द्वारा बदला जाता है? **[UP बी.एड. 2012]**
(a) क्रिस्टलन द्वारा
(b) संघनन द्वारा
(c) हाइड्रोजनीकरण द्वारा
(d) ऑक्सीकरण द्वारा

9. इलेक्ट्रॉन की खोज की थी **[UP बी.एड. 2008]**
(a) जेम्स चैडविक (b) जे.जे. थॉमसन
(c) एण्डरसन (d) रदरफोर्ड

10. भीड़ को तितर-बितर करने के लिए पुलिस द्वारा इस्तेमाल की जाने वाली अश्रु गैस क्या होती है? **[UP बी.एड. 2008]**
(a) कार्बन-डाइऑक्साइड
(b) फेनेसिल क्लोराइड
(c) हाइड्रोजन
(d) कार्बन मोनोऑक्साइड

11. कौन-सा पदार्थ प्रकृति में 'तीन अवस्थाओं' (ठोस, द्रव एवं गैस) में पाया जाता है?
(a) H_2O (b) H_2O_2 (c) CO_2 (d) NH_3

12. वायु है
(a) तत्त्व (b) यौगिक
(c) मिश्रण (d) अपररूप

13. निम्नलिखित में से कौन एक अस्थायी कण है?
(a) इलेक्ट्रॉन (b) प्रोटान
(c) न्यूट्रान (d) ये सभी

14. पदार्थ की चौथी अवस्था क्या कही जाती है?
(a) प्लाज्मा (b) मेन्टल
(c) गैस (d) इनमें से कोई नहीं

15. न्यूट्रॉन तथा प्रोटॉन की संख्याओं के योगफल को क्या कहते हैं?
(a) क्वान्टम संख्या (b) परमाणु संख्या
(c) द्रव्यमान संख्या (d) एवोगाड्रो संख्या

16. निम्नलिखित में से किसमें ऋणात्मक आवेश होता है?
(a) अल्फा (b) बीटा (c) गामा (d) एक्स

17. गामा किरणें हैं
(a) उच्च ऊर्जा वाली विद्युत चुम्बकीय तरंगें
(b) उच्च ऊर्जा वाले इलेक्ट्रॉन
(c) निम्न ऊर्जा वाले इलेक्ट्रॉन
(d) उच्च ऊर्जा वाले पॉजिट्रान

18. ${}_6O^{15}, {}_6O^{16}, {}_6O^{17}$ को क्या कहते हैं?
(a) समदाबी (b) समन्यूट्रॉनिक
(c) अपररूप (d) समस्थानिक

19. निम्नलिखित में से किसके उत्सर्जन से समभारिक उत्पन्न होते हैं?
(a) अल्फा किरण (b) बीटा किरण
(c) गामा किरण (d) एक्स किरण

20. एक मोल में कुल परमाणुओं की संख्या है
(a) 6023×10^{23} (b) 6.023×10^{21}
(c) 6.023×10^{23} (d) इनमें से कोई नहीं

21. 'लोहे पर जंग लगना' उदाहरण है
(a) ऑक्सीकरण का (b) अवकरण का
(c) बहुलीकरण का (d) जस्तीकरण का

22. इलेक्ट्रॉन ग्रहण करने की प्रवृत्ति क्या कहलाती है?
(a) उत्प्रेरण (b) अभिप्रेरण
(c) ऑक्सीकरण (d) अवकरण

23. नीले लिटमस पत्र को लाल कर देता है
(a) अम्ल (b) भस्म (c) क्षार (d) लवण

24. क्षारीय घोल का pH मान होता है
(a) 7 से कम (b) 7 से अधिक
(c) शून्य (d) 7

25. NTP पर 22 ग्राम CO_2 का आयतन होगा
(a) 22.4 लीटर (b) 11.2 लीटर
(c) 44.8 लीटर (d) 2.24 लीटर

26. वास्तविक गैस किन परिस्थितियों में आदर्श गेस जैसा व्यवहार करती है?
(a) उच्च दाब एवं निम्न ताप
(b) निम्न दाब एवं उच्च ताप
(c) उच्च दाब एवं उच्च ताप
(d) निम्न दाब एवं निम्न ताप

27. स्थिर ताप पर किसी गैस का आयतन कम करने पर उसका दाब
(a) कम हो जाता है
(b) स्थिर रहता है
(c) पहले बढ़ता है फिर घटता है
(d) बढ़ जाता है

28. 'दूध' उदाहरण है
(a) विलयन का
(b) कोलाइडी विलयन का
(c) इमलशन का
(d) वायु-विलय का

29. शुद्ध जल का pH होता है
(a) 6.4 (b) 6.6 (c) 6.9 (d) 7.0

30. निम्नलिखित में से किस धातु को वायु में छोड़ दने पर उसका संक्षारण (corrosion) नहीं होता है?
(a) लोहा (b) ताँबा (c) सोना (d) चाँदी

31. ऊष्माशोषी प्रतिक्रिया में
(a) ऊष्मा का अवशोषण होता है
(b) ऊष्मा मुक्त होती है
(c) ऊष्मा परिवर्तन नहीं होता है
(d) ताप स्थिर रहता है

32. किसी अभिक्रिया का वेग
(a) अभिक्रिया की प्रगति के साथ बढ़ता है
(b) अभिक्रिया की प्रगति के साथ घटता है
(c) अभिक्रिया की प्रगति के साथ स्थिर रहता है
(d) अभिक्रिया की प्रगति के साथ घट या बढ़ सकता है

33. उत्प्रेरक वह पदार्थ है, जो रासायनिक अभिक्रिया के वेग को
(a) बढ़ाता है
(b) घटाता है
(c) परिवर्तित करता है
(d) उपरोक्त में से कोई नहीं

34. प्राकृतिक गैस में मुख्यत: रहता है
(a) मेथेन (b) इथेन (c) प्रोपेन (d) ब्यूटेन

35. गोबर गैस में मुख्यत: होता है
(a) इथीलीन (b) ऐसीटिलीन
(c) मेथेन (d) कार्बन मोनोक्साइड

36. मेण्डलीफ के अनुसार तत्त्वों के गुण आवर्ती फलन होते हैं
(a) परमाणु भार के
(b) परमाणु आयतन के
(c) परमाणु संख्या के
(d) परमाणु घनत्व के

37. आधुनिक आवर्त नियम का प्रतिपादक कौन है?
(a) मेण्डलीफ (b) मोस्ले
(c) डाल्टन (d) एवोगाद्रो

38. पृथ्वी पर सबसे अधिक मात्रा में पाया जाने वाला तत्त्व है
(a) सिलिकॉन (b) लोहा
(c) एल्युमीनियम (d) ऑक्सीजन

39. आधुनिक आवर्त सारणी में तत्त्वों के वर्गीकरण का आधार है
(a) परमाणु द्रव्यमान (b) परमाणु घनत्व
(c) परमाणु संख्या (d) परमाणु घनत्व

40. प्रत्येक आवर्त का प्रथम सदस्य होता है
(a) एक क्षार धातु (b) एक हैलोजन
(c) एक अक्रिय गैस (d) एक उपधातु

41. सबसे हल्का तत्त्व है
(a) हीलियम (b) लिथियम
(c) सोडियम (d) हाइड्रोजन

42. सोना का लैटिन नाम है
(a) क्यूप्रम (b) ओरम
(c) अर्जेन्टम (d) केरम

43. वह गुण धर्म क्या कहलाता है जिसके कारण धातुओं को पीटकर पतली पत्तर बनायी जा सकती है?
(a) तन्यता (b) चालकता
(c) आघातवर्ध्यनीयता (d) सघनता

44. पारे का प्रमुख अयस्क है
(a) पाइराइट (b) बॉक्साइट
(c) हेमेटाइट (d) सिनेबार

45. रेडियम किससे प्राप्त होता है?
(a) गैलेना (b) पिच ब्लैण्ड
(c) बॉक्साइट (d) हेमेटाइट

46. अयस्क से चुम्बकीय अशुद्धियों को दूर करने के लिए निम्न में से कौन-सी विधि प्रयुक्त की जाती है?
(a) गुरुत्व पृथक्करण विधि
(b) फेन उत्प्लावन विधि
(c) चुम्बकीय पृथक्करण विधि
(d) निक्षालन विधि

47. अयस्कों में उपस्थित अशुद्धियों को क्या कहा जाता है?
(a) गैंग (b) फ्लक्स
(c) स्लैग (d) इनमें से कोई नहीं

48. मोनाजाइट किसका अयस्क है?
(a) यूरेनियम (b) थोरियम
(c) टाइटेनियम (d) मॉलिब्डिनम

49. हेमेराइट किसका अयस्क है?
(a) एल्युमीनियम (b) सोडियम
(c) लोहा (d) ताँबा

50. 'जर्मन सिल्वर' किसका मिश्रण है?
(a) जस्ता एवं ताँबा
(b) पीतल, ताँबा एवं निकेल
(c) ताँबा, जस्ता एवं एल्युमीनियम
(d) ताँबा, जस्ता एवं निकेल

51. पीतल मिश्रण है
(a) ताँबा + निकेल का
(b) ताँबा + जस्ता का
(c) काँसा + ताँबा का
(d) काँसा + जस्ता का

52. धोने के सोडा का रासायनिक सूत्र है
(a) NaOH (b) $Na_2CO_3 \cdot 10H_2O$
(c) $NaHCO_3$ (d) $Ca(OH)_2$

53. डबल रोटी बनाने में प्रयुक्त किये जाने वाला बेकिंग पाउडर क्या होता है?
(a) सोडियम कार्बोनेट
(b) सोडियम बाइकार्बोनेट
(c) सोडियम सल्फेट
(d) सोडियम क्लोराइट

54. निम्नलिखित में से किन तत्त्वों के लवणों द्वारा आतिशबाजी में रंग प्राप्त होते हैं?
(a) Zn व S (b) K व Hg
(c) Sr व Ba (d) Cr व Hz

55. नीला थोथा का रासायनिक सूत्र है
(a) $Na_2S_2O_3 \cdot 5H_2O$
(b) $Na_2SO_4 \cdot 10H_2O$
(c) $Na_2SO_4 \cdot 10H_2O$
(d) $CuSO_4 \cdot 5H_2O$

56. वायु में थोड़ी देर रखने पर किस धातु के ऊपर हरे रंग की परत जम जाती है?
(a) ताँबा (b) चाँदी (c) निकेल (d) जस्ता

57. जल की स्थायी कठोरता का कारण है
(a) कैल्सियम एवं मैग्नीशियम के सल्फेट्स
(b) कैल्सियम एवं मैग्नीशियम के बाइकार्बोनेट्स
(c) कैल्सियम एवं मैग्नीशियम के क्लोराइड्स
(d) उपरोक्त सभी

58. जल की कठोरता किस प्रकार दूर की जाती है?
(a) जल में ब्लीचिंग पाउडर डालकर
(b) जल में क्लोरीन डालकर
(c) जल में सोडियम कार्बोनेट डालकर
(d) उपरोक्त सभी विधियों से

59. साधारण काँच किसका मिश्रण होता है?
(a) सोडियम सिलिकेट (b) कैल्सियम सिलिकेट
(c) सिलिका (d) ये सभी

60. पोर्टलैण्ड सीमेन्ट का प्रयोग सर्वप्रथम किसने किया था?
(a) लोकियर (b) मार्टिन गूच
(c) ग्राहम बेल (d) जोसेप एस्पडिन

61. प्रकृति में सबसे अधिक मात्रा में पाया जाने वाला कार्बनिक यौगिक है
(a) ग्लूकोज (b) फ्रक्टोज
(c) सुक्रोज (d) सेलुलोज

62. प्रयोगशाला में संश्लेषित किया जाने वाला प्रथम कार्बनिक यौगिक था
(a) फार्मिक अम्ल (b) इथिलीन
(c) यूरिया (d) एसीटिलीन

63. कार्बनिक यौगिकों के सूक्ष्म जीवों द्वारा धीरे-धीरे अपघटित होने की क्रिया को कहते हैं
(a) क्लोरोनीकरण (b) किण्वन
(c) बहुलीकरण (d) पाश्चुरीकरण

64. समावयवी यौगिक भिन्नता प्रदर्शित करते हैं
(a) भौतिक गुण में
(b) रासायनिक गुण में
(c) 'a' एवं 'b' दोनों में
(d) उपरोक्त में से कोई नहीं

65. पेन्सिल बनाने में प्रयुक्त कार्बन है
(a) सीसा (b) लेड
(c) ग्रेफाइट (d) हीरा

66. कार के इंजन में नाकिंग से बचने के लिए प्रयुक्त होता है
(a) इथाइल एल्कोहॉल (b) ब्यूटेन
(c) लेड टेट्राइथाइल (d) श्वेत पेट्रोल

67. पेट्रोल किसका मिश्रण है?
(a) एल्कोहॉल का
(b) कार्बोहाइड्रेट्स का
(c) हाइड्रोकार्बन का
(d) हाइड्रोकार्बन एवं एल्कोहॉल का

68. पैराफिन मोम किसका उत्पाद है?
(a) पेट्रोलियम का
(b) चमड़ा का
(c) मधुमक्खी का
(d) उपरोक्त में से कोई नहीं

69. धातुओं में जोड़ (Welding) में कौन-सी गैस प्रयुक्त होती है?
(a) इथिलीन (b) एसीटिलीन
(c) प्रोपिलीन (d) मेथेन

70. एण्टीफ्रिज (Antifreeze) एक मिश्रण है
(a) ऐसीटिक अम्ल व जल का
(b) फार्मिक अम्ल व जल का
(c) मिथाइल एल्कोहॉल व जल का
(d) इथाइल एल्कोहॉल व जल का

71. C_2H_5OH निम्नलिखित में से किसका रासायनिक सूत्र है?
(a) इथाइल एल्कोहॉल (b) क्लोरोफिल
(c) सिरका (d) शक्कर

72. शराब का निर्माण किस क्रिया के परिणामस्वरूप होता है?
(a) उत्प्रेरण (b) किण्वन
(c) संयोजन (d) विस्थापन

73. मांसपेशियों में किस द्रव के एकत्रित होने से थकावट आती है?
(a) लैक्टिक अम्ल (b) आक्जैलिक अम्ल
(c) यूरिक अम्ल (d) पाइरुविक अम्ल

74. आंसू गैस (Tear gas) में प्रयुक्त होता है
(a) ब्रोमो ऐसिटोफिनोन
(b) फ्लोरो ऐसिटोफिनोन
(c) क्लोरो ऐसिटोक्यूसोन
(d) क्लोरो ऐसिटोफिनॉन

75. फूड प्रोसेसिंग (खाद्य परिक्षण) हेतु प्रयुक्त होता है
(a) सोडियम कार्बोनेट (b) ऐसीटिक अम्ल
(c) बेन्जोइक अम्ल (d) सोडियम नाइट्रेट

76. टेफ्लॉन किसका बहुलक है?
(a) इथिलीन (b) टेट्राफ्लोरो एथीन
(c) स्टाइरीन (d) में से कोई नहीं

77. प्राकृतिक रबड़ किसका बहुलक है?
(a) आइसोप्रीन (b) इथिलीन
(c) ऐसीटिलीन (d) विनाइल क्लोराइड

78. बुलेट प्रूफ पदार्थ बनाने के लिए किस बहुलक का प्रयोग किया जाता है?
(a) पॉली कार्बोनेट्स (b) पॉली एमाइड
(c) पॉली स्टाइरीन (d) पॉली इथिलीन

79. प्राकृतिक रबड़ का वल्कनीकरण करने के लिए कौन-सी विधि प्रयुक्त होती है?
(a) कार्बन ब्लैक के साथ गर्म करना
(b) गन्धक के साथ गर्म करना
(c) क्लोरीन गैस मिलाना
(d) उपरोक्त में से कोई नहीं

80. निम्नलिखित में सबसे उत्तम कोटि का कोयला है
(a) लिग्नाइट (b) बिटुमिनस
(c) एन्थ्रासाइट (d) पीट

81. विस्फोटक आर.डी.एक्स. (RDX) को किस नाम से जाना जाता है?
(a) साइक्लोनाइट (b) हेक्सोजन
(c) सी-4 (d) टी-4

82. डाइनामाइट बनाने में किस द्रव का प्रयोग किया जाता है?
(a) नाइट्रो ग्लिसरीन (b) ओलिक अम्ल
(c) लैक्टिक अम्ल (d) मैलोइक अम्ल

83. दर्द निवारक के रूप में प्रयुक्त 'एस्पिरिन' का रासायनिक नाम है
(a) एसीटिल सैलीसिलेट
(b) एसीटिल सैमीसिलिक अम्ल
(c) मिथाइल सैलीसिलेट
(d) उपरोक्त में से कोई नहीं

84. पेनिसिलीन की खोज किसने की थी?
(a) रॉबर्ट कोच
(b) डब्ल्यू. फ्लेमिंग
(c) एलेक्टजेंडर फ्लेमिंग
(d) एडवर्ड जेनर

85. औषधि में काम आने वाली खाली सम्पुट (Capsules) किससे बने होते हैं?
(a) अण्ड श्वेतक के (b) गोंद के
(c) श्लेष के (d) मौडी के

86. ड्यूटीरियम में होता है
(a) एक न्यूट्रॉन एवं एक प्रोटॉन
(b) दो न्यूट्रॉन एवं एक प्रोटॉन
(c) दो न्यूट्रॉन एवं दो प्रोटॉन
(d) एक न्यूट्रॉन एवं दो प्रोटॉन

87. सोना किस अम्ल में घुलता है?
(a) हाइड्रोक्लोरिक अम्ल
(b) अम्लराज
(c) नाइट्रिक अम्ल
(d) एसीटिक अम्ल

88. संश्लेषित रेशा है
(a) सेलुलोज (b) ऊन
(c) रेयॉन (d) रेशम

89. स्टेनलेस स्टील बनाने में क्या प्रयोग किया जाता है?
(a) निकेल और ताँबा
(b) क्रोमियम और ग्रेफाइट
(c) बेन्जीन और ऐसीटोन
(d) क्रोमियम और निकेल

90. रॉकेट को चलाने में प्रयुक्त ईंधन क्या कहलाता है?
(a) कोल गैस (b) कोक
(c) प्रणोदक (d) बायोमास

91. सी.एन.जी. में कार्बन का कौन-सा यौगिक सर्वाधिक मात्रा में रहता है?
(a) मेथेन (b) प्रोपेन (c) ब्यूटेन (d) एथेन

92. वायुयान की ट्यूबों में कौन-सी गैस भरी होती है?
(a) हीलियम (b) आर्गन
(c) निऑन (d) रेडॉन

93. क्षारों द्वारा तेल का अपघटन क्या कहलाता है?
(a) एस्टरीकरण
(b) बहुलकीकरण
(c) साबुनीकरण
(d) उपरोक्त में से कोई नहीं

94. निम्नलिखित में कौन एल्युमिनेट्स और कैल्सियम सिलिकेट्स का मिश्रण है?
(a) काँच (b) सीमेन्ट
(c) साबुन (d) उर्वरक

95. लाह (Lac) है, एक
(a) प्राकृतिक अपररूप (b) प्राकृतिक बहुलक
(c) कृत्रिम बहुलक (d) इनमें से कोई नहीं

96. निम्नलिखित कार्बनिक यौगिकों में से किससे आयरन यौगिक से उत्पादन दाग को निकाला जाता है?
(a) आक्जैलिक अम्ल (b) बेन्जोइक अम्ल
(c) थैलिक अम्ल (d) सिनैमिक अम्ल

97. मानव गुर्दे में बनने वाली पथरी प्राय: बनी होती है
(a) सोडियम ऐसीटेट की
(b) कैल्सियम की
(c) कैल्सियम आक्जैलेट की
(d) मैग्नीशियम सल्फेट की

98. निम्नलिखित में से कौन-सी गैस वायु को सबसे अधिक प्रदूषित करती है?
(a) CO_2 (b) SO_2 (c) N_2O_2 (d) CO

99. हाइड्रोजन के समस्थानिकों की संख्या कितनी है?
(a) दो (b) तीन (c) चार (d) पाँच

100. वनस्पति घी के निर्माण में कौन-सी गैस प्रयुक्त होती है?
(a) हाइड्रोजन
(b) नाइट्रोजन
(c) कार्बन डाइऑक्साइड
(d) नियॉन

जीव विज्ञान

1. 'बेरियम मील' ····· के लिए प्रयुक्त होता है। **[UP बी.एड. 2014]**
(a) रक्त-समूह की जाँच करने
(b) पोषण नाल की एक्स किरण
(c) मस्तिष्क की एक्स किरण
(d) इनमें से कोई नहीं

2. 'बी सी जी' के टीके किस रोग के विरोध में लगाए जाते हैं? **[UP बी.एड. 2014]**
(a) मीजल्स (b) ट्यूबरक्यूलोसिस
(c) पोलियो (d) हेपेटाइटिस A

3. DNA किससे सम्बन्धित है? **[UP बी.एड. 2014]**
(a) RNA से (b) WBC से
(c) RBC से (d) इनमें से कोई नहीं

4. श्वेत फुप्फुस रोग पाया जाता है **[UP बी.एड. 2012]**
(a) कागज उद्योग के कर्मचारियों में
(b) सीमेन्ट उद्योग के कर्मचारियों में
(c) कपास उद्योग के कर्मचारियों में
(d) पीड़कनाशक उद्योग के कर्मचारियों में

5. आयोडोफॉर्म का प्रयोग किस रूप में किया जाता है? **[UP बी.एड. 2012]**
(a) ज्वररोधी
(b) पीड़ाहारी
(c) पूतिरोधी
(d) संज्ञाहारी (निश्चेतक)

6. लार किसके पाचन में मदद करती है? **[UP बी.एड. 2012]**
(a) वसा (b) स्टार्च
(c) प्रोटीन (d) विटामिन

7. ल्यूकीकिया या रक्त कैंसर का लक्षण निम्न में से किसमें असामान्य वृद्धि है? **[UP बी.एड. 2012]**
(a) लाल रक्त कोशिकाएँ
(b) श्वेत रक्त कोशिकाएँ
(c) रक्त-पट्टिकाणु
(d) रक्त-प्लाज्मा

8. इस पेड़ की छाल मसाले के रूप में प्रयोग की जाती है **[UP बी.एड. 2012]**
(a) दालचीनी (b) लौंग
(c) नीम (d) पाम

9. काफी संख्या में कम समय में ही एक जैसे पौधे किस प्रणाली से उत्पन्न किए जा सकते हैं? **[UP बी.एड. 2012]**
(a) एक ही पौधे के बहुत सारे बीजों से
(b) तने काटकर
(c) ऊतक सवंर्धन तकनीक से
(d) जल सवंर्धन विधि से

10. टायफॉयड से शरीर का कौन-सा भाग प्रभावित होता है? **[UP बी.एड. 2011]**
(a) फेफड़े (b) आँत (c) यकृत (d) प्लीहा

11. ECG का प्रयोग किसकी गतिविधि दर्ज करने के लिए किया जाता है? **[UP बी.एड. 2010]**
(a) हृदय (b) फेफड़े
(c) मस्तिष्क (d) माँसपेशियाँ

12. किस विटामिन की कमी से खून का बहना रुकता नहीं है? **[UP बी.एड. 2010]**
(a) विटामिन-A (b) विटामिन-B
(c) विटामिन-C (d) विटामिन-K

13. निम्न में से कौन-सा रोग विषाणु से नहीं होता है? **[UP बी.एड. 2010]**
(a) चेचक (b) पोलियो (c) प्लेग (d) खसरा

14. मनुष्य के नेत्रों के स्वस्थ संचालन के लिए कौन-सा विटामिन आवश्यक है? **[UP बी.एड. 2010]**
(a) विटामिन-A (b) विटामिन-B
(c) विटामिन-C (d) विटामिन-D

15. आनुवंशिकता का नियम दिया था **[UP बी.एड. 2008]**
(a) मेण्डलीफ ने (b) पावलव ने
(c) कोह ने (d) मेण्डल ने

16. मनुष्य की लार में उपस्थित एन्जाइम होता है **[UP बी.एड. 2008]**
(a) रेनिन (b) पेप्सिन
(c) ट्रिप्सिन (d) टायलिन

17. जीवन का भौतिक आधार है
(a) जीन (b) कोशिका
(c) जीवद्रव्य (d) माइटोकॉण्ड्रिया

18. कोशिका का 'ऊर्जा गृह' किसे कहा जाता है?
(a) गॉल्जीकाय (b) न्यूक्लिओलस
(c) राइबोसोम (d) माइटोकॉण्ड्रिया

19. कोशिका में प्रोटीन निर्माण का सक्रिय स्थल है
(a) लाइसोसोम (b) राइबोसोम
(c) माइटोकाण्ड्रिया (d) गॉल्जीकाय

20. निम्न में से कौन-सा कोशिकांग सिर्फ पादप कोशिका में पाया जाता है?
(a) कोशिका भित्ति (b) लवक
(c) रिक्तिका (d) ये सभी

21. कोशिका की 'आत्महत्या की थैली' कहलाता है
(a) लाइसोसोम (b) राइबोसोम
(c) न्यूक्लियोसोम (d) गॉल्जीकाय

22. किसी कोशिका में 80% से अधिक पाया जाने वाला पदार्थ है
(a) प्रोटीन (b) जल (c) वसा (d) खनिज

23. निम्नलिखित में से किसे कोशिका का 'यातायात प्रबन्धक' कहा जाता है?
(a) राइबोसोम (b) गाल्जीबॉडी
(c) माइटोकाण्ड्रिया (d) लाइसोसोम

24. 'जीन' शब्द का सर्वप्रथम प्रयोग किसने किया?
(a) वाल्डेयर (b) वाटसन
(c) क्रिक (d) जोहान्सन

25. आनुवंशिकी उत्परिवर्तन होता है
(a) डी. एन. ए. (b) आर. एन. ए.
(c) क्रोमोसोम (d) राइबोसोम

26. समसूत्री विभाजन के फलस्वरूप कितनी सन्तति कोशिका का निर्माण होता है?
(a) 2 (b) 4 (c) 6 (d) 8

27. ग्रेगर मेण्डल निम्न में से किसके प्रतिपादन के लिए प्रसिद्ध हैं?
(a) कोशिका सिद्धान्त
(b) उत्परिवर्तन सिद्धान्त
(c) आनुवंशिकता के नियम
(d) उपार्जित लक्षणों की वंशागति

28. जीन उपस्थित होते हैं
(a) राइबोसोम में (b) गुणसूत्रों में
(c) हरित लवकों में (c) माइटोकॉण्ड्रिया में

29. कोशिका में पाया जाने वाला आनुवंशिक पदार्थ है
(a) डी. एन. ए. (b) आर. एन. ए.
(c) प्रोटीन (d) कार्बोहाइड्रेट

30. डी. एन. ए. का 'द्विगुणित कुण्डली' किसने दिया?
(a) रॉबर्ट हुक (b) जोन्स साल्क
(c) वाटसन एवं क्रिक (d) श्लाइडेन एवं श्वास

31. मनुष्य में कौन-से क्रोमोसोम के मिलने से पुत्र का जन्म होगा?
(a) पुरुष का X एवं स्त्री का X
(b) पुरुष का X एवं स्त्री का Y
(c) पुरुष का Y एवं स्त्री का Y
(d) पुरुष का Y एवं स्त्री का X

32. शिशु का पितृत्व स्थापित करने के लिए निम्नलिखित में से किस एक तकनीक का प्रयोग किया जाता है?
(a) प्रोटीन विश्लेषण
(b) डी. एन .ए. फिंगर प्रिंटिंग
(c) गुणसूत्र गणन
(d) डी. एन. ए. का मात्रात्मक विश्लेषण

33. जीन का सर्वप्रथम कृत्रिम संश्लेषण किसने किया?
(a) जे. सी. बोस (b) रॉबर्ट हुक
(c) एच. जी. खुराना (d) वाटसन

34. 'उत्परिवर्तन के सिद्धान्त' का प्रतिपादक कौन था?
(a) लैमार्क (b) चार्ल्स डार्विन
(c) हक्सले (d) ह्यूगो डी. ब्रीज

35. 'प्राकृतिक चयन का सिद्धान्त' किसने दिया ?
(a) ह्यूगो डी. ब्रीज (b) लैमार्क
(c) अरस्तू (d) चार्ल्स डार्विन

36. निम्नलिखित में से कौन-सा मनुष्य का अवशेषी अंग नहीं है?
(a) निक्टेटिंग पर्दा
(b) कर्णाभ मांसपेशियाँ
(c) सामने वाले चपटे दाँत
(d) वर्मीफार्म एपेण्डिक्स

37. डी. एन. ए. का प्रमुख कार्य है
(a) प्रोटीन संश्लेषण
(b) कोशिकीय परिवहन
(c) कोशिकीय श्वसन
(d) आनुवंशिक क्रियाओं का संचालन

38. एक पीढ़ी से दूसरी पीढ़ी में आनुवंशिक गुणों के उत्तरदायी होते हैं
(a) जीन (b) क्रोमोसोम
(c) केन्द्रक (d) इनमें से कोई नहीं

39. निम्नलिखित में से मनुष्यों में होने वाले आनुवंशिक रोग कौन-कौन से हैं?
(a) वर्णान्धता (b) हीमोफीलिया
(c) टर्नर सिण्ड्रोम (d) ये सभी

40. हीमोफीलिया रोग से ग्रस्त व्यक्ति में
(a) खून की कमी हो जाती है
(b) खून का बहना बन्द नहीं होता है
(c) रक्त बनता ही नहीं है
(d) उपरोक्त सभी

41. डाल्फिन किस वर्ग का उदाहरण है?
(a) एम्फीबिया (b) पक्षी
(c) स्तनधारी (d) मत्स्य

42. सबसे बड़ा उड़ने में असमर्थ पक्षी जो तेज गति से दौड़ सकता है, वह है
(a) पेंग्विन (b) किवी
(c) आस्ट्रिच (d) एमू

43. निम्नलिखित में से किस जन्तु में 'अमरत्व' का गुण पाया जाता है?
(a) अमीबा (b) हाइड्रा
(c) यूग्लीना (d) जोंक

44. निम्नलिखित में से नियततापी प्राणी कौन-सा है?
(a) शार्क (b) साँप
(c) छिपकली (d) चमगादड़

45. सबसे विशाल जीवित स्तनपायी है
(a) हाथी (b) ऊँट
(c) नीली ह्वेल (d) मनुष्य

46. एम्फीबिया वर्ग के जन्तु
(a) सिर्फ जल में पाए जाते हैं
(b) जल एवं थल में पाए जाते हैं
(c) सिर्फ पेड़ पर पाए जाते हैं
(d) सिर्फ थल पर पाए जाते हैं

47. विश्व में जन्तुओं का सबसे बड़ा संघ कौन-सा है?
(a) प्रोटोजोआ (b) हेमीकार्डेटा
(c) इकाइनोडर्मेटा (d) आर्थ्रोपोडा

48. पौधों और जन्तुओं के बीच की योजक कड़ी के रूप में जाना जाता है
(a) अमीबा (b) यूग्लीना
(c) प्लाज्मोडियम (d) पैरामीशियम

49. पक्षियों की हड्डी होती है
(a) खोखला (b) ठोस
(c) लचीली (d) इनमें से कोई नहीं

50. स्तनियों के हृदय में कितने चैम्बर होते हैं?
(a) 2 (b) 3 (b) 4 (d) 6

51. स्तनधारी वर्ग के किस जन्तु में रक्त का तापमान सर्वाधिक पाया जाता है?
(a) गाय (b) मनुष्य
(c) चमगादड़ (d) बकरी

52. डायनोसोर थे
(a) सीनोजोइक सरीसृप
(b) मेसोजोइक पक्षी
(c) पैलियोजोइक एम्फीबिया
(d) मेसोजोइक सरीसृप

53. विषैले सर्पों में विष ग्रन्थियाँ परिवर्तित रहती हैं
(a) यकृत ग्रन्थि में (b) लार ग्रन्थि में
(c) पीयूष ग्रान्थि में (d) ये सभी में

54. निम्नलिखित में से कौन एक वास्तविक मछली है
(a) क्रे फिश (b) कटल फिश
(c) फ्लाइंग फिश (d) सिल्वर फिश

55. 'शीत रक्तीय' प्राणी है
(a) सर्प (b) मेढ़क
(c) छिपकली (d) ये सभी

56. किस प्रकार के ऊतक शरीर की सुरक्षा कवच का कार्य करते हैं?
(a) एपिथीलियमी (b) पेशीय
(c) संयोजी (d) तन्त्रिकीय

57. निम्नलिखित में से कौन-सा ऊतक घाव भरने में सहायक होता है?
(a) एपिथीलियमी (b) पेशीय
(c) तन्त्रिकीय (d) ये सभी

58. 'तन्त्रिका ऊतक' की इकाई है
(a) एक्सॉन (b) न्यूरॉन
(c) वोमेन कैप्सूल (d) गुच्छिका

59. ऊँट का कूबड़ किस ऊतक का बना होता है?
(a) कंकालीय (b) पेशीय
(c) वसीय (d) उपास्थि

60. निम्नलिखित में से कौन ऊतक का उदाहरण है?
(a) मास्तिष्क (b) किडनी
(c) लीवर (d) रक्त

61. निम्नलिखित में संयोजी ऊतक के उदाहरण हैं
(a) लिम्फ (b) हड्डियाँ
(c) प्रोटीन (d) ये सभी

62. रक्त किस प्रकार का ऊतक है?
(a) पेशी (b) संयोजी
(c) उपकला (d) तन्त्रिका

63. मानव शरीर में इच्छानुसार गति करने वाले अंगों में किस प्रकार के ऊतक पाए जाते हैं ?
(a) अरेखित ऊतक
(b) हृदय ऊतक
(c) रेखित ऊतक
(d) उपरोक्त सभी

64. 'संकुचनशील ऊतक' के नाम से जाना जाता है
(a) संयोजी (b) पेशी
(c) तन्त्रिका (d) ये सभी

65. 'चेतना ऊतक' के नाम से जाने वाला ऊतक कौन है?
(a) तन्त्रिका (b) उपकला
(c) पेशी (d) ये सभी

66. मानव शरीर में पाचन का अधिकांश भाग किस अंग में सम्पन्न होता है?
(a) पैन्क्रियाज (b) बड़ी आँत
(c) छोटी आँत (d) आमाशय

67. रक्त में उपयोग हेतु अधिकतम पोषक तत्त्व कहाँ से अवशोषित किये जाते हैं?
(a) छोटी आँत (b) बड़ी आँत
(c) आमाशय (d) वृक्क

68. मानव शरीर में कुल कितनी हड्डियाँ होती है?
(a) 204 (b) 206 (c) 208 (d) 210

69. शरीर की सबसे मजबूत हड्डी कहाँ होती है?
(a) भुजा में (b) गर्दन में
(c) जबड़े में (d) जाँघ में

70. पित्त निम्न में से किसके द्वारा स्रावित किया जाता है?
(a) आमाशय (b) अग्न्याशय
(c) यकृत (d) गृहणी

71. पेट में भोजन को पचाने के लिए निम्नांकित में से किसकी खास आवश्यकता होती है?
(a) हवा (b) पानी
(c) एन्जाइम (d) खनिज

72. पाचन क्रिया में प्रोटीन निम्नलिखित में से किस पदार्थ में बदल जाते हैं?
(a) वसा (b) ग्लूकोज
(c) एमीनो अम्ल (d) शर्करा

73. मानव शरीर की सबसे बड़ी ग्रन्थि है
(a) लीवर (b) पैन्क्रियाज
(c) पिट्यूटरी (d) थाइरॉयड

74. 'पेस पेकर' का कार्य है
(a) मूत्र बनने का नियमन
(b) पाचन क्रिया का नियमन
(c) श्वांस क्रिया का प्रारम्भ करना
(d) दिल की धड़कन प्रारम्भ करना

75. निम्नलिखित में से किसकी भित्तियों पर रक्त द्वारा डाले गए दबाब को 'रक्त दाब' कहते हैं?
(a) शिरा (b) धमनी
(c) हृदय (d) कोशिका

76. स्वस्थ मनुष्य में प्रति मिनट हृदय स्पन्दन होता है
(a) 58 बार (b) 67 बार
(c) 72 बार (d) 90 बार

77. रक्त में पाई जाने वाली धातु है
(a) कैल्सियम (b) जिंक
(c) सोडियम (d) लोहा

78. रक्त में लाल रंग किसके कारण होता है?
(a) प्लाज्मा (b) हीमोग्लोबिन
(c) लाल रक्त कण (d) श्वेत रक्त कण

79. हीमोग्लोबिन का कार्य है
(a) एमीनो अम्ल उपलब्ध कराना
(b) ऑक्सीजन ले जाना
(c) एन्जाइम उपलब्ध कराना
(d) उत्सर्जन में सहायता करना

80. लाल रक्त कणों का निर्माण निम्नलिखित में से किसके द्वारा होता है?
(a) यकृत (b) हार्मोन
(c) हृदय (d) अस्थिमज्जा

81. एण्टीबॉडी का मुख्य कार्य किसके विरुद्ध होता है?
(a) प्रतिकूल वातावरणीय दशा के
(b) पोषक पदार्थों की कमी के
(c) संक्रमण के
(d) विपत्ति के

82. कौन-सा रक्त समूह सर्वग्राही है?
(a) A (b) B (c) O (d) AB

83. हमारे द्वारा छोड़ी हुई सांस की हवा में CO_2 की मात्रा लगभग कितनी होती है?
(a) 4% (b) 8% (c) 12% (d) 16%

84. रक्त का शुद्धिकरण कहाँ होता है?
(a) किडनी (b) फेफड़ा
(c) यकृत (d) हृदय

85. शरीर में गैसों का विनियम किस अंग में होता है?
(a) नासिका गुहा (b) फेफड़ा
(c) हृदय (d) धमनी

86. प्रतिवर्ती क्रियाओं का नियन्त्रण केन्द्र कहाँ पर है?
(a) प्रमस्तिष्क में
(b) अनुमस्तिष्क में
(c) कशेरुक रज्जू में
(d) तन्त्रिका कोशिका में

87. मनुष्य के मस्तिष्क का सबसे बड़ा भाग है
(a) मस्तिष्का (b) अनुमस्तिष्क
(c) प्रमस्तिष्क (d) मध्य मस्तिष्क

88. मानव शरीर की किन कोशिकाओं में सबसे कम पुनर्योजन शक्ति होती है?
(a) मस्तिष्क कोशिकाएँ (b) पेशी कोशिकाएँ
(c) अस्थि कोशिकाएँ (d) यकृत कोशिकाएँ

89. निषेचन की क्रिया कहाँ होती है?
(a) गर्भाशय में (b) अण्डवाहिनी में
(c) अण्डग्रन्थि में (d) योनि मार्ग में

90. गर्भस्थ शिशु के विकास की जानकारी हेतु किसका प्रयोग किया जाता है?
(a) एक्स किरणें
(b) गामा किरणें
(c) अल्ट्रासाउण्ड
(d) अल्ट्रावायलेट किरणें

91. भ्रूण के विकास के लिए निम्नलिखित में से किस अंग के द्वारा खाद्य की पूर्ति की जाती है?
(a) गर्भाशय (b) बीजाण्डसन
(c) अण्डाशय (d) अपरापोषिका

92. बच्चों का लिंग निर्धारण किसके गुणसूत्र से होता है?
(a) माता के
(b) पिता के
(c) माता-पिता दोनों के
(d) उपरोक्त में से कोई नहीं

93. मानव शरीर की किस ग्रन्थि को मास्टर ग्रन्थि कहा जाता है?
(a) अग्न्याशय (b) प्लीहा
(c) यकृत (d) पिट्यूटरी

94. निम्नलिखित में बहि:स्रावी ग्रन्थियाँ हैं
(a) दुग्ध ग्रन्थि (b) स्वेद ग्रन्थि
(c) अश्रु ग्रन्थि (d) ये सभी

95. निम्नलिखित में से कौन-सा एक स्त्रीलिंग हार्मोन है?
(a) एस्ट्रोजेन (b) एण्ड्रोजेन
(c) ऑक्जिन (d) इन्सुलिन

96. प्रोटीन को निम्नलिखित में से क्या माना जाता है?
(a) शरीर का निर्माण करने वाला
(b) ऊर्जा उत्पादक
(c) विनियामक
(d) स्थूलतावर्द्धक

97. प्रोटीन का सबसे उत्तम स्रोत है
(a) मटर (b) चना
(c) सोयाबीन (d) हरी सब्जी

98. निम्नलिखित में से किस पोषक पदार्थ से ऊर्जा प्राप्त नहीं होती है?
(a) कार्बोहाइड्रोट (b) विटामिन
(c) प्रोटीन (d) इनमें कोई नहीं

99. गाजर किस विटामिन का समृद्ध स्रोत है?
(a) विटामिन 'ए' (b) विटामिन 'सी'
(c) विटामिन 'डी' (d) विटामिन 'ई'

100. विटामिन 'सी' का उत्तम स्रोत है
(a) सेब (b) दूध
(c) आम (d) आँवला

101. विटामिन 'सी' का रासायनिक नाम है
(a) साइट्रिक अम्ल (b) एस्कार्बिक अम्ल
(c) आक्जेलिक अम्ल (d) नाइट्रिक अम्ल

102. निम्नलिखित में से कौन-सा विटामिन जल में घुलनशील है?
(b) विटामिन 'बी' (c) विटामिन 'सी'
(a) विटामिन 'ए' (d) (b) एवं (c)

103. प्रात:कालीन धूप में कौन-सा विटामिन उत्पन्न होता है?
(a) विटामिन 'डी' (b) विटामिन 'सी'
(c) विटामिन 'बी' (d) विटामिन 'ए'

104. 'रक्त का थक्का' किस विटामिन की कमी से नहीं बनता है?
(a) विटामिन 'के' (b) विटामिन 'ई'
(c) विटामिन 'डी' (d) विटामिन 'बी'

105. निम्नलिखित में से कौन-सा युग्म सुमेलित नहीं है?

	विटामिन		कमी से रोग
(a)	विटामिन 'ए'	-	रतौंधी
(b)	विटामिन 'बी'	-	बेरी-बेरी
(c)	विटामिन 'सी'	-	स्कर्वी
(d)	विटामिन 'डी'	-	नपुन्सकता

106. मछलियों के यकृत के तेल में किसकी प्रचुरता होती है?
(a) विटामिन 'ए' (b) विटामिन 'डी'
(c) विटामिन 'सी' (d) विटामिन 'के'

107. निम्नलिखित में से किसकी कमी से 'एनीमिया' रोग होता है?
(a) आयोडीन (b) कैल्शियम
(b) लोहा (d) सोडियम

108. मानव शरीर में आयोडीन की कमी से उत्पन्न रोग है
(a) ग्वाइटर (b) स्कर्वी
(c) रिकेट्स (d) पोलियो

109. सबसे अधिक आयरन किसमें पाया जाता है?
(a) दूध
(b) आम
(c) सेब
(d) हरी पत्तेदार सब्जियाँ

110. किस तत्त्व का सम्बन्ध दाँतों की विकृति के साथ है?
(a) क्लोरीन (b) फ्लुओरीन
(c) ब्रोमीन (d) आयोडीन

111. रक्त दाब नियन्त्रित करने में सहायक तत्त्व है
(a) फॉस्फोरस
(b) आयोडीन
(c) सोडियम
(d) आयरन

112. हृदय की धड़कन को नियन्त्रित करने के लिए निम्न में से कौन-सा खनिज आवश्यक है?
(a) पोटैशियम (b) गन्धक
(c) साडियम (d) लोहा

113. हड्डियों एवं दाँतों के निर्माण में मुख्य घटक है
(a) कैल्सियम (b) फॉस्फोरस
(c) आयरन (d) (a) एवं (b)

114. निम्नलिखित में से किसमें अधिकतम कैलोरी होती है?
(a) प्रोटीन (b) वसा
(c) कार्बोहाइड्रेट (d) विटामिन

115. त्वरित ऊर्जा पाने के लिए कोई खिलाड़ी निम्नलिखित में से किसका सेवन करता है?
(a) प्रोटीन (b) कार्बोहाइड्रेट
(c) विटामिन (d) वसा

116. मलेरिया रोग किसके संक्रमण से होता है?
(a) प्लाज्मोडियम (b) ट्रिपेनोसोमा
(c) पाश्चुरेला पेस्टिस (d) ये सभी

117. मलेरिया रोग के परजीवी का वाहक है
(a) मादा एनोफिलीज (b) सी-सी मक्खी
(c) बालू मक्खी (d) इनमें से कोई नहीं

118. वायरस द्वारा फैलने वाला रोग है
(a) पोलियो (b) हाइड्रोफोबिया
(c) पीलिया (d) ये सभी

119. बच्चों में बी.सी.जी. का टीका किस रोग के प्रतिरक्षण हेतु लगाया जाता है?
(a) खसरा (b) टी.बी.
(b) चेचक (d) पोलियो

120. जीवाणु द्वारा फैलने वाले रोग हैं
(a) हैजा (b) डिफ्थीरिया
(c) प्लेग (d) ये सभी

121. डेंगू ज्वर किसके कारण फैलता है?
(a) एडिस इजिप्टी
(b) इन्फ्लुएन्जी
(c) हीमोफिलस परटूसिस
(d) मोर्बेली

122. निम्नलिखित में से किस बीमारी का अन्य नाम 'लॉक-जा' है?
(a) सिफलिस (b) कुष्ठ
(c) टिटनेस (d) टी.बी.

123. 'बेरियम' भोजन किसके लिए प्रयोग किया जाता है?
(a) रक्त वर्ग की जाँच
(b) डायबिटीज की जाँच
(c) किडनी का एक्स-रे
(d) आहार नली का एक्स-रे

124. घरेलू मक्खी द्वारा फैलने वाले रोग हैं
(a) हैजा (b) एड्स
(c) प्लेग (d) ये सभी

125. 'कैटरेक्ट' रोग किससे सम्बन्धित है?
(a) मस्तिष्क (b) आँख
(c) यकृत (d) मसूढ़ा

126. 'डायलिसिस' का प्रयोग किस रोग के इलाज के लिए किया जाता है?
(a) वृक्क (b) हृदय (c) फेफड़ा(d) यकृत

127. 'एड्स' का कारण है
(a) वायरस (b) बैक्टीरिया
(c) कवक (d) प्रोटोजोआ

128. 'द्विनाम पद्धति' के प्रतिपादक हैं
(a) एंग्लर (b) थियोफ्रेस्टस
(c) इचिन्सन (d) लीनियस

129. वनस्पति विज्ञान की वह शाखा जो शैवालों से सम्बन्धित है
(a) फाइकोलॉजी (b) मायकोलॉजी
(c) बॉटनी (d) एम्बियोलॉजी

130. सर्वप्रथम विषाणु की खोज किसने की?
(a) स्टाक मैन (b) वाक्स मैन
(c) इवानोवस्की (d) स्मिथ

131. विषाणु में होता है
(a) प्रोटीन और लिपिड
(b) न्यूक्लिक एसिड और प्रोटीन
(c) लिपिड और कार्बोहाइड्रेट
(d) कार्बोहाइड्रेट और न्यूक्लिक एसिड

132. निम्नलिखित में से किस वर्ग के पौधे में पुष्प एवं बीज नहीं पाए जाते हैं?
(a) क्रिप्टोगेम्स (b) एन्जियोस्पर्म
(c) जिम्नोस्पर्म (d) ये सभी

133. बैक्टीरिया की खोज किसने की?
(a) लुई पाश्चर
(b) एडवर्ड जेनर
(c) एन्टोनी वॉन ल्यूवेनहॉक
(d) हरगोविन्द खुराना

134. पादप जगत में सबसे बड़ा बीजाण्ड किसका है?
(a) साइकस (b) पाइनस
(c) फर्न (d) नागफली

135. लाइकेन जिन दो वर्ग के पौधों से मिलकर बनता है, वे हैं
(a) कवक और फर्न
(b) शैवाल और ब्रायोफाइटा
(c) जीवाणु और विषाणु
(d) कवक और शैवाल

136. जड़ के स्थान पर मूलाभास (Rhizoids) किसमें पाया जाता है?
(a) एन्जियोस्पर्म में (b) जिम्नोस्पर्म में
(c) ब्रायोफाइट्स में (d) टेडिडोफाइट्स में

137. निम्नलिखित में से कौन-सा एक जीवित जीवाश्म है?
(a) साइकस (b) सिलैजिनेला
(c) पाइनस (d) इनमें से कोई नहीं

138. पहला एण्टिबायोटिक जिसे प्रयोग में लाया गया था
(a) स्ट्रैप्टोमाइसिन (b) टेरामाइसिन
(c) पेनिसिलीन (d) नियोमाइसिन

139. निम्नलिखित में से किसमें क्लोरोफिल नहीं होता है?
(a) शैवाल (b) कवक
(c) ब्रायोफाइट्स (d) ये सभी

140. दूध के दही के रूप में जमने का कारण है
(a) माइको बैक्टीरियम
(b) खमीर
(c) लैक्टोबैसिलस
(d) निमेटोड्स

141. धान की फसल के जैव उर्वरक के रूप में किसका प्रयोग किया जाता है?
(a) नील हरित शैवाल (b) *राइजोबियम*
(c) *क्लोटेला* (d) *एजेटोबैक्टर*

142. कवक एवं उच्च पादप की जड़ों के बीच उपयोगी कार्यात्मक सम्बन्ध को कौन दर्शाता है?
(a) जैव उर्वरक (b) कोरेलॉयड जड़
(c) लाइकेन (d) माइकोराइजा

143. जीवन चक्र की दृष्टि से पौधे का सबसे महत्त्वपूर्ण अंग है
(a) पुष्प (b) पत्ती (c) तना (d) जड़

144. किस पौधे में बीज होता है, लेकिन फल नहीं होता?
(a) ईख (b) मूँगफली
(c) बादाम (d) साइकस

145. श्वसन मूल मिलती है
(a) पान में (b) चेस्टनट में
(c) जूसिया में (d) मक्का में

146. निम्नलिखित में कौन-सा एक जड़ नहीं है?
(a) आलू (b) गाजर
(c) शकरकन्द (d) मूली

147. प्याज परिवर्तित रूप है
(a) तना का (b) जड़ का
(c) पत्ती का (d) फल का

148. पौधे में निम्नलिखित में से कौन हमेशा रहता है?
(a) कलिका(b) फल (c) तना (d) जड़

149. तना काट सामान्यत: किसके प्रवर्धन के लिए प्रयोग किया जाता है?
(a) केला (b) आम (c) गन्ना (d) कपास

150. 'हल्दी' है
(a) राइजोम (b) ट्यूबर
(c) बल्ब (d) कार्न

151. संसार का सबसे बड़ा पुष्प है
(a) कमल (b) रेफ्लेशिया
(c) कैक्टस (d) तुलिफया

152. पौधों की उम्र का पता लगाया जाता है?
(a) टहनियाँ गिनकर
(b) रन्ध्रों द्वारा वाष्पोत्सर्जन की दर के आधार पर
(c) पेड़ में उपस्थित वार्षिक वलय गिनकर
(d) उपरोक्त में से कोई नहीं

153. विकसित पुष्प में पाया जाता है
(a) पुमंग एवं जायांग
(b) बाह्य दल एवं दल
(c) सभी चारों चक्र
(d) दल, पुमंग एवं जायांग

154. परागकण है
(a) अपूर्ण विकसित भ्रूण
(b) अपूर्ण विकसित नर युग्मकोद्भिद
(c) बीजाणु मातृ कोशिका
(d) एक नर शुक्राणु कोशिका

155. बिना निषेचन के एक अण्डाशय के फल में विकसित होने को कहते हैं
(a) सिनजिनेसिस (b) पार्थीनोकार्पी
(c) एपोगैमी (d) इनमें से कोई नहीं

156. अनिषेकफलन (parthenocarpy) के उदाहरण हैं
(a) केला (b) पपीता
(c) अंगूर (d) ये सभी

157. 'नारियल' का खाने योग्य भाग होता है
(a) अन्त: फलभित्ति (b) मध्य फलभित्ति
(c) भ्रूणपोष (d) पूर्ण बीज

158. सेब एवं नाशपाती में खाने योग्य भाग होता है
(a) पुष्पासन (b) भ्रूणपोष
(c) भ्रूण (d) अन्त: फलभित्ति

159. किस पौधे का फल भूमि के नीचे पाया जाता है?
(a) आलू (b) मूंगफली
(c) गाजर (d) प्याज

160. पौधों में जल एवं खनिज लवणों का संवहन किस ऊतक के द्वारा होता है?
(a) जाइलम (b) फ्लोएम
(c) पार्श्व विभज्योतक (d) (a) एवं (b)

161. पत्तियों द्वारा निर्मित भोजन को पौधे के अन्य भागों में पहुँचता है
(a) फ्लोएम (b) जाइलम
(c) कैम्बियम (d) ये सभी

162. पौधे में वाष्पोत्सर्जन की क्रिया किसमें होती है?
(a) जड़ (b) तना
(c) पत्ती (d) पूरा पौधा

163. पौधों में खाना तैयार करने की प्रक्रिया कहलाती है
(a) फोटोसिन्सटाइजेशन
(b) कार्बोहाइड्रोलिसिस
(c) मेटाबोलिक सिन्थेसिस
(d) फोटोसिन्थेसिस

164. प्रकाश संश्लेषण के दौरान पैदा होने वाली ऑक्सीजन का स्रोत क्या है?
(a) जल
(b) कार्बन डाइ-ऑक्साइड
(c) क्लोरोफिल
(d) उपरोक्त में से कोई नहीं

165. प्रकाश संश्लेषण में पौधे द्वारा कौन-सी गैस छोड़ी जाती है?
(a) नाइट्रोजन
(b) जलवाष्प
(c) ऑक्सीजन
(d) कार्बन डाइ-ऑक्साइड

166. प्रकाश संश्लेषण के लिए कौन-सी गैस आवश्यक है ?
(a) CO_2 (b) O_2 (c) N_2 (d) CO

167. क्लोरोफिल में कौन-सी धातु पायी जाती है?
(a) लोहा (b) मैग्नीशियम
(c) जस्ता (d) कोबाल्ट

168. प्रकाश संश्लेषण की दर सबसे अधिक किस रंग के प्रकाश में होती है?
(a) लाल (b) हरा (c) पीला (d) नीला

169. ग्लाइकोलिसिस का अन्तिम उत्पाद होता है
(a) ग्लूकोज
(b) पाइरुविक अम्ल
(c) इथाइल एल्कोहल
(d) कार्बन डाइ-ऑक्साइड

170. प्रकाश संश्लेषण में पर्णहरित की भूमिका है
(a) जल का अवशोषण
(b) प्रकाश का अवशोषण
(c) CO_2 का अवशोषण
(d) उपरोक्त में से कोई नहीं

171. प्रकाश संश्लेषण की क्रिया पत्तियों के किस भाग में सम्पन्न होती है?
(a) पर्णाधार (लीफबेस)
(b) पर्णवृन्त (पिटिओल्स)
(c) पर्णदल (लैमिना)
(d) उपरोक्त सभी

172. ऑक्सी श्वसन का अन्तिम उत्पाद होता है
(a) CO_2 तथा जल (b) O_2 तथा जल
(c) CO_2 तथा O_2 (d) इथाइल एल्कोहॅल

173. पौधों में वाष्पोत्सर्जन की क्रिया में सहायक है
(a) कार्क (b) रन्ध्र
(c) जाइलम (d) फ्लोएम

174. वाष्पोत्सर्जनमापी यन्त्र है
(a) हाइग्रोमीटर (b) क्रेस्कोमीटर
(c) पोटोमीटर (d) इनमें से कोई नहीं

175. फल पकाने वाला हार्मोन है
(a) आक्सिन (b) एथिलीन
(c) जिबरेलिन (d) साइटोकाइनिन

176. निम्नलिखित में वृद्धिरोधक हार्मोन हैं
(a) एब्सिसिक एसिड (b) इथिलीन
(c) ऑक्सिन (d) (a) एवं (b)

177. धान में खैरा रोग किसकी कमी के कारण होता है?
(a) जस्ता (b) लोहा
(c) नाइट्रोजन (d) कैल्सियम

178. 'मोजेक रोग' किस पौधे में होता है?
(a) आलू (b) तम्बाकू
(c) पालक (d) केला

179. नींबू का 'साइट्रस कैंकर' रोग किससे होता है?
(a) कवक (b) जीवाणु
(c) विषाणु (d) फफूंदी

180. 'बैकी टाप' रोग किस पौधे से सम्बन्धित है?
(a) आम (b) आलू (c) केला (d) पपीता

181. चाय में 'लाल रस्ट रोग' किसके कारण होता है?
(a) जीवाणु (b) विषाणु
(c) कवक (d) हरे शैवाल

182. पादप रोगों का सबसे ज्यादा उत्तरदायी कौन है?
(a) कवक (b) जीवाणु
(c) विषाणु (d) प्रोटोजोआ

183. फसलों को कीट की कौन-सी अवस्था अधिक हानि पहुँचाती है ?
(a) अण्डा (b) प्यूपा
(c) केटरपिलर (d) इमेगो

184. 'अग्निनीरजा' रोग किससे सम्बन्धित है?
(a) नारंगी (b) अंगूर
(c) नारियल (d) सेब

185. गन्ने में लाल सड़न रोग के लिए उत्तरदायी कवक है
(a) *सर्कोस्पोरा पर्सोनेटा*
(b) *फाइटोपथेरा इन्फेस्टेन्स*
(c) *क्लेवीसेप्स परपुरिया*
(d) *कोलेटोट्रिकम फालकेटम*

186. 'टिक्का' रोग किस पौधे में होता है?
(a) मूँगफली (b) सोयाबीन
(c) आलू (d) गेहूँ

187. 'लेट ब्लाइट' रोग किस पौधे से सम्बन्धित है?
(a) गेहूँ (b) आलू (c) सेब (d) आम

188. 'पारिस्थितिकी तन्त्र' शब्द का सर्वप्रथम प्रयोग किसने किया था ?
(a) बीवर ने
(b) रीटर ने
(c) ए. जी. टन्सले ने
(d) के. सी. मेहता ने

189. किसी शृंखला में प्राथमिक उपभोक्ता होते हैं
(a) उत्पादक (b) शाकाहारी
(c) मांसाहारी (d) अपघटक

190. निम्नलिखित में पारितन्त्र का अजीवीय घटक है
(a) जीवाणु (b) क्लोरेला
(c) जल (d) मानव

191. 'उत्पादक' उन्हें कहा जाता है, जो
(a) प्राथमिक उपभोक्ता होते हैं
(b) अपशिष्टों को अपघटित करते हैं
(c) जो अपना भोजन स्वयं बनाते हैं
(d) उपरोक्त में से कोई नहीं

192. जब हम बकरी का मांस खाते हैं, तो कहे जाते हैं
(a) प्राथमिक उपभोक्ता
(b) द्वितयक उपभोक्ता
(c) तृतीयक उपभोक्ता
(d) उपरोक्त में से कोई नहीं

193. सौर ऊर्जा का सबसे बड़ा यौगिकीकरण कौन है?
(a) बैक्टीरिया (b) प्रोटोजोआ
(c) कवक (d) हरे पौधे

194. मुख्य वायु प्रदूषक है
(a) CO_2 (b) CO (c) N_2 (d) SO_2

195. निम्नलिखित में से कौन-सी गैस 'ग्रीन हाऊस प्रभाव' में सर्वाधिक योगदान करती है?
(a) मिथेन
(b) फ्रियोन
(c) सी.एफ.सी.
(d) कार्बन डाइ-ऑक्साइड

196. निम्नलिखित में से कौन-सी गैस वायु प्रदूषण नहीं करती है?
(a) कार्बन डाइ-ऑक्साइड
(b) कार्बन मोनोक्साइड
(c) सी.एन.जी.
(d) (a) एवं (c)

197. ऊर्जा के किस रूप में प्रदूषण की समस्या नहीं होती है?
(a) कोयला (b) परमाणु
(c) पेट्रोल (d) सौर

198. औद्योगिक बहि:स्राव से होने वाले जल प्रदूषण को रोकने के लिए निम्न में से कौन-सा अपतृण उपयोगी है?
(a) पार्थेनियम (b) जलकुम्भी
(c) हाथी घास (d) (a) एवं (c)

199. निम्नलिखित में कौन जैव अक्षयकारी प्रदूषक है?
(a) प्लास्टिक (b) डी.डी.टी.
(c) पारा (d) ये सभी

200. अस्थियों का अध्ययन विज्ञान की किस शाखा के अन्तर्गत किया जाता है?
(a) ऑस्टियोलॉजी (b) ओरोलॉजी
(c) जियोलॉजी (d) इक्थियोलॉजी

201. 'जेरेन्टोलॉजी' निम्नलिखित में से किसके अध्ययन से सम्बन्धित है?
(a) शिशु (b) महिलाएँ
(c) त्वचा (d) वृद्ध

202. एडवर्ड जेनर किस रोग से जुड़े हैं?
(a) चेचक (b) टी.बी.
(c) खसरा (d) पोलियो

203. 'रेबीज' के टीके की खोज किसने की थी?
(a) एडवर्ड जेनर (b) लुई पाश्चर
(c) चार्ल्स डार्विन (d) आर्किमिडीज

204. 'प्राकृतिक वरण का सिद्धान्त' किसने दिया ?
(a) चार्ल्स डार्विन (b) लुई पाश्चर
(c) जोसेफ लिस्टर (d) जोन्स ई. साल्क

205. मनुष्य में गुणसूत्रों की संख्या कितनी होती है?
(a) 40 (b) 44
(c) 46 (d) 48

206. मानव शरीर में ग्लाइकोजेन का संचय किस अंग में होता है?
(a) यकृत में (b) बड़ी आँत में
(c) अग्न्याशय में (d) आमाशय में

207. 'हेन्सेन' रोग किस रोग का अन्य नाम है?
(a) पोलियो (b) टिटनेस
(c) कुष्ठ (d) पायरिया

208. मछलियों में श्वसन क्रिया किसके द्वारा होती है?
(a) फेफड़ा
(b) गिल्स
(c) शल्क
(d) नासिका छिद्र

209. ई.सी.जी. का प्रयोग किस रोग के इलाज के लिए किया जाता है?
(a) गुर्दे की खराबी
(b) हृदय की कमजोरी
(c) मस्तिष्क की बीमारी
(d) उपरोक्त में से कोई नहीं

210. लैंगर हैन्स के द्वीप जिनसे 'इन्सुलिन' स्रावित होता है, कहाँ स्थित होता है?
(a) अग्न्याशय में (b) यकृत में
(c) वृक्क में (d) पित्ताशय में

उत्तरमाला

भौतिक विज्ञान

1. (b)	2. (d)	3. (d)	4. (a)	5. (b)	6. (d)	7. (c)	8. (d)	9. (d)	10. (d)
11. (c)	12. (d)	13. (a)	14. (b)	15. (a)	16. (c)	17. (a)	18. (c)	19. (b)	20. (d)
21. (a)	22. (c)	23. (d)	24. (b)	25. (d)	26. (c)	27. (a)	28. (b)	29. (c)	30. (d)
31. (b)	32. (b)	33. (c)	34. (c)	35. (d)	36. (a)	37. (b)	38. (a)	39. (c)	40. (a)
41. (b)	42. (c)	43. (a)	44. (c)	45. (d)	46. (a)	47. (d)	48. (b)	49. (a)	50. (a)
51. (d)	52. (c)	53. (c)	54. (a)	55. (d)	56. (c)	57. (b)	58. (d)	59. (a)	60. (b)
61. (c)	62. (a)	63. (d)	64. (a)	65. (d)	66. (c)	67. (b)	68. (c)	69. (a)	70. (d)
71. (c)	72. (c)	73. (a)	74. (d)	75. (c)	76. (a)	77. (d)	78. (c)	79. (a)	80. (b)
81. (b)	82. (c)	83. (b)	84. (d)	85. (b)	86. (d)	87. (a)	88. (c)	89. (d)	90. (b)
91. (a)	92. (a)	93. (d)	94. (a)	95. (b)	96. (a)	97. (c)	98. (d)	99. (d)	100. (b)
101. (a)	102. (c)	103. (a)	104. (d)	105. (c)	106. (a)	107. (d)	108. (b)	109. (a)	110. (a)
111. (c)	112. (b)	113. (b)	114. (a)	115. (b)	116. (c)	117. (b)	118. (d)	119. (a)	120. (c)
121. (c)	122. (d)	123. (b)	124. (a)	125. (c)					

रसायन विज्ञान

1. (b)	2. (c)	3. (b)	4. (b)	5. (c)	6. (c)	7. (d)	8. (c)	9. (b)	10. (b)
11. (a)	12. (c)	13. (c)	14. (a)	15. (c)	16. (b)	17. (a)	18. (d)	19. (b)	20. (c)
21. (a)	22. (d)	23. (a)	24. (b)	25. (a)	26. (b)	27. (d)	28. (c)	29. (d)	30. (c)
31. (a)	32. (b)	33. (c)	34. (a)	35. (c)	36. (a)	37. (b)	38. (d)	39. (c)	40. (a)
41. (d)	42. (b)	43. (c)	44. (d)	45. (b)	46. (c)	47. (a)	48. (b)	49. (c)	50. (d)
51. (b)	52. (b)	53. (b)	54. (c)	55. (a)	56. (a)	57. (b)	58. (c)	59. (d)	60. (d)
61. (d)	62. (c)	63. (b)	64. (a)	65. (c)	66. (a)	67. (c)	68. (a)	69. (b)	70. (d)
71. (a)	72. (b)	73. (a)	74. (d)	75. (c)	76. (b)	77. (a)	78. (a)	79. (b)	80. (c)
81. (d)	82. (a)	83. (b)	84. (c)	85. (d)	86. (a)	87. (b)	88. (c)	89. (d)	90. (c)
91. (a)	92. (a)	93. (c)	94. (b)	95. (b)	96. (a)	97. (c)	98. (d)	99. (b)	100. (a)

जीव विज्ञान

1. (b)	2. (b)	3. (a)	4. (d)	5. (c)	6. (b)	7. (b)	8. (a)	9. (c)	10. (b)
11. (a)	12. (d)	13. (c)	14. (a)	15. (d)	16. (d)	17. (c)	18. (d)	19. (b)	20. (d)
21. (a)	22. (b)	23. (b)	24. (d)	25. (c)	26. (a)	27. (c)	28. (b)	29. (a)	30. (c)
31. (d)	32. (b)	33. (c)	34. (d)	35. (d)	36. (c)	37. (d)	38. (a)	39. (d)	40. (b)
41. (c)	42. (c)	43. (b)	44. (d)	45. (c)	46. (b)	47. (d)	48. (b)	49. (a)	50. (c)
51. (d)	52. (d)	53. (b)	54. (c)	55. (d)	56. (a)	57. (a)	58. (b)	59. (c)	60. (d)
61. (d)	62. (b)	63. (c)	64. (b)	65. (a)	66. (c)	67. (a)	68. (b)	69. (d)	70. (c)
71. (c)	72. (c)	73. (a)	74. (d)	75. (b)	76. (c)	77. (d)	78. (b)	79. (b)	80. (d)
81. (c)	82. (d)	83. (a)	84. (a)	85. (b)	86. (c)	87. (c)	88. (a)	89. (b)	90. (c)
91. (d)	92. (b)	93. (d)	94. (d)	95. (a)	96. (a)	97. (c)	98. (b)	99. (a)	100. (d)
101. (b)	102. (d)	103. (a)	104. (a)	105. (d)	106. (b)	107. (c)	108. (a)	109. (d)	110. (b)
111. (c)	112. (a)	113. (d)	114. (b)	115. (b)	116. (a)	117. (a)	118. (d)	119. (b)	120. (d)
121. (a)	122. (c)	123. (d)	124. (d)	125. (b)	126. (a)	127. (b)	128. (d)	129. (a)	130. (c)
131. (b)	132. (a)	133. (c)	134. (a)	135. (d)	136. (c)	137. (a)	138. (c)	139. (b)	140. (c)
141. (a)	142. (b)	143. (a)	144. (d)	145. (c)	146. (a)	147. (a)	148. (d)	149. (c)	150. (a)
151. (b)	152. (c)	153. (c)	154. (b)	155. (b)	156. (d)	157. (a)	158. (a)	159. (b)	160. (a)
161. (a)	162. (d)	163. (d)	164. (b)	165. (c)	166. (a)	167. (b)	168. (a)	169. (b)	170. (b)
171. (c)	172. (a)	173. (b)	174. (c)	175. (b)	176. (d)	177. (a)	178. (b)	179. (b)	180. (c)
181. (d)	182. (a)	183. (c)	184. (d)	185. (d)	186. (a)	187. (b)	188. (c)	189. (b)	190. (c)
191. (c)	192. (b)	193. (d)	194. (b)	195. (d)	196. (d)	197. (d)	198. (d)	199. (d)	200. (a)
201. (d)	202. (a)	203. (b)	204. (a)	205. (c)	206. (a)	207. (c)	208. (b)	209. (b)	210. (a)

अध्याय

6 विविध तथ्य एवं आँकड़े

Miscellaneous Facts and Figures

महत्त्वपूर्ण राष्ट्रीय एवं अन्तर्राष्ट्रीय दिवस

तिथि	दिवस	तिथि	दिवस
12 जनवरी	राष्ट्रीय युवा दिवस	1 जुलाई	डॉक्टर्स दिवस
15 जनवरी	थलसेना दिवस	11 जुलाई	विश्व जनसंख्या दिवस
23 जनवरी	सुभाषचन्द्र बोस जन्म दिवस	26 जुलाई	कारगिल स्मृति दिवस
24 जनवरी	राष्ट्रीय बालिका दिवस	15 अगस्त	स्वतन्त्रता दिवस
26 जनवरी	गणतन्त्र दिवस	20 अगस्त	सद्भावना दिवस (राजीव गाँधी की जयन्ती)
30 जनवरी	शहीद दिवस, राष्ट्रीय कुष्ठ रोग उन्मूलन दिवस	29 अगस्त	राष्ट्रीय खेल दिवस (मेजर ध्यानचन्द की जयन्ती)
1 फरवरी	तट रक्षक दिवस, कल्पना स्मृति दिवस	5 सितम्बर	शिक्षक दिवस (डॉ. सर्वपल्ली राधाकृष्णन की जयन्ती)
14 फरवरी	सेन्ट वेलेण्टाइन दिवस	8 सितम्बर	विश्व साक्षरता दिवस
24 फरवरी	केन्द्रीय उत्पाद शुल्क दिवस	14 सितम्बर	हिन्दी दिवस
28 फरवरी	राष्ट्रीय विज्ञान दिवस (रमन प्रभाव खोज की स्मृति में)	27 सितम्बर	विश्व पर्यटन दिवस
8 मार्च	अन्तर्राष्ट्रीय महिला दिवस	1 अक्टूबर	अन्तर्राष्ट्रीय वृद्ध विकास
15 मार्च	विश्व उपभोक्ता संरक्षण दिवस	2 अक्टूबर	विश्व अहिंसा दिवस (महात्मा गाँधी की जयन्ती), लाल बहादुर शास्त्री की जयन्ती।
21 मार्च	विश्व वानिकी दिवस	8 अक्टूबर	वायुसेना दिवस
23 मार्च	विश्व मौसम विज्ञान दिवस	9 अक्टूबर	विश्व डाक दिवस
7 अप्रैल	विश्व स्वास्थ्य दिवस	16 अक्टूबर	विश्व खाद्य दिवस
18 अप्रैल	विश्व विरासत दिवस	24 अक्टूबर	संयुक्त राष्ट्र दिवस
22 अप्रैल	विश्व पृथ्वी दिवस	31 अक्टूबर	राष्ट्रीय एकता दिवस (सरदार वल्लभभाई पटेल की स्मृति में)
1 मई	मई दिवस (मजदूर दिवस)	31 अक्टूबर	संकल्प दिवस (श्रीमति इन्दिरा गाँधी की स्मृति में)
3 मई	अन्तर्राष्ट्रीय ऊर्जा दिवस	14 नवम्बर	बाल दिवस (पं. जवाहरलाल नेहरू की जयन्ती)
11 मई	राष्ट्रीय प्रौद्योगिकी दिवस	1 दिसम्बर	विश्व एड्स दिवस
13 मई	राष्ट्रीय एकता दिवस	4 दिसम्बर	नौसेना दिवस
17 मई	विश्व दूरसंचार दिवस	7 दिसम्बर	झण्डा दिवस
21 मई	आतंकवाद विरोध दिवस	10 दिसम्बर	मानव अधिकार दिवस
31 मई	विश्व धूम्रपान एवं तम्बाकू निषेध दिवस	23 दिसम्बर	किसान दिवस
5 जून	विश्व पर्यावरण दिवस	25 दिसम्बर	सुशासन दिवस (अटल बिहारी वाजपेयी का जन्म दिवस)
21 जून	विश्व योग दिवस		
27 जून	विश्व मधुमेह दिवस		

विश्व में प्रथम

उपलब्धि	नाम	उपलब्धि	नाम
अन्तरिक्ष में सर्वाधिक समय तक रहने वाली अन्तरिक्ष यात्री	सुनीता विलियम्स	अन्तरिक्ष में पहुँचने वाली प्रथम महिला	वेलेनतीना तेरेशकोवा
अन्तरिक्ष में जाने वाली प्रथम पर्यटक	अनुशेह अंसारी	अन्तरिक्ष में विचरण करने वाला प्रथम व्यक्ति	एलेक्सी लियोनोव
संयुक्त राष्ट्र संघ महासभा की पहली महिला सभापति	विजयालक्ष्मी पण्डित	मंगल ग्रह पर उतरने वाला प्रथम अन्तरिक्ष यान	वाइकिंग-I
अमेरिका का प्रथम राष्ट्रपति	जॉर्ज वाशिंगटन	सबसे कम समय में एवरेस्ट पर चढ़ने का रिकॉर्ड	बाबू छिरी शेरपा, नेपाल (21 मई, 2000)
ग्रेट ब्रिटेन का प्रथम प्रधानमन्त्री	रॉबर्ट वालपोल	एकदिवसीय क्रिकेट में सबसे तेज शतक (31 गेंद) बनाने वाला खिलाड़ी	एबी डी विलियर्स
पाकिस्तान का प्रथम गवर्नर जनरल	मोहम्मद अली जिन्ना	विश्व का प्रथम अन्तरिक्ष पर्यटक	डेनिस टीटो (728 अप्रैल से 6 मई, 2001)
विश्व में बनने वाली प्रथम महिला प्रधानमन्त्री	श्रीमती सिरिमावो भण्डारनायके	सबसे कम उम्र में एवरेस्ट पर पहुँचने वाली छात्रा	पुर्णा मलावथ (13 वर्ष की भारतीय छात्रा)
विश्व की प्रथम महिला राष्ट्रपति	इसाबेल पैरों (अर्जेण्टीना)	सबसे कम उम्र में एवरेस्ट पर पहुँचने वाला छात्र	तेम्बात्शेरी (15 वर्ष का नेपाली छात्र)
अन्तरिक्ष में प्रक्षेपित प्रथम कृत्रिम उपग्रह	स्पूतनिक-I		
चन्द्रमा पर उतरने वाला प्रथम व्यक्ति	नील आर्मस्ट्रांग		
अन्तरिक्ष में पहुँचने वाला प्रथम व्यक्ति	यूरी गागरिन		
अन्तरिक्ष में पहुँचने वाला प्रथम भारतीय	राकेश शर्मा		

उपलब्धि	नाम	उपलब्धि	नाम
एवरेस्ट शिखर पर चढ़ने वाला प्रथम व्यक्ति	शेरपा तेनजिंग नोर्के तथा सर एडमण्ड हिलेरी	इंगलिश चैनल तैरकर पार करने वाला प्रथम भारतीय	मिहिर सैन
एवरेस्ट शिखर पर चढ़ने वाली प्रथम महिला	श्रीमती जुनको तेबई	इंगलिश चैनल तैरकर पार करने वाली प्रथम भारतीय महिला	आरती साहा
एवरेस्ट शिखर पर छह बार चढ़ने वाला व्यक्ति	शेरपा आंग रीता		
उत्तरी ध्रुव पर पहुँचने वाला प्रथम व्यक्ति	रोबर्ट पियरी	डार्डेनिलीज पार करने वाला प्रथम भारतीय	मिहिर सैन
दक्षिणी ध्रुव पर पहुँचने वाला प्रथम व्यक्ति	एमण्डसन	पाक स्ट्रेट की तैराकी प्रतियोगिता जीतने वाला प्रथम व्यक्ति	वैद्यनाथ
विश्व के चारों ओर समुद्री यात्रा करने वाला प्रथम व्यक्ति	मैगलेन		
भारत पर आक्रमण करने वाला प्रथम व्यक्ति	सिकन्दर	संयुक्त राष्ट्र संघ की नागरिक पुलिस सलाहका नियुक्त होने वाली विश्व की प्रथम महिला	किरण बेदी (भारत)
चीन पहुँचने वाला प्रथम यूरोपियन	मार्कोपोलो		
समस्त चैनल, स्ट्रेट आदि को पार करने वाला	मिहिर सैन	बैंक नोट जारी करने वाला पहला देश	स्वीडन
विम्बलडन (सिंगल्स) ट्रॉफी जीतने वाला प्रथम नीग्रो	आर्थर एश	कागजी मुद्रा जारी करने वाला पहला देश	चीन
		एक दिवसीय क्रिकेट में दो दोहरे शतक लगाने वाला प्रथम खिलाड़ी	रोहित शर्मा (भारत)
विश्व बिलियर्ड्स ट्रॉफी जीतने वाला प्रथम भारतीय	विल्सन जोन्स		

भारत में प्रथम

उपलब्धि	नाम	उपलब्धि	नाम
भारत का प्रथम ब्रिटिश गवर्नर जनरल	लॉर्ड विलियम बैंटिक	भारतीय जल सेना का प्रथम भारतीय नौसेनाध्यक्ष	वाइस एडमिरल आर. डी. कटारी
भारत के अन्तिम ब्रिटिश गवर्नर जनरल तथा प्रथम वायसराय	लॉर्ड केनिंग	अन्तर्राष्ट्रीय न्यायालय में न्यायाधीश एवं उसका अध्यक्ष बनने वाला प्रथम भारतीय	डॉ. नगेन्द्रसिंह
भारत का अन्तिम ब्रिटिश वायसराय	लॉर्ड माउण्टबेटन		
मुगल साम्राज्य का अन्तिम बादशाह	बहादुरशाह जफर	अन्तरिक्ष में जाने वाला प्रथम भारतीय (3 अप्रैल, 1984)	स्क्वा. लीडर राकेश शर्मा
प्रशासन पर विशेष ध्यान देने वाला प्रथम मुस्लिम बादशाह	शेरशाह सूरी		
स्वतन्त्र भारत का प्रथम गवर्नर जनरल	लॉर्ड माउण्टबेटन	एवरेस्ट की चोटी पर पहुँचने वाली प्रथम भारतीय महिला (23 मई, 1984)	बछेन्द्री पाल
वायसराय की एक्जीक्यूटिव कौसिल का प्रथम भारतीय सदस्य	ए. पी. सिन्हा	बिना ऑक्सीजन के एवरेस्ट की चोटी पर पहुँचने वाला भारतीय	शेरपा अंग दोरजी
प्रथम भारतीय एफ. आर. एस.	ए. कर्सेटजी		
आई. सी. एस. में सफल होने वाला प्रथम भारतीय	सत्येन्द्रनाथ टैगोर	एवरेस्ट की चोटी पर दो बार पहुँचने वाली प्रथम भारतीय महिला	संतोष यादव
प्रथम भारतीय गवर्नर जनरल (अन्तिम भी)	सी. राजगोपालाचारी		
भारतीय गणराज्य के प्रथम राष्ट्रपति	डॉ. राजेन्द्र प्रसाद	एवरेस्ट की चोटी पर पहुँचने वाली सबसे कम उम्र की महिला	डिक्की डोल्मा
स्वतन्त्र भारत के प्रथम प्रधानमन्त्री	जवाहरलाल नेहरू		
प्रथम महिला प्रधानमन्त्री	श्रीमती इन्दिरा गाँधी	'मिस वर्ल्ड' बनने वाली प्रथम भारतीय महिला	रीता फारिया
प्रथम महिला राष्ट्रपति	श्रीमती प्रतिभा पाटिल	'मिस यूनीवर्स' बनने वाली प्रथम भारतीय महिला	सुष्मिता सेन
नोबेल पुरस्कार प्राप्त करने वाला प्रथम भारतीय	रवीन्द्रनाथ टैगोर	टेस्ट क्रिकेट में 10,000 रन बनाने वाला पहला खिलाड़ी	सुनील गावस्कर
भारतीय गणराज्य के प्रथम मुस्लिम राष्ट्रपति	डॉ. जाकिर हुसैन		
इण्डियन नेशनल कांग्रेस का प्रथम सभापति	व्योमेश चन्द्र बनर्जी	एकदिवसीय क्रिकेट में 10,000 से अधिक रन बनाने वाला प्रथम भारतीय क्रिकेट खिलाड़ी	सचिन तेन्दुलकर
सं. रा. सं. महासभा की प्रथम महिला सभापति	श्रीमती विजयलक्ष्मी पण्डित		
इण्डियन नेशनल कांग्रेस की प्रथम महिला सभापति	श्रीमती एनीबेसेण्ट	टेस्ट क्रिकेट में एकमात्र तिहरा शतक लगाने वाला भारतीय	वीरेन्द्र सहवाग
भारतीय राज्य की प्रथम महिला मुख्यमन्त्री	श्रीमती सुचेता कृपलानी (उ. प्र.)		
भारतीय राज्य की प्रथम महिला राज्यपाल	श्रीमती सरोजिनी नायडू	शतरंज में प्रथम भारतीय विश्व चैम्पियन	विश्वनाथन आनन्द
केन्द्रीय मन्त्रिमण्डल की प्रथम महिला मन्त्री	राजकुमारी अमृतकौर	प्रथम भारतीय महिला क्रिकेटर जिसने दोहरा शतक बनाया	मिथालीराज (214 रन, अगस्त, 2002 इंग्लैण्ड के विरुद्ध खेलते हुए)
भारतीय विधानसभा की प्रथम महिला स्पीकर	श्रीमती शन्नोदेवी		
भारत की प्रथम महिला राजदूत	सी. बी. मुथम्मा		
सर्वोच्च न्यायालय के प्रथम दलित मुख्य न्यायाधीश	के. जी. बालकृष्णन	संयुक्त राष्ट्र संघ की नागरिक पुलिस सलाहकार नियुक्त होने वाली भारत एवं विश्व की प्रथम महिला	किरण बेदी
सर्वोच्च न्यायालय में प्रथम महिला न्यायाधीश	मीर फातिमा बीबी		
उच्च न्यायालय में प्रथम महिला मुख्य न्यायाधीश	लीला सेठ (हिमाचल उच्च न्यायालय)	भारतीय मूल की पहली महिला अन्तरिक्ष यात्री	कल्पना चावला
		अन्तरिक्ष में सर्वाधिक समय तक रहने वाली भारतीय मूल की महिला	सुनीता विलियम्स
भारत का पहला दलित राष्ट्रपति	के. आर. नारायणन		
भारतीय लोकसभा का प्रथम दलित स्पीकर	जी. एम. सी. बालयोगी	सफल हृदय प्रत्यारोपण करने वाला पहला सर्जन	डॉ. पी. वेणुगोपाल
स्वतन्त्र भारत का प्रथम भारतीय कमाण्डर इन चीफ	जनरल के. एम. करिअप्पा	रोबोट के माध्यम से चिकित्सा करने वाला प्रथम भारतीय	डॉ. ए. के. हेमल
परमवीर चक्र जीतने वाला प्रथम वायुसेना अधिकारी	निर्मलजीत सिंह सेखों (मरणोपरान्त)	भारत रत्न से सम्मानित प्रथम खिलाडी (क्रिकेटर)	सचिन तेन्दुलकर
		प्रथम महिला विदेश मन्त्री	सुषमा स्वराज
भारत का प्रथम फील्ड मार्शल	एस. एच. एफ. जे. मानकेशॉ	प्रथम महिला आदिवासी राष्ट्रपति	द्रौपदी मुर्मू

लोकप्रिय उपनाम

उपनाम	नाम
युग पुरुष/बापू/राष्ट्रपिता	*महात्मा गांधी*
बिहार केसरी	*डॉ. श्रीकृष्ण सिंह*
मिस्टर क्लीन	*राजीव गांधी*
बादशाह खान/सीमान्त गांधी	*खान अब्दुल गफ्फार खाँ*
नेताजी	*सुभाष चन्द्र बोस*
महामना	*मदन मोहन मालवीय*
गुरुदेव	*रवीन्द्र नाथ टैगोर*
गुरुजी	*एम. एस. गोलवलकर*
जननायक	*कर्पूरी ठाकुर*
लोकनायक/जे. पी.	*जयप्रकाश नारायण*
पंजाब केसरी	*लाला लाजपत राय*
बंगबन्धु	*शेख मुजीबुर्रहमान*
लोकमान्य	*बाल गंगाधर तिलक*
स्वर कोकिला	*लता मंगेशकर*
बिहार विभूति/बड़े साहब	*डॉ. अनुग्रह नारायण सिंह*
बाबूजी	*जगजीवन राम*
चाचा	*जवाहरलाल नेहरू*
निर्मल हृदय	*मदर टेरेसा*
लौह पुरुष	*सरदार वल्लभ भाई पटेल*
शास्त्रीजी	*लाल बहादुर शास्त्री*
अन्ना	*सी. एन. अन्ना दुराई*
नाइटिंगेल ऑफ इण्डिया	*सरोजिनी नायडू*
लेडी विद द लैम्प	*फ्लोरेंस नाइटिंगेल*
मैन ऑफ ब्लड एण्ड आयरन	*बिस्मार्क*
मैन ऑफ डेस्टिनी	*नेपोलियन*
लिटिल मास्टर	*सुनील मनोहर गावस्कर*
दीन बन्धु	*चितरंजन दास*
देशबन्धु	*सी. एफ. एण्ड्रूज*
शेरे कश्मीर	*शेख अब्दुल्ला*
वयोवृद्ध पुरुष	*दादाभाई नौरोजी*
देशरत्न	*डॉ. राजेन्द्र प्रसाद*
भारत का बिस्मार्क	*सरदार वल्लभभाई पटेल*
राजाजी	*चक्रवर्ती राजगोपालाचारी*
फ्यूहरर	*हिटलर*
हॉकी का जादूगर	*ध्यानचन्द*
उड़नपरी	*पी. टी. उषा*

प्रमुख व्यक्तियों से सम्बन्धित स्थान

स्थान	व्यक्ति	स्थान	व्यक्ति
कोर्सिका, सेण्ट हेलेना	नेपोलियन	*बारदोली*	सरदार पटेल
जेरुसलम	ईसा मसीह	*चित्तौड़, हल्दीघाटी*	महाराणा प्रताप
कपिलवस्तु, बोधगया	गौतम बुद्ध	*फतेहपुर सीकरी*	अकबर
लुम्बिनी, कुशीनगर	गौतम बुद्ध	*पुदुचेरी*	अरविन्द घोष
मैसीडोनिया, सिकन्दरिया	सिकन्दर महान्	*साबरमती*	महात्मा गांधी
मक्का	मोहम्मद साहब	*बेलूर*	रामकृष्ण परमहंस
ट्रेफल्गर	नेपोलियन	*पवनार*	विनोबा भावे
वाटरलू	नेपोलियन	*शान्ति निकेतन*	रवीन्द्रनाथ ठाकुर
जलियाँवाला बाग	जनरल डायर	*श्रीरंगपट्टनम्*	टीपू सुल्तान
पोरबन्दर	महात्मा गाँधी	*पावापुरी*	महावीर स्वामी
आनन्द भवन	जवाहरलाल नेहरू	*सदाकत आश्रम*	डॉ. राजेन्द्र प्रसाद

प्रमुख व्यक्तियों के समाधि-स्थल

राजघाट	महात्मा गांधी	अभय घाट	मोरारजी देसाई
शान्ति वन	जवाहरलाल नेहरू	वीर भूमि	राजीव गांधी
विजय घाट	लाल बहादुर शास्त्री	समता स्थल	जगजीवन राम
शक्ति स्थल	इन्दिरा गांधी	महाप्रयाण घाट	डॉ. राजेन्द्र प्रसाद
किसान घाट	चौधरी चरण सिंह	सदैव अटल	अटल बिहारी वाजपेयी

महत्त्वपूर्ण सीमा रेखाएँ

सीमा रेखा	देशों के बीच
मैकमोहन रेखा	*भारत एवं चीन*
रेडक्लिफ रेखा	*भारत एवं पाकिस्तान*
डूरण्ड रेखा	*पाकिस्तान एवं अफगानिस्तान*
मेनरहोम रेखा	*रूस एवं फिनलैण्ड*
सीजफ्रीड रेखा	*जर्मनी एवं फ्रांस*
आडर-नेसी रेखा	*जर्मनी एवं पोलैण्ड*
मेगीनॉट रेखा	*जर्मनी एवं फ्रांस*
38वीं समानान्तर रेखा	*उत्तर कोरिया एवं दक्षिण कोरिया*
49वीं समानान्तर रेखा	*संयुक्त राज्य अमेरिका एवं कनाडा*

विश्व के प्रमुख देशों की संसद के नाम

देश	संसद का नाम	देश	संसद का नाम
भारत	संसद	बांग्लादेश	जातीय संसद
स्पेन	कोर्टेस	भूटान	त्सोंगडू
मिस्र	पीपुल्स असेम्बली	ताइवान	यूआन
नेपाल	राष्ट्रीय पंचायत	इस्राइल	नेसेट
पाकिस्तान	नेशनल असेम्बली	अफगानिस्तान	शोरा
रूस	ड्यूमा	जापान	डायट
ब्रिटेन	पार्लियामेण्ट	स्विट्जरलैण्ड	फेडरल असेम्बली
चीन	नेशनल पीपुल्स कांग्रेस	मालदीव	मजलिस
जर्मनी	बुण्डसटेग	तुर्की	ग्रैण्ड नेशनल असेम्बली
फ्रांस	नेशनल असेम्बली	ऑस्ट्रेलिया	पार्लियामेण्ट
संयुक्त राज्य अमेरिका	कांग्रेस	कनाडा	पार्लियामेण्ट
ईरान	मजलिस		

विश्व के प्रमुख देशों एवं प्रमुख नगरों के परिवर्तित नाम

वर्तमान नाम	पुराना नाम	वर्तमान नाम	पुराना नाम
जापान	निप्पन	*त्स्वाने*	प्रिटोरिया
सूरीनाम	डच गायना	*हरारे*	सैलिसबरी
नामीबिया	दक्षिण-पश्चिमी अफ्रीका	*प्रयागराज*	इलाहाबाद
हवाई द्वीप	सैण्डविच द्वीप	*पटना*	पाटलिपुत्र
ईरान	पर्शिया	*वाराणसी*	बनारस
इराक	मेसोपोटामिया	*पणजी*	पञ्जिम
नीदरलैण्ड	हॉलैण्ड	*पुणे*	पूना
थाईलैण्ड	स्याम	*तिरुअनन्तपुरम्*	त्रिवेन्द्रम
श्रीलंका	सीलोन	*सम्भाजी नगर*	औरंगाबाद
घाना	गोल्ड कोस्ट	*मुम्बई*	बम्बई
इथियोपिया	अबीसीनिया	*चेन्नई*	मद्रास
ताइवान	फारमोसा	*कोलकाता*	कलकत्ता
कम्बोडिया	कम्पूचिया	*कोझिकोड*	कालीकट
जाम्बिया	उत्तरी रोडेशिया	*बंगलुरु*	बैंगलोर
जिम्बाब्वे	दक्षिणी रोडेशिया	*मैसुरु*	मैसूर
बीजिंग	पीकिंग	*पुदुचेरी*	पाण्डिचेरी
म्यांमार	बर्मा		

संयुक्त राष्ट्र संघ

- संयुक्त राष्ट्र संघ की स्थापना 24 अक्टूबर, 1945 ई. को हुई। इसका मुख्यालय न्यूयार्क शहर में स्थित है।
- वर्तमान में 193 देश संयुक्त राष्ट्र संघ के सदस्य हैं। दक्षिणी सूडान इसका नवीनतम सदस्य है।
- संयुक्त राष्ट्र संघ की कार्यकारी भाषाएँ अंग्रेजी एवं फ्रेंच हैं तथा चीनी, रूसी (रशियन), अरबी तथा स्पेनिश इसकी अन्य मान्यता प्राप्त भाषाएँ हैं।
- संयुक्त राष्ट्र संघ के छह प्रमुख अंग—महासभा, सुरक्षा परिषद्, आर्थिक एवं सामाजिक परिषद्, प्रन्यास परिषद्, अन्तर्राष्ट्रीय न्यायालय तथा सचिवालय हैं। इनमें अन्तर्राष्ट्रीय न्यायालय को छोड़ अन्य सभी का मुख्यालय न्यूयार्क में है। अन्तर्राष्ट्रीय न्यायालय का मुख्यालय द हेग (नीदरलैण्ड) में है। अन्तर्राष्ट्रीय शान्ति एवं सुरक्षा बनाए रखने की जिम्मेदारी सुरक्षा परिषद् की है। इसमें 15 सदस्य देश होते हैं, जिनमें 5 स्थायी तथा 10 अस्थायी सदस्य हैं।
- 5 स्थायी सदस्य देश हैं—अमेरिका, रूस, फ्रांस, चीन तथा ब्रिटेन। इन्हें किसी भी मसले पर 'वीटो' का अधिकार प्राप्त है।

संयुक्त राष्ट्र संघ के विशिष्ट सहयोगी संगठन

संगठन	स्थापना वर्ष	मुख्यालय
अन्तर्राष्ट्रीय श्रम संगठन (ILO)	1919 ई.	जेनेवा
संयुक्त राष्ट्र खाद्य एवं कृषि संगठन (FAO)	1945 ई.	रोम
अन्तर्राष्ट्रीय मुद्रा कोष (IMF)	1945 ई.	वाशिंगटन डी. सी.
अन्तर्राष्ट्रीय पुनर्निर्माण एवं विकास बैंक (IBRD)	1946 ई.	वाशिंगटन डी. सी.
यूनेस्को (UNESCO)	1946 ई.	पेरिस
विश्व स्वास्थ्य संगठन	1948 ई.	जेनेवा
अन्तर्राष्ट्रीय दूर-संचार संघ	1961 ई.	जेनेवा
यूनिसेफ (UNICEF)	1946 ई.	न्यूयार्क
अन्तर्राष्ट्रीय परमाणु ऊर्जा अभिकरण (IAEA)	1957 ई.	वियना
अन्तर्राष्ट्रीय नागरिक उड्डयन संस्थान (ICAO)	1944 ई.	माण्ट्रियल
विश्व मौसम विज्ञान संगठन (INMO)	1951 ई.	जेनेवा

प्रमुख अन्तर्राष्ट्रीय संगठन, स्थापना वर्ष एवं मुख्यालय

संगठन	स्थापना वर्ष	मुख्यालय
राष्ट्रमण्डल	1949 ई.	लन्दन
गुट निरपेक्ष आन्दोलन (NAM)	1961 ई.	–
एमनेस्टी इण्टरनेशनल	1961 ई.	लन्दन
रेडक्रॉस	1863 ई.	जेनेवा (स्विट्जरलैण्ड)
इण्टरपोल	1923 ई.	लियॉन्स (फ्रांस)
उत्तरी अटलाण्टिक सन्धि संगठन (NATO)	1949 ई.	मोन्स (बेल्जियम)
यूरोपीय संघ (EU)	1965 ई.	ब्रुसेल्स (बेल्जियम)
जी-7 (रूस के हटने के बाद)	1975 ई.	—
जी-15	1989 ई.	—
दक्षिण एशियाई क्षेत्रीय सहयोग संगठन (SAARC)	1985 ई.	काठमाण्डु (नेपाल)
आसियान (ASEAN)	1967 ई.	जकार्ता (इण्डोनेशिया)
पेट्रोलियम निर्यातक देशों का संगठन (OPEC)	1960 ई.	वियना (ऑस्ट्रिया)
एशियाई विकास बैंक (ADB)	1967 ई.	मनीला (फिलीपीन्स)
स्वतन्त्र देशों का राष्ट्रकुल (CIS)	1991 ई.	मिंस्क (बेलारूस)
बिम्सटेक (BIMSTEC)	1997 ई.	—
हिमतक्षेस	1997 ई.	—

भारत की प्रतिरक्षा

- भारत की रक्षा के लिए सशस्त्र सैन्य बलों का गठन किया गया है, जिसका सर्वोच्च सेनापति राष्ट्रपति होता है।
  भारतीय सशस्त्र सेनाओं को निम्नलिखित तीन भागों में बाँटा गया है
- **थल सेना** (Army) इसका प्रधान 'चीफ ऑफ दी आर्मी स्टाफ' होता है। इसका मुख्यालय दिल्ली में है। इसे निम्नलिखित सात कमान में बाँटा गया है

क्र.	कमान	मुख्यालय	क्र.	कमान	मुख्यालय
1.	पश्चिम	चण्डीगढ़	5.	पूर्वी	कोलकाता
2.	उत्तरी	ऊधमपुर	6.	दक्षिणी	पुणे
3.	मध्य	लखनऊ	7.	प्रशिक्षण	शिमला
4.	दक्षिणी- पश्चिमी	जयपुर			

- **नौ सेना** (Navy) इसका प्रधान ऐडमिरल रैंक का 'चीफ ऑफ दि नेवल स्टाफ' होता है। इसका मुख्यालय दिल्ली में है। समस्त जलसेना को तीन कमान में बाँटा गया है। इसका अधिकारी एक वाइस एडमिरल होता है। विवरण इस प्रकार है

क्र.	कमान	मुख्यालय	क्र.	कमान	मुख्यालय
1.	पूर्वी	विशाखापट्टनम	3.	दक्षिणी	कोच्चि
2.	पश्चिम	मुम्बई			

- **वायु सेना** (Air Force) इसका प्रधान एअर चीफ मार्शल रैंक का होता है, जिसे 'चीफ ऑफ दि एयर स्टाफ' कहा जाता है। इसका मुख्यालय दिल्ली में है। वायु सेना को निम्नलिखित सात कमान में बाँटा गया है

क्र.	कमान	मुख्यालय	क्र.	कमान	मुख्यालय
1.	पूर्वी	शिलाँग	5.	पश्चिमी	नई दिल्ली
2.	केन्द्रीय	प्रयागराज	6.	दक्षिणी	तिरुअनन्तपुरम
3.	दक्षिण- पश्चिमी	जोधपुर	7.	ट्रेनिंग (प्रशिक्षण)	बंगलुरु
4.	मेन्टेनेन्स (रखरखाव)	नागपुर			

भारत के प्रमुख सैन्य प्रशिक्षण संस्थान

थल सेना (Army)

- नेशनल डिफेन्स एकेडमी (NDA), खड़कवासला (पुणे के निकट)
- नेशनल डिफेन्स कॉलेज, नई दिल्ली
- इण्डियन मिलिट्री एकेडमी (IMA), देहरादून
- इण्डियन सर्विस स्टाफ कॉलेज, वेलिंग्टन (तमिलनाडु)
- इन्फेण्ट्री स्कूल, मऊ
- आर्म्ड सेण्टर, अहमदनगर (महाराष्ट्र)
- आर्टीलरी स्कूल, देओलाली

वायु सेना (Air Force)

- एयर फोर्स एडमिनिस्ट्रेटिव कॉलेज, कोयम्बटूर
- एयर फोर्स एकेडमी, हैदराबाद
- एयर फोर्स टेक्निकल कॉलेज, जलाहाली (बंगलुरु)
- पैराट्रूपर ट्रेनिंग स्कूल, आगरा

नौ सेना (Navy)

- आई. एस. एस. 'चिल्का', भुवनेश्वर
- आई. एन. एस. 'तिसरकार्स' विशाखापट्टनम
- आई. एन., एस. गरुड़, कोच्चि
- आई. एन. एस. 'शिवाजी', लोनावला
- जल सेना अकादमी, गोवा

भारत की आन्तरिक सुरक्षा व्यवस्था

संगठन का नाम	स्थापना वर्ष	मुख्यालय
इंटेलीजेंस ब्यूरो (IB)	1920 ई.	नई दिल्ली
राष्ट्रीय कैडेट कोर (NCC)	1948 ई.	–
प्रादेशिक सेना	1948 ई.	–
केन्द्रीय रिज़र्व पुलिस बल (CRPF)	1939 ई.	नई दिल्ली
असम रायफल्स	1835 ई.	शिलाँग
केन्द्रीय जाँच ब्यूरो (CBI)	1953 ई.	नई दिल्ली
इण्डो-तिब्बत सीमा पुलिस (ITBP)	1962 ई.	नई दिल्ली
होम गार्ड्स	1962 ई.	–
सीमा सुरक्षा बल (BSF)	1965 ई.	नई दिल्ली
केन्द्रीय औद्योगिक सुरक्षा बल (CISF)	1969 ई.	नई दिल्ली
तट रक्षा बल	1978 ई.	नई दिल्ली
राष्ट्रीय सुरक्षा गार्ड (NSG)	1984 ई.	नई दिल्ली
नेशनल क्राइम रिकॉर्ड्स ब्यूरो	1986 ई.	नई दिल्ली
रैपिड एक्शन फोर्स (RAF)	1992 ई.	नई दिल्ली

भारत के प्रमुख शोध-संस्थान

शोध-संस्थान	अवस्थिति
भारतीय कृषि अनुसन्धान संस्थान	*नई दिल्ली*
केन्द्रीय चावल अनुसन्धान संस्थान	*कटक*
भारतीय गन्ना अनुसन्धान संस्थान	*लखनऊ*
केन्द्रीय आलू अनुसन्धान संस्थान	*शिमला*
केन्द्रीय तम्बाकू अनुसन्धान संस्थान	*राजमुन्दरी*
केन्द्रीय वन अनुसन्धान संस्थान	*देहरादून*
भारतीय चीनी तकनीकी संस्थान	*कानपुर*
भारतीय लाख अनुसन्धान संस्थान	*राँची*
राष्ट्रीय डेयरी अनुसन्धान संस्थान	*करनाल*
केन्द्रीय ईंधन अनुसन्धान संस्थान	*जलगोडा*
केन्द्रीय चमड़ा अनुसन्धान संस्थान	*चेन्नई*
केन्द्रीय खनन अनुसन्धान संस्थान	*धनबाद*
केन्द्रीय औषधि अनुसन्धान संस्थान	*लखनऊ*
भारतीय सर्वेक्षण विभाग	*देहरादून*
भारतीय मौसम विज्ञान संस्थान	*नई दिल्ली*
भारतीय मौसम वेधशाला	*पुणे*
रमण अनुसन्धान संस्थान	*बंगलुरु*
राष्ट्रीय धातु विज्ञान प्रयोगशाला	*जमशेदपुर*
भारतीय पुरातात्विक सर्वेक्षण विभाग	*कोलकाता*
कपड़ा उद्योग अनुसन्धान संस्थान	*अहमदाबाद*
भारतीय भू-चुम्बकीय संस्थान	*मुम्बई*
भारतीय खगोल संस्थान	*बंगलुरु*
भाभा परमाणु अनुसन्धान केन्द्र	*ट्राम्बे*
राष्ट्रीय समुद्र विज्ञान संस्थान	*पणजी*
भारतीय पेट्रोलियम संस्थान	*देहरादून*
डीजल लोकोमोटिव वर्क्स	*वाराणसी*
केन्द्रीय भवन निर्माण अनुसन्धान संस्थान	*रुड़की*
केन्द्रीय सड़क अनुसन्धान संस्थान	*नई दिल्ली*
टाटा इंस्टीट्यूट ऑफ फण्डामेण्टल रिसर्च	*मुम्बई*
इण्डियन सिक्योरिटी प्रेस	*पुणे*
केन्द्रीय वनस्पति अनुसन्धान संस्थान	*लखनऊ*
केन्द्रीय खाद्य प्रौद्योगिकी अनुसन्धान संस्थान	*मैसूर*
केन्द्रीय काँच तथा मृत्तिका अनुसन्धान संस्थान	*कोलकाता*
केन्द्रीय पर्यावरण इन्जीनियरिंग अनुसन्धान संस्थान	*नागपुर*
औद्योगिक विष विज्ञान अनुसन्धान केन्द्र	*लखनऊ*
कोशिकीय तथा आण्विक जीव विज्ञान केन्द्र	*हैदराबाद*

भारत के शास्त्रीय नृत्य

शास्त्रीय नृत्य	सम्बन्धित राज्य	शास्त्रीय नृत्य	सम्बन्धित राज्य
भरतनाट्यम	तमिलनाडु	*कत्थक*	उत्तर भारत
कथकली	केरल	*ओडिसी*	उड़ीसा
मोहिनी अट्टम	केरल	*मणिपुरी*	मणिपुर
कुचिपुड़ी	आन्ध्र प्रदेश	*सत्रिया*	असम

भारत के लोक नृत्य

राज्य/केन्दशासित प्रदेश	प्रमुख लोक नृत्य
असोम	बिहु, खेल गोपाल, महारास, नटपूजा
झारखण्ड	छऊ, कठघोड़वा, धोबिया, करमा
बिहार	बरवो बखाइन, सोहराई, झिझिआ
राजस्थान	कठपुतली, घूमर, पणिहारी, गणगौर
गुजरात	गरबा, डाण्डिया, लास्या, गणपति भजन
पश्चिम बंगाल	जात्रा, बाउल, काठी, ढाली
महाराष्ट्र	लावनी, तमाशा, बोहदा, मौनी
केरल	ओट्टम, थुलाल, काली अट्टम
उत्तराखण्ड	चौंफला, कजरी, झोटा, चाचरी
कर्नाटक	यक्षगान, कर्गा, कुनीता
ओडिशा	संचार, पैंका, सवारी, छऊ
आन्ध्र प्रदेश	कुम्भी, सिद्धि, मधुरी, घण्टामर्दाल
मध्य प्रदेश	पण्डवानी, मुन्दड़ी
छत्तीसगढ़	गौडी, डागला, राउत, नाचा, पंथी
उत्तर प्रदेश	रासलीला, नौटंकी, छपेली
हिमाचल प्रदेश	जैन्ती, जद्दा, छारवा, डांगी
पंजाब/हरियाणा	भांगड़ा, गिद्धा, धमान
मेघालय	लाहो, बांग्ला
नागालैण्ड	चोंग, खैवा, लीम
तमिलनाडु	कोलट्टम, कावड़ी
जम्मू-कश्मीर	राउफ, दमाली, हिकात

पुरस्कार एवं सम्मान

अन्तर्राष्ट्रीय पुरस्कार/सम्मान	क्षेत्र
नोबेल पुरस्कार	साहित्य, चिकित्सा, भौतिकी, रसायन, अर्थशास्त्र एवं शान्ति के क्षेत्र में
पुलित्जर पुरस्कार	पत्रकारिता के क्षेत्र में
ऑस्कर पुरस्कार	फिल्म क्षेत्र में
कलिंग पुरस्कार	विज्ञान के क्षेत्र में
बुकर पुरस्कार	साहित्य के क्षेत्र में
ग्रेमी पुरस्कार	संगीत के क्षेत्र में
महात्मा गांधी शान्ति पुरस्कार	शान्ति के क्षेत्र में
भारत रत्न	कला, साहित्य विज्ञान के क्षेत्र में विशिष्ट सेवा तथा जनसेवा के लिए
दादा साहब फाल्के पुरस्कार	फिल्म के क्षेत्र में
ज्ञानपीठ पुरस्कार	साहित्य के क्षेत्र में
सरस्वती सम्मान	साहित्य के क्षेत्र में
वाचस्पति पुरस्कार	संस्कृत साहित्य में उत्कृष्ट योगदान के लिए
शंकर पुरस्कार	भारतीय दर्शन, संस्कृति तथा कला के क्षेत्र में
व्यास सम्मान	साहित्य के क्षेत्र में
कबीर पुरस्कार	सामाजिक सद्भाव के क्षेत्र में
द्रोणाचार्य पुरस्कार	खेल प्रशिक्षण के क्षेत्र में
राजीव गांधी खेल रत्न पुरस्कार	सराहनीय प्रदर्शन करने वाले खिलाड़ी को
अर्जुन पुरस्कार	खेल के क्षेत्र में
शान्ति स्वरूप भटनागर पुरस्कार	विज्ञान के क्षेत्र में
धनवन्तरि पुरस्कार	चिकित्सा के क्षेत्र में
बोरलॉग पुरस्कार	कृषि की पैदावार में उल्लेखनीय योगदान के लिए
चमेली देवी पुरस्कार	पत्रकारिता के क्षेत्र में
गोविन्द वल्लभ पन्त पुरस्कार	सर्वश्रेष्ठ सांसद को

राष्ट्रीय नागरिक अलंकरण

गणतन्त्र दिवस पुरस्कार	भारतरत्न, पद्मविभूषण, पद्म भूषण एवं पद्मश्री, पुरस्कार कला, साहित्य, विज्ञान की उन्नति के लिए किये गए उल्लेखनीय कार्य एवं उच्चकोटि की सार्वजनिक सेवा को मान्यता प्रदान करने के लिए दिये जाते हैं।

शौर्य पुरस्कार

परमवीर चक्र	पराक्रम के लिए दिया जाने वाला यह भारत का सर्वोच्च पुरस्कार है।
महावीर चक्र	यह द्वितीय श्रेणी का पराक्रम पुरस्कार है।
वीर चक्र	यह तृतीय श्रेणी का पराक्रम पुरस्कार है।
अशोक-चक्र	यह पदक थल, जल और नभ में साहस, पराक्रम या आत्मबलिदान का अत्यन्त ही सराहनीय कार्य दिखाने के लिए प्रदान किया जाता है।

प्रमुख राष्ट्रीय कप एवं ट्रॉफियाँ

खेल	सम्बद्ध कप एवं ट्रॉफियाँ
हॉकी	आगा खाँ कप, बेगम रसूल ट्रॉफी (महिला), महाराजा रणजीत सिंह गोल्ड कप, लेडी रतन टाटा ट्रॉफी (महिला), गुरुनानक चैम्पियनशिप (महिला), ध्यानचन्द ट्रॉफी, नेहरू ट्रॉफी, सिन्धिया गोल्ड कप, मुरुगप्पा गोल्ड कप, वेलिंग्टन कप आदि।
फुटबॉल	डी. सी. एम. ट्रॉफी, डूरण्ड कप, रोवर्स कप, वी. सी. रॉय ट्रॉफी (राष्ट्रीय चैम्पियनशिप), सन्तोष ट्रॉफी (राष्ट्रीय चैम्पियनशिप), आई. एफ. ए. शील्ड, सुब्रतो मुखर्जी कप, सर आशुतोष मुखर्जी ट्रॉफी आदि।
क्रिकेट	रणजी ट्रॉफी (राष्ट्रीय चैम्पियनशिप), ईरानी ट्रॉफी, सी. के. नायडू ट्रॉफी, रानी झाँसी ट्रॉफी, देवधर ट्रॉफी, जी. डी. बिड़ला ट्रॉफी आदि।
टेबिल टेनिस	बारनाबेलेक कप (पुरुष), जय लक्ष्मी कप (महिला), राजकुमारी चैलेंज कप (जूनियर महिला), रामानुज ट्रॉफी (जूनियर पुरुष) आदि।
बैडमिण्टन	नारंग कप, चड्ढा कप, अमृत दीवान कप आदि।
बास्केट बॉल	बंगलौर ब्ल्यूज चैलेंज कप, नेहरू कप, फेडरेशन कप आदि।
ब्रिज	रामनिवास रूइया चैलेंज गोल्ड ट्रॉफी, होल्कर ट्रॉफी आदि।
पोलो	ऐजरा कप, पृथ्वीपाल सिंह कप, राधा मोहन कप।

लोकप्रिय खेलों की प्रमुख खेल शब्दावली

टेनिस	ऐस, डबल फॉल्ट, ग्रिप, क्ले कोर्ट, ग्रास कोर्ट, ब्रेक प्वाइण्ट, मैच प्वाइण्ट आदि।
हॉकी	सेण्टर फॉरवर्ड, पेनाल्टी स्ट्रोक, फ्लिक, स्कूप, बुली, पुश-इन आदि।
फुटबॉल	सेण्टर, स्ट्राइकर, फ्री किक, ड्रिबल, फाउल, रेफरी, ऑफ साइड, पेनाल्टी शूट आदि।
क्रिकेट	बेल्स, डेडबॉल, गली, मिड ऑफ, एक्स्ट्रा कवर, थर्ड मैन, गुगली, चायना मैन आदि।
बॉक्सिंग	बेल्ट, पंच, हुक, हेंग ऑन, हिल, नॉक आउट, रिंग, बोलो पंच, किडनी पंच आदि।
शतरंज	चेकमेट, स्टेलमेट, कैसेलिंग, विशप, नाइट, रुख पोल, ग्रैण्ड मास्टर आदि।
बैडमिण्टन	शटल, नेट, स्मैस, बोर्ड, हाई सर्विस, सर्विस ब्रेक आदि।

प्रमुख देशों के प्रमुख खेल

देश	खेल	देश	खेल
सं. राज्य अमेरिका	*बेसबॉल*	रूस	*फुटबॉल*
इंग्लैण्ड	*क्रिकेट*	मलेशिया	*बैडमिण्टन*
स्पेन	*सांड-युद्ध*	चीन	*टेबिल टेनिस*
जापान	*जूडो*	भारत	*हॉकी*
कनाडा	*आइस हॉकी*	पाकिस्तान	*हॉकी*
ऑस्ट्रेलिया	*क्रिकेट*	ब्राजील	*फुटबॉल*

खेलों में प्रत्येक पक्ष के खिलाड़ियों की संख्या

खेल	खिलाड़ियों की संख्या	खेल	खिलाड़ियों की संख्या
बास्केट बॉल	5	वॉलीबॉल	6
बैडमिण्टन	1 या 2	वाटरपोलो	7
जिमनास्टिक	8	हॉकी	11
कबड्डी	7	टेबल टेनिस	1 या 2
रग्बी	15	खो-खो	9
फुटबॉल			
क्रिकेट	11	बेसबॉल	9
लॉन टेनिस	1 या 2	फुटबॉल	11

अभ्यास प्रश्न

1. डॉ. सी वी रमन को किस विषय में नोबेल पुरस्कार मिला? **[UP बी.एड. 2014]**
(a) साहित्य (b) औषधि विज्ञान
(c) भौतिकी (d) रसायन शास्त्र

2. विश्व तम्बाकू रोधी दिवस कब मनाया जाता है? **[UP बी.एड. 2014]**
(a) 30 सितम्बर (b) 20 अगस्त
(c) 12 जून (d) 31 मई

3. राष्ट्रीय रासायनिक प्रयोगशाला (NCL) कहाँ स्थित है? **[UP बी.एड. 2014]**
(a) चण्डीगढ़ (b) भावनगर
(c) पुणे (d) पणजी

4. पहला दक्षेस (SAARC) सम्मेलन कहाँ आयोजित किया गया था? **[UP बी.एड. 2014]**
(a) काठमाण्डू (b) कोलम्बो
(c) नई दिल्ली (d) ढाका

5. विश्व स्वास्थ्य संगठन (WHO) का मुख्यालय कहाँ स्थित है? **[UP बी.एड. 2014]**
(a) न्यूयॉर्क में (b) पेरिस में
(c) जेनेवा में (d) हेग में

6. राष्ट्रीय ध्वज में अंकित अशोक चक्र में तिल्लियों (Spokes) की संख्या कितनी है? **[UP बी.एड. 2014]**
(a) 22 (b) 23
(c) 25 (d) 24

7. इण्डियन इन्स्टीट्यूट ऑफ साइन्स कहाँ पर स्थित है? **[UP बी.एड. 2014]**
(a) नई दिल्ली (b) चेन्नई
(c) खड़गपुर (d) बंगलुरु

8. 'लोकनायक' की उपाधि किसे प्रदान की गई है? **[UP बी.एड. 2014]**
(a) जयप्रकाश नारायण
(b) ए जी टीकरी
(c) महात्मा गाँधी
(d) जवाहरलाल नेहरू

9. वर्ष 2020 में ओलम्पिक खेल किस देश में आयोजित होंगे? **[UP बी.एड. 2014]**
(a) फ्रांस (b) जर्मनी
(c) ऑस्ट्रेलिया (d) जापान

10. पाँचवाँ 'ब्रिक्स' सम्मेलन कहाँ हुआ? **[UP बी.एड. 2013]**
(a) डरबन (दक्षिण अफ्रीका)
(b) नई दिल्ली (भारत)
(c) ब्रासीलिया (ब्राजील)
(d) येकातेरिन बर्ग (रूस)

11. 26 जनवरी, 2013 को भारतीय गणतन्त्र दिवस के मुख्य अतिथि किस देश के थे? **[UP बी.एड. 2013]**
(a) अमेरिका (b) मॉरीशस
(c) भूटान (d) बांग्लादेश

12. सूरत किस नदी के तट पर स्थित है? **[UP बी.एड. 2013]**
(a) नर्मदा (b) तापी
(c) सोन (d) कावेरी

13. 'नई शिक्षा नीति' कब लागू की गई? **[UP बी.एड. 2013]**
(a) सन् 1986 (b) सन् 1992
(c) सन् 1989 (d) सन् 1995

14. मानव विकास सूचकांक कौन जारी करता है? **[UP बी.एड. 2013]**
(a) डब्ल्यू ई. एफ.
(b) यू. एन. डी. पी.
(c) एफ. ए. ओ.
(d) यू. एन. सी. टी. ए.डी.

15. W.T.O. की स्थापना कब हुई? **[UP बी.एड. 2013]**
(a) सन् 1945 (b) सन् 1948
(c) सन् 1994 (d) सन् 1995

16. फिलीपींस में आए प्रचण्ड चक्रवातीय तूफान का नाम क्या है? **[UP बी.एड. 2013]**
(a) खनून (b) नीलम
(c) इवान (d) बोफा

17. भ्रष्टाचार में सबसे ऊपर कौन-सा देश है? **[UP बी.एड. 2013]**
(a) सोमालिया (b) श्रीलंका
(c) अमेरिका (d) भारत

18. राष्ट्रीय महिला आयोग की अध्यक्षता कौन हैं? **[UP बी.एड. 2013]**
(a) शैलजा कुमारी (b) स्मिता सिंह
(c) ममता शर्मा (d) नन्दिता दास

19. 2012 में किस महिला खिलाड़ी ने बैडमिण्टन में सबसे ज्यादा खिताब जीतें? **[UP बी.एड. 2013]**
(a) साइना नेहवाल (b) शामिनी कुमारी
(c) मनिका बत्रा (d) सानिया मिर्जा

20. एन. सी. ई. आर. टी. का पूरा नाम क्या है? **[UP बी.एड. 2013]**
(a) नेशनल काउन्सिल ऑफ एजूकेशन रिसर्च एण्ड ट्रेनिंग
(b) नेशनल काउन्सिल ऑफ एजूकेशन रीडर एण्ड ट्रेनिंग
(c) नेशनल कमेटी ऑफ एजूकेशन रीडर एण्ड ट्रेनिंग
(d) नेशनल काउन्सिल ऑफ इकोनॉमिकल रिसर्च एण्ड ट्रेनिंग

21. अन्धेरा किसी कृति है? **[UP बी.एड. 2013]**
(a) अखिलेश (b) अग्निहोत्री
(c) जयप्रकाश (d) अनुज

22. राष्ट्रीय खेल दिवस किस दिन मनाया जाता है? **[UP बी.एड. 2013]**
(a) 29 अगस्त (b) 5 सितम्बर
(c) 11 जुलाई (d) 5 अगस्त

23. अर्जुन पुरस्कार किससे सम्बन्धित है? **[UP बी.एड. 2013]**
(a) चलचित्र (b) खेलकूद
(c) साहित्य (d) चित्रकला

24. राष्ट्रीय पर्यावरणीय इंजीनियरिंग अनुसन्धान संस्थान कहाँ स्थित है? **[UP बी.एड. 2012]**
(a) पुणे (b) दिल्ली (c) नागपुर (d) चेन्नई

25. उस नई तकनीक को क्या कहते हैं, जो एक कृत्रिम दुनिया के सृजन की क्षमता प्रदान करती है और उसमें लोग परस्पर अन्त: क्रिया भी करने लगते हैं? **[UP बी.एड. 2012]**
(a) दूरस्थ वास्तविकता
(b) आभासी वास्तविकता
(c) वैकल्पिक वास्तविकता
(d) 3-डी वास्तविकता

26. कुचिपुड़ी नृत्य-नाटक किस राज्य से सम्बन्धित है? **[UP बी.एड. 2012]**
(a) असोम (b) आन्ध्रप्रदेश
(c) ओडिसा (d) मणिपुर

27. X-किरणों की खोज किसने की थी? **[UP बी.एड. 2012]**
(a) फैराडे (b) रोइंटजेन
(c) एच डेवी (d) लैवोजियर

28. शहद की मक्खी का विष कैसा होता है? **[UP बी.एड. 2012]**
(a) अम्लीय (b) क्षारीय
(c) नमकीन (d) प्रोटीन

29. संयुक्त राष्ट्र संघ के सदस्य-देशों ने विश्व शान्ति तथा उसकी सुरक्षा की प्राथमिक जिम्मेदारी किसे सौंपी है? **[UP बी.एड. 2012]**
(a) सामान्य सभा
(b) आर्थिक तथा सामाजिक परिषद्
(c) सुरक्षा परिषद्
(d) अन्तर्राष्ट्रीय न्यायपीठ

30. भारत ने अन्तर्राष्ट्रीय सुनामी चेतावनी प्रणाली को कब अपनाया था? **[UP बी.एड. 2012]**
(a) 2004 (b) 2005 (c) 2006 (d) 2007

31. 2012 ओलम्पिक खेलों में निम्नलिखित में से किस देश का प्रथम स्थान था? **[UP बी.एड. 2012]**
(a) चीन
(b) फ्रांस
(c) संयुक्त राज्य अमेरिका
(d) ऑस्ट्रेलिया

32. ऑस्कर पुरस्कार प्राप्त करने वाले प्रथम व्यक्ति हैं **[UP बी.एड. 2011]**
(a) दिलीप कुमार (b) भानु अथइया
(c) लता मंगेशकर (d) सत्यजीत रे

33. प्रारम्भिक शिक्षा का निर्धारित आयु वर्ग है **[UP बी.एड. 2011]**
(a) 4-16 (b) 5-14 (c) 6-14 (d) 8-14

34. 'कादम्बरी' पुस्तक के लेखक कौन हैं? [UP बी.एड. 2011]
(a) बाणभट्ट (b) जयशंकर प्रसाद
(c) प्रेमचन्द्र (d) कबीरदास

35. 'डेविस कप' किस खेल से सम्बन्धित है? [UP बी.एड. 2011]
(a) क्रिकेट (b) फुटबॉल
(c) लॉन टेनिस (d) हॉकी

36. हरारे किस देश की राजधानी है? [UP बी.एड. 2011]
(a) न्यूजीलैण्ड (b) जिम्बाब्वे
(c) नाइजीरिया (d) नामीबिया

37. सितारा देवी किस नृत्य की अध्यापिका हैं? [UP बी.एड. 2011]
(a) कत्थक (b) भरतनाट्यम
(c) कथकली (d) कुचिपुड़ी

38. भारत में सबसे बड़ा चिड़ियाघर कहाँ है? [UP बी.एड. 2011]
(a) दिल्ली
(b) मुम्बई
(c) जूलॉजिकल गार्डन कोलकाता
(d) पटना

39. अन्तर्राष्ट्रीय संस्था WTO का मुख्यालय है [UP बी.एड. 2011]
(a) जेनेवा (b) यू.एस.ए.
(c) न्यूयॉर्क (d) पेरिस

40. दक्षिणी ध्रुव पर सबसे पहले पहुँचने वाला व्यक्ति है? [UP बी.एड. 2011]
(a) रॉबर्ट पियरी (b) एडमंड हिलेरी
(c) यूरी गागरीन (d) एमण्डसेन

41. राष्ट्रपिता महात्मा गाँधी ने अपनी जीवनी किस भाषा में लिखी? [UP बी.एड. 2011]
(a) हिन्दी (b) अंग्रेजी (c) गुजराती (d) उर्दू

42. प्रथम मानव निर्मित उपग्रह किस देश ने छोड़ा? [UP बी.एड. 2011]
(a) रूस (b) यू.एस.ए.
(c) जापान (d) चीन

43. हिरोशिमा पर पहला परमाणु बम कब गिराया गया? [UP बी.एड. 2011]
(a) 6 अगस्त (b) 7 अगस्त
(c) 9 अगस्त (d) 8 अगस्त

44. भारत के ध्वज की लम्बाई और चौड़ाई का आनुपातिक माप है [UP बी.एड. 2011]
(a) 2 : 1 (b) 3 : 2 (c) 3 : 1 (d) 2 : 3

45. विश्व की पहली महिला प्रधानमन्त्री किस देश की थीं? [UP बी.एड. 2011]
(a) भारत (b) श्रीलंका
(c) पाकिस्तान (d) नेपाल

46. निम्न में से कौन सितार से सम्बद्ध नहीं है? [UP बी.एड. 2011]
(a) निखिल बैनर्जी
(b) रविशंकर
(c) उस्ताद अलाउद्दीन खान
(d) विलायत खान

47. कथकली नृत्य है [UP बी.एड. 2011]
(a) गुजरात का (b) केरल का
(c) तमिलनाडु का (d) आन्ध्र प्रदेश का

48. भारत का सर्वोच्च वीरता पुरस्कार है [UP बी.एड. 2011]
(a) वीर चक्र (b) महावीर चक्र
(c) अशोक चक्र (d) परमवीर चक्र

49. निम्न में से किस देश ने 11 मार्च, 2011 को विध्वंसकारी भूकम्प का सामना किया? [UP बी.एड. 2011]
(a) दक्षिण कोरिया (b) जापान
(c) इण्डोनेशिया (d) यू.एस.ए.

50. सर्वप्रथम दादासाहब फालके पुरस्कार प्राप्त करने वाले थे [UP बी.एड. 2011]
(a) बी.एन. सरकार
(b) पृथ्वीराज कपूर
(c) श्रीमती देविका रानी
(d) श्रीमती कानन देवी

51. आई.सी.सी. विश्व कप 2011 टूर्नामेंट में सर्वोच्च स्कोरकर्त्ता कौन है? [UP बी.एड. 2011]
(a) सचिन तेन्दुलकर
(b) युवराज सिंह
(c) वीरेन्द्र सहवाग
(d) तिलकरत्ने दिलशान

52. कौन नाभिकीय भौतिक विज्ञान के जनक के रूप में जाना जाता है? [UP बी.एड. 2011]
(a) एडवर्ड जेनर (b) अर्नेस्ट रदरफोर्ड
(c) क्यूरी (d) मेण्डलीव

53. विक्रम साराभाई अन्तरिक्ष केन्द्र (वी.एस.एस.सी.) स्थित है [UP बी.एड. 2011]
(a) बंगलुरु (b) अहमदाबाद
(c) श्रीहरिकोटा (d) तिरूवनन्तपुरम

54. 2011 की जनगणना के अनुसार भारत की जनसंख्या पहुँच गई है [UP बी.एड. 2011]
(a) 1.21 अरब (b) 1.31 अरब
(c) 1.51 अरब (d) 1.10 अरब

55. जूलियन असांजे निम्न वेबसाइट के संस्थापक हैं [UP बी.एड. 2011]
(a) विकिपीडिया (b) नेटस्केप
(c) विकिलीक्स (d) गूगल क्रोम

56. अल्फ्रेड नोबल ने किसका आविष्कार किया? [UP बी.एड. 2010]
(a) कम्प्यूटर (b) टेलीविजन
(c) डायनामाइट (d) टाइपराइटर

57. 'नाइटिंगेल ऑफ इण्डिया' किसको कहते हैं? [UP बी.एड. 2010]
(a) चाणक्य (b) लता मंगेशकर
(c) सरोजिनी नायडू (d) इन्दिरा गाँधी

58. यूनेस्को (UNESCO) का मुख्यालय कहाँ है? [UP बी.एड. 2010]
(a) जेनेवा (b) पेरिस
(c) वाशिंगटन (d) बर्न

59. प्रसार भारती का अध्यक्ष कौन है? [UP बी.एड. 2010]
(a) मृणाल पाण्डे (b) बी.एस. लल्ली
(c) अरुण भटनागर (d) बी.के. सिंह

60. ट्वेन्टी-20 विश्व कप के भारतीय टीम के कप्तान कौन थे? [UP बी.एड. 2010]
(a) महेन्द्र सिंह धोनी (b) वीरेन्द्र सहवाग
(c) सुरेश रैना (d) सचिन तेन्दुलकर

61. 55वें फिल्म समारोह में कौन-सी फिल्म सर्वश्रेष्ठ चुनी गई? [UP बी.एड. 2010]
(a) अन्तहीन (b) फैशन
(c) जोगवा (d) काचीवरम

62. द्रोणाचार्य पुरस्कार किस क्षेत्र में दिया जाता है? [UP बी.एड. 2010]
(a) खेल प्रदर्शन (b) खेल प्रशिक्षण
(c) चलचित्र (d) चिकित्सा

63. 'सीमान्त गाँधी' के नाम से किसे जाना जाता है? [UP बी.एड. 2010]
(a) खान अब्दुल गफ्फार खाँ
(b) खान साहिब
(c) महात्मा गाँधी
(d) लियाकत अली खाँ

64. उत्तरी ध्रुव पर पहुँचने वाली पहली भारतीय महिला कौन थी? [UP बी.एड. 2010]
(a) प्रीति सेन गुप्ता (b) आरती शाह
(c) अनिता सूद (d) सन्तोष यादव

65. 'द व्हाइट टाइगर' के लेखक कौन हैं? [UP बी.एड. 2010]
(a) अमिताभ घोष (b) अरुन्धति राय
(c) अरविन्द अडिगा (d) महाश्वेता देवी

66. सर्वशिक्षा अभियान के अन्तर्गत किस आयु वर्ग के बच्चे आते हैं? [UP बी.एड. 2010]
(a) 0-14 वर्ष (b) 6-14 वर्ष
(c) 3-18 वर्ष (d) 6-18 वर्ष

67. राष्ट्रीय युवा दिवस किस महान् व्यक्ति के नाम पर मनाया जाता है? [UP बी.एड. 2010]
(a) स्वामी विवेकानन्द (b) स्वामी दयानन्द
(c) महात्मा गाँधी (d) राजीव गाँधी

68. सन्तोष ट्रॉफी किस खेल से सम्बन्धित है? [UP बी.एड. 2010]
(a) क्रिकेट (b) फुटबॉल
(c) हॉकी (d) शतरंज

69. शिक्षक दिवस किसके जन्मदिवस के रूप में मनाया जाता है? [UP बी.एड. 2010]
(a) जवाहर लाल नेहरु
(b) इन्दिरा गाँधी
(c) डॉ. एस. राधाकृष्णन
(d) महात्मा गाँधी

70. शान्ति नोबल पुरस्कार वर्ष 2009 में किसको दिया गया? [UP बी.एड. 2010]
(a) सोनिया गाँधी
(b) वेंकटरमन रामकृष्णन
(c) बराक ओबामा
(d) हेर्टा म्यूएलर

71. बोरलॉग पुरस्कार किस क्षेत्र में दिया जाता है? **[UP बी.एड. 2010]**
(a) कृषि (b) विज्ञान
(c) साहित्य (d) चलचित्र

72. विश्व ओजोन दिवस कब मनाया जाता है? **[UP बी.एड. 2010]**
(a) 14 दिसम्बर (b) 3 अक्टूबर
(c) 21 अक्टूबर (d) 16 सितम्बर

73. 'सत्यमेव जयते' कहाँ से लिया गया है? **[UP बी.एड. 2010]**
(a) मुण्डक उपनिषद् (b) रामायण
(c) महाभारत (d) अर्थशास्त्र

74. यूनिसेफ ने किस भारतीय फिल्म अभिनेता को अपना सद्भावना राजदूत नियक्त किया है? **[UP बी.एड. 2010]**
(a) अक्षय कुमार (b) अमिताभ बच्चन
(c) आमिर खान (d) शाहरुख खान

75. भारत में पहला मुक्त विश्वविद्यालय स्थापित हुआ **[UP बी.एड. 2008]**
(a) कलकत्ता में (b) मद्रास में
(c) नई दिल्ली में (d) हैदराबाद में

76. निम्नांकित धुरी राष्ट्रों में से सबसे अन्त में किसने द्वितीय विश्व युद्ध में आत्मसमर्पण किया? **[UP बी.एड. 2008]**
(a) जापान (b) इटली (c) स्पेन (d) जर्मनी

77. बिहू नृत्य इनमें से किस राज्य से सम्बन्धित है? **[UP बी.एड. 2008]**
(a) बिहार (b) उत्तर प्रदेश
(c) असोम (d) राजस्थान

78. वर्ष 2001 की जनगणना के अनुसार सर्वाधिक जनसंख्या घनत्व वाला राज्य कौन-सा है? **[UP बी.एड. 2008]**
(a) पश्चिम बंग (b) उत्तर प्रदेश
(c) राजस्थान (d) मध्य प्रदेश

79. पर्यावरण दिवस मनाया जाता है **[UP बी.एड. 2008]**
(a) 14 नवम्बर (b) 5 जून
(c) 1 अप्रैल (d) 11 जुलाई

80. सर्वशिक्षा अभियान का लक्ष्य है **[UP बी.एड. 2008]**
(a) 6-14 वर्ष आयु वर्ग के बच्चों को नि:शुल्क शिक्षा उपलब्ध कराना
(b) 8-16 वर्ष आयु वर्ग के बच्चों को नि:शुल्क शिक्षा उपलब्ध कराना
(c) सभी आयु वर्ग के बच्चों को नि:शुल्क शिक्षा उपलब्ध कराना
(d) सभी व्यक्तियों को शिक्षा उपलब्ध करना

81. कस्तूरबा बालिका विद्यालय एक योजना है **[UP बी.एड. 2008]**
(a) केन्द्र सरकार की
(b) उत्तर प्रदेश सरकार की
(c) मध्य प्रदेश सरकार की
(d) राजस्थान सरकार की

82. ऑपरेशन ब्लैक बोर्ड सम्बन्धित था **[UP बी.एड. 2008]**
(a) चिकित्सा (b) रोजगार
(c) अन्न उत्पादन (d) शिक्षा

83. भारत में प्रथम न्यूक्लियर रियेक्टर का नाम है **[UP बी.एड. 2008]**
(a) अप्सरा (b) पूर्णिमा
(c) कामिनी (d) आर्यभट्ट

84. अन्तरिक्ष में जाने वाली भारतीय मूल की प्रथम महिला थी **[UP बी.एड. 2008]**
(a) पंजाब से (b) हरियाणा से
(c) दिल्ली से (d) उत्तर प्रदेश से

85. 'रामायण' के रचयिता हैं **[UP बी.एड. 2008]**
(a) तुलसीदास (b) दण्डी
(c) भास (d) वाल्मीकि

86. पुस्तक 'अनटू द लास्ट' के लेखक हैं **[UP बी.एड. 2008]**
(a) बोरिस येल्तसिन (b) जॉन रस्किन
(c) पुश्किन (d) रस्किन बाण्ड

87. दक्षेस का 15वाँ शिखर सम्मेलन आयोजित हुआ था **[UP बी.एड. 2008]**
(a) नई दिल्ली (b) ढाका
(c) कोलम्बो (d) काठमाण्डू

88. ओलम्पिक 2008 में किस देश ने सर्वाधिक स्वर्ण पदक जीते? **[UP बी.एड. 2008]**
(a) अमेरिका (b) रूस (c) चीन (d) जर्मनी

89. 10 सितम्बर, 2008 को किसे आई सी सी का वर्ष का सर्वश्रेष्ठ एक दिवसीय खिलाड़ी घोषित किया गया? **[UP बी.एड. 2008]**
(a) रिकी पोंटिंग (b) अजन्ता मेंडिस
(c) सुरेश रैना (d) महेन्द्र सिंह धौनी

90. बीजिंग ओलम्पिक में निशानेबाजी की किस स्पर्द्धा में अभिनव बिन्द्रा ने स्वर्ण पदक जीता? **[UP बी.एड. 2008]**
(a) 10 मीटर एयर राइफल
(b) 15 मीटर एयर राइफल
(c) 20 मीटर एयर राइफल
(d) 25 मीटर एयर राइफल

91. ओलम्पिक खेल 2012 आयोजित होंगे **[UP बी.एड. 2008]**
(a) लन्दन (b) एथेन्स
(c) बार्सिलोना (d) टोक्यो

92. शान्ति स्वरूप भटनागर पुरस्कार किस व्यक्ति को उसके योगदान के लिए दिया जाता है? **[UP बी.एड. 2008]**
(a) पत्रकारिता (b) अर्थशास्त्र
(c) विज्ञान (d) शान्ति

93. दीपा मेहता द्वारा निर्देशित फिल्म 'वाटर' किस देश में ऑस्कर पुरस्कार के लिए नामित हुई? **[UP बी.एड. 2008]**
(a) भारत (b) कनाडा
(c) अमेरिका (d) ब्रिटेन

94. भारत का राष्ट्रीय चिह्न कहाँ से लिया गया है?
(a) सारनाथ स्थित अशोक के सिंह स्तम्भ से
(b) इलाहाबाद स्थित अशोक स्तम्भ से
(c) हड़प्पा सभ्यता की मूर्तियों से
(d) रुद्रदामन के जूनागढ़ अभिलेख से

95. प्रधानमन्त्री नरेन्द्र मोदी ने 'स्वच्छ भरत अभियान' को किस महापुरुष के जन्म दिवस पर आरम्भ किया?
(a) स्वामी विवेकानन्द
(b) सरदार वल्लभभाई पटेल
(c) महात्मा गाँधी
(d) स्वामी दयानन्द सरस्वती

96. भारतीय संविधान सभा ने राष्ट्र-ध्वज के प्रारूप को कब अपनाया?
(a) 22 जुलाई, 1947 ई.
(b) 26 नवम्बर, 1949 ई.
(c) 15 अगस्त, 1947 ई.
(d) 26 जनवरी, 1950 ई.

97. 'ध्वज गीत' की रचना किसने की थी?
(a) रामधारी सिंह दिनकर
(b) मैथिलीशरण गुप्त
(c) श्यामलाल गुप्त पार्षद
(d) माखनलाल चतुर्वेदी

98. भारत के 'राष्ट्र-गान' के रचनाकार हैं
(a) बंकिम चन्द्र चटर्जी
(b) रवीन्द्र नाथ टैगोर
(c) रामधारी सिंह दिनकर
(d) मन्मनाथ गुप्त

99. 'वन्दे मातरम्' को राष्ट्र-गीत के रूप में किस तिथि को स्वीकार किया गया?
(a) 22 जून, 1946
(b) 25 जनवरी, 1948
(c) 15 अगस्त, 1947
(d) 26 जनवरी, 1950

100. वन्दे मातरम् बंकिम चन्द्र चटर्जी के किस उपन्यास से लिया गया है?
(a) गणदेवता (b) आनन्द मठ
(c) श्री कान्त (d) इनमें से कोई नहीं

101. भारत का राष्ट्रीय पंचाग किस संवत् पर आधारित है?
(a) शक सम्वत् (b) विक्रम सम्वत्
(c) हिजरी सम्वत् (d) काल सम्वत्

102. भारत का 'राष्ट्रीय खेल' कौन-सा है?
(a) क्रिकेट (b) कबड्डी
(c) हॉकी (d) शतरंज

103. भारत का 'राष्ट्रीय पशु' है
(a) गाय (b) हिरण (c) कुत्ता (d) बाघ

104. 'विश्व स्वास्थ्य दिवस' कब मनाया जाता है ?
(a) 4 मार्च (b) 8 मार्च
(c) 27 मार्च (d) 7 अप्रैल

105. 'पृथ्वी दिवस' है
(a) 17 अप्रैल (b) 22 अप्रैल
(c) 27 मार्च (d) 22 मई

106. 'विज्ञान दिवस' कब मनाया जाता है?
(a) 21 फरवरी (b) 24 फरवरी
(c) 28 फरवरी (d) 29 फरवरी

107. 'अन्तर्राष्ट्रीय महिला दिवस' कब मनाया जाता है?
(a) 4 मार्च (b) 8 मार्च
(c) 5 जून (d) 8 जून

108. 11 जुलाई को किस दिवस के रूप में मनाया जाता है?
(a) विश्व जनसंख्या दिवस
(b) चिकित्सक दिवस
(c) कारगिल स्मृति दिवस
(d) विश्व पर्यटन दिवस

109. 14 सितम्बर को कौन-से दिवस के रूप में मनाया जाता है?
(a) शिक्षक दिवस (b) अभियन्ता दिवस
(c) हिन्दी दिवस (d) वायु सेना दिवस

110. राजीव गाँधी के जन्म दिवस 20 अगस्त को किस रूप में मनाया जाता है?
(a) आतंकवाद विरोध दिवस
(b) सद्भावना दिवस
(c) प्रगति दिवस
(d) आत्म बलिदान दिवस

111. एकदिवसीय क्रिकेट में दूसरा दोहरा शतक किस टीम के खिलाफ लगाया?
(a) आस्ट्रेलिया (b) इंग्लैण्ड
(c) श्रीलंका (d) पाकिस्तान

112. विश्व मानवाधिकार दिवस है
(a) 1 दिसम्बर (b) 5 दिसम्बर
(c) 9 दिसम्बर (d) 10 दिसम्बर

113. 'विश्व हीमोफीलिया दिवस' कब मनाया जाता है?
(a) 17 अप्रैल को (b) 18 अप्रैल को
(c) 21 अप्रैल को (d) 27 अप्रैल को

114. वायु सेना दिवस है
(a) 5 अक्टूबर (b) 6 अक्टूबर
(c) 8 अक्टूबर (d) 11 अक्टूबर

115. 'विश्व मधुमेह दिवस' किस तिथि को मनाया जाता है?
(a) 14 नवम्बर (b) 16 नवम्बर
(c) 18 नवम्बर (d) 24 नवम्बर

116. 'ऐन इक्बल म्यूजिक' के लेखक हैं
(a) सलमान रुश्दी (b) विक्रम सेठ
(c) वी.एस. नॉयपाल (d) टी.एस. इलियट

117. 'उर्वशी' के रचनाकार कौन हैं?
(a) जयशंकर प्रसाद
(b) सुभद्रा कुमारी चौहान
(c) रामधारी सिंह दिनकर
(d) सुमित्रानन्दन पन्त

118. विश्व प्रसिद्ध महाकाव्य 'कामायनी' के रचयिता हैं
(a) जयशंकर प्रसाद
(b) सुभद्रा कुमारी चौहान
(c) रामधारी सिंह दिनकर
(d) माखनलाल चतुर्वेदी

119. 'डिस्कवरी ऑफ इण्डिया' किसने लिखी है?
(a) जवाहरलाल नेहरू
(b) सुभाष चन्द्र बोस
(c) लियो टाल्सटाय
(d) तस्लीमा नसरीन

120. प्रसिद्ध तिलस्मी उपन्यास 'चन्द्रकान्ता' के लेखक हैं
(a) बंकिम चन्द्र चटर्जी
(b) प्रेमचन्द
(c) भारतेन्दु हरिश्चन्द्र
(d) देवकी नन्दन खत्री

121. निम्नलिखित में से कालिदास की रचना कौन-सी है?
(a) रघुवंशम्
(b) अभिज्ञानशाकुन्तलम्
(c) कुमारसम्भवम्
(d) उपरोक्त सभी

122. 'हितोपदेश' की रचना किसने की
(a) विष्णु शर्मा (b) नारायण पंडित
(c) भवभूति (d) पतंजलि

123. निम्नलिखित में से विलियम शेक्सपीयर की रचना कौन-सी है?
(a) आथेलो (b) हेमलेट
(c) ऐज यू लाइक इट (d) ये सभी

124. 'ऐन एरिया ऑफ डार्कनेस' किसकी रचना है?
(a) वी. एस. नॉयपाल (b) किरण देसाई
(c) अरुन्धती रॉय (d) ऑरदान पामुक

125. 'द लॉस ऑफ इनहेरिटेंस' किसकी कृति है?
(a) अरुन्धती रॉय (b) प्रतिमा देसाई
(c) किरण देसाई (d) आरहॉन पामुक

126. 'माई नेम इज ट्रेड' 'स्नो', 'द ब्लैक बुक' जैसी चर्चित पुस्तकों के लेखक हैं
(a) ऑरहान पामुक (b) किरण देसाई
(c) सलमान रुश्दी (d) विक्रम सेठ

127. 'विंग्स ऑफ फायर' किसकी आत्मकथा है?
(a) अटल बिहारी वाजपेयी
(b) नरसिम्हा राव
(c) के. कस्तूरी रंगन
(d) ए. पी. जे. अब्दुल कलाम

128. 'सेशेल्स' की राजधानी कहाँ है?
(a) डिली (b) विक्टोरिया
(c) रबात (d) नसाऊ

129. 'तुवालु' की राजधानी कहाँ स्थित है?
(a) फुनाफुटी (b) एपिआ
(c) सूवा (d) मजुरो

130. निम्नलिखित में से कौन-सा युग्म सुमेलित नहीं है?

	देश		राजधानी
(a)	तंजानिया	–	दारेस्सलाम
(b)	रवाण्डा	–	किंगाली
(c)	सीरिया	–	दमिश्क
(d)	मकाऊ	–	बन्दरसेरी

131. निम्नलिखित में से कौन-सा युग्म सुमेलित नहीं है?

	देश		राजधानी
(a)	उज्बेकिस्तान	–	ताशकन्द
(b)	ईस्ट तिमोर	–	डिली
(c)	सेशेल्स	–	पोर्टविला
(d)	यूक्रेन	–	कीव

132. 'स्विट्जरलैण्ड' की राजधानी कहाँ है?
(a) स्कोपजे (b) बर्न
(c) मिंस्क (d) ब्रुसेल्स

133. 'मोगादिशु' किस देश की राजधानी है?
(a) सेनेगल (b) रवान्डा
(c) सोमालिया (d) मोरक्को

134. निम्नलिखित में से किस देश की मुद्रा 'यूरो' है?
(a) फ्रांस (b) जर्मनी
(c) पुर्तगाल (d) ये सभी

135. निम्नलिखित में से किस देश की मुद्रा 'रुपया' है?
(a) मालदीव (b) मॉरिशस
(c) सेशेल्स (d) ये सभी

136. 'जापान की मुद्रा है
(a) येन (b) डॉलर
(c) युवान (d) क्यात

137. थाईलैण्ड की मुद्रा है
(a) लीरा (b) पाउण्ड
(c) रियाल (d) बहत

138. निम्नलिखित में से कौन-सा युग्म सुमेलित नहीं है?

	देश		मुद्रा
(a)	चीन	–	युआन
(b)	सऊदी अरब	–	रियाल
(c)	रोमानिया	–	डॉलर
(d)	बेल रूस	–	रूबल

139. 'न्गुलट्रम' किस देश की मुद्रा है?
(a) नेपाल (b) भूटान
(c) बांग्ला देश (d) म्यांमार

140. दक्षिण अफ्रीका की मुद्रा है
(a) रेण्ड (b) डॉलर
(c) पाउण्ड (d) फ्रैंक

141. विश्व का पहला अन्तरिक्ष पर्यटक है
(a) डेनिस टीटो
(b) सुनीता विलियम्स
(c) अनुशेह अंसारी
(d) यूरी गागरिन

142. दक्षिणी ध्रुव पर पहुँचने वाला प्रथम व्यक्ति कौन था?
(a) रॉबर्ट पियरी (b) एमण्डसेन
(c) मैग्लेन (d) कोलम्बस

143. रोबोट से सर्जरी करने वाला प्रथम भारतीय है
(a) पी. वेणुगोपाल (b) ए. हई
(c) डी. प्रसाद (d) ए. के. हेमल

144. संयुक्त राष्ट्र संघ की प्रथम महिला सभापति किस भारतीय को बनाया गया था ?
(a) सरोजिनी नायडु
(b) श्रीमती विजय लक्ष्मी पण्डित
(c) ऐनी बेसेन्ट
(d) मदर टेरेसा

145. भारत के किसी प्रदेश में नियुक्त होने वाली पहली महिला मुख्यमन्त्री कौन थी?
(a) राजकुमारी अमृत कौर
(b) सुचेता कृपलानी
(c) इन्दिरा गाँधी
(d) अन्ना चाडी

146. सर्वप्रथम किस विदेशी व्यक्ति को 'भारत रत्न' से सम्मानित किया गया था?
(a) मदर टेरेसा (b) मुजीबुर्रहमान
(c) खान अब्दुल गफ्फार खान
(d) नेल्सन मण्डेला

147. भारत की प्रथम महिला शासिका कौन थी?
(a) नूरजहाँ (b) अहिल्याबाई
(c) लक्ष्मीबाई (d) रजिया सुल्तान

148. किस भारतीय को सर्वप्रथम नोबेल पुरस्कार से सम्मानित किया गया?
(a) जे. सी. बोस (b) सी. वी. रमण
(c) रवीन्द्र नाथ टैगोर (d) मदर टेरेसा

149. अन्तरिक्ष में भेजा जाने वाला पहला अन्तरिक्ष यान था
(a) स्पूतनिक-I (b) लूना-I
(c) अपोलो-I (d) कोलम्बिया-I

150. अन्तर्राष्ट्रीय न्यायालय में न्यायधीश नियुक्त होने वाला प्रथम भारतीय था
(a) एच. जे. कानिया (b) डॉ. नगेन्द्र सिंह
(c) डॉ. उपेन्द्र सिंह (d) सोली सोराब जी

151. निम्नलिखित में से कौन-सा युग्म सुमेलित नहीं है?

प्रथम महिला		**सम्बन्धित क्षेत्र**
(a) सुष्मिता सेन (भारतीय)	–	मिस यूनिवर्स
(b) रीता फारिया (भारतीय)	–	मिस वर्ल्ड
(c) कल्पना चावला (भारतीय)	–	प्रथम भारतीय मूल की महिला अन्तरिक्ष यात्री
(d) सुनीता विलियम्स (भारतीय)	–	प्रथम महिला अन्तरिक्ष यात्री

152. विश्व की पहली महिला प्रधानमन्त्री कौन थी?
(a) एस. भण्डार नायके
(b) मारग्रेट थैचर
(c) इन्दिरा गाँधी
(d) शेख हसीना वाजिद

153. 'बिहार केसरी' किसे कहा जाता है?
(a) डॉ. श्रीकृष्ण सिंह
(b) डॉ. अनुग्रह नारायण सिंह
(c) डॉ. राजेन्द्र प्रसाद
(d) जगजीवन राम

154. 'लेडी विद द लैम्प' किसे उपनाम दिया गया है?
(a) सरोजिनी नायडु
(b) कस्तूरबा गाँधी
(c) फ्लोरेन्स नाइटिंगेल
(d) मदर टेरेसा

155. 'मैन ऑफ ब्लड एण्ड आयरन' किसे कहा गया है?
(a) सरदार वल्लभ भाई पटेल
(b) बिस्मार्क
(c) बलबन
(d) हिटलर

156. 66वें गणतंत्र दिवस पर किस देश के राष्ट्रपति को भारत में 'गार्ड ऑफ ऑनर' दिया गया?
(a) भूटान (b) पाकिस्तान
(c) अमेरिका (d) श्रीलंका

157. 'हिटलर' का उपनाम क्या था?
(a) नेता जी (b) फ्यूहरर
(c) द किलर (d) इनमें से कोई नहीं

158. 'गुरुदेव' के उपनाम से व्यक्ति हैं
(a) रवीन्द्र नाथ टैगोर
(b) एम. एस. गोलवलकर
(c) सर्वपल्ली राधाकृष्णन
(d) भारतेन्दु हरिश्चन्द्र

159. 'बाबूजी' के उपनाम से किन्हें याद किया जाता है?
(a) महात्मा गाँधी (b) जगजीवन राम
(c) श्रीकृष्ण सिंह (d) ये सभी

160. 'मैन ऑफ डेस्टिनी' किसे कहा जाता है?
(a) हिटलर (b) बिस्मार्क
(c) नेपोलियन (d) मुसोलिनी

161. निम्नलिखित में से कौन-सा युग्म सुमेलित नहीं है?

व्यक्ति	**उपनाम**
(a) चाचा	जवाहरलाल नेहरू
(b) बापू	महात्मा गाँधी
(c) लोकनायक	जयप्रकाश
(d) जननायक	जगजीवन राम

162. किस राजनेता की अनुशंसा पर संयुक्त राष्ट्र संघ ने 21 जून को 'विश्व योग दिवस' के रूप में मनाने का निर्णय लिया?
(a) सुषमा स्वराज
(b) मनमोहन सिंह
(c) नरेन्द्र मोदी
(d) राजनाथ सिंह

163. 'जगन्नाथ मन्दिर' कहाँ स्थित है?
(a) चित्तौड़ (राजस्थान)
(b) जयपुर (राजस्थान)
(c) पुरी (उड़ीसा)
(d) सीतामढ़ी (बिहार)

164. 'चार मीनार' कहाँ स्थित है?
(a) सिकन्दराबाद (b) हैदराबाद
(c) औरंगाबाद (d) गाजियाबाद

165. 'मीनाक्षी मन्दिर' कहाँ स्थित है?
(a) ग्वालियर (b) कोणार्क
(c) चेन्नई (d) मदुरई

166. 'लिंगराज महल' स्थित है
(a) भुवनेश्वर (b) पुरी
(c) कोणार्क (d) महाबलीपुरम्

167. दिल्ली स्थित 'राजघाट' किसका समाधि स्थल है?
(a) जवाहरलाल नेहरू (b) महात्मा गाँधी
(c) राजीव गाँधी (d) इन्दिरा गाँधी

168. प्रसिद्ध 'गोमतेश्वर की मूर्ति' कहाँ स्थापित है?
(a) नालन्दा (बिहार)
(b) सारनाथ (उत्तर प्रदेश)
(c) श्रवणबेलगोला (कर्नाटक)
(d) खजुराहो (मध्य प्रदेश)

169. विश्व प्रसिद्ध 'खजुराहो के मन्दिर' किस राज्य में हैं?
(a) मध्य प्रदेश (b) महाराष्ट्र
(c) जम्मू-कश्मीर (d) आन्ध्र प्रदेश

170. 'झुकी हुई मीनार' कहाँ है?
(a) फ्रांस (b) जर्मनी
(c) डेनमार्क (d) इटली

171. 'स्टेचु ऑफ लिबर्टी' कहाँ है?
(a) वाशिंगटन डी.सी. (b) न्यूयार्क
(c) पेरिस (d) रोम

172. विश्व प्रसिद्ध 'एफिल टावर' कहाँ स्थित है ?
(a) टोम (b) न्यूयार्क
(c) पेरिस (d) मिस्र

173. 'नटराज मन्दिर' कहाँ स्थित है?
(a) बंगलुरु (b) चेन्नई
(c) मुम्बई (d) मदुरई

174. 'निशात बाग' कहाँ है?
(a) अमृतसर (b) चण्डीगढ़
(c) श्रीनगर (d) जयपुर

175. निम्नलिखित में से कौन-सा युग्म सुमेलित नहीं है?

समाधि स्थल		**सम्बन्धित व्यक्ति**
(a) वीर भूमि	–	राजीव गाँधी
(b) किसान घाट	–	राजेन्द्र प्रसाद
(c) विजय घाट	–	लाल बहादुर शास्त्री
(d) शक्ति स्थल	–	इन्दिरा गाँधी

176. 'कांगो' किस देश का नया नाम है?
(a) जायरे (b) रोडेशिया
(c) नार्दर्न रोडेशिया (d) हवाई द्वीप

177. श्रीलंका को पूर्व में किस नाम से जाना जाता था?
(a) फारमोसा (b) सीलोन
(c) निप्पन (d) इनमें से कोई नहीं

178. 'पर्शिया' किस देश का पुराना नाम है?
(a) थाईलैण्ड (b) ताइवान
(c) इराक (d) ईरान

179. 'म्यांमार' किस देश का परिवर्तित नाम है?
(a) हालैण्ड (b) बर्मा
(c) भूटान (d) वियतनाम

180. 'गोल्ड कोस्ट' के नाम से कौन-सा देश जाना जाता था?
(a) कांगो (b) जिम्बाब्वे
(c) घाना (d) जाम्बिया

181. पूर्व में 'स्याम' नाम से किस देश को जाना जाता था?
(a) कम्बोडिया (b) थाईलैण्ड
(c) ईरान (d) भारत

182. 'मद्रास' किस शहर का परिवर्तित नाम है
(a) चेन्नई (b) तिरुवनन्तपुरम्
(c) गाँधी नगर (d) इनमें से कोई नहीं

183. 'बंगलौर' शहर का नया नाम क्या है?
(a) बांगलुरू (b) बंगालुरु
(c) बंगलुरु (d) बैंगलूर

184. 'असम' राज्य का नया नाम है
(a) आसाम (b) असाम
(c) असोम (d) असोमा

185. निम्नलिखित में से कौन-सा युग्म सुमेलित नहीं है?

	पुराना नाम		नया नाम
(a)	फारमूसा	–	ताइवान
(b)	नार्थ रोडेशिया	–	जाम्बिया
(c)	कम्पूचिया	–	कम्बोडिया
(d)	मेसोपोटामिया	–	मक्का

186. 'अबीसीनिया' किस देश का पुराना नाम है ?
(a) कम्बोडिया (b) इथियोपिया
(c) बोत्सवाना (d) बताविया

187. 'नीदरलैण्ड्स' किस देश का परिवर्तित नाम है?
(a) हालैण्ड (b) सोमालीलैण्ड
(c) थाइलैण्ड (d) इनमें से कोई नहीं

188. 'मजलिस' किस देश की संसद का नाम है?
(a) इराक (b) ईरान
(c) मंगोलिया (d) मलेशिया

189. 'रिक्सडॉग' किस देश की संसद को कहा जाता है?
(a) नार्वे (b) डेनमार्क
(c) स्वीडन (d) ताइवान

190. नॉर्वे की संसद को कहा जाता है
(a) रिक्सडॉग (b) कोर्टेस
(c) ड्यूमा (d) स्टोर्टिंग

191. जापान की संसद को कहा जाता है
(a) नेसेट (b) खुरल
(c) कोर्टेस (d) डायट

192. 'कोर्टेस' किस देश की संसद को कहा जाता है?
(a) स्पेन (b) यूनान
(c) नीदरलैण्ड (d) डेनमार्क

193. 'ब्लू बुक' किस देश की सरकारी रिपोर्ट को कहा जाता है?
(a) भारत (b) ब्रिटेन
(c) पुर्तगाल (d) चीन

194. इटली की सरकारी रिपोर्ट को कहा जाता है
(a) यलो बुक (b) ह्वाइट बुक
(c) ग्रे बुक (d) ग्रीन बुक

195. भारत सरकार के सरकारी रिपोर्ट को किस नाम से जाना जाता है?
(a) ह्वाइट पेपर (b) यलो बुक
(c) ब्लू बुक (d) ग्रे बुक

196. चीन की सरकारी रिपोर्ट है
(a) ह्वाइट पेपर (b) ह्वाइट बुक
(c) ग्रे बुक (d) ग्रीन बुक

197. भारत का राष्ट्रीय चिह्न है
(a) अशोक स्तम्भ (b) कमल का फूल
(c) बरगद का पेड़ (d) गुलाब का फूल

198. 'चाँद-तारा' किस देश का राष्ट्रीय चिह्न है?
(a) इटली (b) पाकिस्तान
(c) जापान (d) कनाडा

199. 'बाज' किस देश का राष्ट्रीय चिह्न है?
(a) यू.एस.ए. (b) रूस
(c) स्पेन (d) आयरलैण्ड

200. भारत एवं चीन के बीच कौन-सी विभाजक रेखा है?
(a) रेडक्लिफ (b) मैकमोहन
(c) सीजफ्राइड (d) डूरण्ड

201. 38वीं अक्षांश रेखा किन देशों के बीच की सीमा रेखा है?
(a) भारत-पाक
(b) यू.एस.ए.-कनाडा
(c) उत्तरी एवं दक्षिणी कोरिया
(d) फ्रांस-जर्मनी

202. हिंडन बर्ग रेखा किन देशों के बीच है?
(a) जर्मनी-पोलैण्ड
(b) फ्रांस-जर्मनी
(c) इंग्लैण्ड-आयरलैण्ड
(d) भारत-श्रीलंका

203. 66वें गणतंत्र दिवस पर कितने शहीदो को मरणोपरान्त 'अशोक चक्र' पुरस्कार दिया गया?
(a) एक (b) तीन (c) दो (d) चार

204. भारतीय गणतंत्र दिवस पर मुख्य अतिथि के रूप में उपस्थित रहने वाले प्रथम अमेरिकी राष्ट्रपति हैं
(a) बिल क्लिंटन (b) जॉर्ज बुश
(c) बराक ओबामा (d) रिगन

205. उड़ीसा का प्रमुख शास्त्रीय नृत्य किस नाम से जाना जाता है?
(a) कत्थक (b) भरतनाट्यम
(c) मोहिनी अट्टम (d) ओडिसी

206. 'कठपुतली' किस राज्य का प्रमुख लोक नृत्य है?
(a) राजस्थान (b) महाराष्ट्र
(c) आन्ध्र प्रदेश (d) हिमाचल प्रदेश

207. कर्नाटक का प्रमुख लोकनृत्य है
(a) घूमर (b) यक्षगान
(c) छऊ (d) जद्दा

208. अटल बिहारी वाजपेयी के साथ-साथ किसे भारत रत्न (2014) दिया गया?
(a) नरेन्द्र मोदी
(b) सी एन राव
(c) महन मोहन मालवीय
(d) सचिन तेन्दुलकर

209. पंजाब का प्रमुख लोक नृत्य है
(a) भांगड़ा (b) बिहू
(c) घण्टा मरदाला (d) लावणी

210. 'घण्टा मरदाला' प्रमुख लोकनृत्य है
(a) हरियाणा का (b) उत्तर प्रदेश का
(c) आन्ध्र प्रदेश का (d) गुजरात का

211. 'गरबा' कहाँ का लोकनृत्य है?
(a) महाराष्ट्र (b) गुजरात
(c) बिहार (d) झारखण्ड

212. 'छऊ' किस राज्य का प्रमुख लोक नृत्य है?
(a) छत्तीसगढ़ (b) मध्य प्रदेश
(c) झारखण्ड (d) बिहार

213. निम्नलिखित में से कौन-सा युग्म सुमेलित नहीं है?

	लोकनृत्य		राज्य
(a)	लावणी	–	झारखण्ड
(b)	सामा चकेवा	–	बिहार
(c)	पण्डवाणी	–	छत्तीसगढ़
(d)	भगोरिया	–	छत्तीसगढ़

214. ललित कला अकादमी की स्थापना किस वर्ष हुई थी?
(a) 1952 (b) 1954
(c) 1958 (d) 1964

215. 'किशन महाराज' किस वाद्य यन्त्र से सम्बन्धित हैं?
(a) सितार (b) सरोद
(c) तबला (d) वीणा

216. उस्ताद बिस्मिल्लाह खाँ का सम्बन्ध किस वाद्य-यन्त्र से था?
(a) शहनाई (b) सरोद
(c) सन्तूर (d) हारमोनियम

217. निम्नलिखित में से कौन-सा युग्म सुमेलित नहीं है?

	वादक		सम्बन्धित वाद्य-यन्त्र
(a)	हरि प्रसाद चौरसिया	–	बाँसुरी
(b)	अमजद अली खाँ	–	सरोद
(c)	निखिल बनर्जी	–	सितार
(d)	शिवकुमार शर्मा	–	वायलिन

218. भारत में निर्मित पहली बोलती फिल्म थी
(a) नूरजहाँ (b) आलमआरा
(c) राजा हरिश्चन्द्र (d) ज्वार भाटा

219. भारत में टेलीविजन की शुरूआत कब की गई थी?
(a) 15 अगस्त, 1947 ई.
(b) 15 अगस्त, 1957 ई.
(c) 15 सितम्बर 1959 ई.
(d) 15 सितम्बर, 1969 ई.

220. भारत सरकार द्वारा दिया जाने वाला सर्वोच्च असैनिक सम्मान है
(a) भारत रत्न (b) पद्म विभूषण
(c) पद्म श्री (d) ये सभी

221. दादा साहेब फाल्के पुरस्कार सर्वप्रथम किसे दिया गया था?
(a) राजकपूर (b) दिलीप कुमार
(c) नरगिस दत्त (d) देविका रानी

222. शौर्य या वीरता के लिए भारत सरकार द्वारा दिया जाने वाला सर्वोच्च सम्मान है
(a) अशोक चक्र (b) महावीर चक्र
(c) कीर्ति चक्र (d) परमवीर चक्र

223. सर्वप्रथम परमवीर चक्र से किसे सम्मानित किया गया?
(a) मेजर सोमनाथ शर्मा
(b) कैप्टन लक्ष्मी सहगल
(c) लांसनायक एल्बर्ट एक्का
(d) सूबेदार धर्मवीर प्रसाद

224. 'धन्वन्तरि पुरस्कार' किस क्षेत्र में दिया जाता है?
(a) कृषि
(b) विज्ञान एवं प्रौद्योगिकी
(c) चिकित्सा
(d) रचनात्मक कार्य

225. भारत सरकार द्वारा खेलों में सराहनीय प्रदर्शन करने वाले खिलाड़ियों को दिया जाने वाला पुरस्कार कौन-सा है?
(a) बोरलोग पुरस्कार
(b) राजीव गाँधी खेल रत्न
(c) के.के. बिड़ला खेल पुरस्कार
(d) उपरोक्त सभी

226. 'चमेली देवी पुरस्कार' किस क्षेत्र में दिया जाता है?
(a) साहित्य (b) संगीत
(c) कृषि (d) पत्रकारिता

227. एशिया के नोबेल पुरस्कार के रूप में किस पुरस्कार को जाना जाता है?
(a) राइट लाइवलीहुड
(b) रेमेन मैग्सेसे
(c) ग्रीन
(d) गाँधी अन्तर्राष्ट्रीय शान्ति

228. ज्ञानपीठ पुरस्कार सर्वप्रथम किसे दिया गया था?
(a) जी. शंकर कुरुपु
(b) सुमित्रानन्दन पन्त
(c) श्रीमती आशापूर्णा देवी
(d) पन्ना लाल पटेल

229. 'पुलित्जर पुरस्कार' किस क्षेत्र में दिया जाता है?
(a) फिल्म (b) संगीत
(c) पत्रकारिता (d) शौर्य

230. 'ग्रेमी पुरस्कार' सम्बन्धित है
(a) फिल्म से
(b) पाश्चात्य संगीत से
(c) भारतीय संगीत से
(d) नाटक से

231. भारत सरकार द्वारा दिया जाने वाला सर्वोच्च पुरस्कार है
(a) जवाहरलाल नेहरू अन्तर्राष्ट्रीय पुरस्कार
(b) इन्दिरा गाँधी अन्तर्राष्ट्रीय पुरस्कार
(c) गाँधी शान्ति पुरस्कार
(d) उपरोक्त में से कोई नहीं

232. निम्नलिखित में से किसे 'सितार' एवं 'तबला' का आविष्कारक माना जाता है?
(a) मियां तानसेन (b) अमीर खुसरो
(c) बैजू बावरा (d) रामानन्द

233. 'राष्ट्रीय धातु विज्ञान प्रयोगशाला' कहाँ स्थित है?
(a) बोकारो
(b) जमशेदपुर
(c) राउरकेला
(d) विशाखापट्टनम

234. 'औद्योगिक विष अनुसन्धान केन्द्र' कहाँ स्थित है?
(a) लखनऊ (b) कानपुर
(c) गोरखपुर (d) मेरठ

235. 'केन्द्रीय चमड़ा अनुसन्धान केन्द्र' कहाँ स्थित है?
(a) लखनऊ (b) कानपुर
(c) चेन्नई (d) पालमपुर

236. 'भारतीय सर्वेक्षण विभाग' का मुख्यालय कहाँ है?
(a) पुणे (b) नागपुर
(c) कोलकाता (d) देहरादून

237. 'केन्द्रीय भवन निर्माण अनुसन्धान संस्थान' स्थित है
(a) जयपुर (b) रुड़की
(c) खड़गपुर (d) खड़गवासला

238. 'नेशनल पुलिस एकेडमी' स्थित है
(a) हैदराबाद
(b) धनबाद
(c) मसूरी
(d) राँची

239. 'एयरफोर्स फ्लाईंग कॉलेज' स्थित है
(a) पुणे (b) उदयपुर
(c) जोधपुर (d) पटियाला

240. 'इण्डियन मिलिट्री एकेडमी' कहाँ है?
(a) देहरादून (b) शिमला
(c) नैनीताल (d) हैदराबाद

उत्तरमाला

1. (c)	2. (d)	3. (c)	4. (a)	5. (c)	6. (d)	7. (d)	8. (a)	9. (d)	10. (a)
11. (c)	12. (b)	13. (b)	14. (b)	15. (d)	16. (d)	17. (a)	18. (c)	19. (a)	20. (a)
21. (a)	22. (a)	23. (b)	24. (c)	25. (b)	26. (b)	27. (b)	28. (a)	29. (c)	30. (b)
31. (c)	32. (b)	33. (c)	34. (a)	35. (c)	36. (b)	37. (a)	38. (c)	39. (a)	40. (d)
41. (b)	42. (a)	43. (a)	44. (b)	45. (b)	46. (c)	47. (b)	48. (d)	49. (b)	50. (c)
51. (d)	52. (b)	53. (d)	54. (a)	55. (c)	56. (c)	57. (c)	58. (b)	59. (a)	60. (a)
61. (d)	62. (b)	63. (a)	64. (a)	65. (c)	66. (b)	67. (a)	68. (b)	69. (c)	70. (c)
71. (a)	72. (d)	73. (a)	74. (b)	75. (d)	76. (a)	77. (c)	78. (a)	79. (b)	80. (a)
81. (a)	82. (d)	83. (a)	84. (b)	85. (d)	86. (b)	87. (c)	88. (c)	89. (d)	90. (a)
91. (a)	92. (c)	93. (c)	94. (a)	95. (c)	96. (a)	97. (c)	98. (b)	99. (d)	100. (b)
101. (a)	102. (c)	103. (d)	104. (d)	105. (b)	106. (c)	107. (b)	108. (a)	109. (c)	110. (b)
111. (c)	112. (d)	113. (a)	114. (c)	115. (a)	116. (b)	117. (c)	118. (a)	119. (a)	120. (d)
121. (d)	122. (b)	123. (d)	124. (a)	125. (c)	126. (a)	127. (d)	128. (b)	129. (a)	130. (d)
131. (c)	132. (b)	133. (c)	134. (d)	135. (d)	136. (a)	137. (d)	138. (c)	139. (b)	140. (a)
141. (a)	142. (b)	143. (d)	144. (b)	145. (b)	146. (c)	147. (d)	148. (c)	149. (a)	150. (b)
151. (d)	152. (a)	153. (a)	154. (c)	155. (b)	156. (c)	157. (b)	158. (a)	159. (b)	160. (c)
161. (d)	162. (c)	163. (c)	164. (b)	165. (d)	166. (a)	167. (b)	168. (c)	169. (a)	170. (d)
171. (b)	172. (c)	173. (b)	174. (c)	175. (b)	176. (a)	177. (b)	178. (d)	179. (b)	180. (c)
181. (b)	182. (a)	183. (c)	184. (c)	185. (d)	186. (b)	187. (a)	188. (b)	189. (c)	190. (d)
191. (d)	192. (a)	193. (b)	194. (d)	195. (a)	196. (b)	197. (a)	198. (b)	199. (c)	200. (b)
201. (c)	202. (a)	203. (c)	204. (c)	205. (d)	206. (a)	207. (b)	208. (c)	209. (a)	210. (c)
211. (b)	212. (c)	213. (a)	214. (b)	215. (c)	216. (a)	217. (d)	218. (b)	219. (c)	220. (a)
221. (d)	222. (d)	223. (a)	224. (c)	225. (b)	226. (d)	227. (b)	228. (a)	229. (c)	230. (b)
231. (c)	232. (b)	233. (b)	234. (a)	235. (c)	236. (d)	237. (b)	238. (a)	239. (c)	240. (a)

हिन्दी

हिंदी

अध्याय

1 भाषा तथा व्याकरण

भाषा : एक परिचय

'भाषा' शब्द की व्युत्पत्ति संस्कृत की 'भाष्' धातु से हुई है। इसका अर्थ बोलना या कहना होता है। भाषा अभिव्यक्ति का माध्यम है। ध्वनि, शब्द, वाक्य और अर्थ भाषा के अवयव हैं। हम ध्वनि अथवा वर्ण तथा शब्दों के रूप में ही सम्प्रेषण को पूर्ण कर सकते हैं। सम्प्रेषण की प्रक्रिया में शब्दों का अर्थ मूल रूप से सम्प्रेष्य होता है। इस प्रकार अभिव्यक्ति, सम्प्रेषण तथा अर्थ भाषा के व्यक्त रूप हैं। वस्तुतः भाषा वह माध्यम है जिसके द्वारा मनुष्य अपने भावों, विचारों तथा संवेदनाओं को सम्प्रेषित कर सकता है।

कामता प्रसाद गुरु के अनुसार, भाषा वह साधन है, जिसके द्वारा मनुष्य अपने विचार दूसरों तक भली-भाँति प्रकट कर सकता है तथा दूसरों के विचारों को भी स्पष्ट रूप से समझा जा सकता है। भाषा का यह रूप उच्चारण तथा लिपि के माध्यम से सम्प्रेषित होता है। उच्चारण ध्वनि संकेत है, जो शारीरिक अवयवों के माध्यम से व्यक्त होता है। लिपि वह ध्वनि संकेत है जिसके द्वारा भाषा का प्रसार तथा संरक्षण सम्भव है। हिन्दी भाषा देवनागरी लिपि में लिखी जाती है, जबकि यूरोपीय भाषाओं को रोमन अथवा ग्रीक लिपि में लिखा जाता है। भाषा वाक्य से स्वरूप ग्रहण करती है। वाक्य शब्दों से रूप ग्रहण करते हैं। वाक्य शब्द, ध्वनि तथा अर्थ द्वारा भाषा के भाषिक स्वरूप को सामने लाने का कार्य करता है।

> **ध्वनि'** भाषा की सबसे छोटी इकाई है। इसे **'वर्ण'** भी कहते हैं। वर्ण का अपना कोई अर्थ नहीं होता। वर्णों के मेल (संयोग) से जिस सार्थक वर्ण-समूह या ध्वनि-समूह की सृष्टि होती है, उसे **'शब्द'** कहते हैं। शब्द और अर्थ का घनिष्ठ सम्बन्ध है। शब्द अर्थ से पृथक् नहीं रह सकता है। अर्थ के अभाव में कोई भी शब्द निरर्थक ध्वनियों का समूह मात्र रह जाता है।

भारत में भाषा के तीन रूप विद्यमान हैं

1. क्षेत्रीय बोलियाँ **2.** परिनिष्ठित भाषा तथा **3.** राष्ट्रभाषा।

क्षेत्रीय बोलियाँ भाषा के जिस रूप का प्रयोग सामान्य जनता अपने समूह या घरों में करती है, उसे बोली कहते हैं। भारत में 436 से अधिक बोलियाँ बोली जाती है।

परिनिष्ठित भाषा जब कोई बोली या भाषा व्याकरणिक ढाँचे में ढलकर एक व्यवस्थित रूप ग्रहण कर लेती है तो उसे परिनिष्ठित भाषा का दर्जा मिलता है। खड़ी बोली हिन्दी व्याकरणिक ढाँचे में ढलकर परिनिष्ठित हिन्दी के रूप में आज हमारे सामने है।

राष्ट्रभाषा किसी भी देश की परिनिष्ठित भाषा जब व्यापक रूप से बहुसंख्यक जनता के सांस्कृतिक तथा राजनीतिक व्यवहार के भाषा-रूप में सामने आती है, तो उसे 'राष्ट्रभाषा' कहते हैं।

राष्ट्रभाषा देश की जनता की जागृति से जुड़कर व्यापकता ग्रहण करती है। भारत की राष्ट्रभाषा हिन्दी है।

स्थानीय सम्प्रेषण में भारत के विभिन्न क्षेत्रों में बोलियाँ बोली जाती हैं। भारत में 436 बोलियाँ अस्तित्व में हैं। कुछ बोलियों ने अपनी व्यापकता और साहित्यिक चेतना के कारण परिनिष्ठित भाषा का रूप लिया है। इसके इस रूप में आने की प्रकिया में व्याकरण का महत्तम सहयोग रहा है। हिन्दी एक परिनिष्ठित भाषा है। यह खड़ी बोली का परिनिष्ठित रूप है, जिसने 10वीं शताब्दी के बाद अपना रूप ग्रहण प्रारम्भ किया। हिन्दी भारत की राष्ट्रभाषा और राजभाषा है। इसके अन्तर्गत उत्तर भारत की बोलियाँ आती हैं, जो 'हिन्दी की बोलियाँ' कही जाती हैं।

हिन्दी भाषा का विकास

हिन्दी को संस्कृत अथवा प्राकृत से निष्पण्ण माना जाता है। राहुल सांकृत्यायन ने हिन्दी को संस्कृत या प्राकृत से निष्पण्ण मानने पर प्रश्न किया है, उनके अनुसार हिन्दी की बोलियाँ संस्कृत के समानान्तर लोक बोलियों में प्रचलित थीं, जो समय पाकर भाषा के रूप में अस्तित्व ग्रहण करने में सफल रहीं।

हिन्दी का विकास आधुनिक आर्यभाषाओं के प्रभाव में हुआ। खड़ी बोली शौरसेनी अपभ्रंश से निष्पण्ण हुई थी। यह पश्चिमी उत्तर प्रदेश, दिल्ली, हरियाणा के वृहत क्षेत्र में बोली जाती थी। मुसलमानों के शासन प्रारम्भ करने के दौरान उन्हें एक ऐसी समग्र भारतीय भाषा की जरूरत महसूस हुई, जिसमें वह स्थानीय किसानों, व्यापारियों तथा अधिकारियों से सम्बन्ध कायम कर सकें। खड़ी बोली दिल्ली के आस-पास बोली जाने के कारण विकसित होने लगी। शासकीय संरक्षण पाकर इसका विकास हुआ। मुस्लिम रचनाकारों, विशेषकर अमीर खुसरो ने इस भाषा में रचनाएँ कीं तथा इसे 'हिन्दवी' कहा। यही 'हिन्दवी' कबीर, सूर तथा तुलसी की वाणी से मिलकर 'हिन्दी' हो गई। 'हिन्दवी' अथवा हिन्दी में खड़ी बोली के साथ ब्रजभाषा, अवधी, राजस्थानी आदि के शब्दों तथा रूपों का प्रयोग हुआ, जिसने क्रमशः हिन्दी को विकसित किया।

ऐतिहासिक तथा भौगोलिक दृष्टि से हिन्दी की पाँच उपभाषाएँ हैं। ये हैं राजस्थानी हिन्दी, पश्चिमी हिन्दी, पूर्वी हिन्दी, बिहारी हिन्दी तथा पहाड़ी हिन्दी। इसके विस्तार तथा अन्तर्निहित बोलियों को अग्रलिखित सारणी द्वारा समझा जा सकता है

4 भाषा तथा व्याकरण

हिन्दी की उपभाषाएँ, बोलियाँ एवं क्षेत्र

हिन्दी की उपभाषाएँ	बोलियाँ	बोले जाने वाले क्षेत्र
राजस्थानी हिन्दी	राजस्थानी, मारवाड़ी, सिन्धी	राजस्थान, सिन्ध, मालवा
पश्चिमी हिन्दी	ब्रजभाषा, खड़ी बोली, हरियाणवी, कौरवी, बुन्देली, कन्नौजी	हरियाणा, उत्तरी मध्य प्रदेश, पश्चिमी उत्तर प्रदेश, दिल्ली
पूर्वी हिन्दी	अवधी, बघेली, छत्तीसगढ़ी	मध्य-पूर्व उत्तर प्रदेश, पूर्वी मध्य प्रदेश, छत्तीसगढ़
बिहारी हिन्दी	भोजपुरी, मगही, मैथिली	बिहार, झारखण्ड
पहाड़ी हिन्दी	गढ़वाली, कुमाऊँनी	उत्तराखण्ड, हिमाचल प्रदेश

भाषा परिवर्तनशील एवं विकासोन्मुख होती है। भाषा के विकसित स्वरूप के दौर में साहित्यिक रचनाएँ होती हैं। तब साहित्यिक भाषा का व्याकरणिक स्वरूप निर्धारित करना अनिवार्य हो जाता है।

व्याकरण

व्याकरण वह प्रवृत्ति है, जिसके द्वारा भाषा का विश्लेषण तथा उसके मानक रूप को स्थिर किया जाता है। किसी भाषा के बोलने तथा लिखने के नियमों की व्यवस्थित पद्धति 'व्याकरण' कहलाती है। इसके द्वारा शब्दों के रूपों तथा प्रयोगों को निरूपित किया जाता है। यह भाषा को शुद्ध लिखने, उच्चारण करने तथा समझने का ज्ञान भी प्रदान करता है।

हिन्दी-व्याकरण संस्कृत-व्याकरण पर आधारित है, लेकिन इसे स्वतन्त्र मानना अधिक समीचीन है क्योंकि इसकी विशेषताएँ संस्कृत से अत्यधिक पृथक होने की प्रवृत्ति सामने लाती हैं। कामता प्रसाद गुरु तथा किशोरीदास वाजपेयी ने सबसे पहले हिन्दी-व्याकरण को लिख हिन्दी भाषा को स्थिर तथा परिष्कृत करने का प्रयास किया। हिन्दी-व्याकरण में तीन तत्त्वों के आधार पर अध्ययन की प्रक्रिया को स्वरूप प्रदान किया जाता है। ये हैं वर्ण विचार, ध्वनि विचार तथा वाक्य विचार।

अभ्यास प्रश्न

1. हिन्दी भाषा का कौन-सा रूप मानक हिन्दी के रूप में स्वीकार किया गया है? **[UP बी.एड. 2013]**
(a) पूर्वी हिन्दी (b) पहाड़ी हिन्दी
(c) खड़ी बोली (d) पश्चिमी हिन्दी

2. हिन्दी की कितनी उपभाषाएँ हैं? **[UP बी.एड. 2013]**
(a) तीन (b) चार (c) पाँच (d) छः

3. संविधान के अनुच्छेद 344(a) के अनुपालन में भारत के राष्ट्रपति ने 'राजभाषा आयोग' का गठन कब किया था? **[UP बी.एड. 2011]**
(a) 1960 में (b) 1955 में
(c) 1965 में (d) 1970 में

4. 'हिन्दी' शब्द किसका दिया हुआ है? **[UP बी.एड. 2011]**
(a) आर्यों का (b) ईरानियों का
(c) यूनानियों का (d) तुर्कों का

5. पंजाबी भाषा की लिपि क्या है? **[UP बी.एड. 2011]**
(a) देवनागरी (b) गुरुमुखी
(c) अपभ्रंश (d) संस्कृत

6. हिन्दी किस अनुच्छेद के तहत् राष्ट्रभाषा कहलाई? **[UP बी.एड. 2010]**
(a) 343 (b) 346 (c) 356 (d) 360

7. हिन्दी भाषा को राजभाषा कब घोषित किया गया? **[UP बी.एड. 2010]**
(a) 14 सितम्बर, 1949
(b) 26 जनवरी, 1950
(c) 15 अगस्त, 1947
(d) 11 सितम्बर, 1955

8. संस्कृत भाषा के पहले कौन-सी भाषा थी? **[UP बी.एड. 2010]**
(a) पालि (b) मगधी
(c) प्राकृत (d) हिन्दी

9. हिन्दी की उत्पत्ति किस भाषा से हुई है? **[UP बी.एड. 2010]**
(a) लौकिक संस्कृत
(b) वैदिक संस्कृत
(c) शौरसेनी अपभ्रंश
(d) मगधी

10. अरबी भाषा का कौन-सा शब्द है? **[UP बी.एड. 2010]**
(a) नमाज (b) दीदार
(c) गुनाह (d) गवाह

11. 'सरस्वती' पत्रिका के सम्पादक कौन थे? **[UP बी.एड. 2010]**
(a) श्याम सुन्दर दास
(b) महावीर प्रसाद द्विवेदी
(c) रामचन्द्र शुक्ल
(d) प्रताप नारायण मिश्र

12. 'रिक्सा' किस भाषा का शब्द है? **[UP बी.एड. 2010]**
(a) चीनी (b) रूसी
(c) जापानी (d) जर्मनी

13. अंग्रेजी शब्द 'ड्राफ्टिंग' का भारत सरकार द्वारा स्वीकृत हिन्दी अनुवाद होगा **[UP बी.एड. 2010]**
(a) टिप्पण (b) आरोपण
(c) प्रस्ताव (d) प्रारूपण

14. शब्द किसे कहते हैं?
(a) एक या एक से अधिक सार्थक वर्ण समूह को
(b) एक या एक से अधिक वर्णों के मेल को
(c) ध्वनि की छोटी इकाई को
(d) भाषा की सबसे छोटी इकाई को

15. महाराष्ट्र में किस भाषा का प्रयोग अधिक होता है?
(a) अंग्रेजी (b) हिन्दी
(c) मराठी (d) मैथिली

16. हिन्दी भारत के कितने राज्यों की राजकीय भाषा है?
(a) नौ (b) दस (c) तेरह (d) पन्द्रह

17. संविधान के किस अनुच्छेद में हिन्दी को राजभाषा माना गया है?
(a) अनुच्छेद 343
(b) अनुच्छेद 352
(c) अनुच्छेद 356
(d) अनुच्छेद 370

18. किसने कहा था कि 'शब्द की ज्योति न जली होती तो विश्व अन्धकारमय होता'?
(a) महर्षि दण्डी (b) आचार्य शुक्ल
(c) भरत मुनि (d) आचार्य द्विवेदी

19. पाणिनी की रचना का क्या नाम है?
(a) वेदांग ज्योतिष (b) अष्टाध्यायी
(c) अर्थशास्त्र (d) नाट्यशास्त्र

20. व्याकरण से किसके अस्तित्व की जानकारी नहीं मिलती?
(a) ध्वनि (b) शब्द
(c) वाक्य (d) लिपि

21. हिन्दी भाषा की लिपि है
(a) ब्राह्मी (b) देवनागरी
(c) जननागरी (d) अरामाइक

22. हिन्दी को मानक रूप प्रदान करने का सर्वप्रथम प्रयास किसने किया?
(a) किशोरीदास वाजपेयी
(b) किशोरीलाल गोस्वामी
(c) श्यामसुन्दर दास
(d) डॉ. नगेन्द्र

23. स्वामी दयानन्द सरस्वती ने किसकी रचना हिन्दी भाषा में की?
(a) योग वशिष्ठ (b) सुधासागर
(c) सत्यार्थ प्रकाश (d) वेदान्त धर्म

24. 'कन्नौजी' हिन्दी की किस उपभाषा की एक बोली है?
(a) पूर्वी हिन्दी (b) पश्चिमी हिन्दी
(c) राजस्थानी हिन्दी (d) पहाड़ी हिन्दी

25. निम्न में से कौन बिहारी हिन्दी की बोली है?
(a) बुन्देली (b) मगही
(c) हड़ौती (d) अवधी

26. भाषा का आरम्भ होता है
(a) ध्वनि से (b) अर्थ से
(c) शब्द से (d) वाक्य से

27. भाषा के प्रमुख अवयव हैं
(a) वर्ण, शब्द, पद, वाक्य
(b) वर्ण, शब्द, अनुच्छेद, वाक्य
(c) शब्द, वाक्य, वर्ण, विचार
(d) वर्ण, शब्द, वाक्य, भाषण

28. भाषा का निर्माण होता है
(a) अमूर्त ध्वनियों से (b) मूक संकेतों से
(c) व्यक्त ध्वनियों से (d) आँखों से

29. भाषा की सार्थक लघुतम इकाई है
(a) ध्वनि (b) शब्द
(c) वाक्य (d) संयुक्त वाक्य

30. अशोक के शिलालेख ब्राह्मी लिपि तथा किस भाषा में उत्कीर्ण हैं?
(a) संस्कृत (b) पालि
(c) प्राकृत (d) हिन्दी

31. अमीर खुसरो ने हिन्दी के लिए क्या प्रयुक्त किया?
(a) हिन्दवी (b) हिन्दुस्तानी
(c) उर्दू (d) भाषा

32. पूर्वी-हिन्दी का सम्बन्ध माना गया है
(a) मागधी अपभ्रंश
(b) अर्द्ध-मागधी अपभ्रंश
(c) शौरसेनी अपभ्रंश
(d) उपरोक्त में से कोई नहीं

33. हिन्दी की कितनी बोलियाँ हैं?
(a) बीस (b) अठारह
(c) पन्द्रह (d) सत्रह

34. राजकीय कार्यों में प्रयुक्त होने वाली भाषा कहलाती है
(a) राजभाषा (b) राष्ट्रभाषा
(c) मानक भाषा (d) लोकभाषा

35. भारत में भाषाओं का साहित्यिक विकास क्रम माना जाता है
(a) संस्कृत, पालि, प्राकृत, अपभ्रंश
(b) संस्कृत, प्राकृत, पालि, अपभ्रंश
(c) संस्कृत, अपभ्रंश, पालि, प्राकृत
(d) पालि, संस्कृत, प्राकृत, अपभ्रंश

36. निम्न में से कौन पूर्वी हिन्दी की बोली नहीं है?
(a) ब्रज (b) अवधी
(c) बघेली (d) छत्तीसगढ़ी

37. निम्नलिखित में से कौन एक भाषा है?
(a) मेवाती (b) पालि
(c) मारवाड़ी (d) बुन्देली

38. निम्नलिखित में से किसने मैथिली में भी रचनाएँ कीं?
(a) जयदेव (b) विद्यापति
(c) सूरदास (d) बिहारी

39. निम्नलिखित में से कौन-सा प्रान्त हिन्दी क्षेत्र के अन्तर्गत नहीं आता?
(a) हरियाणा (b) उत्तराखण्ड
(c) गुजरात (d) झारखण्ड

40. हिन्दी दिवस किस दिन मनाया जाता है?
(a) 14 सितम्बर (b) 14 अप्रैल
(c) 2 अक्टूबर (d) 26 नवम्बर

41. बिहारी हिन्दी के अन्तर्गत कौन-सी बोली नहीं आती?
(a) मैथिली (b) मगही
(c) भोजपुरी (d) अवधी

42. निम्नलिखित में से किस राज्य की राजकीय भाषा हिन्दी नहीं है?
(a) पंजाब (b) हरियाणा
(c) उत्तराखण्ड (d) मध्य प्रदेश

43. किस देश में हिन्दी बोली तथा लिखी जाती है?
(a) श्रीलंका (b) मॉरीशस
(c) ईरान (d) मिस्र

44. मेवाती हिन्दी किस उपभाषा वर्ग से सम्बन्धित है?
(a) बिहारी (b) पहाड़ी
(c) पश्चिमी हिन्दी (d) राजस्थानी

45. कौन-सी बोली हिन्दी की उपभाषा 'पहाड़ी' की नहीं है?
(a) गढ़वाली (b) कुमाऊँनी
(c) कोंकणी (d) इनमें से कोई नहीं

46. निम्न में से कौन सत्य है?
(a) हिन्दी भारत की राष्ट्रभाषा तथा राजभाषा दोनों है
(b) तमिलनाडु की राजकीय भाषा हिन्दी है
(c) इण्डोनेशिया की आधी आबादी हिन्दी बोलती है
(d) अवधी बिहार के दक्षिणी जिलों में बोली जाती है

47. 'भाषा' संस्कृत की किस धातु से निष्पण्ण हुई है?
(a) भष् (b) भाष्
(c) भाख (d) भक

48. निम्न में से कौन-सा शब्द फारसी का नहीं है?
(a) हिन्दी (b) हिन्दू
(c) हिन्दुस्तान (d) संस्कृत

49. निम्न में से किसे आधुनिक आर्यभाषा नहीं माना जाता?
(a) हिन्दी (b) गुजराती
(c) अपभ्रंश (d) मराठी

50. प्राकृत भाषाओं से अपभ्रंश के परिनिष्ठित रूप का विकास कहाँ हुआ?
(a) पश्चिम भारत (b) मध्य भारत
(c) दक्कन (d) पूर्वी भारत

51. अपभ्रंश के कितने भेद प्रचलित थे?
(a) सात (b) पाँच
(c) तीन (d) दस

52. पालि को .... भाषा भी कहा जाता है।
(a) देश भाषा (b) देव भाषा
(c) लोक भाषा (d) जन भाषा

53. 'मागधी' निम्न में से किस भाषा को कहा जाता है?
(a) प्राकृत (b) पालि
(c) संस्कृत (d) हिन्दी

54. आचार्य हेमचन्द ने किसके व्याकरणों की रचना की?
(a) प्राकृत तथा अपभ्रंश (b) संस्कृत तथा प्राकृत
(c) अपभ्रंश तथा हिन्दी (d) संस्कृत तथा हिन्दी

55. निम्न में कौन 'प्राकृत' का भेद नहीं है?
(a) शौरसेनी (b) अर्द्धमागधी
(c) कोसली (d) पैशाची

56. 'व्याकरण-दर्पण' किसकी रचना है?
(a) शिवपूजन सहाय
(b) किशोरीदास वाजपेयी
(c) रामचन्द्र शुक्ल
(d) श्यामसुन्दर दास

57. 'हिन्दी' शब्द का प्रयोग सर्वप्रथम किस भाषा की रचना में हुआ?
(a) संस्कृत (b) पालि
(c) प्राकृत (d) फारसी

58. भारत में बोलियों की संख्या कितनी निर्धारित की गई है?
(a) 650 (b) 436
(c) 18 (d) 32

59. कौन रचनाकार अवधी क्षेत्र का नहीं था?
(a) प्रेमचन्द (b) जयशंकर प्रसाद
(c) भारतेन्दु (d) जैनेन्द्र

60. तुलसीदास की रचना 'रामचरितमानस' किस बोली की साहित्यिक रचना है?
(a) अवधी (b) ब्रज
(c) मैथिली (d) मगही

61. बिहार की राजधानी 'पटना' किस बिहारी बोली क्षेत्र में स्थित है?
(a) मैथिली (b) भोजपुरी
(c) मगही (d) अंगिका

62. ''भाषा वह साधन है, जिसके द्वारा मनुष्य अपने विचार दूसरों तक भली-भाँति प्रकट कर सकता है,'' यह कथन किसका है ?
(a) महावीर प्रसाद द्विवेदी
(b) कामता प्रसाद गुरु
(c) रामचन्द्र शुक्ल
(d) किशोरी लाल वाजपेयी

63. जब कोई बोली या भाषा व्याकरणिक ढाँचे में ढलकर व्यवस्थित रूप ग्रहण कर लेती है तो उसे कहते हैं
(a) क्षेत्रीय भाषा
(b) परिनिष्ठित भाषा
(c) राजभाषा
(d) राष्ट्रभाषा

64. वर्णों के मेल से जिस सार्थक वर्ण-समूह या ध्वनि-समूह की सृष्टि होती है, उसे कहते हैं
(a) अक्षर (b) शब्द
(c) वाक्य (d) उपवाक्य

65. जो भाषा देश की जनता की जागृति से जुड़कर व्यापकता ग्रहण करती है, वह है
(a) राजभाषा
(b) राष्ट्रभाषा
(c) परिनिष्ठित भाषा
(d) अलंकृत भाषा

66. किस रचनाकार ने हिन्दी भाषा को 'हिन्दवी' कहा?
(a) सूरदास (b) कबीरदास
(c) अमीर खुसरो (d) मुल्ला दाउद

67. निम्नलिखित में से कौन 'बिहारी हिन्दी' की बोली नहीं है?
(a) भोजपुरी (b) मगही
(c) मैथिली (d) बघेली

68. इनमें से कौन 'पूर्वी हिन्दी' की बोली नहीं है?
(a) अवधी (b) कन्नौजी
(c) बघेली (d) छत्तीसगढ़ी

69. किसी भाषा के बोलने तथा लिखने के नियमों की व्यवस्थित पद्धति क्या कहलाती है?
(a) वाक्य विचार
(b) व्याकरण
(c) साहित्य
(d) परिष्करण

70. 'देवनागरी' किस भाषा की लिपि नहीं है?
(a) हिन्दी (b) नेपाली
(c) मराठी (d) उर्दू

71. निम्नलिखित में से 'तमिल भाषा' की लिपि कौन-सी है?
(a) देवनागरी
(b) रोमन
(c) द्रविड़
(d) नाश्तलिक

72. निम्नलिखित में से कौन हिन्दी की उपभाषा नहीं है?
(a) पश्चिमी (b) पूर्वी
(c) पहाड़ी (d) दक्षिणी

73. भाषा का वह रूप जिसका प्रयोग सामान्य जनता अपने समूह या घरों में करती है, उसे कहते हैं
(a) परिनिष्ठित भाषा
(b) क्षेत्रीय बोली
(c) राजभाषा
(d) राजकीय भाषा

74. मध्यकाल में काव्य-भाषा के रूप में सर्वाधिक प्रचलित बोली थी
(a) राजस्थानी
(b) मगही
(c) ब्रजभाषा
(d) बघेली

75. अमीर खुसरो की रचनाएँ किस बोली में रचित हैं?
(a) अवधी (b) ब्रजभाषा
(c) खड़ी बोली (d) कन्नौजी

उत्तरमाला

1. (c)	2. (c)	3. (b)	4. (b)	5. (b)	6. (a)	7. (a)	8. (c)	9. (c)	10. (c)
11. (b)	12. (c)	13. (d)	14. (a)	15. (c)	16. (b)	17. (a)	18. (a)	19. (b)	20. (d)
21. (b)	22. (a)	23. (c)	24. (b)	25. (b)	26. (a)	27. (a)	28. (c)	29. (a)	30. (c)
31. (a)	32. (b)	33. (b)	34. (a)	35. (a)	36. (a)	37. (b)	38. (b)	39. (c)	40. (a)
41. (d)	42. (a)	43. (b)	44. (d)	45. (c)	46. (a)	47. (b)	48. (d)	49. (c)	50. (b)
51. (c)	52. (a)	53. (b)	54. (a)	55. (c)	56. (a)	57. (d)	58. (b)	59. (d)	60. (a)
61. (c)	62. (b)	63. (b)	64. (b)	65. (b)	66. (c)	67. (d)	68. (b)	69. (b)	70. (d)
71. (c)	72. (d)	73. (b)	74. (c)	75. (c)					

अध्याय

2 वर्ण तथा ध्वनि विचार

वर्ण तथा वर्णमाला

संरचना की दृष्टि से वर्ण भाषा की लघुतम इकाई है। **वर्ण** उस मूल ध्वनि को कहते हैं जिसका खण्ड सम्भव नहीं है। **जैसे** अ, क्, च्, प् इत्यादि वर्ण के अन्तर्गत अक्षरों की प्रवृत्ति ध्वनि चिह्न तथा शब्द निर्माण की प्रक्रिया का अध्ययन होता है। वर्ण के उच्चारण समूह को **'वर्णमाला'** कहते हैं। हिन्दी वर्णमाला में 46 वर्ण हैं। इसके अतिरिक्त 3 संयुक्त वर्ण, एक मिश्र वर्ण तथा 2 अयोगवाह वर्ण भी हैं। इन वर्णों को 'स्वर' तथा 'व्यंजन' में बाँटा गया है।

स्वर वर्ण

'स्वर वर्ण' उन वर्णों को कहते हैं जिनका उच्चारण स्वतन्त्र रूप से होता है। हिन्दी वर्णमाला में स्वरों की संख्या 11 है। स्वरों को उसके उच्चारण के आधार पर दो भागों में विभाजित किया जाता है–ह्रस्व या दीर्घ। अ, इ, उ **ह्रस्व स्वर** हैं, इनके उच्चारण में कम समय लगता है। आ, ई, ऊ, ए, ऐ, ओ, औ तथा ऋ **दीर्घ स्वर** हैं क्योंकि ह्रस्व स्वर की तुलना में इन स्वरों के उच्चारण में अधिक समय लगता है। ए, ऐ, ओ तथा औ को संयुक्त स्वर भी कहा जाता है। वस्तुत: इनकी संरचना दो स्वरों के मेल से हुई है। 'ऋ' स्वर वर्ण है किन्तु तत्सम शब्दों में ही यह स्वतन्त्र रूप से शब्द के आरम्भ में आता है।

अयोगवाह कहलाने वाले दो वर्ण 'अं' (अनुस्वार) तथा अ: (विसर्ग) हैं। इनका प्रयोग स्वर तथा व्यंजनों के साथ किया जाता है। अ: (विसर्ग) का प्रयोग तत्सम शब्दों में व्यंजनों के अन्त में ही होता है; जैसे-प्रात:। स्वर वर्ण व्यंजनों के साथ शब्दों में मात्रा के रूप में आते हैं। शब्द के प्रारम्भ तथा अन्त में ही ये स्वतन्त्र रूप में आते हैं, मध्य में कभी नहीं। स्वर रहित व्यंजन के अन्त में हलन्त (्) लगाकर शब्द पूर्ण किया जाता है। स्वरों का उच्चारण स्थान 'कण्ठ' है, जिसका उच्चारण वायु निष्कासन के माध्यम से होता है।

व्यंजन वर्ण

व्यंजन वह वर्ण है जिसका उच्चारण स्वर की सहायता से होता है। प्रत्येक स्वतन्त्र वर्ण के उच्चारण में 'अ' स्वर की ध्वनि छिपी होती है। हिन्दी में व्यंजनों की संख्या 33 है। *व्यंजन तीन प्रकार के होते हैं* 1. स्पर्श, 2. अन्त:स्थ तथा 3. ऊष्म।

स्पर्श व्यंजन स्पर्श व्यंजन का उच्चारण किसी विशेष अंग अथवा अंगों की सहायता से होता है। इनके उच्चारण में कण्ठ के अतिरिक्त जिह्वाग्र द्वारा तालु, मूर्द्धा, दन्त, ओष्ठ इत्यादि स्थानों के स्पर्श से होता है। इसे वर्गीय व्यंजन भी कहा जाता है।

वर्ग	वर्ण
क वर्ग	क, ख, ग, घ, ङ (कण्ठ से उच्चारित वर्ण)
च वर्ग	च, छ, ज, झ, ञ (तालु से उच्चारित वर्ण)
ट वर्ग	ट, ठ, ड, ढ, ण (मूर्द्धा से उच्चारित वर्ण)
त वर्ग	त, थ, द, ध, न (दंत्य से उच्चारित वर्ण)
प वर्ग	प, फ, ब, भ, म (ओष्ठ से उच्चारित वर्ण)

अन्त:स्थ व्यंजन य, र, ल, व अन्त:स्थ व्यंजन कहलाते हैं। ये वर्ण स्वर तथा व्यंजन के मध्य स्थित हैं, जिस कारण अन्त:स्थ कहलाते हैं। ये आधे स्वर तथा आधे व्यंजन हैं। इनके उच्चारण में जिह्वाग्र विशेष सक्रिय नहीं रहती, जैसा अन्य वर्णों में होता है, आधुनिक काल में र तथा ल को पूर्ण व्यंजन माना जा रहा है, जबकि य और व ही अन्त:स्थ व्यंजन के रूप में प्रयुक्त हो रहे हैं।

ऊष्म व्यंजन श, ष, स, ह को ऊष्म व्यंजन माना गया है। इनको ऊष्म व्यंजन इसलिए माना जाता है कि इनके उच्चारण में घर्षण से उत्पन्न वायु का निष्कासन होता है।

इनके अतिरिक्त हिन्दी वर्णमाला में तीन **संयुक्त व्यंजन** क्ष, त्र, ज्ञ भी सम्मिलित हैं। 'श्र' एक मिश्र वर्ण है। ये संयुक्त व्यंजन दो वर्णों के संयोग से बने हैं।

क् + ष = क्ष
त् + र = त्र
ज् + ञ = ज्ञ
श् + र = श्र

ड़ तथा ढ़ दो ऐसे व्यंजन हैं, जो द्विगुण व्यंजन कहलाते हैं। शब्दों के अन्त या मध्य में ड़, ढ़ वर्ण का प्रयोग होता है, जबकि प्रारम्भ में ड़, ढ़ कभी नहीं आते और वहाँ मूल वर्ण ड, ढ ही प्रयुक्त होता है।

व्यंजनों का उच्चारण-वर्गीकरण

प्रयत्न के आधार पर व्यंजनों के उच्चारण को आठ भागों में बाँटा गया है

1. **स्पर्श**	क, ख, ग, घ, ट, ठ, ड, ढ त, थ, द, ध, प, फ, ब, भ
2. **स्पर्श संघर्षी**	च, छ, ज, झ
3. **संघर्षी**	फ, श, ह, ज, ष
4. **अनुनासिक**	ङ, ञ, ण, न, म
5. **पार्श्विक**	ल
6. **प्रकम्पित**	र
7. **उत्क्षिप्त**	ड़, ढ़
8. **अर्द्धस्वर**	य, व

8 वर्ण तथा ध्वनि विचार

बाह्य प्रयत्न के आधार पर सम्पूर्ण व्यंजनों को दो भागों में विभाजित किया जाता है—अल्पप्राण तथा महाप्राण।

जिन वर्णों का उच्चारण करते समय मुख से निकलने वाले श्वास की मात्रा अल्प रहती है, वैसे वर्णों को **'अल्पप्राण'** कहा जाता है।

प्रत्येक वर्ण समूह का पहला, तीसरा तथा पाँचवाँ वर्ण 'अल्पप्राण' कहलाता है।

'महाप्राण' वर्णों के उच्चारण में श्वास की अधिक मात्रा निष्कासित होती है। प्रत्येक वर्ग का दूसरा, चौथा तथा सभी ऊष्म वर्ण 'महाप्राण' हैं।

क, ग, ङ, च, ज, ञ, ट, ड, ण, त, द, न, प, ब, म, य, र, ल, व, ड इत्यादि अल्पप्राण व्यंजन हैं।

इनके उच्चारण में हवा की कम मात्रा तथा हवा कम शक्ति के साथ बाहर आती है।

ख, घ, छ, झ, ठ, ढ, थ, ध, फ, भ, श, ष, स, ह महाप्राण व्यंजन हैं। इनके उच्चारण में हवा की अधिक मात्रा तथा हवा अधिक शक्ति के साथ बाहर आती है।

ध्वनि के उच्चारण में तन्त्रियों के कम्पन की प्रक्रिया होती है। इस कम्पन के कारण वर्ण के उच्चारण के साथ जो तरंग वायु के साथ बाहर आती हैं, उन्हें **'घोष'** कहा जाता है। इस आधार पर वर्णों को दो भागों में विभाजित किया गया है—सघोष तथा अघोष।

जब स्वर तन्त्रियाँ एक दूसरे के निकट आकर वायु में कम्पन पैदा करती हुई ध्वनि के उच्चारण में सहायता करती हैं, तो ऐसी ध्वनियों को **'सघोष'** कहते हैं। सभी स्वर वर्ण; प्रत्येक व्यंजन वर्ग का तीसरा, चौथा, पाँचवाँ वर्ण तथा अंत:स्थ वर्ण (य, र, ल, व) तथा ह 'सघोष' कहलाते हैं।

'अघोष' ध्वनियों के उच्चारण में स्वर तन्त्रियाँ दूर-दूर रहती हैं तथा वायु स्वर-तन्त्रियों में बिना कम्पन के निकल जाती है। व्यंजन वर्ग का पहला, दूसरा तथा श, ष, स (ऊष्म वर्ण) 'अघोष' हैं।

स्वराघात तथा बलाघात स्वराघात तथा बलाघात का सम्बन्ध शब्दों के उच्चारण के समय वर्ण पर पड़ता है। इसके द्वारा शब्दों को समझने की चेतना सामने आती है। शब्दों का उच्चारण करते हुए किसी वर्ण पर अधिक बल दिया जाता है, उसे 'स्वराघात' कहते हैं। यह बल स्वर पर अधिक होने के कारण 'स्वराघात' कहलाता है।

'बलाघात' का प्रभाव वर्णों के बदले शब्दों पर पड़ता है। बलाघात विशेषण के समान अर्थ का निवारण तथा परिवर्तन में सहायता प्रदान करता है।

अनुतान उच्चारण के आरोह-अवरोह को 'अनुतान' कहते हैं। यह आरोह-अवरोह शब्द तथा वाक्य का सही अर्थ प्रदान करता है।

मात्रा विचार व्यंजन तथा स्वर के संयोग से जो रूप-परिवर्तन होता है, उसे 'मात्रा' कहते हैं। प्रत्येक स्वर की अपनी 'मात्रा' है। 'अ' के लिए कोई मात्रा चिह्न निर्धारित नहीं है क्योंकि यह सदा व्यंजन के साथ उच्चारित होती है।

अन्य स्वरों की मात्रा निम्न है

आ	ा	(क् + आ = का)
इ	ि	(क् + इ = कि)
ई	ी	(क् + ई = की)
उ	ु	(क् + उ = कु)
ऊ	ू	(क् + ऊ = कू)
ए	े	(क + ए = के)
ऐ	ै	(क + ऐ = कै)
ओ	ो	(क + ओ = को)
औ	ौ	(क + औ = कौ)

नोट *ह्रस्व स्वरों (अ, इ, उ) में एक मात्रा होती है, बाकी सभी दीर्घ स्वरों में दो मात्राएँ होती हैं। र के साथ उ तथा ऊ की मात्रा का रूप अन्य व्यंजन वर्णों से थोड़ा भिन्न होता है। यह इस प्रकार है*

र् + उ = रु

र् + ऊ = रू

शब्दों में 'मात्रा' सम्बन्धी अशुद्धियाँ

अशुद्ध शब्द	शुद्ध शब्द	अशुद्ध शब्द	शुद्ध शब्द
अवाज	आवाज	निरस	नीरस
अराम	आराम	नीर्गुण	निर्गुण
अवारा	आवारा	दधिची	दधीचि
अगामी	आगामी	रविन्द्र	रवीन्द्र
अत्याधिक	अत्यधिक	पुजा	पूजा
अविष्कार	आविष्कार	पुज्य	पूज्य
उन्नती	उन्नति	सिन्दुर	सिन्दूर
दुसरा	दूसरा	श्रोत	स्रोत
आशिर्वाद	आशीर्वाद	हूँकार	हुँकार
कालीदास	कालिदास	सप्ताहिक	साप्ताहिक
सुरदास	सूरदास	संसारिक	सांसारिक
प्रतिकुल	प्रतिकूल	शारीरीक	शारीरिक

अभ्यास प्रश्न

1. 'उ' ध्वनि का उच्चारण स्थान क्या है? [UP बी.एड. 2013]
(a) कण्ठ (b) मूर्द्धा
(c) तालु (d) दन्त्योष्ठ

2. 'व' का उच्चारण स्थान है [UP बी.एड. 2013]
(a) दन्तोष्ठ्य (b) ओष्ठ्य
(c) दन्त्य (d) तालव्य

3. निम्नलिखित में से स्पर्श व्यंजन कौन-सा है? [UP बी.एड. 2010]
(a) श (b) ह
(c) ल (d) छ

4. 'क' का उच्चारण स्थान है [UP बी.एड. 2010]
(a) कण्ठ (b) तालु
(c) मूर्धा (d) दन्त

5. हिन्दी वर्णमाला में वर्णों की कुल संख्या है
(a) 50 (b) 52
(c) 57 (d) 55

6. इनमें से कौन-सी ध्वनि अन्त:स्थ नहीं है?
(a) व (b) ब
(c) र (d) ल

7. इनमें से 'ऊष्म' वर्ण कौन-सा है?
(a) त (b) फ
(c) र (d) ष

8. 'ऋ' को वर्णमाला में स्थान दिया गया है
(a) स्वर में (b) व्यंजन में
(c) द्विगुण व्यंजन में (d) संयुक्त व्यंजन में

9. निम्न में से कौन मूर्द्धन्य ध्वनि नहीं है?
(a) ट (b) ठ (c) ढ (d) ढ़

10. 'द' ध्वनि का उच्चारण स्थान के आधार पर होता है
(a) तालव्य (b) दंत्य
(c) कण्ठ्य (d) ओष्ठ्य

11. निम्न में से कौन सही नहीं है?
(a) त, थ दंत्य व्यंजन हैं
(b) व्यंजनों का उच्चारण बिना स्वर के हो सकता है
(c) य, व अर्द्ध स्वर हैं
(d) श, ष, स ऊष्म व्यंजन हैं

12. निम्न में कौन प्रकम्पित व्यंजन है?
(a) च (b) ख (c) र (d) ट

13. दन्तोष्ठ्य से उच्चारित होने वाले व्यंजन हैं
(a) फ, व, (b) य, र
(c) क, च (d) ट, ठ

14. निम्न में से किस वर्ण का उच्चारण स्थान 'कण्ठ' नहीं है?
(a) क (b) ख
(c) ग (d) ढ

15. निम्न में कौन संयुक्त वर्ण नहीं है?
(a) क्ष (b) त्र (c) ज्ञ (d) ऋ

16. निम्न में कौन सही है?
(a) ड़, ढ़ को वर्णमाला में स्थान प्राप्त है
(b) पहला तथा तीसरा वर्ण 'महाप्राण' होता है
(c) च, छ, ज, झ स्पर्श-संघर्षी हैं
(d) य, र, ल, व ऊष्म वर्ण हैं

17. निम्नलिखित में से कौन सही शब्द है?
(a) परिक्षा (b) परीक्षा
(c) परीच्छा (d) परिच्छा

18. निम्न में से कौन सही शब्द है?
(a) पुरूष (b) पुरुष
(c) पुरुष (d) पुरूष

19. 'क + ए' से निर्मित रूप है
(a) का (b) के
(c) कै (d) को

20. 'ग + ऊ' से निर्मित रूप है
(a) गु (b) गू
(c) गि (d) गे

21. निम्न में से कौन सत्य है?
(a) स्वर का उच्चारण स्वतन्त्र रूप में होता है
(b) व्यंजन हमेशा स्वतन्त्र रूप में उच्चारित होते हैं
(c) अनुस्वार तथा विसर्ग हिन्दी में प्रयुक्त नहीं होते
(d) व्यंजन दो प्रकार के होते हैं-हृस्व और दीर्घ

22. इनमें से ऊष्म ध्वनि कौन नहीं है?
(a) श (b) ष
(c) स (d) झ

23. 'अनुतान' का सम्बन्ध है
(a) उच्चारण के समय से
(b) उच्चारण के उतार-चढ़ाव से
(c) उच्चारण में निकली वायु से
(d) उच्चारण के कम्पन से

24. निम्न में कौन सही है?
(a) अल्पप्राण में मुख से वायु की कम मात्रा निकलती है
(b) महाप्राण में मुख से वायु की कम मात्रा निकलती है
(c) अल्पप्राण में खास स्वर पर बल पड़ता है
(d) महाप्राण में शब्द के प्रथम स्वर पर बल पड़ता है

25. निम्न में कौन 'महाप्राण' नहीं है?
(a) श (b) स
(c) ख (d) प

26. निम्न में से कौन एक 'अल्पप्राण' ध्वनि है?
(a) क (b) ख
(c) घ (d) ध

27. निम्न में से किस शब्द की वर्तनी शुद्ध है?
(a) अगामी (b) आगामि
(c) आगामी (d) आगमी

28. निम्नलिखित में कौन-सा शब्द शुद्ध है?
(a) आक्रमक (b) आक्रामक
(c) अक्रामक (d) अक्रामाक

29. निम्न में से किस युग्म को अर्द्धस्वर कहा जाता है?
(a) य, व (b) य, र
(c) त, फ (d) ग, घ

30. कौन-सा वर्ण ओष्ठ्य नहीं है?
(a) प (b) न
(c) म (d) ब

31. निम्न में कौन असत्य है?
(a) त ओष्ठ्य व्यंजन है
(b) श ऊष्म व्यंजन है
(c) फ ओष्ठ्य व्यंजन है
(d) क्ष संयुक्त व्यंजन है

32. च वर्ग है
(a) तालव्य (b) दंत्य
(c) ओष्ठ्य (d) दंतोष्ठ्य

33. निम्न में से कौन 'पार्श्विक' वर्ण है?
(a) य (b) र
(c) ल (d) व

34. निम्नलिखित में से कौन 'उत्क्षिप्त' व्यंजन है?
(a) य, व (b) ड़, ढ़
(c) भ, म (d) श, ष, स ह

35. 'ज्ञ' को वर्णमाला में माना जाता है
(a) संयुक्त व्यंजन
(b) द्विगुण व्यंजन
(c) स्वर
(d) व्यंजन

36. निम्न सूचियों को सही विकल्प का चयन कर सुमेलित कीजिए।

सूची I (उच्चारण स्थान)	सूची II (व्यंजन)
A. दंत्य	1. क
B. मूर्द्धा	2. च
C. तालु	3. ट
D. कण्ठ	4. त

	A	B	C	D
(a)	1	2	3	4
(b)	4	3	2	1
(c)	4	2	3	1
(d)	1	3	2	4

37. 'क्ष' का निर्माण किन दो वर्णों (व्यंजनों) के मेल से हुआ है?
(a) क् + ष (b) क् + ख
(c) ख् + ध (d) ध् + च

38. निम्न में से कौन अन्त:स्थ व्यंजन वर्ण नहीं है?
(a) य (b) र (c) ल (d) ब

39. वर्णमाला में किसे 'स्पर्श संघर्षी' भी कहा जाता है?
(a) क वर्ग को (b) ट वर्ग को
(c) च वर्ग को (d) प वर्ग को

40. निम्न में से कौन व्यंजन वर्ण 'दंत्य' नहीं है?
(a) त (b) द
(c) ध (d) फ

41. निम्न में से कौन स्पर्श व्यंजन नहीं है?
(a) क (b) च
(c) प (d) य

42. निम्न में कौन संयुक्त स्वर का उदाहरण नहीं है?
(a) ए (b) ऐ
(c) ओ (d) आ

43. विसर्ग (:) का प्रयोग कैसे शब्दों में होता है?
(a) तत्सम (b) तद्भव
(c) देशज (d) विदेशी

44. निम्न में किस शब्द में शुद्ध मात्रा प्रयुक्त हुई है?
(a) रेनू (b) रेनु (c) रेणु (d) रेणू

45. किस स्वर का कोई मात्रा-चिह्न नहीं है?
(a) अ (b) आ
(c) ए (d) ओ

46. निम्न में से कौन 'अघोष' वर्ण नहीं है?
(a) क (b) ट (c) श (d) ल

47. निम्न में से कौन 'सघोष' वर्ण नहीं है?
(a) य (b) र (c) श (d) ह

48. निम्न में से कौन-सा युग्म 'कण्ठतालव्य' है?
(a) ए, ऐ (b) च, छ (c) य, व (d) त, थ

49. 'औ' का उच्चारण स्थान है
(a) कण्ठोष्ठ्य (b) दन्तोष्ठ्य
(c) दन्त्य (d) तालव्य

50. 'ष' का उच्चारण स्थान है
(a) मूर्द्धन्य (b) दंत्य (c) तालव्य (d) कण्ठ्य

51. 'श' का उच्चारण स्थान है
(a) तालव्य (b) मूर्द्धन्य
(c) कण्ठ्य (d) दंत्य

52. निम्न में से कौन स्पर्श संघर्षी है?
(a) क (b) च (c) ह (d) प

53. 'इ' का उच्चारण स्थान है
(a) तालव्य (b) कण्ठ्य
(c) दंत्य (d) ओष्ठ्य

54. 'फ' का उच्चारण स्थान क्या है?
(a) कंठ (b) तालु
(c) ओष्ठ (d) दंत्य

55. 'ध' का उच्चारण स्थान क्या है?
(a) कंठ (b) तालु
(c) ओष्ठ (d) दंत्य

56. प्रयत्न के आधार पर 'र' व्यंजन की किस कोटि में आता है?
(a) प्रकम्पित
(b) संघर्षी
(c) स्पर्श
(d) अर्द्धस्वर

57. निम्न में से कौन ऊष्म-व्यंजन नहीं है?
(a) श (b) ष
(c) स (d) र

58. निम्नलिखित में से किस वर्ण का उच्चारण तालु से नहीं होता?
(a) च (b) ज
(c) झ (d) क

59. 'ट वर्ग' का उच्चारण स्थान क्या होता है?
(a) मूर्द्धा (b) तालु
(c) कंठ (d) ओष्ठ

60. किस वर्ण को स्पर्श-संघर्षी नहीं माना जाता?
(a) च (b) छ
(c) ज (d) फ

61. किन वर्णों को 'अर्द्धस्वर' कहा जाता है?
(a) ल, र (b) य, व
(c) ड़, ढ़ (d) छ, ज

62. निम्न में कौन अन्त:स्थ व्यंजन-वर्ण का उदाहरण नहीं है?
(a) य (b) र
(c) ल (d) श

उत्तरमाला

1. (a)	**2.** (a)	**3.** (d)	**4.** (a)	**5.** (b)	**6.** (b)	**7.** (d)	**8.** (a)	**9.** (d)	**10.** (b)
11. (b)	**12.** (c)	**13.** (a)	**14.** (d)	**15.** (d)	**16.** (c)	**17.** (b)	**18.** (b)	**19.** (b)	**20.** (b)
21. (a)	**22.** (d)	**23.** (b)	**24.** (a)	**25.** (d)	**26.** (a)	**27.** (c)	**28.** (b)	**29.** (a)	**30.** (b)
31. (a)	**32.** (a)	**33.** (c)	**34.** (b)	**35.** (a)	**36.** (b)	**37.** (a)	**38.** (d)	**39.** (c)	**40.** (d)
41. (d)	**42.** (d)	**43.** (a)	**44.** (c)	**45.** (a)	**46.** (d)	**47.** (c)	**48.** (a)	**49.** (a)	**50.** (a)
51. (a)	**52.** (a)	**53.** (a)	**54.** (c)	**55.** (d)	**56.** (a)	**57.** (d)	**58.** (d)	**59.** (a)	**60.** (d)
61. (b)	**62.** (d)								

अध्याय

3

शब्द विचार

शब्द

वर्णों के मेल से बने स्वतन्त्र एवं सार्थक ध्वनि-समूह को शब्द कहते हैं। **डॉ. भोलानाथ तिवारी** के अनुसार, अर्थ के स्तर पर भाषा की सबसे छोटी स्वतन्त्र इकाई 'शब्द' है। ध्वनि और अर्थ मिलकर शब्द को रूपाकार प्रदान करते हैं।

शब्द भेद

शब्द मुख्यत: चार आधारों पर वर्गीकृत किए जा सकते हैं

1. रचना के आधार पर **2.** अर्थ के आधार पर **3.** उत्पत्ति के आधार पर **4.** रूपान्तर के आधार पर

रचना के आधार पर

रचना के आधार पर शब्द तीन प्रकार के होते हैं

(i) रूढ़, (ii) यौगिक तथा (iii) योगरूढ़।

रूढ़ शब्द वैसे शब्द जिनका कोई भी खण्ड सार्थक न हो, जो परम्परा से विशेष अर्थ प्रदान करता आता है, रूढ़ शब्द कहलाते हैं; **जैसे** पानी, हाथी इत्यादि।

यौगिक शब्द वैसे शब्द जिनका दो सार्थक खण्डों से निर्माण हुआ हो, यौगिक शब्द कहलाते हैं। **जैसे** विद्यालय (विद्या + आलय); रामायण (राम + अयण)।

योगरूढ़ वैसे शब्द जो यौगिक होते हैं किन्तु अपने सामान्य अर्थ का त्याग कर विशेष अर्थ ग्रहण करते हैं, योगरूढ़ कहलाते हैं; **जैसे** लम्बोदर (गणेश); दिनकर (सूर्य)।

अर्थ के आधार पर

अर्थ के आधार पर शब्द दो भागों में विभाजित किया जाता है

(i) सार्थक तथा (ii) निरर्थक।

सार्थक शब्द इस प्रकार के शब्द जिसका सही अर्थ सभी लोग समझ लेते हैं, सार्थक शब्द कहलाते हैं।

जैसे पुस्तक, मेज इत्यादि।

निरर्थक शब्द इस प्रकार के शब्द, जिसका अर्थ समझ में नहीं आये, निरर्थक शब्द कहलाते हैं; निरर्थक शब्द किसी अर्थ का बोध कराने में सक्षम नहीं होते; **जैसे** तग, वल्ल, फग्ग इत्यादि। किन्तु कभी-कभी निरर्थक शब्द भी प्रयोग में आकर सार्थक हो जाते हैं।

उत्पत्ति के आधार पर

उत्पत्ति के आधार पर शब्द के निम्न पाँच भेद हैं

(i) तत्सम, (ii) तद्भव, (iii) देशज, (iv) विदेशज तथा (v) संकर।

तत्सम तत्सम शब्द वैसे शब्द हैं, जो संस्कृत के शब्द हैं तथा इनका हिन्दी में प्रयोग उसी रूप में होता है; **जैसे** पुस्तक, अग्नि, वर्षा इत्यादि।

तद्भव तद्भव शब्द वैसे शब्द हैं, जो संस्कृत के शब्दों का उच्चारण सहज बनाकर हिन्दी में प्रयुक्त किए जाते हैं; **जैसे** आग, भाई, पिता इत्यादि।

संस्कृत के तत्सम शब्दों का हिन्दी में तद्भव शब्द के रूप में प्रयुक्त होने वाले शब्दों को उदाहरणस्वरूप दिया जा रहा है

तत्सम	तद्भव	तत्सम	तद्भव
अग्नि	आग	तृण	तिनका
अष्ट	आठ	दंत	दाँत
कूप	कुआँ	मयूर	मोर
कर्ण	कान	जिह्वा	जीभ
कोकिल	कोयल	सर्प	साँप
गो	गाय	लज्जा	लाज
कृषि	खेती	रात्रि	रात
दुग्ध	दूध	नव	नया

देशज देशज शब्द स्थानीय बोलियों से हिन्दी में प्रवेश पाने वाले शब्द हैं। ये शब्द परम्परागत चेतना से प्राप्त हुए हैं जिनकी सार्थकता ढूँढ़ना कठिन है, वैसे कतिपय देशज शब्दों का स्रोत अब संस्कृत को ही माना जा रहा है; **जैसे** 'गद्दा', यह शब्द संस्कृत के 'गर्त' से निष्पण्ण बताया जाता है। देशज शब्दों के उदाहरण हैं—पेट, गोड़, लोटा, डिबिया, पगड़ी इत्यादि।

विदेशज विदेशज शब्द विदेशी भाषा से हिन्दी में आये हैं। अंग्रेजी, फारसी, पुर्तगीज इत्यादि विदेशी भाषा के शब्द अपने उच्चारण में परिवर्तन द्वारा हिन्दी में प्रयुक्त हुए हैं; **जैसे**

फारसी आवाज, आईना, कबूतर, चेहरा, जोश, सरकार, मुर्दा, मुफ्त, सौदागर इत्यादि।

12 शब्द विचार

अरबी आदमी, इनाम, किताब, कर्ज, मजबूर, कीमत, फैसला, कुर्सी, किस्मत इत्यादि।

अंग्रेजी कॉलेज, स्टेशन, साइकिल, रेडियो, डॉक्टर, प्रोफेसर, पोस्टकार्ड, मशीन इत्यादि।

संकर संकर वैसे शब्द हैं जो विदेशी भाषा के शब्द तथा हिन्दी शब्दों को मिलाकर बने हैं। ऐसे शब्द हिन्दी की बोलचाल तथा साहित्यिक प्रक्रिया में धड़ल्ले से प्रयुक्त होते हैं; **जैसे** रेलगाड़ी, टिकट घर, परीक्षा बोर्ड। काला बाजार, ऑपरेशन कक्ष, परीक्षा हॉल, लाठीचार्ज इत्यादि।

रूपान्तर के आधार पर

रूपान्तर के आधार पर शब्द दो प्रकार के हैं

(i) विकारी तथा (ii) अविकारी शब्द।

विकारी शब्द वे शब्द जो लिंग, पुरुष, वचन आदि के आधार पर रूप परिवर्तित कर लेते हैं; **जैसे** लड़का, अच्छा, वह इत्यादि विकारी शब्द कहलाते हैं।

अविकारी शब्द ये शब्द कभी भी अपना रूप नहीं बदलते। ऐसे शब्दों को अव्यय भी कहते हैं; **जैसे** आज, यहाँ, वहाँ इत्यादि।

शब्दों में अर्थ का बोध कराने वाली शक्तियाँ

शब्दों में अर्थ का बोध कराने वाली निम्नलिखित तीन शक्तियाँ होती हैं

1. अभिधा **2.** लक्षणा तथा **3.** व्यंजना।

अभिधा शब्द के सामान्य अर्थ को बताने वाली शक्ति को अभिधा कहते हैं; **जैसे** 'कपि' का अर्थ 'बन्दर' होता है।

लक्षणा जो शक्ति शब्दों के सामान्य अर्थ को छोड़कर उससे सम्बद्ध किसी अन्य अर्थ का बोध कराये, उसे लक्षणा कहते हैं; **जैसे** सागर पर 'नगर'।

व्यंजना जो शक्ति शब्द के सामान्य और सम्बन्धित अर्थ को छोड़कर विशेष अर्थ का बोध कराये, उसे व्यंजना या व्यंग्यार्थ कहते हैं।

अभ्यास प्रश्न

1. निम्न में कौन-सा रचना की दृष्टि से शब्द का भेद नहीं है? **[UP बी.एड. 2013]**
(a) रूढ़ (b) यौगिक
(c) योगरूढ़ (d) विदेशज

2. हँसी का तत्सम शब्द क्या है? **[UP बी.एड. 2013]**
(a) हस्त (b) मुस्कान
(c) मुस्कुराहट (d) हास्य

3. उत्पत्ति की दृष्टि से कौन-सा शब्द का भेद नहीं है? **[UP बी.एड. 2013]**
(a) तत्सम (b) तद्भव
(c) देशज (d) तद्धित

4. 'गोधूम' का तद्भव है **[UP बी.एड. 2012]**
(a) गेहूँ (b) गोबर
(c) गाय (d) गोधन

5. निम्नलिखित शब्दों में योगरूढ़ शब्द कौन-सा है? **[UP बी.एड. 2012]**
(a) चक्रपाणि (b) पाठशाला
(c) उपचार (d) अभिव्यक्ति

6. निम्नलिखित में से कौन-सा तत्सम शब्द है? **[UP बी.एड. 2010]**
(a) आम्र (b) आँख
(c) आँसू (d) ईंट

7. निम्नलिखित में से कौन-सा तद्भव शब्द है? **[UP बी.एड. 2010]**
(a) कौआ (b) कुत्ता
(c) कोयल (d) ये सभी

8. 'आँख' शब्द का तत्सम रूप बताइए। **[UP बी.एड. 2008]**
(a) अंख (b) नैना
(c) दीदा (d) अक्षि

9. 'साखी' शब्द का तत्सम रूप है **[UP बी.एड. 2008]**
(a) साखि (b) शाखा
(c) साक्षी (d) राखी

10. निम्नलिखित शब्दों में कौन-सा शब्द योगरूढ़ है?
(a) विद्यालय (b) लम्बोदर
(c) स्वर्ण (d) नीतिवान

11. निम्नलिखित शब्दों में कौन-सा तत्सम शब्द है?
(a) प्रस्ताव (b) खेत
(c) ऊँचा (d) दूसरा

12. निम्न में से कौन रूढ़ शब्द का उदाहरण है?
(a) लम्बोदर (b) जल
(c) जलाशय (d) दिनकर

13. 'धर्मशाला' रचना के आधार पर किस शब्द भेद में आता है?
(a) रूढ़ (b) यौगिक
(c) योगरूढ़ (d) इनमें से कोई नहीं

14. निम्नलिखित शब्दों में कौन-सा शब्द देशज नहीं है?
(a) ढेबरी (b) पोखर
(c) ढोर (d) पुष्कर

15. निम्नलिखित शब्दों में कौन 'देशज' है?
(a) सुन्दर (b) अँगूठा
(c) फटाफट (d) साइकिल

16. 'आदमी' कैसा शब्द है?
(a) तद्भव (b) देशज
(c) विदेशी (d) तत्सम

17. निम्न में से कौन एक तत्सम शब्द है?
(a) चाँद (b) चन्द्रमा
(c) चन्दा (d) चन्द

18. निम्न में कौन एक तद्भव शब्द है?
(a) अग्नि (b) आदमी
(c) स्टेशन (d) आम

19. निम्न में कौन संकर शब्द है?
(a) खेत (b) निर्मम
(c) रेलगाड़ी (d) विवाह

20. निम्नलिखित शब्दों में कौन-सा शब्द 'तत्सम' है?
(a) पूत (b) बच्चा
(c) नोन (d) पाषाण

21. 'रिक्शा' किस भाषा का शब्द है, जो हिन्दी में प्रचलित है?
(a) अरबी (b) फारसी
(c) जापानी (d) चीनी

22. 'रात्रि' का तद्भव रूप क्या होता है?
(a) राति (b) रात
(c) रजनी (d) निशा

23. 'कपूर' शब्द है
(a) तत्सम (b) तद्भव
(c) देशज (d) विदेशज

24. 'डण्डा' शब्द है
(a) तत्सम (b) तद्भव
(c) देशज (d) विदेशज

25. निम्नलिखित में कौन 'तत्सम' शब्द नहीं है?
(a) पुष्कर (b) चक्षु
(c) प्रहार (d) पत्थर

26. 'सींग' कैसा शब्द है?
(a) तत्सम (b) तद्भव
(c) देशज (d) विदेशज

27. 'अनुकरण' शब्द है
(a) तत्सम (b) तद्भव
(c) देशज (d) विदेशज

28. निम्न में से कौन शब्द यौगिक है?
(a) पाठशाला (b) आम
(c) गाय (d) लम्बोदर

29. 'योगदान' कैसा शब्द है?
(a) रूढ़ (b) यौगिक
(c) योगरूढ़ (d) संकर

30. निम्न में कौन-सा शब्द 'तद्भव' है?
(a) गृह (b) अग्नि
(c) घर (d) क्षीर

31. निम्न में से कौन शब्द 'तत्सम' नहीं है?
(a) गो (b) पत्र
(c) आम (d) नेत्र

32. 'दुग्ध' तत्सम शब्द का तद्भव रूप क्या होगा?
(a) दधि (b) दूध
(c) दुग्धि (d) क्षीर

33. 'धरित्री' का तद्भव रूप क्या होगा?
(a) धरती (b) भूमि (c) धरा (d) धर

34. 'खेती' किस शब्द का तद्भव रूपान्तरण है?
(a) कृषि (b) धरित्री
(c) मैत्री (d) अक्षि

35. 'पावरोटी' कैसा शब्द है?
(a) देशज (b) तत्सम
(c) तद्भव (d) संकर

36. 'अंग्रेजियत' कैसा शब्द है?
(a) तत्सम (b) तद्भव
(c) देशज (d) संकर

37. 'चन्दर' किस प्रकार का शब्द है?
(a) तद्भव (b) अर्द्धतत्सम
(c) देशज (d) विदेशज

38. मुरलीधर किस प्रकार का शब्द है?
(a) रूढ़ (b) योगरूढ़
(c) यौगिक (d) विदेशज

39. 'सुपात्र' किस प्रकार का शब्द है?
(a) रूढ़ (b) योगरूढ़
(c) यौगिक (d) देशज

40. निम्न में से कौन-सा कथन असत्य है?
(a) तद्भव शब्द तत्सम के विकृत रूप हैं
(b) रूढ़ शब्दों की कोई व्युत्पत्ति नहीं होती
(c) योगरूढ़ शब्द अविकारी होते हैं
(d) दो भाषाओं से मिलकर बने शब्द 'संकर' कहलाते हैं

41. 'रेलयात्रा' शब्द निम्नलिखित में कैसा शब्द है?
(a) संकर (b) विदेशी
(c) देशज (d) तत्सम

42. 'मुगल' किस भाषा का शब्द है?
(a) अरबी
(b) तुर्की
(c) उर्दू
(d) संस्कृत

43. निम्न में से कौन-सा शब्द हिन्दी का अपना तद्भव शब्द नहीं है?
(a) लीची (b) कालीन
(c) बहादुर (d) इनमें से कोई नहीं

44. 'दशानन' निम्नलिखित में कौन-सा शब्द है?
(a) रूढ़ (b) योगरूढ़
(c) यौगिक (d) इनमें से कोई नहीं

45. निम्नलिखित में कौन देशज शब्द है?
(a) जूता (b) कीमत
(c) हैजा (d) देहात

46. 'कबूतर' किस भाषा का मूल शब्द है?
(a) फारसी
(b) अरबी
(c) संस्कृत
(d) हिन्दी

47. 'लाश' किस भाषा का मूल शब्द है?
(a) तुर्की (b) फारसी
(c) संस्कृत (d) चीनी

48. निम्न में से कौन 'देशज' शब्द नहीं है?
(a) खिड़की (b) कलाई
(c) चरखा (d) तेन्दुआ

49. 'पुष्प' तत्सम शब्द के लिए हिन्दी में तद्भव शब्द क्या है?
(a) फूल (b) पौधा
(c) पंखुड़ी (d) पुहुप

50. उत्पत्ति की दृष्टि से शब्दों का भेद निम्न में से कौन नहीं है?
(a) तत्सम (b) तद्भव
(c) देशज (d) योगरूढ़

51. 'जवाहर' किस भाषा का मूल शब्द है?
(a) हिन्दी (b) संस्कृत
(c) फारसी (d) अरबी

52. योगरूढ़ वैसे शब्द हैं जो
(a) सामान्य अर्थ रखते हैं
(b) खण्ड सार्थक नहीं होते
(c) सामान्य अर्थ को छोड़ विशेष अर्थ देते हैं
(d) निरर्थक शब्द होते हैं

53. 'कमल' कैसा शब्द है?
(a) रूढ़ (b) योगरूढ़
(c) यौगिक (d) तद्भव

54. 'चेयरमैन' शब्द है
(a) तत्सम (b) तद्भव
(c) देशज (d) विदेशज

55. तद्भव शब्द की उत्पत्ति हुई है
(a) संस्कृत से (b) अंग्रेजी से
(c) फारसी से (d) अरबी से

56. हिन्दी में किस विदेशी भाषा के शब्द नहीं मिलते?
(a) पुर्तगाली (b) जापानी
(c) फारसी (d) स्वाजी

57. 'दूधवाला' रचना की दृष्टि से है
(a) रूढ़ (b) यौगिक
(c) योगरूढ़ (d) संकर

58. निम्नलिखित में संकर शब्द है
(a) बहादुर (b) रमेश
(c) स्टेशन (d) परीक्षा हॉल

59. निम्नलिखित शब्दों में कौन एक पुर्तगाली भाषा का शब्द है?
(a) पिस्तौल (b) रेल
(c) चेहरा (d) आदमी

उत्तरमाला

1. (d)	2. (d)	3. (d)	4. (a)	5. (a)	6. (a)	7. (d)	8. (d)	9. (c)	10. (b)
11. (a)	12. (b)	13. (b)	14. (d)	15. (c)	16. (c)	17. (b)	18. (d)	19. (c)	20. (d)
21. (c)	22. (b)	23. (b)	24. (c)	25. (d)	26. (b)	27. (a)	28. (a)	29. (b)	30. (c)
31. (c)	32. (b)	33. (a)	34. (a)	35. (d)	36. (d)	37. (b)	38. (b)	39. (c)	40. (b)
41. (a)	42. (b)	43. (d)	44. (b)	45. (a)	46. (a)	47. (a)	48. (c)	49. (a)	50. (d)
51. (d)	52. (c)	53. (c)	54. (d)	55. (a)	56. (d)	57. (b)	58. (d)	59. (a)	

अध्याय

4

संज्ञा

'संज्ञा' वह विकारी शब्द होता है जिससे किसी विशेष वस्तु, भाव, जीव तथा स्थान का बोध हो, अर्थात् संज्ञा विश्व में अस्तित्व की प्रत्येक प्रक्रिया का नाम है, जो प्राणी, पदार्थ, धर्म तथा चेतना के रूप में उपलब्ध है। हिन्दी व्याकरण में संज्ञा के पाँच भेद हैं। *ये हैं*

1. व्यक्तिवाचक, **2.** जातिवाचक, **3.** भाववाचक, **4.** समूहवाचक तथा **5.** द्रव्यवाचक।

व्यक्तिवाचक संज्ञा

जिस शब्द से किसी एक वस्तु या व्यक्ति का बोध होता है, उसे व्यक्तिवाचक संज्ञा कहते हैं। **जैसे** रमेश, महेश, गंगा, हिमालय। व्यक्तिवाचक संज्ञा में व्यक्तियों, दिशाओं, देशों, राष्ट्रीयता, समुद्रों, नदियों, पर्वतों, सड़कों, पुस्तकों, समाचार-पत्रों, घटनाओं, दिन-महीनों, त्यौहार-उत्सवों इत्यादि को स्थान दिया जाता है।

व्यक्तिवाचक संज्ञा के उदाहरण राकेश, मधुरेश, सीता, गीता, सुरेश, श्याम, कृष्ण, राम, इन्द्र, विष्णु, महादेव, पार्वती, दुर्गा, सरस्वती, गीता, रामायण, कामायनी, गोदान, हिन्दुस्तान, जनसत्ता, ब्रह्मपुत्र, महानदी, कावेरी, सिन्धु, एशिया, यूरोप, अमेरिका, ब्रिटेन, नेपाल, श्रीलंका, जनवरी, फरवरी, मार्च, सोमवार, शनिवार, रविवार, सूर्य, चन्द्रमा, पृथ्वी, बुध, शुक्र, होली, दिवाली, ईद, दशहरा, महाशिवरात्रि, भारतीय, रूसी, हंगेरियन, स्पेनिश, पुर्तगीज, फ्रांसीसी इत्यादि।

जातिवाचक संज्ञा

जिस शब्द से एक ही प्रकार की वस्तुओं, व्यक्तियों तथा प्रवृत्तियों का बोध हो तो उसे जातिवाचक संज्ञा कहते हैं। सम्बन्धियों, व्यवसायों, पदों तथा कार्यों, पशु-पक्षियों, वस्तुओं तथा प्राकृतिक तत्त्वों के नाम जातिवाचक संज्ञा के अन्तर्गत आते हैं।

जातिवाचक संज्ञा के उदाहरण मनुष्य, देवता, देवी, राक्षस, मन्त्री, राजा, जुलाहा, भाई, बहन, मकान, कुर्सी, घोड़ा, गाय, कलम, पुस्तक, कौआ, तोता, मैना साँप, धोबी, नाई, बनिया, ब्राह्मण, लड़का, नर, नारी, आदमी, औरत, पहाड़, नदी, घाटी, समुद्र, द्वीप, तालाब, अनाज इत्यादि।

भाववाचक संज्ञा

जिस शब्द से किसी व्यक्ति या वस्तु के गुण या धर्म, दशा तथा कार्य-व्यापार का बोध होता है, उसे भाववाचक संज्ञा कहते हैं। लम्बाई, नम्रता, मिठास, चाल, समझ इत्यादि भाववाचक संज्ञा के उदाहरण हैं। प्रत्येक पदार्थ का अपना एक स्वभाव होता है। मनुष्य का स्वभाव मनुष्यत्व तथा पशु की हरकत पशुत्व कहलाता है। भाववाचक संज्ञा के एक शब्द से एक ही भाव का बोध होता है, इस कारण ऐसे शब्दों का प्रयोग उसके उसी रूप में होता है। बहुवचन के प्रयोग सम्भव नहीं होते।

भाववाचक संज्ञाओं का निर्माण जातिवाचक संज्ञा, विशेषण, क्रिया, सर्वनाम तथा अव्यय में प्रत्यय लगाकर होता है।

भाववाचक संज्ञा के उदाहरण मनुष्यत्व, देवत्व, पशुत्व, अपनापन, बन्धुत्व, नरत्व, मर्दाना, शीतलता, तीखापन, बुढ़ापा, लड़कपन, मित्रता, गर्मी, सर्दी, प्रवाह, निजत्व, ममत्व, पढ़ाई, लड़ाई, चढ़ाई, कड़ाई इत्यादि।

भाववाचक संज्ञा का निर्माण

(i) **जातिवाचक संज्ञा से**

बूढ़ा — बुढ़ापा　　लड़का — लड़कपन
मित्र — मित्रता　　मनुष्य — मनुष्यत्व

(ii) **विशेषण से**

गर्म — गर्मी　　मीठा — मिठास
कठोर — कठोरता　　नम्र — नम्रता

(iii) **क्रिया से**

चढ़ना — चढ़ाई　　पढ़ना — पढ़ाई
रोना — रुलाई　　दौड़ना — दौड़

(iv) **सर्वनाम से**

अपना — अपनापन　　निज — निजत्व

(v) **अव्यय से**

दूर — दूरी　　समीप — समीपत्व

समूहवाचक संज्ञा

जिस शब्द से वस्तु अथवा व्यक्ति के समूह अथवा बहुलता का बोध हो उसे समूहवाचक संज्ञा कहते हैं। सभा, दल, संघ, गुच्छा, कुंज इत्यादि शब्द समूह का बोध कराते हैं, इस कारण समूहवाचक संज्ञा के उदाहरण हैं।

समूहवाचक संज्ञा के उदाहरण भीड़, सभा, प्रदर्शन, झुण्ड, गुच्छा, जुलूस, सेना, रैली, मेला, बाजार, दल, पार्टी, गिरोह, कुंज, मण्डली, धौंद, जमघट, जमावड़ा, बैठक, जनसमूह, सैलाब, यूथ, समुदाय इत्यादि।

द्रव्यवाचक संज्ञा

जिस शब्द से किसी धातु, द्रव तथा ऐसी वस्तुओं, जिसे नापा-तौला जा सके, का बोध हो, द्रव्यवाचक संज्ञा कहलाती है।

द्रव्यवाचक संज्ञा के उदाहरण शराब, सोना, चाँदी, पारा, लोहा, तांबा, काँसा, पानी, तेल, घी, दूध, दही, तेजाब, पीतल, जल, खून इत्यादि।

संज्ञा : रूप परिवर्तन

संज्ञा के प्रयोग में कभी-कभी परिवर्तन भी होता है। जातिवाचक संज्ञा व्यक्तिवाचक संज्ञा के रूप में, व्यक्तिवाचक जातिवाचक संज्ञा के रूप में तथा भाववाचक संज्ञा का जातिवाचक संज्ञा के रूप में प्रयोग देखने को मिलता है।

उदाहरण देवी (जातिवाचक संज्ञा) से दुर्गा (व्यक्तिवाचक संज्ञा) का तथा गोस्वामी (जातिवाचक संज्ञा) से तुलसीदास (व्यक्तिवाचक) का बोध होता है। भीम (व्यक्तिवाचक संज्ञा) का प्रयोग कई जगहों पर जातिवाचक संज्ञा (वीर) के रूप में प्रयुक्त होता है। 'पहनावा' (भाववाचक संज्ञा) का प्रयोग वस्त्र (जातिवाचक संज्ञा) के रूप में भी होता है।

संज्ञा के रूप लिंग, वचन तथा कारक चिह्नों (परसर्ग) के द्वारा बदलते हैं;

जैसे लड़का खाता है। लिंग के आधार पर संज्ञा में परिवर्तन।

लड़की खाती है। लड़का खाता है। वचन के आधार पर संज्ञा में परिवर्तन। लड़का खाना खाता है।

कारक चिह्न (परसर्ग) के आधार पर संज्ञा में परिवर्तन।

लड़के खाते हैं। लड़के ने खाना खाया।

अभ्यास प्रश्न

1. समूहवाचक संज्ञा का उदाहरण है [UP बी.एड. 2014]
(a) गुलाब (b) अंगूर
(c) पौधे (d) चावल

2. 'लड़का दौड़ता है।' इस वाक्य में 'लड़का' किस संज्ञा का उदाहरण है? [UP बी.एड. 2014]
(a) व्यक्तिवाचक (b) जातिवाचक
(c) भाववाचक (d) समूहवाचक

3. जिस संज्ञा से अनेक वस्तुओं अथवा प्राणियों के समूह का बोध होता है, उसे कहते हैं [UP बी.एड. 2013]
(a) जातिवाचक संज्ञा (b) व्यक्तिवाचक संज्ञा
(c) समूहवाचक संज्ञा (d) भाववाचक संज्ञा

4. द्रव्यवाचक संज्ञा 'शराब' को जातिवाचक संज्ञा में परिवर्तित करने से क्या शब्द बनता है?
(a) शराबी (b) मैखाना
(c) शराबपान (d) शरबत

5. 'कवि' किस संज्ञा भेद का शब्द है?
(a) व्यक्तिवाचक (b) समूहवाचक
(c) जातिवाचक (d) भाववाचक

6. निम्नलिखित में कौन जातिवाचक संज्ञा है?
(a) नेता (b) रमेश
(c) चतुराई (d) पानी

7. 'मुस्कुराहट' किस प्रकार की संज्ञा का उदाहरण है?
(a) भाववाचक (b) द्रव्यवाचक
(c) जातिवाचक (d) समूहवाचक

8. 'चोर' किस संज्ञा का उदाहरण है?
(a) जातिवाचक (b) भाववाचक
(c) समूहवाचक (d) व्यक्तिवाचक

9. 'मित्रता' किस संज्ञा का उदाहरण है?
(a) भाववाचक (b) जातिवाचक
(c) समूहवाचक (d) द्रव्यवाचक

10. निम्नलिखित में से कौन जातिवाचक संज्ञा का उदाहरण है?
(a) महात्मा गाँधी (b) ईश्वर
(c) पानी (d) उदारता

11. 'तेजाब' किस संज्ञा का उदाहरण है?
(a) जातिवाचक (b) भाववाचक
(c) द्रव्यवाचक (d) समूहवाचक

12. 'पुँज' किस संज्ञा का उदाहरण है?
(a) जातिवाचक (b) भाववाचक
(c) द्रव्यवाचक (d) समूहवाचक

13. 'मूर्खता' किस संज्ञा का उदाहरण है?
(a) भाववाचक (b) जातिवाचक
(c) व्यक्तिवाचक (d) समूहवाचक

14. 'मण्डली' किस संज्ञा का उदाहरण है?
(a) समूहवाचक (b) भाववाचक
(c) द्रव्यवाचक (d) जातिवाचक

15. निम्नलिखित में कौन भाववाचक संज्ञा है?
(a) अपनापन (b) गाँधी
(c) बाजार (d) पटना

16. निम्नलिखित में कौन व्यक्तिवाचक संज्ञा है?
(a) ताजमहल (b) मण्डल
(c) सोना (d) लड़ाई

17. 'नारी' किस संज्ञा का उदाहरण है?
(a) भाववाचक (b) जातिवाचक
(c) समूहवाचक (d) व्यक्तिवाचक

18. 'रुकावट' किस प्रकार की संज्ञा है?
(a) जातिवाचक (b) व्यक्तिवाचक
(c) भाववाचक (d) समूहवाचक

19. निम्न में से कौन जातिवाचक संज्ञा है?
(a) हिमालय (b) राधा
(c) गंगा (d) तारा

20. निम्न में से भाववाचक संज्ञा कौन-सी है?
(a) लड़की (b) गंगा
(c) सुन्दरता (d) गाय

21. 'उदार' से भाववाचक संज्ञा क्या बनेगा?
(a) उदर (b) उधार
(c) उदारता (d) उद्धार

22. 'पीतल' किस संज्ञा का उदाहरण है?
(a) द्रव्यवाचक (b) जातिवाचक
(c) व्यक्तिवाचक (d) समूहवाचक

23. 'शिव' किस संज्ञा का उदाहरण है?
(a) व्यक्तिवाचक (b) जातिवाचक
(c) समूहवाचक (d) भाववाचक

24. 'बन्दर' किस प्रकार की संज्ञा है?
(a) भाववाचक (b) जातिवाचक
(c) समूहवाचक (d) द्रव्यवाचक

25. कामता प्रसाद गुरु को 'हिन्दी का पाणिनी' कहा जाता है। यहाँ 'पाणिनी' किस प्रकार की संज्ञा है?
(a) व्यक्तिवाचक (b) भाववाचक
(c) समूहवाचक (d) जातिवाचक

26. समुद्रगुप्त 'भारत का नेपोलियन' था। यहाँ 'नेपोलियन' किस प्रकार की संज्ञा का उदाहरण है?
(a) व्यक्तिवाचक (b) जातिवाचक
(c) भाववाचक (d) समूहवाचक

27. 'पंजाबी' किस संज्ञा का उदाहरण है?
(a) व्यक्तिवाचक (b) भाववाचक
(c) जातिवाचक (d) समूहवाचक

28. 'बाजार' से किस संज्ञा का बोध होता है?
(a) भाववाचक (b) समूहवाचक
(c) जातिवाचक (d) व्यक्तिवाचक

29. 'चतुर' से भाववाचक संज्ञा का शब्द नहीं बनेगा
(a) चतुरी (b) चतुराई
(c) चातुर्य (d) चतुरता

30. 'गीता' किस संज्ञा का शब्द है?
(a) व्यक्तिवाचक (b) समूहवाचक
(c) जातिवाचक (d) द्रव्यवाचक

31. निम्नलिखित में कौन व्यक्तिवाचक संज्ञा शब्द नहीं है?
(a) पटना (b) रामायण
(c) औरत (d) गंगा

32. 'पण्डित' से भाववाचक संज्ञा है
(a) पाण्डित्य (b) पण्डिताई
(c) पण्डिताऊ (d) ये सभी

33. निम्नलिखित में कौन 'माता' की भाववाचक संज्ञा है?
(a) मातृत्व (b) माइ
(c) वात्सल्य (d) माँ

34. निम्नलिखित में कौन संज्ञा का भेद नहीं है?
(a) भाववाचक संज्ञा
(b) जातिवाचक संज्ञा
(c) संख्यावाचक संज्ञा
(d) समूहवाचक संज्ञा

35. निम्न में से समूहवाचक संज्ञा है
(a) गिरोह (b) मण्डल
(c) दल (d) ये सभी

36. कौन-सा कथन सही नहीं है?
(a) संज्ञा शब्द लिंग, वचन के अनुसार परिवर्तित होते हैं
(b) संज्ञा शब्द अविकारी होते हैं
(c) संज्ञा के पाँच भेद होते हैं
(d) कुछ संज्ञा शब्द आपस में परिवर्तित भी होते हैं

37. 'मीठा' से भाववाचक संज्ञा बनेगी
(a) मिठाई (b) मिठास
(c) मिठ्ठू (d) मिट्ठ

38. 'कोयल' शब्द किस संज्ञा का उदाहरण है?
(a) जातिवाचक (b) व्यक्तिवाचक
(c) समूहवाचक (d) द्रव्यवाचक

39. 'मित्र' से भाववाचक संज्ञा बनती है
(a) मैत्री (b) मित्रता
(c) मैत्रेयी (d) मित्रनी

40. निम्नलिखित में से कौन व्यक्तिवाचक संज्ञा है?
(a) शिक्षक (b) महेन्द्र
(c) विद्यार्थी (d) मन्त्री

41. 'घबराहट' किस संज्ञा का उदाहरण है?
(a) व्यक्तिवाचक (b) समूहवाचक
(c) भाववाचक (d) द्रव्यवाचक

42. 'भूकम्प' किस प्रकार की संज्ञा है?
(a) जातिवाचक (b) समूहवाचक
(c) भाववाचक (d) इनमें से कोई नहीं

43. निम्नलिखित में कौन द्रव्यवाचक संज्ञा है?
(a) वर्षा (b) किताब (c) घर (d) पानी

44. जातिवाचक संज्ञा नहीं है
(a) पक्षी (b) पशु (c) आदमी (d) राम

45. 'विजयादशमी' कौन-सी संज्ञा है?
(a) भाववाचक (b) जातिवाचक
(c) समूहवाचक (d) व्यक्तिवाचक

46. 'वर्षा' संज्ञा के किस भेद का शब्द है?
(a) व्यक्तिवाचक (b) द्रव्यवाचक
(c) जातिवाचक (d) समूहवाचक

47. निम्न में कौन एक पृथक् संज्ञा का उदाहरण है?
(a) रामायण (b) महाभारत
(c) बाइबिल (d) किताब

48. निम्न में से कौन एक पृथक् संज्ञा का उदाहरण है?
(a) शराब (b) शराबी
(c) जल (d) तेल

49. 'कबूतर' किस प्रकार की संज्ञा है?
(a) जातिवाचक (b) व्यक्तिवाचक
(c) समूहवाचक (d) भाववाचक

50. निम्न में से कौन एक पृथक् संज्ञा का उदाहरण है?
(a) किताब (b) कलम
(c) विद्यार्थी (d) गीता

51. निम्न में से कौन एक 'भाववाचक संज्ञा' का उदाहरण है?
(a) प्रेम (b) प्रेमी (c) प्रेमिका (d) बाजार

52. 'शिष्टमण्डल' कौन-सी संज्ञा है?
(a) भाववाचक संज्ञा
(b) समूहवाचक संज्ञा
(c) जातिवाचक संज्ञा
(d) व्यक्तिवाचक संज्ञा

53. निम्न में से कौन जातिवाचक संज्ञा का उदाहरण नहीं है?
(a) आदमी (b) औरत (c) विद्यार्थी (d) भारत

54. निम्नलिखित में से कौन-सा 'शब्द' संज्ञा का उदाहरण नहीं है?
(a) शिक्षक (b) सोना
(c) अच्छा (d) किताब

55. इनमें से कौन द्रव्यवाचक संज्ञा नहीं है?
(a) पानी (b) सोना
(c) नदी (d) तेल

56. निम्नलिखित में से कौन जातिवाचक संज्ञा है?
(a) महाभारत (b) जापान
(c) भाई (d) लोहा

57. भाव, दशा, धर्म, गुण या कार्य का बोध करने वाली संज्ञा कहलाती है
(a) जातिवाचक (b) व्यक्तिवाचक
(c) भाववाचक (d) द्रव्यवाचक

58. 'बालपन' किस संज्ञा का उदाहरण है ?
(a) जातिवाचक (b) भाववाचक
(c) व्यक्तिवाचक (d) समूहवाचक

59. 'परिवार' किस संज्ञा का उदाहरण है ?
(a) जातिवाचक (b) भाववाचक
(c) व्यक्तिवाचक (d) समूहवाचक

60. निम्नलिखित में से कौन 'भाववाचक संज्ञा' नहीं है?
(a) क्रोध (b) लोभ
(c) वीरता (d) शृंखला

61. 'मोहन स्कूल जा रहा है।' इस वाक्य में 'मोहन' है
(a) जातिवाचक संज्ञा (b) समूहवाचक संज्ञा
(c) व्यक्तिवाचक संज्ञा (d) भाववाचक संज्ञा

62. 'आम में मिठास है।' इस वाक्य में 'मिठास' है
(a) भाववाचक संज्ञा (b) व्यक्तिवाचक संज्ञा
(c) द्रव्यवाचक संज्ञा (d) जातिवाचक संज्ञा

63. 'मोर नाच रहा है।' इस वाक्य में 'मोर' है
(a) भाववाचक संज्ञा (b) व्यक्तिवाचक संज्ञा
(c) द्रव्यवाचक संज्ञा (d) जातिवाचक संज्ञा

उत्तरमाला

1. (b)	2. (b)	3. (c)	4. (a)	5. (c)	6. (a)	7. (a)	8. (a)	9. (a)	10. (b)
11. (c)	12. (d)	13. (a)	14. (a)	15. (a)	16. (a)	17. (b)	18. (c)	19. (d)	20. (c)
21. (c)	22. (a)	23. (a)	24. (b)	25. (b)	26. (c)	27. (a)	28. (b)	29. (a)	30. (a)
31. (c)	32. (d)	33. (a)	34. (c)	35. (d)	36. (b)	37. (b)	38. (a)	39. (b)	40. (b)
41. (c)	42. (a)	43. (d)	44. (d)	45. (d)	46. (b)	47. (d)	48. (b)	49. (a)	50. (d)
51. (a)	52. (b)	53. (d)	54. (c)	55. (c)	56. (c)	57. (c)	58. (b)	59. (d)	60. (d)
61. (c)	62. (a)	63. (d)							

अध्याय

5 सर्वनाम तथा विशेषण

सर्वनाम

'सर्वनाम' उस विकारी शब्द को कहते हैं, जो पूर्वापर सम्बन्ध से किसी संज्ञा के बदले आता है; **जैसे** मैं, तुम, वह, यह इत्यादि। सब नामों के बदले जो शब्द आते हैं, उन्हें 'सर्वनाम' कहते हैं। संज्ञा से उस वस्तु का या उस व्यक्ति का बोध होता है जो लिखा या बोला गया हो, किन्तु सर्वनाम में पूर्वापर सम्बन्ध के अनुसार बोध बदलता रहता है।

जैसे 'लड़का' के लिए यदि 'वह' आता है तो वह कहने से लड़के का बोध पूर्वापर सम्बन्ध के कारण होता है।

हिन्दी में ग्यारह सर्वनाम हैं मैं, तू, आप, वह, यह, जो, सो, कोई, कुछ, कौन, क्या। *प्रयोग के अनुसार सर्वनाम के छः भेद हैं*

1. पुरुषवाचक, **2.** निजवाचक, **3.** निश्चयवाचक, **4.** अनिश्चयवाचक, **5.** सम्बन्धवाचक तथा **6.** प्रश्नवाचक।

पुरुषवाचक सर्वनाम

पुरुषवाचक सर्वनाम किसी व्यक्ति के नाम के बाद आता है। उत्तम पुरुष में वक्ता या लेखक होता है, मध्यम पुरुष में पाठक या श्रोता तथा अन्य पुरुष में लेखक, पाठक या वक्ता, श्रोता के अतिरिक्त अन्य लोग आते हैं।

उत्तम पुरुष — मैं, हम (बहुवचन)
मध्यम पुरुष — तू या तुम, आप, आप लोग (बहुवचन)
अन्य पुरुष — वह, यह, ये, वे (बहुवचन)

निजवाचक सर्वनाम

निजवाचक सर्वनाम का रूप 'आप' है, लेकिन पुरुषवाचक सर्वनाम मध्यम पुरुष (बहुवचन) में प्रयुक्त होने वाले 'आप' से भिन्न होता है। इस सर्वनाम का प्रयोग किसी निराकरण तथा अवधारण के लिए होता है; **जैसे** मैं **आप** ही चला आया था।

निश्चयवाचक सर्वनाम

जिस शब्द के प्रयोग से वस्तु तथा वक्ता की दूरी का पता चलता है, उसे निश्चयवाचक सर्वनाम कहते हैं; **जैसे** वह, यह;

यह कोई भला काम नहीं है।
वह कौन आ रहा है ?

अनिश्चयवाचक सर्वनाम

जिस सर्वनाम से किसी निश्चित वस्तु का बोध न हो, उसे अनिश्चयवाचक सर्वनाम कहा जाता है; **जैसे** कोई, कुछ;

उसने **कुछ** खाया कि नहीं ?
कोई आ रहा है।

सम्बन्धवाचक सर्वनाम

जिस सर्वनाम से वाक्य में किसी दूसरे सर्वनाम से सम्बन्ध स्थापित किया जाए, उसे सम्बन्धवाचक सर्वनाम कहते हैं; **जैसे** जो, सो;

वह कौन है **जो** हँस रहा है?
वह जो है **सो** है ही।

प्रश्नवाचक सर्वनाम

प्रश्न करने के लिए जिन सर्वनामों का प्रयोग होता है, उसे 'प्रश्नवाचक सर्वनाम' कहते हैं; **जैसे** कौन, क्या

वह **कौन** जा रहा है ?
तुमने **क्या** खाया है ?

'क्या' का प्रयोग जड़ पदार्थों के साथ ही होता है तथा 'कौन' का प्रयोग चेतन जीवों के लिए होता है।

सर्वनाम के अतिरिक्त कुछ ऐसे भी शब्द हैं जिन्हें संयुक्त सर्वनाम की कोटि में रखा जाता है। इनमें एक से अधिक शब्द संयुक्त होकर सर्वनाम के रूप में वाक्य में उपस्थित होते हैं; **जैसे** जो कोई, सब कोई, कुछ और, कुछेक, कोई-न-कोई इत्यादि। संयुक्त सर्वनाम स्वतन्त्र रूप से या संज्ञा अथवा मूल सर्वनाम के साथ प्रयुक्त होते हैं।

सर्वनाम का रूपान्तरण पुरुष, वचन और कारक की दृष्टि से होता है। इनमें लिंग भेद के कारण रूपान्तरण नहीं होता;

जैसे वह खाता है।
वह खाती है।

संज्ञा के समान व्याकरण में सर्वनाम को दो वचनों में बाँटा गया है **1.** एकवचन तथा **2.** बहुवचन।

पुरुषवाचक तथा निश्चयवाचक सर्वनाम को छोड़ शेष सभी सार्वनामिक रूप विभक्तिरहित बहुवचन में एकवचन के समान रहते हैं। कारकों की विभक्तियाँ लगने से सर्वनाम के रूप में परिवर्तन होता है।

वचन और कारक के प्रभाव में सर्वनाम में परिवर्तन होता है, कतिपय सर्वनामों के रूप परिवर्तन इस प्रकार हैं

18 सर्वनाम तथा विशेषण

पुरुषवाचक सर्वनाम, उत्तम पुरुष-मैं

कारक	एकवचन	बहुवचन
कर्त्ता	मैं, मैंने	हम, हमने
कर्म	मुझे, मुझको	हम, हमको
करण	मुझसे, मेरे द्वारा	हमसे, हमारे द्वारा
सम्प्रदान	मुझको, मुझे, मेरे लिए	हमको, हमें, हमारे लिए
अपादान	मुझसे	हमसे
सम्बन्ध	मेरा, मेरी, मेरे	हमारा, हमारी, हमारे
अधिकरण	मुझमें, मुझ पर	हममें, हम पर

पुरुषवाचक सर्वनाम, मध्यम पुरुष-तू

कारक	एकवचन	बहुवचन
कर्त्ता	तू, तूने	तुम, तुमने
कर्म	तुझे, तुझको	तुम्हें, तुमको
करण	तुझसे, तेरे द्वारा	तुमसे, तुम्हारे द्वारा
सम्प्रदान	तुझको, तेरे लिए	तुमको, तुम्हारे लिए
अपादान	तुझसे	तुमसे
सम्बन्ध	तेरा, तेरी, तेरे	तुम्हारा, तुम्हारी, तुम्हारे
अधिकरण	तुझमें	तुममें, तुम पर

पुरुषवाचक सर्वनाम, अन्य पुरुष-वह

कारक	एकवचन	बहुवचन
कर्त्ता	वह, उसने	वे, उन्होंने
कर्म	उसे, उसको	उन्हें, उनको
करण	उससे, उसके द्वारा	उनसे, उनके द्वारा
सम्प्रदान	उसको, उसे, उसके लिए	उनको, उन्हें, उनके लिए
अपादान	उससे	उनसे
सम्बन्ध	उसका, उसकी, उसके	उनका, उनकी, उनके
अधिकरण	उसमें, उस पर	उनमें, उन पर

अन्य सर्वनाम शब्दों में भी कारकीय चिह्नों (परसर्ग) के प्रयोग द्वारा रूप परिवर्तित होते हैं।

विशेषण

जो शब्द संज्ञा या सर्वनाम की विशेषता बताते हैं, ऐसे शब्दों को '**विशेषण**' कहते हैं। जिसकी विशेषता बतायी जाती है, उसे 'विशेष्य' कहते हैं।

विशेषण वह विकारी शब्द है, जिससे हमें संज्ञा अथवा सर्वनाम की विशेषता को बताया जाता है।

विशेषण वस्तु या व्यक्ति के बोध को सीमित कर देता है।

विशेषण के भेद

गुण, संख्या तथा परिमाण के आधार पर विशेषण के तीन भेद हैं

1. सार्वनामिक विशेषण,
2. गुणवाचक विशेषण तथा
3. संख्यावाचक विशेषण।

सार्वनामिक विशेषण पुरुषवाचक तथा निजवाचक सर्वनाम (मैं, तुम, वह) के अतिरिक्त अन्य सर्वनाम यदि किसी संज्ञा के पहले आते हैं, तब वे 'सार्वनामिक विशेषण' कहलाते हैं;

जैसे वह मजदूर नहीं लौटा।
यह आदमी भरोसेमन्द है।

यहाँ 'मजदूर' तथा 'आदमी' संज्ञा के पहले सर्वनाम 'वह' और 'यह' उस संज्ञा की विशेषता निर्धारित करते हैं। अत: ये सार्वनामिक विशेषण हैं। व्युत्पत्ति के आधार पर सार्वनामिक विशेषण के दो भेद हैं—(i) मौलिक सार्वनामिक विशेषण तथा (ii) यौगिक सार्वनामिक विशेषण।

गुणवाचक विशेषण जिस शब्द से संज्ञा का गुण, दशा, स्वभाव का पता चलता है, उसे 'गुणवाचक विशेषण' कहा जाता है। सर्वाधिक विशेषण शब्द इसी कोटि में आते हैं; **जैसे** नया, पुराना, प्राच्य, पाश्चात्य, काला, पीला, नीला, भला, बुरा, उचित, अनुचित इत्यादि।

संख्यावाचक विशेषण जिन शब्दों से संज्ञा या सर्वनाम की संख्या लक्षित होती है, उसे संख्यावाचक विशेषण कहते हैं; **जैसे** पाँच रुपये, सात दिन, दस वर्ष इत्यादि।

संख्यावाचक के तीन मुख्य भेद हैं (i) निश्चित संख्यावाचक (ii) अनिश्चित संख्यावाचक तथा (iii) परिमाणवाचक।

निश्चित संख्या का बोध कराने वाले शब्दों—एक, तीन, दस इत्यादि को निश्चित संख्यावाचक तथा अनिश्चित संख्या का बोध कराने वाले शब्दों—कुछ, सब इत्यादि अनिश्चित संख्यावाचक विशेषण हैं। *प्रयोग के आधार पर निश्चित संख्यावाचक विशेषण के पाँच भेद हैं*

(i) गणनावाचक, (ii) क्रमवाचक, (iii) आवृत्तिवाचक, (iv) समुदायबोधक तथा (v) प्रत्येकबोधक।

संख्यावाचक विशेषण का मुख्य भेद परिमाणबोधक विशेषण है। यह किसी वस्तु की मात्रा का बोध कराने वाले शब्द हैं; **जैसे** थोड़ा, बहुत इत्यादि। *परिमाणबोधक विशेषण के दो भेद हैं* निश्चयवाचक तथा अनिश्चयवाचक।

विशेषण की रचना

विशेषण विकारी और अविकारी दोनों होते हैं। अविकारी विशेषण के रूपों में परिवर्तन नहीं होता। ये अपने मूल रूप में हमेशा रहते हैं—लाल, सुन्दर, गोल, भारी इत्यादि।

कुछ विशेषण संज्ञाओं में प्रत्यय लगाकर बनते हैं;

जैसे बल + वान = बलवान, आत्मा + ईय = आत्मीय, दान + ई = दानी।

तुलनात्मक विशेषण हिन्दी में मूल शब्द में 'तर' और 'तम' लगाकर बनाए जाते हैं; **जैसे** लघु से लघुतर, लघुतम
उच्च से उच्चतर, उच्चतम इत्यादि।

विधेय विशेषण उस विशेषण को कहते हैं, जो संज्ञा (विशेष्य) के बाद आता है।

प्रविशेषण

विशेषणों की विशेषता बताने वाले शब्द प्रविशेषण कहलाते हैं; **जैसे** राठौर बहुत अच्छा निशानेबाज है। यहाँ 'अच्छा' विशेषण की विशेषता बताने वाला शब्द 'बहुत' प्रविशेषण है। इसे 'अन्तर्विशेषण' भी कहा जाता है।

अभ्यास प्रश्न

1. 'राम ने कहा कि वह बाजार जा रहा है।' इस वाक्य में 'वह' है [UP बी.एड. 2014]
(a) संज्ञा (b) सर्वनाम
(c) विशेषण (d) अव्यय

2. निम्नलिखित में से कौन 'सर्वनाम' का भेद नहीं है? [UP बी.एड. 2014]
(a) निजवाचक (b) प्रश्नवाचक
(c) गुणवाचक (d) पुरुषवाचक

3. 'सब कुत्ते एक साथ दौड़ रहे हैं। इस वाक्य में कौन-सा विशेषण है? [UP बी.एड. 2013]
(a) अनिश्चित संख्यात्मक
(b) गुणवाचक
(c) परिमाणवाचक
(d) सार्वनामिक

4. 'मैं अपने आप काम कर लूँगा' में 'आप' शब्द कौन-सा सर्वनाम है? [UP बी.एड. 2011]
(a) निजवाचक (b) पुरुषवाचक
(c) सम्बन्धवाचक (d) निश्चयवाचक

5. 'आलस्य' शब्द का विशेषण क्या है? [UP बी.एड. 2011]
(a) आलसी (b) अलस
(c) आलसीपन (d) आलस

6. सर्वनाम के भेदों की संख्या क्या है?
(a) पाँच (b) चार
(c) छह (d) सात

7. प्रश्नवाचक सर्वनाम का उदाहरण है
(a) जो (b) वे
(c) कौन (d) आप

8. 'मैं' किस प्रकार का सर्वनाम है?
(a) निजवाचक (b) पुरुषवाचक
(c) निश्चयवाचक (d) अनिश्चयवाचक

9. 'कोई' किस प्रकार के सर्वनाम का उदाहरण है?
(a) प्रश्नवाचक सर्वनाम
(b) अनिश्चयवाचक सर्वनाम
(c) सम्बन्धवाचक सर्वनाम
(d) निजवाचक सर्वनाम

10. 'कौन आ रहा है?' इस वाक्य में 'कौन' कौन-सा सर्वनाम है?
(a) निजवाचक (b) निश्चयवाचक
(c) अनिश्चयवाचक (d) प्रश्नवाचक

11. 'वह अच्छा है।' इस वाक्य में 'वह' कौन-सा सर्वनाम है?
(a) निजवाचक (b) प्रश्नवाचक
(c) पुरुषवाचक (d) निश्चयवाचक

12. 'आप आजकल कहाँ हैं?' इस वाक्य में 'आप' कौन-सा सर्वनाम है?
(a) निजवाचक (b) प्रश्नवाचक
(c) पुरुषवाचक (d) सम्बन्धवाचक

13. निम्नलिखित में कौन-सा अनिश्चयवाचक सर्वनाम नहीं है?
(a) कुछ भी (b) कुछ-न-कुछ
(c) सब कुछ (d) जो, वह

14. 'वे' किस प्रकार का सर्वनाम है?
(a) निश्चयवाचक (b) अनिश्चयवाचक
(c) सम्बन्धवाचक (d) पुरुषवाचक

15. 'जो, सो' किस प्रकार का सर्वनाम है?
(a) सम्बन्धवाचक (b) प्रश्नवाचक
(c) निश्चयवाचक (d) अनिश्चयवाचक

16. 'तुम्हारा' किस सर्वनाम का उदाहरण है?
(a) सम्बन्धवाचक (b) पुरुषवाचक
(c) प्रश्नवाचक (d) अनिश्चयवाचक

17. 'मुझे' पुरुषवाचक सर्वनाम के किस रूप का शब्द है?
(a) उत्तम पुरुष (b) मध्यम पुरुष
(c) अन्य पुरुष (d) इनमें से कोई नहीं

18. 'यह' कौन-सा सर्वनाम है?
(a) पुरुषवाचक (b) निजवाचक
(c) निश्चयवाचक (d) सम्बन्धवाचक

19. विशेषण किस शब्द की विशेषता बताते हैं?
(a) संज्ञा (b) सर्वनाम
(c) संज्ञा तथा सर्वनाम (d) क्रिया

20. विशेषण के कितने भेद हैं?
(a) तीन (b) चार
(c) दो (d) पाँच

21. निम्नलिखित में कौन गुणवाचक विशेषण नहीं है?
(a) टिकाऊ (b) गुजराती
(c) प्रत्येक (d) लम्बा

22. निम्नलिखित में कौन संख्यावाचक विशेषण का भेद नहीं है?
(a) गणनावाचक निजवाचक
(b) समुदायबोधक क्रमवाचक
(c) निजवाचक
(d) क्रमवाचक

23. निम्नलिखित में कौन गुणवाचक विशेषण नहीं है?
(a) गोल (b) अधिक
(c) नुकीला (d) भीतरी

24. 'कुछ-बहुत' किस प्रकार का विशेषण है?
(a) प्रत्येकबोधक (b) गणनावाचक
(c) क्रमवाचक (d) अनिश्चयवाचक

25. सार्वनामिक विशेषण कहते हैं
(a) जो शब्द संज्ञा के पहले आते हैं
(b) जो शब्द संज्ञा के बाद आते हैं
(c) जो शब्द सर्वनाम के बाद आते हैं
(d) ये शब्द वाक्य में नहीं आते

26. प्रविशेषण कहते हैं
(a) विशेषण की विशेषता बताने वाला शब्द
(b) विशेष्य की विशेषता बताने वाला शब्द
(c) विशेष्य से पूर्व का विशेषण
(d) विधेय की विशेषता बताने वाला शब्द

27. निम्नलिखित में कौन-सा विशेषण अविकारी है?
(a) सूखा (b) अगला (c) सुन्दर (d) पिछला

28. 'दुष्ट आदमी' में किस प्रकार का विशेषण है?
(a) गुणवाचक (b) परिमाणवाचक
(c) सार्वनामिक (d) निजवाचक

29. 'खट्टा दही' में किस प्रकार का विशेषण है?
(a) गुणवाचक (b) परिमाणवाचक
(c) सार्वनामिक (d) तुलनात्मक

30. 'बहुत आदमी' में किस प्रकार का विशेषण है?
(a) गुणवाचक
(b) अनिश्चित संख्यावाचक
(c) परिमाणवाचक
(d) समुदायबोधक

31. 'चार दिन' में किस प्रकार का विशेषण है?
(a) परिमाणवाचक
(b) निश्चित संख्यावाचक
(c) गुणवाचक
(d) अनिश्चित संख्यावाचक

32. निम्नलिखित में कौन-सा तुलनात्मक विशेषण का उदाहरण नहीं है?
(a) कोमल (b) कोमलतर
(c) कोमलतम (d) कोमलता

33. 'गरीब' संज्ञा से बनने वाला विशेषण क्या है?
(a) गरीबी (b) गरीब व्यक्ति
(c) अमीर (d) अमीरी

34. 'हर एक' किस प्रकार का विशेषण है?
(a) गणनावाचक (b) समुदायबोधक
(c) प्रत्येकबोधक (d) आवृत्तिवाचक

35. 'तिगुना-चौगुना' शब्द में कौन-सा विशेषण है?
(a) क्रमवाचक
(b) गणनावाचक
(c) आवृत्तिवाचक
(d) अनिश्चित संख्यावाचक

36. विशेषण प्रयोग की दृष्टि से कौन-सा वाक्य शुद्ध है?
(a) मैंने तीन गाय खरीदी हैं
(b) उसके पाँच लड़कियाँ हैं
(c) हर एक गाय दूध नहीं देती
(d) अनेक छात्र हिन्दी नहीं जानते

37. जिस शब्द की विशेषता बताई जाती है, उसे कहते हैं
(a) विशेष्य (b) विशेषण
(c) विधेय (d) प्रविशेषण

38. कौन संख्यावाचक विशेषण का भेद है?
(a) गणनावाचक (b) क्रमवाचक
(c) समुदायवाचक (d) ये सभी

39. संज्ञा के गुण, रंग आकार बताने वाला विशेषण है
(a) सार्वनामिक विशेषण
(b) गुणवाचक
(c) परिमाणवाचक
(d) संख्यावाचक

40. विशेषण का प्रयोग कब होता है?
(a) विशेष्य से पहले
(b) विशेष्य के बाद
(c) (a) व (b) दोनों स्थितियों में
(d) उपरोक्त में से कोई नहीं

41. निम्नलिखित में कौन-सा गुणबोधक विशेषण नहीं है?
(a) अच्छा (b) भला
(c) सीधा (d) पचास

42. निम्न में से कौन-सा शब्द अनिश्चित संख्यावाचक विशेषण नहीं है?
(a) दस (b) कुछ
(c) कई (d) सब कुछ

43. 'पीली साड़ी दुकान से खरीदी है।' इस वाक्य में विशेषण तथा विशेष्य क्रमश: हैं
(a) पीली, साड़ी (b) साड़ी, पीली
(c) दुकान, साड़ी (d) पीली, दुकान

44. निम्न में से कौन सार्वनामिक विशेषण का भेद है?
(a) यौगिक सार्वनामिक विशेषण
(b) मौलिक सार्वनामिक
(c) 'a' व 'b' दोनों
(d) उपरोक्त में से कोई नहीं

45. तुलनात्मक विशेषण की दृष्टि से कौन उत्तमावस्था में है?
(a) प्रिय (b) कोमल
(c) उच्च (d) सर्वोत्तम

46. दो या दो से अधिक वस्तुओं या भावों के गुण, भाव आदि के मिलान या तुलना करने वाले विशेषण को क्या कहते हैं?
(a) गुणवाचक (b) तुलनात्मक
(c) सार्वनामिक (d) प्रविशेषण

47. 'बहुत तेज वर्षा हो रही है।' इसमें प्रविशेषण कौन-सा शब्द है?
(a) तेज (b) बहुत
(c) वर्षा (d) बहुत तेज

48. 'कुछ लड़कियाँ आ रही हैं।'—इस वाक्य में कौन-सा विशेषण है?
(a) सार्वनामिक (b) गुणवाचक
(c) परिमाणवाचक (d) संख्यावाचक

49. तुलनात्मक विशेषण की हिन्दी में कितनी अवस्थाएँ होती हैं?
(a) दो (b) तीन
(c) चार (d) केवल एक

50. तुलनात्मक विशेषण की दृष्टि से कौन उत्तमावस्था में नहीं है?
(a) सुन्दरतम (b) उच्चतम
(c) कोमलतम (d) शीतलतर

51. निम्नलिखित में कौन अविकारी गुणवाचक संज्ञा नहीं है?
(a) लाल (b) सुन्दर
(c) तेज (d) काला

52. 'थोड़ा पानी देना।' इस वाक्य में 'थोड़ा' कैसा शब्द है?
(a) संज्ञा (b) विशेषण
(c) प्रविशेषण (d) क्रिया विशेषण

53. 'मेरे पाँचों लड़के शहर में पढ़ते हैं।' इस वाक्य में 'पाँचों' कौन-सा विशेषण है?
(a) सार्वनामिक विशेषण
(b) संख्यावाचक विशेषण
(c) परिमाणवाचक विशेषण
(d) गुणवाचक विशेषण

54. 'यह आम मीठा है।' इस वाक्य में 'मीठा' कौन-सा विशेषण है?
(a) विशेष्य (b) सार्वनामिक
(c) विधेय विशेषण (d) प्रविशेषण

उत्तरमाला

1. (b)	2. (c)	3. (a)	4. (a)	5. (d)	6. (c)	7. (c)	8. (a)	9. (b)	10. (c)
11. (d)	12. (a)	13. (d)	14. (d)	15. (a)	16. (a)	17. (a)	18. (c)	19. (c)	20. (a)
21. (c)	22. (c)	23. (b)	24. (d)	25. (a)	26. (a)	27. (c)	28. (a)	29. (a)	30. (b)
31. (b)	32. (d)	33. (a)	34. (c)	35. (c)	36. (d)	37. (a)	38. (d)	39. (b)	40. (c)
41. (d)	42. (a)	43. (a)	44. (c)	45. (d)	46. (b)	47. (b)	48. (c)	49. (b)	50. (d)
51. (d)	52. (b)	53. (b)	54. (c)						

अध्याय

6 क्रिया, अव्यय तथा क्रिया-विशेषण

क्रिया

जिस शब्द से किसी कार्य के होने की प्रवृत्ति प्रकट हो, उसे 'क्रिया' कहा जाता है; **जैसे** पढ़ना, लिखना, चलना इत्यादि। क्रिया विकारी शब्द है, जिसके रूप लिंग, वचन तथा पुरुष के अनुसार बदलते हैं। क्रिया के रूप में यह परिवर्तन हिन्दी की अपनी विशेषता है।

क्रिया का मूल 'धातु' है। धातु क्रिया पद के उस अंश को कहते हैं, जो प्राय: सभी रूपों में अपनी उपस्थिति दर्शाता है। वस्तुत: जिन मूल अक्षरों से क्रिया का निर्माण होता है, उन्हें धातु कहते हैं; **जैसे** 'पढ़ना' क्रिया में 'पठ्' धातु के साथ 'ना' प्रत्यय लगा है।

हिन्दी में क्रिया का निर्माण धातुओं के अतिरिक्त संज्ञा तथा विशेषण से भी होता है।

रचना की दृष्टि से क्रिया के दो भेद हैं

1. सकर्मक तथा **2.** अकर्मक

सकर्मक क्रिया

सकर्मक क्रिया, उस क्रिया को कहते हैं, जिसका फल कर्त्ता पर न पड़कर कहीं और पड़े। सकर्मक क्रिया के साथ 'कर्म' रहता है या उसके रहने की सम्भावना होती है; **जैसे** राम खाना खाता है। इस वाक्य में क्रिया का फल 'भोजन' पर पड़ता है जो प्रत्यक्षत: उपस्थित नहीं है। 'जाता है' के साथ यदि गन्तव्य स्थल की चर्चा वाक्य में नहीं होती है, तब भी फल, घर, विद्यालय आदि शब्दों पर पड़ता है। ऐसी क्रियाएँ 'सकर्मक' होती हैं।

अकर्मक क्रिया

जिस क्रिया के कार्य का फल कर्त्ता पर पड़े, उसे अकर्मक क्रिया कहते हैं। अकर्मक क्रिया के साथ कोई कर्म कारक नहीं होता। इस कारण इसे अकर्मक क्रिया कहते हैं; **जैसे** मोहन हँसता है। 'हँसने' या 'रोने' की क्रिया का फल कर्त्ता पर पड़ता है।

कतिपय ऐसी क्रियाएँ हैं जो अकर्मक तथा सकर्मक दोनों होती हैं, यह निर्धारण वाक्य में उनके प्रयोग द्वारा होता है। इन्हें उभयविध धातु भी कहते हैं;

जैसे मेरा जी घबराता है। (घबराना (क्रिया)—सकर्मक)

मुसीबत में सभी घबराते हैं। (घबराना (क्रिया)—अकर्मक)

अकर्मक क्रिया में उ, ना आना, प्रत्यय लगाकर सकर्मक क्रिया बनाया जाता है; **जैसे**

रोना (अकर्मक)-रुलाना (सकर्मक)

उड़ना (अकर्मक)-उड़ाना (सकर्मक)

कटना (अकर्मक)-काटना (सकर्मक)

अकर्मक क्रिया के धातुओं को उकार, ओकार, इकार तथा एकार में बदलकर तथा अन्त्य में ना प्रत्यय जोड़कर सकर्मक क्रियाएँ बनाई जाती हैं; **जैसे** खुलना (अकर्मक)-खोलना (सकर्मक)

द्विकर्मक क्रिया

कुछ क्रियाएँ एक कर्म वाली होती हैं जबकि कतिपय दो कर्म वाली होती हैं। ऐसी क्रियाओं को 'द्विकर्मक क्रिया' कहते हैं;

जैसे उसने राम को डण्डे से मारा। यहाँ दो कर्म हैं-'राम को' और 'डण्डा'।

संयुक्त क्रिया

जो क्रिया दो या दो से अधिक धातुओं के मेल से बनती है, उसे 'संयुक्त क्रिया' कहते हैं; **जैसे** वह घर पहुँच गया। इस वाक्य में 'पहुँच गया' संयुक्त क्रिया का उदाहरण है। संयुक्त क्रिया का निर्माण अकर्मक तथा सकर्मक दोनों क्रियाओं द्वारा हो सकता है; **जैसे** लेट जाना, गिर पड़ना, बेच लेना इत्यादि।

संयुक्त क्रिया में पहली क्रिया प्रधान होती है तथा बाद वाली क्रिया उसमें विशेषता उत्पन्न करती है; **जैसे** मैं पढ़ सकता हूँ। इस वाक्य में 'पढ़ना' तथा 'सकना' दो क्रियाएँ हैं। 'सकना' 'पढ़ना' क्रिया की विशेषता उत्पन्न करती है।

सहायक क्रिया

मुख्य क्रिया के अर्थ को स्पष्ट करने में सहायता करने वाली क्रिया को 'सहायक क्रिया' कहा जाता है; **जैसे** उसने बाघ को मार डाला। 'मारना' इस वाक्य में मुख्य क्रिया है, जिसके अर्थ को स्पष्टता प्रदान करने वाली क्रिया 'डालना' है। है, थे, हुए, रहे इत्यादि सहायक क्रियाएँ हैं।

वाच्य

क्रिया के जिस रूप परिवर्तन से यह पता चले कि वाक्य में क्रिया के व्यापार का मुख्य विषय कर्त्ता, कर्म या भाव है, उसे वाच्य (Voice) कहते हैं।

वाच्य के तीन भेद हैं

1. कर्तृवाच्य **2.** कर्मवाच्य **3.** भाववाच्य।

कर्तृवाच्य क्रिया के जिस रूप-परिवर्तन से वाक्य में कर्त्ता की प्रधानता स्पष्ट हो उसे 'कर्तृवाच्य' कहते हैं; **जैसे** वह आम खाता है। यहाँ कर्त्ता प्रधान है।

कर्मवाच्य क्रिया के जिस रूप परिवर्तन से वाक्य में कर्म की प्रधानता स्पष्ट हो उसे 'कर्मवाच्य' कहते हैं; **जैसे** आम खाया जाता है।

भाववाच्य क्रिया के जिस रूप-परिवर्तन से वाक्य में भाव की प्रधानता स्पष्ट हो, उसे भाववाच्य कहते हैं; **जैसे** उससे खाया ही नहीं गया।

काल

क्रिया का वह रूप-परिवर्तन जिसके द्वारा कार्य-व्यापार के समय तथा कार्य की पूर्णता या अपूर्णता का बोध हो, उसे काल कहते हैं।

काल के तीन भेद हैं

1. वर्तमान काल, **2.** भूतकाल तथा **3.** भविष्यत् काल।

वर्तमान काल

वर्तमान काल में क्रिया के कार्य-व्यापार की निरन्तरता का पता चलता है; **जैसे** वह खाता है। इस वाक्य से खाने की क्रिया का कार्य-व्यापार चल रहा है। यह प्रमाणित होता है।

वर्तमान काल के पाँच भेद हैं (i) सामान्य वर्तमान काल, (ii) तात्कालिक वर्तमान, (iii) पूर्ण वर्तमान, (iv) संदिग्ध वर्तमान, (v) सम्भाव्य वर्तमान।

भूतकाल

जिससे क्रिया के कार्य-व्यापार की समाप्ति का बोध हो, उसे भूतकाल कहते हैं; **जैसे** लड़का चला गया।

भूतकाल के छ: भेद हैं (i) सामान्य भूतकाल, (ii) आसन्न भूतकाल, (iii) पूर्ण भूतकाल, (iv) अपूर्ण भूतकाल, (v) संदिग्ध भूतकाल तथा (vi) हेतुहेतुमद् भूतकाल।

भविष्यत् काल

भविष्यत् काल द्वारा भविष्य में होने वाली क्रिया का पता चलता है; **जैसे** वह कल जाएगा।

भविष्यत् काल के तीन भेद हैं (i) सामान्य भविष्यत् (ii) सम्भाव्य भविष्यत् काल तथा (iii) हेतुहेतुमद् भविष्यत् काल।

अपव्यय

ऐसे शब्द जिसके रूप में लिंग, वचन, पुरुष, कारक इत्यादि में परिवर्तन के बावजूद कोई विकार उत्पन्न नहीं होता, अव्यय कहते हैं; **जैसे** राम **धीरे-धीरे** जाता है। यहाँ 'धीरे-धीरे' अव्यय है।

ऐसे शब्दों में किसी भी परिस्थिति में कोई परिवर्तन नहीं होता। इसलिए ये शब्द अविकारी होते हैं। अव्यय शब्दों के कुछ उदाहरण निम्न हैं जब, तब, अभी, इधर, उधर, इसलिए, अत:, ठीक, अर्थात्, इत्यादि।

अव्यय के अन्तर्गत क्रिया-विशेषण सम्बन्धबोधक समुच्चयबोधक तथा विस्मयादिबोधक शब्दों का स्थान है। सामान्य रूप से अव्यय के यही चार भेद भी हैं।

अंग्रेजी की तरह हिन्दी में सभी क्रिया विशेषण शब्दों को अव्यय नहीं माना गया है। बहुत-से शब्द क्रिया की विशेषता नहीं बताते।

कालवाचक अव्यय—आज, कल, आगे, पीछे; स्थानवाचक—यहाँ, वहाँ; दिशावाचक—इधर, उधर; स्थितिवाचक—नीचे, ऊपर इत्यादि क्रिया की विशेषता नहीं बताते।

क्रिया—विशेषण

जिस शब्द से क्रिया, विशेषण तथा अन्य क्रिया-विशेषण शब्दों की विशेषता प्रकट हो उसे क्रिया-विशेषण कहते हैं। **जैसे**

सीता धीरे-धीरे आ रही है।
श्याम अभी खा रहा है।

इन वाक्यों में 'धीरे-धीरे' तथा 'अभी' 'आने' तथा 'खाने' की क्रिया की विशेषता बताते हैं।

वह बहुत धीरे चलता है।

इस वाक्य में 'बहुत' क्रिया-विशेषण है क्योंकि वह 'धीरे' क्रिया-विशेषण की विशेषता बतलाता है।

प्रयोग के आधार पर

प्रयोग के आधार *पर क्रिया-विशेषण के तीन भेद हैं* (i) साधारण, (ii) संयोजक तथा (iii) अनुबद्ध।

वाक्य में स्वतन्त्र रूप से प्रयुक्त क्रिया-विशेषण को 'साधारण क्रिया-विशेषण' कहते हैं; **जैसे** जल्दी आ जाओ। यहाँ 'जल्दी' स्वतन्त्र रूप से वाक्य में प्रयुक्त हुआ है।

जिन क्रिया-विशेषणों का सम्बन्ध किसी उपवाक्य से रहता है, उन्हें 'संयोजक क्रिया-विशेषण' कहा जाता है; **जैसे** जहाँ अभी महल है, वहाँ कभी जंगल था।

वाक्य में प्रयुक्त होकर निश्चय (अवधारण) का बोध कराने वाले क्रिया-विशेषण शब्द को 'अनुबद्ध क्रिया-विशेषण' कहते हैं।

रूप के आधार पर

रूप के आधार पर क्रिया-विशेषण को तीन भागों में बाँटा जाता है। *ये हैं*

(i) मूल, (ii) यौगिक तथा (iii) स्थानीय।

मूल क्रिया-विशेषण दूसरे शब्दों के मेल से नहीं बनते;
जैसे ठीक, अचानक, नहीं इत्यादि।

यौगिक क्रिया-विशेषण शब्द प्रत्यय अथवा पद जोड़ने से बनते हैं;
जैसे मन से, जिस से, भूल से इत्यादि।

स्थानीय क्रिया-विशेषण बिना रूपान्तरण के किसी विशेष स्थान में आते हैं;
जैसे क्यों अपना **सिर** खपाते हो?

अर्थ के आधार पर

अर्थ के आधार पर क्रिया-विशेषण के दो भेद हैं

(i) परिमाणबोधक तथा (ii) रीतिबोधक।

परिमाणबोधक क्रिया-विशेषण को अधिकताबोधक, न्यूनताबोधक, पर्याप्तिवाचक, तुलनावाचक, श्रेणीवाचक उपभेदों में बाँटा जाता है।

- अधिकताबोधक के उदाहरण—बहुत, अति, बड़ा, बिल्कुल, सर्वथा इत्यादि।
- न्यूनताबोधक के उदाहरण—कुछ, लगभग, थोड़ा, जरा इत्यादि।
- पर्याप्तिवाचक के उदाहरण—केवल, बस, बराबर, ठीक इत्यादि।
- तुलनावाचक के उदाहरण—जितना, कितना, इतना, अधिक, कम इत्यादि।
- श्रेणीवाचक के उदाहरण—थोड़ा-थोड़ा, तिल-तिल इत्यादि।

रीतिबोधक क्रिया विशेषण गुणवाचक विशेषण से अधिक जुड़ते हैं। ये क्रिया-विशेषण—प्रकार, निश्चय, अनिश्चय, स्वीकार, कारण, निषेध, अवधारण जैसे अर्थों में आते हैं।

- प्रकार—कैसे, स्वयं, स्वत:, मानो इत्यादि।
- निश्चय—अवश्य, सही, सचमुच इत्यादि।
- अनिश्चय—कदाचित, शायद, यथासम्भव इत्यादि।
- स्वीकार—हाँ, जी, ठीक, सच इत्यादि।
- कारण—इसलिए, क्यों, काहे इत्यादि।
- निषेध—न, नहीं, मत इत्यादि।
- अवधारण—तो, भी, मात्र इत्यादि।

अभ्यास प्रश्न

1. संज्ञा विकारी शब्द होते हैं। इनमें से कौन 'संज्ञा' शब्दों में विकार उत्पन्न नहीं करता? [UP बी.एड. 2014]
(a) लिंग (b) वचन
(c) कारक (d) विशेषण

2. निम्न में से किस वाक्य में क्रिया-विशेषण अशुद्ध रूप से प्रयुक्त है? [UP बी.एड. 2013]
(a) आप मेरी मदद करेंगे न
(b) मानसिक दासता सदा काल से चली आ रही है
(c) वह न सोता है, न खाता है
(d) वह धीरे-धीरे चला जा रहा है

3. 'रमेश गिर पड़ा'। इस वाक्य में गिर पड़ा' क्या है? [UP बी.एड. 2013]
(a) सकर्मक क्रिया (b) संयुक्त क्रिया
(c) प्रेरणार्थक क्रिया (d) सहायक क्रिया

4. निम्नलिखित में से एक वाक्य में क्रिया 'भक्षण' करने के अर्थ में प्रयुक्त हुई है, यह वाक्य है [UP बी.एड. 2012]
(a) वह हराम का पैसा खाता है
(b) वह जूते खाता है
(c) वह कसम खाता है
(d) वह आम खाता है

5. 'गिराना' किस प्रकार की क्रिया है? [UP बी.एड. 2012]
(a) यौगिक क्रिया (b) नामधातु क्रिया
(c) प्रेरणार्थक क्रिया (d) संयुक्त क्रिया

6. कौन-सा शब्द सकर्मक क्रिया है? [UP बी.एड. 2011]
(a) लिखना (b) हँसना
(c) रोना (d) सोना

7. "आप भले आए।" इस वाक्य में 'भले' क्या है? [UP बी.एड. 2010]
(a) संज्ञा (b) विशेषण
(c) सर्वनाम (d) क्रिया-विशेषण

8. 'वह घर पहुँच गया' इस वाक्य में 'पहुँच गया' निम्नलिखित में से किस क्रिया का उदाहरण है?
(a) प्रेरणार्थक क्रिया (b) द्विकर्मक क्रिया
(c) संयुक्त क्रिया (d) पूर्वकालिक क्रिया

9. 'हँसना' कैसी क्रिया है?
(a) सकर्मक क्रिया (b) अकर्मक क्रिया
(c) संयुक्त क्रिया (d) प्रेरणार्थक क्रिया

10. 'गाड़ी चलने लगी' इस वाक्य की क्रिया का रूप बताएँ
(a) द्विकर्मक क्रिया (b) सहायक क्रिया
(c) संयुक्त क्रिया (d) प्रेरणार्थक क्रिया

11. निम्न में कौन-सी सकर्मक क्रिया है?
(a) आना (b) जाना
(c) लेना (d) मरना

12. निम्नलिखित में कौन-सी अकर्मक क्रिया है?
(a) खाना (b) पीना (c) उठाना (d) आना

13. निम्नलिखित में से कौन प्रेरणार्थक क्रिया नहीं है?
(a) रहना (b) भेजना (c) चुभोना (d) रखना

14. 'वह इधर-उधर देख रहा है।' इस वाक्य में 'इधर-उधर' शब्द कौन-सी क्रिया विशेषण है?
(a) कालवाचक (b) स्थानवाचक
(c) रीतिवाचक (d) परिमाणवाचक

15. अर्थ की दृष्टि से क्रिया-विशेषण के कितने भेद होते हैं?
(a) एक (b) दो (c) तीन (d) चार

16. निम्नलिखित में किस वाक्य में क्रिया-विशेषण का प्रयोग मिलता है?
(a) राम न पढ़ता है, न खेलता है
(b) यदि वह आएगा तो मैं जाऊँगा
(c) एक धनी है तो दूसरा गरीब
(d) उमा बहुत पढ़ती है

17. 'तुम खा रहे हो' वाक्य में सहायक क्रिया है
(a) हो (b) खा (c) रहे (d) तुम

18. 'वह खाना खाकर सो गया।' इस वाक्य में कौन-सी क्रिया है?
(a) सहायक (b) पूर्वकालिक
(c) नामबोधक (d) इनमें से कोई नहीं

19. मुख्य क्रिया के अर्थ को स्पष्ट करने वाली क्रिया होती है
(a) सहायक क्रिया (b) प्रेरणार्थक क्रिया
(c) नामबोधक (d) नामधातु

20. जब क्रिया का प्रधान कर्त्ता होता है, तो कौन-सा वाच्य होता है?
(a) कर्मवाच्य (b) कर्तृवाच्य
(c) भाववाच्य (d) इनमें से कोई नहीं

21. 'राम खाना खाता है' इस वाक्य में कौन-सा वाच्य प्रयुक्त हुआ है?
(a) कर्म (b) कर्त्ता
(c) भाव (d) भाव तथा कर्त्ता

22. 'राधा से गाया नहीं गया' इस वाक्य में कौन-सा वाच्य है?
(a) कर्मवाच्य (b) कर्तृवाच्य
(c) भाववाच्य (d) इनमें से कोई नहीं

23. 'वहाँ वर्षा हुई होगी' इस वाक्य में कौन-सा काल प्रकट होता है?
(a) सन्दिग्ध (b) सम्भाव्य
(c) अपूर्ण वर्तमान (d) पूर्णभूत

24. निम्नलिखित में किस वाक्य में क्रिया वर्तमान काल में है?
(a) उसने फल खा लिए थे
(b) मैं तुम्हारा पत्र पढ़ रहा हूँ
(c) अचानक बिजली कौंध उठी
(d) कल वे आने वाले थे

25. 'राम द्वारा पढ़ाया जा रहा है।' इस वाक्य में कौन-सा वाच्य है?
(a) कर्मवाच्य (b) भाववाच्य
(c) कर्तृवाच्य (d) इनमें से कोई नहीं

26. 'जहाँ आज तुम हो, वहाँ कल मैं था' वाक्य में किस प्रकार का क्रिया-विशेषण है?
(a) साधारण क्रिया-विशेषण
(b) संयोजक क्रिया-विशेषण
(c) मूल क्रिया-विशेषण
(d) अनुबद्ध क्रिया-विशेषण

27. 'वह रात-दिन' पढ़ता रहता है इस वाक्य में किस प्रकार का 'क्रिया-विशेषण' है?
(a) संयोजक क्रिया-विशेषण
(b) स्थानीय क्रिया-विशेषण
(c) संयुक्त क्रिया-विशेषण
(d) अनुबद्ध क्रिया-विशेषण

28. 'तुम अपना हिसाब थोड़ा-थोड़ा कर चुकता कर लो' इस वाक्य में कौन-सा क्रिया-विशेषण है?
(a) संयुक्त क्रिया-विशेषण
(b) रीतिवाचक क्रिया-विशेषण
(c) परिमाणवाचक क्रिया-विशेषण
(d) स्थानीय क्रिया-विशेषण

29. निम्नलिखित में कौन अविकारी है?
(a) अव्यय (b) क्रिया-विशेषण
(c) विशेषण (d) (a) तथा (b)

30. निम्न में कौन सही नहीं है?
(a) अव्यय और क्रिया-विशेषण में कोई अन्तर नहीं होता
(b) अव्यय अविकारी होते हैं
(c) सभी अव्यय क्रिया-विशेषण नहीं होते
(d) क्रिया-विशेषण अविकारी होते हैं

31. 'वह लाचार है क्योंकि वह विकलांग है।' इस वाक्य में कौन-सा अव्यय है?
(a) संकेतवाचक
(b) कारणवाचक
(c) परिमाणवाचक
(d) समुच्चयबोधक

32. निम्नांकित में से किस वाक्य में क्रिया-विशेषण का प्रयोग नहीं है?
(a) वह कपड़े साफ धोता है
(b) वह धीरे-धीरे पढ़ता है
(c) आम मीठा है
(d) समोसे ताजे बन रहे हैं

33. जिस शब्द से क्रिया के होने का समय निर्धारित हो, उसे कहते हैं
(a) कारक (b) काल
(c) अव्यय (d) क्रिया-विशेषण

34. निम्न में से किस वाक्य में क्रिया-विशेषण का अशुद्ध प्रयोग हुआ है?
(a) वह मन से पढ़ता है
(b) वह चुपचाप से चला गया
(c) तब की बात कुछ और थी
(d) यह पुस्तक उससे कहीं अच्छी है

35. किस वाक्य में क्रिया-विशेषण का प्रयोग नहीं है?
(a) राम जाता है
(b) सीता भोजन पकाती है
(c) उसने रोते-रोते कहा
(d) वह जाएगा

36. 'सीता पानी पीती है' इस वाक्य में 'वाच्य' का कौन-सा रूप प्रयुक्त है?
(a) कर्तृवाच्य
(b) भाववाच्य
(c) कर्मवाच्य
(d) उपरोक्त में से कोई नहीं

37. 'उससे पढ़ा ही नहीं जाता' इस वाक्य में 'वाच्य' का कौन-सा रूप प्रयुक्त है?
(a) भाववाच्य (b) कर्तृवाच्य
(c) कर्मवाच्य (d) इनमें से कोई नहीं

38. निम्न में से कौन अव्यय का भेद नहीं है ?
(a) क्रिया-विशेषण अव्यय
(b) समुच्चयबोधक अव्यय
(c) सम्बन्धबोधक अव्यय
(d) गुणवाचक अव्यय

39. प्रयोग की दृष्टि से क्रिया-विशेषण का भेद नहीं है
(a) साधारण क्रिया-विशेषण
(b) संयोजक क्रिया-विशेषण
(c) अनुबद्ध क्रिया-विशेषण
(d) परिमाणवाचक क्रिया-विशेषण

40. रूप की दृष्टि से निम्न में कौन क्रिया-विशेषण का भेद नहीं है?
(a) मूल (b) यौगिक
(c) स्थानीय (d) साधारण

41. 'थोड़ा धैर्य रखो, सब ठीक हो जाएगा' वाक्य में किस प्रकार की क्रिया-विशेषण है?
(a) यौगिक
(b) साधारण
(c) परिमाणवाचक
(d) स्थानीय

42. किस वाक्य में क्रिया भूतकाल में नहीं है?
(a) वह पढ़ रहा था
(b) उसने पढ़ाई की थी
(c) वह पढ़ने वाला है
(d) उसने पढ़ाई कर ली थी

43. निम्न में कौन-सा शब्द अविकारी नहीं है?
(a) हाथी (b) यहाँ
(c) इधर (d) उधर

44. इसमें कौन-सा तात्कालिक वर्तमान काल का उदाहरण है?
(a) वह जाता है (b) वह जा चुका है
(c) वह जा रहा है (d) वह जाता होगा

45. 'मोहन, उठकर बाहर जाओ, फूल ले आओ' इस वाक्य में 'बाहर' किस प्रकार का शब्द है?
(a) संज्ञा (b) विशेषण
(c) अव्यय (d) क्रिया-विशेषण

46. किस वाक्य में क्रिया वर्तमान काल में है?
(a) उसने फल खा लिए थे
(b) मोहन जा रहा है
(c) तुम कल आने वाले थे
(d) मैं पटना जाऊँगा

47. 'चिड़िया आकाश में उड़ रही है' वाक्य में 'उड़' क्रिया किस प्रकार की है?
(a) सकर्मक (b) अकर्मक
(c) यौगिक (d) संयोजक

48. 'उमा नौकर से दूध मँगवाती है' वाक्य में कौन-सी क्रिया है?
(a) प्रेरणार्थक (b) सहायक
(c) अकर्मक (d) सकर्मक

49. संज्ञा अथवा विशेषण से बनने वाली 'क्रिया' कहलाती है?
(a) यौगिक क्रिया (b) नामधातु क्रिया
(c) सकर्मक क्रिया (d) सहायक क्रिया

50. 'नीता कपड़े धोती है' वाक्य में क्रिया है
(a) अकर्मक (b) सकर्मक
(c) संयुक्त (d) नामधातु

51. 'निशान्त दौड़ रहा है' वाक्य में क्रिया है
(a) अकर्मक (b) सकर्मक
(c) संयुक्त (d) प्रेरणार्थक

उत्तरमाला

1. (d)	**2.** (b)	**3.** (b)	**4.** (d)	**5.** (c)	**6.** (a)	**7.** (d)	**8.** (b)	**9.** (b)	**10.** (a)
11. (b)	**12.** (d)	**13.** (a)	**14.** (b)	**15.** (b)	**16.** (a)	**17.** (a)	**18.** (b)	**19.** (a)	**20.** (b)
21. (a)	**22.** (c)	**23.** (b)	**24.** (b)	**25.** (b)	**26.** (b)	**27.** (c)	**28.** (c)	**29.** (d)	**30.** (a)
31. (b)	**32.** (c)	**33.** (b)	**34.** (b)	**35.** (a)	**36.** (c)	**37.** (a)	**38.** (d)	**39.** (d)	**40.** (d)
41. (c)	**42.** (c)	**43.** (a)	**44.** (c)	**45.** (c)	**46.** (b)	**47.** (b)	**48.** (a)	**49.** (b)	**50.** (b)
51. (a)									

अध्याय

7

सन्धि

दो वर्णों के मेल से उत्पन्न होने वाले परिवर्तन को **सन्धि** कहते हैं। सन्धि में दो शब्द या पद एक दूसरे से जुड़कर एक नये शब्द का निर्माण करते हैं। पहले शब्द का अन्तिम वर्ण दूसरे शब्द के प्रथम वर्ण से मिलकर विकार उत्पन्न करते हैं। यह विकारजन्य सम्पर्क ही 'सन्धि' है। सन्धि को समझकर वर्णों को पृथक् करना जिससे वे मूल रूप में आ जाएँ, 'सन्धि-विच्छेद' कहलाता है।

वर्णों के आधार पर सन्धि तीन प्रकार की होती हैं **1.** स्वर सन्धि, **2.** व्यंजन सन्धि तथा **3.** विसर्ग सन्धि

स्वर सन्धि

दो स्वरों के मिलने से जो विकार या रूप-परिवर्तन होता है, उसे स्वर सन्धि कहते हैं। दो स्वर आपस में मिलकर एक अन्य स्वर का निर्माण करते हैं तथा आपस में जुड़े शब्दों से एक तीसरे अर्थपूर्ण शब्द की उत्पत्ति करते हैं। स्वर सन्धि में स्वरों का आपसी मेल होता है।

स्वर सन्धि के पाँच भेद हैं (i) दीर्घ स्वर सन्धि, (ii) गुण स्वर सन्धि, (iii) वृद्धि स्वर सन्धि, (iv) यण स्वर सन्धि तथा (v) अयादि स्वर सन्धि।

दीर्घ स्वर सन्धि

दो सजातीय अथवा सवर्ण स्वर (**जैसे** अ, आ) मिलकर दीर्घ स्वर के रूप में परिवर्तित होते हैं। ऐसी सन्धि को दीर्घ स्वर सन्धि कहते हैं। यदि अ, आ, इ, ई, उ, ऊ तथा ऋ के बाद ही ह्रस्व या दीर्घ स्वर जुड़ता है तो दोनों मिलकर आ, ई, ऊ, तथा ॠ के रूप में सामने आते हैं।

उदाहरण

अन्न	+	अभाव	= अन्नाभाव	(अ + अ = आ)
देव	+	आलय	= देवालय	(अ + आ = आ)
विद्या	+	अर्थी	= विद्यार्थी	(आ + अ = आ)
विद्या	+	आलय	= विद्यालय	(आ + आ = आ)
रवि	+	इन्द्र	= रवीन्द्र	(इ + इ = ई)
हरि	+	ईश	= हरीश	(इ + ई = ई)
रजनी	+	ईश	= रजनीश	(ई + ई = ई)
भानु	+	उदय	= भानूदय	(उ + उ = ऊ)
स्वयंभू	+	उदय	= स्वयंभूदय	(ऊ + उ = ऊ)
पितृ	+	ऋण	= पितृण	(ऋ + ऋ = ॠ)

गुण स्वर सन्धि

अ या आ (सजातीय स्वर) के बाद यदि अन्य सजातीय स्वर (इ, ई या उ, ऊ) ऋ जुड़ता है तो ए, ओ और अर् हो जाता है।

उदाहरण

सुर	+	इन्द्र	= सुरेन्द्र	(अ + इ = ए)
देव	+	ईश	= देवेश	(अ + ई = ए)
रमा	+	इन्द्र	= रमेन्द्र	(आ + इ = ए)
सूर्य	+	उदय	= सूर्योदय	(अ + उ = ए)
समुद्र	+	ऊर्मि	= समुद्रोर्मि	(अ + उ = ओ)
महा	+	उदय	= महोदय	(आ + उ = ओ)
गंगा	+	ऊर्मि	= गंगोर्मि	(आ + ऊ = ओ)
देव	+	ऋषि	= देवर्षि	(अ + ऋ = अर्)
महा	+	ऋषि	= महर्षि	(आ + ऋ = अर्)

वृद्धि स्वर सन्धि

'अ' या 'आ' के बाद 'ए' या 'ऐ' हो, तो दोनों मिलकर 'ऐ' और 'ओ' या 'औ' रहे तो दोनों मिलकर 'औ' हो जाता है। स्वर वर्ण के इस विकार को वृद्धि स्वर सन्धि कहते हैं।

उदाहरण

एक	+	एक	= एकैक	(अ + ए = ऐ)
मत	+	ऐक्य	= मतैक्य	(अ + ऐ = ऐ)
सदा	+	एव	= सदैव	(आ + ए = ऐ)
शिवा	+	ऐश्वर्य	= शिवैश्वर्य	(आ + ए = ऐ)
परम	+	ओजस्वी	= परमौजस्वी	(अ + ओ = औ)
परम	+	औषध	= परमौषध	(अ + औ = औ)

यण स्वर सन्धि

इ, ई, उ, ऊ तथा ऋ के बाद यदि कोई भिन्न तथा विजातीय स्वर आता है तो इ, ई, का 'य्', उ, ऊ का 'व्' तथा 'ऋ' की जगह 'र्' हो जाता है। स्वर वर्ण के बाद इस विकार को यण स्वर सन्धि कहते हैं।

उदाहरण

यदि	+	अपि	= यद्यपि	(इ + अ = य्)
इति	+	आदि	= इत्यादि	(इ + आ = य्)
अति	+	उत्तम	= अत्युत्तम	(इ + उ = य)
नि	+	ऊन	= न्यून	(इ + ऊ = य)
नदी	+	अर्पण	= नद्यर्पण	(ई + अ = य)
देवी	+	आगमन	= देव्यागमन	(ई + आ = य)
मनु	+	अंतर	= मन्वंतर	(उ + अ = व)
सु	+	आगत	= स्वागत	(उ + आ = व)
अनु	+	एषण	= अन्वेषण	(उ + ए = व)
पितृ	+	अनुमति	= पित्रनुमति	(ऋ + अ = र्)
मातृ	+	आनन्द	= मात्रानन्द	(ऋ + आ = र्)

अयादि स्वर सन्धि

ए, ऐ, ओ या औ के बाद कोई भिन्न अथवा विजातीय स्वर आता है तो यह मेल ए का 'अय्', ऐ का 'आय्', ओ का 'अव' तथा औ का 'आव्' हो जाता है।

उदाहरण

ने	+ अन	= नयन	(ए + अ = अय्)
नै	+ अक	= नायक	(ऐ + अ = आय्)
पो	+ अन	= पवन	(ओ + अ = अव्)
पौ	+ अन	= पावन	(औ + अ = आव्)

व्यंजन सन्धि

व्यंजन से स्वर अथवा व्यंजन के मेल से उत्पन्न विकार को व्यंजन सन्धि कहा जाता है।

- यदि क्, च्, ट्, त्, प् के बाद किसी वर्ग का तृतीय या चतुर्थ वर्ण आता है या य, र, ल, व तथा कोई स्वर आये तो क्, च्, ट्, त्, प् के स्थान पर इसी वर्ग का तीसरा वर्ण आ जाता है; **जैसे**

दिक्	+ गज	= दिग्गज	(क् + ग = ग)
सत्	+ वाणी	= सद्वाणी	(त् + व = द्)
दिक्	+ अन्त	= दिगंत	(क् + अ = ग)

- यदि क्, च्, ट्, त्, प् के बाद न् या म् के मेल से क्, च्, ट्, त्, प् अपने वर्ग के पंचम वर्ण में रूपान्तरित हो जाता है; **जैसे**

वाक्	+ मय	= वाङ्मय	(क् + म = ङ)
उत्	+ नति	= उन्नति	(त् + न = न)
जगत्	+ नाथ	= जगन्नाथ	(त् + न = न)

- त् या ट् के बाद यदि च् या फ् हो तो त् या ट् के बदले च्; ज या झ हो तो ज; ट् या ठ् हो तो ट्; ड् या ढ् हो तो ड तथा ल् हो तो ल हो जाता है; **जैसे**

उत्	+ चारण	= उच्चारण	(त् + च = च)
सत्	+ जन	= सज्जन	(त् + ज = ज)
उत्	+ डयन	= उड्डयन	(त् + ड = ड)
उत्	+ लास	= उल्लास	(त् + ल = ल)

- म् के बाद यदि कोई स्पर्श व्यंजन वर्ण आये तो म का अनुस्वार तथा बाद वाले वर्ण का रूपान्तरण स्पर्श व्यंजन के वर्ग का पंचम वर्ण हो जाता है; **जैसे**

अहम्	+ कार	= अहंकार	(म् + क = ङ्)
सम्	+ गम	= संगम	(म् + ग = ङ्)
किम्	+ चित	= किंचित	(म् + च = ञ्)

- त वर्ग का च वर्ग से योग में च वर्ग तथा त वर्ग के ष्कार से योग में ट वर्ग हो जाता है; **जैसे**

महत्	+ छत्र	= महच्छत्र	(त् + छ = छ)
द्रष्	+ ता	= द्रष्टा	(ष् + त् = ट)

- किसी वर्ग के अन्तिम वर्ण को छोड़कर शेष वर्णों के साथ 'ह' का मेल होता है तो ह उस वर्ग का चतुर्थ वर्ण हो जाता है तथा ह के साथ जुड़ने वाला वर्ण अपने वर्ग का तीसरा वर्ण हो जाता है; **जैसे**

उत्	+ हत	= उद्धत	(त् + ह = ध्)
उत्	+ हार	= उद्धार	(त् + ह = ध्)

- ह्रस्व स्वर के बाद 'छ' हो तो 'छ' के पहले 'च्' जुड़ जाता है। दीर्घ स्वर के बाद 'छ' होने पर भी ऐसा ही होता है; **जैसे**

अनु	+ छेद	= अनुच्छेद
परि	+ छेद	= परिच्छेद
शाला	+ छादन	= शालाच्छादन

विसर्ग सन्धि

विसर्ग के साथ स्वर या व्यंजन के मेल से जो विकार उत्पन्न होता है, उसे विसर्ग सन्धि कहते हैं।

- यदि विसर्ग के बाद च, छ हो तो विसर्ग का 'श'; 'ट, ठ' हो तो 'ष' और 'त, थ' हो तो 'स' हो जाता है; **जैसे**

निः	+ चय	= निश्चय	(विसर्ग + च = श्)
धनुः	+ टंकार	= धनुष्टंकार	(विसर्ग + ट = ष्)
निः	+ तार	= निस्तार	(विसर्ग + त = स्)

- यदि विसर्ग के पहले इकार या उकार हो तथा विसर्ग के बाद क, ख, प, फ वर्ण हो तो विसर्ग का ष् हो जाता है; **जैसे**

निः	+ कपट	= निष्कपट
निः	+ फल	= निष्फल
निः	+ पाप	= निष्पाप

- यदि विसर्ग से पहले 'अ' हो तथा उससे जुड़ने वाला वर्ण क, ख, प, फ कुछ भी हो विसर्ग यथावत् रहता है; **जैसे**

प्रातः	+ काल	= प्रातःकाल
पयः	+ पान	= पयःपान

- यदि विसर्ग के पहले 'अ' हो तथा उससे जुड़ने वाले शब्द का पहला वर्ण भी 'अ' हो तो विसर्ग 'ओकार' हो जाता है तथा 'अ' का लोप हो जाता है; **जैसे**

प्रथमः	+ अध्याय	= प्रथमोध्याय
यशः	+ अभिलाषी	= यशोभिलाषी

- यदि विसर्ग के पहले 'अ' हो और उससे जुड़ने वाला वर्ण अपने वर्ग का तीसरा, चौथा या पाँचवाँ वर्ण या य, र, ल, व, ह रहे तो विसर्ग 'उ' हो जाता है, यह 'उ' पूर्ववर्ती 'अ' से मिलकर 'ओ' हो जाता है; **जैसे**

मनः	+ रथ	= मनोरथ
यशः	+ धरा	= यशोधरा
यशः	+ दा	= यशोदा

- यदि विसर्ग के पहले 'अ' और 'आ' को छोड़कर कोई दूसरा स्वर आये अथवा जुड़ने वाले वर्ण में कोई स्वर हो या वह वर्ण अपने वर्ग का तीसरा, चौथा तथा पाँचवाँ वर्ण हो या य, र, ल, व, ह हो तो विसर्ग 'र' हो जाता है; **जैसे**

निः	+ उपाय	= निरुपाय
दुः	+ आत्मा	= दुरात्मा
निः	+ गुण	= निर्गुण

- यदि 'इ' 'उ' के बाद विसर्ग हो और उसके बाद 'र' आये, तो 'इ', 'उ' का 'ई', 'ऊ' हो जाता है तथा विसर्ग लुप्त हो जाता है; **जैसे**

निः	+ रव	= नीरव
दुः	+ राज	= दूराज
निः	+ रस	= नीरस

महत्त्वपूर्ण सन्धियाँ

सन्धि-विच्छेद	सन्धि	सन्धि-विच्छेद	सन्धि	सन्धि-विच्छेद	सन्धि	सन्धि-विच्छेद	सन्धि
अभि + उदय	= अभ्युदय	उत् + नयन	= उन्नयन	उत् + श्वास	= उच्छ्वास	भाग्य + उदय	= भाग्योदय
अति + अधिक	= अत्यधिक	उन् + माद	= उन्माद	उत् + योग	= उद्योग	मुनि + इन्द्र	= मुनीन्द्र
अति + आचार	= अत्याचार	तथा + एव	= तथैव	उत् + भव	= उद्भव	मही + इन्द्र	= महीन्द्र
आत्म + उत्सर्ग	= आत्मोत्सर्ग	तिरः + कार	= तिरस्कार	कृत् + अन्त	= कृदन्त	स्व + अर्थ	= स्वार्थ
अम्बु + ऊर्मि	= अम्बूर्मि	तपः + वन	= तपोवन	भो + अन	= भवन	सम् + योग	= संयोग
आशीः + वाद	= आशीर्वाद	देव + इन्द्र	= देवेन्द्र	पो + अन	= पवन	सत् + चरित्र	= सच्चरित्र
आविः + कार	= आविष्कार	देव + ईश	= देवेश	पौ + अन	= पावन	सप्त + ऋषि	= सप्तर्षि
अतः + एव	= अतएव	दिक् + अम्बर	= दिगम्बर	पौ + अक	= पावक	सरः + ज	= सरोज
अहः + निश	= अहर्निश	दुः + दिन	= दुर्दिन	पौ + इत्र	= पवित्र	श्रेयः + कर	= श्रेयस्कर
अध + गति	= अधोगति	दुः + जन	= दुर्जन	मनः + ज	= मनोज	सदा + एव	= सदैव
इति + आदि	= इत्यादि	नमः + कार	= नमस्कार	मृग + इन्द्र	= मृगेन्द्र	सम् + गठन	= संगठन
उप + ईक्षा	= उपेक्षा	निः + जल	= निर्जल	दीप + ईश	= दीपेश	सम् + वाद	= संवाद
उत् + गम	= उद्गम	परम + ईश्वर	= परमेश्वर	जीत + ईश	= जीतेश	वधू + उत्सव	= वधूत्सव

अभ्यास प्रश्न

1. 'वाग्दान' का सन्धि-विच्छेद होगा [UP बी.एड. 2014]
(a) वाक् + दान (b) वाग + दान
(c) वाग्द + अन (d) वग + दान

2. 'उद्योग' में कौन-सी सन्धि है? [UP बी.एड. 2014]
(a) स्वर (b) विसर्ग
(c) व्यंजन (d) इनमें से कोई नहीं

3. 'व्यायाम' में कौन-सी सन्धि है? [UP बी.एड. 2014]
(a) दीर्घ (b) गुण
(c) यण (d) इनमें से कोई नहीं

4. 'घर पर माँ है।' इस वाक्य में 'पर' किस कारक की विभक्ति है? [UP बी.एड. 2014]
(a) सम्बन्ध (b) अपादान
(c) अधिकरण (d) सम्प्रदान

5. राजर्षि का सन्धि-विच्छेद है [UP बी.एड. 2013]
(a) राज + ऋषि (b) रज + ऋषि
(c) राजः + ऋषि (d) रा + ऋषि

6. 'प्रत्येक' का सन्धि-विच्छेद है [UP बी.एड. 2013]
(a) प्रति + इक (b) प्रति + एक
(c) प्रति + यक् (d) प्रत + येक

7. सूर्योदय का सन्धि-विच्छेद क्या होगा? [UP बी.एड. 2013]
(a) सूर्यो + दय
(b) सूर्य + उदय
(c) सूर्य + दय
(d) सूर्या + उदय

8. 'अभ्यर्थी' में कौन-सी सन्धि है? [UP बी.एड. 2013]
(a) दीर्घ सन्धि (b) यण सन्धि
(c) अयादि सन्धि (d) गुण सन्धि

9. 'निष्फल' किस प्रकार की सन्धि है? [UP बी.एड. 2013]
(a) स्वर सन्धि (b) व्यंजन सन्धि
(c) विसर्ग सन्धि (d) गुण स्वर सन्धि

10. 'व्यर्थ' का सही सन्धि-विच्छेद क्या है? [UP बी.एड. 2013]
(a) व्य + अर्थ (b) व्यय + र्थ
(c) वि + अर्थ (d) व्यः + अर्थ

11. 'गायक' का सही सन्धि-विच्छेद क्या है? [UP बी.एड. 2013]
(a) गै + अक (b) गा + अक
(c) गे + अक (d) गा + इक

12. 'शंकर' का सही सन्धि-विच्छेद क्या है? [UP बी.एड. 2012]
(a) शम् + कर
(b) शं + कर
(c) शन् + कर
(d) शनः + कर

13. 'अन्वेषण' का शुद्ध सन्धि-विच्छेद है [UP बी.एड. 2012]
(a) अन्वेष + ण (b) अन्वे + षण
(c) अनु + वेषण (d) अनु + एषण

14. 'तल्लीन' शब्द में सही उपसर्ग का विच्छेद है [UP बी.एड. 2012]
(a) तल् + लीन (b) तद् + लीन
(c) तत + लीन (d) तत् + लीन

15. 'चन्द्रोदय' में सन्धि है [UP बी.एड. 2011]
(a) दीर्घ सन्धि (b) गुण सन्धि
(c) वृद्धि सन्धि (d) यण् सन्धि

16. 'सत्कर्म' का सन्धि-विच्छेद है [UP बी.एड. 2011]
(a) सत + कर्म (b) सतत् + कर्म
(c) सत् + कर्म (d) राग + कर्म

17. 'सतचयन' का सन्धि-विच्छेद है [UP बी.एड. 2010]
(a) सत् + चयन (b) सत + चयन
(c) सद् + चयन (d) सम् + चयन

18. 'पावक' का सन्धि-विच्छेद है [UP बी.एड. 2010]
(a) पो + अक (b) पा + अक
(c) पौ + अक (d) प + अक

19. 'जगदीश' का सन्धि-विच्छेद है [UP बी.एड. 2010]
(a) जगत् + ईश (b) जग + ईश
(c) जगद् + ईश (d) जग + दीश

निर्देश (प्र.सं. 20 और 21) *निम्नलिखित शब्दों में कौन-सी सन्धि है?*

20. महर्षि: [UP बी.एड. 2008]
(a) स्वर सन्धि
(b) व्यंजन सन्धि
(c) विसर्ग सन्धि
(d) स्वर और विसर्ग सन्धि

21. स्वागतम् [UP बी.एड. 2008]
(a) गुण सन्धि (b) यण सन्धि
(c) वृद्धि सन्धि (d) दीर्घ सन्धि

निर्देश (प्र.सं. 22 और 23) *निम्नलिखित शब्दों का शुद्ध सन्धि-विच्छेद चुनिए।*

22. महोत्सव [UP बी.एड. 2008]
(a) महो + उत्सव (b) मह + उत्सव
(c) महा + उत्सव (d) महो + त्सव

23. यशोदा [UP बी.एड. 2008]
(a) यश + उदा (b) यशः + दा
(c) यशः । उदा (d) यशो + दा

28 सन्धि

24. 'अन्तर्गत' का सन्धि-विच्छेद क्या है?
(a) अन्तः + गत (b) अन्तर + गत
(c) अन्त + गर्त (d) अन्त + गत

25. 'नारायण' का सही-सन्धि विच्छेद क्या है?
(a) नर + आयण (b) नार + आयन
(c) नार + अयन (d) नार + अयण

26. 'नायक' का सन्धि-विच्छेद क्या है?
(a) ना + अक (b) ना + अक
(c) ने + अक (d) नै + अक

27. 'साष्टांग' का सन्धि-विच्छेद क्या है?
(a) सास + टांग
(b) सा + अष्टांग
(c) स + अष्ट + अंग
(d) सः + अष्ट + अंग

28. 'नमस्कार' में निम्न में से कौन-सी सन्धि है?
(a) विसर्ग सन्धि
(b) व्यंजन सन्धि
(c) यण् स्वर सन्धि
(d) दीर्घ स्वर सन्धि

29. 'यद्यपि' में निम्न में से कौन-सी सन्धि है?
(a) यण स्वर सन्धि (b) गुण स्वर सन्धि
(c) वृद्धि स्वर सन्धि (d) अयादि स्वर सन्धि

30. 'वेदर्षि' में कौन-सी सन्धि है?
(a) गुण स्वर सन्धि (b) दीर्घ स्वर सन्धि
(c) व्यंजन सन्धि (d) विसर्ग सन्धि

31. 'लघूर्मि' में कौन-सी सन्धि है?
(a) अयादि स्वर सन्धि (b) दीर्घ स्वर सन्धि
(c) वृद्धि स्वर सन्धि (d) यण् स्वर सन्धि

32. 'वार्तालाप' का सही सन्धि-विच्छेद क्या है?
(a) वार्ता + अलाप (b) वार्ता + आलाप
(c) वर्ता + अलाप (d) वार्ताः + आलाप

33. 'हितैषी' का सही सन्धि-विच्छेद क्या है?
(a) हितै + अषी (b) हित + ऐषी
(c) हित + एषी (d) हिः + अषी

34. 'पुनर्जन्म' का सही सन्धि-विच्छेद क्या है?
(a) पुनः + जन्म (b) पुनर् + जन्म
(c) पुनः + आजन्म (d) पुन + जर्न्म

35. 'निर्मल' का सही सन्धि-विच्छेद क्या है?
(a) नीः + मल (b) निः + मल
(c) नि + र्मल (d) नि + मल

36. 'मुनीश' में कौन-सी सन्धि है?
(a) दीर्घ स्वर सन्धि (b) वृद्धि स्वर सन्धि
(c) गुण स्वर सन्धि (d) यण् स्वर सन्धि

37. 'देवी + ऐश्वर्य' किसका सन्धि-विच्छेद है?
(a) देवेश्वर्य (b) देवैश्वर्य
(c) देवीश्वर्य (d) देवोश्वर्य

38. 'भौ + ऊक' किसका सन्धि-विच्छेद है?
(a) भौंक (b) भावुक
(c) भौमक (d) भौइक

39. 'वाक् + मय' किस शब्द का सन्धि-विच्छेद है?
(a) वाक्मय (b) वाङ्मय
(c) वायकोम (d) वाक्यम्

40. 'विद्याभ्यास' का सन्धि-विच्छेद क्या होगा?
(a) विद्या + अभियास (b) विद्य + अभ्यास
(c) विद्या + अभ्यास (d) विद्या + भ्यास

41. 'पित्रादेश' का सन्धि-विच्छेद क्या होगा?
(a) पित्र + आदेश (b) पितृ + आदेश
(c) पित्रा + आदेश (d) पिता + देश

42. सन्धि के मुख्य भेद हैं
(a) दो (b) तीन (c) चार (d) पाँच

43. दो स्वरों के योग से बनने वाला शब्द किस सन्धि के अन्तर्गत आता है?
(a) यण सन्धि (b) व्यंजन सन्धि
(c) विसर्ग सन्धि (d) स्वर सन्धि

44. निम्न में से कौन स्वर सन्धि का भेद नहीं है?
(a) विसर्ग सन्धि (b) दीर्घ सन्धि
(c) यण सन्धि (d) गुण सन्धि

45. किस सन्धि में स्वरों का परिवर्तन य्, र्, ल्, व् में होता है?
(a) अयादि सन्धि (b) वृद्धि सन्धि
(c) गुण सन्धि (d) यण् सन्धि

46. सजातीय लघु तथा दीर्घ स्वरों का मिलकर दीर्घ होने का लक्षण किस सन्धि में होता है?
(a) दीर्घ सन्धि (b) वृद्धि सन्धि
(c) गुण सन्धि (d) अयादि सन्धि

47. विसर्ग सन्धि में किसका मेल होता है?
(a) विसर्ग के साथ विसर्ग
(b) विसर्ग के साथ स्वर या व्यंजन
(c) विसर्ग और स्वर
(d) विसर्ग और व्यंजन

48. निम्न में से कौन-सा सन्धि-विच्छेद 'व्यंजन सन्धि' में नहीं आता?
(a) उत् + अय (b) किम् + चित
(c) जगत + नाथ (d) पौ + अन

49. 'प्रत्येक' में कौन-सी सन्धि है?
(a) यण (b) गुण
(c) वृद्धि (d) अयादि

50. निम्न में से किसमें व्यंजन सन्धि नहीं है?
(a) दिग्गज (b) निर्विकार
(c) अहंकार (d) संसार

51. निम्न में से कौन विसर्ग सन्धि नहीं है?
(a) निः + कपट (b) पदः + उन्नति
(c) सरः + ज (d) निः + उपाय

52. 'पवन' का सही सन्धि-विच्छेद क्या है?
(a) पव + अन् (b) पव + न्
(c) पः + अवन (d) पो + अन

53. इत्यादि का सही सन्धि-विच्छेद क्या है?
(a) इति + यादि (b) इति + आदि
(c) इत्य + आदि (d) इती + आदि

54. 'यशोगान' का सही सन्धि-विच्छेद क्या है?
(a) यशः + गान (b) यशो + गान
(c) यशः + उगान (d) यशो + उगान

55. निम्न में से किस शब्द में विसर्ग सन्धि नहीं है?
(a) निश्चय (b) निष्ठुर
(c) नितान्त (d) निश्छल

56. 'महोदय' का उचित सन्धि-विच्छेद है
(a) महा + ऊदय (b) महा + उदय
(c) महो + दय (d) महा + ओदय

57. 'महौषधम' में कौन-सी सन्धि है?
(a) दीर्घ (b) वृद्धि
(c) गुण (d) अयादि

58. 'निश्छल' में कौन-सी सन्धि है?
(a) विसर्ग (b) यण
(c) दीर्घ (d) गुण

59. 'विपज्जाल' शब्द का सन्धि-विच्छेद है
(a) विपः + जाल (b) विपत् + जाल
(c) विपस + जाल (d) विपद् + जाल

60. 'कपीश' में कौन-सी सन्धि है?
(a) दीर्घ (b) वृद्धि (c) गुण (d) यण

61. निम्न में से 'नयन' का सही सन्धि-विच्छेद क्या है?
(a) न + अयन (b) नः + अयन
(c) ने + अन (d) नय + अयन

62. निम्न में से कौन यण सन्धि का शब्द नहीं है?
(a) अत्याचार (b) स्वागत
(c) तथैव (d) अत्यधिक

उत्तरमाला

1. (a)	**2.** (c)	**3.** (c)	**4.** (c)	**5.** (a)	**6.** (b)	**7.** (b)	**8.** (b)	**9.** (c)	**10.** (c)
11. (a)	**12.** (a)	**13.** (d)	**14.** (d)	**15.** (b)	**16.** (c)	**17.** (a)	**18.** (c)	**19.** (a)	**20.** (a)
21. (b)	**22.** (c)	**23.** (b)	**24.** (a)	**25.** (c)	**26.** (d)	**27.** (c)	**28.** (a)	**29.** (a)	**30.** (a)
31. (b)	**32.** (b)	**33.** (c)	**34.** (a)	**35.** (b)	**36.** (a)	**37.** (b)	**38.** (b)	**39.** (b)	**40.** (c)
41. (b)	**42.** (b)	**43.** (d)	**44.** (a)	**45.** (d)	**46.** (a)	**47.** (b)	**48.** (d)	**49.** (a)	**50.** (b)
51. (b)	**52.** (d)	**53.** (b)	**54.** (a)	**55.** (c)	**56.** (b)	**57.** (b)	**58.** (a)	**59.** (b)	**60.** (a)
61. (c)	**62.** (c)								

अध्याय

8 लिंग, वचन तथा कारक

लिंग

शब्द की जाति लिंग कहलाती है। संज्ञा के जिस रूप से व्यक्ति या वस्तु के नर अथवा मादा जाति का पता चलता है, उसे 'लिंग' कहते हैं।

संस्कृत में संज्ञा के तीन भेद बताए गए हैं। ये हैं पुल्लिंग, स्त्रीलिंग तथा नपुंसक लिंग। हिन्दी में शब्दों को दो लिंगों में रखा गया है। यहाँ नपुंसक लिंग नहीं है। हिन्दी में सारे जड़ अथवा चेतन शब्द पुल्लिग तथा स्त्रीलिंग दो लिंगों में विभक्त हैं।

हिन्दी में लिंगों की अभिव्यक्ति वाक्यों में होती है। वाक्य प्रयोग द्वारा संज्ञा शब्दों के लिंग का भेद स्पष्ट होता है। वाक्यों में लिंग सर्वनाम, विशेषण, क्रिया तथा कारक की विभक्तियों में विकार से उत्पन्न होता है।

लिंग-निर्णय

सर्वनाम में विकार से

मेरी घड़ी सुन्दर है।

('घड़ी' स्त्रीलिंग के कारण सर्वनाम में विकार उत्पन्न हुआ)

मेरा मकान अच्छा है। ('मकान' पुल्लिग है)

विशेषण में विकार से

वह **बड़ा** मकान है। वह **बड़ी** घड़ी है।

क्रिया में विकार से

रोटी **जली** है। (जलना में विकार 'रोटी' स्त्रीलिंग के कारण)

बुढ़ापा **आ** गया ('बुढ़ापा' पुल्लिग के अनुसार क्रिया)

विभक्ति में विकार से

गुलाब **का** लाल रंग सुन्दर है। उस**की** नाक कट गई।

तत्सम शब्दों का लिंग-निर्णय

- तत्सम शब्द जिनके अन्त में 'त्र', 'न', 'ज', त्व, त्य, व, य होता है, पुल्लिग शब्द होते हैं। वैसे कई शब्द अपवाद स्वरूप हो सकते हैं; **जैसे** पवन का प्रयोग दोनों लिंगों में होता है।
- तत्सम शब्द जिनके अन्त में 'आर', 'आय' तथा 'आस' हो, वे भी पुल्लिग होते हैं; **जैसे** समुदाय, अध्याय, विकास, विकार इत्यादि।
- अ-प्रत्ययान्त, त-प्रत्ययान्त तथा ख-प्रत्ययान्त वाले तत्सम शब्द भी होते हैं; **जैसे** जय, पराजय, गणित, फलित, नख, मुख, लेख इत्यादि।
- तत्सम शब्दों में आकारान्त, नाकारान्त, उकारान्त, ईकारान्त, इकारान्त, तथा 'ता' तथा इमा प्रत्ययान्त वाली भाववाचक संज्ञाएँ स्त्रीलिंग होती हैं। इसमें भी कतिपय अपवाद हैं, जो प्रयोग के आधार पर पुल्लिंग शब्द बन गए। इकारान्त शब्द वारि, जलधि, पाणि, गिरि, बलि, आदि इत्यादि शब्द पुल्लिंग हैं।
- उकारान्त शब्दों में मधु, अश्रु, तालु, मेरु, सेतु, हेतु इत्यादि पुल्लिग शब्द हैं।

तत्सम पुल्लिंग शब्दों के उदाहरण

पत्र, मित्र, गगन, पालन, कार्य, माधुर्य, प्रसार, प्रहार, विहार, कमल, व्यवसाय, क्रोध, मोद, सुख, मेघ, अलंकार, यवन, रविवार, अपराध, विवाह, निबन्ध, अनुच्छेद, नाटक, आवास, प्रतिवेदन, संकल्प, उत्पादन, संस्करण, शासन, विवाद, विरोध इत्यादि।

तत्सम स्त्रीलिंग शब्दों के उदाहरण

दया, माया, ममता, शोभा, प्रार्थना, प्रस्तावना, सुन्दरता, कला, गणना, परीक्षा, योग्यता, शिक्षा, समता, सेना, सूचना, कृति, स्थिति, विकृति, क्षति, हानि, नदी, मृत्यु, वायु, महिमा, गरिमा, कालिमा, लालिमा, वस्तु, कुण्डली, अग्नि, शान्ति, क्रान्ति, इच्छा, भाषा, विधा

तद्भव शब्दों का लिंग-निर्णय

- ऊनवाचक संज्ञाओं को छोड़कर सभी तद्भव आकारान्त संज्ञाएँ पुल्लिग हैं; **जैसे** कपड़ा, पहिया, आटा इत्यादि।
- जिन तद्भव भाववाचक संज्ञाओं के अन्त में ना, आव, पन, वा, पा इत्यादि होता है, पुल्लिग शब्द होते हैं; **जैसे** गाना, चढ़ाव, बुढ़ापा इत्यादि।
- 'आन' कृदन्तान्त संज्ञाएँ पुल्लिग होती हैं; **जैसे** लगान, पठान, खान-पान इत्यादि। वैसे कतिपय अपवाद भी हैं; **जैसे** उड़ान, चट्टान स्त्रीलिंग शब्द हैं।
- ईकारान्त, ऊनवाचक, याकारान्त, तकारान्त, ऊकारान्त, अनुस्वारान्त, सकारान्त, कृदन्त नकारान्त, कृदन्त अकारान्त, ख अन्त्य वाली तथा ट, वट, हट अन्त्य वाली भाववाचक संज्ञाएँ स्त्रीलिंग होती हैं, किन्तु इसमें कई अपवाद हैं।
- ईकारान्त संज्ञाएँ घी, जी, दही, मोती, पानी इत्यादि पुल्लिग होते हैं।
- तकारान्त संज्ञाओं में भात, खेत, गात, दाँत इत्यादि पुल्लिग हैं।

अर्थ के अनुसार लिंग-निर्णय

- शरीर के अधिकांश अंग पुल्लिग होते हैं, किन्तु नाक, आँख, जीभ नस, हड्डी इत्यादि स्त्रीलिंग हैं।
- रत्नों के नाम, धातुओं के नाम, अनाजों के नाम, पेड़ों के नाम, द्रव्य पदार्थ तथा भौगोलिक परिदृश्यों के नाम प्रायः पुल्लिंग होते हैं; **जैसे** मोती, हीरा, सोना, तांबा, गेहूँ, चावल, पीपल, आम, पानी, तेल, देश, नगर, समुद्र, पर्वत इत्यादि।
- इनमें कतिपय अपवाद भी हैं; **जैसे** मणि, चाँदी, मक्का, मूँग, लीची, नारंगी, चाय, शराब, पृथ्वी, झील, घाटी इत्यादि स्त्रीलिंग शब्द हैं।

- नदियों के नाम, नक्षत्रों के नाम, मसालों के नाम, खाने-पीने की चीजों के नाम प्रायः स्त्रीलिंग होते हैं; **जैसे** गंगा, यमुना, अश्विनी, रोहिणी, लौंग, इलायची, मिर्च, रोटी, कचौड़ी, दाल, खीर, खिचड़ी इत्यादि। इनमें भी कतिपय अपवाद हैं; **जैसे** सिन्धु तथा ब्रह्मपुत्र नदी पुल्लिंग हैं। धनिया, जीरा, नमक, परांठा, दही, रायता इत्यादि पुल्लिंग हैं।

वचन

संज्ञा, सर्वनाम, विशेषण तथा क्रिया के जिस रूप से संख्या का बोध होता है, उसे 'वचन' कहते हैं। वचन संख्याबोधक विकारी शब्द होते हैं।

वचन के भेद

वचन के दो भेद हैं

1. एकवचन तथा **2.** बहुवचन

एकवचन शब्द के जिस रूप से एक व्यक्ति या वस्तु का बोध होता है, उसे 'एकवचन' कहते हैं; **जैसे** लड़का, पुस्तक, कलम, घड़ी इत्यादि।

बहुवचन शब्द के जिस रूप से दो या दो से अधिक व्यक्ति या वस्तु का बोध होता हो, उसे बहुवचन कहते हैं; **जैसे** लड़के, पुस्तकें, कलमें, घड़ियाँ इत्यादि।

- आकारान्त पुल्लिंग शब्दों में 'आ' को 'ए' बनाकर बहुवचन बनाया जाता है; **जैसे** लड़का-लड़के, घोड़ा-घोड़े, गदहा-गदहे इत्यादि।
- इकारान्त, ईकारान्त, उकारान्त तथा ऊकारान्त पुल्लिंग शब्दों में बहुवचन में रूप परिवर्तित नहीं होता है तथा उनके वचन की पहचान क्रिया के प्रयोग द्वारा की जाती है; **जैसे**

  साधु जाता है (एकवचन) साधु जाते हैं। (बहुवचन)

  डाकू जाता है (एकवचन) डाकू जाते हैं। (बहुवचन)
- आकारान्त स्त्रीलिंग शब्दों के अन्त में 'एँ' या 'ये' लगाकर बहुवचन के रूप में प्रयुक्त किया जाता है; **जैसे** कक्षा-कक्षायें, लता-लताएँ इत्यादि।
- 'या' अन्त्य वाले स्त्रीलिंग संज्ञा-शब्दों में अन्तिम स्वर के ऊपर अनुनासिकता (ँ) लगाकर बहुवचन रूप निर्माण किया जाता है; **जैसे** चिड़िया-चिड़ियाँ, गुड़िया-गुड़ियाँ इत्यादि।
- आकारान्त स्त्रीलिंग शब्द का बहुवचन में प्रयोग करने के लिए 'अ' का 'ऐं' किया जाता है; **जैसे** किताब-किताबें, गाय-गायें, इत्यादि।
- इकारान्त तथा ईकारान्त स्त्रीलिंग संज्ञा शब्दों में 'ई' को 'इ' करके 'याँ' लगाया जाता है। 'इ' तथा 'ई' को 'इयाँ' कर दिया जाता है;

  जैसे नदी-नदियाँ, लड़की-लड़कियाँ
- उकारान्त या ऊकारान्त शब्दों को बहुवचन बनाने के लिए 'ऊ' को 'उ' तथा अन्त में 'एँ' का प्रयोग किया जाता है; **जैसे** वस्तु-वस्तुएँ, बहू-बहुएँ इत्यादि।
- संज्ञा के पुल्लिंग या स्त्रीलिंग शब्दों का बहुवचन में प्रयोग गण, वर्ग, जन, वृन्द आदि शब्द लगाकर भी किया जाता है; **जैसे**

  श्रोता + गण = श्रोतागण

  अधिकारी + वर्ग = अधिकारी वर्ग
- कतिपय व्यक्तिवाचक तथा भाववाचक संज्ञाओं के भी परिस्थिति अनुसार बहुवचन के रूप में प्रयोग होते हैं। यह बात ध्यान रखने की है कि बहुवचन का सार्वत्रिक प्रयोग जातिवाचक संज्ञाओं का ही होता है;

  जैसे जयचन्दों ने हमेशा देश की सुरक्षा को खतरे में डाला है।
- विभक्ति के प्रयोग से बहुवचन निर्माण की प्रक्रिया में कतिपय परिवर्तन आते हैं। अ, आ, ए जिन शब्दों के अन्त में आते हैं, उनका अन्तिम स्वर 'ओं' हो जाता है;

  जैसे लड़कों ने पढ़ा। पुस्तकों में लिखा है।
- संस्कृत के आकारान्त, संस्कृत-हिन्दी की सभी उकारान्त, ऊकारान्त तथा औकारान्त संज्ञा शब्दों का बहुवचन में प्रयोग करने के लिए अन्त में 'ओं' किया जाता है। यदि आगे किसी विभक्ति का प्रयोग हुआ है; **जैसे** साधुओं को खाना खिलाओ। घरों में लोग रहते हैं।
- इकारान्त तथा ईकारान्त शब्दों का बहुवचन के रूप में प्रयोग करने के लिए, यदि उसके बाद विभक्ति चिह्न प्रयुक्त हो तो 'यों' लगा दिया जाता है; **जैसे** मुनियों का आश्रम जंगल में था।

  नदियों का जल स्वच्छ है।

  गाड़ियों में ईंधन डालो।
- द्रव्यवाचक संज्ञा का प्रयोग हमेशा एकवचन में होता है। भाववाचक तथा गुणबोधक शब्दों का प्रयोग भी हमेशा एकवचन में होता है;

  जैसे डाकू दुकान का सारा सोना ले गए।

  उनकी सदाशयता के सभी कायल हैं।
- हिन्दी में कुछ शब्द हमेशा बहुवचन में प्रयुक्त होते हैं; **जैसे** प्राण, दर्शन, आँसू, समाचार, हस्ताक्षर इत्यादि।

कारक

संज्ञा तथा सर्वनाम के जिस रूप से उसका वाक्य के अन्य शब्दों के साथ सम्बन्ध सामने आता है, उसे 'कारक' कहते हैं; **जैसे** रमेश ने महेश को जेब से पैसे निकाल कर दिये। इस वाक्य में 'रमेश ने' 'महेश को', 'जेब से' संज्ञा शब्दों में परिवर्तन है, जो 'पैसे निकालने' की क्रिया से सम्बन्ध निर्धारित करता है। इन सम्बन्धों को संज्ञा के कारक रूप कहते हैं। कारकीय रूप निर्धारण के लिए संज्ञा या सर्वनाम के बाद जो 'चिह्न' आता है, उसे 'विभक्ति' अथवा 'परसर्ग' कहते हैं।

- विभक्ति से बने शब्द-रूप को 'विभक्त्यन्त' या 'पद' कहते हैं।
- *हिन्दी में कारक के आठ भेद हैं* कर्त्ता, कर्म, करण, सम्प्रदान, अपादान, सम्बन्ध, अधिकरण तथा सम्बोधन।

हिन्दी कारक की विभक्तियों का प्रयोग इस रूप में होता है

कारक	**विभक्ति** (परसर्ग)	कारक	**विभक्ति** (परसर्ग)
कर्त्ता	ने	अपादान	से
कर्म	को	सम्बन्ध	का, के, की
करण	से	अधिकरण	में, पर
सम्प्रदान	को, के लिए	सम्बोधन	हे, अरे।

हिन्दी में विभक्तियों की दो प्रवृत्तियाँ मिलती हैं

(i) विश्लिष्ट तथा **(ii)** संश्लिष्ट

- संज्ञा के साथ आने वाली विभक्तियाँ शब्द से पृथक् लगाई जाती हैं, **जैसे** राम ने, वृक्ष पर इत्यादि जबकि सर्वनाम के साथ आने वाली विभक्तियाँ शब्द से संयुक्त रहती हैं; **जैसे** उसने, तुमको इत्यादि।
- कर्त्ताकारक की विभक्ति 'ने' का प्रयोग भूतकालिक वाक्यों में होता है।
- करण तथा अपादान कारक की विभक्ति 'से' समान लगती है, किन्तु इनका प्रयोग पृथक् अर्थों में होता है। करण कारक में संज्ञा का क्रिया से सम्बन्ध का बोध होता है, जबकि अपादान में किसी वस्तु के अलग होने का भाव प्रकट होता है;

  जैसे राम ने **डण्डे** से उसे पीटा (करण कारक)

  मोहन ने कुत्ते को **घर से** निकाला। (अपादान कारक)

कारक की विभक्ति प्रयोग के उदाहरण

कर्त्ता

राम **ने** रोटी खायी। मैं**ने** उसे पढ़ाया।
उस**ने** लड़ाई लड़ी। सीता **ने** गीता पढ़ ली।

कर्म

पिता ने पुत्र **को** डाँटा। राम ने श्याम **को** मारा।

करण

वह चाकू **से** मारता है। उसने पेड़ **को** कुल्हाड़ी से काटा।

सम्प्रदान

उसने लड़के **को** मिठाइयाँ दीं। वह मुझ**को** रुपये दे रहा था।

अपादान

हिमालय **से** गंगा निकलती है। वह छत **से** कूद गया।
शोर सुन वह घर **से** बाहर आ गया। वह नदी **से** पानी ला रहा है।
वह बाजार **से** सब्जी ला रही है।

सम्बन्धकारक

यह राम **की** किताब है। यह प्रेमचन्द **का** उपन्यास है।

अधिकरण

तुम्हारे घर **में** दस लोग हैं। दुकान **पर** कोई नहीं था।

अभ्यास प्रश्न

1. निम्नलिखित में से किस शब्द का प्रयोग बहुवचन में नहीं होता है? **[UP बी.एड. 2012]**
(a) चिड़िया (b) प्रत्येक (c) दर्शन (d) साधु

2. कारक के भेद हैं **[UP बी.एड. 2012]**
(a) पाँच (b) छह (c) सात (d) आठ

3. निम्नलिखित में कौन-सा शब्द स्त्रीलिंग नहीं है? **[UP बी.एड. 2012]**
(a) सुबह (b) दोपहर
(c) साँझ (d) दिन

4. कौन-सा शब्द पुल्लिंग है? **[UP बी.एड. 2011]**
(a) दया (b) घटना (c) जड़ता (d) बुढ़ापा

5. निम्नलिखित में से कौन-सा शब्द पुल्लिंग है? **[UP बी.एड. 2010]**
(a) आय (b) आँख
(c) आदत (d) आलस्य

6. निम्नलिखित में से कौन-सा शब्द स्त्रीलिंग है? **[UP बी.एड. 2010]**
(a) पक्षी (b) केकड़ा
(c) चकोर (d) गिलहरी

7. ''राम कलम से लिखता है'' वाक्य में किस कारक का प्रयोग किया गया है? **[UP बी.एड. 2008]**
(a) करण (b) कर्म
(c) कर्त्ता (d) अपादान

8. 'लिंग' किस भाषा का शब्द है?
(a) हिन्दी (b) अंग्रेजी (c) संस्कृत (d) जर्मन

9. निम्न में कौन जातिवाचक पुल्लिंग संज्ञा है?
(a) चावल (b) मोहन
(c) चपरासी (d) हिमालय

10. 'ठाकुर' शब्द का स्त्रीलिंग क्या होगा?
(a) ठकुरानी (b) ठकुराइन
(c) ठकुरिन (d) ठाकुरी

11. 'दही' शब्द है
(a) पुल्लिंग (b) स्त्रीलिंग
(c) नपुंसक लिंग (d) उभयलिंग

12. लिंग भेद में किसका रूपान्तर नहीं होता?
(a) संज्ञा (b) सर्वनाम
(c) विशेषण (d) कारक

13. निम्न में से कौन-सा शब्द स्त्रीलिंग है?
(a) चना (b) अरहर
(c) बाजरा (d) उड़द

14. निम्नलिखित में कौन-सा शब्द पुल्लिंग है?
(a) बनावट (b) चिल्लाहट
(c) बचपन (d) सिलाई

15. 'जेठ' का स्त्रीलिंग शब्द क्या होता है?
(a) जेठीन (b) जेठरानी
(c) जेठराइन (d) जेठानी

16. 'अध्यापक' शब्द का सही स्त्रीलिंग क्या होता है?
(a) अध्यापिका (b) अध्यापिकी
(c) अध्यापकी (d) अध्यापीक

17. पुल्लिंग-स्त्रीलिंग में कौन विषम संयोजन है?
(a) प्राचार्य-प्राचार्या (b) मोर-मोरनी
(c) सेवक-सेविका (d) श्याम-श्यामी

18. निम्नलिखित में कौन-सा शब्द स्त्रीलिंग है?
(a) नमक (b) जीरा
(c) पीपल (d) दाल

19. निम्न में कौन-सा शब्द पुल्लिंग है?
(a) कस्तूरी (b) घोषणा
(c) झील (d) सदन

20. निम्नलिखित में कौन-सा शब्द स्त्रीलिंग नहीं है?
(a) नदी (b) गाय
(c) गंगा (d) रवि

21. किस शब्द का प्रयोग बहुवचन के रूप में होता है?
(a) रात (b) सोना
(c) लड़का (d) साधु

22. 'चिड़िया' शब्द का बहुवचन क्या होता है?
(a) चिड़ियाँ (b) चिड़ियों
(c) चिड़िओं (d) चिड़ियें

23. किस संज्ञा का बहुवचन रूप नहीं होता?
(a) भाववाचक (b) द्रव्यवाचक
(c) व्यक्तिवाचक (d) जातिवाचक

24. निम्न में से किस शब्द का प्रयोग हमेशा बहुवचन में होता है?
(a) आँसू (b) दर्शन
(c) प्राण (d) ये सभी

25. 'प्रत्येक' शब्द का प्रयोग सदा होता है
(a) एकवचन में
(b) बहुवचन में
(c) (a) व (b) दोनों में
(d) उपरोक्त में से किसी में नहीं

26. निम्नलिखित में कौन-सा शब्द पुल्लिंग है?
(a) कपट (b) सुन्दरता
(c) मूर्खता (d) निद्रा

27. निम्न में कौन-सा शब्द पुल्लिंग है?
(a) बुढ़ापा (b) जड़ता (c) घटना (d) दया

28. 'सूर्य' शब्द का स्त्रीलिंग क्या होता है?
(a) सूर्या (b) सूर्याणी
(c) सूर्यायी (d) सूर्यों

29. 'भारतीय' शब्द का बहुवचन क्या होता है?
(a) भारतीयों (b) भारती
(c) भारतियों (d) भारतीओं

30. किस कारक में 'से' विभक्ति का प्रयोग साधन के अर्थ में होता है?
(a) अपादान (b) कर्त्ता
(c) करण (d) सम्प्रदान

31. किस कारक में 'से' विभक्ति का प्रयोग अलगाव के अर्थ में होता है?
(a) करण (b) अपादान
(c) सम्प्रदान (d) सम्बन्ध

32. 'सुधा नेहा को हाथ से मारती है' इस वाक्य में कौन-सा कारक है?
(a) कर्त्ता (b) अपादान
(c) करण (d) अधिकरण

33. 'वृक्ष से पत्ते गिरते हैं' इस वाक्य में कौन-सा कारक है?
(a) अधिकरण (b) कर्म
(c) करण (d) अपादान

34. 'पानी' का लिंग निर्धारित करें
(a) पुल्लिंग (b) स्त्रीलिंग
(c) नपुंसक लिंग (d) उभयलिंग

35. 'साधु आ रहे हैं' वाक्य में 'साधु' का वचन निर्धारित करें
(a) एकवचन (b) बहुवचन
(c) द्विवचन (d) इनमें से कोई नहीं

36. 'युवावर्ग' का वचन निर्धारित करें
(a) एकवचन (b) बहुवचन
(c) (a) व (b) दोनों (d) इनमें से कोई नहीं

37. निम्नलिखित में कौन-सा शब्द स्त्रीलिंग है?
(a) हीरा (b) मोती (c) सोना (d) चाँदी

38. निम्नलिखित में से कौन-सा शब्द स्त्रीलिंग है?
(a) दही (b) मोती
(c) किताब (d) तेल

39. क्रिया का फल जिस पर पड़ता है, वह कारक कहलाता है
(a) अधिकरण (b) करण
(c) कर्म (d) कर्त्ता

40. 'वह कार मेरी है' इस वाक्य में कौन-सा कारक है?
(a) करण (b) सम्बन्ध
(c) सम्प्रदान (d) अधिकरण

41. 'तोता डाली पर बैठा है' इस वाक्य में कौन-सा कारक है?
(a) सम्प्रदान (b) करण
(c) अधिकरण (d) अपादान

42. 'पिता ने पुत्र को डण्डे से मारा' इस वाक्य में कौन-सा कारक है?
(a) करण (b) सम्बोधन
(c) कर्त्ता (d) अपादान

43. 'क्षत्रिय' शब्द का स्त्रीलिंग रूप होगा
(a) क्षेत्राणी (b) क्षत्रियाणी
(c) क्षत्राणी (d) क्षत्रयाणी

44. निम्नलिखित में कौन-सा शब्द स्त्रीलिंग है?
(a) लिपि (b) विद्रोह
(c) बलशाली (d) दाता

45. 'बुद्धिमान' का स्त्रीलिंग शब्द क्या है?
(a) बुद्धिमती (b) बुद्धिमान्या
(c) विदुषी (d) बुद्धिवाली

46. निम्न में एकवचन-बहुवचन युग्म सही नहीं है
(a) इन्द्र-इन्द्राणी (b) नायक-नायिका
(c) सभापति-सभापत्नी (d) अध्यापक-अध्यापिका

47. 'महाशय' शब्द का सही स्त्रीलिंग रूप क्या है?
(a) महाशया (b) महाशयी
(c) महाशियी (d) महाशिनी

48. 'कवि' शब्द का सही स्त्रीलिंग रूप क्या है?
(a) कवियत्री (b) कवयित्री
(c) कवियानी (d) कवयाइन

49. 'घोंसले से पक्षी निकला' इस वाक्य में किस कारक का प्रयोग हुआ है?
(a) करण (b) अपादान
(c) सम्प्रदान (d) अधिकरण

50. निम्नलिखित में से कौन-सा शब्द हमेशा बहुवचन में प्रयुक्त होता है?
(a) हस्ताक्षर (b) समाचार-पत्र
(c) चिड़िया (d) तिजोरी

51. निम्नलिखित में से कौन-सा शब्द हमेशा बहुवचन में प्रयुक्त नहीं होता?
(a) दर्शन (b) समाचार
(c) प्राण (d) प्रत्येक

52. 'मुझ से रोटी नहीं खायी गई' वाक्य में 'से' किस कारक का चिह्न है?
(a) करण (b) अपादान
(c) सम्प्रदान (d) अधिकरण

53. 'नेता' का सही स्त्रीलिंग शब्द क्या है?
(a) नेत्री (b) नेतृ (c) नेतिन (d) नेताइन

54. 'वह जन्म का भिखारी है' इस वाक्य में 'का' किस कारक की विभक्ति है?
(a) सम्बन्ध (b) अधिकरण
(c) सम्प्रदान (d) करण

55. 'दाता' शब्द का स्त्रीलिंग शब्द क्या है?
(a) दातृ (b) दात्री (c) दात्रि (d) दाताई

56. 'शिकारी ने बाघ मारा।' इस वाक्य में किस कारक के परसर्ग का प्रयोग हुआ है?
(a) कर्म कारक (b) करण कारक
(c) अधिकरण (d) सम्प्रदान कारक

57. निम्नलिखित तत्सम शब्दों में पुल्लिंग नहीं है
(a) पत्र (b) गगन
(c) पवन (d) दया

58. निम्नलिखित तत्सम शब्दों में स्त्रीलिंग है
(a) आवास (b) प्रतिवेदन
(c) संकल्प (d) कृति

59. निम्नलिखित शब्दों में पुल्लिंग है
(a) गरिमा (b) महिमा
(c) परीक्षा (d) विरोध

60. निम्नलिखित में से किस शब्द का प्रयोग बहुवचन में होता है?
(a) लड़का (b) पुस्तक
(c) साधु (d) घोड़ा

61. निम्नलिखित में किस शब्द का प्रयोग हमेशा बहुवचन में होता है?
(a) घर (b) भवन
(c) प्राण (d) पत्नी

62. निम्नलिखित में कौन-सा शब्द पुल्लिंग है?
(a) मणि (b) चाँदी
(c) झील (d) मोती

63. निम्नलिखित में किस संज्ञा का प्रयोग प्रायः एकवचन में होता है?
(a) द्रव्यवाचक (b) जातिवाचक
(c) व्यक्तिवाचक (d) इनमें से कोई नहीं

64. 'हे, अरे' किस कारक का परसर्ग है?
(a) कर्ता (b) करण
(c) सम्प्रदान (d) सम्बोधन

65. 'तुम्हारे घर में कौन है', इस वाक्य में किस कारक का परसर्ग प्रयुक्त है?
(a) सम्बन्ध
(b) अधिकरण
(c) करण
(d) सम्प्रदान

66. 'चट्टान' शब्द किस लिंग से सम्बन्धित है?
(a) पुल्लिग (b) स्त्रीलिंग
(c) नपुंसक लिंग (d) इनमें से कोई नहीं

67. निम्नलिखित में से कौन-सा शब्द पुल्लिंग है?
(a) सड़क (b) किताब
(c) नाक (d) दही

68. निम्नलिखित में से कौन-सा शब्द स्त्रीलिंग है?
(a) पानी (b) आग
(c) घी (d) मोती

उत्तरमाला

1. (b)	**2.** (d)	**3.** (d)	**4.** (d)	**5.** (d)	**6.** (d)	**7.** (a)	**8.** (c)	**9.** (c)	**10.** (b)
11. (a)	**12.** (b)	**13.** (b)	**14.** (c)	**15.** (d)	**16.** (a)	**17.** (d)	**18.** (a)	**19.** (d)	**20.** (d)
21. (b)	**22.** (a)	**23.** (b)	**24.** (d)	**25.** (a)	**26.** (c)	**27.** (a)	**28.** (a)	**29.** (a)	**30.** (c)
31. (b)	**32.** (c)	**33.** (d)	**34.** (a)	**35.** (b)	**36.** (b)	**37.** (d)	**38.** (c)	**39.** (c)	**40.** (b)
41. (c)	**42.** (a)	**43.** (c)	**44.** (a)	**45.** (a)	**46.** (c)	**47.** (a)	**48.** (b)	**49.** (b)	**50.** (a)
51. (d)	**52.** (a)	**53.** (a)	**54.** (a)	**55.** (a)	**56.** (a)	**57.** (d)	**58.** (d)	**59.** (d)	**60.** (c)
61. (c)	**62.** (d)	**63.** (a)	**64.** (d)	**65.** (b)	**66.** (b)	**67.** (d)	**68.** (b)		

अध्याय

9

समास

समास का अर्थ संक्षिप्त होता है। कम-से-कम शब्दों में अधिक-से-अधिक अर्थ प्रकट करना 'समास' का लक्ष्य होता है। वस्तुत: दो या दो से अधिक शब्दों का परस्पर सम्बन्ध बताने वाले शब्दों अथवा प्रत्ययों का लोप होने पर जो नया शब्द बनता है, उसे '**सामासिक शब्द**' अथवा '**सामासिक पद**' कहते हैं। दो या अधिक शब्दों अथवा पदों के संयोग को '**समास**' कहा जाता है। 'सामासिक शब्द' अथवा 'पद' को अर्थ के अनुकूल विभाजित करना 'विग्रह' कहलाता है। *सामान्यतया समास चार प्रकार के हैं*

1. अव्ययीभाव, **2.** तत्पुरुष, **3.** बहुब्रीहि तथा **4.** द्वन्द्व।

तत्पुरुष समास छ: कारकों में होता है। कर्मधारय तथा द्विगु तत्पुरुष के ही भेद हैं।

अव्ययीभाव समास

जिस सामासिक पद का पूर्वपद प्रधान हो तथा सामासिक पद अव्यय हो, उसे अव्ययीभाव कहते हैं। इस समास में समूचा पद क्रिया-विशेषण अव्यय हो जाता है; **जैसे** प्रतिदिन, यथासम्भव, आमरण इत्यादि। **उदाहरण**

पद	विग्रह	पद	विग्रह
अनुकूल	मन के अनुसार	यथास्थान	स्थान के अनुसार
अनुरूप	रूप के अनुसार	यथासमय	समय के अनुसार
अभ्यागत	अभि आगत	यथाशीघ्र	शीघ्रता से
आजन्म	जन्म से लेकर	यथाक्रम	क्रम के अनुसार
आमरण	मृत्यु तक	अकारण	बिना कारण के
आपादमस्तक	सिर से पैर तक	अभूतपूर्व	जो पहले नहीं हुआ
प्रतिपल	हर पल	निर्विकार	बिना विकार के
प्रतिदिन	हर दिन	निर्विवाद	बिना विवाद के
भरपेट	पेट भर	निर्भय	बिना भय के

तत्पुरुष समास

तत्पुरुष समास का अन्तिम पद प्रधान होता है। ऐसे समास में प्राय: प्रथम पद विशेषण तथा द्वितीय पद विशेष्य होता है। द्वितीय पद के विशेष्य होने के कारण समास में इसकी प्रधानता होती है। ऐसे समास तीन प्रकार के हैं—तत्पुरुष, कर्मधारय तथा द्विगु। तत्पुरुष के छह भेद हैं। *ये हैं* कर्म, करण, सम्प्रदान, अपादान, सम्बन्ध तथा अधिकरण तत्पुरुष समास। **उदाहरण**

पद	विग्रह	पद	विग्रह
कठफोड़वा	काठ को फोड़ने वाला	यशप्राप्त	यश को प्राप्त
कुम्भकार	कुम्भ को बनाने वाला	गिरिधर	गिरि को धारण करने वाला
गृहागत	गृह को आगत	मनोहर	मन को हरने वाला
शत्रुघ्न	शत्रु को मारने वाला	सर्वभक्षी	सब को भक्षण करने वाला
माखनचोर	माखन को चुराने वाला	मुँहतोड़	मुँह को तोड़ने वाला

करण तत्पुरुष के उदाहरण

पद	विग्रह	पद	विग्रह
अकालपीड़ित	अकाल से पीड़ित	करुणापूर्ण	करुणा से पूर्ण
अन्धकारयुक्त	अन्धकार से युक्त	जलाभिषेक	जल से अभिषेक
कर्मवीर	कर्म से वीर	तुलसीकृत	तुलसी द्वारा रचित
गुणयुक्त	गुण से युक्त	पर्णकुटीर	पर्ण से बनी कुटीर
रक्तरंजित	रक्त से रंजित	रेखांकित	रेखा से अंकित
रोगग्रस्त	रोग से ग्रस्त	क्षुधातुर	क्षुधा से आतुर

सम्प्रदान तत्पुरुष के उदाहरण

पद	विग्रह	पद	विग्रह
देशभक्ति	देश के लिए भक्ति	युद्धभूमि	युद्ध के लिए भूमि
देवालय	देव के लिए आलय	विधानसभा	विधान के लिए सभा
धर्मशाला	धर्म के लिए शाला	स्नानघर	स्नान के लिए घर
पुस्तकालय	पुस्तक के लिए आलय	विद्यालय	विद्या के लिए आलय
भिक्षाटन	भिक्षा के लिए भ्रमण	राहखर्च	राह के लिए खर्च
सत्याग्रह	सत्य के लिए आग्रह	रसोईघर	रसोई के लिए घर

अपादान तत्पुरुष के उदाहरण

पद	विग्रह	पद	विग्रह
अन्नहीन	अन्न से हीन	कर्त्तव्यच्युत	कर्त्तव्य से च्युत
कर्महीन	कर्म से हीन	भयभीत	भय से डरा हुआ
जातिभ्रष्ट	जाति से भ्रष्ट	वनरहित	वन से रहित
जन्मान्ध	जन्म से अन्धा	स्वादरहित	स्वाद से रहित
नेत्रहीन	नेत्र से हीन	फलहीन	फल से हीन

34 समास

सम्बन्ध तत्पुरुष के उदाहरण

पद	विग्रह	पद	विग्रह
विद्याभ्यास	विद्या का अभ्यास	छात्रावास	छात्र का आवास
सेनापति	सेना का पति	गंगाजल	गंगा का जल
आनन्दाश्रम	आनन्द का आश्रम	जलयान	जल का यान
कार्यकर्त्ता	कार्य का कर्त्ता	गोपाल	गौ का पालक
चरित्रहनन	चरित्र का हनन	कन्यादान	कन्या का दान

अधिकरण तत्पुरुष के उदाहरण

पद	विग्रह	पद	विग्रह
गृहप्रवेश	गृह में प्रवेश	कविश्रेष्ठ	कवियों में श्रेष्ठ
आत्मनिर्भर	आत्म पर निर्भर	कृषिप्रधान	कृषि में प्रधान
युधिष्ठिर	युद्ध में स्थिर	रणधीर	रण में धीर
पुरुषोत्तम	पुरुषों में उत्तम	शरणागत	शरण में आगत
क्षणभंगुर	क्षण में भंगुर	कलाप्रवीण	कला में प्रवीण

तत्पुरुष समास के दो उपभेद हैं

कर्मधारय समास

जिस तत्पुरुष समास के समस्त पद समान रूप से प्रधान हों तथा विशेष्य-विशेषण भाव को प्राप्त होते हैं। इनके लिंग, वचन भी समान हों, वहाँ कर्मधारय समास होता है। *कर्मधारय समास चार प्रकार के होते हैं*

1. विशेषण पूर्वपद, **2.** विशेष्य पूर्वपद, **3.** विशेषणोभय पद तथा **4.** विशेष्योभय पद।

उदाहरण

पद	विग्रह	पद	विग्रह
नीलकमल	नीला कमल	महाकाव्य	महान् काव्य
महात्मा	महान् आत्मा	श्यामसुन्दर	श्याम जो सुन्दर है
महावीर	महान् वीर	चन्द्रवदन	चन्द्र के समान मुख
नरसिंह	नर में सिंह के समान	विद्यारत्न	विद्या ही है रत्न
चरणकमल	चरण कमल के समान	दुर्जन	दुष्ट जो है जन

द्विगु समास

जिस कर्मधारय समास का पहला पद संख्याबोधक हो, वह द्विगु समास कहलाता है। *द्विगु समास दो प्रकार के हैं*

1. समाहार द्विगु तथा **2.** उपपद प्रधान द्विगु। **उदाहरण**

पद	विग्रह	पद	विग्रह
त्रिभुवन	तीन भुवनों का समाहार	चतुर्वेद	चार वेदों का समाहार
नवग्रह	नौ ग्रहों का समाहार	पंचमुख	पाँच मुखों का समाहार
चौराहा	चार राहों का समाहार	तिमाही	तीन माहों का समाहार
त्रिनेत्र	तीन नेत्रों का समाहार	त्रिकाल	तीन कालों का समाहार
अष्टधातु	आठ धातुओं का समाहार	पंचमेवा	पाँच फलों का समाहार

बहुव्रीहि समास

समास में आये पदों को छोड़कर जब किसी अन्य पदार्थ की प्रधानता हो, तब उसे बहुव्रीहि समास कहते हैं। इस समास के पदों में कोई भी पद प्रधान नहीं होता। बल्कि पूरा पद ही किसी अन्य पद का विशेषण होता है। **उदाहरण**

पद	विग्रह
चतुरानन	चार हैं आनन जिसके अर्थात् ब्रह्मा
लम्बोदर	लम्बा है उदर जिसका अर्थात् गणेश
वीणापाणि	वीणा है कर में जिसके अर्थात् सरस्वती
नीलाम्बर	नीला है जिसका अम्बर अर्थात् श्रीकृष्ण

द्वन्द्व समास

द्वन्द्व समास में सभी पद प्रधान होते हैं। द्वन्द्व समास के तीन भेद होते हैं 1. इतरेत्तर द्वन्द्व 2. समाहार द्वन्द्व तथा 3. वैकल्पिक द्वन्द्व। **उदाहरण**

पद	विग्रह
अन्न-जल	अन्न और जल
आग-पानी	आग और पानी
मार-पीट	मार या पीट
धन-दौलत	धन, दौलत आदि
पाप-पुण्य	पाप या पुण्य इत्यादि।

अभ्यास प्रश्न

1. 'राधाकृष्ण' में कौन-सा समास है? [UP बी.एड. 2014]
(a) तत्पुरुष (b) द्वन्द्व
(c) द्विगु (d) बहुव्रीहि

2. 'त्रिभुवन' शब्द में कौन-सा समास है? [UP बी.एड. 2014]
(a) तत्पुरुष (b) द्वन्द्व
(c) द्विगु (d) बहुव्रीहि

3. 'निर्भय' शब्द में कौन-सा समास है? [UP बी.एड. 2014]
(a) अव्ययीभाव (b) तत्पुरुष
(c) द्वन्द्व (d) द्विगु

4. 'गौशाला' में समास बताइए। [UP बी.एड. 2014]
(a) द्विगु (b) द्वन्द्व
(c) अव्ययीभाव (d) तत्पुरुष

5. माता-पिता में कौन-सा समास है? [UP बी.एड. 2013]
(a) कर्मधारय (b) द्वन्द्व
(c) तत्पुरुष (d) इनमें से कोई नहीं

6. 'रुपया-पैसा' में समास बताइए। [UP बी.एड. 2013]
(a) अव्ययीभाव (b) द्वन्द्व
(c) द्विगु (d) तत्पुरुष

7. नीलाम्बर में कौन-सा समास है? [UP बी.एड. 2013]
(a) द्विगु (b) बहुव्रीहि
(c) कर्मधारय (d) अव्ययीभाव

8. तत्पुरुष समास में प्रधान होता है [UP बी.एड. 2013]
(a) दूसरा पद (b) पहला पद
(c) दोनों पद (d) नवीन अर्थ

9. 'अकालपीड़ित' में समास है [UP बी.एड. 2012]
(a) कर्मधारय (b) द्वन्द्व
(c) तत्पुरुष (d) बहुव्रीहि

10. 'यथार्थ' किस समास का उदाहरण है? [UP बी.एड. 2012]
(a) तत्पुरुष (b) कर्मधारय
(c) अव्ययीभाव (d) द्विगु

11. 'मुँहतोड़' शब्द में कौन-सा समास है? [UP बी.एड. 2012]
(a) तत्पुरुष (b) कर्मधारय
(c) अव्ययीभाव (d) द्वन्द्व

12. 'पाप-पुण्य' शब्द में कौन-सा समास है? [UP बी.एड. 2012]
(a) तत्पुरुष (b) कर्मधारय
(c) अव्ययीभाव (d) द्वन्द्व

13. 'दिगम्बर' में कौन-सा समास है? [UP बी.एड. 2012]
(a) तत्पुरुष (b) बहुब्रीहि
(c) अव्ययीभाव (d) कर्मधारय

14. 'निर्विवाद में कौन-सा समास है? [UP बी.एड. 2011]
(a) कर्मधारय (b) अव्ययी भाव
(c) तत्पुरुष (d) बहुब्रीहि

15. 'पीताम्बर' में कौन-सा समास है? [UP बी.एड. 2010]
(a) बहुब्रीहि समास (b) द्वन्द्व समास
(c) तत्पुरुष समास (d) अव्ययीभाव समास

16. 'पंचवटी' में कौन-सा समास है? [UP बी.एड. 2010]
(a) द्विगु (b) बहुब्रीहि
(c) तत्पुरुष (d) कर्मधारय

17. 'दानवीर' में कौन-सा समास है? [UP बी.एड. 2010]
(a) बहुब्रीहि (b) अव्ययीभाव
(c) द्वन्द्व (d) तत्पुरुष

निर्देश (प्र.सं. 18 और 19) *निम्नलिखित शब्दों में प्रयुक्त समास का नाम बताइए।* [UP बी.एड. 2008]

18. सप्ताह
(a) अव्ययीभाव (b) तत्पुरुष
(c) कर्मधारय (d) द्विगु

19. रोग-पीड़ित
(a) कर्मधारय (b) द्वन्द्व
(c) बहुब्रीहि (d) तत्पुरुष

20. 'कर्मधारय' समास निम्नलिखित में से किस शब्द में है? [UP बी.एड. 2008]
(a) चक्रपाणि: (b) चतुर्युगम्
(c) नीलोत्पल (d) मातृभक्त

21. 'द्वन्द्व' समास निम्नलिखित में से किस शब्द में है? [UP बी.एड. 2008]
(a) जय-पराजय (b) घनश्याम
(c) त्रिनेत्र (d) पीताम्बर

22. 'द्विगु' समास निम्नलिखित में से किस शब्द में है? [UP बी.एड. 2008]
(a) नीलाम्बर (b) चिड़ीमार
(c) चौराहा (d) रुपया-पैसा

23. 'यथाशक्ति' में कौन-सा समास है?
(a) कर्मधारय (b) तत्पुरुष
(c) द्वन्द्व (d) अव्ययीभाव

24. 'त्रिभुज' शब्द में कौन-सा समास है?
(a) षष्ठी तत्पुरुष (b) द्विगु
(c) मध्यम पद लोपी (d) अलुक

25. 'देशभक्त' में कौन-सा समास है?
(a) षष्ठी तत्पुरुष (b) द्वन्द्व
(c) बहुब्रीहि (d) अव्ययीभाव

26. 'चतुर्भुज' शब्द में कौन-सा समास है?
(a) द्विगु (b) अव्ययीभाव
(c) बहुब्रीहि (d) तत्पुरुष

27. 'दही-बड़ा' शब्द में कौन-सा समास है?
(a) सप्तमी तत्पुरुष (b) द्विगु
(c) मध्यम पद लोपी (d) अलुक

28. 'आजकल' शब्द में कौन-सा समास है?
(a) अव्ययीभाव (b) तत्पुरुष
(c) कर्मधारय (d) द्वन्द्व

29. 'पंचपात्र' शब्द में कौन-सा समास है?
(a) कर्मधारय (b) बहुब्रीहि
(c) द्विगु (d) तत्पुरुष

30. 'शोकाकुल' शब्द में कौन-सा समास है?
(a) कर्मधारय (b) तत्पुरुष
(c) द्वन्द्व (d) द्विगु

31. 'नीलगाय' में कौन-सा समास है?
(a) तत्पुरुष (b) अव्ययीभाव
(c) कर्मधारय (d) द्वन्द्व

32. 'पंचानन' में कौन-सा समास है?
(a) द्विगु (b) बहुब्रीहि
(c) कर्मधारय (d) अव्ययीभाव

33. 'रसोईघर' में कौन-सा समास है?
(a) तत्पुरुष (b) बहुब्रीहि
(c) द्वन्द्व (d) कर्मधारय

34. 'लोकनायक' में कौन-सा समास है?
(a) तत्पुरुष (b) द्विगु
(c) द्वन्द्व (d) अव्ययीभाव

35. 'लौहपुरुष' में कौन-सा समास है?
(a) कर्मधारय (b) तत्पुरुष
(c) द्वन्द्व (d) द्विगु

36. 'नीलकण्ठ' में कौन-सा समास है?
(a) तत्पुरुष (b) बहुब्रीहि
(c) द्विगु (d) द्वन्द्व

37. 'मृगनयन' में कौन-सा समास है?
(a) कर्मधारय (b) द्विगु
(c) द्वन्द्व (d) तत्पुरुष

38. 'कृषि प्रधान' में कौन-सा समास है?
(a) तत्पुरुष (b) द्विगु
(c) द्वन्द्व (d) कर्मधारय

39. 'दूध-रोटी' में कौन-सा समास है?
(a) तत्पुरुष (b) द्वन्द्व
(c) द्विगु (d) कर्मधारय

40. 'भूदान' में कौन-सा समास है?
(a) अव्ययीभाव (b) तत्पुरुष
(c) कर्मधारय (d) द्विगु

41. 'देशसेवा' में कौन-सा समास है?
(a) कर्मधारय (b) द्विगु
(c) तत्पुरुष (d) बहुब्रीहि

42. 'दिनकर' में कौन-सा समास है?
(a) तत्पुरुष (b) द्विगु
(c) द्वन्द्व (d) कर्मधारय

43. 'शरणागत' में कौन-सा समास है?
(a) कर्मधारय (b) तत्पुरुष
(c) बहुब्रीहि (d) द्विगु

44. 'अजातशत्रु' में कौन-सा समास है?
(a) तत्पुरुष (b) द्वन्द्व
(c) कर्मधारय (d) बहुब्रीहि

45. 'पंजाब' में कौन-सा समास है?
(a) बहुब्रीहि (b) कर्मधारय
(c) तत्पुरुष (d) द्विगु

46. 'श्रमसाध्य' में कौन-सा समास है?
(a) तत्पुरुष (b) बहुब्रीहि
(c) द्विगु (d) द्वन्द्व

47. 'मातृभाषा' में कौन-सा समास है?
(a) द्विगु (b) द्वन्द्व
(c) तत्पुरुष (d) कर्मधारय

48. निम्नलिखित में से कौन अव्ययीभाव समास का उदाहरण नहीं है?
(a) यथाशक्ति (b) बेमतलब
(c) प्रतिवर्ष (d) लोकप्रिय

49. निम्न शब्दों में कौन कर्मधारय समास का उदाहरण है?
(a) यथोचित (b) पर्णकुटीर
(c) दोपहर (d) विद्यालय

50. निम्न शब्दों में कौन द्विगु समास का उदाहरण है?
(a) सतसई (b) हानि-लाभ
(c) दीनानाथ (d) लौह पुरुष

51. निम्न में कौन द्विगु समास नहीं है?
(a) नवरात्र (b) नवग्रह
(c) चतुर्भुज (d) त्रिलोक

52. निम्न में कौन द्वन्द्व समास का उदाहरण नहीं है?
(a) पाप-पुण्य (b) देश-विदेश
(c) धर्म-भ्रष्ट (d) राग-द्वेष

53. निम्न में से कौन कर्मधारय समास का उदाहरण नहीं है?
(a) नीलकमल (b) नीलगाय
(c) महावीर (d) पीताम्बर

54. निम्न शब्दों में कौन बहुब्रीहि समास का उदाहरण नहीं है?
(a) चक्रधर (b) दशानन
(c) महापुरुष (d) नीलकण्ठ

55. निम्न शब्दों में कौन अव्ययीभाव समास का उदाहरण नहीं है?
(a) आमरण (b) निःसन्देह
(c) शोकाकुल (d) भरसक

56. निम्न शब्दों में कौन करण तत्पुरुष समास है?
(a) मदान्ध (b) रचनाकार
(c) राजपुत्र (d) यज्ञशाला

57. निम्न में से कौन सम्बन्ध तत्पुरुष समास का उदाहरण है?
(a) पथभ्रष्ट (b) पदच्युत
(c) दीनबन्धु (d) दानवीर

58. निम्न में से कौन-सा शब्द द्वन्द्व समास का उदाहरण नहीं है?
(a) रात-दिन
(b) सीताराम
(c) स्नेहमग्न
(d) न्यूनाधिक

59. 'कमलनयन' में कौन-सा समास है?
(a) तत्पुरुष (b) द्विगु
(c) द्वन्द्व (d) कर्मधारय

60. निम्न में से कौन सम्बन्ध तत्पुरुष समास का उदाहरण नहीं है?
(a) सेनापति (b) पवनपुत्र
(c) भारतवासी (d) लौहपुरुष

61. 'वीणापाणि' किस समास का उदाहरण है?
(a) तत्पुरुष (b) कर्मधारय
(c) द्वन्द्व (d) बहुब्रीहि

62. जिस समास का पहला पद विशेषण तथा दूसरा पद विशेष्य होता है, वह है
(a) द्वन्द्व (b) कर्मधारय
(c) अव्ययीभाव (d) द्विगु

63. जिस समास के पदों में विग्रह नहीं होता है, वह है
(a) अव्ययीभाव (b) द्वन्द्व
(c) कर्मधारय (d) तत्पुरुष

64. 'घनश्याम' में कौन-सा समास है?
(a) कर्मधारय (b) द्वन्द्व
(c) अव्ययीभाव (d) तत्पुरुष

65. 'लब्धप्रतिष्ठ' में समास है
(a) अव्ययीभाव (b) द्वन्द्व
(c) द्विगु (d) बहुब्रीहि

66. 'गुणयुक्त' किस प्रकार का समास है?
(a) कर्मधारय (b) तत्पुरुष
(c) द्विगु (d) द्वन्द्व

67. 'प्रतिदिन' किस समास का उदाहरण है?
(a) अव्ययीभाव
(b) कर्मधारय
(c) तत्पुरुष
(d) बहुब्रीहि

68. निम्नलिखित में से कौन-सा शब्द 'कर्म तत्पुरुष' का उदाहरण है?
(a) जलाभिषेक (b) कर्मवीर
(c) शत्रुघ्न (d) जातिभ्रष्ट

69. 'नरसिंह' किस प्रकार के समास का उदाहरण है?
(a) अव्ययीभाव (b) कर्मधारय
(c) तत्पुरुष (d) बहुब्रीहि

70. निम्नलिखित किस शब्द में द्वन्द्व समास है?
(a) पुण्य-पाप (b) लम्बोदर
(c) नीलकमल (d) यथाशक्ति

71. निम्नलिखित में से कौन-सा शब्द 'कर्मधारय समास' का उदाहरण नहीं है?
(a) चरणकमल (b) महावीर
(c) नरसिंह (d) कर्मवीर

72. 'गगनांचल' में कौन-सा समास प्रयुक्त है?
(a) तत्पुरुष (b) कर्मधारय
(c) अव्ययीभाव (d) बहुब्रीहि

73. 'देशभक्ति' शब्द में प्रयुक्त समास है
(a) कर्म तत्पुरुष
(b) करण तत्पुरुष
(c) सम्प्रदान तत्पुरुष
(d) अधिकरण तत्पुरुष

74. 'रोगग्रस्त' शब्द में प्रयुक्त समास है
(a) कर्म तुत्पुरुष
(b) करण तत्पुरुष
(c) सम्प्रदान तत्पुरुष
(d) अधिकरण तत्पुरुष

75. 'धर्मविमुख' शब्द में प्रयुक्त समास है
(a) कर्म तत्पुरुष
(b) सम्प्रदान तत्पुरुष
(c) अधिकरण तत्पुरुष
(d) अपादान तत्पुरुष

76. 'महात्मा' शब्द में प्रयुक्त समास है
(a) अव्ययीभाव (b) कर्मधारय
(c) द्विगु (d) द्वन्द्व

77. 'चन्द्रमुख' शब्द में प्रयुक्त समास है
(a) अव्ययीभाव (b) कर्मधारय
(c) द्विगु (d) द्वन्द्व

78. 'कृतकार्य' शब्द में प्रयुक्त समास है
(a) अव्ययीभाव
(b) तत्पुरुष
(c) बहुब्रीहि
(d) द्विगु

उत्तरमाला

1. (b)	**2.** (c)	**3.** (a)	**4.** (d)	**5.** (b)	**6.** (b)	**7.** (b)	**8.** (a)	**9.** (c)	**10.** (c)
11. (a)	**12.** (d)	**13.** (b)	**14.** (b)	**15.** (a)	**16.** (a)	**17.** (d)	**18.** (d)	**19.** (c)	**20.** (c)
21. (a)	**22.** (c)	**23.** (d)	**24.** (b)	**25.** (a)	**26.** (c)	**27.** (a)	**28.** (d)	**29.** (c)	**30.** (b)
31. (c)	**32.** (b)	**33.** (a)	**34.** (a)	**35.** (a)	**36.** (b)	**37.** (a)	**38.** (a)	**39.** (b)	**40.** (b)
41. (c)	**42.** (a)	**43.** (b)	**44.** (d)	**45.** (d)	**46.** (a)	**47.** (c)	**48.** (d)	**49.** (b)	**50.** (a)
51. (c)	**52.** (c)	**53.** (d)	**54.** (c)	**55.** (c)	**56.** (a)	**57.** (c)	**58.** (c)	**59.** (d)	**60.** (d)
61. (d)	**62.** (b)	**63.** (a)	**64.** (a)	**65.** (d)	**66.** (b)	**67.** (a)	**68.** (c)	**69.** (b)	**70.** (a)
71. (d)	**72.** (a)	**73.** (c)	**74.** (b)	**75.** (d)	**76.** (b)	**77.** (b)	**78.** (c)		

अध्याय 10

पर्यायवाची शब्द

ऐसे शब्द जिनके अर्थ में समानता हो, **पर्यायवाची** कहलाते हैं। किसी भी सुदृढ़ भाषा में पर्यायवाची शब्दों की संख्या अत्यधिक होती है। संस्कृत में पर्यायवाची शब्दों की संख्या अधिक है। हिन्दी में भी शब्दों के पर्यायवाची शब्द संस्कृत के तत्सम शब्द ही अधिक हैं, जिसे उसी रूप में स्थान दिया गया है। पर्यायवाची शब्द सामान्य रूप से अर्थ की समानता रखते हैं, लेकिन इनके प्रयोग समान अर्थ में नहीं होते हैं। प्रत्येक शब्द का महत्त्व विषय और स्थान के अनुसार होता है।

पर्यायवाची शब्द के प्रकार

पर्यायवाची शब्द मुख्य रूप से तीन प्रकार के होते हैं **1.** पूर्ण पर्याय, **2.** पूर्णापूर्ण पर्याय तथा **3.** अपूर्ण पर्याय।

पूर्ण पर्याय वाक्य में यदि एक शब्द के स्थान पर दूसरा शब्द रखा जाए और उसके अर्थ में कोई अन्तर न पड़े, तो वह पूर्ण पर्याय है। **जैसे** हिस्सा, भाग

पूर्णापूर्ण पर्याय एक कार्य विशेष के लिए प्रयोग किए गए दो शब्द पूर्ण नहीं हो सकते। जब एक प्रसंग का समानार्थी शब्द दूसरे प्रसंग में असमान अर्थ दे, तो ऐसे पर्याय पूर्णापूर्ण कहलाते हैं। **जैसे** खाना, निगलना

अपूर्ण पर्याय कुछ शब्दों के सूक्ष्म भेद उसके मूल अर्थ में विद्यमान होते हैं, किन्तु अपनी आवश्यकतानुसार उन्हें पर्याय मान लिया जाता है। दोनों के अर्थ तथा भाव अलग-अलग होते हैं। इन्हें अपूर्ण पर्याय कहा जाता हैं। **जैसे** गाभिन, गर्भवती

महत्त्वपूर्ण पर्यायवाची शब्द

शब्द	पर्यायवाची
अंग	अंश, अवयव, भाग, खण्ड, हिस्सा, टुकड़ा
अग्नि	अनल, आग, पावक, वह्नि, शिखी, शुचि, हरि, वैश्वानर, हुताशन, ज्वलन, कृशानु
अमृत	पीयूष, सुधा, अमिय, अमित, जीवन, जीवनोदक, सोम।
अश्व	घोड़ा, बाजि, हय, तुरंग, तुरंगम्, घोटक, सैंधव, दधिका, सर्ता
असुर	निशाचर, निशिचर, दैत्य, राक्षस, दनुज, दानव, यातुधान, देवारि
आँख	नेत्र, नयन, लोचन, चक्षु, दृग, अक्षि, दृष्टि, विलोचन
आकाश	गगन, आसमान, अम्बर, व्योम, अन्तरिक्ष, अनन्त, नभ, अभ्र, शून्य
आनन्द	मोद, आमोद, प्रमोद, हर्ष, सुख, प्रसन्नता, उल्लास, आह्लाद, खुशी
इच्छा	आकांक्षा, ईप्सा, अभिलाषा, चाह, कामना, मनोरथ, स्पर्द्धा, मर्जी
कमल	जलज, सरोज, पंकज, नीरज, अरविन्द, पद्म, कंज, सिद्धि, शतदल, अम्बुज, सरसिज, नलिन, राजीव, पुण्डरीक, इन्दीवर, पुष्कर
गणेश	लम्बोदर, विनायक, गणपति, एकदन्त, गजवन्त, गजवदन, गजानन, गणनायक, भवानीनन्दन, पार्वतीनन्दन, मोदकदाता, विघ्नेश, गौरीनन्दन, गिरिजानन्दन, गणाधिप, हेरंब
गंगा	देवनद, सुरसरिता, जाह्नवी, देवनदी, मन्दाकिनी, भागीरथी, ध्रुवनन्दा, सुरापगा, त्रिपथगा, सुरसरि, सुरधुनी
चाँद	चन्द्र, चन्द्रमा, हिमांशु, सुधांशु, सुधाकर, राकेश, शशि, सारंग, निशाकर, निशापति, मृगांक, कलानिधि, कलाधर, कलाप, रजनीश, राकापति, इन्दु, शशांक, विधु, मयंक, हिमकर, शीतांशु
जल	पानी, नीर, तोय, वारि, अम्बु, पय, सलिल, उदक, अमृत, मेघपुष्प, सारंग
नदी	सरिता, वाहिनी, शैलजा, अपगा, तटिनी, निम्नगा, निर्झरिणी, तरंगिणी, जलमाला, नद, शैवालिनी, प्रवाहिनी
पति	वल्लभ, स्वामी, आर्य, ईश, दूल्हा, भर्तार, सहचर, सुहाग, सौहर, साजन, बालम, भर्ता
पत्नी	भार्या, स्त्री, दारा, गृहिणी, बहू, कलत्र, प्राणप्रिया, औरत, अर्द्धांगिनी, गृहलक्ष्मी, जीवन संगिनी, सहचरी, बेगम
पर्वत	भूधर, शैल, अचल, महीधर, गिरि, पहाड़, नग, नगपति, धरणीधर, मेरु, शिखर, नाग, अद्रि, तुंग
पुत्री	आत्मजा, तनया, सुता, नन्दिनी, दुहिता, तनुजा, बेटी, लड़की
पृथ्वी	धरा, भूमि, वसुन्धरा, धरती, धरित्री, धरणी, वसुधा, भू, क्षिति, मही, इला, उर्वी
पवन	हवा, अनिल, गन्धवह, पवमान, प्रभंजन, प्रवात, वात, वायु, समीर, समीरण, मातरिश्वा
बिजली	विद्युत, चपला, चंचला, दामिनी, तड़ित, सौदामिनी
बादल	मेघ, अभ्र, जलद, अम्बुद, जीमूत, धराधर, नीरद, पयोद, बलाहक, मेघ, वारिद, वारिधर, वारिवाह
महादेव	शिव, शम्भु, शंकर, चन्द्रशेखर, शशिशेखर, गिरीश, नीलकण्ठ, पशुपति, त्रिलोचन, उमाकान्त, गौरीनाथ, रुद्र, व्योमकेश, विरुपाक्ष, श्रीकण्ठ, चन्द्रचूड़, त्र्यम्बक, धूर्जटि

38 पर्यायवाची शब्द

शब्द	पर्यायवाची	शब्द	पर्यायवाची
रात्रि	निशा, रैन, रात, रजनी, यामिनी, विभावरी, क्षणदा, त्रियामा, शर्वरी	हिमालय	नगराज, हिमगिरि, हिमाद्रि, हिमाचल, नगाधिराज, नगपति
राजा	नृप, भूपति, भूप, महीप, महीपति, महेश, नरेश, राव, सम्राट, अवनीश, नरेन्द्र, महिपाल	हनुमान	कपीश, महावीर, आंजनेय, मारुतिनन्दन, पवनपुत्र, मारुतेय, रामदास, रामदूत
विष्णु	अच्युत, जनार्दन, चक्रपाणि, विश्वम्भर, मुकुन्द, नारायण, हृषिकेश, गोविन्द, माधव, लक्ष्मीपति, विश्वरूप, उपेन्द्र, कमलाकान्त	रावण	दशमुख, दशानन, लंकेश, लंकापति
		सोना	स्वर्ण, कंचन, कनक, हेम, हाटक, सुवर्ण, तपनीय, महारजत, हिरण्य
समुद्र	सागर, जलधि, पारावार, सिन्धु, नीरनिधि, नदीश, पयोधि, अर्णव, रत्नाकर, वारीश, नीरधि, जलधाम, अकूपाद, उदधि, नदीश	पत्थर	पाहन, पाषाण, शिला, शैल, प्रस्तर, उपल, अश्म
		मोर	मयूर, शिखी, मेहप्रिय, मेहनर्तक, नीलकण्ठ, सितापांग
सूर्य	मार्तण्ड, दिनकर, रवि, भास्कर, प्रभाकर, सविता, पतंग, दिवाकर, आदित्य, अंशुमाली, भानु, तरणि, सूर, हंस, विरोचन, दिनेश	सरस्वती	भारती, वागेश्वरी, शारदा, वीणापाणि, वाग्देवी, महाश्वेता, ज्ञानदा, हंसवाहिनी
सिंह	शार्दूल, मृगराज, मृगेन्द्र, केसरी, केहरि, केशी, शेर, व्याघ्र, पशुराज, वनराज	दुर्गा	चण्डी, चण्डिका, चामुण्डा, भवानी, सुभद्रा, भव्या, महागौरी, कल्याणी, शैलपुत्री, शाम्भवी, अम्बा, अम्बिका
स्त्री	अबला, नारी, रमणी, कामिनी, सुन्दरी, वामा, भामा, औरत, वनिता, महिला, कांता	लक्ष्मी	इन्दिरा, कमला, श्री, सिन्धुजा, पद्मा विष्णुप्रिया
हाथी	गज, हस्ति, मतंग, नाग, कुंजर, द्विप, द्विरद, वारण, कुंभी, करीश, करवर, करी, सारंग	पार्वती	उमा, गौरी, भवानी, अम्बिका, दुर्गा, अभया, रुद्राणी, शैलजा, शिवानी, शैलसुता, सती, भगवती, गिरिजा
हरिण	मृग, कुरंग, सारंग, कृष्णसार, हिरन	राम	रघुनायक, राघव, रघुपति, सियाराम, श्रीराम, रघुनाथ
साँप	सर्प, अहि, उरग, काकोदर, चक्षुश्रवा, पन्नग, जिह्वाग्र, नाग, फणी, फणीश, भुजंग, विषधर, मणी, सारंग, हरि, व्याल	कृष्ण	मुरलीधर, गिरिधर, नागर, कन्हैया, कान्ह, किशन, गोपीनाथ, द्वारकाधीश
		भ्रमर	भँवरा, मधुप, मिलिन्द, मधुकर, भृंग, भौंरा, अलि, चंचरीक, शिलीमुख

अभ्यास प्रश्न

1. 'राक्षस' शब्द का पर्यायवाची है **[UP बी.एड. 2014]**
(a) अदृश्य (b) चक्षु
(c) दानव (d) अशुचि

2. इनमें से कौन-सा शब्द 'देवता' का पर्यायवाची नहीं है? **[UP बी.एड. 2014]**
(a) देव (b) सुर
(c) अमर (d) अविनीत

3. निम्नलिखित में से कौन 'आरम्भ' का पर्यायवाची शब्द है? **[UP बी.एड. 2014]**
(a) आराम (b) आधार
(c) शुरुआत (d) विश्रान्ति

4. निम्नलिखित में से कौन 'आरोप' का पर्यायवाची शब्द नहीं है? **[UP बी.एड. 2014]**
(a) अभियोग (b) आक्षेप
(c) इल्जाम (d) हमला

5. 'अलंकार' शब्द का पर्यायवाची होगा **[UP बी.एड. 2014]**
(a) आभूषण (b) मनोहर
(c) आकलन (d) अभिमान

6. 'आलोचना' का पर्यायवाची है **[UP बी.एड. 2013]**
(a) सुलोचना (b) विवाद
(c) समीक्षा (d) बाध्यता

7. निम्नलिखित में से कौन 'गणेश' शब्द का पर्यायवाची नहीं है? **[UP बी.एड. 2013]**
(a) गजानन (b) विघ्नेश
(c) विनायक (d) गोविन्द

8. 'शिव' का कौन-सा अर्थ नहीं है? **[UP बी.एड. 2012]**
(a) महादेव (b) पशुपति
(c) चक्रपाणि (d) शंकर

निर्देश (प्र.सं. 9-11) *दिए गए वाक्यों में काले शब्दों के पर्याय (समानार्थक शब्द) के लिए चार-चार विकल्प दिए गए हैं। उचित विकल्प चुनिए।* **[UP बी.एड. 2012]**

9. किसान **धरती** का मातृवत् सम्मान करता है।
(a) तरिणी (b) भार्या
(c) रजनी (d) वसुधा

10. **नदी** जीवन भी देती है और विनाश भी कर सकती है।
(a) सुरसरि (b) सरिता
(c) देवनदी (d) सुरभि

11. गर्मी में **वायु** तेज गति से चलती है।
(a) अनिल (b) झंझावत
(c) आँधी (d) चक्रवात

12. आदित्य का पर्यायवाची नहीं है **[UP बी.एड. 2011]**
(a) दीपक (b) दिवाकर
(c) भास्कर (d) दिनकर

13. दूध का समानार्थक शब्द चुनिए। **[UP बी.एड. 2011]**
(a) खीर (b) पेय
(c) नवनीत (d) स्तन्य

14. हाथ का समानार्थक शब्द चुनिए। **[UP बी.एड. 2011]**
(a) पाणि (b) अग्रांग
(c) मकर (d) अंगुलिमाल

15. 'तरी' का पर्यायवाची शब्द कौन-सा है? **[UP बी.एड. 2010]**
(a) लहर (b) छिछला
(c) सरोवर (d) नौका

16. 'आँख' का पर्यायवाची शब्द कौन-सा नहीं है? **[UP बी.एड. 2010]**
(a) चक्षु (b) लोचन
(c) अक्षि (d) धात्री

17. 'साँप' का पर्यायवाची शब्द कौन-सा नहीं है? **[UP बी.एड. 2010]**
(a) हरि (b) सारंग
(c) खग (d) भोगी

18. 'पुरन्दर' शब्द का प्रयोग किसके लिए होता है? **[UP बी.एड. 2008]**
(a) विष्णु (b) सूर्य
(c) शिव (d) इन्द्र

19. इनमें से कौन-सा शब्द 'पुष्प' का पर्यायवाची नहीं है? **[UP बी.एड. 2008]**
(a) कुसुम (b) प्रसून
(c) अनंग (d) सुमन

20. 'अश्व' का पर्यायवाची शब्द है
(a) घोटक (b) अनन्त
(c) सुरपति (d) दिनकर

21. निम्नलिखित में से कौन 'समुद्र' का पर्यायवाची शब्द नहीं है?
(a) सागर (b) रत्नाकर
(c) नीरद (d) जलधि

22. निम्न में कौन-सा शब्द 'सूर्य' का पर्यायवाची नहीं है?
(a) दिवाकर (b) तरणि
(c) विश्वानस (d) शार्दूल

23. निम्नलिखित शब्दों में कौन-सा 'लक्ष्मी' का पर्यायवाची नहीं है?
(a) कमला (b) इन्दिरा
(c) महाश्वेता (d) पद्मा

24. 'बादल' का पर्यायवाची शब्द नहीं है
(a) अभ्र (b) जीमूत
(c) वारिद (d) मर्कट

25. निम्नलिखित में कौन 'स्त्री' का पर्यायवाची शब्द नहीं है?
(a) वामा (b) कामिनी
(c) महिला (d) इन्दिरा

26. निम्नलिखित में कौन 'आकाश' का पर्यायवाची शब्द नहीं है?
(a) शून्य (b) अम्बर
(c) अन्तरिक्ष (d) नीलाभ

27. निम्नलिखित में कौन 'सरस्वती' का पर्यायवाची शब्द नहीं है?
(a) महाश्वेता (b) वीणापाणि
(c) हंसवाहिनी (d) सिंहस्था

28. निम्नलिखित में कौन 'गंगा' का पर्यायवाची नहीं है?
(a) भागीरथी (b) त्रिवेणी
(c) मन्दाकिनी (d) सुरसरिता

29. 'सैन्धव' किसका पर्यायवाची शब्द है?
(a) हाथी (b) घोड़ा
(c) नदी (d) पहाड़

30. निम्न में कौन-सा 'दिन' का पर्यायवाची नहीं है?
(a) दिवस (b) दिवा
(c) वासर (d) विभावरी

31. निम्न में कौन-सा शब्द 'अन्धकार' का पर्यायवाची नहीं है?
(a) तम (b) अन्धेरा
(c) तिमिर (d) रुद्र

32. निम्न में कौन-सा शब्द 'ओस' का पर्यायवाची नहीं है?
(a) तुषार (b) शेफाली
(c) शबनम (d) रसाल

33. निम्न में कौन एक 'पर्वत' का पर्यायवाची शब्द है?
(a) सर (b) तन
(c) अद्रि (d) तुरंग

34. निम्न में कौन 'यमुना' का पर्यायवाची शब्द नहीं है?
(a) कालिन्दी (b) जमुना
(c) अर्कजा (d) पद्मा

35. निम्नलिखित में कौन-सा 'चन्द्रमा' का पर्यायवाची शब्द नहीं है?
(a) कलाधर (b) रजनीश
(c) मयंक (d) विहग

36. निम्नलिखित में कौन-सा 'कमल' का पर्यायवाची शब्द नहीं है?
(a) अरुण (b) सरोरूह
(c) उत्पल (d) कुवलय

37. निम्न में कौन-सा शब्द नदी का पर्यायवाची नहीं है?
(a) अपगा (b) प्रवाहिनी
(c) सरिता (d) कासार

38. निम्न में कौन-सा पर्यायवाची शब्द-युग्म सही नहीं है?
(a) सिंह-केसरी (b) हाथी-करिवर
(c) सूर्य-अंशुमाली (d) यमुना-मन्दाकिनी

39. निम्न में से कौन-सा पर्यायवाची शब्द-युग्म सही नहीं है?
(a) कमल-मृणाल (b) ओस-नीहार
(c) आकाश-अभ्र (d) गाय-द्विज

40. निम्न में से कौन-सा पर्यायवाची शब्द-युग्म सही है?
(a) पति-भार्या
(b) नदी-प्रस्तर
(c) चन्द्रमा-आदित्य
(d) धनुष-कोदण्ड

41. 'मयूख' किस शब्द का पर्यायवाची है?
(a) मोर (b) रोशनी
(c) सूर्य (d) चन्द्रमा

42. निम्न में कौन-सा 'वृक्ष' का पर्यायवाची नहीं है?
(a) विटप (b) पादप
(c) तरू (d) प्रवात

43. निम्न में कौन-सा शब्द 'चिड़िया' का पर्यायवाची नहीं है?
(a) खग (b) विहंग
(c) पतंग (d) केतु

44. 'पतंग' शब्द का पर्यायवाची है
(a) चिड़िया (b) सूर्य
(c) कीट (d) ये सभी

45. 'शोणित' किसका पर्यायवाची है?
(a) चाँदी (b) चन्दन
(c) रक्त (d) धरती

46. 'चाँदनी' का पर्यायवाची शब्द है
(a) ज्योत्सना (b) तमाल
(c) दमक (d) कान्ति

47. 'लक्ष्मण' का पर्यायवाची निम्न में कौन नहीं है?
(a) सौमित्र (b) लखन
(c) रामानुज (d) बलभद्र

48. निम्न में से कौन 'वर्षा' का पर्यायवाची नहीं है?
(a) पावस (b) वृष्टि
(c) बरसात (d) विपुल

49. 'हिमालय' का कौन-सा शब्द पर्यायवाची नहीं है?
(a) गिरिराज (b) शैलेन्द्र
(c) हिमाद्रि (d) धरणीधर

50. 'सारंग' शब्द किसका पर्यायवाची नहीं है?
(a) चन्द्रमा (b) हाथी
(c) हरिण (d) नदी

51. 'वागेश्वरी' शब्द का पर्यायवाची शब्द है
(a) कमला (b) शारदा
(c) रमा (d) दुर्गा

52. कौन-सा शब्द समूह 'इन्द्र' का पर्यायवाची है?
(a) सुरपति, देवराज (b) पुरन्दर, शचीपति
(c) सुरेश, देवेश (d) ये सभी

53. 'घोड़ा' शब्द का पर्यायवाची शब्द-समूह है
(a) अश्व, बजि (b) सैन्धव, तुरंग
(c) हय, आशु (d) ये सभी

निर्देश (प्र.सं. 54-59) *नीचे प्रत्येक प्रश्न के साथ चार शब्द दिए गए हैं, इनमें से सही पर्यायवाची शब्द का चुनाव कीजिए।*

54. विद्युत
(a) गगन (b) सौदामिनी
(c) तुरंग (d) मृगांक

55. वायु
(a) अनिल (b) अनल
(c) वल्लभ (d) अराति

56. कृष्ण
(a) बादल (b) विष्णु
(c) गिरिधर (d) गिरिराज

57. सोना
(a) रजत (b) ताम्र
(c) हाटक (d) अनल

58. राजा
(a) करवाल (b) रंक
(c) भूप (d) दिव्य

59. गृह
(a) आलम (b) विहार
(c) सदन (d) वल्लभ

60. 'रेणु' शब्द किसका पर्यायवाची है?
(a) फूल (b) धूल
(c) किरण (d) चाँदनी

61. 'केसरी' किसका पर्यायवाची शब्द है?
(a) हाथी (b) सिंह
(c) हरिण (d) घोड़ा

62. 'मोर' का पर्यायवाची शब्द इनमें से कौन नहीं है?
(a) मयूर (b) कलापी
(c) शिखी (d) अरुणशिखा

63. 'पुष्कर' किस शब्द का पर्यायवाची है?
(a) कमल (b) ईश्वर
(c) तालाब (d) चन्द्रमा

64. कौन-सा शब्द 'पत्थर' का पर्यायवाची नहीं है?
(a) प्रस्तर (b) पाषाण (c) शैल (d) तारक

65. 'यातुधान' किस शब्द का पर्यायवाची है?
(a) अमृत (b) दानव
(c) देवता (d) इन्द्र

66. शर्वरी, यामिनी तथा रजनी शब्द किसके पर्यायवाची हैं?
(a) दिन (b) रात
(c) कपड़ा (d) कमल

67. 'हेरम्ब' किसका पर्यायवाची शब्द है?
(a) गणेश (b) शिव
(c) विष्णु (d) बादल

68. निम्न में कौन 'पुत्री' का पर्यायवाची नहीं है?
(a) नन्दिनी (b) दुहिता
(c) तनुजा (d) दारा

69. निम्न में कौन-सा शब्द 'चन्द्रमा' का पर्यायवाची नहीं है?
(a) इन्दु (b) हिमकर
(c) विधु (d) वारिधर

70. कौन-सा शब्द 'हवा' का पर्यायवाची नहीं है?
(a) पवन (b) अनिल
(c) पवमान (d) अवनीश

71. निम्न में कौन सही सुमेलित नहीं है?
(a) बादल - अभ्र
(b) कमल - इंदीवर
(c) रात्रि - यामिनी
(d) अग्नि - अनिल

72. निम्न में कौन 'महादेव' का पर्यायवाची नहीं है?
(a) चन्द्रशेखर
(b) त्रिलोचन
(c) विरुपाक्ष
(d) विघ्नेश

73. 'नदी' का पर्यायवाची शब्द कौन नहीं है?
(a) वाहिनी (b) शैलजा
(c) शैवालिनी (d) सहचरी

74. 'बादल' का पर्यायवाची नहीं है
(a) नीरद (b) जलद
(c) इला (d) जीमूत

75. निम्नलिखित में से कौन 'सिंह' का पर्यायवाची नहीं है?
(a) शार्दूल (b) मृगेन्द्र
(c) केशी (d) तड़ित

76. निम्नलिखित में 'महादेव' का पर्यायवाची शब्द है
(a) हिमकर (b) शीतांशु
(c) धूर्जटि (d) अंशुमाली

77. 'इला' निम्नलिखित में से किसका पर्यायवाची शब्द है?
(a) सागर (b) आकाश
(c) पृथ्वी (d) गंगा

78. 'उदक' किस शब्द का पर्यायवाची है?
(a) जल (b) नदी
(c) झील (d) पहाड़

79. 'यातुधान' किस शब्द का पर्याय है?
(a) ईश्वर (b) धरती
(c) राक्षस (d) सूर्य

80. निम्नलिखित में से कौन 'सागर' का पर्याय है?
(a) जनार्दन (b) अपगा
(c) अर्णव (d) मुकुन्द

उत्तरमाला

1. (c)	**2.** (d)	**3.** (c)	**4.** (d)	**5.** (a)	**6.** (c)	**7.** (d)	**8.** (c)	**9.** (d)	**10.** (b)
11. (c)	**12.** (a)	**13.** (d)	**14.** (a)	**15.** (d)	**16.** (d)	**17.** (c)	**18.** (d)	**19.** (c)	**20.** (a)
21. (c)	**22.** (d)	**23.** (c)	**24.** (d)	**25.** (d)	**26.** (d)	**27.** (d)	**28.** (b)	**29.** (b)	**30.** (d)
31. (d)	**32.** (d)	**33.** (c)	**34.** (d)	**35.** (d)	**36.** (a)	**37.** (d)	**38.** (d)	**39.** (d)	**40.** (d)
41. (b)	**42.** (d)	**43.** (d)	**44.** (d)	**45.** (c)	**46.** (a)	**47.** (d)	**48.** (d)	**49.** (d)	**50.** (d)
51. (b)	**52.** (d)	**53.** (d)	**54.** (b)	**55.** (a)	**56.** (c)	**57.** (c)	**58.** (c)	**59.** (c)	**60.** (b)
61. (b)	**62.** (d)	**63.** (a)	**64.** (d)	**65.** (b)	**66.** (b)	**67.** (a)	**68.** (d)	**69.** (d)	**70.** (d)
71. (d)	**72.** (d)	**73.** (d)	**74.** (c)	**75.** (d)	**76.** (c)	**77.** (c)	**78.** (a)	**79.** (c)	**80.** (c)

अध्याय

11 विपरीतार्थक (विलोम) शब्द

शब्दों के अपने निश्चित अर्थ होते हैं। इसके विपरीत अर्थ को वहन करने वाले शब्द **विपरीतार्थक** अथवा **विलोम शब्द** कहलाते हैं। संज्ञा के विपरीतार्थक शब्द संज्ञा तथा विशेषण के विपरीतार्थक शब्द सर्वदा विशेषण ही होते हैं।
विपरीतार्थक शब्दों की रचना कई प्रकारों से होती है। कभी मूल शब्द में उपसर्ग लगाकर विपरीतार्थक शब्द बनाया जाता है तो कभी-कभी पूर्णतया कोई भिन्न शब्द भी विपरीत अर्थ के लिए प्रयुक्त होते हैं। विपरीतार्थक शब्द बनाने के लिए सात नियम हैं। *यह हैं*

1. **लिंग परिवर्तन द्वारा** — जैसे भाई-बहन, लड़का-लड़की इत्यादि
2. **उपसर्ग की सहायता से** — जैसे आस्था-अनास्था, ईश्वर-अनीश्वर इत्यादि
3. **नञ् समास के पद रूप में** — जैसे सार्थक-निरर्थक, अनाथ-सनाथ इत्यादि।
4. **भिन्न जातीय शब्दों द्वारा** — जैसे स्वतन्त्र-परतन्त्र, अन्तर्मुखी-बहिर्मुखी इत्यादि
5. **प्रत्यय के समान प्रयोग द्वारा** — जैसे उदयाचल-अस्ताचल, विशालकाय-सूक्ष्मकाय इत्यादि
6. **प्रचलित शब्दों द्वारा** — जैसे अमृत-विष, अधम-उत्तम इत्यादि
7. **स्वतंत्र शब्दों द्वारा** — जैसे अधूरा-पूरा, अमीर-गरीब इत्यादि

महत्त्वपूर्ण विलोम शब्द

शब्द	विलोम शब्द	शब्द	विलोम शब्द	शब्द	विलोम शब्द	शब्द	विलोम शब्द
अनाथ	*सनाथ*	असभ्य	*सभ्य*	उदात्त	*अनुदात्त*	परमार्थ	*स्वार्थ*
अवनति	*उन्नति*	अनावरण	*आवरण*	उन्नति	*अवनति*	प्रवृत्ति	*निवृत्ति*
अल्पायु	*दीर्घायु*	अशुभ	*शुभ*	उन्मुख	*विमुख*	प्रत्यक्ष	*परोक्ष*
अवनत	*उन्नत*	अकर्मण्य	*कर्मण्य*	उपयोग	*दुरुपयोग*	बहिरंग	*अन्तरंग*
अपेक्षा	*उपेक्षा*	अज्ञानी	*ज्ञानी*	उपस्थिति	*अनुपस्थिति*	भूत	*भविष्य*
अग्रज	*अनुज*	आकर्षण	*विकर्षण*	उपयोगी	*अनुपयोगी*	भौतिक	*आध्यात्मिक*
अधम	*उत्तम*	अनुचित	*उचित*	ऊर्ध्वमुख	*अवाङ्मुख*	महात्मा	*दुरात्मा*
अन्धकार	*प्रकाश*	आत्मा	*अनात्मा*	ऐश्वर्य	*अनैश्वर्य*	संयोग	*वियोग*
अन्तर्द्वन्द्व	*बहिर्द्वन्द्व*	आदान	*प्रदान*	कीर्ति	*अपकीर्ति*	लिप्त	*निर्लिप्त*
अक्षम	*सक्षम*	आस्था	*अनास्था*	कृतज्ञ	*कृतघ्न*	लौकिक	*अलौकिक*
अनुकूल	*प्रतिकूल*	आज्ञा	*अवज्ञा*	कृत्रिम	*प्राकृत*	सगुण	*निर्गुण*
अतिवृष्टि	*अनावृष्टि*	अपकर्ष	*उत्कर्ष*	कनिष्ठ	*ज्येष्ठ*	सजीव	*निर्जीव*
अनभिज्ञ	*भिज्ञ*	इहलौकिक	*पारलौकिक*	कर्मण्य	*अकर्मण्य*	सबल	*दुर्बल*
अगम	*सुगम*	इच्छा	*अनिच्छा*	कठोर	*मसृण*	पाश्चात्य	*पौरस्त्य, प्राच्य*
अतल	*वितल*	ईश्वर	*अनीश्वर*	कायर	*निडर*	पूर्ववर्ती	*उत्तरवर्ती*
अवनि	*अम्बर*	ईमानदार	*बेईमान*	गहरा	*छिछला*	संकल्प	*विकल्प*
अस्त	*उदय*	दुर्जन	*सज्जन*	गृहस्थ	*संन्यासी*	स्मरण	*विस्मरण*
उत्तीर्ण	*अनुत्तीर्ण*	ध्वंस	*निर्माण*	घृणा	*प्रेम*	श्रव्य	*दृश्य*
उत्कृष्ट	*निकृष्ट*	नूतन	*पुरातन*	चपल	*गम्भीर*	शयन	*जागरण*
उत्थान	*पतन*	न्यून	*अधिक*	जटिल	*सरल*	क्षणिक	*शाश्वत*
उत्साह	*निरुत्साह*	निरक्षर	*साक्षर*	ज्वार	*भाटा*	प्रेषण	*प्रेषित*

शब्द	विलोम शब्द	शब्द	विलोम शब्द	शब्द	विलोम शब्द	शब्द	विलोम शब्द
जीवित	*मृत*	प्रवेश	*प्रस्थान*	हित	*अहित*	सम्पृक्त	*असम्पृक्त*
तिमिर	*प्रकाश*	सत्य	*मिथ्या*	आग्रह	*दुराग्रह*	लुप्त	*व्यक्त*
तीक्ष्ण	*कुण्ठित*	आदर	*अनादर*	उर्वर	*अनुर्वर*	सजल	*निर्जल*
तटस्थ	*पक्षपाती*	संक्षेप	*विस्तार*	बाढ़	*सूखा*	विस्तृत	*संक्षिप्त*
त्याज्य	*ग्राह्य*	विष	*अमृत*	शीत	*उष्ण*	सौम्य	*उग्र*
क्षमा	*दण्ड*	सार्थक	*निरर्थक*	वसन्त	*पतझड़*	पतनोन्मुख	*विकासोन्मुख*
शोषक	*पोषक*	विधि	*निषेध*	उत्तरायण	*दक्षिणायण*	पराजेय	*अपराजेय*
ह्रास	*विकास*	विशेष	*सामान्य*	हिंसा	*अहिंसा*	पापी	*पुण्यात्मा*
क्षुद्र	*विराट*	निराकार	*साकार*	घात	*प्रतिघात*	निराधार	*साधार*
स्वकीय	*परकीय*	उपसर्ग	*परसर्ग*	उत्सर्पिणी	*अवसर्पिणी*	निर्दय	*सदय*
सदुपयोग	*दुरुपयोग*	संकीर्ण	*विस्तीर्ण*	गुरु	*लघु*	आविर्भाव	*तिरोभाव*
सूक्ष्म	*स्थूल*	सक्षम	*अक्षम*	गमन	*आगमन*	अनुलोम	*प्रतिलोम*
सत्कार	*तिरस्कार*	भूतकाल	*भविष्यत्काल*	कपटी	*निष्कपट*	अनुरक्ति	*विरक्ति*
सम्मान	*अपमान*	शोभनीय	*अशोभनीय*	जड़	*चेतन*	आयात	*निर्यात*
सौभाग्य	*दुर्भाग्य*	शिथिल	*स्फूर्त*	पुरस्कार	*तिरस्कार*	एकेश्वरवाद	*बहुदेववाद*
सुलभ	*दुर्लभ*	विलम्ब	*अविलम्ब*	सहयोगी	*प्रतियोगी*	प्रदोष	*प्रत्यूष*
सद्भावना	*दुर्भावना*	व्यष्टि	*समष्टि*	सृजन	*विनाश*		

अभ्यास प्रश्न

1. 'सम्भावना' शब्द का विलोम है **[UP बी.एड. 2014]**
(a) असम्भावना (b) असम्भव
(c) असम्भाव्य (d) असन्तोष

2. 'संकल्प' का विलोम शब्द होगा **[UP बी.एड. 2014]**
(a) असंकल्प (b) संकल्पहीन
(c) असम्बद्ध (d) असन्तोष

3. 'विशिष्ट' शब्द का विलोम है **[UP बी.एड. 2014]**
(a) सामान्य (b) विशुद्ध
(c) लघु (d) अविवेकी

4. 'विकास' शब्द का विलोम है **[UP बी.एड. 2014]**
(a) विनाश (b) विकृत (c) विकल (d) लक्षित

5. 'शत्रुता' का विलोम शब्द है **[UP बी.एड. 2014]**
(a) मित्र (b) मित्रता
(c) अशंकित (d) व्यस्त

6. 'अतिवृष्टि' का विलोम क्या होगा? **[UP बी.एड. 2013]**
(a) अनावृष्टि (b) अकाल
(c) तूफान (d) वर्षा

7. आहूत का विलोम क्या होगा? **[UP बी.एड. 2013]**
(a) बन्धन (b) अविश्वास
(c) विराग (d) अनाहूत

8. 'अभिजात्य' का विलोम बताइए। **[UP बी.एड. 2013]**
(a) कुलीन (b) सामान्य
(c) अकुलीन (d) वंचित

9. 'साकार' का विपरीतार्थक शब्द क्या है? **[UP बी.एड. 2013]**
(a) आकार (b) निराकार
(c) प्रकार (d) विकार

10. कौन सही सुमेलित है? **[UP बी.एड. 2012]**
(a) अनुरक्ति–विरक्ति (b) असमय–कुसमय
(c) अवसर–सुअवसर (d) दीर्घायु–चिरायु

निर्देश (प्र.सं. 11-13) *दिए गए प्रत्येक वाक्य में रिक्त स्थान की पूर्ति उसी वाक्य में काले शब्द के उपयुक्त विलोम द्वारा की जानी है। इसके लिए चार-चार विकल्प प्रस्तावित हैं। उचित विकल्प का चयन कीजिए।* **[UP बी.एड. 2012]**

11. भारतीय दृष्टि **आध्यात्मिक** है जबकि पाश्चात्य दृष्टि का आधार ..... है।
(a) भौतिक (b) पदार्थवादी
(c) निरीश्वरवादी (d) विभाजन

12. **स्वच्छ** जल के अभाव में हमें ..... जल पीकर ही प्यास बुझानी पड़ी।
(a) दूषित
(b) तप्त
(c) शीतल
(d) उष्ण

13. पन्द्रह अगस्त उन्नीस सौ सैंतालीस को भारत ने **परतन्त्रता** की जंजीरें तोड़कर ..... प्राप्त की।
(a) स्वतन्त्रता (b) पराधीनता
(c) स्वच्छन्दता (d) संवैधानिकता

14. 'क्षुधा' शब्द का विलोम है **[UP बी.एड. 2011]**
(a) तृषा (b) तृष्ण
(c) तृप्त (d) मृगतृष्णा

15. 'उत्थान' का विलोम शब्द है **[UP बी.एड. 2011]**
(a) उन्नयन (b) पतन
(c) उत्कर्ष (d) अवनत

16. 'अनुकूल' शब्द का विलोम शब्द है **[UP बी.एड. 2011]**
(a) प्रतिकूल (b) अपकूल
(c) अनुकूलन (d) सानुकूल

17. 'कल्पना' का विपरीतार्थक शब्द कौन-सा है? **[UP बी.एड. 2010]**
(a) यथार्थ (b) असली
(c) सही (d) वास्तविक

निर्देश (प्र.सं. 18-45) *नीचे दिए गए शब्दों के विपरीतार्थक शब्द (विकल्पों में आए शब्दों से) चुन कर सही उत्तर के विकल्प को चिह्नित करें।*

18. अवनि
(a) अम्बर (b) तारे
(c) समुद्र (d) पर्वत

19. अन्तर्द्वन्द्व
(a) बहिर्द्वन्द्व (b) द्वन्द्वहीनता
(c) अर्द्वंद (d) द्वन्द्व

20. प्रवृत्ति
(a) प्रकृति (b) निवृत्ति
(c) प्रकृत (d) प्राकृतिक

21. राजतन्त्र
(a) गणतन्त्र (b) स्वतन्त्र
(c) परतन्त्र (d) प्रजातन्त्र

22. संयोग
(a) वियोग (b) योग (c) सुयोग (d) कुयोग

23. अलगाव
(a) विलगाव (b) लगाव
(c) अनलगाव (d) स्वार्थ

24. अर्जन
(a) गर्जन (b) विसर्जन
(c) व्ययन (d) सृजन

25. असीम
(a) अनन्त (b) ससीम (c) सुसीम (d) निकट

26. अवनत
(a) विनत (b) अभिनत
(c) उन्नत (d) सुनत

27. अर्वाचीन
(a) नवीन (b) प्राचीन
(c) आदिकालीन (d) पाषाणकालीन

28. अनुग्रह
(a) दण्ड (b) कृपा (c) अनुतोष (d) आग्रह

29. अवतल
(a) समतल (b) उत्तल
(c) उभयोत्तल (d) समयोत्तल

30. उल्लास
(a) हर्ष (b) विषाद (c) कष्ट (d) नैराश्य

31. एकाधिकार
(a) स्वामित्व (b) सर्वाधिकार
(c) सम्पत्ति (d) कर्त्तव्य

32. कनिष्ठ
(a) समान (b) वशिष्ठ (c) समकक्ष (d) वरिष्ठ

33. अगम्य
(a) सुगम्य (b) गन्तव्य (c) चराचर (d) गम्य

34. ज्योत्सना
(a) कालिमा (b) रात्रि
(c) तामिस्र (d) निशा

35. दयालु
(a) उदार (b) कठोर
(c) निर्दय (d) सदय

36. विस्तीर्ण
(a) संकीर्ण (b) विकीर्ण
(c) विकिरण (d) प्रकीर्णन

37. विकसित
(a) अविकसित (b) विकासशील
(c) विकासहीन (d) अल्पविकसित

38. विहित
(a) निहित (b) निषिद्ध
(c) ग्रहित (d) सुहित

39. दीर्घकाय
(a) विशालकाय (b) लघुकाय
(c) कृशकाय (d) देवकाय

40. निष्काम
(a) सकाम (b) विश्राम
(c) अकाम (d) अकर्मण्य

41. अलौकिक
(a) लौकिक (b) पारलौकिक
(c) भौतिक (d) नैसर्गिक

42. बहिष्कार
(a) हड़ताल (b) स्वीकार
(c) समर्थन (d) विरोध

43. सुलभ
(a) लभ्य (b) दुर्लभ
(c) असहज (d) सर्वसुलभ

44. सविकार
(a) विकारयुक्त (b) निर्विकार
(c) अविकारी (d) विकारी

45. हृदयहीन
(a) हृदययुक्त (b) सहृदय
(c) निर्दय (d) साहसी

46. 'राजा' शब्द का विपरीतार्थक शब्द होगा
(a) रानी (b) गरीब
(c) अमीर (d) प्रजा

47. 'पूर्णिमा' शब्द का विपरीतार्थक शब्द होगा
(a) विभावरी (b) निशीथ
(c) अमावस्या (d) कालिमा

48. 'वक्र' का विपरीतार्थक शब्द क्या होगा?
(a) ऋजु (b) अक्र
(c) क्षम (d) कठोर

49. निम्नलिखित में 'राग' शब्द का विलोम क्या होगा?
(a) विराग (b) अनुराग
(c) ईर्ष्या (d) द्वेष

50. निम्न में 'ऊसर' का विलोम क्या होगा?
(a) बंजर (b) मरुभूमि
(c) उपजाऊ (d) उर्व

51. निम्न में 'आदि' शब्द का विलोम क्या है?
(a) प्रथम (b) अन्तिम (c) अन्त (d) आद्य

52. निम्नलिखित में 'हर्ष' का विलोम क्या है?
(a) विषाद (b) खेद
(c) वेदना (d) दुःख

53. निम्न में 'उपेक्षा' शब्द का विपरीतार्थक शब्द क्या होगा?
(a) सापेक्ष (b) अपेक्षा
(c) आदर (d) सम्मान

54. निम्न में कौन-सा शब्द 'निन्दा' शब्द का विपरीतार्थक है?
(a) दोषारोपण (b) स्तुति
(c) कृतज्ञ (d) सम्मान

55. 'आस्तिक' का विपरीतार्थक शब्द क्या है?
(a) अन्ध आस्था (b) अन्धविश्वासी
(c) नास्तिक (d) रूढ़िवादी

56. 'मितभाषी' शब्द का विपरीतार्थक शब्द क्या है?
(a) वाचाल (b) मूक
(c) सौम्य (d) स्वच्छन्द

57. 'प्राकृतिक' शब्द का विपरीतार्थक शब्द क्या है?
(a) नैसर्गिक (b) कृत्रिम
(c) बनावटी (d) स्वर्गिक

58. निम्नलिखित में कौन-सा विपरीतार्थक शब्दों का युग्म सही नहीं है?
(a) उन्नति-पतन (b) मूर्त-अमूर्त
(c) वक्र-ऋजु (d) अपेक्षा-अनिच्छा

59. निम्नलिखित में कौन-सा विपरीतार्थक शब्दों का युग्म सही नहीं है?
(a) वीर-कायर (b) रत-विरत
(c) शीत-उष्ण (d) अग्र-अन्त

60. आकर्षण का विपरीतार्थक शब्द है
(a) संकर्षण (b) विकर्षण
(c) प्रकर्षण (d) अनाकर्षण

61. 'अनुपयोगी' किस शब्द का विलोम है?
(a) उपयोग (b) उपयोगी
(c) अनुपयोग (d) प्रयोग

उत्तरमाला

1. (a)	**2.** (a)	**3.** (a)	**4.** (a)	**5.** (b)	**6.** (a)	**7.** (d)	**8.** (c)	**9.** (b)	**10.** (a)
11. (a)	**12.** (a)	**13.** (a)	**14.** (c)	**15.** (b)	**16.** (a)	**17.** (a)	**18.** (a)	**19.** (a)	**20.** (b)
21. (a)	**22.** (a)	**23.** (a)	**24.** (c)	**25.** (b)	**26.** (a)	**27.** (b)	**28.** (a)	**29.** (b)	**30.** (b)
31. (b)	**32.** (d)	**33.** (a)	**34.** (c)	**35.** (c)	**36.** (a)	**37.** (a)	**38.** (a)	**39.** (c)	**40.** (a)
41. (a)	**42.** (b)	**43.** (b)	**44.** (b)	**45.** (b)	**46.** (a)	**47.** (c)	**48.** (a)	**49.** (a)	**50.** (d)
51. (c)	**52.** (a)	**53.** (b)	**54.** (b)	**55.** (c)	**56.** (a)	**57.** (b)	**58.** (d)	**59.** (d)	**60.** (b)
61. (b)									

अध्याय

12

अनेक शब्दों के लिए एक शब्द

भाषा की सुदृढ़ता, भावों की तारतम्यता तथा सुन्दर भाषिक शैली के लिए यह आवश्यक होता है कि हम अपने विचारों को कम से कम शब्दों में अभिव्यक्त करें। सारगर्भित भाषा श्रोता तथा पाठक को प्रभावित करती है। समास, तद्धित तथा कृदन्त एक पूरे वाक्य का अर्थ शब्दों के माध्यम से देते हैं, कुछ ऐसे भी वाक्य होते हैं जिनका लक्षण या अर्थ संक्षिप्त रूप से शब्दों में व्यक्त हो जाता है। *इसके लिए निम्न बातों का ध्यान रखना चाहिए*

- प्रयुक्त शब्दों के रूप में ही समास, प्रत्यय इत्यादि की सहायता से एक शब्द बनाया जा सकता है।
- निर्मित शब्द का वाक्य रूप समास या प्रत्यय का विग्रह सामने आता है।
- अनेक शब्दों के बदले बनाए गए एक शब्द की शब्दावली सटीक होनी चाहिए।

'अनेक शब्दों के लिए एक शब्द' भाषा को गतिमान तथा आकर्षक बनाता है।

महत्त्वपूर्ण 'अनेक शब्दों के लिए एक शब्द'

अनेक शब्द (वाक्य-खण्ड)	**एक शब्द**	**अनेक शब्द** (वाक्य-खण्ड)	**एक शब्द**
जिसके हाथ में चक्र है	*चक्रपाणि*	बीता हुआ समय	*अतीत*
जिसके हाथ में वज्र है	*वज्रपाणि*	आने वाला समय	*भविष्य*
जिसके हाथ में वीणा है	*वीणापाणि*	कभी नहीं मरने वाला	*अमर*
जो चार भुजाओं वाला है	*चतुर्भुज*	अच्छे कुल में पैदा हुआ	*कुलीन*
जिसके दस आनन (सिर) हैं	*दशानन*	सब जगह व्याप्त	*सर्वव्यापी*
जो स्मरण के योग्य हो	*स्मरणीय*	जो युद्ध में स्थिर रहता है	*युधिष्ठिर*
जिसके आने की तिथि मालूम न हो	*अतिथि*	जो वर्णन से बाहर हो	*अवर्णनीय (वर्णनातीत)*
जिसके आर-पार देखा जा सके	*पारदर्शक (पारदर्शी)*	भविष्य में होने वाला	*भावी*
जिसके समान दूसरा न हो	*अद्वितीय*	कम बोलने वाला	*मितभाषी*
उपकार करने वाला	*उपकारी*	सत्य के लिए आग्रह	*सत्याग्रह*
जानने की इच्छा रखने वाला	*जिज्ञासु*	इन्द्रियों के ज्ञान से अतीत	*इन्द्रियातीत*
जो भेदा न जा सके	*अभेद्य*	विषयों में आसक्त	*विषयासक्त*
शिव का उपासक	*शैव*	हमेशा रहने वाला	*शाश्वत*
विष्णु का उपासक	*वैष्णव*	जन्म से अन्धा	*जन्मान्ध*
बुद्ध का अनुयायी	*बौद्ध*	रथ पर सवार	*रथी*
शक्ति का उपासक	*शाक्त*	अश्व पर सवार	*अश्वारोही*
जो सब कुछ जानता है	*सर्वज्ञ*	इतिहास से सम्बन्धित	*ऐतिहासिक*
जिसके हृदय में ममता नहीं है	*निर्मम*	जो जीता न जा सके	*अजेय*
जिसके हृदय में दया नहीं है	*निर्दय*	जीता जा चुका	*विजित*
जिसे भय नहीं है	*निर्भय*	जिसका कोई विकल्प हो	*वैकल्पिक*
ईश्वर में विश्वास रखने वाला	*आस्तिक*	इच्छा के अनुसार	*ऐच्छिक*
ईश्वर में विश्वास नहीं रखने वाला	*नास्तिक*	अनुकरण के योग्य	*अनुकरणीय*
जिसका कोई शत्रु न हो	*अजातशत्रु*	विधि के विरुद्ध	*अवैध*
पृथ्वी से सम्बन्धित	*पार्थिव*	जिसका कोई अर्थ न हो	*निरर्थक*
परलोक से सम्बन्धित	*पारलौकिक*	युद्ध की इच्छा रखने वाला	*युयुत्सु*
सूर्य से सम्बन्धित	*सौर्य (सौर)*	जीने की इच्छा	*जिजीविषा*
साहित्य से सम्बन्धित	*साहित्यिक*	मरने की इच्छा	*मुमूर्षा*
जिसकी उपमा सम्भव न हो	*अनुपम*	खाने की इच्छा	*बुभुक्षा*
		जिस स्त्री ने सूर्य को न देखा हो	*असूर्यपश्या*

अनेक शब्द (वाक्य-खण्ड)	एक शब्द	अनेक शब्द (वाक्य-खण्ड)	एक शब्द
बढ़ा-चढ़ा कर कहा गया	*अतिशयोक्ति*	दूसरों के समान अनुभूति रखना	*सहानुभूति*
जिसका दमन कठिन हो	*दुर्दम्य*	युग परिवर्तन की चेतना	*युगान्तकारी*
दमन करने योग्य	*दमनीय*	हित चाहने वाला	*हितैषी*
जिसकी उपमा दी जा सके	*उपमेय*	मन को हरने वाला	*मनोहर*
जिससे उपमा दी जाए	*उपमान*	प्रकृति से सम्बन्धित	*प्राकृतिक*
जिसे प्रतिष्ठा प्राप्त है	*प्रतिष्ठित*	क्रम के अनुसार	*क्रमानुसार*
जिस पर विश्वास किया जा सके	*विश्वस्त*	देखने योग्य	*दर्शनीय*
अत्यधिक वर्षा का होना	*अतिवृष्टि*	पूछने योग्य	*प्रष्टव्य*
वर्षा का नहीं होना	*अनावृष्टि*	करने के लिए	*कर्तव्य*
आँखों के सामने	*प्रत्यक्ष*	सुनने योग्य	*श्रव्य*
आँखों से ओझल	*परोक्ष*	जंगल की आग	*दावानल*
मोक्ष प्राप्त करने की इच्छा	*मुमुक्षा*	पेट की आग	*जठरानल*
बोलने की इच्छा	*विवक्षा*	जीतने की इच्छा	*जिगीषा*
सोने की इच्छा	*सुषुप्ता*	एक समय में विद्यमान	*समसामयिक*
पाने की इच्छा	*लिप्सा*	प्रवास करने वाला	*प्रवासी*
जिसे बिना किसी विरोध के चुना जाए	*निर्विरोध*	इन्द्रियों को जीतने वाला	*जितेन्द्रिय*
		जिसकी कल्पना असम्भव है	*अकल्पनीय*
जहाँ पहुँचना कठिन हो	*दुर्गम*	जिसकी चिन्ता सम्भव नहीं	*अचिंत्य*
जिस पर शक किया जा सके	*सन्देहास्पद*	जिसकी आशा न की जाए	*अप्रत्याशित*
जो उपासना करता है	*उपासक*	जिसका कोई उपाय नहीं हो	*निरुपाय*
छाती के बल चलने वाला	*उरग*	श्रम पर जीने वाला	*श्रमजीवी*
दूसरों का भला करने वाला	*परोपकारी*	मर्म को भेदने वाला	*मर्मभेदी*

अभ्यास प्रश्न

1. 'जिसका कोई शत्रु पैदा ही न हुआ हो', कहलाता है **[UP बी.एड. 2014]**
(a) स्कन्दगुप्त (b) अजातशत्रु
(c) अजानबाहु (d) अजेय

2. 'धन को व्यर्थ ही खर्च करने वाला' होता है **[UP बी.एड. 2014]**
(a) व्ययी (b) धनिक
(c) मितव्ययी (d) अपव्ययी

3. 'जिसके हस्ताक्षर नीचे अंकित हों' **[UP बी.एड. 2014]**
(a) अधोहस्ताक्षर (b) हस्ताक्षरित
(c) अधोहस्ताक्षरकर्ता (d) अनुमोदन

4. आवश्यकता से अधिक धन के त्याग का क्या अर्थ है? **[UP बी.एड. 2013]**
(a) उपरिग्रह (b) अपरिग्रह
(c) सपरिग्रह (d) हपरिग्रह

5. 'भविष्य में होने वाला' के लिए एक शब्द है **[UP बी.एड. 2013]**
(a) भावी (b) भविष्यवक्ता
(c) अतीत (d) पुरातन

6. 'कुश की नोक-सी तीखी बुद्धि' को कहते हैं **[UP बी.एड. 2013]**
(a) विद्वान् (b) कुशा
(c) कुशाग्र बुद्धि (d) मन्द बुद्धि

7. 'शुद्ध आत्मा' का मनुष्य कहलाता है **[UP बी.एड. 2013]**
(a) पवित्र (b) दार्शनिक
(c) कृतात्मा (d) शुद्धोधन

8. 'जो चित्त के साथ कार्यशील हो' के लिए एक शब्द है **[UP बी.एड. 2013]**
(a) दत्तचित्त (b) परिश्रमी
(c) महत्त्वपूर्ण (d) चित्तशील

9. 'जिसके द्वारा अभियोग लगाया गया हो' के लिए एक शब्द है **[UP बी.एड. 2011]**
(a) अभियुक्त (b) अधियुक्त
(c) अधियोक्ता (d) अभियोक्ता

10. मन के किसी ओर प्रवृत्त होने या उससे हटने की अवस्था है **[UP बी.एड. 2011]**
(a) चंचलता (b) मनमोहक
(c) मनोवृत्ति (d) मनोदौर्बल्य

11. अधिकारों की प्राप्ति के लिए बनाया गया संगठन है **[UP बी.एड. 2011]**
(a) संघ (b) समिति
(c) सम्मेलन (d) समवाय

12. कर्ण को अधिरथ सूत कहा जाता है। अधिरथ का अर्थ है **[UP बी.एड. 2011]**
(a) रथ हाँकने वाला (b) रथ बनाने वाला
(c) कोषाध्यक्ष (d) चौकीदार

13. 'आस्तिक' संक्षिप्तीकरण है **[UP बी.एड. 2010]**
(a) विज्ञान के प्रति आस्थावान
(b) ईश्वर के प्रति आस्थावान
(c) परिवार के प्रति आस्थावान
(d) प्रकृति के प्रति आस्थावान

14. दावाग्नि शब्द का अर्थ है **[UP बी.एड. 2008]**
(a) जल में लगने वाली आग
(b) पेट की आग
(c) जंगल में लगने वाली आग
(d) उपरोक्त में से कोई नहीं

निर्देश (प्र.सं. 15-19) *निम्नलिखित वाक्यों के लिए प्रयुक्त उचित शब्द चुनिए।* **[UP बी.एड. 2008]**

15. ज्ञान प्राप्ति की इच्छा रखने वाला
(a) ज्ञानी (b) ज्ञाता
(c) जिज्ञासु (d) ज्ञानवान्

16. जो किए गए उपकार को न मानता हो
(a) कृतघ्न (b) धोखेबाज
(c) जालसाज (d) कृतज्ञ

17. जो हर समय दूसरों के दोष खोजता हो
(a) आलोचक (b) पर निन्दक
(c) सर्व निन्दक (d) परछिद्रान्वेषी

18. सौतेली माता के लिए प्रयुक्त शब्द
(a) विमाता (b) सुमाता
(c) कुमाता (d) जामाता

19. जिसे जीता न जा सके
(a) विजित (b) अज्ञेय
(c) अजेय (d) दुर्जेय

20. 'जो इन्द्रियों से परे हो' उसे क्या कहेंगे? [UP बी.एड. 2008]
(a) अगणित (b) जितेन्द्रिय
(c) अगोचर (d) अगम्य

21. 'नींद पर विजय प्राप्त करने वाला' के लिए एक शब्द क्या होगा?
(a) मितभाषी (b) सुषुप्त
(c) गुडाकेश (d) शयनागार

22. 'कम बोलने वाला' के लिए एक शब्द क्या होगा?
(a) मितभाषी (b) वाचाल
(c) चपल (d) मूर्ख

23. 'छाती के बल चलने वाला' के लिए एक शब्द क्या होगा?
(a) उरग (b) भुजंग
(c) कुरंग (d) तुरंग

24. 'सिर से लेकर पैर तक' के लिए एक शब्द क्या होगा?
(a) सिरस्त्राण (b) आपादमस्तक
(c) शिरोधार्य (d) मस्तकापाद

25. 'जिसकी भुजाएँ घुटनों तक लम्बी हों' के लिए एक शब्द क्या होगा?
(a) अजानबाहु
(b) अनजानबाहु
(c) समबाहु
(d) अग्रबाह

26. 'उपन्यास से सम्बन्धित' के लिए एक शब्द क्या होगा?
(a) उपन्यासकार (b) औपन्यासिक
(c) ऐतिहासिक (d) काव्यशास्त्र

27. 'पीने की इच्छा' के लिए एक शब्द क्या होगा?
(a) पिपास (b) पिपासा
(c) प्यास (d) प्यासा

28. 'मछली के समान आँखों वाली' के लिए एक शब्द क्या होगा?
(a) चकोर (b) अक्षि
(c) मीनाक्षी (d) मृगनयनी

29. 'मूल से सम्बन्धित' के लिए एक शब्द क्या होगा?
(a) मौलिक (b) त्वरित
(c) उद्‌गम (d) लिपि

30. 'जिस व्यक्ति की पत्नी मर गई हो' उसे कहा जाता है
(a) विधवा (b) विधुर
(c) विदुर (d) मधुर

31. 'हवन की सामग्री' के लिए एक शब्द क्या होगा?
(a) छवि (b) हवि
(c) कुण्ड (d) रवि

32. 'इच्छा के अनुसार' वाक्यांश के लिए एक शब्द होगा
(a) ऐच्छिक (b) वैकल्पिक
(c) इच्छित (d) इच्छा

33. 'जिस पर आक्रमण न किया गया हो' के लिए एक शब्द क्या होगा?
(a) निरापद (b) अजेय
(c) अनाक्रांत (d) स्वतन्त्र

34. 'जिस रोग का ठीक होना असम्भव है' के लिए एक शब्द क्या होगा?
(a) संक्रामक (b) असाध्य
(c) महामारी (d) विकट

35. 'जिसका कोई आकार न हो' के लिए एक शब्द क्या होगा?
(a) साकार (b) निराकार
(c) विकार (d) प्रकार

36. 'जिसमें सन्देह न हो' के लिए एक शब्द क्या होगा?
(a) संदिग्ध (b) असंदिग्ध
(c) चिंतनीय (d) अचिंत्य

37. 'जिस भूमि को जोता न जा सके' के लिए एक शब्द क्या होगा?
(a) अप्रतिहत (b) उर्वर
(c) अनुर्वर (d) समतल

38. 'जिसे शीघ्र प्रसन्न किया जा सकता हो' के लिए एक शब्द क्या होगा?
(a) दम्भी (b) ज्ञानी
(c) आशुतोष (d) प्रसन्ना

39. 'जो समाप्त हो गया हो' के लिए एक शब्द होगा
(a) इति श्री (b) श्रीगणेश
(c) आदि (d) इत्यादि

40. 'जो लुप्त हो गया हो' के लिए एक शब्द क्या होगा?
(a) विलुप्त (b) परोक्ष
(c) अगोचर (d) अदृश्य

41. 'दूसरों से आगे बढ़ने की इच्छा' के लिए एक शब्द क्या होगा?
(a) स्पर्द्धा (b) ईर्ष्या
(c) क्रोध (d) द्वेष

42. 'वह स्त्री जो सन्तान उत्पन्न न कर सके' के लिए एक शब्द क्या होगा?
(a) पुत्रहीना (b) खण्डिता
(c) परकीया (d) बंध्या

43. 'हाथ में लेकर चलाया जाने वाला हथियार' के लिए एक शब्द है
(a) अस्त्र (b) शस्त्र
(c) गांडीव (d) धनुष

44. 'दूसरों के स्थान पर कार्य करना' के लिए एक शब्द है
(a) स्थानांतरण (b) स्थानीय
(c) स्थानापन्न (d) स्थावर

45. 'प्रारम्भ से लेकर अन्त तक' के लिए एक शब्द है
(a) अर्वाचीन (b) आद्योपान्त
(c) तत्कालीन (d) सामयिक

46. 'जिसकी कोई इच्छा न हो' के लिए एक शब्द है
(a) निस्पृह (b) वैरागी
(c) संन्यासी (d) इच्छाहीन

47. 'बिना पलक गिराए' के लिए एक शब्द होगा
(a) निर्निमेष (b) अपलक
(c) अनिमेष (d) ये सभी

48. 'जो किसी से कुछ न माँगे' के लिए एक शब्द होगा
(a) याचक (b) अजाची
(c) अयच (d) अयाचक

49. 'जिस पर अनुग्रह किया गया हो' के लिए एक शब्द होगा
(a) अनुकम्पित (b) अनिर्वाच्य
(c) प्रकम्पित (d) अनुकार

50. 'करने की इच्छा' के लिए एक शब्द क्या होगा?
(a) मुमूर्षा (b) बुबुक्षा
(c) जिगीषा (d) चिकीर्षा

51. 'तैरने की इच्छा रखने वाला' के लिए एक शब्द क्या होगा?
(a) तितीर्ष (b) तितिक्ष
(c) तृप्ति (d) त्रिवेणी

52. 'जिसकी इच्छा पूर्ण हो गई हो' के लिए एक शब्द क्या होगा?
(a) तृप्त (b) तृप्ति (c) तृषा (d) तृष्णा

53. 'जिसने शपथपूर्वक प्रतिज्ञा की हो' के लिए एक शब्द होगा
(a) संशप्त (b) संशब्द
(c) संशमन (d) संश्रयी

54. 'जिसका साधन सहजता से हो सके' के लिए एक शब्द है
(a) सुसाध्य (b) सिद्धि
(c) सहज (d) सहजानन्द

55. 'जिसके पास कुछ भी न हो' के लिए एक शब्द है
(a) दरिद्र (b) अकिंचन
(c) संन्यासी (d) भिखारी

56. 'बहुत दिनों तक जीने वाला' के लिए एक शब्द होगा
(a) दीर्घायु (b) अल्पायु
(c) चिरंजीवी (d) दीर्घसूत्री

57. 'वह नायक जो आत्माभिमान नहीं दिखाता' के लिए एक शब्द क्या होता है?
(a) धीरोदात्त
(b) धीरोद्धत
(c) अभिनेता
(d) खलनायक

58. 'संकलन किया हुआ' के लिए एक शब्द है
(a) संकलित (b) सन्दर्भित
(c) संकीर्णन (d) संकुल

59. 'सुख तथा दु:ख में समान रहने वाला' के लिए एक शब्द है
(a) समदर्शी (b) निर्लिप्त
(c) संलिप्त (d) मनस्वी

60. 'जिसका संकल्प या निश्चय किया गया हो' के लिए एक शब्द है
(a) प्रतिज्ञा (b) संकल्पना
(c) संकल्पित (d) प्रतिष्ठित

61. 'सृजन की इच्छा' के लिए एक शब्द है
(a) आकांक्षा (b) सिसृक्षा
(c) सृजना (d) महत्त्वाकांक्षा

62. 'हिमालय पर निवास करने वाला' के लिए एक शब्द है
(a) हिमवतिक (b) हिमवतन
(c) हेमू (d) हिमालय

63. 'मेघ की तरह गरजने वाला' के लिए एक शब्द है
(a) बादलराग (b) सूर्यास्त
(c) मेघनाद (d) घननाद

64. 'पहले जन्म लेने वाला' के लिए एक शब्द है
(a) अग्रज (b) अनुज
(c) सहोदर (d) बन्धु

65. 'वह कवि जो तत्काल कविता करे' के लिए एक शब्द है
(a) सुकवि (b) महाकवि
(c) आशुकवि (d) राजकवि

66. 'वह वस्तु जिसके आर-पार न देखा जा सके' के लिए एक शब्द है
(a) अपारदर्शी (b) पारदर्शी
(c) दूरदर्शी (d) समदर्शी

67. 'इन्द्र पर विजय प्राप्त करने वाला' के लिए एक शब्द है
(a) इन्द्रायुध (b) इन्द्रजीत
(c) जितेन्द्रिय (d) जिन

68. 'तपस्या करने वाला मनुष्य' के लिए एक शब्द है
(a) तपोलोक (b) तपस्वी
(c) तपोमय (d) तपु

69. 'जिसकी परीक्षा न की गई हो' के लिए एक शब्द है
(a) निष्परुष (b) निष्परीक्षित
(c) परीक्षित (d) परीक्षार्थी

70. 'जो बदला लेना चाहता है' के लिए एक शब्द है
(a) प्रचित (b) प्रचुर
(c) प्रचिकीर्षू (d) कृतघ्न

71. 'जो विज्ञान जानता है' के लिए एक शब्द है
(a) वैज्ञानिक (b) विशारद
(c) विद्वान (d) विज्ञ

72. 'जिस पर विश्वास किया गया हो' के लिए एक शब्द है
(a) विश्वासपात्र (b) विश्वस्त
(c) विश्वासी (d) विश्वसनीय

73. 'जिस पर कोई अंकुश नहीं हो' के लिए एक शब्द है
(a) निरंकुश (b) कुशाग्र
(c) किशोर (d) अंशुल

74. 'जिसकी चिंता न की जा सके' के लिए एक शब्द है
(a) अचिंत्य (b) चिंतनशील
(c) चिंतामणि (d) चैतन्य

75. 'आकाश से सम्बन्धित' के लिए एक शब्द है
(a) आकाशीय (b) पार्थिव
(c) सामुद्रिक (d) सौर

76. 'जिसकी परीक्षा हो रही हो' के लिए एक शब्द है
(a) परीक्षार्थी (b) परीक्षक
(c) विद्यार्थी (d) शोधार्थी

77. व्याकरण के आचार्य के लिए एक शब्द क्या होगा?
(a) व्याकरणविद् (b) वेदाचार्य
(c) वैयाकरण (d) व्याकरणिक

78. 'कुन्ती के पुत्र' के लिए एक शब्द है
(a) कुन्त (b) कौन्त
(c) कौन्तेय (d) कन्त

79. 'प्रवास करने वाला' के लिए एक शब्द है
(a) प्रवासी (b) निवासी
(c) विदेशी (d) स्वामी

80. 'बिना विरोध' के लिए एक शब्द है
(a) विरोधी (b) निर्विरोध
(c) प्रतिरोध (d) अवरोध

81. 'प्रत्यक्ष' किस वाक्यांश के लिए एक शब्द है?
(a) आँखों के सामने
(b) आँखों से ओझल
(c) अधिक दूर होना
(d) अधिक निकट होना

82. 'जिसे सम्मान प्राप्त है', के लिए एक शब्द क्या होगा?
(a) सम्माननीय (b) सम्मानित
(c) सम्मान (d) सम्मत

उत्तरमाला

1. (b)	**2.** (d)	**3.** (c)	**4.** (b)	**5.** (a)	**6.** (c)	**7.** (d)	**8.** (d)	**9.** (d)	**10.** (c)
11. (a)	**12.** (a)	**13.** (b)	**14.** (c)	**15.** (c)	**16.** (a)	**17.** (d)	**18.** (a)	**19.** (c)	**20.** (b)
21. (c)	**22.** (a)	**23.** (a)	**24.** (b)	**25.** (a)	**26.** (b)	**27.** (b)	**28.** (c)	**29.** (a)	**30.** (b)
31. (b)	**32.** (a)	**33.** (c)	**34.** (b)	**35.** (b)	**36.** (b)	**37.** (a)	**38.** (c)	**39.** (a)	**40.** (a)
41. (a)	**42.** (d)	**43.** (b)	**44.** (c)	**45.** (b)	**46.** (a)	**47.** (d)	**48.** (b)	**49.** (a)	**50.** (d)
51. (a)	**52.** (a)	**53.** (a)	**54.** (a)	**55.** (b)	**56.** (a)	**57.** (a)	**58.** (a)	**59.** (b)	**60.** (c)
61. (b)	**62.** (a)	**63.** (c)	**64.** (a)	**65.** (c)	**66.** (a)	**67.** (b)	**68.** (b)	**69.** (b)	**70.** (c)
71. (a)	**72.** (b)	**73.** (a)	**74.** (a)	**75.** (a)	**76.** (a)	**77.** (c)	**78.** (c)	**79.** (a)	**80.** (b)
81. (a)	**82.** (b)								

अध्याय **13**

श्रुतिसम भिन्नार्थक शब्द (शब्द-युग्म)

हिन्दी में ऐसे अनेक शब्द प्रयुक्त होते हैं, जिनका उच्चारण प्राय: समान होता है, किन्तु अर्थ में भिन्नता होती है। ऐसे शब्दों को 'श्रुतिसम भिन्नार्थक शब्द' अथवा **'युग्म शब्द'** कहते हैं।

ऐसे शब्दों के प्रयोग में सावधानी की आवश्यकता होती है। उच्चारण की एकता धोखे में डालती है। ऐसे शब्दों के अर्थ में अन्तर को समझने के लिए निम्न बातों का ध्यान रखना चाहिए

1. प्रयोगगत व्यावहारिक अर्थ, **2.** व्युत्पत्तिमूलक अर्थ तथा **3.** शब्दकोशीय अर्थ

महत्त्वपूर्ण श्रुतिसम भिन्नार्थक शब्द (अर्थ सहित)

शब्द	अर्थ	शब्द	अर्थ	शब्द	अर्थ	शब्द	अर्थ
अंस	कन्धा	*आयत*	चतुर्भुज	*मणि*	रत्न	*अकाल*	दुर्भिक्ष
अंश	भाग	*आयात*	बाहर से आना	*मणी*	सर्प	*आकाल*	अनुपयुक्त समय
अन्त	समाप्ति	*आभरण*	गहना	*मांस*	गोश्त	*सुत*	पुत्र
अंत्य	निकृष्ट	*आमरण*	मरण तक	*मास*	महीना	*सूत*	धागा
अँगना	आँगन	*कुल*	वंश	*लक्ष्य*	उद्देश्य	*सीकर*	जल बिन्दु
अंगना	स्त्री	*कूल*	किनारा	*लक्ष*	लाख	*सीकड़*	जंजीर
अम्बुज	कमल	*कर्म*	कार्य	*वित्त*	धन	*शत*	सौ
अम्बुधि	सागर	*क्रम*	सिलसिला	*वृत्त*	गोलाकार	*सत*	सत्य
अन्न	अनाज	*कृति*	रचना	*संकर*	मिश्रित	*श्वेत*	उजला
अन्य	दूसरा	*कीर्ति*	यश	*शंकर*	महादेव	*स्वेद*	पसीना
अनु	पीछे	*कान्ति*	चमक	*सर*	सरोवर	*भवन*	मकान
अणु	एटम	*क्रान्ति*	परिवर्तन	*शर*	बाण	*भुवन*	संसार
अग	सूर्य	*कृपाण*	कटार	*सूर*	सूर्य, अन्धा	*सम्बल*	सहारा
अघ	पाप	*कृपण*	कंजूस	*सुर*	देवता	*समबल*	समान शक्ति
अनल	आग	*कपीश*	हनुमान	*शम*	संयम	*सन्तति*	सन्तान
अनिल	हवा	*कपिश*	मटमैला	*सम*	समान	*सतत*	लगातार
अकथ	न कहने योग्य	*जलज*	कमल	*स्वर्ग*	स्वर्गलोक	*स्वर्ण*	सोना
अथक	बिना थके	*जलद*	बादल	*सर्ग*	अध्याय	*सवर्ण*	उच्च जाति
अभिराम	सुन्दर	*दिन*	दिवस	*शहर*	नगर	*सिर*	माथा
अविराम	लगातार	*दीन*	गरीब	*सहर*	सबेरा	*सीर*	हल की रेखा
अवधि	समय	*द्रव*	रस	*सन्देह*	शक	*संघ*	संगठन
अवधी	अवध क्षेत्र की बोली	*द्रव्य*	धन, पदार्थ	*सदेह*	देह सहित	*संग*	साथ
अयश	अपकीर्ति	*द्विप*	हाथी	*शान*	इज्जत	*सन्*	साल
अयस्	धातु (लोहा)	*द्वीप*	टापू	*शाण*	धार तेज करने वाला पत्थर	*सन*	पटसन
अवलम्ब	सहारा	*तरणि*	सूर्य	*शब*	रात	*स्वर*	आवाज
अविलम्ब	शीघ्र	*तरणी*	नौका	*शव*	लाश	*सुवर*	अच्छा पति
अशक्त	शक्तिहीन	*तुरंग*	घोड़ा	*शास्त्र*	सिद्धान्त की पुस्तक	*शूकर*	सुअर
असक्त	विरक्त	*तरंग*	लहर	*शस्त्र*	हथियार	*सुकर*	सहज
अगम	दुर्गम	*बाजि*	घोड़ा	*शिखर*	चोटी	*तीर*	बाण
आगम	प्राप्ति	*बाजी*	दाव	*शेखर*	मस्तक	*तीर*	किनारा
अलि	भ्रमर	*कली*	फूल की पूर्व अवस्था	*हरि*	विष्णु	*नलिन*	कमल
अली	सहेली	*कलि*	कलियुग	*हरी*	हरे रंग की	*नलिनी*	नदी
आदि	आरम्भ	*पानी*	जल	*हल*	सवाल बनाना	*अस्ति*	है
आदी	अभ्यस्त	*पाणि*	हाथ	*हल*	किसान के खेत जोतने का औजार	*अस्थि*	हड्डी
आवास	निवास स्थान	*बलि*	बलिदान			*अर्द्ध*	आधा भाग
आभास	झलक	*बली*	वीर			*अर्घ्य*	पूजा का जल
आकर	खान	*बन्दी*	कैदी	*शौर्य*	पराक्रम	*अमित*	अनन्त
आकार	रूप	*वन्दी*	चारण	*सौर्य*	सूर्य सम्बन्धी	*अमीत*	शत्रु

अभ्यास प्रश्न

निर्देश (प्र.सं. 1 और 2) *निम्नलिखित प्रश्नों में अर्थ की दृष्टि से तीन शब्द समान हैं और एक उनसे भिन्न है। भिन्न शब्द की पहचान कीजिए।*

1. (a) रति (b) अनुरक्ति (c) विरक्ति (d) आसक्ति,

2. (a) स्थापित (b) प्रतिस्थापित (c) संस्थापित (d) विस्थापित

निर्देश (प्र.सं. 3-27) *नीचे दिए गए प्रश्नों में शब्द के सही अर्थ का चुनाव विकल्पों से करें।*

3. आकृति
(a) बनावट (b) वस्त्र (c) चित्र (d) समरूप

4. आकर
(a) न करने योग्य (b) न जाने योग्य (c) खान (d) नगर

5. सहारा
(a) आजन्म (b) अवलम्ब (c) थका हुआ (d) निगम

6. नीरद
(a) बादल (b) कमल (c) प्रेम (d) पानी

7. निगम
(a) संस्था (b) आदमी (c) दुकान (d) दल

8. बल
(a) प्रताप (b) मालिक (c) बलिदान (d) ऊर्जा

9. निर्वाण
(a) मुक्ति (b) मरा हुआ (c) निर्माण करना (d) अमर

10. निशा
(a) रात्रि (b) दिन (c) सबेरा (d) निराशा

11. प्रेषित
(a) पति (b) भेजा गया (c) प्रवास (d) लाना

12. तरणि
(a) सूर्य (b) नौका (c) स्त्री (d) तैराक

13. असि
(a) तलवार (b) शत्रु (c) अस्सी (d) रस्सी

14. अयस
(a) लोहा (b) घोड़ा (c) बदनामी (d) दर्पण

15. अनल
(a) हवा (b) आग (c) पानी का स्रोत (d) कमल

16. गिरि
(a) पर्वत (b) नारियल (c) शहर (d) हिमालय

17. जलद
(a) कमल (b) बादल (c) सागर (d) नदी

18. आलोक
(a) प्रकाश (b) अन्तरिक्ष (c) सुनसान (d) स्वर्गलोक

19. अमात्य
(a) नहीं मरने वाला (b) मन्त्री (c) कम मात्रा (d) सन्तान

20. भुवन
(a) मकान (b) संसार (c) समुद्र (d) नदी

21. द्वीप
(a) टापू (b) हाथी (c) सागर (d) पहाड़

22. तोष
(a) सन्तोष (b) हिंसा (c) गर्म (d) बन्धन

23. जबान
(a) जीभ (b) युवा (c) युवती (d) दृष्टि

24. सम्बल
(a) सहारा (b) परामर्श (c) अनुभूति (d) आशा

25. पंक
(a) कीचड़ (b) पंख (c) पैर (d) कमल

26. तृप्त
(a) गर्म (b) सन्तुष्ट (c) प्यास (d) गीला

27. च्युत
(a) भ्रष्ट (b) आम (c) इच्छा (d) नरम

निर्देश (प्र.सं. 28-40) *नीचे दिए गए युग्मों में सही युग्म के विकल्प को चिह्नित करें।*

28. (a) चाप-धनुष (b) चाप-वृत्त (c) चाप-दाब (d) चाप-रेखा

29. (a) कलापी-मोर (b) कलापी-कीट (c) कलापी-तलवार (d) कलापी-तिजोरी

30. (a) कृपण-कटार (b) कृपण-कंजूस (c) कृपण-बन्दर (d) कृपण-महाजन

31. (a) कूच-किनारा (b) कूच-प्रस्थान (c) कूच-पक्षी (d) कूच-दुष्ट

32. (a) कलि-कलियुग
(b) कलि-कालिमा
(c) कलि-अधखिला फूल
(d) कलि-चूना

33. (a) चीता-शवदाह
(b) चीता-फुर्तीला जानवर
(c) चीता-एक पेड़
(d) चीता-पक्षी

34. (a) पाश-बन्धन (b) पाश-निकट (c) पाश-ताश (d) पाश-पलाश

35. (a) सूर-सूर्य (b) सूर-देवता (c) सूर-लय (d) सूर-वीर

36. (a) कलम-हाथी (b) कलम-सिंह (c) कलम-वस्त्र (d) कलम-कलम

37. (a) चरम-चमड़ा (b) चरम-बेहद (c) चरम-सुन्दर (d) चरम-बुनना

38. (a) कृशानु-आग (b) कृशानु-किसान (c) कृशानु-घास (d) कृशानु-दुष्ट

39. (a) गृह-आवास (b) गृह-नक्षत्र (c) गृह-पहाड़ (d) गृह-ग्रहण करना

40. (a) अनल-आग (b) अनल-हवा (c) अनल-पानी (d) अनल-सूर्य

निर्देश (प्र.सं. 41-45) *नीचे श्रुतिसम भिन्नार्थक शब्द दिए गए हैं, उनके सही अर्थ को विकल्पों से चुनें।*

41. कपि, कपी
(a) बन्दर, घिरनी (b) घिरनी, बन्दर (c) सिंह, बन्दर (d) बन्दर, सिंह

42. क्रान्ति, कान्ति
(a) चमक, परिवर्तन (b) परिवर्तन, चमक (c) युद्ध, समझौता (d) समझौता, युद्ध

43. अश्व, अस्व
(a) घोड़ा, निर्धन (b) घोड़ा, लाचार (c) घोड़ा, संन्यासी (d) घोड़ा, निडर

44. दिवा, दीवा
(a) दिन, दीपक (b) दिन, रोग (c) दिन, स्वप्न (d) दिन, रात

45. आर्त, आर्द्र
(a) दुःखी, सुखी (b) दुःखी, गीला (c) दुःखी, सुगन्ध (d) आवाज, गीला

उत्तरमाला

1. (c)	**2.** (d)	**3.** (a)	**4.** (c)	**5.** (b)	**6.** (a)	**7.** (a)	**8.** (a)	**9.** (a)	**10.** (a)
11. (b)	**12.** (b)	**13.** (a)	**14.** (a)	**15.** (b)	**16.** (a)	**17.** (b)	**18.** (a)	**19.** (b)	**20.** (b)
21. (a)	**22.** (a)	**23.** (a)	**24.** (a)	**25.** (a)	**26.** (a)	**27.** (a)	**28.** (a)	**29.** (a)	**30.** (b)
31. (b)	**32.** (a)	**33.** (b)	**34.** (a)	**35.** (a)	**36.** (a)	**37.** (b)	**38.** (a)	**39.** (a)	**40.** (a)
41. (a)	**42.** (b)	**43.** (a)	**44.** (a)	**45.** (b)					

अध्याय

14 उपसर्ग तथा प्रत्यय

उपसर्ग

'उपसर्ग' उस शब्दांश या अव्यय को कहते हैं, जो किसी शब्द के पहले आकर उसका विशेष अर्थ प्रकट करे। उपसर्ग दो शब्दों 'उप' तथा 'सर्ग' से बनता है। 'उप' का अर्थ समीप तथा 'सर्ग' का अर्थ सृजन करने वाला, अर्थात् शब्द के निकट आकर नये शब्द का सृजन करने वाले शब्दांश को 'उपसर्ग' कहते हैं;

जैसे प्र + हार = प्रहार

उपसर्गों के प्रयोग से शब्दों की तीन स्थितियाँ बनती हैं

1. शब्द के अर्थ में एक नयी विशेषता आती है।
2. शब्द के अर्थ में प्रतिकूलता उत्पन्न होती है, तथा
3. शब्द के अर्थ में कोई विशेष फर्क नहीं पड़ता, किन्तु उसकी तीव्रता बढ़ जाती है।

हिन्दी में संस्कृत, हिन्दी तथा उर्दू के उपसर्ग प्रयुक्त होते हैं। हिन्दी में उपसर्गों की संख्या 41 है, जिसमें संस्कृत के 19 उपसर्ग भी शामिल हैं।

महत्त्वपूर्ण उपसर्ग तथा उनसे बनने वाले शब्द

उपसर्ग	निर्मित शब्द	उपसर्ग	निर्मित शब्द
अति	*अतिशय, अतिरिक्त, अत्यन्त, अत्याचार, अतिक्रमण, अतिव्याप्ति इत्यादि।*	**प्रति**	*प्रतिकर्त्तव्य, प्रतिकृति, प्रतिगृह, प्रत्येक, प्रतिद्वन्द्वी, प्रतिनायक, प्रतिपालन, प्रतिज्ञा, प्रतिच्छाया इत्यादि।*
अधि	*अधिकरण, अधिराज, अध्यात्म, अध्यक्ष, अधिपति, अधिकार इत्यादि।*	**वि**	*विकास, विज्ञान, विशुद्ध, विदेश, विराम, वियोग, विभाग, विभिन्न, विनाश, विकराल, विभूति इत्यादि।*
अनु	*अनुशासन, अनुकरण, अनुवाद, अनुज, अनुशीलन, अनुकूल, अनुस्वार, अनुपात इत्यादि।*	**उन**	*उन्नीस, उनचास, उनसठ, उनहत्तर इत्यादि।*
अप	*अपमान, अपशब्द, अपहरण, अपराध, अपयश, अपव्यय, अपवाद, अपकर्ष इत्यादि।*	**सु**	*सुकोमल, सुडौल, सुजान, सुपात्र, सुविदित, सुवासित, सुशील, सुश्रुत, सुशब्द इत्यादि।*
अभि	*अभिभावक, अभियोग, अभिमान, अभ्युदय, अभ्यागत, अभ्यास, अभिनव, अभिलाषा इत्यादि।*	**स**	*सगोत्र, सरस, सहित, सपूत, सजग, सहर्ष, सविनय, सलक्षण, सलज्ज इत्यादि।*
अव	*अवगत, अवलोकन, अवनत, अवसान, अवशेष, अवतार, अवनति, अवज्ञा, अवरोही इत्यादि।*	**बे**	*बेईमान, बेवकूफ, बेइज्जत, बेआबरू, बेहयाई, बेमुरौवत, बेकसूर, बेरहम इत्यादि।*
उप	*उपकार, उपनिवेश, उपस्थिति, उपवन, उपनाम, उपासना, उपदेश, उपहार इत्यादि।*	**ला**	*लाचार, लाजवाब, लापरवाह, लापता, लावारिस, लानत, लागत इत्यादि।*
नि	*निदर्शन, निपात, नियुक्त, निवास, निमग्न, निदान, निबन्ध, निषेध इत्यादि।*	**सम्**	*संकल्प, संग्रह, सन्तोष, संन्यास, संयोग, संस्कार, संरक्षण, सम्मेलन, संस्कृत इत्यादि।*
परा	*पराजय, पराक्रम, पराभव, परामर्श, पराभूत इत्यादि।*	**भर**	*भरसक, भरपेट, भरदिन, भरपूर, भरमार, भरपाई, इत्यादि।*
परि	*परिक्रमा, परिजन, परिणाम, परिधि, परिपूर्ण, परिवर्तन, परिणय, परिचय, परिशीलन इत्यादि।*	**बिन**	*बिनब्याहा, बिनबोया, बिनचखा, बिनकाम इत्यादि।*
प्र	*प्रकाश, प्रचलन, प्रजनन, प्रज्वलित, प्रयास, प्रस्थान, प्रणय, प्रताप इत्यादि।*	**निर**	*निर्वासन, निराकरण, निर्भय, निरपराध, निर्वाह, निर्दोष, निर्जीव, निर्मल इत्यादि।*

प्रत्यय

शब्दों के बाद जो अक्षर या अक्षर-समूह लगाया जाता है, उसे 'प्रत्यय' कहा जाता है। 'प्रत्यय' का निर्माण 'प्रति + अय' से हुआ है। प्रति का अर्थ है 'साथ में' तथा 'अय' का अर्थ चलने वाला होता है अर्थात् 'प्रत्यय' का अर्थ होता है—शब्दों के साथ चलने वाला;

जैसे दया + वान = दयावान, 'वान' यहाँ 'प्रत्यय' है।

प्रत्यय के दो भेद होते हैं 1. कृत तथा 2. तद्धित, क्रिया या धातु के अन्त में प्रयुक्त होने वाले प्रत्यय को 'कृत' प्रत्यय कहते हैं तथा इनके संयोग से निर्मित क्रिया या धातु के नवीन रूप को 'कृदन्त' कहा जाता है;

जैसे वाला (कृत-प्रत्यय) + हँसना (क्रिया) = हँसने वाला (शब्द)

अन (कृत-प्रत्यय) + नी (धातु) = नयन (शब्द)

हिन्दी में कृदन्त विकारी तथा अविकारी दोनों रूपों में होते हैं। विकारी कृदन्तों का प्रयोग संज्ञा अथवा विशेषण के सदृश्य होता है। अविकारी कृदन्त का प्रयोग क्रिया-विशेषण अथवा सम्बन्ध सूचक के सदृश्य किया जाता है। हिन्दी क्रिया पदों के अन्त में कृत-प्रत्ययों के योग से (1) कर्तृवाचक (2) कर्मवाचक (3) करणवाचक तथा (4) भाववाचक संज्ञाएँ बनती हैं।

हिन्दी की कृत-प्रत्ययों के उदाहरण

प्रत्यय	धातु	शब्द
अ	चल	चाल
अन्त	कथा	कथान्त
अन्त	दु:ख	दुखान्त
आई	भल	भलाई
आन	मिल	मिलान

संज्ञा, सर्वनाम तथा विशेषण के अन्त में लगने वाले प्रत्यय को '**तद्धित**' कहा जाता है;

जैसे मानवीय + ता = मानवीयता

राष्ट्र + वाद = राष्ट्रवाद

भला + आई = भलाई

कर्त्तव्य + निष्ठ = कर्त्तव्यनिष्ठ

कृत प्रत्यय क्रिया या धातु के अन्त में लगता है, जबकि तद्धित प्रत्यय संज्ञा, सर्वनाम तथा विशेषण के अन्त में लगता है। उपसर्ग की तरह ही तद्धित प्रत्यय संस्कृत, हिन्दी तथा उर्दू से आकर हिन्दी शब्दों का रूप निर्मित करते हैं। अ, अक, आयन, इक, इत, इन, इम, इमा, इय, इल् इष्ट ई, ईन, ईय इत्यादि तद्धित प्रत्यय के उदाहरण हैं। कतिपय शब्दांश भी तद्धित प्रत्यय के रूप में कार्य करते हैं; **जैसे** अतीत, अनुरूप, अर्थ, आतुर, आकुल, शाली, हीन इत्यादि।

तद्धित प्रत्यय के प्रयोग से बने शब्दों के उदाहरण

प्रत्यय	संज्ञा/विशेषण/सर्वनाम	शब्द
अ	शिव	शैव
अक	शिक्षा	शिक्षक
आयन	रस	रसायन
इक	वर्ष	वार्षिक
इत	पुष्प	पुष्पित
इय	क्षत्र	क्षत्रिय
ईन	कुल	कुलीन
ईय	दर्शन, पठ	दर्शनीय, पठनीय
क	बाल, दर्श	बालक, दर्शक
ता	लघु, दृढ़, जन	लघुता, दृढ़ता, जनता
मान्	बुद्धि	बुद्धिमान
मय	जल, क्रीड़ा	क्रीड़ामय, जलमय
ता	शत्रु	शत्रुता
	वीर	वीरता
त्व	गुरु	गुरुत्व
	मनुष्य	मनुष्यत्व
	देव	देवत्व

संज्ञा के अन्त में आ, आना, आर, आल, ई, ईला, उआ, ऊ, एरा, एड़ी, ऐल, ओं, वाला, वी, वाँ, वन्त, हर, हरा, इला, हा इत्यादि तद्धित प्रत्यय लगाकर विशेषण बनाया जाता है। संज्ञा तथा विशेषण में आ, आई, अन, आयत, आवट, आहट जैसे तद्धित प्रत्यय जोड़ कर भाववाचक संज्ञा का निर्माण किया जा सकता है; **जैसे**

अपना + पन = अपनापन

लम्बा + आई = लम्बाई

लड़का + पन = लड़कपन

अभ्यास प्रश्न

1. 'गुजारा' में कौन-सा प्रत्यय है? **[UP बी.एड. 2014]**

(a) आऊ (b) आड़ी (c) अक (d) आ

2. 'पिटाई' में प्रयुक्त प्रत्यय है **[UP बी.एड. 2014]**

(a) आव (b) आई
(c) आप (d) आका

3. 'चुनाव' में कौन-सा प्रत्यय प्रयुक्त हुआ है? **[UP बी.एड. 2014]**

(a) वि (b) व
(c) अ (d) आव

4. 'संलग्न' शब्द से कौन-सा उपसर्ग जुड़ा है? **[UP बी.एड. 2014]**

(a) सन् (b) सम्
(c) सं (d) संक्

5. 'दु:साहस' शब्द में उपसर्ग जुड़ा है **[UP बी.एड. 2014]**

(a) दुस् (b) दुर् (c) दु: (d) दुस

6. 'अवलोकन' में प्रयुक्त उपसर्ग है **[UP बी.एड. 2013]**

(a) अप (b) अव
(c) अभि (d) अ

7. 'निर्' उपसर्ग से किस शब्द का निर्माण नहीं हुआ है? **[UP बी.एड. 2013]**

(a) निराकरण (b) निरपराध
(c) निर्दर्शन (d) निर्भय

8. 'पावक' शब्द में प्रत्यय है **[UP बी.एड. 2013]**

(a) अक (b) आक
(c) आई (d) ति

9. तैराक में कौन-सा प्रत्यय है? **[UP बी.एड. 2013]**

(a) आकू (b) आक
(c) अक (d) अक्कड़

10. उपसर्ग रहित शब्द कौन-सा है **[UP बी.एड. 2013]**

(a) सुखी (b) आरूढ़
(c) उपकरण (d) निर्विरोध

11. 'अध्यापिका' शब्द में प्रत्यय है **[UP बी.एड. 2011]**

(a) का (b) पिका (c) आइका (d) इका

12. निम्नलिखित में से किस शब्द में आयन प्रत्यय प्रयुक्त हुआ है? **[UP बी.एड. 2010]**

(a) नारायण (b) ऋणायन
(c) पंडिताइन (d) धनायन

13. 'उत्थान' शब्द में कौन-सा शब्द उपसर्ग है? [UP बी.एड. 2008]
(a) उ (b) उत्थ (c) उत् (d) उत्था

14. निम्नलिखित शब्दों में से कौन-सा शब्द उपसर्ग रहित है? [UP बी.एड. 2008]
(a) अपमान (b) अपना
(c) आवरण (d) अपकीर्ति

15. 'अनुपस्थित' शब्द में किस उपसर्ग का प्रयोग हुआ है?
(a) अनु (b) अन्
(c) अ (d) अनुप

16. 'अधिपति' शब्द में किस उपसर्ग का प्रयोग हुआ है?
(a) अधि (b) अदि
(c) अद् (d) अद्य

17. 'उपराष्ट्रपति' शब्द में किस उपसर्ग का प्रयोग है?
(a) उप (b) पति
(c) राष्ट्र (d) उपर

18. 'दुर्जन' का उपसर्ग है
(a) दुर् (b) दु
(c) दुज (d) दुरा

19. 'लापरवाह' शब्द में कौन-सा उपसर्ग है?
(a) ला (b) लापर
(c) लाप (d) वाह

20. 'सम्' उपसर्ग से निर्मित शब्द है
(a) संयोग (b) संविधान
(c) संस्कृत (d) ये सभी

21. 'कु' उपसर्ग से निर्मित शब्द है
(a) कुपात्र (b) कुलीन
(c) कुश (d) कुर्ता

22. 'निबन्ध' में कौन-सा उपसर्ग है?
(a) नि (b) निर्
(c) निः (d) बन्ध

23. 'प्रति' उपसर्ग से बना शब्द निम्न में से कौन नहीं है?
(a) प्रतिकूल (b) प्रतिशत
(c) प्रत्येक (d) प्रशान्त

24. 'उत्' उपसर्ग से बना शब्द है
(a) उत्कर्ष (b) उत्तराधिकार
(c) उत्तरवर्ती (d) उत्तरोत्तर

25. 'अभ्यागत' में कौन-सा उपसर्ग है?
(a) अभि (b) अभ्य
(c) अभय (d) अभा

26. 'अध्ययन' शब्द में कौन-सा उपसर्ग है?
(a) अधि (b) अध्य
(c) अध् (d) अ

27. 'अनारूढ़' शब्द में प्रयुक्त उपसर्ग है
(a) अन (b) अना
(c) अ (d) अन्या

28. 'प्रत्युपकार' शब्द में किस उपसर्ग का प्रयोग हुआ है?
(a) प्रत् (b) प्रति
(c) प्रत्यु (d) प्रत्युप

29. 'सदाचार' में प्रयुक्त उपसर्ग है
(a) सत् (b) सद्
(c) सदा (d) सद

30. 'अपहरण' में प्रयुक्त उपसर्ग है
(a) अ (b) अव
(c) अप (d) अपोह

31. 'आरोहण' में किस उपसर्ग का प्रयोग है?
(a) आ (b) अ
(c) अभि (d) अनु

32. 'दुष्परिणाम' में प्रयुक्त उपसर्ग है
(a) दुर् (b) दुस्
(c) दु (d) दुष्

33. 'अनुचर' में प्रयुक्त उपसर्ग क्या है?
(a) अनु (b) अप
(c) अव (d) अति

34. 'अवतार' में किस उपसर्ग का प्रयोग हुआ है?
(a) अपि (b) अभि
(c) अव (d) अधि

35. 'बद' उपसर्ग से कौन-सा शब्द निर्मित नहीं है?
(a) बदनाम (b) बदकिस्मत
(c) बेरहम (d) बदहजमी

36. एक भिन्न उपसर्ग से निर्मित शब्द को अलग करें
(a) बेडौल (b) बेकसूर
(c) बेवफा (d) बाकायदा

37. 'सु' उपसर्ग से निर्मित शब्द नहीं है
(a) सुन्दर (b) सुकोमल
(c) सुपात्र (d) सुपाच्य

38. निम्न शब्दों में कौन 'स्व' उपसर्ग से नहीं बना?
(a) स्वतन्त्र (b) स्वदेश
(c) स्वरचित (d) सज्जन

39. 'पाठक' शब्द में किस 'प्रत्यय' का प्रयोग हुआ है?
(a) अक्क (b) अक
(c) आक (d) इव

40. 'घुमक्कड़' शब्द में प्रयुक्त प्रत्यय क्या है?
(a) अक्कड़ (b) अक
(c) आक (d) अ

41. 'दाता' में प्रयुक्त प्रत्यय है
(a) आ (b) आऊ
(c) ता (d) आता

42. 'होनहार' में प्रयुक्त प्रत्यय है
(a) हार (b) अ
(c) अ (d) अहार

43. 'उच्चतम' में किस 'प्रत्यय' का प्रयोग हुआ है?
(a) तर (b) तम
(c) दार (d) इया

44. 'ई' प्रत्यय के लगने से निम्न में किस शब्द का निर्माण नहीं हुआ?
(a) बोली (b) देहाती
(c) गगरी (d) चुनौती

45. भिन्न प्रत्यय प्रयोग से बने शब्द को पृथक् करें
(a) ओजस्वी (b) मेधावी
(c) मायावी (d) विद्यार्थी

46. 'गाह' प्रत्यय के प्रयोग से निम्न में से कौन शब्द नहीं बना?
(a) दरगाह (b) बन्दरगाह
(c) आगाह (d) कब्रगाह

47. 'त्व' प्रत्यय से कौन-सा शब्द निर्मित नहीं है?
(a) कवित्व (b) नेतृत्व
(c) कर्त्तव्य (d) मातृत्व

48. 'जलमय' शब्द में कौन-सा 'प्रत्यय' है?
(a) मय (b) इय
(c) अय (d) च

49. 'महीप' में किस प्रत्यय का प्रयोग हुआ है?
(a) प (b) ईप
(c) आप (d) आयप

50. 'बुढ़ापा' में किस प्रत्यय का प्रयोग है?
(a) आपा (b) पा (c) अप (d) यापा

51. तद्धितान्त रूप 'वासुदेव' में कौन-सा प्रत्यय लगा है?
(a) अ (b) आ
(c) आयन (d) एय

52. 'पठ' धातु में 'इत' प्रत्यय के संयोग से क्या शब्द बनेगा?
(a) पठित (b) पाठित
(c) पाठक (d) पढ़ाई

53. 'दार' प्रत्यय से निम्नलिखित में कौन-सा शब्द नहीं बनता?
(a) सरदार (b) खबरदार
(c) असरदार (d) दरबार

54. 'गार' प्रत्यय से किस शब्द का निर्माण सम्भव नहीं?
(a) मददगार (b) यादगार
(c) कारागार (d) सौदागार

55. कौन-सा विदेशी (विदेशज) शब्द 'अर्' प्रत्यय से नहीं बना है?
(a) पेण्टर (b) टीचर
(c) राइटर (d) मेकेनिव

56. उपसर्ग की विशेषता है 'वह' शब्दों के
(a) पहले लगता है (b) बाद में लगता है
(c) बीच में लगता है (d) इनमें से कोई नहीं

57. निम्न में से कौन प्रत्यय का भेद नहीं है?
(a) कृत् (b) तद्धित
(c) नामधातु (d) इनमें से कोई नहीं

58. 'बदबू' में कौन-सा उपसर्ग प्रयुक्त है?
(a) ब (b) बद
(c) बा (d) बे

59. कृत प्रत्यय के मेल से बनने वाले शब्द कहलाते हैं
(a) तद्धित (b) कृदन्त
(c) समास (d) कारक

60. 'उज्ज्वल' में कौन-सा उपसर्ग है?
(a) उत् (b) उज्
(c) उ (d) उप

61. संज्ञा के अन्त में लगने वाला प्रत्यय कहलाता है
(a) तद्धित (b) कृदन्त
(c) समास (d) क्त

62. 'अभ्यर्थी' में कौन-सा उपसर्ग है?
(a) अ (b) अभ्य
(c) अभि (d) अभ

63. 'अति' उपसर्ग से निम्न में से कौन-सा शब्द नहीं बना?
(a) अत्युक्ति
(b) अतिशय
(c) अतिरिक्त
(d) अधीन

64. 'सपरिवार' में किस उपसर्ग का प्रयोग हुआ है?
(a) स (b) सप
(c) स्व (d) सु

65. 'अनु' उपसर्ग से निर्मित शब्द है
(a) अनाचार (b) अनुस्वार
(c) अनहद (d) अन्य

66. 'निर्भय' में किस उपसर्ग का प्रयोग हुआ है?
(a) नि (b) निर्
(c) ना (d) निभ

67. 'बादरायण' में किस प्रत्यय का प्रयोग हुआ है?
(a) एय (b) एण
(c) आयन (d) ण

68. 'ग्रामीण' शब्द में किस प्रत्यय का प्रयोग हुआ है?
(a) उल (b) इल
(c) ईन (d) ईम

69. निम्न में किस शब्द में 'अन्त' प्रत्यय है?
(a) लड़ाई (b) लड़ाकू
(c) भिड़न्त (d) भीड़

70. 'अक' प्रत्यय का प्रयोग किस शब्द में नहीं है?
(a) कारक (b) धारक
(c) मारक (d) शायर

71. 'आ' उपसर्ग की सहायता से किस शब्द का निर्माण नहीं हुआ?
(a) आगमन (b) आमरण
(c) आचरण (d) अभ्युदय

72. 'र' प्रत्यय की सहायता से निर्मित शब्द कौन-सा है?
(a) रक्तिम (b) राष्ट्रीय
(c) मधुर (d) प्रहर

73. 'मिठास' शब्द में किस प्रत्यय का प्रयोग है?
(a) मीठा (b) आस
(c) ठास (d) प्यास

74. निम्नलिखित में कौन-सा शब्द 'सम्' उपसर्ग से बना है?
(a) सुकोमल (b) स्वास्थ्य
(c) संकल्प (d) सहर्ष

75. निम्नलिखित में कौन-सा शब्द 'परि' उपसर्ग से निर्मित है?
(a) पराक्रम (b) प्रकाश
(c) परिवर्तन (d) पराभव

76. 'निर' उपसर्ग से बना शब्द है
(a) निर्भय (b) निष्काम
(c) निहत्था (d) निश्चित

77. निम्नलिखित में से कौन-सा शब्द 'आई' प्रत्यय से बना है?
(a) भलाई (b) निष्ठा
(c) समझौता (d) सम्पन्न

78. निम्नलिखित में से किस शब्द में 'पन' प्रत्यय नहीं है?
(a) बचपन (b) अपनापन
(c) जलमय (d) लड़कपन

उत्तरमाला

1. (d)	**2.** (b)	**3.** (d)	**4.** (b)	**5.** (a)	**6.** (b)	**7.** (c)	**8.** (a)	**9.** (b)	**10.** (a)
11. (d)	**12.** (a)	**13.** (c)	**14.** (b)	**15.** (b)	**16.** (a)	**17.** (a)	**18.** (a)	**19.** (a)	**20.** (d)
21. (a)	**22.** (a)	**23.** (d)	**24.** (a)	**25.** (a)	**26.** (a)	**27.** (a)	**28.** (b)	**29.** (b)	**30.** (c)
31. (a)	**32.** (b)	**33.** (a)	**34.** (c)	**35.** (c)	**36.** (d)	**37.** (a)	**38.** (d)	**39.** (b)	**40.** (a)
41. (c)	**42.** (a)	**43.** (b)	**44.** (d)	**45.** (d)	**46.** (c)	**47.** (c)	**48.** (a)	**49.** (b)	**50.** (a)
51. (a)	**52.** (a)	**53.** (d)	**54.** (d)	**55.** (d)	**56.** (a)	**57.** (c)	**58.** (b)	**59.** (b)	**60.** (a)
61. (a)	**62.** (c)	**63.** (d)	**64.** (a)	**65.** (b)	**66.** (b)	**67.** (c)	**68.** (c)	**69.** (c)	**70.** (d)
71. (d)	**72.** (c)	**73.** (b)	**74.** (c)	**75.** (c)	**76.** (a)	**77.** (a)	**78.** (c)		

अध्याय

15 मुहावरे : अर्थ एवं प्रयोग

मुहावरा

'मुहावरा' वैसा वाक्यांश है जो सामान्य अर्थ का बोध न कराकर विशिष्ट, विलक्षण तथा लाक्षणिक अर्थ देता है। जो शब्द-समूह या पदबन्ध अपने शाब्दिक अर्थ से भिन्न अर्थ प्रकट करता है, वह 'मुहावरा' कहलाता है। मुहावरों का स्वतन्त्र रूप से प्रयोग नहीं होता, बल्कि वाक्य के साथ ही प्रयुक्त होकर ये उचित अर्थ दे सकते हैं। वाक्य में मुहावरे के प्रयोग से भाषा आकर्षक हो जाती है। मुहावरों के प्रयोग से भाषा में सरलता, सरसता तथा चमत्कारपूर्ण प्रवाह उत्पन्न होता है।

'मुहावरा' भाषा की समृद्धि तथा सांस्कृतिक विस्तार का प्रतीक है। इससे भाषिक परिदृश्य के सामाजिक-सांस्कृतिक सम्बन्धों का पता चलता है। मुहावरों में युगीन चेतना के आधार पर परिवर्तन भी होता रहता है।

'मुहावरा' कम से कम दो शब्दों से बना है। ये शब्द विशेषण, संज्ञा अथवा क्रिया हो सकते हैं।

जैसे चिकना घड़ा (यहाँ 'चिकना' विशेषण तथा 'घड़ा' संज्ञा शब्द है।);

आँखों में रात कटना (यहाँ 'आँख' संज्ञा तथा 'काटना' क्रिया है।)

मुहावरा एक सिद्ध और रूढ़ इकाई होता है। शब्दों के हेर-फेर से मुहावरे का अर्थ असहज हो जाता है और वह मुहावरा नहीं रह जाता ।

मुहावरे, उनके अर्थ तथा वाक्य प्रयोग

अंक भरना (आलिंगन करना) *माता ने अपने पुत्र को अंक में भर लिया।*

अंग-अंग खिलना (प्रसन्न हो जाना) *विदेश प्रवास से घर आने पर रमेश का अंग-अंग खिल उठा था।*

अँगूठा दिखाना (समय पर इनकार कर देना) *राम ने सहायता का वादा किया था, पर आज उसने अँगूठा दिखा दिया।*

अंगूर खट्टे होना (प्राप्त न होने वाली वस्तु को बेकार मानना) *पहले तो नौकरी के लिए हाय-तौबा मचाये था, अब जब नौकरी नहीं मिली, तो कहता है कि नौकरी अच्छी नहीं थी यानी अंगूर खट्टे हैं।*

अन्धे की लाठी (एकमात्र सहारा) *परेशानी की हालत में उसने मेरी सहायता अन्धे की लाठी के समान की।*

अन्धे के हाथ बटेर लगना (बिना प्रयास का लाभ) *लॉटरी क्या लगी, रमेश घमण्डी हो गया है। क्यों न हो, अन्धे के हाथ बटेर जो लगी है।*

अंधेरे में रखना (भेद छिपाना) *उसने अन्तर्जातीय प्रेम-विवाह किया, लेकिन मुझे अंधेरे में ही रखा।*

अन्धों में काना राजा (अयोग्य लोगों के बीच कम योग्यता वाला भी बहुत योग्य माना जाता है) *ग्रामीण विद्यालय में पढ़ने वाला रामू थोड़ी-बहुत अंग्रेजी जानता है, जिस कारण सभी उसे तेज विद्यार्थी मानते हैं यानी वह अन्धों में काना राजा है।*

अक्ल पर पर्दा पड़ना (समझ न आना) *बेवजह मार-पीट के बीच में जाने से तुम उलझ गए, क्या तुम्हारी अक्ल पर पर्दा पड़ा हुआ था ?*

अपना उल्लू सीधा करना (अपना मतलब निकालना) *आजकल के राजनेता जनता की नहीं सोचते, वे अपना उल्लू सीधा करने में लगे रहते हैं।*

अपना-सा मुँह लेकर रह जाना (लज्जित होना) *जब उसकी चोरी पकड़ी गई तो वह अपना-सा मुँह लेकर रह गया।*

अपने मुँह मियाँ मिट्ठू बनना (अपनी बड़ाई आप ही करना) *कोई तुम्हारी तारीफ करे तो समझ में आता है, पर अपने मुँह मियाँ मिट्ठू बनने से क्या फायद?*

आँख उठाकर न देखना (तिरस्कार करना) *सिद्धार्थ ने उसके निकट आने पर भी आँख उठाकर नहीं देखा।*

आँख का काँटा (शत्रु बनना) *मित्र भी कभी आँख का काँटा बन जाता है।*

आँख का तारा (बहुत प्यारा) *सभी बच्चे माता की आँखों के तारे होते हैं।*

आँख मारना (इशारा देना) *उसने आँख मारी और मैं समझ गया कि यहाँ से निकलना चाहिए।*

आँखें फेर लेना (प्रतिकूल होना) *सहायता की जरूरत के समय परिजनों ने आँखें फेर लीं।*

आँखों में धूल झोंकना (धोखा देना) *जेबकतरे ने आँखों में धूल झोंककर जेब से सारे पैसे निकाल लिये।*

आँखों से गिरना (आदर घट जाना) *रमेश अपनी हरकतों के कारण हम सब की आँखों से गिर गया है।*

आग-बबूला होना (बहुत गुस्सा होना) *रमेश ने राकेश की घड़ी तोड़ दी, जिस कारण वह आग-बबूला हो गया।*

आग में कूदना (जान जोखिम में डालना) *देश की रक्षा के लिए जवान हमेशा आग में कूदने के लिए तैयार रहते हैं।*

आसमान टूट पड़ना (अचानक विपत्ति आना) *अमेरिका में प्रोफेसर की हत्या से उसके वृद्ध माता-पिता पर आसमान टूट पड़ा।*

आसमान टूट पड़ना (अचानक विपत्ति आना) *अमेरिका में प्रोफेसर की हत्या से उसके वृद्ध माता-पिता पर आसमान टूट पड़ा।*

आसमान सिर पर उठाना (बहुत हो-हल्ला करना) *शहर में बिजली-आपूर्ति की कटौती के कारण लोगों ने आसमान सिर पर उठा लिया।*

ईद का चाँद होना (बहुत समय बाद दिखना) *रमेश, आजकल कहाँ रहते हो, तुम तो ईद के चाँद हो गए हो।*

उगल देना (भेद खोल देना) *नक्सली नेता ने गिरफ्तारी के बाद अपनी सारी रणनीति उगल दी।*

उलटी गंगा बहाना (उलटा काम करना) *अतिथि यदि आकर खर्च करने लगे तो इसे ही उलटी गंगा बहाना कहते हैं।*

उलटी पट्टी पढ़ाना (बहकाना) *किसी ने राकेश को उलटी पट्टी पढ़ा दी है कि शिक्षक के डाँटने के पीछे मेरा हाथ है।*

ऊँट का सूई के छेद से निकलना (असम्भव कार्य) *पढ़ाई नहीं करने वालों का प्रतियोगिता में सफल होना, ऊँट का सूई के छेद से निकलना है।*

एड़ी-चोटी का पसीना एक करना (अत्यधिक परिश्रम करना) *रमाकान्त जी अपनी लड़की के लिए सुयोग्य वर की तलाश में एड़ी-चोटी का पसीना एक कर चुके हैं।*

ओखल में सिर देना (अपने से जोखिम लेना) *तुम्हें उन दोनों के आपसी झगड़े में नहीं पड़ना चाहिए, अब ओखल में सिर दे चुके हो तो भुगतो।*

कलेजे पर साँप लोटना (ईर्ष्या करना) *परिश्रम से धन अर्जित करने वाले को देख कलेजे पर साँप लोटने का क्या फायदा ?*

कलेजा ठण्डा होना (सन्तोष होना) *पड़ोसी एक मुकदमे में जेल चला गया, तब रमेश का कलेजा ठण्डा हुआ।*

कलेजा मुँह को आना (दु:ख होना) *ट्रक और कार की टक्कर को देखकर राकेश का कलेजा मुँह को आ गया।*

खरी-खोटी सुनाना (भला-बुरा कहना) *कितनी खरी-खोटी सुनने के बाद भी सुनील की आदत सुधरती ही नहीं।*

खेत आना (वीरगति पाना) *कई लड़ाइयों में मराठा सैनिकों की बड़ी संख्या खेत आयी, जिस कारण मराठों को पराजित होना पड़ा।*

खून-पसीना एक करना (कठिन परिश्रम) *पिता ने खून-पसीना एक कर बेटे को पढ़ाया, पर बेटे ने बूढ़े पिता को घर से निकाल दिया।*

खाक छानना (भटकना) *नौकरी की खोज में मोहन आज-कल खाक छान रहा है।*

खेल खेलना (परेशान करना) *उसने मेरी कलम ले ली और खोज देने के लिए शर्तें लगाकर खेल खेलता है।*

गड़े मुर्दे उखाड़ना (दबी बात को फिर से उभारना) *जो कुछ हुआ उसे भूल जाओ, गड़े मुर्दे उखाड़ने का क्या फायदा।*

गाँठ का पूरा (मालदार) *धूर्त लोगों को अक्ल के अन्धे तथा गाँठ के पूरे दोस्त बहुत अच्छे लगते हैं।*

गाँठ में बाँधना (खूब याद रखना) *यह बात गाँठ में बाँध लो कि रोज व्यायाम करना स्वास्थ्य के लिए लाभप्रद है।*

घोड़े बेचकर सोना (बेफिक्र होना) *बेटी के विवाह के बाद प्रत्येक पिता घोड़े बेचकर सोता है।*

घड़ों पानी पड़ जाना (अत्यन्त लज्जित होना) *हमेशा कक्षा में प्रथम आने वाले रोहित को इस बार प्रधानाध्यापक ने परीक्षा में चोरी करते पकड़ा तो उसके ऊपर घड़ों पानी पड़ गया।*

घी के दीये जलाना (अप्रत्याशित लाभ पर प्रसन्नता) *भगवान श्रीराम के अयोध्या वापस लौटने की खुशी में अयोध्यावासियों ने घी के दीये जलाए।*

चुल्लू भर पानी में डूब मरना (शर्मिन्दा होना) *कुकर्म करने वालों को तो चुल्लू भर पानी में डूब मरना चाहिए।*

चैन की बंशी बजाना (आनन्दपूर्वक जीवन बिताना) *नौकरी मिलने के बाद वह चैन की बंशी बजा रहा है।*

छक्के छुड़ाना (परास्त करना) *बांग्लादेश ने विश्वकप क्रिकेट के पहले ही मैच में भारत के छक्के छुड़ा दिए।*

छठी का दूध याद आना (कठिनाई अनुभव होना) *मैंने उसे इतना पीटा कि उसे छठी का दूध याद आ गया होगा।*

जमीन-आसमान एक करना (बड़े-बड़े उपाय करना) *चुनाव में सफलता के लिए नेतागण जमीन-आसमान एक कर रहे हैं।*

जहर का घूँट पीना (क्रोध को दबा लेना) *उसके दुर्व्यवहार से मुझे बहुत गुस्सा आया, लेकिन परिस्थिति को देखते हुए मैंने जहर का घूँट पी लिया।*

टाँग अड़ाना (दखल देना) *हर जगह बेमतलब टाँग अड़ाना मूर्खों का काम है।*

टाँय-टाँय फिस्स होना (असफल होना) *उसने योजना तो सोच-समझ कर बनायी, पर सब टाँय-टाँय फिस्स हो गया।*

टेढ़ी खीर होना (कठिन काम) *रमेश को सही रास्ते पर लाना टेढ़ी खीर है।*

डूबते को तिनके का सहारा (असहाय को थोड़ी राहत) *रामू ने मोहन को कठिन समय में कुछ धन उपलब्ध कराया, बेचारे को राहत मिली, मानो डूबते को तिनके का सहारा मिल गया।*

तख्ता पलटना (सत्ता समाप्त करना) *पाकिस्तान के सैनिक प्रमुख हमेशा से तख्ता पलट कर सत्ता पर काबिज होते रहे हैं।*

दाँत खट्टे करना (परास्त करना) *कारगिल युद्ध में भारतीय सेनाओं ने पाकिस्तान के दाँत खट्टे कर दिये।*

धूल फाँकना (मारा-मारा फिरना) *पढ़ाई-लिखाई छोड़कर हरीश इधर-उधर की धूल फाँकता है।*

नाक का बाल होना (बहुत प्रिय होना) *अपनी चंचलता और हाजिर जवाबी के कारण वह सबकी नाक का बाल है।*

नौ-दो ग्यारह होना (भाग जाना) *स्टेशन पर अपने सामान की सुरक्षा करना, नहीं तो कोई लेकर नौ-दो ग्यारह हो सकता है।*

बाल की खाल निकालना (निरर्थक बहस करना) *रमेश हर बात में बाल की खाल निकालने लगता है, जिस कारण उसे लोग पसन्द नहीं करते।*

मैदान मारना (जीत जाना) *कल के क्रिकेट मैच में सर्वोदय विद्यालय ने मैदान मार लिया।*

रँगे हाथों पकड़ना (अपराध के समय पकड़ना) *पुलिस ने शहर में गश्ती के दौरान लुटेरों को रँगे हाथों पकड़ा।*

सब्ज बाग दिखाना (झूठी आशा देना) *इण्टरनेट पर धन को दोगुना करने का सब्ज बाग दिखा कर ठगी का धन्धा तेजी से चल रहा है।*

हथियार डाल देना (हार मान लेना) *अहमदशाह अब्दाली के विरुद्ध मराठों ने रसद की आपूर्ति बन्द होने के कारण हथियार डाल दिये।*

होश उड़ना (आशंका से व्याकुल) *अचानक दरवाजे पर पुलिस देखकर रामू के होश उड़ गए।*

होश ठिकाने होना (भ्रान्ति दूर होना) *बच्चा! बहुत चहक रहा था, आज परीक्षा परिणाम आने पर होश ठिकाने लग गये हैं।*

अभ्यास प्रश्न

1. 'तूती बोलना' मुहावरे का सही अर्थ क्या है? **[UP बी.एड. 2014]**
(a) रोब होना (b) प्यार होना
(c) झगड़ा होना (d) संगीत बजना

2. 'तिल का ताड़ करना' मुहावरे का सही अर्थ क्या है? **[UP बी.एड. 2014]**
(a) तुच्छ बात को महत्त्व देना
(b) छोटी चीज को बड़ी कर देना
(c) सच्चे व्यक्ति को झूठा साबित करना
(d) निर्लज्ज होना

3. 'कमर कसना' मुहावरे का सही अर्थ क्या है? **[UP बी.एड. 2014]**
(a) सतर्क रहना (b) दण्डित करना
(c) दृढ़ निश्चय करना (d) परिश्रम करना

4. 'अनुनय विनय से भी न पसीजना' इनमें से किस मुहावरे का अर्थ है? **[UP बी.एड. 2013]**
(a) अटल रहना
(b) जड़ हो जाना
(c) टस से मस न होना
(d) अहल्या बनना

5. 'स्वावलम्बी होना' किस मुहावरे का अर्थ है? **[UP बी.एड. 2013]**
(a) अपने पैरों पर खड़ा होना
(b) अपने पैरों पर कुल्हाड़ी मारना
(c) आसन डोलना
(d) अपना उल्लू सीधा करना

निर्देश (प्र.सं. 6 और 7) *निम्न प्रश्नों में दिए गए मुहावरों के अर्थ बताने के लिए चार-चार विकल्प दिए गए हैं। प्रत्येक के लिए उपयुक्त अर्थ वाला विकल्प चुनिए।* **[UP बी.एड. 2012]**

6. घी के दीए जलाना
(a) रोशनी करना (b) पूजा करना
(c) खुशी मनाना (d) धनवान होना

7. सिर चढ़ाना
(a) बहुत आदर करना
(b) बहुत आजादी देना
(c) पुष्प चढ़ाना
(d) चिन्ता करना

8. 'अदृश्य शत्रु' अर्थ के अनुरूप उपयुक्त मुहावरा है **[UP बी.एड. 2012]**
(a) मीठी छुरी
(b) मुँह में राम बगल में छुरी
(c) पेट में दाढ़ी
(d) आस्तीन का साँप

9. 'हाथ पसारना' मुहावरे का अर्थ है **[UP बी.एड. 2011]**
(a) माँगना (b) विस्तार करना
(c) देना (d) लेना

10. 'घड़ों पानी पड़ना' मुहावरे का सही अर्थ है **[UP बी.एड. 2011]**
(a) भयभीत होना (b) लज्जित होना
(c) कीचड़ होना (d) हार मान लेना

11. 'आगे ...... पीछे खाई' मुहावरे के रिक्त स्थान पर सही शब्द होगा। **[UP बी.एड. 2011]**
(a) झरना (b) पहाड़
(c) कुआँ (d) नदी

12. 'कलम तोड़ना' मुहावरे का अर्थ है **[UP बी.एड. 2010]**
(a) जज के द्वारा मृत्यु दण्ड सुनाना
(b) अपना सम्बन्ध तोड़ना
(c) लिखे हुए को काट देना
(d) बहुत अच्छा लिखना

13. 'हाथ का मैल' मुहावरे का अर्थ है **[UP बी.एड. 2010]**
(a) कीमती वस्तु (b) तुच्छ वस्तु
(c) गन्दी वस्तु (d) अच्छी वस्तु

14. 'ढिंढोरा पीटना' मुहावरे का अर्थ है **[UP बी.एड. 2010]**
(a) संघर्ष करना
(b) समय व्यतीत करना
(c) व्यर्थ का काम करना
(d) बातों को प्रचारित करना

15. 'अँगुली में आटा गीला करना' मुहावरे का अर्थ है **[UP बी.एड. 2010]**
(a) अकारण नुकसान होना
(b) काम-काज बन्द होना
(c) मुसीबत में ही मुसीबत आना
(d) व्यर्थ का काम करना

16. 'हाथ मलना' मुहावरे का अर्थ है **[UP बी.एड. 2010]**
(a) माँगना (b) पछताना
(c) दु:खी होना (d) निष्प्रभ होना

17. 'छठी का दूध याद आना' मुहावरे का अर्थ है **[UP बी.एड. 2008]**
(a) सुध भूल जाना
(b) बहुत कष्ट होना
(c) बचपन याद करना
(d) बच्चों जैसा व्यवहार करना

18. 'नौ दो ग्यारह होना' मुहावरे का अर्थ है **[UP बी.एड. 2008]**
(a) धोखे में पड़ना
(b) निशाने पर लगना
(c) निशाना बन जाना
(d) रफूचक्कर होना

19. 'लोहे के चने चबाना' मुहावरे का अर्थ है
(a) भूख लगना
(b) कठिन संघर्ष में फँसना
(c) युद्ध करना
(d) चने भूनना

20. 'कान पर जूँ न रेंगना' मुहावरे का अर्थ है
(a) माथे में जूँ होना
(b) बात को अनसुना करना
(c) कान में कीड़े होना
(d) बिल्कुल भी नहीं सुनना

21. 'बीड़ा उठाना' मुहावरे का अर्थ है
(a) पान लगाना
(b) किसी काम का भार लेना
(c) मरने को तैयार होना
(d) बेकार काम करना

22. 'आस्तीन का साँप' मुहावरे का अर्थ है
(a) बहुत प्यारा
(b) पीठ पर घाव होना
(c) साँप काटना
(d) दोस्त के रूप में दुश्मन का काम करना

23. 'कान भरना' मुहावरे का अर्थ है
(a) बहकाना (b) बहकावे में आना
(c) बहक जाना (d) कान में तेल डालना

24. 'हजामत बनाना' मुहावरे का अर्थ है
(a) आर्थिक तंगी होना
(b) बेवकूफ बनाना
(c) उपहास करना
(d) नरमी से काम करना

25. 'हौसला पस्त होना' मुहावरे का अर्थ है
(a) उत्साह न रह जाना
(b) इच्छा पूर्ण होना
(c) भय का कारण
(d) खाली बैठे रहना

26. 'हाँ में हाँ मिलाना' मुहावरे का अर्थ है
(a) खुशामद करना (b) हार मान लेना
(c) बुद्धि ठीक होना (d) तेज चलना

27. 'सिर पर सवार होना' मुहावरे का अर्थ है
(a) पीछे पड़ना (b) शोक करना
(c) प्रतिवाद करना (d) चकित होना

28. 'मुँह की खाना' मुहावरे का अर्थ है
(a) बुरी तरह हारना (b) मुँह से खाना
(c) तंग करना (d) विरोध करना

29. 'मुट्ठी गर्म करना' मुहावरे का अर्थ है
(a) आग तापना (b) घूस देना
(c) मुक्का लगाना (d) धाक जमाना

30. 'पहाड़ टूट पड़ना' मुहावरे का अर्थ है
(a) भारी विपत्ति आना
(b) खूब लाभ कमाना
(c) इज्जत बचाना
(d) तूफान आना

31. 'बाँसों उछलना' मुहावरे का सही अर्थ है
(a) नीचे से उछलकर ऊपर चढ़ना
(b) प्रसन्न होना
(c) कलाबाजी करना
(d) पागल होना

32. 'फूँक-फूँक कर पैर रखना' मुहावरे का सही अर्थ है
(a) धीरे-धीरे चलना
(b) डर कर काम करना
(c) सोच-विचार कर काम करना
(d) परेशान रहना

33. 'नाक रगड़ना' मुहावरे का सही अर्थ है
(a) नाक में चोट लगना
(b) बहुत खुशामद करना
(c) इज्जत देना
(d) उपरोक्त सभी

34. 'अपना उल्लू सीधा करना' मुहावरे का सही अर्थ है
(a) धूर्तता करना
(b) अपना काम निकालना
(c) गाली देना
(d) उल्लू पकड़ना

35. 'गाल बजाना' मुहावरे का सही अर्थ है
(a) बाजा बजाना (b) चपत जमाना
(c) डींग हाँकना (d) डफली बजाना

36. 'आसन डोलना' मुहावरे का सही अर्थ है
(a) चंचल होना
(b) भूकम्प आना
(c) बिस्तर बदलना
(d) एक स्थान से दूसरे स्थान पर परिवर्तन

37. 'कपटी मित्र' किस मुहावरे का अर्थ है?
(a) गुदड़ी के लाल
(b) गाँठ का पूरा
(c) आँख का तारा
(d) आस्तीन का साँप

38. 'लल्लो-चप्पो करना' मुहावरे का सही अर्थ है
(a) बातें बनाना
(b) डींग मारना
(c) खुशामद करना
(d) शिकायत करना

39. 'पुरानी प्रथा पर चलना' किस मुहावरे का सही अर्थ है?
(a) लोहा लेना
(b) हाथ के तोते उड़ाना
(c) लकीर का फकीर होना
(d) दो कौड़ी का आदमी

40. 'स्वार्थी होना' किस मुहावरे का सही अर्थ है?
(a) अपने पैरों पर खड़ा होना
(b) अपनी खिचड़ी अलग पकाना
(c) उल्टी गंगा बहाना
(d) अपने मुँह मियाँ मिट्ठू होना

41. 'बुद्धि भ्रमित होना' किस मुहावरे का सही अर्थ है?
(a) चक्कर में पड़ना
(b) अक्ल पर पत्थर पड़ना
(c) धोखा खाना
(d) उल्लू बनना

42. 'एकमात्र सहारा' किस मुहावरे का सही अर्थ है?
(a) आँखों का तारा
(b) नाक का बाल होना
(c) अन्धे की लाठी होना
(d) आँखें बिछाना

43. 'धोखा देना' किस मुहावरे का सही अर्थ है?
(a) जी का जंजाल (b) चूना लगाना
(c) जहर उगलना (d) चाँदी काटना

44. 'खूब लाभ होना' किस मुहावरे का सही अर्थ है?
(a) नौ-दो ग्यारह होना
(b) तीन तेरह करना
(c) पौ बारह होना
(d) दो नावों की सवारी करन

45. 'ठीकरा फोड़ना' मुहावरे का सही अर्थ है
(a) प्रेम में फँसाना
(b) दोष लगाना
(c) संकट पैदा करना
(d) सबक सिखाना

46. 'समूल नष्ट करना' किस मुहावरे का सही अर्थ है?
(a) जड़ खोदना
(b) जी का जंजाल होना
(c) चिराग तले अन्धेरा
(d) जी चुराना

47. 'मुट्ठी में करना' मुहावरे का सही अर्थ है
(a) घूस देना (b) वश में करना
(c) लड़ाई जीतना (d) बुरी तरह हराना

48. 'बरस पड़ना' मुहावरे का सही अर्थ है
(a) अत्यधिक क्रोधित होना
(b) वर्षा का होना
(c) प्रेम करना
(d) सम्मान देना

49. 'कान काटना' मुहावरे का सही अर्थ क्या है?
(a) झगड़ना (b) प्रेम करना
(c) मात देना (d) शिकायत देना

50. 'कलेजा मुँह को आना' मुहावरे का सही अर्थ क्या है?
(a) दुःख होना
(b) किसी काम में फँसना
(c) क्रुद्ध होना
(d) व्यथा से बेचैन होना

51. 'काँटा दूर होना' मुहावरे का सही अर्थ क्या है?
(a) सहयोग मिलना
(b) बाधा उत्पन्न होना
(c) बाधा दूर होना
(d) काँटा चुभना

52. 'घुटने टेक देना' मुहावरे का सही अर्थ क्या है?
(a) आत्म समर्पण करना
(b) घुटनों के बल बैठना
(c) गिड़गिड़ाना
(d) घुटने का टूटना

53. 'घोड़े बेचकर सोना' मुहावरे का सही अर्थ क्या है?
(a) आलस्य करना
(b) निश्चिन्त होना
(c) घोड़ा बेच देना
(d) परिश्रम करना

54. 'छाती पर साँप लोटना' मुहावरे का सही अर्थ है
(a) डर जाना
(b) ईर्ष्या होना
(c) दुःखी होना
(d) छाती में दर्द होना

55. 'तीन तेरह करना' मुहावरे का सही अर्थ है
(a) खूब कमाना
(b) ठीक से गिनती नहीं करना
(c) बिखेर कर रख देना
(d) विश्राम करना

56. 'जान बूझकर मुसीबत में पड़ना' किस मुहावरे का सही अर्थ है?
(a) आग में कूदना
(b) आग में घी डालना
(c) आसमान पर चढ़ा देना
(d) आस्तीन का साँप होना

57. 'जी नहीं भरना' मुहावरे का सही अर्थ है
(a) प्रसन्न न होना (b) निराश न होना
(c) सन्तोष न होना (d) विश्वास न होना

58. 'घनिष्ठ मित्रता' किस मुहावरे का सही अर्थ है?
(a) आस्तीन का साँप (b) गाँठ का पूरा
(c) दाँत काटी रोटी (d) आँखों का तारा

59. 'पानी-पानी होना' मुहावरे का सही अर्थ क्या है?
(a) पतला होना
(b) गर्मी बढ़ना
(c) बहुत शर्मिन्दा होना
(d) प्रसन्न होना

60. 'भेद खुलने' के अर्थ को व्यक्त करने वाला मुहावरा है
(a) कलई खुलना
(b) पालिश टूटना
(c) भण्डा फोड़ होना
(d) दूध का दूध, पानी का पानी होना

61. 'अत्यधिक परिश्रम करना' किस मुहावरे का अर्थ है?
(a) पसीना बहाना
(b) एड़ी-चोटी का पसीना एक करना
(c) एक लाठी से हाँकना
(d) कोल्हू का बैल होना

62. 'आँख खुलना' मुहावरे का अर्थ है
(a) क्रोधित होना
(b) होश में आना
(c) प्यारा होना
(d) सबेरा होन

63. 'पानी उतर जाना' मुहावरे का अर्थ है
(a) शर्म करना
(b) शर्म नहीं करना
(c) भाग जाना
(d) इज्जत करना

64. 'पानी रखना' मुहावरे का अर्थ है
(a) इज्जत बचाना
(b) काम पड़ना
(c) पानी की कमी होना
(d) जरूरत के समय काम आना

65. 'चेहरे पर हवाइयाँ उड़ना' मुहावरे का अर्थ है
(a) बहुत लज्जित होना
(b) क्षमा माँगना
(c) घबड़ा जाना
(d) गर्मी के कारण पसीना आना

66. 'लोहा मानना' मुहावरे का क्या अर्थ है?
(a) संघर्ष करना
(b) खुशामद करना
(c) किसी के वर्चस्व को स्वीकार करना
(d) लोहे के औजार बनाना

67. 'हार्दिक स्वागत' के लिए किस मुहावरे का प्रयोग होता है?
(a) छाती से लगाना (b) आँखें बिछाना
(c) फूल बरसाना (d) आँख में गड़ना

68. 'अचानक विपत्ति का आना' किस मुहावरे का अर्थ है?
(a) उगल देना
(b) आसमान टूट पड़ना
(c) आग में कूदना
(d) आँखों से गिरना

69. 'प्रतिकूल होना' किस मुहावरे का अर्थ है?
(a) आँख मारना
(b) आँखों से गिरना
(c) आँखें फेर लेना
(d) आँखों में धूल झोंकना

70. 'दाँत खट्टे करना' किस मुहावरे का अर्थ है?
(a) पराजित करना
(b) आँवला खाना
(c) दाँत टूटना
(d) परेशान करना

71. 'दो टूक कहना' किस मुहावरे का अर्थ है?
(a) स्पष्ट करना
(b) झगड़ा करना
(c) टुकड़े करना
(d) कविता लिखना

72. 'कान लगाना' किस मुहावरे का अर्थ है?
(a) ध्यान देना
(b) सावधान करना
(c) ध्यान न देना
(d) पीठ-पीछे शिकायत करना (बहकाना)

73. 'नाक का बाल होना' किस मुहावरे का अर्थ है?
(a) परेशान करना (b) घृणा करना
(c) अधिक प्यारा होना (d) प्रतिष्ठा देना

74. 'गर्दन उठाना' किस मुहावरे का अर्थ है?
(a) पीछा छुड़ाना (b) नुकसान देना
(c) प्रतिवाद करना (d) बहस करना

75. किस मुहावरे का अर्थ 'परेशान करना' है?
(a) छक्के छुड़ाना
(b) पानी-पानी होना
(c) लोहे के चने चबाना
(d) आँखों का तारा

76. 'आग में घी डालना' मुहावरे का अर्थ है
(a) क्रोध को और बढ़ाना
(b) पूजा करना
(c) हवन करना
(d) घर जलाना

उत्तरमाला

1. (a)	**2.** (b)	**3.** (c)	**4.** (c)	**5.** (a)	**6.** (c)	**7.** (b)	**8.** (d)	**9.** (a)	**10.** (b)
11. (c)	**12.** (d)	**13.** (b)	**14.** (d)	**15.** (d)	**16.** (b)	**17.** (b)	**18.** (d)	**19.** (b)	**20.** (b)
21. (b)	**22.** (d)	**23.** (a)	**24.** (b)	**25.** (a)	**26.** (a)	**27.** (a)	**28.** (a)	**29.** (b)	**30.** (a)
31. (b)	**32.** (c)	**33.** (b)	**34.** (b)	**35.** (c)	**36.** (d)	**37.** (d)	**38.** (c)	**39.** (c)	**40.** (b)
41. (b)	**42.** (c)	**43.** (b)	**44.** (c)	**45.** (b)	**46.** (a)	**47.** (b)	**48.** (a)	**49.** (c)	**50.** (d)
51. (c)	**52.** (a)	**53.** (b)	**54.** (b)	**55.** (c)	**56.** (a)	**57.** (c)	**58.** (c)	**59.** (c)	**60.** (a)
61. (b)	**62.** (b)	**63.** (b)	**64.** (a)	**65.** (c)	**66.** (c)	**67.** (b)	**68.** (b)	**69.** (c)	**70.** (a)
71. (a)	**72.** (a)	**73.** (c)	**74.** (c)	**75.** (a)	**76.** (a)				

अध्याय

16 लोकोक्तियाँ या कहावतें

लोकोक्ति या कहावत के पीछे कोई कहानी होती है। इससे निकली बात लोगों की वाणी का अंग बन '**लोकोक्ति**' कहलाने लगती है। लोकोक्ति या कहावत सम्पूर्ण तथा स्वतन्त्र वाक्य होते हैं। इसमें एक प्रकार का प्रवाह होता है। वार्तालाप में इनके प्रयोग से श्रुतिमधुर वाक्यों का सृजन होता है, साथ ही प्रयुक्त लोकोक्तियों का व्यावहारिक रूप भी सामने आता है।

मुहावरे की तरह लोकोक्ति का अर्थ भी लाक्षणिक होता है। मुहावरे और लोकोक्ति में मुख्य अन्तर यह है कि मुहावरा एक पदबंध, वाक्यांश या वाक्यखंड होता है, जबकि लोकोक्ति एक स्वतंत्र वाक्य है।

प्रयोग की दृष्टि से भी मुहावरे और लोकोक्ति में अन्तर है। मुहावरा किसी वाक्य में समा जाता है तथा उक्त वाक्य में चमत्कार, विशादता ला देता है: जबकि लोकोक्ति किसी वाक्य के समर्थन या खंडन के लिए प्रयुक्त की जाती है।

महत्त्वपूर्ण लोकोक्तियाँ

कहावत या लोकोक्ति	सामान्य अर्थ	कहावत या लोकोक्ति	सामान्य अर्थ
अधजल गगरी छलकत जाए	ओछा आदमी थोड़ा गुण होने पर अहंकारी हो जाता है।	*एक चोरी दूसरे सीना-जोरी*	अपराध कर उलटे रौब दिखाना।
अब पछताए होत क्या, जब चिड़िया चुग गई खेत	नुकसान हो जाने के बाद पछताना बेकार।	*करत करत अभ्यास के जड़मति होत सुजान*	प्रयत्न से सफलता मिलती है।
आँख का अन्धा नाम नयनसुख	नाम के विपरीत गुण का होना।	*काठ की हाण्डी एक बार ही चढ़ती है*	बेईमानी एक बार ही चलती है।
आम के आम गुठलियों के दाम	दोहरा लाभ।	*खोदा पहाड़ निकली चुहिया*	परिश्रम की तुलना में बहुत कम परिणाम।
ऊँची दुकान फीके पकवान	केवल बाहरी दिखावा।	*घर का भेदी लंका ढहाए*	आपसी फूट से कमजोरी आती है।
का वर्षा जब कृषि सुखानी	अवसर निकल जाने पर सहायता व्यर्थ।	*घर की मुर्गी दाल बराबर*	सहजता से प्राप्त वस्तु का आदर नहीं होता।
खिसियानी बिल्ली खम्भा नोचे	शर्म के मारे क्रोध करना।	*चोर की दाढ़ी में तिनका*	दोषी हमेशा चौकन्ना रहता है।
बिल्ली के भाग से छीका टूटा	जैसा चाहा, वैसा हुआ।	*जिसकी लाठी उसकी भैंस*	ताकतवर की जीत होती है।
नाच ना जाने आँगन टेढ़ा	अपनी असफलता का दोष दूसरे पर डालना।	*न रहेगा बाँस न बजेगी बाँसुरी*	न कारण होगा, न कार्य होगा।
अन्त भला तो सब भला	परिणाम अच्छा हो तो कार्य सफल होता है।	*रस्सी जल गई पर ऐंठन न गई*	पतन के बाद भी घमण्ड का होना।
अन्धेर नगरी चौपट राजा	मुखिया मूर्ख हो तो परिवार में कलह बनी रहती है।	*हाथ कंगन को आरसी क्या*	जो प्रत्यक्ष है, उसके लिए प्रमाण क्या।
अन्धे के हाथ बटेर	अनायास इच्छित वस्तु का मिलना।	*नीम हकीम खतरे जान*	अयोग्य व्यक्ति से हानि होती है।
आसमान से गिरा खजूर में अटका	काम पूरा होते-होते रह जाना।	*दस की लाठी एक का बोझ*	सहयोग से काम आसान होता है।
आये थे हरिभजन को ओटन लगे कपास	उच्च लक्ष्य के लिए निकलना और घटिया काम में लग जाना।	*मुख में राम बगल में छुरी*	कपटी आदमी।
इधर कुआँ, उधर खाई	हर ओर मुसीबत।	*एकहि साधे सब सधे, सब साधे सब जाए*	एकाग्रता से कार्य होता है।
उलटे बाँस बरेली को	विपरीत कार्य करना।	*मन चंगा तो कठौती में गंगा*	मन की पवित्रता ही सबसे बड़ा पुण्य है।
ऊँट के मुँह में जीरा	बहुत थोड़ा।	*होनहार बिरवान के होत चीकने पात*	होनहार के लक्षण शुरू में ही पता चल जाते हैं।
एक करेला दूसरे नीम चढ़ा	एक के साथ दूसरा दोष।	*साँप भी मरा लाठी भी न टूटी*	बिना किसी नुकसान के काम बनना।
		अकल बड़ी या भैंस	बुद्धि बल से बड़ी है।
		जंगल में मंगल	हर स्थिति में प्रसन्न रहना।
		ढाक के सदा तीन पात	एक स्थिति में बने रहना।

अभ्यास प्रश्न

1. 'तू डाल-डाल, मैं पात-पात' का अर्थ है [UP बी.एड. 2012]
(a) खतरा उठाना
(b) आगे-आगे दौड़ना
(c) पेड़ पर चढ़कर खेलना
(d) चालाकी का जवाब चालाकी से देना

2. 'होनहार बिरवान के होत चीकने पात' लोकोक्ति का अर्थ है [UP बी.एड. 2011]
(a) चिकने पत्तों वाला पौधा सुन्दर लगता है
(b) होनहार बालक के लक्षण बचपन से ही प्रकट होने लगते हैं
(c) उद्यान का शौक होना
(d) चिकने पत्तों से लगता है कि पौधा वृक्ष बनेगा

3. 'चोर की दाढ़ी में तिनका' लोकोक्ति का सही अर्थ है [UP बी.एड. 2011]
(a) चोर का स्वयं डरना
(b) चोरी की पहचान होना
(c) दाढ़ी गन्दी होना
(d) हर चोर की दाढ़ी होना

4. किस लोकोक्ति का अर्थ 'वैभव क्षणिक होता है' होगा? [UP बी.एड. 2010]
(a) साँच को आँच नहीं
(b) अधजल गगरी छलकत जाए
(c) पाँचों उँगलियाँ बराबर नहीं होतीं
(d) चार दिन की चाँदनी फिर अँधेरी रात

5. 'पाँच सात की लकड़ी, एक जने का बोझ' लोकोक्ति का अर्थ है [UP बी.एड. 2010]
(a) बहुत कठिन कार्य होना
(b) असम्भव बड़ी शर्त रखना
(c) छोटे या कमजोर व्यक्ति की बात को कोई नहीं मानता है
(d) मिलकर काम करने से कठिन कार्य भी सरल हो जाता है

6. 'ऊँट के मुँह में जीरा' का सही अर्थ है
(a) बहुत थोड़ा
(b) ऊँट के मुँह में पीड़ा होना
(c) ऊँट को जीरा खिलाना
(d) पेट भरने के लिए कुछ भी खाना

7. 'एक पन्थ दो काज' का सही अर्थ है
(a) अनेक कार्य करना
(b) क्या करें, क्या न करें, सोचन
(c) एक साथ दो लाभ होना
(d) एक साथ दो पद ग्रहण करना

8. 'दाल-भात में मूसलचन्द' का सही अर्थ है
(a) बुरा हाल होना
(b) पराजित होना
(c) बेकार दखल देना
(d) भोजन के पीछे मरना

9. 'तन पर नहीं लत्ता पान खाये अलबत्ता' का अर्थ है
(a) बुरी आदत में पड़ना
(b) झूठा दिखावा करना
(c) रौब डालना
(d) बहुत गरीब होना

10. 'धोबी का कुत्ता न घर का न घाट का' लोकोक्ति का सही अर्थ है
(a) धीरे-धीरे जाना
(b) कहीं और ठिकाना न होना
(c) बहुत मार खाना
(d) बहुत भार उठाना

11. 'अकेला चना भाड़ नहीं फोड़ता' का अर्थ है
(a) अकेला व्यक्ति बेकार होता है
(b) अकेला व्यक्ति लड़ नहीं सकता
(c) अकेले कोई बड़ा काम करना सम्भव नहीं
(d) चने से भाड़ नहीं फूटता

12. 'आधा तीतर आधा बटेर' का अर्थ है
(a) मूर्खतापूर्ण कार्य
(b) मनचाहा कार्य
(c) पूरी तरह कोई काम न होना
(d) गड़बड़ होना

13. 'एक अनार सौ बीमार' का अर्थ है
(a) एक वस्तु के कम चाहने वाले
(b) एक वस्तु के अनेक चाहने वाले
(c) माँग कम पूर्ति अधिक
(d) अनार का बँटवारा

14. 'खोदा पहाड़ निकली चुहिया' का अर्थ है
(a) श्रम अधिक, फल न्यून
(b) पहाड़ों पर भी चूहे पाये जाते हैं
(c) बड़ों के साथ छोटे का वास
(d) पहाड़ खोदना कठिन है

15. 'जिसकी लाठी उसकी भैंस' का अर्थ है
(a) दुर्बल की सम्पत्ति
(b) शक्तिशाली का बोलबाला होता है
(c) भैंस लाठी से ही नियन्त्रित होती है
(d) भैंस लाठी से मार खाती है

16. 'नाच न जाने आँगन टेढ़ा' का अर्थ है
(a) अपनी अयोग्यता छिपाने के लिए दूसरे पर दोष मढ़ना
(b) अहंकार दिखाना
(c) नाचने की अयोग्यता
(d) आँगन टेढ़ा बनाकर रखना

17. 'मुँह में राम बगल में छुरी' लोकोक्ति का अर्थ है
(a) ऊपरी मित्रता मन में शत्रुता
(b) ईश्वर के नाम पर छल करना
(c) चालाकी करना
(d) राम का नाम पापी भी ले सकता है

18. 'सब धान बाइस पंसेरी' लोकोक्ति का सामान्य अर्थ है
(a) सभी वस्तुओं को समान समझना
(b) सभी वस्तुओं का समान मूल्य
(c) सब वस्तुओं को एक जगह रखना
(d) मन में खोट होना

19. 'अधजल गगरी छलकत जाए' लोकोक्ति का सामान्य अर्थ है
(a) संभल कर चलना
(b) कायदे से कार्य करना
(c) अल्पज्ञ द्वारा गर्व करना
(d) अहंकार करना

20. 'एक तो करेला दूसरे नीम चढ़ा' का अर्थ है
(a) बुरे स्वभाव का होना
(b) कुटिल की संगति में और कुटिल होना
(c) परिवार का प्रभाव
(d) मूर्ख का साथ अनिष्टकारी

21. 'घाट-घाट का पानी पीना' का सामान्य अर्थ है
(a) मारा-मारा फिरना
(b) भिक्षाटन करना
(c) तीर्थ यात्रा करना
(d) अनुभवी होना

22. 'फिसल पड़े तो हर-हर गंगे' का अर्थ है
(a) बिना इच्छा के गंगा स्नान करना
(b) मजबूरी में काम करना
(c) फिसल जाना
(d) विपत्ति के समय ईश्वर को स्मरण करना

23. 'जिन खोजा तिन पाइयाँ, गहरे पानी पैठ' का अर्थ है
(a) जितना परिश्रम, उतना लाभ होता है
(b) मोती खोजने के लिए समुद्र में जाना पड़ता है
(c) खोज करनी चाहिए
(d) लाभ से मतलब रखना

24. 'समय पाय तरुवर फले केतक सींचो नीर' का अर्थ है
(a) काम अपने निर्धारित समय पर होता है
(b) वसन्त में फूल खिलते हैं
(c) वर्षा के बाद सिंचाई करनी चाहिए
(d) समय पर सब काम करना चाहिए

25. 'आम के आम गुठली के दाम' का अर्थ है
(a) दोहरा लाभ होना
(b) आम के दाम गुठली से लेना
(c) गुठली की कीमत अधिक होना
(d) आम का महत्त्व कम होना

26. 'नेकी और पूछ-पूछ' का सामान्य अर्थ है
(a) भलाई करने से पहले पूछा नहीं जाता
(b) भलाई से पहले पूछना
(c) सोच-समझ कर भलाई करना
(d) नेकी नहीं करना

27. 'अपने कर्मों का फल स्वयं भोगना पड़ता है' इसके लिए लोकोक्ति प्रसिद्ध है
(a) जैसी करनी वैसी भरनी
(b) बोया पेड़ बबूल का आम कहाँ से होय
(c) आगे कुआँ पीछे खाई
(d) अढ़ाई दिन की बादशाहत

28. 'उन्नति के प्रयत्न करने पर अवनति' का भाव स्पष्ट करने वाली कहावत है
(a) चौबे गये छब्बे बनने, दुबे बन कर लौटे
(b) कौवा चले हंस की चाल
(c) देशी मुर्गी विलायती बोल
(d) खोदा पहाड़ निकली चुहिया

29. 'अधिक परिश्रम करने पर भी थोड़ा लाभ' किस लोकोक्ति का भावार्थ है?
(a) खोदा पहाड़ निकली चुहिया
(b) गये थे हरिभजन को ओटन लगे कपास
(c) अकेला चना भाड़ नहीं फोड़ता
(d) अधजल गगरी छलकत जाए

30. 'उलटा चोर कोतवाल को डाँटे' कहावत का सही अर्थ है
(a) केवल बाहरी दिखावा
(b) दोहरा लाभ
(c) दोषी होने पर धौंस जमाना
(d) शर्म के मारे क्रोध करना

31. 'दीवार के भी कान होते हैं' कहावत का भावार्थ है
(a) गुप्त बात किसी से नहीं बाँटनी चाहिए
(b) साजिश खुले में करनी चाहिए
(c) केवल प्राणियों के ही कान नहीं हैं
(d) निर्जीव पदार्थों में भी सुनने की शक्ति होती है

32. 'ख्याली पुलाव पकाना' कहावत का भावार्थ है
(a) केवल सपने देखना
(b) दुकान चलाना
(c) मीठा पुलाव बनाना
(d) गरीबों को भोजन कराना

33. 'सुख थोड़े दिन का होता है', किस लोकोक्ति का भावार्थ है?
(a) चार दिन की चाँदनी फिर अन्धेरी रात
(b) जंगल में मंगल
(c) बहती गंगा में हाथ धोना
(d) माया से माया मिले

34. 'साँच को आँच नहीं' का भावार्थ है
(a) सच्चे आदमी को कोई खतरा नहीं
(b) भाग्य की रेखा नहीं मिटती
(c) दुविधा में पड़ जाना
(d) स्वभाव नहीं बदलता

35. 'नंगा नहायेगा क्या, निचोड़ेगा क्या' का अर्थ है
(a) बिना कपड़े के रहना
(b) बेशर्म को किस बात की चिन्ता
(c) भारी मुसीबत आ पड़ना
(d) निर्लज्ज आदमी

36. 'पूत के पाँव पालने में देखे जाते हैं' का अर्थ क्या है?
(a) भविष्य की प्रक्रिया वर्तमान से जानी जाती है
(b) अनुभवी आदमी का काम
(c) शिशु के स्वास्थ्य की चिन्ता करना
(d) लोरी गाना

37. 'दूध का दूध पानी का पानी' का अर्थ है
(a) उचित न्याय
(b) सांसारिक सुख
(c) दुविधा की स्थिति
(d) अपना लाभ, दूसरे को नुकसान

38. 'दोनों हाथों में लड्डू' का क्या अर्थ है?
(a) हर तरफ से लाभ
(b) दोनों हाथ भरे रहना
(c) कर्म का महत्त्व
(d) किसी वस्तु का महत्त्व नहीं समझना

39. 'अनिश्चित विचार से फल प्राप्ति में बाधा होती है', किस कहावत का भावार्थ है?
(a) दुविधा में दोनों गये, माया मिली न राम
(b) चोरों के पैर नहीं होते
(c) प्राण जाए पर वचन ना जाए
(d) वही ढाक के तीन पात

उत्तरमाला

1. (d)	**2.** (b)	**3.** (a)	**4.** (d)	**5.** (d)	**6.** (a)	**7.** (c)	**8.** (c)	**9.** (b)	**10.** (b)
11. (c)	**12.** (c)	**13.** (b)	**14.** (a)	**15.** (b)	**16.** (a)	**17.** (a)	**18.** (a)	**19.** (c)	**20.** (b)
21. (d)	**22.** (b)	**23.** (a)	**24.** (a)	**25.** (a)	**26.** (a)	**27.** (a)	**28.** (a)	**29.** (a)	**30.** (c)
31. (a)	**32.** (a)	**33.** (a)	**34.** (a)	**35.** (b)	**36.** (a)	**37.** (a)	**38.** (a)	**39.** (a)	

अध्याय

17 वाक्य-रचना

वाक्य

एक पूर्ण विचार सम्प्रेषित करने वाला शब्द-समूह 'वाक्य' कहलाता है। वाक्य के तीन गुण होते हैं, इनके अभाव में वाक्य अर्थहीन हो जाते हैं। *ये हैं* योग्यता, आवश्यकता तथा क्रमबद्धता। जब वाक्य का प्रत्येक पद अथवा शब्द अर्थ की बोधकता सिद्ध करे तो यह समझना चाहिए कि वाक्य में 'योग्यता' विद्यमान है;

जैसे 'किसान लाठी से खेत जोतता है।' इस वाक्य में अर्थ की बोधकता नहीं है, जिस कारण यह शुद्ध वाक्य नहीं माना जा सकता, क्योंकि किसान 'लाठी' से नहीं 'हल' से खेत जोतता है। वाक्यों में प्रयुक्त पदों या शब्दों को बोध के अनुसार रखने की प्रक्रिया को 'क्रम' कहा जाता है;

जैसे रोटी सीता खाती है। इस वाक्य में शब्दों का क्रम सही नहीं है, 'सीता' रोटी से पूर्व रखने पर शुद्ध वाक्य बनेगा।

वाक्य को व्यवस्थित तथा तर्कसंगत रूप देने को व्याकरण में महत्त्व दिया गया है। किसी वाक्य में सार्थक शब्दों को यथास्थान रखने की क्रिया को 'क्रम' या 'पदक्रम' कहा जाता है। इसे 'वाक्य-विन्यास' भी कहते हैं।

हिन्दी वाक्य के आरम्भ में कर्त्ता, उसके बाद कर्म तथा अन्त में क्रिया का व्यवहार होता है; **जैसे** मोहन बाजार जाता है। इस वाक्य में 'मोहन' कर्त्ता, 'बाजार' कर्म तथा 'जाना' क्रिया है। कर्त्ता या उद्देश्य के विस्तार को कर्त्ता के पहले तथा क्रिया या विधेय के विस्तार को क्रिया से पूर्व रखना चाहिए;

जैसे समझदार लोग समझ कर व्यवसाय करते हैं।

वाक्य में एक से अधिक कारक-चिह्न (परसर्ग) का प्रयोग होने पर करण कारक का 'से' चिह्न अधिकरण तथा अपादान के बाद आता है;

जैसे प्रशान्त ने रमेश को लाठी से मारा।

सम्बोधन तथा विस्मयादिबोधक पद यदि वाक्य में हैं, तो वे वाक्य के प्रारम्भ में आते हैं।

विशेषण संज्ञा या विशेष्य के पहले किन्तु सर्वनाम के बाद आता है। क्रिया-विशेषण पदों का प्रयोग क्रिया से पहले किया जाना चाहिए;

जैसे वह आदमी धीरे-धीरे जा रहा है।

प्रश्नवाचक पद या शब्द संज्ञा से पहले रखा जाता है; **जैसे** क्या सीता सो गई?

वाक्य रचना में 'अन्वय' अथवा 'मेल' का महत्त्व भी अत्यधिक है। यह लिंग, वचन, कारक तथा काल के अनुसार वाक्य के विभिन्न पदों का सम्बन्ध निर्धारित करता है। वाक्य में लिंग, वचन तथा पुरुष के अनुसार सर्वनाम उस संज्ञा के अनुरूप होता है; **जैसे** शिक्षक वे ही हैं।

नीचे वाक्यों के महत्त्वपूर्ण अंगों व भेदों से सम्बन्धित विषयों का वर्णन किया गया है।

पदबन्ध

वाक्य के उस भाग को, जिसमें एक से अधिक पद परस्पर सम्बन्ध निर्मित कर अर्थ प्रदान करते हैं किन्तु पूरा अर्थ नहीं देते, 'पदबन्ध' या 'वाक्यांश' कहलाते हैं। 'पदबन्ध' में एकाधिक शब्द होते हैं, इनका एक-दूसरे से निश्चित सम्बन्ध होता है। यह वाक्य की एक इकाई है जो वाक्य की संरचना तथा उसके अर्थ को प्रभावित करता है। 'पदबन्ध' में शब्दों का क्रम निश्चित होता है। संज्ञा पदबन्ध, विशेषण पदबन्ध, सर्वनाम पदबन्ध, क्रिया पदबन्ध, क्रिया-विशेषण पदबन्ध प्रमुख पदबन्धों के प्रकार हैं।

उदाहरण भारत के प्रथम प्रधानमन्त्री (संज्ञा पदबन्ध)
शेर के समान शक्तिशाली (विशेषण पदबन्ध)
अपनों से सतायी गई वह (सर्वनाम पदबन्ध)
जाता हुआ। (क्रिया पदबन्ध)
पहले से बहुत धीरे (क्रिया-विशेषण पदबन्ध)

उपवाक्य

उपवाक्य भी पदबन्ध की तरह पदों का समूह है, लेकिन इससे केवल आंशिक भाव ही सामने आता है, 'उपवाक्य' क्रिया हमेशा मौजूद रहती है; **जैसे** जैसे ही खाना पकाया गया वैसे ही वह चला गया। इस वाक्य में 'जैसे ही खाना पकाया' उपवाक्य है, जिससे वाक्य के पूर्ण अर्थ की प्राप्ति नहीं होती।

उपवाक्य का आरम्भ जिससे, जैसे, जब, ज्यों-ज्यों, यद्यपि इत्यादि से प्रारम्भ होता है। *उपवाक्य तीन प्रकार के होते हैं*

संज्ञा-उपवाक्य, विशेषण-उपवाक्य तथा क्रिया-विशेषण- उपवाक्य।

उदाहरण 'राम ने कहा कि मैं पढ़ूँगा।' इस वाक्य में 'मैं पढ़ूँगा' संज्ञा उपवाक्य का उदाहरण है। क्रिया संज्ञा द्वारा किया जाता है। 'वह आदमी जो कल आया था, अब नहीं आएगा।' इस वाक्य में 'जो कल आया था' विशेषण-उपवाक्य है।

'जब वसन्त आता है तो फूल खिलते हैं।' इस वाक्य में 'जब वसन्त आता है' क्रिया-विशेषण उपवाक्य का उदाहरण है। क्रिया-विशेषण उपवाक्य द्वारा समय, स्थान, कारण, उद्देश्य, फल, अवस्था इत्यादि का बोध होता है।

वाक्य के भेद *वाक्यों का वर्गीकरण मुख्यत: दो आधारों पर किया जाता है*
1. रचना के आधार पर तथा **2.** अर्थ के आधार पर।

रचना के आधार पर वाक्य के भेद

(i) सरल वाक्य (ii) मिश्र वाक्य तथा (iii) संयुक्त वाक्य।

(i) **सरल वाक्य** जिस वाक्य में एक उद्देश्य तथा कर्त्ता के सम्बन्ध में कहा गया शब्द मौजूद हो, वैसे वाक्य सरल वाक्य होते हैं; **जैसे** राम दूध पीता है। सरल वाक्य में एक कर्त्ता तथा एक क्रिया उपस्थित होता है।

(ii) **मिश्र वाक्य** जिस वाक्य में सरल वाक्य के साथ दूसरा वाक्य सम्बद्ध हो उसे मिश्र वाक्य कहते हैं। ऐसे वाक्यों में से अधिक सामाजिक क्रियाएँ शामिल होती हैं; **जैसे** 'वह कैसा व्यक्ति होगा, जिसने आम नहीं खाया हो।'

(iii) **संयुक्त वाक्य** जिस वाक्य में सरल अथवा मिश्र वाक्यों का मेल रहता है, उसे 'संयुक्त वाक्य' कहते हैं। संयुक्त वाक्यों में सरल अथवा मिश्र वाक्यों का मेल संयोजक अवयवों द्वारा होता है;

जैसे मैं जा रहा था और वह उधर से आया। यह वाक्य दो सरल वाक्यों के मेल से 'संयुक्त वाक्य' बना है, जबकि 'और' संयोजक है।

"किसी भी देश की अर्थव्यवस्था कैसी है यह उसकी राजनीति पर आधारित होता है और अर्थव्यवस्था प्रभावित करने वाले आयाम यद्यपि राजनीति को प्रभावित नहीं करते फिर भी कहीं-न-कहीं उसका प्रभाव दिख जाता है।" इस लम्बे संयुक्त वाक्य में मिश्र वाक्यों का संयोजक 'और' है।

अर्थ की दृष्टि से वाक्य के भेद

(i) विधिवाचक (ii) निषेधवाचक (iii) आज्ञावाचक (iv) प्रश्नवाचक (v) विस्मयवाचक (vi) सन्देहवाचक (vii) इच्छावाचक तथा (viii) संकेतवाचक।

(i) विधिवाचक वाक्य से किसी बात के होने का बोध होता है; **जैसे**
सरल वाक्य उसने खा लिया है। राम सो चुका है।
मिश्र वाक्य मैं खाना खा चुका, तब वह आया। राम सो चुका था, तब सीता आई।
संयुक्त वाक्य अंग्रेज भाग गए और भारत आजाद हुआ।

(ii) निषेधवाचक वाक्य 'राम नहीं सो सका', से किसी बात के न होने का बोध होता है;
जैसे सरल वाक्य उसने खाना नहीं खाया।
मिश्र वाक्य मैं खाना नहीं खा रहा, जब तक वह नहीं आता। राम तब तक नहीं सो सकता, जब तक सीता नहीं आती।
संयुक्त वाक्य भारत आजाद नहीं हुआ था और अंग्रेज जाने लगे।

(iii) आज्ञावाचक वाक्य से आज्ञा का बोध होता है;
जैसे तुम इधर आओ।
राम सोने जाओ।

(iv) जिस वाक्य से प्रश्न किए जाने का बोध हो तो वह वाक्य प्रश्नवाचक वाक्य कहलाता है;
जैसे क्या उसने खाना खाया?
तुम कहाँ जा रहे हो?

(v) विस्मयवाचक वाक्य से आश्चर्य, दु:ख या सुख का बोध होता है; **जैसे**
अरे, वह आ रहा है। देखो, उसने कमाल कर दिया।

(vi) सन्देहवाचक वाक्य से किसी बात का सन्देह प्रकट होता है;
जैसे उसने खा लिया होगा। वह आज जाएगा।

(vii) किसी वाक्य से इच्छा या शुभेच्छा का बोध हो तो ऐसे वाक्य को इच्छावाचक वाक्य कहा जाता है;
जैसे उसकी सफलता निश्चित है।
तुम अच्छी तरह पढ़ो, सफल हो सकते हो।

(viii) संकेतवाचक वाक्य में एक वाक्य दूसरे की सम्भावना पर निर्भर होता है;
जैसे यदि उसे सफलता नहीं मिलती, तो वह टूट जाता।
यदि माँ लौटकर नहीं आती, तो बच्चा रोता ही रहता।

वाक्य परिवर्तन

किसी वाक्य को दूसरे वाक्य के रूप में, बिना अर्थ परिवर्तन वाक्य के रूप-परिवर्तन की प्रक्रिया को 'वाक्य परिवर्तन' कहते हैं। सरल वाक्य को मिश्र वाक्य या संयुक्त वाक्य में बदला जा सकता है लेकिन 'वाक्य परिवर्तन' के दौरान इस बात को ध्यान में रखना अनिवार्य होता है कि वाक्य के अर्थ में परिवर्तन नहीं हो।

सरल वाक्य से मिश्र वाक्य बनाना

सरल वाक्य	मिश्र वाक्य
राम ने मोहन की गाड़ी खरीदी।	*राम ने उस गाड़ी को खरीदा, जो मोहन की थी।*
श्याम ने स्वयं को निरपराध बताया।	*श्याम ने बताया कि वह निरपराध है।*
अच्छा खिलाड़ी अच्छा खेलता है।	*अच्छा खिलाड़ी वही है, जो अच्छा खेलता है।*
परिश्रमी व्यक्ति का सम्मान होता है।	*जो व्यक्ति परिश्रमी होता है, उसका सभी सम्मान करते हैं।*
धूम्रपान स्वास्थ्य के लिए हानिकारक है।	*धूम्रपान अच्छा नहीं है क्योंकि यह स्वास्थ्य के लिए हानिकारक है।*
उसने मेरी कलम चुरा ली।	*उसने एक कलम चोरी की, जो मेरी थी।*

सरल वाक्य से संयुक्त वाक्य बनाना

सरल वाक्य	संयुक्त वाक्य
सूर्योदय होने पर धूप खिल जाती है।	*सूर्योदय होता है और धूप खिल जाती है।*
अस्वस्थ होने पर व्यक्ति शिथिल हो जाता है।	*व्यक्ति शिथिल हो जाता है, अस्वस्थता के कारण ऐसा होता है।*
व्यापारियों को लूट कर उनकी हत्या कर दी गई।	*व्यापारियों को लूटा गया और उनकी हत्या भी कर दी गई।*
बीमार रहने के कारण वह परीक्षा में भाग नहीं ले सका।	*वह परीक्षा में भाग नहीं ले सका क्योंकि वह बीमार था। या वह बीमार था और इसी कारण परीक्षा में भाग नहीं ले सका।*

मिश्र वाक्य से सरल वाक्य बनाना

मिश्र वाक्य	सरल वाक्य
उसने कहा कि मैं दोषी हूँ।	*उसने अपना दोष मान लिया।*
जो छात्र परिश्रम करेंगे, उन्हें सफलता मिलेगी।	*परिश्रमी छात्रों को अवश्य सफलता मिलती है।*
जो व्यक्ति दूध पीते हैं, वे ताकतवर होते हैं।	*दूध पीने वाले ताकतवर होते हैं।*
किसी पर आरोप लगाना, जिसका आधार नहीं हो, अनुचित है।	*किसी पर निराधार आरोप लगाना अनुचित है।*
जो लेखक लोकप्रिय होते हैं, उनका सभी लोग आदर करते हैं।	*लोकप्रिय लेखक का सभी आदर करते हैं।*

सामान्य वाक्य से प्रश्नवाचक वाक्य बनाना

सामान्य वाक्य	प्रश्नवाचक वाक्य
वह मुझसे बड़ा है।	*क्या वह मुझसे बड़ा है?*
वह आदमी मूर्ख है।	*क्या वह आदमी मूर्ख नहीं है?*
विद्या सबसे बड़ा धन है।	*क्या विद्या सबसे बड़ा धन नहीं है?*
तुम सीता को पढ़ाते हो।	*क्या तुम सीता को पढ़ाते हो?*
प्याज अनाज से महँगा है।	*क्या प्याज अनाज से महँगा है?*

वाक्य प्रयोग सम्बन्धी कुछ अशुद्धियाँ

अशुद्ध	शुद्ध
तुम्हारा सभी काम बेकार होता है।	*तुम्हारा सब काम बेकार होता है।*
तुम पर कोई का जोर नहीं है।	*तुम पर किसी का जोर नहीं है।*
रमेश तथा सरिता सिनेमा गए हैं।	*रमेश और सरिता सिनेमा गए हैं।*
सचिन टेनिस और फुटबॉल अच्छा खेलता है।	*सचिन टेनिस तथा फुटबॉल अच्छा खेलता है।*
दस बजा है।	*दस बजे हैं।*
दौड़ में वह मेरे बाद था।	*दौड़ में वह मेरे पीछे था।*
हमें चलना चाहिये।	*हमें चलना चाहिए।*
मेरे लिये क्या आदेश है?	*मेरे लिए क्या आदेश है?*

अभ्यास प्रश्न

1. 'सभा में आये हुए सभी लोग बैठ गए।' इस वाक्य में 'सभा में आये हुए सभी लोग' क्या है?
(a) पद (b) पदबन्ध
(c) उपवाक्य (d) सामासिक पद

2. निम्नलिखित में कौन-सा शुद्ध वाक्य है?
(a) यह कविता भाव को प्रकट करती है।
(b) यह भाव कविता से प्रकट होता है।
(c) इस कविता से यह भाव प्रकट होता है।
(d) कविता से यह भाव प्रकट होता है।

3. 'धर्मशाला यात्रियों के ठहरने का स्थान होता है।' इस वाक्य में 'धर्मशाला' क्या है?
(a) उपवाक्य (b) पदबन्ध
(c) सामासिक पद (d) पद

4. 'मैं इस महीने के अन्त तक घर जाने वाला हूँ।' इस वाक्य में 'इस महीने के अन्त तक' क्या है?
(a) पदबन्ध (b) सामासिक पद
(c) पद (d) उपवाक्य

5. 'वह, जो अभी आया था, मेरा भाई है।' इस वाक्य में 'जो अभी आया था' क्या है?
(a) पदबन्ध (b) समस्त पद
(c) पद (d) उपवाक्य

6. 'कृपया यहाँ से जाएँ' कैसा वाक्य है?
(a) प्रश्नसूचक वाक्य (b) अनुरोध वाचक
(c) आज्ञार्थक वाक्य (d) निषेधात्मक वाक्य

7. 'परीक्षा में चोरी मत करो।' कैसा वाक्य है?
(a) निषेधवाचक (b) प्रश्नबोधक
(c) अनुरोधवाचक (d) अवधारण बोधक

8. 'बिजली चमकती है।' किस प्रकार का वाक्य है?
(a) सरल वाक्य (b) मिश्र वाक्य
(c) संयुक्त वाक्य (d) उपवाक्य

9. 'वह कौन-सा मनुष्य है, जिसने महाप्रतापी राजा चौहान का नाम नहीं सुना हो।' यह कैसा वाक्य है?
(a) सरल वाक्य (b) मिश्र वाक्य
(c) संयुक्त वाक्य (d) विस्मयादिबोधक

10. 'अमर ने कहा कि मैं घर जाऊँगा।' इस वाक्य में 'मैं घर जाऊँगा।' निम्न में से क्या है?
(a) संज्ञा उपवाक्य
(b) क्रिया-विशेषण उपवाक्य
(c) संज्ञा पदबन्ध
(d) क्रिया-विशेषण पदबन्ध

11. 'जब लता गाती है, तब सभी श्रोता शान्त हो जाते हैं।' इस वाक्य में 'जब लता गाती है' क्या है?
(a) संज्ञा उपवाक्य
(b) क्रिया-विशेषण उपवाक्य
(c) संज्ञा पदबन्ध
(d) क्रिया-विशेषण पदबन्ध

12. 'वह बाजार से होकर आयेगा।' इस वाक्य में 'बाजार से होकर' क्या है?
(a) संज्ञा पदबन्ध
(b) क्रिया-विशेषण पदबन्ध
(c) सर्वनाम पदबन्ध
(d) विशेषण पदबन्ध

13. 'भारत के राष्ट्रपति कार्यपालिका के प्रधान होते हैं।' इस वाक्य में 'भारत के राष्ट्रपति' क्या है?
(a) संज्ञा पदबन्ध (b) विशेषण पदबन्ध
(c) सर्वनाम पदबन्ध (d) क्रिया पदबन्ध

14. 'क्या तुम जानते हो कि सुमन कब आयी?' यह कैसा वाक्य है?
(a) सरल वाक्य (b) मिश्र वाक्य
(c) संयुक्त वाक्य (d) उपवाक्य

15. 'ईश्वर तुम्हें दीर्घायु करें।' यह किस प्रकार का वाक्य है?
(a) इच्छाबोधक (b) संकेतवाचक
(c) सन्देहवाचक (d) निषेधवाचक

16. 'वह बड़ा लालची था, इसलिए उसकी ऐसी दुर्दशा हुई है।' यह कैसा वाक्य है?
(a) सरल वाक्य (b) मिश्र वाक्य
(c) संयुक्त वाक्य (d) सन्देहवाचक वाक्य

17. रचना के अनुसार कौन-सा वाक्य का भेद नहीं है?
(a) सरल वाक्य (b) संयुक्त वाक्य
(c) मिश्र वाक्य (d) पदबन्ध

18. 'उसने कहा कि मैं निर्दोष हूँ।' इस वाक्य को सरल वाक्य में बदलें
(a) उसने कहा कि मैं दोषी नहीं हूँ।
(b) उसका कहना है कि वह निर्दोष है।
(c) सब कहते हैं कि वह निर्दोष है।
(d) उसने अपने आपको निर्दोष बताया।

19. 'तुम्हें अब क्या करना है ?' यह किस प्रकार का वाक्य है?
(a) प्रश्नवाचक (b) सन्देहवाचक
(c) कर्मवाच्य (d) निषेधवाचक

20. 'बच्चों ने खाना खाया और विद्यालय चले गए।' यह कैसा वाक्य है?
(a) सरल वाक्य (b) संयुक्त वाक्य
(c) मिश्र वाक्य (d) उपवाक्य

21. 'मैं एक आदमी से मिला, जो दो फुट का था।' यह कैसा वाक्य है?
(a) सरल वाक्य (b) संयुक्त वाक्य
(c) मिश्र वाक्य (d) इनमें से कोई नहीं

22. 'सच बोलने वालों को सभी प्यार करते हैं।' यह कैसा वाक्य है?
(a) सरल वाक्य (b) संयुक्त वाक्य
(c) मिश्र वाक्य (d) उपवाक्य

23. 'मेरे स्टेशन पहुँचने से पहले ही गाड़ी आ गई थी।' यह किस प्रकार का वाक्य है?
(a) सरल वाक्य (b) संयुक्त वाक्य
(c) मिश्र वाक्य (d) निषेधवाचक वाक्य

24. 'कल वर्षा हो रही थी, इसलिए मेरे कपड़े नहीं सूख पाये।' यह किस प्रकार का वाक्य है?
(a) सरल वाक्य (b) मिश्र वाक्य
(c) संयुक्त वाक्य (d) निषेधात्मक वाक्य

25. 'सरिता विद्यालय जाती होगी।' यह किस प्रकार का वाक्य है?
(a) सन्देहवाचक (b) विधानवाचक
(c) प्रश्नवाचक (d) संकेतवाचक

26. 'तुम बाहर मत निकलो।' यह किस प्रकार का वाक्य है?
(a) आज्ञार्थक (b) प्रश्नवाचक
(c) विधिवाचक (d) इच्छाबोधक

27. 'क्या सुन्दर फूल है।' यह किस प्रकार का वाक्य है
(a) आज्ञावाचक (b) विस्मयवाचक
(c) विधानवाचक (d) संकेतवाचक

28. 'गीता आ जाती तो रागिनी चली जाती। यह किस प्रकार का वाक्य है?
(a) निषेधवाचक (b) संकेतवाचक
(c) विधानवाचक (d) आज्ञावाचक

29. निम्नलिखित में से कौन-सा सरल वाक्य है?
(a) राम मुम्बई गया और निर्देशक बन गया।
(b) मैंने एक हाथी को देखा, जो ट्रैक्टर से जा रहा था।
(c) मैं जा रहा था और वह मेरे घर आ रहा था।
(d) मैं पुस्तक खरीदने बाजार गया।

30. 'आज वह आ सकता है।' यह कैसा वाक्य है?
(a) इच्छावाचक (b) सन्देहवाचक
(c) विधानवाचक (d) विस्मयबोधक

31. 'तुम उसे पत्र लिखो।' यह कैसा वाक्य है?
(a) आज्ञावाचक (b) प्रश्नवाचक
(c) संकेतवाचक (d) निषेधवाचक

32. 'ईश्वर, तुम्हें सुखी रखे।' यह कैसा वाक्य है?
(a) संकेतवाचक (b) इच्छाबोधक
(c) विस्मयबोधक (d) आज्ञावाचक

33. 'वह इस समय आता होगा।' यह किस प्रकार का वाक्य है?
(a) सन्देहवाचक (b) आज्ञावाचक
(c) संकेतवाचक (d) इच्छाबोधक

34. निम्नलिखित वाक्यों में कौन-सा सरल वाक्य का उदाहरण है?
(a) सूरज उगा और कुहासा फट गया
(b) सूर्य उदय होते ही, अन्धेरा समाप्त हुआ
(c) बीमारी के कारण राम नहीं आयेगा
(d) जब संकट आ जाए, तब घबराना नहीं चाहिए

35. 'वह मुझसे बड़ा है।' यह कैसा वाक्य है?
(a) विधिवाचक (b) निषेधवाचक
(c) संकेतवाचक (d) सन्देहवाचक

36. 'मैं उससे बड़ा नहीं हूँ।' यह कैसा वाक्य है?
(a) विधिवाचक (b) निषेधवाचक
(c) संकेतवाचक (d) संदेहवाचक

37. 'उसने खा लिया होगा।' यह कैसा वाक्य है?
(a) संकेतवाचक (b) निषेधवाचक
(c) संदेहवाचक (d) विस्मयादिबोधक

38. 'मैंने खाना नहीं खाया।' यह किस प्रकार का वाक्य है?
(a) सन्देहवाचक (b) निषेधवाचक
(c) संकेतवाचक (d) विस्मयादिबोधक

39. निम्नलिखित में कौन मिश्र वाक्य का उदाहरण है?
(a) अध्यापक देखते हैं कि छात्र पढ़ते हैं।
(b) अध्यापकों के सम्मुख छात्र पढ़ते हैं।
(c) छात्र पढ़ते हैं और अध्यापक उन्हें देखते हैं।
(d) क्या अध्यापकों के सम्मुख छात्र पढ़ते हैं?

40. 'मेरी आँखों के सामने था अथाह सागर और उसमें शनैः-शनैः डूबता हुआ सूर्य।' इस वाक्य में 'डूबता हुआ सूर्य' क्या है?
(a) उपवाक्य (b) सामासिक पद
(c) पदबन्ध (d) पद

41. 'क्या तुमने रोटी खायी ?'. किस प्रकार का वाक्य है?
(a) प्रश्नवाचक (b) आज्ञावाचक
(c) सन्देहवाचक (d) संकेतवाचक

42. 'मोहन ने कहा कि मैं खेलूँगा।' इस वाक्य में 'कि मैं खेलूँगा' क्या है?
(a) पदबन्ध (b) सरल वाक्य
(c) उपवाक्य (d) पद

43. 'वह आदमी, जो कल आया था, आज भी आया है।' इस वाक्य में 'जो कल आया था।' क्या है?
(a) विशेषण उपवाक्य
(b) क्रिया-विशेषण उपवाक्य
(c) पदबन्ध
(d) पद

44. 'रात को पहरा देने वाला, पैसे लेने आया था।' इस वाक्य में 'रात को पहरा देने वाला' क्या है?
(a) संज्ञा पदबन्ध (b) विशेषण पदबन्ध
(c) उपवाक्य (d) पद

45. 'यदि तुम जाओगे, तो मैं भी जाऊँगा।' यह किस प्रकार का वाक्य है?
(a) संकेतवाचक (b) सन्देहवाचक
(c) आज्ञाबोधक (d) प्रश्नवाचक

46. 'लोकप्रिय नेता सम्मानित होता है।' किस प्रकार का वाक्य है?
(a) सरल वाक्य
(b) संयुक्त वाक्य
(c) मिश्र वाक्य
(d) संकेतवाचक वाक्य

47. 'मेरे खाने के बाद वह आया।' इस सरल वाक्य का सही मिश्र वाक्य क्या होगा?
(a) मैं खाना खा चुका, तब वह आया।
(b) वह मेरे खाने पर आया।
(c) वह आया तब तक मैं खा चुका था।
(d) मेरे खाने की क्रिया के बाद उनके आने की क्रिया हुई।

48. अर्थ के अनुसार वाक्य के कितने भेद होते हैं?
(a) चार (b) तीन (c) आठ (d) पाँच

49. वाक्य-परिवर्तन है
(a) अर्थ परिवर्तन के साथ वाक्य में परिवर्तन
(b) बिना अर्थ बदले वाक्य में परिवर्तन
(c) अर्थ परिवर्तन, लेकिन वाक्य में परिवर्तन नहीं
(d) उपरोक्त में से कोई नहीं

50. लिंग, वचन, पुरुष तथा काल के अनुसार वाक्य के विभिन्न पदों का एक-दूसरे से सम्बन्ध क्या कहलाता है?
(a) क्रम (b) पदक्रम
(c) अन्वय (d) प्रयोग

51. 'शायद वह दिल्ली जायेगा।' यह किस प्रकार का वाक्य है?
(a) संकेतवाचक (b) संदेहवाचक
(c) प्रश्नवाचक (d) आज्ञाबोधक

52. 'तुम खाओ।' किस प्रकार का वाक्य है?
(a) निषेधवाचक (b) प्रश्नवाचक
(c) आज्ञावाचक (d) इच्छावाचक

53. 'यदि वर्षा न होती तो नदियाँ सूख जातीं।' किस प्रकार का वाक्य है?
(a) संदेहवाचक (b) संकेतवाचक
(c) विस्मयबोधक (d) विधिवाचक

उत्तरमाला

1. (b)	**2.** (c)	**3.** (c)	**4.** (a)	**5.** (d)	**6.** (b)	**7.** (a)	**8.** (a)	**9.** (b)	**10.** (a)
11. (b)	**12.** (b)	**13.** (a)	**14.** (b)	**15.** (a)	**16.** (c)	**17.** (d)	**18.** (d)	**19.** (a)	**20.** (b)
21. (c)	**22.** (a)	**23.** (a)	**24.** (b)	**25.** (a)	**26.** (a)	**27.** (b)	**28.** (c)	**29.** (d)	**30.** (b)
31. (a)	**32.** (b)	**33.** (a)	**34.** (c)	**35.** (a)	**36.** (b)	**37.** (c)	**38.** (b)	**39.** (a)	**40.** (a)
41. (a)	**42.** (c)	**43.** (a)	**44.** (a)	**45.** (a)	**46.** (a)	**47.** (a)	**48.** (c)	**49.** (b)	**50.** (c)
51. (b)	**52.** (c)	**53.** (b)							

अध्याय

18 शब्दों में सामान्य अशुद्धियाँ

देवनागरी लिपि एक वैज्ञानिक लिपि है। इसमें वर्तनी तथा मात्रा को याद करने की जरूरत नहीं होती। यहाँ उच्चारण के आधार पर ही किसी वर्ण, अक्षर या शब्द को लिखा जाता है। यदि उच्चारण सही हो तो शब्द की वर्तनी में कोई गलती नहीं होती। किसी शब्द के उच्चारण में कम समय लगता है तो उसे 'ह्रस्व' तथा अधिक समय लगने पर 'दीर्घ' कहा तथा उसी आधार पर लिखा जाता है।

हिन्दी लिखते समय मात्रा सम्बन्धी अशुद्धियों का मुख्य कारण गलत अथवा अशुद्ध उच्चारण होता है। इस दोष के कारण लेखन में भी अशुद्धियाँ सामने आती हैं।

1. 'आ' की मात्रा लगाने के बाद उसका उच्चारण ह्रस्व की तरह करने पर गलती सामने आती है; **जैसे** व्यावहारिक के बदले व्यवहारिक (अशुद्ध) का उच्चारण, सामाजिक के बदले समाजिक (अशुद्ध) का उच्चारण। कई बार 'अ' का उच्चारण 'आ' की तरह करने से भी लेखन में अशुद्धियाँ सामने आती हैं; **जैसे** अधीन के बदले आधीन (अशुद्ध) का उच्चारण, लगान के बदले लागान (अशुद्ध) का उच्चारण।
2. 'इ' तथा 'ई' की मात्रा क्रमशः 'ि' तथा 'ी' लगती हैं। इ (ि) ह्रस्व तथा ई (ी) दीर्घ उच्चारण तथा लेखन के रूप में सामने आता है किन्तु उच्चारण की गलती से शब्द के अशुद्ध होने की प्रक्रिया सामने आती है; **जैसे** अभिनेता की जगह अभीनेता (अशुद्ध) का उच्चारण, सूचीपत्र की जगह सूचिपत्र (अशुद्ध) का उच्चारण। कहीं-कहीं 'इ' की मात्रा का अनावश्यक उच्चारण शब्द की अशुद्धि का कारण बनता है; **जैसे** कवयित्री के बदले कवियित्री (अशुद्ध) का उच्चारण, छिपकली के बदले छिपकिली (अशुद्ध) का उच्चारण।
3. उ (ह्रस्व) तथा ऊ (दीर्घ) मात्राओं को लगाते समय गलतियाँ सामने आती हैं। कहीं-कहीं 'ऊ' की जगह 'उ' का उच्चारण होने तथा 'उ' की जगह 'ऊ' के उच्चारण से शब्द की अशुद्धि सामने आती है; **जैसे** उँगली की जगह ऊँगली (अशुद्ध) का उच्चारण, रुपया की जगह रूपया (अशुद्ध) का उच्चारण। गुरु की जगह गुरू (अशुद्ध) का उच्चारण तथा रूप की जगह 'रुप' का उच्चारण प्रमुख अशुद्धियों के लिए उत्तरदायी हैं।
4. 'ए' तथा 'ऐ' की मात्रा की गलतियाँ हिन्दी में प्रायः देखी गई हैं। अशुद्ध उच्चारण के कारण 'ऐ' की मात्रा के बदले 'ए' की मात्रा का प्रयोग होता है तो कहीं अनावश्यक रूप से 'ए' की मात्रा के बदले 'ऐ' की मात्रा प्रयुक्त होती है; **जैसे** एक के बदले ऐक (अशुद्ध) का उच्चारण दैहिक के बदले देहिक (अशुद्ध) का उच्चारण तथा दैविक के बदले देविक (अशुद्ध) का उच्चारण जैसी अशुद्धियाँ होती हैं।
5. दीर्घ ओ (औ) की जगह ह्रस्व ओ (औ) का प्रयोग अशुद्ध शब्दों का स्वरूप सामने लाता है। त्यौहार के बदले त्योहार, अलौकिक के बदले अलोकिक शब्द अशुद्ध रूप में आते हैं। कतिपय उच्चारणों में ह्रस्व 'ओ' के बदले दीर्घ 'औ' का प्रयोग होने से शब्द अशुद्ध रूप में सामने आता है; **जैसे** कोलाहल के बदले कौलाहल (अशुद्ध) प्रयोग।
6. अनुस्वार (ं) तथा अनुनासिकता (ँ) के प्रयोग में गलतियों से शब्द की अशुद्धि सामने आती है। अनुस्वार के बदले अनुनासिकता तथा अनुनासिकता के बदले अनुस्वार के प्रयोग से भी शब्दों की गलतियाँ सामने आती हैं; **जैसे** जाति-पाँति की जगह जाँति-पाति (अशुद्ध) का प्रयोग, दंत के बदले 'दँत' (अशुद्ध) का प्रयोग इत्यादि।

सामान्य अशुद्धियाँ तथा उनके शुद्ध रूप

अशुद्ध शब्द	शुद्ध शब्द	अशुद्ध शब्द	शुद्ध शब्द	अशुद्ध शब्द	शुद्ध शब्द	अशुद्ध शब्द	शुद्ध शब्द
अनाधिकार	*अनधिकार*	समुद्रिक	*सामुद्रिक*	कोतुहल	*कौतूहल*	शारिरिक	*शारीरिक*
अनुकुल	*अनुकूल*	पुज्य	*पूज्य*	निरिह	*निरीह*	श्रीमति	*श्रीमती*
अध्यन	*अध्ययन*	व्रज	*वज्र*	द्वारिका	*द्वारका*	सौहार्द्र	*सौहार्द*
आधीन	*अधीन*	प्रनाम	*प्रणाम*	आजीवका	*आजीविका*	हिन्दु	*हिन्दू*
अकांक्षा	*आकांक्षा*	परिक्षा	*परीक्षा*	उँचाई	*ऊँचाई*	स्थाई	*स्थायी*
उज्वल	*उज्ज्वल*	भगीरथी	*भागीरथी*	कवियित्री	*कवयित्री*	स्थायीत्व	*स्थायित्व*
उपलक्ष	*उपलक्ष्य*	मुमुर्षू	*मुमूर्षु*	ज्योतस्ना	*ज्योत्सना*	श्रृंगार	*शृंगार*
कियारी	*क्यारी*	वाहनी	*वाहिनी*	निरपराधी	*निरपराध*	असहनीय	*असह्य*
घनिष्ट	*घनिष्ठ*	वाल्मिकी	*वाल्मीकि*	निर्दयी	*निर्दय*	त्रिवार्षिक	*त्रैवार्षिक*
कार्यकर्म	*कार्यक्रम*	महात्म	*महात्म्य*	अधगति	*अधोगति*	आंख	*आँख*

अशुद्ध शब्द	शुद्ध शब्द	अशुद्ध शब्द	शुद्ध शब्द	अशुद्ध शब्द	शुद्ध शब्द	अशुद्ध शब्द	शुद्ध शब्द
अत्याधिक	*अत्यधिक*	कांच	*काँच*	एकलौता	*इकलौता*	निरस	*नीरस*
अत्योक्ति	*अत्युक्ति*	गूंगा	*गूँगा*	पक्षीगण	*पक्षिगण*	निरोग	*नीरोग*
मनयोग	*मनोयोग*	दांत	*दाँत*	निर्दोषी	*निर्दोष*	सप्ताहिक	*साप्ताहिक*
सन्मुख	*सम्मुख*	महंगा	*महँगा*	सन्यास	*संन्यास*	दारिद्रता	*दरिद्रता*
हस्ताक्षेप	*हस्तक्षेप*	मुंह	*मुँह*	संसारिक	*सांसारिक*	दाइत्व	*दायित्व*
यशलाभ	*यशोलाभ*	ऊंचा	*ऊँचा*				

अभ्यास प्रश्न

1. शुद्ध वर्तनी वाला शब्द छाँटिए। **[UP बी.एड. 2014]**
(a) पौराणिक (b) पुराणिक
(c) पूराणिक (d) पौरेणिक

2. निम्नलिखित में से किस शब्द की वर्तनी सही है? **[UP बी.एड. 2014]**
(a) अन्तराष्ट्रीय (b) अन्तर्राष्ट्रीय
(c) अन्तेराष्ट्रीय (d) अर्न्तराष्ट्रीय

3. इनमें से कौन-सा शब्द शुद्ध है? **[UP बी.एड. 2014]**
(a) अन्तनिहित
(b) अर्न्तनिहित
(c) अन्तर्निहित
(d) आन्तर्निहित

4. इनमें से कौन-सा शब्द शुद्ध वर्तनी वाला है? **[UP बी.एड. 2013]**
(a) पारगम्य (b) पारागमय
(c) पारोगम्य (d) पारिगम्य

निर्देश (प्र.सं. 5-7) *निम्न प्रश्नों में चार शब्दों के समूह दिए गए हैं। प्रत्येक समूह में एक शब्द की वर्तनी ठीक प्रकार से दी गई है। ठीक वर्तनी वाले शब्द का पता लगाइए।* **[UP बी.एड. 2012]**

5. (a) व्यवाहारिक (b) व्यवहारीक
(c) व्यावहारिक (d) व्यावहारीक

6. (a) उत्ज्वल (b) उजज्वल
(c) उद्ज्वल (d) उज्ज्वल

7. (a) उपरिउक्त (b) उपरोक्त
(c) उर्पयुक्त (d) उपरियोक्त

8. शुद्ध वर्तनी छाँटिए। **[UP बी.एड. 2011]**
(a) अनुगृहीत (b) अनुग्रहीत
(c) अनूगृहित (d) अनुग्रहति

9. 'उज्वल' शब्द का शुद्ध रूप है **[UP बी.एड. 2010]**
(a) उज्जव (b) उज्जल
(c) उज्ज्वल (d) उजवल

10. 'पदर्शनी' शब्द का शुद्ध रूप है **[UP बी.एड. 2010]**
(a) पदरशनी (b) प्रर्दशनी
(c) प्रदशनी (d) प्रदर्शनी

11. निम्न में से कौन-सा शब्द शुद्ध है? **[UP बी.एड. 2010]**
(a) अयोजित (b) आयोजीत
(c) आयोजित (d) अयोजीत

12. निम्न में से कौन-सा शब्द शुद्ध है?
(a) अत्याधिक (b) अत्यधिक
(c) अतिअधिक (d) अत्युधिक

13. निम्न में से कौन-सा शब्द शुद्ध है?
(a) नुपूर (b) नूपुर
(c) नुपुर (d) नूपूर

14. निम्नलिखित में से कौन-सा शब्द शुद्ध है?
(a) वाहिनी (b) वाहनी
(c) वहिनी (d) वाहीनी

15. निम्नलिखित शब्दों में से कौन-सा शब्द शुद्ध है?
(a) अनधिकार (b) मैथली
(c) वाहनी (d) कवियित्री

16. निम्न में से कौन-सा शब्द शुद्ध है?
(a) परिस्थिति (b) परिस्थिती
(c) परस्थिति (d) परस्थिती

17. निम्न में से कौन-सा शब्द शुद्ध है?
(a) अभीयोग (b) अभियोग
(c) अभ्योग (d) अभयोग

18. निम्नलिखित शब्दों में से कौन-सा शब्द शुद्ध है?
(a) द्वितीय (b) द्वीज
(c) पत्रावलि (d) वापिस

19. निम्न में से शुद्ध शब्द है
(a) सशोधन (b) संशोधन
(c) संशेधन (d) शंशोधन

20. निम्न में से कौन-सा शब्द शुद्ध है?
(a) प्रत्योत्तर (b) प्रत्युत्तर
(c) प्रत्यूत्तर (d) प्रत्यौतेर

21. निम्न में कौन-सा शब्द शुद्ध है?
(a) अभ्यर्थना
(b) आभ्यार्थन
(c) अभियर्थना
(d) अभ्यार्थना

22. शुद्ध शब्द को छाँटिए
(a) समयोजन (b) समायोजन
(c) सामायोजन (d) समुयोजन

23. शुद्ध शब्द कौन-सा है?
(a) प्रतिस्पर्द्धा (b) प्रतिर्स्पद्धा
(c) प्रतिस्पद्धा (d) प्रतिस्पर्दा

24. निम्न में से कौन-सा शब्द शुद्ध है?
(a) तत्कालीन (b) तात्कालीन
(c) तात्कालिन (d) ततकालीन

25. निम्न में कौन-सा शब्द शुद्ध है?
(a) ज्योतिमय (b) ज्योर्तिमय
(c) ज्योतिर्मय (d) ज्योतिमर्य

26. निम्न में कौन-सा शब्द शुद्ध है?
(a) निविघ्न (b) निर्विघ्न
(c) निर्वघ्न (d) निर्विघन

27. निम्न में से कौन-सा शब्द शुद्ध है?
(a) नीष्प्रभ (b) निष्प्रभ
(c) नि:प्रभ (d) नीष्यप्रभ

28. निम्न में से कौन-सा शब्द शुद्ध है?
(a) सामुदायिक (b) समुदायिक
(c) समूदायिक (d) सामूदायिक

29. निम्नलिखित में कौन-सा शब्द शुद्ध है?
(a) अतिशयोक्ति
(b) अतिश्योक्ति
(c) अतशयोक्ति
(d) अत्यश्योक्ति

30. निम्न में से कौन-सा शब्द शुद्ध है?
(a) प्रदर्शिनी (b) प्रर्दशनी
(c) प्रदर्शनी (d) प्रदशर्नी

31. निम्न में कौन-सा शब्द शुद्ध है?
(a) प्रत्यावतन (b) प्रत्यावर्तन
(c) प्रतिवर्त्रन (d) प्रत्युवर्त्तन

32. निम्नलिखित में कौन-सा शब्द शुद्ध है?
(a) हठधर्मिता (b) हठाधर्मिता
(c) हठोधर्मिता (d) हर्ठधमिता

33. निम्न में से कौन-सा शब्द शुद्ध है?
(a) सहानुभूति (b) सहानभूति
(c) सहानभुति (d) सहानभूत

34. निम्न शब्दों में कौन-सा शुद्ध शब्द है?
(a) संसारिक (b) सांसरिक
(c) सांसारिक (d) संसरिक

35. शुद्ध शब्द कौन-सा है?
(a) स्निग्ध (b) सिनग्ध
(c) सीनग्ध (d) स्निगध

36. निम्न में कौन-सा शुद्ध शब्द है?
(a) निशार (b) निस्सार
(c) नीस्सार (d) नीसार

37. निम्नलिखित शब्दों में कौन-सा शब्द शुद्ध है?
(a) निषकाम (b) निश्काम
(c) निष्काम (d) निस्काम

38. निम्न में कौन-सा शब्द शुद्ध है?
(a) प्रशस्त
(b) प्रशसत
(c) प्रसस्त
(d) प्रशेस्त

39. कौन-सा शब्द शुद्ध है?
(a) गत्यावरोध (b) गत्यावरूद्ध
(c) गतिवरोध (d) गत्युवरुद्ध

40. निम्न में से कौन-सा शब्द अशुद्ध है?
(a) सृजन (b) सौजन्य
(c) सम्प्रेषण (d) सारर्गभित

41. निम्न में कौन-सा शब्द अशुद्ध है?
(a) अनुग्रहीत (b) आमरण
(c) समर्थन (d) मनवाछित

42. निम्न में कौन-सा शब्द अशुद्ध है?
(a) सार्थक (b) निरुपाय
(c) जर्जरीत (d) पारगम्य

43. निम्न में कौन-सा शब्द शुद्ध है?
(a) प्रादुभाव (b) प्रादुर्भाव
(c) प्रदुर्भाव (d) प्रार्दुभाव

44. निम्न में से कौन-सा शब्द शुद्ध है?
(a) प्रस्फटन (b) प्रस्फुटन
(c) प्रसफुटन (d) प्रस्फटेन

45. निम्न में से कौन-सा शब्द शुद्ध है?
(a) प्रव्रज्या (b) प्रर्वज्या
(c) प्रव्रजया (d) प्रवैज्या

46. निम्न में से कौन-सा शब्द शुद्ध है?
(a) विभीषका (b) वीभिषिका
(c) विभीषिका (d) विभाषिका

47. निम्न में कौन-सा शब्द शुद्ध है?
(a) मृत्युजंय (b) मृत्युंजय
(c) मृंत्युजय (d) मृत्युंजेय

48. निम्नलिखित में कौन-सा शब्द शुद्ध है?
(a) परीमाण (b) परिवाण
(c) परिमाण (d) परीमान

49. निम्न में से कौन-सा शब्द शुद्ध है?
(a) भर्त्सना (b) भत्सना
(c) भर्तस्ना (d) भृत्सना

50. कौन-सा शब्द शुद्ध है?
(a) पुनजागरण (b) पुर्नजागरण
(c) पूनर्जागरण (d) पुनर्जागरण

51. निम्नलिखित शब्दों में कौन-सा अशुद्ध शब्द है?
(a) पुर्नविचार (b) अपकीर्ति
(c) निर्विघ्न (d) अनुदित

52. निम्नलिखित शब्दों में कौन-सा अशुद्ध शब्द है?
(a) उज्ज्वल (b) व्याकरण
(c) शताब्दि (d) कृतघ्न

53. निम्नलिखित शब्दों में कौन-सा अशुद्ध शब्द है?
(a) यथोचित (b) वात्सल्य
(c) प्रफुलित (d) वांछनीय

54. निम्नलिखित में कौन-सा शब्द 'अशुद्ध' है?
(a) प्रतिनिधि (b) पुनर्विचार
(c) व्यवसायिक (d) परिवर्तन

55. निम्नलिखित में कौन-सा शब्द अशुद्ध है?
(a) चरमोत्कर्ष (b) प्राक्कथन
(c) पारलौकिक (d) अतिश्योक्ति

56. निम्नलिखित में कौन-सा अशुद्ध शब्द है?
(a) निर्दिष्ट (b) प्रशस्त
(c) पुनरोत्थान (d) दुर्व्यवहार

57. निम्न में कौन-सा शुद्ध शब्द है?
(a) पूर्वाचल (b) पूर्वांचल
(c) पुर्वाचल (d) पुर्वांचल

58. निम्न में से कौन-सा शब्द शुद्ध है?
(a) नैर्सगिक (b) नैसर्गिक
(c) नैसृगिक (d) नेसर्गिक

उत्तरमाला

1. (a)	**2.** (b)	**3.** (c)	**4.** (a)	**5.** (c)	**6.** (d)	**7.** (b)	**8.** (a)	**9.** (c)	**10.** (d)
11. (c)	**12.** (b)	**13.** (b)	**14.** (a)	**15.** (a)	**16.** (a)	**17.** (b)	**18.** (a)	**19.** (b)	**20.** (b)
21. (a)	**22.** (b)	**23.** (a)	**24.** (a)	**25.** (c)	**26.** (b)	**27.** (b)	**28.** (a)	**29.** (a)	**30.** (c)
31. (b)	**32.** (a)	**33.** (a)	**34.** (c)	**35.** (a)	**36.** (b)	**37.** (c)	**38.** (a)	**39.** (a)	**40.** (d)
41. (d)	**42.** (c)	**43.** (b)	**44.** (b)	**45.** (a)	**46.** (c)	**47.** (b)	**48.** (c)	**49.** (a)	**50.** (d)
51. (a)	**52.** (c)	**53.** (c)	**54.** (c)	**55.** (d)	**56.** (c)	**57.** (b)	**58.** (b)		

अध्याय

19 वाक्यों में सामान्य अशुद्धियाँ

वाक्य का सम्पूर्ण सौन्दर्य पदों अथवा शब्दों के समुचित तथा व्यवस्थित प्रयोग पर आश्रित होता है। पदों अथवा शब्दों के स्वरूप और औचित्य पर ध्यान रखे बिना शिष्ट और सुन्दर वाक्यों का निर्माण सम्भव नहीं है। वाक्य प्रयोग में स्पष्टता और प्रयुक्त शब्दों में शैली सम्बन्धी शिष्टता होनी चाहिए। वाक्य में व्यर्थ शब्दों का प्रयोग नहीं होना चाहिए।

प्रत्येक, किसी, कोई का प्रयोग हमेशा एकवचन में होता है। 'कोई' तथा 'किसी' के साथ 'भी' का प्रयोग अनावश्यक होता है;

जैसे प्रत्येक मनुष्य समाज में रहता है। मृत्यु पर किसी का वश नहीं चलता।

कर्त्ता यदि व्यक्तिवाचक संज्ञा हो तो कर्त्ता के लिंग तथा वचन के अनुसार क्रिया के लिंग और वचन निर्धारित होते हैं;

जैसे रमेश का ज्ञान ही उसकी पूँजी था।

वाक्यों में गया, गये, गयी, हुआ, हुए, हुई, चाहिए का प्रयोग शुद्ध होता है।

वाक्यों की सामान्य अशुद्धियाँ तथा उनके शुद्ध रूप

अशुद्ध	शुद्ध	अशुद्ध	शुद्ध
श्रीकृष्ण के अनेकों नाम हैं।	*श्रीकृष्ण के अनेक नाम हैं।*	सब लोगों को चलना चाहिए।	*सभी लोगों को चलना चाहिए।*
बाघ और बकरी एक घाट पानी पीती है।	*बाघ और बकरी एक घाट पर पानी पीते हैं।*	राम से मोहन का झगड़ा हुआ।	*राम का मोहन से झगड़ा हुआ है।*
कई रेलवे के कर्मचारियों ने धरना दिया।	*कई रेलवे कर्मचारियों ने धरना दिया।*	पहले कलकत्ता भारत की राजधानी थी।	*पहले कलकत्ता भारत की राजधानी था।*
सीता भात खायी।	*सीता ने भात खाया।*	गंगा का पानी पवित्र होता है।	*गंगा का जल पवित्र होता है।*
मैंने इस पुस्तक को पढ़ी।	*मैंने इस पुस्तक को पढ़ा है।*	हमारा सम्पर्क अनेकों लोगों से है।	*हमारा सम्पर्क अनेक लोगों से है।*
वहाँ भारी-भरकम भीड़ जमा थी।	*वहाँ भारी भीड़ जमा थी।*	हमें ऐसा औलाद नहीं चाहिए।	*हमें ऐसी औलाद नहीं चाहिए।*
लड़का मिठाई लेकर भागता हुआ आया।	*लड़का मिठाई लेकर दौड़ता हुआ आया।*	कुत्ते को डण्डा से मत मारो।	*कुत्ते को डण्डे से मत मारो।*
मैं आपका दर्शन करने आया हूँ।	*मैं आपके दर्शन करने आया हूँ।*	आपके आशीर्वाद का आवश्यकता है।	*आपके आशीर्वाद की आवश्यकता है।*
तब शायद यह काम जरूर हो जायेगा।	*तब यह काम जरूर हो जायेगा।*	कल विद्यालय बन्द रहेगी।	*कल विद्यालय बन्द रहेगा।*
मेरे लिए ठण्डी बर्फ लाओ।	*मेरे लिए बर्फ लाओ।*	वह कुछ का कुछ लिख दिया है।	*उसने कुछ का कुछ लिख दिया है।*
हम तो अवश्य ही जाएँगे।	*हम अवश्य जाएँगे।*	पठित समाज में अन्धविश्वास नहीं है।	*शिक्षित समाज में अन्धविश्वास नहीं है।*
मुझको यह काम सम्भव नहीं हो सकता।	*मुझसे यह काम सम्भव नहीं है।*	वह जाना चाहता रहा था।	*वह जाना चाहता था।*
दो दिन की बदली के बाद आज सूरज निकला।	*दो दिनों की बदली के बाद आज सूरज निकला।*	यह कविता अनेक भावों को प्रकट करती है।	*यह कविता अनेक भाव प्रकट करती है।*
साहित्य और समाज में विभिन्न सम्बन्ध है।	*साहित्य और समाज में अभिन्न सम्बन्ध है।*	शब्द केवल संकेत मात्र है।	*शब्द केवल संकेत है।*
मेरा बात कोई नहीं सुनता।	*मेरी बात कोई नहीं सुनता।*	नदी में पानी अधिक भर गई है।	*नदी में पानी अधिक भर गया है।*
उसने जोर-जोर से रोने लगा।	*वह जोर-जोर से रोने लगा।*	किसी भी आदमी को भेज दो।	*किसी आदमी को भेज दो।*
अपने हाथ से स्वयं काम करो।	*अपना काम स्वयं करो।*	मेरा संताने सुख नहीं दे रहीं।	*मेरी संतानें सुख नहीं दे रहीं।*
आपका बाप-दादा अमीर था।	*आपके बाप-दादा अमीर थे।*	तारा निकल आया।	*तारे निकल आये।*
आपका सब काम गलत होता है।	*आपके सब काम गलत होते हैं।*	जनता के अन्दर असन्तोष है।	*जनता में असन्तोष है।*
इस कथा की क्या रहस्य है।	*इस कथा का क्या रहस्य है ?*	बाघ को देख उसका प्राण सूख गया।	*बाघ को देखते ही उसके प्राण सूख गये।*
प्रत्येक खिलाड़ियों को खेलना चाहिए।	*प्रत्येक खिलाड़ी को खेलना चाहिए।*	निरपराधी को दण्ड मिलना अनुचित है।	*निरपराध को दण्ड मिलना अनुचित है।*
		किसी भी आदमी को भेज दो।	*किसी आदमी को भेज दो।*
		कृपया कर यह आवेदन स्वीकार करें।	*कृपया यह आवेदन स्वीकार करें।*
		उसके आँख से आँसू बह रहा था।	*उसकी आँखों से आँसू बह रहे थे।*
		उसे मृत्युदण्ड की सजा होगी।	*उसे मृत्युदण्ड मिलेगा।*
		उनका बहुत भारी सम्मान हुआ।	*उनका बहुत सम्मान हुआ।*
		उसने घोड़ा को पानी पिलाया।	*उसने घोड़े को पानी पिलाया।*
		आवेदन पर आपका हस्ताक्षर नहीं है।	*आवेदन पर आपके हस्ताक्षर नहीं हैं।*
		ऊँची दूकान फीकी पकवान।	*ऊँची दुकान फीका पकवान।*

अभ्यास प्रश्न

निर्देश (प्र.सं. 1-4) *निम्नलिखित वाक्यों में से शुद्ध वाक्य को सही उत्तर के रूप में चुनें।* **[UP बी.एड. 2014]**

1. (a) तुलसी और सूर अवधी और ब्रजभाषा के श्रेष्ठ कवि हैं
(b) तुलसी और सूर क्रमशः अवधी और ब्रजभाषा के श्रेष्ठ कवि हैं
(c) तुलसी अवधी के श्रेष्ठ कवि हैं और ब्रजभाषा के सूर हैं
(d) तुलसी अवधी के श्रेष्ठ कवि हैं और सूर ब्रजभाषा के हैं

2. (a) स्वामी दयानन्द सरस्वती ने हिन्दी के द्वारा जनता को जगाया
(b) स्वामी दयानन्द सरस्वती ने हिन्दी द्वारा जनता को जगाया
(c) स्वामी दयानन्द सरस्वती हिन्दी द्वारा जनता को जगाए
(d) हिन्दी के द्वारा स्वामी दयानन्द सरस्वती ने जनता को जगाया

3. (a) उन्हें एक पुत्र है
(b) उनको एक पुत्र है
(c) उनका एक पुत्र है
(d) उनके एक पुत्र है

4. (a) पिछले सोमवार को स्कूल बन्द है
(b) पिछले सोमवार को स्कूल बन्द रहेगा
(c) पिछले सोमवार को स्कूल बन्द होना है
(d) पिछले सोमवार को स्कूल बन्द था

निर्देश (प्र.सं. 5 और 6) *निम्नलिखित प्रत्येक वाक्य के नीचे चार विकल्प दिए गए हैं, उनमें कोई एक विकल्प उक्त वाक्य का शुद्ध रूप है, उसका चयन कीजिए।* **[UP बी.एड. 2013]**

5. इस लड़की ने दही गिरा दी।
(a) इस लड़की ने दही गिरा दिया
(b) इस लड़की का दही गिरा दिया
(c) इस लड़की की दही गिरा दिया
(d) इस लड़की से दही गिरा दी

6. आँसू से आँचल भीग गई।
(a) आँसुओं से आँचल भीग गया
(b) आँसू से आँचल भीग गया
(c) आँसुओं से आँचल भीग गई
(d) आँसू से आँचलें भीग गई

निर्देश (प्र.सं. 7-9) *निम्नलिखित वाक्यों में से कुछ में त्रुटियाँ हैं और कुछ ठीक हैं। त्रुटि वाले वाक्य के जिस भाग में त्रुटि हो, उसके अनुरूप अक्षर* (a), (b), (c) *वाले विकल्प को चुनिए। यदि वाक्य में कोई त्रुटि न हो, तो विकल्प* (d) *चुनिए।* **[UP बी.एड. 2011]**

7. (a) शिक्षा का प्रसार इतना हो चुका है
(b) पर स्त्रियों के प्रति लोगों का दृष्टिकोण
(c) पूर्ववत-सा संकुचित है
(d) कोई त्रुटि नहीं

8. (a) भारतीय किसान आजीवन भर
(b) पूरी मेहनत करता है
(c) पर साहूकारों के चंगुल से नहीं निकल पाता
(d) कोई त्रुटि नहीं

9. (a) कृपया
(b) कुशल समाचार
(c) देने का अनुग्रह करें
(d) कोई त्रुटि नहीं

10. शुद्ध वाक्य चुनिए **[UP बी.एड. 2011]**
(a) माँ बच्चे को दूध धाय से पिला रही है
(b) माँ बच्चे को दूध धाय से पिलवा रही है
(c) माँ बच्चे को दूध धाय से पी रही है
(d) माँ बच्चे को दूध धाय से चखा रही है

11. शुद्ध वाक्य चुनिए **[UP बी.एड. 2011]**
(a) वेदों के छः अंग माने जाते हैं
(b) वेदों में छः अंग माने जाते हैं
(c) वेदों से छः अंग माने जाते हैं
(d) वेदों पर छः अंग माने जाते हैं

12. निम्नलिखित में शुद्ध वाक्य है **[UP बी.एड. 2011]**
(a) भक्तों की सेना जा रही थी
(b) भक्तों की मण्डली जा रही थी
(c) भक्तों की टुकड़ी जा रही थी
(d) भक्तों की भीड़ जा रही थी

13. निम्नलिखित वाक्यों में से शुद्ध वाक्य का चयन कीजिए। **[UP बी.एड. 2008]**
(a) विजय लिखती-लिखती सो गया
(b) विजय लिखता-लिखता सो गयी
(c) विजय लिखता-लिखता सो गए
(d) विजय लिखते-लिखते सो गया

14. निम्नलिखित वाक्यों में से शुद्ध वाक्य का चयन कीजिए। **[UP बी.एड. 2008]**
(a) बस नदी पर गिर पड़ी
(b) बस नदी पर में गिर पड़ी
(c) बस नदी में गिर पड़ा
(d) बस नदी में गिर पड़ी

निर्देश (प्र.सं. 15-37) *निम्नलिखित प्रत्येक वाक्य के नीचे चार विकल्प दिए गए हैं, उनमें कोई एक विकल्प उक्त वाक्य का शुद्ध रूप है, उसका चयन कीजिए।*

15. अपने हाथ से स्वयं काम करो।
(a) अपना काम स्वयं करो।
(b) अपने से अपना काम करो।
(c) स्वयं से काम करो।
(d) हाथ से अपना काम करो।

16. हमारे नाक में दम हो गयी है।
(a) हमारी नाक में दम हो गयी है।
(b) हमारे नाक में दम हो गया है।
(c) नाक में दम हो गयी है।
(d) हम को नाक में दम कर दिया है।

17. कमरा लोगों से लबालब भरा है।
(a) कमरा लोगों से ठसाठस भरा है।
(b) कमरे में लोग भरे हैं।
(c) कमरा लोगों से भरपूर है।
(d) कमरे में लोग लबालब हैं।

18. मेरे काला बकरी मीठा दूध देते हैं।
(a) मेरे काला बकरी मीठी दूध देती है।
(b) मेरी काली बकरी मीठा दूध देती है।
(c) मेरे काला बकरी मीठा दूध देते हैं।
(d) मेरे काली बकरी मीठी दूध देते हैं।

19. मैंने रोटी खाया।
(a) मैंने रोटी खायी।
(b) मैंने रोटी को खाया।
(c) मैं रोटी खाया।
(d) मैं रोटी खायी।

20. वहाँ भारी-भरकम भीड़ जमा थी।
(a) वहाँ भारी भीड़ जमा थी।
(b) वहाँ भरकम भीड़ जमा थी।
(c) वहाँ भीड़ भारी-भरकम थी।
(d) वहाँ की भीड़ भारी-भरकम थी।

21. यह पुस्तकें किसकी हैं ?
(a) ये पुस्तकें किसकी हैं?
(b) यह पुस्तक किसका है?
(c) ये पुस्तकें किसका है?
(d) यह पुस्तक किसके हैं?

22. इसके बाद वे वापस लौट आये।
(a) इसके बाद वे लौट आये।
(b) इसके बाद वह वापस लौट आये।
(c) इसके बाद वह लौट वापस आया।
(d) वह इसके बाद वापस लौटा।

23. इधर आजकल भ्रष्टाचार बहुत है।
(a) भ्रष्टाचार इधर आजकल बहुत है।
(b) आजकल भ्रष्टाचार इधर बहुत है।
(c) आजकल भ्रष्टाचार बहुत है।
(d) इधर आजकल बहुत भ्रष्टाचार है।

24. इसकी वास्तविक कारण क्या है?
(a) इसका वास्तविक कारण क्या है?
(b) इसमें वास्तविक कारण क्या है?
(c) इससे वास्तविक कारण क्या है?
(d) इसको वास्तविक कारण क्या है?

25. आभारी हम सदा रहेंगे।
(a) हम सदा आभारी रहेंगे।
(b) हम आभारी सदा रहेंगे।
(c) सदा हम आभारी रहेंगे।
(d) सदा आभारी हम रहेंगे।

26. नदियों बह रही है।
(a) नदियाँ बह रही हैं।
(b) नदिओं बह रही है।
(c) नदिएँ बह रही है।
(d) नदिया बह रही है।

27. लड़कियाँ को जाने दो।
(a) लड़कियों को जाने दो।
(b) लड़किआँ को जाने दो।
(c) लड़किया को जाने दो।
(d) लड़कीयों को जाने दो।

28. झूठा गवाही मत देना।
(a) झूठा गवाही देना मत।
(b) झूठी गवाही मत देना।
(c) झूठ गवाही मत देना।
(d) झूठी गवाह मत देना।

29. बचपन से हमने हिन्दी बोला है।
(a) बचपन से हमने हिन्दी बोली है।
(b) हमने हिन्दी बचपन से बोला है।
(c) हमने बचपन से हिन्दी को बोला है।
(d) बचपन से बोला हिन्दी में है।

30. उसने नौकरी छोड़ दिया।
(a) उसने नौकरी छोड़ दी।
(b) उसकी नौकरी छोड़ दिया।
(c) उसने नौकरी छोड़ ही दी।
(d) वह नौकरी छोड़ दिया।

31. रेखा सुन्दर गुणों से युक्त है।
(a) रेखा सुन्दरतम गुणों से युक्त है।
(b) रेखा अच्छे गुणों से युक्त है।
(c) रेखा अच्छी गुणों से युक्त है।
(d) रेखा गुणों से सुन्दर है।

32. वे प्रतिदिन आपस में परस्पर झगड़ते हैं।
(a) वे प्रतिदिन परस्पर झगड़ते हैं।
(b) वे परस्पर आपस में प्रतिदिन झगड़ते हैं।
(c) वे आपस में परस्पर प्रतिदिन झगड़ते हैं।
(d) वे परस्पर प्रतिदिन आपस में झगड़ते हैं।

33. रमा ने मिठासता से भरी गीत गाया।
(a) रमा ने मिठास भरा गीत गाया।
(b) रमा मीठा गीत गायी।
(c) रमा ने मधुर संगीत गाया।
(d) रमा ने मीठा गीत गायी।

34. मैंने तीन कुर्सी खरीदी।
(a) मैंने तीन कुर्सी खरीदी।
(b) मैंने तीन कुर्सियाँ खरीदीं।
(c) मैंने तीन कुर्सी खरीदा।
(d) मैंने तीन कुर्सियाँ खरीदा।

35. अनिल छत में गया।
(a) अनिल छत पर गया।
(b) अनिल ने छत पर गया।
(c) अनिल छत को गया।
(d) अनिल छत से गया।

36. हम आपसे कहा था।
(a) हम आपको कहा था।
(b) हमने आपसे कहा था।
(c) हम आपको बोला था।
(d) हमने आपसे बोला था।

37. मैंने स्कूल जाना है।
(a) मैं स्कूल जाना है।
(b) मुझे स्कूल जाना है।
(c) स्कूल मुझे जाना है।
(d) हमको स्कूल जाना है।

निर्देश (प्र.सं. 38-54) *निम्नलिखित प्रश्नों में दिए गए वाक्यों के* (a, b, c, d) *चार खण्ड हैं। जिस खण्ड की त्रुटि से वाक्य अशुद्ध है, उसे चिह्नित करें। यदि वाक्य में कोई त्रुटि नहीं है, तो उत्तर* (d) *चिह्नित करें।*

38. उसके (a) प्राण (b) उड गया। (c) कोई अशुद्धि नहीं। (d)

39. लज्जा (a) नारी की (b) आभूषण है। (c) कोई अशुद्धि नहीं। (d)

40. रमेश और (a) सुरेश (b) खेलने जाता है। (c) कोई अशुद्धि नहीं। (d)

41. सिद्धार्थ ने (a) घायल पक्षी (b) का सेवा किया। (c) कोई अशुद्धि नहीं। (d)

42. आलोक का (a) व्यक्तित्व (b) शानदार है। (c) कोई अशुद्धि नहीं। (d)

43. मनोज पर (a) बहुत भारी (b) जिम्मेदारियाँ हैं। (c) कोई अशुद्धि नहीं। (d)

44. वह समय को (a) कॉलेज (b) जाता है। (c) कोई अशुद्धि नहीं। (d)

45. सन्दीप (a) सबकी (b) आदर करता है। (c) कोई अशुद्धि नहीं। (d)

46. दशवन्त (a) चित्रकला में (b) दक्ष था। (c) कोई अशुद्धि नहीं। (d)

47. कवि का कलम (a) ही उसका (b) हथियार है। (c) कोई अशुद्धि नहीं। (d)

48. परिश्रम की (a) कोई विकल्प (b) नहीं है। (c) कोई अशुद्धि नहीं। (d)

49. प्रेमचन्द (a) हिन्दी की (b) महान् उपन्यासकार थे। (c) कोई अशुद्धि नहीं। (d)

50. रमेश (a) अपनी कार्य (b) लगन से करता है। (c) कोई अशुद्धि नहीं। (d)

51. शायद (a) यह कार्य (b) सम्भव है। (c) कोई अशुद्धि नहीं। (d)

52. श्याम और (a) श्याम के भाई (b) घर जाते हैं। (c) कोई अशुद्धि नहीं। (d)

53. हमारा सम्पर्क (a) अनेकों (b) नेताओं से है। (c) कोई अशुद्धि नहीं। (d)

54. यहाँ के (a) अधिकारी का (b) परिवर्तन हो गया है। (c) कोई अशुद्धि नहीं। (d)

उत्तरमाला

1. (b)	**2.** (b)	**3.** (d)	**4.** (d)	**5.** (a)	**6.** (a)	**7.** (c)	**8.** (a)	**9.** (c)	**10.** (b)
11. (a)	**12.** (b)	**13.** (d)	**14.** (d)	**15.** (a)	**16.** (a)	**17.** (a)	**18.** (b)	**19.** (a)	**20.** (a)
21. (a)	**22.** (a)	**23.** (c)	**24.** (a)	**25.** (a)	**26.** (a)	**27.** (a)	**28.** (b)	**29.** (a)	**30.** (a)
31. (b)	**32.** (a)	**33.** (a)	**34.** (b)	**35.** (a)	**36.** (b)	**37.** (b)	**38.** (c)	**39.** (b)	**40.** (c)
41. (c)	**42.** (d)	**43.** (b)	**44.** (a)	**45.** (b)	**46.** (d)	**47.** (a)	**48.** (a)	**49.** (b)	**50.** (b)
51. (a)	**52.** (b)	**53.** (b)	**54.** (c)						

अध्याय

20 रस, छन्द तथा अलंकार

रस

संस्कृत काव्यशास्त्र के आचार्यों ने रस को परिभाषित किया है। **भरत मुनि** ने अपनी कृति 'नाट्यशास्त्र' में सर्वप्रथम 'रस' का उल्लेख किया। उनके अनुसार—विभाव, अनुभाव तथा व्यभिचारी भाव के संयोग से 'रस' की निष्पत्ति होती है। **मम्मट** ने इस सूत्र की व्याख्या करते हुए लिखा है कि आलम्बन विभाव से उद्बुद्ध, उद्दीपन से उद्दीप्त, व्यभिचारी भाव से परिपुष्ट तथा अनुभाव से लेपित अभिव्यक्ति से जो चेतना उत्पन्न होती है, उसे 'रस-दशा' कहते हैं। यह स्थायी-भाव होता है। भरत मुनि ने 'रस निष्पत्ति' के लिए नाना भावों के उत्पन्न होने को उत्तरदायी माना है जिसका अर्थ है कि विभाव, अनुभाव तथा संचारी भाव स्थायी भाव के निकट आकर अनुकूलता ग्रहण करते हैं।

विभाव

जो व्यक्ति, पदार्थ या बाह्य विकार किसी अन्य व्यक्ति में भावोद्रेक उत्पन्न करता है,उन कारणों को 'विभाव' कहा जाता है। विभाव दो प्रकार के होते हैं—आलम्बन तथा उद्दीपन, सूर की गोपियों का आकर्षण कृष्ण के प्रति है। यहाँ कृष्ण आलम्बन विभाव हैं। कृष्ण मुरली बजाकर आकर्षित करते हैं। मुरली उद्दीपन विभाव के रूप में हैं।

अनुभाव

आलम्बन और उद्दीपन विभावों के कारण उत्पन्न होने वाले भावों को प्रकाशित करने वाली प्रक्रिया 'अनुभाव' कहलाती है। गोपियों के आकर्षण के साथ संकेत करना, लज्जित होना, कटाक्ष करना आदि 'अनुभाव' की श्रेणी में आता है।

व्यभिचारी (संचारी भाव)

व्यभिचारी अथवा संचारी भाव स्थायी भावों के लिए सहायक होते हैं। आचार्य भरत ने संचारी भाव में (1) देशकाल तथा अवस्था (2) उत्तम, मध्यम तथा अधम प्रकृति के लोग (3) वातावरण के प्रभाव तथा (4) स्त्री, पुरुष के स्वभाव में भेद से जो भाव उत्पन्न होते हैं वे संचारी भाव हैं। स्थायी भावों के साथ संचारी भाव भी सामने आते हैं; जैसे—गर्व, निर्वेद, शंका, आलस्य, ग्लानि, मद, दीनता आदि संचारी भाव हैं। संचारी भावों की संख्या 33 (तैंतीस) बतायी गई है।

स्थायी भाव

'विकारो मानसो भाव:' अर्थात् मन का विकार 'भाव' है। आचार्य भरत ने 'नाट्यशास्त्र' में भावों की संख्या 49 बतायी है। जिसमें 33 संचारी भाव, 8 सात्विक तथा 8 स्थायी भाव हैं। भरत के अनुसार आठ स्थायी भाव हैं—रति, हास, शोक, क्रोध, उत्साह, भय, जुगुप्सा तथा विस्मय।

भरत के बाद आचार्यों ने भक्ति और वात्सल्य को भी स्थायी भाव मान लिया। आचार्य रामचन्द्र शुक्ल के अनुसार 'भाव' का जहाँ 'स्थायित्व' हो उसे 'स्थायी भाव' माना जाता है।

रस के अंग

क्र.सं.	स्थायी भाव	रस
1.	रति	शृंगार
2.	उत्साह	वीर
3.	निर्वेद	शान्त
4.	शोक	करुण
5.	आश्चर्य	अद्भुत
6.	भय	भयानक
7.	क्रोध	रौद्र
8.	देव रति	भक्ति
9.	वत्सलता	वात्सल्य
10.	जुगुप्सा	वीभत्स

प्रत्येक स्थायी भाव से एक रस की निष्पत्ति होती है। भाव के आधार पर ही रसों की संख्या नौ बताई गई है। अभिनव गुप्त तथा मम्मट ने भी नौ रस माने हैं। ये रस हैं—शृंगार, भक्ति, करुण, रौद्र, वीर, भयानक, वीभत्स, अद्भुत तथा शान्त। आगे आचार्यों ने 'वात्सल्य' को एक अन्य रस के रूप में मान्यता दी। प्रत्येक रस की निष्पत्ति में अनुभाव, विभाव तथा संचारी भावों का संयोग भिन्न प्रकार से होता है।

अलंकार

वामन के अनुसार अलंकार वह है जो किसी वस्तु को अलंकृत करे। जिस प्रकार आभूषण व्यक्ति को सुन्दरता प्रदान करते हैं, उसी प्रकार अलंकार भी कविता को सौन्दर्य प्रदान करता है। भामह, उद्भट, दण्डी तथा रुद्रट ने भी काव्य में अलंकार के महत्त्व को दर्शाया है।

अलंकार मुख्यत: तीन प्रकार के होते हैं 1. शब्दालंकार, 2. अर्थालंकार तथा 3. उभयालंकार।

ध्वनि के आधार पर अलंकार की सृष्टि 'शब्दालंकार' है। इस अलंकार में वर्ण या शब्दों की लयात्मकता होती है, यहाँ अर्थ का चमत्कार अधिक महत्त्वपूर्ण नहीं होता। अनुप्रास, यमक, पुनरुक्ति, वीप्सा वक्रोक्ति, श्लेष आदि शब्दालंकार हैं।

अर्थ को चमत्कृत या अलंकृति प्रदान करने वाले अलंकार अर्थालंकार होते हैं। एक शब्द के स्थान पर दूसरे शब्द को पर्याय के रूप में रख देने से अर्थ में व्यवधान आये बिना जो अलंकृति आती है, वही अर्थालंकार है। केशव अलंकारवादी थे। उन्होंने अपनी रचना 'कविप्रिया' में दण्डी से प्राप्त सिद्धान्तों के आधार पर 35 अर्थालंकारों की चर्चा की है।

जो अलंकार शब्द और अर्थ दोनों पर आधारित हो उसे उभयालंकार कहते हैं।

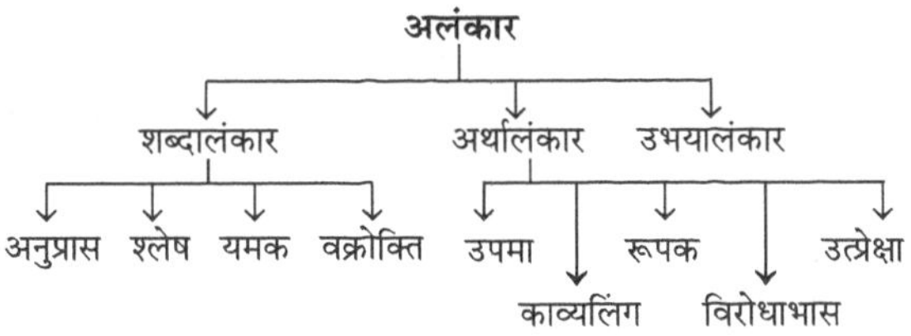

शब्दालंकार के उदाहरण

अनुप्रास

अनुप्रास में वर्णों की आवृत्ति होती है। इस आवृत्ति में किसी वर्ण या शब्द का एक से अधिक बार आना महत्त्व रखता है; जैसे—**'मुदित महीपति मन्दिर आये। सेवक सचिव सुमन्त बुलाये।'** इस पद में 'म' तथा 'स' की आवृत्ति लयात्मक है। अनुप्रास भी कई प्रकार के होते हैं। इनमें छेकानुप्रास, वृत्यानुप्रास, लाटानुप्रास इत्यादि प्रमुख हैं।

छेकानुप्रास में स्वरूप और क्रम से अनेक व्यंजनों की एक बार आवृत्ति होती है। वृत्यानुप्रास में एक व्यंजन की आवृत्ति बार-बार होती है तथा लाटानुप्रास में एक शब्द या वाक्यखण्ड की आवृत्ति उसी अर्थ में होती है।

श्लेष

शिलष्ट पदों से अनेक अर्थों के कथन को श्लेष कहते हैं। इसमें एक शब्द से एक से अधिक अर्थ सृष्ट होते हैं अथवा एक से अधिक अर्थ प्रकरण में अपेक्षित होते हैं; जैसे

> **''धन्ये, मैं पिता निरर्थक था**
> **जाना तो अर्थागमोपाय**
> **पर रहा सदा संकुचित काय।''**—सरोज स्मृति (निराला)

इन पंक्तियों में 'निरर्थक' शब्द के दो अर्थ हैं—बेकार तथा बिना धन का। दोनों ही अर्थ प्रकरण के अनुसार ठीक हैं।

अर्थ तथा शब्द दोनों पक्षों पर लागू होने के कारण श्लेष को शब्दालंकार तथा अर्थालंकार दोनों में माना जाता है।

वक्रोक्ति में किसी अन्य अभिप्राय से कहे गए वाक्य का दूसरे व्यक्ति द्वारा कल्पित अर्थ प्राप्त करना महत्त्व रखता है। भामह ने शब्द और अर्थ की उक्ति काव्य अलंकार माना। कुंतक ने वक्रोक्ति को 'काव्य का जीवन' कहा।

वक्रोक्ति श्लेष की तरह ही अर्थ चमत्कार पैदा करता है। श्लेष में जहाँ चमत्कार का आधार एक शब्द के दो अर्थ होते हैं वहीं वक्रोक्ति में चमत्कार उक्ति के ध्वन्यर्थ द्वारा सामने आता है।

अर्थालंकार के उदाहरण

अर्थालंकार में उपमा, रूपक, उत्प्रेक्षा, अतिशयोक्ति, काव्यलिंग, विरोधाभास, दृष्टान्त जैसे अलंकार आते हैं।

दो वस्तुओं में समान धर्म के प्रतिपादन को 'उपमा' कहते हैं। उपमेय पर उपमान का आरोप या उपमान और उपमेय का अभेद **'रूपक'** कहलाता है। उपमेय में कल्पित अथवा अप्रस्तुत उपमान की सम्भावना **'उत्प्रेक्षा'** कहलाती है।

वाक्य या पद में किसी के वर्णन को बढ़ा-चढ़ाकर किया जाता है जिससे सीमा का अतिक्रमण हो तो, ऐसे अलंकार को **'अतिशयोक्ति अलंकार'** कहते हैं। अतिशयोक्ति का अर्थ होता है—उक्ति की अतिशयता।

किसी युक्ति से समर्थित की गई बात को 'काव्यलिंग अलंकार' कहते हैं। किसी बात के समर्थन में कोई न कोई युक्ति या कारण अवश्य दिया जाता है।

जिस पद में विरोध न होते हुए भी विरोध का आभास हो, वहाँ 'विरोधाभास अलंकार' होता है।

जहाँ उपमेय और उपमान तथा उनके साधारण धर्मों में बिम्ब-प्रतिबिम्ब भाव हो, उसे दृष्टान्त अलंकार कहते हैं; जैसे

> **''सुख-दुःख के मधुर मिलन से**
> **यह जीवन हो परिपूर्ण।**
> **फिर घन से ओझल हो शशि,**
> **फिर शशि में ओझल हो घन।।''** (प्रसाद)

यहाँ उपमेय और उपमान के मध्य बिम्ब-प्रतिबिम्ब का भाव स्पष्ट है।

छन्द

वर्णों की संख्या, क्रम मात्रागणना तथा यति-गति से सम्बन्ध रखने वाली नियमसृष्टि से नियोजित पद्यरचना 'छन्द' कहलाती है। गद्य का नियामक यदि व्याकरण है तो छन्द पद्य (काव्य) की रचना का मानक है, पद्यरचना का समुचित ज्ञान 'छन्दशास्त्र' के अध्ययन द्वारा ही सम्भव है।

'छन्द' हृदयगत सौन्दर्यभावना जाग्रत करती है। छन्दोबद्ध रचना में अधिक स्थायित्व होता है। हिन्दी में छन्दशास्त्र का अत्यधिक विकास हुआ है। हिन्दी में मूलत: दो प्रकार के छन्द हैं—मात्रिक तथा वार्णिक,

वर्ण गणना के आधार पर रचित छन्द 'वार्णिक छन्द' कहलाता है। यहाँ वर्ण की संख्या निर्धारित होती है। मात्रा की गणना के आधार पर छन्द 'मात्रिक छन्द' कहलाता है।

चरणों की अनियमित, असमान, स्वच्छन्द गति तथा भावानुकूल यति विधान ही मुक्त छन्द की विशेषता है।

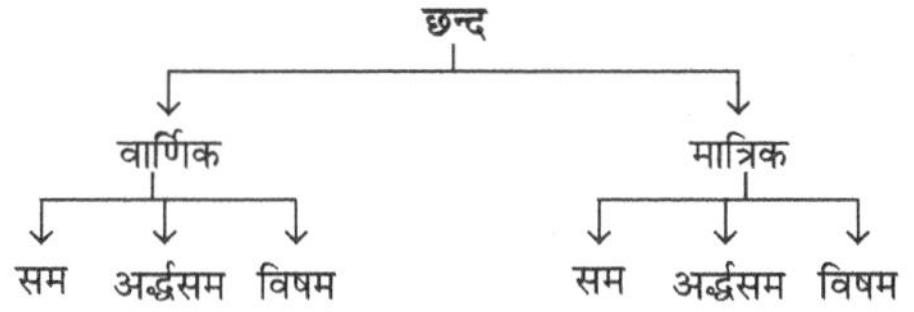

प्रमुख छन्दों का परिचय

चौपाई चौपाई एक मात्रिक छन्द है। इसके प्रत्येक चरण में सोलह मात्राएँ होती हैं। पहले चरण की तुक दूसरे से तथा तीसरे चरण की चौथे चरण से मिलती है;

जैसे प्रबिसि नगर कीजे सब काजा। हृदय राखि कोसलपुर राजा।।
गरल सुधा रिपु अमिय मिताई। गोपद सिन्धु अनल सितलाई।।

रोला रोला मात्रिक छन्द है। इसके प्रत्येक चरण में 24 मात्राएँ होती हैं। प्रत्येक चरण में 11 तथा 13 मात्राएँ होती हैं। प्रत्येक चरण के अन्त में दो गुरु या लघु वर्ण आते हैं;

जैसे **हे देवी। यह नियम, सृष्टि में सदा अटल है,**
रह सकता है वही सुरक्षित, जिसमें बल है।
निर्बल का है नहीं जगत् में, कहीं ठिकाना,
रक्षा साधन उसे प्राप्त हो, चाहे नाना।।

हरिगीतिका यह मात्रिक छन्द है। इस छन्द के प्रत्येक चरण में 28 मात्राएँ होती हैं। 16 तथा 12 मात्राओं पर यति तथा अन्त में लघु-गुरु का प्रयोग प्रचलित है;

जैसे **एहि भाँति गौरि असीस सुनि, सिय सहित हिय हरषीं अली।**
तुलसी भवानिहि पूजि पुनि-पुनि, मुदित मन मन्दिर चली।।

दोहा यह मात्रिक अर्द्धसम छन्द है। इस छन्द के विषम चरणों में 13 मात्राएँ तथा सम चरणों में 11 मात्राएँ होती हैं;

जैसे **पवन तनय संकट हरण, मंगल मूरती रूप।**
राम लखन सीता सहित, हृदय बसहिं सुरभूप।।

सोरठा सोरठा दोहे का उलटा होता है। इस छन्द के विषम चरणों में 11 मात्राएँ तथा सम चरणों में 13 मात्राएँ होती हैं।

सवैया यह एक वार्णिक समवृत छन्द है। इसके चरण में 22 से लेकर 26 तक अक्षर होते हैं।

कवित्त यह भी वार्णिक समवृत छन्द है। इसमें 31 वर्ण होते हैं।

द्रुतविलम्बित वार्णिक छन्द है जिसके प्रत्येक चरण में 12 वर्ण होते हैं।

अभ्यास प्रश्न

निर्देश (प्र.सं. 1 और 2) *निम्नलिखित प्रश्नों में दी गई पंक्तियों में प्रयुक्त रस के लिए चार-चार विकल्प दिए गए हैं। इनमें एक विकल्प सही है। सही विकल्प का चयन कीजिए।* [UP बी.एड. 2014]

1. अँखियाँ हरि दरसन की भूखी।
कैसे रहे रूप रस राँची ए बतियाँ सुनि रूखी।।
(a) संयोग शृंगार रस (b) वियोग शृंगार रस
(c) हास्य रस (d) करुण रस

2. मन रे तन कागद का पुतला।
लागै बूँद विनसि जाय छिन में गरब करै क्यों इतना।।
(a) भक्ति रस (b) संयोग शृंगार
(c) करुण रस (d) शान्त रस

3. सर्वश्रेष्ठ रस किसे माना जाता है? [UP बी.एड. 2014]
(a) शान्त रस (b) हास्य रस
(c) करुण रस (d) शृंगार रस

4. 'जुगुप्सा' किस रस का स्थायी भाव है? [UP बी.एड. 2014]
(a) अद्‌भुत (b) करुण
(c) वीभत्स (d) वीर

5. 'कमल नैन को छांड़ि महातम, और देव को ध्यावै।' में कौन-सा अलंकार है? [UP बी.एड. 2014]
(a) अनुप्रास (b) श्लेष
(c) यमक (d) रूपक

6. निम्न में कौन एक शब्दालंकार नहीं है? [UP बी.एड. 2012]
(a) अनुप्रास (b) श्लेष
(c) यमक (d) उपमा

7. निम्न में कौन अर्थालंकार नहीं है? [UP बी.एड. 2012]
(a) उपमा (b) उत्प्रेक्षा
(c) वक्रोक्ति (d) रूपक

8. निम्न में कौन एक भिन्न है? [UP बी.एड. 2012]
(a) यमक (b) श्लेष
(c) वक्रोक्ति (d) दृष्टान्त

9. निम्न में कौन मात्रिक छन्द का उदाहरण है? [UP बी.एड. 2012]
(a) कवित्त (b) बरवै
(c) सवैया (d) मालिनी

10. निम्न में कौन-सा वार्णिक छन्द है? [UP बी.एड. 2012]
(a) कुण्डलियाँ (b) उल्लाला
(c) मन्दाक्रान्ता (d) गीतिका

11. 'शान्त रस' का स्थायी भाव क्या है? [UP बी.एड. 2012]
(a) शोक (b) वत्सलता
(c) निर्वेद (d) विस्मय

12. 'अनुराग' किस रस का स्थायी भाव है? [UP बी.एड. 2012]
(a) शान्त रस (b) वात्सल्य रस
(c) वीर रस (d) रौद्र रस

13. 'हरिगीतिका' छन्द के प्रत्येक चरण में कितनी मात्राएँ होती हैं? [UP बी.एड. 2012]
(a) 22 (b) 24
(c) 26 (d) 28

14. जहाँ अनेक वर्णों की आवृत्ति केवल एक बार होती है वहाँ होता है [UP बी.एड. 2011]
(a) श्लेष (b) यमक
(c) छेकानुप्रास (d) वक्रोक्ति

15. दोहा और चौपाई कैसे छन्द हैं? [UP बी.एड. 2011]
(a) मात्रिक छन्द (b) मुक्त छन्द
(c) वार्णिक छन्द (d) वर्णिक छन्द

16. 'पीपल पात सरिस मन डोला' इसमें कौन-सा अलंकार है? [UP बी.एड. 2010]
(a) रूपक अलंकार (b) उपमा अलंकार
(c) यमक अलंकार (d) श्लेष अलंकार

17. काव्य में कितने रस माने जाते हैं? [UP बी.एड. 2010]
(a) 6 (b) 7
(c) 9 (d) 10

18. 'मुख मयंक सम मंजु मनोहर' में अलंकार है [UP बी.एड. 2008]
(a) रूपक (b) उपमा
(c) उत्प्रेक्षा (d) अनुप्रास

19. जहाँ कोई शब्द एक बार प्रयुक्त हो किन्तु प्रसंग भेद से उसके एक से अधिक अर्थ हों, वहाँ अलंकार होता है [UP बी.एड. 2008]
(a) श्लेष (b) यमक
(c) सन्देह (d) भ्रान्तिमान

20. 'अम्बर-पनघट में डुबो रही तारा-घट ऊषा-नागरी' में कौन-सा अलंकार है? [UP बी.एड. 2008]
(a) रूपक
(b) उपमा
(c) रूपक और उपमा
(d) रूपक और मानवीकरण

21. ''या अनुरागी चित्त की गति समुझै नहिं कोय।
ज्यों-ज्यों बूड़ै स्याम रंग त्यों-त्यों उज्ज्वल होय।।'' [UP बी.एड. 2008]
इन पंक्तियों में कौन-सा अलंकार है?
(a) विभावना (b) विरोधाभास
(c) अतिशयोक्ति (d) असंगति

22. ''कनक कनक ते सौगुनी मादकता अधिकाइ।
उहि खाए बौरात नर, इह पाए बौराइ।''
में कौन-सा अलंकार है? [UP बी.एड. 2008]
(a) अनुप्रास (b) यमक
(c) श्लेष (d) वक्रोक्ति

23. ''रहिमन पानी राखिए, बिन पानी सब सून।
पानी गये न ऊबरै, मोती, मानुस, चून।।''
में कौन-सा अलंकार है? [UP बी.एड. 2008]
(a) श्लेष (b) अनुप्रास
(c) यमक (d) वक्रोक्ति

24. शृंगार रस का स्थायी भाव है [UP बी.एड. 2008]
(a) भय (b) शोक (c) हास (d) रति

25. वीभत्स रस का स्थायी भाव कौन-सा है? [UP बी.एड. 2008]
(a) जुगुप्सा (b) हास
(c) उत्साह (d) विस्मय

26. भरत मुनि ने कितने रसों की चर्चा अपने 'नाट्यशास्त्र' में की थी? [UP बी.एड. 2008]
(a) 6 (b) 7
(c) 8 (d) 9

27. ''सोभित कर नवनीत लिए .... '' में कौन-सा रस है? **[UP बी.एड. 2008]**
(a) वीभत्स (b) वात्सल्य
(c) शृंगार (d) करुण

28. श्रीगुरु चरन सरोज रज, निज मन मुकुर सुधारि।
बरनौ रघुवर विमल जसु, जो दायक फल चारि।।
इन पंक्तियों में कौन-सा छन्द है? **[UP बी.एड. 2008]**
(a) दोहा (b) चौपाई
(c) सवैया (d) सोरठा

29. किस छन्द में छ: चरण होते हैं? **[UP बी.एड. 2008]**
(a) छप्पय (b) चौपाई
(c) सोरठा (d) दोहा

30. 'रोला' के प्रत्येक चरण में कितनी मात्राएँ होती हैं? **[UP बी.एड. 2008]**
(a) 18 (b) 22 (c) 24 (d) 28

31. ''तुम आ जाते एक बार।
कितनी करुणा, कितने सन्देश,
पथ में बिछ जाते बन पराग।''
इन पंक्तियों में कौन-सा रस सृजित होता है?
(a) शृंगार रस (b) वीर रस
(c) अद्‌भुत रस (d) वीभत्स रस

32. ''माता ऐसा बेटा जनिये,
कै शूरां कै भक्त् कहाय।''
इन पंक्तियों में कौन-सा रस सृजित होता है?
(a) शृंगार रस (b) वीर रस
(c) अद्‌भुत रस (d) वीभत्स रस

33. ''दु:ख ही जीवन की कथा रही,
क्या कहुँ, आज जो नहीं कही।''
इन पंक्तियों में कौन-सा रस सृजित होता है?
(a) करुण रस (b) शृंगार रस
(c) अद्‌भुत रस (d) वीभत्स रस

34. ''मेरी भव बाधा हरौ राधा नागरि सोइ।
जा तन की झाईं परै स्याम हरित दुति होइ।।''
इन पंक्तियों में कौन-सा रस है?
(a) भक्ति रस (b) शृंगार रस
(c) अद्‌भुत रस (d) वीभत्स रस

35. 'वीरों का कैसा हो वसन्त' में किस रस की सृष्टि हुई है?
(a) वीर रस (b) शृंगार रस
(c) अद्‌भुत रस (d) वीभत्स रस

36. ''मेरे तो गिरिधर गोपाल दूसरो न कोई।
जाके सिर मोर मुकुट मेरो पति सोई।।''
इन पंक्तियों में कौन-सा रस है?
(a) हास्य रस (b) करुण रस
(c) शृंगार रस (d) शान्त रस

37. ''जेहिं गिरि चरण देहि हनुमन्ता।
चलेउ सो गा पाताल तुरन्ता।।''
इन पंक्तियों में किस रस की भावना है?
(a) वीर रस (b) अद्‌भुत रस
(c) शृंगार रस (d) रौद्र रस

38. ''कनक भूधराकार सरीरा।
समर भयंकर अतिबल बीरा।।''
इन पंक्तियों में किस रस की भावना है?
(a) अद्‌भुत रस (b) वीर रस
(c) रौद्र रस (d) शृंगार रस

39. ''अस कहि रघुपति चाप चढ़ावा। यह मत लछिमन के मन भावा।।
संधानेऊ प्रभु बिसिख कराला। उठी उदधि उर अन्तर ज्वाला।''
इन पंक्तियों में किस रस की सृष्टि हुई है?
(a) रौद्र रस (b) अद्‌भुत रस
(c) वीर रस (d) शृंगार रस

40. ''प्रकृति रही दुर्जेय, पराजित हम सब थे भूले मद में,
भोले थे, हाँ तिरते केवल सब विलासिता के नद में।''
इन पंक्तियों में कौन-सा रस दृष्टिगत होता है?
(a) अद्‌भुत रस (b) शान्त रस
(c) शृंगार रस (d) वीर रस

41. ''समरस थे जड़ या चेतन सुन्दर साकार बना था।
चेतनता एक विलसती आनन्द अखण्ड घना था।''
इन पंक्तियों में कौन-सा रस सृष्ट हुआ है?
(a) शान्त रस (b) शृंगार रस
(c) वीर रस (d) रौद्र रस

42. ''हे खग, मृग, हे मधुकर श्रेणी,
तुम देखी सीता मृगनयनी?''
इन पंक्तियों में कौन-सा रस है?
(a) संयोग शृंगार (b) करुण
(c) वियोग शृंगार (d) अद्‌भुत

43. ''जैहउं अवध कवन मुँह लाई।
नारि हेतु प्रिय भाइ गँवाई।।''
इन पंक्तियों में कौन-सा रस सृजित होता है?
(a) रौद्र रस (b) भयानक रस
(c) करुण रस (d) शृंगार रस

44. 'चरण कमल बन्दौ हरि राई' में कौन-सा अलंकार है?
(a) उपमा (b) रूपक
(c) अनुप्रास (d) श्लेष

45. ''मैया मैं तो चन्द्र खिलौना लैहों'', में कौन-सा अलंकार है?
(a) उत्प्रेक्षा (b) अन्योक्ति
(c) अनुप्रास (d) रूपक

46. वीर रस का स्थायी भाव है
(a) भय (b) शोक
(c) निर्वेद (d) उत्साह

47. ''निसिदिन बरसत नयन हमारे,
सदा रहत पावस रितु हम पर जब से स्याम सिधारे।''
इन पंक्तियों में कौन-सा रस सृजित होता है?
(a) करुण रस
(b) रौद्र रस
(c) वियोग शृंगार रस
(d) शान्त रस

48. निम्न में कौन मात्रिक छन्द है?
(a) दोहा (b) चौपाई (c) रोला (d) ये सभी

49. निम्न में कौन वार्णिक छन्द है?
(a) दोहा (b) रोला (c) सवैया (d) चौपाई

50. ''मंगल भवन अमंगल हारी।
द्रवहु सो दशरथ अजिर बिहारी।।''
इन पंक्तियों में किस छन्द का प्रयोग हुआ है?
(a) सोरठा (b) चौपाई
(c) दोहा (d) सवैया

51. ''निज भाषा उन्नति अहै सब उन्नति को मूल।
बिन निजभाषा ज्ञान के मिटै न हिय को शूल।।''
इन पंक्तियों में किस छन्द का प्रयोग हुआ है?
(a) दोहा (b) रोला
(c) चौपाई (d) बरवै

52. ''ऊँचे उठो दिव्य कला दिखाओ,
संसार में पूज्य पुन: कहलाओ।''
इन पंक्तियों में कौन-सा छन्द है?
(a) उपेन्द्रवज्रा (b) सवैया
(c) इन्द्रवज्रा (d) कवित्त

53. 'छन्दशास्त्र' के प्रणेता आचार्य माने जाते हैं
(a) पतंजलि (b) पिंगल
(c) पाणिनी (d) मनु

54. ''करत-करत अभ्यास के जड़मति होत सुजान।
रसरी आवत जात पर सिल पर परत निशान।।''
इन पंक्तियों में किस अलंकार का प्रयोग हुआ है?
(a) दृष्टान्त (b) रूपक
(c) उत्प्रेक्षा (d) विरोधाभास

55. ''सूर-सूर तुलसी ससि उडगन केशवदास।
और कवि खद्योत सम जहँ-तहँ करे प्रकास।।''
इन पंक्तियों में किस अलंकार का प्रयोग हुआ है?
(a) अनुप्रास (b) श्लेष
(c) यमक (d) सन्देह

56. ''सोहत ओढ़े पीत पट, श्याम सलौने गात,
मनो नीलमणि सैल पर, आतप पर्‌यो प्रभात।।''
इन पंक्तियों में किस अलंकार का प्रयोग हुआ है?
(a) रूपक (b) उपमा
(c) उत्प्रेक्षा (d) पुनरुक्ति

57. "दृग उरझत टूटत कुटुम, जुरत चतुर चित प्रीति।
परति गाँठ दुरजन हियै, दई नई यह रीति।।"
इन पंक्तियों में किस अलंकार का प्रयोग हुआ है?
(a) विभावना (b) असंगति
(c) व्यतिरेक (d) उत्प्रेक्षा

58. जहाँ उपमान की अपेक्षा उपमेय का गुण विशेष के कारण उत्कर्ष बताया जाए, वहाँ कौन-सा अलंकार है?
(a) व्यतिरेक (b) विभावना
(c) उत्प्रेक्षा (d) रूपक

59. 'हे प्रभु आनन्ददाता ज्ञान हमको दीजिए' किस छन्द में है?
(a) हरिगीतिका (b) मालिनी
(c) गीतिका (d) वसन्ततिलका

60. "नील परिधान बीच सुकुमार,
खुल रहा मृदुल अधखुला अंग।
खिला हो ज्यों बिजली का फूल
मेघ बन बीच गुलाबी रंग।"
इन पंक्तियों में कौन-सा अलंकार है?
(a) उत्प्रेक्षा (b) श्लेष
(c) रूपक (d) उपमा

61. जहाँ कारण के बिना अथवा कारण के विपरीत कार्य हो, वहाँ कौन-सा अलंकार होता है?
(a) विरोधाभास (b) विभावना
(c) वक्रोक्ति (d) यमक

62. रस-निष्पत्ति में निम्न में कौन-सा कारक उत्तरदायी नहीं है?
(a) समभाव (b) विभाव
(c) अनुभाव (d) व्यभिचारी भाव

63. 'बिनु पग चलैं सुनै बिनु काना।' इस पंक्ति में कौन-सा अलंकार है?
(a) उत्प्रेक्षा (b) विभावना
(c) विशेषोक्ति (d) असंगति

64. 'बन्दौ गुरु पद कंज' में कौन-सा अलंकार है?
(a) उपमा (b) रूपक (c) उत्प्रेक्षा (d) प्रतीप

65. 'पानी गये न ऊबरै मोती मानुस चून' में किस अलंकार का प्रयोग हुआ है?
(a) श्लेष (b) यमक (c) वीप्सा (d) सन्देह

66. निम्न में कौन-एक वार्णिक छन्द नहीं है?
(a) मत्तगयन्द (b) वसन्ततिलका
(c) इन्द्रवज्रा (d) हरिगीतिका

67. "यशोदा हरि पालनै झुलावै
हलरावै दुलरावै मल्हावै जोइ-सोइ कछु गावै"
इन पंक्तियों में कौन-सा रस है?
(a) शृंगार (b) वात्सल्य
(c) शान्त (d) करुण

68. रसों के संचारी भावों की संख्या कितनी है?
(a) 32 (b) 23
(c) 33 (d) 43

69. केशवदास ने किस तत्त्व को 'काव्य की आत्मा' कहा?
(a) अलंकार (b) रस
(c) वक्रोक्ति (d) छन्द

70. "फूले कास सकल महि छाई।
जनु बरसा कृत प्रकट बुढ़ाई।।"
इन पंक्तियों में किस अलंकार का प्रयोग हुआ है?
(a) उत्प्रेक्षा (b) उपमा
(c) रूपक (d) श्लेष

71. 'लाज की मादक सुरा-सी लालिमा', इस पंक्ति में किस अलंकार का आयोजन है?
(a) यमक (b) उपमा
(c) वक्रोक्ति (b) विशेषोक्ति

72. 'मधुर-मधुर मेरे दीपक जल' में कौन-सा अलंकार है?
(a) अन्योक्ति (b) अतिशयोक्ति
(c) पुनरुक्ति (d) प्रतिवस्तूपमा

73. भरत के अनुसार रसों की संख्या कितनी है?
(a) नौ (b) दस
(c) बारह (d) चौदह

74. "रक्त है? या है नसों में क्षुद्र पानी
जाँच कर, तू सीस दे-देकर जवानी?"
इन पंक्तियों में कौन-सा रस सृजित होता है?
(a) वीर रस (b) वीभत्स रस
(c) रौद्र रस (d) शृंगार रस

75. "चहुँ दिसि कान्ह-कान्ह कहि टेरत
अंसुवन बहत पनारे।"
इन पंक्तियों में कौन-सा रस सृजित होता है?
(a) शृंगार रस (b) करुण रस
(c) शान्त रस (d) वीर रस

76. निम्न में कौन-सा अर्थालंकार है?
(a) काकुवक्रोक्ति (b) श्लेष
(c) यमक (d) रूपक

77. "सुख-दुख के मधुर मिलन से
यह जीवन हो परिपूर्ण।
फिर घन में ओझल हो शशि
फिर शशि में ओझल हो घन।।"
इन पंक्तियों में किस अलंकार की व्याप्ति है?
(a) विरोधाभास (b) दृष्टांत
(c) काव्यलिंग (d) उत्प्रेक्षा

78. 'मेरो मन अनत कहाँ सुख पावै', इस पंक्ति में किस रस की सृष्टि हुई है?
(a) शृंगार रस (b) वीर रस
(c) शांत रस (d) भयानक रस

79. निम्नलिखित में कौन वार्णिक वृत नहीं है?
(a) द्रुत विलम्बित (b) मालिनी
(c) घनाक्षरी (d) मत्तगयन्द

80. 'गुरु पद रज मृदु मंजुल मंजन' इस पंक्ति में किस अलंकार को महत्त्व मिला है?
(a) अनुप्रास (b) उत्प्रेक्षा
(c) वक्रोक्ति (d) श्लेष

81. "संदेसौं देवकी सौं कह्यो,
हौं तो धाय तिहारो सुत को मया करत ही रहियो।"
'सूर' की इन पंक्तियों में किस रस की सृष्टि होती है?
(a) शृंगार इस (b) वात्सल्य रस
(c) शांत रस (d) भक्ति रस

उत्तरमाला

1. (b)	2. (d)	3. (d)	4. (c)	5. (d)	6. (d)	7. (c)	8. (d)	9. (b)	10. (c)
11. (c)	12. (b)	13. (d)	14. (c)	15. (a)	16. (b)	17. (c)	18. (b)	19. (a)	20. (a)
21. (b)	22. (b)	23. (a)	24. (d)	25. (a)	26. (c)	27. (b)	28. (a)	29. (a)	30. (c)
31. (a)	32. (b)	33. (a)	34. (a)	35. (a)	36. (c)	37. (b)	38. (a)	39. (a)	40. (b)
41. (a)	42. (c)	43. (c)	44. (b)	45. (a)	46. (d)	47. (c)	48. (d)	49. (c)	50. (b)
51. (a)	52. (a)	53. (b)	54. (a)	55. (c)	56. (c)	57. (b)	58. (a)	59. (b)	60. (a)
61. (a)	62. (a)	63. (d)	64. (b)	65. (a)	66. (d)	67. (b)	68. (c)	69. (a)	70. (a)
71. (b)	72. (c)	73. (a)	74. (a)	75. (b)	76. (d)	77. (b)	78. (c)	79. (c)	80. (a)
81. (b)									

अध्याय

21

हिन्दी साहित्य : रचना एवं रचनाकार

आधुनिक आर्यभाषाओं के विकास के साथ ही 10वीं शताब्दी ई. में हिन्दी भाषा का विकास हुआ। इससे पूर्व अपभ्रंश तथा अवहट्ट में रचनाएँ हो रही थीं। सिद्ध बौद्ध सन्तों तथा नाथपन्थी योगियों की वाणी में हिन्दी का प्राचीन रूप सामने आता है। अपभ्रंश तथा अवहट्ट से निकली बोलियों ने हिन्दी के विकास में महत्त्वपूर्ण भूमिका निभायी। चन्दबरदाई की रचना 'पृथ्वीराज-रासो' हिन्दी भाषा की प्रथम रचना मानी जाती है।

हिन्दी साहित्य के विकास तथा विस्तार के बाद इतिहास लेखन की प्रवृत्ति 19वीं शताब्दी में सामने आई। जार्ज ग्रियर्सन, शिवसिंह सेंगर, मिश्र-बन्धुओं ने हिन्दी साहित्य का इतिहास लिखा, किन्तु आचार्य रामचन्द्र शुक्ल ने सर्वाधिक मानक इतिहास **'हिन्दी साहित्य का इतिहास'** लिखा। इनके द्वारा हिन्दी साहित्य के इतिहास का काल विभाजन अधिक प्रासंगिक और मान्य हुआ। आचार्य शुक्ल ने प्रवृत्तियों तथा कालक्रम के वैज्ञानिक आधार पर हिन्दी साहित्य का इतिहास लिखा तथा काल विभाजन सामने रखा।

आचार्य रामचन्द्र शुक्ल का काल विभाजन इस प्रकार है

1. **आदिकाल** (वीरगाथा काल) सम्वत् 1050 से सम्वत् 1375 तक
2. **मध्यकाल**
   (i) **पूर्व मध्यकाल** (भक्तिकाल) सम्वत् 1375 से सम्वत् 1700 तक
   (ii) **उत्तर मध्यकाल** (रीतिकाल) सम्वत् 1700 से सम्वत् 1900 तक
3. **आधुनिक काल** सम्वत् 1900 से सम्वत् 1984 तक

आचार्य रामचन्द्र शुक्ल के इतिहास में आधुनिक काल का विभाजन भारतेन्दुकाल, द्विवेदीकाल तथा छायावाद के रूप में हुआ है, जबकि 1936 ई. के बाद छायावाद के अवसानोपरान्त प्रगतिवाद नामक काव्यधारा का अभ्युदय हुआ। प्रगतिवाद के बाद प्रयोगवाद, नई कविता, सठोत्तरी कविता, समकालीन कविता का दौर आया है।

आदिकाल के दौरान रचना की प्रवृत्तियों में वीरगाथात्मकता की बहुलता को ध्यान में रखकर आचार्य शुक्ल ने इसे वीरगाथा काल भी कहा है। इस दौर में चन्दबरदाई की 'पृथ्वीराज रासो', जगनिक की 'परमाल रासो', जज्वल की 'हम्मीरदेव रासो' जैसी रचनाएँ रासो साहित्य के अन्तर्गत आती हैं। विद्यापति, अमीर खुसरो तथा सिद्ध-नाथ सन्तों की रचनाएँ भी इस काल की हैं।

आदिकाल के रासो साहित्य में वीरगाथा की प्रधानता थी तो विद्यापति, अमीर खुसरो, सिद्ध-नाथों के यहाँ धार्मिकता, श्रृंगारिकता जैसी प्रवृत्तियाँ भी मिलती हैं, जिस कारण 'आदिकाल' को वीरगाथाकाल कहना विवाद का विषय भी है।

आदिकाल की साहित्यिक रचनाएँ

क्र.सं.	रचना	रचनाकार
1.	पृथ्वीराज रासो	चन्दबरदाई
2.	बीसलदेव रासो	नरपति नाल्ह
3.	खुमानमल रासो	दलपत विजय
4.	हम्मीरदेव रासो	जज्वल
5.	परमाल रासो	जगनिक
6.	कीर्तिलता, कीर्तिपताका	विद्यापति

भक्तिकाल में तीन प्रकार की काव्यधारा का विकास हुआ। निर्गुण, सगुण तथा सूफी कवियों ने इस काल में रचनाएँ की। आचार्य रामचन्द्र शुक्ल ने पूर्व मध्यकाल को 'भक्तिकाल' कहा है। भक्तिकाल में धार्मिकता प्रमुख प्रवृत्ति रही है। कबीर निर्गुण भक्त सन्त थे, तो तुलसी तथा सूरदास ने सगुण ईश्वर की भक्तिपरक रचनाएँ की। जायसी जैसे कवि सूफी दर्शन से प्रभावित थे।

भक्तिकाल

- सगुण काव्यधारा
  - कृष्णभक्ति काव्यधारा
  - रामभक्ति काव्यधारा
- सूफी काव्यधारा (प्रेमाख्यानक काव्यधारा)
- निर्गुण काव्यधारा (संत काव्यधारा)

भक्तिकाल की साहित्यिक रचनाएँ

क्र.सं.	रचना	रचनाकार
1.	सूरसागर	सूरदास
2.	रामचरित मानस	तुलसीदास
3.	बीजक	कबीरदास
4.	पद्मावत	मलिक मुहम्मद जायसी
5.	मृगावती	कुतुबन
6.	मधुमालती	मंझन
7.	चित्रावली	उस्मान

उत्तर मध्यकाल को 'रीतिकाल' कहा गया है। रीतिकाल में काव्य का उद्देश्य राजदरबारों के माध्यम से अर्थोपार्जन रह गया था। राजा तथा सामन्त अपने दरबार में कवियों को आश्रय प्रदान करना गौरव की बात समझते थे, वहीं इस काल के कवि कविता को राजदरबार की शोभा मानते थे। आचार्यत्व तथा काव्य की शिक्षा देने के लिए काव्यशास्त्रीय विवेचन के दौरान काव्य-रचना की गई, जिसमें श्रृंगार, शोभा, चमत्कार को अधिक स्थान दिया गया। वस्तुतः रीतिकाल ने कविता को भक्तों की कुटिया से निकाल कर राजदरबारों में कैद कर दिया।

रीतिकाल

- रीतिबद्ध
  - काव्यांग विवेचन
  - श्रृंगारिकता
- रीतिसिद्ध
- रीतिमुक्त

रीतिबद्ध कवि लक्षण ग्रन्थों की रचना कर रहे थे। वे साहित्य की परम्परागत प्रवृत्तियों यथा रस, अलंकार, छन्द इत्यादि पर अधिक जोर देते रहे। श्रृंगार और प्रेम उनका वर्ण्य विषय रहा। रीतिसिद्ध कवियों की कविता रीतिबद्ध कवियों की तुलना में अधिक उत्कृष्ट रही, क्योंकि वे काव्यांगों के चक्कर में नहीं रहे। रीतिमुक्त कवि स्वाधीन चिन्तन दृष्टि द्वारा कविता करते हैं, उनकी कविता रूढ़िवादिता के विरुद्ध विद्रोह भी है।

रीतिबद्ध कवि केशव, चिन्तामणि, मतिराम, देव, रसलीन इत्यादि।

रीतिसिद्ध कवि बिहारी

रीतिमुक्त कवि घनानन्द, ठाकुर, आलम, बोधा, भूषण इत्यादि।

रीतिकाल की साहित्यिक रचनाएँ

रचना	रचनाकार
बिहारी सतसई	बिहारी
शिवाबावनी, शिवराज भूषण	भूषण
कवि-प्रिया, रामचन्द्रिका	केशवदास
भाव विलास, अष्टयाम	देव
सुजान विलास, कोकसार	घनानन्द
जगद् विनोद, रामरसायण	पद्माकर

आधुनिक काल में गद्य का विकास प्रमुख प्रवृत्ति रही है। भारतेन्दु काल से पूर्व फोर्ट विलियम कॉलेज के लेखकों तथा शिवसिंह सेंगर ने हिन्दी गद्य को विकसित किया। भारतेन्दु काल नवजागरण चेतना के विकास का काल है। इस समय राष्ट्रवाद के विकास का साहित्यिक स्वरूप सामने आता है। भारतेन्दु ने कविता, नाटक तथा निबन्धों के द्वारा जनजागरण को साहित्य का उद्देश्य निर्मित किया। 1903 ई. में महावीर प्रसाद द्विवेदी द्वारा 'सरस्वती' पत्रिका के प्रकाशन का हिन्दी साहित्य पर विशेष प्रभाव पड़ा। 1900 से 1918 ई. तक की साहित्यिक प्रवृति को 'द्विवेदी युग' द्वारा अभिहित किया जाता है। द्विवेदी युग के बाद छायावाद (1918-1936) का प्रादुर्भाव हुआ। यह राष्ट्रीय जनजागरण तथा स्वतन्त्रता आन्दोलन की साहित्यिक अभिव्यक्ति है। 1936 ई. के बाद भारत में 'प्रगतिवाद' काव्यधारा के रूप में सामने आया। 'प्रगतिवाद' मार्क्सवाद की विचारधारा से प्रभावित था। यह रूस की क्रान्ति तथा वैश्विक स्तर पर श्रमिक-किसान आन्दोलनों की चेतना से जुड़ता है। 'प्रगतिवाद' के बाद यूरोप की 'न्यू पोयट्री' से प्रभावित 'प्रयोगवाद' तथा 'नई कविता' का विकास हुआ। नई कविता यूरोप में आई अस्तित्ववादी विचारधारा से प्रभावित है।

'नई कविता आन्दोलन' समकालीन कविता की प्रवृत्तियों में समाहित हो गया। देश में आजादी के बाद वर्ग विषमता, जातिवाद, सम्प्रदायवाद, राजनीतिक-प्रशासनिक भ्रष्टाचार ने कवियों को प्रभावित किया। इस दौर में अकविता, जनवादी कविता, नवगीत जैसी काव्य प्रवृत्तियाँ भी सामने आयीं। कविता के साथ-साथ भारतेन्दु काल से उपन्यास, नाटक, कहानी, निबन्ध जैसी साहित्यिक विधाओं का विकास हुआ।

भारतेन्दु तथा जयशंकर प्रसाद ने हिन्दी नाटक को नयी प्रवृत्ति तथा शैली द्वारा विकसित किया। भारतेन्दु के नाटकों में जहाँ नवजागरण चेतना की प्रवृत्ति है, वहीं प्रसाद के नाटक छायावादी स्वच्छन्दतावाद के साथ राष्ट्रीय स्वतन्त्रता आन्दोलन की प्रवृत्तियों का प्रसार करते हैं। उपन्यास का विकास भारतेन्दु काल में हुआ, किन्तु इसे उत्कर्ष छायावाद काल (1918-36) में प्रेमचन्द की रचनाओं से मिला। प्रेमचन्द ने सामाजिक-राजनीतिक समस्याओं को केन्द्र में रखकर उपन्यासों की रचना की। स्वतन्त्रता के बाद हिन्दी ने कविता, नाटक उपन्यास तथा कहानियों की रचना की प्रक्रिया से चरमोत्कर्ष को प्राप्त किया है। इन रचनाओं के साथ कई विमर्श सामने आये हैं, जिसने हिन्दी की विचारधारात्मक चेतना को विकसित किया है।

आधुनिक काल की साहित्यिक कृतियाँ

रचना	रचनाकार
अन्धेर नगरी	*भारतेन्दु हरिश्चन्द्र*
भारत दुर्दशा	*भारतेन्दु हरिश्चन्द्र*
परीक्षा गुरु	*श्रीनिवास दास*
देवरानी-जेठानी	*गोपालदास गहमरी*
चिन्तामणि	*आचार्य रामचन्द्र शुक्ल*
अनामिका	*सूर्यकान्त त्रिपाठी 'निराला'*
युगवाणी	*सुमित्रानन्दन पन्त*
दीपशिखा	*महादेवी वर्मा*
प्रेमाश्रम	*प्रेमचन्द*
गबन	*प्रेमचन्द*
गोदान	*प्रेमचन्द*
शेखर : एक जीवनी	*सच्चिदानन्द हीरानन्द वात्स्यायन 'अज्ञेय'*
नदी के द्वीप (उपन्यास)	*अज्ञेय*
चाँद का मुख टेढ़ा है	*गजानन्द माधव 'मुक्तिबोध'*
चन्द्रकान्ता	*देवकीनन्दन खत्री*
कंकाल	*जयशंकर प्रसाद*
तितली	*जयशंकर प्रसाद*
चन्द्रगुप्त	*जयशंकर प्रसाद*
स्कन्दगुप्त	*जयशंकर प्रसाद*
ध्रुवस्वामिनी	*जयशंकर प्रसाद*
राम-रहीम	*राधिकारमण प्रसाद सिंह*
चन्द हसीनों के खतूत	*पाण्डेय बेचन शर्मा 'उग्र'*
बाणभट्ट की आत्मकथा	*हजारी प्रसाद द्विवेदी*
बूँद और समुद्र	*अमृतलाल नागर*
खंजन नयन	*अमृतलाल नागर*
कब तक पुकारूँ	*रांगेय राघव*
सुनीता	*जैनेन्द्र*
त्यागपत्र	*जैनेन्द्र*
तमस	*भीष्म साहनी*
पहला राजा	*जगदीशचन्द्र माथुर*
कोणार्क	*जगदीशचन्द्र माथुर*
आषाढ़ का एक दिन	*मोहन राकेश*
लहरों के राजहंस	*मोहन राकेश*
मैला आँचल	*फणीश्वरनाथ 'रेणु'*
कलिकथा वाया बाइपास	*अलका सरावगी*
शेष कादम्बरी	*अलका सरावगी*
पहला गिरमिटिया	*गिरिराज किशोर*
आगरा बाजार	*हबीब तनवीर*
कर्बला (नाटक)	*प्रेमचन्द*
संग्राम (नाटक)	*प्रेमचन्द*
रतिनाथ की चाची	*नागार्जुन*
बलचनमा	*नागार्जुन*
कुम्भीपाक	*नागार्जुन*
हुँकार	*रामधारी सिंह 'दिनकर'*
रश्मिरथी	*रामधारी सिंह 'दिनकर'*
परशुराम की प्रतीक्षा	*रामधारी सिंह, 'दिनकर'*

रचना	रचनाकार
नूरजहाँ	गुरुभक्त सिंह 'भक्त'
परती परिकथा	फणीश्वर नाथ 'रेणु'
झाँसी की रानी	वृन्दावन लाल वर्मा
मृगनयनी	वृन्दावन लाल वर्मा
सूरज का सातवाँ घोड़ा	धर्मवीर भारती
चीड़ों पर चाँदनी	निर्मल वर्मा
अन्तिम अरण्य	निर्मल वर्मा
कितने पाकिस्तान	कमलेश्वर
मछली मरी हुई	राजकमल चौधरी
नई पौध	नागार्जुन
दु:खमोचन	नागार्जुन
मेरी जीवन यात्रा	राहुल सांकृत्यायन
सिंहावलोकन	यशपाल
दिव्या	यशपाल
झूठा-सच	यशपाल
पार्टी कामरेड	यशपाल
दादा कामरेड	यशपाल
कामायनी	जयशंकर प्रसाद
बिस्रामपुर का सन्त	श्रीलाल शुक्ल
राग-दरबारी	श्रालाल शुक्ल
आधा-गाँव	राही मासूम रजा
सर्कस	संजीव
आपका बन्टी	मन्नू भण्डारी
महाभोज	मन्नू भण्डारी
संशयात्मा	ज्ञानेन्द्र पति

प्रसिद्ध कविता, कहानी तथा लेखों के रचनाकार

कविता / कहानी	लेखक / रचनाकार
राम की शक्ति पूजा	निराला
सरोज स्मृति	निराला
तुलसीदास	निराला
कफन	प्रेमचन्द
सद्गति	प्रेमचन्द्र
शतरंज के खिलाड़ी	प्रेमचन्द
पंच परमेश्वर	प्रेमचन्द
बड़े घर की बेटी	प्रेमचन्द
अपनी खबर	पाण्डेय बेचन शर्मा 'उग्र'
उसने कहा था	चन्द्रधर शर्मा गुलेरी
आकाशदीप	जयशंकर प्रसाद
चीफ की दावत	भीष्म साहनी
डिप्टी कलक्टरी, हत्यारे	अमरकान्त
कोशी का घटवार	शेखर जोशी
रसप्रिया	फणीश्वरनाथ 'रेणु'
लाल पान की बेगम	फणीश्वरनाथ 'रेणु'
पंचलैट	फणीश्वरनाथ 'रेणु'
पंच परमेश्वर	प्रेमचन्द
बड़े घर की बेटी	प्रेमचन्द
एक और जिन्दगी	मोहन राकेश
अन्धेरे में	मुक्तिबोध
ब्रह्मराक्षस	मुक्तिबोध
असाध्य वीणा	अज्ञेय
नदी के द्वीप (काव्य)	अज्ञेय

अभ्यास प्रश्न

1. 'ध्रुवस्वामिनी' के रचयिता कौन हैं? **[UP बी.एड. 2014]**
(a) जयशंकर प्रसाद
(b) सुमित्रानन्दन पन्त
(c) सूर्यकान्त त्रिपाठी निराला
(d) महादेवी वर्मा

2. 'कलम का सिपाही' के लेखक कौन हैं? **[UP बी.एड. 2014]**
(a) प्रेमचन्द (b) अमृत राय
(c) अमृतलाल नागर (d) कमलेश्वर

3. 'बाबा बटेसरनाथ' के रचनाकार हैं **[UP बी.एड. 2014]**
(a) नागार्जुन (b) राजेन्द्र यादव
(c) नामवर सिंह (d) महादेवी वर्मा

4. अमीर खुसरो की रचनाएँ किस बोली में रचित हैं? **[UP बी.एड. 2013]**
(a) अवधी (b) ब्रजभाषा
(c) खड़ी बोली (d) कन्नौजी

5. 'जीने के लिए' उपन्यास के लेखक कौन हैं? **[UP बी.एड. 2013]**
(a) रांगेय राघव (b) राहुल सांकृत्यायन
(c) यशपाल (d) नागार्जुन

6. 'व्याकरण-दर्पण' किसकी रचना है? **[UP बी.एड. 2013]**
(a) शिवपूजन सहाय
(b) किशोरीदास वाजपेयी
(c) रामचन्द्र शुक्ल
(d) श्यामसुन्दर दास

7. 'केशव कहि न जाए का कहिए' पंक्ति के रचनाकार हैं **[UP बी.एड. 2012]**
(a) आचार्य केशवदास (b) सूरदास
(c) तुलसीदास (d) रहीम

8. 'सूरदास' प्रेमचन्द के किस उपन्यास का पात्र है? **[UP बी.एड. 2012]**
(a) वरदान (b) प्रतिज्ञा
(c) गोदान (d) रंगभूमि

9. 'कलम का सिपाही' किसे कहा गया है? **[UP बी.एड. 2012]**
(a) प्रेमचन्द (b) निराला
(c) प्रसाद (d) दिनकर

10. 'आकाशदीप' किसकी रचना है? **[UP बी.एड. 2012]**
(a) प्रेमचन्द (b) जयशंकर प्रसाद
(c) निराला (d) यशपाल

11. 'अन्धायुग' किस प्रकार की रचना है? **[UP बी.एड. 2012]**
(a) उपन्यास (b) काव्य
(c) काव्य-नाटक (d) नाटक

12. 'कोणार्क' नाटक के लेखक हैं **[UP बी.एड. 2012]**
(a) जयशंकर प्रसाद
(b) जगदीश चन्द्र माथुर
(c) लक्ष्मी नारायण मिश्र
(d) मोहन राकेश

13. 'अनामिका' किसका काव्य-संग्रह है? **[UP बी.एड. 2012]**
(a) निराला (b) पन्त
(c) महादेवी वर्मा (d) प्रसाद

14. भारतेन्दु ने किस पत्रिका का सम्पादन किया? **[UP बी.एड. 2011]**
(a) हिन्दी प्रदीप (b) इन्दु
(c) कविवचन सुधा (d) भारत बन्धु

15. गलत युग्म चुनें। **[UP बी.एड. 2011]**
(a) साकेत – मैथिलीशरण गुप्त
(b) कामायनी – जयशंकर प्रसाद
(c) रंगभूमि – महादेवी वर्मा
(d) गोदान – प्रेमचन्द

16. 'पानी गए ना ऊबरे ......' के लेखक कौन हैं? **[UP बी.एड. 2011]**
(a) कबीर (b) रहीम
(c) तुलसी (d) सूरदास

17. 'वैदेही वनवास' पुस्तक के लेखक कौन हैं? **[UP बी.एड. 2011]**
(a) बिहारी
(b) भारतेन्दु हरिश्चन्द्र
(c) मैथिलीशरण गुप्त
(d) अयोध्यासिंह 'हरिऔध'

18. रामचरितमानस में समायोजित कुल काण्ड हैं **[UP बी.एड. 2010]**
(a) 8 (b) 9 (c) 7 (d) 12

19. हिन्दी साहित्य का आधुनिक काल कब से प्रारम्भ माना जाता है? **[UP बी.एड. 2010]**
(a) 1999 (b) 1850 (c) 1951 (d) 1752

20. 'अंधेर नगरी चौपट राजा' नाटक किसने लिखा? **[UP बी.एड. 2010]**
(a) मुंशी प्रेमचन्द
(b) गोवर्धन राम एन. त्रिपाठी
(c) भारतेन्दु हरिश्चन्द्र
(d) फकीर मोहन सेनापति

21. हिन्दी का स्वर्णयुग किस काल में रहा? **[UP बी.एड. 2010]**
(a) रीतिकाल (b) भक्तिकाल
(c) आदिकाल (d) आधुनिककाल

22. 'साकेत' के रचनाकार कौन हैं? **[UP बी.एड. 2010]**
(a) जयशंकर प्रसाद
(b) मैथिलीशरण गुप्त
(c) अयोध्या सिंह उपध्याय 'हरिऔध'
(d) सूर्यकान्त त्रिपाठी 'निराला'

23. 'मैला आँचल' किसका उपन्यास है? **[UP बी.एड. 2010]**
(a) अशोक बाजपेयी
(b) फणीश्वरनाथ रेणु
(c) गोपाल प्रसाद नीरज
(d) हीरानन्द वात्स्यायन

24. आचार्य रामचन्द्र शुक्ल ने 'हिन्दी साहित्य के इतिहास' ग्रन्थ की रचना किस नाम से की?
(a) हिन्दी साहित्य का इतिहास
(b) हिन्दी साहित्य का आधुनिक इतिहास
(c) हिन्दी साहित्य का वैज्ञानिक इतिहास
(d) हिन्दी साहित्य का आलोचनात्मक इतिहास

25. राहुल सांकृत्यायन ने 'आदिकाल' को क्या नाम दिया?
(a) सिद्ध काल (b) सामन्त काल
(c) वीरगाथा काल (d) सिद्ध सामन्त काल

26. 'आदिकाल' की प्रधान प्रवृत्ति क्या है?
(a) श्रृंगार (b) धार्मिकता
(c) वीरगाथा (d) भक्ति

27. ज्ञानमार्गी काव्य किस काल की प्रवृत्ति है?
(a) आदिकाल (b) भक्तिकाल
(c) रीतिकाल (d) आधुनिक काल

28. 'भक्तिकाल' को कालक्रम की दृष्टि से आचार्य शुक्ल ने क्या नाम दिया?
(a) पूर्व मध्यकाल (b) उत्तर मध्यकाल
(c) आधुनिक काल (d) आदिकाल

29. जार्ज ग्रियर्सन ने किस काल को 'हिन्दी साहित्य का स्वर्ण काल' कहा?
(a) आदिकाल (b) भक्तिकाल
(c) रीतिकाल (d) आधुनिक काल

30. निराला ने किस पत्र का सम्पादन किया?
(a) मतवाला (b) स्वतन्त्र
(c) अभ्युदय (d) हंस

31. 'रामचन्द्रिका' की रचना किसने की?
(a) देव (b) केशवदास
(c) सेनापति (d) भूषण

32. 'कीर्ति पताका' की रचना किसने की?
(a) विद्यापति (b) चैतन्य
(c) सूरदास (d) तुलसीदास

33. 'मृगावती' किसकी रचना है?
(a) कुतुबन (b) जायसी
(c) मुल्ला दाउद (d) घनानन्द

34. 'पद्मावत' की भाषा है
(a) फारसी (b) संस्कृत
(c) अवधी (d) ब्रजभाषा

35. निम्न में कौन-सी रचना जायसी की नहीं है?
(a) पद्मावत (b) अखरावट
(c) आखिरी कलाम (d) मधुमालती

36. निम्न में कौन रीतिसिद्ध कवि हैं?
(a) बिहारी (b) देव
(c) केशव (d) भूषण

37. 'पद्मावत' में किस मुस्लिम शासक की कथा का वर्णन है?
(a) बलबन
(b) फिरोजशाह तुगलक
(c) अलाउद्दीन खिलजी
(d) महमूद बेगड़ा

38. जायसी ने 'पद्मावत' की रचना किसके शासन काल में की?
(a) अलाउद्दीन खिलजी
(b) अकबर
(c) शेरशाह
(d) जहाँगीर

39. 'सन्देश रासक' किसकी कृति है?
(a) अब्दुल रहमान (b) अमीर खुसरो
(c) मुल्ला दाउद (d) सूरदास

40. कौन-सी रचना तुलसीदास की नहीं है?
(a) रामचरित मानस (b) कवितावली
(c) गीतावली (d) प्रेम वर्त्तिका

41. निम्न में कौन-सी रचना भारतेन्दु हरिश्चन्द्र की नहीं है?
(a) अंधेर नगरी (b) भारत दुर्दशा
(c) भारत जननी (d) अन्धा युग

42. 'कामायनी' किसकी काव्यकृति है?
(a) जयशंकर प्रसाद
(b) सूर्यकान्त त्रिपाठी 'निराला'
(c) शत्रुघ्न प्रसाद शर्मा
(d) महादेवी वर्मा

43. निम्न में कौन-सी लम्बी कविता 'निराला' की कृति नहीं है?
(a) राम की शक्ति पूजा (b) सरोज स्मृति
(c) तुलसीदास (d) अंधेरे में

44. निम्न में कौन-सी रचना जयशंकर प्रसाद की नहीं है?
(a) कामायनी (b) आँसू
(c) प्रेमपथिक (d) जूही की कली

45. निम्न में कौन मैथिलीशरण गुप्त की काव्यकृति नहीं है?
(a) जयद्रथ वध (b) भारत-भारती
(c) यशोधरा (d) रश्मिरथी

46. 'झाँसी की रानी' नामक लम्बी कविता किसकी कृति है?
(a) रामधारी सिंह दिनकर
(b) माखनलाल चतुर्वेदी
(c) सुभद्रा कुमारी चौहान
(d) महादेवी वर्मा

47. निम्न में कौन छायावादी कवि नहीं है?
(a) निराला (b) महादेवी वर्मा
(c) जयशंकर प्रसाद (d) मुक्तिबोध

48. केदारनाथ अग्रवाल किस प्रकार के कवि हैं?
(a) छायावादी (b) प्रगतिवादी
(c) प्रयोगवादी (d) हालावादी

49. 'लाल पान की बेगम' कहानी किसकी रचना है?
(a) अमरकान्त (b) फणीश्वरनाथ रेणु
(c) शैलेश मटियानी (d) यशपाल

50. 'पंच-परमेश्वर' कहानी किसकी रचना है?
(a) अमरकान्त (b) प्रेमचन्द
(c) यशपाल (d) जैनेन्द्र

51. निम्न में कौन-सी औपन्यासिक कृति धर्मवीर भारती की है?
(a) मैला आँचल (b) राग दरबारी
(c) अपनी-अपनी वैतरणी (d) गुनाहों का देवता

52. निम्न में कौन-सी औपन्यासिक कृति यशपाल की नहीं है?
(a) झूठा-सच (b) दादा कामरेड
(c) दिव्या (d) तमस

53. कौन-सा उपन्यास जैनेन्द्र की रचना नहीं है?
(a) परख (b) सुनीत
(c) कल्याणी (d) चित्रलेखा

54. निम्न में कौन-सी रचना 'दिनकर' की नहीं है?
(a) हुँकार (b) रश्मिरथी
(c) कुरुक्षेत्र (d) हल्दीघाटी

55. निम्न में से कौन-सी कहानी जयशंकर प्रसाद की नहीं है?
(a) कंकाल (b) तितली
(c) चन्द्रगुप्त (d) कफन

56. 'बाणभट्ट की आत्मकथा' किसकी रचना है?
(a) हजारी प्रसाद द्विवेदी (b) बाणभट्ट
(c) नामवर सिंह (d) मुद्राराक्षस

57. निम्न में कौन-सी रचना प्रेमचन्द की नहीं है?
(a) ईदगाह (b) नमक का दारोगा
(c) सद्गति (d) हत्यारे

58. निम्न में कौन-सी औपन्यासिक कृति प्रेमचन्द की नहीं है?
(a) प्रेमाश्रम (b) वरदान
(c) मंगलसूत्र (d) अन्तिम अरण्य

59. निम्न में कौन-सी औपन्यासिक कृति जैनेन्द्र की है?
(a) मृगनयनी (b) झूठा-पत्र
(c) खंजन नयन (d) त्यागपत्र

60. कौन-सी रचना मोहन राकेश की नाट्यकृति नहीं है?
(a) आधे अधूरे (b) लहरों के राजहंस
(c) आषाढ़ का एक दिन (d) पहला राजा

61. निम्नलिखित में कौन प्रगतिवादी कवि नहीं हैं?
(a) केदारनाथ अग्रवाल (b) नागार्जुन
(c) मुक्तिबोध (d) दिनकर

62. 'चिन्तामणि' किसकी रचना है?
(a) हजारी प्रसाद द्विवेदी
(b) नामवर सिंह
(c) रामविलास शर्मा
(d) रामचन्द्र शुक्ल

63. 'चीड़ों पर चाँदनी' किसका यात्रावृत्तान्त है?
(a) निर्मल वर्मा (b) राहुल सांकृत्यायन
(c) प्रभाकर माचवे (d) मोहन राकेश

64. 'लोकायतन' किसकी रचना है?
(a) महादेवी वर्मा (b) जयशंकर प्रसाद
(c) रामविलास शर्मा (d) सुमित्रानन्दन पन्त

65. 'देवसेना' किस नाट्यकृति की स्त्री पात्र है?
(a) आषाढ़ का एक दिन
(b) लहरों के राजहंस
(c) चन्द्रगुप्त
(d) स्कन्दगुप्त

66. 'हिमाद्रि तुंग श्रृंग से प्रबुद्ध शुद्ध भारती' पंक्ति किस प्रसिद्ध कवि की रचना से है?
(a) दिनकर
(b) प्रसाद
(c) निराला
(d) सुभद्राकुमारी चौहान

67. 'मैं नीर भरी दु:ख की बदली' किसकी रचना है?
(a) महादेवी वर्मा (b) सुभद्राकुमारी चौहान
(c) मीराबाई (d) कबीर

68. विष्णु प्रभाकर द्वारा रचित 'आवारा मसीहा' किसकी जीवनी है?
(a) मोहन राकेश
(b) शरतचन्द्र चट्टोपाध्याय
(c) रवीन्द्रनाथ टैगोर
(d) महात्मा गाँधी

69. तुलसीदास की रचना नहीं है?
(a) रामचरितमानस (b) कवितावली
(c) विनय-पत्रिका (d) साहित्य लहरी

70. निम्न में से जायसी की रचना है?
(a) चित्रावली (b) दोहावली
(c) मृगावली (d) पद्मावत

71. विद्यापति की रचना नहीं है
(a) कीर्तिलता (b) कीर्तिपताका
(c) वर्णरत्नाकर (d) पदावली

72. 'परमालरासो' किसकी रचना है?
(a) जगनिक (b) जज्वल
(c) चन्दबरदाई (d) नरपति नाल्ह

73. निम्नलिखित में कुतुबन की रचना है
(a) मृगावती (b) चित्रावली
(c) पद्मावत (d) सूरसागर

74. 'सुनीता' तथा 'त्याग-पत्र' किसकी रचना है?
(a) प्रेमचन्द (b) जैनेन्द्र
(c) भीष्म साहनी (d) कमलेश्वर

75. 'खंजन नयन' किसका उपन्यास है?
(a) अमृतलाल नागर (b) रांगेय राघव
(c) अज्ञेय (d) भीष्म साहनी

76. 'युगवाणी' किस प्रसिद्ध कवि का काव्य-संग्रह है?
(a) जयशंकर प्रसाद (b) सुमित्रानंदन पंत
(c) अज्ञेय (d) मुक्तिबोध

77. 'ब्रह्मराक्षस' किस कवि की लंबी कविता है?
(a) मुक्तिबोध (b) नागार्जुन
(c) अज्ञेय (d) निराला

78. 'कुकुरमुत्ता' किस कवि की कविता है?
(a) निराला (b) अज्ञेय
(c) सुमित्रानंदन पंत (d) नागार्जुन

79. 'कोणार्क' और 'पहला राजा' किसकी प्रसिद्धि कृति हैं?
(a) अमृतलाल नागर
(b) जगदीश चन्द्र माथुर
(c) मोहन राकेश
(d) हबीब तनवीर

80. उत्तर मध्यकाल को कहा जाता है
(a) भक्तिकाल (b) आदिकाल
(c) रीतिकाल (d) आधुनिक काल

81. निम्नलिखित में से कौन 'आदिकाल' की रचना नहीं है?
(a) परमाल रासो (b) कीर्तिलता
(c) हम्मीरदेव (d) रासो पद्मावत

82. किस वर्ष से 'छायावाद' काव्य-प्रवृत्ति का प्रारम्भ माना जाता है?
(a) 1918 (b) 1936
(c) 1942 (d) 1928

83. निम्नलिखित में से कौन रीतिबद्ध कवि नहीं हैं?
(a) केशवदास (b) चिन्तामणि
(c) रसलीन (d) बिहारी

84. निम्नलिखित में से कौन 'जयशंकर प्रसाद' की रचना नहीं है?
(a) कंकाल (b) तितली
(c) चन्द्रकान्ता (d) चन्द्रगुप्त

85. निम्नलिखित में से कौन फणीश्वरनाथ 'रेणु' द्वारा रचित कहानी नहीं है?
(a) पंचलैट (b) पंच परमेश्वर
(c) लाल पान की बेगम (d) रसप्रिया

86. निम्नलिखित में से कौन यशपाल रचित उपन्यास नहीं है?
(a) दिव्या (b) झूठा-सच
(c) राग दरबारी (d) दादा कामरेड

87. निम्न में से कौन 'दिनकर' की रचना नहीं है?
(a) उर्वशी (b) कुरुक्षेत्र
(c) रश्मिरथी (d) मृगनयनी

88. 'मेरी जीवन यात्रा' किस रचनाकार की आत्मकथा है?
(a) यशपाल (b) राहुल सांकृत्यायन
(c) मोहन राकेश (d) अज्ञेय

उत्तरमाला

1. (a)	2. (b)	3. (a)	4. (c)	5. (b)	6. (a)	7. (c)	8. (d)	9. (a)	10. (b)
11. (c)	12. (b)	13. (a)	14. (c)	15. (c)	16. (b)	17. (d)	18. (c)	19. (b)	20. (c)
21. (b)	22. (b)	23. (b)	24. (a)	25. (d)	26. (c)	27. (b)	28. (a)	29. (b)	30. (a)
31. (b)	32. (a)	33. (a)	34. (c)	35. (d)	36. (a)	37. (c)	38. (c)	39. (a)	40. (d)
41. (d)	42. (a)	43. (d)	44. (d)	45. (d)	46. (c)	47. (d)	48. (b)	49. (b)	50. (b)
51. (d)	52. (d)	53. (d)	54. (d)	55. (d)	56. (a)	57. (d)	58. (d)	59. (d)	60. (d)
61. (d)	62. (d)	63. (a)	64. (d)	65. (d)	66. (b)	67. (a)	68. (b)	69. (d)	70. (d)
71. (c)	72. (a)	73. (a)	74. (b)	75. (a)	76. (b)	77. (a)	78. (a)	79. (b)	80. (c)
81. (d)	82. (a)	83. (d)	84. (c)	85. (b)	86. (c)	87. (d)	88. (b)		

अध्याय

22 अपठित गद्यांश

बोध-शक्ति के अन्तर्गत गद्यांशों पर आधारित प्रश्न पूछे जाते हैं। ऐसे गद्यांश प्राय: जो पाठ्य-पुस्तकों से सम्बन्धित नहीं होते। इनके द्वारा परीक्षार्थियों की बौद्धिक क्षमता और भाषा-दक्षता का परीक्षण किया जाता है। साथ ही इन अपठित गद्यांशों से उनकी तर्क क्षमता, संवेदनशीलता और स्वतन्त्र अध्ययनशीलता की भी जाँच की जाती है। लगभग सभी प्रतियोगी परीक्षाओं में अपठित गद्यांशों पर आधारित प्रश्न पूछे जाते हैं। प्रत्येक प्रश्न के उत्तर में चार विकल्प दिए गए होते हैं। अनेक बार विकल्प भ्रम उत्पन्न करने वाले और अत्यन्त निकटस्थ होते हैं। परीक्षार्थी को एकाग्रता और धैर्यपूर्वक सर्वाधिक उपयुक्त विकल्प का चयन करना होता है।

गद्यांश 1

चुनाव पूर्व सर्वेक्षण एवं एक्जिट पोल का लोकतन्त्र में क्या महत्त्व है ? यह प्रश्न विचारणीय है। लोकतन्त्र रूपी वृक्ष जनता द्वारा रोपा और सींचा जाता है, इसके पल्लवन एवं पुष्पन में मीडिया की विशेष भूमिका होती है। भारत एक लोकतान्त्रिक राष्ट्र है। लोकतान्त्रिक राष्ट्र में नागरिकों को विशिष्ट अधिकार और स्वतन्त्रताएँ प्राप्त होती हैं। भारतीय संविधान ने भी अनुच्छेद 19 (i) के अन्तर्गत नागरिकों को अभिव्यक्ति की स्वतन्त्रता प्रदान की है, लेकिन जनता के व्यापक हित पर प्रतिकूल प्रभाव डालने वाली स्वतन्त्रता बाधित भी की जानी चाहिए।

भारत जैसे अल्पशिक्षित देश में इस प्रकार के सर्वेक्षण अनुचित हैं। देश की आम जनता पर मीडिया द्वारा किए जाने वाले चुनाव पूर्व सर्वेक्षण और चुनाव के तुरन्त पश्चात् किए जाने वाले एक्जिट पोल का भ्रामक प्रभाव पड़ता है। वह विजयी होती पार्टी की ओर झुक जाती है। आज भी सामान्य लोगों के बीच ये आम धारणा है कि हम अपना वोट खराब नहीं करेंगे, जीतते प्रत्याशी को ही वोट देंगे।

वर्तमान में बाजारवाद अपने उत्कर्ष पर है और मीडिया इसके दुष्प्रभाव से अनछुआ नहीं है। यह कहना अतिशयोक्ति न होगी कि आज मीडिया भी अधिकाधिक संख्या में प्रसार और धन पाने को बुभुक्षित है। मीडिया सत्ताधारी और मजबूत राजनीतिक दलों के प्रभाव में भी रहता है। ये दल धन के बल पर लोक रुझान को अपने पक्ष में दिखाने में सफल हो जाते हैं और सम्पूर्ण चुनाव प्रक्रिया को ही धता बता देते हैं। इस प्रकार सत्ता एवं धन इन सर्वेक्षणों को प्रभावित करते हैं। इन्हें दूध का धुला नहीं कहा जा सकता। भारत जैसे लोकतान्त्रिक राष्ट्र में जहाँ जनता निर्वाचन प्रक्रिया के माध्यम से अपना मत अभिव्यक्त करती है, वहाँ इन सर्वेक्षणों के औचित्य-अनौचित्य पर विचार किया जाना चाहिए।

न्यायालय को यदि संविधान के अनुसार चलने की बाध्यता है, तो संसद को संविधान में संशोधन करने की शक्ति प्राप्त है। वह अपने अधिकारों का प्रयोग करके कोई सार्थक प्रयास कर सकती है।

1. प्रतिकूल प्रभाव डालने वाली स्वतन्त्रता क्यों बाधित होनी चाहिए?
(a) श्रेष्ठ लोकतन्त्र की स्थापना हेतु
(b) वोट के सही उपयोग हेतु
(c) साफ-सुथरी चुनाव प्रक्रिया हेतु
(d) लोकहित को सर्वोपरि रखने हेतु

2. लेखक ने 'दूध का धुला न होना' किसे कहा है?
(a) मीडिया से सम्बन्धित लोगों को
(b) चुनाव पूर्व सर्वेक्षण एवं एक्जिट पोल को
(c) सत्ताधारी और बड़े राजनीतिक दलों को
(d) संसद और न्यायालय को

3. 'सम्पूर्ण चुनाव प्रक्रिया को ही धता बता देते हैं।' इस कथन का भाव है
(a) विश्लेषणात्मक (b) प्रतिक्रियात्मक
(c) उपहासात्मक (d) सकारात्मक

4. गद्यांश से निष्कर्ष निकलता है कि
(a) निर्वाचन में मीडिया की भूमिका संदिग्ध रहती है
(b) भारत में चुनाव पूर्व सर्वेक्षण निरर्थक हैं
(c) चुनाव पूर्व सर्वेक्षण एवं एक्जिट पोल प्रतिबन्धित हों
(d) मीडिया धन से प्रभावित होता है

5. उपरोक्त गद्यांश का उपयुक्त शीर्षक बताइए।
(a) चुनाव पूर्व सर्वेक्षण
(b) चुनाव पूर्व सर्वेक्षण एवं एक्जिट पोल
(c) चुनाव प्रक्रिया
(d) लोकतन्त्र और चुनाव सर्वेक्षण

उत्तरमाला

1. (d) **2.** (a) **3.** (c) **4.** (c) **5.** (b)

गद्यांश 2

शिक्षा जीवन के सर्वांगीण विकास हेतु अनिवार्य है। शिक्षा के बिना मनुष्य विवेकशील और शिष्ट नहीं बन सकता। विवेक से मनुष्य में सही और गलत का चयन करने की क्षमता उत्पन्न होती है। विवेक से ही मनुष्य के भीतर उसके चहुँ ओर नित्य प्रति होते घटनाक्रमों के प्रति एक छिद्रान्वेषी दृष्टिकोण उत्पन्न होता है। शिक्षा ही मानव को मानव के प्रति मानवीय भावनाओं से पोषित करती है।

शिक्षा से मनुष्य अपने परिवेश के प्रति जाग्रत होकर कर्त्तव्याभिमुख हो जाता है। 'स्व' से 'पर' की ओर अग्रसर होने लगता है। निर्बल की सहायता करना, दुखियों के दुःख दूर करने का प्रयास करना, दूसरों के दुःख से दुःखी हो जाना और दूसरों के सुख से स्वयं सुख का अनुभव करना जैसी बातें एक शिक्षित मानव में सरलता से देखने को मिल जाती हैं।

इतिहास, साहित्य, राजनीतिशास्त्र, समाजशास्त्र, दर्शनशास्त्र इत्यादि पढ़कर विद्यार्थी विद्वान् ही नहीं बनता वरन् उसमें एक विशिष्ट जीवन दृष्टि, रचनात्मकता और परिपक्वता का सृजन भी होता है। शिक्षित सामाजिक परिवेश में व्यक्ति अशिक्षित सामाजिक परिवेश की तुलना में सदैव ही उच्च स्तर पर जीवन यापन करता है।

परन्तु आज शिक्षा का अर्थ बदल रहा है। शिक्षा भौतिक आकांक्षा की चेरी बनती जा रही है। व्यावसायिक शिक्षा के अंधानुकरण में छात्र सैद्धान्तिक शिक्षा से दूर होते जा रहे हैं। रूस की क्रान्ति, फ्रांस की क्रान्ति, अमेरिकी क्रान्ति, समाजवाद, पूँजीवाद, राजनीतिक व्यवस्था, सांस्कृतिक मूल्यों आदि की सामान्य जानकारी भी व्यावसायिक शिक्षा ग्रहण करने वाले छात्रों को नहीं है। यह शिक्षा का विशुद्ध रोजगारकरण है। शिक्षा के प्रति इस प्रकार का संकुचित दृष्टिकोण अपनाकर विवेकशील नागरिकों का निर्माण नहीं किया जा सकता।

भारत जैसे विकासशील देश में शिक्षा रोजगार का साधन न होकर साध्य हो गई है। इस कुप्रवृत्ति पर अंकुश लगाना अनिवार्य है। जहाँ मानविकी के छात्रों को पत्रकारिता, साहित्य-सृजन, विज्ञापन, जनसम्पर्क इत्यादि कोर्स भी कराए जाने चाहिए ताकि उन्हें रोजगार के लिए न भटकना पड़े वहीं व्यावसायिक कोर्स करने वाले छात्रों को मानविकी के विषय; **जैसे** इतिहास, साहित्य, राजनीतिशास्त्र व दर्शन आदि का थोड़ा बहुत अध्ययन अवश्य कराना चाहिए ताकि समाज को विवेकशील नागरिक प्राप्त होते रहें, तभी समाज में सन्तुलन बना रह सकेगा।

1. छिद्रान्वेषी दृष्टिकोण से लेखक का क्या तात्पर्य है?
(a) समन्वय की भावना उत्पन्न होना
(b) उपयुक्त और अनुपयुक्त का बोध होना
(c) मानवीयता का विकास होना
(d) विवेकशीलता का विकास होना

2. "शिक्षा ही मानव को मानव के प्रति मानवीय भावनाओं से पोषित करती है।" इस कथन के लिए उपयुक्त विकल्प चुनिए
(a) कटुता (b) सहृदयता की भावना का विकास
(c) विनम्रता की भावना का विकास (d) घृणा की भावना का विकास

3. शिक्षा से मनुष्य 'स्व' से 'पर' की ओर अभिगमन करने लगता है, क्यों?
(a) शिक्षा मनुष्य को संवेदनशील बनाती है
(b) शिक्षा से मनुष्य में सेवा भाव उत्पन्न होता है
(c) शिक्षा मनुष्य को कर्त्तव्यपरायण बनाती है
(d) शिक्षा मनुष्य में मानवीय भाव भरती है

4. वर्तमान शिक्षा भौतिक आकांक्षा की चेरी किस प्रकार बन गई है?
(a) शिक्षा के मात्र व्यावसायिक पक्ष को देखा जा रहा है
(b) शिक्षा को मात्र सैद्धान्तिक बनाकर रख दिया गया है
(c) शिक्षा रचनात्मकता और परिपक्वता की सर्जक बन गई है
(d) शिक्षा को मात्र रोजगार से सम्बद्ध कर दिया गया है

5. उपरोक्त गद्यांश का उपयुक्त शीर्षक क्या होगा?
(a) शिक्षा (b) शिक्षा का जीवन में महत्त्व
(c) शिक्षा का बदलता स्वरूप (d) सैद्धान्तिक व व्यावसायिक शिक्षा

उत्तरमाला

1. (b) **2.** (b) **3.** (c) **4.** (d) **5.** (b)

गद्यांश 3

पुरुषार्थ दार्शनिक विषय है, पर दर्शन का जीवन से घनिष्ठ सम्बन्ध है। वह थोड़े-से विद्यार्थियों का पाठ्य विषय मात्र नहीं है। प्रत्येक समाज को एक दार्शनिक मत स्वीकार करना होता है। उसी के आधार पर उसकी राजनीतिक, सामाजिक और कौटुम्बिक व्यवस्था का व्यूह खड़ा होता है। जो समाज अपने वैयक्तिक और सामूहिक जीवन को केवल प्रतीयमान उपयोगिता के आधार पर चलाना चाहेगा उसको बड़ी कठिनाइयों का सामना करना पड़ेगा। एक विभाग के आदर्श दूसरे विभाग के आदर्श से टकराएँगे। जो बात एक क्षेत्र में ठीक जँचेगी वही दूसरे क्षेत्र में अनुचित कहलाएगी और मनुष्य के लिए अपना कर्त्तव्य स्थिर करना कठिन हो जाएगा। इसका तमाशा आज दीख पड़ रहा है। चोरी करना बुरा है, पर पराये देश का शोषण करना बुरा नहीं। झूठ बोलना बुरा है, पर राजनैतिक क्षेत्र में सच बोलने पर अड़े रहना मूर्खता है। घरवालों के साथ, देशवासियों के साथ और परदेशियों के साथ बर्ताव करने के लिए अलग-अलग आचारावलियाँ बन गई हैं। इससे विवेकशील मनुष्य को कष्ट होता है।

1. सामाजिक व्यवस्था को चलाने के लिए आवश्यकता होती है
(a) आचार संहिता बनाने की (b) विशेष दर्शन बनाने की
(c) विरोधाभासों को दूर करने की (d) एक सफल रणनीति बनाने की

2. समाज के लिए दर्शन महत्त्वपूर्ण है, क्योंकि
(a) इससे समाज की व्यवस्था संचालित होती है
(b) इससे सामाजिक जीवन की उपयोगिता में वृद्धि होती है
(c) यह समाज को सही दृष्टि प्रदान करता है
(d) इससे राजनीति की रणनीति निर्धारित होती है

3. समाज में जीवन प्रतीयमान उपयोगिता के आधार पर नहीं चल सकता, क्योंकि
(a) सभी व्यक्तियों का जीवन दर्शन भिन्न होता है
(b) आचार संहिताएँ सभी के लिए अलग-अलग हैं
(c) एक ही बात भिन्न-भिन्न क्षेत्रों में उचित या अनुचित हो सकती है
(d) सभी मनुष्य विवेकशील नहीं होते

4. विवेकशील मनुष्य को कष्ट पहुँचाने वाले विरोधाभास हैं
(a) सभी व्यक्तियों पर एक ही दर्शन थोपने का प्रयास
(b) परिवार, देश और विदेशी लोगों लिए पृथक् आचार संहिता
(c) समाज विशेष के लिए नैतिक मूल्य और नियमों का निर्धारण
(d) दर्शन के अनुसार राजनीतिक, सामाजिक तथा पारिवारिक-व्यवस्था का निर्धारण

5. गद्यांश का उपयुक्त शीर्षक है
(a) समाज और दर्शन
(b) दर्शन और सामाजिक आचरण
(c) दर्शन और सामाजिक व्यवस्था
(d) समाज में दर्शन का महत्त्व

उत्तरमाला

1. (b) **2.** (a) **3.** (c) **4.** (b) **5.** (c)

गद्यांश 4

सौन्दर्य की परख अनेक प्रकार से की जाती है। बाह्य सौन्दर्य की परख समझना तथा उसकी अभिव्यक्ति करना सरल है। जब रूप के साथ चरित्र का भी स्पर्श हो जाता है तब उसमें रसास्वादन की अनुभूति भी होती है। एक वस्तु सुन्दर तथा मनोहर कही जा सकती है, परन्तु सुन्दर वस्तु केवल इन्द्रियों को सन्तुष्ट करती है, जबकि मनोरम वस्तु चित्त को भी आनन्दित करती है। इस दृष्टि से कवि जयदेव का वसन्त चित्रण सुन्दर है तथा कालिदास का प्रकृति वर्णन मनोहर है, क्योंकि उसमें चरित्र की प्रधानता है। 'सुन्दर' शब्द संकीर्ण है, जबकि 'मनोहर' व्यापक तथा विस्तृत है। साहित्य में साधारण वस्तु भी विशेष प्रतीत होती है तथा उसे मनोहर कहते हैं।

1. सौन्दर्य की परख की जाती है
(a) आनन्द की मात्रा के आधार पर
(b) इन्द्रियों की सन्तुष्टि के आधार पर
(c) रूप के आधार पर
(d) मनोहरता के आधार पर

2. रसास्वादन की अनुभूति का बोध होता है
(a) चरित्र स्पर्शी रूप से
(b) चित्त के आनन्द से
(c) सौन्दर्य अभिव्यक्ति से
(d) इन्द्रिय सुख मात्र से

3. कवि जयदेव का 'वसन्त चित्रण' सुन्दर है, पर मनोहर नहीं, क्योंकि
(a) यह इन्द्रिय सुखदायक है
(b) इसमें केवल सौन्दर्य वर्णन है
(c) यह चित्त को आनन्दित नहीं करता
(d) इसमें अनुभूति नहीं है

4. कालिदास के प्रकृति वर्णन का आधार है
(a) उसकी प्रकृति/अभिव्यक्ति
(b) उसकी चरित्र प्रमुखता
(c) उसकी मनोहरता
(d) उसका सौन्दर्य

5. ऊपर दिए गए गद्यांश का उपयुक्त शीर्षक है
(a) साहित्य और सौन्दर्य
(b) अभिव्यक्ति की अनुभूति
(c) सुन्दरता बनाम मनोहरता
(d) सुन्दरता की संकीर्णता

उत्तरमाला

1. (b) **2.** (a) **3.** (b) **4.** (b) **5.** (c)

गद्यांश 5

विज्ञान शब्द की परिभाषा और क्षेत्र तथा इसकी प्रौद्योगिकी से भिन्नता के विषय में स्पष्ट ज्ञान होना आवश्यक है। कुछ शक्तिशाली व्यक्तियों में, जिनके पास मानव जाति के भविष्य की चाबी है, शायद विज्ञान ही सिर्फ एक महत्त्वपूर्ण अनुपम स्थिति में बिना किसी आपत्ति के सबके द्वारा स्वीकार किया जाने वाला विषय है।

आज विज्ञान से हमारा अर्थ हमारे विश्व और उसके परिवेश के मूल ज्ञान से, इसके सभी क्षेत्रों में ज्ञान की नियन्त्रित और नियमित खोज से है। परन्तु इस ज्ञान का प्रयोग जरूरी नहीं कि सार्वजनिक प्रयोजनों के लिए किया जाए। प्रौद्योगिकी में हम उन अनगिनत विधियों का उल्लेख करते हैं जिनसे विज्ञान को मानव सेवा के लिए प्रयुक्त किया जा सके। दोनों में स्पष्ट अन्तर बताने के लिए आणविक विज्ञान और प्रौद्योगिकी के वर्तमान सर्वाधिक लोकप्रिय क्षेत्रों से उदाहरण दिए जा सकते हैं। यह 'विज्ञान' है जिसमें भारी धात्विक तत्त्व यूरेनियम के नाभिक से अलग या विखण्डित हुए अंशों की प्रकृति और संख्या का मापन होता है। यह प्रौद्योगिकी है जिसमें इस वैज्ञानिक 'ज्ञान' का प्रयोग बिजली बनाने के लिए परमाणु बिजलीघर की रूप-रेखा या उसे बनाने में किया जाता है। यह भी प्रौद्योगिकी है जो नैतिक रंग ले लेती है और नैतिकता तथा अनैतिकता को अंकित करती है। विज्ञान तटस्थ या अनैतिक है और कभी भी नैतिक आचार या मानवीय कल्याण का विरोध नहीं कर सकता, यद्यपि एक वैज्ञानिक और तकनीशियन एक मानव होने के नाते इसका विरोध कर सकते हैं।

1. उपरोक्त अवतरण किस प्रकार का है?
(a) अलंकारिक
(b) वृत्तात्मक
(c) वर्णनात्मक
(d) व्याख्यात्मक

2. लेखक प्रयत्न कर रहा है
(a) विज्ञान की तरफ अच्छे व्यवहार के समर्थन का
(b) हम विज्ञान को लोगों की भलाई के लिए प्रयोग करते हैं, के सुझाव का
(c) भौतिक विज्ञान की अपेक्षा नैतिक विज्ञान के अध्ययन का
(d) विज्ञान और तकनीकी के बीच भेद का

3. लेखक के अनुसार विज्ञान
(a) ही सिर्फ एक शक्ति है, जो मानव जाति के भविष्य को निर्धारित करती है
(b) मानवीय भाग्य को निर्धारित करने वाली कुछ शक्तियों में से एक है
(c) भविष्य में मानव कल्याण का केवल यही एक साधन होगा
(d) मनुष्य की प्रगति के रास्ते में आने वाली बहुत-सी बाधाओं में से एक है

4. यूरेनियम के केन्द्र के विखण्डन का अध्ययन क्या हो सकता है?
(a) आधुनिक तकनीकी के एक उदाहरण का विचार
(b) विद्युत के सिद्धान्तों के प्रयोग का विचार
(c) किसी भी नैतिक उलझाव के न होने का विचार
(d) सभी मनुष्यों की भलाई के लिए महत्त्वपूर्ण होने का विचार

उत्तरमाला

1. (d) **2.** (d) **3.** (a) **4.** (b)

गद्यांश 6

राष्ट्रीय भावना के अभ्युदय एवं विकास के लिए भाषा भी एक प्रमुख तत्त्व है। मानव समुदाय अपनी संवेदनाओं, भावनाओं एवं विचारों की अभिव्यक्ति हेतु भाषा का साधन अपरिहार्यत: अपनाता है। इसके अतिरिक्त उसके पास कोई विकल्प नहीं है। दिव्य ईश्वरीय आनन्दानुभूति के सम्बन्ध में भले ही कबीर ने 'गूंगे केरी शर्करा' उक्ति का प्रयोग किया था पर इससे उनका लक्ष्य शब्द-रूपी भाषा के महत्त्व को नकारना नहीं था। प्रत्युत उन्होंने भाषा को 'बहता नीर' कहकर भाषा की गरिमा प्रतिपादित की थी। विद्वानों की मान्यता है कि किसी एक राष्ट्र के भू-भाग की भौगोलिक विविधताएँ तथा उसके पर्वत, सागर, सरिताओं आदि की बाधाएँ उस राष्ट्र के निवासियों के परस्पर मिलने-जुलने में अवरोधक सिद्ध हो सकती हैं। उसी प्रकार भाषागत विभिन्नता से भी उनके पारस्परिक सम्बन्धों में निर्बाधता नहीं रह पाती। आधुनिक विज्ञान के युग में यातायात एवं संचार के साधनों की प्रगति से भौगोलिक बाधाएँ अब पहले की तरह बाधित नहीं करतीं। इसी प्रकार यदि राष्ट्र की एक सम्पर्क भाषा का विकास हो जाए तो पारस्परिक सम्बन्धों के गतिरोध बहुत सीमा तक समाप्त हो सकते हैं।

मानव-समुदाय को जीवित, जाग्रत एवं जीवन्त शरीर की संज्ञा दी जा सकती है, उसका अपना एक निश्चित व्यक्तित्व होता है। भाषा अभिव्यक्ति के माध्यम से इस व्यक्तित्व को साकार करती है। उसके अमूर्त मानसिक वैचारिक स्वरूप को मूर्त एवं बिम्बात्मक रूप प्रदान करती है। मनुष्यों के विविध समुदाय हैं। उनकी विविध भावनाएँ हैं, विचारधाराएँ हैं, संकल्प एवं आदर्श हैं। उन्हें भाषा ही अभिव्यक्त करने में सक्षम होती है। साहित्य, शास्त्र, गीत-संगीत, आदि में मानव-समुदाय अपने आदर्शों, संकल्पनाओं, अवधारणाओं एवं विशिष्टताओं को वाणी देता है। पर क्या भाषा के अभाव में काव्य, साहित्य, संगीत आदि का अस्तित्व सम्भव है। वस्तुत: ज्ञानराशि एवं भावराशि का अपार संचित कोश जिसे साहित्य का अभिधान दिया जाता है, शब्द रूपी ही तो है। अत: इस सम्बन्ध में वहम की किंचित गुंजाइश नहीं है कि भाषा ही एक ऐसा साधन है जिससे मनुष्य एक-दूसरे के निकट आ सकते हैं। उनमें परस्पर घनिष्ठता स्थापित हो सकती है। यही कारण है कि एक भाषा बोलने और समझने वाले लोग परस्पर एकानुभूति रखते हैं। उनके विचारों में ऐक्य रहता है। अत: राष्ट्रीय भावना के विकास के लिए भाषा-तत्त्व परम आवश्यक है।

1. उपरोक्त अनुच्छेद का सर्वाधिक उपयुक्त शीर्षक है
(a) व्यक्तित्व विकास और भाषा (b) भाषा बहता नीर
(c) राष्ट्रीयता और भाषा-तत्त्व (d) साहित्य और भाषा-तत्त्व

2. भाव एवं विचार-विनिमय का सक्षम साधन है
(a) काव्य साहित्य (b) प्रतीक एवं संकेत
(c) शब्दरूपी भाषा (d) ललित कलाएँ

3. 'गूंगे केरी शर्करा' से कबीर का अभिप्रेत है कि ब्रह्मानन्द की अनुभूति
(a) मौनव्रत से प्राप्त होती है
(b) अनिर्वचनीय होती है
(c) अभिव्यक्ति के लिए कसमसाती है
(d) अत्यन्त मधुर होती है

4. मनुष्य के पास अपने भावों, विचारों, आदर्शों आदि को सुरक्षित रखने के सशक्त माध्यम है
(a) व्यक्तित्व एवं चरित्र (b) साहित्यशास्त्र एवं संगीत
(c) भाषा और शैली (d) साहित्य और कला

5. भाषा-तत्त्व के अभाव में अस्तित्व सम्भव नहीं है
(a) मानवीय संवेदनाओं का (b) मानवीय आदर्शों का
(c) मानव रचित साहित्य का (d) मानव व्यक्तित्व का

उत्तरमाला

1. (c) **2.** (c) **3.** (b) **4.** (d) **5.** (a)

गद्यांश 7

बाल श्रम ने भारतमाता के दैदीप्यमान मस्तक को मलिनतापूर्ण बना दिया है। उद्योगों और विभिन्न कल-कारखानों में हाड़तोड़ परिश्रम करते बच्चों को देख मानवता रो पड़ती है। भट्टियों पर काम करते हुए मालिकों के लिए अपने शरीर का होम करने वाले मासूम आँख, नाक एवं फेफड़ों की गम्भीर बीमारियों के शिकार हो रहे हैं। इनकी नियति ही ऐसी है कि मनुष्य जीवन के चक्र का अहम भाग जवानी इनके लिए नहीं बना है। ये तो सीधे ही वृद्धावस्था को प्राप्त करते हैं। कथित मालिकों की झिड़कियाँ और गाहे-बगाहे मार झेलते इन बालक-बालिकाओं का जीवन देखकर प्रतीत होता है कि सृष्टा ने अत्यधिक क्रूरता से इनका भाग्य रचा है। नियोक्ताओं के लिए बाल श्रम का उपयोग निरापद है। इसके माध्यम से वे अनुचित लाभ उठाकर अपना पथ कंटकविहीन कर लेते हैं।

बाल श्रम रूपी असुर के बन्धन में जकड़ी बालिकाओं और किशोरियों की स्थिति और भी भयानक है। माता-पिता की दारिद्रय-मुक्ति हेतु भागीरथी प्रयास करती बालिकाएँ स्वयं एक सर्वभोग्या जलधारा के रूप में प्रवाहमान हैं। जिन्हें जब चाहे ठेकेदार और नियोक्ता पी डालते हैं और अभिभावक विवशतावश चूँ तक नहीं कर पाते। यौनाचार का जो घिनौना चेहरा आज सम्पूर्ण समाज में दिखाई दे रहा है उसके पीछे बाल श्रम की अभिवृद्धि भी प्रमुख रूप से उत्तरदायी है। सिंगापुर, थाइलैण्ड, मलेशिया, इण्डोनेशिया, नेपाल जैसे देशों में पर्यटन के बहाने मौजमस्ती करने आए लोग दस-बारह वर्ष की वय वाली लड़कियों की माँग करते हैं ताकि वे एड्स से बचे रहें। दलालों के लिए यह सौदा फायदे का होता है। वे बाल श्रम में लगी लड़कियों और उनके मजबूर माता-पिता को अपना शिकार बनाते हैं और देह व्यापार के गहरे गर्त में धकेल देते हैं।

1. "भारतमाता के दैदीप्यमान मस्तक को मलिनतापूर्ण बना दिया है" इस कथन में कौन-सा अलंकार अभिव्यक्त हो रहा है?
(a) वक्रोक्ति अलंकार (b) मानवीकरण अलंकार
(c) अन्योक्ति अलंकार (d) पुनरुक्ति प्रकाश अलंकार

2. "सृष्टा ने अत्यधिक क्रूरता से इनके भाग्य को रचा है" यह कथन इस सन्दर्भ में प्रयुक्त हुआ है
(a) माता-पिता ने बच्चों को बाल श्रम के लिए विवश किया है
(b) निर्माण क्षेत्रों के लोगों ने बाल श्रमिकों को बढ़ावा दिया है
(c) भाग्य दोष के कारण बच्चों को बाल श्रमिक बनना पड़ा है
(d) क्रूर नियोक्ता बाल श्रमिकों के भाग्य का अंश गटक जाते हैं

3. "नियोक्ताओं के लिए बाल श्रम का उपयोग निरापद है।" इस वाक्य से क्या अभिप्राय है?
(a) बाल श्रमिकों के यौन शोषण में सुविधा
(b) श्रम के सर्वांग शोषण की सुविधा
(c) बाल श्रमिक हानि नहीं पहुँचाते
(d) बाल श्रमिक कम मजदूरी पर मिल जाते हैं

4. ''बालिकाएँ स्वयं एक सर्वभोग्या जलधारा के रूप में प्रवाहमान हैं।'' यह कथन किस तथ्य को रेखांकित कर रहा है?
(a) देश की बालिकाएँ नदियों के समान पवित्र हैं
(b) बालिकाएँ दरिद्रतावश घर-घर जाकर काम करती हैं
(c) बाल यौनाचार ने समाज रूपी सरिता को सर्वभोग्या बना डाला है
(d) बाल श्रम से बालिकाओं के यौन शोषण की प्रवृत्ति बढ़ रही है

5. उपरोक्त गद्यांश का उपयुक्त शीर्षक होगा
(a) बालश्रम और समाज (b) बालश्रम
(c) बाल शोषण (d) बाल यौन शोषण

उत्तरमाला

1. (b) 2. (c) 3. (c) 4. (d) 5. (b)

गद्यांश 8

विकास के उच्च शिखर पर पताका फहराते हुए आज हम विज्ञान के उत्कर्ष काल में जी रहे हैं। परन्तु ये कैसी विडम्बना है कि मैला उठाने की सर्वाधिक घृणित प्रथा आज भी हमारे समाज में विद्यमान है। घर-घर मैला साफ करते नर-नारियों के प्रति हमारा समाज संवेदनशील न हो, ऐसा नहीं है। हमारी संवेदनाएँ या तो तीव्रता से उठती नहीं या स्वार्थ के आवरण में आवृत होकर घुट-घुट कर मर जाती हैं। बड़ी नालियों-नालों में नंगे बदन सफाई करते इंसान देखकर अपने सभ्य होने पर हमें लज्जा क्यों नहीं आती ? सड़क पर गाड़ियों, ठेलों और कमर पर मैला उठाते नर-नारियों को देखकर हम शर्म से धरती में क्यों नहीं गड़ जाते ? सीवर टैंकों की सफाई के समय जहरीली गैसों के प्रभाव से असमय ही काल-कवलित हो जाने वाले युवकों की माताओं का कारुणिक रुदन का श्रवण हम क्यों नहीं कर पाते?

प्रतिकूल मौसमी दशाओं की मार झेलती, दुधमुँहे शिशुओं को रोता-बिलखता छोड़ घर-घर मैला उठाने वाली नारियाँ भोर होते ही निकल पड़ती हैं। हमारे लिए जो निकृष्ट और घृणित कर्म है, उनके लिए वही एक सत्कर्म है। हम देवत्व का मिथ्यावरण लपेटे घंटों और शंख ध्वनियों के बीच पुरोहिती का राग अलापते हैं और उन्हें तिरस्कृत कर पास भी नहीं फटकने देते।

गंदगी उठाने वाले इस वन्दनीय समाज की सेवा से हम कभी उऋण नहीं हो सकते। यह तिरस्कार नहीं वन्दना के पात्र हैं। इस कुप्रथा को समूल उखाड़ फेंकने के लिए सामूहिक प्रयास अपरिहार्य है।

1. आधुनिक काल की सर्वाधिक प्रमुख विडम्बना क्या है?
(a) हम विज्ञान के उत्कर्ष काल में जी रहे हैं
(b) हमारे भीतर दया के भाव का लोप हो गया है
(c) हमारे समाज में मैला उठाने की प्रथा विद्यमान है
(d) मैला उठाने वालों के प्रति हम संवेदनशून्य हैं

2. ''हमारी संवेदनाएँ या तो तीव्रता से उठती नहीं या स्वार्थ के आवरण से आवृत होकर घुट-घुट कर मर जाती हैं।'' इस कथन से कौन-सा आशय मेल खाता है?
(a) हम स्वार्थ साधने में रत हैं
(b) स्वार्थपरता के कारण संवेदनाएँ व्यक्त नहीं करते
(c) संवेदनाएँ व्यक्त करने में घुटन अनुभव होती है
(d) संवेदनाएँ क्षीणता के कारण मुखर नहीं हो पातीं

3. लेखक ने हमें सभ्य होने पर भी लज्जाहीन क्यों कहा है?
(a) हमारे समाज में आज भी मैला ढोने की प्रथा है
(b) हमने मैला ढोने वालों को तिरस्कृत कर रखा है
(c) विज्ञान के उत्कर्ष काल में भी मैला ढोने की प्रथा प्रचलित है
(d) हम जहरीली गैसों से मृत युवकों की माताओं का करुण क्रन्दन नहीं सुनते

4. ''हमारे लिए जो निकृष्ट और घृणित कर्म है, उनके लिए वही एक सत्कर्म है।'' इस कथन में सत्कर्म से क्या अभिप्राय है?
(a) भीख माँगना
(b) पुरोहिती का राग अलापने का कार्य
(c) शोषित और तिरस्कृत लोगों को मुक्ति दिलाने का कार्य
(d) मैला उठाने का कार्य

5. गद्यांश में 'पुरोहिती का राग अलापने वाले' कहकर लेखक ने किस भाव को प्रकट किया है?
(a) उपहासात्मक भाव (b) उपदेशात्मक भाव
(c) व्यंग्यात्मक भाव (d) विचारात्मक भाव

उत्तरमाला

1. (c) 2. (b) 3. (a) 4. (d) 5. (c)

गद्यांश 9

वर्तमान भोगवादी व्यवस्था में प्रत्येक वस्तु को 'उपभोग' की कसौटी पर कसा जा रहा है। इसके चलते नारी देह एक प्रमुख 'उपभोग्य' वस्तु बन गई है। यही कारण है कि आज वेश्यावृत्ति ने चकलाघरों से बाहर निकलकर संभ्रान्त कही जाने वाली कालोनियों तक अपने पाँव पसार लिए हैं। आज पढ़ी-लिखी लड़कियाँ भी कालगर्ल और सेक्स-वर्कर के रूप में कार्य कर रही हैं। यह सामाजिक अधोगति का स्पष्ट संकेत है। इतना ही नहीं वेश्यावृत्ति से एड्स जैसी लाइलाज बीमारी के भी भयावह स्थिति में पहुँचने का संकट सामने खड़ा है।

वेश्यावृत्ति को बढ़ावा देने में दृश्य एवं प्रचार माध्यमों की खासी भूमिका है। आज टेलीविजन और फिल्मों में नारी और पुरुष देह को उत्तेजक रूप में दर्शाया जा रहा है। इसका प्रमुख दुष्प्रभाव यह है कि समाज में कम वय में ही विपरीत लिंग के प्रति आकर्षण बढ़ा है जो युवाओं की यौनाकांक्षाएँ जाग्रत कर उन्हें उनकी पूर्ति हेतु उद्वेलित किए रहता है। यही उद्वेलन उन्हें अन्ततः वेश्यागमन हेतु प्रेरित करता है।

यौनाकांक्षा को तृप्त करने के लिए जब साठ या उससे अधिक वर्ष के लोग वेश्याओं के पास जाते हैं तब समाज के समक्ष एक प्रश्नचिह्न अंकित हो जाता है।

आज यह प्रश्न सबके सम्मुख खड़ा है कि लड़कियाँ वेश्यावृत्ति के अन्धकूप में किस प्रकार आ गिरती हैं। वास्तविक स्थिति यह है कि इस धन्धे में धकेली गई अधिकांश लड़कियाँ 'सर्वहारा' वर्ग से ही होती हैं और उन्हें वेश्यावृत्ति के लिए मजबूर होना पड़ता है। परन्तु यह भी सत्य है कि शहरों की शिक्षित लड़कियाँ भी शानो-शौकत और शार्टकट रास्ते से धन कमाने की लालसा से इस कार्य में संलग्न हो जाती हैं।

यह तथ्य सामने आ चुका है कि गरीबी के कारण वेश्यावृत्ति करने पर विवश लड़कियाँ समाज के प्रति तिरस्कृत दृष्टिकोण रखती हैं। उनके स्थानों पर वे 'सेक्स-वर्कर' का दर्जा पाने के लिए संघर्षरत हैं।

चाहे जिस दृष्टि से देखा जाए वेश्यावृत्ति सभ्य समाज के माथे पर कलंक है। एक उत्तरदायी राज्य की स्थापना होने पर ही इसे समाप्त किया जा सकता है।

1. 'उपभोग की कसौटी' से लेखक का क्या तात्पर्य है?
(a) नारी आज भोग्या के रूप में प्रदर्शित की जा रही है
(b) वेश्यागामी नारी का उपभोग कर रहे हैं
(c) उपयोगिता और अनुपयोगिता का निर्धारण
(d) नारी के विभिन्न उपयोगों का निर्धारण

2. 'सेक्स-वर्कर' किसे कहा गया है?
(a) वेश्यावृत्ति से जुड़े दलालों को
(b) वेश्यावृत्ति करने वाली स्त्रियों को
(c) सम्भ्रान्त कही जाने वाली वेश्याओं को
(d) वेश्यावृत्ति को बढ़ावा देने वाले लोगों को

3. युवा वेश्यागमन हेतु क्यों प्रेरित होते हैं?
(a) दृश्य एवं प्रचार माध्यमों के उत्तेजक प्रदर्शनों के कारण
(b) विपरीत लिंग के आकर्षण के कारण
(c) यौनाकांक्षाओं की पूर्ति हेतु
(d) वेश्यागमन हेतु उठे उद्वेलन के कारण

4. 'सर्वहारा' वर्ग से क्या अभिप्राय है?
(a) जीवनयापन हेतु कोई भी रास्ता अपनाने का
(b) सभी लोगों के लिए कार्य करने वाले लोग
(c) सभी प्रकार का आहार ग्रहण करने वाले लोग
(d) आर्थिक रूप से दुर्बल लोग

5. उपरोक्त गद्यांश का उपयुक्त शीर्षक हो सकता है
(a) वेश्यावृत्ति
(b) वेश्यावृत्ति और मीडिया
(c) वेश्यावृत्ति और समाज
(d) वेश्यावृत्ति के स्वरूप

उत्तरमाला

1. (c) **2.** (b) **3.** (c) **4.** (d) **5.** (a)

गद्यांश 10

पाश्चात्य सभ्यता एवं संस्कृति में बहुत-सी अच्छी बातें होते हुए भी वह मूलत: अधिकार प्रधान, भोग प्रधान है, उसमें अपने सुख की प्रवृत्ति प्रधान है। इसलिए यहाँ प्रधान जोर शरीर-सुख-भोग तथा उसके निमित्त अगणित साधन जुटाने की ओर है; जबकि भारतीय संस्कृति अनेक बुराइयों के होते हुए भी मुख्यत: धर्म प्रधान, कर्त्तव्य प्रधान, त्याग और तपस्या प्रवृत्ति-मूलक संस्कृति है। विश्व-मानव या विश्व-मानवता एवं संस्कृति का निर्माण तभी सम्भव है जब मनुष्य अपने शरीर का विचार इस सीमा तक न करे कि उस प्रयत्न में वह आत्मा, वह प्राण ज्योति ही तिरोहित हो जाए जिससे मानव, मानव है। स्पष्टत: भारतीय संस्कृति में, अहिंसक जीवन निर्माण की, दूसरों के लिए जीने की सम्भावनाएँ अधिक होने से गाँधी जी की श्रद्धा थी कि भारतीय संस्कृति ही हमारे जीवन का दीप है और वही विश्व-संस्कृति या विश्व-मानवता की आधारशिला बन सकती है।

1. पाश्चात्य संस्कृति के सम्बन्ध में सत्य है
(a) वह भौतिकवादी संस्कृति है
(b) वह शारीरिक सुख प्रदाता संस्कृति है
(c) वह भारतीय संस्कृति से उत्प्रेरित है
(d) वह यथार्थवादी संस्कृति है

2. इनमें से कौन-सा कथन सत्य है?
(a) पाश्चात्य संस्कृति पूर्णतः निवृत्ति-मूलक है
(b) पाश्चात्य एवं भारतीय संस्कृति में गुण-दोष विद्यमान हैं
(c) पाश्चात्य संस्कृति प्रवृत्ति एवं निवृत्ति मूलक का मिश्रण है
(d) भारतीय संस्कृति स्वार्थ एवं परार्थ भाव का मिश्रण है

3. मानव, मानव नहीं रह जाता जब
(a) वह पाश्चात्य संस्कृति अपनाता है
(b) वह मानवीय भोगवादिता को नकार देता है
(c) उसके भीतर भोगवादिता अत्यधिक बढ़ जाती है
(d) वह विश्व मानवता के विचार को त्याग देता है

4. परदु:खकातरता से सम्बन्धित कथन है
(a) अहिंसक प्रवृत्ति और दूसरों के लिए जीना
(b) धर्म, कर्त्तव्य, त्याग एवं विश्व मानवता
(c) आत्मा एवं प्राण ज्योति का उत्कर्ष
(d) परोपकार हेतु सुख-साधन जुटाना

5. उपरोक्त गद्यांश का सर्वाधिक उपयुक्त शीर्षक है
(a) पाश्चात्य एवं भारतीय संस्कृति
(b) भारतीय संस्कृति
(c) भारतीय संस्कृति, मानवीय संस्कृति
(d) भारतीय संस्कृति, सर्वश्रेष्ठ संस्कृति

उत्तरमाला

1. (a) **2.** (b) **3.** (c) **4.** (a) **5.** (d)

गद्यांश 11

वैज्ञानिक प्रयोग की सफलता ने मनुष्य की बुद्धि का अपूर्व विकास कर दिया है। द्वितीय महायुद्ध में एटम बम की शक्ति ने कुछ क्षणों में ही जापान की अजेय शक्ति को पराजित कर दिया। इस शक्ति की युद्धकालीन सफलता ने अमेरिका, रूस, ब्रिटेन, फ्रांस आदि सभी देशों को ऐसे शस्त्रास्त्रों के निर्माण की प्रेरणा दी कि सभी भयंकर और सर्वविनाशकारी शस्त्र बनाने लगे। अब सेना को पराजित करने तथा शत्रु देश पर पैदल सेना द्वारा आक्रमण करने के लिए शस्त्र निर्माण के स्थान पर देश के विनाश करने की दिशा में शस्त्रास्त्र बनने लगे हैं। इन हथियारों का प्रयोग होने पर शत्रु देशों की अधिकांश जनता और सम्पत्ति थोड़े समय में ही नष्ट की जा सकेगी। चूँकि ऐसे शस्त्रास्त्र प्राय: सभी स्वतन्त्र देशों के संग्रहालयों में कुछ-न-कुछ आ गये हैं। अत: युद्ध की स्थिति में उनका प्रयोग भी अनिवार्य हो जाएगा, जिससे बड़ी जनसंख्या प्रभावित हो सकती है। इसीलिए निशस्त्रीकरण की योजनाएँ बन रही हैं। शस्त्रास्त्रों के निर्माण की जो प्रक्रिया अपनायी गई, उसी के

कारण आज इतने उन्नत शस्त्रास्त्र बन गए हैं, जिनके प्रयोग से व्यापक विनाश आसन्न दिखाई पड़ता है। अब भी परीक्षणों की रोकथाम तथा बने शस्त्रों का प्रयोग रोकने के मार्ग खोजे जा रहे हैं। इन प्रयासों के मूल में एक भयंकर आतंक और विश्व-विनाश का भय कार्य कर रहा है।

1. इस गद्यांश का मूल कथ्य क्या है?
(a) आतंक और सर्वनाश का भय
(b) विश्व में शस्त्रास्त्रों की होड़
(c) द्वितीय विश्वयुद्ध की विभीषिका
(d) निशस्त्रीकरण और विश्व शान्ति

2. भयंकर विनाशकारी आधुनिक शस्त्रास्त्रों को बनाने की प्रेरणा किसने दी?
(a) अमेरिका ने
(b) अमेरिका की विजय ने
(c) जापान पर गिराये गए 'अणु-बम' ने
(d) बड़े देशों की पारस्परिक प्रतिस्पर्द्धा ने

3. एटमबम की अपार शक्ति का प्रथम अनुभव कैसे हुआ?
(a) जापान में हुई भयंकर विनाशलीला से
(b) जापान की अजेय शक्ति की पराजय से
(c) अमेरिका, रूस, ब्रिटेन और फ्रांस की प्रतिस्पर्द्धा से
(d) अमेरिका की विजय से

4. बड़े-बड़े देश आधुनिक विनाशकारी शस्त्रास्त्र क्यों बना रहे हैं?
(a) अपनी-अपनी सेनाओं में कमी करने के उद्देश्य से
(b) अपने संसाधनों का प्रयोग करने के उद्देश्य से
(c) अपना-अपना सामरिक व्यापार बढ़ाने के उद्देश्य से
(d) पारस्परिक भय के कारण

5. आधुनिक युद्ध भयंकर व विनाशकारी होते हैं, क्योंकि
(a) दोनों देशों के शस्त्रास्त्र इन युद्धों में समाप्त हो जाते हैं
(b) अधिकांश जनता और उनकी सम्पत्ति नष्ट हो जाती है
(c) दोनों देशों में महामारी और भुखमरी फैल जाती है
(d) दोनों देशों की सेनाएँ इन युद्धों में मारी जाती हैं

उत्तरमाला

1. (d) **2.** (c) **3.** (a) **4.** (d) **5.** (b)

गद्यांश 12

यह सर्वविदित है कि मानवता का सबसे घोर शत्रु विज्ञान नहीं वरन् युद्ध है, विज्ञान मात्र विद्यमान सामाजिक शक्तियों को प्रतिबिम्बित करता है, स्पष्टतया विज्ञान शान्ति के दौर में रचनात्मक होता है और युद्धकाल में यही विनाश रूपी भूमिका में परिवर्तित हो जाता है, प्राय: विज्ञान द्वारा प्रदत्त अस्त्र युद्ध के लिए जिम्मेदार नहीं हैं, हालांकि वे युद्ध को अत्यधिक भयावह जरूर बना सकते हैं, अभी तक ये अस्त्र हमें विनाश के कगार तक ले आए हैं, अत: हमारी मुख्य समस्या विज्ञान को प्रतिबन्धित करना न होकर बल्कि युद्ध रोकना है—बल प्रयोग के स्थान पर विधि एवं राष्ट्रों के पारस्परिक सम्बन्धों में अराजकता के स्थान पर अन्तर्राष्ट्रीय सरकार की स्थापना करना है, ऐसे प्रयास में सभी लोगों की भागीदारी आवश्यक है जिनमें वैज्ञानिक भी शामिल हैं। अब हमारे समक्ष यह प्रश्न मुँह खोले खड़ा है—''क्या शिक्षा एवं सहिष्णुता, सौहार्द एवं रचनात्मक सोच हमारी विनाशकारी क्षमताओं के साथ जारी प्रतिस्पर्द्धा में कभी जीत सकती है?''

यह एक ऐसा प्रश्न है जिसका उत्तर किसी भी कीमत पर हमें इस पीढ़ी में अवश्य ही ढूँढना होगा, विज्ञान को हमें समाधान ढूँढने में सहायता करनी होगी, परन्तु प्रमुख निर्णय की क्षमता हम सभी को स्वयं विकसित करनी होगी।

1. लेखक के मतानुसार मानवता का वास्तविक शत्रु विज्ञान नहीं बल्कि युद्ध है, क्योंकि
(a) विज्ञान मात्र अस्त्रों का आविष्कार करता है जिससे युद्ध लड़े जाते हैं
(b) विज्ञान युद्धकाल में विनाशकारी हो जाता है
(c) विज्ञान द्वारा आविष्कृत अस्त्र ही युद्ध के असली कारण हैं
(d) विज्ञान द्वारा आविष्कृत अस्त्र मात्र ही युद्ध के कारण नहीं हैं, यद्यपि इनके द्वारा घोर विनाश निश्चित है

2. युद्ध रोका जा सकता है यदि
(a) विज्ञान को समूल विनाश की अनुमति न दी जाए तो
(b) विधि एवं अन्तर्राष्ट्रीय कूटनीति द्वारा हम बल प्रयोग एवं अराजकता के ऊपर नियन्त्रण पा सकें
(c) विज्ञान की सुविधाओं का प्रयोग मात्र युद्धकाल में ही हो
(d) विज्ञान द्वारा आविष्कृत अस्त्र युद्ध घोषित करने के लिए प्रयुक्त न हों

3. लेखक के अनुसार हमारी समस्या है
(a) विज्ञान को सामाजिक शक्तियों का प्रतिबिम्ब बनाने से रोकना
(b) वैज्ञानिक गतिविधियों को सर्वत्र प्रतिबन्धित करना
(c) युद्ध समाप्ति सुनिश्चित करना
(d) वैज्ञानिकों को विनाशकारी गतिविधियों से रोकना

4. विनाशकारी प्रवृत्तियों को नियन्त्रित करने हेतु
(a) सामाजिक शक्तियों को प्रोत्साहित करना
(b) शिक्षा और सौहार्द
(c) अन्तर्दृष्टि एवं रचनात्मक-चिन्तन
(d) उपरोक्त (b) एवं (c) को जोड़कर

5. 'विनाश की दहलीज पर खड़ा करना' का तात्पर्य है
(a) मृत्यु और विनाश के समीप ले जाना
(b) नए भविष्य की दहलीज पर ले जाना
(c) विध्वंसकारी गतिविधि में प्रवृत्त होना
(d) रहस्यमय भाग्य को इंगित करना

उत्तरमाला

1. (d) **2.** (b) **3.** (c) **4.** (d) **5.** (a)

अभिक्षमता परीक्षण

अध्याय

1

वर्गीकरण परीक्षण
Classification Test

वर्गीकरण से हमारा अभिप्राय किन्हीं वस्तुओं, संख्याओं, शब्दों या अक्षरों के समूह में से किसी एक वस्तु, संख्या, शब्द या अक्षर को उनके सामान्य गुणों के आधार पर वर्गीकृत करने से है।

इस परीक्षण का उद्देश्य प्रतियोगियों में किसी वस्तुओं, संख्याओं, शब्दों या अक्षरों के समूह को उनके सर्वनिष्ठ गुणों के आधार पर वर्गीकरण करने की क्षमता का मापन करना होता है।

वर्गीकरण परीक्षण के अन्तर्गत प्रतियोगियों से तीन प्रकार के प्रश्न पूछे जाते हैं, *जो निम्नवत् हैं*

1. शब्द आधारित वर्गीकरण परीक्षण **2.** वर्णमाला आधारित वर्गीकरण परीक्षण **3.** संख्या श्रेणी आधारित वर्गीकरण परीक्षण

शब्द आधारित वर्गीकरण परीक्षण इस प्रकार के परीक्षण में प्रतियोगियों को चार शब्द देकर उनके आपसी सम्बन्धों के विषय पर प्रश्न पूछे जाते हैं, जिनमें एक शब्द ऐसा होता है जो अन्य तीन शब्दों से भिन्न होता है। प्रतियोगियों को वही शब्द उत्तर विकल्प के रूप में चुनना होता है।

वर्णमाला आधारित वर्गीकरण परीक्षण इस प्रकार के परीक्षण में प्रतियोगियों को अंग्रेजी वर्णमाला के अक्षरों के चार भिन्न-भिन्न अक्षर समूह देकर उनके आपसी सम्बन्धों के विषय पर प्रश्न पूछे जाते हैं, जिनमें एक अक्षर समूह ऐसा होता है जो अन्य तीन अक्षर समूहों से भिन्न होता है। प्रतियोगियों को वही अक्षर समूह उत्तर विकल्प के रूप में चुनना होता है।

संख्या श्रेणी आधारित वर्गीकरण परीक्षण इस प्रकार के परीक्षण में प्रतियोगियों को संख्याओं के चार विकल्प के रूप में एक संख्या श्रेणी दी जाती है तथा प्रश्न में उनके आपसी सम्बन्धों के विषय में पूछा जाता है, जिनमें एक संख्या ऐसी होती है जोकि उस संख्या श्रेणी के नियमों का पालन नहीं करती है। प्रतियोगियों को वही संख्या उत्तर विकल्प के रूप में चुननी होती है।

साधित उदाहरण

निर्देश (प्र.सं. 1-5) *निम्नलिखित प्रश्नों में वह विकल्प कौन-सा है, जो अन्य तीन विकल्पों से भिन्न है?*

1. (a) लेक (b) पॉण्ड (c) पूल (d) बुक

हल *(d)* बुक अर्थात् किताब अन्य विकल्पों से मिलता-जुलता नहीं है क्योंकि बाकी सभी पानी के स्त्रोत हैं तथा किताब पढ़ने के काम आती है।

2. (a) प्लेटो (b) स्टार (c) माउण्टेन (d) फॉरेस्ट

हल *(d)* फॉरेस्ट अर्थात् जंगल अन्य विकल्पों से मिलता-जुलता नहीं है क्योंकि बाकी सभी पर्वत शृंखलाएँ हैं तथा फॉरेस्ट उनसे भिन्न है।

3. (a) 7 (b) 35 (c) 49 (d) 27

हल *(d)* 27 को छोड़कर अन्य सभी संख्याएँ 7 से विभाजित होती हैं, जबकि 27,7 से विभाजित नहीं होती है।

4. (a) 53-15 (b) 64-24 (c) 82-17 (d) 27-14

हल *(c)* सभी में बाईं संख्या के अंकों की गुणा दाईं संख्या है, जबकि विकल्प (c) में ऐसा है।

5. (a) ANBP
(b) CPDQ
(c) FSGT
(d) IVJW

हल *(a)* N एवं P के मध्य एक अक्षर है, जबकि PQ या ST या VW लगातार है। अतः ANBP अन्य तीन से भिन्न है।

अभ्यास प्रश्न

निर्देश (प्र.सं. 1-6) *नीचे दिए गए चार विकल्पों में से उस विकल्प को चुनिए जो अन्य तीन से भिन्न है।* **[UP बी.एड. 2014]**

1. (a) तालाब-झील (b) पिस्तौल-बन्दूक (c) कार-बस (d) चर्च-स्मारक

2. (a) मकान (b) अपार्टमेण्ट (c) भवन (d) संस्था

3. (a) QRTU (b) DEWX (c) STJK (d) KIJL

4. (a) ZYWV (b) UTSR (c) QPON (d) MLKJ

5. (a) 13 (b) 21 (c) 15 (d) 33

6. (a) 15 (b) 63 (c) 82 (d) 24

निर्देश (प्र.सं. 7-9) *दिए गए विकल्पों में से विषम शब्दों को चुनिए।* **[UP बी.एड. 2013]**

7. (a) NMOL (b) PKQI (c) RISH (d) TGUF

8. (a) 5-8 (b) 17-32 (c) 19-38 (d) 21-40

9. (a) तबला (b) वीणा (c) सितार (d) एकतारा

निर्देश (प्र.सं. 10-14) *निम्नलिखित प्रत्येक प्रश्न में दिए गए विकल्पों में से विषम शब्द/अक्षर/संख्या युग्म ज्ञात कीजिए।* **[UP बी.एड. 2012]**

10. (a) गैलन (b) टन (c) क्विण्टल (d) किलोग्राम

11. (a) 120-560 (b) 91-299 (c) 78-169 (d) 104-429

12. (a) अँगूठी (b) टायर (c) प्लेट (थाली) (d) चूड़ी (कड़ा)

13. (a) आँखें (b) कान (c) गला (d) त्वचा

14. (a) DFIMR (b) CEHLQ (c) GIJPU (d) HJMPT

निर्देश (प्र.सं. 15-18) *दिए गए विकल्पों में से विषम अक्षर/संख्या को चुनिए।* **[UP बी.एड. 2011]**

15. (a) पृथ्वी (b) बृहस्पति (c) बुध (d) चन्द्रमा

16. (a) सेब (b) आम (c) आलू (d) नारंगी

17. (a) 11 (b) 13 (c) 15 (d) 17

18. (a) 232 (b) 432 (c) 612 (d) 813

19. शब्द BRAKES को जब वर्णानुक्रमिक रूप में व्यवस्थित किया जाता है, तो कितने अक्षरों की स्थिति अपरिवर्तित रहती है **[UP बी.एड. 2010]**

(a) एक (b) दो (c) तीन (d) चार

20. निम्नलिखित प्रश्न में चार संख्याएँ दी गई हैं, जिनमें से तीन किसी प्रकार समान हैं। उस एक का चयन कीजिए, जो भिन्न है **[UP बी.एड. 2008]**

(a) 2 (b) 16 (c) 56 (d) 128

21. भिन्न शब्द का चयन कीजिए। **[UP बी.एड. 2008]**

(a) Bag (b) Basket (c) Hat (d) Pocket

22. समूह से भिन्न शब्द का चयन कीजिए। **[UP बी.एड. 2008]**

(a) लखनऊ (b) भोपाल (c) नई दिल्ली (d) जयपुर

23. निम्नलिखित प्रश्न में भिन्न शब्द का चयन कीजिए। **[UP बी.एड. 2008]**

(a) जापान (b) भारत (c) श्रीलंका (d) न्यूजीलैण्ड

निर्देश (प्र.सं. 24-34) *नीचे दिए गए प्रत्येक प्रश्न में चार शब्द दिए गए हैं। इन चार शब्दों में से तीन शब्द किसी-न-किसी प्रकार से एकसमान हैं तथा इस प्रकार ये अपना एक समूह बनाते हैं। आप उस शब्द को चुनिए जो अन्य तीन से भिन्न है।*

24. (a) कान (b) नाक (c) आँख (d) हृदय **[UP बी.एड. 2008]**

25. (a) भौतिक शास्त्र (b) रसायन शास्त्र (c) भूगोल (d) वनस्पति शास्त्र **[UP बी.एड. 2008]**

26. (a) बहुतायत (b) प्रचुर (c) बहुत अधिक (d) विस्तृत

27. (a) कलम (b) कैलकुलेटर (c) स्याही (d) रबड़

28. (a) नम्र (b) विनीत (c) सभ्य (d) राजनैतिक

29. (a) सलाहकार (b) निजी शिक्षक (c) प्रशिक्षक (d) व्याख्याता

30. (a) मक्खी (b) मधुमक्खी (c) खटमल (d) तिलचट्टा

31. (a) परिकल्पना (b) प्रयोग (c) अनुमान (d) पूर्वानुमान

32. (a) कुत्ताघर (b) अश्वशाला (c) ताला (d) माँद

33. (a) रोगाणु (b) सूक्ष्म-फिल्म (c) माइक्रोफोन (d) सूक्ष्मदर्शी

34. (a) समाजशास्त्री (b) अर्थशास्त्री (c) तन्त्रिका विज्ञानी (d) शिक्षाशास्त्री

निर्देश (प्र.सं. 35-43) *नीचे दिए गए प्रत्येक प्रश्न में शब्दों के चार समूह दिए गए हैं। एक शब्द समूह अन्य तीन से भिन्न है। दिए गए विकल्पों में से भिन्न शब्द समूह कौन-सा है?*

35. (a) कागज-पेन्सिल (b) सिर-टोपी (c) स्याही-दवात (d) भेंट-आवरण

36. (a) कठोर-कोमल (b) नौकदार-भोंथरा (c) मीठा-खट्टा (d) लम्बा-ऊँचा

37. (a) पेट्रोल-कार (b) विद्युत-टेलीविजन (c) स्याही-पेन (d) धूल-वैक्यूम क्लीनर

38. (a) हल्का-भारी (b) अपराध-आरोप (c) छोटा-लम्बा (d) पुरुष-स्त्री

39. (a) पेन-स्याही
(b) टाइपराइट-रिबन (फीता)
(c) कूँची (ब्रश)-रंगना (पेन्ट करना)
(d) पेन्सिल-रिफिल

40. (a) पौधा-फूल (b) कुर्सी-सोफा (c) चेहरा-आँख (d) वृक्ष-तना

41. (a) पति-पत्नी (b) शेर-लोमड़ी (c) कुत्ता-बिल्ली (d) राजा-मन्त्री

42. (a) अपराध-सजा (b) सजा-वकालत (c) मेहनत-सफलता (d) व्यायाम-स्वास्थ्य

43. (a) कैप्टन-टीम
(b) बॉस-गैंग
(c) प्रधानमन्त्री-कैबिनेट
(d) कलाकार-ट्रूप

निर्देश (प्र.सं. 44-57) *नीचे दिए गए प्रत्येक प्रश्न में अंग्रेजी वर्णमाला के अक्षरों के चार समूह दिए गए हैं। इनमें से तीन किसी-न-किसी प्रकार से एक समान हैं। आप उस अक्षर समूह को छाँटिए जो अन्य से भिन्न हैं।*

44. (a) YWUS (b) ZXYV (c) GECA (d) BZXV

45. (a) MKGA (b) RPLF (c) VTPJ (d) PNID

46. (a) DINS (b) CHNR (c) BGLQ (d) AFKP

47. (a) ACE (b) FHJ (c) KLM (d) SUW

48. (a) AJKL (b) IBCD (c) ORQP (d) UFGH

49. (a) DEB (b) RTP (c) HIF (d) NOL

50. (a) RGTF (b) MLOK (c) CTES (d) VDZC

51. (a) UZDGI (b) JOSVX (c) RWACE (d) FKORT

52. (a) IJCD (b) WYTS (c) QRKL (d) PQMN

53. (a) AEFJ (b) KOPT (c) UYZD (d) EHIL

54. (a) AYBZ (b) BXCY (c) DVEW (d) MPON

55. (a) ALIDJ (b) ACZXV (c) FASJE (d) NDWVS

56. (a) OL (b) EV (c) CX (d) IS

57. (a) QW (b) SY (c) PV (d) AG

निर्देश (प्र.सं. 58-72) *निम्नलिखित चार विकल्पों में से तीन विकल्प एक समान हैं, जो अपना एक समूह बनाते हैं। निम्न में से कौन-सा ऐसा है जो अन्य तीन से भिन्न है?*

58. (a) 8252 (b) 9611 (c) 1754 (d) 7324

59. (a) 72 (b) 45 (c) 81 (d) 28

60. (a) 527 (b) 639 (c) 246 (d) 356

61. (a) 144 (b) 169 (c) 196 (d) 210

62. (a) 21 (b) 83 (c) 81 (d) 69

63. (a) 6 : 78 (b) 4 : 52 (c) 1 : 13 (d) 11 : 14

64. (a) 16-40 (b) 18-45 (c) 14-28 (d) 8-20

65. (a) 40-5 (b) 60-12 (c) 32-4 (d) 88-11

66. (a) 117-39 (b) 164-41 (c) 198-66 (d) 213-71

67. (a) 12-96 (b) 13-117 (c) 15-120 (d) 16-128

68. (a) 52-142 (b) 54-126 (c) 56-168 (d) 58-184

69. (a) 94-7 (b) 42-6 (c) 35-5 (d) 56-8

70. (a) 84, 67 (b) 112, 95 (c) 79, 63 (d) 167, 150

71. (a) 6 : 16 (b) 7 : 19 (c) 10 : 27 (d) 11 : 31

72. (a) 81 : 243 (b) 16 : 64 (c) 64 : 192 (d) 25 : 75

उत्तरमाला

1. (d)	2. (d)	3. (d)	4. (a)	5. (a)	6. (c)	7. (b)	8. (c)	9. (a)	10. (a)
11. (a)	12. (c)	13. (c)	14. (d)	15. (d)	16. (c)	17. (c)	18. (b)	19. (b)	20. (b)
21. (c)	22. (c)	23. (d)	24. (d)	25. (c)	26. (d)	27. (b)	28. (d)	29. (a)	30. (b)
31. (b)	32. (c)	33. (a)	34. (d)	35. (c)	36. (d)	37. (d)	38. (b)	39. (c)	40. (b)
41. (d)	42. (b)	43. (d)	44. (b)	45. (d)	46. (b)	47. (c)	48. (c)	49. (b)	50. (d)
51. (c)	52. (b)	53. (d)	54. (d)	55. (d)	56. (d)	57. (c)	58. (d)	59. (d)	60. (d)
61. (d)	62. (b)	63. (d)	64. (c)	65. (b)	66. (b)	67. (b)	68. (c)	69. (a)	70. (c)
71. (c)	72. (b)								

संकेत एवं हल

1. तालाब-झील दोनों में पानी भरा रहता है। पिस्तौल-बन्दूक दोनों से गोली छोड़ी जाती है कार-बस दोनों यात्रियों के वाहन हैं। जबकि चर्च और स्मारक में ऐसी समानता नहीं है। अतः विकल्प (d) तीनों से अलग है।

2. मकान, अपार्टमेण्ट तथा भवन तीनों का अर्थ घर होता है, जबकि संस्था का अर्थ घर नहीं होता।

3. Q R T U (+1, +1) D E W X (+1, +1) S T J K (+1, +1) [K I J L] (−2, +2)

अतः KIJL अन्य सभी से भिन्न है।

4. [Z Y W V] (−1, −2, −1) U T S R (−1, −1, −1)

Q P O N (−1, −1, −1) M L K J (−1, −1, −1)

अतः ZYWV अन्य सभी से भिन्न है।

5. 13 को छोड़कर, अन्य सभी भाज्य संख्याएँ हैं जबकि 13 एक अभाज्य संख्या है।

6. $15 = 4^2 - 1$
$63 = 8^2 - 1$
$82 = 9^2 + 1$
$24 = 5^2 - 1$
अतः 82 अन्य सभी से भिन्न है।

7. अक्षर समूह PKQI को छोड़कर, अन्य सभी में विपरीत अक्षरों के दो युग्म दिए गए हैं।
$N \leftrightarrow M$: $O \leftrightarrow L$
$R \leftrightarrow I$: $S \leftrightarrow H$
$T \leftrightarrow G$: $U \leftrightarrow F$

8. (a) $5 \times 2 - 2 = 10 - 2 = 8$
(b) $17 \times 2 - 2 = 34 - 2 = 32$
(c) $19 \times 2 - 2 = 38 - 2 = \boxed{36}$
(d) $21 \times 2 - 2 = 42 - 2 = 40$
अतः उपरोक्त से स्पष्ट है कि विकल्प (c) अन्य तीन से भिन्न है।

9. तबला को छोड़कर अन्य सभी तारयुक्त वाद्ययन्त्र हैं।

10. अन्य सभी द्रव्यमान के मात्रक हैं, जबकि गैलन आयतन का मात्रक है।

11. संख्या युग्म 120-560 को छोड़कर अन्य सभी युग्मों में संख्याएँ 13 की गुणज हैं। अतः $13 \times 7 = 91, 13 \times 23 = 299, 13 \times 6 = 78,$ $13 \times 13 = 169,\ 13 \times 8 = 104,\ 13 \times 33 = 429$

12. प्लेट को छोड़कर अन्य सभी वृत्ताकार छल्ले (rings) हैं।

13. गला को छोड़कर अन्य सभी Sense organs हैं। पाँच Sense organs हैं नाक, आँख, कान, जीभ तथा त्वचा।

14. $D \xrightarrow{+2} F \xrightarrow{+3} I \xrightarrow{+4} M \xrightarrow{+5} R$
$C \xrightarrow{+2} E \xrightarrow{+3} H \xrightarrow{+4} L \xrightarrow{+5} Q$
$G \xrightarrow{+2} I \xrightarrow{+3} L \xrightarrow{+4} P \xrightarrow{+5} U$
$\boxed{H \xrightarrow{+2} J \xrightarrow{+3} M \xrightarrow{+3} P \xrightarrow{+4} T}$
अतः HJMPT अन्य सभी से भिन्न है।

6 वर्गीकरण परीक्षण

15. चन्द्रमा को छोड़कर अन्य सभी सौरमण्डल के ग्रह है।

16. आलू को छोड़कर अन्य सभी फल है, जबकि आलू एक सब्जी है।

17. 15 को छोड़कर प्रत्येक संख्या एक अभाज्य संख्या है।

18. 432 को छोड़कर, अन्य सभी संख्याएँ 12 की गुणक नहीं हैं।

19. प्रश्नानुसार,

B R A [K] E [S]

A B E [K] R [S]

20. संख्या 16 को छोड़कर अन्य सभी वर्ग संख्याएँ नहीं हैं जबकि संख्या 16 एक वर्ग संख्या है अर्थात् $16 = (4)^2$

21. Hat को छोड़कर अन्य सभी में वस्तुओं को रखा जाता है, जबकि Hat सिर पर पहना जा सकता है।

22. नई दिल्ली को छोड़कर अन्य सभी राज्य की राजधानियाँ हैं; जबकि नई दिल्ली भारत की राजधानी है।

23. न्यूजीलैण्ड को छोड़कर अन्य सभी देश एशिया महादेश में स्थित हैं जबकि न्यूजीलैण्ड ओसनिया महादेश में स्थित है।

24. हृदय को छोड़कर अन्य सभी ज्ञानेन्द्रियाँ हैं; जबकि हृदय शरीर के अन्दर का एक अंग है।

25. भूगोल को छोड़कर अन्य सभी विज्ञान से सम्बन्धित विषय हैं; जबकि भूगोल कला से सम्बन्धित विषय है।

26. 'विस्तृत' को छोड़कर अन्य सभी का अर्थ संख्या या मात्रा से हैं, जबकि 'विस्तृत' का अर्थ फैलने या फैला हुआ से है।

27. 'कैलकुलेटर' को छोड़कर अन्य सभी स्टेशनरी के अन्तर्गत आते हैं, जबकि 'कैलकुलेटर' स्टेशनरी के अन्तर्गत नहीं आता है।

28. 'राजनैतिक' को छोड़कर अन्य सभी में उनके भाव का अर्थ स्पष्ट होता है, जबकि 'राजनैतिक' में भाव का अर्थ स्पष्ट नहीं होता है।

29. 'सलाहकार' को छोड़कर अन्य सभी शिक्षा देने वाले हैं, जबकि 'सलाहकार' किसी विषय पर अपनी सलाह देता है।

30. 'मधुमक्खी' को छोड़कर अन्य सभी मनुष्यों के लिए हानिकारक कीट है, जबकि 'मधुमक्खी' मनुष्यों के लिए एक लाभकारी कीट है।

31. 'प्रयोग' को छोड़कर अन्य सभी का सम्बन्ध कल्पना से है, जबकि 'प्रयोग' का सम्बन्ध वास्तविकता से है।

32. 'ताला' को छोड़कर अन्य सभी रहने के स्थान हैं, जबकि 'ताला' कोई रहने का स्थान नहीं है।

33. 'रोगाणु' को छोड़कर अन्य सभी कृत्रिम वस्तुओं के नाम हैं, जबकि 'रोगाणु' एक जीव का नाम है।

34. 'शिक्षाशास्त्री' को छोड़कर अन्य सभी किसी क्षेत्र-विशेष के ज्ञाता हैं, जबकि 'शिक्षाशास्त्री' इनसे भिन्न हैं।

35. कागज पर पेन्सिल से लिखा जाता है।
सिर पर टोपी पहनी जाती है।
भेंट पर आवरण होता है।
लेकिन स्याही पर दवात नहीं बल्कि दवात में स्याही होती है।

36. 'लम्बा-ऊँचा' को छोड़कर अन्य सभी शब्द समूहों में पहला शब्द दूसरे शब्द का विपरीतार्थक है।

37. पेट्रोल से कार, विद्युत से टेलीविजन और स्याही से पेन चलता है किन्तु धूल से वैक्यूम क्लीनर नहीं चलता।

38. अपराध-आरोप को छोड़कर अन्य सभी युग्म परस्पर विपरीतार्थक हैं।

39. जिस प्रकार, पेन में स्याही, टाइपराइटर में रिबन तथा पेन्सिल में रिफिल हैं, लेकिन कूँची को चलाने के लिए पेन्ट की आवश्यकता पड़ती है।

40. 'कुर्सी-सोफा' को छोड़कर अन्य सभी में दूसरा, पहले में होता है, जबकि 'सोफा-कुर्सी' में नहीं होता है।

41. 'राजा-मन्त्री' को छोड़कर अन्य सभी जोड़ों में एक पुल्लिंग तथा दूसरा स्त्रीलिंग है, जबकि 'राजा-मन्त्री' में दोनों पुल्लिंग है।

42. 'सजा-वकालत' को छोड़कर अन्य सभी जोड़ों में प्रथम शब्द का फल दूसरे शब्द के रूप में लिखा है, जबकि सजा का फल वकालत नहीं होता है।

43. 'कलाकार-ट्रूप' को छोड़कर अन्य सभी जोड़ों में प्रथम शब्द दूसरे शब्द का मुखिया होता है, जबकि कलाकार,ट्रूप का मुखिया नहीं होता है।

44.
Y W U S (−2 −2 −2) [Z X Y V] (−2 +1 −3)
G E C A (−2 −2 −2) B Z X V (−2 −2 −2)

अतः उपरोक्त से स्पष्ट है कि विकल्प (b) अन्य सभी से भिन्न है।

45.
M K G A (−2 −4 −6) R P L F (−2 −4 −6)
V T P J (−2 −4 −6) [P N I D] (−2 −7 −5)

अतः उपरोक्त से स्पष्ट है कि विकल्प (d) अन्य सभी से भिन्न है।

46.
D I N S (+5 +5 +5) [C H N R] (+5 +6 +4)
B G L Q (+5 +5 +5) A F K P (+5 +5 +5)

अतः उपरोक्त से स्पष्ट है कि विकल्प (b) अन्य सभी से भिन्न है।

47.
A C E (+2 +2) F H J (+2 +2)
[K L M] (+1 +1) S U W (+2 +2)

अतः उपरोक्त से स्पष्ट है कि विकल्प (c) अन्य सभी से भिन्न है।

48.
A J K L (+1 +1) I B C D (+1 +1)
[O R Q P] (−1 −1) U F G H (+1 +1)

अतः उपरोक्त से स्पष्ट है कि विकल्प (c) अन्य सभी से भिन्न है।

49.
D E B (+1 −3) [R T P] (+2 −4)
H I F (+1 −3) N O L (+1 −3)

अतः उपरोक्त से स्पष्ट है कि विकल्प (b) अन्य सभी से भिन्न है।

50. RT, MO एवं CE के मध्य में 1-1 अक्षर हैं, जबकि VZ के मध्य में 3 अक्षर हैं। अतः विकल्प (d) अन्य सभी से भिन्न है।

51.
U Z D G I (+5 +4 +3 +2) J O S V X (+5 +4 +3 +2)
[R W A C E] (+5 +4 +2 +2) F K O R T (+5 +4 +3 +2)

अतः उपरोक्त से स्पष्ट है कि विकल्प (c) अन्य सभी से भिन्न है।

52. WYTS को छोड़कर अन्य सभी के प्रारम्भिक एवं अन्तिम दोनों अक्षर लगातार वर्णमाला के क्रम में हैं। अतः विकल्प (b) अन्य सभी से भिन्न है।

53.
A E F J (+4 +1 +4) K O P T (+4 +1 +4)
U Y Z D (+4 +1 +4) [E H I L] (+3 +1 +3)

अतः उपरोक्त से स्पष्ट है कि विकल्प (d) अन्य सभी से भिन्न है।

54.

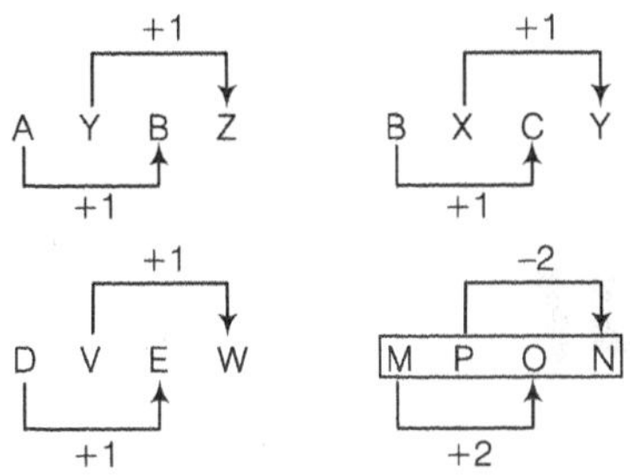

अतः उपरोक्त से स्पष्ट है कि विकल्प (d) अन्य सभी से भिन्न है।

55. NDWVS को छोड़कर अन्य सभी में एक या एक से अधिक स्वर हैं लेकिन NDWVS में कोई स्वर नहीं है। अतः विकल्प (d) अन्य सभी से भिन्न है।

56. IS को छोड़कर अन्य सभी अंग्रेजी वर्णमाला में एक-दूसरे के विपरीत अक्षर हैं। अतः विकल्प (d) अन्य सभी से भिन्न है।

57. PV को छोड़कर अन्य सभी समूहों में दोनो अक्षर विषम-सांख्यांकिक मान वाले हैं, जबकि PV में दोनों अक्षर सम-सांख्यांकिक मान वाले हैं। अतः विकल्प (c) अन्य सभी से भिन्न है।

58. 7324 को छोड़कर अन्य सभी संख्याओं के अंकों का योगफल 17 है, लेकिन 7324 के अंकों का योगफल 16 है। अतः विकल्प (d) अन्य सभी से भिन्न है।

59. 28 को छोड़कर अन्य सभी संख्याएँ 3 की गुणक हैं। अतः विकल्प (d) अन्य सभी से भिन्न है।

60. 356 को छोड़कर अन्य सभी संख्याओं के प्रथम दो अंकों का योगफल तीसरे अंक के बराबर है। अतः विकल्प (d) अन्य सभी से भिन्न है।

61. 210 को छोड़कर अन्य सभी संख्याएँ पूर्ण वर्ग है। अतः विकल्प (d) अन्य सभी से भिन्न है।

62. 83 को छोड़कर अन्य सभी भाज्य संख्याएँ हैं जबकि 83 एक अभाज्य संख्या है। अतः विकल्प (b) अन्य सभी से भिन्न है।

63. 11:14 को छोड़कर अन्य सभी में दूसरी संख्या, पहली संख्या की 13 गुनी है। अतः विकल्प (d) अन्य सभी से भिन्न है।

64. 14-28 को छोड़कर अन्य सभी में दूसरी संख्या, पहली संख्या की $2\frac{1}{2}$ गुनी है। अतः विकल्प (c) अन्य सभी से भिन्न है।

65. 60-12 को छोड़कर अन्य सभी में पहली संख्या, दूसरी संख्या से 8 गुनी है। अतः विकल्प (b) अन्य सभी से भिन्न है।

66. 164-41 को छोड़कर अन्य सभी में पहली संख्या, दूसरी संख्या से 3 गुनी है, जबकि 164, 41 से 4 गुनी है। अतः विकल्प (b) अन्य सभी से भिन्न है।

67. 13-117 को छोड़कर अन्य सभी संख्याओं में दूसरी संख्या पहली संख्या की 8 गुनी है, जबकि 117, 13 की 9 गुनी है। अतः विकल्प (b) अन्य सभी से भिन्न है।

68. 56-168 को छोड़कर अन्य सभी में दूसरी संख्या, पहली संख्या की 3 गुनी नहीं है, अतः विकल्प (c) अन्य सभी से भिन्न है।

69. 94-7 को छोड़कर अन्य सभी में पहली संख्या, दूसरी संख्या से 7 गुनी है। अतः विकल्प (a) अन्य सभी से भिन्न है।

70. (a) $67 + 17 = 84$ (b) $95 + 17 = 112$
(c) $63 + 16 = 79$ (d) $150 + 17 = 167$
(a), (b) तथा (d) के दाई संख्या में 17 जोड़ने पर बाई संख्या प्राप्त होती है परन्तु (c) में वैसा नहीं है। अतः विकल्प (c) अन्य सभी से भिन्न है।

71. (a) $6 \times 3 - 2 = 16$
(b) $7 \times 3 - 2 = 19$
(c) $10 \times 3 - 2 \neq 27$
(d) $11 \times 3 - 2 = 31$
अतः विकल्प (c) अन्य सभी से भिन्न है।

72. $81 \times 3 = 243$
$16 \times 4 = 64$
$64 \times 3 = 192$
$25 \times 3 = 75$
(a), (c) तथा (d) में बाई संख्या को तीन से गुणा करने पर दाई संख्या आती है जबकि (b) में ऐसा नहीं हैं। अतः विकल्प (b) अन्य सभी से भिन्न है।

अध्याय

2

वर्णमाला परीक्षण

Alphabet Test

अंग्रेजी वर्णमाला में अक्षरों की कुल संख्या 26 होती है जोकि A से Z तक निश्चित क्रम में सुव्यवस्थित होते हैं। अक्षरों के इसी निश्चित क्रम को अंग्रेजी वर्णमाला कहते हैं।

इस प्रकार के परीक्षण के अन्तर्गत प्रतियोगियों से ऐसे प्रश्न पूछे जाते हैं जो सामान्यतः अंग्रेजी वर्णमाला तथा शब्द निर्माण पर आधारित होते हैं। *इनको हल करने के लिए निम्न जानकारी आवश्यक है*

अंग्रेजी वर्णमाला में किसी अक्षर की स्थिति ज्ञात करना अंग्रेजी वर्णमाला में किसी अक्षर की स्थिति आपके दाईं ओर से दाईं या बाईं ओर या आपके बाईं ओर से बाईं या दाईं हो सकती है। विस्तार से इसे हम निम्न प्रकार से समझ सकते हैं

दाएँ से xवें अक्षर के बाईं ओर yवाँ अक्षर = दाएँ से $(x + y)$वाँ अक्षर

बाएँ से xवें अक्षर के दाईं ओर yवाँ अक्षर = बाएँ से $(x + y)$वाँ अक्षर

दाएँ से xवें अक्षर के दाईं ओर yवाँ अक्षर = दाएँ से $(x - y)$वाँ अक्षर

बाएँ से xवें अक्षर के बाईं ओर yवाँ अक्षर = बाएँ से $(x - y)$वाँ अक्षर

1	2	3	4	5	6	7	8	9	10	11	12	13	14	15	16	17	18	19	20	21	22	23	24	25	26
A	B	C	D	E	F	G	H	I	J	K	L	M	N	O	P	Q	R	S	T	U	V	W	X	Y	Z
26	25	24	23	22	21	20	19	18	17	16	15	14	13	12	11	10	9	8	7	6	5	4	3	2	1

बायाँ पक्ष ← सीधा क्रम → बायाँ पक्ष

दायाँ पक्ष ← विपरीत क्रम → दायाँ पक्ष

अंग्रेजी वर्णमाला के अक्षरों के विपरीत अक्षर अंग्रेजी वर्णमाला में प्रत्येक अक्षर का एक विपरीत अक्षर होता है तथा उनकी संगत संख्याओं का योगफल हमेशा 27 होता है। अंग्रेजी वर्णमाला के विपरीत अक्षर निम्न हैं

A ⇌ Z, B ⇌ Y, C ⇌ X, D ⇌ W, E ⇌ V, F ⇌ U, G ⇌ T,
H ⇌ S, I ⇌ R, J ⇌ Q, K ⇌ P, L ⇌ O, M ⇌ N

साधित उदाहरण

1. अंग्रेजी वर्णमाला में बाएँ से 7वें अक्षर के दाएँ 8वाँ अक्षर कौन-सा होगा?

(a) H (b) I
(c) J (d) O

हल ***(d)*** अंग्रेजी वर्णमाला में बाएँ से xवें अक्षर के दाईं ओर yवाँ अक्षर
= बाएँ से $(x + y)$वाँ अक्षर

बाएँ से 7वें अक्षर के दाएँ 8वाँ अक्षर = बाएँ से (7 + 8)वाँ अक्षर
= बाएँ से 15वाँ अक्षर = O

अतः अंग्रेजी वर्णमाला में बाएँ से 7वें अक्षर के दाईं ओर 8वाँ अक्षर O होगा।

2. अंग्रेजी वर्णमाला में आपके दाएँ से 16वें अक्षर के दाएँ 9वाँ अक्षर कौन-सा होगा?

(a) Q (b) R
(c) S (d) T

हल ***(d)*** अंग्रेजी वर्णमाला में दाएँ से xवें अक्षर के दाईं ओर yवाँ अक्षर
= दाएँ से $(x - y)$वाँ अक्षर

दाएँ से 16वें अक्षर के दाएँ 9वाँ अक्षर
= दाएँ से (16 − 9)वाँ अक्षर

⇒ = दाएँ से 7वाँ अक्षर = T

अतः अंग्रेजी वर्णमाला में दाएँ से 16वें अक्षर के दाएँ 9वाँ अक्षर T होगा।

3. नीचे चार शब्द दिए गए हैं जिन्हें शब्दकोष के आधार पर यदि सजाया जाए, तो दूसरे स्थान पर कौन-सा शब्द होगा?

(a) INSTANT (b) INTELLIGENT
(c) INITIAL (d) INTEREST

हल ***(a)*** दिए गए शब्दों को शब्दकोष के अनुसार व्यवस्थित करने पर शब्दों का क्रम निम्न प्रकार होगा

INITIAL, INSTANT, INTELLIGENT, INTEREST

अतः INSTANT शब्द, शब्दकोष में दूसरे स्थान पर आएगा।

4. अंग्रेजी वर्णमाला को विपरीत क्रम में लिखने पर आपके दाईं ओर से 10वें अक्षर के बाएँ 5वाँ अक्षर कौन-सा होगा?

(a) E (b) F (c) V (d) T

हल ***(a)*** अंग्रेजी वर्णमाला में दाएँ से xवें अक्षर के दाईं ओर yवाँ अक्षर
= दाएँ से $(x - y)$वाँ अक्षर

दाईं ओर से 10वें अक्षर के बाएँ 5वाँ अक्षर
= दाएँ से (10 − 5)वाँ अक्षर
= दाएँ से 5वाँ अक्षर
= E (∵ अंग्रेजी वर्णमाला का क्रम विपरीत लिखा गया है।)

अतः अंग्रेजी वर्णमाला को विपरीत क्रम में लिखने पर दाएँ से 10वें अक्षर के बाएँ 5वाँ अक्षर E होता है।

5. RUMINATION शब्द में अक्षरों के कितने ऐसे जोड़े हैं, जिनके बीच उतने ही अक्षर हैं, जितने कि अंग्रेजी वर्णमाला में होते हैं?

(a) 2 (b) 1 (c) 3 (d) कोई नहीं

हल ***(a)*** 2 (R N ; O N)

R U M I N A T I O N

अतः RUMINATION शब्द के मध्य में ऐसे दो जोड़े हैं जिनके बीच उतने ही अक्षर हैं जितने अंग्रेजी वर्णमाला में होते हैं।

6. यदि RESTATEMENT शब्द के तीसरे, पाँचवें, नवें और ग्यारहवें अक्षरों का केवल एक बार प्रयोग कर कोई सार्थक शब्द बने, तो पहला अक्षर उत्तर होगा और यदि एक से अधिक शब्द बनते हैं, तो उत्तर K होगा और यदि कोई भी सार्थक शब्द नहीं बनता है, तो उत्तर M होगा।

(a) S (b) E (c) K (d) M

हल ***(c)*** SAET→ SEAT, EAST

अतः RESTATEMENT शब्द के तीसरे, पाँचवें, नवें और ग्यारहवें अक्षरों का केवल एक बार प्रयोग करते हुए दो अर्थपूर्ण शब्द बनाए जा सकते हैं।

7. दिए गए कल्पिक शब्दों में से उस शब्द को पहचानिए जो दिए गए शब्द के अक्षरों में से नहीं लिखा जा सकता।

CLASSIFICATION

(a) FICTION (b) ACTION
(c) NATION (d) LIAISON

हल ***(c)*** NATION में N की बारम्बारता दो बार है जबकि दिए गए शब्द CLASSIFICATION में एक ही बार। अतः यह सम्भव नहीं है।

8. BIRD शब्द के अक्षरों को कितने विभिन्न तरीकों से लिखा जा सकता है?

(a) 12 (b) 24
(c) 48 (d) 36

हल ***(b)*** BIRD शब्द में अक्षरों की कुल संख्या = 4

अभीष्ट तरीकों की संख्या = 4!

$= 4 \times 3 \times 2 \times 1$

$= 24$

अतः BIRD शब्द के अक्षरों को 24 विभिन्न तरीकों से लिखा जा सकता है।

अभ्यास प्रश्न

1. दिए गए शब्दों को शब्दकोष के अनुसार व्यवस्थित कीजिए और उचित विकल्प चुनिए। **[UP बी.एड. 2014]**

1. Pestilential 2. Pesticide
3. Pestilence 4. Pestilent
5. Pestiferous

(a) 2, 5, 4, 3, 1 (b) 2, 5, 3, 4, 1
(c) 2, 4, 5, 3, 1 (d) 1, 3, 2, 4, 5

2. निम्नलिखित विकल्पों में से वह शब्द चुनिए जो दिए गए शब्द के अक्षरों का प्रयोग करके नहीं बनाया जा सकता। **[UP बी.एड. 2014]**

MISFORTUNE

(a) FORT (b) TURN
(c) SOFT (d) ROAM

3. निम्न शब्दों को शब्दकोष के अनुसार व्यवस्थित करें। **[UP बी.एड. 2013]**

1. Matter 2. Motive
3. Mockery 4. Manage
5. Movies

(a) 4, 1, 2, 5, 3 (b) 4, 2, 3, 5, 1
(c) 3, 2, 1, 4, 5 (d) 4, 1, 3, 2, 5

4. दिए गए विकल्पों में से उस शब्द को चुनिए जो दिए गए शब्द में शामिल अक्षरों से नहीं बनाया जा सकता है।

QUINTESSENCE **[UP बी.एड. 2013]**

(a) ESSENCE (b) ENTICE
(c) SEQUIN (d) QUESTION

5. कुछ अक्षरों का समूह दिया गया है जिनमें से प्रत्येक अक्षर का एक अंक निर्धारित किया गया है। इन अक्षरों को इस प्रकार व्यवस्थित करें कि उससे एक अर्थपूर्ण शब्द बन जाए और उनके अंकों के सही क्रम को दिए गए विकल्पों में से दर्शाएँ।

U B A N R
1 2 3 4 5 **[UP बी.एड. 2013]**

(a) 1 4 2 3 5 (b) 1 5 2 3 4
(c) 4 1 5 3 2 (d) 5 3 4 2 1

6. यदि अंग्रेजी वर्णमाला को वास्तविक क्रम में लिखा जाए और एकान्तर अक्षर काट दिए जाएँ, तो मध्य में कौन-सा अक्षर रह जाएगा? **[UP बी.एड. 2013]**

(a) O (b) M (c) N (d) P

7. निम्नलिखित विकल्पों में से वह शब्द चुनिए जो दिए गए शब्द के अक्षरों का प्रयोग करके बनाया जा सकता है

DETERMINATION **[UP बी.एड. 2012]**

(a) DECLARATION (b) NATONAL
(c) TERMINATED (d) DEVIATION

8. दिए गए शब्दों को शब्दकोष के क्रमानुसार व्यवस्थित कीजिए और अन्तिम शब्द को ज्ञात कीजिए। **[UP बी.एड. 2012]**

(a) Frankenstein (b) Frankincense
(c) Frankalmoign (d) Frauendienst

9. निम्नलिखित प्रश्न में, अक्षरों को एक विशिष्ट नियम के अनुसार छोड़ा गया है। इस नियम का पालन निम्नलिखित में से किस श्रृंखला में किया गया है? **[UP बी.एड. 2012]**

(a) ABFGJK (b) ACFJOU
(c) MPQSTV (d) ADFHJL

10. निम्नलिखित विकल्पों में से वह शब्द चुनिए जो दिए गए शब्द के अक्षरों का प्रयोग करके नहीं बनाया जा सकता।

DETERMINATION **[UP बी.एड. 2012]**

(a) DETENTION (b) DESTINATION
(c) TERMINATE (d) DOMINATE

11. कुछ अक्षर 1 से 7 संख्या के साथ दिए गए हैं। संख्याओं के उस क्रम को चुनिए जो अक्षरों को एक सार्थक शब्द के रूप में व्यवस्थित करता है।

S O U B R C E
1 2 3 4 5 6 7 **[UP बी.एड. 2012]**

(a) 4216573 (b) 2416537
(c) 2146357 (d) 2416357

निर्देश (प्र.सं. 12 और 13) *दिए गए विकल्पों में से उस शब्द को चुनिए जो दिए गए शब्द में शामिल अक्षरों से बन सकता हो।* **[UP बी.एड. 2011]**

12. GLAZE

(a) GLAD (b) LAZY
(c) ZEAL (d) LEASE

13. CIRCUMSCRIBE

(a) TRIBES (b) BARBER
(c) SCARE (d) CRUMBS

10 वर्णमाला परीक्षण

निर्देश (प्र.सं. 14-16) *दिए गए विकल्पों में से उस शब्द को चुनिए जो दिए गए शब्द में शामिल अक्षरों से नहीं बनाया जा सकता।* **[UP बी.एड. 2011]**

14. SIGNIFICANT
(a) FACT (b) GIANT
(c) SCANT (d) FIASCO

15. COMMISSIONER
(a) MISSION
(b) COMMON
(c) SIREN
(d) MISSILE

16. EXAMINATION
(a) NOTE (b) TONE
(c) NATION (d) EXAMINE

17. यदि अंग्रेजी वर्णमाला का प्रत्येक तीसरा वर्ण हटा दिया जाता है, तो नई वर्णमाला श्रेणी में कितने स्वर होंगे? **[UP बी.एड. 2008]**
(a) 2 (b) 3
(c) 1 (d) 5

18. इस प्रश्न में तीन विकल्प एक विशेष रूप में रखे गए वर्णमाला को शामिल करते हैं। उस एक का चयन कीजिए जोकि समान समूह से सम्बन्धित नहीं है। **[UP बी.एड. 2008]**
(a) EHG (b) JML
(c) PSR (d) UYX

19. निम्नलिखित शब्दों को वर्णमाला क्रम में व्यवस्थित कीजिए तथा उसका चयन कीजिए जो सबसे पहले आता है। **[UP बी.एड. 2008]**
(a) Wash (b) Waste
(c) War (d) Wrist

20. निम्नलिखित शब्दों को वर्णमाला क्रम में व्यवस्थित कीजिए तथा उस शब्द का चयन कीजिए जो अन्त में आता है। **[UP बी.एड. 2008]**
(a) Plane (b) Plain
(c) Player (d) Place

21. अंग्रेजी वर्णमाला में दाएँ से 5वें अक्षर के बाएँ 11वाँ अक्षर क्या होगा?
(a) P (b) L
(c) M (d) K

22. अंग्रेजी वर्णमाला में दाएँ से 7वें अक्षर के बाएँ 11वाँ अक्षर क्या होगा?
(a) H (b) W
(c) S (d) I

23. अंग्रेजी वर्णमाला में बाएँ से 18वें अक्षर के बाएँ 7वाँ अक्षर क्या होगा?
(a) K (b) Y
(c) L (d) इनमें से कोई नहीं

24. अंग्रेजी वर्णमाला में बाएँ से 19वें अक्षर के बाएँ 11वाँ अक्षर क्या होगा?
(a) G
(b) H
(c) I
(d) ज्ञात नहीं कर सकते

25. अंग्रेजी वर्णमाला में दाएँ से 19वें अक्षर के दाएँ 12वाँ अक्षर क्या होगा?
(a) G (b) T
(c) K (d) इनमें से कोई नहीं

26. अंग्रेजी वर्णमाला में दाएँ से 20वें अक्षर के दाएँ 7वाँ अक्षर क्या होगा?
(a) L (b) M
(c) N (d) इनमें से कोई नहीं

27. अंग्रेजी वर्णमाला में बाएँ से 8वें तथा 20वें अक्षर के मध्य कौन-सा अक्षर होगा?
(a) L (b) K
(c) M (d) N

28. अंग्रेजी वर्णमाला में बाएँ से 8वें तथा 20वें अक्षर के बीच कितने अक्षर होंगे?
(a) 10 (b) 11
(c) 12 (d) 13

29. RANK शब्द के अक्षरों को कितने विभिन्न तरीकों से लिखा जा सकता है?
(a) 24 (b) 26
(c) 12 (d) 36

30. कुछ अक्षरों के समूह दिए गए हैं। इनमें से हर एक अक्षर को एक कूट अंक दिया गया है। इन अक्षरों को इस तरह से व्यवस्थित करें कि उससे एक अर्थपूर्ण शब्द बन जाए और उससे उपलब्ध कूट को दिए हुए विकल्पों में से दर्शाएँ।

R A H K S
1 2 3 4 5

(a) 5, 1, 2, 3, 4 (b) 5, 4, 2, 1, 3
(c) 5, 3, 2, 1, 4 (d) 5, 3, 1, 2, 4

31. नीचे दिए गए अव्यवस्थित शब्दों को अर्थपूर्ण क्रम में व्यवस्थित करने पर उसका अन्तिम अक्षर कौन-सा होगा, यदि दिया गया शब्द किसी खेल से सम्बन्धित है?
NABMODINT
(a) D (b) I
(c) O (d) N

32. दिए गए शब्द में हर अक्षर की संख्या हर विकल्प में दी गई है सही विकल्प चुनिए।
COMMISSION
(a) $C_1\ O_2\ M_2\ I_2\ S_2\ N_1$
(b) $C_1\ O_1\ M_2\ I_2\ S_2\ N_1$
(c) $C_2\ O_2\ M_2\ I_2\ S_2\ N_1$
(d) $C_1\ O_2\ M_2\ I_2\ S_2\ N_2$

निर्देश (प्र.सं. 33-36) *यदि वर्णमाला के प्रथम अर्द्धांश को विपरीत क्रम में लिखा जाए तथा द्वितीय अर्द्धांश को वास्तविक रूप में छोड़ दिया जाए, तो इस पर आधारित प्रश्नों के उत्तर दीजिए।*

M L K J I H G F E D C B A N O P Q R S T U V W X Y Z

33. बताएँ कि बाएँ से 7वें अक्षर के दाएँ 5वाँ अक्षर क्या होगा?
(a) L (b) C (c) B (d) Q

34. प्रथम अर्द्धांश का वह अक्षर जिसका स्थान परिवर्तन नहीं होगा
(a) M (b) E
(c) L (d) G

35. बाएँ से उन्नीसवें अक्षर के बाएँ सातवाँ अक्षर क्या होगा?
(a) Z (b) D
(c) W (d) इनमें से कोई नहीं

36. बाएँ से बाइसवें अक्षर के बाएँ चौदहवाँ अक्षर क्या होगा?
(a) F (b) H
(c) K (d) इनमें से कोई नहीं

37. BEHIND शब्द में अक्षरों के क्रम को बिना बदले तथा एक अक्षर को केवल एक बार प्रयोग में लाकर कितने स्वतन्त्र शब्द बनाए जा सकते हैं?
(a) एक (b) दो (c) तीन (d) चार

38. FRIEND शब्द में अक्षरों से कोई एक अक्षर निकाल दिया जाता है, तो नये बने शब्द का अर्थ विपरीत हो जाता है, आप बताइए कि निकाला गया अक्षर कौन-सा है?
(a) F (b) R (c) N (d) D

39. FOUNDATION शब्द के तीसरे, पाँचवें, छठे, सातवें तथा आठवें अक्षरों से कोई सार्थक शब्द बनता है, तो उस शब्द का प्रथम अक्षर ज्ञात कीजिए, यदि कोई सार्थक शब्द नहीं बनता है, तो X उत्तर पर निशान लगाइए।
(a) F (b) A (c) T (d) X

40. DREAM शब्द में दो अक्षर ऐसे हैं, जिनके मध्य, शब्द में उतने ही अक्षर हैं, जितने कि वर्णमाला में, तो उनमें से पहला अक्षर कौन-सा होगा?
(a) A (b) E
(c) D (d) R

41. यदि INTRODUCE शब्द को अंग्रेजी वर्णमाला क्रम में रखा जाए, तो बाएँ से पहले स्वर के बाएँ कौन-सा अक्षर होगा?
(a) I (b) C
(c) D (d) तय नहीं कर सकते

42. OPERATE शब्द में अक्षरों के ऐसे कितने जोड़े हैं, जिनके बीच उतने ही अक्षर हैं, जितने कि अंग्रेजी वर्णमाला में होते हैं?
(a) 4 (b) 5
(c) 6 (d) 7

43. REASONING शब्द में अक्षरों के ऐसे कितने जोड़े हैं, जिनके बीच उतने ही अक्षर हैं, जितने कि अंग्रेजी वर्णमाला में उनके बीच होते हैं?
(a) 0 (b) 1
(c) 2 (d) 3

44. CLARITY शब्द में अक्षरों के ऐसे कितने जोड़े हैं, जिनके बीच उतने ही अक्षर हैं, जितने कि अंग्रेजी वर्णमाला में उनके बीच होते हैं?
(a) 3 (b) 2
(c) 1 (d) इनमें से कोई नहीं

45. INSTANT शब्द में अक्षरों के ऐसे कितने जोड़े हैं, जिनके बीच उतने ही अक्षर हैं, जितने कि अंग्रेजी वर्णमाला में उनके बीच होते हैं?
(a) 0 (b) 1
(c) 4 (d) इनमें से कोई नहीं

निर्देश (प्र.सं. 46 और 47) *नीचे दिए गए प्रत्येक प्रश्न में शब्दों को शब्दकोष के अनुसार सजाइए तथा उस शब्द को ज्ञात कीजिए, जो शब्दकोष में सबसे पहले आएगा।*

46. (a) Hotel (b) Hostel
(c) Hostage (d) House

47. (a) East (b) Earn
(c) Elevate (d) Elegy

48. दिए गए शब्दों को यदि शब्दकोष के आधार पर सजाया जाए, तो कौन-सा क्रम सही होगा?
1. Rural 2. Romance
3. Rejoice 4. Reveal
(a) 3, 1, 2, 4 (b) 3, 4, 1, 2
(c) 3, 4, 2, 1 (d) 1, 2, 3, 4

49. दिए गए शब्दों को यदि शब्दकोष के आधार पर सजाया जाए, तो कौन-सा शब्द अन्तिम स्थान पर होगा?
(a) Hollow (b) Hamper
(c) Hesitate (d) Hectic

50. दिए गए नामों को यदि टेलीफोन डायरेक्टरी के आधार पर सजाया जाए, तो कौन-सा शब्द सबसे पहले आएगा?
(a) Rajkishore (b) Rajesh
(c) Ramesh (d) Ramkumar

निर्देश (प्र.सं. 51-55) *नीचे प्रत्येक प्रश्न में बड़े अक्षरों में एक शब्द दिया गया है, जिसके पश्चात् चार शब्द उत्तर के रूप में दिए गए हैं। दिए गए अक्षरों का प्रयोग कर केवल एक ही विकल्प ऐसा है जो दिए गए शब्द से बनाया जा सकता है। उस विकल्प को ज्ञात कीजिए।*

51. DEDICATE
(a) DECIDE (b) DEMAND
(c) DERIDE (d) DEDUCE

52. ARISTOCRATIC
(a) CREATION (b) STATIC
(c) SECRET (d) ARREST

53. CORRESPONDING
(a) DISCERN (b) RESPONSE
(c) REPENT (d) CORRECT

54. ENVIRONMENT
(a) EMINENT (b) ENTRANCE
(c) ENTERTAIN (d) MOVEMENT

55. BLANDISHMENT
(a) BOARD (b) METAL
(c) SHAPE (d) CRASH

निर्देश (प्र.सं. 56-60) *दिए गए वैकल्पिक शब्दों में से उस शब्द को चुनिए जो दिए गए शब्द के अक्षरों के प्रयोग द्वारा नहीं बनाया जा सकता है।*

56. COMBINATION
(a) NATION (b) AMBITION
(c) CAUTION (d) MOTION

57. DEINSTITUTIONALISATION
(a) DETAILS (b) LISTEN
(c) LESSON (d) LINGUISTIC

58. QUALIFICATION
(a) CAUTION (b) QUAINT
(c) QUART (d) QUAIL

59. ANNIVERSARY
(a) SAVE (b) VIEW
(c) NUMBER (d) VERY

60. REMEMBRANCE
(a) REMEMBER
(b) MEMBRANE
(c) NUMBER
(d) EMBRACE

उत्तरमाला

1. (b)	2. (d)	3. (d)	4. (d)	5. (b)	6. (b)	7. (c)	8. (d)	9. (d)	10. (b)
11. (d)	12. (c)	13. (d)	14. (d)	15. (d)	16. (d)	17. (a)	18. (d)	19. (c)	20. (c)
21. (d)	22. (d)	23. (a)	24. (b)	25. (b)	26. (c)	27. (d)	28. (b)	29. (a)	30. (c)
31. (d)	32. (a)	33. (c)	34. (d)	35. (d)	36. (a)	37. (b)	38. (b)	39. (b)	40. (a)
41. (c)	42. (c)	43. (d)	44. (a)	45. (d)	46. (c)	47. (b)	48. (c)	49. (a)	50. (b)
51. (a)	52. (b)	53. (a)	54. (a)	55. (b)	56. (c)	57. (d)	58. (c)	59. (b)	60. (c)

संकेत एवं हल

1. 2. Pesticide → 5. Pestiferous → 3. Pestilence → 4. Pestilent → 1. Pestilential
⇒ 2, 5, 3, 4, 1

2. दिए गए शब्द में A वर्ण नहीं है। अतः MISFORTUNE शब्द के अक्षरों का प्रयोग करके शब्द ROAM नहीं बनाया जा सकता है।

3. शब्दकोष के अनुसार शब्दों का क्रम
Manage, Matter, Mockery, Motive, Movies
⇒ 4, 1, 3, 2, 5

4. दिए गए मूल शब्द में अक्षर O नहीं है।
अतः शब्द QUESTION दिए गए मूल शब्द के अक्षरों का प्रयोग करके नहीं बनाया जा सकता है।

5. | 1 5 2 3 4 |
↓ ↓ ↓ ↓ ↓
U R B A N

6. अंग्रेजी वर्णमाला का वास्तविक क्रम
A B C D E F G H I J K L M N O P Q R S T U V W X Y Z
एकान्तर अक्षर काट देने या निकाल देने पर शेष अक्षर
A C E G I K M O Q S U W Y
अतः मध्य में M होगा।

7. दिए गए शब्द में C, L तथा V अक्षर नहीं हैं। अतः दिए गए शब्द से बनाया जा सकने वाला शब्द है, TERMINATED

8. शब्दकोष के अनुसार शब्दों का क्रम निम्नवत् है
(c) Frankalmoign → (a) Frankenstein
(b) Frankincense → (d) Frauendienst

9. A $\xrightarrow{+1}$ B $\xrightarrow{+4}$ F $\xrightarrow{+1}$ G $\xrightarrow{+3}$ J $\xrightarrow{+1}$ K
A $\xrightarrow{+2}$ C $\xrightarrow{+3}$ F $\xrightarrow{+4}$ J $\xrightarrow{+5}$ O $\xrightarrow{+6}$ U
M $\xrightarrow{+3}$ P $\xrightarrow{+1}$ Q $\xrightarrow{+2}$ S $\xrightarrow{+1}$ T $\xrightarrow{+2}$ V
| A $\xrightarrow{+3}$ D $\xrightarrow{+2}$ F $\xrightarrow{+2}$ H $\xrightarrow{+2}$ J $\xrightarrow{+2}$ L |

10. मूल शब्द में S अक्षर नहीं है।

11. O B S C U R E
↓ ↓ ↓ ↓ ↓ ↓ ↓
| 2 4 1 6 3 5 7 |

12. G L A Z E
| Z E A L |

13. C I R C U M S C R I B E
| C R U M B S |

14. S I G N I F I C A N T
| F I A S C O |

15. C O M M I S S I O N E R
| M I S S I L E |

16. E X A M I N A T I O N
| E X A M I N E |

17. अंग्रेजी वर्णमाला
A B C D E F G H I J K L M N O
P Q R S T U V W X Y Z
अंग्रेजी वर्णमाला में से प्रत्येक तीसरे वर्ण को हटाने के बाद,
A B D E G H J K M N P Q S T V W Y Z
उपरोक्त वर्णमाला में केवल दो स्वर A तथा E हैं।

18. E(5) $\xrightarrow{+3}$ H(8) $\xrightarrow{-1}$ G(7)   J(10) $\xrightarrow{+3}$ M(13) $\xrightarrow{-1}$ L(12)
P(16) $\xrightarrow{+3}$ S(19) $\xrightarrow{-1}$ R(18) | U(21) $\xrightarrow{+4}$ Y(25) $\xrightarrow{-1}$ X(24) |

19. दिए गए शब्दों को वर्णमाला क्रम में व्यवस्थित करने पर,
(c) War (a) Wash (b) Waste (d) wrist
अतः सबसे पहले War शब्द आएगा।

20. दिए गए शब्दों को वर्णमाला क्रम में व्यवस्थित करने पर,
(d) Place (b) Plain (a) Plane (c) Player
अतः सबसे अन्त में Player शब्द आएगा।

21. दाएँ से $(5 + 11) = 16$वाँ अक्षर = बाएँ से $(27 - 16) = 11$वाँ अक्षर = K

22. दाएँ से $(7 + 11) = 18$वाँ या बाएँ से $(27 - 18) = 9$वाँ अक्षर = I

23. बाएँ से $(18 - 7) = 11$वाँ अक्षर = K

24. बाएँ से $(19 - 11)$ अर्थात् 8वाँ अक्षर H होगा।

25. दाएँ से $(19 - 12)$ या 7वाँ अक्षर अर्थात् बाएँ से $(27 - 7) = 20$वाँ अक्षर T होगा।

26. दाएँ से $(20 - 7) = 13$वाँ अक्षर = बाएँ से $(27 - 13) = 14$वाँ अक्षर = N

27. अभीष्ट अक्षर = बाएँ से $\left(\frac{20 + 8}{2}\right)$
= बाएँ से 14वाँ = N

28. बाएँ से 8वें तथा 20वें अक्षर के बीच अक्षरों की संख्या $= (20 - 8 - 1) = 11$

29. अभीष्ट तरीकों की संख्या = 4!
$= 4 \times 3 \times 2 \times 1$
$= 24$

30. अक्षरों को व्यवस्थित करने पर बनने वाला अर्थपूर्ण शब्द
S H A R K
↓ ↓ ↓ ↓ ↓
| 5 3 2 1 4 |

31. दिए गए अक्षरों को व्यवस्थित करने पर अर्थपूर्ण शब्द BADMINTON प्राप्त होता है, जिसका अन्तिम अक्षर N है।

32. C-1 बार O-2 बार M-2 बार I-2 बार S-2 बार N-1 बार

33. नई शृंखला का 12वाँ अक्षर = वास्तविक शृंखला का $(14 - 12)$ अर्थात् दूसरा अक्षर B होगा।

34. प्रथम अर्द्धांश को विपरीत क्रम में लिखने पर G के स्थानीय मान में कोई परिवर्तन नहीं होगा।

35. नई शृंखला का 12वाँ अक्षर = वास्तविक शृंखला का $(14 - 12)$ वाँ अक्षर = वास्तविक शृंखला का 6ठा अक्षर = B
अतः B नई शृंखला का 12वाँ अक्षर होगा।

36. नई शृंखला का 8वाँ अक्षर = वास्तविक शृंखला का $(14 - 8)$वाँ अक्षर
= वास्तविक शृंखला का 6ठा अक्षर = F

37. दिए गए शब्द से दो स्वतन्त्र शब्द BE तथा HIND शब्द बनाए जा सकते हैं।

38. दिए गए शब्द से R अक्षर निकाल देने पर FIEND शब्द बनेगा, जिसका अर्थ 'दुष्ट' होता है।

39. FOUNDATION के तीसरे, पाँचवें, छठे, सातवें व आठवें अक्षरों से बना सार्थक शब्द AUDIT है।
अतः AUDIT शब्द का प्रथम अक्षर A है।

40. D R E A M

DREAM शब्द में A और D के मध्य दो अक्षर R तथा E हैं तथा वर्णमाला में भी A तथा D के बीच में दो अक्षर B और C हैं। A तथा D में पहला अक्षर A है।

41. नई स्थिति CDEINORTU के अनुसार बाएँ से पहले स्वर के बाएँ D होगा।

42. O P E R A T E
(OP, OR, OT, PR, PT, RT)

उपरोक्त से स्पष्ट है कि OPERATE शब्द के मध्य ऐसे 6 अक्षर हैं जैसे अंग्रेजी वर्णमाला में होते हैं।

43. R E A S O N I N G

(AG, ON, GI)

उपरोक्त से स्पष्ट है कि REASONING शब्द के मध्य ऐसे 3 अक्षर हैं जैसे अंग्रेजी वर्णमाला में होते हैं।

44. C L A R I T Y (CA, LI, RT)

उपरोक्त से स्पष्ट है कि CLARITY शब्द के मध्य ऐसे 3 अक्षर हैं जैसे अंग्रेजी वर्णमाला में होते हैं।

45. I N S T A N T (IN, ST)

उपरोक्त से स्पष्ट है कि INSTANT के मध्य ऐसे 2 अक्षर है जैसे अंग्रेजी वर्णमाला में होते हैं।

46. दिए गए शब्दों को शब्दकोष के अनुसार व्यवस्थित करने पर शब्दों का क्रम निम्न प्रकार होगा

Hostage, Hostel, Hotel, House

अतः Hostage शब्द, शब्दकोष में सबसे पहले आएगा।

47. दिए गए शब्दों को शब्दकोष के अनुसार व्यवस्थित करने पर शब्दों का क्रम निम्न प्रकार होगा

Earn, East, Elegy, Elevate

अतः Earn शब्द, शब्दकोष में सबसे पहले आएगा।

48. दिए गए शब्दों को शब्दकोष के अनुसार व्यवस्थित करने पर शब्दों का क्रम निम्न प्रकार होगा

Rejoice, Reveal, Romance, Rural

अतः शब्दकोष के अनुसार शब्दों का सही क्रम 3, 4, 2, 1 होगा।

49. दिए गए शब्दों को शब्दकोष के अनुसार व्यवस्थित करने पर शब्दों का क्रम निम्न प्रकार होगा

Hamper, Hectic, Hesitate, Hollow

अतः Hollow शब्द, शब्दकोष में सबसे अन्त में आएगा।

50. दिए गए शब्दों को शब्दकोष के अनुसार व्यवस्थित करने पर शब्दों का क्रम निम्न प्रकार होगा

Rajesh, Rajkishore, Ramesh, Ramkumar

अतः Rajesh शब्द, शब्दकोष में सबसे पहले आएगा।

51. DECIDE शब्द प्रश्न में दिए गए शब्द DEDICATE के अक्षरों का प्रयोग करके बनाया जा सकता है।

52. दिए गए अक्षर समूह ARISTOCRATIC से केवल STATIC शब्द ही बनाया जा सकता है।

53. दिए गए अक्षर समूह CORRESPONDING से केवल DISCERN शब्द ही बनाया जा सकता है।

54. दिए गए अक्षर समूह ENVIRONMENT से केवल EMINENT शब्द ही बनाया जा सकता है।

55. दिए गए अक्षर समूह BLANDISHMENT से केवल METAL शब्द ही बनाया जा सकता है।

56. COMBINATION शब्द में U अक्षर नहीं है इसलिए CAUTION शब्द नहीं बनाया जा सकता है।

57. शब्द LINGUISTIC दिए गए मूल शब्द के अक्षरों का प्रयोग कर नहीं बनाया जा सकता है क्योंकि मूल शब्द में अक्षर G नहीं है।

58. शब्द QUART दिए गए मूल शब्द के अक्षरों का प्रयोग कर नहीं बनाया जा सकता है क्योंकि मूल शब्द में अक्षर R नहीं है।

59. दिए गए शब्द ANNIVERSARY से VIEW शब्द नहीं बनाया जा सकता है क्योंकि दिए गए शब्द में W अक्षर नहीं है।

60. दिए गए शब्द REMEMBRANCE से NUMBER शब्द नहीं बनाया जा सकता है क्योंकि दिए गए शब्द में अक्षर U नहीं है।

अध्याय

3 सादृश्यता परीक्षण
Analogy Test

सादृश्यता से हमारा अभिप्राय किन्हीं दो या दो से अधिक वस्तुओं में उनके विशिष्ट गुणों के कारण उनके बीच सम्बन्धों या भावों की समानता से है। इस परीक्षण का उद्देश्य प्रतियोगियों में वस्तुओं के बीच समानता या उनमें अन्तर्निहित आन्तरिक सम्बन्धों का विश्लेषण करने की मानसिक योग्यता का मापन करना होता है।

सादृश्यता परीक्षण के अन्तर्गत प्रतियोगियों से निम्नलिखित तीन प्रकार के प्रश्न पूछे जाते हैं, *जो निम्नवत् हैं*

1. शब्द आधारित सादृश्यता परीक्षण **2.** अक्षर आधारित सादृश्यता परीक्षण **3.** संख्या आधारित सादृश्यता परीक्षण

शब्द आधारित सादृश्यता परीक्षण इस प्रकार के परीक्षण में प्रतियोगियों से शब्दों या शब्द समूहों की समानता पर आधारित प्रश्न पूछे जाते हैं। प्रतियोगियों को दिए गए शब्दों या शब्द समूहों के सम्बन्धों का विश्लेषण करते हुए दिए गए विकल्पों में से ऐसा शब्द ज्ञात करना होता है जिसका सम्बन्ध तीसरे शब्द से वैसा ही स्थापित हो जैसा कि पहले शब्द का सम्बन्ध दूसरे शब्द के साथ स्थापित होता है।

अक्षर आधारित सादृश्यता परीक्षण इस प्रकार के परीक्षण में प्रतियोगियों से मुख्यत: अक्षरों के क्रम पर आधारित प्रश्नों को पूछा जाता है। प्रतियोगियों को दिए गए अक्षर समूह के सम्बन्धों का विश्लेषण करते हुए दिए गए विकल्पों में से ऐसा अक्षर समूह ज्ञात करना होता है जिसका सम्बन्ध तीसरे अक्षर समूह से वैसा ही स्थापित हो जैसा कि पहले अक्षर समूह का सम्बन्ध दूसरे अक्षर समूह के साथ स्थापित होता है।

संख्या आधारित सादृश्यता परीक्षण इस प्रकार के परीक्षण में प्रतियोगियों से मुख्यत: गणितीय संक्रिया तथा संख्याओं के गुणों पर आधारित प्रश्नों को पूछा जाता है। प्रतियोगियों को दिए गए संख्या समूह के सम्बन्धों का विश्लेषण करते हुए दिए गए विकल्पों में से ऐसी संख्या ज्ञात करनी होती है जिसका सम्बन्ध तीसरी संख्या से वैसा ही स्थापित हो जैसा कि पहली संख्या का सम्बन्ध दूसरी संख्या के साथ स्थापित होता है।

सादृश्यता के नियम Rules of Analogy

सादृश्यता से सम्बन्धित प्रश्न प्राय: दो नियमों पर आधारित होते हैं, *जो निम्नवत् हैं*

1. **आधारभूत सम्बन्ध**

1 : 2 : : 3 : 4 में, 1 से 2 या 2 से 1 में जिस प्रकार का सम्बन्ध होगा, उसी प्रकार का सम्बन्ध 3 से 4 या 4 से 3 में होगा।

2. **विकसित सम्बन्ध**

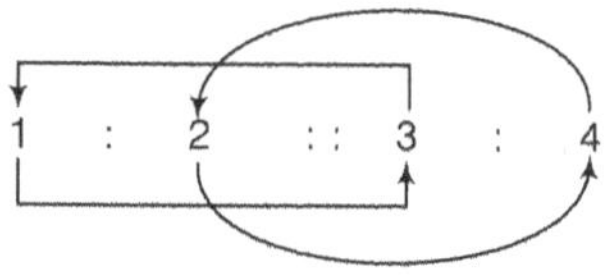

1 : 2 : : 3 : 4 में,
1 से 3 या 3 से 1 में जिस प्रकार का सम्बन्ध होगा, उसी प्रकार का सम्बन्ध 2 से 4 या 4 से 2 में होगा।

साधित उदाहरण

1. 'कैंची' जिस प्रकार सम्बन्धित है 'कपड़े' से, उसी प्रकार, 'दरांती' निम्नलिखित में से किससे सम्बन्धित है?

(a) कागज (b) लकड़ी (c) कुल्हाड़ी (d) घास

हल *(d)* जिस प्रकार, 'कैंची', 'कपड़े' को काटती है, उसी प्रकार, 'दरांती', 'घास' काटने के लिए प्रयोग में लाई जाती है।

2. 'earn' जिस प्रकार सम्बन्धित है 'near' से, उसी प्रकार, 'reef' निम्नलिखित में से किससे सम्बन्धित है?

(a) fere (b) free
(c) eerf (d) refe

हल *(b)* जिस प्रकार,

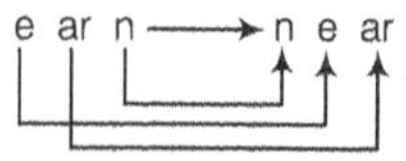

उसी प्रकार,

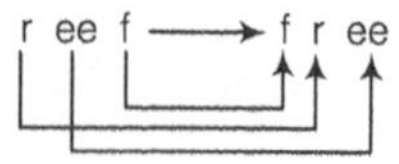

अत: 'earn' जिस प्रकार 'near' से सम्बन्धित है, उसी प्रकार, 'reef', 'free' से सम्बन्धित होगा।

3. 25 जिस प्रकार सम्बन्धित है 37 से, उसी प्रकार, 49 निम्नलिखित में से किससे सम्बन्धित है?

(a) 65 (b) 75 (c) 85 (d) 95

हल ***(a)*** जिस प्रकार,

$25 \Rightarrow 5^2$

$\Rightarrow (5+1)^2 + 1$

$\Rightarrow 36 + 1 = 37$

उसी प्रकार,

$49 \Rightarrow 7^2$

$\Rightarrow (7+1)^2 + 1$

$\Rightarrow 64 + 1 = 65$

अतः जिस प्रकार, 25, 37 से सम्बन्धित है, उसी प्रकार, 49, 65 से सम्बन्धित होगा।

निर्देश (प्र.सं. 4 और 5) *वह जोड़ा/समूह चुनिए जोकि उसी तरह का सम्बन्ध दिखलाता है जैसा कि प्रत्येक जोड़े/समूह के ऊपर वाले जोड़े में है।*

4. पैसा : सम्पत्ति :: ?

(a) क्रूर : गुस्सा (b) करुणा : दयालुता

(c) बुद्धिमान : शिक्षा (d) अभिमान : विनम्रता

हल ***(b)*** जिस प्रकार, 'पैसा' सम्पत्ति में अन्तर्निहित है, ठीक उसी प्रकार, 'करुणा' दयालुता में अन्तर्निहित है।

5. ABC : ZYX :: ?

(a) DEF : UVW (b) DEF : WVU

(c) BCD : EFG (d) ACE : ONP

हल ***(b)*** जिस प्रकार,

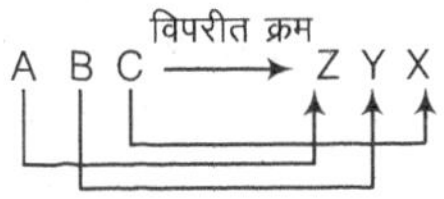

उसी प्रकार विकल्प (b) से,

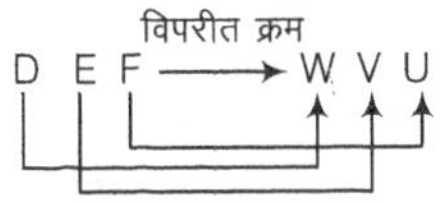

अतः जिस प्रकार, ABC का सम्बन्ध ZYX के साथ है, ठीक वैसा ही सम्बन्ध दिए गए विकल्पों में DEF का WVU के साथ है।

निर्देश (प्र.सं. 6-8) *पहले युग्म के पदों के बीच सम्बन्ध को ध्यान में रखते हुए दूसरे युग्म में लुप्त उसी सम्बन्ध वाले शब्द/अक्षर/अंक को बताइए।*

6. QSUW : TVXZ :: DFHJ : ?

(a) GKIM (b) GIKM (c) RTVS (d) GMIK

हल ***(b)*** जिस प्रकार, उसी प्रकार,

$Q \xrightarrow{+3} T$ $D \xrightarrow{+3} G$

$S \xrightarrow{+3} V$ $F \xrightarrow{+3} I$

$U \xrightarrow{+3} X$ $H \xrightarrow{+3} K$

$W \xrightarrow{+3} Z$ $J \xrightarrow{+3} M$

अतः जिस प्रकार, QSUW का सम्बन्ध TVXZ से है, वही सम्बन्ध DFHJ का GIKM के साथ होगा।

7. प्रतिमा : मूर्तिकार :: कपड़े : ?

(a) मैकेनिक (b) हलवाई (c) दर्जी (d) डॉक्टर

हल ***(c)*** जिस प्रकार, प्रतिमा मूर्तिकार बनाता है, उसी प्रकार, कपड़े दर्जी बनाता है।

8. 1648 : 1339 :: 2266 : ?

(a) 1234 (b) 2133 (c) 1957 (d) 1551

हल ***(c)*** जिस प्रकार,

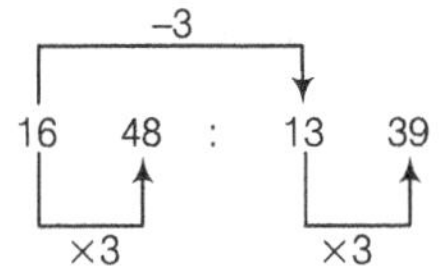

उसी प्रकार,

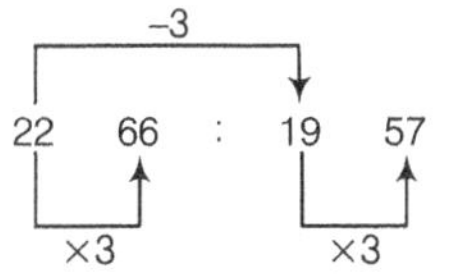

अतः जिस प्रकार, 1648 का सम्बन्ध 1339 से है, ठीक उसी प्रकार का सम्बन्ध 2266 का 1957 से होगा।

9. नीचे दिए गए संख्या सेट से किस विकल्प का संख्या सेट अधिकतम मेल खाता है?

(2, 14, 16)

(a) (2, 7, 8) (b) (3, 21, 23)

(c) (4, 16, 18) (d) (2, 9, 16)

हल ***(b)*** जिस प्रकार,

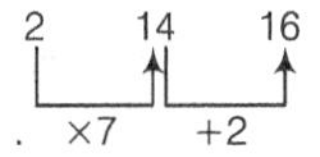

उसी प्रकार,

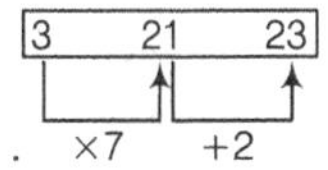

अभ्यास प्रश्न

निर्देश (प्र.सं. 1-6) *नीचे दिए गए विकल्पों में से सम्बन्धित शब्द/अक्षर/संख्या को चुनिए।*

[UP बी.एड. 2014]

1. बादल : पानी :: ?

(a) चन्द्रमा और अन्धेरा
(b) पेड़ और पानी
(c) तारे और अन्धेरा
(d) सूरज और गर्मी

2. BOQD : ERTG :: ANPC : ?

(a) DQSF (b) FSHU
(c) SHFU (d) DSQF

3. स्याही : कलम :: रक्त : ?

(a) शिरा (b) चिकित्सा
(c) डॉक्टर (d) दान

4. 6 : 9 :: 12 : ?

(a) 36 (b) 25
(c) 16 (d) 24

5. 12 : 2 :: 45 : ?

(a) 28 (b) 22
(c) 20 (d) 16

6. TFK : UHJ :: LKS : ?

(a) MNR (b) MMR
(c) NMR (d) MRM

7. नीचे दिए गए विकल्पों में अंकों के चार समूह दिए गए हैं उनमें से उन अंकों के समूह को ज्ञात कीजिए जो प्रश्न में दिए गए अंकों के समूह से मेल खाता हैं।
दिया गया समूह (6, 30, 90)

[UP बी.एड. 2014]

(a) 6, 42, 86 (b) 7, 42, 218
(c) 6, 24, 70 (d) 8, 48, 192

8. एक विशेष प्रकार से STAG शब्द को HGZT, HORN को SLIM लिखा (कोड) गया है। उसी कोड का प्रयोग कर NORTH को किस प्रकार लिखा जा सकता है? **[UP बी.एड. 2013]**

(a) NLGMI (b) MLIGS
(c) MGLIS (d) NLGIS

निर्देश (प्र.सं. 9-15) *निम्नलिखित प्रश्नों में दिए गए विकल्पों में से सम्बन्धित शब्द/अक्षर/संख्या को चुनिए।* **[UP बी.एड. 2012]**

9. फ्रांस : पेरिस :: जर्मनी : ?

(a) बर्लिन (b) रोम
(c) लंदन (d) स्टॉकहोम

10. लेखक : कलम :: ?

(a) सुई : दर्जी (b) कलाकार : ब्रुश
(c) पेन्टर : कैन्वस (d) शिक्षक : कक्षा

11. NUMERAL : UEALRMN :: ALGEBRA : ?

(a) LRBAGEA (b) BARLAGE
(c) LERAGBA (d) LERABGA

12. PNLJ : IGEC :: VTRP : ?

(a) OMKI (b) RSTU
(c) QSRC (d) RPOM

13. 17 : 60 :: 20 : ?

(a) 57 (b) 69
(c) 81 (d) 93

14. 6 : 64 :: 11 : ?

(a) 144 (b) 169
(c) 121 (d) 124

15. 123 : 4 :: 726 : ?

(a) 23 (b) 26
(c) 14 (d) 12

16. दिए गए चार वैकल्पित समुच्चयों में से वह संख्या समूह छाँटिए जो प्रश्न में दिए गए संख्या समूह से सर्वाधिक मेल खाता हो। दिया हुआ सेट (8, 56, 72)

[UP बी.एड. 2012]

(a) (7, 56, 63) (b) (3, 15, 24)
(c) (6, 42, 54) (d) (5, 30, 35)

निर्देश (प्र.सं. 17-21) *दिए गए विकल्पों में से सम्बन्धित अक्षर/शब्द/संख्या को चुनिए।*

[UP बी.एड. 2011]

17. CAT : DDY :: BIG : ?

(a) CLL (b) CLM
(c) CML (d) CEP

18. LOGIC : BHFNK :: CLERK : ?

(a) XVRPA (b) QBKJA
(c) LPRTU (d) JQDKB

19. पतला : मोटा :: बौना : ?

(a) छोटा (b) बड़ा
(c) चौड़ा (d) लम्बा

20. भूख : भोजन :: रोग : ?

(a) कमजोरी (b) दवा
(c) बीमारी (d) चिकित्सक

21. 624 : 426 :: 745 : ?

(a) 475 (b) 726
(c) 547 (d) 645

22. एक संख्या का चयन कीजिए, जो दिए हुए सेट की संख्याओं के समान हो।
सेट (363, 489, 579)

[UP बी.एड. 2008]

(a) 562 (b) 471
(c) 382 (d) 281

23. निम्नलिखित प्रश्न में तीन शब्द दिए गए हैं, जो कि कुछ समानता रखते हैं। दिए हुए चार विकल्पों में से इन तीन शब्दों के बारे में सबसे उचित वर्णन का चयन कीजिए।
दिल्ली : आगरा : मथुरा

[UP बी.एड. 2008]

(a) ये देश की राजधानी रही हैं
(b) ये अनेकों मन्दिर रखते हैं
(c) ये धार्मिक पृष्ठभूमि रखते हैं
(d) ये यमुना नदी के किनारे पर बसे हैं

24. चिकित्सक रोगी से समान तरीके से सम्बन्धित है, जैसे वकील ………… से सम्बन्धित है।

[UP बी.एड. 2008]

(a) ग्राहक (b) अपराधी
(c) मजिस्ट्रेट (d) मुवक्किल

25. थकावट कार्य से सम्बन्धित है जैसे प्रसन्नता सम्बन्धित है ………… से।

[UP बी.एड. 2008]

(a) निद्रा (b) विश्राम
(c) सफलता (d) अभ्यास

निर्देश (प्र.सं. 26-28) *नीचे दिए गए प्रत्येक प्रश्न में चिह्न (::) के बाईं ओर दो शब्द दिए गए हैं; जिनमें आपस में एक प्रकार से कोई सम्बन्ध है, ठीक उसी प्रकार का सम्बन्ध चिह्न (::) के दाईं ओर के शब्दों में विकल्प से स्थापित कीजिए।* **[UP बी.एड. 2008]**

26. राष्ट्र : राष्ट्रपति :: राज्य : ?

(a) एम.पी. (b) एम.एल.ए.
(c) राज्यपाल (d) मन्त्री

27. महल : राजा; बैरक : पुलिस फोर्स; हवाई अड्डा : ?

(a) यात्री (b) बस
(c) हवाई जहाज (d) कुली

28. पिरामिड : इजिप्ट :: एफिल टावर : ?

(a) स्पेन (b) फ्रांस
(c) कनाडा (d) जापान

29. मुख्य शब्द के समानार्थी शब्द का चयन दिए हुए विकल्पों में से कीजिए।
HOPE **[UP बी.एड. 2008]**

(a) Need (b) Cheer
(c) Expectation (d) Charm

30. 'बैंक' जिस प्रकार 'धन' से सम्बन्धित है, उसी प्रकार, 'परिवहन' निम्न में से किससे सम्बन्धित है?

(a) गति (b) माल
(c) सड़क (d) ट्रैफिक

31. 'अदालत' जिस प्रकार सम्बन्धित है 'न्याय' से, उसी प्रकार, 'विद्यालय' निम्न में से किससे सम्बन्धित है?
(a) अध्यापक (b) शिक्षा
(c) छात्र (d) कक्षा

32. 'बर्तन' सम्बन्धित है 'चम्मच' से, तो 'कैलेण्डर' सम्बन्धित है
(a) समय (b) कागज
(c) छपाई (d) तारीख

33. 'पंखुड़ी' से 'फूल' जिस तरह सम्बन्धित है, उसी प्रकार, 'पुस्तक' निम्न में से किससे सम्बन्धित है?
(a) पृष्ठ
(b) विषय-सूची
(c) पुस्तकालय
(d) पुस्तक-सूची

34. 'कंकाल' का जो सम्बन्ध 'शरीर' से है, वही सम्बन्ध 'व्याकरण' का निम्न में से किससे है?
(a) भाषा (b) वाक्य
(c) अर्थ (d) विद्यालय

निर्देश (प्र.सं. 35-39) *वह जोड़ा/समूह चुनिए जोकि उसी तरह का सम्बन्ध दिखलाता है जैसा कि प्रत्येक जोड़े/समूह के ऊपर वाले जोड़े में है।*

35. नियमित : यदा कदा :: ?
(a) कभी-कभी : कभी नहीं
(b) अधिकता : कुछ
(c) समयनिष्ठ : विलम्बित
(d) सद्भावी : सच्चा

36. मछली : पक्षी :: ?
(a) पनडुब्बी : वायुयान
(b) बस : टैंक
(c) सड़क : महासागर
(d) जलयान : ट्रेन

37. कलाई : हाथ :: ?
(a) टखना : पैर
(b) मस्तिष्क : खोपड़ी
(c) हड्डी : माँसपेशियाँ
(d) बाल : कान

38. FORT : FORTRESS :: ?
(a) PORTICO : BUILDING
(b) KITCHEN : COOK
(c) CAR : BREAK
(d) STEAMER : SHIP

39. BUD : FLOWER :: ?
(a) CLAY : MUD
(b) SAPLING : TREE
(c) RIVER : GLACIER
(d) BIRD : TREE

निर्देश (प्र.सं. 40-47) *नीचे दिए गए प्रत्येक प्रश्न में चिह्न (::) के बाईं ओर दो शब्द दिए गए हैं जिनमें आपस में एक प्रकार से कोई सम्बन्ध है, ठीक उसी प्रकार का सम्बन्ध चिह्न (::) के दाईं ओर दिए गए शब्द का तथा उसके नीचे दिए गए विकल्पों में से किसी एक शब्द के बीच में भी है, वही विकल्प शब्द आपका उत्तर है। सही उत्तर विकल्प से ज्ञात कीजिए।*

40. कब : समय :: कहाँ : ?
(a) तर्क (b) प्रक्रिया (c) जगह (d) लम्बाई

41. नदी : बाँध :: यातायात : ?
(a) संकेतक (b) वाहन (c) गति (d) वीथिका

42. दिन : सप्ताह :: सप्ताह : ?
(a) वर्ष (b) दिन (c) महीना (d) घण्टा

43. धान : चावल :: दूध : ?
(a) दवाई (b) जहर (c) क्रीम (d) राशन

44. गज : दूरी :: घड़ी : ?
(a) लम्बाई (b) चौराहा
(c) गहराई (d) समय

45. गत कल : आगामी कल :: मार्च : ?
(a) अप्रैल (b) मई
(c) जनवरी (d) जून

46. नारियल : खोल :: पत्र : ?
(a) लिफाफा (b) डाक
(c) डाक टिकट (d) लैटर-बॉक्स

47. भोजन : मीनू :: पुस्तकालय : ?
(a) पुस्तकें (b) लाइब्रेरियन
(c) सारणी (d) शेल्फ

निर्देश (प्र.सं. 48-55) *निम्नलिखित प्रत्येक प्रश्न में चिह्न (::) के बाईं ओर दो पद हैं तथा दाईं ओर एक पद एवं एक प्रश्न चिह्न (?) है। प्रश्न चिह्न (?) के स्थान पर नीचे दिए गए चार वैकल्पिक पदों में से कौन-सा एक पद ऐसा है जिसका दाईं ओर वाले पद से वही सम्बन्ध है, जो बाईं ओर के दोनों पदों में है। चुने गए पद की संख्या आपका उत्तर होगा।*

48. CEIS : TJFD :: HKMP : ?
(a) QNLI (b) NMIQ
(c) IMNQ (d) ILNQ

49. ZADC : BCFE :: RSFE : ?
(a) TUEH (b) TUHG
(c) TOHG (d) TUGH

50. DROWN : MXNSC :: BREAK : ?
(a) LBFSC (b) JBDSA
(c) JZDQA (d) LZFQC

51. BYDW : FUHS :: AZCX : ?
(a) EVGT (b) FVGT (c) EGVT (d) FGVT

52. RODE : 24 :: LANE : ?
(a) 11 (b) 18 (c) 19 (d) 14

53. RAT : 42 :: MAT : ?
(a) 47 (b) 45 (c) 54 (d) 74

54. MLO : 121114 :: QJL : ?
(a) 192022 (b) 160911
(c) 160813 (d) 2218175

55. $\frac{E}{H} : \frac{22}{19} :: \frac{B}{I} : ?$
(a) $\frac{24}{17}$ (b) $\frac{25}{18}$ (c) $\frac{3}{7}$ (d) $\frac{17}{19}$

निर्देश (प्र.सं. 56-65) *चिह्न (::) के बाईं ओर दी गई दो संख्याओं में कुछ सम्बन्ध है। दी गई तीसरी और चौथी संख्या में भी वही सम्बन्ध है। चौथी संख्या (?) लुप्त है, लुप्त संख्या को ज्ञात करें।*

56. 35 : 13 :: 91 : ?
(a) 40 (b) 35 (c) 32 (d) 21

57. 9 : 22 :: 16 : ?
(a) 60 (b) 32 (c) 40 (d) 64

58. 9 : 162 :: 8 : ?
(a) 162 (b) 128 (c) 96 (d) 112

59. 16 : 34 :: 11 : ?
(a) 88 (b) 86 (c) 24 (d) 22

60. 63 : 504 :: 53 : ?
(a) 420 (b) 421 (c) 422 (d) 424

61. 3210 : 5432 :: 6753 : ?
(a) 8975 (b) 9678 (c) 7635 (d) 5893

62. 26 : 64 :: 16 : ?
(a) 25 (b) 49 (c) 47 (d) 57

63. 6 : 18 :: 12 : ?
(a) 22 (b) 32 (c) 42 (d) 72

64. 8 : 100 :: 12 : ?
(a) 120 (b) 140 (c) 196 (d) 206

65. 2367 : 3276 :: 4589 : ?
(a) 5498 (b) 5598 (c) 5489 (d) 9845

निर्देश (प्र.सं. 66-69) *निम्नलिखित प्रश्नों के उत्तर चार विकल्प समूहों के रूप में दिए गए हैं, इनमें से उस संख्या समूह को चुनिए, जो प्रश्न में दिए गए संख्या समूह से अधिकतम मेल खाता हो।*

66. (5, 9, 16)
(a) (4, 8, 16) (b) (6, 9, 12)
(c) (7, 11, 18) (d) (8, 11, 12)

67. (32, 24, 8)
(a) (42, 34, 16) (b) (24, 16, 0)
(c) (34, 24, 14) (d) (26, 32, 42)

68. (4, 10, 15)
(a) (3, 6, 12) (b) (2, 8, 10)
(c) (5, 12, 18) (d) (7, 10, 18)

69. (6, 36, 63)
(a) (7, 49, 98) (b) (8, 64, 46)
(c) (9, 84, 45) (d) (11, 11, 84)

उत्तरमाला

1. (d)	**2.** (a)	**3.** (a)	**4.** (a)	**5.** (c)	**6.** (b)	**7.** (d)	**8.** (b)	**9.** (a)	**10.** (b)
11. (d)	**12.** (a)	**13.** (b)	**14.** (b)	**15.** (d)	**16.** (c)	**17.** (a)	**18.** (d)	**19.** (d)	**20.** (b)
21. (c)	**22.** (b)	**23.** (d)	**24.** (d)	**25.** (c)	**26.** (c)	**27.** (c)	**28.** (b)	**29.** (c)	**30.** (b)
31. (b)	**32.** (d)	**33.** (a)	**34.** (a)	**35.** (b)	**36.** (a)	**37.** (a)	**38.** (a)	**39.** (b)	**40.** (c)
41. (a)	**42.** (c)	**43.** (c)	**44.** (d)	**45.** (b)	**46.** (a)	**47.** (c)	**48.** (a)	**49.** (b)	**50.** (b)
51. (a)	**52.** (d)	**53.** (a)	**54.** (b)	**55.** (b)	**56.** (c)	**57.** (b)	**58.** (b)	**59.** (c)	**60.** (d)
61. (a)	**62.** (b)	**63.** (d)	**64.** (c)	**65.** (a)	**66.** (c)	**67.** (b)	**68.** (c)	**69.** (b)	

संकेत एवं हल

1. जिस प्रकार, बादल पानी गिराते हैं, उसी प्रकार, सूरज गर्मी देता है।

2. जिस प्रकार,

B O Q D → E R T G (+3, +3, +3, +3)

उसी प्रकार,

A N P C → D Q S F (+3, +3, +3, +3)

3. जिस प्रकार, कलम में स्याही रहती है उसी प्रकार, शिरा में रक्त बहता है।

4. जिस प्रकार,

$6 \div 2 = 3 \Rightarrow (3)^2 = 9$

उसी प्रकार,

$12 \div 2 = 6 \Rightarrow (6)^2 = \boxed{36}$

5. जिस प्रकार,

$12 \Rightarrow 1 \times 2 = 2$

उसी प्रकार,

$45 \Rightarrow 4 \times 5 = \boxed{20}$

6. जिस प्रकार,

T F K → U H J (+1, +2, −1)

उसी प्रकार,

L K S → M M R (+1, +2, −1)

7. जिस प्रकार,

$6 \times 5 = 30,\ 30 \times 3 = 90$

उसी प्रकार,

$8 \times 6 = 48,\ 48 \times 4 = 192$

8. जिस प्रकार,

S T A G →(उल्टे क्रम में) H G Z T

19 20 1 7 → 19 20 1 7

तथा

H O R N →(उल्टे क्रम में) S L I M

8 15 18 14 → 8 15 18 14

उसी प्रकार,

N O R T H →(उल्टे क्रम में) M L I G S

14 15 18 20 8 → 14 15 18 20 8

9. जिस प्रकार, 'फ्रांस' की राजधानी 'पेरिस' है। उसी प्रकार, 'जर्मनी' की राजधानी 'बर्लिन' है।

10. जिस प्रकार, 'लेखक' 'कलम' से लिखता है। उसी प्रकार, 'कलाकार' 'ब्रुश' से पेन्ट करता है।

11.

1 2 3 4 5 6 7
N U M E R A L

इसे इस प्रकार व्यवस्थित किया गया है

2 4 6 7 5 3 1
U E A L R M N

अतः

1 2 3 4 5 6 7
A L G E B R A
2 4 6 7 5 3 1
L E R A B G A

12. जिस प्रकार,

P N L J → I G E C (−1, −5, −9, −13)

उसी प्रकार,

V T R P → O M K I (−1, −5, −9, −13)

13. जिस प्रकार, $17 \times 3 + 9 = 51 + 9 = 60$

उसी प्रकार, $20 \times 3 + 9 = 60 + 9 = \boxed{69}$

14. जिस प्रकार, $(6 + 2)^2 = (8)^2 = 64$

उसी प्रकार, $(11 + 2)^2 = (13)^2 = \boxed{169}$

15. जिस प्रकार, $123 \Rightarrow 12 \div 3 = 4$

उसी प्रकार, $726 \Rightarrow 72 \div 6 = \boxed{12}$

16. जिस प्रकार, $8 \times 7 = 56,\ 8 \times 9 = 72$

उसी प्रकार, $6 \times 7 = 42,\ 6 \times 9 = 54$

17. जिस प्रकार,

3 1 20 → 4 4 25
C A T → D D Y (+1, +3, +5)

उसी प्रकार,

2 9 7 → 3 12 12
B I G → C L L (+1, +3, +5)

18. जिस प्रकार,

12 15 7 9 3 → 2 8 6 14 11
L O G I C → B H F N K (−1, −1, −1, −1, −1)

उसी प्रकार,

3 12 5 18 11 → 10 17 4 11 2
C L E R K → J Q D K B (−1, −1, −1, −1, −1)

19. जिस प्रकार 'पतला' का विपरीतार्थक मोटा होता है उसी प्रकार 'बौना' का विपरीतार्थक 'लम्बा' होता है।

20. जिस प्रकार 'भूख' की तृप्ति भोजन से होती है, उसी प्रकार 'रोग का इलाज दवा से होता है।

21. जिस प्रकार,

6 2 4 → 4 2 6

उसी प्रकार,

7 4 5 → 5 4 7

22. जिस प्रकार,

$363 \Rightarrow 3 + 6 + 3 = 12 \Rightarrow 1 + 2 = 3$

$489 \Rightarrow 4 + 8 + 9 = 21 \Rightarrow 2 + 1 = 3$

$579 \Rightarrow 5 + 7 + 9 = 21 \Rightarrow 2 + 1 = 3$

उसी प्रकार,
$471 \Rightarrow 4 + 7 + 1 = 12 \Rightarrow 1 + 2 = 3$

23. दिल्ली, आगरा तथा मथुरा यमुना नदी के किनारे बसे हैं।

24. जिस प्रकार, चिकित्सक रोगी को रोग से मुक्ति दिलाते हैं, उसी प्रकार वकील मुवक्किल को न्याय दिलाते हैं।

25. जिस प्रकार, कार्य करने से थकावट होती है, उसी प्रकार सफलता मिलने पर प्रसन्नता होती है।

26. जिस प्रकार, राष्ट्र का प्रधान व्यक्ति राष्ट्रपति होता है, उसी प्रकार राज्य का प्रधान व्यक्ति राज्यपाल होता है।

27. जिस प्रकार, राजा महल में रहते हैं तथा पुलिस फोर्स बैरक में रहती है, उसी प्रकार हवाई जहाज हवाई अड्डा में रहते हैं।

28. जिस प्रकार, पिरामिड इजिप्ट (मिस्र) में है, उसी प्रकार एफिल टावर फ्रांस में है।

29. Hope शब्द का अर्थ 'आशा करना' होता है। अतः इसका समानार्थी शब्द Expectation होगा।

30. जिस प्रकार, 'बैंक' के द्वारा 'धन' का विनियम होता है, उसी प्रकार, 'परिवहन' के द्वारा 'माल' का यातायात होता है।

31. जिस प्रकार, 'अदालत' न्याय का केन्द्र है, उसी प्रकार, 'विद्यालय' शिक्षा का केन्द्र है।

32. जिस प्रकार, 'चम्मच' बर्तन के अन्तर्गत आती है, उसी प्रकार, 'तारीख' कैलेण्डर के अन्तर्गत आती है।

33. जिस प्रकार, 'पंखुड़ी' फूल का एक भाग है, उसी प्रकार, 'पृष्ठ' पुस्तक का एक भाग है।

34. जिस प्रकार, 'कंकाल' शरीर को ढाँचा प्रदान करता है, उसी प्रकार, 'व्याकरण' भाषा को ढाँचा प्रदान करती है।

35. जिस प्रकार, नियमित सम्बन्धित है यदा कदा से, उसी प्रकार, अधिकतम सम्बन्धित है कुछ से।

36. जिस प्रकार, मछली सम्बन्धित है पक्षी से, उसी प्रकार, पनडुब्बी सम्बन्धित है वायुयान से।

37. जिस प्रकार, कलाई का सम्बन्ध हाथ से है, ठीक उसी प्रकार, टखने का सम्बन्ध पैर से है।

38. जिस प्रकार, FORTRESS में FORT होता है, उसी प्रकार, BUILDING में PORTICO होता है।

39. जिस प्रकार, BUD, FLOWER में बदल जाता है, उसी प्रकार, SAPLING, TREE में बदल जाता है।

40. जिस प्रकार, 'कब' 'समय' से सम्बन्धित है, उसी प्रकार, 'कहाँ' 'जगह' से सम्बन्धित है।

41. जिस प्रकार, बाँध बनाकर नदी के प्रवाह को नियन्त्रित किया जाता है, उसी प्रकार, संकेतकों के माध्यम से यातायात को नियन्त्रित किया जाता है।

42. जिस प्रकार, दिन से सप्ताह बनता है, उसी प्रकार, सप्ताह से महीना बनता है।

43. जिस प्रकार, धान से चावल निकलता है, उसी प्रकार, दूध से क्रीम निकलती है।

44. जिस प्रकार, गज दूरी बताता है, उसी प्रकार, घड़ी समय बताती है।

45. गत कल : आगामी कल :: मार्च मई
(गत कल $\xrightarrow{+2}$ आगामी कल; मार्च $\xrightarrow{+2}$ मई)

46. जिस प्रकार, नारियल खोल के अन्दर रहता है, उसी प्रकार, पत्र लिफाफे के अन्दर होता है।

47. जिस प्रकार, मीनू में भोजन के व्यंजनों का उल्लेख रहता है, उसी प्रकार, सारणी में पुस्तकालय की पुस्तकों का उल्लेख रहता है।

48. जिस प्रकार,
$C \xrightarrow{+1} D$
$E \xrightarrow{+1} F$
$I \xrightarrow{+1} J$
$S \xrightarrow{+1} T$

उसी प्रकार,
$H \xrightarrow{+1} I$
$K \xrightarrow{+1} L$
$M \xrightarrow{+1} N$
$P \xrightarrow{+1} Q$

49. जिस प्रकार,
$Z \xrightarrow{+2} B$
$A \xrightarrow{+2} C$
$D \xrightarrow{+2} F$
$C \xrightarrow{+2} E$

उसी प्रकार,
$R \xrightarrow{+2} T$
$S \xrightarrow{+2} U$
$F \xrightarrow{+2} H$
$E \xrightarrow{+2} G$

50. जिस प्रकार, उसी प्रकार,

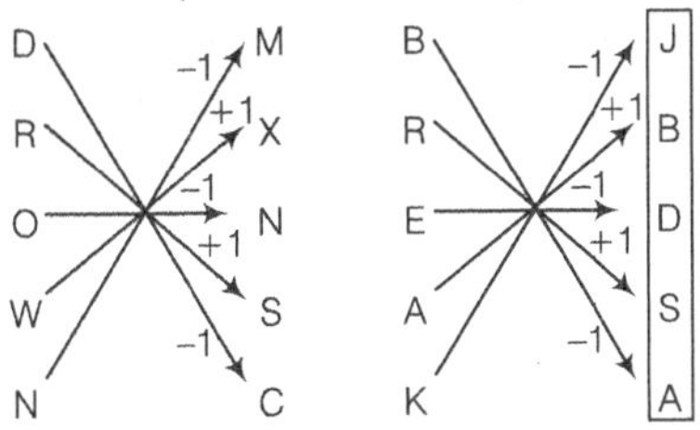

51. जिस प्रकार,
$B \xrightarrow{+4} F$
$Y \xrightarrow{-4} U$
$D \xrightarrow{+4} H$
$W \xrightarrow{-4} S$

उसी प्रकार,
$A \xrightarrow{+4} E$
$Z \xrightarrow{-4} V$
$C \xrightarrow{+4} G$
$X \xrightarrow{-4} T$

52. जिस प्रकार,
RODE
$R \rightarrow 18 \rightarrow 1 + 8 \Rightarrow 9$
$O \rightarrow 15 \rightarrow 1 + 5 \Rightarrow 6$
$D \rightarrow 4 \rightarrow 0 + 4 \Rightarrow 4$
$E \rightarrow 5 \rightarrow 0 + 5 \Rightarrow 5$
कुल योग $\Rightarrow 24$

उसी प्रकार,
LANE
$L \rightarrow 12 \rightarrow 1 + 2 \Rightarrow 3$
$A \rightarrow 1 \rightarrow 0 + 1 \Rightarrow 1$
$N \rightarrow 14 \rightarrow 1 + 4 \Rightarrow 5$
$E \rightarrow 5 \rightarrow 0 + 5 \Rightarrow 5$
कुल योग $\Rightarrow 14$

53. जिस प्रकार,
R —विपरित→ I → 9
A —विपरित→ Z → 26
T —विपरित→ G → 7
कुल योग $\Rightarrow 42$

उसी प्रकार,
M —विपरित→ N → 14
A —विपरित→ Z → 26
T —विपरित→ G → 7
कुल योग $\Rightarrow 47$

54. जिस प्रकार,
$M \xrightarrow{-1} L \rightarrow 12$
$L \xrightarrow{-1} K \rightarrow 11$ या 121114
$O \xrightarrow{-1} N \rightarrow 14$

उसी प्रकार,
$Q \xrightarrow{-1} P \rightarrow 16$
$J \xrightarrow{-1} I \rightarrow 09$ या 160911
$L \xrightarrow{-1} K \rightarrow 11$

55. जिस प्रकार,
E —विपरित→ V → 22
H —विपरित→ S → 19

उसी प्रकार,
B —विपरित→ Y → 25
I —विपरित→ R → 18

या $\frac{E}{H} : \frac{22}{19}$

$\therefore \frac{B}{I} : \frac{25}{18}$

56. जिस प्रकार,
$3 + 5 \Rightarrow 8 \quad 4 \Rightarrow 1 + 3 \Rightarrow 13$
(8 और 4 : $\div 2$)

उसी प्रकार,
$9 + 1 \Rightarrow 10 \quad 5 \Rightarrow 3 + 2 \Rightarrow 32$
(10 और 5 : $\div 2$)

57. जिस प्रकार,
$3 \times 3 = 9; 5 \times 5 - 3 = 22$

उसी प्रकार,
$4 \times 4 \Rightarrow 16; 6 \times 6 - 4 \Rightarrow 32$

58. जिस प्रकार,

$9 \Rightarrow (9)^2 \times 2 \Rightarrow 162$

उसी प्रकार,

$8 \Rightarrow (8)^2 \times 2 \Rightarrow \boxed{128}$

59. जिस प्रकार,

$16 \Rightarrow 16 \times 2 + 2 \Rightarrow 34$

उसी प्रकार,

$11 \Rightarrow 11 \times 2 + 2 \Rightarrow \boxed{24}$

60. जिस प्रकार,

$63 \Rightarrow 63 \times 8 \Rightarrow 504$

उसी प्रकार,

$53 \Rightarrow 53 \times 8 \Rightarrow \boxed{424}$

61. जिस प्रकार,

$3 \Rightarrow 3 + 2 = 5$
$2 \Rightarrow 2 + 2 = 4$
$1 \Rightarrow 1 + 2 = 3$
$0 \Rightarrow 0 + 2 = 2$
↓ 5432

उसी प्रकार,

$6 \Rightarrow 6 + 2 = 8$
$7 \Rightarrow 7 + 2 = 9$
$5 \Rightarrow 5 + 2 = 7$
$3 \Rightarrow 3 + 2 = 5$
↓ 8975

62. जिस प्रकार,

$26 \Rightarrow (2 + 6)^2 \Rightarrow 8^2 \Rightarrow 64$

उसी प्रकार,

$16 \Rightarrow (1 + 6)^2 \Rightarrow 7^2 \Rightarrow \boxed{49}$

63. जिस प्रकार,

$6 \Rightarrow (6)^2 \Rightarrow 36 \Rightarrow 36 \div 2 \Rightarrow 18$

उसी प्रकार,

$12 \Rightarrow (12)^2 \Rightarrow 144 \Rightarrow 144 \div 2 \Rightarrow \boxed{72}$

64. जिस प्रकार,

$8 \Rightarrow (8 + 2)^2 \Rightarrow 100$

उसी प्रकार,

$12 \Rightarrow (12 + 2)^2 \Rightarrow \boxed{196}$

65. जिस प्रकार,

$2 \xrightarrow{+1} 3$
$3 \xrightarrow{-1} 2$
$6 \xrightarrow{+1} 7$
$7 \xrightarrow{-1} 6$
↓ 3276

उसी प्रकार,

$4 \xrightarrow{+1} 5$
$5 \xrightarrow{-1} 4$
$8 \xrightarrow{+1} 9$
$9 \xrightarrow{-1} 8$
↓ 5498

66. जिस प्रकार,

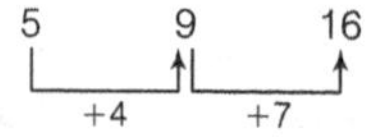

उसी प्रकार,

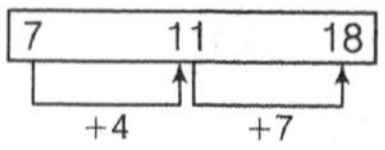

67. जिस प्रकार,

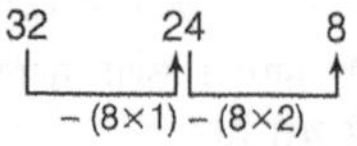

उसी प्रकार,

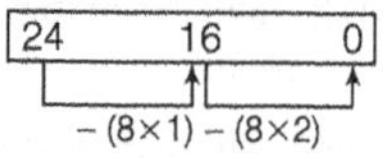

68. जिस प्रकार,

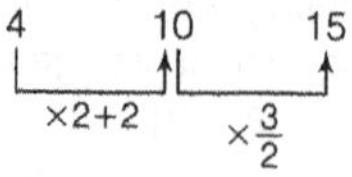

उसी प्रकार,

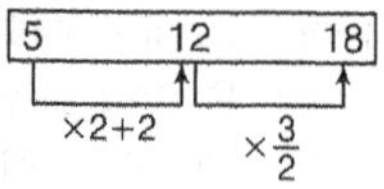

69. जिस प्रकार,

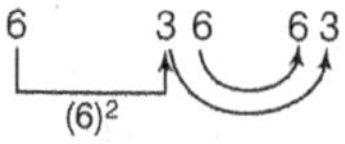

उसी प्रकार,

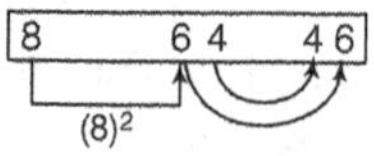

अध्याय

4

शृंखला परीक्षण
Series Test

एक शृंखला वह अनुक्रम है जिसमें अंक/अक्षर किसी विशेष नियम के अन्तर्गत व्यवस्थित होते हैं। इस परीक्षण के अन्तर्गत प्रतियोगियों से ऐसे प्रश्न पूछे जाते हैं जो अंक अथवा अक्षर पर आधारित होते हैं।

इस परीक्षण का उद्देश्य अभ्यर्थियों में तेजी से गणना करने की क्षमता की जाँच करना होता है। साथ ही, ऐसे प्रश्नों के द्वारा विभिन्न अक्षरों या अंकों के बीच उनकी स्थिति के आधार पर प्रतियोगी कितनी शीघ्रता से उनके बीच के सम्बन्धों का निर्धारण करते हैं, इसकी भी जाँच की जाती है। *इस परीक्षण के अन्तर्गत पूछे जाने वाले प्रश्नों को निम्नलिखित दो वर्गों में वर्गीकृत किया जा सकता है*

1. अंक शृंखला Number Series

इसके अन्तर्गत पूछे जाने वाले प्रश्नों में अंकों की शृंखला दी जाती है। यह शृंखला जोड़, घटाव, गुणा, भाग, वर्ग, वर्गमूल, घन, घनमूल आदि पर आधारित होती है। *इससे सम्बन्धित प्रश्नों को हल करने के लिए नीचे दिए गए प्रमुख बिन्दुओं पर ध्यान देना आवश्यक हैं*

- यदि दी गई शृंखला के अंकों के मान में सामान्य वृद्धि हो रही है, तो निश्चित रूप से वहाँ सिर्फ जोड़ का कार्य हो रहा है।
- यदि दी गई शृंखला के अंकों के मान में सामान्य कमी हो रही है, तो निश्चित रूप से वहाँ सिर्फ घटाव का कार्य हो रहा है।
- यदि दी गई शृंखला के अंकों में काफी तीव्रता के साथ वृद्धि हो रही है, तो निश्चित रूप से वहाँ गुणा या घात का कार्य हो रहा है, इसके अलावा जोड़ एवं घटाव या जोड़ अथवा घटाव भी साथ में सम्भव है।
- यदि शृंखला के आंकिक मान में तीव्रता के साथ कमी हो रही है, तो वहाँ भाग का कार्य हो रहा है। साथ ही जोड़ अथवा घटाव भी सम्भव है।
- यदि शृंखला तीव्रता के साथ पहले बढ़ती हो तथा बाद में घटती हो, तो वहाँ गुणा तथा भाग की क्रिया एक-एक करके अपनाई जा रही है।
- यदि शृंखला में अंकों का मान पहले बढ़े फिर घटे लेकिन कम-से-कम अन्तर से हो, तो वहाँ जोड़ तथा घटाव का कार्य बदल-बदल कर चल रहा है।

2. वर्णमाला शृंखला Alphabet Series

इसके अन्तर्गत दी गई शृंखला में अंग्रेजी वर्णमाला से सम्बन्धित अक्षरों की एक शृंखला दी जाती है, जिसमें एक या दो अक्षर लुप्त कर दिए जाते हैं अथवा उस स्थान को प्रश्नवाचक चिह्न (?) के द्वारा निरूपित किया जाता है, फिर नीचे दिए गए विकल्पों से प्रश्नवाचक चिह्न (?) के स्थान पर आने वाले उपयुक्त अक्षर का चयन करना होता है। इसके लिए अभ्यर्थियों को दी गई शृंखला का ध्यानपूर्वक अवलोकन करते हुए यह पता करना होता है कि शृंखला किस नियम के अनुसार परिवर्तित हो रही है और इस परिवर्तित नियम के अनुसार प्रश्नवाचक चिह्न (?) के स्थान पर कौन-सा अक्षर उपयुक्त होगा।

इस शृंखला से सम्बन्धित प्रश्नों को आसानी से हल करने के लिए वर्णमाला क्रमांकिक मान **जैसे** A = 1, B = 2, C = 3 इसी प्रकार, Z = 26 याद रखना आवश्यक है।

साधित उदाहरण

1. निम्नलिखित संख्या शृंखला में प्रश्नवाचक चिह्न (?) के स्थान पर कौन-सी संख्या आएगी?

2, 5, 14, 41, 122, 365, ?

(a) 1019 (b) 1094 (c) 1010 (d) 1020

हल *(b)* शृंखला का ध्यानपूर्वक अवलोकन करने पर हम पाते हैं कि प्रत्येक अगला पद अधिक अन्तर के साथ बढ़ रहा है। अतः हम यह अनुमान लगा सकते हैं कि इनमें गुणा की क्रिया होगी। साथ ही, जोड़ अथवा घटाव भी सम्भव है।

अतः हम पाते हैं कि शृंखला $\times 3 - 1, \times 3 - 1, \ldots$ के क्रम में बढ़ रही है; **जैसे**

2 → 5 → 14 → 41 → 122 → 365 → ? (1094)

(प्रत्येक चरण: ×3–1)

अतः प्रश्नवाचक चिह्न (?) के स्थान पर आने वाली अभीष्ट संख्या 1094 होगी।

2. निम्नलिखित संख्या शृंखला में कौन-सी एक सही संख्या नहीं है?

144, 100, 64, 36, 16, 6

(a) 144 (b) 64 (c) 16 (d) 6

हल (d) दी गई शृंखला का ध्यानपूर्वक अवलोकन करने पर हम पाते हैं कि दी गई शृंखला वर्ग पर आधारित है *जो निम्न प्रकार है*

144 100 64 36 16 4

$(12)^2$ $(10)^2$ $(8)^2$ $(6)^2$ $(4)^2$ $(2)^2$

–2 –2 –2 –2 –2

अतः स्पष्ट है कि शृंखला में 6 गलत संख्या है इसके स्थान पर 4 सही संख्या होगी।

3. निम्नलिखित अक्षर शृंखला में प्रश्नवाचक चिह्न (?) के स्थान पर क्या आएगा?

NOA, PQB, RSC, ?

(a) TUD (b) DTU (c) ENO (d) FNQ

हल (a)

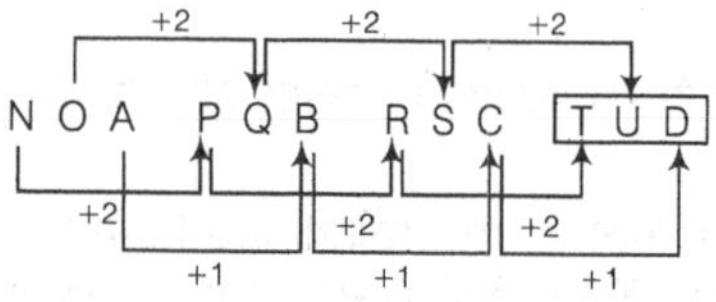

अतः दी गई शृंखला में प्रश्नवाचक चिह्न (?) के स्थान पर TUD आएगा।

4. निम्नलिखित अक्षरों की शृंखला में नीचे दिए गए विकल्पों में से कौन-सा विकल्प प्रश्नवाचक चिह्न (?) के स्थान पर आएगा?

EDBA, KJHG, QPNM, ?

(a) ZXUV (b) WVTS (c) KIGH (d) QOMK

हल (b) दी गई अक्षर शृंखला का ध्यानपूर्वक अवलोकन करने पर हम पाते हैं कि शृंखला के प्रत्येक समूह में प्रयुक्त प्रथम अक्षर अपने वर्णमाला क्रमांकिक मान के स्थान से +6, + 6, + 6, ...के क्रम में परिवर्तित हो रही है। इसी प्रकार, प्रत्येक समूह का द्वितीय अक्षर, तृतीय अक्षर एवं चतुर्थ अक्षर भी इसी क्रम में परिवर्तित हो रहा है। इसे निम्न रूप में व्यक्त किया गया है

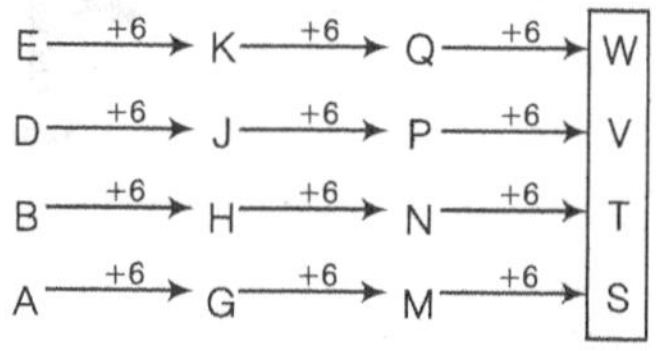

अतः प्रश्नवाचक चिह्न (?) के स्थान पर आने वाला उपयुक्त अक्षर समूह WVTS होगा।

5. निम्नलिखित प्रश्न में दी गई अक्षर शृंखला के खाली स्थानों को कौन-से अक्षरों का सेट क्रम में रखने पर शृंखला को पूरा करेगा?

ab_baabc_aabcb_abcb_

(a) bcaa (b) cbaa (c) abca (d) aacb

हल (b) दी गई शृंखला निम्न प्रकार से व्यवस्थित होगी

ab c ba/abc b a/abcb a /abcb a ⇒ cbaa

अतः विकल्पानुसार अभीष्ट उत्तर cbaa होगा।

अभ्यास प्रश्न

निर्देश (प्र.सं. 1-4) *नीचे दिए गए प्रश्नों में कौन-सा विकल्प अनुक्रम को पूरा करेगा?* **[UP बी.एड. 2014]**

1. ZXV, TRP, NLJ, ?

(a) IGF (b) HDF (c) HGE (d) HFD

2. BDF, HJL, NPR, ?

(a) OQS (b) TUV (c) TVX (d) UVW

3. 7, 9, 13, 21, 37, ?

(a) 58 (b) 63 (c) 69 (d) 72

4. 27, 32, 30, 35, 33, ?

(a) 28 (b) 31 (c) 36 (d) 38

5. दी गई संख्या शृंखला में गलत संख्या चुनिए।

150, 290, 560, 1120, 2140, 4230, 8400 **[UP बी.एड. 2014]**

(a) 2140 (b) 560
(c) 1120 (d) 4230

निर्देश (प्र. सं. 6 और 7) *एक अनुक्रम दिया है जिसमें एक पद लुप्त है। दिए गए विकल्पों में से वह सही विकल्प चुनिए जो अनुक्रम को पूरा करे।* **[UP बी.एड. 2013]**

6. 1, 2, 8, 33, 148, ?

(a) 265 (b) 465 (c) 565 (d) 765

7. 18, 22, 21, 20, 24, 18, ?

(a) 27 (b) 25 (c) 16 (d) 28

निर्देश (प्र.सं. 8-11) *दिए गए विकल्पों में से सम्बन्धित अक्षर/शब्द/संख्या को चुनिए।* **[UP बी.एड. 2013]**

8. 80 : 730 :: ? : 344

(a) 70 (b) 40 (c) 48 (d) 52

9. PZQW : NXOU :: FISK : ?

(a) EFPJ (b) FERI
(c) DGQI (d) HKVM

10. कागज : पेन्सिल :: प्याला : ?

(a) पेय (b) तश्तरी
(c) चीनी मिट्टी (d) चाय

11. बेंगची (छुछमछली) : मेढक :: शशक : ?

(a) मुर्गी (b) शेर
(c) खरगोश (d) घोड़ा

12. अक्षरों का कौन-सा समूह खाली स्थानों पर क्रमवार रखने से दी गई अक्षर शृंखला को पूरा करेगा?

a_b_abb_ab_a_bba **[UP बी.एड. 2013]**

(a) bbaab (b) babba
(c) baaba (d) aabba

निर्देश (प्र.सं. 13-16) *निम्नलिखित प्रश्नों में एक अनुक्रम दिया गया है जिसमें एक/दो पद लुप्त हैं। दिए गए विकल्पों में से वह सही विकल्प चुनिए जो अनुक्रम को पूरा करे।* **[UP बी.एड. 2012]**

13. XYZCBAUVWFE ? ?

(a) DR (b) RS
(c) DS (d) MN

14. reoc, pgme, nikg, lkii, ?

(a) acef (b) jmgk
(c) efgh (d) wxyz

15. 4, 196, 16, 169, ?, 144, 64

(a) 21 (b) 81
(c) 36 (d) 32

16. 8, 15, 36, 99, 288, ?

(a) 368 (b) 676
(c) 855 (d) 908

17. निम्नलिखित शृंखला में गलत संख्या ज्ञात कीजिए।

6, 9, 15, 22, 51, 99 **[UP बी.एड. 2012]**

(a) 99 (b) 51
(c) 22 (d) 15

18. अक्षरों का कौन-सा समूह खाली स्थानों पर क्रमवार रखने से दी गई अक्षर शृंखला को पूरा करेगा?

_b_baaabb_a _ _bb_a_ **[UP बी.एड. 2012]**

(a) abbaaba
(b) ababbaa
(c) babaaba
(d) baabaab

निर्देश (प्र.सं. 19-32) *निम्नलिखित प्रश्नों में लुप्त पद ज्ञात कीजिए।*

(प्र.सं. 19-25) **[UP बी.एड. 2011]**

19. $\frac{1}{2}, \frac{3}{4}, \frac{5}{8}, \frac{7}{16}, ?$

(a) $\frac{9}{32}$ (b) $\frac{10}{17}$

(c) $\frac{11}{34}$ (d) $\frac{12}{35}$

20. 9 : 80 :: 100 : ?

(a) 901 (b) 1009

(c) 9889 (d) 9999

21. m n o n o p q o p q r s _ _ _ _ _

(a) m n o p q (b) o q r s t

(c) p q r s t (d) q r s t u

22. CAT, FDW, IGZ, ?

(a) KJA (b) KTC

(c) LHD (d) LJC

23. BEH, KNQ, TWZ, ?

(a) IJL (b) CFI

(c) BDF (d) ADG

24. 1, 2, 6, 24, ?

(a) 60 (b) 90 (c) 120 (d) 150

25. 2, 15, 41, 80, ?

(a) 112 (b) 120 (c) 132 (d) 130

(प्र.सं. 26-29) **[UP बी.एड. 2010]**

26. T, R, P, N, L, ?

(a) G (b) J

(c) K (d) I

27. H, I, K, N, ?

(a) O (b) Q

(c) R (d) S

28. 1, 6, 13, 22, 33, ?

(a) 44 (b) 45

(c) 46 (d) 47

29. 2, 5, 9, ?, 20, 27

(a) 14 (b) 16

(c) 18 (d) 24

(प्र.सं. 30-32) **[UP बी.एड. 2008]**

30. U, O, I, ?, A

(a) E (b) C

(c) S (d) N

31. AZ, CX, FU, ?

(a) IR (b) IV

(c) JQ (d) KP

32. 3, 6, 18, 72, ?

(a) 144 (b) 216

(c) 288 (d) 360

33. सही विकल्प का चयन करते हुए निम्न शृंखला को पूरा कीजिए।

a_bbc_aab_cca_bbcc **[UP बी.एड. 2008]**

(a) bacb (b) acba

(c) abba (d) caba

34. निम्नलिखित शृंखला में अशुद्ध संख्या को ज्ञात कीजिए।

7, 28, 63, 124, 215, 342, 511

[UP बी.एड. 2008]

(a) 7 (b) 28

(c) 124 (d) 215

निर्देश (प्र.सं. 35-44) *निम्नलिखित संख्या शृंखलाओं में प्रश्नवाचक चिह्न (?) के स्थान पर कौन-सी संख्या आएगी?*

35. 100, 52, 28, 16, 10, ?

(a) 5 (b) 7 (c) 8 (d) 9

36. 1, 2, 4, 8, ?

(a) 8 (b) 9 (c) 16 (d) 32

37. 40, 60, 47, 53, 54, ?

(a) 33 (b) 39

(c) 46 (d) 61

38. 12, 21, 23, 32, 34, ?

(a) 43 (b) 41

(c) 25 (d) 35

39. 3, 15, 35, 63, 99, ?

(a) 127 (b) 145

(c) 135 (d) 143

40. 3, 28, 4, 65, 5, 126, 6, ?

(a) 215 (b) 216

(c) 217 (d) 218

41. 3691, 6931, 9361, 3691, ?

(a) 1369 (b) 6931

(c) 1963 (d) 3961

42. 0246, 6024, 4602, 2460, ?

(a) 0426 (b) 4620

(c) 2064 (d) 0246

43. 20, 20, 19, 16, 17, 13, 14, 11, ?, ?

(a) 10, 10 (b) 10, 11

(c) 13, 14 (d) 13, 16

44. 3, 7, 23, 95, ?

(a) 575 (b) 479

(c) 128 (d) 62

निर्देश (प्र.सं. 45-54) *निम्नलिखित प्रश्नों में दी गई संख्या शृंखलाओं में कौन-सी एक संख्या सही नहीं है?*

45. 125, 126, 124, 127, 123, 129

(a) 126 (b) 124 (c) 123 (d) 129

46. 2, 5, 10, 50, 500, 5000

(a) 5 (b) 10 (c) 50 (d) 5000

47. 24, 27, 31, 33, 36

(a) 24 (b) 27 (c) 31 (d) 33

48. 1, 5, 5, 9, 7, 11, 11, 15, 12, 17

(a) 11 (b) 12 (c) 17 (d) 15

49. 8, 13, 21, 32, 47, 63, 83

(a) 13 (b) 32 (c) 47 (d) 63

50. 3, 7, 13, 23, 31, 43

(a) 23 (b) 7 (c) 43 (d) 31

51. 1, 2, 12, 116, 1888

(a) 1 (b) 12 (c) 116 (d) 1888

52. 56, 72, 90, 110, 132, 150

(a) 72 (b) 90 (c) 110 (d) 150

53. 3, 4, 10, 32, 136, 685, 4116

(a) 10 (b) 32 (c) 685 (d) 4116

54. 11, 5, 20, 12, 40, 26, 74, 54

(a) 5 (b) 20 (c) 40 (d) 26

निर्देश (प्र.सं. 55-64) *निम्नलिखित प्रश्नों में अक्षर शृंखला का एक अनुक्रम दिया है, जिसमें एक पद लुप्त है। दिए गए चार विकल्पों में से वह विकल्प चुनिए जो अक्षर शृंखला के अनुक्रम को पूरा करे।*

55. WYV, ?, IKH, BDA

(a) DPR (b) ROP

(c) PRO (d) OQN

56. DFI, KMP, ?, YAD

(a) QSV (b) RTW

(c) SUX (d) RTV

57. DHL, PTX, BFJ, ?

(a) NRV (b) RVZ

(c) CGK (d) KOS

58. CMG, FPJ, ISM, ?

(a) LVP (b) NVZ

(c) NVY (d) LVZ

59. CFL, EIK, GLJ, IOI, ?

(a) KRH (b) KRJ (c) JRH (d) KOH

60. Q1F, S2E, U6D, W15C, ?

(a) Y31B (b) Z31B (c) Y88B (d) Z66B

61. BD, FH, JL, NP, ?

(a) SV (b) SU (c) QS (d) RT

62. A, C, F, J, O, ?

(a) P (b) Q (c) U (d) V

63. A, D, E, H, I, L, ?

(a) MP (b) MN (c) MO (d) MQ

64. AZ, BY, CX, D?

(a) E (b) W (c) R (d) F

24 श्रृंखला परीक्षण

निर्देश (प्र.सं. 65-74) *निम्नलिखित दिए गए प्रत्येक प्रश्न में अक्षरों की एक श्रृंखला दी गई हैं। इन श्रृंखलाओं में कुछ अक्षरों को लुप्त कर दिया गया है तथा उन्हें श्रृंखला के नीचे दिए गए विकल्पों में उसी क्रम में दिया गया है जिस प्रकार से उसे श्रृंखला में होना चाहिए। दी गई श्रृंखला का ध्यान से अध्ययन करके नीचे दिए गए चार विकल्पों में से उस एक विकल्प को ज्ञात कीजिए जो श्रृंखला के लुप्त अक्षरों के स्थान पर उपयुक्त बैठता है।*

65. a_bbaa_baa_baab_aab
(a) abab (b) baba
(c) abbb (d) babb

66. aaa_bb_aab_baaa_bb
(a) abab (b) bbaa
(c) aabb (d) babb

67. _sr_tr_srs_r_srst_
(a) ttssrr (b) tsrtsr
(c) strtrs (d) tstttr

68. _c_ca_ab_bc_
(a) abcac (b) babca
(c) ccabb (d) acbba

69. _ab_a_aa_ba_aab
(a) ababa (b) bbaba
(c) aabbb (d) aaaaa

70. _stt_tt_tts_
(a) tsst (b) sstt (c) ttst (d) tsts

71. ac_ga_eg_ce_
(a) dbag (b) ecag (c) deag (d) cbdg

72. BE_K_QBB_EHH_KNNQQ
(a) DLEK (b) HNEK
(c) DLCJ (d) HNCJ

73. ZX_TR_NLJ_FD_
(a) VPHB (b) VRHB
(c) UPJB (d) VPJB

74. ZYX_W_YZZ_XWWXY_
(a) WXYZ (b) WYXZ
(c) WXZY (d) XYZW

उत्तरमाला

1. (d)	**2.** (c)	**3.** (c)	**4.** (d)	**5.** (c)	**6.** (d)	**7.** (a)	**8.** (c)	**9.** (c)	**10.** (b)
11. (c)	**12.** (c)	**13.** (a)	**14.** (b)	**15.** (c)	**16.** (c)	**17.** (c)	**18.** (a)	**19.** (a)	**20.** (d)
21. (c)	**22.** (d)	**23.** (b)	**24.** (c)	**25.** (c)	**26.** (b)	**27.** (c)	**28.** (c)	**29.** (a)	**30.** (a)
31. (c)	**32.** (d)	**33.** (b)	**34.** (b)	**35.** (b)	**36.** (c)	**37.** (c)	**38.** (a)	**39.** (d)	**40.** (c)
41. (b)	**42.** (d)	**43.** (a)	**44.** (b)	**45.** (d)	**46.** (d)	**47.** (c)	**48.** (b)	**49.** (c)	**50.** (a)
51. (c)	**52.** (d)	**53.** (b)	**54.** (c)	**55.** (c)	**56.** (b)	**57.** (a)	**58.** (a)	**59.** (a)	**20.** (a)
61. (d)	**62.** (c)	**63.** (a)	**64.** (b)	**65.** (c)	**66.** (d)	**67.** (d)	**68.** (b)	**69.** (a)	**70.** (a)
71. (b)	**72.** (b)	**73.** (a)	**74.** (a)						

संकेत एवं हल

1. Z(26) —−6→ T(20) —−6→ N(14) —−6→ [H(8)]
X(24) —−6→ R(18) —−6→ L(12) —−6→ [F(6)]
V(22) —−6→ P(16) —−6→ J(10) —−6→ [D(4)]

2. B(2) —+6→ H(8) —+6→ N(14) —+6→ [T(20)]
D(4) —+6→ J(10) —+6→ P(16) —+6→ [V(22)]
F(6) —+6→ L(12) —+6→ R(18) —+6→ [X(24)]

3. 7 9 13 21 37 [69]
+2 +4 +8 +16 +32

4. 27 32 30 35 33 [38]
+5 −2 +5 −2 +5

5. 150 290 560 [1120] (1090) 2140 4230 8400
×2−10 ×2−20 ×2−30 ×2−40 ×2−50 ×2−60

अतः 1120 के स्थान पर 1090 संख्या आएगी।

6. $1 \times 1 + (1)^2 = 1 + 1 = 2$
$2 \times 2 + (2)^2 = 4 + 4 = 8;$
$8 \times 3 + (3)^2 = 24 + 9 = 33;$
$33 \times 4 + (4)^2 = 132 + 16 = 148;$
$148 \times 5 + (5)^2 = 740 + 25 = \boxed{765}$

7. संख्या श्रृंखला का क्रम इस प्रकार है

18 22 21 20 24 18 [27]
(22 −2→ 20, 20 −2→ 18; 18 +3→ 21, 21 +3→ 24, 24 +3→ 27)

8. जिस प्रकार,
$(9 \times 9) - 1 = 81 - 1 = 80$
$(81 \times 9) + 1 = 729 + 1 = 730$

उसी प्रकार,
$(7 \times 7) - 1 = 49 - 1 = \boxed{48}$
$(49 \times 7) + 1 = 343 + 1 = 344$

9. जिस प्रकार,
P Z Q W ⟶ N X O U
(P −2→ N, Z −2→ X, Q −2→ O, W −2→ U)

उसी प्रकार,
F I S K ⟶ D G Q I
(F −2→ D, I −2→ G, S −2→ Q, K −2→ I)

10. जिस प्रकार, कागज एवं पेन्सिल स्टेशनरी वस्तुएँ हैं, उसी प्रकार प्याला एवं तश्तरी बर्तन हैं।

11. जिस प्रकार, मेढक के विकास की एक अवस्था बेंगची (छुछमछली) है, उसी प्रकार शशक, खरगोश के विकास की एक अवस्था है।

12. अक्षर श्रृंखला का क्रम इस प्रकार है
abb/aabb/aabb/aabb/a ⇒ baaba

13. X Y Z/C B A/U V W/F E [D]/[R]

14. r —−2→ p —−2→ n —−2→ l —−2→ [j]
e —+2→ g —+2→ i —+2→ k —+2→ [m]
o —−2→ m —−2→ k —−2→ i —−2→ [g]
c —+2→ e —+2→ g —+2→ i —+2→ [k]

15. $4 = (2)^2$, $16 = (4)^2$, $36 = (6)^2$, $64 = (8)^2$, $196 = (14)^2$, $169 = (13)^2$, $144 = (12)^2$

16. 8 15 36 99 288 [8 55]
+7 +21 +63 +189 +567
×3 ×3 ×3 ×3

17. 6 9 15 [27] 51 99
+3 +6 +12 +24 +48
×2 ×2 ×2 ×2

अतः श्रृंखला में संख्या 22 गलत है।

18. [a]b[b]b a a/a b b[b] a[a]/[a]b b[b] a[a] ⇒ abbaaba

19. श्रेणी में,

+2 +2 +2 +2

$\frac{1}{2}$ $\frac{3}{4}$ $\frac{5}{8}$ $\frac{7}{16}$ $\boxed{\frac{9}{32}}$

×2 ×2 ×2 ×2

20. जिस प्रकार, 9 → 80, $(9)^2-1$; उसी प्रकार, 100 → [9999], $(100)^2-1$

21. शृंखला निम्न प्रकार है
mno/nopq/opqrs/pqrst
⇒ pqrst

22. शृंखला में,

C →(+3) F →(+3) I →(+3) [L]
A →(+3) D →(+3) G →(+3) [J]
T →(+3) W →(+3) Z →(+3) [C]

23. शृंखला में,

B →(+9) K →(+9) T →(+9) [C]
E →(+9) N →(+9) W →(+9) [F]
H →(+9) Q →(+9) Z →(+9) [I]

24. शृंखला में,

1, 2, 6, 24, [120]
×2 ×3 ×4 ×5

25. शृंखला में,

2, 15, 41, 80, [132]
+(13×1) +(13×2) +(13×3) +(13×4)

26. 20 18 16 14 12 10
T R P N L [J]
−2 −2 −2 −2 −2

27. 8 9 11 14 18
H I K N [R]
+1 +2 +3 +4

28. 1, 6, 13, 22, 33, [46]
+5 +7 +9 +11 +13

29. 2, 5, 9, [14], 20, 27
+3 +4 +5 +6 +7

30. दी गई अक्षर शृंखला में सभी स्वर अक्षर घटते क्रम में हैं
U, O, I, [E], A
अतः प्रश्नवाचक चिह्न (?) के स्थान पर E अक्षर आएगा।

31. दी गई अक्षर शृंखला निम्नवत् है

विपरीत वर्ण विपरीत वर्ण विपरीत वर्ण विपरीत वर्ण
A Z C X F U [J Q]
+2 +3 +4

अतः प्रश्नवाचक चिह्न (?) के स्थान पर JQ आएगा

32. दी गई संख्या शृंखला निम्नवत् है

3, 6, 18, 72, [360]
×2 ×3 ×4 ×5

33. दी गई अक्षर शृंखला निम्नवत् है
a<u>a</u> b b c<u>c</u> / a a b<u>b</u> c c / a<u>a</u> b b c c
⇒ acba

34. दी गई संख्या शृंखला निम्नवत् है

7, 26 [28], 63, 124, 215
(2^3-1) (3^3-1) (4^3-1) (5^3-1) (6^3-1)

342, 511
(7^3-1) (8^3-1)

अतः शुद्ध संख्या $= 3^3 - 1 = 27 - 1 = 26$

35. 100, 52, 28, 16, 10, [7]
52×2−4 28×2−4 16×2−4 10×2−4 7×2−4

36. 1×2 = 2
2×2 = 4
4×2 = 8
? = 8×2 = [16]

37. 40 60 47 53 54 [46]
+7 +7
−7 −7

38. 12, 21, 23, 32, 34, [43]
+9 +2 +9 +2 +9

39. 3, 15, 35, 63, 99, [143]
+12 +20 +28 +36 +44

40. 3 28 4 65 5 126 6 [217]
+1 +1 +1
3^3+1 4^3+1 5^3+1 6^3+1

41. 3691 6931 9361 3691 6931

42. 0246, 6024, 4602, 2460, 0246
चूँकि सभी चार अंक अगली बार एक स्थान बढ़ जाते हैं तथा अन्त वाला अंक शुरू में चला जाता है।

43. 20 20 19 16 17 13 14 11 [10 10]
−4 −3 −2 −1
−1 −2 −3 −4

44. 3, 7, 23, 95, [479]
×2+1 ×3+2 ×4+3 ×5+4

45. 125 126 124 127 123 [129] 128
+1 +1
−1 −1

46. 2 5 10 50 500 [5000] 25000
×10 ×500
×5 ×50

47. 24, 27, 30 [31], 33, 36
+3 +3 +3 +3

48. 1 5 5 9 7 11 11 15 13 [12] 17
+2 +2
+4 +2 +4 +2
+4 +4

49. 8, 13, 21, 32, 46 [47], 63, 83
+5 +8 +11 +14 +17 +20

50. 3, 7, 13, 21 [23], 31, 43
+4 +6 +8 +10 +12

51. 1, 2, 12, 117 [116], 1888
$1\times1^2+1^2$ $2\times2^2+2^2$ $12\times3^2+3^2$ $117\times4^2+4^2$

52. 56, 72, 90, 110, 132, 156 [150]
+16 +18 +20 +22 +24

55. W Y V [P R O] I K H B D A
+7 +7 +7
+7 +7 +7
+7 +7 +7

56. D F I K M P [R T W] Y A D
+7 +7 +7 +7
+7 +7
+7 +7 +7

57. D H L P T X B F J [N R V]
+4+4 +4+4 +4+4 +4+4
+4 +4 +4

58. C M G F P J I S M [L V P]
+3 +3 +3
+3 +3 +3
+3 +3 +3

59. 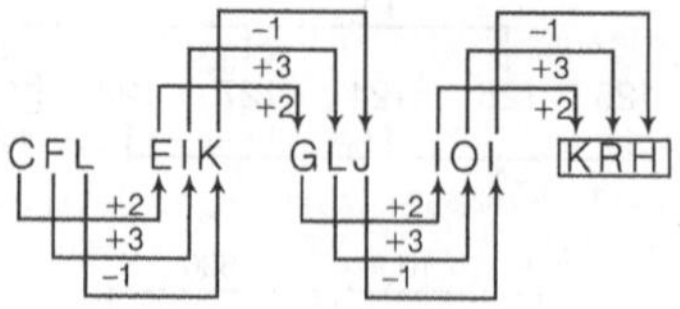

60. 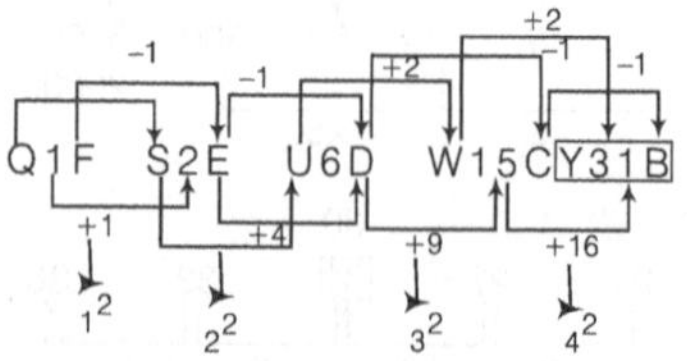

61. 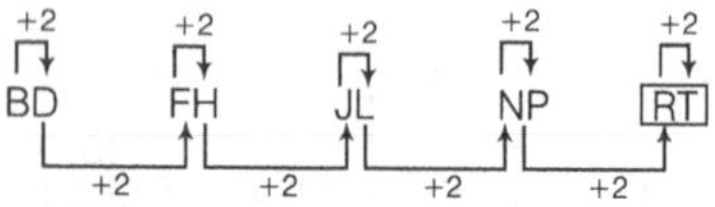

62. 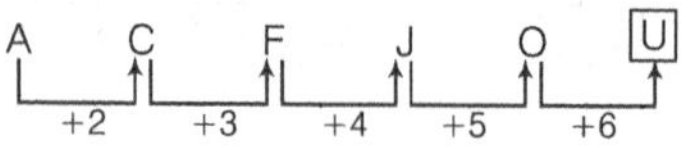

63. 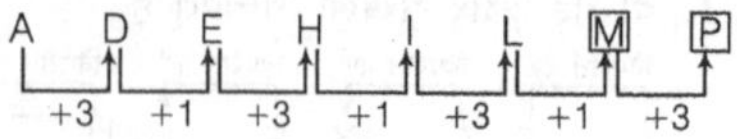

64. A+ Z = 27, B+ Y= 27, C+ x = 27
D+ W = 27 ⇒ ? = W

65. दी गई शृंखला निम्न प्रकार से व्यवस्थित होगी
a a bb/aa b b/aa b b/aab b/aab ⇒ abbb
अतः विकल्पानुसार 'abbb' उपयुक्त बैठता है।

66. दी गई शृंखला निम्न प्रकार से व्यवस्थित होगी
aaa/b bb/ a aa/b b b/aaa/b bb ⇒ babb
अतः विकल्पानुसार 'babb' उपयुक्त बैठता है।

67. दी गई शृंखला निम्न प्रकार से व्यवस्थित होगी
t sr/s tr/t sr/s t r/ t sr/st r ⇒ tstttr
अतः विकल्पानुसार 'tstttr' उपयुक्त बैठता है।

68. दी गई शृंखला निम्न प्रकार से व्यवस्थित होगी
b c a /ca b/ab c/bc a ⇒ babca
अतः विकल्पानुसार 'babca' उपयुक्त बैठता है।

69. दी गई शृंखला निम्न प्रकार से व्यवस्थित होगी
a ab/ b a a /aa b/ba a/aab ⇒ ababa
अतः विकल्पानुसार 'ababa' उपयुक्त बैठता हैं।

70. दी गई शृंखला निम्न प्रकार से व्यवस्थित होगी
t st/t s t/t s t/ts t ⇒ tsst
अतः विकल्पानुसार 'tsst' उपयुक्त बैठता है।

71. दी गई शृंखला निम्न प्रकार से व्यवस्थित होगी
ac e g/a c eg/a ce/g ⇒ ecag
अतः विकल्पानुसार 'ecag' उपयुक्त बैठता है।

72. दी गई शृंखला निम्न प्रकार से व्यवस्थित होगी
BE H K N Q BB E EHH K KNNQQ
⇒ HNEK
अतः विकल्पानुसार HNEK उपयुक्त बैठता है।

73. दी गयी शृंखला निम्न प्रकार से व्यवस्थित होगी
ZX V TR P NLJ H FD B ⇒ VPHB
अतः विकल्पानुसार VPHB उपयुक्त बैठता है।

74. दी गई शृंखला निम्न प्रकार से व्यवस्थित होगी
Z Y X W/W X Y Z/Z Y X W/W X Y Z ⇒ WXYZ
अतः विकल्पानुसार WXYZ उपयुक्त बैठता है।

अध्याय

5 सांकेतिक भाषा परीक्षण

Coding-Decoding Language Test

सांकेतिक भाषा Coding-Decoding Language

सांकेतिक भाषा परीक्षण में कुछ अक्षर दिए होते हैं तथा वे अपने वास्तविक मान को न प्रदर्शित करके कल्पित मान प्रदर्शित करते हैं। इन कल्पित मानों को ही सांकेतिक भाषा कहते हैं। सांकेतिक भाषा के मुख्यत: दो रूप होते हैं, *जो निम्नवत् हैं*

1. कोडिंग Coding

किसी विशेष नियमानुसार कुछ शब्द/अक्षर/अंक का वास्तविक रूप न प्रदर्शित करते हुए उसका परिवर्तित रूप प्रदर्शित करने की प्रक्रिया को कोडिंग कहते हैं।

2. डिकोडिंग Decoding

कोडिंग के ठीक विपरीत अर्थात् किसी विशेष नियमानुसार कुछ शब्द/अक्षर/अंक के परिवर्तित रूप को वास्तविक रूप में प्रदर्शित करने की प्रक्रिया को डिकोडिंग कहते हैं, **जैसे** इस प्रकार के परीक्षण के अन्तर्गत प्रतियोगियों से ऐसे प्रश्न पूछे जाते हैं, जिसमें एक कोड पहले से ही डिकोड रहता है तथा दूसरे को इसी आधार पर डिकोड करना होता है। इस प्रकार के प्रश्नों में प्रतियोगियों को अंग्रेजी वर्णमाला के सभी शब्दों के सीधे तथा विपरीत क्रम की संख्यात्मक स्थिति के मान की जानकारी अवश्य होनी चाहिए।

अंग्रेजी वर्णमाला के सभी अक्षरों के क्रमांकिक मान को याद रखना चाहिए। A से Z तक के व्यवस्थित क्रम को अंग्रेजी वर्णमाला कहते है। अंग्रेजी वर्णमाला में कुल 26 अक्षर होते है जिनमें सभी अक्षरों का मान अलग-अलग होता है।

जैसे

अक्षर	A	B	C	D	E	F	G	H	I	J	K	L	M	N	O	P	Q	R	S	T	U	V	W	X	Y	Z
क्रमांकिक मान	1	2	3	4	5	6	7	8	9	10	11	12	13	14	15	16	17	18	19	20	21	22	23	24	25	26

शब्द EJOTY (इजोटी) की सहायता से पूरे अंग्रेजी वर्णमाला के अक्षरों के मान को याद किया जा सकता है। इस शब्द EJOTY के अक्षरों का अंग्रेजी वर्णमाला में क्रमांकिक मान निम्नवत् होता है

5 10 15 20 25
E J O T Y

इसमें कई तरीके से प्रतियोगियों से प्रश्नों को पूछा जाता है। इसमें कुछ शब्द/अक्षर/अंक दिए रहते हैं जो अपनी वास्तविकता को प्रदर्शित नहीं करते हैं बल्कि कुछ और प्रदर्शित करते हैं। यह कुछ विशेष नियमानुसार बने होते हैं, जिसे नियम की जाँच कर उसी भाषा का प्रयोग करना होता है।

साधित उदाहरण

1. किसी सांकेतिक भाषा में CHAPTER को DGBOUDS लिखा जाता है, तो उसी सांकेतिक भाषा में TEACHER को कैसे लिखा जाएगा?
(a) UDBBIDS (b) UBDBIDS (c) UDBCIDS (d) UFZDIDS

हल *(a)* संकेत का प्रथम अक्षर एक स्थान आगे तथा दूसरा एक स्थान पीछे पुनः तीसरा एक स्थान आगे तथा चौथा एक स्थान पीछे जा रहा है। यही क्रम आगे भी जारी है। अतः

जिस प्रकार,

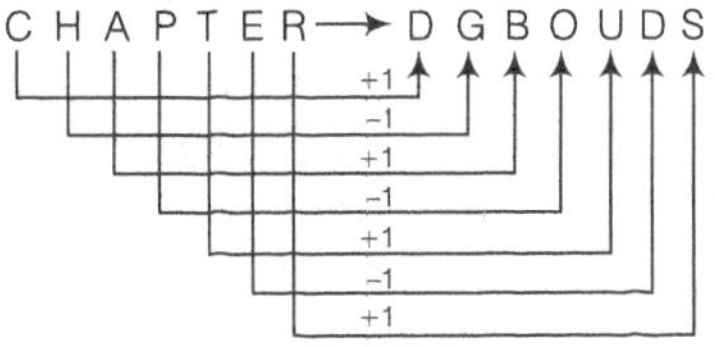

उसी प्रकार,

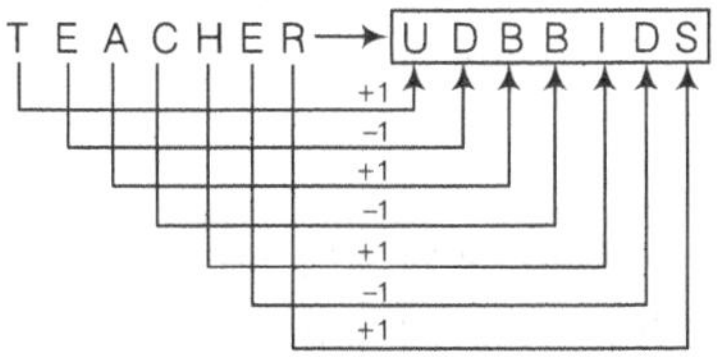

2. यदि MUMBAI को sostpk तथा CHENNAI को dcfmmpk लिखा जाए, तो उसी भाषा में BENCH का कोड क्या होगा?
(a) tpkdc (b) dfmdc
(c) tfmdc (d) इनमें से कोई नहीं

हल ***(c)*** प्रश्न में दिए गए अक्षरों के शब्दों की तुलना करने पर हम पाते हैं कि

M → s C → d
U → o H → c
B → t E → f
A → p N → m
I → k

अतः BENCH को उसी भाषा में tfmdc लिखा जाएगा।

3. यदि किसी सांकेतिक भाषा में CAT को 24, PEN को 35 लिखा जाए, तो उसी भाषा में GOAT को क्या लिखा जाएगा?
(a) 41 (b) 43
(c) 143 (d) ज्ञात नहीं कर सकते

हल ***(b)*** जिस प्रकार,

CAT → 3 + 1 + 20 = 24
तथा PEN → 16 + 5 + 14 = 35
उसी प्रकार, GOAT → 7 + 15 + 1 + 20 = 43
अतः GOAT को उसी सांकेतिक भाषा में 43 लिखा जाएगा।

4. यदि किसी सांकेतिक भाषा में 24685 को 33776 लिखा जाए, तो 35791 को क्या लिखा जाएगा?
(a) 44882 (b) 44803
(c) 43882 (d) 46882

हल ***(a)*** जिस प्रकार,

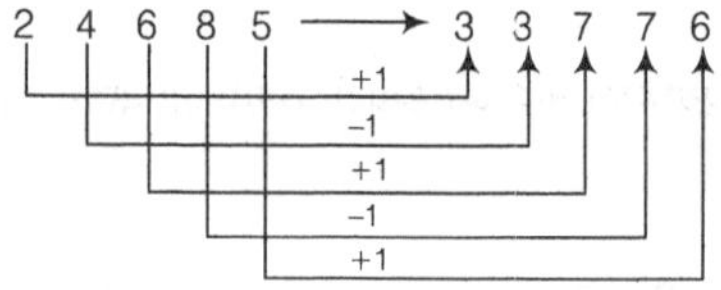

उसी प्रकार,

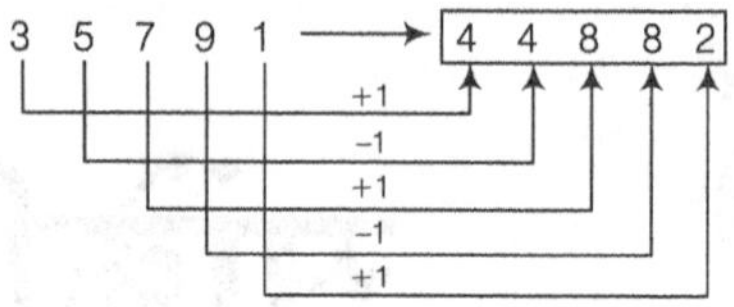

अतः 35791 को उसी सांकेतिक भाषा में 44882 लिखा जाएगा।

5. यदि किसी सांकेतिक भाषा में PAT ZOO SIM से आशय है Eat good Mangoes, PUS SIM TIM का आशय है Mangoes and Sweets, TIM ZOO KIT का आशय है Purchase good Sweets, तो बताएँ good किस शब्द का अर्थ है?
(a) ZOO (b) PAT
(c) KIT (d) SIM

हल ***(a)*** PAT ZOO SIM → Eat good Mangoes

PUS SIM TIM → Mangoes and Sweets

TIM ZOO KIT → Purchase good Sweets

अतः good का उसी सांकेतिक भाषा में कोड ZOO होगा।

6. यदि 'आसमान' को 'काला' कहा जाए, 'काला' को 'जल' कहा जाए, 'जल' को 'हरा' कहा जाए, 'हरा' को 'बादल' कहा जाए, 'बादल' को 'नीला' कहा जाए, 'नीला' को 'जमीन' कहा जाए, 'जमीन' को 'लाल' कहा जाए, तो बताएँ कि मछली कहाँ रहेगी?
(a) काला (b) हरा
(c) नीला (d) लाल

हल ***(b)*** मछली जल में रहती है। कथन में जल को हरा कहा गया है। अतः कथनानुसार मछली हरा में रहेगी।

अभ्यास प्रश्न

1. यदि DANCE को किसी कूटभाषा में GXQZH लिखा जाता है, तो उसी कूटभाषा में RIGHT को किस प्रकार लिखा जाएगा? **[UP बी.एड. 2014]**
(a) UFJEW (b) SGKFX
(c) UFJWE (d) UFWJE

2. यदि किसी कूटभाषा में LOSE को 1357 और GAIN को 2468 लिखा जाता है, तो उसी कूटभाषा में 84615 किस शब्द के लिए होगा? **[UP बी.एड. 2014, 2013]**
(a) NAILS (b) SNAIL
(c) LANES (d) SLAIN

3. यदि SIT = 12 तथा MAN = 10, तब TEA का मान होगा **[UP बी.एड. 2014]**
(a) 12 (b) 9
(c) 8 (d) 6

4. किसी सांकेतिक भाषा में 'nod ta os' का अर्थ 'she is beautiful', 'ta ke jo' का अर्थ है 'good and beautiful' और 'ke os na' का अर्थ है 'he is good', तो इस कोड भाषा में किसका अर्थ 'she' है? **[UP बी.एड. 2014]**
(a) ke (b) ta
(c) os (d) nod

5. यदि किसी सांकेतिक भाषा में 'पानी' को 'नीला', 'नीला' को 'लाल', 'लाल' को 'सफेद', 'सफेद' को 'आकाश', 'आकाश', को 'वर्षा', 'वर्षा' को 'हरा', 'हरा' को 'वायु' तथा 'वायु' को 'मेज' कहा जाए, तो बताइए निम्न में कौन-सा दूध का रंग होगा? **[UP बी.एड. 2013]**
(a) मेज (b) वायु
(c) वर्षा (d) इनमें से कोई नहीं

6. किसी सांकेतिक भाषा में Pit Nae Tom का आशय apple is green, Nae Ho Tap का आशय green and white तथा Ho Tom Ka का आशय shirt is white है, तो बताइए कि apple का संकेत क्या है? **[UP बी.एड. 2013]**
(a) Nae (b) Pit
(c) Tom (d) इनमें से कोई नहीं

7. यदि A = 1 और AND = 19, तब BAT का मान है **[UP बी.एड. 2013]**
(a) 22 (b) 23
(c) 21 (d) 20

8. यदि APPRECIATION को एक कूट भाषा में 177832419465 लिखा जाता है, तो उस कूट भाषा में PERCEPTION को किस प्रकार लिखा जाएगा? **[UP बी.एड. 2013]**
(a) 7382379465 (b) 7392378465
(c) 7292378465 (d) 7383297465

9. यदि MASTER को एक कूट भाषा में SAMRET लिखा जाए, तो उस कूट भाषा में CARROT को किस प्रकार लिखा जाएगा? **[UP बी.एड. 2013]**
(a) RACTOR (b) RCATRO
(c) RCATOR (d) ARMTOR

10. यदि किसी कूट भाषा में HYDROGEN को JCJZYSSD लिखा जाता है, तो उसी कूट भाषा में ANTIMONY को किस प्रकार लिखा जाएगा? [UP बी.एड. 2012]
(a) CPVKOQPA (b) CRZQWABO
(c) ERXMQSRC (d) GTZOSUTE

11. यदि किसी कूट भाषा में DELHI को 73541 और CALCUTTA को 82589662 लिखा जाता है, तो उसी कूट भाषा में CALICUT को किस प्रकार लिख सकते हैं? [UP बी.एड. 2012, 2008]
(a) 5279431 (b) 5978013
(c) 8251896 (d) 8543691

12. यदि एक कूटलिपि में MERCURY को FGIECAB लिखा जाता है, तो CURE को उस कूटलिपि में किस प्रकार लिखा जा सकता है? [UP बी.एड. 2012]
(a) GCFI (b) ECAB
(c) ECAG (d) EAGC

13. यदि किसी सांकेतिक भाषा में, TOGETHER को RQEGRJCT लिखा जाता है, तो उसी भाषा में PAROLE को कैसे लिखा जाएगा? [UP बी.एड. 2011]
(a) NCPQJG (b) NCQPJG
(c) RCPQJK (d) RCTQNG

14. यदि किसी सांकेतिक भाषा में, 743 का अर्थ है mangoes are good; 657 का अर्थ है eat good food और 934 का अर्थ है mangoes are ripe. इस भाषा में ripe के लिए कौन-सा अंक प्रयुक्त किया गया है? [UP बी.एड. 2011]
(a) 9 (b) 4 (c) 5 (d) 7

15. यदि किसी सांकेतिक भाषा में DOG को GOD लिखा जाता है और FOG को GOF लिखा जाता है, तो MOB को क्या लिखा जाएगा? [UP बी.एड. 2010]
(a) NOB (b) OBM (c) BOM (d) DOM

16. यदि UMBRELLA को किसी कूट भाषा में 1 2 3 4 5 6 7 8 लिखते हैं, तो BEAR को कैसे लिखा जाएगा? [UP बी.एड. 2010]
(a) 3684 (b) 3594 (c) 3584 (d) 3585

17. यदि CARPET को TCEAPR के रूप में कोड किया जाता है, तो NATIONAL होगा [UP बी.एड. 2008]
(a) NLATNOIA (b) LANOITAN
(c) LNAANTOI (d) LNOINTAA

18. एक विशेष भाषा में FASHION को FOIHSAN के रूप में कोड किया जाता है, तो उसी कोड में PROBLEM को किस प्रकार कोड किया जाता है? [UP बी.एड. 2008]
(a) ROBLEMP (b) PELBORM
(c) PRBOELM (d) RPBOELM

19. यदि किसी सांकेतिक भाषा में 1234 को 2468 लिखा जाए, तो उसी सांकेतिक भाषा में 7526 को क्या लिखा जाएगा?
(a) 364257 (b) 4925412
(c) 1410412 (d) 6257

20. यदि 1123 को 1149 लिखा जाए, तो 2234 को क्या लिखा जाएगा?
(a) 44916 (b) 00916
(c) 22916 (d) 44316

21. किसी सांकेतिक भाषा में 1245 को 4578 लिखा जाए, तो उसी भाषा में 1453 को क्या लिखा जाएगा?
(a) 5374 (b) 4786 (c) 4779 (d) 4876

22. यदि किसी संकेत में MATTER को TAMRET लिखा जाए, तो उसी भाषा में BEYOND को क्या लिखा जाएगा?
(a) YEBDNO (b) YECENO
(c) DNOYEB (d) EBOYDN

23. यदि KNIFE को MPKHG लिखा जाए, तो DTGCF को कैसे लिखा जाएगा?
(a) FVIEG (b) FVIEH
(c) FUIEG (d) इनमें से कोई नहीं

24. यदि A को B लिखते हैं, B को C, C को D और इसी प्रकार आगे भी, तो उसी कूट भाषा में SMART को क्या लिखा जाएगा?
(a) TLBSU (b) TNZSV
(c) TNBSU (d) TNBQU

25. यदि COMPUTER को RFUVQNPC लिखा जाए, तो MEDICINE को क्या लिखा जाएगा?
(a) EMJDJEFM (b) EOJDJEFM
(c) FOJDJEFM (d) इनमें से कोई नहीं

26. यदि किसी सांकेतिक भाषा में YSZIGR का अर्थ BHARTI है, तो निम्न में से किसका अर्थ LOVELY होगा?
(a) ONEVOB (b) OLEVOZ
(c) LLFVOB (d) OLEVOB

27. यदि किसी सांकेतिक भाषा में POET को PEOS लिखा जाए, तो उसी सांकेतिक भाषा में LEAF को क्या लिखा जाएगा?
(a) MAEF (b) LAEE
(c) LAEF (d) इनमें से कोई नहीं

28. यदि किसी सांकेतिक भाषा में GIGANTIC को GIGTANCI लिखा जाए, तो उसी भाषा में MIRACLES को क्या लिखा जाएगा?
(a) MIRLACSE (b) MIARCLSE
(c) RIMCASEL (d) इनमें से कोई नहीं

29. यदि CHAIR का कोड EGCHT लिखा जाए, तो उसी कोड के अनुसार AUDIT को क्या लिखा जाएगा?
(a) BVEJS (b) CTFHV
(c) CTEHV (d) BUEJS

30. यदि किसी सांकेतिक भाषा में KUMAR को JTLZQ लिखा जाता है, तो SANKAR को उसी भाषा में कैसे लिखा जाएगा?
(a) RZMJYQ (b) RZMJZQ
(c) RBMJBQ (d) TZMJZQ

31. यदि किसी सांकेतिक भाषा में MUMBAI को KSKZYG लिखा जाता है, तो CHENNAI को उसी भाषा में कैसे लिखा जाएगा?
(a) AFCLLYG (b) AECLLYG
(c) AFCMMYG (d) AFDMMYG

32. यदि किसी सांकेतिक भाषा में POCKET को KKZIDT लिखा जाता है, तो JOCKER को उसी भाषा में कैसे लिखा जाएगा?
(a) EKZIDR (b) FKZIDR
(c) AKZIDR (d) DKZIDR

33. यदि किसी सांकेतिक भाषा में CAT को DDY लिखा जाता है, तो DOG को उसी भाषा में कैसे लिखा जाएगा?
(a) ERL (b) FQJ (c) FRK (d) FOL

34. यदि किसी सांकेतिक भाषा में PUJA को CFWL लिखा जाए, तो RUPA को उसी भाषा में कैसे लिखा जाएगा?
(a) CLWO (b) CLWM
(c) CLWN (d) CLWH

35. यदि किसी सांकेतिक भाषा में DOCTOR को ROTCOD लिखा जाता है, तो STUDENT को उसी भाषा में कैसे लिखा जाएगा?
(a) TSDUNET (b) DENTSTU
(c) TENDUTS (d) TNEDUTS

36. यदि किसी सांकेतिक भाषा में FILE को UROV लिखा जाता है, तो LIFT को उसी भाषा में कैसे लिखा जाएगा?
(a) OURG (b) ORUG
(c) ORGU (d) OGRU

37. यदि किसी सांकेतिक भाषा में WORLD को OWRDL लिखा जाता है, तो EARTH को उसी भाषा में कैसे लिखा जाएगा?
(a) EAHRT (b) EARHT
(c) AERHT (d) AERTH

38. यदि किसी सांकेतिक भाषा में MAN को LNZBMO लिखा जाता है, तो BOY को उसी भाषा में कैसे लिखा जाएगा?
(a) ACPNXZ (b) CANPXZ
(c) ACNPXZ (d) ACNPZX

39. यदि MAN को 415 से कोड किया जाए, तो FIVE का कोड क्या होगा?
(a) 6925 (b) 6945
(c) 6845 (d) ज्ञात नहीं कर सकते

40. यदि GARIMA को 725432 तथा TINA को 6482 से संकेतबद्ध किया जाए, तो MARTINA का संकेत क्या होगा?
(a) 3256482 (b) 3526482
(c) 3256428 (d) इनमें से कोई नहीं

41. यदि किसी सांकेतिक भाषा में GAIN को 7195 लिखा जाता है, तो LOSS को उसी भाषा में कैसे लिखा जाएगा?
(a) 3611 (b) 3600
(c) 3610 (d) 1251

42. यदि किसी सांकेतिक भाषा में 12345 को 21436 लिखा जाता है, तो 21354 को उसी भाषा में कैसे लिखा जाएगा?
(a) 30445 (b) 30454
(c) 12445 (d) 12454

43. किसी सांकेतिक भाषा में यदि CHAIR को 53269 तथा EAR को 729 लिखा जाए, तो HEAR को कैसे लिखा जाएगा?
(a) 3792 (b) 7392
(c) 7329 (d) 3729

44. यदि RIPSLE को 613082 तथा WIFE को 4192 लिखा जाए, तो उसी तरह PEWSL को कैसे लिखा जाएगा?
(a) 32488 (b) 32084
(c) 32408 (d) 32480

45. यदि CAT को 24 तथा SAD को 24 लिखा जाए, तो SHE को क्या लिखा जाएगा?
(a) 32 (b) 34 (c) 36 (d) 38

46. यदि DEEP को 60 तथा RABIT को 100 लिखा जाए, तो HAIR को क्या लिखा जाएगा?
(a) 36 (b) 52
(c) 62 (d) 72

47. यदि 123 को 36 तथा 225 को 81 लिखा जाए, तो 331 को क्या लिखा जाएगा?
(a) 25 (b) 49
(c) 48 (d) 68

48. यदि HAPPY को 51223 लिखा जाए, तो PAHPY को क्या लिखा जाएगा?
(a) 21253 (b) 22153
(c) 35122 (d) 21523

49. किसी सांकेतिक भाषा में यदि RAM का भार 32 किग्रा तथा SHYAM का भार 66 किग्रा बताया जाए, तो उसी सांकेतिक भाषा में SWETA का भार क्या होगा?
(a) 58 किग्रा (b) 68 किग्रा
(c) 108 किग्रा (d) 78 किग्रा

50. यदि किसी सांकेतिक भाषा में HOME को 2541, SHOP को 8256 तथा WORK को 9573 लिखा जाए, तो उसी भाषा में SMOKE को क्या लिखा जाएगा?
(a) 84531 (b) 85431
(c) 85413 (d) 84513

51. यदि किसी सांकेतिक भाषा में 526 का अर्थ sky is blue, 24 का अर्थ blue colour और 436 का अर्थ colour is fun है, तो fun के लिए कौन-सी संख्या प्रयुक्त की गई है?
(a) 2 (b) 3
(c) 4 (d) 5

52. किसी सांकेतिक भाषा में tim fu so का अर्थ she is good, rim tin so का अर्थ he is bad तथा rim se tim का अर्थ good and bad हो, तो is का कोड क्या होगा?
(a) so (b) tin (c) rim (d) fu

53. यदि 256 का अर्थ 'लाल रंग चाक', 589 का अर्थ 'हरे रंग फूल' तथा 245 का अर्थ 'सफेद रंग चाक' हो, तो बताइए सफेद को किस अंक से संकेतबद्ध किया गया है?
(a) 4 (b) 5
(c) 2 (d) 8

54. किसी सांकेतिक भाषा में '256' का अर्थ 'boys are good', '637' का अर्थ 'Vijay is good' और '348' का अर्थ 'Shankar is bad' हो, तो इस भाषा में 'Vijay' के लिए कौन-सी संख्या प्रयुक्त की गई हैं?
(a) 5 (b) 6
(c) 7 (d) 8

55. यदि किसी सांकेतिक भाषा में 'लाल' को 'हरा', 'हरा' को 'नीला', 'नीला' को 'पीला' कहा जाए, तो बताइए कि मानव खून का रंग कैसा होगा?
(a) लाल (b) पीला
(c) नीला (d) हरा

56. यदि किसी सांकेतिक भाषा में 'लैंड' को 'स्टिक', 'स्टिक' को 'निब', 'निब' को 'सुई', 'सुई' को 'रस्सी' और 'रस्सी' को 'धागा' कहा जाए, तो पेन में क्या लगाना चाहिए जो कि हमें लिखने में सहायता करे?
(a) धागा (b) निब
(c) सुई (d) स्टिक

57. यदि किसी सांकेतिक भाषा में 'हरा' का अर्थ 'लाल', 'लाल' का अर्थ 'पीला', 'पीला' का अर्थ 'नीला', 'नीला' का अर्थ 'नारंगी' हो, तो बताइए स्वच्छ आकाश का रंग कैसा दिखाई देता है?
(a) पीला (b) नारंगी
(c) लाल (d) हरा

58. यदि किसी सांकेतिक भाषा में 'किताब' को 'घड़ी','घड़ी' को 'थैला','थैला' को 'शब्दकोश' तथा 'शब्दकोश' को 'खिड़की' कहा जाए, तो बताइए समान ढोने के लिए किसे उपयोग में लाया जाएगा?
(a) खिड़की (b) शब्दकोश
(c) घड़ी (d) इनमें से कोई नहीं

उत्तरमाला

1. (a)	2. (a)	3. (c)	4. (d)	5. (d)	6. (b)	7. (b)	8. (a)	9. (a)	10. (b)
11. (c)	12. (c)	13. (a)	14. (a)	15. (c)	16. (c)	17. (c)	18. (b)	19. (c)	20. (a)
21. (b)	22. (a)	23. (b)	24. (c)	25. (b)	26. (d)	27. (b)	28. (a)	29. (b)	30. (b)
31. (a)	32. (a)	33. (a)	34. (c)	35. (d)	36. (b)	37. (c)	38. (c)	39. (b)	40. (a)
41. (a)	42. (a)	43. (d)	44. (c)	45. (a)	46. (d)	47. (b)	48. (d)	49. (b)	50. (a)
51. (b)	52. (a)	53. (a)	54. (c)	55. (d)	56. (c)	57. (b)	58. (b)		

संकेत एवं हल

1. जिस प्रकार,

D A N C E → G X Q Z H
(+3, −3, +3, −3, +3)

उसी प्रकार,

R I G H T → U F J E W
(+3, −3, +3, −3, +3)

2. जिस प्रकार,

L O S E तथा G A I N
1 3 5 7   2 4 6 8

उसी प्रकार,

8 4 6 1 5
N A I L S

3. जिस प्रकार, $S^{19}\ I^{9}\ T^{20} \Rightarrow 19 + 9 + 20 \Rightarrow 48$
$\Rightarrow 4 + 8 = 12$

तथा $M^{13}\ A^{1}\ N^{14} \Rightarrow 13 + 1 + 14 \Rightarrow 28 \Rightarrow$
$2 + 8 = 10$

उसी प्रकार, $T^{20}\ E^{5}\ A^{1} \Rightarrow 20 + 5 + 1 = 26$
$\Rightarrow 2 + 6 = \boxed{8}$

4.
nod (ta) [os] → she [is] (beautiful)
(ta) ke jo → good and (beautiful)
ke [os] na → he [is] good

अत: nod → she

5. दूध का रंग सफेद होता है। प्रश्न में सफेद को आकाश कहा गया है। अत: दूध का रंग आकाश होगा।

6. Pit [Nae] (Tom) → apple is [green]
[Nae] Ho Tap → [green] and white
Ho (Tom) Ka → shirt (is) white

उपरोक्त से स्पष्ट है कि apple का कोड Pit है।

7. अंग्रेजी वर्णमाला के अनुसार, BAT
$= 2 + 1 + 20 = 23$

8. A P P R E C I A T I O N
1 7 7 8 3 2 4 1 9 4 6 5

अत:

P E R C E P T I O N
7 3 8 2 3 7 9 4 6 5

9. जिस प्रकार,

M A S → S A M   T E R → R E T

उसी प्रकार,

C A R → R A C   R O T → T O R

10. जिस प्रकार,

H Y D R O G E N → J C J Z Y S S D
(+2, +4, +6, +8, +10, +12, +14, +16)

उसी प्रकार,

A N T I M O N Y → C R Z Q W A B O
(+2, +4, +6, +8, +10, +12, +14, +16)

11. D E L H I
7 3 5 4 1

C A L C U T T A
8 2 5 8 9 6 6 2

अत:

C A L I C U T
8 2 5 1 8 9 6

12. M E R C U R Y
F G I E C A B

अत:

C U R E
E C A G

13. जिस प्रकार,

20 15 7 5 20 8 5 18   18 17 5 7 18 10 3 20
T O G E T H E R → R Q E G R J C T
(−2, +2, −2, +2, −2, +2, −2, +2)

उसी प्रकार,

16 1 18 15 12 5   14 3 16 17 10 7
P A R O L E → N C P Q J G
(−2, +2, −2, +2, −2, +2)

14. प्रश्नानुसार,

7 4 3 → mangoes are good ...(i)
6 5 7 → eat good food ...(ii)
9 3 4 → mangoes are ripe ...(iii)

समी (i) और (ii) से,

mangoes ⇒ 3 या 4
and are ⇒ 3 या 4

∴ ripe ⇒ 9

15. जिस प्रकार,

D O G → G O D

तथा

F O G → G O F

उसी प्रकार,

M O B → B O M

अत: MOB ⇒ BOM

16. जिस प्रकार,

U M B R E L L A
1 2 3 4 5 6 7 8

उसी प्रकार,

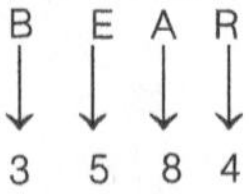

अतः BEAR ⇒ 3584

17. जिस प्रकार,

C A R P E T → T C E A P R
1 2 3 4 5 6 → 6 1 5 2 4 3

उसी प्रकार,

N A T I O N A L → L N A A N T O I
1 2 3 4 5 6 7 8 → 8 1 7 2 6 3 5 4

अतः NATIONAL ⇒ LNAANTOI

18. जिस प्रकार,

F A S H I O N → F O I H S A N
1 2 3 4 5 6 7 → 1 6 5 4 3 2 7

उसी प्रकार,

P R O B L E M → P E L B O R M
1 2 3 4 5 6 7 → 1 6 5 4 3 2 7

अतः PROBLEM ⇒ PELBORM

19. जिस प्रकार,

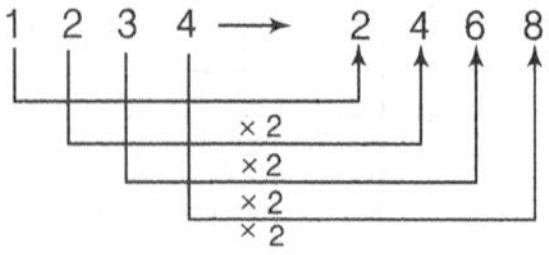

उसी प्रकार,

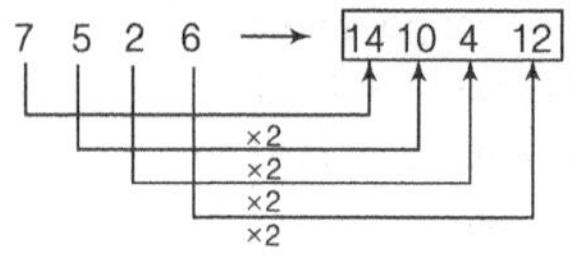

20. जिस प्रकार,

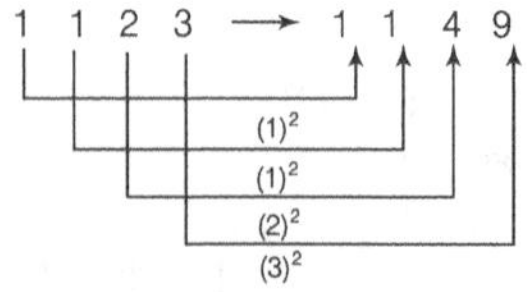

उसी प्रकार,

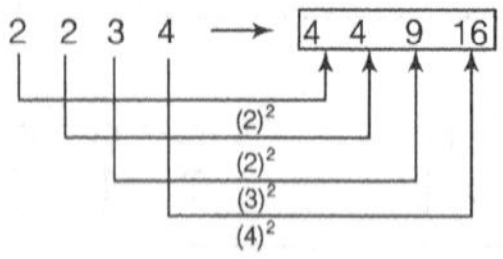

21. जिस प्रकार,

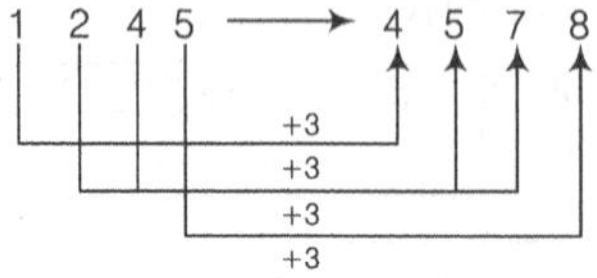

उसी प्रकार,

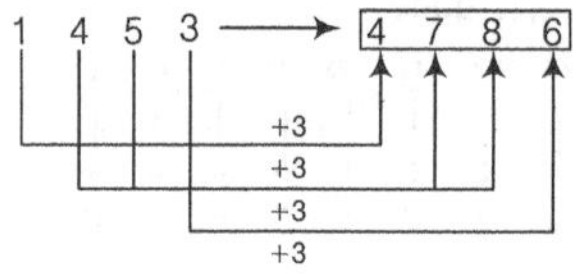

22. जिस प्रकार,

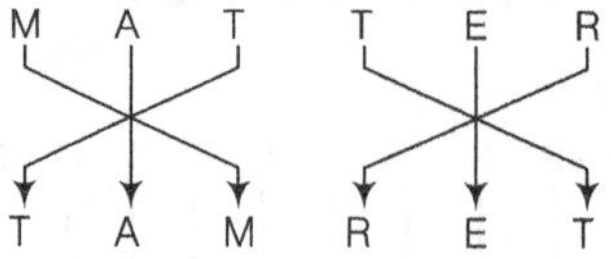

उसी प्रकार,

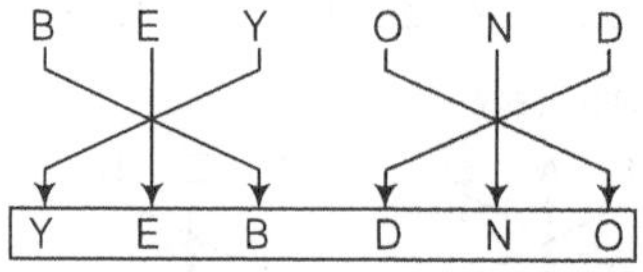

अतः BEYOND को उसी सांकेतिक भाषा में YEBDNO लिखा जाएगा।

23. जिस प्रकार,

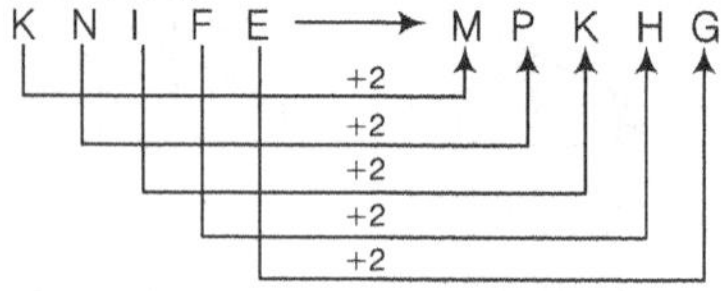

उसी प्रकार,

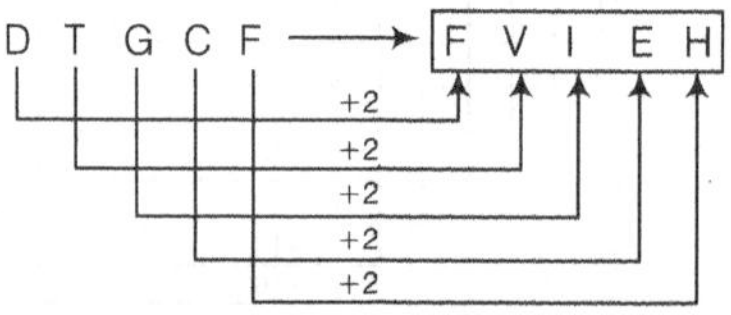

अतः DTGCF को उसी सांकेतिक भाषा में FVIEH लिखा जाएगा।

24. अतः कूट भाषा में SMART को TNBSU लिखा जाएगा।

25. जिस प्रकार,

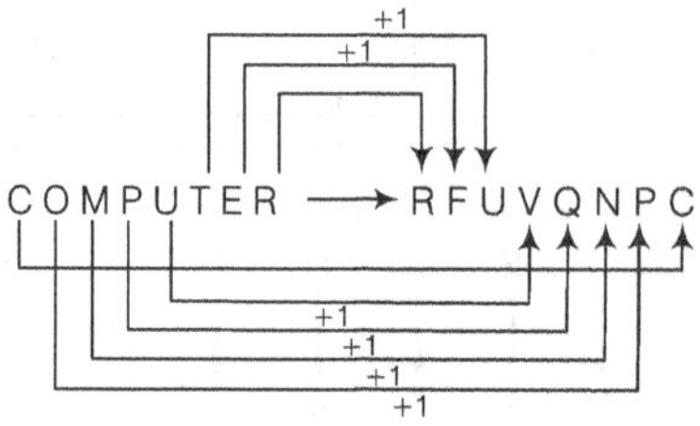

उसी प्रकार, MEDICINE → EOJDJEFM

अतः उसी सांकेतिक भाषा में MEDICINE का कोड EOJDJEFM होगा।

26. दिए गए शब्दों के अक्षरों का अंग्रेजी वर्णमाला में जो स्थान बाएँ से है, संकेत के अक्षरों का वही स्थान दाएँ से है।

अतः LOVELY को इसी क्रम में OLEVOB लिखा जाएगा।

27. जिस प्रकार,

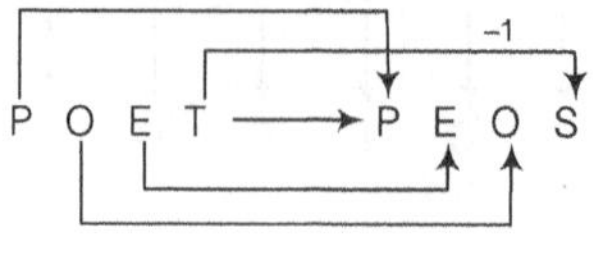

उसी प्रकार,

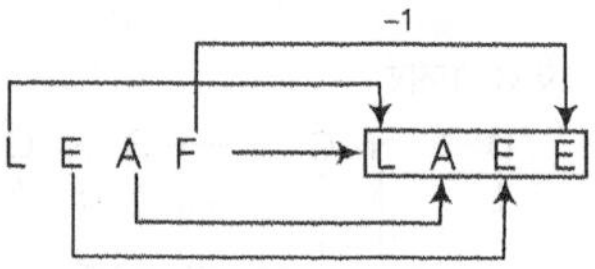

अतः LEAF को उसी सांकेतिक भाषा में LAEE लिखा जाएगा।

28. जिस प्रकार,

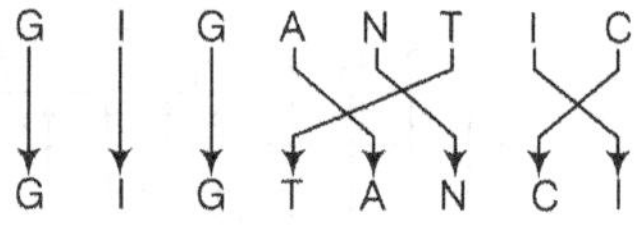

उसी प्रकार,

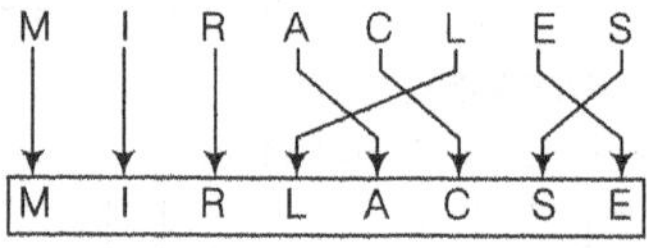

अतः MIRACLES को उसी सांकेतिक भाषा में MIRLACSE लिखा जाएगा।

29. जिस प्रकार,

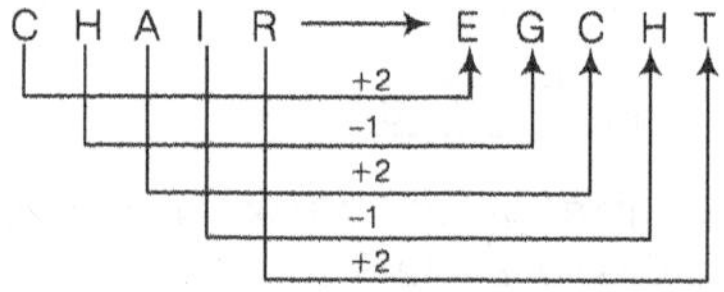

उसी प्रकार,

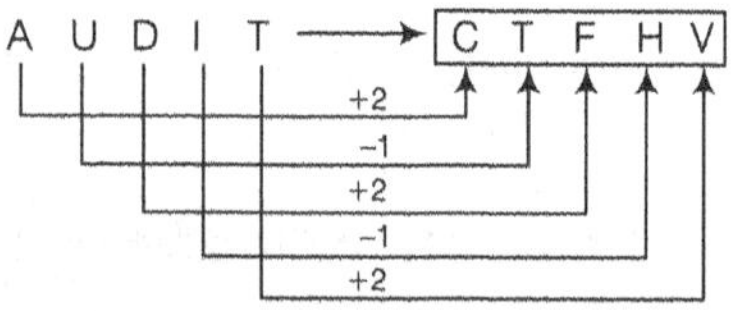

अतः AUDIT को उसी सांकेतिक भाषा में CTFHV लिखा जाएगा।

30. जिस प्रकार,

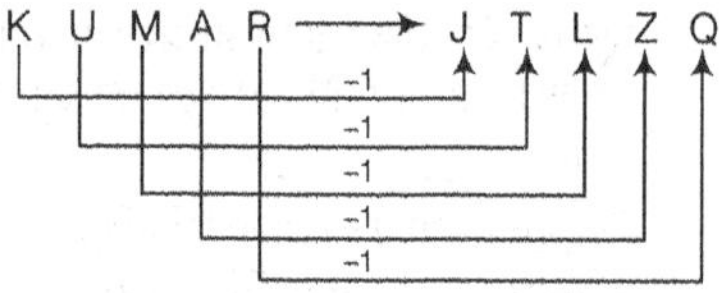

उसी प्रकार,

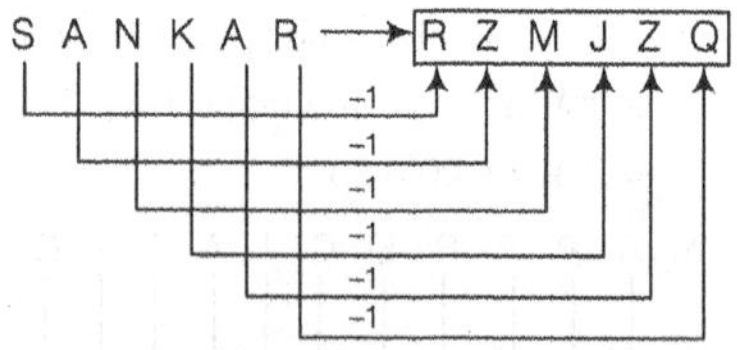

अतः SANKAR को उसी सांकेतिक भाषा में RZMJZQ लिखा जाएगा।

32. जिस प्रकार,

POCKET → KKZIDT (–5, –4, –3, –2, –1, –0)

उसी प्रकार,

JOCKER → EKZIDR (–5, –4, –3, –2, –1, –0)

अतः JOCKER को उसी सांकेतिक भाषा में EKZIDR लिखा जाएगा।

33. जिस प्रकार,

C A T → D D Y (+1, +3, +5)

उसी प्रकार,

D O G → E R L (+1, +3, +5)

अतः DOG को उसी सांकेतिक भाषा में ERL लिखा जाएगा।

34. जिस प्रकार,

P U J A → C F W L (+2, –4, +2, – 4)

उसी प्रकार,

R U P A → C L W N (+2, – 4, +2, – 4)

अतः RUPA को उसी सांकेतिक भाषा में CLWN लिखा जाएगा।

35. जिस प्रकार,

DOCTOR —विपरीत क्रम→ ROTCOD

उसी प्रकार,

STUDENT —विपरीत क्रम→ TNEDUTS

अतः STUDENT को उसी सांकेतिक भाषा में TNEDUTS लिखा जाएगा।

36. जिस प्रकार,

F I L E —विपरीत अक्षर→ U R O V

उसी प्रकार,

L I F T —विपरीत अक्षर→ O R U G

अतः LIFT को उसी सांकेतिक भाषा में ORUG लिखा जाएगा।

37. जिस प्रकार,

WO R LD → OW R DL

उसी प्रकार,

EA R TH → AE R HT

अतः EARTH को उसी सांकेतिक भाषा में AERHT लिखा जाएगा।

38. जिस प्रकार,

M A N → L N Z B M O (–1, +1; –1, +1; –1, +1)

उसी प्रकार,

B O Y → A C N P X Z (–1, +1; –1, +1; –1, +1)

अतः BOY को उसी सांकेतिक भाषा में ACNPXZ लिखा जाएगा।

39. M (13) → (1 + 3) = 4,

A → 1, N (14) → 1 + 4 = 5

जिस प्रकार दिए, गए शब्द के सभी अक्षरों को संकेतबद्ध कर लिखा गया है।

उसी प्रकार,

F (6) → 6, I (9) → 9,

V (22) → (2 + 2) = 4, E (5) → 5

अतः FIVE को उसी कोड में 6945 लिखा जाएगा।

40. दिए गए अक्षरों के संकेत के आधार पर प्रश्न शब्द के अक्षरों को संकेतबद्ध करने पर,

M A R T I N A → 3 2 5 6 4 8 2

अतः MARTINA का कोड 3256482 होगा।

41. जिस प्रकार,

7 1 9 19

G A I N → 7 1 9 5

उसी प्रकार,

12 15 19 19

L O S S → 3 6 1 1

अतः LOSS को उसी सांकेतिक भाषा में 3611 लिखा जाएगा।

42. जिस प्रकार,

1 2 3 4 5 → 2 1 4 3 6 (+1, –1, +1, –1, +1)

उसी प्रकार,

2 1 3 5 4 → 3 0 4 4 5 (+1, –1, +1, –1, +1)

अतः 21354 को उसी सांकेतिक भाषा में 30445 लिखा जाएगा।

43. दिए गए अक्षरों के संकेत के आधार पर प्रश्न शब्द के अक्षरों को संकेतबद्ध करने पर,

HEAR → 3729

अतः HEAR को उसी सांकेतिक भाषा में 3729 लिखा जाएगा।

नोट *इस तरह के प्रश्न में उभयनिष्ठ अक्षरों का कोड समान है कि नहीं, इसकी जाँच अवश्य कर लें, जैसे A और R का कोड दोनों शब्दों में 2 और 9 है।*

44. PEWSL को उसी कूट में 32408 लिखा जाएगा।

45. जिस प्रकार, CAT → 3 + 1 + 20 = 24

तथा SAD → 19 + 1 + 4 = 24

उसी प्रकार, SHE → 19 + 8 + 5 = 32

अतः SHE को उसी कूट में 32 लिखा जाएगा।

46. जिस प्रकार,

DEEP

= 4 + 5 + 5 + 16 = 30 → 30 × 2 = 60

तथा RABIT

= 18 + 1 + 2 + 9 + 20 = 50 → 50 × 2 = 100

उसी प्रकार, HAIR

= 8 + 1 + 9 + 18 = 36 → 36 × 2 = 72

अतः HAIR को उसी कूट में 72 लिखा जाएगा।

47. जिस प्रकार,

$123 \rightarrow 1+2+3=6 \rightarrow 6^2=36$

तथा $225 \rightarrow 2+2+5=9 \rightarrow 9^2=81$

उसी प्रकार,

$331 \rightarrow 3+3+1=7 \rightarrow 7^2=\boxed{49}$

अतः 331 को उसी कूट में 49 लिखा जाएगा।

48. दिए गए अक्षरों के संकेत के आधार पर प्रश्न शब्द के अक्षरों को संकेतबद्ध करने पर,

PAHPY → 21523

अतः PAHPY को उसी कूट में 21523 लिखा जाएगा।

49. जिस प्रकार, RAM → 18 + 1 + 13 = 32

तथा SHYAM

→ 19 + 8 + 25 + 1 + 13 = 66

उसी प्रकार, SWETA

→ 19 + 23 + 5 + 20 + 1 = 68

अतः SWETA का भार उसी कूट में 68 किग्रा होगा।

50. दिए गए अक्षरों के संकेत के आधार पर प्रश्न शब्द के अक्षरों को संकेतबद्ध करने पर,

SMOKE → 84531

अतः SMOKE को उसी कूट में 84531 लिखा जाएगा।

51.

5 (2) [6] ⟶ sky [is] (blue)

(2) △4 ⟶ (blue) △colour

△4 3 [6] ⟶ △colour [is] fun

∴ उपरोक्त से स्पष्ट है कि fun के लिए संख्या 3 प्रयुक्त की गई है।

52.

tim fu (so) ⟶ she (is) good

rim tin (so) ⟶ he (is) bad

rim se tim ⟶ good and bad

∴ उपरोक्त से स्पष्ट है कि is के लिए कोड so होगा।

53.

[2] [5] 6 ⟶ लाल [रंग] (चाक)

[5] 8 9 ⟶ हरे [रंग] फूल

[2] 4 [5] ⟶ सफेद [रंग] (चाक)

∴ उपरोक्त से स्पष्ट है कि सफेद को अंक 4 से संकेतबद्ध किया गया है।

54.

2 5 [6] ⟶ boys are [good]

[6] (3) 7 ⟶ Vijay (is) [good]

3 4 8 ⟶ Shankar (is) bad

∴ उपरोक्त से स्पष्ट है कि Vijay के लिए संख्या 7 लिखी जाएगी।

55. खून का रंग लाल होता है तथा लाल को हरा लिखा गया है।

56. लिखने का काम निब से होता है और निब को सुई लिखा गया है।

57. स्वच्छ आकाश का रंग नीला होता है और नीला को नारंगी से कोड किया गया है। अतः उत्तर नारंगी होगा।

58. सामान ढोने में थैले का उपयोग किया जाता है तथा थैला को शब्दकोश लिखा गया है।

अध्याय

6 लुप्त पदों को भरना

Inserting the Missing Characters

किसी भी दी गई आकृति में अक्षर, संख्या अथवा दोनों को उनके मध्य में स्थापित किसी निश्चित सम्बन्ध के अनुसार उन्हें समायोजित कर प्रश्नवाचक चिह्न (?) के स्थान की स्थिति को ज्ञात करना लुप्त पदों को भरना कहलाता है।

इस परीक्षण के अन्तर्गत प्रतियोगियों को एक प्रश्न सेट आकृति के रूप में दिया गया होता है। प्रथम सेट में जो परिवर्तन होता है तथा दूसरे सेट में जो परिवर्तन होता है। उसके आधार पर तीसरे सेट के प्रश्नों के उत्तर निकालने के लिए परिवर्तनीकरण प्राप्त करना होता है। इस परीक्षण का उद्देश्य मुख्यत: परीक्षार्थियों की मानसिक क्षमता का आकलन होता है। ऐसे प्रश्नों को हल करने के लिए प्रथम आकृति के प्रश्नों के परिवर्तन तथा दूसरी आकृति के प्रश्नों के परिवर्तन को ध्यानपूर्वक देखकर ही तीसरे का उत्तर ज्ञात किया जाता है।

इस अध्याय के अन्तर्गत आने वाले प्रश्नों को निम्न प्रकारों में विभाजित किया जा सकता है

1. गुणन एवं योग पर आधारित प्रश्न
Question Based on Addition and Multiple

इसके अन्तर्गत आने वाले प्रश्नों में किसी भी प्रकार की आकृति दे दी जाती है तथा गुणा एवं भाग पर आधारित समस्याओं को हल करके आकृति में प्रश्नवाचक चिह्न (?) के स्थान पर आने वाली संख्या को ज्ञात किया जाता है।

उदाहरण 1. दी गई आकृति में प्रश्नवाचक चिह्न (?) के स्थान पर कौन-सी संख्या आएगी?

(a) 35 (b) 47
(c) 39 (d) 45

हल ***(c)*** दी गई आकृति का ध्यानपूर्वक अवलोकन करने पर हम पाते हैं कि प्रत्येक आकृति में बीच की संख्या, दोनों ओर के आमने-सामने के अंकों के गुणनफल का योगफल है।

जैसे $3 \times 4 + 5 \times 5 = 12 + 25 = 37$

$4 \times 4 + 7 \times 5 = 16 + 35 = 51$

इसी प्रकार, $3 \times 3 + 5 \times 6 = 9 + 30 = 39$

अतः दी गई तीसरी आकृति में प्रश्नवाचक चिह्न (?) के स्थान पर अभीष्ट संख्या 39 होगी।

2. गुणन एवं भाग पर आधारित प्रश्न
Question Based on Multiple and Division

इसके अन्तर्गत अधिकतर एक मैट्रिक्स दी गई होती है, जिसमें एक संख्या लुप्त होती है तथा उस संख्या के स्थान पर प्रश्नवाचक चिह्न (?) दिया गया होता है। अभ्यर्थियों को इस प्रश्नावाचक चिह्न के स्थान पर आने वाली संख्या को ज्ञात करना होता है।

उदाहरण 2. दी गई मैट्रिक्स में प्रश्नवाचक चिह्न (?) के स्थान पर कौन-सी संख्या आएगी।

12	8	9
6	2	3
5	9	?
10	36	24

(a) 4 (b) 6 (c) 8 (d) 10

हल ***(c)*** दी गई मैट्रिक्स के प्रथम दो स्तम्भों में हम देखते हैं कि प्रत्येक स्तम्भ की पहली और तीसरी संख्या के गुणनफल में दूसरी संख्या से भाग देने पर चौथी संख्या प्राप्त होती है। **जैसे** $\frac{12 \times 5}{6} = 10, \frac{8 \times 9}{2} = 36$

इसी प्रकार, $\frac{9 \times ?}{3} = 24 \Rightarrow ? = \frac{24 \times 3}{9} = 8$

3. वर्ग पर आधारित प्रश्न Question Based on Square

इसके अन्तर्गत दी जाने वाली आकृति में दी गई सभी संख्याएँ किसी अन्य संख्या का वर्ग होती हैं। हमें प्रश्नवाचक चिह्न (?) के स्थान पर आने वाली उस संख्या को ज्ञात करना होता है जो पहले से दी गई संख्याओं के साथ वही सम्बन्ध रखती है जो पहले वाली संख्याओं में होता है।

उदाहरण 3. निम्नांकित प्रश्न में प्रश्नवाचक चिह्न (?) के स्थान पर कौन-सी संख्या आएगी?

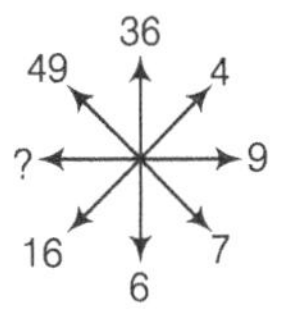

(a) 47 (b) 64 (c) 81 (d) 121

हल ***(c)*** दी गई आकृति में प्रत्येक लकीर के दोनों ओर की संख्याओं में से एक संख्या, दूसरे का वर्ग है। **जैसे** $(6)^2 = 36, (7)^2 = 49, (4)^2 = 16$

इसी प्रकार, $(9)^2 = \boxed{81}$

अत: प्रश्नवाचक चिह्न (?) के स्थान पर उपयुक्त संख्या 81 होगी।

साधित उदाहरण

1. निम्नलिखित प्रश्न में प्रश्नवाचक चिह्न (?) के स्थान पर क्या होगा?

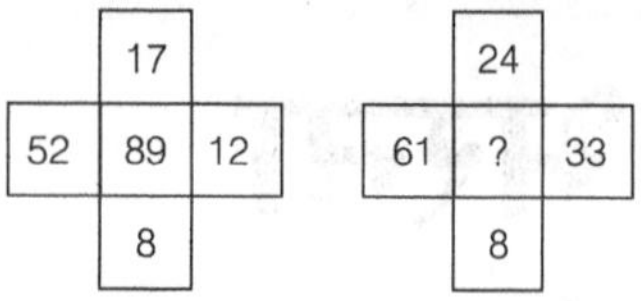

(a) 162 (b) 126 (c) 226 (d) 251

हल *(b)* जिस प्रकार, 52 + 17 + 12 + 8 = 89

उसी प्रकार, 61 + 24 + 33 + 8 = $\boxed{126}$

अतः प्रश्नवाचक चिह्न (?) के स्थान पर 126 होगा।

2. निम्नलिखित प्रश्न में प्रश्नवाचक चिह्न (?) के स्थान पर कौन-सी संख्या आएगी?

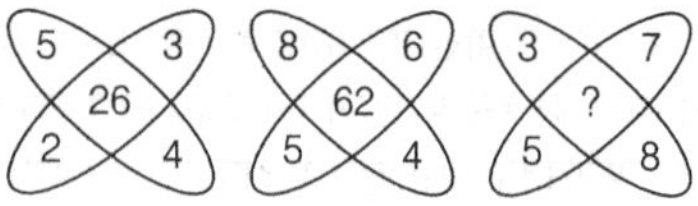

(a) 71 (b) 59

(c) 62 (d) 55

हल *(b)* जिस प्रकार, $5 \times 4 + 3 \times 2 = 26$

तथा $8 \times 4 + 5 \times 6 = 62$

उसी प्रकार, $3 \times 8 + 5 \times 7 = \boxed{59}$

अतः प्रश्नवाचक चिह्न (?) के स्थान पर 59 होगा।

3. निम्नलिखित आकृति में प्रश्नवाचक चिह्न (?) के स्थान पर क्या होगा?

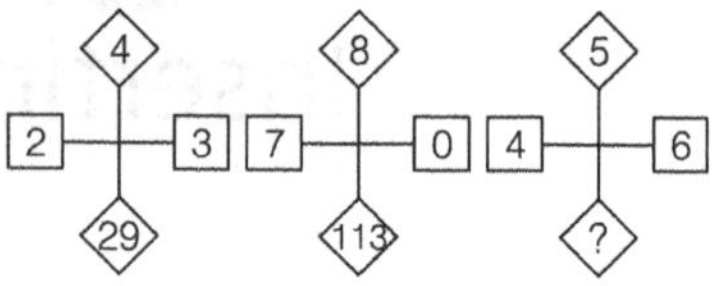

(a) 77 (b) 78

(c) 79 (d) 80

हल *(a)* जिस प्रकार,

$(2)^2 + (4)^2 + (3)^2 = 4 + 16 + 9 = 29$

तथा $(7)^2 + (8)^2 + (0)^2 = 49 + 64 = 113$

उसी प्रकार, $(4)^2 + (5)^2 + (6)^2 = 16 + 25 + 36 = \boxed{77}$

अतः प्रश्नवाचक चिह्न के स्थान पर 77 होगा।

अभ्यास प्रश्न

निर्देश (प्र.सं 1-3) *निम्नलिखित प्रश्नों में लुप्त संख्या ज्ञात कीजिए।*

1.

3	1	4
5	4	7
2	8	?
38	81	74

[UP बी.एड. 2014]

(a) 9 (b) 6

(c) 3 (d) 7

2.

3	4	5
2	3	4
1	2	3
14	29	?

[UP बी.एड. 2013]

(a) 50 (b) 30 (c) 40 (d) 32

3.

5	4	3
6	5	4
7	6	3
23	14	?

[UP बी.एड. 2013]

(a) 23 (b) 17 (c) 7 (d) 12

निर्देश (प्र.सं. 4-9) *निम्नलिखित प्रत्येक प्रश्न में दिए गए विकल्पों में से लुप्त संख्या ज्ञात कीजिए।*

[UP बी.एड. 2012]

4.

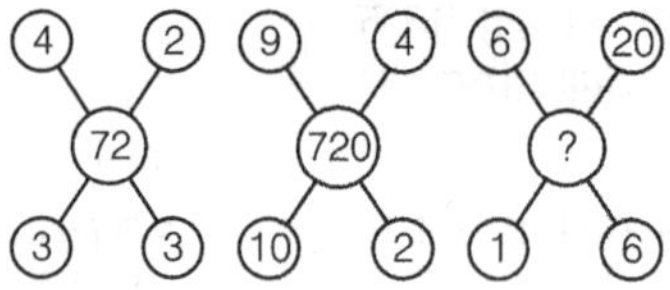

(a) 72 (b) 720

(c) 7200 (d) 38

5.

6	9	12
36	81	144
24	63	?

(a) 120 (b) 80

(c) 94 (d) 102

6.

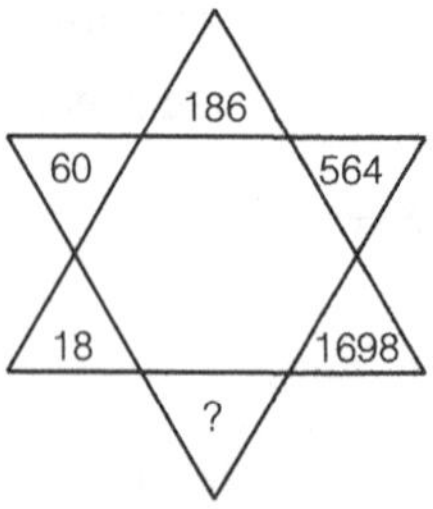

(a) 5052 (b) 5100

(c) 5094 (d) 4860

7.

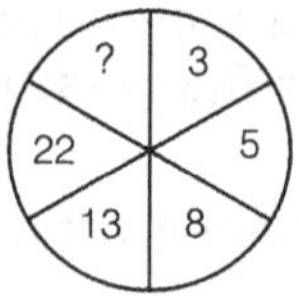

(a) 1 (b) 26 (c) 39 (d) 45

8.

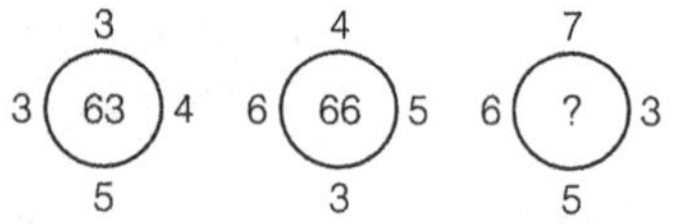

(a) 57 (b) 53 (c) 105 (d) 111

9.

2	12	11
H	S	?
6	7	12

(a) R (b) T

(c) U (d) W

10. लुप्त संख्या को ज्ञात कीजिए।

28	20	7
84	35	12
45	?	9

[UP बी.एड. 2011]

(a) 15 (b) 18 (c) 20 (d) 25

निर्देश (प्र.सं. 11 और 12) *नीचे दिए गए वर्ग के खानों में दर्शाए गए अंक किसी निश्चित नियम का अनुसरण करते हैं। उस अंक को चुनें जो प्रश्न चिन्ह (?) का सही विकल्प है।*

[UP बी.एड. 2010]

11.

1	2	3
6	7	8
6	14	?

(a) 16 (b) 22 (c) 23 (d) 24

12.

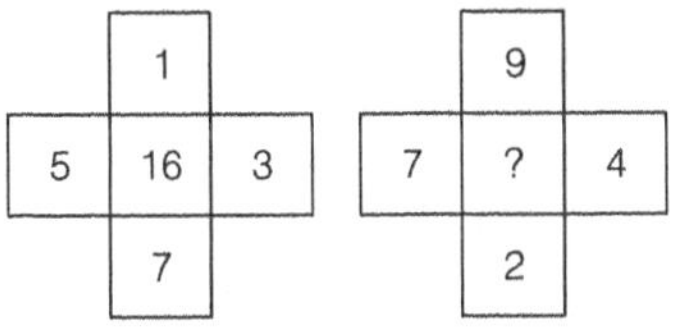

(a) 22 (b) 23 (c) 24 (d) 25

13. लुप्त पद ज्ञात कीजिए।

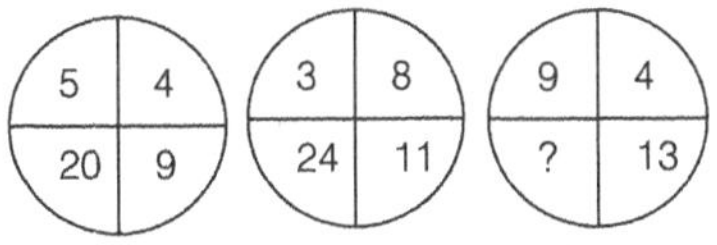

[UP बी.एड. 2008]

(a) 117 (b) 36
(c) 32 (d) 26

निर्देश (प्र.सं. 14-49) *नीचे दिए गए प्रश्नों में प्रश्नवाचक चिह्न (?) के स्थान पर क्या आएगा?*

14.

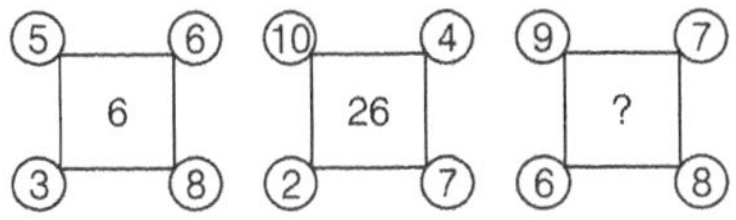

(a) 13 (b) 15 (c) 36 (d) 16

15.

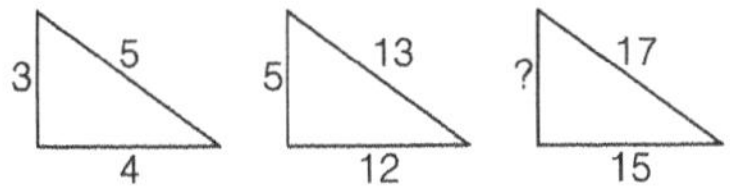

(a) 2 (b) 8 (c) 64 (d) 6

16.

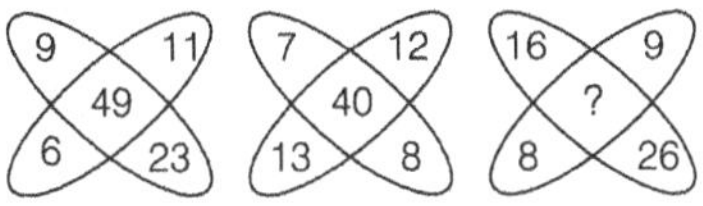

(a) 52 (b) 42
(c) 59 (d) 17

17.

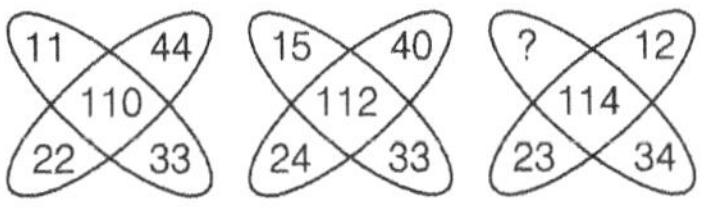

(a) 37 (b) 45
(c) 35 (d) 46

18.

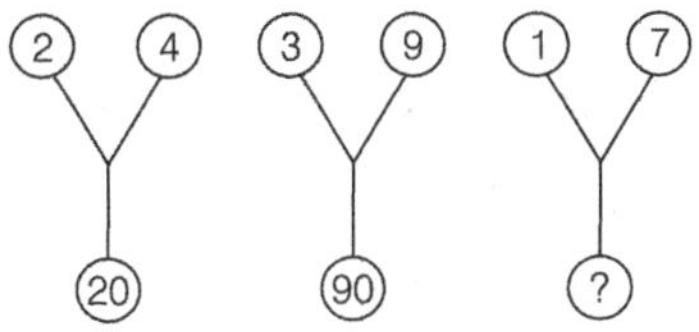

(a) 20 (b) 25
(c) 50 (d) 75

19. 3 (6) 4 8 (28) 7 7 (?) 6

(a) 42 (b) 21
(c) 31 (d) 42

20.

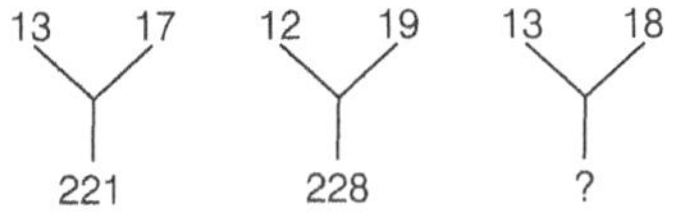

(a) 229 (b) 234
(c) 312 (d) 246

21.

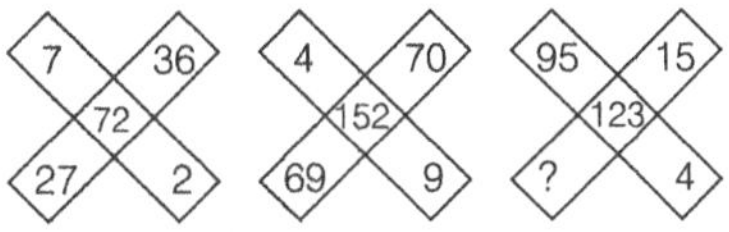

(a) 9 (b) 5
(c) 6 (d) 8

22.

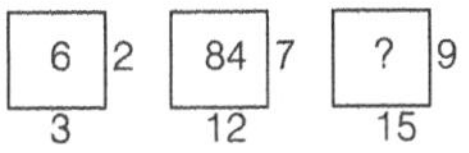

(a) 120 (b) 135
(c) 115 (d) 140

23.

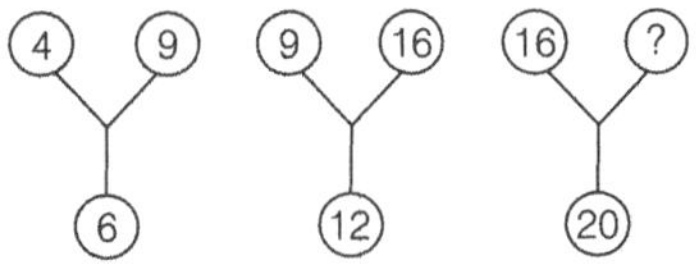

(a) 21 (b) 25
(c) 50 (d) 60

24.

A	C	E
B	D	F
9	49	?

(a) 81 (b) 100
(c) 121 (d) 144

25.

BC	EF	IJ
JK	MN	QR
RS	UV	?

(a) WX (b) XY
(c) AB (d) YZ

26.

A	C	F
F	T	Y
5	17	?

(a) 19 (b) 20
(c) 21 (d) 31

27.

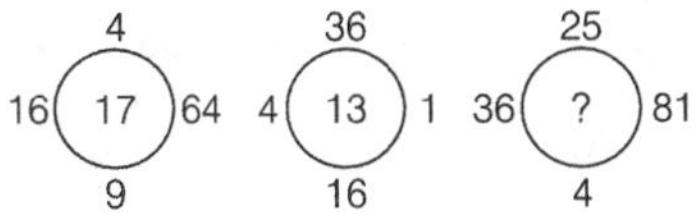

(a) 20 (b) 27 (c) 26 (d) 22

28.

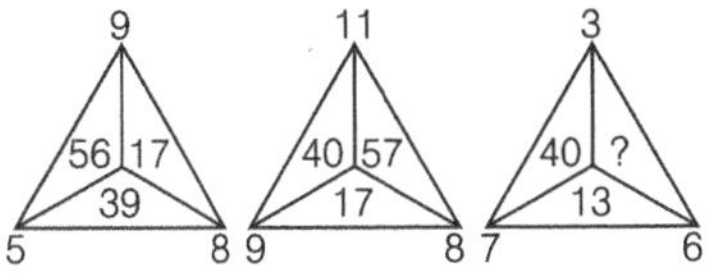

(a) 21 (b) 27 (c) 31 (d) 37

29.

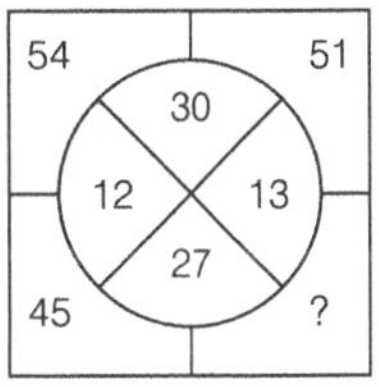

(a) 39 (b) 42
(c) 48 (d) 56

30.

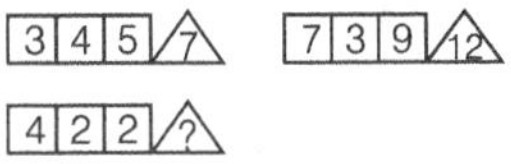

(a) 8 (b) 11 (c) 6 (d) 7

31.

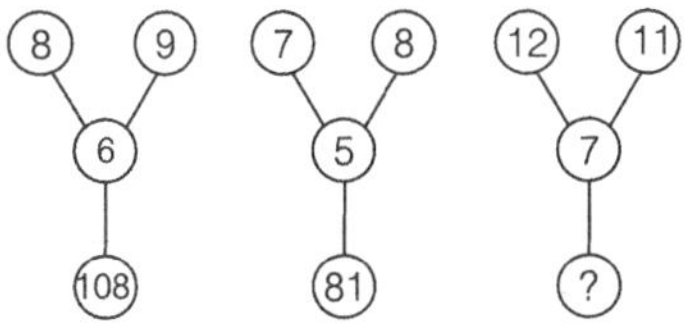

(a) 161 (b) 157 (c) 167 (d) 162

32.

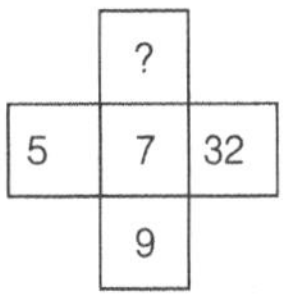

(a) 125 (b) 88 (c) 105 (d) 225

33.

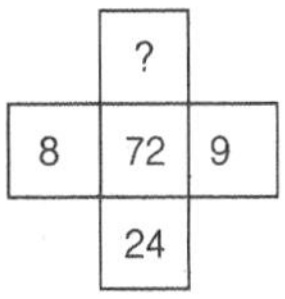

(a) 3 (b) 8 (c) 4 (d) 2

34.

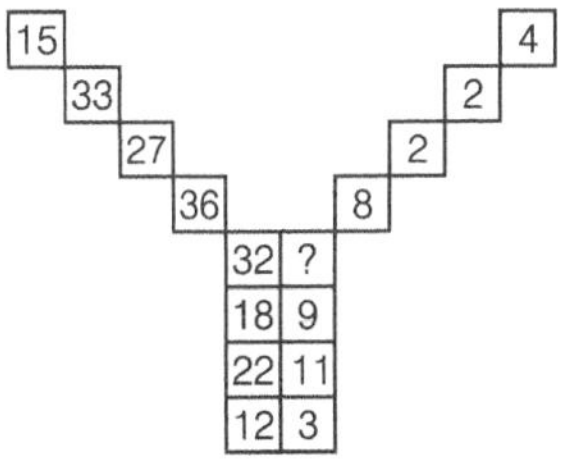

(a) 3 (b) 4 (c) 8 (d) 12

35.

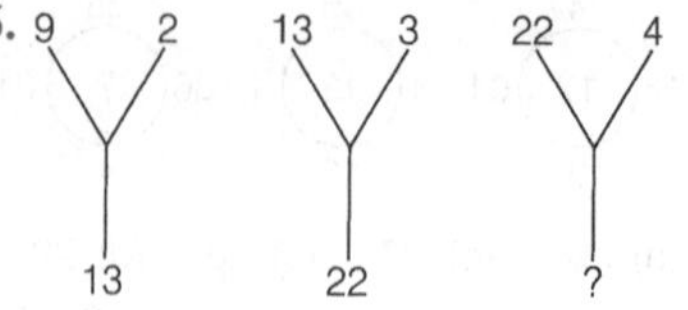

(a) 40
(b) 38
(c) 39
(d) 44

36.

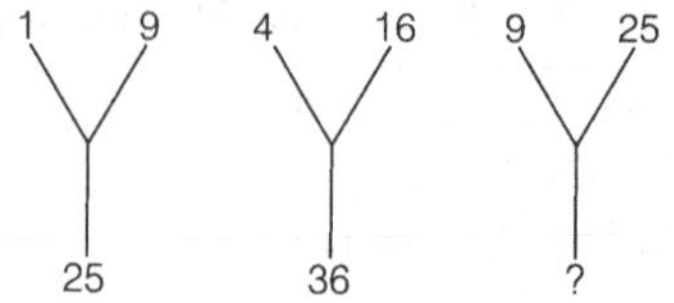

(a) 47 (b) 49
(c) 50 (d) 57

37.

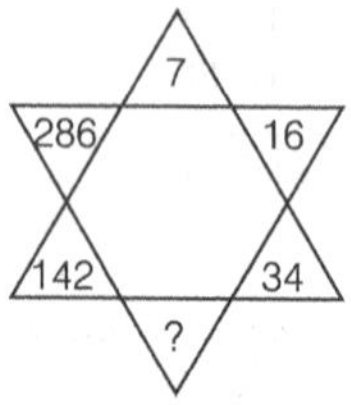

(a) 72 (b) 70
(c) 68 (d) 66

38.

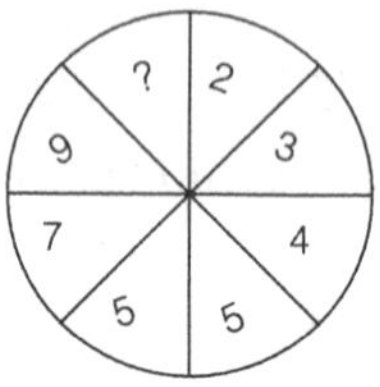

(a) 18 (b) 14
(c) 12 (d) 11

39.

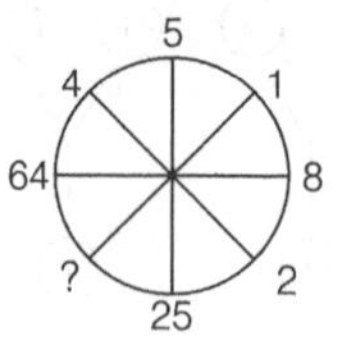

(a) 1 (b) 2
(c) 3 (d) 4

40.

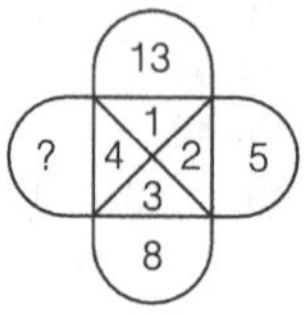

(a) 10 (b) 11
(c) 12 (d) 13

41.

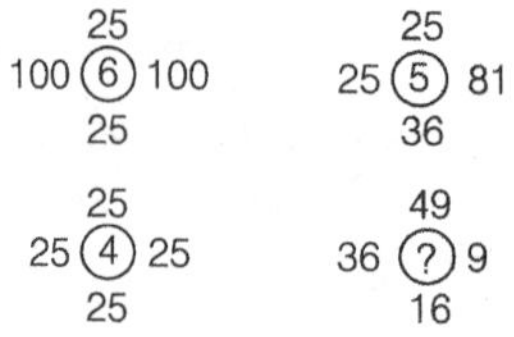

(a) 3 (b) 2
(c) 5 (d) 4

42.

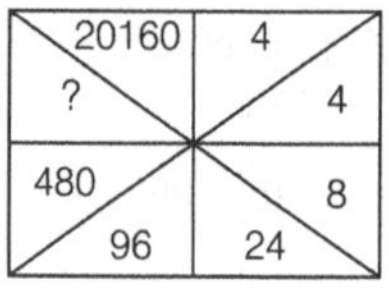

(a) 860 (b) 1140
(c) 2880 (d) 3240

43.

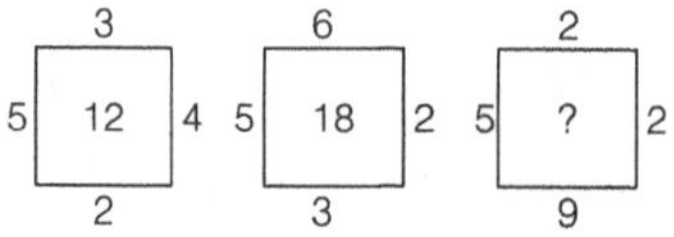

(a) 15 (b) 18
(c) 17 (d) 16

44.

9	8	7
6	7	8
5	4	?
270	224	336

(a) 9 (b) 6
(c) 7 (d) 5

45.

9	4	20
8	5	12
7	6	?

(a) 2 (b) 4
(c) 6 (d) 9

46.

9	6	8
5	8	4
7	4	?
11	2	7

(a) 4 (b) 7 (c) 3 (d) 6

47.

P	T	?
O	Q	S
M	N	R

(a) I (b) L
(c) O (d) U

48.

A	K	P
E	O	T
C	M	?

(a) Q (b) R
(c) S (d) U

49.

A	B	R
27	16	?
Z	N	S

(a) 18 (b) 29
(c) 37 (d) 47

उत्तरमाला

1. (c)	**2.** (a)	**3.** (c)	**4.** (b)	**5.** (a)	**6.** (b)	**7.** (c)	**8.** (d)	**9.** (d)	**10.** (d)
11. (d)	**12.** (a)	**13.** (b)	**14.** (b)	**15.** (b)	**16.** (c)	**17.** (b)	**18.** (c)	**19.** (b)	**20.** (b)
21. (a)	**22.** (b)	**23.** (b)	**24.** (c)	**25.** (d)	**26.** (a)	**27.** (d)	**28.** (b)	**29.** (b)	**30.** (c)
31. (c)	**32.** (b)	**33.** (a)	**34.** (b)	**35.** (b)	**36.** (b)	**37.** (b)	**38.** (d)	**39.** (a)	**40.** (c)
41. (d)	**42.** (c)	**43.** (b)	**44.** (b)	**45.** (b)	**46.** (c)	**47.** (d)	**48.** (b)	**49.** (c)	

संकेत एवं हल

1. जिस प्रकार,
$\sqrt{38-(3)^2-(5)^2}=\sqrt{38-9-25}$
$=\sqrt{4}=2$
तथा $\sqrt{81-(1)^2-(4)^2}=\sqrt{81-1-16}$
$=\sqrt{81-17}=\sqrt{64}=8$
उसी प्रकार,
$\sqrt{74-(4)^2-(7)^2}=\sqrt{74-16-49}$
$=\sqrt{74-65}=\sqrt{9}=\boxed{3}$
अत: $?=3$

2. $(3)^2+(2)^2+(1)^2=9+4+1=14$
$(4)^2+(3)^2+(2)^2=16+9+4=29$
$(5)^2+(4)^2+(3)^2=25+16+9=\boxed{50}$

3. जिस प्रकार, $(5\times 6)-7=23$
तथा $(4\times 5)-6=14$
उसी प्रकार, $(3\times 4)-5=\boxed{7}$

4. $4\times 2\times 3\times 3=72,\ 9\times 4\times 2\times 10=720$
$6\times 20\times 1\times 6=\boxed{720}$

5. $6\times 6=36,\ 6\times(6-2)=6\times 4=24$
(स्तम्भ 1 में)
$9\times 9=81,\ 9\times(9-2)=9\times 7=63$
(स्तम्भ 2 में)
$12\times 12=144,$
$12\times(12-2)=12\times 10=\boxed{120}$ (स्तम्भ 3 में)

6. $18\times 3+6=54+6=60$
$60\times 3+6=180+6=186$
$186\times 3+6=558+6=564$
$564\times 3+6=1692+6=1698$
$1698\times 3+6=5094+6=\boxed{5100}$

7. $3\times 2-1=6-1=5$
$5\times 2-2=10-2=8$
$8\times 2-3=16-3=13$
$13\times 2-4=26-4=22$
$22\times 2-5=44-5=\boxed{39}$

8. $5\times 4\times 3=60,\ 60+3=63$ (पहले वृत्त में)
$3\times 5\times 4=60,\ 60+6=66$ (दूसरे वृत्त में)
$5\times 3\times 7=105,\ 105+6=\boxed{111}$
(तीसरे वृत्त में)

9. प्रथम स्तम्भ में,
$2+6=8\Rightarrow H$ (अंग्रेजी वर्णमाला में H का स्थान)
दूसरे स्तम्भ में,
$12+7=19\Rightarrow S$ (अंग्रेजी वर्णमाला में S का स्थान)
तीसरे स्तम्भ में,
$11+12=23\Rightarrow\boxed{W}$
(अंग्रेजी वर्णमाला में W का स्थान)

10. जिस प्रकार,
पंक्ति I, $20\Rightarrow\frac{28}{7}\times 5=20$
तथा पंक्ति II, $35\Rightarrow\frac{84}{12}\times 5=35$
उसी प्रकार,
पंक्ति III, $?=\frac{45}{9}\times 5=\boxed{25}$

11. जिस प्रकार,
$6\times 1=6$
तथा $7\times 2=14$
उसी प्रकार, $8\times 3=\boxed{24}$

12. जिस प्रकार, $1+3+7+5=16$
उसी प्रकार, $9+4+2+7=22$
$\therefore\ ?=\boxed{22}$

13. जिस प्रकार, $5\times 4=20$ तथा $5+4=9$
एवं $3\times 8=24$ तथा $3+8=11$
उसी प्रकार, $9\times 4=\boxed{36}$ तथा $9+4=13$
अत: ? के स्थान पर 36 आएगा।

14. जिस प्रकार, $5\times 6-3\times 8=6$
तथा $10\times 4-2\times 7=26$
उसी प्रकार, $9\times 7-6\times 8=\boxed{15}$
अत: प्रश्नवाचक चिह्न (?) के स्थान पर 15 होगा।

15. जिस प्रकार,
$\sqrt{3^2+4^2}=5$
तथा $\sqrt{12^2+5^2}=13$
उसी प्रकार, $\sqrt{(?)^2+(15)^2}=17$
$(?)^2+225=289$
$(?)^2=289-225$
$\therefore\ (?)=\sqrt{64}=\boxed{8}$
अत: प्रश्नवाचक चिह्न के स्थान पर 8 होगा।

16. जिस प्रकार, $9+11+23+6=49$
तथा $7+12+8+13=40$
उसी प्रकार, $16+9+26+8=59$
$?=\boxed{59}$
अत: प्रश्नवाचक चिह्न (?) के स्थान पर 59 होगा।

17. जिस प्रकार, $11+44+33+22=110$
तथा $15+40+33+24=112$
उसी प्रकार, $?+12+34+23=114$
$?+69=114$
$?=\boxed{45}$
अत: प्रश्नवाचक चिह्न के स्थान पर 45 आएगा।

18. जिस प्रकार, $2^2+4^2=20$
तथा $3^2+9^2=90$
उसी प्रकार, $1^2+7^2=50$
$?=\boxed{50}$
अत: प्रश्नवाचक चिह्न (?) के स्थान पर 50 होगा।

19. जिस प्रकार, $3\times 4\div 2=6$
तथा $8\times 7\div 2=28$
उसी प्रकार, $7\times 6\div 2=\boxed{21}$
अत: प्रश्नवाचक चिह्न (?) के स्थान पर 21 होगा।

20. जिस प्रकार, $13\times 17=221$
तथा $12\times 19=228$
उसी प्रकार, $13\times 18=\boxed{234}$
अत: प्रश्नवाचक चिह्न (?) के स्थान पर 234 आएगा।

21. जिस प्रकार, $7+36+2+27=72$
तथा $4+70+9+69=152$
उसी प्रकार, $95+15+4+?=123$
$\therefore\ ?=123-(95+15+4)$
$=123-114=\boxed{9}$
अत: प्रश्नवाचक चिह्न (?) के स्थान पर 9 आएगा।

22. जिस प्रकार, $2\times 3=6$
तथा $7\times 12=84$
उसी प्रकार, $9\times 15=\boxed{135}$
अत: प्रश्नवाचक चिह्न (?) के स्थान पर 135 आएगा।

23. जिस प्रकार,
$\sqrt{4\times 9}=6$
$\sqrt{9\times 16}=12$
उसी प्रकार, $\sqrt{16\times ?}=20$
$16\times ?=20\times 20$
$?=\frac{20\times 20}{16}=\boxed{25}$
अत: प्रश्नवाचक चिह्न (?) के स्थान पर 25 आएगा।

24. पहले स्तम्भ में,
$\overset{1}{A}+\overset{2}{B}\Rightarrow 1+2=3\Rightarrow 3^2=9$
दूसरे स्तम्भ में,
$\overset{3}{C}+\overset{4}{D}\Rightarrow 3+4=7\Rightarrow 7^2=49$
तीसरे स्तम्भ में,
$\overset{5}{E}+\overset{6}{F}\Rightarrow 5+6=11\Rightarrow 11^2=\boxed{121}$
अत: प्रश्नवाचक चिह्न (?) के स्थान पर 121 आएगा।

25. पहली पंक्ति में,
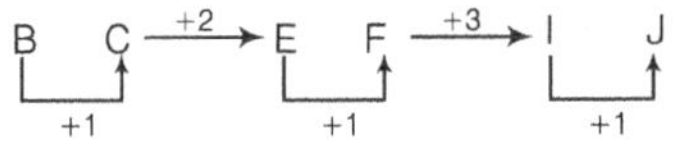

दूसरी पंक्ति में,
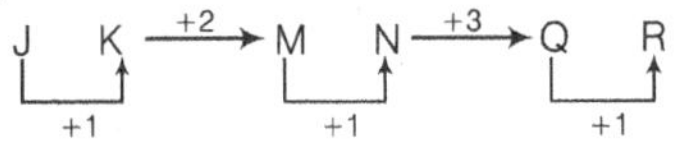

तीसरी पंक्ति में,
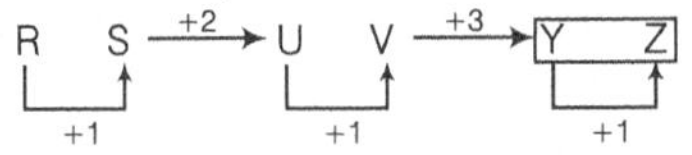

अत: प्रश्नवाचक चिह्न (?) के स्थान पर YZ आएगा।

26. पहले स्तम्भ में, $\overset{6}{F}-\overset{1}{A}\Rightarrow 6-1=5$
दूसरे स्तम्भ में, $\overset{20}{T}-\overset{3}{C}\Rightarrow 20-3=17$
तीसरे स्तम्भ में, $\overset{25}{Y}-\overset{6}{F}\Rightarrow 25-6=\boxed{19}$
अत: प्रश्नवाचक चिह्न (?) के स्थान पर 19 आएगा।

27. जिस प्रकार, $\sqrt{4}+\sqrt{16}+\sqrt{9}+\sqrt{64}$

$$=2+4+3+8=17$$

तथा $\sqrt{36}+\sqrt{4}+\sqrt{16}+\sqrt{1}$

$$=6+2+4+1=13$$

उसी प्रकार, $\sqrt{25}+\sqrt{36}+\sqrt{4}+\sqrt{81}$

$$=5+6+2+9=\boxed{22}$$

अतः प्रश्नवाचक चिह्न (?) के स्थान पर उपयुक्त संख्या 22 होगी।

28. जिस प्रकार,

आकृति I में, $(9)^2-(5)^2=81-25=56$

$(9)^2-(8)^2=81-64=17$

$(8)^2-(5)^2=64-25=39$

फिर आकृति II में,

$(11)^2-(9)^2=121-81=40$

$(11)^2-(8)^2=121-64=57$

$(9)^2-(8)^2=81-64=17$

उसी प्रकार,

आकृति III में,

$(7)^2-(3)^2=49-9=40$

$(7)^2-(6)^2=49-36=13$

$(6)^2-(3)^2=36-9=\boxed{27}$

अतः प्रश्नवाचक चिह्न (?) के स्थान पर उपयुक्त संख्या 27 होगी।

29. जिस प्रकार,

$(30-12)\times3=18\times3=54$

$(30-13)\times3=17\times3=51$

$(27-12)\times3=15\times3=45$

उसी प्रकार, $(27-13)\times3=14\times3=\boxed{42}$

अतः प्रश्नवाचक चिह्न (?) के स्थान पर उपयुक्त संख्या 42 होगी।

30. जिस प्रकार,

$3\times4-5=12-5=7$

$7\times3-9=21-9=12$

उसी प्रकार, $4\times2-2=8-2=\boxed{6}$

अतः प्रश्नवाचक चिह्न (?) के स्थान पर आने वाली उपयुक्त संख्या 6 होगी।

31. जिस प्रकार,

$(8+9)\times6+6=17\times6+6$

$=102+6=108$

$(7+8)\times5+6=15\times5+6=75+6=81$

उसी प्रकार,

$(12+11)\times7+6=23\times7+6$

$=161+6=\boxed{167}$

अतः प्रश्नवाचक चिह्न (?) के स्थान पर आने वाली अभीष्ट संख्या 167 होगी।

32. जिस प्रकार, $5^2+7=32$

उसी प्रकार, $9^2+7=\boxed{88}$

अतः प्रश्नवाचक चिह्न (?) के स्थान पर 88 होगा।

33. जिस प्रकार, $8\times9=72$

उसी प्रकार, $24\times?=72$

$?=\boxed{3}$

अतः प्रश्नवाचक चिह्न (?) के स्थान पर 3 होगा।

34. बाएँ के सबसे ऊपर की संख्या तल की दोनों संख्याओं का योग है तथा दाएँ की सबसे ऊपर की संख्या तल की दोनों संख्याओं का विभाजन है।

$\because$ $12+3=15, 12\div3=4$

$22+11=33, 22\div11=2$

$18+9=27, 18\div9=2$

अतः $32+x=36, 32\div x=8$

$\therefore x=36-32=4, x=\dfrac{32}{8}=4$

अतः अभीष्ट उत्तर = 4

35. जिस प्रकार,

$9+2^2=13$

तथा $13+3^2=22$

उसी प्रकार,

$22+4^2=\boxed{38}$

अतः प्रश्नवाचक चिह्न (?) के स्थान पर 38 आएगा।

36. $1^2\rightarrow3^2\rightarrow5^2\rightarrow$ (पहली आकृति का क्रम)

$2^2\rightarrow4^2\rightarrow6^2\rightarrow$ (दूसरी आकृति का क्रम)

$\therefore 3^2\rightarrow5^2\rightarrow7^2\boxed{49}\rightarrow$

(तीसरी आकृति का क्रम)

अतः प्रश्नवाचक चिह्न के स्थान पर 49 होगा।

37. स्पष्ट है कि

$7\times2+2=16, 16\times2+2=34,...$

$\therefore$ अभीष्ट संख्या $=34\times2+2=\boxed{70}$

38. दाएँ अर्द्धभाग का क्रम $\rightarrow$ 2, 3, 4, 5

बाएँ अर्द्धभाग का क्रम $\rightarrow$ 5, 7, 9, 11

अतः उपरोक्त क्रम के आधार पर प्रश्नवाचक चिह्न (?) के स्थान पर 11 आएगा।

39. एक रेखा के एक छोर पर संख्या तथा दूसरे छोर पर उसका वर्ग लिखा जाता है।

अतः $1^2=1$

40. क्रम $5+3=8, 8+4=\boxed{12}, 12+1=13$

अतः प्रश्नवाचक चिह्न (?) के स्थान पर 12 आएगा।

41. जिस प्रकार,

$\dfrac{5+10+5+10}{5}=6$

$\dfrac{5+9+6+5}{5}=5$

और $\dfrac{5+5+5+5}{5}=4$

उसी प्रकार,

$\dfrac{7+6+3+4}{5}=\boxed{4}$

अतः प्रश्नवाचक चिह्न (?) के स्थान पर 4 होगा।

42.

$4\times1=4$

$4\times2=8$

$8\times3=24$

$24\times4=96$

$96\times5=480$

$480\times6=\boxed{2880}$

$\Rightarrow$ $?=2880$

अतः प्रश्नवाचक चिह्न (?) के स्थान पर 2880 होगा।

43. जिस प्रकार,

पहली आकृति में,

$5\times3\times4\times2=120\div10=12$

दूसरी आकृति में,

$6\times2\times3\times5=180\div10=18$

उसी प्रकार, तीसरी आकृति में,

$2\times2\times9\times5=180\div10=\boxed{18}$

अतः प्रश्नवाचक चिह्न (?) के स्थान पर 18 होगा।

44. जिस प्रकार,

पहले स्तम्भ में $9\times6\times5=270$

दूसरे स्तम्भ में, $8\times7\times4=224$

तीसरे स्तम्भ में, $7\times8\times?=336$

$?=\dfrac{336}{56}=\boxed{6}$

अतः प्रश्नवाचक चिह्न (?) के स्थान पर 6 आएगा।

45. जिस प्रकार,

पहले स्तम्भ में, $(9+7)\div2=8$

दूसरे स्तम्भ में, $(4+6)\div2=5$

उसी प्रकार, तीसरे स्तम्भ में,

$(20+?)\div2=12$

$\therefore$ $?=4$

46. जिस प्रकार,

पहले स्तम्भ में, $9+7-5=11$

दूसरे स्तम्भ में, $6+4-8=2$

उसी प्रकार, तीसरे स्तम्भ में, $8+?-4=7$

$\Rightarrow$ $?+4=7$

$\therefore$ $?=7-4=3$

47.

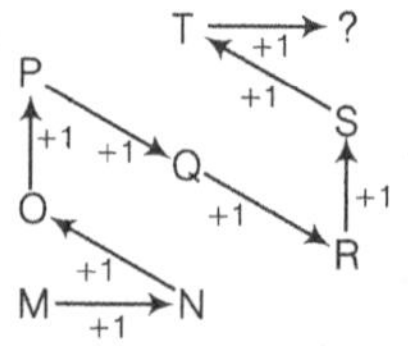

$\Rightarrow$ $T+1=?$

$?=U$

अतः प्रश्नवाचक चिह्न (?) के स्थान पर U आएगा।

48. पहले स्तम्भ में, $A+4\Rightarrow E-2\Rightarrow C$

दूसरे स्तम्भ में, $K+4\Rightarrow O-2=M$

तीसरे स्तम्भ में, $P+4\Rightarrow T-2=\boxed{R}$

अतः प्रश्नवाचक चिह्न (?) के स्थान पर R आएगा।

49. पहले स्तम्भ में, $\overset{1}{A}+\overset{26}{Z}\Rightarrow1+26=27$

दूसरे स्तम्भ में, $\overset{2}{B}+\overset{14}{N}\Rightarrow2+14=16$

उसी प्रकार, तीसरे स्तम्भ में,

$\overset{18}{R}+\overset{19}{S}\Rightarrow18+19=\boxed{37}$

अतः प्रश्नवाचक चिह्न (?) के स्थान पर 37 होगा।

अध्याय

7

वेन आरेख विश्लेषण

Venn Diagram Analysis

वेन आरेख Venn Diagram

वेन आरेख, समुच्चयों का ज्यामितीय आकृतियों के द्वारा निरूपित करने का एक साधन है। इससे समुच्चय देखने में सुन्दर तथा परिणाम की दृष्टि से सटीक होते हैं।

इस प्रकार के परीक्षण में अभ्यर्थियों से मुख्यत: दो प्रकार के प्रश्न पूछे जाते हैं

1. आरेखों के माध्यम से दी गई वस्तुओं के समूहों को वर्गीकृत करना

2. संख्याओं या अक्षरों के माध्यम से किसी विशेष वर्ग के अन्तर्गत आने वाली वस्तुओं अथवा उसकी संख्या ज्ञात करना

आरेखों के माध्यम से दी गई वस्तुओं के समूहों को वर्गीकृत करना इसके अन्तर्गत पूछे जाने वाले प्रश्नों में सर्वप्रथम कुछ वस्तुओं के समूह दिए जाते हैं तथा इनके नीचे कुछ आरेख दिए होते हैं। प्रतियोगियों को प्रश्नानुसार इन आरेखों के माध्यम से उस आरेख को ज्ञात करना होता है, जोकि प्रश्न में दी गई वस्तुओं के समूह को पूर्ण एवं सही तौर पर वर्गीकृत करते हैं या उनके बीच के सम्बन्ध को निरूपित करते हैं।

इस प्रकार के प्रश्नों का उद्देश्य अभ्यर्थियों से निश्चित वर्गों को समझने तथा उसके चित्रात्मक व्याख्या करने की क्षमता की जाँच करना होता है। अभ्यर्थी को सामान्यतया यह निर्णय करना होता है कि तथ्य सेट या उपसेट के आकार से सम्बन्धित अथवा वह किसी अन्य सेट से सम्बन्धित होगा। तथ्य समुच्चय अथवा उपसमुच्चय से भी सम्बन्धित हो सकता है। यद्यपि प्रश्नों में सेट थ्योरी की भाषा और चिह्नों का प्रयोग नहीं होता है।

अब नीचे दिए गए सम्बन्धों का ध्यानपूर्वक अवलोकन करें

(i) दिया गया आरेख यह दर्शाता है कि एक वर्ग दूसरे में पूर्णरूपेण समाहित है लेकिन मिला-जुला नहीं है। 

(ii) दिया गया आरेख यह दर्शाता है कि कोई भी वर्ग एक-दूसरे में पूरी तरह समाहित नहीं है लेकिन दोनों में कुछ समान सदस्य हैं। 

(iii) दिया गया आरेख यह दर्शाता है कि कोई सदस्य समान नहीं है। 

संख्याओं या अक्षरों के माध्यम से किसी विशेष वर्ग के अन्तर्गत आने वाली वस्तुओं अथवा उनकी संख्या ज्ञात करना इसके अन्तर्गत पूछे जाने वाले प्रश्नों में एक-दूसरे से संयुक्त कुछ आरेख दिए जाते है, जिनके अन्दर विभिन्न स्थानों पर भिन्न-भिन्न संख्याओं अथवा अक्षरों को निरूपित किया गया होता है। प्रत्येक आरेख अलग-अलग वर्ग के द्योतक होते हैं। अभ्यर्थियों को उन्हीं आरेख या उसके अन्दर दी गई संख्याओं के माध्यम से किसी विशेष वर्ग में आने वाली वस्तुओं की संख्या अथवा वस्तुओं को प्रश्नानुसार ज्ञात करना होता है। इस पद्धति का प्रयोग अन्तरों तथा तत्वों के आधार पर होता है। यह भिन्न कार्यकारी नियमों द्वारा संचालित होते हैं। तत्वों का यह पृथक् सेट तभी दिया जाता है जब यह खास कार्यकारी नियमों से सम्बन्धित हो।

साधित उदाहरण

1. निम्न में से कौन-सी आकृति संगीतकारों, वाद्यकारों और वायलिन बजाने वालों को प्रदर्शित करती है?

(a) (b) (c) (d)

हल *(a)*

वायलिन बजाने वाले एक प्रकार के वाद्यकार हैं तथा वाद्यकार भी एक प्रकार के संगीतकार हैं।

2. नीचे दिए हुए रेखाचित्रों में से कौन-सा रेखाचित्र ऐसे छात्रों को सही प्रदर्शित करता है जो विधि और संगीत सीखते हैं, संगीत और नृत्य सीखते हैं, विधि और नृत्य सीखते हैं और जो विधि, संगीत और नृत्य तीनों सीखते हैं?

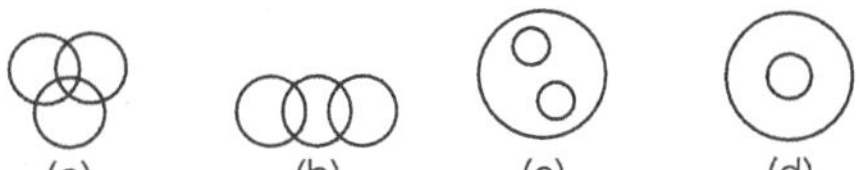

(a) (b) (c) (d)

हल *(a)* चित्र से तीनों प्रकार की स्थितियों को दर्शाया गया है जो विधि और संगीत सीखते हैं, संगीत और नृत्य सीखते हैं, विधि और नृत्य सीखते हैं और जो विधि, संगीत और नृत्य तीनों सीखते हैं।

3. यदि 'वृत्त', लम्बे व्यक्तियों को, 'त्रिभुज' सैनिकों को एवं 'वर्ग' सशक्त व्यक्तियों को निरूपित करता है, तो निम्नांकित आरेख के अन्दर दी गई संख्याओं में से कौन-सी संख्या केवल 'सशक्त सैनिकों' को निरूपित करेगी?

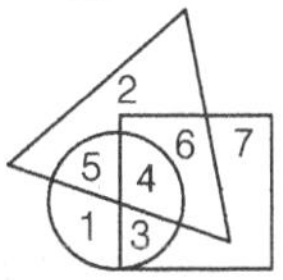

(a) 2 (b) 4 (c) 6 (d) 7

हल *(c)* 'वृत्त' लम्बे व्यक्तियों को, 'त्रिभुज' सैनिकों को तथा 'वर्ग' सशक्त व्यक्तियों को निरूपित करता है जबकि हमें उस संख्या को ज्ञात करना है जोकि सशक्त सैनिक अर्थात् सशक्त एवं सैनिकों को निरूपित करता है। अत: हम दिए गए आरेख में उस संख्या को ज्ञात करेंगे जोकि वर्ग एवं त्रिभुज में सर्वनिष्ठ हो। यहाँ हम पाते हैं कि ऐसी संख्या केवल 6 है जोकि वर्ग एवं त्रिभुज दोनों में सर्वनिष्ठ है।

अभ्यास प्रश्न

निर्देश (प्र.सं. 1-3) *निम्नलिखित आरेख का अध्ययन कर नीचे दिए गए प्रश्नों के उत्तर दीजिए।* **[UP बी.एड. 2014]**

त्रिकोण स्कूल के अध्यापकों को निरूपित करता है, वर्ग विवाहित व्यक्तियों को निरूपित करता है और वृत्त संयुक्त परिवार में रहने वाले व्यक्तियों को निरूपित करता है।

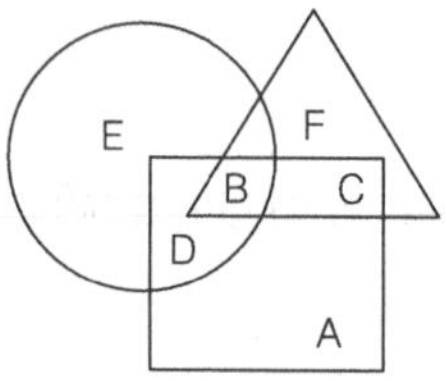

1. विवाहित व्यक्ति, जो संयुक्त परिवार में रहते हैं किन्तु स्कूल के अध्यापक के पद पर कार्य नहीं करते हैं, को किसके द्वारा निरूपित किया गया है?

(a) A (b) D (c) F (d) C

2. विवाहित अध्यापक, जो संयुक्त परिवार में रहते हैं, को किसके द्वारा निरूपित किया गया है?

(a) A (b) C (c) B (d) D

3. व्यक्ति, जो संयुक्त परिवार में रहते हैं, अविवाहित हैं और जो स्कूल के अध्यापक के रूप में कार्य नहीं करते हैं, को किसके द्वारा निरूपित किया गया है?

(a) D (b) C (c) B (d) E

4. नीचे दिए चित्र में, छोटा त्रिभुज, बड़ा त्रिभुज, वृत्त और आयत क्रमश: अध्यापकों, राजनीतिज्ञों, स्नातकों और सांसदों को दर्शाते हैं। विभिन्न क्षेत्र को अंग्रेजी वर्णमाला से दर्शाए गए हैं।

निम्नलिखित में से कौन-से राजनीतिज्ञ स्नातक हैं, पर सांसद नहीं हैं?

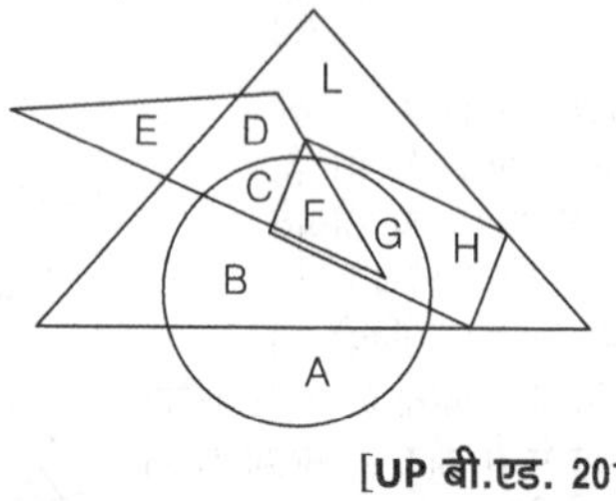

[UP बी.एड. 2013]

(a) B, C (b) L, B (c) D, L (d) C, G

5. निम्नलिखित में से कौन-सा वेन आरेख साँप, छिपकली, रेंगने वाले (सरीसृप) के बीच सम्बन्ध का सही निरूपण करता है? **[UP बी.एड. 2012]**

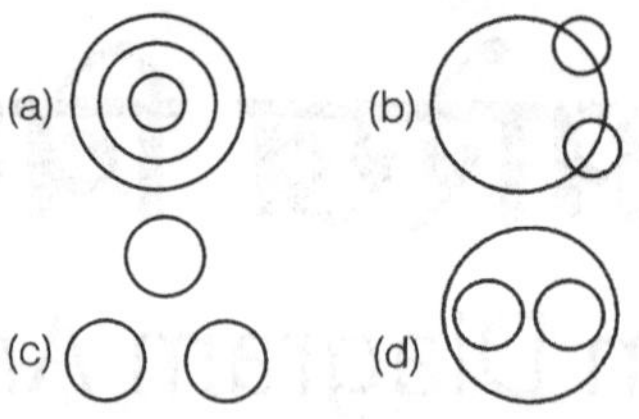

6. निम्नलिखित आरेख में कौन-सी संख्या उन महिला डॉक्टरों को दर्शाती है जो रोजगार में नहीं हैं?

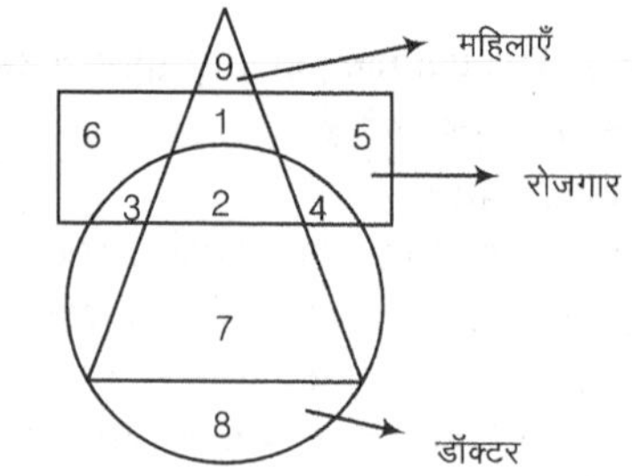

[UP बी.एड. 2012]

(a) 7 (b) 3 (c) 1 (d) 8

7. निम्नलिखित आकृतियों में से कौन-सी मेजों, कुर्सियों, फर्नीचर के बीच सम्बन्ध को दर्शाती है? **[UP बी.एड. 2011]**

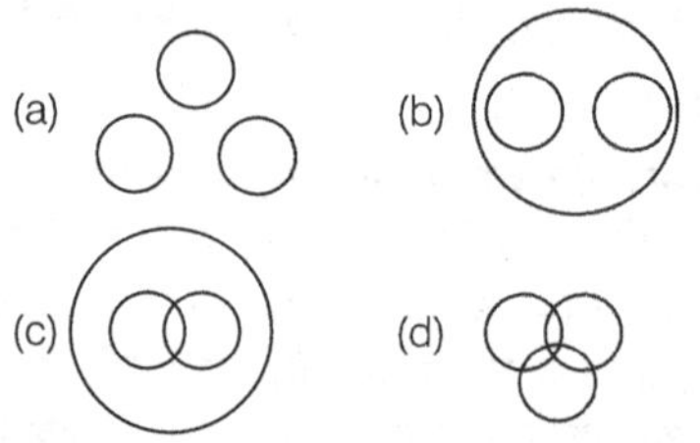

निर्देश (प्र.सं. 8-12) *निम्न आकृति को ध्यानपूर्वक अध्ययन करके निम्नलिखित प्रश्नों का उत्तर दीजिए।* **[UP बी.एड. 2011]**

आयत कलाकारों को दर्शाता है, वृत्त खिलाड़ियों को दर्शाता है और त्रिभुज चिकित्सकों को दर्शाता है।

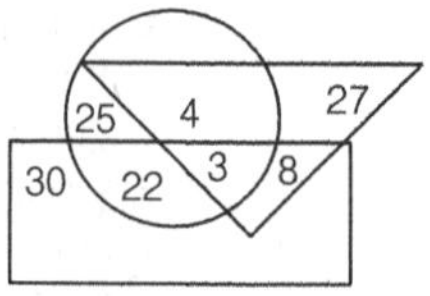

8. ऐसे कितने खिलाड़ी हैं, जोकि न तो कलाकार हैं और न ही डॉक्टर हैं?

(a) 3 (b) 8 (c) 22 (d) 25

9. ऐसे कितने कलाकार हैं, जोकि खिलाड़ी हैं?

(a) 30 (b) 29
(c) 25 (d) 22

10. ऐसे कितने डॉक्टर हैं, जोकि खिलाड़ी और कलाकार दोनों हैं?

(a) 3 (b) 4
(c) 8 (d) 11

11. ऐसे कितने डॉक्टर है, जोकि न तो खिलाड़ी हैं और न ही कलाकार हैं?

(a) 30 (b) 27
(c) 22 (d) 8

12. ऐसे कितने कलाकार हैं, जोकि न तो डॉक्टर हैं और न ही खिलाड़ी हैं?

(a) 22 (b) 24
(c) 29 (d) 30

13. आरेख में उन परीक्षार्थियों की संख्या दी गई है, जो विभिन्न परीक्षाओं में रसायन विज्ञान, इलेक्ट्रॉनिकी तथा अंग्रेजी में अनुत्तीर्ण रहे। परीक्षा में बैठने वालों की कुल संख्या 600 थी। उन परीक्षार्थियों का प्रतिशत क्या है, जो कम-से-कम दो विषयों में अनुत्तीर्ण हुए?

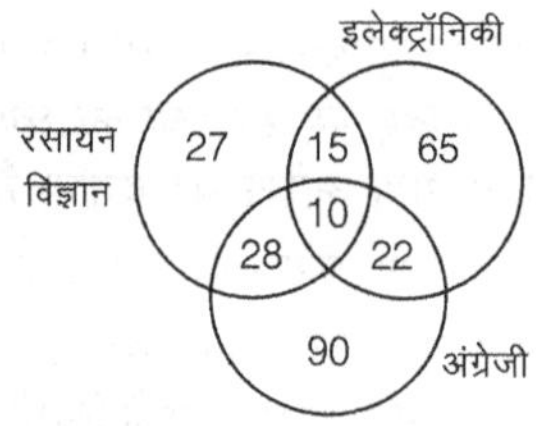

(a) 12.5 (b) 1.25
(c) 12.05 (d) 12.0

14. नीचे दिए गए वेन आरेखों में से कौन-सा वेन आरेख दिए गए तीन वर्गों के व्यक्ति, टेनिस के प्रशंसक, क्रिकेट के खिलाड़ी और विद्यार्थियों के बीच के सम्बन्ध को सही रूप से निरूपित करता है?

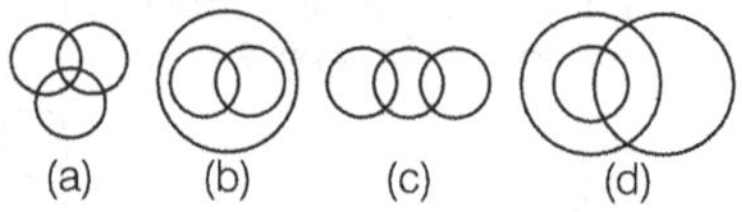

15. नीचे दिए हुए रेखाचित्रों में से कौन-सा रेखाचित्र पति, पत्नी और परिवार के पारस्परिक सम्बन्धों को सही प्रदर्शित करता है?

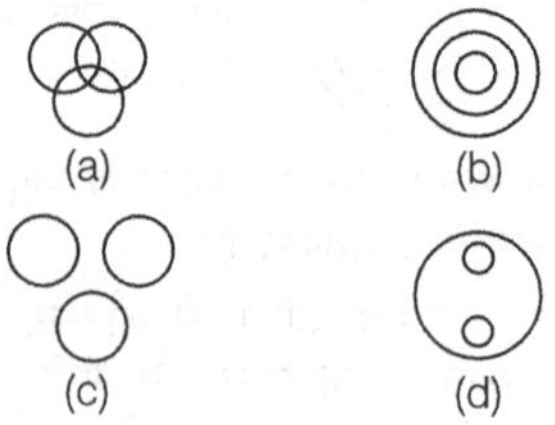

16. निम्नलिखित आरेखों में से किसमें धूम्रपान करने वाले, वकील और धूम्रपान न करने वाले प्रदर्शित हैं?

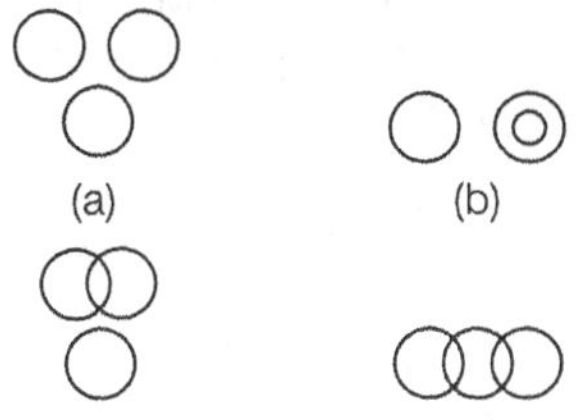

(a) (b) (c) (d)

17. निम्नलिखित में से कौन-सी आकृति सही तरीके से हाथी, भेड़िये और जानवरों को प्रदर्शित करती है?

(a) (b) (c) (d)

18. निम्नलिखित में से कौन-सी आकृति सही तरीके से चोर, जज और अपराधी के बीच के सम्बन्ध को दर्शाती है?

(a) (b) (c) (d)

19. निम्नलिखित में से कौन-सा ऐसा आरेख है, जो यह दर्शाता है कि कुछ क्रिकेट खिलाड़ी टेनिस के खिलाड़ी हैं, कुछ टेनिस खिलाड़ी हॉकी के खिलाड़ी हैं लेकिन कोई क्रिकेट खिलाड़ी हॉकी का खिलाड़ी नहीं है?

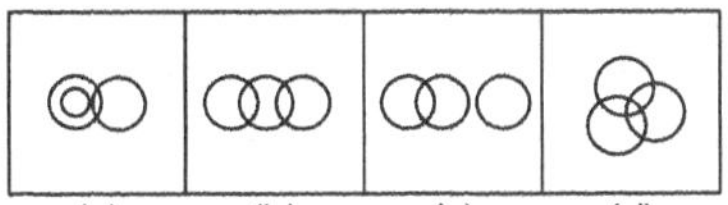

(a) (b) (c) (d)

20. निम्नांकित आरेखों में से किसके द्वारा स्तनधारियों, गायों और कौवों को प्रदर्शित किया गया हैं?

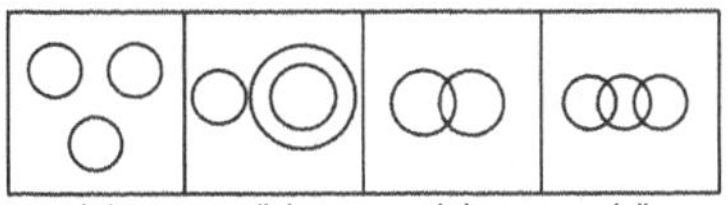

(a) (b) (c) (d)

21. निम्नलिखित आकृतियों में से कौन-सी आकृति उपाधि छात्रों, कला स्नातक छात्रों और विज्ञान स्नातक छात्रों के सम्बन्ध को सूचित करती है?

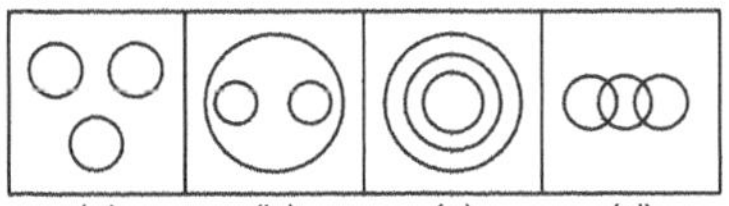

(a) (b) (c) (d)

22. निम्नलिखित में से कौन-सी आकृति कागज, कॉपी और लेखन सामग्री को प्रदर्शित करती है?

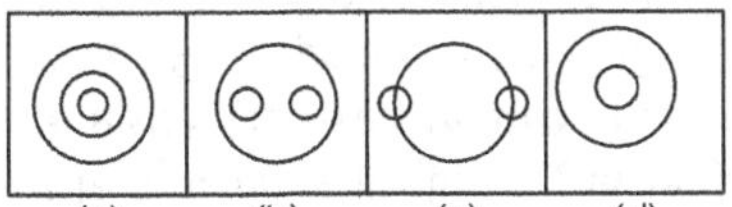

(a) (b) (c) (d)

23. निम्नांकित में किस रेखाकृति द्वारा ग्राम, जिला और राज्य को निरूपित किया गया है?

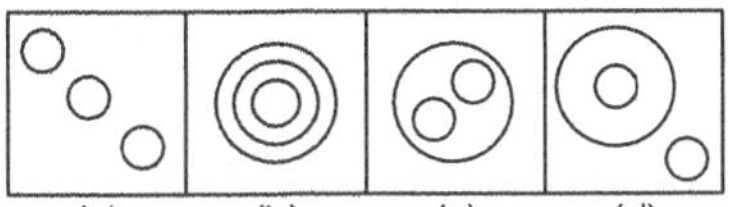

(a) (b) (c) (d)

निर्देश (प्र.सं. 24-28) *निम्नांकित प्रश्नों में उस आकृति को चुनिए, जो सबसे अच्छी तरह से तीनों वस्तुओं के बीच का सम्बन्ध दर्शाती हो।*

(a) (b) (c) (d)

24. सूर्य, चन्द्रमा, तारे

25. जीव, आदमी, पौधे

26. मरकरी, मंगल, ग्रह

27. याक, जेब्रा, भालू

28. बीमारियाँ, स्कर्वी, चेचक

निर्देश (प्र.सं. 29-33) *निम्नांकित प्रश्नों में उस आकृति को चुनिए, जो प्रश्न में दिए गए तीनों वर्गों को अच्छी तरह से दर्शाती हो।*

(a) (b) (c) (d)

29. लड़की, धावक, गायिका

30. खिड़की, कमरा, मकान

31. राज्य, देश, शहर

32. ताँबा, कागज, तार

33. शिक्षक, स्नातक, खिलाड़ी

34. नीचे दिए गए आरेख में त्रिभुज भारतीय को दर्शाता है, वर्ग शिक्षित को तथा वृत्त कार्यरत को। बताएँ कि कौन-सी संख्या कार्यरत भारतीय जो अशिक्षित हो, को दर्शाती है?

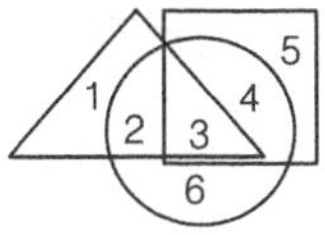

(a) 1 (b) 2 (c) 4 (d) 5

35. नीचे दिए गए वेन आरेख में वृत्त द्वारा खिलाड़ी, वर्ग द्वारा अविवाहित व्यक्ति, त्रिभुज द्वारा महिलाएँ और आयत द्वारा शिक्षित व्यक्ति प्रदर्शित है। प्रत्येक खण्ड में संख्या अंकित है। आरेख का अध्ययन करके यह बताइए कि कौन-सी संख्या से अविवाहित, शिक्षित तथा महिला खिलाड़ी को दर्शाया गया है?

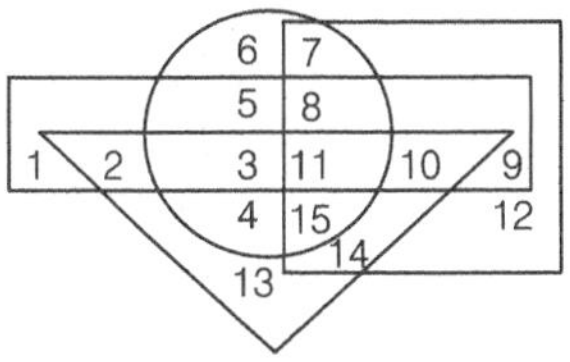

(a) 12 (b) 11 (c) 13 (d) 15

36. नीचे दी गई आकृति में त्रिभुज, वर्ग और वृत्त क्रमशः नगरवासी, परिश्रमी और शिक्षित व्यक्तियों को निरूपित करते हैं। I से VII तक अंकित क्षेत्रों में से वह कौन-सा क्षेत्र है, जो नगरवासी, शिक्षित, किन्तु परिश्रम न करने वालों को निरूपित करता है?

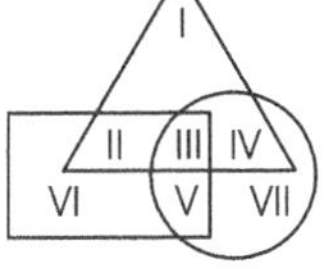

(a) II (b) I (c) IV (d) III

37. नीचे दी गई आकृति में त्रिभुज महिलाओं को दर्शाता है, आयत रोजगार में लगे हुए लोगों को दर्शाता है और वृत्त डॉक्टरों को दर्शाता है। आकृति के उस क्षेत्र का पता कीजिए जिसमें उन महिला डॉक्टरों को दर्शाया गया है जो बेरोजगार हैं

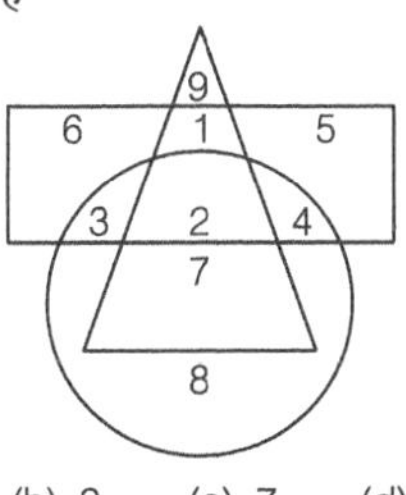

(a) 1 (b) 3 (c) 7 (d) 8

38. यदि वृत्त नगर में रहने वाले, वर्ग सिविल कर्मचारी, आयत पुरुष तथा त्रिभुज शिक्षित को दर्शाता हो, तो कौन शिक्षित पुरुष हैं परन्तु नगर में रहने वाले नहीं हैं?

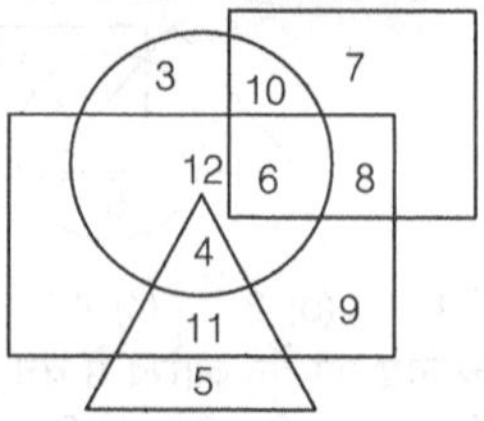

(a) 4 (b) 11 (c) 5 (d) 9

39. नीचे दी गई आकृति में, त्रिभुज लड़कियों को, वर्ग खिलाड़ियों को और वृत्त कोच को प्रदर्शित करता है, तो आकृति के किस भाग से वैसी लड़कियों का बोध होता है, जो खिलाड़ी तो है पर कोच नहीं है?

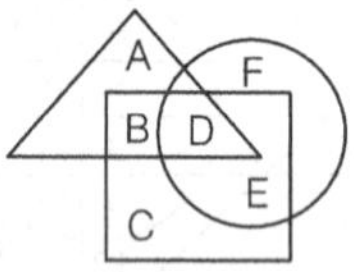

(a) A (b) B (c) D (d) E

40. नीचे की आकृति का कौन-सा भाग वैसे लोगों को प्रदर्शित करता है, जो शिक्षित तथा रोजगार करने वाले हैं लेकिन उनका रोजगार पक्का नहीं है?

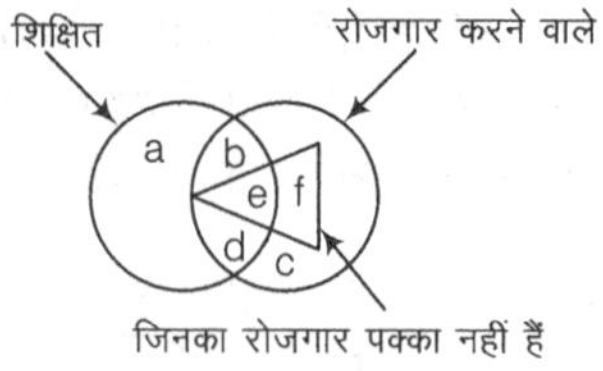

(a) a, c (b) a, b, c
(c) b, d (d) a, d, c

निर्देश (प्र.सं. 41-44) *दी गई आकृति के आधार पर निम्न प्रश्नों के उत्तर दीजिए।*

नीचे दी गई आकृति में, छोटे वाला त्रिभुज शिक्षकों को, बड़ा त्रिभुज राजनेताओं को, वृत्त स्नातकों को तथा आयत संसद के सदस्यों को प्रदर्शित करता है। विभिन्न भागों को अंग्रेजी वर्णमाला के अक्षरों द्वारा दर्शाया गया है।

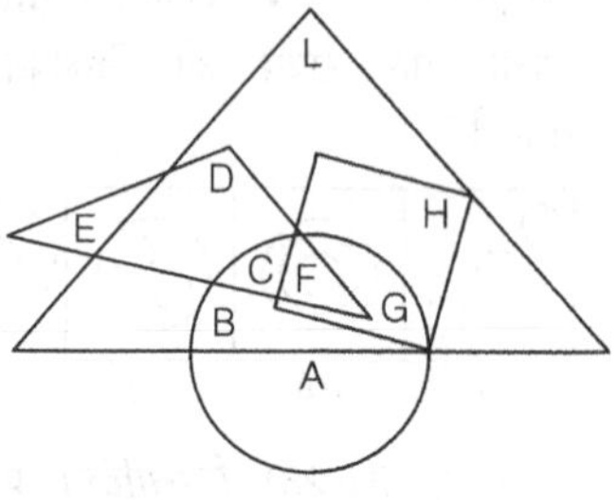

41. निम्न में से कौन शिक्षक या स्नातक है पर राजनेता नहीं है?

(a) B, G
(b) G, H
(c) A, E
(d) E, F

42. निम्नांकित में कौन-से राजनेता न तो शिक्षक है और न ही स्नातक?

(a) E, F (b) D, E
(c) C, D (d) L, H

43. कौन-से संसद सदस्य, स्नातक भी हैं और शिक्षक भी?

(a) G (b) F
(c) C (d) H

44. निम्न में से कौन-सा राजनेता, केवल शिक्षक है स्नातक या संसद का सदस्य नहीं है?

(a) L (b) D
(c) C (d) B

निर्देश (प्र.सं. 45-49) *नीचे दिए गए प्रश्नों के उत्तर दीजिए।*

दिए गए प्रश्न में त्रिभुज राजनीतिज्ञ, छोटा त्रिभुज शिक्षक, वृत्त स्नातक, चतुर्भुज पार्लियामेन्ट के सदस्य को दर्शाता है।

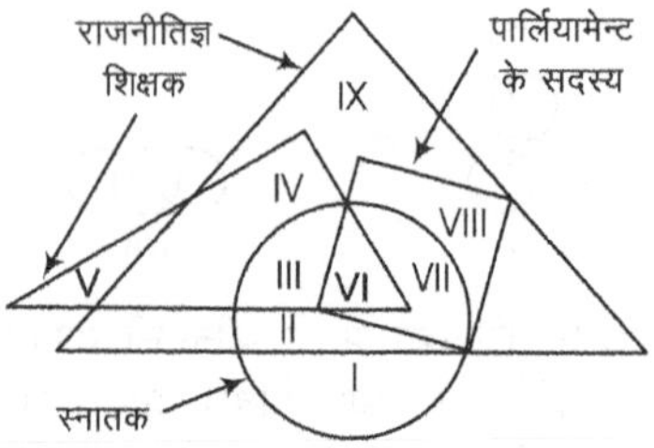

45. निम्नलिखित में से कौन-से राजनीतिज्ञ स्नातक, तो है लेकिन पार्लियामेन्ट के सदस्य नहीं हैं?

(a) IV, IX (b) I, VIII, IX
(c) IX, II (d) II, III

46. निम्नलिखित में से कौन-से राजनीतिज्ञ, न ही शिक्षक हैं और न ही स्नातक?

(a) III, IV (b) IX, VIII
(c) IX, II (d) II, III

47. निम्नलिखित में से कौन-से पार्लियामेन्ट के सदस्य ऐसे हैं जोकि राजनीतिज्ञ तथा स्नातक, तो हैं परन्तु शिक्षक नहीं है?

(a) VIII (b) VI
(c) VII (d) III

48. निम्न में से कौन स्नातक, राजनीतिज्ञ तो है परन्तु पार्लियामेन्ट का सदस्य या शिक्षक नहीं है?

(a) III (b) II, III (c) II (d) III, IV

49. निम्न में से वह स्नातक कौन-सा है, जो शिक्षक, पार्लियामेन्ट का सदस्य तथा राजनीतिज्ञ भी है?

(a) VII (b) III (c) VI (d) VIII

उत्तरमाला

1. (b)	**2.** (c)	**3.** (d)	**4.** (a)	**5.** (d)	**6.** (a)	**7.** (b)	**8.** (d)	**9.** (c)	**10.** (a)
11. (b)	**12.** (d)	**13.** (a)	**14.** (a)	**15.** (d)	**16.** (d)	**17.** (a)	**18.** (c)	**19.** (b)	**20.** (b)
21. (b)	**22.** (a)	**23.** (b)	**24.** (c)	**25.** (a)	**26.** (a)	**27.** (b)	**28.** (a)	**29.** (c)	**30.** (a)
31. (a)	**32.** (d)	**33.** (c)	**34.** (b)	**35.** (b)	**36.** (c)	**37.** (c)	**38.** (b)	**39.** (b)	**40.** (c)
41. (c)	**42.** (d)	**43.** (b)	**44.** (b)	**45.** (d)	**46.** (b)	**47.** (c)	**48.** (c)	**49.** (c)	

संकेत एवं हल

1. अक्षर D द्वारा उन विवाहित व्यक्तियों को निरूपित किया गया है। जो संयुक्त परिवार में रहते हैं, किन्तु स्कूल के अध्यापक पद पर कार्य नहीं करते हैं।

2. अक्षर B द्वारा उन व्यक्तियों को निरूपित किया गया है। जो विवाहित अध्यापक हैं, तथा संयुक्त परिवार में रहते हैं।

3. अक्षर E द्वारा संयुक्त परिवार में रहने वाले व्यक्तियों को निरूपित किया गया है जो न तो विवाहित हैं न ही अध्यापक हैं।

4.

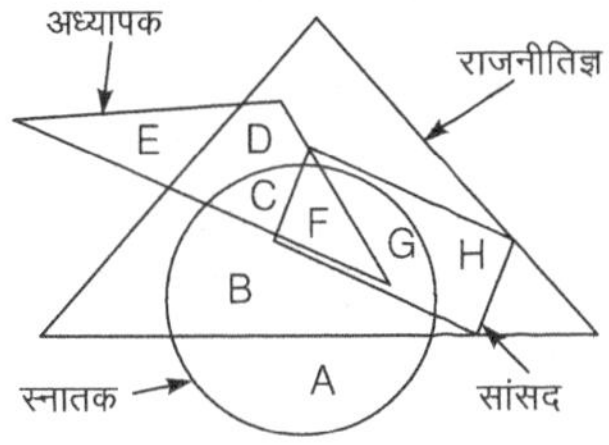

B, C वृत्त तथा बड़े त्रिभुज में हैं आयात में नहीं अतः B, C स्नातक, राजनीतिज्ञ हैं सांसद नहीं।

5. साँप एवं छिपकली एक-दूसरे से अलग हैं परन्तु दोनों सरीसृप वर्ग में आते हैं।

6. अभीष्ट क्षेत्र त्रिभुज एवं वृत्त में विद्यमान होना चाहिए तथा आयत से बाहर होना चाहिए। ऐसा क्षेत्र 7 द्वारा अंकित है।

7. प्रश्नानुसार,

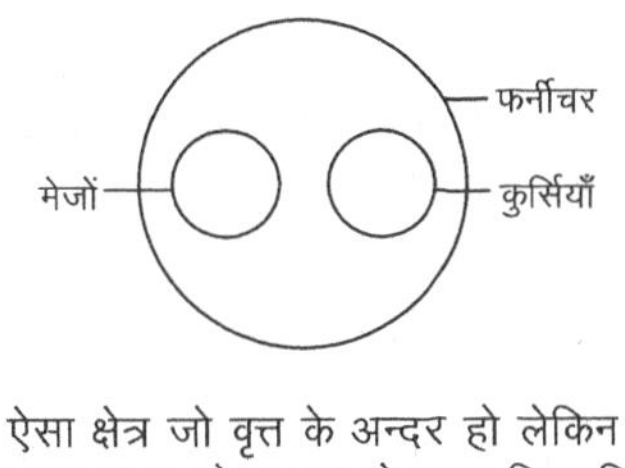

8. ऐसा क्षेत्र जो वृत्त के अन्दर हो लेकिन त्रिभुज तथा आयत के बाहर हो, उन खिलाड़ियों को दर्शाता है, जो कि न तो कलाकार है और न ही डॉक्टर है। यह 25 है।

12. ऐसा क्षेत्र जो आयत के अन्दर हो लेकिन वृत्त तथा त्रिभुज के बाहर हो, उन कलाकारों को दर्शाता है, जो कि न तो डॉक्टर है और न ही खिलाड़ी है। यह 30 है।

13. प्रश्नानुसार,

कम-से-कम दो विषयों में अनुत्तीर्ण परीक्षार्थियों की संख्या = 15 + 10 + 28 + 22 = 75

कुल परीक्षार्थियों की संख्या = 600

कम-से-कम दो विषयों में अनुत्तीर्ण परीक्षार्थियों का प्रतिशत $= \frac{75}{600} \times 100 = 12.5\%$

14.

कुछ विद्यार्थी क्रिकेट के खिलाड़ी एवं टेनिस के प्रशंसक हो सकते हैं। कुछ क्रिकेट के खिलाड़ी, विद्यार्थी एवं टेनिस के प्रशंसक हो सकते हैं। कुछ टेनिस के प्रशंसक, क्रिकेट के खिलाड़ी एवं विद्यार्थी भी हो सकते हैं। अतः विकल्प (a) में दिया गया आरेख उपयुक्त है।

15.

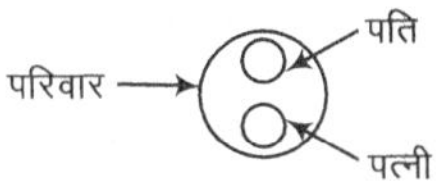

पति, पत्नी परिवार में ही होते हैं या परिवार के ही सदस्य होते हैं।

16.

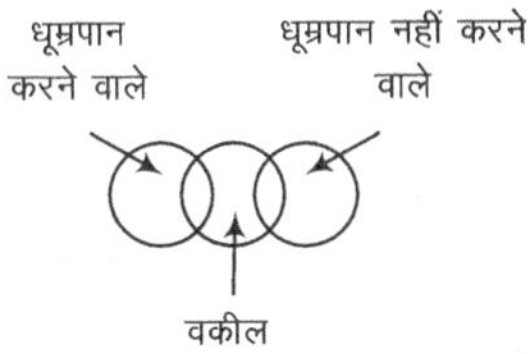

कुछ वकील धूम्रपान करने वाले तथा कुछ धूम्रपान नहीं करने वाले होते हैं।

17.

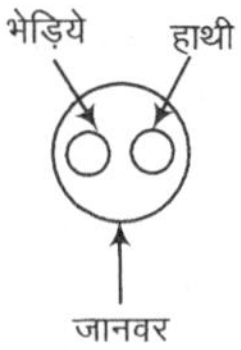

हाथी और भेड़िये दोनों ही जानवर के अन्तर्गत आते हैं।

18.

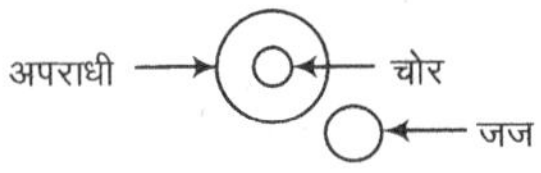

चोर अपराधी के अन्तर्गत आता है लेकिन जज नहीं।

19.

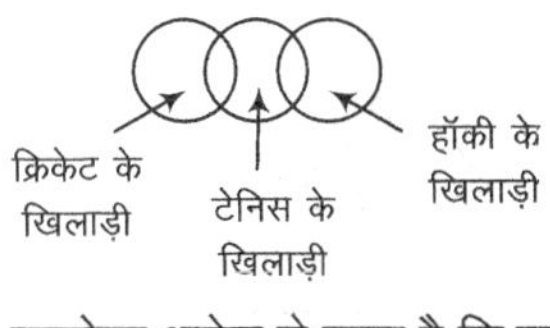

उपरोक्त आरेख से स्पष्ट है कि कुछ क्रिकेट के खिलाड़ी टेनिस के खिलाड़ी हैं तथा कुछ टेनिस के खिलाड़ी हॉकी के खिलाड़ी हैं।

20.

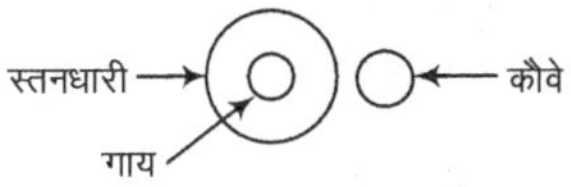

गाय एक स्तनधारी है जबकि कौवा पक्षी वर्ग में आता है।

21.

उपाधि छात्रों में कला स्नातक तथा विज्ञान स्नातक दोनों वर्ग के छात्र आते हैं।

22.

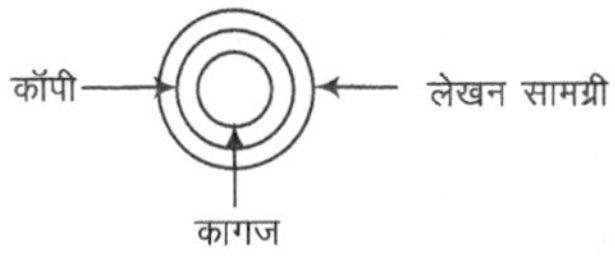

सभी कॉपियाँ कागजों से बनती है तथा कागज व कॉपी लेखन सामग्री के अन्तर्गत आते हैं।

23.

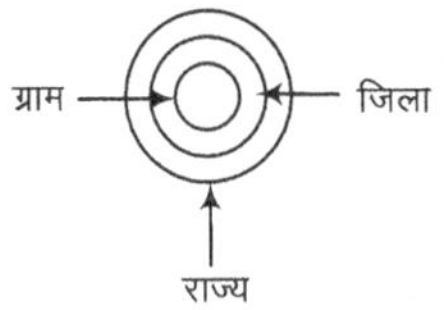

सभी गाँव, जिले के अन्तर्गत आते हैं तथा सभी जिले, राज्यों के अन्तर्गत आते हैं।

24.

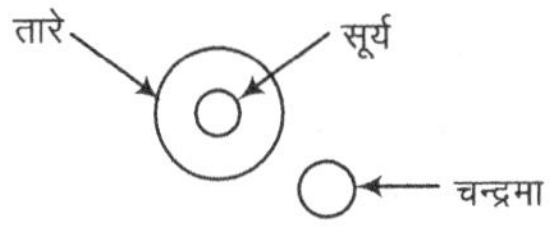

सूर्य भी एक तारा है जबकि चन्द्रमा एक उपग्रह है।

25.

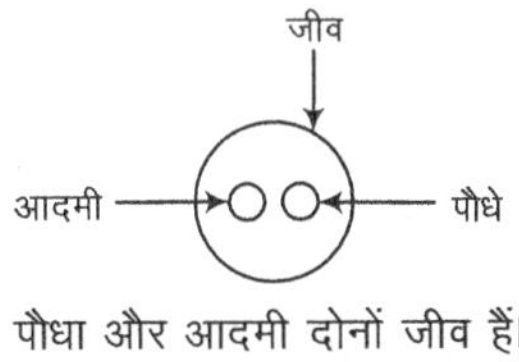

पौधा और आदमी दोनों जीव हैं।

26.

मंगल और मरकरी दोनों ही ग्रह के अन्तर्गत आते हैं।

27.

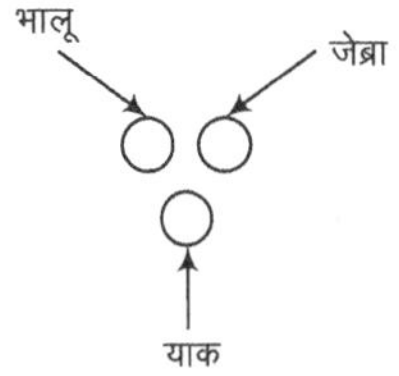

तीनों तीन प्रकार की अलग-अलग प्रजाति के जानवर हैं।

28.
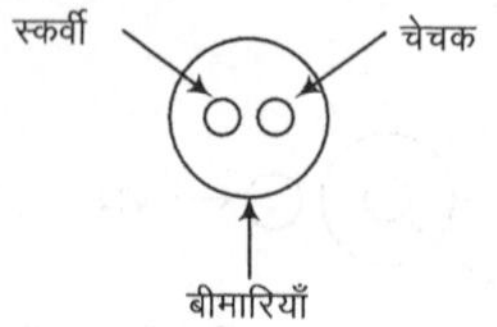

चेचक और स्कर्वी दोनों बीमारियाँ हैं।

29.
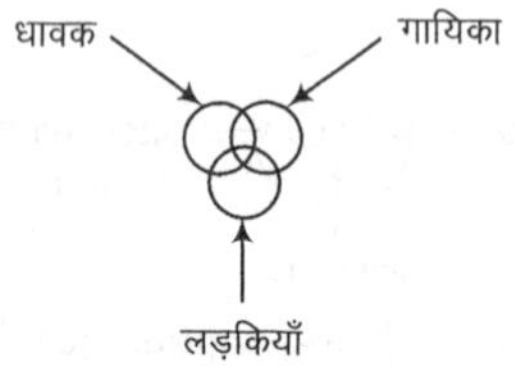

कुछ लड़कियाँ गायिका या धावक होंगी एवं कुछ ही धावक या गायिका लड़कियाँ होंगी।

30.
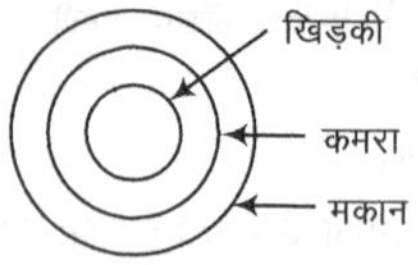

खिड़की कमरें में होती है तथा कमरें मकान के अन्तर्गत आते हैं।

31.
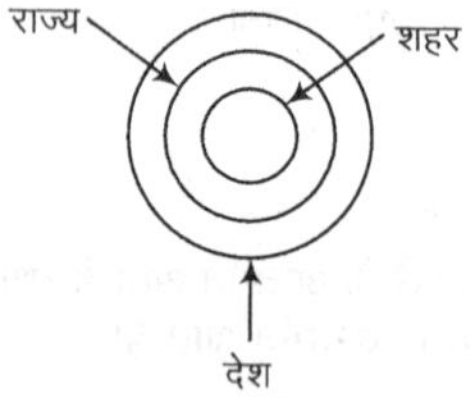

देश के अन्तर्गत राज्य होते हैं तथा राज्य के अन्तर्गत शहर होते हैं।

32.
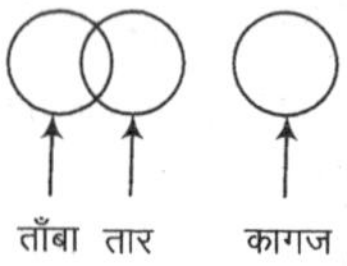

कुछ तार ताँबे के होते हैं जबकि कागज इन सबसे अलग है।

33.
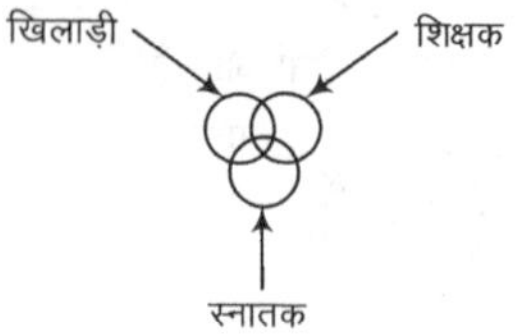

कुछ ही स्नातक, शिक्षक या खिलाड़ी होते हैं एवं कुछ ही खिलाड़ी, स्नातक या .शिक्षक होते हैं।

34.
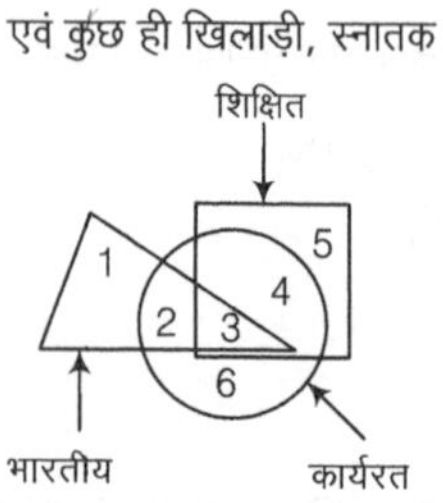

2 केवल त्रिभुज तथा वृत्त में है, वर्ग में नहीं। अतः 2 वे कार्यरत भारतीय है जो अशिक्षित है।

35.
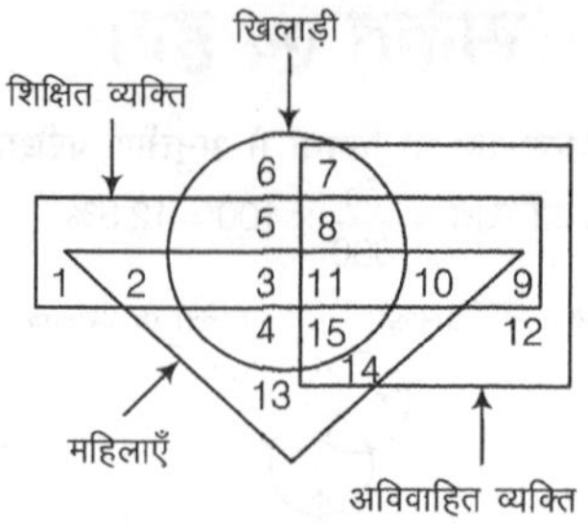

11 त्रिभुज, वर्ग, आयत तथा वृत्त चारों में है। अतः 11 से अविवाहित, शिक्षित तथा महिला खिलाड़ी को दर्शाया गया है।

36.
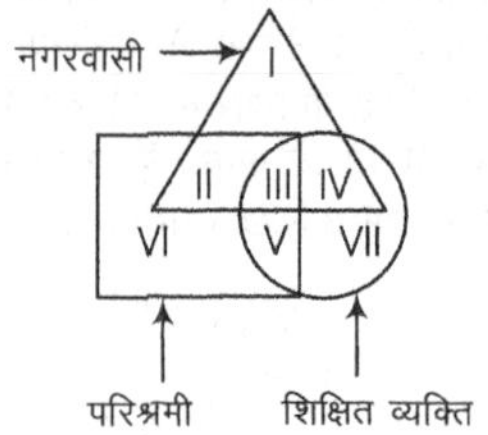

IV द्वारा अंकित क्षेत्र केवल त्रिभुज तथा वृत्त में पड़ता है, वर्ग में नहीं। अतः IV नगरवासी, शिक्षित किन्तु परिश्रम न करने वालों को निरूपित करता है।

37.
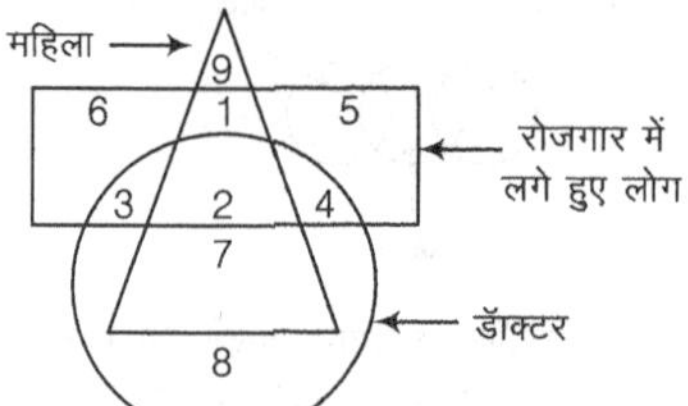

7 केवल वृत्त एवं त्रिभुज में पड़ता है, आयत में नहीं। अतः 7 महिला डॉक्टरों को दर्शाता है जो बेरोजगार हैं।

38.
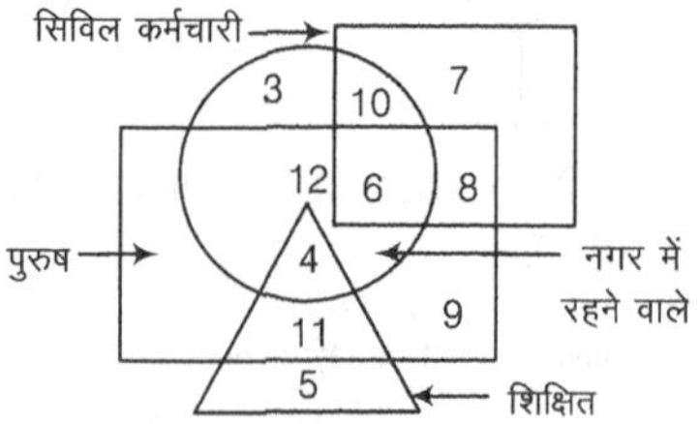

11 त्रिभुज तथा आयत दोनों में है जबकि वृत्त में नहीं है इसलिए 11 शिक्षित पुरुष हैं जो नगर में रहने वाले नहीं हैं।

39.
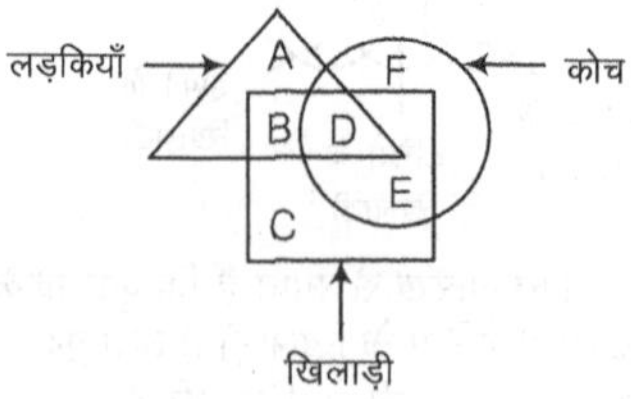

B त्रिभुज तथा वर्ग के अन्दर है जबकि वृत्त के बाहर अर्थात् B के अन्तर्गत आने वाले व्यक्ति लड़कियाँ तथा खिलाड़ी होंगी जबकि कोच नहीं।

40. b, d केवल दोनों वृत्तों के अन्दर आते हैं, त्रिभुज के नहीं अर्थात् b और d के अन्तर्गत आने वाले शिक्षित हैं तथा रोजगार करने वाले हैं लेकिन उनका रोजगार पक्का नहीं है।

हल (प्र.सं. 41-44)

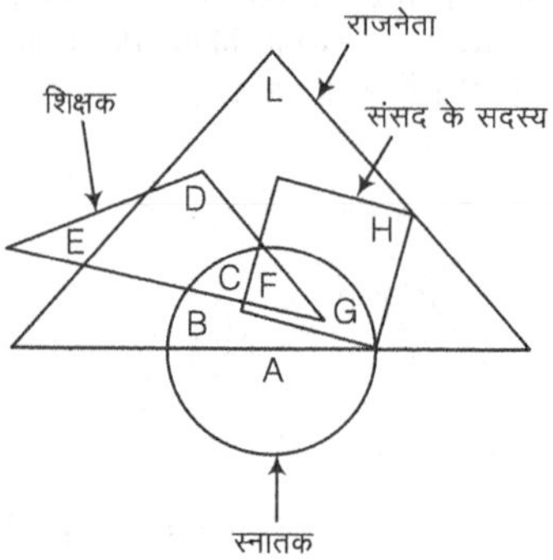

41. चूँकि A, E या तो त्रिभुज में है या वृत्त में, ये बड़े त्रिभुज में नहीं हैं इसलिए A और E शिक्षक और स्नातक हैं, राजनेता नहीं।

42. चूँकि L और H न तो छोटे त्रिभुज में हैं और न ही वृत्त में बल्कि केवल बड़े त्रिभुज में हैं इसलिए L और H केवल राजनेता है, शिक्षक या स्नातक नहीं।

43. चूँकि F आयत, वृत्त और छोटे त्रिभुज तीनों में है इसलिए F संसद का सदस्य, शिक्षक तथा स्नातक भी है।

44. चूँकि D बड़े त्रिभुज तथा छोटे त्रिभुज दोनों में हैं इसलिए D वह राजनेता है जो एक शिक्षक भी है।

45. केवल II तथा III ही ऐसे क्षेत्र हैं जो यह दर्शाते हैं कि राजनीतिज्ञ स्नातक हैं किन्तु पार्लियामेन्ट के सदस्य नहीं हैं।

46. IX एवं VIII ऐसे क्षेत्र हैं जो राजनीतिज्ञ को सम्बोधित करते हैं जो न तो शिक्षक एवं न ही स्नातक हैं।

47. VII ही ऐसा क्षेत्र है, जो यह दर्शाता है कि पार्लियामेन्ट के सदस्य राजनीतिज्ञ तथा स्नातक तो हैं लेकिन शिक्षक नहीं हैं।

48. II ही ऐसा क्षेत्र हैं जो दर्शाता है कि स्नातक, राजनीतिज्ञ तो हैं लेकिन पार्लियामेन्ट के सदस्य या शिक्षक नहीं हैं।

49. VI ही ऐसा क्षेत्र है जो दर्शाता है कि ये वे सदस्य हैं जोकि स्नातक के साथ राजनीतिज्ञ, शिक्षक तथा पार्लियामेन्ट के सदस्य भी हैं।

अध्याय

8 गणितीय संक्रियाएँ

Mathematical Operations

गणितीय संक्रियाओं से तात्पर्य, सामान्य गणितीय क्रियाओं एवं सिद्धान्तों से है। इस परीक्षण के अन्तर्गत प्रतियोगिताओं से ऐसे प्रश्न पूछे जाते हैं जो सामान्यत: बीजगणित के कुछ सूत्रों तथा गणितीय चिह्नों '+', '×', '÷', '–' तथा 'का' (of) पर आधारित होते हैं।

यह परीक्षण मुख्यत: दो प्रकार की गणितीय पद्धति पर आधारित होता है

1. काल्पनिक गणितीय संक्रियाएँ **2.** वास्तविक गणितीय संक्रियाएँ

काल्पनिक गणितीय संक्रियाएँ इसके अन्तर्गत सामान्यत: अक्षरों एवं गणितीय चिह्नों या अन्य संकेतों से युक्त कुछ गणितीय कथन दिए गए होते हैं तथा इनके नीचे इन कथनों पर आधारित दो निष्कर्ष दिए गए होते हैं। कथनों में प्रयुक्त प्रत्येक चिह्न या संकेत विशेष गणितीय अर्थों से युक्त होते हैं जिनका विवरण दिए गए निर्देश रूपी तथ्य में ही उल्लेखित किया गया होता है। अभ्यर्थियों को निर्देशानुसार चिह्नों या संकेतों के आधार पर दिए गए कथनों को वास्तविक गणितीय चिह्नों के साथ संयोजित करते हुए यह ज्ञात करना होता है कि दिए गए कथनों के आधार पर दिए गए निष्कर्षों में से कौन-सा निष्कर्ष तर्कसंगत रूप से निकलता है।

वास्तविक गणितीय संक्रियाएँ इसके अन्तर्गत ऐसे प्रश्न आते हैं जो गणित के लिए प्रतिपादित नियमों पर आधारित होते हैं जिन्हें सामान्य बौद्धिक क्षमता का प्रयोग करते हुए वास्तविक गणितीय नियमों के आधार पर हल किया जाता है।

गणितीय संक्रियाओं सम्बन्धी प्रश्नों के हल हेतु BODMAS सूत्र का ज्ञान होना जरूरी है क्योंकि इसी के आधार पर प्रश्नों को एक क्रम के अनुसार हल किया जाता है।

BODMAS *सूत्र का विस्तृत रूप निम्नलिखित है*

B → Bracket (कोष्ठक) O → Of (का) D → Division (भाग) M → Multiplication (गुणा)

A → Addition (योग) S → Subtraction (अन्तर)

साधित उदाहरण

1. यदि '÷' का अर्थ '+', '–' का अर्थ '÷', '×' का अर्थ '–' और '+' का अर्थ '×' हो, तो $\frac{(36 \times 4) - 8 \times 4}{4 + 8 \times 2 + 16 \div 1}$ का मान क्या होगा?

(a) 0 (b) 2 (c) 4 (d) 6

हल ***(a)*** दिया गया व्यंजक $= \frac{(36 \times 4) - 8 \times 4}{4 + 8 \times 2 + 16 \div 1}$

प्रश्नानुसार, गणितीय चिह्नों को बदलने पर,

$$= \frac{(36 - 4) \div 8 - 4}{4 \times 8 - 2 \times 16 + 1} = \frac{32 \div 8 - 4}{32 - 32 + 1} = \frac{4 - 4}{33 - 32} = \frac{0}{1} = 0$$

2. नीचे दिए गए समीकरण में यदि प्रदत्त उत्तर तक पहुँचना है, तो विकल्प में दिए गए चिह्नों में से कौन-सा विकल्प उपयुक्त होगा?

31 4 2 1 = 30

(a) × ÷ × (b) – + ÷ (c) + – × (d) – ÷ +

हल ***(d)*** विकल्प (d) से,

$= 31 - 4 \div 2 + 1$

$= 31 - 2 + 1 = 32 - 2 = 30$

3. यदि '+' को Δ, '–' को ∇, × को □ तथा '÷' को ◯ से प्रदर्शित किया जाए, तो निम्न समीकरण का मान होगा

2□16◯4∇6Δ5∇2

(a) 4 (b) 5 (c) 10 (d) 12

हल ***(b)*** वास्तविक चिह्नों का प्रयोग करने पर,

$2 \times 16 \div 4 - 6 + 5 - 2 = 2 \times 4 - 6 + 5 - 2 = 5$

4. कितने समय में एक बन्दर 60 फीट लम्बे पेड़ के शीर्ष को छू लेगा, यदि वह एक सेकण्ड में 3 फीट उछलता है और तुरन्त 2 फीट गिर जाता है?

(a) 60 सेकण्ड (b) 50 सेकण्ड (c) 58 सेकण्ड (d) 57 सेकण्ड

हल ***(c)*** पेड़ की कुल लम्बाई = 60 फीट

बन्दर पहले सेकण्ड में 3 फीट ऊपर एवं 2 फीट नीचे अर्थात् 1 सेकण्ड में वह केवल 1 = (3 – 2) फीट ही ऊपर चढ़ पाता है।

∵ 1 फीट ऊपर बन्दर 1 सेकण्ड में चढ़ता है।

∴ 57 (60 – 3) फीट ऊपर बन्दर 57 × 1 = 57 सेकण्ड तथा शेष 3 फीट वह अगले सेकण्ड में चढ़ जाएगा।

अत: अभीष्ट समय = 57 + 1 = 58 सेकण्ड

5. किसी बाड़े में कुछ खरगोश एवं कबूतर रखे गए हैं, जिनके पैरों की कुल संख्या 224 है, जबकि सिरों की संख्या 90 है। बताइए कि इस बाड़े में रखे गए कबूतरों की संख्या कितनी है?
(a) 22 (b) 58 (c) 68 (d) 75

हल *(c)* कुल सिरों की संख्या = 90
कुल पैरों की संख्या = 224
खरगोश के पैर = 4
कबूतर के पैर = 2

माना बाड़े में सभी खरगोश रखे गए हों, तो कुल पैरों की संख्या
$= 90 \times 4 = 360$
वास्तविक पैरों की संख्या = 224
अन्तर $= 360 - 224 = 136$
खरगोश तथा कबूतर के पैरों का अन्तर $= 4 - 2 = 2$
∴ अभीष्ट कबूतरों की संख्या $= \frac{136}{2} = 68$

अभ्यास प्रश्न

1. यदि $16 \div 4 = 74$, $21 \div 7 = 33$, $81 \div 9 = 99$, तो $55 \div 5$ का मान है [UP बी.एड. 2014]
(a) 110 (b) 1001 (c) 11 (d) 1011

2. यदि '–' का अर्थ है भाग, '+' का अर्थ गुणा, '÷' का अर्थ है घटाना और '×' का अर्थ है जोड़, तो निम्नलिखित में से कौन-सा समीकरण सही है? [UP बी.एड. 2014]
(a) $19 + 5 - 4 \times 2 \div 4 = 11$
(b) $19 \times 5 - 4 \div 2 + 4 = 16$
(c) $19 \div 5 + 4 - 2 \times 4 = 13$
(d) $19 \div 5 + 4 + 2 \div 4 = 20$

3. यदि A का अर्थ '+', B का अर्थ '–' और C का अर्थ '×' हो, तो (10 C4) A (4C4) B6 का मान क्या होगा? [UP बी.एड. 2014]
(a) 30 (b) 40 (c) 50 (d) 60

4. यदि $5 \times 4 = 15$. $7 \times 8 = 49$ और $6 \times 5 = 24$ हो, तो 8×4 का मान क्या होगा? [UP बी.एड. 2014]
(a) 24 (b) 26 (c) 28 (d) 30

5. निम्नलिखित प्रश्न में कुछ समीकरण दी गई हैं, जो किसी पद्धति पर आधारित हैं। उन्हीं दी गई समीकरणों के आधार पर सम्बन्ध खोजें तथा सही उत्तर का पता लगाएँ।
$4 \times 9 \times 3 \times 6 = 6493$,
$2 \times 8 \times 1 \times 8 = 8281$, $3 \times 8 \times 5 \times 7 = ?$ [UP बी.एड. 2014]
(a) 3875 (b) 7385 (c) 5873 (d) 3578

6. निम्नलिखित प्रश्न में विभिन्न स्थानों पर Δ चिह्न विभिन्न गणितीय चिह्नों के लिए है जो विकल्पों के रूप में दिए गए हैं। चिह्नों के सही क्रम वाले विकल्प को चुनिए जिसे प्रतिस्थापित करने पर प्रश्न समीकरण सही हो जाए।
24 Δ 4 Δ 5 Δ 4 [UP बी.एड. 2014]
(a) × + = (b) = × +
(c) + × = (d) = + –

7. मेरी आयु मेरे भाई की आयु से दोगुने से दो वर्ष कम है। यदि मैं 16 वर्ष का हूँ, तो मेरा भाई कितने वर्ष का है? [UP बी.एड. 2013]
(a) 7 वर्ष (b) 9 वर्ष
(c) 10 वर्ष (d) 14 वर्ष

8. कुछ समीकरण किसी विशेष प्रणाली के आधार पर हल की गई हैं। इसी आधार पर हल न की गई समीकरण का उत्तर होगा
$3 \times 5 \times 7 = 15$, $2 \times 4 \times 6 = 12$,
$4 \times 7 \times 9 = ?$ [UP बी.एड. 2013]
(a) 40 (b) 25
(c) 15 (d) 20

9. यदि $34 * 12 = 23$, $28 * 76 = 52$, $97 * 39 = 68$, तो $37 * 73$ क्या होना चाहिए? [UP बी.एड. 2013]
(a) 32 (b) 25
(c) 80 (d) 55

10. चिह्नों के किस अदल-बदल से निम्न समीकरण सही हो जाएगी?
$30 - 6 \div 4 + 2 \times 3 = 7$
[UP बी.एड. 2013]
(a) + तथा × (b) – तथा +
(c) – तथा ÷ (d) + तथा –

11. एक परिवार में श्री प्रकाश के साथ उसकी पत्नी और उसके दो विवाहित भाई हैं जिनमें से एक के दो बच्चे हैं और दूसरे के कोई सन्तान नहीं है। परिवार में कुल कितने सदस्य हैं? [UP बी.एड. 2012]
(a) 12 सदस्य (b) 8 सदस्य
(c) 6 सदस्य (d) 10 सदस्य

12. बराबर संख्या में गायों और ग्वालों के एक समूह में पैरों की संख्या सिरों की संख्या के चार गुने से 28 कम थी। ग्वालों की संख्या थी [UP बी.एड. 2012]
(a) 7 (b) 28
(c) 21 (d) 14

13. एक कक्षा में 19 लड़कों की औसत आयु 21 वर्ष है। यदि शिक्षक की आयु को भी सम्मिलित कर लिया जाए, तो औसत आयु 22 वर्ष हो जाती है। शिक्षक की आयु ज्ञात कीजिए। [UP बी.एड. 2012]
(a) 39 वर्ष (b) 41 वर्ष
(c) 40 वर्ष (d) 44 वर्ष

14. यदि '–' का अर्थ है '÷', '+' का अर्थ है '×', '÷' का अर्थ है '–' और '×' का अर्थ है '+', तो निम्नलिखित में से कौन-सा समीकरण सही है? [UP बी.एड. 2012]
(a) $30 - 6 + 5 \times 4 \div 2 = 27$
(b) $30 + 6 - 5 \div 4 \times 2 = 30$
(c) $30 \times 6 \div 5 - 4 + 2 = 32$
(d) $30 \div 6 \times 5 + 4 - 2 = 40$

15. किसी कक्षा में 18 लड़के 160 सेमी से अधिक लम्बे हैं। यदि ये कुल लड़कों के तीन-चौथाई हो तथा लड़कों की कुल संख्या कुल विद्यार्थियों के दो-तिहाई के बराबर हो, तो बता कि इस कक्षा में कुल कितनी लड़कियाँ हैं? [UP बी.एड. 2011]
(a) 6 (b) 12 (c) 18 (d) 24

16. यदि P दर्शाता है '÷', Q दर्शाता है '×', R दर्शाता है '+' और S दर्शाता है '–', तब 18Q12P4R5S6 का मान है [UP बी.एड. 2011]
(a) 36 (b) 53 (c) 59 (d) 65

17. एक परिवार में, प्रत्येक पुत्री के उतने ही भाई हैं, जितनी कि बहनें हैं और प्रत्येक पुत्र के जितने भाई हैं उससे दोगुनी बहनें हैं। उस परिवार में कितने पुत्र हैं? [UP बी.एड. 2010]
(a) 2 (b) 3 (c) 4 (d) 5

18. 12 वर्षीय महेश अपने भाई रमेश से तीन गुना बड़ा है। महेश की आयु क्या होगी जब वह रमेश की आयु का दोगुना है? [UP बी.एड. 2010]
(a) 14 वर्ष (b) 20 वर्ष
(c) 18 वर्ष (d) 16 वर्ष

19. 72 बच्चों की एक कक्षा में बच्चे कतार और स्तम्भों में इस तरह से खड़े हैं कि प्रत्येक कतार में बच्चों की संख्या प्रत्येक स्तम्भ में बच्चों की संख्या से 12.5% से अधिक है। प्रत्येक कतार में बच्चों की संख्या क्या है? **[UP बी.एड. 2010]**

(a) 9 (b) 8 (c) 18 (d) 12

20. एक गड़रिया के पास 17 भेड़ें थीं तभी लेकिन 9 मर गईं। उसके पास अब कितनी भेड़ें हैं? **[UP बी.एड. 2008]**

(a) एक भी नहीं (b) 8
(c) 9 (d) 17

21. सरल कीजिए।

$(40^2 - 30^2) = 10 \times ?$ **[UP बी.एड. 2008]**

(a) 60 (b) 70
(c) 80 (d) 90

22. एक से सौ तक की संख्याओं को शामिल करते हुए समस्त संख्याओं का योग क्या है? **[UP बी.एड. 2008]**

(a) 3000 (b) 5050
(c) 3250 (d) 4550

23. 9 से 54 की संख्याओं में से कितनी संख्याएँ 9 से ठीक विभाजित होने योग्य हैं, परन्तु 3 से नहीं? **[UP बी.एड. 2008]**

(a) 8 (b) 6
(c) 5 (d) ऐसी कोई नहीं

24. यदि 5 से 85 की संख्याएँ 5 से शुद्ध रूप से विभाज्य हैं, को घटते हुए क्रम में व्यवस्थित किया जाता है, तो ग्यारहवें स्थान पर कौन-सी संख्या आएगी? **[UP बी.एड. 2008]**

(a) 35 (b) 45
(c) 50 (d) इनमें से कोई नहीं

25. A, B, C, D तथा E पाँच क्रमागत विषम संख्याओं का औसत 65 है। B तथा E संख्याओं का गुणनफल क्या है? **[UP बी.एड. 2008]**

(a) 4347 (b) 3743
(c) 4095 (d) इनमें से कोई नहीं

26. यदि '+' का अर्थ '×', '–', का अर्थ '÷', '×' का अर्थ '–' और '÷' का अर्थ '+' हो, तो $9 + 8 \div 8 - 4 \times 9$ का मान क्या होगा?

(a) 11 (b) 17
(c) 26 (d) 65

27. यदि '×' का अर्थ '÷','–' का अर्थ '×', '÷' का अर्थ '+' और '+' का अर्थ '–' हो, तो $(3 - 15 \div 11) \times 8 + 6$ का मान क्या होगा?

(a) 1 (b) 2
(c) 3 (d) 4

28. यदि '×' का अर्थ '÷', '–' का अर्थ '×', '÷' का अर्थ '+' तथा '+' का अर्थ '–' हो, तो $(3 - 18 \div 11) \times 13 \div 6$ का मान क्या होगा?

(a) 11 (b) 12 (c) 13 (d) 14

29. यदि '×' का अर्थ '–', '÷' का अर्थ '+' तथा '+' का अर्थ '×' हो, तो $(16 \times 5) \div 5 + 3$ का मान क्या होगा?

(a) 10 (b) 20 (c) 26 (d) 62

30. यदि '+' का अर्थ '–', '–' का अर्थ '×', '×' का अर्थ '÷' और '÷' का अर्थ '+' हो, तो $2 \div 6 \times 6 \div 2$ का मान क्या होगा?

(a) 2 (b) 4 (c) 5 (d) 10

31. यदि '×' का अर्थ '+', '÷' का अर्थ '–', '–' का अर्थ '×' और '+' का अर्थ '÷' हो, तो $54 \div 16 - 3 \times 6 + 2$ का मान क्या होगा?

(a) 7 (b) 8 (c) 9 (d) 10

32. यदि K प्रदर्शित करता है '÷' को, '+' को V द्वारा प्रदर्शित किया जाता है, को S द्वारा तथा '×' को W द्वारा प्रदर्शित किया जाता है, तो 2 4 V 1 6 K 8 W 6 S 9 का मान क्या होगा?

(a) 21 (b) 25 (c) 27 (d) 29

33. यदि '–' का अर्थ '÷', '+' का अर्थ '×', '÷' का अर्थ '–' तथा '×' का अर्थ '+' हो, तो नीचे दिए हुए समीकरणों में से कौन-सा सही है?

(a) $8 \div 3 \times 2 + 8 - 6 = 10$
(b) $18 - 3 + 2 \times 8 \div 6 = 14$
(c) $18 \times 3 + 2 \div 8 - 6 = 15$
(d) $18 - 3 \div 2 \times 8 + 6 = 17$

34. यदि 'x' का अर्थ '+', 'y' का अर्थ '–', 'z' का अर्थ '÷' तथा 'p' का अर्थ '×' हो, तो $10p2x5y5$ का मान क्या होगा?

(a) 10 (b) 15
(c) 20 (d) 25

35. यदि $5 \times 4 = 15, 7 \times 8 = 49$ और $6 \times 5 = 24$ हो, तो 8×4 का मान क्या होगा?

(a) 24 (b) 26
(c) 28 (d) 30

36. यदि A का अर्थ '+', B का अर्थ '–', C का अर्थ '÷' तथा D का अर्थ '×' हो, तो 25A5B10C2D5 का मान क्या होगा?

(a) 2 (b) 5 (c) 10 (d) 25

37. निम्नलिखित में से कौन-सा सही है?

96 ★ 6 ★ 8 ★ 2

(a) ÷, =, × (b) ×, =, ÷
(c) =, ÷, × (d) =, ×, ÷

38. यदि ○ = '+', Δ = '–', □ = '×' तथा □ = ÷, हो, तो 25○5□2Δ1□1 का मान क्या होगा?

(a) 14 (b) 24 (c) 34 (d) 44

39. यदि Δ = 3, □ = 5 तथा ○ = 7 हो, तो ○ × □ – Δ का मान क्या होगा?

(a) 30 (b) 31
(c) 32 (d) 33

40. यदि Δ = +, □ = –, ★ = × तथा ○ = ÷ हो, तो निम्नलिखित में से कौन-सा सत्य होगा?

(a) 2 Δ 3 □ 1 = 2 ★ 2 0 1
(b) 5 □ 3 Δ 4 = 4 ★ 2 0 3
(c) 7 □ 5 Δ 2 = 7 ★ 3 0 4
(d) 8 □ 3 Δ 2 = 8 ★ 2 0 5

41. कुछ समीकरण एक विशेष प्रणाली के आधार पर हल किए गए हैं। उसी आधार पर अनुत्तरित समीकरण का सही उत्तर दीजिए।
यदि 9 ★ 7 = 32, 13 ★ 7 = 120 तथा 17 ★ 9 = 208, तब 19 ★ 11 = ?

(a) 150 (b) 180 (c) 210 (d) 240

42. निम्नलिखित में किस गणितीय चिह्न का प्रयोग करने से $50 + 150 \div \frac{1}{5} + 20 \times 100 - 10$ का मूल्य 10 होगा?

(a) × का अर्थ ÷, + का अर्थ –, ÷ का अर्थ ×, – का अर्थ + है
(b) × का अर्थ –, + का अर्थ ÷, ÷ का अर्थ +, – का अर्थ × है
(c) × का अर्थ +, + का अर्थ –, ÷ का अर्थ ÷, – का अर्थ × है
(d) × का अर्थ +, + का अर्थ –, ÷ का अर्थ ×, – का अर्थ ÷ है

43. एक क्लब में 30 सदस्य मौजूद हैं। हर सदस्य प्रत्येक सदस्य से हाथ मिलाता है। कुल मिलाकर कितनी बार हाथ मिलाए गए?

(a) 420 (b) 430 (c) 435 (d) 440

44. एक राजनैतिक सम्मेलन में 10 व्यक्तियों ने भाग लिया। सम्मेलन के अन्त में प्रत्येक व्यक्ति ने प्रत्येक व्यक्ति से हाथ मिलाए। बताइए कि इस दौरान कुल कितनी बार हाथ मिलाए गए?

(a) 100 (b) 45
(c) 50 (d) 70

45. किसी समतल (प्लेन) पर a, b, c और d चार बिन्दु हैं। इन चार बिन्दुओं का प्रयोग करते हुए कितने रेखाखण्ड बनाए जा सकते हैं?

(a) 4 (b) 6 (c) 8 (d) 10

46. एक लड़के के कागज पर सात रेखाएँ हैं। प्रत्येक रेखा पहली रेखा से दोगुनी है। प्रथम रेखा 2 सेमी लम्बी है, तो सातवीं रेखा कितनी लम्बी होगी?

(a) 128 सेमी (b) 138 सेमी
(c) 142 सेमी (d) 148 सेमी

47. स्ट्रीट लाइट के सभी पोल सीधी पंक्ति में 50 मी के अन्तराल से गाड़े गए हैं। प्रथम तथा 9वें पोल के बीच कितनी दूरी होगी?

(a) 350 मी (b) 400 मी
(c) 410 मी (d) 450 मी

48. एक कछुआ 4 घण्टे में 1 किमी चलता है। प्रत्येक किलोमीटर के बाद वह 20 मिनट विश्राम करता है। बताइए कि 3.5 किमी की दूरी तय करने में उसे कितना समय लगेगा?

(a) 14 घण्टे (b) 13 घण्टे
(c) 15 घण्टे (d) 12 घण्टे

49. एक मैदान में कुछ बत्तख और बकरे हैं। कुल मिलाकर 77 सिर और 224 पैर हैं। बत्तखों की संख्या कितनी है?

(a) 42 (b) 30 (c) 32 (d) 47

50. एक बस शहर A से रवाना होती है। इस बस में महिलाओं की संख्या पुरुषों की संख्या की आधी है। शहर B में बस से 10 पुरुष उतर जाते हैं और 5 महिलाएँ बस में चढ़ जाती हैं और इस प्रकार इस बस में पुरुषों और महिलाओं की संख्या बराबर हो जाती है। बताइए कि प्रारम्भ में इस बस में कुल कितनी सवारी थी?

(a) 40 (b) 45
(c) 50 (d) 55

51. कुछ सन्तरे 40 बच्चों के बीच बराबर बाँटे गए। यदि 20 बच्चे अधिक होते, तो प्रत्येक बच्चे को 5 सन्तरे कम मिलते। बताइए कि प्रारम्भ में बाँटे गए सन्तरों की संख्या कितनी थी?

(a) 200 (b) 300
(c) 400 (d) 600

52. एक कारवाँ में 50 मुर्गियों के अलावा 45 बकरियाँ और 8 ऊँट हैं और कुछ रखवाले हैं। यदि कारवाँ में कुल जितने सिर हैं, उनसे 224 पैर अधिक हों, तो बताइए कि रखवालों की संख्या कितनी है?

(a) 8 (b) 10
(c) 12 (d) 15

53. एक पीपे के जल की मात्रा प्रत्येक मिनट पर दोगुनी होती हैं। पीपा 60 मिनटों में पूर्ण रूप से भर जाता है। कितनें मिनटों में वह आधा भरेगा?

(a) 35 मिनट (b) 36 मिनट
(c) 40 मिनट (d) 59 मिनट

उत्तरमाला

1. (d)	2. (c)	3. (c)	4. (a)	5. (b)	6. (b)	7. (b)	8. (d)	9. (d)	10. (c)
11. (b)	12. (d)	13. (b)	14. (a)	15. (b)	16. (b)	17. (b)	18. (d)	19. (a)	20. (c)
21. (b)	22. (b)	23. (d)	24. (a)	25. (a)	26. (d)	27. (a)	28. (a)	29. (c)	31. (c)
31. (c)	32. (c)	33. (b)	34. (c)	35. (a)	36. (b)	37. (a)	38. (c)	39. (c)	40. (a)
41. (d)	42. (d)	43. (c)	44. (b)	45. (b)	46. (a)	47. (b)	48. (c)	49. (a)	50. (b)
51. (d)	52. (d)	53. (d)							

संकेत एवं हल

1. जिस प्रकार,

$$\left.\begin{array}{l} 1+6=7 \\ \frac{16}{4}=4 \end{array}\right\} \Rightarrow 74$$

$$\left.\begin{array}{l} 2+1=3 \\ \frac{21}{7}=3 \end{array}\right\} \Rightarrow 33$$

$$\left.\begin{array}{l} 8+1=9 \\ \frac{81}{9}=9 \end{array}\right\} \Rightarrow 99$$

उसी प्रकार, $\left.\begin{array}{l} 5+5=10 \\ \frac{55}{5}=11 \end{array}\right\} \Rightarrow \boxed{1011}$

2. विकल्प (c) से, $19 - 5 \times 4 \div 2 + 4 = 13$

$\Rightarrow \quad 19 - 10 + 4 = 13$

$\Rightarrow \quad 23 - 10 = 13$

$\Rightarrow \quad 13 = 13$

3. दिया गया व्यंजक = (10C4) A (4C4) B6

प्रश्नानुसार, अक्षरों को गणितीय चिह्नों में परिवर्तित करने पर

$(10 \times 4) + (4 \times 4)(6 = 40 + 16 - 6)$

$= 56 - 6 = 50$

4. जिस प्रकार,

$5 \times 4 \Rightarrow 5 \times (4-1) \Rightarrow 5 \times 3 \Rightarrow 15$

$7 \times 8 \Rightarrow 7 \times (8-1) \Rightarrow 7 \times 7 \Rightarrow 49$

तथा $6 \times 5 \Rightarrow 6 \times (5-1) \Rightarrow 6 \times 4 \Rightarrow 24$

उसी प्रकार, $8 \times 4 \Rightarrow 8 \times (4-1) \Rightarrow 8 \times 3$

$\Rightarrow \boxed{24}$

5. अन्तिम संख्या सबसे पहले स्थान पर आ जाती है तथा बाकी संख्याएँ उसी क्रम में जिस क्रम में वे समीकरण में व्यवस्थित हैं, दाईं ओर खिसक जाती हैं।

अतः $3 \times 8 \times 5 \times 7 \Rightarrow 7385$

6. विकल्प (b) से, $24 = 4 \times 5 + 4$

$\Rightarrow \quad 24 = 24$

7. माना मेरे भाई की आयु = x वर्ष

प्रश्नानुसार, $2x - 2 = 16$

$\Rightarrow \quad 2x = 16 + 2$

$\therefore \quad x = \frac{18}{2} = 9$ वर्ष

8. जिस प्रकार, $3 + 5 + 7 = 15,$

$2 + 4 + 6 = 12$

उसी प्रकार, $4 + 7 + 9 = \boxed{20}$

9. यहाँ, प्रथम दो संख्याओं का औसत तीसरी संख्या है।

$\therefore \quad ? = \frac{37 + 73}{2} = \frac{110}{2} = 55$

10. विकल्प (c) के अनुसार, चिह्न स्थापित करने पर,

$30 \div 6 - 4 + 2 \times 3 = 7$

$\Rightarrow \quad 5 - 4 + 6 = 7 \Rightarrow 7 = 7$

11. श्री प्रकाश एवं उनकी पत्नी = 2

प्रकाश के दो भाई एवं उनकी पत्नियाँ = 4

दो बच्चे = 2

कुल सदस्य = 8

12. माना गायों की संख्या = x

अतः ग्वालों की संख्या = x

प्रश्नानुसार, $4 \times 2x - 28 = x \times 2 + x \times 4$

$\Rightarrow \quad 8x - 28 = 2x + 4x$

$\Rightarrow \quad 8x - 6x = 28$

$\therefore \quad x = \frac{28}{2} = 14$

13. 19 लड़कों की कुल आयु = $19 \times 21 = 399$ वर्ष

19 लड़कों एवं शिक्षक की कुल आयु = 20×22

= 440 वर्ष

$\therefore$ शिक्षण की आयु = $440 - 399 = 41$ वर्ष

14. $30 - 6 + 5 \times 4 \div 2 = 27$

$\Rightarrow 30 \div 6 \times 5 + 4 - 2 = 27$

$\Rightarrow 25 + 4 - 2 = 27$

अतः विकल्प (a) का समीकरण सही है।

15. माना लड़कों की संख्या x है,

तो $\frac{3}{4}x = 18 \Rightarrow x = 18 \times \frac{4}{3} = 24$

यदि विद्यार्थियों की कुल संख्या y है, तो

$\frac{2}{3}y = 24$ या $y = 24 \times \frac{3}{2} = 36$

$\therefore$ कक्षा में लड़कियों की संख्या $= 36 - 24$

$= 12$

16. $? = 18\ Q\ 12\ P\ 4\ R\ 5\ S\ 6$

सही प्रतीकों का उपयोग करने पर,

$? = 18 \times 12 \div 4 + 5 - 6$

$= 18 \times 12 \times \frac{1}{4} + 5 - 6$

$= 54 + 5 - 6 = 59 - 6 = 53$

17. परिवार में 3 पुत्र व 4 पुत्रियाँ हैं।

18. माना रमेश की वर्तमान आयु x वर्ष है।

$\because \quad 3x = 12$

$\therefore \quad x = \frac{12}{3} = 4$ वर्ष

प्रश्न से, $\frac{12 + x}{4 + x} = \frac{2}{1}$

$\Rightarrow \quad 12 + x = 8 + 2x$

$\Rightarrow \quad x = 12 - 8 = 4$

$\therefore$ महेश की आयु $= 12 + x$

$= 12 + 4 = 16$ वर्ष

19. माना प्रत्येक स्तम्भ में बच्चों की संख्या x है।

$\therefore$ प्रत्येक कतार में बच्चों की संख्या

$= x + x$ का 12.5%

$= x + x \times \frac{125}{1000} = \frac{9x}{8}$

प्रश्न से,

$\because \quad x \times \frac{9x}{8} = 72$

$\Rightarrow \quad x^2 = \frac{72 \times 8}{9} = 64 = (8)^2$

$\therefore \quad x = 8$

$\therefore$ प्रत्येक कतार में बच्चों की संख्या

$= \frac{9 \times 8}{8} = 9$

20. सभी लेकिन 9 = सभी पर 9 को छोड़कर

अतः जीवित भेड़ों की कुल संख्या 9 होगी।

21. $(40^2 - 30^2) = 10 \times ?$

$\therefore \quad ? = \frac{40^2 - 30^2}{10}$

$= \frac{(40 + 30)(40 - 30)}{10}$

$= \frac{70 \times 10}{10} = 70$

$[\because a^2 - b^2 = (a + b)(a - b)]$

22. 1 से 100 तक की संख्याओं का योग

$= \frac{100 \times (100 + 1)}{2}$

$= \frac{100 \times 101}{2} = 5050$

23. 9 से 54 तक की संख्याएँ, जो 9 से विभाज्य हैं।

9, 18, 27, 36, 45, 54

उपरोक्त कोई भी संख्या ऐसी नहीं है, जो 3 से विभाज्य न हो। हम जानते हैं कि जो संख्याएँ 9 से विभाज्य होंगी, वही संख्याएँ अवश्य ही 3 से भी विभाज्य होंगी।

24. 5 से 85 तक की संख्याएँ, जो 5 से शुद्ध रूप से विभाज्य हैं, को घटते क्रम में व्यवस्थित करने पर,

85, 80, 75, 70, 65, 60, 55, 50, 45, 40, [35], 30, 25, 20, 15, 10, 5

अतः 11वें स्थान की संख्या = 35

26. दिया गया व्यंजक $= 9 + 8 \div 8 - 4 \times 9$

प्रश्नानुसार, गणितीय चिह्नों को परिवर्तित करने पर,

$= 9 \times 8 + 8 \div 4 - 9$

$= 72 + 2 - 9 = 74 - 9 = 65$

27. दिया गया व्यंजक $= (3 - 15 \div 11) \times 8 + 6$

प्रश्नानुसार, गणितीय चिह्नों को परिवर्तित करने पर,

$= (3 \times 15 + 11) \div 8 - 6$

$= (45 + 11) \div 8 - 6$

$= 56 \div 8 - 6$

$= 7 - 6 = 1$

28. दिया गया व्यंजक $= (3 - 18 \div 11) \times 13 \div 6$

प्रश्नानुसार, गणितीय चिह्नों को परिवर्तित करने पर,

$(3 \times 18 + 11) \div 13 + 6$

$= (54 + 11) \div 13 + 6$

$= 65 \div 13 + 6$

$= 5 + 6 = 11$

29. दिया गया व्यंजक $= (16 \times 5) \div 5 \times 3$

प्रश्नानुसार, गणितीय चिह्नों को परिवर्तित करने पर,

$= (16 - 5) + 5 \times 3 = 11 + 15 = 26$

30. दिया गया व्यंजक $= 2 \div 6 \times 6 \div 2$

प्रश्नानुसार, गणितीय चिह्नों को परिवर्तित करने पर,

$= 2 + 6 \div 6 + 2 = 2 + 1 + 2 = 5$

31. दिया गया व्यंजक $= 54 \div 16 - 3 \times 6 + 2$

प्रश्नानुसार, गणितीय चिह्नों को परिवर्तित करने पर,

$= 54 - 16 \times 3 + 6 \div 2$

$= 54 - 48 + 3$

$= 57 - 48 = 9$

32. दिया गया व्यंजक = 24 V 1 6 K 8 W 6 S 9

प्रश्नानुसार, चिह्नों को परिवर्तित करने पर,

$= 24 + 16 \div 8 \times 6 - 9$

$= 24 + 12 - 9 = 36 - 9 = 27$

33. विकल्प (b) से,

व्यंजक $= 18 - 3 + 2 \times 8 \div 6 = 14$

प्रश्नानुसार, गणितीय चिह्नों को परिवर्तित करने पर,

$18 \div 3 \times 2 + 8 - 6 = 6 \times 2 + 8 - 6$

$= 12 + 8 - 6 = 20 - 6 = 14$

अतः विकल्प (b) का कथन सत्य है।

34. दिया गया व्यंजक $= 10p2x5y5$

प्रश्नानुसार, अक्षरों को गणितीय चिह्नों में परिवर्तित करने पर,

$= 10 \times 2 + 5 - 5$

$= 20 + 5 - 5$

$= 25 - 5 = 20$

35. जिस प्रकार,

$5 \times 4 = 5 \times (4 - 1) = 5 \times 3 = 15$

$7 \times 8 = 7 \times (8 - 1) = 7 \times 7 = 49$

तथा $6 \times 5 = 6 \times (5 - 1) = 6 \times 4 = 24$

उसी प्रकार,

$8 \times 4 = 8 \times (4 - 1) = 8 \times 3 = 24$

36. दिया गया व्यंजक = 25A5B10C2D5

प्रश्नानुसार, चिह्नों को परिवर्तित करने पर,

$= 25 + 5 - 10 \div 2 \times 5 = 25 + 5 - 5 \times 5$

$= 25 + 5 - 25 = 30 - 25 = 5$

37. विकल्प (a) से,

$96 \div 6 = 8 \times 2$

$\Rightarrow \quad 16 = 8 \times 2$

$\therefore \quad 16 = 16$

38. 25 ○ 5□2 Δ1▭1

$= 25 + 5 \times 2 - 1 \div 1$

$= 25 + 10 - 1$

$= 24 + 10 = 34$

39. ○× □ − Δ

$= 7 \times 5 - 3$

$= 35 - 3 = 32$

40. विकल्प (a) से,

2 Δ 3 □ 1 = 2 ★ 2 0 1

$\Rightarrow 2 + 3 - 1 = 2 \times 2 \div 1$

$\Rightarrow \quad 5 - 1 = 4 \div 1$

$\therefore \quad 4 = 4$

41. जिस प्रकार, $9^2 - 7^2 = 81 - 49 = 32$

$13^2 - 7^2 = 169 - 49 = 120$

$\Rightarrow \quad 17^2 - 9^2 = 289 - 81 = 208$

उसी प्रकार,

$19^2 - 11^2 = 361 - 121 = \boxed{240}$

42. दिया गया व्यंजक

$= 50 + 150 \div \frac{1}{5} + 20 \times 100 - 10$

विकल्प (d) से,
गणितीय चिह्नों को परिवर्तित करने पर,
$= 50 - 150 \times \frac{1}{5} - 20 + 100 \div 10$
$= 50 - 30 - 20 + 10 = 60 - 50 = 10$

43. हाथ मिलाने की संख्या
$= {}^{30}C_2 = \frac{30 \times 29}{2} = 435$

44. हाथ मिलाने की संख्या
$= {}^{10}C_2 = \frac{10 \times 9}{2} = 45$

45. निम्नलिखित बिन्दुओं द्वारा 6 रेखाखण्ड बनाए जा सकते हैं
ab, *bc*, *cd*, *da*, *ac* तथा *bd*

46. पहली रेखा की लम्बाई = 2 सेमी
$\because$ प्रत्येक रेखा पहली रेखा की दोगुनी है।
$\therefore$ सातवीं रेखा की लम्बाई $= 2^7$
$= 2 \times 2 \times 2 \times 2 \times 2 \times 2 \times 2 = 128$ सेमी
अतः अभीष्ट लम्बाई = 128 सेमी

47. पोलों का अन्तराल = 50 मी
अतः पहले तथा नौवें पोल के बीच की दूरी
$= 50\,(9 - 1)$
$= 50 \times 8 = 400$ मी
अतः अभीष्ट दूरी = 400 मी

48. $\because$ 1 किमी की दूरी तय करने में कछुआ को लगा समय = 4 घण्टे
तथा 1 किमी की दूरी तय करने के बाद कछुआ के विश्राम का समय = 20 मिनट
$\therefore$ 3.5 किमी की दूरी तय करने में कछुआ को लगा समय
= (3.5 × 4 घण्टे) + (20 मिनट × 3)
= 14 घण्टे + 60 मिनट
= 14 + 1 = 15 घण्टे

49. सिरों की संख्या = 77
पैरों की संख्या = 224
बत्तख के पैर = 2
बकरे के पैर = 4
माना सभी बकरे हो, तो कुल पैरों की संख्या
$= 77 \times 4 = 308$
वास्तविक पैरों की संख्या = 224
अन्तर $= 308 - 224 = 84$
बकरे एवं बत्तख के पैरों का अन्तर
$= 4 - 2 = 2$
$\therefore$ अभीष्ट बत्तखों की संख्या $= \frac{84}{2} = 42$

50. माना प्रारम्भ में महिलाओं की संख्या x है।
तो पुरुषों की संख्या $= 2 \times x = 2x$
प्रश्नानुसार,
$(2x - 10) = (x + 5)$
$\Rightarrow \quad 2x - 10 = x + 5$
$\Rightarrow \quad 2x - x = 10 + 5 \therefore \; x = 15$
$\therefore$ प्रारम्भ में बस में सवार यात्रियों की अभीष्ट संख्या $= x + 2x = 3x = 3 \times 15 = 45$

51. माना प्रारम्भ में प्रत्येक बच्चे को प्राप्त होने वाले सन्तरों की संख्या x है।
$\therefore$ कुल सन्तरों की संख्या $= 4x$
प्रश्नानुसार, $60 = (40 + 20)$ बच्चे जब हो जाए, तो बच्चों को प्राप्त होने वाले सन्तरों की संख्या $= 60\,(x - 5)$
$\therefore \quad 60\,(x - 5) = 40x$
$\Rightarrow \quad 60x - 300 = 40x$
$\Rightarrow \quad 60x - 40x = 300$
$\Rightarrow \quad 20x = 300$
$\therefore \quad x = \frac{300}{20} = 15$
$\therefore$ प्रारम्भ में बाँटे गए सन्तरों की कुल संख्या
$= 40x = 40 \times 15 = 600$
अतः अभीष्ट संख्या = 600

52. माना पैदल रखवालों की संख्या $= x$
$\therefore$ कुल पैरों की संख्या
$= (2 \times 50) + (4 \times 45) + (4 \times 8) + (2 \times x)$
$= 100 + 180 + 32 + 2x = 2x + 312$
तथा कुल सिरों की संख्या
$= 50 + 45 + 8 + x = x + 103$
प्रश्नानुसार,
$2x + 312 = (x + 103) + 224$
$\Rightarrow \quad 2x + 312 = x + 327$
$\Rightarrow \quad 2x - x = 327 - 312$
$\therefore \quad x = 15$
अतः रखवालों की अभीष्ट संख्या = 15

53. $\because$ 1 पूर्ण पीपा = 60 मिनट
$\therefore$ 1/2 पीपा = 60 − 1 = 59 मिनट
अतः अभीष्ट समय = 59 मिनट

अध्याय

9 व्यवस्थित क्रम परीक्षण
Order Sequence Test

व्यक्तियों, वस्तुओं, स्थानों आदि के समूह में से दो या दो से अधिक व्यक्ति, वस्तु, स्थान आदि को अन्य से उनके आकार,स्थिति आदि गुणों के सापेक्ष तुलना करते हुए आकार, स्थिति आदि को निरूपित करने की प्रक्रिया को व्यवस्थित क्रम परीक्षण कहते हैं।

इस प्रकार के परीक्षण के अन्तर्गत प्रतियोगियों से ऐसे प्रश्न पूछे जाते हैं जिनमें व्यक्तियों या वस्तुओं को एक निश्चित क्रम में क्रमबद्ध करना होता है।

इस परीक्षण के अन्तर्गत प्रतियोगियों से ऐसे प्रश्न पूछे जाते हैं जिनमें व्यक्तियों या वस्तुओं को एक निश्चित क्रम में क्रमबद्ध करना होता है। यह निश्चित क्रम लम्ब रूप में क्षैतिज दिशा में, गोलाकार, वर्गाकार आदि कई रूपों में सम्बन्धित हो सकते हैं, जिन्हें उनकी विशेष परिस्थिति के अनुसार प्रतियोगियों को सुव्यवस्थित क्रम में लगाना होता है।

इस परीक्षण के अन्तर्गत पूछे जाने वाले निम्न प्रश्नों के प्रकार निम्नलिखित हैं

1. वृत्तीय क्रम व्यवस्था
2. स्थान के क्रम की व्यवस्था
3. चौकोर क्रम व्यवस्था
4. रेखीय क्रम व्यवस्था
5. लम्ब रूप में व्यवस्थित क्रम की व्यवस्था

वृत्तीय क्रम व्यवस्था पर आधारित प्रश्न इस प्रकार के प्रश्नों में प्रतियोगियों से ऐसे प्रश्न पूछे जाते हैं जिनमें व्यक्तियों अथवा वस्तुओं को वृत्तीय क्रम में अभिविन्यस्त दर्शाया जाता है। इस प्रकार के प्रश्नों में अभिविन्यस्त व्यक्तियों अथवा वस्तुओं का मुख केन्द्र की ओर होता है तथा प्रेक्षक की स्थिति वृत्त के बाहर की ओर होती है। प्रतियोगियों को प्रश्न में दिए गए तथ्यों के अनुरूप ही व्यक्तियों या वस्तुओं को वृत्त में व्यवस्थित करना होता है।

स्थान के क्रम की व्यवस्था पर आधारित प्रश्न इस प्रकार के प्रश्नों में प्रतियोगियों से ऐसे प्रश्न पूछे जाते हैं जिनमें कुछ व्यक्तियों अथवा वस्तुओं के स्थानों की सापेक्षिक स्थिति अथवा श्रेणी दी जाती है, जो वैसे गुणों पर आधारित होती हैं, जिनकी तुलना की जा सकती है। इस प्रकार के प्रश्नों में प्राय: दो या दो से अधिक व्यक्तियों या वस्तुओं की चर्चा उनके गुणों के साथ की जाती है और दी गई जानकारी अव्यवस्थित या अप्रत्यक्ष होती है। इन्हीं तथ्यों के आधार पर इन्हें व्यवस्थित करना होता है।

क्रम व्यवस्था पर आधारित प्रश्नों को हल करने के लिए कुछ महत्त्वपूर्ण सूत्र निम्न हैं

(i) किसी कक्षा अथवा पंक्ति में कुल व्यक्तियों की संख्या = (किसी एक व्यक्ति का बाएँ या ऊपर से क्रम) + (उसी व्यक्ति का दाएँ या नीचे से क्रम) − 1

(ii) किसी व्यक्ति का पंक्ति में दाएँ अथवा नीचे से स्थान= (पंक्ति में कुल व्यक्तियों की संख्या) − (उस व्यक्ति का पंक्ति में बाएँ या ऊपर से स्थान) + 1

(iii) किसी व्यक्ति का पंक्ति में बाएँ अथवा ऊपर से स्थान= (पंक्ति में कुल व्यक्तियों की संख्या) − (उस व्यक्ति का पंक्ति में दाएँ या नीचे से स्थान) + 1

चौकोर क्रम व्यवस्था पर आधारित प्रश्न इस प्रकार के प्रश्नों में प्रतियोगियों से ऐसे प्रश्न पूछे जाते हैं जिनमें व्यक्तियों अथवा वस्तुओं को इस प्रकार व्यवस्थित क्रम में रखा जाता है जिसमें एक चौकोर '□' आकृति का निर्माण होता है। टेबल के चारों ओर बैठना या ताश का खेल, इसके उदाहरण हैं।

रेखीय क्रम व्यवस्था पर आधारित प्रश्न इस प्रकार के प्रश्नों में प्रतियोगियों से ऐसे प्रश्न पूछे जाते हैं जिनमें व्यक्तियों अथवा वस्तुओं की स्थिति एक या एक से अधिक रेखाओं या पंक्तियों में व्यवस्थित होती है।

इस प्रकार के प्रश्न मुख्यत: तीन प्रकार से पूछे जाते हैं

(i) इसके अन्तर्गत पूछे जाने वाले प्रश्नों में एक रेखा या पंक्ति में कुछ व्यक्ति या वस्तु होते हैं जिनका स्थान निर्धारण दी गई सूचनाओं के आधार पर किया जाता है। व्यक्तियों के सन्दर्भ में दिए गए प्रश्नों में दाएँ तथा बाएँ शब्द का प्रयोग होता है।

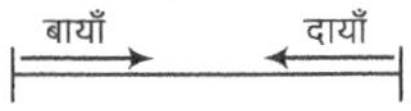

पंक्ति या कतार में बायाँ या दायाँ वही होगा जो हमारा और आपका होता है।

(ii) जब दो पंक्तियाँ या कतार आमने-सामने हों और वे एक-दूसरे की ओर मुँह किए हो, तो पहली पंक्ति के लिए जिस ओर दायाँ होगा, दूसरी पंक्ति के लिए उस ओर बायाँ होगा तथा पहली पंक्ति का जिस ओर बायाँ होगा, दूसरी पंक्ति का उस ओर दायाँ होगा।

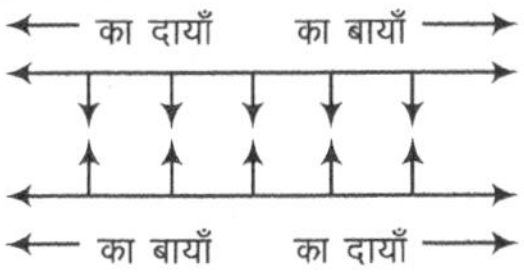

(iii) इस प्रकार के प्रश्नों में दो पंक्तियाँ एक-दूसरे के आमने-सामने होती हैं जो विकर्णवत् विपरीत दिशा को निरूपित करती हैं।

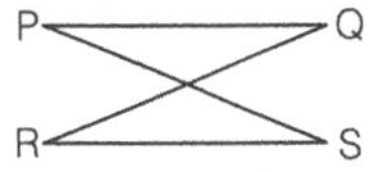

P, S और Q, R एक-दूसरे के विकर्णवत् विपरीत दिशा में हैं।

लम्ब रूप में व्यवस्थित क्रम पर आधारित प्रश्न इस प्रकार के प्रश्नों में प्रतियोगियों से ऐसे प्रश्न पूछे जाते हैं जिनमें विभिन्न व्यक्तियों की लम्बाई अथवा आयु की तुलना करनी होती है। प्रश्न में दिए गए तथ्यों के अनुसार ही प्रतियोगियों को व्यक्तियों की लम्बाई अथवा आयु के अनुसार उन्हें आरोही क्रम में व्यवस्थित करना होता है।

साधित उदाहरण

1. छः व्यक्ति M, N, O, P, Q तथा R दो पंक्तियों में प्रत्येक में तीन-तीन बैठे हैं। Q किसी भी पंक्ति के अन्त में नहीं है। P की स्थिति R के बाईं ओर से दूसरी है। O की स्थिति Q के पड़ोस में विकर्ण पर P के सामने है। N की स्थिति R के पड़ोस में है। इस सूचना के आधार पर बताइए कि N के सामने कौन है?

(a) R (b) Q (c) P (d) M

हल ***(b)*** व्यक्तियों के पंक्तियों में बैठने का क्रम निम्नवत् है

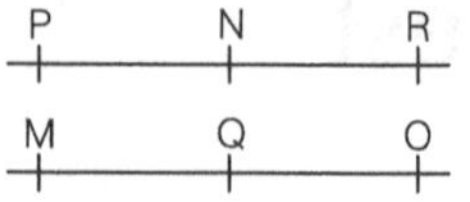

अतः आरेख से स्पष्ट है कि N के ठीक सामने Q बैठा है।

2. चार लड़किया (G_1, G_2, G_3, G_4) और तीन लड़कों (B_1,B_2,B_3) को एक रात्रिभोज में इस प्रकार बैठना है, जिससे कोई भी दो लड़के या दो लड़कियाँ एकसाथ न बैठें। यदि वे सब लगातार एक के बाद एक बैठते हैं, तो B_2 और G_3 की बैठने की स्थिति क्या होगी?

(a) तृतीय और चतुर्थ (b) चतुर्थ और पंचम
(c) पंचम और षष्ठ (d) द्वितीय और तृतीय

हल ***(b)*** लड़के एवं लड़कियों के बैठने का क्रम इस प्रकार होगा

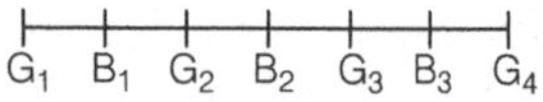

अतः B_2 और G_3 के बैठने की स्थिति क्रमशः चतुर्थ और पंचम होगी।

3. पाँच लड़के वृत्ताकार घेरा बनाकर खड़े हैं। अभिनव, आलोक और अंकुर के बीच में है। अपूर्व, अभिषेक के बाईं ओर है। आलोक, अपूर्व के बाईं ओर है। बताइए कि अभिनव के ठीक दाईं ओर कौन है?

(a) अपूर्व (b) अंकुर (c) अभिषेक (d) आलोक

हल ***(d)*** लड़कों के खड़े होने का क्रम निम्नवत् होगा

अतः आरेख से स्पष्ट है कि अभिनव के ठीक दाईं ओर आलोक है।

4. छः लड़कियाँ एक वृत्ताकार पथ पर बैठकर केन्द्र की ओर मुँह करके बातें कर रही हैं। रागिनी, विनीता और सरोज के मध्य नहीं बैठी है। मधु, सरोज की पड़ोसी है, परन्तु अनीता के ठीक दाएँ नहीं बैठी है। सुनीता, रागिनी के दाएँ दूसरे स्थान पर बैठी है। अनीता के ठीक सामने सुनीता बैठी है, तो बताइए कि सरोज के ठीक सामने कौन बैठी है?

(a) सुनीता (b) मधु
(c) रागिनी (d) ज्ञात नहीं कर सकते

हल ***(d)*** लड़कियों के बैठने का क्रम निम्नवत् होगा

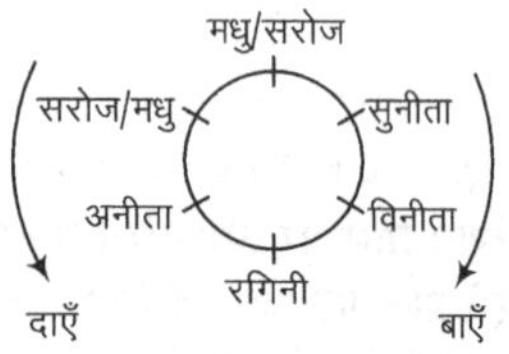

व्यवस्था क्रम से अस्पष्ट है कि सरोज का निश्चित स्थान कौन-सा है? अतः उसके सामने कौन बैठी हैं यह ज्ञात नहीं किया जा सकता।

5. राधा, शीला, महिमा और सीता एक मेज के इर्द-गिर्द बैठी हैं। राधा, शीला के दाईं ओर बैठी है। महिमा, सीता के बाईं ओर बैठी है। दिए गए विकल्पों में से बताइए कि कौन-सी जोड़ी एक-दूसरे के सामने बैठी है?

(a) शीला-सीता
(b) राधा-सीता
(c) राधा-शीला
(d) महिमा-राधा

हल ***(b)*** बैठने का क्रम इस प्रकार है

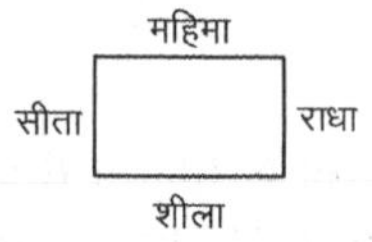

अतः उपरोक्त में विकल्प (b) सही है।

6. लड़कों की एक कतार में आकाश बाएँ से 15वें और देवेश दाएँ से 7वें स्थान पर है। यदि ये दोनों आपस में अपना स्थान अदल-बदल कर लेते हैं, तो देवेश दाएँ से 15वें स्थान पर हो जाता है। बताइए कि इस कतार में कुल कितने लड़के हैं?

(a) 21
(b) 22
(c) 29
(d) उपरोक्त में से कोई नहीं

हल ***(c)*** **बाएँ** **दाएँ**

आकाश		देवेश
15	7	7

आपस में स्थान परिवर्तन के बाद देवेश दाएँ से 7वें से 15वाँ हो जाता है। अतः बीच में 7 होगा।

अतः कुल संख्या = 15 + 7 + 7
= 29

या 15 + 15 − 1 = 29

7. एक पंक्ति में रमन का प्रारम्भ से 15वाँ तथा अन्त से 11वाँ स्थान है। उस पंक्ति में कितने लोग हैं?

(a) 25 (b) 26
(c) 27 (d) 24

हल ***(a)*** कुल लोगों की संख्या = प्रारम्भ से रमन का स्थान
+ अन्त से रमन का स्थान − 1
= 15 + 11 − 1 = 25

8. सोनू की आयु रिचा की आयु से अधिक है, परन्तु अनु से कम है। सौरभ की आयु सोनू से अधिक है, परन्तु राम से कम है, तो इन सब में सबसे छोटा कौन है?

(a) सोनू (b) अनु
(c) रिचा (d) सौरभ

हल ***(c)*** आयु अवरोही क्रम में,

अनु > सोनू > रिचा ...(i)

राम > सौरभ > सोनू ...(ii)

अतः रिचा सबसे छोटी है।

अभ्यास प्रश्न

1. पाँच लड़कियाँ M, N, O, P और Q एक पंक्ति में खड़ी हैं। P, Q के दाईं ओर है। N, Q के बाईं ओर है, लेकिन M के दाईं ओर है। P, Q के बाईं ओर है। दाईं ओर अन्तिम छोर पर कौन खड़ी है? **[UP बी.एड. 2014]**

(a) Q (b) N (c) O (d) P

2. आयु में रीना, मीना से बड़ी है। रश्मि, मीना से बड़ी है लेकिन रीना से छोटी है। गार्गी, प्रियंका और मीना दोनों से छोटी है। मीना, प्रियंका से बड़ी है। सबसे छोटी कौन है? **[UP बी.एड. 2014]**

(a) रीना (b) रश्मि
(c) गार्गी (d) प्रियंका

3. एक वर्ग में नीलेश का क्रम ऊपर से 5वाँ और प्रभात का क्रम नीचे से 9वाँ है। यदि दोनों के क्रम आपस में बदल दिए जाएँ, तो प्रभात का क्रम नीचे से 27वाँ हो जाता है। बताएँ कि इस कक्षा में कितने विद्यार्थी हैं? **[UP बी.एड. 2014]**

(a) 30 (b) 31
(c) 33 (d) 34

4. 50 सदस्यों वाली पंक्ति में अमर का स्थान दसवाँ है। दूसरी ओर से उसका स्थान कौन-सा होगा? **[UP बी.एड. 2013]**

(a) 40वाँ (b) 20वाँ
(c) 39वाँ (d) 41वाँ

5. पाँच बच्चे एक पंक्ति में खड़े हैं। O, M से तीसरा है जो N के बाईं ओर खड़ा है तथा P, Q से बाईं ओर है जो N से चौथा है। दाईं ओर से P का स्थान कौन-सा है? **[UP बी.एड. 2013]**

(a) तीसरा (b) पहला
(c) चौथा (d) दूसरा

6. कॉलेज पार्टी में पाँच लड़कियाँ एक पंक्ति में बैठी हैं। P, M के बाईं ओर और O के दाईं ओर है। R बैठी है N के दाईं ओर परन्तु O के बाईं ओर। बीच में कौन बैठी है? **[UP बी.एड. 2013]**

(a) O (b) R
(c) P (d) M

7. छ: मित्र A, B, C, D, E और F पूर्व की ओर मुँह करके एक पंक्ति में बैठे हैं। C बीच में है A और E के। B, E के निकटतम दाएँ लेकिन D के बाईं ओर है। F दाएँ छोर पर नहीं है। दाएँ छोर पर कौन है? **[UP बी.एड. 2013]**

(a) D (b) B
(c) E (d) C

8. चार बच्चे अकरम, बोप्सी, प्रिया और तुलसी सीढ़ी पर हैं। अकरम सीढ़ी पर बोप्सी से ऊपर है। बोप्सी, अकरम और प्रिया के बीच में है। यदि तुलसी, अकरम से भी ऊपर है, तो नीचे से दूसरा व्यक्ति कौन है? **[UP बी.एड. 2012]**

(a) तुलसी (b) अकरम
(c) प्रिया (d) बोप्सी

9. लड़कियों की एक पंक्ति में कमला बाईं ओर से 9वीं है और वीना दाईं ओर से 16वीं। यदि वे अपने स्थानों की अदला-बदली कर लें, तो कमला बाईं ओर से 25वीं हो जाती है। पंक्ति में कुल कितनी लड़कियाँ हैं? **[UP बी.एड. 2012]**

(a) 34 (b) 36 (c) 40 (d) 41

10. A, B, C, D, E पाँच लड़के एक पार्क में एक वृत्त में बैठे हैं। A का मुँह दक्षिण-पश्चिम दिशा की ओर है, D का मुँह दक्षिण-पूर्व दिशा की ओर है, B और E क्रमश: A और D के ठीक सामने हैं और C, D और B के बीच समान दूरी पर है। C का मुँह किस दिशा की ओर है? **[UP बी.एड. 2012]**

(a) पश्चिम (b) दक्षिण
(c) उत्तर (d) पूर्व

11. किसी कतार में कुछ लड़के बैठे हुए हैं। P बाएँ से चौदहवें स्थान पर बैठा है और Q दाएँ से सातवें स्थान पर बैठा है। यदि P और Q के बीच में चार लड़के हो, तो इस कतार में कुल कितने लड़के हैं? **[UP बी.एड. 2011]**

(a) 25 (b) 23 (c) 21 (d) 19

12. किसी कक्षा में संजय का क्रमांक ऊपर से सातवाँ और नीचे से अठाईसवाँ है। बताएँ कि उस कक्षा में कुल कितने विद्यार्थी हैं? **[UP बी.एड. 2011]**

(a) 37 (b) 36
(c) 35 (d) 34

निर्देश (प्र.सं. 13-15) *नीचे दी गई जानकारी को ध्यान से पढ़कर प्रश्नों के उत्तर दें।* **[UP बी.एड. 2011]**

छ: मित्र A, B, C, D, E और F एक-दूसरे की ओर मुँह करके एक वृत्ताकार घेरा बनाकर बैठे हुए हैं। A, D और B तथा F, C और E के बीच में बैठा है। C, B के बाएँ तीसरा हैं।

13. B और F के बीच में कौन है?

(a) C (b) D (c) E (d) A

14. F और D के बीच में कौन है?

(a) A (b) E (c) B (d) C

15. F के सन्दर्भ में A का स्थान निम्न में से कौन-सा है?

(a) दाएँ से दूसरा (b) बाएँ से दूसरा
(c) दाएँ से तीसरा (d) दाएँ से चौथा

16. A, E से तेज दौड़ता है, किन्तु D जितना तेज नहीं। D, C से तेज दौड़ता है, किन्तु B जितना तेज नहीं। सबसे तेज कौन दौड़ता है? **[UP बी.एड. 2011]**

(a) A (b) B
(c) C (d) D

17. P, Q, R, S और T एक वृत्ताकार मेज के चारों ओर बैठे हैं। R, P के दाईं ओर तथा S बाएँ से दूसरे स्थान पर बैठा है। T, P और S के बीच में नहीं है। R के बाएँ से दूसरा कौन है? **[UP बी.एड. 2010]**

(a) P (b) Q
(c) S (d) T

18. राकेश, नितिन से लम्बा है, किन्तु भरत जितना लम्बा नहीं है। लोकेश, रमेश से छोटा है, किन्तु गौरव से लम्बा है। इनमें सबसे बड़ा कौन है? **[UP बी.एड. 2010]**

(a) राकेश (b) नितिन
(c) गौरव (d) भरत

19. एक कक्षा में शंकर ऊपर से 16वें स्थान पर और नीचे से 49वें स्थान पर बैठा है। कक्षा में कुल कितने छात्र हैं? **[UP बी.एड. 2010]**

(a) 64 (b) 65
(c) 66 (d) 67

20. एक पंक्ति में A से E तक पाँच अलग-अलग मकान हैं। A, B के दाईं ओर है और E, C के बाईं ओर तथा A के दाईं ओर है। B, D के दाईं ओर है। मध्य में कौन-सा मकान है? **[UP बी.एड. 2010]**

(a) A (b) B
(c) D (d) E

21. पेड़ों की एक पंक्ति में एक पेड़ पंक्ति के किसी भी किनारे से पाँचवाँ है। पंक्ति में कितने पेड़ हैं? **[UP बी.एड. 2008]**

(a) 8 (b) 9
(c) 10 (d) 11

22. मंजरी का मकान पंक्ति के एक किनारे से सातवाँ तथा दूसरे किनारे से ग्यारहवाँ है। पंक्ति में कितने मकान हैं? **[UP बी.एड. 2008]**

(a) 15 (b) 16
(c) 17 (d) 19

23. एक कक्षा में बेला ऊपर से सोलहवाँ तथा नीचे से उनचासवाँ क्रम प्राप्त करती है। कक्षा में कितने छात्र हैं? **[UP बी.एड. 2008]**
(a) 64 (b) 65
(c) 66 (d) इनमें से कोई नहीं

24. केतन एक क्यू (पंक्ति) में 11वें स्थान पर खड़ा है, इस पंक्ति में पुरुषों की संख्या महिलाओं की संख्या की दोगनी है। यदि सब मिलाकर 45 लोग खड़े हैं और केतन के आगे 5 पुरुष हैं, तो उसके पीछे पंक्ति में कितनी महिलाएँ हैं? **[UP बी.एड. 2008]**
(a) 7 (b) 8 (c) 9 (d) 10

25. अभिषेक, अभिजीत से बड़ा है। अमित, विजय से एक वर्ष छोटा है। रोहित, विजय से दोगुनी आयु का है। अभिजीत, रोहित से केवल एक दिन छोटा है, तो आयु में सबसे छोटा कौन है?
(a) अमित (b) विजय
(c) अभिषेक (d) अभिजीत

26. चार मित्र वृत्ताकार बैठकर ताश खेल रहे थे। राम के दाईं तरफ शंकर बैठा था और अरविन्द के बाईं तरफ गोपाल बैठा था। निम्नलिखित में से कौन-से युगल खेल में भागीदार थे?
(a) राम और गोपाल
(b) गोपाल और शंकर
(c) राम और शंकर
(d) गोपाल और अरविन्द

निर्देश (प्र.सं. 27 और 28) *निम्नलिखित जानकारी का अध्ययन करके प्रश्नों के उत्तर दीजिए।*

(i) P, O, R, S और T एक घेरे में बैठे हैं और उनका मुँह केन्द्र की ओर है।
(ii) R, T के तुरन्त बाईं ओर है।
(iii) P, S और T के बीच में बैठा है।

27. R के तत्काल बाईं ओर कौन बैठा है?
(a) T (b) P (c) Q (d) S

28. उपरोक्त प्रश्न का उत्तर पाने के लिए निम्नलिखित में से किस कथन के बिना काम चल सकता है?
(a) कोई नहीं (b) केवल (ii)
(c) (ii) या (iii) (d) केवल (iii)

29. पाँच व्यक्ति केन्द्र की ओर मुँह करके एक वृत्ताकार घेरे में बैठकर ताश खेल रहे हैं। अभिषेक, राहुल के बाईं ओर है। रवि, साकेत के दाईं ओर एवं साकेत और गौतम के बीच में है। बताइए कि गौतम के ठीक दाईं ओर कौन है?
(a) अभिषेक (b) साकेत
(c) राहुल (d) रवि

30. किसी पैनल में पाँच सदस्य एक गोले में अन्दर की तरफ मुँह करके बैठे हैं। A, B और D के मध्य में बैठा है। D, E के ठीक दाएँ बैठा है जिसके ठीक बाएँ C है। पैनल में B का स्थान ज्ञात कीजिए।
(a) A और E के बाएँ (b) D के बाएँ
(c) A के दाएँ (d) C के दाएँ

31. छः लड़कियाँ एक वृत्ताकार घेरे में बैठी हैं। सरिता जोकि सुषमा के ठीक बाईं ओर है, सुधा के दाईं ओर है। सरिता के सामने शिल्पी है। शिल्पी, सरोज के बाईं ओर तथा शोभा के दाईं ओर है। यदि सरोज, सरिता से एवं शोभा, सुषमा से अपना स्थान बदल लेती है, तो बताएँ कि सरिता के सामने कौन बैठेगी?
(a) शोभा (b) सुषमा
(c) सरोज (d) शिल्पी

32. आठ लोगों A, B, C, D, E, F, G और H को आकृति में दिए गए ढंग से बैठाया जाता है।

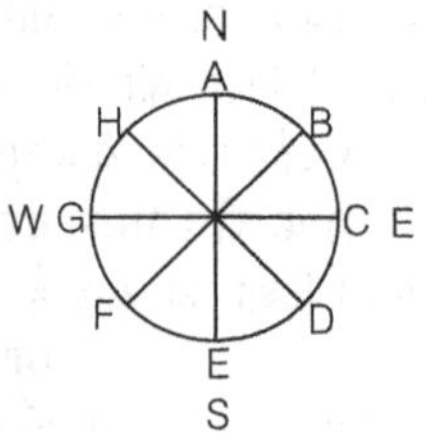

उन सभी का मुँह बाहर की तरफ है। यदि सभी लोग दो स्थान दक्षिणावर्त हटें, तो H का मुँह किस दिशा में होगा?
(a) उत्तर-पूर्व (b) उत्तर
(c) उत्तर-पश्चिम (d) पूर्व

निर्देश (प्र.सं. 33-35) *निम्नलिखित सूचना को पढ़कर उसके नीचे दिए गए प्रश्नों के उत्तर दीजिए।*

एक गोल चबुतरे पर 5 मित्र A, B, C, D तथा E आमने-सामने पीठ किए बैठे हैं। B के बाएँ दूसरे स्थान पर जो है वह A के ठीक दाएँ हैं। D के बाएँ C है, जो A के ठीक बाएँ है।

33. B के ठीक दाएँ कौन है?
(a) C (b) D (c) E (d) A

34. A के दाएँ दूसरे स्थान पर कौन है?
(a) C (b) E (c) D (d) B

35. E किसके मध्य में है?
(a) B एवं C (b) A एवं B
(c) A एवं D (d) C एवं D

36. वृक्षों की एक पंक्ति में एक वृक्ष दोनों सिरों से पाँचवाँ है। बताइए कि पंक्ति में कुल कितने वृक्ष हैं?
(a) 9 (b) 11 (c) 8 (d) 10

37. यदि रमेश को लगता है कि वह लड़कों की एक पंक्ति में दाएँ से 12वाँ है और बाएँ से चौथा, तो कितने लड़के और जोड़े जाएँ कि कुल 28 लड़के हो जाए?
(a) 12 (b) 13
(c) 14 (d) 20

38. 42 छात्राओं की कक्षा में मोती का क्रम ऊपर से 16वाँ है। उसका क्रम अन्त से कितना है?
(a) 16 (b) 15
(c) 28 (d) 27

39. एक कतार में A बाएँ से 15वें स्थान पर है, B दाएँ से 7वें स्थान पर है। उनके बीच में तीन व्यक्ति हैं और C, A के तुरन्त बाईं ओर है। बताइए कि C का दाएँ से कौन-सा स्थान होगा यदि A, B के दाएँ न हो?
(a) 8 (b) 9
(c) 10 (d) 12

40. लड़कों की एक कतार में अमित बाएँ से 11वें स्थान पर है और सन्तोष दाएँ से 15वें स्थान पर है। जब ये दोनों आपस में अपना-अपना स्थान अदल-बदल कर लेते हैं, तो अमित बाएँ से 15वाँ हो जाता है। बताइए कि दाएँ से सन्तोष किस स्थान पर है?
(a) 7 (b) 17 (c) 19 (d) 11

41. एक कक्षा में 60 विद्यार्थी हैं, जिनमें लड़कियों की संख्या लड़कों की संख्या से दोगुनी है। श्रेणी में ऊपर से राम को सत्रहवाँ स्थान प्राप्त हुआ। यदि 9 लड़कियाँ राम से आगे हैं, तो राम से पीछे श्रेणी में कितने लड़के हैं?
(a) 23 (b) 12
(c) 7 (d) 3

42. लड़कियों की एक पंक्ति में दिव्या बाएँ से 18वें स्थान पर तथा नम्रता दाएँ से 12वें स्थान पर है। यदि नम्रता को पाँच स्थान दाएँ प्रतिस्थापित किया जाता है, तब दिव्या की स्थिति नम्रता के तुरन्त दाएँ हो जाती है, तो पंक्ति में कुल कितनी लड़कियाँ हैं?
(a) 30 (b) 24
(c) 22 (d) 23

43. एक पंक्ति में 15 लड़कियाँ खड़ी हैं। यदि राधा का एक सिरे से 5वाँ नम्बर है, तो उसका दूसरे सिरे से कौन-सा नम्बर होगा?
(a) 10वाँ (b) 8वाँ
(c) 11वाँ (d) 6वाँ

44. 30 छात्रों की एक कतार में अन्जू का क्रम प्रारम्भ से 13वाँ है, तो बताइए कि अन्त से उसका क्रम क्या होगा?
(a) 17वाँ (b) 18वाँ
(c) 19वाँ (d) 20वाँ

45. 183 लड़कों की कक्षा में नयन शीर्ष से 73वें क्रम में है, तो नीचे से वह किस क्रम में है?

(a) 110 (b) 111
(c) 101 (d) 113

46. छः व्यक्ति P, Q, R, S, T तथा U एक आयताकार मेज के चारों ओर बैठे हैं। Q मेज की चौड़ाई की तरफ बैठा है तथा उसका मुँह पूर्व की ओर है। P का मुँह दक्षिण की ओर है तथा उसके दाएँ R है। T जो Q के सामने है, के बाएँ वाले कोने से लगा हुआ S बैठा है। चौड़ाई की तरफ एक-एक व्यक्ति ही बैठा है। R के ठीक सामने कौन बैठा है और S का मुँह किस दिशा में है?

(a) U, उत्तर (b) U, दक्षिण
(c) S, उत्तर (d) S, दक्षिण

47. चार सहेलियाँ एक वर्गाकार मेज के चारों ओर बैठी है। मीना, पदमा के दाईं ओर है तथा बीना, कृष्णा के बाईं ओर बैठी है। कौन-सी दो सहेलियाँ एक-दूसरे के आमने-सामने बैठी हैं, जबकि कृष्णा, पदमा के बाईं ओर है?

(a) पदमा और कृष्णा
(b) कृष्णा और बीना
(c) बीना और मीना
(d) मीना और कृष्णा

निर्देश (प्र.सं. 48-50) *नीचे दी गई सूचना के आधार पर प्रश्नों के उत्तर दें।*

(i) एक समिति में छः सदस्य जिसमें तीन पुरुष M_1, M_2 और M_3 तथा तीन महिलाएँ F_1, F_2, F_3 एक षट्कोणीय टेबल के कोण पर चर्चा के लिए बैठे हैं।
(ii) M_3, F_2 और F_3 के बीच में है।
(iii) F_3, M_1 और M_3 के बीच में है।
(iv) M_1, F_1 के बाईं ओर तथा F_2 के सामने बैठा है।
(v) कोई भी पुरुष एक-दूसरे के बगल में नहीं बैठा है और न ही कोई महिला एक-दूसरे के बगल में है।

48. M_2 के सामने कौन है?

(a) F_2 (b) M_1
(c) M_3 (d) F_3

49. F_2 और F_3 के मध्य में कौन है?

(a) M_3 (b) F_1
(c) M_2 (d) M_1

50. M_2 के बाईं ओर कौन बैठा है?

(a) F_2 (b) M_3
(c) F_1 (d) ज्ञात नहीं कर सकते

51. A, B, C, D, E तथा F छः लड़के एक पंक्ति में खड़े हुए हैं। F और D के बीच में B खड़ा है तथा A और C के बीच में E खड़ा हुआ है। A न तो F और न ही D के बगल में है। C, D के बगल में नहीं है। F किनके बीच में खड़ा है?

(a) B और D (b) B और E
(c) B और C (d) B और A

52. पाँच किताबें A, B, C, D और E एक मेज पर रखी हैं। यदि D, B के दाईं ओर और E के बाईं ओर है तथा A, C और B के मध्य है, तो मध्य में कौन-सी किताब होगी?

(a) B (b) A
(c) C (d) जानकारी अपूर्ण है

53. छः विद्यार्थी एक पंक्ति में बैठे हैं। K, V तथा R के बीच में है। V, M के बगल में बैठा है। M, B के बगल में बैठा है तथा B एकदम बाएँ छोर पर है। Q, R के बगल में बैठा है, तो V किन दो के मध्य में है?

(a) M तथा B (b) K तथा Q
(c) M तथा K (d) इनमें से कोई नहीं

54. A, B, C, D, E और F खाने की मेज पर आमने-सामने बैठे हैं, हर ओर तीन हैं। B, A और C के बीच में है राजनीतिज्ञ और व्यापारी एक ओर छोरों पर हैं। E एक सैनिक अधिकारी है। C एक प्रोफेसर है और डॉक्टर के बगल में है। व्यापारी इन्जीनियर के सामने है। डॉक्टर मध्य में बैठा है और सैनिक अधिकारी के सामने है। बताइए कि डॉक्टर कौन है?

(a) A (b) B (c) C (d) D

निर्देश (प्र.सं. 55 और 56) *निम्नलिखित सूचना को पढ़ें और उत्तर दें।*

(i) सात लड़के अभिषेक, साकेत, रवि, गौतम, कौशिक, राहुल और रंजन पंक्ति में खड़े हैं।
(ii) रंजन, अभिषेक और कौशिक के बीच में है।
(iii) राहुल और अभिषेक के बीच एक लड़का है।
(iv) कौशिक और रवि के बीच दो लड़के हैं।
(v) गौतम, रंजन के दाईं ओर है।
(vi) रवि और साकेत के बीच तीन लड़के हैं।

55. इनमें से बाएँ से दूसरा कौन है?

(a) रवि (b) रंजन
(c) कौशिक (d) रवि या कौशिक

56. रवि किनके बीच में है?

(a) अभिषेक और राहुल
(b) गौतम और रंजन
(c) अभिषेक और गौतम
(d) कथन अपर्याप्त है

निर्देश (प्र.सं. 57-60) *नीचे दी गई जानकारी को पढ़कर प्रश्नों के उत्तर दीजिए।*

(i) छः खिलाड़ी पुनीत, रीतीष, शरीफ, जहीर, युवराज और सौरभ दो कतार में हैं। प्रत्येक कतार में तीन-तीन का समूह है और प्रत्येक कतार में तीनों एक-दूसरे के आमने-सामने खड़े हैं।
(ii) सौरभ, रीतीष के विकर्णीय खड़ा है।
(iii) रीतीष, शरीफ के सामने है।
(iv) युवराज, रीतीष का पड़ोसी है।
(v) पुनीत कतार में सबसे बाएँ छोर पर खड़ा है।

57. निम्नलिखित में से कौन-सा खिलाड़ी समूह एक-दूसरे के आमने-सामने है?

(a) पुनीत, जहीर
(b) जहीर, युवराज
(c) शरीफ, सौरभ
(d) ज्ञात नहीं कर सकते

58. निम्नलिखित में से कौन खिलाड़ी एक-दूसरे के सम्मुख नहीं है?

(a) पुनीत और युवराज
(b) सौरभ और पुनीत
(c) युवराज और जहीर
(d) शरीफ और रीतीष

59. अगर पुनीत तथा रीतीष अपने स्थान आपस में अदल-बदल कर लें, तो रीतीष के ठीक बाईं ओर कौन होगा?

(a) युवराज (b) जहीर
(c) शरीफ (d) कोई नहीं

60. नीचे दिए गए कथनों में से कौन-सा सत्य है?

(a) पुनीत, शरीफ के बाईं ओर से दूसरा है
(b) पुनीत, युवराज के दाईं ओर है
(c) जहीर, युवराज के दाईं ओर है
(d) पुनीत, युवराज के बाईं ओर है

61. अधिक भारी सिक्के अधिक मूल्य के होते हैं। राम का सिक्का मोहन के सिक्के से भारी और रमेश के सिक्के से अधिक मूल्यवान है। नरेश का सिक्का, राम के सिक्के से अधिक मूल्यवान लेकिन योगेश के सिक्के से महँगा है, तो सबसे मूल्यवान सिक्का किसके पास है?

(a) राम (b) रमेश
(c) योगेश (d) नरेश

62. A, B से छोटा है लेकिन C से लम्बा है। D, A से छोटा है लेकिन C से लम्बा है। E, B से छोटा है लेकिन A से लम्बा है। सबसे छोटा व्यक्ति कौन है?

(a) B (b) C
(c) A (d) D

63. एक पुस्तकालय में 5 विषय की किताबें इस प्रकार रखी हैं—अर्थशास्त्र, गणित से ऊपर है, संस्कृत, हिन्दी के नीचे है, हिन्दी से ऊपर गणित है, विज्ञान, संस्कृत के नीचे है, तो बताइए सबसे नीचे कौन-सी किताब है?
(a) हिन्दी (b) संस्कृत
(c) विज्ञान (d) अर्थशास्त्र

64. पाँच लड़कों ने एक दौड़ में हिस्सा लिया। राज ने मोहित से पहले, लेकिन गौरव के बाद दौड़ को पूरा किया। आशीष ने संचित से पहले, लेकिन मोहित के बाद दौड़ को पूरा किया। दौड़ किसने जीती?
(a) राज (b) गौरव
(c) मोहित (d) आशीष

65. O, P से छोटा है लेकिन Q से बड़ा है। R, S से छोटा है लेकिन T से बड़ा है। Q, S से बड़ा है। उनमें सबसे बड़ा कौन है?
(a) Q (b) T
(c) P (d) R

उत्तरमाला

1. (c)	2. (c)	3. (b)	4. (d)	5. (c)	6. (a)	7. (a)	8. (d)	9. (c)	10. (d)
11. (a)	12. (d)	13. (c)	14. (d)	15. (c)	16. (b)	17. (b)	18. (d)	19. (a)	20. (a)
21. (b)	22. (c)	23. (a)	24. (d)	25. (a)	26. (a)	27. (c)	28. (a)	29. (a)	30. (c)
31. (a)	32. (a)	33. (c)	34. (c)	35. (b)	36. (a)	37. (b)	38. (d)	39. (d)	40. (c)
41. (b)	42. (d)	43. (c)	44. (b)	45. (b)	46. (a)	47. (d)	48. (d)	49. (a)	50. (c)
51. (c)	52. (d)	53. (c)	54. (b)	55. (a)	56. (a)	57. (b)	58. (a)	59. (d)	60. (b)
61. (d)	62. (b)	63. (c)	64. (b)	65. (c)					

संकेत एवं हल

1. लड़कियों के बैठने का क्रम निम्नवत् होगा

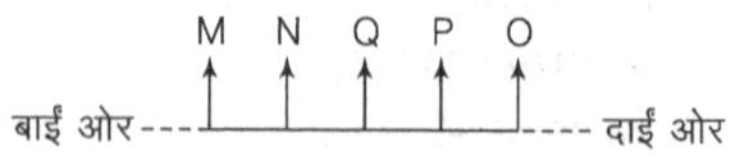

अतः दाईं ओर अन्तिम छोर पर लड़की O खड़ी है।

2. लड़कियों की आयु के अनुसार क्रम निम्नवत् होगा
रीना > रश्मि > मीना > प्रियंका > गार्गी
अतः सभी में सबसे छोटी गार्गी है।

3. कुल विद्यार्थियों की संख्या
= प्रभात का परिवर्तित क्रमांक + नीलेश का मूल क्रमांक −1
= 27 + 5 − 1
= 31

4. दूसरी ओर से अमर का स्थान
= (50 − 10) + 1 = 41वाँ

5. ←— M P Q O N —→
बाईं ओर दाईं ओर

6. पंक्ति में लड़कियाँ इस प्रकार बैठी हैं
←— N R O P M —→
बाएँ दाएँ

7. सभी मित्र पंक्ति में इस प्रकार बैठे हैं

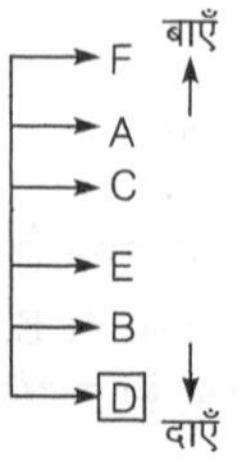

8.

तुलसी
अकरम
बोप्सी
प्रिया

अतः नीचे से दूसरा व्यक्ति बोप्सी है।

9.

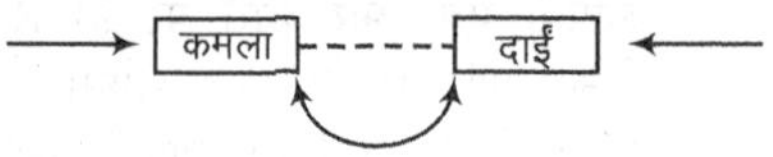

लड़कियों की कुल संख्या = 25 + 16 − 1 = 40

10.

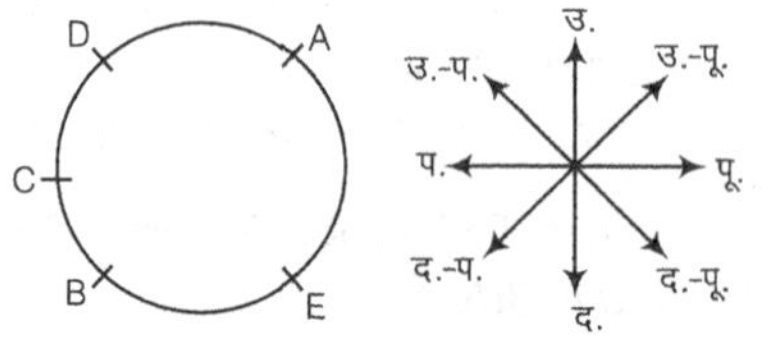

C का मुहँ पूर्व की ओर है।

11. कतार में लड़कों की संख्या
= 14 + 4 + 7 = 25

12. कक्षा में विद्यार्थियों की संख्या
= 6 + 27 + 1 = 34

हल (प्र.सं. 13-15)

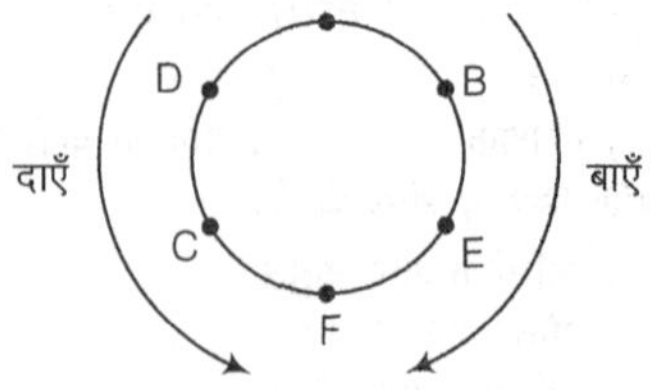

13. B और F के बीच E है।

14. F और D के बीच C है।

15. F के सन्दर्भ में A का स्थान दाएँ से तीसरा है।

16. प्रश्नानुसार, D > A > E तथा B > D > C
अतः B सबसे तेज दौड़ता है।

17. प्रश्नानुसार,

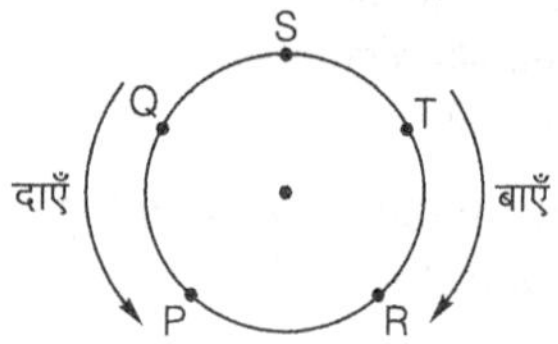

अतः R के बाएँ से दूसरा Q है।

18. प्रश्नानुसार,
भरत > राकेश > नितिन
राकेश > लोकेश > गौरव
अतः सबसे बड़ा भरत है।

19. कक्षा में कुल छात्रों की संख्या
= 16 + 49 − 1 = 65 − 1 = 64

20. प्रश्नानुसार,

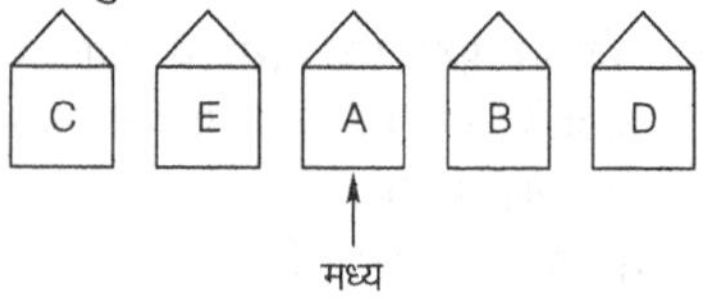

अतः मध्य में A का मकान है।

21. पंक्ति में पेड़ों की कुल संख्या = (एक किनारे से स्थान + दूसरे किनारे से स्थान) − 1
= 5 + 5 − 1 = 10 − 1 = 9

22. पंक्ति में मकानों की कुल संख्या = (एक किनारे से स्थान + दूसरे किनारे से स्थान) − 1
= (7 + 11) − 1 = 18 − 1 = 17

23. कक्षा में छात्रों की कुल संख्या = (ऊपर से स्थान + नीचे से स्थान) − 1
$= (16 + 49) - 1 = 65 - 1 = 64$

24 माना पंक्ति में महिलाओं की संख्या x है,
तो पुरुषों की संख्या $= 2x$
प्रश्नानुसार, $x + 2x = 45$
$\Rightarrow \quad 3x = 45 \Rightarrow x = \frac{45}{3} = 15$
केतन के आगे कुल व्यक्तियों की संख्या $= 11 - 1 = 10$
केतन के आगे कुल पुरुषों की संख्या = 5
केतन के आगे कुल महिलाओं की संख्या $= 10 - 5 = 5$
अतः केतन के पीछे कुल महिलाओं की संख्या $= 15 - 5 = 10$

25. सभी लड़कों की आयु अवरोही क्रम में निम्नवत् होगी
अभिषेक > अभिजीत > रोहित > विजय > अमित
अतः आयु में सबसे छोटा अमित है।

26. बैठने की व्यवस्था निम्नवत् है

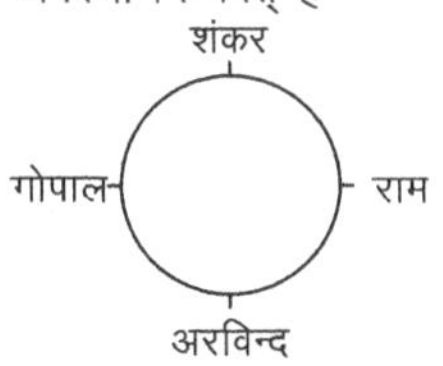

अतः स्पष्ट है कि राम और गोपाल खेल में भागीदार थे।

हल (प्र.सं. 27 और 28)

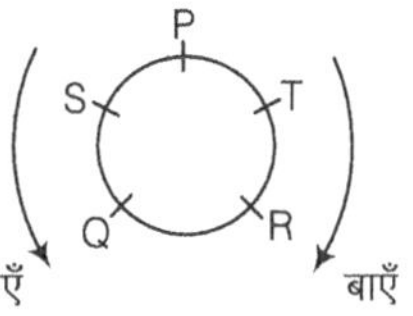

27. आरेख से स्पष्ट है कि Q, R के बाईं ओर है।

28. सभी कथनों का प्रयोग आवश्यक है।

29. लड़कों के बैठने का क्रम निम्नवत् है

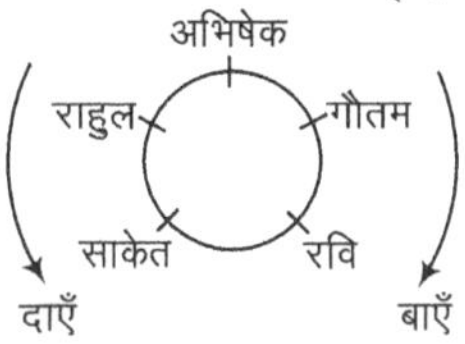

यहाँ स्पष्ट है कि गौतम के दाईं ओर अभिषेक है।

30. सदस्यों के बैठने का क्रम निम्नवत् है

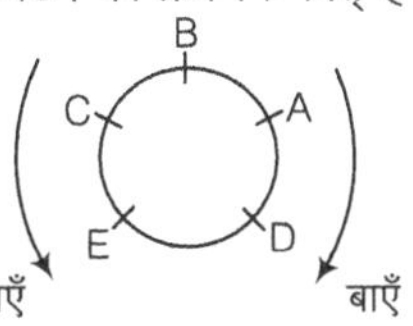

स्पष्ट है कि B का स्थान A के दाएँ है।

31. लड़कियों के वृत्त में बैठने की दोनों स्थिति निम्नवत् होंगी

(पहले)

(परिवर्तन के बाद)

अतः परिवर्तन के बाद सरिता के सामने शोभा बैठेगी।

32.

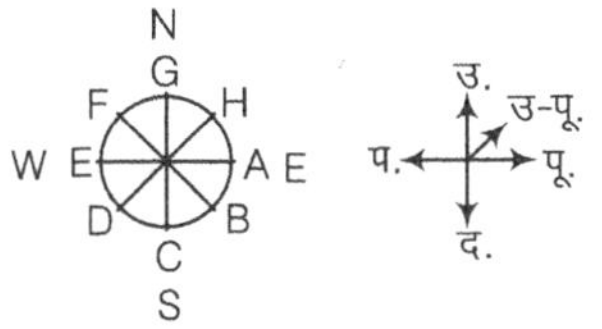

H का मुँह 'उत्तर-पूर्व' दिशा में होगा।

हल (प्र.सं. 33-35)

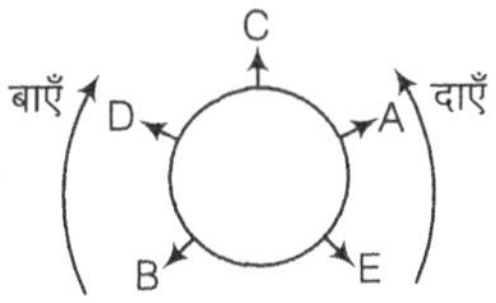

33. उपरोक्त आरेख से स्पष्ट है कि B के ठीक दाएँ E बैठा है।

34. उपरोक्त आरेख से स्पष्ट है कि A के दाएँ दूसरे स्थान पर D बैठा है।

35. उपरोक्त आरेख से स्पष्ट है कि A और B के मध्य में E बैठा है।

36. कुल वृक्षों की संख्या $= 5 + 5 - 1 = 9$
अतः पंक्ति में कुल 9 वृक्ष हैं।

37. कुल लड़कों की संख्या $= 12 + 4 - 1 = 15$
जोड़े जाने वाले लड़कों की संख्या
$= 28 - 15 = 13$

38. कुल छात्राओं की संख्या = 42
मोती का ऊपर से क्रम = 16
मोती का अन्त से क्रम $= 42 - 16 + 1 = 27$
अतः मोती का क्रम अन्त से 27वाँ होगा।

39.

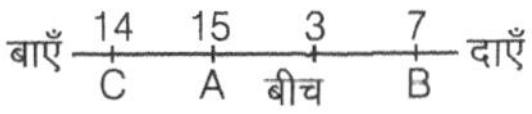

दाएँ से C का क्रमांक $= 7 + 3 + 1 + 1$
= 12वाँ

40. **बाएँ** **दाएँ**
अमित सन्तोष
↓ ↓
11 15 → + 4
+ 4 ↓
15

आपस में अदल-बदल करने के बाद अमित का स्थान 11 से 15 अर्थात् (+ 4) हो जाता है।
अतः सन्तोष भी (+ 4) स्थान आगे बढ़ेगा, तो 15 + 4 = 19वाँ होगा।

41. माना लड़कों की संख्या $= x$
∴ लड़कियों की संख्या $= 2x$
प्रश्नानुसार,
$x + 2x = 60$
∴ लड़कों की संख्या, $x = 20$
∴ लड़कियों की संख्या $= 2x = 40$
राम के आगे 9 लड़कियाँ हैं। अतः राम का स्थान लड़कों में आगे से
$= 17 - 9 =$ 8वाँ
अतः राम के पीछे लड़के $= 20 - 8 = 12$

42. पंक्ति में लड़कियों की संख्या
$= 18 + (12 - 7) = 23$

43. राधा का दूसरे सिरे से नम्बर = (15 − 5 + 1)वाँ
= 11वाँ

44. अन्जू का अन्त से क्रम = (30 − 13 + 1)वाँ
= 18वाँ

45. नयन का नीचे से क्रम = (183 − 73 + 1)वाँ
= 111वाँ

46. व्यक्तियों के बैठने का क्रम निम्नवत् है

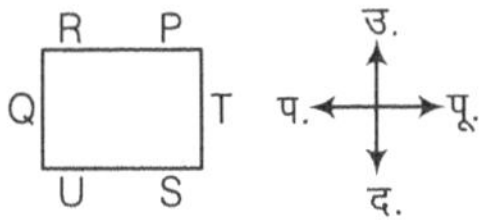

अतः R के सामने U है तथा S का मुँह उत्तर की ओर है।

47. चारों सहेलियों के बैठने का क्रम निम्नवत् है

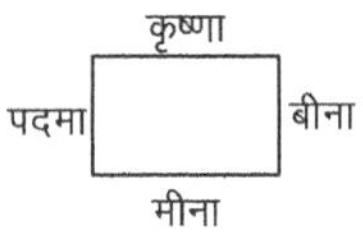

अतः उपरोक्त आरेख से स्पष्ट है कि मीना तथा कृष्णा एक-दूसरे के आमने-सामने बैठी हैं।

हल (प्र.सं. 48-50) *दिए गए कथनों के अनुसार तीन पुरुष और तीन महिलाओं के बैठने का क्रम इस प्रकार है*

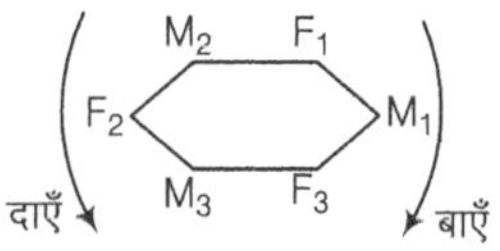

48. आरेख से स्पष्ट है कि M_2 के सामने F_3 है।

49. आरेख से स्पष्ट है कि F_2 और F_3 के मध्य M_3 है।

50. आरेख से स्पष्ट है कि M_2 के बाईं ओर F_1 है।

51. लड़कों के खड़े होने का क्रम निम्नवत् है

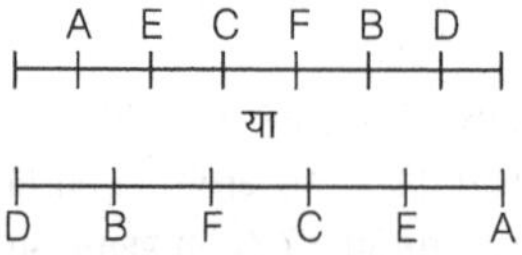

अतः F, B और C के बीच खड़ा है।

52. पुस्तकों का क्रम निम्नवत् है

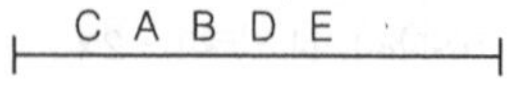

और भी सम्भावनाएँ हैं **जैसे** (i) BDAEC (ii) BACDE

अतः जानकारी अपूर्ण है।

53. पंक्ति में इस प्रकार बैठे हैं

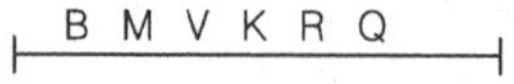

अतः V, M और K के मध्य है।

54. बैठने का क्रम निम्नवत् है

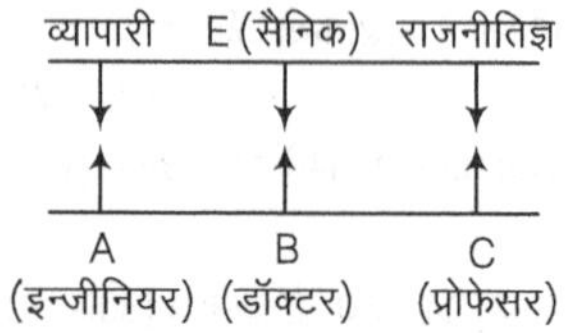

स्पष्ट है कि B एक डॉक्टर है।

हल (प्र.सं. 57-60) *लड़कों के कतार में खड़े होने का क्रम निम्नवत् होगा*

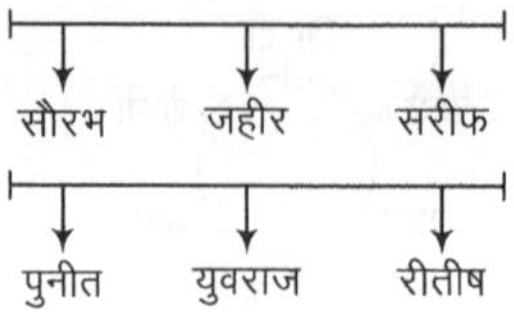

57. आरेख से स्पष्ट है कि जहीर और युवराज एक-दूसरे के आमने-सामने हैं।

58. आरेख से स्पष्ट है कि पुनीत और युवराज एक-दूसरे के सम्मुख नहीं हैं बल्कि एक-दूसरे के पड़ोसी हैं।

59. स्थान परिवर्तन के बाद खड़े होने की स्थिति निम्नवत् होगी

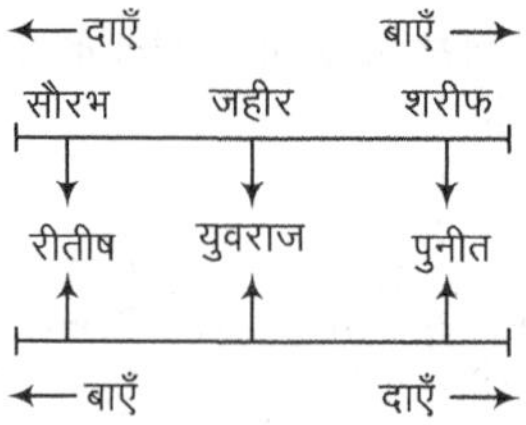

अतः प्रश्नानुसार, पुनीत और रीतीष जब अपना स्थान अदल-बदल लेते हैं, तो उनके खड़े होने का क्रम इस प्रकार होगा। आरेख से स्पष्ट है कि रीतीष के बाईं ओर कोई नहीं होगा।

60. उपरोक्त आरेख से स्पष्ट है कि पुनीत, युवराज के दाईं ओर है।

61. प्रश्नानुसार, अधिक भारी सिक्के ज्यादा मूल्य के हैं। अतः निम्न क्रम में सजाया जा सकता है

मूल्यवान सिक्का

योगेश < नरेश > राम > रमेश > मोहन

अतः सबसे मूल्यवान सिक्का नरेश के पास है।

62. प्रश्नानुसार,

A, B से छोटा है परन्तु C से लम्बा है।

B > A > C

D, A से छोटा है परन्तु C से लम्बा है।

A > D > C

E, B से छोटा है परन्तु A से लम्बा है।

B > E > A

अतः C किसी से भी लम्बा नहीं है इसलिए C सबसे छोटा है।

63. किताबों के रखने का क्रम निम्नवत् है

1. अर्थशास्त्र
2. गणित
3. हिन्दी
4. संस्कृत
5. विज्ञान

अतः सबसे नीचे विज्ञान विषय की किताब है।

64. दौड़ पूरा करने वालों का क्रम

गौरव ← राज ← मोहित ← आशीष ← संचित

अतः दौड़ गौरव ने जीती।

65. बड़ा होने का क्रम अवरोही में,

P > O > Q > S > R > T

अतः सबसे बड़ा P है।

अध्याय

10

दिशा परीक्षण
Direction Test

दिशा Direction

यह एक परिकल्पना है कि जिस ओर से सूर्य का उदय होता है उसे पूर्व दिशा कहते हैं तथा ठीक इसके विपरीत जिस ओर सूर्य अस्त होता है उसे पश्चिम दिशा कहते हैं। यदि हम सूर्योदय के समय सूर्य की ओर अपना मुख करके खड़े हो जाएँ, तो हमारे ठीक सामने की दिशा पूर्व, पीछे की दिशा पश्चिम तथा बाईं ओर उत्तर एवं दाईं ओर दक्षिण दिशा होगी।

इस परीक्षण के अन्तर्गत प्रतियोगियों से किसी निश्चित बिन्दु या किसी निश्चित दिशा से भिन्न-भिन्न दूरियाँ एवं दिशाओं में भ्रमण करते हुए किसी निश्चित बिन्दु की प्रारम्भिक स्थान से तय की गई सीधी दूरी या दिशा के सम्बन्ध पर आधारित प्रश्नों को पूछा जाता है।

दिशा-आरेख Direction Diagram

दिशा परीक्षण से सम्बन्धित प्रश्नों को हल करने के लिए एक प्रतियोगी को दिशा-आरेख के अनुसार चारों दिशाओं एवं दाएँ-बाएँ की अवधारणाओं का ज्ञान अवश्य होना चाहिए।

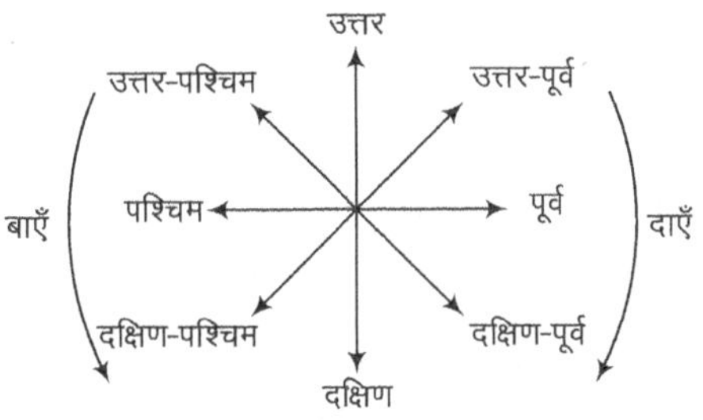

यहाँ प्रदर्शित आरेख के अनुसार यदि मध्य बिन्दु पर कोई व्यक्ति खड़ा हो, तो उसके ऊपर की ओर उत्तर, नीचे की ओर दक्षिण, दाईं ओर पूर्व एवं बाईं ओर पश्चिम दिशा होगी। इसी प्रकार हम उत्तर एवं पश्चिम के बीच की दिशा को उत्तर-पश्चिम, दक्षिण एवं पश्चिम के बीच की दिशा को दक्षिण-पश्चिम, दक्षिण एवं पूर्व के बीच की दिशा को दक्षिण-पूर्व तथा उत्तर एवं पूर्व के बीच की दिशा को उत्तर-पूर्व मानते हैं।

यदि हम किसी दिशा की ओर मुख करके चल रहे हैं तथा किसी बिन्दु से हमें दाईं ओर मुड़ना हो, तो हमें अपनी दाईं ओर अर्थात् घड़ी की सूई के चलने की दिशा में वामावर्त (Clockwise) 90° का कोण बनाते हुए मुड़ना चाहिए, ठीक इसी प्रकार, यदि बाईं ओर मुड़ना हो, तो घड़ी की सूई के चलने की विपरीत दिशा में (Anti-clockwise) 90° का कोण बनाते हुए मुड़ना चाहिए।

मूल दिशा अक्ष

वास्तव में दिशाओं का निरुपण, अक्षीय निरुपण का ही एक स्वरूप है। नीचे दिए गए चित्र के माध्यम से इसे स्पष्ट किया जा सकता है

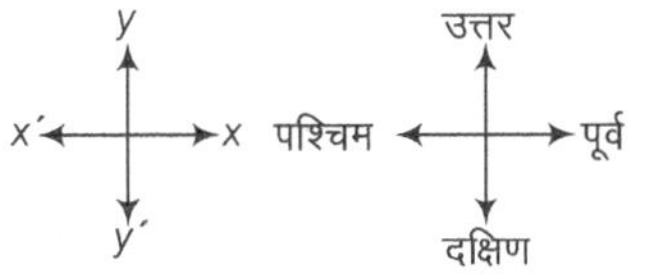

(मूल अक्षों की स्थिति) (मूल दिशा अक्ष)

इस तरह x-अक्ष पूर्व दिशा को, x'-अक्ष पश्चिम दिशा को, y-अक्ष उत्तर दिशा को तथा y'-अक्ष दक्षिण दिशा को निरुपित करता है। दिशा परीक्षण से सम्बन्धित प्रश्नों में कभी-कभी भ्रमणशील बिन्दु के प्रारम्भ की दिशा न देकर उसकी अन्तिम स्थिति की दिशा दी गई होती है। ऐसे प्रश्नों को हल करने में अक्षों के परिवर्तन की स्थिति का ज्ञान सहायक होता है।

महत्त्वपूर्ण तथ्य

- सूर्योदय के समय परछाईं बनने की दिशा निश्चित होती है। परछाईं हमेशा सूर्य के आने की विपरीत दिशा में होती है।
- दोपहर 12 बजे चूँकि सूर्य की किरणें पृथ्वी पर सीधी पड़ती हैं इसलिए उस समय कोई परछाईं नहीं बनती है।
- पाइथागोरस प्रमेय के अनुसार किसी समकोण त्रिभुज में लम्ब के वर्ग तथा आधार के वर्ग का योग उसके कर्ण के वर्ग के बराबर होता है।

AB = आधार

BC = लम्ब

AC = कर्ण

या $\text{आधार}^2 + \text{लम्ब}^2 = \text{कर्ण}^2$

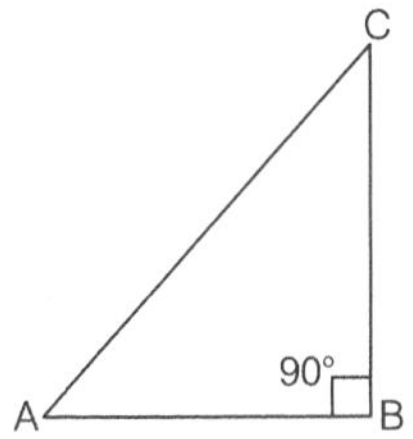

साधित उदाहरण

1. उत्तर दिशा की ओर साइकिल चलाता हुआ एक लड़का बाईं ओर मुड़ा 1 किमी की दूरी तय करने के पश्चात् वह फिर से बाईं ओर मुड़ा और 2 किमी की दूरी तय की। अब वह अपने प्रारम्भिक स्थान से 1 किमी पश्चिम की ओर खड़ा है। बताइए कि प्रारम्भ में उसने कुल कितनी दूरी उत्तर दिशा में तय की?

(a) 5 किमी (b) 4 किमी (c) 8 किमी (d) 2 किमी

हल ***(d)*** लड़के के चलने का क्रम निम्नवत् है

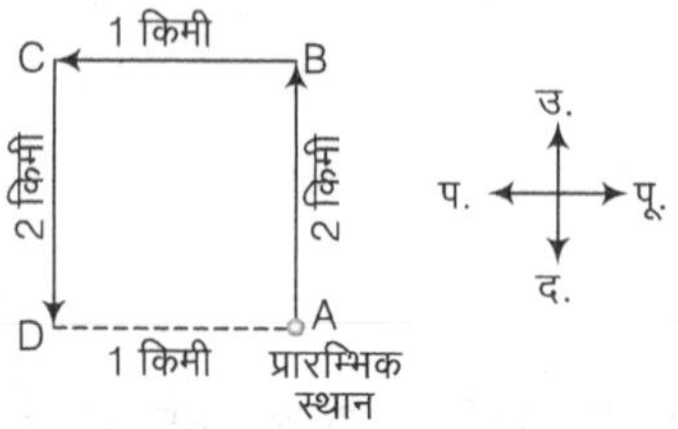

प्रारम्भ में उत्तर दिशा में तय की गई दूरी = 2 किमी

2. आकाश 16 मी दक्षिण की ओर चलकर बाईं ओर मुड़ जाता है और 5 मी चलता है। इसके बाद वह उत्तर की ओर मुड़ जाता है तथा 7 मी चलता है। इसके बाद वह दाईं ओर मुड़कर 12 मी चलता है। यदि फिर वह बाईं ओर मुड़कर 9 मी चलता है, तो वह इस समय चलने के स्थान से कितना दूर है?

(a) 24 मी (b) 17 मी

(c) 18 मी (d) इनमें से कोई नहीं

हल ***(b)*** आकाश का चलने का क्रम निम्नवत् है

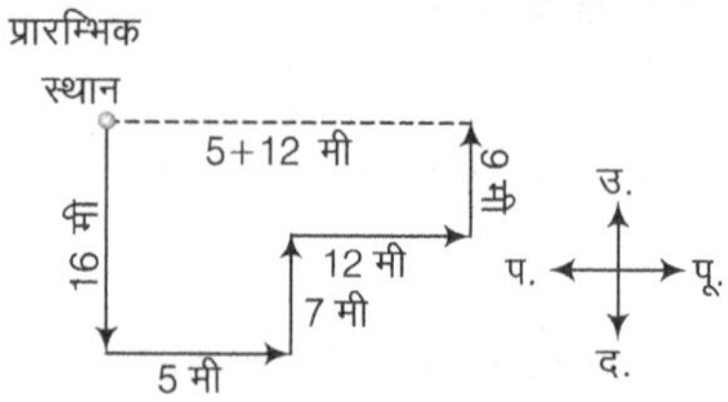

∴ उपरोक्त चित्र से स्पष्ट है कि आकाश प्रारम्भ में चलने के स्थान से (5 + 12) = 17 मी दूर है।

3. मोहन A बिन्दु से दक्षिण दिशा में 1 किमी चलता है। वहाँ से वह बाएँ मुड़कर 1 किमी चलता है और पुनः बाएँ मुड़कर 1 किमी चलता है। अब उसका मुख किस दिशा की ओर है?

(a) पूर्व (b) पश्चिम (c) उत्तर (d) दक्षिण-पश्चिम

हल ***(c)*** मोहन के चलने का क्रम निम्नवत् है

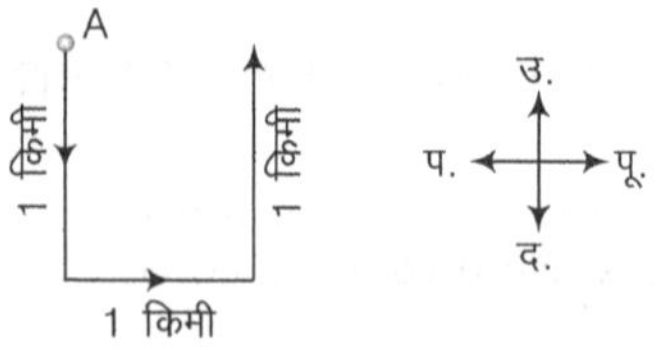

अतः मोहन का मुख उत्तर दिशा की ओर है।

4. सूर्योदय के पश्चात् सौरभ बगीचे में टहलने गया, उसकी छाया ठीक उसके बाएँ पड़ रही थी। उसने चलना शुरू किया और 8 मी चलने के बाद वह दाएँ मुड़ा और 4 मी चला। फिर वह दाएँ मुड़ा और 1 मी चला। अब सौरभ अपने चलने के स्थान से किस दिशा में है?

(a) उत्तर-पूर्व (b) उत्तर (c) पश्चिम (d) उत्तर-पश्चिम

हल ***(a)*** सूर्योदय के ठीक पश्चात् पश्चिम दिशा में छाया बनती है। अतः सौरभ उत्तर दिशा की ओर जा रहा है।

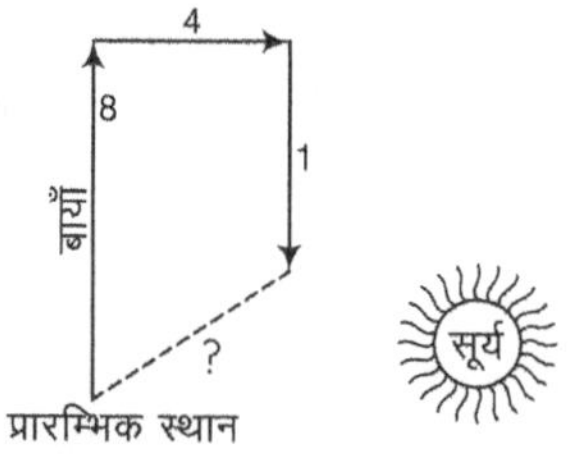

अतः आकृति से स्पष्ट है कि सौरभ प्रारम्भिक स्थान से उत्तर-पूर्व दिशा में है।

5. गौतम उत्तर की ओर चलना प्रारम्भ करता है। 40 मी की दूरी तय करने के बाद वह बाईं ओर मुड़ जाता है तथा 45 मी चलता है। इसके बाद वह पुनः बाईं ओर मुड़कर 60 मी चलता है। इसके बाद वह पुनः बाईं ओर मुड़ जाता है और 60 मी चलता है। बताइए कि वह अपने प्रारम्भिक स्थान से कितनी दूरी पर है?

(a) 18 मी (b) 25 मी (c) 40 मी (d) 28 मी

हल ***(b)*** गौतम के चलने का क्रम निम्न प्रकार से है

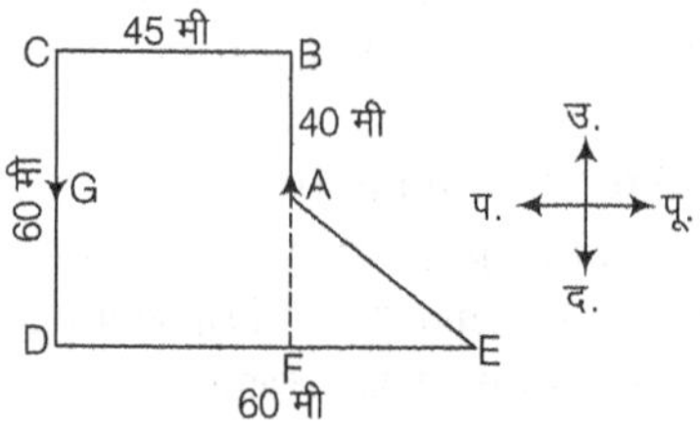

चित्र से, AF = 60 − 40 = 20 मी

FE = 60 − 45 = 15 मी

∴ $AE = \sqrt{20^2 + 15^2} = 25$ मी

अतः गौतम की प्रारम्भिक स्थान से दूरी = 25 मी

6. पूजा दक्षिण-पूर्व की ओर 7 मी की दूरी तक चलती है। इसके बाद वह पश्चिम की ओर मुड़ जाती है और 14 मी की दूरी तय करती है। पुनः वह उत्तर-पश्चिम की ओर 7 मी की दूरी तय करती है और अन्त में पूर्व की ओर 4 मी की दूरी तय करके अपने गन्तव्य स्थान पर पहुँच जाती है। बताइए कि वह अपने प्रारम्भिक स्थान से कितनी दूरी पर है?

(a) 1 मी (b) 5 मी (c) 6 मी (d) 10 मी

हल ***(d)*** पूजा के चलने का क्रम निम्नवत् है

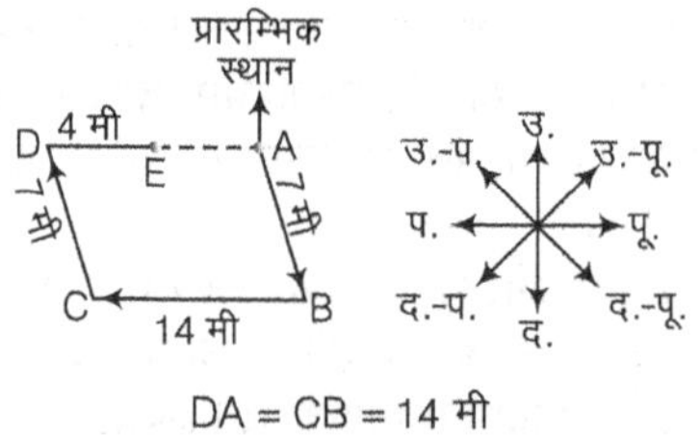

DA = CB = 14 मी

आरेख से स्पष्ट है कि पूजा अपने गन्तव्य स्थान E पर पहुँचकर प्रारम्भिक स्थान से DA − DE = 14 − 4 = 10 मी की दूरी पर है।

7. किसी बिन्दु P से, रमन ने दक्षिण की दिशा में चलना प्रारम्भ किया और 40 मी चला। वह फिर अपने बाएँ मुड़ा और 30 मी चला और एक बिन्दु R पर पहुँचा। बिन्दु P बिन्दु Q से कितनी न्यूनतम दूरी पर और किस दिशा में है?

(a) 35 मी, दक्षिण-पूर्व (b) 50 मी, दक्षिण-पश्चिम

(c) 35 मी, दक्षिण-पश्चिम (d) 50 मी, दक्षिण-पूर्व

हल (d) रमन के चलने का क्रम निम्नवत् है

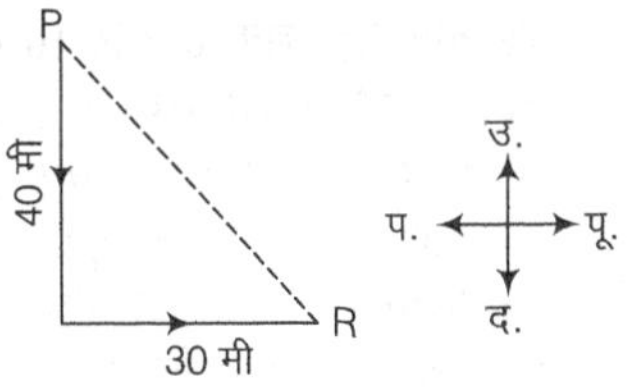

दिशा = दक्षिण-पूर्व

दूरी = $\sqrt{(40)^2 + (30)^2}$ = 50 मी

8. गाजियाबाद दिल्ली से 16 किमी उत्तर में है और फरीदाबाद दिल्ली से 40 किमी दक्षिण में। फरीदाबाद से गाजियाबाद की दूरी तथा दिशा क्या होगी?

(a) 56 किमी, दक्षिण (b) 24 किमी, दक्षिण (c) 56 किमी, उत्तर (d) 24 किमी, उत्तर

हल (c)

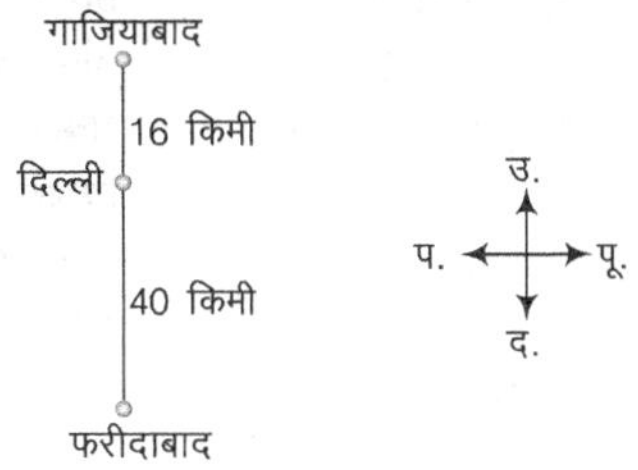

∴ गाजियाबाद से फरीदाबाद की कुल दूरी = 16 + 40 = 56 किमी तथा दिशा = उत्तर

अभ्यास प्रश्न

1. एक शाम जतिन ने सूर्य की ओर चलना शुरू किया। थोड़ी दूर चलकर वह अपनी दाईं ओर घूमा और फिर अपनी दाईं ओर घूमा। थोड़ी दूर चलकर वह फिर अपनी दाईं ओर घूमा। उसका मुँह किस दिशा में है? **[UP बी.एड. 2014]**

(a) दक्षिण (b) पूर्व

(c) पश्चिम (d) उत्तर

2. प्रशान्त और राकेश एक निश्चित स्थान से चलना प्रारम्भ करते हैं। प्रशान्त उत्तर की ओर 3 किमी चलकर दाएँ घूमता है और 4 किमी तक जाता है। राकेश पश्चिम की ओर 5 किमी चलकर दाईं ओर मुड़ता है और 3 किमी चलता है। अब वे एक-दूसरे से कितनी दूरी पर हैं? **[UP बी.एड. 2014]**

(a) 10 किमी (b) 9 किमी

(c) 8 किमी (d) 6 किमी

3. संमित्रा उत्तर की ओर 8 मी चला और दाएँ मुड़कर 16 मी चला। फिर अपने बाएँ मुड़कर 5 मी चला। वह फिर बाईं ओर मुड़ा और 16 मी चला। अब वह अपने प्रारम्भिक स्थान से कितनी दूर है? **[UP बी.एड. 2013]**

(a) 32 मी (b) 23 मी

(c) 13 मी (d) 16 मी

4. विजित पश्चिम की ओर 10 मी चलता है, फिर बाएँ मुड़कर 10 मी चलता है। वह फिर बाएँ मुड़ता है और 10 मी जाता है। वह दाईं ओर 45° घूमकर सीधे चलता है। अब वह किस दिशा की ओर जा रहा है? **[UP बी.एड. 2013]**

(a) दक्षिण (b) पश्चिम

(c) दक्षिण-पूर्व (d) दक्षिण-पश्चिम

5. एक व्यक्ति पूर्व की ओर 400 मी जाता है। वह बाईं ओर मुड़कर 400 मी जाता है। फिर बाईं ओर मुड़कर 400 मी चलता है अन्त में वह अपने दाईं ओर मुड़कर 100 मी चलता है। अब वह अपने प्रारम्भिक स्थान से कितनी दूरी (मीटर में) पर है? **[UP बी.एड. 2013]**

(a) 1300 (b) 900

(c) 800 (d) 500

6. यदि एक मनुष्य मोपेड पर एक स्थान से दक्षिण की ओर 4 किमी सवारी करता है, तब बाईं ओर मुडकर 2 किमी सवारी करता है, फिर दाईं ओर मुड़कर और 4 किमी जाता है, तो वह किस दिशा में जा रहा है? **[UP बी.एड. 2012]**

(a) उत्तर (b) पश्चिम

(c) पूर्व (d) दक्षिण

7. मनीष साइकिल से दक्षिण-पश्चिम दिशा की ओर 8 मी की दूरी तय करता है, फिर पूर्व की ओर मुड़कर 20 मी की दूरी तक जाता है। वहां से वह उत्तर-पूर्व की ओर 8 मी जाकर पश्चिम की ओर 6 मी जाता है। वहाँ से वह उत्तर-पूर्व की ओर 2 मी की दूरी तक जाता है। फिर वह पश्चिम की ओर 4 मी चलता है और फिर दक्षिण-पश्चिम की ओर 2 मी जाकर उस स्थान पर रुक जाता है। वह प्रारम्भिक स्थान से कितनी दूर है? **[UP बी.एड. 2012]**

(a) 12 मी (b) 10 मी

(c) 8 मी (d) 6 मी

8. राम उत्तर की ओर 20 मी जाता है। इसके बाद वह दाईं ओर मुड़ जाता है और 30 मी जाता है। तब वह दाईं ओर मुड़ जाता है और 35 मी जाता है। तब वह बाईं ओर मुड़ जाता है और 15 मी जाता है। तब वह पुनः बाईं ओर मुड़ जाता है और 15 मी जाता है। बताएँ कि वह अभी अपने प्रारम्भिक स्थान से किस दिशा में और कितनी दूरी पर है? **[UP बी.एड. 2011]**

(a) 15 मी, पश्चिम (b) 30 मी, पूर्व

(c) 30 मी, पश्चिम (d) 45 मी, पूर्व

9. सुधा अपने मकान से दक्षिण की ओर 50 मी चलकर बाईं ओर घूमती है और 20 मी चलती है। बाद में उत्तर की ओर घूमकर वह 30 मी चलती है और उसके बाद चलकर अपने घर जाती है। अब वह किस दिशा में चल रही है? **[UP बी.एड. 2010]**

(a) उत्तर-पश्चिम (b) उत्तर

(c) दक्षिण-पूर्व (d) पूर्व

10. केतन दक्षिण की ओर मुँह किए हुए है। वह घड़ी की विपरीत दिशा में 135° और तब 180° घड़ी की दिशा में घूमता है। वह अब किस दिशा की ओर मुँह किए हुए है? **[UP बी.एड. 2008]**

(a) उत्तर-पूर्व (b) उत्तर-पश्चिम

(c) दक्षिण-पूर्व (d) दक्षिण-पश्चिम

11. अजय 30 मी उत्तर की ओर जाता है तब दाईं ओर मुड़ता है तथा 40 मी चलता है, फिर दाईं ओर मुड़ता है तथा 20 मी चलता है तथा फिर दाईं ओर मुड़ता है और 40 मी चलता है। वह अपनी मौलिक स्थिति से कितने मीटर दूर है? **[UP बी.एड. 2008]**

(a) 0 (b) 10

(c) 20 (d) 40

12. एक आदमी किसी स्थान से चलना शुरू करता है और उत्तर दिशा में 2 किमी चलता है। उसके बाद वह दाएँ मुड़ जाता है और 3 किमी चलता है। उसके बाद वह बाएँ मुड़ जाता है और 2 किमी चलता है। अब वह कौन-सी दिशा में चल रहा है?
(a) पूर्व (b) पश्चिम
(c) दक्षिण (d) उत्तर

13. A ने पश्चिम की ओर 5 किमी की दूरी तय की और बाईं ओर मुड़कर 3 किमी चला। पुन: वह दाईं ओर मुड़कर 9 किमी गया। इसके बाद वह उत्तर की ओर 3 किमी गया। बताइए कि वह अपने प्रारम्भिक स्थान से कितनी दूरी पर है?
(a) 6 किमी (b) 14 किमी
(c) 5 किमी (d) 3 किमी

14. सीमा अपने घर से यात्रा के लिए 50 किमी की दूरी तय कर पटना पहुँचती है। फिर वह दाएँ मुड़कर 30 किमी चलकर छपरा पहुँचती है। फिर वह वहाँ से दाएँ मुड़कर 80 किमी की दूरी तय कर सिवान पहुँचती है। अन्त में वह फिर दाएँ मुड़कर 70 किमी की दूरी तय करते हुए अपने गन्तव्य स्थान पर पहुँचती है। प्रारम्भिक बिन्दु से अन्तिम बिन्दु के मध्य की दूरी कितनी है?
(a) 40 किमी (b) 50 किमी
(c) 30 किमी (d) 90 किमी

15. प्रकाश ने बिन्दु P से दक्षिण की ओर चलना प्रारम्भ किया। 40 मी चलने के बाद बाएँ मुड़ा और 30 मी चलकर बिन्दु Q पर पहुँचा। P एवं Q के बीच सरल रेखा की दूरी कितनी है और P से Q की दिशा क्या है?
(a) 60 मी, दक्षिण-पूर्व
(b) 50 मी, दक्षिण-पश्चिम
(c) 50 मी, दक्षिण-पूर्व
(d) उपरोक्त में से कोई नहीं

16. अरुण ने एक बिन्दु A से चलना शुरू किया और 10 किमी पूर्व में बिन्दु B तक गया, फिर वह उत्तर की ओर मुड़ा और 3 किमी चलकर बिन्दु C पर पहुँचा, फिर वह पश्चिम की ओर मुड़ा और 12 किमी बिन्दु D तक चला, फिर वह दक्षिण की ओर मुड़ा और बिन्दु E तक 3 किमी चला। वह आरम्भिक बिन्दु से किस दिशा में है?
(a) पूर्व (b) पश्चिम
(c) उत्तर (d) दक्षिण

17. गीता, मन्दिर जोकि उसके सामने उत्तर दिशा में है, की ओर चली। जब मन्दिर उससे 90 मी की दूरी पर था, वह बाईं ओर मुड़ी और विजय के मकान पर पहुँची। विजय का मकान उसी दिशा में 50 मी दूरी पर था। विजय के मकान से कुछ समाचार लेकर पश्चिम की ओर 100 मी चली। इसके बाद वह दाहिनीं ओर मुड़कर 90 मी चली। इस समय वह मन्दिर से कितनी दूरी पर है?
(a) 50 मी (b) 100 मी
(c) 150 मी (d) 200 मी

18. एक घड़ी में 12 : 30 बजने पर घण्टे की सुई उत्तर दिशा में तथा मिनट की सुई दक्षिण दिशा में है। 2 : 45 बजने पर मिनट की सुई किस दिशा में होगी?
(a) उत्तर-पश्चिम (b) पश्चिम
(c) दक्षिण-पूर्व (d) पूर्व

19. राजेश 9 मी पश्चिम दिशा की ओर चलने के पश्चात् दाईं ओर मुड़ा और 7 मी चला। इसके पश्चात् बाईं ओर मुड़कर उसने 8 मी की दरी तय की। वह फिर वापस मुड़ा तथा 11 मी की दूरी तय करने के पश्चात् दाईं ओर मुड़कर 7 मी चला। बताएँ कि वह अपने प्रारम्भिक स्थान से कितनी दूरी पर है?
(a) 10 मी (b) 5 मी
(c) 6 मी (d) 8 मी

20. मनीष दक्षिण की ओर 21 मी जाता है। इसके बाद वह दाईं ओर मुड़ जाता है। पुन: 19 मी जाता है। फिर वह अपनी बाईं ओर मुड़कर 11 मी जाता है। पुन: वह अपनी बाईं ओर मुड़कर 19 मी जाता है। बताइए कि वह अपने प्रारम्भिक स्थान से कितनी दूरी पर है?
(a) 32 मी (b) 33 मी
(c) 58 मी (d) 19 मी

21. सीता अपने घर से पूर्व की ओर 4 किमी चलती है। फिर वह दाएँ मुड़कर 2 किमी चलती है। बाद में फिर से दाएँ मुड़कर 4 किमी चलती है, तो सीता का मुख किस दिशा में है?
(a) पूर्व (b) उत्तर
(c) दक्षिण (d) पश्चिम

22. सुरेश बिन्दु P से 10 किमी पूर्व में चलता है। फिर वह बाएँ मुड़कर 5 किमी चलता है और फिर दुबारा बाएँ मुड़कर 15 किमी चलता है, तो वह आरम्भिक बिन्दु से किस दिशा में है?
(a) उत्तर-पश्चिम (b) उत्तर-पूर्व
(c) दक्षिण-पश्चिम (d) पश्चिम

23. मोहन 15 किमी उत्तर दिशा में चलता है। फिर वह बाएँ मुड़ जाता है और 10 किमी चलता है। बाद में फिर बाएँ मुड़कर 15 किमी चलता है, तो वह किस दिशा में चल रहा है?
(a) उत्तर (b) पूर्व
(c) पश्चिम (d) दक्षिण

24. एक व्यक्ति A एक बिन्दु से चलना आरम्भ करता है। उत्तर दिशा में 2 किमी चलता है फिर दाएँ मुड़ जाता है और 2 किमी चलता है, फिर दाएँ मुड़ जाता है और चलता है। यह बताइए कि अब वह कौन-सी दिशा में जा रहा है?
(a) दक्षिण (b) दक्षिण-पूर्व
(c) उत्तर (d) पश्चिम

25. मैं अपने घर से उत्तर की ओर 15 मी गया, पश्चिम को मुड़ा और 10 मी जाकर दक्षिण की ओर मुड़ा और 5 मी चला। फिर मैं पूर्व की ओर मुड़कर 10 मी गया। अब मैं अपने घर से किस दिशा की ओर हूँ?
(a) पश्चिम (b) उत्तर
(c) दक्षिण (d) पूर्व

26. एक आदमी पूर्व दिशा में 15 किमी चलता है और फिर बाएँ मुड़कर 5 किमी जाता है। अब वह दाएँ मुड़कर 5 किमी जाता है। प्रारम्भिक स्थान से वह कितनी दूरी पर एवं किस दिशा में है?
(a) 20 किमी, पूर्व (b) 30 किमी, पूर्व
(c) 40 किमी, पूर्व (d) इनमें से कोई नहीं

27. अजय 10 किमी उत्तर की ओर चलता है फिर वहाँ से 6 किमी दक्षिण की ओर चलता है। इसके बाद वह 3 किमी पूर्व की ओर चलता है। अब वह अपने चलने के स्थान से कितनी दूर है तथा किस दिशा में है?
(a) 7 किमी, पूर्व
(b) 5 किमी, पश्चिम
(c) 5 किमी, उत्तर-पूर्व
(d) 7 किमी, दक्षिण

28. किसी बिन्दु से रमन 35 किमी दक्षिण दिशा की ओर चला, फिर बाईं ओर मुड़कर 17 किमी चला तथा अन्त में फिर से बाईं ओर मुड़कर 35 किमी चला। बताएँ कि रमन अपने प्रारम्भिक स्थान से कितनी दूरी पर है?
(a) 60 किमी (b) 17 किमी
(c) 15 किमी (d) 30 किमी

29. एक घड़ी 4 : 30 समय दिखा रही है। यदि मिनट की सुई पूर्व की दिशा दिखा रही है, तो घण्टे की सुई कौन-सी दिशा दिखाएगी?
(a) पूर्व (b) दक्षिण-पूर्व
(c) उत्तर-पूर्व (d) दक्षिण-पश्चिम

30. रजनीश अपने घर से निकलकर 100 मी पूर्व की ओर चलता है, फिर दाएँ मुड़कर 35 मी चलने के बाद बाएँ मुड़ जाता है। अब वह किस दिशा की ओर जा रहा है?
(a) पश्चिम (b) पूर्व (c) उत्तर (d) दक्षिण

31. अभी ठीक साढ़े दस बजे हैं। मेरी घड़ी की बड़ी सुई ठीक दक्षिण की ओर इशारा कर रही है। घड़ी की छोटी सुई किस दिशा की ओर इशारा कर रही है?
(a) उत्तर-पूर्व (b) उत्तर-पश्चिम
(c) पश्चिम (d) पूर्व

32. चार रास्ते हैं। आप दक्षिण की ओर से आए हैं और मन्दिर जाना चाहते हैं। दाहिनी ओर का मार्ग आपको कॉफी हाउस से दूर ले जाता है। सीधा सामने जाने वाला मार्ग केवल कॉलेज की ओर ले जाता है। ज्ञात करें मन्दिर किस दिशा में है?
(a) उत्तर (b) दक्षिण (c) पूर्व (d) पश्चिम

33. भूमि 12 किमी पश्चिम की ओर चलने के बाद 3 किमी दक्षिण एवं पुनः मुड़कर 8 किमी पूर्व दिशा की ओर चलती है। बताएँ कि वह अपने प्रारम्भिक स्थान से कितनी दूरी पर है?
(a) 10 किमी (b) 5 किमी
(c) 20 किमी (d) 15 किमी

34. Y पूर्व में है X के, जोकि Z के उत्तर में है। अगर R दक्षिण में है Z के, तो Y के सन्दर्भ में R किस दिशा में है?
(a) दक्षिण (b) उत्तर
(c) दक्षिण-पश्चिम (d) उत्तर-दक्षिण

35. लता पश्चिम की ओर 14 मी चलती है, फिर दाईं ओर मुड़कर 14 मी चलती है और फिर अपनी बाईं ओर मुड़कर 10 मी चलती है, फिर बाईं ओर मुड़कर वह 14 मी चलती है। उसके प्रारम्भिक प्रस्थान बिन्दु और उसकी वर्तमान स्थिति में सबसे कम दूरी क्या है?
(a) 38 मी (b) 28 मी
(c) 24 मी (d) 10 मी

36. यदि दक्षिण-पूर्व उत्तर हो जाए, उत्तर-पूर्व पश्चिम हो जाए और आगे भी परिवर्तन का यही क्रम जारी रहे, तो पश्चिम क्या होगा?
(a) दक्षिण-पश्चिम (b) दक्षिण-पूर्व
(c) उत्तर-पूर्व (d) उत्तर-पश्चिम

37. यदि दक्षिण-पूर्व दिशा के स्थान पर दक्षिण-पश्चिम दिशा रखी जाए, तो दिशाओं में क्या परिवर्तन होगा?
(a) पूर्व के स्थान पर पश्चिम
(b) पूर्व के स्थान पर दक्षिण
(c) पश्चिम के स्थान पर दक्षिण
(d) उत्तर के स्थान पर पश्चिम

38. अमित 12 मी उत्तर की ओर चलता है। वहाँ से दक्षिण की ओर 8 मी चलता है। इसके बाद वह 3 मी पूर्व की ओर चलता है। वह अपने चलने के बिन्दु से कितना दूर एवं किस दिशा में है?
(a) 8 मी, पूर्व
(b) 3 मी, पश्चिम
(c) 5 मी, उत्तर-पूर्व
(d) 7 मी, उत्तर-पश्चिम

39. राज दक्षिण दिशा में चलकर दाहिने मुड़ता है और फिर बाएँ और फिर दाहिने, तो अब वह आरम्भिक स्थान से किस दिशा में है?
(a) दक्षिण (b) उत्तर-पूर्व
(c) दक्षिण-पश्चिम (d) उत्तर

40. राकेश 20 मी पूर्व की ओर चलकर 10 मी दक्षिण की ओर चलता है। इसके बाद 35 मी पश्चिम की ओर चलकर 5 मी उत्तर की ओर चलता है, फिर 15 मी पूर्व की ओर चलता है। अब अन्तिम बिन्दु पर प्रारम्भिक बिन्दु से किस दिशा में है?
(a) पूर्व (b) उत्तर
(c) दक्षिण (d) पश्चिम

41. विपिन अपने घर से उत्तर दिशा में 10 मी चला, तब बाईं ओर घूमा तथा 20 मी चलकर पुनः बाईं ओर घूमा तथा 20 मी दूरी तय की। अब पुनः बाईं ओर घूमकर 10 मी चला तथा बाईं ओर घूमा तथा 10 मी और चला हो, तो बताइए कि विपिन अपने घर से किस दिशा में है?
(a) उत्तर (b) दक्षिण
(c) पश्चिम (d) पूर्व

42. हरीश एक खेत को कर्ण की दिशा में पार करना प्रारम्भ करता है, आधी दूरी चलने के पश्चात् वह दाएँ मुड़ जाता है। कुछ दूरी चलने के बाद बाएँ मुड़ता है, तो अब वह किस दिशा में मुँह करके चल रहा है?

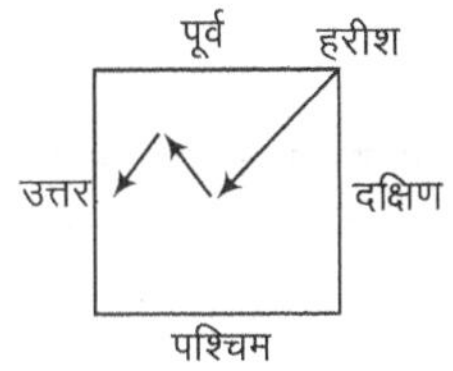

(a) उत्तर (b) पूर्व
(c) पूर्व-दक्षिण (d) उत्तर-पश्चिम

43. एक आदमी दक्षिण दिशा की ओर मुँह किए खड़ा है। वह वामावर्त दिशा में 135° पर घूमता है और फिर दक्षिणावर्त दिशा में 225° पर घूमता है। बताइए कि अब वह किस दिशा की ओर मुँह किए हुए है?
(a) पूर्व (b) पश्चिम
(c) उत्तर (d) दक्षिण

44. नवीन 20 मी उत्तर की ओर जाता है। इसके बाद वह दाईं ओर मुड़ जाता है और 30 मी जाता है। अब वह पुनः दाईं ओर मुड़कर 35 मी जाता है। पुनः वह बाईं ओर मुड़ जाता है और 15 मी जाता है। इसके बाद वह पुनः बाईं ओर मुड़कर 15 मी जाता है और अन्त में वह पुनः बाईं ओर मुड़कर 15 मी की दूरी तय करता है। बताए कि नवीन अभी अपने प्रारम्भिक स्थान से किस दिशा में और कितनी दूरी पर है?
(a) 30 मी, पश्चिम (b) 45 मी, पूर्व
(c) 15 मी, पश्चिम (d) 30 मी, पूर्व

45. यदि $A \times B$ का अर्थ है A, B के दक्षिण में है, $A + B$ का अर्थ है A, B के उत्तर में है। $A \div B$ का अर्थ है A, B के पूर्व में है, $A - B$ का अर्थ है A, B के पश्चिम में है, तो '$P \div Q + R - S$' में S, Q के सापेक्ष किस दिशा में है?
(a) दक्षिण-पश्चिम (b) दक्षिण-पूर्व
(c) उत्तर-पूर्व (d) उत्तर-पश्चिम

46. विजय के स्कूल का फाटक उत्तर दिशा में है। वह फाटक से बाहर निकलकर 200 मी आगे जाता है तथा अध्यापक को देखकर एकदम विपरीत दिशा में 300 मी जाता है। इसके बाद वह बाएँ मुड़ता है तथा 400 मी की दूरी तय करता है। अब वह प्रारम्भिक स्थान से किस दिशा में है?
(a) दक्षिण-पूर्व (b) उत्तर-पूर्व
(c) उत्तर-पश्चिम (d) दक्षिण-पश्चिम

उत्तरमाला

1. (a)	**2.** (b)	**3.** (c)	**4.** (d)	**5.** (d)	**6.** (d)	**7.** (b)	**8.** (d)	**9.** (a)	**10.** (d)
11. (b)	**12.** (d)	**13.** (b)	**14.** (b)	**15.** (c)	**16.** (b)	**17.** (c)	**18.** (b)	**19.** (c)	**20.** (a)
21. (d)	**22.** (a)	**23.** (d)	**24.** (a)	**25.** (b)	**26.** (d)	**27.** (c)	**28.** (b)	**29.** (c)	**30.** (b)
31. (b)	**32.** (d)	**33.** (b)	**34.** (c)	**35.** (c)	**36.** (b)	**37.** (b)	**38.** (c)	**39.** (c)	**40.** (c)
41. (c)	**42.** (d)	**43.** (b)	**44.** (d)	**45.** (b)	**46.** (a)				

संकेत एवं हल

1. ∵ शाम के समय सूर्य पश्चिम में होगा।

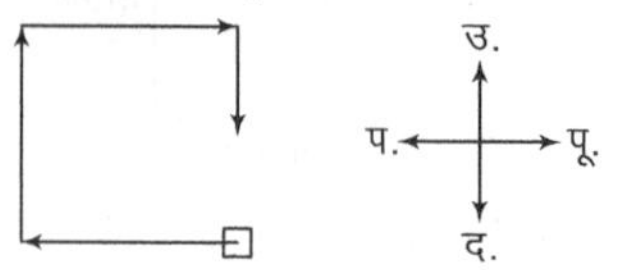

अतः अन्त में उसका मुँह दक्षिण दिशा में होगा।

2. चलने का क्रम निम्नवत् होगा

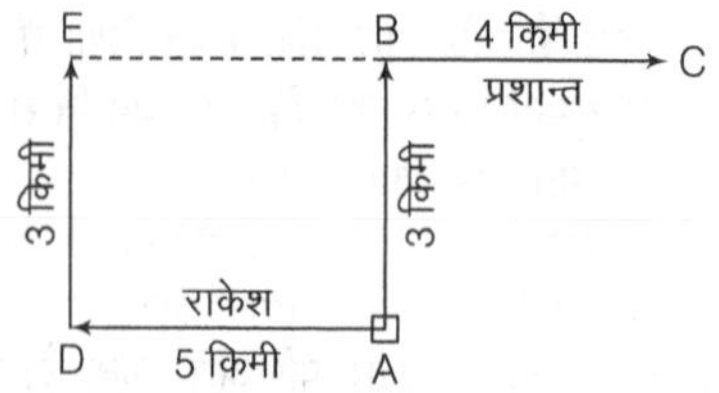

अतः अभीष्ट दूरी (EC) = EB + BC
= 5 + 4 = 9 किमी

3. संमित्रा का गमन पथ इस प्रकार है

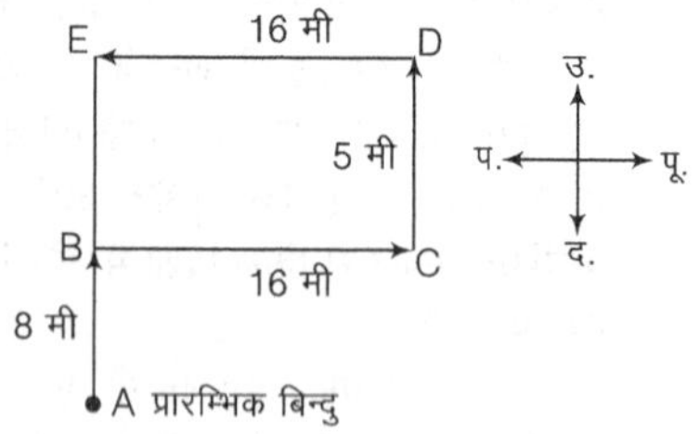

अभीष्ट दूरी = AE = AB + BE
= 8 + 5 = 13 मी

4. विजित का गमन पथ इस प्रकार है

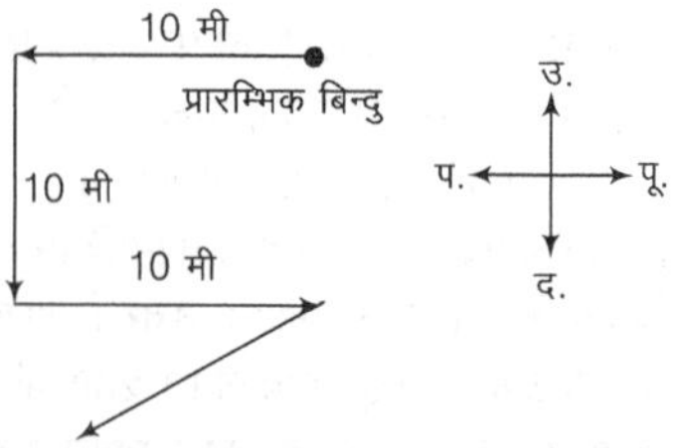

अतः अन्त में वह दक्षिण-पश्चिम दिशा में जा रहा है।

5. व्यक्ति का गमन पथ इस प्रकार है

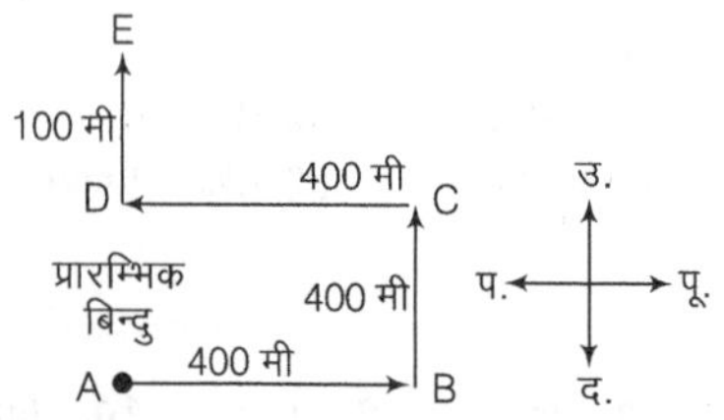

प्रारम्भिक स्थान से दूरी = AE = 400 + 100
= 500 मी

6. मनुष्य के चलने का क्रम निम्नवत् है

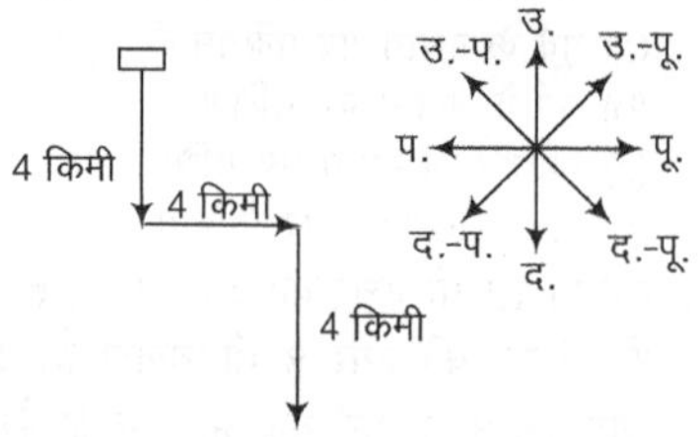

अतः मनुष्य दक्षिण दिशा में जा रहा है।

7.

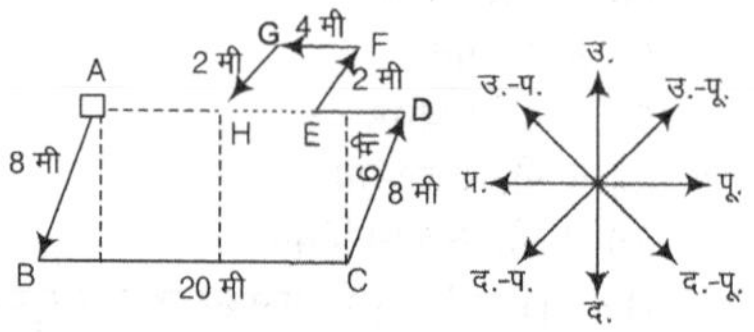

अतः अभीष्ट दूरी (AH) = 20 − (4 + 6) = 10 मी

8. राम के A से F तक के जाने का क्रम निम्नवत् है

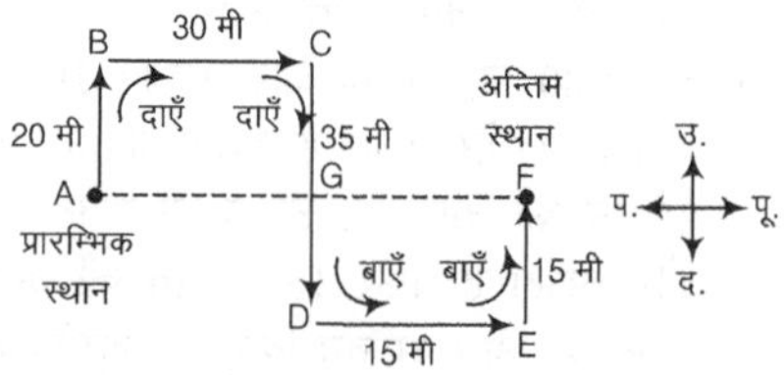

प्रारम्भिक स्थान A से राम की दूरी
= AF = AG + GF = BC + DE
= 30 + 15 = 45 मी
अतः A से F पूर्व की ओर है।

9. प्रश्नानुसार,

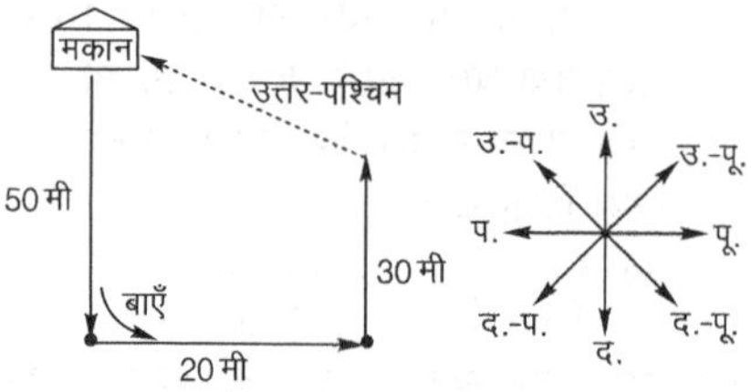

अतः अब सुधा उत्तर-पश्चिम दिशा में चल रही है।

10. प्रश्नानुसार,

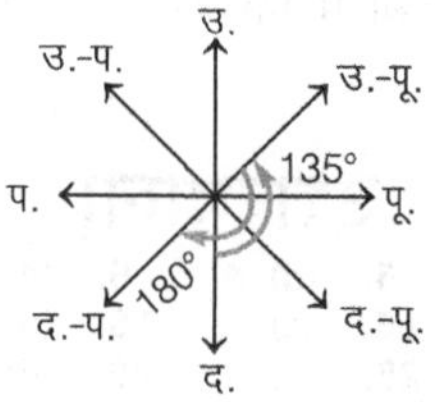

अतः उपरोक्त आरेख से यह स्पष्ट होता है कि केतन दक्षिण-पश्चिम दिशा की ओर मुँह किए हुए है।

11. प्रश्नानुसार,

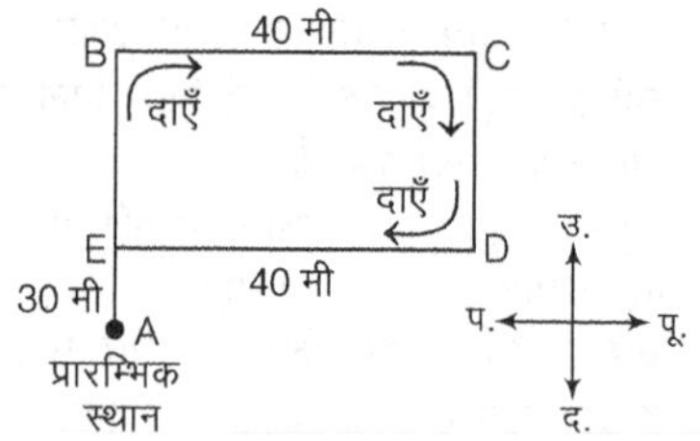

उपरोक्त आरेख में AB = 30 मी, BC = 40 मी, CD = 20 मी, DE = 40 मी, BE = CD = 20 मी
अतः अभीष्ट दूरी = AE = AB − BE = 30 − 20
= 10 मी

12. आदमी के चलने का क्रम निम्नवत् है

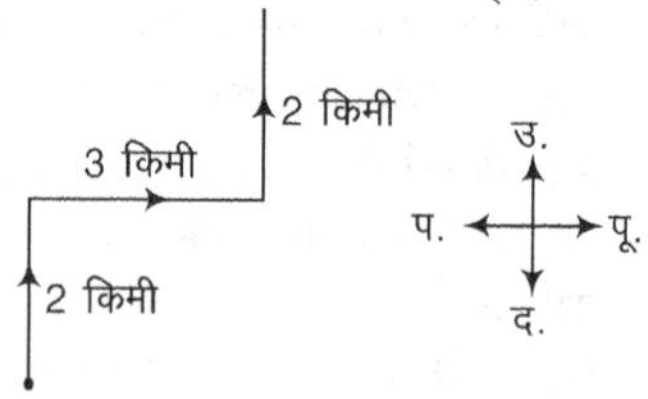

अतः आदमी उत्तर दिशा में चल रहा है।

13. A के चलने का क्रम निम्नवत् है

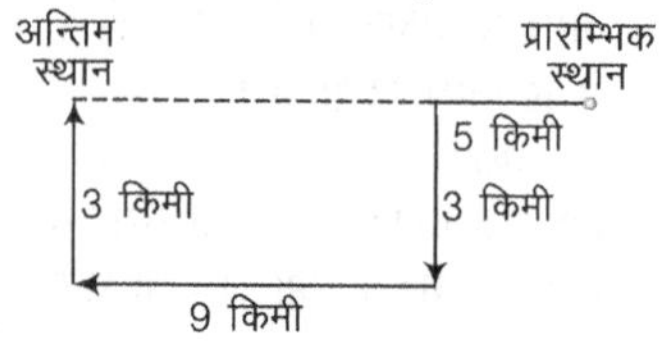

अभीष्ट दूरी = 5 + 9 = 14 किमी
अर्थात् A अपने प्रारम्भिक स्थान से 14 किमी की दूरी पर है।

14. सीमा के चलने का क्रम निम्नवत् है

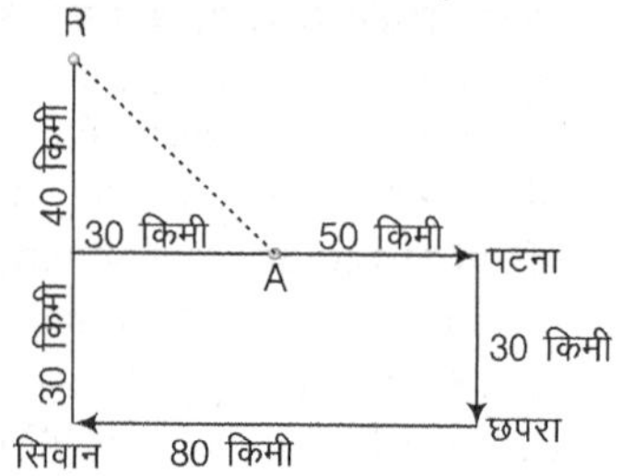

घर से गन्तव्य के मध्य की दूरी

$$= AR = \sqrt{(40)^2 + (30)^2}$$
$$= \sqrt{1600 + 900}$$
$$= \sqrt{2500} = 50 \text{ किमी}$$

15. प्रकाश के चलने का क्रम निम्नवत् है

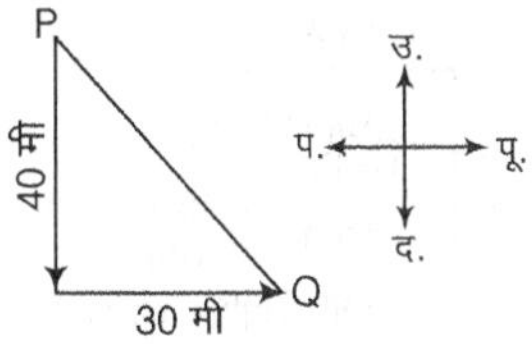

अतः P से Q की दिशा दक्षिण-पूर्व है।

दूरी $PQ = \sqrt{(40)^2 + (30)^2}$

$= \sqrt{1600 + 900}$

$= \sqrt{2500} = 50$ मी

अतः प्रकाश दक्षिण-पूर्व दिशा में है तथा बिन्दु P एवं Q के मध्य दूरी 50 मी है।

16. अरुण के चलने का क्रम निम्नवत् है

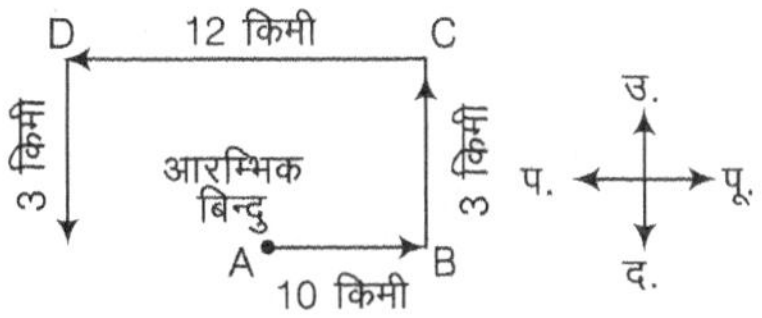

अतः अरुण आरम्भिक बिन्दु से पश्चिम दिशा में है।

17. गीता के चलने का क्रम निम्नवत् है

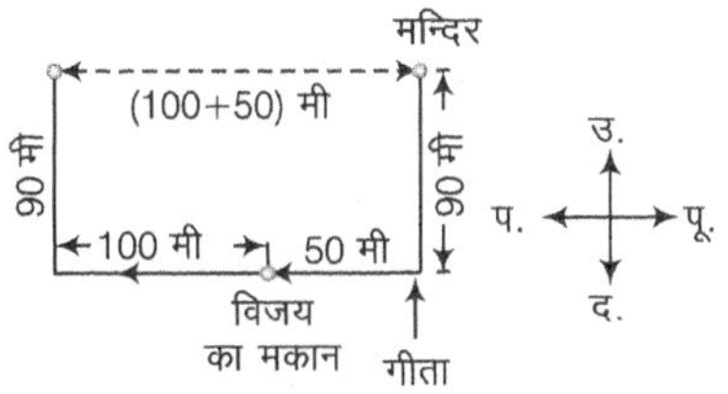

अतः उपरोक्त चित्र से स्पष्ट है कि मन्दिर से गीता की वर्तमान दूरी

$= 100 + 50 = 150$ मी

18.

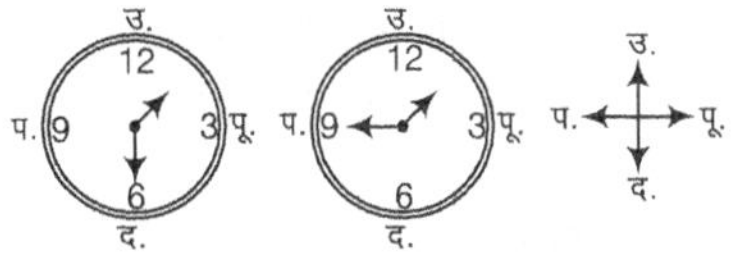

अतः चित्र से स्पष्ट है कि 2 : 45 बजने पर मिनट वाली सुई पश्चिम दिशा में होगी।

19. राजन के चलने का क्रम निम्नवत् है

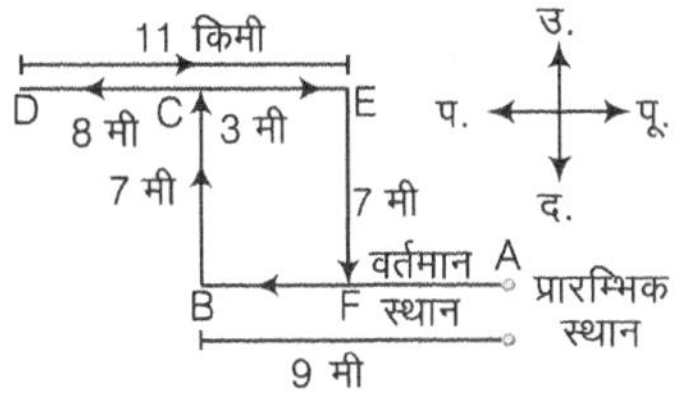

प्रश्नानुसार, $AB = 9$ मी

$BC = EF = 7$ मी

$DE = 11$ मी तथा $DC = 8$ मी

$\therefore$ $CE = BF = 3$ मी

अतः वर्तमान स्थान की प्रारम्भिक स्थान से दूरी

$AF = 9 - 3 = 6$ मी

20. मनीष के चलने का क्रम निम्नवत् है

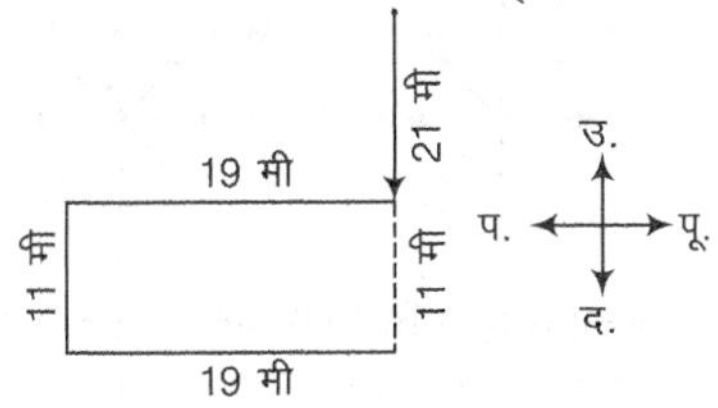

अतः उपरोक्त चित्र से स्पष्ट है कि मनीष अपने प्रारम्भिक स्थान से (21 मी + 11 मी) = 32 मी की दूरी पर है।

21. सीता के चलने का क्रम निम्नवत् है

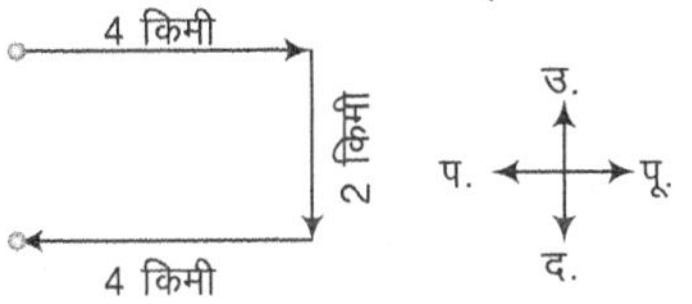

अतः सीता का मुख पश्चिम दिशा में है।

22. सुरेश के चलने का क्रम निम्नवत् है

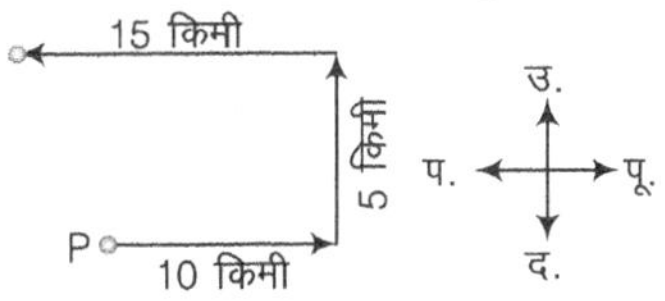

अतः सुरेश आरम्भिक बिन्दु से उत्तर-पश्चिम दिशा में है।

23. मोहन के चलने का क्रम निम्नवत् है

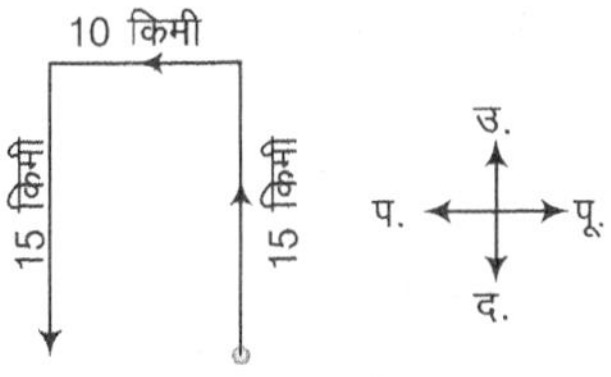

अतः मोहन दक्षिण दिशा में चल रहा है।

24. व्यक्ति के भ्रमण करने का क्रम इस प्रकार है

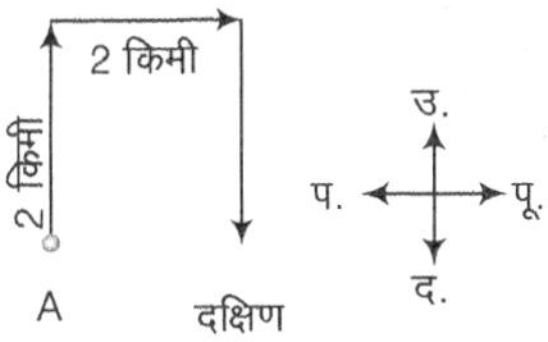

अतः अब वह व्यक्ति दक्षिण दिशा में जा रहा है।

25. मेरे चलने का क्रम निम्नवत् है

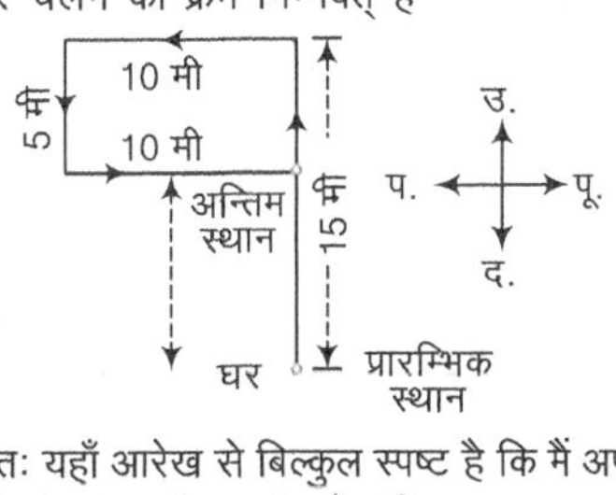

अतः यहाँ आरेख से बिल्कुल स्पष्ट है कि मैं अपने घर से उत्तर दिशा की ओर हूँ।

26. आदमी के चलने का क्रम निम्नवत् है

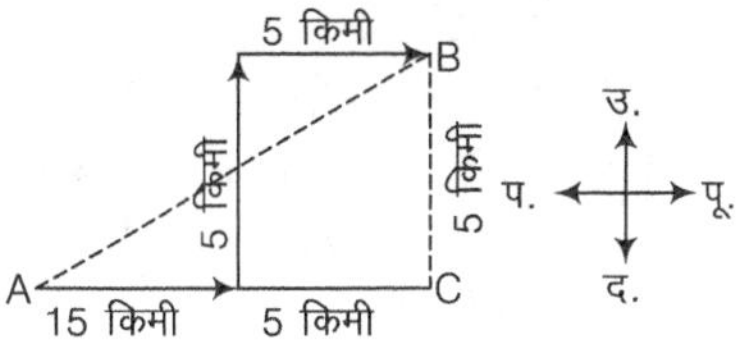

दिशा = उत्तर-पूर्व

दूरी $= \sqrt{(20)^2 + (5)^2} = \sqrt{425} = 20.61$ किमी

27. अजय के चलने का क्रम निम्नवत् है

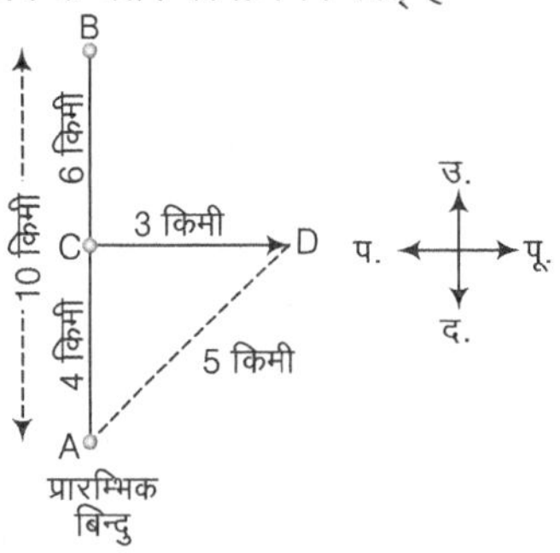

$AD^2 = AC^2 + CD^2 = 16 + 9 = 25$

$\therefore$ $AD = \sqrt{25} = 5$ किमी, उत्तर-पूर्व

अतः अजय अपने चलने के स्थान से 5 किमी उत्तर-पूर्व दिशा में है।

28. रमन के चलने का क्रम निम्नवत् है

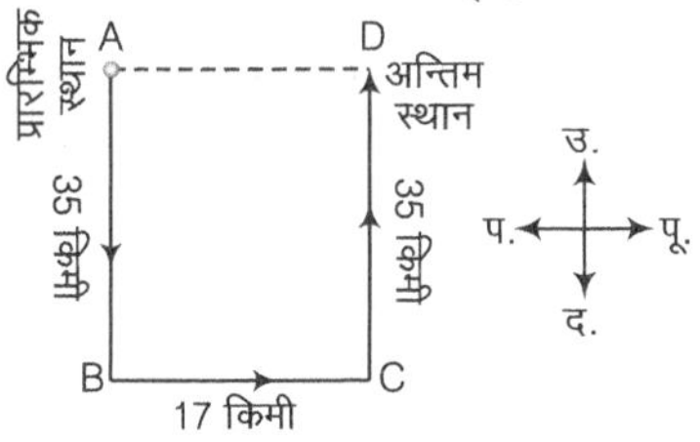

प्रारम्भिक स्थान से अन्तिम स्थान की दूरी

$= AD = 17$ किमी

अतः रमन अपने प्रारम्भिक स्थान से 17 किमी की दूरी पर है।

29.

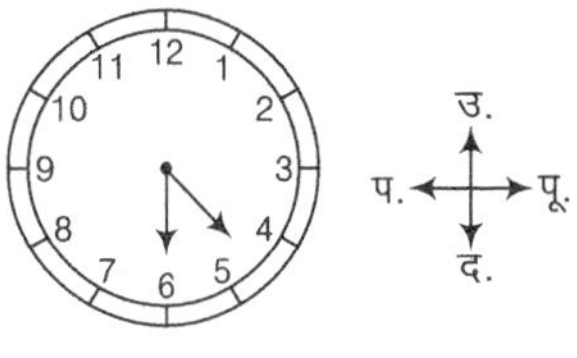

अतः जब मिनट की सुई पूर्व दिशा में हो तथा घड़ी 4 : 30 समय दिखा रही हो, तो घण्टे की सुई उत्तर-पूर्व दिशा में होगी।

30. रजनीश के चलने का क्रम निम्नवत् है

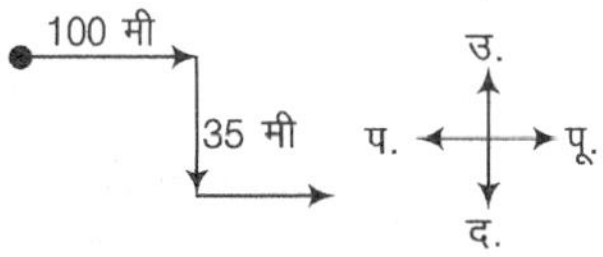

अतः रजनीश पूर्व दिशा में जा रहा है।

31.

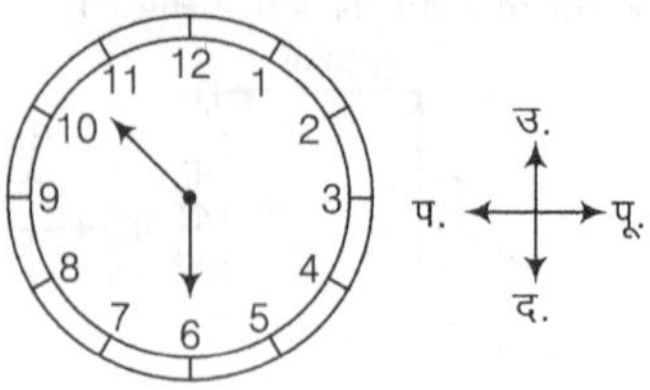

अतः छोटी सुई उत्तर-पश्चिम की ओर इशारा करेगी।

32. मन्दिर की दिशा निम्नवत् है

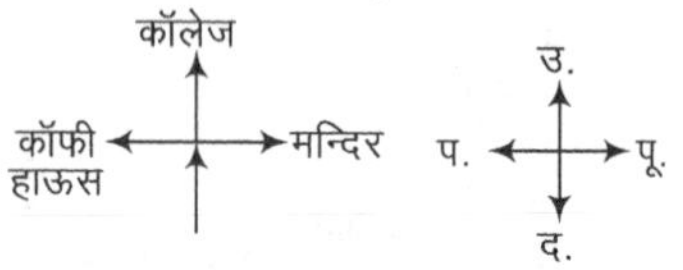

अतः मन्दिर पश्चिम दिशा में है।

33. भूमि के चलने का क्रम निम्नवत् है

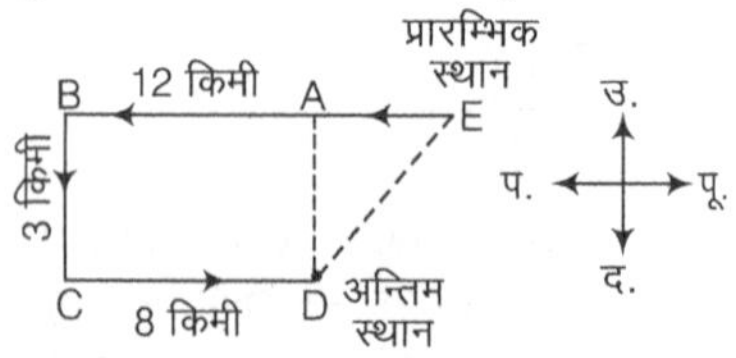

प्रारम्भिक स्थान E से व्यक्ति की दूरी = ED

समकोण Δ AED में पाइथागोरस प्रमेय से,

$$ED = \sqrt{AE^2 + AD^2}$$

$$AE = BE - BA$$

$$= 12 - 8 = 4 \text{ किमी}$$

और $AD = BC = 3$ किमी

$\therefore$ $ED = \sqrt{4^2 + 3^2}$

$$= \sqrt{16 + 9}$$

$$= \sqrt{25} = 5 \text{ किमी}$$

34.

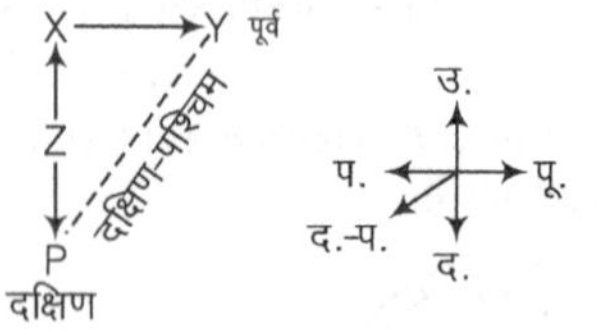

अतः उपरोक्त आरेख से स्पष्ट है कि Y के सन्दर्भ में P दक्षिण-पश्चिम में है।

35. लता के चलने का क्रम निम्नवत् है

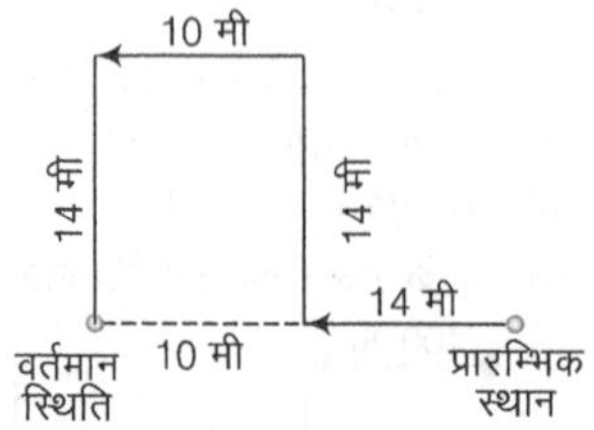

अतः पृथ्वी की प्रारम्भिक बिन्दु और उसकी वर्तमान स्थिति में सबसे कम दूरी 10 + 14 = 24 मी है।

36.

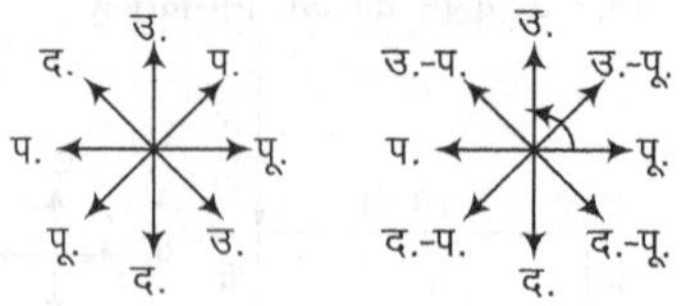

प्रश्नानुसार, दक्षिण-पूर्व यदि उत्तर हो जाता है, तो इसके विपरीत उत्तर-पश्चिम, दक्षिण हो जाएगा। अतः पश्चिम, दक्षिण-पूर्व हो जाएगा।

37.

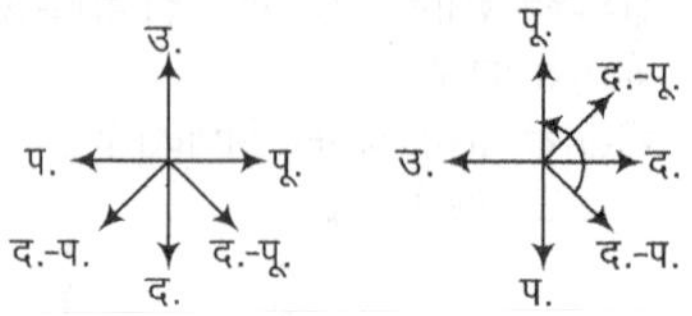

दिशाओं को 90° वामावर्त घुमाने पर दक्षिण-पूर्व के स्थान पर दक्षिण-पश्चिम तथा पूर्व के स्थान पर दक्षिण होगा।

38. अमित के चलने का क्रम निम्नवत् है

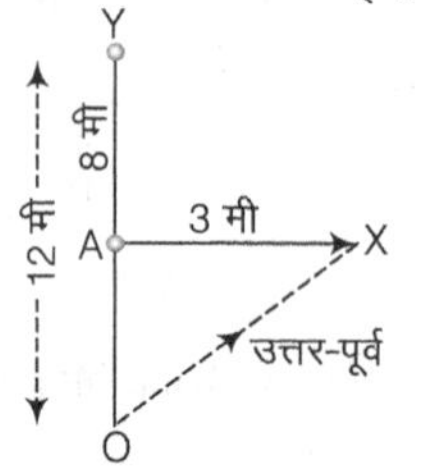

दिशा = उत्तर-पूर्व

$OA = 12 - 8 = 4$ मी

$OX = \sqrt{(4)^2 + (3)^2}$ (पाइथागोरस प्रमेय से)

$= \sqrt{25} = 5$ मी

अतः अजय अपने प्रारम्भिक स्थान से 5 मी उत्तर-पूर्व में है।

39. राज के चलने का क्रम निम्नवत् है

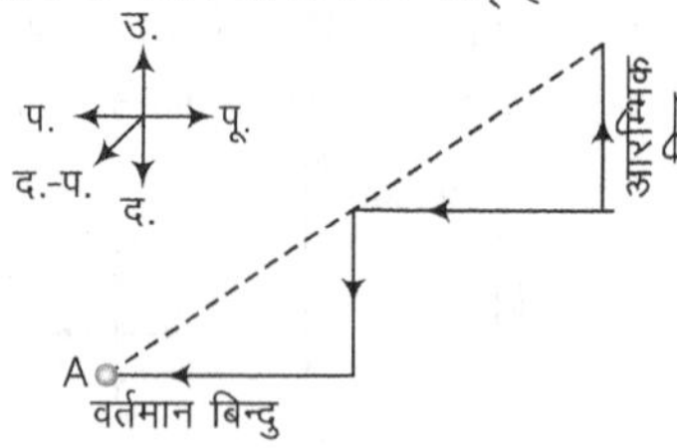

अतः चित्रानुसार स्पष्ट है कि राज अपने वर्तमान आरम्भिक स्थान से दक्षिण-पश्चिम दिशा में है।

40. राजेश के चलने का क्रम निम्नवत् है

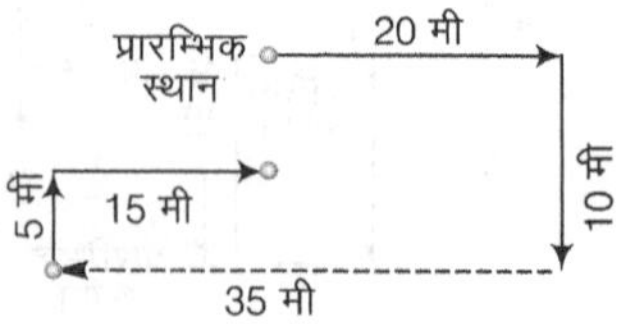

अतः राकेश अन्तिम बिन्दु पर, प्रारम्भिक बिन्दु से, दक्षिण दिशा में है।

41. विपिन के चलने का क्रम निम्नवत् है

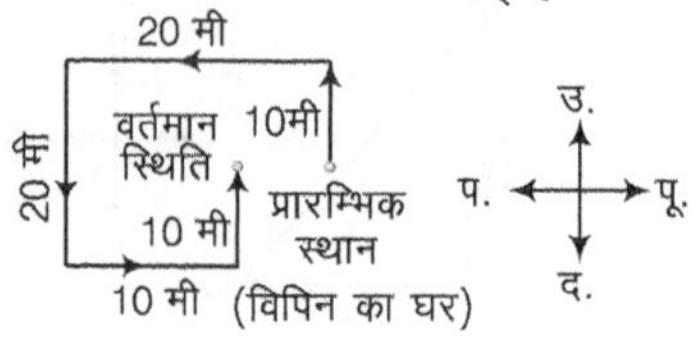

अतः आरेख से स्पष्ट है कि विपिन अपने घर से पश्चिम दिशा में है।

42. प्रश्न में दिए गए चित्र से ही स्पष्ट है कि हरीश अब उत्तर-पश्चिम की ओर मुख करके चल रहा है।

43. दक्षिण −135° + 225° = दक्षिण + 90° = पश्चिम

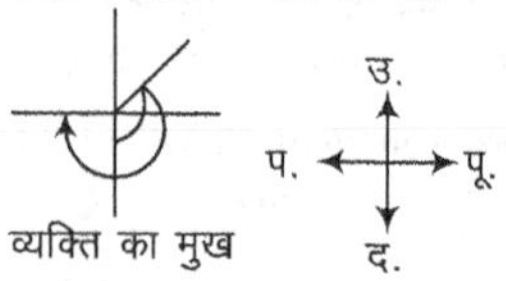

44. नवीन के चलने का क्रम निम्नवत् है

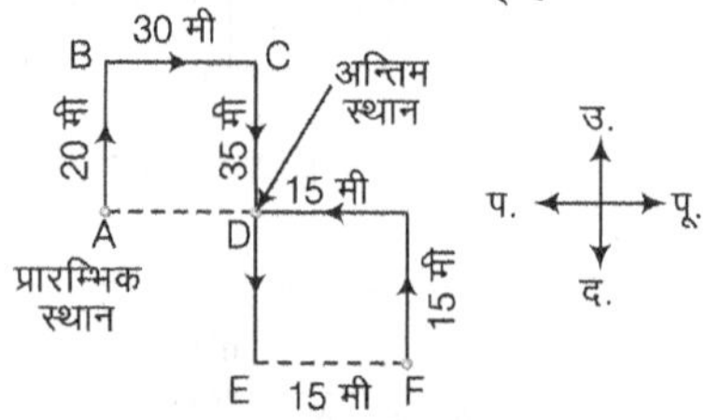

BC = 30 मी

चित्रानुसार, BC = AD या AD = 30 मी

अतः नवीन अपने प्रारम्भिक स्थान से 30 मी, पूर्व दिशा में है।

45. प्रश्न में दिए गए निर्देश निम्नवत् है

A × B का अर्थ है A $\xleftarrow{\text{दक्षिण}}$ B

A + B का अर्थ है A $\xleftarrow{\text{उत्तर}}$ B

A ÷ B का अर्थ है A $\xleftarrow{\text{पूर्व}}$ B

A − B का अर्थ है A $\xleftarrow{\text{पश्चिम}}$ B

प्रश्न में दिए गए निर्देशानुसार,

P ÷ Q + R − S का अर्थ हुआ

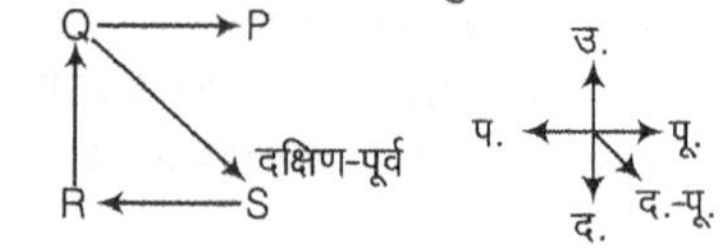

अतः चित्र से स्पष्ट है कि S, Q के सापेक्ष दक्षिण-पूर्व में है।

46. विजय के चलने का क्रम निम्नवत् है

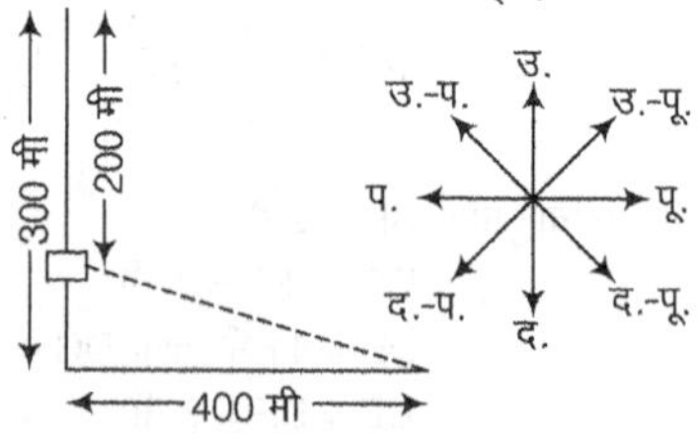

स्पष्टतः वह प्रारम्भिक स्थान से दक्षिण-पूर्व दिशा में है।

अध्याय

11

रक्त सम्बन्ध परीक्षण

Blood Relation Test

रक्त सम्बन्ध से हमारा अभिप्राय दो या दो से अधिक व्यक्तियों के बीच अपने पूर्वजों द्वारा किए गए सन्तानोत्पत्ति के आधार पर सम्बन्ध निर्धारण करने की व्यवस्था से है।

इस परीक्षण का उद्देश्य प्रतियोगियों में रिश्ते सम्बन्धी ज्ञान की जाँच करना होता है। इस परीक्षण के अन्तर्गत प्रतियोगियों से ऐसे प्रश्न पूछे जाते हैं, जिनमें किन्हीं दो या दो से अधिक व्यक्तियों के सम्बन्ध दिए गए होते हैं तथा इन्हीं सम्बन्धों के आधार पर प्रतियोगियों को किसी अन्य व्यक्ति का सम्बन्ध उनसे ज्ञात करना होता है।

इस प्रकार के प्रश्नों को हल करने के लिए स्वयं के आधार पर रिश्तेदारी की पहचान करने वाले सम्बन्धों की जानकारी आवश्यक है। रक्त सम्बन्ध पर आधारित प्रश्नों को चरणबद्ध तरीके से रिश्ता निकालते हुए हल करना चाहिए। ऐसे प्रश्नों को हल करने में संकेतों तथा आरेखों का उपयोग किया जाना चाहिए ताकि सम्बन्धों की पहचान को सुलभ किया जा सके।

रक्त सम्बन्धित प्रश्नों में जिस व्यक्ति का सम्बन्ध पूछा गया हो उससे सम्बन्धित कथन को सबसे पहले लें तथा कम-से-कम कथनों का उपयोग कर उस व्यक्ति तक पहुँचे, जिससे सम्बन्ध पूछा गया हो। जिस व्यक्ति का सम्बन्ध पूछा गया हो उसका लिंग (sex) पता लगाना आवश्यक होता है।

रक्त सम्बन्ध से सम्बन्धित प्रश्नों को हल करने से पूर्व निम्नलिखित रिश्ते सम्बन्धी तथ्यों की जानकारी होना अत्यन्त आवश्यक है

पीढ़ी	पुरुष	महिला
दो पीढ़ी ऊपर	दादा	दादी,
	नाना	नानी,
एक पीढ़ी ऊपर	पिता	माँ
	चाचा, फुफा, मौसा	चाची बुआ, मौसी
	ससुर	सास
स्वयं की पीढ़ी	पति, भाई, चचेरा भाई, ममेरा भाई, मौसेरा भाई, फूफेरा भाई, बहनोई, साला, देवर, जेठ, साली का पति, ननदोई	पत्नी, बहन, चचेरी, बहन, ममेरी बहन, मौसेरी बहन, फूफेरी बहन, नन्द, सलहज, देवरानी, जेठानी, भाभी, साली
एक पीढ़ी नीचे	पुत्र, भतीजा, भाँजा	पुत्री,भतीजी, भाँजी,
	दामाद	पुत्रवधु
दो पीढ़ी नीचे	पोता, नाती, पोती या नातिनी का पति	पोती, नतिनी, पोता या नाती की पत्नी
तीन पीढ़ी ऊपर	परदादा, परनाना परदादा/ नाना ससुर	परदादी, परनानी परदादी/नानी सास
तीन पीढ़ी नीचे	परपोता, परनाती परपोती या परनातिन का पति	परपोती, परनातिन परपोता या परनाती की पत्नी

रक्त सम्बन्धों के प्रश्नों को हल करने से पूर्व निम्नलिखित तीर संकेतों की जानकारी होना जरूरी है

- A और B भाई हैं, $A^{+} \xleftrightarrow{\text{भाई}} B^{+}$
- A, B का भाई हैं, $A^{+} \xleftarrow{\text{भाई}} B$
- A, B की बहन हैं, $A^{-} \longleftarrow B$

+ = पुरुष
− = महिला

साधित उदाहरण

1. किसी महिला की फोटो की ओर संकेत करते हुए अरुण ने कहा, ''यह मेरे भाई के पुत्र की पत्नी की पुत्री की माँ है।'' अरुण उस महिला का क्या है?
(a) चचेरा भाई (b) पुत्रवधु (c) चाचा (d) चचेरा ससुर

हल ***(d)*** प्रश्नानुसार, आरेख बनाने पर,

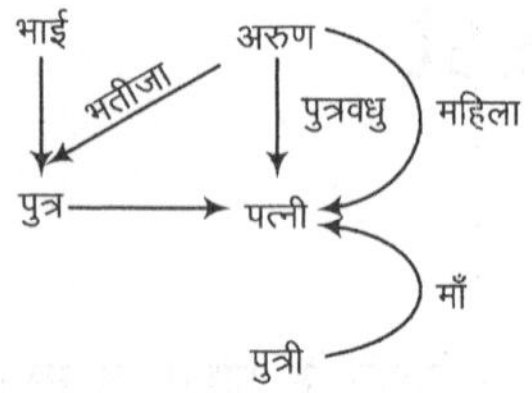

अतः अरुण के भाई के पुत्र की पत्नी ही महिला है। इसलिए अरुण महिला का चचेरा ससुर हुआ।

2. K भाई है X का, Z पुत्र है X का, P जो K की पुत्री है, N से ब्याही है। G तथा X परस्पर बहनें हैं। बताइए G का Z से क्या सम्बन्ध है?
(a) बहन (b) मौसी (c) माँ (d) सास

हल ***(b)***

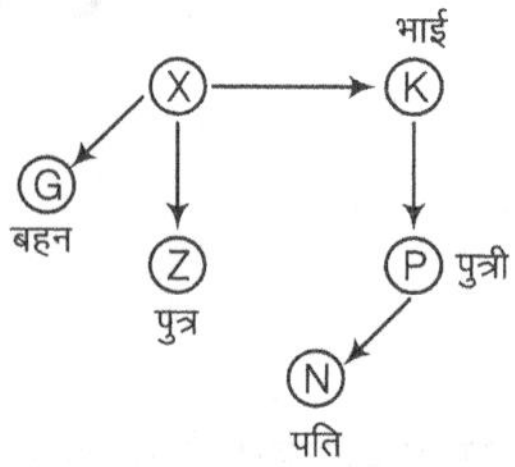

अतः G, Z की मौसी है।

अभ्यास प्रश्न

1. B, D की बहन है। M, D का पिता है। N, M की बहन है। B का N से क्या सम्बन्ध है? **[UP बी.एड. 2014]**
(a) बहन (b) बुआ
(c) भतीजी (d) जानकारी अधूरी है

2. एक लड़की की ओर संकेत करते हुए मयंक ने कहा, ''वह मेरे दादा की इकलौती सन्तान की एकमात्र पुत्री है।'' वह लड़की मयंक से किस प्रकार सम्बन्धित है? **[UP बी.एड. 2014]**
(a) पुत्री (b) भतीजी
(c) बहन (d) जानकारी अधूरी है

3. 'A' और 'B' भाई हैं। 'E' पुत्री है, 'F' की। 'F' पत्नी है, 'B' की। 'E' का 'A' से क्या सम्बन्ध है? **[UP बी.एड. 2013]**
(a) बहन (b) पुत्री
(c) भतीजी (d) भाभी

4. यदि P पति है Q का, और R माता है S और Q की, तो R से P का क्या सम्बन्ध है? **[UP बी.एड. 2012]**
(a) माता (b) बहन (c) मौसी (d) सास

5. रमेश ने कहा, ''यह लड़की मेरे माँ के पौते की पत्नी है।'' रमेश उस लड़की का कौन है? **[UP बी.एड. 2011]**
(a) पिता (b) पति
(c) ससुर (d) दादा

6. रमेश, अजय के पुत्र के पुत्र का भाई है। अजय का रमेश से क्या सम्बन्ध है? **[UP बी.एड. 2010]**
(a) कजन (b) पिता
(c) दादा (d) पुत्र

7. मनोज ने कहा, ''मेरी माँ राहुल के भाई की बहन है।'' राहुल का मनोज से क्या सम्बन्ध है? **[UP बी.एड. 2010]**
(a) कजन (b) मामा
(c) चाचा (d) साला

8. एक वृद्ध व्यक्ति की ओर इशारा करते हुए अमित ने कहा, ''उसका पुत्र मेरे पुत्र का चाचा है।'' वृद्ध व्यक्ति अमित से किस प्रकार सम्बन्धित है? **[UP बी.एड. 2008]**
(a) भाई (b) चाचा
(c) पिता (d) बाबा

9. पदक प्राप्त करते व्यक्ति को दिखाते हुए आरती ने कहा, ''वह मेरे चाचा की पुत्री का भाई है।'' वह व्यक्ति आरती का कौन है? **[UP बी.एड. 2008]**
(a) भतीजा (b) चचेरा भाई
(c) चाचा (d) पुत्र

10. एक व्यक्ति का परिचय देते हुए एक औरत कहती है, ''इनकी पत्नी मेरी माँ की एकमात्र पुत्री है।'' परिचय देने वाली औरत तथा उस व्यक्ति के बीच क्या सम्बन्ध है?
(a) पत्नी तथा पति
(b) माँ तथा पुत्र
(c) सास तथा दामाद
(d) उपरोक्त में से कोई नहीं

11. एक लड़के का परिचय देते हुए एक औरत ने कहा, ''इसके मामा के मामा तथा मेरे मामा परस्पर भाई हैं।'' उस महिला का लड़के से क्या सम्बन्ध है?
(a) चाची (b) माँ
(c) दादी (d) भाभी

12. किसी वृद्ध व्यक्ति का पुत्र मेरे पुत्र का चाचा है। बताइए मेरी माँ की इकलौती पुत्री के इकलौते पुत्र का उस वृद्ध से क्या सम्बन्ध है?
(a) नाती (b) भतीजी
(c) चाचा (d) इनमें से कोई नहीं

13. अंजली सुलोचना से कहती है कि तुम्हारी माता मेरे मामा की बहन है परन्तु वह मेरी माँ नहीं है। सुलोचना के पिता का सम्बन्ध अंजली के साथ किस प्रकार का होगा?
(a) मौसा (b) मामा
(c) चाचा (d) पिता

14. संजय ने कृति से कहा, ''तुम मेरी बहन की माँ के पति की बहन के बेटे हो।'' कृति संजय से किस प्रकार सम्बन्धित है?
(a) फुफेरा भाई
(b) फुफेरी बहन
(c) ज्ञात नहीं कर सकते
(d) उपरोक्त में से कोई नहीं

15. विनीत से संजय ने कहा कि ''दिया तुम्हारी मौसी है और मेरी माँ भी तुम्हारी मौसी है तथा रीमा मेरी बहन है।'' बताइए कि संजय का रीमा से क्या सम्बन्ध है?
(a) मौसेरा भाई या बहन
(b) ममेरा भाई
(c) फुफेरा भाई
(d) ज्ञात नहीं कर सकते

16. मनोज ने नरेश से कहा, ''मैं तुम्हारे पिता के पिता का एकमात्र पुत्र हूँ।'' मनोज, नरेश से कैसे सम्बन्धित है?
(a) पिता (b) भाई
(c) पुत्र (d) भतीजा

17. यदि कमल कहता है कि "रवि की माँ, मेरी माँ की इकलौती बेटी है", तो कमल रवि से किस प्रकार सम्बन्धित है?
(a) दादा (b) पिता
(c) भाई (d) इनमें से कोई नहीं

18. एक चित्र की ओर इशारा करते हुए एक महिला कहती है कि "वह चित्र उसके पिता के इकलौते पुत्र की दादीजी की बहू का है।" महिला की, चित्र वाली महिला कौन है?
(a) माँ (b) दादी
(c) बुआ (d) भाभी

19. एक लड़की के फोटो की ओर संकेत करते हुए रोहित ने कहा "उसकी कोई बहन या बेटी नहीं है, पर उसकी माँ मेरी माँ की इकलौती बेटी है।" फोटो वाली लड़की का रोहित से क्या सम्बन्ध है?
(a) पुत्री (b) बहन
(c) भांजी (d) बहू

20. एक व्यक्ति का परिचय देते हुए एक स्त्री ने कहा, "वह मेरी माँ का इकलौता पुत्र है।" स्त्री का पुरुष से क्या सम्बन्ध है?
(a) माँ (b) चाची
(c) भतीजी/भांजी (d) बहन

21. रजनीश की ओर इशारा करते हुए सरिता कहती है इनके इकलौते पुत्र के दादा मेरे ससुर हैं। रजनीश का सरिता से क्या सम्बन्ध है?
(a) चाचा (b) पति
(c) देवर (d) पति या देवर

22. एक फोटोग्राफ की ओर संकेत करते हुए एक आदमी ने कहा, "मेरा कोई भाई या बहन नहीं है परन्तु उस आदमी का पिता मेरे पिता का पुत्र है।" बताइए कि यह फोटोग्राफ किसका है?
(a) उसके पुत्र का
(b) उसके पिता का
(c) उसके भतीजे का
(d) उसका स्वयं का

23. यदि B की माता A है, A का बेटा C है, E का भाई D है तथा B की बेटी E है, तो D की दादी कौन है?
(a) A (b) B
(c) C (d) D

24. B, D की माँ और C, D का भाई है। H, E की बेटी है, जबकि D, E की पत्नी है, तो E का C से क्या सम्बन्ध है?
(a) ससुर (b) बहनोई
(c) चाचा (d) भाई

25. A और B बहनें हैं। R और S भाई हैं। A की बेटी R की बहन है। B का S से क्या सम्बन्ध है?
(a) माँ (b) दादी
(c) बहन (d) आंटी

26. E, B की बहन है। A, C का पिता है। B, C का पुत्र है, तब A का E से क्या सम्बन्ध है?
(a) दादा (b) पौत्री (c) पिता (d) परदादा

27. B का भाई है A, D का पिता है C, B की माता है E, A और D भाई हैं, तो E का C से क्या रिश्ता है?
(a) बहन (b) साली
(c) भतीजी (d) पत्नी

28. B की बहन है A, C का भाई है B, D का पुत्र है C, तो A का D के साथ क्या रिश्ता है?
(a) माता (b) पुत्री (c) पुत्र (d) चाचा

29. A का भाई है B, जिसकी इकलौती बहन A, C की माता है। D, माँ की ओर से C की नानी है। D के साथ A का क्या रिश्ता है?
(a) बहू (b) पुत्री
(c) चाची (d) भतीजा

30. P, Q का भाई है। R, Q की माँ है। S, R का पिता है। T, S की माँ है। यह बताइए कि P का T से क्या सम्बन्ध है?
(a) पोती (b) परपोता
(c) पोता (d) दादी

31. A, B की पुत्री है। B, C की माँ है। D, C का भाई है। यह बताइए कि D का A से क्या रिश्ता है?
(a) पिता (b) दादा
(c) भाई (d) पुत्र

32. X, Y का भाई है। Y, Z की पत्नी है। W, Z का भाई है। X, Z का कौन है?
(a) साली (b) साला
(c) बेटा (d) बेटी

33. X, Y की बहन है। Y, K की पुत्री है। K, L का पति है। L, Y का कौन है?
(a) भाई (b) बहन
(c) पिता (d) माता

34. X, Y का भाई है। Y, Z की पत्नी है। Z, W का पुत्र है। W, V की पत्नी है। V, Y का कौन है?
(a) सास (b) साला
(c) ससुर (d) दामाद

35. A की माँ की बहन के बेटे की बहन A की कौन होगी?
(a) मौसेरी बहन (b) मौसेरा भाई
(c) भतीजी (d) मौसी

36. यदि $M \times N$ का तात्पर्य M पुत्री है N की, $M + N$ का तात्पर्य है M पिता है N का, $M \div N$ का तात्पर्य M माता है N की तथा $M - N$ का तात्पर्य M भाई है N का हो, तो $P \div Q + R - T \times K$ कौन-सा सम्बन्ध P का K के साथ इंगित करेगा?
(a) पुत्रवधु (b) ननद/साली
(c) सास (d) इनमें से कोई नहीं

उत्तरमाला

1. (c)	2. (c)	3. (c)	4. (d)	5. (c)	6. (c)	7. (b)	8. (c)	9. (b)	10. (a)
11. (b)	12. (a)	13. (a)	14. (a)	15. (a)	16. (a)	17. (d)	18. (a)	19. (c)	20. (d)
21. (d)	22. (a)	23. (a)	24. (b)	25. (d)	26. (a)	27. (d)	28. (b)	29. (b)	30. (b)
31. (c)	32. (b)	33. (d)	34. (c)	35. (a)	36. (c)				

संकेत एवं हल

1. प्रश्नानुसार, सम्बन्ध आरेख बनाने पर

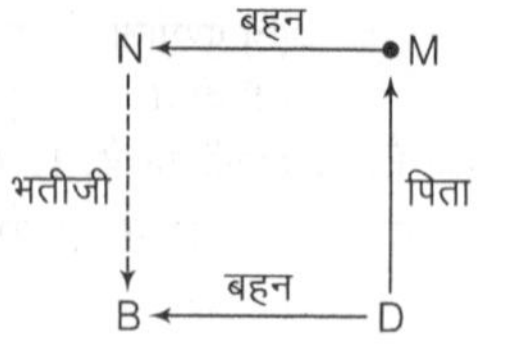

अतः B, N की भतीजी है।

2. प्रश्नानुसार, सम्बन्ध आरेख बनाने पर

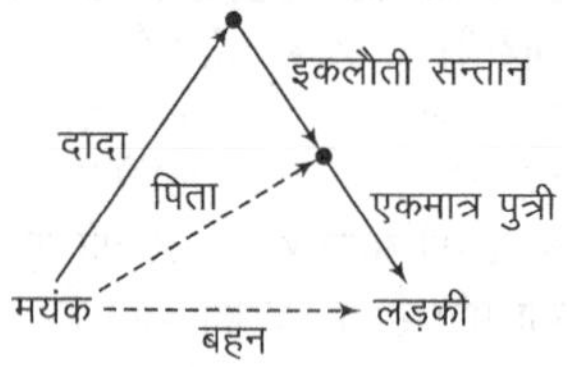

अतः वह लड़की, मयंक की बहन है।

3.

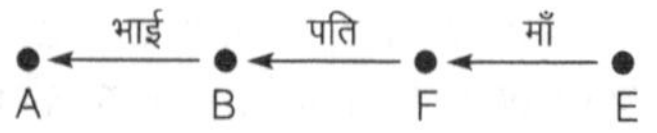

∴ E, A की भतीजी है।

4. P, Q का पति है। R, Q की माता है।
अतः R, P की सास है।

5. प्रश्नानुसार,

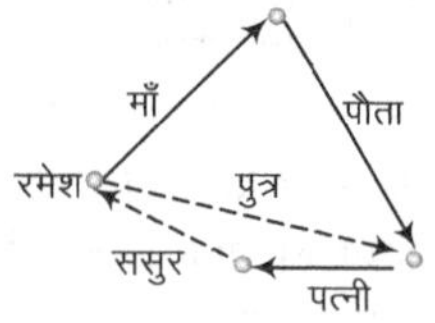

अतः रमेश उस लड़की का ससुर है।

6. प्रश्नानुसार,

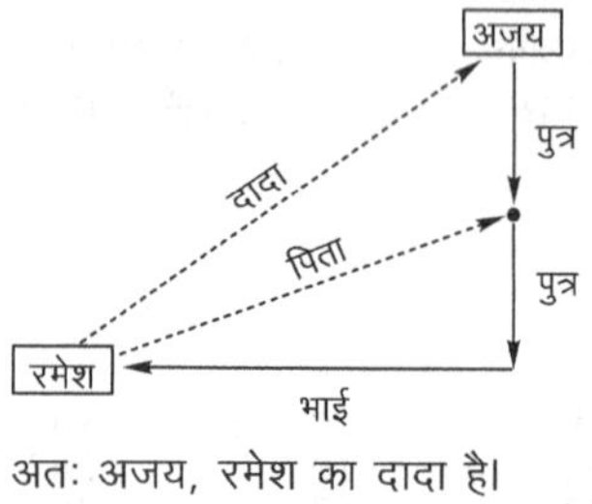

अतः अजय, रमेश का दादा है।

7. प्रश्नानुसार,

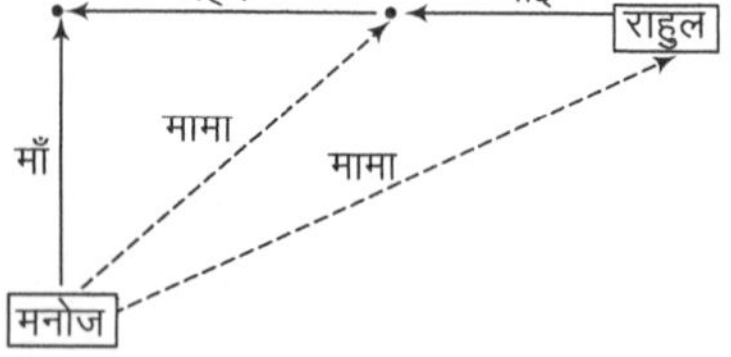

अतः राहुल, मनोज का मामा है।

8. प्रश्नानुसार,

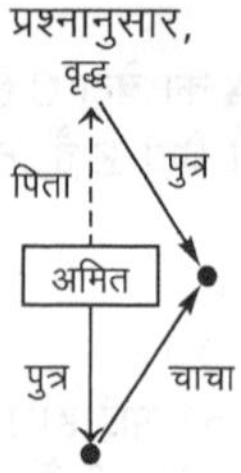

अतः उपरोक्त आरेख से यह स्पष्ट होता है कि वृद्ध व्यक्ति अमित का पिता है।

9. प्रश्नानुसार,

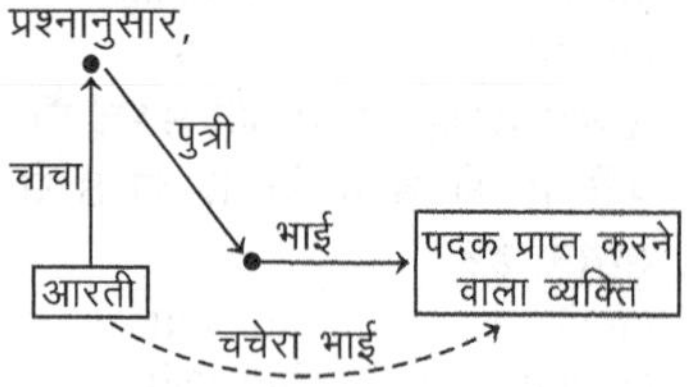

अतः उपरोक्त आरेख से यह स्पष्ट होता है कि पदक प्राप्त करने वाला व्यक्ति आरती का चचेरा भाई है।

10. परिचय देने वाली औरत की माँ की एकमात्र पुत्री स्वयं वह औरत ही होगी। अतः दोनों के बीच पत्नी तथा पति का रिश्ता होगा।

11.

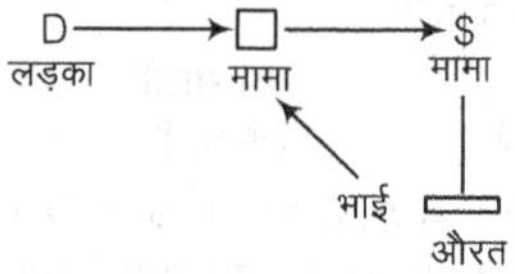

स्पष्ट है कि लड़के का मामा औरत का भाई है। अतः दोनों माँ बेटे हैं। सम्भव है कि वह औरत मौसी हो, लेकिन विकल्प के अनुसार माँ होगी।

12. वृद्ध व्यक्ति कहने वाले व्यक्ति का पिता होगा। उसकी माता की इकलौती पुत्री का इकलौता पुत्र वृद्ध का नाती होगा।

13. प्रश्नानुसार,

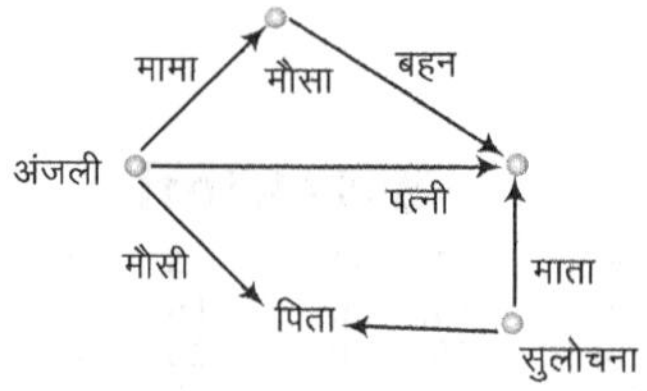

अतः आरेख से स्पष्ट है कि सुलोचना के पिता अंजली के मौसा लगेंगे।

14. प्रश्नानुसार, आरेख बनाने पर,

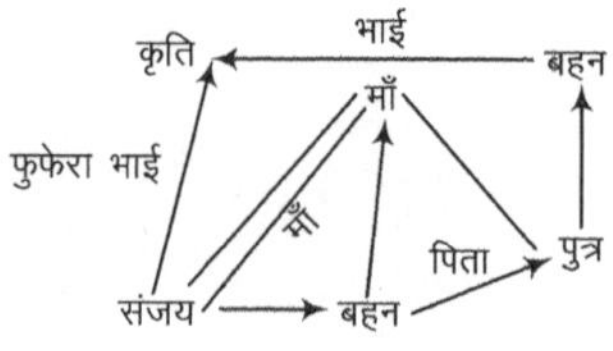

अतः कृति संजय का फुफेरा भाई है।

15. आरेख बनाने पर,

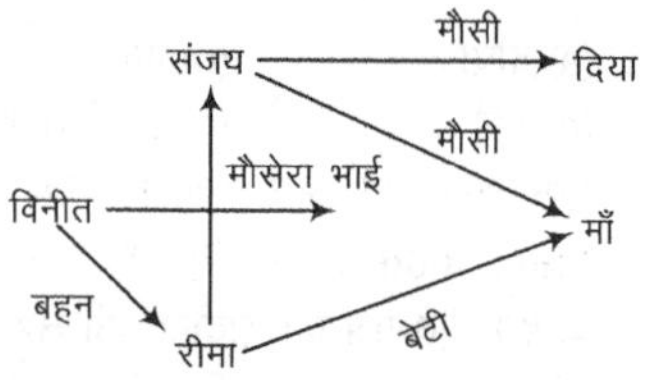

अतः संजय, रीमा का मौसेरा भाई या बहन है।

16. प्रश्नानुसार, आरेख बनाने पर,

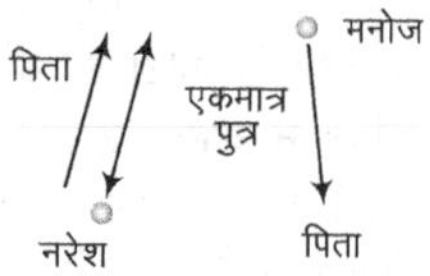

अतः आरेख से स्पष्ट है मनोज, नरेश के पिता हैं।

17.

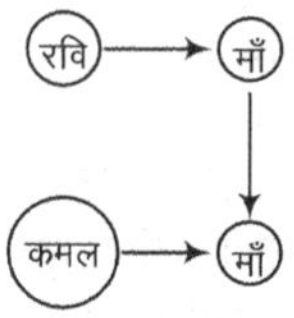

अतः कमल रवि का मामा है, चूँकि रवि की माँ कमल की बहन है।

18.

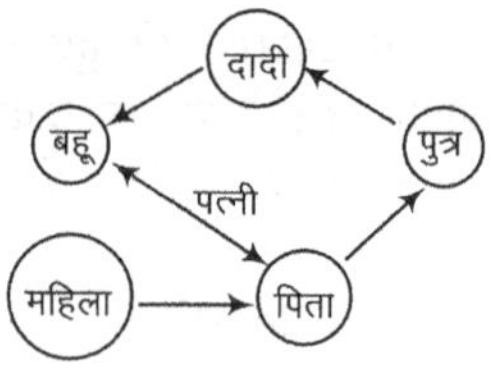

अतः चित्र वाली महिला, उस महिला की माँ है।

19.

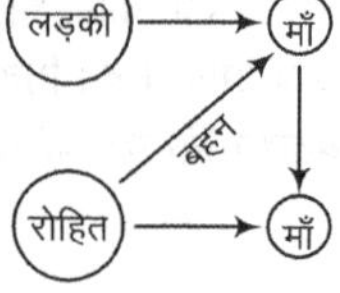

चूँकि रोहित की माँ की एक ही पुत्री है। अतः लड़की की माँ रोहित की बहन होगी, अर्थात् लड़की रोहित की भांजी होगी।

20.

अतः स्त्री उस पुरुष की बहन है।

21.

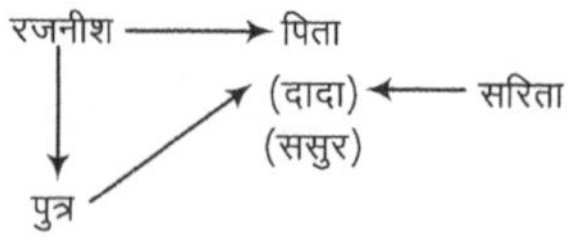

अतः रजनीश, सरिता का पति या देवर हो सकता है।

22. 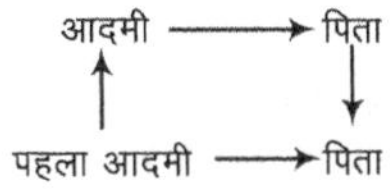

अतः स्पष्ट है कि फोटोग्राफ उसके बेटे का है।

23. 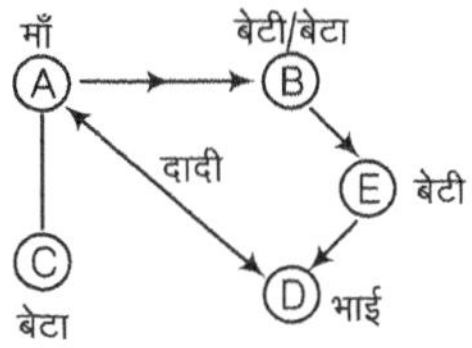

अतः स्पष्ट है कि D की दादी A है।

24. 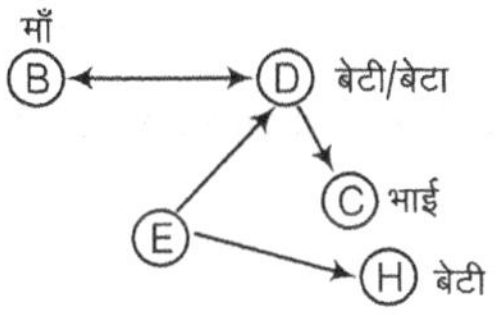

अतः स्पष्ट है कि E, C का बहनोई है।

25. 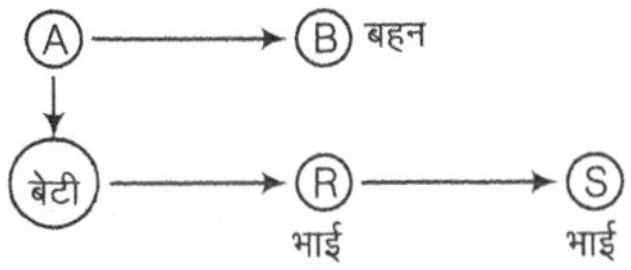

अतः स्पष्ट है कि B, S की आंटी है।

26. 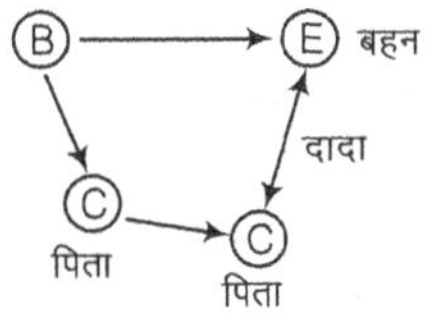

अतः स्पष्ट है कि A, E का दादा है।

27. 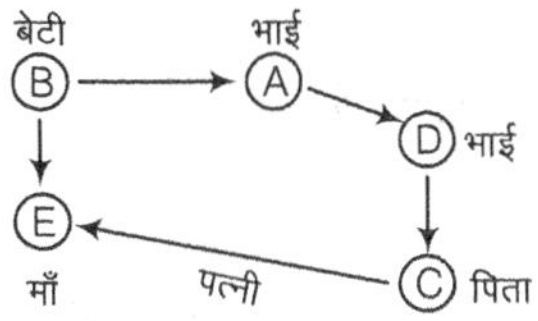

अतः स्पष्ट है कि E, C की पत्नी है।

28. 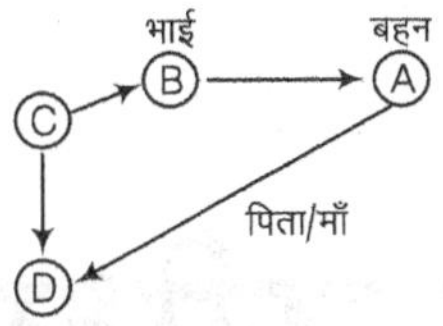

अतः स्पष्ट है कि A, D की पुत्री है।

29. 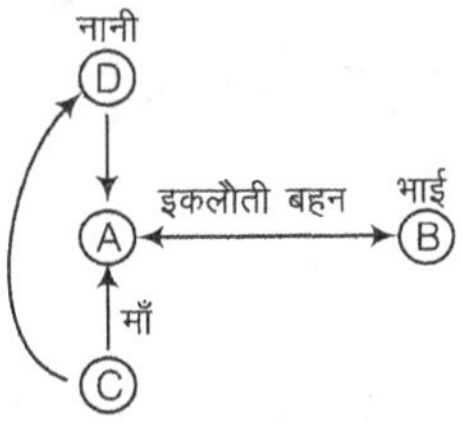

अतः स्पष्ट है कि A, D की पुत्री है।

30. 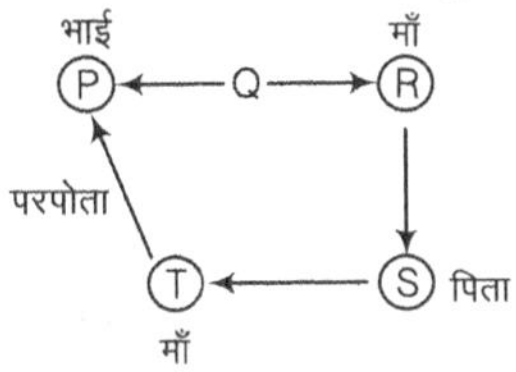

अतः स्पष्ट है कि P, T का परपोता है।

31. 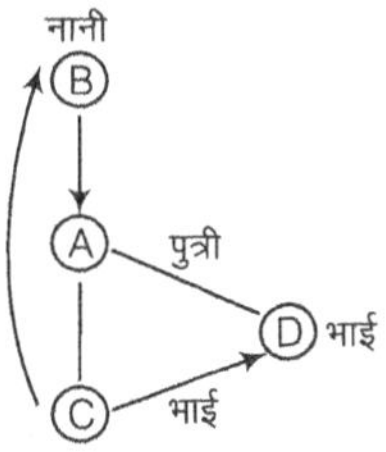

अतः स्पष्ट है कि D, A का भाई है।

32. 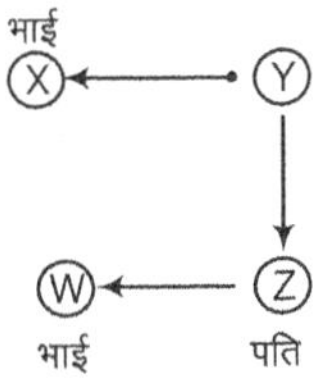

अतः स्पष्ट है कि X, Z का साला है।

33. 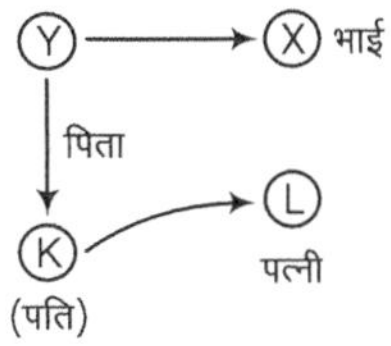

अतः स्पष्ट है कि L, Y की माता है।

34. 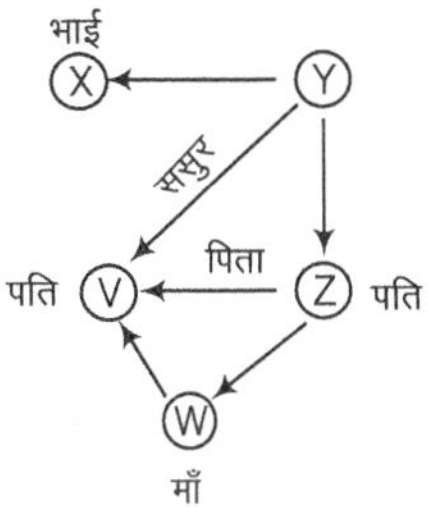

अतः स्पष्ट है कि V, Y का ससुर है।

35. A की माँ की बहन अर्थात् A की मौसी। A की मौसी के बेटे की बहन अर्थात् A की मौसी की बेटी A की मौसेरी बहन होगी।

36. P ÷ Q + R − T × K

P माता है Q की, Q पिता है R का, R भाई है T का, T पुत्री है K की।

प्रश्नानुसार,

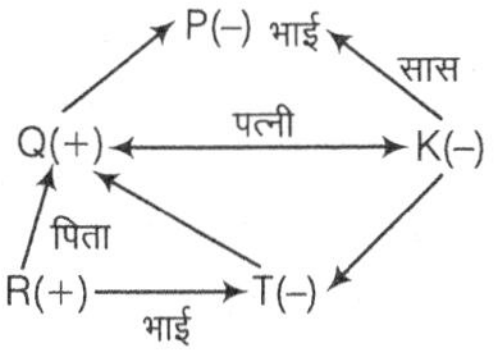

अतः स्पष्ट है कि P, K की सास है।

अध्याय

12

समय परीक्षण
Time Test

इस प्रकार के परीक्षण का उद्देश्य प्रतियोगियों में महीने, साधारण वर्ष, लीप वर्ष आदि में दिनों की संख्या की जानकारी तथा विभिन्न समय पर घड़ी की सुइयों की स्थितियाँ एवं घण्टे, मिनट के बीच पारस्परिक सम्बन्धों की जाँच करना होता है।

समय परीक्षण के अन्तर्गत प्रतियोगियों से दो प्रकार के प्रश्न पूछे जाते है, *जो निम्नवत् हैं*

1. कैलेण्डर पर आधारित प्रश्न **2.** घड़ी पर आधारित प्रश्न

कैलेण्डर पर आधारित प्रश्न Question Based on Calendar

इस प्रकार के प्रश्नों में प्रतियोगियों से कैलेण्डर पर आधारित प्रश्न पूछे जाते हैं। कैलेण्डर दिन, महीना एवं वर्ष के बीच आपसी सम्बन्ध प्रदर्शित करने का एक तरीका है।

प्रत्येक वह वर्ष जो चार से विभाजित हो जाए वह लीप वर्ष होता है तथा अन्य सभी साधारण वर्ष होते हैं। साधारण वर्ष में 365 दिन होते हैं और लीप वर्ष में 366 दिन अर्थात् एक साधारण वर्ष में कुल 52 हफ्ते और 1 दिन होते हैं तथा एक लीप वर्ष में 52 हफ्ते और 2 अतिरिक्त दिन होते हैं। किसी भी सप्ताह के सातवें भाग को 'दिन' कहते हैं तथा एक सप्ताह में सात दिन होते हैं। सात दिनों में सप्ताह का एक चक्र पूरा होता है तथा इसके बाद दिन पुन: आवर्तित होने लगते हैं।

विषम दिनों की अवधारणा

दिनों के इस पूर्ण चक्र के बाद बचे अतिरिक्त दिनों को विषम दिन कहा जाता है। यदि आरम्भ सोमवार से किया जाए, तो 8 दिनों की समयावधि में 1 पूर्ण चक्र तथा 1अतिरिक्त दिन अथवा 1 विषम दिन प्राप्त होगा। एक पूर्ण चक्र में सभी दिन एक के बाद एक आते हैं। इसके बाद दिन पुन: आवर्तित होने लगते हैं।

दिनों के सात दिन के पूर्ण चक्र के पश्चात् जो भी दिन बचता है, उसे विषम दिन कहते हैं। अत: विषम दिन ज्ञात करने के लिए दिनों की संख्या में 7 से भाग देते हैं। भाग की इस प्रक्रिया में जो भागफल (या बार) प्राप्त होता है, वह दिनों के पूर्ण चक्रों की तरफ संकेत करता है तथा जो शेष बचता है, वह विषम दिनों की ओर संकेत करता है।

14 दिनों में विषम दिनों की संख्या $= \frac{14}{7} = 2$ बार 0 शेष $= 0$ दिन

20 दिनों में विषम दिनों की संख्या $= \frac{20}{7} = 2$ बार 6 शेष $= 6$ दिन

30 दिनों में विषम दिनों की संख्या $= \frac{30}{7} = 4$ बार 2 शेष $= 2$ दिन

365 दिनों में विषम दिनों की संख्या $= \frac{365}{7} = 52$ बार 1 शेष $= 1$ दिन

नोट *विषम दिनों की संख्या 6 से अधिक नहीं हो सकती।*

विषम दिनों का प्रयोग

किसी निश्चित तिथि को कौन-सा दिन होगा, यह ज्ञात करने के लिए विषम दिन का प्रयोग आवश्यक है। ईसवीं सम्वत् की शुरुआत सोमवार है अर्थात् 1 जनवरी सन् 1 को सोमवार था। अत: ईसवीं सम्वत् के सम्बन्ध से चलने वाले 7 दिनों के चक्र में प्रथम दिन सोमवार तथा अन्तिम दिन रविवार है।

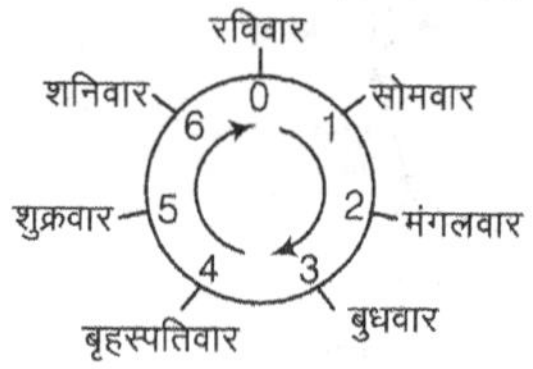

कैलेण्डर से सम्बन्धित महत्त्वपूर्ण तथ्य

- किसी शताब्दी का प्रथम दिन सोमवार, मंगलवार, बृहस्पतिवार, शुक्रवार या शनिवार हो सकता है तथा शताब्दी का अन्तिम दिन मंगलवार, बृहस्पतिवार या शनिवार नहीं हो सकता है, लेकिन बुधवार, शुक्रवार तथा रविवार हो सकता है।
- किसी भी महीने के 28वें, 29वें, 30वें या 31वें भाग को या वर्ष के 365वें या 366वें भाग को तिथि (Date) कहते हैं।
- यदि कोई शताब्दी वर्ष 400 से पूर्णतः विभाजित हो, तो वह वर्ष शताब्दी 'लीप वर्ष' होता है।
- एक वर्ष में बारह महीने होते हैं–जनवरी (31 दिन), फरवरी (28 या 29 दिन), मार्च (31 दिन), अप्रैल (30 दिन), मई (31 दिन), जून (30 दिन), जुलाई (31 दिन), अगस्त (31 दिन), सितम्बर (31 दिन), अक्टूबर (31 दिन), नवम्बर (30 दिन), दिसम्बर (31 दिन)।
- साधारणतः फरवरी 28 दिन की होती है, परन्तु लीप वर्ष में फरवरी 29 दिन की होती है।
- एक वर्ष में 52 सप्ताह तथा एक दिन होते हैं तथा लीप वर्ष में 52 सप्ताह तथा दो दिन होते हैं।
- दिनों की संख्या को सात से भाग देने पर जो शेष बचता है, उसे विषम दिन कहते हैं।
- एक दिन या वार की पुनरावृत्ति प्रत्येक 7, 14, 21, 28, ..., 364 दिनों के बाद होती है।

घड़ी पर आधारित प्रश्न Question Based on Clock

इस प्रकार के प्रश्नों में प्रतियोगियों से घड़ी पर आधारित प्रश्न पूछे जाते हैं। घड़ी एक ऐसा यन्त्र है जो घण्टा, मिनट और सेकण्ड के समय के अन्तराल को व्यक्त करता है। यह मुख्य रूप से तीन अवयवों (घण्टा, मिनट व सेकण्ड की सुइयों) में बँटी होती हैं।

घड़ी से सम्बन्धित महत्त्वपूर्ण तथ्य

- घड़ी की सुइयाँ जब अपने वृत्ताकार मार्ग पर एक पूर्ण चक्कर लगाती है, तब उन्हें 360° घूमना पड़ता है।
- एक मिनट की दूरी 6° के बराबर होती है।
- जब मिनट की सुई एक मिनट की दूरी तय करती है, तो घण्टे की सुई $\frac{1^\circ}{2}$ के बराबर आगे बढ़ती है तथा सेकण्ड के सुई 360° के बराबर आगे बढ़ती है।
- एक घण्टे में 60 मिनट तथा 1 मिनट में 60 सेकण्ड होते हैं।
- प्रत्येक एक घण्टे में मिनट की सुई घण्टे की सुई से 55 मिनट दूरी आगे बढ़ जाती है।
- प्रत्येक घण्टे में दोनों सुइयाँ एक ही दिशा में एक बार मिलती हैं, लेकिन 12 घण्टे में 11 बार तथा 24 घण्टे में 22 बार मिलती हैं।
- प्रत्येक घण्टे में दोनों सुइयाँ केवल एक बार विपरीत दिशा में होती हैं, लेकिन 12 घण्टे में 11 बार तथा 24 घण्टे में 22 बार विपरीत होती हैं।
- प्रत्येक घण्टे में दोनों सुइयाँ दो बार समकोण बनाती हैं, लेकिन 12 घण्टे में 22 बार तथा 24 घण्टे में 44 बार परस्पर समकोण बनाती हैं।
- प्रत्येक घण्टे में दोनों सुइयाँ दो बार समकोण बनाती हैं तथा इस दशा में दोनों सुइयों के बीच की दूरी 15 मिनट के बराबर होती है।
- जब दर्पण लम्बवत् की स्थिति में हो, तो प्रतिबिम्ब का समय = 12 – घड़ी का समय
- जब दर्पण क्षैतिज की स्थिति में हो, तो सुई का जो भाग ऊपर की ओर होता है, वह प्रतिबिम्ब में नीचे की ओर जो भाग नीचे की ओर होता है वह प्रतिबिम्ब में ऊपर की ओर होता है।

साधित उदाहरण

1. यदि किसी माह की 6 तारीख को मंगलवार है, तो उसी माह की 24 तारीख को कौन-सा दिन होगा?

(a) रविवार (b) बुधवार (c) शुक्रवार (d) शनिवार

हल *(d)* यहाँ बाद की तिथि का दिन पूछा जा रहा है।

∴ दोनों तिथियों के बीच के दिनों का अन्तर = 24 – 6 = 18

$\frac{18}{7}$ विभाजित करने पर शेषफल = 4

अतः अभीष्ट दिन = मंगलवार + 4 दिन

= शनिवार

2. यदि 7 जून, 1995 को मंगलवार था, तो 15 अगस्त, 2008 को कौन-सा दिन होगा?

(a) मंगलवार (b) बुधवार (c) बृहस्पतिवार (d) शुक्रवार

हल *(c)* चूँकि 7 जून, 2008 का दिन = मंगलवार + [(2008 – 1995) + 4] को 7 से भाग देने पर शेषफल = मंगलवार + 3 = शुक्रवार

अतः 15 अगस्त, 2008 का दिन

= शुक्रवार + 2 (जून) + 3 (जुलाई) + 1 (अगस्त)

= शुक्रवार + 6 = बृहस्पतिवार

अतः 15 अगस्त, 2008 को बृहस्पतिवार होगा।

3. पंकज को याद है कि अंकुश का जन्म 13 नवम्बर के बाद तथा 16 नवम्बर के पहले हुआ है, जबकि दूसरी तरफ उसके पिता को याद है कि अंकुश का जन्म 14 नवम्बर के बाद तथा 17 नवम्बर के पहले हुआ है। यदि दोनों के कथनों को सत्य माना जाए, तो बताएँ कि नवम्बर की किस तारीख को अंकुश का जन्म हुआ है?

(a) 14 (b) 15
(c) 16 (d) तय नहीं कर सकते

हल *(b)* ∵ पंकज के कथनानुसार, अंकुश का जन्म

= नवम्बर (14, 15)

तथा उसके पिता के कथनानुसार, अंकुश का जन्म

= नवम्बर (15, 16)

∴ उभयनिष्ठ तिथि = 15 नवम्बर

अतः अंकुश का जन्म 15 नवम्बर को हुआ था।

4. एक घड़ी 4 बजे का समय दर्शा रही है। केवल घण्टे की सुई के 90° घूमने के बाद क्या समय होगा?

(a) 5 बजे (b) 7 बजे (c) 9 बजे (d) 10 बजे

हल *(b)* घड़ी की घण्टे वाली सुई की स्थिति 4 बजे से 90° घूमने पर निम्नवत् बदलेगी

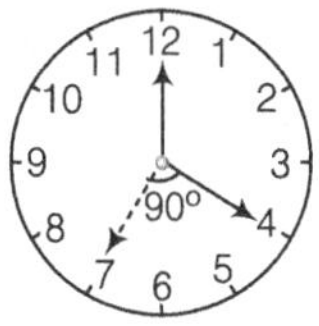

अतः उपरोक्त से स्पष्ट है कि परिवर्तन के बाद घड़ी में 7 बजे होंगे।

5. यदि किसी घड़ी में वास्तविक समय 12 बजकर 40 मिनट हो रहा हो, तो प्रतिबिम्ब समय कितना होगा?

(a) 1 : 40 (b) 12 : 20
(c) 11 : 20 (d) 1 : 20

हल *(c)* प्रतिबिम्ब का समय = 24 : 00 – 12 : 40 = 11 : 20

अतः प्रतिबिम्ब का समय 11 बजकर 20 मिनट हुआ होगा।

अभ्यास प्रश्न

1. एक बस स्टैण्ड से हर 30 मिनट पर दिल्ली के लिए एक बस रवाना होती है। एक पूछताछ क्लर्क ने एक यात्री को बताया कि एक बस 10 मिनट पहले ही छूट गई है और अगली बस 9 : 35 पूर्वाह्न पर छूटेगी। पूछताछ क्लर्क ने यात्री को सूचना कितने बजे दी है? **[UP बी.एड. 2014]**
(a) 9 : 10 पूर्वाह्न (b) 8 : 55 पूर्वाह्न
(c) 9 : 08 पूर्वाह्न (d) 9 : 15 पूर्वाह्न

2. राजू और निर्मला ने अपनी शादी की पहली वर्षगाँठ वर्ष 1993 में 5 दिसम्बर, रविवार को मनाई थी। वर्ष 1997 में उनकी शादी की वर्षगाँठ किस दिन होगी? **[UP बी.एड. 2013]**
(a) बुधवार (b) बृहस्पतिवार
(c) शुक्रवार (d) मंगलवार

3. 1 बजकर 20 मिनट पर घड़ी की सुइयों के मध्य कोण होगा **[UP बी.एड. 2013]**
(a) 70° (b) 80°
(c) 50° (d) 60°

4. यदि बीते कल से पहला दिन बृहस्पतिवार था, तो रविवार कब होगा? **[UP बी.एड. 2013]**
(a) आज
(b) आज से दो दिन बाद
(c) आने वाला कल
(d) आने वाले कल से अगले दिन

5. यदि वर्ष 1991 की 1 जनवरी को सोमवार है, तो वर्ष 2002 में 1 जनवरी को क्या दिन होगा? **[UP बी.एड. 2013]**
(a) शनिवार (b) रविवार
(c) सोमवार (d) मंगलवार

6. हरि को याद है कि उसके पिता का जन्मदिन 13 और 16 जून के बीच में पड़ता है जबकि उसकी बहन को याद है कि उनके पिता का जन्मदिन 14 और 18 जून के बीच पड़ता है। उनके पिता का जन्मदिन किस दिन होगा जिस पर दोनों सहमत हों? **[UP बी.एड. 2012]**
(a) 14 जून (b) 15 जून
(c) 16 जून (d) 17 जून

7. सुरेश का जन्म 4 अक्टूबर, 1999 को हुआ था। शशिकान्त का जन्म सुरेश से 6 दिन पहले हुआ था। उस वर्ष स्वतन्त्रता दिवस रविवार को पड़ा था। शशिकान्त किस दिन जन्मा था? **[UP बी.एड. 2012]**
(a) मंगलवार (b) बुधवार
(c) सोमवार (d) रविवार

8. यदि किसी महीने का दूसरा दिन शुक्रवार है, तो निम्नलिखित में से कौन-सा 31 दिनों के अगले महीने का अन्तिम दिन होगा? **[UP बी.एड. 2010]**
(a) रविवार (b) सोमवार
(c) मंगलवार (d) बुधवार

9. यदि किसी महीने का सातवाँ दिन शुक्रवार से तीन दिन पहले आता है, तो उस महीने का 19वाँ दिन कौन-सा होगा? **[UP बी.एड. 2010]**
(a) रविवार (b) सोमवार
(c) बुधवार (d) शुक्रवार

10. यदि एक वर्ष में 25 अगस्त को गुरुवार है, तो उस माह में सोमवार की संख्या है **[UP बी.एड. 2008]**
(a) 3 (b) 4
(c) 5 (d) 6

11. एक वर्ष में कौन से दो माह समान दिनों पर समान तिथियाँ रखते हैं? **[UP बी.एड. 2008]**
(a) जून एवं अक्टूबर
(b) अप्रैल एवं नवम्बर
(c) अप्रैल एवं जुलाई
(d) अक्टूबर एवं दिसम्बर

12. मेरी घड़ी 12 : 25 का समय दिखलाती है, एक घड़ी 12 : 10 का समय बतलाती है। रेडियो 12 : 30 का प्रसारण करता है, चर्च की घड़ी 12 : 00 बजाती है एवं आपकी घड़ी 12 : 15 का समय दिखलाती है। सही समय 12 : 20 का है। इन घड़ियों द्वारा प्रदर्शित औसत तेज या धीमा क्या है? **[UP बी.एड. 2008]**
(a) 2 मिनट धीमा
(b) 4 मिनट धीमा
(c) 2 मिनट तेज
(d) 4 मिनट तेज

13. यदि 5 जुलाई, 1996 को बुधवार है, तो इसी तारीख को वर्ष 1980 में कौन-सा दिन था?
(a) बुधवार (b) मंगलवार
(c) बृहस्पतिवार (d) शुक्रवार

14. किसी महीने में 3 दिन बाद 4 तारीख को शनिवार आता है। उसी महीने की 27 तारीख को कौन-सा दिन होगा?
(a) सोमवार (b) बृहस्पतिवार
(c) शुक्रवार (d) शनिवार

15. यदि परसों शनिवार है, तो कल से तीन दिन पहले कौन-सा दिन था?
(a) बृहस्पतिवार (b) सोमवार
(c) शनिवार (d) रविवार

16. अगर माह का तीसरा दिन सोमवार है, तो निम्नलिखित में उस माह के इक्कीसवें से आगे पाचवाँ दिन कौन-सा होगा?
(a) सोमवार (b) शनिवार
(c) बुधवार (d) रविवार

17. वर्ष 1988 में स्वन्त्रता दिवस बुधवार को मनाया गया। वर्ष 1989 में यह किस दिन मनाया गया?
(a) सोमवार (b) मंगलवार
(c) शुक्रवार (d) गुरुवार

18. 30 दिन के एक माह में पाँच शनिवार हैं। माह का प्रथम दिन निम्न में से कौन-सा होगा?
(a) रविवार (b) शुक्रवार
(c) बुधवार (d) सोमवार

19. यदि किसी महीने में तीसरे सोमवार को 17 तारीख है, तो बताइए कि इस महीने में निम्न में से वह कौन-सा दिन है, जो पाँच बार आएगा?
(a) मंगलवार (b) बृहस्पतिवार
(c) शुक्रवार (d) शनिवार

20. यदि किसी माह की दसवीं तारीख रविवार के तीन दिन पहले पड़ती हो, तो दूसरी तारीख किस दिन पड़ेगी?
(a) मंगलवार (b) शुक्रवार
(c) बुधवार (d) बृहस्पतिवार

21. शुक्रवार को एक नियोजित सम्मेलन स्थान पर पहुँचकर मैंने जाना कि मैं निर्धारित दिन के दो दिन पूर्व ही पहुँच गया। यदि मैं आगामी बुधवार को वहाँ पहुँचता, तो कितने दिन की देरी हुई होती?
(a) एक दिन (b) दो दिन
(c) तीन दिन (d) चार दिन

22. किसी वर्ष के कौन-से दो महीने समान दिन से प्रारम्भ होते हैं?
(a) जून, अक्टूबर (b) अप्रैल, नवम्बर
(c) अप्रैल, जुलाई (d) अक्टूबर, दिसम्बर

23. किसी लीप वर्ष में फरवरी का प्रथम दिन किस महीने के प्रथम दिन के समान होता है?
(a) अगस्त (b) सितम्बर
(c) जनवरी (d) मार्च

24. सन् 1405 में 10 अक्टूबर को कौन-सा दिन था?
(a) बृहस्पतिवार (b) मंगलवार
(c) बुधवार (d) शनिवार

25. 15 अगस्त, 1947 को कौन-सा दिन था?
(a) शुक्रवार (b) मंगलवार
(c) बुधवार (d) रविवार

26. 1 जनवरी 1 AD को कौन-सा दिन था?
(a) रविवार (b) सोमवार
(c) बुधवार (d) इनमें से कोई नहीं

27. 400 वर्षों में फरवरी माह में 29 दिन कितनी बार आएँगे?
(a) 4497 बार (b) 97 बार
(c) 4400 बार (d) इनमें से कोई नहीं

28. निम्न में से कौन-सा लीप वर्ष नहीं है?
(a) सन् 1760 (b) सन् 1800
(c) सन् 1600 (d) ये सभी

29. निम्न में से कौन-सा दिन शताब्दी का अन्तिम दिन नहीं होगा?
(a) रविवार (b) सोमवार
(c) बुधवार (d) शनिवार

30. किसी सप्ताह का प्रथम दिन कौन-सा दिन होता है?
(a) शनिवार (b) बुधवार
(c) सोमवार (d) रविवार

31. P, Q, R और S चार क्रमानुसार महीने हैं, जिनमें P और S में 30 दिन हैं। S कौन-सा महीना है?
(a) अगस्त (b) सितम्बर
(c) नवम्बर (d) दिसम्बर

32. यदि किसी वर्ष 5 फरवरी को शुक्रवार है, तो उसी वर्ष 10 अगस्त को कौन-सा दिन होगा?
(a) बुधवार या मंगलवार
(b) शुक्रवार
(c) शनिवार या रविवार
(d) ज्ञात नहीं किया जा सकता

33. नीला को ठीक याद है कि उसके भाई की जन्म तिथि 12 के बाद और 16 फरवरी के पहले है, जबकि उसकी बहन को ठीक याद है कि उसके भाई की जन्म तिथि 14 के बाद, परन्तु 20 फरवरी से पहले है। जन्म तिथि की ठीक तारीख कौन-सी है?
(a) 16 फरवरी (b) 15 फरवरी
(c) 18 फरवरी (d) इनमें से कोई नहीं

34. गुड्डु को याद है कि उसकी फुफेरी बहन ऊषा 16 जून के बाद तथा 20 जून के पहले छपरा में थी, जबकि सोनू को याद है कि उसकी फुफेरी बहन ऊषा 15 जून के बाद तथा 19 जून के पहले छपरा में थी। यदि दोनों के कथनों को सत्य माना जाए, तो बताएँ कि ऊषा जून की किस तिथि को छपरा में थी?
(a) 17 (b) 18
(c) 19 (d) तय नहीं कर सकते

35. राजेश को याद है कि विमल का जन्म 18 मई के बाद, किन्तु 22 मई से पहले हुआ था, जबकि सुरेश को याद है कि विमल का जन्म 20 मई के बाद, किन्तु 25 मई से पहले हुआ था, तो विमल के जन्म की ठीक तारीख कौन-सी है?
(a) 20 मई
(b) 21 मई
(c) 22 मई
(d) निर्धारित नहीं कर सकते

36. कमला को याद है कि उसकी बहन का जन्मदिन 12 और 16 दिसम्बर के बीच में है, जबकि उमेश को याद है कि जन्मदिन 14 के बाद और 17 से पहले है। कमला की बहन का जन्मदिन किस दिन है?
(a) 12 दिसम्बर (b) 14 दिसम्बर
(c) 15 दिसम्बर (d) 16 दिसम्बर

37. जब मिनट की सुई 1 घण्टा 4 मिनट की दूरी तय करती है, तो यह कितने अंश की दूरी तय करती है?
(a) 360° (b) 384°
(c) 380° (d) 390°

38. एक घड़ी 3 : 00 बजे का समय दर्शा रही है, तो घण्टे की सुई के 135° घूमने के बाद समय होगा
(a) 7 : 30 (b) 6 : 30
(c) 7 : 00 (d) 6 : 00

39. 5 बजकर 15 मिनट पर घड़ी की सुइयों के बीच कितने अंश का कोण होगा?
(a) $66\frac{1}{2}^\circ$ (b) $67\frac{1}{2}^\circ$
(c) $68\frac{1}{2}^\circ$ (d) $69\frac{1}{2}^\circ$

40. 9 बजकर 55 मिनट पर घड़ी की दोनों सुइयों के बीच कितने डिग्री का कोण होगा?
(a) 25.5° (b) 32.5°
(c) 67.5° (d) 69.5°

41. एक घड़ी क्रमशः एक बजे एक बार, दो बजे दो बार, तीन बजे तीन बार अर्थात् जितना समय होता है, घड़ी भी उतनी ही बार बजती है। 24 घण्टे में घड़ी कितनी बार बजेगी?
(a) 144 (b) 148
(c) 156 (d) 172

42. चार घण्टियाँ क्रमशः 6, 8, 12 तथा 18 सेकण्ड के अन्तराल पर बजती है। यदि वे 12 बजे एकसाथ बजना आरम्भ करें, तो वे एक घण्टे में कितनी बार साथ बजेंगी?
(a) 40 बार (b) 50 बार
(c) 60 बार (d) 70 बार

43. पाँच घण्टियाँ क्रमशः 2, 3, 4, 5 व 24 सेकण्ड के अन्तराल पर बजती हैं। किसी समय एकसाथ बजने के कितनी देर बाद फिर साथ-साथ बजेंगी?
(a) 1 मिनट (b) 2 मिनट
(c) 3 मिनट (d) 4 मिनट

44. यदि किसी घड़ी में वास्तविक समय 10 बजकर 40 मिनट हो रहा हो, तो प्रतिबिम्ब समय कितना होगा?
(a) 1 : 20 (b) 1 : 40
(c) 2 : 40 (d) 3 : 40

45. यदि किसी घड़ी में प्रतिबिम्ब समय 11 बजकर 25 मिनट हो रहा हो, तो वास्तविक समय कितना होगा?
(a) 11 : 35 (b) 12 : 35
(c) 11 : 30 (d) 12 : 45

उत्तरमाला

1. (d)	2. (c)	3. (b)	4. (c)	5. (d)	6. (b)	7. (b)	8. (b)	9. (a)	10. (c)
11. (c)	12. (b)	13. (c)	14. (a)	15. (d)	16. (c)	17. (d)	18. (b)	19. (d)	20. (c)
21. (c)	22. (c)	23. (a)	24. (a)	25. (a)	26. (b)	27. (b)	28. (b)	29. (d)	30. (c)
31. (b)	32. (a)	33. (b)	34. (d)	35. (b)	36. (c)	37. (b)	38. (a)	39. (b)	40. (b)
41. (c)	42. (b)	43. (b)	44. (a)	45. (b)					

संकेत एवं हल

1. अगली बस 9 : 35 की है तथा पिछली 30 मिनट पहले थी अर्थात् 9 : 05 की थी। यात्री ने 10 मिनट बाद क्लर्क से पूछा अतः उसके क्लर्क से पूछने का समय 9 : 15 था।

2. दिनों की कुल संख्या

$= 27 + 365 + 365 + 365 + 339$

= 1461 दिवस

अब, 1461 ÷ 7 = 5 (विषम) दिवस

अतः 5 दिसम्बर, 1997 को दिन

= रविवार + 5 = शुक्रवार

3. 1 बजकर 20 मिनट पर मिनट वाली सुई 4 पर होगी तथा घण्टे वाली सुई 1 से थोड़ा आगे

कोण = घण्टों का अन्तर $\times 30 - \frac{\text{मिनट}}{2}$

$= (4-1) \times 30 - \frac{20}{2}$

$= 3 \times 30 - 10$

$= 90 - 10 = 80°$

4. बीते कल से पहला दिन बृहस्पतिवार था।

∴ आज का दिन शनिवार हुआ।

∴ आने वाला कल रविवार होगा।

5. वर्ष 1991 की 1 जनवरी को दिन = सोमवार 1991 सामान्य वर्ष है। सामान्य वर्ष में वर्ष का पहला दिन और अन्तिम दिन सामान होते हैं अतः 31 दिसम्बर को सोमवार होगा। 1 जनवरी, 2002 को मंगलवार हो जाएगा। अभीष्ट दिन = मंगलवार

6. हरि के अनुसार उसके पिता का जन्मदिन 14 या 15 जून को था।

हरि की बहन के अनुसार उनके पिता का जन्मदिन 15, 16 या 17 जून को था। अतः उभयनिष्ठ तिथि ⇒ 15 जून

7. शशिकान्त का जन्म 29 सितम्बर, 1999 को हुआ था।

15 अगस्त, 1999 को रविवार था।

15 अगस्त से 19 सितम्बर तक दिनों की संख्या = 16 + 29 = 45 दिन = 6 सप्ताह एवं 3 विषम दिवस रविवार + 3 = बुधवार

8. 2 तारीख से अगले महीने की 31 तारीख तक दिनों की संख्या = 28 + 31 = 59

∴ विषम दिनों की संख्या = 3

∴ 31 दिनों के अगले महीने का अन्तिम = शुक्रवार + 3 = सोमवार

9. प्रश्नानुसार,

7 तारीख का दिन = मंगलवार

7 तारीख से 19 तारीख तक दिनों की संख्या = 12

12 दिन में विषम दिनों की संख्या = 5

∴ अभीष्ट दिन = मंगलवार + 5 = रविवार

10. 25 अगस्त → गुरुवार

25 + 4 = 29 अगस्त → गुरुवार + 4 = सोमवार

अतः 29 अगस्त, 22 अगस्त, 15 अगस्त, 8 अगस्त तथा 1 अगस्त को सोमवार है।

∴ सोमवारों की कुल संख्या = 5

11. एक वर्ष में अप्रैल एवं जुलाई के माह समान दिनों पर समान तिथियाँ रखते हैं।

12. औसत समय

$= \frac{12{:}25 + 12{:}10 + 12{:}30 + 12{:}00 + 12{:}15}{5}$

= 12:16

सही समय = 12:20

अन्तर = 12:20 − 12:16 = 4 मिनट धीमा

13. कुल संख्या = दोनों वर्षों का अन्तर + दोनों तिथियों के बीच पड़ने वाले लीप वर्षों की संख्या

$= (1996 - 1980) + 4 = 20$

∴ $\frac{20}{7}$ ⇒ शेषफल = 6

अतः अभीष्ट दिन = बुधवार − 6 = बृहस्पतिवार

14. क्योंकि महीने की 4 तारीख को शनिवार है। अतः 3 सप्ताह बाद $(4 + 3 \times 7) = 25$ तारीख को भी शनिवार पड़ेगा। 25 के 2 दिन बाद अर्थात् 27 तारीख को सोमवार पड़ेगा।

15. शनिवार − 2 − 1 − 3 = शनिवार − 6 = रविवार

16. क्योंकि महीने की 3 तारीख को सोमवार है। अतः 3 सप्ताह बाद (3 + 3 + 7) = 24 तारीख को भी सोमवार पड़ेगा। 24 के 2 दिन बाद अर्थात् 26 तारीख को बुधवार पड़ेगा।

17. चूँकि वर्ष 1989 लीप वर्ष नहीं है। अतः स्वतन्त्रता दिवस 15 अगस्त, 1988 से 15 अगस्त, 1989 तक कुल दिनों की संख्या = 365

365 को 7 से विभाजित करने पर शेषफल 1 बचता है। अतः 15 अगस्त, 1989 को बुधवार के 1 दिन बाद का दिन अर्थात् गुरुवार का दिन होगा।

18. यदि महीने का पाँचवाँ शनिवार 30 तारीख को पड़े, तो पहला शनिवार महीने की 30 − 28 = 2 तारीख को पड़ेगा। अतः महीने का पहला दिन शुक्रवार होगा।

19. महीने का तीसरा सोमवार 17 तारीख को है, तो पहला सोमवार 17 − 14 = 3 तारीख को पड़ेगा और महीना शनिवार से प्रारम्भ होगा। इस प्रकार, महीने में शनिवार, रविवार तथा सोमवार पाँच बार आ सकते हैं।

20. रविवार के तीन दिन पहले बृहस्पतिवार होगा। अतः 10 तारीख को बृहस्पतिवार होगा। इसलिए (10 − 7) = 3 तारीख को बृहस्पतिवार होगा। अतः 2 तारीख को बुधवार पड़ेगा।

21. शुक्रवार को पहुँचने पर ज्ञात होता है कि निर्धारित दिन से 2 दिन पूर्व पहुँच गए। अतः नियत दिन रविवार था। चूँकि नियत दिन रविवार था और यदि मैं आगामी बुधवार को पहुँचता, तो तीन दिन की देरी होती। अर्थात् (शुक्रवार + 2) − बुधवार = ?

⇒ ? = 3

∴ मुझे 3 दिन की देरी हुई होती।

22. अप्रैल, जुलाई = 30 (अप्रैल) + 31 (मई) + 30 (जून) = 91

91, 7 से विभाजित है। अतः अप्रैल और जुलाई महीने कैलेण्डर में एकसमान होंगे।

23. किसी लीप वर्ष में फरवरी का प्रथम दिन उस वर्ष के अगस्त के प्रथम दिन के समान होता है।

24. 31 दिसम्बर, 1400 = बुधवार

∴ 31 दिसम्बर, 1405 का दिन

= बुधवार + [(1405 − 1400) + 1) = बुधवार + 6

= मंगलवार

∴ 10 अक्टूबर का दिन = मंगलवार − [21(अक्टूबर) + 2 (नवम्बर) + 3 (दिसम्बर)] को 7 से भाग देने पर प्राप्त शेषफल

= मंगलवार − 5 = बृहस्पतिवार

अतः 10 अक्टूबर, 1405 को बृहस्पतिवार था।

25. चूँकि 31 दिसम्बर, 1900 का दिन = सोमवार

∴ 31 दिसम्बर, 1947 का दिन = सोमवार + [(1947 − 1900) + 11] को 7 से भाग देने पर प्राप्त शेषफल = सोमवार + 2 = बुधवार

अब 15 अगस्त, 1947 का दिन = बुधवार − [16 (अगस्त) + 2 (सितम्बर) + 3 (अक्टूबर) + 2 (नवम्बर) + 3 (दिसम्बर)] को 7 से भाग देने पर प्राप्त शेषफल = बुधवार − 5 = शुक्रवार

अतः 15 अगस्त, 1947 को शुक्रवार था।

26. 1 जनवरी 1 AD को सोमवार था।

27. $3 \times 24 + 25 = 97$

अतः 400 वर्षों में लीप वर्ष 97 बार आता है।

28. सन् 1800 शताब्दी वर्ष है। यह 400 से विभाज्य नहीं हैं। अतः यह लीप वर्ष नहीं है।

29. शनिवार किसी शताब्दी वर्ष का अन्तिम दिन नहीं होता है।

30. किसी सप्ताह का प्रथम दिन सोमवार होता है।

31. प्रश्नानुसार, P, Q, R और S चार क्रमानुसार महीने हैं, जिनमें

P → 30 दिन → जून

Q → 31 दिन → जुलाई

R → 31 दिन → अगस्त

S → 30 दिन → सितम्बर

अतः S सितम्बर का महीना होगा।

32. 6 फरवरी से 10 अगस्त के कुल विषम दिनों की संख्या = 2 (फरवरी) + 3 (मार्च) + 2 (अप्रैल) + 3 (मई) + 2 (जून) + 3 (जुलाई) + 3 (अगस्त) = 18

$\therefore \quad \frac{18}{7} \Rightarrow$ शेषफल = 4

अतः अभीष्ट दिन = शुक्रवार + 4 = मंगलवार

यदि फरवरी माह 29 दिनों की हो, तो कुल विषम दिनों की संख्या पहले से 1 अधिक होगी अर्थात् 19 दिन।

$\therefore$ शेषफल = 5 दिन

$\therefore$ अभीष्ट दिन = शुक्रवार + 5 = बुधवार

अतः अभीष्ट उत्तर मंगलवार या बुधवार होगा।

33. $\therefore$ नीला के कथनानुसार, उसके भाई के जन्म की तिथि = फरवरी (13, 14, 15) तथा नीला की बहन के कथनानुसार, उसके भाई के जन्म की तिथि = फरवरी (15, 16, 17, 18, 19)

दोनों कथनों में उभयनिष्ठ तिथि = 15 फरवरी

अतः उपरोक्त से स्पष्ट है कि नीला के भाई की जन्म तिथि 15 फरवरी है।

34. $\because$ गुड्डु के कथनानुसार, ऊषा के छपरा में रहने की तिथि

= जून (17, 18, 19)

तथा सोनू के कथनानुसार ऊषा के छपरा रहने की तिथि = जून (16, 17, 18)

$\therefore$ उभयनिष्ठ तिथि = जून (17, 18)

अतः तब उपरोक्तानुसार ऊषा के छपरा रहने की निश्चित तिथि निर्धारित अर्थात् तय नहीं की जा सकती है।

35. $\because$ राजेश के कथनानुसार, विमल के जन्म की तिथि = मई (19, 20, 21) तथा सुरेश के कथनानुसार, उसके भाई की जन्म तिथि = मई (21, 22, 23, 24) दोनों कथनों में उभयनिष्ठ तिथि = 21 मई

अतः उपरोक्त से स्पष्ट है कि विमल के जन्म की ठीक तारीख 21 मई है।

36. कमला के कथनानुसार, उसकी बहन का जन्मदिन = (13, 14, 15) दिसम्बर उमेश के कथनानुसार, कमला की बहन का जन्मदिन = (15, 16) दिसम्बर दोनों के कथनानुसार उभयनिष्ठ दिन = 15 दिसम्बर

अतः कमला की बहन का जन्मदिन 15 दिसम्बर को होगा।

37. 1 घण्टा 4 मिनट = 60 मिनट + 4 मिनट

= 64 मिनट की दूरी

$\because$ 1 मिनट की दूरी = $6°$

$\therefore$ 64 मिनट की दूरी = $64 \times 6° = 384°$

38. घड़ी के घण्टे वाली सुई की स्थिति 3 बजे से $135°$ घूमने पर निम्नवत् बदलेगी

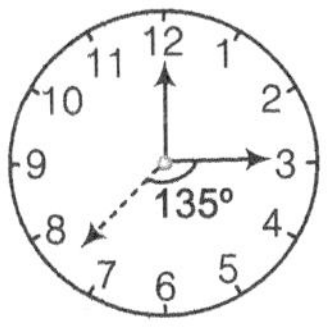

अतः उपरोक्त से स्पष्ट है कि परिवर्तन के बाद घड़ी में 7 बजकर 30 मिनट का समय होगा।

39. दोनों सुइयों के बीच कोण बनेगा

$= 30\left[5 - \frac{15}{5}\right] + \frac{15}{2}$

$= 30 \times 2 + 7.5 = 60 + 7.5$

$= 67.5$ या $67\frac{1°}{2}$

अतः 5 बजकर 15 मिनट पर दोनों सुइयों के मध्य $67\frac{1°}{2}$ का कोण होगा।

40. दोनों सुइयों के बीच कोण बनेगा

$= 30\left[\frac{55}{5} - 9\right] - \frac{55}{2}$

$= 20 \times 3 - 27.5$

$= 60 - 27.5 = 32.5$

अतः 9 बजकर 55 मिनट पर दोनों सुइयों के मध्य $32.5°$ का कोण बनेगा।

41. 12 घण्टे में घड़ी के बजने की संख्या

$= 1 + 2 + 3 + 4 + 5 + 6 + 7 + 8 + 9 + 10 + 11 + 12 = 78$ बार

$\therefore$ 24 घण्टे में घड़ी $= 2 \times 78 = 156$ बार बजेगी।

42. चार घण्टियाँ क्रमशः 6, 8, 12 तथा 18 सेकण्ड के अन्तराल पर बजती हैं।

$\therefore$ 6, 8, 12 तथा 18 का लघुत्तम समापवर्त्य = 72 अर्थात् चारों घण्टियाँ 72 सेकण्ड के बाद पुनः एकसाथ बजेंगी।

72 सेकण्ड में साथ बजती है = 1 बार

1 घण्टे में साथ बजेगी = $\frac{3600}{72} = 50$ बार

अतः चारों घण्टियाँ एक घण्टे में 50 बार एक साथ बजेंगी।

43. समय का अन्तर 2, 3, 4, 5 और 24 सेकण्ड है।

लघुत्तम समापवर्त्य = 120 सेकण्ड

अतः घण्टियाँ 120 सेकण्ड अर्थात् 2 मिनट के बाद फिर एकसाथ बजेंगी।

44. प्रतिबिम्ब का समय

$= 12:00 - 10:40 = 1:20$

अतः प्रतिबिम्ब का समय 1 बजकर 20 मिनट होगा।

45. प्रतिबिम्ब का समय $= 24:00 - 11:25$

$= 12:35$

($\because$ यदि 11 से 1 बजे के बीच का समय हो, तो 24 : 00 में से घटाते हैं।)

अतः वास्तविक समय 12 बजकर 35 मिनट होगा।

अध्याय

13 आयु पर आधारित समस्याएँ

Problems Based on Age

आयु Age

किसी के जन्म से आज तक की बीती अवधि को सामान्य रूप से आयु कहा जाता है। अर्थात् आयु हमें बताती है कि उसका जन्म कब हुआ तथा वह कितने समय तक जीवित रहा।

इस परीक्षण के अन्तर्गत प्रतियोगियों से ऐसे प्रश्न पूछे जाते हैं जो सामान्यत: दो व्यक्तियों की आयु से सम्बन्धित होते हैं, जिसमें दोनों की कुछ समय पहले या कुछ समय बाद की आयु के बीच सम्बन्ध को प्रश्न में दर्शाया जाता है तथा उनमें से किसी एक अथवा दोनों की वर्तमान आयु के विषय में पूछा जाता है।

आयु आधारित प्रश्नों को हल करने हेतु स्मरणीय तथ्य

- यदि किसी व्यक्ति की वर्तमान आयु x वर्ष है, तो t वर्ष पहले उसकी आयु $(x-t)$ वर्ष होगी तथा t वर्ष बाद उसकी आयु $(x+t)$ वर्ष होगी।
- यदि किसी व्यक्ति की t_1 वर्ष पहले आयु x वर्ष हो, तो t_2 वर्ष बाद उस व्यक्ति की आयु $(x+t_1+t_2)$ वर्ष होगी।
- यदि किसी व्यक्ति की t_1 वर्ष पहले आयु x वर्ष हो, तो t_2 वर्ष पहले उस व्यक्ति की आयु $(x-t_1-t_2)$ वर्ष होगी।

साधित उदाहरण

1. 10 वर्ष पूर्व सुलोचना की माँ की आयु सुलोचना से चार गुनी थी। 10 वर्ष पश्चात् उनकी आयु सुलोचना से दोगुनी हो जाएगी। आज सुलोचना की आयु क्या है?

(a) 20 वर्ष (b) 10 वर्ष
(c) 30 वर्ष (d) 15 वर्ष

हल ***(a)*** सुलोचना की वर्तमान आयु = x वर्ष

10 वर्ष पूर्व सुलोचना की आयु = $(x-10)$ वर्ष

10 वर्ष पूर्व सुलोचना की माँ की आयु = $(x-10)\times 4$ = $(4x-40)$ वर्ष

10 वर्ष बाद सुलोचना की आयु = $(x+10)$ वर्ष

10 वर्ष बाद सुलोचना की माँ की आयु = $4x-40+20$ = $(4x-20)$ वर्ष

प्रश्नानुसार,

$$(x+10)\times 2 = 4x-20$$

$\Rightarrow$ $2x+20=4x-20$

$\Rightarrow$ $2x=40$

$\therefore$ सुलोचना की वर्तमान आयु $x=20$ वर्ष

2. पाँच वर्ष पहले आशु की माँ आशु से तीन गुनी बड़ी थी। पाँच वर्ष बाद वह आशु से दोगुनी बड़ी रह जाएगी। आज आशु की आयु क्या है?

(a) 35 वर्ष (b) 10 वर्ष
(c) 20 वर्ष (d) 15 वर्ष

हल ***(d)*** माना वर्तमान में आशु की आयु = x वर्ष तथा उसकी माँ की आयु = y वर्ष हो, तो पाँच वर्ष पहले आशु की आयु = $(x-5)$ वर्ष तथा उसकी माँ की आयु = $(y-5)$ वर्ष

प्रश्न से, $(x-5)\times 3=(y-5)$ ...(i)

तथा 5 वर्ष बाद आशु की आयु = $(x+5)$ वर्ष

तथा उसकी माँ की आयु = $(y+5)$ वर्ष

$\therefore$ प्रश्न से, $(x+5)\times 2=(y+5)$ ...(ii)

या $2x+10-5=y$

या $2x+5=y$

समी (i) में y का मान रखने पर,

$$3x-15=2x+5-5$$

या $3x-2x=15$

या $x=15$ वर्ष

अतः आशु की वर्तमान आयु 15 वर्ष है।

3. तीन सदस्यों की औसत आयु 60 वर्ष है। पहले सदस्य की आयु अन्य दोनों की आयु का 1/4 है। पहले सदस्य की आयु क्या है?

(a) 45 वर्ष (b) 40 वर्ष (c) 36 वर्ष (d) 38 वर्ष

हल ***(c)*** माना पहले सदस्य की आयु = x वर्ष

$\therefore$ माना बाकी सदस्यों की आयु का योग = y वर्ष

$\therefore$ $\dfrac{x+y}{3}=60$

$\Rightarrow$ $x+y=180$

$\Rightarrow$ $x+4x=180$ [$\because$ प्रश्नानुसार, $4x=y$]

$\therefore$ $x=\dfrac{180}{5}=36$ वर्ष

4. मेरा भाई मुझसे 3 वर्ष बड़ा है। जब मेरी बहन पैदा हुई थी उस समय मेरे पिता की आयु 28 वर्ष थी। जब मैं पैदा हुआ था उस समय मेरी माँ की आयु 26 वर्ष थी। जब मेरा भाई पैदा हुआ था उस समय यदि मेरी बहन 4 वर्ष की थी, तो उस समय मेरे पिता और मेरी माता की आयु क्रमशः कितने वर्ष थी?

(a) 35 वर्ष, 33 वर्ष (b) 35 वर्ष, 29 वर्ष
(c) 32 वर्ष, 23 वर्ष (d) 32 वर्ष, 29 वर्ष

हल *(c)* मेरे भाई के पैदा होने के समय मेरी बहन की आयु = 4 वर्ष

∴ मेरे पिता की आयु = 28 + 4 = 32 वर्ष

मेरे पैदा होने के समय मेरे भाई की आयु = 3 वर्ष

∴ मेरे पैदा होने के समय मेरी माँ की आयु = 26 वर्ष

∴ मेरे भाई के पैदा होने के समय मेरी माँ की आयु = 26 − 3 = 23 वर्ष

∴ पिता और माता की आयु क्रमशः 32 वर्ष और 23 वर्ष है।

[मेरे भाई के जन्म के समय]

5. दो व्यक्तियों की आयु का अनुपात 5 : 7 है। 18 वर्ष पहले उनकी आयु 8 : 13 के अनुपात में थी, अब उनकी आयु है

(a) 50 वर्ष एवं 70 वर्ष (b) 25 वर्ष एवं 35 वर्ष
(c) 45 वर्ष एवं 63 वर्ष (d) 40 वर्ष एवं 56 वर्ष

हल *(a)* माना दोनों व्यक्तियों की आयु क्रमशः $5x$ वर्ष एवं $7x$ वर्ष हैं।

तब, $$\frac{5x-18}{7x-18}=\frac{8}{13}$$

$\Rightarrow$ $65x - 234 = 56x - 144$

$\Rightarrow$ $65x - 56x = -144 + 234$

$\Rightarrow$ $9x = 90$

$\therefore$ $x = \frac{90}{9} = 10$

अतः उनकी आयु क्रमशः $5x = 50$ वर्ष एवं $7x = 70$ वर्ष हैं।

अभ्यास प्रश्न

1. पाँच वर्ष पूर्व पिता एवं पुत्र की आयु का योग 40 वर्ष था। अब उनकी आयु का अनुपात 4 : 1 है, तो पिता की वर्तमान आयु क्या है?

(a) 50 वर्ष (b) 55 वर्ष
(c) 45 वर्ष (d) 40 वर्ष

2. एक पिता अपने पुत्र से कहता है, "जब तुम पैदा हुए, तब मैं तुम्हारी वर्तमान आयु का था।" यदि पिता की आयु 36 वर्ष है, तो 5 वर्ष पहले पुत्र की आयु क्या थी?

(a) 20 वर्ष (b) 13 वर्ष
(c) 15 वर्ष (d) 17 वर्ष

3. A, B से आयु में तीन गुना बड़ा है। चार वर्ष पहले C की आयु A की आयु की दोगुनी थी। चार वर्ष में A, 31 वर्ष का हो जाएगा, तो B और C की वर्तमान आयु क्या है?

(a) 10 वर्ष, 50 वर्ष
(b) 9 वर्ष, 46 वर्ष
(c) 9 वर्ष, 50 वर्ष
(d) 10 वर्ष, 46 वर्ष

4. A की आयु B की आयु की $\frac{7}{3}$ गुनी है। 10 वर्ष पहले A की आयु B की आयु की तीन गुनी थी, तो B की वर्तमान आयु कितनी है?

(a) 60 वर्ष (b) 30 वर्ष
(c) 70 वर्ष (d) 24 वर्ष

5. राम की आयु श्याम से दोगुनी है। यदि दस वर्ष पहले राम, श्याम से चार गुना बड़ा था, तो राम और श्याम की वर्तमान आयु है

(a) 20 वर्ष, 10 वर्ष
(b) 28 वर्ष, 14 वर्ष
(c) 30 वर्ष, 15 वर्ष
(d) 40 वर्ष, 20 वर्ष

6. राजेश और रमन की वर्तमान आयु का अनुपात 9 : 11 है। 12 साल बाद रमन 34 वर्ष का हो जाएगा। 8 वर्ष पहले राजेश कितने वर्ष का था?

(a) 8 वर्ष (b) 10 वर्ष
(c) 24 वर्ष (d) 28 वर्ष

7. सीता की वर्तमान आयु, संगीता की 3 वर्ष पहले की आयु की दोगुनी है। यदि दोनों की वर्तमान आयु का योग 30 वर्ष हो, तो 3 वर्ष बाद सीता कितने वर्ष की हो जाएगी?

(a) 21 वर्ष (b) 19 वर्ष (c) 17 वर्ष (d) 13 वर्ष

8. अमित की आयु अमन से कम है। सोनिया, अमन से छोटी है। सोनिया, राम से छोटी है परन्तु मोनु से बड़ी है। बताइए सबसे छोटा कौन है?

(a) मोनू
(b) निर्धारित नहीं कर सकते
(c) सोनिया
(d) अमित

9. एक माँ की आयु उसके पुत्र की आयु की तीन गुनी है। 5 वर्ष पहले पुत्र अपने पिता की आयु का 1/6वाँ था। यदि उसके पिता, माँ की आयु से 5 वर्ष बड़े हो, तो पुत्र की आयु क्या होगी?

(a) 15 वर्ष (b) 12 वर्ष
(c) 10 वर्ष (d) 18 वर्ष

10. 12 वर्ष बाद राम की आयु रहीम की वर्तमान आयु की तीन गुनी हो जाएगी। यदि रहीम ने अपना 12वाँ जन्मदिन 4 वर्ष पहले मनाया हो, तो वर्तमान में राम कितने वर्ष का है?

(a) 12 वर्ष (b) 24 वर्ष
(c) 36 वर्ष (d) 48 वर्ष

11. अजय की आयु बिरजू की आयु के चार गुने से 4 वर्ष कम है। यदि 10 वर्ष बाद अजय की आयु बिरजू की आयु के दोगुने से 8 वर्ष अधिक हो, तो अजय की वर्तमान आयु क्या है?

(a) 22 वर्ष (b) 36 वर्ष
(c) 38 वर्ष (d) 40 वर्ष

12. राजन और उसके पुत्र की वर्तमान आयु का योग 81 वर्ष है। 9 वर्ष पहले राजन की आयु अपने पुत्र की आयु की $3\frac{1}{2}$ गुनी थी। उसके पुत्र की वर्तमान आयु क्या है?

(a) 21 वर्ष (b) 23 वर्ष
(c) 27 वर्ष (d) 31 वर्ष

13. 8 वर्षों के बाद अमर की आयु, 3 वर्ष पहले बिट्टू की आयु का तीन गुना होगी। वर्तमान में अमर बिट्टू से 13 वर्ष अधिक आयु का है। बिट्टू की वर्तमान आयु क्या है?

(a) 8 वर्ष (b) 15 वर्ष
(c) 23 वर्ष (d) 24 वर्ष

14. 10 वर्ष पूर्व पिता एवं पुत्र की आयु का अनुपात 4 : 1 था जबकि 5 वर्ष बाद पिता की आयु पुत्र की आयु से $\frac{7}{3}$ गुना हो जाएगी, तो वर्तमान में पुत्र की आयु क्या है?

(a) 12 वर्ष (b) 17 वर्ष
(c) 22 वर्ष (d) 27 वर्ष

15. 16 वर्ष पूर्व रमेश की माँ उससे चार गुना आयु की थी। 4 वर्ष बाद माँ, रमेश से दोगुनी आयु की होगी। रमेश की वर्तमान आयु क्या है?

(a) 13 वर्ष (b) 17 वर्ष
(c) 22 वर्ष (d) 26 वर्ष

16. 4 वर्ष पूर्व अमित की आयु भूमि की आयु का $\frac{1}{4}$ थी और वर्तमान में भूमि 12 वर्ष की है। अमित की वर्तमान आयु क्या है?
(a) 6 वर्ष
(b) 12 वर्ष
(c) 13 वर्ष
(d) 15 वर्ष

17. एक पिता अपने पुत्र से तीन गुना बड़ा है। 12 वर्ष बाद उसकी आयु उसके पुत्र की आयु की दोगुनी होगी, तो उसके पुत्र की आयु क्या है?
(a) 12 वर्ष (b) 15 वर्ष
(c) 16 वर्ष (d) 18 वर्ष

18. नीलम की आयु उसके पिता की आयु का 1/5 है। 5 वर्ष बाद उसके पिता की आयु नीलम की आयु का $3\frac{1}{3}$ भाग हो जाएगी। विमल की आयु 5 वर्ष बाद कितनी होगी, यदि वह वर्तमान में अपनी बहन नीलम से 4 वर्ष बड़ा है?
(a) 8 वर्ष (b) 12 वर्ष
(c) 14 वर्ष (d) 16 वर्ष

19. गीता और सुमन की वर्तमान आयु का अनुपात 7 : 6 है तथा उनकी आयु का गुणनफल 672 है। 4 साल पहले सुमन कितने वर्ष की थी?
(a) 17 वर्ष (b) 18 वर्ष
(c) 20 वर्ष (d) 24 वर्ष

20. रमन तथा उसके पुत्र की आयु का योगफल 48 वर्ष है। 7 वर्ष पूर्व दोनों की आयु का गुणनफल उस समय रमन की आयु का 6 गुना था। वर्तमान में पुत्र की आयु क्या थी?
(a) 9 वर्ष (b) 11 वर्ष
(c) 12 वर्ष (d) 13 वर्ष

21. रीता की शादी 6 वर्ष पहले हुई थी। आज उसकी आयु शादी के समय की आयु की $1\frac{1}{4}$ गुनी है। उसके पुत्र की आयु, उसकी आयु से $\frac{1}{10}$ गुनी है, तो उसके पुत्र की आयु क्या है?
(a) 3 वर्ष (b) 4 वर्ष
(c) 5 वर्ष (d) 6 वर्ष

उत्तरमाला

1. (d)	2. (b)	3. (c)	4. (b)	5. (c)	6. (b)	7. (a)	8. (b)	9. (c)	10. (c)
11. (d)	12. (b)	13. (b)	14. (c)	15. (d)	16. (a)	17. (a)	18. (d)	19. (d)	20. (d)
21. (a)									

संकेत एवं हल

1. माना पुत्र की वर्तमान आयु = x वर्ष
∴ पिता की वर्तमान आयु = $4x$ वर्ष
5 वर्ष पूर्व पुत्र की आयु = $(x-5)$ वर्ष
एवं 5 वर्ष पूर्व पिता की आयु = $(4x-5)$ वर्ष
प्रश्नानुसार, $(4x-5)+(x-5)=40$
$\Rightarrow\quad 5x = 40+10 = 50$
$\Rightarrow\quad x = 10$
∴ पिता की वर्तमान आयु $4x = 40$ वर्ष

2. माना पुत्र की वर्तमान आयु = x वर्ष
∴ प्रश्नानुसार, x वर्ष पहले पिता की आयु = x वर्ष
∴ पिता की वर्तमान आयु = $(x+x)$ = $2x$ वर्ष
लेकिन प्रश्नानुसार,
$2x = 36$
[∵पिता की वर्तमान आयु 36 वर्ष है।]
∴ पुत्र की वर्तमान आयु $x = 18$ वर्ष
अतः 5 वर्ष पहले पुत्र की आयु
$= x-5 = 18-5 = 13$ वर्ष

3. वर्तमान में A की आयु = $31-4=27$ वर्ष
∴ वर्तमान में B की आयु = $\frac{27}{3} = 9$ वर्ष
पुनः 4 वर्ष पहले A की आयु = $27-4$ = 23 वर्ष
∴ 4 वर्ष पहले C की आयु = $23\times 2 = 46$ वर्ष
∴ वर्तमान में C की आयु = $46+4=50$ वर्ष

4. माना B की आयु = x वर्ष
∴ A की आयु = $\frac{7x}{3}$ वर्ष
10 वर्ष पहले A की आयु = $\left(\frac{7x}{3}-10\right)$ वर्ष
10 वर्ष पहले B की आयु = $(x-10)$ वर्ष
प्रश्नानुसार,
$$(x-10)\times 3 = \frac{7x}{3}-10$$
$\Rightarrow\quad 9x-90 = 7x-30$
$\Rightarrow\quad 2x = 60$
∴ B की आयु = $x = 30$ वर्ष

5. माना श्याम की आयु = x वर्ष
∴ राम की आयु = $2x$ वर्ष
10 वर्ष पहले श्याम की आयु = $(x-10)$ वर्ष
एवं 10 वर्ष पहले राम की आयु = $(2x-10)$ वर्ष
प्रश्नानुसार,
$$(x-10)\times 4 = 2x-10$$
$\Rightarrow\quad 4x-40 = 2x-10$
$\Rightarrow\quad 2x = 30$
∴ श्याम की वर्तमान आयु = $x = 15$ वर्ष
राम की वर्तमान आयु = $2x = 30$ वर्ष

6. माना राजेश की आयु = $9x$ वर्ष
तथा रमन की आयु = $11x$ वर्ष
प्रश्नानुसार, $11x+12=34$
$\Rightarrow\quad 11x = 34-12 = 22$
∴ $\quad x = \frac{22}{11} = 2$
∴ 8 वर्ष पहले राजेश की आयु
$= 9\times 2 - 8 = 10$ वर्ष

7. संगीता की 3 वर्ष पहले आयु = x वर्ष
तथा सीता की वर्तमान आयु = $2x$ वर्ष
संगीता की वर्तमान आयु = $x+3$ वर्ष
∵ $\quad (x+3)+2x = 30$
$\Rightarrow\quad 3x = 30-3$
$\Rightarrow\quad x = \frac{27}{3} = 9$
∴ 3 वर्ष बाद रीता की आयु
$= 2x+3 = 2\times 9+3 = 21$ वर्ष

8. अमन > अमित
अमन > सोनिया
राम > सोनिया > मोनू
∴ अमित और मोनू में से कौन छोटा है निर्धारित नहीं कर सकते।

9. माना पुत्र की वर्तमान आयु = x वर्ष
∴ माँ की वर्तमान आयु = $3x$ वर्ष
5 वर्ष पूर्व पुत्र की आयु = $(x-5)$ वर्ष
5 वर्ष पूर्व पिता की आयु = $6(x-5)$ = $6x-30$ वर्ष
पिता की वर्तमान आयु = $(6x-30+5)$ = $(6x-25)$ वर्ष
प्रश्नानुसार,
$$6x-25 = 3x+5$$

$\Rightarrow \quad 6x - 3x = 5 + 25$

$\Rightarrow \quad 3x = 30$

$\Rightarrow \quad x = \frac{30}{3} = 10$

अतः पुत्र की आयु = x = 10 वर्ष

10. प्रश्नानुसार, रहीम की वर्तमान आयु = 12 + 4 = 16 वर्ष

∴ 12 साल बाद राम की आयु = 16 × 3 = 48 वर्ष

∴ राम की वर्तमान आयु = 48 − 12 = 36 वर्ष

11. बिरजू की आयु = x वर्ष

अजय की आयु = $(4x - 4)$ वर्ष

∴ प्रश्नानुसार,

$(4x - 4) + 10 = (x + 10) \times 2 + 8$

$\Rightarrow \quad 4x + 6 = 2x + 20 + 8 \Rightarrow 2x = 22$

$\therefore \quad x = \frac{22}{2} = 11$

∴ अजय की वर्तमान आयु = 4 × 11 − 4 = 40 वर्ष

12. माना उसके पुत्र की आयु = x वर्ष

एवं राजन की आयु = $(81 - x)$ वर्ष

∴ प्रश्नानुसार, $(81 - x - 9) = (x - 9) \times \frac{7}{2}$

$\Rightarrow \quad 72 - x = \frac{7x}{2} - \frac{63}{2}$

$\Rightarrow \quad \frac{9x}{2} = \frac{207}{2}$

$\Rightarrow \quad x = \frac{207 \times 2}{9 \times 2} = 23$

अतः वर्तमान में उसके पुत्र की आयु 23 वर्ष है।

13. माना बिट्टू की वर्तमान आयु = x वर्ष

तब, अमर की वर्तमान आयु = $(x + 13)$ वर्ष

∴ प्रश्नानुसार, $(x + 13) + 8 = (x - 3) \times 3$

$\Rightarrow \quad x + 21 = 3x - 9$

$\Rightarrow \quad 2x = 30 \Rightarrow x = 15$

अतः बिट्टू की वर्तमान आयु 15 वर्ष है।

14. 10 वर्ष पूर्व पिता एवं पुत्र की आयु क्रमशः $4x$ वर्ष x वर्ष थी।

∴ दोनों की वर्तमान आयु क्रमशः $(4x + 10)$ वर्ष और $(x + 10)$ वर्ष होगी।

प्रश्न से, 5 वर्ष बाद,

$(4x + 10 + 5) = \frac{7}{3}(x + 10 + 5)$

$\Rightarrow \quad 3(4x + 15) = 7(x + 15)$

$\Rightarrow \quad 12x + 45 = 7x + 105$

$\Rightarrow \quad 5x = 60 \Rightarrow x = 12$

∴ पुत्र की वर्तमान आयु = 12 + 10 = 22 वर्ष

15. माना 16 वर्ष पूर्व रमेश की आयु = x वर्ष

तब, 16 वर्ष पूर्व रमेश की माँ की आयु = $4x$ वर्ष

$\therefore \quad 4x + 16 + 4 = (x + 16 + 4) \times 2$

$\Rightarrow \quad 4x + 20 = 2x + 40$

$\Rightarrow \quad 2x = 20 \Rightarrow x = 10$

∴ रमेश की वर्तमान आयु = 10 + 16 = 26 वर्ष

अतः वर्तमान में रमेश 26 वर्ष का है।

16. प्रश्नानुसार, 4 वर्ष पूर्व भूमि की आयु = 12 − 4 = 8 वर्ष

∴ 4 वर्ष पूर्व अमित की आयु = $\frac{1}{4} \times 8 = 2$ वर्ष

∴ अमित की वर्तमान आयु = 2 + 4 = 6 वर्ष

17. माना पुत्र की आयु = x वर्ष

∴ पिता की आयु = $3x$ वर्ष

12 वर्ष बाद पुत्र की आयु = $(x + 12)$ वर्ष

12 वर्ष बाद पिता की आयु = $(3x + 12)$ वर्ष

प्रश्नानुसार, $(x + 12) \times 2 = 3x + 12$

$\Rightarrow \quad 2x + 24 = 3x + 12$

$\Rightarrow \quad 24 - 12 = 3x - 2x$

$\therefore \quad x = 12$

अतः उसके पुत्र की आयु 12 वर्ष है।

18. माना नीलम की वर्तमान आयु = x वर्ष

पिता की वर्तमान आयु = $5x$ वर्ष

तथा विमल की वर्तमान आयु = $(x + 4)$ वर्ष

प्रश्नानुसार,

$\frac{10}{3}(x + 5) = (5x + 5)$

$\Rightarrow \quad 10x + 50 = 15x + 15$

$\Rightarrow \quad 5x = 35 \Rightarrow x = 7$

अतः विमल की 5 वर्ष बाद आयु = $x + 4 + 5$ = 7 + 4 + 5 = 16 वर्ष

19. माना गीता की वर्तमान आयु = $7x$ वर्ष

तथा सुमन की वर्तमान आयु = $6x$ वर्ष

प्रश्नानुसार,

$7x \times 6x = 672$

$\Rightarrow \quad x^2 = \frac{672}{42} = 16$

$\therefore \quad x = 4$

अतः सुमन की वर्तमान आयु = 6 × 4 = 24 वर्ष

20. माना पुत्र की वर्तमान आयु = x वर्ष

तब, रमन की वर्तमान आयु = $(48 - x)$ वर्ष

प्रश्नानुसार,

$(48 - x - 7)(x - 7) = (48 - x - 7)6$

$\Rightarrow \quad x - 7 = 6 \Rightarrow x = 13$ वर्ष

अतः वर्तमान में रमन के पुत्र की आयु 13 वर्ष है।

21. माना रीता के पुत्र की आयु = x वर्ष

∴ रीता की आयु = $10x$ वर्ष

6 वर्ष पहले रीता की आयु = $(10x - 6)$ वर्ष

∴ प्रश्नानुसार, $(10x - 6) \times \frac{5}{4} = 10x$

$\Rightarrow \quad 50x - 30 = 40x$

$\Rightarrow \quad 10x = 30$

$\therefore \quad x = 3$ वर्ष

अतः उसके पुत्र की आयु 3 वर्ष है।

अध्याय

14

शब्दों का तार्किक क्रम

Logical Sequence of Words

शब्दों का तार्किक क्रम, शब्दों का एक ऐसा व्यवस्थित क्रम है, जो सर्वमान्य मान्यताओं तथा प्रकृति के नियमों एवं सिद्धान्तों के अनुरूप होता है। ये शब्द वास्तविक एवं सत्यता पर आधारित होते हैं।

इस प्रकार के प्रश्नों में शब्दों को सार्थक क्रम के आधार पर क्रमबद्ध करना होता है। इसके अन्तर्गत सामान्यत: पाँच शब्द दिए जाते हैं जो सभी आपस में किसी प्रकार से सम्बन्धित होते हैं। इसी सम्बन्ध के आधार पर उन्हें एक तार्किक रूप में व्यवस्थित करना होता है।

साधित उदाहरण

निर्देश (प्र.सं. 1-4) *निम्न विकल्पों में से कौन-सा विकल्प नीचे दिए गए शब्दों का सार्थक क्रम दर्शाता है?*

1. (1) शाखा (2) पत्ती (3) फूल (4) तना (5) फल

(a) 2, 4, 1, 5, 3 (b) 1, 4, 2, 5, 3
(c) 4, 1, 2, 3, 5 (d) 1, 4, 2, 3, 5

हल ***(c)*** सार्थक क्रम इस प्रकार है

(4) तना (1) शाखा
(2) पत्ती (3) फूल
(5) फल

2. (1) शिशु (2) वृद्ध (3) प्रौढ़ (4) किशोर (5) बालक

(a) 5, 4, 3, 2, 1 (b) 3, 4, 2, 1, 5
(c) 1, 5, 4, 3, 2 (d) 2, 3, 4, 5, 1

हल ***(c)*** सार्थक क्रम इस प्रकार है

(1) शिशु (5) बालक
(4) किशोर (3) प्रौढ़

3. (1) कागज (2) पुस्तकालय (3) लेखक (4) पुस्तक (5) कलम

(a) 2, 4, 3, 5, 1 (b) 3, 2, 1, 5, 4
(c) 3, 5, 1, 4, 2 (d) 5, 1, 3, 4, 2

हल ***(c)*** सार्थक क्रम निम्न होगा

(3) लेखक (5) कलम
(1) कागज (4) पुस्तक
(2) पुस्तकालय

4. (1) देश (2) मुहल्ला (3) सदस्य (4) समुदाय (5) परिवार

(a) 1, 2, 3, 4, 5 (b) 3, 2, 1, 4, 5
(c) 3, 5, 4, 2, 1 (d) 1, 4, 2, 3, 5

हल ***(c)*** सार्थक क्रम निम्न होगा

(3) सदस्य (5) परिवार
(4) समुदाय (2) मुहल्ला
(1) देश

अभ्यास प्रश्न

निर्देश (प्र.सं. 1-30) *निम्न विकल्पों में से कौन-सा विकल्प नीचे दिए गए शब्दों का सार्थक क्रम दर्शाता है?*

1. (1) सोना (2) आभूषण
(3) अयस्क (4) खदान
(5) प्रक्रिया **[UP बी.एड. 2014]**
(a) 2, 1, 5, 4, 3 (b) 4, 3, 5, 1, 2
(c) 4, 3, 5, 2, 1 (d) 3, 4, 5, 1, 2

2. (1) छाती (2) ललाट
(3) पेट (4) कान
(5) पैर (6) ठोढ़ी
[UP बी.एड. 2014]
(a) 1, 2, 4, 6, 3, 5 (b) 2, 4, 6, 1, 3, 5
(c) 5, 4, 2, 6, 1, 3 (d) 1, 4, 2, 6, 3, 5

3. (1) पौधा (2) धागा
(3) बीज (4) कमीज
(5) कपास (रुई) **[UP बी.एड. 2013]**
(a) 3, 1, 2, 5, 4 (b) 3, 1, 5, 2, 4
(c) 1, 3, 2, 4, 5 (d) 1, 3, 5, 2, 4

4. (1) अणु युग (2) धातु युग
(3) पाषाण युग (4) मिश्रधातु युग
[UP बी.एड. 2013]
(a) 1, 3, 4, 2 (b) 3, 2, 4, 1
(c) 2, 3, 1, 4 (d) 4, 3, 2, 1

5. (1) जन्म (2) मृत्यु (3) बाल्यावस्था (4) बचपन (शिशु अवस्था) (5) किशोरावस्था (6) प्रौढ़ावस्था (7) वृद्धावस्था
[UP बी.एड. 2012]
(a) 2, 6, 7, 5, 4, 3, 1
(b) 1, 4, 3, 5, 6, 7, 2
(c) 1, 4, 3, 6, 5, 7, 2
(d) 2, 7, 6, 4, 5, 3, 1

6. (1) धातु (2) प्रक्रिया
(3) कच्ची धातु (4) शुद्ध करना
(5) मिश्र धातु **[UP बी.एड. 2010]**
(a) 1, 3, 2, 4, 5 (b) 3, 2, 4, 1, 5
(c) 1, 3, 4, 2, 5 (d) 1, 2, 3, 4, 5

7. (1) वर्ग (2) रेखा
(3) कोण (4) त्रिभुज
(5) बिन्दु **[UP बी.एड. 2010]**
(a) 5, 3, 2, 4, 1 (b) 5, 2, 3, 4, 1
(c) 5, 1, 4, 3, 2 (d) 5, 4, 3, 2, 1

8. (1) नवजात (2) बालक (3) शिशु (4) भ्रूण
[UP बी.एड. 2008]
(a) 1, 3, 2, 4 (b) 4, 1, 3, 2
(c) 4, 3, 1, 2 (d) 3, 1, 4, 2

9. (1) प्लास्टर (2) पेन्टिंग (3) नींव
(4) दीवारें (5) छत **[UP बी.एड. 2008]**
(a) 3, 4, 1, 2, 5 (b) 1, 2, 3, 4, 5
(c) 5, 4, 3, 2, 1 (d) 3 , 4, 5, 1, 2

10. (1) नवजात (2) वृद्ध
(3) अधेड़ (4) वयस्क
(5) बालक
(a) 1, 5, 4, 3, 2 (b) 1, 3, 2, 4,5
(c) 1, 2, 3, 4, 5 (d) 1, 4, 2, 3,5

11. (1) अंगूर (2) अंगूर का बाग
(3) मदिरा (4) शराब बनाना
(5) आसवन करना
(a) 2, 1, 5, 4, 3 (b) 3, 5, 4, 2, 1
(c) 2, 1, 4, 3, 5 (d) 2, 1, 4, 5, 3

12. (1) यौवन (2) शैशवावस्था
(3) बचपन (4) प्रौढ़
(5) किशोरावस्था
(a) 2, 1, 5, 4, 3 (b) 2, 3, 5, 1, 4
(c) 3, 4, 1, 2, 5 (d) 3, 4, 2, 1, 5

13. (1) रक्षा करना (2) दबाव
(3) राहत सामग्री (4) वर्षा
(5) बाढ़
(a) 2, 4, 3, 1, 5 (b) 2, 4, 5, 1, 3
(c) 2, 5, 4, 1, 3 (d) 3, 2, 4, 5, 1

14. (1) दूध (2) घास
(3) लस्सी (4) गाय
(a) 3, 2, 4, 1 (b) 2, 4, 1, 3
(c) 4, 1, 3, 2 (d) 3, 2, 1, 4

15. (1) पौधा (2) खाद्य
(3) बीज (4) पत्ती
(5) फूल
(a) 1, 3, 4, 5, 2 (b) 3, 2, 4, 5, 1
(c) 3, 1, 4, 5, 2 (d) 5, 4, 3, 2, 1

16. (1) कभी नहीं (2) कभी-कभी
(3) सामान्यत: (4) यदा-कदा
(5) हमेशा
(a) 5, 2, 1, 3, 4 (b) 5, 3, 2, 1, 4
(c) 5, 3, 2, 4, 1 (d) 5, 2, 4, 3, 1

17. (1) लकड़ी (2) किताब
(3) कारखाना (4) कागज
(5) छापना
(a) 1, 3, 4, 5, 2 (b) 2, 5, 1, 3, 4
(c) 3, 1, 4, 5, 2 (d) 4, 2, 3, 1, 5

18. (1) शहद (2) फूल
(3) मक्खी (4) मोम
(a) 2, 1, 4, 3 (b) 2, 3, 1, 4
(c) 4, 3, 2, 1 (d) 1, 3, 4, 2

19. (1) राज्य (2) सब-डिविजन
(3) ब्लॉक (4) गाँव
(5) जिला (6) कमिश्नरी
(a) 1, 2, 4, 3, 5, 6 (b) 1, 3, 6, 4, 5, 2
(c) 6, 5, 4, 2, 3, 1 (d) 4, 3, 2, 5, 6, 1

20. (1) हाथी (2) बिल्ली
(3) मच्छर (4) चीता
(5) ह्वेल
(a) 1, 3, 5, 4, 2 (b) 2, 5, 1, 4, 3
(c) 3, 2, 4, 1, 5 (d) 5, 3, 1, 2, 4

21. (1) पोता (2) पुत्र (3) भाई (4) पिता
(5) दादा
(a) 1, 2, 4, 3, 5 (b) 1, 3, 4, 5, 2
(c) 5, 4, 2, 3, 1 (d) 1, 2, 3, 4, 5

22. (1) जन्म (2) मृत्यु
(3) अन्त्येष्टि (4) विवाह
(5) शिक्षा
(a) 1, 3, 4, 5, 2 (b) 4, 5, 3, 1, 2
(c) 1, 5, 4, 2, 3 (d) 2, 3, 4, 5, 1

23. (1) महासागर (2) वर्षा
(3) बादल (4) नदी
(5) मानसून
(a) 3, 2, 1, 5, 4 (b) 5, 3, 2, 4, 1
(c) 1, 3, 2, 5, 4 (d) 5, 2, 3, 4, 1

24. (1) चट्टान (2) पहाड़ी
(3) पर्वत (4) पर्वतमाला
(5) पत्थर
(a) 1, 3, 4, 2, 5 (b) 5, 1, 2, 3, 4
(c) 4, 3, 2, 5, 1 (d) 5, 2, 3, 4, 1

25. (1) वर्षा (2) मानसून
(3) बाढ़ (4) बचाव
(5) राहत
(a) 1, 2, 4, 3, 5 (b) 1, 2, 3, 4, 5
(c) 2, 1, 3, 4, 5 (d) 4, 1, 2, 3, 5

26. (1) उपन्यास (2) लेखक
(3) पुरस्कार (4) कथानक
(5) प्रकाशित
(a) 5, 3, 2, 1, 4 (b) 3, 5, 1, 2, 4
(c) 2, 4, 1, 5, 3 (d) 1, 2, 3, 5, 4

27. (1) नुस्खा (2) पकाना
(3) परोसना (4) संघटक
(5) खाना
(a) 2, 4, 1, 3, 5 (b) 1, 4, 3, 2, 5
(c) 1, 4, 2, 3, 5 (d) 4, 1, 2, 3, 5

28. (1) लुगदी (2) मुद्रण
(3) कागज (4) खरीद
(5) प्रकाशन
(a) 1, 3, 2, 5, 4 (b) 1, 4, 5, 2, 3
(c) 1, 2, 3, 5, 4 (d) 1, 5, 4, 2, 3

29. (1) वयस्क (2) बच्चा
(3) शिशु (4) बालक
(5) किशोर
(a) 1, 3, 4, 5, 2 (b) 3, 2, 4, 5, 1
(c) 2, 3, 5, 4, 1 (d) 2, 3, 4, 1, 5

30. (1) दीवार (2) चिकनी मिट्टी
(3) मकान (4) कमरा
(5) ईंटें
(a) 5, 2, 1, 4, 3 (b) 2, 5, 4, 1, 3
(c) 2, 5, 1, 4, 3 (d) 1, 2, 3, 4, 5

उत्तरमाला

1. (b)	**2.** (b)	**3.** (b)	**4.** (b)	**5.** (b)	**6.** (b)	**7.** (b)	**8.** (b)	**9.** (d)	**10.** (a)
11. (a)	**12.** (b)	**13.** (b)	**14.** (b)	**15.** (c)	**16.** (c)	**17.** (a)	**18.** (b)	**19.** (d)	**20.** (c)
21. (d)	**22.** (c)	**23.** (b)	**24.** (b)	**25.** (c)	**26.** (c)	**27.** (c)	**28.** (a)	**29.** (b)	**30.** (c)

संकेत एवं हल

1. शब्दों का सार्थक क्रम निम्नवत् होगा
खदान → अयस्क → प्रक्रिया → सोना → आभूषण
⇒ 4, 3, 5, 1, 2

2. शब्दों का सार्थक क्रम निम्नवत् होगा
ललाट → कान → ठोढ़ी → छाती → पेट → पैर
⇒ 2, 4, 6, 1, 3, 5

3. शब्दों का सार्थक क्रम निम्नवत् होगा
बीज → पौधा → कपास → धागा → कमीज
⇒ 3, 1, 5, 2, 4

4. शब्दों का सार्थक क्रम निम्नवत् होगा
पाषाण युग → धातु युग → मिश्रधातु युग → अणु युग
⇒ 3, 2, 4, 1

5. सार्थक क्रम निम्नवत् है
(1) जन्म → (4) बचपन (शिशु अवस्था) → (3) बाल्यावस्था → (5) किशोरावस्था → (6) प्रौढ़ावस्था → (7) वृद्धावस्था → (2) मृत्यु

6. सार्थक क्रम
(3) कच्ची धातु, (2) प्रक्रिया, (4) शुद्ध करना, (1) धातु, (5) मिश्र धातु

7. सार्थक क्रम
(5) बिन्दु, (2) रेखा, (3) कोण, (4) त्रिभुज, (1) वर्ग
एक रेखा पर अनगिनत बिन्दु होते हैं। दो रेखाओं से कोण, तीन रेखाओं से त्रिभुज और चार रेखाओं से वर्ग बनता है।

8. दिए गए शब्दों को सार्थक रूप में व्यवस्थित करने पर
(4) भ्रूण, (1) नवजात, (3) शिशु, (2) बालक

9. दिए गए शब्दों को सार्थक रूप में व्यवस्थित करने पर
(3) नींव, (4) दीवारें, (5) छत, (1) प्लास्टर, (2) पेन्टिंग

10. लघु से दीर्घ सही क्रम है
(1) नवजात (5) बालक
(4) वयस्क (3) अधेड़
(2) वृद्ध

11. सार्थक क्रम है
(2) अंगूर का बाग (1) अंगूर
(5) आसवन करना (4) शराब बनाना
(3) मदिरा

12. सार्थक क्रम है
(2) शैशवास्था (3) बचपन
(5) किशोरावस्था (1) यौवन
(4) प्रौढ़

13. अभीष्ट क्रम है
(2) दबाव (4) वर्षा
(5) बाढ़ (1) रक्षा करना
(3) राहत सामग्री

14. घास को गाय खाती है। गाय दूध देती है। दूध से दही तथा दही से लस्सी बनती है।

15. सार्थक क्रम निम्नलिखित है
(3) बीज (1) पौधा (4) पत्ती
(5) फूल (2) खाद्य

16. सार्थक क्रम निम्न है
(5) हमेशा (3) सामान्यतः
(2) कभी-कभी (4) यदा-कदा
(1) कभी नहीं

17. अभीष्ट क्रम है
(1) लकड़ी (3) कारखाना
(4) कागज (5) छापना
(2) किताब

18. सार्थक क्रम निम्नलिखित है
(2) फूल (3) मक्खी (1) शहद (4) मोम

19. सही क्रम है
(4) गाँव (3) ब्लाक (2) सब-डिविजन
(5) जिला (6) कतिश्नरी (1) राज्य

20. अभीष्ट क्रम इस प्रकार है
(3) मच्छर (2) बिल्ली
(4) चीता (1) हाथी
(5) ह्वेल
(आकार में छोटे से बड़ा)

21. पारिवारिक सम्बन्ध में लघु से दीर्घ क्रम पोता, पुत्र, भाई, पिता, दादा है।

22. सार्थक क्रम इस प्रकार है
(1) जन्म (5) शिक्षा
(4) विवाह (2) मृत्यु
(3) अन्तयेष्टि

23. सार्थक क्रम इस प्रकार है
(5) मानसून (3) बादल
(2) वर्षा (4) नदी
(1) महासागर

24. सार्थक क्रम निम्न है
(5) पत्थर (1) चट्टान
(2) पहाड़ी (3) पर्वत
(4) पर्वतमाला

25. सार्थक क्रम निम्न है
(2) मानसून (1) वर्षा
(3) बाढ़ (4) बचाव
(5) राहत

26. सार्थक क्रम निम्न है
(2) लेखक (4) कथानक
(1) उपन्यास (5) प्रकाशित
(3) पुरस्कार

27. सार्थक क्रम निम्न है
(1) नुस्खा (4) संघटक
(2) पकाना (3) परोसना
(5) खाना

28. सार्थक क्रम निम्न है
(1) लुगदी (3) कागज
(2) मुद्रण (5) प्रकाशन
(4) खरीद

29. सार्थक क्रम निम्न है
(3) शिशु (2) बच्चा
(4) बालक (5) किशोर
(1) वयस्क

30. सार्थक क्रम निम्न है
(2) चिकनी मिट्टी (5) ईटें
(1) दीवार (4) कमरा
(3) मकान

अध्याय 15

औपबन्धित संख्या/ अक्षर योग्यता परीक्षण
Conditional Number/Letter Aptitude Test

औपबन्धित संख्या/अक्षर से हमारा अभिप्राय संख्याओं/अक्षरों की एक शृंखला में से किसी खास परिस्थिति में उपस्थित एक विशेष संख्या/अक्षर को औपबन्धित संख्या/अक्षर कहते हैं।

इस प्रकार के परीक्षण का उद्देश्य प्रतियोगियों में किसी संख्या शृंखला या अक्षर शृंखला में से विशेष नियमों के आधार पर किसी संख्या या अक्षर को चुनने की क्षमता का मापन करना होता है।

इन परीक्षण के अन्तर्गत तीन प्रकार के प्रश्न पूछे जाते हैं

1. **संख्या शृंखला पर आधारित** Based on Number Series

इसके अन्तर्गत आने वाले प्रश्नों में ऐसे प्रश्न पूछे जाते हैं जो अंक शृंखला से सम्बन्धित होते हैं तथा प्रश्न में एक शर्त दी गई होती है जिसका हल उसी शर्त के अनुसार ज्ञात करना होता है।

जैसे निम्नलिखित अंकों की शृंखला में ऐसे कितने 8 हैं जिनके ठीक पहले 7 है, लेकिन ठीक बाद में 5 नहीं है?

7 8 3 7 8 5 1 2 7 8 3 3 4 7 8 2 5 6 6 8 3

2. **अक्षर शृंखला पर आधारित** Based on Letter Series

इसके अन्तर्गत आने वाले प्रश्नों में ऐसे प्रश्न पूछे जाते हैं जो अक्षर शृंखला से सम्बन्धित होते हैं तथा प्रश्न में एक शर्त दी गई होती है जिसका हल उसी शर्त के अनुसार ज्ञात करना होता है।

जैसे निम्नलिखित अक्षरों की शृंखला में ऐसे कितने K हैं जिनके बाद T आता है। लेकिन ठीक पहले N नहीं आता है?

Z K T L K N N K T F G Z H K T K N G H J L N K T T

3. **मिश्रित प्रश्न** Mixed Question

इसके अन्तर्गत आने वाले प्रश्नों में एक संख्या या पाँच/छः/सात संख्याओं के जोड़े दिए जाते हैं तथा प्रश्न में एक शर्त दी गई होती है, जिन्हें प्रश्न में दी गई शर्त के अनुसार पुनर्व्यवस्थित करने के पश्चात् उत्तर ज्ञात करना होता है।

जैसे नीचे दी गई प्रत्येक संख्या के दूसरे एवं तीसरे अंकों को आपस में बदल दिया जाता है। तब, नई संख्याओं के पहले एवं अन्तिम अंकों को आपस में बदल दिया जाता है। अब उन पाँच संख्याओं में सबसे बड़ी संख्या कौन-सी है?

184 372 526 438 273

साधित उदाहरण

1. नीचे दी गई अंक शृंखला में ऐसे कितने 6 हैं, जिनके ठीक पहले 5 है लेकिन ठीक बाद में 7 नहीं है?

5 6 7 2 5 6 4 9 2 7 6 7 4 3 5 6 8 6 4 9 5 6 7

(a) 4 (b) 2 (c) 1 (d) 3

हल ***(b)*** प्रश्नानुसार,

5 6 7 2 [5 6 4] 9 2 7 6 7 4 3 [5 6 8] 6 4 9 5 6 7

अतः उपरोक्त से स्पष्ट हैं कि दी गई अंकों की शृंखला में ऐसे दो 6 हैं, जिनके ठीक पहले 5 है लेकिन ठीक बाद में 7 नहीं है।

2. नीचे कितने L ऐसे हैं, जिनके पहले R न आता हो और उनके आगे T भी न आता हो?

ZQSTLRMNQNRTUVXRLTASLTQRSLT

(a) 2 (b) 1 (c) 3 (d) 5

हल ***(b)*** प्रश्नानुसार,

Z Q S T [L] R M N Q N R T U V X R L T A S L T Q R S L T

अतः उपरोक्त से स्पष्ट है कि दी गई अक्षर शृंखला में ऐसा केवल एक L है जिनके पहले R तथा बाद में T नहीं है।

3. यदि नीचे दी गई संख्याओं में से प्रत्येक विषम संख्या के अन्तिम अंक में 1 जोड़ा जाए और प्रत्येक सम संख्या के अन्तिम अंक में 1 घटाया जाए, तो इस प्रकार बनी सबसे बड़ी विषम संख्या और सबसे छोटी सम संख्या के बीच क्या अन्तर होगा?

496 528 317 824 795

(a) 27 (b) 505 (c) 209 (d) 37

हल ***(b)***

496	528	317	824	795
↓	↓	↓	↓	↓
495	527	318	823	796

सबसे बड़ी विषम संख्या = 823

सबसे छोटी सम संख्या = 318

∴ अभीष्ट अन्तर = 823 − 318 = 505

अभ्यास प्रश्न

1. नीचे दी गई अंकों की श्रृंखला में ऐसे कितने 6 हैं जिनके ठीक पहले या बाद में कोई विषम संख्या है?
3 5 6 2 3 7 8 6 4 1 6 2 3 1 2 6 7 8 8 1 6 1 4 6 3 2 9 [UP बी.एड. 2014]
(a) एक (b) दो
(c) तीन (d) चार

2. निम्नलिखित श्रृंखला में कितनी विषम संख्याएँ हैं, जिनके तुरन्त पहले एक सम संख्या तथा तुरन्त बाद एक विषम संख्या आती है?
5 1 4 7 3 9 8 5 7 2 6 3 1 5 8 6 3 8 5 2 2 4 3 4 9 6 [UP बी.एड. 2008]
(a) 1 (b) 2
(c) 3 (d) 4

3. नीचे दिए गए अंकों के क्रम में ऐसे कितने 8 हैं, जिनके ठीक पहले 5 है लेकिन ठीक बाद में 3 नहीं है?
5 8 3 3 8 5 5 8 5 4 5 8 3 8 5 8 3 8 5 3 8 5 8 8 5 3 8 5 8 3
(a) एक (b) दो (c) तीन (d) चार

4. नीचे दिए गए क्रम में ऐसी कितनी विषम संख्याएँ हैं, जिनको कि 3 या 5 से पूरी तरह विभाजित किया जा सकता है और उनके ठीक बाद भी विषम संख्या है तथा ठीक उनके बाद कोई सम संख्या भी है?
12, 19, 21, 3, 25, 18, 35, 20, 22, 21, 45, 46, 47, 48, 9, 50, 52, 54, 55, 56
(a) 1 (b) 2 (c) शून्य (d) 3

5. नीचे दी गई अंक श्रृंखला में ऐसे कितने 6 हैं, जिनके ठीक बाद कोई सम संख्या है और ठीक पहले कोई विषम संख्या है?
3 6 2 5 6 3 2 6 3 2 6 2 7 6 4 6 5 8 6 7 6 4 2 6 8
(a) 1 (b) 2 (c) 3 (d) 4

6. निम्नलिखित संख्या श्रेणी में ऐसे कितने 6 हैं, जिनके या तो ठीक पहले 2 है या ठीक बाद में 9 है?
5 6 2 4 3 6 9 2 6 7 1 6 4 7 6 8 2 6 3 4 6 9 8 6 2
(a) एक (b) दो
(c) तीन (d) चार

7. निम्न अंक श्रृंखला में ऐसे कितने 5 हैं, जिनके ठीक बाद 3 आया है पर ठीक पहले 7 नहीं है?
8 9 5 3 2 5 3 8 5 5 6 8 7 3 3 5 7 7 5 3 6 5 3 3 5 7 3 8
(a) 1 (b) 2 (c) 3 (d) 4

8. निम्नलिखित अंक श्रृंखला में कितने 9 ऐसे हैं, जो 2 से तुरन्त पहले तथा 3 के तुरन्त बाद है?
3 9 2 4 3 9 2 3 9 3 9 2 3 9 2 9 3
(a) शून्य (b) एक
(c) दो (d) तीन से अधिक

9. नीचे दी गई अंक श्रृंखला में ऐसे कितने 3 हैं, जिनके तुरन्त पहले 6 है परन्तु तुरन्त बाद में 8 नहीं है?
5 3 8 8 6 3 8 6 7 8 3 8 8 6 3 8 8 3 6 8 3 6 8 8
(a) 1 (b) 2
(c) 3 (d) कोई नहीं

10. नीचे दी गई श्रृंखला में ऐसे कितने 8 हैं, जोकि अपने ठीक पहले और बाद के अंकों से पूरी तरह से विभाजित किए जा सकते हैं?
2 8 3 8 2 4 8 2 4 8 6 8 2 4 8 3 8 2 8 6
(a) 4 (b) 1 (c) 2 (d) 3

11. निम्नलिखित श्रृंखला में ऐसे कितने 6 हैं, जिनके ठीक पहले 7 है तथा ठीक बाद में 3 है?
6 3 3 7 7 6 6 3 7 3 7 6 7 3 7 6 3 3 6 6 7 7 3 6 7 3
(a) 1 (b) 2
(c) 3 (d) शून्य

12. 2 4 5 9 3 5 8 7 6 5 2 1 5 0 5 0 3 5 0 3
उपरोक्त दी गई संख्या श्रृंखला में ऐसे कितने 5 हैं, जिनके ठीक पहले के दो अंकों का योग ठीक बाद के दो अंकों के योग से अधिक है?
(a) 2 (b) 3 (c) 4 (d) 5

13. नीचे दी गई श्रृंखला में ऐसे कितने T हैं, जिनके ठीक पहले P है लेकिन ठीक बाद में S नहीं है?
S T P Q T S P T R P T Q R P S T Q R T R P T M P T S
(a) कोई नहीं (b) एक
(c) दो (d) तीन

14. निम्नलिखित श्रृंखला में ऐसे कितने M हैं, जिनके पहले D या N आते हैं?
F D M L K D M N M F T T L O P O D M T M L F
(a) एक (b) दो (c) तीन (d) चार

15. निम्नलिखित श्रृंखला में ऐसे कितने A हैं, जिनके ठीक बाद L है लेकिन L के ठीक बाद X नहीं है?
A L A X Q M A X M L A L C A Q M A A L Q A L X L A N M L A L M
(a) 2 (b) 4 (c) 5 (d) 7

16. निम्नलिखित श्रृंखला में ऐसे कितने अक्षर हैं, जो दो बार लगातार लिखे गए हैं?
G O S S R G M L G T O P Q Q R P P S O G T L G P
(a) 3 (b) 5 (c) 1 (d) 2

17. दी गई अक्षर श्रृंखला में कितनी बार t के पहले p और बाद में t आए हैं?
p t p t t p p t p t p p p q q p t p t t p p p t
(a) 0 (b) 2 (c) 3 (d) 4

18. नीचे कितने a ऐसे हैं, जिनके बाद में r आता हो परन्तु पहले q न आता हो?
l m n c f d a r g l t m n t w r a q s m s t q a r l t n o a r
(a) 2 (b) 4 (c) 3 (d) 5

19. नीचे कितने K ऐसे हैं, जिनके पहले N आता हो, पर बाद में V न आता हो?
A B C D K N L J M N K S T R Z N K U A N K U B W X N K L S
(a) 6 (b) 2 (c) 3 (d) 5

निर्देश (प्र.सं. 20-22) *नीचे एक श्रृंखला दी गई है। इसके आधार पर निम्नलिखित प्रश्नों के उत्तर दीजिए।*

6 P 2 R M P M N 2 6 4 R P N T U N P 2 5 R P 9 6 7 S T P M

20. ऐसे कितने P हैं जिनके ठीक पहले कोई अक्षर तथा ठीक बाद में कोई अंक दिया गया है?
(a) 1 (b) 2 (c) 3 (d) 4

21. ऐसे कितने अंक हैं जिनके ठीक पहले तथा ठीक बाद में कोई और अंक नहीं है?
(a) 2 (b) 1 (c) 3 (d) 4

22. ऐसे कितने 2 हैं जिनके ठीक पहले एक अक्षर तथा ठीक बाद में एक अंक है?
(a) 1 (b) 4 (c) 5 (d) 2

निर्देश (प्र.सं. 23-27) *ये प्रश्न नीचे दिए गए गए संख्याओं के सेट पर आधारित हैं।*

386 874 697 469 731

23. प्रत्येक संख्या में पहले अंक में 1 जोड़ा जाए और दूसरे और तीसरे अंक के स्थान परस्पर बदल दिए जाएँ, तो कौन-सी संख्या सबसे बड़ी होगी?
(a) 386 (b) 874 (c) 697 (d) 469

24. प्रत्येक संख्या के पहले और तीसरे अंक के स्थान परस्पर बदल दिए जाए और फिर संख्याओं को अवरोही क्रम में लगाया जाए, तो तीसरी संख्या कौन-सी होगी?
(a) 386 (b) 874 (c) 697 (d) 469

25. प्रत्येक संख्या में पहले और दूसरे अंक के स्थान परस्पर बदल दिए जाए और फिर संख्याओं का आरोही क्रम में लगाया जाए, तो सबसे बड़ी संख्या कौन-सी होगी?
(a) 386 (b) 874 (c) 697 (d) 469

26. उपरोक्त संख्याओं में से प्रत्येक के पहले और तीसरे अंक के स्थान परस्पर बदल दिए जाए, तो निम्नलिखित में से कौन सबसे बड़ी संख्या का दूसरा अंक होगा?
(a) 8 (b) 7 (c) 9 (d) 6

27. दूसरी सबसे बड़ी संख्या के अंकों का योग क्या है?
(a) 17 (b) 19 (c) 12 (d) 11

उत्तरमाला

1. (d)	2. (c)	3. (b)	4. (b)	5. (c)	6. (d)	7. (c)	8. (d)	9. (d)	10. (a)
11. (a)	12. (a)	13. (d)	14. (d)	15. (b)	16. (a)	17. (b)	18. (a)	19. (b)	20. (b)
21. (a)	22. (d)	23. (b)	24. (a)	25. (c)	26. (d)	27. (d)			

संकेत एवं हल

1. दी गई श्रृंखला–3 5 6 2 3 7 8 6 4 1 6 2 3 1 2 6 7 8 8 1 6 1 4 6 3 2 9
अतः उपरोक्त श्रृंखला में ऐसे केवल चार 6 हैं जिनके या तो ठीक पहले या फिर ठीक बाद में कोई विषम संख्या मौजूद है।
अतः अभीष्ट 6 की संख्या = चार

2. दी गई संख्या श्रृंखला
5 1 4 7 3 9 8 5 7 2 6 3 1 5 8 6 3 8 5 2 2 4 3 4 9 6
उपरोक्त संख्या श्रृंखला में तीन विषम संख्याएँ (7, 5 तथा 3) हैं, जिनके तुरन्त पहले एक सम संख्या तथा तुरन्त बाद एक विषम संख्या आती है।

3. प्रश्नानुसार, अंकों के क्रम में ऐसे दो 8 हैं जिनके ठीक पहले 5 है लेकिन ठीक बाद में 3 नहीं है।
5 8 3 3 8 5 5 8 5 4 5 8 3 8 5 8 3 8 5 3 8 5 8 8 5 3 8 5 8 3

4. प्रश्नानुसार, यहाँ श्रृंखला में केवल दो ही ऐसी विषम संख्या मौजूद हैं जोकि 3 या 5 से पूरी-पूरी विभाजित हो जाती हैं तथा उसके ठीक बाद में एक विषम संख्या तथा उस विषम संख्या के ठीक बाद में एक सम संख्या मौजूद है।
12 19 21 3 25 18 35 20 22 21 45 46 47 48 9 50 52 54 55 56

5. प्रश्नानुसार, यहाँ श्रृंखला में केवल तीन 6 ऐसे हैं, जिनके ठीक पहले कोई विषम संख्या तथा ठीक बाद में कोई सम संख्या मौजूद है।
3 6 2 5 6 3 2 6 3 2 6 2 7 6 4 5 8 6 7 6 4 2 6 8

6. प्रश्नानुसार, यहाँ श्रृंखला में ऐसे चार 6 हैं, जिनके या तो ठीक पहले 2 है या ठीक बाद में 9 है।
5 6 2 4 3 6 9 2 6 7 1 6 4 7 6 8 2 6 3 4 6 9 8 6 2

7. प्रश्नानुसार, यहाँ अंक श्रृंखला में ऐसे तीन 5 हैं, जिनके ठीक बाद 3 आया है पर ठीक पहले 7 नहीं है।
8 9 5 3 2 5 3 8 5 5 6 8 7 3 3 5 7 7 5 3 6 5 3 3 5 7 3 8

8. प्रश्नानुसार, श्रृंखला में ऐसे चार 9 है, जो 2 से तुरन्त पहले तथा 3 के तुरन्त बाद हैं।
3 9 2 4 3 9 2 3 9 3 9 2 3 9 2 9 3

9. प्रश्नानुसार, श्रृंखला में ऐसा एक भी 3 नहीं है, जिसके तुरन्त पहले 6 है परन्तु बाद में 8 नहीं है।
अतः विकल्प (d) उत्तर होगा।

10. प्रश्नानुसार, श्रृंखला में ऐसा केवल एक 8 है जोकि अपने ठीक पहले और बाद के अंकों से पूरी तरह से विभाजित किया जा सकता है।
2 8 3 8 2 4 8 2 4 8 6 8 2 4 8 3 8 2 8 6

11. प्रश्नानुसार, श्रृंखला में ऐसा केवल एक 6 है, जिसके ठीक पहले 7 है तथा ठीक बाद में 3 है।
6 3 3 7 7 6 6 3 7 3 7 6 7 3 7 6 3 3 6 6 7 7 3 6 7 3

12. प्रश्नानुसार, यहाँ संख्या श्रृंखला में ऐसे दो 5 हैं, जिनके ठीक पहले के दो अंकों का योग ठीक बाद के दो अंकों के योग से अधिक है।
2 4 5 9 3 5 8 7 6 5 2 1 5 0 5 0 3 5 0 3

13. प्रश्नानुसार, श्रृंखला में ऐसे तीन T हैं, जिनके ठीक पहले P है लेकिन ठीक बाद में S नहीं है।
S T P Q T S P T R P T Q R P S P T Q R T R P T M P T S

14. प्रश्नानुसार, श्रृंखला में ऐसे चार M हैं, जिनके पहले D या N आते हैं।
F D M L K D M N M F T T L O P O D M T M L F

15. प्रश्नानुसार, श्रृंखला में ऐसे चार A हैं, जिनके ठीक बाद L है लेकिन L के बाद X नहीं है।
A L A X Q M A X M L A L C A Q M A A L Q A L X L A N M L A L M

16. प्रश्नानुसार, श्रृंखला में ऐसे तीन अक्षर हैं, जो दो बार लगातार लिखे गए हैं।
G O S S R G M L G T O P Q Q R P P S O G T L G P

17. प्रश्नानुसार, श्रृंखला में ऐसे दो t हैं, जिनके पहले p तथा ठीक बाद में t आया हैं।
p t p t t p p t p t p p p q q p t p t t p p p t

18. प्रश्नानुसार, श्रृंखला में ऐसे दो a हैं, जिनके बाद में r तो है लेकिन ठीक पहले q नहीं है।
l m n c f d a r g l t m n t w r a q s m s t q a r l t n o a r

19. प्रश्नानुसार, श्रृंखला में ऐसे दो K हैं जिनके पहले N तो है लेकिन ठीक बाद में V नहीं है।
A B C D K N L J M N K S T R Z N K U A N K U B W X N K L S

20. प्रश्नानुसार, दी गई श्रृंखला में ऐसे दो P हैं जिनके ठीक पहले कोई अक्षर तथा ठीक बाद में कोई अंक दिया है।
6 P 2 R M P M N 2 6 4 R P N T U N P 2 5 R P 9 6 7 S T P M

21. प्रश्नानुसार, दी गई श्रृंखला में ऐसे दो अंक हैं जिसके ठीक पहले तथा ठीक बाद में कोई और अंक नहीं हैं।
6 P 2 R M P M N 2 6 4 R P N T U N P 2 5 R P 9 6 7 S T P M

22. प्रश्नानुसार, दी गई श्रृंखला में ऐसे दो 2 हैं जिनके ठीक पहले एक अक्षर तथा ठीक बाद में एक अंक है।
6 P 2 R M P M N 2 6 4 R P N T U N P 2 5 R P 9 6 7 S T P M

23. प्रश्नानुसार,
नया सेट 468, 947, 779, 596, 813
∴ सबसे बड़ी संख्या = 874

24. प्रश्नानुसार,
नया सेट 683, 478, 796, 964, 137
अवरोही क्रम में लिखने पर,
964, 796, 683, 478, 137
∴ अभीष्ट तीसरी संख्या = 386

25. प्रश्नानुसार,
नया सेट 836, 784, 967, 649, 371
आरोही क्रम में लिखने पर,
371, 649, 784, 836, 967
∴ अभीष्ट संख्या = 697

26. प्रश्नानुसार,
नया सेट 683, 478, 796, 964, 137
∴ बड़ी संख्या का दूसरा अंक = 6

27. ∴ दूसरी सबसे बड़ी संख्या = 731
∴ अभीष्ट योगफल = 7 + 3 + 1 = 11

अध्याय

16

पहेली परीक्षण

Puzzle Test

ऐसा कठिन कथन जो सत्य होने के बाद भी अस्पष्ट अर्थ दर्शाता हो पहेली कहलाता है, इन्हीं कथनों को क्रमबद्ध या तालिकाबद्ध या तार्किक दृष्टिकोण के आधार पर स्पष्ट करने वाले अर्थ को पहेली परीक्षण कहते हैं।

इस प्रकार के प्रश्नों में कई तरह की जानकारियाँ दी गई होती हैं, जिन्हें पहचानकर कई भागों में विभक्त कर उससे अर्थ स्पष्ट किया जाता है।

इसमें मुख्यतः दो प्रकार की जानकारियाँ होती हैं

1. **धनात्मक जानकारी** इसमें सभी जानकारी तालिकाबद्ध होती है।
2. **ऋणात्मक जानकारी** इसमें जानकारी आधी-अधूरी होती है।

इस अध्याय के अन्तर्गत प्रश्नों को हल करने से पूर्व निम्नलिखित बातों को ध्यान में रखना जरूरी है

- सर्वप्रथम वैसे कथन की पहचान करेंगे, जिसमें ज्यादा जानकारियाँ दी गई हैं।
- एक कथन से दूसरे कथन में सामंजस्य स्थापित करेंगे।
- एक ही पहेली में बहुत-सी जानकारियाँ दी गई होती हैं जिनको क्रमबद्ध तरीके से स्पष्ट करने की जरूरत होती है।

साधित उदाहरण

निर्देश (प्र.सं. 1-5) *निम्नांकित जानकारी को पढ़िए और फिर उस पर आधारित प्रश्नों के उत्तर दीजिए।*

(i) P, Q, R, S, T और U छः मित्र हैं और एक क्लब के सदस्य हैं। ये लोग अलग-अलग खेल फुटबॉल, क्रिकेट, टेनिस, बास्केटबॉल, बैडमिन्टन और वॉलीबॉल खेलते हैं।

(ii) T जोकि P और S से लम्बा है, टेनिस खेलता है।

(iii) जो उनमें सबसे लम्बा है वह बास्केटबॉल खेलता है।

(iv) उनमें जो सबसे नाटा है वह वालीबॉल खेलता है।

(v) Q और S न तो वालीबॉल खेलते हैं और न ही बास्केटबॉल खेलते हैं।

(vi) R वॉलीबॉल खेलता है।

(vii) ऊँचाई के लिहाज से T, Q जो फुटबॉल खेलता है और P के बीच में है।

छः मित्रों की लम्बाई का अवरोही क्रम, $U > Q > T > P > S > R$

1. S क्या खेलता है?
(a) बैडमिन्टन
(b) क्रिकेट
(c) फुटबॉल
(d) या तो क्रिकेट या फिर बैडमिन्टन

2. इनमें से कौन R से लम्बा है पर P से नाटा है?
(a) Q (b) T
(c) S (d) जानकारी अधूरी है

3. इनमें से कौन बास्केटबॉल खेलता है?
(a) R (b) S
(c) U (d) Q

4. निम्नलिखित में से कौन-सा कथन सत्य नहीं है?
(a) T, R से लम्बा है
(b) U, Q से लम्बा है
(c) Q, S से नाटा है
(d) P, R से लम्बा है

5. यदि उन्हें ऊँचाई के अवरोही क्रम में खड़ा किया जाए, तो कौन-सा तीसरे क्रम पर आएगा?
(a) S (b) Q
(c) T (d) P

हल (प्र.सं. 1-5)

खिलाड़ी	U	Q	T	P	S	R
खेल	बास्केटबॉल	फुटबॉल	टेनिस	क्रिकेट/बैडमिन्टन	क्रिकेट/बैडमिन्टन	वॉलीबाल

1. *(d)* S या तो क्रिकेट या बैडमिन्टन खेलता है।
2. *(c)* S, R से लम्बा है पर P से नाटा है।
3. *(c)* U बास्केटबॉल खेलता है।
4. *(c)* Q, S से नाटा, नहीं बल्कि लम्बा है।
5. *(c)* ऊँचाई के अनुसार T तीसरे क्रम पर आएगा।

अभ्यास प्रश्न

निर्देश (प्र.सं. 1-5) *निम्नलिखित सूचना का ध्यानपूर्वक अध्ययन कीजिए तथा नीचे दिए गए प्रश्नों के उत्तर दीजिए।* **[UP बी.एड. 2013]**

A, B, C, D, E तथा F एक समूह के छ: सदस्य हैं, जिनमें तीन महिला सदस्य हैं। वे तीन विभागों-लेखा, प्रशासन तथा कार्मिक में काम करती हैं तथा तीन भिन्न-भिन्न मंजिलों-प्रथम, द्वितीय तथा तृतीय पर बैठती हैं। एक ही विभाग में काम करने वाले व्यक्ति एक ही मंजिल पर नहीं है।

कोई भी दो महिला एक ही विभाग तथा एक ही मंजिल पर काम नहीं करती हैं। B तथा E एक ही विभाग में काम करते हैं किन्तु कार्मिक में नहीं। D प्रशासन में काम करता है। F और A क्रमश: प्रथम तथा तृतीय मंजिलों पर हैं तथा एक ही विभाग में काम करते हैं। एक महिला D द्वितीय मंजिल पर काम नहीं करती है। एक पुरुष B प्रथम मंजिल पर काम करता है।

1. निम्नलिखित में से कौन-सा जोड़ा प्रशासन में काम करता है?
   (a) DC (b) DB
   (c) EC (d) DE
2. निम्नलिखित में से महिलाओं का कौन-सा समूह है?
   (a) EDF (b) DAF
   (c) DCF (d) जानकारी अधूरी है
3. F किस विभाग में कार्यरत् है?
   (a) लेखा (b) प्रशासन
   (c) कार्मिक (d) लेखा या कार्मिक
4. निम्नलिखित में से कौन-सा जोड़ा दूसरी मंजिल पर कार्यरत् है?
   (a) CF (b) EA
   (c) DB (d) CE
5. तीसरी मंजिल पर पुरुष कौन है?
   (a) A (b) B
   (c) C (d) D

निर्देश (प्र.सं. 6-9) *निम्नलिखित सूचना को ध्यान से पढ़िए और नीचे दिए गए प्रश्नों के उत्तर दीजिए।* **[UP बी.एड. 2011]**

एक परिवार में छ: व्यक्ति A, B, C, D, E और F हैं, जिसमें दो विवाहित जोड़े हैं। D, A की दादी और B की माँ है। C, B की पत्नी और F की माँ है। F, E की पोती है।

6. C, A की क्या है?
   (a) पुत्री (b) दादी
   (c) माँ (d) बहन
7. परिवार में कितने पुरुष सदस्य हैं?
   (a) एक
   (b) दो
   (c) तीन
   (d) तय नहीं किया जा सकता
8. निम्नलिखित में से कौन-सा सत्य है?
   (a) A, F का भाई है
   (b) F, A की बहन है
   (c) D के दो पोते हैं
   (d) B के दो पुत्रियाँ हैं
9. निम्नलिखित में से कौन-सा विवाहितों का जोड़ा है?
   (a) CD (b) DE (c) EB (d) AF

निर्देश (प्र.सं. 10-14) *निम्नलिखित सूचना को ध्यान से पढ़िए और नीचे दिए गए प्रश्नों के उत्तर दीजिए।* **[UP बी.एड. 2011]**

पाँच खिलाड़ी P, Q, R, S और T हैं। एक फुटबॉल खेलता है, एक शतरंज खेलता है और एक टेनिस खेलता है। P और S अविवाहित महिलाएँ हैं, जो किसी भी खेल में भाग नहीं लेती हैं। कोई भी महिला शतरंज या फुटबॉल नहीं खेलती हैं। एक विवाहित जोड़ा है, जिसमें T पति है। Q, R का भाई है और न तो टेनिस और न ही शतरंज का खिलाड़ी है।

10. फुटबॉल का खिलाड़ी कौन है?
    (a) P (b) Q (c) R (d) S
11. टेनिस का खिलाड़ी कौन है?
    (a) P (b) Q (c) R (d) S
12. शतरंज का खिलाड़ी कौन है?
    (a) P (b) Q
    (c) R (d) T
13. T की पत्नी कौन है?
    (a) P (b) Q
    (c) R (d) S
14. तीन महिलाएँ हैं
    (a) P, Q, R (b) Q, R, S
    (c) P, Q, S (d) P, R, S

निर्देश (प्र.सं. 15-19) *निम्नलिखित जानकारी को पढ़िए तथा उस पर आधारित प्रश्नों के उत्तर दीजिए।*

एक शो के ऑडिशन भारत के विभिन्न सात शहरों-चेन्नई, बंगलुरु, कोचीन, मुम्बई, दिल्ली, भोपाल और कोलकाता वर्ष 2011 के पहले सात महीनों के दौरान (जनवरी से शुरु होकर जुलाई में समाप्त) हुए, पर जरूरी नहीं कि इसी क्रम में। एक महीने के दौरान केवल एक शहर में ऑडिशन हुए। कोलकाता ऑडिशन और कोचीन ऑडिशन के बीच केवल चार शहरों में ऑडिशन हुए। कोलकाता में ऑडिशन जून में नहीं हुआ था। कोलकाता ऑडिशन और बंगलुरु ऑडिशन के बीच केवल एक ऑडिशन हुआ। चेन्नई ऑडिशन कोलकाता ऑडिशन से तत्काल बाद हुआ था। दिल्ली ऑडिशन भोपाल ऑडिशन से तत्काल पहले हुआ। भोपाल ऑडिशन मई में नहीं हुआ था।

15. मुम्बई ऑडिशन और चेन्नई ऑडिशन के बीच कितने ऑडिशन हुए?
    (a) एक (b) दो
    (c) तीन (b) कोई नही
16. दिए गए क्रम के अनुसार, निम्न में से कौन-सा कथन सही है?
    (a) मुम्बई ऑडिशन जुलाई में हुआ था
    (b) दिल्ली ऑडिशन अप्रैल में हुआ था
    (c) कोचीन ऑडिशन मई से पहले हुआ था
    (d) कोई सत्य नहीं है
17. दिए गए क्रम के आधार पर, निम्नलिखित पाँच में से चार किसी प्रकार एकसमान हैं अत: उनका एक समूह बनता है। वह एक कौन-सा है जो इस समूह में नहीं आता है?
    (a) जनवरी-कोलकाता (b) मार्च-बंगलुरु
    (c) जून-कोचीन (d) मई-दिल्ली
18. मार्च के दौरान निम्न में से किस शहर में ऑडिशन हुए थे?
    (a) बंगलुरु (b) कोलकाता
    (c) मुम्बई (d) चेन्नई
19. मुम्बई में ऑडिशन निम्न मे से किस माह में हुए थे?
    (a) जुलाई (b) मई
    (c) जनवरी (d) मार्च

निर्देश (प्र.सं. 20-24) *निम्नलिखित जानकारी को पढ़िए तथा उस पर आधारित प्रश्नों के उत्तर दीजिए।*

किसी परिवार में A, B, C, D, E एवं F छ: सदस्य हैं। C, F की बहन है। A, E के पति का भाई है। D, A का पिता है तथा F का दादा है। परिवार में दो पिता, तीन भाई एवं एक माँ है।

20. परिवार में कितने पुरुष सदस्य हैं?
    (a) 4 (b) 3 (c) 2 (d) 1
21. F तथा E में क्या सम्बन्ध है?
    (a) पुत्र-माँ (b) पति-पत्नी
    (c) बहनोई-साली (d) ससुर-बहू
22. निम्नलिखित में कौन-सा समूह भाइयों का है?
    (a) A, B, C (b) A, B, F
    (c) A, B, D (d) B, D, F

23. E का पति कौन है?
(a) B (b) D (c) C (d) A

24. परिवार में माँ कौन है?
(a) A (b) C (c) B (d) E

निर्देश (प्र.सं. 25-29) *नीचे दी गई जानकारी को सावधानी से पढ़िए और फिर उस पर आधारित प्रश्नों के उत्तर दीजिए।*

एक स्कूल में पाँच अध्यापक थे। A और B हिन्दी और अंग्रेजी पढ़ा रहे थे। C और B अंग्रेजी और भूगोल पढ़ा रहे थे। D और A गणित और हिन्दी पढ़ा रहे थे। E और B इतिहास और फ्रेंच के अध्यापक थे।

25. कौन-सा विषय दो से अधिक अध्यापक पढ़ा रहे थे?
(a) फ्रेंच (b) हिन्दी
(c) इतिहास (d) भूगोल

26. अध्यापकों में कौन-सा अध्यापक सबसे अधिक विषय पढ़ा रहा था?
(a) A (b) B (c) C (d) E

27. D, B और A निम्न में से कौन-सा विषय पढ़ा रहे थे?
(a) हिन्दी और अंग्रेजी
(b) गणित और हिन्दी
(c) केवल अंग्रेजी
(d) हिन्दी

28. अध्यापकों में कौन-सा दो से कम विषय पढ़ा रहा था?
(a) A
(b) B
(c) D
(d) ऐसा कोई अध्यापक नहीं है

29. निम्न में से कौन-सा जोड़ा भूगोल और हिन्दी दोनों पढ़ा रहा था?
(a) A और B (b) C और A
(c) D और B (d) कोई नहीं

निर्देश (प्र.सं. 30-34) *प्रत्येक प्रश्न निम्नलिखित जानकारी पर आधारित हैं, इसे ध्यानपूर्वक पढ़े तथा उत्तर दें।*

A, B, C, D व E पाँच पुरुष तथा P, Q, R, S व T उनकी पत्नियाँ, एक डांस पार्टी में सम्मिलित होती हैं परन्तु यह आवश्यक नहीं है कि पति और पत्नियों का यही क्रम हो।

(i) पति केवल अपनी पत्नियों के साथ ही डांस करते हैं।
(ii) C की एक बहन T है तथा एकमात्र भाई A है।
(iii) यदि D ने T के साथ डांस किया, तो उसने किसी अन्य की पत्नी के साथ डांस किया।
(iv) B, Q या S या T के साथ डांस नहीं करता है।
(v) P, A के भाई की पत्नी है।
(vi) Q ने D के साथ डांस नहीं किया।

30. R के साथ किसने डांस किया?
(a) B (b) D
(c) C (d) E

31. यदि B और D अपने साथी परस्पर बदल लें, तो B के साथ कौन डांस करेगा?
(a) P (b) Q
(c) R (d) S

32. यदि E, D का पुत्र है, तो B, Q का कौन है?
(a) देवर
(b) पुत्र
(c) जमाई
(d) ज्ञात नहीं कर सकते

33. इनमें से कितनी पीढ़ी से एक ही परिवार के सदस्य हैं?
(a) 2 (b) 7
(c) 4 (d) कम-से-कम 3

34. यदि डांस इस प्रकार आयोजित किए जाएँ कि प्रत्येक पुरुष किसी विपरीत लिंगी के साथ डांस कर सकता है, तो कितने डांस सम्भव हैं?
(a) 8 (b) 16
(c) 25 (d) 20

उत्तरमाला

1. (a)	**2.** (a)	**3.** (c)	**4.** (d)	**5.** (a)	**6.** (c)	**7.** (d)	**8.** (b)	**9.** (b)	**10.** (b)
11. (c)	**12.** (d)	**13.** (c)	**14.** (d)	**15.** (a)	**16.** (d)	**17.** (d)	**18.** (d)	**19.** (c)	**20.** (a)
21. (a)	**22.** (b)	**23.** (a)	**24.** (d)	**25.** (b)	**26.** (b)	**27.** (d)	**28.** (d)	**29.** (d)	**30.** (a)
31. (d)	**32.** (d)	**33.** (d)	**34.** (c)						

संकेत एवं हल

हल (प्र.सं. 1-5)

मंजिल	पुरुष ↔ विभाग	महिला ↔ विभाग
III	A ↔ कार्मिक	D ↔ प्रशासन
II	C ↔ प्रशासन	E ↔ लेखा
I	B ↔ लेखा	F ↔ कार्मिक

1. प्रशासन में DC जोड़ा काम करता है।
2. EDF महिलाओं का समूह है।
3. F कार्मिक में कार्यरत् है।
4. CE का जोड़ा दूसरी मंजिल पर है।
5. तीसरी मंजिल पर A पुरुष है।

हल (प्र.सं. 6-9)

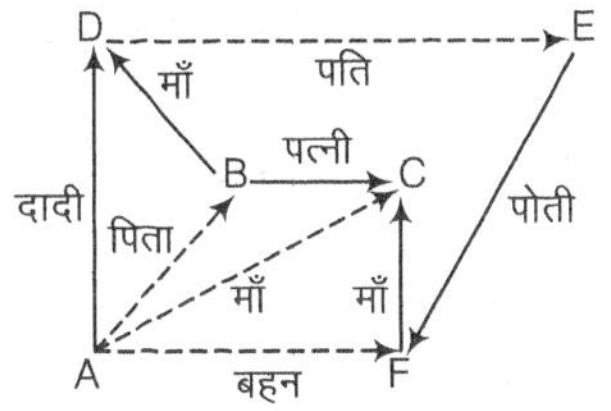

व्यक्ति	लिंग	वैवाहिक स्थिति	सम्बन्ध
A		अवैवाहिक	
B	पुरुष	वैवाहिक	C का पति, A तथा F का पिता
C	महिला	वैवाहिक	B की पत्नी, A तथा F की माँ
D	महिला	वैवाहिक	A की दादी, B की माँ, E की पत्नी
E	पुरुष	वैवाहिक	F का दादा, D का पति
F	महिला	अवैवाहिक	E की पोती, C की पुत्री, A की बहन

6. A की माँ C है।
7. A का लिंग ज्ञात नहीं है।
8. F, A की बहन है
9. BC तथा ED दम्पत्ति हैं।

हल (प्र.सं. 10-14)

खिलाड़ी	खेल	लिंग	विवाहित/अविवाहित	सम्बन्ध
P	X	महिला	अविवाहित	
Q	फुटबॉल	पुरुष	अविवाहित	R का भाई
R	टेनिस	महिला	विवाहित	T की पत्नी
S	X	महिला	अविवाहित	-
T	शतरंज	पुरुष	विवाहित	R का पति

10. फुटबॉल का खिलाड़ी Q है।
11. टेनिस का खिलाड़ी R है।
12. शतरंज का खिलाड़ी T है।
13. T की पत्नी R है।
14. तीन महिलाएँ P, R और S हैं।

हल (प्र.सं. 15-19)

शहर	माह	शहर	माह
मुम्बई	जनवरी	दिल्ली	मई
कोलकाता	फरवरी	भोपाल	जून
चेन्नई	मार्च	कोचीन	जुलाई
बंगलुरु	अप्रैल		

15. मुम्बई और चेन्नई ऑडिशन के बीच केवल एक ऑडिशन हुआ।
16. काई सत्य नहीं हैं।
17. मई-दिल्ली संयोजन सही है, अन्य गलत हैं। अतः यह सबसे भिन्न है।
18. मार्च के दौरान चेन्नई में ऑडिशन हुए थे।
19. मुम्बई में ऑडिशन जनवरी माह में हुए थे।

हल (प्र.सं. 20-24)

सदस्य	A	B	C	D	E	F
लिंग	पुरुष	पुरुष	महिला	पुरुष	महिला	पुरुष
सम्बन्ध	B का भाई	E का पति	F की बहन	A का पिता, F का दादा	B की पत्नी	

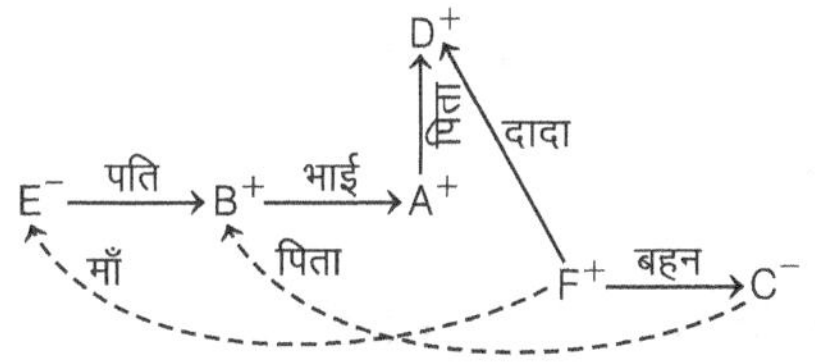

हल (प्र.सं. 25-29)

विषय	हिन्दी	अंग्रेजी	भूगोल	गणित	इतिहास	फ्रेंच
अध्यापक	A, B, D	A, B, C	C, B	D, A	E, B	E, B

25. हिन्दी एवं अंग्रेजी ऐसे विषय हैं जिसे दो से अधिक अध्यापक पढ़ा रहे हैं किन्तु विकल्प के अनुसार यहाँ अभीष्ट उत्तर हिन्दी होगा।
26. अध्यापक B, हिन्दी, अंग्रेजी, इतिहास, फ्रेंच और भूगोल पाँच विषय पढ़ाते हैं जो सबसे अधिक है।
27. D, B और A दिए गए विकल्पों के अनुसार हिन्दी पढ़ा रहे थे।
28. कोई भी अध्यापक दो से कम विषय नहीं पढ़ा रहा है।
29. किसी भी अध्यापक का जोड़ा भूगोल और हिन्दी नहीं पढ़ा रहा था।

हल (प्र.सं. 30-34)

पुरुष	A	B	C	D	E
पत्नियाँ	Q	R	P	S	T
सम्बन्ध	C का भाई, T का भाई	–	A का भाई, T का भाई	–	–

30. R के साथ B ने डांस किया।
31. B और D अपने साथी बदल लेते हैं, तो B के साथ D की पत्नी S डांस करेगी।
32. ज्ञात नहीं किया जा सकता।
33. उपरोक्त तथ्य में, A, C तथा T के बीच भाई-बहन का सम्बन्ध बताया गया है। अतः कम-से-कम तीन सदस्य जन्म से एक ही परिवार के सदस्य हैं।
34. यदि प्रत्येक पुरुष सभी विपरीत लिंगी के साथ डांस करते हैं अर्थात् एक पुरुष 5 स्त्रियों के साथ डांस करता है, तो कुल डांस = $5 \times 5 = 25$

अध्याय

17 न्याय निगमन

Syllogism

न्याय निगमन (Syllogism) एक यूनानी शब्द है, जिसका शाब्दिक अर्थ अनुमान के आधार पर तर्क करना होता है, चाहे दिया गया कथन सत्य हो या न हो, फिर भी हम उन्हें सत्य मानेंगे और निष्कर्ष निकालेंगे। दूसरे शब्दों में हम कह सकते हैं कि 'न्याय निगमन' एक निगमित तर्क है, जिसमें दो या दो से अधिक कथनों से एक निष्कर्ष निकाला जाता है।

न्याय निगमन से सम्बन्धित प्रश्नों को हल करने के लिए आपको निम्नलिखित पदों को जानना आवश्यक है

1. **पद** किसी वाक्य में उद्देश्य तथा विधेय के रूप में प्रयुक्त होने वाले शब्द को 'पद' कहते हैं; **जैसे** राम अच्छा खिलाड़ी है। इस वाक्य में राम, अच्छा तथा खिलाड़ी तीनों शब्द अलग-अलग पद हैं।
2. **उद्देश्य पद** किसी वाक्य का ऐसा पद, जिसके विषय में कहा गया हो, वह 'उद्देश्य' पद होता है; **जैसे** राम अच्छा खिलाड़ी है। इस वाक्य में राम के विषय में कहा गया है कि वह अच्छा खिलाड़ी है। अत: राम इस वाक्य का उद्देश्य पद है।
3. **विधेय पद** किसी वाक्य का ऐसा पद, जो किसी की विशेषता बताता हो, वह 'विधेय पद' होता है; **जैसे** राम अच्छा खिलाड़ी है। इस वाक्य में राम के विषय में यह कहा गया है कि वह अच्छा खिलाड़ी है। अत: अच्छा खिलाड़ी इस वाक्य का विधेय पद है।
4. **मध्य पद** ऐसा पद, जो दिए गए दो या दो से अधिक कथनों में सर्वनिष्ठ हो तथा दोनों कथनों के बीच सम्बन्ध स्थापित करता हो, उसे 'मध्य पद' कहते हैं; **जैसे** सभी लड़के विद्यार्थी हैं। सभी विद्यार्थी मेधावी हैं। इन दोनों कथनों में विद्यार्थी सर्वनिष्ठ है। अत: यहाँ विद्यार्थी मध्य पद है।

तार्किक वाक्यों का वर्गीकरण

Classification of Logical Sentences

तार्किक वाक्यों का वर्गीकरण गुण एवं परिमाण के आधार पर निम्न प्रकार से किया जाता है

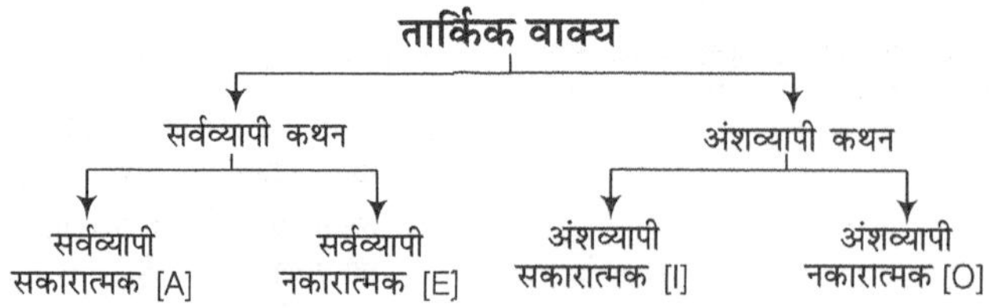

सर्वव्यापी कथन

ऐसा कथन या वाक्य जिसमें पूरी बात उद्देश्य (Subject) के विषय में कही जाए, 'सर्वव्यापी वाक्य' कहलाता हैं; **जैसे** सभी मनुष्य मरणशील हैं। *इसके दो प्रकार हैं*

1. **सर्वव्यापी सकारात्मक कथन या वाक्य** ऐसा वाक्य, जिससे सकारात्मक अर्थ निकलता है, उसे 'सर्वव्यापी सकारात्मक वाक्य' कहते हैं और इसे A से निरूपित किया जाता है; **जैसे** सभी गाय जानवर हैं।
2. **सर्वव्यापी नकारात्मक कथन या वाक्य** ऐसा वाक्य, जिससे नकारात्मक अर्थ निकलता है, उसे 'सर्वव्यापी नकारात्मक वाक्य' कहते हैं और इसे E से निरूपित किया जाता है; **जैसे** कोई गाय जानवर नहीं है।

अंशव्यापी कथन

ऐसा कथन या वाक्य जिसमें उद्देश्य के कुछ अंशों के विषय में कहा जाए, 'अंशव्यापी वाक्य' कहलाता है; **जैसे** कुछ व्यक्ति धनी हैं। *इसके दो प्रकार हैं*

1. **अंशव्यापी सकारात्मक कथन या वाक्य** ऐसा अंशव्यापी वाक्य, जिससे सकारात्मक अर्थ निकलता है, उसे 'अंशव्यापी सकारात्मक वाक्य' कहते हैं और इसे I से निरूपित किया जाता है; **जैसे** कुछ गायें जानवर हैं।
2. **अंशव्यापी नकारात्मक कथन या वाक्य** ऐसा अंशव्यापी वाक्य, जिससे नकारात्मक अर्थ निकलता है, उसे 'अंशव्यापी नकारात्मक वाक्य' कहते हैं और इसे O से निरूपित किया जाता है।

साधित उदाहरण

निर्देश (प्र.सं. 1 और 2) *दो कथनों के आगे दो निष्कर्ष दिए गए हैं। सर्वाधिक उपयुक्त विकल्प चुनिए।*

1. कथन सभी छकड़े कारें हैं। सभी कारें गाड़ियाँ हैं।

निष्कर्ष

I. सभी छकड़े गाड़ियाँ हैं।
II. सभी गाड़ियाँ छकड़े हैं।

(a) केवल निष्कर्ष I निकलता है
(b) केवल निष्कर्ष II निकलता है
(c) निष्कर्ष I और II दोनों निकलते हैं
(d) न निष्कर्ष I और न ही निष्कर्ष II निकलता है

हल *(a)*

अतः केवल निष्कर्ष I अनुसरण करता है।

2. कथन शास्त्रीय संगीत दिव्य है। प्रतिभाशाली लोग शास्त्रीय संगीत सरलता से सीख सकते हैं।

निष्कर्ष

I. जो शास्त्रीय संगीत सीखतें हैं, वे महान हो जातें हैं।
II. केवल प्रतिभाशाली लोग ही शास्त्रीय संगीत सीख सकतें हैं।

(a) केवल निष्कर्ष I निकलता है
(b) केवल निष्कर्ष II निकलता है
(c) निष्कर्ष I और II दोनों निकलते हैं
(d) न निष्कर्ष I निकलता है, न ही II

हल *(d)* कथन में शास्त्रीय संगीत सीखने तथा महान होने के सम्बन्ध में कुछ स्पष्ट नहीं है। अतः निष्कर्ष I नहीं निकलता है तथा कथन के अनुसार प्रतिभाशाली लोग शास्त्रीय संगीत जल्दी सीख सकते हैं। अतः निष्कर्ष II भी नहीं निकलता है।

अभ्यास प्रश्न

1. दो कथनों के आगे चार निष्कर्ष दिए गए हैं। सर्वाधिक उपयुक्त विकल्प चुनिए।

कथन भारत एक औद्योगिक राष्ट्र बन रहा है। प्रदूषण औद्योगीकरण से सम्बद्ध समस्या है।

निष्कर्ष

I. सभी औद्योगिक केन्द्र प्रदूषित हैं।
II. भारत प्रदूषित है।
III. प्रदूषित राष्ट्र औद्योगिक हैं।
IV. भारत प्रदूषित हो सकता है।

[**UP बी.एड. 2012**]

(a) सभी उपयुक्त हैं
(b) कोई भी उपयुक्त नहीं है
(c) केवल IV उपयुक्त है
(d) केवल II उपयुक्त है

निर्देश (प्र.सं. 2-7) *नीचे दिए गए प्रत्येक प्रश्न में दो कथन और उसके बाद दो निष्कर्ष I और II दिए गए हैं।*

उत्तर दीजिए

(a) यदि केवल निष्कर्ष I अनुसरण करता है
(b) यदि केवल निष्कर्ष II अनुसरण करता है
(c) यदि या तो I या II अनुसरण करता है
(d) यदि न तो I न ही II अनुसरण करता है

2. कथन सभी मछलियाँ पक्षी हैं। कुछ मुर्गियाँ मछलियाँ हैं।

निष्कर्ष

I. कुछ मुर्गियाँ पक्षी हैं।
II. कोई पक्षी मुर्गी नहीं है।

3. कथन सभी पिल्ले बाघ हैं। सभी बिलौटे बाघ हैं।

निष्कर्ष

I. सभी पिल्ले बिलौटे हैं।
II. सभी बाघ पिल्ले हैं।

4. कथन कुछ डॉक्टर नर्स हैं। सभी नर्स रोगी हैं।

निष्कर्ष

I. सभी डॉक्टर रोगी हैं।
II. कुछ रोगी डॉक्टर हैं।

5. कथन कुछ अभिनेता गायक है। सभी गायक नर्तक हैं।

निष्कर्ष

I. कुछ अभिनेता नर्तक हैं।
II. कोई गायक अभिनेता नहीं है।

6. कथन सभी जानवर कुत्ते हैं। सभी कुत्ते पक्षी हैं।

निष्कर्ष

I. सभी जानवर पक्षी हैं
II. सभी पक्षी जानवर हैं

7. कथन कुछ बसें, चौपहिया वाहन हैं। सभी चौपहिया वाहन वैन हैं।

निष्कर्ष

I. कुछ वैन बसें नहीं हैं।
II. कुछ बसें वैन हैं।

8. दो कथनों के आगे चार निष्कर्ष दिए गए हैं। सर्वाधिक उपयुक्त विकल्प चुनिए।

कथन सभी मोर, शेर हैं। कुछ बाघ, मोर हैं।

निष्कर्ष

I. कुछ शेर, बाघ नहीं है।
II. सभी बाघ, शेर हैं।
III. कुछ बाघ, शेर हैं।
IV. सभी मोर, बाघ हैं।

(a) केवल निष्कर्ष I निकलता है
(b) केवल निष्कर्ष II निकलता है
(c) केवल निष्कर्ष III निकलता है
(d) केवल निष्कर्ष IV निकलता है

निर्देश (प्र.सं. 9 और 10) *नीचे प्रत्येक प्रश्न में तीन कथन और उसके बाद दो निष्कर्ष I और II दिए गए हैं। आपको दिए गए तीनों कथनों को सत्य मानना है भले ही वे सर्वज्ञात तथ्यों से भिन्न प्रतीत होते हों और फिर तय कीजिए कि कौन-सा निष्कर्ष दिए गए कथनों का तर्कसंगत रूप से अनुसरण करता है, चाहे सर्वज्ञात तथ्य कुछ भी हों।*

उत्तर दीजिए

(a) यदि केवल निष्कर्ष I अनुसरण करता है
(b) यदि केवल निष्कर्ष II अनुसरण करता है
(c) यदि न तो निष्कर्ष I और न ही II अनुसरण करता है
(d) यदि निष्कर्ष I और II दोनों अनुसरण करते हैं

9. कथन सभी पेपर लकड़ियाँ हैं। कुछ लकड़ियाँ धातुएँ हैं। सभी धातुएँ ग्लास हैं।

निष्कर्ष

I. कुछ ग्लास लकड़ियाँ हैं।
II. कुछ ग्लास धातुएँ हैं।

10. कथन कुछ पत्थर चट्टाने हैं। कुछ चट्टाने हीरे हैं। कुछ हीरे रत्न हैं।

निष्कर्ष

I. कुछ रत्न पत्थर हैं।
II. सभी हीरे पत्थर हैं।

निर्देश (प्र.सं. 11-15) *नीचे प्रत्येक प्रश्न में चार कथन और दो निष्कर्ष* I *और* II *दिए गए हैं।*

उत्तर दीजिए

(a) यदि केवल निष्कर्ष I अनुसरण करता है
(b) यदि केवल निष्कर्ष II अनुसरण करता है
(c) यदि न तो निष्कर्ष I और न ही निष्कर्ष II अनुसरण करता है
(d) यदि निष्कर्ष I और II दोनों अनुसरण करते हैं

11. कथन कुछ घर गाँव हैं। सभी गाँव शहर हैं। सभी शहर जिले हैं। सभी जिले तालाब हैं।

निष्कर्ष

I. कुछ तालाब घर हैं।
II. कुछ जिले गाँव हैं।

12. कथन कुछ तम्बू बिल्डिंग हैं। कुछ बिल्डिंग दीप हैं। कुछ दीप मोमबत्तियाँ हैं। कुछ मोमबत्तियाँ विग हैं।

निष्कर्ष

I. कुछ विग बिल्डिंग हैं।
II. कुछ मोमबत्तियाँ तम्बू हैं।

13. कथन सभी छड़ियाँ ब्लेड हैं। कुछ ब्लेड चाकू हैं। सभी चाकू औजार हैं। कुछ औजार कागज हैं।

निष्कर्ष

I. कुछ औजार ब्लेड हैं।
II. कुछ कागज छड़ियाँ हैं।

14. कथन सभी पेन्सिल कागज हैं। सभी पेन कागज हैं। सभी कागज इरेजर हैं। सभी इरेजर सुई हैं।

निष्कर्ष

I. सभी इरेजर पेन्सिल हैं।
II. सभी पेन सुई हैं।

15. कथन कुछ टेबल दरवाजे हैं। कुछ दरवाजे खिड़कियाँ हैं। सभी खिड़कियाँ डेस्क हैं। कुछ डेस्क फ्रेम हैं।

निष्कर्ष

I. कुछ फ्रेम दरवाजे हैं।
II. कुछ डेस्क टेबल हैं।

उत्तरमाला

1. (c)	**2.** (c)	**3.** (d)	**4.** (b)	**5.** (a)	**6.** (a)	**7.** (b)	**8.** (c)	**9.** (d)	**10.** (c)
11. (d)	**12.** (c)	**13.** (a)	**14.** (b)	**15.** (c)					

संकेत एवं हल

1. इनमें केवल निष्कर्ष IV उचित प्रतीत होता है। निष्कर्ष I में 'सभी' पद का प्रयोग इसे अमान्य कर देता है। सामान्य कथन से निश्चित निष्कर्ष नहीं निकलता है। प्रदूषण के लिए बहुत से कारक जिम्मेदार हो सकते हैं।

2.

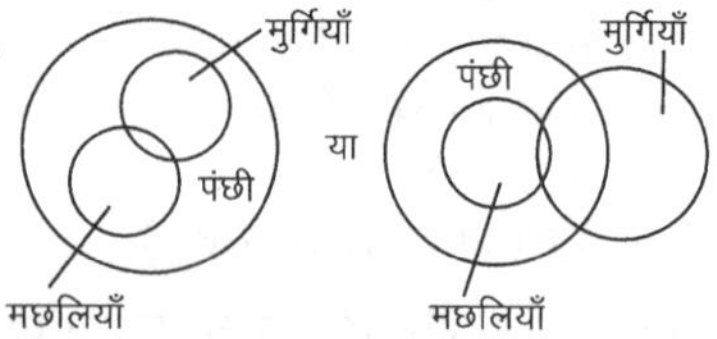

अतः या तो निष्कर्ष I या II अनुसरण करता है।

3.

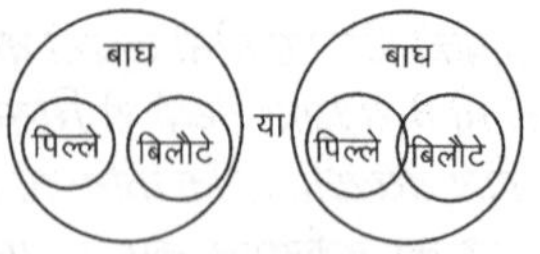

अतः न तो निष्कर्ष I और न ही II अनुसरण करता है।

4.

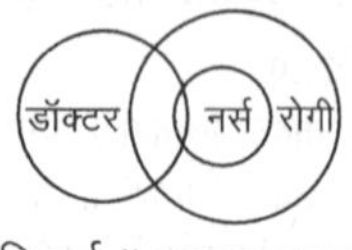

अतः केवल निष्कर्ष II अनुसरण करता है।

5. कथनानुसार,

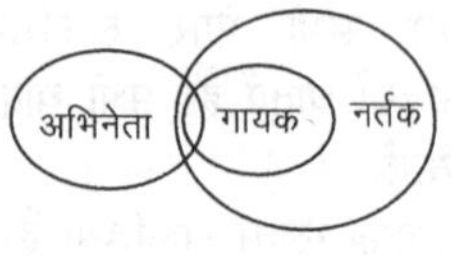

अतः उपरोक्त से स्पष्ट है कि केवल निष्कर्ष I ठीक है।

6.

उपरोक्त डायग्राम से स्पष्ट है कि निष्कर्ष I निकलता है, जबकि निष्कर्ष II नहीं।

7.

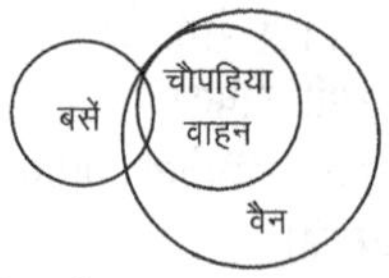

अतः निष्कर्ष II अनुसरण करता है।

8. प्रश्नानुसार,

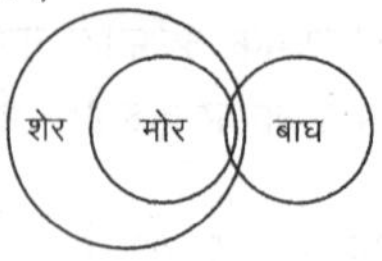

निष्कर्ष

I. असत्य II. असत्य III. सत्य IV. असत्य

9.

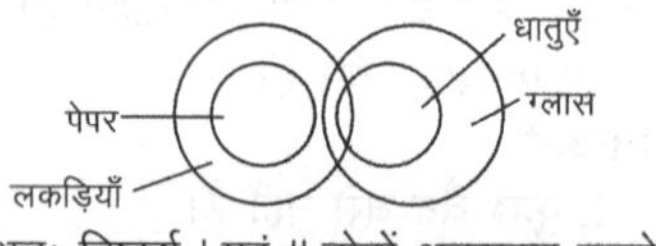

अतः निष्कर्ष I एवं II दोनों अनुसरण करते हैं।

10.

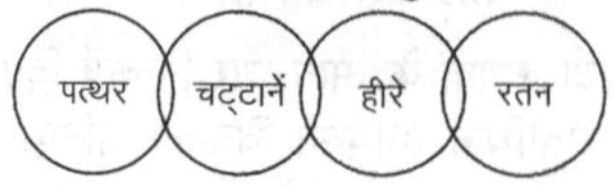

अतः न तो निष्कर्ष I न ही II अनुसरण करता है।

11.

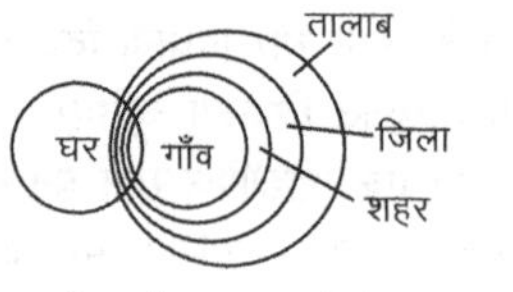

अतः निष्कर्ष I एवं II दोनों अनुसरण करते हैं।

12.

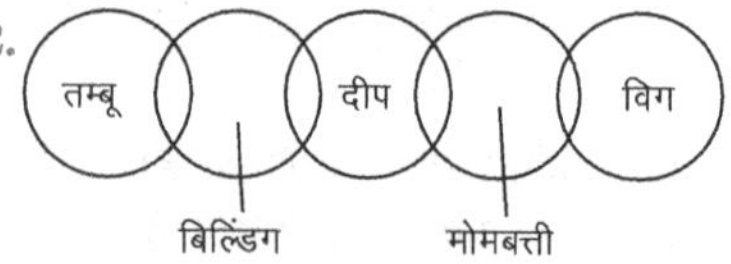

अतः न तो निष्कर्ष I और न ही II अनुसरण करता है।

13.

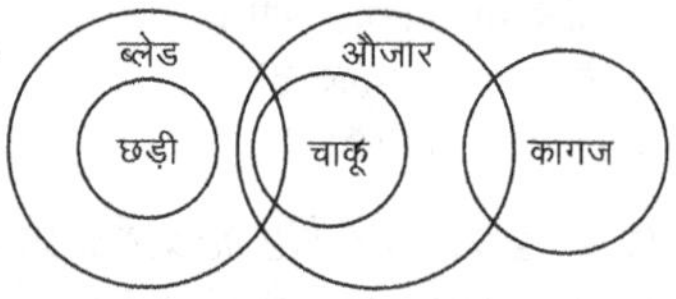

अतः केवल निष्कर्ष I अनुसरण करता है।

14.

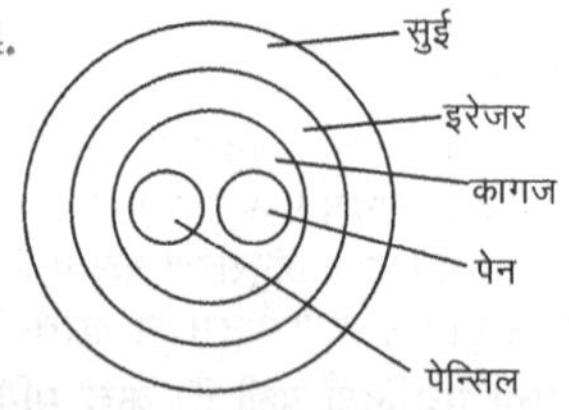

अतः केवल निष्कर्ष II अनुसरण करता है।

अध्याय
18

पासा और घन
Dice and Cube

पासा Dice

पासा एक त्रिविमीय आकृति है, जो घन का एक रूप है। इसमें कुल छ: सतहें होती हैं तथा प्रत्येक सतह की चार निकटवर्ती सतहें होती हैं। इसमें तीन सतह दृश्य तथा तीन सतह अदृश्य होती हैं। इसकी दो विपरीत सतह कभी एकसाथ नहीं दिखती है। सामान्यत: पासे की सतहों पर 1 से 6 तक के अंक लिखे होते हैं। *गणितीय गणनाओं के आधार पर पासा निम्नलिखित दो प्रकार का होता है*

1. सामान्य पासा (Ordinary Dice)

2. मानक पासा (Standard Dice)

1. सामान्य पासा Ordinary Dice

इस तरह के पासे की विपरीत सतहों के अंकों का योग 7 नहीं होता है बल्कि निकटवर्ती सतहों के अंकों का योग 7 हो सकता है।

जैसे

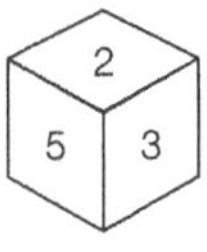

$2 + 5 = 7$

अत: दिया गया पासा एक सामान्य पासा है।

अत: इसमें यदि 2 के विपरीत सतह का अंक पूछा जाए, तो 1, 4 एवं 6 में से कोई भी एक हो सकता है।

2. मानक पासा Standard Dice

इस तरह के पासे की किसी भी दो विपरीत सतहों के अंकों का योग 7 होता है। अत: यदि आस-पास की दो सतहों का योग 7 नहीं हो, तो वह मानक पासा हो सकता है।

जैसे

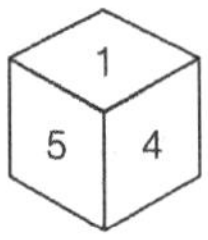

$1 + 4 = 5$
$4 + 5 = 9$
$1 + 5 = 6$

अत: दिया गया पासा एक मानक पासा है।

इस प्रकार के पासे में, यदि किसी भी अंक का विपरीत अंक पूछा जाए, तो उस अंक को 7 में से घटा देंगे, अर्थात्

1 के विपरीत — $7 - 1 = 6$

2 के विपरीत — $7 - 2 = 5$

घन Cube

किसी घन की लम्बाई, चौड़ाई तथा ऊँचाई समान होती हैं अर्थात् जिसकी लम्बाई, चौड़ाई तथा ऊँचाई समान होती हैं, उसे 'घन' कहते हैं।

एक घन में सदैव होते हैं

(i) छ: फलक

(ii) बारह किनारे

(iii) आठ कोने

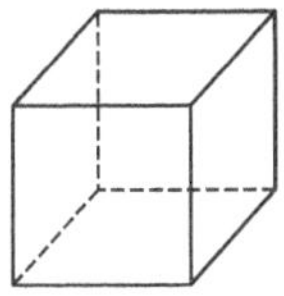

रंगों के आधार पर घनों का निर्धारण

केन्द्रीय घन यह प्रत्येक फलक के ठीक बीच में स्थित होता है तथा इसकी केवल एक सतह रंगीन होती है। दिए गए चित्र में संख्या 3 से केन्द्रीय घन दर्शाया गया है।

मध्य घन यह प्रत्येक किनारे के ठीक मध्य में स्थित होता है तथा इसकी केवल दो सतह रंगीन होती हैं। दिए गए चित्र में संख्या 1 से मध्य घन दर्शाया गया है।

किनारे का घन यह प्रत्येक कोने पर स्थित होता है तथा इसकी तीन सतह रंगीन होती हैं। दिए गए चित्र में संख्या 2 से यह घन दर्शाया गया है।

अन्त: घन यह प्रत्येक फलक के केन्द्रीय घन के मध्य में स्थित होता है तथा इसकी एक भी सतह रंगीन नहीं होती है।

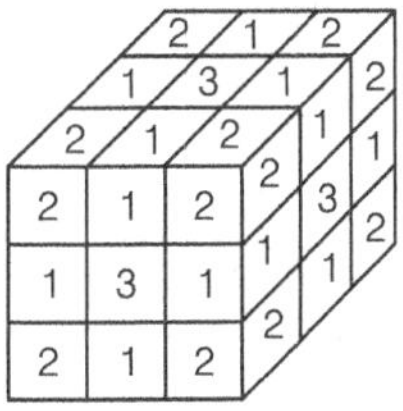

चित्र में,
1. मध्य घन है
2. किनारे का घन है
3. केन्द्रीय घन है

रंगीन या रंगहीन फलकों की संख्या की गणना के लिए महत्त्वपूर्ण सूत्र

- रंगहीन फलक वाले घनों की संख्या $= (n-2)^3$
- एक रंगीन फलक वाले घनों की संख्या $= (n-2)^2 \times 6$
- दो रंगीन फलक वाले घनों की संख्या $= (n-2) \times 12$
- तीन रंगीन फलक वाले घनों की संख्या $= 8$

जहाँ, n = प्रत्येक फलक के प्रत्येक स्तम्भ में समान घनीय खण्डों की संख्या।

साधित उदाहरण

1. नीचे एक पासे को दर्शाया गया है। उस पासे को देखकर बताइए कि 5 के विपरीत सतह पर कौन-सा अंक होगा?

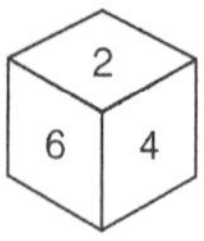

(a) 4 (b) 2
(c) 6 (d) ज्ञात नहीं कर सकते

हल *(b)* दिया गया पासा एक मानक पासा है। अतः मानकता के नियम से 5 के विपरीत सतह का अंक 7 − 5 = 2 होगा।

2. नीचे एक पासे की दो स्थितियाँ दी गई हैं। यदि अंक 5 ऊपर की सतह पर हो, तो बताइए कि नीचे की सतह पर कौन-सा अंक होगा?

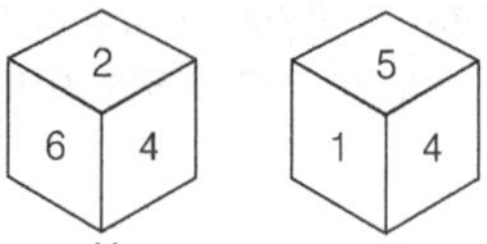

X Y

(a) 3 (b) 2
(c) 4 (d) ज्ञात नहीं कर सकते

हल *(b)* पासे की स्थितियों को दक्षिणावर्त लिखने पर,

पासा X — 4 6 [2]
पासा Y — 4 1 [5]

अतः उपरोक्त से स्पष्ट है कि 5 के विपरीत अंक 2 होगा।

3. नीचे एक पासे की तीन स्थितियाँ दी गई हैं। दी गई स्थितियों के अनुसार 3 की विपरीत भुजा पर कौन-सा अंक होगा?

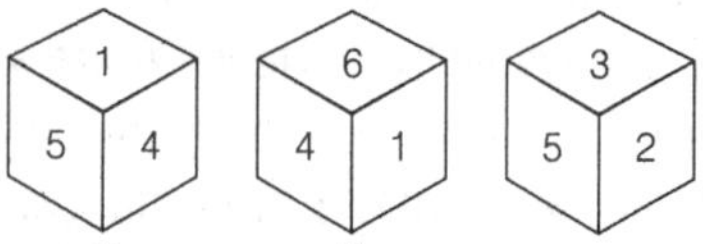

X Y Z

(a) 1 (b) 5 (c) 2 (d) 6

हल *(a)* पासा X और Z की स्थितियों को दक्षिणावर्त लिखने पर,

पासा X − 5 [1] 4
पासा Z — 5 [3] 2

अतः उपरोक्त से स्पष्ट है कि 3 के विपरीत भुजा पर अंक 1 होगा।

4. एक पासे के छः फलकों के नाम क्रमशः **Y, R, B, I, P** व **J** से दर्शाए गए हैं, जिन्हें देखकर बताइए कि **R** की विपरीत सतह पर कौन-सा अक्षर है?

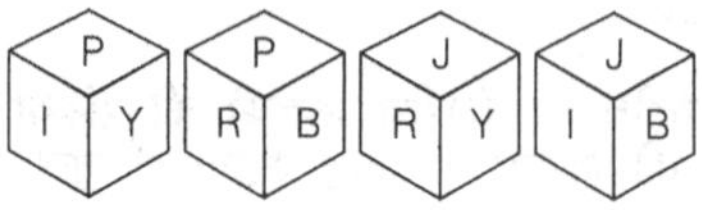

(I) (II) (III) (IV)

(a) B (b) Y
(c) I (d) P

हल *(c)* पासा (I) व (II) की स्थितियों को दक्षिणावर्त लिखने पर,

पासा (I) − Y [I] P
पासा (III) − Y [R] J

अतः उपरोक्त से स्पष्ट है कि R के विपरीत I होगा।

निर्देश (प्र.सं. 5-7) *किसी घन की सभी सतहों को एक समान रंग से रंगा गया है तथा उसे इस प्रकार काटा गया है कि 125 छोटे-छोटे एवं बराबर घन बन सकें। इन जानकारियों के आधार पर नीचे दिए गए प्रश्नों के उत्तर दीजिए।*

5. ऐसे घनों की संख्या कितनी होगी, जिनकी केवल एक सतह रंगीन होगी?
(a) 48 (b) 54
(c) 42 (d) 64

6. ऐसे घनों की संख्या कितनी होगी, जिनकी केवल दो सतह रंगीन होंगी?
(a) 36 (b) 48
(c) 54 (d) 64

7. ऐसे कितने घन होंगे, जिनकी कोई भी सतह रंगीन नहीं होगी?
(a) 16 (b) 24
(c) 27 (d) 36

हल (प्र.सं. 5-7)

$\therefore$ यहाँ, $n = \sqrt[3]{\text{सभी छोटे घनों की संख्या}}$

$= \sqrt[3]{125} = 5$

5. ***(b)*** हम जानते हैं कि केन्द्रीय घन की केवल एक सतह रंगीन होती है। अतः हम केन्द्रीय घनों की संख्या ज्ञात कर लें, तो केवल एक सतह रंगे हुए घनों की संख्या ज्ञात हो जाएगी।

$\because$ केन्द्रीय घन $= 6(n-2)^2$

$= 6(5-2)^2$

$= 6 \times 9 = 54$

अतः केवल एक सतह रंगीन वाले घनों की कुल संख्या = 54

6. ***(a)*** $\because$ हम जानते हैं कि मध्य घन ही ऐसा घन है जिसकी दो सतह रंगीन होती हैं इसलिए मध्य घन की संख्या ज्ञात कर ली जाए, तो दो सतह रंगीन कुल घनों की संख्या ज्ञात कर सकते हैं।

$\therefore$ मध्य घन $= 12(n-2) = 12(5-2) = 12 \times 3 = 36$

अतः दो सतह रंगीन वाले घनों की कुल संख्या = 36

7. ***(c)*** हम जानते हैं कि अन्तः घन की कोई भी सतह रंगीन नहीं होती है इसलिए अन्तः घनों की संख्या ज्ञात कर लेने पर अभीष्ट घनों की संख्या ज्ञात हो जाएगी।

$\therefore$ अन्तः केन्द्रीय घन $= (n-2)^3 = (5-2)^3 = (3)^3 = 27$

अतः ऐसे घन जिनकी कोई भी सतह रंगीन नहीं है कि संख्या 27 होगी।

अभ्यास प्रश्न

1. नीचे दिए गए पासे में अंक 3 के विपरीत फलक पर कौन-सा अंक होगा?

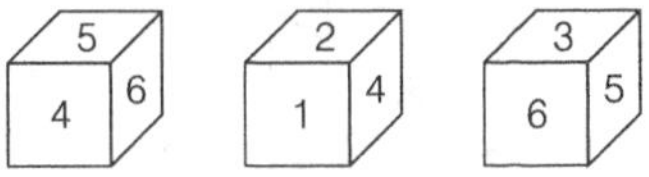

[UP बी.एड. 2014]

(a) 4 (b) 2
(c) 1 (d) 6

2. 1 इंच किनारे वाली लकड़ी के छोटे घनों को एकसाथ रखकर 3 इंच किनारे वाला एक ठोस घन बनाया गया। इस बड़े घन को बाहर की ओर से पूर्ण रूप से लाल रंग से रंगा गया। जब बड़े घन को मूल छोटे घनों में खण्डित किया गया, तो कितने घनों पर कोई रंग नहीं होगा? [UP बी.एड. 2013]

(a) 0 (b) 1
(c) 3 (d) 4

3. नीचे एक पासे की दो स्थितियों को दर्शाया गया है। यदि अंक 2 को ऊपरी सतह पर दर्शाया जाए, तो बताइए कि निचली सतह पर कौन-सा अंक होगा?

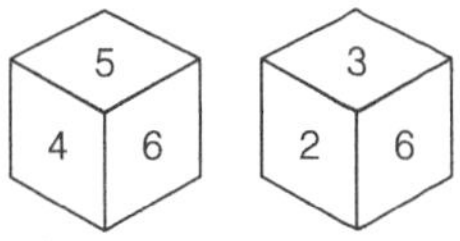

X Y

(a) 3 (b) 1
(c) 2 (d) 4

4. एक पासे की दो स्थितियाँ दी हुई हैं। कौन-सा अंक 2 के विपरीत सतह पर अंकित है?

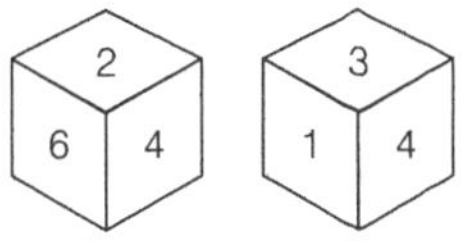

X Y

(a) 1 (b) 5
(c) 3 (d) 4

5. नीचे दर्शाए गए पासे की स्थिति में बाईं ओर स्थित पासे की निचली सतह पर कौन-सा अंक अंकित है?

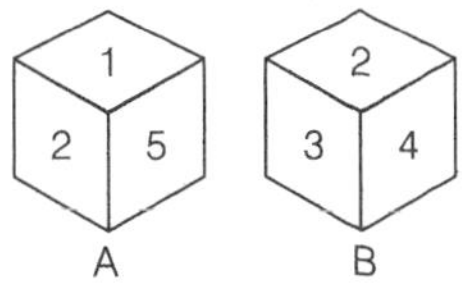

A B

(a) 4 (b) 6
(c) 3 (d) 2

6. नीचे पासे की दो स्थितियाँ दर्शाई गई हैं, बताइए कि 5 अंक की विपरीत सतह पर कौन-सा अंक अंकित है?

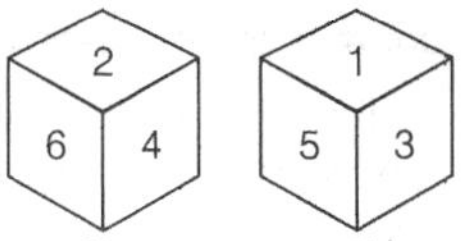

X Y

(a) 1 (b) 2
(c) 4 (d) ज्ञात नहीं कर सकते

7. नीचे पासे की दो स्थितियाँ दर्शाई गई हैं, बताइए कि 2 अंक की विपरीत सतह पर कौन-सा अंक होगा?

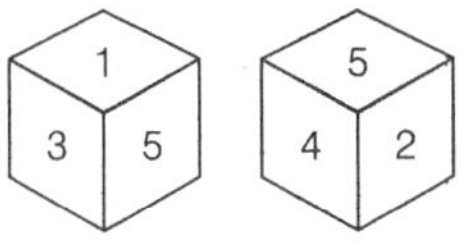

R S

(a) 1 (b) 6
(c) 4 (d) 3

8. निम्न में एक पासे की दो स्थितियों को दर्शाया गया है, जिन्हें देखकर बताइए कि 3 के विपरीत कौन-सा अंक है?

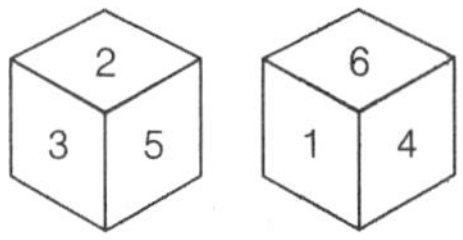

X Y

(a) 6 (b) 4
(c) 1 (d) 5

9. एक पासे की दो स्थितियाँ नीचे दर्शाई गई हैं। जब 1 ऊपर हो, तो नीचे कौन-सी संख्या होगी?

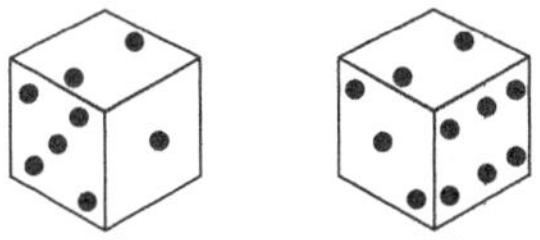

(I) (II)

(a) 4 (b) 2 (c) 3 (d) 6

10. एक पासे की निम्नलिखित दो भिन्न आकृतियों से पता लगाएँ कि लाल के सामने कौन-सा रंग है?

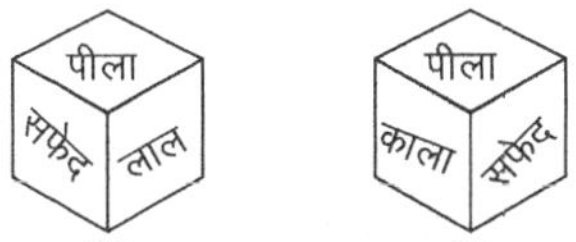

(X) (Y)

(a) नीला (b) सफेद
(c) काला (d) पीला

निर्देश (प्र.सं. 11-13) *नीचे दर्शाए गए पासे की स्थिति को देखकर उत्तर दें।*

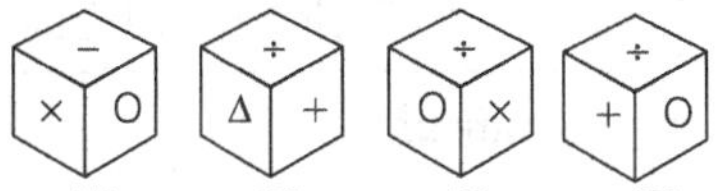

(A) (B) (C) (D)

11. '–' चिह्न के विपरीत सतह पर कौन-सा चिह्न अंकित है?

(a) × (b) ÷
(c) Δ (d) O

12. '+' चिह्न के विपरीत सतह पर कौन-सा चिह्न अंकित है?

(a) ÷ (b) Δ
(c) O (d) ×

13. 'Δ' चिह्न के विपरीत सतह पर कौन-सा चिह्न अंकित है?

(a) × (b) +
(c) O (d) –

14. निम्न दर्शाए गए पासे की स्थिति को देखकर बताइए कि 'नीला' रंग के विपरीत सतह पर कौन-सा रंग दिखाई देगा?

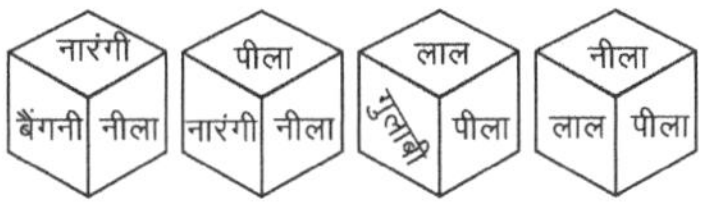

(X) (Y) (Z) (W)

(a) बैंगनी
(b) गुलाबी
(c) लाल
(d) पीला

15. दो बिन्दुओं वाले फलक के सामने वाले फलक पर कितने बिन्दु (डॉट) हैं?

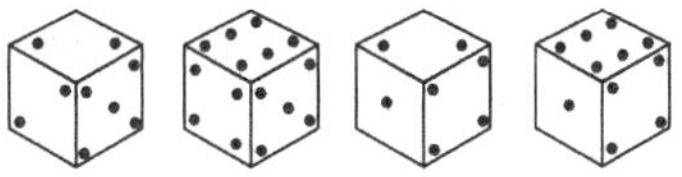

(a) 3 (b) 4 (c) 5 (d) 6

16. इस चित्र को मोड़कर विकल्पों में दिए गए चार घनों में से कौन-सा घन बनाना सम्भव है?

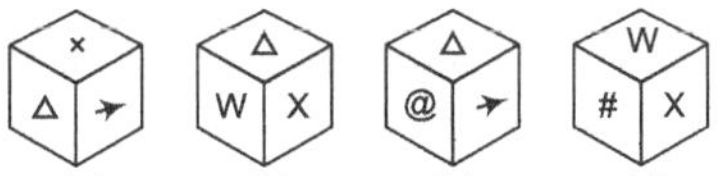

(a) (b) (c) (d)

17. एक घन की चार स्थितियाँ नीचे दिखाई गई है।★ वाले फलक के ठीक सामने कौन-सा संकेत है?

प्रश्न आकृतियाँ

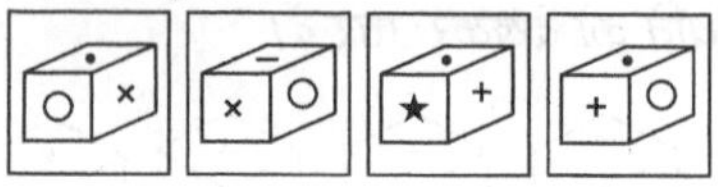

उत्तर आकृतियाँ

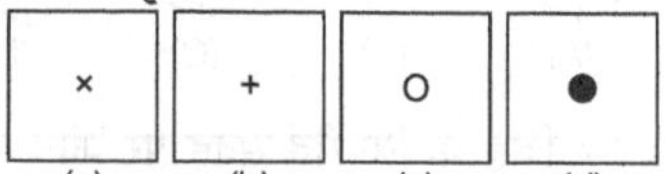

(a) (b) (c) (d)

18. 25 सेमी भुजा के एक रंगीन घन को 5 सेमी भुजा के छोटे घनों में विभाजित किया गया। कितने छोटे घन ऐसे प्राप्त होंगे, जिनकी कम-से-कम दो सतह अवश्य रंगीन होंगी?
(a) 50 (b) 44 (c) 36 (d) 8

19. एक घन को 125 भागों में विभाजित किया गया है। इस विभाजन से प्राप्त छोटे घनों की भुजा 3 सेमी है। बड़े घन की भुजा क्या रही होगी?
(a) 5 सेमी (b) 10 सेमी
(c) 12 सेमी (d) 15 सेमी

20. 1 सेमी भुजा के 64 घनों को सजाकर एक बड़ा घन तैयार किया गया। इस व्यवस्था में कितने ऐसे घन होंगे, जिनकी कोई भी सतह बाहर से नहीं दिखाई देगी?
(a) 27 (b) 1 (c) 9 (d) 8

निर्देश (प्र.सं. 21-24) 8 *सेमी भुजा के एक ठोस घन के विपरीत फलकों को लाल, नीले और काले रंग से रंगा गया है। इसे 2 सेमी भुजा के घनाकार टुकड़ों (ब्लॉकों) में काटा गया है। अब निम्नलिखित प्रश्नों के उत्तर दीजिए।*

21. कितने घनों के केवल दो फलक रंगे हुए हैं?
(a) 16 (b) 20 (c) 24 (d) 28

22. कितने घनों के दो फलक लाल और काले रंग से रंगे हुए हैं और उनके शेष फलक बिना रंगे हुए हैं?
(a) 4 (b) 8 (c) 12 (d) 16

23. कितने घनों का एक फलक नीला और एक फलक लाल रंग से रंगा हुआ है? (उनके शेष फलक रंगे अथवा बिना रंगे हो सकते हैं)
(a) 16 (b) 12 (c) 8 (d) 4

24. कितने घनों के तीन फलक अलग-अलग रंगों से रंगे हैं?
(a) 16 (b) 4
(c) 8 (d) 12

25. एक घन की भुजा 2 सेमी है। इसे 0.5 सेमी भुजा वाले छोटे घनों में विभाजित किया गया है। इस प्रकार कितने घन प्राप्त होंगे?
(a) 20 (b) 64
(c) 8 (d) 100

26. नीचे दी गई आकृति में घनों की संख्या है

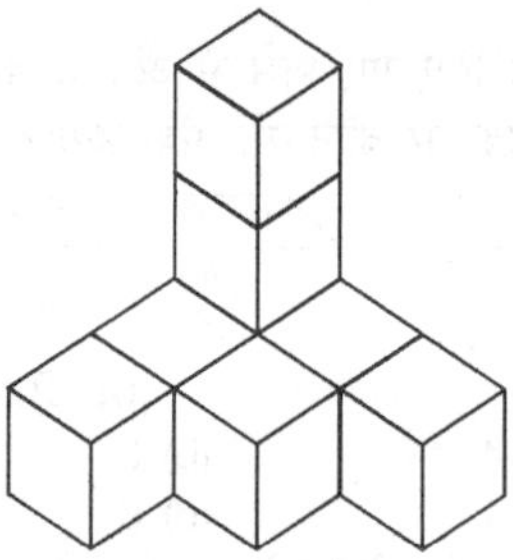

(a) 8 (b) 9
(c) 10 (d) 12

27. नीचे दी गई आकृति में घनों की संख्या है

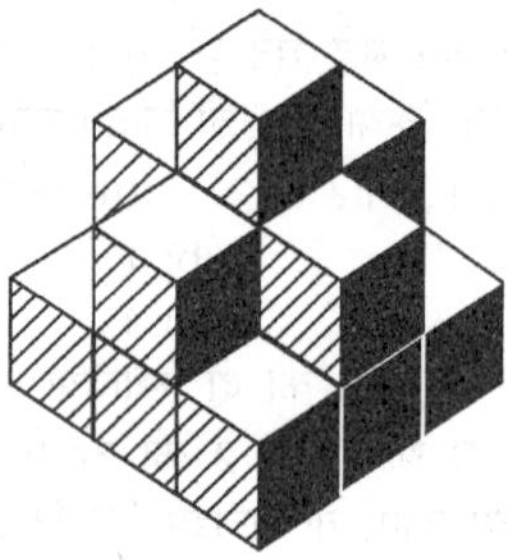

(a) 10 (b) 15
(c) 14 (d) 13

उत्तरमाला

1. (a)	**2.** (b)	**3.** (d)	**4.** (c)	**5.** (b)	**6.** (b)	**7.** (d)	**8.** (a)	**9.** (d)	**10.** (c)
11. (b)	**12.** (d)	**13.** (c)	**14.** (b)	**15.** (d)	**16.** (b)	**17.** (c)	**18.** (b)	**19.** (d)	**20.** (d)
21. (c)	**22.** (b)	**23.** (a)	**24.** (c)	**25.** (b)	**26.** (a)	**27.** (b)			

संकेत एवं हल

1. पासे I तथा III में अंक 5 तथा 6 विद्यमान हैं। अतः तीसरा अंक 4, अंक 3 के विपरीत होगा।

2. अभीष्ट घनों की संख्या $= (3-2)^2 = (1)^2 = 1$

3. पासे की स्थितियों को दक्षिणावर्त लिखने पर,
पासा X ⟶ 6 $\boxed{4}$ 5
पासा Y ⟶ 6 $\boxed{2}$ 3
अतः स्पष्ट है कि यदि अंक 2 वाली सतह ऊपर होगी, तो निचली सतह पर अंक 4 वाली होगी।

4. पासे की स्थितियों को दक्षिणावर्त लिखने पर,
पासा X ⟶ 4 6 $\boxed{2}$
पासा Y ⟶ 4 1 $\boxed{3}$
अतः उपरोक्त से स्पष्ट है कि 2 के विपरीत सतह पर अंक 3 होगा।

5. पासे की स्थितियों का प्रसार

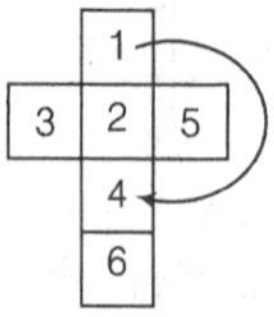

चूँकि बाएँ पासे में 1 ऊपरी सतह पर है अतः प्रसार चित्र से 6 निचली सतह पर होगा।

6. दिए गए दोनों पासों में कोई भी अंक सर्वनिष्ठ (Common) नहीं हैं। ऐसी स्थिति में 5 के विपरीत 2, 4 या 6 में से कोई भी एक अंक हो सकता है लेकिन दिए गए दोनों पासे मानकता के नियम का पालन करते हैं। अतः उसी नियम से 5 के विपरीत अंक 2 होगा।

7. पासे की स्थितियों को दक्षिणावर्त लिखने पर,
पासा R ⟶ 5 $\boxed{3}$ 1
पासा S ⟶ 5 $\boxed{2}$ 4
अतः उपरोक्त से स्पष्ट है कि 2 की विपरीत सतह पर अंक 3 होगा।

8. पासे की स्थितियों को दक्षिणावर्त लिखने पर,
पासा X ⟶ 2 5 $\boxed{3}$
पासा Y ⟶ 2 1 $\boxed{6}$
अतः उपरोक्त से स्पष्ट है कि 3 के विपरीत अंक 6 है।

9. पासे के बिन्दुओं की स्थितियों को दक्षिणावर्त लिखने पर,
पासा (I) ⟶ 2 $\boxed{1}$ 5
पासा (II) ⟶ 2 $\boxed{6}$ 3

अतः उपरोक्त से स्पष्ट है कि यदि बिन्दु 1 ऊपरी सतह पर है, तो नीचे की सतह पर बिन्दु 6 होगा।

10. पासे के रंगों की स्थितियों को दक्षिणावर्त लिखने पर,

पासा X ⟶ पीला लाल सफेद

पासा Y ⟶ पीला सफेद काला

अतः उपरोक्त से स्पष्ट है कि लाल रंग के सामने काले रंग वाली फलक होगी।

हल (प्र.सं. 11-13)

पासे की स्थिति का प्रसार करने पर,

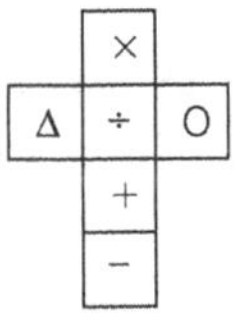

11. '−' चिह्न के विपरीत '÷' का चिह्न होगा।

12. '+' चिह्न के विपरीत '×' का चिह्न होगा।

13. 'Δ' चिह्न के विपरीत 'O' का चिह्न होगा।

14. दिए गए पासे की स्थिति को देखने पर कहा जा सकता है कि 'नीले' रंग के विपरीत पीला, लाल, नारंगी और बैंगनी नहीं हो सकता है। अतः नीले रंग की विपरीत सतह पर गुलाबी रंग होगा।

15. पासे की स्थिति को प्रसार चित्र से देखने पर,

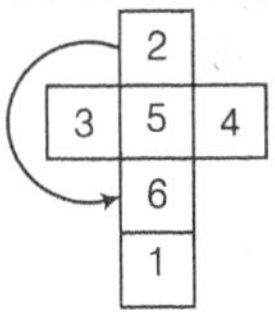

अतः उपरोक्त से स्पष्ट है कि दो बिन्दु वाली फलक पर छः बिन्दु वाली फलक होगी।

16. प्रसार चित्र के अनुसार, विकल्प (a), (c) और (d) सम्भव नहीं हैं।

17. आकृति 3 एवं 4 से दो सतहें • एवं + सर्वनिष्ठ (Common) है। अतः अन्य तीसरी सतह एक-दूसरे के विपरीत होती है।

अतः ★ का विपरीत O होगा।

18 कम-से-कम दो सतह रंगीन वाले घनों की संख्या में तीन रंगीन सतहों वाले घन भी आ जाएँगें।

∴ कम-से-कम दो सतह रंगीन वाले घनों की संख्या = दो सतह रंगीन वाले घनों की संख्या + तीन सतह रंगीन वाले घनों की संख्या

$= (5-2) \times 12 + 8$

$= 44$

19. $n = \sqrt[3]{125} = 5$

∴ बड़े घन की भुजा = $n \times$ छोटे घन की भुजा

$= 5 \times 3 = 15$ सेमी

20. $\because n = \sqrt[3]{64} = 4$

∴ ऐसे घन जिनकी कोई भी सतह बाहर से नहीं दिखाई देगी $= (n-2)^3 = (4-2)^3 = 8$

हल (प्र.सं. 21-24)

8 सेमी भुजा को 2 सेमी की छोटी भुजा वाले घन के रूप में काटा गया है। अतः $n = \frac{8}{2} = 4$

तथा लाल के विपरीत लाल है, नीले के विपरीत नीला है एवं काले के विपरीत काला है।

21. केवल दो फलक रंगीन $= 12(n-2)$

$= 12(4-2) = 24$

22. दो फलक रंगी हुई भुजा पर ही मिलते हैं, जहाँ कुल 12 भुजाएँ होती हैं। प्रत्येक सतह में 4 भुजाएँ तथा दो विपरीत सतहों में कुल 8 भुजाएँ होती हैं जिस पर नीला रंग मिलेगा। अतः केवल $(12-8) = 4$ ही भुजाएँ ऐसी हैं जिन पर केवल लाल एवं काला रंग है।

अतः $4(n-2) = 4(4-2) = 8$

23. प्रश्नानुसार, 4 भुजाओं पर नीला एवं लाल रंग मिलेगा तथा साथ ही सभी किनारों पर भी नीला एवं लाल रंग मिलेगा। (जहाँ काला रंग भी शामिल है।)

अतः $4(n-2) + 8 = 4(4-2) + 8 = 16$

24. तीनों फलक अलग-अलग रंग के केवल किनारों पर मिलेंगे। अतः ऐसे 8 घन होंगे।

25. $n = \frac{2}{0.5} = 4$

∴ घनों की संख्या $= (n)^3 = (4)^3 = 64$

26. 1 घन वाली पंक्तियों में घनों की संख्या

$= 5 \times 1 = 5$

3 घन वाली पंक्तियों में घनों की संख्या

$= 1 \times 3 = 3$

∴ कुल घनों की संख्या $= 5 + 3 = 8$

27. 1 घन वाली पंक्तियों में घनों की संख्या

$= 4 \times 1 = 4$

2 घन वाली पंक्तियों में घनों की संख्या

$= 4 \times 2 = 8$

3 घन वाली पंक्तियों में घनों की संख्या

$= 1 \times 3 = 3$

∴ कुल घनों की संख्या $= 4 + 8 + 3 = 15$

अध्याय

19

वर्गीकरण परीक्षण
Classification Test

इस परीक्षण के अन्तर्गत प्रतियोगियों को प्रश्न में चार आकृतियाँ दी जाती हैं जिनमें प्रश्न आकृतियों के साथ-साथ उत्तर आकृतियाँ भी होती हैं। इन्हीं आकृतियों में से तीन आकृतियों में किसी-न-किसी प्रकार से एकसमान गुण या लक्षण उपस्थित होता है अर्थात् जो अपने एक अलग समूह का निर्माण करती है जबकि एक आकृति ऐसी होती है जो इस समूह में नहीं आती है। इनमें प्रतियोगियों को उसी आकृति को उत्तर विकल्प के रूप में चुनना होता है जो इस समूह में नहीं आती है। इस प्रकार के प्रश्नों में आकृतियाँ कई प्रकार से एक-दूसरे से सम्बन्धित हो सकती हैं, जिनमें प्रमुख हैं—आकृतियों के आकार, स्थिति या आकृतियों के घूर्णन से सम्बन्धित, आकृतियों के साधकों की संख्या, परिमाण, प्रकार या साधकों के बीच सम्बन्ध से सम्बन्धित या लिखने की विधि से सम्बन्धित।

साधित उदाहरण

निर्देश (प्र.सं. 1-6) *निम्नलिखित प्रश्नों में चार आकृतियाँ दी गई हैं। आप उस आकृति को चुनिए जो अन्य तीन आकृतियों से भिन्न है।*

1.

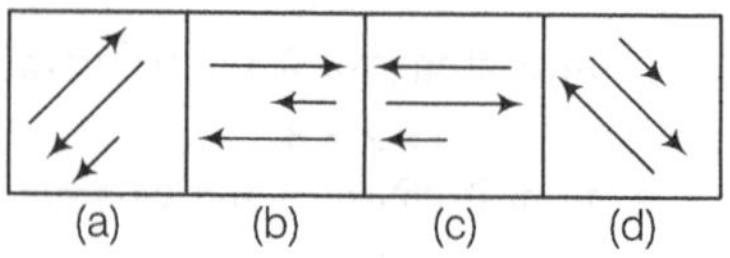

हल *(c)* आकृति (c) को छोड़कर अन्य सभी आकृतियों में छोटे तीर के समान दिशा वाला तीर उसके बराबर में ही है।
अतः आकृति (c) अन्य तीनों आकृतियों से भिन्न है।

2.

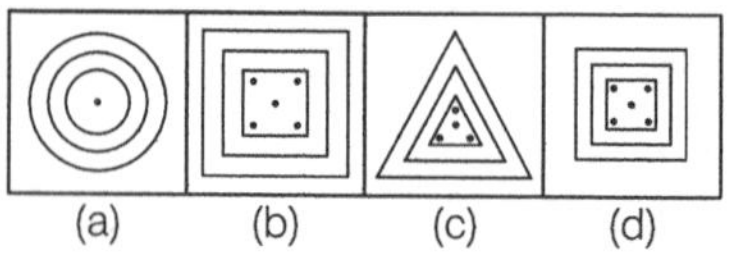

हल *(a)* अन्य सभी आकृतियाँ भुजाओं वाली हैं लेकिन आकृति (a) वृत्त की आकृति है। अतः यह अन्य तीनों आकृतियों से भिन्न है।

3.

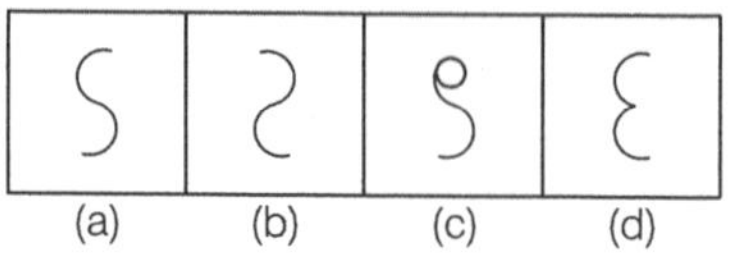

हल *(c)* अन्य तीनों चित्रों में किसी के छोर का मुँह बन्द नहीं है लेकिन (c) के छोर का मुँह बन्द है। अतः यह अन्य तीनों आकृतियों से भिन्न है।

4.

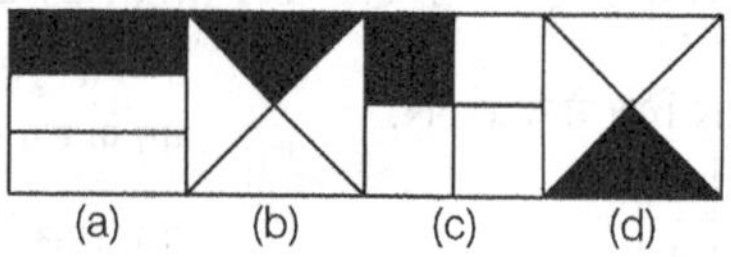

हल *(a)* अन्य तीनों चित्रों में तीन भाग खाली है तथा एक भाग काला है लेकिन (a) चित्र में दो ही भाग खाली हैं तथा एक भाग काला है। अतः यह अन्य तीनों चित्रों से भिन्न है।

5.

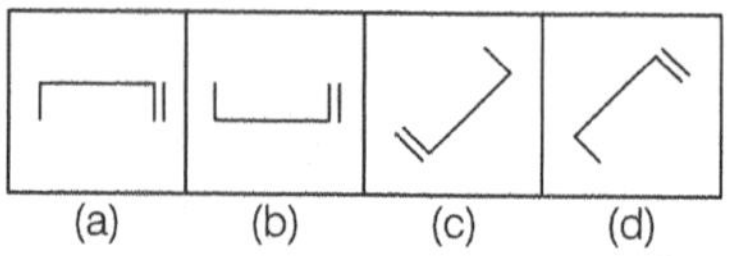

हल *(b)* आकृति (a), (b) तथा (d) तीनों में से किसी एक को दक्षिणावर्त दिशा में घुमाने पर अन्य दोनों आकृतियाँ प्राप्त की जा सकती हैं। परन्तु तीनों में से किसी को भी घुमाने पर आकृति (b) को प्राप्त नहीं किया जा सकता। अतः आकृति (b) अन्य तीनों से भिन्न है।

6.

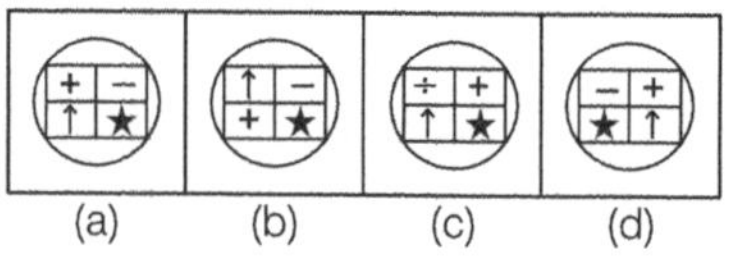

हल *(c)* (a), (b) तथा (d) आकृतियों के तत्वों में '+', '–', '↑' तथा '★' शामिल हैं जबकि आकृति (c) के तत्वों में '+', '–' शामिल नहीं है बल्कि इसके स्थान पर तत्व '+' शामिल है। अतः आकृति (c) अन्य तीनों से भिन्न है।

अभ्यास प्रश्न

निर्देश (प्र.सं. 1-23) *निम्नलिखित प्रश्नों में चार आकृतियाँ दी गई है। उनमें से तीन किसी-न-किसी प्रकार से समान है। आप उस आकृति को चुनिए जो अन्य तीन से भिन्न है।*

1.
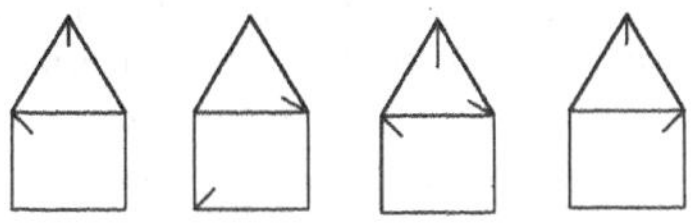
(a) (b) (c) (d)

[UP बी.एड. 2014]

2.
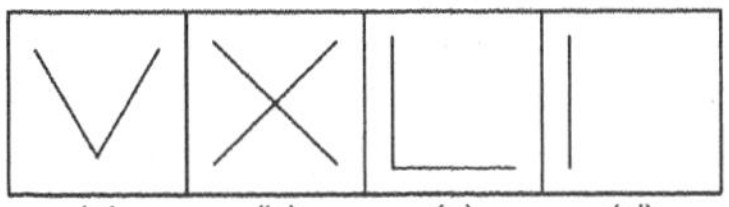
(a) (b) (c) (d)

3.
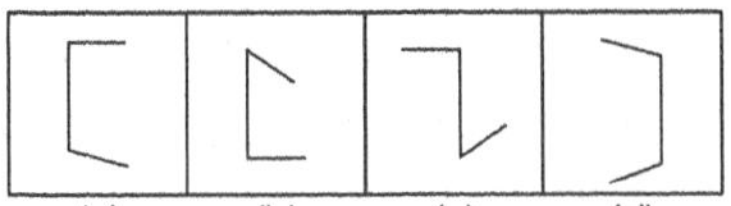
(a) (b) (c) (d)

4.

(a) (b) (c) (d)

5.
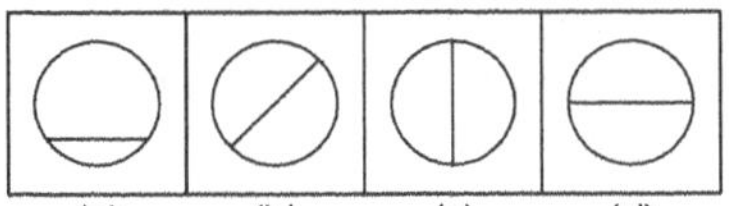
(a) (b) (c) (d)

6.
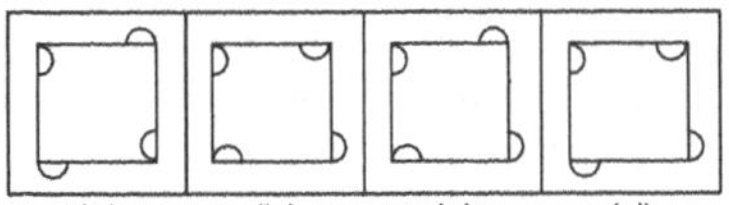
(a) (b) (c) (d)

7.
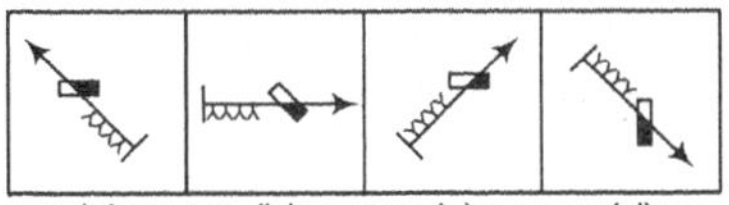
(a) (b) (c) (d)

8.
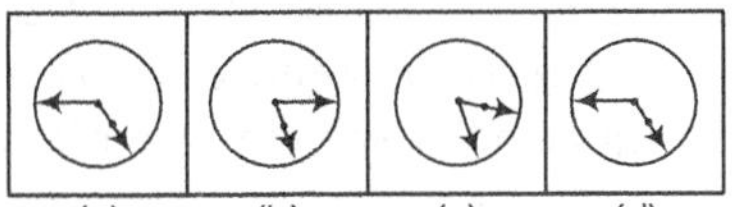
(a) (b) (c) (d)

9.
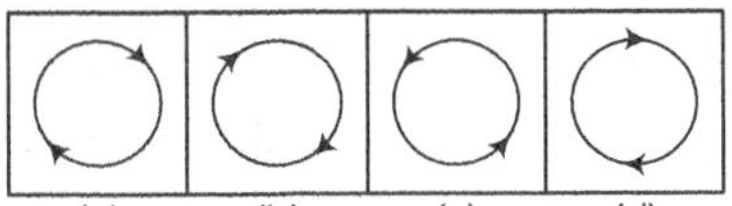
(a) (b) (c) (d)

10.
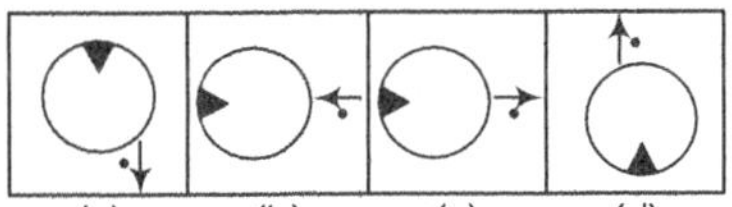
(a) (b) (c) (d)

11.
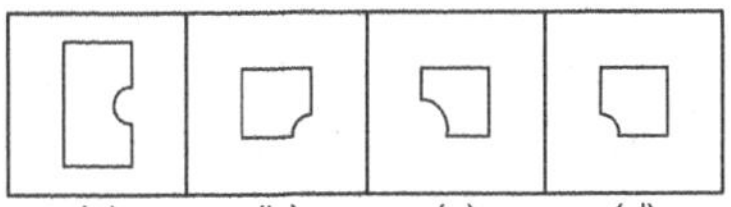
(a) (b) (c) (d)

12.
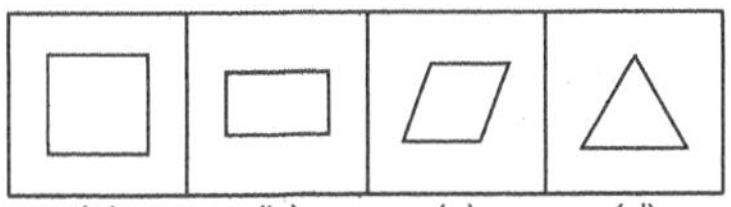
(a) (b) (c) (d)

13.
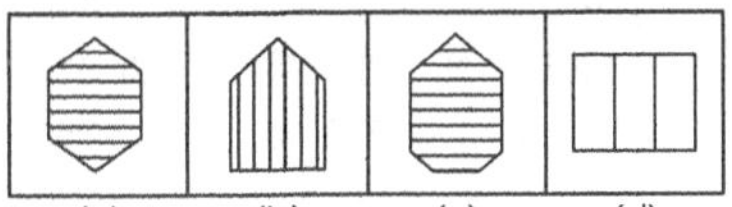
(a) (b) (c) (d)

14.
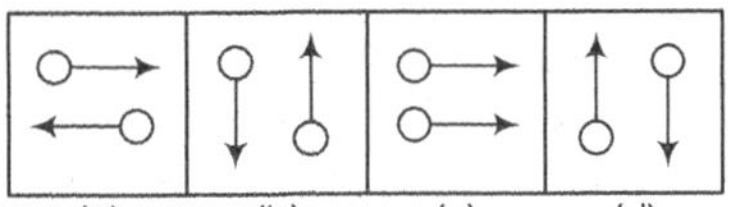
(a) (b) (c) (d)

15.
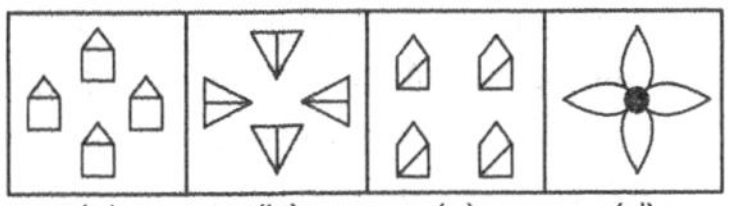
(a) (b) (c) (d)

16.
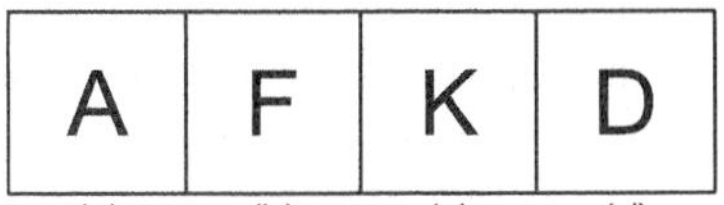

(a) (b) (c) (d)

17.
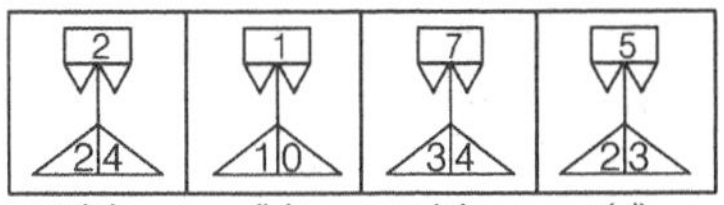

(a) (b) (c) (d)

18.
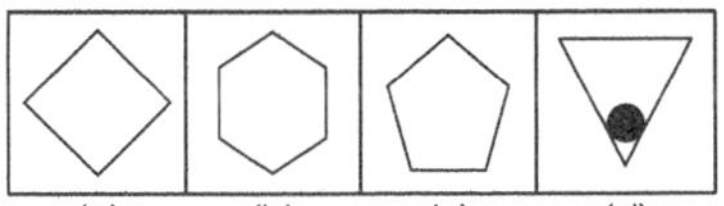
(a) (b) (c) (d)

19.
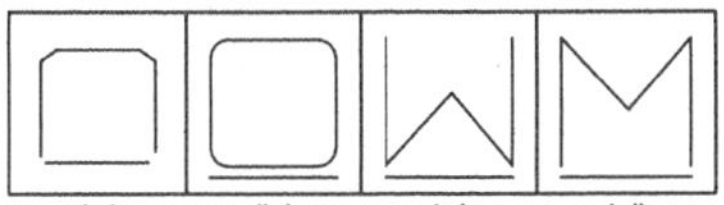
(a) (b) (c) (d)

20.
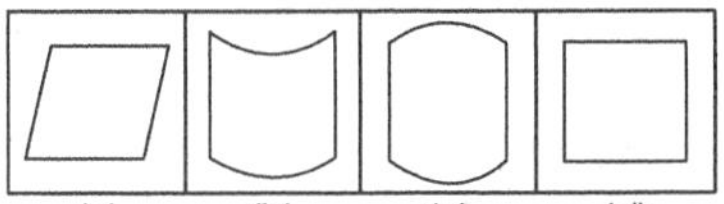
(a) (b) (c) (d)

21.
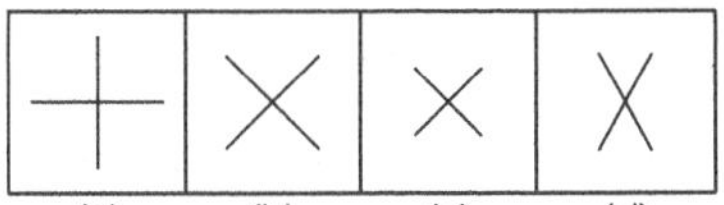
(a) (b) (c) (d)

22.
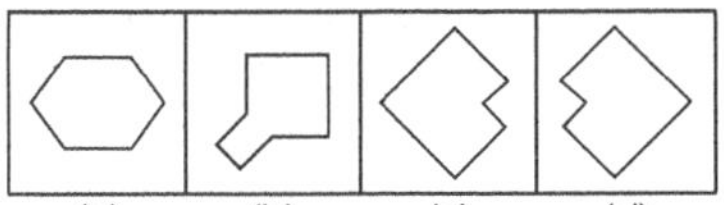
(a) (b) (c) (d)

23.
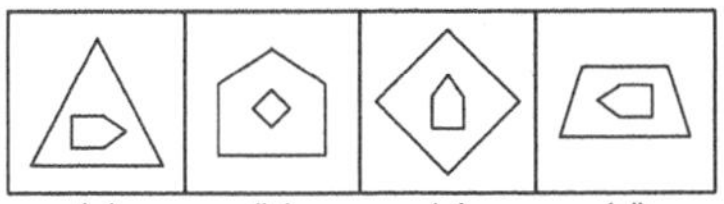
(a) (b) (c) (d)

उत्तरमाला

1. (c)	**2.** (d)	**3.** (d)	**4.** (c)	**5.** (a)	**6.** (b)	**7.** (b)	**8.** (b)	**9.** (c)	**10.** (b)
11. (a)	**12.** (d)	**13.** (d)	**14.** (c)	**15.** (d)	**16.** (d)	**17.** (a)	**18.** (d)	**19.** (b)	**20.** (c)
21. (d)	**22.** (b)	**23.** (b)							

संकेत एवं हल

1. आकृति (c) को छोड़कर अन्य सभी में बड़ी आकृति के अन्दर दो छोटी रेखाएँ हैं जबकि आकृति (c) में तीन छोटी रेखाएँ हैं।

2. आकृति (d) को छोड़कर अन्य सभी आकृतियाँ दो सरल रेखाओं से निर्मित हैं। अतः यह अन्य तीनों से भिन्न है।

3. आकृति (d) को छोड़कर अन्य सभी आकृतियों में खड़ी रेखा के लम्बवत् एक अन्य रेखा अवश्य है लेकिन आकृति (d) में ऐसा नहीं है। अतः यह अन्य तीनों से भिन्न है।

4. आकृति (c) को छोड़कर अन्य सभी आकृतियों में भुजाएँ तथा पैर समान दिशा में नहीं हैं। अतः यह अन्य तीनों से भिन्न है।

5. आकृति (a) को छोड़कर अन्य सभी आकृतियाँ दो बराबर भागों में बँटी हुई हैं। अतः यह अन्य तीनों से भिन्न है।

6. आकृति (b) को छोड़कर अन्य सभी आकृतियों में वर्ग के भीतर दो तथा बाहर दो वृत्तखण्ड हैं। अतः यह अन्य तीनों से भिन्न है।

7. आकृति (b) को छोड़कर अन्य सभी आकृतियाँ एक-दूसरे को घूमाकर प्राप्त की जा सकती है।

8. आकृति (a), (c) तथा (d) सभी में तीर वाली सुई बिन्दु सहित तीर वाली सुई के ठीक दाईं ओर है अर्थात् ये दोनों सुइयाँ बाईं की अपेक्षा दाईं ओर से एक-दूसरे के ज्यादा नजदीक हैं लेकिन आकृति (b) में स्थिति बिल्कुल उलटी है और तीर वाली सुई, बिन्दु सहित तीर वाली सुई के ठीक बाईं ओर है। अतः आकृति (b) अन्य तीनों से भिन्न है।

9. (a), (b) तथा (d) की आकृतियों में (वृत्त में) तीर का निशान दक्षिणावर्त दिशा अर्थात् घड़ी की सुइयों के चलने की दिशा को दर्शाता है जबकि वृत्त (c) के तीर का निशान वामावर्त दिशा अर्थात् घड़ी की सुइयों के चलने की विपरीत दिशा को दर्शाता है। अतः आकृति (c) तीनों से भिन्न है।

10. आकृति (a), (c) तथा (d) में आकृति के बाहर का तीर वृत्त से बाहर की ओर इशारा करता है, परन्तु आकृति (b) में तीर वृत्त के भीतर की ओर इशारा करता है इसलिए आकृति (b) अन्य तीनों आकृतियों से भिन्न है।

11. (b), (c) तथा (d) की आकृतियों में अर्द्धवृत्त जैसी आकृति या अर्द्धवृत्त से कम की आकृति उस आकृति के कोने से शुरू होती है जबकि आकृति (a) में ऐसा नहीं है। अतः यह अन्य तीनों आकृतियों से भिन्न है।

12. (a), (b) तथा (c) तीनों ही चार भुजाओं वाली आकृतियाँ हैं लेकिन (d) तीन भुजाओं की आकृति है इसलिए (d) अन्य तीनों आकृतियों से भिन्न है।

13. आकृति (a), (b) तथा (c) में आकृति के भुजाओं की संख्या तथा आकृति के अन्दर की रेखाओं की संख्या बराबर है। परन्तु आकृति (d) में आकृति की भुजाओं की संख्या 4 है तथा इसके अन्दर की रेखाओं की संख्या 2 है। अतः दोनों संख्याएँ असमान हैं इसलिए आकृति (d) अन्य आकृतियों से भिन्न हैं।

14. आकृति (a), (b) तथा (d) में दी गई दोनों आकृतियाँ एक-दूसरे की विपरीत हैं अर्थात् सभी विकल्पों में दी गई दोनों आकृतियाँ परस्पर एक-दूसरे का विपरीत रूप हैं। परन्तु आकृति (c) में दोनों आकृतियाँ समान हैं तथा उनके तीर भी समान दिशा में ही इशारा कर रहे हैं। अतः आकृति (c) अन्य आकृतियों से भिन्न है।

15. आकृति (a), (b) तथा (c) में चार आकृतियाँ दी गई हैं, परन्तु आकृति (d) में चारों आकृतियों को मिलाकर एक ही आकृति तैयार की गई है अर्थात् आकृति (d) अन्य आकृतियों से भिन्न है।

16. आकृति (a), (b) तथा (c) में तीन रेखाओं से Letters को लिखा गया है अर्थात् तीनों ही आकृतियों का निर्माण रेखाओं से हुआ है परन्तु आकृति (d) एक अर्द्धवृत्त तथा एक रेखा से निर्मित है। अतः आकृति (d) अन्य आकृतियों से भिन्न है।

17. (b), (c) तथा (d) तीनों ही आकृतियों में नीचे दी गई संख्याओं का योग ऊपर लिखा गया है। **जैसे** $1 + 0 = 1, 3 + 4 = 7, 2 + 3 = 5,$ परन्तु आकृति (a) में ऐसा नहीं है क्योंकि $2 + 4 = 6$ होता है, परन्तु ऊपर 2 लिखा गया है। अतः आकृति (a) अन्य तीनों आकृतियों से भिन्न है।

18. आकृति (a), (b) तथा (c) में मूल आकृति के भीतर कोई आकृति नहीं है परन्तु आकृति (d) में मूल आकृति के भीतर छायांकित वृत्त है। अतः विकल्प (d) अन्य विकल्पों से भिन्न है।

19. (a), (c) तथा (d) तीनों ही आकृतियों का मुँह खुला है जबकि आकृति (b) बन्द मुँह वाली है। अतः यह अन्य तीनों आकृतियों से भिन्न है।

20. आकृति (a), (b) तथा (d) की आमने-सामने की भुजाएँ (दिशा) समान हैं लेकिन आकृति (c) की भुजाओं की दिशाएँ एक-दूसरे के विपरीत हैं। अतः आकृति (c) अन्य तीनों से भिन्न है।

21. आकृति (a), (b) तथा (c) की रेखाएँ परस्पर एक-दूसरे पर लम्बवत् हैं अर्थात् 90° के कोण का निर्माण करती है। परन्तु आकृति (d) की रेखाएँ एक-दूसरे पर लम्बवत् नहीं है। अतः आकृति (d) भिन्न है।

22. (a), (c) तथा (d) तीनों ही आकृतियाँ छः भुजाओं वाली हैं जबकि आकृति (b) सात भुजाओं वाली आकृति है इसलिए आकृति (b) अन्य तीनों आकृतियों से भिन्न है।

23. आकृति (a), (c) तथा (d) में बाहरी आकृति में कुल भुजाओं की संख्या भीतरी आकृति की कुल भुजाओं की संख्या से कम है, परन्तु आकृति (b) में बाहरी आकृति में कुल भुजाओं की संख्या भीतरी आकृति की कुल भुजाओं की संख्या से अधिक है। अतः आकृति (b) अन्य तीनों आकृतियों से भिन्न है।

कला वर्ग

अध्याय

1

भारत का इतिहास
History of India

प्राचीन इतिहास

प्रागैतिहासिक काल

1. पुरापाषाण काल (Palaeolithic Age)
2. मध्यपाषाण काल (Mesolithic Age)
3. नवपाषाण काल (Neolithic Age)

प्रागैतिहासिक काल

- **पुरापाषाण काल** (5 लाख ई. पू. से 10 हजार ई. पू.)
  - **निम्न पुरापाषाण काल** (5 लाख ई. पू. से 50 हजार ई. पू.)
  - **मध्य पुरापाषाण काल** (50 लाख ई. पू. से 40 हजार ई. पू.)
  - **उच्च पुरापाषाण काल** (40 हजार ई. पू. से 10 हजार ई. पू.)
- **मध्यपाषाण काल** (10 हजार ई. पू. से 7 हजार ई. पू.)
- **नवपाषाण काल** (7 हजार ई. पू. के बाद)

प्रागैतिहासिक काल एवं आवास

काल	आवास	काल	आवास
पुरापाषाण काल	शैलाश्रय अधिवास	नवपाषाण काल	गर्त अधिवास
मध्यपाषाण काल	नदी तट आवास	ताम्रपाषाण काल	कच्चे एवं पक्के मकान

- जिस काल में मनुष्य के द्वारा घटनाओं का कोई लिखित विवरण नहीं प्राप्त होता है उसे **प्रागैतिहासिक काल** कहा जाता है।
- **आद्य-ऐतिहासिक काल** उस काल को कहते हैं, जिसके लिखित साक्ष्य तो प्राप्त हुए हैं किन्तु उन्हें अभी तक पढ़ा नहीं जा सका है जैसे सिन्धु घाटी सभ्यता।
- मानव विकास के उस काल को **ऐतिहासिक काल** कहा जाता है, जिसका विवरण लिखित रूप में उपलब्ध है।
- मानव धरती पर प्लाइस्टोसीन (अत्यन्त नूतन) के आरम्भ में पैदा हुआ तथा आधुनिक मानव को हम ***होमो सेपियन्स*** (*Homo sapiens*) या प्रज्ञ मानव के नाम से जानते हैं।
- **आग** का आविष्कार पुरा-पाषाणकाल में हुआ।
- चाक (पहिए) का आविष्कार नव-पाषाणकाल में हुआ।
- मनुष्य में **स्थायी निवास** की प्रवृत्ति नव-पाषाणकाल में हुई।
- मनुष्य ने सर्वप्रथम **ताँबा** धातु का प्रयोग किया।
- अलेक्जेंडर कनिंघम को भारतीय पुरातत्व का पिता कहा जाता है।
- **रॉबर्ट ब्रूस फुट** ने 1863 ई. में भारत की प्रथम पुरापाषाण कालीन संस्कृति की खोज की।

पावर प्वॉइन्ट्स

- रॉबर्ट ब्रूस फुट ने 1863 ई. में भारत की प्रथम पुरापाषाण कालीन संस्कृति की खोज की।
- मध्यपाषाण काल के लोगों ने अनुष्ठान के साथ शवों को दफनाने की प्रथा प्रारम्भ की।
- मानव द्वारा बनाया जाने वाला प्रथम औजार कुल्हाड़ी था। नवपाषाण युग के निवासी सबसे पुराने कृषक समुदाय के थे। वे मिट्टी और सरकण्डे के बने गोलाकार या आयताकार घरों में रहते थे।
- नवपाषाणकालीन स्थल **कोल्डिहवा** से चावल का एवं चौपानीमाण्डो से मृद्‌भाण्ड का प्राचीनतम् साक्ष्य प्राप्त होता है। मेहरगढ़ से एक कब्र में मृतक के साथ बकरी को दफनाने का साक्ष्य मिलता है।
- ताम्रपाषाणिक स्थलों में सबसे बड़ा उत्खनित ग्रामीण स्थल **नवदाटोली** है, जहाँ से सर्वाधिक फसल प्राप्त हुई है।
- गिलुन्द से पकाई गई ईंटों का साक्ष्य तथा दैमाबाद से ताँबे का रथ चलाता मनुष्य, साँड, गैण्डा एवं हाथी प्राप्त हुए हैं।
- कालीबंगा, बनावली तथा कोटदीजी की प्राक् हड़प्पा अवस्था ताम्रपाषाणिक है।
- नवदाटोली का उत्खनन **एच. डी. संकालिया** ने किया था, जो मालवा संस्कृति से सम्बन्धित है।
- ताम्रपाषाणिक स्थल हल्लूर से घोड़े की एक हड्डी मिली है।
- **मेहरगढ़** पहला ऐसा गाँव था जिसमें नवपाषाण से ताम्रपाषाण के संक्रमण काल को 5000 ई. पू. में देखा गया।

हड़प्पा सभ्यता

- रेडियोकार्बन C^{14} जैसी नवीन विश्लेषण-पद्धति के द्वारा सिन्धु सभ्यता की सर्वमान्य तिथि 2350 ई. पू. से 1750 ई. पूर्व मानी गई है। इस सभ्यता की खोज 1921 ई. में **रायबहादुर दयाराम साहनी** ने की थी।
- सिन्धु सभ्यता या सैन्धव सभ्यता नगरीय सभ्यता थी। सैन्धव सभ्यता से प्राप्त परिपक्व अवस्था वाले स्थलों में केवल 6 को ही नगर की संज्ञा दी गयी है, ये हैं—**मोहनजोदड़ो, हड़प्पा, लोथल, कालीबंगा बनवाली** एवं **चन्हूदड़ो।**
- सर्वप्रथम हड़प्पा नामक स्थल से जानकारी मिलने के कारण इसे हड़प्पा सभ्यता नाम दिया गया।

4 भारत का इतिहास

- यह सभ्यता उत्तर में कश्मीर के माण्डा से दक्षिण में दैमाबाद तथा पश्चिम में बलूचिस्तान के सुत्कागेंडोर से पूर्व में पश्चिमी उत्तर प्रदेश के आलमगीरपुर तक विस्तृत है। हड़प्पा सभ्यता के अवशेष भारत, पाकिस्तान तथा अफगानिस्तान में फैले हैं।

सिन्धु सभ्यता (हड़प्पा सभ्यता) **का संक्षिप्त विवरण**

प्रमुख स्थल	उत्खननकर्ता	ईस्वी	नदी	वर्तमान स्थिति	प्राप्त महत्त्वपूर्ण साक्ष्य
हड़प्पा	दयाराम साहनी एवं माधोस्वरूप वत्स	1921	रावी	पाकिस्तान का माण्टगोमरी जिला	ताँबे का पैमाना, **ताँबे की इक्कागाड़ी**, ताँबा गलाने की भट्टी, अन्नागार
मोहनजोदड़ो	राखलदास बनर्जी	1922	सिन्धु	पाकिस्तान के सिन्ध प्रान्त का लरकाना जिला	**स्नानागार**, अन्नागार, पुरोहित आवास, सभा भवन, **कांसे की नर्तकी की मूर्ति, पशुपति की मूर्ति,** सूती धागा, सीप का बना मानक बाट
चन्हूदड़ो	गोपाल मजूमदार	1934	सिन्धु	सिन्ध प्रान्त (पाकिस्तान)	**मनका बनाने का कारखाना**, दवात, काजल, कंघा, वक्राकार ईंटें
रंगपुर	रंगनाथ राव	1953-54	मादर	गुजरात का काठियावाड़ जिला	**चावल की भूसी**, घोड़े की मृण्मूर्ति, कच्ची ईंटों के दुर्ग
रोपड़	यज्ञदत्त शर्मा	1953-55	सतलज	पंजाब का रोपड़ जिला	मानव के साथ कुत्ते को दफनाने का साक्ष्य, ताँबे की कुल्हाड़ी
लोथल	रंगनाथ राव	1955-62	भोगवा	गुजरात का अहमदाबाद जिला	**गोदीवाड़ा**, युग्मित शवाधान, रँगाई के कुण्ड, हाथी दाँत का पैमाना, सीपयुक्त देवता की आकृति, प्रशासनिक भवन
कोटदीजी	फजल अहमद	1953	सिन्धु	सिन्ध प्रान्त (पाकिस्तान) का खैरपुर स्थान	पत्थर के वाणाग्र
आलमगीरपुर	यज्ञदत्त शर्मा	1958	हिन्डन	उत्तर प्रदेश का मेरठ जिला	साँप तथा रीछ की मृण्मूर्ति, मिट्टी के बर्तन, रोटी बेलने की चौकी
कालीबंगा	बी.बी. लाल एवं बी.के. थापर	1960	घग्घर	राजस्थान का श्रीगंगानगर जिला	**जुते खेत, अग्नि वेदियाँ, पकी ईंटें**, अलंकृत फर्श
धौलावीरा	रवीन्द्र सिह बिष्ट	1990	लूनी	गुजरात का कच्छ जिला	पॉलिशदार श्वेत पाषाण खण्ड, स्टेडियम, सैन्धव लिपि के दस बड़े अक्षर, लम्बा जलाशय
बनावली	रवीन्द्र सिंह बिष्ट	1973-74	रंगोई	हरियाणा का हिसार जिला	**मिट्टी का खिलौना**, **हल**, जौ, मातृदेवी की मृण्मूर्ति

***नोट** रेडियो कार्बन विधि (C-14) के अनुसार हड़प्पा सभ्यता की अवधि 2300-1750 ई.पू. निर्धारित की गई है।*

- मोहनजोदड़ो से प्राप्त वृहत् स्नानागार एक प्रमुख स्मारक है, जिसके मध्य स्थित स्नानकुण्ड 11.88 मीटर लम्बा, 7.01 मीटर चौड़ा एवं 2.43 मीटर गहरा है।
- सिन्धु सभ्यता की लिपि **भाव चित्रात्मक** है, जिसे बूस्त्रोफेदन के नाम से जाना जाता है।
- सिन्धु सभ्यता के लोगों ने नगरों तथा घरों के विन्यास के लिए **ग्रीड पद्धति** अपनायी।
- मातृदेवी-पूजा, वृक्ष-पूजा एवं शिव-पूजा के प्रचलन के साक्ष्य भी सिन्धु सभ्यता से मिलते हैं।

पावर प्वॉइन्ट्स

- हड़प्पा सभ्यता के धौलावीरा स्थल से शैलकृत स्थापत्य के प्रमाण मिले हैं।
- गंगा घाटी में **धान की खेती** के प्राचीनतम् प्रमाण **सन्त कबीरनगर** (उ.प्र.) के **लहुरादेवा** से प्राप्त हुए हैं।
- स्वातन्त्र्योत्तर भारत में सबसे अधिक संख्या में हड़प्पायुगीन स्थलों की खोज़ गुजरात प्रान्त में हुई।
- भारत में चाँदी की उपलब्धता के प्राचीनत् साक्ष्य हड़प्पा संस्कृति में मिलते हैं।
- मोहनजोदड़ो स्नानागार के पूर्व में स्थित स्तूप का निर्माण कुषाण काल में किया गया।
- सिन्धु सभ्यता को **प्रथम नगरीय क्रान्ति** भी कहा जाता है क्योंकि भारत में पहली बार नगरों का उदय इसी सभ्यता के समय हुआ।
- सर्वाधिक संख्या में मुहरे मोहनजोदड़ो से प्राप्त हुई हैं, जो मुख्यतः चौकोर हैं।
- मोहनजोदड़ो एवं लोथल से प्राप्त मुहर पर नाव का चित्र बना है।
- मोहनजोदड़ो को **मृतकों का टीला** तथा **सिन्धु का बाग** कहा जाता है।
- लोथल को **लघु हड़प्पा** तथा **लघु मोहनजोदड़ो** कहा जाता है।
- कालीबंगा का अर्थ- 'काले रंग की चूड़ियाँ' होता है।
- लोथल का अर्थ- 'मुर्दों का नगर' (सिन्धी भाषा में) होता है।
- राखीगढ़ी, भारत में स्थित इस सभ्यता का सबसे बड़ा स्थल है।
- माप-तौल की इकाई सम्भवतः 16 के अनुपात में थी।
- इस काल में मन्दिर के अवशेष नहीं मिलते।
- मुहरें अधिकांशतः सेलखड़ी की बनी होती थीं।
- हड़प्पा की लिपि **भाव-चित्रात्मक** है।
- हड़प्पा की लिपि अभी तक पढ़ी नहीं जा सकी है।

वैदिक सभ्यता

- मैक्स मूलर ने आर्यों का मूल निवास-स्थान मध्य एशिया तथा बाल गंगाधर तिलक ने उत्तरी ध्रुव को माना है।
- वैदिक सभ्यता से सम्बन्धित प्राचीनतम अभिलेख बोगजकोई नामक स्थान से प्राप्त हुआ है, जिसमें वैदिक देवताओं इन्द्र, मित्र, वरुण और नासत्यस का उल्लेख प्राप्त होता है।
- आर्यों द्वारा निर्मित सभ्यता वैदिक सभ्यता कहलाई तथा इनकी भाषा **संस्कृत** थी।

ऋग्वैदिककालीन नदियाँ

प्राचीन नाम	आधुनिक नाम	प्राचीन नाम	आधुनिक नाम
क्रुभु	कुर्रम	*विपाशा*	व्यास
कुभा	काबुल	*सदानीरा*	गण्डक
वितस्ता	झेलम	*दृषद्वती*	घग्घर
अस्किनी	चिनाब	*गोमल*	गोमती
परुष्णी	रावी	*स्वात्*	सुवास्तु
शतुद्रि	सतलज		

वेदांग एवं उनसे सम्बन्धित विषय

वेदांग	सम्बन्धित विषय	वेदांग	सम्बन्धित विषय
शिक्षा	शुद्ध उच्चारण	*निरुक्त*	शब्दों की व्युत्पत्ति
कल्प	यज्ञों का सम्पादन	*छन्द*	छन्दों का प्रयोग
व्याकरण	व्याकरणिक नियम	*ज्योतिष*	ज्योतिषशास्त्र का विकास

वेद, उपवेद एवं प्रमुख ब्राह्मण ग्रन्थ

वेद	उपवेद	रचनाकार	ब्राह्मण ग्रन्थ
ऋग्वेद	*आयुर्वेद*	धनवन्तरि	*ऐतरेय, कौषीतकी*
सामवेद	*गन्धर्ववेद*	भरतमुनि	*पंचविंश, जैमिनीय, षडविंश*
यजुर्वेद	*धुनर्वेद*	विश्वामित्र	*तैत्तिरीय, शतपथ, ताण्डव*
अथर्ववेद	*शिल्प वेद*	विश्वकर्मा	*गोपथ*

- उपनिषदों की कुल संख्या–108
- महापुराणों की संख्या–18

- आर्यों के प्रशासनिक इकाई बढ़ते क्रम से इस प्रकार थे—ग्राम-विश (जिला)-जन।
- सूत, रथकार तथा कम्मादि नामक अधिकारी **रत्नी** कहे जाते थे। इनकी संख्या राजा सहित करीब 12 हुआ करती थी।
- सभा एवं समिति राजा को सलाह देने वाली संस्था थी। **सभा** श्रेष्ठ एवं सम्भ्रान्त लोगों की संस्था थी जबकि **समिति** सामान्य जनता का प्रतिनिधित्व करती थी। इसके अध्यक्ष को ईशान कहा जाता था।
- युद्ध में कबीले का नेतृत्व राजा करता था। युद्ध के लिए **गविष्टि** शब्द का प्रयोग किया गया है, जिसका अर्थ है—गायों की खोज।
- दसराज्ञ युद्ध का उल्लेख ऋग्वेद के 7वें मण्डल में है, यह युद्ध **परुष्णी** (रावी) नदी के तट पर सुदास एवं दस जनों के बीच लड़ा गया, जिसमें सुदास विजयी हुआ था।
- स्त्रियाँ शिक्षा ग्रहण करती थीं। ऋग्वेद में लोपामुद्रा, घोषा, सिकता, अपाला एवं विश्वास जैसी विदुषी स्त्रियों का वर्णन है।

महाजनपद काल

16 महाजनपदों का विवरण

महाजनपद	राजधानी	क्षेत्र (आधुनिक स्थान)
अंग	*चम्पा*	भागलपुर, मुंगेर (बिहार)
मगध	*गिरिव्रज/राजगृह*	पटना, गया (बिहार)
काशी	*वाराणसी*	वाराणसी के आस-पास (उत्तर प्रदेश)
वत्स	*कौशाम्बी*	इलाहाबाद
वज्जि	*वैशाली*	मुजफ्फरपुर
कोशल	*श्रावस्ती*	फैजाबाद
अवन्ति	*उज्जैन/महिष्मती*	मालवा (मध्य प्रदेश)
मल्ल	*कुशावती*	देवरिया (उत्तर प्रदेश)
पाँचाल	*अहिच्छत्र*	फर्रूखाबाद (उत्तर प्रदेश)
चैदि	*सुक्तिमती*	बुन्देलखण्ड
कुरु	*इन्द्रप्रस्थ*	आधुनिक दिल्ली, मेरठ एवं हरियाणा के कुछ क्षेत्र
मत्स्य	*विराटनाग*	जयपुर (राजस्थान)
कम्बोज	*हाटक*	राजोरी एवं हजारा
शूरसेन	*मथुरा*	मथुरा (उत्तर प्रदेश)
अश्मक	*पोटली/पोतन*	गोदावरी नदी क्षेत्र
गान्धार	*तक्षशिला*	रावलपिण्डी (पाकिस्तान)

- बुद्ध के जन्म के पूर्व 6ठी शताब्दी ई. पू. में भारतवर्ष 16 जनपदों में बँटा हुआ था। इसकी जानकारी हमें बौद्धग्रन्थ **अंगुत्तर निकाय** से मिलती है।

जैन धर्म

- **महावीर स्वामी** जैन धर्म के 24वें एवं अन्तिम तार्थंकर हुए।

तीर्थंकर व उनके प्रतीक

तीर्थंकर	प्रतीक	तीर्थंकर	प्रतीक
ऋषभदेव	साँड	नेमि	शंख
अजित	हाथी	पार्श्वनाथ	सर्प
सम्भव	घोड़ा	महावरी	सिंह

- महावीर का जन्म 540 ई. पू. में कुण्डग्राम (वैशाली) में हुआ था। इनके पिता सिद्धार्थ 'ज्ञातृक कुल' के सरदार थे और माता त्रिशला लिच्छिवी राजा चेटक की बहन थी।
- 12 वर्षों की कठिन तपस्या के बाद महावीर को जृम्भिक में ऋजुपालिका नदी के तट पर साल वृक्ष के नीचे तपस्या करते हुए सम्पूर्ण ज्ञान का बोध हुआ, जिस कारण से इन्हें केवलिन, जिन (इन्द्रीय विजेता), अर्हत (पूज्य) और निर्ग्रन्थ (बन्धनहीन) कहा जाता है।
- महावीर ने अपना उपदेश **प्राकृत (अर्धमाग्धी)** भाषा में दिया।
  *जैनधर्म के **त्रिरत्न** हैं*
  (i) सम्यक् दर्शन (ii) सम्यक् ज्ञान (iii) सम्यक् आचरण।
- महावीर स्वामी की मृत्यु 72 वर्ष की अवस्था में 527 ई.पू. हुई थी

जैन महासंगीतियाँ

संगीति	समय	स्थल	संगीति अध्यक्ष
प्रथम	322 से 298 ई.पू.	पाटलिपुत्र	स्थूलभद्र
द्वितीय	512 ई.	वल्लभी	देवर्द्धिगणि क्षमाश्रवण

6 भारत का इतिहास

बौद्ध धर्म

- बौद्धधर्म के संस्थापक **गौतम बुद्ध** थे।

बुद्ध से जुड़े प्रतीक

घटना	प्रतीक/चिह्न	घटना	प्रतीक/चिह्न
जन्म	कमल व साँड	निर्वाण	पद चिह्न
गृह त्याग	घोड़ा	मृत्यु	स्तूप
ज्ञान	पीपल वृक्ष		

- गौतम बुद्ध का जन्म 563 ई.पू. में कपिलवस्तु के **लुम्बिनी** नामक स्थान पर हुआ था। इनके पिता शुद्धोधन कपिलवस्तु के शाक्य गण के शासक थे। इनकी माता का नाम महामाया था। 16 वर्ष की अवस्था में इनका विवाह शाक्यकुल की कन्या यशोधरा से हुआ था।
- बिना अन्न-जल ग्रहण किये हुए 6 वर्ष की कठिन तपस्या के बाद 35 वर्ष की आयु में बैशाख पूर्णिमा की रात निरंजना (फल्गु) नदी के किनारे, पीपल वृक्ष के नीचे, सिद्धार्थ को ज्ञान प्राप्त हुआ।
- ज्ञान-प्राप्ति के बाद सिद्धार्थ बुद्ध के नाम से जाने गए। वह स्थान बोधगया कहलाया।
- बुद्ध ने अपना प्रथम उपदेश सारनाथ (ऋषिपतनम्) में दिया, जिसे बौद्ध ग्रन्थों में **धर्मचक्रवर्तन** कहा गया है।

बौद्ध अष्टांगिक मार्ग

सम्यक् दृष्टि	सम्यक् वाणी	सम्यक् आजीव	सम्यक् स्मृति
सम्यक् संकल्प	सम्यक् व्यायाम	सम्यक् कर्म	सम्यक् समाधि

- बुद्ध ने अपने उपदेश तत्कालीन स्थानीय भाषा पालि में दिये थे।
- बौद्धधर्म के **त्रिरत्न** हैं—बुद्ध, धम्म एवं संघ।
- बुद्ध की मृत्यु 80 वर्ष की आयु में 483 ई.पू. कुशीनगर में हुई थी।

बौद्ध संगीति

सभा/संगीति	काल	स्थान	अध्यक्ष	शासन काल
प्रथम	483 ई.पू.	राजगृह	महाकस्सप	अजातशत्रु
द्वितीय	383 ई.पू.	वैशाली	सब्बकामी	कालाशोक
तृतीय	255 ई.पू.	पाटलिपुत्र	मोग्गलिपुत्त तिस्स	अशोक
चतुर्थ	प्रथम शताब्दी ई.	कुण्डलवन	वसुमित्र/अश्वघोष	कनिष्क

जैन तथा बौद्ध धर्म की तुलना

समानताएँ

- दोनों ही अनीश्वरवादी हैं।
- दोनों ने ही अपने उपदेश जनभाषा प्राकृत और पालि में दिए।
- छुआछूत और ऊँच-नीच का दोनों में निषेध।
- दोनों वैदिक यज्ञ-विधान तथा कर्मकाण्ड का विरोध करते थे।
- संसार और कर्म का वैदिक सिद्धान्त अमान्य।
- जाति प्रथा (वर्ण) का निषेध कर, दोनों समानता का उपदेश देते थे।
- सादा व पवित्र जीवन का प्रावधान।
- जैन और बौद्ध दोनों ही धर्मों के प्रवर्तक महावीर और बुद्ध क्षत्रिय थे।

असमानताएँ

- दोनों धर्म अहिंसावादी, लेकिन बौद्धों की तुलना में जैनियों द्वारा अहिंसा पर अधिक बल।
- जैन साधु काया-क्लेश के मार्ग पर चलकर कठोर व्रतों का पालन करते हैं और शारीरिक सुख-दुःख के प्रति उदासीन रहते हैं, जबकि बौद्ध कठोर तपस्या को अमान्य कर मध्यम मार्ग (मध्यमप्रतिपदा) अपनाते हैं।
- जैन मत भारत की सीमा से बाहर नहीं फैला, जबकि बौद्ध मत संसारव्यापी हो गया। इसका कारण व्रतों के पालन में कठोरता और नरमी के प्रति उनका पृथक् दृष्टिकोण था।
- जैनों की दृष्टि में मोक्ष या निर्वाण का अर्थ है—सिद्धावस्था में शरीर का त्याग, जबकि बौद्धों की दृष्टि में निर्वाण का अर्थ अस्तित्व की समाप्ति ही है।
- दोनों मूर्तिपूजक हैं, लेकिन जैन नग्न मूर्तियों के उपासक हैं, बौद्ध नहीं।
- जैन आत्मा या जीव को शाश्वत मानते हैं, जबकि बौद्ध ईश्वर के साथ-साथ आत्मा का भी निषेध करते हैं।
- जैन मन्दिरों में ब्राह्मणों को स्थान मिला है, जबकि बौद्ध धर्म में ब्राह्मणों को अधिक प्रश्रय नहीं मिला है।

अन्य प्रमुख धर्म

- भगवान शिव की पूजा करने वालों को शैव एवं शिव से सम्बन्धित धर्म को शैवधर्म कहा गया है।
- दक्षिण में **नायनार** सन्तों के प्रभाव से और चोल व पल्लव राजाओं के प्रोत्साहन द्वारा शैव धर्म की विशेष प्रगति हुई।
- दक्षिण में 12वीं सदी में वीर शैव व **लिंगायत धर्म** का उत्थान हुआ। इसके संस्थापक वासव तथा यत्रवासव थे।
- मेगस्थनीज ने शिव का उल्लेख डायोनिसस के रूप में किया है।
- शिव का उत्कर्ष 'श्वेताश्वतर उपनिषद्' में हुआ है।
- लिंग-पूजा का पहला स्पष्ट वर्णन मत्स्यपुराण से प्राप्त होता है।
- भागवत धर्म (वैष्णव धर्म) के प्रवर्तक वासुदेव **श्रीकृष्ण** थे, जो वृषण कबीले से सम्बन्धित थे और जिनका निवास-स्थान मथुरा था।
- भागवत धर्म का सिद्धान्त भगवत् गीता से प्राप्त होता है। श्रीकृष्ण का उल्लेख सर्वप्रथम छान्दोग्य उपनिषद् में देवकी-पुत्र और अंगिरस के शिष्य के रूप में प्राप्त होता है।
- महाभारत काल में श्रीकृष्ण का तादात्म्य विष्णु से स्थापित हुआ।
- मेगस्थनीज ने श्रीकृष्ण को अपने विवरणों में हेराक्लीज के नाम से सम्बोधित किया है।
- विदिशा (वेसनगर) का गरुड़-स्तम्भ भागवत धर्म का पहला प्रस्तर स्मारक है। इस स्तम्भ को हेलियोडोरस ने स्थापित करवाया था।
- 'शक्ति देवी' की उपासना करने वाले 'शाक्त' कहलाते हैं। मातृदेवी की उपासना सिन्धु-सभ्यता में प्रचलित थी।
- 'दुर्गा सप्तशती' अंश मार्कण्डेय पुराण में है।
- 'कपालिक' तथा 'कालामुख' सम्प्रदाय के लोग देवी के उग्र रूप की उपासना करते हैं।

मगध साम्राज्य

- बिम्बिसार **हर्यंक वंश** का संस्थापक था।
- बिम्बिसार की हत्या उसके पुत्र अजातशत्रु ने करके स्वयं मगध के सिंहासन पर बैठा था।
- अजातशत्रु के सुयोग्य मन्त्री का नाम वर्षकार (वरस्कार) था। इसी की सहायता से अजातशत्रु ने वैशाली पर विजय प्राप्त की।
- अजातशत्रु की हत्या उसके पुत्र उदयन ने की और वह मगध की गद्दी पर बैठा था।
- उदयन ने पाटलिपुत्र (वर्तमान पटना) की स्थापना की तथा उसे अपनी राजधानी बनाया।

- नन्दवंश का संस्थापक **महापद्म नन्द** था।
- नन्दवंश का अन्तिम शासक **धनानन्द** था जो सिकन्दर का समकालीन था। इसे चन्द्रगुप्त मौर्य ने युद्ध में पराजित कर मगध में एक नए वंश 'मौर्य वंश' की स्थापना की थी।
- सिकन्दर ने भारत-विजय का अभियान 326 ई. पू. में प्रारम्भ किया।
- सिकन्दर को पंजाब के शासक पोरस के साथ 326 ई. में युद्ध करना पड़ा, जिसे **हाइडेस्पीज का युद्ध** (वितस्ता या झेलम) के नाम से जाना जाता है।

मौर्य साम्राज्य

- धनानन्द के खिलाफ युद्ध में चाणक्य ने चन्द्रगुप्त मौर्य की मदद की थी, जो बाद में चन्द्रगुप्त का प्रधानमन्त्री बना। वह मौर्य साम्राज्य का संस्थापक था।
- चाणक्य (कौटिल्य/विष्णुगुप्त) द्वारा लिखित पुस्तक है—**अर्थशास्त्र**, जिसका सम्बन्ध राजनीति से है।
- चन्द्रगुप्त ने अपना अन्तिम समय कर्नाटक के श्रवणबेलगोला नामक स्थान पर बिताया।
- **मेगस्थनीज** सेल्यूकस निकेटर का राजदूत था, जो चन्द्रगुप्त के दरबार में रहता था। इसने 'इण्डिका' नामक पुस्तक की रचना थी।
- चन्द्रगुप्त मौर्य का उत्तराधिकारी बिन्दुसार बना, जिसकी माता का नाम 'दुर्धरा' था।
- यूनानी बिन्दुसार को 'अमित्रोचेट्स' के नाम से जानते हैं जिसका संस्कृत रूपान्तरण 'अमित्रघात' है। वायुपुराण में भद्रसेन तथा जैन ग्रन्थों में सिंहसेन कहा गया है।
- **स्ट्रैबो** के अनुसार यूनानी शासक एण्टियोकस ने बिन्दुसार के दरबार में डाइमेकस नामक राजदूत भेजा। इसे ही मेगस्थनीज का उत्तराधिकारी माना जाता है।
- महावंश के अनुसार **अशोक** (273-232 ई. पू.) ने अपने 99 भाइयों को मारकर गद्दी पर बैठा था।
- अशोक ने अपने अभिषेक के आठवें वर्ष लगभग **261 ई. पू.** में कलिंग पर आक्रमण किया और कलिंग की राजधानी तोसली पर अधिकार कर लिया।
- उपगुप्त नामक बौद्ध भिक्षु ने अशोक को बौद्ध धर्म की दीक्षा दी।
- अशोक ने बौद्ध धर्म के प्रचार के लिए अपने पुत्र महेन्द्र एवं पुत्री संघमित्रा को श्रीलंका भेजा।
- अपने शासन के तेरहवें वर्ष में अशोक ने धम्म प्रचार के लिए धम्म मद्यमात्रों की नियुक्ति की। इनका कार्य धम्म की रक्षा और धम्म वृद्धि करना था।
- भारत में शिलालेख का प्रचलन सर्वप्रथम अशोक ने किया।
- अशोक के शिलालेखों में ब्राह्मी, खरोष्ठी, ग्रीक एवं अरमाइक लिपि का प्रयोग हुआ।
- ग्रीक एवं अरमाइक लिपि का अभिलेख अफगानिस्तान से, खरोष्ठी लिपि का अभिलेख उत्तर-पश्चिम पाकिस्तान से और शेष भारत से ब्राह्मी लिपि के अभिलेख मिले हैं।
- अशोक के अभिलेख पढ़ने में सबसे पहली सफलता 1837 ई. में **जेम्स प्रिंसेप** को हुई।

चौदह वृहद् शिलालेख एवं वर्णित विषय

पहला	पशुबलि की निन्दा।
दूसरा	मनुष्यों एवं पशुओं, दोनों की चिकित्सा की व्यवस्था का उल्लेख। चोल, पाण्ड्य, सतियपुत्र एवं केरलपुत्र की चर्चा।
तीसरा	राजकीय अधिकारियों (युक्त, रज्जुक और प्रादेशिक) को हर पाँचवें वर्ष दौरा करने का आदेश।
चौथा	भैरीघोष की जगह धम्मघोष की घोषणा।
पाँचवाँ	धम्म महामात्रों की नियुक्ति के विषय में जानकारी।
छठा	धम्म महामात्र किसी भी समय राजा के पास सूचना ला सकता है। प्रतिवेदक की चर्चा।
सातवाँ	सभी-सम्प्रदायों के लिए सहिष्णुता की बात।
आठवाँ	सम्राट की धर्मयात्राओं का उल्लेख। बोधिवृक्ष के भ्रमण का उल्लेख।
नौवाँ	विभिन्न प्रकार के समारोहों की निन्दा।
दसवाँ	ख्याति एवं गौरव की निन्दा तथा धम्म नीति की श्रेष्ठता पर बल।
ग्यारहवाँ	धम्म नीति की व्याख्या।
बारहवाँ	सर्वधर्म समभाव एवं स्त्री महामात्र की चर्चा।
तेरहवाँ	कलिंग युद्ध का वर्णन, पड़ोसी राज्यों का वर्णन। अपराध करने वाले आटविक जातियों का उल्लेख।
चौदहवाँ	लेखक की गलतियों के कारण इनमें कुछ अशुद्धियाँ हो सकती हैं।

- मेगस्थनीज ने भारतीय समाज को सात वर्गों में विभाजित किया है 1. दार्शनिक 2. किसान 3. अहीर 4. कारीगर 5. सैनिक 6. निरीक्षक 7. सभासद।
- अर्थशास्त्र में शीर्षस्थ अधिकारी के रूप में **तीर्थ** का उल्लेख मिलता है, जिसे महामात्र भी कहा जाता था। इनकी संख्या 18 थी।

मौर्योत्तर काल

- पुष्यमित्र शुंग, जिसने मगध पर शुंग वंश की नींव डाली, वह ब्राह्मण जाति का था।
- पुष्यमित्र शुंग ने दो बार अश्वमेघ यज्ञ किया। इनके लिए पतंजलि ने अश्वमेघ यज्ञ कराए।
- सातवाहन (आन्ध्र वंश) शासकों ने अपनी राजधानी प्रतिष्ठान में स्थापित की। (प्रतिष्ठान आन्ध्र प्रदेश के औरंगाबाद जिले में है।)
- सातवाहन शासकों ने चाँदी, ताँबे, सीसा, पोटीन और काँसे की मुद्राओं का प्रचलन किया।
- ब्राह्मणों को **भूमि-अनुदान** देने की प्रथा का आरम्भ सातवाहन शासकों ने ही सर्वप्रथम किया।
- भारत पर आक्रमण करने वाले विदेशी आक्रमणकारियों का क्रम है
  हिन्द यूनाना → शक → पहलव → कुषाण।
- भारत में सर्वप्रथम हिन्द-यूनानियों ने ही **सोने के सिक्के** जारी किये।
- हिन्द-यूनानी शासकों ने भारत के पश्चिमोत्तर सीमा-प्रान्त में यूनान की प्राचीन कला चलायी, जिसे **हेलेनिस्टिक आर्ट** कहते हैं। भारत में गन्धार कला इसका उत्तम उदाहरण है।
- शकों का सबसे प्रतापी शासक रुद्रदामन प्रथम [150-130 ई. पू.] था, जिसने काठियावाड़ की अर्धशुष्क सुदर्शन झील (मौर्यों द्वारा निर्मित) का जीर्णोद्धार करवाया था।
- शक शासक रुद्रदामन प्रथम के द्वारा स्थापित संस्कृत भाषा का प्रथम अभिलेख जूनागढ़ से प्राप्त हुआ है। इसके पूर्व के सभी अभिलेख प्राकृत भाषा में रचित थे।
- कनिष्क ने 78 ई. (गद्दी पर बैठने के पश्चात्) में एक सम्वत् चलाया, जो **शक-सम्वत्** कहलाता है। इसे भारत सरकार द्वारा राष्ट्रीय पंचांग के रूप में मान्यता दी गई है।

- गान्धार शैली एवं मथुरा मूर्तिकला शैली का विकास कनिष्क के शासनकाल में हुआ था।
- भारत का आइन्सटीन नागार्जुन को कहा जाता है। इनकी प्रसिद्ध रचना माध्यमिक सूत्र है।
(इस पुस्तक में नागार्जुन ने सापेक्षता का सिद्धान्त प्रस्तुत किया था)।

मौर्योत्तर कालीन साहित्य

साहित्य	रचनाकार	साहित्य	रचनाकार
गाथासप्तशती	हाल (प्राकृत भाषा)	*बुद्धचरित, सौन्दरानन्द*	अश्वघोष
महाभाष्य	पतंजलि	*विभाषाशास्त्र*	वसुमित्र
चरकसंहिता	चरक	*स्वपनवासवदत्ता*	भास
नाट्यशास्त्र	भरत	*मृच्छकटिकम्*	शूद्रक
कामसूत्र	वात्स्यायन	*मिलिन्दपन्हो*	नागसेन

विभिन्न संगमों का विवरण

संगम	अध्यक्ष	संरक्षक एवं संख्या	स्थान	सदस्यों की संख्या
प्रथम	अगस्त्य ऋषि	89	मदुरै	541
द्वितीय	तोलकाप्पियर(संस्थापक अध्यक्ष अगस्त्य ऋषि)	59	कपाटपुरम अलैव	49
तृतीय	नक्कीरर	49	उत्तरी मदुरै	49

गुप्त साम्राज्य

- श्रीगुप्त गुप्त वंश का संस्थापक एवं प्रथम राजा था।
- गुप्त वंश का महान् सम्राट चन्द्रगुप्त प्रथम (319-350 ई.) था। यह 319 ई. में गद्दी पर बैठा तथा इसने गुप्त संवत् (319-20) शुरू किया था।
- समुद्रगुप्त का दरबारी कवि **हरिषेण था**, जिसने प्रयाग प्रशस्ति अभिलेख की रचना की थी। यह अभिलेख चम्पू शैली का सर्वश्रेष्ठ उदाहरण है।
- समुद्रगुप्त (350-375 ई.) को **भारत का नेपोलियन** कहा जाता है।
- समुद्रगुप्त संगीत-प्रेमी था। ऐसा अनुमान उसके सिक्कों पर उसे वीणा-वादन करते हुए दिखाया जाने से लगाया गया है।
- चन्द्रगुप्त द्वितीय (375-415 ई.) के शासनकाल में चीनी बौद्ध यात्री **फाह्यान** भारत आया।

फाह्यान का विवरण

- चाण्डालों का विस्तृत विवरण, जो समाज से बहिष्कृत थे।
- यहाँ मृत्युदण्ड नहीं दिया जाता था।
- लोग मांस, मदिरा, प्याज तथा लहसुन नहीं खाते थे।
- लोग क्रय-विक्रय में **कौड़ियों का प्रयोग** करते थे।
- अशोक के राजमहल को देवताओं द्वारा निर्मित बताया गया है।

- शकों पर विजय के उपलक्ष्य में चन्द्रगुप्त-द्वितीय ने चाँदी के सिक्के चलाए। चन्द्रगुप्त द्वितीय ने **विक्रमादित्य** की उपाधि धारण की।
- **नालन्दा विश्वविद्यालय** की स्थापना कुमारगुप्त ने की थी।
- स्कन्दगुप्त (455-461 ई.) ने गिरनार पर्वत पर स्थित सुदर्शन झील का पुनरुद्धार करवाया था।
- स्कन्दगुप्त के शासनकाल में ही हूणों का आक्रमण शुरू हो गया।
- गुप्त राजाओं ने सर्वाधिक स्वर्ण मुद्राएँ जारी कीं। इनकी स्वर्ण मुद्राओं को अभिलेखों में **दीनार** कहा गया है।
- कायस्थों का सर्वप्रथम वर्णन याज्ञवल्क्य स्मृति में मिलता है।
- जाति के रूप में कायस्थों का सर्वप्रथम वर्णन ओशनम् स्मृति में मिलता है।
- गुप्तकाल में वैष्णव धर्म सम्बन्धी सबसे महत्त्वपूर्ण अवशेष देवगढ़ (झाँसी) का **दशावतार मन्दिर** है।
- चन्द्रगुप्त की सबसे प्रमुख विजय पश्चिमी भारत में शकों पर थी। उसने शक राजा रुद्रसिंह तृतीय को परास्त किया एवं 'शकारि' तथा 'विक्रमादित्य' की उपाधि ग्रहण की।
- चन्द्रगुप्त द्वितीय के शासनकाल में संस्कृत भाषा के सबसे प्रसिद्ध कवि कालिदास थे।

गुप्तोत्तर काल

- हर्षवर्धन (606-647 ई.) की प्रथम राजधानी **थानेश्वर** (कुरुक्षेत्र के निकट) थी। बाद में इसने अपनी राजधानी कन्नौज में स्थापित की।
- हर्षवर्धन के दरबार का प्रसिद्ध दरबारी कवि था—**बाणभट्ट।**
- हर्षवर्धन की रचना हैं—**नागानन्द, रत्नावली** और **प्रियदर्शिका।**
- चीनी यात्री **ह्वेनसांग** हर्षवर्धन के शासनकाल में भारत आया था।

ह्वेनसांग का विवरण (629-645 **ई.**)

- हर्ष को **शिलादित्य** कहा है तथा फीसे या वैश्य जाति का बताया।
- सामन्तों की कई श्रेणियों का उल्लेख था।
- शूद्रों को कृषक बताया है।
- नालन्दा के प्राचार्य शलिभद्र थे। यहाँ 10 हजार विद्यार्थी शिक्षा ग्रहण करते थे।
- कन्नौज की धर्म सभा एवं प्रयाग के महामोक्ष परिषद् का वर्णन किया।
- ह्वेनसांग ने नालन्दा में $1\frac{1}{2}$ वर्ष रहकर शिक्षा ग्रहण की।
- ह्वेनसांग का यात्रा संस्मरण **सी-यू-की** नाम से संकलित है।

- महाबलीपुरम् के एकाश्मक रथों का निर्माण पल्लव राजा **नरसिंह वर्मन प्रथम** के द्वारा करवाया गया था।
- काँची के कैलाशनाथ मन्दिर का निर्माण नरसिंह वर्मन द्वितीय ने करवाया था। इसे राजसिद्धेश्वर मन्दिर भी कहा जाता है।
- एलोरा के प्रसिद्ध **कैलाश मन्दिर** का निर्माण कृष्ण प्रथम ने करवाया था।

कन्नौज के लिए त्रिकोणात्मक संघर्ष

- 8वीं शताब्दी में प्रारम्भ तथा लगभग 200 वर्षों तक चला।
- इस संघर्ष में **गुर्जर प्रतिहार, पाल** एवं **राष्ट्रकूट** शामिल थे।
- त्रिकोणात्मक संघर्ष की शुरुआत गुर्जर प्रतिहार शासक वत्सराज ने की।
- त्रिकोणात्मक संघर्ष का अन्त गुर्जर प्रतिहार शासक मिहिरभोज प्रथम ने किया।

- ध्रुव राष्ट्रकूट वंश का पहला शासक था, जिसने कन्नौज पर अधिकार करने हेतु त्रिपक्षीय संघर्ष की शुरूआत की थी।
- **एलोरा एवं एलिफेण्टा** [महाराष्ट्र] गुहामन्दिरों का निर्माण राष्ट्रकूटों के समय ही हुआ।
- एलोरा में 34 शैलकृत गुफाएँ हैं। इसमें 1 से 12 तक बौद्धों तथा 13 से 29 तक हिन्दुओं और 30 से 34 तक जैनों की गुफाएँ हैं।
- राजराज प्रथम श्रीलंका के विजित प्रदेशों को चोल साम्राज्य का एक नया प्रान्त **मुण्डिचोलमण्डलम** बनाया और पोलन्नरुआ को इसकी राजधानी बनाया।
- राजराज प्रथम ने तन्जौर में **राजराजेश्वर का शिवमन्दिर** का निर्माण करवाया था।

- **स्थानीय स्वशासन** चोल प्रशासन की मुख्य विशेषता थी।
- चोलों के स्थानीय स्वशासन में **उर** सर्वसाधारण लोगों की समिति थी, जिसका कार्य होता था सार्वजनिक कल्याण के लिए तालाबों और बगीचों के निर्माण हेतु गाँव की भूमि का अधिग्रहण करना था।
- गोपाल बौद्ध धर्म का अनुयायी था। इसने ओदन्तपुरी विश्वविद्यालय की स्थापना की थी।
- पालवंश का सबसे महान् शासक धर्मपाल था जिसने **विक्रमशिला विश्वविद्यालय** की स्थापना की थी।
- जावा के शैलेन्द्रवंशी शासक बालपुत्र देव के अनुरोध पर देवपाल ने उसे नालन्दा में एक बौद्धविहार बनवाने के लिए पाँच गाँव दान में दिये थे।
- दिल्ली नगर की स्थापना तोमर नरेश अनंगपाल ने ग्यारहवीं सदी के मध्य में की।
- कश्मीर का मार्तण्ड-मन्दिर का निर्माण ललितादित्य के द्वारा करवाया गया था।
- कविराज की उपाधि से विभूषित शासक था—राजा भोज।
- भोज ने अपनी राजधानी में **सरस्वती मन्दिर** का निर्माण करवाया था।
- अजयपाल ने **अजमेर** नगर की स्थापना की।
- विग्रहराज IV अथवा बीसल देव (1153-1163 ई.) विजेता के साथ-साथ कवि और लेखक भी था। इन्होंने 'हरिकेल' नामक नाटक लिखा। इनके दरबार में 'सोमदेव' नामक कवि था जिसने **ललित विग्रह राज** नामक ग्रन्थ लिखा।
- पृथ्वीराज III, 1178 ई. में शासक बना जिसे **रायपिथौरा** भी कहा जाता था। इन्होंने चन्देल नरेश परमार्दिदेव को परास्त किया। इसी युद्ध में **आल्हा-ऊदल** नामक सेनानायकों ने भयंकर युद्ध किया था।
- 1191 ई. में **तराईन की प्रथम लड़ाई** में पृथ्वीराज ने मुहम्मद गोरी को परास्त किया तथा 1192 ई. **तराईन की द्वितीय लड़ाई** में पृथ्वीराज मुहम्मद गोरी से परास्त हुआ।
- पृथ्वीराज चौहान का दरबारी कवि **चन्दबरदाई** था जिसने पृथ्वीराज रासो की रचना की।
- रणथम्भौर के जैन मन्दिर का शिखर पृथ्वीराज तृतीय ने बनवाया था।

मध्यकालीन भारत

विदेशी आक्रमण

- मोहम्मद बिन कासिम के नेतृत्व में अरबों ने 712 ई. में भारत पर पहला सफल आक्रमण किया।
- महमूद गजनवी ने 999-1027 ई. के मध्य भारत पर 17 बार आक्रमण किये थे।
- महमूद गजनवी का सबसे चर्चित आक्रमण 1025-26 ई. में सोमनाथ मन्दिर पर हुआ, जिसमें सोमनाथ मन्दिर को लूटा गया था।
- महमूद गजनी को **गाजी** (विधर्मियों का कत्ल करने वाला) और **बुतशिकन** कहा जाता है।
- अलबरूनी, फिरदौसी ऊँसरी तथा फरूखी महमूद गजनवी के दरबार में रहते थे।
- मोहम्मद गोरी ने भारत पर पहला आक्रमण 1175 ई. में किया था। यह आक्रमण मुल्तान एवं सिन्ध पर था।
- मोहम्मद गोरी का दूसरा आक्रमण 1178 ई. में पाटन (गुजरात) पर हुआ। यहाँ का शासक भीम द्वितीय ने गोरी को बुरी तरह परास्त किया।
- **तराईन का प्रथम युद्ध** 1191 ई. में हुआ, जिसमें पृथ्वीराज तृतीय की विजय एवं गोरी की हार हुई।
- तराईन का द्वितीय युद्ध 1192 ई. में गोरी एवं चौहान के बीच ही हुआ। इसमें गोरी को विजय प्राप्त हुई।
- मोहम्मद गौरी की सेना में चार प्रसिद्ध सेनानी खारबक, खर्मेल, इलाट तथा मुकब्बा थे। इसके अतिरिक्त मातदोज, कुबाचा और ऐबक भी थे।
- मोहम्मद गोरी भारत के विजित प्रदेशों पर शासन का भार कुतुबुद्दीन ऐबक को सौंपकर गजनी लौट गया।

गुलाम वंश (1206-1290 ई.)

- गुलाम वंश की स्थापना 1206 ई. में कुतुबुद्दीन ऐबक ने की थी। यह गोरी का गुलाम था।
- कुतुबुद्दीन ऐबक ने अपनी राजधानी लाहौर में बनायी थी।
- कुतुबमीनार के निर्माण की नींव कुतुबुद्दीन ऐबक ने सूफी सन्त कुतुबुद्दीन बख्तियार काकी की याद में की थी।
- कुतुबुद्दीन ऐबक को **लाख बख्श (लाखों का दान देने वाला)** भी कहा जाता था।
- प्राचीन नालन्दा विश्वविद्यालय को ध्वस्त करने वाला ऐबक का सहायक सेनानायक बख्तियार खिलजी था।
- इल्तुतमिश (1210-36 ई.) लाहौर से राजधानी को स्थानान्तरित करके दिल्ली लाया।

  इल्तुतमिश द्वारा किये गए महत्त्वपूर्ण कार्य निम्न हैं

  (i) कुतुबमीनार के निर्माण को पूर्ण करवाया।
  (ii) सबसे पहले शुद्ध अरबी सिक्के जारी किये। (चाँदी का टंका एवं ताँबे का जीतल)।
  (iii) इक्ता प्रणाली चलायी।
  (iv) चालीस गुलाम सरदारों का संगठन बनाया, जो तुर्कान-ए-चहलगानी के नाम से जाना गया।
- इल्तुतमिश पहला शासक था, जिसने 1229 ई. में बगदाद के खलीफा से सुल्तान पद की वैधानिक स्वीकृति प्राप्त की।
- इल्तुतमिश ने ऐबक द्वारा निर्मित 'अढ़ाई दिन का झोपड़ा' में सात मेहराबें बनवाई थीं, साथ ही कुतुबमीनार का निर्माण कार्य पूरा करवाया।
- इल्तुतमिश की बेटी रजिया सुल्तान ने 1236 ई. में स्थानीय जनता के सहयोग से दिल्ली के सिंहासन पर अधिकार कर लिया। इस प्रकार रजिया बेगम प्रथम (1236-40 ई.) मुस्लिम महिला थी, जिसने शासन की बागडोर सम्भाली थी।
- राजदरबार में **सिजदा** एवं **पाबोस** प्रथा की शुरूआत बलबन (1265-87 ई.) ने की थी।
- बलबन ने फारसी रीति-रिवाज पर आधारित **नवरोज उत्सव** को प्रारम्भ करवाया।
- अपने विरोधियों के प्रति बलबन ने कठोर **लौह एवं रक्त** की नीति का पालन किया।

खिलजी वंश (1290-1320 ई.)

- खिलजी वंश का संस्थापक जलालुद्दीन खिलजी था।
- अलाउद्दीन खिलजी (1296-1316 ई.) ने सेना को नकद वेतन देने एवं स्थायी सेना की नींव रखी।
- घोड़ा दागने एवं सैनिकों का हुलिया लिखने की प्रथा की शुरूआत अलाउद्दीन खिलजी ने की।
- सिकन्दर-ए-सानी की उपाधि से स्वयं को अलाउद्दीन खिलजी ने विभूषित किया।
- अलाउद्दीन ने अपने शासनकाल में **मूल्य नियन्त्रण प्रणाली** को दृढ़ता से लागू किया।
- **अमीर खुसरो** अलाउद्दीन के दरबारी कवि थे। इन्हें सितार एवं तबले के आविष्कार का श्रेय दिया जाता है।

अलाउद्दीन के समय के प्रमुख राज्य और शासक

राज्य	शासक
उत्तर भारत	
गुजरात	*कर्ण (रामकरन)*
रणथम्भौर	*राणा हम्मीर देव*
चित्तौड़	*राणा रतन सिंह*
मालवा	*महलकदेव*
सिवाना	*शीतलदेव*
जालौर	*कान्हणदेव (कृष्णदेव तृतीय)*
दक्षिण भारत	
यादव राज्य (देवगिरि)	*रामचन्द्र देव*
तेलंगाना (काकतीय राज्य)	*प्रताप रुद्रदेव द्वितीय*
होयसल राज्य	*वीर बल्लाल तृतीय*
पाण्ड्य राज्य	*वीर पाण्ड्य, सुन्दर पाण्ड्य*

तुगलक वंश (1320-1414 ई.)

- तुगलक वंश की स्थापना ग्यासुद्दीन तुगलक ने की थी।
- मध्यकालीन सभी सुल्तानों में मोहम्मद बिन तुगलक (1325-1351 ई.) सर्वाधिक शिक्षित, विद्वान एवं योग्य व्यक्ति था।
- मोहम्मद बिन तुगलक अपनी सनकभरी योजनाओं, क्रूर कृत्यों एवं दूसरे के सुख-दुःख के प्रति उपेक्षा भाव रखने के कारण स्वप्नशील, पागल एवं रक्तपिपासु कहा गया।
- मोहम्मद बिन तुगलक ने कृषि के विकास के लिए **अमीर-ए-कोही** नामक एक नवीन विभाग की स्थापना की थी।
- मोहम्मद बिन तुगलक ने अपनी राजधानी दिल्ली से देवगिरि में स्थानान्तरित की और इसका नाम दौलताबाद रखा।
- सांकेतिक मुद्रा के अन्तर्गत मोहम्मद बिन तुगलक ने पीतल (फरिश्ता के अनुसार), ताँबा (बरनी के अनुसार) धातुओं के सिक्के चलवाए, जिनका मूल्य चाँदी के रुपये टंका के बराबर होता था।
- अफ्रीकी यात्री **इब्नबतूता** 1333 ई. में भारत आया। सुल्तान ने इसे दिल्ली का काजी नियुक्त किया। 1342 ई. में सुल्तान ने इसे अपने राजदूत के रूप में चीन भेजा।
- इब्नबतूता की पुस्तक **रेहला** में मोहम्मद तुगलक के समय की घटनाओं का वर्णन है।
- सुल्तान ने चार कर लगाए—खराज, खम्स, जजिया व जकात।
- **फिरोज तुगलक** ब्राह्मणों पर जजिया कर लागू करने वाला पहला मुसलमान शासक था।
- उलेमाओं के आदेश पर फिरोज तुगलक ने एक नया कर सिंचाई-कर भी लगाया, जो उपज का 1/10 भाग था।
- सुल्तान फिरोज तुगलक ने अनाथ मुस्लिम महिलाओं, विधवाओं एवं लड़कियों की सहायता के लिए एक नए विभाग दीवान-ए-खैरात की स्थापना की।
- फिरोज तुगलक ने 5 बड़ी नहरों का निर्माण करवाया।
- फिरोज तुगलक ने 300 नए नगरों की स्थापना की। इनमें हिसार, फिरोजाबाद (दिल्ली), फतेहाबाद, जौनपुर, फिरोजपुर प्रमुख हैं।
- इसके शासनकाल में खिज्राबाद [टोपरा गाँव] एवं मेरठ से अशोक के दो स्तम्भों को लाकर दिल्ली में स्थापित किया गया।

सैयद वंश (1414-1451 ई.)

इस वंश का संस्थापक खिज्र खाँ था। वह शिया था।

लोदी वंश (1451-1526 ई.)

- इस वंश का संस्थापक बहलोल लोदी था।
- सन् 1504 ई. में सिकन्दर लोदी ने **आगरा** शहर की स्थापना की तथा उसे अपनी राजधानी बनाया।
- भूमि के लिए मापन के प्रामाणिक पैमाना गजे सिकन्दरी का प्रचलन सिकन्दर लोदी ने किया।
- 'गुलरुखी' शीर्षक से फारसी कविताएँ लिखने वाला सुल्तान सिकन्दर लोदी था।
- लोदी वंश का अंतिम शासक इब्राहिम लोदी था जो 1526 में पानीपत के प्रथम युद्ध में बाबर से पराजित हुआ।

विजयनगर साम्राज्य

- विजयनगर साम्राज्य की स्थापना 1336 ई. में हरिहर एवं बुक्का नामक दो भाइयों ने की थी।
- विजयनगर के तुलुव वंश का महान् शासक **कृष्णदेव राय** था।
- कृष्णदेव राय के शासनकाल में पुर्तगाली यात्री डोमिगोस पायस विजयनगर की यात्रा पर आया था।
- कृष्णदेव राय के दरबार में तेलुगू साहित्य के आठ सर्वश्रेष्ठ कवि रहते थे, जिन्हें **अष्ट दिग्गज** कहा जाता था।

विजयनगर के प्रमुख राजवंश

राजवंश	संस्थापक	शासनकाल
संगम वंश	हरिहर प्रथम व बुक्का	1336-1485 ई.
सालुव वंश	नरसिंह सालुव	1485-1505 ई.
तुलुव वंश	वीर नरसिंह	1505-1570 ई.
अरावीडु वंश	तिरुमल्ल (तिरुमाल)	1570-1650 ई.

- नागलपुर नामक नए नगर, हजारा एव विट्ठलस्वामी मन्दिर का निर्माण कृष्णदेव राय ने करवाया था।
- **राक्षसी-तंगड़ी या तालिकोटा या बन्नीहट्टी का युद्ध** 25 जनवरी, 1565 ई. में हुआ। इसी युद्ध के कारण विजयनगर का पतन हुआ।

- मोहम्मद बिन तुगलक के शासन काल में 1347 ई. में हसनगंगू ने बहमनी राज्य की स्थापना की। वह अलाउद्दीन बहमन शाह के नाम से सिंहासन पर बैठा।
- मोहम्मद तृतीय के शासन काल में 'ख्वाजा जहाँ' की उपाधि से महमूद गवाँ को प्रधानमन्त्री नियुक्त किया गया।

बहमनी से अलग हुए राजवंश

राज्य	राजवंश	संस्थापक
अहमदनगर	*निजामशाही*	मलिक अहमद
बीजापुर	*आदिलशाही*	यूसुफ आदिल शाह
गोलकुण्डा	*कुतुबशाही*	कुली कुतुबशाह
बीदर	*बीदरशाही*	अमीर अली बरीद
बरार	*इमादशाही*	फतेहउल्ला इमादशाह

- महमूद गवाँ ने बीदर में एक महाविद्यालय की स्थापना करायी। 'रियाजुल इन्शा' नाम से महमूद गवाँ के पत्रों का संग्रह किया गया।

मुगल साम्राज्य (1526-1707 ई.)

- 21 अप्रैल, 1526 ई. को पानीपत के प्रथम युद्ध में इब्राहिम लोदी मुगल बादशाह बाबर से पराजित हो गया।
- पानीपत के प्रथम युद्ध (21 अप्रैल, 1526 ई.) में बाबर ने पहली बार तुगलमा युद्ध नीति एवं तोपखाने का प्रयोग किया था।
- बाबर के दो प्रसिद्ध निशानेबाज थे जिन्होंने पानीपत के प्रथम युद्ध में भाग लिया था—उस्ताद अली एवं मुस्तफा।
- बाबर को भारत पर आक्रमण के लिए निमन्त्रण पंजाब के शासक दौलत खाँ लोदी एवं इब्राहिम लोदी के चाचा आलम खाँ ने दिया था।
- बाबर ने 'मुबइयान' नामक एक पद्य शैली का विकास किया।
- बाबर ने अपनी आत्मकथा 'तुजुक-ए-बाबरी' (तुर्की) में भारत की तत्कालीन राजनीतिक दशा का विस्तृत वर्णन किया है।
- **बिलग्राम या कन्नौज युद्ध** 17 मई, 1540 ई. में शेर खाँ एवं हुमायूँ के बीच हुआ। इस युद्ध में भी हुमायूँ पराजित हुआ। शेर खाँ ने आसानी से आगरा एवं दिल्ली पर कब्जा कर लिया।
- सूर साम्राज्य का संस्थापक अफगान वंशीय शेरशाह सूरी (1540 ई.) था।
- शेरशाह ने 178 ग्रेन चाँदी का रुपया एवं 380 ग्रेन ताँबे के दाम चलवाए।
- शेरशाह के काल में मलिक मुहम्मद जायसी ने **पद्मावत** की रचना की।
- शेरशाह ने उच्च स्तरीय भू-राजस्व व्यवस्था की स्थापना की थी। इसके साथ ही व्यापार यातायात एवं डाक सुविधा के लिए अनेक सड़कों एवं सरायों का निर्माण करवाया।
- शेरशाह ने ग्राण्ड ट्रंक रोड की मरम्मत करवायी।
- अकबर का राज्याभिषेक 14 फरवरी, 1556 ई. को पंजाब के कलानौर नामक स्थान पर हुआ।
- अकबर के शासन काल में 1560-1562 ई. के समय को उसकी धाय माँ माहम अनगा, उसके पुत्र आधम खाँ और पुत्री जीजी अनगा द्वारा शासन कार्य में सर्वे सर्वा होने के कारण इतिहासकारों ने 'पर्दा शासन/पेटीकोट सरकार' की संज्ञा दी।

अकबर के महत्त्वपूर्ण कार्य

वर्ष	कार्य
1562	दासप्रथा का अन्त
1562	अकबर को हरमदल से मुक्ति
1562	तीर्थयात्रा कर समाप्त
1564	जजिया-कर समाप्त
1571	फतेहपुर सीकरी की स्थापना एवं राजधानी का आगरा से फतेहपुर सीकरी स्थानान्तरण
1575	इबादतखाने की स्थापना
1578	इबादतखाने में सभी धर्मों के लोगों के प्रवेश की अनुमति
1579	मजहर की घोषणा
1582	दीन-ए-इलाही की स्थापना
1583	इलाही सम्वत् की शुरुआत

जहाँगीर के काल की प्रमुख घटनाएँ (1605-1627 ई.)

- जन्म 30 अगस्त, 1569 ई. को हुआ था।
- माता का नाम—मरियमउज्जमानी (आमेर के शासक भारमल की पुत्री)
- विवाह मानबाई से 1585 ई. में।
- पुत्र खुसरो का विद्रोह अप्रैल, 1606 ई. में।
- सिख गुरु अर्जुन देव को फाँसी 30 मई, 1606 ई.।
- नूरजहाँ से विवाह 1611 ई. में।
- मुगल चित्रकला अपने चरमोत्कर्ष पर जहाँगीर के शासनकाल में पहुँची।
- शाहजहाँ के शासनकाल को स्थापत्यकला का स्वर्णयुग कहा जाता है। शाहजहाँ द्वारा बनवायी गयी प्रमुख इमारतें हैं—दिल्ली का लालकिला, दीवाने आम, दीवाने खास, दिल्ली की जामा मस्जिद, आगरा मोती मस्जिद, ताजमहल आदि।
- शाहजहाँ के पुत्रों में दाराशिकोह सर्वाधिक विद्वान था। इसने भगवद्गीता, योगवशिष्ठ, उपनिषद् एवं रामायण का अनुवाद फारसी में करवाया। इसने **सीर-ए-अकबर** (महान् रहस्य) नाम से उपनिषदों का अनुवाद करवाया था।
- औरंगजेब ने कुरान को अपने शासन का आधार बनाया। इसने सिक्के पर कलमा खुदवाना, नौरोज का त्यौहार मनाना, भाँग की खेती करना, गाना-बजाना, झरोखा दर्शन, तुलादान प्रथा आदि पर प्रतिबन्ध लगा दिया।
- इस्लाम स्वीकार नहीं करने के कारण सिखों के 9वें गुरु तेगबहादुर की हत्या औरंगजेब ने करवा दी थी।
- मुगल काल में रुपये की सर्वाधिक ढलाई औरंगजेब के समय में हुई।
- मुगलकालीन सैन्य एवं प्रशासनिक व्यवस्था **मनसबदारी प्रथा** पर आधारित थी। इसे अकबर ने प्रारम्भ किया था।

मराठा साम्राज्य

- शिवाजी का जन्म 1627 ई. में पूना के शिवनेर दुर्ग में हुआ था। इनके पिता शाहजी भोंसले, माता जीजाबाई एवं गुरु कोण्डदेव थे।
- इनका विवाह सालबाई निम्बालकर से 1640 ई. में हुआ।

मराठा राज्य : अष्टप्रधान

पेशवा	प्रधानमन्त्री
मजूमदार	वित्त मन्त्री
दबीर (अमात्य या सुमन्त)	विदेश मन्त्री
चिटनिस	सामान्य पत्र व्यवहार
वाकयानवीस	सूचना गुप्तचर विभाग का प्रधान
सर-ए-नौबत (सेनापति)	सैन्य गतिविधियों का प्रबन्धक
पण्डित राव	धर्म व दान के मामलों का प्रधान
न्यायाधीश	न्याय विभाग का प्रबन्धक

- अपने सैन्य अभियान के अन्तर्गत 1644 ई. में शिवाजी ने सर्वप्रथम बीजापुर के तोरण नामक पहाड़ी किले पर अधिकार किया।
- शिवाजी के मन्त्रिमण्डल को **अष्टप्रधान** कहा जाता था। अष्टप्रधान में पेशवा का पद सर्वाधिक महत्त्वपूर्ण एवं सम्मान का होता था।
- **चौथ** एवं **सरदेशमुखी** नामक कर शिवाजी के द्वारा लगाया गया।
- नादिरशाह ने 1739 ई. में दिल्ली पर आक्रमण किया। उस समय दिल्ली का शासक मोहम्मदशाह था। नादिरशाह को ईरान का नेपोलियन कहा जाता है।
- बहादुरशाह द्वितीय (जफर) अन्तिम मुगल सम्राट था।
- 1857 ई. की क्रान्ति में भाग लेने के कारण अंग्रेजों द्वारा बहादुरशाह को बन्दी बना लिया गया एवं रंगून भेज दिया।

मुगल काल में भारत आए विदेशी यात्री

मुगल बादशाह	यूरोपीय यात्री
अकबर	फादर एक्कावाविक (1578), फादर एंथोनी मोंसेरेट (1580-82 का वर्णन), राल्फ फिंच (1588-91)।
जहाँगीर	विलियम हॉकिन्स (1608-13), विलियम फिंच (1608), जौन जार्डियन (1608-1617), निकोलस डाउंटन (1614), निकोलस विथिंगटन (1612-1616) थॉमस कोरयट (1612-1617), जेक्स (1615), सर टॉमस रो (1615-1619) एडवर्ड हेरी (1616-1619), पिट्रा डेल्ला वल्ला, फ्रांसिस्को पेलसार्ट।
शाहजहाँ	बैपटिस्ट टैवर्नियर, फ्रांसिस वर्नियर
औरंगजेब	फ्रांसिस वर्नियर

मुगलकालीन महत्त्वपूर्ण शासकों के मकबरे

शासक	मकबरा	शासक	मकबरा
बाबर	काबुल	जहाँगीर	शाहदरा (लाहौर)
हुमायूँ	दिल्ली	शाहजहाँ	आगरा
अकबर	सिकन्दरा (आगरा)	औरंगजेब	औरंगाबाद (दौलताबाद)

मुगलकालीन प्रमुख इमारतें

निर्माण	स्थान	निर्माणकर्ता
काबुली बाग की मस्जिद	*पानीपत*	बाबर
जामा मस्जिद	*सम्भल (रुहेलखण्ड)*	बाबर
किला-ए-कुहना	*दिल्ली*	शेरशाह
शेरशाह का मकबरा	*सहसराम*	शेरशाह
हुमायूँ का मकबरा	*दिल्ली*	हाजी बेगम
आगरा का किला	*आगरा*	अकबर
फतेहपुर सीकरी महल	*फतेहपुर सीकरी*	अकबर
जोधाबाई महल	*फतेहपुर सीकरी*	अकबर
जामा मस्जिद	*फतेहपुर सीकरी*	अकबर
बुलन्द दरवाजा	*फतेहपुर सीकरी*	अकबर
सलीम चिश्ती का मकबरा	*फतेहपुर सीकरी*	अकबर
अकबर का मकबरा	*सिकन्दरा*	जहाँगीर
एत्माउद्दौला का मकबरा	*आगरा*	नूरजहाँ
जहाँगीर का मकबरा	*शाहदरा (लाहौर)*	नूरजहाँ
नगीना मस्जिद	*आगरा*	शाहजहाँ
मोती मस्जिद	*आगरा*	शाहजहाँ
जामा मस्जिद	*आगरा*	शाहजहाँ
ताजमहल	*आगरा*	शाहजहाँ
लाल किला	*दिल्ली*	शाहजहाँ
बीबी का मकबरा	*औरंगाबाद*	औरंगजेब
बादशाही मस्जिद	*लाहौर*	औरंगजेब

उत्तरकालीन मुगल सम्राट

बहादुरशाह	1707-1712 ई.	आलमगीर II	1754-1759 ई.
जहाँदारशाह	1712-1713 ई.	शाहआलम II	1759-1806 ई.
फर्रुखसियर	1713-1719 ई.	अकबर II	1806-1837 ई.
मुहम्मदशाह	1719-1748 ई.	बहादुरशाह जफर	1837-1857 ई.
अहमदशाह	1748-1754 ई.		

मुगलकालीन साहित्य

रचना	रचनाकार
आइन-ए-अकबरी, अकबरनामा	अबुल फजल
पादशाहनामा	अब्दुल हमीद लाहौरी
इकबालनामा-ए-जहाँगीरी	मौतमिद खाँ
पादशाहनामा	मुहम्मद वारिस
आलमगीरनामा	मुहम्मद काजिम
तबाकत-ए- अकबरी	निजामुद्दीन अहमद
फुतुहात-ए-आलमगीरी	ईश्वरदास नागर
हुमायूँनामा	गुलबदन बेगम
मुन्तखब-उल-लुबाब	खाफी खान
मज्म-उल-बहरीन	दाराशिकोह
तुजुक-ए-जहाँगीरी	जहाँगीर
मुन्तखब-उत-तवारिख	बदायूँनी
नुस्खा-ए-दिलकुशा	भीमसेन कायस्थ

आधुनिक भारत

यूरोपीय कम्पनियों का भारत आगमन

पुर्तगाली

- पहला यूरोपीय व्यापारी **वास्को-डि-गामा** था। इन्होंने भारत के समुद्री मार्ग की खोज की तथा 1498 ई. में कालीकट के समुद्र तट पर उतरा, जहाँ हिन्दू राजा जमोरिन ने उसका स्वागत किया। पहला गवर्नर फ्रांसिस्को-डी-अल्मीडा (1505-1509 ई.) था, उसने 'ब्लू वाटर पॉलिसी' का अनुसरण किया।
- 1509 ई. में अल्फांसो-डी-अल्बुकर्क को भारतीय क्षेत्र में पुर्तगाली गवर्नर नियुक्त किया गया। 1510 ई. में उसने बीजापुर के यूसुफ आदिलशाह से गोवा छीन लिया तथा 1515 ई. में उसकी मृत्यु हो गई।
- 1668 ई. में पुर्तगालियों ने अंग्रेजों को बम्बई प्रदान किया।
- पुर्तगालियों ने **तम्बाकू की खेती** तथा **प्रिन्टिंग प्रेस** (1556 ई.) का आरम्भ किया। पुर्तगालियों ने अपनी पहली व्यापारिक कोठी कोचीन में खोली।
- पुर्तगाली 1961 ई. तक भारत में रहे तब उन्होंने गोवा को स्वतन्त्र किया।

डच

- 1596 ई. में भारत आने वाला प्रथम डच नागरिक 'कार्नवालिस हेटस्टमान' था।
- 1602 ई. में यूनाइटेड ईस्ट इण्डिया कम्पनी ऑफ द नीदरलैण्ड अस्तित्व में आई।
- 1605 ई. में प्रथम डच फैक्ट्री मसूलीपत्तनम में स्थापित की गई।
- 1639 ई. में डचों ने गोवा पर आक्रमण किया। 1641 ई. में मलक्का पर नियन्त्रण के बाद 1658 ई. में श्रीलंका पर अधिकार किया।
- 1759 ई. में 'बेदरा की लड़ाई' में अंग्रेजों (क्लाइव) के हाथों पराजित होने के बाद डच कम्पनी का नियन्त्रण भारतीय क्षेत्रों से समाप्त हो गया।

यूरोपीय कम्पनियाँ

कम्पनी	स्थापना वर्ष	कम्पनी	स्थापना वर्ष
पुर्तगाली ईस्ट इण्डिया कम्पनी	1498 ई.	डेनिश ईस्ट इण्डिया कम्पनी	1616 ई.
अंग्रेजी ईस्ट इण्डिया कम्पनी	1600 ई.	फ्रांसीसी ईस्ट इण्डिया कम्पनी	1664 ई.
डच ईस्ट इण्डिया कम्पनी	1602 ई.	स्वीडिश ईस्ट इण्डिया कम्पनी	1731 ई.

अंग्रेज

- ईस्ट इण्डिया कम्पनी की स्थापना 1600 ई. में हुई थी। 1609 ई. में **कैप्टन हॉकिन्स** जेम्स प्रथम का राजदूत बनकर जहाँगीर के दरबार में पहुँचा।
- 1615 ई. में **सर टॉमस रो** जहाँगीर के दरबार में पहुँचा तथा व्यापारिक केन्द्र स्थापित करने की स्वीकृति प्राप्त की।
- **1717 ई.** में फर्रुखशियर ने ईस्ट इण्डिया कम्पनी को बिना कर दिए बंगाल में व्यापार का अधिकार प्रदान किया।
- 1757 ई. में **प्लासी के युद्ध** में सिराजुद्दौला को पराजित कर अंग्रेजों ने अपना वर्चस्व स्थापित किया।
- 1764 ई. में **बक्सर के युद्ध** तथा इलाहाबाद की सन्धि से ईस्ट इण्डिया कम्पनी का दिल्ली पर नियन्त्रण स्थापित हुआ।

फ्रांसीसी

- 1664 ई. में फ्रेंच ईस्ट इण्डिया कम्पनी की स्थापना।
- 1668 ई. में भारत में फ्रांसीसियों की प्रथम कोठी **सूरत** में फ्रेंको कैरो द्वारा स्थापित की गई। 1742 ई. में डूप्ले फ्रेंच गवर्नर था।
- 1760 ई. में सर आयरकूट के नेतृत्व में अंग्रेजों ने वाण्डीवाश के युद्ध में फ्रांसीसियों को हराया था।
- 1674 ई. में फ्रांसिस मार्टिन ने पाण्डिचेरी की स्थापना की।
- प्रथम कर्नाटक युद्ध 1746-1748 ई. व ऑस्ट्रिया के उत्तराधिकार युद्ध से प्रभावित था तथा एक्श-ला-शापेल की सन्धि के बाद समाप्त हुआ।
- दूसरा कर्नाटक युद्ध 1749-1754 ई. में हुआ। फ्रांसीसी गवर्नर डूप्ले पराजित हुआ। पाण्डिचेरी सन्धि से युद्ध विराम हुआ।
- 1761 ई. में अंग्रेजों ने फ्रांसीसियों से पाण्डिचेरी छीन लिया।

डेनिश

- डेनमार्क की कम्पनी का गठन 1616 ई. में हुआ था। इस कम्पनी ने 1620 ई. त्रैंकोबार (तमिलनाडु) तथा 1676 ई. सेरामपुर (बंगाल) में अपनी फैक्ट्रियाँ स्थापित कीं।
- 1868 ई. में डेनिश कम्पनी ने निकोबार द्वीप पर अपने अधिकार अंग्रेजों को बेच दिए तथा भारतीय क्षेत्र से उनका नियन्त्रण समाप्त हो गया।

इन्हें भी जानें!

गुस्तावुस फोर्ट	डचों द्वारा चिनसुरा में स्थापित किले का नाम।
फोर्ट सेन्ट जॉर्ज	अंग्रेजों द्वारा मद्रास में स्थापित किले का नाम।
फोर्ट विलियम	अंग्रेजों द्वारा कलकत्ता में स्थापित किले का नाम।
फोर्ट औरलियन्स	फ्रांसीसियों द्वारा चन्द्रनगर में स्थापित किले का नाम।
इण्टर लोपर	अवैध एवं अनाधिकृत रूप से व्यापार करने वाले। अंग्रेज व्यापारियों को कहा जाता था।
जॉन कम्पनी	अंग्रेजी ईस्ट इण्डिया कम्पनी का लोकप्रिय नाम।

बंगाल/भारत के गवर्नर जनरल एवं उनके प्रमुख कार्य

बंगाल के गवर्नर जनरल

गवर्नर जनरल	कार्य
वॉरेन हेस्टिंग्स (1772-1785 ई.)	1772 ई. में **द्वैध शासन की समाप्ति** की घोषणा की। सरकारी खजाना मुर्शिदाबाद से कलकत्ता स्थानान्तरित किया। 1773 ई. में **बंगाल का गवर्नर जनरल** बना। प्रत्येक जिले में **दीवानी तथा फौजदारी न्यायालय** की स्थापना की। 1773 ई. के रेग्यूलेटिंग एक्ट के तहत **सुप्रीम कोर्ट** का **कलकत्ता में गठन** किया गया। 1781 ई. में **कलकत्ता में मदरसा** स्थापित किया। रुहेला युद्ध (1774 ई.), प्रथम अंग्रेज मराठा युद्ध (1775-1782 ई.), द्वितीय अंग्रेज मैसूर युद्ध (1780-1784 ई.) इनके समय में हुआ। चार्ल्स विल्किन्स के द्वारा **गीता का अनुवाद**।
लॉर्ड कार्नवालिस (1786-1793 ई.)	इन्होंने मुगल सम्राट की पेंशन26 लाख वार्षिक बन्द कर दी। **बोर्ड ऑफ रेवन्यू** की स्थापना की। तृतीय आंग्ल-मैसूर युद्ध (1789-1792 ई.) हुआ। **स्थायी बन्दोबस्त** (1793 ई.) तथा **कार्नवालिस कोड** लागू हुए। कम्पनी कर्मचारियों के व्यक्तिगत व्यापार पर प्रतिबन्ध लगाया। प्रशासन तथा न्याय की पृथक इकाई की व्यवस्था की। **प्रशासनिक सेवा का जनक** तथा **नागरिक सेवा का जनक** कहा गया।
लॉर्ड वेलेजली (1798-1805 ई.)	चौथा आंग्ल-मैसूर युद्ध (1799 ई.) हुआ। सहायक सन्धि, द्वितीय आंग्ल मराठा युद्ध (1803-1805 ई.), 1802 ई. में **बसीन की सन्धि** इनके समय में हुई। **फोर्ट विलियम कॉलेज** की स्थापना की।

भारत के गवर्नर जनरल

गवर्नर जनरल	कार्य
लॉर्ड विलियम बैंटिंक (1828-1835 ई.)	**बंगाल का अन्तिम तथा भारत का प्रथम गवर्नर** जनरल था। 1829 ई. में राजा राममोहन राय के सहयोग से **सती प्रथा को प्रतिबन्धित** किया तथा शिक्षा सुधार लागू किए। 1835 ई. में **कलकत्ता मेडिकल कॉलेज** की स्थापना की। मैकाले की शिक्षा सिफारिश लागू की तथा **अंग्रेजी शिक्षा** (1835 ई.) का माध्यम बनी। **ठगी प्रथा की समाप्ति** के लिए **कर्नल स्लीमैन** की नियुक्ति की। 1830 ई. में **बालिका हत्या को प्रतिबन्धित** किया।
लॉर्ड डलहौजी (1848-1856 ई.)	द्वितीय आंग्ल सिख युद्ध (1848-1849 ई.) हुआ। पंजाब का ब्रिटिश शासन में विलय (1849 ई.) हुआ। द्वितीय आंग्ल बर्मा युद्ध हुआ और 1852 ई. में लोअर बर्मा एवं पीगू को अंग्रेजी राज्य में मिला दिया गया। सिक्किम का विलय (1850 ई.) में हुआ। डलहौजी द्वारा राज्य हड़प की नीति लागू की गई। **रेलवे परिवहन** (1853 ई.) का प्रारम्भ हुआ। पहली बार बम्बई से थाणे तक ट्रेन चली। 1854 ई. में **वुड डिस्पैच** लागू किया गया। 1857 ई. में तीनों प्रेसीडेन्सियों **कलकत्ता, बम्बई** तथा **मद्रास** में **विश्वविद्यालय** स्थापित किए गए। **रुड़की इन्जीनियरिंग कॉलेज** की स्थापना की। **टेलीग्राफ लाइन** का प्रारम्भ हुआ। 1854 ई. में **पोस्ट ऑफिस एक्ट** पारित हुआ तथा **सार्वजनिक निर्माण विभाग** की स्थापना की गई। 1854 ई. में **लोक सेवा विभाग** की स्थापना हुई। **भारतीय नागरिक सेवा प्रतियोगिता** की शुरुआत हुई। शिमला को ग्रीष्मकाल के लिए ब्रिटिश साम्राज्य की राजधानी बनाया।

1857 की क्रान्ति Revolt of 1857

कारण

- लॉर्ड डलहौजी की **राज्य हड़प नीति** और लॉर्ड वैलेजली की **सहायक सन्धि** ने इसमें महत्त्वपूर्ण भूमिका निभायी।
- राजनीतिक कारणों के साथ ही प्रशासनिक कारण भी क्रान्ति के लिए उत्तरदायी थे। कोई भी भारतीय उच्च पद तक नहीं पहुँच सकता था।
- **ईसाई धर्म के प्रचार** ने भी भारतीयों के असन्तोष को उभारा।
- अंग्रेजों द्वारा भारत का आर्थिक शोषण भी एक प्रमुख कारण था। भारतीय सैनिक भू-राजस्व नीति के कारण दु:खी थे। सैनिक कारणों में ऐसे अनेक तत्व विद्यमान थे, जो विद्रोह की पृष्ठभूमि तैयार कर रहे थे; जैसे—पदोन्नति से वंचित रखना, भारत की सीमाओं से बाहर युद्ध के लिए भेजा जाना तथा देश से बाहर जाने पर अतिरिक्त भत्ता नहीं देना।

डलहौजी द्वारा विलय किए गए राज्य

राज्य	वर्ष	राज्य	वर्ष
सतारा	1848 ई.	झाँसी	1853 ई.
जैतपुर, सम्भलपुर	1849 ई.	नागपुर	1854 ई.
बघाट	1850 ई.	करौली	1855 ई.
उदयपुर	1852 ई.	अवध (कुशासन के आरोप में)	1856 ई.

विद्रोह का आरम्भ

- 29 मार्च, 1857 को **मंगल पाण्डे** ने बैरकपुर छावनी में विद्रोह किया। 10 मई, 1857 को मेरठ के सिपाहियों ने विद्रोह किया।
- मेरठ से विद्रोही सैनिकों ने दिल्ली मार्च कर **11 मई, 1857** को बहादुरशाह जफर को भारत का बादशाह घोषित किया। मेरठ के सैनिकों का नेतृत्व **बख्त खान** ने किया था। धीरे-धीरे यह अन्य क्षेत्रों में फैल गया।

1857 के विद्रोह के प्रमुख केन्द्र एवं विद्रोही नेता

केन्द्र	विद्रोही नेता	विद्रोह की तिथि	उन्मूलन के सैन्य अधिकारी
दिल्ली	*बहादुरशाह द्वितीय, बख्त खाँ*	11 मई, 1857	*निकल्सन, हडसन*
कानपुर	*नाना साहब, ताँत्या टोपे*	5 जून, 1857	*कॉलिन कैम्पबेल*
लखनऊ	*बेगम हजरत महल, बिरजिस कादिर*	4 जून, 1857	*कॉलिन कैम्पबेल*
झाँसी	*रानी लक्ष्मीबाई*	4 जून, 1857	*जनरल ह्यूरोज*
जगदीशपुर	*कुँवरसिंह, अमरसिंह*	12 जून, 1857	*विलियम टेलर, विंसेण्ट अय्यर*
फैजाबाद	*मौलवी अहमदुल्ला*	जून, 1857 ई.	*जनरल रेनॉर्ड*
इलाहाबाद	*लियाकत अली*	जून, 1857 ई.	*कर्नल नील*
बरेली	*खान बहादुर*	जून, 1857 ई.	*विंसेण्ट अय्यर*

- 1857 ई. की क्रान्ति के समय ब्रिटेन के प्रधानमन्त्री **पामर्स्टन** थे।

असफलता के कारण

- विद्रोहियों में नेतृत्व की कमी थी। संगठन तथा एकता का अभाव था।
- ग्वालियर के सिन्धिया, इन्दौर के होल्कर, हैदराबाद के निजाम आदि राजाओं ने अंग्रेजों का खुलकर साथ दिया।

परिणाम

- 1857 ई. के विद्रोह के बाद 'ब्रिटिश क्राउन' ने भारत में कम्पनी का शासन समाप्त करके समस्त अधिकार अपने हाथ में ले लिए।
- कम्पनी पर नियन्त्रण हेतु स्थापित **बोर्ड ऑफ कण्ट्रोल** और **बोर्ड ऑफ डायरेक्टर्स** को समाप्त कर दिया गया।
- गवर्नर-जनरल के पद को वायसराय में परिवर्तित कर दिया गया।
- शासन की देख-रेख के लिए भारत मन्त्री या सचिव की नियुक्ति की गई तथा उसकी सहायता के लिए 15 सदस्यों वाली **इण्डिया काउन्सिल** या **भारत परिषद्** का गठन किया गया।
- भारत में व्यवस्थित शासन प्रणाली की स्थापना के लिए 'भारत सरकार अधिनियम, 1858' पारित किया गया।
- भारतीय रजवाड़ों के प्रति विजय और विलय की नीति का परित्याग कर सरकार ने राजाओं को उत्तराधिकारी गोद लेने की अनुमति प्रदान की।
- सेना के पुनर्गठन के लिए **पील कमीशन** का गठन किया गया, जिसके सुझाव से सेना में यूरोपियनों की संख्या बढा दी गई।

भारत के वायसराय एवं उनके प्रमुख कार्य

वायसराय	कार्य
लॉर्ड कैनिंग (1856-1862 ई.)	▪ यह कम्पनी द्वारा नियुक्त **अन्तिम गवर्नर जनरल** तथा **प्रथम वायसराय** था। ▪ इनके समय **इण्डियन हाईकोर्ट एक्ट** पारित हुआ जिसके अन्तर्गत बम्बई, कलकत्ता तथा मद्रास में एक-एक उच्च न्यायालय की स्थापना की गई। ▪ 1856 ई. में **विधवा पुनर्विवाह अधिनियम** पारित हुआ। ▪ मैकाले द्वारा प्रारूपित दण्ड संहिता को 1858 ई. में कानून बना दिया गया तथा 1859 ई. में अपराध विधान संहिता लागू की गई। ▪ **व्यपगत सिद्धान्त को समाप्त** कर दिया गया। ▪ 1861 ई. में इण्डियन काउन्सिल एक्ट पारित तथा पोर्टफोलियो प्रणाली लागू की गई।
लॉर्ड एल्गिन (1862-1863 ई.)	▪ वहावी आन्दोलन का दमन किया। ▪ 1863 ई. में धर्मशाला (हिमाचल प्रदेश) में इसकी मृत्यु हो गई।
सर जॉन लॉरेन्स (1863-1869 ई.)	▪ अहस्तक्षेप की नीति अपनाई, **अकाल आयोग का गठन** किया। ▪ 1865 ई. में भारत तथा यूरोप के मध्य प्रथम **समुद्री टेलीग्राफ सेवा** शुरू की।
लॉर्ड मेयो (1869-1872 ई.)	▪ लॉर्ड मेयो ने अजमेर में मेयो कॉलेज की स्थापना की। ▪ पहली बार भारत में **जनगणना** इसी काल में हुई। ▪ 1870 ई. में मेयो ने **वित्त के विकेन्द्रीकरण** की शुरुआत की। ▪ 1872 ई. में **कृषि विभाग** की स्थापना की। ▪ 1872 ई. में अण्डमान में एक अफगानी ने चाकू मारकर मेयो की हत्या कर दी।
लॉर्ड नार्थबुक (1872-1876 ई.)	▪ स्वेज नहर खुल जाने से भारत व ब्रिटेन के व्यापार में वृद्धि हुई। ▪ पंजाब का प्रसिद्ध **कूका आन्दोलन** हुआ।
लॉर्ड लिटन (1876-1880 ई.)	▪ प्रसिद्ध उपन्यासकार, निबन्ध लेखक व साहित्यकार था। इसे **'ओवन मैरिडिथ'** के नाम से भी जानते हैं। ▪ 1882 ई. में शैक्षिक सुधारों के लिए **हण्टर कमीशन** का गठन। ▪ इन्होंने रिचर्ड स्ट्रेची की अध्यक्षता में एक **अकाल आयोग** की स्थापना (1878 ई.) की। ▪ 1 जनवरी, 1877 को ब्रिटेन की **महारानी विक्टोरिया को केसर-ए-हिन्द** की उपाधि से सम्मानित तथा **दिल्ली दरबार का आयोजन** किया। ▪ 1878 ई. में **वर्नाक्यूलर प्रेस एक्ट** पारित कर भारतीय समाचार-पत्रों पर कठोर प्रतिबन्ध लगाया। ▪ 1878 ई. में **भारतीय शस्त्र अधिनियम** पारित हुआ। ▪ **सिविल सेवा** की आयु 21 वर्ष से घटाकर 19 वर्ष कर दी। ▪ लिटन ने अलीगढ़ में एक **मुस्लिम-एंग्लो प्राच्य महाविद्यालय** की स्थापना की।
लॉर्ड रिपन (1880-1884 ई.)	▪ इन्होंने 1882 ई. में **वर्नाक्यूलर एक्ट** समाप्त कर दिया। ▪ **सिविल सेवा** की आयु बढ़ाकर 19 से 21 वर्ष कर दी। ▪ 1881 ई. में **नियमित जनगणना** कराई गई। ▪ **स्थानीय स्वशासन** की शुरुआत की गई। ▪ 1881 ई. में **प्रथम कारखाना अधिनियम** पारित किया गया। ▪ इल्बर्ट बिल प्रस्तुत किया गया, लेकिन पारित न हो सका। ▪ इन्हें फ्लोरेंस नाइटिंगेल ने **भारत का उद्धारक** कहा है।
लॉर्ड डफरिन (1884-1888 ई.)	▪ तृतीय आंग्ल बर्मा युद्ध (1885-1888 ई.) तथा बर्मा को अंग्रेजी राज्य में मिला लिया। ▪ बंगाल टेनेन्सी एक्ट, अवध टेनेन्सी एक्ट तथा पंजाब टेनेन्सी एक्ट पारित हुआ। ▪ इन्हीं के समय 1885 ई. में **भारतीय राष्ट्रीय कांग्रेस** की स्थापना हुई। ▪ इलाहाबाद विश्वविद्यालय की स्थापना (1887 ई.)।
लॉर्ड लैन्सडाउन (1888-1894 ई.)	▪ भारत और अफगानिस्तान के मध्य सीमा-रेखा (डूरण्ड रेखा) का निर्धारण। ▪ 1891 ई. में दूसरा फैक्ट्री अधिनियम पारित हुआ। ▪ 1892 ई. में इण्डियन काउन्सिल एक्ट पारित हुआ।
लॉर्ड एल्गिन II (1894-1899 ई.)	▪ इसने कहा था ''भारत को तलवार के बल पर विजित किया गया और तलवार के बल पर इसकी रक्षा की जाएगी''।
लॉर्ड कर्जन (1899-1905)	▪ 1901 ई. में सर कॉलिन स्कार्ट मॉनक्रीफ की अध्यक्षता में सिंचाई आयोग, 1902 ई. में सर एण्ड्रयू फ्रेजर की अध्यक्षता में **पुलिस आयोग** एवं सर टॉमस रैले की अध्यक्षता में **विश्वविद्यालय आयोग** की स्थापना की गई। ▪ 1904 ई. में **भारतीय विश्वविद्यालय अधिनियम** पारित हुआ। ▪ सर एण्टनी मैकडॉनल की अध्यक्षता में एक अकाल आयोग का गठन हुआ। ▪ इन्होंने क्वेटा में एक कॉलेज की स्थापना की। ▪ 1904 ई. में **भारतीय पुरातत्व विभाग** की स्थापना की। ▪ 1905 ई. में **बंगाल का विभाजन** हुआ।
लॉर्ड मिण्टो II (1905-1910 ई.)	▪ इनके समय आगाँ खाँ और सलीमुल्ला खाँ के द्वारा ढाका में 1906 ई. में **मुस्लिम लीग** की स्थापना की गई। ▪ 1907 ई. के कांग्रेस के सूरत अधिवेशन में कांग्रेस का विभाजन हो गया। ▪ 1909 ई. में **मार्ले मिण्टो सुधार** लाया गया।
लॉर्ड हार्डिंग II (1910-1916 ई.)	▪ **दिल्ली दरबार** का आयोजन हुआ। बंगाल विभाजन रदद करने की घोषणा (1911 ई.) की गई तथा भारत की **राजधानी** कलकत्ता से दिल्ली स्थानान्तरित करने की घोषणा (1911 ई.) की। ▪ 1912 ई. में क्रान्तिकारी रासबिहारी बोस द्वारा लॉर्ड हार्डिंग पर दिल्ली में बम फेंका गया। ▪ इन्हीं के समय **प्रथम विश्वयुद्ध** आरम्भ हुआ। ▪ तिलक तथा बेसेन्ट ने **होमरूल लीग** की स्थापना की (1916 ई.)। ▪ 1916 ई. में इन्हें बनारस हिन्दू विश्वविद्यालय का कुलपति नियुक्त किया गया। ▪ कांग्रेस व मुस्लिम लीग के बीच लखनऊ समझौता (1916 ई.)।
लॉर्ड चेम्सफोर्ड (1916-1921 ई.)	▪ **रॉलेट एक्ट** पास हुआ, **जलियाँवाला बाग हत्याकाण्ड** हुआ। 1919 ई. में **माण्टेग्यू-चेम्सफोर्ड सुधार** आए। 1916 ई. में कर्वे द्वारा **महिला विश्वविद्यालय** की स्थापना की गई। ▪ 1917 ई. में शिक्षा पर **सैडलर आयोग** की स्थापना हुई। ▪ खिलाफत आन्दोलन, **असहयोग आन्दोलन** तथा **तृतीय अफगान युद्ध** इसी के समय हुए।
लॉर्ड रीडिंग (1921-1926 ई.)	▪ चौरी-चौरा घटना (1922 ई.) हुई तथा **प्रिन्स ऑफ वेल्स भारत की यात्रा** पर आए (1921 ई.)। ▪ 1921 ई. में **मोपला विद्रोह** हुआ। ▪ रीडिंग के समय में 1922 ई. में **विश्व भारती विश्वविद्यालय** ने कार्य प्रारम्भ किया।

वायसराय	कार्य	वायसराय	कार्य
लॉर्ड इरविन (1926-1931 ई.)	▪ दिल्ली तथा नागपुर विश्वविद्यालय की स्थापना। ▪ 1921 ई. में एम.एन.राय द्वारा **भारतीय कम्यूनिस्ट पार्टी** का गठन किया। ▪ पहली बार **भारतीयों तथा यूरोपियों को समानता का दर्जा** दिया गया। ▪ **काकोरी रेल काण्ड** (1925 ई.) हुआ। ▪ 1928 ई. में **साइमन कमीशन** भारत आया। ▪ 1929 ई. में दिल्ली के असेम्बली हॉल में बम फेंका गया। ▪ 1929 ई. में लाहौर षड्यन्त्र एवं जतिन दास की 64 दिन की भूख हड़ताल के बाद मृत्यु हो गई। ▪ 6 अप्रैल, 1930 में **सविनय अवज्ञा आन्दोलन** गाँधी जी द्वारा प्रारम्भ किया गया। ▪ **अन्य प्रमुख** घटनाएँ 1930 ई. में **प्रथम गोल मेज सम्मेलन,** 5 फरवरी, 1931 **गाँधी-इरविन समझौता** तथा 1929 ई. में लाहौर अधिवेशन में पूर्ण स्वराज का लक्ष्य किया गया।	**लॉर्ड लिनलिथगो** (1936-1944 ई.)	▪ 1 सितम्बर, 1939 **द्वितीय विश्व युद्ध** आरम्भ हुआ। ▪ पहली बार चुनाव हुए जिसमें 11 में से 6 प्रान्तों में कांग्रेस की सरकार बनी। ▪ 1939 ई. में सुभाष चन्द्र बोस ने **फॉरवर्ड ब्लॉक की** स्थापना की। ▪ 1940 ई. में **पाकिस्तान की माँग** की गई। ▪ 8 अगस्त, 1940 में **अगस्त प्रस्ताव** पारित हुआ। ▪ 1942 ई. **क्रिप्स मिशन** भारत आया। ▪ 9 अगस्त, 1942 को **भारत छोड़ो आन्दोलन** प्रारम्भ हुआ।
		लॉर्ड वेवेल (1944-1947 ई.)	▪ 1943 ई. में भारत में भयंकर अकाल पड़ा। ▪ 1945 ई. में **शिमला समझौता** हुआ तथा 1946 ई. **कैबिनेट मिशन** (क्रिप्स, पैथिक लॉरेन्स, ए. वी. एलेक्जेण्डर) भारत आया। ▪ क्लीमेण्ट एटली (ब्रिटिश प्रधानमन्त्री) द्वारा जून, 1948 में **भारत को स्वतन्त्र करने की घोषणा** की गई।
लॉर्ड विलिंगटन (1931-1936 ई.)	▪ 1931 ई. में **द्वितीय गोलमेज सम्मेलन** का आयोजन, इसमें गाँधी जी ने प्रतिनिधित्व किया था। ▪ 1932 ई. में रैम्जे मैकडोनाल्ड ने **साम्प्रदायिक पंचाट** की घोषणा की। ▪ 1932 ई. में गाँधी तथा अम्बेडकर के **मध्य पूना समझौता** हुआ। ▪ 1932 ई. में **तृतीय गोलमेज सम्मेलन** का आयोजन हुआ। ▪ 1935 ई. में **भारत सरकार अधिनियम** पारित हुआ।	**लॉर्ड माउण्टबेटन** (मार्च, 1947 - जून 1948)	▪ यह **अन्तिम वायसराय तथा प्रथम गवर्नर जनरल** था। ▪ भारत तथा पाकिस्तान का बँटवारा इन्हीं के समय में हुआ।
		चक्रवर्ती राजगोपालाचारी (1948-1950 ई.)	▪ 1948 ई. को चक्रवर्ती राजगोपालाचारी स्वतन्त्र भारत के **प्रथम** तथा **अन्तिम गवर्नर जनरल** बने थे।

अंग्रेजी शासन के विरुद्ध महत्त्वपूर्ण कृषक तथा आदिवासी विद्रोह

आन्दोलन (विद्रोह)	प्रभावित क्षेत्र	सम्बन्धित नेता/नेतृत्व	समय
संन्यासी विद्रोह	बिहार, बंगाल	*केना सरकार, दिर्जिनारायण*	1760-1800 ई.
चुआर विद्रोह	बाँकुड़ा (बंगाल)	*दुर्जन सिंह*	1798 ई.
भील विद्रोह	पश्चिमी घाट	*सेवाराम*	1825-31 ई.
वहाबी आन्दोलन	बिहार, उत्तर प्रदेश	*सैयद अहमद तूतीमीर*	1831 ई.
नील विद्रोह	बंगाल, बिहार	*तिरुत सिंह*	1854-62 ई.
सन्थाल विद्रोह	बंगाल एवं बिहार	*सिद्धू-कान्हू*	1855-56 ई.
मुण्डा विद्रोह	बिहार	*बिरसा मुण्डा*	1899-1900 ई.
कूका आन्दोलन	पंजाब	*भगत जवाहर मल*	1840 ई.
तानाभगत आन्दोलन	बिहार	*जतरा भगत*	1914 ई.
तेभागा आन्दोलन	बंगाल	*कम्पाराम सिंह एवं भवन सिंह*	1946 ई.
तेलंगाना आन्दोलन	आन्ध्र प्रदेश	...	1946 ई.

भारत में सामाजिक–धार्मिक सुधार आन्दोलन

ब्रह्म समाज

- ब्रह्म समाज की स्थापना **राजा राममोहन राय** द्वारा 20 अगस्त, 1828 को कलकत्ता में की गई, जिसका उद्देश्य तत्कालीन हिन्दू समाज में व्याप्त बुराइयों को समाप्त करना था।
- राजा राममोहन राय ने 1820 ई. में प्रीसेप्ट्स ऑफ जीसस की रचना की। इन्होंने संवाद कौमुदी का भी सम्पादन किया, जिसके माध्यम से सती प्रथा का विरोध किया।
- 1809 ई. में राममोहन राय की फारसी भाषा की पुस्तक तुहफत-उल-मुवाहिदीन का प्रकाशन हुआ, जिसमें मूर्तिपूजा का विरोध किया गया था। राजा राममोहन राय ने 1814 ई. में आत्मीय सभा की स्थापना की तथा 1817 ई. में **हिन्दू कालेज** की स्थापना की।
- इन्होंने सती प्रथा के विरुद्ध आन्दोलन चलाया तथा पाश्चात्य शिक्षा को बढ़ावा देने के लिए 1825 ई. में **वेदान्त कॉलेज** की स्थापना की।
- राममोहन राय को भारतीय **पुनर्जागरण का जनक,** अतीत और भविष्य के मध्य सेतु, **भारतीय राष्ट्रवाद का जनक** और **आधुनिक भारत के पिता** का सम्मान प्राप्त है।

आर्य समाज

- आर्य समाज की स्थापना **स्वामी दयानन्द सरस्वती** द्वारा 1875 ई. में बम्बई में की गई।
- स्वामी दयानन्द सरस्वती को बचपन में **मूलशंकर** के नाम से जाना जाता था। इनके गुरु स्वामी विरजानन्द थे।
- इन्होंने अपने उपदेशों में छुआ-छूत, मूर्तिपूजा, बहुदेववाद, अवतारवाद, पशुबलि, श्राद्ध, जन्त्र, तन्त्र, मन्त्र, झूठे कर्मकाण्ड आदि की आलोचना की तथा पुन: **वेदों की ओर लौटो** का नारा दिया।
- इनके विचारों का संकलन इनकी कृति **सत्यार्थ प्रकाश** (1874) से मिलता है, जिसकी रचना इन्होंने हिन्दी में की थी।
- 1877 ई. में उन्होंने अपना मुख्यालय लाहौर को बनाया।
- स्वामी दयानन्द सरस्वती द्वारा चलाए गए **शुद्धि आन्दोलन** के अन्तर्गत उन लोगों को पुन: हिन्दू धर्म में आने का मौका मिला जिन्होंने किसी कारणवश कोई और धर्म स्वीकार कर लिया था।

रामकृष्ण मिशन

- 1896 ई. में **स्वामी विवेकानन्द** ने कलकत्ता के समीप वराह नगर में रामकृष्ण मिशन की स्थापना की, तत्पश्चात् वेल्लूर (कलकत्ता) में मिशन की स्थापना की गई।
- 1893 ई. में स्वामी विवेकानन्द ने **शिकागो** में हुई धर्म संसद में भाग लेकर पाश्चात्य जगत को भारतीय संस्कृति व दर्शन से अवगत कराया था।
- रामकृष्ण मिशन का कलकत्ता के वेल्लूर और अल्मोड़ा के मायावती नामक स्थानों पर मुख्यालय खोला गया।

थियोसोफिकल सोसायटी

- थियोसोफिकल सोसायटी की स्थापना 1875 ई. में **मैडम ब्लावत्सकी** एवं **कर्नल अल्काट** द्वारा न्यूयॉर्क (यू.एस.ए.) में की गई।
- जनवरी, 1879 में वे भारत आए तथा मद्रास में अडयार के निकट 1882 ई. में मुख्यालय स्थापित किया।
- भारत में इस आन्दोलन की गतिविधियों को व्यापक रूप से फैलाने का श्रेय **ऐनी बेसेन्ट** को दिया जाता है।
- 1898 ई. में ऐनी बेसेन्ट ने बनारस में **सेन्ट्रल हिन्दू कॉलेज** की स्थापना की जो आगे चलकर **हिन्दू विश्वविद्यालय** बन गया। आयरलैण्ड के होमरूल लीग की तरह 1916 ई. में बेसेन्ट ने भारत में होमरूल लीग की स्थापना की।

यंग बंगाल आन्दोलन (1828 ई.)

- भारत में यंग बंगाल आन्दोलन प्रारम्भ करने का श्रेय हेनरी विवियन डेरोजियो को है। एंग्लो-इण्डियन डेरोजियो कलकत्ता में **हिन्दू कॉलेज** के अध्यापक थे। उन्होंने आत्म विस्तार एवं समाज सुधार हेतु 'एकेडेमिक एसोसिएशन' एवं 'सोसायटी फॉर द एग्जीबीशन ऑफ जनरल नॉलेज' की स्थापना की।
- डेरोजियो ने **ईस्ट इण्डिया** नामक दैनिक पत्र का भी सम्पादन किया। डेरोजियो को **आधुनिक भारत का प्रथम राष्ट्रकवि** माना जाता है।

अलीगढ़ आन्दोलन

अलीगढ़ आन्दोलन, **सर सैयद अहमद खाँ** द्वारा अलीगढ़ में चलाया गया। उन्होंने 1877 ई. में अलीगढ़ में 'आंग्ल-मुस्लिम स्कूल' (जिसे मोहम्मडन एंग्लो ओरिएण्टल स्कूल भी कहा जाता है) की स्थापना की। 1920 ई. तक यह अलीगढ़ मुस्लिम विश्वविद्यालय के रूप में सामने आया।

राष्ट्रीय स्वतन्त्रता आन्दोलन

भारतीय राष्ट्रीय कांग्रेस (1885 ई.)

- एक सेवानिवृत्त ब्रिटिश अधिकारी **ए.ओ.ह्यूम** ने 1885 ई. में भारतीय राष्ट्रीय कांग्रेस की स्थापना की।
- भारतीय राष्ट्रीय कांग्रेस का पहला अधिवेशन दिसम्बर, 1885 में बम्बई में हुआ। **व्योमेश चन्द्र बनर्जी** कांग्रेस के पहले अध्यक्ष थे।

भारतीय राष्ट्रीय कांग्रेस की महिला अध्यक्षा

वर्ष	स्थल	अध्यक्षा
1917 ई.	*कलकत्ता*	श्रीमती ऐनी बेसेन्ट
1925 ई.	*कानपुर*	श्रीमती सरोजिनी नायडू
1933 ई.	*कलकत्ता*	श्रीमती नेल्ली सेनगुप्ता
1982 ई.	*नई दिल्ली*	श्रीमती इन्दिरा गाँधी
1983 ई.	*कलकत्ता*	श्रीमती इन्दिरा गाँधी

- 1885-1907 ई. तक कांग्रेस में उदारवादी नेताओं का दबदबा रहा, लेकिन आगे गरमपन्थी नेताओं ने प्रमुखता प्राप्त की।
- उदारवादी नेता संवैधानिक तरीके से भारत में सुधारों की माँग कर रहे थे जबकि गरमपन्थी नेता स्वराज की माँग को मुख्य मुद्दा बनाना चाहते थे।
- दादाभाई नौरोजी, सुरेन्द्रनाथ बनर्जी, फिरोजशाह मेहता, गोविन्द रानाडे, गोपाल कृष्ण गोखले इत्यादि **उदारवादी कांग्रेसी** नेता थे।
- **गरमपन्थी कांग्रेसी** नेताओं में बाल गंगाधर तिलक, विपिन चन्द्र पाल तथा लाला लाजपत राय प्रमुख थे।
- दादाभाई नौरोजी के सुझाव पर भारतीय राष्ट्रीय संघ का नाम बदल कर **भारतीय राष्ट्रीय कांग्रेस** रख दिया गया।
- कांग्रेस के प्रथम बम्बई अधिवेशन में कुल 72 सदस्यों ने हिस्सा लिया था।
- 'भारतीय राष्ट्रीय संघ' जिसका अधिवेशन पुणे में आयोजित होना था लेकिन वहाँ पर अकाल पड़ जाने के कारण अधिवेशन बम्बई में आयोजित किया गया।
- वायसराय **कर्जन** ने कांग्रेस के बारे में कहा कि "कांग्रेस अपनी मौत की घड़ियाँ गिन रही है, भारत में रहते हुए मेरी एक सबसे बड़ी इच्छा है कि मैं उसे शान्तिपूर्वक मरने में मदद करूँ"।

बंगाल विभाजन

- बंगाल में जारी **राष्ट्रीय चेतना** को समाप्त करने के उद्देश्य से लॉर्ड कर्जन ने 20 जुलाई, 1905 को बंगाल विभाजन की घोषणा की और यह 16 अक्टूबर 1905 से प्रभावी हो गया।
- बंगाल विभाजन के विरोध में पूरे बंगाल में आन्दोलन प्रारम्भ हुआ, जिसमें **स्वदेशी** तथा **बहिष्कार** को हथियार बनाया गया।
- बंगाल विभाजन के उपरान्त अनेक क्रान्तिकारी समाचार पत्रों का **बंगाल** से प्रकाशन शुरू हुआ, जिनमें प्रमुख हैं—ब्रह्मबान्धव उपाध्याय द्वारा प्रकाशित **संध्या,** अरविन्द घोष द्वारा सम्पादित **वन्देमातरम्,** भूपेन्द्रनाथ दत्त द्वारा सम्पादित **युगान्तर** आदि।
- बंगाल के क्रान्तिकारी जतीन्द्र नाथ मुखर्जी को **बाघा जतिन** के नाम से जाना जाता था।
- बंगाल के एक अन्य महान क्रान्तिकारी **रासबिहारी बोस** थे। कलकत्ता से दिल्ली राजधानी परिवर्तन के समय लॉर्ड हार्डिंग पर फेंके गए बम की योजना रास बिहारी बोस ने बनाई थी।

स्वदेशी व स्वराज (1905-1906 ई.)

- लाल, बाल, पाल और अरविन्द घोष के प्रयासों के फलस्वरूप स्वदेशी व स्वराज की माँग की गई।
- 1905 ई. के बनारस अधिवेशन में गोपालकृष्ण गोखले की अध्यक्षता में कांग्रेस ने स्वदेशी तथा 1906 ई. के कलकत्ता अधिवेशन में दादा भाई नौरोजी की अध्यक्षता में कांग्रेस ने स्वराज की माँग रखी।

मुस्लिम लीग (1906 ई.)

1906 ई. में सलीमुल्ला खाँ एवं आगा खाँ के नेतृत्व में मुस्लिम लीग की स्थापना हुई, जिसका उद्देश्य ब्रिटिश सरकार के प्रति मुसलमानों की निष्ठा में वृद्धि करना तथा मुसलमानों के राजनीतिक अधिकारों की रक्षा करना था।

कांग्रेस विभाजन (1907 ई.)

- 1907 ई. में कांग्रेस का वार्षिक अधिवेशन सूरत में आयोजित किया गया।
- इस अधिवेशन में उदारवादी तथा उग्रवादी कांग्रेसी नेताओं के बीच वैचारिक मतभेद सामने आया। उग्रवादी नेता बाल गंगाधर तिलक को अध्यक्ष बनाना चाहते थे। कांग्रेस में पहली फूट इस अधिवेशन में पड़ी तथा उग्रवादी नेता कांग्रेस से अलग हो गए।

दिल्ली राजधानी परिवर्तन (1911 ई.)

ब्रिटेन के सम्राट जार्ज पंचम का दिल्ली आगमन हुआ, जिसके स्वागत में भव्य **दिल्ली दरबार** का आयोजन किया गया। बंगाल विभाजन रदद करने एवं राजधानी को कलकत्ता करने की घोषणा हुई।

लखनऊ समझौता (1916 ई.)

- 1916 ई. में मुस्लिम लीग के नेता मुहम्मद अली जिन्ना तथा कांग्रेस नेताओं के बीच समझौता हुआ, जिसके बाद एक संयुक्त समिति का गठन किया गया।
- 1916 ई. में मुस्लिम लीग तथा कांग्रेस का संयुक्त अधिवेशन लखनऊ में हुआ। इसकी अध्यक्षता **अम्बिका चरण मजूमदार** ने की।
- लखनऊ अधिवेशन (1916 ई.) की दो महत्त्वपूर्ण घटनाएँ थीं, उग्रवादियों को जिन्हें पिछले नौ वर्ष से कांग्रेस से निष्कासित कर दिया गया था, का एक बार फिर कांग्रेस में पुन:प्रवेश तथा कांग्रेस और मुस्लिम लीग के बीच **ऐतिहासिक लखनऊ समझौता।**
- लखनऊ समझौते के द्वारा कांग्रेस ने पहली बार मुसलमानों के लिए पृथक निर्वाचन मण्डल की माँग औपचारिक रूप से स्वीकार कर ली, जो कालान्तर में एक बड़ी भूल सिद्ध हुई।
- कांग्रेस के लखनऊ सम्मेलन में उग्रवादी और उदारवादियों को पुन: एक करने में **तिलक** और **ऐनी बेसेन्ट** की भूमिका महत्त्वपूर्ण थी।

होमरूल लीग (1916 ई.)

- भारत में सबसे पहले **होमरूल लीग** की स्थापना 28 अप्रैल, 1916 में बालगंगाधर तिलक ने बेलगाँव पूना में की।
- तिलक ने **मराठा** तथा **केसरी** नामक समाचार पत्रों का सम्पादन किया।
- सितम्बर, 1916 में **ऐनी बेसेन्ट** ने अखिल भारतीय होमरूल लीग का गठन (मद्रास में) किया। **जार्ज अरूण्डेल** इस **होमरूल लीग** के सचिव थे।
- ऐनी बेसेन्ट ने **कॉमनवील** तथा **न्यू इण्डिया** समाचार पत्र के माध्यम से होमरूल लीग के विचारों का प्रसार किया।
- लीग की सर्वाधिक शाखाएँ मद्रास में थीं लेकिन लीग की सक्रियता सर्वाधिक बम्बई, उत्तर प्रदेश के कुछ हिस्से तथा गुजरात के ग्रामीण क्षेत्रों में थी।
- गोपालकृष्ण गोखले द्वारा स्थापित संस्था **सर्वेन्ट ऑफ इण्डिया सोसायटी** के सदस्यों को लीग में प्रवेश की अनुमति नहीं थी।

अगस्त घोषणा (1917 ई.)

- 20 अगस्त, 1917 को ब्रिटेन की संसद में **भारत सचिव मान्टेग्यू** ने एक प्रस्ताव प्रस्तुत किया, जो **अगस्त घोषणा** के नाम से जाना जाता है।
- इस प्रस्ताव के अनुसार भारत में प्रशासन की हर शाखा में भारतीयों को अधिक प्रतिनिधित्व प्रदान करने की बात कही गई थी।

मुख्य तथ्य

- ग्वालिया टैंक मैदान को **अगस्त क्रान्ति मैदान** के नाम से जाना जाता है।
- 1942 ई. के भारत छोड़ो आन्दोलन के दौरान हजारीबाग सेन्ट्रल जेल की दीवारों को फाँदकर **जयप्रकाश नारायण** ने आन्दोलन में हिस्सा लिया।
- **कामागाटामारु प्रकरण** (1914 ई.) कनाडा में भारतीयों के प्रवेश से सम्बन्धित विवाद था। इसी सन्दर्भ में भारत के गुरुदीप सिंह ने कामागाटामारु जहाज पर 376 यात्रिकों को लेकर कनाडा की ओर प्रस्थान किया परन्तु कनाडा सरकार ने मना कर दिया।

रॉलेट एक्ट (1919 ई.)

- इसे **आतंकवादी अपराध अधिनियम** तथा **काला कानून** भी कहा गया।
- 6 अप्रैल, 1919 को इसके विरोध में देश भर में हड़ताल हुई।
- गाँधी जी ने रौलेट एक्ट के विरोध में सत्याग्रह किया।
- इस एक्ट को **बिना वकील, बिना अपील तथा बिना दलील** का कानून कहा गया है। इसके द्वारा सरकार किसी भी सन्देहास्पद व्यक्ति को गिरफ्तार करके जेल में डाल सकती थी।

गाँधीजी के प्रारम्भिक सत्याग्रह

चम्पारण सत्याग्रह (1917 ई.)

- नील किसानों के पक्ष में, जिन्हें अपनी भूमि के 3/20 वें भाग (तिनकठिया प्रथा) पर नील की कृषि करना अनिवार्य था।
- राजकुमार शुक्ल ने गाँधीजी को चम्पारण आने के लिए आमन्त्रित किया था।

अहमदाबाद मिल हड़ताल (1918 ई.)

- भारतीय कपड़ा मालिकों के विरुद्ध, 'प्लेग बोनस' लेकर हड़ताल हुई।
- पहली बार महात्मा गाँधी द्वारा 'भूख हड़ताल' की गई।

खेड़ा सत्याग्रह (1918 ई.)

- यह गुजरात के खेड़ा जिले में, बढ़ी हुई मालगुजारी के खिलाफ किया गया आन्दोलन था।
- इस आन्दोलन के स्थानीय नेता मोहन लाल पाण्ड्या थे।

जलियाँवाला बाग हत्याकाण्ड (1919 ई.)

- रॉलेट एक्ट के विरोध में आयोजित प्रदर्शन के दौरान पंजाब के लोकप्रिय नेता **सैफुद्दीन किचलू** तथा **सत्यपाल** को गिरफ्तार किया गया था।
- इस गिरफ्तारी के विरोध में 13 अप्रैल, 1919 को अमृतसर के जलियाँवाला बाग में एक जनसभा आयोजित की गई, जिस पर **जनरल ओ. डायर** ने गोलियाँ चलवाईं। इसमें सैकड़ों लोग मारे गए।
- वायसराय की कार्यकारिणी के सदस्य शंकरन ने इस हत्याकाण्ड के विरोध में इस्तीफा दे दिया।
- रवीन्द्रनाथ ठाकुर ने **सर** की उपाधि वापस कर दी।
- दीनबन्धु सी. एफ. एण्ड्रूज ने इस हत्याकाण्ड को जानबूझ कर की गई क्रूर हत्या की संज्ञा दी।
- इस हत्याकाण्ड की जाँच हेतु सरकार ने **हण्टर समिति** नियुक्ति की जिसके सदस्य थे-लॉर्ड हण्टर, मिस्टर जस्टिस रैस्किन, मि. राइस, सर जॉर्ज बैरो, सर टॉमस स्मिथ, सर चिमन शीतलवाड़, साहबजादा सुल्तान अहमद तथा जगतनारायण।

खिलाफत आन्दोलन (1920 ई.)

- प्रथम विश्वयुद्ध के बाद वर्साय की सन्धि के प्रावधानों के अनुसार तुर्की में **खलीफा** के पद को समाप्त कर दिया गया।
- भारतीय मुसलमानों ने इसे इस्लाम का अपमान बताया। 1919 ई. में मोहम्मद अली तथा शौकत अली ने **अखिल भारतीय खिलाफत** कमेटी का गठन किया। अब्दुल कलाम आजाद ने अपनी पत्रिका **अल-हिलाल** एवं **कामरेड** के माध्यम से खिलाफत आन्दोलन का प्रचार किया।
- 1919 ई. में दिल्ली में आयोजित अखिल भारतीय खिलाफत कमेटी के अधिवेशन में गाँधीजी ने भाग लिया।

असहयोग आन्दोलन (1920-1922 ई.)

- 1920 ई. में लाला लाजपत राय की अध्यक्षता में हुए **कलकत्ता अधिवेशन** में असहयोग आन्दोलन का प्रस्ताव पारित किया गया और कांग्रेस के नागपुर अधिवेशन में इसकी पुष्टि कर दी।
- गाँधीजी ने इस दौरान बहिष्कार की घोषणा की। विद्यार्थियों ने विद्यालय तथा वकीलों ने अदालतों का बहिष्कार किया।
- गाँधीजी ने **केसर-ए-हिन्द** की उपाधि लौटा दी। 17 नवम्बर, 1921 को 'प्रिन्स ऑफ वेल्स' के आगमन पर देश में सार्वजनिक हड़ताल की गई।
- 5 फरवरी, 1922 को **चौरी-चौरा** में आन्दोलनकारियों द्वारा पुलिस स्टेशन को जलाए जाने के बाद गाँधीजी ने असहयोग आन्दोलन स्थगित करने की घोषणा की।
- **मुहम्मद अली** पहले नेता थे, जिन्हें सर्वप्रथम असहयोग आन्दोलन में गिरफ्तार किया गया।
- शिक्षा संस्थाओं का असहयोग आन्दोलन के समय सर्वाधिक बहिष्कार **बंगाल** में हुआ।
- चौरी-चौरा काण्ड के बाद 12 फरवरी, 1922 को इस आन्दोलन को समाप्त कर दिया गया।

असहयोग आन्दोलन के प्रमुख रचनात्मक कार्यक्रम

- राष्ट्रीय विद्यालयों तथा पंचायती अदालतों की स्थापना।
- अस्पृश्यता का अन्त, हिन्दू-मुस्लिम एकता।
- स्वदेशी का प्रसार और कताई-बुनाई।

असहयोग आन्दोलन के प्रमुख नकारात्मक कार्यक्रम

- सरकारी उपाधियाँ व प्रशास्ति पत्रों को लौटना।
- सरकारी स्कूलों, कॉलेजों, अदालतों, विदेशी कपड़ों आदि का बहिष्कार।
- सरकारी उत्सवों-समारोहों का बहिष्कार।
- विदेशी वस्तुओं का बहिष्कार तथा स्वदेशी का प्रचार।
- अवैतनिक पदों से तथा स्थानीय निकायों के नामांकित पदों से त्याग-पत्र।

स्वराज पार्टी (1923 ई.)

- असहयोग आन्दोलन के स्थगित होने के बाद **मोतीलाल नेहरू, सी. आर. दास** तथा **एन. सी. केलकर** ने इलाहाबाद में 1923 ई. में **स्वराज पार्टी** का गठन किया।
- स्वराज पार्टी ने 1923 ई. में हुए विधानपरिषद् चुनावों में भाग लिया तथा अच्छी सफलता प्राप्त की।
- 1925 ई. में **विट्ठल भाई पटेल** को **सेण्ट्रल लेजिस्लेटिव असेम्बली** का अध्यक्ष चुना जाना स्वराजियों की एक महत्त्वपूर्ण उपलब्धि थी।

साइमन कमीशन (1927-28 ई.)

- 8 नवम्बर, 1927 को **साइमन कमीशन** का गठन किया गया। इस कमीशन के सभी 7 सदस्य ब्रिटिश थे।
- इस आयोग का कार्य भारतीय जनता के संवैधानिक अधिकारों के स्वरूप पर विचार करना था। किसी भारतीय को शामिल नहीं करने के कारण भारत में इस कमीशन का तीव्र विरोध हुआ।
- 3 फरवरी, 1928 को साइमन कमीशन के बम्बई पहुँचने पर, हड़ताल आयोजित की गई।
- लाहौर में साइमन कमीशन का विरोध करते हुए पुलिस की लाठी से लाला लाजपत राय घायल हुए, जिनकी बाद में 1928 ई. में मृत्यु हो गई।

बारदोली सत्याग्रह (1928 ई.)

गुजरात के **बारदोली** में किसानों पर 30% अतिरिक्त लगान वृद्धि की गई, इसका किसानों ने विरोध किया।

आन्दोलन का नेतृत्व वल्लभ भाई पटेल ने किया। यहाँ की महिलाओं ने उन्हें **सरदार** की उपाधि दी।

नेहरू रिपोर्ट (1928 ई.)

- साइमन कमीशन के विरोध एवं बहिष्कार से पूर्व ही संविधान निर्माण के लिए 19 मई, 1928 को एक सम्मेलन आयोजित किया गया।
- **मोतीलाल नेहरू** की अध्यक्षता में एक समिति गठित की गई जिसके सदस्य थे—सर अली इमाम, तेजबहादुर सप्रू, मेगल सिंह, सुभाषचन्द्र बोस, एन.एम. जोशी आदि जिसमें संविधान के सिद्धान्तों को निर्धारित किया।
- नेहरू रिपोर्ट 28 अगस्त, 1928 को प्रकाशित हुई। इसमें केन्द्र में द्विसदनात्मक व्यवस्था तथा प्रान्तीय स्वायत्तता को स्वीकृति दी गई।
- मुस्लिम लीग ने नेहरू रिपोर्ट के प्रावधानों को खारिज कर दिया। सिख समुदाय भी इससे सन्तुष्ट नहीं था।

लाहौर अधिवेशन (1929 ई.)

- 1929 ई. में **लाहौर** में कांग्रेस का वार्षिक अधिवेशन आयोजित हुआ। इसकी अध्यक्षता जवाहरलाल नेहरू ने की और 31 दिसम्बर, 1929 को रावी नदी के तट पर तिरंगा झण्डा फहराया।
- इस अधिवेशन में **पूर्ण स्वराज** को कांग्रेस का अन्तिम लक्ष्य निर्धारित किया गया।
- 26 जनवरी, 1930 को स्वतन्त्रता दिवस मनाने का प्रस्ताव पारित किया गया।
- गाँधीजी को **सविनय अवज्ञा आन्दोलन** चलाने के लिए नेतृत्व प्रदान किया गया।

दाण्डी मार्च (1930 ई.)

- 12 मार्च, 1930 को गाँधीजी ने 78 अनुयायियों के साथ जिनमें **वेब मिलर** (अंग्रेज) भी था, साबरमती आश्रम से दाण्डी तट की यात्रा आरम्भ की। इस यात्रा का उद्देश्य नमक कानून का उल्लंघन करना था, इस कारण इसे **नमक सत्याग्रह** भी कहा जाता है।
- 5 अप्रैल, 1930 को नमक कानून तोड़कर गाँधीजी ने सविनय अवज्ञा आन्दोलन आरम्भ किया।
- पश्चिमोत्तर भारत में सविनय अवज्ञा आन्दोलन का नेतृत्व **खान अब्दुल गफ्फार खाँ** ने (लालकुर्ती आन्दोलन) किया। उन्होंने **खुदाई खिदमतगार** नामक संगठन बनाया।

प्रथम गोलमेज सम्मेलन (1930 ई.)

- प्रथम गोलमेज सम्मेलन का आयोजन 12 नवम्बर, 1930 से 13 जनवरी, 1931 तक लन्दन में हुआ।
- इस सम्मेलन का उद्घाटन ब्रिटेन के **सम्राट जॉर्ज पंचम** ने किया तथा अध्यक्षता **प्रधानमन्त्री रैम्जे मैक्डोनाल्ड** ने की।
- इस सम्मेलन में कांग्रेस ने भाग नहीं लिया। हिन्दू महासभा, मुस्लिम लीग तथा उदारवादी नेताओं के प्रतिनिधियों ने इसमें भाग लिया। **बी.आर. अम्बेडकर** ने दलित वर्ग का प्रतिनिधित्व किया।

गाँधी-इरविन समझौता (1931 ई.)

- 5 मार्च, 1931 को गाँधी तथा इरविन के मध्य समझौता हुआ, इसे **दिल्ली समझौता** कहा गया।
- सविनय अवज्ञा आन्दोलन को समाप्त करने की सहमति।
- सभी राजनीतिक बन्दियों की रिहाई, जिनके विरुद्ध हिंसा का आरोप नहीं था।
- विदेशी कपड़ों और शराब की दुकानों पर शान्तिपूर्ण धरना देने का अधिकार।
- समुद्र तटीय प्रदेशों में बिना नमक कर दिए नमक बनाने की अनुमति।
- गाँधीजी ने द्वितीय गोलमेज सम्मेलन में भाग लेने का प्रस्ताव मान लिया।

द्वितीय गोलमेज सम्मेलन (1931 ई.)

- 1-7 दिसम्बर, 1931 तक इसका आयोजन लन्दन में किया गया। इस सम्मेलन में गाँधीजी ने कांग्रेस के प्रतिनिधि के रूप में भाग लिया।
- द्वितीय गोलमेज सम्मेलन असफल रहा। भारत वापस आकर गाँधीजी ने पुनः सविनय अवज्ञा आन्दोलन आरम्भ किया।
- द्वितीय गोलमेज सम्मेलन में **मदन मोहन मालवीय** और **ऐनी बेसेन्ट** ने खुद के खर्च पर हिस्सा लिया था।

साम्प्रदायिक पंचाट (1932 ई.)

16 अगस्त, 1932 को तत्कालीन ब्रिटिश प्रधानमन्त्री रैम्जे मैक्डोनाल्ड ने साम्प्रदायिक पंचाट जारी किया। इसमें मुसलमानों, सिखों, भारतीय ईसाइयों के साथ दलित वर्गों के लिए भी पृथक निर्वाचन पद्धति भी लागू की गई। इसे कम्यूनल अवॉर्ड भी कहा जाता है।

पूना पैक्ट (1932 ई.)

- महात्मा गाँधी ने दलितों को पृथक निर्वाचक मण्डल प्रदान करने वाले 'कम्युनल अवार्ड' का विरोध करने के लिए 20 सितम्बर, 1932 को **यरवदा** जेल में आमरण अनशन आरम्भ किया।
- मदन मोहन मालवीय के प्रयासों से 25 सितम्बर, 1932 को **बी.आर. अम्बेडकर** तथा **गाँधीजी** के बीच एक समझौता हुआ, जिसमें दलितों के लिए 75 की जगह सुरक्षित स्थानों की संख्या 148 करने तथा संयुक्त निर्वाचक मण्डल स्वीकार करने की बात कही गई, इसे **पूना पैक्ट** कहा गया।

तृतीय गोलमेज सम्मेलन (1932 ई.)

- 17 नवम्बर, 1932 से 24 दिसम्बर, 1932 तक लन्दन में तीसरे गोलमेज सम्मेलन का आयोजन किया गया।
- भारतीय राष्ट्रीय कांग्रेस ने इस गोलमेज सम्मेलन का विरोध करते हुए बहिष्कार किया।
- तीसरे गोलमेज सम्मेलन में **भारत सरकार अधिनियम, 1935** को अन्तिम रूप प्रदान किया गया।

क्रान्तिकारी राष्ट्रवादी आन्दोलन

- भारत में कांग्रेसी राष्ट्रवाद के समानान्तर क्रान्तिकारी राष्ट्रवाद का भी विकास हुआ। 1922 ई. के बाद असहयोग आन्दोलन से उत्साहित युवकों ने क्रान्तिकारी गतिविधियों में भाग लिया।
- अक्टूबर, 1924 में चन्द्रशेखर आजाद की अध्यक्षता में **हिन्दुस्तान रिपब्लिक एसोसिएशन** की स्थापना हुई।
  इसके मुख्य कार्यकर्ता थे रामप्रसाद बिस्मिल, शचीन्द्र नाथ सान्याल, अशफाक उल्ला खाँ, रोशन सिंह।
- इस संस्था के सदस्यों ने 9 अगस्त, 1925 को लखनऊ के निकट काकोरी में सरकारी खजाने को ले जाती हुई रेलगाड़ी को लूटा। यह घटना **काकोरी षड्यन्त्र** के नाम से चर्चित हुई।
- काकोरी काण्ड के आरोप में रामप्रसाद बिस्मिल, अशफाक उल्ला खाँ, रोशनलाल तथा राजेन्द्र लाहिड़ी को फाँसी दी गई।
- चन्द्रशेखर आजाद तथा भगत सिंह के नेतृत्व में 1928 ई. में **हिन्दुस्तान सोशलिस्ट रिपब्लिकन एसोसिएशन** की स्थापना की गई। इस संस्था का पहला अधिवेशन दिल्ली में आयोजित किया गया।
- साइमन कमीशन के विरोध में लाला लाजपत राय पर लाठी चार्ज करने वाले पुलिस अधिकारी **साण्डर्स** की लाहौर में 30 अक्टूबर, 1928 को भगत सिंह, राजगुरु तथा चन्द्रशेखर आजाद ने हत्या कर दी।
- भगतसिंह तथा बटुकेश्वर दत्त ने 8 अप्रैल, 1929 को केन्द्रीय असेम्बली में बम फेंका।
- 27 फरवरी, 1931 को चन्द्रशेखर आजाद इलाहाबाद में एक पुलिस मुठभेड़ में शहीद हुए।
- 23 मार्च, 1931 को भगत सिंह, सुखदेव और राजगुरु को लाहौर जेल में फाँसी दे दी गई।
- बंगाल में **सूर्यसेन** ने **इण्डियन रिपब्लिकन आर्मी** का गठन किया। यह संस्था चटगाँव में क्रियाशील थी।

क्रान्तिकारी घटनाएँ

वर्ष	घटना	स्थान	क्रान्तिकारी
1897	*कमिश्नर रैंड व एमहर्स्ट हत्याकाण्ड*	पुणे	चापेकर बन्धु
1908	*किंग्सफोर्ड की हत्या का प्रयास (अलीपुर षड्यन्त्र काण्ड)*	मुजफ्फरपुर	खुदीराम बोस व प्रफुल्ल चाकी
1909	*जैक्सन हत्याकाण्ड*	नासिक	अनन्त कन्हेरे
1909	*कर्नल वाइली हत्याकाण्ड*	लन्दन	मदनलाल धींगरा
1912	*वायसराय हार्डिंग की हत्या का प्रयास (दिल्ली बमकाण्ड)*	दिल्ली	रासबिहारी बोस व बसन्त कुमार
1927	*काकोरी काण्ड*	काकोरी	रामप्रसाद बिस्मिल व अशफाक उल्ला खाँ
1928	*साण्डर्स हत्याकाण्ड*	लाहौर	सरदार भगत सिंह
1930	*शस्त्रागार डकैती काण्ड*	चटगाँव	सूर्यसेन
1940	*जनरल डायर हत्याकाण्ड*	लन्दन	ऊधम सिंह

अगस्त प्रस्ताव (1940 ई.)

- 8 अगस्त, 1940 को तत्कालीन वायसराय लॉर्ड लिनलिथगो ने अगस्त प्रस्ताव की घोषणा की।
- इस प्रस्ताव में युद्ध सम्बन्धी विषयों पर विचार के लिए युद्ध परामर्श समिति के गठन का प्रस्ताव रखा गया।
- भारतीयों को वायसराय की कार्यकारिणी में प्रतिनिधित्व देने के लिए इसके विस्तार की योजना सामने रखी गई।

पाकिस्तान की माँग (1940 ई.)

- मोहम्मद अली जिन्ना ने 23 मार्च, 1940 को मुस्लिम लीग के **लाहौर अधिवेशन** में पाकिस्तान की माँग की।
- पाकिस्तान नाम कैम्ब्रिज विश्वविद्यालय में पढ़ने वाले **रहमत अली** ने दिया था।
- मुसलमानों के लिए पृथक राष्ट्र का सुझाव सबसे पहले प्रसिद्ध **शायर इकबाल** ने 1930 ई. में मुस्लिम लीग के इलाहाबाद अधिवेशन में दिया था।

क्रिप्स मिशन (1942 ई.)

- इस मिशन का उद्देश्य भारत को द्वितीय विश्व युद्ध में शामिल करना था।
- युद्ध के उपरान्त भारत को डोमिनियन स्टेट्स देने की बात स्वीकार की गई। इस मिशन को गाँधी जी ने **उत्तरांकित तिथि** (पोस्टडेटेड चेक) चेक कहा।

भारत छोड़ो आन्दोलन (1942 ई.)

- अगस्त प्रस्ताव तथा क्रिप्स मिशन की असफलता के बाद भारत छोड़ो आन्दोलन आरम्भ किया गया।
- 8 अगस्त, 1942 को बम्बई के ग्वालिया टैंक में कांग्रेस का अधिवेशन आयोजित किया गया।
- 8 अगस्त, 1942 को गाँधीजी ने **करो या मरो** का नारा दिया। कांग्रेस के सभी बड़े नेता गिरफ्तार किए गए।
- गाँधीजी को पूना के **आगाखाँ महल** में रखा गया।
- **मुस्लिम लीग** ने भारत छोड़ो आन्दोलन का समर्थन नहीं किया तथा तटस्थता बनाए रखी।
- जयप्रकाश नारायण, राममनोहर लोहिया एवं अरुणा आसफ अली ने भूमिगत रहकर आन्दोलन का नेतृत्व किया, **उषा मेहता** ने कांग्रेस रेडियो का कार्य किया।

वेवेल योजना (1945 ई.)

- 4 जून, 1945 को वेवेल योजना का प्रस्ताव रखा गया।
- इस प्रस्ताव में वायसराय की कार्यकारिणी परिषद् को पुनर्गठित किया गया तथा जिसमें सभी दलों को प्रतिनिधित्व देने की बात कही गई।
- युद्ध के उपरान्त भारत को स्वयं संविधान बनाने की जिम्मेदारी दी जानी थी।

शिमला सम्मेलन (1945 ई.)

- वेवेल प्रस्ताव पर विचार-विमर्श हेतु शिमला में 25 जून, 1945 को शिमला सम्मेलन का आयोजन किया गया।
- इसमें जिन्ना ने यह माँग रखी की प्रस्तावित परिषद् में मुस्लिम सदस्यों को नामित करने का अधिकार केवल मुस्लिम लीग को है।
- इसमें यह भी प्रावधान किया गया कि यदि किसी निर्णय पर मुसलमानों को आपत्ति हो, तो उसे केवल 2/3 बहुमत से या किसी अन्य प्रकार की ऐसी व्यवस्था के द्वारा ही लागू किया जाए।
- शिमला वार्ता विफल हो गई, कांग्रेस तथा ब्रिटिश सरकार दोनों इससे सहमत नहीं थे।

आजाद हिन्द फौज

- आजाद हिन्द फौज की स्थापना का श्रेय रास बिहारी बोस को दिया जाता है। जुलाई, 1943 में सुभाषचन्द्र को आजाद हिन्द फौज का सर्वोच्च सेनापति बनाया गया। सुभाष चन्द्र बोस ने लक्ष्मीबाई के नाम पर रानी झाँसी रेजिमेण्ट महिलाओं के लिए स्थापित की। आजाद हिन्द फौज के तीन और ब्रिगेड का नाम क्रमशः सुभाष ब्रिगेड, नेहरू ब्रिगेड, गाँधी ब्रिगेड रखा गया। 21 अक्टूबर, 1943 में **सिंगापुर** में **आजाद हिन्द सरकार** की स्थापना की।
- आजाद हिन्द फौज के गिरफ्तार सैनिकों सहगल, ढिल्लों एवं शाहनवाज खाँ पर लालकिले में मुकदमा (1945 ई.) चलाया गया।

भारत में संवैधानिक विकास

एक्ट	प्रमुख प्रावधान
1773 का रेग्यूलेटिंग एक्ट	*इसका उद्देश्य भारत में* ***ईस्ट इण्डिया कम्पनी पर नियन्त्रण*** *करना था।* *बंगाल का प्रशासक अंग्रेजी क्षेत्रों का गवर्नर जनरल बना।* ***सुप्रीम कोर्ट की कलकत्ता*** *में स्थापना हुई।* *कम्पनी का निजी व्यापार प्रतिबन्धित हुआ।*
1784 का पिट्स एक्ट	*गवर्नर जनरल के काउन्सिल के सदस्यों की संख्या तीन कर दी गई।* ***द्वैध शासन की स्थापना*** *(कोर्ट ऑफ डायरेक्टर्स तथा बोर्ड ऑफ कण्ट्रोल) की गई।*
1793 का चार्टर एक्ट	*कम्पनी का भारत में व्यापार 20 वर्ष के लिए बढ़ा दिया गया।* *गवर्नर जनरल का मद्रास तथा बम्बई की प्रेसीडेन्सी पर भी शासन हो गया।*
1813 का चार्टर एक्ट	*कम्पनी का भारतीय* ***व्यापार से एकाधिकार समाप्त*** *कर दिया।* ***कम्पनी को चीन से चाय के व्यापार का अधिकार*** *दिया गया।* *भारतीयों के लिए ₹ 1 लाख वार्षिक शिक्षा का प्रावधान किया गया।*
1833 का चार्टर एक्ट	*बंगाल का गवर्नर जनरल* ***भारत का गवर्नर जनरल*** *बना।* ***चीन से चाय का व्यापार भी*** *समाप्त कर दिया।* *विधि कमीशन बनाया गया।*
1853 का चार्टर	*भारतीय क्षेत्र ट्रस्ट के रूप में तब तक रखा जाए जब तक ब्रिटिश संसद चाहे।* ***सरकारी सेवा में भर्ती प्रतियोगी परीक्षा*** *द्वारा।*
1858 का अधिनियम	***द्वैध शासन*** *समाप्त, भारत का प्रशासन ब्रिटिश क्राउन के नियन्त्रण में,* *भारत के* ***गवर्नर जनरल को वायसराय*** *कहा गया।* *15 सदस्यीय भारत परिषद् का गठन किया गया।*
1861 का अधिनियम	*गवर्नर जनरल की* ***शासकीय परिषद् में भारतीय*** *भी शामिल होंगे।* *लॉर्ड कैनिंग ने* ***विभागीय प्रणाली*** *का सूत्रपात किया।*
1982 का अधिनियम	*परिषद् के सदस्य बजट पर वाद-विवाद व प्रश्न पूछ सकते थे किन्तु वोट देने का अधिकार प्राप्त नहीं था।* ***चुनाव पद्धति का सूत्रपात*** *हुआ।*
1909 का अधिनियम	*केन्द्रीय काउन्सिल के सदस्यों की संख्या 60 कर दी गई। राज्य काउन्सिल के सदस्यों की संख्या में भी वृद्धि की गई।* ***मुस्लिमों के लिए पृथक निर्वाचन क्षेत्र*** *निश्चित तथा सार्वजनिक हितों से सम्बन्धित प्रश्न पूछने का अधिकार दिया गया।*
1919 का अधिनियम	*भारतीय कार्यों की देखभाल के लिए भारतीय उच्चायुक्त की नियुक्ति, साम्प्रदायिक निर्वाचन के दायरें में सिख, एंग्लो-इण्डियन, भारतीय ईसाई तथा यूरोपीय भी शामिल किए गए। उत्तरदायी शासन,* ***द्वैध शासन प्रणाली*** *तथा* ***प्रत्यक्ष निर्वाचन प्रणाली*** *प्रारम्भ की गई।*
1935 का भारत सरकार अधिनियम	*केन्द्र में* ***द्वैध शासन,*** *संघीय विषय दो भागों में विभाजित संरक्षित तथा हस्तान्तरित मताधिकार का विस्तार किया तथा* ***रिजर्व बैंक ऑफ इण्डिया की स्थापना*** *की गई।* *विवादों के निपटारे के लिए अन्तिम न्यायालय प्रिवी काउन्सिल थी।*

कैबिनेट मिशन (1946 ई.)

- 15 फरवरी, 1946 को भारतीय संविधान सभा की स्थापना के लिए कैबिनेट मिशन 24 मार्च, 1946 को दिल्ली पहुँचा। इसके तीन सदस्य **स्टेफोर्ड क्रिप्स, पैथिक लारेन्स** तथा **ए. वी. एलेक्जेन्डर** थे।

- **जुलाई 1946** में कैबिनेट मिशन योजना के तहत संविधान सभा के सदस्यों का चुनाव हुआ।
- मुस्लिम लीग ने कैबिनेट मिशन योजना को अस्वीकृति दी तथा 16 अगस्त, 1946 को **प्रत्यक्ष कार्यवाही दिवस** मनाया।

माउण्टबेटन योजना (1947 ई.)

- 20 फरवरी, 1947 को ब्रिटिश प्रधानमन्त्री **एटली** ने जून, 1948 तक भारत को स्वतन्त्र करने की घोषणा की।
- 22 मार्च, 1947 को लॉर्ड माउण्टबेटन को भारत का वायसराय बनाया गया। 3 जून, 1947 को उसने भारत विभाजन सम्बन्धी प्रस्ताव रखा, जिसे **माउण्टबेटन प्लान** कहा जाता है।
- 4 जुलाई, 1947 को माउण्टबेटन प्लान पर आधारित 'भारतीय स्वतन्त्रता विधेयक' ब्रिटिश संसद में पेश किया गया, जो 18 जुलाई, 1947 को पारित हुआ तथा पं. जवाहरलाल नेहरू को स्वतन्त्र भारत का प्रथम प्रधानमन्त्री बनाया गया।

राष्ट्रीय स्वतन्त्रता आन्दोलन से सम्बन्धित महत्त्वपूर्ण संस्थाएँ

संस्थाएँ	स्थापना वर्ष	प्रमुख सूत्रधार
एशियाटिक सोसायटी ऑफ बंगाल	1784	विलियम जोन्स
यंग बंगाल	1828	हेनरी लुई विवियन डेरोजियो
ब्रह्म समाज	1828	राजा राममोहन राय
तत्वबोधिनी सभा	1839	देवेन्द्रनाथ ठाकुर
ब्रिटिश सार्वजनिक सभा	1843	दादाभाई नौरोजी
मानवधर्म सभा	1844	दुर्गाराम मंशाराम
रहनुमाई माजदयासन समाज	1851	दादाभाई नौरोजी
साइन्टिफिक सोसायटी	1862	सर सैयद अहमद खाँ
मोहम्मडन एंग्लो लिटरेरी सोसायटी	1863	अब्दुल लतीफ
भारतीय ब्रह्म समाज	1866	केशवचन्द्र सेन
साधारण ब्रह्म समाज	1878	शिवनाथ शास्त्री एवं आनन्द मोहन बोस
वेद समाज	1871	श्री धरालु नायडू
प्रार्थना समाज	1867	केशवचन्द्र सेन, महादेव रानाडे, आत्माराम पाण्डुरंग, देवेन्द्रनाथ टैगोर आदि
पूना सार्वजनिक सभा	1867	रानाडे/चिपलुणकर और जोशी
इण्डियन सोसायटी	1872	आनन्द मोहन बोस
आर्य समाज	1875	स्वामी दयानन्द सरस्वती
थियोसोफिकल सोसायटी	1875	मैडम ब्लावत्स्की और कर्नल अल्काट
मोहम्मडन एंग्लो ओरिएण्टल कॉलेज	1875	सर सैयद अहमद खाँ
इण्डियन एसोसिएशन	1876	सुरेन्द्र नाथ बनर्जी, आनन्द मोहन बोस
भारतीय राष्ट्रीय कांग्रेस	1885	ए. ओ. ह्यूम
बॉम्बे प्रेसीडेन्सी एसोसिएशन	1885	फिरोजशाह मेहता तैलंग
वेल्लूर मठ	1887	स्वामी विवेकानन्द
यूनाइटेड इण्डियन पेट्रियाटिक एसोसिएशन	1888	सर सैयद अहमद खाँ
रामकृष्ण मिशन	1897	स्वामी विवेकानन्द
सर्वेन्ट ऑफ इण्डिया सोसायटी	1905	गोपालकृष्ण गोखले
मुस्लिम लीग	1906	सलीमुल्ला एवं आगा खाँ
गदर पार्टी	1913	हरदयाल, काशीराम तथा सोहन सिंह
होमरूल लीग	1916	बाल गंगाधर तिलक
विश्व भारती	1918	रवीन्द्रनाथ टैगोर
कम्युनिस्ट पार्टी ऑफ इण्डिया	1920	एम. एन. राय
सर्वेंट्स ऑफ पीपुल सोसायटी	1920	लाला लाजपत राय
अखिल भारतीय ट्रेड यूनियन कांग्रेस	1920	एन.एम.जोशी
स्वराज पार्टी	1923	मोतीलाल नेहरू, चितरंजन दास व एन. सी. केलकर
राष्ट्रीय स्वयं सेवक संघ	1925	के.बी. हेडगेवार
हिन्दुस्तान सोशलिस्ट रिपब्लिकन एसोसिएशन	1928	चन्द्रशेखर आजाद, भगत सिंह
अखिल भारतीय किसान सभा	1936	एन.जी. रंगा तथा स्वामी सहजानन्द
अखिल भारतीय विद्यार्थी परिषद्	1936	मीनू मसानी, अशोक मेहता व डॉ. अशरफ
खुदाई खिदमतगार	1930	खान अब्दुल गफ्फार खान
फॉरवर्ड ब्लॉक	1939	सुभाष चन्द्र बोस
आजाद हिन्द फौज	1942	रासबिहारी बोस

राष्ट्रीय आन्दोलन से सम्बन्धित महत्त्वपूर्ण घटनाएँ एवं तिथियाँ

राष्ट्रीय आन्दोलन	तिथि
सैन्य विद्रोह (प्रथम स्वतन्त्रता संग्राम)	10 मई, 1857
विक्टोरिया भारत की साम्राज्ञी घोषित	1858
इण्डियन काउन्सिल एक्ट	1861
कूका विद्रोह	1872
लॉर्ड लिटन द्वारा दिल्ली दरबार का आयोजन	1877
प्रथम फैक्ट्री अधिनियम	1881
थियोसोफिकल सोसायटी केन्द्र (अड्यार) स्थापित	1882
इल्बर्ट बिल	1883
भारतीय विश्वविद्यालय अधिनियम	1904
बंगाल का विभाजन	1905
सूरत अधिवेशन, कांग्रेस में फूट	1907
मार्ले-मिण्टो सुधार	1909
ब्रिटिश साम्राज्य का दिल्ली दरबार	1911
प्रथम विश्वयुद्ध	1914-19
मुस्लिम लीग-कांग्रेस समझौता (लखनऊ पैक्ट)	1916
महात्मा गाँधी द्वारा चम्पारण सत्याग्रह	1917
रौलेट अधिनियम	1919
जलियाँवाला बाग हत्याकाण्ड	1919
माण्टेग्यू-चेम्सफोर्ड सुधार	1919
खिलाफत आन्दोलन	1920
असहयोग आन्दोलन	1920-22
चौरी-चौरा काण्ड	1922
साइमन कमीशन की नियुक्ति	1927
साइमन कमीशन का भारत आगमन	1928
भगत सिंह द्वारा केन्द्रीय असेम्बली भवन में बम फेंकना	1929
कांग्रेस द्वारा पूर्ण स्वराज की माँग	1929
सविनय अवज्ञा आन्दोलन	1930
प्रथम गोलमेज सम्मेलन	1930
द्वितीय गोलमेज सम्मेलन	1931
तृतीय गोलमेज सम्मेलन	1932
साम्प्रदायिक निर्वाचक प्रणाली की घोषणा	1932
पूना पैक्ट	1932
सुभाषचन्द्र बोस का भारत छोड़ना	1941
भारत छोड़ो आन्दोलन	9 अगस्त, 1942
क्रिप्स मिशन का आगमन	1942
कैबिनेट मिशन का आगमन	1946
भारतीय संविधान सभा का निर्वाचन	1946
नौसेना का विद्रोह	12 फरवरी, 1946
मुस्लिम लीग द्वारा 'सीधी कार्यवाही' की घोषणा	16 अगस्त, 1946
अन्तरिम सरकार की स्थापना	2 सितम्बर, 1946
भारत के विभाजन की माउण्टबेटन योजना	3 जून, 1947
भारतीय स्वतन्त्रता प्राप्ति	15 अगस्त, 1947
महात्मा गाँधी की हत्या	30 जनवरी, 1948
कश्मीर का भारत में विलय	1948
देशी रियासतों का भारत में विलय	1948-1950
भारतीय गणतन्त्र का गठन	26 जनवरी, 1950

प्रमुख नेता और उनके उपनाम

नेता	उपनाम/उपाधि
अब्दुल गफ्फार खान	*सीमान्त गाँधी*
बाल गंगाधर तिलक	*लोकमान्य*
सर सैयद अहमद खाँ	*सर सैयद*
मदन मोहन मालवीय	*महामना*
सी.राजगोपालाचारी	*सी.आर/राजाजी*
चितरंजनदास	*देशबन्धु*
लाल बहादुर शास्त्री	*शान्ति पुरुष*
जवाहरलाल नेहरू	*चाचा*
वल्लभभाई पटेल	*लौह पुरुष/सरदार*
सुभाष चन्द्र बोस	*नेताजी*
इन्दिरा गाँधी	*प्रियदर्शिनी*
जयप्रकाश नारायण	*लोकनायक*
दादाभाई नौरोजी	*ग्राण्ड ओल्डमैन*
रवीन्द्रनाथ टैगोर	*गुरुदेव*
सी. एफ. एण्डूज	*दीनबन्धु*
लाला लाजपत राय	*पंजाब केसरी*
सरोजिनी नायडू	*नाइटिंगेल ऑफ इण्डिया*
भगत सिंह	*शहीद-ए-आजम*
मोहनदास करमचन्द गाँधी	*राष्ट्रपिता/बापू/महात्मा*
मोहम्मद अली जिन्ना	*कायदे आजम*

प्रमुख मजदूर संगठन

संगठन	संस्थापक	वर्ष
श्रमजीवी समिति	शशिपद बनर्जी	1870
बम्बई मिल हैड्स एसोसिएशन	नारायण मेघाजी लोखण्ड़े	1890
सामाजिक सेवा संघ	एन.एम. जोशी	1911
मद्रास मजदूर संघ	वी.पी. वाडिया	1918
अखिल भारतीय ट्रेड यूनियन कांग्रेस	एन.एम. जोशी, जोसेफ बैपटिस्टा, लाला लाजपत राय	1920
अखिल भारतीय ट्रेड, यूनियन फेडरेशन	एन.एम. जोशी	1929

बीसवीं शताब्दी के प्रमुख किसान आन्दोलन/संगठन

आन्दोलन/संगठन	संस्थापक/अध्यक्ष/नेतृत्व	वर्ष
चम्पारण सत्याग्रह	महात्मा गाँधी	1917
खेड़ा सत्याग्रह	महात्मा गाँधी	1918
उत्तर प्रदेश किसान सभा (संयुक्त प्रान्त किसान सभा)	गौरीशंकर मिश्र, इन्द्रनारायण द्विवेदी एवं मदन मोहन मालवीय	1918
अवध किसान सभा	बाबा रामचन्द्र	1920
एका आन्दोलन	मदारी पासी एवं सहदेव	1921
बारदोली सत्याग्रह	वल्लभभाई पटेल	1928
बिहार किसान सभा	स्वामी सहजानन्द सरस्वती	1929
अखिल भारतीय किसान सभा	स्वामी सहजानन्द सरस्वती	1936

स्वाधीनता संग्राम से सम्बन्धित पत्र/पत्रिकाएँ एवं पुस्तकें

पुस्तकें/पत्र	लेखक/सम्पादक
अलहिलाल (पत्र)	मौलाना आजाद
अनहैप्पी इण्डिया	लाला लाजपत राय
अभ्युदय (पत्र)	मदन मोहन मालवीय
ए नेशन इन द मेकिंग	सुरेन्द्र नाथ बनर्जी
इण्डियन मिरर (पत्र)	देवेन्द्र नाथ टैगोर
इण्डिया डिवाइडेड	डॉ. राजेन्द्र प्रसाद
इण्डिपेन्डेन्ट (पत्र)	मोतीलाल नेहरू
इण्डिया विन्स फ्रीडम	मौलाना आजाद
हरिजन (पत्र)	महात्मा गाँधी
न्यू इण्डिया	ऐनी बेसेन्ट
नेशन (पत्र)	गोपाल कृष्ण गोखले
सोजे वतन	मुंशी प्रेमचन्द
बंगाली (पत्र)	सुरेन्द्र नाथ बनर्जी
कांग्रेस का इतिहास	बी. पट्टाभि सीतारमैया
हिन्दू पैट्रियॉट	हरीश्चन्द्र मुखर्जी
नील दर्पण	दीनबन्धु मित्रा
भारती	द्विजेन्द्रनाथ टैगोर
सुधारक	गोपालकृष्ण गोखले
तराने हिन्द	इकबाल
भारत में अंग्रेजी राज्य	सुन्दर लाल
होम एण्ड द वर्ल्ड	रवीन्द्रनाथ टैगोर
हिट्स फॉर सेल्फ कल्चर	लाला हरदयाल
माई एक्सपेरीमेन्ट विद ट्रुथ	महात्मा गाँधी
युगान्तर (पत्र)	भूपेन्द्र दत्त
भारत-भारती	मैथिलीशरण गुप्त
रास्त गुफ्तार (पत्र)	दादाभाई नौरोजी
लीडर (पत्र)	मदन मोहन मालवीय
सोम प्रकाश	ईश्वरचन्द्र विद्यासागर
सत्यार्थ प्रकाश	दयानन्द सरस्वती
संवाद कौमुदी (पत्र)	राजा राममोहन राय
हिन्दू स्वराज	महात्मा गाँधी
हिन्दुस्तान (पत्र)	मदन मोहन मालवीय
हमदर्द (पत्र)	मोहम्मद अली
इण्डियन स्ट्रगल	सुभाषचन्द्र बोस
इण्डिया फॉर इण्डियन्स	सी. आर. दास
इण्डियन अनरेस्ट	वेलन्टाइन शिरोल
काल (पत्र)	परांजपे
कॉमन वील (पत्र)	ऐनी बेसेन्ट
केसरी (पत्र)	बाल गंगाधर तिलक
कामरेड (पत्र)	मोहम्मद अली
कर्मयोगी (पत्र)	अरविन्द घोष
गीता रहस्य	बाल गंगाधर तिलक
बॉम्बे क्रॉनिकल	फिरोजशाह मेहता
अमृत बाजार पत्रिका	शिशिर कुमार घोष
वागंदरा	मोहम्मद इकबाल
वन्दे मातरम्	अरविन्द घोष
भारत दुर्दशा	भारतेन्दु हरिश्चन्द्र
द वार ऑफ इण्डियन इण्डिपेण्डेन्स	वी. डी. सावरकर
मराठा	बाल गंगाधर तिलक
यंग इण्डिया (पत्र)	महात्मा गाँधी

महत्त्वपूर्ण सूक्तियाँ/कथन

- ''स्वराज हमारा जन्मसिद्ध अधिकार है।'' *लोकमान्य बाल गंगाधर तिलक*
- ''सारे जहाँ से अच्छा हिन्दोस्तां हमारा।'' *मोहम्मद इकबाल*
- ''तुम मुझे खून दो, मैं तुम्हें आजादी दूँगा।'' *नेताजी सुभाष चन्द्र बोस*
- ''हू लिव्स इफ इण्डिया डाइज'' *पं. जवाहरलाल नेहरू*
- ''सरफरोशी की तमन्ना, अब हमारे दिल में है, देखना है जोर कितना बाजु-ए-कातिल में है।'' *रामप्रसाद 'बिस्मिल'*
- ''हिन्दी, हिन्दू, हिन्दोस्तान'' *भारतेन्दु हरिश्चन्द्र*
- ''वन्दे मातरम्।'' *बंकिमचन्द्र चटर्जी*
- ''वेदों की ओर लौटो।'' *महर्षि दयानन्द सरस्वती*
- ''इंकलाब जिन्दाबाद।'' *सरदार भगत सिंह*
- ''दिल्ली चलो।'' *नेताजी सुभाष चन्द्र बोस*
- ''करो या मरो'' *महात्मा गाँधी*
- ''पूर्ण स्वराज'' *पं .जवाहरलाल नेहरू*
- ''जय हिन्द'' *नेताजी सुभाष चन्द्र बोस*
- ''अंग्रेजों भारत छोड़ो'' *महात्मा गाँधी*
- ''नेहरू देशभक्त है और जिन्ना राजनीतिज्ञ।'' *मोहम्मद इकबाल*
- ''मैं एक दिव्य दृष्टि नहीं हूँ, मैं एक व्यावहारिक आदर्शवादी होने का दावा करता हूँ। *महात्मा गाँधी*
- ''भारतीय मैदानों में बुनकरों की हड्डियाँ बिखरी हुई दिखाई देती थीं।'' *विलियम बैंटिक*
- ''जिस प्रकार सारी धाराएँ अपने जल को सागर में ले जाकर मिला देती हैं, उसी प्रकार मनुष्य के सारे धर्म ईश्वर की ओर ले जाते हैं।'' *स्वामी विवेकानन्द*
- ''हमने घुटने टेककर रोटी माँगी, किन्तु उत्तर में हमें पत्थर मिले।'' *महात्मा गाँधी*
- ''जो काम 50 हजार हथियारबन्द सिपाही न कर सके, उसे महात्मा जी ने कर दिया। उन्होंने शान्ति कायम कर दी।'' *माउण्टबेटन*
- ''समूचा भारत एक विशाल बन्दीगृह है।'' *सी आर दास*
- ''क्रान्ति की तलवार में धार वैचारिक पत्थर पर रगड़ने से ही आती है।'' *भगतसिंह*
- ''आज हमारे देश को आवश्यकता है, लोहे के स्नायुओं तथा इस्पात की नाड़ियों की।'' *विवेकानन्द*
- ''देश की तरक्की से उन्हे (मुसलमान) जितना प्यार है, वह इस देश के किसी अन्य समुदाय से कम नहीं है।'' *जिन्ना*

भारतीय इतिहास के प्रमुख युद्ध

युद्ध	तिथि/वर्ष	पक्ष
वितस्ता/झेलम का युद्ध	326 ई.पू.	सिकन्दर व पोरस
तराईन का प्रथम युद्ध	1191	मुहम्मद गोरी व पृथ्वीराज चौहान
तराईन का द्वितीय युद्ध	1192	मुहम्मद गोरी व पृथ्वीराज चौहान
चन्दावर का युद्ध	1194	मुहम्मद गोरी व राजा जयचन्द
पानीपत का प्रथम युद्ध	1526	बाबर व इब्राहिम लोदी
खानवा का युद्ध	1527	बाबर व राणा साँगा
चन्देरी का युद्ध	1528	बाबर व मेदिनीराय
चौसा का युद्ध	1529	हुमायूँ व शेरशाह सूरी
घाघरा का युद्ध	1539	बाबर व अफगान
बिलग्राम का युद्ध	1540	शेरशाह सूरी व हुमायूँ
पानीपत का द्वितीय युद्ध	1556	अकबर व हेमू
तालीकोटा का युद्ध	1565	बहमनी व विजयनगर
हल्दीघाटी का युद्ध	1576	राणा प्रताप व अकबर
असीरगढ़ का युद्ध	1599-1600	अकबर व मीरन बहादुर
करनाल का युद्ध	1739	नादिरशाह व मुगल सम्राट
प्लासी का युद्ध	1757	क्लाइव व सिराजुद्दौला
वाण्डिवाश का युद्ध	1760	अंग्रेज व फ्रांसीसी
पानीपत का तृतीय युद्ध	1761	अहमदशाह अब्दाली व मराठे
बक्सर का युद्ध	1764	अंग्रेज तथा संयुक्त सेना
द्वितीय मैसूर युद्ध	1780-84	हैदरअली व अंग्रेज
तृतीय मैसूर युद्ध	1790	टीपू सुल्तान व अंग्रेज
चतुर्थ मैसूर युद्ध	1799	टीपू सुल्तान व अंग्रेज
चिलियान वाला युद्ध	1849	ईस्ट इण्डिया कम्पनी व सिख
भारत-चीन सीमा युद्ध	1962	भारत व चीन
भारत-पाक युद्ध	1965	भारत व पाकिस्तान
भारत-पाक युद्ध	1971	भारत व पाकिस्तान
कारगिल युद्ध	1999	भारत व पाकिस्तान

अभ्यास प्रश्न

1. दसवन्त एवं बसावन किसके दरबार के चित्रकार थे? **[UP बी.एड. 2014]**
(a) जहाँगीर (b) शाहजहाँ
(c) अकबर (d) औरंगजेब

2. नालन्दा विश्वविद्यालय की स्थापना किसने की थी? **[UP बी.एड. 2014]**
(a) समुद्रगुप्त (b) कुमारगुप्त
(c) धर्मपाल (d) देवपाल

3. बंग-भंग आन्दोलन के समय कांग्रेस के अध्यक्ष कौन थे? **[UP बी.एड. 2014]**
(a) मोतीलाल नेहरू
(b) गोपालकृष्ण गोखले
(c) चितरंजन दास
(d) रास बिहारी बोस

4. तालीकोटा युद्ध के बाद कौन-सा राज्य पूर्णत: समाप्त हो गया? **[UP बी.एड. 2014]**
(a) अहमदनगर (b) विजयनगर
(c) बीदर (d) गोलकुण्डा

5. ताजमहल की डिजाइन तैयार करने वाला वास्तुकार कौन था? **[UP बी.एड. 2014]**
(a) मोहम्मद हुसैन (b) उस्ताद ईसा
(c) शाह अब्बास (d) इस्माइल

6. 78 ई. से प्रारम्भ होने वाले शक सम्वत् का संस्थापक कौन था? **[UP बी.एड. 2014]**
(a) कनिष्क (b) अशोक
(c) चन्द्रगुप्त (d) विक्रमादित्य

7. अजमेर में किस सूफी फकीर की दरगाह है? **[UP बी.एड. 2014]**
(a) बाबा फरीद
(b) कुतुबुद्दीन बख्तियार काकी
(c) मुइनुद्दीन चिश्ती
(d) ख्वाजा बहाउद्दीन

8. भारत में सिविल सेवाओं का सूत्रपात किसने किया? **[UP बी.एड. 2014]**
(a) लॉर्ड डलहौजी (b) लॉर्ड कर्जन
(c) लॉर्ड वेलेजली (d) लॉर्ड कॉर्नवालिस

9. निम्नांकित जोड़ों में किसका सुमेल है? **[UP बी.एड. 2013]**
(a) एलोरा की गुफाएँ – शक
(b) मीनाक्षी मन्दिर – पल्लव
(c) खजुराहो के मन्दिर – चन्देल
(d) महाबलिपुरम के मन्दिर – राष्ट्रकूट

10. राष्ट्रीय कांग्रेस की स्थापना के समय भारत का गवर्नर-जनरल कौन था? **[UP बी.एड. 2013]**
(a) लॉर्ड रिपन (b) लॉर्ड चेम्सफोर्ड
(c) लॉर्ड कर्जन (d) इनमें से कोई नहीं

11. निम्नलिखित में से कौन-सी अकादमी भारत में नृत्य, नाटक तथा संगीत के विकास को प्रोत्साहन देने के लिए उत्तरदायी है? **[UP बी.एड. 2013]**
(a) संगीत अकादमी
(b) ललित कला अकादमी
(c) साहित्य अकादमी
(d) नेशनल स्कूल ऑफ ड्रामा

12. किस वैदिक ग्रन्थ में मन्त्रों और देवताओं की प्रार्थना का संग्रह है? **[UP बी.एड. 2013]**
(a) ऋग्वेद (b) यजुर्वेद
(c) सामवेद (d) अथर्ववेद

13. वार्षिक पुष्कर मेला कहाँ आयोजित होता है? **[UP बी.एड. 2013]**
(a) पंजाब (b) उत्तर प्रदेश
(c) राजस्थान (d) हिमाचल प्रदेश

14. किस स्थान से हड़प्पा सभ्यता से सम्बन्धित पक्की मिट्टी का हल मिला है? **[UP बी.एड. 2013]**
(a) बनवाली (b) नागेश्वर कब्रिस्तान
(c) लोथल (d) कोटदीजी

15. सिन्धु घाटी सभ्यता में अग्नि पूजा किस स्थान पर खोजी गई अग्निवेदी से सिद्ध होती है? **[UP बी.एड. 2013]**
(a) सुरकोटड़ा (b) आलमगीरपुर
(c) कालीबंगा (d) चन्हूदड़ो

16. विशाखदत्त के प्राचीन भारतीय नाटक 'मुद्राराक्षस' की विषय-वस्तु है **[UP बी.एड. 2013]**
(a) प्राचीन हिन्दू जनश्रुति के देवताओं और राक्षसों के बीच संघर्ष के बारे में
(b) एक आर्य राजकुमार और एक कबीलाई महिला की प्रेमकथा के बारे में
(c) दो आर्य कबीलों के बीच सत्ता के संघर्ष की कथा के बारे में
(d) चन्द्रगुप्त मौर्य के समय में राजदरबार की दुरभिसन्धियों के बारे में

17. भारत में मोहम्मद गौरी ने किसको प्रथम अक्ता प्रदान किया था? **[UP बी.एड. 2013]**
(a) ताजुद्दीन यल्दौज
(b) कुतुबुद्दीन ऐबक
(c) शम्सुद्दीन इल्तुतमिश
(d) नासिरुद्दीन कुबाचा

18. स्वतन्त्र भारत के प्रथम मन्त्रिमण्डल में केन्द्रीय शिक्षा मन्त्री कौन थे? **[UP बी.एड. 2013]**
(a) गुलजारीलाल नन्दा
(b) सरदार बलदेव सिंह
(c) मौलाना अबुल कलाम आजाद
(d) सी डी देशमुख

19. महात्मा गाँधी ने वर्ष 1930 में सविनय अवज्ञा आन्दोलन का आरम्भ किया था **[UP बी.एड. 2013]**
(a) सेवाग्राम से (b) दाण्डी से
(c) साबरमती से (d) वर्धा से

20. निम्नलिखित किस शहर में अशोक के शिलालेख नहीं हैं? **[UP बी.एड. 2013]**
(a) गिरनार (b) कन्धार
(c) पाटलिपुत्र (d) टोपरा

21. औरंगजेब ने अपने पिता को किस किले में नजरबन्द कर दिया, जहाँ 8 वर्ष बाद नजरबन्दी की हालत में ही शाहजहाँ की मौत हो गई? **[UP बी.एड. 2013]**
(a) आगरा का किला
(b) लाहौर का किला
(c) ग्वालियर का किला
(d) उपरोक्त में से कोई नहीं

22. कम्युनिस्ट इण्टरनेशनल का सदस्य बनने वाला पहला भारतीय कौन था? **[UP बी.एड. 2013]**
(a) एम एन राय (b) मुजफ्फर अहमद
(c) एस ए डांगे (d) इनमें से कोई नहीं

23. निम्नलिखित गुफा चित्रों में से सबसे पुराने चित्र कौन-से हैं? **[UP बी.एड. 2013]**
(a) भीमबेटका (b) एलोरा
(c) अजन्ता (d) चित्तनवासल

24. हम्पी के विट्ठलस्वामी मन्दिर का निर्माण किसने कराया? **[UP बी.एड. 2013]**
(a) हरिहर प्रथम ने (b) देवराय प्रथम ने
(c) कृष्णदेव राय ने (d) विजयराय द्वितीय ने

25. अशोक के शिलालेखों की क्या लिपि है? **[UP बी.एड. 2013]**
(a) देवनागरी (b) ब्राह्मी
(c) गुरुमुखी (d) हायरोग्लाइफिप्स

26. हण्टर कमीशन की रिपोर्ट में किसके विकास पर विशेष जोर दिया गया? **[UP बी.एड. 2013]**
(a) बालिका शिक्षा (b) उच्च शिक्षा
(c) प्राथमिक शिक्षा (d) तकनीकी शिक्षा

27. महमूद गजनवी का दरबारी इतिहासकार कौन था? **[UP बी.एड. 2013]**
(a) हसन निजामी (b) उत्बी
(c) फिरदौसी (d) चन्दबरदाई

28. 'मुद्राराक्षस' का लेखक निम्न में से कौन है? **[UP बी.एड. 2013]**
(a) अश्वघोष
(b) विशाखदत्त
(c) कालिदास
(d) भास

29. ब्रिटिश भारत का प्रथम वायसराय था [UP बी.एड. 2013]
(a) लॉर्ड डलहौजी (b) लॉर्ड कैनिंग
(c) लॉर्ड हेस्टिंग्स (d) लॉर्ड कॉर्नवालिस

30. 'संवाद कौमुदी' पत्र के सम्पादक थे [UP बी.एड. 2013]
(a) राजा राममोहन राय
(b) ईश्वरचन्द्र विद्यासागर
(c) रवीन्द्रनाथ टैगोर
(d) बंकिमचन्द्र चटर्जी

31. ऋग्वेद का नवाँ मण्डल किस देवता को समर्पित है? [UP बी.एड. 2012]
(a) वरुण (b) अग्नि
(c) इन्द्र (d) सोम

32. बंगाल का विभाजन किसके काल में हुआ था? [UP बी.एड. 2012]
(a) लार्ड कर्जन (b) लॉर्ड क्लाइव
(c) लार्ड डफरिन (d) लार्ड हेस्टिंग्स

33. शिवाजी की मन्त्रिपरिषद में प्रधानमन्त्री को क्या कहते थे? [UP बी.एड. 2012]
(a) सामन्त (b) पेशवा
(c) मन्त्री (d) सचिव

34. लोदी वंश की स्थापना किसने की थी? [UP बी.एड. 2012]
(a) बहलोल लोदी ने (b) इब्राहिम लोदी ने
(c) खिज्र खाँ ने (d) सिकन्दर लोदी ने

35. किस गवर्नर-जनरल का नाम राज्य हड़प नीति (डॉक्ट्रिन ऑफ लैप्स) के साथ जुड़ा हुआ है? [UP बी.एड. 2012]
(a) लॉर्ड कर्जन का (b) लॉर्ड बेंटिक का
(c) लॉर्ड डलहौजी का (d) लॉर्ड रिपन का

36. अशोक ने किस बौद्ध साधु से प्रभावित होकर बौद्ध धर्म अपनाया? [UP बी.एड. 2012]
(a) वृहद्रथ (b) विष्णु गुप्त
(c) उपगुप्त (d) ब्रह्म गुप्त

37. अकबरनामा किसने लिखा था? [UP बी.एड. 2012]
(a) अबुल फजल (b) भगवान दास
(c) अकबर (d) बीरबल

38. 'भारत छोड़ो' आन्दोलन 1942 में किस महीने में शुरू किया गया था? [UP बी.एड. 2012]
(a) मार्च
(b) अगस्त
(c) सितम्बर
(d) फरवरी

39. बुद्ध किस वंश से सम्बन्धित थे? [UP बी.एड. 2012]
(a) कुरु (b) मौर्य
(c) शाक्य (d) शात्रिका

40. 1817 में हिन्दू कॉलेज की कलकत्ता में किसने स्थापना की थी? [UP बी.एड. 2011]
(a) एच.टी. प्रिंसेप
(b) डेविड हेयर
(c) विलियम जोन्स
(d) हेनरी विवियन डेरोजियो

41. भारतीय राष्ट्रीय कांग्रेस ने अपने किस अधिवेशन में मौलिक अधिकारों का प्रस्ताव पारित किया? [UP बी.एड. 2011]
(a) लाहौर (1929) (b) कराची (1931)
(c) फैजपुर (1936) (d) मद्रास (1927)

42. निम्नलिखित में पूर्व पुरापाषाण काल से कौन सम्बन्धित है? [UP बी.एड. 2011]
(a) निएण्डरथल मानव
(b) खड़ा मानव
(c) बुद्धिमान मानव
(d) अतिबुद्धिमान मानव

43. निम्नलिखित में कौन नवपाषाण काल को दर्शाता है? [UP बी.एड. 2011]
(a) चिरांद (b) दायमाबाद
(c) लोथल (d) कुनाल

44. तेरहवीं और चौदहवीं शताब्दी में उत्तरी भारत में 'शहरी क्रान्ति' की अवधारणा को किसने प्रस्तुत किया? [UP बी.एड. 2011]
(a) मोरलैण्ड (b) मुहम्मद हबीब
(c) के.एस. लाल (d) के.एम. अशरफ

45. पुर्तगालियों ने गोवा को किस वर्ष में हस्तगत किया? [UP बी.एड. 2011]
(a) 1426 (b) 1510
(c) 1524 (d) 1556

46. शाहू को मुगल कैद से किसने मुक्त किया? [UP बी.एड. 2011]
(a) जहाँदार शाह (b) औरंगजेब
(c) शाहजादा आजम (d) शाहजादा कामबख्श

47. किस अधिनियम के द्वारा ब्रिटिश संसद ने ईस्ट इण्डिया कम्पनी का भारत में व्यापारिक एकाधिकार समाप्त कर दिया था? [UP बी.एड. 2011]
(a) रेग्यूलेटिंग एक्ट, 1773
(b) चार्टर एक्ट, 1813
(c) चार्टर एक्ट, 1833
(d) गवर्नमेण्ट ऑफ इण्डिया एक्ट, 1858

48. नवदाटोली किस राज्य में अवस्थित है? [UP बी.एड. 2011]
(a) गुजरात (b) महाराष्ट्र
(c) छत्तीसगढ़ (d) मध्य प्रदेश

49. एलीफैन्टा के प्रसिद्ध शैल को काटकर बनाए गए मन्दिरों का श्रेय दिया जाता है [UP बी.एड. 2011]
(a) चालुक्यों को (b) चोलों को
(c) पल्लवों को (d) राष्ट्रकूटों को

50. निम्नलिखित में से किसको भारतीय शिक्षा का 'मैग्नाकार्टा' माना जाता है? [UP बी.एड. 2010]
(a) वुड का डिस्पैच (b) हण्टर का आयोग
(c) सैडलर आयोग (d) वार्धा आयोग

51. गुप्त वंश के किस राजा को 'भारत का नेपोलियन' कहा जाता था? [UP बी.एड. 2010]
(a) समुद्रगुप्त (b) चन्द्रगुप्त विक्रमादित्य
(c) श्रीगुप्त (d) चन्द्रगुप्त प्रथम

52. 'आइने-ए-अकबरी' का लेखक कौन है? [UP बी.एड. 2010]
(a) अबुल फजल (b) अब्दुस समद
(c) बैरम खान (d) राजा टोडरमल

53. 'सत्य के साथ मेरे प्रयोग' (My Experiments with Truth) नामक पुस्तक का लेखक कौन है? [UP बी.एड. 2010]
(a) अरविन्द घोष
(b) बाल गंगाधर तिलक
(c) महात्मा गांधी
(d) विनोबा भावे

54. 1930 में गाँधीजी ने दाण्डी यात्रा प्रारम्भ की [UP बी.एड. 2010]
(a) हरिजनों पर अत्याचार के विरुद्ध
(b) नमक पर कर आरोपित करने के विरुद्ध
(c) साम्प्रदायिक दंगे भड़कने के विरुद्ध
(d) भारतीय के चुनाव में भाग लेने को प्रतिबन्धित करने के विरुद्ध

55. 'हरिजन सेवक संघ' की स्थापना किसने की है? [UP बी.एड. 2010]
(a) बी.आर. शिंदे (b) महात्मा गाँधी
(c) बी.आर. अम्बेडकर (d) ज्योतिबा फुले

56. दिल्ली के किस सुल्तान को उसकी उदारता के कारण 'लाखबख्श' पुकारा जाता था? [UP बी.एड. 2010]
(a) कुतुबुद्दीन ऐबक
(b) इल्तुतमिश
(c) गियासुद्दीन तुगलक
(d) अलाउद्दीन खिलजी

57. सल्तनत काल में निम्नलिखित में से किस सुल्तान ने आगरा नगर की स्थापना की थी? [UP बी.एड. 2010]
(a) इल्तुतमिश
(b) अलाउद्दीन खिलजी
(c) फिरोजशाह तुगलक
(d) सिकन्दर लोदी

58. बाबर की आत्मकथा 'तुजुक-ए-बाबरी' जिस भाषा में लिखी गई थी, वह थी [UP बी.एड. 2010]
(a) तुर्की (b) फारसी
(c) अरबी (d) उर्दू

59. स्थाई बन्दोबस्त किस वर्ष में लागू किया गया था? [UP बी.एड. 2010]
(a) 1790 (b) 1793 (c) 1799 (d) 1858

60. श्री रंगपट्टम में 'स्वतन्त्रता का वृक्ष' लगाने वाला शासक कौन था? [UP बी.एड. 2010]
(a) हैदर अली (b) टीपू सुल्तान
(c) देवराज (d) चिक्का कृष्णराज

61. वर्नाक्यूलर प्रेस एक्ट किस वायसराय के द्वारा पारित किया गया था? [UP बी.एड. 2010]
(a) लॉर्ड रिपन (b) लॉर्ड लिटन
(c) लॉर्ड इरविन (d) लॉर्ड चेम्सफोर्ड

62. भारतीय राष्ट्रीय कांग्रेस की स्थापना किस वर्ष में हुई थी? [UP बी.एड. 2010]
(a) 1883 (b) 1884 (c) 1885 (d) 1889

63. निम्नलिखित में से किसको 'भारत के राजनीतिक असन्तोष का जनक' कहा गया? [UP बी.एड. 2010]
(a) दादाभाई नौरोजी
(b) बाल गंगाधर तिलक
(c) महात्मा गाँधी
(d) सरदार भगत सिंह

64. जलियाँवाला बाग किस नगर में स्थित है? [UP बी.एड. 2010]
(a) लखनऊ (b) पटियाला
(c) अमृतसर (d) लाहौर

65. वैदिक साहित्य में सभा और समिति को किस देवता की दो पुत्रियाँ कहा गया है? [UP बी.एड. 2010]
(a) वरुण (b) अग्नि
(c) इन्द्र (d) प्रजापति

66. बौद्ध संघ में प्रवेश पाने वाली पहली महिला कौन थी? [UP बी.एड. 2010]
(a) आम्रपाली (b) यशोधरा
(c) गौतमी प्रजापति (d) माया देवी

67. अशोक के अभिलेखों की रचना में कितनी लिपियों का प्रयोग किया गया? [UP बी.एड. 2010]
(a) 1 (b) 2 (c) 3 (d) 4

68. चीनी यात्री फाह्यान की भारत यात्रा के समय गुप्तवंश में शासक कौन था? [UP बी.एड. 2010]
(a) समुद्रगुप्त (b) चन्द्रगुप्त द्वितीय
(c) कुमारगुप्त प्रथम (d) स्कन्दगुप्त

69. निम्नलिखित में से कौन-सी रचना हर्ष द्वारा रचित नहीं है? [UP बी.एड. 2010]
(a) रत्नावली (b) नागानन्द
(c) हर्षचरित (d) प्रियदर्शिका

70. फ्रांस की क्रान्ति का नारा था [UP बी.एड. 2010]
(a) प्रतिनिधित्व नहीं तो कर नहीं
(b) स्वतन्त्रता, समानता और बन्धुत्वता
(c) मजदूरों, सैनिकों और किसानों का इन्कलाब जिन्दाबाद
(d) सारे मजदूर एक हो जाओ

71. हड़प्पन लिपि के सबसे निकट प्रतीत होने वाली भारतीय लिपि है [UP बी.एड. 2008]
(a) देवनागरी (b) ब्राह्मी
(c) खरोष्ठी (d) द्रविड़

72. आश्रम व्यवस्था का मुख्य सिद्धान्त निम्नलिखित में से कौन-सा है? [UP बी.एड. 2008]
(a) पंच महायज्ञ (b) पुरुषार्थ
(c) संस्कार (d) ये सभी

73. शक संवत् का प्रारम्भ कब हुआ? [UP बी.एड. 2008]
(a) 87 ई. पू. (b) 78 ई.
(c) 70 ई. पू. (d) 40 ई. पू.

74. सोमनाथ मन्दिर को लूटने वाला विदेशी आक्रमणकारी था [UP बी.एड. 2008]
(a) मुहम्मद गोरी
(b) मसूद तृतीय
(c) मुहम्मद-बिन-कासिम
(d) महमूद गजनवी

75. भारत में मुगल शासन की स्थापना किस युद्ध के बाद हुई? [UP बी.एड. 2008]
(a) चौसा का युद्ध
(b) पानीपत का प्रथम युद्ध
(c) खानवा का युद्ध
(d) हल्दीघाटी का युद्ध

76. बैरम खान ने किस बादशाह के लिए चार वर्षों तक शासन की देखभाल की थी? [UP बी.एड. 2008]
(a) अकबर (b) जहाँगीर
(c) शाहजहाँ (d) दारा शिकोह

77. गदर पार्टी के प्रवर्तक कौन थे? [UP बी.एड. 2008]
(a) लाला लाजपत राय (b) भगत सिंह
(c) लाला हरदयाल (d) बी. सी. पाल

78. 'धन निकासी का सिद्धान्त' प्रतिपादित किया [UP बी.एड. 2008]
(a) दादाभाई नैरोजी
(b) गोपालकृष्ण गोखले
(c) बालगंगाधर तिलक
(d) डेविड ह्यूम

79. वाटरलू की लड़ाई का वर्ष है [UP बी.एड. 2008]
(a) 1761 (b) 1789 (c) 1815 (d) 1917

80. वर्ष 1776 किसके लिए जाना जाता है? [UP बी.एड. 2008]
(a) फ्रांस की क्रान्ति के लिए
(b) पेरिस सन्धि
(c) अमेरिकी स्वातन्त्र्य की घोषणा
(d) भारत में ब्रिटिश शासन की स्थापना

81. प्राचीन भारत में 'अर्थशास्त्र' लिखा था [UP बी.एड. 2008]
(a) बृहस्पति (b) कालिदास
(c) कौटिल्य (d) बाणभट्ट

82. सर्वप्रथम भारत की प्रथम पुरापाषाण कालीन संस्कृति की खोज किसने की थी?
(a) रॉबर्ट ब्रूस फूट (b) कार्लाइल
(c) डी टेरा (d) सर जॉन लुबॉक

83. पहिए का आविष्कार कब हुआ?
(a) नवपाषाण काल में
(b) मध्यपाषाण काल में
(c) पुरापाषाण काल में
(d) लौह काल में

84. वृहद् पाषाण स्मारकों की पहचान की गई है
(a) संन्यासी गुफाओं के रूप में
(b) मृतक को दफनाने के स्थान के रूप में
(c) मन्दिर के रूप में
(d) उपरोक्त में से कोई नहीं

85. उत्खनित प्रमाणों के अनुसार पशुपालन का प्रारम्भ हुआ था
(a) निम्न पूर्वपाषाण काल में
(b) मध्य पूर्वपाषाण काल में
(c) उच्च पूर्वपाषाण काल में
(d) मध्यपाषाण काल में

86. निम्नलिखित में से किसको चालकोलिथिक युग भी कहा जाता है?
(a) पुरापाषाण युग (b) नवपाषाण युग
(c) ताम्रपाषाण युग (d) लौह युग

87. निम्न में से कौन-सा एक उपकरण मध्य पुरापाषाण काल से सम्बन्धित नहीं है?
(a) क्रोड उपकरण (b) फलक
(c) बेधनी (d) खुरचनी

88. भारतीय महाद्वीप में कृषि के प्राचीनतम् साक्ष्य प्राप्त हुए हैं
(a) कोल्डिहवा से (b) लहुरादेव से
(c) मेहरगढ़ से (d) टोकवा से

89. खाद्यान्नों की कृषि सर्वप्रथम प्रारम्भ हुई थी
(a) नवपाषाण काल में
(b) मध्यपाषाण काल में
(c) पुरापाषाण काल में
(d) प्रोटो ऐतिहासिक काल में

90. एक जुते हुए खेत की खोज की गई थी
(a) मोहनजोदड़ो में (b) कालीबंगा में
(c) हड़प्पा में (d) लोथल में

91. सिन्धु घाटी सभ्यता के बारे में निम्न में से कौन-सा कथन असत्य है?
(a) नगरों में नालियों की सुदृढ़ व्यवस्था
(b) व्यापार और वाणिज्य उन्नत दशा में
(c) मातृदेवी की उपासना
(d) लोहे से परिचित

92. सिन्धु सभ्यता सम्बन्धित है
(a) प्रागैतिहासिक युग से
(b) आद्य-ऐतिहासिक युग से
(c) ऐतिहासिक युग से
(d) उत्तर ऐतिहासिक युग से

93. हड़प्पा सभ्यता किस काल से सम्बन्धित है?
(a) कांस्य युग (b) पाषाण युग
(c) लौह युग (d) ये सभी

94. शून्यवाद (माध्यमिक) मत के प्रणेता कौन थे?
(a) आर्यदेव (b) चन्द्रकीर्ति
(c) नागार्जुन (d) शान्तिदेव

95. निम्नांकित में से किसकी तुलना मैकियावेली के 'प्रिन्स' से की जा सकती है?
(a) कालिदास का 'मालविकाग्निमित्रम'
(b) कौटिल्य का 'अर्थशास्त्र'
(c) वात्स्यायन का 'कामसूत्र'
(d) तिरुवल्लुवर का 'तिरुक्कुरल'

96. गुप्तोत्तर काल में कृषि उत्पादन में राजा का अंश क्या कहलाता था?
(a) भोग (b) कर (c) हिरण्य (d) भाग

97. वह शासक कौन था जो चिकित्सा विज्ञान, खगोल विज्ञान तथा वास्तुशास्त्र आदि विविध विषयों पर 20 से अधिक पुस्तकों का रचनाकार माना गया है?
(a) भोज (b) मिहिरभोज
(c) कुमारपाल (d) विद्याधर

98. अंग्रेजों द्वारा बंगाल से निर्यात की जाने वाली प्रमुख वस्तुएँ क्या थीं?
(a) नील और शोरा
(b) रेशमी-सूती वस्त्र तथा नील
(c) रेशमी-सूती वस्त्र तथा शोरा
(d) नील तथा चीनी

99. 'सिकन्दर-ए-शानी' की उपाधि निम्न में से किस सुल्तान की थी?
(a) इल्तुतमिश
(b) बलबन
(c) अलाउद्दीन खिलजी
(d) मोहम्मद बिन तुगलक

100. "सुल्तान को उसकी प्रजा से तथा प्रजा को सुल्तान से मुक्ति मिल गई।" निम्न में से किस सुल्तान की मृत्यु पर यह कथन आधारित है?
(a) मोहम्मद बिन तुगलक
(b) फिरोज शाह तुगलक
(c) नासिरुद्दीन महमूद
(d) मुबारक सैयद

101. निम्नांकित में कौन सुमेलित नहीं है?
(a) आलमगीरपुर – उत्तर प्रदेश
(b) लोथल – गुजरात
(c) कालीबंगा – हरियाणा
(d) रोपड़ – पंजाब

102. शिवाजी के समय में सबसे छोटी प्रशासनिक इकाई कौन-सी थी?
(a) सूबा (b) तरफ
(c) मौजा (d) परगना

103. विदेश में सर्वप्रथम भारतीय राष्ट्रीय ध्वज निम्न में से किसने फहराया?
(a) मैडम भीकाजी कामा
(b) दादाभाई नौरोजी
(c) राजा महेन्द्र प्रताप
(d) तारकनाथ दास

104. ईस्ट इण्डिया कम्पनी का एकाधिकार किस वर्ष में पूरी तरह समाप्त कर दिया गया?
(a) 1858 ई. (b) 1813 ई.
(c) 1833 ई. (d) 1823 ई.

105. सैन्धव सभ्यता के महान् स्नानागार कहाँ से प्राप्त हुए हैं?
(a) मोहनजोदड़ो से (b) हड़प्पा से
(c) लोथल से (d) कालीबंगा से

106. अंग्रेजों ने रैयतवाड़ी बन्दोबस्त कहाँ लागू किया था?
(a) बंगाल प्रेसीडेन्सी में
(b) मद्रास प्रेसीडेन्सी में
(c) बम्बई प्रेसीडेन्सी में
(d) मद्रास प्रेसीडेन्सी और बम्बई प्रेसीडेन्सी में

107. 'हक्क-ए-शर्ब' क्या है?
(a) वंशानुगत राजस्व अधिकारियों का कमीशन
(b) सिंचाई पर कर
(c) गरीबों के कल्याणार्थ राज्य की माँग
(d) उपरोक्त सभी

108. विक्रमशिला महाविहार की स्थापना शासकों द्वारा करवाई गई थी
(a) पुष्यभूति वंश के (b) वर्मन वंश के
(c) पाल वंश के (d) सेन वंश के

109. नेहरू समिति की रिपोर्ट में निम्नलिखित में से क्या शामिल नहीं था?
(a) भारत को अधिराज्य का दर्जा दिया जाना चाहिए
(b) मौलिक अधिकारों की घोषणा की गई
(c) मुसलमानों के लिए पृथक् निर्वाचन मण्डल को अस्वीकार कर दिया गया
(d) इसने भारत के लिए संघीय ढाँचे का प्रस्ताव किया

110. चाणक्य का अन्य नाम था
(a) भट्टस्वामी (b) विष्णुगुप्त
(c) राजशेखर (d) विशाखदत्त

111. संयुक्त राज्य अमेरिका में गदर पार्टी के संस्थापक कौन थे?
(a) लाला हरदयाल (b) भाई परमानन्द
(c) सोहन सिंह भाकना (d) रामचन्द्र भारद्वाज

112. निम्न में से महमूद गजनवी का दरबारी इतिहासकार कौन था?
(a) हसन निजामी (b) उत्बी
(c) फिरदौसी (d) चन्दबरदाई

113. सन् 1939 ई. के त्रिपुरी अधिवेशन में सुभाषचन्द्र बोस निम्न में से किसे पराजित कर कांग्रेस के अध्यक्ष पद पर पुनः निर्वाचित हुए?
(a) डॉ. पट्टाभि सीतारमैया
(b) मौलाना अबुल कलाम आजाद
(c) डॉ. राजेन्द्र प्रसाद
(d) जवाहरलाल नेहरू

114. महात्मा गाँधी ने अक्टूबर, 1940 ई. में व्यक्तिगत सत्याग्रह शुरू करने के लिए निम्न में से किसे प्रथम सत्याग्रही के रूप में चुना?
(a) सी. राजगोपालाचारी
(b) वल्लभभाई पटेल
(c) विनोबा भावे
(d) जे. बी. कृपलानी

115. कांग्रेस की प्रथम महिला अध्यक्षा निम्न में से कौन थी?
(a) श्रीमती ऐनी बेसेण्ट
(b) श्रीमती सरोजिनी नायडू
(c) श्रीमती नेल्ली सेनगुप्ता
(d) अरुणा आसफ अली

116. निम्नलिखित किस शहर में अशोक के शिलालेख नहीं हैं?
(a) गिरनार (b) कन्धार
(c) पाटलिपुत्र (d) तोपरा

117. रौलेट एक्ट के विरुद्ध निम्न में से किसने सत्याग्रह सभा गठित की?
(a) मदनमोहन मालवीय
(b) डॉ० सैफुद्दीन किचलू
(c) महात्मा गाँधी
(d) मजहर-उल-हक

118. महाराष्ट्र का निम्न में से वह कौन-सा समाज सुधारक था, जो लोकहितवादी के उपनाम से प्रसिद्ध हुआ?
(a) आत्माराम पाण्डुरंग
(b) बालगंगाधर तिलक
(c) गोपालहरि देशमुख
(d) कृष्णाशास्त्री चिपलुणकर

119. मुगलकाल की पहली पूर्ण संगमरमर से निर्मित इमारत निम्न में से कौन-सी है?
(a) एत्मादुद्दौला का मकबरा
(b) दीवाने आम
(c) दीवाने खास
(d) ताजमहल

120. सन् 1698 ई. में अंग्रेजों को बंगाल में तीन जगहों की जमींदारी 1200 रुपये के बदले मिल गई थी। निम्न जगहों में से कौन-सी वह नहीं है?
(a) गोविन्दपुर (b) कलकत्ता
(c) सुतनटी (d) मुर्शिदाबाद

121. अंग्रेजी कम्पनी को 'मैग्नाकार्टा' निम्न में से किस मुगल बादशाह ने प्रदान किया था?
(a) औरंगजेब (b) बहादुरशाह
(c) जहाँदारशाह (d) फर्रूखसियर

122. सिन्धु घाटी सभ्यता की लिपि कौन-सी थी?
(a) फारसी (b) द्रविड़
(c) संस्कृत (d) पढ़ी नहीं जा सकती

123. महात्मा गाँधी द्वारा स्थापित हरिजन सेवक संघ के संस्थापक अध्यक्ष निम्न में से कौन थे?
(a) महादेव देसाई
(b) घनश्याम दास बिड़ला
(c) अमृतलाल ठक्कर
(d) बी. आर. अम्बेडकर

124. पित्रादुरा तकनीक का प्रयोग सर्वप्रथम निम्न में से किस इमारत में मिलता है?
(a) सिकन्दरा का मकबरा
(b) दीवाने खास
(c) एत्मादुद्दौला का मकबरा
(d) मुसम्मन बुर्ज

125. फारसी त्यौहार नौरोज को निम्न में से किस शासक ने मनाना शुरू किया था?
(a) कुतुबुद्दीन ऐबक
(b) इल्तुतमिश
(c) बलबन
(d) मोहम्मद बिन तुगलक

126. 'दीवान-ए-कोही' नामक विभाग की स्थापना निम्न में से किस सुल्तान ने की थी?
(a) जलालुद्दीन खिलजी
(b) अलाउद्दीन खिलजी
(c) मोहम्मद बिन तुगलक
(d) फिरोज शाह तुगलक

127. सन् 1934 ई. में पटना में कांग्रेस सोशलिस्टों के अखिल भारतीय सम्मेलन का आयोजन निम्न में से किसने किया था?
(a) आचार्य नरेन्द्रदेव
(b) जयप्रकाश नारायण
(c) डॉ. राममनोहर लोहिया
(d) अच्युत पटवर्धन

128. सम्मति-वय अध्यादेश-1891 निम्न में से किसके सद्प्रयासों से पारित किया गया?
(a) दादाभाई नौरोजी
(b) एस. एस. बंगाली
(c) बहरामजी एम. मालाबारी
(d) ईश्वरचन्द्र विद्यासागर

129. 'तुर्कान चहलगानी' (चालीस गुलामों का दल) को निम्न में से किस सुल्तान ने संगठित किया था?
(a) कुतुबुद्दीन ऐबक (b) इल्तुतमिश
(c) बलबन (d) जलालुद्दीन

130. निम्न में से कौन-सा क्रम विजयनगर साम्राज्य पर शासन करने वाले वंशों का सही क्रम है?
(a) संगम, सालुव, तुलुव, अराविडु
(b) सालुव, संगम, तुलुव, अराविडु
(c) संगम, सालुव, अराविडु, तुलुव
(d) उपरोक्त में से कोई नहीं

131. केरल में वैकोम सत्याग्रह का मुख्य उद्देश्य क्या था?
(a) निम्न जातियों (अवर्णों) के लिए मन्दिरों के द्वार उन्मुक्त करवाना
(b) मन्दिर की सेवा के लिए देवदासियों की दीक्षा पर रोक
(c) अस्पृश्यता निवारण के लिए
(d) मन्दिर के मठाधीशों पर गैर-ब्राह्मणों को पुजारियों के रूप में नियुक्त करने के लिए दबाव डालना

132. सन् 1920 ई. में अखिल भारतीय ट्रेड यूनियन कांग्रेस के उद्घाटन अधिवेशन की अध्यक्षता निम्न में से किसने की थी?
(a) लाला लाजपतराय
(b) मोतीलाल नेहरू
(c) श्रीमती ऐनी बेसेण्ट
(d) एन. एम. जोशी

133. निम्न में से किसे 'आधुनिक ऋषि' कहकर सम्बोधित किया जाता है?
(a) विवेकानन्द
(b) रामकृष्ण परमहंस
(c) महादेव गोविन्द रानाडे
(d) बालगंगाधर तिलक

134. विजयनगर प्रशासन में आयंगार-व्यवस्था सम्बद्ध थी
(a) केन्द्रीय प्रशासन से (b) प्रान्तीय प्रशासन से
(c) स्थानीय प्रशासन से (d) सैन्य प्रशासन से

135. निम्नलिखित में से कौन-सी गुप्तकालीन स्वर्ण मुद्रा है?
(a) कौड़ी (b) दीनार
(c) पण (d) निष्क

136. 'अढ़ाई दिन का झोपड़ा' नामक मस्जिद निम्न में से किस सुल्तान ने बनवायी थी?
(a) कुतुबुद्दीन ऐबक
(b) इल्तुतमिश
(c) अलाउद्दीन खिलजी
(d) ग्यासुद्दीन तुगलक

137. गुप्तोत्तरकाल में भूमि का वर्गीकरण किस आधार पर किया गया था?
(a) भूमि पर उत्पादित फसलों के आधार पर
(b) सिंचित व असिंचित भूमि के आधार पर
(c) कृषि योग्य भूमि व बंजर भूमि के आधार पर
(d) उपरोक्त सभी

138. किसने सहिष्णुता, उदारता और करुणा के त्रिविध आधार पर राजधर्म की स्थापना की?
(a) अशोक ने (b) अकबर ने
(c) रणजीत सिंह ने (d) शिवाजी ने

139. 'अष्ट दिग्गज' से तात्पर्य है
(a) आठ वीर योद्धाओं से
(b) आठ विद्वान गुरुओं से
(c) आठ वीर घोड़ों से
(d) आठ तेलगू कवियों से

140. निम्नलिखित में से कौन अकबर के दरबार के प्रसिद्ध चित्रकार थे?
(a) दसवन्त (b) बसावन, महेश
(c) ख्वाजा अब्दुस्समद (d) ये सभी

141. हड़प्पावासी किस वस्तु के उत्पादन में सर्वप्रथम थे?
(a) मुद्राएँ (b) कांस्य के औजार
(c) कपास (d) जौ

142. वह एकमात्र भारतीय राजा कौन था जिसने भारत में और भारत के बाहर क्रान्तिकारी आन्दोलन में सक्रिय रूप से भाग लिया था ?
(a) राजा महेन्द्र प्रताप
(b) कुंवर सिंह
(c) छत्रपति साहू
(d) राजा रिपुदमन सिंह

143. किसान सभा आन्दोलन के संगठन में सर्वाधिक योगदान निम्न में से किसका था?
(a) स्वामी सहजानन्द सरस्वती
(b) वल्लभभाई पटेल
(c) जवाहरलाल नेहरू
(d) इन्दुलाल याज्ञिक

144. अशोक का अपने शिलालेखों में सामान्यत: जिस नाम से उल्लेख हुआ है, वह है
(a) चक्रवर्ती (b) धर्मदेव
(c) धर्मकीर्ति (d) प्रियदर्शी

145. गुप्तोत्तरकालीन भू-व्यवस्था के विरुद्ध विद्रोह स्वरूप जिस धार्मिक सम्प्रदाय का उदय हुआ, वह था?
(a) वीर शैव (b) शाक्त
(c) तान्त्रिक (d) लिंगायत

146. बिहार व बंगाल को जीतने वाला पहला तुर्की सेनानायक था
(a) बख्तियार खिलजी (b) मुबारकशाह
(c) शेरशाह (d) अलाउद्दीन खिलजी

147. निम्न में से किस वंश के काल को भारत की संस्कृति में 'स्वर्ण युग' कहा जाता है?
(a) मौर्य वंश
(b) गुप्त वंश
(c) वर्धन काल
(d) कुषाण वंश

148. हड़प्पा सभ्यता के औजार और अस्त्र मुख्यतया बनाए जाते थे
(a) लोहे के
(b) पत्थर के
(c) ताँबा, टिन और कांस्य के
(d) लोहे और कांस्य के

149. आइन-ए-दहसाला राजस्व-व्यवस्था निम्न में से किस सन् में लागू की गई थी?
(a) सन् 1568 ई. (b) सन् 1572 ई.
(c) सन् 1580 ई. (d) सन् 1583 ई.

150. सर्वप्रथम नहरें बनवाने का श्रेय किस शासक को है?
(a) ग्यासुद्दीन तुगलक
(b) फिरोज तुगलक
(c) बहलोल लोदी
(d) सिकन्दर लोदी

151. जहाँगीर ने निम्न में से किस यूरोपीय यात्री को एक छोटा-सा मनसब प्रदान किया था?
(a) कैप्टन हॉकिन्स (b) सर टॉमस रो
(c) विलियम नौरिस (d) जॉन सुरमन

152. शिवाजी के आध्यात्मिक गुरु निम्न में से कौन थे?
(a) तुकाराम (b) भातखण्डे
(c) रामदास (d) ये सभी

153. आर्य समाज किसके विरुद्ध है?
(a) ईश्वर के अस्तित्व
(b) हिन्दुत्व
(c) धार्मिक अनुष्ठान और मूर्ति पूजा
(d) इस्लाम

154. 'ऋषिपत्तन' में बुद्ध ने क्या किया था?
(a) सर्वप्रथम ज्ञान का उपदेश दिया था
(b) सर्वप्रथम वहाँ तप किया था
(c) सर्वप्रथम वहाँ भोजन किया था
(d) उपरोक्त सभी

155. 'ईस्ट इण्डिया कम्पनी' की बुराइयों को दूर करने के लिए 'रेग्यूलेटिंग एक्ट' कब पास किया गया?
(a) 1765 ई. में (b) 1773 ई. में
(c) 1784 ई. में (d) 1757 ई. में

156. इलाहाबाद के स्तम्भ लेख में हरिषेण ने प्रशंसा की थी
(a) चन्द्रगुप्त की (b) स्कन्दगुप्त की
(c) समुद्रगुप्त की (d) अशोक की

157. हिन्दुस्तान सोशलिस्ट रिपब्लिकन एसोसिएशन की स्थापना 1928 ई. में कहाँ पर हुई थी?
(a) कानपुर (b) इलाहाबाद
(c) दिल्ली (d) लाहौर

158. गुप्तकालीन बौद्ध शिक्षा का महान् केन्द्र निम्न में से कौन-सा था ?
(a) नालन्दा (b) अयोध्या
(c) उज्जैन (d) नासिक

159. संस्कृत ग्रन्थ 'जामवती कल्याणम्' निम्न में से किसकी रचना थी ?
(a) श्रीनाथ की (b) पद्देन की
(c) कृष्णदेव राय की (d) देवराय द्वितीय की

160. ठगी के खिलाफ लड़ने वाले स्लीमैन किस गवर्नर जनरल का सम-सामयिक था?
(a) वारेन हेस्टिंग्स (b) विलियम बैंटिक
(c) रिपन (d) डलहौजी

161. महाराष्ट्र में प्रार्थना समाज की स्थापना की थी
(a) आर. जी. भण्डारकर ने
(b) ज्योतिबा फूले ने
(c) एम. जी. रानाडे ने
(d) बी. जी. तिलक ने

162. लॉर्ड डलहौजी ने विलय सिद्धान्त के आधार पर अनेक भारतीय राज्यों का अधिग्रहण कर लिया था। तिथिक्रमानुसार उनके विलय का क्रम निम्नवत् था
(a) सतारा, जैतपुर तथा सम्भलपुर, बघाट, उदयपुर एवं झाँसी
(b) सतारा, बघाट, झाँसी, उदयपुर जैतपुर तथा सम्भलपुर
(c) उदयपुर, झाँसी, जैतपुर तथा सम्भलपुर, सतारा, बघाट
(d) बघाट, जैतपुर तथा सम्भलपुर, सतारा, उदयपुर तथा झाँसी

163. सन् 1857 ई. के विद्रोह के बाद निम्नलिखित में से कौन नेपाल भाग गया था?
(a) लक्ष्मीबाई (b) तात्याँ टोपे
(c) नाना साहब (d) कुंवर सिंह

164. बिहार में 1857 ई. के विद्रोह के नेता थे
(a) तात्याँ टोपे (b) नाना साहब
(c) मंगल पाण्डे (d) कुंवर सिंह

165. निम्नलिखित में से किसने अंग्रेजी के माध्यम से शिक्षा की वकालत की?
(a) दयानन्द सरस्वती
(b) राजा राममोहन राय
(c) ईश्वरचन्द्र विद्यासागर
(d) रामकृष्ण परमहंस

166. निम्नलिखित में से किसका उन्नीसवीं शताब्दी में विधवा पुनर्विवाह आन्दोलन से सम्बन्ध था?
(a) राजा राममोहन राय
(b) देवेन्द्र नाथ टैगोर
(c) विलियम बैंटिक
(d) ईश्वरचन्द्र विद्यासागर

167. निम्नलिखित आन्दोलनों में सबसे पहले कौन प्रारम्भ हुआ?
(a) लालकुर्ती आन्दोलन
(b) असहयोग आन्दोलन
(c) सविनय अवज्ञा आन्दोलन
(d) भारत छोड़ो आन्दोलन

168. सन् 1928 ई. में बारदोली आन्दोलन का नेतृत्व किसने किया?
(a) गाँधी जी के अनुयायियों ने
(b) कांग्रेस सोशलिस्ट पार्टी ने
(c) वामपन्थी दलों ने
(d) किसान सभा ने

169. चम्पारण, बारदोली तथा खेड़ा किसलिये विख्यात हुए?
(a) संत्रासवादी कार्य (b) साम्प्रदायिक दंगे
(c) औद्योगिक हड़ताल (d) किसान विद्रोह

170. निम्नलिखित में से कौन आजीविक सम्प्रदाय का प्रवर्तक था?
(a) महावीर
(b) मक्खलि गोसाल
(c) पूरण कश्यप
(d) अजित केसकम्बलिन

171. कल्हण की राजतरंगिणी की रचना कब हुई थी?
(a) ग्यारहवीं शताब्दी में
(b) बारहवीं शताब्दी में
(c) तेरहवीं शताब्दी में
(d) दसवीं शताब्दी में

172. निम्नलिखित भारतीय नरेशों में से किसने सर्वप्रथम मोहम्मद गोरी को पराजित किया?
(a) पृथ्वीराज चौहान (b) जयचन्द
(c) विद्याधर चन्देल (d) भीम-द्वितीय

173. पानीपत के तृतीय युद्ध में मराठों का नेतृत्व किसने किया?
(a) बाजीराव द्वितीय
(b) जसवन्त राव होल्कर
(c) महादजी सिन्धिया
(d) सदाशिव भाऊ

174. तत्त्वबोधिनी सभा के संस्थापक थे
(a) देवेन्द्र नाथ टैगोर
(b) केशव चन्द्र सेन
(c) महादेव गोविन्द रानाडे
(d) स्वामी विवेकानन्द

175. भारत छोड़ो आन्दोलन के दौर में सर्वाधिक समय तक चलने वाली समानान्तर सरकार की स्थापना कहाँ हुई थी?
(a) सतारा (b) बलिया
(c) तामलुक (d) राजकोट

176. भारत पर नादिरशाह का आक्रमण कब हुआ था?
(a) 1797 ई. में (b) 1739 ई. में
(c) 1747 ई. में (d) 1735 ई. में

177. ऋग्वेद की रचना कहाँ हुई थी?
(a) दक्षिण भारत (b) पंजाब
(c) मध्य भारत (d) सप्त सैन्धव प्रदेश

178. सिन्धु सभ्यता के लोग किस धातु से परिचित नहीं थे?
(a) सोना (b) ताँबा (c) चाँदी (d) लोहा

179. ऋग्वैदिक आर्य किसकी पूजा करते थे?
(a) प्रकृति की उपासना (b) गाय की पूजा
(c) यक्ष पूजा (d) वृक्ष पूजा

180. सैन्धव सभ्यता के लोग किसकी पूजा करते थे?
(a) इन्द्र की (b) अग्नि की
(c) वरुण की (d) पशुपति की

181. महात्मा बुद्ध का जन्म लुम्बिनी वन में हुआ था, वह कहाँ स्थित है ?
(a) नेपाल की तराई में (b) गया में
(c) पिपरहवा में (d) सारनाथ में

182. हूणों का आक्रमण किसके काल में हुआ था?
(a) स्कन्दगुप्त (b) कुमारगुप्त
(c) चन्द्रगुप्त (d) यशोवर्मन

183. सबसे पहले भारत कौन आया?
(a) मेगस्थनीज (b) इब्नबतूता
(c) फाह्यान (d) मार्को पोलो

184. शकों का आगमन भारत में कहाँ से हुआ?
(a) मध्य एशिया (b) कुषाण
(c) सातवाहन (d) शुंग

185. त्रिकोणात्मक संघर्ष किनके बीच हुआ?
(a) पाल, प्रतिहार और राष्ट्रकूट
(b) पाल, गुर्जर और प्रतिहार
(c) प्रतिहार, गुर्जर और चोल
(d) प्रतिहार, पाल और चालुक्य

186. इक्ता प्रथा किसने प्रारम्भ की?
(a) इल्तुतमिश (b) कुतुबुद्दीन ऐबक
(c) अकबर (d) औरंगजेब

187. इब्नबतूता किसके काल में भारत आया?
(a) मोहम्मद बिन तुगलक
(b) फिरोज तुगलक
(c) औरंगजेब
(d) अलाउद्दीन खिलजी

188. अमीर खुसरो किसके काल में प्रतिष्ठित था?
(a) अलाउद्दीन खिलजी
(b) शेरशाह
(c) अकबर
(d) फिरोज तुगलक

189. पानीपत के प्रथम युद्ध में बाबर ने किसको पराजित किया था?
(a) इब्राहिम लोदी (b) महमूद लोदी
(c) बलबन (d) अमीर खाँ

190. मोहम्मद गोरी ने किस युद्ध में पृथ्वीराज चौहान को हराया?
(a) पानीपत का प्रथम युद्ध
(b) तराइन का प्रथम युद्ध
(c) पानीपत का द्वितीय युद्ध
(d) तराइन का द्वितीय युद्ध

191. दिल्ली सल्तनत में स्थायी सैन्य व्यवस्था किसने लागू की?
(a) बलबन (b) कुतुबुद्दीन ऐबक
(c) फिरोज तुगलक (d) अलाउद्दीन खिलजी

192. फतेहपुर सीकरी का निर्माण किसने करवाया?
(a) शाहजहाँ ने (b) जहाँगीर ने
(c) अकबर ने (d) शेरशाह ने

193. भारत की स्वतन्त्रता के समय इंगलैण्ड का प्रधानमन्त्री कौन था?
(a) एटली (b) चर्चिल
(c) विन्स्टन (d) लिटन

194. रेल सेवा का उद्देश्य क्या था, जिसे अंग्रेजों ने स्थापित किया?
(a) आवागमन हेतु
(b) सेना तथा व्यापार हेतु
(c) माल ले जाने के लिए मात्र
(d) अपनी तकनीक के प्रसार हेतु

195. कौन यूरोपीय व्यापारी सर्वप्रथम भारत में आया?
(a) अंग्रेज (b) पुर्तगाली
(c) डच (d) फ्रांसीसी

196. सुभाषचन्द्र बोस ने इण्डियन नेशनल आर्मी की स्थापना कहाँ की?
(a) सिंगापुर (b) जापान
(c) चीन (d) ताइवान

197. भारतीय राष्ट्रीय कांग्रेस के प्रथम अध्यक्ष कौन थे?
(a) दादाभाई नौरोजी (b) डब्ल्यू. सी. बनर्जी
(c) ए. ओ. ह्यूम (d) सुभाषचन्द्र बोस

198. मुस्लिम लीग की स्थापना में किसको श्रेय दिया जाता है?
(a) आगा खाँ एवं मोहसिन उल-मुल्क
(b) चौधरी रहमत अली
(c) उल-मुल्क सैयद
(d) मोहम्मद अली जिन्ना

199. भारतीय राष्ट्रीय कांग्रेस की स्थापना किस वायसराय के काल में हुई?
(a) लॉर्ड कैनिंग (b) लॉर्ड डफरिन
(c) लॉर्ड क्लाइव (d) लॉर्ड कर्जन

200. वह स्थान, जहाँ रामानुज शिक्षण-कार्य करते थे
(a) मदुरै (b) मामल्लपुरम्
(c) सोमनाथपुर (d) श्रीरंगम्

201. सन् 1857 ई. की क्रान्ति के स्वरूप की प्रमुख विशेषता क्या रही?
(a) धर्म की रक्षा के लिए किया गया प्रयास
(b) सैनिक विद्रोह
(c) सामान्य लोगों का अपनी प्रभुसत्ता के लिए प्रयास
(d) स्थानीय सामन्तों एवं राजाओं द्वारा अपनी स्वतन्त्रता बचाने का अन्तिम प्रयास

202. वह कौन था जिसने भारतीय राजाओं से गोद लेने की प्रथा छीन ली?
(a) कार्नवालिस (b) डलहौजी
(c) लिटन (d) विलियम बैंटिक

203. सती प्रथा को कानून बनाकर किसने बन्द किया?
(a) विलियम बैंटिक (b) कार्नवालिस
(c) डलहौजी (d) लॉर्ड मैकाले

204. अंग्रेजों के भारत आने का क्या मन्तव्य था?
(a) व्यापार
(b) धार्मिक प्रचार
(c) तकनीकी प्रचार
(d) अपनी श्रेष्ठता स्थापित करना

205. महात्मा गाँधी किसे अपना राजनीतिक गुरु मानते थे?
(a) बाल गंगाधर तिलक
(b) दादाभाई नौरोजी
(c) विपिन चन्द्र पाल
(d) गोपाल कृष्ण गोखले

206. वेद शब्द का अर्थ है
(a) ज्ञान (b) धर्म संहिता
(c) आचार संहिता (d) ज्ञान का रहस्य

207. सैन्धव सभ्यता स्वरूप में थी
(a) नगरीय सभ्यता (b) ग्रामीण सभ्यता
(c) कृषि प्रधान (d) इनमें से कोई नहीं

208. 'भारत का नेपोलियन' किसे कहा जाता है?
(a) समुद्रगुप्त को (b) स्कन्दगुप्त को
(c) कुमारगुप्त को (d) इनमें से कोई नहीं

209. नालन्दा किस रूप में प्रसिद्ध था?
(a) एक धर्म स्थल (b) ज्ञान का स्थल
(c) राजनैतिक स्थल (d) इनमें से कोई नहीं

210. अशोक का हृदय परिवर्तित हुआ
(a) कलिंग युद्ध से
(b) उपगुप्त के उपदेश से
(c) मोग्गलिपुत्ततिस्स के उपदेश से
(d) तीर्थाटन से

211. फाह्यान किसके काल में आया था?
(a) चन्द्रगुप्त प्रथम (b) चन्द्रगुप्त द्वितीय
(c) चन्द्रगुप्त मौर्य (d) हर्ष

212. ह्वेनसांग किसके काल में आया था?
(a) हर्ष (b) गुप्त
(c) मौर्य (d) कुषाण

213. कालिदास की कौन-सी रचना नहीं है?
(a) कुमारसम्भवम्
(b) मेघदूतम्
(c) अभिज्ञानशाकुन्तलम्
(d) मृच्छकटिकम्

214. जैन धर्म के 24 वें तीर्थंकर थे
(a) ऋषभनाथ (b) पार्श्वनाथ
(c) महावीर स्वामी (d) अजीतनाथ

215. हुमायूँनामा का लेखक कौन है?
(a) अबुलफजल (b) फैजी
(c) गुलबदन बेगम (d) माहिम बेगम

216. निम्नलिखित में से किसे एक नए संवत् चलाने का यश प्राप्त है?
(a) धर्मपाल (b) विजयसेन
(c) देवपाल (d) लक्ष्मणसेन

217. जजिया कर को किसने हटाया था?
(a) अलाउद्दीन ने
(b) फिरोज तुगलक ने
(c) अकबर ने
(d) औरंगजेब ने

218. प्रेस को स्वतन्त्रता देने वाला गवर्नर जनरल कौन था?
(a) लिटन (b) रिपन
(c) डफरिन (d) मेटकाफ

219. 1857 ई. के विद्रोह के बाद का मुख्य परिणाम क्या था?
(a) भारत का शासन कम्पनी से ब्रिटिश क्राउन को हस्तान्तरित हो गया
(b) वायसराय की नियुक्ति होने लगी
(c) देशी राज्यों में हस्तक्षेप को रोका गया
(d) देशी नरेशों को पुरस्कृत किया गया

220. गाँधी जी ने असहयोग आन्दोलन वापस लिया
(a) मोपला काण्ड से
(b) चौरी-चौरा काण्ड से
(c) मुसलमानों के अलग हो जाने से
(d) उपरोक्त में से कोई नहीं

221. 1931 ई. में सविनय अवज्ञा आन्दोलन वापस लिया गया
(a) गाँधी-इर्विन समझौते के बाद
(b) लॉर्ड वेलिंगटन के दमन के बाद
(c) प्रथम गोलमेज सम्मेलन के बाद
(d) नेहरू प्रस्ताव के बाद

222. कांग्रेस ने पूर्ण स्वतन्त्रता का प्रस्ताव किस अधिवेशन में पारित (1929 ई. में) किया?
(a) दिल्ली (b) कलकत्ता
(c) बम्बई (d) लाहौर

223. क्रिप्स मिशन की प्रमुख संस्तुति क्या थी?
(a) युद्ध के बाद भारतीय अपना संविधान बनाएँ
(b) युद्ध में भारतीय सहयोग दें
(c) मुसलमानों के लिए अलग राज्य बनाया जाएगा
(d) उपरोक्त में से कोई नहीं

224. भारत विभाजन किस योजना के तहत् हुआ?
(a) वेवेल योजना
(b) कैबिनेट मिशन
(c) क्रिप्स मिशन
(d) माउण्टबेटन योजना

225. स्वतन्त्र भारत के प्रथम भारतीय गवर्नर जनरल थे
(a) वारेन हेस्टिंग्स
(b) सी. राजगोपालाचारी
(c) कैनिंग
(d) माउण्टबेटन

226. आर्यों का मूल निवास स्थान था
(a) आर्कटिक क्षेत्र (b) एशिया माइनर
(c) दक्षिणी रूस (d) सप्त सैन्धव

227. हुमायूँ की असफलता का कारण था
(a) शेरशाह की रणनीति
(b) उसके भाइयों का विश्वासघात
(c) असंगठित राज्य
(d) कमजोर चरित्र

228. दिल्ली के लाल किले का निर्माण कराया
(a) अकबर (b) जहाँगीर
(c) शाहजहाँ (d) औरंगजेब

229. सामाजिक सुधार से सम्बन्धित विलियम बैंटिंक का प्रमुख कार्य था
(a) शिक्षा में सुधार
(b) ठगी की समाप्ति
(c) सती प्रथा पर प्रतिबन्ध
(d) बाल विवाह पर रोक

230. भारत का अन्तिम गवर्नर जनरल था
(a) लॉर्ड माउण्टबेटन
(b) सी. राजगोपालाचारी
(c) लॉर्ड वेवेल
(d) लॉर्ड लिनलिथगो

231. मुगल साम्राज्य के पतन में कौन-सा कारण नहीं था?
(a) अयोग्य उत्तराधिकारी
(b) उदार धार्मिक नीति
(c) विस्तृत साम्राज्य
(d) औरंगजेब की दक्षिण नीति

232. ब्रह्म समाज की स्थापना किसने की थी?
(a) देवेन्द्र नाथ ठाकुर
(b) राजाराम मोहन राय
(c) दयानन्द सरस्वती
(d) केशवचन्द्र सेन

233. अप्रैल, 1916 ई. में अखिल भारतीय होमरूल लीग की स्थापना किसने की?
(a) बालगंगाधर तिलक
(b) ऐनी बेसेण्ट
(c) लाला लाजपत राय
(d) विपिन चन्द्रपाल

234. भारत विभाजन की योजना दी थी
(a) माउण्टबेटन योजना ने
(b) कैबिनेट मिशन ने
(c) क्रिप्स मिशन ने
(d) वेवेल योजना ने

235. प्रथम बौद्ध संगीति कहाँ हुई?
(a) मथुरा (b) वल्लभी
(c) राजगृह (d) तक्षशिला

236. अलाउद्दीन खिलजी के बाजार नियन्त्रण का क्या उद्देश्य था?
(a) व्यापार व्यवसाय को बढ़ाना
(b) कम खर्च पर विशाल सेना रखना
(c) राज्य प्रशासन को सुधारना
(d) उपरोक्त में से कोई नहीं

237. बक्सर के युद्ध के बाद अंग्रेजों को लाभ हुआ
(a) बंगाल पर उनका अधिकार
(b) बंगाल, बिहार एवं उड़ीसा में दीवानी अधिकार मिले
(c) अंग्रेजी सत्ता में वृद्धि हुई
(d) उपरोक्त में से कोई नहीं

238. डलहौजी की हड़पने की नीति का कौन-सा राज्य शिकार नहीं हुआ?
(a) झाँसी (b) सतारा
(c) सम्भलपुर (d) अवध

239. वर्नाक्यूलर प्रेस एक्ट किसने हटाया?
(a) लॉर्ड रिपन
(b) लॉर्ड कर्जन
(c) लॉर्ड लिटन
(d) लॉर्ड विलियम बैंटिंक

240. कौन-सा नेता आर्य समाजी था?
(a) राजा राममोहन राय
(b) बाल गंगाधर तिलक
(c) लाला लाजपत राय
(d) गोपाल कृष्ण गोखले

241. 'इन्कलाब जिन्दाबाद' नारा किसका था?
(a) मोहम्मद जिन्ना (b) चन्द्रशेखर आजाद
(c) सरदार भगत सिंह (d) सुभाषचन्द्र बोस

242. कांग्रेस का प्रथम विभाजन कब हुआ?
(a) बंगाल के विभाजन के बाद
(b) असहयोग आन्दोलन के बाद
(c) भारत छोड़ो आन्दोलन के बाद
(d) साइमन कमीशन के बाद

243. धन निष्कासन का विवरण सर्वप्रथम किस विद्वान ने दिया?
(a) दादाभाई नौरोजी
(b) लाला लाजपत राय
(c) आर. सी. दत्त
(d) गाँधी जी

244. जनरल डायर किस घटना से सम्बन्धित था?
(a) भारत छोड़ो
(b) असहयोग आन्दोलन
(c) जलियाँवाला बाग काण्ड
(d) उपरोक्त में से कोई नहीं

245. भारत छोड़ो आन्दोलन कब शुरू हुआ?
(a) जनवरी, 1942 ई. (b) फरवरी, 1942 ई.
(c) अगस्त, 1942 ई. (d) सितम्बर, 1942 ई.

246. भौंसले कहाँ के शासक थे?
(a) ग्वालियर (b) नागपुर
(c) इन्दौर (d) बड़ौदा

247. अलबरूनी ने क्या किया?
(a) भारत में इस्लाम का प्रचार किया
(b) भारत और भारतवासियों का वर्णन किया
(c) दक्षिण में सूफीवाद को प्रोत्साहित किया
(d) बलबन के समय राज्यपाल का काम किया

248. शाहजहाँ द्वारा बनवायी गयी मोती-मस्जिद कहाँ स्थित है?
(a) दिल्ली (b) आगरा
(c) लाहौर (d) फतेहपुर सीकरी

249. अमीर खुसरो किसका समकालीन था?
(a) अलाउद्दीन खिलजी
(b) सिकन्दर लोदी
(c) बाबर
(d) उपरोक्त में से कोई नहीं

250. अंग्रेजों को बम्बई कैसे मिला?
(a) पुर्तगालियों को हराकर
(b) विवाह में दहेज के रूप में
(c) मुगल सम्राट से सन्धि करके
(d) मराठों से उपहार में

251. अंग्रेजों की आर्थिक नीति का परिणाम क्या हुआ?
(a) विदेशी आर्थिक प्राप्तियों ने भारतीय कृषि पर प्रभाव डाला
(b) भारतीय कुटीर उद्योग की हानि हुई
(c) भारतीय व्यापार के स्वरूप में बदलाव आया
(d) उपरोक्त कथन सही हैं

252. तिलक के बारे में एक सही कथन बताएँ
(a) उन्होंने साम्प्रदायिकता का समर्थन किया
(b) उन्होंने असहयोग आन्दोलन में भाग लिया
(c) वे कांग्रेस के सभापति बनने में असफल रहे
(d) उन्होंने आम सामाजिक परिवर्तन का समर्थन किया

253. निम्नलिखित में से कौन एक बंगाल के विभाजन का परिणाम था?
(a) उग्रवाद (b) साम्प्रदायिकतावाद
(c) अलगाववाद (d) ये सभी

254. चालुक्यों की राजधानी कहाँ थी?
(a) वारंगल (b) मामल्लपुरम
(c) पुहार (d) बादामी

255. गुप्तकाल में
(a) हूणों का आक्रमण हुआ
(b) बौद्ध-दार्शनिक विद्यमान थे
(c) विदेशी व्यापार की उन्नति हुई
(d) सभी कथन सही हैं

256. इण्डिका के लेखक कौन थे?
(a) फाह्यान (b) मेगस्थनीज
(c) टॉलेमी (d) ह्वेनसांग

257. अष्टाध्यायी के लेखक कौन थे?
(a) पतंजलि (b) वराहमिहिर
(c) पाणिनी (d) अश्वघोष

258. अमरावती और नागार्जुनीकोण्डा किसके लिए प्रसिद्ध थे?
(a) चोल स्थापत्य कला
(b) बौद्ध स्तूप के लिए
(c) जैन गुफा के लिए
(d) चालुक्य मन्दिरों के लिए

259. तालीकोटा के युद्ध से क्या हुआ?
(a) कृष्णदेव राय की हार हुई
(b) दक्षिण में हिन्दू शक्ति का विनाश हुआ
(c) मोहम्मद तृतीय की विजय
(d) दक्षिण में मुस्लिम शासन की शुरूआत हुई

260. अलाई दरवाजा कहाँ पर है?
(a) कुतुबमीनार
(b) फतेहपुर सीकरी
(c) दौलताबाद का किला
(d) आगरा

261. औरंगजेब ने किससे लड़ाई की?
(a) राजपूतों से (b) मराठों से
(c) बुन्देलों से (d) इन सभी से

262. चित्रकला को विशेष प्रोत्साहन किसने दिया?
(a) हुमायूँ ने (b) अकबर ने
(c) जहाँगीर ने (d) ये सभी

263. दादाभाई नौरोजी और रोमेश दत्त दोनों ही
(a) गोखले के अनुगामी थे
(b) ब्रिटिश संसद के सदस्य थे
(c) भारत में अंग्रेजों की आर्थिक नीति के समालोचक थे
(d) समाचार-पत्रों के सम्पादक थे

264. सैयद अहमद खान क्या चाहते थे?
(a) मुसलमान समाज में कोई परिवर्तन नहीं हो
(b) मुसलमानों के लिए पृथक् निर्वाचन मण्डल बनाया जाए
(c) मुसलमानों के लिए पाश्चात्य शिक्षा का प्रबन्ध किया जाए
(d) उपरोक्त सभी

265. मेरठ षड्यन्त्र घटना में कौन शामिल था?
(a) कांग्रेस उग्रवादी
(b) मुस्लिम लीग उग्रवादी
(c) कम्युनिस्ट पार्टी के सदस्य
(d) राष्ट्रीय स्वयं सेवक संघ के सदस्य

266. भारत का इतिहास लिखने वाला प्रथम विदेशी इतिहासकार किसे कहा जाता है?
(a) मेगस्थनीज (b) फाह्यान
(c) ह्वेनसांग (d) अलबरूनी

267. प्रथम जैन धर्म सभा कहाँ आयोजित की गयी?
(a) पावा (b) वल्लभी
(c) वैशाली (d) पाटलिपुत्र

268. मध्य युग के किस शासक ने 'रुपया' नाम का सिक्का सबसे पहले चलाया?
(a) हुमायूँ (b) शेरशाह
(c) अकबर (d) जहाँगीर

269. अलाउद्दीन खिलजी का दक्षिण के राज्यों पर आक्रमण का उद्देश्य क्या था?
(a) राज्य का विस्तार
(b) धन प्राप्त करना
(c) इस्लाम का प्रचार
(d) ख्याति प्राप्त करना

270. आगरा शहर का संस्थापक कौन था?
(a) फिरोज तुगलक
(b) सिकन्दर शाह लोदी
(c) अकबर
(d) मिर्जा राजा जयसिंह

271. विजय स्तम्भ कहाँ है?
(a) माण्डू (b) चन्देरी
(c) ग्वालियर (d) चित्तौड़गढ़

272. चैतन्य ने किसकी भक्ति की शिक्षा दी?
(a) राम
(b) शिव
(c) कृष्ण
(d) वे अनीश्वरवादी थे

273. गुरु नानक का जन्म कहाँ हुआ था?
(a) तलवण्डी (b) काँगड़ा
(c) अमृतसर (d) आनन्दपुर

274. बुलन्द दरवाजा किस उपलक्ष्य में बनाया गया था?
(a) पुत्र-प्राप्ति (b) विवाह
(c) विजय-स्मृति (d) इनमें से कोई नहीं

275. किस मुगल सम्राट को चित्रकला से अत्यधिक लगाव था?
(a) बाबर (b) अकबर
(c) जहाँगीर (d) शाहजहाँ

276. बक्सर का युद्ध विजेता कौन था?
(a) क्लाइव (b) हैक्टर मुनरो
(c) स्टुअर्ट (d) मीडोज

277. चौरी-चौरा कहाँ है?
(a) उत्तर प्रदेश (b) बिहार
(c) मध्य प्रदेश (d) बंगाल

278. जलियाँवाला बाग की घटना कब घटित हुई?
(a) सन् 1917 (b) सन् 1919
(c) सन् 1921 (d) सन् 1942

279. साइमन कमीशन के विरुद्ध प्रदर्शन में लाठी चार्ज से लगी चोटों से किस नेता की मृत्यु हुई?
(a) लाला लाजपतराय
(b) गोविन्द बल्लभ पन्त
(c) डॉ. सत्यपाल
(d) डॉ. किचलू

280. 1947 ई. में भारत विभाजन का कारण था
(a) साम्प्रदायिक शक्तियों की विजय
(b) कांग्रेस की नीतियों की विफलता
(c) अंग्रेजों की 'फूट डालो' और 'राज करो' नीति
(d) उपरोक्त सभी

281. सैन्धव सभ्यता का कौन-सा स्थल समुद्र व्यापार का मुख्य केन्द्र माना जाता है?
(a) हड़प्पा (b) कालीबंगा
(c) धौलावीरा (d) लोथल

282. 'सत्यमेव जयते' उक्ति सर्वप्रथम कहाँ व्यक्त की गयी?
(a) ऋग्वेद में (b) मुण्डकोपनिषद्
(c) मनुस्मृति में (d) इनमें से कोई नहीं

283. निम्नलिखित में से कौन–सा बुद्ध का मौलिक नाम था?
(a) गौतम (b) तथागत
(c) बुद्ध (d) सिद्धार्थ

284. खजुराहो के मन्दिरों का सम्बन्ध था
(a) परमार (b) प्रतिहार
(c) चन्देल (d) चौहान

285. दिल्ली सल्तनत का प्रथम सम्प्रभुता सम्पन्न शासक कौन था?
(a) कुतुबुद्दीन ऐबक (b) इल्तुतमिश
(c) रजिया (d) बलबन

286. तुगलकाबाद किले का निर्माण किसने कराया था?
(a) ग्यासुद्दीन तुगलक
(b) मोहम्मद-बिन-तुगलक
(c) फिरोज तुगलक
(d) उपरोक्त में से कोई नहीं

287. लोदी वंश के शासक निम्नलिखित में से कौन थे?
(a) तुर्क (b) अफगान
(c) ईरानी (d) मंगोल

288. टोडरमल की मुख्य उपलब्धि किस क्षेत्र में थी?
(a) सामाजिक सुधार (b) सैन्य विजय
(c) राजस्व प्रशासन (d) ललित कला

289. 'वन्दे मातरम' के रचयिता कौन थे?
(a) स्वामी दयानन्द
(b) बंकिम चन्द्र चटर्जी
(c) रवीन्द्रनाथ टैगोर
(d) मो. इकबाल

290. "स्वतन्त्रता मेरा जन्मसिद्ध अधिकार है और मैं इसे लेकर रहूँगा।" यह किसने कहा था?
(a) स्वामी दयानन्द
(b) सुभाष चन्द्र बोस
(c) लोकमान्य तिलक
(d) सरदार भगतसिंह

291. महात्मा गाँधी ने भारतीय राष्ट्रीय कांग्रेस के किस अधिवेशन की अध्यक्षता की थी?
(a) लखनऊ, 1916
(b) अमृतसर, 1919
(c) बेलगाम, 1924
(d) कलकत्ता, 1925

292. महात्मा गाँधी को सर्वप्रथम 'राष्ट्रपिता' किसने कहा था?
(a) सुभाष चन्द्र बोस
(b) जवाहरलाल नेहरू
(c) राजेन्द्र प्रसाद
(d) रविन्द्रनाथ टैगोर

293. निम्न में राजा राममोहन राय के प्रथम शिष्य कौन थे, जिन्होंने उनकी मृत्यु के उपरान्त समाज का नेतृत्व सम्भाला था?
(a) द्वारकानाथ टैगोर
(b) ईश्वरचन्द्र विद्यासागर
(c) केशवचन्द्र सेन
(d) देवेन्द्रनाथ टैगोर

294. स्वामी दयानन्द सरस्वती का मूल नाम था
(a) दयाशंकर (b) गौरीशंकर
(c) अभिशंकर (d) मूलशंकर

295. थियोसोफिकल सोसायटी ने भारत में कब और कहाँ अपना मुख्य कार्यालय संस्थापित किया?
(a) 1886 ई. अड्यार (b) 1885 ई. बेलूर
(c) 1890 ई. आवड़ी (d) 1895 ई. बेल्लूर

296. 'समुद्रपर्यन्त पृथ्वी के शासक को एकराट्' कहा गया है
(a) शतपथ ब्राह्मण में (b) ऐतरेय ब्राह्मण में
(c) तैत्तिरीय ब्राह्मण में (d) गोपथ ब्राह्मण में

297. मौर्यकाल में भवनों का निर्माण लकड़ी से भी होता था। इसका पुरातात्विक प्रमाण मिला है
(a) कौशाम्बी से (b) कुम्हरार से
(c) अतरंजीखेड़ा से (d) तक्षशिला से

298. मौर्य प्रशासन में 'लक्षणाध्यक्ष' होता था
(a) सिक्कों का निरीक्षक
(b) टकसाल का अध्यक्ष
(c) खदानों का अध्यक्ष
(d) चरागाहों का अध्यक्ष

299. सम्मति–वय अध्यादेश, 1891 निम्न में से किसके सद्प्रयासों से पारित किया गया?
(a) दादाभाई नौरोजी
(b) एम.एस. बंगाली
(c) बहरामजी एम. मालाबारी
(d) ईश्वरचन्द्र विद्यासागर

300. 1920 ई. के दशक में पंजाब में संगठित अकाली आन्दोलन का प्राथमिक उद्देश्य क्या था?
(a) सिखों की राजनीतिक शिकायतों को प्रस्तुत करना
(b) सिखों की सामाजिक प्रथाओं में आधुनिकता का संचार करना
(c) गुरुद्वारों या सिखों के धर्म-स्थलों के प्रबन्ध को स्वच्छ और सुचारु बनाना
(d) सिख धर्म को उसकी अन्धविश्वासपूर्ण मान्यताओं और असंगत प्रथाओं से मुक्त कराना

301. निम्नलिखित में से कौन–सा कथन सर्वेण्ट्स ऑफ इण्डिया सोसायटी (भारतीय सेवक समाज) के उद्देश्य का सही रूप से उल्लेख करता है?
(a) इस सोसायटी का गठन मातृभूमि की स्वाधीनता के लिए संघर्ष को संचालित करने के उद्देश्य से किया गया था
(b) मार्क्सवादी विचारधारा से प्रभावित होकर इसने श्रमिकों को एकजुट करने का कार्य किया ताकि उनके रहन-सहन की दशाओं में सुधार हो सके
(c) इसका मुख्य उद्देश्य ग्रामीण जनसमुदाय तक आधुनिक शिक्षा का सन्देश पहुँचाना था
(d) इस सोसायटी में मातृभूमि की किसी-न-किसी प्रकार से सेवा करने के लिए तत्पर प्रशिक्षित एवं समर्पित व्यक्ति शामिल थे

302. अशोक के निम्न में किस अभिलेख में 'इसिला' नामक नगर का उल्लेख किया गया है?
(a) मास्की अभिलेख
(b) नेतूर अभिलेख
(c) उडेगोलम अभिलेख
(d) सिद्धपुर अभिलेख

303. निम्न में कौन–सा अभिलेख भागवत धर्म के इतिहास के लिए महत्त्वपूर्ण है?
(a) मथुरा स्तम्भ अभिलेख
(b) बेसनगर स्तम्भ अभिलेख
(c) रुम्मिनदेई स्तम्भ अभिलेख
(d) तालगुण्ड अभिलेख

304. भारत में महिला आन्दोलन का शुभारम्भ मुख्यतया निम्न में से किसकी प्रेरणा से हुआ?
(a) सरोजिनी नायडू (b) श्रीमती ऐनी बेसेण्ट
(c) रमाबाई रानाडे (d) हीराबाई टाटा

305. बंगाल की एशियाटिक सोसायटी की स्थापना निम्न में से किसने की?
(a) बंकिमचन्द्र चटर्जी (b) मधुसूदन दत्त
(c) चार्ल्स विल्किन्स
(d) सर विलियम जोन्स

306. केरल में वैकोम सत्याग्रह का मुख्य उद्देश्य क्या था?
(a) निम्न जातियों (अवर्णों) के लिए मन्दिर के द्वार उन्मुक्त करवाना
(b) मन्दिर की सेवा के लिए देवदासियों की दीक्षा पर रोक
(c) अस्पृश्यता निवारण के लिए
(d) मन्दिर के मठाधीशों पर गैर-ब्राह्मणों को पुजारियों के रूप में नियुक्त करने के लिए दबाव डालना

307. निम्नलिखित में किस राज्य पर मोहम्मद गोरी द्वारा सर्वप्रथम आक्रमण किया गया था?
(a) मुल्तान (b) सिन्ध
(c) पंजाब (d) अन्हिलवाड़

308. अमीर खुसरो बरनी से कितने वर्ष बड़े थे?
(a) 41 (b) 32 (c) 37 (d) 29

309. प्रागैतिहास के अध्ययन का विषय है
(a) निरक्षर समाजों का इतिहास
(b) साक्षर समाजों का इतिहास
(c) सभ्य समाजों का इतिहास
(d) नगरीय समाजों का इतिहास

310. सैयद अहमद खाँ के मुख्य सलाहकार और विश्वासपात्र निम्न में से कौन थे?
(a) डब्ल्यू. डब्ल्यू. हण्टर
(b) थियोडोर बेक
(c) थियोडोर मॉरीसन
(d) नसान लीज

311. अलीगढ़ आन्दोलन का मूलभूत लक्ष्य था
(a) हिन्दू-मुस्लिम सौहार्द्र
(b) मुस्लिम समाज में सामाजिक-धार्मिक सुधार
(c) आंग्ल-मुस्लिम मैत्री, जो मुस्लिम सुरक्षा और एकता की एकमात्र साधन थी
(d) मुसलमानों, हिन्दुओं और ईसाइयों में सामाजिक सौजन्य तथा समन्वय

312. बंगाल के पाल शासकों के काल में जिस कृषक समुदाय ने विद्रोह किया था उसका नाम था
(a) जाट (b) गुर्जर
(c) कैवर्त (d) डोम

313. 'याज्ञवल्क्य स्मृति' के प्रसिद्ध टीकाकार अपरार्क एक
(a) चालुक्य राजा थे (b) परमार राजा थे
(c) शिलाहार राजा थे (d) वाकाटक राजा थे

314. गोपुरम् कहाँ के मन्दिरों की विशेषता है?
(a) ओडिशा (b) तमिलनाडु
(c) गुजरात (d) उत्तर प्रदेश

315. सुभाष चन्द्र बोस द्वारा 1938 ई. में निम्न में से किस संस्था की स्थापना की गई थी?
(a) इण्डियन एसोसिएशन
(b) सर्वेण्ट्स ऑफ इण्डिया सोसायटी
(c) फारवर्ड ब्लॉक
(d) विश्व भारती

316. सूची । में उल्लिखित क्रान्तिकारी संगठनों को सूची ॥ में उल्लिखित उनके संस्थापकों के साथ सुमेलित कीजिए और दिए गए कूट से सही उत्तर का चयन कीजिए

सूची ।	सूची ॥
A. अनुशीलन समिति	1. विनायक दामोदर सावरकर
B. अभिनव भारत	2. बारीन्द्र कुमार घोष
C. गदर पार्टी	3. लाला हरदयाल
D. हिन्दुस्तान सोशलिस्ट रिपब्लिकन आर्मी (एच.एस.आर.ए.)	4. शचीन्द्र नाथ सान्याल और भगत सिंह

कूट

	A	B	C	D
(a)	2	1	3	4
(b)	1	2	3	4
(c)	3	1	2	4
(d)	4	3	2	1

317. निम्नलिखित में से कौन राज्य पुनर्गठन आयोग का अध्यक्ष था?
(a) के.एम. पणिक्कर (b) हृदयनाथ कुँजरू
(c) फजल अली (d) सरदार पटेल

318. किस युग को 'क्लासिकल युग' कहा जाता है?
(a) मौर्य युग (b) गुप्त युग
(c) कुषाण युग (d) सातवाहन युग

319. किस शासक ने अपने को 'देवताओं का प्रिय' कहलवाया?
(a) चन्द्रगुप्त विक्रमादित्य
(b) कनिष्क
(c) अशोक
(d) समुद्रगुप्त

320. अलाउद्दीन खिलजी द्वारा प्रचलित बाजार नियन्त्रण व्यवस्था का संचालन निम्नलिखित में से किस विभाग के नियन्त्रणाधीन था?
(a) दीवान-ए-रियासत (b) दीवान-ए-रिसालत
(c) दीवान-ए-इंशा (d) दीवान-ए-अर्ज

321. भारत में सर्वप्रथम पूर्वपाषाणकालीन उपकरण रॉबर्ट ब्रूस को मिला था
(a) 1860 ई. में (b) 1863 ई. में
(c) 1873 ई. में (d) 1878 ई. में

322. भारतीय उपमहाद्वीप में धान की खेती का प्राचीनतम पुरातात्विक साक्ष्य प्राप्त हुआ है
(a) कश्मीर के बुर्जहोम में
(b) बिहार के चिराँद में
(c) गुजरात के लोथल में
(d) उत्तर प्रदेश के कोल्डीहवा में

323. पक्की मिट्टी के बने हल का एक प्रतिरूप प्राप्त हुआ है
(a) बनावली से (b) कालीबंगा से
(c) राखीगढ़ी से (d) रंगपुर से

324. अब्दुल रज्जाक, जिसने विजयनगर राज्य का फारसी में विस्तृत विवरण लिखा है, मिर्जा शाहरुख के दूत के रूप में विजयनगर दरबार में आया था
(a) हरिहर द्वितीय के राज्यकाल में
(b) बुक्का द्वितीय के राज्यकाल में
(c) देवराय द्वितीय के राज्यकाल में
(d) कृष्णदेव राय के राज्यकाल में

325. सूची । में उल्लिखित नरेशों को सूची ॥ में दिए गए नामों से सुमेलित कीजिए और अधोलिखित कूट में से सही उत्तर को चुनिए

सूची ।	सूची ॥
A. कुमारगुप्त प्रथम	1. महादेवी कुबेरनाग
B. चन्द्रगुप्त द्वितीय	2. महादेवी कुमारदेवी
C. चन्द्रगुप्त प्रथम	3. महादेवी अनन्तदेवी

कूट

	A	B	C
(a)	1	2	3
(b)	3	2	1
(c)	3	1	2
(d)	2	3	1

326. संगम युग में चोल-शासकों की राजधानी थी
(a) वज्जि एवं तोण्डि
(b) मदुरै
(c) उरैयूर एवं अर्काट (उरगापुर एवं आरक्काडु)
(d) कोरकई (कोल्कई)

327. तक्कोलम का युद्ध हुआ था
(a) चोल-चालुक्य के बीच
(b) चोल-पल्लव के बीच
(c) चोल-पाण्ड्य के बीच
(d) चोल-राष्ट्रकूटों के बीच

328. सन् 1784 में कलकत्ता में 'एशियाटिक सोसायटी ऑफ बंगाल' की स्थापना की गई थी
(a) जेम्स फ्रेजर द्वारा
(b) सर विलियम जोन्स द्वारा
(c) वारेन हेस्टिंग्स द्वारा
(d) विलियम डेवी द्वारा

329. गाँधीजी द्वारा डाण्डी यात्रा प्रारम्भ की गई थी
(a) 26 जनवरी, 1930 को
(b) 15 अगस्त, 1930 को
(c) 12 मार्च, 1930 को
(d) 12 अप्रैल, 1930 को

330. निम्न में से किसे 'आधुनिक ऋषि' कहकर सम्बोधित किया जाता है?
(a) विवेकानन्द
(b) रामकृष्ण परमहंस
(c) महादेव गोविन्द रानाडे
(d) बालगंगाधर तिलक

331. 19वीं शताब्दी के महानतम् पारसी समाज सुधारक निम्न में से कौन थे?
(a) सर जमशेदजी
(b) सर रुस्तम बहरामजी
(c) नवल डी. टाटा
(d) बहरामजी एम. मालाबारी

332. बहरामजी एम. मालाबारी ने निम्न में से किस प्रथा के विरुद्ध अभियान चलाया था?
(a) शिशु और बाल विवाह
(b) बहु-विवाह
(c) कन्या वध
(d) कुलीनवाद

333. निम्नलिखित में से कौन-सा स्थान गढ़कारी विद्रोह का केन्द्र था?
(a) बिहार शरीफ (b) कोल्हापुर
(c) सूरत (d) सिलहट

334. किसने खम्भात में तोड़ी गई मस्जिद के पुनर्निर्माण के लिए आर्थिक सहायता दी थी?
(a) चामुण्डराय (b) कुमारपाल
(c) महीपाल (d) जयसिंह सिद्धराज

335. चित्रगुप्त स्वामी मन्दिर जो चित्रगुप्त का एकमात्र मन्दिर है, कहाँ स्थित है?
(a) काँची (b) मथुरा (c) पुरी (d) उज्जैन

336. जहाँगीर के दरबार के निम्नलिखित चित्रकारों में से कौन प्राकृतिक विषयों के चित्रण के लिए प्रसिद्ध था?
(a) बिसन दास (b) अब्दुल हसन
(c) उस्ताद मंसूर (d) आगा रजा

337. विजयनगर साम्राज्य में निम्नलिखित में से किस वस्तु का बड़ी मात्रा में निर्यात किया जाता था?
(a) काली मिर्च (b) चाय
(c) तम्बाकू (d) कॉफी

338. निम्नलिखित में से किसने 'तबकात-ए-अकबरी' की रचना की?
(a) बदायूँनी
(b) अब्बास खाँ शेरवानी
(c) निजामुद्दीन अहमद
(d) अबुल फजल

339. भारतीय दर्शन को जैन धर्म का मुख्य योगदान क्या था?
(a) पुनर्जन्म का सिद्धान्त
(b) स्यादवाद का सिद्धान्त
(c) आत्मा के अमरत्व का सिद्धान्त
(d) ब्रह्म निर्गुणता का सिद्धान्त

340. निम्नलिखित में से किस मन्दिर परिसर में एक भारी-भरकम नन्दी की मूर्ति है, जिसे भारत की विशालतम नन्दी की मूर्ति माना जाता है?
(a) बृहदीश्वर मन्दिर
(b) लिंगराज मन्दिर
(c) कंदरिया महादेव मन्दिर
(d) लेपाक्षी मन्दिर

341. भारत में मुगल शासन की स्थापना किस युद्ध के बाद हुई?
(a) चौसा का युद्ध
(b) पानीपत का प्रथम युद्ध
(c) खानवा का युद्ध
(d) हल्दीघाटी का युद्ध

342. भारत में पहला मुक्त विश्वविद्यालय स्थापित हुआ
(a) कलकत्ता में (b) मद्रास में
(c) नई दिल्ली में (d) हैदराबाद में

343. निम्नांकित धुरी राष्ट्रों में से सबसे अन्त में किसने द्वितीय विश्व युद्ध में आत्मसमर्पण किया?
(a) जापान (b) इटली (c) स्पेन (d) जर्मनी

344. हड़प्पन लिपि के सबसे निकट प्रतीत होने वाली भारतीय लिपि है
(a) देवनागरी (b) ब्राह्मी
(c) खरोष्ठी (d) द्रविड़

345. आश्रम व्यवस्था का मुख्य सिद्धान्त निम्नलिखित में से कौन-सा है?
(a) पंच महायज्ञ (b) पुरुषार्थ
(c) संस्कार (d) ये सभी

346. वैदिक नदी कुम्भा का स्थान कहाँ निर्धारित होना चाहिए?
(a) अफगानिस्तान (b) पाकिस्तान
(c) कश्मीर (d) पंजाब

347. फसल काटने का आयताकार पाषाण उपकरण (हार्वेस्टर) किस नवपाषाणिक संस्कृति से प्राप्त हुआ?
(a) कश्मीर (b) गंगाघाटी
(c) विन्ध्य क्षेत्र (d) दक्षिण भारत

348. शवाधान में मानव के अवशेषों के साथ कुत्ते, बकरे जैसे पालतू पशुओं को दफनाने के साक्ष्य मिले हैं
(a) बुर्जहोम में (b) गुप्तकाल में
(c) मेहरगढ़ में (d) चिराँद में

349. जोर्वे-संस्कृति के स्थलों में अधिवास-विन्यास का सबसे अच्छा प्रमाण मिला है
(a) इनामगाँव में (b) जोर्वे में
(c) वाल्की में (d) नवदाटोली में

350. भारत में मुस्लिम लीग के संस्थापक कौन थे?
(a) सलीमुल्ला खाँ (b) आगा खाँ
(c) वकार-उल-मुल्क (d) महात्मा गाँधी

351. भारतीय राष्ट्रीय कांग्रेस के 1929 ई. के ऐतिहासिक लाहौर अधिवेशन की अध्यक्षता की थी
(a) सरदार पटेल ने
(b) मोतीलाल नेहरू ने
(c) डॉ. राजेन्द्र प्रसाद ने
(d) जवाहरलाल नेहरू ने

352. निम्न किस विश्वविद्यालय की स्थापना 1857 ई. में हुई?
(a) दिल्ली विश्वविद्यालय
(b) कलकत्ता विश्वविद्यालय
(c) इलाहाबाद विश्वविद्यालय
(d) पंजाब विश्वविद्यालय

353. भारत में सोने के सिक्के का प्रचलन सर्वप्रथम किसने किया?
(a) कुषाण (b) शक
(c) पार्थियन (d) यवन

354. चित्तौड़ के प्रसिद्ध कीर्तिस्तम्भ का निर्माण किसने कराया?
(a) महाराणा प्रताप सिंह
(b) महाराणा कुम्भा
(c) राणा उदय सिंह
(d) जयसिंह

355. हथनोरा में पूर्वपाषाणिक मानव के जीवाश्मों की खोज की गई थी
(a) एच.डी. सांकलिया द्वारा
(b) ए.के. सोनकिया द्वारा
(c) बी.बी. लाल द्वारा
(d) जी.आर. शर्मा द्वारा

356. 'रामायण' और 'महाभारत' में उल्लिखित स्थलों की पुरातात्विक पहचान की गई
(a) जी.आर. शर्मा द्वारा
(b) एच.डी. सांकलिया द्वारा
(c) ए. घोष द्वारा
(d) बी.बी. लाल द्वारा

357. 'द सरस्वती फ्लोज आन' के लेखक हैं
(a) एस.पी. गुप्त (b) बी.बी. लाल
(c) आर.एस. बिष्ट (d) के.एन. दीक्षित

358. समग्र वैदिक साहित्य में समाहित हैं
(a) चारों वेद
(b) ब्राह्मण ग्रन्थ
(c) आरण्यक, उपनिषद् और वेदांग
(d) उपरोक्त सभी

359. सैन्धव-सभ्यता के बाट किस संख्या के गुणक थे?
(a) 15 (b) 16
(c) 17 (d) 18

360. उपनिषद्काल के राजा अश्वपति कहाँ के शासक थे?
(a) काशी (b) केकय
(c) पांचाल (d) विदेह

361. सभा और समिति को प्रजापति की दो पुत्रियाँ कहा गया है
(a) ऋग्वेद में (b) यजुर्वेद में
(c) सामवेद में (d) अथर्ववेद में

362. यज्ञीय कर्मकाण्ड का पर्यवेक्षण निम्नलिखित में से किस पुरोहित का दायित्व था?
(a) अध्वर्यु (b) ब्रह्मा
(c) होत्र (d) उद्गाता

363. गीत गोविन्द के गीतकार जयदेव किसकी सभा को अलंकृत करते थे?
(a) धर्मपाल (b) विजयसेन
(c) देवपाल (d) लक्ष्मणसेन

364. निम्नलिखित में से किसने सोमपुर महाविहार का निर्माण कराया था?
(a) कुमार गुप्त प्रथम (b) हर्ष
(c) देवपाल (d) विजयसेन

365. नन्द राजा के आदेश से कहाँ एक नहर खोदी गई थी?
(a) अंग (b) वंग
(c) कलिंग (d) मगध

366. ताम्र-पाषाणिक कायथा-संस्कृति की खोज की गई थी
(a) एम.के. धवलीकर द्वारा
(b) वी.एस. वाकंकड़ द्वारा
(c) एच.डी. सांकलिया द्वारा
(d) के.डी. वाजपेयी द्वारा

367. परवर्ती हड़प्पा काल की पुरा सामग्रियों के साथ चित्रित धूसर पात्र परम्परा के अवशेष मिले हैं
(a) रोपड़ से (b) भगवानपुरा से
(c) बनावली से (d) दौलतपुर से

368. सैन्धव-सभ्यता के सबसे पूर्वी स्थल (आलमगीरपुर) का उत्खनन किया गया था
(a) वाई.डी. शर्मा द्वारा (b) ए. घोष द्वारा
(c) बी.के. थापर द्वारा (d) बी.बी. लाल द्वारा

369. पुलकेशिन-द्वितीय के एहोल अभिलेख में हर्षवर्धन की किस सेना का उल्लेख है?
(a) अश्व सेना (b) रथ सेना
(c) गज सेना (d) पैदल सेना

370. चोल काल में 'वेट्टि' से अभिप्राय था
(a) मन्दिरों को दिया जाने वाला भू-दान
(b) सार्वजनिक कार्यों के लिए बेगार
(c) कृषकों पर कर
(d) करघों पर कर

371. चोल प्रशासन में 'पाडि कवल' से तात्पर्य है
(a) ग्राम-देवी
(b) धार्मिक समारोह
(c) ग्राम सुरक्षा के लिए दिया जाने वाला कर
(d) तालाबों के रख-रखाव के निमित्त दिया जाने वाला कर

372. अकबर ने सर्वप्रथम दक्षिण भारत के जिस राज्य पर आक्रमण किया, वह था
(a) बीजापुर (b) असीरगढ़
(c) अहमदनगर (d) बरार

373. मदिरा एवं अन्य मादक द्रव्यों के प्रयोग पर निषेध लगाने वाले मुगल सम्राट का नाम था
(a) बाबर (b) औरंगजेब
(c) जहाँगीर (d) इनमें से कोई नहीं

374. निम्नलिखित में से कौन बुद्ध के जीवनकाल में ही संघ प्रमुख होना चाहता था?
(a) देवदत्त (b) महाकस्सप
(c) उपालि (d) आनन्द

375. हुसैन शाह के काल में 'श्रीमद्भागवत' का बांग्ला भाषा में अनुवाद करने वाले व्यक्ति थे
(a) श्रीकर्ण नन्दी (b) मालाधार बस
(c) कवीन्द्र परमेश्वर (d) विद्यापति

376. निम्नलिखित में से कौन-सा ग्रन्थ दारा शिकोह की रचना नहीं है?
(a) सिर्र-ए-अकबर (b) मजमा-अल-बहरेन
(c) समुद्र संगम (d) दाराबनामा

377. निम्नलिखित में से कौन 'मुरक्का-ए- देहली' का लेखक है?
(a) अली कुली खान
(b) शाह अब्दुल अजीज
(c) गुलाम हुसैन तनातबाई
(d) दरगाह कुली खान

378. मेगस्थनीज कौन था?
(a) मन्त्री (b) सेनापति
(c) स्वतन्त्रता सेनानी (d) राजदूत

379. निम्नलिखित में से कौन-सा कथन सत्य नहीं है?
(a) 1905 ई. में बंगाल-विभाजन हिन्दुओं और मुसलमानों में अलगाव पैदा करने के उद्देश्य से किया गया था
(b) मुस्लिम लीग की स्थापना 1906 ई. में आगा खान द्वारा की गई थी
(c) लखनऊ-समझौता हिन्दू-मुस्लिम एकता स्थापित करने की दिशा में एक महत्त्वपूर्ण अग्रिम कदम था
(d) स्वदेशी आन्दोलन गाँधी जी ने 1905 ई. में प्रारम्भ किया था

380. भारतीय राष्ट्रीय कांग्रेस के 1905 ई. के बनारस अधिवेशन का अध्यक्ष कौन था?
(a) सुरेन्द्रनाथ बनर्जी
(b) फिरोजशाह मेहता
(c) गोपालकृष्ण गोखले
(d) दादा भाई नौरोजी

381. अखिल भारतीय राष्ट्रीय कांग्रेस की प्रथम महिला अध्यक्ष कौन थी?
(a) नेलीसेन गुप्ता (b) सरोजिनी नायडू
(c) ऐनी बेसेण्ट (d) कादम्बिनी बोस

382. अगस्त, 1946 में घोषित प्रथम अन्तरिम राष्ट्रीय सरकार में निम्नलिखित में से कौन शामिल नहीं था?
(a) डॉ. राजेन्द्र प्रसाद
(b) डॉ. एस. राधाकृष्णन
(c) सी. राजगोपालाचारी
(d) जगजीवन राम

383. भारतीय राष्ट्रीय कांग्रेस के किस अधिवेशन में पूर्ण स्वराज्य के संकल्प की घोषणा की गई थी?
(a) कराची अधिवेशन
(b) लाहौर अधिवेशन
(c) कलकत्ता अधिवेशन
(d) त्रिपुरी अधिवेशन

384. बाबा रामचन्द्र ने किसानों को संगठित किया था
(a) अवध में (b) आन्ध्र में
(c) बिहार में (d) बंगाल में

385. निम्नलिखित में से किसको मदद-ए-माश अनुदान प्रदान किए जाते थे?
(a) सरकारी अधिकारियों को
(b) कलाकारों को
(c) सन्तों और विद्वानों को
(d) निर्धन व्यक्तियों और असहाय व्यक्तियों को

386. निम्नलिखित में से किसने लखनऊ में 1857 ई. के विद्रोह का नेतृत्व किया था?
(a) बिर्जिस कादिर
(b) वाजिद अली शाह
(c) मौलवी अजीमुल्लाह
(d) मौलवी अहमदुल्लाह

387. निम्नलिखित में से कौन-सा प्रदेश भारत में 'सैनिकों की पौधशाला' कहलाता था?
(a) बंगाल (b) गुजरात
(c) अवध (d) पंजाब

388. कर्नाटक युद्ध हुए थे
(a) अंग्रेजों एवं डचों के बीच
(b) अंग्रेजों एवं पुर्तगालियों के बीच
(c) अंग्रेजों एवं फ्रांसीसियों के बीच
(d) अंग्रेजों एवं मराठों के बीच

389. कौन-सा धर्म 'त्रिरत्न' में विश्वास करता है?
(a) बौद्ध धर्म (b) जैन धर्म
(c) वैष्णव धर्म (d) शैव धर्म

390. जजमानी प्रथा का उल्लेख करने वाले उपन्यास 'गणदेवता' की रचना की गई थी
(a) मुन्शी प्रेमचन्द द्वारा
(b) बाल शास्त्री जाम्भेकर द्वारा
(c) ताराशंकर बन्द्योपाध्याय द्वारा
(d) बंकिमचन्द्र चटर्जी द्वारा

391. माउण्टबेटन योजना प्रस्तुत की गई थी
(a) 13 जून, 1947 में
(b) 3 जून, 1947 में
(c) 3 जुलाई, 1947 में
(d) 13 जुलाई, 1947 में

392. भारतीय राष्ट्रीय आन्दोलन पर लिखी गई 'यंग इण्डिया' नामक पुस्तक की रचना की गई थी
(a) अरुणा आसफ अली द्वारा
(b) मुहम्मद इकबाल द्वारा
(c) विपिन चन्द्र पाल द्वारा
(d) लाला लाजपत राय द्वारा

393. गाँधी जी द्वारा आरम्भ किए गए निम्नलिखित आन्दोलनों का सही अनुक्रम ज्ञात कीजिए
(a) रोलेट एक्ट आन्दोलन
(b) खेड़ा आन्दोलन
(c) चम्पारण आन्दोलन
(d) अहमदाबाद के मिलों की हड़ताल

394. 'अनवर-ए-सुहैली' नामक ग्रन्थ किसका अनुवाद है?
(a) पंचतन्त्र (b) महाभारत
(c) रामायण (d) सूरसागर

395. अलाउद्दीन खिलजी के सेनाध्यक्षों में कौन तुगलक वंश का प्रथम सुल्तान बना?
(a) गाजी मलिक (b) मलिक काफूर
(c) जफर खाँ (d) उबेग खाँ

396. किस सेनानायक को बीजापुर के सुल्तान ने 1659 ई. में शिवाजी को दबाने के लिए भेजा था?
(a) इनायत खाँ (b) अफजल खाँ
(c) शाइस्ता खाँ (d) सैयद खाँ

397. निम्नलिखित में से किसने साम्प्रदायिक अधिनिर्णय घोषित किया?
(a) रैम्जे मैक्डोनाल्ड
(b) स्टैनले बाल्डविन
(c) नेविल चैम्बरलेन
(d) विन्सटन चर्चिल

398. अमीरान-ए-सादाह का उत्पीड़न करने वाले सुल्तान का नाम था
(a) अलाउद्दीन खिलजी
(b) ग्यासुद्दीन खिलजी
(c) मुहम्मद-बिन-तुगलक
(d) फिरोजशाह तुगलक

399. मध्यकालीन भारत के उस सन्त-कवि का नाम, जिसने 'निपख' के मार्ग का अनुमोदन किया था
(a) दादूदयाल (b) कबीर
(c) मलूक दास (d) रैदास

उत्तरमाला

1. (a)	**2.** (b)	**3.** (c)	**4.** (d)	**5.** (b)	**6.** (d)	**7.** (c)	**8.** (d)	**9.** (c)	**10.** (b)
11. (a)	**12.** (a)	**13.** (c)	**14.** (a)	**15.** (c)	**16.** (d)	**17.** (b)	**18.** (c)	**19.** (b)	**20.** (a)
21. (a)	**22.** (a)	**23.** (b)	**24.** (c)	**25.** (d)	**26.** (c)	**27.** (c)	**28.** (b)	**29.** (b)	**30.** (a)
31. (d)	**32.** (a)	**33.** (b)	**34.** (a)	**35.** (c)	**36.** (c)	**37.** (a)	**38.** (b)	**39.** (c)	**40.** (b)
41. (b)	**42.** (b)	**43.** (a)	**44.** (b)	**45.** (b)	**46.** (c)	**47.** (b)	**48.** (d)	**49.** (d)	**50.** (a)
51. (a)	**52.** (a)	**53.** (c)	**54.** (b)	**55.** (b)	**56.** (a)	**57.** (d)	**58.** (a)	**59.** (b)	**60.** (b)
61. (b)	**62.** (c)	**63.** (b)	**64.** (c)	**65.** (d)	**66.** (c)	**67.** (c)	**68.** (b)	**69.** (c)	**70.** (b)
71. (b)	**72.** (b)	**73.** (b)	**74.** (d)	**75.** (b)	**76.** (a)	**77.** (c)	**78.** (a)	**79.** (c)	**80.** (c)
81. (c)	**82.** (a)	**83.** (b)	**84.** (b)	**85.** (d)	**86.** (c)	**87.** (a)	**88.** (c)	**89.** (a)	**90.** (b)
91. (d)	**92.** (b)	**93.** (a)	**94.** (c)	**95.** (b)	**96.** (d)	**97.** (a)	**98.** (a)	**99.** (c)	**100.** (a)
101. (c)	**102.** (c)	**103.** (a)	**104.** (c)	**105.** (a)	**106.** (d)	**107.** (b)	**108.** (c)	**109.** (d)	**110.** (b)
111. (a)	**112.** (b)	**113.** (a)	**114.** (c)	**115.** (a)	**116.** (c)	**117.** (c)	**118.** (c)	**119.** (a)	**120.** (d)
121. (d)	**122.** (d)	**123.** (b)	**124.** (c)	**125.** (c)	**126.** (c)	**127.** (b)	**128.** (c)	**129.** (b)	**130.** (a)
131. (a)	**132.** (a)	**133.** (c)	**134.** (c)	**135.** (b)	**136.** (a)	**137.** (d)	**138.** (a)	**139.** (d)	**140.** (d)
141. (c)	**142.** (a)	**143.** (a)	**144.** (d)	**145.** (d)	**146.** (a)	**147.** (b)	**148.** (c)	**149.** (c)	**150.** (a)
151. (b)	**152.** (c)	**153.** (c)	**154.** (a)	**155.** (b)	**156.** (c)	**157.** (c)	**158.** (a)	**159.** (c)	**160.** (b)
161. (c)	**162.** (a)	**163.** (c)	**164.** (d)	**165.** (b)	**166.** (d)	**167.** (b)	**168.** (a)	**169.** (d)	**170.** (b)
171. (b)	**172.** (d)	**173.** (d)	**174.** (a)	**175.** (a)	**176.** (b)	**177.** (d)	**178.** (d)	**179.** (a)	**180.** (d)
181. (a)	**182.** (a)	**183.** (a)	**184.** (a)	**185.** (a)	**186.** (a)	**187.** (a)	**188.** (a)	**189.** (a)	**190.** (d)
191. (d)	**192.** (c)	**193.** (a)	**194.** (b)	**195.** (b)	**196.** (a)	**197.** (b)	**198.** (a)	**199.** (b)	**200.** (a)
201. (d)	**202.** (b)	**203.** (a)	**204.** (a)	**205.** (d)	**206.** (a)	**207.** (a)	**208.** (a)	**209.** (b)	**210.** (a)
211. (b)	**212.** (a)	**213.** (d)	**214.** (c)	**215.** (c)	**216.** (b)	**217.** (c)	**218.** (d)	**219.** (a)	**220.** (b)
221. (a)	**222.** (d)	**223.** (a)	**224.** (d)	**225.** (b)	**226.** (c)	**227.** (d)	**228.** (c)	**229.** (c)	**230.** (b)
231. (b)	**232.** (b)	**233.** (a)	**234.** (a)	**235.** (c)	**236.** (b)	**237.** (b)	**238.** (d)	**239.** (a)	**240.** (c)
241. (c)	**242.** (a)	**243.** (a)	**244.** (c)	**245.** (c)	**246.** (b)	**247.** (b)	**248.** (b)	**249.** (a)	**250.** (b)
251. (d)	**252.** (c)	**253.** (d)	**254.** (d)	**255.** (d)	**256.** (b)	**257.** (c)	**258.** (b)	**259.** (b)	**260.** (a)
261. (d)	**262.** (c)	**263.** (c)	**264.** (c)	**265.** (c)	**266.** (a)	**267.** (d)	**268.** (b)	**269.** (b)	**270.** (b)
271. (d)	**272.** (c)	**273.** (a)	**274.** (c)	**275.** (c)	**276.** (b)	**277.** (a)	**278.** (b)	**279.** (a)	**280.** (d)
281. (d)	**282.** (d)	**283.** (d)	**284.** (c)	**285.** (b)	**286.** (a)	**287.** (b)	**288.** (c)	**289.** (b)	**290.** (c)
291. (c)	**292.** (a)	**293.** (a)	**294.** (d)	**295.** (a)	**296.** (b)	**297.** (b)	**298.** (b)	**299.** (c)	**300.** (c)
301. (d)	**302.** (d)	**303.** (b)	**304.** (c)	**305.** (d)	**306.** (a)	**307.** (a)	**308.** (b)	**309.** (a)	**310.** (b)
311. (c)	**312.** (c)	**313.** (c)	**314.** (b)	**315.** (c)	**316.** (a)	**317.** (c)	**318.** (b)	**319.** (c)	**320.** (a)
321. (b)	**322.** (d)	**323.** (a)	**324.** (c)	**325.** (c)	**326.** (d)	**327.** (d)	**328.** (b)	**329.** (c)	**330.** (c)
331. (d)	**332.** (a)	**333.** (b)	**334.** (d)	**335.** (d)	**336.** (c)	**337.** (a)	**338.** (c)	**339.** (b)	**340.** (a)
341. (b)	**342.** (d)	**343.** (a)	**344.** (b)	**345.** (d)	**346.** (a)	**347.** (a)	**348.** (a)	**349.** (a)	**350.** (a)
351. (d)	**352.** (b)	**353.** (d)	**354.** (b)	**355.** (b)	**356.** (d)	**357.** (b)	**358.** (d)	**359.** (b)	**360.** (b)
361. (d)	**362.** (b)	**363.** (d)	**364.** (c)	**365.** (c)	**366.** (b)	**367.** (b)	**368.** (a)	**369.** (c)	**370.** (b)
371. (c)	**372.** (c)	**373.** (c)	**374.** (a)	**375.** (b)	**376.** (d)	**377.** (c)	**378.** (d)	**379.** (d)	**380.** (c)
381. (c)	**382.** (b)	**383.** (b)	**384.** (a)	**385.** (c)	**386.** (a)	**387.** (c)	**388.** (c)	**389.** (b)	**390.** (c)
391. (b)	**392.** (d)	**393.** (a)	**394.** (a)	**395.** (a)	**396.** (b)	**397.** (a)	**398.** (c)	**399.** (a)	

अध्याय

2

भूगोल
Geography

- भूगोल के लिए प्रयुक्त होने वाला अंग्रेजी शब्द 'Geography' यूनानी भाषा के दो शब्दों से मिलकर बना है। Geo = पृथ्वी एवं Grapho = वर्णन, जिसका अर्थ 'पृथ्वी का वर्णन' है।
- 'भूगोल का जनक' (Father of Geography) **इरैटोस्थनीज** को माना जाता है। अतएव इन्हें 'भूगोल का पिता' कहा जाता है।
- **हेकेटियस** ने अपनी पुस्तक 'पेरीडायस' में पहली बार भौगोलिक तत्त्वों का क्रमबद्ध समावेश किया था
- 'लेबेनस्त्रोम' (एक भौगोलिक क्षेत्र जिसमें जीवों का विकास होता है) की विचारधारा को **फ्रेडरिक रैटजेल** ने जन्म दिया।
- भूगोल को 'मानव पारिस्थितिकी' बताने वाले सर्वप्रथम विद्वान थे—सं.रा. अमेरिका के **हॉरलान बैरोज** (1922)।
- भौगोलिक अध्ययन में सर्वप्रथम संकल्पना **'पृथ्वी तल'** अथवा **'भूतल'** (Concept of the Earth's Surface) की होती है।
- 'वातावरणवाद (Environmentalism) की विचारधारा के प्रथम (प्रारम्भकर्ता थे—**हेरोडोटस** (यूनान, 485 से 425 ई. पू.)
- विश्व के मानचित्र के सर्वप्रथम निर्माणकर्ता थे—**अनेग्जी मेण्डर** (यूनान, 610 ई. पू. से 546 ई. पू.)।
- प्रसिद्ध जर्मन भूगोलवेत्ता **अलेक्जेण्डर वॉन हम्बोल्ट** को वर्तमान 'भूगोल का पिता' कहा जाता है। वे सर्वप्रथम भूगोलवेत्ता थे, जिन्होंने संसार के मानचित्र पर समताप रेखाओं को खींचा था।
- पृथ्वी के आकार का वर्णन करने वाला सबसे उपयुक्त शब्द 'धराकारीय' (Geoid) है।

ब्रह्माण्ड

- ब्रह्माण्ड की उत्पत्ति के बारे में बेल्जियम के जॉर्ज लेमेन्टेरे ने 1931 ई. में बिग बैंग सिद्धान्त प्रस्तुत किया।
- सूर्य और उसके चारों ओर परिभ्रमण करने वाले ग्रहों, उपग्रहों, उल्काओं, धूमकेतु, अवान्तर ग्रहों आदि को संयुक्त रूप से सौर मण्डल कहा जाता है।
- सौर मण्डल की उत्पत्ति गैस और धूल की घूमती हुई निहारिक से हुई है।
- सौर मण्डल में कुल 8 ग्रह हैं। 26 अगस्त, 2006 के पूर्व सौर मण्डल में 9 ग्रह थे।
- सौर मण्डल के ग्रह (बढ़ती दूरी के क्रम में)—बुध, शुक्र, पृथ्वी, मंगल, बृहस्पति, शनि, अरुण, वरुण।
- आकार के आधार पर (घटते क्रम में)—बृहस्पति, शनि, वरुण, अरुण, पृथ्वी, शुक्र, मंगल, बुध।
- पृथ्वी एवं चन्द्रमा के बीच के अन्तरिक्ष भाग को **सिस-लुनर** कहा जाता है।
- पृथ्वी से दिखाई देने वाला सबसे चमकीला तारा **डॉग स्टार** है।
- ध्रुव तारा वह तारा है जो हमेशा उत्तर दिशा में चमकता है।
- हमारा सौर तन्त्र जिस आकाश गंगा में स्थित है, उसे मन्दाकिनी या आकाश गंगा कहते हैं।
- मंगल और बृहस्पति (गुरु) ग्रहों की कक्षाओं के बीच परिक्रमा करने वाले असंख्य छोटे-छोटे तारों को क्षुद्र अथवा अवान्तर ग्रह कहते हैं।
- सौर मण्डल की ऊर्जा का सबसे बड़ा स्रोत सूर्य है।
- प्रकाश को पृथ्वी तक पहुँचने में 8 मिनट 40 सेकण्ड का समय लगता है।
- सूर्य के केन्द्रीय भाग को फोटोस्फीयर कहते हैं तथा सूर्य के ऊपरी भाग (तल) को **क्रोमोस्फीयर** कहते हैं।

सूर्य से सम्बन्धित प्रमुख तथ्य

पृथ्वी से न्यूनतम दूरी	14,95,98,900 किमी
पृथ्वी से अधिकतम दूरी	15.21 करोड़ किमी
पृथ्वी से माध्य दूरी	14.98 करोड़ किमी
सूर्य का व्यास	13,91,980 किमी
आयतन	पृथ्वी से 13 लाख गुना
द्रव्यमान	पृथ्वी से 3,32,000 लाख गुना
तलीय गुरुत्व	पृथ्वी से 28 गुना
केन्द्रीय घनत्व	100 ग्राम प्रति धन सेमी
फोटोस्फेयर ताप (सतह का ताप)	5,760 डिग्री सेल्सियस
केन्द्र का ताप	1,50,00,000 सेल्सियस
सूर्य धब्बों का ताप	40,000 जूल प्रति सेकण्ड
ऊर्जा उत्सर्जन	10^{26} जूल/सेकण्ड
केन्द्रीय दबाव	100,00,00,000 एटमोस्फेयर
घूर्णन गति	25.38 (भूमध्य रेखा पर) 33 दिन (ध्रुवों पर)
रासायनिक संघटन	हाइड्रोजन 71%, हीलियम 26.5% अन्य 2.5%
सूर्य से पृथ्वी तक प्रकाश को पहुँचने में लगा समय	8 मिनट 16.6 सेकण्ड
सूर्य के प्रकाश की चाल	3×108 मी/सेकण्ड
सूर्य के प्रकाश द्वारा एक वर्ष में चली गई दूरी	9.45×10^{15} किमी

- सूर्य की दिखाई देने वाली सतह को प्रकाश मण्डल कहा जाता है।
- सूर्य का रासायनिक संगठन 71% हाइड्रोजन, 26.50% हीलियम, 2.5% अन्य तत्त्वों से बना है।

- सूर्य की सतह का तापमान 6,000 डिग्री सेल्सियस है।
- शुक्र सभी ग्रहों में सबसे ज्यादा चमकीला है।
- शुक्र को 'सायंकाल का तारा' (Evening Star) तथा 'भोर का तारा' (Morning Star) के नाम से भी जाना जाता है। यह अपने अक्ष पर पूर्व से पश्चिम दिशा में घूर्णन करता है।
- पृथ्वी ही एकमात्र ग्रह है जिस पर जीवन सम्भव है।

ग्रहण–एक दृष्टि में

ग्रहण	स्थिति	समय
चन्द्र-ग्रहण	सूर्य, पृथ्वी व चन्द्रमा का एक सीध में होना	पूर्णिमा
सूर्य-ग्रहण	चन्द्रमा का पृथ्वी व सूर्य के बीच आ जाना	अमावस्या

- मंगल ग्रह पर जीवन की उपस्थिति के लिए वायुमण्डलीय संगठन सुसंगत है।
- पृथ्वी का एकमात्र उपग्रह चन्द्रमा है।
- नील आर्मस्ट्रांग 21 जुलाई, 1969 में चन्द्रमा पर सबसे पहले उतरे, अत: उस स्थान को **सी ऑफ ट्रन्क्विलिटी** कहा जाता है।
- मंगल ग्रह की बंजर भूमि का रंग गुलाबी है इसलिए मंगल को लाल ग्रह भी कहा जाता है।

ग्रह–महत्त्वपूर्ण तथ्य

ग्रह	सूर्य की परिक्रमा अवधि (पृथ्वी के दिनों के अनुसार)	अपने अक्ष पर घूर्णन की अवधि (पृथ्वी के दिनों के अनुसार)	उपग्रह संख्या
बुध (Mercury)	88	58.65	0
शुक्र (Venus)	224.7	257	0
पृथ्वी (Earth)	365.25	1.00	1
मंगल (Mars)	687	1.03	2
बृहस्पति (Jupiter)	4333	0.41	95
शनि (Saturn)	10759	0.43	146
अरुण (Uranus)	30686	0.45	28
वरुण (Neptune)	60188	0.66	14

सौरमण्डल : क्विक डाइजेस्ट

सबसे बड़ा ग्रह	बृहस्पति	सौरमण्डल का सबसे बड़ा उपग्रह	गैनीमीड
सबसे छोटा ग्रह	बुध		
सूर्य से सबसे निकट ग्रह	बुध	सौरमण्डल का सबसे छोटा उपग्रह	डीमोस
सूर्य से सबसे दूर स्थित ग्रह	वरुण		
पृथ्वी का उपग्रह	चन्द्रमा	नीला ग्रह	पृथ्वी
पृथ्वी के सबसे निकट ग्रह	शुक्र	हरा ग्रह	वरुण
सर्वाधिक चमकीला ग्रह	शुक्र	भोर का तारा	शुक्र
सबसे अधिक चमकीला तारा	साइरस	साँझ का तारा	शुक्र
सर्वाधिक उपग्रहों वाला ग्रह	शनि	पृथ्वी की बहन	शुक्र
सर्वाधिक भारी ग्रह	बृहस्पति	सौन्दर्य का देवता	शुक्र
सबसे अधिक ठण्डा ग्रह	वरुण	विशाल लाल धब्बे वाला ग्रह	बृहस्पति
रात्रि में लाल दिखने वाला ग्रह	मंगल		

स्थलमण्डल

पृथ्वी

- आद्य कल्प (Eozoic or Archean Era) की चट्टानों में ग्रेनाइट तथा नीस की प्रधानता है एवं इनमें सोना तथा लोहा पाया जाता है। शैलों में जीवाश्मों का पूर्णत: अभाव है।
- पुराजीवी महाकल्प (Palaeozoic Era) में सर्वप्रथम पृथ्वी पर वनस्पति तथा जीवों की उत्पत्ति हुई। जीव बिना रीढ़ की हड्डी वाले थे।
- रीढ़ वाले जीवों का सर्वप्रथम आविर्भाव सिल्यूरियन काल में हुआ तथा समुद्रों में मछलियों की उत्पत्ति हुई।
- सिल्यूरिन काल को 'रीढ़ की हड्डी वाले जीवों का कल्प' (Age of Verteibrates) के रूप में जाना जाता है।
- डिवोनियन काल में पृथ्वी की जलवायु केवल समुद्री जीवों के ही अनुकूल थी। अत: इसे 'मत्स्य युग' (Fish Age) के रूप में जाना जाता है।
- उभयचर जीवों (Amphibians) का विकास कार्बनीफेरस युग की एक प्रमुख घटना है।
- ट्रियासिक काल को 'रेंगने वाले जीवों का काल' (Age of Raptiles) कहा जाता है।
- गोण्डवानालैण्ड भूखण्ड का विभाजन ट्रियासिक काल में ही हुआ।
- हिमालय पर्वतमाला तथा दक्षिण के प्रायद्वीपीय भाग के बीच स्थित जलपूर्ण घाटी (द्रोणी) में अवसादों के जमाव से उत्तर भारत के विशाल मैदान की उत्पत्ति नवजीवी महाकल्प में ही हुई।
- पृथ्वी पर उड़ने वाले पक्षियों का आगमन प्लीस्टोसीन काल में हुआ। मानव तथा अन्य स्तनपायी जीव इसी काल में विकसित हुए।
- अभिनव काल में प्लीस्टोसीन काल के हिम की तापमान की वृद्धि के कारण समाप्ति हो गयी तथा विश्व की वर्तमान दशा प्राप्त हुई, जो अभी जारी है।
- सर्वमान्य मतानुसार पृथ्वी की आयु लगभग 5 अरब वर्ष (4,600 मिलियन वर्ष) मानी गयी है।
- पृथ्वी की लगभग गोलाकार आकृति को लघ्वक्ष गोलाभ' (Oblate Spheroid) कहा जाता है।
- विश्व का पहला ग्लोब जर्मन निवासी **मार्टिन बैहम** ने 1457 ई. में बनाया।
- पृथ्वी के आन्तरिक भाग को तीन मण्डलों में बाँटा गया है
  1. क्रस्ट 2. मैण्टिल 3. कोर
- पृथ्वी की सतह पर सर्वाधिक मात्रा में मिलने वाला तत्त्व ऑक्सीजन है।
- पृथ्वी अपने अक्ष पर पश्चिम से पूर्व दिशा की ओर घूर्णन करती है तथा पृथ्वी की इस गति को घूर्णन गति कहा जाता है। घूर्णन गति के कारण ही दिन-रात होते हैं।
- पृथ्वी घूर्णन करने के साथ ही दीर्घ वृत्ताकार कक्षा में सूर्य की परिक्रमा भी करती है जिसे उसकी परिभ्रमण गति कहा जाता है।
- पृथ्वी अपनी कक्षा में $66\frac{1}{2}°$ का कोण बनाते हुए झुकी है, जिसके फलस्वरूप पृथ्वी पर विभिन्न प्रकार की ऋतुओं की उत्पत्ति होती है।
- पृथ्वी की पपड़ी के पदार्थों को चट्टान कहते हैं।

पृथ्वी की सतह में अधिकता से मिलने वाले तत्त्वों का मात्रानुसार वितरण (प्रतिशत में)

तत्व	मात्रा (% में)	तत्व	मात्रा (% में)
ऑक्सीजन	46.80	*कैल्सियम*	3.63
सिलिकॉन	27.72	*सोडियम*	2.83
एल्युमीनियम	8.13	*पोटैशियम*	2.59
लोहा	5.00	*मैग्नीशियम*	2.09

चट्टान

- चट्टानों को बनावट की प्रक्रिया के आधार पर तीन प्रमुख वर्गों में बाँटा गया है—1. आग्नेय 2. अवसादी 3. रूपान्तरित।
- आग्नेय शैल की रचना धरातल के नीचे स्थित तप्त एवं तरल मैग्मा के शीतल होने के परिणामस्वरूप उसके ठोस हो जाने पर होती है।
- अवसादी चट्टान का निर्माण अवसादों (Sediments) के समूहन के फलस्वरूप होता है।
- अवसादी चट्टान भू-पृष्ठ के सर्वाधिक क्षेत्र में पायी जाती है।
- आग्नेय और अवसादी शैलों के रूप परिवर्तन के फलस्वरूप रूपान्तरित चट्टान का निर्माण होता है।

रूपान्तरण से बनी	रूपान्तरित चट्टान	रूपान्तरण से बनी	रूपान्तरित चट्टान
चूना पत्थर	संगमरमर	ग्रेनाइट	नीस
डोलोमाइट	संगमरमर	बेसाल्ट	एम्फीबोलाइट
बलुआ पत्थर	क्वार्टजाइट	स्लेट	फाइलाइट
शैल	स्लेट	ग्रेफाइट	हीरा

भूकम्प एवं ज्वालामुखी

- जब किसी ज्ञात अथवा अज्ञात कारणों से पृथ्वी के भूपटल में कम्पन पैदा हो जाता है तो उसे भूकम्प कहते हैं।
- मूल भूकम्प का सर्वप्रथम जहाँ पर आविर्भाव होता है, उसे भूकम्प कहते हैं तथा जहाँ पर सर्वप्रथम लहरों का अनुभव होता है, उसे भूकम्प केन्द्र कहते हैं।
- भूकम्प का अध्ययन 'भूकम्प विज्ञान' (Seismology) कहलाता है।
- जिस यन्त्र द्वारा भूकम्पीय लहरों का अंकन किया जाता है उसे **सीस्मोग्राफ** कहते हैं।
- रिक्टर पैमाने पर भूकम्पीय तीव्रता का मापन किया जाता है।

सक्रिय ज्वालामुखी इनमें अकसर उद्गार होता है जैसे—इटली का एटना तथा स्ट्राम्बोली। स्ट्राम्बोली सिसली के उत्तर में लिपारी द्वीप पर अवस्थित है। इसमें सदा प्रज्वलित गैस निकला करती है इसलिए इसे 'भूमध्य सागर का प्रकाश स्तम्भ' कहते हैं।

प्रसुप्त ज्वालामुखी इनमें निकट में उद्गार नहीं हुआ लेकिन कभी भी उद्गार हो सकता है जैसे—विसूवियस (भूमध्य सागर), क्राकाटोवा (सुंडा जलडमरूमध्य), फ्यूजीयामा (जापान), मेयाना (फिलीपीन्स) आदि।

शान्त ज्वालामुखी ऐसे ज्वालामुखी जिनमें अतीत में उद्गार नहीं हुआ लेकिन इसमें कभी उद्गार होने की सम्भावना नहीं है। इसके उदाहरण हैं कोह सुल्तान एवं देववल्द (ईरान), पोपा (म्यांमार), किलीमन्जारो (अफ्रीका), चिम्बराजो (दक्षिणी अमेरिका) आदि।

- ज्वालामुखी के मुख को **क्रेटर** कहते हैं। बड़े क्रेटर को काल्डेरा कहते हैं।
- विश्व के जागृत ज्वालामुखी का लगभग 65 प्रतिशत भाग प्रशान्त महासागर के दोनों तटीय भागों के सहारे पाया जाता है। इस भाग को प्रशान्त महासागर का ज्वाला वृत्त कहा जाता है।

पर्वतों की उत्पत्ति से सम्बन्धित प्रमुख परिकल्पनाएँ

- भारत के जम्मू-कश्मीर राज्य में हिमानी निक्षेप से निर्मित छोटे-छोटे पठारी भागों को मार्ग या मर्ग कहा जाता है, **जैसे** सोनमर्ग, गुलमर्ग आदि।
- भारत के असम राज्य में स्थित चेरापूँजी का पठार एक आर्द्र पठार (Humid Plateau) है।
- पामीर के पठार जिसकी ऊँचाई 4885 मी. (सर्वोच्च) होने के कारण इसे विश्व की छत कहा जाता है।
- भारत का विन्ध्य पठार नवीकृत पठार का उदाहरण है।
- तुर्की के लेक वॉन (लवणता 338 ‰) विश्व की सर्वाधिक खारे पानी की झील है। मृत सागर की लवणता 243 ‰ है, जो वॉन लेक के बाद दूसरे नम्बर की खारी झील है।
- कैस्पियन सागर विश्व की सबसे बड़ी खारे पानी की झील है।
- ओडिशा की चिल्का, आन्ध्र प्रदेश की पुलीकट एवं केरल की वेम्बनाद लैगून के उदाहरण हैं।

प्रमुख पर्वत चोटी

चोटी	महाद्वीप	देश	पर्वत श्रेणी	ऊँचाई (मी में)
माउण्ट एवरेस्ट (विश्व का सबसे ऊँचा)	*एशिया*	नेपाल-तिब्बत	*हिमालय*	8848
गॉडविन आस्टिन (भारत का सबसे ऊँचा)	*एशिया*	भारत	*कराकोरम*	8611
कंचनजंघा	*एशिया*	नेपाल-तिब्बत	*हिमालय*	8598
ल्होत्से	*एशिया*	नेपाल-चीन	*हिमालय*	8501
मकालू	*एशिया*	तिब्बत-नेपाल	*हिमालय*	8481
धौलागिरि	*एशिया*	भारत	*हिमालय*	8172
नंगा पर्वत	*एशिया*	भारत	*हिमालय*	8126
नन्दा देवी	*एशिया*	बोलीविया	*हिमालय*	7817
इलाम्पु	*दक्षिण अमेरिका*	अलास्का	*एण्डीज*	7014
मैकिन्ले (उत्तरी अमेरिका का सबसे ऊँचा)	*उत्तरी अमेरिका*	–	*रॉकी*	6194
माउण्ट इलियास	*उत्तरी अमेरिका*	–	*रॉकी*	5944
अरारात	*एशिया*	फ्रांस	*कॉकेशस*	5156
माण्टे ब्लैंक	*एशिया*	–	*आल्पस*	4810

विश्व के प्रमुख मरुस्थल

मरुस्थल	विस्तार क्षेत्र
सहारा	*अल्जीरिया, चाड, लीबिया, माली, मारिटानिया, नाइजर, सूडान, ट्यूनीशिया, मिस्र, मोरक्को और लीबिया (उत्तरी अफ्रीका)*
ऑस्ट्रेलिया	*ग्रेट सेण्ड्री, ग्रेट विक्टोरिया, सिम्पसन, गिब्सन तथा स्टुअर्ट रेगिस्तानी क्षेत्र इसमें सम्मिलित हैं।*
अरब	*सऊदी अरब, यमन, सीरिया, नाफुद क्षेत्र के रेगिस्तान सम्मिलित हैं।*
गोबी	*मंगोलिया और चीन*
कालाहारी	*बोत्सवाना (विश्व का सबसे शीत मरुस्थल दक्षिणी-पश्चिमी अफ्रीका)*
तकलामकान	*सीक्यांग (चीन)*
सोनोरन	*एरीजोना एवं कैलीफोर्निया, (यू.एस.ए. तथा मैक्सिको)*
नामीब	*दक्षिण अफ्रीका (नामीबिया)*
काराकुम	*तुर्कमेनिस्तान*
थार	*उत्तरी-पश्चिमी भारत और पाकिस्तान*
सोमाली	*सोमालिया गणराज्य (अफ्रीका)*
अटाकामा	*उत्तरी चिली (दक्षिणी अमेरिका)*
काजिल-कुम	*उज्बेकिस्तान, कजाखस्तान*
दस्ते-ए-लुट	*पूर्वी ईरान*
मोहाबे	*दक्षिणी कैलीफोर्निया (संयुक्त राज्य अमेरिका)*

वायुमण्डल

- पृथ्वी के चारों ओर व्याप्त गैसीय आवरण को वायुमण्डल (Atmosphere) कहा जाता है।
- वायुमण्डल के संगठन में अनेक गैसों का योगदान है।

गैसें	प्रतिशत आयतन	गैसें	प्रतिशत आयतन
नाइट्रोजन	78.03	नियॉन	0.0018
ऑक्सीजन	20.99	हीलियम	0.0005
ऑर्गन	0.93	क्रिप्टॉन	0.0001
कार्बन डाइ-ऑक्साइड	0.03	जिनॉन	0.000,005
हाइड्रोजन	0.01	ओजोन	0.000,0001

- क्षोभमण्डल में जलवायु सम्बन्धी सभी दशाएँ या परिवर्तनकारी क्रियाएँ घटित होती हैं।
- धरातल से ऊपर जाने पर प्रति 165 मी ऊँचाई पर 1°C की दर पर तापक्रम में गिरावट होती है।
- समताप मण्डल के निचले भाग में 15 किमी से 35 किमी के बीच ओजोन गैस का मण्डल है।
- ओजोन का सर्वाधिक संक्रेन्द्रण 25-35 किमी की ऊँचाई पर होता है, इस परत के कारण ही सूर्य की पराबैंगनी किरणें धरातल पर नहीं पहुँच पातीं।
- आयन मण्डल का महत्त्व रेडियो संवाद की दृष्टि से विशेष रूप से है, क्योंकि रेडियो की विद्युत संचालित तरंगों को पृथ्वी पर यह मण्डल परावर्तित करता है।
- सूर्य के समस्त सूर्यातप का लगभग 35% ऊर्जा प्रकीर्णन तथा परावर्तन द्वारा आकाश में वापस लौट जाता है।
- 14% भाग वायुमण्डल द्वारा अवशोषित हो जाता है।
- सूर्यातप का केवल 51% भाग ही पृथ्वी को प्राप्त होता है। जिससे वायुमण्डल का निचला भाग गर्म होता है।
- किसी भी सतह से विकिरण ऊर्जा के परावर्तित भाग को **अल्बिडो** कहा जाता है।

तापक्रम के वितरण को प्रभावित करने वाले प्रमुख कारक हैं

(i) अक्षांश या भूमध्य रेखा से दूरी
(ii) सागर तल से ऊँचाई
(iii) सागर तट से दूरी
(iv) धरातल के गुण
(v) ढाल का स्वभाव
(vi) स्थल तथा जल का वितरण
(vii) प्रचलित धाराएँ

- वायु का दाब सर्वप्रथम गैलीलियो के शिष्य **टौरीसेली** ने 1643 ई. में नापा था।
- वायुदाब का मापन वायुदाबमापी या **बैरोमीटर** की सहायता से किया जाता है तथा मापन के लिए जिस इकाई का प्रयोग किया जाता है उसे **मिलीबार** कहते हैं।
- वायुमण्डल में उपस्थित जलवाष्प को **आर्द्रता** कहते हैं।
- जिस प्रक्रिया द्वारा जल, जलवाष्प में बदल जाता है, उसे **वाष्पीकरण** कहते हैं।
- जल का गैसीय रूप में परिवर्तन ही **संघनन** कहा जाता है।
- जलवाष्प जब संघनित होकर छोटी-छोटी बूँदों के रूप में धरातल पर स्थित वस्तुओं पर जमा हो जाती है, तो उसे **ओस** कहते हैं।
- धूल-कण सूर्य से आने वाली किरणों के प्रकीर्णन (Scattering) का कार्य करते हैं, जिससे आकाश का रंग नीला दिखाई पड़ता है।
- धरातल पर सापेक्षिक आर्द्रता का क्षैतिज विवरण मेखला में पाया जाता है। भूमध्यरेखीय प्रदेशों में अधिकतम सापेक्षिक आर्द्रता होती है।
- जल के भँवर की भाँति अस्थिर एवं परिवर्तनशील हवाओं के भँवर जिनके केन्द्र में निम्न वायुदाब तथा बाहर उच्च वायुदाब होता है, **चक्रवात** कहलाते हैं।
- शीतोष्ण कटिबन्धीय चक्रवात की उत्पत्ति शीतोष्ण कटिबन्धीय क्षेत्रों में ध्रुवीय एवं उष्ण कटिबन्धीय हवाओं के मिलने के कारण होती है।
- शीतोष्ण चक्रवात का क्षेत्र 35°-65° अक्षांशों के बीच दोनों गोलार्द्धों में पाया जाता है।
- कर्क तथा मकर रेखाओं के मध्य उत्पन्न चक्रवातों को उष्ण कटिबन्धीय चक्रवात के नाम से जाना जाता है।
- चक्रवातों को यू. एस. एस. में हरीकेन, चीन में टाइफून, जापान में टाइफून, फिलीपीन्स में बैजियो, ऑस्ट्रेलिया में विलीविली, भारत में चक्रवात या **अबदाब** तथा मैक्सिको में **टारनेडो** कहा जाता है।
- प्रतिचक्रवातों की उत्पत्ति या तो ठण्डी ध्रुवीय पवन के कारण होती है या गर्म उष्ण कटिबन्धीय वायु से होती है।
- प्रतिचक्रवात चक्रवात के बिल्कुल उल्टे होते हैं। इनके केन्द्र में उच्च वायुदाब तथा बाहर की ओर वायुदाब कम होता है।

विश्व की प्रमुख स्थानीय पवनें

नाम	स्थान
चिनूक	संयुक्त राज्य अमेरिका व कनाडा में रॉकी पर्वत श्रेणी
फॉन	आल्पस पर्वत के उत्तरी ढाल तथा स्विटजरलैण्ड
सिरॉको	सहारा मरुस्थल से भूमध्य सागर
सिमूम	अरब रेगिस्तान
ब्रिक फील्डर	ऑस्ट्रेलिया के विक्टोरिया प्रान्त
नारवेस्टर	न्यूजीलैण्ड
साण्टा आना	दक्षिणी कैलीफोर्निया
बाग्यो	फिलीपींस द्वीप समूह
लू	उत्तरी भारत
विलीवाव	अलास्का
बोरा	एड्रियाटिक तट
मिस्ट्रल	स्पेन एवं फ्रांस
पैम्पीरो	अर्जेण्टीना
मैस्ट्रेल	उत्तरी इटली
विली-विली	ऑस्ट्रेलिया
हबूब	सूडान
पुर्गा	टुण्ड्रा प्रदेश

जलमण्डल

सम्पूर्ण पृथ्वी का क्षेत्रफल 5 करोड़ 10 लाख वर्ग किमी है, जिसके 70.8% क्षेत्रफल पर जल तथा 29.2% क्षेत्रफल पर स्थल मिलते हैं।

विश्व के चार महासागर

महासागर	औसत गहराई (मी में)	क्षेत्रफल (किमी करोड़ में) एवं (% में)
प्रशान्त	4572	16.57 (45.70)
अटलाण्टिक या अन्ध	3376	8.29 (22.83)
हिन्द	4000	7.34 (20.34)
आर्कटिक	1260	1.40 (3.91)

- सबसे बड़ा महासागर प्रशान्त महासागर है जो पृथ्वी के 1/3 क्षेत्रफल पर अर्थात् 16,50,00,000 वर्ग किमी पर विस्तृत है।
- सामान्यत: भूमध्यरेखा पर महासागरों का ऊपरी सतह का तापक्रम 26.7°C है। इसके बाद उत्तर तथा दक्षिण की ओर जाने पर तापक्रम में गिरावट आती जाती है। यह गिरावट साधारणतया प्रत्येक अक्षांश के आगे बढ़ने पर 0.5°F की दर से होती है।
- महासागरों का सर्वाधिक ताप सतह पर ही पाया जाता है जो गहराई की ओर जाने पर कम होता जाता है।
- प्रशान्त महासागर की सतह का तापक्रम अन्य सभी महसागरों से अधिकतम (66.4 °F या 19.1°C) होता है।
- सागरीय जल के भार एवं उसमें घुले हुए पदार्थों के भार के अनुपात को **सागरीय लवणता** कहते हैं।

लवणों के प्रकार	कुल मात्रा प्रतिशत (प्रति 1000 ग्राम में)	प्रतिशत
सोडियम क्लोराइड	27.213	77.8
मैग्नीशियम क्लोराइड	3.807	10.9
मैग्नीशियम सल्फेट	1.658	4.7
कैल्सियम सल्फेट	1.260	3.6
पोटैशियम सल्फेट	0.863	2.5
कैल्सियम सल्फेट	0.123	0.3
मैग्नीशियम ब्रोमाइड	0.076	0.2
योग	**35.00**	**100**

- जहाँ तापमान अधिक होता है, वहाँ वाष्पीकरण अधिक होता है। इसलिए उन क्षेत्रों में लवणता की मात्रा अधिक मिलती है।
- जहाँ वर्षा अधिक होती है और आर्द्रता भी अधिक होती है, उन क्षेत्रों में लवणता कम मिलती है।
- जहाँ नदियाँ समुद्रों में मिलती हैं वहाँ पर लवणता कम मिलती है।
- भूमध्यरेखीय क्षेत्रों में वर्ष भर वर्षा होती है, जिससे लवणता की मात्रा कम मिलती है, क्योंकि यहाँ पर वायुमण्डलीय आर्द्रता अधिक होती है।
- ध्रुवीय क्षेत्रों में वर्ष भर बर्फ जमी रहती है, वाष्पीकरण न्यूनतम होता है, इस कारण लवणता की मात्रा सबसे कम होती है।
- सूर्य तथा चन्द्रमा की आकर्षण शक्तियों के कारण सागरीय जल के ऊपर उठने तथा गिरने को **ज्वार-भाटा** कहा जाता है।
- जब सागर का जल ऊपर चढ़ता है तो इस चढ़े हुए जल को **ज्वार** कहते हैं तथा जब यही जल ऊपर से नीचे की ओर धीरे-धीरे उतरने लगता है तो उसे **भाटा** कहते हैं।
- प्रत्येक माह के शुक्ल पक्ष तथा कृष्ण पक्ष की सप्तमी एवं अष्टमी को सूर्य, पृथ्वी तथा चन्द्रमा समकोण की स्थिति में होते हैं, तो इसके परिणामस्वरूप लघु ज्वार की उत्पत्ति होती है।
- प्रत्येक माह के पूर्णिमा एवं अमावस्या को सूर्य, पृथ्वी एवं चन्द्रमा एक सीध में होते हैं, तो इसके परिणामस्वरूप **वृहत् ज्वार** की उत्पत्ति होती है।
- प्रत्येक ज्वार 12 घण्टे 26 मिनट के अन्तर पर आता है। ऐसे ज्वार विषुवत् रेखा पर तीव्रतम तथा ध्रुवों पर न्यूनतम सक्रिय होते हैं।

महासागरीय धाराएँ

महासागरीय धाराएँ	प्रकृति	महासागर	अवस्थिति
गल्फ स्ट्रीम	गर्म	उत्तरी अटलाण्टिक	हेट्टस अन्तरीप से ग्राण्ड बैंक तक
लैब्रोडोर	ठण्डी	उत्तरी अटलाण्टिक	–
फ्लोरिडा	गर्म	उत्तरी अटलाण्टिक	फ्लोरिडा जलडमरूमध्य से हेट्टस
फाकलैण्ड धारा	ठण्डी	दक्षिणी अटलाण्टिक	अर्जेण्टाइना तट
क्यूरोशिवो	गर्म	उत्तरी प्रशान्त	फारमोसा से जापान
ओयोशिवो (कुरील)	ठण्डी	उत्तरी प्रशान्त	बेरिंग जलडमरू मरुस्थल
कैलिफोर्निया	ठण्डी	उत्तरी प्रशान्त	कैलिफोर्निया तट
सुशिमा धारा	गर्म	उत्तरी प्रशान्त	जापान सागर
कनारी धारा	ठण्डी	–	उत्तरी अफ्रीका (प० तट)
इरमिंगर धारा	गर्म	उत्तरी अटलाण्टिक	आइसलैण्ड का दक्षिण
रेनेल धारा	गर्म	उत्तरी अटलाण्टिक	विस्के की खाड़ी
एलनिनो धारा	गर्म	मध्य प्रशान्त	पेरू तट
अंगुलहास धारा	गर्म	दक्षिण हिन्द महासागर	अफ्रीका के दक्षिणी छोर

- पारिस्थितिक तन्त्र शब्द का प्रयोग सर्वप्रथम ए. जी. टान्सली ने 1935 ई. में किया।
- टान्सली ने बताया कि 'पारिस्थितिक तन्त्र भौतिक तन्त्रों का एक विशेष प्रकार होता है, जिसकी रचना जीवों तथा अजैविक संघटकों से होती है।

स्मरणीय तथ्य

- विश्व की सबसे बड़ी कोल्डेरा झील इण्डोनेशिया की टोबा झील है।
- गंगा के डेल्टा में स्थित डेल्टाई झीलों को बील कहते हैं।
- भारत के पश्चिमी तट पर स्थित लैगून झीलों को स्थानीय भाषा में कयाल कहते हैं।
- भारत की सबसे ऊँची झील देवस्थल झील है।
- अमेरिका अंगुलीनुमा झीलों के लिए प्रसिद्ध है।
- टान्ले सेप नामक झील कम्बोडिया में स्थित है।
- अरल सागर झील कजाखस्तान में स्थित है।
- विक्टोरिया झील पूर्वी अफ्रीकी देशों (तंजानिया-कीनिया-जायरे) के मध्य स्थित है। यह अफ्रीका की सबसे बड़ी झील है।
- विक्टोरिया झील तंजानिया एवं युगाण्डा के बीच अन्तर्राष्ट्रीय सीमा बनाती है।
- संसार की सबसे ऊँची झील **टिटिकाका झील** (बोलीविया) है।
- विश्व की सबसे बड़ी झील **कैस्पियन सागर** (क्षेत्रफल की दृष्टि से) है।
- विश्व की सबसे गहरी झील **बैकाल झील** (साइबेरिया) है।
- विश्व की सबसे बड़ी मीठे पानी की झील **सुपीरियर झील** है।
- विश्व की सबसे अधिक खारे पानी की झील **वॉन लेक** (तुर्की) है।

बाह्य कारकों द्वारा निर्मित स्थलाकृतियाँ

बाह्य कारक	अपरदन द्वारा निर्मित	निक्षेपण द्वारा निर्मित
नदी	'V' घाटी, गार्ज, केनियन, जल प्रपात, विसर्प, गोखुर झील	जलोढ़ शंकु, जलोढ़ पंख, नदी विसर्प, गोखुर झील, प्राकृतिक तटबन्ध, बाढ़ का मैदान, डेल्टा
पवन	अपवाहन बेसिन, छत्रक शिला, इन्सेलबर्ग, ज्यूगेन, यारडंग, ड्राइकैंटर	उर्मिका, बालुका टिब्बा, बरखान, लोयस, बालुका कगार
हिमनद	'U' आकार की घाटी, लटकती घाटी, सर्क या हिमगह्वर, अरेत या तीक्ष्ण कटक, गिरिशृंग, कॉल, नुनाटक, शृंग व पुच्छ, मेष शिला, हिम सोपान, फियोर्ड	ड्रमलिन, एस्कर या मृदकरक, केम, केटिल, हिमनद अपक्षेप मैदान
भूमिगत जल	घोल रन्ध्र, डोलाइन, युवाला, कन्दरा, कार्स्ट झील, उत्स्रुतकुआँ	अश्चुताश्म (स्टेलेक्टाइट), निश्चुताश्म (स्टेलेग्माइट)
समुद्री तरंग	भृगु, सागरीय कंदरा, तंग घार्षित वेदिका, खाड़ी, अपतटीय सोपान	पुलिन, रोधिका एवं रोध, अपतट रोधिका, स्पिट, हुक, उभयाग्र रोधिका, टोम्बोलो, लूप

विश्व की प्रमुख जलसन्धियाँ

जलसन्धि का नाम	किस-किस को जोड़ती है	भौगोलिक स्थिति	जलसन्धि का नाम	किस-किस को जोड़ती है	भौगोलिक स्थिति
मलक्का जलसन्धि	*अण्डमान सागर एवं दक्षिणी चीन सागर*	इण्डोनेशिया-मलेशिया	डैपियर जलसन्धि	*प्रशान्त महासागर*	इण्डोनेशिया
पाक जलसन्धि	*मन्नार एवं बंगाल की खाड़ी*	भारत-श्रीलंका	डेविस जलसन्धि	*बेफिन खाड़ी एवं अटलाण्टिक महासागर*	ग्रीनलैण्ड-कनाडा
सुण्डा जलसन्धि	*जावा सागर एवं हिन्द महासागर*	इण्डोनेशिया	डेनमार्क जलसन्धि	*उत्तरी अटलाण्टिक एवं आर्कटिक महासागर*	इंग्लैण्ड-फ्रांस
सुशीमा जलसन्धि	*जापान सागर एवं पूर्वी चीन सागर*	जापान	डोवर जलसन्धि	*इंग्लिश चैनल एवं उत्तरी सागर*	इंग्लैण्ड-फ्रांस
कुक जलसन्धि	*दक्षिणी प्रशान्त महासागर*	न्यूजीलैण्ड (उ. एवं द. द्वीप)	फ्लोरिडा जलसन्धि	*मैक्सिको की खाड़ी एवं अटलाण्टिक महासागर*	सं.रा.अमेरिका-क्यूबा
मोजाम्बिक चैनल	*हिन्द महासागर*	मोजाम्बिक-मालागासी	हारमुज जलसन्धि	*फारस की खाड़ी एवं ओमान की खाड़ी*	ओमान-ईरान
नॉर्थ चैनल	*आयरिश सागर एवं अटलाण्टिक महासागर*	आयरलैण्ड-इंग्लैण्ड	हडसन जलसन्धि	*हडसन की खाड़ी एवं अटलाण्टिक महासागर*	कनाडा
टारस जलसन्धि	*अफुरा सागर व पापुआ की खाड़ी*	पापुआ न्यूगिनी-ऑस्ट्रेलिया	जिब्राल्टर जलसन्धि	*भूमध्य सागर एवं अटलाण्टिक महासागर*	स्पेन-मोरक्को
हुण्डास जलसन्धि	*वाण्डीमन खाड़ी*	मेल्विन द्वीप-ऑस्ट्रेलिया	जापान जलसन्धि	*प्रशान्त महासागर*	इण्डोनेशिया
बॉस जलसन्धि	*तस्मान सागर एवं दक्षिणी सागर*	ऑस्ट्रेलिया	कोरिया जलसन्धि	*जापान सागर एवं पूर्वी चीन सागर*	जापान-कोरिया
बेरिंग जलसन्धि	*बेरिंग सागर एवं चुकसी सागर*	अलास्का-रूस	मैगेलन जलसन्धि	*प्रशान्त एवं दक्षिण अटलाण्टिक महासागर*	चिली
वासपोरस जलसन्धि	*काला सागर एवं मारमरा सागर*	तुर्की			

विश्व की प्रमुख नहरें

नाम	स्थान	स्थिति
सू नहर	*यू.एस.ए*	सुपीरियर झील को ह्यूरन झील से जोड़ती है।
ईरी नहर	*यू.एस.ए*	ईरी झील और मिशिगन झील को जोड़ती है।
गोटा नहर	*स्वीडन*	स्टॉकहोम व गुटेनबर्ग के बीच
कील नहर	*जर्मनी*	उत्तरी सागर और बाल्टिक सागर के बीच
मैनचेस्टर नहर	*ग्रेट ब्रिटेन*	मैनचेस्टर और लिवरपूल के बीच
वोल्गा डान नहर	रूस	रोस्टोव व स्टालिनग्राड के बीच
स्वेज नहर	*मिस्र*	लाल सागर एवं भूमध्य सागर के बीच
पनामा नहर	*पनामा*	कैरीबियन सागर और प्रशान्त महासागर के मध्य
अल्बर्ट नहर	*पश्चिमी यूरोप*	एण्टवर्प लीग तथा वेनेलक्स को जोड़ती है।
वेलैण्ड नहर	*यू.एस.ए.*	ईरी व ओण्टेरियो के बीच

अन्तर्राष्ट्रीय सीमाएँ

मैकमोहन रेखा	भारत एवं चीन के मध्य
डूरण्ड रेखा	पाकिस्तान एवं अफगानिस्तान के मध्य
रेडक्लिफ रेखा	भारत एवं पाकिस्तान के मध्य
हिण्डनबर्ग रेखा	जर्मनी एवं पोलैण्ड के मध्य
मैगीनॉट रेखा	जर्मनी एवं फ्रांस के मध्य
17वीं समानान्तर रेखा	उत्तरी एवं दक्षिणी वियतनाम के बीच
38वीं समानान्तर रेखा	उत्तरी एवं दक्षिणी कोरिया के मध्य
49वीं समानान्तर रेखा	यू. एस. ए एवं कनाडा के बीच
मैनरहीन रेखा	सोवियत रूस और फिनलैण्ड के मध्य
ओडरनीसे रेखा	पूर्व जर्मनी और पोलैण्ड के मध्य
141° पश्चिमी देशान्तर रेखा	अलास्का (यू. एस. ए) व कनाडा के मध्य

महाद्वीपों का संक्षिप्त विवरण

	एशिया	अफ्रीका	उत्तरी अमेरिका	दक्षिणी अमेरिका	यूरोप	ऑस्ट्रेलिया	अण्टार्कटिका
क्षेत्रफल	29.5%	20.2%	16.5%	11.8%	6.5%	5.3%	9.6%
सबसे बड़ा देश	चीन	अल्जीरिया	कनाडा	ब्राजील	रूस	ऑस्ट्रेलिया	
सबसे छोटा देश	मालदीव	मेओटी	सेण्ट पीरे	फॉकलैण्ड द्वीप	वेटिकन सिटी	नौरु	
सबसे लम्बी नदी	यांगटिसीक्यांग	नील	मिसीसिपी मिसौरी	अमेजन	वोल्गा	मर्रे-डार्लिंग	
सबसे ऊँचा पर्वत शिखर	माउण्ट एवरेस्ट (8848 मी)	माउण्ट किलीमंजारो (5895 मी)	माउण्ट मैकिन्ले (6194 मी)	एकांकागुआ (6960 मी)	माउण्ट एल्ब्रूस	माउण्ट कोस्यूस्को	विंसन मौसिफ
सबसे बड़ी झील	कैस्पियन सागर	विक्टोरिया	सुपीरियर		लैडोगा	आयर	
गहनतम बिन्दु	मृतसागर (397 मी)	असाई झील (156 मी)	डैथ वैली (86 मी)	वाल्डस प्रायद्वीप (40 मी)		आयर झील (16 मी)	बेन्ट्रल बेंच (2853 मी)

उत्तरी अमेरिका

- कोलम्बस द्वारा खोजा गया।
- उत्तरी अमेरिका के पठार हैं
  ग्रेट बेसिन का पठार, कोलम्बिया का पठार, लैब्रेडोर का पठार (कनाडा)।
- पनामा नहर, उत्तरी अमेरिका तथा दक्षिणी अमेरिका को जोड़ती है।
- उच्चतम शिखर माउण्ट मैकिन्ले है।
- अमेरिका की लोहे की प्रसिद्ध खान मेसाबी है।
- अमेरिका की सोने की खान होमोस्टेक है।
- संसार की सोने की सबसे बड़ी खान ओण्टेरियो (कनाडा) में है।
- गेहूँ की मण्डी विनिपेग है।

दक्षिणी अमेरिका

- दक्षिणी अमेरिका में विषुवत् रेखा इक्वेडोर, कोलम्बिया और ब्राजील से होकर गुजरती है। दक्षिणी अमेरिका के मूल निवासी रेड इण्डियन हैं।
- पेरू और बोलीविया की सीमा पर स्थित झील (सबसे ऊँची) टिटिकाका झील है।
- बोलीविया की राजधानी लापाज सबसे अधिक ऊँचाई पर है।
- एण्डीज पर्वत की सबसे ऊँची चोटी एंकाकागुआ है।
- विश्व की कहवा की प्रसिद्ध मण्डी साओपोलो (ब्राजील) में है।
- यहाँ दो स्थलरुद्ध देश बोलीविया तथा पराग्वे हैं।
- चुकीमाता (चिली) ताँबे की सबसे बड़ी खान है।
- सबसे बड़ा मांस निर्यातक देश अर्जेण्टीना है।
- नाइट्रेट के लिए चिली विश्व प्रसिद्ध है।
- दक्षिणी अमेरिका, मध्य अमेरिका, मैक्सिको और वेस्टइण्डीज को सम्मलित रूप से लैटिन अमेरिका कहा जाता है।

अफ्रीका

- यह जिब्राल्टर जल सन्धि द्वारा यूरोप से पृथक होता है।
- अफ्रीका ही एक ऐसा महाद्वीप है जिससे कर्क रेखा, मकर रेखा और भूमध्य रेखा गुजरती हैं।
- अफ्रीका के ऊँचे पर्वत हैं
  किलीमंजारो > माउण्ट केन्या > मारघेरिटा > रास दाशेन > माउण्टमेरु
- अफ्रीका की कांगो नदी भूमध्य रेखा को और लिम्पोपो नदी मकर रेखा को दो बार काटती है।
- अफ्रीका के द्वीप— मेडागास्कर > सोकोतरा > रियूनियन > बिओकी
- अफ्रीका का जोहान्सबर्ग नगर विश्व के स्वर्ण उत्पादकों में से एक है।

ऑस्ट्रेलिया

- ऑस्ट्रेलिया के मूल निवासी एबोर्जिन्स कहलाते हैं।
- मकर रेखा इसके मध्य से गुजरती है।
- मुख्य पर्वत शृंखला ग्रेट डिवाइडिंग रेज है जिसमें कोयुस्को पर्वत शिखर स्थित है।
- प्रमुख नदियाँ—मर्रे-डार्लिंग, केप विक्टोरिया, ब्रिसबेन इत्यादि।
- प्रमुख झीलें—ईरी, टॉरेंस तथा गोर्डनर हैं।
- ऑस्ट्रेलिया की सोने की खानें कालगूर्ली और कूलगार्डी हैं।
- भेड़ पालने वाले मजदूरों को जेकारु के नाम से पुकारते हैं।

अण्टार्कटिका

- रॉस सागर और वेडेल सागर दो बड़ी खाड़ियाँ हैं।
- यहाँ पर पेंग्विन, सील, ह्वेल पाई जाती हैं।
- यहाँ पर क्रिल नाम की मछली पाई जाती है।
- तीन अनुसन्धान संस्थान दक्षिणी गंगोत्री, मैत्री, भारती हैं।
- सर्वोच्च पर्वत शिखर विन्सन मैसिफ है।
- यहाँ सरीसृप नहीं पाए जाते हैं।

विश्व के भू-आवेष्ठित देश

भूआवेष्ठित वे देश हैं, जिनमें समुद्री तट रेखा नहीं पाई जाती। ये देश चारों ओर से अन्य देशों की भौगोलिक सीमाओं से घिरे रहते हैं।

- भूआवेष्ठित देशों में दो ऐसे देश हैं, जो दोहरे भूआवेष्ठित हैं अर्थात् ये देश चारों ओर से उन देशों से घिरे हैं, जो स्वयं भी भूआवेष्ठित हैं। ये हैं—लिचेंस्टीन व उज्बेकिस्तान।
- सबसे बड़ा भूआवेष्ठित देश कजाखस्तान है।

विश्व के प्रमुख भौगोलिक उपनाम

उपनाम	देश
भारत का बगीचा	बंगलुरु (भारत)
मोतियों का द्वीप	बहरीन
श्वेत शहर	बेलग्रेड (यूगोस्लाविया)
स्मारकों की नगरी	वियना (ऑस्ट्रिया)
विश्व की जन्नतेक	पेरिस (फ्रांस)
एशिया का पेरिस	थाइलैण्ड
पिलर्स ऑफ हरक्यूलिस	स्ट्रेट्स ऑफ जिब्राल्टर
पवन चक्कियों की भूमि	नीदरलैण्ड
हिन्द महासागर का मोती	श्रीलंका
चीन का शोक	ह्वांगहो नदी (पीली नदी)
निरन्तर बहने वाले झरनों का शहर	क्विटो (इक्वेडोर)
लैण्ड ऑफ द गोल्डन फ्लीस	ऑस्ट्रेलिया
लैण्ड ऑफ थाउजेण्ड लेक्स	फिनलैण्ड
लैण्ड ऑफ मिडनाइट सन	नॉर्वे
भूमध्य सागर का द्वार	जिब्राल्टर
होली लैण्ड	जेरूसलम (इजरायल)
ग्रेनाइट सिटी	एवरडीन (स्कॉटलैण्ड)
नील नदी की देन	मिस्र
एम्पायर सिटी	न्यूयॉर्क (USA)
क्वीन ऑफ एड्रियाटिक	वेनिस (इटली)
प्लेग्राउण्ड ऑफ यूरोप	स्विट्जरलैण्ड
सूर्योदय का देश	जापान
लैण्ड ऑफ थण्डरबोल्ट	भूटान
लैण्ड ऑफ ह्वाइट एलीफैण्ट्स	थाइलैण्ड
हाथियों का देश	लाओस
लिली का देश	कनाडा
संसार की छत	पामीर का पठार
वेनिस ऑफ द वर्ल्ड	स्टॉकहोम (स्वीडन)
कॉकपिट ऑफ यूरोप	बेल्जियम
सिटी ऑफ गोल्डन गेट	सेन फ्रांसिस्को
स्वप्निल मीनारों वाला शहर	ऑक्सफोर्ड (इंग्लैण्ड)
दक्षिण का ब्रिटेन	न्यूजीलैण्ड
अन्ध महाद्वीप	अफ्रीका
स्वर्णिम पैगोडा का देश	म्यांमार
संसार का रोटी भण्डार	प्रेयरीज ऑफ नॉर्थ अमेरिका
सात टापुओं का नगर	मुम्बई (भारत)
झीलों का देश	स्कॉटलैण्ड
पूर्व का मैनचेस्टर	ओसाका (जापान)
फॉरबिडन सिटी	ल्हासा (तिब्बत)
सात पहाड़ियों का नगर	रोम (इटली)
पश्चिम का बेबीलोन	रोम
एण्टीलीज का मोती	क्यूबा
शुगर बाउल ऑफ द वर्ल्ड	क्यूबा
गगनचुम्बी इमारतों का नगर	न्यूयॉर्क
पर्ल ऑफ द ऑरियण्ट	सिंगापुर

नदियों के किनारे बसे नगर

नगर	नदी	नगर	नदी
बगदाद (इराक)	*टाइग्रिस (दजला)*	बेलग्रेड	*डेन्यूब*
बर्लिन (जर्मनी)	*स्प्री*	बुडापेस्ट (हंगरी)	*डेन्यूब*
पर्थ (ऑस्ट्रेलिया)	*स्वान*	वाशिंगटन	*पोटोमेक*
वारसा (पोलैण्ड)	*विस्चुला*	वियना (ऑस्ट्रिया)	*डेन्यूब*
अस्वान (मिस्र)	*नील*	टोकियो (जापान)	*अराकावा*
डेजिंग (जर्मनी)	*विस्टुला*	शंघाई (चीन)	*यांगटिसीक्यांग*
रोम (इटली)	*टाइबर*	रंगून (म्यांमार)	*इरावदी*
लन्दन (इंग्लैण्ड)	*टेम्स*	ओटावा (कनाडा)	*सेंट लॉरेन्स*
पेरिस (फ्रांस)	*सीन*	न्यूयॉर्क	*हडसन*
मॉस्को (रूस)	*मोस्कावा*	मैड्रिड (स्पेन)	*मैन्जानियर*
अकयाव (म्यांमार)	*इरावदी*	क्यूबेक (कनाडा)	*सेन्ट लॉरेन्स*
कोलोन (जर्मनी)	*राइन*	स्टालिनग्राड (रूस)	*वोल्गा*
मॉण्ट्रियल (कनाडा)	*सेन्ट लॉरेन्स*	काहिरा (मिस्र)	*नील*
सिडनी (ऑस्ट्रेलिया)	*डार्लिंग*	ब्यूनस आयर्स (अर्जेण्टीना)	*लाप्लाटा*
कीव (रूस)	*नीपर*	चटगाँव (बांग्लादेश)	*मैयाणी*
प्राग (गणराज्य)	*वितावा*	लिस्बन (पुर्तगाल)	*टेगस*
बोन (जर्मनी)	*राइन*	लाहौर (पाकिस्तान)	*रावी*
खारतूम (सूडान)	*नील*	कराची (पाकिस्तान)	*सिन्धु*
हांकोव (चीन)	*यांगटीसिक्यांग*	डबलिन (आयरलैण्ड)	*लीफें*

विश्व के प्रमुख औद्योगिक नगर

नगर	उद्योग	नगर	उद्योग
बेलफास्ट	जहाज निर्माण	*डेट्रायट*	ऑटोमोबाइल
बर्मिंघम	लोहा एवं इस्पात	*ग्लासगो*	जहाज निर्माण
हवाना	सिगार	*हॉलीवुड*	फिल्म उद्योग
लॉस एंजिल्स	पेट्रोलियम, फिल्म	*कीव*	इन्जीनियरिंग उद्योग
कोबे	लोहा एवं इस्पात	*मैनचेस्टर*	सूती वस्त्र उद्योग
लियोन्स (फ्रांस)	सिल्क उद्योग	*फिलाडेल्फिया*	लोकोमोटिव
मिलान	सिल्क वस्त्र उद्योग	*पिट्सबर्ग*	लोहा एवं इस्पात
प्लेमाउथ	जहाज निर्माण	*सिएटल*	वायु निर्माण
शेफील्ड (ब्रिटेन)	कैंची, छुरी	*ब्लाडीवोस्टक*	जहाज निर्माण
वेनिस	काँच उद्योग	*मुल्तान*	मिट्टी के बर्तन
वेलिंगटन	डेयरी उद्योग	*म्यूनिख (जर्मनी)*	लेन्स निर्माण
ढाका	कालीन उद्योग	*ओसाका*	सूती वस्त्र, लोहा एवं इस्पात
नागोया	जहाज निर्माण, सूती वस्त्र		

विश्व के प्रमुख खनिज उत्पादक देश (वरीयता क्रम)

खनिज	प्रथम	द्वितीय	तृतीय
एल्युमीनियम	*चीन*	रूस	*कनाडा*
एल्युमिना	*चीन*	ऑस्ट्रेलिया	*ब्राजील*
एण्टीमनी	*चीन*	बोलीविया	*तजाकिस्तान*
इल्मेनाइट	*कनाडा*	ऑस्ट्रेलिया	*दक्षिण अफ्रीका*
लौह-अयस्क	*चीन*	ऑस्ट्रेलिया	*ब्राजील*
सीसा	*चीन*	ऑस्ट्रेलिया	*यू.एस.ए*
जस्ता	*चीन*	पेरू	*ऑस्ट्रेलिया*
मैंगनीज	*चीन*	ऑस्ट्रेलिया	*दक्षिण अफ्रीका*
अभ्रक	*चीन*	अमेरिका	*दक्षिण कोरिया*
निकिल	*रूस*	फिलीपिन्स	*इण्डोनेशिया*
प्लेटिनम	*दक्षिण अफ्रीका*	रूस	*कनाडा*
पोटाश	*कनाडा*	रूस	*बेलारूस*
चाँदी	*पेरू*	मैक्सिको	*चीन*
सल्फर	*कनाडा*	रूस	*बेलारूस*
टिन	*चीन*	इण्डोनेशिया	*पेरू*
टंग्स्टन	*चीन*	रूस	*बोलीविया*
नमक	*चीन*	यू.एस.ए	*भारत*
रॉक फॉस्फेट	*चीन*	मोरक्को	*यू.एस.ए*
एस्बेस्टस	*रूस*	चीन	*ब्राजील*
बॉक्साइट	*ऑस्ट्रेलिया*	चीन	*ब्राजील*
सीमेण्ट	*चीन*	भारत	*यू.एस.ए.*
क्रोमाइट	*कजाखस्तान*	दक्षिण अफ्रीका	*भारत*
कोबाल्ट	*कांगो*	क्यूबा	*ऑस्ट्रेलिया*
ताँबा	*चिली*	पेरू	*चीन*
हीरा	*रूस*	कांगो	*ऑस्ट्रेलिया*
सोना	*चीन*	ऑस्ट्रेलिया	*अमेरिका*
ग्रेफाइट	*चीन*	भारत	*ब्राजील*
जिप्सम	*चीन*	ईरान	*स्पेन*

विश्व की प्रमुख फसलें एवं उत्पादक देश

फसलें	उत्पादक देश
चावल	*चीन, भारत, इण्डोनेशिया, बांग्लादेश*
खाद्य तेल	*ब्राजील, चीन, अर्जेण्टीना, भारत*
गेहूँ	*चीन, भारत, अमेरिका, रूस*
मक्का	*अमेरिका, चीन, ब्राजील, अर्जेण्टीना*
चाय	*चीन, भारत, कीनिया, श्रीलंका*
कपास	*चीन, भारत, अमेरिका, पाकिस्तान, ब्राजील*
रबड़	*थाइलैण्ड, इण्डोनेशिया, मलेशिया, भारत, वियतनाम*
कॉफी	*ब्राजील, वियतनाम, कोलम्बिया, इण्डोनेशिया, इथोपिया*
तम्बाकू	*चीन, ब्राजील, भारत, संयुक्त राज्य अमेरिका*
नारियल	*इण्डोनेशिया, फिलीपींस, भारत, ब्राजील*
सूर्यमुखी	*यूक्रेन, रूस, अर्जेण्टीना, रोमानिया*
गन्ना	*ब्राजील, भारत, चीन, थाईलैण्ड, पाकिस्तान*

विश्व की प्रमुख जनजातियाँ

जनजातियाँ	वास स्थान
माओरी	न्यूजीलैण्ड के वासी
पिग्मी	कांगो बेसिन (अफ्रीका) के वासी
गाउचो	अर्जेण्टीना के पम्पास क्षेत्रों में रहने वाले
याकूत	रूस के टुण्ड्रा प्रदेश के वासी
रेड इण्डियन	उत्तरी अमेरिका के तटीय क्षेत्रवासी
एस्किमो	कनाडा के टुण्ड्रा प्रदेश में रहने वाले लोग
मसाई	पूर्वी अफ्रीका के वासी
बन्टूस	मध्य व दक्षिण अफ्रीका के वासी
हैमिट्स	उत्तरी अफ्रीका के वासी
खिरगीज	एशिया के स्टेपीज देश के वासी
बुशमैन	कालाहारी मरुस्थल (बोत्सवाना)
जुलु	नाटाल प्रान्त (दक्षिण अफ्रीका)
बद्दू	अरब

भारत का भूगोल

भारत विश्व के मानचित्र पर 8°4′-37°6′ उत्तरी अक्षांश तथा 68°7– 97° 25′ पूर्वी देशान्तर के मध्य स्थित है।

भारत : *एक नजर में*

अवस्थिति	विवरण
आकार	त्रिकोणीय
क्षेत्रफल	3287263 वर्ग किमी (विश्व का 2.4%)
जनसंख्या	1210193422 (विश्व की 17.5%)
उत्तर से दक्षिण लम्बाई	3214 किमी
पूर्व से पश्चिम चौड़ाई	2933 किमी
समस्त स्थलीय सीमा	15200 किमी
समुद्री सीमा	6100 किमी
समुद्री तट रेखा	7516.6 किमी
प्राकृतिक सीमाएँ	उत्तर-हिमालय पर्वत, दक्षिण-हिन्द महासागर, पूर्व-बंगाल की खाड़ी, पश्चिम-अरब सागर
दक्षिणतम बिन्दु	इन्दिरा प्वॉइन्ट (अण्डमान एवं निकोबार द्वीप में)
उत्तरी बिन्दु	इन्दिरा कोल (जम्मू-कश्मीर)
पश्चिमी बिन्दु	गौर माता (गुजरात)
पूर्वी बिन्दु	किबिथु (अरुणाचल प्रदेश)
मुख्य भूमि की दक्षिणी सीमा	कन्याकुमारी (तमिलनाडु)
क्षेत्रफल की दृष्टि से	सातवाँ स्थान (विश्व) में
सबसे बड़ा राज्य (क्षेत्रफल)	राजस्थान (342339 वर्ग किमी)
सबसे बड़ा राज्य (जनसंख्या)	उत्तर प्रदेश (199581477)
सबसे छोटा राज्य (क्षेत्रफल)	गोवा (3702 वर्ग किमी)
सबसे छोटा राज्य (जनसंख्या)	सिक्किम (607688)
सबसे ऊँचा जलप्रपात	कुंचीकुल (शिमोगा जिला, बाराही नदी पर, कर्नाटक, 455 मी)
सबसे बड़ी झील	चिल्का झील (ओडिशा)
सबसे लम्बी नहर	इन्दिरा गाँधी नहर (राजस्थान)
सबसे बड़ा डेल्टा	सुन्दर वन (पश्चिम बंग)
सबसे बड़ी कृत्रिम झील	गोविन्द सागर (भाखड़ा नांगल)
सर्वाधिक वर्षा वाला स्थान	मासिनराम (मेघालय)
सर्वोच्च पर्वत शिखर	कंचनजंगा (सिक्किम)
पूर्ण रूप से भारत में सबसे विशाल गर्त	लोनार झील (महाराष्ट्र)
सबसे लम्बी तट रेखा वाला राज्य	गुजरात (1600 किमी)
सबसे लम्बी तट रेखा वाला प्रायद्वीपीय राज्य	आन्ध्र प्रदेश (1000 किमी)
सबसे सघन आबादी वाला राज्य	बिहार (1102 प्रति व्यक्ति/वर्ग किमी)
सबसे लम्बा हिमनद	सियाचिन ग्लेशियर
सबसे ऊँची झील	देवताल झील (गढ़वाल)

- क्षेत्रफल की दृष्टि से भारत विश्व में सातवें स्थान पर (रूस, कनाडा, ब्राजील, संयुक्त राज्य अमेरिका, ऑस्ट्रेलिया व चीन के बाद) है।
- भारतीय प्रायद्वीप प्राचीनतम शैलों से निर्मित गोण्डवानालैण्ड का हिस्सा है।
- जनसंख्या की दृष्टि से भारत, चीन के बाद दूसरे स्थान पर है।

पावर प्वॉइन्ट्स

- भारतीय **मानक समय रेखा** निम्न राज्यों से होकर गुजरती है-उत्तर प्रदेश, मध्य प्रदेश, छत्तीसगढ़, ओडिशा तथा आन्ध्र प्रदेश।
- भारत में शीर्ष **पाँच तटरेखा वाले राज्य** क्रमशः हैं- गुजरात, आन्ध्र प्रदेश, तमिलनाडु, महाराष्ट्र एवं केरल।
- भारत में **कर्क** रेखा निम्न आठ राज्यों से होकर गुजरती है-गुजरात, राजस्थान, मध्य प्रदेश, छत्तीसगढ़, झारखण्ड, पश्चिम बंग, त्रिपुरा एवं मिजोरम।
- भारत में कर्क रेखा पर स्थित शहर **राँची** है।
- त्रिपुरा तथा बांग्लादेश की सीमा को **शून्य रेखा** (Zero line) की उपमा प्रदान की गई है।
- त्रिपुरा राज्य बांग्लादेश से तीन तरफ से घिरा है।
- **इन्दिरा प्वॉइन्ट** को पिगमेलियन प्वॉइन्ट या पारसन प्वॉइन्ट भी कहते हैं। यह बिन्दु सन् 2004 में आई सुनामी लहरों के कारण समुद्र में जलमग्न हो गया है।
- भारत एवं चीन की सीमा को **मैकमोहन रेखा** कहते हैं। यह सन् 1914 में शिमला में ब्रिटिश अधिकारी सर हैनरी मैकमोहन द्वारा निर्धारित की गई थी।
- भारत और अफगानिस्तान के मध्य **डूरण्ड रेखा** है जो सन् 1896 में सर मोर्टाइमर डूरण्ड द्वारा निर्धारित की गई थी।अब यह रेखा अफगानिस्तान एवं पाकिस्तान के मध्य है।
- भारत तथा पाकिस्तान के मध्य **रेडक्लिफ रेखा** है जो 15 अगस्त, 1947 में सर सी.जे. रेडक्लिफ द्वारा निर्धारित की गई।
- भारतीय उपमहाद्वीप में सम्मिलित देश हैं भारत, पाकिस्तान, बांग्लादेश, नेपाल व भूटान।
- सबसे अधिक राज्यों के साथ उत्तर प्रदेश जुड़ा है, वे 8 राज्य हैं—उत्तराखण्ड, हिमाचल प्रदेश, हरियाणा, राजस्थान, मध्य प्रदेश, छत्तीसगढ़, झारखण्ड व बिहार।
- भारत में 9 राज्यों व 5 केन्द्रशासित प्रदेशों की सीमाएँ समुद्र से मिलती हैं।
- वर्तमान में क्षेत्रफल की दृष्टि से जम्मू-कश्मीर सबसे बड़ा केन्द्रशासित प्रदेश तथा लक्षद्वीप सबसे छोटा केन्द्रशासित प्रदेश है।
- जनसंख्या की दृष्टि से दिल्ली सबसे बड़ा तथा लक्षद्वीप सबसे छोटा केन्द्रशासित प्रदेश है।
- भारत के पूर्वी तट को कोरोमण्डल तथा पश्चिमी तट को मालाबार तट कहते हैं।

भौगोलिक संरचना

- भारत की स्थलीय सीमा अरब सागर तट पर गुजरात में प्रारम्भ होती है और हिमालय के साथ चलकर बंगाल की खाड़ी के तट पर त्रिपुरा में समाप्त होती है, जो लगभग 15,200 किमी लम्बी है।
- भारत की समुद्री सीमा लगभग 6,100 किमी है।
- द्वीपों को सम्मिलित कर लेने के पश्चात् भारत की समुद्री सीमा 7516.6 किमी है।
- आन्ध्र प्रदेश सबसे अधिक लम्बी समुद्र-तटीय सीमा वाला राज्य है, जबकि गोवा की समुद्र-तटीय सीमा सबसे छोटी है।

स्थलीय सीमाओं पर स्थित भारतीय राज्य

देश	सीमा पर स्थित भारतीय राज्य
पाकिस्तान	*गुजरात, राजस्थान, पंजाब, जम्मू और कश्मीर*
अफगानिस्तान	*जम्मू और कश्मीर (पाक-अधिकृत)*
चीन	*जम्मू और कश्मीर, हिमाचल प्रदेश, उत्तराखण्ड, सिक्किम, अरुणाचल प्रदेश*
नेपाल	*उत्तर प्रदेश, बिहार, पश्चिम बंग, सिक्किम, उत्तराखण्ड*
भूटान	*सिक्किम, पश्चिम बंग, असोम, अरुणाचल प्रदेश*
बांग्लादेश	*पश्चिम बंग, असोम, मेघालय, त्रिपुरा, मिजोरम*
म्यांमार	*अरुणाचल प्रदेश, नागालैण्ड, मणिपुर, मिजोरम*

- भारत का धुर दक्षिण बिन्दु मुख्य भूमि से दूर ग्रेट निकोबार द्वीप का दक्षिणी बिन्दु है जिसे पूर्व में पिग्मैलियन प्वाइंट कहा जाता था और वर्तमान समय में इसे इन्दिरा प्वाइंट नाम दिया गया है जो 6°45′ उत्तरी अक्षांश पर स्थित है।

भारत को निम्न चार भौतिक/प्राकृतिक विभागों में बाँटा जा सकता है

भौतिक/प्राकृतिक का नाम
उत्तर का पर्वतीय प्रदेश (हिमालय पर्वत)
गंगा, सतलज-ब्रहापुत्र का मैदान (विशाल मैदान)
प्रायद्वीपीय पठार
समुद्रतटीय मैदान एवं द्वीप समूह

भौगोलिक वर्गीकरण के अन्तर्गत हिमालय को ऊँचाई के आधार पर चार भागों में बाँटा गया है

(i) वृहत् हिमालय या आन्तरिक हिमालय
(ii) लघु/मध्य हिमालय
(iii) शिवालिक श्रेणी
(iv) ट्राँस हिमालय

- उत्तर के विशाल मैदान की औसत ऊँचाई 100 मी से लेकर 300 मी तक है।
- राजनीतिक दृष्टि से इस मैदान का विस्तार राजस्थान, पंजाब, हरियाणा, दिल्ली, उत्तर प्रदेश, बिहार, पश्चिम बंगाल तथा असम तक है।
- शिवालिक श्रेणी के बाह्य ढाल पर नदियों द्वारा लाए गए कंकड़-पत्थर के निक्षेप को भांवर कहते हैं।
- भांवर प्रदेश के दक्षिण में इसके समानान्तर 15-30 किमी की चौड़ाई में फैला क्षेत्र तराई क्षेत्र कहलाता है।
- मैदानी भागों में प्राचीन बाढ़ के मैदान को 'बांगर' कहा जाता है। नवीन बाढ़ के मैदानों को 'खादर' कहा जाता है।
- दो नदियों के बीच की भूमि को दोआब कहते हैं।
- डेल्टा के मैदानों का निर्माण नदी के मुहाने के निकट होता है। गंगा-ब्रह्मपुत्र का डेल्टा, भारत तथा बांग्ला देश में विस्तृत है।
- गंगा का डेल्टा (भारत में) सबसे बड़ा डेल्टा है।
- प्रायद्वीपीय पठार के अन्तर्गत राजस्थान, मध्य प्रदेश, झारखण्ड, उड़ीसा, महाराष्ट्र, गुजरात, कर्नाटक, आन्ध्र प्रदेश, तमिलनाडु और केरल के भू-भाग आते हैं।
- नर्मदा एवं ताप्ती नदियाँ प्रायद्वीपीय भारत को विभाजित करती हैं। नर्मदा के उत्तर में विन्ध्याचल श्रेणी तथा दक्षिण में सतपुड़ा पहाड़ियाँ स्थित हैं, ये श्रेणियाँ उत्तरी एवं दक्षिणी भारत के मध्य एक प्राकृतिक अवरोध के रूप में स्थित हैं।

- अजन्ता एवं एलोरा पहाड़ियाँ उत्तरी महाराष्ट्र में स्थित हैं। यहाँ पर गुप्तकालीन गुफा मन्दिर पाए जाते हैं।
- सतपुड़ा पहाड़ियाँ दक्षिणी-मध्य प्रदेश में स्थित हैं, जहाँ सर्वोच्च पर्वतशिखर पचमढ़ी, अमरकण्टक पहाड़ी धूपगढ़ में स्थित है।
- समुद्र तटीय द्वीप उन्हें कहते हैं, जो समुद्र तट के समीपवर्ती भाग में लगभग 5 किमी की दूरी के अन्तर्गत होते हैं।
- भारत में द्वीप-समूहों की संख्या 247 है, जिनमें से 204 द्वीप बंगाल की खाड़ी में और 43 द्वीप अरब सागर में हैं।

भारतीय उपमहाद्वीप की विभिन्न चोटियाँ

चोटी	अवस्थिति
माउण्ट एवरेस्ट	*नेपाल-तिब्बत*
माउण्ट K_2	*भारत (भारत का सर्वोच्च)*
कंचनजंघा	*नेपाल-भारत*
धौलागिरि	*नेपाल*
नंगा पर्वत	*भारत*
अन्नापुरम	*नेपाल*
नन्दा देवी	*भारत*
माउण्ट कामेट	*भारत*

पर्वतों की ऊँचाई से सम्बन्धित कुछ तथ्य

- भारत की सबसे ऊँची चोटी ***गॉडविन ऑस्टिन***
- सतपुड़ा की सबसे ऊँची चोटी ***धूपगढ़***
- अरावली की सबसे ऊँची चोटी ***गुरु शिखर*** *(माउण्टआबू में)*
- पश्चिमी घाट एवं दक्षिण भारत की सबसे ऊँची चोटी ***अनाईमुडी***
- नीलगिरि की सर्वोच्च चोटी ***डोडाबेट्टा***
- नागा पर्वत की सर्वोच्च चोटी ***सारामती***
- अण्डमान-निकोबार की सर्वोच्च चोटी ***सैडलपीक***

भारत में दो प्रकार के अपवाह तन्त्र विकसित हुए हैं

(i) **अरब सागर में गिरने वाली नदियाँ** सिन्धु, लूनी, नर्मदा, ताप्ती, माही, साबरमती, सारावती, पेरियार आदि।

(ii) **बंगाल की खाड़ी में गिरने वाली नदियाँ** गंगा, हुगली, स्वर्णरिखा, महानदी, गोदावरी, कृष्णा, कावेरी आदि।

15 अक्टूबर, 2007 को भारत ने स्वनिर्मित सुनामी चेतावनी प्रणाली को विकसित व स्थापित कर लिया। इसे मूल रूप में **'नेशनल अर्ली वार्निंग सिस्टम फॉर सुनामी एण्ड स्टोर्म सर्जिज इन दि इण्डियन ओशन'** नाम से जाना जाता है। यह **'इण्डियन नेशनल सेण्टर फार ओशन इनफॉर्मेशन सर्विसेज'** (आई. एन. सी. ओ. आई. एस.) के तहत कार्य करेगी।

नदियाँ	उद्गम स्थल	लम्बाई (किमी में)
सिन्धु	*मानसरोवर झील (तिब्बत)*	3,880 (कुल) 1,134 (भारत)
झेलम	*वीरिंग के समीप झरने से*	400
व्यास	*रोहतांग दर्रे के समीप*	615
सतलज	*मानसरोवर झील (तिब्बत)*	1,440 (कुल) 1,050 (भारत)
रावी	*रोहतांग दर्रे के समीप*	720
चिनाब	*चन्द्र तथा भागा*	1,180
माही	*दक्षिण अरावली के मेवाड़ तथा छप्पन हिल से*	583
साबरमती	*अरावली के मेवाड़ हिल से*	371
लूनी	*अरावली की मेवाड़ पहाड़ी से*	300
नर्मदा	*मैकाल पर्वत की अमरकण्टक चोटी*	1,312
ताप्ती	*सतपुड़ा पर्वत श्रेणी (बैतूल जिले का मुल्ताई स्थान)*	724
गंगा	*गंगोत्री ग्लेशियर*	2525
यमुना	*यमुनोत्री हिमानी*	1375
चम्बल	*मध्य प्रदेश में महू के समीप स्थित जनापाव पहाड़ी*	1050
रामगंगा	*गढ़वाल क्षेत्र*	696
घाघरा	*मानसरोवर के दक्षिण में गुर्ल मण्डोता (तिब्बत)*	1080
गण्डक	*नेपाल-तिब्बत सीमा*	425
कोसी	*सिक्किम-नेपाल-तिब्बत हिमालय*	730
बेतवा	*विन्ध्याचल पर्वत*	480
सोन	*अमरकण्टक की पहाड़ियाँ*	780
गोदावरी (वृद्ध गंगा या दक्षिण गंगा)	*नासिक (महाराष्ट्र) के दक्षिण-पश्चिम में 64 किमी दूर त्र्यम्बक गाँव की एक पहाड़ी*	1465
कृष्णा	*महाबलेश्वर के निकट पश्चिमी घाट से निकलती है*	1401
महानदी	*छत्तीसगढ़ के रायपुर जिले में सिंहावा के पास*	815
कावेरी	*कर्नाटक के कुर्ग जिले में स्थित ब्रह्मगिरि पहाड़ी*	800

प्रमुख तथ्य

- देवप्रयाग में भागीरथी अलकनन्दा से मिलती है, तो संयुक्त धारा का नाम गंगा हो जाता है।

स्थान		नदी संगम
देवप्रयाग	=	भागीरथी + अलकनन्दा
रुद्रप्रयाग	=	मन्दाकिनी + अलकनन्दा
कर्णप्रयाग	=	पिण्डार + अलकनन्दा
विष्णु प्रयाग	=	धौलीगंगा + अलकनन्दा

- गंगा को बांग्लादेश में **पद्मा** के नाम से जाना जाता है। पद्मा, ब्रह्मपुत्र (जिसको बांग्लादेश में जमुना कहा जाता है।) से मिलकर बंगाल की खाड़ी में गिरती है।
- गंगा व ब्रह्मपुत्र नदियाँ बांग्लादेश में विश्व का सबसे बड़ा **डेल्टा** सुन्दर वन बनाती है।
- ब्रह्मपुत्र का तिब्बत में नाम **सांगपो** है व भारत में प्रवेश करने पर अरुणाचल प्रदेश में यह **दिहांग** कहलाती है।
- सिन्धु नदी भारत में केवल जम्मू-कश्मीर में बहती है। भारत व पाकिस्तान के साथ सिन्धु जल समझौते (1960 ई.) के अनुसार भारत इसका केवल 20% जल उपयोग कर सकता है।
- प्रायद्वीपीय नदी क्रम उत्तर से दक्षिण—महानदी, गोदावरी, कृष्णा, पेन्नार, कावेरी एवं वैगाई।
- प्रायद्वीपीय नदियों का लम्बाई के अनुसार घटता क्रम—गोदावरी, कृष्णा, नर्मदा, महानदी, कावेरी, ताप्ती।

भारत की प्रमुख झीलें

झील	सम्बन्धित राज्य	झील	सम्बन्धित राज्य	झील	सम्बन्धित राज्य	झील	सम्बन्धित राज्य
डल झील	*जम्मू-कश्मीर*	शेषनाग झील	*जम्मू-कश्मीर*	सातताल झील	*उत्तराखण्ड*	नौकुछियाताल झील	*उत्तराखण्ड*
वुलर झील	*जम्मू-कश्मीर*	अनंतनाग झील	*जम्मू-कश्मीर*	नैनीताल झील	*उत्तराखण्ड*	खुरपाताल झील	*उत्तराखण्ड*
बैरीनाग झील	*जम्मू-कश्मीर*	लुनकरनसर झील	*राजस्थान*	राकसताल झील	*उत्तराखण्ड*	कोलेरू झील	*आन्ध्र प्रदेश*
मानस बल झील	*जम्मू-कश्मीर*	जयसमंद झील	*राजस्थान*	मालाताल झील	*उत्तराखण्ड*	चिल्का झील	*ओडिशा*
राजसमंद झील	*राजस्थान*	फतेहसागर झील	*राजस्थान*	हुसैनसागर झील	*आन्ध्र प्रदेश*	लोनार झील	*महाराष्ट्र*
पिछौला झील	*राजस्थान*	डीडवाना झील	*राजस्थान*	पुलीकट झील	*तमिलनाडु*	बेम्बानड झील	*केरल*
सांभर झील	*राजस्थान*	देवताल झील	*उत्तराखण्ड*	लोकटक झील	*मणिपुर*		

जलवायु

- भारत की जलवायु उष्णकटिबन्धीय मानसूनी जलवायु है।
- भारत की अधिकांश वर्षा बंगाल की खाड़ी के मानसून या दक्षिण- पश्चिम मानसून के कारण होती है। (लगभग 80% वर्षा)

पावर प्वॉइन्ट्स

- भारत में मानसून के द्वारा होने वाली वर्षा का 80% भाग पर्वतीय वर्षा के रूप में होता है।
- विश्व में सबसे अधिक वर्षा **मासिनराम** (मेघालय) में होती है।
- भारत में सबसे कम वर्षा लेह में होती है।
- ऊपरी अधोमण्डल में तीव्रगामी वायुधारा को जेट प्रवाह कहते हैं।
- भारत में जनवरी माह में (शीत ऋतु) जेट स्ट्रीम की स्थिति हिमालय के दक्षिण की ओर पश्चिम से पूर्व दिशा की ओर होती है।
- पश्चिमी विक्षोभों द्वारा भारत के उत्तरी-पश्चिम भाग में वर्षा होती है।
- भारत का कोरोमण्डल तट (तमिलनाडु) लौटते हुए मानसून द्वारा शीत ऋतु में वर्षा प्राप्त करता है।
- प्रत्यावर्तित मानसून बंगाल की खाड़ी से आर्द्रता ग्रहण करता है।
- जेट प्रवाह की पश्चिमी शाखा भारत में शीतकालीन चक्रवात लाने में सहायक होती है।
- हिमालय पर्वत श्रेणी देश में महाद्वीपीय जलवायु की स्थितियाँ उत्पन्न करता है।
- पंजाब में मानसून ठहरने की अवधि देश में सबसे कम पाई जाती है।
- मेघालय में सर्वाधिक वर्षा का कारण बंगाल की खाड़ी की अधिक आर्द्र हवाओं का यहाँ सीधा टकराना एवं गारो, खासी एवं जयन्तिया पहाड़ियों की कीपनुमा आकृति का होना है।
- जम्मू-कश्मीर एवं तमिलनाडु के कुछ भागों में वर्षा ऋतु में वर्षा नहीं होती है।
- उत्तर-पूर्वी भारत में मानसून की अनियमितता सबसे कम पाई जाती है।

भारतीय वनस्पति का भौगोलिक विवरण

वनस्पति	स्थिति	वितरण	वृक्ष
उष्णकटिबन्धीय शुष्क मानसूनी वनस्पति	50 से 100 सेमी वर्षा वाले क्षेत्र में	*पूर्वी राजस्थान, उत्तरी गुजरात, दक्षिण-पश्चिम उत्तर प्रदेश, दक्षिणी पंजाब, हरियाणा आदि*	महुआ, बबूल, पलाश, तेन्दू, बेर, बरगद, पीपल आदि।
उष्णकटिबन्धीय चिरहरित वनस्पति	200 सेमी से अधिक वर्षा वाले क्षेत्र में	*उत्तर-पूर्वी भारत, नीलगिरी पहाड़ियाँ, पश्चिमी घाट पर्वत का पश्चिमी ढाल अण्डमान एवं निकोबार द्वीप समूह*	रबर, महोगनी, आबनूस, आयरनवुड, ताड़, बाँस, बेंत, सिनकोना, रोजवुड आदि
उष्णकटिबन्धीय आर्द्र मानसूनी वनस्पति या उष्णार्द्र 'पतझड़ वन'	100 से 200 सेमी के बीच वार्षिक वर्षा वाले क्षेत्र में	*पश्चिमी घाट पर्वत के पूर्वी ढाल, हिमालय का तराई क्षेत्र, बिहार, उत्तर प्रदेश, ओडिशा, पश्चिम बंग, महाराष्ट्र, आन्ध्र प्रदेश, कर्नाटक, मध्य प्रदेश आदि।*	सागवान, साल, चन्दन, शहतूत, महुआ, शीशम, आँवला
मरुस्थलीय वनस्पति	50 सेमी से कम वर्षा वाले क्षेत्र में पाई जाने वाली वनस्पति	*पश्चिमी राजस्थान, उत्तरी गुजरात, पश्चिमी थार का वृष्टि छाया प्रदेश*	वृक्ष, खजूर, नागफनी बबूल आदि।
ज्वारीय वनस्पति	समुद्र तट व निम्न डेल्टाई भाग में यह वनस्पति पाई जाती है।	*गंगा, ब्रह्मपुत्र डेल्टा, महानदी, कृष्णा, गोदावरी, कावेरी आदि नदियों के डेल्टाई भाग एवं पूर्वी तथा पश्चिमी तट*	मैंग्रोव, नारियल, सुन्दरी, ताड़, बेंत बाँस आदि।
पर्वतीय वनस्पति	हिमालय पर्वतों तथा उत्तर-पूर्व व दक्षिण भारत के पर्वतीय भागों में		ओक, चेस्टनट, मैपिल सिल्वरफन, पाइन देवदार, एल्डट आदि

- जाड़े के दिनों में (जनवरी-फरवरी महीने में) तमिलनाडु के तटों पर वर्षा लौटते हुए मानसून या उत्तरी-पूर्वी मानसून के कारण होती है।
- ग्रीष्म ऋतु में मानसून के आगमन के पूर्व केरल तथा पश्चिमी तटीय मैदानी भागों में कुछ वर्षा होती है, जिसे **मैंगो शावर** (Mango Shower) कहा जाता है।
- ग्रीष्म ऋतु में असम एवं पश्चिम बंगाल राज्यों में तीव्र आर्द्र हवाएँ 'काल वैशाखी' चलने लगती हैं, जिनसे गरज के साथ वर्षा हो जाती है।
- उत्तर-पश्चिम भारत के शुष्क भागों में ग्रीष्म ऋतु में चलने वाली गर्म एवं शुष्क हवाओं को 'लू' (Loo) कहा जाता है।

मिट्टी

इण्डियन काउन्सिल ऑफ एग्रीकल्चरल रिसर्च के अनुसार भारत में 8 प्रकार की मिट्टियाँ पायी जाती हैं

1. **दोमट मिट्टी** 7 लाख वर्ग किमी क्षेत्रफल में पायी जाती है। यह पंजाब, हरियाणा, उत्तरी राजस्थान, उत्तर प्रदेश, बिहार, पश्चिम बंगाल, असम तथा पूर्वी तटीय क्षेत्रों में पायी जाती है। दोमट मिट्टी का निर्माण नदियों के कारण निर्मित बाढ़ों से होता है।
   - दोमट मिट्टी में नाइट्रोजन की कमी होती है और ह्यूमस भी कम मात्रा में मिलता है, जिसमें वर्षा, तापमान की मात्रा के अनुसार—गेहूँ, धान, गन्ना, कपास, आदि का अधिक उत्पादन होता है।
2. **लाल मिट्टी** मध्य प्रदेश, छत्तीसगढ़, छोटानागपुर (झारखण्ड), कर्नाटक, आन्ध्र प्रदेश, तमिलनाडु के भीतरी क्षेत्रों में पायी जाती है।
   - लोहे के ऑक्साइड की उपस्थिति के कारण इसका रंग लाल होता है।
   - इस मिट्टी का निर्माण अधिक तापमान के कारण फैलने तथा कम तापमान होने से चट्टानों के सिकुड़ने से होता है।
   - लाल मिट्टी में वर्षा और तापमान की मात्रा के अनुसार चाय, कॉफी, मूँगफली, तम्बाकू आदि का उत्पादन होता है।
3. **काली मिट्टी** गुजरात, दक्षिण-पश्चिमी मध्य प्रदेश, महाराष्ट्र उत्तरी कर्नाटक एवं मालवा पठार में पायी जाती है।
   - काली मिट्टी को ज्वालामुखी मिट्टी भी कहा जाता है,
   - काली मिट्टी में पोटाश की अधिकता होती है तथा नाइट्रोजन की कमी पायी जाती है। इसमें कपास, गेहूँ तथा गन्ने का अधिक उत्पादन होता है, इसलिए इस मिट्टी को कपासी मिट्टी के नाम से भी जाना जाता है।
4. **लैटेराइट मिट्टी** सह्याद्रि पर्वत के पश्चिमी ढालों पर केरल, पश्चिमी कर्नाटक, सीलांग पठार (मेघालय), असम तथा छोटानागपुर के ढालू क्षेत्रों के अधिक वर्षा वाले क्षेत्रों में पायी जाती है।
5. **कार्बनिक एवं पीट मिट्टी** गुजरात के कच्छ, गंगा-ब्रह्मपुत्र, हुगली महानदी, गोदावरी, कृष्णा तथा कावेरी नदियों के मुहाने पर पायी जाती है। इन क्षेत्रों में समुद्रों से सम्पर्क होने के कारण मिट्टी में लवणता की मात्रा काफी अधिक होती है।
6. **मरुस्थलीय मिट्टी** यह बलुई मिट्टी होती है। लोहा तथा फॉस्फोरस की पर्याप्त मात्रा तथा नाइट्रोजन व ह्यूमस की कमी होती है। मोटे अनाज-ज्वार, बाजरा, रागी, तिलहन आदि पैदा किए जाते हैं।
7. **पर्वतीय या वनीय मिट्टी** यह मिट्टी **बागानी कृषि** के लिए उपयुक्त होती है। इसमें चाय, कहवा एवं मसाले की कृषि की जाती है। यह तमिलनाडु, कर्नाटक, मणिपुर के पर्वतीय भागों में पाई जाती है।
8. **लवणीय एवं क्षारीय मिट्टी** इसे रेह, कल्लर या उसर भी कहते हैं। इसमें सोडियम, मैग्नीशियम व कैल्शियम पर्याप्त मात्रा में तथा नाइट्रोजन व चूने की कमी होती है।

वनस्पति एवं वन्य जीव

उष्ण कटिबन्धीय सदाबहार वन/वनस्पतियाँ केरल, पश्चिमी कर्नाटक, असम, मेघालय तथा पश्चिम बंगाल के तटवर्ती क्षेत्रों में पायी जाती है। इन क्षेत्रों में तेलसुर, गुरजन, होपिया, चापलास, महोगनी तथा नीलगिरि, इलायची अन्नामलाई तथा पर्वतीय क्षेत्रों में चन्दन, रोजवुड वृक्ष पाए जाते हैं।

उष्ण कटिबन्धीय मानसूनी/पर्णपाती वन भीतरी तमिलनाडु, आन्ध्र प्रदेश, कर्नाटक, महाराष्ट्र, मध्य प्रदेश, छत्तीसगढ़, झारखण्ड, बिहार, उत्तर प्रदेश तथा दक्षिण-पूर्वी पंजाब में पाए जाते हैं। इन क्षेत्रों की वनस्पतियों में साल, सागौन, आम, पीपल, जामुन, महुआ, नीम, बाँस, इत्यादि मुख्य हैं।

शुष्क एवं अर्द्ध-शुष्क वन वनस्पति पश्चिम राजस्थान के अधिक तापमान व सीमित वर्षा वाले क्षेत्रों में पायी जाती है तथा कँटीली झाड़ियाँ, नागफनी, खेजड़ी वनस्पतियाँ विकसित होती हैं।

ज्वारीय वन/वनस्पति गुजरात के कच्छ एवं पूर्वी तटीय नदियों तथा नर्मदा-ताप्ती मुहाने पर पाई जाती है। इन्हें ज्वारीय या एस्चुअरी वनस्पतियों के नाम से जाना जाता है। ज्वारीय वनस्पतियों में पश्चिम बंगाल के सुन्दरी वृक्ष एवं बाँस वृक्ष आदि आते हैं।

भारतीय राज्यों की वन रिपोर्ट : 2023

- यह भारत की 18वीं वन स्थिति रिपोर्ट है।
- क्षेत्रफल की दृष्टि से सर्वाधिक वनावरण वाले 5 राज्य- 1. मध्य प्रदेश 2. अरुणाचल प्रदेश 3. छत्तीसगढ़ 4. महाराष्ट्र 5. ओडिशा
- क्षेत्रफल की दृष्टि से वनों में सर्वाधिक कमी वाले 5 राज्य-1. मध्य प्रदेश 2. कर्नाटक 3. लद्दाख 4. नागालैण्ड 5. बिहार
- प्रतिशत की दृष्टि से वनों में वाले राज्य – 1. मिजोरम (85.34%) 2. लक्षद्वीप (91.33%) 3. अण्डमान व निकोबार द्वीप समूह (81.52%)
- प्रतिशत की दृष्टि से न्यूनतम वन वाले राज्य 1. पंजाब (3.50%) 2. हरियाणा (3.64%) 3. राजस्थान (4.70%)
- भारत में सर्वाधिक मैंग्रोव वन वाला जिला दक्षिण चौबीस परगना (पश्चिम बंग) है। इसके बाद गुजरात का स्थान है।
- विश्व में सर्वाधिक मैंग्रोव वन इण्डोनेशिया में (21%) पाए जाते हैं।

- वर्ष 1952 की प्रथम वन नीति के अनुसार देश के 33% क्षेत्रफल पर वन होना आवश्यक है, जिसमें पर्वतीय एवं पठारी भू-भाग के 60% तथा मैदानी भागों में 25% क्षेत्रफल पर वन होना आवश्यक है।
- जैव आरक्षण कार्यक्रम यूनेस्को के सहयोग से वर्ष 1971 में प्रस्तावित किया गया तथा भारत का पहला जैवमण्डल आरक्षण वर्ष 1986 में तमिलनाडु में नीलगिरि में स्थापित हुआ।

जैवमण्डल आरक्षण	राज्य	जैवमण्डल आरक्षण	राज्य
नामदफा	अरुणाचल प्रदेश	मन्नार की खाड़ी	तमिलनाडु भारत/श्रीलंका
मानस	असम	नीलगिरि	तमिलनाडु
काजीरंगा	असम	उत्तरी अण्डमान	अण्डमान-निकोबार द्वीप
सुन्दर वन डेल्टा	पश्चिम बंगाल	सिमलीपाल	उड़ीसा
फूलों की घाटी	उत्तराखण्ड	नारेकेक	मेघालय
नन्दा देवी	उत्तराखण्ड	कान्हा	मध्य प्रदेश
थार का मरुस्थल	राजस्थान	पचमढ़ी के निकट (सतपुड़ा पर्वत पर)	मध्य प्रदेश
लिटिल-रन-आफ -कच्छ	गुजरात		

भारत के प्रमुख राष्ट्रीय उद्यान एवं वन्य जीव अभयारण्य

राज्य	उद्यान एवं अभयारण्य
आन्ध्र प्रदेश	*कासू ब्रह्मानन्द रेड्डी राष्ट्रीय उद्यान* *मरुगार्वान राष्ट्रीय उद्यान* *श्री वैंकटेश्वर राष्ट्रीय उद्यान* *महावीर हरिना वनस्थली राष्ट्रीय उद्यान*
असोम	*काजीरंगा राष्ट्रीय उद्यान (एक सींग वाला गैण्डा हेतु प्रसिद्ध)* *मनास राष्ट्रीय उद्यान, ओरांग राष्ट्रीय उद्यान, नामोरी राष्ट्रीय उद्यान, डिब्रू सैखोवा राष्ट्रीय उद्यान*
अरुणाचल प्रदेश	*नामदफा राष्ट्रीय उद्यान, मौलिंग राष्ट्रीय उद्यान*
अण्डमान-निकोबार द्वीप समूह	*सैडल पीक राष्ट्रीय उद्यान* *रानी झाँसी राष्ट्रीय उद्यान, नॉर्थ बटन द्वीप राष्ट्रीय उद्यान, महात्मा गाँधी राष्ट्रीय उद्यान,*
महाराष्ट्र	*चन्दोली राष्ट्रीय उद्यान, गुगामल राष्ट्रीय उद्यान, नवगाँव राष्ट्रीय उद्यान, पेंच राष्ट्रीय उद्यान, संजय गाँधी राष्ट्रीय उद्यान*
जम्मू-कश्मीर	*दचिगाम राष्ट्रीय उद्यान, हेमिस राष्ट्रीय उद्यान,* *किस्तवार राष्ट्रीय उद्यान, सलीम अली राष्ट्रीय उद्यान*
झारखण्ड	*बेतला राष्ट्रीय उद्यान, पलामू राष्ट्रीय उद्यान*
कर्नाटक	*अंशी राष्ट्रीय उद्यान, बाँदीपुर राष्ट्रीय उद्यान, कुद्रेमुख राष्ट्रीय उद्यान, बन्नेरघट्टा राष्ट्रीय उद्यान, साइलेंट वैली राष्ट्रीय उद्यान*
मध्य प्रदेश	*बाँधवगढ़ राष्ट्रीय उद्यान, फॉसिल राष्ट्रीय उद्यान, तदोबा राष्ट्रीय उद्यान*
मणिपुर	*सिरोही राष्ट्रीय उद्यान, कैबुल लामजाओ राष्ट्रीय उद्यान*
मिजोरम	*मुरलेन राष्ट्रीय उद्यान, फांगपुई राष्ट्रीय उद्यान*
मेघालय	*नॉकरेक राष्ट्रीय उद्यान, बालपकरम राष्ट्रीय उद्यान*
नागालैण्ड	*इन्टंकी राष्ट्रीय उद्यान*
ओडिशा	*सिमलीपाल राष्ट्रीय उद्यान, भितरकणिका राष्ट्रीय उद्यान*
राजस्थान	*केवलादेव राष्ट्रीय उद्यान, रणथम्भौर राष्ट्रीय उद्यान* *सरिस्का राष्ट्रीय उद्यान, (राजीव गाँधी राष्ट्रीय उद्यान)* *मरुस्थलीय राष्ट्रीय उद्यान, दर्राह राष्ट्रीय उद्यान*
तमिलनाडु	*इन्दिरा गाँधी राष्ट्रीय उद्यान, गल्फ ऑफ मन्नार राष्ट्रीय उद्यान, गिण्डी राष्ट्रीय उद्यान, मदुमलई राष्ट्रीय उद्यान, मुकुर्ती राष्ट्रीय उद्यान*
उत्तर प्रदेश	*दुधवा राष्ट्रीय उद्यान, नवाबगंज राष्ट्रीय उद्यान, सुल्तानपुर पक्षी विहार*
उत्तराखण्ड	*जिम कार्बेट राष्ट्रीय उद्यान, मालन पशु विहार, गोविन्द पशु विहार*
बिहार	*वाल्मीकि राष्ट्रीय उद्यान*
छत्तीसगढ़	*इन्द्रवती राष्ट्रीय उद्यान, कांगेर घाटी राष्ट्रीय उद्यान*
गुजरात	*गिर राष्ट्रीय उद्यान, मैरीन राष्ट्रीय उद्यान, वेसन्दा राष्ट्रीय उद्यान*
गोवा	*मोतलम राष्ट्रीय उद्यान*
हिमाचल प्रदेश	*पिन वैली राष्ट्रीय उद्यान* *ग्रेट हिमाचल राष्ट्रीय उद्यान, कुगती वन्य जीव अभयारण्य*
हरियाणा	*कलेसर राष्ट्रीय उद्यान*

- 1973 में देश में बाघ परियोजना प्रारम्भ की गई। इसका मुख्य उद्देश्य बाघों की व्यावहारिक संख्या के लिए आश्वस्त होना है।
- सबसे अधिक बाघ संरक्षित स्थल मध्य प्रदेश राज्य में हैं।
- भारत में मध्य प्रदेश राज्य को **टाईगर राज्य** के नाम से जाना जाता है।
- कार्बेट भारत का प्रथम बाघ संरक्षित स्थल एवं नागार्जुन सागर क्षेत्रफल की दृष्टि से सबसे बड़ा बाघ संरक्षित स्थल है।
- **भारतीय वन्य प्राणी संस्थान** देहरादून में स्थित है।

कृषि

रबी फसलें नवम्बर/दिसम्बर में बोई जाती है और मार्च/अप्रैल में काट ली जाती है। इन फसलों में गेहूँ चना, मटर, सरसों, जौ, अरहर, मसूर इत्यादि हैं।

खरीफ फसलें ये फसलें जून/जुलाई में बोई जाती हैं और अक्टूबर/नवम्बर तक काट ली जाती हैं। इन फसलों में धान, ज्वार, बाजरा, मक्का, मूँगफली, तिल, जूट, कपास, गन्ना, उड़द, तम्बाकू इत्यादि हैं।

जायद फसलें ये फसलें फरवरी/मार्च में बोई जाती हैं और मई/जून तक काट ली जाती हैं। इन फसलों में चारा फसलें, सब्जियाँ, तरबूज, ककड़ी, लौकी इत्यादि हैं।

- विश्व में चावल उत्पादन में चीन के बाद भारत का दूसरा स्थान है।
- देश में गेहूँ के उत्पादन में उत्तर प्रदेश का स्थान प्रथम है, जबकि प्रति हेक्टेयर उत्पादन में पंजाब का स्थान प्रथम है। तमिलनाडु में गेहूँ की खेती नहीं होती है।
- हरित क्रान्ति का सर्वाधिक प्रभाव गेहूँ और चावल की कृषि पर पड़ा है परन्तु चावल की तुलना में गेहूँ के उत्पादन में अधिक वृद्धि हुई।
- भारत में हरित क्रान्ति का श्रेय **डॉ. एम. एस. स्वामीनाथन** को जाता है। हरित क्रान्ति की शुरुआत 1966-67 में हुई।
- आम, केला, नींबू, काजू, नारियल, काली मिर्च, अदरक, हल्दी के उत्पादन में भारत का स्थान विश्व में प्रथम है।
- **फलों के उत्पादन** में भारत का स्थान विश्व में **प्रथम** और सब्जियों में **दूसरा** है।
- **केसर** का एकमात्र उत्पादक राज्य जम्मू-कश्मीर है।
- कर्नाटक में सबसे अधिक **रेशम** पैदा होता है।
- **प्राकृतिक रबड़** के उत्पादन में केरल अग्रणी है और भारत का विश्व में चौथा स्थान है।
- नासिक अंगूर के लिए तथा कुर्ग (नीलगिरि की पहाड़ी) कॉफी के उत्पादन के लिए प्रसिद्ध हैं।
- राष्ट्रीय रसदार फल अनुसन्धान केन्द्र नागपुर में अवस्थित है।
- सर्वाधिक तम्बाकू उत्पादित करने वाले राज्य आन्ध्र प्रदेश व तमिलनाडु हैं।

भारत की प्रमुख स्थानान्तरण कृषि

कृषि	प्रदेश	कृषि	प्रदेश
झूम	असोम	*वीरा*	मध्य प्रदेश
पोनम	केरल	*दहिया*	मध्य प्रदेश
पोदू	केरल	*खील*	हिमाचल प्रदेश
बेवार	आन्ध्र प्रदेश, ओडिशा	*कुमारी*	पश्चिमी घाट
मशान	मध्य प्रदेश	*बलरा*	राजस्थान
पेड़ा	मध्य प्रदेश		

फसलों का उत्पादन (शीर्ष राज्य)

चावल
पश्चिम बंग > पंजाब > उत्तर प्रदेश

गेहूँ
उत्तर प्रदेश > पंजाब > हरियाणा

मक्का
कर्नाटक > आन्ध्र प्रदेश > महाराष्ट्र

अनाज
उत्तर प्रदेश > पंजाब > मध्य प्रदेश

मोटा अनाज
महाराष्ट्र > कर्नाटक > राजस्थान

दालें
मध्य प्रदेश > महाराष्ट्र > उत्तर प्रदेश

मूँगफली
गुजरात >आन्ध्र प्रदेश >तमिलनाडु

सरसों
राजस्थान > हरियाणा > मध्य प्रदेश

सोयाबीन
मध्य प्रदेश > महाराष्ट्र > राजस्थान

सूरजमुखी
कर्नाटक > आन्ध्र प्रदेश >महाराष्ट्र

तिलहन
मध्य प्रदेश > राजस्थान > गुजरात

अन्य प्रमुख नकदी फसलें

गन्ना
उत्तर प्रदेश > महाराष्ट्र >कर्नाटक

कपास
गुजरात > महाराष्ट्र > आन्ध्र प्रदेश

जूट और मेस्ता
पश्चिम बंग > बिहार > असोम

आलू
उत्तर प्रदेश > पश्चिम बंग >बिहार

प्याज
महाराष्ट्र > कर्नाटक > गुजरात

कृषि के विशेष प्रकार

विश्व की वर्तमान कृषि व्यवस्था में बड़े पैमाने की विभिन्न कृषि पद्धतियों के अतिरिक्त कुछ विशेष प्रकार की कृषि प्रचलित है, जो इस प्रकार हैं

विटीकल्चर अंगूरों की व्यापारिक स्तर पर उत्पादन की कृषि।

पीसीकल्चर अथवा **जल कृषि** व्यापारिक स्तर पर की जाने वाली मछली पालन की क्रिया।

सेरिकल्चर रेशम उत्पादन की क्रिया जिसमें संवर्द्धन शहतूत आदि की कृषि भी सम्मिलित है।

हॉर्टीकल्चर व्यापारिक स्तर पर किया जाने वाला विभिन्न प्रकार के फलों का उत्पादन।

आरबरीकल्चर विशेष प्रकार के वृक्षों तथा झाड़ियों की कृषि जिसमें उनका संरक्षण तथा संवर्द्धन भी शामिल है।

एपीकल्चर व्यापारिक स्तर पर शहद-उत्पादन हेतु किया जाने वाला मधुमक्खी पालन का कार्य।

फ्लोरीकल्चर व्यापारिक स्तर पर की जाने वाली फूलों की कृषि।

सिल्वीकल्चर वनों के संरक्षण एवं संवर्द्धन से सम्बन्धित कार्य।

वेजीकल्चर दक्षिण-पूर्वी एशिया में आदि मानव द्वारा सर्वप्रथम की गई कृषि वृक्षों की आदिम कृषि नाम से जानी जाती है।

नेमॉरीकल्चर यह भी आदिम व्यवस्था की कृषि है जिसमें मानव द्वारा जंगलों से फल, जड़ आदि का संग्रह किया जाता था।

ओलेरीकल्चर जमीन पर फैलने वाली सब्जियों की व्यापारिक कृषि इसके अन्तर्गत आती है।

मेरीकल्चर व्यापारिक उद्देश्यों की पूर्ति हेतु समुद्री जीवों के उत्पादन की क्रिया।

हॉर्सीकल्चर अथवा अश्व पालन सवारी एवं यातायात के लिए उन्नत प्रजाति के घोड़ों एवं खच्चरों को व्यापारिक स्तर पर पालने की क्रिया।

बहुउद्देशीय परियोजनाएँ

ये वे परियोजनाएँ होती हैं, जो एकसाथ कई उद्देश्यों को पूरा करती हैं; जैसे—बाढ़ नियन्त्रण, सिंचाई, जल विद्युत उत्पादन, नौकायन, पर्यटन आदि।

बहुउद्देशीय परियोजनाएँ

परियोजना	नदी	सम्बन्धित राज्य
फरक्का	*गंगा नदी*	पश्चिम बंग
श्रीसेलम	*कृष्णा*	आन्ध्र प्रदेश
नागार्जुन	*कृष्णा*	आन्ध्र प्रदेश
ऊपरी कृष्णा	*कृष्णा*	कर्नाटक
भाखड़ा-नांगल	*सतलज*	हिमाचल प्रदेश, पंजाब
नाथपा-झाकड़ी	*सतलज*	पंजाब, हिमाचल प्रदेश, हरियाणा
इन्दिरा गाँधी	*सतलज एवं व्यास*	हरियाणा, राजस्थान
पोंग बाँध	*व्यास*	पंजाब, हरियाणा, राजस्थान, हिमाचल प्रदेश
सलाल	*चिनाब*	जम्मू-कश्मीर
दुलहस्ती	*चिनाब*	जम्मू-कश्मीर
थीन बाँध	*रावी*	पंजाब
तुलबुल	*झेलम*	जम्मू-कश्मीर
दामोदर घाटी	*दामोदर*	झारखण्ड, पश्चिम बंग
हीराकुड	*महानदी*	ओडिशा
चम्बल	*चम्बल*	राजस्थान एवं मध्य प्रदेश
टिहरी बाँध	*भिलंगना एवं भागीरथी*	उत्तराखण्ड एवं उत्तर प्रदेश
कोसी	*कोसी*	बिहार एवं नेपाल
स्वर्णरेखा	*स्वर्णरेखा*	झारखण्ड
राजघाट	*बेतवा*	मध्य प्रदेश, उत्तर प्रदेश
माताटीला	*बेतवा*	उत्तर प्रदेश, मध्य प्रदेश
सरदार सरोवर	*नर्मदा*	मध्य प्रदेश, महाराष्ट्र, गुजरात, राजस्थान
शिवसमुद्रम्	*कावेरी*	कर्नाटक
मैटूर	*कावेरी*	तमिलनाडु
उकाई	*ताप्ती*	गुजरात
कोयना	*कोयना*	महाराष्ट्र
रिहन्द	*रिहन्द*	उत्तर प्रदेश
इडुक्की	*पेरियार*	केरल
महात्मा गाँधी	*शरावती*	कर्नाटक
मयूराक्षी	*मयूराक्षी*	बिहार, पश्चिम बंग
तुंगभद्रा	*तुंगभद्रा*	कर्नाटक एवं आन्ध्र प्रदेश
मचकुण्ड	*मचकुण्ड*	ओडिशा, आन्ध्र प्रदेश
लोकटक	–	मणिपुर
पार्वती	*पार्वती*	हिमाचल प्रदेश
चूखा	*वांग्चू*	भारत एवं भूटान
टनकपुर	*महाकाली*	भारत एवं नेपाल
पोचमपाद	*गोदावरी*	आन्ध्र प्रदेश
काली	*काली*	कर्नाटक

खनिज

- धात्विक
  - लौह धातु (जिसमे लोहे का अंश हो) जैसे-लौह अयस्क, मैंगनीज, निकिल व कोबाल्ट आदि।
  - अलौह जैसे-ताँबा, सीसा, जस्ता व बॉक्साइट आदि।
  - बहुमूल्य खनिज जैसे-सोना, चाँदी, प्लेटिनम आदि।
- अधात्विक
  - जैसे-अभ्रक, नमक, पोटाश, सल्फर, चूनाश्म/चूना, पत्थर, संगमरमर तथा बलुआ पत्थर
- ऊर्जा खनिज
  - जैसे-कोयला, पेट्रोलियम तथा प्राकृतिक गैस

भारत के प्रमुख खनिजों का विवरण

खनिज	प्राप्ति स्थल
लौह-अयस्क	ओडिशा (क्योंझर, बोनाई, मयूरभंज), कर्नाटक (चिकमंगलूर, बेल्लारी, शिमोगा, चित्रदुर्ग), छत्तीसगढ़ (बैलाडीला, डल्ली राजहरा), गोवा (संग्यूम, क्यूपेम, सतारी, पौडा), झारखण्ड (नोआमुण्डी, गुआ, जामदा)
मैंगनीज	ओडिशा (क्योंझर, सुन्दरगढ़, बोनाई, कालाहाण्डी, कोरापुट), महाराष्ट्र (नागपुर, भण्डारा, रत्नागिरि), मध्य प्रदेश (बालाघाट, छिन्दवाड़ा), कर्नाटक (बेल्लारी, शिमोगा, चित्रदुर्ग)
बॉक्साइट	ओडिशा (कालाहाण्डी, सुन्दरगढ़, कोरापुट), झारखण्ड (लोहरदग्गा, पलामू, राँची), महाराष्ट्र (नागार्जुन, भण्डारा, रत्नागिरी), मध्य प्रदेश (कटनी, बालाघाट)
ताँबा	राजस्थान (खेतड़ी, झुंझुनूं, खोदरीबा), मध्य प्रदेश (मलाजखण्ड, बालाघाट), झारखण्ड (मोसाबनी, राखा, सोनामाखी, घाटशिला, सुरदा)
अभ्रक	आन्ध्र प्रदेश (नेल्लौर, विशाखापत्तनम, कृष्णा जिला), राजस्थान (जयपुर, उदयपुर, भीलवाड़ा), झारखण्ड (कोडरमा, गिरीडीह, हजारीबाग)
सोना	कर्नाटक (कोलार तथा हट्टी की खान, चैम्पियन एवं ओरोगन रीफ, ओकले रीफ), आन्ध्र प्रदेश (अनन्तपुर, वारंगल, रामगिरि), तमिलनाडु (नीलगिरि एवं सलेम)
चाँदी	राजस्थान (ज्वार क्षेत्र), कर्नाटक (कोलार एवं चित्रदुर्ग), आन्ध्र प्रदेश (कुडप्पा, गुण्टूर, कुर्नूल क्षेत्र)।
हीरा	मध्य प्रदेश (पन्ना), आन्ध्र प्रदेश (मुनीमाडुगु-बंगलपल्ले, वज्रकरुर वक्री पाइप, कृष्णा नदी का रेतीला क्षेत्र), छत्तीसगढ़ (रायपुर जिला)
जिंक	राजस्थान, बिहार, महाराष्ट्र, मध्य प्रदेश, आन्ध्र प्रदेश, गुजरात, उत्तराखण्ड, पश्चिम बंग, ओडिशा, सिक्किम, तमिलनाडु एवं मेघालय
क्रोमाइट	ओडिशा (कटक जिले का सुकिन्दा क्षेत्र), कर्नाटक (हसन जिला)
एस्बेस्टास	राजस्थान (अजमेर, भीलवाड़ा, अलवर, उदयपुर), आन्ध्र प्रदेश (कुडप्पा, अनन्तपुर, महबूबनगर), झारखण्ड (सिंहभूम क्षेत्र)
माइका	राजस्थान, आन्ध्र प्रदेश, महाराष्ट्र, झारखण्ड, बिहार
मैग्नेसाइट	उत्तराखण्ड, राजस्थान, तमिलनाडु, आन्ध्र प्रदेश
चूना पत्थर	आन्ध्र प्रदेश (कुडप्पा, आदिलाबाद, करीमनगर, गुण्टूर क्षेत्र), राजस्थान (चित्तौड़, अजमेर, सिरोही, उदयपुर), मध्य प्रदेश (सतना, जबलपुर, कटनी), गुजरात (जूनागढ़, जामनगर)
डोलोमाइट	आन्ध्र प्रदेश, छत्तीसगढ़ (बिलासपुर, दुर्ग), ओडिशा (सुन्दरगढ़), मध्य प्रदेश (झाबुआ, बालाघाट, जबलपुर)
जिप्सम	राजस्थान (नागौर, बीकानेर, जैसलमेर, बाड़मेर), जम्मू-कश्मीर (उड़ी, बारामूला, डोडा जिला), तमिलनाडु (तिरुचिरापल्ली, कोयम्बटूर)
संगमरमर	राजस्थान (मकराना क्षेत्र, राजसमंद, जैसलमेर, अजमेर), मध्य प्रदेश (जबलपुर, बैतूल), आन्ध्र प्रदेश (विशाखापत्तनम)
ग्रेनाइट	तमिलनाडु, कर्नाटक, आन्ध्र प्रदेश, राजस्थान
टंग्स्टन	राजस्थान (डेगाना, नागौर)
टिन	छत्तीसगढ़
कोयला	झारखण्ड (झरिया, चन्द्रपुर, बोकारो, गिरीडीह, कर्णपुरा, रामगढ़), ओडिशा (तलचेर, रामपुर, हिंगिर), पश्चिम बंग (रानीगंज), मध्य प्रदेश (सिंगरौली, उमरिया, तातापानी, रामकोला, सोहागपुर), आन्ध्र प्रदेश (सिंगरेनी), महाराष्ट्र (चन्द्रपुर, काम्पटी)
खनिज तेल एवं प्राकृतिक गैस	असोम (डिग्बोई क्षेत्र, नाहरकटिया क्षेत्र, मोराना-हुगरीजन, रुद्रसागर-लकवा, सूरमा), अरुणाचल प्रदेश (निगरु क्षेत्र), नागालैण्ड (बोरहल्ला क्षेत्र), गुजरात (अंकलेश्वर, खम्भात खाड़ी, कल्लोल, मेहसाना, नवागाँव, कोसाम्बा क्षेत्र, सानन्द क्षेत्र), मुम्बई हाई क्षेत्र, बेसिन क्षेत्र, अलियाबेट क्षेत्र), गोदावरी-कृष्णा नदी बेसिन तेल क्षेत्र, (काकीनाडा, वान्तु-मिल्ली), कावेरी बेसिन तेल क्षेत्र (नारीमनम, कोविलप्पल)
ग्रेफाइट	ओडिशा, तमिलनाडु (रामनाथपुरम), झारखण्ड, राजस्थान, आन्ध्र प्रदेश

भारत में सर्वप्रथम उद्योगों की स्थापना

उद्योग	स्थापना वर्ष	स्थान
सूती वस्त्र	1818	फोर्ट ग्लोस्टर (कोलकाता)
कागज	1832	सिरामपुर (पश्चिम बंगाल)
चीनी उद्योग	1840	बेतिया (बिहार)
सीमेण्ट	1854	चेन्नई
जूट	1859	रिशंरा (पश्चिम बंगाल)
लौह-इस्पात	1870	कुलटी (पश्चिम बंगाल)
ऊनी वस्त्र	1876	कानपुर
कृत्रिम रेशा रेयान	1920	त्रावणकोर (केरल)
एल्युमीनियम	1937	जे.के. नगर
भारी इन्जीनियरिंग	1958	रांची (झारखण्ड)

ऊर्जा

अनव्यकरणीय (Non-Renewable) **ऊर्जा स्त्रोत** कोयला, पेट्रोलियम, गैस एवं परमाणु ऊर्जा।

नव्यकरणीय (Renewable) **ऊर्जा स्त्रोत** फोटोबोल्टिक, सौरताप ऊर्जा, पवन ऊर्जा, जलविद्युत ऊर्जा, भूतापीय ऊर्जा, जैवद्रव्य ऊर्जा, ज्वारीय ऊर्जा एवं ओटेक ऊर्जा।

परम्परागत ऊर्जा कोयला, पेट्रोलियम, गैस।

अपरम्परगत ऊर्जा परमाणु ऊर्जा एवं सभी नव्यकरणीय ऊर्जा स्त्रोत।

- सन् 1897 में पहली बार दार्जिलिंग में बिजली की आपूर्ति शुरू हुई।
- सन् 1902 में, कर्नाटक के शिवसमुद्रम् में पनबिजली घर लगाया गया।
- हिमाचल प्रदेश, मेघालय, नागालैण्ड, सिक्किम और उत्तराखण्ड पूर्णतया जलविद्युत पर आश्रित हैं।
- देश में पनबिजली उत्पादन हेतु सन् 1975 में राष्ट्रीय पनबिजली निगम लिमिटेड (NHPC) की स्थापना की गई।

तेलशोधक कारखाने

देश में 18 तेल परिष्करणशालाएँ हैं। 16 सार्वजनिक क्षेत्र में हैं, जो निम्नलिखित हैं

डिग्बोई (असोम), ट्रॉम्बे (महाराष्ट्र), बॉम्बे हाई (महाराष्ट्र), विशाखापत्तनम (आन्ध्र प्रदेश), नूनमाटी (असोम), बरौनी (बिहार), कोयली (गुजरात), कोच्चि (केरल), चेन्नई (तमिलनाडु), हल्दिया (पश्चिम बंग), बोंगईगाँव (असोम), मथुरा (उत्तर प्रदेश), नरीमनम (तमिलनाडु), पानीपत (हरियाणा), पननगुडी (तमिलनाडु), नुमालीगढ़ (असोम)।

संयुक्त क्षेत्र मंगलौर (यह भी अब सार्वजनिक क्षेत्र की परिष्करणशाला है।)

निजी क्षेत्र रिलायन्स पेट्रोकेमिकल लिमिटेड, जामनगर

सड़क परिवहन

भारत की सड़क प्रणाली विश्व की तीसरी सबसे बड़ी प्रणाली है। सड़कों को उनके महत्व के अनुसार पाँच वर्गों में बाँटा जा सकता है। जिसमें प्रमुख राष्ट्रीय राज्य मार्ग हैं।

कुछ प्रमुख राष्ट्रीय राजमार्ग

राष्ट्रीय राजमार्ग	कहाँ से कहाँ तक	राष्ट्रीय राजमार्ग	कहाँ से कहाँ तक
नं. 1	*दिल्ली-अमृतसर*	नं. 8	*दिल्ली-मुम्बई*
नं. 1-A	*जालन्धर-उरी*	नं. 9	*पुणे-मछलीपत्तनम*
नं. 1-B	*बाटोट-सिमधनपास*	नं. 10	*दिल्ली-फाजिल्का*
नं. 1-C	*डोमेल-कटरा*	नं. 11	*आगरा-बीकानेर*
नं. 1-2	*दिल्ली-कोलकाता*	नं. 12	*जबलपुर-जयपुर*
नं. 1-3	*आगरा-मुम्बई*	नं. 13	*शोलापुर-जयपुर*
नं. 1-4	*थाणे-चेन्नई*	नं. 14	*बीवर-राधनपुर*
नं. 1-4A	*बेलगाँव-पणजी*	नं. 15	*पठानकोट-समख्याली*
नं. 1-4B	*पंवल-उराँ-कालाबोली-पालसी*	नं. 24	*दिल्ली-लखनऊ*
नं. 5	*चेन्नई-झरपोरवरिया*	नं. 27	*इलाहाबाद-वाराणसी*
नं. 5-A	*हरिदासपुर-पाराद्वीप*	नं. 28	*बरौनी-लखनऊ*
नं. 6	*कोलकाता-हजीरा*	नं. 29	*गोरखपुर-वाराणसी*
नं. 7	*वाराणसी-कन्याकुमारी*	नं. 56	*लखनऊ-वाराणसी*

- भारत का सबसे लम्बा राजमार्ग -7 है।
- राष्ट्रीय राजमार्ग संख्या 1 और 2 को सम्मिलित रूप से **ग्राण्ड ट्रंक रोड़** कहा जाता है।
- विश्व की सबसे ऊँची सड़क **मनाली-लेह** राजमार्ग है।
- राष्ट्रीय राजमार्ग संख्या 1 'A' में जवाहर सुरंग स्थित है। यह जम्मू को श्रीनगर से जोड़ने वाला एकमात्र सड़क मार्ग है।
- भारत का सबसे छोटा राष्ट्रीय राजमार्ग 327-B है, जिसकी लम्बाई मात्र 1.2 किमी है।
- राष्ट्रीय राजमार्ग-31 एकमात्र राष्ट्रीय राजमार्ग है जो उत्तर-पूर्वी भारतीय राज्यों को शेष भारत से जोड़ता है।
- राष्ट्रीय राजमार्ग विकास कार्यक्रम के अन्तर्गत बनने वाली उत्तर-दक्षिण गलियारा से श्रीनगर को कन्याकुमारी से तथा पूर्व-पश्चिम गलियारा से सिलचर को पोरबन्दर से जोड़ा जाएगा। जिसकी कुल लम्बाई 7300 किमी है।
- भारत में सड़कों की कुल लम्बाई की दृष्टि से महाराष्ट्र (10.7%) का प्रथम स्थान है, उत्तर प्रदेश (10.01%),ओडिशा (9.54%), आन्ध्र प्रदेश (7.9%), तमिलनाडु (6.69%)।
- सड़क घनत्व की दृष्टि से प्रथम स्थान मिजोरम (4.40) का है। दूसरा स्थान मणिपुर (4.27), तीसरा स्थान बिहार (3.72), चौथा स्थान केरल का है।
- पक्की सड़कों के घनत्व की दृष्टि से गोवा का सर्वोच्च स्थान है।

प्रधानमन्त्री ग्राम सड़क योजना के अन्तर्गत 500 की आबादी वाले सभी गाँवों को बारहमासी सड़कों से जोड़ना है।

सागरमाला परियोजना के तहत देश के 12 बड़े बन्दरगाहों को जोड़ने वाली सड़कों को चार लेन बनाने की योजना है।

राष्ट्रीय राजमार्ग संख्या-15 राजस्थान के थार मरुस्थल से गुजरने वाला राष्ट्रीय राजमार्ग है।

रेल परिवहन

- भारत में पहली रेलगाड़ी अप्रैल 1853 में मुम्बई से थाणे के बीच (34 किमी) चलाई गई। भारतीय रेल एशिया की वृहत्तम तथा विश्व की चौथी बड़ी रेल व्यवस्था (USA का प्रथम स्थान) है।
- भारतीय रेलवे का लम्बाई की दृष्टि से विश्व में अमेरिका, रूस व चीन के बाद चौथा स्थान है।
- 17वाँ रेलवे जोन कोलकाता मेट्रो (2011) में बना।

- देश में रेलमार्गों की सर्वाधिक लम्बाई उत्तर जोन (NR) (11040 किमी) के अन्तर्गत है।
- भारत के उत्तरी समतल मैदानों में रेलमार्ग का सर्वाधिक घनत्व है। मेघालय में रेलमार्ग नहीं है।
- भारतीय रेल का सर्वाधिक लम्बा रेलमार्ग डिब्रूगढ़ से कन्याकुमारी (4278 किमी) है। इसे विवेक एक्सप्रेस 82 घण्टे 40 मिनट में पूरा करती है।
- भारत के कुल रेलमार्ग का 29% का विद्युतीकरण हो चुका है।
- बिजली से चलने वाली **प्रथम** गाड़ी **डेक्कन क्वीन** थी जो बम्बई एवं पुणे के मध्य सन् 1925 में चली थी।
- कोलकाता एवं दिल्ली में भूमिगत मेट्रो रेल की सुविधा है।
- कोयले से चलने वाला देश का सबसे पुराना भाप लोकोमोटिव 'फेयरी क्वीन' था।

कोंकण रेलवे परियोजना के तहत रोहा (महाराष्ट्र) से मंगलौर (कर्नाटक) के बीच 760 किमी लम्बे रेलमार्ग का निर्माण किया गया है। कोंकण रेल **महाराष्ट्र, गोवा** एवं **कर्नाटक** राज्यों से होकर गुजरती है।

समझौता एक्सप्रेस भारत और पाकिस्तान के बीच चलने वाली रेलगाड़ी का नाम है।

- **दिल्ली-मेरठ** रेपिड ट्रांजिट सिस्टम 82.15 किमी लम्बा सेमी हाई-स्पीड कॉरीडोर है, जो वर्तमान में निर्माणाधीन है। यह कॉरीडोर दिल्ली-गाजियाबाद- मेरठ को जोड़ेगा।
- सितम्बर, 2024 में भारतीय रेलवे द्वारा पहली नमो भारत रैपिड रेल (मैट्रो सेवा) अहमदाबाद से भुज के मध्य प्रारम्भ की गई।

भारतीय रेलवे क्षेत्रों के मुख्यालय

जोन	मुख्यालय
उत्तर रेलवे (NR)	*नई दिल्ली*
पश्चिम रेलवे (WR)	*चर्चगेट, मुम्बई*
दक्षिण-मध्य (SCR)	*सिकन्दराबाद*
दक्षिण-पूर्व (SER)	*कोलकाता*
मध्य रेलवे (CR)	*मुम्बई सेन्ट्रल*
दक्षिण रेलवे (SR)	*चेन्नई*
उत्तर-पूर्वी (NER)	*गोरखपुर (उत्तर प्रदेश)*
पूर्वी रेलवे (ER)	*कोलकाता*
उत्तर-पूर्वी सीमान्त रेलवे (NEFR)	*मालेगाँव (गुवाहाटी)*
पूर्वी मध्य रेलवे (ECR)	*हाजीपुर (बिहार)*
उत्तर-पश्चिम रेलवे (NWR)	*जयपुर*
पूर्वी तटवर्ती रेलवे (ECR)	*भुवनेश्वर*
उत्तर-मध्य रेलवे (NCR)	*इलाहाबाद*
दक्षिण-पश्चिम रेलवे (SWR)	*हुबली (धारवाड़, कर्नाटक)*
पश्चिम-मध्य रेलवे (WCR)	*जबलपुर (मध्य प्रदेश)*
दक्षिण पूर्व मध्य रेलवे (SECR)	*बिलासपुर (छत्तीसगढ़)*
कोलकाता मेट्रो (KMR)	*कोलकाता*
कोंकण रेलवे	नवी मुम्बई

जल परिवहन

देश के जलमार्गों को दो भागों में बाँटा गया है—आन्तरिक अथवा अन्तर्देशीय जल परिवहन (Inland Water Ways) एवं जहाजरानी परिवहन (Shipping)

अन्तर्देशीय जलमार्गों के विकास के लिए सन् 1986 में आन्तरिक जल परिवहन प्राधिकरण (Inland Water Ways Authority of India) का गठन किया गया।

भारत के प्रमुख बन्दरगाह

पश्चिमी तट	पूर्वी तट
काण्डला (मुक्त व्यापार क्षेत्र स्थापित)	पाराद्वीप (जापान का लौह निर्यात)
मुम्बई (सबसे बड़ा व व्यस्त)	विशाखापत्तनम (सबसे गहरा बन्दरगाह)
जवाहरलाल नेहरू (अत्याधुनिक)	एन्नौर (निजी क्षेत्र का आधुनिक बन्दरगाह)
मार्मागाओ	तूतीकोरिन (सुदूरतम दक्षिण बन्दरगाह)
मंगलौर (कुद्रेमुख लौह अयस्क निर्यात)	पोर्ट ब्लेयर (भौगोलिक दृष्टि से महत्त्वपूर्ण)
कोचीन (प्राकृतिक बन्दरगाह)	

- देश का सर्वश्रेष्ठ प्राकृतिक बन्दरगाह **विशाखापत्तनम** है। यह भारत का सबसे गहरा बन्दरगाह है।
- **मार्मागाओ** बन्दरगाह जुआरी नदी की एश्चुअरी पर स्थित है।

भारत के राष्ट्रीय जलमार्ग

जलमार्ग	स्थान	लम्बाई (किमी)
राष्ट्रीय जलमार्ग-1	इलाहाबाद से हल्दिया (1986)	1620
राष्ट्रीय जलमार्ग-2	सादिया से धुबरीपट्टी (1988)	891
राष्ट्रीय जलमार्ग-3	कोल्लम से कोट्टापुरम (1991)	168
राष्ट्रीय जलमार्ग-4	काकीनाडा और पुदुचेरी कनाल और कालुवैली टैंक पर बना है (गोदावरी व कृष्णा नदी) (2008)	1028
राष्ट्रीय जलमार्ग-5	ब्रह्माणी नदी के तालचर धमारा कनाल पूर्वी तटीय कनाल के गोयनखली छरबतिया, महानदी डेल्टा के साथ मताई नदी पर फैले छरबतिया धमारा मार्ग को अपने अन्दर समेटता है। (2008)	585
राष्ट्रीय जलमार्ग-6	असोम के लखीपुरा से भंगा तक बराक नदी। (2013)	121

वायु परिवहन

- भारत में वायु परिवहन की शुरुआत 1911 ई. में हुई जब **इलाहाबाद से नैनी** तक **वायुयान डाक सेवा** का गठन किया गया।
- 1953 ई. में सभी वैमानिक कम्पनियों का राष्ट्रीयकरण करके उनको दो निगमों के अधीन रखा गया
  (i) भारतीय विमान निगम (Indian Airlines) (ii) एयर इण्डिया (Air India)
- वर्तमान में भारत में **487 हवाई अड्डे** हैं, जिनमें अन्तर्राष्ट्रीय महत्त्व के घरेलू हवाई अड्डे, सीमाशुल्क हवाई अड्डे व सिविल एन्क्लेव हवाई अड्डे शामिल हैं।
- हवाई अड्डों के प्रबन्धन के क्षेत्र में सबसे महत्त्वपूर्ण निकाय भारतीय विमान पत्तन प्राधिकरण है। यह प्राधिकरण (AAI) देश में स्थित सभी हवाई अड्डों के प्रबन्धन के लिए उत्तरदायी है।
- एयर इण्डिया को अन्तर्राष्ट्रीय उड़ानों का दायित्व सौंपा गया जबकि इण्डियन एयरलाइन्स को अन्तर्देशीय तथा पड़ोसी देशों की सेवाओं की जिम्मेदारी सौंपी गई।
- 31 मार्च, 2007 को इण्डियन एयरलाइन्स व एयर इण्डिया का आपस में विलय कर दिया गया। अब इसका मुख्यालय मुम्बई में है।
- एयर इण्डिया ही देश में सरकारी क्षेत्र की एकमात्र एवियेशन कम्पनी है।
- निजी क्षेत्र की एवियेशन कम्पनी हैं; गो एयर, जेट एयरवेज, इण्डिगो आदि।
- निजी क्षेत्र में देश का पहला हवाई अड्डा कोच्चि में बना।
- 'पवनहंस हेलिकॉप्टर्स लिमिटेड' तेल एवं प्राकृतिक गैस निगम, ऑयल इण्डिया लिमिटेड, निजी संस्थानों एवं राज्य सरकारों को हेलिकॉप्टर सेवा प्रदान करता है।

- भारतीय विमानपत्तनम प्राधिकरण का गठन 1 अप्रैल, 1995 को किया गया था जो देश के सभी हवाई अड्डों के प्रबन्धन के लिए जिम्मेदार है। नागर विमानन मन्त्रालय के अन्तर्गत एक स्वायत्त संस्था की स्थापना इन्दिरा गाँधी राष्ट्रीय उड़ान अकादमी के नाम से की गई है।

प्रमुख अन्तर्राष्ट्रीय हवाई अड्डे

नाम	स्थान
छत्रपति शिवाजी अन्तर्राष्ट्रीय हवाई अड्डा (सान्ताक्रूज)	मुम्बई
सुभाषचन्द्र बोस हवाई अड्डा (दमदम)	कोलकाता
इन्दिरा गाँधी अन्तर्राष्ट्रीय हवाई अड्डा	दिल्ली
मीनाम्बक्कम अन्तर्राष्ट्रीय हवाई अड्डा (कामराज)	चेन्नई
तिरुअनन्तपुरम अन्तर्राष्ट्रीय हवाई अड्डा	तिरुअनन्तपुरम
अमृतसर अन्तर्राष्ट्रीय हवाई अड्डा (गुरु रामदास)	अमृतसर
बेगमपेट अन्तर्राष्ट्रीय हवाई अड्डा	हैदराबाद
कोच्चि अन्तर्राष्ट्रीय हवाई अड्डा (नेन्दुबसरी)	कोच्चि
लोकप्रिय गोपीनाथ बोरडोलियो अन्तर्राष्ट्रीय हवाई अड्डा	गुवाहाटी
गोवा अन्तर्राष्ट्रीय हवाई अड्डा	गोवा
बंगलुरु अन्तर्राष्ट्रीय हवाई अड्डा	बंगलुरु
सरदार वल्लभभाई पटेल अन्तर्राष्ट्रीय हवाई अड्डा	अहमदाबाद
देवी अहिल्याबाई होल्कर अन्तर्राष्ट्रीय हवाई अड्डा	इन्दौर
महर्षि वाल्मिकी अन्तर्राष्ट्रीय हवाई अड्डा	अयोध्या

भारत की प्रमुख जनजातियाँ

राज्य	जनजातियाँ
हिमाचल प्रदेश	गद्दी, गुज्जर, किन्नर आदि।
जम्मू-कश्मीर	गद्दी, बकरवाल आदि।
राजस्थान	भील, मीणा, कथोड़िया, गरासिया आदि।
आन्ध्र प्रदेश	चेंचू, यनाड़ी, कुरुम्बा, खोण्ड, बगडाज, कोया, वगोटा आदि।
केरल	इरूला, कुरुम्बा, कडार, पुलियान आदि।
तमिलनाडु	टोडा, कोटा, कुरुम्बा, बड़ागा आदि।
अण्डमान एवं निकोबार	ग्रेट अण्डमानी, निकोबारी, ओंगे, जारवा, शौम्पेन, सेंटेनलीज आदि।
अरुणाचल प्रदेश	अप्तानी, मिशमी, डफला, मिरी, आका, सिंगपों, खामती आदि।
झारखण्ड	सन्थाल, पहाड़िया, मुंडा, हो, बिरहोर, ओरावँ, खरिया, तमरिया, आदि।
असोम	चकमा, मिकिर, कचारी, बोरो आदि।
मेघालय	गारो, खासी, जयन्तिया, हमार आदि।
मणिपुर	कुकी, लेपचा, मुघ आदि।
त्रिपुरा	भूटिया, चकमा, गारो, कुकी आदि।
मिजोरम	मिजो, लाखेर आदि।
पश्चिम बंग	असुर, भूमिज, बिरहोर, लोधा, लेपचा, महाली, मालपहाड़िया, पोलिया आदि।
उत्तर प्रदेश एवं उत्तराखण्ड	थारू, भोटिया, जौनसारी, भोक्सा, राजी, खासा, भुइयाँ, खरवाड़, माँझी, कोल आदि।
ओडिशा	जुआंग, सवारा, करिया, खोण्ड, कान्ध आदि।
मध्य प्रदेश एवं छत्तीसगढ़	हिल-मारिया, मुरिया, डण्डामी, गोण्डा, बैगा, परजा, भटरा, अगरिया, भील, सहरिया, कोरवा, हलवा आदि।

अभ्यास प्रश्न

1. पृथ्वी की आन्तरिक संरचना के विषय में सबसे महत्त्वपूर्ण जानकारी हम किससे प्राप्त कर सकते हैं? **[UP बी.एड. 2014]**
(a) भूकम्प विज्ञान से
(b) प्लेट टेक्टॉनिक से
(c) अप्राकृतिक साधनों से
(d) ज्वालामुखी क्रिया से

2. महाद्वीपीय मग्न तट तथा गहरे सागरीय मैदान के मध्य स्थित होता है **[UP बी.एड. 2014]**
(a) महाद्वीपीय मग्न ढाल
(b) महाद्वीपीय मग्न तट
(c) महासागरीय गर्त
(d) महाद्वीपीय कटक

3. 'टनकपुर बाँध परियोजना' किस नदी पर स्थित है? **[UP बी.एड. 2014]**
(a) दामोदर (b) महाकाली
(c) चिनाब (d) स्वर्ण रेखा

4. विश्व का सबसे बड़ा मरुस्थल है **[UP बी.एड. 2014]**
(a) सहारा
(b) अरब मरुस्थल
(c) ऑस्ट्रेलिया मरुस्थल
(d) गोबी मरुस्थल

5. विश्व का सबसे बड़ा 'पार्क' कौन-सा है? **[UP बी.एड. 2014]**
(a) यलोस्टोन नेशनल पार्क (यू एस ए)
(b) कोलकाता नेशनल पार्क (भारत)
(c) टोरन्टो जू (कनाडा)
(d) मियाझाकी (जापान)

6. यदि मई में लन्दन में सुबह के 10:00 बजे हैं, तो भारतीय मानक समय होगा **[UP बी.एड. 2014]**
(a) 3:00 बजे रात्रि
(b) 3:30 बजे दोपहर
(c) 2:00 बजे सुबह
(d) 2:30 बजे रात्रि

7. निम्नलिखित में से कौन-सा सही सुमेलित नहीं है? **[UP बी.एड. 2014]**
(a) सिन्दरी (झारखण्ड)—उर्वरक
(b) नेपानगर (मध्य प्रदेश)—सोना
(c) पिम्परी (महाराष्ट्र)—एण्टीबायोटिक
(d) सिंगरोली (मध्य प्रदेश)—कोयला

8. पाट भूमि पाई जाती है **[UP बी.एड. 2014]**
(a) विन्ध्य उच्च भूमि में
(b) विदर्भ मैदान में
(c) दण्डकारण्य में
(d) छोटानागपुर में

9. अंगूर से शराब बनाने का उद्योग किस प्राकृतिक प्रदेश में महत्त्वपूर्ण है? **[UP बी.एड. 2013]**
(a) मानसूनी प्रदेश में
(b) भूमध्यसागरीय प्रदेश में
(c) विषुवतीय प्रदेश में
(d) शीतोष्ण तृण प्रदेश में

10. निम्नलिखित में से कौन-सा कथन टैगा प्रदेश के सम्बन्ध में सत्य है? **[UP बी.एड. 2013]**
(a) यह प्रदेश यूरेशिया और उत्तरी अमेरिका में 45° से 70° उत्तरी अक्षांशों के बीच एक चौड़ी पट्टी के रूप में विस्तृत है
(b) इस प्रदेश की वनस्पति कोणधारी या शंकुधारी वन है
(c) लकड़ी काटना इस प्रदेश का मुख्य व्यवसाय है
(d) उपरोक्त सभी

11. तवा किसकी सहायक नदी है? **[UP बी.एड. 2013]**
(a) नर्मदा (b) तापी
(c) महानदी (d) गोदावरी

12. जूट सबसे अधिक कहाँ होती है? **[UP बी.एड. 2013]**
(a) मुम्बई (b) कर्नाटक
(c) बंगाल का डेल्टाई क्षेत्र
(d) आन्ध्र प्रदेश

13. विश्व के अधिकांश सक्रिय ज्वालामुखी पाए जाते हैं **[UP बी.एड. 2013]**
(a) प्राचीन पठारी क्षेत्रों में
(b) गहन सागरीय मैदानों में
(c) नवीन मोड़दार पर्वतीय क्षेत्रों में
(d) मैदानी क्षेत्रों में

14. आर्थिक दृष्टि से सर्वाधिक विकसित प्राकृतिक प्रदेश है **[UP बी.एड. 2013]**
(a) भूमध्यसागरीय प्रदेश
(b) भूमध्यरेखीय प्रदेश
(c) पश्चिमी यूरोपीय प्रदेश
(d) सेण्ट लारेन्स तुल्य

15. वायुमण्डल मुख्यत: गर्म होता है **[UP बी.एड. 2013]**
(a) सूर्य की सीधी किरणों से
(b) पृथ्वी से विकिरण द्वारा
(c) पृथ्वी के अन्दर की ऊष्मा से
(d) पृथ्वी की गति के घर्षण से

16. निम्नलिखित में से कौन रूपान्तरित चट्टान नहीं है? **[UP बी.एड. 2013]**
(a) स्लेट (b) स्फटिक
(c) संगमरमर (d) ग्रेनाइट

17. निम्नलिखित में से कौन-सी नदी दक्षिण से उत्तर की ओर प्रवाहित होती है? **[UP बी.एड. 2013]**
(a) गोदावरी (b) कावेरी
(c) कृष्णा (d) बेतवा

18. घोल रन्ध्रों के अत्यधिक विस्तृत स्वरूप को किस नाम से जाना जाता है? **[UP बी.एड. 2012]**
(a) जामा (b) युवाला
(c) पोलिये (d) डोलाइन

19. सतपुड़ा पर्वत श्रेणी की सर्वाधिक ऊँची चोटी है? **[UP बी.एड. 2012]**
(a) कैमूर (b) मैकाल
(c) धूपगढ़ (d) अमरकण्टक

20. वायुमण्डल की कौन-सी परत मौसमी परिवर्तन हेतु उत्तरदायी है? **[UP बी.एड. 2012]**
(a) ओजोन मण्डल (b) बर्हिमण्डल
(c) समताप मण्डल (d) क्षोभमण्डल

21. आम्र बोछार है **[UP बी.एड. 2012]**
(a) पर्वतीय वर्षा
(b) आम के बाग में कृत्रिम वर्षा
(c) चक्रवातीय वर्षा
(d) मानसून-पूर्व वर्षा

22. निम्न में से किस विद्वान को 'भूगोल का पिता' कहा जाता है? **[UP बी.एड. 2012]**
(a) हिप्पार्कस (b) हेरोडोट्स
(c) केपलर (d) इरेटोस्थनीज

23. पृथ्वी का वायुमण्डल मुख्यत: किस विधि द्वारा गर्म होता है? **[UP बी.एड. 2012]**
(a) अभिवहन (b) संवहन
(c) चालन (d) विकिरण

24. 'नया संसार' नामक पुस्तक किस भूगोलवेत्ता ने लिखी थी? **[UP बी.एड. 2012]**
(a) ब्लाश (b) कार्ल रिटर
(c) हण्टिंग्टन (d) ईसा बोमैन

25. रानी लक्ष्मीबाई बाँध अवस्थित है **[UP बी.एड. 2012]**
(a) बेतवा नदी पर (b) केन नदी पर
(c) रिहन्द नदी पर (d) टोंस नदी पर

26. सूची I को सूची II से सुमेलित कीजिए तथा सूचियों के नीचे दिए हुए कूट का प्रयोग कर सही उत्तर चुनिए **[UP बी.एड. 2012]**

सूची I	सूची II
A. इण्डियन टेलीफोन इण्डस्ट्रीज	1. कानपुर
B. ट्रान्सफॉर्मर फैक्टरी	2. रायबरेली
C. कृत्रिम अंग निर्माण निगम	3. झाँसी
D. उर्वरक कारखाना	4. फूलपुर

	A	B	C	D
(a)	2	3	4	1
(b)	4	3	1	2
(c)	2	3	1	4
(d)	4	2	1	3

27. किस देश में कुल क्षेत्रफल का सर्वाधिक प्रतिशत वनाच्छादित है? **[UP बी.एड. 2012]**
(a) गुयाना (b) जापान
(c) इण्डोनेशिया (d) सूरीनाम

28. भारत का सर्वाधिक प्रदूषित नगर है **[UP बी.एड. 2012]**
(a) अंकलेश्वर (b) लुधियाना
(c) कानपुर (d) पटना

29. 'अफ्रीका का सींग' में किसे सम्मिलित नहीं किया जाता है? **[UP बी.एड. 2012]**
(a) इथोपिया (b) इरीट्री
(c) सोमालिया (d) सूडान

30. संयुक्त राज्य अमेरिका की डेथ वैली अवस्थित है **[UP बी.एड. 2012]**
(a) अलास्का राज्य में
(b) कैलिफोर्निया राज्य में
(c) मेन राज्य में
(d) अटलांटा राज्य में

31. यूरेनियम का सबसे बड़ा भण्डार पाया जाता है **[UP बी.एड. 2012]**
(a) ऑस्ट्रेलिया में (b) कनाडा में
(c) दक्षिण अफ्रीका में (d) भारत में

32. निम्नलिखित में से कौन सुमेलित नहीं है? **[UP बी.एड. 2012]**
(a) बेलारी - लौह अयस्क
(b) अमगुरी - पेट्रोलियम
(c) काम्पटी - ताँबा
(d) लांजगढ़ - बॉक्साइट

33. इनूइट लोग नहीं पाए जाते हैं **[UP बी.एड. 2012]**
(a) अलास्का में
(b) ग्रीनलैण्ड में
(c) कनाडा में
(d) स्वीडन में

34. निम्नलिखित में से कौन-सा एक वृहद् वृत्त है ? **[UP बी.एड. 2010]**
(a) कर्क रेखा (b) उत्तर ध्रुवीय वृत्त
(c) विषुवत् वृत्त (d) मकर रेखा

35. नर्मदा नदी का उद्गम स्थल है **[UP बी.एड. 2010]**
(a) भेड़ाघाट (b) अमरकण्टक
(c) डिण्डौरी (d) इलाहाबाद

36. भारत की जनगणना 2001 के अनुसार लिंग अनुपात क्या था ? **[UP बी.एड. 2010]**
(a) 917/1000 (b) 933/1000
(c) 952/1000 (d) 959/1000

37. 'भील' जनजाति पाई जाती है **[UP बी.एड. 2010]**
(a) मध्य प्रदेश में (b) उत्तर प्रदेश में
(c) बिहार में (d) उत्तराखण्ड में

38. भारत में 'तम्बाकू' का सबसे बड़ा उत्पादक राज्य है **[UP बी.एड. 2010]**
(a) कर्नाटक (b) महाराष्ट्र
(c) उत्तर प्रदेश (d) तमिलनाडु

39. पृथ्वी की सतह से सबसे अधिक नजदीक की परत है **[UP बी.एड. 2010]**
(a) क्षोभसीमा (b) मध्यमण्डल
(c) क्षोभमण्डल (d) आयनमण्डल

40. सबसे बड़ा ग्रह कौन-सा है? **[UP बी.एड. 2008]**
(a) बृहस्पति (b) शनि
(c) मंगल (d) बुध

41. चन्द्रग्रहण में **[UP बी.एड. 2008]**
(a) पृथ्वी और सूर्य के बीच में चन्द्रमा होता है
(b) चन्द्रमा और सूर्य के बीच में पृथ्वी होती है
(c) पृथ्वी और चन्द्रमा के बीच में सूर्य होता है
(d) उपरोक्त में से कोई भी सत्य नहीं है

42. उत्तरी ध्रुव पर सदैव प्रकाश रहने की अवधि है **[UP बी.एड. 2008]**
(a) सितम्बर 23 से मार्च 21 तक
(b) मार्च 21 से सितम्बर 23 तक
(c) जून 21 से सितम्बर 22 तक
(d) दिसम्बर 22 से जून 21 तक

43. कहाँ पर रातों को ही जाड़े की ऋतु समझा जाता है ? [UP बी.एड. 2008]
(a) रेगिस्तानों में (b) विषुवत रेखा पर
(c) ध्रुवों पर (d) कहीं नहीं

44. मृत सागर स्थित है [UP बी.एड. 2008]
(a) ऑस्ट्रेलिया में (b) यूरोप में
(c) एशिया में (d) अफ्रीका में

45. कौन नियम यह बताता है कि उत्तरी गोलार्द्ध में हवाएँ और धाराएँ अपनी दाहिनी ओर मुड़ जाती हैं ? [UP बी.एड. 2008]
(a) न्यूटन का नियम (b) डार्विन का नियम
(c) फैरल का नियम (d) गुरुत्वाकर्षण नियम

46. भू-पटल का अधिकतम भाग बना है [UP बी.एड. 2008]
(a) अवसादी चट्टानों द्वारा
(b) आग्नेय चट्टानों द्वारा
(c) रूपान्तरित चट्टानों द्वारा
(d) उपरोक्त में से कोई नहीं

47. भूकम्प तरंगों का अध्ययन किया जाता है [UP बी.एड. 2008]
(a) हाइड्रोग्राफ द्वारा (b) बैरोग्राफ द्वारा
(c) सिस्मोग्राफ द्वारा (d) थर्मोग्राफ द्वारा

48. भारत में सबसे अधिक साक्षरता दर किस राज्य में है ? [UP बी.एड. 2008]
(a) मिजोरम (b) केरल
(c) पश्चिम बंगाल (d) महाराष्ट्र

49. भारत में महिला साक्षरता दर है [UP बी.एड. 2008]
(a) 65.38% (b) 53.70%
(c) 47.26% (d) 52.21%

50. वर्तमान में भारत की जनसंख्या वृद्धि दर है [UP बी.एड. 2008]
(a) 2.225% (b) 2.15%
(c) 1.6% (d) 1.4%

51. ग्लोबल वार्मिंग का मुख्य कारण है [UP बी.एड. 2008]
(a) ओजोन परत में छिद्र
(b) औद्योगिक प्रदूषण
(c) वनों का कटाव
(d) गरीब देशों में गन्दगी

52. निम्नलिखित में से किस प्रदेश की जलवायु भूमध्यसागरीय प्रकार की है?
(a) दक्षिणी अफ्रीका का केपटाउन प्रदेश
(b) उत्तरी-पश्चिमी यूरोप
(c) उत्तरी अमेरिका का वृहद् मैदान
(d) उत्तर-पूर्वी ऑस्ट्रेलिया

53. भूगोल को एक अलग अध्ययन शास्त्र के रूप में स्थापित करने का श्रेय निम्न में से किस विद्वान को है?
(a) इरेटोस्थनीज (b) हिप्पार्कस
(c) हिकैटियस (d) हेरोडोटस

54. प्रथमत: सौरमण्डल के बारे में विश्व के समक्ष जानकारी प्रस्तुत करने का श्रेय निम्न में से किस विद्वान को है?
(a) गैलीलियो गैलिलो
(b) कॉपरनिकस
(c) स्ट्रेबो
(d) केपलर

55. निम्नांकित में से किसके अध्ययन में दूरस्थ—संवेदन (Remote Sensing) तकनीक का उपयोग नहीं होता है?
(a) मकानों की गुणवत्ता (b) वनों के प्रकार
(c) मृदा के प्रकार (d) भूमि उपयोग

56. स्टैक (Stak) स्थलाकृति का निर्माण निम्नलिखित में से किस प्रक्रम द्वारा होता है?
(a) बहता हुआ जल (नदी)
(b) सागरीय लहरें
(c) पवन
(d) भूमिगत जल

57. निम्न में से कौन-सी अपत्राभिकृत शैल (Non-foliated Rock) है?
(a) स्लेट (b) सिस्ट
(c) संगमरमर (d) नीस

58. कोयला उत्पादन में विश्व में प्रथम स्थान पर है
(a) संयुक्त राज्य अमेरिका
(b) चीन
(c) रूस
(d) भारत

59. ब्यूफोर्ट पैमाने पर निम्न में से किसकी गति सबसे अधिक होती है ?
(a) हरीकेन (b) झंझा
(c) तूफान (d) समीर

60. अरावली पर्वतमाला महान जल-विभाजक है
(a) सिन्धु और गंगा नदियों के बीच
(b) गंगा और ब्रह्मपुत्र नदियों के बीच
(c) गंगा और यमुना नदियों के बीच
(d) गंगा और प्रायद्वीपीय नदियों के बीच

61. इटली में माउण्ट विसूवियस के ढालों पर जिन फसलों की कृषि होती है, वे हैं
(a) अंगूर और जैतून
(b) अनाज एवं कन्द वाली फसलें
(c) चावल और मेनिऑक
(d) चाय एवं कॉफी

62. मानव के आर्थिक क्रिया-कलापों का निर्धारण होता है
(a) जलवायु के आधार पर
(b) जनसंख्या के आधार पर
(c) सुरक्षा की भावना
(d) उपजाऊ भूमि और उत्तम जलवायु

63. क्षेत्रफल की दृष्टि से भारत का सबसे बड़ा राज्य है
(a) मध्य प्रदेश (b) राजस्थान
(c) कर्नाटक (d) ओडिशा

64. निम्नीकरण की प्रक्रिया को निम्नांकित में से कौन प्रत्यक्ष रूप से प्रभावित नहीं करता है?
(a) जलवायु
(b) वानस्पतिक आवरण
(c) जल की उपलब्धता
(d) समय

65. जल के बार-बार जमने और पिघलने से हिमनद को जो चट्टानी टुकड़े निक्षेप के रूप में प्राप्त होते हैं, उनको कहते हैं
(a) हिमोढ़
(b) लोयस
(c) जलोढ़
(d) विखण्डित शैल राशि

66. भूमध्य सागरीय जलवायु निम्न में से किस फसल की कृषि के लिए सर्वाधिक उपयुक्त है?
(a) चावल (b) फल
(c) गेहूँ (d) दालें

67. भारत के दक्षिणी प्रायद्वीपीय पठार पर मिलने वाली वनस्पतियों पर निम्न में से किस कारक का सर्वाधिक प्रभाव पड़ा है?
(a) मिट्टी (b) वर्षा
(c) ऊँचाई (d) भूमध्यरेखा से दूरी

68. विश्व के शीत मरुस्थलों को किस अन्य नाम से जाना जाता है?
(a) टैगा (b) हिमाच्छादित क्षेत्र
(c) टुण्ड्रा (d) इनमें से कोई नहीं

69. 'पारिस्थैतिक तन्त्र' शब्द का प्रयोग सर्वप्रथम किस विद्वान द्वारा किया गया?
(a) अर्न्स्ट हैकल (b) इब्न हॉकल
(c) ए. जी. टान्सले (d) ट्रिवार्था

70. निम्न में से कौन उच्च बादलों (High Clouds) में शामिल नहीं किया जाता है?
(a) पक्षाभ (b) स्तरी-कपासी
(c) पक्षाभ-स्तरी (d) पक्षाभ-कपासी

71. ठण्डी तथा भारी वायु द्वारा गर्म एवं हल्की वायु के ऊपर उठा देने से निर्मित वाताग्र क्या कहलाता है?
(a) उष्ण वाताग्र (b) स्थायी वाताग्र
(c) शीत वाताग्र (d) अधिविष्ट वाताग्र

72. भूमध्यरेखीय प्रदेशों में पेड़ों पर चढ़ी लताओं को क्या कहा जाता है?
(a) लियाना (b) लाइकेन
(c) पटाना (d) लोगॉन

73. निम्न में से किसे 'प्रकृति का सुरक्षा वाल्व' कहा जाता है?
(a) भूकम्प (b) ज्वालामुखी
(c) ओजोन गैस (d) नदियाँ

74. समप्राय मैदानों का निर्माण नदी की किस अवस्था में होता है?
(a) युवावस्था (b) वृद्धावस्था
(c) प्रौढ़ावस्था (d) ये सभी

75. निम्न में से कौन सुमेलित नहीं हैं?

(a)	ग्रहाणु परिकल्पना	–	टी.सी. चैम्बरलिन
(b)	ज्वारीय परिकल्पना	–	जेम्स जीन्स
(c)	अन्तरतारक धूल परिकल्पना	–	आटो स्मिड
(d)	बृहस्पति-सूर्य द्वैतारक परिकल्पना	–	फ्रेड हॉयल

76. निम्नलिखित में से किस महाद्वीप को उसके काफी बड़े भाग में वर्षा की कम मात्रा की प्राप्ति के कारण 'प्यासी भूमि का महाद्वीप' कहा जाता है?
(a) अफ्रीका (b) ऑस्ट्रेलिया
(c) एशिया (d) यूरोप

77. पृथ्वी सूर्य के सर्वाधिक निकट कब होती है?
(a) 1 जनवरी (b) 3 जनवरी
(c) 11 जनवरी (d) 25 दिसम्बर

78. पृथ्वी से सूर्य सबसे अधिक दूर कब होता है?
(a) 15 जून (b) 21 जून
(c) 1 जुलाई (d) 4 जुलाई

79. 'पेण्टपॉट' (Paintpot) के बारे में कौन-सा कथन सत्य है?
(a) ज्वालामुखी क्षेत्रों का एक छिद्र जिससे गर्म एवं गहरे रंग का द्रव्य कीचड़ (Mud) बाहर निकलता है।
(b) इनके साथ सामान्यतः गेसर (Geysers) पाये जाते हैं।
(c) पेण्टपॉट सं. रा. अमेरिका के यलोस्टोन नेशनल पार्क (वायोमिंग राज्य) में पाए जाते हैं।
(d) उपरोक्त सभी

80. विश्व का सर्वाधिक ऊँचाई पर स्थित पठार कौन-सा है?
(a) बोलीविया का पठार
(b) कोलम्बिया का पठार
(c) तिब्बत का पठार
(d) कोलोरेडो का पठार

81. निम्नलिखित में से किसे मानव के प्राथमिक व्यवसाय के रूप में जाना जाता है?
(a) संचार (b) लकड़ी काटना
(c) हीरों की कटाई (d) ये सभी

82. वर्ष 1959 में विश्व में सबसे पहले तेलकूप की खुदाई निम्न में से किस देश में की गयी?
(a) सउदी अरब
(b) पूर्व सोवियत संघ
(c) सं. रा. अमेरिका
(d) उपरोक्त में से कोई नहीं

83. भारत में खनिज तेल के भण्डार मुख्यतः किस प्रकार की चट्टानों में पाए जाते हैं?
(a) कायान्तरित
(b) आग्नेय
(c) अवसादी या परतदार
(d) उपरोक्त सभी

84. जानवरों, वनस्पतियों एवं सूक्ष्म जीवों के अवशेष किस प्रकार की चट्टानों में पाए जाते हैं?
(a) अधिबितलीय (b) अवसादी
(c) आग्नेय (d) कायान्तरित

85. स्थल मण्डल, वायुमण्डल एवं जल मण्डल में जल का संचरण निरन्तर होता रहता है। इस प्रक्रिया को कहा जाता है
(a) वाष्पीकरण (b) वाष्पोत्सर्जन
(c) जल चक्र (d) ऊर्ध्वपातन

86. कुद्रेमुख लौह खनिज परियोजना निम्न में से किस राज्य में स्थित है?
(a) केरल (b) कर्नाटक
(c) तमिलनाडु (d) महाराष्ट्र

87. निम्नलिखित देशों एवं उनकी राजधानियों में से कौन सुमेलित नहीं है?

(a)	सं. रा. अमेरिका	–	वाशिंगटन डी.सी.
(b)	रोमानिया	–	लिस्बन
(c)	नेपाल	–	काठमाण्डू
(d)	स्पेन	–	मैड्रिड

88. निम्न में से कौन-सी नदी 'पक्षीपाद डेल्टा' (Birdfoot delta) का निर्माण करती है?
(a) मिसीसिपी
(b) नील
(c) अमेजन
(d) ब्रह्मपुत्र

89. निम्न में से कौन सुमेलित नहीं है?

(a) यूरेनियम	–	पिच ब्लैण्ड
(b) सिल्वर	–	ऑर्जेनाइट
(c) सोडियम	–	रॉक साल्ट
(d) आयरन	–	ऐन्थ्रेसाइट

90. 'सेरीकल्चर' (Sericulture) निम्न में से किसके उत्पादन से सम्बन्धित है?
(a) सूरजमुखी (b) रेशम
(c) कपास (d) फूल

91. वायुमण्डल कई प्रकार की गैसों के मिश्रण से बना है। पृथ्वी के नजदीक वायुमण्डल में मुख्यतः पायी जाती है
(a) नाइट्रोजन एवं ऑक्सीजन
(b) नाइट्रोजन एवं कार्बन-डाइऑक्साइड
(c) ऑक्सीजन एवं कार्बन-डाइऑक्साइड
(d) इथेन एवं ऑक्सीजन

92. कूलगार्डी तथा कालगूर्ली नामक सोने की विश्व प्रसिद्ध खानें स्थित हैं
(a) दक्षिण अफ्रीका में
(b) संयुक्त राज्य अमेरिका में
(c) कनाडा में
(d) ऑस्ट्रेलिया में

93. प्राथमिक उत्पादक है
(a) मानव (b) पृथ्वी
(c) वायु (d) पौधे

94. प्राथमिक उपभोक्ता निर्भर है
(a) वायु पर (b) पृथ्वी पर
(c) पौधों पर (d) जल पर

95. डायनासोर की उत्पत्ति कौन-से युग में हुई?
(a) सेनोजोइक कल्प में
(b) होलोसीन कल्प में
(c) मेसोजोइक कल्प में
(d) पैल्योजोइक कल्प में

96. निम्नलिखित नदियों में सबसे अधिक नदीपथ परिवर्तन किया है
(a) सोन नदी (b) कोसी नदी
(c) गण्डक नदी (d) गंगा नदी

97. पट अंचल अवस्थित है
(a) बिहार में (b) झारखण्ड में
(c) मध्य प्रदेश में (d) मेघालय में

98. मानव द्वारा बनाए गए उपग्रह स्थापित होते हैं
(a) मध्यमण्डल में
(b) समतापमण्डल में
(c) क्षोभमण्डल में
(d) थर्मोस्फीयर (बाह्यमण्डल) में

99. जिस अक्षांश पर वार्षिक तापान्तर न्यूनतम होता है, वह है
(a) भूमध्य रेखा (b) मकर रेखा
(c) कर्क रेखा (d) उत्तरी ध्रुव वृत्त

100. बिग बैंग सिद्धान्त प्रतिपादित किया गया
(a) एडविन हब्बल (b) ऐब जार्ज लेमेन्टेट
(c) अलन गुथ (d) डॉ. अल्फवेन

101. अधिकांश मौसम गतिविधियाँ जिस वायुमण्डलीय परत में होती हैं, वह है
(a) ओजोन मण्डल (b) क्षोभ मण्डल
(c) आयन मण्डल (d) बहिर्मण्डल

102. वायुमण्डलीय दबाव को मापने में किस यन्त्र का उपयोग किया जाता है?
(a) हाइड्रोमीटर (b) मैनोमीटर
(c) बैरोमीटर (d) हाइग्रोमीटर

103. भूमध्यसागरीय क्षेत्र में भारी वर्षा कब होती है?
(a) गर्मियों में (b) शीत ऋतु में
(c) बसन्त ऋतु में (d) इनमें से कोई नहीं

104. दुधवा राष्ट्रीय उद्यान स्थित है
(a) वाराणसी में (b) गोरखपुर में
(c) लखीमपुर-खीरी में (d) भरतपुर में

105. काजीरंगा राष्ट्रीय उद्यान स्थित है
(a) महाराष्ट्र में (b) पश्चिम बंगाल में
(c) ओडिशा में (d) असोम में

106. बान्दीपुर राष्ट्रीय उद्यान अवस्थित है
(a) आन्ध्र प्रदेश में (b) तमिलनाडु में
(c) कर्नाटक में (d) केरल में

107. विश्व में सबसे अधिक लवणीय सागर/झील है
(a) कैस्पियन सागर (b) मृत सागर
(c) ग्रेट साल्ट लेक (d) लेक वान

108. अंगुलहास धारा चलती है
(a) हिन्द महासागर में
(b) प्रशान्त महासागर में
(c) उ. अटलाण्टिक महासागर में
(d) द. अटलाण्टिक महासागर में

109. 'ग्रेट बैरियर रीफ' है
(a) ऑस्ट्रेलिया के निकट एक प्रवाल भित्ति
(b) राजस्थान में एक जल विभाजक
(c) चीन की दीवार
(d) रॉकी पर्वत की एक श्रृंखला

110. भारत का देशान्तरीय विस्तार है
(a) 68°7′ पश्चिमी देशान्तर से 97°25′ पूर्वी देशान्तर तक
(b) 68°7′ पूर्वी देशान्तर से 97°25′ पूर्वी देशान्तर तक
(c) 68°7′ पूर्वी देशान्तर से 97°25′ पश्चिमी देशान्तर तक
(d) 68°7′ पश्चिमी देशान्तर से 97°25′ पश्चिमी देशान्तर तक

111. ताजमहल के संगमरमर के रंग के धूमिल होने का मुख्य कारण है
(a) मथुरा रिफाइनरी एवं स्वचालित वाहन से निकलने वाला धुआँ
(b) आगरा से चमड़ा एवं कालीन उद्योग के कारण प्रदूषण
(c) यमुना का प्रदूषित जल
(d) उपरोक्त सभी

112. हरित क्रान्ति का अर्थ है
(a) गेहूँ के उत्पादन में अत्यधिक वृद्धि
(b) अधिक अनाज का उत्पादन
(c) परम्परागत कृषि तकनीक का आधुनिक तकनीक द्वारा प्रतिस्थापन
(d) हरी सब्जियों के उत्पादन में तीव्र वृद्धि

113. निम्नलिखित में से कौन-सा उद्यान एक सींग वाले गैण्डों के संरक्षण के लिए प्रसिद्ध है?
(a) मानस राष्ट्रीय उद्यान
(b) सुन्दरवन राष्ट्रीय उद्यान
(c) काजीरंगा राष्ट्रीय उद्यान
(d) कान्हा राष्ट्रीय उद्यान

114. अल्बिडो (Albedo) निम्न में से क्या है?
(a) संयुक्त राज्य अमेरिका एवं कनाडा की सीमा पर स्थित झील
(b) उच्च-कपासी बादलों का उपनाम
(c) किसी सतह से प्राप्त होने वाली एवं उससे परावर्तित विकिरण ऊर्जा की मात्रा का अनुपात
(d) उपरोक्त में से कोई नहीं

115. वायुमण्डल का सर्वाधिक अस्थायी तत्त्व निम्नलिखित में से कौन-सा है?
(a) नाइट्रोजन
(b) कार्बन डाइ-ऑक्साइड
(c) ऑक्सीजन
(d) जलवाष्प

116. ऑस्ट्रेलिया, दक्षिणी अमेरिका, अफ्रीका और भारतीय उपमहाद्वीप में समानता है, किसकी?
(a) उपरोक्त सभी दक्षिणी गोलार्द्ध में स्थित हैं
(b) उपरोक्त सभी में से कर्क-रेखा होकर गुजरती है
(c) उपरोक्त सभी गोण्डवानालैण्ड का भाग हैं
(d) उपरोक्त सभी में भूमध्य सागरीय जलवायु पायी जाती है

117. न्यूमर द्वीप निम्नलिखित में से कहाँ स्थित है?
(a) अरब सागर (b) फारस की खाड़ी
(c) लाल सागर (d) बंगाल की खाड़ी

118. होर्मुज जलसन्धि निम्न में से किन दो देशों को अलग करती है?
(a) बहरीन एवं कतर
(b) ईरान एवं संयुक्त राज्य अरब अमीरात
(c) ओमान एवं संयुक्त अरब अमीरात
(d) ईरान तथा ओमान

119. जब चन्द्रमा पृथ्वी के निकटतम होता है, तो चन्द्रमा का सर्वाधिक होता है
(a) आकर्षण बल (b) प्रतिकर्षण बल
(c) ज्वारोत्पादक बल (d) परिक्रमण बल

120. ज्ञात गैलेक्सी में सबसे बड़ी है
(a) ड्वार्फ (b) हवार्फ
(c) एण्ड्रोमेडा (d) एण्ड्रोसेड़ा

121. वायुमण्डल की संरचना में कितने प्रतिशत योगदान नाइट्रोजन का है?
(a) 10% (b) 50%
(c) 33% (d) 78%

122. सम्पूर्ण ग्लोब के कितने प्रतिशत भाग पर जलमण्डल का विस्तार पाया जाता है?
(a) 51% (b) 71%
(c) 61% (d) 81%

123. रबड़ का उत्पादन मुख्यत: किस प्रकार के जलवायु क्षेत्रों में किया जाता है?
(a) भूमध्यरेखीय (b) भूमध्यसागरीय
(c) मानसूनी (d) प. यूरोप तुल्य

124. निम्न में से कौन-सा जलवायु प्रदेश फलोद्यान तथा शराब के निर्माण के लिए विश्वविख्यात है?
(a) मानसूनी (b) भूमध्यसागरीय
(c) भूमध्यरेखीय (d) स्टेपी

125. यू (U) आकार की घाटियों का विकास किस प्रकार के क्षेत्र में होता है?
(a) प्रौढ़ावस्था वाली नदी
(b) हिमानी क्षेत्र
(c) चूना पत्थर प्रदेश
(d) उपरोक्त सभी

126. निम्न में से कौन-सा महासागर उत्तरी अमेरिका को स्पर्श नहीं करता है?
(a) एटलाण्टिक महासागर
(b) हिन्द महासागर
(c) प्रशान्त महासागर
(d) आर्कटिक महासागर

127. निम्नांकित में से कौन-सा युग्म सुमेलित नहीं है?
(a) व्यावहारिक सम्भववाद–जार्ज टैथम
(b) वैनिक निश्चयवाद–ग्रिफिथ टेलर
(c) निश्चयवाद–फैबरे
(d) सम्भववाद–विडाल-डी-ला-ब्लाश

128. 'केन्द्रीय आलू अनुसन्धान संस्थान' (Central Potato Research Institute) निम्न में से किस स्थान पर स्थित है?
(a) नई दिल्ली
(b) अहमदाबाद
(c) देहरादून
(d) शिमला

129. भारत तथा एशिया की एकमात्र अधोभौमिक संजय जलविद्युत परियोजना निम्न में से किस राज्य में स्थित है?
(a) अरुणाचल प्रदेश (b) उत्तर प्रदेश
(c) हिमाचल प्रदेश (d) आन्ध्र प्रदेश

130. निम्नलिखित में से कौन-सा देश पहले स्याम के नाम से जाना जाता था?
(a) थाइलैण्ड (b) कम्बोडिया
(c) वियतनाम (d) लाओस

131. नूबियन मरुभूमि कहाँ स्थित है?
(a) इथियोपिया (b) मिस्र
(c) सूडान (d) सोमालिया

132. सागरीय लवणता के कारण सागर के जल का
(a) घनत्व बढ़ता है
(b) घनत्व घटता है
(c) घनत्व घटता है लेकिन लहरें उठती हैं
(d) घनत्व बढ़ता है तथा सागर जम जाता है

133. निम्नांकित में से स्थल-रुद्ध राज्य है
(a) उत्तर प्रदेश (b) कर्नाटक
(c) उड़ीसा (d) आन्ध्र प्रदेश

134. जल के जलवाष्प में परिवर्तित होने की क्रिया निम्न में से क्या कहलाती है?
(a) अवक्षेपण (Precipetation)
(b) संघनन Condensation)
(c) संतृप्तीकरण (Saturation)
(d) वाष्पीकरण (Evaporation)

135. समुद्रतल पर वायुदाब का मान कितना होता है?
(a) 1003 ग्राम प्रति वर्ग सेमी
(b) 1014 ग्राम प्रति वर्ग सेमी
(c) 1024 ग्राम प्रति वर्ग सेमी
(d) 1034 ग्राम प्रति वर्ग सेमी

136. वायुमण्डल में पायी जाने वाली विभिन्न परतों का ऊँचाई के आधार पर सही क्रम है
(a) क्षोभमण्डल, समतापमण्डल, आयनमण्डल, मध्यमण्डल
(b) क्षोभमण्डल, समतापमण्डल, मध्यमण्डल, आयनमण्डल
(c) क्षोभमण्डल, मध्यमण्डल, समतापमण्डल, आयनमण्डल
(d) क्षोभमण्डल, मध्यमण्डल, आयनमण्डल, समतापमण्डल

137. निम्नलिखित में से किन अक्षांशों के मध्य पछुआ पवन को गरजती चालीसा के नाम से जाना जाता है?
(a) 40° उत्तर से 40° दक्षिण अक्षांश के बीच
(b) 40° उत्तर से 50° उत्तर अक्षांश के बीच
(c) 40° दक्षिण से 50° दक्षिण अक्षांश के बीच
(d) 40° उत्तर से 50° उत्तर एवं 40° दक्षिण अक्षांश से 50° दक्षिण अक्षांश के बीच

138. निम्नलिखित में से कौन-सा कथन असत्य है?
(a) सामान्य ह्रास दर 1°C प्रति 165 मीटर है
(b) क्षोभमण्डल की ऊँचाई ध्रुवों पर 8 किमी एवं विषुवत्‌रेखा पर 18 किमी है
(c) ग्रीष्म ऋतु में क्षोभमण्डल की ऊँचाई में वृद्धि हो जाती है
(d) क्षोभमण्डल की ऊपरी सीमा पर ध्रुवों की तुलना में विषुवत्‌रेखा पर अधिक तापमान पाया जाता है

139. ओजोन परत वायुमण्डल के किस स्तर में स्थित है?
(a) क्षोभमण्डल (b) समतापमण्डल
(c) मध्यमण्डल (d) आयनमण्डल

140. हिमालय पर्वतीय क्षेत्र में 'मेन सेण्ट्रल थर्स्ट' (Main Central Thrust) कहाँ स्थित है?
(a) वृहद् हिमालय के उत्तर में
(b) वृहद् एवं लघु हिमालय के बीच
(c) लघु एवं शिवालिक हिमालय के बीच
(d) शिवालिक श्रेणी के दक्षिण में

141. शुष्क डेल्टा (Dry Delta) का निर्माण किन क्षेत्रों में कैसे होता है?
(a) समुद्रतटीय क्षेत्रों में नदियों द्वारा पुराने डेल्टा को छोड़ देने से
(b) पर्वतपाद प्रदेश में जहाँ नदियाँ पर्वतीय भाग को छोड़कर मैदानी भाग में प्रवेश करती हैं
(c) नदियों के संगम क्षेत्र में उनके सम्मिलन से
(d) उपरोक्त में से कोई नहीं

142. निफे में अधिकता होती है
(a) अभ्रक और फेल्सपार की
(b) क्षारीय पदार्थों की
(c) सिलिका तथा मैग्नीशियम की
(d) निकिल और फेरियम की

143. पृथ्वी की सतह में ऑक्सीजन की कितनी मात्रा होती है?
(a) 40.10% (b) 66.70%
(c) 46.80% (d) 72.20%

144. जो पर्वत-श्रेणी शेष अन्य से भिन्न है, वह है
(a) आल्पस (b) अपलेशियन
(c) एण्डीज (d) हिमालय

145. विश्व की सबसे ऊँची चोटियाँ किस प्रकार के पर्वतों में पायी जाती हैं?
(a) प्राचीन मोड़दार पर्वत
(b) नवीन मोड़दार पर्वत
(c) अवशिष्ट पर्वत
(d) ब्लॉक पर्वत

146. किस वैज्ञानिक ने अपरदन चक्र परिवर्तित किया?
(a) पेंक (b) हट्टन
(c) डेविस (d) डट्टन

147. आम्र वर्षा (Mango Shower) है
(a) आमों की बौछार
(b) आम का टपकना
(c) बिहार एवं बंगाल में मार्च-अप्रैल में होने वाली वर्षा
(d) आम की फसल

148. पृथ्वी की आन्तरिक संरचना के आधार पर निम्नलिखित में से कौन सुमेलित हैं?
(a) ऊपरी परत – सीमा
(b) मध्यवर्ती परत – सियाल
(c) आन्तरिक परत (Core)– निफे
(d) उपरोक्त सभी

149. एवलांश (Avalanche) को निम्नलिखित में से किस रूप में परिभाषित किया जा सकता है?
(a) तीव्र गति से गतिशील एक हिमानी
(b) सागर में तैरता हुआ एक विशाल हिम राशि
(c) पर्वतीय प्रदेश में हिमानी से टूटकर गिरता हुआ हिम का एक विशाल खण्ड
(d) उपरोक्त सभी

150. निम्नलिखित में से कौन विद्वान सम्भववाद की विचारधारा का समर्थक नहीं है?
(a) पॉल विडाल डि ला ब्लॉश
(b) फैब्रे
(c) जीन ब्रून्स
(d) जॉर्ज कार्टर

151. भौगोलिक विचारधाराओं में 'नवनियतिवाद' की विचारधारा का प्रवर्तक कौन है?
(a) फ्रैडरिक रैटजेल (b) ग्रिफिथ टेलर
(c) फैब्रे (d) ब्लॉश

152. रॉकीज, एण्डीज, एटलस, हिमालय आदि किस प्रकार के पर्वत हैं?
(a) मिश्रित (b) संग्रहीत
(c) वलित (d) अवरोधी

153. रेगिस्तानीकरण का खतरा जिस महाद्वीप में सर्वाधिक है, वह है
(a) दक्षिणी अमेरिका (b) एशिया
(c) अफ्रीका (d) यूरोप

154. जब हिमनद स्थलभाग पर प्रवाहित होकर सागर में विलीन हो जाता है तो विशाल हिमराशि बड़े-बड़े टुकडों में विभक्त होकर जल में तैरने लगती है। इन टुकड़ों को क्या कहते हैं?
(a) ड्राइकाण्टर (b) आइसबर्ग
(c) आइसबॉक्स (d) आइसकैप

155. भारतीय संघ में केन्द्रशासित प्रदेश हैं
(a) 5 (b) 7
(c) 9 (d) इससे अधिक

156. बाढ़ के मैदान का निर्माण होता है
(a) निक्षेपण से
(b) पार्श्विक अपरदन से
(c) अवघर्षण से
(d) ज्वारपूरक जलधारा से

157. निम्न में से किस क्षेत्र में विश्व का सर्वाधिक पशुओं का मांस उत्पादित किया जाता है?
(a) ब्राजील
(b) पम्पास क्षेत्र (अर्जेण्टीना)
(c) ऑस्ट्रेलिया
(d) सं.रा. अमेरिका

158. 'टाइफून' नामक चक्रवात से निम्नलिखित में से कौन-सा क्षेत्र प्रभावित होता है?
(a) ऑस्ट्रेलिया
(b) पश्चिमी द्वीप समूह क्षेत्र
(c) चीन सागर
(d) उपरोक्त सभी

159. शस्य गहनता (Crop intensity) की दृष्टि से भारत का सबसे समृद्ध राज्य है
(a) उत्तर प्रदेश (b) पश्चिमी बंगाल
(c) पंजाब (d) हरियाणा

160. क्षेत्रफल की दृष्टि से विश्व में भारत का स्थान है
(a) चौथा (b) छठा
(c) पाँचवाँ (d) सातवाँ

161. घोल रन्ध्र (Sink Holes) का निर्माण निम्न में से किस प्रक्रम द्वारा होता है?
(a) बहता हुआ जल (नदी)
(b) भूमिगत जल
(c) पवन
(d) हिमानी

162. निम्नलिखित में से कौन-सा बादल अत्यधिक तीव्र वर्षा के लिए उत्तरदायी होता है?
(a) कपासी (Cumulus)
(b) कपासी-वर्षी (Cumulo-nimbus)
(c) वर्षा-स्तरी (Nimbo-stratus)
(d) पक्षाभ-स्तरी (Cirro-stratus)

163. एशिया के किस देश की तटरेखा सर्वाधिक लम्बी है?
(a) चीन (b) इण्डोनेशिया
(c) भारत (d) फिलीपींस

164. समान ग्रीष्मकालीन तापमान वाले स्थानों को मिलाने वाली रेखा को किस नाम से जाना जाता है?
(a) आइसोथेरे (b) आइसोपैच
(c) आइसोजीरोमीन (d) आइसोडाइन

165. भारतीय जलवायु की सबसे महत्त्वपूर्ण विशेषता कौन-सी है?
(a) वर्ष भर वर्षा की प्राप्ति
(b) पवनों की दिशा में मौसमी परिवर्तन
(c) ग्रीष्म एवं शीतकालीन वर्षा
(d) पवनों का विपरीत स्वभाव

166. निम्नलिखित में से कौन नियमित अथवा ग्रहीय पवन है?
(a) मिस्ट्रल पवन (b) व्यापारिक पवन
(c) मानसून पवन (d) चिनूक

167. कैनबरा निम्नलिखित में से कौन-से देश की राजधानी है?
(a) अल्जीरिया (b) बोलीविया
(c) ऑस्ट्रिया (d) ऑस्ट्रेलिया

168. डेटम रेखा क्या है?
(a) वह रेखा जिसे पार करने पर दिन परिवर्तित हो जाता है
(b) पोलैण्ड एवं जर्मनी के बीच की सीमा रेखा
(c) ग्रीनविच से होकर गुजरने वाली काल्पनिक रेखा
(d) वह काल्पनिक एवं क्षैतिज रेखा जिसके सन्दर्भ में किसी स्थान की ऊँचाई या गहराई मापी जाती है

169. सरदार सरोवर बाँध परियोजना के विरोध का सर्वाधिक महत्त्वपूर्ण कारण है
(a) पारिस्थैतिक असन्तुलन
(b) भूकम्प
(c) विस्थापन एवं पुनर्वास
(d) सुरक्षा

170. पृथ्वी की उत्पत्ति से सम्बन्धित नवीनतम सिद्धान्त है
(a) ज्वारीय सिद्धान्त
(b) नीहारिका सिद्धान्त
(c) सुपर नोवा सिद्धान्त
(d) बिग-बैंग सिद्धान्त

171. क्वार्टजाइट कायान्तरित होता है
(a) चूना पत्थर से (b) ऑब्सीडियन से
(c) बलुआ पत्थर से (d) शैल से

172. ऊर्जा संरक्षण का आशय है कि
(a) ऊर्जा का सृजन एवं विनाश होता है
(b) ऊर्जा का सृजन हो सकता है विनाश नहीं
(c) ऊर्जा का सृजन नहीं हो सकता है परन्तु विनाश हो सकता है
(d) ऊर्जा का न तो सृजन हो सकता है न ही विनाश

173. हाइड्रोफाइट है
(a) एक समुद्री जन्तु
(b) एक जलीय पौधा
(c) पौधे का एक रोग
(d) एक जड़रहित पौधा

174. विश्व की सबसे गहरी झील कौन-सी है?
(a) कैस्पियन सागर (b) सुपीरियर झील
(c) मृत सागर (d) बैकाल झील

175. निम्नलिखित में से किस ज्वालामुखी को भूमध्यसागर का प्रकाश स्तम्भ कहा जाता है?
(a) एटना (b) स्ट्राम्बोली
(c) वल्कैनो (d) क्राकाटाओ

176. निम्नलिखित में से किसकी गणना 'नकदी फसल' के अन्तर्गत की जाती है?
(a) कपास (b) चाय
(c) जूट (d) ये सभी

177. पृथ्वी की आन्तरिक संरचना की विश्वसनीय जानकारी का सबसे प्रमुख स्रोत क्या है?
(a) भूकम्प विज्ञान (b) ज्वालामुखी
(c) तापमान (d) दबाव एवं घनत्व

178. भूकम्पीय तरंगों का मापन निम्नलिखित में से किस यन्त्र द्वारा किया जाता है?
(a) बैरोग्राफ (b) सीस्मोग्राफ
(c) क्लाइमोग्राफ (d) इर्गोग्राफ

179. भूमध्यरेखीय प्रदेशों में होने वाली वर्षा निम्नलिखित में से किस प्रकार से सम्बन्धित है?
(a) पर्वतीय वर्षा (b) संवाहनीय वर्षा
(c) चक्रवातीय वर्षा (d) ये सभी

180. दक्षिण भारत में प्रवाहित होने वाली किस नदी का थाला (Catchment area) सबसे बड़ा है?
(a) महानदी (b) कृष्णा
(c) गोदावरी (d) कावेरी

181. ब्रह्मपुत्र नदी भारत में प्रवेश करती है
(a) सिक्किम में
(b) असम में
(c) अरुणाचल प्रदेश में
(d) मणिपुर में

182. भारत की पहली लहर ऊर्जा परियोजना (Wave Energy Project) निम्न में से किस स्थान पर स्थापित की गयी है?
(a) कांधला (b) कारवार
(c) विझिनजाम (d) धारवाड़

183. विश्व का सबसे गहरा महासागरीय गर्त चैलेंजर गर्त कहाँ स्थित है?
(a) उत्तर-पूर्वी प्रशान्त महासागर
(b) उत्तर-पश्चिमी प्रशान्त महासागर
(c) दक्षिण-पूर्वी प्रशान्त महासागर
(d) दक्षिण-पश्चिमी प्रशान्त महासागर

184. निम्नलिखित में से कौन-सी भाषा बोलचाल में उत्तरी भारतीय मैदानों में प्रयोग नहीं की जाती है?
(a) मैथिली (b) भोजपुरी
(c) खासी (d) ब्रज

185. निम्न में से कौन सुमेलित नहीं है?
(a) खमसिन-मिस्र (b) सिरॉको-इटली
(c) चिनूक-चीन (d) गिबिली-लीबिया

186. वायुयान उड़ाने की आदर्श दशाएँ पायी जाती हैं
(a) परिवर्तन मण्डल में (b) मध्य मण्डल में
(c) समताप मण्डल में (d) विषम मण्डल में

187. सूर्य की सतह का तापक्रम कितना है?
(a) 2000°C (b) 5000°C
(c) 4000°C (d) 6000°C

188. निम्नलिखित में से कौन-सी वायुमण्डलीय परत है जिसमें ऊँचाई के साथ तापमान में वृद्धि अंकित की जाती है?
(a) ट्रोपोस्फीयर (b) मेसोस्फीयर
(c) स्ट्रेटोस्फीयर (d) ये सभी

189. निम्नलिखित में से किसे 'चमत्कारिक फसल' (Miracle Crop) के रूप में जाना जाता है?
(a) तम्बाकू (b) सोयाबीन
(c) मक्का (d) सूर्यमुखी

190. भारत में जंगली गधा का प्राकृतिक निवास निम्नलिखित में से कौन-सा क्षेत्र है?
(a) ब्रह्मपुत्र घाटी (b) सुन्दरवन
(c) कच्छ का रन (d) गिर का वन

191. कार्बन की सर्वाधिक मात्रा होती है
(a) एन्थ्रासाइट (b) लिग्नाइट
(c) बिटूमिनस (d) पीट

192. कोयले का सबसे बड़ा उत्पादक राज्य है
(a) ओडिशा (b) बिहार
(c) झारखण्ड (d) पश्चिम बंग

193. स्टेलेक्टाइट एवं स्टेलेग्माइट स्थलाकृति का निर्माण होता है
(a) पवन द्वारा (b) हिमानी द्वारा
(c) भूमिगत जल द्वारा (d) समुद्री तरंग द्वारा

194. सूर्य ग्रहण की अवस्था में चन्द्रमा, पृथ्वी एवं सूर्य की परस्पर स्थिति होती है?
(a) सूर्य एवं चन्द्रमा के बीच पृथ्वी
(b) पृथ्वी एवं सूर्य के बीच चन्द्रमा
(c) पृथ्वी एवं चन्द्रमा के बीच सूर्य
(d) सूर्य, चन्द्रमा एवं पृथ्वी एक सीध में नहीं होते हैं

195. निम्नलिखित में से कौन-सी गैस ग्रीन हाउस प्रभाव के लिए मुख्य रूप से उत्तरदायी है
(a) कार्बन मोनो-ऑक्साइड
(b) कार्बन डाई-ऑक्साइड
(c) सल्फर डाई-ऑक्साइड
(d) क्लोरो-फ्लोरो कार्बन

196. विश्व का सबसे ऊँचा महाद्वीप है
(a) अण्टार्कटिका (b) एशिया
(c) अफ्रीका (d) दक्षिणी अमेरिका

197. विश्व का सबसे बड़ा महासागर है
(a) हिन्द महासागर
(b) अटलाण्टिक महासागर
(c) प्रशान्त महासागर
(d) आर्कटिक महासागर

198. हिन्द महासागर का सबसे गहरा गर्त है
(a) मेरियाना गर्त (b) टांगा गर्त
(c) सुण्डा गर्त (d) क्युराइल

199. डाल्मेशियन तट निम्नलिखित में से किस देश की विशेषता है?
(a) ब्राजील (b) यूगोस्लाविया
(c) द. अफ्रीका (d) इण्डोनेशिया

200. सूर्य के किस भाग का तापमान सबसे अधिक होता है?
(a) फोटोस्फीयर
(b) कोरोना
(c) क्रोमोस्फीयर
(d) सभी भाग का तापमान एक समान होता है

201. लिबनिज पर्वत कहाँ स्थित है?
(a) बृहस्पति (b) शुक्र
(c) मंगल (d) चन्द्रमा

202. कौन-सी नदी भ्रंश द्रोणी से होकर बहती है?
(a) नर्मदा (b) गोदावरी
(c) सोन (d) कावेरी

203. सूर्य से आने वाली ऊर्जा का कितना प्रतिशत भाग धरातल पर पहुँचने से पूर्व अन्तरिक्ष में लौट जाता है?
(a) 15% (b) 35%
(c) 25% (d) 45%

204. विश्व में सर्वाधिक वर्षा मासिनराम में होने का कारण है
(a) पहाड़ियों का कीपाकार आकृति में होना
(b) वहाँ सदा निम्न दाब बना रहना
(c) वहाँ सदा उच्च दाब बना रहना
(d) वहाँ काफी सघन वनस्पति पाया जाना

205. उष्ण कटिबन्धीय प्रदेशों में पायी जाने वाली लाल मिट्टी का रंग लाल होने का कारण है
(a) ह्यूमिक अम्ल (b) ह्यूमस
(c) लोहे का ऑक्साइड (d) फॉस्फोरस

206. निम्न में से कौन सुमेलित नहीं है?
(a) क्यूसेक – प्रवाह की दर
(b) बाइट–तापमान की तीव्रता
(c) बार–वायुदा
(d) रिचर–भूकम्पीय तरंगों की तीव्रता

207. गल्फ स्ट्रीम है
(a) खाड़ी में एक नदी
(b) एक महासागरीय धारा
(c) जेट स्ट्रीम का दूसरा नाम
(d) एक धरातलीय हवा

208. हीराकुड बाँध तैयार किया गया है
(a) नर्मदा पर (b) गोदावरी पर
(c) महानदी पर (d) चम्बल पर

209. डोलड्रम की पेटी स्थित है
(a) विषुवत् रेखा के दोनों ओर
(b) कर्क रेखा के दोनों ओर
(c) मकर रेखा के दोनों ओर
(d) आर्कटिक वृत्त के दोनों ओर

210. उत्तरी गोलार्द्ध में पवन दायीं ओर एवं दक्षिणी गोलार्द्ध में बायीं ओर मुड़ जाती है इसका कारण है
(a) फेरेल का नियम (b) अपकेन्द्रीय बल
(c) पृथ्वी का घूर्णन (d) पृथ्वी का परिक्रमण

211. पृथ्वी के चारों ओर गैसों के समूह को क्या कहते हैं?
(a) भूमण्डल (b) जलमण्डल
(c) जलकण (d) वायुमण्डल

212. पृथ्वी का वायुमण्डल मुख्यत: किस विधि द्वारा गर्म होता है?
(a) संवहन (b) चालन
(c) विकिरण (d) अभिवहन

213. विश्व में दुग्ध का सबसे बड़ा उत्पादक देश कौन है?
(a) भारत
(b) अमेरिका
(c) भूतपूर्व सोवियत संघ
(d) डेनमार्क

214. मानसून वर्षा की जो विशेषता नहीं है, वह है
(a) वर्षा होने वाले दिनों की निरन्तरता
(b) मौसमी वर्षा
(c) वर्षा का असमान वितरण
(d) अनिश्चित तथा अनियमित वर्षा

215. निम्नलिखित में से कौन अवशिष्ट पर्वत (Residual Mountain) का उदाहरण नहीं है?
(a) अरावली (भारत)
(b) फ्यूजीयामा (जापान)
(c) एप्लेशियन (सं. रा. अमेरिका)
(d) सियरा मोरेना (स्पेन)

216. 'माओरी' जनजाति का निवास क्षेत्र कहाँ है?
(a) इंग्लैण्ड (b) स्कॉटलैण्ड
(c) फिनलैण्ड (d) न्यूजीलैण्ड

217. 'रेगड़' किसका नाम है?
(a) लाल मिट्टी (b) काली मिट्टी
(c) जलोढ़ मिट्टी (d) लेटेराइट मिट्टी

218. किस राज्य की सीमा सर्वाधिक राज्यों को स्पर्श करती है?
(a) आन्ध्र प्रदेश (b) मध्य प्रदेश
(c) उत्तर प्रदेश (d) तमिलनाडु

219. भारत के दक्कन प्रायद्वीप पठार पर किस मिट्टी का अभाव पाया जाता है?
(a) पॉडजोल (b) लेटेराइट
(c) काली (d) लाल एवं पीली

220. अन्तर्राष्ट्रीय तिथि रेखा की स्थिति निम्न में से किसके निकटतम है?
(a) 0° अक्षांश
(b) 0° देशान्तर
(c) 180° पू. एवं प. देशान्तर
(d) 90° पू. एवं प. देशान्तर

221. सबसे बड़ा गृह कौन-सा है?
(a) बृहस्पति (b) शनि
(c) शुक्र (d) मंगल

222. पृथ्वी से दिखने वाली चन्द्रमा की सतह उसकी कुल सतह का कितने प्रतिशत है?
(a) 33% (b) 59%
(c) 45% (d) 70%

223. इन्सेलबर्ग (Inselberg) का निर्माण किस प्रक्रम द्वारा किया जाता है?
(a) हिमानी (b) पवन
(c) नदी (d) भूमिगत जल

224. सतपुड़ा पर्वत श्रेणी की सर्वाधिक ऊँची चोटी है?
(a) धूपगढ़ (b) अमरकण्टक
(c) मैकाल (d) कैमूर

225. निम्नलिखित में से कौन पर्वतपदीय पठार है?
(a) तिब्बत का पठार
(b) ब्राजील का पठार
(c) पोटागोनिया का पठार
(d) बोलीविया का पठार

226. सामान्यतया डेल्टा की आकृति किस प्रकार होती है?
(a) सीधी रेखा में
(b) वर्गाकार अथवा आयताकार
(c) त्रिभुजाकार
(d) एकदम अनिश्चित

227. निम्न में से कौन दर्रा पश्चिमी घाट पर्वतमाला में स्थित नहीं है ?
(a) थाल घाट (b) पीपली घाट
(c) भोर घाट (d) पाल घाट

228. ब्रह्माण्ड में किरणों (Cosmic Rays) का परिलक्षण निम्न में से किस मण्डल में किया जाता है?
(a) क्षोभमण्डल
(b) आयनमण्डल
(c) समतापमण्डल
(d) आयतन या बहिर्मण्डल

229. गर्म वायु राशि के ऊर्ध्वाधर संचलन को कहते हैं
(a) संचालन (b) संघनन
(c) संवहन (d) वाष्पोत्सर्जन

230. व्यापारिक रूप से मत्स्य-पालन का व्यवसाय किस नाम से जाना जाता है?
(a) विटीकल्चर (b) सेरीकल्चर
(c) एपीकल्चर (d) पिसीकल्चर

231. दक्षिणी गोलार्द्ध में सबसे लम्बा दिन कब होता है?
(a) 21 जून (b) 23 सितम्बर
(c) 21 मार्च (d) 22 दिसम्बर

232. पृथ्वी के भूमध्यरेखीय व्यास की लम्बाई है
(a) 12,756 किमी (b) 15,332 किमी
(c) 10,907 किमी (d) 11,971 किमी

233. दुलहस्ती जलविद्युत परियोजना सम्बन्धित है
(a) गुजरात से (b) हिमाचल प्रदेश से
(c) जम्मू-कश्मीर से (d) पंजाब से

234. एस्किमो निवासी हैं
(a) कनाडा के (b) मलाया के
(c) मंगोलिया के (d) श्रीलंका के

235. पिग्मी कहाँ के निवासी हैं?
(a) अफ्रीका (b) ऑस्ट्रेलिया
(c) एशिया (d) द. अफ्रीका

236. कोई उपग्रह नहीं है
(a) बुध तथा शुक्र के पास
(b) बुध तथा बृहस्पति के पास
(c) शुक्र तथा बृहस्पति के पास
(d) उपरोक्त में से कोई नहीं

237. निम्नलिखित में से कौन-सी मिट्टी कपास की कृषि के लिए विशेष रूप से उपयुक्त होती है?
(a) लाल मिट्टी (b) जलोढ़ मिट्टी
(c) लेटेराइट मिट्टी (d) काली मिट्टी

238. पशमीना ऊन निम्नलिखित में से किस पशु से प्राप्त किया जाता है ?
(a) भेड़ (b) बकरी
(c) तिब्बती याक (d) खरगोश

239. भारत में इलाइची का सबसे बड़ा उत्पादक राज्य है
(a) आन्ध्र प्रदेश (b) कर्नाटक
(c) तमिलनाडु (d) केरल

240. सबसे छोटा ग्रह कौन-सा है?
(a) बुध (b) अरुण
(c) वरुण (d) शनि

241. निम्नलिखित में से कौन-सी नदियाँ अमरकण्टक के पठार से निकलती हैं?
(a) नर्मदा एवं ताप्ती
(b) नर्मदा एवं सोन
(c) नर्मदा, ताप्ती एवं सोन
(d) नर्मदा, ताप्ती एवं महानदी

242. शीत ऋतु में उत्तर भारत में होने वाली वर्षा का कारण है
(a) उत्तर-पूर्वी मानसून
(b) उत्तर-पश्चिमी मानसून
(c) उष्ण-कटिबन्धीय चक्रवात
(d) पश्चिमी विक्षोभ

243. निम्नलिखित राज्यों में से किस राज्य में जाड़े के मौसम में बारिश मिलती है?
(a) केरल (b) पश्चिम बंग
(c) तमिलनाडु (d) ओडिशा

244. भारत में बंजर भूमि का सर्वाधिक क्षेत्रफल किस राज्य में है?
(a) जम्मू-कश्मीर (b) मध्य प्रदेश
(c) राजस्थान (d) असोम

245. उष्ण कटिबन्धीय महासागरों में मत्स्य उद्योग का विकास व्यापारिक स्तर पर काफी कम हुआ है। इसका कारण है
(a) छिछले सागर का अभाव
(b) माँग की कमी
(c) संरचनात्मक सुविधाओं का अभाव
(d) उपरोक्त सभी

246. मिश्रित कृषि का तात्पर्य है
(a) एक ही खेत में विभिन्न प्रकार की फसलों की एक साथ कृषि
(b) एक खेत में एक वर्ष में क्रमिक रूप से विभिन्न फसलों की कृषि
(c) फसल उत्पादन के साथ-साथ पशुपालन
(d) उपरोक्त सभी

247. समान जनसंख्या घनत्व दर्शाने वाले स्थानों को मिलाने वाली रेखाएँ क्या कहलाती हैं?
(a) आइसोप्रैक्ट (Isopract)
(b) आइसोडापेन (Isodapane)
(c) आइसोपाइक्निक (Isopycinic)
(d) आइसोटैक (Isotach)

248. चक्रवात की आँख (Eye of Cyclone) की सर्वप्रथम विशेषता कौन-सी है?
(a) सघन कुहरा
(b) कपासी बादल
(c) स्वच्छ नीला आकाश
(d) पक्षाभ बादल

249. स्ट्राम्बोली किस प्रकार का ज्वालामुखी है?
(a) जागृत
(b) मृत या शान्त
(c) सुषुप्त
(d) उपरोक्त में से कोई नहीं

250. निम्न में से कौन-सा राज्य ग्रामीण क्षेत्रों की दृष्टि से पूर्णत: विद्युतीकृत है?
(a) उत्तर प्रदेश (b) हरियाणा
(c) पंजाब (d) केरल

251. टिकाऊ विकास (Sustainable Development) का तात्पर्य है ?
(a) प्राकृतिक संसाधनों का लाभदायक उपयोग
(b) प्राकृतिक संसाधनों के उपयोग पर अंशकालिक प्रतिबन्ध
(c) प्राकृतिक संसाधनों के उपयोग पर आंशिक प्रतिबन्ध
(d) प्राकृतिक संसाधनों का विवेकपूर्ण उपयोग

252. निम्नलिखित में से कौन-सा द्वीप अण्डमान और निकोबार द्वीप समूह से सम्बन्धित नहीं है?
(a) रटलैण्ड (b) सेन्टीनेल
(c) छोटा अण्डमान (d) नानकौरी

253. निम्नलिखित में से कौन-सा स्थान भारत में नहीं है?
(a) इन्दिरा प्वॉइन्ट
(b) कोलावा प्वॉइन्ट
(c) प्वॉइन्ट कालीमेरे
(d) प्वॉइन्ट पैड्रो

254. निम्नलिखित में से किस देश की सीमा भारत से नहीं मिलती है?
(a) पाकिस्तान (b) नेपाल
(c) श्रीलंका (d) बांग्लादेश

255. क्षेत्रफल की दृष्टि से देश के तीन सबसे बड़े राज्यों का सही क्रम है
(a) राजस्थान, मध्य प्रदेश, महाराष्ट्र
(b) मध्य प्रदेश, महाराष्ट्र, राजस्थान
(c) महाराष्ट्र, राजस्थान, मध्य प्रदेश
(d) मध्य प्रदेश, राजस्थान, महाराष्ट्र

256. भारत के किस राज्य की सीमा बांग्लादेश से नहीं लगती है?
(a) मिजोरम (b) त्रिपुरा
(c) असोम (d) मेघालय

257. भारत का दक्षिणतम बिन्दु इन्दिरा प्वॉइन्ट स्थित है
(a) 5° 8' उत्तरी अक्षांश
(b) 5° 4' उत्तरी अक्षांश
(c) 6° 2' उत्तरी अक्षांश
(d) 6° 4' उत्तरी अक्षांश

258. भारतीय संघ में कुल कितने राज्य हैं?
(a) 22 (b) 25 (c) 27 (d) 29

259. कर्क रेखा किस एक राज्य से होकर नहीं गुजरती है?
(a) राजस्थान (b) गुजरात
(c) त्रिपुरा (d) ओडिशा

260. क्षेत्रफल की दृष्टि से भारत का सबसे बड़ा जिला है
(a) बस्तर (b) कच्छ
(c) जैसलमेर (d) बाड़मेर

261. अधोलिखित देशों में से किसने विश्व का प्रथम ज्वारीय शक्ति उत्पादन केन्द्र का निर्माण किया है?
(a) फ्रांस (b) जर्मनी
(c) रूस (d) जापान

262. कनाडा का एडमन्टन क्षेत्र निम्न में से किस खनिज के लिए प्रसिद्ध है?
(a) लौह अयस्क (b) तेल भण्डार
(c) यूरेनियम (d) ताँबा

263. निम्नांकित में से किस नगर को 'रूस का मानचेस्टर' कहा जाता है?
(a) मास्को (b) लेनिनग्राद
(c) आइवानोवा (d) गोर्की

264. अधोलिखित में से कौन-सा देश भेड़-पालन में अग्रणी है?
(a) मिस्त्र (b) ऑस्ट्रेलिया
(c) सूडान (d) ब्राजील

265. कनाडा में विश्व का विशालतम भण्डार है
(a) कोयले का (b) लौह अयस्क का
(c) यूरेनियम का (d) ताँबा का

266. मैग्नीटोगोर्स्क सबसे बड़ा इस्पात केन्द्र है
(a) रूस का (b) पोलैण्ड का
(c) हंगरी का (d) रूमानिया का

267. गंगा के मैदानी भाग में पुरातन जलोढ़ मिट्टी को कहते हैं
(a) भाबर (b) बाँगर (c) खादर (d) तराई

268. निम्नांकित में से कौन-सा क्षेत्र लौह अयस्क से सम्बन्धित नहीं है?
(a) राजमहल (b) आदिलाबाद
(c) रत्नगिरि (d) अनन्तगिरि

269. कौन-से राज्य में अभ्रक का सबसे अधिक उत्पादन होता है?
(a) बिहार (b) छत्तीसगढ़
(c) झारखण्ड (d) मध्य प्रदेश

270. कोंकण रेलवे मार्ग किस पर्वत श्रृंखला से होकर गुजरता है?
(a) हिमाद्रि (b) पश्चिमी घाट
(c) पूर्वी घाट (d) नीलगिरि पहाड़ियाँ

271. निम्नलिखित में से कौन-सा बन्दरगाह रसायनों के निपटान अथवा माँग-आपूर्ति हेतु स्थापित किया गया है?
(a) दाहेज (b) पारादीप
(c) एन्नौर (d) काण्डला

272. निम्नलिखित में से कौन-सा नगर राष्ट्रीय राजमार्ग संख्या-7 पर स्थित नहीं है?
(a) वाराणसी (b) कन्याकुमारी
(c) नागपुर (d) कोयम्बटूर

273. निम्नलिखित में से कौन-सा युग्म सही सुमेलित नहीं है?
(a) मत्स्य पालन – जापान
(b) अंगूरोत्पादन – फ्रांस
(c) रेशम कीट पालन – पोलैण्ड
(d) उद्यान कृषि – नीदरलैण्ड

274. निम्नांकित को उष्ण कटिबन्धीय सदाबहार वनों के क्षेत्रफल के आधार पर आरोही क्रम (बढ़ते हुए क्रम) में व्यवस्थित कीजिए तथा सही कूट का चयन कीजिए
1. ऑस्ट्रेलिया 2. अफ्रीका
3. दक्षिण अमेरिका 4. एशिया

कूट
(a) 2 1 3 4 (b) 1 4 2 3
(c) 3 2 1 4 (d) 4 1 3 2

275. निम्नांकित में से कौन-सा तथ्य कहवा की कृषि के सम्बन्ध में सही नहीं है?
(a) कहवा के उत्पादन क्षेत्र उष्ण एवं अर्द्ध-उष्ण कटिबन्धों से सम्बन्धित हैं
(b) इसके लिए अधिक तेज एवं सीधी धूप की आवश्यकता होती है
(c) कहवा उत्पादन में ब्राजील का विश्व में प्रथम स्थान है
(d) ब्राजील के कहवा उद्यान को फैजेण्डा कहा जाता है

276. निम्नलिखित में से कौन दक्षिण अफ्रीका का बन्दरगाह नगर नहीं है?
(a) किम्बरले (b) डरबन
(c) पोर्ट एलिजाबेथ (d) केपटाउन

277. चरनोजम मिट्टी मुख्यत: पाई जाती है
(a) सवाना घास-क्षेत्र में
(b) कम्पोज घास-क्षेत्र में
(c) स्टेपीज घास-क्षेत्र में
(d) टैगा प्रदेश में

278. यूरोप में वृहत्तम परमाणु ऊर्जा उत्पादक देश है
(a) फ्रांस (b) जर्मनी
(c) रूस (d) यूनाइटेड किंगडम

279. SAIL की स्थापना कब की गई थी?
(a) 1972 ई. (b) 1974 ई.
(c) 1976 ई. (d) 1981 ई.

280. टमाटर, अंगूर तथा अर्द्ध-उष्ण कटिबन्धीय फल 'ग्लास-हाउस' कृषि पद्धति से उत्पन्न किए जाते हैं
(a) न्यूजीलैण्ड में (b) दक्षिण कोरिया में
(c) नीदरलैण्ड में (d) बेल्जियम में

281. निम्नलिखित देशों में से किसमें कुल विद्युत उत्पादन से जल-विद्युत उत्पादन का अनुपात उच्चतम है?
(a) नार्वे (b) स्वीडन
(c) कनाडा (d) इटली

282. वायुमण्डल की कौन-सी परत मौसमी परिवर्तन हेतु उत्तरदायी है?
(a) समताप मण्डल (b) क्षोभ मण्डल
(c) क्षोभ-सीमा (d) ओजोन मण्डल

283. 'कोंकण रेलवे कॉर्पोरेशन लिमिटेड' की परियोजना के तहत बड़ी लाइन द्वारा किन दो नगरों को जोड़ा गया है?
(a) पुणे एवं चेन्नई
(b) त्रिवेन्द्रम एवं मंगलौर
(c) मुम्बई एवं मंगलौर
(d) पुणे एवं बंगलुरु

284. निम्नलिखित में से कौन-सा शहर भारतीय रेल का मण्डल मुख्यालय नहीं है?
(a) हाजीपुर (b) जबलपुर
(c) पटना (d) इलाहाबाद

285. दिए गए भारतीय राज्यों के गठन का निम्नलिखित में से सही कालानुक्रम कौन-सा है?
(a) हिमाचल प्रदेश-सिक्किम-गुजरात-हरियाणा
(b) गुजरात-हरियाणा-हिमाचल प्रदेश-सिक्किम
(c) हिमाचल प्रदेश-हरियाणा-गुजरात-सिक्किम
(d) गुजरात-सिक्किम-हरियाणा-हिमाचल प्रदेश

286. भारत में पहली टेलीफोन सेवा प्रारम्भ हुई
(a) कोलकाता में (b) मुम्बई में
(c) चेन्नई में (d) दिल्ली में

287. निम्नलिखित में से सही युग्म अभिज्ञापित कीजिए

	संस्था	स्थापना वर्ष
(a)	भारतीय रिजर्व बैंक	1952
(b)	सामुदायिक विकास कार्यक्रम	1950
(c)	योजना आयोग	1935
(d)	भारतीय जीवन बीमा निगम	1956

288. उत्तरी यूरोपीय मैदान की रचना पर विशेष प्रभाव स्पष्टत: दिखाई देता है
(a) नूतन हिमयुग के जमावों का
(b) नदियों द्वारा बिछाए गए अवसादों का
(c) निरन्तर हिम वर्षा का
(d) नदियों के झरनों का

289. रोनसीन की घाटी की आकृति विशेषत: प्रभावित रही है
(a) बाढ़ निर्मित मैदान से
(b) पिरेनीज पर्वत से
(c) नदी के तेज प्रवाह से
(d) भ्रंश एवं संकरी घाटी रचना से

290. जिस देश ने लिग्नाइट पर पोटाश पर आधारित रासायनिक उद्योग का तेजी से विकास किया उसका नाम है
(a) जर्मनी (b) फ्रांस
(c) इटली (d) इंग्लैण्ड

291. फ्रांस का ब्लैक फॉरेस्ट है
(a) वलित पर्वत (b) भ्रंश पर्वत
(c) अवशिष्ट (d) इनमें से कोई नहीं

292. फ्रांस के सम्बन्ध में निम्नांकित कथनों पर विचार कीजिए तथा सही कूट का चयन कीजिए
1. फ्रांस यूरोपीय आर्थिक समुदाय का एक सदस्य देश है।
2. इस देश में कृषि एक महत्त्वपूर्ण व्यवसाय है।
3. फ्रांस की जनसंख्या-वृद्धि दर यूरोप में सबसे कम है।
4. फ्रांस का लौह अयस्क उत्तम श्रेणी का होता है।

कूट :
(a) 1, 2, 3 एवं 4 सही हैं
(b) 1, 3 एवं 4 सही हैं
(c) 1, 2 एवं 3 सही हैं
(d) 1, एवं 4 सही हैं

293. "संसाधन होते नहीं हैं, वे मानवीय सहयोग से बनते हैं।" यह कथन निम्नांकित में से किस विद्वान् से सम्बन्धित है?
(a) जिमरमैन (b) ब्राउमैन
(c) एकरमैन (d) गोट्टमैन

294. भारत में टोडा जनजाति के लोग पाए जाते हैं
(a) सतपुड़ा श्रेणी में
(b) अरावली श्रेणी में
(c) महेन्द्रगिरि श्रेणी में
(d) नीलगिरि श्रेणी में

295. निम्नांकित में भारत का कौन-सा राज्य उच्चतम सम्भाव्य पवन ऊर्जा का द्योतक है?
(a) आन्ध्र प्रदेश
(b) गुजरात
(c) राजस्थान
(d) मध्य प्रदेश

296. निम्नलिखित में से कौन-सा कथन सही है?
(a) सूरमा घाटी में चाय की खेती व्यापक रूप से होती है
(b) दण्डकारण्य में कपास की विस्तृत खेती होती है
(c) गुजरात तट में धान की विस्तृत खेती होती है
(d) निचले भाग-मैदान में मूँगफली की विस्तृत खेती होती है

297. वर्तमान समय में केरल रबर उत्पादन में अग्रणी राज्य है और रबर-वृक्षारोपण मुख्य रूप से केन्द्रीभूत है
(a) अर्नाकुलम, इडुक्की में
(b) वयनाद, कसारगोद में
(c) कोट्टायम, क्वीलोन में
(d) त्रिचूर, पालघाट में

298. अधोलिखित सूचियों को सुमेलित कीजिए तथा दिए गए कूट से सही उत्तर का चयन कीजिए

सूची I (स्टील प्लाण्ट)	सूची II (लौह अयस्क का स्रोत)
A. जमशेदपुर	1. गुरुमहिषानी खानें
B. विश्वेश्वरैया	2. डल्ली-राजहरा श्रेणियाँ
C. भिलाई	3. केमानगुण्डी खानें
D. दुर्गापुर	4. बोलानी खानें

कूट

	A	B	C	D		A	B	C	D
(a)	1	3	2	4	(b)	2	3	4	1
(c)	3	4	1	2	(d)	4	3	2	1

299. अकोसोम्बो बाँध निम्न में से किस नदी पर स्थित है?
(a) लिम्पोपो (b) वोल्गा
(c) वोल्टा (d) कोलोरेडो

300. सेण्ट जॉर्ज चैनल जिन दो देशों के बीच स्थित है
1. आयरलैण्ड 2. ग्रेट ब्रिटेन
3. फ्रांस 4. इटली

कूट
(a) 1 और 2 (b) 2 और 3
(c) 3 और 4 (d) 1 और 3

301. मारमारा सागर जिन दो सागरों के बीच स्थित है
1. काला सागर 2. एजीयन सागर
3. एड्रियाटिक सागर 4. अजोव सागर

कूट
(a) 1 और 4 (b) 1 और 2
(c) 3 और 4 (d) 2 और 3

302. किस देश में सर्वोत्तम लौह अयस्क के पर्याप्त भण्डार पाए जाते हैं?
(a) पुर्तगाल (b) ब्रिटेन
(c) फ्रांस (d) स्वीडन

303. बेनेलक्स देशों में सबसे अधिक विकसित देश है
(a) लक्जेमबर्ग (b) बेल्जियम
(c) फ्रांस (d) हॉलैण्ड

304. 'पोल्डर्स' (Polders) अथवा समुद्र से सुखाई गई भूमि निम्न में से किस देश में पाई जाती है?
(a) नीदरलैण्ड (b) डेनमार्क
(c) बेल्जियम (d) नार्वे

305. निम्नांकित में से कौन डेयरी उद्योग के लिए विश्व प्रसिद्ध है?
(a) डेनमार्क (b) हॉलैण्ड
(c) बेल्जियम (d) इटली

306. 'यूरोप का बीमार मनुष्य' (Sick Man of Europe) किसका उपनाम है?
(a) रोम (b) टर्की
(c) इटली (d) ऑक्सफोर्ड

307. रोटरडम जिन दो देशों का प्रधान बन्दरगाह बन गया है, वे देश हैं
(a) जर्मनी व हॉलैण्ड
(b) हॉलैण्ड व बेल्जियम
(c) फ्रांस व बेल्जियम
(d) बेल्जियम व लक्जेमबर्ग

308. विश्व का सबसे लम्बा भूमिगत रेलमार्ग जिन दो स्थानों को जोड़ता है, उनके नाम हैं
(a) लन्दन व मैनचेस्टर (b) पेरिस व लियान्स
(c) लन्दन व पेरिस (d) पेरिस व बॉन

309. स्कॉटलैण्ड की उच्च भूमि भू-वैज्ञानिक दृष्टि से कैसा प्रदेश है?
(a) अल्पाइनकालीन
(b) अति प्राचीन चट्टानों वाला
(c) समतल प्राय: नवीन मैदान
(d) पर्वतपदीय प्रदेश

310. ग्रेट ब्रिटेन के इस्पात उद्योग का प्रधान केन्द्र है
(a) लंकाशायर (b) साउथशील्ड
(c) ग्लासगो (d) शैफील्ड

311. लिग्नाइट कोयले का सर्वाधिक उत्पादन करने वाला देश है
(a) फ्रांस (b) इटली
(c) जर्मनी (d) पोलैण्ड

312. फ्रांस का सबसे ऊँचा पर्वत शिखर है
(a) पेरदीदो (b) हारे पर्वत
(c) वॉस्जेज (d) पेजबो

313. आल्पस व पिरेनीज के मध्य फैली उच्च भूमि का नाम है
(a) कारपेथिया
(b) मेसिफ सेण्ट्रल
(c) पेनाइन
(d) पेरिस बेसिन

314. यूरोज का पश्चिमी तट व्यापार के लिए वर्ष भर खुला रहता है क्योंकि
(a) यहाँ का सागर गतिशील है
(b) सम्पूर्ण तटीय सागर गर्म धारा के प्रभाव से उष्ण रहता है
(c) तट पर वर्ष भर पछुआ पवनें चलती हैं
(d) शीतोष्ण चक्रवातों से तूफान आते रहते हैं

315. कोच्चि बन्दरगाह कहाँ स्थित है?
(a) कोंकण तट पर
(b) उत्तरी सरकार तट पर
(c) मालाबार तट पर
(d) कोरोमण्डल तट पर

316. बैलाडीला से प्राप्त होने वाला लौह अयस्क किस बन्दरगाह से निर्यात किया जाता है?
(a) पारादीप (b) कोलकाता
(c) विशाखापत्तनम (d) चेन्नई

317. एन्नोर बन्दरगाह का विकास किस बन्दरगाह पर बढ़ते दबाव को कम करने के लिए किया गया है?
(a) कोच्चि (b) काण्डला
(c) चेन्नई (d) विशाखापत्तनम

318. रेलमार्गों की कुल लम्बाई की दृष्टि से सबसे बड़ा रेलवे क्षेत्र है
(a) उत्तरी क्षेत्र
(b) पश्चिमी क्षेत्र
(c) पूर्वी क्षेत्र
(d) मध्य प्रदेश

319. ग्राण्ड ट्रंक रोड का निर्माण किसने कराया?
(a) शेरशाह सूरी (b) अकबर
(c) बाबर (d) जहाँगीर

320. निम्नलिखित में से कौन-सा एक कृत्रिम पोताश्रय (Port) है?
(a) कोच्चि (b) काण्डला
(c) कोलकाता (d) चेन्नई

321. ग्रेट दक्कन रोड कहाँ-से-कहाँ तक जाती है?
(a) कोलकाता से अमृतसर
(b) मिर्जापुर से बंगलुरु
(c) चेन्नई से मुम्बई
(d) पठानकोट से जम्मू

322. राष्ट्रीय महामार्ग संख्या 1-A का समाप्ति स्थल है
(a) लेह (b) श्रीनगर
(c) जम्मू (d) पठानकोट

323. निम्नलिखित में से कौन-सा लौह-इस्पात कारखाना कोयला क्षेत्र से दूर स्थित है?
(a) बोकारो (b) बर्नपुर
(c) भिलाई (d) दुर्गापुर

324. फिरोजाबाद किसके लिए प्रसिद्ध है?
(a) वस्त्र-सामग्री (b) सिलाई मशीन
(c) काँच की चूड़ियाँ (d) कृत्रिम रेशम

325. मध्य प्रदेश में नेपानगर किसके लिए प्रसिद्ध है?
(a) वस्त्र उद्योग (b) अखबारी कागज
(c) हौजरी (d) वनस्पति तेल

326. तूतीकोरिन बन्दरगाह किस राज्य में है?
(a) केरल (b) कर्नाटक
(c) तमिलनाडु (d) आन्ध्र प्रदेश

327. भारतीय रेल को कितने क्षेत्रों में विभक्त किया गया है?
(a) 4 (b) 16 (c) 6 (d) 10

328. ओडिशा राज्य का प्रमुख बन्दरगाह है
(a) हल्दिया (b) कोलकाता
(c) पारादीप (d) विशाखापत्तनम

329. पारादीप बन्दरगाह का विकास जिन बन्दरगाहों का भार कम करने के लिए किया गया था, वे हैं
(a) कोलकाता - विशाखापत्तनम
(b) कोलकाता - मुम्बई
(c) विशाखापत्तनम - कोच्चि
(d) चेन्नई - विशाखापत्तनम

330. भारत में पहले लौह-इस्पात उद्योग का शुभारम्भ कहाँ हुआ?
(a) जमशेदपुर (b) भद्रावती
(c) कुल्टी (d) बर्नपुर

331. देश में चीनी मिलों की सर्वाधिक संख्या किस राज्य में है?
(a) उत्तर प्रदेश (b) महाराष्ट्र
(c) तमिलनाडु (d) राजस्थान

332. उत्तर भारत का मैनचेस्टर किसे कहा जाता है?
(a) आगरा (b) ग्वालियर
(c) मोदीनगर (d) कानपुर

333. निम्नलिखित में से कौन-सा स्थान पेट्रो-रसायन से सम्बन्धित है?
(a) कोरबा (b) नेपानगर
(c) कोयली (d) नासिक

334. भारत में सीमेण्ट उत्पादन में प्रथम स्थान किस राज्य का है?
(a) आन्ध्र प्रदेश (b) राजस्थान
(c) मध्य प्रदेश (d) गुजरात

335. सूती वस्त्रों की राजधानी किसे कहा जाता है?
(a) अहमदाबाद (b) मुम्बई
(c) कानपुर (d) ग्वालियर

336. निम्नलिखित में से कौन तेल शोधनशाला खनिज तेल क्षेत्र के समीप ही स्थापित की गई है?
(a) विशाखापत्तनम (b) बरौनी
(c) नूनमाटी (d) मथुरा

337. जेट धारा बहती है
(a) उत्तर से दक्षिण दिशा की ओर
(b) दक्षिण से उत्तर दिशा की ओर
(c) पूर्व से पश्चिम दिशा की ओर
(d) पश्चिम से पूर्व दिशा की ओर

338. वायुमण्डल की निम्नांकित गैसों में से कौन परा-बैंगनी किरणों को अवशोषित करती है?
(a) नाइट्रोजन
(b) कार्बन डाइ-ऑक्साइड
(c) हीलियम
(d) ओजोन

339. "प्रत्येक स्थान में सम्भावनाएँ हैं, लेकिन कहीं भी कोई आवश्यकता नहीं है। मानव न केवल सम्भावनाओं का स्वामी है, बल्कि उसके प्रयोग का निर्णायक भी है।" उपरोक्त कथन किस भूगोलविद् द्वारा प्रदत्त है?
(a) डी.एम. स्मिथ
(b) एल. फेब्रे
(c) फ्रेडरिक लीप्ले
(d) डिमाँजियाँ

340. हुगली नदी के किनारे कौन-सा उद्योग केन्द्रित है?
(a) कागज (b) रेशमी वस्त्र
(c) जूट (d) दियासलाई

341. कोरबा एल्युमीनियम कारखाना किस राज्य में है?
(a) उत्तर प्रदेश (b) ओडिशा
(c) छत्तीसगढ़ (d) मध्य प्रदेश

342. "मानव एक यातायात नियन्त्रक के समान है।" यह कथन निम्नांकित में से किस सिद्धान्त से सम्बन्धित है?
(a) पर्यावरणीय नियतिवाद
(b) सम्भववाद
(c) नव-नियतिवाद
(d) वैज्ञानिक नियतिवाद

343. अधोलिखित में से कौन 'नियतिवादी विचारधारा' का समर्थक नहीं था?
(a) कुमारी सेम्पुल (b) हम्बोल्ट
(c) कार्ल रिटर (d) ब्लाश

344. नेपाल के पड़ोसी भारतीय राज्यों का सही युग्म क्या है?
(a) असोम-बिहार
(b) उत्तर प्रदेश-छत्तीसगढ़
(c) सक्किम-नागालैण्ड
(d) सिक्किम-बिहार

345. अधोलिखित में से कौन-सा युग्म सही है?
(a) डेविस – रुको और जाओ का सिद्धान्त
(b) टेलर – अपरदन चक्र का सिद्धान्त
(c) हैरिस एवं उल्मान – पायनियर सेटलमेन्ट का सिद्धान्त
(d) मैकिण्डर – हृदयस्थल का सिद्धान्त

346. सूची I को सूची II के साथ सुमेलित कीजिए तथा सूचियों के नीचे दिए गए कूट का प्रयोग कर सही उत्तर चुनिए

सूची I (विद्वान्)	सूची II (रचनाएँ)
A. हम्बोल्ट	1. यूरोप
B. कार्ल रिटर	2. डेमोक्रेटिक आइडियाज एण्ड रियलिटी
C. मैकिण्डर	3. कॉसमॉस
D. हेटनर	4. अर्धकुण्ड

कूट
A B C D A B C D
(a) 4 3 1 2 (b) 3 4 1 2
(c) 2 4 1 3 (d) 3 1 2 4

347. भारत का सबसे महत्त्वपूर्ण लघु उद्योग कौन-सा है?
(a) गुड़ एवं खाण्डसारी (b) हथकरघा
(c) बर्तन निर्माण (d) चमड़ा उद्योग

348. सेलम इस्पात कारखाना किस राज्य में है?
(a) तमिलनाडु (b) कर्नाटक
(c) महाराष्ट्र (d) केरल

349. **लाल इमली** का सम्बन्ध किस उद्योग से है?
(a) सूती वस्त्र (b) ऊनी वस्त्र
(c) कागज (d) दुर्गापुर

350. कार्डेमम पहाड़ी को और किस नाम से जाना जाता है?
(a) पालनी पहाड़ी
(b) नीलगिरी पहाड़ी
(c) येलगिरी पहाड़ी
(d) अन्नामलाई पहाड़ी

351. आम्र बौछार है
(a) चक्रवातीय वर्षा
(b) पर्वतीय वर्षा
(c) मानसून-पूर्व वर्षा
(d) आम के बाग में कृत्रिम वर्षा

352. अवनमित कुण्ड एक भूरूप है जो सम्बन्धित है
(a) कार्स्ट प्रदेश में अपरदन चक्र से
(b) सरिता अपरदन चक्र से
(c) हिमनद प्रदेशीय अपरदन चक्र से
(d) समुद्रतटीय अपरदन चक्र से

353. नूनाटक का सम्बन्ध अपरदन चक्र की किस अवस्था से है?
(a) युवावस्था
(b) प्रौढ़ावस्था
(c) वृद्धावस्था
(d) पूर्व-युवावस्था

354. सूची I को सूची II के साथ सुमेलित कीजिए तथा सूचियों के नीचे दिए गए कूट का प्रयोग कर सही उत्तर चुनिए

सूची I (जनजाति)	सूची II (राज्य)
A. मुण्डा	1. तमिलनाडु
B. टोडा	2. मध्य प्रदेश
C. खासी	3. झारखण्ड
D. गोंड	4. मेघालय

कूट :
A B C D A B C D
(a) 3 1 2 4 (b) 4 3 2 1
(c) 2 4 1 3 (d) 3 1 4 2

355. वह कौन-सा राज्य है, जिसकी स्थलीय सीमा एक ओर चीन से तथा दूसरी ओर पाकिस्तान से मिलती है?
(a) पंजाब
(b) हिमाचल प्रदेश
(c) जम्मू-कश्मीर
(d) उत्तर प्रदेश

356. मैकमोहन रेखा किन दो देशों को अलग करती है?
(a) भारत-म्यांमार
(b) भारत-पाकिस्तान
(c) भारत-अफगानिस्तान
(d) भारत-चीन

357. क्षेत्रफल की दृष्टि से देश का सबसे छोटा राज्य है
(a) झारखण्ड (b) उत्तराखण्ड
(c) गोवा (d) त्रिपुरा

358. भारत की तटरेखा की कुल लम्बाई है
(a) 3,500 किमी (b) 7,516.6 किमी
(c) 6,000 किमी (d) 9,500 किमी

359. निम्नलिखित को सुमेलित कीजिए तथा प्रदत्त कूट से सही उत्तर चुनिए

A. पम्पास	1. अर्जेण्टीना
B. कम्पोस	2. ऑस्ट्रेलिया
C. प्रेयरीज	3. दक्षिणी अफ्रीका
D. वेल्ड	4. उत्तरी अमेरिका
E. डाउन्स	5. ब्राजील

कूट
A B C D E A B C D E
(a) 1 2 3 4 5 (b) 1 5 4 3 2
(c) 5 4 3 2 1 (d) 2 3 5 4 1

360. निम्नांकित में से किसे 'पारिस्थितिक आतंकवादी' कहा जाता है?
(a) झूमिंग कृषि
(b) मृदा अपरदन
(c) यूकेलिप्टस
(d) रासायनिक उर्वरक

361. कार्बेट नेशनल पार्क (राष्ट्रीय उद्यान) अवस्थित है
(a) उत्तर प्रदेश में
(b) हिमाचल प्रदेश में
(c) उत्तराखण्ड में
(d) सिक्किम में

362. निम्नलिखित में से कौन-सा देश भारतीय उप-महाद्वीप के अन्तर्गत सम्मिलित नहीं किया जाता है?
(a) भूटान (b) नेपाल
(c) पाकिस्तान (d) श्रीलंका

363. सम्पूर्ण विश्व के क्षेत्रफल में भारत की भागीदारी लगभग है
(a) 1.50% (b) 2.00%
(c) 3.50% (d) 16.00%

364. जनसंख्या की दृष्टि से भारतीय संघ का सबसे छोटा राज्य है
(a) सिक्किम
(b) मिजोरम
(c) अरुणाचल प्रदेश
(d) गोवा

365. 9 डिग्री चैनल किसे अलग करती है?
(a) उत्तरी अण्डमान और दक्षिणी अण्डमान को
(b) कार निकोबार और ग्रेट निकोबार को
(c) लक्षद्वीप और मिनीकाय को
(d) लिटिल अण्डमान और कार निकोबार को

366. जनसंख्या तथा क्षेत्रफल की दृष्टि से भारत का विश्व में कौन-सा स्थान है?
(a) दूसरा, दूसरा
(b) तीसरा, सातवाँ
(c) दूसरा, सातवाँ
(d) तीसरा, दूसरा

367. भारत की उत्तर-पूर्वी त्रिसन्धि पर मिलने वाले देशों का सही जोड़ निम्नलिखित में से कौन-सा है?

(a) भारत, तिब्बत, चीन
(b) भारत, चीन, म्यांमार
(c) भारत, तिब्बत, भूटान
(d) भारत, चीन, भूटान

368. निम्नलिखित में से कौन-सा स्थान भूमध्य रेखा के निकटतम है?

(a) कन्याकुमारी (b) अगाती
(c) इन्दिरा प्वॉइन्ट (d) मिनीकाय

369. निम्न में से कौन-सा द्वीप 'अपतट द्वीप' नहीं है?

(a) लक्षद्वीप (b) हेनरी द्वीप
(c) मुम्बई (d) शार्ट द्वीप

370. मरकत द्वीप (एमराल्ड आईलैण्ड) के नाम से प्रसिद्ध है

(a) लक्षद्वीप
(b) अण्डमान निकोबार द्वीप समूह
(c) दमन एवं दीव
(d) न्यू मूर द्वीप

371. लक्षद्वीप समूह स्थित है

(a) अरब सागर में
(b) खम्भात की खाड़ी में
(c) मन्नार की खाड़ी में
(d) बंगाल की खाड़ी में

372. भारतीय भूमि का उत्तरवर्ती भाग है

(a) पिग्मेलियन प्वॉइन्ट
(b) इन्दिरा कॉल
(c) लेह
(d) दुवानलित

373. पुदुचेरी केन्द्रशासित क्षेत्र निम्नलिखित में से कितने राज्यों में अवस्थित है?

(a) 1 (b) 2 (c) 4 (d) 3

उत्तरमाला

1. (d)	2. (c)	3. (d)	4. (b)	5. (d)	6. (c)	7. (b)	8. (c)	9. (b)	10. (d)
11. (a)	12. (c)	13. (c)	14. (c)	15. (b)	16. (d)	17. (d)	18. (a)	19. (c)	20. (d)
21. (d)	22. (d)	23. (d)	24. (a)	25. (a)	26. (c)	27. (d)	28. (a)	29. (d)	30. (b)
31. (b)	32. (c)	33. (d)	34. (c)	35. (b)	36. (b)	37. (a)	38. (a)	39. (c)	40. (a)
41. (b)	42. (c)	43. (a)	44. (c)	45. (c)	46. (a)	47. (c)	48. (b)	49. (b)	50. (b)
51. (b)	52. (a)	53. (c)	54. (b)	55. (a)	56. (b)	57. (c)	58. (b)	59. (a)	60. (a)
61. (a)	62. (d)	63. (b)	64. (d)	65. (a)	66. (c)	67. (c)	68. (b)	69. (c)	70. (b)
71. (c)	72. (a)	73. (b)	74. (b)	75. (d)	76. (b)	77. (b)	78. (d)	79. (d)	80. (c)
81. (b)	82. (c)	83. (c)	84. (b)	85. (c)	86. (b)	87. (b)	88. (a)	89. (d)	90. (b)
91. (a)	92. (d)	93. (d)	94. (c)	95. (c)	96. (b)	97. (b)	98. (d)	99. (a)	100. (b)
101. (b)	102. (c)	103. (b)	104. (c)	105. (d)	106. (c)	107. (d)	108. (a)	109. (a)	110. (b)
111. (a)	112. (c)	113. (c)	114. (c)	115. (d)	116. (c)	117. (d)	118. (d)	119. (c)	120. (c)
121. (d)	122. (b)	123. (a)	124. (b)	125. (b)	126. (b)	127. (c)	128. (d)	129. (c)	130. (a)
131. (c)	132. (a)	133. (a)	134. (d)	135. (d)	136. (b)	137. (c)	138. (d)	139. (b)	140. (b)
141. (b)	142. (d)	143. (c)	144. (b)	145. (b)	146. (a)	147. (c)	148. (c)	149. (c)	150. (d)
151. (b)	152. (c)	153. (c)	154. (b)	155. (b)	156. (a)	157. (b)	158. (c)	159. (c)	160. (d)
161. (b)	162. (c)	163. (b)	164. (a)	165. (d)	166. (b)	167. (d)	168. (d)	169. (c)	170. (d)
171. (c)	172. (d)	173. (b)	174. (d)	175. (b)	176. (d)	177. (a)	178. (b)	179. (b)	180. (c)
181. (c)	182. (c)	183. (b)	184. (c)	185. (c)	186. (c)	187. (d)	188. (c)	189. (b)	190. (c)
191. (a)	192. (c)	193. (c)	194. (b)	195. (d)	196. (a)	197. (c)	198. (c)	199. (b)	200. (b)
201. (d)	202. (a)	203. (b)	204. (a)	205. (c)	206. (b)	207. (b)	208. (c)	209. (a)	210. (c)
211. (d)	212. (c)	213. (a)	214. (a)	215. (b)	216. (d)	217. (b)	218. (c)	219. (a)	220. (c)
221. (a)	222. (b)	223. (b)	224. (a)	225. (c)	226. (c)	227. (b)	228. (b)	229. (c)	230. (d)
231. (d)	232. (a)	233. (c)	234. (a)	235. (a)	236. (a)	237. (d)	238. (b)	239. (d)	240. (a)
241. (b)	242. (d)	243. (c)	244. (a)	245. (d)	246. (c)	247. (c)	248. (c)	249. (a)	250. (b)
251. (d)	252. (d)	253. (d)	254. (c)	255. (a)	256. (a)	257. (d)	258. (d)	259. (d)	260. (b)
261. (a)	262. (b)	263. (c)	264. (b)	265. (c)	266. (a)	267. (b)	268. (d)	269. (c)	270. (b)
271. (a)	272. (d)	273. (c)	274. (b)	275. (b)	276. (a)	277. (c)	278. (a)	279. (b)	280. (a)
281. (a)	282. (b)	283. (c)	284. (c)	285. (b)	286. (a)	287. (d)	288. (a)	289. (d)	290. (a)
291. (b)	292. (c)	293. (a)	294. (d)	295. (b)	296. (a)	297. (c)	298. (a)	299. (c)	300. (a)
301. (b)	302. (d)	303. (b)	304. (a)	305. (a)	306. (c)	307. (a)	308. (c)	309. (b)	310. (d)
311. (c)	312. (d)	313. (b)	314. (b)	315. (c)	316. (c)	317. (c)	318. (a)	319. (a)	320. (d)
321. (b)	322. (a)	323. (c)	324. (c)	325. (b)	326. (c)	327. (b)	328. (c)	329. (a)	330. (c)
331. (a)	332. (a)	333. (c)	334. (d)	335. (b)	336. (c)	337. (d)	338. (d)	339. (b)	340. (c)
341. (c)	342. (c)	343. (d)	344. (a)	345. (d)	346. (b)	347. (b)	348. (a)	349. (b)	350. (c)
351. (c)	352. (b)	353. (b)	354. (d)	355. (c)	356. (d)	357. (c)	358. (b)	359. (b)	360. (c)
361. (c)	362. (d)	363. (b)	364. (a)	365. (c)	366. (c)	367. (b)	368. (c)	369. (a)	370. (c)
371. (a)	372. (b)	373. (d)							

अध्याय

3

राजनीति विज्ञान

Political Science

अर्थ एवं परिभाषा

- 'Politics' शब्द ग्रीक भाषा के 'Polis' शब्द से लिया गया है, जिससे प्राचीन यूनान में प्रचलित 'नगर-राज्य' का बोध होता है। इन नगर-राज्यों की विशिष्ट विशेषता यह थी कि इनके नागरिक बहुधा स्वयं अपना शासन चलाते थे।
- राजनीति वह प्रक्रिया है, जिसके द्वारा लोगों का कोई समूह निर्णय लेता है। सामान्यत: यह शब्द असैनिक सरकारों के अधीन व्यवहार के लिए प्रयुक्त होता है। राजनीति उन सामाजिक सम्बन्धों से बनी है जो सत्ता और शक्ति से युक्त होते हैं।
- राजनीति शब्द का प्रयोग एक विशेष प्रकार की सामाजिक प्रक्रिया के व्यवस्थित अध्ययन का बोध कराने के लिए होता है।
- राजनीति के क्रमबद्ध अध्ययन की शुरूआत 300 ई.पू. में **सुकरात/प्लेटो** और **अरस्तू** के द्वारा यूनान में की गई।
- **अरस्तू** के अनुसार *"मनुष्य स्वभाव से एक राजनीतिक प्राणी है और जो राज्य से घृणा करता है या उससे अलग-थलग रहता है, वह या तो देवता है अथवा पशु।"*
- **लीकॉक** के अनुसार *"राजनीति विज्ञान केवल सरकार का अध्ययन करता है।"*
- **गिलक्राइस्ट** के अनुसार *"राजनीति विज्ञान के अन्तर्गत राज्य तथा सरकार दोनों का अध्ययन किया जाता है।"*
- **सीले** के अनुसार *"जिस तरह राजनीतिक अर्थशास्त्र के अन्तर्गत सम्पदा पर विचार किया जाता है, जीवविज्ञान में जीवन पर, उसी तरह राजनीति विज्ञान में शासन की प्रक्रिया का अनुसन्धान किया जाता है।"*

अध्ययन पद्धति

पद्धति	प्रणाली प्रयोगकर्ता
निरीक्षण पद्धति	अरस्तू, लॉर्ड ब्राइस
द्वन्द्वात्मक पद्धति	मार्क्स, हीगल
प्रयोगात्मक पद्धति	लैविस
ऐतिहासिक पद्धति	मान्टेस्क्यू सेविग्नी, सीले, मेन, फ्रीमैन, लास्की, सिजविक
तुलनात्मक पद्धति	मान्टेस्क्यू, डी-टॉकविले
दार्शनिक पद्धति	लाबाउले, ब्राइस, अरस्तू, हर्बर्ट स्पेन्सर
सांख्यिकीय पद्धति	टोनीज, टाई, वॉल्स और ब्राइस, स्टुअर्ट राई
व्यवस्था पद्धति	हैरल्ड, एफ. गॉसनेल, डेवी, एण्डरसन, पर्सी ई.
संरचनात्मक पद्धति	डेविडसन, डेविड ईस्टन, ग्रेब्रियल आमण्ड

प्रमुख अवधारणाएँ

अवधारणा व सिद्धान्त	विद्वान
ज्ञान-द्वय का सिद्धान्त	*सुकरात*
न्याय का कार्य विशेषीकरण सिद्धान्त	*प्लेटो*
आदर्श राज्य के मौलिक सिद्धान्त	*प्लेटो*
दार्शनिक राजा के शासन का सिद्धान्त	*प्लेटो*
दासता का सिद्धान्त	*अरस्तू*
मिश्रित संविधान की अवधारणा	*पोलिबियस*
प्राकृतिक कानून का विचार	*सिसरो*
मिश्रित शासन व्यवस्था की अवधारणा	*सिसरो*
विश्व नागरिकता के सिद्धान्त	*जीनो*
दो नगरों का सिद्धान्त	*ऑगस्टाइन*
दो तलवारों (अथवा सत्ताओं) के सिद्धान्त	*गिलेशियस प्रथम*
समाज की जीव-शास्त्रीय धारणा	*जॉन ऑफ सेलिसबरी*
स्वामित्व सम्बन्धी धारणा	*एजिडियस*
आदर्श साम्राज्यवाद की धारणा	*दाँते*
सामान्य सभा का सिद्धान्त	*विलियम*
सार्वभौम अहंवाद	*मैकियावली*
प्रभुसत्ता सम्बन्धी सिद्धान्त	*बोदाँ*
वैज्ञानिक भौतिकवाद	*हॉब्स*
सामाजिक संविदा सम्बन्धी धारणा	*रूसो*
शक्ति पृथक्करण का सिद्धान्त	*मॉण्टेस्क्यू*
द्वन्द्वात्मक भौतिकवाद	*कार्ल मार्क्स*
इतिहास की भौतिकवादी व्याख्या	*कार्ल मार्क्स*
वर्ग संघर्ष का सिद्धान्त	*कार्ल मार्क्स*
अतिरिक्त मूल्य का सिद्धान्त	*कार्ल मार्क्स*
राज्य की उत्पत्ति का मातृ प्रधान सिद्धान्त	*मेक्लीनन, मोर्गन और जैंक्स*
राज्य की उत्पत्ति का समझौता सिद्धान्त	*हॉब्स, लॉक तथा रूसो*
सामान्य इच्छा का सिद्धान्त	*रूसो*
राज्य की उत्पत्ति का वर्गव्यवस्था सिद्धान्त	*एंगेल्स*
राज्य का व्यक्तिवादी सिद्धान्त	*बेंथम, मिल और स्पेन्सर*
राज्य का शरीर (Oragnic) सिद्धान्त	*ब्लंशली और स्पेन्सर*
अधिकारों का वैधानिक सिद्धान्त	*बोदाँ, हॉब्स, बेंथम एवं आस्टिन*
अधिकारों का उदारवादी सिद्धान्त	*बेंथम एवं मिल*

राज्य

- 'राज्य' या 'स्टेट' शब्द का सर्वप्रथम प्रयोग 'ट्यूटन' राजाओं ने 'स्टेट्स' शब्द के माध्यम से किया। यह एक लैटिन भाषा का शब्द है, जिसका अर्थ है 'एक व्यक्ति का स्तर'।
- आधुनिक अर्थ में स्टेट्स शब्द का प्रयोग सर्वप्रथम इटली के प्रसिद्ध राजनीतिज्ञ मैकियावेली ने किया था। 16वीं शताब्दी में इस शब्द का प्रयोग इंग्लैण्ड में होने लगा था।
- **शुल्जे** के अनुसार, "राज्य शब्द की उतनी ही परिभाषाएँ हैं, जितने कि राजनीति विज्ञान के लेखक"।
- **अरस्तू** के अनुसार, "राज्य परिवारों तथा ग्रामों का ऐसा समूह है जिसका उद्देश्य एक पूर्ण और आत्म-निर्भर जीवन प्राप्त करना है।"
- राज्य की सर्वमान्य परिभाषा **गार्नर** की है। **गार्नर** के अनुसार, "राज्य संख्या में कम या अधिक व्यक्तियों का ऐसा संगठन है, जो किसी प्रदेश के निश्चित भू-भाग में स्थायी रूप से रहता हो, जो बाहरी नियन्त्रण से पूर्ण स्वतन्त्र या लगभग स्वतन्त्र हो और जिसका एक ऐसा संगठित शासन हो जिसके आदेशों का पालन नागरिकों का विशाल समुदाय स्वभावत: करता हो।"
- **राज्य के तत्त्व** मनुष्य के किसी भी समुदाय को राज्य कहलाने के लिए इनमें चार तत्त्वों का होना आवश्यक है—जनसंख्या, निश्चित भू-भाग प्रभुसत्ता, सरकार।

स्वतन्त्रता

- स्वतन्त्रता अथवा 'लिबर्टी' शब्द की व्युत्पत्ति लैटिन शब्द लिबर से हुई है, जिसका अर्थ है— स्वतन्त्रता।
- **लास्की** के अनुसार, "स्वतन्त्रता प्राथमिक रूप से प्रतिबन्धों के अभाव अथवा शासन के विपरीत है, परन्तु गौण रूप में, जो सुविधाजनक भी है, यह अत्यधिक प्रतिबन्धों का अभाव अथवा अत्यधिक शासन की विरोधी है।" *स्वतन्त्रता के सम्बन्ध में दो दृष्टिकोण हैं*

  1. उदारवादी दृष्टिकोण 2. मार्क्सवादी दृष्टिकोण
- उदारवादी स्वतन्त्रता के दो पहलू माने जाते हैं—नकारात्मक या निषेधात्मक तथा भावात्मक या सकारात्मक स्वतन्त्रता।

स्वतन्त्रता की परम्पराएँ

- गणराज्यीय स्वतन्त्रता समर्थक-मैकियावली, रूसो, हन्ना
- उदारवादी स्वतन्त्रता समर्थक-मिल
- आदर्शात्मक स्वतन्त्रता समर्थक-हीगल

स्वतन्त्रता के प्रकार

स्वतन्त्रता के प्रकार निम्नलिखित हैं

- प्राकृतिक स्वतन्त्रता
- व्यक्तिगत स्वतन्त्रता
- नागरिक स्वतन्त्रता
- राजनीतिक स्वतन्त्रता
- आर्थिक स्वतन्त्रता
- राष्ट्रीय स्वतन्त्रता
- नैतिक स्वतन्त्रता

समानता

- समानता, मानपरक राजनीति सिद्धान्त का महत्त्वपूर्ण विषय है।
- समानता की धारणा एक ओर स्वतन्त्रता के सिद्धान्त और दूसरी ओर न्याय के सिद्धान्त के एक समन्वय का निर्माण करती है।

***लास्की** ने समानता का अर्थ इस प्रकार स्पष्ट किया है*

1. समाज में सारी विशेष सुविधाओं का अन्त।
2. समाज के सभी दरवाजे व्यक्तियों के लिए समान रूप से खुले हों तथा उन पर कोई प्रतिबन्ध न हो।
3. पैतृक एवं वंशानुगत परिस्थितियों के कारण स्थापित असमानताएँ अनुचित हैं।
4. सभी नागरिकों को बिना भेदभाव के समान अवसर प्राप्त हों।
5. समाज में आर्थिक एवं सामाजिक शोषण का अन्त हो।

सरल अर्थ में, समानता सब व्यक्तियों को समाज में उनके व्यक्तित्व के विकास के लिए समान अवसर प्राप्त होना है।

समानता के प्रकार

समानता के प्रकार निम्नलिखित हैं

विधिक समानता से तात्पर्य समाज में सभी व्यक्तियों को जन्म, दैहिक या मानसिक क्षमताओं तथा अन्य भिन्नताओं के बावजूद समान कानूनी हैसियत प्रदान की जाए।

राजनीतिक समानता से तात्पर्य नागरिकों के राजनीतिक अधिकारों की समानता।

सामाजिक समानता उदारवादी विचारों के अलंति समान अधिकारों की प्राप्ति जबकि समाजवादी विचारों में अनैतिक एकरूपता।

आर्थिक समानता उदारवाद के अन्तर्गत कार्य के समान अवसर जबकि समाजवाद के अन्तर्गत वाद का अधिकार।

न्याय

- जो वस्तु वास्तव में कानून, अधिकारों, स्वतन्त्रता, बन्धुता या सहयोग तथा समानता के मूल भावों को परस्पर जोड़ती है, वह न्याय का तत्त्व है।
- न्याय के अंग्रेजी शब्द 'Justic' की उत्पत्ति लैटिन भाषा के 'Justitia' शब्द से हुई है, जिसका अर्थ है—'जोड़ने का कार्य', इस प्रकार न्याय एक व्यवस्था का नाम है जिसके द्वारा एक व्यक्ति दूसरे व्यक्ति से जुड़ा रहता है।

न्याय के प्रमुख सिद्धान्त

- **दार्शनिक सिद्धान्त** इस सिद्धान्त के अनुसार, न्याय से तात्पर्य कर्त्तव्यपरायणता है। रिपब्लिक में प्लेटो द्वारा प्रतिपादित न्याय सिद्धान्त इसका सर्वश्रेष्ठ उदाहरण है।
- **प्राकृतिक सिद्धान्त** प्राकृतिक सिद्धान्त पर आधारित न्याय की संकल्पना सर्वप्रथम स्टोइक दर्शन और कालान्तर में रोमन विधि शास्त्रियों द्वारा विकसित की गयी।
- **वैधानिक सिद्धान्त** न्याय का वैधानिक अथवा कानूनी सिद्धान्त सर्वाधिक प्रचलित है। इस सिद्धान्त के अनुसार, न्याय से तात्पर्य है राज्य द्वारा निर्मित विधियों का अनुपालन सुनिश्चित करना और इसका उल्लंघन करने वालों को दण्डित करना।
- **मार्क्सवादी सिद्धान्त** मार्क्सवादियों ने न्याय की अवधारणा को वर्ग संघर्ष और प्रभुत्व से सम्बद्ध माना। इनके अनुसार, न्याय शोषण का एक यन्त्र है। मार्क्सवादी दृष्टिकोण में न्याय व्यवस्था से प्रतिबद्ध है।

सामाजिक न्याय के विभिन्न प्रतिरूप

न्याय का मानदण्ड	इससे जुड़ी समाज व्यवस्था	प्रमुख प्रवर्तक
स्वीकृति अधिकारों का संरक्षण	*श्रेणी तन्त्र व्यवस्था*	डेविड ह्यूम (1711-76)
योग्यता के अनुरूप वितरण (1820-1903)	*प्रतिस्पर्धात्मक बाजार*	हर्बर्ट स्पेन्सर
आवश्यकता के अनुरूप वितरण	*समैक्यवादी समुदाय*	पीटर क्रॉपोटिकिन (1842-1921)

न्याय के प्रकार

न्याय के प्रकार निम्नलिखित हैं

- कानूनी न्याय
- राजनीतिक न्याय
- सामाजिक न्याय
- आर्थिक न्याय

लोकतन्त्र

- लोकतन्त्र के अंग्रेजी पर्याय शब्द 'Democracy' की व्युत्पत्ति ग्रीक मूल के शब्द 'Demos' से हुई है जिसका अर्थ है 'जनसाधारण'। इसमें 'cracy' शब्द जोड़ा गया है जिसका अर्थ है 'शासन', 'शक्ति' या 'सरकार'। इस तरह लोकतन्त्र शब्द का मूल अर्थ 'जनसाधारण' या 'जनता' का शासन है।
- **लोकतन्त्र** से तात्पर्य उस शासन प्रणाली से है जिसमें शासन शक्ति एक व्यक्ति या वर्ग विशेष में निहित न होकर जनसाधारण में निहित होती है।
- लोकतन्त्र की सर्वप्रथम परिभाषा **क्लीऑन** (Cleon) ने दी थी। आधुनिक युग में यही परिभाषा **अब्राहम लिंकन** ने सन् 1863 में गैटिसबर्ग में अपने भाषण में दोहरायी।
- डायसी ने लोकतन्त्र को ऐसी शासन प्रणाली माना है जिसमें विधि निर्माण बहुमत से निर्धारित होता है। चूँकि लोकतन्त्र एकसार नहीं होता, इसलिए उसमें एकसार कानून भी नहीं बनाए जाते।
- **ब्राइस** ने लोकतन्त्र को मुख्यत: एक शासन प्रणाली के रूप में प्रस्तुत किया है तथा कहा है कि किसी भी शासन की कसौटी 'जन कल्याण' है।
- **अरस्तू** ने कहा कि लोकतन्त्र निर्धन, ज्ञानहीन तथा गुणहीन लोगों का शासन है, इसलिए यह उच्च कोटि का शासन नहीं है।
- **सीले** के अनुसार, "लोकतन्त्र वह शासन है, जिसमें प्रत्येक मनुष्य भाग लेता है।"
- **प्रो.स्ट्रांग** के अनुसार, "लोकतन्त्र का अभिप्राय ऐसी सरकार से है जो शासितों की सक्रिय स्वीकृति पर आधारित है।"
- आधुनिक लोकतन्त्र की मुख्य धारा को 'उदार लोकतन्त्र' के रूप में पहचाना जाता है।
- उदारवादी राज्य ने 'मुक्त बाजार अर्थव्यवस्था' के साथ-साथ 'सार्वजनिक वयस्क मताधिकार' के सिद्धान्त को भी अपना लिया है।

उदार लोकतन्त्र के लक्षण

उदार लोकतन्त्र के लक्षण निम्नलिखित हैं

- एक से अधिक राजनीतिक दलों में राजनीतिक सत्ता के लिए प्रतिस्पधर्द्धा।
- राजनीतिक पद किसी विशिष्ट वर्ग की बपौती न हो।
- सार्वजनिक वयस्क मताधिकार पर आधारित आवधिक चुनाव।
- नागरिक स्वतन्त्रता की व्यवस्था।
- न्यायपालिका की स्वतन्त्रता।

क्लासिकी लोकतन्त्र के सिद्धान्त की मान्यताएँ

क्लासिकी लोकतन्त्र के सिद्धान्त की मान्यताएँ निम्नलिखित हैं

- शक्ति संसद में निहित है।
- सहमति शक्ति का आधार है।
- सत्ताधारियों के हाथों में शक्ति जन विश्वास के रूप में संगृहीत है।
- व्यक्तियों के पास अदेय मौलिक अधिकार हैं।
- बहुमत के आधार पर सत्ता का संचालन होता है।
- सरकार संवैधानिक संयन्त्रों से सीमित है।
- सरकारों के द्वारा लोक निष्ठा का प्रदर्शन न करने की दशा में व्यक्तियों के पास क्रान्ति का अधिकार है।

लोकतन्त्र की विशेषताएँ

लोकतन्त्र की विशेषताएँ निम्नलिखित हैं

- जनता की इच्छा सर्वोच्च है।
- जनता के द्वारा चुनी गयी प्रतिनिधि सरकार।
- निष्पक्ष तथा समयबद्ध चुनाव।
- वयस्क मताधिकार।
- उत्तरदायी सरकार।
- सीमित तथा संवैधानिक सरकार।
- सरकार के निर्णयों में सलाह, दबाव तथा जनमत द्वारा जनता का हिस्सा।
- जनता के अधिकार तथा स्वतन्त्रता की हिफाजत सरकार का कर्त्तव्य होना।
- निष्पक्ष न्यायपालिका तथा विधि का शासन।
- विभिन्न राजनीतिक दलों तथा दबाव समूहों की उपस्थिति।

लोकतन्त्र की कमियाँ

***जेम्स ब्राइस** के अनुसार, लोकतन्त्र की छ: कमियाँ हैं, जो निम्न हैं*

- धन का प्रभाव
- व्यावसायिकता व पेशेवर पद
- प्रशासन की उच्छश्रृंखलता
- विकृत समानता
- सौदेबाजी की प्रवृत्ति
- राजनीतिक दलों की अनैच्छिक प्रकृति

- एक शासन प्रणाली के नाते लोकतन्त्र को दो रूपों में स्वीकार किया जाता है
  1. प्रत्यक्ष प्रजातन्त्र 2. अप्रत्यक्ष प्रजातन्त्र।

प्रत्यक्ष या शुद्ध प्रजातन्त्र

प्रत्यक्ष प्रजातन्त्र के अन्तर्गत जनता शासन में प्रत्यक्ष रूप से भाग लेती है। प्रारम्भ में प्रत्यक्ष प्रजातन्त्र यूनानी नगर राज्यों में प्रचलित था।

अप्रत्यक्ष प्रजातन्त्र

अप्रत्यक्ष प्रजातन्त्र के अन्तर्गत जनता शासन में स्वयं भाग न लेकर एक निश्चित समय के लिए अपने प्रतिनिधियों को निर्वाचित करती है, जो कानून बनाने तथा उसे लागू करने का कार्य करते हैं।

अधिनायक तन्त्र

अधिनायकतन्त्र में शासन सत्ता एक व्यक्ति में निहित रहती है और उसके आदेश ही कानून होते हैं।

अधिनायकतन्त्र के प्रकार

1. प्राचीन अधिनायकतन्त्र 2. अर्वाचीन अधिनायकतन्त्र।

अर्वाचीन अधिनायकतन्त्र दो प्रकार का है

(i) सर्वाधिकारवादी अधिनायकतन्त्र (ii) स्वेच्छाचारी अधिनायकतन्त्र।

अधिनायकतन्त्र के लक्षण

1. लोकतन्त्र-विरोधी 2. उदारतावाद-विरोधी 3. हिंसा तथा शक्ति में विश्वास 4. राज्य को अत्यधिक महत्त्व 5. वैयक्तिक स्वतन्त्रता का विरोधी 6. उग्र राष्ट्रवाद 7. सर्वाधिकारवाद 8. एकदलीय शासन।

लोकतन्त्र के वैकल्पिक रूप

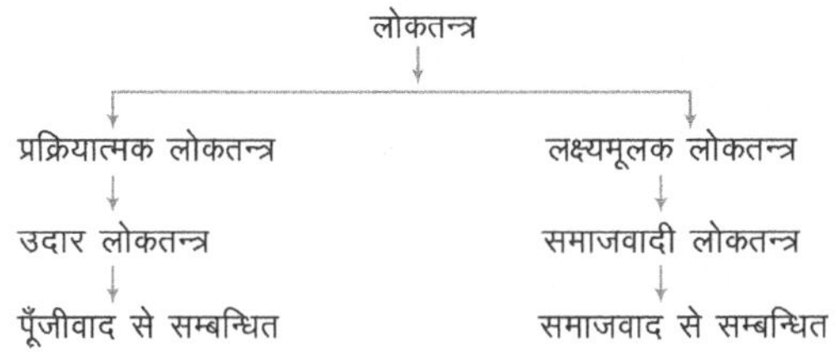

धर्म

- धर्म अर्थात् मानवीकरण की प्रक्रिया का आशय किसी मजहब रिलीजन या सम्प्रदाय से नहीं है बल्कि उस लोक कल्याणकारी स्वरूप से है जिसका सम्बन्ध मानवसृष्टि को कायम रखने और विकास से है। यह उन नियमों और आदर्शों का संग्रह है जो व्यक्ति के व्यक्तिगत पारिवारिक, सामाजिक एवं राष्ट्रीय जीवन का सफलतापूर्वक संचालन करता है।
- **संस्कृत शब्द** 'धर्म' की उत्पत्ति 'धृ' धातु से हुई है जिसका तात्पर्य है ग्रहण करना, धारण करना, सहन करना। साधारणत: धर्म शब्द का आशय किसी विशेष सम्प्रदाय के धार्मिक विश्वास से है। परन्तु वास्तविक रूप में भारतीय संस्कृति के अन्तर्गत "धर्म व्यक्ति का कर्म है।" यह सद्‌गुण है उस कार्य को करने का जो उचित, सत्य और प्रमाणित है।
- **स्पैलमेन** (Spellman) के अनुसार, "धर्म का अर्थ है गुण, उचित आचरण, प्राकृतिक नियम, औचित्य, सार्वभौमिक सत्य, परम्पराओं तथा रीति-रिवाजों पर आधारित नियम, अनन्त तथा अपरिवर्तनशील व्यवस्था, विधि तथा इन सबका बदला हुआ स्वरूप।"
- इस प्रकार धर्म समाज का पोषण करता है और सामाजिक पद्धति को कायम रखता है।

उदारवाद

- उदारवाद के अंग्रेजी पर्याय 'Liberalism' की व्युत्पत्ति लैटिन के 'Liber' शब्द से हुई है जिसका अर्थ है—स्वतन्त्रता या आजादी।
- सोलहवीं शताब्दी में सामन्तवादी, राजशाही, पोपशाही जैसी मध्ययुगीन व्यवस्था के खिलाफ एक जबर्दस्त प्रतिक्रियास्वरूप, क्रान्तिकारी दर्शन तथा विचारधारा के रूप में उदारवाद का आगमन हुआ।
- उदारवाद की संकल्पना स्वतन्त्रता की विचारधारा के साथ निकटता से जुड़ी है।
- लिबरल का अर्थ उदार, सहृदय, शालीन, सुसंस्कृत इत्यादि है।
- यह एक ऐसा सिद्धान्त है जो व्यक्ति को यथासम्भव अधिकतम स्वतन्त्रता प्रदान करके सामाजिक प्रगति को बढ़ावा देना चाहता है।

उदारवाद की विशेषताएँ

यद्यपि उदारवाद की अनेक विशेषताएँ हैं तथापि उदारवाद की मूल विशेषताएँ निम्नलिखित हैं

- मानवीय विवेक में आस्था
- इतिहास तथा परम्पराओं का विरोध
- मानवीय स्वतन्त्रता की धारणा में विश्वास
- व्यक्ति साध्य और राज्य साधन है
- समाज और राज्य कृत्रिम संगठन है
- धर्मनिरपेक्ष राज्य पर बल:
- शासकीय स्वेच्छाचारिता का विरोध और कानून की प्रधानता का प्रतिपादन
- लोकतान्त्रिक पद्धति का समर्थन
- अन्तर्राष्ट्रीय और विश्वशान्ति का समर्थन

नकारात्मक तथा सकारात्मक उदारवाद में अन्तर

नकारात्मक उदारवाद	सकारात्मक उदारवाद
16वीं से 18वीं सदी के बीच विकसित	19वीं सदी से अब तक
जॉन लॉक, एडम स्मिथ, रिकॉर्डो प्रमुख प्रतिपादक	जे एस मिल, टी एच ग्रीन, लास्की प्रमुख प्रतिपादक
निरंकुश राजतन्त्र और निरंकुश पोपवाद	पूँजीवाद और मार्क्सवाद
राज्य एक आवश्यक बुराई है	राज्य एक कल्याणकारी संस्था है
अहस्तक्षेपवादी राज्य में विश्वास	लोक कल्याणकारी राज्य में विश्वास
प्राकृतिक अधिकारों में विश्वास	व्यक्ति के अधिकार समाज द्वारा प्रदत्त व राज्य द्वारा मान्यता प्राप्त
असीमित स्वतन्त्रता में विश्वास	व्यक्ति की स्वतन्त्रता पर सामाजिक व राजकीय हितों के सन्दर्भ में प्रतिबन्ध सम्भव
आर्थिक व सामाजिक क्षेत्र में राज्य की न्यूनतम भूमिका	आर्थिक व सामाजिक क्षेत्र में समाज के सभी वर्गों के विकास के लिए राज्य की व्यापकता

- उदारवाद के विकास में यूरोप के इतिहास की इन परिस्थितियों का विशेष हाथ रहा है—पुनर्जागरण, धर्म-सुधार, वैज्ञानिक क्रान्ति, ज्ञानोदय व औद्योगिक क्रान्ति आदि।

पूँजीवाद

वह आर्थिक और राजनीतिक प्रणाली जो मुख्यत: औद्योगिक क्रान्ति के बाद विकसित हुई है। इसके उत्पादन में विशाल धनराशि या पूँजी की जरूरत होती है। पूँजीवाद के अन्तर्गत उत्पादन के साधन मुख्यत: निजी स्वामित्व में रहते हैं। इसका प्रयोग भी निजी लाभ के उद्‌देश्य से किया जाता है। इसमें कामगार वर्ग अपने श्रम के बल पर ही अपना निर्वाह करता है, हालांकि वह अधिकार निपुणता अर्जित करके अपना बाजार मूल्य बढ़ाने के लिए स्वतन्त्र होता है।

समाजवाद

- वर्तमान युग 'प्रजातन्त्र' तथा 'समाजवाद' का युग माना जाता है।
- सन् 1833 ई० में प्रथम बार समाजवाद शब्द का प्रयोग 'Poor Man's Guardian' में हुआ था तथा सन् 1835 में एक समाज की स्थापना हुई, जिसका नाम 'Association of All Classes of all Nations' था। यह संस्था **रॉबर्ट ओवेन** की अध्यक्षता में स्थापित हुई थी। इस समाज के विचार-विनिमय में समाजवादी और समाजवाद शब्द का बार-बार प्रयोग हुआ था।
- समाजवाद की माँग है कि साधनों का उपयोग न केवल सामूहिक नियन्त्रण में रहना चाहिए, बल्कि उन पर सामूहिक स्वामित्व भी स्थापित होना चाहिए और उनका संचालन तटस्थ भाव से सर्वहित को ध्यान में रखकर किया जाना चाहिए।
- समाजवाद के सन्दर्भ में **जोड** का कहना है कि "यह एक ऐसे टोप की तरह है जिसे हर कोई पहन लेता है, इसीलिए अब उसकी शक्ल पहचानने में नहीं आती।"
- समाजवाद **गार्नर** के विचार से राज्य के कार्यों के बारे में हस्तक्षेप विहीनता (Laissez faire) के सिद्धान्त के बिल्कुल विरोधी रूप में वह सिद्धान्त है, जिसे हम, किसी और अधिक उपयुक्त शब्द के अभाव में समाजवादी सिद्धान्त कह सकते हैं, जो शासन को न्यूनतम की बजाए अधिकतम कार्यक्षेत्र का समर्थन करता है।
- **जोड** के अनुसार, समष्टिवाद या राज्य समाजवाद ऐसा सम्प्रदाय है, जिसे समाजवादी चिन्तन की मुख्य धारा के रूप में पहचान सकते हैं और उसके आधार पर यह निर्दिष्ट कर सकते हैं कि समाजवादी और गैर-समाजवादी विचार-पद्धतियों में मुख्य अन्तर क्या है?

- समाजवाद उत्पादन और वितरण प्रणाली के व्यापक राष्ट्रीयकरण की माँग करता है, जिससे उसका उपयोग सर्वहित में किया जा सके।
- समाजवाद दो क्रान्तियों का फल माना जाता है, जिनमें से एक क्रान्ति थी—औद्योगिक क्रान्ति, जो इंग्लैण्ड में अठारहवीं शताब्दी के अन्त में हुई थी तथा दूसरी—वैचारिक क्रान्ति थी, जिसका मुख्य केन्द्र फ्रांस में था।

मार्क्सवाद

- कार्ल मार्क्स को वैज्ञानिक समाजवाद का जनक माना जाता है। अतः उसके विचारों को मार्क्सवाद, मार्क्सवादी समाजवाद अथवा वैज्ञानिक समाजवाद भी कहते हैं।
- मार्क्सवादी दर्शन; मुख्यतः समाज-अर्थव्यवस्था, राज्य व्यवस्था, सांस्कृतिक व्यवस्था आदि के विश्लेषण की वैज्ञानिक पद्धति है।
- यह एक विश्व व्याख्या की वैज्ञानिक विधि है, जो समाज की पूर्णतया व्याख्या करती है।
- 19वीं शताब्दी में इसे लोगों ने अव्यावहारिक दर्शन करार दे दिया, किन्तु बीसवीं शताब्दी में रूस, चीन आदि में हुई क्रान्तियों ने इसकी वैज्ञानिक व्यावहारिकता को स्थापित करके, इसे और अधिक विकसित किया।

  मार्क्सवाद के पाँच मुख्य आधार हैं

  1. नैतिक आधार अलगाव का सिद्धान्त
  2. दार्शनिक आधार द्वन्द्वात्मक तथा ऐतिहासिक भौतिकवाद का सिद्धान्त
  3. आर्थिक आधार अतिरिक्त मूल्य का सिद्धान्त
  4. सामाजिक आधार वर्ग संघर्ष का सिद्धान्त
  5. राजनीतिक आधार क्रान्ति का सिद्धान्त
- मार्क्सवाद का नाम इसके मुख्य प्रवर्तक **कार्ल मार्क्स** के नाम से जुड़ा है, परन्तु **मार्क्स** के सहयोगी **एंगेल्स, लेनिन, रोजा लग्जमबर्ग** और **माओ** जैसे विचारकों ने इसके विकास में महत्त्वपूर्ण योगदान किया है। इन सब विचारकों के चिन्तन को चिरसम्मत मार्क्सवाद के रूप में पहचाना जाता है।
- कुछ विचारकों ने मार्क्स के चिन्तन में प्रभुत्व और पराधीनता से जुड़े हुए तत्त्वों का विस्तृत विश्लेषण प्रस्तुत किया है और **मार्क्स** के मानवतावादी चिन्तन की परम्परा को आगे बढ़ाया है, उन्हें 'नव-मार्क्सवाद' की संज्ञा दी गई है।
- **मार्क्स** ने अपनी दो इतिहास प्रसिद्ध कृतियों 'कम्युनिस्ट मैनीफेस्टो' और 'दास कैपिटल' के माध्यम से तत्कालीन समाजवाद में दो महत्त्वपूर्ण परिवर्तन करके एक नई विचारधारा प्रस्तुत की
  1. **स्वप्नदर्शी समाजवाद** (प्रारम्भिक समाजवाद) का खण्डन करते हुए वैज्ञानिक समाजवाद की नींव रखी अर्थात् उसने इतिहास के दर्शन के आधार पर समाजवाद के विकास की व्याख्या की और उसे साम्यवाद के लक्ष्य तक पहुँचाने के साधनों पर प्रकाश डाला।
  2. **सर्वहारा समाजवाद का सिद्धान्त रखा** अर्थात् **मार्क्स** ने औद्योगिक क्रान्ति से पैदा होने वाली परिस्थितियों में कामगार वर्ग को नई चेतना देकर साम्यवादी समाज की स्थापना की योजना रखी।

अराजकतावाद

- अराजकता के पर्याय Anarchism शब्द की उत्पत्ति एक ग्रीक शब्द 'Anarchism' से हुई है जिसका अर्थ है 'शासन का न होना'। अतः अराजकतावादी किसी प्रकार की कोई सत्ता नहीं चाहते ताकि मानव की सम्पूर्ण स्वतन्त्रता सुनिश्चित हो सके।
- अराजकतावाद वह सिद्धान्त है जो मानव समाज की सारी बुराइयों को दूर करने के लिए अराजकता अर्थात् राज्य या राज्यशक्ति के अन्त का समर्थन करता है।

फेबियनवाद

- फेबियनवाद भी एक विकासात्मक समाजवादी दर्शन है। इसका उदय इंग्लैण्ड में उसी समय हुआ जब जर्मनी में बर्नस्टीन इस विषय पर लिख रहे थे।
- फेबियनवाद पूँजीवाद के विरोधी तथा समाजवाद में विश्वास करते थे। वह चाहते थे कि औद्योगिक तथा वर्गीय मालिकानापन से भूमि तथा औद्योगिक पूँजी मुक्त हो तथा पूरे समाज को उसका मालिकाना अधिकार प्राप्त हो जाए।

फासीवाद

- फासीवाद, उदारवाद व समाजवाद दोनों का विरोधी सिद्धान्त है, यह वामपन्थी सर्वाधिकारवाद (Totalitarianism) का दूसरा रूप है।
- उन्नीसवीं शताब्दी में आदर्शवाद ने व्यक्ति से सर्वस्व समर्पण की जो माँग की वह बीसवीं शताब्दी में नए रूपों में व्यक्त हुई, जिसमें सबसे प्रमुख और सबसे खतरनाक रूप फासीवाद का है।
- फासीवाद ने न केवल राष्ट्रीय स्तर पर व्यक्ति को निर्मम और सिद्धान्तहीन सत्ता के हाथ की कठपुतली बनाकर पतन के गर्त में धकेला, बल्कि अन्तर्राष्ट्रीय स्तर पर भी व्यापक विनाशलीला का आयोजन किया।
- फासीवाद का अर्थ वास्तव में उन तानाशाही शासनों से समझा जाता है जो मुसोलिनी के नेतृत्व में सन् 1922 में इटली में तथा हिटलर के नेतृत्व में सन् 1933 में जर्मनी में स्थापित हुए।

फासिस्टवाद के प्रमुख सिद्धान्त

विचारधारा का विरोधी, फासिज्म एक सर्वाधिकारवादी धारणा है, समाजवाद और साम्यवाद विरोधी, बुद्धिवादी के खिलाफ, महामानव पूजा तथा विशिष्ट वर्ग में विश्वास, प्रजातन्त्र का विरोध, हिंसा का महत्त्व, उग्रराष्ट्रवाद में विश्वास, नियमित राज्य, अर्थव्यवस्था पर राज्य का नियन्त्रण, फासिज्म व्यक्तिवाद तथा उदारवाद विरोधी है, कानून को न मानना।

गाँधीवाद

गाँधीवाद सिद्धान्तों, मतों, नियमों, विनियमों एवं आदेशों का समूह नहीं है अपितु वह एक जीवन शैली है। वह एक नवीन दिशा की ओर इंगित करती है अथवा मानव जीवन की समस्याओं के सम्बन्ध में पुरातन दशा का पुनर्स्थापन करती है और वर्तमान समस्याओं के लिए प्राचीन साधनों को प्रस्तुत करती है।

मानववाद

मानववाद एक ऐसी धारणा है जिसका सम्बन्ध मानव से है न कि दैवी अथवा अलौकिक पदार्थों से। मानववाद एक विश्वास अथवा दृष्टिकोण है जो सामान्य आवश्यकताओं पर बल देता है और मानवीय संस्थाओं के समाधान के लिए केवल तर्कसंगत समाधान तलाशता है।

मानववाद, यूरोप में पुनर्जागरण एवं ज्ञानोदय का परिणाम है और इसकी पूर्ण अभिव्यक्ति अमेरिकी और फ्रांसीसी क्रान्तियों के दौरान हुई। इस प्रकार मानववाद चिंतन की एक ऐसी प्रणाली है जो बुद्धिसंगत दृष्टिकोण पर आधारित है।

अधिकार

- अधिकार व्यक्तिगत एवं सामाजिक जीवन के विकास की मूलभूत शर्त है।
- **लास्की** के अनुसार, "अधिकार सामाजिक जीवन की वे परिस्थितियाँ हैं, जिनके बिना कोई मनुष्य अपना पूर्ण विकास नहीं कर सकता।"
- **बोसांके** के अनुसार, "अधिकार वह माँग है, जिसे समाज स्वीकार करता है और लागू करता है।"
- सरल शब्दों में, अधिकार व्यक्ति का वह दावा है जिसे समाज एवं राज्य की मान्यता प्राप्त होती है किन्तु प्रत्येक दावा अधिकार नहीं हो सकता।
- अधिकार सभी लोगों को समान रूप से दिये जाते हैं।
- राज्य अधिकारों का जनक नहीं है, वरन् रक्षक तथा सेवक है।
- अधिकार का नैतिक आधार है।
- अधिकार समय एवं परिस्थितियों के अनुसार बदलते रहते हैं।
- अधिकार और कर्त्तव्य आपस में सम्बन्धित हैं।
  अधिकार दो प्रकार के होते हैं—नकारात्मक और सकारात्मक।
- राज्य में व्यक्ति की जो गतिविधियाँ राज्य द्वारा प्रतिबन्धित नहीं होतीं, वे नकारात्मक अधिकार हैं; जैसे—विचार एवं अभिव्यक्ति के अधिकार आदि।
- सकारात्मक अधिकार यह संकेत देते हैं कि व्यक्ति के आत्मविकास में सहायता देने के लिए राज्य की ओर से क्या-क्या व्यवस्था की गई है; जैसे—चिकित्सा का अधिकार, रोजगार का अधिकार, कानूनी सहायता का अधिकार आदि।
- अधिकारों के उदारवादी सिद्धान्त के अन्तर्गत निम्न सिद्धान्त आते हैं—अधिकारों का प्राकृतिक सिद्धान्त, अधिकारों का कानूनी सिद्धान्त, अधिकारों का ऐतिहासिक सिद्धान्त, आदर्शवादी या नैतिक अधिकारों का सिद्धान्त, अधिकारों का लोक कल्याणकारी सिद्धान्त।

राजनीतिक समाजीकरण

- आधुनिक राजनीतिक सिद्धान्तों में राजनीतिक समाजीकरण एक प्रमुख और महत्त्वपूर्ण अवधारणा है। **रूश** और **अल्थॉक** ने समाजीकरण की परिभाषा देते हुए कहा है कि "राजनीतिक समाजीकरण वह प्रक्रिया है जिसके द्वारा व्यक्ति राजनीतिक व्यवस्था के बारे में जानकारी पाता है, जो उसके राजनीतिक ज्ञान और राजनीतिक घटनाओं के विषय में उसके सम्बन्धों को सुनिश्चित करता है।"
- **डेविड ईस्टन** के अनुसार, "राजनीतिक समाजीकरण वे विकासशील प्रक्रियाएँ हैं जिनके द्वारा लोग राजनीतिक गतिविधियों की ओर आकर्षित होते हैं और अपने व्यवहार को सुनिश्चित करते हैं।

राजनीतिक सहभागिता

- **आल्मंड** और **पावेल** ने राजनीतिक सहभागिता का अर्थ स्पष्ट करते हुए लिखा है कि "शासन प्रणाली में निर्णय करने की विधि से समाज के लोगों का सम्बन्ध होता है।"
- **हिंज एलाऊ** के अनुसार, "राजनीतिक सहभागिता का अर्थ जन-साधारण की निर्णय निर्माण की प्रक्रिया अथवा नीति-निर्माण में संलग्नता है।"
- इस प्रकार राजनीतिक सहभागिता लोगों द्वारा उन राजनीतिक क्रियाओं जैसे—मताधिकार का प्रयोग, राजनीतिक दलों की सदस्यता, सार्वजनिक मामलों में अपने विचार प्रकट करना आदि से सम्बन्ध रखती है।

राजनीतिक विकास

- **सैमुअल पी. हंटिंगटन** ने राजनीतिक स्थायित्वों का अनुरक्षण राजनीतिक विकास का अन्तिम लक्ष्य माना है। इसकी मान्यतानुसार राजनीतिक व्यवस्था के भीतरी स्तरों में स्थायित्व को संस्थाकरण एवं सर्वस्वीकृत सहभागिता से उत्पादित पारस्परिक क्रिया के रूप में देखा जाता है। हंटिंगटन ने राजनीतिक विकास के मूल तत्त्वों के रूप में दो पक्षों पर बल दिया है

  (i) राजनीतिक व्यवस्था में उच्चस्तरीय संस्थाकरण तथा लोक सहभागिता का बढ़ता हुआ स्तर।

  (ii) राजनीतिक व्यवस्था, सामाजिक संरचनाओं में प्रत्येक स्तर पर निर्णय प्रक्रिया में जनसहभागिता को स्थायित्व प्रदान करता है।
- **लुसियन डब्ल्यू. पाई.** ने राजनीतिक विकास की तीन मुख्य विशेषताओं का उल्लेख किया है— (i) समानता (ii) क्षमता (iii) विशेषीकरण

निर्वाचन प्रक्रिया

- प्रतिनिधि लोकतन्त्र में निर्वाचन ऐसी प्रक्रिया है जिसके द्वारा किसी समुदाय या संगठन के सदस्य निश्चित नियमों के अनुसार एक या अनेक व्यक्तियों को अपनी ओर से सत्ता का प्रयोग करने के लिए चुनते हैं।
- आधुनिक युग में निर्वाचन राजनीतिक प्रक्रिया का एक महत्त्वपूर्ण अंग है। निर्वाचन के मूलत: दो तरीके हैं—प्रत्यक्ष और अप्रत्यक्ष।
- प्रत्यक्ष निर्वाचन में मतदाता सीधे अपना प्रतिनिधि चुनते हैं। विधानमण्डलों के चुनाव के लिए यह प्रणाली व्यापक रूप से प्रचलित है। भारतीय संसद तथा विधानसभाओं के चुनाव के लिए यही प्रणाली अपनायी जाती है।
- अप्रत्यक्ष निर्वाचन में मतदाता सीधे अपना प्रतिनिधि न चुनकर बल्कि निर्वाचकगण का चुनाव करते हैं, जो आगे चलकर अन्तिम प्रतिनिधि का चुनाव करता है।

मताधिकार के सिद्धान्त

मताधिकार के सिद्धान्त निम्नलिखित हैं

1. जनजातीय सिद्धान्त
2. सामन्ती सिद्धान्त
3. प्राकृतिक सिद्धान्त
4. वैधानिक सिद्धान्त
5. नैतिक सिद्धान्त

कुछ प्रमुख परिभाषाएँ

मौरिस गिंसबर्ग के अनुसार, *"जब अनेक व्यक्तियों के मन परस्पर क्रिया करते हैं तो उससे जिस सामाजिक तत्त्व का निर्माण होता है, वह लोकमत है।"*

लावेल के अनुसार, *"सार्वजनिक या जनमत होने के लिए किसी भी मत को वर्गीय या साम्प्रदायिक नहीं वरन् राष्ट्रीय होना चाहिए।"*

लॉर्ड ब्राइस के अनुसार, *'जनमत मनुष्यों के उन विभिन्न दृष्टिकोणों का योग मात्र है, जो उन सार्वजनिक हितों से सम्बद्ध विषयों के बारे में रुचि रखते हैं।*

राजनीतिक दल

राजनीतिक दल का अर्थ ऐसा संगठन है, जिसके सदस्य अपने देश या समाज के व्यापक हितों को बढ़ावा देने के लिए निश्चित सिद्धान्तों, नीतियों और कार्यक्रम का समर्थन करते हैं, और उन्हें कार्यान्वित करने के उद्देश्य से 'राजनीतिक शक्ति' प्राप्त करना चाहते हैं।

राजनीतिक दलों की परिभाषा

व्यक्तियों के किसी भी समूह को, जो किसी समान उद्देश्य की प्राप्ति के लिए कार्य करता है, दल कहते हैं। यदि उस दल का उद्देश्य राजनीतिक हो तो उसे राजनीतिक दल कहा जाता है।

राजनीतिक दलों की विशेषताएँ या तत्त्व

- संगठन।
- मूलभूत सिद्धान्तों की एकता।
- राष्ट्रीय हित की वृद्धि।
- संवैधानिक उपायों का प्रयोग।

राजनीतिक दलों के कार्य

राजनीतिक दलों के प्रमुख कार्य निम्नलिखित हैं

- सार्वजनिक नीतियों का निर्धारण।
- शासन का संचालन।
- शासन तथा जनता के बीच मध्यस्थ का कार्य।
- शासन की आलोचना।
- लोकमत का निर्माण।
- चुनावों का संचालन।
- सामाजिक और सांस्कृतिक कार्य।
- राजनीतिक प्रशिक्षण।
- दलीय कार्य।

दबाव समूह

दबाव समूह विशेष हितों के साथ जुड़ा ऐसा शक्ति संगठन है, जो अपने सदस्यों के हितों की रक्षा हेतु सार्वजनिक नीतियों को प्रभावित करने की चेष्टा करता है।

दबावकारी समूह की विशेषताएँ

दबावकारी समूह की विशेषताएँ निम्नलिखित हैं

- सीमित उद्देश्य
- सीमित और परस्पर व्यापी सदस्यता
- औपचारिक या अनौपचारिक रूप से संगठित
- संवैधानिक और असंवैधानिक साधनों का प्रयोग
- राजनीतिक और प्रशासन में परोक्ष भूमिका
- अनिश्चित कार्यक्रम
- सर्वव्यापी कार्यक्रम

संविधान का अर्थ

डॉ. फाइनर के अनुसार, *"संविधान आधारभूत राजनीतिक संस्थाओं की व्यवस्था होती है।"*

प्रो. डायसी के अनुसार, *"वे सब कानून संविधान में सम्मिलित होते हैं, जिनका राज्य में प्रभुत्व शक्ति के प्रयोग अथवा वितरण पर प्रत्यक्ष अथवा अप्रत्यक्ष रूप से प्रभाव पड़ता है।"*

संविधान के प्रकार

संविधान के प्रकार निम्नलिखित हैं

निर्मित संविधान इस प्रकार के संविधान का निर्माण किसी निश्चित समय पर तथा किसी संविधान जैसी संस्थाओं द्वारा होता है।

लिखित संविधान लिखित संविधान से तात्पर्य उस संविधान से है जिसकी अधिकांश धाराएँ विधि के रूप में लिपिबद्ध हों।

अलिखित संविधान **गार्नर** के अनुसार, "अलिखित संविधान वह है जिसकी अधिकांश बातें कभी किसी पत्र या लेखपत्रों के संग्रह में लिखी हुई नहीं होतीं।" इंग्लैण्ड का संविधान इसका सर्वश्रेष्ठ उदाहरण है।

सरकार के अंग

1. कार्यपालिका 2. व्यवस्थापिका 3. न्यायपालिका।

कार्यपालिका का अर्थ

- कार्यपालिका शासन की धुरी होती है।
- कार्यपालिका राज्य में कानूनों को क्रियान्वित करती है तथा शासन करती है।

कार्यपालिका के प्रमुख प्रकार

1. राजनीतिक और स्थायी कार्यपालिका 2. नाममात्र की एवं वास्तविक कार्यपालिका 3. वंशानुगत और निर्वाचित कार्यपालिका 4. उत्तरदायी और अनुत्तरदायी कार्यपालिका।

कार्यपालिका का चयन

- पैतृक।
- प्रत्यक्ष निर्वाचन।
- अप्रत्यक्ष निर्वाचन।
- व्यवस्थापिका द्वारा निर्वाचन।
- मनोनयन।

कार्यपालिका के प्रकार–विभिन्न देशों के प्रतिमान

- संसदीय शासन का क्लासिकी इंगलिश प्रतिमान।
- कैबिनेट शासन का आधुनिक इंगलिश प्रतिमान।
- अध्यक्षीय शासन का अमेरिकी प्रतिमान।
- राष्ट्रपतीय शासन का फ्रेंच प्रतिमान।
- प्रधानमन्त्री शासन का नवीनतम इंगलिश और भारतीय प्रतिमान।
- बहुल कार्यपालिका का स्विस प्रतिमान।

कार्यपालिका के प्रमुख कार्य

कार्यपालिका के प्रमुख कार्य निम्नलिखित हैं

- प्रशासकीय कार्य।
- कूटनीतिक कार्य।
- विधि-निर्माण सम्बन्धी कार्य।
- न्यायिक कार्य।
- वित्तीय कार्य।
- अन्य कार्य।

व्यवस्थापिका

- इसे विधायिका भी कहते हैं।
- विभिन्न देशों की व्यवस्थापिका को अलग-अलग नामों से जाना जाता है।

व्यवस्थापिका के कार्य

व्यवस्थापिका के कार्य निम्नलिखित हैं

- विधायी कार्य।
- वित्तीय कार्य।
- कार्यपालिका पर नियन्त्रण।
- न्यायिक कार्य।
- निर्वाचन सम्बन्धी कार्य।
- संविधान संशोधन सम्बन्धी कार्य।

न्यायपालिका

- न्यायपालिका कानूनों की व्याख्या करने वाले तथा इनके उल्लंघन करने वालों को दण्ड देने वाला शासन का अंग है।
- यह उन व्यक्तियों का समूह है जिन्हें कानून के अनुसार समाज के विवादों को हल करने का अधिकार प्राप्त रहता है।

न्यायपालिका के प्रमुख कार्य

न्यायपालिका के प्रमुख कार्य निम्नलिखित हैं

- न्याय प्रशासन।
- नागरिक अधिकारों की रक्षा करना।
- अभियोगों के निर्णय।
- सरकार के कार्यों को औचित्य प्रदान करना।
- कानूनों की व्याख्या करना।
- संविधान की रक्षा।
- परामर्श देना।
- अन्य कार्य।

भारतीय राजव्यवस्था एवं संविधान

- संविधान शब्द की उत्पत्ति लैटिन शब्द 'कान्स्टीट्यूरे' से हुई है, जिसका अर्थ प्रबन्ध करना, व्यवस्था करना या आयोजन करना होता है।
- भारतीय संविधान के ऐतिहासिक विकास का काल 1600 ई. से प्रारम्भ होता है। इसी वर्ष इंग्लैण्ड में ईस्ट इण्डिया कम्पनी की स्थापना हुई थी।
- सन् 1895 ई. में बाल गंगाधर तिलक ने स्वराज्य विधेयक का प्रारूप प्रस्तुत किया। उसके बाद 1922 ई. में महात्मा गाँधी तथा 1934 ई. में जवाहरलाल नेहरू ने भारतीय संविधान के निर्माण के लिए संविधानसभा के गठन की माँग की।
- संविधान सभा की प्रथम बैठक 9 दिसम्बर, 1946 को हुई थी।
- प्रथम बैठक के दौरान संविधान सभा का अस्थायी अध्यक्ष डॉ. सच्चिदानन्द सिन्हा को चुना गया था। संविधान सभा का गठन कैबिनेट मिशन योजना के प्रस्तावों के अनुसार किया गया था।
- 11 दिसम्बर, 1946 को गठित संविधानसभा का स्थायी अध्यक्ष डॉ. राजेन्द्र प्रसाद को नियुक्त किया गया था।
- संविधान सभा द्वारा संविधान निर्माण में 2 वर्ष, 11 महीने, 18 दिन का समय लगा था। संविधान सभा के संवैधानिक सलाहकार पद पर श्री बी.एन. राव को नियुक्त किया गया था।
- 13 दिसम्बर, 1946 को पं. जवाहर लाल नेहरू के द्वारा संविधान सभा में भारतीय संविधान के उद्देश्य प्रस्तावों को प्रस्तुत किया गया।
- सन् 1947 के अगस्त में गठित प्रारूप समिति (Drafting Committee) का अध्यक्ष डॉ. बी. आर. अम्बेडकर को बनाया गया।

संविधान निर्माण से जुड़े महत्त्वपूर्ण तथ्य

- भारत के लिए संविधान की रचना हेतु संविधान सभा का विचार सर्वप्रथम स्वराज पार्टी ने 1934 ई. में दिया।
- संविधान सभा के सदस्यों का चुनाव प्रान्तीय सभाओं द्वारा हुआ।
- भारत को एक संविधान देने का प्रस्ताव संविधान सभा द्वारा 22 जनवरी, 1947 को पारित किया गया।
- 13 दिसम्बर को नेहरू ने उद्देश्य प्रस्ताव पेश किया जिसे 22 जनवरी, 1947 को सभा ने स्वीकार कर लिया।
- डॉ. अम्बेडकर को भारतीय संविधान का जनक कहा गया है।
- संविधान सभा की बैठक केवल 167 दिन तक ही चली।
- भारत की संविधान सभा ने राष्ट्रीय ध्वज को सर्वप्रथम 22 जुलाई, 1947 को स्वीकार किया।
- बी आर अम्बेडकर का संविधान सभा में निर्वाचन 'बम्बई प्रेसीडेन्सी' से हुआ था।
- संविधान सभा में 'जन-गण-मन' भारत के राष्ट्रगान के रूप में 24 जनवरी, 1950 को अपनाया गया था।
- संविधान सभा में वयस्क मताधिकार का 15 वर्ष के लिए स्थगन करने की बात मौलाना आजाद ने की थी।
- संविधान सभा के कुल 11 सत्र आयोजित किए गए।

- भारत ने संविधान को 26 नवम्बर, 1949 को अंगीकार किया।
- सम्पूर्ण संविधान 26 जनवरी, 1950 को लागू किया गया।
- भारतीय संविधान का पिता डॉ. बी. आर. अम्बेडकर को कहा जाता है।
- भारत को 26 जनवरी, 1950 को गणराज्य घोषित किया गया।
- गणराज्य का अर्थ है कि राष्ट्र का राष्ट्राध्यक्ष निर्वाचित होगा, आनुवंशिक नहीं।
- जब संविधान लागू हुआ तब उसमें 395 अनुच्छेद तथा 8 अनुसूचियाँ थीं।
- उद्देशिका में सम्पूर्ण प्रभुत्व सम्पन्न, समाजवादी, पन्थ निरपेक्ष, लोकतन्त्रात्मक गणराज्य, सामाजिक, आर्थिक और राजनीतिक न्याय, विचार एवं अभिव्यक्ति, धर्म, उपासना की स्वतन्त्रता, प्रतिष्ठा तथा अवसर की समता, व्यक्ति की गरिमा, राष्ट्र की एकता और अखण्डता आदि प्रमुख शब्द हैं।

महत्त्वपूर्ण तथ्य

संविधान सभा की महत्त्वपूर्ण समितियाँ, उनके अध्यक्ष व सदस्य संख्या

- संघ शक्ति समिति–अध्यक्ष पं. जवाहरलाल नेहरू, सदस्य 9 ।
- मूल अधिकार और अल्पसंख्यक समिति–54 सदस्य, अध्यक्ष सरदार वल्लभ भाई पटेल।
- कार्य संचालन समिति-3 सदस्य, अध्यक्ष डॉ. के.एम. मुन्शी, श्री गोपालस्वामी आयंगर और श्री विश्वनाथ दास।
- प्रान्तीय संविधान समिति-25 सदस्य, अध्यक्ष सरदार वल्लभ भाई पटेल।
- संघ संविधान समिति-15 सदस्य, अध्यक्ष पं. नेहरू।
- संविधान सभा के सलाहकार -बी.एन. राव।
- प्रारूप समिति (Draft Committee) का गठन-29 अगस्त, 1947, अध्यक्ष डॉ. बी.आर. अम्बेडकर।

सदस्य – एन. गोपालस्वामी आयंगर
– अल्लादि कृष्णा स्वामी अय्यर
– के.एम. मुन्शी
– सैयद मुहम्मद सादुल्ला
– एन. माधव राव (इन्हें बी.एल. मिश्र के स्थान पर नियुक्त किया गया था, जो थोड़े दिन तक सदस्य रहे थे)
– डी.पी. खेतान (सन् 1948 में इनकी मृत्यु के पश्चात् टी.टी. कृष्णामाचारी को सदस्य बनाया गया)

संविधान के विभिन्न स्रोत

स्रोत	विशेषताएँ
भारत शासन अधिनियम, 1935	संघीय तन्त्र, राज्यपाल का कार्यालय, न्यायपालिका, लोक सेवा आयोग, आपातकालीन उपबन्ध व प्रशासनिक विवरण।
ब्रिटेन का संविधान	संसदीय शासन, विधि का शासन, विधायी प्रक्रिया, एकल नागरिकता, मन्त्रिमण्डल प्रणाली, परमाधिकार लेख, संसदीय विशेषाधिकार और द्विसदनवाद।
संयुक्त राज्य अमेरिका का संविधान	मूल अधिकार, न्यायपालिका का स्वतन्त्रता, न्यायिक पुनरावलोकन का सिद्धान्त, उप-राष्ट्रपति का पद, उच्चतम न्यायालय और उच्च न्यायालय के न्यायाधीशों का पद से हटाया जाना और राष्ट्रपति पर महाभियोग।
आयरलैण्ड का संविधान	राज्य के नीति-निदेशक सिद्धान्त, राष्ट्रपति की निर्वाचन पद्धति और राज्य समिति के लिए सदस्यों का नामांकन।

स्रोत	विशेषताएँ
कनाडा का संविधान	सशक्त केन्द्र के साथ संघीय व्यवस्था, अवशिष्ट शक्तियों का केन्द्र में निहित होना, केन्द्र द्वारा राज्य के राज्यपालों की नियुक्ति और उच्चतम न्यायालय का परामर्शी न्याय निर्णयन।
ऑस्ट्रेलिया का संविधान	समवर्ती सूची, व्यापार, वाणिज्य और समागम की स्वतन्त्रता और संसद के दोनों सदनों की संयुक्त बैठक।
जर्मनी का वाइमर संविधान	आपातकाल के समय मूल अधिकारों का स्थगन।
सोवियत संघ (पूर्व) का संविधान	मूल कर्त्तव्य और प्रस्तावना में न्याय (सामाजिक, आर्थिक एवं राजनीतिक) का आदर्श।
फ्रांस का संविधान	गणतन्त्रात्मक और प्रस्तावना में स्वतन्त्रता, समता और बन्धुता के आदर्श।
दक्षिणी अफ्रीका का संविधान	संविधान में संशोधन की प्रक्रिया और राज्यसभा के सदस्यों का निर्वाचन।
जापान का संविधान	विधि द्वारा स्थापित प्रक्रिया।

विभिन्न देशों के संविधानों में अनुच्छेद

- अमेरिका के संविधानों में केवल 7 अनुच्छेद हैं।
- कनाडा के संविधान में केवल 147 अनुच्छेद हैं।
- दक्षिण अफ्रीका के संविधान में केवल 253 अनुच्छेद हैं।
- ऑस्ट्रेलिया के संविधान में 128 अनुच्छेद हैं।

भारतीय संविधान की विशेषताएँ

भारतीय संविधान की विशेषताएँ निम्नलिखित हैं

- लोकप्रिय प्रभुसत्ता पर आधारित संविधान
- निर्मित, लिखित एवं सर्वाधिक व्यापक संविधान
- सम्पूर्ण प्रभुत्वसम्पन्न लोकतान्त्रिक गणराज्य
- समाजवादी राज्य
- धर्मनिरपेक्ष राज्य (पन्थनिरपेक्ष राज्य)
- विधि के शासन की स्थापना
- कठोरता और लचीलेपन का समन्वय
- संसदात्मक शासन व्यवस्था
- एकात्मक लक्षणों सहित संघात्मक शासन
- संसदीय प्रभुता तथा न्यायिक सर्वोच्चता में समन्वय
- मौलिक अधिकार और मूल कर्त्तव्य
- राज्य के नीति-निदेशक तत्त्व
- स्वतन्त्र न्यायपालिका और अन्य अभिकरण
- साम्प्रदायिक प्रतिनिधित्व का अन्त और वयस्क मताधिकार का प्रारम्भ
- एकल नागरिकता
- अल्पसंख्यक तथा पिछड़े वर्गों के कल्याण की विशेष व्यवस्था
- सामाजिक समानता की स्थापना
- कल्याणकारी राज्य की स्थापना का आदर्श
- एक राष्ट्रभाषा की समस्या
- निर्वाचन
- शक्तिशाली केन्द्र की स्थापना
- संविधान की आधारिक संरचना
- अनेक संविधानों पर आधारित आधुनिक संविधान

भारतीय संविधान की प्रस्तावना

हम भारत के लोग, भारत को एक सम्पूर्ण प्रभुत्व सम्पन्न समाजवादी, पन्थनिरपेक्ष लोकतन्त्रात्मक गणराज्य बनाने के लिए तथा उसके समस्त नागरिकों को सामाजिक-आर्थिक और राजनैतिक न्याय, विचार, अभिव्यक्ति, विश्वास, धर्म और उपासना की स्वतन्त्रता, प्रतिष्ठा और अवसर की समता प्राप्त कराने के लिए तथा उन सब में व्यक्ति की गरिमा और राष्ट्र की एकता और अखण्डता सुनिश्चित करने की बन्धुता बढ़ाने के लिए दृढ़ संकल्प होकर अपनी इस संविधान सभा में आज तारीख 26 नवम्बर, 1949 (भिति मार्गशीष शुक्ल सप्तमी, सम्वत् दो हजार छह विक्रमी) को एतद् द्वारा इस संविधान को अंगीकृत, अधिनियमित और आत्मार्पित करते हैं।

मूल अधिकार

I. समानता का अधिकार (अनुच्छेद 14-18)

- विधि के समक्ष समता और विधि का संरक्षण (अनुच्छेद 14)
- धर्म, मूलवंश, जाति, लिंग या जन्म स्थान के आधार पर विभेद का प्रतिषेध (अनुच्छेद 15)
- लोक नियोजन के विषय में अवसर की समता (अनुच्छेद 15)
- अस्पृश्यता का अन्त (अनुच्छेद 17)
- उपाधियों का अन्त (अनुच्छेद 18)

II. स्वतन्त्रता का अधिकार (अनुच्छेद 19-22)

- वाक् स्वतन्त्रता के लिए दोषसिद्ध के सम्बन्ध में संरक्षण (अनुच्छेद 19)
- अपराधों के लिए दोषसिद्ध के सम्बन्ध में संरक्षण (अनुच्छेद 20)
- प्राण और दैहिक स्वतन्त्रता का संरक्षण (अनुच्छेद 21)
- कुछ दशाओं में गिरफ्तारी और निरोध में संरक्षण (अनुच्छेद 22)

III. शोषण के विरुद्ध अधिकार (अनुच्छेद 23-24)

- मानव के दुर्व्यापार और बलात् श्रम का प्रतिषेध (अनुच्छेद 23)
- कारखानों आदि में बालकों के नियोजन का प्रतिषेध (अनुच्छेद 24)

IV. धर्म की स्वतन्त्रता का अधिकार (अनुच्छेद 25-28)

- अन्त:करण और धर्म के अबाध रूप में मानने, आचरण और प्रचार करने की स्वतन्त्रता (अनुच्छेद 25)
- धार्मिक कार्यों के प्रबन्ध की स्वतन्त्रता (अनुच्छेद 26)
- किसी विशिष्ट धर्म की अभिवृद्धि के लिए करों के बारे में संदाय की स्वतन्त्रता (अनुच्छेद 27)
- कुछ शिक्षा संस्थाओं में धार्मिक उपासना में उपस्थित होने के बारे में स्वतन्त्रता (अनुच्छेद 28)

V. संस्कृति और शिक्षा सम्बन्धी अधिकार (अनुच्छेद 29-30)

- अल्पसंख्यक वर्गों के हितों का संरक्षण (अनुच्छेद 29)
- शिक्षण संस्थाओं की स्थापना और प्रशासन करने का अल्पसंख्यक वर्गों का अधिकार (अनुच्छेद 30)

VI. संवैधानिक उपचारों का अधिकार

(अनुच्छेद 32 भारतीय संविधान की आत्मा)

मूल अधिकारों को प्रवर्तित करने के लिए उपचार।

राज्य के नीति–निदेशक तत्त्वों का वर्गीकरण

राज्य के नीति-निदेशक तत्त्वों को सुविधा के अनुसार निम्नलिखित भागों में विभाजित कर सकते हैं

- लोक कल्याणकारी तथा समाजवादी राज्य की स्थापना करने वाले सिद्धान्त
- गाँधीवादी विचारधारा से सम्बन्धित नीति-निदेशक तत्त्व
- अन्तर्राष्ट्रीय शान्ति को बढ़ावा देने वाले तत्त्व
- 42वें संविधान संशोधन द्वारा जोड़े गए नीति-निदेशक तत्त्व
- 44वें संविधान संशोधन द्वारा जोड़े गए नीति-निदेशक तत्त्व
- 86वें संविधान संशोधन 2002 द्वारा संशोधन

राज्य के नीति-निदेशक तत्त्व (अनुच्छेद 36-51) **महत्त्वपूर्ण उद्देश्य**

अनुच्छेद 36	परिभाषा
अनुच्छेद 37	इस भाग में अन्तर्विष्ट तत्त्वों का लागू होना
अनुच्छेद 38	राज्य लोक-कल्याण की अभिवृद्धि के लिए सामाजिक व्यवस्था करेगा
अनुच्छेद 39	राज्य द्वारा अनुसरणीय कुछ नीति तत्त्व अनुच्छेद 39 (क) समान न्याय और निःशुल्क विधिक सहायता (42वाँ संविधान संशोधन अधिनियम, 1976)
अनुच्छेद 40	ग्राम पंचायतों का संगठन
अनुच्छेद 41	कुछ दशाओं में काम, शिक्षा और लोक सहायता पाने का अधिकार
अनुच्छेद 42	काम की न्यायसंगत और मानवोचित दशाओं का तथा प्रसूति सहायता का उपबन्ध
अनुच्छेद 43	कर्मकारों के लिए निर्वाह मजदूरी आदि
अनुच्छेद 43 क	उद्योगों के प्रबन्ध में कर्मकारों का भाग लेना (42वाँ संशोधन)
अनुच्छेद 44	नागरिकों के लिए समान सिविल संहिता
अनुच्छेद 45	बालकों को निःशुल्क और अनिवार्य शिक्षा का उपबन्ध
अनुच्छेद 46	अनुसूचित जाति, अनुसूचित जनजातियों और अन्य दुर्बल वर्गों के शिक्षा और अर्थ सम्बन्धी हितों की अभिवृद्धि
अनुच्छेद 47	पोषाहार स्तर और जीवन स्तर को ऊँचा करने तथा लोक स्वास्थ्य का सुधार करने का राज्य का कर्त्तव्य
अनुच्छेद 48	कृषि और पशुपालन का संगठन
अनुच्छेद 48 (क)	पर्यावरण का संरक्षण तथा सम्वर्द्धन और वन तथा वन्य जीवों की रक्षा (42वें संशोधन)
अनुच्छेद 49	राष्ट्रीय महत्त्व के संस्मारकों, स्थानों और वस्तुओं का संरक्षण
अनुच्छेद 50	कार्यपालिका का न्यायपालिका का पृथक्करण
अनुच्छेद 51	अन्तर्राष्ट्रीय शान्ति और सुरक्षा की अभिवृद्धि

मूल कर्त्तव्य

- सन् 1950 में लागू किए गए भारतीय संविधान में नागरिकों के केवल अधिकारों का ही उल्लेख किया गया था, मूल कर्त्तव्यों का नहीं।
- लेकिन 1976 ई. में संविधान में व्यापक संशोधन करते समय यह अनुभव किया गया कि संविधान में नागरिकों के मूल कर्त्तव्यों का भी उल्लेख किया जाना चाहिए।
- 86वें संशोधन के द्वारा 11वाँ कर्त्तव्य जोड़ा गया था।
- संविधान के चतुर्थ भाग के बाद भाग 'चतुर्थ-अ' जोड़ा गया, जिसमें मूल कर्त्तव्यों की व्यवस्था की गई है।

ये 11 मूल कर्त्तव्य निम्नलिखित हैं

1. भारत के प्रत्येक नागरिक का यह कर्त्तव्य होगा कि वह संविधान का पालन करे और उसके आदर्शों, संस्थानों, राष्ट्रध्वज और राष्ट्रगान का सम्मान करे।
2. स्वतन्त्रता के लिए हमारे राष्ट्रीय आन्दोलन को प्रेरित करने वाले उच्च आदर्शों को हृदय में संजोए रखे और उनका पालन करे।
3. भारत की सम्प्रभुता, एकता और अखण्डता की रक्षा करे और उसे अक्षुण्ण बनाए रखे।
4. देश की रक्षा करे और आह्वान किए जाने पर राष्ट्र की सेवा करे।
5. भारत के सभी लोगों में समरसता और समान भ्रातृत्व की भावना का निर्माण करे, जो धर्म, भाषा, प्रदेश या वर्ग पर आधारित सभी प्रकार के भेदभाव से परे हो और ऐसी प्रथाओं का त्याग करे, जो स्त्रियों के सम्मान के विरुद्ध हैं।
6. हमारी सामाजिक संस्कृति की गौरवशाली परम्परा का महत्त्व समझे और उसका परिरक्षण करे।
7. प्राकृतिक पर्यावरण की, जिसके अन्तर्गत वन, झील, नदी और अन्य जीव भी हैं, रक्षा करे और उनका संवर्द्धन करे तथा प्राणिमात्र के प्रति दया का भाव रखे।
8. वैज्ञानिक दृष्टिकोण, मानववाद और ज्ञानार्जन तथा सुधार की भावना का विकास करे।
9. सार्वजनिक सम्पत्ति को सुरक्षित रखे व हिंसा से दूर रहे।
10. व्यक्तिगत और सामूहिक गतिविधियों से सभी क्षेत्रों में निरन्तर उत्कर्ष की ओर बढ़ने का सतत प्रयास करे, जिससे राष्ट्र निरन्तर आगे बढ़ते हुए प्रयत्न और उपलब्धि की नवीन ऊँचाइयों को छू सके।
11. 6-14 वर्ष की आयु के बच्चों के माता-पिता, अभिभावक या संरक्षक को अपने बच्चों को शिक्षा दिलाने का अवसर उपलब्ध कराना चाहिए।

संघीय कार्यपालिका

भारतीय संविधान के **भाग-V** के **अध्याय-1** (अनुच्छेद 52-78 तक) के अधीन संघीय कार्यपालिका का उल्लेख किया गया है। भारत संघ की कार्यपालिका राष्ट्रपति, उपराष्ट्रपति, प्रधानमन्त्री, मन्त्रिपरिषद् तथा महान्यायवादी से मिलकर बनती है। अनुच्छेद 73 के अनुसार, संघ की कार्यपालिका शक्ति का विस्तार उन विषयों तक होगा, जिनके सम्बन्ध में संसद कानून बना सकती है और उन समस्त अधिकारों के प्रयोग तक होगा जो किसी अन्तर्राष्ट्रीय सन्धि या समझौते के आधार पर भारत सरकार को प्राप्त होगी।

राष्ट्रपति

भारतीय संविधान के **अनुच्छेद 52** में 'राष्ट्रपति' पद का प्रावधान किया गया। केन्द्र की समस्त कार्यपालिका शक्तियाँ उसमें निहित होती हैं। वह भारत का **प्रथम नागरिक** होता है।

अनिवार्य योग्यताएँ

भारतीय संविधान के अनुसार,

- वह भारत का नागरिक हो।
- उसकी आयु 35 वर्ष से कम न हो।
- लोकसभा का सदस्य निर्वाचित होने की योग्यता रखता हो।
- भारत या राज्य सरकार के अधीन किसी लाभ के पद पर आसीन न हो।

निर्वाचन

राष्ट्रपति का निर्वाचन निम्न प्रकार किया जाता है

- राष्ट्रपति उम्मीदवार के लिए निर्वाचक मण्डल के 50 सदस्य प्रस्तावक के रूप में तथा 50 सदस्य अनुमोदक के रूप में आवश्यक माने जाते हैं।
- राष्ट्रपति के निर्वाचक मण्डल में लोकसभा, राज्यसभा तथा राज्यों व संघीय क्षेत्रों की विधानसभाओं के केवल निर्वाचित सदस्य शामिल होते हैं। निर्वाचक मण्डल में संसद के मनोनीत सदस्य, राज्य

विधानसभाओं के मनोनीत सदस्य तथा राज्य विधानपरिषदों के सदस्य शामिल नहीं किए जाते। राष्ट्रपति का चुनाव **अप्रत्यक्ष रूप** से **एकल संक्रमणीय** मत पद्धति द्वारा समानुपातिक प्रणाली के आधार पर होता है।

- मतदान गुप्त मतपत्र द्वारा होता है और चुनाव में सफलता प्राप्त करने के लिए उम्मीदवार को 'न्यूनतम कोटा' प्राप्त होना आवश्यक होता है।

$$\text{न्यूनतम कोटा} = \frac{\text{दिए गए मतों की संख्या}}{\text{राष्ट्रपति पद हेतु प्रत्याशियों की संख्या}} + 1$$

निर्वाचक के मत का मूल्य

- राष्ट्रपति पद पर निर्वाचित घोषित होने के लिए वैध मतों की संख्या 50% से अधिक होनी चाहिए।
- राष्ट्रपति चुनाव के विषय में यदि कोई विवाद उत्पन्न हो, तो केवल सर्वोच्च न्यायालय को ही इस मामले में हस्तक्षेप का अधिकार है।
- एक निर्वाचित विधानसभा के सदस्य के मत का मूल्य

$$= \frac{\text{राज्य की कुल जनसंख्या}}{\text{राज्य विधानसभा के निर्वाचित सदस्यों की संख्या}} \times \frac{1}{1000}$$

- एक संसद सदस्य के मत का मूल्य

$$= \frac{\text{सभी राज्यों के विधायकों के मतों का कुल मूल्य}}{\text{संसद के दोनों सदनों के निर्वाचित सदस्यों की संख्या}}$$

कार्य व शक्तियाँ

राष्ट्रपति के कार्य व शक्तियाँ निम्नलिखित हैं

- कार्यपालिका सम्बन्धी शक्तियों में महत्त्वपूर्ण अधिकारियों की नियुक्ति व पदच्युति, शासन संचालन सम्बन्धी शक्ति, सैनिक क्षेत्र में शक्ति इत्यादि।
- विधायी शक्तियों में विधायी क्षेत्रों का प्रशासन, सदस्यों का मनोनयन, अध्यादेश जारी करने की शक्ति आदि।
- संकटकालीन शक्तियों में आपातकालीन शक्तियाँ।
- राष्ट्रपति पद की रिक्ति को छः महीने के अन्दर भरना होता है।

पद त्याग

राष्ट्रपति निम्न दशाओं में पाँच वर्ष से पहले भी पद त्याग कर सकता है

- उपराष्ट्रपति को सम्बोधित अपने त्यागपत्र द्वारा।
- महाभियोग द्वारा हटाए जाने पर (अनुच्छेद 56 एवं 61)

भारत के राष्ट्रपति

नाम	कार्यकाल	प्रमुख तथ्य
डॉ.राजेन्द्र प्रसाद	1950 -1962	प्रथम राष्ट्रपति, सर्वाधिक अवधि (12 वर्ष) तक, संविधान सभा के अध्यक्ष
डॉ. राधाकृष्णन्	1962-1967	उपराष्ट्रपति
डॉ. जाकिर हुसैन	1967-1969	प्रथम मुस्लिम राष्ट्रपति, सबसे कम अवधि, कार्यकाल के दौरान मृत्यु
वी. वी. गिरि (कार्यवाहक)	1969 -1969	उपराष्ट्रपति
एम. हिदायतुल्ला	1969 -1969	राष्ट्रपति पद की शपथ लेने वाले सर्वोच्च न्यायालय के एकमात्र मुख्य न्यायाधीश
वी.वी.गिरि	1969-1974	एकमात्र राष्ट्रपति जिनके निर्वाचन में द्वितीय चक्र की मतगणना करनी पड़ी
फखरुद्दीन अली अहमद	1974-1977	केन्द्रीय मन्त्री, कार्यकाल के दौरान मृत्यु
बी.डी.जत्ती (कार्यवाहक)	1977-1977	कार्यवाहक राष्ट्रपति
नीलम संजीव रेड्डी	1977-1982	सबसे कम आयु के व एकमात्र निर्विरोध निर्वाचित, 1969 में पराजित
ज्ञानी जैलसिंह	1982-1987	प्रथम सिख राष्ट्रपति
आर. वेंकट रमन	1987-1992	सर्वाधिक कम आयु के राष्ट्रपति
डॉ. शंकर दयाल शर्मा	1992-1997	उपराष्ट्रपति (4 प्रधानमन्त्रियों के साथ काम)
के.आर. नारायणन	1997-2002	प्रथम दलित
डॉ. ए. पी. जे. अब्दुल कलाम	2002-2007	राष्ट्रपति बनने वाले प्रथम वैज्ञानिक
प्रतिभा देवीसिंह पाटिल	2007-2012	प्रथम महिला राष्ट्रपति
प्रणब मुखर्जी	2012-2017	पहले ऐसे वित्त मन्त्री जिन्होंने राष्ट्रपति पद की शपथ ली।
रामनाथ कोविन्द	2017-2022	राष्ट्रपति बनने से पूर्व बिहार के राज्यपाल रहे।
द्रोपदी मुर्मू	2022 से वर्तमान	प्रथम अनुसूचित जनजातीय महिला राष्ट्रपति हैं।

- राष्ट्रपति, मुख्य न्यायाधीश की उपस्थिति में शपथ लेता है तथा मुख्य न्यायाधीश की अनुपस्थिति में सर्वोच्च न्यायालय के सबसे वरिष्ठ न्यायाधीश की उपस्थिति में।
- राष्ट्रपति का वेतन संचित निधि पर भारित तथा आयकर से मुक्त होता है।
- वह अपना त्याग-पत्र उपराष्ट्रपति को सौंप सकता है।

राष्ट्रपति की वीटो (निषेधाधिकार) शक्तियाँ

भारत के राष्ट्रपति को तीन प्रकार की वीटो शक्ति प्राप्त हैं

1. अत्यन्तिक वीटो 2. निलम्बनकारी वीटो 3. जेबी वीटो

विवादास्पद भारतीय डाक (संशोधन) विधेयक, 1986 के सम्बन्ध में तत्कालीन राष्ट्रपति ज्ञानी जैलसिंह द्वारा जेबी वीटो का प्रयोग किया गया। भारत में किसी राष्ट्रपति द्वारा जेबी वीटो का यह प्रथम प्रयोग था।

महाभियोग (अनुच्छेद 61)

राष्ट्रपति को उसकी पदावधि की समाप्ति के पूर्व संविधान के उल्लंघन के आरोप में महाभियोग लगाकर पदमुक्त किया जा सकता है। संसद के किसी भी सदन में महाभियोग की प्रक्रिया 14 दिन की पूर्व सूचना के साथ शुरू की जा सकती है। बशर्ते उस सदन के एक चौथाई सदस्य लिखित प्रस्ताव द्वारा सहमति व्यक्त करें। आरोपों का अन्वेषण अनिवार्य रूप से किया जाना चाहिए। इस दौरान राष्ट्रपति को अपना पक्ष प्रस्तुत करने का अधिकार है। यदि संसद के दोनों सदन दो-तिहाई बहुमत से प्रस्ताव पारित कर देते हैं, तो राष्ट्रपति को पदमुक्त किया जा सकता है।

उपराष्ट्रपति

भारतीय संविधान के **अनुच्छेद 63** में उपराष्ट्रपति पद का प्रावधान है, जो **अनुच्छेद 64** के तहत 'राज्यसभा' का पदेन सभापति होता है।

अनिवार्य योग्यताएँ

भारतीय संविधान के अनुसार,

- वह भारत का नागरिक हो।
- उसकी आयु 35 वर्ष से कम न हो।
- वह राज्यसभा का सदस्य चुने जाने की योग्यता रखता हो।

निर्वाचन

संविधान के **अनुच्छेद 66** के अनुसार, उपराष्ट्रपति का निर्वाचन, संसद के दोनों सदनों के निर्वाचित सदस्यों से मिलकर बनाए गए 'निर्वाचक मण्डल' द्वारा किए जाने का प्रावधान है। यह निर्वाचन **अप्रत्यक्ष** रूप से **समानुपातिक प्रतिनिधित्व पद्धति** के अनुसार **एकल संक्रमणीय** मत द्वारा किया जाता है।

कार्यकाल

उपराष्ट्रपति का कार्यकाल 5 वर्ष निर्धारित किया गया है किन्तु यदि वह चाहे तो निर्धारित कार्यकाल से पूर्व भी राष्ट्रपति को अपना इस्तीफा दे सकता है।

वेतन एवं भत्ते

उपराष्ट्रपति को संसद द्वारा निर्धारित वेतन व भत्ते राज्यसभा सभापति के रूप में कार्य करने के लिए मिलते हैं।

कार्य व शक्तियाँ

उपराष्ट्रपति के कार्य व शक्तियाँ निम्नलिखित हैं

भारतीय संविधान में 'सामान्य स्थिति' में कोई कार्य या दायित्व उपराष्ट्रपति को नहीं सौंपा गया। भारतीय संविधान के अनुच्छेद 65 के अन्तर्गत राष्ट्रपति की अनुपस्थिति में उपराष्ट्रपति, राष्ट्रपति के रूप में कार्य करता है। जब वह राष्ट्रपति के रूप में कार्य करता है, तो उसे राष्ट्रपति के रूप में वेतन-भत्ते व अन्य सुविधाएँ प्राप्त होती हैं किन्तु जब वह राज्यसभा के सभापति के रूप में कार्य करता है, तो उसे राज्यसभा के सभापति के रूप में वेतन व अन्य सुविधाएँ प्राप्त होती हैं न कि उपराष्ट्रपति के रूप में।

पदच्युति

भारतीय संविधान के अनुच्छेद 67, 68 और 71 के अनुसार, उपराष्ट्रपति को ऐसे संकल्प द्वारा हटाया जा सकता है, जिसे राज्यसभा के तत्कालीन समस्त सदस्यों के बहुमत से पारित किया गया हो और जिसे लोकसभा की सहमति प्राप्त हो।

भारत के उपराष्ट्रपति

नाम	कार्यकाल	प्रमुख तथ्य
डॉ. एस.राधाकृष्णन्*	1952-1962	प्रथम उपराष्ट्रपति, सर्वाधिक लम्बा कार्यकाल (10 वर्ष) यूजीसी के प्रथम अध्यक्ष
डॉ.जाकिर हुसैन*	1962-1967	–
वी.वी.गिरि*	1967-1969	सबसे कम पदावधि (2 वर्ष)
जी.एस. पाठक	1969-1974	–
बी.डी.जत्ती	1974-1979	–
मो. हिदायतुल्ला	1979-1984	–
आर. वेंकट रमन*	1984-1987	–
डॉ.एस.डी शर्मा*	1987-1992	–
के.आर. नारायणन	1992-1997	–
कृष्णकान्त	1997-2002	कार्यकाल के दौरान मृत्यु
भैरों सिंह शेखावत	2002-2007	–
मोहम्मद हामिद अंसारी	2007-2017	अल्पसंख्यक आयोग के पूर्व अध्यक्ष
वेंकैया नायडू	2017-2022	–
जगदीप धनखड़	2022 से वर्तमान	–

मन्त्रिपरिषद्

- भारतीय संविधान में अनुच्छेद 74 में राष्ट्रपति को सलाह देने के लिए एक मन्त्रिपरिषद् का प्रावधान किया गया।
- केन्द्र और राज्य मन्त्रिपरिषद् की सदस्य संख्या लोकसभा (केन्द्र के लिए) और विधानसभा (राज्यों के लिए) की कुल संख्या की 15% से अधिक नहीं होनी चाहिए तथापि छोटे राज्यों के लिए न्यूनतम संख्या 12 निर्धारित की गई है।
- मन्त्रिपरिषद् में प्रधानमन्त्री, कैबिनेट मन्त्री, राज्यमन्त्री और उपमन्त्री इन चारों श्रेणियों के मन्त्री शामिल होते हैं लेकिन मन्त्रिमण्डल में प्रधानमन्त्री और कैबिनेट स्तर के मन्त्री ही सम्मिलित होते हैं।
- मन्त्रिपरिषद् सामूहिक रूप से लोकसभा के प्रति उत्तरदायी होता है।
- लोकसभा, राज्यसभा व विधानसभा के साथ मिलकर राष्ट्रपति व उपराष्ट्रपति के निर्वाचन में भाग लेती है।

प्रधानमन्त्री

अनुच्छेद 74 के तहत मन्त्रिपरिषद् के प्रधान के रूप में प्रधानमन्त्री का उल्लेख किया गया है।

नियुक्ति

प्रधानमन्त्री की नियुक्ति (अनुच्छेद 75) राष्ट्रपति द्वारा की जाती है। सामान्य परिस्थितियों में राष्ट्रपति **बहुमत दल के नेता** को प्रधानमन्त्री के रूप में नियुक्त करता है परन्तु किसी भी दल को बहुमत ने प्राप्त होने की स्थिति में प्रधानमन्त्री की नियुक्ति में राष्ट्रपति अपने विवेक से किसी भी दल के नेता को आमन्त्रित कर सकता है।

कार्य व शक्तियाँ

प्रधानमन्त्री के कार्य व शक्तियाँ निम्नलिखित हैं

- प्रधानमन्त्री द्वारा मन्त्रियों की नियुक्ति एवं पदच्युति की अनुशंसा राष्ट्रपति को की जाती है।
- देश की वित्त व्यवस्था एवं वार्षिक बजट निर्धारित करने में भी प्रधानमन्त्री की भूमिका होती है।
- वह किसी भी समय लोकसभा के विघटन की अनुशंसा राष्ट्रपति से कर सकता है।
- उसके द्वारा मन्त्रियों के बीच मन्त्रालयों का आवण्टन तथा पुन: परिवर्तन किया जाता है।
- प्रधानमन्त्री मन्त्रिपरिषद् की बैठकों की अध्यक्षता करता है तथा उसके निर्णयों को प्रभावित करता है।
- संविधान के अनुच्छेद 78 के अनुसार, वह प्रशासन तथा विधान सम्बन्धी सभी निर्णयों की सूचना राष्ट्रपति को देता है।
- महत्त्वपूर्ण पदाधिकारियों यथा भारत का महान्यायवादी, भारत का नियन्त्रक एवं महालेखा परीक्षक, निर्वाचन आयुक्त, संघ लोक सेवा आयोग के अध्यक्ष तथा अन्य सदस्यगण, वित्त आयोग के अध्यक्ष व अन्य सदस्यगण आदि की नियुक्तियों के सम्बन्ध में राष्ट्रपति को सलाह देता है।

स्मरणीय तथ्य

- प्रथम प्रधानमन्त्री (1947-1964) जवाहरलाल नेहरू
- प्रथम महिला प्रधानमन्त्री (1966-1977) श्रीमती इन्दिरा गाँधी
- प्रथम गैर-कांग्रेसी प्रधानमन्त्री (1977-1979) श्री मोरारजी देसाई
- लोकसभा का सामना न करने वाले प्रधानमन्त्री (1997-1980) चौधरी चरण सिंह
- अविश्वास प्रस्ताव द्वारा हटाए जाने वाले प्रथम प्रधानमन्त्री (1998-1990) विश्वनाथ प्रताप सिंह
- सबसे कम कार्यकाल वाले प्रधानमन्त्री (1996-1996) अटल बिहारी वाजपेयी मात्र 13 दिन

भारत के प्रधानमन्त्री

नाम	कार्यकाल	विशेष तथ्य
जवाहरलाल नेहरू	1947-1964	सबसे लम्बा कार्यकाल
लाल बहादुर शास्त्री	1964-1966	जय जवान-जय किसान का नारा दिया।
इन्दिरा गाँधी	1966-1977	प्रथम महिला प्रधानमन्त्री
मोरारजी देसाई	1977-1979	प्रथम गैर-कांग्रेसी प्रधानमन्त्री
चरण सिंह	1979-1980	एकमात्र प्रधानमन्त्री जिन्होंने लोकसभा का सामना नहीं किया।
इन्दिरा गाँधी*	1980-1984	लोकसभा चुनाव में पराजित होने वाली एकमात्र प्रधानमन्त्री
राजीव गाँधी	1984-1998	सबसे कम उम्र के प्रधानमंत्री
वी.पी.सिंह	1989-1990	अविश्वास प्रस्ताव द्वारा हटने वाला एकमात्र प्रधानमन्त्री
चन्द्रशेखर	1990-1991	'युवा तुर्क' कहा जाता है।
पी.वी. नरसिम्हाराव	1991-1996	एकमात्र प्रधानमन्त्री जो पद ग्रहण करते समय किसी भी सदन के सदस्य नहीं थे
अटल बिहारी वाजपेयी	16 मई-28 मई, 1996	सबसे छोटा कार्यकाल (13 दिन)
एच.डी.देवगौड़ा *	1996-1997	एकमात्र प्रधानमन्त्री जो पद ग्रहण करते समय विधानसभा के सदस्य थे।
इन्द्र कुमार गुजराल *	21 अप्रैल, 1997 से मार्च 1998	प्रधानमन्त्री से पूर्व केन्द्रीय सूचना व प्रसारण मंत्री रहे है।
अटल बिहारी वाजपेयी	19 मार्च, 1998 से 12 अक्टूबर, 1999, 13 अक्टूबर, 1999 से 22 मई, 2004	प्रधानमन्त्री पद के दौरान भारत का दूसरा परमाणु परीक्षण हुआ।
डॉ.मनमोहन सिंह*	22 मई, 2004 से 2014	प्रधानमन्त्री पद ग्रहण के समय राज्यसभा सदस्य थे।
नरेन्द्र दामोदर दास मोदी	मई 2014 से अब तक	प्रथम ऐसे व्यक्ति है जिनका जन्म स्वतन्त्रता प्राप्ति के बाद हुआ तथा प्रधानमन्त्री बने।

** ऐसे प्रधानमन्त्री, जो पद ग्रहण के समय राज्यसभा के सदस्य थे।*
गुलजारी लाल नन्दा दो बार (जवाहरलाल नेहरू व लाल बहादुर शास्त्री की मृत्यु के पश्चात्) कार्यवाहक प्रधानमन्त्री रहे।

व्यवस्थापिका

भारतीय सविधान ने देश की शासन प्रणाली के रूप में संसदीय शासन प्रणाली को चुना है। इस शासन व्यवस्था में विधायिका एवं कार्यपालिका का सुन्दर समन्वय दिखाई देता है। भारतीय संविधान के तहत संघीय विधायिका को संसद की संज्ञा प्रदान की गई है, जो संघ के हितों एवं विकासात्मक आवश्यकताओं को ध्यान में रखते हुए नियम एवं कानून बनाती है। संविधान के भाग V के अन्तर्गत अनुच्छेद 79-122 में व्यवस्थापिका के गठन, संरचना, अवधि, अधिकारियों, प्रक्रिया, विशेषाधिकार एवं शक्ति आदि के बारे में वर्णन किया गया है।

संघीय संसद

- भारत में केन्द्रीय व्यवस्थापिका को संसद के नाम से सम्बोधित किया जाता है।
- भारतीय संसद का गठन लोकसभा, राज्यसभा और राष्ट्रपति से मिलकर होता है।

राज्यसभा

- भारतीय संविधान का **अनुच्छेद 80** संसद के उच्च सदन के रूप में राज्यसभा का उल्लेख करता है। राज्यसभा में सदस्यों की **अधिकतम संख्या 250** हो सकती है, इसके सदस्यों की वर्तमान संख्या 245 है।
- 233 सदस्यों का चुनाव, 28 राज्यों तथा 2 केन्द्रशासित प्रदेशों (दिल्ली + पुदुचेरी) के विधानमण्डल द्वारा किया जाता है तथा शेष 12 सदस्यों (कला,साहित्य, विज्ञान, समाज सेवा या सहकारिता के क्षेत्र में) का मनोनयन राष्ट्रपति द्वारा किया जाता है। राज्यसभा का गठन **6 वर्ष** के लिए होता है। यह एक **स्थायी सदन** है जो कभी भंग नहीं किया जा सकता है। प्रत्येक 2 वर्ष पश्चात्, इसके 1/3 सदस्य अवकाश ग्रहण करते हैं।
- राज्यसभा में भी विपक्ष के नेता को कैबिनेट-स्तर का दर्जा प्राप्त होता है। राष्ट्रपति वर्ष में कम-से-कम दो बार राज्यसभा का अधिवेशन आहूत करता है।
- राज्यसभा की अन्तिम बैठक और अगले सत्र की प्रथम बैठक में छः माह से अधिक अन्तर नहीं होना चाहिए

सदस्य की अनिवार्य योग्यताएँ

भारतीय संविधान के अनुसार,

- वह भारत का नागरिक हो। उसकी आयु 30 वर्ष से कम न हो।
- वह भारत सरकार या राज्य सरकार के अधीन किसी भी लाभ के पद पर न हो।
- वह पागल या दिवालिया न हो। जिस राज्य का वह प्रतिनिधित्व पाना चाहता है उस राज्य के संसदीय क्षेत्र का वह मतदाता हो।

सभापति

भारत का उपराष्ट्रपति, राज्यसभा का पदेन सभापति होता है। सभापति की अनुपस्थिति में उपसभापति, सभापति के कर्त्तव्यों का पालन करता है। उपसभापति को राज्यसभा के सदस्यों द्वारा अपने कुल बहुमत से प्रस्ताव पारित कर हटाया जा सकता है।

कार्य व शक्तियाँ

राज्यसभा के कार्य व शक्तियाँ निम्नलिखित हैं

- राज्यसभा, लोकसभा के साथ मिलकर कानून बनाती है, संविधान में संशोधन करती है। संसद का अभिन्न अंग होने के कारण बिना इसकी सहमति के कोई विधेयक कानून नहीं बन सकता है।
- केवल राज्यसभा को यह अधिकार प्राप्त है कि वह संविधान के अनुच्छेद 312 के तहत अखिल भारतीय सेवाओं का सृजन कर सके।
- केवल राज्यसभा को यह अधिकार प्राप्त है कि अनुच्छेद 249 के तहत राज्य सूची के किसी विषय को राष्ट्रीय महत्त्व का घोषित कर सके, ऐसा अब तक दो बार (1952 व 1986) में किया है।
- एक माह से अधिक यदि आपातकाल लागू रखना हो, तो उस प्रस्ताव का अनुमोदन लोकसभा तथा राज्यसभा दोनों से पारित होना आवश्यक है।

लोकसभा

- भारतीय संविधान के अनुच्छेद 81 के अन्तर्गत लोकसभा का गठन **5 वर्ष** के लिए किया जाता है।
- यह भारतीय संसद का निम्न सदन है जिसमें सदस्यों की **अधिकतम संख्या 552** हो सकती है, वर्तमान में लोकसभा में सदस्यों की संख्या **545** है।
- 543 सदस्य विभिन्न राज्यों तथा केन्द्रशासित प्रदेश की जनता द्वारा प्रत्यक्ष रूप से चुने जाते हैं व 2 सदस्यों को राष्ट्रपति मनोनीत करता है, ये **आंग्ल भारतीय समुदाय** का प्रतिनिधित्व करते हैं।

सदस्य की अनिवार्य योग्यताएँ

भारतीय संविधान के अनुसार,

- वह भारत का नागरिक हो। उसकी आयु 25 वर्ष से कम न हो।
- वह भारत सरकार या राज्य सरकार के अधीन किसी लाभ के पद पर आसीन न हो। वह पागल या दिवालिया न हो।

कार्यकाल

लोकसभा का कार्यकाल 5 वर्ष है किन्तु प्रधानमन्त्री के परामर्श पर राष्ट्रपति इसे समय से पूर्व भी भंग कर सकता है।

पदाधिकारी

लोकसभा के सदस्यों में से ही **अध्यक्ष तथा उपाध्यक्ष** का निर्वाचन होता है जिनका कार्यकाल 5 वर्ष होता है। वे समय से पूर्व भी त्याग-पत्र दे सकते हैं अथवा दो तिहाई मत से प्रस्ताव पारित कर उन्हें हटाया जा सकता है।

कार्य व शक्तियाँ

लोकसभा के कार्य व शक्तियाँ निम्नलिखित हैं

- राज्यसभा व राष्ट्रपति के साथ मिलकर लोकसभा कानून का निर्माण करती है।
- बजट पारित करना तथा कोई विधेयक धन विधेयक है या नहीं यह फैसला लोकसभा अध्यक्ष करता है।
- राज्यसभा के साथ मिलकर संविधान में संशोधन करती है।
- लोकसभा सदस्यों के माध्यम से मन्त्रियों पर नियन्त्रण स्थापित कर उन्हें उनके दायित्वों के प्रति सतर्क बनाती है।

लोकसभा के अध्यक्ष

लोकसभा	अध्यक्ष
प्रथम	गणेश वासुदेव मावलंकर, एम.अनन्तशयनम आयंगर
द्वितीय	एम. अनन्तशयनम आयंगर
तीसरी	हुकुम सिंह
चौथी	नीलम संजीव रेड्डी, गुरुदयाल सिंह ढिल्लो
पाँचवीं	गुरुदयाल सिंह, बलिराम भगत
छठी	नीलम संजीव रेड्डी, के.एस. हेगड़े
सातवीं	बलराम जाखड़
आठवीं	बलराम जाखड़
नौवीं	रवि राय
दसवीं	शिवराज वी.पाटिल
ग्यारहवीं	पी. ए. संगमा
बारहवीं	जी. एम. सी. बालयोगी
तेरहवीं	जी. एम. सी. बालयोगी, मनोहर गजानन्द जोशी
चौदहवीं	सोमनाथ चटर्जी
पन्द्रहवीं	मीरा कुमार
सोलहवीं	सुमित्रा महाजन
सतरहवी	ओम बिड़ला
अट्ठाहरवीं	ओम बिड़ला

संसद की समितियाँ

समिति	कुल सदस्य संख्या	लोकसभा से	राज्यसभा से	कार्य
लोक लेखा समिति	22	15	7	*विभिन्न मन्त्रालयों के व्यय और नियन्त्रक एवं महालेखा परीक्षक के प्रतिवेदन पर विचार-विमर्श करना।*
प्राक्कलन समिति	30	30	—	*सरकार को वित्तीय नीतियों के सम्बन्ध में सुझाव देना।*
विशेषाधिकार समिति	15	10	5	*संसद के किसी सदन या अध्यक्ष द्वारा विशेषाधिकार उल्लंघन से सम्बन्धित प्रेषित मामलों का परीक्षण करना।*
सार्वजनिक उपक्रम समिति	15	10	5	*नियन्त्रक एवं महालेखा परीक्षक के प्रतिवेदनों एवं सार्वजनिक उपक्रमों के लेखाकार प्रतिवेदनों की समीक्षा और संवीक्षा करना।*
प्रवर समिति	—	30	30	*विधेयकों की समीक्षा करना।*
संयुक्त प्रवर समिति	45	30	15	*विधेयकों की समीक्षा करना।*
कार्य मन्त्रणा समिति	—	15	15	*सरकारी विधेयकों का समय निश्चित करने हेतु सिफारिश करना।*
नियम समिति	—	15	16	*सभा की प्रक्रिया व कार्य-संचालन के मामलों पर विचार करना।*
याचिका समिति	—	15	10	*प्रत्येक याचिका की जाँच करना।*

लोकसभा एवं राज्यसभा में प्रतिनिधित्व

राज्य	लोकसभा	राज्यसभा
आन्ध्र प्रदेश	25	11
तेलंगाना	17	7
असोम	14	7
बिहार	40	16
गुजरात	26	11
केरल	20	9
मध्य प्रदेश	29	11
महाराष्ट्र	48	19
कर्नाटक	28	12
ओडिशा	21	10
पंजाब	13	7
राजस्थान	25	10
तमिलनाडु	39	18
उत्तर प्रदेश	80	31
हिमाचल प्रदेश	4	3
पश्चिम बंग	42	16
हरियाणा	10	5
नागालैण्ड	1	1
मेघालय	2	1
मणिपुर	2	1
त्रिपुरा	2	1
सिक्किम	1	1
अरुणाचल प्रदेश	2	1
गोवा	2	1
मिजोरम	1	1
छत्तीसगढ़	11	5
उत्तराखण्ड	5	3
झारखण्ड	14	6
दिल्ली	7	3
जम्मू कश्मीर	5	4
अण्डमान व निकोबार	1	—
चण्डीगढ़	1	—
दादरा व नगर हवेली व दमन दीव	2	—
लक्षद्वीप	1	—
पुदुचेरी	1	1
लद्दाख	1	—
कुल	**543**	**233**

न्यायपालिका

संघीय शासन व्यवस्था में सरकार की शक्तियाँ न केवल सरकार तथा नागरिकों के बीच विभाजित होती हैं अपितु वे दो प्रकार की सरकारों (केन्द्र तथा राज्य) के मध्य भी विभाजित रहती हैं। ऐसी राजनीतिक व्यवस्था में एक स्वतन्त्र न्यायपालिका की आवश्यकता अति अनिवार्य हो जाती है। भारतीय संविधान के निर्माता, जोकि लोकतन्त्र के सुदृढ़ीकरण के प्रति चिन्तित थे एक स्वतन्त्र एवं मजबूत न्यायपालिका के प्रति वचनबद्ध थे। उन्होंने अंग्रेजी औपनिवेशिक प्रशासन की एंग्लो-सैक्सन विधिशास्त्र पर आधारित न्याय व्यवस्था में कुछ परिवर्तन करके इसे भारतीय न्यायपालिका का रूप दिया, जिसके शीर्ष पर संघीय अथवा उच्चतम न्यायालय विराजमान है।

सर्वोच्च न्यायालय

भारतीय संविधान के **अनुच्छेद 124** के तहत भारत में सर्वोच्च न्यायालय की स्थापना की गई है।

न्यायाधीशों की संख्या

वर्तमान में, मुख्य न्यायाधीश तथा 30 अन्य न्यायाधीशों को मिलाकर सर्वोच्च न्यायालय का गठन किया गया है। संसद को अधिकार है कि वह न्यायाधीशों की संख्या को निश्चित करे।

न्यायाधीशों की योग्यताएँ

भारतीय संविधान के अनुसार,

- भारत का नागरिक हो।
- किसी उच्च न्यायालय में अथवा दो या दो से अधिक न्यायालयों में लगातार कम-से-कम 5 वर्षों तक न्यायाधीश के पद पर रह चुका हो या किसी उच्च न्यायालय में कम-से-कम 10 वर्ष तक अधिवक्ता रहा हो या राष्ट्रपति की दृष्टि में विधि का विद्वान हो।

न्यायाधीशों की नियुक्ति

सर्वोच्च न्यायालय के न्यायाधीशों को राष्ट्रपति द्वारा नियुक्त किया जाता है, सर्वोच्च न्यायालय के न्यायाधीश तथा अन्य चार वरिष्ठतम न्यायाधीशों के समूह के परामर्श द्वारा।

न्यायाधीशों के वेतन एवं भत्ते

संसद द्वारा निर्धारित वेतन व भत्ते एवं भारत की संचित विधि से प्राप्त होता है।

कार्यकाल व महाभियोग

सर्वोच्च न्यायालय के न्यायाधीशों की कार्यावधि निर्धारित नहीं है परन्तु उनके अवकाश ग्रहण करने की अधिकतम आयु 65 वर्ष तक होती है। इसके अतिरिक्त वह राष्ट्रपति को सम्बोधित कर अपना इस्तीफा दे सकता है।

सर्वोच्च न्यायालय के न्यायाधीशों को केवल

- प्रमाणित कदाचार
- शारीरिक व मानसिक असमर्थता के आधार पर संसद के प्रत्येक सदन द्वारा विशेष बहुमत प्रक्रिया द्वारा पारित महाभियोग प्रस्ताव के माध्यम से हटाया जा सकता है। [अनुच्छेद 124(4)]

भारतीय संविधान के अन्तर्गत सर्वोच्च न्यायालय के पास तीन क्षेत्राधिकार हैं-प्रारम्भिक क्षेत्राधिकार (अनुच्छेद 131), अपीलीय क्षेत्राधिकार (अनुच्छेद 132), परामर्शदात्री क्षेत्राधिकार (अनुच्छेद 143)।

न्यायिक पुनर्विलोकन

उच्चतम न्यायालय को संसद या विधानमण्डलों द्वारा पारित किसी अधिनियम तथा कार्यपालिका द्वारा दिए गए किसी आदेश की वैधानिकता का पुनर्विलोकन करने का अधिकार है।

अन्तरण का क्षेत्राधिकार

उच्चतम न्यायालय, उच्च न्यायालयों में लम्बित मामलों को अपने यहाँ अन्तरित कर सकता है तथा किसी उच्च न्यायालय में लम्बित मामलों को दूसरे उच्च न्यायालय में अन्तरित कर सकता है।

स्मरणीय तथ्य

- सर्वोच्च न्यायालय का प्रथम मुख्य न्यायाधीश-*हिरालाल जे. कानिया*
- वर्तमान मुख्य न्यायाधीश-*पी. सदाशिवम्।*
- सर्वोच्च न्यायालय की प्रथम महिला मुख्य न्यायाधीश-*मीरा साहिब फातिमा बीबी*
- जनहित याचिका की शुरुआत करने वाले मुख्य न्यायमूर्ति-*नानी पालकीवाला*

राज्य सरकार

राज्य सरकार का गठन भी व्यवस्थापिका, कार्यपालिका और न्यायपालिका से मिलकर होता है।

- भारत को 'राज्यों का संघ' कहा गया है। वर्तमान में 28 राज्य तथा 8 केन्द्रशासित प्रदेश हैं।
- भारत के मात्र 6 राज्यों में द्विसदनीय व्यवस्थापिका है, जहाँ निम्न सदन विधानसभा तथा उच्च सदन विधानपरिषद् का अस्तित्व है। वे राज्य हैं बिहार, उत्तर प्रदेश, महाराष्ट्र, कर्नाटक, आन्ध्र प्रदेश, तेलंगाना।

राज्यपाल

- **अनुच्छेद 153** में राज्यपाल पद का प्रावधान है।
- भारतीय संविधान के अनुच्छेद 168 (1) के तहत प्रत्येक राज्य में एक विधान मण्डल होगा जोकि राज्यपाल तथा दो या जहाँ एक सदन हो, वहाँ एक सदन से मिलकर बनेगा।
- राज्यपाल संसद या राज्य के विधानमण्डल का सदस्य नहीं हो सकता और यदि किसी सदन का सदस्य है, तो राज्यपाल के पद पर नियुक्ति की तिथि से पहले उसे अपने सदन की सदस्यता का त्याग करना होगा।

अनिवार्य योग्यताएँ

भारतीय संविधान के अनुसार,

- वह भारत का नागरिक हो। 35 वर्ष की आयु पूरी कर चुका हो।
- किसी प्रकार के लाभ के पद पर न हो।
- राज्य विधानसभा का सदस्य चुने जाने के योग्य हो।

नियुक्ति

संविधान के अनुच्छेद 155 के अनुसार, राज्यपाल की नियुक्ति राष्ट्रपति द्वारा की जाती है।

शपथ ग्रहण

राज्यपाल को सम्बन्धित राज्य के उच्च न्यायालय के मुख्य न्यायाधीश अथवा अन्य उपलब्ध वरिष्ठतम न्यायाधीश के समक्ष शपथ ग्रहण करनी होती है।

पदावधि

अनुच्छेद 156 के तहत राज्यपाल, राष्ट्रपति के प्रसादपर्यन्त अपना पद धारण करेगा और 5 वर्ष तक के कार्यकाल को पूरा करेगा। वह इससे पूर्व भी 'राष्ट्रपति' को अपना त्याग-पत्र दे सकता है। जब एक ही राज्यपाल की नियुक्ति दो या अधिक राज्यों के लिए होगी, तो उसके वेतन-भत्ते एवं उपलब्धियाँ राष्ट्रपति अवधारित करेगा। [अनुच्छेद 158 (3)क]

कार्य व शक्तियाँ

राज्यपाल के कार्य व शक्तियाँ निम्नलिखित हैं

- विधायी शक्तियों में वह विधानमण्डल की बैठकों के लिए समय और स्थान को निश्चित करता है और उनका बुलावा भेजता है।
- वह वर्ष में एक बार सत्र के आरम्भ में विधानमण्डल की बैठकों को सम्बोधित करता है। विधानमण्डल द्वारा पारित किसी भी विधेयक पर उसकी स्वीकृति होनी आवश्यक है।
- जब भी विधानमण्डल का अधिवेशन नहीं चल रहा होता है, तो उसे एक अध्यादेश को लागू करने की शक्ति प्राप्त है।

कार्यकारी शक्तियाँ

राज्यपाल की कार्यकारी शक्तियाँ निम्नलिखित हैं

- वह मुख्यमन्त्री की नियुक्ति करता है और मुख्यमन्त्री की सलाह पर अन्य मन्त्रियों की नियुक्ति करता है।
- वह राज्य लोक सेवा आयोग के अध्यक्ष और इसके सदस्यों की नियुक्ति करता है।
- आपातकाल में वह केन्द्र के एजेन्ट के रूप में कार्य करता है।

वित्तीय शक्तियाँ

राज्य की विधानसभा में कोई भी धन विधेयक राज्यपाल की सिफारिश के बिना पेश नहीं किया जा सकता।

विवेकाधीन शक्तियाँ

राज्यपाल की विवेकाधीन शक्तियाँ निम्नलिखित हैं

- वह यह निर्णय करता है कि राज्य सरकार को संविधान की व्यवस्था के अनुरूप चलाया जा सकता है या नहीं।
- यदि वह महसूस करता है कि इसे नहीं चलाया जा सकता है, तो वह अनुच्छेद 356 (1) के अन्तर्गत राष्ट्रपति को रिपोर्ट भेज सकता है।

मुख्यमन्त्री

- भारतीय संविधान के **अनुच्छेद 163 (1)** के तहत मुख्यमन्त्री की नियुक्ति राज्यपाल द्वारा की जाती है।
- मुख्यमन्त्री पद पर नियुक्ति के लिए राज्यपाल उस व्यक्ति को आमन्त्रित करता है, जिसे विधानसभा में स्पष्ट बहुमत प्राप्त हो।
- वह विधानसभा का नेता होता है और विधानमण्डल एवं राज्यपाल तथा मन्त्रिपरिषद् एवं राज्यपाल के मध्य सम्पर्क सूत्र का कार्य करत है।
- राज्यपाल द्वारा किए जाने वाले सभी नियुक्ति सम्बन्धी कार्य मुख्यमन्त्री की सलाह पर संचालित होते हैं। वह राज्य का नेता होता है। राष्ट्रपति स्तर पर राज्य की जनता का प्रतिनिधित्व करता है।

मन्त्रिपरिषद्

- अनुच्छेद 163 (1) के तहत राज्यपाल को उसके कार्यों का सम्पादन करने में सहायता और सलाह देने के लिए एक मन्त्रिपरिषद् होगी, जिसका प्रधान मुख्यमन्त्री होगा। इस मन्त्रिपरिषद् के गठन में शामिल मन्त्रीगण राज्यपाल के प्रसादपर्यन्त अपना पद धारण करते हैं।
- मन्त्रिपरिषद् राज्य की विधानसभा के प्रति सामूहिक रूप से उत्तरदायी होती है। कोई मन्त्री छः माह तक बिना किसी सदन की सदस्यता ग्रहण किए उस राज्य का मुख्यमन्त्री या मन्त्री बना रह सकता है, तत्पश्चात् उसे किसी सदन की सदस्यता लेनी होगी या पद त्यागना होगा।

विधानपरिषद् (अनुच्छेद 169)

राज्य विधानपरिषद्, विधानसभा द्वारा कुल सदस्य संख्या के बहुमत तथा मत देने वाले और उपस्थित होने वाले सदस्यों की संख्या के कम-से-कम 2/3 बहुमत द्वारा पारित संकल्प से सृजित की जा सकती है। इस संकल्प को संसद में भेजा जाता है जहाँ राष्ट्रपति की अनुमति पर विधानपरिषद् का गठन होता है।

गठन

विधानपरिषद् के सदस्यों की संख्या विधानसभा के सदस्यों की संख्या से 1/3 से अधिक नहीं होनी चाहिए किन्तु यह संख्या 40 से कम न हो।

विधानपरिषद् के सदस्यों में → 1/6 सदस्य राज्यपाल द्वारा मनोनीत (साहित्य, कला, विज्ञान, समाज सेवा)

→ 1/12 सदस्य अध्यापकों से मिलकर बने निर्वाचक मण्डल द्वारा

→ 1/12 सदस्य पूर्व स्नातकों से बने निर्वाचक मण्डल

→ 1/3 सदस्य स्थानीय निकायों के सदस्यों से बने निर्वाचक मण्डल द्वारा

→ 1/3 सदस्य विधानसभा द्वारा निर्वाचत किए जाते हैं।

निर्वाचन पद्धति

इसके सदस्यों का निर्वाचन अप्रत्यक्ष रूप से, आनुपातिक प्रतिनिधित्व की एकल संक्रमणीय मत पद्धति द्वारा होता है।

कार्यकाल

विधानपरिषद् एक स्थायी सदन है। राज्यपाल इसे विघटित नहीं कर सकता। इसके सदस्यों का कार्यकाल 6 वर्ष तथा प्रत्येक 2 वर्ष में 1/3 सदस्य अपना पद त्याग करते हैं।

विधानसभा

- विधानसभा (अनुच्छेद 170 के अनुसार) के सदस्यों की संख्या अधिकतम 500 और न्यूनतम 60 हो सकेगी। सिक्किम, अरुणाचल प्रदेश तथा गोवा के लिए न्यूनतम संख्या 30 तथा मिजोरम के लिए 40 है।
- इसमें 1 सदस्य का मनोनयन आंग्ल भारतीय समुदाय से राज्यपाल द्वारा किया जाता है।
- विधानसभा के सदस्यों का कार्यकाल 5 वर्ष का होता है।

अनिवार्य योग्यताएँ

भारतीय संविधान के अनुसार,

- भारत का नागरिक हो।
- 25 वर्ष की आयु पूरी कर चुका हो।
- उसका नाम विधानसभा की मतदाता सूची में हो।
- किसी लाभ के पद पर न हो।
- पागल या दिवालिया न हो।

विधानसभा अध्यक्ष

विधानसभा के अध्यक्ष व उपाध्यक्ष को विधानसभा के सदस्यों के बीच से चुना जाता है।

कार्य व अधिकार

विधानसभा अध्यक्ष के कार्य व अधिकार निम्नलिखित हैं

विधायी क्षेत्र विधानसभा को संविधान द्वारा विधित राज्य सूची के विषय पर कानून बनाने का अधिकार प्राप्त है।

वित्तीय कार्यक्षेत्र विधानसभा को राज्य बजट पारित कराने का अधिकार है।

कार्यपालिका कार्यक्षेत्र विधानसभा इसके द्वारा राज्य सरकार पर विभिन्न माध्यमों द्वारा नियन्त्रण रखती है।

विधानसभा और विधानपरिषद् की सदस्य संख्या

राज्य	विधानसभा	विधानपरिषद्	राज्य	विधानसभा	विधानपरिषद्
अरुणाचल प्रदेश	60	—	पंजाब	117	—
असोम	126	—	पश्चिम बंग	294	—
सीमान्ध्र	175	50	बिहार	243	75
तेलंगाना	119	40	मणिपुर	60	—
ओडिशा	147	—	मध्य प्रदेश	230	—
उत्तर प्रदेश	403	100	महाराष्ट्र	288	78
उत्तराखण्ड	70	—	मिजोरम	40	—
कर्नाटक	224	75	मेघालय	60	—
केरल	140	—	राजस्थान	200	—
गुजरात	182	—	सिक्किम	32	—
गोवा	40	—	हरियाणा	90	—
छत्तीसगढ़	90	—	हिमाचल प्रदेश	68	—
जम्मू-कश्मीर	76	36	त्रिपुरा	60	—
झारखण्ड	81	—	दिल्ली	70	—
तमिलनाडु	234		पुदुचेरी	30	—
नागालैण्ड	60	—			

उच्च न्यायालय

भारतीय संविधान के **अनुच्छेद 214** में, प्रत्येक राज्य के लिए एक उच्च न्यायालय की व्यवस्था है लेकिन संसद विधि द्वारा दो या दो से अधिक राज्यों और किसी संघ राज्य क्षेत्र के लिए एक उच्च न्यायालय स्थापित कर सकता है। वर्तमान में **24 उच्च न्यायालय** हैं।

गठन

अनुच्छेद 216 के तहत प्रत्येक उच्च न्यायालय का गठन एक मुख्य न्यायाधीश तथा ऐसे अन्य न्यायाधीशों से मिलकर बनता है जो समय-समय पर राष्ट्रपति द्वारा निर्धारित किया जाता है।

अनिवार्य योग्यताएँ

भारतीय संविधान के अनुसार,

- वह भारत का नागरिक हो।
- भारत के राज्य क्षेत्र में कम-से-कम दस वर्ष तक न्यायाधीश के पद पर कार्य कर चुका हो।
- किसी उच्च न्यायालय का या ऐसे दो या अधिक न्यायालयों का लगातार कम-से-कम दस वर्ष तक अधिवक्ता रहा हो।

नियुक्ति

उच्च न्यायालय के मुख्य न्यायाधीश की नियुक्ति भारत के मुख्य न्यायाधीश तथा उस राज्य के राज्यपाल से परामर्श लेकर राष्ट्रपति करता है। उच्च न्यायालय के अन्य न्यायाधीशों की नियुक्ति, राष्ट्रपति सम्बन्धित राज्य के मुख्य न्यायाधीश की सलाह लेकर करता है।

कार्यकाल

- उच्च न्यायालय के न्यायाधीशों के अवकाश ग्रहण करने की अधिकतम आयु सीमा 65 वर्ष है।
- किसी न्यायाधीश को उसके कार्यकाल से पूर्व कदाचार और अक्षमता के आधार पर उसी रीति से हटाया जा सकता है जिस प्रकार, उच्चतम न्यायालय के न्यायाधीशों को हटाया जाता है।
- कोई भी न्यायाधीश राष्ट्रपति को सम्बोधित कर अपना त्याग पत्र समय से पूर्व भी दे सकता है।

कार्यकारी शक्तियाँ

उच्च न्यायालय की कार्यकारी शक्तियाँ निम्नलिखित हैं

- अपीली अधिकारिता
- अधीक्षण क्षेत्राधिकार
- संविधान के संरक्षक
- रिट अधिकारिता
- न्यायिक पुनर्विलोकन

न्यायाधीशों पर प्रतिबन्ध

संविधान के अनुच्छेद 220 के अनुसार, उच्च न्यायालय का कोई स्थायी न्यायाधीश पदनिवृत्ति के पश्चात्, उसी उच्च न्यायालय में या उस उच्च न्यायालय के किसी अधीनस्थ न्यायालय में वकालत नहीं कर सकता।

किन्तु वह अन्य उच्च न्यायालयों या सर्वोच्च न्यायालय में वकालत कर सकता है।

उच्च न्यायालयों के अधिकार क्षेत्र और स्थान

नाम	वर्ष	प्रदेशीय-कार्यक्षेत्र	स्थान
बम्बई	1862	*महाराष्ट्र, गोवा, दादरा और नगर हवेली, दमन और दीव*	मुम्बई (पीठ-नागपुर, पणजी और औरंगाबाद)
कलकत्ता	1862	*पश्चिमी बंग और अण्डमान तथा निकोबार द्वीप समूह*	कोलकाता (पीठ-पोर्टब्लेयर)
मद्रास	1862	*तमिलनाडु और पाण्डिचेरी (पुदुचेरी)*	चेन्नई (पीठ-मदुरै)
इलाहाबाद	1866	*उत्तर प्रदेश*	इलाहाबाद (लखनऊ में न्यायपीठ)
कर्नाटक	1884	*कर्नाटक*	बंगलौर (धारवाड़ और गुलबर्गा में सर्किट बैंच)
पटना	1916	*बिहार*	पटना
जम्मू-कश्मीर	1928	*जम्मू और कश्मीर*	श्रीनगर-जम्मू
गुवाहाटी	1948	*असोम, अरुणाचल प्रदेश, मिजोरम, नागालैण्ड,*	गुवाहाटी (पीठ, ईटानगर, आइजॉल और कोहिमा)
उड़ीसा	1948	*उड़ीसा (ओडिशा)*	कटक
राजस्थान	1949	*राजस्थान*	जोधपुर (पीठ-जयपुर)
आन्ध्र प्रदेश	1954	*आन्ध्र प्रदेश*	हैदराबाद
मध्य प्रदेश	1956	*मध्य प्रदेश*	जबलपुर (पीठ-ग्वालियर और इन्दौर)
कोच्चि	1956	*केरल, लक्षद्वीप*	एर्नाकुलम
गुजरात	1960	*गुजरात*	अहमदाबाद
दिल्ली	1966	*दिल्ली*	दिल्ली
पंजाब और हरियाणा	1966	*पंजाब, हरियाणा और चण्डीगढ़*	चण्डीगढ़
हिमाचल प्रदेश	1971	*हिमाचल प्रदेश*	शिमला
सिक्किम	1975	*सिक्किम*	गंगटोक
झारखण्ड	2000	*झारखण्ड*	राँची
छत्तीसगढ़	2000	*छत्तीसगढ़*	बिलासपुर
उत्तराखण्ड	2000	*उत्तराखण्ड*	नैनीताल
मणिपुर	2013	*मणिपुर*	इम्फाल
मेघालय	2013	*मेघालय*	शिलांग
त्रिपुरा	2013	*त्रिपुरा*	अगरतला

भारत की संवैधानिक संस्थाएँ

भारत का महान्यायवादी

- महान्यायवादी भारत सरकार का **विधि अधिकारी** होता है।
- महान्यायवादी न तो संसद सदस्य होता है न ही मन्त्रिमण्डल का सदस्य लेकिन फिर भी वह किसी भी सदन में बोल सकता है लेकिन उसे मत देने का अधिकार नहीं है। (अनुच्छेद 88)
- महान्यायवादी की नियुक्ति राष्ट्रपति करता है।
- महान्यायवादी के लिए वही अर्हताएँ होनी चाहिए जो उच्चतम न्यायालय के न्यायाधीश के लिए होती हैं।
- इसको भारत के राज्य क्षेत्र के सभी न्यायालयों में सुनवाई का अधिकार है।

भारत का नियन्त्रक एवं महालेखा परीक्षक

- इसकी नियुक्ति राष्ट्रपति करता है किन्तु उसे पद से संसद के दोनों सदनों के समावेदन पर ही हटाया जा सकेगा और उसे साबित कदाचार या असमर्थता के आधार पर भी हटाया जा सकता है।
- इसकी पदावधि पद ग्रहण करने की विधि से 6 वर्ष तक होगी, लेकिन यदि इससे पूर्व 65 वर्ष की आयु प्राप्त कर लेता है, तो वह अवकाश ग्रहण कर लेता है।
- वह सेवानिवृत्ति के पश्चात् भारत सरकार के अधीन कोई पद धारण नहीं कर सकता।
- वह सार्वजनिक धन का संरक्षक होता है।
- भारत तथा प्रत्येक राज्य तथा प्रत्येक संघ राज्य क्षेत्र की संचित निधि से किए गए सभी व्यय विधि के अधीन ही हुए हैं यह इस बात की संपरीक्षा करता है।

संघ लोक सेवा आयोग

- इसके अन्तर्गत संघ के लिए एक संघ लोक सेवा आयोग तथा राज्यों के लिए एक राज्य लोक सेवा आयोग का प्रावधान किया गया।
- संघ लोक सेवा आयोग में एक अध्यक्ष के अलावा 8 सदस्य होते हैं।
- संघ लोक सेवा आयोग के अध्यक्ष एवं सदस्यों की नियुक्ति राष्ट्रपति द्वारा की जाती है। 6 वर्ष या 65 वर्ष की आयु से पूर्व जो पहले हो उसे ही उसका कार्यकाल माना जाएगा।
- किन्तु दुराचरण तथा कदाचार के आधार पर इन्हें पद मुक्त किया जा सकता है।
- संघ लोक सेवा आयोग कार्मिकों की नियुक्ति के लिए परीक्षाएँ आयोजित करता है।
- वह स्थानान्तरण, पदोन्नति के सन्दर्भ मे अपना योगदान देता है।
- वह राष्ट्रपति द्वारा सौंपे गए दायित्वों को भी पूरा करता है।

वित्त आयोग

- इसका गठन, एक अध्यक्ष तथा चार सदस्यों से मिलकर होता है।
- राष्ट्रपति द्वारा वित्त आयोग के अध्यक्ष तथा सदस्यों की नियुक्ति 5 वर्ष के लिए होती है।
- वित्त आयोग के अध्यक्ष एवं सदस्यों के लिए योग्यताओं का निर्धारण संसद द्वारा किया जाता है।
- वित्त आयोग का अध्यक्ष ऐसा व्यक्ति हो सकता है, जिसे सार्वजनिक क्षेत्र का अनुभव प्राप्त हो।

- वित्त आयोग के सदस्यों के लिए आवश्यक है कि वह उच्च न्यायालय के न्यायाधीश होने की योग्यता रखता हो या ऐसा व्यक्ति जिसे वित्तीय विषयों और वित्तीय लेखा तथा प्रशासन का व्यापक ज्ञान तथा अनुभव हो।
- केन्द्र तथा राज्यों के मध्य करों के शुद्ध आगमों के वितरण के सम्बन्ध में तथा राज्यों के मध्य शुद्ध आगमों के तत्सम्बन्धी भाग के आवण्टन के सम्बन्ध में।
- भारत की संचित निधि में से राज्यों के राजस्व में सहायता अनुदान को व्यवस्थित करने वाले सिद्धान्तों के सम्बन्ध में।

भारत के वित्त आयोग

वित्त आयोग	गठन वर्ष	अध्यक्ष	वित्त आयोग	गठन वर्ष	अध्यक्ष
पहला	1951	के.सी. नियोगी	*आठवाँ*	1983	वाई.बी. चह्वाण
दूसरा	1956	के. सन्थानम	*नौवाँ*	1987	एन.के.पी. साल्वे
तीसरा	1960	ए.के. चन्दा	*दसवाँ*	1992	के.सी. पन्त
चौथा	1964	पी.वी. राजमन्नार	*ग्यारहवाँ*	1998	प्रो.ए.एम. खुसरो
पाँचवाँ	1968	महावीर त्यागी	*बारहवाँ*	2003	सी. रंगराजन
छठा	1972	ब्रह्मानन्द रेड्डी	*तेरहवाँ*	2007	विजय एल. केलकर
सातवाँ	1977	जे.एम. शैलट	*चौदहवाँ*	2013	वाई. वी. रेड्डी
			पन्द्रहवाँ	2017	एन के सिंह
			सोलवाँ	2023	अरविन्द पनगढ़िया

ई-शासन

- इसके अन्तर्गत सूचना प्रौद्योगिकी द्वारा शासन प्रशासन की पहुँच जन-जन तक सुनिश्चित करना शामिल है।
- इसमें सूचना प्रौद्योगिकी का बहु-संजाल सरकार से जनता तक, सरकार से व्यवसाय तक, सरकार से सरकार तक, सरकार से कर्मचारी तक तथा नागरिक से नागरिक तक सुनिश्चित करता है।

उद्देश्य

वित्त आयोग के उद्देश्य निम्नलिखित हैं

- सरकार की जवाबदेही एवं पारदर्शिता बढ़ाना।
- सरकार के निर्णयों में सुधार।
- सरकार में लोगों के विश्वास में वृद्धि करना।

उपयोगिता

- ग्रामीण क्षेत्र में रहने वाले लोग भी देश-विदेश के घटनाक्रम से भली-भाँति परिचित हो सकेंगे।
- इसके माध्यम से योजनाओं तथा दस्तावेजों का सुव्यवस्थित रख-रखाव सम्भव हो सकेगा।
- सूचनाएँ सीधे सम्बद्ध व्यक्ति तक पहुँच सकेंगी।

निर्वाचन आयोग

- इसका गठन, मुख्य निर्वाचन आयुक्त एवं निर्वाचन आयुक्तों से किया जाता है, जिनकी नियुक्ति राष्ट्रपति के द्वारा की जाती है।
- मुख्य चुनाव आयुक्त का कार्यकाल 6 वर्ष या 65 वर्ष की आयु जो भी पहले हो, तक होता है। अन्य चुनाव आयुक्तों में यह 6 वर्ष या 62 वर्ष है।
- पहले चुनाव आयोग एक सदस्यीय आयोग था परन्तु अक्टूबर 1993 में यह तीन सदस्यीय आयोग बना।
- सुकुमार सेन देश के पहले मुख्य चुनाव आयुक्त थे। यह एक संवैधानिक संस्था है, जिसके गठन तथा क्रियाकलाप की चर्चा संविधान के अनुच्छेद 324 में है।

कार्य

निर्वाचन आयोग के कार्य निम्नलिखित हैं

- चुनाव क्षेत्रों का परिसीमन।
- मतदाता सूचियों को तैयार कराना।
- विभिन्न राजनीतिक दलों को मान्यता प्रदान करना।
- राजनीतिक दलों को आरक्षित चिह्न प्रदान करना।
- चुनाव करवाना।
- राजनीतिक दलों के लिए आचार संहिता तैयार करवाना।

केन्द्र-राज्य सम्बन्ध

- भारत में केन्द्र-राज्य सम्बन्ध संघवाद की ओर उन्मुख है और संघवाद की इस प्रणाली को कनाडा के संविधान से लिया गया।
- राज्य की शक्तियों के बँटवारे से सम्बन्धी तीन सूचियाँ हैं, जिनका उल्लेख संविधान की सातवीं अनुसूची में है।

  1. संघ सूची 2. राज्य सूची 3. समवर्ती सूची

संघ के प्रमुख राजस्व स्रोत निगम कर, सीमा शुल्क, निर्यात शुल्क, कृषि भूमि को छोड़कर अन्य पर सम्पदा शुल्क, विदेशी ऋण, रेल, रिजर्व बैंक, शेयर बाजार इत्यादि।

राज्य के प्रमुख राजस्व स्रोत व्यक्ति कर, कृषि भूमि पर कर, पशुओं तथा नौकायान पर कर, विक्रय कर, वाहनों पर चुंगी, केन्द्र राज्य सम्बन्धों को सुधारने हेतु इन्टर स्टेट काउन्सिल, जोनल काउन्सिल, नार्थ-ईस्टर्न काउन्सिल आदि का गठन किया गया है।

केन्द्र-राज्यों सम्बन्धों पर सरकारिया आयोग का गठन, जून, 1983 में किया गया। इसने अपनी रिपोर्ट, जनवरी, 1988 में सौंपी। एम.एम. पुंछी आयोग का गठन, अप्रैल, 2007 में किया गया, जिसने 2010 में अपनी रिपोर्ट सौंपी।

राजभाषा

संविधान के **भाग-17** के **अनुच्छेद 343** के अनुसार, संघ की राजभाषा हिन्दी और लिपि देवनागरी है। संविधान की आठवीं अनुसूची में 22 भाषाओं को राजभाषा के रूप में मान्यता प्राप्त है।

पंचायती राज

73वें एवं 74वें संविधान संशोधन 1993 के तहत स्थानीय शासन, भारतीय परिसंघीय व्यवस्था में तीसरे स्तर की सरकार को सामने ला खड़ा किया। पंचायती राज के लिए वर्ष 1956 में **बलवन्त राय मेहता समिति** ने सिफारिश की तथा इसे सभी राज्यों में क्रियान्वित करने के लिए कहा गया।

पंचायती राज का पदसोपान

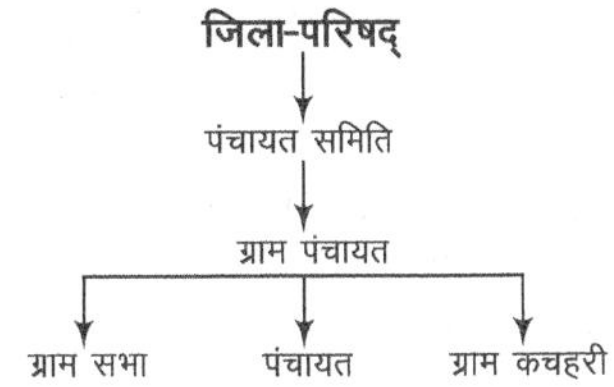

- सर्वप्रथम राजस्थान के **नागौर जिले** में 2 अक्टूबर, 1959 को पण्डित जवाहरलाल नेहरू ने पंचायती राज की नींव रखी और उसी दिन इसे सम्पूर्ण राज्य में लागू कर दिया।
- वर्तमान मे इस अधिनियम के तहत पूरे भारत में त्रिस्तरीय पंचायती राज व्यवस्था को अपनाया गया सिवाय पश्चिम बंग के जिसमें चार स्तरीय पंचायती व्यवस्था को अपनाया गया है।
- पंचायती राज के सम्बन्ध में भारतीय संविधान का अनुच्छेद 243 से 243 (ण) विशेष उल्लेख करता है।

नगरों में स्थानयी शासन

- 74वें संविधान संशोधन अधिनियम, 1992 द्वारा नगरों में स्थानीय स्वशासी संस्थाओं की स्थापना, उनकी शक्तियों तथा कार्यों के सम्बन्ध में वैधानिक प्रावधान किए गए।
- इस संशोधन द्वारा संविधान में एक नया भाग 9 'क' जोड़ा गया तथा इसके अन्तर्गत अनुच्छेद 243 'त' से 243 'य छ' समाविष्ट किया गया तथा 12वीं अनुसूची जोड़ी गई।

महत्त्वपूर्ण तथ्य

इस संशोधन द्वारा निम्न तीन प्रकार के नगरीय निकायों (जनसंख्या के आधार पर) की स्थापना हेतु प्रावधान किए गए

- ग्रामीण क्षेत्र से नगरीय क्षेत्र में संक्रमणशील क्षेत्र के लिए 'नगर पंचायत' –साधारणतया 10000 से 20000 की जनसंख्या के लिए।
- छोटे नगरीय क्षेत्र के लिए 'नगर परिषद्'–साधारणतया 20000 से 3 लाख की जनसंख्या के लिए।
- बड़े नगरीय क्षेत्र के लिए 'नगर निगम'–साधारणतया 3 लाख से अधिक की जनसंख्या के लिए।

परन्तु किसी ऐसे क्षेत्र में नगरपालिका की स्थापना नहीं हो सकती जो किसी औद्योगिक संस्थान के क्षेत्र में आता हो तथा जहाँ या तो उस संस्थान ने नगरपालिका सेवाएँ उपलब्ध कराई हैं अथवा उपलब्ध कराने का प्रस्ताव है।

आपात उपबन्ध

भारतीय संविधान में तीन प्रकार के आपात काल की व्यवस्था है

1. राष्ट्रीय आपात (अनुच्छेद 352)
2. राष्ट्रपति शासन (अनुच्छेद 356)
3. वित्तीय आपात (अनुच्छेद 360)

राष्ट्रीय आपात *इसकी घोषणा निम्न में से किसी भी आधार पर राष्ट्रपति द्वारा की जाती है* 1. युद्ध 2. बाह्य आक्रमण 3. सशस्त्र विद्रोह

44वें संशोधन के द्वारा अनुच्छेद 352 के अधीन उद्घोषणा सम्पूर्ण भारत में या उसके किसी भाग में की जा सकती है।

राज्य में राष्ट्रपति शासन किसी राज्य में यह समाधान हो जाने पर कि राज्य में सांविधानिक तन्त्र विफल हो गया है अथवा राज्य संघ की कार्यपालिका के किन्हीं निर्देशों का अनुपालन करने में असमर्थ होता है, तो संघ राज्य प्रशासन के कार्य अपने हाथ में ले लेता है।

वित्तीय आपात राष्ट्रपति को जब यह विश्वास हो जाए कि ऐसी स्थिति विद्यमान है, जिसके कारण भारत के वित्तीय स्थायित्व या साख को खतरा है।

संविधान संशोधन की प्रक्रिया

- संविधान के कुछ प्रावधानों को संसद साधारण बहुमत द्वारा संशोधित कर सकती है।
- संविधान के कुछ प्रावधानों को संसद 2/3 बहुमत से संशोधित कर सकती है तथा उनका अनुमोदन अधिकांश राज्यों की विधानसभाओं द्वारा स्वीकृत किया जा सकता है।
- संविधान के अधिकांश भागों में संशोधन 2/3 बहुमत से किया जा सकता है। यह स्पष्ट कर देना आवश्यक है कि यह दो तिहाई बहुमत प्रत्येक सदन के कुल सदस्य संख्या का स्पष्ट बहुमत होना चाहिए।

शपथ एवं त्याग-पत्र विधियाँ

पद	शपथ	त्याग-पत्र
राष्ट्रपति	मुख्य न्यायाधीश	उपराष्ट्रपति
उपराष्ट्रपति	राष्ट्रपति	राष्ट्रपति
राज्यपाल	राज्य उच्च न्यायालय के मुख्य न्यायाधीश	राष्ट्रपति
मुख्य न्यायाधीश	राष्ट्रपति	राष्ट्रपति
प्रधानमन्त्री	राष्ट्रपति	राष्ट्रपति

महत्त्वपूर्ण संविधान संशोधन

प्रथम संविधान संशोधन अधिनियम, (1951)	मौलिक अधिकारों में समानता, स्वतन्त्रता तथा सम्पत्ति के अधिकार को सीमित किया गया।
द्वितीय संविधान संशोधन अधिनियम, (1952)	संसद में राज्यों के प्रतिनिधित्व को निर्धारित किया गया।
7वाँ संविधान संशोधन अधिनियम, (1956)	राज्यों का पुनर्गठन-14 राज्य तथा 6 केन्द्रशासित प्रदेश
	लोकसभा एवं राज्यसभा में सीटों का पुनर्वितरण
	संघ राज्य क्षेत्र का प्रावधान
10वाँ संविधान संशोधन अधिनियम, (1961)	दादरा तथा नगर हवेली को भारत का अंग बनाया गया।
12वाँ संविधान संशोधन अधिनियम, (1962)	गोवा, दमन एवं दीव को भारत का अंग बनाया गया।
13वाँ संविधान संशोधन अधिनियम, (1962)	नागालैण्ड का भारत का नया राज्य घोषित किया गया कुछ विशेष उपबन्ध के साथ।
14वाँ संविधान संशोधन अधिनियम, (1962)	पाण्डिचेरी (पुदुचेरी) को भारत का अंग बनाया गया।
26वाँ संविधान संशोधन अधिनियम, (1971)	राजाओं के प्रिवीपर्स तथा विशेषाधिकार को समाप्त किया गया।
31वाँ संविधान संशोधन अधिनियम, (1973)	लोकसभा की सदस्य संख्या 525 से बढ़ाकर 545 कर दी गई।
36वाँ संविधान संशोधन अधिनियम, (1975)	सिक्किम को पूर्ण राज्य का दर्जा दिया गया और उसे संविधान की प्रथम अनुसूची में शामिल किया गया।
39वाँ संविधान संशोधन अधिनियम, (1975)	राष्ट्रपति, उपराष्ट्रपति, लोकसभा अध्यक्ष और प्रधानमन्त्री के निर्वाचन को चुनौती नहीं दी जा सकती।
42वाँ संविधान संशोधन अधिनियम, (1976) इसे लघु संविधान' कहते हैं।	प्रस्तावना में 'सम्पूर्ण प्रभुत्व सम्पन्न, लोकतन्त्रात्मक गणराज्य' के साथ पन्थनिरपेक्ष, समाजवादी तथा राष्ट्र की एकता के साथ 'अखण्डता' शब्द जोड़ा गया।
	राज्य के नीति-निदेशक तत्वों का विस्तार किया गया। साथ ही इसमें मौलिक अधिकारों पर प्राथमिकता स्थापित की गई।
	संविधान संशोधनों को न्यायालय में चुनौती नहीं दी जा सकती।
	मौलिक कर्त्तव्यों का समावेश किया गया।
	राष्ट्रपति मन्त्रिमण्डल की सलाह मानने के लिए बाध्य है।
	आपातकालीन स्थिति में राष्ट्रपति पूरे देश के साथ-साथ देश के किसी एक भाग में भी अनुच्छेद 352 के तहत आपात की घोषणा कर सकेगा।
	राज्यों में आपातकालीन घोषणा 6 माह से 1 वर्ष की गई।
	समवर्ती सूची में जोड़े गए-वन, वन्य प्राणी की सुरक्षा, न्यायिक प्रशासन, जनसंख्या नियन्त्रण, परिवार नियोजन, शिक्षा, बाँट तथा माप।
44वाँ संविधान संशोधन अधिनियम, (1978)	जीवन एवं व्यक्तिगत स्वतन्त्रता तथा प्रेस की स्वतन्त्रता को सुनिश्चित किया गया।

	'सशस्त्र विद्रोह' की स्थिति में आपात घोषणा मन्त्रिमण्डल की लिखित सलाह पर की जाएगी।
45वाँ संविधान संशोधन अधिनियम, (1980)	अनुसूचित जाति/जनजाति एवं एंग्लो-इण्डियन समुदाय के लिए व्यवस्थापिकाओं में सीटों का आरक्षण 10 वर्ष के लिए बढ़ा दिया गया।
53वाँ संविधान संशोधन अधिनियम, (1986)	मिजोरम को भारत संघ के 23वें राज्य का दर्जा दिया गया।
55वाँ संविधान संशोधन अधिनियम, (1986)	अरुणाचल प्रदेश को भारत संघ के 24वें राज्य का दर्जा दिया गया।
56वाँ संविधान संशोधन अधिनियम, (1987)	गोवा को भारत संघ के 25वें राज्य का दर्जा दिया गया।
58वाँ संविधान संशोधन अधिनियम, (1987)	भारतीय संविधान का हिन्दी में प्राधिकृत रूप के लिए प्रावधान।
59वाँ संविधान संशोधन अधिनियम, (1988)	पंजाब में राष्ट्रपति शासन तीन वर्ष के लिए किया गया।
	केन्द्र पंजाब में आन्तरिक अशान्ति के आधार पर आपात की घोषणा कर सकता है।
	अनुच्छेद 21 के तहत व्यक्तिगत स्वतन्त्रता तथा जीवन के अधिकार को राष्ट्रपति केवल पंजाब में निलम्बित कर सकता है।
61वाँ संविधान संशोधन अधिनियम, (1989)	लोकसभा तथा विधानसभा चुनावों के मतदाताओं की आयु 21 वर्ष से 18 वर्ष की गई है।
63वाँ संविधान संशोधन अधिनियम, (1989)	पंजाब में आपात के दौरान रदद किए जाने वाले व्यक्तिगत स्वतन्त्रता तथा जीवन के अधिकार को रदद नहीं किया जाएगा।
69वाँ संविधान संशोधन अधिनियम, (1991)	केन्द्रशासित प्रदेश दिल्ली का नाम राष्ट्रीय राजधानी क्षेत्र किया गया।
	दिल्ली में 70 सदस्यों वाली विधानसभा बनाई जाएगी।
70वाँ संविधान संशोधन अधिनियम, (1992)	दिल्ली विधानसभा तथा पाण्डिचेरी विधानसभा को राष्ट्रपति के निर्वाचन में भाग लेने का अधिकार प्रदान किया गया।
73वाँ संविधान संशोधन अधिनियम, (1992)	पंचायती राज को संवैधानिक दर्जा दिया गया, संविधान में ग्यारहवीं सूची जोड़ी गई।
74वाँ संविधान संशोधन अधिनियम, (1992)	नगरपालिका व्यवस्था को संवैधानिक दर्जा दिया गया, संविधान में बारहवीं सूची जोड़ी गई।
84वाँ संविधान संशोधन अधिनियम, (2001)	1991 की जनगणना के आधार पर राज्यों में लोकसभा एवं विधानसभा सीटों की संख्या में परिवर्तन किए बगैर निर्वाचन क्षेत्रों का पुनर्गठन किया गया।
85वाँ संविधान संशोधन अधिनियम, (2002)	सरकारी सेवाओं में अनुसूचित जाति/जनजाति के उम्मीदवारों के लिए पदोन्नति में आरक्षण की व्यवस्था।
86वाँ संविधान संशोधन अधिनियम, (2002)	संविधान में अनुच्छेद 21(क), 45 तथा 51(क) को जोड़ा गया।
	राज्य द्वारा 6 से 14 वर्ष तक के सभी बच्चों को निःशुल्क तथा अनिवार्य शिक्षा का प्रावधान किया गया।
87वाँ संविधान संशोधन अधिनियम, (2003)	परिसीमन में जनसंख्या का आधार 1991 की जनगणना के स्थान पर 2001 कर दी गई।
88वाँ संविधान संशोधन अधिनियम, (2003)	सेवाओं पर कर का प्रावधान किया गया।
91वाँ संविधान संशोधन अधिनियम, (2003)	दल-बदल व्यवस्था में संशोधन किया गया है। अब केवल सम्पूर्ण दल के विलय को मान्यता है।
	केन्द्र तथा राज्यों में मन्त्रिपरिषद् की संख्या क्रमशः लोकसभा तथा विधानसभा की सदस्य संख्या का 15% होगा।
92वाँ संविधान संशोधन अधिनियम, (2003)	'डोगरी', 'मैथिली', 'बोडो' और 'सन्थाली' भाषाओं को आठवीं अनुसूची में शामिल किया गया।
93वाँ संविधान संशोधन अधिनियम, (2003)	निजी एवं बिना सरकारी अनुदान प्राप्त शिक्षण संस्थाओं में प्रवेश पर सामाजिक एवं शैक्षणिक रूप से पिछड़ों के लिए 25% आरक्षण का प्रावधान।
94वाँ संविधान संशोधन अधिनियम, (2006)	अनुसूचित जनजातियों के कल्याण के लिए एक मन्त्री का प्रावधान मध्य प्रदेश एवं ओडिशा के साथ-साथ छत्तीसगढ़ एवं झारखण्ड में भी किया गया।
95वाँ संविधान संशोधन अधिनियम, (2010)	अनुसूचित जाति/जनजाति के लिए आरक्षण की अवधि लोकसभा/राज्य की विधानसभा के लिए 60 वर्ष से बढ़ाकर 70 वर्ष (10 वर्ष के लिए)
96वाँ संविधान संशोधन अधिनियम, (2011)	'उडिया' भाषा का 'ओडिया' में परिवर्तन किया गया।
97वाँ संविधान संशोधन अधिनियम, (2012)	अनुच्छेद 19 (1)(c) में ''सहकारी समितियाँ'' शब्द को जोड़ा गया।
98वाँ संविधान संशोधन अधिनियम, (2013)	हैदराबाद, कर्नाटक क्षेत्र को विकसित करने के लिए कर्नाटक के राज्यपाल को अतिरिक्त शक्तियाँ प्रदान करने हेतु
101 वाँ संविधान संशोधन अधिनियम (2016)	भारत में सकल कर व्यवस्था (जीएसटी) अपनाने हेतु यह संशोधन लाया गया।
103 वाँ संविधान संशोधन अधिनियम, (2018)	समाज में आर्थिक रूप में पिछड़े वर्ग को 10% आरक्षण प्रदान किया गया।
104 वाँ संविधान संशोधन अधिनियम, (2020)	लोकसभा व राज्यों/केन्द्रशासित प्रदेशों की विधानसभाओं में SC/ST के आरक्षण की अवधि को 10 वर्ष (2021 से 2030 तक) के लिए बढ़ा दिया गया।
105 वाँ संविधान संशोधन अधिनियम, (2021)	इसके अन्तर्गत राज्य सूचियों व पिछड़े वर्गों की पहचान करने व उन्हें अधिसूचित करने की राज्यों की शक्ति को संरक्षित किया गया।
106 वाँ संविधान संशोधन अधिनियम, (2023)	लोकसभा व राज्यों/केन्द्रशासित प्रदेशों की विधानसभाओं में महिलाओं के लिए एक-तिहाई सीटें आरक्षित की गईं।

भारत के राष्ट्रीय प्रतीक

प्रतीक	सम्बन्धित तथ्य	प्रतीक	सम्बन्धित तथ्य	प्रतीक	सम्बन्धित तथ्य	प्रतीक	सम्बन्धित तथ्य
राष्ट्रीय ध्वज	तिरंगा	राष्ट्र भाषा	देवनागरी लिपि में लिखी जाने वाली हिन्दी	राष्ट्रीय वृक्ष	बरगद	राष्ट्रीय मुद्रा	रुपया (₹)
राष्ट्रीय चिह्न	अशोक स्तम्भ			राष्ट्रीय पुष्प	कमल	राष्ट्रीय नदी	गंगा
राष्ट्रीय गान	जन-गण-मन	राष्ट्रीय ध्वज गीत	हिन्द देश का प्यारा झण्डा	राष्ट्रीय फल	आम	राष्ट्रीय पर्व	26 जनवरी (गणतन्त्र दिवस)
राष्ट्रगीत	वन्देमातरम्	राष्ट्रीय नारा	श्रमेव जयते	राष्ट्रीय जलजीव	डॉल्फिन		
राष्ट्रीय पंचांग	शक सम्वत्	राष्ट्र पिता	महात्मा गाँधी	राष्ट्रीय विरासत पशु	हाथी		15 अगस्त (स्वतन्त्रता दिवस)
राष्ट्रीय खेल	हॉकी	राष्ट्रीय विदेश नीति	गुट-निरपेक्ष	राष्ट्रीय वाक्य	सत्यमेव जयते		
राष्ट्रीय पशु	बाघ	राष्ट्रीय पुरस्कार	भारत रत्न	राष्ट्रीयता	भारतीय		2 अक्टूबर (गाँधी जयन्ती)
राष्ट्रीय पक्षी	मोर	राष्ट्रीय सूचना पत्र	श्वेत-पत्र				

अभ्यास प्रश्न

1. राज्य की उत्पत्ति का कौन-सा सिद्धान्त सर्वाधिक मान्य है? **[UP बी.एड. 2014]**
(a) दैवी सिद्धान्त
(b) शक्ति सिद्धान्त
(c) सामाजिक संविदा सिद्धान्त
(d) विकासवादी सिद्धान्त

2. निम्नलिखित में से किसको डॉ. अम्बेडकर ने 'संविधान का हृदय और आत्मा' कहा? **[UP बी.एड. 2014]**
(a) समानता का अधिकार
(b) शोषण के विरुद्ध अधिकार
(c) संविधानिक उपचार का अधिकार
(d) धार्मिक स्वतन्त्रता का अधिकार

3. फेबियन समाज किसकी संस्था थी? **[UP बी.एड. 2014]**
(a) बुद्धिजीवियों की (b) किसानों की
(c) जमींदारों की (d) श्रमिकों की

4. कौन-से संवैधानिक संशोधन के अन्तर्गत भारत में पंचायत राज को संवैधानिक आधार प्रदान किया गया है? **[UP बी.एड. 2014]**
(a) 42वाँ (b) 52वाँ
(c) 67वाँ (d) 73वाँ

5. नाजीवाद किससे सम्बन्धित है? **[UP बी.एड. 2014]**
(a) मार्क्स (b) लेनिन
(c) माओ (d) हिटलर

6. निम्नलिखित में से कौन-सा मद भारत के संविधान की समवर्ती सूची में है? **[UP बी.एड. 2013]**
(a) जनसंख्या नियन्त्रण और परिवार नियोजन
(b) लोक स्वास्थ्य और स्वच्छता
(c) प्रति व्यक्ति कर
(d) निखात निधि

7. राष्ट्रपति के निर्वाचन के लिए गठित निर्वाचक मण्डल में सम्मिलित होता है **[UP बी.एड. 2013]**
(a) संघीय संसद तथा राज्य व्यवस्थापिकाओं के सभी सदस्य
(b) संघीय संसद तथा राज्य निधानसभाओं के सभी सदस्य
(c) संघीय संसद के सभी तथा विधानसभाओं के सभी निर्वाचित सदस्य
(d) संसद तथा राज्य विधानसभाओं के सभी निर्वाचित सदस्य

8. राज्यपाल की दोहरी भूमिका से आप क्या समझते है? **[UP बी.एड. 2013]**
(a) वास्तविक एवं संवैधानिक व्यवस्थापक
(b) राज्य का प्रमुख और विशेष परिस्थितियों में राज्य सरकार का भी प्रमुख
(c) राज्य व केन्द्रीय व्यवस्थापिका दोनों से सम्बन्धित
(d) संवैधानिक शासक और केन्द्र कार एजेण्ट

9. राष्ट्रपति द्वारा प्रवर्तित अध्यादेश **[UP बी.एड. 2013]**
(a) का जीवनकाल अनियत होता है
(b) लोकसभा भंग होने की स्थिति में ही कार्यशील होता है
(c) संसद के पुनः एकत्र होने पर उसके सम्मुख अवश्य रखा जाना चाहिए
(d) संसद के सत्र के जारी रहते हुए भी यह राष्ट्रपति की विधान निर्माण की समान्तर शक्ति है

10. भारतीय संविधान के अनुच्छेद 352 के अनुसार 'राष्ट्रीय आपात' की घोषणा निम्नलिखित में से किन परिस्थितियों में की जा सकती है? **[UP बी.एड. 2013]**
(a) संवैधानिक मशीनरी की विफलता
(b) बाह्य आक्रमण
(c) आन्तरिक अशान्ति
(d) युद्ध, बाह्य आक्रमण अथवा सशस्त्र विद्रोह

11. वर्ष 1946 में गठित अन्तरिम कैबिनेट की अध्यक्षता किसने की? **[UP बी.एड. 2013]**
(a) राजेन्द्र प्रसाद
(b) जवाहरलाल नेहरू
(c) सरदार वल्लभभाई पटेल
(d) राजगोपालाचारी

12. "भारतीय संविधान वकीलों का स्वर्ग है" यह कथन किसका है? **[UP बी.एड. 2012]**
(a) डॉ. राम मनोहर लोहिया
(b) जवाहरलाल नेहरू
(c) बी एन राव
(d) सर आइवर जेंनिग्स

13. राज्य के मुख्यत: कितने तत्व होते हैं? **[UP बी.एड. 2012]**
(a) तीन (b) चार
(c) दो (d) पाँच

14. अविश्वास प्रस्ताव का अर्थ है **[UP बी.एड. 2012]**
(a) संसद में अविश्वास
(b) देश के प्रति अविश्वास
(c) मन्त्रिपरिषद में अविश्वास
(d) प्रधानमन्त्री में अविश्वास

15. भारतीय संसद की समितियों में सबसे महत्त्वपूर्ण है **[UP बी.एड. 2012]**
(a) अधीनस्थ विधायन समिति
(b) लोक लेखा समिति
(c) प्राक्कलन समिति
(d) सार्वजनिक उद्योग की समिति

16. संसद के दोनों सदनों के संयुक्त अधिवेशन की अध्यक्षता कौन करता है? **[UP बी.एड. 2012]**
(a) स्पीकर (b) प्रधानमन्त्री
(c) राष्ट्रपति (d) उपराष्ट्रपति

17. 'वेल्थ ऑफ नेशन्स' किसकी रचना है? **[UP बी.एड. 2012]**
(a) मैकाइवर (b) हॉब्स
(c) एडम स्मिथ (d) मार्क्स

18. 'सामान्य इच्छा' के सिद्धान्त को प्रस्तुत किया था **[UP बी.एड. 2012]**
(a) दिदेरो ने (b) वॉल्टेयर ने
(c) मॉण्टेस्क्यू ने (d) रूसो ने

19. भारतीय संविधान की पाण्डुलेखन कमेटी का चेयरमैन कौन था? **[UP बी.एड. 2011]**
(a) डॉ. बी.आर. अम्बेडकर
(b) डॉ. राजेन्द्र प्रसाद
(c) बी.एन. राव
(d) जवाहर लाल नेहरू

20. किसने कहा, "व्यक्ति प्रकृति के अनुसार एक समान है, समाज ने उन्हें सम्पत्ति की संस्था के माध्यम से असमान बना दिया है"? **[UP बी.एड. 2011]**
(a) हीगल (b) रूसो
(c) लॉक (d) मार्क्स

21. दलित पैंथर मूवमेन्ट कहाँ प्रारम्भ किया गया था? **[UP बी.एड. 2011]**
(a) पश्चिम बंगाल (b) बिहार
(c) उड़ीसा (d) महाराष्ट्र

22. भारत में 'आकस्मिकता निधि' किसके अधिकार में रखी गई है? **[UP बी.एड. 2011]**
(a) प्रधानमन्त्री (b) राष्ट्रपति
(c) वित्तमन्त्री (d) गृहमन्त्री

23. 'शीत युद्ध' शब्द का उपयोग सर्वप्रथम किसने किया? **[UP बी.एड. 2011]**
(a) कार्ल डायश (b) बर्नार्ड ब्रूच
(c) हंस जे. मॉर्गन शॉ (d) सी.के. वेबस्टर

24. पिछड़े वर्ग के प्रथम आयोग ने सामाजिक एवं शैक्षिक पिछड़ेपन की पहचान के लिए निम्नांकित में से किस स्थिति पर जोर दिया? **[UP बी.एड. 2011]**
(a) धर्म (b) भाषा
(c) वर्ग (d) जाति

25. यू.एन.ओ. की महासभा ने मानव अधिकारों की घोषणा कब की थी? **[UP बी.एड. 2011]**
(a) 10 दिसम्बर, 1946
(b) 10 दिसम्बर, 1947
(c) 10 दिसम्बर, 1948
(d) 10 दिसम्बर, 1949

26. बलवन्त राय मेहता कमेटी का गठन हुआ **[UP बी.एड. 2011]**
(a) 1951 (b) 1955
(c) 1957 (d) 1948

27. आन्ध्र प्रदेश एक भाषाई राज्य के रूप में गठित किया गया **[UP बी.एड. 2011]**
(a) 1950 में (b) 1953 में
(c) 1956 में (d) 1961 में

28. भारतीय संविधान का कौन-सा भाग कल्याणकारी राज्य के आदर्श घोषित करता है? **[UP बी.एड. 2010]**
(a) मौलिक अधिकार
(b) मौलिक कर्त्तव्य
(c) उद्देशिका
(d) राज्य नीति के निदेशक सिद्धान्त

29. उच्च न्यायालय के मुख्य न्यायाधीश की नियुक्ति कौन करता है? **[UP बी.एड. 2010]**
(a) राज्यपाल
(b) मुख्यमन्त्री
(c) भारत के राष्ट्रपति
(d) भारत के मुख्य न्यायाधीश

30. भारत के पहचान प्राधिकरण के अध्यक्ष कौन हैं? **[UP बी.एड. 2010]**
(a) ई. श्रीधरन
(b) एम.एन. बुच
(c) नन्दन नीलेकारी
(d) डॉ. एम.एस. स्वामीनाथन

31. राज्य के राज्यपाल को कौन शपथ दिलाता है? **[UP बी.एड. 2010]**
(a) भारत के राष्ट्रपति
(b) राज्य के महाधिवक्ता
(c) उच्च न्यायालय के मुख्य न्यायाधीश
(d) उपरोक्त में से कोई नहीं

32. निम्नलिखित में से कौन संविधान का मसौदा समिति का अध्यक्ष था? **[UP बी.एड. 2010]**
(a) मोतीलाल नेहरू
(b) सरदार पटेल
(c) डॉ. बी.आर. अम्बेडकर
(d) मोहनदास करमचन्द गाँधी

33. निम्नलिखित में से कौन व्यक्तिगत स्वतन्त्रता का संरक्षा करता है? **[UP बी.एड. 2010]**
(a) अधिकार पृच्छा (b) परमादेश
(c) बन्दी प्रत्यक्षीकरण (d) उत्प्रेषण

34. संविधान की उद्देशिका घोषित करती है कि भारत **[UP बी.एड. 2010]**
(a) एक समाजवादी लोकतन्त्रात्मक गणराज्य है
(b) एक सम्पूर्ण प्रभुत्व सम्पन्न लोक संरचनात्मक गणराज्य है
(c) एक सम्पूर्ण प्रभुत्व सम्पन्न समाजवादी पन्थ निरपेक्ष लोकतन्त्रात्मक गणराज्य है
(d) उपरोक्त में से कोई नही

35. भारत के प्रथम 'पिछड़ा वर्ग आयोग का' अध्यक्ष कौन था? **[UP बी.एड. 2010]**
(a) बी.पी. मण्डल
(b) बी.आर. अम्बेडकर
(c) एम.के. गाँधी
(d) काका कालेलकर

36. ''यह स्वीकार किया जाता है कि कोई भी प्रजातन्त्र विकेन्द्रीकरण के बिना सफल नहीं हो सकता है।'' यह किसका कथन है? **[UP बी.एड. 2010]**
(a) बी. मेहता (b) बी.आर. चौहान
(c) बैजनाथ सिंह (d) एच० ओरन्सटीन

37. संविधान सभा के सभापति कौन थे? **[UP बी.एड. 2008]**
(a) बी. आर. अम्बेडकर
(b) राजेन्द्र प्रसाद
(c) सी. राजगोपालाचारी
(d) गोपाल स्वामी आयंगर

38. भारत के उपराष्ट्रपति का चुनाव होता है **[UP बी.एड. 2008]**
(a) केन्द्रीय मन्त्रिमण्डल द्वारा
(b) लोकसभा द्वारा
(c) राज्य संसद सभा द्वारा
(d) पार्लियामेन्ट के दोनों सदनों द्वारा

39. भारत में राष्ट्रपति तथा उपराष्ट्रपति दोनों के स्थान रिक्त होने पर कार्यभार सम्भालता है **[UP बी.एड. 2008]**
(a) प्रधानमन्त्री
(b) लोकसभा का अध्यक्ष
(c) राज्यसभा का उपाध्यक्ष
(d) भारत का मुख्य न्यायाधीश

40. भारतीय कार्यपालिका का प्रधान है **[UP बी.एड. 2008]**
(a) राष्ट्रपति
(b) प्रधानमन्त्री
(c) संघ सरकार का कैबिनेट सचिव
(d) उपरोक्त में से कोई नहीं

41. किस संविधान संशोधन द्वारा सम्पत्ति के अधिकार को मूल अधिकारों की सूची से हटा दिया गया? **[UP बी.एड. 2008]**
(a) 41वें (b) 42वें
(c) 43वें (d) 44वें

42. जनमत संग्रह लोकतन्त्र की एक ऐसी प्रणाली है, जिसका प्रयोग **[UP बी.एड. 2008]**
(a) कानूनों के क्रियान्वयन के लिए किया जाता है
(b) लोकसेवकों की नियुक्ति के लिए किया जाता है
(c) न्यायाधीशों की नियुक्ति के लिए किया जाता है
(d) सार्वजनिक महत्त्व के किसी नीति सम्बन्धी विषय पर जनता के विचारों को ज्ञात करने के लिए किया जाता है

43. किसने कहा "प्रजातन्त्र सरकार का सबसे खराब रूप है।" **[UP बी.एड. 2008]**
(a) प्लेटो (b) अरस्तू
(c) मॉण्टेस्क्यू (d) रूसी

44. अमेरिकन राष्ट्रपति चुना जाता है **[UP बी.एड. 2008]**
(a) पीपुल
(b) द कांग्रेस
(c) सीनेट
(d) इलेक्टोरल कॉलेज

45. 'विंग्स ऑफ फायर' किसने लिखी?
(a) सलमान रूश्दी
(b) अरुन्धती राय
(c) खुशवन्त सिंह
(d) ए. पी. जे. अब्दुल कलाम

46. निम्न में से किस आयोग ने 'योजना आयोग' का स्थान लिया है?
(a) नीति आयोग (b) निर्वाचन आयोग
(c) ई-शासन आयोग (d) वित्त आयोग

47. नवनिर्मित 'नीति आयोग' के प्रथम उपाध्यक्ष किसे बनाया गया है?
(a) किरण बेदी (b) राजीव सहगल
(c) अरविन्द पनगढ़िया (d) विनोद श्रीवास्तव

48. ''राजनीति विज्ञान केवल सरकार का अध्ययन करता है।'' किसने कहा?
(a) लीकॉक (b) अरस्तू
(c) गिल क्राइस्ट (d) सीले

49. 'राजनीति विज्ञान का जनक' किसे माना जाता है?
(a) अरस्तू (b) प्लेटो
(c) चाणक्य (d) मैकियावेली

50. निम्न में से किसे प्रथम राजनीतिक वैज्ञानिक कहा जाता है?
(a) प्लेटो (b) अरस्तू
(c) चाणक्य (d) रूसो

51. अरस्तू ने निम्न में से किस शासन प्रणाली को श्रेष्ठ माना है?
(a) प्रजातन्त्र (b) राजतन्त्र
(c) अधिनायकवाद (d) इनमें से कोई नहीं

52. हॉब्स ने अपने सामाजिक समझौता सिद्धान्त की व्याख्या अपनी किस पुस्तक में विस्तार से की है?
(a) डी. सिवे
(b) डी. कारपोरे
(c) लेवायथन
(d) एलिमेण्ट्स ऑफ लॉ

53. कौटिल्य के अनुसार राज्य के कितने अंग होते हैं?
(a) चार (b) पाँच
(c) छः (d) सात

54. ''राज्य कानून बनाने वाली संस्था है''—इस दृष्टिकोण के समर्थक एवं विचारक हैं
(a) प्लेटो एवं अरस्तू
(b) मैकाइवर एवं हीगल
(c) मैकियावेली एवं लास्की
(d) विलोबी एवं विल्सन

55. प्लेटो के साम्यवाद और आधुनिक साम्यवाद में समता है, क्योंकि
(a) दोनों व्यक्ति की तुलना में राज्य और समाज को अधिक महत्त्व देते हैं
(b) दोनों आदर्श राज्य को प्राप्त करना चाहते हैं
(c) दोनों त्याग में विश्वास करते हैं
(d) दोनों व्यक्ति के अधिकारों पर अधिक बल देते हैं

56. निम्नलिखित में से कौन-सा राज्य का आवश्यक तत्त्व नहीं है?
(a) जनसंख्या (b) आर्थिक समृद्धि
(c) सम्प्रभुता (d) भूमि

57. 15 अगस्त, 1947 ई. से पहले भारत एक राज्य नहीं था, क्योंकि
(a) इसके पास सम्प्रभुता नहीं थी
(b) इसकी निर्वाचित सरकार नहीं थी
(c) इसका संविधान नहीं था
(d) उपरोक्त सभी

58. प्रशासन में लालफीताशाही का क्या अर्थ है?
(a) लोकसेवकों की लापरवाही
(b) विलम्ब
(c) पक्षपात
(d) कार्य के भार की बारीकी से जाँच

59. निम्न स्वतन्त्रताओं में से नकारात्मक स्वतन्त्रता कौन-सी है?
(a) राजनीतिक (b) नागरिक
(c) कानूनी (d) ये सभी

60. ''कोई व्यक्ति कुछ करना चाहे तो उसे वैसा करने से रोका न जाए।'' इस प्रकार की स्वतन्त्रता को क्या कहा जाता है?
(a) नकारात्मक (b) सकारात्मक
(c) कानूनी (d) इनमें से कोई नहीं

61. 'उदारवाद का जनक' किसे माना जाता है?
(a) हॉब्स (b) जॉन लॉक
(c) रूसो (d) प्लेटो

62. तुलनात्मक राजनीति विज्ञान का जनक किसे कहा जाता है?
(a) अरस्तू (b) प्लेटो
(c) मैकियावेली (d) चाणक्य

63. राज्य की उत्पत्ति का कौन-सा सिद्धान्त सर्वाधिक मान्य है?
(a) दैवी सिद्धान्त
(b) शक्ति सिद्धान्त
(c) सामाजिक संविदा सिद्धान्त
(d) विकासवादी सिद्धान्त

64. सकारात्मक स्वतन्त्रता का अर्थ है
(a) प्रतिबन्धों का अभाव
(b) कोई भी कार्य करने की स्वतन्त्रता
(c) कमजोर वर्ग के सर्वांगीण विकास के लिए उपलब्ध सुविधाएँ
(d) उपरोक्त सभी

65. कोई भी राज्य दण्ड की व्यवस्था क्यों करता है?
(a) नागरिकों के विकास के लिए
(b) सामाजिक उन्नति के लिए
(c) समाज में शान्ति सुव्यवस्था बनाए रखने के लिए
(d) उपरोक्त में से कोई नहीं

66. निम्न में से प्रजातन्त्रात्मक शासन की विशेषता नहीं है
(a) शासन सत्ता जनता के हाथों में होती है
(b) सरकार पर जनता का नियन्त्रण होता है
(c) जनता सरकार को हटा सकती है
(d) शासन शक्ति पर वर्ग विशेष का नियन्त्रण रहता है

67. शासन की लोकप्रिय और व्यावहारिक पद्धति कौन-सी है?
(a) सीमित राजतन्त्र
(b) कुलीन राजतन्त्र
(c) प्रत्यक्ष प्रजातन्त्र
(d) अप्रत्यक्ष अथवा प्रतिनिधित्व प्रजातन्त्र

68. एकदलीय प्रणाली सामान्यतया किन देशों में पाई जाती है?
(a) प्रजातान्त्रिक देशों में
(b) अधिनायकवादी राज्यों में
(c) जहाँ संवैधानिक राजतन्त्र है
(d) उपरोक्त में से कोई नहीं

69. संघात्मक शासन के बारे में यह किसने कहा है कि ''एक संघ राज्य राजनीतिक समझौते के अतिरिक्त कुछ नहीं है, जिसका उद्देश्य राष्ट्रीय एकता तथा राज्य के अधिकारों में सामंजस्य स्थापित करना होता है''?
(a) डायसी (b) स्ट्राँग
(c) फाइनर (d) हैमिल्टन

70. संसदीय प्रणाली में मन्त्रिपरिषद् की बैठकों की अध्यक्षता कौन करता है?
(a) राष्ट्रपति
(b) उपराष्ट्रपति
(c) प्रधानमन्त्री
(d) गृहमन्त्री

71. अध्यक्षीय शासन में मन्त्रिगण किसके प्रति उत्तरदायी होते हैं?
(a) विधायिका
(b) राष्ट्रपति
(c) विधायिका के अध्यक्ष
(d) उपरोक्त में से कोई नहीं

72. संसदात्मक शासन का प्रचलन सर्वप्रथम किस देश में हुआ?
(a) स्विट्जरलैण्ड (b) यूनान
(c) भारत (d) इंग्लैण्ड

73. अध्यक्षात्मक शासन व्यवस्था जिस सिद्धान्त के आधार पर परिचालित होती है, वह है
(a) शक्तियों का विभाजन
(b) शक्तियों का विलयीकरण
(c) शक्तियों का पृथक्करण
(d) सामूहिक उत्तरदायित्व

74. आधुनिक अर्थ में राज्य शब्द का प्रयोग सबसे पहले किसने किया था?
(a) प्लेटो (b) अरस्तू
(c) ग्रीन (d) मैकियावेली

75. सामाजिक न्याय से तात्पर्य है
(a) सभी को समान राजनीतिक अधिकार प्राप्त हों
(b) सभी को समान आर्थिक अधिकार प्राप्त हों
(c) सभी को धार्मिक स्वतन्त्रता के अधिकार प्राप्त हों
(d) सभी प्रकार के भेदभाव तथा जाति, रंग, धर्म, मत, लिंग आदि पर आधारित सुविधाएँ समाप्त हों

76. मार्क्स के अनुसार 'वर्ग' का आशय लोगों के ऐसे समूह से है
(a) जिनकी एक जैसी सामाजिक पृष्ठभूमि है
(b) जिनका एक व्यवसाय है
(c) जो एक जैसी राजनैतिक चेतना से युक्त हैं
(d) जिनका आर्थिक व्यवस्था में एक-सा स्थान है

77. सूची प्रणाली के अन्तर्गत किस प्रकार के निर्वाचन होते हैं?
(a) एकसदस्यीय (b) बहुसदस्यीय
(c) 'a' व 'b' दोनों (d) इनमें से कोई नहीं

78. निम्न में से कौन फेबियनवाद के प्रमुख प्रतिपादकों में से एक है?
(a) मार्क्स (b) लास्की
(c) लेनिन (d) सिडनी वेब

79. किसने कहा-मनुष्य एक सामाजिक प्राणी है?
(a) प्लेटो (b) अरस्तू
(c) मैकियावेली (d) मार्क्स

80. नीति-निर्देशक तत्त्व किस देश से प्रभावित हैं?
(a) ब्रिटेन (b) अमेरिका
(c) आयरलैण्ड (d) जापान

81. किसने कहा—''प्रजातन्त्र जनता के द्वारा, जनता के लिए, जनता की सरकार है''?
(a) लिंकन (b) लास्की
(c) मोस्का (d) गार्नर

82. न्याय किस प्रकार की अवधारणा है?
(a) आर्थिक (b) कानूनी
(c) नैतिक (d) सामाजिक

83. निम्न में से कौन प्लेटो की रचना नहीं है?
(a) पॉलिटिक्स (b) रिपब्लिक
(c) लॉज (d) स्टेट्समैन

84. किसने कहा था कि राज्य को आर्थिक मामलों में हस्तक्षेप नहीं करना चाहिए?
(a) मार्क्स (b) एडम स्मिथ
(c) लॉक (d) प्लेटो

85. सूची I को सूची II से सुमेलित कीजिए तथा नीचे दिए गए कूट का प्रयोग करते हुए सही उत्तर का चयन कीजिए

सूची I (दृष्टिकोण)	सूची II (विचारक)
A. शास्त्रीय उपागम	1. फ्रेडरिक टेलर
B. वैज्ञानिक प्रबन्ध उपागम	2. हर्बर्ट साइमन
C. मानवीय सम्बन्ध उपागम	3. हेनरी फेयोल
D. व्यवहारवादी उपागम	4. एल्टन मेयो

कूट

	A	B	C	D
(a)	1	2	3	4
(b)	2	1	4	1
(c)	3	1	2	4
(d)	3	1	4	2

86. मार्क्सवाद का प्रमुख सिद्धान्त कौन-सा है?
(a) वर्ग संघर्ष
(b) द्वन्द्वात्मक भौतिकवाद
(c) क्रान्ति का सिद्धान्त
(d) अतिरिक्त मूल्य का सिद्धान्त

87. फासिस्टों के अनुसार अधिकारों का स्रोत है
(a) राज्य (b) प्रकृति
(c) समाज (d) अधिकार

88. निम्नलिखित में से कौन मौलिक अधिकार नहीं है?
(a) भाषण की स्वतन्त्रता
(b) संवैधानिक उपचारों का अधिकार
(c) सम्पत्ति का अधिकार
(d) देशभर में स्वतन्त्रतापूर्वक भ्रमण करने का अधिकार

89. निम्नलिखित में से कौन संसद के किसी भी सदन की कार्यवाही में सहभागी हो सकता है?
(a) उपराष्ट्रपति
(b) सॉलिसिटर जनरल
(c) अटॉर्नी जनरल
(d) मुख्य न्यायाधीश

90. अध्यक्षात्मक शासन प्रणाली में वास्तविक शक्तियों का उपभोग कौन करता है?
(a) कांग्रेस (b) सीनेट
(c) राष्ट्रपति (d) कैबिनेट

91. भारत में कौन-सी प्रणाली है?
(a) अध्यक्षात्मक
(b) अर्द्धअध्यक्षात्मक
(c) संसदीय
(d) अर्द्धसंसदीय

92. आपातकालीन प्रावधान किस देश से लिये गए हैं?
(a) जर्मनी
(b) यू. एस. एस. आर.
(c) यू. एस. ए.
(d) यू. के.

93. 'वेल्थ ऑफ नेशन्स' किसकी रचना है?
(a) एडम स्मिथ (b) मैकाइवर
(c) मार्क्स (d) हॉब्स

94. "अधिकतम लोगों का अधिकतम सुख" यह किसका विचार है?
(a) मार्क्सवाद (b) उपयोगितावाद
(c) उदारवाद (d) राष्ट्रवाद

95. निम्न में से कौन राज्य के आदर्शवादी सिद्धान्त से सम्बद्ध हैं?
(a) हीगल (b) ट्राटस्की
(c) मिल (d) रूसो

96. 'लेवायथन' किसकी रचना है?
(a) लॉक (b) हॉब्स
(c) रूसो (d) मिल

97. 'सोशल कान्ट्रैक्ट' की रचना किसने की?
(a) रूसो (b) हॉब्स
(c) लॉक (d) बोदाँ

98. किसने कहा है—"मनुष्य स्वतन्त्र जन्मा है परन्तु वह सर्वत्र बन्धनों में आबद्ध है"?
(a) प्लेटो (b) अरस्तू
(c) लॉक (d) रूसो

99. राज्यपाल अपने कार्यों के लिए किसके प्रति उत्तरदायी होता है?
(a) राष्ट्रपति
(b) प्रधानमन्त्री
(c) राज्य विधानसभा
(d) राज्य की जनता

100. साम्प्रदायिक मताधिकार भारत में प्रस्तावित किया गया
(a) सन् 1861 के अधिनियम द्वारा
(b) सन् 1892 के अधिनियम द्वारा
(c) सन् 1909 के अधिनियम द्वारा
(d) सन् 1919 के अधिनियम द्वारा

101. 'भारतीय स्वतन्त्रता अधिनियम' ब्रिटिश संसद द्वारा पारित किया गया
(a) जनवरी, 1947 में
(b) जुलाई, 1947 में
(c) अगस्त, 1947 में
(d) अगस्त, 1946 में

102. निम्न में से कौन राजनीतिक अधिकार नहीं है?
(a) सरकार की आलोचना करने का अधिकार
(b) वोट देने का अधिकार
(c) लोकपद प्राप्त करने का अधिकार
(d) स्वतन्त्रता का अधिकार

103. उत्पत्ति के आधार पर संविधान दो प्रकार के होते हैं
(a) विकसित एवं निर्मित
(b) लचीला एवं कठोर
(c) लिखित एवं अलिखित
(d) उपरोक्त में से कोई नहीं

104. "वे सब कानून संविधान में सम्मिलित होते हैं जिनका राज्य में प्रभुत्व शक्ति के प्रयोग अथवा वितरण पर अप्रत्यक्ष तथा प्रत्यक्ष रूप से प्रभाव पड़ता है।" किसने कहा है?
(a) ब्राइस (b) फाइनर
(c) वूल्जे (d) डायसी

105. संवैधानिक शासन का क्या अर्थ होता है?
(a) संविधान की व्यवस्था के अनुरूप शासन
(b) विधि के शासन पर आधारित शासन
(c) प्रजातान्त्रिक सरकार
(d) उपरोक्त सभी

106. संविधान की अवधारणा सर्वप्रथम कहाँ उत्पन्न हुई?
(a) अमेरिका (b) ब्रिटेन
(c) भारत (d) फ्रांस

107. निम्न में से किस देश का संविधान अलिखित संविधान का श्रेष्ठ उदाहरण है?
(a) अमेरिका (b) फ्रांस
(c) इंग्लैण्ड (d) रूस

108. संसदीय शासन का अधिक लोकप्रिय नाम है
(a) मन्त्रिमण्डलीय शासन
(b) अध्यक्षीय शासन
(c) लोकप्रिय शासन
(d) उत्तरदायी शासन

109. मन्त्रिमण्डलीय शासन की विशेषता है
(a) सामूहिक उत्तरदायित्व
(b) राजनीतिक सजातीयता
(c) लोकसभा के विघटन का अधिकार
(d) उपरोक्त सभी

110. भारत के संविधान में
(a) मन्त्रिमण्डल शब्द का प्रयोग किया गया है
(b) मन्त्रिपरिषद् शब्द का प्रयोग किया गया है
(c) मन्त्रिपरिषद् को मन्त्रिमण्डल से सर्वोच्च बताया गया है
(d) मन्त्रिमण्डल को मन्त्रिपरिषद् से सर्वोच्च बताया गया है

111. नौकरशाही का अर्थ है
(a) जनता का शासन
(b) जनता की सेवा करना
(c) अधिकारियों का शासन
(d) लोक सेवा

112. एफ.एम. मार्क्स ने नौकरशाही को कितनी श्रेणियों में बाँटा है ?
(a) चार (b) पाँच (c) छः (d) सात

113. निम्न में से कौन-सा संविधान शक्तियों के वितरण में अवशिष्ट शक्तियाँ केन्द्र को प्रदान करता है?
(a) अमेरिकी संविधान
(b) कनाडा का संविधान
(c) स्विट्जरलैण्ड का संविधान
(d) उपरोक्त सभी

114. 'फेडरल गवर्नमेन्ट' किसकी कृति है?
(a) लॉर्ड ब्राइस (b) डायसी
(c) के.सी. ह्वीयर (d) फाउनर

115. निम्नलिखित संघात्मक देशों में से किन-किन में दोहरी नागरिकता का प्रावधान किया गया है?
(a) स्विट्जरलैण्ड एवं भारत
(b) स्विट्जरलैण्ड एवं यू.एस.ए.
(c) स्विट्जरलैण्ड एवं यू.के.
(d) कनाडा एवं ऑस्ट्रेलिया

116. संसदात्मक शासन में शासन की समस्त शक्तियों का वास्तविक प्रयोग कौन करता है?
(a) राष्ट्रपति (b) प्रधानमन्त्री
(c) मुख्य न्यायाधीश (d) इनमें से कोई नहीं

117. शासन के संसदात्मक और अध्यक्षात्मक वर्गीकरण का आधार है
(a) विधायिका एवं कार्यपालिका का पारस्परिक सम्बन्ध
(b) केन्द्र एवं राज्यों के बीच पारस्परिक सम्बन्ध
(c) कार्यपालिका एवं न्यायपालिका का पारस्परिक सम्बन्ध
(d) विधायिका एवं न्यायपालिका का पारस्परिक सम्बन्ध

118. समाजवाद की अंग्रेजी विचारधारा है
(a) साम्यवाद (b) श्रमसंघवाद
(c) फेबियनवाद (d) ये सभी

119. फेबियनवाद से सम्बन्धित नहीं है
(a) पूँजीवाद का विरोध
(b) क्रान्ति की अनिवार्यता
(c) क्रमिकता की अनिवार्यता
(d) स्थानीय संस्थाओं के कार्यों में वृद्धि

120. फेबियन समाज किसकी संस्था थी?
(a) बुद्धिजीवियों की (b) किसानों की
(c) जमींदारों की (d) श्रमिकों की

121. प्रजातान्त्रिक समाजवाद के प्रबल समर्थक थे
(a) हिटलर (b) स्टालिन
(c) चर्चिल (d) जवाहरलाल नेहरू

122. प्रजातान्त्रिक समाजवाद का प्रेरक किसे माना जाता है?
(a) प्रूधों
(b) जवाहरलाल नेहरू
(c) एडवर्ड बर्नटास्ट्रन
(d) सोरेल

123. भारतीय संसद के दोनों सदनों का संयुक्त अधिवेशन कौन बुला सकता है?
(a) राष्ट्रपति
(b) प्रधानमन्त्री
(c) लोकसभा अध्यक्ष
(d) लोकसभा के अध्यक्ष की स्वीकृति से उपराष्ट्रपति

124. "व्यक्ति राज्य में उतना ही स्वतन्त्र है जितना वह प्राकृतिक अवस्था में था।" यह कथन किसका है?
(a) हॉब्स (b) लॉक (c) रूसो (d) ग्रीन

125. निम्नलिखित मौलिक अधिकारों में से किसे 'आपातकाल' में भी निलम्बित नहीं किया जा सकता?
(a) समानता का अधिकार
(b) स्वतन्त्रता का अधिकार
(c) जीवन का अधिकार
(d) संवैधानिक उपचारों का अधिकार

126. न्यायिक पुनरावलोकन न्यायालय की वह शक्ति है, जिससे वह असंवैधानिक घोषित करता है
(a) विधायिका द्वारा निर्मित किसी भी कानून को
(b) कार्यपालिका के किसी भी आदेश को
(c) निम्न न्यायालय के किसी भी निर्णय को
(d) विधायिका के किसी भी अधिनियम अथवा कार्यपालिका के किसी भी आदेश को

127. संविधान के किस अनुच्छेद के अन्तर्गत वित्तीय आपातकाल की व्यवस्था है?
(a) 356 (b) 358 (c) 359 (d) 360

128. निम्नलिखित में से किस पुस्तक की रचना मार्क्स ने की है?
(a) पॉवर्टी ऑफ फिलॉसफी
(b) फिलॉसफी ऑफ पॉवर्टी
(c) कैपिटलिज्म, सोशलिज्म एण्ड डेमोक्रेसी
(d) रीजन एण्ड रिवोल्यूशन

129. राज्य की उत्पत्ति के विकासवादी सिद्धान्त का सर्वोत्कृष्ट गुण
(a) इसकी तार्किक परिशुद्धता है
(b) इसका तथ्यात्मक प्रमाण है
(c) इसकी ऐतिहासिक विश्वस्तता है
(d) इसका बहु-आयामी उपागम है

130. किसी मामले में कानूनी कार्यवाही रोकने के लिए उच्च न्यायालय द्वारा निम्न में से कौन-सा लेख जारी किया जाता है?
(a) बन्दी प्रत्यक्षीकरण
(b) प्रतिषेध
(c) अधिकार-पृच्छा
(d) उत्प्रेषण

131. भारतीय संविधान की सातवीं अनुसूची निम्न में से किससे सम्बन्धित है?
(a) भाषाओं की सूची
(b) राज्य, संघीय एवं उभयनिष्ठ (समवर्ती) सूची
(c) शपथ एवं स्वीकृति सूची
(d) राष्ट्रपति एवं उपराष्ट्रपति के दायित्व

132. राज्यों के निम्नलिखित युग्मों में से कौन-सा युग्म राज्यसभा में समान प्रतिनिधि निर्वाचित करता है?
(a) उड़ीसा तथा राजस्थान
(b) उड़ीसा तथा गुजरात
(c) संयुक्त राज्य अमेरिका के संविधान से
(d) उपरोक्त में से कोई नहीं

133. भारत के राष्ट्रपति का निर्वाचन
(a) संसद के दोनों सदनों के सदस्यों द्वारा होता है
(b) संसद के दोनों सदनों के निर्वाचित सदस्यों एवं राज्य विधानसभाओं के निर्वाचित सदस्यों द्वारा होता है
(c) संसद के दोनों सदनों के सदस्यों तथा राज्य की विधान परिषद् के सदस्यों द्वारा होता है
(d) लोकसभा, राज्यसभा तथा उपराष्ट्रपति द्वारा होता है

134. राज्य की उत्पत्ति के ऐतिहासिक विकासवादी सिद्धान्त की मान्यता है कि
(a) राज्य एक प्राकृतिक निर्णय है
(b) राज्य का विकास हुआ है
(c) राज्य एक आर्थिक निर्माण है
(d) राज्य एक दैवीय निर्माण है

135. अल्पसंख्यकों के प्रतिनिधित्व के लिए सबसे उपयुक्त निर्वाचन प्रणाली है
(a) पृथक् निर्वाचन प्रणाली
(b) आनुपातिक प्रतिनिधित्व प्रणाली
(c) एकीकृत मत प्रणाली
(d) सीमित मत प्रणाली

136. भारत की स्वतन्त्रता के समय भारतीय राष्ट्रीय कांग्रेस का अध्यक्ष कौन था?
(a) जे.बी. कृपलानी (b) जवाहरलाल नेहरू
(c) महात्मा गाँधी (d) वल्लभ भाई पटेल

137. निम्नलिखित में से कौन राज्य को वर्ग-शासन का परिणाम तथा उपकरण मानता है?
(a) मार्क्स (b) हॉब्स
(c) मिल (d) ग्रीन

138. कौन-से संवैधानिक संशोधन के अन्तर्गत भारत में पंचायत राज को संवैधानिक आधार प्रदान किया गया है?
(a) 42वाँ (b) 52वाँ
(c) 67वाँ (d) 73वाँ

139. संविधान सभा का गठन किस योजना के तहत किया गया?
(a) क्रिप्स मिशन
(b) स्वतन्त्रता अधिनियम
(c) कैबिनेट मिशन
(d) राजाजी फॉर्मूला

140. भारतीय संविधान में संशोधन की प्रक्रिया का वर्णन संविधान के किस अनुच्छेद में किया गया है?
(a) 352 (b) 356
(c) 368 (d) 370

141. संविधान का अनुच्छेद 32 क्या है?
(a) संवैधानिक उपचारों का अधिकार
(b) उपाधियों का अन्त
(c) अस्पृश्यता
(d) उपरोक्त में से कोई नहीं

142. मन्त्रिपरिषद् सामूहिक रूप से किसके प्रति उत्तरदायी होती है?
(a) राज्यसभा
(b) लोकसभा
(c) 'a' व 'b' दोनों
(d) उपरोक्त में से कोई नहीं

143. भारतीय और अमेरिकी संघवाद में जिस एक बिन्दु पर समानता पायी जाती है, वह है
(a) अवशिष्ट शक्तियों का केन्द्र के पास होना
(b) अवशिष्ट शक्तियों का राज्यों के पास होना
(c) कुछ मामलों में समवर्ती क्षेत्र का प्रावधान है
(d) केन्द्र और राज्यों के बीच विवाद में सर्वोच्च न्यायालय विवाद निपटाता है

144. निम्न में प्रजातान्त्रिक समाजवाद का सिद्धान्त नहीं है
(a) वर्ग संघर्ष में विश्वास
(b) राज्य का लुप्त हो जाना
(c) सर्वाधिकारवाद का विरोध
(d) 'a' एवं 'b' दोनों

145. फेबियनवाद का सम्बन्ध किस देश से था?
(a) अमेरिका (b) इंग्लैण्ड
(c) भारत (d) जर्मनी

146. आधुनिक युग में 'राम-राज्य' की स्थापना की बात करने वाले प्रसिद्ध विचारक हैं
(a) महात्मा गाँधी
(b) राजीव गाँधी
(c) अटल बिहारी वाजपेयी
(d) बी.आर. अम्बेडकर

147. महात्मा गाँधी थे
(a) साम्यवादी (b) फासीवादी
(c) अराजकतावादी (d) आदर्शवादी

148. महात्मा गाँधी की रचना है
(a) गीता रहस्य (b) भारत की खोज
(c) हिन्दू स्वराज्य (d) 'a' एवं 'c' दोनों

149. 'उपयोगितावाद का जनक' किसे माना जाता है?
(a) हीगल (b) हॉब्स (c) बेन्थम (d) रूसो

150. उपयोगितावाद
(a) व्यक्तिवाद का समर्थन करती है
(b) यह व्यक्ति के हित तथा सुख पर बल देती है
(c) यह आर्थिक क्षेत्र में खुली छूट का समर्थक है
(d) उपरोक्त सभी

151. "राज्य का उद्देश्य अधिकतम व्यक्तियों का अधिकतम सुख होना चाहिए"—यह किसका विचार है?
(a) मिल (b) बेन्थम
(c) ग्रीन (d) लॉस्की

152. आर्थिक विकास
(a) एक सचेत प्रक्रिया है
(b) एक स्वाभाविक प्रक्रिया है
(c) बचत में सामान्य वृद्धि है
(d) जनसंख्या में सामान्य वृद्धि है

153. राज्य को साध्य और व्यक्ति को साधन मानने वाली विचारधारा है
(a) व्यक्तिवाद (b) फासीवाद
(c) उदारवाद (d) इनमें से कोई नहीं

154. दुष्परिवर्तनशील संविधान वह है जो
(a) सामान्य विधि-निर्माण प्रक्रिया से संशोधित नहीं होता
(b) सरलतापूर्वक संशोधित नहीं होता
(c) विधायिका के 3/4 के बहुमत से संशोधित होता है
(d) विधायिका के 2/3 के बहुमत से संशोधित होता है

155. कैबिनेट मिशन का प्रमुख कौन था?
(a) क्लीमेण्ट एटली
(b) सर पी. लारेन्स
(c) सर स्टेफोर्ड क्रिप्स
(d) ए.वी. अलेक्जेण्डर

156. भारतीय संविधान की 11वीं अनुसूची सम्बन्धित है
(a) सत्र का प्रथम घण्टा
(b) भारत की प्रमुख भाषाओं से
(c) पंचायती राज से
(d) संघ-सूची, राज्य-सूची एवं समवर्ती-सूची से

157. राज्य का कौन-सा कार्य 'सकारात्मक उदारवाद' से सम्बन्धित है?
(a) सम्पत्ति की सुरक्षा
(b) रोगों से सुरक्षा
(c) राज्य एवं व्यक्ति की सुरक्षा
(d) समाज कल्याण की अभिवृद्धि

158. "धर्म लोगों के लिए अफीम का कार्य करता है" किसने कहा?
(a) लेनिन (b) ग्राम्शी
(c) मार्क्स (d) माओ

159. सम्प्रभुता एक आवश्यक लक्षण है
(a) सरकार का (b) राज्य का
(c) समाज का (d) समुदाय का

160. अतिरिक्त मूल्य का सिद्धान्त किसने प्रतिपादित किया?
(a) रूसो (b) मार्क्स
(c) मिल (d) लास्की

161. निम्न में से किस विचारक ने महात्मा गाँधी को सर्वाधिक प्रभावित किया?
(a) कार्ल मार्क्स
(b) हीगल
(c) काउण्ट लियो टॉलस्टाय
(d) हैरॉल्ड जे. लास्की

162. निम्नलिखित अधिनियमों में से किस अधिनियम द्वारा गवर्नर जनरल की परिषद् में एक विधि-सदस्य की अभिवृद्धि हुई?
(a) माण्टेग्यू-चेम्सफोर्ड सुधार अधिनियम, 1919
(b) भारत सरकार अधिनियम, 1935
(c) भारत परिषद् अधिनियम, 1961
(d) चार्टर अधिनियम, 1833

163. भारत में प्रतिनिध्यात्मक संस्थाओं की शुरूआत पहली बार की गई
(a) चार्टर अधिनियम, 1853 द्वारा
(b) भारत सरकार अधिनियम, 1858 द्वारा
(c) भारत परिषद् अधिनियम, 1861 द्वारा
(d) भारत परिषद् अधिनियम, 1982 द्वारा

164. संविधान सभा का अध्यक्ष किसे चुना गया?
(a) जवाहरलाल नेहरू
(b) डॉ. राजेन्द्र प्रसाद
(c) बी.आर. अम्बेडकर
(d) महात्मा गाँधी

165. भारत में सर्वप्रथम पृथक् निर्वाचन प्रणाली लागू की गयी
(a) भारतीय परिषद् अधिनियम (1909) के अन्तर्गत
(b) भारत शासन अधिनियम (1919) के अन्तर्गत
(c) भारत शासन अधिनियम (1935) के अन्तर्गत
(d) उपरोक्त में से कोई नहीं

166. मौलिक कर्त्तव्यों का विचार प्राप्त किया गया है
(a) अमेरिकी संविधान से
(b) ब्रिटिश संविधान से
(c) सोवियत समाजवादी गणतन्त्र के संविधान से
(d) स्विस संविधान से

167. किस संवैधानिक संशोधन अधिनियम के द्वारा संविधान में मौलिक कर्त्तव्यों को शामिल किया गया है?
(a) 44वाँ संशोधन
(b) 43वाँ संशोधन
(c) 42वाँ संशोधन
(d) 40वाँ संशोधन

168. निम्नलिखित में से किस समिति ने भारतीय संविधान में मौलिक कर्त्तव्यों को समाविष्ट करने की संस्तुति की थी?
(a) बरुआ समिति
(b) राम स्वामी समिति
(c) सीकरी समिति
(d) स्वर्णसिंह समिति

169. संघीय संसद राज्य-सूची के किसी विषय पर कानून बना सकती है यदि
(a) राज्यसभा उपस्थित तथा मतदान करने वाले 2/3 सदस्यों के मत से राष्ट्रीय हित में ऐसा आवश्यक होने का प्रस्ताव करे
(b) सम्बन्धित राज्य/राज्यों के राज्यपाल तथा मुख्यमन्त्री ऐसा अनुरोध करें
(c) राष्ट्रपति राष्ट्रीय हित के लिए ऐसा आवश्यक समझे
(d) लोकसभा ऐसा प्रस्ताव करे

170. राजनीति विज्ञान का आरम्भकर्ता था
(a) सुकरात (b) प्लेटो
(c) अरस्तू (d) बोदाँ

171. भारतीय संविधान के भाग-3 में दिये गए मूलाधिकार विषय में एक महत्त्वपूर्ण तथ्य यह है कि
(a) संसद उनमें सामान्यतया संशोधन नहीं कर सकती
(b) वे निरपेक्ष एवं अमर्यादित हैं
(c) वे केवल नागरिकों के लिए हैं
(d) वे राज्य के नीति निर्देशक तत्त्वों के समान हैं

172. निम्नलिखित में से कौन-सा अधिकार केवल राज्यसभा में निहित है?
(a) राष्ट्रपति के विरुद्ध महाभियोग प्रारम्भ करना
(b) नई अखिल भारतीय सेवाओं को निर्मित करने की संस्तुति करना
(c) उपराष्ट्रपति को पदच्युत करना
(d) उपरोक्त में से कोई नहीं

173. भारत के प्रधानमन्त्री
(a) 'नियुक्त' होते हैं (b) 'निर्वाचित' होते हैं
(c) 'मनोनीत' होते हैं (d) 'चयनित' होते हैं

174. कौन-से अनुच्छेद के अन्तर्गत भारत का सर्वोच्च न्यायालय नागरिकों के मौलिक अधिकारों की रक्षा करता है?
(a) 74 (b) 54
(c) 32 (d) 61

175. निम्नलिखित में से किस 'रिट' का अर्थ है "हम आदेश देते हैं"?
(a) बन्दी प्रत्यक्षीकरण (b) परमादेश
(c) अधिकार-पृच्छा (d) उत्प्रेषण

176. संसद के दोनों सदनों के संयुक्त अधिवेशन की अध्यक्षता कौन करता है?
(a) स्पीकर (b) उपराष्ट्रपति
(c) राष्ट्रपति (d) प्रधानमन्त्री

177. भारतीय संसद की कार्यवाही में 'शून्यकाल' (जीरो आवर) का अर्थ है
(a) सत्र का प्रथम घण्टा
(b) जब विशेषाधिकार प्रस्ताव स्वीकृत होता है
(c) प्रश्नकाल के पूर्व का काल
(d) प्रश्नकाल के अन्त और कार्य सूची में लिखे विषयों (अजेण्डा) के बीच मध्यान्तर

178. उसका कार्यकारी सिद्धान्त था—विश्वास, आज्ञापालन, संघर्ष। यह निम्न में से किसकी ओर संकेत है?
(a) उदारवाद (b) फासीवाद
(c) मार्क्सवाद (d) गाँधीवाद

179. "आदेश, अनुशासन और सत्ता" किसका नारा था?
(a) मार्क्सवाद (b) साम्यवाद
(c) फासीवाद (d) उपयोगितावाद

180. वैज्ञानिक समाजवाद का प्रवर्तक है
(a) लेनिन
(b) सेन्ट साइमन
(c) कार्ल मार्क्स
(d) माओत्से तुंग

181. निम्न में से किस किताब को 'साम्यवाद की बाइबिल' कहा जाता है?
(a) दास कैपिटल
(b) कम्यूनिस्ट मेनिफेस्टो
(c) ग्रामर ऑफ पॉलिटिक्स
(d) उपरोक्त में से कोई नहीं

182. वैज्ञानिक समाजवाद का दूसरा नाम है
(a) समाजवाद
(b) मार्क्सवाद
(c) साम्यवाद
(d) लोकतान्त्रिक समाजवाद

183. एक समाजवादी राज्य विश्वास करता है, कि राज्य को
(a) अधिक से अधिक कार्य दिये जाएँ
(b) कम से कम कार्य दिये जाएँ
(c) नकारात्मक कार्य दिये जाएँ
(d) कोई कार्य नहीं दिये जाएँ

184. निम्न में से कौन-सा एक द्विदलीय व्यवस्था का सबसे महत्त्वपूर्ण लाभ है?
(a) प्रत्येक दल द्वारा किया जाने वाला चुनाव खर्च घट जाता है
(b) इस व्यवस्था में सरकारें स्थिर रहती हैं
(c) दलीय अनुशासनहीनता में कमी आती है
(d) प्रेस 'दलीय गतिविधियों में पूरी तरह' रिपोर्ट कर सकता है

185. भारत में 'दल विहीन लोकतन्त्र' विचार के प्रमुख समर्थक थे
(a) विनोबा भावे
(b) एम.एन. रॉय
(c) जयप्रकाश नारायण
(d) जी.बी. मावलंकर

186. भारत में प्रेस की आजादी प्रदान की गई है
(a) संविधान में विशेष रूप से
(b) विचारों की अभिव्यक्ति की स्वतन्त्रता के अधिकार में
(c) संसदीय कानूनों के द्वारा
(d) प्रशासकीय आदेशों के द्वारा

187. भारत में प्रेस की स्वतन्त्रता पर निम्नांकित आधार पर प्रतिबन्ध नहीं लगाया जा सकता
(a) न्यायालय की अवमानना
(b) राज्य की सुरक्षा
(c) लोक व्यवस्था
(d) शासन की आलोचना

188. लोकमत के निर्माण का साधन है
(a) शिक्षण संस्थाएँ (b) सार्वजनिक मंच
(c) संचार साधन (d) ये सभी

189. लोकमत को
(a) जन इच्छा कहा गया है
(b) बहुमत कहा गया है
(c) सर्वसम्मति कहा गया है
(d) विवेक और निःस्वार्थ भावना पर कहा गया है

190. 'रिप्रजेन्टेशन' के लेखक हैं
(a) ए.एच. बिर्च
(b) राममनोहर लोहिया
(c) कार्ल मार्क्स
(d) फाउनर

191. निम्न में से किस मताधिकार पद्धति को 'हेयर पद्धति' भी कहा जाता है?
(a) संचयी मत पद्धति
(b) सीमित मत पद्धति
(c) एकल संक्रमणीय पद्धति
(d) साम्प्रदायिक प्रतिनिधित्व

192. 'प्रत्यक्ष प्रजातन्त्र' का उदाहरण वाला देश है
(a) भारत (b) स्विट्ज़रलैण्ड
(c) इंग्लैण्ड (d) यू.एस.ए.

193. निम्न में संविधान का स्रोत नहीं है
(a) संविधानसभा के वाद-विवाद
(b) सर्वोच्च न्यायालय के निर्णय
(c) राष्ट्रपति का व्याख्यान
(d) संविधान विशेषज्ञों के विचार

194. भारतीय संविधान निम्न में से किस बात पर अधिक बल देता है?
(a) संसदीय सर्वोच्चता पर
(b) न्यायिक सर्वोच्चता पर
(c) संसदीय सर्वोच्चता और न्यायिक सर्वोच्चता के मध्यम मार्ग पर
(d) उपरोक्त में से कोई नहीं

195. "संसद मूल अधिकारों में कोई परिवर्तन नहीं कर सकती"—भारतीय सर्वोच्च न्यायालय ने किस मामले में ऐसा निर्णय दिया था?
(a) केशवानन्द भारती (b) गोलकनाथ
(c) शंकरी प्रसाद (d) मिनर्वा मिल्स

196. 'भारतीय संविधान की आत्मा' किसे माना जाता है?
(a) राष्ट्रपति का निर्वाचन
(b) प्रस्तावना
(c) मूल अधिकार
(d) नीति-निर्देशक सिद्धान्त

197. निम्न में से निर्देशक सिद्धान्त नहीं है
(a) समान कार्य के लिए समान वेतन
(b) पंचायती राज की स्थापना
(c) 14 वर्ष तक के बालकों के लिए मुफ्त शिक्षा
(d) महिलाओं के लिए आरक्षण

198. सार्वजनिक लेखा समिति का कार्य है
(a) सरकार द्वारा व्यय किये गए धन की जाँच करना
(b) सार्वजनिक क्षेत्र के लेखों की जाँच करना
(c) विभागों की माँगों में मितव्ययिता व सुधार लाना
(d) राजनयिकों का स्वागत करना

199. राज्यपाल अध्यादेश जारी रखने का अधिकार कब सुरक्षित रखता है?
(a) जब कभी राज्य में राष्ट्रपति शासन होता है
(b) यदि वह चाहे तब
(c) जब कभी उसे राष्ट्रपति आदेश देता है
(d) जब राज्य व्यवस्थापिका सत्रावसान में होती है और यह महसूस करती है कि कार्यवाही की तुरन्त आवश्यकता है

200. निवारक 'नजरबन्दी अधिनियम' कटौती करता है
(a) समानता का अधिकार
(b) स्वतन्त्रता का अधिकार
(c) धार्मिक स्वतन्त्रता का अधिकार
(d) संवैधानिक उपचारों का अधिकार

201. रक्षामन्त्री के विरुद्ध अविश्वास प्रस्ताव पास होने का अर्थ है
(a) समूचे मन्त्रिमण्डल का त्याग-पत्र
(b) मात्र उसका त्याग-पत्र
(c) केवल प्रधानमन्त्री का त्याग-पत्र
(d) उपरोक्त में से कोई नहीं

202. अन्तर्राज्यीय विवादों को हल करने के लिए निम्न में से कौन-सी मशीनरी सबसे अधिक प्रभावी है?
(a) स्वास्थ्य और स्थानीय स्वशासन की केन्द्रीय परिषदें
(b) वित्त और योजना आयोग
(c) क्षेत्रीय समितियों तथा मन्त्रियों और मुख्यमन्त्रियों की बैठकें
(d) अन्तर्राज्यीय समितियाँ जैसा कि प्रशासनिक सुधार आयोग ने संस्तुति की है

203. संघीय संविधान के अन्तर्गत राजयसभा विशेष स्थिति में रहती है
(a) शक्ति के भण्डार के रूप में
(b) कार्यकारिणी के रूप में
(c) संसद के रूप में
(d) बजट पारित करने हेतु

204. कैबिनेट (मन्त्रिमण्डल) के किस श्रेणी के मन्त्री होते हैं?
(a) केवल राज्यमन्त्री
(b) उपमन्त्री
(c) केवल कैबिनेट मन्त्री
(d) तीनों श्रेणियों के मन्त्री

205. सर्वोच्च न्यायालय का स्थायी स्थान दिल्ली में है, लेकिन इसकी बैठकें हो सकती हैं
(a) लखनऊ में
(b) चेन्नई में
(c) कोलकाता में
(d) अन्य किसी भी स्थान पर जहाँ का निर्णय मुख्य न्यायाधीश राष्ट्रपति के साथ परामर्श द्वारा करे

206. संसद के स्थगन-काल में राष्ट्रपति अध्यादेश जारी कर सकता है
(a) भारत के सर्वोच्च न्यायालय की स्वीकृति पर
(b) संसद की पूर्व स्वीकृति पर
(c) अटॉर्नी जनरल की सलाह पर
(d) मन्त्रिपरिषद् की सहमति पर

207. निम्नलिखित में से भारतीय नागरिक का मौलिक कर्त्तव्य नहीं है
(a) देश की एकता और अखण्डता को बनाए रखना
(b) वैज्ञानिक स्वभाव, मानवतावाद एवं जाँच की प्रकृति और सुधार विकसित करना
(c) अन्तर्राष्ट्रीय क्षेत्र में देश के सम्मान को ऊँचा उठाने के लिए कार्य करना
(d) व्यक्तिगत एवं सामूहिक गतिविधियों के प्रत्येक क्षेत्र में प्रतिभा के विकास के लिए प्रयास करना

208. भारत में न्यायिक पुनरावलोकन की शक्ति किसमें निहित है?
(a) केवल उच्च न्यायालय में
(b) केवल सर्वोच्च न्यायालय में
(c) उच्च न्यायालय तथा सर्वोच्च न्यायालय दोनों में
(d) उपरोक्त में से किसी में नहीं

209. भारतीय संसद की समितियों में सबसे महत्त्वपूर्ण है
(a) लोक लेखा समिति
(b) प्राक्कलन समिति
(c) सार्वजनिक उद्योग की समिति
(d) अधीनस्थ विधायन समिति

210. भारतीय संविधान के अन्तर्गत धन का केन्द्रीकरण अतिक्रमण करता है
(a) समानता के अधिकार का
(b) निर्देशक तत्त्वों का
(c) स्वतन्त्रता के अधिकार का
(d) कल्याण की भावना का

211. राष्ट्रपति सर्वोच्च न्यायालय का परामर्श निम्न में से किस विषय पर ले सकता है?
(a) उच्च अधिकारियों की नियुक्ति के सम्बन्ध में
(b) राज्य-सूची में प्रस्तुत विषयों के सम्बन्ध में अधिनियमन
(c) निर्माणाधीन कानून की संवैधानिकता पर
(d) प्रधानमन्त्री की नियुक्ति के सम्बन्ध में

212. विधायिका, कार्यपालिका तथा न्यायपालिका सरकार के तीनों अंगों में जन-प्रतिनिधि सभा कौन है?
(a) कार्यपालिका (b) विधायिका
(c) न्यायपालिका (d) ये सभी

213. भारतीय प्रधानमन्त्री किस सदन का सदस्य होता है?
(a) संसद का
(b) राज्यसभा का
(c) दोनों सदनों में से किसी का सदस्य नहीं होता है
(d) निष्पक्ष व्यक्ति होता है

214. लोकसभा अध्यक्ष के बारे में कौन-सी एक बात असत्य है?
(a) लोकसभा सदस्यों के विशेषाधिकारों की रक्षा करना
(b) लोकसभा की बैठकों की अध्यक्षता करना
(c) योजना आयोग की बैठकों की अध्यक्षता करना
(d) लोकलेखा समिति की अध्यक्षता करना

215. भारतीय संघ की इनमें एक आवश्यक विशेषता नहीं है
(a) शक्तियों का पृथक्करण
(b) प्रस्तावना
(c) संविधान की सर्वोच्चता
(d) उपरोक्त में से कोई नहीं

216. भारतीय संविधान के किस संशोधन द्वारा 'आन्तरिक व्यवस्था' के स्थान पर 'सशस्त्र-विद्रोह' शब्द को सम्मिलित किया गया है?
(a) 39वें संशोधन द्वारा
(b) 42वें संशोधन द्वारा
(c) 43वें संशोधन द्वारा
(d) 44वें संशोधन द्वारा

217. राज्य और केन्द्र में वित्तीय विभाजन होता है
(a) योजना आयोग की संस्तुति पर
(b) वित्त आयोग की संस्तुति पर
(c) राष्ट्रीय विकास परिषद् की संस्तुति पर
(d) सरकारिया आयोग की संस्तुति पर

218. पंचायती राज के सम्बन्ध में अशोक मेहता समिति ने निम्नलिखित में से कौन-सा मॉडल (प्रतिरूप) सुझाया?
(a) त्रिस्तरीय प्रतिरूप
(b) द्विस्तरीय प्रतिरूप
(c) मण्डल पंचायत प्रतिरूप
(d) ग्राम पंचायत प्रतिरूप

219. निम्नलिखित में से कौन प्रत्यक्ष प्रजातन्त्र का एक लक्षण नहीं है?
(a) लोकसभाएँ
(b) जनमत संग्रह
(c) आरम्भक
(d) आनुपातिक प्रतिनिधित्व

220. भारत में कौन-सी दल प्रणाली प्रचलित है?
(a) बहुदलीय
(b) द्विदलीय
(c) एकदलीय
(d) उपरोक्त में से कोई नहीं

221. किस प्रकार के राज्य में जनमत पूरी तरह से राज्य के नियन्त्रण में होता है?
(a) समाजवादी राज्य (b) साम्यवादी राज्य
(c) लोकतान्त्रिक राज्य (d) विकासवादी राज्य

222. निम्न में से कौन-सा भारतीय संविधान का अनुच्छेद यह प्रावधान करता है कि चौदह वर्ष से कम उम्र का कोई बालक काम पर नहीं लगाया जाएगा?
(a) अनुच्छेद 23 (b) अनुच्छेद 24
(c) अनुच्छेद 26 (d) अनुच्छेद 28

223. भारतीय संघवाद बल देता है
(a) शक्तियों के वितरण पर
(b) राज्यों की शक्ति पर
(c) राष्ट्र की एकता पर
(d) राष्ट्रीयताओं के साथ समझौते पर

224. अध्यक्षात्मक शासन-प्रणाली जिस सिद्धान्त के आधार पर परिचालित होती है, वह है
(a) शक्तियों का विलयीकरण
(b) शक्तियों का विभाजन
(c) सामूहिक उत्तरदायित्व
(d) शक्तियों का पृथक्करण

225. फ्लोर क्रॉसिंग से तात्पर्य है
(a) संसद या विधानमण्डल के एक दल का दूसरे दल में सम्मिलित होना
(b) मतभेद की अवस्था में विपक्षी दलों का बाहर चले जाना
(c) संसद या विधानमण्डल के सदस्यों का अपने दल के विपरीत मत देना
(d) उपरोक्त में से कोई नहीं

226. भाषायी आधार पर राज्यों का पुनर्गठन कब हुआ?
(a) वर्ष 1956 (b) वर्ष 1957
(c) वर्ष 1958 (d) वर्ष 1950

227. कैबिनेट मिशन का उद्देश्य था
(a) संविधान बनाने के लिए संविधानसभा की स्थापना में मदद करना
(b) भारत का विभाजन
(c) सत्ता हस्तान्तरण के दौरान गवर्नर जनरल की सहायता करना
(d) भारतीयों को सत्ता सौंपना

228. निम्नलिखित में से कौन-से दल का प्रतिनिधित्व भारत की संविधान निर्मात्री सभा में नहीं था?
(a) लिबरल पार्टी
(b) हिन्दू महासभा
(c) शिड्यूल्ड कास्ट फेडरेशन
(d) कम्यूनिस्ट पार्टी

229. संविधान की प्रस्तावना में निम्न में से कौन-सा उद्देश्य घोषित नहीं है?
(a) स्तर और अवसर की समानता
(b) सामाजिक, आर्थिक और राजनीतिक न्याय
(c) विचार अभिव्यक्ति, विश्वास, धर्म और पूजा की स्वतन्त्रता
(d) इनमें तीनों सूचियाँ संघ-सूची, राज्य-सूची और समवर्ती- सूची शामिल हैं

230. हमारा संविधान आर्थिक और राजनीतिक न्याय की स्थापना करना चाहता है। यह कहाँ पर उल्लिखित है?
(a) प्रस्तावना में
(b) नीति-निर्देशक सिद्धान्त में
(c) मूल अधिकार में
(d) मूल कर्त्तव्य में

231. बर्क किस सिद्धान्त का समर्थक था?
(a) नैसर्गिक अधिकार
(b) ऐतिहासिक अधिकार
(c) कानूनी अधिकार
(d) नैतिक अधिकार

232. भारतीय संविधान निर्माताओं ने न्यायिक पुनर्विलोकन का सिद्धान्त स्वीकार किया है
(a) संसदीय सरकार को अपनाने के कारण
(b) उसका गणतन्त्रात्मक चरित्र होने के कारण
(c) सरकार की संघात्मक व्यवस्था स्वीकार करने के कारण
(d) एक लिखित संविधान होने के कारण

233. नौकरशाही की कार्मिक क्षमताओं से सम्बन्धित हैं
(a) केवल प्रशासनिक कार्य
(b) विधायी तथा वित्तीय कार्य
(c) केवल न्यायिक कार्य
(d) उपरोक्त सभी प्रकार के कार्य

234. किस अवस्था या दशा में संसद राज्य-सूची के विषय पर कानून बना सकती है?
(a) दो या अधिक राज्यों द्वारा संसद से किसी विषय पर कानून बनाने की प्रार्थना करने पर
(b) यदि आपातकाल की घोषणा लागू हो
(c) यदि किसी राज्य के प्रशासन को संघ ने अनुच्छेद 356 के अन्तर्गत ग्रहण कर लिया हो
(d) उपरोक्त सभी

235. ब्रिटेन में मताधिकार की उम्र क्या है?
(a) 21 वर्ष (b) 18 वर्ष
(c) 26 वर्ष (d) 28 वर्ष

236. भारतीय संविधान के अन्तर्गत कल्याणकारी राज्य की अवधारणा निम्न में से किस अनुच्छेद में वर्णित है?
(a) अनुच्छेद 51 (b) अनुच्छेद 49
(c) अनुच्छेद 39 (d) अनुच्छेद 31

237. अविश्वास प्रस्ताव का अर्थ है
(a) प्रधानमन्त्री में अविश्वास
(b) मन्त्रिपरिषद् में अविश्वास
(c) संसद में अविश्वास
(d) देश के प्रति अविश्वास

238. जो लेखक 'राज्य को संघों का संघ' मानते हैं, उन्हें
(a) समाजवादी कहा जाता है
(b) संघवादी कहा जाता है
(c) अराजकतावादी कहा जाता है
(d) बहुलवादी कहा जाता है

239. रूसो ने नारा दिया
(a) राज्य को सम्पूर्ण सत्ता
(b) योग्यतम की विजय
(c) प्रकृति की ओर लौटो
(d) अस्तित्व के लिए संघर्ष

240. भारतीय राष्ट्रपति का निषेधाधिकार किस प्रकार है?
(a) सम्पूर्ण निषेधाधिकार
(b) निलम्बक निषेधाधिकार
(c) जेबी निषेधाधिकार
(d) उपरोक्त सभी का संचय

241. निम्नलिखित में से कौन भारतीय संविधान द्वारा स्थापित है?
(a) योजना आयोग
(b) राष्ट्रीय विकास परिषद्
(c) क्षेत्रीय परिषदें
(d) उपरोक्त में से कोई नहीं

242. भारतीय संविधान के अन्तर्गत न्यायिक पुनर्निरीक्षण की शक्ति सीमित है
(a) विधि की उचित प्रक्रिया द्वारा
(b) विधि द्वारा स्थापित प्रक्रिया द्वारा
(c) संविधान में दी गई प्रक्रिया द्वारा
(d) न्यायपालिका द्वारा दी गई प्रक्रिया द्वारा

243. संघात्मक सरकार एक कमजोर सरकार है, क्योंकि
(a) यह आकस्मिक संकट का सामना प्रभावी ढंग से नहीं कर सकती
(b) सामाजिक-आर्थिक विकास नहीं कर सकती
(c) स्थानीय स्तर पर लोकतन्त्र को सुदृढ़ नहीं कर सकती
(d) राजनीतिक एवं राष्ट्रीय एकीकरण नहीं कर सकती

244. ब्रिटेन का प्रधानमन्त्री
(a) मनोनीत होता है (b) चयनित होता है
(c) निर्वाचित होता है (d) नियुक्त होता है

245. भारत के राष्ट्रपति को पद से हटाने की विधि क्या है?
(a) अविश्वास प्रस्ताव द्वारा
(b) महाभियोग द्वारा
(c) न्यायिक प्रक्रिया द्वारा
(d) जनमत संग्रह द्वारा

246. भारतीय संविधान के कौन-से भाग में पंचायत राज की अवधारणा निहित है?
(a) प्रस्तावना
(b) मूल कर्त्तव्य
(c) राज्य के नीति के निर्देशक सिद्धान्त
(d) प्रथम अनुसूची

247. निम्नलिखित में से किसने भारत के संविधान को अर्द्धसंघात्मक के रूप में परिभाषित किया है ?
(a) जेनिंग्स
(b) के.टी. शाह
(c) सी.एफ. स्ट्राँग
(d) के.सी. व्हीयर

248. न्यायिक पुनरावलोकन है
(a) केवल भारत में
(b) केवल यू.के. में
(c) केवल यू.एस.ए. में
(d) भारत और यू.एस.ए. में

249. निम्न में से कौन-सा कार्य नौकरशाही का नहीं है?
(a) कानून और व्यवस्था बनाए रखने में मदद करना
(b) अध्यादेशों की घोषणा करना
(c) राष्ट्रीय बजट को बनाने में मदद करना
(d) अन्तर्राष्ट्रीय सन्धियों को तैयार करने में मदद करना

250. 'बाह्य सम्प्रभुता' की अवधारणा को किसने दिया है?
(a) ग्रोशियस (b) ओपेनहाइमर
(c) काण्ट (d) रूसो

251. कार्ल मार्क्स और एफ. एंजेल्स सह-लेखक हैं
(a) 'दास कैपिटल' के
(b) 'एन्टी-डुहरिंग' के
(c) 'क्रिटिक ऑफ द गोथा प्रोग्राम' के
(d) 'जर्मन आइडियोलॉजी' के

252. निम्नलिखित विचारकों में से कौन एक राज्य के यान्त्रिक स्वरूप की अवधारणा का समर्थक नहीं है?
(a) हॉब्स (b) जे.एस. मिल
(c) जेरमी बेन्थम (d) टी.एच. ग्रीन

253. भारत के संविधान की उद्देशिका में निम्नलिखित में से किसका उल्लेख नहीं है?
(a) राजनैतिक समानता
(b) व्यक्ति की गरिमा
(c) प्रतिष्ठा की समानता
(d) राष्ट्र की अखण्डता

254. 'भारत-सोवियत सन्धि' पर हस्ताक्षर हुए थे
(a) सन् 1955 में (b) सन् 1972 में
(c) सन् 1975 में (d) सन् 1969 में

255. निम्नलिखित में से किस एक देश में महिलाओं को मतदान का अधिकार केवल 1971 ई. में मिला?
(a) अमेरिका (b) न्यूजीलैण्ड
(c) ब्रिटेन (d) स्विट्जरलैण्ड

256. नगर निगम के प्रशासनिक मुखिया के रूप में नगर आयुक्त की नियुक्ति किसके द्वारा की जाती है?
(a) महापौर द्वारा
(b) राज्य सरकार द्वारा
(c) कमिश्नर द्वारा
(d) नगर निगम की साधारण सभा द्वारा

257. निम्नलिखित में से कौन-सा एक उदारवाद का सिद्धान्त नहीं है?
(a) सीमित शासन
(b) मूल सामाजिक इकाइयों के रूप में सामाजिक वर्ग
(c) अधिकारों का अनुमोदन
(d) शक्तियों का पृथक्करण

258. अफ्रीकी कोष का उद्देश्य क्या है?
(a) खेल सम्बन्धी कार्यों में सहायता देना
(b) अकाल की स्थिति से निपटना
(c) औषधियाँ उपलब्ध कराना
(d) फ्रन्टलाइन राज्यों को जातिवाद, साम्राज्यवाद और रंगभेद नीति के विरुद्ध लड़ने में सहायता देना

259. निम्नलिखित में से कौन-सा एक युग्म सही सुमेलित नहीं है?
(a) सप्रत्यक्षवाद – लिओ स्ट्रॉस
(b) उत्तर आधुनिकतावाद – जाक देरिदा
(c) नारी अधिकारवाद – सिमोन द बुवा
(d) उत्तर संरचनावाद – माइकेल फूको

260. "मार्क्सवादी केवल वही है जो वर्ग संघर्ष की मान्यता को मजदूर वर्ग की तानाशाही की मान्यता तक ले जाता है।" यह किसने कहा था?
(a) लेनिन (b) स्टॉलिन
(c) काटस्की (d) बर्नस्टीन

261. व्यवहारवाद प्रेरणा लेता है
(a) फासीवाद से (b) प्रत्यक्षवाद से
(c) उपयोगितावाद से (d) आदर्शवाद से

262. हीगल ने नागरिक समाज को देखा
(a) विशिष्टता के प्रभाव-क्षेत्र के रूप में
(b) स्वतन्त्रता के प्रभाव-क्षेत्र के रूप में
(c) सार्विकता के प्रभाव-क्षेत्र के रूप में
(d) सामंजस्य के प्रभाव-क्षेत्र के रूप में

263. भारत में लोक सेवाओं में भर्ती के लिए प्रारम्भिक परीक्षा की सर्वप्रथम अनुशंसा की गई थी
(a) एपलबी प्रतिवेदन में
(b) गोरवाला प्रतिवेदन में
(c) प्रशासनिक सुधार आयोग (ए.आर.सी.) प्रतिवेदन में
(d) कोठारी प्रतिवेदन में

264. वितरक न्याय के सिद्धान्त का प्रतिपादन सबसे पहले किया गया था
(a) अरस्तू द्वारा (b) गॉडविन द्वारा
(c) हर्बर्ट स्पेन्सर द्वारा (d) रॉल्स द्वारा

265. निम्न में से कौन-सा भारत का स्टाफ अभिकरण नहीं है
(a) मन्त्रिमण्डलीय सचिवालय
(b) प्रधानमन्त्री कार्यालय
(c) योजना आयोग
(d) रेल मन्त्रालय

266. "दार्शनिक राजा प्लेटो स्वयं है और 'रिपब्लिक' स्वयं प्लेटो की राजसी सत्ता के लिए दावेदारी है।" यह टिप्पणी किसने की थी?
(a) अर्नेस्ट बार्कर (b) सी.एल. वेपर
(c) कार्ल पॉपर (d) जी.एच. सेबाइन

267. प्लेटो की अध्ययन पद्धति थी
(a) अनुभवात्मक (b) निगमनात्मक
(c) आगमनात्मक (d) तुलनात्मक

268. निम्नलिखित में से कौन-सा वर्ष 'क्यूबा संकट' से जुड़ा हुआ है?
(a) 1960 (b) 1962
(c) 1961 (d) 1963

269. "अधिकार कानूनों का तथा केवल कानूनों का फल है। बिना कानूनों के कोई अधिकार नहीं, कानूनों के खिलाफ कोई अधिकार नहीं तथा कानूनों से पहले कोई अधिकार नहीं।" यह कथन है
(a) जेरमी बेन्थम का
(b) डायसी का
(c) एच.जे. लास्की का
(d) ऑस्टिन का

270. तुलनात्मक राजनीति के अध्ययन में पारम्परिक उपागमों से उपेक्षा हुई
(a) सरकारों के अध्ययन की
(b) आनुभविक अनुसन्धानों की
(c) संस्थाओं के वर्णन की
(d) संविधानों में तुलना की

271. "राजनीतिक दल न्यूनाधिक संगठित उन नागरिकों का समूह होता है जो राजनैतिक इकाई के रूप में कार्य करता है और जिसका उद्देश्य अपने मतदान बल के प्रयोग द्वारा सरकार पर नियन्त्रण करना व अपनी सामान्य नीतियों को क्रियान्वित करना होता है।" निम्नलिखित में से किस राजनीतिक विचारक ने दल की उपरोक्त परिभाषा दी?
(a) एडमण्ड बर्क (b) गैटेल
(c) लॉर्ड ब्राइस (d) डुवर्जर

272. निम्नलिखित में से कौन संगठन का आधार नहीं है?
(a) उद्देश्य (b) प्रक्रिया
(c) व्यक्ति (d) योजना

273. "युद्ध की स्थिति राज्य के व्यक्तित्व की सर्वशक्तिमत्ता को प्रकट करती है।" यह कथन किसका है?
(a) टी.एच. ग्रीन (b) मुसोलिनी
(c) हीगल (d) हिटलर

274. निम्नांकित में से कौन-सा मौलिक अधिकार निवारक निरोध द्वारा अवरोधित होता है?
(a) समानता का अधिकार
(b) शोषण के विरुद्ध अधिकार
(c) संवैधानिक उपचारों का अधिकार
(d) स्वतन्त्रता का अधिकार

275. "सभी मनुष्यों को कुछ समय के लिए और कुछ मनुष्यों को सदैव के लिए मूर्ख बनाया जा सकता है, लेकिन सभी मनुष्यों को सदैव के लिए मूर्ख नहीं बनाया जा सकता।" यह किसने कहा था?
(a) लॉर्ड ब्राइस (b) अब्राहम लिंकन
(c) एच.जे. लास्की (d) सी.एल. लॉवेल

276. किसने कहा था—"सार्वभौमिक वयस्क मताधिकार वास्तव में सार्वभौमिक नहीं है"?
(a) गिलक्राइस्ट (b) एच.जे. लास्की
(c) गैटेल (d) गार्नर

277. किसने कहा था—"राजनीतिक स्वतन्त्रता आर्थिक समानता के बिना कपोल कल्पना है"?
(a) टी.एच. ग्रीन (b) एच.जे. लास्की
(c) जी.डी.एच. कोल (d) जे.एस. मिल

278. निम्नलिखित में से किसने अधिकारों को निजी तथा सार्वजनिक अधिकारों में विभाजित किया है?
(a) लॉक (b) एडमण्ड बर्क
(c) जे.एस. मिल (d) हर्बर्ट स्पेन्सर

279. "हमारी सामाजिक व्यवस्था का न्याय मुख्यत: इस बात पर आधारित है कि समाज में मूलभूत अधिकार तथा कर्त्तव्य कैसे हैं तथा समाज के विभिन्न क्षेत्रों में आर्थिक अवसर और सामाजिक परिस्थितियाँ कैसी हैं।" यह किसने कहा है?
(a) अरस्तू (b) जॉन रॉल्स
(c) वार्कर (d) डायसी

280. राज्य की उत्पत्ति के सामाजिक अनुबन्ध सिद्धान्त का प्रथम लेखक कौन था?
(a) ह्यूगो ग्रोशियस (b) अल्थयूशियस
(c) रिचर्ड हूकर (d) हॉब्स

281. 'पब्लिक ओपीनियन एण्ड प्रोपेगेण्डा' नामक पुस्तक के लेखक हैं
(a) जॉर्ज वाई. गैसेट
(b) एल.डब्ल्यू. डूब
(c) वाल्टर लिपमैन
(d) ए.एल. लॉवेल

282. निम्नलिखित में से किसका उदारवाद से मेल नहीं है?
(a) बुर्जुआ राज्य
(b) प्रतिनिधि सरकार
(c) लोक कल्याणकारी राज्य
(d) सीमित सरकार

283. "पचास वर्षों के मतभेद एवं एक दशक की अनिश्चितता के बाद दो पुराने शत्रु अब साझेदार बन गए हैं।" यह किसने कहा था?
(a) बिल क्लिंटन
(b) लॉर्ड रॉबर्टसन
(c) जॉर्ज डब्ल्यू. बुश
(d) मिखाइल गोर्बाच्योव

284. 'कार्यपालिका के कार्य' (फंक्शन ऑफ द एक्जीक्यूटिव) का लेखक कौन है?
(a) चेस्टर बर्नार्ड
(b) मेरी पार्कर फॉलेट
(c) हर्बर्ट साइमन
(d) रॉबर्ट डहल

285. भारतीय संविधान का 79वाँ संशोधन अधिनियम, 1999 सम्बन्धित है
(a) केन्द्र-राज्य सम्बन्धों से
(b) राजनैतिक दलों की स्थापना से
(c) भाषाओं से
(d) लोकसभा और राज्य विधानसभाओं में अनुसूचित जातियों और अनुसूचित जनजातियों के आरक्षण से

286. 'ए फ्रेमवर्क ऑफ पॉलिटिकल एनालिसिस' शीर्षक पुस्तक का लेखक कौन है?
(a) डेविड ईस्टन
(b) आमण्ड एवं पावेल
(c) जीन ब्लोण्डेल
(d) सिडनी वेल

287. 'पब्लिक ओपीनियन एण्ड पॉपुलर गवर्नमेण्ट' नामक पुस्तक के लेखक कौन हैं?
(a) वाल्टर लिपमैन (b) ए.एल. लॉवेल
(c) जेम्स ब्राइस (d) ब्रोगन

288. भारतीय संविधान का अनुच्छेद 333 सुनिश्चित करता है
(a) राज्य की विधानसभा में एंग्लो-इण्डियन समुदाय का प्रतिनिधित्व
(b) राज्य की विधानसभा में अनुसूचित जाति और जनजाति के लिए स्थानों का आरक्षण
(c) लोकसभा में एंग्लो-इण्डियन समुदाय का प्रतिनिधित्व
(d) लोकसभा में अनुसूचित जाति और जनजातियों के लिए स्थानों का आरक्षण

289. नेतृत्व के सिद्धान्त के रूप में 'पारिस्थितिकी दृष्टिकोण' प्रतिपादित किया गया था
(a) मिलेट द्वारा (b) टीड द्वारा
(c) बर्नार्ड द्वारा (d) लिविंग्सन द्वारा

290. भारतीय संविधान के अन्तर्गत किसी समुदाय को अल्पमत समुदाय घोषित किया जा सकता है
(a) केवल धर्म के आधार पर
(b) धर्म अथवा भाषा के आधार पर
(c) भाषा अथवा जाति के आधार पर
(d) धर्म अथवा प्रजाति के आधार पर

291. "मैं वह पीटर हूँ जिसने अपने गुरु को नकार दिया।" यह कथन किसका है?
(a) अरस्तू (b) लेनिन
(c) जे.एस. मिल (d) टी.एच. ग्रीन

292. 'सामाजिक अभियान्त्रिकी' का सिद्धान्त प्रस्तुत करने वाले उदारवादी विचारक हैं
(a) सी.बी. मैक्फर्सन
(b) कार्ल जे. पॉपर
(c) जॉन रॉल्स
(d) एल.टी. हॉबहाउस

293. निम्नांकित पुस्तकों में से किसके लेखक एच.जे. लास्की नहीं हैं?
(a) 'डेमोक्रेसी इन क्राइसिस'
(b) 'द रीयल वर्ल्ड ऑफ डेमोक्रेसी'
(c) 'कम्युनिज्म'
(d) 'द अमेरिकन डेमोक्रेसी'

294. 'दलविहीन लोकतन्त्र' का विकास किसने लोकप्रिय बनाया?
(a) महात्मा गाँधी
(b) जवाहरलाल नेहरू
(c) बाल गंगाधर तिलक
(d) जयप्रकाश नारायण

295. परमाणु अप्रसार सन्धि अस्तित्व में आई
(a) सन् 1968 में (b) सन् 1970 में
(c) सन् 1962 में (d) सन् 1972 में

296. भारतीय संविधान में राज्य के नीति-निदेशक सिद्धान्त
1. देश के शासन में मूलभूत महत्त्व के हैं।
2. किसी न्यायालय द्वारा लागू नहीं कराए जा सकते।
3. राज्य का कर्त्तव्य है कि विधि-निर्माण में उनका सम्मान करे।

कूट
(a) केवल 1 (b) 1 और 3
(c) 1 और 2 (d) ये तीनों

297. किसने राज्य का इस प्रकार वर्णन किया है कि यह "सम्पूर्ण विज्ञान में साझेदारी, सम्पूर्ण कला में साझेदारी, प्रत्येक सद्गुण और सभी पूर्णता में साझेदारी है"?
(a) एडमण्ड बर्क (b) अरस्तू
(c) मैकाइवर (d) मॉर्गन

298. "समाजवाद परिस्थितियों के अनुसार रंग बदलने वाला गिरगिट कौन-सा धर्म है।" यह किसने कहा है?,
(a) सी.ई.एम. जोड (b) एच.जे. लास्की
(c) सी.एल. वेपर (d) रैम्जे म्योर

299. 'असंलग्नता को अनैतिक' कहा गया था
(a) जॉर्ज केनन द्वारा
(b) हेनरी ट्रूमैन द्वारा
(c) जॉन फॉस्टर डलेस द्वारा
(d) उपरोक्त में से किसी के भी द्वारा नहीं

300. "जैसे ही हम ऑस्टिन की रूखी, पर वैधानिक धारणा से दूर जाते हैं वैसे ही हम भ्रम में पड़ जाते हैं।" यह टिप्पणी किसने की थी?
(a) गार्नर (b) गैटेल
(c) लीकॉक (d) हॉलैण्ड

301. निम्नलिखित में से किसने सर्वोच्च न्यायालय को कांग्रेस का तृतीय सदन कहा था?
(a) एच.जे. लास्की (b) जेफरसन
(c) जैक्सन (d) लिंकन

302. मध्यम (मीन) का सिद्धान्त जुड़ा हुआ है
(a) मार्क्स से (b) हीगल से
(c) अरस्तू से (d) प्लेटो से

303. "राजनीतिक सम्प्रभुता राज्य के उन प्रभावों का समूह है, जो कानून के पीछे रहती है।" यह कथन किसका है?
(a) डायसी (b) गिलक्राइस्ट
(c) बार्कर (d) लॉर्ड ब्राइस

304. नाटो (एन.ए.टी.ओ.) का मुख्यालय स्थित है
(a) ब्रूसेल्स में
(b) न्यूयॉर्क में
(c) लन्दन में
(d) उपरोक्त में से कहीं भी नहीं

305. अरस्तू सर्वाधिक प्रभावित था
(a) द रिपब्लिक से (b) द स्टेट्समैन से
(c) द लॉज से (d) द अपोलॉजी से

306. "हॉब्स का लेवियाथन राजनीतिक दर्शन की श्रेष्ठ कृति है।" यह किसने कहा है?
(a) सी.ई. वागन (b) क्लेनेन्डन
(c) जी.एच. सेबाइन (d) ओकशॉट

307. "तुलनात्मक राजनीति का अध्ययन समसामयिक राजनीति विज्ञान का हृदय है।" यह किसने कहा है?
(a) एम. कर्टिस (b) जी.के. रॉबर्ट्स
(c) जीन ब्लोण्डेल (d) आर.सी. मैक्रीडिस

308. उपराष्ट्रपति के पुनः निर्वाचन के सम्बन्ध में
(a) संविधान स्पष्टतः प्रतिबन्ध लगाता है
(b) संविधान पूर्ण रूप से मौन है
(c) संविधान केवल एक बार पुनः निर्वाचन की अनुमति देता है
(d) संविधान अधिकतम तीन कार्यकाल के लिए पुनर्निर्वाचन की अनुमति देता है

309. भारतीय संविधान निर्माताओं ने न्यायिक पुनर्विलोकन का सिद्धान्त स्वीकार किया है
(a) संसदीय सरकार को अपनाने के कारण
(b) उसका गणतन्त्रात्मक चरित्र होने के कारण
(c) सरकार की संघात्मक व्यवस्था स्वीकार करने के कारण
(d) एक लिखित संविधान होने के कारण

310. सूची I को सूची II के साथ सुमेलित कीजिए तथा सूचियों के नीचे दिए गए कूट का प्रयोग कर सही उत्तर चुनिए

सूची I	सूची II
A. विकासवादी समाजवाद	1. कार्ल मार्क्स
B. वैज्ञानिक समाजवाद	2. सेन्ट साइमन
C. काल्पनिक समाजवाद	3. बर्नस्टीन
D. अराजकतावाद	4. क्रोपोटकिन

कूट

	A	B	C	D
(a)	3	1	2	4
(b)	3	1	4	2
(c)	1	3	4	2
(d)	1	2	3	4

311. प्रतिनिधित्व का कौन-सा सिद्धान्त प्रत्यक्ष लोकतन्त्र को प्रतिष्ठा देता है?
(a) प्रतिक्रियावादी सिद्धान्त
(b) अनुदारवादी सिद्धान्त
(c) उदारवादी सिद्धान्त
(d) क्रान्तिकारी सिद्धान्त

312. भारत-पाकिस्तान सम्बन्धों के विषय में द्विपक्षीयता के सिद्धान्त का निम्न में से किसमें समावेश किया गया?
(a) ताशकन्द समझौता
(b) शिमला समझौता
(c) कश्मीर पर संयुक्त राष्ट्र संघ का प्रस्ताव
(d) गुजरात सिद्धान्त

313. संसद के स्थगन-काल में राष्ट्रपति अध्यादेश जारी कर सकता है
(a) भारत के सर्वोच्च न्यायालय की स्वीकृति पर
(b) संसद की पूर्व स्वीकृति पर
(c) अटॉर्नी जनरल की सलाह पर
(d) मन्त्रिपरिषद् की सहमति पर

314. वित्तीय संकट के समय केन्द्र-राज्य सम्बन्धों पर प्रभाव पड़ता है
(a) राष्ट्रपति सभी मन्त्रियों एवं विधायकों के वेतन में कटौती कर सकता है
(b) उच्च न्यायालय के न्यायाधीशों को छोड़कर अन्य सभी राज्य कर्मचारियों का वेतन राष्ट्रपति कम कर सकता है
(c) राज्य व्यवस्थापिकाओं को वित्त विधेयक पारित करने के अधिकार से वंचित कर दिया जाता है
(d) उपरोक्त में से कोई नहीं

315. अमेरिकी संविधान में 'बिल ऑफ राइट्स' किस संशोधन द्वारा जोड़ा गया?
(a) तेरहवाँ संशोधन (b) चौदहवाँ संशोधन
(c) पन्द्रहवाँ संशोधन (d) प्रथम दस संशोधन

316. भारतीय संविधान की समवर्ती सूची में निम्नलिखित में क्या शामिल नहीं है?
(a) जनसंख्या-नियन्त्रण एवं परिवार-नियोजन
(b) आर्थिक एवं सामाजिक योजना
(c) लोक व्यवस्था
(d) विवाह और विवाह-विच्छेद

317. भारतीय संविधान में उल्लिखित निम्नांकित में से कौन-सा मौलिक अधिकार केवल भारतीय नागरिकों को ही प्राप्त है?
(a) लोक नियोजन के विषय में अवसर की समता
(b) शोषण के विरुद्ध अधिकार
(c) विधि के समक्ष समानता
(d) धर्म की स्वतन्त्रता

318. रक्षामन्त्री के विरुद्ध अविश्वास प्रस्ताव पारित होने का अर्थ है
(a) समूचे मन्त्रिमण्डल का त्यागपत्र
(b) मात्र उसी का त्यागपत्र
(c) केवल प्रधानमन्त्री का त्यागपत्र
(d) उपरोक्त में से कोई नहीं

319. निम्नांकित राज्य या संघीय प्रदेश में से कौन राज्यसभा में केवल एक ही प्रतिनिधि भेजता है?
(a) मिजोरम (b) पुदुचेरी
(c) अरुणाचल प्रदेश (d) ये सभी

320. निम्नलिखित में से भारतीय नागरिक का मौलिक कर्त्तव्य नहीं है
(a) देश की एकता और अखण्डता को बनाए रखना
(b) वैज्ञानिक स्वभाव, मानवतावाद एवं जाँच की प्रकृति और सुधार विकसित करना
(c) अन्तर्राष्ट्रीय क्षेत्र में देश के सम्मान को ऊँचा उठाने के लिए कार्य करना
(d) व्यक्तिगत एवं सामूहिक गतिविधियों के प्रत्येक क्षेत्र में प्रतिभा के विकास के लिए प्रयास करना

321. के.सी. व्हीयर द्वारा प्रतिपादित 'व्यवस्थापिकाओं के ह्रास' का अर्थ है
(a) उनकी कानूनी शक्तियों में कमी
(b) उनकी प्रतिष्ठा तथा स्थिति में अवनति
(c) दूसरी संस्थाओं की बढ़ती हुई शक्तियों की तुलना में उनकी स्थिति में उतार
(d) सरकार के बढ़ते हुए कार्यों को करने में उनकी अक्षमता

322. 'ए न्यू डेमोक्रेसी' नामक पुस्तक का लेखक कौन है?
(a) सी.डी. बर्न्स
(b) लॉर्ड ब्राइस
(c) एच.जे. लास्की
(d) माओत्से-तुंग

323. इतिहास की भौतिकवादी व्याख्या के अनुसार सामाजिक संरचना की निम्नलिखित परतों की प्राथमिकता का सही क्रम क्या है?
1. उत्पादन के सम्बन्ध
2. विचारधारा
3. उत्पादन की शक्तियाँ
4. कानूनी और राजनीतिक संगठन

कूट
(a) 1 3 2 4 (b) 3 1 4 2
(c) 3 4 1 2 (d) 2 3 4 1

324. भारतीय संविधान में शब्द-समूह 'कानून का समान संरक्षण' किस देश से उधार लिया गया है?
(a) कनाडा
(b) ब्रिटेन
(c) संयुक्त राज्य अमेरिका
(d) फ्रांस

325. भारत में समाचार-पत्रों की स्वतन्त्रता पर प्रतिबन्ध लगाने के लिए प्रयोग की जा सकने वाली कसौटी है
(a) विदेशी राज्यों से मन्त्री का सम्बन्ध
(b) राज्य की सुरक्षा
(c) सरकार की नैतिकता अथवा उपयुक्तता
(d) नीतियों की अनुचित आलोचना

326. निवारक 'नजरबन्दी अधिनियम' कटौती करता है
(a) समानता का अधिकार
(b) स्वतन्त्रता का अधिकार
(c) धार्मिक स्वतन्त्रता का अधिकार
(d) संवैधानिक उपचारों का अधिकार

327. "एक व्यवस्थापिका जो मन्त्रिपरिषद् के समक्ष निर्बल है तथा एक मन्त्रिपरिषद् जो राष्ट्रपति के समक्ष निर्बल है"। किस देश की शासन व्यवस्था की विशेषता दर्शाता है?
(a) फ्रांस (b) जर्मनी
(c) भारत (d) श्रीलंका

328. निम्नलिखित में से कौन आमण्ड के हित-अभिव्यक्त करने वाली संरचनाओं के वर्गीकरण में शामिल नहीं है?
(a) संस्थात्मक संरचनाएँ
(b) समुदायात्मक संरचनाएँ
(c) प्रजातीय संरचनाएँ
(d) प्रदर्शनात्मक संरचनाएँ

329. निम्नलिखित में से किसने यह विचार व्यक्त किया है—"यदि न्याय व्यवस्था न हो तो राज्य लुटेरों की टोली बन जाता है"?
(a) प्लेटो (b) अरस्तू
(c) सेण्ट ऑगस्टाइन (d) लॉक

330. नौकरशाही की कार्मिक क्षमताओं से सम्बन्धित हैं
(a) केवल प्रशासनिक कार्य
(b) विधायी तथा वित्तीय कार्य
(c) केवल न्यायिक कार्य
(d) उपरोक्त सभी प्रकार के कार्य

331. भारतीय सरकार संसदीय प्रणाली पर आधारित है, क्योंकि
(a) संसद में एक सदन होता है
(b) संसद का निर्वाचन जनता करती है
(c) कार्यपालिका विधायिका के प्रति जवाबदेह है
(d) संसद सम्प्रभुता सम्पन्न निकाय है

332. राज्यों द्वारा लम्बे समय से किस क्षेत्र में स्वायत्तता की माँग चल रही है?
(a) प्रशासनिक क्षेत्र में
(b) विधायिका क्षेत्र में
(c) वित्तीय क्षेत्र में
(d) उपरोक्त सभी क्षेत्रों में

उत्तरमाला

1. (b)	**2.** (c)	**3.** (b)	**4.** (c)	**5.** (a)	**6.** (a)	**7.** (d)	**8.** (d)	**9.** (d)	**10.** (d)
11. (b)	**12.** (d)	**13.** (b)	**14.** (c)	**15.** (b)	**16.** (a)	**17.** (c)	**18.** (d)	**19.** (a)	**20.** (b)
21. (d)	**22.** (b)	**23.** (b)	**24.** (d)	**25.** (c)	**26.** (c)	**27.** (b)	**28.** (d)	**29.** (c)	**30.** (c)
31. (c)	**32.** (c)	**33.** (c)	**34.** (c)	**35.** (d)	**36.** (a)	**37.** (b)	**38.** (d)	**39.** (d)	**40.** (a)
41. (d)	**42.** (d)	**43.** (b)	**44.** (d)	**45.** (d)	**46.** (a)	**47.** (c)	**48.** (a)	**49.** (d)	**50.** (b)
51. (b)	**52.** (c)	**53.** (d)	**54.** (d)	**55.** (a)	**56.** (b)	**57.** (a)	**58.** (b)	**59.** (d)	**60.** (a)
61. (b)	**62.** (a)	**63.** (d)	**64.** (c)	**65.** (c)	**66.** (d)	**67.** (d)	**68.** (b)	**69.** (a)	**70.** (c)
71. (b)	**72.** (d)	**73.** (c)	**74.** (d)	**75.** (d)	**76.** (d)	**77.** (b)	**78.** (d)	**79.** (b)	**80.** (c)
81. (a)	**82.** (b)	**83.** (a)	**84.** (b)	**85.** (d)	**86.** (b)	**87.** (a)	**88.** (c)	**89.** (c)	**90.** (c)
91. (c)	**92.** (a)	**93.** (a)	**94.** (b)	**95.** (a)	**96.** (b)	**97.** (a)	**98.** (d)	**99.** (a)	**100.** (c)
101. (b)	**102.** (d)	**103.** (a)	**104.** (d)	**105.** (d)	**106.** (b)	**107.** (c)	**108.** (a)	**109.** (d)	**110.** (b)
111. (c)	**112.** (a)	**113.** (b)	**114.** (c)	**115.** (b)	**116.** (b)	**117.** (a)	**118.** (c)	**119.** (b)	**120.** (a)
121. (d)	**122.** (c)	**123.** (a)	**124.** (c)	**125.** (c)	**126.** (d)	**127.** (d)	**128.** (a)	**129.** (c)	**130.** (b)
131. (b)	**132.** (a)	**133.** (b)	**134.** (b)	**135.** (b)	**136.** (a)	**137.** (a)	**138.** (d)	**139.** (c)	**140.** (c)
141. (a)	**142.** (b)	**143.** (d)	**144.** (d)	**145.** (b)	**146.** (a)	**147.** (d)	**148.** (c)	**149.** (c)	**150.** (d)
151. (b)	**152.** (a)	**153.** (b)	**154.** (a)	**155.** (b)	**156.** (c)	**157.** (d)	**158.** (c)	**159.** (b)	**160.** (b)
161. (c)	**162.** (d)	**163.** (c)	**164.** (b)	**165.** (a)	**166.** (c)	**167.** (c)	**168.** (d)	**169.** (a)	**170.** (c)
171. (a)	**172.** (b)	**173.** (a)	**174.** (c)	**175.** (b)	**176.** (a)	**177.** (d)	**178.** (b)	**179.** (c)	**180.** (c)
181. (a)	**182.** (b)	**183.** (a)	**184.** (b)	**185.** (c)	**186.** (b)	**187.** (d)	**188.** (d)	**189.** (d)	**190.** (a)
191. (c)	**192.** (b)	**193.** (c)	**194.** (c)	**195.** (b)	**196.** (b)	**197.** (d)	**198.** (a)	**199.** (d)	**200.** (b)
201. (a)	**202.** (d)	**203.** (c)	**204.** (c)	**205.** (d)	**206.** (d)	**207.** (c)	**208.** (c)	**209.** (a)	**210.** (a)
211. (c)	**212.** (b)	**213.** (a)	**214.** (c)	**215.** (a)	**216.** (d)	**217.** (b)	**218.** (b)	**219.** (d)	**220.** (a)
221. (b)	**222.** (b)	**223.** (c)	**224.** (d)	**225.** (a)	**226.** (a)	**227.** (d)	**228.** (d)	**229.** (d)	**230.** (b)
231. (b)	**232.** (c)	**233.** (b)	**234.** (d)	**235.** (b)	**236.** (c)	**237.** (b)	**238.** (d)	**239.** (c)	**240.** (c)
241. (c)	**242.** (c)	**243.** (b)	**244.** (d)	**245.** (b)	**246.** (c)	**247.** (d)	**248.** (d)	**249.** (b)	**250.** (a)
251. (d)	**252.** (d)	**253.** (a)	**254.** (c)	**255.** (d)	**256.** (b)	**257.** (b)	**258.** (d)	**259.** (a)	**260.** (c)
261. (b)	**262.** (c)	**263.** (d)	**264.** (a)	**265.** (d)	**266.** (c)	**267.** (b)	**268.** (b)	**269.** (a)	**270.** (b)
271. (b)	**272.** (d)	**273.** (c)	**274.** (d)	**275.** (b)	**276.** (a)	**277.** (c)	**278.** (d)	**279.** (b)	**280.** (c)
281. (b)	**282.** (a)	**283.** (b)	**284.** (a)	**285.** (d)	**286.** (a)	**287.** (b)	**288.** (a)	**289.** (a)	**290.** (b)
291. (c)	**292.** (b)	**293.** (b)	**294.** (d)	**295.** (b)	**296.** (d)	**297.** (a)	**298.** (d)	**299.** (c)	**300.** (c)
301. (a)	**302.** (c)	**303.** (b)	**304.** (a)	**305.** (c)	**306.** (d)	**307.** (a)	**308.** (b)	**309.** (c)	**310.** (a)
311. (d)	**312.** (b)	**313.** (d)	**314.** (c)	**315.** (d)	**316.** (c)	**317.** (a)	**318.** (a)	**319.** (b)	**320.** (d)
321. (c)	**322.** (d)	**323.** (b)	**324.** (c)	**325.** (d)	**326.** (b)	**327.** (a)	**328.** (c)	**329.** (c)	**330.** (b)
331. (b)	**332.** (c)								

अध्याय

4

अर्थशास्त्र
Economics

अर्थ एवं परिभाषा

- अर्थशास्त्र मनुष्य की आवश्यकताओं की पूर्ति से सम्बन्धित उसके विभिन्न क्रियाकलापों का अध्ययन करता है।
- अर्थशास्त्र की विषय-वस्तु मनुष्य की आर्थिक क्रियाएँ हैं। आर्थिक क्रियाओं का धन या साधनों की प्राप्ति एवं प्रयोग से प्रत्यक्ष सम्बन्ध होता है।
- **एडम स्मिथ** के अनुसार, *''अर्थशास्त्र धन का विज्ञान है।''*
- **पीगू** के अनुसार, *''अर्थशास्त्र ऐसा विज्ञान है जो भौतिक-कल्याण के कारणों का अध्ययन करता है।''*

उत्पादन

- उत्पादन सदा से ही आर्थिक विकास का मानदण्ड रहा है। यही कारण है कि प्रतिष्ठित अर्थशास्त्रियों ने अपना सम्पूर्ण ध्यान उत्पादन पर केन्द्रित किया।
- **मार्शल** के अनुसार, *''इस भौतिक संसार में व्यक्ति अधिक से अधिक यह कर सकता है कि वह पदार्थ को अधिक उपयोगी बना सकता है।''*

उत्पादन में दो मूलभूत बातें पायी जाती हैं

1. उत्पत्ति का अर्थ मनुष्य द्वारा वस्तु का 'मूल्य निर्धारण' या 'विनिमय साध्यता' में वृद्धि करना है, क्योंकि ये बातें मानवीय आवश्यकताओं को सन्तुष्ट करती हैं।
2. कोई भी कार्य जो वस्तु की उपयोगिता अथवा उसके मूल्य में वृद्धि करने हेतु किया जाए 'उत्पत्ति कार्य' कहा जाएगा।

उपयोगिता वृद्धि की रीतियाँ

उपयोगिता वृद्धि की रीतियाँ निम्न हैं

- रूप परिवर्तन करके,
- स्थान परिवर्तन
- समय में परिवर्तन
- अधिकार परिवर्तन
- सेवा उपयोगिता
- ज्ञान में वृद्धि।

उत्पादन का महत्त्व

- व्यक्ति की दृष्टि से महत्त्व व्यक्ति की आर्थिक दशा उसके उत्पादन की मात्रा पर निर्भर करेगी,
- सामाजिक दृष्टि से—उत्पादन का व्यक्ति के लिए जो महत्त्व है वही महत्त्व समाज के लिए भी है,
- राष्ट्रीय दृष्टि से,
- राजनैतिक दृष्टि से,
- आविष्कारों की दृष्टि से।

उत्पादन की मात्रा को प्रभावित करने वाले तत्त्व

उत्पादन की मात्रा को प्रभावित करने वाले तत्त्व निम्न हैं

- प्राकृतिक कारण
- मानवीय कारण
- पूँजी की उपलब्धता
- बैंकिंग तथा साख व्यवस्था
- उत्पादन कला
- परिवहन एवं संचार
- राजनैतिक दशा।
- **उत्पादन के साधन** इसका अभिप्राय उन साधनों व सेवाओं से है, जो प्रत्यक्ष व परोक्ष रूप से धन के सृजन का कार्य करते हैं।
- **Break Even Point** (सन्तुलन-स्तर बिन्दु) बिन्दु जिस पर औसत आगम औसत लागत के बराबर होता है। अर्थशास्त्र में कुल लागत में सामान्य लाभ निहित होता है। इस प्रकार अर्थशास्त्र में परिभाषा के अनुसार सन्तुलन स्तर बिन्दु का अर्थ शून्य लाभ नहीं है।
- उत्पत्ति के साधनों का नवीन एवं वर्तमान वर्गीकरण को ऑस्ट्रिया अर्थशास्त्री **वीजर** (Wisser) ने दिया है—***वीजर** ने इसे दो भागों में विभाजित किया है*

  1. विशिष्ट **2.** अविशिष्ट।
- *उत्पादन दो बातों पर निर्भर करता है*
  1. एक फर्म के लिए दी हुई टेक्नोलॉजी,
  2. साधनों की मात्रा व किस्म। कोई फर्म ज्यों-ज्यों अधिक साधनों का उपयोग करती है त्यों-त्यों फर्म का उत्पादन बढ़ता है।

उत्पादन के कारक

उत्पादन के कारकों में निम्नलिखित को शामिल किया जाता है

(i) भूमि (ii) श्रम (iii) पूँजी (iv) संगठन (v) साहस (vi) वैज्ञानिक प्रबन्ध इत्यादि।

- भूमि उत्पत्ति का एक निष्क्रिय साधन है क्योंकि उसमें स्वयं उत्पादन करने की शक्ति नहीं होती है।
- भूमि का अर्थ केवल भूमि शब्द से ही नहीं, बल्कि उसमें वे सभी पदार्थ और शक्तियाँ शामिल की जाती हैं, जिन्हें प्रकृति मनुष्य की सहायता के लिए नि:शुल्क उपलब्ध कराती है; **जैसे** पानी, हवा, रोशनी, गर्मी आदि।

श्रम

- श्रम उत्पत्ति का सक्रिय साधन है।
- उत्पादन का घटना-बढ़ना तथा आर्थक प्रगति की दिशा सब कुछ श्रम के ऊपर निर्भर है।
- अर्थशास्त्र में श्रम का अभिप्राय मानसिक एवं शारीरिक कार्य से लिया जाता है। कार्यों के साथ शर्त यह है कि इसका सम्बन्ध धन कमाने से होना चाहिए।

पूँजी

- अर्थशास्त्र में केवल वे ही तत्त्व पूँजी के अन्तर्गत सम्मिलित किये जाते हैं, जो धन हैं। यदि वस्तु को धन नहीं कहा जा सकता है, तो उसे पूँजी भी नहीं कहा जाएगा। अत: समस्त पूँजी धन होती है जबकि समस्त धन पूँजी नहीं हो सकता।
- धन का केवल वह भाग जो अतिरिक्त धन को पैदा करने तथा अतिरिक्त उत्पादन को करने के काम में लाया जाता है, उसे पूँजी कहा जाता है।
- पूँजी के अन्तर्गत प्रकृति के नि:शुल्क उपहारों को सम्मिलित नहीं किया जाता है अर्थात् पूँजी के अन्तर्गत मनुष्य के द्वारा उत्पादित धन के उसी भाग को रखा जाता है, जो अतिरिक्त धन प्राप्त कर सके।

संगठन

- संगठन उत्पत्ति का विशिष्ट साधन है, क्योंकि इसी साधन के द्वारा उत्पत्ति के शेष साधनों में ताल-मेल बैठाया जाता है।
- **प्रो. हैने** *"किन्हीं निश्चित उद्देश्यों की प्राप्ति के लिए उत्पादन के साधन को सर्वोत्तम ढंग से समायोजित करने के कार्य को 'संगठन' कहा जाता है।"*

कुशल संगठनकर्ता के गुण

कुशल संगठनकर्ता के चार मुख्य गुण निम्न हैं

1. दूरदर्शिता
2. संगठन की योग्यता
3. श्रम संगठन की क्षमता
4. व्यवसाय का तकनीकी ज्ञान।

साहस या उपक्रम

- साहसी 'जोखिम उठाने वाला' या 'अनिश्चितता वहन करने वाला' होता है, साथ ही साथ उसे नवीन विधियों का अन्वेषक भी माना जाता है।
- उत्पादन की जटिलताओं के कारण आज साहस उत्पादन का महत्त्वपूर्ण साधन बन गया है।

साहसी के कार्य

साहसी के कार्य निम्न हैं

- जोखिम उठाना
- निर्णय करने का कार्य
- प्रबन्ध तथा प्रशासन सम्बन्धी कार्य
- वितरण सम्बन्धी कार्य।

कुशल साहसी के गुण

कुशल साहसी में निम्न गुण होते हैं

- तत्काल निर्णय की क्षमता
- भावी समस्याओं का निदान वर्तमान में ही ढूँढ लेना
- अपने कारोबार की पूर्ण जानकारी
- कब और कौन-सी वस्तु की कितनी मात्रा उत्पादित की जाए
- बाजार भाव का पूरा ज्ञान
- परिस्थितियों के अनुसार काम करने की क्षमता।

समोत्पाद वक्र

- एक समोत्पाद वक्र दो साधनों (श्रम एवं पूँजी) के उन विभिन्न संयोगों को प्रदर्शित करता है जिनमें समान मात्रा में उत्पादन होता है।

समोत्पाद वक्र की विशेषताएँ

(i) समोत्पाद वक्र बायें से दायें नीचे की ओर झुकी रहती है।
(ii) समोत्पाद वक्र लम्बवत् नहीं होगा।
(iii) समोत्पाद वक्र का क्षैतिजीय न होना।
(iv) समोत्पाद वक्र की आकृति का धनात्मक न होना।
(v) यह अनेक हो सकते हैं।
(vi) यह मूल बिन्दु की ओर उन्नतोदर होती है।
(vii) यह एक-दूसरे को नहीं काटती हैं।
(viii) समोत्पाद की सीमा रेखा या 'रिज रेखा'।

उत्पत्ति के नियम

- उत्पादक को विभिन्न साधनों के बीच ऐसा संयोग स्थापित करना होता है, ताकि उसे न्यूनतम उत्पादन लागत पर अधिकतम उत्पादन प्राप्त हो सके।
- एक या एक से अधिक साधनों को स्थिर रखकर अन्य साधनों में परिवर्तन करते रहने से उत्पादन की जो स्थिति प्राप्त होती है, उसका अर्थशास्त्र में उत्पत्ति के नियमों के रूप में अध्ययन किया जाता है। *उत्पत्ति के नियमों को निम्न तीन भागों में रखा जा सकता है*

1. उत्पत्ति ह्रास नियम

- उत्पत्ति ह्रास नियम की सर्वप्रथम व्याख्या प्रकृतिवादी अर्थशास्त्री **'तुर्गो'** ने की थी।
- इसके बाद उत्पत्ति ह्रास नियम की वैज्ञानिक व्याख्या **प्रो. मार्शल** के द्वारा की गयी। **प्रो. मार्शल** ने नियम की व्याख्या कृषि के सन्दर्भ में की है, उनके अनुसार, "यदि कृषि कला में किसी प्रकार का सुधार न हुआ, तो भूमि पर उपयोग की गयी पूँजी और श्रम की मात्रा में वृद्धि होने पर सामान्यतया कुल उपज में अनुपात से कम वृद्धि होती है।"
- उत्पत्ति ह्रास नियम को लागतों के सन्दर्भ में भी परिभाषित किया जा सकता है इसलिए इस नियम को दूसरे शब्दों में लागत वृद्धि का नियम (Law of Increasing Cost) कह सकते हैं।
- **उत्पात्त ह्रास नियम के लागू होने के कारण** (i) साधनों की अविभाज्यता (ii) एक या एक से अधिक साधनों का स्थिर होना (iii) साधनों का स्थानापन्न न होना (iv) प्रकृति की सीमितता।
- **उत्पत्ति ह्रास नियम का महत्त्व** (i) उत्पादन के हर क्षेत्र में लागू होता है (ii) जनसंख्या के प्रवाह के अध्ययन में महत्त्व (iii) अनेक सिद्धान्तों का जनक (iv) रहन-सहन के स्तर की माप में महत्त्व (v) नये-नये आविष्कारों का जन्म (vi) दैनिक जीवन में महत्त्व।
- **उत्पत्ति ह्रास नियम के क्षेत्र** (i) खान के क्षेत्र में (ii) मछली पकड़ने के व्यवसाय में (iii) मकान व दुकान बनाने में (iv) गौण धन्धों में।

2. उत्पत्ति समता नियम

यह उत्पत्ति वृद्धि नियम और उत्पत्ति ह्रास नियम के बीच की कड़ी है। यह एक ऐसी व्यवस्था को बताता है कि जिस पर उत्पादन न तो बढ़ता है और न ही घटता है अर्थात् स्थिर रहता है। उत्पादन में यह स्थिति तब देखी जाती है, जब उत्पत्ति के साधनों के बीच आदर्शतम् अनुपात स्थापित होता है। यदि इस अनुकूल या आदर्शतम् बिन्दु से आगे उत्पादन बढ़ाया जाता है, तो यह 'उत्पत्ति समता' या 'उत्पत्ति स्थिर' नियम कहा जाएगा।

3. उत्पत्ति वृद्धि नियम

यह उत्पादन की प्रारम्भिक अवस्था है। इस अवस्था में ज्यों-ज्यों उत्पादन के साधनों को उत्तरोत्तर बढ़ाया जाता है, त्यों-त्यों एक बिन्दु तक प्रतिफल साधनों के अनुपात की तुलना में बड़ी तेजी से बढ़ता है।

- उत्पत्ति वृद्धि नियम इस धारणा पर आधारित है कि उत्पादन में साधनों को बढ़ाने से उत्पादन में धीरे-धीरे वृद्धि होती है। परिणामस्वरूप सीमान्त उत्पादन बढ़ता है और कुल उत्पादन तथा औसत उत्पादन में भी तेजी से वृद्धि होने लगती है। उत्पादन वृद्धि का यह क्रम तब तक चलता है, जब तक साधनों का अनुपात अनुकूलतम नहीं हो जाता है। इस अनुकूलतम बिन्दु के बाद यदि साधनों के अनुपात में वृद्धि जारी रखी गयी तो उसके बाद सीमान्त उत्पादन और औसत उत्पादन में कमी आने लगती है।

पूर्ति का नियम एवं पूर्ति की लोच

- साधारण बोलचाल की भाषा में पूर्ति का अभिप्राय किसी वस्तु के स्टॉक या उस वस्तु की उपलब्ध मात्रा से लगाया जाता है।
- अर्थशास्त्र में पूर्ति शब्द का अर्थ किसी वस्तु की उस मात्रा से लगाया जाता है जिसे कोई विक्रेता 'एक निश्चित समय' तथा 'एक निश्चित कीमत' पर बाजार में बेचने के लिए तैयार होता है।

पूर्ति के नियम

- पूर्ति का नियम माँग के नियम के विपरीत है।
- माँग और कीमत के बीच ऋणात्मक सम्बन्ध है जबकि पूर्ति और कीमत का सम्बन्ध धनात्मक होता है।
- पूर्ति का नियम हमें यह बताता है कि जब वस्तु की कीमत में वृद्धि होती है, तब विक्रेता वस्तु की पूर्ति को बढ़ाते हैं। इसके विपरीत, जब कीमत में कमी होती है तब वस्तु की पूर्ति बढ़ा दी जाती है।
- पूर्ति में कमी आने के कारण वस्तु की कम मात्रा को भी ऊँची कीमतों पर बेचा जा सकता है।

पूर्ति की लोच

- पूर्ति की लोच कीमत में परिवर्तन से पूर्ति की मात्रा में होने वाले परिवर्तन की माप को बनाती है।
- **लिप्से** के अनुसार, "पूर्ति की लोच उस दर के निरपेक्ष मूल्य को प्रकट करती है, जिसे हम पूर्ति में हुए प्रतिशत परिवर्तन को कीमत में हुए प्रतिशत परिवर्तन से विभाजित करके प्राप्त करते हैं।"
- उक्त कथन को गणित की भाषा में इस प्रकार व्यक्त किया जा सकता है

$$Es = \frac{\text{पूर्ति में आनुपातिक परिवर्तन}}{\text{कीमत में आनुपातिक परिवर्तन}}$$

उपभोग

- अर्थशास्त्र में उपभोग का महत्त्वपूर्ण स्थान है, इसलिए यह कहा जाता है कि उपभोग, अर्थशास्त्र का आदि और अन्त दोनों ही है।
- उपभोग, उपभोक्ताओं की आवश्यकताओं की प्रत्यक्ष सन्तुष्टि करता है।

उपभोग के तत्त्व

1. आवश्यकताओं की सन्तुष्टि 2. उपभोग का सम्बन्ध प्रत्यक्ष आवश्यकताओं की सन्तुष्टि है 3. उपभोग द्वारा उपयोगिता नष्ट होती है 4. उपभोक्ताओं का लक्ष्य आवश्यकताओं की सन्तुष्टि से है।

उपभोग का महत्त्व

1. उपभोग आर्थिक क्रियाओं का प्रारम्भ है 2. यह आर्थिक क्रियाओं का अन्त है 3. उपभोग आय व रोजगार के स्तर को निर्धारित करता है 4. आर्थिक कल्याण का सूचक है 5. उत्पादन के आकार को निर्धारित करता है।

- अर्थव्यवस्था में उत्पादन, विनिमय, वितरण तथा राजस्व की सभी क्रियाओं का संचालन उपभोक्ता की इच्छानुसार ही होता है।
- पूँजीवादी अर्थव्यवस्था में उपभोक्ता सम्राट होता है, जिसकी सेवा में उत्पादक सदैव तत्पर रहता है।

उपभोक्ता के आचरण की प्रमुख सीमाएँ

उपभोक्ता के आचरण की प्रमुख सीमाएँ निम्नलिखित हैं

- अपर्याप्त आय
- उपभोक्ता का अविवेकपूर्ण व्यवहार
- प्रमापीकरण
- सामाजिक रीति-रिवाज
- पूर्ति का अभाव
- एकाधिकारी प्रवृत्ति
- सरकारी नियन्त्रण
- विज्ञापन का प्रभाव।

आवश्यकता

प्रो. पेन्सन के अनुसार, *"आवश्यकता मनुष्य की उस आवश्यकता को कहते हैं जिसकी पूर्ति के लिए उसके पास पर्याप्त साधन व शक्ति विद्यमान हो और वह उन्हें उस इच्छा की पूर्ति में लगाने के लिए उद्यत है।"*

आवश्यकताओं के लक्षण तथा उन पर आधारित निमय

आवश्यकताओं के लक्षण तथा उन पर आधारित नियम निम्नलिखित हैं

- आवश्यकताओं का अनन्त होना
- आवश्यकता विशेष की सन्तुष्टि की जा सकती है
- आवश्यकताओं का आदत में बदल जाना
- आवश्यकताएँ तीव्रता में भिन्न होती हैं
- भविष्य की अपेक्षा वर्तमान की आवश्यकताओं का महत्त्वपूर्ण होना
- आवश्यकताओं का बार-बार अनुभव होना
- ज्ञान की वृद्धि से आवश्यकताओं की पूर्ति
- आवश्यकताएँ आविष्कार की जननी हैं।

आवश्यकताओं का वर्गीकरण

- भोजन, वस्त्र व मकान की वह न्यूनतम मात्रा जो मनुष्य को केवल जीवित रहने के लिए चाहिए, जीवन रक्षक आवश्यकताओं में रखी जा सकती है।
- पुष्टिकर भोजन, न्यूनतम मात्रा से अधिक व पर्याप्त वस्त्र, स्वच्छ व हवादार मकान, चिकित्सा व आमोद-प्रमोद की सुविधा, पिता के समान पुत्र की शिक्षा, इत्यादि जैसी आवश्यकताएँ कुशलता रक्षक जैसी आवश्यकताओं की श्रेणी में आती हैं।
- समाज में रहने के कारण मनुष्य को कुछ सामाजिक क्रियाओं को पूरा करना होता है जिससे उसकी प्रतिष्ठा की रक्षा होती है। ऐसी आवश्यकताएँ प्रतिष्ठा रक्षक आवश्यकताओं की श्रेणी में आती हैं।
- आरामदायक आवश्यकताएँ वे होती हैं जिनकी पूर्ति कर लेने से व्यक्ति का जीवन सुखदायक अथवा आरामदायक बन जाता है।
- विलास की वस्तुएँ वे हैं जिनका उपयोग कार्य क्षमता में कोई महत्त्वपूर्ण वृद्धि नहीं करता है, वरन् कभी-कभी व्यक्ति की कार्यक्षमता में कमी कर देता है।
- कौन-सी आवश्यकता किस व्यक्ति के लिए किस श्रेणी की होगी, इस *बात को जानने के लिए अर्थशास्त्रियों ने निम्नलिखित तीन आधार माने हैं*

1. कार्य क्षमता का आधार,
2. सुख-दुःख का आधार,
3. कीमत और माँग का आधार।

उपयोगिता

- साधारण बोलचाल की भाषा में किसी 'उपयोगिता' का अर्थ किसी वस्तु के उपभोग या प्रयोग से मिलने वाले सन्तोष से लगाया जाता है।
- अर्थशास्त्र में 'उपयोगिता' शब्द से अभिप्राय किसी आवश्यकता को सन्तुष्ट करने की शक्ति से है।
- आवश्यकता पूर्ति की शक्ति उपयोगिता को जन्म देती है।
- **प्रो. वाघ** (Waugh) के अनुसार, *"अर्थशास्त्री के लिए उपयोगिता आवश्यकताओं को सन्तुष्ट करने की क्षमता है।"*

उपयोगिता की विशेषताएँ

- उपयोगिता का सम्बन्ध व्यक्ति के आन्तरिक मनोयोग से जुड़ा हुआ है,
- उपयोगिता का सम्बन्ध फलदायकता या लाभदायकता से नहीं होता है,
- उपयोगिता आवश्यकताओं की तीव्रता पर निर्भर करती है,
- उपयोगिता क्रय की प्रवृत्ति को बढ़ाती है।
- **प्रो. मार्शल** के अनुसार, *"व्यक्ति जिस वस्तु के उपभोग के लिए जितना अधिक द्रव्य देने की तत्परता रखता है, उसे उस वस्तु से उतनी ही अधिक उपयोगिता मिलेगी।"*
- उपयोगिता के मापन का मार्शल दृष्टिकोण गणवाचक है, क्योंकि इसमें उपयोगिता की गणना की जाती है; **जैसे** 1, 2, 3, 4, 5, आदि। ये संख्याएँ बताती हैं कि 5 संख्या 1 से पाँच गुनी बड़ी है।
- जब उपभोक्ता किसी वस्तु की अनेक इकाइयों का उपभोग करता है तो उपभोग की जाने वाली अन्तिम इकाई को 'सीमान्त इकाई' तथा उससे प्राप्त होने वाली उपयोगिता को सीमान्त उपयोगिता कहा जाता है।
- सीमान्त उपयोगिता कुल उपयोगिता में परिवर्तन को बताती है।
- जब कभी हम किसी वस्तु की एक से अधिक इकाइयों का उपभोग करते हैं तब प्रत्येक इकाई से प्राप्त होने वाली सीमान्त उपयोगिता का योग कुल उपयोगिता होती है।
- किसी वस्तु की विभिन्न इकाइयों के उपभोग से प्राप्त कुल उपयोगिता में उपभोग की गयी इकाइयों की कुल संख्या का भाग देने पर जो भागफल प्राप्त होता है, वह औसत उपयोगिता है। सूत्र के अनुसार, औसत उपयोगिता (AU) = कुल उपयोगिता (TU) उपभोग की गयी इकाइयों की संख्या (MU)

सीमान्त उपयोगिता ह्रास नियम

- ज्यों-ज्यों आवश्यकता विशेष की सन्तुष्टि की जाती है त्यों-त्यों उपभोक्ता के लिए उस आवश्यकता विशेष का महत्त्व घटता जाता है। इस बात का सर्वप्रथम उल्लेख जर्मन अर्थशास्त्री एच. एच. गोसेन ने किया था।
- इसलिए इस नियम को उनके नाम के साथ जोड़ा जाता है और इसे 'गोसेन का प्रथम नियम' कहा जाता है।
- गोसेन का यह नियम आवश्यकताओं के इस लक्षण पर आधारित है कि किसी समय-विशेष में किसी एक आवश्यकता की पूर्ण सन्तुष्टि की जा सकती है। ज्यों-ज्यों हम किसी आवश्यकता की पूर्ति करते जाते हैं उसकी अगली इकाइयों के लिए हमारी आवश्यकता की तीव्रता क्रमशः कम होती जाती है।
- उपभोक्ता उपभोग करते-करते एक ऐसे बिन्दु पर पहुँच जाता है, जहाँ पर उपभोग की जाने वाली वस्तु की सीमान्त उपयोगिता घटकर शून्य हो जाती है। इस बिन्दु पर उपभोक्ता को पूर्ण सन्तुष्टि मिलती है और कुल उपयोगिता भी अधिकतम होती है। इस प्रकार अधिकतम इकाइयों के उपभोग से सन्तुष्टि बढ़ने की अपेक्षा घटती है।

सीमान्त उपयोगिता ह्रास नियम की मान्यताएँ

सीमान्त उपयोगिता ह्रास नियम की मान्यताएँ निम्न हैं

- इकाइयों के गुण व रूप में समरूप होना
- वस्तु की इकाइयों का प्रामाणिक होना
- वस्तु का उपभोग एक ही समय में क्रमशः होना चाहिए
- उपभोक्ता की मानसिक दशा में परिवर्तन नहीं होना चाहिए
- वस्तुओं के मूल्य में परिवर्तन न होना
- उपभोक्ता की आय फैशन, रुचि व स्वभाव का यथास्थिर रहना
- उपयोगिता ह्रास नियम केवल सुखमय आर्थिक दशाओं में ही लागू होता है।

सम-सीमान्त उपयोगिता नियम अथवा प्रतिस्थापन नियम

- प्रत्येक व्यक्ति अपने सीमित साधनों से अपनी आवश्यकताओं की पूर्ति इस ढंग से करना चाहता है कि उसे अधिकतम सन्तुष्टि प्राप्त हो सके। इस उद्देश्य की पूर्ति में उपभोक्ता को सम-सीमान्त उपयोगिता नियम ही सहायता कर सकता है।
- "सम-सीमान्त उपयोगिता नियम" के कई अन्य नाम भी हैं; **जैसे**
  - उपभोग का नियम
  - अधिकतम सन्तुष्टि का नियम
  - प्रतिस्थापन का नियम
  - मितव्ययता का नियम
  - तटस्थता का नियम।
- माना कि एक व्यक्ति अपनी आय को विभिन्न वस्तुओं ABC इत्यादि पर व्यय करना चाहता है, तो अधिकतम सन्तुष्टि प्राप्त करने और सन्तुलन की स्थिति में रहने के लिए निम्न सम्बन्ध पूरा होना चाहिए

$$\frac{\text{वस्तु 'अ' की सीमान्त उपयोगिता}}{\text{वस्तु 'अ' की कीमत}} = \frac{\text{वस्तु 'ब' की सीमान्त उपयोगिता}}{\text{वस्तु 'ब' की कीमत}} = \frac{\text{वस्तु 'स' की सीमान्त उपयोगिता}}{\text{वस्तु 'स' की कीमत}}$$

- राजस्व का महत्त्वपूर्ण सिद्धान्त (अधिकतम सामाजिक लाभ का सिद्धान्त) सम-सीमान्त उपयोगिता नियम पर आधारित है।

माँग व माँग का नियम

माँग एक प्रभावी इच्छा है, जिसमें तीन बातें शामिल हैं

1. वस्तु को प्राप्त करने की इच्छा

2. वस्तु को खरीदने के उपलब्ध साधन

3. साधनों को खर्च करने की तत्परता।

- किसी वस्तु की कीमत तथा उसकी माँगी गयी मात्रा के सम्बन्ध को माँग या माँग का नियम कहा जाता है।
- माँग के नियम का सामान्य कथन यह है कि वस्तुओं की अधिक मात्रा की बिक्री के लिए उसके मूल्य में कमी होनी चाहिए ताकि उस वस्तु के क्रेता अधिक हो सकें। दूसरे शब्दों में मूल्य के गिरने से माँग बढ़ती है और मूल्य बढ़ने से माँग घटती है।
- माँग का नियम उपयोगिता ह्रास नियम पर आधारित है। कोई भी उपभोक्ता वस्तु की सीमान्त उपयोगिता से अधिक मूल्य नहीं देना चाहता है।

- मूल्य और माँग का ऋणात्मक सम्बन्ध प्रतिस्थापन प्रभाव से है। जब किसी आवश्यकता की पूर्ति दो या दो से अधिक वस्तुओं से की जाती है तब उसे प्रतिस्थापन प्रभाव कहा जाता है।
- वस्तु के मूल्य में कमी होने से उपभोक्ता की वास्तविक आय में वृद्धि होती है, क्योंकि अब उपभोक्ता पहले से ज्यादा वस्तुओं का उपयोग कर सकता है या उसे पूर्ववत् मात्रा में वस्तुओं को क्रय करने के लिए कम द्रव्य व्यय करना पड़ता है।

माँग की लोच

- माँग की लोच हमें इस बात की जानकारी देती है कि वस्तु के मूल्य में परिवर्तन के फलस्वरूप वस्तु की माँग में कितना परिवर्तन होता है।
- किसी बाजार में माँग की लोच का कम या अधिक होना इस बात पर निर्भर है कि मूल्य में एक निश्चित कमी होने से माँग अधिक बढ़ती है या कम और मूल्य में एक निश्चित वृद्धि होने से माँग कम घटती है या अधिक।
- माँग की लोच, कीमत में थोड़े से परिवर्तन के परिणामस्वरूप खरीदी गयी मात्रा के आनुपातिक परिवर्तन को कीमत के आनुपातिक परिवर्तन से भाग देने पर प्राप्त होती है

सूत्र

$$Ep = \frac{\text{माँग में आनुपातिक परिवर्तन}}{\text{कीमत में आनुपातिक परिवर्तन}}$$

जब Ep का अभिप्राय माँग की कीमत लोच से है।

माँग की लोच के तीन रूप हैं

1. माँग की कीमत लोच **2.** माँग की आय लोच
3. माँग की आड़ी लोच।

- माँग की कीमत लोच इस बात की जानकारी देती है कि किसी वस्तु की कीमत में जो परिवर्तन आते हैं, उन परिवर्तनों से वस्तु की माँग पर क्या प्रभाव होते हैं।
- उपभोक्ता की आय में परिवर्तन आने के कारण वस्तु की माँग में जो परिवर्तन होते हैं उन परिवर्तनों की माप आय लोच के अन्तर्गत की जाती है।

माँग की आय लोच

$$E_1 = \frac{\text{वस्तु की खरीद में आनुपातिक परिवर्तन}}{\text{आय में आनुपातिक परिवर्तन}}$$

- एक वस्तु की कीमत में परिवर्तन का प्रभाव जब दूसरी वस्तु की माँग पर पड़ता है, तो हम उसे माँग की आड़ी लोच कहते हैं।

माँग की आड़ी लोच

$$= \frac{\text{X वस्तु की माँग में आनुपातिक परिवर्तन}}{\text{Y वस्तु की कीमत में आनुपातिक परिवर्तन}}$$

माँग की लोच को प्रभावित करने वाले तत्त्व

माँग की लोच को निम्न पाँच तत्त्व प्रभावित करते हैं

1. वस्तु के गुण **2.** वस्तु के प्रयोग
3. वस्तु की कीमत **4.** आय स्तर
5. वस्तु के भावी उपभोग की सम्भावना।

बाजार

- सामान्यत: 'बाजार' शब्द का अर्थ उस स्थान से लगाया जाता है, जहाँ पर वस्तुओं के क्रेता तथा विक्रेता एकत्रित होकर अपनी-अपनी वस्तुओं को बेचने तथा खरीदने का कार्य करते हैं।
- बाजार उस क्षेत्र को कहते हैं, जिसमें बेचने व खरीदने वालों के बीच प्रतियोगिता होती है। प्रो. कूर्नो ने बाजार के लिए प्रतियोगिता को आवश्यक बताया है।
- अति अल्पकालीन बाजार में वस्तु की पूर्ति का प्रभाव शून्य रहता है, जबकि मूल्य निर्धारण में माँग का महत्त्वपूर्ण स्थान है। इस प्रकार की क्रिया से जिस मूल्य का निर्धारण होता है उसे 'बाजार मूल्य' (Market Price) कहा जाता है।
- दीर्घकालीन बाजार में समय की अधिकता के कारण वस्तु की पूर्ति को वस्तु की माँग के अनुकूल बढ़ाया तथा घटाया जा सकता है।
- जब किसी वस्तु के बाजार में पूर्ण प्रतियोगिता पायी जाती है अथवा वस्तु के क्रेताओं और विक्रेताओं के बीच उस वस्तु को खरीदने और बेचने में प्रतियोगिता की जाती है, तब इस बाजार को 'पूर्ण बाजार' या 'पूर्ण प्रतियोगिता बाजार' कहते हैं।
- पूर्ण प्रतियोगिता में वस्तु का मूल्य प्रत्येक स्थान पर समान होता है।
- *अपूर्ण बाजार की निम्न विशेषताएँ हैं*
  - प्रतियोगिता का अभाव रहता है,
  - क्रेताओं तथा विक्रेताओं की संख्या अपेक्षाकृत कम होती है,
  - उत्पादित वस्तु के आकार, प्रकार तथा गुणों में समानता नहीं होती है,
  - वस्तु का मूल्य एक समान नहीं होता है।
- पूर्ण प्रतियोगिता के अन्तर्गत यदि किसी बाजार में कोई विक्रेता प्रचलित मूल्यों से थोड़ा अधिक मूल्य माँगता है तो ग्राहक उसकी वस्तु नहीं खरीदेगा। इसके विपरीत, यदि वह प्रचलित मूल्यों से थोड़ा कम मूल्य माँगे, तो क्रेता उससे ही वस्तु खरीदेंगे।
- विशुद्ध प्रतियोगिता को दूसरे शब्दों में 'परमाणुवादी प्रतियोगिता' के नाम से भी जाना जाता है।
- विशुद्ध प्रतियोगिता में भी प्रत्येक फर्म 'कीमत ग्रहण करने वाली' होती है।
- वास्तविक जीवन में पूर्ण प्रतियोगिता तथा विशुद्ध प्रतियोगिता की स्थिति नहीं पायी जाती है।
- विशुद्ध प्रतियोगिता की विपरीत स्थिति को विशुद्ध एकाधिकार कहा जाता है।
- विशुद्ध एकाधिकार की दशा तब होती है जब बाजार में प्रतियोगिता का अस्तित्व समाप्त हो जाता है।
- *एकाधिकार के सम्बन्ध में निम्न बातें उल्लेखनीय हैं*
  - एकाधिकारी का अपनी वस्तु की पूर्ति पर पूर्ण नियन्त्रण होता है,
  - एकाधिकारी का माँग वक्र ऋणात्मक ढाल का होता है,
  - एकाधिकारी को प्रतियोगिता का भय न होने से तथा उसके द्वारा उत्पादित वस्तुओं की स्थानापन्न वस्तुओं के न होने के कारण विज्ञापन व्यय नहीं होता है,
  - एकाधिकारी को भविष्य की सम्भावित प्रतियोगिता का भय अवश्य रहता है,
  - एकाधिकारी को प्रत्यक्ष प्रतियोगिता का भय नहीं रहता है, पर उसे परोक्ष प्रतियोगिता का भय जरूर रहता है,
  - एकाधिकार में उद्योग तथा फर्म की माँग तथा पूर्ति वक्र एक होता है, क्योंकि फर्म ही उद्योग की स्थिति में होती है।

- अपूर्ण प्रतियोगिता तब होती है जब उसमें पूर्ण प्रतियोगिता की विशेषताओं की कमी होती है। इसके अन्तर्गत उत्पादित वस्तुओं की लोच पूर्णतया लोचदार नहीं होती है।
- अपूर्ण प्रतियोगिता को जन्म देने वाले प्रमुख कारण निम्न हैं **1.** क्रेताओं व विक्रेताओं की अज्ञानता **2.** वस्तु की इकाइयों में अन्तर **3.** क्रेताओं में गतिशीलता का अभाव **4.** ऊँचा यातायात व्यय।
- अपूर्ण प्रतियोगिता का क्षेत्र व्यापक है, इसके अन्तर्गत बाजार की निम्न श्रेणियाँ रखी जा सकती हैं **1.** द्वयाधिकार **2.** अल्पाधिकार **3.** एकाधिकारी प्रतियोगिता।
- यदि किसी समय किसी बाजार में एक वस्तु के दो उत्पादक हों और ये दोनों उत्पादक बाजार में अपनी वस्तु को बेचने के लिए प्रतियोगिता करते हों, तो इस स्थिति को द्वयाधिकार (Duopoly) कहा जाएगा।
- अल्पाधिकार (Oligopoly) की स्थिति तब उत्पन्न होती है, जब उस बाजार में थोड़े से विक्रेता हों और उनमें आपसी प्रतियोगिता भी कम हो।
- जब सभी फर्में आपस में मिलकर समान वस्तु का उत्पादन तथा विक्रय करती हैं, तब इस स्थिति को विशुद्ध अल्पाधिकार कहा जाता है।

एकाधिकारी प्रतियोगिता

- एकाधिकारी प्रतियोगिता का विचार प्रमुख रूप से प्रो. चैम्बरलीन के द्वारा दिया गया है।
- यह बाजार का वह रूप है, जिसमें बहुत-सी फर्में कार्य करती हैं और प्रत्येक फर्म मिली-जुली वस्तुएँ बेचा करती हैं परन्तु उनके द्वारा बेची जाने वाली वस्तुएँ समरूप नहीं होती हैं। उनमें थोड़ा-बहुत भेद अवश्य पाया जाता है।

एकाधिकारी प्रतियोगिता की विशेषताएँ

एकाधिकारी प्रतियोगिता की विशेषताएँ निम्न हैं

- उत्पादित वस्तुएँ एक-दूसरे से भिन्न होती हैं। वस्तु-विभेद की विशेषता ही इस प्रतियोगिता को पूर्ण प्रतियोगिता से अलग करती है। वस्तु-विभेद जितना अधिक होगा फर्मों में एकाधिकार का अंश उतना ही अधिक होगा,
- विक्रेताओं की संख्या का अधिक होना
- फर्मों का स्वतन्त्र प्रवेश
- गैर मूल्य प्रतियोगिता-ऐसी प्रतियोगिता में फर्मों का अत्यधिक व्यय होता है और कभी-कभी तो कुछ फर्में इस प्रतियोगिता के कारण समाप्त ही हो जाती हैं।

बाजार मूल्य और सामान्य मूल्य

- सामान्यतया बाजार मूल्य वह मूल्य है जो बाजार में माँग एवं पूर्ति की शक्तियों के अस्थायी सन्तुलन द्वारा निर्धारित होता है।
- बाजार मूल्य के निर्धारण में माँग का ही महत्त्वपूर्ण हाथ होता है।
- बाजार मूल्य में दो प्रकार की वस्तुओं के मूल्य निर्धारण की व्याख्या प्रमुख है

  1. **पुनरुत्पादनीय वस्तुएँ** वे वस्तुएँ जिनका उत्पादन बार-बार किया जा सकता है। इनके दो भाग हैं—(i) शीघ्र नष्ट होने वाली वस्तुएँ (ii) टिकाऊ वस्तुएँ।
  2. **निरुत्पादनीय वस्तुएँ जैसे** प्राचीन समय के कल्पनात्मक चित्र पाण्डुलिपि आदि।

- शीघ्र नष्ट होने वाली वस्तुओं की माँग में वृद्धि होने पर उनकी पूर्ति को बढ़ाया नहीं जा सकता है, क्योंकि बाजार से वस्तु की प्राप्ति का स्थान काफी दूर है, इसलिए वस्तु की पूर्ति भी हमेशा स्थिर रहती है।
- निरुत्पादनीय वस्तुओं की पूर्ति भी यथास्थिर रहती है, क्योंकि इन वस्तुओं की पूर्ति बार-बार नहीं की जा सकती है। उपरोक्त दोनों ही प्रकार की वस्तुओं की पूर्ति-रेखा एक खड़ी-रेखा के रूप में होगी।
- सामान्य मूल्य उस समय बाजार में प्रचलित होता है, जब उत्पादन के साधनों को वस्तु की माँग के अनुसार बदलने के लिए पूरा-पूरा समय मिल जाता है। इस तरह, सामान्य मूल्य वह मूल्य है जिसके बाजार में प्रचलित होने की सम्भावना उस समय अधिक होती है, जब वस्तु की माँग और पूर्ति के बीच पूर्ण समायोजन हो जाता है।
- दीर्घकाल में अस्थायी शक्तियों के समाप्त हो जाने के कारण माँग एवं पूर्ति की शक्तियाँ सामान्य रूप से कार्य करती हैं इसलिए दीर्घकालीन मूल्य को सामान्य मूल्य भी कहा जा सकता है। दीर्घकालीन मूल्य लागत (पूर्ति) का प्रभाव, माँग के प्रभाव से अधिक होता है, इसलिए वस्तु का मूल्य उत्पादन लागत के बराबर निर्धारित होता है।
- यदि दीर्घकाल में वस्तु की उत्पादन लागत ऊँची है, तो वस्तु का मूल्य भी ऊँचा होगा और यदि उत्पादन लागत कम है, तो मूल्य भी कम होगा।
- ज्यों-ज्यों पूर्ति या उत्पादन की मात्रा में वृद्धि होगी त्यों-त्यों उत्पादन लागत में कमी होगी और सामान्य मूल्य घटेगा।
- बाजार मूल्य सामान्य मूल्य के चारों ओर चक्कर लगाता है और वह लम्बे समय तक सामान्य मूल्य से बहुत ऊँचा या नीचा नहीं रह सकता है। बाजार मूल्य की प्रवृत्ति सदैव सामान्य मूल्य की ओर आने की होती है।

वितरण के सिद्धान्त

- वितरण के प्रतिष्ठित सिद्धान्त के अनुसार राष्ट्रीय आय में से सर्वप्रथम भूमि के स्वामी को लगान दिया जाता है, तत्पश्चात् मजदूरों को मजदूरी दी जाती है और अन्त में जो राशि शेष बचती है यह राशि साहसी को ब्याज या लाभ के रूप में प्राप्त होती है।
- सीमान्त उत्पादकता का सिद्धान्त हमें यह बताता है कि साधन की कीमत का निर्धारण साधन की उत्पादकता से निर्धारित होता है और यह उत्पादकता साधन की सीमान्त उत्पादकता से तय होती है।

वितरण के आधुनिक सिद्धान्त की मान्यताएँ

वितरण के आधुनिक सिद्धान्त की मान्यताएँ निम्न हैं

- अर्थव्यवस्था में पूर्ण रोजगार की स्थिति का पाया जाना
- उत्पादन में उत्पत्ति ह्रास नियम का लागू होना
- साधन की इकाइयों का समरूप होना
- साधनों का एक-दूसरे के साथ पूर्ण स्थानापन्न होना
- साधनों की पूर्ण विभाजनीयता।

लगान

- लगान नियत अर्थ में प्राकृतिक उत्पत्ति के साधनों के प्रयोग का भुगतान है।
- आधुनिक अर्थशास्त्रियों के अनुसार, लगान एक साधन को वर्तमान व्यवसाय में बनाए रखने के लिए न्यूनतम पूर्ति मूल्य अर्थात् अवसर लागत के ऊपर एक बचत है।
- साधारण भाषा में 'लगान' शब्द का अभिप्राय 'कुल लगान' से है।
- आर्थिक लगान एक साधन की अवसर लागत के ऊपर बचत है।

रिकार्डो का लगान सिद्धान्त

- रिकार्डो द्वारा प्रतिपादित लगान के सिद्धान्त को 'लगान का प्रतिष्ठित सिद्धान्त' भी कहा जाता है।
- रिकार्डो ने लगान सिद्धान्त का आधार भूमि के उपजाऊपन की भिन्नता को माना है, क्योंकि व्यवहार में लगान का निर्धारण करते समय भूमिपति तथा काश्तकार दोनों ही अपना ध्यान भूमि के उपजाऊपन पर केन्द्रित कर देते हैं।
- रिकार्डो ने स्पष्ट कर दिया था कि लगान प्रकृति की उदारता (bounty) के कारण नहीं बल्कि उसकी कृपणता या कंजूसी के कारण लेता है।
- **रिकार्डो** के अनुसार, *''लगान भूमि की उपज का वह भाग है जो भूमि के स्वामी को भूमि की मूल (original) तथा अविनाशी शक्तियों के प्रयोग के लिए दिया जाता है।''*
- एक ओर प्रतिष्ठित अर्थशास्त्रियों विशेषकर रिकार्डो ने जहाँ अपने विचार को भूमि तक ही सीमित रखा वहीं दूसरी ओर आधुनिक या वर्तमान अर्थशास्त्रियों का मत है कि उत्पत्ति के शेष साधन भी भूमि की ही भाँति स्थिर या सीमितता का गुण या भूमि तत्त्व का गुण अर्जित कर सकते हैं। इसलिए शेष साधनों को भी लगान मिल सकता है।
- लगान के आधुनिक सिद्धान्त का आधार साधनों की विशेषता (Specificity of Factors) है।
- आधुनिक अर्थशास्त्रियों के अनुसार लगान एक आधिक्य है जो किसी भी साधन से प्राप्त हो सकता है।
- आधुनिक अर्थशास्त्रियों के अनुसार

  लगान = वास्तविक आय (Actual Earnings)
  − अवसर लागत (Opportunity Cost)

ब्याज

- साधारणतया एक पूँजीपति को पूँजी के उधार से जो कुछ आय प्राप्त होती है उसको कुल ब्याज कहा जाता है।

  कुल ब्याज = वास्तविक ब्याज + जोखिम उठाने का प्रतिफल + व्यवस्था का प्रतिफल + असुविधाओं का प्रतिफल
- ब्याज वह भुगतान है जिसे समाज आवश्यक रूप से व्यक्तियों को धन बचाने के लिए तथा इस बचे धन को उन व्यक्तियों को उधार देने के लिए जो कि उसका उपयोग करना चाहते हैं प्रलोभन के रूप में देना पड़ता है।
- **फिशर** के अनुसार, *''ब्याज वह धनराशि है जिसे भविष्य व वर्तमान को समान बनाने हेतु देने की आवश्यकता पड़ती है, यह समय का मूल्य होता है और इसका कारण तथा माप आनन्द की आतुरता होती है।''*
- **कीन्स** ने ब्याज की 'तरलता पसन्दगी सिद्धान्त' का प्रतिपादन किया। **कीन्स** के अनुसार, *''ब्याज वह कीमत है जो कि धन को नकद रूप में रखने की इच्छा तथा उपलब्ध नकदी की मात्रा में बराबरी स्थापित करती है।''*
- **कीन्स** के अनुसार, ब्याज, बचत का पुरस्कार न होकर द्रव्यता के परित्याग का पुरस्कार है।
- नव-प्रतिष्ठित अर्थशास्त्रियों (गुन्नार मिर्डल, बेण्ट हेन्सन, ओहनिन, लिण्डल) के अनुसार, ब्याज दर का निर्धारण बाजार में द्रव्य की माँग तथा पूर्ति की शक्तियों के सन्तुलन बिन्दु पर स्थापित होता है।
- ब्याज-दर में समय-समय पर परिवर्तन आते रहते हैं। परिवर्तन का विशेष कारण पूँजी की माँग व पूर्ति में परिवर्तन माना है।
- अल्पकाल में पूँजी की माँग का ब्याज-दर पर प्रभाव पड़ता है।
- दीर्घकालीन ब्याज दर पर माँग की अपेक्षा पूर्ति का अधिक प्रभाव पड़ता है। दीर्घकाल में अधिक समय मिल जाने के कारण मुद्रा की पूर्ति को मुद्रा की माँग के अनुसार समायोजित किया जा सकता है।
- सामान्यतया अल्पकाल की अपेक्षा दीर्घकाल में ब्याज की दर ऊँची रहती है क्योंकि दीर्घकाल में जोखिम का अंश अधिक है।
- ब्याज के आधुनिक सिद्धान्त को हिक्स हेन्सन का ब्याज सिद्धान्त भी कहा जाता है।
- इस विश्लेषण का प्रारम्भ सन् 1937 में जे. आर. हिक्स के एक लेख से हुआ था।
- आधुनिक सिद्धान्त में 'मौद्रिक सन्तुलन' और 'वस्तु सन्तुलन' दोनों ही शर्त पूरी हो जाती हैं।

मजदूरी

- व्यावसायियों के द्वारा नौकरी पर रखे लोगों या स्वतन्त्र व्यवसायी को श्रम के बदले जो कुछ भी आमदनी प्राप्त होती है, वह मजदूरी कहलाती है।
- ''ऊँची मजदूरी सस्ती होती है और सस्ती मजदूरी महँगी पड़ती है।''
- मजदूरी के जीवन निर्वाह सिद्धान्त का प्रतिपादन फ्रांसीसी अर्थशास्त्री वरगो द्वारा दिया गया।
- जीवन-निर्वाह सिद्धान्त को 'मजदूरी का प्राकृतिक नियम' भी कहा जाता है।

  मजदूरी का अवशेष अधिकारी सिद्धान्त—(वॉकर)

  मजदूरी = (कुल उत्पादन) − (लगान + ब्याज + लाभ)
- मजदूरी-कोष सिद्धान्त के प्रतिपादक एडम स्मिथ थे। बाद में जेम्स मिल ने इस सिद्धान्त को पूरा किया।
- मिल का कहना था कि मजदूरी, पूँजी और जनसंख्या के अनुपात पर निर्भर होती है। मजदूरी कोष में वृद्धि के बिना मजदूरी नहीं बढ़ सकती है।
- अपूर्ण प्रतियोगिता की स्थिति में मजदूरी का निर्धारण उत्पादकों व श्रमिकों के संघों के बीच सौदा करने की शक्ति से निर्धारित होता है।
- पूर्ण प्रतियोगिता में एक फर्म के लिए औसत मजदूरी (AW) सीमान्त मजदूरी (MW) के बराबर होती है।
- एक फर्म के लिए श्रमिकों की 'पूर्ति-रेखा' पूर्णतया लोचदार होती है।
- श्रम की माँग हमेशा व्युत्पन्न माँग होती है।

लाभ

- एक उद्यमी या साहसी को जोखिम उठाने का जो प्रतिफल मिलता है उसे लाभ कहा जाता है। दूसरे शब्दों में राष्ट्रीय आय का वह भाग जो वितरण की प्रक्रिया में साहसियों को प्राप्त होता है, वह लाभ कहलाता है।

  कुल लाभ = कुल आय − स्पष्ट लागतें
- श्रेष्ठ साहसियों को सीमान्त साहसी की तुलना में बचत अर्थात् लाभ अधिक होता है।
- लाभ का नव-प्रवर्तन सिद्धान्त या शुम्पीटर के लाभ सिद्धान्त के अनुसार गतिशील अर्थव्यवस्था में नये-नये अनुसन्धानों व आविष्कारों के कारण ही लाभ होता है।

  आर्थिक लाभ = कुल आगम − (स्पष्ट लागतें + अस्पष्ट लागतें + सामान्य लाभ)
- एकाधिकारी शक्तियों के प्रादुर्भाव के कारण प्राप्त होने वाले लाभ को एकाधिकारी लाभ कहा जाता है।
- पूर्ण प्रतियोगिता के अन्तर्गत एक साहसी का सामान्य लाभ उस बिन्दु पर निर्धारित होगा, जहाँ साहसी की माँग तथा पूर्ति वक्र एक-दूसरे को काटते हैं।

- अपूर्ण प्रतियोगिता में साहसी न केवल अल्पकाल में बल्कि दीर्घ काल में भी असामान्य लाभ प्राप्त कर सकता है। अपूर्ण प्रतियोगिता की दशा में साहसी अपनी वस्तु को औसत लागत से अधिक मूल्य पर बेचकर अपने लिए लाभ अर्जित कर सकता है।
- **कल्याणवादी अर्थशास्त्र** सन् 1920 में 'पीगू' की पुस्तक 'Economics of Welfare' का प्रकाशन हुआ और इसी के साथ कल्याणवादी अर्थशास्त्र का एक पृथक् शाखा के रूप में अध्ययन प्रारम्भ हुआ।
- कल्याणवादी अर्थशास्त्र आर्थिक विज्ञान की वह शाखा है, जो आर्थिक नीतियों के लिए औचित्यपूर्ण मानदण्डों की स्थापना तथा प्रयोग का प्रयत्न करती है।
- मार्शल का मत है कि उपभोक्ताओं और उत्पादकों की बचत में वृद्धि करके, आर्थिक कल्याण में वृद्धि की जा सकती है।
- प्रो. पीगू अर्थशास्त्र को आदर्श विज्ञान मानते हैं। आदर्श विज्ञान होने के कारण इसके कल्याणकारी पक्ष का महत्त्व बढ़ जाता है।
- नवीन कल्याणवादी अर्थशास्त्र के जन्मदता प्रो. पैरेटो है।

राष्ट्रीय आय

- राष्ट्रीय आय के विचार का अध्ययन सर्वप्रथम एडम स्मिथ (Adam Smith) ने अपनी पुस्तक 'Wealth of Nations' में किया था।
- **मार्शल** के अनुसार, *"देश के प्राकृतिक साधनों पर श्रम और पूँजी द्वारा कार्य करने पर प्रतिवर्ष जो भौतिक व अभौतिक वस्तुओं एवं सेवाओं का उत्पादन होता है, सबकी शुद्ध उत्पत्ति के योग को ही राष्ट्रीय लाभांश कहते हैं।"*
- **प्रो. पीगू** के अनुसार, *"राष्ट्रीय आय देश के लोगों की बाह्य आय (Objective Income) का वह भाग है, जिसमें विदेशों में कमायी गई आय भी शामिल है जिसे द्रव्य के रूप में मापा जा सकता है।"*
- वर्तमान समय के अर्थशास्त्रियों के अनुसार, राष्ट्रीय आय के विचार को समझने के लिए दो विचारों को समझ लेना आवश्यक है। ये दो प्रमुख विचार हैं **1.** कुल राष्ट्रीय उत्पादन (Gross National Product—G.N.P) तथा **2.** विशुद्ध राष्ट्रीय उत्पादन (Net National Product—N.N.P.)।
- राष्ट्रीय अर्थ-व्यवस्था के अन्तर्गत एक वर्ष के भीतर जो कुल उत्पादन किया गया है उस उत्पादन का प्रचलित बाजार दर से जो मूल्य आंका जाता है कुल मूल्य को 'कुल राष्ट्रीय उत्पादन' (GNP) कहा जाता है।
- कुल राष्ट्रीय उत्पादन में से कुछ भाग बेकार व अप्रचलित मशीनों की जगह अच्छी मशीनों को क्रय करने तथा घिसी हुई मशीनों के सुधार में व्यय कर दिया जाता है। इस प्रकार कुल राष्ट्रीय उत्पादन (GNP) में से घिसाई व्यय (Depreciation Charges) को निकाल देने से 'विशुद्ध राष्ट्रीय उत्पादन' (NNP) = 'कुल राष्ट्रीय उत्पादन' (GNP) – मूल्य ह्रास (Depreciation Charges)
- राष्ट्रीय आय का सम्बन्ध एक निश्चित अवधि प्राय: एक वर्ष से होता है।
- राष्ट्रीय आय में उत्पादित वस्तुओं तथा सेवाओं के मूल्य को शामिल किया जाता है, परन्तु प्रत्येक वस्तु एवं सेवा को केवल एक बार गिना जाता है।
- यह एक प्रवाह या क्रम है जो निरन्तर प्रवाहित होता रहता है, परन्तु हम अपनी सुविधा को ध्यान में रखते हुए मात्र एक वर्ष के लेखे-जोखे को ही राष्ट्रीय आय में शामिल करते हैं।
- राष्ट्रीय आय के मापने की प्रमुख रीतियाँ निम्नलिखित हैं **1.** उत्पादन संगणना विधि (Census of Production Method) **2.** आय संगणना रीति (Census of Income Method) **3.** व्यावसायिक गणना प्रणाली (Occupational Method or Occupation Census Method) **4.** उपभोग बचत रीति **5.** सामाजिक लेखांकन विधि।

राष्ट्रीय आय का महत्त्व

1. रहन-सहन के स्तर के लिए
2. आर्थिक नीति के निर्धारण में
3. आर्थिक तुलनात्मक अध्ययन में
4. आर्थिक नियोजन में
5. देश के आर्थिक कल्याण की सूचक
6. अर्थ-व्यवस्था के सुधार में सहायक।

आर्थिक संवृद्धि के तत्त्व

- विश्व के समस्त देशों में आर्थिक वृद्धि हुई है परन्तु उनकी वृद्धि दरें एक-दूसरे से भिन्न रही हैं। वृद्धि दरों में असमानताएँ उनकी विभिन्न आर्थिक, सामाजिक, सांस्कृतिक, ऐतिहासिक, तकनीकी एवं अन्य स्थितियों के कारण पायी जाती हैं। यही स्थितियाँ आर्थिक वृद्धि के तत्त्व हैं।
- आर्थिक वृद्धि के तत्त्वों का निश्चित रूप से उल्लेख करना एक समस्या है क्योंकि विभिन्न अर्थशास्त्रियों ने अपने-अपने ढंग से इन्हें बताया है। फिर भी इन तत्त्वों के प्रमुख बिन्दु निम्न हैं **1.** प्राकृतिक संसाधन **2.** मानव संसाधन **3.** पूँजी-निर्माण **4.** संगठन **5.** प्रौद्योगिकीय उन्नति **6.** श्रम-विभाजन एवं उत्पादन का पैमाना **7.** सामाजिक तत्त्व **8.** राजनैतिक एवं प्रशासनिक तत्त्व।
- आधुनिक आर्थिक वृद्धि जिसका सम्बन्ध विकसित देशों से है, का महत्त्वपूर्ण कारण मानवीय साधनों में अभूतपूर्व वृद्धि है। यह जनसंख्या में वृद्धि और श्रम-शक्ति की कुशलता का परिणाम है।
- पूँजी निर्माण आर्थिक वृद्धि की प्रमुख कुंजी है। एक ओर तो यह अर्थव्यवस्था में प्रभावी माँग को व्यक्त करती है और दूसरी ओर यह भावी उत्पादन के लिए उत्पादक क्षमता का निर्माण करती है। अल्पविकसित देशों के लिए तो इसका विशेष महत्त्व है।
- **कुजनेट्स** के अनुसार, 'आधुनिक आर्थिक वृद्धि में वृद्धिशील पूँजी-उत्पादन अनुपात (ICOR) का बहुत महत्त्वपूर्ण योगदान रहा है। ICOR पूँजी की उत्पादकता को व्यक्त करता है।
- अल्पविकसित देशों में पूँजी की कमी के कारण और उत्पादन क्षमता कम होने के कारण पूँजी उत्पादन अनुपात कम होता है। इनमें पूँजी-श्रम अनुपात में वृद्धि होनी चाहिए।
- अल्पविकसित देशों में उद्यमीय योग्यता का अभाव पाया जाता है जिस कारण उद्यमी बहुत कम होते हैं। मार्केट का छोटा आकार, पूँजी की कमी, निजी सम्पत्ति का अभाव, प्रशिक्षित श्रम एवं प्रबन्धन की कमी, कच्चे माल एवं आर्थिक उपरिसुविधाएँ पर्याप्त मात्रा में न मिलने के कारण उद्यमी पनप नहीं पाते हैं।

अन्तर्राष्ट्रीय मुद्रा कोष

- विश्व में आर्थिक सहयोग की दिशा में अन्तर्राष्ट्रीय मुद्रा कोष की स्थापना का निर्णय सन् 1944 में अमेरिका में ब्रेटन वुड्स सम्मेलन में किया गया तथा इसकी स्थापना दिसम्बर, 1945 में हुई।
- कोष का मूलभूत उद्देश्य यह है कि देशों द्वारा प्रतियोगी अवमूल्यन और विनिमय नियन्त्रण की अपनायी जाने वाली रीतियों को दूर किया जा सके और विदेशी व्यापार और विनिमय क्षेत्र में एक उपयुक्त आचार संहिता की स्थापना हो सके।

- **IMF के आर्थिक साधन** IMF में अंशदान एक निश्चित कोटा प्रणाली के अन्तर्गत किया जाता है। *यह अंशदान मुख्य रूप से तीन बातों पर निर्भर करता है*

1. विश्व व्यापार में भागीदारी **2.** प्रति व्यक्ति राष्ट्रीय आय **3.** आर्थिक विकास की दर।

- इस अनिवार्य अंशदान की मात्रा एवं मूल्य का पुनर्मूल्यांकन समय-समय पर अधिक-से-अधिक पाँच वर्ष पर होता रहता है। इस अंशदान में प्रत्येक राष्ट्र को एक निश्चित राशि IMF कोष में जमा करनी पड़ती है। कुल राशि का 25 प्रतिशत स्वर्ण में (अथवा डॉलर में) लेकिन 1969 ई. के बाद अब इसे समाप्त कर दिया गया है।
- एक सदस्य देश को अपने कोटे का 25 प्रतिशत एस.डी.आर. या कोष द्वारा चयनित किसी देश की मुद्रा में देना होता है। कोष की शेष राशि देश को अपनी मुद्रा में जमा करना होता है।

कोष के कार्य

कोष के कार्य निम्न हैं

- कोष एक अल्पकालीन साख संस्था के रूप में कार्य करता है
- विनिमय दरों में व्यवस्थित समायोजन के लिए कार्य करता है
- विदेशी विनिमय के सम्बन्ध में अल्पकालीन ऋण देने वाली संस्था के रूप में कार्य करता है
- विभिन्न देशों की मुद्राओं का भण्डार है जिसमें से सदस्य देश कोई भी उधार ले सकते हैं
- कोष सदस्य देशों की मुद्रा के समता मूल्य में परिवर्तन करने का कार्य भी करता है, जिससे विनिमय दर में इस प्रकार परिवर्तन हो सके कि सदस्य देशों के दीर्घकालीन भुगतान शेष में सुधार हो सके।
- मुद्रा कोष एक स्वायत्त संगठन है जो संयुक्त राष्ट्र संघ से सम्बन्धित है। इसका मुख्य कार्यालय वाशिंगटन (अमेरिका) में है।
- **विश्व बैंक** सन् 1944 में ब्रेटन वुड्स सम्मेलन में अन्तर्राष्ट्रीय मुद्रा कोष की स्थापना के साथ ही साथ अन्तर्राष्ट्रीय पुनर्निर्माण तथा विकास बैंक की स्थापना का भी निर्णय लिया गया। इसे ही संक्षेप में विश्व बैंक कहते हैं। (IBRD-INTERNATIONAL BANK FOR RECONSTRUCTION AND DEVELOPMENT)
- विश्व में राष्ट्रों का पुनर्निर्माण करने तथा पिछड़े हुए देशों का आर्थिक विकास करने के उद्देश्य से ही विश्व बैंक स्थापित किया गया था।
- विश्व बैंक के उद्देश्यों के मुख्य बिन्दु इस प्रकार हैं **1.** पुनर्निमाण एवं आर्थिक विकास **2.** पूँजी विनियोग को प्रोत्साहन **3.** अन्तर्राष्ट्रीय व्यापार का सन्तुलित विकास **4.** पूँजी की व्यवस्था **5.** शान्तिकालीन अर्थव्यवस्था की स्थापना।
- विश्व बैंक का मुख्यालय वाशिंगटन (डी. सी.) में स्थित है।

विश्व व्यापार संगठन

- 1 जनवरी, 1948 में अपनी स्थापना से लेकर अप्रैल, 1994 तक गैट (GATT) वार्ताओं के आठ चक्र सम्पन्न हुए, जिसमें से आठवाँ चक्र (उरुग्वे चक्र) सर्वाधिक विवादास्मद रहा।
- 15 अप्रैल, 1994 को मोरक्को के शहर मराकेश में 117 देशों के मन्त्रियों ने उरुग्वे चक्र के डंकल प्रस्तावों को स्वीकार कर लिया।
- मराकेश समझौते के तहत ही प्रशुल्क एवं व्यापार पर सामान्य समझौता गैट के स्थान पर 1 जनवरी, 1995 को विश्व व्यापार संगठन अस्तित्व में आया।
- विश्व व्यापार संगठन सदस्य देशों को एक एकीकृत, अधिक व्यवहार्य एवं स्थायी व मजबूत बहुपक्षीय प्रणाली विकसित करने के लिए सदस्यों के बीच पारस्परिक व्यापार सम्बन्धों को बढ़ाने में सहायक है।
- बहुपक्षीय व्यापार समझौता एवं तत्सम्बन्धित कानूनी उपकरण 'विश्व व्यापार संगठन' का अभिन्न अंग है और विश्व व्यापार संगठन का प्रत्येक सदस्य देश उन्हें मानने के लिए बाध्य है।

विश्व व्यापार संगठन के कार्य

विश्व व्यापार संगठन के मुख्य कार्य निम्न हैं

- विश्व व्यापार समझौता एवं बहुपक्षीय तथा बहुवचनीय (Plurilateral) समझौतों के कार्यान्वयन, प्रशासन एवं परिचालन हेतु सुविधाएँ प्रदान करना
- विभिन्न समझौतों के अन्तर्गत सभी मामलों से सम्बन्धित विचार-विमर्श हेतु एक मंच के रूप में कार्य करना
- व्यापार एवं प्रशुल्क से सम्बन्धित किसी भी भावी मसले पर सदस्यों के बीच विचार-विमर्श हेतु एक मंच के रूप में कार्य करना
- विवादों के निपटारे से सम्बन्धित नियमों एवं प्रक्रियाओं को प्रकाशित करना।

दक्षिण एशियाई क्षेत्रीय सहयोग संघ (दक्षेस)

- दक्षेस (सार्क) की स्थापना दिसम्बर, 1985 ई. में ढाका में हुई थी।
- दक्षिण एशियाई क्षेत्रीय सहयोग संघ (दक्षेस) के सदस्यों में बांग्लादेश, भूटान, भारत, मालदीव, नेपाल, पाकिस्तान और श्रीलंका हैं।
- वर्ष 2005 में ढाका में हुए सम्मेलन में अफगानिस्तान को आठवें सदस्य देश के रूप में शामिल किया गया है।

उद्देश्य

दक्षिणी एशियाई क्षेत्रीय सहयोग संघ के निम्न उद्देश्य हैं

- दक्षिण एशिया के लोगों का कल्याण एवं उत्थान करना और उनके जीवनयापन के स्तर को सुधारना।
- क्षेत्र में आर्थिक विकास, सामाजिक प्रगति एवं सांस्कृतिक विकास की गति को तेज करना। साथ ही सभी व्यक्तियों को आत्मसम्मान से जीने का मौका उपलब्ध कराना एवं उन्हें उनकी पूरी क्षमताओं का अहसास करना।
- आर्थिक, सामाजिक, सांस्कृतिक, तकनीकी एवं वैज्ञानिक क्षेत्रों में पारस्परिक सहायता को बढ़ावा देना।

दक्षिण एशियाई स्वतन्त्र व्यापार क्षेत्र-साफ्टा

- दक्षेस (SAARC) राष्ट्रों के बीच रियायती प्रशुल्कों पर व्यापार करने का यह सार्क वरीयता व्यापार समझौता 'साफ्टा' (SAARC Preferential Trading Agreement) अन्ततः 7 दिसम्बर, 1995 से प्रभावी हो गया है। नयी रियायती व्यापार प्रणाली वर्ष 1995 में ही शुरू करने का निर्णय मई, 1995 में नई दिल्ली में सम्पन्न हुए दक्षेस के आठवें शिखर सम्मेलन के दौरान लिया गया था।
- रियायती प्रशुल्क दरों पर आपसी व्यापार प्रारम्भ हो जाने के बाद भविष्य में दक्षिण एशिया क्षेत्र में एक व्यापारिक गुट (SAFTA) स्थापित करने में सहायता मिलेगी।
- उल्लेखनीय है कि दक्षेस के सात सदस्य राष्ट्रों (भारत, पाकिस्तान, श्रीलंका, भूटान, बांग्लादेश, नेपाल व मालदीव) के बीच प्रारम्भ में 226 वस्तुओं के व्यापार पर 10% से 100% तक की रियायत प्रशुल्क दरें आरोपित करने की व्यवस्था की गई है।

- सर्वाधिक 106 वस्तुओं पर रियायत भारत सरकार द्वारा प्रस्तुत की गई है।
- दक्षेस राष्ट्रों के मध्य एक **स्वतन्त्र व्यापार क्षेत्र** (South Asian Free Trade Area) 1 जनवरी, 2006 से प्रभावी हो गया है। इस समझौते के अन्तर्गत भारत-पाकिस्तान और श्रीलंका वर्ष 2013 तक अपने-अपने देशों में सीमा शुल्क घटाकर 0 से 5 प्रतिशत के बीच कर दिए गए है।

मुद्रा

- मुद्रा वर्तमान आर्थिक युग की आधारशिला है।
- मुद्रा वस्तु विनिमय प्रथा की देन है।
- **'क्राउथर'** के अनुसार, *"मुद्रा वह वस्तु है जो विनिमय के माध्यम तथा ऋणों के भुगतान के रूप में सामान्यतया स्वीकार की जाती है तथा जो मूल्य के मापक एवं कोष के आधार का कार्य करता है।"*
- मुद्रा के परिमाण सिद्धान्त के अनुसार, मुद्रा का मूल्य मुद्रा के परिमाण पर निर्भर करता है या दूसरे शब्दों में मूल्य स्तर मुद्रा की मात्रा का फलन है $P = f(M)$ जिसमें P मूल्य स्तर पर M मुद्रा की मात्रा प्रदर्शित करता है।
- एक समयावधि में जितनी वस्तुएँ तथा सेवाएँ मुद्रा के बदले विनिमय की जाती है वही मुद्रा की कुल माँग प्रदर्शित करती है।
- किसी समयावधि में वस्तुओं तथा सेवाओं का क्रय करने के लिए जितनी मुद्रा व्यय की जाती है वही मुद्रा की पूर्ति है।

मुद्रास्फीति

- सामान्यतया लोग मुद्रास्फीति का आशय 'मूल्य स्तर में सामान्य तथा तीव्र वृद्धि' तथा इसके फलस्वरूप 'मुद्रा के मूल्य में अत्यन्त कमी' मानते हैं। निजी व्ययों में तेजी से वृद्धि के फलस्वरूप उत्पादन के साधनों की आय बढ़ जाएगी, उपभोग व्यय में वृद्धि होगी, फलस्वरूप अर्थव्यवस्था में समग्र आय में वृद्धि होगी और अर्थव्यवस्था में स्फीति की स्थिति दृष्टिगोचर होगी।
- यदि सार्वजनिक ऋण नीति दोषपूर्ण हो जैसा भारतीय अर्थव्यवस्था में है और वह स्वभाव से ही प्रच्छन्न घाटे की वित्त व्यवस्था के समान हो तो सार्वजनिक ऋण नीति के फलस्वरूप मुद्रा की पूर्ति में वृद्धि होगी और अर्थव्यवस्था में मुद्रास्फीति दिखाई देगी।
- **मुद्रा अवस्फीति** (संकुचन) (Disinflation) यह मुद्रास्फीति की सर्वथा विपरीत स्थिति है। यह मूल्य स्तर के गिरावट की एक विशेष अवस्था है, पर मूल्य में प्रत्येक गिरावट अवस्फीति नहीं है।
- मौद्रिक आय या माँग की तुलना में अधिक उत्पादन या उत्पादन का आधिक्य की अवस्फीति की स्थिति का द्योतक होता है। चूँकि इस स्थिति में माँग की तुलना में पूर्ति अधिक होती है इसलिए मूल्य स्तर में गिरावट होती है।

साख-सृजन

- बैंक द्वारा सृजित मुद्रा का आधार बैंकों में जनता द्वारा किया गया वह जमा है जिस पर चेक काटा जा सके या जिससे रुपया चेक के द्वारा निकाला जा सके इसलिए बैंक मुद्रा या साख मुद्रा को 'जमा मुद्रा' भी कहते हैं।
- **वैधानिक नकद कोष** व्यापारिक बैंकों को अपनी नकद जमा राशि का एक निश्चित भाग नकद कोष के रूप में रखना अनिवार्य होता है। केन्द्रीय बैंक यदि यह प्रतिशत बढ़ा दे तो साख-सृजन की शक्ति पहले से कम हो जाएगी।
- **नकद-साख अनुपात** यह अनुपात यह प्रदर्शित करता है कि बैंक कितना नकद रुपया आड़ (Security) के रूप में ऋण के बदले रखता है। यदि इस अनुपात में परिवर्तन कर दिया जाए तो इसका तत्काल प्रभाव बैंक की साख-सृजन शक्ति पर पड़ेगा।
- **साख नियन्त्रण** साख नियन्त्रण केन्द्रीय बैंक का एक प्रमुख कार्य है।

परिमाणात्मक साख नियन्त्रण में केन्द्रीय बैंक निम्नांकित तीन अस्त्र का प्रयोग करता है

1. **बैंक दर** यह साख नियन्त्रण का सबसे प्राचीन तथा परम्परागत अस्त्र है। इसका प्रयोग सबसे पहले 'बैंक ऑफ इण्डिया' ने किया। बैंक दर वह लागत है जिस पर व्यापारिक बैंकों को केन्द्रीय बैंकों से ऋण प्राप्त होता है फलस्वरूप यह उस ब्याज-दर को प्रभावित करती है जिस पर सदस्य बैंक अपने ग्राहकों को ऋण देंगे क्योंकि इस दर से कम ब्याज दर पर व्यापारिक बैंक अपने ग्राहकों को ऋण नहीं देगा।
2. **खुले बाजार की क्रियाएँ** खुले बाजार की क्रिया से आशय व्यापारिक बैंकों की कोष सम्बन्धी स्थिति को प्रभावित करने के उद्देश्य से केन्द्रीय बैंक द्वारा सरकारी प्रतिभूतियों तथा अन्य स्वीकृतियों के क्रय तथा विक्रय से है।
3. **परिवर्तनीय कोष अनुपात विधि** ऐसे देशों में जहाँ मुद्रा बाजार अविकसित अथवा असंगठित है, वहाँ इस विधि का बहुत ही अधिक सहारा लिया जाता है।

   इस विधि के अनुसार व्यापारिक बैंक द्वारा रखे गए कोषों में परिवर्तन के द्वारा केन्द्रीय बैंक उनके नकद कोष में कमी या वृद्धि ला सकता है। इस प्रकार अत्यन्त ही प्रत्यक्ष रूप से उनकी साख सृजन शक्ति को नियन्त्रित कर सकता है।

गुणात्मक साख नियन्त्रण इसका प्रयोग विभिन्न सम्भावित प्रयोगों में साख के प्रवाह को नियन्त्रित करके या बँटवारे के लिए किया जाता है।

- इसका प्रयोग या तो अल्पकालीन अस्थिरता को ठीक करने या अर्थव्यवस्था में ढाँचे सम्बन्धी दीर्घकालीन अस्त-व्यस्तता को दूर करने के लिए किया जाता है।
- साख की राशनिंग गुणात्मक साख नियन्त्रण का ऐसा तरीका है, जिसका प्रयोग करके केन्द्रीय बैंक व्यापारिक बैंक द्वारा दी जाने वाली साख के उद्देश्य को नियमित तथा नियन्त्रित करने के लिए करता है।

लोक वित्त

- **बजट** (Budget) बजट का उद्गम फ्रांसीसी भाषा के शब्द 'Bougette' से हुआ है, जिसका अर्थ चमड़े का एक छोटा-सा थैला है।
- बजट राजकीय आय तथा व्यय का विवरण होता है।
- बजट में जो अनुमान दिये जाते हैं वे कुल आय और व्यय के दिये होते हैं, शुद्ध (Net) के नहीं।
- बजट-नीति का अभिप्राय सरकार की आय, व्यय तथा ऋण सम्बन्धी नीतियों से है। इसको राजकोषीय नीति भी कहते हैं। बजट-नीति से देशों में वस्तुओं अथवा सेवाओं की कुल माँग प्रभावित होती है और उसी पर देश में आय का स्तर, निवेशों की मात्रा तथा रोजगार का स्तर निर्भर होते हैं।

सार्वजनिक व्यय

- जिस प्रकार 'उपभोग' अर्थशास्त्र का अत्यन्त ही महत्त्वपूर्ण विभाग है उसी प्रकार सार्वजनिक व्यय 'राजस्व' का एक महत्त्वपूर्ण भाग है।
- सार्वजनिक व्यय के सिद्धान्त का सम्बन्ध उन आधारभूत नियमों या आधारों से है, जो किसी राज्य की व्यय नीति को निर्देशित तथा नियमित करते हैं।

राजकीय आय

- राजकीय आय से तात्पर्य सरकार की उन प्राप्तियों से है, जो सरकार सार्वजनिक व्ययों की पूर्ति के लिए प्राप्त करती है तथा जिसके पुन: भुगतान का दायित्व सरकार पर नहीं होता है। इस प्रकार सार्वजनिक व्यय के अन्तर्गत सार्वजनिक ऋण को सम्मिलित नहीं करेंगे। 1. एक कर प्रणाली 2. बहु कर प्रणाली।
- प्रत्यक्ष करों में वही कर देता है जो एक निश्चित सीमा के ऊपर आय या सम्पत्ति रखता हो पर परोक्ष कर वे सभी व्यक्ति देंगे जो उस वस्तु का प्रयोग करेंगे।
- प्रतिगामी कर वह कर है जिसमें कर की दर के आधार की वृद्धि के साथ क्रमश: घटती जाए।
- अप्रत्यक्ष करों को न्यायपूर्ण कहा जाता है क्योंकि जो व्यक्ति जितना ही धनी होगा, जितनी उसके पास क्रय शक्ति होगी वह उतना ही अधिक व्यय करेगा।
- अनुपाती कर वह कर है जिसमें कर के आधार पर परिवर्तन के बाद भी कर की दर अपरिवर्तित रहे।

अर्थव्यवस्था : एक परिचय

राष्ट्र विशेष की आर्थिक गतिविधियों के अध्ययन व विश्लेषण के लिए 'राष्ट्र की अर्थव्यवस्था' का अध्ययन किया जाता है। अर्थव्यवस्था समस्त आर्थिक गतिविधियों का समेकन तथा संयोजन है।

विकास के स्तर, विकास के तरीकों के आधार पर अर्थव्यवस्था को निम्नलिखित भागों में विभाजित किया गया है

उदारवादी अर्थव्यवस्था

ऐसी अर्थव्यवस्था जहाँ आर्थिक गतिविधियों पर राज्य का न्यूनतम नियन्त्रण होता है तथा निजी क्षेत्र अधिक प्रभावकारी तथा स्वतन्त्र होता है, उसे उदारवादी या **पूँजीवादी अर्थव्यवस्था** कहते हैं। यह अर्थव्यवस्था एडम स्मिथ के **लेसेजफेयर** या अहस्तक्षेप के सिद्धान्तों पर कार्य करती है। इसमें बाजार की शक्तियाँ अधिक प्रभावकारी होती हैं; जैसे—यू. एस. ए, ब्रिटेन, फ्रांस की अर्थव्यवस्थाएँ।

समाजवादी अर्थव्यवस्था

समाजवादी अर्थव्यवस्था राज्य की महत्त्वपूर्ण शक्ति होती है, जो राज्य की समस्त आर्थिक गतिविधियों को नियन्त्रित तथा निर्देशित करती है। यह उत्पादन के साधनों पर सार्वजनिक स्वामित्व की संकल्पना को लेकर चलती है। बाजारी शक्तियाँ नियन्त्रित रहती हैं; जैसे—भूतपूर्व सोवियत संघ की अर्थव्यवस्था।

मिश्रित अर्थव्यवस्था

इस अर्थव्यवस्था में समाजवादी तथा उदारवादी दोनों प्रकार की अर्थव्यवस्थाओं की विशेषताएँ निहित होती हैं। इसमें निजी तथा सार्वजनिक दोनों क्षेत्रकों का योगदान होता है, निजी क्षेत्रक सार्वजनिक क्षेत्रक का सहायक होता है; जैसे—भारत की अर्थव्यवस्था।

पावर प्वॉइन्ट्स

- अर्थशास्त्र के पिता – एडम स्मिथ
- 'लेसेजफेयर' सिद्धान्त के जन्मदाता – एडम स्मिथ
- द वेल्थ ऑफ नेशन (पुस्तक) – एडम स्मिथ
- समष्टि अर्थशास्त्र के जनक – जॉन मेनार्ड कीन्स
- कल्याणकारी अर्थशास्त्र के जनक – पीगू
- लगान का सिद्धान्त – रिकार्डो
- आधुनिक लगान सिद्धान्त – रॉबिन्सन

खुली अर्थव्यवस्था

वे अर्थव्यवस्थाएँ, जिसमें उदारवादी तथा निजी आर्थिक तत्वों की प्रभाविता रहती है तथा आयात व निर्यात पर न्यूनतम प्रतिबन्ध रहते हैं, उन्हें खुली अर्थव्यवस्था कहते हैं; **जैसे** हांगकांग, सिंगापुर।

बन्द अर्थव्यवस्था

वे अर्थव्यवस्थाएँ, जो बाह्य अर्थव्यवस्थाओं से किसी भी प्रकार से सम्बन्ध नहीं रखती हैं अर्थात् आयात-निर्यात की गतिविधियाँ शून्य होती हैं तथा निजी क्षेत्र की भूमिका नगण्य होती है, उन्हें बन्द अर्थव्यवस्था कहते हैं; **जैसे** उत्तरी कोरिया।

अर्थव्यवस्था के क्षेत्रक

सामान्यत: सम्पूर्ण अर्थव्यवस्था की आर्थिक गतिविधियों को लेखांकित करने के लिए तीन क्षेत्रकों में विभाजित किया जाता है।

प्राथमिक क्षेत्रक

इसके अन्तर्गत अर्थव्यवस्था के प्राकृतिक क्षेत्रों का लेखांकन किया जाता है।

इसके अन्तर्गत निम्न क्षेत्रों को सम्मिलित किया जाता है

- कृषि
- वानिकी
- मत्स्यन (मछली पकड़ना)
- खनन ऊर्ध्वाधर (Vertical) खुदाई एवं उत्खनन क्षैतिज (Horizontal) खुदाई

द्वितीयक क्षेत्रक

इस क्षेत्रक के अन्तर्गत मुख्यत: अर्थव्यवस्था की विनिर्मित वस्तुओं के उत्पादन का लेखांकन किया जाता है।

- निर्माण, जहाँ किसी स्थायी परिसम्पत्ति का निर्माण किया जाए; जैसे—भवन।
- विनिर्माण, जहाँ किसी वस्तु का उत्पादन हो; जैसे—कपड़ा, ब्रेड आदि।
- विद्युत, गैस एवं जलापूर्ति इत्यादि से सम्बन्धित कार्य।

तृतीयक या सेवा क्षेत्रक

यह क्षेत्र अर्थव्यवस्था के प्राथमिक और द्वितीयक क्षेत्रक को अपनी उपयोगी सेवाएँ प्रदान करता है।

इसके अन्तर्गत हैं

- परिवहन एवं संचार
- बैंकिंग
- बीमा
- भण्डारण
- व्यापार
- सामुदायिक सेवाएँ आदि

इसके अतिरिक्त अर्थव्यवस्था को कई अन्य आधारों पर भी विभाजित किया जाता है।

इसे निम्न प्रकार से रेखांकित किया जा सकता है

वस्तु क्षेत्रक प्राथमिक क्षेत्रक और द्वितीयक क्षेत्रक को सम्मिलित रूप में वस्तु क्षेत्रक कहा जाता है। इसके अन्तर्गत भौतिक वस्तुओं के उत्पादन को शामिल किया जाता है।

गैर-वस्तु क्षेत्रक किसी अर्थव्यवस्था के सेवा क्षेत्रक को गैर-वस्तु क्षेत्रक भी कहा जाता है।

संगठित क्षेत्रक इसके अन्तर्गत वे सभी इकाइयाँ आ जाती हैं, जो अपने आर्थिक कार्यकलापों का नियमित लेखांकन करती हैं। भारतीय अर्थव्यवस्था में लगभग 9% इस क्षेत्र से हैं।

असंगठित क्षेत्रक इसके अन्तर्गत सभी इकाइयाँ आ जाती हैं, जो अपने कार्यकलापों का कोई लेखा-जोखा नहीं रखती हैं; **जैसे** रेहड़ी, खोमचे, सब्जी की खुदरा दुकानें, दैनिक मजदूर आदि। भारतीय अर्थव्यवस्था में इसका योगदान लगभग 91% है।

आर्थिक संवृद्धि

आर्थिक संवृद्धि का तात्पर्य प्रति व्यक्ति वास्तविक आय अथवा शुद्ध भौतिक उत्पाद में वृद्धि से है। सामान्यत: यदि सकल राष्ट्रीय उत्पाद, सकल घरेलू उत्पाद तथा प्रति व्यक्ति आय में वृद्धि होती है, तो हम कह सकते हैं कि आर्थिक संवृद्धि हो रही है। सत्तर के दशक में आर्थिक संवृद्धि तथा आर्थिक विकास को एक ही माना जाता था, लेकिन अब इसमें अन्तर किया जाता है। अब आर्थिक संवृद्धि आर्थिक विकास के एक भाग के रूप में देखी जाती है।

आर्थिक विकास

आर्थिक विकास का तात्पर्य उस प्रक्रिया से है, जिसके परिणामस्वरूप देश के समस्त उत्पादन साधनों का कुशलतापूर्वक विदोहन होता है। राष्ट्रीय आय और प्रति व्यक्ति आय में निरन्तर एवं दीर्घकालिक वृद्धि होती है तथा जनता के जीवन-स्तर एवं सामान्य कल्याण का सूचकांक बढ़ता है अर्थात् इसमें आर्थिक एवं गैर-आर्थिक दोनों चरों को शामिल किया जाता है।

भारतीय अर्थव्यवस्था

भारतीय अर्थव्यवस्था एशिया की तीसरी एवं क्रय शक्ति क्षमता के आधार पर दुनिया की चौथी सबसे बड़ी अर्थव्यवस्था है। विनिमय दर के आधार पर भारतीय अर्थव्यवस्था का विश्व में दसवाँ स्थान है। भारतीय अर्थव्यवस्था में समाज की समाजवादी प्रणाली को प्राप्त करने के लिए निजी क्षेत्र के साथ-साथ सार्वजनिक क्षेत्र के उद्यम भी विद्यमान हैं।

भारतीय अर्थव्यवस्था की विशेषताएँ

भारतीय अर्थव्यवस्था एक निम्न मध्यम आय वाली विकासशील अर्थव्यवस्था है। किन्तु सकल घरेलू उत्पाद (GDP) में हो रही तेज वृद्धि के चलते यह आगामी कुछ वर्षों में मध्यम आय वाले वर्ग में प्रवेश कर जाएगी। स्वतन्त्रता-पश्चात् देश की आर्थिक आधारभूत संरचना अधिक सशक्त तथा मजबूत हुई है। मात्रात्मक तथा गुणात्मक दृष्टि से भी देश की अर्थव्यवस्था में काफी सुधार हुआ है।

भारत की अर्थव्यवस्था को हम निम्नलिखित बिन्दुओं से स्पष्ट कर सकते हैं

- कृषि आधारित अर्थव्यवस्था
- पूँजी निर्माण की निम्न दर
- जनसंख्या वृद्धि
- अल्पविकसित अर्थव्यवस्था
- बेरोजगारी तथा अर्द्ध-बेरोजगारी
- प्रतिव्यक्ति निम्न आय
- औद्योगिक पिछड़ापन
- मिश्रित अर्थव्यवस्था

आर्थिक नियोजन : एक परिचय

आर्थिक नियोजन से आशय एक संगठित आर्थिक प्रयास से है, जिसमें राज्य द्वारा एक निश्चित अवधि में सुनिश्चित, आर्थिक एवं सामाजिक लक्ष्यों की प्राप्ति के लिए प्राकृतिक एवं आर्थिक संसाधनों तथा मानव संसाधनों का विवेकपूर्ण ढंग से समन्वय एवं नियन्त्रण किया जाता है। दूसरे शब्दों में नियोजन एक निश्चित अवधि के लिए अर्थव्यवस्था के विविध क्षेत्रों में कुछ आर्थिक लक्ष्यों की प्राप्ति को द्योतित करता है, जिसका उद्देश्य सीमित परिणाम में उपलब्ध संसाधनों का सर्वोत्तम सम्भव उपयोग होता है।

भारत में आर्थिक नियोजन का इतिहास

- भारत में आर्थिक नियोजन का सर्वप्रथम उल्लेख सर एम. विश्वेश्वरैया ने सन् 1934 में अपनी पुस्तक 'इकोनॉमी फॉर इण्डिया' में किया था।
- बॉम्बे प्लान नामक योजना सन् 1944 में मुम्बई के आठ उद्योगपतियों ने प्रारम्भ की।
- गाँधीवादी योजना श्रीमननारायण द्वारा सन् 1944 में प्रस्तुत गई।
- सन् 1945 में श्री एम.एन.राय ने 'पीपुल्स प्लान' का निर्माण किया।
- सर्वोदय योजना को जयप्रकाश नारायण ने सन् 1950 में प्रस्तुत किया।
- भारत में प्रथम पंचवर्षीय योजना 1 अप्रैल, 1951 को प्रारम्भ की गई थी। यह हैराल्ड-डॉमर मॉडल पर आधारित थी।
- द्वितीय पंचवर्षीय योजना पीसी महालनोबिस मॉडल पर आधारित थी।
- चौथी योजना को गाडगिल योजना भी कहा जाता है।
- तीसरी एवं चौथी पंचवर्षीय योजनाओं के मध्य 'तीन वार्षिक योजनाएँ' तथा सातवीं व आठवीं के मध्य 'दो वार्षिक योजनाएँ' चलाई गई थीं।

राष्ट्रीय विकास परिषद् (NDC)

- राष्ट्रीय विकास परिषद् का गठन आर्थिक नियोजन हेतु राज्यों तथा योजना आयोग के बीच सहयोग का वातावरण बनाने के लिए 6 अगस्त, 1952 को किया गया।
- सन् 1967 के बाद से केन्द्रीय मन्त्रिपरिषद् के सभी सदस्य केन्द्रशासित प्रदेशों के प्रशासक तथा योजना आयोग के सभी सदस्य इस निकाय के सदस्य होते हैं।
- योजना आयोग के सदस्यों के साथ, राज्य के मुख्यमन्त्रियों को मिलाकर इसका गठन किया जाता है।
- यह भी एक गैर-संवैधानिक निकाय है, जिसका अध्यक्ष प्रधानमन्त्री होता है।

कार्य

राष्ट्रीय विकास परिषद् के मुख्य कार्य निम्न हैं

- योजना के लक्ष्यों के निर्धारण व प्राथमिकीकरण में योजना आयोग को परामर्श देना।
- योजना आयोग द्वारा तैयार की गई योजना का अध्ययन करके उसे अन्तिम रूप देना व स्वीकृति प्रदान करना।
- योजना को प्रभावित करने वाले आर्थिक एवं सामाजिक घटकों की समीक्षा करना।

पंचवर्षीय योजनाएँ : एक दृष्टि में

पहली पंचवर्षीय योजना (1951-56) (हैरॉड-डोमर मॉडल पर आधारित)	दूसरी पंचवर्षीय योजना (1956-61) (महालनोबिस मॉडल पर आधारित)	तीसरी पंचवर्षीय योजना (1961-66)
लक्ष्य कृषि क्षेत्र को सर्वोच्च प्राथमिकता प्रदान करके उसका विकास करना, सामुदायिक विकास कार्यक्रम की शुरुआत करना, निवेश की मात्रा 5 से 7% तक बढ़ाना, खाद्यान्न में आत्मनिर्भरता प्राप्त करना, शरणार्थियों का पुनर्वास करना। **उपलब्धियाँ** कृषि उत्पाद में तीव्र वृद्धि, राष्ट्रीय आय में 18% वृद्धि, प्रतिव्यक्ति आय में 1.8% की वृद्धि, लक्षित विकास दर 2.1% की अपेक्षा 3.6% की विकास दर प्राप्ति, कीमतों में स्थिरता। **असफलताएँ** कुल ₹ 2378 करोड़ के संशोधित व्यय का लक्ष्य रखा गया परन्तु वास्तविक ₹ 1960 करोड़ व्यय ही हुआ।	**लक्ष्य** उद्योगों के तीव्र विकास को सर्वोच्च प्राथमिकता सामाजिक व्यवस्था को बढ़ावा देना जिसका कांग्रेस ने अवधी सम्मेलन में अनुमोदन किया था। राष्ट्रीय आय में 25% की वृद्धि करना। असमानताओं को कम करके रोजगार के अवसर सृजन करना। 7 से 11% तक की निवेश दर में वृद्धि करना। **उपलब्धियाँ** लक्षित विकास दर 4.2% की अपेक्षा 4.5% की विकास दर प्राप्त। दुर्गापुर (ब्रिटेन), भिलाई (सोवियत संघ) और राउरकेला (जर्मनी) में लौह इस्पात संयन्त्रों की स्थापना। परमाणु ऊर्जा आयोग की स्थापना। **असफलताएँ** विदेशी विनिमय दर के निम्न होने से विकास दर प्रभावित। महँगाई एवं कम कृषि उत्पादन से आर्थिक विकास प्रभावित।	लक्ष्य अर्थव्यवस्था को स्वावलम्बी एवं स्वस्फूर्त विकास करने योग्य बनाना कृषि एवं मूलभूत उद्योगों का विकास करना। राष्ट्रीय आय में 30% तथा प्रति व्यक्ति आय में 17% की वृद्धि करना। सन् 1965 के भारत-पाकिस्तान युद्ध के कारण चतुर्थ योजना 3 वर्ष की देरी से शुरू हुई। इस दौरान (1966-69) तीन वार्षिक योजनाएँ चलाई गईं। **उपलब्धियाँ** आर्थिक संवृद्धि दर 2.3% वार्षिक प्रतिव्यक्ति आय में वृद्धि 0.1% वार्षिक। **असफलताएँ** भारत-चीन (1962) तथा भारत-पाक (1965) युद्धों के कारण आर्थिक विकास प्रभावित। चतुर्थ पंचवर्षीय योजना तीन वर्षों के लिए स्थगित। लक्षित विकास दर 5.6%, प्राप्त 2.8%। 1965-66 में पड़े भीषण अकाल के कारण योजना असफल।
चौथी पंचवर्षीय योजना (1969-74)	**पाँचवी पंचवर्षीय योजना** (1974-79)	**छठी पंचवर्षीय योजना** (1980-85)
लक्ष्य स्थिरता के साथ आर्थिक विकास एवं आत्मनिर्भरता की प्राप्ति। राष्ट्रीय आय एवं रोजगार सृजन में वृद्धि, पिछड़े क्षेत्रों का तीव्रता से विकास करना। सामाजिक न्याय के साथ विकास और 'गरीबी हटाओ' कार्यक्रम जोड़ा गया। **उपलब्धियाँ** पहले दो वर्षों में योजना सफल। हरित क्रान्ति के कारण खाद्यान्न उत्पादन में वृद्धि। **असफलताएँ** लक्षित विकास दर 5.5% की अपेक्षा 3.3% विकास दर की प्राप्ति। 1972 के तेल संकट तथा बांग्लादेशी शरणार्थियों के संकट के कारण योजना असफल।	**लक्ष्य** सी.सुब्रमण्यम द्वारा निर्मित प्रत्यक्ष आर्थिक विकास वृद्धि का मॉडल अपनाना। डी.पी. धर द्वारा गरीबी उन्मूलन का लक्ष्य स्वीकारा गया। आत्मनिर्भरता की प्रस्तुति हेतु वृद्धि की उच्च दर को बढ़ावा देना। **उपलब्धियाँ** लक्षित विकास दर 4.4% की अपेक्षा 5% की प्राप्ति। **असफलताएँ** 1971-72 की कीमतों में वृद्धि के कारण योजना असफल। यह योजना 1978 में, एक वर्ष पहले ही जनता पार्टी की सरकार ने समाप्त कर दी थी।	**लक्ष्य** कृषि एवं उद्योगों के तीव्र विकास दर द्वारा गरीबी निवारण। न्यूनतम आवश्यकता कार्यक्रम द्वारा निम्नतम आय वर्गों की आय बढ़ाना। विकास के लिए विभिन्न योजनाएँ शुरू करना। **उपलब्धियाँ** भारतीय अर्थव्यवस्था तेजी से विकास करने वाली अर्थव्यवस्था बन गई। अधिकांश निर्धारित लक्ष्यों की प्राप्ति। 5.2% की लक्षित विकास दर की अपेक्षा 5.7% की प्राप्ति। **असफलताएँ** औद्योगिक क्षेत्र में निर्धारित विकास दर की अपेक्षा बहुत कम दर से वृद्धि हुई।

छठी पंचवर्षीय योजना दो बार तैयार की गई। इस समयावधि में जनता पार्टी द्वारा **अनवरत योजना** (1978-83) भी बनाई गई। 'अनवरत योजना' का श्रेय अर्थशास्त्री गुन्नार मिर्डल को जाता है।

सातवीं पंचवर्षीय योजना (1985-90)	आठवीं पंचवर्षीय योजना (1992-97)	नौवीं पंचवर्षीय योजना (1997-2002)
लक्ष्य खाद्यान्न उत्पादन की स्थिरता को दूर करना, रोजगार के अवसर सृजित करना। कृषि के उत्पादन को बढ़ाना। **उपलब्धियाँ** भारतीय अर्थव्यवस्था द्वारा प्रो. राजकृष्णा की हिन्दी विकास दर की अवधारणा को पार करना। खाद्यान्न उत्पादन में 5.4% की लक्षित विकास दर की अपेक्षा 5.8% की प्राप्ति। **असफलताएँ** औद्योगिक उत्पादन 8.1% रहा जो ८.३इ के निर्धारित लक्ष्य से कम था।	**लक्ष्य** आठवीं पंचवर्षीय योजना, केन्द्र में राजनीतिक अस्थिरता के कारण दो वर्ष देर से शुरू हुई। इस दौरान 1990-92 के बीच दो वार्षिक योजनाएँ चलाई गई। विभिन्न पहलुओं में मानव विकास करना तथा आम जनता को मानक जीवन स्तर उपलब्ध कराने के लिए अर्थव्यवस्था में बदलाव लाना। **उपलब्धियाँ** लक्षित विकास दर 5.6% की अपेक्षा 6.5% की विकास दर की प्राप्ति। व्यापार एवं भुगतान असन्तुलन की स्थिति में सुधार। राजकोषीय घाटे में सुधार। कृषि औद्योगिक विकास दर एवं विदेशी निवेश में वृद्धि। **असफलताएँ** सामाजिक-आर्थिक विकास संकेतकों की धीमी वृद्धि। रोजगार सृजन में वृद्धि नहीं।	**लक्ष्य** सामाजिक समानता एवं न्याय की स्थापना के साथ वृद्धि करना। महिलाओं, पिछड़े वर्गों, अनुसूचित जाति तथा जनजाति के कल्याण के लिए प्रयास करना। **असफलताएँ** विश्वव्यापी आर्थिक मन्दी के कारण आर्थिक विकास दर प्रभावित। लक्षित विकास दर 6.5% की अपेक्षा 5.4% की विकास दर की प्राप्ति के कारण यह योजना असफल रही। कृषि क्षेत्र में विकास दर 2.1% जबकि लक्षित विकास दर 4.2% थी।
दसवीं पंचवर्षीय योजना (2002-07)	**ग्यारहवीं पंचवर्षीय योजना (2007-12)**	**बारहवीं पंचवर्षीय योजना (2012-17)**
लक्ष्य 8% की आर्थिक विकास दर हासिल करना, रोजगार के अवसर सृजित करना, सभी गाँवों में पेयजल सुविधा उपलब्ध कराना। **उपलब्धियाँ** लक्षित विकास दर 8% की अपेक्षा 7.8% की विकास दर प्राप्त, वास्तविक बचत और निवेश में लक्ष्यों से अधिक वृद्धि। कृषि, उद्योगों व सेवा में प्राप्त संवृद्धि, लक्ष्यों के काफी निकट। **असफलताएँ** निर्यात संवृद्धि में 23.2% की वृद्धि जो लक्षित 12.4% से काफी अधिक थी।	**लक्ष्य** 9% की आर्थिक विकास दर हासिल करना। समावेशी विकास को प्राथमिकता। साक्षर बेरोजगारी को 5% से कम करना। साक्षरता दर को 85% तक करना। **उपलब्धियाँ** 7.9% की विकास दर की प्राप्ति।	**लक्ष्य** 9% की आर्थिक विकास दर के साथ त्वरित, सतत् एवं समावेशी विकास। सितम्बर, 2012 में इस लक्ष्य को घटाकर 8.2% कर दिया गया। कृषि क्षेत्र में 4% वृद्धि दर का लक्ष्य सकल घरेलू बचत दर 34.2% करने का लक्ष्य। औसत राजकोषीय घाटा कुल जीडीपी के 3.25% तक लाने का लक्ष्य।

बारहवीं पंचवर्षीय योजना के प्रमुख लक्ष्य

प्रमुख क्षेत्र	लक्ष्य (% वृद्धि)
सकल जीडीपी में वृद्धि	9.0
उद्योग	9.6
सेवाएँ	10.0
कृषि, वानिकी, मत्स्य पालन	4.0
खनन	8.0
निर्माण	10.0
उत्पादन	9.8
बिजली, गैस एवं जल आपूर्ति	8.5
व्यापार, होटल, परिवहन, संचार एवं भण्डारण	11.0
वित्त, बीमा, भवन निर्माण एवं व्यावसायिक क्षेत्र	10.0
सामुदायिक, सामाजिक एवं निजी सेवाएँ	8.0

नीति आयोग

केन्द्र सरकार द्वारा योजना आयोग की जगह अब नीति आयोग (National Institution for Transforming India) का गठन किया गया है। नीति आयोग के अध्यक्ष प्रधानमन्त्री होगें तथा एक उपाध्यक्ष होगा इसके अतिरिक्त दो पूर्णकालिक सदस्य होगें। **अरविन्द पनगढ़िया** को नीति आयोग का **पहला उपाध्यक्ष** तथा विवेक देवराय तथा बी.के. सारस्वत को पूर्णकालिक सदस्य बनाया गया है।

वर्तमान उपाध्यक्ष– सुमन बेरी तथा बी.के. सारस्वत, डॉ. विनोद पाल व रमेशचंद को पूर्ण-कालिक सदस्य बनाया गया है।

पदेन सदस्य

- राजनाथ सिंह (गृह मंत्री)
- अरूण जेटली (वित्त मंत्री)
- सुरेश प्रभु (रेल मंत्री)
- राधा मोहन सिंह (कृषि मंत्री)

निर्धनता एवं बेरोजगारी

निर्धनता

निर्धनता का अर्थ उस स्थिति से है, जिसमें समाज का एक भाग अपने जीवन की बुनियादी आवश्यकताओं की पूर्ति करने में असमर्थ रहता है।

सामान्यत: निर्धनता मापने की दो विधियाँ हैं

1. **निरपेक्ष निर्धनता** इसमें राष्ट्रीय स्तर पर संसाधनों के अनुरूप परिमाणात्मकता के आधार पर जीविका स्तर निर्धारित किया जाता है और इस स्तर के नीचे के लोगों को निर्धन कहा जाता है। भारत जैसे अल्पविकसित देशों में निर्धनता मापने के लिए यह तरीका ज्यादा उपयुक्त है।
2. **सापेक्ष निर्धनता** इसमें उच्च आय वर्गों तथा निम्न आय वर्गों के बीच तुलना की जाती है तथा यह देखा जाता है कि विभिन्न आय वर्गों के बीच कितनी विषमता है। इसे प्राय: गिनी गुणांक तथा लॉरेन्ज वक्र द्वारा मापा जाता है। यह विधि विकसित देशों में निर्धनता मापने के लिए ज्यादा उपयुक्त है।

भारत में सर्वप्रथम (1967-68) गरीबी का अध्ययन वर्ष 1870 में दादाभाई नौरोजी ने किया, इसके पश्चात् श्री बी. एस. मिन्हास ने वर्ष 1958-59 तथा 1967-68 के मध्य ग्रामीण निर्धनों की प्रतिशतता में कमीं के संकेत दिए। योजना आयोग ने सितम्बर, 1989 में प्रो. डी.टी.लकड़ावाला की अध्यक्षता में एक विशेष समूह की नियुक्ति की, जिसने प्रति व्यक्ति कैलोरी उपभोग को आधार बनाते हुए ग्रामीण क्षेत्रों में 2400 कैलोरी प्रति व्यक्ति तथा शहरी क्षेत्रों में 2100 कैलोरी प्रति व्यक्ति को आधार माना।

- लकड़ावाला समिति ने अपने फॉर्मूले में शहरी निर्धनता के आकलन के लिए औद्योगिक श्रमिकों के उपभोक्ता मूल्य सूचकांक एवं ग्रामीण क्षेत्रों में कृषि श्रमिकों के उपभोक्ता मूल्य सूचकांक को आधार बनाया।
- प्रधानमन्त्री की आर्थिक सलाहकार समिति के पूर्व अध्यक्ष सुरेश तेन्दुलकर की रिपोर्ट गरीबी का आँकड़ा 37.2% बताती है।
- ग्रामीण जनसंख्या का लगभग 41.8% तथा शहरी जनसंख्या का 25.7% भाग गरीब है। देश में निर्धनता अनुपात का आकलन योजना आयोग द्वारा राष्ट्रीय नमूना सर्वेक्षण संगठन (NSSO) के माध्यम से किया जाता है।
- इसके अनुसार 2004-05 में भारत में कुल 27.5% लोग गरीबी रेखा के नीचे थे जिसमें 28.3% ग्रामीण क्षेत्रों में तथा 25.7% शहरी क्षेत्रों में गरीबी थी।

> निर्धनों की निरपेक्ष संख्या के मामले में उत्तर प्रदेश का स्थान जहाँ सबसे ऊपर है, वहीं निर्धनता अनुपात के मामले में (कुल जनसंख्या में निर्धन जनसंख्या का प्रतिशत) ओडिशा (46.4%) का स्थान सर्वोच्च है।

बेरोजगारी

बेरोजगारी से तात्पर्य एक ऐसी स्थिति से है, जब देश में कार्य करने वाली जनशक्ति अधिक होती है और काम करने के लिए भी राजी होती है परन्तु उन्हें प्रचलित मजदूरी दर पर कार्य नहीं मिल पाता।

भारत में बेरोजगारी

भारत में पाई जाने वाली बेरोजगारी को विभिन्न श्रेणियों में वर्गीकृत किया जा सकता है

संरचनात्मक बेरोजगारी आर्थिक विकास होने के कारण नये-नये उद्योगों का विकास होता है, जिससे बाजार प्रतियोगिता में वृद्धि होती है। इस तीव्र प्रतियोगिता का सामना नहीं कर पाने के कारण कुछ उद्योग बन्द हो जाते हैं जिससे उनमें लगे कामगार बेरोजगार हो जाते हैं। इस प्रकार की बेरोजगारी को ही हम संरचनात्मक बेरोजगारी कहते हैं।

घर्षणात्मक बेरोजगारी बाजार की दशाओं (माँग की पूर्ति) में परिवर्तन होने से उत्पन्न बेरोजगारी को घर्षणात्मक बेरोजगारी कहते हैं। उदाहरणस्वरूप द्वितीय विश्व युद्ध के पश्चात् युद्धकालीन उद्योगों की माँग में कमी आने से बन्द कर दिए गए, जिससे उसमें लगे सारे कामगार बेरोजगार हो गए।

शिक्षित बेरोजगारी शिक्षित बेरोजगारी से आशय उस स्थिति से है जब एक शिक्षित व्यक्ति को उसकी योग्यतानुसार कार्य नहीं मिलता है और वह बेरोजगारी से ग्रसित हो जाता है।

खुली बेरोजगारी यह बेरोजगारी का सबसे वीभत्स रूप है। इसमें श्रमिकों को बिना काम किए ही रहना पड़ता है। उन्हें थोड़ा काम भी नहीं मिल पाता है।

अल्परोजगार यह बेरोजगारी की वह स्थिति है जिसमें श्रमिकों को कार्य तो मिलता है परन्तु उत्पादन में उनका कुछ अंशों तक का ही योगदान होता है अर्थात् या तो उन्हें उनकी क्षमता के अनुसार कार्य नहीं मिलता या फिर वे एक वर्ष में कुछ महीने ही कार्य कर पाते हैं।

> **मनरेगा (MNREGA) एक दृष्टि**
>
> - प्रत्येक परिवार को 1 वर्ष में 100 दिन का रोजगार मिलेगा, जिसमें 33% महिलाओं की भागीदारी होगी।
> - 15 दिन तक रोजगार प्रदान न करने पर बेरोजगारी भत्ता देना होगा। कार्य की अवधि 7 घण्टे होगी तथा सप्ताह में 6 दिन से अधिक नहीं होगी।
> - कार्यस्थल पर मृत्यु होने या स्थायी अपंगता की स्थिति में केन्द्र सरकार द्वारा ₹ 25000 की राशि दी जाएगी।
> - सन् 2012 में मिहिर शाह की अध्यक्षता में एक समिति का गठन किया गया जिसके द्वारा दी गई सिफारिशों को मनरेगा-2 नाम दिया गया। मनरेगा-2 के अन्तर्गत कृषि उत्पादकता में वृद्धि करने, कार्य-कुशलता में सुधार लाने व भुगतान व्यवस्था में देरी होने की समस्या से छुटकारा पाने का प्रयास किया जाएगा।

अदृश्य बेरोजगारी या छिपी हुई बेरोजगारी जब किसी कार्य को करने में आवश्यकता से अधिक श्रमिक लगे होते हैं तथा उन अतिरिक्त श्रमिकों को निकाल देने से कुल उत्पादन में कोई प्रतिकूल प्रभाव नहीं पड़ता हो अर्थात् इन अतिरिक्त श्रमिकों की सीमान्त उत्पादकता शून्य है, तो इसे हम अदृश्य बेरोजगारी कहते हैं।

मौसमी बेरोजगारी

यह मुख्य रूप से कृषि क्षेत्र में पाई जाती है क्योंकि कृषि में लगभग 7 से 9 महीने ही श्रम की आवश्यकता होती है। इस प्रकार वर्ष के शेष महीनों में वहाँ के श्रमिक बेरोजगारी का सामना करते हैं।

प्रमुख निर्धनता निवारण एवं रोजगार कार्यक्रम

कार्यक्रम	वर्ष	उद्देश्य
सम्पूर्ण ग्रामीण रोजगार योजना (SGRY)	15 अगस्त, 2001	रोजगार आश्वासन योजना (EAS) और जवाहर ग्राम समृद्धि योजना को इसमें मिलाकर ग्रामीण क्षेत्रों में रोजगार का सृजन करना व खाद्यान्न उपलब्ध कराना।
राष्ट्रीय राजमार्ग योजना (NHS)	15 अगस्त, 2001	समुचित गुणवत्ता वाले राष्ट्रीय राजमार्गों को विकसित करने के साथ-साथ रोजगार के अवसर उपलब्ध कराना।
शिक्षा सहयोग योजना	2001-02	BPL परिवारों के बच्चों को आठवीं से आगे की शिक्षा जारी करने हेतु आर्थिक सहायता।
सर्वशिक्षा अभियान	2000-01	6-14 वर्ष के सभी बच्चों को 2010 तक आठवीं तक की नि:शुल्क एवं गुणवत्तायुक्त प्राथमिक शिक्षा उपलब्ध कराना।
संकट हरण बीमा योजना	30 सितम्बर, 2001	कृषकों के लिए सामाजिक सुरक्षा योजना।
स्वजल धारा योजना	25 दिसम्बर, 2002	ग्राम पंचायतों के माध्यम से कुएँ, बावड़ी व हैण्डपम्प लगाने की सुविधा उपलब्ध कराना।
निर्मल भारत योजना	15 अगस्त, 2002	मलिन बस्तियों में सामुदायिक शौचालयों की सुविधा का विस्तार।
जयप्रकाश नारायण रोजगार गारण्टी योजना	2002-03	देश के पिछड़े ग्रामीण क्षेत्रों में गरीबों व जरूरतमन्दों को रोजगार उपलब्ध कराने हेतु।
जननी सुरक्षा योजना	8 मार्च, 2003	गर्भवती महिलाओं को शिशु जन्म तथा आवश्यक चिकित्सा सुविधाएँ उपलब्ध कराते हुए बच्चे के जन्म पर नकद सहायता उपलब्ध कराना।
निर्मल ग्राम पुरस्कार योजना	15 अगस्त, 2003	स्वच्छता के क्षेत्र में अच्छा कार्य करने वाली त्रिस्तरीय पंचायतों को पुरस्कृत कर प्रोत्साहित करना।
हरियाली योजना	27 जून, 2003	ग्रामीण क्षेत्र में वृक्षारोपण को प्रोत्साहन।
ग्रामीण क्षेत्रों में शहरी सुविधाओं की उपलब्धता कार्यक्रम (PURA)	15 अगस्त, 2003	ग्रामीण क्षेत्रों में उन्नत सुविधा उपलब्ध कराना।
प्रधानमन्त्री स्वास्थ्य सुरक्षा योजना (PMHSY)	2003	देश के पिछड़े राज्यों में 6 नये AIIMS अस्पतालों को स्थापित करने हेतु।
सामाजिक सुरक्षा पायलट योजना	23 जनवरी, 2004	असंगठित क्षेत्र के श्रमिकों को पारिवारिक पेंशन बीमा व चिकित्सा आदि सुविधा देना।
जवाहर लाल नेहरू राष्ट्रीय शहरी नवीनीकरण योजना (JNNURM)	3 दिसम्बर, 2005	शहरी अवस्थापना विकास।
भारत निर्माण योजना	2 फरवरी, 2006	ग्रामीण अवस्थापना, सर्वांगीण तथा व्यापक विकास योजना।
आम आदमी बीमा योजना	2007-08	भूमि रहित ग्रामीण परिवार के मुखिया या आयअर्जक व्यक्ति की बीमा योजना।
मनरेगा (2 फरवरी, 2006 को राष्ट्रीय रोजगार गारण्टी योजना के रूप में प्रारम्भ)	2 अक्टूबर, 2009	सम्पूर्ण ग्राम रोजगार योजना तथा काम के बदले अनाज योजना को मिलाकर ग्रामीण क्षेत्रों में काम का अधिकार देना।
राष्ट्रीय ग्रामीण पेयजल योजना (NRDWP)	1 अप्रैल, 2009	ग्रामीण क्षेत्रों में पेयजल सुविधा उपलब्ध कराना।
राजीव आवास योजना (RAY)	2010	भारत को अगले पाँच वर्षों में स्लम मुक्त बनाना।
प्रधानमन्त्री जनधन योजना	2015	अधिक -से-अधिक व्यक्तियों को बैंकिंग सेवा से जोड़ना एवं उन्हें लाभ पहुँचाना।
पहल (DBTL)	1 जनवरी, 2015	गैस उपभोक्ता के खाते से सीधे सब्सीडी का धन पहुँचाना एवं कालाबाजारी को रोकना।
बेटी बचाओ, बेटी पढ़ाओ	22 जनवरी, 2015	लड़कियों का लिंगानुपात एवं शाक्षरता दर बढ़ाना।
प्रधानमन्त्री जन आरोग्य योजना	सितम्बर, 2018	यह आयुष्मान योजना का भाग है, इसमें 1350 बीमारियों को शामिल किया गया है।
किसान सम्मान निधि योजना	मार्च, 2019	देश के 120 मिलियन किसानों को ₹6000 वार्षिक वित्तीय सहायता प्रदान करना जिनकी भूमि 2 हेक्टेयर से कम है।
प्रधानमन्त्री श्रम-योगी मानधन योजना	मार्च, 2019	अंसगठित क्षेत्रों में काम करने वाले लागों को इस योजना के द्वारा 60 वर्ष की आयु पूरी होने पर ₹3 हजार/महीने पेंशन उपलब्ध कराना है।
प्रधानमन्त्री गरीब कल्याण योजना	मार्च, 2020	कोविड-19 महामारी में देश में हुए लॉकडाउन के कारण गरीब वर्ग के लोगों को मुफ्त राशन की सुविधा उपलब्ध कराना।
प्रधानमन्त्री स्वानिधि योजना	जून, 2020	कोविड-19 महामारी में हुए लॉकडाउन के पश्चात् सड़क किनारे ठेले व दुकान लगाने वालों को पुनः अपनी आजीविका शुरू करने हेतु सूक्ष्म ऋण प्रदान करने का प्रावधान किया गया।
प्रधानमन्त्री गतिशक्ति योजना	अक्टूबर, 2021	यह एक नेशनल मास्टर प्लान है, जिसका उद्देश्य लागत में कमी करना व बुनियादी अवसंरचना परियोजनाओं को एकीकृत करके उनका कार्यान्वयन सुनिश्चित करना है।
प्रधानमन्त्री विश्वकर्मा योजना	सितम्बर, 2023	इसका उद्देश्य पारम्परिक कारीगरों व हस्तशिल्पकारों को उचित कौशल प्रशिक्षण प्रदान करके उनका आर्थिक कल्याण करना है।
पीएम जनजातीय उन्नत ग्राम अभियान	अक्टूबर, 2024	इस योजना का उद्देश्य देश के जनजातीय बहुल गाँवों व आकांक्षी जिलों में आदिवासी समुदाय हेतु स्वास्थ्य, शिक्षा, आजीविका जैसे सामाजिक बुनियादी ढाँचे का विकास करना है।
प्रधानमन्त्री सूर्योदया योजना	अप्रैल, 2024	इसके अन्तर्गत देश के मध्यमवर्गीय परिवारों के घरों की छतों पर सौलर पैनल स्थापित करके उनके बिजली बिल को कम करना व ग्रीन एनर्जी को बढ़ावा देना है।

मुख्य तथ्य

- सर्वप्रथम ATM प्रवर्तित करने वाला बैंक सिटी बैंक है।
- सामाजिक स्वीकृति का आनन्द उठाने के लिए उपभोग सुस्पष्ट उपभोग कहलाता है। आंशिक विश्लेषण का मास्टर अल्फ्रेड मार्शल को कहा जाता है।

कृषि

- आर्थिक सर्वेक्षण 2024-25 के अनुसार, कुल जीडीपी में कृषि एवं उससे जुड़े क्षेत्रों का योगदान 21.3% है। यह क्षेत्र कुल लगभग 52% लोगों को रोजगार उपलब्ध कराता है तथा देश के कुल निर्यात में इसका हिस्सा 10% से अधिक है। कृषि से प्रमुख उद्योगों को कच्चा माल मिलता है। अमेरिका, रूस और चीन के पश्चात् भारत सकल उर्वरक उपभोग में विश्व में चौथा स्थान रखता है।
- दुग्ध उत्पादन में भारत विश्व में प्रथम स्थान रखता है।
- कृषि को उद्योग का दर्जा देने वाला प्रथम राज्य महाराष्ट्र है।
- भारत में कृषि उत्पादन में पशुपालन उत्पाद का हिस्सा 26% है।
- पटसन का सबसे बड़ा उत्पादक देश भारत है।

फसलों के प्रकार

भारत में फसलें तीन प्रकार की हैं

1. **रबी की फसलें** गेहूँ, चना, जौ, सरसों, तोरिया, मटर।
2. **प्रमुख खरीफ फसलें** धान, ज्वार, बाजरा, मक्का, कपास, गन्ना, सोयाबीन, अरहर।
3. **जायद की फसलें** मूँग, उड़द, तरबूज, खरबूजा, ककड़ी, सूरजमुखी।

प्रमुख व्यापारिक फसलें तिलहन, गन्ना, चुकन्दर, चाय, कपास, जूट, मेस्टा, कहवा, तम्बाकू, दलहन

हरित क्रान्ति

इसका अर्थ आधुनिक कृषि तकनीकी द्वारा उन्नत बीजों, खाद, सिंचाई तथा जैवकीय प्रबन्ध का कृषि क्षेत्र में प्रयोग करने से है।

इसकी शुरुआत सन् 1965-66 में हुई। हरित क्रान्ति का विचार नॉरमन बोरलॉग ने दिया था। भारत में हरित क्रान्ति को डॉ. एम. एस. स्वामीनाथन ने सफल बनाया।

राष्ट्रीय कृषक आयोग

राष्ट्रीय कृषक आयोग का गठन सन् 2004 में डॉ. एम.एस. स्वामीनाथन की अध्यक्षता में किया गया था। आयोग का प्रमुख कार्य कृषि क्षेत्र की समस्याओं एवं किसानों की कृषि आगतों की अनुपस्थिति का पता लगाकर, कृषि क्षेत्र के विकास के लिए यथासम्भव उपायों का पता लगाना था।

कृषि क्षेत्र की विभिन्न क्रान्तियाँ

क्रान्ति	सम्बन्धित क्षेत्र	क्रान्ति	सम्बन्धित क्षेत्र
पीली क्रान्ति	तिलहन उत्पादन	सुनहरी क्रान्ति	बागवानी उत्पादन
श्वेत क्रान्ति	दुग्ध उत्पादन	सिल्वर क्रान्ति	अण्डा एवं पोल्ट्री उत्पादन
नीली क्रान्ति	मछली उत्पादन	भूरी क्रान्ति	कोकोआ उत्पादन
गुलाबी क्रान्ति	झींगा उत्पादन	इन्द्रधनुषी क्रान्ति	समग्र कृषि उत्पादन
ग्रे क्रान्ति	ऊन उत्पादन		

कृषि साख

- किसानों को ऋण दो स्रोतों संस्थागत एवं निजी क्षेत्रों से प्राप्त होता है। संस्थागत क्षेत्रों के तहत् सहकारी समितियाँ और सहकारी बैंकों, वाणिज्यिक बैंकों तथा नाबार्ड आदि द्वारा ऋण दिया जाता है, जिसमें सर्वाधिक भागीदारी वाणिज्यिक बैंकों की है।
- असंस्थागत या निजी स्रोतों के अन्तर्गत ऋण भूमिपतियों, साहूकारों, रिश्तेदारों आदि से लिया जाता है।
- प्राथमिक सहकारी समिति अल्पकालिक ऋण उपलब्ध कराती है। राज्य सहकारी कृषि और ग्रामीण विकास बैंक दीर्घकालिक ऋण उपलब्ध कराते हैं।

- क्षेत्रीय ग्रामीण बैंकों की स्थापना (20 अक्टूबर, 1975) में की गई थी।
- नाबार्ड की स्थापना जुलाई, 1982 में ₹ 100 करोड़ चुकता पूँजी के साथ की गई थी। इसका मुख्यालय मुम्बई में है। (शिवरामन समिति की अनुशंसा पर)
- नाबार्ड, पुनर्वित्त सुविधा प्रदान करने वाली एक ऐसी संस्था के रूप में कार्य करता है, जो ग्रामीण क्षेत्रों में कृषिगत ऋण तथा उत्पादन बढ़ाने के लिए ऋण प्रदान करती है।

अग्रणी बैंक योजना

क्षेत्रीय विकास पर आधारित इस योजना की शुरुआत सन् 1969 में डी. आर. गाडगिल तथा नरीमन समिति की सिफारिशों के आधार पर हुई थी। इस योजना के अन्तर्गत तत्कालीन 14 राष्ट्रीयकृत बैंकों तथा कुछ निजी क्षेत्र के बैंकों को विशेष जिले बाँटकर, उन्हें ऋण सम्बन्धी मामलों में अग्रणी भूमिका निभाने के लिए कहा गया।

उद्योग

- भारत में सर्वप्रथम औद्योगिक नीति की घोषणा 6 अप्रैल, 1948 में की गई थी। इसमें सार्वजनिक तथा निजी क्षेत्र दोनों के महत्त्व को स्वीकार किया गया परन्तु मूल उद्योगों के विकास का दायित्व सार्वजनिक क्षेत्र को सौंपा गया।
- दूसरी औद्योगिक नीति सन् 1956 में घोषित की गई। इसे भारत का आर्थिक संविधान कहा गया। इस नीति में सार्वजनिक क्षेत्र द्वारा अर्थव्यवस्था के विकास पर जोर दिया गया।
- सन् 1956 की औद्योगिक नीति में देश में समाजवादी प्रारूप स्थापित करने का लक्ष्य निर्धारित किया गया था।
- सन् 1991 की औद्योगिक नीति में अर्थव्यवस्था में बड़े पैमाने पर परिवर्तन किए जाने की घोषणा की गई। इसमें लाइसेन्सी राज को समाप्त करने के लिए विशेष प्रयास किए गए तथा कुछ विशेष क्षेत्रों को छोड़कर औद्योगिक लाइसेन्स लेने की अनिवार्यता को समाप्त कर दिया गया।

लाइसेन्स की अनिवार्यता वाले उद्योग

- इलेक्ट्रॉनिक, एयरोस्पेस तथा सभी प्रकार के रक्षा उपकरण
- एल्कोहॉल युक्त पेयों का आसवन तथा शराब बनाना
- सिगार, सिगरेट तथा तम्बाकू से निर्मित अन्य उत्पाद
- माचिसों सहित औद्योगिक विस्फोटक सामग्री
- खतरनाक रसायन

महारत्न कम्पनियाँ

- भारतीय तेल निगम (IOC)
- तेल एवं प्राकृतिक गैस निगम (ONGC)
- कोल इण्डिया लिमिटेड (CIL)
- भारतीय इस्पात प्राधिकरण (SAIL)
- राष्ट्रीय ताप विद्युत निगम (NTPC)
- भारत हैवी इलेक्ट्रिकल्स लिमिटेड (BHEL)
- भारतीय गैस प्राधिकरण लिमिटेड (GAIL)
- पावर फाइनेंस कॉर्पोरेशन (PFC)
- ऑयल इण्डिया लिमिटेड (OIL)
- हिन्दुस्तान पेट्रोलियम कॉर्पोरेशन लिमिटेड (BPCL)

- हिन्दुस्तान एयरोनॉटिक्स लिमिटेड (HAL)
- पावर ग्रिड कॉर्पोरेशन ऑफ इण्डिया लिमिटेड (PGCIL)

नवरत्न कम्पनियाँ

- भारतीय नौवहन निगम (SCI)
- निवेली लिग्नाइट कॉर्पोरेशन (NLC)
- भारत इलेक्ट्रॉनिक्स लिमिटेड (BEL)
- महानगर टेलीफोन निगम लिमिटेड (MTNL)
- राष्ट्रीय खनिज विकास निगम (NMDC)
- नेशनल एल्युमीनियम कम्पनी (NALCO)
- राष्ट्रीय इस्पात निगम लिमिटेड (RINL)
- नेशनल बिल्डिंग कन्स्ट्रक्सन कॉर्पोरेशन (NBCC)
- कन्टेनर कॉर्पोरेशन ऑफ इण्डिया लिमिटेड (CONCOR)
- इन्जीनियर्स इण्डिया लिमिटेड (EIL)
- ऑयल एण्ड नैचुरल गैस कॉर्पोरेशन विदेश लिमिटेड (ONGCVL)
- रेलवे विकास निगम लिमिटेड (RVNL)
- रेल इण्डिया टेक्निकल एण्ड इकोनॉमिक सर्विस लिमिटेड (RITES)
- इण्डियन रेलवे कंस्ट्रक्शन इण्टरनेशनल लिमिटेड (IRCON)
- राष्ट्रीय केमिकल फर्टिलाइजर्स लिमिटेड (RCFC)
- नेशनल फर्टिलाइजर्स लिमिटेड (NFC)
- मझगाँव डॉक शिपबिल्डर्स लिमिटेड (MDL)
- सेण्ट्रल वेयरहाउसिंग कॉर्पोरेशन (CLOC)
- इण्डियन रिन्यूऐबल एनर्जी डेवलेपमेण्ट एजेन्सी लिमिटेड (IREDA)
- रेलटेल कॉर्पोरेशन ऑफ इण्डिया लिमिटेड (Railtail)
- सोलर एनर्जी कॉर्पोरेशन ऑफ इण्डिया लिमिटेड (SECIL)
- सतलुज जल विद्युत निगम (SJVN)
- नेशनल हाइड्रो पॉवर कॉर्पोरेशन (NHPC)
- हाउसिंग एण्ड डेवलेपमेण्ट कॉर्पोरेशन लिमिटेड (HUDCO)

वर्तमान में निम्न दो क्षेत्रों को सार्वजनिक क्षेत्र के लिए आरक्षित किया गया है

1. परमाणु ऊर्जा **2.** रेल परिवहन

लघु उद्योग

औद्योगिक नीति में सन् 1977 में पहली बार लघु उद्योगों को प्रोत्साहित करने की घोषणा की गई।

- सरकार ने 2 अक्टूबर, 2006 में सूक्ष्म, लघु एवं मध्यम उद्यम विकास अधिनियम (MSMED) बनाया।
- लघु उद्योगों के विकास के लिए 'आबिद हुसैन समिति' का गठन किया गया था।
- हथकरघा क्षेत्र के विकास के लिए 'मीरा सेठ समिति' का गठन किया गया था।
- देश का पहला 'वस्त्र पार्क तिरुपुर' (तमिलनाडु) में स्थापित किया गया है।

निजीकृत की गई सार्वजनिक क्षेत्र की कम्पनियाँ

सार्वजनिक कम्पनी	निजी क्षेत्र की जिस कम्पनी को बेचा गया
मॉडर्न फूड इण्डस्ट्रीज	*हिन्दुस्तान लीवर लिमिटेड*
बाल्को	*स्टरलाइट इण्डस्ट्रीज*
सी.एस.सी	*टाटा सन्स*
हिन्द टेलीप्रिन्ट्स	*एचएफसीएल*
विदेश संचार निगम लिमिटेड	*टाटा समूह की पैनाटोन फिनवैस्ट*
आई.बी.पी लिमिटेड	*भारतीय तेल निगम*
पारादीप फॉस्फोट्स लिमिटेड	*जुआरी मारोक फॉस्फेट्स प्राइवेट लिमिटेड*

विनिर्माण क्षेत्र के उद्यमों का वर्गीकरण

उद्यम	स्थापित करने में लगा धन
सूक्ष्म उद्योग	₹25 लाख तक
लघु उद्योग	₹ 25 लाख से 5 करोड़ तक
मध्यम उद्योग	₹5 करोड़ से 10 करोड़ तक

सेवा क्षेत्र के उद्यमों का वर्गीकरण

उद्यम	स्थापित करने में लगा धन
सूक्ष्म उद्योग	₹10 लाख तक
लघु उद्योग	₹ 10 लाख से 2 करोड़ तक
मध्यम उद्योग	₹2 करोड़ से 5 करोड़ तक

राष्ट्रीय विनिर्माण नीति

4 नवम्बर, 2011 को सरकार ने राष्ट्रीय विनिर्माण नीति जारी की थी।
इस नीति के प्रमुख उद्देश्य निम्न हैं

- मध्यम अवधि में 12-14% तक विनिर्माण क्षेत्र की वृद्धि बढ़ाना।
- 2022 तक सकल घरेलू उत्पाद का कम-से-कम 25% का योगदान देने के लिए विनिर्माण का सक्षम बनाना।
- 2022 तक विनिर्माण क्षेत्र द्वारा 100 मिलियन अतिरिक्त रोजगार सृजित करना।
- विनिर्माण में आसान अभिकलन हेतु ग्रामीण प्रवासी तथा शहरी गरीबों के बीच उपयुक्त कौशल संघ का सृजन करना।

सार्वजनिक क्षेत्र के इस्पात कारखाने

स्थान	तथ्य
राउरकेला (ओडिशा)	द्वितीय पंचवर्षीय योजना के अन्तर्गत जर्मनी की सहायता से स्थापित किया गया। सन् 1959 में उत्पादन शुरू हुआ।
भिलाई (मध्य प्रदेश)	द्वितीय पंचवर्षीय योजना के अन्तर्गत रूस की सहायता से स्थापित किया गया। सन् 1959 में उत्पादन शुरू हुआ।
दुर्गापुर (पश्चिम बंग)	द्वितीय पंचवर्षीय योजना के अन्तर्गत ब्रिटेन की सहायता से स्थापित किया गया। सन् 1962 में उत्पादन शुरू हुआ।
बोकारो (झारखण्ड)	एशिया का सबसे बड़ा संयन्त्र। इसे तृतीय पंचवर्षीय योजना के अन्तर्गत रूस की सहायता से स्थापित किया गया। सन् 1973 में उत्पादन आरम्भ हुआ।
बर्नपुर (पश्चिम बंग)	निजी क्षेत्र संयन्त्र के राष्ट्रीयकरण द्वारा अधिगृहीत यह संयन्त्र रूस की सहायता से स्थापित हुआ।
विशाखापत्तनम (आन्ध्र प्रदेश)	चौथी पंचवर्षीय योजना के अन्तर्गत ₹ 2256 करोड़ की सरकारी लागत से रूस की सहायता से स्थापित किया गया।
सलेम (तमिलनाडु)	चौथी पंचवर्षीय योजना के अन्तर्गत स्थापित किया गया।
भद्रावती (कर्नाटक)	चौथी पंचवर्षीय योजना के अन्तर्गत राष्ट्रीयकृत किया गया।
विजयनगर (कर्नाटक)	चौथी पंचवर्षीय योजना के तहत् स्थापित किया गया।

सार्वजनिक क्षेत्र के औद्योगिक उपक्रम

नाम	स्थान	नाम	स्थान
हिन्दुस्तान कार्बनिक रसायन लिमिटेड	रसायनी (महाराष्ट्र)	हिन्दुस्तान मशीन टूल्स	*जलाहाली (कर्नाटक) बंगलुरु के समीप, पिंजौर (हरियाणा), हैदराबाद (आन्ध्र प्रदेश), कलामसारी (केरल)*
भारतीय दवा एवं औषधि लिमिटेड			
एण्टीबायोटिक संयन्त्र (आई.डी पी. एल)	*ऋषिकेश (उत्तराखण्ड)*		
संश्लेषित दवा परियोजना	*हैदराबाद (आन्ध्र प्रदेश)*	हिन्दुस्तान शिपयार्ड	*विशाखापत्तनम एवं कोच्चि*
सर्जरी उपकरण संयन्त्र	*चेन्नई*	भारतीय टेलीफोन उद्योग	*बंगलुरु, नैनी (उत्तर प्रदेश), रायबरेली (उत्तर प्रदेश), मानकपुर, गोण्डा (उत्तर प्रदेश)*
हिन्दुस्तान एण्टीबायोटिक लिमिटेड	*पिम्परी (महाराष्ट्र)*		
हिन्दुस्तान कीटनाशक लिमिटेड	*अवलाय (केरल) एवं दिल्ली*		
भारतीय उर्वरक निगम लिमिटेड	*नंगल (पंजाब), सिन्दरी (झारखण्ड), ट्राम्बे (महाराष्ट्र), गोरखपुर (उत्तर प्रदेश), नामरूप (असोम), दुर्गापुर (पश्चिम बंग)*	इंटीग्रल कोच फैक्ट्री	*पेराम्बूर (तमिलनाडु), कोटकपुरा (पंजाब)*
		भारतीय मशीन टूल निगम	*अजमेर (राजस्थान)*
		मझगाँव डॉक्स लिमिटेड	*मुम्बई*
भारी जल संयन्त्र	*नेवेली (तमिलनाडु), नाहरकटिया (असोम), राउरकेला (ओडिशा), ट्राम्बे (महाराष्ट्र)*	खनन एवं सम्बद्ध उपकरण निगम लिमिटेड	*दुर्गापुर*
		तुंगभद्रा इस्पात उत्पादन लिमिटेड	*तुंगभद्रा (कर्नाटक)*
भारत डायनॉमिक्स लिमिटेड	हैदराबाद	राष्ट्रीय खनिज विकास निगम	हैदराबाद
भारत इलेक्ट्रॉनिक्स लिमिटेड	*जलाहाली (कर्नाटक), गाजियाबाद (उत्तर प्रदेश)*	भारत एल्युमीनियम कम्पनी लिमिटेड	*कोरबा (मध्य प्रदेश), रत्नागिरी (महाराष्ट्र)*
भारत हैवी इलेक्ट्रिकल्स लिमिटेड	*रानीपुर (उत्तराखण्ड), रामचन्द्रपुर (आन्ध्र प्रदेश), तिरुचिरापल्ली (तमिलनाडु), भोपाल (मध्य प्रदेश)*	हिन्दुस्तान कॉपर लिमिटेड	*अग्निगुडला (आन्ध्र प्रदेश), दारिबा (राजस्थान), मलाजखण्ड (मध्य प्रदेश), राखा (झारखण्ड)*
सेन्ट्रल मशीन टूल्स	*बंगलुरु*	भारत गोल्ड माइन्स लिमिटेड	*कोलार (कर्नाटक)*
चितरंजन लोकोमोटिव वर्क्स	*चितरंजन (पश्चिम बंग)*	नेवेली लिग्नाइट निगम	*नेवेली (तमिलनाडु)*
कोचीन शिपयार्ड	*कोच्चि*	जस्ता प्रगलक	*जवार (राजस्थान)*
डीजल लोकोमोटिव वर्क्स	*मरवाडीह, वाराणसी (उत्तर प्रदेश)*	राष्ट्रीय अखबारी कागज कारखाना लिमिटेड	*नेपानगर (मध्य प्रदेश)*
गार्डेन रीच वर्कशॉप लिमिटेड	*कोलकाता*		
हैवी इलेक्ट्रिकल्स लिमिटेड	*बंगलुरु*	भारतीय तेलशोधक लिमिटेड	*बरौनी (बिहार), नूनमाटी (असोम)*
हैवी इलेक्ट्रिक्स (भारत) लिमिटेड	*भोपाल*	कोचीन तेलशोधक कारखाना	*कोच्चि (केरल)*
भारी इन्जीनियरिंग निगम लिमिटेड	*राँची*	कोयली तेलशोधक कारखाना	*कोयली (गुजरात)*
भारी मशीन निर्माण संयन्त्र	*राँची*	भारतीय विस्फोटक कारखाना	*गोमिया, हजारीबाग (झारखण्ड)*
भारी वाहन कारखाना	*अवाड़ी (तमिलनाडु)*	हिन्दुस्तान फोटोफिल्म निर्माण कम्पनी लिमिटेड	*ऊटकमण्ड (तमिलनाडु)*
हिन्दुस्तान केबल्स कारखाना	*रूपनारायणपुर (पश्चिम बंग)*		

भारत के तेलशोधक कारखाने

क्र.सं.	कम्पनी का नाम	तेलशोधक का स्थल
सार्वजनिक क्षेत्र		
1.	इण्डियन ऑयल कॉर्पोरेशन लिमिटेड	गुवाहाटी, बरौनी, कोयली, हल्दिया, मथुरा, डिग्बोई, पानीपत, बंगाईगाँव, बेगूसराय, पारादीप
2.	हिन्दुस्तान पेट्रोलियम कॉर्पोरेशन लिमिटेड	मुम्बई, विशाखापत्तनम
3.	भारत पेट्रोलियम कॉर्पोरेशन लिमिटेड	मुम्बई, कोच्चि
4.	चेन्नई पेट्रोलियम कॉर्पोरेशन लिमिटेड	मनाली, नागापट्टनम
5.	नुमालीगढ़ रिफाइनरी लिमिटेड	नुमालीगढ़
6.	मंगलौर रिफाइनरी एण्ड पेट्रो केमिकल्स लिमिटेड	मंगलौर
7.	ऑयल एण्ड नेचुरल गैस कॉर्पोरेशन लिमिटेड रिफाइनरी (ओएनजीसी)	तातीपाका
निजी क्षेत्र		
8.	रिलायन्स इण्डस्ट्रीज लिमिटेड	मोती खावड़ी, जामनगर
9.	रिलायन्स पेट्रोलियम लिमिटेड	एसईजेड, जामनगर
10.	एस्सार ऑयल लिमिटेड	जामनगर

भारत के प्रमुख वित्तीय संस्थान

वित्तीय संस्थान	मुख्यालय	उद्देश्य/लक्ष्य
भारतीय औद्योगिक वित्त निगम लिमिटेड (IFCI), 1948	नई दिल्ली	*देश के औद्योगिक प्रतिष्ठानों के लिए मध्यकालीन एवं दीर्घकालीन साख की व्यवस्था करना*
राज्य वित्त निगम (SFC), 1951	–	*राज्यों के छोटे एवं मध्यम उद्यमों का उन्नयन करना*
भारतीय औद्योगिक ऋण तथा निवेश निगम लिमिटेड (ICICI), 1955	मुम्बई	*निजी क्षेत्रों के लघु तथा मध्यम उद्योगों का विकास*
जीवन बीमा निगम (LIC) 1956	मुम्बई	*बीमा सुविधा उपलब्ध कराना*
भारतीय औद्योगिक विकास बैंक लिमिटेड (IDBI), 1964	मुम्बई	*औद्योगिक उद्यमों को वित्तीय सहायता प्रदान करना*
भारतीय यूनिट ट्रस्ट (UTI) 1964 (एक्सिस बैंक)	–	*लघु एवं मध्यम उद्योगों में निवेश*
भारतीय आयात-निर्यात बैंक (EXIM Bank), 1982	मुम्बई	*आयात-निर्यात की वित्तीय आवश्यकताओं की पूर्ति करना*
राष्ट्रीय कृषि तथा ग्रामीण विकास बैंक (NABARD), 1982	मुम्बई	*कृषि एवं ग्रामीण विकास के लिए वित्त उपलब्ध कराना*
भारतीय औद्योगिक निवेश बैंक लिमिटेड (IIBIL), 1985	–	*रुग्ण तथा बन्द पड़े उद्यमों का पुनर्निर्माण करना*
राष्ट्रीय आवास बैंक (NHB), 1988	नई दिल्ली	*आवास सम्बन्धी वित्त की व्यवस्था करना*
भारतीय लघु उद्योग विकास बैंक (SIDBI), 1990	लखनऊ	*छोटे उद्योगों का वित्त-पोषण करना*

प्रमुख क्षेत्रीय संगठन

संगठन/समझौता	उद्देश्य
भारत-श्रीलंका आर्थिक सहयोग (1998)	भारत ने सर्वप्रथम श्रीलंका के साथ सीपा (CEPA) व्यापार समझौता किया।
भारत-थाईलैण्ड आर्थिक समझौता (2001)	82 वस्तुओं पर टैरिफ को कम करना।
भारत-सिंगापुर आर्थिक सहयोग (2005)	दोनों देशों के बीच मुक्त व्यापार स्थापित करना।
भारत-यूरोपीय संघ समझौता (2007)	भारत एवं यूरोपियन संघ के बीच व्यापार एवं निवेश को बढ़ाना
भारत-जापान आर्थिक समझौता (2007)	सन् 2015 तक द्विपक्षीय व्यापार को सन् 25 मिलियन अमेरिकी डॉलर तक पहुँचाना।
एशिया-पैसेफिक व्यापार समझौता (2007)	एशिया-पैसेफिक क्षेत्र के देशों के साथ आपसी व्यापार बढ़ाना।
भारत-मलेशिया व्यापक आर्थिक सहयोग समझौता (2008)	सन् 2015 तक द्विपक्षीय व्यापार को 15 मिलियन अमेरिकी डॉलर तक पहुँचाना।
भारत-बिमस्टेक आर्थिक सहयोग (2008)	सन् 2012 से टैरिफ में छूट तथा बहुपक्षीय व्यापार बढ़ाना।
भारत-दक्षिण कोरिया आर्थिक समझौता (2009)	द्विवसीय व्यापार में ट्रिप्स टैरिफ सम्बन्धी समस्याओं का निराकरण करके व्यापार बढ़ाना।
भारत आसियान समूह समझौता (2009)	टैरिफ को 8% तक कम करके, व्यापार बढ़ाना।

राष्ट्रीय आय

राष्ट्रीय आय से आशय किसी देश में एक वर्ष के मध्य में उत्पादित सभी वस्तुओं एवं सेवाओं के बाजार मूल्य के योग से है, जिसमें ह्रास घटाकर व विदेशी लाभ जोड़कर निकाला जाता है। वर्तमान में भारत सरकार का 'केन्द्रीय सांख्यिकी संगठन' (CSO) भारत की राष्ट्रीय आय की गणना करता है।

राष्ट्रीय आय के मापन की पद्धति

राष्ट्रीय आय साधन लागत पर आकलित निवल राष्ट्रीय उत्पाद है।

साइमन कुजनेट्स जो राष्ट्रीय आय लेखांकन (National Income Accounting) के जन्मदाता हैं।

इन्होंने राष्ट्रीय आय के मापन की तीन पद्धति प्रस्तुत की हैं , जो निम्नलिखित हैं

1. उत्पाद पद्धति

कुजनेट्स ने इस विधि को वस्तु सेवा विधि के नाम से परिभाषित किया है।

इस पद्धति के अन्तर्गत देश में एक वर्ष में उत्पादित अन्तिम वस्तुओं तथा सेवाओं का शुद्ध मूल्य ज्ञात किया जाता है तथा उसके योग को अन्तिम उपज योग (Final Product Total) कहा जाता है।

2. आय पद्धति

इस पद्धति के अन्तर्गत राष्ट्रीय आय की गणना के लिए विभिन्न क्षेत्रों में कार्यरत व्यक्तियों तथा व्यावसायिक उपक्रमों की शुद्ध आय का योग प्राप्त किया जाता है।

डॉ.बाउले तथा **रॉबर्टसन** के अनुसार, आय गणना विधि के अन्तर्गत आयकर देने वाले तथा आयकर न देने वाले समस्त व्यक्तियों की आय को जोड़ दिया जाता है।

3. व्यय पद्धति

इस विधि को उपभोग बचत विधि भी कहते हैं। इस विधि के अनुसार कुल आय या तो उपभोग पर व्यय की जाती है अथवा बचत पर, अत: राष्ट्रीय आय कुल उपभोग तथा कुल बचतों का योग होती है। इस विधि से आय की गणना करने के लिए उपभोक्ताओं की आय तथा उनकी बचत से सम्बन्धित आँकड़ों का उपलब्ध होना आवश्यक होता है।

चूँकि इस प्रकार के सही आँकड़े आसानी से उपलब्ध नहीं हो पाते, अत: इस विधि का प्रयोग सामान्यत: कम किया जाता है। भारत जैसे देश में राष्ट्रीय आय की गणना के लिए उत्पादन प्रणाली (Production Method)तथा आय प्रणाली (Income Method) का सम्मिश्रण प्रयोग किया जाता है।

हरित सूचकांक

जब एक वर्ष में वस्तुओं एवं सेवाओं के शुद्ध उत्पाद के योग में उत्पादन की प्रक्रिया में देश के पर्यावरण और परिस्थितिकी को जो हानि पहुँचाती है, उसके मौद्रिक मूल्य को कम कर दिया जाता है, तो उसे हरित राष्ट्रीय आय कहा जाता है।

विश्व बैंक ने देश की सम्पत्ति के आकलन के लिए 1995 में एक नया सूचकांक विकसित किया है।

इसके अन्तर्गत निम्नलिखित तीन अंगों को शामिल किया गया है, जिसके आधार पर प्रति व्यक्ति आय की गणना होती है

1. उत्पादित सम्पत्ति 2. प्राकृतिक सम्पदा 3.मानव संसाधन

किसी देश की राष्ट्रीय आय निम्न पाँच प्रकारों से प्रकट की जाती है

1. **सकल घरेलू उत्पाद** (GDP) किसी देश की घरेलू सीमा के अन्तर्गत एक वर्ष में उत्पादित सभी अन्तिम वस्तुओं और सेवाओं के मौद्रिक मूल्य को सकल घरेलू उत्पाद कहते हैं। इसमें विदेशियों द्वारा देश में अर्जित आय शामिल होती है किन्तु विदेशों में बसे भारतीयों द्वारा भेजी आय को शामिल नहीं किया जाता।

2. **सकल राष्ट्रीय उत्पाद** (GNP) किसी देश के द्वारा एक वर्ष में उत्पादित अन्तिम वस्तुओं और सेवाओं के मौद्रिक मूल्य को सकल राष्ट्रीय उत्पाद कहते हैं। यह बन्द अर्थव्यवस्था की अवधारणा है, जिसमें अन्तर्राष्ट्रीय व्यापार को सम्मिलित नहीं किया जाता। व्यय विधि के माध्यम से (GNP) में मूल्य ह्रास व्यय शामिल नहीं किया जाता है।
3. **शुद्ध राष्ट्रीय उत्पाद** (NNP) सकल राष्ट्रीय उत्पाद में प्रयुक्त मशीनों और पूँजी की गिरावट (ह्रास) को घटा दिया जाता है, तब इसे शुद्ध राष्ट्रीय उत्पाद कहते हैं।
4. **व्यक्तिगत आय** यह वह आय है जो वास्तव में देश की जनता द्वारा एक वित्तीय वर्ष में प्राप्त की जाती है।
   इसकी गणना निम्न प्रकार की जाती है
   व्यक्तिगत आय = राष्ट्रीय आय – निगम व कम्पनियों पर कर + कम्पनी के अवितरित लाभ + प्रॉविडेण्ट फण्ड में अंशदान – (सरकार द्वारा सामाजिक सुधार पर व्यय)
5. **व्यय योग्य आय** जनता के पास वह शुद्ध आय जिसे जनता व्यय करने को तत्पर है, व्यय योग्य आय कहलाती है।
   ऐसी आय की गणना हेतु व्यक्तिगत आय में से व्यक्तिगत प्रत्यक्ष करों को घटा दिया जाता है। भारत की राष्ट्रीय आय एवं प्रति व्यक्ति आय की गणना का प्रथम प्रयास दादाभाई नौरोजी ने सन् 1867-68 में किया था।

सूत्र

राजस्व घाटा = राजस्व व्यय – राजस्व प्राप्तियाँ
पूँजीगत घाटा = पूँजीगत व्यय – पूँजीगत प्राप्तियाँ
बजट घाटा = कुल व्यय – कुल प्राप्तियाँ/राजस्व घाटा + पूँजीगत घाटा
राजकोषीय घाटा = बजट घाटा + उधार व अन्य देयताएँ
प्राथमिक घाटा = राजकोषीय घाटा – ब्याज अदायगियाँ

भारतीय कर ढाँचा

भारत राज्यों का समूह है अर्थात् भारत एक संघात्मक देश है इसलिए भारतीय संविधान के अनुसार यहाँ तीन स्तरों पर कर का संग्रहण किया जा सकता है।

1. केन्द्र सरकार **2.** राज्य सरकार **3.** स्थानीय सरकार

भारत में कर ढाँचे का स्वरूप

करों के दो प्रकार प्रत्यक्ष कर एवं अप्रत्यक्ष कर होते हैं।

प्रत्यक्ष कर

यह वह कर है जिसे व्यक्ति या संस्था पर लगाया जाता है वही कर अदा करता है। प्रत्यक्ष कर के बोझ को स्थानान्तरित नहीं किया जा सकता है। इसमें करारोपण प्रणाली सरल होती है तथा इसका पूर्वानुमान भी सरल होता है आयकर, सम्पत्ति कर, निगम कर, ब्याज कर, उपहार कर आदि प्रत्यक्ष कर के उदाहरण हैं।

केन्द्र सरकार के प्रत्यक्ष कर

- धन कर
- निगम कर
- आयकर
- एस्टेट ड्यूटी
- व्यय कर
- ब्याज कर

राज्य सरकारों के प्रत्यक्ष कर

- भू-राजस्व
- व्यवसाय कर
- कृषि आय पर कर
- होटल प्राप्तियों पर कर
- रोजगारों पर कर
- गैर-शहरी अथवा सम्पत्तियों पर कर

अप्रत्यक्ष कर

वस्तुओं एवं सेवाओं पर लगाया जाता है इसमें कर के बोझ को स्थानान्तरित किया जाना सम्भव होता है। इसमें करारोपण की प्रणाली कठिन होती है तथा इसका अनुमान लगाना भी कठिन होता है।

अप्रत्यक्ष कर के कारण ही वस्तुओं एवं सेवाओं के मूल्य में वृद्धि होती है। अप्रत्यक्ष करों में मुख्य हैं—उत्पाद शुल्क तथा बिक्री कर।

केन्द्र सरकार के अप्रत्यक्ष कर

- सीमा शुल्क
- सेवा कर
- व्यय कर
- केन्द्रीय उत्पाद शुल्क
- बिक्री कर

राज्य सरकारों के अप्रत्यक्ष कर

- व्यापार कर
- राज्य उत्पाद शुल्क
- डीजल/पेट्रोल पर बिक्री कर
- वाहन कर
- प्रवेश कर
- विज्ञापन कर
- विद्युत कर
- परिवहन कर
- स्टाम्प एवं पंजीयन शुल्क
- शिक्षा उपकर
- सट्टेबाजी पर कर
- कच्चे जूट पर कर
- भारत में केन्द्र सरकार के राजस्व का प्रमुख स्रोत 'केन्द्रीय उत्पाद शुल्क' तथा राज्य सरकार के राजस्व का प्रमुख स्रोत 'बिक्री कर' है।
- भारत दोहरा कर परिहार समझौता (DDTA) विदेशी संस्थागत निवेश को (FII) बढ़ाने के लिए कर रहा है।

मुद्रा का अर्थ

मुद्रा वह शक्तिशाली वस्तु है जो सभी प्रकार के लेन-देन में भुगतान के माध्यम के रूप में सभी को स्वीकार्य होती है; अर्थात् मुद्रा का अर्थ केवल कागज के नोट या सिक्के नहीं हैं जिनका निर्गमन केन्द्रीय बैंक तथा सरकार करती है, बल्कि वे सभी वस्तुएँ इसके अन्तर्गत आती हैं, जो भुगतान के रूप में सामान्यत: स्वीकार की जाती हैं। उदाहरणस्वरूप यदि आप बाजार से ₹ 25 हजार का टी.वी. लाते हैं, तो इसका भुगतान आप कई तरीकों से कर सकते हैं; **जैसे** चेक, क्रेडिट कार्ड या ड्राफ्ट आदि ये सभी मुद्रा के स्वरूप हैं।

इस प्रकार मुद्रा दो प्रकार की होती है

1. **वैधानिक मुद्रा** वह है जिसका निर्गमन सरकार या रिजर्व बैंक द्वारा एक विधान के अन्तर्गत किया जाता है, जिसमें रिजर्व बैंक धारक को उतनी रकम अदा करने का वचन देता है।
2. **साख मुद्रा** वह है, जो आप चेकों के माध्यम से कहीं भुगतान करते हैं।

मुद्रा की तरलता

मुद्रा की तरलता ही इसकी सबसे महत्त्वपूर्ण विशेषता होती है। तरलता से हमारा आशय मुद्रा की किसी वस्तु में परिवर्तनीयता से है। आपके द्वारा मुद्रा में किया गया भुगतान बिना किसी क्षति के वस्तु या सेवा में परिवर्तित हो जाता है।

दूसरे शब्दों में, मुद्रा वह माध्यम है, जो बिना किसी मूल्य ह्रास के किसी भी वस्तु का स्वरूप धारण कर सकती है।

भारतीय वित्त व्यवस्था को दो भागों में विभाजित किया जाता है

1. भारतीय मुद्रा बाजार **2.** भारतीय पूँजी बाजार

भारतीय मुद्रा बाजार

- मुद्रा बाजार एक नियर मनी (Near Money) के रूप में सुलभ बाजार होता है, जिसमें अल्प समय के लिए फण्ड उधार लिए व दिए जाते हैं।
- भारतीय मुद्रा बाजार को रिजर्व बैंक ऑफ इण्डिया अधिनियमित करता है।

भारतीय पूँजी बाजार

भारतीय पूँजी बाजार को मुख्य रूप से दो भागों में बाँटा जाता है

1. गिल्ट एण्ड बाजार **2.** औद्योगिक प्रतिभूति बाजार

- पूँजी बाजार में लम्बी अवधि के उधार लिए व दिए जाते हैं।
- गिल्ट एण्ड बाजार में रिजर्व बैंक के माध्यम से सरकारी व अर्द्ध सरकारी प्रतिभूतियों का क्रय-विक्रय किया जाता है।
- औद्योगिक प्रतिभूति बाजार में नये स्थापित होने वाले या पहले से स्थापित औद्योगिक उपक्रमों के शेयरों व डिबेन्चरों का क्रय-विक्रय किया जाता है।

भारतीय शेयर बाजार

- शेयरों एवं अंश-पत्रों का क्रय-विक्रय जिस बाजार में होता है, उसे शेयर बाजार कहते हैं।
- बॉम्बे स्टॉक एक्सचेन्ज (BSE), एशिया का सबसे पुराना स्टॉक एक्सचेन्ज है। इसकी स्थापना सन् 1875 में की गई थी।
- राष्ट्रीय शेयर बाजार (NSE) की स्थापना 'फेरवानी' समिति की अनुशंसा पर की गई थी। इसकी प्रारम्भिक पूँजी ₹ 25 करोड़ थी।
- मुम्बई स्टॉक एक्सचेन्ज को पब्लिक लिमिटेड कम्पनी का दर्जा 19 अगस्त, 2005 को दिया गया।
- राष्ट्रीय शेयर बाजार का मुख्यालय (वर्ली) 'मुम्बई' में है।
- मिबोर (MIBOR) एवं मिबिड (MIBID) राष्ट्रीय शेयर बाजार की दो रिफरेन्स दरें हैं।
- भारत में 23 मान्यता प्राप्त स्टॉक एक्सचेन्ज हैं।

भारत के चार कॉमोडिटी एक्सचेन्ज निम्नलिखित हैं

1. मल्टी कॉमोडिटी एक्सचेन्ज (मुम्बई)

2. नेशनल कॉमोडिटी एण्ड डेरीवेटिव्स एक्सचेन्ज (मुम्बई)

3. नेशनल मल्टी कॉमोडिटी एक्सचेन्ज (अहमदाबाद)

4. इण्डिया कॉमोडिटी एक्सचेन्ज (गुड़गाँव)

राजीव गाँधी इक्विटी बचत योजना

सरकार ने 23 नवम्बर, 2012 को राजीव गाँधी इक्विटी बचत योजना (आरजीईएसएस) नामक एक नई कर बचत योजना अधिसूचित की है, जो अनन्य रूप से प्रतिभूति बाजार में नये खुदरा निवेशकों के लिए है। यह योजना नये निवेशकों जो ₹ 50000 तक निवेश करती हैं और जिनकी वार्षिक आय ₹ 10 लाख से कम है, का उस वर्ष के लिए कर योग्य आय में निवेशित राशि की 50% छूट उपलब्ध कराती है। सेवा द्वारा परिचालन दिशा-निर्देश 6 दिसम्बर, 2012 को जारी किए गए।

विश्व के प्रमुख शेयर मूल्य सूचकांक

शेयर मूल्य सूचकांक	स्टॉक एक्सचेन्ज
नासदाक	*अमेरिका*
फ्रैंकफर्ट, मिड-डेक्स	*जर्मनी*
बोवेस्पा	*ब्राजील*
मिस्टेल	*इटली*
शंघाई कॉम	*चीन*
सेट	*थाइलैण्ड*
तेन	*ताइवान*
सिमेक्स, स्ट्रेट्स टाइम्स	*सिंगापुर*
हांग सेंग	*हांगकांग*
निक्की	*टोकियो (जापान)*
डो जोन्स	*न्यूयॉर्क (अमेरिका)*
कोस्पी	*कोरिया*
डॉलेक्स, सेंसेक्स, एस.एण्ड.पी. सी.एन. एक्स-निफ्टी-फिफ्टी, बैंकेक्स	*मुम्बई*
FTSE 100	*ब्रिटेन*
स्टॉक्स (STOXX)	*यूरोप*

भारतीय प्रतिभूति एवं विनिमय बोर्ड (SEBI)

- सेबी की स्थापना 12 अप्रैल, 1988 को की गई थी परन्तु इसे वैधानिक दर्जा 30 जनवरी, 1992 को दिया गया था। इसकी स्थापना 'एस. ए. देव' की संस्तुति पर हुई थी। यह शेयर बाजार में होने वाले कारोबार को नियन्त्रित एवं विनियमित करता है।
- सेबी का मुख्यालय मुम्बई में है। सेबी संशोधन विधेयक, 2008 द्वारा शेयर बाजार को मान्यता प्रदान करने का अधिकार सेबी को दिया गया है। सेबी की प्रवर्तक कम्पनियाँ IDBI, ICICI, IFCI है।

भारतीय बैंकिंग

- भारत का पहला बैंक, बैंक ऑफ हिन्दुस्तान (1770) था।
- सीमित देयता पर आधारित भारतीयों द्वारा संचालित पहला बैंक अवध कॉमर्शियल बैंक (1881) था।

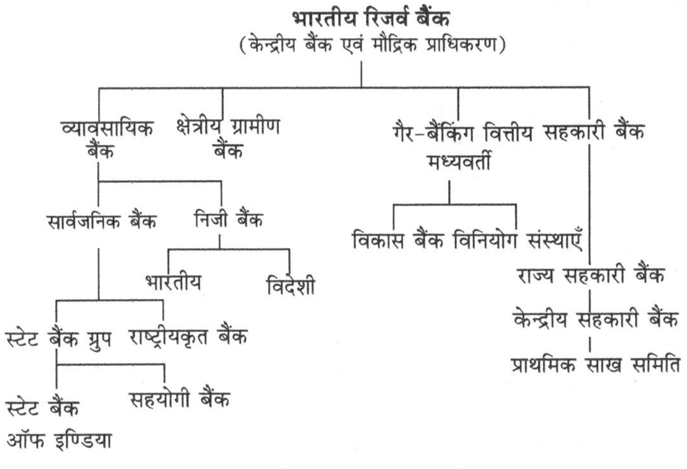

- पूर्ण रूप से पहला भारतीय बैंक पंजाब नेशनल बैंक (1894) था।

रिजर्व बैंक ऑफ इण्डिया

- रिजर्व बैंक ऑफ इण्डिया अधिनियम, 1934 के तहत 1 अप्रैल, 1935 को ₹ 5 करोड़ की पूँजी के साथ रिजर्व बैंक ऑफ इण्डिया की स्थापना की गई।
- हिल्टन यंग आयोग की अनुशंसा पर रिजर्व बैंक ऑफ इण्डिया का राष्ट्रीयकरण 1 जनवरी, 1949 को किया इसका मुख्यालय मुम्बई में है।
- वर्तमान में रिजर्व बैंक ऑफ इण्डिया करेन्सी नोट जारी करने की न्यूनतम कोष पद्धति अपनाता है। इसके अनुसार RBI के पास कुल मिलाकर किसी भी समय ₹ 200 करोड़ के मूल्य से कम नहीं होने चाहिए जिसमें से न्यूनतम ₹ 115 करोड़ का स्वर्ण आवश्यक है।
- भारत में मौद्रिक नीति RBI द्वारा बनाई तथा लागू की जाती है।

भारत की वर्तमान करेन्सी व्यवस्था

भारतीय करेन्सी व्यवस्था की इकाई रुपये है जिसमें कागजी करेन्सी और सिक्के दोनों प्रचलित हैं। सिक्के एवं एक रुपये का नोट (जिसका मुद्रण अब बन्द कर दिया गया है) भारत सरकार निर्गत करती है जबकि 5, 10, 20, 50, 100, 500 तथा 1000 रुपये के करेन्सी नोट भारतीय रिजर्व बैंक निर्गत करता है।

याद रखें!

बैंक दर भारतीय रिजर्व बैंक इस दर पर, सदस्य बैंकों को स्वीकार्य प्रतिभूतियों पर ऋण देता है।

रेपो दर इस दर पर सार्वजनिक एवं निजी बैंक अल्प अवधि के लिए भारतीय रिजर्व बैंक से उधार लेते हैं।

रिवर्स रेपो दर बैंकों द्वारा अपनी अतिरिक्त राशि को रिजर्व बैंक में जमा करने पर रिवर्स रेपो दर से ब्याज मिलता है।

नकद आरक्षण अनुपात प्रत्येक व्यापारिक बैंक अपनी कुछ जमाओं का एक निर्धारित प्रतिशत भाग अपने पास सदैव नकद रूप में रखता है, जिसे नकद आरक्षण अनुपात (CRR) कहते हैं।

वैधानिक तरलता अनुपात बैंकों को अपनी जमाराशियों का कम-से-कम 25% के बराबर प्रतिभूतियों के रूप में रखना होता है। यह दर वैधानिक तरलता अनुपात (SLR) है।

रिजर्व बैंक के कार्य

रिजर्व बैंक के कार्य निम्न हैं

- साख नियन्त्रण करना।
- विदेशी विनिमय पर नियन्त्रण करना।
- सरकार एवं बैंकों के बैंक के रूप में कार्य करना।
- एक रुपये के सिक्के, नोटों एवं छोटे सिक्कों को छोड़कर विभिन्न नोटों का निर्गमन करना।

भारतीय स्टेट बैंक

सन् 1921 में तीन प्रेसीडेन्सी बैंकों, बैंक ऑफ बंगाल (1806), बैंक ऑफ बॉम्बे (1840), बैंक ऑफ मद्रास (1843) को मिलाकर इम्पीरियल बैंक ऑफ इण्डिया की स्थापना की गई। जिसका राष्ट्रीयकरण 1 जुलाई, 1955 को किया गया था। राष्ट्रीयकरण के बाद इसको स्टेट बैंक ऑफ इण्डिया कहा गया।

स्टेट बैंक ऑफ इण्डिया के पाँच सहायक बैंक हैं

1. स्टेट बैंक ऑफ बीकानेर एण्ड जयपुर
2. स्टेट बैंक ऑफ पटियाला
3. स्टेट बैंक ऑफ हैदराबाद
4. स्टेट बैंक ऑफ मैसूर
5. स्टेट बैंक ऑफ ट्रावणकोर

बैंकों का राष्ट्रीयकरण

- ₹ 50 करोड़ से अधिक पूँजी वाले 14 बड़े व्यावसायिक बैंकों (जिनकी जमाएँ ₹ 50 करोड़ से अधिक थी) का राष्ट्रीयकरण 19 जुलाई, 1969 को किया गया था।
- ₹ 200 करोड़ से अधिक पूँजी वाले 6 निजी बैंकों का राष्ट्रीयकरण 15 अप्रैल, 1980 को किया गया था।
- वर्तमान में राष्ट्रीयकृत बैंकों की संख्या 12 है।

व्यापारिक बैंकों का वर्गीकरण

देश के व्यापारिक बैंकों को दो भागों में विभाजित किया गया है।

1. अनुसूचित बैंक **2.** गैर-अनुसूचित बैंक

- अनुसूचित बैंक वे हैं जिनका नाम रिजर्व बैंक अधिनियम (1934) की द्वितीय अनुसूची में होता है।
- गैर अनुसूचित बैंक वे हैं जिनका नाम रिजर्व बैंक की दूसरी अनुसूची में नहीं होता है।

सहकारी बैंक

भारत में सहकारी बैंक विशेषकर ऋण वितरण एवं जमा संग्रहण में महत्त्वपूर्ण भूमिका निभा रहे हैं। सहकारी बैंकिंग क्षेत्र के विभिन्न कार्यों से जनता के विविध वर्गों की ऋण सम्बन्धी विशिष्ट आवश्यकताएँ स्थान एवं अवधि के अनुसार पूर्ण की जाती है। भारत में सहकारी साख आन्दोलन के आधार पर ग्राम्य स्तर पर प्राथमिक साख समितियाँ, जिला स्तर पर केन्द्रीय सहकारी बैंक तथा राज्य स्तर पर राज्य सहकारी बैंक हैं।

1. **प्राथमिक सहकारी समितियाँ** गाँव के 10 व्यक्ति मिलकर ऐसी समिति स्थापित कर सकते हैं। यह ग्रामीण स्तर पर कृषि क्षेत्र की अल्पकालिक ऋणों की आवश्यकताओं की पूर्ति करती है। यह एक वर्ष की अवधि के लिए अल्पकालीन ऋण देती है।
2. **जिला सहकारी बैंक** यह दो प्रकार के हैं प्रथम जिनकी सदस्यता केवल सहकारी प्राथमिक समितियों को ही मिल सकती है तथा द्वितीय जिनकी सदस्यता प्राथमिक समितियों तथा व्यक्तियों दोनों को मिल सकती है। यह बैंक राज्य सहकारी बैंक से ऋण लेकर अपनी चालू पूँजी में वृद्धि करते हैं तथा प्राथमिक सहकारी समितियों को ऋण देते हैं।

राज्य सहकारी बैंक

- यह राज्य का शीर्ष सहकारी बैंक होता है और राज्य के मुख्यालय पर स्थापित होता है। इस बैंक का मुख्य कार्य केन्द्रीय सहकारी बैंक या जिला सहकारी बैंक को ऋण सुविधाएँ प्रदान करना है।
- भारतीय करेन्सी व्यवस्था की इकाई रुपया है, जिसमें कागजी और सिक्के दोनों प्रचलित हैं। सिक्के एवं एक रुपये का नोट (जिसका मुद्रण अब बन्द कर दिया गया है) भारत सरकार निर्गत करती है जबकि अन्य नोट भारतीय रिजर्व बैंक निर्गत करता है।

स्वदेशी एटीएम कार्ड (रूपे कार्ड)

रुपे कार्ड स्वदेशी एटीएम कार्ड है। यह कार्ड स्वदेशी भुगतान प्रणाली पर आधारित है। इसे वीजा व मास्टर कार्ड की तरह प्रयोग किया जाता है अभी देश में भुगतान के लिए वीजा व मास्टर कार्ड के डेबिट कार्ड तथा क्रेडिट कार्ड प्रचलन में हैं। ये कार्ड विदेशी भुगतान प्रणाली पर आधारित हैं। इस कार्ड को अप्रैल, 2011 में विकसित किया गया था। इसे भारतीय राष्ट्रीय भुगतान निगम (एनपीसीआई) ने विकसित किया है। एनपीसीआई भारतीय रिजर्व बैंक द्वारा गठित संस्था है।

निजी क्षेत्र के प्रमुख बैंक

- ICICI बैंक
- HDFC बैंक
- इण्डस इण्ड बैंक
- सेंचुरियन बैंक
- बैंक ऑफ पंजाब
- IDBI बैंक
- टाइम्स बैंक
- ग्लोबल ट्रस्ट बैंक

सहकारी कृषि एवं ग्रामीण विकास बैंक

इस बैंक का पूर्व नाम भूमि विकास बैंक था। दीर्घावधि निवेश ऋण उपलब्धता को सहज बनाने की दृष्टि से इसे दो श्रेणियों में विभक्त कर दिया। प्राथमिक स्तर पर प्राथमिक सहकारी तथा ग्रामीण विकास बैंक तथा राज्य स्तर पर राज्य सहकारी तथा ग्रामीण विकास बैंक।

क्रेडिट कार्ड

यह एक प्लास्टिक कार्ड है, कार्ड का जारीकर्ता, कार्ड के द्वारा उपभोक्ता को उधार की सीमा देता है, जिसके अन्तर्गत एक उपयोगकर्ता खरीदी गई वस्तुओं के भुगतान के लिए रुपये प्राप्त कर सकता है और नकद भी निकाल सकता है।

डेबिट कार्ड

डेबिट कार्ड को बैंक कार्ड के नाम से भी जाना जाता है। यह खरीददारी करते समय भुगतान की वैकल्पिक पद्धति प्रदान करता है। कार्यात्मक रूप में इसे इलेक्ट्रॉनिक चेक कहा जा सकता है।

किसान क्रेडिट कार्ड

इसे भारतीय रिजर्व बैंक एवं नाबार्ड की योजना के तहत सन् 1998 में लागू किया गया। किसान कोई भी पहचान-पत्र बैंक को उपलब्ध कराकर अपनी फसल के लिए आवश्यक ऋण ले सकता है। अब तक लगभग 10 करोड़ किसान क्रेडिट कार्ड जारी किए जा चुके हैं।

पावर प्वॉइन्ट्स

- स्टेट बैंक ऑफ इण्डिया एवं बैंक ऑफ बड़ौदा विदेशों में कार्य करने वाले सबसे बड़े सार्वजनिक क्षेत्र के बैंक हैं।
- ICICI बैंक, विदेशों में सेवा देने वाला सबसे बड़ा निजी क्षेत्र का बैंक है।
- बैंकिंग ओम्बुड्समैन योजना का प्रारम्भ सन् 1995 में किया गया था।
- भारतीय रुपये का पहचान चिह्न ₹ है, जिसे मुम्बई आई.आई.टी के पोस्ट ग्रेजुएट छात्र उदय कुमार ने डिजाइन किया है।

भारत में प्रतिभूति मुद्रण

छापेखाने व टकसालें	छपाई	स्थान
इण्डिया सिक्योरिटी प्रेस	डाक सम्बन्धी लेखन सामग्री, बैंकों के चैकों, बॉण्डों, राष्ट्रीय बचत-पत्र व सरकारी प्रतिभूतियाँ	*(नासिक, महाराष्ट्र)*
बैंक नोट प्रेस	20, 50, 100 व 500 मूल्य वर्ग के नोट	*(देवास, मध्य प्रदेश)*
सिक्योरिटी प्रिन्टिंग प्रेस	भारत प्रतिभूति मुद्रणालय, नासिक रोड के उत्पादन की अनुपूर्ति हेतु डाक लेखन सामग्री	*(हैदराबाद)*
सिक्योरिटी पेपर मिल	बैंक और करेन्सी नोट कागज तथा बान-ज्यूडिशियल	*(होशंगाबाद, मध्य प्रदेश)*
करेन्सी प्रेस नोट टकसालें (Mints)	10, 50, 100, 500 तथा 1000 मूल्य वर्ग के नोट, सिक्कों व पदकों (मेडल) का उत्पादन	*(नासिक, महाराष्ट्र) (मुम्बई, कोलकाता, हैदराबाद व नोएडा)*

भारतीय बीमा उद्योग

- भारत की प्रथम जीवन बीमा कम्पनी ओरिएण्टल लाइफ इन्श्योरेन्स कम्पनी (1818) थी।
- भारतीय जीवन बीमा निगम की स्थापना सन् 1956 ई. में ₹ 5 करोड़ की अधिकृत पूँजी से हुई थी।
- बीमा कम्पनियों का सर्वप्रथम राष्ट्रीयकरण 1 सितम्बर, 1956 को किया गया था।
- बीमा क्षेत्र में सबसे पहले प्रवेश करने वाला बैंक स्टेट बैंक ऑफ इण्डिया है।
- बीमा नियामक एवं विकास प्राधिकरण (IRDA) भारतीय बीमा क्षेत्र को नियन्त्रित करता है।
- भारतीय साधारण बीमा निगम (GIC) ने 1 जनवरी, 1973 से कार्य प्रारम्भ किया, *जिसकी चार सहायक कम्पनियाँ हैं*
  1. नेशनल इन्श्योरेन्स कम्पनी लिमिटेड
  2. ओरिएण्टल इन्श्योरेन्स कम्पनी लिमिटेड
  3. यूनाइटेड इण्डिया इन्श्योरेन्स कम्पनी लिमिटेड
  4. न्यू इण्डिया इन्श्योरेन्स कम्पनी लिमिटेड
- कृषि हेतु वित्त उपलब्ध कराने वाली प्रमुख संस्था नाबार्ड (जुलाई, 1982) है।
- मालेगाम समिति का सम्बन्ध माइक्रो फाइनेंस से है।
- राष्ट्रीय कृषि बीमा की शुरुआत सन् 1999 में हुई।

थोक मूल्य सूचकांक (WPI)

थोक मूल्य सूचकांक द्वारा थोक मूल्यों के आधार पर मुद्रास्फीति की माप की जाती है। थोक मूल्य सूचकांक का संकलन उद्योग मन्त्रालय में आर्थिक सलाहकार कार्यालय में साप्ताहिक स्तर पर होता है। पहला थोक मूल्य सूचकांक जनवरी, 1942 में शुरू हुआ, जिसका आधार वर्ष 1939 था। केन्द्र सरकार द्वारा थोक मूल्य सूचकांक जनवरी, 2015 में जारी किया गया है, जिसका आधार वर्ष 2011-12 है। नए सूचकांक में कुल मिलाकर 697 वस्तुओं के मूल्य को शामिल किया गया है।

बजट

संविधान के अनुच्छेद 112 के अन्तर्गत प्रत्येक वित्तीय वर्ष के लिए जो 1 अप्रैल से 31 मार्च तक चलता है, केन्द्र सरकार की अनुमानित प्राप्तियों तथा व्ययों का विवरण संसद के सामने रखना आवश्यक होता है। सामान्य भाषा में बजट एक विवरण है, जिसमें आगामी वर्ष में शासन कितना खर्च करेगा और करों के माध्यम से कितनी आय प्राप्त करेगा, इसका उल्लेख होता है। बजट में विनियोग एवं राजस्व अधिनियमों का उल्लेख रहता है। विनियोजन से खर्च होता है और राजस्व से आय होती है। इस प्रकार बजट एक प्रकार से अनुमानित आय-व्यय का ब्यौरा होता है।

बजट के सिद्धान्त

एक सन्तुलित बजट को निम्नलिखित आधारभूत मानकों पर आधारित होना चाहिए

- पारदर्शिता
- सत्यशीलता
- नियतकालिक
- एकता के सिद्धान्त के अनुरूप हो
- प्रचार युक्त
- सरल भाषा
- व्यापकता

अगर अनुमानित आय अनुमानित व्यय से अधिक है, तो इसे 'बचत का बजट' कहते हैं और यदि अनुमानित आय अनुमानित व्यय से कम है, तो इसे घाटे का बजट कहते हैं।

- भारत का प्रथम बजट 13 फरवरी, 1860 को 'जेम्स विल्सन' ने प्रस्तुत किया।

- भारत में रेल बजट अलग से प्रस्तुत करने की व्यवस्था वर्ष 1921 में एकवर्थ कमेटी की संस्तुति पर आरम्भ हुई। बजट पर मतदान की प्रणाली वर्ष 1935 में हुई।
- स्वतन्त्र भारत का पहला बजट 'आर. के. षणमुगम शेट्टी' ने 26 नवम्बर, 1947 को प्रस्तुत किया।
- जे. एल. नेहरू प्रथम प्रधानमन्त्री थे जिन्होंने 1958-59 में बजट प्रस्तुत किया।
- वर्तमान में सबसे अधिक बार बजट पेश करने का श्रेय मोरारजी देसाई को (8 बार) है।
- तेरहवें वित्त आयोग के अध्यक्ष विजय एल. केलकर हैं तथा प्रथम वित्त आयोग (1951) के अध्यक्ष के.सी. निरोगी थे।

15वें वित्त आयोग

- संविधान की धारा 280 में प्रदत्त शक्तियों के तहत् सरकार ने 27 नवम्बर, 2017 को 15वें वित्त आयोग का गठन किया है। आयोग के अध्यक्ष प्रसिद्ध अर्थशास्त्री एन. के सिंह और इसमें चार अन्य सदस्यों में अनूप सिंह, अशोक लाहिडी, अजय नारायण झा तथा रामचन्द्र शामिल हैं।
- शक्तिकांत दास भी इस आयोग के सदस्य थे, जिन्हें भारतीय रिजर्व बैंक (RBI) का गवर्नर नियुक्त किया गया। उन्होंने 11 दिसम्बर, 2018 को त्याग पत्र दे दिया।
- प्रो. अभिजीत सेन इसके अंशकालिक सदस्य हैं। ये योजना आयोग के सदस्य हैं।
- आयोग केन्द्रीय करों के बँटवारे, राज्यों को दी जाने वाली नीतिगत सहायता और स्थानीय निकायों को संसाधनों के हस्तान्तरण सम्बन्धी अनुशंसा वर्ष 2020 में प्रस्तुत की।

16वाँ वित्त आयोग

- 31 दिसम्बर, 2023 को केन्द्र सरकार द्वारा 16वें वित्त आयोग का गठन किया गया। इसके अध्यक्ष डॉ. अरविन्द पनगढ़िया हैं।
- इस आयोग के सचिव ऋत्विक रंजनम पांडे हैं। यह आयोग को 31 अक्टूबर, 2025 तक अपनी रिपोर्ट देगा।
- इस आयोग का कार्यकाल वर्ष 2026-2031 तक है।

प्रमुख आर्थिक समितियाँ

समितियाँ	सम्बन्धित विषय/ क्षेत्र
के. एन. काबरा समिति	फ्यूचर ट्रेडिंग
किरीट पारेख समिति	पेट्रोलियम पदार्थों के मूल्य निर्धारण हेतु
सुरेश तेन्दुलकर समिति	गरीबी रेखा से नीचे की जनसंख्या के आकलन हेतु मानकों के पुनर्निर्धारण के लिए
न्यायमूर्ति रामनन्दन प्रसाद समिति	सर्वोच्च न्यायालय की 'क्रिमीलियर' की पहचान के लिए एक विशेष समिति
स्वामीनाथन समिति	समुद्रतटीय संसाधनों का पर्यावरणीय दृष्टि से दीर्घकालीन उपयोग सम्भव होने से सम्बन्धित
अभिजीत सेन समिति	कृषिगत वस्तुओं के वायदा कारोबार से सम्बन्धित
रघुराजन समिति	वित्तीय क्षेत्र में सुधार हेतु
रंगराजन समिति	भारतीय अर्थव्यवस्था के लिए बचत और निवेश का आकलन करने और इसमें सुधार के उपायों को सुझाने हेतु
नरसिंहम समिति	बैंकिंग क्षेत्र में सुधार हेतु
मदनमोहन पुँछी समिति	केन्द्र-राज्य सम्बन्ध पर
प्रो. सी. पी. चन्द्रशेखर समिति	सेवा मूल्य सूचकांक के निर्माण के लिए रिपोर्ट में निर्धनता की पहचान के लिए 'कास्ट ऑफ लिविंग' सूचकांक को आधार बनाया। इससे पहले दाण्डेकर-रथ फॉर्मूला था जो भोजन कैलोरी पर आधारित था
डॉ. आर. के. पचौरी समिति	सेतु समुद्रम परियोजना के वैकल्पिक मार्ग पर विचार हेतु
बी. के. चतुर्वेदी समिति	सार्वजनिक क्षेत्र की तेल कम्पनियों की वित्तीय स्थिति की समीक्षा हेतु
जे. जे. ईरानी समिति	नये कम्पनी विधेयक के लिए सुझाव हेतु
वाई. एस. पी. थोराट	चीनी उद्योग की स्थिति की समीक्षा हेतु समिति
टी. कन्नन समिति	कपड़ा समिति
डी. सुब्बाराव समिति	मौद्रिक नीति पर सलाह हेतु
ऊषा मेहरा आयोग	दलित और दुर्बल लोगों के लिए आरक्षण हेतु
डॉ. राकेश मोहन समिति	सरकार व RBI द्वारा देश के वित्तीय क्षेत्रक की पूर्ण जाँच हेतु
सुब्रह्मण्यम समिति	शैक्षणिक संस्थानों को 'डीम्ड विश्वविद्यालय' का दर्जा प्रदान करने हेतु
अग्रवाल समिति	पेट्रोलियम डीलर शिप के आवण्टन की जाँच हेतु
के. आर. वेणुगोपाल समिति	सार्वजनिक वितरण प्रणाली के तहत् केन्द्रीय निर्गम मूल्य निर्धारण हेतु
राजा चेलैया समिति	कर-सुधार
महाजन समिति	चीनी उद्योग

मानव विकास सूचकांक

- मानव विकास सूचकांक का सर्वप्रथम प्रकाशन सन् 1990 में यूनाइटेड नेशन्स डेवलपमेन्ट प्रोग्राम (UNDP) ने किया था।
- मानव विकास सूचकांक को बनाने में महबूब उल हक, ए. के. सेन तथा सिंगर हंस अर्थशास्त्रियों का विशेष योगदान था। *मानव विकास सूचकांक की रचना तीन सूचकों के आधार पर होती है*

  1. जीवन प्रत्याशा सूचकांक **2.** शिक्षा सूचकांक

  3. जीवन निर्वाह का स्तर जिसमें क्रय-शक्ति समायोजित प्रति व्यक्ति आय (डॉलर में) व्यक्त करते हैं।
- वर्ष 2023 की मानव विकास रिपोर्ट में सबसे नीचा मानव विकास सूचकांक नाइजर का है। 193 देशों की सूची में भारत का स्थान जहाँ 134 वाँ है।

सर्वोच्च मानव विकास वाले पाँच देश

स्विट्जरलैण्ड, नॉर्वे, आइसलैण्ड, हाँगकाँग, डेनमार्क

वैश्विक भुखमरी सूचकांक (GHI)

वैश्विक भुखमरी सूचकांक में एक बहु-आयामी सांख्यिकीय आँकड़ों का प्रयोग कर देश की भुखमरी के सन्दर्भ में स्थिति को स्पष्ट किया जाता है। इस सूचकांक को इण्टरनेशनल फूड पॉलिसी रिसर्च इन्स्टीट्यूट द्वारा विकसित किया गया था, इसका सर्वप्रथम प्रकाशन सन् 2006 में हुआ। यह सूचकांक प्रतिवर्ष निकाला जाता है।

वैश्विक भुखमरी सूचकांक तीन मानकों के आधार पर निकाला जाता है। इन तीनों मानकों का समान महत्त्व है।

1. अल्प पोषित लोगों का अनुपात।
2. पाँच वर्ष से कम आयु के औसत से कम वजन के बच्चों का अनुपात। पाँच वर्ष से कम आयु के बच्चों की मृत्यु दर।
3. सन् 2024 में GHI में 127 विकासशील देशों को शामिल किया गया, जिनमें से 57 गम्भीर खतरनाक बीमारी की स्थिति में हैं। वर्ष की रिपोर्ट में सबसे खतरनाक स्थिति सोमालिया की है, जबकि भारत को 105वाँ स्थान दिया गया है।

अभ्यास प्रश्न

1. भारत में पंचवर्षीय योजनाओं की संकल्पना प्रस्तुत की गई **[UP बी.एड. 2014]**
(a) लॉर्ड माउण्टबेटन द्वारा
(b) जवाहरलाल नेहरू द्वारा
(c) इन्दिरा गाँधी द्वारा
(d) लालबहादुर शास्त्री द्वारा

2. निम्नलिखित में से कौन-सा एक राजकोषीय नीति का उपकरण नहीं है? **[UP बी.एड. 2014]**
(a) करारोपण (b) सार्वजनिक व्यय
(c) ब्याज दर (d) सार्वजनिक ऋण

3. राजकोषीय घाटा अधिक होने से अर्थव्यवस्था के भुगतान सन्तुलन में क्या परिवर्तन होते हैं? **[UP बी.एड. 2014]**
(a) प्रतिकूलता में वृद्धि
(b) अनुकूलता में वृद्धि
(c) सन्तुलित व्यापार
(d) व्यापार सन्तुलन की अनुकूलता में वृद्धि

4. कीन्स के अनुसार अति उत्पादन और बेरोजगारी का मुख्य कारण है **[UP बी.एड. 2014]**
(a) बचत में कमी (b) विनियोग में कमी
(c) कुल माँग में कमी (d) कुल योग में वृद्धि

5. किसी राष्ट्र के आर्थिक कल्याण की दृष्टि से कौन-सा बाजार सर्वोत्तम है? **[UP बी.एड. 2014]**
(a) एकाधिकार
(b) अल्पाधिकार
(c) पूर्ण प्रतियोगिता
(d) एकाधिकारी प्रतियोगिता

6. कापार्ट का सम्बन्ध है **[UP बी.एड. 2014]**
(a) ग्रामीण कल्याण कार्यक्रमों की सहायता व मूल्यांकन से
(b) कम्प्यूटर हार्डवेयर से
(c) निर्यात वृद्धि हेतु परामर्शी सेवा से
(d) बड़े उद्योगों में प्रदूषण के नियन्त्रण से

7. नवीन कल्याणवादी अर्थशास्त्र के जन्मदाता कौन हैं? **[UP बी.एड. 2014]**
(a) पीगू (b) पैरेटो
(c) फिशर (d) फिलिप्स

8. अन्त्योदय कार्यक्रम का मुख्य उद्देश्य था **[UP बी.एड. 2013]**
(a) अनुसूचित जनजातियों के जीवन-स्तर में सुधार करना
(b) अनुसूचित जातियों के जीवन-स्तर में सुधार करना
(c) गरीबों में सबसे अधिक गरीबों की मदद करना
(d) शहरी गरीबी को दूर करना

9. अर्थशास्त्र में ग्रेशम का नियम किससे सम्बन्धित है? **[UP बी.एड. 2013]**
(a) माल और सेवाओं का वितरण
(b) मुद्रा संचालन
(c) माँग और पूर्ति
(d) उपभोग और आपूर्ति

10. इफको (IFFCO) क्या है? **[UP बी.एड. 2013]**
(a) दूध उत्पादक संघ
(b) भारतीय कृषक खाद्यान्न सहकारी संस्था
(c) भारतीय कृषक सहकारी संस्था
(d) उपरोक्त में से कोई नहीं

11. श्रम का बँटवारा नियन्त्रित होता है **[UP बी.एड. 2013]**
(a) श्रमिकों की संख्या से
(b) कार्य घण्टे से
(c) बाजार की उपलब्धता के स्तर से
(d) कार्य हेतु निर्धारित स्थान से

12. किस बैंक द्वारा किसानों को दीर्घकालीन वित्तीय सहायता प्रदान की जाती है? **[UP बी.एड. 2013]**
(a) नाबार्ड (b) भूमि विकास बैंक
(c) स्टेट बैंक (d) ग्रामीण बैंक

13. किसी निश्चित समयावधि में किसी देश में उत्पादित वस्तुओं और सेवाओं के कुल मूल्य को क्या कहते हैं? **[UP बी.एड. 2013]**
(a) प्रयोज्य आय (b) राष्ट्रीय आय
(c) प्रति व्यक्ति आय (d) निवल राष्ट्रीय आय

14. किसी अर्थव्यवस्था में निम्न में से कौन-सा ऐसा कार्य है, जो केन्द्रीय बैंक के कार्यों में शामिल नहीं है? **[UP बी.एड. 2013]**
(a) विदेशी मुद्रा-विनिमय का कार्य
(b) मौद्रिक नीति पर नियन्त्रण
(c) सरकारी खर्च पर नियन्त्रण
(d) बैंकर के बैंक के रूप में कार्य

15. 'भूरी क्रान्ति' किसे कहते हैं? **[UP बी.एड. 2013]**
(a) चारा उद्योग का विकास
(b) समुद्री उत्पादों का विकास
(c) दुग्ध एवं दुग्ध उत्पादों का विकास
(d) भारत में खाद्य प्रसंस्करण एवं शीतल पेयों के उद्योगों का विकास

16. भारतीय कृषि का किसी महत्वपूर्ण स्तर तक यन्त्रीकरण किस कारण से सम्भव नहीं है? **[UP बी.एड. 2013]**
(a) छोटे जोत-क्षेत्र
(b) ट्रैक्टरों की कमी
(c) किसानों की गरीबी
(d) लोगों की उदासीनता

17. 'उपयोगितावाद का जनक' किसे माना जाता है? **[UP बी.एड. 2012]**
(a) हॉब्स (b) रूसो
(c) बेन्थम (d) हीगल

18. कीन्स के अनुसार उत्पत्ति के साधनों की पूर्ति होती है **[UP बी.एड. 2012]**
(a) बेलोचदार
(b) लोचदार
(c) अत्यधिक लोचदार
(d) उपरोक्त में से कोई नहीं

19. प्रशुल्क से आशय है **[UP बी.एड. 2012]**
(a) देश के अन्दर लगाए गए करों से
(b) वस्तुओं पर लगाए गए आयात करों से
(c) विदेशियों से वसूल किए गए करों से
(d) उपरोक्त में से कोई नहीं

20. निम्न में से किसे उत्पत्ति का साधन नहीं माना जाता? **[UP बी.एड. 2012]**
(a) पानी (b) पूँजी
(c) श्रम (d) भूमि

21. हवाला क्या है? **[UP बी.एड. 2012]**
(a) कर अपवंचन
(b) किसी विषय की पूर्ण जानकारी
(c) शेयर बाजार में प्रतिभूतियों का अवैध लेन-देन
(d) विदेशी मुद्रा विनिमय का अवैध कारोबार

22. जब मुद्रा की पूर्ति में वृद्धि होती है, तो वस्तुओं के मूल्य **[UP बी.एड. 2012]**
(a) समान रहते हैं (b) बढ़ जाते हैं
(c) कम हो जाते हैं (d) इनमें से कोई नहीं

23. निम्नलिखित में से कौन-सा कथन सत्य है? **[UP बी.एड. 2012]**
(a) $MPS + MPC > 1$
(b) $MPS + MPC < 1$
(c) $MPS + MPC = 0$
(d) $MPS + MPC = 1$

24. सापेक्ष आय परिकल्पना किसने प्रस्तुत की? **[UP बी.एड. 2012]**
(a) आर्थर स्मिथीज ने (b) फ्रीडमैन ने
(c) ड्यूजेनबरी ने (d) जे एम कीन्स ने

25. अल्पविकास के सिद्धान्त का प्रस्तावक निम्नांकित में से कौन है? **[UP बी.एड. 2011]**
(a) मैक्स वेबर (b) डेविड एप्टर
(c) समीर अमीन (d) अमर्त्य सेन

26. "सार्वजनिक कल्याण विधायक का ध्येय होना चाहिए", यह किसने कहा है? **[UP बी.एड. 2011]**
(a) प्लेटो (b) मार्क्स
(c) बेन्थम (d) हॉब्स

27. किसने कहा है कि "विश्व प्रत्येक अवस्था में उत्पाद और भविष्यवाणी दोनों है"? **[UP बी.एड. 2011]**
(a) प्लेटो (b) मार्क्स
(c) सुकरात (d) हीगल

28. भारत में योजना आयोग किस वर्ष में स्थापित हुआ था? **[UP बी.एड. 2011]**
(a) 1949 (b) 1950 (c) 1951 (d) 1952

29. एशिया एवं सुदूरपूर्व आर्थिक आयोग का प्रधान कार्यालय कहाँ पर स्थित है? **[UP बी.एड. 2011]**
(a) बैंकॉक (b) टोक्यो
(c) कुआलालम्पुर (d) जकार्ता

30. 'सम्पत्ति का पात्रता (हकदारी) सिद्धान्त' किसने प्रतिपादित किया है? **[UP बी.एड. 2011]**
(a) जॉन लॉक (b) जॉन रॉल
(c) रूसो (d) नौजिक

31. एगमार्क एक्ट भारत में कब लागू किया गया? **[UP बी.एड. 2011]**
(a) वर्ष 1937 में (b) वर्ष 1952 में
(c) वर्ष 1957 में (d) वर्ष 1965 में

32. उत्तर प्रदेश निम्नलिखित में से किन फसलों का देश में सबसे बड़ा उत्पादक है? **[UP बी.एड. 2011]**
1. आलू 2. चावल
3. गन्ना 4. तम्बाकू
सही उत्तर का चयन नीचे दिए गए कूट से कीजिए।
कूट
(a) 1 एवं 2 (b) 2 एवं 3
(c) 3 एवं 4 (d) 1 एवं 3

33. निम्नलिखित में से किस प्रकार की बेरोजगारी भारतीय कृषि में सामान्य है ? **[UP बी.एड. 2010]**
(a) अस्थायी (b) संरचनात्मक
(c) प्रच्छन्न (d) मौसमी

34. सजातीय उत्पाद का एक लक्षण है **[UP बी.एड. 2010]**
(a) अपूर्ण बाजार का (b) एकाधिकार का
(c) अल्पाधिकार का (d) पूर्ण बाजार का

35. "प्रगति वह है जो मानवीय सुख में वृद्धि करती है।" यह किसका कथन है? **[UP बी.एड. 2010]**
(a) लेस्टर वार्ड (b) एफ. लम्ले
(c) जिन्सबर्ग (d) हॉबहाउस

36. शिक्षित बेरोजगारी के लिए कौन-सा कारक जिम्मेदार है ? **[UP बी.एड. 2010]**
(a) असंगठित कृषि
(b) दोषपूर्ण शिक्षा प्रणाली
(c) कृषि का परम्परागत तरीका
(d) उपरोक्त में से कोई नहीं

37. भारत में सामुदायिक विकास कार्यक्रम कब प्रारम्भ हुआ ? **[UP बी.एड. 2010]**
(a) वर्ष 1948 (b) वर्ष 1950
(c) वर्ष 1951 (d) वर्ष 1952

38. भारत में 'अनवरत योजना' किस वर्ष कार्यशील थी ? **[UP बी.एड. 2010]**
(a) 1968-69 (b) 1978-79
(c) 1988-89 (d) 1990-91

39. भारत में 'गोल्डन हैण्ड शेक योजना' किससे सम्बन्धित है ? **[UP बी.एड. 2010]**
(a) स्वैच्छिक सेवानिवृत्ति से
(b) भारतीय स्वर्ण व्यापारियों से
(c) भारत में विदेशी स्वर्ण व्यापारियों से
(d) स्वर्ण व्यापार सम्वर्धन से

40. विकास का PURA मॉडल दिया **[UP बी.एड. 2008]**
(a) जाकिर हुसैन ने
(b) मनमोहन सिंह ने
(c) ए. पी. जे. अब्दुल कलाम ने
(d) भारत के योजना आयोग ने

41. विश्व व्यापार संगठन (WTO) रूपान्तरण है **[UP बी.एड. 2008]**
(a) जी. ए. टी. टी. का
(b) अंकटाड का
(c) ब्रेटनवुड्स सम्मेलन का
(d) उपरोक्त में से कोई नहीं

42. ग्रेशम का नियम बताता है कि **[UP बी.एड. 2008]**
(a) पूर्ति अपने माँग का निर्माण करती है
(b) मुद्रा का मूल्य अपनी मात्रा पर निर्भर करता है
(c) जनसंख्या खाद्य आपूर्ति द्वारा निर्धारित होता है
(d) बुरी मुद्रा अच्छी मुद्रा को चलन से बाहर कर देती है

43. लाफर वक्र सम्बन्धित है **[UP बी.एड. 2008]**
(a) मूल्य और माँग
(b) लागत और पूर्ति
(c) कर दर और मूल्य
(d) कर दर और कर आगत

44. राष्ट्रीय आय है **[UP बी.एड. 2008]**
(a) C + I + G
(b) C + I + G + (X – M)
(c) G + I
(d) उपरोक्त सभी

45. भारत में मौद्रिक सुधार किस नई औद्योगिक नीति द्वारा लाई गई ? **[UP बी.एड. 2008]**
(a) 24 जुलाई, 1990
(b) 24 जुलाई, 1991
(c) 24 जुलाई, 1992
(d) 24 जुलाई, 1995

46. मानवीय निर्धनता है **[UP बी.एड. 2008]**
(a) आय वंचन (b) स्वास्थ्य वंचन
(c) शैक्षणिक वंचन (d) ये सभी

47. माँग के निर्माण के लिए क्या आवश्यक है ? **[UP बी.एड. 2008]**
(a) कीमत (b) आय
(c) उत्पादन (d) आयात

48. एक अपूर्ण प्रतियोगिता बाजार में निम्नलिखित में से कौन-सी चीज नहीं पाई जाती है ? **[UP बी.एड. 2008]**
(a) मूल्य विभेद
(b) गैर मूल्य प्रतियोगिता
(c) क्रेता और विक्रेताओं की बड़ी संख्या
(d) बाजार का अपूर्ण ज्ञान

49. भारत में बेरोजगारी को कम किया जा सकता है **[UP बी.एड. 2008]**
(a) जनसंख्या वृद्धि दर को कम करके
(b) डिग्री से रोजगार को अलग करके
(c) श्रम प्रधान तकनीक अपनाकर
(d) उपरोक्त सभी का प्रयोग करके

50. 'दलाल स्ट्रीट' कहाँ स्थित है? **[UP बी.एड. 2008]**
(a) पेरिस (b) लन्दन
(c) मुम्बई (d) न्यूयॉर्क

51. 'अर्थशास्त्र धन का विज्ञान है'—किसने कहा था?
(a) एडम स्मिथ (b) मार्शल
(c) माल्थस (d) रिकार्डो

52. मार्शल के वर्गीकरण के अनुसार उत्पादन के साधन में निम्न में से किसे सम्मिलित किया गया है?
(a) भूमि एवं श्रम (b) पूँजी
(c) संगठन एवं साहस (d) ये सभी

53. उत्पत्ति ह्रास नियम की सर्वप्रथम व्याख्या किसने दी थी?
(a) मार्शल (b) वीजर
(c) तुर्गो (d) कॉन डगलस

54. सीमान्त उपयोगिता है
(a) धनात्मक उपयोगिता की परिवर्तन दर
(b) ऋणात्मक उपयोगिता की परिवर्तन दर
(c) कुल उपयोगिता की परिवर्तन दर
(d) उपरोक्त में से कोई नहीं

55. सीमान्त उपयोगिता ह्रास नियम का प्रतिपादन किसने किया था?
(a) मार्शल
(b) हरमैन हैनरिक गौसेन
(c) हिक्स
(d) एलन

56. गिफिन वस्तु के लिए निम्न में से किन शर्तों का होना आवश्यक है?
(a) निम्न वस्तु का ऋणात्मक आय प्रभाव अधिक शक्तिशाली हो
(b) उस वस्तु का प्रतिस्थापन प्रभाव कम हो
(c) उस वस्तु पर आय का एक बड़ा भाग व्यय किया जा रहा हो
(d) उपरोक्त सभी

57. उपभोक्ता की बचत की विचारधारा के प्रतिपादक कौन थे?
(a) ड्यूपिट (b) मार्शल
(c) हिक्स (d) एलन

58. किसी वस्तु की कुल उपयोगिता उस वस्तु के किस मूल्य से मापी जाती है?
(a) विनिमय मूल्य (b) उपयोग मूल्य
(c) 'a' एवं 'b' दोनों (d) इनमें से कोई नहीं

59. उपभोक्ता बचत को मापने के लिए सर्वप्रथम उदासीनता वक्र का प्रयोग किसने किया?
(a) मार्शल (b) ड्यूपिट
(c) जे. आर. हिक्स (d) रॉबिन्सन

60. अर्थशास्त्र प्रत्येक व्यक्ति में निम्न में से किस प्रकार के व्यवहार की आशा करता है?
(a) विवेकपूर्ण (b) भावुक
(c) तटस्थ (d) सन्देहपूर्ण

61. अर्थशास्त्र में उपयोगिता का अभिप्राय है
(a) वस्तु की इच्छा को सन्तुष्ट करने की शक्ति
(b) उल्लास
(c) आमोद-प्रमोद
(d) उपरोक्त में से कोई नहीं

62. पूर्ण तृप्ति के बिन्दु पर सीमान्त उपयोगिता की स्थिति होती है
(a) शून्य (b) धनात्मक
(c) ऋणात्मक (d) अधिकतम

63. माँग किसी वस्तु के लिए एक ऐसी इच्छा है जिसके लिए उपभोक्ता को
(a) कीमत चुकाने की योग्यता हो
(b) कीमत चुकाने की तत्परता हो
(c) उपभोक्ता की आय हो
(d) 'a' एवं 'b'

64. माँग में शामिल है
(a) वस्तु की प्रभावी इच्छा
(b) साधन उपलब्धता
(c) वस्तु खरीदने के लिए साधनों को व्यय करने की तत्परता
(d) उपरोक्त सभी

65. "जैसे-जैसे आय में वृद्धि होती है, वैसे-वैसे खाद्यान्नों पर व्यय की गई आय के प्रतिशत में कमी होती है।" यह कथन किसका है ?
(a) पीगू (b) माल्थस
(c) एंजिल (d) हिक्स

66. धनी व्यक्ति के लिए माँग की लोच
(a) लोचदार होती है
(b) बेलोचदार होती है
(c) अत्यधिक लोचदार होती है
(d) उपरोक्त में से कोई नहीं

67. निम्न में से उत्पादन का निष्क्रिय साधन किसे माना जाता है?
(a) पूँजी (b) श्रम
(c) भूमि (d) ये सभी

68. श्रम के लिए किसे अनिवार्य माना गया है?
(a) आर्थिक प्रतिफल (b) शारीरिक प्रयत्न
(c) 'a' एवं 'b' दोनों (d) इनमें से कोई नहीं

69. पूर्ण प्रतियोगिता की आवश्यक शर्तों में निम्न में क्या शामिल नहीं है?
(a) क्रेता एवं विक्रेताओं की कम संख्या
(b) क्रेता एवं विक्रेताओं की अधिक संख्या
(c) वस्तु की समरूप इकाइयाँ
(d) बाजार दशाओं का पूर्ण ज्ञान

70. "उपयोगिता आवश्यकताओं को सन्तुष्ट करने की क्षमता है।" किस अर्थशास्त्री ने ये शब्द कहे हैं?"
(a) मार्शल (b) रॉबिन्सन
(c) प्रो. मेयर्स (d) प्रो. वाघ

71. 'Principles of Economics' के लेखक हैं
(a) मार्शल (b) एडम स्मिथ
(c) पीगू (d) रिकार्डो

72. 'Wealth of Nations' के लेखक हैं
(a) मार्शल (b) एडम स्मिथ
(c) पीगू (d) रिकार्डो

73. अर्थशास्त्र में 'उत्पादन' है
(a) उद्योगों की स्थापना
(b) वस्तु या सेवा में उपयोगिता का सृजन
(c) वस्तु या सेवा का निर्माण
(d) उपरोक्त सभी

74. अपूर्ण प्रतियोगिता की विचारधारा को सर्वप्रथम किसने प्रस्तुत किया?
(a) प्रो. चैम्बरलिन
(b) प्रो. वाघ
(c) प्रो. मेयर्स
(d) श्रीमती जॉन रॉबिन्सन

75. अपूर्ण बाजार की विशेषताओं में क्या शामिल नहीं है ?
(a) क्रेता तथा विक्रेता की कम संख्या
(b) वस्तुओं का मूल्य एक समान न होना
(c) अधिक प्रतियोगिता
(d) वस्तुओं के गुणों में असमानता

76. लगान के प्रतिष्ठित सिद्धान्त के प्रतिपादक हैं
(a) रिकार्डो (b) माल्थस
(c) पीगू (d) मार्शल

77. एकाधिकारी बाजार में उत्पादक का नियन्त्रण होता है
(a) केवल माँग पर
(b) केवल पूर्ति पर
(c) माँग एवं पूर्ति दोनों पर
(d) न माँग पर न पूर्ति पर

78. एक क्रेताधिकार बाजार में किसका प्रभुत्व होता है?
(a) विक्रेता का
(b) क्रेता का
(c) क्रेता एवं विक्रेता दोनों का
(d) उत्पादक का

79. निम्न में से कौन-सी दशा पूर्ण प्रतियोगिता में नहीं पायी जाती है ?
(a) साधनों की पूर्ण गतिशीलता
(b) बाजार दशाओं का पूर्ण ज्ञान
(c) वस्तु विभेद
(d) क्रेता एवं विक्रेताओं की अधिक संख्या

80. एकाधिकार प्रतियोगिता का विचार सर्वप्रथम किस अर्थशास्त्री ने दिया था?
(a) श्रीमती जॉन रॉबिन्सन
(b) प्रो. मेयर्स
(c) प्रो. वाघ
(d) प्रो. चैम्बरलिन

81. अर्थशास्त्र को कल्याणकारी विज्ञान के रूप में किसने प्रस्तुत किया है?
(a) मार्शल ने (b) माल्थस ने
(c) पीगू ने (d) एडम स्मिथ ने

82. प्रो. पीगू ने आर्थिक कल्याण को किसमें मापने की बात कही है?
(a) मुद्रा में (b) वस्तु में
(c) सोना-चाँदी में (d) अन्य सम्पत्ति में

83. भूमि की समग्र पूर्ति होती है
(a) पूर्णतः लोचदार (b) पूर्णतः बेलोचदार
(c) आंशिक लोचदार (d) आंशिक बेलोचदार

84. श्रम की उत्पादकता बढ़ने पर उसका मजदूरी स्तर
(a) घटेगा (b) स्थिर रहेगा
(c) बढ़ेगा (d) अपरिवर्तित रहेगा

85. मुद्रा संकुचन (Deflation) कारण होता है
(a) मुद्रा की पूर्ति की तुलना में माल व सेवाओं की पूर्ति में कमी
(b) निर्यात की तुलना में आयात में कमी
(c) माल एवं सेवाओं की पूर्ति की तुलना में मुद्रा की पूर्ति में कमी
(d) उपरोक्त में से कोई नहीं

86. जानकीरमन समिति का गठन किस उद्देश्य से किया गया था?
(a) डाकघरों में जमा (Deposits) बढ़ाने के लिए सुझाव देने हेतु
(b) बैंकिंग ढाँचे में सुधार हेतु सुझाव देने हेतु
(c) औद्योगिक वित्त की अव्यवस्थाओं की जाँच हेतु
(d) बैंकों के प्रतिभूतियों के सौदों की जाँच हेतु

87. भारत की राष्ट्रीय आय में निम्नलिखित में से किस क्षेत्र का सर्वाधिक योगदान है?
(a) प्राथमिक
(b) द्वितीयक
(c) तृतीयक
(d) तीनों का योगदान समान है

88. निगम कर निम्नलिखित में से किसके द्वारा लगाया जाता है?
(a) राज्य सरकार
(b) स्थानीय स्वशासन
(c) केन्द्र सरकार
(d) केन्द्र व राज्य सरकार

89. भारत में योजना व्यय मुख्यत: पूरा किया जाता है
(a) आन्तरिक उधार व अन्य साधनों से
(b) भारत सहायता क्लब की सहायता से
(c) आई. एम. एफ. की सहायता से
(d) OECD देशों की सहायता से

90. जनसंख्या घनत्व का अर्थ है
(a) प्रति वर्ग किमी क्षेत्र में रहने वाले व्यक्तियों की संख्या
(b) प्रति किमी में रहने वाले व्यक्तियों की संख्या
(c) गाँव में रहने वाले व्यक्तियों की संख्या
(d) निर्धनता की रेखा के नीचे तथा निर्धनता की रेखा से ऊपर रहने वाले व्यक्तियों की संख्या में अनुपात

91. निम्नलिखित में से किस प्रदेश को 'भारत का सिलीकॉन राज्य' (Silicon State of India) कहा जाता है?
(a) गोवा (b) आन्ध्र प्रदेश
(c) कर्नाटक (d) केरल

92. निम्नलिखित में से किस संस्था का सम्बन्ध भारत की कृषि एवं ग्रामीण वित्त की आवश्यकता तक ही सीमित है?
(a) स्टेट बैंक ऑफ इण्डिया
(b) औद्योगिक वित्त निगम
(c) नाबार्ड
(d) रिजर्व बैंक ऑफ इण्डिया

93. किस प्रकार की माँग वाली वस्तुओं पर कर लगाकर अधिक राजस्व अर्जित किया जा सकता है?
(a) अत्यधिक लोचदार (b) इकाई लोचदार
(c) पूर्णतः लोचदार (d) बेलोचदार

94. अनुसूचित बैंक से अभिप्राय उन बैंकों से है
(a) जिनका राष्ट्रीयकरण हो चुका है
(b) जिनका राष्ट्रीयकरण नहीं हुआ है
(c) जिनका मुख्यालय विदेशों में है
(d) जिनका नाम रिजर्व बैंक की दूसरी अनुसूची में सम्मिलित किया गया है

95. भारत निम्नलिखित में से किस संगठन का सदस्य नहीं है?
(a) जी.-15 (b) यू. एन. ओ.
(c) आसियान (d) राष्ट्रमण्डल

96. 'ग्रेशम का नियम' निम्नलिखित में से किससे सम्बन्धित है?
(a) उपभोग एवं माँग (b) आपूर्ति एवं माँग
(c) मुद्रा के प्रचलन (d) घाटे की अर्थव्यवस्था

97. 'सुपर 301' क्या है?
(a) यह भारत द्वारा विकसित एक सुपर कम्प्यूटर का ब्राण्ड नाम है
(b) चावल की नई विकसित वैरायटी
(c) यह अमेरिका व्यापार कानून की वह धारा है, जो उन्हें अपने आयात पर उच्च सीमा शुल्क लगाने की शक्ति देती है
(d) यह 'एड्स' से निपटने के लिए खोजी गयी नई औषधि का नाम है

98. यदि पूँजी स्टॉक सदैव स्थायी है, तो मूल्य ह्रास है
(a) ऊँचा (b) नीचा (c) शून्य (d) अनन्त

99. अन्तर्राष्ट्रीय मुद्रा कोष (IMF) का मुख्यालय कहाँ है?
(a) न्यूयॉर्क में
(b) वाशिंगटन (डी. सी.) में
(c) लन्दन में
(d) मनीला में

100. अन्तर्राष्ट्रीय मुद्रा कोष की मुद्रा एस. डी. आर. (SDR)
(a) नोटों के रूप में छपी होती है
(b) सोने के सिक्कों के रूप में होती है
(c) शुद्ध चाँदी के सिक्कों के रूप में होती है
(d) बुक-कीपिंग एण्ट्री होती है

101. निर्यातमूलक इकाइयाँ वे फर्म होती हैं जिनसे आशा की जाती है कि वे
(a) केवल निर्यात प्रसंस्करण क्षेत्रों में ही क्रियाशील होती हैं
(b) आयातों को प्रतिस्थापित करेगी
(c) ISO-9000 के अन्तर्गत खरी उतरती हैं
(d) उत्पादन का बड़ा भाग निर्यात करती हैं

102. कर-संरचना सम्बन्धी सुधारों के लिए गठित की गई समिति निम्नलिखित में से कौन-सी थी?
(a) नरसिंहम समिति (b) चेलैया समिति
(c) गाडगिल समिति (d) केलकर समिति

103. नरसिंहम समिति ने किस सम्बन्ध में अपने सुझाव केन्द्र सरकार को दिये थे?
(a) उच्च शिक्षा सुधार सम्बन्धी
(b) कर संरचना सुधार सम्बन्धी
(c) बैकिंग संरचना सुधार सम्बन्धी
(d) पंचवर्षीय योजनाओं के क्रियान्वयन सुधार सम्बन्धी

104. खुले बाजार की क्रियाएँ (Open Market Operations) निम्नलिखित में से किस नीति का अंग है?
(a) आय नीति (b) राजकोषीय नीति
(c) साख नीति (d) श्रम नीति

105. निम्नलिखित में से कौन-सा एक राजकोषीय नीति का उपकरण नहीं है?
(a) करारोपण (b) सार्वजनिक व्यय
(c) ब्याज दर (d) सार्वजनिक ऋण

106. एशियाई विकास बैंक का मुख्यालय निम्नलिखित में से किस स्थान पर स्थित है?
(a) सिंगापुर (b) मनीला
(c) हांगकांग (d) टोकियो

107. 'ऑपरेशन फ्लड' कार्यक्रम का प्रारम्भ कब हुआ?
(a) सन् 1951 में (b) सन् 1970 में
(c) सन् 1975 में (d) सन् 1985 में

108. कुल ब्याज में कौन-सा तत्त्व सम्मिलित किया जाता है?
(a) जोखिम का भुगतान (b) शुद्ध ब्याज
(c) व्यवस्था का प्रतिफल (d) ये सभी

109. अर्थशास्त्र में भूमि से आशय है
(a) कृषि योग्य जोत
(b) सभी प्राकृतिक साधन
(c) मानव निर्मित साधन
(d) उपरोक्त में से कोई नहीं

110. लाभ के समाजवादी सिद्धान्त का प्रतिपादन किसने किया था?
(a) कार्ल मार्क्स (b) प्रो. चैम्बरलिन
(c) रिकार्डो (d) पीगू

111. मुद्रा की मात्रा बढ़ने पर ब्याज की दर
(a) बढ़ती है
(b) घटती है
(c) स्थिर रहती है
(d) पहले बढ़ती है बाद में घटती है

112. देश में बैंकिंग व्यवस्था का संरक्षक है
(a) केन्द्रीय बैंक (b) व्यापारिक बैंक
(c) स्टेट बैंक (d) इनमें से कोई नहीं

113. मुद्रा स्फीति वह प्रक्रिया है, जिसमें
(a) कीमत स्तर में वृद्धि होती है
(b) मुद्रा का मूल्य गिरता है
(c) कीमत स्तर में कमी होती है
(d) (a) एवं (b)

114. मुद्रा अवस्फीति को रोकने के उपायों में शामिल है
(a) बैंक दर में कमी
(b) सार्वजनिक व्यय में वृद्धि
(c) मुद्रा का अत्यधिक निर्गमन करके
(d) उपरोक्त सभी

115. सकल घरेलू उत्पादन का मतलब है
(a) किसी राष्ट्र के नागरिकों की आय
(b) स्वदेशी पूँजी से उत्पन्न माल
(c) किसी राष्ट्र की भौगोलिक सीमाओं के अन्तर्गत पैदा की गयी आय
(d) किसी राष्ट्र के कुटीर एवं लघु उद्योगों द्वारा उत्पन्न वस्तुएँ एवं सेवाएँ

116. भारत की राष्ट्रीय आय की गणना में निम्न में से किस विधि का प्रयोग किया जाता है?
(a) आय विधि
(b) व्यय विधि
(c) उत्पादन एवं आय विधि
(d) उत्पादन विधि

117. प्रति व्यक्ति आय का मतलब है
(a) राष्ट्रीय आय ÷ कार्यशील जनसंख्या
(b) राष्ट्रीय आय ÷ राष्ट्र की कुल जनसंख्या
(c) राष्ट्रीय आय ÷ कुल रोजगार
(d) राष्ट्रीय आय ÷ आयकर से प्राप्त आय

118. किसी एक राष्ट्र के एक वर्ष के अन्तिम उत्पाद एवं सेवाओं के योग को कहा जाता है
(a) सकल राष्ट्रीय आय
(b) शुद्ध राष्ट्रीय आय
(c) सकल घरेलू उत्पाद
(d) साधन लागत पर राष्ट्रीय उत्पाद

119. विदेशों से प्राप्त आय को निम्न में से किसमें शामिल किया जाता है?
(a) राष्ट्रीय आय में
(b) सकल घरेलू उत्पाद में
(c) 'a' एवं 'b' दोनों में
(d) उपरोक्त में से किसी में नहीं

120. भारतीय अर्थव्यवस्था विकासशील है, क्योंकि
(a) यह कृषि पर आधारित है
(b) यहाँ प्रति व्यक्ति आय अपेक्षाकृत कम है
(c) यहाँ जन्म-दर ऊँची है
(d) उपरोक्त सभी

121. जी. एन. पी. एवं जी. डी. पी. में अन्तर है
(a) विदेशों से प्राप्त शुद्ध साधन आय का
(b) सकल विदेशी विनियोग का
(c) शुद्ध विदेशी विनियोग का
(d) उपरोक्त में सभी का

122. इकोनॉमिक्स ऑफ वेलफेयर के लेखक हैं
(a) पीगू (b) पैरटो
(c) मार्शल (d) रॉबिन्सन

123. कीन्स का रोजगार सिद्धान्त है
(a) व्यष्टिमूलक
(b) समष्टिमूलक
(c) (a) एवं (b) दोनों
(d) उपरोक्त में से कोई नहीं

124. लाभ की वह न्यूनतम मात्रा जो फर्म को दीर्घकाल तक उद्योग में बने रहने के लिए आवश्यक होती है
(a) अवसर लागत कहलाती है
(b) सामान्य लाभ कहलाती है
(c) साधन की वर्तन आय कहलाती है
(d) असामान्य लाभ कहलाती है

125. निम्न में से कौन-सी मुद्रा सांकेतिक है?
(a) सोने के सिक्के (b) चाँदी के सिक्के
(c) कागज के नोट (d) ये सभी

126. "मुद्रा वह धुरी है जिसके चारों ओर आर्थिक विज्ञान चक्कर लगाता है।" यह कथन किसका है?
(a) मार्शल (b) पीगू
(c) रॉबिन्सन (d) कीन्स

127. 'मुद्रा विनिमय का माध्यम है।' इसका अर्थ है
(a) देश के समस्त भुगतान मुद्रा द्वारा किये जाते हैं
(b) मुद्रा विनिमय करती है
(c) मुद्रा वस्तुओं की कीमतें बताती है
(d) उपरोक्त में से कोई नहीं

128. बैंकों का एक महत्त्वपूर्ण कार्य है
(a) कृषि का विकास
(b) व्यक्तियों को वानूनी सलाह
(c) साख निर्माण
(d) सामाजिक सहयोग

129. फिलिप्स वक्र बताता है
(a) अवस्फीति दर व रोजगार वृद्धि दर में
(b) स्फीति दर व बेरोजगारी दर में
(c) कीमत वृद्धि व मजदूरी वृद्धि में
(d) उपरोक्त में से कोई नहीं

130. कागजी मुद्रा जारी करने का एकाधिकार किसे होता है?
(a) व्यापारिक बैंक (b) वित्तीय आयोग
(c) केन्द्रीय बैंक (d) ये सभी

131. स्टैगफ्लेशन से तात्पर्य है
(a) विस्फीति के साथ बेरोजगारी
(b) प्रसार के साथ बेरोजगारी
(c) प्रसार एवं पूर्ण रोजगार
(d) विस्फीति एवं पूर्ण रोजगार

132. विश्व का सबसे पुराना केन्द्रीय बैंक है
(a) बैंक ऑफ जापान
(b) रिजर्व बैंक ऑफ इण्डिया
(c) फेडरल रिजर्व सिस्टम ऑफ अमेरिका
(d) बैंक ऑफ इंग्लैण्ड

133. निम्न में से कौन-सा कार्य व्यापारिक बैंकों का नहीं है?
(a) ऋण प्रदान करना
(b) विदेशी मुद्रा का क्रय-विक्रय करना
(c) जमाएँ प्राप्त करना
(d) एजेन्सी कार्य करना

134. निम्न में कौन भिन्न है?
(a) व्यापारिक बैंक
(b) सहकारी बैंक
(c) औद्योगिक बैंक
(d) भारतीय जीवन बीमा निगम

135. बजट में निम्न में से क्या शामिल होता है?
(a) विगत वर्ष के आय का विवरण
(b) चालू वर्ष में आय-व्यय की संशोधित स्थिति
(c) आगामी वर्ष के आय-व्यय के अनुमान
(d) उपरोक्त सभी

136. सरकार की कुल आय तथा कुल व्यय के बीच के अन्तर को क्या कहा जाता है?
(a) बजटीय घाटा (b) राजकोषीय घाटा
(c) मौद्रिक घाटा (d) आगम घाटा

137. आय के वितरण की असमानताओं को निम्न में से किस प्रकार दूर किया जा सकता है?
(a) कर ढाँचे में सुधार के द्वारा
(b) उपादान द्वारा
(c) अनुदान द्वारा
(d) उपरोक्त सभी

138. सरकार का राजकोषीय घाटा निम्न में से किसके बराबर होता है ?
(a) चालू आय–चालू व्यय
(b) कुल आय–कुल व्यय
(c) चालू आय–(चालू व्यय + पूँजी व्यय)
(d) पूँजी प्राप्तियाँ–पूँजी भुगतान

139. बजट होता है
(a) वित्तीय प्रशासन का अंग
(b) केन्द्र सरकार की विभिन्न नीतियों का ब्यौरा
(c) केन्द्र तथा राज्य के वित्तीय सम्बन्धों का ब्यौरा
(d) उपरोक्त में से कोई नहीं

140. भारत के योजना आयोग के सम्बन्ध में निम्नलिखित में से कौन-सा कथन सही है?
(a) योजना आयोग का संविधान में कोई उल्लेख नहीं है
(b) उसके सदस्यों एवं उपाध्यक्ष का कोई निश्चित कार्यकाल नहीं होता
(c) इसके सदस्यों के लिए कोई निश्चित योग्यता नहीं है
(d) उपरोक्त सभी

141. राष्ट्रीय विकास परिषद् का अध्यक्ष निम्नलिखित में से कौन है?
(a) वित्तमन्त्री
(b) प्रधानमन्त्री
(c) योजनामन्त्री
(d) लोकसभा में विपक्ष का नेता

142. अन्तर्राष्ट्रीय व्यापार का प्रमुख प्रहरी है
(a) अन्तर्राष्ट्रीय मुद्रा कोष (IMF)
(b) विश्व बैंक (World Bank)
(c) विश्व व्यापार संगठन (WTO)
(d) अन्तर्राष्ट्रीय वित्त निगम (IFC)

143. निम्नलिखित में से कौन-सा देश बिमस्टेक (Bimstec) का सदस्य नहीं है?
(a) पाकिस्तान (b) भारत
(c) बांग्लादेश (d) श्रीलंका

144. निम्नलिखित में से कौन-सा युग्म गलत है?
(a) एक्जिम (EXIM) बैंक-आयात-निर्यात बैंक हेतु वित्त
(b) आर. बी. आई. (RBI)—बैंकों की बैंक
(c) आई. डी. बी. आई. (IDBI)—औद्योगिक वित्त
(d) एफ. सी. आई. (FCI)—कॉमर्शियल संस्थाओं को वित्तीय सहायता

145. सेबी (SEBI) के कार्यों में सम्मिलित है
(a) स्टॉक एक्सचेन्जों के कार्यों को विनियमित करना
(b) शेयर बाजारों से सम्बन्धित अनुचित एवं धोखाधड़ी से परिपूर्ण व्यापारिक कार्यों पर रोक लगाना
(c) प्रतिभूतियों के अन्तरंग व्यापार (Inside Trading) को नियन्त्रित करना
(d) उपरोक्त सभी

146. साख नियन्त्रण के परिमाणात्मक उपायों में निम्नलिखित में से क्या शामिल नहीं है?
(a) खुले बाजार की क्रियाएँ
(b) सांविधिक तरलता अनुपात
(c) बैंक दर
(d) ऋणों के लिए मार्जिन आवश्यकताएँ

147. 'ब्रेक ईवेन' (Break Even) बिन्दु क्या है?
(a) वह स्थिति जब फर्म लाभ उठा रही है
(b) वह स्थिति जब फर्म को हानि हो रही है
(c) वह स्थिति जब फर्म को न लाभ हो रहा हो और न हानि हो रही है
(d) इसका लाभ-हानि से कोई सम्बन्ध नहीं है

148. 'क्लोज्ड इकोनामी' का तात्पर्य उस अर्थव्यवस्था से है, जिसमें
(a) केवल निर्यात होता है
(b) मुद्रा की नियन्त्रित आपूर्ति होती है
(c) घाटे की वित्तीय व्यवस्था होती है
(d) आयात तथा निर्यात नहीं होते हैं

149. 'विश्व बैंक' का मुख्यालय निम्नलिखित में से किस स्थान पर स्थित है?
(a) मनीला (b) वाशिंगटन डी. सी.
(c) न्यूयॉर्क (d) जेनेवा

150. भारत के किस राज्य में क्षेत्रीय ग्रामीण बैंक अभी स्थापित नहीं किये गए हैं?
(a) सिक्किम तथा गोवा
(b) बिहार तथा राजस्थान
(c) अरुणाचल प्रदेश
(d) नागालैण्ड

151. सन् 1949 में गठित 'राष्ट्रीय आय समिति' के अध्यक्ष कौन थे?
(a) डी.आर. गाडगिल
(b) पी.सी. महालनोबिस
(c) वी.के.आर.वी. राव
(d) बी. नटराजन

152. राष्ट्रीय विकास परिषद् का गठन किस वर्ष में किया गया था?
(a) वर्ष 1992 में (b) वर्ष 1948 में
(c) वर्ष 1952 में (d) वर्ष 1947 में

153. भारत की प्रमुख खाद्य फसल है
(a) चावल (b) गेहूँ
(c) चना (d) गन्ना

154. भारत के किस राज्य में कॉफी का सर्वाधिक उत्पादन होता है?
(a) केरल (b) कर्नाटक
(c) असोम (d) तमिलनाडु

155. अल्प विक्रेताधिकार (Oligopoly) की मूल विशेषता है
(a) बहुत से विक्रेता
(b) केवल एक विक्रेता
(c) कुछ विक्रेता
(d) अत्यधिक विक्रेता

156. 'मन्दड़िया' व 'तेजड़िया' शब्दावली किससे सम्बन्धित है?
(a) शेयर बाजार (b) घुड़सवारी
(c) करारोपण (d) सार्वजनिक व्यय

157. निम्नलिखित में से भारत की राष्ट्रीय आय का सबसे मुख्य स्रोत है
(a) सेवा क्षेत्र (b) कृषि क्षेत्र
(c) उद्योग (d) व्यापार क्षेत्र

158. 'सार्वजनिक क्षेत्र' से क्या तात्पर्य है?
(a) वाणिज्य एवं व्यापार पर सरकार का स्वामित्व
(b) वाणिज्य एवं व्यापार पर निजी स्वामित्व
(c) वाणिज्य एवं व्यापार पर धनिकों का स्वामित्व
(d) वाणिज्य एवं व्यापार पर मौलिक रूप में निजी स्वामित्व जिन्हें सरकार ने लिया है

159. भारत में हरित क्रान्ति किस मामले में सर्वाधिक सफल रही है?
(a) गेहूँ और आलू
(b) ज्वार और तेल बीज
(c) गेहूँ और चावल
(d) चाय और कॉफी

160. राष्ट्रीय ग्रामीण विकास संस्थान स्थित है
(a) शिमला में (b) हैदराबाद में
(c) पटना में (d) दिल्ली में

161. आर्थिक विकास की माप के लिए निम्नलिखित में से कौन-सी बेहतर माप है?
(a) रोजगार (b) निर्यात का आकार
(c) ग्रामीण उपभोग (d) राष्ट्रीय आय

162. शून्य आधार बजट (Zero Base Budget) का आशय है
(a) व्यय की प्रत्येक मद पर इस प्रकार विचार करना कि वह नई हो
(b) व्यय वृद्धि को रोकना
(c) व्यय में कमी करना
(d) उपरोक्त सभी

163. हीनार्थ प्रबन्धन का उद्देश्य है
(a) विकास के लिए साधन जुटाना
(b) युद्ध वित्त की पूर्ति के लिए व्यवस्था
(c) अर्थव्यवस्था को मन्दी से निकालना
(d) उपरोक्त सभी

164. राजकोषीय घाटे में से ब्याज अदायगियों को घटाने के बाद बचा शेष कहलाता है
(a) बजट घाटा (b) राजस्व घाटा
(c) मैद्रिक घाटा (d) प्रारम्भिक घाटा

165. वित्तीय साधनों की कमी का अनुमान लगाने के लिए सबसे महत्त्वपर्ण क्या है?
(a) राजस्व घाटा (b) राजकोषीय घाटा
(c) प्राथमिक घाटा (d) बजट घाटा

166. स्वतन्त्र व्यापार से तात्पर्य यह है कि
(a) विदेशी व्यापार पर कोई नियन्त्रण न हो
(b) व्यापारी अपने मालों की कीमतों को निश्चित करने के लिए स्वतन्त्र है
(c) 'a' एवं 'b' दोनों
(d) उपरोक्त में से कोई नहीं

167. निम्नलिखित में से किस सन्धि द्वारा विश्व व्यापार संगठन की स्थापना की गई?
(a) जेनेवा सन्धि द्वारा
(b) उरुग्वे राउण्ड वार्ता द्वारा
(c) ब्राजील समझौता द्वारा
(d) मराकेश सन्धि द्वारा

168. आयातों को नियन्त्रित करने के लिए किस विधि का प्रयोग किया जा सकता है?
(a) बिक्री कर में वृद्धि करके
(b) बिक्री कर में कमी करके
(c) कोटा प्रणाली लागू करके
(d) हीनार्थ व्यवस्था को अपनाकर

169. मुक्त व्यापार की नीति उसी समय वैध होती है, जब वस्तुओं एवं साधनों के बाजारों में
(a) पूर्ण एकाधिकार हो
(b) पूर्ण प्रतियोगिता हो
(c) अपूर्ण प्रतियोगिता हो
(d) उपरोक्त सभी

170. कोटा प्रणाली के प्रमुख उद्देश्यों में शामिल है
(a) घरेलू उद्योगों का संरक्षण
(b) आयातों का प्रभावशाली ढंग से नियमन
(c) भुगतान शेष के असन्तुलन का निराकरण
(d) उपरोक्त सभी

171. अन्तर्राष्ट्रीय मुद्रा कोष के उद्देश्यों में निम्न में से कौन शामिल नहीं है?
(a) अन्तर्राष्ट्रीय व्यापार का सन्तुलित विकास
(b) विनिमय दरों में स्थिरता
(c) विश्व के देशों के प्रतिकूल भुगतान सन्तुलन को अनुकूल बनाने के लिए आर्थिक सहायता
(d) अन्तर्राष्ट्रीय मौद्रिक सहयोग की स्थापना

172. विश्व बैंक समूह में निम्न में से किन संस्थाओं का समावेश है?
(a) अन्तर्राष्ट्रीय पुनर्निर्माण एवं विकास बैंक
(b) अन्तर्राष्ट्रीय वित्त निगम एवं अन्तर्राष्ट्रीय विकास संघ
(c) बहुपक्षीय विनियोग गारण्टी अभिकरण
(d) उपरोक्त सभी

173. विश्व व्यापार संगठन किस कार्य के लिए अन्तर्राष्ट्रीय मुद्रा कोष तथा विश्व बैंक से सहयोग करेगा?
(a) प्रशुल्कों का निर्धारण
(b) विवादों का निबटारा
(c) वैश्विक आर्थिक नीति निर्माण में अधिक सामंजस्य भाव लाना
(d) व्यापार नीति समीक्षा

174. किसी देश की मुद्रा का अवमूल्यन
(a) निर्यात को हतोत्साहित एवं आयात को प्रोत्साहित करने का उपाय है
(b) निर्यात एवं आयात को प्रोत्साहित करने का मुख्य उपाय है
(c) निर्यात को प्रोत्साहित एवं आयात को हतोत्साहित करने का मुख्य उपाय है
(d) उपरोक्त में से कोई नहीं

175. प्राकृतिक साधनों में निम्न में से क्या शामिल नहीं होता है?
(a) उद्योग (b) वन-सम्पदा
(c) भूमि (d) खनिज

176. मिश्रित अर्थव्यवस्था का अर्थ है
(a) लघु व विशाल उद्योगों का सहअस्तित्व
(b) कृषि व उद्योगों की एक साथ वृद्धि
(c) निजी व सार्वजनिक उद्योगों का सहअस्तित्व
(d) निर्धन व सहअमीरों का सहअस्तित्व

177. भारत में बेरोजगारी की समस्या मूलत: है
(a) संरचनात्मक (b) चक्रीय
(c) मौसमी (d) घर्षणात्मक

178. अन्तर्राष्ट्रीय व्यापार का मूल आधार है
(a) निरपेक्ष लाभ तथा तुलनात्मक लाभ दोनों
(b) केवल निरपेक्ष लाभ
(c) केवल सापेक्ष लाभ
(d) विनिमय दर

179. निम्नलिखित में से कौन-सा बेमेल है?
(a) रेखी समिति – आयात निर्यात प्रक्रिया सरलीकरण
(b) नंजुन्दप्पा समिति – रेल किराया भाड़ा
(c) रंगराजन समिति – भुगतान सन्तुलन
(d) गोइपोरिया समिति – बैंकिंग सेवा सुधार

180. रिजर्व बैंक ऑफ इण्डिया (RBI) का राष्ट्रीयकरण कब हुआ?
(a) सन् 1959 में (b) सन् 1947 में
(c) सन् 1945 में (d) सन् 1949 में

181. भारत में आयकर प्रारम्भ करने में कौन उत्तरदायी था?
(a) सर चार्ल्स वुड (b) लॉर्ड मैकाले
(c) जेम्स विल्सन (d) विलियम जोन्स

182. निम्नलिखित में से कौन मुद्रा स्फीति से लाभान्वित होता है?
(a) बचतकर्ता (b) ऋणदाता
(c) ऋणी (d) पेन्शन प्राप्तकर्ता

183. भारत में सकल घरेलू बचतों में सर्वाधिक योगदान किसका है?
(a) घरेलू क्षेत्र (b) सरकारी क्षेत्र
(c) सार्वजनिक क्षेत्र (d) निजी निगम क्षेत्र

184. भारत में किस उद्योग को 'संरक्षण' का शिशु कहा जाता है?
(a) जूट उद्योग (b) वस्त्र उद्योग
(c) चीनी उद्योग (d) सीमेन्ट उद्योग

185. राज्य अर्थव्यवस्था में किस प्रकार हस्तक्षेप करता है?
(a) वित्तीय नीति द्वारा
(b) मौद्रिक नीति द्वारा
(c) प्रत्यक्ष नियन्त्रण द्वारा
(d) उपरोक्त सभी विधियों द्वारा

186. अर्थशास्त्र में प्रकट अधिमान (पसन्दगी) सिद्धान्त के जनक हैं
(a) हिक्स (b) सैम्युलसन
(c) फ्रीडमैन (d) फिलिप्स

187. मिलटन फ्रीडमैन के अनुसार मुद्रा का परिमाण सिद्धान्त प्रमुख रूप से
(a) वास्तविक उत्पादन निर्धारण का सिद्धान्त है
(b) कीमत स्तर पर निर्धारण का सिद्धान्त
(c) मुद्रा की माँग का सिद्धान्त
(d) उपरोक्त में से कोई नहीं

188. किसी उत्पाद पर दिए गए इको मार्क प्रमाणन का चिह्न यह बताता है कि यह उत्पाद
(a) किफायती कीमत वाला है
(b) नष्ट होने वाला नहीं है
(c) पर्यावरण की दृष्टि से अनुकूल है
(d) सर्वोत्तम किस्म का है

189. भारत में उर्वरक का पहला कारखाना कहाँ खोला गया?
(a) सिन्दरी में (b) दुर्गापुर में
(c) गोरखपुर में (d) राउरकेला में

190. भारत में निम्न में में सबसे अधिक किसका निर्यात होता है?
(a) कोयला (b) चीनी
(c) चाय (d) कपास

191. यदि किसी देश के आयात का मूल्य निर्यात से अधिक होता है तो उसे कहा जाता है
(a) सन्तुलित व्यापार
(b) अनुकूल व्यापार
(c) प्रतिकूल व्यापार
(d) उपरोक्त में से कोई नहीं

192. दो देश तथा दो वस्तुओं की स्थिति में जब प्रत्येक देश, एक देश वस्तु का उत्पादन कम लागत पर करता है तो दोनों वस्तुओं के उत्पादन व्यय में इस अन्तर को
(a) तुलनात्मक अन्तर कहते हैं
(b) समान अन्तर कहते हैं
(c) निरपेक्ष अन्तर कहते हैं
(d) उपरोक्त में से कोई नहीं

193. जब एक देश को दूसरे देश पर दोनों वस्तुओं के उत्पादन में श्रेष्ठता प्राप्त है किन्तु श्रेष्ठता उत्पादन लागत की दृष्टि से समान नहीं होती है तो इसे कहते हैं
(a) लागतों में तुलनात्मक अन्तर
(b) लागतों में समान अन्तर
(c) लागतों में निरपेक्ष अन्तर
(d) उपरोक्त में से कोई नहीं

194. रिकार्डो के अनुसार एक देश के अन्दर तो समान योग्यता या क्षमता वाले श्रमिकों को समान मजदूरी मिलती है किन्तु विभिन्न देशों में उनकी मजदूरी की दर एक समान नहीं होती क्योंकि
(a) विभिन्न देशों में योग्यता एक-सी होती है
(b) विभिन्न देशों में श्रमिक देश के अन्दर गतिशील होते हैं
(c) विभिन्न देशों में श्रमिक देश के अन्दर अगतिशील होते हैं
(d) उपरोक्त में से कोई नहीं

195. तुलनात्मक लागत लाभ के फलस्वरूप विशिष्टीकरण को
(a) प्रोत्साहन नहीं मिलता
(b) प्रोत्साहन मिलता है
(c) (a) तथा (b) दोनों
(d) उपरोक्त में से कोई नहीं

196. यदि न्यूनतम नकद शेष अनुपात बढ़ता है तो साख गुणक
(a) बढ़ेगा (b) कम होगा
(c) स्थिर रहेगा (d) इनमें से कोई नहीं

197. कौन-सा कथन सत्य है?
(a) साख नियन्त्रण में बैंक दर एक अप्रत्यक्ष उपाय है, किन्तु खुले बाजार की क्रियाएँ अपेक्षाकृत अधिक प्रत्यक्ष उपाय हैं
(b) बैंक दर नीति साख नियन्त्रण का प्रत्यक्ष उपाय है और खुले बाजार की क्रियाएँ एक अप्रत्यक्ष उपाय
(c) खुले बाजार की क्रियाएँ और बैंक दर दोनों ही प्रत्यक्ष उपाय हैं
(d) उपरोक्त सभी असत्य

198. "बैंक दर में परिवर्तन का प्रभाव ब्याज की दीर्घकालीन दरों तथा स्थिर पूँजी के माध्यम से पड़ता है।" यह कथन है
(a) हाट्रे का
(b) डीकॉक का
(c) कीन्स का
(d) रेडक्लिफ

199. 'अनुपात एवं पैमाना' का विचार क्रमशः सम्बन्धित है
(a) अल्पकाल, अल्पकाल
(b) अल्पकाल, दीर्घकाल
(c) दीर्घकाल, अल्पकाल
(d) दीर्घकाल, दीर्घकाल

200. किस उत्पादन फलन को अनुभवसिद्ध तथा प्रसिद्ध माना जाता है?
(a) कॉब उत्पादन फलन को
(b) डगलस उत्पादन फलन को
(c) कॉब-डगलस उत्पादन फलन को
(d) क्रेविस (Kravis) उत्पादन फलन को

201. श्रम के लिए होना अनिवार्य है
(a) शारीरिक प्रयत्न (b) आर्थिक प्रतिफल
(c) (a) तथा (b) दोनों (d) इनमें से कोई नहीं

202. मार्शल का आर्थिक कल्याण अध्ययन आधारित है
(a) उपभोक्ता बचत रीति पर
(b) उत्पादक बचत रीति पर
(c) साधन बचत रीति पर
(d) उपरोक्त सभी असत्य

203. निम्नांकित में से कौन-सी पैरेटो की अनुकूलता (Optimality) की स्थिति नहीं है?
(a) दो वस्तुओं के साथ व्यक्ति X की सीमान्त प्रतिस्थापन दर व्यक्ति Y की सीमान्त प्रतिस्थापन दर के बराबर है
(b) उत्पाद रूपान्तरण वक्र (PTC) का ढाल दो उत्पादकों के मूल्य के अनुपात के बराबर है
(c) एक उत्पाद में किसी घटक के रूपान्तरण की सीमान्त दर विशिष्ट मूल्य एवं उत्पादन मूल्य के अनुपात के बराबर है
(d) एक वस्तु की सीमान्त उपयोगिता सभी व्यक्तियों के लिए समान होनी चाहिए

204. प्रो. मिल्टन फ्रीडमैन के अनुसार दबी स्फीति
(a) खुली स्फीति से कम हानिकारक है
(b) खुली स्फीति से अधिक हानिकारक है
(c) खुली स्फीति के बराबर होती है
(d) उपरोक्त में से कोई नहीं

205. फिलिप्स वक्र को विकुंचित आकार के वक्र के रूप में किस अर्थशास्त्री ने प्रस्तुत किया?
(a) पेचमैन (b) फ्रीडमैन
(c) टॉबिन (d) सोलो

206. मन्दी के समय वांछित है
(a) अतिरेक बजट
(b) सन्तुलित बजट
(c) घाटे का बजट
(d) सभी असत्य

207. श्रम विभाजन एवं विशिष्टीकरण उत्पन्न करता है
(a) आन्तरिक बचत
(b) बाह्य बचत
(c) आन्तरिक एवं बाह्य दोनों बचतें
(d) उपरोक्त में से कोई नहीं

208. उत्पत्ति ह्रास नियम ने जन्म दिया है
(a) आर्थिक उदारीकरण को
(b) नए आविष्कारों को
(c) उपभोक्ता के सन्तुलन को
(d) उपरोक्त में से कोई नहीं

209. अन्तर्राष्ट्रीय व्यापार के आधुनिक सिद्धान्त की व्याख्या की है
(a) प्रो. एल.एफ. हैक्शर ने
(b) प्रो. बर्टिल ओहलिन ने
(c) हैक्शर ओहलिन ने
(d) उपरोक्त में से कोई नहीं

210. आधुनिक सिद्धान्त के अनुसार अन्तर्राष्ट्रीय व्यापार का कारण है
(a) साधन सम्पन्नता की विभिन्नता
(b) साधन सम्पन्नता की विभिन्नता के कारण वस्तुओं के सापेक्ष मूल्य में अन्तर
(c) श्रम लागत में अन्तर
(d) उपरोक्त में से कोई नहीं

211. जे.बी.से. का बाजार नियम लागू होता है
(a) वस्तु विनिमय दर
(b) मुद्रा विनिमय दर
(c) (a) तथा (b) दोनों
(d) उपरोक्त में से किसी पर नहीं

212. कीन्स द्वारा दिया गया सामान्य सिद्धान्त आधारित है
(a) यान्त्रिक निवेश कार्य (Function) पर
(b) मनोवैज्ञानिक उपभोग कार्य पर
(c) उत्पादन के घटकों की क्रियाशीलता पर
(d) मूल्यों और मजदूरियों की पूर्ण अनम्यता (Rigidity) पर

213. गुणक के सिद्धान्त की मान्यता है अर्थव्यवस्था का
(a) बन्द एवं स्थैतिक स्वरूप
(b) बन्द एवं गत्यात्मक स्वरूप
(c) खुला एवं गत्यात्मक स्वरूप
(d) खुला एवं स्थैतिक स्वरूप

214. जब देश में मुद्रा की मात्रा बढ़ जाने से स्फीति उत्पन्न हो जाती है, तो इसे
(a) चलन स्फीति के नाम से पुकारते हैं
(b) साख स्फीति के नाम से पुकारते हैं
(c) उत्पादनजनित स्फीति के नाम से पुकारते हैं
(d) माँग प्रोत्साहित स्फीति के नाम से पुकारते हैं

215. "आर्थिक विकास के लिए मुद्रा-स्फीति आवश्यक होती है।" कथन है
(a) सत्य
(b) असत्य
(c) कुछ सीमा तक सत्य
(d) उपरोक्त में से कोई नहीं

216. मुद्रा-स्फीति को नियन्त्रित करने के लिए केन्द्रीय बैंकों को चाहिए कि
(a) सरकारी प्रतिभूतियों की बिक्री दरें व बैंक दर को घटा दें
(b) सरकारी प्रतिभूतियों की बिक्री दरें व बैंक दर को बढ़ा दें
(c) सरकारी प्रतिभूतियों की खरीद दरें व बैंक दर को बढ़ा दें
(d) सरकारी प्रतिभूतियों की खरीद दरें व बैंक दर को घटा दें

217. मौद्रिक एवं वित्तीय नीतियाँ नियन्त्रित करना तब अच्छा होता है, जबकि
(a) पूर्ण रोजगार की अवस्था में से नीचे अर्थव्यवस्था में मुद्रा प्रसार हो
(b) माँग स्फीति हो
(c) लागत प्रेरित स्फीति हो
(d) माँग प्रेरित स्फीति हो

218. कीन्स का रोजगार सिद्धान्त है
(a) व्यष्टिमूलक
(b) समष्टिमूलक
(c) (a) तथा (b) दोनों
(d) उपरोक्त में से कोई नहीं

219. निम्न में सही कथन चुनिए
(a) प्रभावपूर्ण माँग का सिद्धान्त कीन्सवादी विश्लेषण की प्रमुख देन है
(b) कीन्सवादी विश्लेषण दीर्घकालीन है
(c) कीन्सवादी विश्लेषण में उपभोग प्रवृत्ति महत्त्वपूर्ण होती है
(d) उपरोक्त में से कोई नहीं

220. यह किसने कहा है कि अल्प रोजगार स्थायी साम्य नहीं है?
(a) हेजलिक (b) हैबरलर
(c) लियोन्टीफ (d) इन सभी ने

221. स्फीतिक दशाओं में ऋणी एवं ऋणदाता वर्ग क्रमशः प्राप्त करते हैं
(a) लाभ, लाभ
(b) हानि, हानि
(c) लाभ, हानि
(d) हानि, लाभ

222. आधुनिक समय में निस्पन्द स्फीति (Stagflation) किस कारण उत्पन्न नहीं होता?
(a) विदेशी व्यापार में घाटा
(b) मौद्रिक मजदूरी दर में तीव्र वृद्धि
(c) सूखा, बाढ़ जैसे प्राकृतिक कारण
(d) स्वर्ण के मूल्य में अप्रत्याशित कमी

223. 'स्टैगफ्लेशन' से आशय है
(a) विस्फीति के साथ बेरोजगारी
(b) प्रसार के साथ बेरोजगारी
(c) प्रसार एवं पूर्ण रोजगार
(d) विस्फीति एवं पूर्ण रोजगार

224. साख नियन्त्रण के उद्देश्यों में सम्मिलित है
(a) विनिमय दरों में स्थिरता
(b) कीमत स्तर में स्थिरता
(c) आय एवं रोजगार की उच्च स्तर पर स्थिरता
(d) उपरोक्त सभी

225. स्फीति काल में अपनाई जाती है
(a) नकारात्मक क्षतिपूरक व्यय नीति
(b) पम्प प्राइमिंग रीति
(c) धनात्मक क्षतिपूरक व्यय नीति
(d) उपरोक्त में से कोई नहीं

226. निम्न में से कौन-से कार्य गौण कार्य हैं?
(a) साख एवं आय के वितरण का आधार
(b) पूँजी को तरलता प्रदान करना व निर्णय का वाहक
(c) स्थगित भुगतान का मान एवं मूल्य का हस्तान्तरण
(d) राष्ट्रीय आय का आकलन एवं अर्थव्यवस्था को तरल बनाना

227. निम्नांकित में कौन-सा कथन सत्य है?
(a) साधन कीमत प्रभाव = उत्पादन प्रभाव + तकनीकी प्रतिस्थापन प्रभाव
(b) तकनीकी प्रतिस्थापन प्रभाव = साधन कीमत प्रभाव + उत्पादन प्रभाव
(c) उत्पादन प्रभाव = साधन कीमत प्रभाव + तकनीकी प्रतिस्थापना प्रभाव
(d) उपरोक्त सभी असत्य

228. ऐसे उत्पादन फलन को क्या कहते हैं जबकि अन्य साधन स्थिर तथा एक साधन परिवर्तनशील रहता है?
(a) अल्पकालीन (b) दीर्घकालीन
(c) मध्यकालीन (d) इनमें से कोई नहीं

229. उत्पादन के जोखिम से
(a) केवल उद्यमी सम्बन्धित हैं
(b) पूँजीपति सम्बन्धित हैं
(c) उद्यमी व पूँजीपति दोनों सम्बन्धित हैं
(d) उपरोक्त में से कोई सम्बन्धित नहीं

230. प्रो. पीगू मन्दी काल में बेरोजगारी को दूर करने की सलाह देते थे
(a) मजदूरी बढ़ाने की
(b) मजदूरी घटाने की
(c) मजदूरी स्थिरता की
(d) उपरोक्त में से कोई नहीं

231. ड्यूजेनबरी के अनुसार किसी दिए गए समय पर उपभोग
(a) केवल चालू आय स्तर पर निर्भर करता है
(b) पिछली आय पर भी निर्भर करता है
(c) (a) तथा (b) दोनों सत्य
(d) (a) तथा (b) दोनों असत्य

232. प्रतिष्ठित विचारधारा आधारित है
(a) मजदूरों की लोचदार माँग पर
(b) मजदूरों की बेलोचदार माँग पर
(c) मजदूरों के स्वभाव पर
(d) मजदूरों के कोष पर

233. कीमत-स्थायित्व तथा भुगतान सन्तुलन को अनुकूल बनाना निम्न नीति का उद्देश्य होता है
(a) वित्तीय नीति (b) वाणिज्यिक नीति
(c) मौद्रिक नीति (d) इनमें से कोई नहीं

234. महँगी साख नीति से आशय है
(a) बैंक दर बढ़ना
(b) बैंक दर घटना
(c) बैंक दर दो समयों में समान रहना
(d) उपरोक्त में से कोई नहीं

235. उधार लेने वाले व्यक्तिगत चरित्र, उसकी ऋण चुकाने की शक्ति तथा ऋण लेने के अधिकारों में पूँजी की मात्रा, साख के ये तीन आधार
(a) प्रो. चैण्डलर ने निश्चित किए हैं
(b) प्रो. विगफील्ड स्ट्रेटफोर्ड ने निश्चित किए हैं
(c) प्रो. मार्शल ने निश्चित किए हैं
(d) प्रो. पीगू ने निश्चित किए हैं

236. प्रतिष्ठित अर्थशास्त्रियों के अनुसार अर्थव्यवस्था में पूर्ण रोजगार बनाए रखने के लिए
(a) बाजार शक्तियों पर नियन्त्रण आवश्यक है
(b) बाजार शक्तियों पर नियन्त्रण नहीं होना चाहिए
(c) बाजार शक्तियों पर आंशिक नियन्त्रण होना चाहिए
(d) सरकार को स्वयं आर्थिक नीतियों का निर्धारण करना चाहिए

237. प्रतिष्ठित रोजगार के सिद्धान्त की एक महत्त्वपूर्ण शर्त है
(a) स्वतन्त्र नीति (b) संरक्षण नीति
(c) व्यापारिक नीति (d) उद्योग नीति

238. सापेक्ष आय परिकल्पना किसने प्रस्तुत की?
(a) जे.एम. कीन्स ने (b) ड्यूजेनबरी ने
(c) फ्रीडमैन ने (d) आर्थर स्मिथीज ने

239. मौद्रिक नीति किससे सम्बन्धित है?
(a) केन्द्रीय सरकार से
(b) मुद्रा अधिकारी से
(c) वाणिज्यिक बैंक से
(d) कृषि बैंक से

240. निम्नलिखित में से कौन-सा मुद्रा का कार्य नहीं है?
(a) मूल्य का मापन
(b) मूल्य का हस्तान्तरण
(c) मूल्य का संचय
(d) मूल्य का स्थिरीकरण

241. रिजर्व बैंक की मौद्रिक नीति की प्रमुख विधि है
(a) बट्टे की दर नीति
(b) सुरक्षित कोषानुपात
(c) मार्जिन रखने की विधि
(d) उपरोक्त सभी

242. कैल्डोर द्वारा प्रस्तुत क्षतिपूरक भुगतान के आधार पर प्रस्तुत सामाजिक कल्याण की माप
(a) वस्तुपरक है
(b) व्यक्तिपरक है
(c) (a) तथा (b) दोनों
(d) उपरोक्त में से कोई नहीं

243. पैरेटो के अनुसार अनुकूलतम कल्याणकारी स्थिति प्राप्त हो सकती है
(a) पूर्ण प्रतियोगी दशाओं में
(b) अपूर्ण प्रतियोगी दशाओं में
(c) एकाधिकारी दशाओं में
(d) अल्पाधिकारी दशाओं में

244. प्रो. पीगू ने आर्थिक कल्याण को मापा है
(a) मुद्रा में (b) वस्तु में
(c) अन्य सम्पत्ति में (d) सोना-चाँदी में

245. विमुद्रीकरण नीति समाधान है
(a) रेंगती स्फीति का
(b) चलती स्फीति का
(c) भागती स्फीति का
(d) सरपट दौड़ती स्फीति का

246. मुद्रा-संस्फीति (Reflation)
(a) स्वतः उत्पन्न होती है
(b) जान-बूझकर उत्पन्न की जाती है
(c) अनियन्त्रित होती है
(d) उपरोक्त सभी सम्भव

247. स्फीतिक दशाओं में व्यापार शेष
(a) अनुकूल होता है
(b) प्रतिकूल होता है
(c) अप्रभावित होता है
(d) सभी स्थितियाँ सम्भव

248. मन्दी दूर करने के लिए कीन्स के विचार में
(a) सार्वजनिक व्यय बढ़ाना चाहिए
(b) सार्वजनिक व्यय घटाना चाहिए
(c) सार्वजनिक कर बढ़ाने चाहिए
(d) आयात बढ़ाना चाहिए

249. संघर्षक बेरोजगारी होती है प्रतिष्ठित विद्वानों के अनुसार जब
(a) रोजगार सम्बन्धी पूर्ण जानकारी न हो
(b) श्रमिकों की अज्ञानता के कारण
(c) (a) तथा (b) दोनों
(d) उपरोक्त में से कोई नहीं

250. स्फीतिक दशाओं में आर्थिक विषमताएँ
(a) बढ़ती हैं
(b) घटती हैं
(c) अप्रभावित रहती हैं
(d) सभी स्थितियाँ सम्भव

251. मुद्रा-स्फीति नियन्त्रण का राजकोषीय उपाय है
(a) सन्तुलित बजट
(b) सार्वजनिक व्यय पर नियन्त्रण
(c) बचतों को प्रोत्साहन
(d) उपरोक्त सभी

252. निस्पन्द स्फीति को नियन्त्रित करने का उपाय है
(a) देश के आन्तरिक संसाधनों का पूर्ण विदोहन
(b) अनुकूल भुगतान सन्तुलन दशा
(c) विकासजनित नीतियाँ
(d) उपरोक्त सभी

253. रिकार्डो का तुलनात्मक लागत सिद्धान्त निम्नलिखित मान्यता पर आधारित है
(a) दोनों देशों में उत्पादन उत्पत्ति समता नियम के अन्तर्गत होता है
(b) श्रम ही उत्पादन का एकमात्र साधन है
(c) श्रम की सभी इकाइयाँ समान होती हैं
(d) उपरोक्त सभी

254. अवसर लागत के आधार पर अन्तर्राष्ट्रीय व्यापार की व्याख्या प्रस्तुत करने वाले अर्थशास्त्री थे
(a) मार्शल (b) रिकार्डो
(c) हैबरलर (d) ओहलिन

255. लागत समता नियम के अन्तर्गत दोनों देशों में अन्तर्राष्ट्रीय व्यापार की स्थिति में
(a) पूर्ण विशिष्टीकरण उत्पन्न हो जाएगा
(b) विशिष्टीकरण की कोई सम्भावना नहीं होगी
(c) आंशिक विशिष्टीकरण उत्पन्न होगा
(d) उपरोक्त में से कोई नहीं

256. विशिष्टीकरण केवल निम्नलिखित स्थिति में ही सम्भव हो सकता है
(a) लागत समता की स्थिति
(b) बढ़ती हुई लागत
(c) घटती हुई लागत
(d) उपरोक्त में से कोई नहीं

257. अन्तर्राष्ट्रीय व्यापार के सिद्धान्त के अन्तर्गत अर्थशास्त्री हैबरलर ने किस प्रमेय का प्रतिपादन किया?
(a) अवसर लागत प्रमेय
(b) श्रम लागत प्रमेय
(c) (a) तथा (b) दोनों
(d) उपरोक्त में से कोई नहीं

258. घटती लागत दशा में उत्पादन सम्भावना वक्र
(a) एक सीधी रेखा के रूप में होगा
(b) मूल बिन्दु की ओर अवनतोदर (Concave) होगा
(c) मूल बिन्दु की ओर उन्नतोदर (Convex) होगा
(d) उपरोक्त में से कोई नहीं

259. अन्तर्राष्ट्रीय व्यापार में लाभ की मात्रा दोनों देशों के
(a) उत्पादन व्यय के अन्तर पर निर्भर करती है
(b) उत्पादन व्यय की समानता पर निर्भर करती है
(c) बीच में श्रम की गतिशीलता पर निर्भर करती है
(d) उपरोक्त में से कोई नहीं

260. अन्तर्राष्ट्रीय व्यापार के तुलनात्मक लागत सिद्धान्त के मुख्य प्रतिपादक हैं
(a) रिकार्डो (b) मार्शल (c) बर्टिल (d) ग्राह्म

261. अन्तर्राष्ट्रीय व्यापार तभी सम्भव है जब दोनों देशों की उत्पादन लागतों में
(a) समानता होती है
(b) अन्तर होता है
(c) गतिशीलता होती है
(d) उपरोक्त में से कोई नहीं

262. दो 'रिज वक्र' के बीच की स्थिति बताती है
(a) उत्पादन तकनीकी की कुशलता
(b) उत्पादन तकनीकी की अकुशलता
(c) उत्पादन तकनीकी की अर्द्ध कुशलता
(d) उत्पादन तकनीकी में परिवर्तन की सम्भावना

263. कॉब-डगलस उत्पादन फलन $Q = KL^{\alpha}C^{\beta}$ के लिए कौन-सा युग्म सही है?
(a) $O < \alpha < 1$ तथा $\beta = 1 - \alpha$
(b) $O > \alpha > 1$ तथा $\alpha = 1 - \beta$
(c) $O < \alpha < 1$ तथा $\beta - \alpha = 1$
(d) $O > \alpha > 1$ तथा $\alpha + \beta = 1$

264. विदेशी विनिमय दर देश के पक्ष में हो जाएगी यदि
(a) विदेशी बैंक देश के बैंकों के ऊपर बड़ी मात्रा में साख-पत्र जारी करें
(b) आयात, निर्यातों से अधिक हो जाए
(c) देशवासी विदेशों में स्टॉक, शेयर्स तथा प्रतिभूतियों का क्रय करें
(d) विदेशी पूँजी का बहिर्गमन हो जाए

265. राशिपातन तभी सम्भव है
(a) जब विश्व बाजार में माँग की लोच अधिक व आन्तरिक बाजारों में माँग की लोच कम हो
(b) जब दोनों बाजारों में पूर्ण प्रतियोगिता हो
(c) जब दोनों बाजारों में एक ही फर्म का एकाधिकार हो
(d) जब निर्यात के लिए पर्याप्त सामान न हो

266. अन्तर्राष्ट्रीय व्यापार का अवसर लागत का सिद्धान्त निम्न में से किस मान्यता पर आधारित है?
(a) श्रम की सभी इकाइयाँ समान हैं
(b) श्रम ही उत्पादन का एकमात्र साधन है
(c) श्रम के रूप में लागत को व्यक्त किया जा सकता है
(d) उपरोक्त में से कोई नहीं

267. विदेशी व्यापार के कारण प्रत्येक देश केवल उसी वस्तु का उत्पादन करता है
(a) जिसे वह न्यूनतम लागत में बना सके
(b) जिसे वह बिना लागत के बना सकता हो
(c) जिसे वह अधिकतम लागत में बना सके
(d) उपरोक्त में से कोई नहीं

268. एडम स्मिथ ने अन्तर्राष्ट्रीय व्यापार के लाभों को समझाने के लिए किस प्रकार की लागत ली?
(a) निरपेक्ष लागत अन्तर
(b) सापेक्ष लागत अन्तर
(c) निरपेक्ष एवं सापेक्ष दोनों
(d) उपरोक्त में से कोई नहीं

269. परिवर्तनशील नकद कोषानुपात साख नियन्त्रण का एक उपाय है जिसका केन्द्रीय बैंक के निम्नांकित कार्य से है
(a) अन्तिम ऋणदाता
(b) सरकारी बैंक
(c) बैंकों का बैंक
(d) राष्ट्रीय कोषों का संरक्षक

270. बैंक दर में परिवर्तन के प्रभावों में सम्मिलित है?
(a) साख संकुचन एवं प्रसार
(b) आन्तरिक कीमत-स्तर का परिवर्तन
(c) विदेशी पूँजी प्रवाह में परिवर्तन
(d) उपरोक्त सभी

271. साख नियन्त्रण की कौन-सी रीति अर्थव्यवस्था में साख की माँग को अधिक प्रभावित करती है?
(a) बैंक दर नीति
(b) खुले बाजार की क्रियाएँ
(c) परिवर्तनशील कोषानुपात
(d) न्यूनतम कोषानुपात

272. प्रारम्भिक निक्षेप उन जमाओं को कहते हैं जो
(a) जमाकर्ताओं द्वारा बैंक में वास्तविक मुद्रा के रूप में जमा करायी जाती है
(b) केन्द्रीय बैंक द्वारा दी जाती है
(c) व्यापारिक बैंक उत्पन्न करते हैं
(d) उपरोक्त सभी

273. केन्द्रीय बैंक साख निर्माण किस प्रकार करता है?
(a) कागजी मुद्रा निर्गमन करके
(b) व्यक्तियों की प्रारम्भिक जमा स्वीकार करके
(c) व्युत्पन्न निक्षेपों के द्वारा
(d) उपरोक्त सभी

274. प्रथम घात वाला समरूप फलन (Homogeneous Function of Degree One) कौन-सा है?
(a) अल्पकालीन उत्पादन फलन
(b) दीर्घकालीन उत्पादन फलन
(c) कॉब-डगलस उत्पादन फलन
(d) उपरोक्त सभी

275. उत्पादन शून्य होने पर अल्पकाल में स्थिर लागत
(a) शून्य हो जाती है
(b) धनात्मक रहती है
(c) ऋणात्मक हो जाती है
(d) उपरोक्त में से कोई नहीं

276. कॉब-डगलस के उत्पादन फलन मॉडल $Q = AK^{\alpha}L^{\beta}$ के अन्तर्गत यदि $\alpha + \beta > 1$ हो तो प्रतिफल है
(a) उत्पत्ति वृद्धि नियम
(b) उत्पत्ति समता नियम
(c) ह्रासमान नियम
(d) उपरोक्त में से कोई नहीं

277. आयात अभ्यंश के फलस्वरूप
(a) उत्पादकों की आय में वृद्धि होती है
(b) घरेलू उत्पादन में वृद्धि होती है
(c) उपभोग में कमी आती है
(d) उपरोक्त सभी

278. क्रय-शक्ति समता सिद्धान्त का प्रतिपादन किया
(a) हॉम ने (b) मार्शल ने
(c) गुस्टव कैसल ने (d) रॉबिन्स ने

279. भुगतान सन्तुलन सिद्धान्त में
(a) विनिमय दर भुगतान सन्तुलन को प्रभावित करती है
(b) भुगतान सन्तुलन के द्वारा विनिमय-दर का निर्धारण होता है
(c) (a) तथा (b) दोनों
(d) उपरोक्त में से कोई नहीं

280. दो उत्पत्ति के साधन जब आपस में पूर्ण पूरक होते हैं, तब समोत्पाद वक्र की स्थिति
(a) बाएँ से दाएँ गिरती सीधी रेखा के रूप में होती है
(b) मूल बिन्दु की ओर उन्नतोदर होती है
(c) मूल बिन्दु की ओर अवनतोदर होती है
(d) अंग्रेजी के अक्षर L आकार की होती है

281. उत्पादन के साधनों के पूर्ण स्थानापन्न होने की दशा में समोत्पाद की वक्रता
(a) कुछ घट जाएगी
(b) बढ़ जाएगी
(c) L आकार की हो जाएगी
(d) पूर्णतः समाप्त हो जाएगी

282. उत्पादन फलन की दूसरी अवस्था को कहते हैं
(a) कुल उत्पादन का घटती हुई दर से बढ़ना
(b) सीमान्त उत्पादन का गिरना
(c) औसत उत्पादन का गिरना
(d) उपरोक्त सभी

283. वह शुल्क या कर जो वस्तु की माप-तौल तथा संख्या के आधार पर लगाया जाता है, उसे कहते हैं
(a) यथामूल्य शुल्क
(b) विशिष्ट शुल्क
(c) मिश्रित शुल्क
(d) उपरोक्त में से कोई नहीं

284. प्रशुल्क के फलस्वरूप
(a) वस्तु की कीमत बढ़ती है
(b) आयात कम होते हैं
(c) स्वदेशी उत्पादन बढ़ता है
(d) उपरोक्त सभी

285. एक देश द्वारा आयात-शुल्क लगाए जाने पर उस देश में उपभोक्ता की बचत
(a) बढ़ती है
(b) घटती है
(c) अपरिवर्तित रहती है
(d) उपरोक्त तीनों दशाएँ सम्भव हैं

286. आयात अभ्यंश एक उपकरण है
(a) संरक्षण का
(b) आय का
(c) आयात का
(d) उपरोक्त में से कोई नहीं

287. जो अभ्यंश आयातकर्ता और निर्यातकर्ता देश के विचार-विमर्श द्वारा पारस्परिक समझौते के अनुसार निश्चित किए जाते हैं, वे हैं
(a) मिश्रण अभ्यंश
(b) प्रशुल्क अभ्यंश
(c) द्विपक्षीय अभ्यंश
(d) उपरोक्त में से कोई नहीं

288. प्रशुल्क एवं कोटा
(a) आपस में प्रतिस्पर्द्धी हैं
(b) आपस में पूरक हैं
(c) दोनों के उद्देश्य विरोधी हैं
(d) उपरोक्त सभी असत्य

289. निम्न में से स्वतन्त्र व्यापार का लाभ नहीं है
(a) बाजार का विस्तार
(b) एकाधिकारी संघों पर रोक
(c) शिशु उद्योग संरक्षण
(d) अधिकतम सामाजिक उत्पादन

290. संरक्षण की नीति के अन्तर्गत
(a) विदेशों से आने वाले माल पर लाइसेन्स तथा कोटा प्रणाली के द्वारा रुकावटें पैदा कर दी जाती हैं
(b) आयातों पर कर लगा दिया जाता है
(c) कुछ उद्योगों को सरकारी उपादान दिए जाते हैं
(d) उपरोक्त सभी

291. ''उपभोक्ताओं की बचत में प्रत्येक वृद्धि समाज के आर्थिक कल्याण को बढ़ाती है'' यह कथन है
(a) मार्शल का (b) कैनन का
(c) कीन्स का (d) फिशर का

292. नवीन-कल्याणकारी अर्थशास्त्र की माप हेतु दोहरा मापदण्ड किसके नाम से प्रसिद्ध है?
(a) हिक्स (b) कैल्डोर
(c) सिटोवॉस्की (d) लिटिल

293. पैरेटो के विश्लेषण में नैतिक मानदण्ड
(a) उपस्थित है
(b) अनुपस्थित है
(c) गौण है
(d) उपरोक्त सभी असत्य

294. 'आर्थिक कल्याण' और 'सामान्य कल्याण' के सन्दर्भ में पीगू का कहना है कि
(a) आर्थिक कल्याण सामान्य कल्याण का एक अंग है
(b) सामान्य कल्याण आर्थिक कल्याण का एक अंग है
(c) (a) तथा (b) दोनों सत्य हैं
(d) उपरोक्त सभी असत्य हैं

295. सामाजिक कल्याण अनुकूलतम के सन्दर्भ में हिक्स ने प्रस्तुत की
(a) प्रथम श्रेणी की दशाएँ
(b) द्वितीय श्रेणी की दशाएँ
(c) 'a' तथा 'b' दोनों
(d) उपरोक्त में से कोई नहीं

उत्तरमाला

1. (a)	**2.** (d)	**3.** (b)	**4.** (a)	**5.** (b)	**6.** (a)	**7.** (b)	**8.** (c)	**9.** (b)	**10.** (c)
11. (a)	**12.** (b)	**13.** (b)	**14.** (c)	**15.** (d)	**16.** (a)	**17.** (c)	**18.** (a)	**19.** (b)	**20.** (a)
21. (d)	**22.** (b)	**23.** (d)	**24.** (c)	**25.** (d)	**26.** (c)	**27.** (b)	**28.** (b)	**29.** (a)	**30.** (d)
31. (a)	**32.** (d)	**33.** (d)	**34.** (d)	**35.** (a)	**36.** (b)	**37.** (d)	**38.** (b)	**39.** (a)	**40.** (c)
41. (a)	**42.** (d)	**43.** (d)	**44.** (b)	**45.** (b)	**46.** (d)	**47.** (a)	**48.** (c)	**49.** (d)	**50.** (c)
51. (a)	**52.** (d)	**53.** (c)	**54.** (c)	**55.** (b)	**56.** (d)	**57.** (a)	**58.** (b)	**59.** (c)	**60.** (a)
61. (a)	**62.** (a)	**63.** (d)	**64.** (d)	**65.** (c)	**66.** (b)	**67.** (c)	**68.** (c)	**69.** (a)	**70.** (d)
71. (a)	**72.** (b)	**73.** (c)	**74.** (d)	**75.** (c)	**76.** (a)	**77.** (b)	**78.** (b)	**79.** (c)	**80.** (d)
81. (c)	**82.** (a)	**83.** (b)	**84.** (c)	**85.** (c)	**86.** (c)	**87.** (c)	**88.** (c)	**89.** (a)	**90.** (a)
91. (c)	**92.** (c)	**93.** (d)	**94.** (d)	**95.** (c)	**96.** (c)	**97.** (c)	**98.** (c)	**99.** (b)	**100.** (d)
101. (d)	**102.** (b)	**103.** (c)	**104.** (c)	**105.** (c)	**106.** (b)	**107.** (c)	**108.** (d)	**109.** (b)	**110.** (a)
111. (b)	**112.** (a)	**113.** (d)	**114.** (d)	**115.** (c)	**116.** (c)	**117.** (b)	**118.** (c)	**119.** (a)	**120.** (d)
121. (a)	**122.** (a)	**123.** (a)	**124.** (b)	**125.** (c)	**126.** (a)	**127.** (a)	**128.** (c)	**129.** (b)	**130.** (c)
131. (a)	**132.** (d)	**133.** (b)	**134.** (d)	**135.** (d)	**136.** (a)	**137.** (d)	**138.** (c)	**139.** (a)	**140.** (d)
141. (b)	**142.** (c)	**143.** (a)	**144.** (d)	**145.** (d)	**146.** (d)	**147.** (c)	**148.** (d)	**149.** (b)	**150.** (a)
151. (b)	**152.** (c)	**153.** (a)	**154.** (b)	**155.** (c)	**156.** (a)	**157.** (a)	**158.** (a)	**159.** (c)	**160.** (b)
161. (d)	**162.** (a)	**163.** (c)	**164.** (d)	**165.** (b)	**166.** (a)	**167.** (d)	**168.** (c)	**169.** (b)	**170.** (d)
171. (c)	**172.** (d)	**173.** (c)	**174.** (c)	**175.** (a)	**176.** (c)	**177.** (a)	**178.** (a)	**179.** (a)	**180.** (d)
181. (c)	**182.** (c)	**183.** (a)	**184.** (c)	**185.** (d)	**186.** (b)	**187.** (c)	**188.** (c)	**189.** (a)	**190.** (c)
191. (c)	**192.** (c)	**193.** (a)	**194.** (b)	**195.** (b)	**196.** (b)	**197.** (a)	**198.** (c)	**199.** (b)	**200.** (c)
201. (c)	**202.** (a)	**203.** (c)	**204.** (a)	**205.** (c)	**206.** (c)	**207.** (c)	**208.** (b)	**209.** (c)	**210.** (b)
211. (b)	**212.** (b)	**213.** (a)	**214.** (a)	**215.** (c)	**216.** (b)	**217.** (a)	**218.** (a)	**219.** (a)	**220.** (d)
221. (c)	**222.** (b)	**223.** (b)	**224.** (d)	**225.** (a)	**226.** (c)	**227.** (a)	**228.** (a)	**229.** (a)	**230.** (b)
231. (b)	**232.** (a)	**233.** (c)	**234.** (a)	**235.** (a)	**236.** (b)	**237.** (a)	**238.** (b)	**239.** (a)	**240.** (d)
241. (d)	**242.** (a)	**243.** (a)	**244.** (a)	**245.** (d)	**246.** (b)	**247.** (b)	**248.** (a)	**249.** (c)	**250.** (a)
251. (d)	**252.** (d)	**253.** (d)	**254.** (c)	**255.** (a)	**256.** (b)	**257.** (a)	**258.** (c)	**259.** (a)	**260.** (a)
261. (b)	**262.** (a)	**263.** (a)	**264.** (a)	**265.** (a)	**266.** (d)	**267.** (a)	**268.** (a)	**269.** (c)	**270.** (d)
271. (b)	**272.** (a)	**273.** (a)	**274.** (c)	**275.** (b)	**276.** (a)	**277.** (d)	**278.** (c)	**279.** (b)	**280.** (d)
281. (d)	**282.** (d)	**283.** (b)	**284.** (d)	**285.** (b)	**286.** (a)	**287.** (c)	**288.** (b)	**289.** (c)	**290.** (d)
291. (a)	**292.** (c)	**293.** (a)	**294.** (a)	**295.** (a)					

अध्याय

5

मनोविज्ञान
Psychology

अर्थ एवं परिभाषा

- प्राचीन काल में मनोविज्ञान दर्शनशास्त्र की एक शाखा थी।
- वैज्ञानिक रूप में मनोविज्ञान का प्रारम्भ सन् 1879 ई. में हुआ।
- **विलियम वुण्ट** ने 1879 में मनोविज्ञान की पहली प्रयोगशाला खोली।
- **वुडवर्थ** ने मनोविज्ञान को 'क्रियाओं का विज्ञान' कहा है।
- मनोविज्ञान मनुष्य के व्यवहार का अध्ययन करता है।
- मनोवैज्ञानिक **एडवीन जी. बोरिंग** के अनुसार, "मनोविज्ञान मानव-प्रकृति का अध्ययन है।"
- **मर्फी** के अनुसार, "मनोविज्ञान वह विज्ञान है जो कि उन अनुक्रियाओं का अध्ययन करता है जोकि जीवित व्यक्ति अपने परिवेश के प्रति करते हैं।"

मनोवैज्ञानिक अध्ययनों की विशेषताएँ

मनोवैज्ञानिक अध्ययनों की विशेषताएँ निम्नलिखित हैं

- मनोवैज्ञानिक अध्ययन वस्तुनिष्ठ होता है।
- मनोवैज्ञानिक अध्ययनों में परिशुद्ध मापन के लिए वैज्ञानिक उपकरणों का प्रयोग किया जाता है।
- मनोवैज्ञानिक अध्ययनों में मनोवैज्ञानिक मापन का प्रयोग किया जाता है।
- मनोवैज्ञानिक अध्ययन प्रायः पुनरावर्त होते हैं।
- मनोवैज्ञानिक अध्ययन प्रयोगात्मक या अप्रयोगात्मक कुछ भी हो सकता है।
- मनोवैज्ञानिक अध्ययनों में एक निश्चित शोध परियोजना का प्रयोग किया जाता है।

मनोवैज्ञानिकों को उनके कार्य के आधार पर तीन भागों में बाँटा जाता है

1. वे मनोवैज्ञानिक जो शिक्षण कार्य में व्यस्त हैं।
2. वे मनोवैज्ञानिक जो समस्याओं पर शोध करते हैं।
3. वे मनोवैज्ञानिक जो तथ्यों के आधार पर तकनीकी ज्ञान और कौशलों का उपयोग वास्तविक परिस्थिति में करते हैं।

उपरोक्त आधार पर मनोविज्ञान के तीन क्षेत्र दृष्टिगोचर होते हैं, वे हैं

(a) शिक्षण (b) शोध (c) उपयोग।

मनोवैज्ञानिक उपागम

मनोविज्ञान में सम्प्रदायों की गणना उपागमों के आधार पर की जाती है। *कुछ उपागम निम्नलिखित हैं*

1. मानववादी उपागम

- इस उपागम के अन्तर्गत व्यक्ति एक असहाय प्राणी न होकर एक अभिकर्ता के रूप में दर्शाया जाता है।
- इस उपागम में जीवन को सुखमय और कल्याणकारी बनाने के लिए वैज्ञानिक पद्धतियों पर बल नहीं दिया गया है।
- इस उपागम के अनुसार व्यक्ति के जीवन में आत्मनिष्ठ अनुभूतियों का महत्त्वपूर्ण स्थान है क्योंकि इससे जीवन में सरसता आती है।

2. संज्ञानात्मक उपागम

- संज्ञानात्मक विचारधारा मानव की गत्यात्मक व्यवस्था पर बल देती है।
- इसकी उत्पत्ति व्यवहारवाद के प्रतिक्रियास्वरूप हुई है, जिससे मनोविज्ञान का वैज्ञानिक स्वरूप परिमार्जित होता है।
- संज्ञानात्मक उपागम के अनुसार सांवेदिक उद्दीपक तथा अनुक्रिया के बीच अनेक मध्यवर्ती प्रक्रियाएँ होती हैं।
- संवेदी उद्दीपन को छिन्न-भिन्न, रूपान्तरण, पुनर्गठन तथा कूट संकेतन मध्यवर्ती प्रक्रियाओं के द्वारा किया जाता है।

3. मनोविश्लेषणात्मक उपागम

- इस उपागम के जनक **सिगमण्ड फ्रायड** हैं।
- **फ्रायड** की विचारधारा आत्मनिष्ठ अवधारणा पर आधारित है।
- चेतन एवं अचेतन अवधारणा के बीच सीमांकन सम्भव नहीं है परन्तु **फ्रायड** ने इसे अलग-अलग बताया है।
- व्यक्ति का अधिकांश व्यवहार वर्तमान कारकों से उत्पन्न होता है, **फ्रायड** ने इसे अचेतन प्रेरक माना है।
- व्यवहार के अधिकांश कारण जन्मजात मूल प्रवृत्तियों के रूप में परिकल्पित होते हैं जबकि व्यवहार पर्यावरणीय कारकों से प्रभावित होते हैं।

मनोविज्ञान अध्ययन की विधियाँ

मनोविज्ञान अध्ययन की विधियाँ निम्नलिखित हैं

अन्तर्निरीक्षण विधि

- अन्तर्निरीक्षण विधि का प्रतिपादन **विलियम वुण्ट** तथा उनके शिष्य **टिचनर** द्वारा किया गया।
- इसे आत्मगत प्रेक्षण विधि भी कहते हैं।
- जब कोई व्यक्ति अपनी चेतन अनुभूति का वर्णन संवेदन, भाव तथा प्रतिभा के रूप में करता है तो इस तरह का वर्णन अन्तर्निरीक्षण कहलाएगा।
- जब कोई व्यक्ति अपनी चेतन अनुभूतियों का वर्णन बाहरी तथ्यों का निरीक्षण कर बतलाता है तो इस तरह की प्रक्रिया को आत्मनिरीक्षण कहते हैं।

अन्तर्निरीक्षण के गुण

अन्तर्निरीक्षण विधि के गुण निम्नलिखित हैं

- अन्तर्निरीक्षण विधि द्वारा मानसिक प्रकियाओं का ठीक ढंग से विश्लेषण हो पाता है।
- अन्तर्निरीक्षण विधि एक तरह का आत्म-निरीक्षण है।
- अन्तर्निरीक्षण विधि मनोविज्ञान की प्रथम तथा पुरानी विधि है।

अन्तर्निरीक्षण के दोष

अन्तर्निरीक्षण विधि के दोष निम्नलिखित हैं

- इस विधि में व्यक्तिगत तथा आत्मनिष्ठा की गुंजाइश काफी है, जिसके कारण इस विधि की सार्थकता तथा वैधता कम हो जाती है।
- अन्तर्निरीक्षण विधि का प्रयोग पशु, पक्षी, पागल एवं बच्चों पर नहीं किया जा सकता है।
- इस विधि में अनुभव करने वाला तथा निरीक्षण करने वाला व्यक्ति एक ही होता है।

प्रेक्षण विधि

- मनोवैज्ञानिक अध्ययन की एक प्रमुख विधि प्रेक्षण विधि है।
- यह मनोविज्ञान की दूसरी प्रमुख विधि है।
- प्रेक्षण विधि का जन्म **वाटसन** के व्यवहारवाद उपागम के साथ ही हुआ।
- इस विधि को वस्तुनिष्ठ बनाने के लिए अध्ययनकर्ता प्राणी के व्यवहार का अवलोकन भिन्न-भिन्न परिस्थितियों में करता है।

प्रेक्षण की प्रमुख विशेषताएँ

प्रेक्षण विधि की प्रमुख विशेषताएँ निम्नलिखित हैं

- प्रेक्षण हमेशा उद्देश्यपूर्ण तथा सूक्ष्म होता है।
- प्रेक्षण का उद्देश्य अध्ययन नियमों से सम्बन्धित चरों के बीच के सम्बन्धों का पता लगाना होता है।

प्रेक्षण के प्रकार

प्रेक्षण तीन प्रकार के होते हैं

(i) सहभागी प्रेक्षण (ii) असहभागी प्रेक्षण (iii) स्वाभाविक प्रेक्षण

प्रेक्षण विधि के गुण

प्रेक्षण विधि के गुण निम्नलिखित हैं

- प्रेक्षण विधि वस्तुनिष्ठ तथा अवैयक्तिक होती है।
- प्रेक्षण विधि में मनोविज्ञान का अध्ययन क्षेत्र काफी विस्तृत होता है।
- इस विधि में एक समय में एक से अधिक प्राणियों के व्यवहार का अध्ययन किया जा सकता है।

प्रेक्षण विधि के दोष

प्रेक्षण विधि के दोष निम्नलिखित हैं

- इस विधि में प्रेक्षक की अपनी पूर्वाग्रह, आवश्यकताएँ, मनोवृत्तियाँ आदि का प्रभाव प्रेक्षण पर पड़ता है।
- प्राणी की मानसिक क्रियाओं का प्रेक्षण हमेशा सफल नहीं होता है।
- प्राणियों के कुछ व्यवहारों का अध्ययन इस विधि से करना सम्भव नहीं है।

प्रयोगात्मक विधि

- मनोवैज्ञानिक विधियों में सबसे प्रमुख विधि प्रयोगात्मक विधि है।
- प्रयोगात्मक विधि उस विधि को कहा जाता है जिसका आधार प्रयोग होता है।
- साधारणतः किसी व्यवहार एवं मानसिक प्रक्रिया को किसी नियन्त्रित अवस्था में क्रमबद्ध अध्ययन या प्रेक्षण करना ही प्रयोग है।

प्रयोग विधि के मुख्य तीन उद्देश्य हैं

- प्रयोगात्मक विधि में स्वतन्त्र चर तथा आश्रित चर के बीच का सम्बन्ध पता लगाया जाता है।
- प्रयोगात्मक विधि किसी सिद्धान्त या शोध के पूर्व कथन की जाँच करती है।
- प्रयोगात्मक विधि नए सिद्धान्त के लिए महत्त्वपूर्ण आँकड़े प्रदान करती है।

प्रयोगात्मक विधि के गुण

प्रयोगात्मक विधि के गुण निम्नलिखित हैं

- प्रयोगात्मक विधि में प्राणी या जीव के व्यवहारों एवं मानसिक क्रियाओं से सम्बद्ध चरों का अध्ययन किया जाता है।
- प्रयोगात्मक विधि में पुनरावृत्ति का गुण पाया जाता है।

प्रयोगात्मक विधि के दोष

प्रयोगात्मक विधि के दोष निम्नलिखित हैं

- इस विधि का प्रमुख दोष यह है कि प्रयोग की नियन्त्रित अवस्था वास्तविक न होकर कृत्रिम होती है।
- सभी प्रकार के व्यवहारों को प्रयोग द्वारा सम्पन्न नहीं कराया जा सकता है।

नैदानिक या केस अध्ययन विधि

- मनोविज्ञान की यह विधि चिकित्साशास्त्र से ग्रहण की गयी विधि है।
- इस विधि का प्रयोग नैदानिक मनोवैज्ञानिकों द्वारा व्यक्तियों के रोगात्मक लक्षणों का पता लगाने के लिए किया जाता है।

नैदानिक विधि के गुण

नैदानिक विधि के गुण निम्नलिखित हैं

- इस विधि द्वारा व्यक्ति का गहन अध्ययन सम्भव है।
- इस विधि द्वारा व्यक्ति के मानसिक तथा शारीरिक विकासक्रम को अच्छी तरह जाँचा जा सकता है।

नैदानिक विधि के दोष

नैदानिक विधि के दोष निम्नलिखित हैं

- नैदानिक विधि में वस्तुनिष्ठता कम तथा आत्मनिष्ठता एवं अन्तर्दर्शिता अधिक पायी जाती है।
- इस विधि से व्यक्ति के बारे में जो सूचनाएँ प्राप्त की जाती हैं, वह उसका इतिहास तैयार करके होता है, उसकी सत्यता की जाँच करने का कोई उपयुक्त तरीका नैदानिक विधि में नहीं है।

क्षेत्र-अध्ययन विधि

- इस विधि को स्वाभाविक प्रेक्षण विधि भी कहा जाता है।
- इस विधि में प्रेक्षक प्राणी के व्यवहार का अध्ययन, अध्ययन क्षेत्र में जाकर करता है।
- **करलिंगर** के अनुसार, *"क्षेत्र अध्ययन एक ऐसा अप्रयोगात्मक शोध है, जो वास्तविक सामाजिक परिस्थिति में समाजशास्त्रीय, मनोवैज्ञानिक एवं शैक्षिक चरों में अन्त:क्रियाओं एवं उसके सम्बन्धों की खोज करता है।"*

क्षेत्र अध्ययन विधि के गुण

क्षेत्र अध्ययन विधि के गुण निम्नलिखित हैं

- क्षेत्र अध्ययन विधि मनोविज्ञान की एक अप्रयोगात्मक विधि है।
- क्षेत्र अध्ययन विधि वास्तविक परिस्थिति से सम्बद्ध होती है।
- क्षेत्र अध्ययन विधि के परिणाम में सत्यता होती है।

क्षेत्र अध्ययन विधि के दोष

क्षेत्र अध्ययन विधि के दोष निम्नलिखित हैं

- क्षेत्र अध्ययन विधि चूँकि अप्रयोगात्मक होती है, अत: इसके निष्कर्ष अधिक भरोसेमन्द नहीं होते हैं।
- क्षेत्र अध्ययन विधि में सम्मिलित चर का मापन सही-सही नहीं हो पाता है।
- क्षेत्र अध्ययन विधि में अधिक समय एवं श्रम लगता है।

सर्वे विधि

- **करलिंगर** के अनुसार, *"आम जनसंख्या से चुने गए प्रतिदर्शों का अध्ययन करके सामाजिक या मनोवैज्ञानिक कारकों या विशेषताओं में घटित होने की सम्भावना, उनका विवरण एवं उनमें पाए जाने वाले सम्बन्धों की खोज करना सर्वेक्षण का प्रमुख उद्‌देश्य है।"*
- **कोजर** के अनुसार, *"सर्वेक्षण का मुख्य प्रयास लोगों का ऐसा प्रतिदर्श प्राप्त करना जिसकी अनुक्रिया सम्बन्धित जनसंख्या के मतों, अभिव्यक्तियों एवं मूल्यों का प्रतिनिधित्व करती है।"*

इस विधि में आँकड़े चार विधियों के द्वारा संग्रहीत किये जाते हैं

(i) साक्षात्कार सर्वे (ii) डाक सर्वे (iii) पेनल सर्वे (iv) टेलीफोन सर्वे

सर्वेक्षण के प्रमुख पद-सोपान इस प्रकार हैं

(i) समस्या का चयन (ii) प्रतिदर्श चयन (iii) प्रश्न सूची तैयार करना
(iv) प्रदत्त संग्रह (v) प्रदत्त विश्लेषण (iv) व्याख्या तथा निष्कर्ष

सर्वे विधि के गुण

सर्वे विधि के गुण निम्नलिखित हैं

- सर्वे विधि की पुनरावृत्ति करके इसकी विश्वसनीयता बढ़ायी जा सकती है।
- मनोविज्ञान के अतिरिक्त इसका उपयोग अन्य सामाजिक विज्ञानों में भी हो सकता है।
- इस विधि में अध्ययनकर्ता आवश्यकतानुसार प्रश्नों की सूची तैयार कर सकता है।
- इसमें कम समय में अधिक लोगों की राय, प्रतिक्रिया आदि व्यक्त करायी जा सकती है।

सर्वे विधि के दोष

सर्वे विधि के दोष निम्नलिखित हैं

- विधि से केवल सतही सूचनाएँ ही प्राप्त होती हैं।
- सही प्रतिदर्श के चुनाव न होने पर विश्वसनीयता में कमी आ जाती है।
- अध्ययनकर्ता के पक्षपातपूर्ण होने पर विश्वसनीयता में कमी आ जाती है।
- इसका प्रयोग शिशुओं पर नहीं किया जा सकता है।

अभिप्रेरणा : अर्थ एवं परिभाषा

- अभिप्रेरणा उस अवस्था को कहते हैं, जो व्यक्ति को कार्य करने के लिए प्रेरित करती है।
- अभिप्रेरणा को अंग्रेजी में **मोटीवेशन** कहते हैं।
- मोटीवेशन शब्द लैटिन भाषा के शब्द से बना है जिसका लैटिन भाषा में अर्थ है—दबाव डालना या उत्तेजक शक्ति के रूप में प्रयोग किया जाना है।
- **गिल्कर्ड** के अनुसार, *"अभिप्रेरणा कोई विशेष आन्तरिक कारक है, जो क्रियाओं को प्रारम्भ करने अथवा निरन्तर बनाए रखने की प्रवृत्ति होती है।"*
- **मॉर्गन, किंग** तथा **स्कोपलर** के अनुसार, *"अभिप्रेरणा से तात्पर्य एक प्रेरक तथा कर्षण बल से होता है, जो खास लक्ष्य की ओर व्यवहार को निरन्तर ले जाता है।"*
- **हिलगार्ड** ने अभिप्रेरणा को स्पष्ट करते हुए उसके तीन प्रमुख तत्त्वों या अंगों की चर्चा की है, वे हैं

1. आवश्यकता 2. अन्तर्नोद/प्रणोद 3. प्रोत्साहन या लक्ष्य

अभिप्रेरणा की विशेषताएँ

अभिप्रेरणा की विशेषताएँ निम्नलिखित हैं

- अभिप्रेरणा व्यवहार की मुख्य विशेषता अतिरिक्त शक्तियों का संचालन है।
- अभिप्रेरणात्मक व्यवहार की दूसरी प्रमुख विशेषता निरन्तरता है।
- अभिप्रेरणात्मक व्यवहार का प्रमुख लक्ष्य परिवर्तनशीलता है।
- अभिप्रेरणात्मक व्यवहार का मुख्य उद्‌देश्य लक्ष्य प्राप्त करना है।

अभिप्रेरणा का महत्त्व एवं उपयोग

- व्यवहार को नियन्त्रित करने में
- रुचि का विकास करने में
- ध्यान केन्द्रित करने में सहायक
- मानसिक विकास में सहायक
- लक्ष्य प्राप्ति में सहायक
- चरित्र निर्माण में सहायक
- संज्ञानात्मक आधार पर अभिप्रेरणा 'आन्तरिक' और 'बाह्य' होती है।
- मानव अभिप्रेरक की माप में विशेष रूप से सामाजिक अभिप्रेरकों को मापा जाता है।
- अभिप्रेरणा मापन की निम्न विधियाँ है—प्रेक्षण, प्रश्नावली, अवरोध आदि।

संवेग का अर्थ एवं परिभाषा

- अंग्रेजी भाषा में संवेग को 'Emotion' कहा जाता है।
- अंग्रेजी का यह शब्द (Emotion) लैटिन भाषा के शब्द Emovere से बना है जिसका अर्थ है उत्तेजित करना।
- प्रत्येक संवेग में एक अनुभूति पायी जाती है, साथ ही संवेग उस समय एक गत्यात्मक तत्परता भी होती है।
- **गेल्डार्ड** के अनुसार, *"संवेग, क्रियाओं का उत्तेजक है।"*
- **इंगलिश** तथा **इंगलिश** के अनुसार *"संवेग एक जटिल भाव की अवस्था होती है, जिसमें कुछ खास-खास शारीरिक एवं ग्रन्थीय क्रियाएँ होती हैं।"*

संवेग की विशेषताएँ

संवेग की विशेषताएँ निम्नलिखित हैं

- संवेग एक मानसिक प्रक्रिया है।
- यह एक प्रकार की अनुभूति है।
- इसकी उत्पत्ति मनोवैज्ञानिक कारकों के कारण होती है।
- इसकी उत्पत्ति आकस्मिक होती है।
- इसमें आन्तरिक और बाह्य दोनों प्रकार के परिवर्तन घटित होते हैं।

संवेग के सिद्धान्त

संवेग के सिद्धान्त निम्नलिखित हैं

- जेम्स-लान्जे सिद्धान्त
- कैनन-वार्ड सिद्धान्त
- स्कैक्टर-सिंगर का सिद्धान्त
- संज्ञानात्मक-मूल्यांकन सिद्धान्त
- लिण्डस्ले सक्रियण सिद्धान्त

स्मार्ट फैक्ट्स

- झूठ का पता लगाने वाले यन्त्र को **पोलिग्राफ** कहा जाता है।
- **ऐडिनालिन** की सूई देने से व्यक्ति में हृदय के गति में तीव्रता, रक्तचाप में वृद्धि, साँस की गति में अनियमितता आदि सांवेगिक लक्षण उत्पन्न होते हैं।
- संवेग में **इ इ जी** में होने वाली सक्रियता पैटर्न को मस्तिष्क स्तम्भ के रेटीकुलर फार्मेशन को उत्तेजित करके प्राप्त किया जाता है।
- एलेक्ट्रो एनसीफे लोग्राफ नामक यन्त्र द्वारा मस्तिष्क तरंगों की रिकॉर्डिंग एक ग्राफ के रूप में होती है।
- संवेग की अभिव्यक्ति शाब्दिक संचार तथा अशाब्दिक संचार दोनों द्वारा होती है।
- **एकमैन** ने अपने शोध में कहा कि मानव चेहरे से आरम्भिक समय से ही छः मौलिक संवेगों की अभिव्यक्ति होती है।

स्मृति का अर्थ एवं परिभाषा

- स्मृति एक मानसिक क्रिया है।
- इसका तात्पर्य पूर्व में घटित अनुभूतियों को मस्तिष्क में इकट्ठा कर रखने की क्षमता से है।
- **वुडवर्थ** के अनुसार, *''स्मृति एक बार सीखी गई प्रक्रिया का आवश्यकता पड़ने पर उसका प्रत्यक्ष उपयोग ही स्मृति है।''*
- **हिलगार्ड** एवं **एटकिन्सन** के अनुसार, *''पूर्व में सीखे गए अनुक्रिया चिह्नों को वर्तमान समय में व्यक्त करना या प्रदर्शित करना ही स्मृति है।''*

स्मृति की अवस्थाएँ या तत्त्व

स्मृति की अवस्थाएँ या तत्त्व निम्नलिखित हैं

(i) कूट संकेतन (ii) संचयन (iii) पुनः प्राप्ति

स्मृति के मापन की विधियाँ

स्मृति के मापन की विधियाँ निम्नलिखित हैं

1. प्रत्याह्वान विधि
2. प्रत्याभिज्ञान विधि
3. पुनः सीखना विधि
4. पुनर्निर्माण विधि

स्मृति के प्रकार

स्मृति के प्रकार निम्नलिखित हैं

संवेदी स्मृति

- संवेदी स्मृति, स्मृति की एक लघुतम अवधि वाली स्मृति है।
- संवेदी स्मृति ऐसे स्मृति संचयन को कहा जाता है, जिसमें सूचनाओं को सामान्यतः एक सेकण्ड या उससे कम अवधि के लिए व्यक्ति रख पाता है।
- इस स्मृति में व्यक्ति उद्दीपक से मिलने वाली सूचनाओं को मौलिक रूप से अर्थात् बिना फेर-बदल के ही संचित करता है।
- इस स्मृति के कारण ही उद्दीपक के हट जाने के बाद भी उसका चिह्न थोड़े समय के लिए बना रहता है।

लघुकालीन स्मृति

- लघुकालीन स्मृति को STM, सक्रिय स्मृति, तात्कालिक स्मृति, चलन स्मृति, लघुकालीन संचयन भी कहा जाता है।
- **विलियम जोन्स** ने इसे प्राथमिक स्मृति भी कहा है।
- लघुकालीन स्मृति से तात्पर्य उन सीमित सूचनाओं के संचयन से होता है, जिन्हें थोड़े समय अर्थात् न्यूनतम एक सेकण्ड तथा अधिकतम 20-30 सेकण्ड तक के लिए सक्रिय अवस्था में व्यक्ति रख पाता है।
- लघुकालीन स्मृति के अस्तित्व को दिखाने का सबसे उत्तम सबूत क्रमिक स्थान वक्र के अध्ययन में प्राप्त होता है।

दीर्घकालीन स्मृति

- मानव स्मृति की तृतीय अवस्था दीर्घकालिक स्मृति है।
- अन्य स्मृतियों की अपेक्षा दीर्घकालीन स्मृति स्थायी होती है।
- दीर्घकालीन स्मृति का उपयोग दीर्घकाल तक किया जाता है।
- दीर्घकालीन स्मृति को कई अन्य नामों से भी जाना जाता है; जैसे—गौण स्मृति, दीर्घकालीन संचयन, असक्रिय स्मृति।
- दीर्घकालीन स्मृति का अर्थ ऐसे स्मृति संचयन से होता है, जिसमें सूचनाओं को व्यक्ति काफी लम्बे समय तक रख पाता है, इस स्मृति की न्यूनतम समय सीमा 20-30 सेकण्ड से लेकर जीवन भर तक की हो सकती है।
- **विलियम जोन्स** ने दीर्घकालीन स्मृति को गौण स्मृति कहा है।

स्मार्ट फैक्ट्स

- **स्क्रीन स्मृति** सचमुच में एक **मनोविश्लेषिक पद** (Psychoanalytic term) है, जिससे तात्पर्य आरम्भिक बाल्यावस्था की घटनाओं की स्मृति जो क्षणिक, दुग्राह्य, प्रकृति के होते हैं, से है
- अंक-विस्तार परीक्षण लघुकालीन स्मृति की जाँच है।
- **इविंगहॉस वक्र** का प्रतिपादन मशहूर जर्मन मनोवैज्ञानिक **इविंगहॉस** द्वारा किया गया था। उसे विस्मरण वक्र भी कहा जाता है।
- **ब्रेनर्ड** तथा **रेना** ने अस्पष्ट चिह्न सिद्धान्त का प्रतिपादन किया।
- हिप्पोकैम्पस स्मृति के सुदृढ़ीकरण में महत्त्वपूर्ण भूमिका निभाता है। यह सूचनाओं को लघुकालीन स्मृति से दीर्घकालीन स्मृति में अन्तरित करता है।

विस्मरण

विस्मरण का अर्थ

- विस्मरण जिसको साधारण बोल-चाल की भाषा में भूलना कहते हैं।
- **एबिंगहॉस** के अनुसार, *''विस्मरण एक निष्क्रिय मानसिक प्रक्रिया है।''*
- **जेनकिन्स** तथा **डैलेनबेक, मूलर** तथा **पिलजेकर** और **मेल्टन** तथा **इरविन** के अनुसार, *''विस्मरण एक सक्रिय मानसिक प्रक्रिया है।''*
- **फ्रायड** ने विस्मरण को सक्रिय उद्देश्यपूर्ण एवं रचनात्मक होना बताया है।

विस्मरण के कारक

विस्मरण को प्रभावित करने वाले कारकों को मनोवैज्ञानिकों ने मूलतः निम्न तीन श्रेणियों में बाँटा है

1. सीखने से सम्बन्धित कारक
2. धारण अन्तर से सम्बन्धित कारक
3. सीखने वाले व्यक्ति से सम्बन्धित कारक

प्रत्यक्षीकरण का अर्थ एवं परिभाषा

- प्रत्यक्षीकरण एक मानसिक प्रक्रिया है।
- प्रत्यक्षीकरण की उत्तेजना का प्रभाव ज्ञानेन्द्रियों पर पड़ता है।
- प्रत्यक्षीकरण का अर्थ संवेदनाओं के अर्थ की व्याख्या करना है।
- **वुडवर्थ** के अनुसार, *''प्रत्यक्षीकरण विभिन्न इन्द्रियों की सहायता से पदार्थ या उनके आधारों का ज्ञान प्राप्त करने की क्रिया है।''*
- **मन** के अनुसार, *''प्रत्यक्षीकरण एक ऐसी प्रक्रिया है, जिसमें तुलनात्मक रूप से विभेदीकरण तथा निरीक्षण किया जा सके।''*

भ्रम

- भ्रम एक मानसिक क्रिया है।
- भ्रम एक प्रकार का प्रत्यक्षण है।
- गलत प्रत्यक्षण को भ्रम की संज्ञा दी जाती है।
- भ्रम की उत्पत्ति के लिए उद्दीपक का होना आवश्यक है। यदि भ्रम बिना उद्दीपक के होता है तो उसे विभ्रम कहते हैं।
- भ्रम के अध्ययन के लिए मनोवैज्ञानिकों ने कोणों एवं रेखाओं का निर्माण किया है, जिसे ज्यामितिक भ्रम कहते हैं।
- भ्रम का तदनुभूति सिद्धान्त का प्रतिपादन **लिप्से** द्वारा किया गया है।
- परिदृश्य सिद्धान्त को समरूपता का सिद्धान्त भी कहते हैं।

भ्रम तथा प्रत्यक्षण में अन्तर

प्रत्यक्षण एक संज्ञानात्मक मानसिक प्रक्रिया है जिसके द्वारा हमें उपस्थित व्यक्तियों, वस्तुओं तथा घटनाओं का ज्ञान प्राप्त होता है। भ्रम एक प्रकार का प्रत्यक्षण ही है। ये दोनों ही मानसिक प्रक्रियाएँ हैं, जिनके सहारे वातावरण में विद्यमान वस्तुओं व व्यक्तियों के बारे में ज्ञान प्राप्त होता है। इन दोनों के लिए उद्दीपक का भी होना आवश्यक है।

ये दोनों चयनात्मक प्रक्रियाएँ भी इन समानताओं के बावजूद इनमें निम्नांकित अन्तर हैं

- प्रत्यक्षण में उद्दीपक का यथार्थ एवं सही ज्ञान होता है, जबकि भ्रम में नहीं होता। अन्धेरे में ये रस्सी को रस्सी समझना प्रत्यक्षण जबकि रस्सी को साँप समझना भ्रम कहलाता है।
- प्रत्यक्षण का स्वरूप स्थायी होता है जबकि भ्रम अस्थायी व क्षणिक होता है। एक पेन को हमेशा पेन समझना प्रत्यक्षण है। जबकि रस्सी के साँप होने का भ्रम उजाला होते ही समाप्त हो जाता है।
- अभ्यास से प्रत्यक्षण में थोड़ी स्पष्टता बढ़ जाती है तथा भ्रम की मात्रा में कमी आती है।
- सभी सामान्य व्यक्तियों में किसी उद्दीपक का प्रत्यक्षण लगभग एक समान होता है, परन्तु एक ही उद्दीपक सभी व्यक्तियों में एक-सा भ्रम उत्पन्न करता है।

भ्रम तथा विभ्रम में अन्तर

भ्रम एक प्रकार का गलत प्रत्यक्षण है। अतः इसके लिए उद्दीपक का होना अनिवार्य है, परन्तु कभी-कभी व्यक्तियों को प्रत्यक्षण बिना किसी उद्दीपक का ही होता है। इस तरह के प्रत्यक्षण को विभ्रम (Hallucination) की संज्ञा दी जाती है; जैसे—यदि अन्धेरे कमरे में किसी को कोई व्यक्ति दिखता है जबकि कोई नहीं है, तो यह विभ्रम की स्थिति है। जबकि अन्धेरे कमरे में छाते को व्यक्ति समझ लेना भ्रम है।

भ्रम तथा विभ्रम को निम्नांकित अन्तरों से और ज्यादा स्पष्ट किया जा सकता है

- भ्रम अधिकतर बाह्य कारणों से होता है, जबकि विभ्रम आत्मगत कारणों से होता है; जैसे—भय, चिन्ता, मानसिक रोग आदि कारकों से होता है।
- चूँकि भ्रम में उद्दीपक मौजूद रहता है, अतः इसका स्वरूप लगभग-लगभग स्पष्ट रहता है, परन्तु विभ्रम में उद्दीपक नहीं रहता है। अतः इसका स्वरूप अस्पष्ट होता है।
- विभ्रम अधिकतर असामान्य व्यक्तियों को होता है, लेकिन इसका यह अर्थ नहीं कि विभ्रम सामान्य व्यक्ति व असामान्य दोनों में होता है, परन्तु असामान्य व्यक्तियों में ज्यादा होता है।
- सामान्य व्यक्ति के भ्रम का स्वरूप स्थायी तथा अस्थायी दोनों ही रहता है, परन्तु सामान्य व्यक्तियों में विभ्रम का स्वरूप स्थायी होता है। अनेक ऐसे मानसिक रोग हैं जिनमें व्यक्ति को विभ्रम होता है। यह स्थायी रूप में दिन-रात उसमें मौजूद रहता है और उसी में डूबा रहता है।

स्मार्ट फैक्ट्स

- लिस्साजोऊ आकृति एक अमूर्त घूमता हुआ डिजाइन है, जो कम्पित आइने के परावर्तन से या फिर औसिलोस्कॉप पर्दे पर बनता है।
- दीप्ति गुणांक दृष्टि स्पैक्ट्रम के विभिन्न तरंगदैर्ध्य तथा दृष्टि तन्त्र के सापेक्ष दीप्ति की अभिव्यक्ति करता है।
- मैकबेथ इलुमिनोमीटर रोशनी के दृष्टि प्रभावशीलता को मापने का एक यन्त्र है।
- **मेकुला तन्तु मेकुला लुटिया** (Macula lutea) के अक्षिपटल (Angularity) से निकलता है तथा दृष्टि तन्तु का महत्त्वपूर्ण भाग है।
- काइनोफैनटॉम एक तरह का गति भ्रम है, जो मूलतः छाया से **सम्बद्ध होता है।**
- काइनेटिक गहराई प्रभाव एक ऐसा दृष्टि पैटर्न है, जिसमें दृष्टि पैटर्न जब स्थिर होता है तो चपटा दिखता है, और जब गतिशील होता है तो त्रिविमिय दिखता है।
- **लैम्बर्ट कोसाइन** नियम यह बताता है कि किसी सतह की चमक, सतह एवं रोशनी के कोण के कोसाइन के *परिणामस्वरूप* परिवर्तित होती है। .
- रोशनी अनुकूलन एक ऐसी प्रक्रिया है, जिससे उच्च तीव्रता की रोशनी में **आँख** अपना अनुकूलन करती है।

अवधान का अर्थ एवं परिभाषा

- अवधान एक चयनात्मक मानसिक प्रक्रिया है, जिसमें व्यक्ति एक विशेष शारीरिक मुद्रा बनाकर किसी वस्तु को चेतना केन्द्र में लेने को तत्पर रहता है।
- **मॉर्गन, किंग, विसज** तथा **स्कोपलर** के अनुसार, *"अवधान उस प्रत्यक्ष ज्ञानात्मक प्रक्रिया को कहा जाता है, जिसके द्वारा कुछ निश्चित उद्दीपकों को दिये हुए समय में अपनी चेतन अनुभूति या चेतना में लाने के लिए चुना जाता है।"*
- **मैटलिन** के अनुसार, "मानसिक क्रिया की एकाग्रता ही ध्यान है।"

अवधान की विशेषताएँ

अवधान की विशेषताएँ निम्नलिखित हैं

- अवधान एक चयनात्मक मानसिक प्रक्रिया है।
- अवधान में शारीरिक अभियोजन होता है।
- अवधान का विस्तार सीमित होता है।
- अवधान में अस्थिरता तथा उच्चलन का गुण पाया जाता है।
- अवधान में तत्परता या अनुक्रियाशीलता की स्थिति पायी जाती है।

अवधान के निर्धारक

अवधान के निर्धारक निम्नलिखित हैं

1. उद्दीपक का स्वरूप
2. उद्दीपक की नवीनता
3. उद्दीपक की गति
4. उद्दीपक की अवधि
5. उद्दीपक में परिवर्तन

अधिगम का अर्थ एवं परिभाषा

- अधिगम एक मनोवैज्ञानिक प्रक्रिया है।
- इसका सामान्य अर्थ सीखना अथवा व्यवहार परिवर्तन है।
- **आर. एस. वुडवर्थ** के अनुसार, *"अधिगम वह क्रिया है जो बाद की क्रिया पर अपेक्षाकृत स्थायी प्रभाव डालती है।"*
- **जे. पी. गिल्फोर्ड** के अनुसार, *"व्यवहार के कारण व्यवहार में परिवर्तन ही सीखना है।"*
- **गेट्स** एवं अन्य के अनुसार, *"अनुभव एवं प्रशिक्षण के द्वारा व्यवहार में परिवर्तन ही सीखना है।"*

- **क्रो** एवं **क्रो** के अनुसार, *"आदतों, ज्ञान व अभिवृत्तियों का अर्जन ही अधिगम है।"*
- **स्किनर** के अनुसार, *"व्यवहार में उत्तरोत्तर अनुकूलन की प्रक्रिया ही अधिगम है।"*

अधिगम की प्रकृति एवं विशेषताएँ

अधिगम की प्रकृति एवं विशेषताएँ निम्नलिखित हैं

- अधिगम एक सक्रिय प्रक्रिया है।
- यह एक खोजी प्रक्रिया है।
- यह एक सार्वभौमिक प्रक्रिया है।
- यह एक निरन्तर चलने वाली प्रक्रिया है।
- यह एक विवेकपूर्ण प्रक्रिया है।
- यह एक समायोजन की प्रक्रिया है।
- यह एक सामाजिक प्रक्रिया है।

अधिगम को प्रभावित करने वाले कारक

अधिगम को प्रभावित करने वाले कारक निम्नलिखित हैं

- अधिगम सामग्री का स्वरूप
- अधिगम कारक
- अभ्यास
- वातावरण
- शारीरिक कारक
- अधिगम विधि
- स्नायु तन्त्र
- प्रेरणा

अभ्यसन का अर्थ एवं परिभाषा

- अभ्यसन सीखने का एक प्रकार है, जो एक कोशिकीय प्राणी से लेकर मनुष्य तक में पाया जाता है।
- **ब्राउन** एवं **कुक** के अनुसार, *"अभ्यसन से तात्पर्य एक ऐसी प्रक्रिया से होता है, जिसमें उद्दीपक की आवृत्तिय उपस्थिति से अनुक्रिया में क्रमिक ह्रास होता है।"*

अनुबन्धन का अर्थ एवं परिभाषा

- धन वह प्रक्रिया है, जिसमें एक उत्तेजना वस्तु अथवा परिस्थिति के द्वारा एक प्रत्युत्तर प्रकट होता है। इसके अतिरिक्त यह प्रत्युत्तर एक प्राकृतिक अथवा सामान्य प्रत्युत्तर है।"
- सामान्य अर्थ में उत्तेजना एवं अनुक्रिया के बीच साहचर्य स्थापित होना ही अनुबन्धन है।
- अनुबन्धन मनोवैज्ञानिक खोज नहीं है बल्कि यह **ब्लादिमीर बेखटेख** के द्वारा प्रतिपादित समागम अनुबन्धन तथा अनुबन्धित अनुक्रिया का मूल प्रत्यय है।

अनुबन्धन के प्रकार

अनुबन्ध के प्रकार निम्नलिखित हैं

1. प्राचीन अनुबन्धन
2. नैमित्तिक अनुबन्धन

व्यक्तित्व का अर्थ एवं परिभाषा

- व्यक्तित्व जिसका अंग्रेजी भाषा में अर्थ 'PERSONALITY' है, लैटिन भाषा के शब्द परसोना से बना है, जिसका अर्थ नकाब से है, जिसे नायक नाटक करते समय पहनता है।
- इस शाब्दिक अर्थ को ध्यान में रखते हुए व्यक्तित्व का आशय व्यक्ति के बाह्य गुणों से होता है।
- दार्शनिक अर्थ में व्यक्तित्व का अर्थ मनुष्य के आन्तरिक स्वरूप से है। इसके अन्तर्गत मनुष्य की आत्मा को ही व्यक्तित्व का आधार माना गया है।
- मनोवैज्ञानिक दृष्टिकोण से व्यक्तित्व का आशय है कि व्यक्तित्व सम्पूर्ण मानव व्यवहार का दर्पण होता है।
- **ऑलपोर्ट** के अनुसार, *"व्यक्तित्व व्यक्ति के भीतर उन मनोशारीरिक तन्त्रों का गतिशील या गत्यात्मक संगठन है, जो वातावरण में उसके अपूर्व समायोजन को निर्धारित करते हैं।"*
- **गुथरी** के अनुसार, *"व्यक्तित्व की परिभाषा सामाजिक महत्त्व की उन आदतों तथा संस्थाओं के रूप में दी जा सकती है, जो स्थिर तथा परिवर्तन के अवरोध वाली होती हैं।"*
- **बॉरेन** के अनुसार, *"व्यक्तित्व व्यक्ति का सम्पूर्ण मानसिक संगठन है, जो उसके विकास की किसी भी अवस्था से होता है।"*
- व्यक्तित्व की सर्वमान्य परिभाषा है कि व्यक्तित्व मनोदैहिक गुणों का एक ऐसा गत्यात्मक संगठन है, जिसके द्वारा व्यक्ति अपने वातावरण के साथ समायोजन करता है।

व्यक्तित्व के सैद्धान्तिक उपागम

व्यक्तित्व के स्वरूप की व्याख्या करने के लिए विभिन्न उपागम हैं, जिन्हें सैद्धान्तिक उपागम भी कहते हैं। *ये हैं*

1. मनोविश्लेषणात्मक उपागम

- मनोविश्लेषणात्मक उपागम का प्रतिपादन **सिगमण्ड फ्रॉयड** द्वारा किया गया था।
- व्यक्तित्व के स्वरूप का अध्ययन करने वाला यह सबसे पहला मनोविश्लेषणात्मक उपागम था।
- इस उपागम के तहत मुख्य बल मानव के निराशावादी तथा निश्चयवादी छवि पर दिया गया है।

2. नव-मनोविश्लेषणात्मक उपागम

- इस उपागम के तहत व्यक्तित्व के सामाजिक कारकों पर अधिक बल दिया गया है।
- नव-मनोविश्लेषणात्मक उपागम के अन्तर्गत मानव प्रकृति की आशावादी छवि पर अधिक बल दिया जाता है।

3. शरीर-गठनात्मक उपागम

- शरीर-गठनात्मक उपागम के तहत **क्रेश्मर** तथा **शेल्डन** द्वारा प्रतिपादित व्यक्तित्व के सिद्धान्त को रखा जाता है।
- इस उपागम के अन्तर्गत व्यक्तित्व की व्याख्या व्यक्तित्व के पैटर्न, विकास, शरीर के गठन तथा उससे सम्बन्धित चित्र प्रकृति के आधार पर की जाती है।

4. जीवन-अवधि उपागम

- इस उपागम के तहत **इरिक इरिक्सन** के सिद्धान्तों की व्याख्या की जाती है।
- इस उपागम में व्यक्तित्व की व्याख्या जन्म से मृत्यु तक व्यक्ति के व्यवहारों में होने वाले परिवर्तनों के आलोक में की जाती है।

5. शीलगुण उपागम

- इस उपागम के तहत **ऑलपोर्ट** तथा **कैटल** द्वारा प्रतिपादित व्यक्तित्व के सिद्धान्तों की व्याख्या की जाती है।
- यह एक काफी सरल उपागम है तथा सामान्य बोध पर आधारित है।
- इस उपागम में व्यक्तित्व की व्याख्या व्यक्तित्व के शीलगुणों के रूप में की जाती है। इस तरह के शीलगुण उपागम में व्यवहार के व्यक्तिगत निर्धारण पर बल डाला जाता है।

6. सांवृत्तिक या मानवतावादी उपागम

- इस उपागम में **मैस्लो** तथा **रोजर्स** द्वारा प्रतिपादित व्यक्तित्व के सिद्धान्त की व्याख्या है।
- इस उपागम में मानवतावादी सम्प्रत्यों, जिस पर **मैस्लो** ने तथा आत्मन् सिद्धान्तों, जिस पर **रोजर्स** ने अधिक बल डाला है, को सम्मिलित किया गया है।
- इस उपागम में व्यक्तित्व के अध्ययन में व्यक्ति की आत्मगत अनुभूतियों पर प्रकाश डाला जाता है।

7. व्यवहारात्मक एवं अधिगम उपागम

- इस उपागम में **स्किनर, हल** तथा **मिलर** एवं **डोलार्ड** द्वारा प्रतिपादित व्यक्तित्व के सिद्धान्तों की व्याख्या की गई है।
- इस उपागम में व्यक्तित्व का उद्दीपकों के प्रति विशेष सीखी हुई अनुक्रियाओं का एक संग्रह तथा स्पष्ट व्यवहारों या आदत तन्त्रों का एक सेट होता है।
- इसमें व्यक्तित्व के वस्तुनिष्ठ तत्त्वों का प्रेक्षण किया जाता है।

8. सामाजिक संज्ञानात्मक उपागम

- इस उपागम के तहत **अल्बर्ट वैण्डूरा, वाल्टर मिशकेल** तथा **मार्टिन सेलिगमैन** के सिद्धान्तों की व्याख्या की जाती है।
- सामाजिक-संज्ञानात्मक उपागम को सामाजिक सीखना उपगम भी कहा जाता है।
- इस उपागम में व्यक्तित्व के अध्ययन के लिए पर्यावरण या परिस्थितिजन्य कारकों के महत्त्व पर बल डाला जाता है।

व्यक्तित्व विकास

***फ्रॉयड** ने व्यक्तित्व विकास की व्याख्या दो दृष्टिकोणों के आधार पर की है*

1. पहले दृष्टिकोण के अनुसार वयस्क व्यक्तित्व बाल्यावस्था की भिन्न-भिन्न अनुभूतियों के द्वारा नियन्त्रित होता है।
2. दूसरे दृष्टिकोण के अनुसार जन्म के समय लैंगिक बच्चों में लैंगिक ऊर्जा मौजूद होती है, जो विभिन्न मनोलैंगिक अवस्थाओं से होकर विकसित होती है।

- **फ्रॉयड** ने इसे मनोलैंगिक विकास का सिद्धान्त कहा है।

***फ्रॉयड** द्वारा प्रतिपादित मनोलैंगिक विकास के सिद्धान्त की पाँच अवस्थाएँ हैं*

1. मुखावस्था
2. गुदावस्था
3. लिंगप्रधानावस्था
4. अव्यक्तावस्था
5. जननेन्द्रियावस्था

स्मार्ट फैक्ट्स

- **व्यक्तित्व** के संज्ञानात्मक-सामाजिक अधिगम सिद्धान्त का प्रतिपादन मुख्य रूप से आलपोर्ट ने किया।
- **रजस्** गुण से प्रभावित व्यक्ति अपनी इच्छाओं के प्रति लिप्तता अधिक दिखता है वह लालची और लोभी होता है।
- आंशिक मूलप्रवृत्ति से तात्पर्य मूलप्रवृत्ति के आणविक तत्त्वों से होता है।
- **फ्रायड** के अनुसार, चिन्ता एक ऐसी भावात्मक एवं दुःखद अवस्था होती है जो अहं को खतरे से सतर्क करती है।
- **वाटलर मिसकेल** ने मानव व्यक्तित्व की व्याख्या संगतता विरोधाभास तथा तुष्टि के विलम्बन से की है।
- सबसे महत्त्वपूर्ण व्यक्तित्व आविष्कारिका का निर्माण **वर्ष 1943** में एस आर हाथावे जो मनोवैज्ञानिक थे तथा जे सी मैककिनली द्वारा किया गया।
- व्यक्तित्व का मापन मनोमितिक परीक्षणों द्वारा तथा प्रक्षेपी परीक्षणों द्वारा किया जाता है।
- सी-पी-सी चक्र केली के सिद्धान्त का प्रमुख मॉडल है जिसे परिनिरीक्षण पूर्वक्रमिक-नियन्त्रण चक्र कहा जाता है।
- एक स्वस्थ व्यक्ति में उपाहं, अहं तथा पराहं पूरी तरह से संगठित होता है तथा इस ढंग से कार्य करता है कि इसमें निरन्तर संघर्ष होता है।
- **फ्रायड** के अनुसार शारीरिक ऊर्जा तथा मानसिक ऊर्जा दोनों का स्पर्श बिन्दु उपाहं होता है।
- जिस व्यक्ति में सत्व गुण प्रधान होता है, वह प्रखर बुद्धि का होता है तथा उसकी दृष्टि में स्पष्टता होती है।
- जिस व्यक्ति में तमस् गुण होता है। उसके व्यक्तित्व में संभ्रान्ति तथा न्यामोह अधिक होता है, ऐसे व्यक्ति के ध्यान में विचलन ज्यादा होता है।

बुद्धि का अर्थ एवं परिभाषा

- बुद्धि शब्द का प्रयोग दिन-प्रतिदिन की बोल-चाल की भाषा में प्रयोग होता है, किन्तु मनोवैज्ञानिकों द्वारा 'बुद्धि' शब्द का प्रयोग आम व्यक्तियों द्वारा किये गए प्रयोग से भिन्न होता है। **बोरिंग** ने सबसे पहले बुद्धि की औपचारिक परिभाषा दी और कहा कि बुद्धि परीक्षण जो मापता है वही बुद्धि है।
- **स्टर्न** के अनुसार, *"नई परिस्थितियों में समायोजन की योग्यता ही बुद्धि है।"*
- **थॉर्नडाइक** के अनुसार, *"उत्तम अनुक्रिया करने एवं नवीन परिस्थितियों के साथ समायोजन की योग्यता को ही बुद्धि कहते हैं।"*
- **टर्मन** के अनुसार, *"अमूर्त चिन्तन की योग्यता ही बुद्धि है।"*
- **गाल्टन** के अनुसार, *"बुद्धि को विभेद एवं चयन करने की शक्ति है।"*
- **बकिंघम** के अनुसार, *"सीखने की योग्यता ही बुद्धि है।"*
- **बर्ट** के अनुसार, *"बुद्धि अच्छी तरह निर्णय करने, समझने एवं तर्क करने की योग्यता है।"*

बुद्धि के प्रकार

***ई. एल. थॉर्नडाइक** ने बुद्धि के तीन प्रकार बताए हैं, जो इस प्रकार हैं*

1. सामाजिक बुद्धि

सामाजिक बुद्धि का तात्पर्य उस मानसिक क्षमता से है, जिसके सहारे व्यक्ति दूसरे व्यक्तियों को समझता है तथा व्यवहारकुशलता से दिखलाता है। इनमें सामाजिक कौशलता काफी अच्छी होती है। इसी कारण ऐसे व्यक्ति अच्छे नेता बन जाते हैं।

2. अमूर्त बुद्धि

अमूर्त चिन्तन एक ऐसी मानसिक क्षमता है, जिसकी सहायता से व्यक्ति शाब्दिक तथा गणितीय संकेतों एवं चिह्नों के सम्बन्धों के बारे में आसानी से समझ जाता है और उसकी व्याख्या कर पाता है। वैसे व्यक्ति जिनमें इस बुद्धि का पाया जाना होता है वे एक सफल कलाकार, पेन्टर तथा गणितज्ञ आदि होते हैं।

3. मूर्त बुद्धि

मूर्त बुद्धि से तात्पर्य उस मानसिक क्षमता से है, जिसके द्वारा व्यक्ति ठोस वस्तुओं के महत्त्व को समझता है तथा विभिन्न परिस्थितियों में उसका परिचालन सीखता है। इस बुद्धि को धारण करने वाले व्यक्ति एक सफल व्यापारी बन सकते हैं।

बुद्धि का मापन

मानसिक आयु मानसिक आयु एक ऐसा सम्प्रत्यय है, जिसके द्वारा बुद्धि का मापन किया जाता है। **बिने** ने मानसिक आयु के प्रत्यय का प्रतिपादन किया था।

बुद्धिलब्धि

स्टर्न तथा **कुहलमान** ने सन् 1912 में बुद्धिलब्धि जिसे संक्षेप में आई. क्यू. कहते हैं, के प्रयोग का सुझाव दिया, लेकिन इसका प्रयोग **टर्मन** के द्वारा **स्टैनफोर्ड बिने परीक्षण** के प्रकाशन के उपरान्त ही प्रचलित हो पाया। व्यक्ति के पास विद्यमान बुद्धि की मात्रा अथवा उसके द्वारा प्रदर्शित बुद्धि ही 'बुद्धिलब्धि' है।

$$\text{बुद्धिलब्धि} = \frac{\text{मानसिक आयु}}{\text{वास्तविक आयु}} \times 100$$

बुद्धिलब्धि में अन्तर के आधार पर व्यक्तियों की विभिन्न श्रेणियों का निर्माण किया गया है। 25 से कम बुद्धिलब्धि वाले व्यक्ति को जड़ बुद्धि व्यक्ति, 90-110 बुद्धिलब्धि वाले व्यक्ति को सामान्य, 120-140 बुद्धिलब्धि वाले व्यक्ति को प्रखर तथा 140 बुद्धिलब्धि वाले व्यक्ति को प्रतिभाशाली व्यक्ति की श्रेणी में रखा जाता है।

बुद्धि के सिद्धान्त

बुद्धि के सिद्धान्त निम्नलिखित हैं

1. बिने का एक तत्त्व सिद्धान्त
2. स्पीयरमैन का द्वि-तत्त्व सिद्धान्त
3. थॉर्नडाइक का बहु-तत्त्व सिद्धान्त
4. थर्स्टन का समूह-तत्त्व सिद्धान्त
5. थॉमसन का प्रतिदर्श-सिद्धान्त
6. वर्नन का क्रमिक महत्त्व सिद्धान्त
7. गिल्फोर्ड का त्रि-आयाम सिद्धान्त

असामान्य मनोविज्ञान का अर्थ एवं परिभाषा

- मनोविज्ञान की एक प्रमुख शाखा असामान्य मनोविज्ञान है, जिसमें व्यक्तियों के असामान्य व्यवहार एवं मानसिक प्रक्रियाओं का वैज्ञानिक अध्ययन किया जाता है, इसे मनोविकृति विज्ञान भी कहा जाता है।
- **स्ट्रेन्ज** के अनुसार, *"असामान्य मनोविज्ञान मनोविज्ञान की वैसी शाखा है, जिसका सम्बन्ध विकृत व्यवहारों के निदान, वर्गीकरण उपचार एवं उनकी व्याख्या करने के लिए उपयुक्त सिद्धान्तों से होता है।"*
- **किसकर** के अनुसार, *"असामान्य मनोविज्ञान मनोविज्ञान की एक विशिष्ट शाखा है, जो व्यक्तित्व सम्बद्ध अशान्ति तथा व्यवहार रोगों का अध्ययन करता है।"*

मानव व्यवहार के प्रकार

मानव व्यवहारों को मूलत: दो भागों में बाँटा जा सकता है—*सामान्य तथा असामान्य।*

1. सामान्य व्यक्ति और व्यवहार

- 'सामान्य' अंग्रेजी भाषा के Normal शब्द का हिन्दी रूपान्तर है। नॉरमल शब्द की उत्पत्ति लैटिन भाषा के शब्द नारमा से हुई है जिसका अर्थ बढ़ई का स्केल होता है।
- सामान्य शब्दों में नियमित व्यवहार को सामान्य कहा जाता है।

ऑफर एवं **सबशीन** के विश्लेषण को आधार मानकर **कोरचिन** ने सामान्य के पाँच अर्थ बतलाए हैं

1. एक प्रक्रिया के रूप में सामान्यता
2. सामाजिक मान्यता के रूप में सामान्यता
3. औसत के रूप में सामान्यता
4. आदर्शक के रूप में सामान्यता
5. स्वास्थ्य के रूप में सामान्यता

सामान्य व्यक्तित्व की विशेषताएँ

सामान्य व्यक्ति की विशेषताएँ निम्नलिखित हैं

- आवश्यकताओं और क्रियाओं में समानता
- व्यक्तित्व समानता
- नियमपूर्वक कार्य करना
- सामाजिकता
- सन्तुलित समायोजन
- असत्य कार्य के प्रति पश्चाताप
- नियमों का स्वत: ज्ञान

सामान्य व्यक्तित्व की परख

प्रो. मैस्लो और **मिलिटमैन** ने *सामान्य व्यक्तित्व को परखने के लिए निम्न तत्त्वों का होना आवश्यक बताया है*

- उपयुक्त व्यवहार
- समुचित संवेगशीलता
- आत्ममूल्यांकन का ज्ञान
- वास्तविक जीवन उद्देश्य
- सुरक्षा की उपयुक्त भावना
- संगठित व्यक्तित्व
- सामूहिक आवश्यकताओं की पूर्ति
- पूर्व अनुभवों की योग्यता

2. असामान्य व्यक्ति और व्यवहार

- असामान्य को अंग्रेजी भाषा में एबनोरमल कहते हैं। इस शब्द की उत्पत्ति एनोमेलस से हुई है, जो दो शब्दों एनो और मेलस के योग से बना है। ऐनो का अर्थ 'नहीं' तथा मेलस का अर्थ 'नियम' से है। इस प्रकार कहा जा सकता है कि अनियमित व्यवहार को असामान्य कहा जाता है।
- **किसकर** के अनुसार, *"मानव व्यवहार व अनुभूति जो अजीब अनुपयोगी असामान्य के अनुरूप न होना, उसे असामान्य कहा जाता है।"*
- **ब्राऊन** के अनुसार, *"असामान्य व्यवहार सामान्य व्यवहार का अतिरंजित तथा विकृत स्वरूप है।"*

असामान्य व्यक्ति की विशेषताएँ

असामान्य व्यक्ति की विशेषताएँ निम्नलिखित हैं

- असामान्य व्यक्तियों में मानसिक दुर्बलताएँ पायी जाती हैं।
- असामान्य व्यक्तियों में संवेगात्मक अस्थिरता पायी जाती है।
- असामान्य व्यक्तियों में असुरक्षा की भावना पायी जाती है।

- असामान्य व्यक्ति असन्तुलित एवं असमायोजित पाए जाते हैं।
- असामान्य व्यक्ति अपनी आवश्यकताओं की पूर्ति में अक्षम होते हैं।

मानसिक स्वास्थ्य का अर्थ/परिभाषा

- मानसिक स्वास्थ्य का अध्ययन एक विशेष आन्दोलन के फलस्वरूप शुरू हुआ, जिसे मानसिक स्वास्थ्य आन्दोलन के नाम से जाना गया । इस आन्दोलन के शीर्ष नेता **डी. एल. डिक्स** तथा **क्लिफोर्ड डब्ल्यू. बिर्स** थे।
- **रोजनाक** के अनुसार, *"मानसिक स्वास्थ्य विज्ञान व्यक्ति की कठिनाइयों को दूर करने में सहायता प्रदान करती है तथा कठिनाइयों के समाधान के लिए समाधान प्रस्तुत करती है।"*
- **काल्सनिक** के अनुसार, *"मानसिक स्वास्थ्य विज्ञान के नियमों का समूह है, जो व्यक्ति को स्वयं तथा दूसरों के साथ शान्ति से रहने योग्य बनाता है।"*
- **ओझा** के अनुसार, *"मानसिक रूप से वह व्यक्ति स्वस्थ है, जो स्वयं में प्रसन्न है तथा अपने पड़ोसियों के साथ प्रसन्नता के साथ रहता है। अपनी सन्तान को स्वस्थ बनाता है तथा समाज के अनुरूप व्यवहार करते हुए प्रत्येक व्यक्ति को अपनी अर्जित शक्ति के द्वारा लाभान्वित करता है।"*

मानसिक स्वास्थ्य के लक्षण

मानसिक स्वास्थ्य के लक्षण निम्नलिखित हैं

- मानसिक रूप से स्वस्थ व्यक्ति जीवन में सुखों का आनन्द लेता है और दु:ख के कारण को समझता है।
- मानसिक रूप से स्वस्थ व्यक्ति का सम्बन्ध कुछ थोड़े लोगों के साथ मधुर होता है जबकि अधिकांश लोगों के साथ उनका मैत्रीपूर्ण व्यवहार होता है।
- मानसिक रूप से स्वस्थ व्यक्ति का दृष्टिकोण आशावादी तथा आत्मविश्वास और उल्लास से भरा होता है।
- मानसिक रूप से स्वस्थ व्यक्ति को बिना किसी कारण के उपस्थित हुए कोई भ्रम नहीं लगता है।
- मानसिक रूप से स्वस्थ व्यक्ति को बात-बात पर क्रोध न आकर उचित कारण पर ही क्रोध आता है।

मानसिक स्वास्थ्य के तत्त्व

मानसिक स्वास्थ्य के तत्त्व निम्नलिखित हैं

***कार्ल रोजर्स, मैस्लो** एवं **मिटिलमैन** के अनुसार धनात्मक मानसिक स्वास्थ्य के प्रमुख तत्त्व निम्नांकित हैं*

- सामान्य वर्धन एवं विकास
- अपने प्रति उचित मनोवृत्ति
- भविष्य की ओर उन्मुखता
- स्वतन्त्रता
- अधिकतम स्तर तक अपनी क्षमता का उपयोग करना
- जिन्दगी के प्रति समन्वित दृष्टिकोण तथा तनाव के प्रति प्रतिरोध
- वास्तविकता का प्रत्यक्षण तथा आवश्यकता विकृति से स्वतन्त्रता
- तर्क संगत निर्भरता
- सुरक्षा का भाव
- अहम् पहचान का ज्ञान
- स्वस्थ आत्म-सम्मान पर आधारित ज्ञान

मानसिक स्वास्थ्य का महत्व

- सामाजिक समस्याओं के निदान में मानसिक स्वास्थ्य की विशेष उपयोगिता है।
- मानसिक विकृतियों की रोकथाम मानसिक स्वास्थ्य के द्वारा ही की जाती है।
- मानसिक बीमारियों तथा कुसमायोजन व्यवहार को समझने में भी इसका उपयोग किया जाता है।
- इसका उपयोग आपसी सम्बन्धों को मधुर बनाने में भी किया जाता है।
- अभिभावकों के द्वारा अपने बालकों के समायोजन दोष को समझने में भी इसका महत्त्व है।
- अध्यापकों के द्वारा अपने छात्रों को समझने तथा उनकी समस्या को दूर करने में।
- उद्योगों, सेना, अन्य सेवाओं में भर्ती के समय इसकी आवश्यकता होती है।

अभ्यास प्रश्न

1. 'जेम्स-लान्जे सिद्धान्त' सम्बन्धित है [UP बी.एड. 2014]
(a) संवेग से (b) स्मृति से
(c) सीखने से (d) बुद्धि परीक्षण से

2. थॉर्नडाइक ने सीखने के सिद्धान्त के सत्यापन के लिए अपना प्रयोग किस जन्तु पर किया था? [UP बी.एड. 2014]
(a) कुत्ता (b) बिल्ली
(c) चूहा (d) कबूतर

3. प्रयोगात्मक मनोविज्ञान सर्वप्रथम कहाँ आरम्भ हुआ था? [UP बी.एड. 2014]
(a) जर्मनी में
(b) संयुक्त राज्य अमेरिका में
(c) फ्रांस में
(d) इंग्लैण्ड में

4. बुद्धिलब्धि का सूत्र किस मनोवैज्ञानिक ने दिया था? [UP बी.एड. 2014]
(a) बिने (b) स्टर्न
(c) वुण्ड (d) साइमन

5. मानव व्यवहार में परिवर्तन निम्नलिखित में से किस पर निर्भर है? [UP बी.एड. 2014]
(a) आयु पर
(b) परिवर्तन वाले दबाव की शक्ति पर
(c) परिवर्तनशील व्यवहार की शक्ति पर
(d) व्यवहार और दबाव दोनों की शक्ति पर

6. संवेदना ज्ञान की पहली सीढ़ी है, यह [UP बी.एड. 2014]
(a) मानसिक विकास है
(b) शारीरिक विकास है
(c) ध्यान का विकास है
(d) भाषा विकास है

7. जॉन डीवी के अनुसार विद्यालय एक [UP बी.एड. 2014]
(a) विशेष वातावरण है
(b) साधारण वातावरण है
(c) तकनीकी वातावरण है
(d) अनौपचारिक वातावरण है

8. मनोविश्लेषणात्मक उपागम का प्रतिपादन किसने किया था? [UP बी.एड. 2014]
(a) इरिक इरिक्सन (b) क्रेश्मर
(c) शेलडन (d) फ्रायड

9. व्यवहारवाद उपागम के प्रतिपादक हैं [UP बी.एड. 2012]
(a) बिने (b) टिचनर
(c) वाटसन (d) थार्नडाइक

10. निम्न में से सबसे महत्त्वपूर्ण भाग कौन-सा है? [UP बी.एड. 2012]
(a) लिखना (b) सीखना
(c) पहचानना (d) धारण

11. बुद्धिलब्धि का सूत्र किस मनोवैज्ञानिक ने दिया था? [UP बी.एड. 2012]
(a) स्टर्न (b) साइन (c) वुण्ड (d) बिने

12. मानसिक रूप से स्वस्थ व्यक्ति रहता है [UP बी.एड. 2012]
(a) होटल में
(b) यथार्थ की दुनिया में
(c) जंगल में
(d) पहाड़ पर

13. मूल प्रवृत्तियों की संख्या कितनी मानी जाती है? [UP बी.एड. 2012]
(a) 14 (b) 13 (c) 12 (d) 11

14. 'मॉडर्नाइजेशन ऑफ इण्डियन ट्रेडिशन' पुस्तक के लेखक हैं [UP बी.एड. 2011]
(a) मिल्टन सिंगर (b) योगेन्द्र सिंह
(c) एम.एन. श्रीनिवास (d) एम.एस.ए. राव

15. आत्मदर्पण दर्शन सिद्धान्त का प्रतिपादन किसने किया? [UP बी.एड. 2010]
(a) फूले (b) ग्रीन (c) फ्रायड (d) दुर्खीम

16. पूर्वाग्रह एक प्रकार की [UP बी.एड. 2008]
(a) अभिवृत्ति है
(b) संवेग है
(c) मूल प्रवृत्ति है
(d) संवेगात्मक व्यवहार है

17. शिक्षा के किण्डरगार्टेन पद्धति के प्रतिपादक हैं [UP बी.एड. 2008]
(a) फ्रोबेल (b) काण्ट (c) डाल्टन (d) हीगल

18. "स्वस्थ शरीर में स्वस्थ मस्तिष्क का निर्माण शिक्षा है।" [UP बी.एड. 2008]
(a) प्लेटो का (b) महात्मा गाँधी का
(c) टैगोर का (d) अरस्तू का

19. 'My heart aches and a drowsy numbness pains' यह किसने कहा है? [UP बी.एड. 2008]
(a) जॉन कीट्स (b) जॉन मिल्टन
(c) टेनीसन (d) वायटन

20. किसने लिखा "इफ म्यूजिक बी द फूड ऑफ लव प्ले ऑन"? [UP बी.एड. 2008]
(a) डी. एच. लॉरेन्स
(b) मिल्टन
(c) विलियम वर्ड् सवर्थ
(d) विलियम शेक्सपीयर

21. निम्नलिखित में से किसे मनोविज्ञान की विषय-वस्तु में शामिल किया जा सकता है?
(a) मनोविज्ञान की पुस्तकों का अध्ययन करना
(b) मनोवैज्ञानिक उपकरणों का चित्र बनाना
(c) प्राणी के व्यवहार एवं संज्ञानात्मक प्रक्रियाओं का अध्ययन करना
(d) उपरोक्त में से कोई नहीं

22. वुण्ट तथा टिचनर किस सम्प्रदाय से सम्बन्धित हैं?
(a) संरचनावाद (b) गैस्टाल्टवाद
(c) प्रकार्यवाद (d) व्यवहारवाद

23. निम्नांकित में से कौन-से सर्वे को कम-से कम समय में सम्पन्न किया जा सकता है?
(a) दूरभाष सर्वे (b) साक्षात्कार सर्वे
(c) डाक सर्वे (d) पैनल सर्वे

24. आर्मी बीटा किस प्रकार का परीक्षण है?
(a) वैयक्तिक शाब्दिक
(b) सामूहिक अशाब्दिक
(c) सामूहिक शाब्दिक
(d) उपरोक्त में से कोई नहीं

25. नर्तकी में निम्नलिखित में से किसकी प्रधानता होती है?
(a) व्यक्तिगत बुद्धि की
(b) शारीरिक गतिक बुद्धि की
(c) सांगीतिक बुद्धि की
(d) तरल बुद्धि की

26. मान लिया जाए कि मोहन की बुद्धिलब्धि 70 है तथा सोहन की बुद्धिलब्धि 140 है, इसके आधार पर हम निम्नांकित में से किस निष्कर्ष पर पहुँचें?
(a) सोहन मोहन से अधिक बुद्धि वाला है
(b) सोहन की बुद्धि मोहन की बुद्धि से दो गुनी अधिक है
(c) सोहन एक प्रतिभाशाली व्यक्ति है
(d) मोहन की बुद्धि औसत से कम है जबकि सोहन की बुद्धि औसत से काफी अधिक है

27. "बुद्धि सीखने की योग्यता है"—किसका कथन है?
(a) पियाजे का (b) बकिंघम का
(c) पिण्टनर का (d) इनमें से कोई नहीं

28. निम्नांकित में से कौन-सा कथन सही है?
(a) बुद्धि सीखने की योग्यता है
(b) बुद्धि अमूर्त चिन्तन की योग्यता है
(c) बुद्धि नवीन पर्यावरण के साथ समायोजन की योग्यता है
(d) उपरोक्त सभी

29. टर्मन ने बुद्धि को क्या माना है?
(a) समायोजन की योग्यता
(b) अमूर्त चिन्तन की योग्यता
(c) सीखने की योग्यता
(d) उपरोक्त में से कोई नहीं

30. कैरेन हार्नी के अनुसार मौलिक चिन्तन का विकास कब होता है ?
(a) बल्यावस्था में (b) किशोरावस्था में
(c) वयस्कावस्था में (d) वृद्धावस्था में

31. बिने किस देश का मनोवैज्ञानिक था?
(a) जर्मन का (b) फ्रांस का
(c) रूस का (d) अमेरिका का

32. सामूहिक बुद्धि परीक्षण का विकास सर्वप्रथम कब हुआ?
(a) प्रथम विश्व युद्ध के पूर्व से
(b) प्रथम विश्व युद्ध से
(c) द्वितीय विश्व युद्ध से
(d) उपरोक्त में से कोई नहीं

33. विद्यालय में शिक्षक के चयन के लिए यदि हमें बुद्धि परीक्षण का प्रयोग करना हो, तो हम चयन करेंगे
(a) सामूहिक बुद्धि परीक्षण का
(b) क्रियात्मक बुद्धि परीक्षण का
(c) शाब्दिक बुद्धि परीक्षण का
(d) अशाब्दिक बुद्धि परीक्षण का

34. निम्नलिखित में से कौन–सा सही क्रम में है?
(a) पुनः प्राप्ति-संचयन-कूट संकेतन
(b) संचयन-पुनः प्राप्ति-कूट संकेतन
(c) कूट संकेतन-पुनः प्राप्ति-संचयन
(d) कूट संकेतन-संचयन-पुनः प्राप्ति

35. निम्नांकित में से किस सिद्धान्त में संवेगात्मक अनुभूति का उत्पन्न होना संवेगात्मक व्यवहार पर निर्भर करता है ?
(a) कैनन-बार्ड सिद्धान्त
(b) जेम्स-लान्जे सिद्धान्त
(c) स्कैक्टर-सिंगर सिद्धान्त
(d) लीपर सिद्धान्त

36. प्रेरणा ·········· की व्याख्या करती है।
(a) व्यवहार क्या है
(b) व्यवहार के प्रभाव
(c) व्यवहार क्यों घटित होता है
(d) उपरोक्त में से कोई नहीं

37. प्रेरक एक ·········· कारक है।
(a) आन्तरिक (b) शारीरिक
(c) बाह्य (d) इनमें से कोई नहीं

38. प्रेरणा का अनुमान कैसे होता है?
(a) गुणसूत्र से
(b) जीन्स से
(c) व्यवहार से
(d) प्राणी की वाणी से

39. व्यक्तित्व को प्राय: किस रूप में परिभाषित किया गया है?
(a) जैविक (b) मनो-यौनीय
(c) मनो-शारीरिक (d) जैव-रसायन

40. कुछ मनोवैज्ञानिकों के अनुसार व्यक्ति जिस रूप में व्यवहार करता है, वही उसका ·········· है।
(a) मूल्य (b) आदत
(c) मानदण्ड (d) व्यक्तित्व

41. व्यक्तित्व को पर्यावरण के प्रति अपूर्व समायोजन का निर्धारण करने का तात्पर्य क्या है?
(a) व्यक्तित्व अलौकिक होता है
(b) व्यक्तित्व चमत्कारिक होता है
(c) व्यक्तित्व अपने-अपने ढंग का होता है
(d) उपरोक्त सभी

42. थकान का कारण नहीं है
(a) शिक्षण-विधियाँ
(b) निरन्तर कार्य करते रहना
(c) विश्राम
(d) आत्मविश्वास

43. शिक्षा–मनोविज्ञान सहायक है
(a) अनुशासन में
(b) बाल-विकास के ज्ञान में
(c) मूल्यांकन में
(d) सर्वांगीण विकास में

44. अन्तर्दर्शन विधि में किसका निरीक्षण होता है?
(a) अपना (b) दूसरों का
(c) पशुओं का (d) इन सभी का

45. निरीक्षण विधि में किसका अध्ययन किया जाता है?
(a) अपना (b) दूसरों का
(c) अपने व्यवहारों का (d) इन सभी का

46. शारीरिक विकास का क्षेत्र है
(a) स्नायुमण्डल
(b) माँसपेशियों की वृद्धि
(c) एण्डूगेनन ग्लैण्डस
(d) उपरोक्त सभी

47. व्यवहारवाद उपागम के प्रतिपादक हैं
(a) वाटसन (b) बिने
(c) थार्नडाइक (d) टिचनर

48. "दो बालकों में समान योग्यताएँ नहीं होती हैं।" किसने कहा?
(a) हरलॉक
(b) सोरेनसन
(c) सुरेश भटनागर
(d) क्रो एवं क्रो

49. संवेदना ज्ञान की पहली सीढ़ी है, यह
(a) मानसिक विकास है
(b) शारीरिक विकास है
(c) ध्यान का विकास है
(d) भाषा विकास है

50. तर्क, जिज्ञासा तथा निरीक्षण शक्ति का विकास किस आयु में होता है?
(a) 7 वर्ष में (b) 9 वर्ष में
(c) 11 वर्ष में (d) 17 वर्ष में

51. अच्छे चरित्र की प्रमुख विशेषता है
(a) झूठ (b) धोखा
(c) बेईमानी (d) सहयोग

52. सशक्त अभिप्रेरणा को सीखने का प्रभावशाली घटक माना जाता है क्योंकि इससे बालक
(a) स्वस्थ रहता है (b) भक्ति करता है
(c) प्रसन्न रहता है (d) शीघ्र सीखता है

53. जॉन डीवी के अनुसार विद्यालय एक
(a) विशेष वातावरण है
(b) साधारण वातावरण है
(c) तकनीकी वातावरण है
(d) अनौपचारिक वातावरण है

54. सीखने का स्थानान्तरण है
(a) सीखी गई वस्तु को सम्भालना
(b) सीखी हुई तकनीक का वैसा ही उपयोग
(c) सीखी हुई वस्तु का अन्य परिस्थिति में प्रयोग
(d) उपरोक्त में से कोई नहीं

55. निम्न में से स्मृति का अंग कौन–सा नहीं है?
(a) अधिगम (b) चिन्तन
(c) धारण (d) प्रत्यभिज्ञ

56. वास्तविक स्मृति में याद किया जाता है
(a) आदत से (b) यान्त्रिकता से
(c) सक्रिय रूप से (d) क्रमबद्धता से

57. सामाजिक अधिगम आरम्भ होता है
(a) अलगाव से
(b) भीड़ से
(c) सम्पर्क से
(d) दृश्य-श्रव्य सामग्री से

58. प्रारम्भ में बालक किस प्रकार सीखता है?
(a) परीक्षण द्वारा (b) सूझ द्वारा
(c) विभेदीकरण (d) प्रयत्न एवं त्रुटि द्वारा

59. धारण शक्ति निम्न में से किस आयु में कम होने लगती है?
(a) 35 वर्ष पश्चात् (b) 40 वर्ष पश्चात्
(c) 45 वर्ष पश्चात् (d) 50 वर्ष पश्चात्

60. बुद्धि परीक्षण के क्षेत्र में किसने भारत में सबसे पहले कार्य किया?
(a) डॉ. लज्जाशंकर
(b) डॉ. सी. एच. एण्ड्रूज
(c) डॉ. एम. सी. जोशी
(d) डॉ. सोहन लाल

61. अर्जित गुणों के संक्रमण का नियम किसने दिया?
(a) मेण्डल (b) डार्विन
(c) गाल्टन (d) लैमार्क

62. कोई व्यक्ति समाज में निम्नलिखित गुणों का प्रदर्शन करता है
(a) जैसे अन्य व्यक्ति चाहते हैं
(b) जैसा स्वयं चाहता है
(c) जैसे उसके मित्र चाहते हैं
(d) जैसे उसके सम्बन्धी चाहते हैं

63. निम्नलिखित में से किसने "बुद्धि अमूर्त विचारों के सम्बन्ध में सोचने की योग्यता है" परिभाषा दी है?
(a) टर्मन (b) गैरेट
(c) थार्नडाइक (d) बर्ट

64. निम्नलिखित में से किसके द्वारा प्रक्षेपण की व्याख्या होती है?
(a) एक अकुशल अपने औजार से झगड़ता है
(b) एक बेईमान श्रमिक दूसरों को बेईमान बताता है
(c) एक बेईमान मजदूर पकड़ लिए जाने पर चिल्लाने लगता है
(d) एक काहिल मजदूर अपने सहयोगियों से झगड़ता है

65. मानव व्यवहार में परिवर्तन निम्नलिखित में से किस पर निर्भर है?
(a) आयु पर
(b) परिवर्तन वाले दबाव की शक्ति पर
(c) परिवर्तनशील व्यवहार की शक्ति पर
(d) व्यवहार और दबाव दोनों की शक्ति पर

66. ऐसी मापन विधि जिसमें क्रम से व्यवस्थित किये जाने पर जिनके प्रश्न पदों की दुष्करता बढ़ती जाए तथा समय की विशेष पाबन्दी न हो, उन्हें कहते हैं
(a) पूर्ति परीक्षण (b) शक्ति परीक्षण
(c) बुद्धि परीक्षण (d) गति परीक्षण

67. समाज मनोवैज्ञानिक अध्ययन करते हैं
(a) समूह के स्वरूप का
(b) व्यक्तियों के स्वरूप का
(c) व्यक्तियों के समूह के साथ सम्बन्ध का
(d) व्यक्तियों के व्यवहार पर समूह के प्रभाव का

68. बुद्धिलब्धि का सूत्र किस मनोवैज्ञानिक ने दिया था?
(a) बिने (b) स्टर्न
(c) वुण्ड (d) साइमन

69. "किसी निश्चित समय में जनता द्वारा दिये गए मत को ही जनमत कहते हैं" यह विचार किसका है?
(a) ब्राऊन का (b) रॉस का
(c) किम्बाल यंग का (d) इनमें से कोई नहीं

70. "मनोविज्ञान मानव व्यवहार एवं अनुभव का विज्ञान है" यह परिभाषा किसने दी है?
(a) मर्फी (b) वुडवर्थ
(c) स्किनर (d) कॉलसनिक

71. जब कोई व्यक्ति किसी समस्या के हल पर अचानक पहुँचता है, तो उसे कहते हैं
(a) कल्पना (b) प्रेरणा
(c) सूझ (d) स्फूर्ति

72. निम्नलिखित में से कौन-सा तत्त्व स्मृति के प्रमुख तत्त्व या प्रक्रियाओं में शामिल नहीं है?
(a) अभिप्रेरणा (b) अधिगम
(c) पहचान (d) पुनः स्मरण

73. बुद्धिलब्धि को निम्न में से किस सूत्र द्वारा प्रकट किया जाता है?
(a) बुद्धिलब्धि = $\dfrac{\text{मानसिक आयु} \times \text{वास्तविक आयु}}{100}$
(b) बुद्धिलब्धि = $\dfrac{\text{मानसिक आयु} \times 100}{\text{वास्तविक आयु}}$
(c) बुद्धिलब्धि = $\dfrac{\text{वास्तविक आयु} \times 100}{\text{मानसिक आयु}}$
(d) बुद्धिलब्धि = $\dfrac{\text{वास्तविक आयु}}{\text{मानसिक आयु}}$

74. जब कोई छात्र कक्षा में उतनी सफलता नहीं प्राप्त कर सकता है जितनी उसकी क्षमता है तो इसका मुख्य कारण है कि
(a) बालक अधिक परिश्रम नहीं कर सकता
(b) बालक सफलता तथा क्षमता में सामंजस्य उत्पन्न नहीं कर सकता
(c) बालक अपनी क्षमता को कम समझता है
(d) बालक अपनी क्षमता को अधिक समझता है

75. प्यार के अभाव में एक बच्चे में निम्नलिखित परिवर्तन होने की सम्भावना होती है
(a) पिछड़ापन
(b) सुस्ती
(c) अपराधी
(d) चोरी करने की इच्छा

76. मानव व्यवहार में परिवर्तन निर्भर है
(a) आयु पर
(b) परिवर्तनशील व्यवहार की शक्ति पर
(c) परिवर्तन वाले दबाव की शक्ति पर
(d) परिवर्तन और दबाव दोनों की शक्ति पर

77. निम्नलिखित में से स्मृति का मुख्य कार्य क्या है?
(a) धारण (b) प्रत्यास्मरण
(c) पहचान (d) ये सभी

78. एक परिवार है
(a) एक प्राथमिक समूह
(b) एक औपचारिक समूह
(c) एक अनौपचारिक समूह
(d) एक गौण समूह

79. मैस्लो ने निम्न में से किस प्रकार के प्रेरक का विभाजन किया है ?
(a) अर्जित प्रेरक (b) प्राकृतिक प्रेरक
(c) जन्मजात प्रेरक (d) 'a' एवं 'b' दोनों

80. जन्मजात प्रेरक को निम्नलिखित में से क्या कहा जाता है?
(a) प्राथमिक प्रेरक (b) शारीरिक प्रेरक
(c) जैवकीय प्रेरक (d) ये सभी

81. निम्नलिखित में से बालक के विकास में कौन प्रतिकारक भाग लेता है?
(a) वातावरण
(b) वंश परम्परागत
(c) वातावरण एवं वंश परम्परागत
(d) उपरोक्त में से कोई नहीं

82. प्रतिभाशाली बालक की बुद्धिलब्धि क्या होती है?
(a) 120 (b) 140 से अधिक
(c) 130 से अधिक (d) 110

83. निम्नांकित में से किसने कहा कि "स्मृति एक आदर्श पुनर्स्मरण है"?
(a) स्टाउट ने
(b) पहचान ने
(c) विलियम जेम्स ने
(d) रॉस ने

84. प्रतिभाशाली बालक में निम्न में से कौन-सी विशेषता होती है?
(a) बौद्धिक योग्यता (b) विभिन्न रुचियाँ
(c) अन्तर्वृष्टि (d) ये सभी

85. "यदि हम अपने विचारों में व्यवस्था और बल चाहते हैं तो हमारे लिए विस्मरण आवश्यक है" यह कथन किसका है ?
(a) मन का (b) स्टुअर्ट का
(c) फ्रायड का (d) ट्रेपर का

86. जन्मजात प्रेरक को निम्न में से क्या कहा जाता है?
(a) शारीरिक प्रेरक (b) प्राथमिक प्रेरक
(c) जैविकीय (d) ये सभी

87. प्रयोगात्मक मनोविज्ञान सर्वप्रथम कहाँ आरम्भ हुआ था?
(a) जर्मनी में
(b) संयुक्त राज्य अमेरिका में
(c) फ्रांस में
(d) इंग्लैण्ड में

88. मूल प्रवृत्ति के बारे में निम्न में से कौन-सा कथन असत्य है?
(a) ये जन्मजात तथा आन्तरिक होती हैं
(b) ये संसार के सभी प्राणियों में पायी जाती हैं
(c) इसके लिए प्रशिक्षण की आवश्यकता पड़ती है
(d) ये किसी लक्ष्य की ओर प्रेरित होती हैं

89. 'स्वादिष्ट भोजन देखकर मुँह में पानी आ जाना'—किस क्रिया का उदाहरण है?
(a) मूल प्रवृत्ति (b) सहज क्रिया
(c) स्थायी भाव (d) ये सभी

90. "जो बात पहले सीखी जा चुकी है, उसे स्मरण रखना ही स्मृति है।" स्मृति की यह परिभाषा किसने दी है?
(a) रायबर्न (b) जेम्स
(c) स्टाउट (d) वुडवर्थ

91. स्मृति के अंग हैं
(a) सीखना (b) धारण
(c) पहचान (d) ये सभी

92. बालक के व्यक्तित्व के किस पहलू पर वंशानुक्रम का प्रभाव पड़ता है?
(a) मूल शक्तियों पर
(b) सामाजिक स्थिति पर
(c) चरित्र पर
(d) उपरोक्त सभी

93. प्रतिभा सम्बन्धी स्मृति के अस्तित्व को दिखाने के लिए सबसे पहला प्रयोग किसने किया?
(a) स्पर्लिंग (b) बैक्स
(c) बारबर (d) मैकक्लॉजकी

94. स्मृति के मापन की विधि है
(a) प्रत्याह्वान
(b) प्रत्याभिज्ञान
(c) पुनः निर्माण
(d) उपरोक्त सभी

95. सीखने के प्रयास एवं त्रुटि सिद्धान्त का प्रतिपादन किसने किया?
(a) हिलगार्ड (b) थार्नडाइक
(c) पॉवलॉव (d) कोहलर

96. सीखने के सिद्धान्तों में 'पॉवलॉव' ने निम्न में से किस सिद्धान्त का प्रतिपादन किया?
(a) प्रबलन
(b) सूझ या अन्तर्दृष्टि
(c) सम्बद्ध प्रतिक्रिया
(d) क्रिया प्रसूत अधिगम

97. 'सीखना आवश्यकता की पूर्ति की प्रक्रिया के द्वारा होता है।' यह कथन किसका है?
(a) थार्नडाइक (b) पॉवलॉव
(c) वर्दीमर (d) सी. एल. हल

98. थार्नडाइक ने सीखने के सिद्धान्त के सत्यापन के लिए अपना प्रयोग किस जन्तु पर किया था?
(a) कुत्ता (b) बिल्ली
(c) चूहा (d) कबूतर

99. सीखने के अन्तर्दृष्टि सिद्धान्त का प्रतिपादन किसने किया?
(a) संरचनावादियों ने
(b) मनोविश्लेषणवादियों ने
(c) व्यवहारवादियों ने
(d) गेस्टाल्टवादियों ने

100. बुद्धि के सिद्धान्तों में एक तत्त्व सिद्धान्त का प्रतिपादक कौन था ?
(a) बिने (b) स्पीयरमैन
(c) थॉमसन (d) गिलफोर्ड

101. "असामान्य व्यवहार सामान्य व्यवहार का अतिरंजित तथा विकृत स्वरूप है।" किसने कहा है?
(a) किसकर (b) मैस्लो
(c) ब्राऊन (d) मिलिटमैन

102. मनोविश्लेषणात्मक उपागम का प्रतिपादन किसने किया था?
(a) इरिक इरिक्सन (b) क्रेश्मर
(c) शेलडन (d) फ्रायड

103. क्रेशमर के एस्थेनिक्स वर्ग में कैसे व्यक्ति सम्मिलित किये गए हैं ?
(a) मजबूत शारीरिक गठन वाले
(b) मोटे तथा छोटे
(c) शारीरिक रूप से कमजोर, लम्बे तथा पतले
(d) उपरोक्त में से कोई नहीं

104. नव-मनोविश्लेषणात्मक उपागम के अन्तर्गत व्यक्तित्व के किन कारकों पर बल दिया जाता है?
(a) निराशावादी (b) आशावादी
(c) निश्चयवादी (d) ये सभी

105. विस्मरण को प्रभावित करने वाले कारक हैं
(a) सीखने से सम्बन्धित
(b) धारण अन्तर से सम्बन्धित
(c) सीखने वाले व्यक्ति से सम्बन्धित
(d) उपरोक्त सभी

106. "विस्मरण एक सक्रिय मानसिक प्रक्रिया है।" विस्मरण की यह परिभाषा किसने दी है?
(a) मेल्टन (b) इरविन
(c) मूलर (d) ये सभी

107. मनोविज्ञान की पहली प्रयोगशाला (1879) किसने खोली?
(a) विलियम वुण्ट (b) बोरिंग
(c) फ्रायड (d) टिचनर

108. मनोवैज्ञानिकों द्वारा व्यक्ति के रोगात्मक लक्षणों का पता करने के लिए किस विधि का प्रयोग किया जाता है?
(a) प्रेक्षण (b) प्रयोगात्मक
(c) नैदानिक (d) क्षेत्र-अध्ययन

109. क्रेश्मर द्वारा दिये गए व्यक्तित्व के वर्गीकरण में छोटे, मोटे, चौड़े तथा गोल व्यक्ति किस श्रेणी में आते हैं?
(a) एथलेटिक्स (b) एस्थेनिक्स
(c) पिकनिक्स (d) डिस्प्लास्टिक

110. निम्नांकित में से संवेदना की परिभाषा क्या है?
(a) केवल घ्राण द्वारा अनुभव
(b) केवल स्वाद द्वारा अनुभव
(c) स्पर्श अनुभव
(d) प्रत्येक वस्तु का अनुभव

111. स्मृति के सन्दर्भ में 'कूटांकन' प्रक्रिया का अर्थ है
(a) सूचनाओं का संकलन
(b) संकलन में परिवर्तन
(c) स्मृति चिह्नों का बनना
(d) संकलित सामग्री की खोज

112. निम्नलिखित में से मानसिक रूप से स्वस्थ व्यक्ति की क्या विशेषता है?
(a) चिन्ता रहित (b) सामंजस्य
(c) आत्मसम्मान (d) ये सभी

113. विस्मरण का कारण होता है
(a) अभिरुचि में कमी (b) अभ्यास की कमी
(c) प्रबलन की कमी (d) ये सभी

114. निम्नलिखित में स्मरण करने की सबसे अच्छी विधि कौन-सी है?
(a) निष्क्रिय विधि (b) सक्रिय विधि
(c) अविराम विधि (d) ये सभी

115. बुद्धि परीक्षण द्वारा निम्नलिखित में से किन योग्यताओं का मापन किया जाता है?
(a) रुचि सम्बन्धी (b) अतिवृत्ति सम्बन्धी
(c) जन्मजात सम्बन्धी (d) ये सभी

116. "पुरस्कार किसी प्रतिक्रिया को सुदृढ़ करते हैं तथा दण्ड कमजोर करते हैं" इसको कहा जाता है
(a) प्रभाव का नियम
(b) अभ्यास का नियम
(c) तत्परता का नियम
(d) बारम्बारता का नियम

117. मनोवैज्ञानिक विकास पर इसका बुरा प्रभाव नहीं पड़ता
(a) अत्यधिक लाड़-प्यार
(b) उद्दीपन
(c) खिंचाव (प्रतिबल)
(d) लापरवाही

118. जैसे-जैसे बालक की आयु का विकास होता है वैसे-वैसे उसके सीखने का क्रम निम्नलिखित की ओर चलता है
(a) अनुकरण की ओर
(b) सूझबूझ की ओर
(c) त्रुटि प्रयास की ओर
(d) उपरोक्त में से किसी ओर नहीं

119. निम्नलिखित में से कौन-सी भावना प्रमुख संवेग नहीं है?
(a) क्रोध (b) प्रेम (c) ईर्ष्या (d) प्रेरणा

120. मनोविज्ञान के अध्ययन के लिए निम्न में से कौन-सी विधि का प्रयोग नहीं किया जा सकता?
(a) निरीक्षण विधि (b) शल्य क्रिया विधि
(c) साक्षात्कार विधि (d) प्रश्नावली विधि

121. निम्नलिखित में से कौन-सा स्मृति का मुख्य कार्य है?
(a) धारण (b) प्रत्यास्मरण
(c) पहचान (d) ये सभी

122. पतंगा प्रकाश की लौ के चारों ओर घूमता रहता है। उसकी इस प्रवृत्ति को क्या कहते हैं?
(a) आदत (b) आकर्षण
(c) क्रिया (d) मूल प्रवृत्ति

123. अच्छी स्मृति का गुण क्या है?
(a) शीघ्र याद करना (b) शीघ्र भूल जाना
(c) शीघ्र पहचान (d) शीघ्र पुन: स्मरण

124. एक छोटे बच्चे की तुलना में एक बड़ा बच्चा बहुत कम अभ्यास में ही सीढ़ी पर चढ़ने में इस कारण सफल होता है
(a) शिक्षण
(b) परिपक्वता
(c) कुशलता का विकास
(b) अच्छी सूझबूझ

125. मनोविज्ञान की सबसे उपयुक्त परिभाषा है
(a) आत्मा का अध्ययन
(b) मन का वैज्ञानिक अध्ययन
(c) व्यवहार का अध्ययन
(d) व्यवहार का वैज्ञानिक अध्ययन

126. ''वंशानुक्रम व्यक्ति की जन्मजात विशेषताओं का पूर्ण योग है।'' यह परिभाषा किसने दी है?
(a) पेटरसन (b) वुडवर्थ
(c) बी. एन. झा (d) थॉम्पसन

127. प्रतिबोधन से तात्पर्य है कि
(a) वस्तु को देखना
(b) वस्तु को नया अर्थ देना
(c) संवेदना के अर्थ की व्यवस्था
(d) बिना वस्तु के अर्थ दे देना

128. निम्नलिखित में से विस्मृति किसके द्वारा होती है?
(a) नींद
(b) नवीन कार्य करने से
(c) मस्तिष्क में चोट लगने से
(d) उपरोक्त में से कोई नहीं

129. जब बच्चों के सम्मुख उनके परिवार व रक्षकों के नैतिक मूल्य रखे जाते हैं तो उनमें सामान्यत: निम्नलिखित का विकास होता है
(a) अहम् (b) परम अहम्
(c) इदं (d) धारण

130. निम्न में से सबसे महत्त्वपूर्ण भाग कौन-सा है?
(a) धारण (b) लिखना
(c) सीखना (d) पहचानना

131. संसूचन का अर्थ है
(a) सूचना देना
(b) युक्ति को स्वीकार करने के लिए विश्वास
(c) सोचने के लिए बाध्य करना
(d) किसी विचार को बिना आलोचना के स्वीकार करने के लिए अनुबोध करना

132. ''मनोविज्ञान व्यवहार एवं अनुभव का विज्ञान है'' मनोविज्ञान की उक्त परिभाषा किस विद्वान द्वारा दी गई है?
(a) ड्रेवर द्वारा (b) स्किनर द्वारा
(c) कॉलसनिक द्वारा (d) मर्फी द्वारा

133. चिन्तन एक ········ प्रक्रिया है।
(a) भावात्मक (b) विचारात्मक
(c) 'a' तथा 'b' दोनों (d) इनमें से कोई नहीं

134. प्रारम्भ में बालक किस प्रकार से सीखता है?
(a) परीक्षण द्वारा
(b) सूझ द्वारा
(c) विभेदीकरण द्वारा
(d) प्रयत्न एवं त्रुटि द्वारा

135. प्रतिबोधन होता है
(a) सामान्य अनुभव
(b) जटिल अनुभव
(c) मिश्रित अनुभव
(d) उपरोक्त में से कोई नहीं

136. विस्मृति निम्न में से किस दशा में कम होती है?
(a) सूझ द्वारा सीखने में
(b) त्रुटि तथा प्रयास द्वारा सीखने में
(c) आंशिक सीखने में
(d) उपरोक्त सभी में

137. पिछड़े बालक की क्या विशेषताएँ होती हैं?
(a) वह शरीर से कमजोर होता है
(b) वह लम्बा नहीं होता है
(c) वह दब्बू स्वभाव का होता है
(d) उपरोक्त सभी

138. व्यक्तित्व मापन निम्नलिखित में से कौन-सी वस्तुनिष्ठ विधि है?
(a) साक्षात्कार विधि (b) प्रश्नावली विधि
(c) निरीक्षण विधि (d) ये सभी

139. सर्वप्रथम मनोविज्ञान की प्रयोगशाला 1889 ई. में निम्नलिखित में से किसके द्वारा स्थापित की गई?
(a) विल्हेम वुण्ट द्वारा
(b) जॉन लॉक द्वारा
(c) विलियम जेम्स द्वारा
(d) गरताभ फेचनर द्वारा

140. मनोविज्ञान प्रयोगशाला की सर्वप्रथम स्थापना हुई
(a) 1870 ई. (b) 1879 ई.
(c) 1852 ई. (d) 1818 ई.

141. मनोविज्ञान के अन्तर्निरीक्षण विधि का प्रतिपादन किसने किया है ?
(a) फ्रायड (b) बिने
(c) टिचनर (d) वाटसन

142. बुद्धि की विशेषताओं में कौन शामिल नहीं है?
(a) यह जन्मजात शक्ति है
(b) यह कठिन परिस्थितियों एवं जटिल समस्यायों को सरल बनाती है
(c) यह विभिन्न बातों को सिखाती है
(d) उपरोक्त में से कोई नहीं

143. स्थायी स्मृति के लिए सबसे उत्तम विधि कौन-सी मानी जाती है?
(a) पूर्ण विधि (b) अन्तर विधि
(c) खण्ड विधि (d) सक्रिय विधि

144. रुचि के पहलू हैं
(a) जानना (b) अनुभव करना
(c) इच्छा करना (d) ये सभी

145. अवधान के केन्द्रीयकरण का सबसे मुख्य आधार है
(a) रुचि (b) प्रकृति
(c) जिज्ञासा (d) आवश्यकता

146. ''व्यक्ति, वंशक्रम तथा वातावरण का योग नहीं गुणनफल है'' किसने कहा है?
(a) क्रो एवं क्रो (b) वुडवर्थ
(c) मैकाइवर (d) थार्नडाइक

147. वातावरण के सम्बन्ध में ''पित्र्यैकों के अलावा व्यक्ति को प्रभावित करने वाली वस्तु वातावरण है'' किसने कहा है?
(a) बोरिंग (b) वुडवर्थ
(c) डगलस (d) हॉलैण्ड

148. मूल प्रवृत्तियों की संख्या कितनी मानी जाती है?
(a) 12 (b) 13 (c) 14 (d) 15

149. सीखने के 'सूझ या अन्तर्दृष्टि के सिद्धान्त' का प्रतिपादक कौन है?
(a) थार्नडाइक (b) पॉवलॉव
(c) स्किनर (d) कोहलर

150. संकेत अधिगम के अन्तर्गत सीखा जाता है
(a) पारम्परिक अनुकूलन
(b) मनोविज्ञान
(c) वातावरण
(d) मनोदैहिक

151. छात्रों में सीखने की योग्यता मुख्यत: किस पर निर्भर करती है?
(a) व्यक्तिगत भिन्नता
(b) संस्कृति
(c) परिवार
(d) सामाजिकता

152. छात्रों द्वारा रटना कम कराने के लिए निम्न में से कौन-सा उपाय सर्वोत्तम होगा?
(a) शिक्षण-विधि में परिवर्तन
(b) सृजनात्मकता को बढ़ावा देकर
(c) मूल्यांकन विधि में परिवर्तन कर
(d) पाठ्य-सहगामी क्रियाओं को बढ़ावा देकर

153. छात्रों में चोरी की आदत को कैसे दूर किया जा सकता है?
(a) उदाहरण देकर (b) पारितोषिक देकर
(c) ताड़ना देकर (d) सजा देकर

154. निदान कहा जाता है
(a) अधिगम को
(b) शिक्षण को
(c) कठिनाई का पता लगाने को
(d) उपरोक्त में से कोई नहीं

155. निदानात्मक परीक्षण से पता किया जाता है
(a) अधिगम की प्रकृति का
(b) कठिनाई का
(c) उपाय का
(d) उपचार का

156. शैक्षिक मापन की भूमिका है
(a) वस्तु को संख्या प्रदान करना
(b) घटना को संख्या प्रदान करना
(c) नियमानुसार संख्या प्रदान करना
(d) उपरोक्त सभी

157. क्रियात्मक बुद्धि परीक्षाएँ किसके लिए उपयोगी हैं?
(a) बालकों के (b) निरक्षरों के
(c) गूँगे बहरों के (d) इन सभी के लिए

158. यदि किसी परीक्षण में कोई व्यक्ति अनेक परीक्षाओं द्वारा कापी जाँचने के बाद समान अंक पाता है तो वह परीक्षण है
(a) वैध (b) विश्वसनीय
(c) मानक (d) वस्तुनिष्ठ

159. किसने मनोविज्ञान को 'क्रियाओं का विज्ञान' कहा है?
(a) फ्रायड (b) टिचनर
(c) वुडवर्थ (d) बोरिंग

160. बालक का मानसिक स्वास्थ्य निर्भर करता है
(a) विद्यालय पर (b) परिवार पर
(c) समुदाय पर (d) ये सभी

161. डगलस तथा हॉलैण्ड के अनुसार संघर्ष का अर्थ है
(a) विरोध की कष्टदायक दशा
(b) विपरीत इच्छा
(c) अनहोनी
(d) उपरोक्त सभी

162. हस्तशिल्प की शिक्षा दी जानी चाहिए
(a) सामान्य बालक को
(b) पिछड़े बालक को
(c) मन्द बुद्धि बालक को
(d) प्रखर बुद्धि बालक को

163. समस्याग्रस्त बालक है
(a) चोरी करने वाला
(b) झूठ बोलने वाला
(c) माता-पिता का कहना न मानने वाला
(d) उपरोक्त सभी

164. क्रियात्मक अनुसन्धान में अध्ययन किया जाता है
(a) विशद् समस्याओं का
(b) विशद् शैक्षिक समस्याओं का
(c) कक्षागत व्यावहारिक समस्याओं का
(d) उपरोक्त सभी

165. शिक्षण सिद्धान्त में निहित है
(a) शिक्षक का व्यवहार
(b) छात्र का व्यवहार
(c) शिक्षण का प्रभाव
(d) उपरोक्त सभी

166. शिक्षण अधिगम का विश्लेषण है
(a) अर्थपूर्ण सामग्री
(b) सार्थक सामग्री
(c) तार्किक सोद्देश्यता
(d) उपरोक्त सभी

167. सृजनात्मकता की पहचान होती है
(a) पुराने व्यवहार से
(b) चित्रकला से
(c) संगीत से
(d) नवीन परिणाम से

168. भूख के स्थानीय उद्दीपक सिद्धान्त के अनुसार भूख की उत्पत्ति होती है
(a) भूख दर्द
(b) बहुत देर से भोजन नहीं करने से
(c) आमाशय क माँसपेशियों में संकुचन होने से
(d) रक्त में चीनी की मात्रा बढ़ जाने से

169. लम्बी एवं छोटी सामग्रियों में से विस्मरण किसमें अधिक होता है ?
(a) लम्बी सामग्री में
(b) छोटी सामग्री में
(c) दोनों में समान
(d) अनिश्चित

170. स्मृति विशेषत: किससे सम्बन्धित है?
(a) कल्पना से (b) प्रतिमा से
(c) पूर्व अधिगम से (d) प्रत्यक्षीकरण से

उत्तरमाला

1. (d)	2. (a)	3. (a)	4. (a)	5. (a)	6. (a)	7. (b)	8. (c)	9. (c)	10. (b)
11. (d)	12. (b)	13. (a)	14. (b)	15. (a)	16. (c)	17. (a)	18. (d)	19. (a)	20. (d)
21. (c)	22. (a)	23. (a)	24. (b)	25. (b)	26. (d)	27. (b)	28. (d)	29. (b)	30. (a)
31. (b)	32. (b)	33. (c)	34. (d)	35. (b)	36. (c)	37. (a)	38. (c)	39. (c)	40. (d)
41. (c)	42. (c)	43. (d)	44. (a)	45. (b)	46. (d)	47. (a)	48. (a)	49. (a)	50. (c)
51. (d)	52. (d)	53. (b)	54. (c)	55. (b)	56. (d)	57. (c)	58. (d)	59. (d)	60. (b)
61. (d)	62. (a)	63. (a)	64. (b)	65. (a)	66. (b)	67. (a)	68. (a)	69. (b)	70. (c)
71. (c)	72. (a)	73. (b)	74. (b)	75. (c)	76. (a)	77. (d)	78. (a)	79. (d)	80. (d)
81. (c)	82. (b)	83. (a)	84. (d)	85. (b)	86. (d)	87. (a)	88. (c)	89. (b)	90. (d)
91. (d)	92. (d)	93. (a)	94. (d)	95. (b)	96. (c)	97. (d)	98. (b)	99. (d)	100. (a)
101. (c)	102. (d)	103. (c)	104. (b)	105. (d)	106. (d)	107. (a)	108. (c)	109. (c)	110. (d)
111. (c)	112. (d)	113. (d)	114. (d)	115. (c)	116. (a)	117. (b)	118. (b)	119. (d)	120. (b)
121. (d)	122. (d)	123. (d)	124. (d)	125. (c)	126. (c)	127. (c)	128. (c)	129. (b)	130. (c)
131. (d)	132. (b)	133. (b)	134. (d)	135. (b)	136. (b)	137. (c)	138. (a)	139. (a)	140. (b)
141. (c)	142. (d)	143. (b)	144. (d)	145. (a)	146. (b)	147. (a)	148. (c)	149. (d)	150. (d)
151. (a)	152. (c)	153. (a)	154. (c)	155. (b)	156. (d)	157. (d)	158. (a)	159. (c)	160. (d)
161. (d)	162. (b)	163. (d)	164. (c)	165. (d)	166. (d)	167. (d)	168. (c)	169. (b)	170. (c)

अध्याय

6

समाजशास्त्र
Sociology

अर्थ एवं परिभाषा

- समाजशास्त्र दो शब्दों के मेल से बना है। इसका पहला शब्द **सोशियस** लैटिन भाषा से लिया गया है, जबकि दूसरा शब्द **लोगस** ग्रीक भाषा से लिया गया है।
- **सोशियस** का अर्थ है समाज और **लोगस** का अर्थ शास्त्र है; अत: **समाजशास्त्र** का शाब्दिक अर्थ 'समाज का शास्त्र' या 'समाज का विज्ञान' है।
- **ऑगस्ट कॉम्ट** ही वह प्रथम समाजशास्त्री थे, जिन्होंने 1838 में नवीन शास्त्र को 'समाजशास्त्र' नाम दिया। इसी कारण उन्हें **समाजशास्त्र का जनक** कहा जाता है।
- समाजशास्त्र का जन्म 19वीं सदी में हुआ था। औद्योगिक क्रान्ति तथा फ्रांस की क्रान्ति ने समाज की धारणा के बारे में लोगों को सोचने की प्रेरणा दी।
- जॉन स्टुअर्ट मिल ने 'समाजशास्त्र' के स्थान पर 'इथोलॉजी' शब्द का प्रयोग करने का सुझाव दिया और कहा कि 'समाजशास्त्र' दो अलग-अलग भाषाओं की एक अवैध सन्तान है, लेकिन अधिकांश विद्वानों ने इनके सुझाव को नहीं माना।
- **मैकाइवर** तथा **पेज** के अनुसार, *''समाजशास्त्र सामाजिक सम्बन्धों के विषय में है, सम्बन्धों के इसी जाल को हम समाज कहते हैं।''*
- **जॉर्ज सिमेल** के अनुसार, *''समाजशास्त्र मानवीय अन्त:सम्बन्धों के स्वरूपों का विज्ञान है।''*
- **मैक्स वेबर** के अनुसार, *''समाजशास्त्र वह विज्ञान है, जो सामाजिक क्रिया का बोध कराने का प्रयत्न करता है।''*
- **सोरोकिन** के अनुसार, *''समाजशास्त्र सामाजिक-सांस्कृतिक प्रघटनाओं के सामान्य स्वरूपों, प्रकारों और अनेकों अन्तर्सम्बन्धों के अध्ययन का सामान्य विज्ञान है।''*
- **एल. एफ. वार्ड** के अनुसार, *''समाजशास्त्र समाज का विज्ञान है।''*
- **गिन्सबर्ग** के अनुसार, *''समाजशास्त्र मानवीय अन्त:क्रियाओं तथा अन्तर्सम्बन्धी कारणों व परिणामों का अध्ययन है।''*
- समाजशास्त्र सम्पूर्ण समाज का एक समग्र इकाई के रूप में अवलोकन करने वाला विज्ञान है। इसमें सामाजिक सम्बन्धों का व्यवस्थित रूप में अध्ययन किया जाता है।
- समाजशास्त्र सामाजिक सम्बन्धों के इन्हीं स्वरूपों का अध्ययन करने वाला विज्ञान है।
- सामाजिक गत्यात्मकता के तहत एक समाज में मौजूद विभिन्न संस्थाओं के पारस्परिक सम्बन्धों का अध्ययन किया जाता है।

समाजशास्त्रियों के उपनाम

आर के मुखर्जी	**भारतीय सोरोकिन**
डार्विन का बुलडॉग	**स्पेन्सर**
मार्क्स का बुर्जुवा	**पैरेटो**
मार्क्स का भूत	**वेबर**
कॉम्टे का उत्तराधिकारी	**दुर्खीम**
नवीन कॉम्टे	**जार्ज सिमेल**
भारत का मार्क्स	**डी पी मुखर्जी**
फ्रेन्च सोरोकिन	**जॉर्ज गुरविच**
अहस्तक्षेप, सामाजिक डार्विनवाद	**समनर**
वस्तुनिष्ठ समाजशास्त्र के पिता	**दुर्खीम**
व्याख्यात्मक समाजशास्त्र के पिता	**मैक्स बेबर**
भारत का कॉम्टे	**घुरिये**
मानवतावाद के धर्म का महान् पुजारी	**ऑगस्ट कॉम्टे**
आधुनिक समाजवाद का जनक	**कार्ल मार्क्स**
कॉम्टे के उत्तराधिकारी	**दुर्खीम**

समाजशास्त्री और उनकी रचनाएँ

आर के मुखर्जी	Eastern Anthropology (1947)
योकॉक एण्ड ड्यूमा	Contribution of Sociology
एस सी दूबे	Indian Journal of Sociology
एस सी रॉय	Man of India (Second)

समाजशास्त्र का विषय-क्षेत्र

समाजशास्त्र के विषय क्षेत्र को विद्वानों ने मुख्यत: दो भागों में बाँटा है, जो इस प्रकार हैं

1. **स्वरूपात्मक अथवा विशिष्टात्मक सम्प्रदाय** इस सम्प्रदाय के प्रमुख समाजशास्त्रियों के समर्थक सिमेल, वीरकान्त, वॉनवीज, मैक्स वेबर, बर्गेस, टॉनीज, बूगल, रॉस, पार्क आदि हैं।
   सामाजिक सम्बन्धों के स्वरूपात्मक पक्ष पर बल देने के कारण इसे स्वरूपात्मक सम्प्रदाय कहा गया है।
2. **समन्वयात्मक सम्प्रदाय** इस सम्प्रदाय के प्रमुख समाजशास्त्रियों में सोरोकिन, दुर्खीम, हॉबहाउस एवं गिन्सबर्ग आदि के नाम उल्लेखनीय हैं।

इंकल्स के अनुसार, *''समाजशास्त्र परिवर्तनशील समाज का अध्ययन करता है, इसीलिए समाजशास्त्र के अध्ययन की न तो कोई सीमा निर्धारित की जा सकती है और न ही इसके अध्ययन क्षेत्र को बिल्कुल स्पष्ट रूप से परिभाषित किया जा सकता है।''*

- समाजशास्त्र का इतिहास 150 वर्ष से अधिक पुराना नहीं है।
- 18वीं शताब्दी के यूरोप में सामाजिक, आर्थिक, राजनीतिक एवं बौद्धिक परिस्थितियों ने समाजशास्त्र के उद्‌भव एवं विकास में महत्त्वपूर्ण योगदान दिया है।
- इस काल में धर्म, समाज और राज्य के पारस्परिक सम्बन्ध विघटित होने लगे थे, जिसके कारण राज्य तथा समाज की दैवीय उत्पत्ति के सिद्धान्त के स्थान पर इनकी उत्पत्ति में मानवीय प्रयत्नों के योगदान पर जोर दिया जाने लगा था।
- सर्वप्रथम अमेरिका के येल विश्वविद्यालय में 1876 ई. में समाजशास्त्र के अध्ययन-अध्यापन का कार्य प्रारम्भ हुआ।
- समाजशास्त्र को अन्य सामाजिक विज्ञानों से पृथक् एक स्वतन्त्र एवं वैदिक विज्ञान बनाने का श्रेय फ्रांसीसी विद्वान **इमाइल दुर्खीम** को है।

प्रमुख देशों में समाजशास्त्र के अध्ययन-अध्यापन का समय

प्रमुख देश	समय	प्रमुख देश	समय
अमेरिका	सन् 1876 ई.	भारत	सन् 1914 ई.
फ्रांस	सन् 1889 ई.	मिस्र	सन् 1924 ई.
इंग्लैण्ड	सन् 1907 ई.	स्वीडन	सन् 1947 ई.

- **सामाजिक संविधा** का सिद्धान्त रूसो ने प्रतिपादित किया।
- समाजशास्त्र का अध्ययन कलकत्ता विश्वविद्यालय के राजनीतिक, आर्थिक और राजनीतिक-सामाजिक दर्शन विभाग में 1908 में प्रारम्भ हुआ। हालांकि कलकत्ता विश्वविद्यालय में समाजशास्त्र एक अलग विषय के रूप में 1976 से प्रारम्भ हुआ।
- भारत में सर्वप्रथम सन् 1914 में बम्बई विश्वविद्यालय में स्नातक स्तर पर समाजशास्त्र का अध्ययन कार्य प्रारम्भ हुआ। शुरू में समाजशास्त्र को राजनीति विज्ञान के साथ मिलाकर अध्ययन किया गया था।
- सन् 1919 ई. ब्रिटिश समाजशास्त्री **प्रो. पैट्रिक गिड्डिस** की अध्यक्षता में बम्बई में समाजशास्त्र विभाग की स्थापना हुई और समाजशास्त्र की स्नातकोत्तर कक्षाओं की शुरूआत की गई।
- **डॉ. घुरिए** के प्रयत्नों से 1952 ई. में **इण्डियन सोशियोलॉजी सोसाइटी** की स्थापना की गई, जिसमें घुरिए के सम्पादन में **सोशियोलॉजिकल बुलेटिन** का प्रकाशन हुआ।

भारतीय समाजशास्त्र में विकास की तीन प्रवृत्तियाँ पाई जाती हैं

1. पाश्चात्य समाजशास्त्रीय परम्परा से प्रभावित।
2. परम्परागत भारतीय चिन्तन से प्रभावित।
3. पाश्चात्य एवं भारतीय समाजशास्त्रीय परम्पराओं के समन्वित चिन्तन से प्रभावित।

- पर्सपेक्टिव अंग्रेजी भाषा का शब्द है, जिसका अर्थ है, परिप्रेक्ष्य। अंग्रेजी का शब्द पर्सपेक्टिव लैटिन भाषा के शब्द पर्सपैक्ट से बना है, जिसका अर्थ 'सीन थ्रू' यानि ऊपर से नीचे तक देखना है।
- जब कोई वैज्ञानिक अपने विषय के विशिष्ट उद्देश्य को ध्यान में रखते हुए किसी घटना, तथ्य या सामाजिक वास्तविकता का अध्ययन एक विशेष दृष्टिकोण से करता है, तो वह उस विषय का विशेष दृष्टिकोण का ही परिप्रेक्ष्य कहलाता है।
- **मैक्स वेबर** की वर्स्टेहेन की पद्धति मानविकी समाजशास्त्र की ही देन है जिसमें बोध या समझ पर विशेष बल दिया जाता है।
- सामाजिक संरचना का सर्वप्रथम प्रयोग **हर्बर्ट स्पेन्सर** ने किया।
- सन् 1906 ई. में संरचनात्मक-प्रकार्यात्मक पद्धति का विकास हुआ।
- दुर्खीम ने समाजशास्त्र में **प्रकार्य की अवधारणा** का प्रयोग सर्वप्रथम किया था।

समाजशास्त्र के अध्ययन की दो पद्धतियाँ हैं

1. गुणात्मक पद्धति
2. परिमाणात्मक पद्धति

- **बोगार्ड्स** ने **सामाजिक दूरी** के पैमाने का विकास किया था। **जॉन हावर्ड, चार्ल्स बूथ, राउण्ट्री, आर्थर बाउले, बार्नर, मिण्टन** तथा **कर्डिनर** आदि विद्वानों के नाम सामाजिक सर्वेक्षण पद्धति के साथ विशेष रूप से जुड़े हुए हैं।

भारत में समाजशास्त्र का विकास

भारत में विधिवत् अध्ययन 1914 में बम्बई विश्वविद्यालय में स्नातक कक्षाओं में आरम्भ हुआ। यहीं सन् 1919 में ब्रिटिश समाजशास्त्री **पैट्रिक गिड्डस** की अध्यक्षता में समाजशास्त्र विभाग की स्थापना की गई। गिड्स के पश्चात् जी एस घुरिये तथा उनके बाद के **एम कपाड़िया** उत्तराधिकारी बने।

सन् 1917 में कलकत्ता विश्वविद्यालय में **डॉ. बृजेन्द्रनाथ शील** के विशेष प्रयत्नों से अर्थशास्त्र के साथ समाजशास्त्र का भी अध्यापन कार्य शुरू हुआ। डॉ. आर के मुखर्जी, विनय कुमार सरकार, धीरेन्द्रनाथ मजूमदार, डॉ. निर्मल कुमार बोस, डॉ. शील के शिष्य थे।

- 1921 में डॉ. मुखर्जी के मार्गदर्शन में लखनऊ विश्वविद्यालय में अर्थशास्त्र विभाग के अन्तर्गत समाजशास्त्र विषय को मान्यता दी गई।
- 1923 में मैसूर विश्वविद्यालय में इसका अध्यापन दर्शनशास्त्र विभाग के अन्तर्गत शुरू हुआ।
- 1923 में आन्ध्र विश्वविद्यालय में शुरू हुआ।
- 1930 में पूना विश्वविद्यालय में श्रीमती इरावती कर्वे की अध्यक्षता में समाजशास्त्र विभाग स्थापित हुआ।
- 1951 में पटना तथा इन्दौर विश्वविद्यालय में।
- 1954 में बड़ौदा में, 1958 में उस्मानिया विश्वविद्यालय में।
- 1959 में दिल्ली विश्वविद्यालय में समाजशास्त्र की पढ़ाई शुरू हुई।

प्रमुख भारतीय समाजशास्त्री

- **ए ऐयप्पन** यह मद्रास के प्रसिद्ध समाजशास्त्री हैं। इनकी पुस्तक 'सोसायटी इन इण्डिया' है।
- **डॉ. एस सी दूबे** ये मध्य प्रदेश के सागर विश्वविद्यालय के विभागाध्यक्ष हैं।
- **जी एस घुरिये** यह भारत में **समाजशास्त्र के पिता** माने जाते हैं।
- **डॉ. के एम कपाड़िया** यह मुम्बई विश्वविद्यालय में जी एस घुरिये के परम शिष्य माने जाते थे तथा उनके बाद विभागाध्यक्ष थे। इनकी प्रसिद्ध पुस्तक 'मैरिज एण्ड फेमिली इन इण्डिया' और 'हिन्दू किनशिप' हैं।
- **डॉ. इरावती कर्वे** इनकी प्रसिद्ध पुस्तक 'Kinship System in India' है और यह भारत में नातेदारी एवं उसके विविध पक्षों के अध्ययन के लिए जानी जाती हैं।
- **डॉ. डी एन मजूमदार** यह लखनऊ विश्वविद्यालय के विभागाध्यक्ष रह चुके हैं और यह परिवार तथा नातेदारी के अध्ययन के लिए जाने जाते हैं।
- **डी पी मुखर्जी** यह मार्क्सवादी थे, किन्तु स्वयं मार्क्सवादी के स्थान पर मार्क्सशास्त्री कहलाना अधिक पसन्द करते थे। इन्होंने भारतीय इतिहास का द्वन्द्वात्मक प्रक्रिया द्वारा विश्लेषण किया है। इन्हें **भारत का मार्क्स** कहा जाता है।
- **राधाकमल मुखर्जी** यह मूल्यों के समाजशास्त्र के लिए जाने जाते हैं।
- **पी एच प्रभु** यह बम्बई विश्वविद्यालय के अध्यक्ष रहे।
- **आर एन सक्सेना** इनके प्रयासों से *जर्नल ऑफ सोशियल साइन्स* नामक पत्रिका का प्रकाशन हुआ।

- **योगेन्द्र सिंह** अखिल भारतीय समाजशास्त्रीय परिषद् के अध्यक्ष रह चुके हैं।
- **श्रीनिवास** ऑक्सफोर्ड यूनिवर्सिटी के प्रोफेसर रह चुके हैं। इन्होंने संस्कृतिकरण, पश्चिमीकरण, लौकिकीकरण, प्रभुजाति तथा फैलाव जैसी अवधारणाओं का विकास किया है। यह भारत में सहभागी अवलोकन पद्धति के जनक के रूप में जाने जाते हैं।
- **बृजेन्द्रनाथ शील** भारत में समाजशास्त्र को स्थापित करने के लिए समाजशास्त्र के प्राध्यापकों की एक टीम तैयार करने का श्रेय दिया जाता है।
- **नर्मदेश्वर प्रसाद** इन्होंने 'कुलीनीकरण' की अवधारणा प्रस्तुत की है।
- **डॉ. ए आर देसाई** इन्होंने ग्रामीण समाज के अध्ययन में महत्त्वपूर्ण भूमिका निभाई है।
- **टी के उम्मन** इन्होंने समाजशास्त्र में 'मेडिकल सोशियोलॉजी' लाने का प्रयास किया।
- अन्य विचारकों में *डॉ. नगेन्द्र, आन्द्रे बेतेई, ए आर वाडिया, भगवान दास* तथा *योगेश अटल* हैं, जिन्होंने भारत में समाजशास्त्र के विकास में योगदान दिया है।

भारत के सन्दर्भ में समाजशास्त्र का महत्त्व

- सम्पूर्ण मानव समाज के बारे में वैज्ञानिक ज्ञान प्राप्त करने में समाजशास्त्र का विशेष महत्त्व है।
- नवीन सामाजिक परिस्थितियों से अनुकूलन करने में सहायक होता है।
- समाज में सह-अस्तित्व की भावना का प्रसार करने में सहायक है।
- सामाजिक समस्याओं को हल करने में सहायक है।
- ग्रामीण व नगरीय विकास में सहायक है।
- जनजातीय समस्याओं के उन्मूलन एवं जनजातीय कल्याण में सहायक है।
- सामाजिक नियोजन में सहायक है।
- पारिवारिक जीवन को सफल बनाने में सहायक है।
- प्रजातन्त्र को सफल बनाने में समाजशास्त्र का महत्त्वपूर्ण योगदान है।
- समाजशास्त्र का व्यावसायिक एवं व्यावहारिक महत्त्व है।

समाज

समाज का अर्थ एवं परिभाषा

- **जार्ज सिमेल** के अनुसार, *"समाज उन व्यक्तियों का समूह माना जाता है, जो अन्त:क्रिया द्वारा सम्बन्धित हैं।"*
- **र्यूटर** के अनुसार, *"समाज एक अमूर्त धारणा है जो एक समूह के सदस्यों के बीच पाए जाने वाले पारस्परिक सम्बन्धों की जटिलता (सम्पूर्णता) का बोध कराती है।"*
- **गिडिंग्स** के अनुसार, *"समाज स्वयं संघ है, संगठन है, औपचारिक सम्बन्धों का योग है, जिसमें सहयोग देने वाले व्यक्ति एक-दूसरे के साथ जुड़े हुए या सम्बद्ध हैं।"*

समाज की प्रमुख विशेषताएँ

समाज की प्रमुख विशेषताएँ निम्नलिखित हैं

- पारस्परिक जागरूकता होती है।
- समाज अमूर्त है।
- समाज में समानता एवं असमानता दोनों पायी जाती हैं।
- समाज में सहयोग एवं संघर्ष दोनों मिलते हैं।
- समाज अन्योन्याश्रितता पर आधारित है।
- समाज सदैव परिवर्तनशील एवं जटिल व्यवस्था है।
- समाज मनुष्यों तक ही सीमित नहीं है।
- ***किंग्सले डेविस*** *ने समाज के निर्माण हेतु चार आवश्यक दशाओं के बारे में बताया है*
  1. जनसंख्या की निरन्तरता को बनाए रखना
  2. जनसंख्या में श्रम विभाजन
  3. सामूहिक एकता
  4. सामाजिक व्यवस्था में स्थायित्व होना

समाज एवं एक समाज में अन्तर समाज सामाजिक सम्बन्धों की जटिल व्यवस्था है, जबकि एक समाज व्यक्तियों का समूह है।

- समाज एक अमूर्त अवधारणा है, जबकि एक समाज मूर्त धारणा है।
- समाज एक जटिल व्यवस्था है, जबकि एक समाज अपेक्षाकृत सरल संगठन है।
- समाज का अपना भौगोलिक क्षेत्र नहीं होता है, वहीं एक समाज का निश्चित भौगोलिक क्षेत्र होता है।
- समाज में भिन्नता पायी जाती है, वहीं एक समाज में समानता पायी जाती है।
- समाज का आकार व्यापक होता है, जबकि एक समाज का आधार सीमित होता है।
- समाज में व्यक्ति का उत्तरदायित्व असीमित होता है, जबकि एक समाज में सीमित होता है।

समाज का वर्गीकरण

लुईस हेनरी मार्ग ने समाज को तीन वर्गों में बाँटा है—जंगली, बर्बर और सभ्य समाज

- **हैवीलैण्ड** के अनुसार समाज दो प्रकार के हैं—सरल समाज और जटिल समाज।
- **चार्ल्स कूले** के अनुसार समाज दो प्रकार के हैं—समजातीय समाज और विषमजातीय समाज।

सामाजिक समूह का अर्थ एवं परिभाषा

- सामाजिक जीवन में समूह का एक महत्त्वपूर्ण स्थान है।
- समूह के माध्यम से ही व्यक्ति अपनी विभिन्न आवश्यकताओं की पूर्ति करता है। समूह से अलग होकर व्यक्ति के व्यक्तित्व की कल्पना नहीं की जा सकती।
- सामाजिक समूह व्यक्तियों का वैसा संग्रह है, जिनके बीच किसी न किसी प्रकार का सम्बन्ध पाया जाता है।
- **जॉर्ज सी. होमन्स** के अनुसार, *"सामाजिक समूह का तात्पर्य ऐसे व्यक्तियों से है, जो स्थापित प्रतिमानों के अनुसार अन्त:क्रिया करते हैं।"*

सामाजिक समूह की विशेषताएँ

सामाजिक समूह की विशेषताएँ निम्नलिखित हैं

- व्यक्तियों का समूह।
- सामान्य रुचि तथा पारस्परिक जागरूकता।
- सामाजिक सम्बन्ध।
- एक संरचना या ढाँचा।
- स्थायित्व।
- सामूहिक आदर्श।
- ऐच्छिक सदस्यता।
- कार्य विभाजन तथा समझौता।
- समूह में एकता।
- आदान-प्रदान।
- स्तरीकरण।

समुदाय का अर्थ एवं परिभाषा

- अंग्रेजी का शब्द **कम्युनिटी** (समुदाय) दो लैटिन शब्दों **कम** तथा **म्युनिस** से बना है। कम शब्द का अर्थ टुगेदर अर्थात् एक साथ से, जबकि **म्युनिस** का अर्थ सर्विंग अर्थात् सेवा करने से है। इन शब्दों के आधार पर समुदाय का अर्थ साथ-साथ मिलकर सेवा करने से है।
- **किंग्सले डेविस** के अनुसार, ''समुदाय सबसे छोटा ऐसा क्षेत्रीय समूह है, जिसमें सामाजिक जीवन के समस्त पहलू आते हैं।''
- **टॉनीज** ने समुदाय को गेमिनशेफ्ट के रूप में प्रतिपादित किया है।
- **गिन्सबर्ग** ने नियमों की एक सामान्य व्यवस्था को समुदाय की एक महत्त्वपूर्ण विशेषता बताया है।

समुदाय के आवश्यक तत्त्व

समुदाय के आवश्यक तत्त्व निम्नलिखित हैं

- व्यक्तियों का समूह होता है।
- समुदाय का एक निश्चित भौगोलिक क्षेत्र होता है।
- समुदाय के अन्तर्गत सामुदायिक भावनाएँ आती हैं जो इस प्रकार हैं
  - (i) हम की भावना का पाया जाना।
  - (ii) दायित्व निर्वाह की भावना का पाया जाना।
  - (iii) निर्भरता की भावना का पाया जाना।

समुदाय की विशेषताएँ

1. निश्चित भू-भाग	2. व्यक्तियों का समूह
3. एक सामान्य संस्कृति	4. समुदाय का स्वतः विकास
5. अनिवार्य सदस्यता	6. यह व्यापक उद्देश्यों की पूर्ति करता है
7. स्थायी समुदाय	8. आत्मनिर्भरता की भावना
9. हम की भावना	10. निश्चित नाम
11. समुदाय मूर्त	

समुदाय के आवश्यक तत्त्व

- **मैकाइवर** एवं **पेज** ने दो तत्त्व बताए हैं
  (i) स्थानीय क्षेत्र (ii) सामुदायिक भावना
- **बोगार्ड्स** ने तीन तत्त्व बताए हैं
  (i) निश्चित भू-भाग (ii) सामाजिक समूह
  (iii) हम की भावना
- **किंग्सले डेविस** के अनुसार
  (i) निश्चित भू-भाग (ii) व्यक्तियों का समूह
  (iii) सम्पूर्ण सामाजिक जीवन का समावेश
- **जॉनसन** ने तीन प्रकार बताए हैं
  (i) विशिष्ट भौगोलिक क्षेत्र (ii) मानव समूह
  (iii) हम की भावना

ग्रामीण समुदाय

ग्रामीण समुदाय एक ऐसा समुदाय है जो कृषि पर आधारित होता है। इसलिए **स्मिथ** ने ग्रामीण और कृषक को एक-दूसरे का पर्यायवाची माना है। यहाँ का मुख्य व्यवसाय कृषि है। इसलिए **नेल्सन** ने कहा है ''ग्रामीण समुदाय में कृषि एक पारिवारिक व्यवसाय है।'' ये लोग कम गतिशील होते हैं इसलिए 'चार्ल्स मेटकॉफ' ने कहा है जहाँ सबकुछ बदल रहा है वहाँ देहात स्थिर मालूम होते हैं। गाँव के लोग कम जनसंख्या में होने के कारण आपस में प्राथमिक समूहों जैसा व्यवहार करते हैं। इसलिए **बोगार्ड्स** ने कहा है ''ग्रामीण समुदाय वस्तुतः प्राथमिक समूहों का विस्तृत रूप है।''

ग्रामीण समुदाय में जहाँ धनी लोग हैं वहीं मध्यम एवं गरीब भी हैं इसलिए **ए आर देसाई** ने कहा है कि ''भारतीय ग्रामीण समाज परीक्षण के लिए एक विशाल प्रयोगशाला प्रस्तुत करता है।''

ग्रामीण समुदाय की विशेषताएँ

1. मुख्य व्यवसाय कृषि	2. प्रकृति से घनिष्ठ सम्बन्ध
3. कम जनसंख्या, समरूपता	4. प्राथमिक सम्बन्धों की प्रधानता
5. सरल एवं सादा जीवन	6. सामाजिक गतिशीलता का अभाव
7. सामुदायिक भावना	8. धर्म प्रथा एवं रूढ़ियों का महत्त्व
9. संयुक्त परिवार, जाति प्रथा, जजमानी प्रथा	
10. ग्राम पंचायत, भाग्यवादी	
11. जनमत का अधिक महत्त्व, स्त्रियों की निम्न स्थिति	
12. अशिक्षा	13. आत्मनिर्भरता

कस्बा

- सामान्यतः कस्बा उस बस्ती को कहा जाता है, जिसकी आबादी 500 से 10,000 तक के बीच होती है। कस्बा, नगर की तुलना में छोटा होता है। **रिचथोपेन** के अनुसार, ''कस्बा एक संगठित समूह है और जिसमें सामान्यतया प्रमुख व्यवसाय, कृषि कार्य के विपरीत वाणिज्य तथा उद्योग से सम्बन्धित हैं।''
  रेटजरन महोदय के अनुसार कस्बे की तीन विशेषताएँ होती हैं
  1. कस्बे में व्यापार एवं उद्योगों की प्रधानता होती है।
  2. मकानों का केन्द्रीकरण होता है।
  3. निवासियों की एक न्यूनतम जनसंख्या (2,000 से अधिक) होती है।

शहर (नगर)

बिलकाक्स के अनुसार, ''जहाँ मुख्य व्यवसाय कृषि है, उसे गाँव तथा जहाँ कृषि के अतिरिक्त अन्य व्यवसाय प्रचलित हैं, उसे शहर (नगर) कहेंगे।''

ई. एस. बर्गेल के अनुसार, ''नगर ऐसी संस्था है, जहाँ के निवासी कृषि कार्य के अतिरिक्त अन्य उद्योग में व्यस्त हों।''

***नेल्स एण्डरसन** द्वारा उल्लिखित आधुनिक नगरीय समुदायों की पाँच विशेषताएँ हैं*

1. मुद्रा अर्थव्यवस्था। 2. लिखित आलेख।
3. आविष्कार एवं तकनीकी। 4. सुदृढ़ प्रशासन।
5. सांस्कृतिक आविष्कार।

नगरीय समुदाय की विशेषताएँ

▪ जनसंख्या की बहुलता एवं विभिन्नता	▪ व्यवसायों की बहुलता एवं विभिन्नता
▪ श्रम विभाजन एवं विशेषीकरण	▪ द्वितीयक सम्बन्धों की प्रधानता
▪ कृत्रिमता या बनावटीपन	▪ गतिशीलता
▪ व्यक्तिवादिता	▪ सामाजिक समस्याओं का केन्द्र
▪ शिक्षा एवं संस्कृतियों का केन्द्र	▪ अधिक सुरक्षा
▪ स्वास्थ्य एवं मनोरंजन की सुविधा	▪ राजनीतिक गतिविधियों का केन्द्र
▪ मानव सभ्यता का पोषक	▪ धर्म एवं परिवार का कम महत्त्व
▪ प्रतियोगिता अधिक	▪ आर्थिक विषमता
▪ यातायात एवं सन्देशवाहन की बहुलता	▪ फैशन के प्रति लगाव

- **इथोपोलिस** इसकी जनसंख्या 50,000 तक होती है। यह ग्राम समुदाय का ही संकलित रूप होता है।
- **पोलिस** इसकी जनसंख्या 50,000 से लेकर 10,00,000 तक होती है। पोलिस को चार्ल्स बर्गल ने 'कस्बा' कहा है। इनके अनुसार इसमें छोटे तथा बड़े उद्योगों की स्थापना हो जाती है
- **मेट्रोपोलिस** इसकी जनसंख्या 10 लाख से ऊपर तथा 50 लाख से कम होती है और यह पोलिस का ही विकसित रूप होता है और यह मातृ नगर (Mother land) बनने को तैयार होता है; जैसे— लखनऊ, कानपुर आदि।
- 2011 में 53 नगर मेट्रोपोलिस, 2001 में 35 नगर मेट्रोपोलिस और 1991 में 23 नगर इस श्रेणी में थे। 2011 की जनगणना में उत्तर प्रदेश के जो नगर इस श्रेणी में आए वे हैं—कानपुर, लखनऊ, वाराणसी, मेरठ, इलाहाबाद, गाजियाबाद, आगरा।
- **मेगापोलिस** इसकी जनसंख्या 50 लाख से अधिक होती है। ममफोर्ड ने इस अवस्था को नगर के सभ्यता एवं संस्कृति के पतन के आरम्भ वाली अवस्था माना है। धन संचय इस नगर की विशेषता होती है एवं नैतिकता का पतन इसका विशेष लक्षण है साथ ही यह विभिन्न संस्कृतियों का केन्द्र बन जाता है।
- 2001 में भारत में मुम्बई, कोलकाता, दिल्ली, चेन्नई, बंगलुरु, हैदराबाद आदि इसी श्रेणी में आते थे वहीं 2011 में अहमदाबाद एवं पुणे भी शामिल हो गए।
- **टेरेनोपोलिस** इसका दूसरा नाम विनाश का प्रतीक है। इस नगर में पूँजी का अति विकास तथा शोषण की चरम सीमा आ जाती है। ममफोर्ड का कहना है कि **हिटलर** तथा **मुसोलिनी** का नगर विकास इसी प्रकार के नगरों की देन है। इन नगरों की जनसंख्या घटने लगती है और जीवन असामान्य हो जाता है।
- **नैक्रोपोलिस** इसे मृतकों के नगर या ईसाइयों के कब्रगाह के रूप में जाना जाता है। इस अवस्था में नगर के लोगों का जीवन अर्थहीन हो जाता है और संस्कृति विनाश के गर्त में पहुँच जाती है। यह नगर जीवित लोगों की समाधि का रूप ले लेता है। इस प्रकार के नगर बेबीलोन तथा रोम हैं।

समिति का अर्थ एवं परिभाषा

- व्यक्ति की एक या एक से अधिक जरूरतों को पूरा करने के लिए एक नियमबद्ध संगठन का निर्माण होता है, उस संगठन को समिति कहते हैं।
- **मैकाइवर** और **पेज** के अनुसार, ''समिति वह समूह है, जोकि किसी एक हित अथवा अनेक हितों की सामान्य पूर्ति के लिए संगठित हुआ है।''
- **ई. एस. बोगार्ड्स** के अनुसार, *''साधारणतया किसी उद्देश्य को प्राप्त करने के लिए व्यक्तियों द्वारा मिलकर कार्य करने को ही समिति कहते हैं।''*

समिति की विशेषताएँ

समिति की विशेषताएँ निम्नलिखित हैं

- व्यक्तियों का समूह व ऐच्छिक सदस्यता।
- विचारपूर्वक स्थापना।
- एक निश्चित संगठन।
- नियमों पर आधारित।
- अस्थायी प्रकृति।
- औपचारिक सम्बन्धों की प्रधानता।
- साध्य न होकर साधन।

संस्था का अर्थ एवं परिभाषा

समाज की विभिन्न अवस्थाओं में मनुष्य भोजन, वस्त्र, निवास और सुरक्षा की आवश्यकता महसूस करता रहा है। मनुष्य अपनी आवश्यकताओं की पूर्ति केवल इच्छा के द्वारा ही नहीं कर सकता है, बल्कि समाज के सदस्य के रूप में करता है।

ऑगबर्न एवं **निमकॉफ** के अनुसार, *''कुछ आधारभूत मानवीय आवश्यकताओं की सन्तुष्टि हेतु संगठित एवं स्थापित प्रणालियाँ ही सामाजिक संस्थाएँ हैं।''*

मैकाइवर एवं **पेज** के अनुसार, *''संस्थाएँ सामूहिक क्रिया की विशेषता व्यक्त करने वाली कार्य प्रणाली के स्थापित स्वरूप अथवा अवस्था को कहते हैं।''*

संस्था की प्रमुख विशेषताएँ

गिलिन एवं गिलिन ने संस्था की इन विशेषताओं का उल्लेख किया है

1. संस्था सम्पूर्ण सांस्कृतिक व्यवस्था की एक इकाई के रूप में कार्य करती है।
2. संस्था में अधिक स्थायित्व होता है।
3. संस्था एक या अनेक स्पष्ट उद्देश्यों की पूर्ति करती है।
4. संस्था में सांस्कृतिक उपकरण कार्य करते हैं।

संस्था का महत्त्व

1. संस्था मानवीय आवश्यकताओं की पूर्ति एवं कार्य की दिशा निर्धारित करती है।
2. संस्था व्यक्तियों के कार्य को सरल बनाती है।
3. संस्था के व्यवहारों में अनुरूपता होती है।
4. संस्था व्यवहारों पर नियन्त्रण रखती है।
5. संस्था संस्कृति की वाहक होती है।
6. संस्था प्रस्थिति एवं भूमिका का निर्धारण करती है।
7. संस्था सामाजिक परिवर्तन में सहायक होती है।

प्रस्थिति का अर्थ एवं परिभाषा

- प्रस्थिति वह सामाजिक पद है, जो इसके धारक के व्यक्तिगत गुणों अथवा सामाजिक सेवाओं के अतिरिक्त उसके आदर, प्रतिष्ठा, प्रभाव, अधिकार एवं कर्त्तव्य की सीमाओं का निर्धारण करती है।
- **ऑगबर्न** तथा **निमकॉफ** के अनुसार, *''प्रस्थिति की सबसे सरल परिभाषा यह है कि यह समूह में व्यक्ति के पद का प्रतिनिधित्व करती है।''*

प्रस्थिति के प्रकार

सन् 1936 ई. में रॉल्फ लिंटन ने समाज में पायी जाने वाली प्रस्थितियों को प्रमुख रूप से तीन भागों में बाँटा—प्रदत्त, अर्जित प्रस्थिति तथा काल्पनिक प्रस्थिति।

प्रदत्त प्रस्थिति

जब समाज व्यक्ति की इच्छा को ध्यान में न रखकर व्यक्ति को एक पद प्रदान कर देता है तो उसे ही प्रदत्त प्रस्थिति कहते हैं। *इसमें व्यक्ति का कोई महत्त्व नहीं होता है। प्रदत्त प्रस्थिति प्राप्त करने के निम्नलिखित आधार हैं*

(i) लिंग भेद (ii) आयु भेद (iii) नातेदारी (iv) जन्म (v) शारीरिक विशेषताएँ (vi) जीवित प्रजाति

अर्जित प्रस्थिति

अर्जित प्रस्थिति व्यक्ति अपनी योग्यता से प्राप्त करता है; जैसे

(i) शिक्षा (ii) व्यवसाय

(iii) राजनीतिक सत्ता (iv) विवाह
(v) उपलब्धियाँ (vi) सांस्कृतिक विशेषता—टी वी, कूलर
(vii) पितृत्व एवं मातृत्व

काल्पनिक प्रस्थिति

यह प्रस्थिति व्यक्ति की कल्पना पर आधारित होती है अर्थात् अपनी इच्छानुसार काल्पनिक रूप से प्राप्त की गई होती है।

भूमिका का अर्थ एवं परिभाषा

- भूमिका का तात्पर्य उन अनेक व्यवहारों की सम्पूर्णता से है, जिन्हें एक विशेष प्रस्थिति से सम्बन्धित होने के कारण व्यक्ति से पूरा करने की आशा की जाती है।
- **हार्टन** एवं **हण्ट** के अनुसार, *"एक विशिष्ट सामाजिक पद धारण करने के फलस्वरूप व्यक्ति जिस प्रकार का व्यवहार करता है, उसे भूमिका कहते हैं।"*

भूमिका की विशेषताएँ

भूमिका की विशेषताएँ निम्नलिखित हैं

- भूमिका प्रस्थिति की निर्धारक है और प्रस्थिति भूमिका की।
- भूमिका का निर्वाह सामाजिक मानदण्डों एवं मूल्यों के अनुरूप होता है।
- भूमिकाएँ एक से अधिक भी हो सकती हैं।
- भूमिका कभी स्थिर नहीं होती है।
- भूमिका आदर्शात्मक एवं व्यावहारिक दोनों होती है।
- सभी भूमिकाएँ समान रूप से महत्त्वपूर्ण नहीं होती हैं।

भूमिका एवं प्रस्थिति के प्रारूप

तबला वादक	–	प्रस्थिति
तबला वादन	–	भूमिका
डॉक्टर	–	प्रस्थिति
डॉक्टरी	–	भूमिका
मजदूर	–	भूमिका
मजदूरी	–	प्रस्थिति
माँ	–	अर्जित प्रस्थिति
पिता	–	अर्जित प्रस्थिति

समाजीकरण की परिभाषा

- **हारालम्बॉस** के अनुसार, "वह प्रक्रिया जिसके द्वारा व्यक्ति अपने समाज की संस्कृति को सीखते हैं, समाजीकरण के नाम से जानी जाती है।"
- **ग्रीन** के अनुसार, "समाजीकरण वह प्रक्रिया है जिसके द्वारा बच्चा सांस्कृतिक विशेषताओं, आत्मपन और व्यक्तित्व को प्राप्त करता है।"

समाजीकरण की विशेषताएँ

समाजीकरण की विशेषताएँ निम्नलिखित हैं

- समाजीकरण सीखने की एक प्रक्रिया है।
- समाजीकरण एक आजन्म चलने वाली प्रक्रिया है।
- समाजीकरण संस्कृति को आत्मसात् करने की प्रक्रिया है।
- समाजीकरण समाज का प्रकार्यात्मक सदस्य बनने की प्रक्रिया है।
- समाजीकरण की प्रक्रिया समय व स्थान सापेक्ष है।
- समाजीकरण के द्वारा आत्म का विकास होता है।
- समाजीकरण के द्वारा संस्कृति का हस्तान्तरण एक पीढ़ी से दूसरी पीढ़ी में होता है।

समाजीकरण के उद्देश्य

***ब्रूम** तथा **सेल्जनिक** के अनुसार समाजीकरण के चार उद्देश्य हैं, जो इस प्रकार हैं*

1. समाजीकरण से आधारभूत नियमबद्धता का विकास होता है।
2. समाजीकरण से आकांक्षाओं की पूर्ति होती है।
3. समाजीकरण से सामाजिक भूमिकाओं को निभाने की सीख मिलती है।
4. समाजीकरण से क्षमताओं का विकास होता है।

संस्कृति की परिभाषा

फेयरचाइल्ड के अनुसार, *"प्रतीकों द्वारा सामाजिक रूप से प्राप्त और संचारित सभी व्यवहार प्रतिमानों के लिए सामूहिक नाम संस्कृति है।"*
मजूमदार एवं **मदान** के अनुसार, *"लोगों के जीने का ढंग ही संस्कृति है।"*
फादर शिमिट संस्कृति के ऐतिहासिक सम्प्रदाय के अगुआ हैं।
जूलियन स्टीवर्ड ने **'सांस्कृतिक पारिस्थितिकी'** की अवधारणा का प्रतिपादन किया।

संस्कृति की विशेषताएँ

***जोयरडाक** के द्वारा बतायी गई संस्कृति की प्रमुख विशेषताएँ इस प्रकार हैं*

1. संस्कृति का निर्माण मानव के द्वारा होता है।
2. संस्कृति सीखा हुआ व्यवहार है।
3. संस्कृति हस्तान्तरित होती है।
4. संस्कृति में सामाजिक गुण होते हैं।
5. प्रत्येक समाज की अपनी एक विशिष्ट संस्कृति होती है।
6. संस्कृति समूह के लिए आदर्श होती है।
7. संस्कृति मानव आवश्यकताओं की पूर्ति का एक प्रमुख साधन है।

सभ्यता की परिभाषा

- सभ्यता की उत्पत्ति लैटिन भाषा के शब्द **सिविटास** और **सिविस** से हुई है, जिसका अभिप्राय **नगर** या **नगर निवासी** है, जो एक स्थान पर स्थायी रूप से निवास करते हैं तथा शिक्षित होते हैं और जिनका व्यवहार सरल नहीं होता है।
- **टॉयलर** के अनुसार, "सभ्यता मानव जाति की वह विकसित अवस्था है, जिसमें उच्च श्रेणी के वैयक्तिक एवं सामाजिक संगठन पाए जाते हैं, जिसका उद्देश्य मानव के गुणों, शक्ति एवं प्रसन्नता में वृद्धि करना है।"
- **सभ्यता एवं संस्कृति में सम्बन्ध–मैकाइवर** एवं **पेज** ने सभ्यता और संस्कृति के सम्बन्ध को बताया है, *जो इस प्रकार है*
  1. सभ्यता संस्कृति की वाहक होती है।
  2. सभ्यता सांस्कृतिक क्रियाओं को शक्ति प्रदान करती है।
  3. सभ्यता ही संस्कृति का पर्यावरण है।
  4. संस्कृति सभ्यता की दिशा को प्रभावित करती है।

सभ्यता की विशेषताएँ

सभ्यता की विशेषताएँ निम्नलिखित हैं

(i) सभ्यता में मानव निर्मित भौतिक वस्तुएँ सम्मिलित होती हैं।
(ii) सभ्यताएँ मूर्त होती हैं।
(iii) यह मानवीय आवश्यकताओं की पूर्ति का साधन होती है।
(iv) सभ्यता संस्कृति के विकास का उच्च स्तर है।
(v) सभ्यता का सम्बन्ध बाहरी आचरण एवं परिस्थितियों से होता है।
(vi) सभ्यता परिवर्तनशील है।

संस्कृति एवं सभ्यता में अन्तर

***मैकाइवर एवं पेज** ने निम्न अन्तर बताए हैं*

(i) सभ्यता की माप सम्भव है, लेकिन संस्कृतियों की नहीं।
(ii) सभ्यता सदैव आगे बढ़ती है, किन्तु संस्कृतियाँ नहीं।
(iii) सभ्यताओं का हस्तान्तरण प्रयत्न किए बिना होता है किन्तु संस्कृतियों का नहीं।
(iv) सभ्यताओं को बिना किसी परिवर्तन के ग्रहण किया जा सकता है। किन्तु संस्कृति को नहीं।
(v) संस्कृति साध्य है, जबकि सभ्यता साधन।
(vi) सभ्यता में परिवर्तन एवं सुधार संस्कृति की अपेक्षा सरल है।

भारतीय संस्कृति की प्रमुख विशेषताएँ

भारतीय संस्कृति की प्रमुख विशेषताएँ निम्नलिखित हैं

- **प्राचीनता** भारत की संस्कृति संसार की सबसे प्राचीनतम संस्कृतियों में से एक है, इसका इतिहास पाषाणकाल से शुरू होता है।
- **धर्म की प्रधानता** भारतीय संस्कृति में धर्म को विशेष स्थान प्राप्त है।
- भारतीय संस्कृति में आध्यात्म पाए जाते हैं।
- भारतीय संस्कृति का प्रमुख गुण विभिन्नताओं में एकता है।
- समन्वय बुद्धि।
- इसमें सबके कल्याण की भावना पायी जाती है।
- **विचार की स्वतन्त्रता** भारतीय संस्कृति प्रत्येक विचारक को अपने विचार व्यक्त करने की पूर्ण स्वतन्त्रता देती है।
- **सुदृढ़ आधारशिला** भारतीय संस्कृति की आधारशिला काफी मजबूत है।
- वर्ण, श्रम एवं पुरुषार्थ व्यवस्था का पाया जाना।
- संयुक्त परिवार व्यवस्था।

जातिवाद की परिभाषा

- **के. एम. पणिक्कर** के अनुसार, *''राजनीतिक भाषा में उपजाति के प्रति निष्ठा का भाव ही जातिवाद है।''*
- **डॉ. नर्मदेश्वर प्रसाद** के अनुसार, *''जातिवाद राजनीतिकता में रूपान्तरित एक जाति के प्रति निष्ठा है।''*

जातिवाद के दुष्परिणाम

जातिवाद के दुष्परिणाम निम्नलिखित हैं

- जातिवाद प्रजातन्त्र के लिए घातक होता है।
- जातिवाद राष्ट्रीयता के लिए घातक होता है।
- जातिवाद औद्योगिक कुशलता में बाधक होता है।
- जातिवाद सामाजिक समरसता को विखण्डित करता है।
- जातिवाद सामाजिक गतिशीलता में बाधक होता है।
- जातिवाद नैतिक पतन के लिए उत्तरदायी होता है।
- जातिवाद के कारण भ्रष्टाचार जैसी समस्याएँ पैदा होती हैं।
- जातिवाद जातीय हित, राष्ट्रीय हित को क्षति पहुँचाता है।

जातिवाद को दूर करने के उपाय

जातिवाद को दूर करने के उपाय निम्नलिखित हैं

- अन्तर्जातीय विवाहों को प्रोत्साहन दिया जाना चाहिए।
- उचित शिक्षा की व्यवस्था होनी चाहिए।
- वैकल्पिक समूहों का निर्माण होना चाहिए।
- राष्ट्रीयता की भावना का विकास किया जाना चाहिए।
- जातिवाद को दूर करने के लिए मूल कर्त्तव्यों के संस्कार को डालना चाहिए।

क्षेत्रवाद की परिभाषा

- **प्रो. हेडविंग हिट्ज** के अनुसार, *''क्षेत्रवाद एक क्षेत्र-विशेष के व्यक्तियों के विशेष अनुराग तथा पक्षपातपूर्ण धारणाओं से सम्बन्धित है।''*
- **प्रो. आर. के. मुकर्जी** के अनुसार *''क्षेत्रीयता राष्ट्रीयता के अधीन होती है।''*

क्षेत्रवाद की विशेषताएँ

क्षेत्रवाद की विशेषताएँ निम्नलिखित हैं

- क्षेत्रवाद क्षेत्रीय हितों को प्राथमिकता देता है।
- संघात्मक संरचना में क्षेत्रीय उप-संस्कृति को आधार बनाता है।
- क्षेत्रवाद का राजनीति से समायोजन होता है।
- क्षेत्रवाद स्थानीय देशभक्ति तथा स्थानीय श्रेष्ठता से सम्बन्धित होता है।
- क्षेत्रवाद संकीर्ण मनोवृत्ति एवं दूषित प्रवृत्ति का द्योतक है।

साम्प्रदायिकता का अर्थ एवं परिभाषा

- साम्प्रदायिकता एक हठ वाली मनोवृत्ति है, जिसमें अपने धर्म अथवा सम्प्रदाय को अन्य धर्मों से श्रेष्ठ समझा जाता है तथा अन्य धर्मों को नीचा या हीन समझा जाता है। यहाँ तक कि साम्प्रदायिक लोगों के लिए सम्प्रदाय प्राथमिक महत्त्व का होता है एवं राष्ट्र आदि गौण महत्त्व के होते हैं।

***प्रो. विपिन चन्द्रा** ने साम्प्रदायिकता के लिए क्रमिक रूप से तीन कारणों को उत्तरदायी माना है, जो निम्नलिखित हैं*

1. अपने पन्थ एवं समूहों को महत्त्व देना।
2. दूसरों के पन्थ एवं समूहों को अपने पन्थीय हितों से पृथक् समझा जाना।
3. अपने साम्प्रदायिक हितों को दूसरे के साम्प्रदायिकता एवं धार्मिक हितों का विरोधी समझा जाना।

- **स्मिथ** के अनुसार, *''साम्प्रदायिक व्यक्ति अथवा समूह वह है, जो अपनी धार्मिक भाषा या भाषा-भाषी समूह को एक ऐसी पृथक् राजनैतिक तथा सामाजिक इकाई के रूप में देखता है, जिसके हित अन्य समूहों से पृथक् होते हैं और जो अक्सर उनके विरोधी भी हो सकते हैं।''*

साम्प्रदायिकता के दुष्परिणाम

साम्प्रदायिकता के दुष्परिणाम निम्नलिखित हैं

- इसका सम्बन्ध धार्मिक समूहों मात्र से है।
- इसमें स्वजातिवाद की भावना पायी जाती है।
- साम्प्रदायिकता के कारण समाज में विघटन पैदा होता है।
- साम्प्रदायिकता समाज के अल्पसंख्यक वर्ग में भय पैदा करती है।

जनांकिकी का अर्थ एवं परिभाषा

- **डेमोग्राफी** शब्द ग्रीक भाषा से सम्बन्धित है, यह दो शब्दों **डेमो** जिसका अर्थ है **जनता** तथा **ग्राफी** जिसका अर्थ है **लिखना,** से मिलकर बना है। जिसका अर्थ है, जनता के विषय में लिखना।

- **जनांकिकी** शब्द का सर्वप्रथम प्रयोग 1855 ई. में **आशिले गुईलॉर्ड** ने किया था, ये फ्रांसीसी थे।
- विधिवत् रूप से जनांकिकी के अध्ययन का शुभारम्भ 1862 ई. में **जॉन ग्राण्ट** ने किया।
- **बर्कले** के अनुसार *जनांकिकी में हम जनसंख्या के आकार, उसकी संरचना, घनत्व, वितरण, समयानुसार परिवर्तन एवं अनेकों कारणों का अध्ययन करते हैं।*
- **जी. सी. ह्विपिल** के अनुसार, *"जनांकिकी वह विज्ञान है, जो मानव-पीढ़ी, उसकी वृद्धि, ह्रास तथा मृत्यु का सांख्यिकीय पद्धति से अध्ययन करता है।"*

जनांकिकी का क्षेत्र

जनांकिकी के क्षेत्र को दो भागों में बाँटा जा सकता है

1. जनांकिकी का समष्टि भाव सम्बन्धी अनुसन्धान, राष्ट्रों, महाद्वीपों तथा विभिन्न स्वतन्त्र स्तरों; जैसे—क्षेत्र, प्रान्त, राज्य, नगर आदि को ध्यान में रखकर किया जाता है।
2. जनांकिकीय व्यष्टि भाव में व्यक्ति, परिवार, समूह आदि इकाइयों का अध्ययन किया जाता है। यह जनसंख्या के किसी समुदाय, आर्थिक राज्य क्षेत्र या अन्य स्थानीय क्षेत्रों के विकास, वितरण और पुनर्वितरण का अध्ययन करता है।

जनसंख्या के सिद्धान्त

कन्फ्यूशियस एवं अन्य चीनी सिद्धान्त

कन्फ्यूशियस एवं अन्य चीनी विचारकों ने कृषि के लिए जनसंख्या की कल्पना की। उनके अनुसार आदर्श अनुपात के लड़खड़ाते ही अर्थव्यवस्था अस्त-व्यस्त हो जाती है। कन्फ्यूशियस विवाह और प्रजननता को अवांछनीय नहीं मानता था, और न ही जनसंख्या की वृद्धि में रोक लगाने का पक्षपाती था।

ग्रीक विचारधारा

स्पार्टा और एथेन्स में विवाह को एक सामाजिक संस्था और प्रजनन को परिवार का एक महत्त्वपूर्ण प्रकार्य माना गया था। **प्लेटो** और **अरस्तू** ने इतनी ही जनसंख्या को आवश्यक माना है, जितनी किसी समाज की अपनी आवश्यकताओं तथा सुरक्षा के लिए आवश्यक है।

माल्थस के अनुसार

- जनसंख्या में वृद्धि ज्यामितीय दर से होती है।
- खाद्यान्न में वृद्धि अंकगणितीय दर से होती है।
- इसके फलस्वरूप खाद्यान्न की माँग एवं पूर्ति के मध्य असन्तुलन बना रहता है।

जनसंख्या वृद्धि के कारण

भारत में अनियन्त्रित जनसंख्या वृद्धि के लिए उत्तरदायी कारण निम्नलिखित हैं

1. गर्म जलवायु।
2. बाल-विवाह।
3. मनोरंजन के साधनों का अभाव।
4. संयुक्त परिवार प्रणाली।
5. अशिक्षा।
6. निम्न जीवन स्तर।
7. परिवार नियोजन के साधनों की जानकारी का अभाव।
8. विवाह की अनिवार्यता।
9. पुत्र प्राप्ति को अधिक महत्त्व।
10. चिकित्सा असुविधाएँ।
11. पश्चिम का प्रभाव।

जनसंख्या को नियन्त्रित करने के उपाय

जनसंख्या को नियन्त्रित करने के उपाय निम्नलिखित हैं

- विवाह की आयु में वृद्धि
- शिक्षा प्रसार
- गर्भपात
- संयम
- मनोरंजन
- परिवार नियोजन

परिवार का अर्थ एवं परिभाषा

- परिवार सामाजिक संगठन की एक मूलभूत इकाई है, **'फेमिली'** परिवार शब्द का उद्‌गम लैटिन भाषा के शब्द फेमुलस से हुआ है, इसका अभिप्राय ऐसे समूह से है जिसमें माता-पिता, बच्चे, नौकर और दास सम्मिलित होते हैं, किन्तु समाजशास्त्रीय दृष्टि से परिवार में पति-पत्नी एवं बच्चों का होना आवश्यक है। इनमें से किसी भी एक के अभाव में हम उसे परिवार न कहकर गृहस्थ कहेंगे।
- **मैकाइवर** और **पेज** के अनुसार, *"परिवार एक ऐसा समूह है, जिसमें यौन सम्बन्ध पाए जाते हों, जिसका आकार छोटा हो और जो बच्चों का प्रजनन और लालन-पालन करे।"*
- **ऑगबर्न** और **निमकॉफ** के अनुसार, *"परिवार लगभग एक स्थायी समिति है, जो पति-पत्नी से निर्मित होती है चाहे उनके सन्तान हो या न हो।"*
- **मैलिनोवस्की** के अनुसार, *"परिवार ही एक समूह है, जिसे मनुष्य पशु अवस्था से अपने साथ लाया है।"*

परिवार की विशेषताएँ

- सीमित आकार।
- सामाजिक संगठन का आधार।
- सामाजिक रूप में केन्द्रीय स्थिति।
- सर्वव्यापकता।
- भावनात्मक आधार।
- रचनात्मक प्रभाव।
- सदस्यों का असीमित उत्तरदायित्व।

संयुक्त परिवार

संयुक्त परिवार से हमारा तात्पर्य ऐसे परिवार से है, जिसमें कई पीढ़ी के लोग एक साथ निवास करते हैं अथवा एक ही पीढ़ी के सभी भाई अपनी पत्नियों, विवाहित बच्चों तथा अन्य सम्बन्धियों के साथ सामूहिक निवास करते हैं जिनकी सम्पत्ति सामूहिक होती है। परिवार के सभी सदस्य भोजन, उत्सव, त्यौहार और पूजन में सामूहिक रूप से भाग लेते हैं और परस्पर अधिकारों और कर्त्तव्यों में बंधे होते हैं।

एकल परिवार

एकल परिवार, परिवार का सबसे छोटा रूप है, जो एक पुरुष, स्त्री तथा उनके बच्चों से मिलकर बना होता है। इस प्रकार के परिवार में अन्य रिश्तेदारों को सम्मिलित नहीं किया जाता। इसमें बच्चे भी अविवाहित रहने तक ही रहते हैं। अत: स्पष्ट है कि पति-पत्नी और उनके अविवाहित बच्चों से बने हुए परिवार को ही एकल परिवार कहते हैं।

परिवार के प्रकार

आधार		प्रकार	प्रचलन
सत्ता	(i)	पितृसत्तात्मक	हिन्दु, मुस्लिम, भील
	(ii)	मातृसत्तात्मक	नायर, खासी, गारो
निवास	(i)	पितृस्थानीय	हिन्दु मुस्लिम, भील, खरिया
	(ii)	मातृस्थानीय	नायर, खासी, गारो
	(iii)	नवस्थानीय	हौसा जनजाति (नाइजीरिया)
	(iv)	मातृपितृस्थानीय	टिब जनजाति (अरब)
	(v)	मामास्थानीय	ट्रोबियाण्डा द्वीपवासी
	(vi)	द्विस्थानीय	नायर, लैप (स्वीडन)
उत्तराधिकार	(i)	पितृमार्गी	हिन्दु, मुस्लिम, भील
	(ii)	मातृमार्गी	नायर, खासी, गारो
वंश	(i)	पितृवंशीय	
	(ii)	मातृवंशीय	
	(iii)	उभय वाही	
विवाह	(i)	एक विवाही	खासी, सन्थाल, कादर
	(ii)	बहुविवाही	
संख्या	(i)	केन्द्रित	
	(ii)	संयुक्त	
	(iii)	विस्तृत	
	(iv)	मिश्रित	

आधुनिक परिवार की समस्या

आधुनिक परिवार की समस्याएँ निम्नलिखित हैं

- तलाक की अधिकता।
- अस्थिरता की समस्या।
- परिवार के मुखिया में प्रभुत्व की कमी।
- वैकल्पिक संस्थाओं का विकास।
- परिवार के आकार में कमी।
- व्यक्तिगत स्वार्थ की भावना में वृद्धि।
- विवाह प्रथा के प्रचलन में कमी।

परिवार के विघटन के कारण

परिवार के विघटन के कारण निम्नलिखित हैं

- यौन-सम्बन्धों की असन्तुष्टि।
- सदस्यों की स्वार्थ भावना।
- सामाजिक मूल्यों की विभिन्नता एवं पीढ़ियों के बीच खाई।
- सामाजिक संरचना में परिवर्तन।
- औद्योगीकरण एवं शहरीकरण।
- विवाह के आधार में परिवर्तन।

पारिवारिक विघटन की विशेषताएँ

पारिवारिक विघटन की विशेषताएँ निम्नलिखित हैं

- हितों की एकता का अभाव।
- पारिवारिक एकता का अभाव।
- परिवार के बाहर यौन-इच्छाओं की पूर्ति।
- विरोधी वैयक्तिक महत्त्वाकांक्षाएँ।

विवाह का अर्थ एवं परिभाषा

- विवाह एक ऐसी संस्था है जो न केवल परिवार का निर्माण करती है, बल्कि व्यक्ति को समाज में एक विशेष सामाजिक स्थिति भी प्रदान करती है।
- विवाह का शाब्दिक अर्थ है 'उद्धह' अर्थात् वधू को वर के घर ले जाना।
- **वेस्टरमार्क** के अनुसार, "विवाह एक या अधिक पुरुषों का एक या अधिक स्त्रियों के साथ होने वाला वह सम्बन्ध है, जिसे प्रथा या कानून स्वीकार करता है और जिसमें इस संगठन में आने वाले दोनों पक्षों एवं उनसे उत्पन्न बच्चों के अधिकार एवं कर्त्तव्यों का समावेश होता है।"

हिन्दू विवाह के प्रकार

- **ब्रह्म-विवाह** इसमें एक पिता अपनी पुत्री को एक सच्चरित्र व्यक्ति को दान में देता है।
- **दैव-विवाह** इसमें पुत्री पुरोहित को ही उपहार के रूप में दे दी जाती है।
- **आर्ष-विवाह** इसमें वर उपहार में वधू प्राप्त करने के पहले वधू के पिता को बैल और गाय भेंट करता है।
- **प्रजापात्य-विवाह** इसमें पिता सम्मानपूर्वक एक व्यक्ति को अपनी पुत्री को उपहार में देकर दम्पति धर्म पालन का उपदेश देता है।
- **असुर-विवाह** यह एक प्रकार का क्रय विवाह है।
- **राक्षस-विवाह** किसी लड़की का अपहरण कर किया गया विवाह राक्षस विवाह कहलाता है।
- **गन्धर्व-विवाह** यह एक प्रकार का प्रेम विवाह है, किन्तु इसमें यह जरूरी नहीं होता है कि प्रेमी-युगल के स्वजनों की स्वीकृति पर ही यह आधारित हो।
- **पिशाच-विवाह** यह निद्रित (सोई हुई), नशा की हुई या उन्मत्त लड़की का शीलभंग करके किया जाने वाला विवाह है।

हिन्दू विवाह की विशेषताएँ

हिन्दू विवाह की विशेषताएँ निम्नलिखित हैं

- हिन्दू विवाह एक धार्मिक संस्कार है।
- हिन्दू विवाह समन्वय का प्रतीक है।
- हिन्दू विवाह स्थायी होता है।
- हिन्दू विवाह आश्रम व्यवस्था का आधार है।
- हिन्दू विवाह का मूल उद्देश्य पुत्र-प्राप्ति है।

जनजातीय विवाह के स्वरूप

सेवा विवाह	गोण्ड, बिरहोर
परिवीक्षा विवाह	कुकी और जयन्तियों में प्रचलित
हरण विवाह	संथाल, मुण्डा, भील, खरिया, गोण्ड, हो
परीक्षा विवाह	भील, लम्बाडा, खासी
क्रय विवाह	रेंगमा नागा
विनिमय विवाह	खासी का छोड़कर पूरे भारत में प्रचलित है
सहमति और सहपलायन विवाह	सभी जनजातियों में प्रचलित है
हठविवाह	विरहोर, हो

ईसाई विवाह

ईसाई विवाह को इस प्रकार पारिभाषित किया गया है—"विवाह समाज में एक पुरुष और स्त्री के बीच एक समझौता है, जो साधारणत: सम्पूर्ण जीवन भर के लिए होता है और इसका उद्देश्य यौन-सम्बन्ध, पारस्परिक सहयोग और परिवार की स्थापना करना है।"

मुस्लिम विवाह

मुस्लिम समाज में विवाह को निकाह कहा जाता है। मुस्लिम विवाह हिन्दू विवाह की भाँति एक संस्कार न होकर एक संविदा है। मुस्लिम विवाह का उद्देश्य घर बसाना, सन्तानोत्पत्ति करना एवं उनको वैध घोषित कराना होता है।

नातेदारी का अर्थ एवं परिभाषा

- अंग्रेजी भाषा के शब्द **किनशिप** की हिन्दी संगोत्रता, बन्धुत्व, नातेदारी एवं स्वजनता की गयी है।
- जिन विशिष्ट सामाजिक सम्बन्धों में मनुष्य बँधे होते हैं और जो सम्बन्ध समाज द्वारा स्वीकृत होते हैं उन्हें हम नातेदारी के अन्तर्गत सम्मिलित करते हैं।
- **चार्ल्स विनिक** के अनुसार, *"संगोत्रता (नातेदारी) व्यवस्था में समाज द्वारा मान्यता प्राप्त वे सम्बन्ध आ सकते हैं, जोकि अनुमानित और वास्तविक वंशावली सम्बन्धों पर आधारित होते हैं।"*

नातेदारी का महत्त्व

नातेदारी का महत्त्व निम्नलिखित है

- विवाह एवं परिवार का निर्धारण।
- वंश, उत्तराधिकार एवं पदाधिकार का निर्धारण।
- आर्थिक हितों की सुरक्षा।
- सामाजिक दायित्वों का निर्वाह।
- मानसिक सन्तोष।

नातेदारी के लिए उपयुक्त आरेख

नातेदारी में आरेख का भी प्रयोग किया जाता है। इनमें प्रमुख आरेख व उनका अर्थ इस प्रकार है

1.  पुरुष के लिए होता है।
2.  महिला के लिए होता है
3.  पुरुष या महिला विशेष की मृत्यु के लिए और प्रतीकों का प्रयोग किया जाता है।
4.  सहोदर सम्बन्ध के लिए प्रयोग होता है, यह भाई-भाई, बहन-बहन या भाई-बहन के सम्बन्धों को व्यक्त करता है।
5.  का प्रयोग पति-पत्नी या विवाह-सम्बन्ध के लिए होता है।
6. 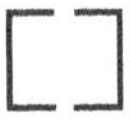 को जोड़ने वाली क्षैतिज रेखा, माता-पिता तथा सन्तान या सन्तानों के बीच वंशत्व या पीढ़ी के सम्बन्ध को दर्शाती है। इसे — तरह खींचकर दर्शाया जाता है।

आरेख

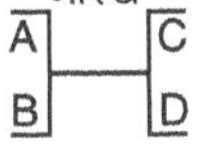

यह आरेख दर्शाता है कि A ने B से विवाह किया तथा C और D उनकी सन्तानें हैं, इन्हीं प्रतीकों को आगे बढ़ाया भी जा सकता है।

पाश्चात्य विचारक

ऑगस्ट कॉम्ट

- **ऑगस्ट कॉम्ट** का जन्म 1798 ई. में फ्रांस के माटपेलियर नामक स्थान पर कैथोलिक ईसाई परिवार में हुआ था।
- **कॉम्ट** ने 1838 ई. में सर्वप्रथम समाजशास्त्र शब्द का प्रयोग किया।

प्रमुख कृतियाँ

- ए प्रोसपैक्टस ऑफ दि साइण्टिफिक वर्क रिक्वायर्ड फॉर दी ऑर्गेनाइजेशन।
- पॉजिटिव फिलॉसफी।
- सिस्टर ऑफ पॉजिटिव पॉलिटी।
- रिलीजन ऑफ ह्यूमेनिटी।

योगदान

- चिन्तन की तीन अवस्थाओं का नियम।
- समाजशास्त्र एक नवीन विज्ञान।
- सामाजिक विज्ञानों का वर्गीकरण और उनका संस्तरण।
- सामाजिक स्थिति विज्ञान तथा सामाजिक गति विज्ञान।
- मानवता धर्म।

इमाइल दुर्खीम

- फ्रेंच सामाजिक विचारक **दुर्खीम** का नाम **कॉम्ट** के उत्तराधिकारी के रूप में लोकप्रिय है।
- **इमाइल दुर्खीम** का जन्म फ्रांस के एपीनल नामक स्थान पर 1858 ई. में हुआ था।
- **दुर्खीम** को शोध विषय-**द डिवीजन ऑफ लेबर इन सोसाइटी** के लिए डॉक्टरेट की उपाधि 1893 ई. में प्रदान की गई।

प्रमुख कृतियाँ

- डिवीजन ऑफ लेबर इन सोसाइटी
- द स्यूसाइड
- द रूल्स ऑफ सोशियोलॉजिकल मेथड
- द एलीमेण्टरी फॉर्म्स ऑफ रिलीजियस लाइफ
- एजुकेशन एण्ड सोशियोलॉजी
- सोशियोलॉजी एण्ड फिलॉसफी
- प्रोफेशनल इथिक्स एण्ड सिविल मॉरल्स
- मॉरल एजुकेशन
- द सोशियोलिज्म
- प्रीमेटिज्म एण्ड सोशियोलॉजी

योगदान

- पद्धतिशास्त्र
- समाज में श्रम विभाजन
- आत्महत्या का सिद्धान्त
- धर्म का सिद्धान्त
- सामूहिक प्रतिनिधान की अवधारणा
- सामाजिक तथ्य की अवधारणा

हर्बर्ट स्पेन्सर

- **हर्बर्ट स्पेन्सर** का जन्म इंग्लैण्ड के डर्बी नामक स्थान पर 1820 ई. में हुआ था।
- समाजशास्त्र के क्षेत्र में प्रकाशित **सोशल स्टेटिक्स** 1850 ई. प्रथम महत्त्वपूर्ण कृति है जिसमें उन्होंने सार्वभौमिक उद्‌विकास के सिद्धान्त की योजना दी, जो दस भागों में प्रकाशित हुई।

प्रमुख कृतियाँ

- सोशल स्टेटिक्स
- फर्स्ट प्रिन्सिपल्स
- सिन्थेटिक फिलॉसफी
- प्रिन्सिपल ऑफ सोशियोलॉजी
- डिसक्रिप्टिव सोशियोलॉजी

कार्ल मार्क्स (1818-1883 ई.)

- यह एक जर्मन समाजशास्त्री थे जो अपनी क्रान्तिकारी विचारधारा के लिए विख्यात हैं। *इनकी प्रमुख रचनाएँ इस प्रकार हैं*
  1. जर्मन आडियोलॉजी
  2. दि होली फैमिली
  3. दि पावर्टी ऑफ फिलॉसफी,
  4. प्री-कैपिटल इकोनॉमिक फार्मेशन
  5. दि कम्युनिस्ट मैनिफेस्टो
  6. दि फर्स्ट इण्डियन बार ऑफ इण्डिपेन्डेन्स
  7. कैपिटल-ए-क्रिटिक ऑफ पॉलिटिकल इकोनॉमी,
  8. दास कैपिटल
- मार्क्स के प्रमुख सिद्धान्तों में द्वन्द्वात्मक भौतिकवाद, वर्ग एवं वर्ग संघर्ष, इतिहास की भौतिकवादी व्याख्या, अतिरिक्त मूल्य का सिद्धान्त, सामाजिक परिवर्तन का सिद्धान्त, अलगाव का सिद्धान्त आदि प्रमुख हैं।

मैक्स वेबर

- समाजशास्त्र के विकास में जर्मनी में जन्मे मैक्स वेबर का महत्त्वपूर्ण स्थान है।
- **वेबर** का जन्म 21 अप्रैल, 1864 ई. में बर्लिन के एक धनी परिवार में हुआ था। उसके पिता एक सुप्रसिद्ध न्यायाधीश तथा राष्ट्रीय उदार दल के प्रमुख नेता थे।
- **वेबर** कानून के विद्यार्थी थे, लेकिन कानून के अतिरिक्त राजनीतिशास्त्र, अर्थशास्त्र, समाजशास्त्र, धर्म, इतिहास आदि का भी उनको अधिकाधिक ज्ञान था।

प्रमुख कृतियाँ

- ऐसेज ऑन सोशियोलॉजी
- द प्रोटेस्टेण्ट इथिक्स एण्ड द स्पिरिट ऑफ कैपिटलिज्म
- द थ्योरी ऑफ इकोनॉमिक्स एण्ड सोशल ऑर्गेनाइजेशन
- जनरल इकोनॉमिक थ्योरी
- द सिटी
- द हिन्दू सोशल सिस्टम
- द रिलीजन ऑफ चाइना
- एनसियन्ट जुडेइज्म
- मेथडालॉजी ऑफ सोशल साइन्सेज

मैक्स वेबर के सिद्धान्त

- सामाजिक क्रिया का सिद्धान्त
- नौकरशाह का आदर्श प्रारूप
- धर्म और पूँजीवाद का सिद्धान्त।

भारतीय विचारक

भगवानदास

- भगवानदास का जन्म 1869 ई. में हुआ तथा उनकी मृत्यु सन् 1959 में हुई।
- **डॉ. भगवानदास थियोसोफिस्ट** थे।
- उन्हें काशी एवं इलाहाबाद विश्वविद्यालयों ने डॉक्टरेट की उपाधियाँ प्रदान कीं।
- **डॉ. भगवानदास** ने धर्म, समाजशास्त्र, नीतिशास्त्र आदि पर अनेक ग्रन्थों की रचना की।
- वे हिन्दू धर्मशास्त्रों के सूक्ष्म व्याख्याकार थे।
- उनकी रुचि मनुस्मृति की परम्पराओं और आदर्शों में थी।
- वे स्वामी विवेकानन्द तथा ऐनी बेसेन्ट की तरह निर्भीक पुनरुत्थानवादी थे।
- उन्होंने 1922 ई. में भारत के लिए आध्यात्मिक राजनीतिक स्वराज की योजना बनायी थी।

श्री अरविन्द

- **श्री अरविन्द** का जन्म 15 अगस्त, 1872 ई. में कलकत्ता में हुआ।
- सन् 1905 से 1910 ई. तक बंगाल के राष्ट्रवादी आन्दोलन में उन्होंने निरन्तर भाग लिया और राष्ट्रीय आन्दोलन में एक नेता के रूप में उभर कर सामने आए।
- सन् 1910 ई. में उन्होंने स्वयं को राष्ट्रीय आन्दोलन से पृथक् कर लिया।
- पाण्डिचेरी में उन्होंने **अरविन्द आश्रम** की स्थापना की।
- 5 दिसम्बर, 1950 ई. को उनका देहान्त हो गया।

प्रमुख कृतियाँ

- द लाइफ डिवाइन
- द मिस्ट्री ऑफ गीता
- ह्यूमन साइकल
- द सिन्थेसिस ऑफ योग
- सावित्री

राधाकमल मुकर्जी

- **राधाकमल मुकर्जी** का जन्म 7 दिसम्बर, 1889 ई. में पश्चिमी बंगाल के बरहमपुर जिले में हुआ था।
- उनके पिता **गोपालचन्द्र मुकर्जी** एक प्रख्यात वकील थे।
- **राधाकमल मुकर्जी** की इतिहास में काफी रुचि थी। किन्तु उनके ही शब्दों में कलकत्ता की गन्दी बस्तियों में दु:ख-दारिद्रय, गन्दगी और अध: पतन के साथ मेरा जो आमने-सामने का परिचय हुआ, उसने मेरी भविष्य-रुचि को अर्थशास्त्र तथा समाजशास्त्र की ओर आकर्षित किया।
- **राधाकमल मुकर्जी** के अनुसार मूल्य का महत्त्व अत्यधिक है, क्योंकि यह समस्त मानव-सम्बन्ध और व्यवहार अपनी ही प्रकृति के कारण मूल्यवान है।
- **राधाकमल मुकर्जी** का समाज का सामान्य सिद्धान्त इस धारणा पर आधारित है कि समाज एक खुली या मुक्त-व्यवस्था है।

राधाकमल मुकर्जी ने मुक्त व्यवस्था के तीन पक्ष बताए हैं, ये निम्नलिखित हैं

1. प्रदेश एवं जीवन-निर्वाह की मुक्त परिस्थितिगत व्यवस्था
2. प्रस्थिति की मुक्त समाजशास्त्रीय व्यवस्था
3. समूह और मूल्य की मुक्त नैतिक व्यवस्था

प्रमुख कृतियाँ

- द फाउण्डेशन ऑफ इण्डियन इकोनॉमिक्स
- द प्रिन्सिपल ऑफ कम्परेटिव इकोनॉमिक्स
- डेमोक्रेसिस ऑफ द ईस्ट
- बॉर्डर लैण्ड्स ऑफ इकोनॉमिक्स
- सिविक्स
- रीजनल सोशियोलॉजी
- माइण्ड इन सोसाइटी : इन्ट्रोडक्शन ऑफ सोशल साइकोलॉजी
- द थ्योरी एण्ड आर्ट ऑफ मिस्टिज्म
- मैन एण्ड हिज हैबिटेशन
- सोशल इकोलॉजी

महात्मा गाँधी

- **मोहनदास करमचन्द गाँधी** का जन्म काठियावाड़ के अन्तर्गत पोरबन्दर नामक स्थान पर 2 अक्तूबर, 1869 ई. को एक धर्मनिष्ठ परिवार में हुआ था।
- उनके पिता करमचन्द गाँधी राजकोट राज्य में दीवान थे।

- अहिंसा में अद्वैत की भावना निहित होती है और यदि प्राणी में अभेद हो तो एक के पाप का प्रभाव दूसरे पर भी पड़ता है।
- **गाँधी जी** के अनुसार, ''अहिंसा एक सामाजिक धर्म है जिसका सामाजिक धर्म के रूप में विकास किया जा सकता है।''
- **गाँधी जी** में सौजन्यता व नम्रता और सत्य और अहिंसा के प्रति अटल विश्वास था।
- **सत्याग्रह** का शाब्दिक अर्थ है सत्य के लिए आग्रह करना। जो व्यक्ति असत्य के सामने झुकने से इनकार करता है और सत्य की प्राप्ति के लिए अपनी जान की बाजी तक लगाने को तैयार रहता है, वही वास्तव में सत्याग्रही है।
- **गाँधी जी** का धर्म अत्यन्त व्यापक तथा उदार है।
- उनका धर्म किसी जाति या सम्प्रदाय-विशेष का धर्म नहीं, न ही वह धर्म है जोकि संसार की धार्मिक पुस्तकों से इकट्ठा किया गया हो, वह तो सब देश, जाति या सम्प्रदाय का धर्म है।
- **गाँधी जी** का धर्म आत्मबोध है, आत्मज्ञान है।
- **गाँधी जी** के आदर्श समाज या राज्य का अन्तिम ध्येय **सर्वोदय** है।
- **सर्वोदय** शब्द का इतिहास यह है कि गाँधी जी के जीवन में जिन पुस्तकों ने महत्त्वपूर्ण रचनात्मक परिवर्तन किया उनमें सर्वप्रमुख **रस्किन** द्वारा लिखित 'अन टू द लास्ट' थी। **गाँधी जी** ने इसका गुजराती अनुवाद किया और वह सर्वोदय के नाम से छपी।
- **गाँधी जी** ने अपनी आत्मकथा में लिखा है कि ''मैं सर्वोदय के सिद्धान्तों को इस प्रकार समझता हूँ''
  1. सबकी भलाई में हमारी भलाई निहित है।
  2. वकील और नाई, दोनों के काम की कीमत एक-प्रकार की होनी चाहिए, क्योंकि आजीविका का अधिकार सबको समान है।
  3. सादा मेहनत-मजदूरी का अर्थात् किसान का जीवन ही सच्चा जीवन है।
- इस प्रकार स्पष्ट है कि 'सर्वोदय का अर्थ सभी के जीवन के सभी पक्षों की सम्पूर्ण प्रगति है।'
- सर्वोदय, शब्द की एक उत्कृष्ट और सर्वव्यापक भावना को अभिव्यक्त करता है।

प्रमुख सिद्धान्त और उनके प्रतिपादक

सिद्धान्त	प्रतिपादक	सिद्धान्त	प्रतिपादक
कृषक समाज	*रॉबर्ट रेडफिल्ड*	भूमिका, प्रत्याशा और उत्प्रेरणा द्वारा समाजीकरण का सिद्धान्त	*पारसन्स*
लघु तथा दीर्घ समाज	*रॉबर्ट रेडफिल्ड*	कुलीनतन्त्र का लौह नियम	*मैक्स वेबर तथा रॉबर्ट मिचेल*
प्रकट या अप्रकट प्रकार्य तथा सन्दर्भ समूह	*रॉबर्ट के. मर्टन*	**प्रजाति उत्पत्ति का सिद्धान्त**	
भूमिका प्रतिमान एवं प्रस्थिति शृंखला	*रॉबर्ट के. मर्टन*	1. उत्परिवर्तन का सिद्धान्त	*ह्यूगो डी. व्रीज*
संस्कृतिकरण	*एम. एन. श्रीनिवास*	2. प्राकृतिक प्रवरण	*डार्विन तथा वालेस*
पश्चिमीकरण	*एम. एन. श्रीनिवास*	3. जननिक प्रवाह	*सिवेल*
आधुनिकीकरण	*एम. एन. श्रीनिवास*	प्रदत्त तथा अर्जित प्रस्थिति	*राल्फ लिण्टन*
सांस्कृतिक गतिशीलता का सिद्धान्त	*पिट्रिम सोरोकिन*	सामाजिक संविदा का सिद्धान्त	*हॉब्स, लॉक, रूसो*
सार्वभौमिकरण, स्थानीयकरण	*मैल्कम मेरियट*	स्तरीकरण का प्रकार्यात्मक सिद्धान्त	*पारसन्स, डेविस एवं मूर*
केन्द्रीय वृत्त प्रखण्ड प्रारूप	*पार्क एवं बर्गेस*	जैमिनशैफ्ट और जैसिलशैफ्ट	*टॉनीज*
स्तरीकरण शक्ति सिद्धान्त	*मैक्स वेबर*	सावयवी सिद्धान्त	*हर्बर्ट स्पेन्सर*
सामाजिक परिवर्तन में धार्मिक कारक का सिद्धान्त	*मैक्स वेबर*	सामाजिक उद्विकास का सिद्धान्त	*हर्बर्ट स्पेन्सर*
शक्ति और सत्ता की अवधारणा	*मैक्स वेबर*	उत्तर औद्योगिक समाज	*टारेन, ब्रन्जेन्सिस्की एण्ड रेमण्ड ऐरो*
नौकरशाही	*मैक्स वेबर*		
सांस्कृतिक विलम्बना	*ऑगबर्न*	आत्मवाद का सिद्धान्त	*टायलर*
आत्मदर्पण का सिद्धान्त	*चार्ल्स कूले*	धर्म का उद्विकास	*टायलर*
दमनकारी एवं प्रतिकारी कानून	*दुर्खीम*	पारस्परिक उत्तेजना का सिद्धान्त	*ऑलपोर्ट*
यान्त्रिक एकता एवं सावयवी एकता	*दुर्खीम*	नव विकासवाद	*लेस्ली ह्वाइट*
ऐतिहासिक भौतिकवाद	*कार्ल मार्क्स*	बन्धुत्व सम्बोधन	*मॉर्गन*
अलगाव या विमुखन	*कार्ल मार्क्स*	अपराध का ताप सम्बन्धी सिद्धान्त	*क्वेटलेट*
वर्ग संघर्ष का सिद्धान्त	*कार्ल मार्क्स*	श्वेतवसन अपराध	*सदरलैण्ड*

प्रमुख अवधारणाएँ एवं उनके प्रवर्तक

अवधारणा	प्रवर्तक	अवधारणा	प्रवर्तक
सैक्रेड कॉम्पलेक्स (जनकपुर)	*मक्खन झा*	अपराध का क्लासिकल सिद्धान्त	*बैकेरिया*
नीलकण्ठ सिण्ड्रोम	*सरस्वती*	अपराध का मनोवैज्ञानिक सिद्धान्त	*गोडार्ड*
ग्रामीण नगर द्विभाजन	*लुई वर्थ*	अपराध का मनोरोगी सिद्धान्त	*विलियम हीले*
होमियो स्ट्रसिस	*कैनन*	अपराध का विभिन्नयुक्त नियन्त्रण सिद्धान्त	*अट्बर्ट*
सोसायटल इक्वीलीब्रियम	*हेण्डरसन*		
सोशल डेवलपमेन्ट	*हॉबहाउस*	अपराध का सामाजिक अलगाव सिद्धान्त	*जैफरे*
अनुकरणात्मक और संकरात्मक जादू	*जेम्स फ्रेजर*	जनसंख्या का गणितीय सिद्धान्त	*बी. रीड*
प्रकृतिवाद	*मैक्स मूलर*	जनसंख्या का भोजन सम्बन्धी सिद्धान्त	*डबलडे*
गतिकी, हाइराइकी ऑफ कन्ट्रोल	*पारसन्स*	जनसंख्या का घनत्व सम्बन्धी सिद्धान्त	*कोरेडोजीनी*
ज्ञान मीमांसक आदर्शवाद	*काण्ट*	जनसंख्या का चक्रीय सिद्धान्त	*सैंडलर*
आदर्श प्रारूप	*रिकर्ट*	जनसंख्या का केशाकर्षण सिद्धान्त	*ड्यूमा*
समाज सन्तुलन के रूप में	*विल्फ्रेड पैरेटो*	जनजाति-जाति निरन्तरता	*सुरजीत सिन्हा*
संस्थागत दृष्टिकोण	*गुन्नार मिर्डल*	सन्तुलन सम्प्रदाय	*वार्नर*
संस्कृति का तीन उपस्तरों का नियम	*मॉर्गन*	भेद की अवधारणा	*डेरिडा*
संस्कृति संकुल का प्रकार्यात्मक सिद्धान्त	*मैलिनोवस्की*	प्रभुत्वशील व्यक्ति	*एस.सी. दुबे*
वृत खण्ड का सिद्धान्त (नगर से सम्बन्धित)	*होमर ह्वाइट*	अनुकूलनशील कार्य	*लोवी*
		बौद्धिक विकास का सिद्धान्त	*हेनरी जॉर्ज*
अभिजन न्यूक्लिाई	*राम आहूजा*	जनसंख्या का प्रजनन फलन विश्लेषण	*हर्बर्ट स्पेन्सर*
स्वैच्छिक क्रिया का सिद्धान्त	*टॉलकाट पारसन्स*	एथनिस्टी का वैश्वीकरण	*थियोडोर लेविट*
पर्यावरणीय या अपराध क्षेत्र का सिद्धान्त	*क्लिफोर्ड शा*	वैश्वीकरण का संत्रास	*ओ नैल*
व्याधिकीय सिद्धान्त	*मर्टन*	विश्व अभिशासन	*हेल्ड*
अपराध का आर्थिक सिद्धान्त	*फोर्नासारी, बोंगर*	राजनीतिक वैश्वीकरण	*डेनियल*

प्रमुख सामाजिक विधान

विधवा पुनर्विवाह अधिनियम	1856	अस्पृश्यता (अपराध) अधिनियम	1955
बाल विवाह निरोधक अधिनियम	1929	मुस्लिम विवाह विच्छेद अधिनियम	1939
हिन्दू स्त्रियों का सम्पत्ति अधिकार अधिनियम (संयुक्त परिवार की सम्पत्ति में स्त्रियों के अधिकारों को स्वीकार किया	1939	विदेश विवाह अधिनियम	1969
विशेष विवाह अधिनियम (किसी भी जाति एवं धर्म के लोगों के बीच विवाह की स्वीकृति प्रदान की)	1872, 1954	मातृत्व सुविधा अधिनियम	1961 (संशोधन 1976)
हिन्दू विवाह अधिनियम	1955	समान वेतन अधिनियम	1976
हिन्दू उत्तराधिकार अधिनियम (पुत्रियों एवं स्त्रियों को भी पारिवारिक सम्पत्ति में उत्तराधिकारी बना दिया)	1956	बाल न्याय अधिनियम	1986
		द नारकोटिक ड्रग्स व साइकोट्रापिक सब्सटंसिज एक्ट	1985
दहेज निरोधक अधिनियम	1961, 1985	बन्धुआ मजदूरी (उन्मूलन) अधिनियम	1976
हिन्दू विवाह वैधता अधिनियम	1949	हिन्दू नाबालिग तथा संरक्षता अधिनियम	1956
सती निषेध अधिनियम	1987	हिन्दू दत्तक ग्रहण और भरण-पोषण अधिनियम	1956
अन्तर्राष्ट्रीय महिला वर्ष	1987	स्त्रियों और कन्याओं का अनैतिक व्यापार निरोधक अधिनियम	1956
सती प्रथा निरोध अनिनियम	1829	अनुसूचित जाति/जनजाति उत्पीड़न निरोधक अधिनियम	1989
हिन्दू विधवा पुनर्विवाह अधिनियम	1850	नागरिक अधिकार संरक्षण अधिनियम	1976

समाजशास्त्र के प्रमुख महत्त्वपूर्ण कथन

समाजशास्त्री	उनके कथन
इमाइल दुर्खीम	समाज कुछ हमसे बाहर है कुछ हमसे है।
कन्फ्यूसियस	मनुष्य की प्रकृति समान है, उन्हें परम्पराएँ बाँटती हैं।
टेलर	वैज्ञानिक प्रबन्धन के आधार पर कारखानों में उत्पादन को बढ़ावा मिलता है।
मैक्स वेबर	शक्ति के आधार पर सामाजिक स्तरीकरण की व्याख्या की है।
कार्ल मार्क्स	मानव सामाजिक प्राणी के साथ-साथ वर्ग प्राणी भी है।
इमाइल दुर्खीम	सामाजिक विभेदीकरण अस्तित्व के लिए संघर्षों का शान्तिपूर्ण हल है।
इमाइल दुर्खीम	वैज्ञानिक वस्तुनिष्ठा का प्रतिपादन है।
एच. स्पेन्सर	प्रकार्य को एक सावयव के आधार पर परिभाषित किया।
ऑगस्ट कॉम्ट	सामाजिक संगठन को एक सामान्य सामाजिक समझौता माना है।
पारसन्स	सामाजिक संरचना को एक विशिष्ट क्रमबद्धता माना है।
आर. ब्राउन	सामाजिक संरचना स्थानीय विशेषताओं से प्रभावित होती है।
कार्ल मार्क्स	सामाजिक संरचना की तुलना मकड़ियों के जाल से की है।
मैकाइवर	संस्कृति को मनुष्य की नैतिक, आध्यात्मिक तथ्य, बौद्धिक उपलब्धियाँ कहा गया है।
मार्शल	सामाजिक प्रस्थिति के स्थान पर संस्थिति (Standing) शब्द को अधिक उपयुक्त माना है।
पारसन्स	व्यवहार की आधारभूत इकाई क्रिया को माना है।
पारसन्स	व्यवहार की अग्रिम प्रस्थिति व भूमिका है।
इमाइल दुर्खीम	समाज विघटन समाज के सदस्यों में मतैक्य अथवा सामाजिक दृढ़ता के अभाव एवं सामाजिक असन्तुलन की स्थिति है।
मैक्स वेबर	बुद्धिसंगता के चार प्रकारों (औपचारिक, वास्तविक, सैद्धान्तिक, व्यावहारिक) का उल्लेख किया है।
मैक्स एवं वेबर	पूँजीवाद मुनाफाखोरी है। यह मुनाफाखोरी प्रस्थिति समूहों का निर्माण करती है।
इमाइल दुर्खीम	आधुनिकता की व्याख्या यान्त्रिक और सावयवी समाजों के आधार पर की है।
मैक्स वेबर	सम्पति के अधिकार से वर्ग-भेद उत्पन्न होता है। शक्ति के अधिकारों से राजनैतिक दल बनते हैं और सम्मान में अन्तर होने से प्रस्थिति समूह या स्तर बनते हैं।

लब्धप्रतिष्ठ समाजशास्त्रियों की प्रमुख पुस्तकें

लेखक	पुस्तकें
ऑगस्ट कॉम्ट	पॉजिटिव फिलॉसफी, सिस्टम ऑफ पॉजिटिव पॉलिटी (चार खण्ड), रिलिजन ऑफ ह्यूमैनिटी
कार्ल मार्क्स एवं ऐंजिल्स	द होली फैमिली, जर्मन ऑडियालॉजी
कार्ल मार्क्स	द कम्युनिस्ट मैनिफैस्टो, द पॉवर्टी ऑफ फिलॉसफी, दास कैपिटल
मैक्स वेबर	द प्रोटेस्टेण्ट इथिक एण्ड स्प्रिट ऑफ कैपिटलिज्म, एस्से इन सोशियोलॉजी, द थ्योरी ऑफ सोशल एण्ड इकोनॉमिक ऑर्गेनाइजेशन, द हिन्दू सोशल सिस्टम, द रिलिजन ऑफ चाइना, एनसिएन्ट टुडेज्म, द रिलिजन ऑफ इण्डिया, द सोशियोलॉजी ऑफ हिन्दुज्म एण्ड बुद्धिज्म, इकोनॉमी एण्ड सोसायटी, द मेथेडोलॉजी ऑफ सोशल साइन्सेज, द सिटी
इमाइल दुर्खीम	द डिवीजन ऑफ लेबर इन सोसायटी, द रूल्स ऑफ सोशियोलॉजिकल मेथेड, द स्युसाइड, द एलीमेन्टरी फॉर्म्स ऑफ रिलीजियस लाइफ, सोशियोलॉजी एण्ड फिलॉसफी, एजुकेशन एण्ड सोशियोलॉजी प्रोफेशनल इथिक्स एण्ड सिविक्स मॉरल्स, सोशल स्टेटिक्स
विल्फ्रेडो पैरेटो	द माइण्ड एण्ड सोसायटी
बोनिसलॉ मैलिनोवस्की	क्राइम एण्ड कस्टम इन सेवेज सोसायटी, एसाइन्टिफिक थ्योरी ऑफ कल्चर, मैजिक, साइन्स एण्ड रिलिजन, एग्रोनॉट्स ऑफ द वेस्टर्न पैसिफिक, सेक्स एण्ड रिप्रेशन इन सेवेज सोसायटी, फाउण्डेशन ऑफ फेथ एण्ड मॉरल्स, द डाइनामिक्स ऑफ कल्चरल चेन्ज
रॉबर्ट रेडफील्ड	द लिटिल कम्युनिटी, पीसेन्ट सोसायटी एण्ड कल्चर
डॉ. पी. एन. मजूमदार	रूलर प्रोफाइल, रेसेज एण्ड कल्चर्स ऑफ इण्डिया, अफेयर्स ऑफ ट्राइब, एन इन्ट्रोडक्शन टू सोशल एन्थ्रोपोलॉजी, ए ट्राइब इन ट्रांजिशन, कास्ट एण्ड कम्युनिकेशन इन इण्डिया विलेज
एम. एन. श्रीनिवास	कास्ट इन मॉडर्न इण्डिया, मैरिज एण्ड फैमिली इन मैसूर, सोशल चेन्ज इन मॉडर्न इण्डिया, द रिमेम्बर्ड विलेज, रिलिजन्स एण्ड सोसायटी एमंग द कुर्गस ऑफ साऊथ इण्डिया
मैक्स वेबर	द प्रोटेस्टेण्ट इथिक एण्ड स्प्रिट ऑफ कैपिटलिज्म, एस्से इन सोशियोलॉजी, द थ्योरी ऑफ सोशल एण्ड इकोनॉमिक ऑर्गेनाइजेशन, द हिन्दू सोशल सिस्टम, द रिलिजन ऑफ चाइना, एनसिएन्ट टुडेज्म, द रिलिजन ऑफ इण्डिया, द सोशियोलॉजी ऑफ हिन्दुज्म एण्ड बुद्धिज्म, इकोनॉमी एण्ड सोसायटी, द मेथेडोलॉजी ऑफ सोशल साइन्सेज, द सिटी
ऑस्कर लेविलस	लाइफ इन नॉर्थ इण्डियन विलेज
कैथलिन गफ	द सोशल स्ट्रक्चर ऑफ तन्जौर विलेज
रूथ बेनेडिक्ट	पैटर्नस ऑफ कल्चर, क्रिसेन थिमस् एण्ड द सोर्ड

अभ्यास प्रश्न

1. आधुनिक समाजवादी विचारधारा का पिता कौन है? **[UP बी.एड. 2014]**
(a) कॉम्टे (b) कार्ल मार्क्स
(c) मर्टन (d) बॉटोमोर

2. 'कल्चर एण्ड सोसायटी' नामक पुस्तक के लेखक का नाम क्या है? **[UP बी.एड. 2014]**
(a) गिलिन एवं गिलिन
(b) बॉटोमोर
(c) मैरिल एवं एल्ड्रिज
(d) ब्रूम एवं सेल्जनिक

3. प्राप्त तथ्यों को समान विशेषताओं के आधार पर विभिन्न वर्गों में व्यवस्थित करना क्या कहलाता है? **[UP बी.एड. 2014]**
(a) सामान्यीकरण (b) न्यस्तीकरण
(c) वर्गीकरण (d) समूहीकरण

4. निम्नलिखित में से किस समूह से हम मान्यता, निष्ठा और सहायता की अपेक्षा रखते हैं? **[UP बी.एड. 2014]**
(a) अन्तःसमूह
(b) प्रकार्यात्मक समूह
(c) प्रकल्प समूह
(d) गेसिल समूह

5. 'छुओ और जाओ' का सम्बन्ध किस समूह की विशेषता है? **[UP बी.एड. 2014]**
(a) द्वितीयक समूह
(b) प्राथमिक समूह
(c) अर्द्धप्राथमिक समूह
(d) आभासी समूह

6. 'रेडिकल सोशियोलॉजी' ने किस उपागम को अपना केन्द्र मानकर बुद्धिजीवियों, विद्यार्थियों और नीग्रोज को आकर्षित किया है? **[UP बी.एड. 2014]**
(a) संरचनात्मक उपागम
(b) प्रकार्यात्मक उपागम
(c) (a) और (b)
(d) संघर्ष उपागम

7. दुर्खीम किस विद्वान के विचारों से सबसे अधिक प्रभावित था? **[UP बी.एड. 2014]**
(a) ऑगस्ट कॉम्टे (b) स्पेन्सर
(c) विलियम वुण्ट (d) कार्ल मार्क्स

8. एक समूह जिससे तुलना करके हम अपनी प्रस्थिति की परख करते हैं, कहलाता है **[UP बी.एड. 2013]**
(a) स्वजन समूह (b) समकक्षी समूह
(c) द्वितीयक समूह (d) सन्दर्भ समूह

9. निम्न में से कौन-सी संस्था नहीं है? **[UP बी.एड. 2013]**
(a) शासन प्रणाली (b) विवाह
(c) अपराधी दल (d) इनमें से कोई नहीं

10. पुत्री का अभाव मातृवंशीय परिवारों में कैसे पूरा होता है? **[UP बी.एड. 2013]**
(a) लड़का गोद लेकर
(b) लड़की गोद लेकर
(c) भाई की पुत्री द्वारा
(d) बहन की पुत्री द्वारा

11. समुदाय के लिए क्या अनिवार्य नहीं है? **[UP बी.एड. 2013]**
(a) धर्म (b) एकता
(c) विचार (d) भावना

12. सामाजिक भौतिकशास्त्र का नाम 'समाजशास्त्र' किसने रखा? **[UP बी.एड. 2012]**
(a) इमाइल बुर्खीम (b) जॉनसन
(c) मैक्स वेबर (d) ऑगस्ट कॉम्ट

13. वेबर ने 'सामाजिक क्रिया' के कितने प्रकार बताए हैं? **[UP बी.एड. 2012]**
(a) तीन (b) दो (c) चार (d) पाँच

14. दास व्यवस्था में निम्नलिखित में से कौन-सा वर्ग नहीं था? **[UP बी.एड. 2012]**
(a) स्वतन्त्र व्यक्ति (b) पादरी
(c) स्वामी (d) दास

15. समाजशास्त्र का मुख्य उद्देश्य है **[UP बी.एड. 2012]**
(a) समाज में क्रान्तिकारी परिवर्तन लाना
(b) समाज को समझना
(c) समाज में घटनाओं पर नियन्त्रण
(d) समाज में घटित होने वाली भावी घटनाओं के बारे में भविष्यवाणी करना

16. निम्नलिखित में से संसार का सबसे अधिक प्रचलित विवाह कौन-सा है? **[UP बी.एड. 2012]**
(a) एक विवाह (b) प्रयोगात्मक विवाह
(c) मैत्री विवाह (d) बहु-भ्रातृव विवाह

17. परिवार की उत्पत्ति के 'उद्‌विकास सिद्धान्त' के प्रतिपादक हैं **[UP बी.एड. 2012]**
(a) बैकोफन (b) वेस्टरमार्क
(c) ब्रिफाल्ट (d) मैलिनोवस्की

18. निम्नलिखित में सामाजिक नियन्त्रण का औपचारिक साधन कौन-सा है? **[UP बी.एड. 2011]**
(a) धर्म (b) रीति-रिवाज
(c) नैतिकता (d) कानून

19. 'जाति की उत्पत्ति का व्यावसायिक सिद्धान्त' दिया **[UP बी.एड. 2011]**
(a) रिजले ने
(b) नेसफील्ड ने
(c) जे.एच. हट्टन ने
(d) होकार्ट तथा सोनार्ट ने

20. 'वर्ग-विहीन समाज' की अवधारणा दी **[UP बी.एड. 2011]**
(a) कार्ल मार्क्स ने
(b) टी.बी. बोटोमोर ने
(c) हरबर्ट स्पेन्सर ने
(d) उपरोक्त में से किसी ने भी नहीं

21. जनरीतियाँ होती हैं **[UP बी.एड. 2011]**
(a) सामाजिक प्रक्रियाएँ
(b) सामाजिक संस्थाएँ
(c) समूह सामान्यक
(d) उपरोक्त में से कोई नहीं

22. निम्नलिखित में से किसने कहा, "हिन्दू विवाह एक धार्मिक संस्कार है"? **[UP बी.एड. 2011]**
(a) अल्तेकर (b) कपाड़िया
(c) पी.एच. प्रभु (d) पी.वी. काणे

23. 'ह्वाट इज सोशियोलॉजी' नामक पुस्तक के लेखक हैं **[UP बी.एड. 2011]**
(a) जिन्सबर्ग (b) बोटोमोर
(c) एलेक्स इंकेलेस (d) किंग्सले डेविस

24. 'समाज सामाजिक सम्बन्धों का जाल है।' यह कथन है **[UP बी.एड. 2011]**
(a) कॉम्टे का
(b) जॉनसन का
(c) मैकाइवर एवं पेज का
(d) गिलिन एवं गिलिन का

25. निम्नलिखित में से कौन 'संस्था' नहीं है? **[UP बी.एड. 2011]**
(a) विवाह (b) कानून
(c) धर्म (d) भवन

26. पारम्परिक हिन्दू सामाजिक व्यवस्था में जीवन का अन्तिम लक्ष्य है **[UP बी.एड. 2011]**
(a) मोक्ष (b) संन्यास
(c) सन्तानोत्पत्ति (d) वर्णाश्रम धर्मपालन

27. 'इण्डियन विलेज' नामक पुस्तक के रचयिता हैं **[UP बी.एड. 2011]**
(a) बी.आर. चौहान (b) एस.सी. दुबे
(c) ऑस्कर लेविस (d) टी.एन. मजूमदार

28. 'आदर्श प्रारूप' की अवधारणा किसने दी? **[UP बी.एड. 2010]**
(a) दुर्खीम (b) मैक्सवेबर
(c) परेटो (d) मार्क्स

29. भारत में 'राष्ट्रीय महिला आयोग' की स्थापना कब हुई थी? **[UP बी.एड. 2010]**
(a) 1990 (b) 1991 (c) 1992 (d) 1993

30. 'अस्पृश्यता (अपराध) अधिनियम' कब अस्तित्व में आया? **[UP बी.एड. 2010]**
(a) 1950 (b) 1955
(c) 1956 (d) 1958

31. दाम्पत्य का केन्द्र है [UP बी.एड. 2008]
(a) माता-पिता व बच्चे (b) पति और पत्नी
(c) परिवार (d) ये सभी

32. समाजशास्त्र का जनक किसे कहा जाता है?
(a) ऑगस्ट कॉम्ट (b) जॉन स्टुअर्ट मिल
(c) मैक्स वेबर (d) अरस्तू

33. "समाजशास्त्र समाज का विज्ञान है"—किसने कहा था?
(a) मैक्स वेबर (b) सोरोकिन
(c) एल. एफ. वार्ड (d) इंकल्स

34. समाज का सावयवी सिद्धान्त का प्रतिपादक है?
(a) मैक्स वेबर (b) दुर्खीम
(c) टॉनीज (d) हर्बर्ट स्पेन्सर

35. पॉजीटिव फिलॉसफी के लेखक हैं?
(a) कार्ल मार्क्स (b) ऑगस्ट कॉम्ट
(c) दुर्खीम (d) रूथ बेनेडिक्ट

36. 'दास कैपिटल' किसकी प्रमुख रचना है?
(a) कार्ल मार्क्स (b) स्टालिन
(c) अरस्तू (d) प्लेटो

37. निम्न में से किसी समूह की कौन-सी एक विशेषता नहीं है?
(a) एक से अधिक व्यक्तियों का संकलन
(b) समूह की सत्ता
(c) सदस्यता अनैच्छिक होती है
(d) अधिक स्थायित्व

38. मैकाइवर द्वारा दिये गए समूह के वर्गीकरण में क्षेत्रीय समूह के अन्तर्गत किसे शामिल नहीं किया गया है?
(a) समुदाय (b) परिवार
(c) जनजाति (d) शहर

39. मैकाइवर द्वारा प्रस्तुत समूह के वर्गीकरण में हितों के प्रति चेतन समूह के अन्तर्गत किसे शामिल किया गया है?
(a) परिवार (b) क्रीड़ा समूह
(c) मजदूर संघ (d) ये सभी

40. 'समूह से तात्पर्य व्यक्तियों के ऐसे संग्रह से है जो एक-दूसरे के साथ सामाजिक सम्बन्ध स्थापित करते हैं।' किसने कहा है?
(a) मैक्स वेबर (b) ऑगस्ट कॉम्ट
(c) मैकाइवर एवं पेज (d) इंकल्स

41. निम्न में से प्राथमिक समूह का उदाहरण है
(a) परिवार
(b) पड़ोसियों का समूह
(c) अन्तरंग मित्रों का समूह
(d) उपरोक्त सभी

42. निम्न में से समाजशास्त्र के स्वरूपात्मक अथवा विशिष्टात्मक सम्प्रदाय के समर्थक कौन-कौन हैं?
(a) मैक्स वेबर (b) टॉनीज
(c) वीरकान्त (d) ये सभी

43. निम्न में से समाजशास्त्र के समन्वयात्मक सम्प्रदाय के समर्थक कौन हैं?
(a) सोरोकिन (b) दुर्खीम
(c) गिन्सबर्ग (d) ये सभी

44. 'सामाजिक संविधा सिद्धान्त' के प्रतिपादक कौन थे?
(a) गिडिंग्स (b) रूसो
(c) जॉन हॉवर्ड (d) इनमें से कोई नहीं

45. "समुदाय सबसे छोटा क्षेत्रीय समूह है, जिसमें सामाजिक जीवन के समस्त पहलू आते हैं।" समुदाय की यह परिभाषा किसकी है?
(a) टॉनीज
(b) गिन्सबर्ग
(c) किंग्सले डेविस
(d) चार्ल्स कूले

46. रेटरजन के अनुसार कस्बे की विशेषताओं में निम्न में किसे शामिल किया जाता है?
(a) व्यापार एवं उद्योगों की प्रधानता
(b) मकानों का केन्द्रीकरण
(c) निवासियों की निश्चित न्यूनतम जनसंख्या
(d) उपरोक्त सभी को

47. जनसंख्या के चक्रीय सिद्धान्त के प्रवर्तक हैं
(a) डबल डे (b) सैंडलर
(c) ड्यूमा (d) बी. रीड

48. 'द कम्यूनिस्ट मैनिफैस्टो' किसकी कृति है?
(a) कार्ल मार्क्स (b) कार्ल मैनहीम
(c) लेनिन (d) स्टालिन

49. 'उत्परिवर्तन का सिद्धान्त' किसने दिया था?
(a) चार्ल्स डार्विन (b) ग्रेगर मेण्डल
(c) ह्यूगो डी० व्रीज (d) सदरलैण्ड

50. जाति की यह परिभाषा "जब एक वर्ग पूर्णत: वंशानुक्रम पर आधारित होता है, तो हम उसे जाति कहते हैं।" किसने दी है?
(a) मजूमदार (b) रिजले
(c) ब्लण्ट (d) सी. एच. कूले

51. नातेदारी की यह परिभाषा "नातेदारी सामाजिक उद्देश्यों के लिए स्वीकृत वंश सम्बन्ध है, जोकि सामाजिक सम्बन्धों के परम्परागत सम्बन्धों का आधार है।" किसने दी है?
(a) लूसी मेयर (b) रेडक्लिफ ब्राउन
(c) रॉबिन फॉक्स (d) चार्ल्स विनिक

52. समाजशास्त्र का मुख्य उद्देश्य है
(a) समाज को समझना
(b) समाज में घटित होने वाली भावी घटनाओं के बारे में भविष्यवाणी करना
(c) समाज में घटनाओं पर नियन्त्रण
(d) समाज में क्रान्तिकारी परिवर्तन लाना

53. टोटम की विशेषता कौन-सी नहीं है?
(a) जनजाति के सदस्यों से सम्बन्धित होना
(b) जनजाति समूह में एकता की भावना
(c) सामाजिक समूह की रक्षा करना
(d) अन्त:विवाह (endogamy) के नियमों का पालन करना

54. जनजातियों में दहेज प्रथा
(a) नहीं पायी जाती
(b) सामान्य नहीं है
(c) मोल-भाव का विषय है
(d) कुछ जनजातियों में सुस्थापित प्रथा है

55. आधुनिक समय में नौकरशाही अत्याज्य है क्योंकि
(a) इसकी लम्बी परम्पराएँ हैं
(b) यह शक्तिशाली है
(c) यह समूह प्रशासन की आवश्यकता को पूरी करती है
(d) यह राजनीतिज्ञों की आवश्यकता को पूरी करती है

56. सामाजिक अनुसन्धान के बारे में निम्नांकित में से कौन-सा सही है?
(a) एक निश्चित विषय पर तथ्यों का संकलन
(b) सभी सम्बन्धित तथ्यों को एक साथ रखना
(c) वांछित तथ्यों का संकलन
(d) उपरोक्त सभी

57. निम्नांकित में से गाँधीवादी राज्य का सही आधार क्या है?
(a) अहिंसा (b) शक्ति
(c) सत्याग्रह (d) सहसंघ

58. गाँधी जी ने राज्य के लिए किसे सर्वाधिक महत्त्वपूर्ण माना है?
(a) समाज (b) व्यक्ति
(c) कानून (d) राजनीति

59. समाज में भूमिका संघर्ष तब उत्पन्न होते हैं जब
(a) व्यक्ति अपनी उपयुक्त भूमिका के प्रति जागरूक नहीं होते
(b) व्यक्ति जानते हुए भी उपयुक्त भूमिका निर्वाह नहीं करते हैं
(c) व्यक्तियों को भूमिका सम्पादन पर पुरस्कृत नहीं किया जाता
(d) प्रत्येक की भूमिका सुस्पष्ट नहीं होती है

60. राजनीतिक संस्थाओं का उद्देश्य क्या है? सही उत्तर बताइए
(a) कानून और व्यवस्था बनाए रखना
(b) सत्ता को लागू करना
(c) राज्य की सत्ता का विस्तार करना
(d) व्यक्ति की श्रेष्ठ सेवा करना

61. समाजीकरण की प्रक्रिया समाप्त होती है
(a) बचपन में (b) युवावस्था में
(c) प्रौढ़ावस्था में (d) मृत्यु के बाद

62. निम्नांकित में से सन्दर्भ समूह कौन-सा है?
(a) कॉलेज जाने वाले छात्र
(b) न्यूक्लियर वैज्ञानिक
(c) समुद्री इन्जीनियर
(d) उपरोक्त सभी

63. निम्नांकित में से कौन समिति नहीं है?
(a) एक पार्क में घूमते हुए वृद्ध व्यक्ति
(b) ट्रेड यूनियन
(c) बोट क्लब
(d) टेनिस क्लब

64. निम्नांकित में से कौन प्रस्थिति नहीं है?
(a) भारत रत्न
(b) श्रमिक
(c) योद्धा की उपाधि
(d) नाम से पूर्व 'पण्डित' शब्द का प्रयोग

65. निम्नांकित में से प्रतिष्ठा (Prestige) किसे प्राप्त है?
(a) एक धनवान व्यापारी को
(b) प्राइवेट प्रैक्टिस करने वाले डॉक्टर को
(c) एक दलाल को
(d) एक न्यायाधीश को

66. निम्नांकित में से संस्था कौन-सी है?
(a) परिवार (b) राज्य
(c) दल-व्यवस्था (d) ये सभी

67. निम्नांकित में से समिति कौन-सी है?
(a) विवाह
(b) विवाह पर निकाली जाने वाली शोभायात्रा
(c) एक स्कूल
(d) आपकी बस्ती की एक कल्याणकारी संस्था

68. जहाँ बुआ को माता की तुलना में अधिक सम्मान दिया जाता है, उस सम्बन्ध को कहते हैं
(a) सह-प्रसविता (b) पितृश्वश्रेय
(c) मातुलेय (d) माध्यमिक सम्बोध

69. निम्नांकित में से कौन प्राथमिक नातेदार नहीं है?
(a) माता (b) पिता
(c) चाचा (d) भाई

70. विवाह का वह स्वरूप जिसमें वस्त्र और आभूषणों से सुसज्जित कन्या का वर को दान किया जाता है, कहलाता है
(a) ब्रह्म विवाह (b) असुर विवाह
(c) पैशाच विवाह (d) राक्षस विवाह

71. पारस्परिक प्रेम और स्नेह पर आधारित विवाह को कहते हैं
(a) गन्धर्व विवाह (b) राक्षस विवाह
(c) दैव विवाह (d) असुर विवाह

72. निम्नांकित में से विवाह की उत्पत्ति के लिए कौन-सा आवश्यक तत्त्व समझा जाता है?
(a) यौन इच्छा
(b) आर्थिक आवश्यकताएँ
(c) प्रजनन की आवश्यकता
(d) उपरोक्त सभी

73. निम्नांकित में से उस समाजवादी सिद्धान्त का नाम बताइए जो कार्ल मार्क्स ने विकसित किया
(a) प्रकार्यात्मक प्रजातन्त्र
(b) समाजवाद
(c) अराजकतावाद
(d) साम्यवाद

74. निम्नांकित में से कौन प्रजाति नहीं है?
(a) भारतीय (b) एशियन
(c) नागा (d) इनमें से कोई नहीं

75. निम्नांकित में से कौन संस्कृति का अंग नहीं है?
(a) रेल की सड़कें
(b) संस्कार मनाना
(c) हमारी आध्यात्मिकता
(d) धार्मिक सहिष्णुता

76. द्वितीयक समूह में आपसी व्यवहार किस बात पर मुख्य रूप से आधारित होते हैं?
(a) स्नेह (b) औपचारिकता
(c) अनौपचारिकता (d) दोस्ती

77. यह किसने कहा है कि ''सन्दर्भ समूह उन समूहों को कहा जाता है जिनसे व्यक्ति अपना सम्बन्ध जोड़ना चाहता है या मनोवैज्ञानिक रूप से सम्बद्ध होना चाहता है''?
(a) मर्टन (b) हाइमैन
(c) जॉनसन (d) शैरिफ

78. निम्न में से सामाजिक संरचना की कौन-सी विशेषता नहीं है?
(a) सामाजिक संरचना अमूर्त होती है
(b) यह स्थायी अवधारणा है
(c) सामाजिक संरचना में विघटनकारी तत्त्व नहीं होते
(d) सामाजिक संरचना की इकाइयाँ क्रमबद्ध एवं व्यवस्थित होती हैं

79. किस समाजशास्त्री के अनुसार 'प्रकार्यवाद' का अर्थ उपयोगिता है?
(a) पैरेटो (b) दुर्खीम
(c) रेडक्लिफ ब्राउन (d) मैलिनोवस्की

80. निम्न में से इमाइल दुर्खीम की रचना कौन-सी है?
(a) सोशियोलॉजी एण्ड फिलॉसफी
(b) स्यूसाइड
(c) डिवीजन ऑफ लेबर इन सोसाइटी
(d) उपरोक्त सभी

81. सामाजिक भौतिकशास्त्र का नाम 'समाजशास्त्र' किसने रखा?
(a) ऑगस्ट कॉम्ट (b) मैक्स वेबर
(c) जॉनसन (d) इमाइल दुर्खीम

82. कार्ल मार्क्स कहाँ के समाजशास्त्री थे?
(a) फ्रांस (b) जर्मनी
(c) सोवियत संघ (d) चेकोस्लोवाकिया

83. कॉम्ट द्वारा दिये गए बौद्धिक विकास क्रम के तीन स्तरों में निम्न में से कौन-सा नहीं है?
(a) धार्मिक (b) अप्रत्यक्ष
(c) प्रत्यक्ष (d) तात्विक

84. 'समाज कुछ हमसे बाहर है, कुछ हमसे है'—यह कथन किसका है?
(a) इमाइल दुर्खीम (b) टेलर
(c) एच० स्पेन्सर (d) रूसो

85. निम्न में से किसने सामाजिक संरचना की तुलना मकड़ियों के जाल से की है?
(a) मैक्स वेबर (b) इमाइल दुर्खीम
(c) कार्ल मार्क्स (d) पारसन्स

86. 'सोशियोलॉजी ऑफ नॉलेज' किसकी कृति है?
(a) कार्ल मार्क्स (b) एच. स्पेन्सर
(c) वेब्लन (d) कार्ल मेनहीम

87. 'सांस्कृतिक पारिस्थितिकी' की अवधारणा के प्रतिपादक हैं?
(a) फादर शिमिट (b) जूलियन स्टीवर्ड
(c) फेयर चाइल्ड (d) ग्रीन

88. संस्कृति की विशेषताएँ हैं
(a) मानव निर्मित होना
(b) सीखा हुआ व्यवहार
(c) संस्कृति का हस्तान्तरित होना
(d) उपरोक्त सभी

89. संस्कृति के तत्त्वों में निम्न में से किसे शामिल किया गया है?
(a) विश्वास (b) प्रतीक
(c) मूल्य एवं नियम (d) ये सभी

90. संस्कृति की यह परिभाषा ''प्रतीकों द्वारा सामाजिक रूप से प्राप्त और संचारित सभी व्यवहार प्रतिमानों के लिए सामूहिक नाम संस्कृति है।'' किसने दी है?
(a) फादर शिमिट (b) मजूमदार
(c) फेयरचाइल्ड (d) इनमें से कोई नहीं

91. इमाइल दुर्खीम ने धर्म की उत्पत्ति के सम्बन्ध में किस सिद्धान्त का प्रतिपादन किया?
(a) सामाजिक सिद्धान्त
(b) टोटमवादी सिद्धान्त
(c) प्रकृतिवादी सिद्धान्त
(d) उपरोक्त 'a' एवं 'b' दोनों

92. धर्म की उत्पत्ति के प्रकृतिवादी सिद्धान्त का प्रतिपादक कौन है?
(a) मैक्समूलर (b) मैक्स वेबर
(c) मैकाइवर (d) टायलर

93. ''मनुष्य की प्रकृति समान है। उन्हें परम्पराएँ बाँटती हैं''—किसने कहा है?
(a) सुकरात (b) कन्फ्यूसियस
(c) इमाइल दुर्खीम (d) अरस्तू

94. 'जंनसंख्या का गणितीय सिद्धान्त' का प्रवर्तक कौन है ?
(a) बी. रीड (b) डबल डे
(c) कोटेडोजीनी (d) सैंडलर

95. 'संस्कृति संकुल का प्रकार्यात्मक सिद्धान्त' का प्रवर्तक कौन है?
(a) मॉर्गन (b) गुन्नार मिर्डल
(c) मैलिनोवस्की (d) गोडार्ड

96. परिवार की यह परिभाषा ''परिवार बच्चों की उत्पत्ति एवं पालन पोषण की व्यवस्था करने हेतु पर्याप्त रूप में निश्चित और स्थायी यौन-सम्बन्ध से निर्धारित एक समूह है।'' किसने दी है ?
(a) मैकाइवर (b) मर्डाक
(c) टायलर (d) रीड

97. परिवार की सामान्य विशेषताओं में निम्न में से किसे शामिल किया गया है?
(a) मौन सम्बन्ध (b) वंश गणना
(c) सामान्य निवास (d) ये सभी

98. 'द मैथेडोलॉजी ऑफ सोशल साइन्सेज' किसकी रचना है?
(a) ऑगस्ट कॉम्ट (b) मैक्समूलर
(c) मैक्स वेबर (d) सोरोकिन

99. समाजशास्त्र में 'प्रत्यक्षवाद' (positivism) सिद्धान्त का प्रतिपादक कौन है?
(a) हर्बर्ट स्पेन्सर (b) ऑगस्ट कॉम्ट
(c) इमाइल दुर्खीम (d) मैक्स वेबर

100. ''मानव सामाजिक प्राणी के साथ-साथ वर्ग प्राणी भी है।'' किसने कहा है?
(a) कार्ल मैनहीम (b) कार्ल मार्क्स
(c) रूसो (d) सोरोकिन

101. प्रतिस्पर्द्धा का अर्थ है
(a) श्रेष्ठ के रूप में उभरने के तरीके
(b) व्यवस्थापन
(c) सात्मीकरण
(d) सभा में प्रतिस्थिति का निर्धारण

102. निम्नांकित में से समाज द्वारा प्रजनन पर लागू किये जाने वाले अचेतन नियन्त्रण बताइए
(a) परिवार के आकार को सीमित करना
(b) विधवा पुनर्विवाह की मनाही
(c) यौन-क्रिया पर निषेध
(d) उपरोक्त सभी

103. वह कारक बताइए जो जनघनत्व को प्रभावित नहीं करता है
(a) प्रदूषण (b) जलवायु
(c) भूमि की उर्वरता (d) धरातल

104. निम्न में से कौन-सी श्रेणी को अर्जित प्रस्थिति के अन्तर्गत नहीं रख सकते?
(a) कार्यालय अधीक्षक
(b) फर्म का मैनेजर
(c) एक संगठन का निदेशक
(d) कुछ मुद्रा का प्राप्तिकर्ता

105. समाज से आप क्या समझते हैं? सही बताइये
(a) लोगों को
(b) उनके निवास के स्थान को
(c) समूह की अन्तःक्रिया को
(d) वह व्यवस्था जो इसे साथ-साथ बनाए रखती है

106. समाज है
(a) लोगों का एकत्रीकरण
(b) अनुशासन से बंधा लोगों का एक समूह
(c) नियमित सदस्यता वाला एक संघ
(d) अन्तःक्रिया के मानदण्डों पर आधारित प्रतिमान संघ

107. निम्नांकित में से प्राथमिक समूह कौन-सा है?
(a) एक ट्रेड यूनियन की सदस्यता
(b) परिवार
(c) समाजशास्त्र के छात्र
(d) सामाजिक कार्यकर्ता

108. संस्कृति है
(a) एक व्यक्ति को समूह के व्यवहारों से परिचित कराना
(b) स्वतन्त्रता को सीमित करना
(c) समूह परम्परावादी की सनक
(d) जो अधिकांशतः दोहराये जाते हैं, उन्हें दोहराना

109. निम्नांकित में से कौन-सी सामाजिक भूमिका नहीं है?
(a) संस्कार सम्पन्न करते हुए पुरोहित
(b) हिंसा की शिक्षा देते हुए एक राजनेता
(c) अपने गवाह को तैयार करते हुए एक वकील
(d) पर्दे पर हिंसा की क्रिया में संलग्न एक अभिनेता

110. कस्बे और नगर अस्तित्व में आए
(a) जनसंख्या की गतिशीलता के कारण
(b) कृषि में वृद्धि के कारण
(c) व्यापार में विकास के कारण
(d) औद्योगीकरण के कारण

111. निम्न में से कौन-सा कथन समाज के लिए सही है और समुदाय के लिए नहीं?
(a) यह परिधि ही है
(b) यह मनुष्य से पूर्व अस्तित्व में आया
(c) समरूपता और संघर्ष बराबर रूप में विद्यमान रहते हैं
(d) इसमें सामान्य उद्देश्य होते हैं

112. 'यजमानी' सेवाओं और वस्तुओं के विनिमय की व्यवस्था है
(a) कानून के अनुसार
(b) प्रथा के अनुसार
(c) वस्तु के मूल्य के अनुसार
(d) प्रदान की गई सेवा के अनुसार

113. हमारे समाज में आवास का सामान्य नियम पाया जाता है
(a) पितृस्थानीय (b) मातृस्थानीय
(c) द्विस्थानीय (d) मामा स्थानीय

114. संगठन के आवश्यक तत्त्व बताइए
(a) उद्देश्य (b) मानदण्ड
(c) अभिमति (d) ये सभी

115. निम्नांकित में से आप गैर-सांस्कृतिक गतिविधि किसे कहेंगे?
(a) अपने मित्रों में गाना
(b) गली में गाना
(c) आपके परिवार के सदस्यों के बीच गाना
(d) संगीत सभा में गाना

116. आदिमानव समूह में रहता था क्योंकि
(a) नातेदारी बन्धनों के कारण
(b) भोजन संकलन के कारण
(c) कृषि करने के लिए
(d) सुरक्षा और सामूहिक क्रिया के लिए

117. वह समूह बताइए जिसमें प्रारम्भिक जंगली मानव रहता था
(a) समूह (b) जनजाति
(c) परिवार (d) गोत्र

118. जटिल समाज की अर्थव्यवस्था की विशेषताएँ बताइए
(a) विस्तृत श्रम-विभाजन (b) साझा सम्पत्ति
(c) वृहद् विशेषीकरण (d) ये सभी

119. प्रार्थना और ध्यान है
(a) मानव की खुशी
(b) मानव की स्वीकारोक्ति (Confession)
(c) आदर्श प्रचार
(d) धूर्त व्यक्ति का प्रभावपूर्ण आडम्बर

120. परम्परात्मक समाज को औद्योगिक समाज से भिन्न कौन करता है?
(a) वर्ग-भेद
(b) सामाजिक गतिशीलता
(c) मध्यम वर्ग की उपस्थिति
(d) उपरोक्त में से कोई नहीं

121. संविधान का कौन-सा अनुच्छेद अनुसूचित जातियों और जनजातियों के लिए लोकसभा, विधानसभाओं, ग्राम पंचायतों और स्थानीय निकायों में स्थान सुरक्षित करने पर जोर देता है?
(a) अनुच्छेद 334 (b) अनुच्छेद 330
(c) अनुच्छेद 332 (d) ये सभी

122. ''परिवार की सम्पत्ति पर परिवार के हर व्यक्ति का अधिकार होता है।'' इस मत के प्रवर्तक कौन हैं?
(a) विज्ञानेश्वर (b) कौटिल्य
(c) मनु (d) गार्गी

123. परिवार की उत्पत्ति के 'शास्त्रीय सिद्धान्त' का प्रतिपादन किसने किया है?
(a) प्लेटो (b) अरस्तू
(c) ब्रिफाल्ट (d) 'a' एवं 'b' दोनों

124. परिवार की उत्पत्ति के 'यौन साम्यवाद' सिद्धान्त का प्रतिपादन किसने किया है?
(a) मॉर्गन (b) फ्रेजर
(c) ब्रिफाल्ट (d) ये सभी

125. परिवार की उत्पत्ति के 'उद्विकास सिद्धान्त' के प्रतिपादक हैं
(a) ब्रिफाल्ट (b) बैकोफन
(c) मैलिनोवस्की (d) वेस्टरमार्क

126. निम्न में से किसने शक्ति के आधार पर सामाजिक स्तरीकरण की व्याख्या की है?
(a) मैक्समूलर (b) कार्ल मार्क्स
(c) मैक्स वेबर (d) कार्ल मैनहीम

127. परिवार की उत्पत्ति के मातृसत्तात्मक सिद्धान्त का प्रतिपादन किसने किया है?
(a) ब्रिफाल्ट (b) लुई मॉर्गन
(c) मैलिनोवस्की (d) वेस्टरमार्क

128. हिन्दू विवाह के कितने प्रकारों का वर्णन पौराणिक हिन्दू ग्रन्थों में किया गया है?
(a) 4 (b) 6
(c) 8 (d) 9

129. प्रतिलोम विवाह का अर्थ है
(a) उच्च वर्ण की लड़की का विवाह निम्न वर्ण के लड़के से होना
(b) उच्च वर्ण के लड़के का विवाह निम्न वर्ण की लड़की से होना
(c) उच्च वर्ण की लड़की का विवाह उच्च वर्ण के लड़के से होना
(d) उपरोक्त में से कोई नहीं

130. अनुलोम विवाह का अर्थ है
(a) निम्न वर्ण के लड़के का विवाह उच्च वर्ण की लड़की से होना
(b) लड़का व लड़की दोनों उच्च वर्ण के होना
(c) निम्न वर्ण की लड़की का विवाह उच्च वर्ण के लड़के से होना
(d) उपरोक्त में से कोई नहीं

131. मर्डोक विवाह के उद्देश्यों में निम्न में से कौन शामिल नहीं है?
(a) यौन सन्तुष्टि
(b) आर्थिक सहयोग
(c) सन्तानों का समाजीकरण
(d) उपरोक्त में से कोई नहीं

132. 'जनांकिकी' शब्द का सर्वप्रथम प्रयोग किसने किया था?
(a) जॉन ग्राण्ट (b) बर्कले
(c) आशिले गुईलॉर्ड (d) मैक्स वेबर

133. 'जनांकिकी' का विधिवत् रूप से अध्ययन के लिए शुभारम्भ का श्रेय किसे है?
(a) जॉन ग्राण्ट (b) बर्कले
(c) आशिले गुईलॉर्ड (d) मैक्स मूलर

134. नातेदारी व्यवस्था के प्रमुख आधार हैं
(a) रक्त सम्बन्ध
(b) विवाह
(c) 'a' एवं 'b' दोनों
(d) इनमें में से कोई नहीं

135. 'जैमिनशैफ्ट एवं जैसिलशैफ्ट सिद्धान्त' के प्रतिपादक कौन थे?
(a) एच. स्पेन्सर (b) टॉनीज
(c) दुर्खीम (d) सिवेल

136. निम्न में इमाइल दुर्खीम की रचना कौन-सी है?
(a) सोशल स्टेटिक्स
(b) द माइण्ड एण्ड सोसायटा
(c) पैटर्नस ऑफ कल्चर
(d) उपरोक्त सभी

137. सामाजिक परिवर्तन के चक्रीय सिद्धान्त का प्रतिपादन किसने किया था?
(a) पैरेटो (b) स्पेंग्लर
(c) विल्बर्ट ई. मूर (d) कार्ल मार्क्स

138. सामाजिक परिवर्तन के चक्रीय सिद्धान्त के अनुसार
(a) यह जहाँ से प्रारम्भ होता है फिर घूम कर वहीं पहुँच जाता है
(b) यह मानव सभ्यता एवं संस्कृति के उदय एवं पतन, निर्माण एवं विनष्ट के चक्र से गुजरता है
(c) यह भी मानव शरीर की तरह जन्म, विकास और मृत्यु को प्राप्त होता है
(d) उपरोक्त सभी

139. सामाजिक परिवर्तन की निम्नलिखित में से कौन-सी विशेषता नहीं है?
(a) सामाजिक परिवर्तन सर्वव्यापी है
(b) परिवर्तन की प्रकृति गुणात्मक है
(c) सामाजिक परिवर्तन अनिवार्य नियम है
(d) सामाजिक परिवर्तन की गति तुलनात्मक नहीं है

140. किसी मान्यता प्राप्त दिशा में होने वाले परिवर्तन को कहते हैं
(a) उद्विकास
(b) प्रगति
(c) उन्नति
(d) सामाजिक परिवर्तन

141. गोल्डन बीजर के अनुसार सामाजिक परिवर्तन का प्रमुख कारण है
(a) संस्कृति में होने वाला प्रसार
(b) उद्विकासीय क्रम
(c) विभिन्न आविष्कार
(d) उपरोक्त सभी

142. क्षेत्रीय समुदाय का उद्देश्य होता है
(a) आर्थिक सहयोग (b) सन्तुलित विकास
(c) सांस्कृतिक विनियम (d) ये सभी

143. निम्नांकित में से किसका निर्धारण वंशानुक्रम के नियमों द्वारा नहीं होता है?
(a) एक व्यक्ति के रक्त सम्बन्धियों का
(b) सम्पत्ति के उत्तराधिकार का
(c) पदाधिकार के क्रम का
(d) वैवाहिक सम्बन्धों का

144. सभी समाजों में आप्रवासियों (Immigrants) से पहले
(a) बचा जाता है
(b) सामंजस्य स्थापित किया जाता है
(c) स्वीकार किया जाता है
(d) आत्मसात किया जाता है

145. जब पुरुष, स्त्रियाँ और बच्चे अपने घर से बाहर गाँव की चरागाह भूमि पर एक हाथी को देखने के लिए आते हैं तो वे किसका निर्माण करते हैं?
(a) एक समाज का (b) एक एकत्रीकरण का
(c) एक संगठन का (d) एक समिति का

146. ''यदि जनसंख्या को नियन्त्रित नहीं किया जाता है तो यह ज्यामितीय रूप में बढ़ती है। जीवित रहने के साधन गणितीय रूप में बढ़ते हैं।'' ऐसा किसने कहा?
(a) माल्थस (b) फ्रायड
(c) के. डेविस (d) मैकाइवर

147. मनुष्य एक सामाजिक प्राणी है
(a) कार्ल मार्क्स (b) जॉन मार्शल
(c) इमाइल दुर्खीम (d) अरस्तू

148. सामान्यत: औद्योगिक श्रमिक होता है
(a) एक असमर्पित श्रमिक
(b) एक अर्ध-समर्पित श्रमिक
(c) सामान्यतः समर्पित श्रमिक
(d) विशेष रूप से समर्पित श्रमिक

149. वर्तमान में बदलते हुए प्रतिमानित व्यवहारों के सन्दर्भ में निम्नांकित में से कौन-सा विचलित व्यवहार है?
(a) निषेधात्मक सम्बन्ध श्रेणी में विवाह
(b) जाति के नियमों का पालन न करना
(c) विधवा पुनर्विवाह
(d) विधवा पुनर्विवाह का विरोध करना

150. यह एक अन्तर्विवाही समूह है जो पवित्र और अपवित्र के सिद्धान्त पर आधारित है। इस समूह को कहा जाता है
(a) जनजाति (b) बन्ध
(c) जाति (d) सम्पदा

151. निम्नांकित में से आप किसे भारतीय संस्कृति का आधार मानते हैं?
(a) अंग्रेजी प्रेस (b) रेल व्यवस्था
(c) अंग्रेजी भाषा (d) आध्यात्मवाद

152. निम्नांकित में से भारतीय प्रकार का परिवार बताइए
(a) बहुपतिविवाही (b) समरक्त
(c) दाम्पत्यमूलक (d) मातृवंशीय

153. राष्ट्र है, एक
(a) प्रजातीय समुदाय
(b) जनजातीय समुदाय
(c) लोगों का धार्मिक समूह
(d) भू-क्षेत्रीय समुदाय

154. राष्ट्रीयता का सर्वाधिक महत्त्वपूर्ण अंग क्या है?
(a) समान धर्म (b) समान भाषा
(c) समान प्रजाति (d) सहयोगी भावनाएँ

155. बहिर्विवाह है
(a) एक प्रायोगिक विवाह
(b) उसी गोत्र में विवाह
(c) समूह के अन्दर विवाह
(d) निषिद्ध मात्रा तक विवाह

156. राज्य को राष्ट्र से कौन भिन्न करता है?
(a) भू-क्षेत्र एवं जनसंख्या
(b) सरकार
(c) सम्प्रभुता
(d) राजनीतिक एकता

157. समाजशास्त्र की उपयोगिता क्या है?
(a) समाज विषयक वैज्ञानिक ज्ञान में अभिवृद्धि
(b) नौकरी प्राप्त करने में सहायक
(c) सामाजिक कल्याण में सहायक
(d) उपरोक्त सभी

158. इमाइल दुर्खीम ने समाजशास्त्र की प्रकृति के बारे में निम्न में से कौन-सा विचार दिया है?
(a) यह वैज्ञानिक पद्धति पर आधारित है
(b) यह एक कला है
(c) यह विज्ञान एवं कला दोनों है
(d) यह दार्शनिक प्रकृति पर आधारित है

159. भारतीय निम्नलिखित में से किस आधार पर भारत में समाजशास्त्र का विकास चाहते हैं?
(a) परम्परा (b) चिन्तन
(c) संस्वृति (d) ये सभी

160. घोटुल किस जनजाति का युवागृह है?
(a) थार (b) कूकी
(c) गोण्ड (d) खस

161. निम्न में से कौन-सी एक कृषक जनजाति है?
(a) चेंचू (b) ऊराँव
(c) खरिया (d) कादर

162. निम्नलिखित में से कौन-सा समुदाय है?
(a) भारतीय मूल के व्यक्ति
(b) इलाहाबाद के बंगाली ब्राह्मण
(c) श्रमिक संघ आन्दोलन
(d) भारतीय समाज

163. निम्न में से कौन अर्जित परिस्थिति का उदाहरण है?
(a) प्रौढ़ (b) राजकुमार
(c) युवा (d) विवाहित

164. निम्न में से कौन प्रदत्त परिस्थिति का उदाहरण नहीं है?
(a) कौशल (b) आयु
(c) लिंग (d) प्रजाति

165. संस्कृति के भौतिक पक्ष को क्या कहा जाता है?
(a) सभ्यता (b) संस्था
(c) परम्परा (d) पर्यावरण

166. सामाजिक नियन्त्रण का उद्देश्य है
(a) व्यक्ति के व्यवहार पर नियन्त्रण
(b) सामाजिक दृढ़ता का निर्माण
(c) समाजीकरण में सहायक
(d) उपरोक्त सभी

167. किसी व्यक्ति को एक समय विशेष में जो स्थान प्राप्त होता है, उसे क्या कहते हैं?
(a) प्रस्थिति
(b) भूमिका
(c) 'a' एवं 'b' दोनों
(d) उपरोक्त में से कोई नहीं

168. संस्कृति का मुख्य वाहक क्या है?
(a) आवास (b) व्यक्ति
(c) सड़क (d) प्रतीक

169. साम्प्रदायिकता से क्या आशय है?
(a) दूसरे धर्मों की संस्कृति को विनष्ट करना
(b) अन्य धर्मावलम्बियों का उत्पीड़न करना
(c) स्वधर्म की श्रेष्ठता स्थापित करना
(d) उपरोक्त सभी

170. निम्न में से कौन-सा कारक जातिवादी भावना को प्रोत्साहित नहीं करता है?
(a) संस्कृतिकरण
(b) जजमानी प्रथा का विखण्डन
(c) वैवाहिक प्रतिबन्ध
(d) पश्चिमीकरण.

171. भारत में सामाजिक नियोजन का प्रमुख निहितार्थ क्या है?
(a) समाज सुधार
(b) जीवन स्तर को उन्नत करना
(c) सामाजिक बुराइयों पर नियन्त्रण
(d) उपरोक्त सभी

172. निम्न में से किस विद्वान को 'जनांकिकी का पिता' कहते हैं?
(a) गुइलॉर्ड
(b) जॉन ग्राण्ट
(c) आर. माल्थस
(d) दुर्खीम

173. संयुक्त परिवार के लक्षण हैं
(a) सीमित आकार
(b) परम्परा
(c) आत्मीयता
(d) कम से कम तीन पीढ़ियों का एक साथ रहना

174. निम्नलिखित में से कौन-सा विकल्प नातेदारी के कार्य को स्पष्ट करता है?
(a) सहोदरों का निर्धारण
(b) विवाह एवं नातेदारी व्यवस्था को उत्पन्न करना
(c) विवाह एवं परिवार का निर्धारण
(d) उपरोक्त सभी

175. सहयोग का सम्बन्ध है
(a) 'मैं' की भावना से
(b) 'तुम' की भावना से
(c) 'वे' की भावना से
(d) 'हम' की भावना से

176. निम्नलिखित में कौन खाद्य संकलन जनजाति नहीं है?
(a) टोडा (b) कादर
(c) भानाडी (d) पनियार

177. नगर में आवास की समस्या का प्रमुख कारण क्या है?
(a) संस्कृतिकरण की प्रक्रिया
(b) नगरीकरण की प्रक्रिया
(c) सार्वभौमिकरण की प्रक्रिया
(d) उपरोक्त सभी

178. लुण्डबर्ग द्वारा प्रस्तुत समाजीकरण का सूत्र क्या है?
(a) व्यक्ति × समुदाय = सामाजिक व्यवहार = समाजीकरण
(b) व्यक्ति × संस्था = सामाजिक व्यवहार = समाजीकरण
(c) व्यक्ति × समाज = सामाजिक व्यवहार = समाजीकरण
(d) व्यक्ति × समिति = सामाजिक सम्बन्ध = समाजीकरण

179. निम्न में से कौन-सा एक जनजाति तथा जाति में अन्तर है?
(a) सहपूर्वक से वंशानुक्रम को खोजना
(b) अन्तर्विवाह नियमों का अनुपालन
(c) सामान्य क्षेत्र में जीवन निर्वाह
(d) देहाती क्षेत्र में जीवन निर्वाह

180. सरल समाजों में कृषि है
(a) विकास का प्रथम सोपान
(b) विकास का द्वितीय सोपान
(c) विकास का तृतीय सोपान
(d) विकास का चतुर्थ सोपान

181. 'एस्से ऑन पापुलेशन' किसकी कृति है?'
(a) टी. आर. माल्थस (b) इमाइल दुर्खीम
(c) एच. स्पेन्सर (d) मैकाइवर

182. वर्ग के सम्बोधन को स्तरीकरण के सन्दर्भ में कार्ल मार्क्स ने निम्नलिखित में से किस आधार का उल्लेख नहीं किया?
(a) वर्ग चेतना (b) जाति चेतना
(c) वर्ग एकता (d) वर्ग संघर्ष

183. दास व्यवस्था में निम्नलिखित में से कौन-सा वर्ग नहीं था?
(a) दास (b) स्वामी
(c) पादरी (d) स्वतन्त्र व्यक्ति

184. मध्य युग में यूरोप में जागीरदारी प्रथा थी। ये जागीरें व प्रथा कानून के द्वारा मान्य थीं। इनके तीन वर्ग होते थे। क्या आप बता सकते हैं कि जागीरों में निम्नलिखित में से कौन-सा वर्ग नहीं था?
(a) पादरी (b) सरदार
(c) दास (d) साधारण जनता

185. वर्ण-व्यवस्था में प्रत्येक वर्ण के धर्म का निर्धारण इस प्रकार किया गया है, जिससे प्रत्येक वर्ण भौतिक सुख को गौण समझकर स्वधर्म के पालन को प्राथमिकता दे। इस आधार पर वर्ण-व्यवस्था निम्नलिखित में से किसके अधिक निकट है?
(a) लौकिकीकरण (b) आध्यात्मवाद
(c) भौतिकवाद (d) व्यक्तिवाद

186. व्यक्ति किस आधार पर अपने वर्ण को परिवर्तित कर सकता है?
(a) योग्यता (b) प्रशिक्षण
(c) प्रयत्न (d) ये सभी

187. मनुस्मृति के अनुसार क्षत्रियों का धर्म क्या है?
(a) प्रजा की रक्षा करना
(b) दान देना, विषय-भोग से दूर रहना
(c) अपनी शक्ति का पूर्ण उपयोग
(d) उपरोक्त सभी

188. निम्नलिखित में से कौन-सा कथन गलत है?
(a) जाति की सदस्यता जन्म द्वारा निर्धारित होती है और जाति अपने सदस्यों को एक प्रस्थिति प्रदान करती है
(b) जाति-व्यवस्था में गतिशीलता सम्भव नहीं
(c) प्रत्येक सदस्य का विवाह जाति में ही स्वीकृत होता है, जाति के बाहर नहीं
(d) कोई भी व्यक्ति निम्न जाति से उच्च जाति में और उच्च जाति से निम्न जाति में प्रवेश कर सकता है

189. निम्नलिखित में से कौन-सा कथन सत्य है?
(a) स्तरीकरण की प्रकृति सामाजिक नहीं है
(b) समाज में स्तरीकरण पुरातन नहीं है
(c) आदिवासी समाजों में आयु, यौन भेद और श्रम-विभाजन की प्रकृति के आधार पर स्तरीकरण का प्रारम्भिक स्वरूप देखने को मिलता है
(d) आदिवासी समाजों में स्तरीकरण नहीं पाया जाता

190. निम्नलिखित में से कौन सामाजिक वर्गीकरण की ठीक से व्याख्या करता है?
(a) कुछ काम दूसरों की तुलना में ज्यादा महत्त्वपूर्ण थे, इसलिए वर्गीकरण एक सामाजिक प्रक्रिया के फलस्वरूप अस्तित्व में आया
(b) यह समूह आधिपत्य के कारण सम्भव हुआ होगा
(c) यह पूर्वदेशीयता के कारण भी अस्तित्व में आया होगा
(d) इसकी उत्पत्ति अनुमान का विषय है

191. निम्नलिखित में से वर्ग-निर्धारण का कौन-सा मापदण्ड नहीं है?
(a) वस्तुपरक (b) व्यक्तिपरक
(c) व्यवस्थापरक (d) सामान्य पद्धति

192. निम्नलिखित में से कौन-सा कथन गलत है?
(a) सामाजिक स्तरीकरण में सामाजिक असमानता होती है
(b) सामाजिक स्तरीकरण प्रत्येक समाज में पाया जाता है
(c) समाज में स्तरीकरण व्यक्तियों तक ही सीमित नहीं है बल्कि समूचे समाज की भूमिका में देखा जा सकता है
(d) सामाजिक स्तरीकरण नवीनतम है

193. निम्नलिखित में से किसने 'कर्म' को 'वर्ण' का आधार माना है?
(a) अपी. देसाई (b) राधाकृष्ण
(c) घुरिये (d) श्रीनिवास

194. निम्न में से कौन-सा कथन असत्य है?
(a) वर्ण-व्यवस्था का सम्बन्ध सामाजिक कर्त्तव्य की पूर्ति से है
(b) वर्ण-व्यवस्था, श्रम-विभाजन की पद्धति है
(c) वर्ण-व्यवस्था का आधार धर्म के पालन से है
(d) वर्ण-व्यवस्था का आधार कर्म है

195. उचित प्रकार के नेतृत्व तथा स्वस्थ जनमत के अन्तर्गत निम्न में से आप किसे सबसे अधिक सही मानते हैं?
(a) वर्ग चेतना राष्ट्र के हित के लिए हानिकारक नहीं हो सकती
(b) यह बहुत आवश्यक वस्तु के प्रति ध्यान देने के लिए आमन्त्रण हो सकता है
(c) यह राष्ट्रीय भलाई के लिए योगकारी हो सकता है
(d) उपरोक्त सभी

196. सामाजिक वर्गीकरण का अर्थ क्या है? जो सही नहीं है, उसे चिह्नित कीजिए
(a) सामाजिक वर्गीकरण, नगरीकरण के कारण से, जटिल हो गया
(b) यह समूहों के अन्दर परस्पर सम्बन्धों को सीमित कर देता है
(c) सम्बन्धों का आदान-प्रदान प्रतिबन्धित हो जाता है
(d) व्यक्तिगत कार्यों को आवश्यक रूप से सीमित नहीं किया जाता है

197. निम्नलिखित में से कौन बहिर्विवाह के अन्तर्गत नहीं आता है?
(a) सपिण्ड के साथ विवाह
(b) उसी गोत्र में विवाह
(c) सपिण्ड के बाहर विवाह
(d) निषिद्ध मात्रा के अन्दर ही विवाह

198. निम्नलिखित में से किसे विशेषाधिकार युक्त सम्बन्ध कहेंगे?
(a) सहयोगी या मैत्री विवाह
(b) प्रयोगात्मक विवाह
(c) हाइपरगैमी
(d) लेविरेट

199. निम्न में से विवाह की सम्यक् व्यवस्था कौन करता है?
(a) संस्कार के रूप में विवाह को एक विशिष्ट महत्त्व दिया गया है, क्योंकि यह समाज की सभी गतिविधियों को प्रभावित करता है
(b) यह स्वीकृत सामाजिक प्रतिमान है, जहाँ दो या दो से अधिक अपना परिवार स्थापित करते हैं
(c) विवाह सन्तानोत्पत्ति के लिए साथ-साथ रहना है
(d) विवाह केवल शारीरिक आवश्यकता नहीं है

200. "यौन प्रतियोगिता तथा ईर्ष्या की तुलना में और कोई संघर्ष इतना विध्वंसात्मक नहीं होता।" यह उद्धरण निम्न में से किस पर लागू होता है?
(a) निकट सम्बन्धियों के साथ मैथुन अवरोध
(b) जीवन साथी का चुनाव
(c) प्रयोगात्मक विवाह
(d) सहयोगी या मैत्री विवाह

201. प्राथमिक व द्वितीयक समूहों में अन्तर सामान्यत: निम्न आधार पर नहीं किया जाता?
(a) फैलाव की मात्रा
(b) अन्त:क्रिया की मात्रा
(c) विशिष्टवाद की मात्रा
(d) प्रभाव की मात्रा

202. निम्न में से कौन-सी विशेषता समाज पर लागू होती है?
(a) समाज में केवल समानता पाई जाती है
(b) समाज में केवल असमानता पाई जाती है
(c) समाज में समानता एवं असमानता दोनों ही पाई जाती हैं
(d) उपरोक्त में से कुछ भी नहीं पाई जाती है

203. सही कथन का चयन कीजिए
(a) समाज में सहयोग या संघर्ष पाया जाता है
(b) समाज में संघर्ष सर्वाधिक महत्त्वपूर्ण है
(c) समाज में न सहयोग और न ही संघर्ष पाया जाता है
(d) समाज में सहयोग एवं संघर्ष दोनों पाए जाते हैं

204. निम्नलिखित में से किन समूहों ने पिछड़े और रूढ़िवादी लोगों को जागरूक बनाने में महत्त्वपूर्ण योगदान दिया है?
(a) द्वितीयक समूह (b) सन्दर्भ समूह
(c) प्राथमिक समूह (d) औपचारिक समूह

205. सेण्डरसन ने संरचना की दृष्टि से सामाजिक समूहों के कितने प्रकार बताए हैं?
(a) छः (b) तीन (c) चार (d) दस

206. दबाव समूह के प्रमुख कार्य क्या हैं?
(a) प्रचार
(b) सम्पर्क, प्रदर्शन और रैली
(c) चुनाव कार्य
(d) उपरोक्त सभी

207. निम्नलिखित में से किस समूह से हम मान्यता, निष्ठा और सहायता की अपेक्षा रखते हैं?
(a) अन्तःसमूह (b) प्रकार्यात्मक समूह
(c) प्रकल्प समूह (d) गेसिल समूह

208. निम्नलिखित में से गलत कथन का चयन कीजिए
(a) समाज अमूर्त होता है
(b) समाज में समानता व असमानता दोनों ही पाई जाती हैं
(c) समाज में सहयोग के बजाय संघर्ष ज्यादा महत्त्वपूर्ण है
(d) समाज अन्योन्याश्रितता पर आधारित है

209. निम्नलिखित में से गलत वाक्य का चयन कीजिए
(a) समाज में सामाजिक सम्बन्धों का जाल है
(b) समाज मूर्त होता है
(c) सामाजिक सम्बन्धों के लिए पारस्परिक जागरूकता एक अनिवार्य दशा है
(d) समाज में संघर्ष सहयोग के अधीन है

210. पारस्परिक आदान-प्रदान का भाव समाज की एक प्रमुख विशेषता है। निम्नलिखित में से किसमें पारस्परिक आदान-प्रदान का भाव पाया जाता है
(a) खेल के मैदान की ओर जाते हुए निर्णायकों में
(b) खेल के मैदान की ओर जाती हुई टीम के खिलाड़ियों में
(c) खेल देखने हेतु टिकट खरीदते हुए लोगों में
(d) खेल के मैदान की ओर जाते हुए विद्यार्थियों में

211. निम्नलिखित में से कौन-सा विद्वान् यौन साम्यवाद सिद्धान्त का समर्थक नहीं है?
(a) मॉर्गन (b) लुवाक एवं फ्रेजर
(c) डी.एन. मजूमदार (d) ब्रिफाल्ट

212. परिवार की उत्पत्ति के सम्बन्ध में मातृसत्तात्मक सिद्धान्त का प्रतिपादन निम्नलिखित में से किस विद्वान् ने किया था?
(a) ब्रिफाल्ट (b) एलविन
(c) वेस्टरमार्क (d) टायलर

213. निम्न प्रकार के परिवारों में से भारतीय प्रकार का परिवार कौन-सा है?
(a) बहुमातृत्व (b) सहयोगी
(c) मातृवंशी (d) समान रुधिर परिवार

214. निम्नलिखित वाक्यों में से समाज की अवधारणा स्पष्ट करने वाले सही वाक्यों का चयन कीजिए
(a) समाज व्यक्तियों का संघ है
(b) समाज सामाजिक सम्बन्धों की व्यवस्था है
(c) समाज में सभी व्यक्तियों की मनोवृत्तियाँ तथा व्यवहार एक-दूसरे के समान होते हैं
(d) समाज का एक निश्चित भौगोलिक क्षेत्र होता है

215. "समाज रीतियों एवं कार्य-प्रणालियों की अधिकार एवं पारस्परिक सहायता की, अनेक समूहों तथा विभागों की, मानव व्यवहार के नियन्त्रणों तथा स्वतन्त्रताओं की एक व्यवस्था है। इस सदैव परिवर्तनशील, जटिल व्यवस्था को हम समाज कहते हैं। यह सामाजिक सम्बन्धों का जाल है और यह हमेशा परिवर्तित होता रहता है।" उपरोक्त परिभाषा निम्न में से किस समाजशास्त्री ने दी है?
(a) ग्रीन ने
(b) पारसन्स ने
(c) मैकाइवर एवं पेज ने
(d) गिडिंग्स ने

216. समाज के निम्न सात महत्त्वपूर्ण आधार या तत्त्व बताए गए हैं
(i) रीतियाँ
(ii) कार्य-प्रणालियाँ
(iii) अधिकार
(iv) पारस्परिक सहायता
(v) समूह एवं विभाग
(vi) मानव व्यवहार के नियन्त्रण
(vii) स्वतन्त्रता
इन आधारों का उल्लेख किस समाजशास्त्री ने किया है?
(a) राइट ने
(b) मैकाइवर एवं पेज ने
(c) जॉर्ज सिमल ने
(d) र्‍यूटर ने

217. निम्न में से तलाक का क्या अन्तर्निहित अर्थ है?
(a) पति का अधिकार
(b) पत्नी का अधिकार
(c) दोनों में से प्रत्येक का विशेषाधिकार
(d) विवाह का टूटना

218. निम्नलिखित में से कौन पारिवारिक जीवन को सुखी बनाता है?
(a) अपनी पत्नी या पति को समझाना
(b) परिवार के हित में 'जियो तथा जीने दो' के सिद्धान्त को मानना
(c) समझौता के क्षेत्र को विस्तृत करना तथा अन्तहीन बहस को समाप्त करना
(d) उपरोक्त सभी

219. विवाह एक महत्त्वपूर्ण संस्था क्यों है?
(a) क्योंकि यह पति-पत्नी के मध्य स्थाई बन्धन है
(b) क्योंकि इसका उद्देश्य सन्तानोत्पत्ति तथा बच्चों का लालन-पालन है
(c) क्योंकि लोगों में परिवार में रहने की आदत डालती है अतः इसके बिना रह नहीं सकते। यह यौन अनुशासन तथा सामाजिक समरसता के लिए आवश्यक है
(d) उपरोक्त सभी

220. निम्नलिखित में से कौन-सा कथन गलत है?
(a) परिवार अपने आदर्शों एवं मूल्यों के द्वारा प्रत्येक पीढ़ी में संस्कृति संचरण करने का महत्त्वपूर्ण कार्य करता है
(b) परिवार अपने सदस्यों में अनुशासन, समानता, स्वतन्त्रता और बन्धुत्व की भावना का विकास करके उन्हें सफल नागरिक के रूप में परिणत करता है
(c) परिवार के कारण ही जीवन के प्रत्येक पग पर धर्म एक आवश्यक तत्त्व के रूप में सामने आ जाता है और समस्त पारिवारिक आदर्श धर्म के ही प्रतिरूप बन जाते हैं
(d) परिवार नए सदस्यों को जन्म देकर समाज को अस्थाई बनाता है

221. वह कौन-सा परिवार है, जो सबसे छोटा है और इसके सदस्य केवल पति-पत्नी तथा उनके अविवाहित बच्चे ही हैं?
(a) संयुक्त परिवार
(b) मातृसत्तात्मक परिवार
(c) केन्द्रीय परिवार
(d) पितृसत्तात्मक परिवार

222. 'कन्टम्प्रेरी सोशियोलॉजिकल थ्यॉरीज' पुस्तक के रचयिता हैं
(a) ऑगबर्न (b) मर्टन
(c) सोरोकिन (d) पैरेटो

223. 'द फेथ ऑफ ए मॉडर्न इन्टलेकच्युअल' पुस्तक के लेखक का नाम बताइए
(a) लेपियर
(b) दुबे
(c) ए.के. सरन
(d) श्रीनिवास

224. 'थ्यॉरी ऑफ दी लेजर क्लास' पुस्तक किसने लिखी?
(a) वेब्लन (b) वेबर
(c) मर्टन (d) दुबे

225. 'डिक्शनरी ऑफ सोशियोलॉजी' किसने लिखी?
(a) मर्टन (b) फेयरचाइल्ड
(c) ऑगबर्न (d) फिचर

226. दुर्खीम के अनुसार आदिम समाजों में निम्नलिखित में से किस भावना की प्रधानता थी?
(a) व्यक्तिवाद की भावना
(b) समूहवाद की भावना
(c) आदर्शवाद की भावना
(d) उपरोक्त सभी

227. दुर्खीम ने आधुनिक समाजों में पाई जाने वाली एकता को निम्नलिखित में से किस नाम से सम्बोधित किया है?
(a) सावयवी एकता (b) यान्त्रिक एकता
(c) आधुनिक एकता (d) पश्चिमी एकता

228. फ्रांस का समाजशास्त्र विषय का पहला अध्यापक कौन था?
(a) ऑगस्ट कॉम्टे (b) विलियम वुण्ट
(c) पैरेटो (d) इमाइल दुर्खीम

229. दुर्खीम किस विद्वान् के विचारों से सबसे अधिक प्रभावित था?
(a) ऑगस्ट कॉम्टे (b) स्पेन्सर
(c) विलियम वुण्ट (d) कार्ल मार्क्स

230. निम्नलिखित में से कौन विवाह का महत्त्वपूर्ण कारण है?
(a) यौन सम्बन्ध
(b) सन्तानोत्पत्ति
(c) गृहस्थी स्थापित करना
(d) उपरोक्त सभी

231. निम्न में से संसार में सबसे अधिक प्रचलित विवाह का कौन-सा प्रकार है?
(a) बहु-भ्रातृत्व (b) एक विवाह
(c) मैत्री विवाह (d) प्रयोगात्मक विवाह

232. निम्नलिखित में से परिवार का समाजशास्त्रीय महत्त्व कौन-सा नहीं है?
(a) व्यक्ति का समाजीकरण
(b) सामाजिक नियन्त्रण
(c) चिकित्सा
(d) समाज का पद व कार्य प्रदान करने वाला प्रतिनिधि

233. प्राथमिक समूह की भौतिक विशेषताएँ क्या हैं?
(a) शारीरिक समीपता
(b) समूह का छोटा आकार
(c) सम्बन्धों में निरन्तरता एवं स्थिरता
(d) उपरोक्त सभी

234. निम्न में से कौन-सा द्वितीयक समूह नहीं है?
(a) राजनीतिक दल (b) एक नगर
(c) मजदूर यूनियन (d) ये सभी

235. 'छुओ और जाओ' का सम्बन्ध किस समूह की विशेषता है?
(a) द्वितीयक समूह (b) प्राथमिक समूह
(c) अर्द्धप्राथमिक समूह (d) आभासी समूह

236. समाजशास्त्र के विकास की द्वितीय अवस्था निम्नलिखित में से कौन-सी मानी जाती है?
(a) 5वीं शताब्दी से 12वीं शताब्दी तक
(b) 6ठीं शताब्दी से 13वीं शताब्दी तक
(c) 6ठीं शताब्दी से 14वीं शताब्दी तक
(d) 7वीं शताब्दी से 15वीं शताब्दी तक

237. स्वीडन में समाजशास्त्र विभाग कब स्थापित किया गया?
(a) 1909 (b) 1935 ई.
(c) 1947 ई. (d) 1949 ई.

238. भारतीय लोग निम्नलिखित में से किस आधार पर भारत में समाजशास्त्र का विकास चाहते हैं?
(a) परम्परा (b) चिन्तन
(c) संस्कृति (d) ये सभी

239. 'इण्ट्रोडक्शन टू सोशियोलॉजी' पुस्तक के लेखक का नाम क्या है?
(a) बॉटोमोर (b) डॉसन एवं गेटिस
(c) फेयरचाइल्ड (d) फर्फे

240. "क्रियात्मक अथवा व्यावहारिक समाज शास्त्र को ही अन्य नामों 'व्यावहारिक सामाजिक आचार शास्त्र' अथवा 'सामाजिक नीति' से सम्बोधित किया जा सकता है।" किसका कथन है?
(a) फोर्ड जेम्स (b) वेबर
(c) मार्क्स (d) मैकाइवर

241. 'रेडिकल सोशियोलॉजी' ने किस उपागम को अपना केन्द्र मानकर बुद्धिजीवियों, विद्यार्थियों और नीग्रोज को आकर्षित किया है?
(a) संरचनात्मक उपागम
(b) प्रकार्यात्मक उपागम
(c) संरचनात्मक-प्रकार्यात्मक उपागम
(d) संघर्ष उपागम

242. "समाजशास्त्र का सम्बन्ध, सामाजिक संस्थाओं और प्रक्रियाओं के अध्ययन से है।" यह परिभाषा निम्नलिखित में से किस समाजशास्त्री ने दी है?
(a) इमाइल दुर्खीम (b) एम. गिन्सबर्ग
(c) थॉमस मूर (d) जे. हटिंग्टन

243. समाजशास्त्र की अवधारणाओं का भ्रान्तिमय एवं अपने अर्थ में अनिश्चित और अनेकार्थ निम्नलिखित में से किसने माना है?
(a) इलियट एवं मेरिल (b) ब्लूमर
(c) हर्बर्ट स्पेन्सर (d) टॉयलर

244. भारत में समाजशास्त्र के विकास में किस विद्वान् का महत्त्वपूर्ण योगदान नहीं रहा है?
(a) वीरकान्त
(b) डॉ. राधाकमल मुकर्जी
(c) डॉ. जी.एस. घुरिये
(d) एम.एन. श्रीनिवास शास्त्री

245. समाजशास्त्र की वैज्ञानिक प्रकृति के विरुद्ध निम्न में से कौन-सी आपत्ति उठाई जाती है?
(a) यह प्राकृतिक विज्ञानों के समान अपनी अध्ययन वस्तु का वस्तुनिष्ठता के साथ अध्ययन नहीं कर सकता
(b) यह केवल सामाजिक समस्याओं पर ही विचार कर सकता है
(c) यह समाज में फैले अन्धविश्वासों और कुरीतियों पर ध्यान नहीं देता
(d) उपरोक्त में से कोई नहीं

246. समाजशास्त्र को सामाजिक विज्ञान बनाने में कौन-सी विशेषताएँ आवश्यक हैं?
(a) सैद्धान्तिक एवं संचित ज्ञान
(b) ऐतिहासिक एवं तुलनात्मक
(c) आनुभाविकता एवं गैर-नैतिकता
(d) 'a' तथा 'b' दोनों

247. निम्नलिखित में से कौन-से मानवीय व्यवहार समाजशास्त्र के अध्ययन क्षेत्र में नहीं आते हैं?
(a) सत्य (b) असत्य
(c) आंशिक सत्य (d) ज्ञात नहीं

248. प्राप्त तथ्यों को समान विशेषताओं के आधार पर विभिन्न वर्गों में व्यवस्थित करना क्या कहलाता है?
(a) सामान्यीकरण
(b) न्यस्तीकरण
(c) वर्गीकरण
(d) समूहीकरण

249. "सामाजिक सम्पर्क अन्तःक्रिया की प्रथम अवस्था है।" यह किसने कहा है?
(a) गिलिन एवं गिलिन
(b) ग्रीन
(c) लुण्डबर्ग
(d) मैकाइवर

250. सन् 1893 में दुर्खीम को पेरिस विश्वविद्यालय द्वारा किस विषय में शोध कार्य करने पर डॉक्टरेट प्रदान की गई थी?
(a) समाज में श्रम-विभाजन नामक कार्य पर
(b) आत्महत्या के सिद्धान्त के प्रतिपादन पर
(c) समाजशास्त्रीय पद्धति के नियम पर
(d) धर्म के समाजशास्त्र पर

251. सामाजिक तथ्य वे तथ्य हैं
(a) जो सामूहिक चेतना से सम्बन्धित हों
(b) जो व्यक्तिगत चेतना से स्वतन्त्र हों
(c) जिनके दबाव से व्यक्ति एवं समूह व्यवहार करते हैं
(d) उपरोक्त सभी

252. दुर्खीम के अनुसार आदिम समाजों में निम्नलिखित में से किस प्रकार की एकता पाई जाती थी?
(a) सावयवी एकता
(b) जैवकीय एकता
(c) आदिम एकता
(d) यान्त्रिक एकता

253. दुर्खीम की पुस्तक 'समाजशास्त्रीय पद्धति के नियम' का प्रकाशन किस वर्ष में हुआ
(a) 1890 ई. (b) 1892 ई.
(c) 1894 ई. (d) 1895 ई.

254. समाजशास्त्र के प्रोफेसर के नाम से पुकारा जाने वाला पहला व्यक्ति
(a) इमाइल दुर्खीम
(b) ऑगस्ट कॉम्टे
(c) कार्ल मार्क्स
(d) सोरोकिन

255. इमाइल दुर्खीम का जन्म फ्रांस के किस स्थान पर हुआ था?
(a) एपिनाल (b) वर्साय
(c) पेरिस (d) डेट्रायट

256. वेबर ने 'सामाजिक क्रिया' के कितने प्रकार बताए हैं?
(a) दो (b) तीन
(c) चार (d) पाँच

257. मैक्स वेबर का जन्म कहाँ हुआ था?
(a) जर्मनी में (b) फ्रांस में
(c) इंग्लैण्ड में (d) भारत में

258. दुर्खीम ने सामाजिक तथ्यों के अवलोकन के नियमों का उल्लेख अपनी किस पुस्तक में किया है?
(a) समाजशास्त्रीय पद्धति के नियम
(b) समाज में श्रम-विभाजन
(c) धार्मिक जीवन के प्रारम्भिक रूप
(d) आत्महत्या

259. दुर्खीम ने कितने प्रकार के समाजों का उल्लेख किया है?
(a) दो (b) तीन
(c) चार (d) पाँच

260. 'द्वन्द्वात्मक भौतिकवाद' की अवधारणा के प्रतिपादक कौन थे?
(a) कार्ल मार्क्स (b) वेबर
(c) मर्टन (d) बॉटोमोर

261. मार्क्स ने समाज में कितने वर्गों का उल्लेख किया है?
(a) दो (b) तीन
(c) चार (d) पाँच

262. 'आत्महत्या' सिद्धान्त के प्रतिपादक कौन थे?
(a) कार्ल मार्क्स (b) इमाइल दुर्खीम
(c) वेबर (d) मर्टन

263. 'सामाजिक तथ्य' की अवधारणा किसने दी?
(a) मार्क्स (b) वेबर
(c) दुर्खीम (d) मर्टन

264. "समाजशास्त्र परम्पराओं का अध्ययन है।" यह विचारधारा किस समाजशास्त्री की है?
(a) प्रो. डी.पी. मुखर्जी
(b) डॉ. एन. मजूमदार
(c) डॉ. जी.एस. घुरिये
(d) प्रो. एस.सी. दुबे

265. सामाजिक नियोजन के अन्तर्गत सम्मिलित क्षेत्र है/हैं
(a) ग्रामीण एवं नगरीय कल्याण
(b) दलित एवं कमजोर वर्गों का कल्याण
(c) मूलभूत सामाजिक सेवाएँ एवं सामाजिक कल्याण
(d) उपरोक्त सभी

266. सामाजिक समस्याओं को हल करने में आने वाली कठिनाइयों को प्रमुख रूप से उल्लिखित किया है
(a) गुडे ने (b) डिटमर ने
(c) जॉनसन ने (d) मूरे ने

267. 'सोशियोलॉजी: द स्टडी ऑफ ह्यूमन रिलेशन्स' पुस्तक किस विद्वान् ने लिखी है?
(a) ए.एम. रोज (b) ई.बी. टायलर
(c) ग्रीन (d) फेयरचाइल्ड

268. 'सोशल चेंज' नामक पुस्तक के लेखक का नाम क्या है?
(a) मूर (b) डेविस
(c) मॉर्गन (d) गिलिन

269. 'कल्चर एण्ड सोसायटी' नामक पुस्तक के लेखक का नाम क्या है?
(a) गिलिन एवं गिलिन
(b) बॉटोमोर
(c) मैरिल एवं एल्ड्रिज
(d) ब्रूम एवं सेल्जनिक

270. कौन-सी पुस्तक इमाइल दुर्खीम की नहीं है?
(a) समाज में श्रम-विभाजन
(b) आत्महत्या
(c) दास कैपिटल
(d) शिक्षा का समाजशास्त्र

271. 'समाजशास्त्रीय पद्धति के नियम' ग्रन्थ में कुल अध्याय हैं
(a) चार (b) पाँच
(c) छः (d) सात

272. दुर्खीम ने सामाजिक तथ्य की कितनी विशेषताओं का उल्लेख किया है?
(a) चार (b) आठ
(c) छः (d) दस

273. आधुनिक समाजवादी विचारधारा का पिता कौन है?
(a) कॉम्टे (b) कार्ल मार्क्स
(c) मर्टन (d) बॉटोमोर

274. 'समाजशास्त्र' शब्द की उत्पत्ति किस भाषा से हुई है?
(a) लैटिन (b) ग्रीक
(c) फ्रांसीसी (d) 'a' तथा 'b' से

275. समाजशास्त्र का शाब्दिक अर्थ है
(a) विज्ञानों का विज्ञान (b) समाज का विज्ञान
(c) साहित्य का अध्ययन (d) विज्ञान का अध्ययन

276. सामाजिक परिवर्तन के सिद्धान्त को प्रौद्योगिकी सिद्धान्त भी कहा
(a) कार्ल मार्क्स ने (b) दुर्खीम ने
(c) वेबर ने (d) कॉम्टे ने

उत्तरमाला

1. (d)	**2.** (b)	**3.** (d)	**4.** (d)	**5.** (c)	**6.** (b)	**7.** (a)	**8.** (d)	**9.** (c)	**10.** (b)
11. (a)	**12.** (d)	**13.** (c)	**14.** (b)	**15.** (b)	**16.** (a)	**17.** (c)	**18.** (d)	**19.** (b)	**20.** (a)
21. (c)	**22.** (b)	**23.** (c)	**24.** (c)	**25.** (d)	**26.** (a)	**27.** (b)	**28.** (b)	**29.** (c)	**30.** (b)
31. (b)	**32.** (a)	**33.** (c)	**34.** (d)	**35.** (b)	**36.** (a)	**37.** (c)	**38.** (b)	**39.** (d)	**40.** (c)
41. (d)	**42.** (d)	**43.** (d)	**44.** (b)	**45.** (c)	**46.** (d)	**47.** (b)	**48.** (a)	**49.** (c)	**50.** (d)
51. (b)	**52.** (a)	**53.** (d)	**54.** (d)	**55.** (c)	**56.** (d)	**57.** (d)	**58.** (b)	**59.** (b)	**60.** (d)
61. (d)	**62.** (d)	**63.** (a)	**64.** (b)	**65.** (d)	**66.** (d)	**67.** (d)	**68.** (b)	**69.** (c)	**70.** (a)
71. (a)	**72.** (d)	**73.** (d)	**74.** (d)	**75.** (a)	**76.** (b)	**77.** (d)	**78.** (c)	**79.** (d)	**80.** (d)
81. (a)	**82.** (b)	**83.** (b)	**84.** (a)	**85.** (c)	**86.** (d)	**87.** (b)	**88.** (d)	**89.** (d)	**90.** (c)
91. (d)	**92.** (a)	**93.** (b)	**94.** (a)	**95.** (c)	**96.** (a)	**97.** (d)	**98.** (c)	**99.** (b)	**100.** (b)
101. (a)	**102.** (c)	**103.** (a)	**104.** (d)	**105.** (d)	**106.** (d)	**107.** (b)	**108.** (a)	**109.** (b)	**110.** (c)
111. (a)	**112.** (b)	**113.** (a)	**114.** (d)	**115.** (b)	**116.** (d)	**117.** (a)	**118.** (d)	**119.** (b)	**120.** (b)
121. (d)	**122.** (a)	**123.** (d)	**124.** (d)	**125.** (b)	**126.** (c)	**127.** (a)	**128.** (c)	**129.** (a)	**130.** (c)
131. (d)	**132.** (c)	**133.** (a)	**134.** (c)	**135.** (b)	**136.** (a)	**137.** (b)	**138.** (d)	**139.** (d)	**140.** (b)
141. (a)	**142.** (d)	**143.** (c)	**144.** (a)	**145.** (b)	**146.** (a)	**147.** (d)	**148.** (d)	**149.** (d)	**150.** (c).
151. (d)	**152.** (b)	**153.** (d)	**154.** (d)	**155.** (d)	**156.** (c)	**157.** (a)	**158.** (a)	**159.** (d)	**160.** (c)
161. (b)	**162.** (b)	**163.** (d)	**164.** (a)	**165.** (a)	**166.** (d)	**167.** (a)	**168.** (b)	**169.** (d)	**170.** (d)
171. (d)	**172.** (c)	**173.** (d)	**174.** (d)	**175.** (d)	**176.** (a)	**177.** (b)	**178.** (c)	**179.** (c)	**180.** (b)
181. (a)	**182.** (b)	**183.** (c)	**184.** (c)	**185.** (b)	**186.** (a)	**187.** (a)	**188.** (d)	**189.** (c)	**190.** (d)
191. (c)	**192.** (d)	**193.** (b)	**194.** (c)	**195.** (a)	**196.** (d)	**197.** (c)	**198.** (b)	**199.** (a)	**200.** (a)
201. (d)	**202.** (c)	**203.** (d)	**204.** (a)	**205.** (c)	**206.** (d)	**207.** (a)	**208.** (c)	**209.** (b)	**210.** (b)
211. (c)	**212.** (a)	**213.** (d)	**214.** (b)	**215.** (c)	**216.** (b)	**217.** (d)	**218.** (d)	**219.** (d)	**220.** (d)
221. (c)	**222.** (c)	**223.** (c)	**224.** (a)	**225.** (b)	**226.** (b)	**227.** (a)	**228.** (d)	**229.** (a)	**230.** (d)
231. (b)	**232.** (c)	**233.** (d)	**234.** (d)	**235.** (a)	**236.** (c)	**237.** (c)	**238.** (d)	**239.** (b)	**240.** (a)
241. (d)	**242.** (a)	**243.** (b)	**244.** (a)	**245.** (a)	**246.** (d)	**247.** (a)	**248.** (c)	**249.** (a)	**250.** (a)
251. (d)	**252.** (d)	**253.** (d)	**254.** (a)	**255.** (a)	**256.** (c)	**257.** (a)	**258.** (a)	**259.** (c)	**260.** (a)
261. (a)	**262.** (b)	**263.** (c)	**264.** (a)	**265.** (d)	**266.** (c)	**267.** (a)	**268.** (a)	**269.** (c)	**270.** (c)
271. (c)	**272.** (b)	**273.** (b)	**274.** (d)	**275.** (b)	**276.** (a)				

अध्याय

7

दर्शनशास्त्र
Philosophy

अर्थ एवं परिभाषा

- दर्शन को अंग्रेजी भाषा में 'फिलॉसफी' के नाम से जाना जाता है। 'फिलॉसफी' (Philosophy) शब्द की उत्पत्ति ग्रीक शब्दों से हुई है। इसका अर्थ होता है 'ज्ञान का प्रेम' या 'ज्ञान का अन्वेषण' (Love of wisdom या Search for wisdom)। इस अर्थ के अनुसार, ज्ञान का प्रेमी या सत्य का अनुसन्धानकर्त्ता ही दार्शनिक है।
- **विलियम जेम्स** *"दर्शनशास्त्र स्पष्ट रूप से विचार करने का असाधारण रूप से आग्रहपूर्ण प्रयत्न है।"*
- **बी. रसेल** *"दर्शन की उत्पत्ति सत्य की खोज के लिए किये गए असाधारण रूप से आग्रहपूर्ण प्रयत्न से होती है।"*
- **दर्शन की विशेषताएँ** 1. यह विश्व को इसकी समग्रता या सम्पूर्णता में लेकर इसका अध्ययन करता है। 2. दार्शनिक चिन्तन बौद्धिक है। 3. दार्शनिक चिन्तन निष्पक्ष होता है। 4. दार्शनिक चिन्तन का व्यावहारिक उद्देश्य होता है।
- भारतीय विचारकों के अनुसार 'दर्शन' का अर्थ उस विधा से है, जिसके द्वारा सत्य का साक्षात्कार सम्भव होता है।
- मोक्ष को जीवन का सर्वोच्च आदर्श बताने के कारण भारतीय दर्शन को मोक्ष दर्शन भी कहा जाता है।

दर्शन की शाखाएँ

तत्त्व-विज्ञान या तत्त्वमीमांसा Metaphysics or Ontology

'Metaphysics' का शाब्दिक अर्थ है—'वह विद्या जो भौतिक विज्ञान के बाद आए' (Meta = After, Physics = The science of the physical world)। 'मेटाफिजिक्स' का यह अर्थ उचित ही है। भौतिक विज्ञान दृश्यजगत की व्याख्या तक ही सीमित है, किन्तु तत्त्वमीमांसा (metaphysics) दृश्यजगत अर्थात् भौतिक संसार के परे तत्त्व की खोज करता है। इसमें परम तत्त्व (ultimate reality) का अध्ययन होता है। इसलिए इसे तत्त्व-मीमांसा (Ontology) भी कहते हैं।

ब्रह्माण्डिकी मीमांसा Cosmology

विश्व-विज्ञान या ब्रह्माण्डिकी मीमांसा उस दार्शनिक चिन्तन को कहते हैं, जिसमें विश्व-सम्बन्धी समस्याओं के समाधान ढूँढ़ने का प्रयास किया जाता है। 'Cosmology' शब्द का अर्थ है Cosmos (विश्व) + logy (शास्त्र)। इस शास्त्र में इन प्रमुख प्रश्नों पर विचार किया जाता है—विश्व की रचना किसी ने की है या यह स्वयं बना है? क्या विश्व स्थायी (static) है या सतत् विकासशील (ever progressing) है? आदि।

ईश्वरमीमांसा Theology

Theology शब्द का अर्थ है Theos (= God) + logos (= Study) अर्थात् ईश्वर-विद्या या ईश्वरमीमांसा। सभी धर्मों का आधार ईश्वर या अन्य असीम सत्ता (Infinite being) के अस्तित्व में विश्वास माना जाता है। ईश्वरमीमांसा धर्म या ईश्वर-सम्बन्धी मूल समस्याओं का विवेचन करता है।

ज्ञानमीमांसा Epistemology

Epistemology का अर्थ है—Epistem (= Knowledge) + logos (= Theory); अर्थात् ज्ञानमीमांसा या ज्ञान-शास्त्र। इसमें ज्ञान-विषयक समस्याओं पर विचार किया जाता है।

तर्कशास्त्र Logic

दर्शन के अधिकांश प्रश्नों के उत्तर अनुभव द्वारा नहीं मिल सकते हैं। इनके समाधान के लिए तर्क का सहारा लेना पड़ता है। इसी कारण तर्कशास्त्र दर्शनशास्त्र की एक महत्त्वपूर्ण शाखा है।

नीतिशास्त्र Ethics

इसमें नैतिक चेतना (moral consciousness) का अध्ययन किया जाता है। इसमें उचित-अनुचित (right and wrong), नैतिक-अनैतिक (moral and immoral), शुभ और अशुभ (good and evil) आदि का विवेचन किया जाता है।

सौन्दर्यशास्त्र Aesthetics

वैसे तो सौन्दर्य (beauty) का विवेचन प्राचीनकाल में ही आरम्भ हो गया था; किन्तु इसके लिए 'aesthetics' का सर्वप्रथम प्रयोग **ए. जी. बामगार्टन** (A. G. Baumgarten) ने किया था। सौन्दर्यानुभूति प्रत्येक व्यक्ति को किसी-न-किसी रूप में होती है। किसी को कोई वस्तु सुन्दर लगती है तो किसी को असुन्दर। सौन्दर्यानुभूति का विश्लेषण करके सुन्दर और असुन्दर का निर्णय करना सौन्दर्यशास्त्र का लक्ष्य है।

मूल्यमीमांसा Axiology

इसमें मूल्यों (values) का अध्ययन किया जाता है, इसमें मूल्य-विशेष (particular values) का नहीं, बल्कि मूल्य-सामान्य (value as such) का विवेचन होता है।

राजनीतिक दर्शन Political Philosophy

राजनीति-शास्त्र का सम्बन्ध मनुष्य की राजनीतिक व्यवस्थाओं या संस्थाओं से रहता है।

समाजदर्शन Social Philosophy

समाजदर्शन में सामाजिक संस्थाओं और समस्याओं का अध्ययन दार्शनिक दृष्टिकोण से होता है।

दर्शन सम्बन्धी पाश्चात्य एवं भारतीय दृष्टिकोणों में अन्तर

क्र.सं.	पाश्चात्य दृष्टिकोण	क्र.सं.	भारतीय दृष्टिकोण
1.	सैद्धान्तिक	1.	व्यावहारिक
2.	वैज्ञानिक	2.	धार्मिक
3.	बौद्धिक ज्ञान की प्रधानता	3.	आध्यात्मिक ज्ञान की प्रधानता
4.	विश्लेषणात्मक	4.	संश्लेषणात्मक
5.	इहलोक (This world) एवं वर्तमान काल पर जोर	5.	इहलोक एवं परलोक के साथ-साथ भूत, वर्तमान एवं भविष्य काल पर जोर
6.	आशावादी	6.	निराशावादी
7.	सामाजिक संगठन को प्रधानता	7.	सामाजिक संगठन का गौण महत्त्व

पाश्चात्य दर्शन

ऐतिहासिक दृष्टि से पाश्चात्य दर्शन का विभाजन

काल के अनुसार पाश्चात्य दर्शन छ: युगों में विभाजित किया जा सकता है। ये युग इस प्रकार हैं

1. ग्रीक युग

ईसा से छठी शताब्दी पूर्व से चौथी शताब्दी तक ग्रीक युग कहलाता है। इसी युग में पाश्चात्य दर्शन का आरम्भ यूनान में हुआ। यहाँ सर्वप्रथम जड़ जगत का विवेचन किया जाता है। **थेल्स** (Thales) से **डेमोक्राइटस** (Democritus) का दर्शन जड़-जगत का दर्शन कहा जा सकता है। इसमें ब्रह्माण्डिकी मीमांसा (Consmology) पर विशेष जोर दिया जाता है।

सुकरात (Socrates), **प्लेटो** (Plato), **अरस्तू** (Aristotle) इस युग के महान् विचारक माने जाते हैं। प्लेटो तथा अरस्तू के दर्शन समन्वयात्मक दर्शन के ज्वलन्त उदाहरण कहे जा सकते हैं। इनके दर्शनों में वस्तुनिष्ठा, आत्मनिष्ठा तथा तत्त्वनिष्ठा का अद्‌भुत संगम दिख पड़ता है। यहाँ दर्शन धर्म से स्वतन्त्र रहकर अग्रसर होता दिख पड़ता है।

2. मध्य युग

पाँचवीं शताब्दी से चौदहवीं शताब्दी तक का युग मध्ययुग कहलाता है। लगभग एक हजार वर्ष तक दर्शन स्वतन्त्र रूप से विचरण करता हुआ पुन: ईसाई धर्म का अनुयायी बन जाता है। यहाँ दर्शन कैथोलिक चर्च के आदर्शों का गुलाम हो जाता है। यह 'अन्धकार का युग' (Dark period) कहा जाता है। इस युग को 'शास्त्रीय युग' (Scholastic period) भी कहते हैं। **सन्त ऑगस्टीन, एक्विनॉस** और **एन्सेलम** इस युग के महान् धार्मिक विचारक हैं।

3. सन्धि काल

पन्द्रहवीं शताब्दी के मध्य से लेकर सत्रहवीं शताब्दी के मध्य तक का काल (1450-1644) 'सन्धि काल' कहा जाता है। यह सांस्कृतिक पुनर्जागरण और धार्मिक सुधार का इतिहास है। यहाँ धार्मिक प्रभावों में कमी होने लगती है। निकोलस ऑफ क्यूसा (Nicholas of Cusa) से लेकर फ्रांसिस बेकन (Francis Bacon) तक का इतिहास सन्धि काल का इतिहास है।

4. आधुनिक युग

सत्रहवीं शताब्दी से लेकर अठारहवीं शताब्दी तक का काल आधुनिक युग कहलाता है। पाश्चात्य दर्शन के इतिहास का आधुनिक युग प्राय: देकार्त (Descartes) से आरम्भ होता है। इन्होंने सन्देह विधि (Method of doubt) द्वारा दर्शन को अन्धविश्वासों एवं रूढ़िवादिता से मुक्त किया। उन्होंने अपना **कॉगिटो अरगो सुम** (Cogito ergo sum) का सिद्धान्त प्रतिपादित किया। डेकार्त के साथ-साथ **स्पिनोजा** (Spinoza) तथा **लाइबनिज** (Leibintz) ने भी बुद्धि एवं विवेक को ज्ञान का सही स्रोत बताया। दूसरी ओर, **लॉक** (Locke), **बर्कले** (Berkelay) तथा **ह्यूम** (Hume) ने अनुभव या प्रत्यक्ष को ज्ञान का एकमात्र साधन माना। बुद्धिवाद तथा अनुभववाद जैसे परस्पर विरोधी सिद्धान्तों में **काण्ट** (Kant) ने समन्वय लाने का अथक प्रयास किया। यह युग गणित एवं विज्ञान के प्रभावों से ओत-प्रोत है। काण्ट के बाद के दार्शनिकों (जैसे **हीगल** एवं **ब्रैडले**) पर विकासवादी प्रभाव स्पष्ट दिख पड़ता है। काण्ट के बाद हीगल से बड़ा दार्शनिक शायद ही कोई हुआ हो।

5. अर्वाचीन युग

उन्नीसवीं शताब्दी का दर्शन अर्वाचीन दर्शन कहलाता है। यह दर्शन हीगल के विज्ञानवाद (Idealism), सर्वेश्वरवाद (Pantheism), बुद्धिवाद (Rationalism) तथा प्रागानुभविक पद्धति (a-priori method) की प्रतिक्रिया के रूप में विकसित हुआ।

6. समसामयिक युग

बीसवीं शताब्दी का दर्शन समसामयिक दर्शन कहलाता है। विज्ञान एवं गणित से यह पूर्णत: प्रभावित है। इस युग का आरम्भ **बर्ट्रेंड रसेल** (Bertrand Russell) से होता है। रसेल और इनके गुरु **ह्वाइटहेड** (A.N. Whitehead) नई अनुभववादी क्रान्ति के जनक माने जाते हैं।

समसामयिक दर्शन के चार प्रमुख पक्ष हैं

- वस्तुवादी पक्ष Realistic Phase—**रसेल** एवं **मूर** (G.E.Moore) इसके प्रतिनिधि विचारक हैं। **ग्रीन** तथा **ब्रैडले** के विज्ञानवाद (Idealism) के विरुद्ध इन दोनों विचारकों ने वस्तुवाद (Realism) का प्रतिपादन किया।
- **विश्लेषणात्मक पक्ष** Analytic Phase— रसेल इस पक्ष को 'तार्किक विश्लेषण का दर्शन (Philosophy of Logical Analysis) कहते हैं। इसका आरम्भ रसेल के तार्किक परमाणुवाद (Logical atomism) से होता है।
- भाषिक दर्शन-पक्ष Linguistic Philosophy —इस दर्शन का केन्द्र ऑक्सफोर्ड माना जाता है। **विटगेन्सटीन** का दार्शनिक अन्वेषण (Philosophical Investigation) और **राइल** (Ryle) का 'आत्मा का प्रत्यय' (Concept of mind) इस दर्शन की प्रतिनिधि रचनाएँ हैं।
- **निकायात्मक पक्ष** Systematic Phase— भाषिक दर्शन के प्रति उत्पन्न अरुचि ने विचारकों को प्राचीन निकायों की ओर लौटने की प्रेरणा दी है। यह प्रवृत्ति **आस्टिन** (J.L. Austin) की मृत्यु (1960 ई.) के बाद दिख पड़ी है। **पॉपर** (Popper), **स्ट्रॉसन** (Strawson) तथा **हैम्पशायर** (Hampshire) इस पक्ष के प्रमुख प्रतिपादक हैं।

आधुनिक पाश्चात्य दर्शन की सामान्य विशेषताएँ

1. प्राचीन परम्परा का विरोधी 2. बौद्धिकता 3. विज्ञान का प्रभाव 4. व्यावहारिक विज्ञान के अनुगमन का परिणाम 5. सर्वव्यापकता 6. व्यक्तिवाद 7. आत्मवाद 8. नूतन पद्धतियों का अन्वेषण और प्रयोग 9. ज्ञान-मीमांसा 10. समन्वयवादी मान्यता 11. भाषा-विश्लेषण।

- आधुनिक पाश्चात्य दर्शन में मुख्यत: दो सम्प्रदाय पाए जाते हैं—बुद्धिवाद (Rationalism) एवं अनुभववाद (Empiricism)। ये दोनों सम्प्रदाय परस्पर विरोधी हैं।
- पारमेनाइड्स, सुकरात, प्लेटो, देकार्त, स्पिनोजा हीगल तथा लाइबनिज बुद्धिवादी सम्प्रदाय के समर्थक हैं।
- प्रोटागोरस, लॉक, बर्कले और ह्यूम अनुभववादी सम्प्रदाय से सम्बन्धित हैं।
- बुद्धिवाद वह सिद्धान्त है जिसके अनुसार बुद्धि, ज्ञान-प्राप्ति का एकमात्र साधन या स्रोत है। बुद्धिवादियों के अनुसार अनुभव के द्वारा ज्ञान कदापि नहीं मिल सकता।
- अनुभववाद वह सिद्धान्त है जिसके अनुसार ज्ञान प्राप्ति का एक मात्र साधन या स्रोत अनुभव है। अनुभववादियों के अनुसार अनुभव के अतिरिक्त ज्ञान का कोई अन्य साधन नहीं है।

बुद्धिवाद एवं अनुभववाद में अन्तर

बुद्धिवाद	अनुभववाद
बुद्धिवाद के अनुसार केवल बुद्धि ही ज्ञान प्राप्ति का साधन है।	*अनुभववाद के अनुसार केवल अनुभव ही ज्ञान प्राप्ति का साधन है।*
ज्ञान के निर्मायक तत्त्व (Constituent elements) जन्मजात हैं।	*ज्ञान अर्जित (acquired) है। अनुभवों के साथ ही साथ मस्तिष्क में प्रत्ययों का समावेश होता है।*
बुद्धि या मन को सदैव सक्रिय मानता है।	*बुद्धि को निष्क्रिय मानता है।*
निगमनात्मक विधि को मान्यता देता है।	*आगमनात्मक विधि को मान्यता देता है।*
धारणात्मक विज्ञान को अपना आदर्श मानता है।	*वस्तुनिष्ठ विज्ञान को अपना आदर्श मानता है।*
दर्शन का लक्ष्य सार्वभौम, अनिवार्य एवं निश्चित ज्ञान की प्राप्ति है।	*दर्शन का लक्ष्य सम्भाव्य ज्ञान की प्राप्ति है।*

ग्रीक युग के विचारक

सुकरात

- सुकरात का जन्म एथेन्स के एक निर्धन परिवार में हुआ था। वे सत्य एवं सदाचार के प्रतीक थे।
- सुकरात ने कहा था—'मैं केवल इतना जानता हूँ कि मैं कुछ नहीं जानता'
- सुकरात पर एथेन्स के युवकों को गुमराह करके राज्य के विरूद्ध उकसाने और राष्ट्रीय देवताओं की उपेक्षा करने का आरोप लगाकर मृत्युदण्ड (विषपान द्वारा) दिया गया।
- सुकरात के प्रसिद्ध कथन हैं
  'स्वयं को जानो' 'ज्ञान सद्गुण है।'
  'ज्ञान सम्प्रत्यात्मक होता है।' 'अज्ञान सबसे बड़ा पाप है।'
- सुकरात से पूर्व अन्धकार युग था। सुकरात ने सर्वोत्तम युग को जन्म दिया, जिसे ग्रीक दर्शन का स्वर्ण युग कहा गया।
- सुकरात ने नीतिमीमांसा और ज्ञानमीमांसा के क्षेत्र में नवीन मानकों को स्थापित किया।
- सुकरात ने नैतिक जीवन को परम शुभ माना है।
- सुकरात ने ज्ञान के व्यावहारिक पक्ष पर बल दिया है।

प्लेटो

- प्लेटो का जन्म 428 ई.पू. में एथेन्स के एक सम्पन्न कुलीन परिवार में हुआ।
- प्लेटो का प्रमुख सिद्धान्त 'दार्शनिक राजा का सिद्धान्त' है।
- प्लेटो की रचनाएँ हैं—रिपब्लिक, एपोलॉजी, थीटिटस, लेकीज, फीड़ो, फिलेबुस, आदि।
- प्लेटो के दर्शन में पूर्ववर्ती सभी दार्शनिकों यथा-सुकरात का प्रत्ययवाद, हेराक्लिज का सम्भूति सिद्धान्त, पार्मेनाइडीज का सत् एवं पाइथागोरस का समन्वय होने के कारण उसे पूर्ण ग्रीक दार्शनिक कहते हैं।
- प्लेटो को काण्ट का पूर्वगामी एवं बर्कले का मानस पिता कहा जाता है।
- प्लेटो के दर्शन का केन्द्रीय विचार प्रत्ययवाद है।
- प्लेटो ने समस्त प्रत्ययों को वस्तुनिष्ठ माना है।
- प्लेटो की अन्तिम आलोचना से अरस्तू के द्रव्य विचार का आरम्भ होता है।
- प्लेटो सुकरात का शिष्य था।
- प्लेटो ने प्रत्यक्ष एवं मत को ज्ञान नहीं माना है।
- प्लेटो के अनुसार ज्ञान बौद्धिक विश्वास एवं सत्य से भिन्न होता है।
- प्लेटो इन्द्रिय जगत् (भौतिक जगत्) को अतीन्द्रिय जगत् (पारलौकिक जगत्) की अनुकृति (नकल) मानते हैं।
- प्लेटो ने प्रत्ययों को देशकाल से परे एवं अदृश्य माना है।
- प्लेटो ने सृष्टि की पौराणिक एवं आलंकारिक व्याख्या दी है।
- प्लेटो के अनुसार ईश्वर सृष्टि की रचना पूर्णतातिरेक के कारण करता है।

अरस्तू

- अरस्तू प्लेटो का शिष्य था। अरस्तू ने प्लेटो की मृत्यु के बाद एथेन्स छोड़ दिया।
- अरस्तू सिकन्दर का गुरू था।
- अरस्तू ने दर्शन के साथ-साथ ज्ञान-विज्ञान की सभी विद्याओं का चिन्तन किया। इसी कारण मध्ययुग में उसे 'ज्ञानियों का सम्राट' और 'ग्रीक शिरोमणि' कहा जाता है।
- अरस्तू के प्रमुख ग्रन्थ हैं—यूडीयस, ऑन हेवेन्स, निकोमेकियन एथिक्स, ऑन क्रिएशन एण्ड डेस्ट्रक्शन, नीतिशास्त्र पर पुस्तकें, राजनीति शास्त्र पर पुस्तकें आदि।
- अरस्तू मध्यम मार्ग के समर्थक थे। दो अतिवादी विचार धाराओं का समन्वय ही मध्यम मार्ग है।
- अरस्तू को The Master की उपाधि दी गई।
- अरस्तू ने प्लेटो के विज्ञानवाद सिद्धान्त का खण्डन किया।
- अरस्तू से पूर्व के सभी दार्शनिक तुतलाते हुए दार्शनिक कहलाते हैं, क्योंकि अरस्तू ने पूर्ववर्ती सभी दार्शनिकों के विचारों का समन्वय किया।
- अरस्तू के दर्शन में बुद्धि एवं अनुभव का समन्वय दिखाई देता है।
- अरस्तू के अनुसार, ईश्वर जगत् को वैसे ही गतिशील बनाता है जैसे—प्रेमिका, प्रेमी को।
- अरस्तू सामान्यों के पृथक अस्तित्व स्वीकार नहीं करता।

* उसके अनुसार प्रत्येक वस्तु एक सामान्य एवं एक विशेष वस्तु होती है।
* अरस्तू ने विश्व की व्याख्या के लिए मैटर तथा आकार की बात की है।
* अरस्तू के बताए विकास क्रम में नीचे से ऊपर जाने पर क्रमश: वस्तुओं में पदार्थ की मात्रा घटती जाती है एवं आकार की मात्रा बढ़ती जाती है।
* कारण-सम्बन्ध कार्य के सम्बन्ध में अरस्तू ने वस्तु की उत्पत्ति के मूल में चार कारणों को माना है। उपादान कारण, निमित्त कारण, आकारिक कारण तथा अन्तिम कारण।
* उपादान कारण से आशय सामग्री से है, जो आकार ग्रहण करती है। अन्तिम कारण वह लक्ष्य है जिसकी प्राप्ति के लिए कर्ता कर्म करता है।

महत्त्वपूर्ण पाश्चात्य विचारक

फ्रांसिस बेकन (1561-1626 ई.)

आधुनिक अनुभववादी विचारधारा के प्रवर्तकों में इनका नाम अग्रणी है।

* ये इंग्लैण्ड के सर निकोलस बेकन के पुत्र जो ब्रिटेन की साम्राज्ञी एलिजाबेथ प्रथम के 'लॉर्ड कीपर ऑफ द सील' थे।
* इनमें विरोधी गुणों का मिश्रण था, जिसे देखकर 'पोप' नामक कवि ने इन्हें 'The greatest, brightest, meanest of mankind' की संज्ञा दी।
* इनकी रचनाओं में निबन्ध संग्रह (Essays) अंग्रेजी साहित्य की अमूल्य निधि है।
* इनकी दार्शनिक कृतियों में ज्ञान का विकास (Advancement of learning) और नूतन तर्क पद्धति (Novum organum) उल्लेखनीय हैं।
* बेकन ने धर्म की दासता से दर्शन को मुक्त कराने का प्रयास किया।
* बेकन ने निगमन की अपेक्षा आगमन को प्रश्रय दिया।

बेकन ने अन्धविश्वासों के चार प्रकारों का उल्लेख किया है

(i) जातीय अन्धविश्वास (ii) गुहा अर्थात् व्यक्तिगत अन्धविश्वास (iii) बाजारू अर्थात् भाषा सम्बन्धी अन्धविश्वास (iv) नाटक अर्थात् आगमों के अन्धविश्वास

रेने देकार्त (1596-1650 ई.)

* देकार्त को बुद्धिवाद और आधुनिक दर्शन का जनक कहा जाता है।
* देकार्त का जन्म 31 मार्च, 1596 को फ्रांस के तुरिन नामक शहर में हुआ था।
* उनकी रचनाओं में 'बुद्धि के निर्देश के नियम' (Rules for the Direction of the mind), 'जगत' (Le monde), प्रणाली का विमर्श (Discourse of method), मौजायनी (Dioptric), उल्काएँ (Meteors) ज्यामिति (Geometry), प्राथमिक दर्शन की साधना (Meditations on first philosophy)। दर्शन के सिद्धान्त (Principia philosophia), मन की वासनाएँ (Passions of the sould) आदि उल्लेखनीय हैं।
* देकार्त की **सन्देह-पद्धति** आधुनिक दर्शन के लिए बहुत बड़ी देन है।
* देकार्त के शब्दों में, "मैं सोचता हूँ। इसलिए मैं हूँ।" (Cogito Ergo Sum I Think There fore I Exit)। यह उनका प्रथम आर्य सत्य है। देकार्त को द्वैतवादी विचारक माना जाता है। वे ईश्वर को प्रधान पदार्थ तथा मन एवं शरीर को गौण पदार्थ बतलाते हैं।
* देकार्त ने आत्मा, ईश्वर तथा विश्व की सत्ता को श्रुतियों एवं आस्था के आधार पर सिद्ध न करके विशुद्ध तर्क के आधार पर सिद्ध किया। आत्मा की सत्ता सिद्ध करने के लिए उन्होंने 'चिन्तयामि, अत: अस्मि (Cogito Ergo Sum) का सूत्र प्रदान किया।

बेनेडिक्टस स्पिनोज (1632-1677 ई.)

* स्पिनोजा का जन्म हॉलैण्ड के एम्सस्टरडम में एक यहूदी परिवार में 1632 ई. में हुआ था। अपने क्रान्तिकारी विचारों के कारण इन्होंने धार्मिक अन्धविश्वासों का विरोध किया।
* उनकी रुचि दर्शन एवं गणित में एक जैसी थी। उनके अनेक ग्रन्थों में नीतिशास्त्र (Ethis) सर्वश्रेष्ठ है।
* उन्होंने दर्शनशास्त्र में ज्यामिति विधि अपनाकर उसमें निश्चयात्मकता एवं प्रामाणिकता लाने का प्रयास किया।
* स्पिनोजा को 'सर्वेश्वरवादी' कहा गया है। उनके दर्शन में ईश्वर को छोड़ सारी चीजें मिथ्या ठहरती हैं। सर्वेश्वरवादी के अनुसार सारी प्रकृति ही ईश्वर है। ईश्वर एवं प्रकृति में कोई भेद नहीं है।
* इनके अनुसार ज्ञान सुस्पष्ट, सुभिन्न, सार्वभौम एवं अनिवार्य पदार्थ के चार तत्त्व की चेतना है। ऐसे ज्ञान की प्राप्ति जन्मजात प्रत्ययों से होती है।
* इनके दर्शन में आत्मनिष्ठता का कोई स्थान नहीं है। इनके अनुसार गुण निश्चय ही वस्तुनिष्ठ हैं।

गॉटफ्रिड विलहेलम लाइबनिज (1646-1716 ई.)

* अरस्तू के बाद सर्वतोन्मुखी प्रतिभासम्पन्न पाश्चात्य दर्शन के विचारकों में इनका नाम विशेष रूप से उल्लेखनीय है।
* इनका जन्म जर्मनी के लिपजिग नगर में 1646 ई. में हुआ था।
* उनकी रचनाओं में चिदणुशास्त्र या मोनाडोलोजी (Monadology), प्रकृति एवं अनुग्रह के सिद्धान्त या प्रिन्सिपल्स ऑफ नेचर एण्ड ग्रेस' (Principles of Nature and Grace), तत्त्वविज्ञान का विमर्श या 'डिस्कोर्स ऑन मेटाफिजिक्स' (Discourse on Metaphysics), थियोडेसी' (Theodicee) आदि प्रमुख हैं।
* ये न तो द्वैतवादी हैं और न अद्वैतवादी। इनके अनुसार असंख्य द्रव्य हैं। ये आध्यात्मिक हैं। उन्होंने इन द्रव्यों को चिदणु (Monads) की संज्ञा दी है।
* *इनके अनुसार तीन प्रकार के अशुभ (Evil) होते हैं*—(i) दार्शनिक अशुभ (ii) भौतिक अशुभ एवं (iii) नैतिक अशुभ।
* उन्होंने 'पूर्व-स्थापित सामंजस्यवाद' का प्रतिपादन किया।

जॉन लॉक (1632-1704 ई.)

* ये इंग्लैण्ड के प्रथम महान् अनुभववादी विचारक थे।
* इन्होंने ही अनुभववाद की नींव डाली थी।
* इनकी रचनाओं में मानव बुद्धि से सम्बद्ध निबन्ध (Essay Concerning Human Understanding), शासन पर दो निबन्ध (Two Treatises on Government), शिक्षा पर विचार (Thoughts on Education), बुद्धि का आचरण (Conduct of Understanding) आदि प्रमुख हैं।
* इनके अनुसार बुद्धि अनुभव से प्राप्त प्रत्ययों को निष्क्रिय रूप से ग्रहण करती है।
* लॉक दो प्रकार के अनुभव मानते हैं—संवेदन एवं अन्त: प्रेक्षण।
* संवेदन इन्द्रियों द्वारा होते हैं और ये बाह्य वस्तुओं के गुणों को व्यक्त करते हैं।
* अत: प्रेक्षण आन्तरिक निरीक्षण है। इससे संकल्प, विचार आदि मनोदशाओं की अभिव्यक्ति होती है।
* इनके अनुसार ज्ञान स्वत: सत्य होता है, ज्ञान स्वभावत: असत्य या मिथ्या नहीं होता।

इनके अनुसार ज्ञान की तीन अवस्थाएँ हैं

(i) प्रातिभ ज्ञान (ii) यौक्तिक ज्ञान (iii) संवित्त ज्ञान।

लॉक के अनुसार ज्ञान के तीन प्रकार हैं

(i) अपरोक्ष या प्रातिभ ज्ञान (ii) निर्देशात्मक ज्ञान (iii) संवेदन ज्ञान

- लॉक ने जड़ द्रव्य या भौतिक द्रव्य की सत्ता स्वीकार की है।
- इनके अनुसार आत्मा विषय एवं विषय दोनों हैं।
- उन्होंने ईश्वर की मान्यता को स्वीकार किया है।
- लॉक के राजनीतिक विचार प्राय: तीन संकल्पनाओं-स्वीकृति, स्वातन्त्र्य एवं समानता के इर्द-गिर्द ही रहे। उन्होंने राज्य के दैविक अधिकार के सिद्धान्त का खण्डन किया है।

इमैनुअल काण्ट (1724-1804 ई.)

- काण्ट का जन्म जर्मनी के कोनिग्जबर्ग नगर में 1724 ई. में हुआ था।
- उनकी रचनाओं में—शुद्ध ज्ञान की समीक्षा (Critique of Pure Reason), आचारमूलक ज्ञान की समीक्षा (Critique of Practical Reason) कला और सौन्दर्यमूलक ज्ञान की समीक्षा (Critique of Judgement), Prolegomena to Any Future Metaphysics. Fundamental Principles of the metaphysics of Morals. Religion within the Limits of Reason Alone आदि प्रमुख हैं।
- काण्ट ने बुद्धिवाद एवं अनुभववाद में समन्वय लाने का प्रयास किया। इसलिए उन्हें समन्वयवादी भी कहा गया है।
- इनके दर्शन को समीक्षात्मक एवं अतीन्द्रिय विज्ञानवाद कहा गया है।
- उनके दर्शन को समीक्षात्मक इसलिए कहा गया है कि उन्होंने बुद्धिवाद एवं अनुभववाद के दोषों को दूर करने एवं उनके बीच समन्वय लाने का प्रयास किया है।
- उनके दर्शन को 'अतीन्द्रिय' इसलिए कहा जाता है कि बुद्धि विकल्प अतीन्द्रिय या अनुभव के परे है। स्वयं अनुभव इन अतीन्द्रियों विकल्पों पर आधृत हैं।
- काण्ट का कहना है कि बुद्धि प्रागानुभाविक आकारों के आधार पर संवेदनों को परस्पर सम्बद्ध एवं व्यवस्थित बनाती है। तभी जाकर ज्ञान निर्मित होता है।
- उनके अनुसार ज्ञान विकल्प अनुभव से नहीं प्राप्त होते थे, बुद्धि में ही निहित हैं। ये विकल्प निर्णय की क्षमता है। जितने प्रकार के निर्णय हैं, उतने ही प्रकार के विकल्प हैं।
- काण्ट ने अरस्तू के बारह प्रकार के निर्णयों के आधार पर बुद्धि के बारह प्रागानुभाविक विकल्पों को प्रतिपादित किया है।
- उनके अनुसार बुद्धि के सभी कार्य निर्णयात्मक होते हैं। इसीलिए बुद्धि को निर्णयशक्ति का आधार कहा जा सकता है।
- काण्ट का कहना है कि यथार्थ वस्तु अज्ञात और अज्ञेय है। यह हमारे ज्ञान की सीमा के बाहर है। उनका यह विचार अज्ञेयवाद (agnosticism) कहलाता है।
- काण्ट के अज्ञेयवाद को सन्देहवाद की भाँति आत्मघाती कहा गया है।
- उनके अनुसार, बुद्धि प्रकृति का निर्माण करती है। इस सम्बन्ध में काण्ट की प्रसिद्ध उक्ति है—"बुद्धि प्रकृति को उन सामग्रियों से बनाती है, जो बुद्धि द्वारा निर्मित नहीं है।"
- काण्ट के नीतिशास्त्र के अनुसार मानव जीवन में वासनाओं के महत्त्व को अस्वीकार तो नहीं किया जा सकता, किन्तु इन्हीं के आधार पर मानव-व्यापार को संचालित नहीं किया जा सकता। वासनाओं को नियन्त्रण में रखकर ही हम नैतिकता के मार्ग पर अग्रसर हो सकते हैं।
- काण्ट की उक्ति 'कर्त्तव्य कर्तव्य के लिए' (Duty for Duty's Sake) गीता के निष्काम कर्म की याद दिलाता है।

भारतीय दर्शन

- दर्शन की उत्पत्ति 'दृश' धातु से हुई है, जिसका अर्थ होता है 'देखना' और इसलिए दर्शन का मूल अर्थ हुआ 'साक्षात अनुभव' (Vision of Truth)।
- भारतीय दर्शन के अनुसार सत्य का साक्षात्कार होने में व्यक्ति वास्तविक एवं मिथ्या का अन्तर समझ लेता है और वह वास्तविकता के पीछे दौड़ना बन्द कर देता है। सत्य ज्ञान व्यक्ति को बन्धन से मुक्त करा देता है और व्यक्ति मोक्ष को प्राप्त कर लेता है।
- वर्तमान में दर्शन का प्रयोग 'तत्त्वचिन्तन' के अर्थ में किया जाता है।

चार्वाक दर्शन

- इस दर्शन के प्रतिपादक चार्वाक थे।
- चार्वाक के अनुसार ज्ञान प्राप्ति का एकमात्र साधन प्रत्यक्ष है। ज्ञानेन्द्रियों एवं वस्तुओं के संयोग से प्राप्त ज्ञान को प्रत्यक्ष कहते हैं। वे प्रत्यक्षमेकं प्रमाणम् पर जोर देते हैं।
- उनके अनुसार, ज्ञानेन्द्रियाँ छ: हैं—आँख, कान, नाक, जीभ, त्वचा एवं मन। जब किसी वस्तु का संयोग हमारी इन ज्ञानेन्द्रियों में से किसी एक के साथ होता है, तब हमें प्रत्यक्ष ज्ञान मिलता है।
- उनके अनुसार भूत या जड़ ही मूल तत्त्व है, इसीलिए उनके दर्शन को **भौतिकवाद** (Materialism) कहा जाता है।
- चार्वाक दर्शन के अनुसार केवल चार तत्त्वों—पृथ्वी, पानी, हवा तथा अग्नि के संयोग से ही विश्व की सृष्टि हुई है। वह आकाश को विश्व का निर्माणक तत्त्व नहीं मानता, क्योंकि इसका ज्ञान प्रत्यक्ष ज्ञानेन्द्रियों से नहीं होगा।
- चार्वाक विश्व के रचयिता के रूप में ईश्वर या किसी अन्य अलौकिक सत्ता को स्वीकार नहीं करता। उसके अनुसार प्रकृति एवं प्राकृतिक नियम ही विश्व की उत्पत्ति का कारण है। इसीलिए इस दर्शन को प्रकृतिवादी (naturalistic) कहा जाता है।
- चार्वाक आत्मा की अमरता का खण्डन करते हैं। वे आत्मा को चेतन शरीर का दूसरा नाम मानते हैं। उनके अनुसार आत्मा शरीर के समान ही नश्वर एवं क्षणभंगुर है।
- वे ईश्वर की सत्ता को नहीं मानते हैं। उनके अनुसार ईश्वर का कभी प्रत्यक्ष ज्ञान नहीं होता, इसलिए उसे वास्तविक नहीं माना जा सकता।
- चार्वाक के नीतिशास्त्र को 'सुखवादी' (hedonistic) नीतिशास्त्र कहते हैं। उनके अनुसार चार पुरुषार्थों में सिर्फ 'काम' अर्थात् 'सुख की कामना' ही सभी कार्यों का अन्तिम लक्ष्य है।
- इसके अनुसार जो कर्म दु:ख की अपेक्षा अधिक सुख प्रदान करे वह शुभ है और जो कर्म सुख की अपेक्षा अधिक दु:ख उत्पन्न करे, वह अशुभ है।
- इसके अनुसार जीवन सुख से बिताना चाहिए। यदि कर्ज लेकर भी घी पीने की आवश्यकता हो, तो इसमें जरा भी आनाकानी नहीं करनी चाहिए। (यावज्जीवेत् सुखम् जीवेत ऋणं कृत्वा घृतम् पिबेत्')
- पुनर्जन्म और मोक्ष को चार्वाक ने असत्य सिद्ध करने का प्रयास किया है। धार्मिक रीति-रिवाज, यज्ञ, प्रार्थना आदि को इन्होंने निरर्थक एवं अन्धविश्वास पर आधारित बताया है।

बौद्ध दर्शन

- बौद्ध दर्शन के प्रतिपादक महात्मा बुद्ध थे।
- बुद्ध ने तत्त्वशास्त्रीय प्रश्नों के प्रति सदैव अपनी तटस्थता दिखाई।
- बौद्ध दर्शन बुद्ध के चार आर्य सत्यों में निहित है—दु:ख है, दु:ख का कारण है, दु:ख विनाश का मार्ग है, दुख का विनाश सम्भव है।
- बौद्ध दर्शन 'क्षणिकवाद' (Momentariness) में विश्वास रखता है। इसके अनुसार विश्व की प्रत्येक वस्तु क्षणभंगुर है। कोई भी वस्तु नित्य या स्थायी नहीं कही जा सकती है।
- इस दर्शन में दु:ख की उत्पत्ति का सिद्धान्त 'प्रतीत्य समुत्पाद' अर्थात् कार्य-कारण-सिद्धान्त पर आधारित है।
- प्रतीत्यसमुत्पाद दो शब्दों प्रतीत्य और 'समुत्पाद' के योग से बना है। 'प्रतीत्य' का अर्थ है किसी वस्तु के उपस्थित होने पर और 'समुत्पाद' का अर्थ है किसी अन्य वस्तु की उपस्थित। इस प्रकार प्रतीत्यसमुत्पाद का शाब्दिक अर्थ है—'एक वस्तु के उपस्थित होने पर किसी अन्य वस्तु की उपस्थित। इस सिद्धान्त के अनुसार
- प्रत्येक वस्तु अपने बाद कुछ न कुछ छोड़ जाती है, इसीलिए किसी वस्तु का पूर्णतया नाश नहीं होता।
- प्रतीत्यसमुत्पाद 'अनात्मवाद' को भी प्रश्रय देता है। इसके अनुसार कोई भी वस्तु नित्य एवं अमर नहीं कही जा सकती। इस आधार पर यह आत्मा को अनित्य मानता है।
- बुद्ध के अनुसार शरीर धारण करते हुए इसी जीवन में मुक्ति प्राप्त करना निर्वाण है और मृत्यु के बाद मुक्ति पाना 'परिनिर्वाण' कहलाता है।
- 'निर्वाण प्राप्ति' के लिए 'अष्टांगिक मार्ग' के अनुशीलन को आवश्यक बताया गया है।
- बौद्ध दर्शन में मध्यम प्रतिपदा के मार्ग को अपनाने की बात की गई है।
- बौद्ध दर्शन **अनीश्वरवादी** (Atheistic) है। यह ईश्वर की सत्ता नहीं मानता।
- यह **कर्मवाद** में विश्वास रखता है। इसके अनुसार प्रत्येक व्यक्ति को अपने कर्मों का फल निश्चित रूप से भोगना पड़ता है।
- माध्यमिक शून्यवाद के प्रवर्तक नागार्जुन थे।
- योगाचार विज्ञानवाद के प्रवर्तक असंग एवं वसुबन्धु थे।

जैन दर्शन

- जैन धर्म में कुल 24 तीर्थंकर हुए। प्रथम तीर्थंकर ऋषभदेव तथा 24वें तीर्थंकर महावीर स्वामी थे।
- जैन धर्म ईश्वर एवं वेद को नहीं मानता।
- जैन दर्शन के अनुसार ज्ञान के पाँच प्रकार हैं—मति, श्रति, अवधि, मन: पर्याय और कैवल्य।
- इस दर्शन के अनुसार ज्ञान प्राप्ति के तीन साधन हैं—प्रत्यक्ष, अनुमान और शब्द।
- जैन दर्शन निरीश्वरवादी है।
- जैन दर्शन मोक्ष प्राप्ति के लिए तीन मार्ग बताता है—सम्यक् दर्शन, सम्यक् ज्ञान तथा सम्यक् चरित्र। इन्हें जैन दर्शन में 'त्रिरत्न' कहा जाता है।

स्याद्‌वाद

- जैन दर्शन का वह ज्ञानशास्त्रीय सिद्धान्त है, जिसके अनुसार व्यक्ति के निर्णय या परामर्श आंशिक रूप से सत्य होते हैं। इसका प्रमुख कारण व्यक्ति के पास ज्ञान प्राप्ति के साधनों का सीमित होना है।
- मनुष्य के आंशिक ज्ञान को जैन दर्शन में 'नय' कहा गया है। **सप्तभंगी** नय का अर्थ हुआ सात प्रकार के आंशिक ज्ञान। *वे इस प्रकार हैं*—1. स्याद् अस्ति 2. स्याद् नास्ति 3. स्याद् अस्ति च नास्ति च 4. स्याद् अवक्तव्यम 5. स्याद् अस्ति च अवक्तव्यम् च 6. स्याद् नास्ति च अवक्तव्यम च एवं 7. स्याद् अस्ति च नास्ति च अवक्तव्यम च।
- स्याद्‌वाद, वस्तुवादी **सापेक्षवाद** है, क्योंकि यह वस्तुओं एवं गुणों की वास्तविकता स्वीकार करता है और इनके ज्ञान के समय, स्थान एवं परिस्थिति पर निर्भर करता है।
- जैन दर्शन बहुतत्त्ववादी, वस्तुवादी एवं सापेक्षवादी है। इसे ही **अनेकात्मवाद** की संज्ञा दी गई है।
- जैन दर्शन आत्मा को न तो पूर्णतया नित्य मानता है और न ही पूर्णतया परिवर्तनशील ही। इसके अनुसार आत्मा अपने स्वरूप को कभी नहीं छोड़ने के कारण नित्य है और सदैव एकरूप में नहीं रहने के कारण परिवर्तनशील भी है।
- इस दर्शन में आत्मा और जीव को एक ही अर्थ में स्वीकार किया गया है। इसके अनुसार जीव या आत्मा स्थान घेरने वाला वह द्रव्य है, जिसमें प्राण या जीवन पाया जाता है।
- जैन दर्शन में मोक्ष निषेधात्मक रूप से दु:खरहित अवस्था है और भावात्मक तौर पर वह अनन्त चतुष्ट्य की प्राप्ति की अवस्था है। 'अनन्तचतुष्टय' के अन्तर्गत अनन्त ज्ञान, अनन्त शक्ति, अनन्त दर्शन एवं अनन्त आनन्द पाए जाते हैं।

सांख्य दर्शन

- सांख्य दर्शन के प्रतिपादक **कपिल** हैं।
- सांख्य दर्शन विश्व का कारण मानने के लिए 'प्रकृति' की स्थापना करता है। इसके अनुसार प्रकृति अत्यन्त सूक्ष्म, अनादि एवं अनन्त है।
- सांख्य दर्शन के अनुसार प्रकृति त्रिगुणात्मक है। प्रकृति में सत्त्व, राज तथा तम, तीनों गुण साम्यवस्था में रहते हैं। इन गुणों की साम्यावस्था का प्रत्यक्ष अनुभव नहीं होता बल्कि इसके कार्यों से इसका अनुमान किया जाता है।
- इस दर्शन में कार्य-कारण-सिद्धान्त को **सत्कार्यवाद** कहा जाता है। यह सांख्य दर्शन की आधारशिला है। इसके अनुसार कार्य अपनी उत्पत्ति के पूर्व अपने उपादान कारण में निहित रहता है।
- भारतीय दर्शन में जिसे आत्मा कहा जाता है, उसे ही सांख्य विचारक 'पुरुष' के नाम से पुकारते हैं। इसके अनुसार पुरुष नित्य, अनादि एवं अनन्त है।
- यह दर्शन प्रकृति एवं पुरुष दोनों को परमतत्त्व के रूप में ग्रहण करता है। इसीलिए इसे द्वैतवादी दर्शन कहते हैं। ये दोनों ही तत्त्व नित्य, असीम एवं अविनाशी हैं।
- सांख्य दर्शन **निरीश्वरवादी** होने के कारण सृष्टि को नहीं मानता। यह विश्व के विकास का कारण प्रकृति को मानता है। इसके विश्व सम्बन्धी सिद्धान्त को विकासवाद का सिद्धान्त कहते हैं।
- इसके अनुसार अज्ञान ही बन्धन का मूल कारण है और विवेकज्ञान ही मोक्षप्राप्ति का साधन है। मोक्षप्राप्ति के लिए **अष्टांग साधन** को महत्त्वपूर्ण माना गया है।

योग दर्शन

- योग दर्शन के प्रवर्तक **पतंजलि** हैं।
- यह व्यावहारिक दर्शन है।
- योग दर्शन में योग का अर्थ चित्तवृत्तियों का निरोध है—योगश्चितवृत्ति निरोध:।
- दर्शन के गूढ़ तत्त्वों का सम्यक् ज्ञान प्राप्त करने के लिए चित्त या अन्त:करण की शुद्धि आवश्यक है। आत्मशुद्धि के लिए योग सर्वोत्तम साधन माना गया है।
- योग दर्शन विवेक ज्ञान को मुक्ति का साधन मानता है। इसके अनुसार पुरुष जब अपने को प्रकृति से भिन्न समझ लेता है, तब वह बन्धन से छुटकारा पा लेता है।
- विवेक ज्ञान की प्राप्ति के लिए **अष्टांग योग** या **अष्टांग साधन** अपनाना आवश्यक है।
- योग दर्शन ईश्वर के अस्तित्व में विश्वास करता है। इसका लक्ष्य चित्तवृत्तियों का निरोध है। इस कार्य में ईश्वर की मदद लेना नितान्त आवश्यक है, इसलिए इसमें ईश्वर-प्रणिधान (ईश्वर की भक्ति) को अत्यधिक महत्त्व दिया गया है।
- यह एकेश्वरवाद (Monotheism) का समर्थक है।

न्यायदर्शन

- इसके प्रवर्तक **गौतम** हैं।
- न्यायदर्शन का लक्ष्य मोक्ष प्राप्ति है, इसके लिए सम्पूर्ण जीवन, जगत एवं वातावरण के सभी पदार्थों का ज्ञान आवश्यक है। इस दर्शन में सोलह पदार्थों का उल्लेख किया गया है।
- न्यायदर्शन के अनुसार ज्ञान कई तरह का होता है। पहले ज्ञान के दो भेद होते हैं—प्रमा और अप्रमा।
- **प्रमा** वास्तविक ज्ञान को कहते हैं। इसके चार भेद हैं—प्रत्यक्ष, अनुमान, उपमान तथा शब्द।
- **अप्रमा** मिथ्या ज्ञान (अवास्तविक) को कहते हैं। इसके चार भेद हैं—स्मृति, संशय, भ्रम एवं तर्क।
- न्यायदर्शन ईश्वरवादी है। इसके अनुसार ईश्वर नित्य, असीम एवं सर्वव्यापी है। उसे **षडैश्वर्य** (Six Perfection) से सम्पन्न माना जाता है। षडैश्वर्य में छ: गुण रहते है—आधिपत्य, वीर्य, यज्ञ, श्री, ज्ञान एवं वैराग्य।
- न्यायदर्शन में मोक्ष को 'अपवर्ग' कहा गया है।

वैशेषिक दर्शन

- इसके प्रवर्तक महर्षि **कणाद** हैं।
- वैशेषिक दर्शन में पदार्थ का विभाजन दो भागों में हुआ है—भाव एवं अभाव पदार्थ।
- भाव पदार्थ में छ: पदार्थ यथा—द्रव्य, गुण, कर्म, सामान्य, विशेष एवं समवाय आते हैं एवं अभाव पदार्थ में एक पदार्थ अभाव आता है।
- वैशेषिक दर्शन में द्रव्य गुण कर्म को पदार्थ विषयक सत्ता माना गया है तथा इनका ज्ञान अन्तर्दृष्टि से होता है। सामान्यत: विशेष एवं समवाय तार्किक पदार्थ हैं। ये बौद्धिक भेद से उत्पन्न होते हैं।
- वैशेषिक नौ द्रव्यों को मानता है—पृथ्वी, जल, अग्नि, वायु आकाश, दिक्, काल, मन एवं आत्मा। इनमें प्रथम पाँच पृथ्वी, जल, अग्नि, वायु एवं आकाश को भौतिक द्रव्य या पंचभूत तथा दिक्, काल, मन तथा आत्मा को अभौतिक माना गया है।
- नित्यता इनका परमाणु रूप है। इनके परमाणु, अविभाज्य, निरवयव, नित्य, परिमण्डलाकरण गतिहीन गुण एवं परिमाण की दृष्टि से परस्पर भिन्न एवं जगत के उपादान कारण हैं। वैशेषिक दर्शन ईश्वरवादी है। ईश्वर सर्वशक्तिशाली, सर्वज्ञ एवं सर्वव्यापी है।
- इस दर्शन में चेतना को आत्मा का आकस्मिक गुण माना गया है न कि आवश्यक गुण। आत्मा जब शरीर धारण करती है तो उसमें चेतना का उदय होता है।
- वैशेषिकों के अनुसार विश्व का निर्माण परमाणुओं से हुआ है।

मीमांसा दर्शन

- इसके प्रवर्तक **जैमिनी** हैं।
- मीमांसा दर्शन में कर्म की विशद् व्याख्या हुई है, इसीलिए इसे **कर्मकाण्ड** भी कहा जाता है।
- यह दर्शन विश्व और इसकी सभी वस्तुओं की वास्तविकता में विश्वास रखता है।
- मीमांसा दर्शन आत्मा को एक द्रव्य मानता है। आत्मा चैतन्य का आधार है। इसके अनुसार चैतन्य आत्मा का स्वाभाविक गुण नहीं बल्कि आगन्तुक गुण है। आत्मा मूलत: अचेतन है।
- मीमांसा दर्शन को अनेकेश्वरवादी कहा जाता है।
- मीमांसकों ने ज्ञान एवं कर्म को मोक्ष के लिए आवश्यक बताया है।
- मीमांसकों के अनुसार आज किये गए कर्म तथा कालान्तर में उत्पन्न होने वाले फलों के बीच में **अपूर्व** वर्तमान रहता है। यह एक ओर कर्म से उत्पन्न होता है तो दूसरी ओर कर्मफल का निष्पादक होता है।
- **कुमारिल** के अनुसार कर्म द्वारा उत्पन्न निश्चित शक्ति जो परिणाम तक पहुँचा, **अपूर्व** है।

अद्वैतवाद

- अद्वैतवाद के प्रवर्तक **शंकराचार्य** हैं।
- शंकराचार्य ने विश्व को व्यावहारिक दृष्टिकोण से सत्य मानते हुए पारमार्थिक दृष्टिकोण से इसे असत्य बताया है।
- शंकर के अनुसार **ब्रह्म** ही एकमात्र वास्तविक सत्ता है।
- उनके अनुसार ब्रह्म एक असीम एवं निर्गुण सत्ता है।
- शंकर ने ब्रह्म को 'सच्चिदानन्द' कहा है। सच्चिदानन्द का अर्थ है—सत् + चित् + आनन्द। इसकी व्याख्या नेति-नेति कहकर की जाती है।
- शंकर ब्रह्म को विश्व में व्याप्त एवं विश्व के परे दोनों मानते हैं। यह सिद्धान्त **निमित्तोपादानेश्वरवाद** कहलाता है।
- अद्वैतदर्शन में ईश्वर की मान्यता है। शंकर के अनुसार ब्रह्म का सम्बन्ध जब माया से होता है तब वही ईश्वर बन जाता है, 'मायोपहितं ब्रह्म'। ईश्वर विश्वव्यापी तथा विश्वातीत दोनों है।
- ईश्वर एवं ब्रह्म को मिलाकर चार अवस्थाएँ हो जाती हैं—1. परब्रह्म, 2. ईश्वर, 3. हिरण्यगर्भ तथा 4. वैश्वानर। इसमें प्रथम अवस्था ब्रह्म की है और शेष तीनों अवस्थाएँ ईश्वर की हैं।
- शंकराचार्य के **मायावाद** में माया ईश्वर की शक्ति है। उनके अनुसार माया का आश्रय ब्रह्म है। ब्रह्म अनादि है, इसलिए माया भी अनादि है। माया ब्रह्म की शक्ति है। इसी के द्वारा ब्रह्म विश्व का प्रदर्शन करता है।

- शंकराचार्य ने आत्मा एवं ब्रह्म दोनों को एक ही बताया है। उनके अनुसार ये दोनों एक ही सत्ता के दो भाग हैं। अज्ञान के कारण व्यक्ति इन दोनों में अन्तर पाता है।
- अद्वैत दर्शन के अनुसार **जीव** आत्मा का विवर्त (Appearance) है। जब आत्मा शरीर, इन्द्रिय, मन आदि से सम्बद्ध होकर सीमित होती है, तब इसे ही जीव कहते हैं, आत्मा एक है, किन्तु जीव अनेक हैं। जितने व्यक्ति विशेष हैं, उतने जीव भी हैं।
- अद्वैत दर्शन के अनुसार अविद्या ही बन्धन का मूल कारण है और ज्ञान ही मोक्ष का साधन है।
- शंकराचार्य के अनुसार ब्रह्म ही एकमात्र सत्य है। शेष सभी वस्तुएँ ईश्वर, जीव, जगत आदि प्रपंच हैं।

विशिष्टाद्वैत दर्शन

- इस दर्शन के प्रवर्तक **रामानुज** हैं।
- रामानुज का विशिष्टाद्वैत वेदान्त ईश्वरवाद का सर्वोत्तम उदाहरण है। इसके अनुसार ईश्वर सगुण, व्यक्तित्वपूर्ण, असीम, विश्वव्यापी और विश्वातीत माना जाता है।
- इसके अनुसार ईश्वर तथा ब्रह्म एक है। रामानुज के अनुसार दोनों एक ही सत्ता के दो नाम हैं। ईश्वर उतना ही सत्य है, जितना ब्रह्म क्योंकि दोनों एक ही हैं।
- रामानुज के अनुसार विश्व ब्रह्म या ईश्वर का वास्तविक रूपान्तर होने के कारण पूर्णतया सत्य है।
- रामानुज सृष्टिवाद (Creationism) के समर्थक हैं। इसके अनुसार विश्व के पदार्थों का ज्ञान कभी खण्डित नहीं होता। विश्व सत्य है, किन्तु इसके पदार्थ अनित्य हैं।
- इसके अनुसार जीव वस्तुत: ईश्वर का ही एक अंश है, किन्तु अज्ञानतावश जीव अपने को ईश्वर से पृथक् एवं भिन्न मान लेता है।
- रामानुज के अनुसार आत्मा ईश्वर के चित्त अंश का व्यक्त रूप है। सृष्टि के पहले जीव या आत्मा निष्क्रिय रहती है, किन्तु सृष्टि में वह सक्रिय हो जाती है। ईश्वर पर आश्रित होते हुए भी आत्मा अपना कर्म करने में स्वतन्त्र है।
- रामानुज के अनुसार आत्मा का सृष्टि में आकर शरीर धारण करना ही बन्धन है तथा अहंकार ही बन्धन का कारण है।
- रामानुज कर्म तथा ज्ञान को ही मोक्ष के लिए पर्याप्त नहीं मानते। इसके लिए भक्ति भी आवश्यक है। उनके अनुसार व्यक्ति को पूर्ण ज्ञान तभी मिल सकता है, जब उसके हृदय में ईश्वर के प्रति सच्ची भक्ति हो।

भगवद्गीता

- भगवद्गीता महाभारत का एक अंश है और इसके रचयिता महर्षि **वेदव्यास** हैं।
- गीता में आत्मा को अजर-अमर कहा गया है। उसे शाश्वत एवं अविनाशी कहा गया है। आत्मा को ईश्वर का अंश माना गया है।
- गीता में ईश्वर को विश्व का रचयिता, पालनकर्त्ता एवं संहारकर्त्ता माना गया है। यहाँ ईश्वर को सर्वशक्तिशाली, सर्वज्ञ, सर्वव्यापी, दयालु, क्षमाशील आदि के रूप में चित्रित किया गया है। इसमें ऐसे ईश्वर की कल्पना की गई है, जो धार्मिक भावना की सन्तुष्टि में पूर्णतया समर्थ हो।
- गीता के अनुसार प्रकृति का स्वतन्त्र अस्तित्व नहीं है। ब्रह्म ही चरम सत्ता है, जिसके चित्त और अचित्त दो अंश हैं। चित्त से पुरुष अर्थात् जीव की उत्पत्ति हुई है और अचित्त से प्रकृति या भौतिक जगत की।
- गीता में **कर्मवाद** की विशद व्याख्या की गई है। इसके अनुसार सकाम कर्म (फल की इच्छा रखकर किये जाने वाले कर्म) व्यक्ति को बन्धन ग्रस्त बनाते हैं, किन्तु निष्काम कर्म व्यक्ति को बन्धन में नहीं डालते, 'कर्मण्ये वाधिकारस्ते मा फलेषु कदाचन्'।
- गीता पुनर्जन्म को मान्यता देती है गीता में श्रीकृष्ण ने कहा है—"जातस्य ही ध्रुवो मृत्यु: ध्रुवं जन्म मृतस्य च" + अर्थात् जिसका जन्म हुआ है, उसकी मृत्यु निश्चित है और जो मर चुका है, उसका जन्म लेना भी आवश्यक एवं ध्रुव सत्य है।
- गीता में **अवतारवाद** पर विश्वास किया गया है। इसके अनुसार ईश्वर साकार एवं निराकार दोनों हैं। पृथ्वी पर जब अधर्म का बोलबाला होता है तो ईश्वर पृथ्वी पर अवतीर्ण होता है। कृष्ण ने अपने को इसी प्रकार का अवतार बताया है। दुष्ट कौरवों के संहार तथा महान् पाण्डवों की रक्षा के लिए ही इनका अवतार हुआ था।
- गीता में मुक्ति (Liberation) को परम पुरुषार्थ कहा गया है। दु:खों से पूर्ण छुटकारा ही **मोक्ष** या मुक्ति है। इसमें ज्ञान, कर्म एवं भक्ति के सहारे मुक्ति पाने की बात कही गई है।

अभ्यास प्रश्न

1. ग्रीक दर्शन का सूत्र वाक्य है **[UP बी.एड. 2014]**
   (a) आश्चर्य करो ताकि तुम जान सको
   (b) इच्छा सर्वोपरि
   (c) दुःख निरोध
   (d) हमेशा अग्रसर रहो

2. पश्चिमी दर्शन में धर्म को माना गया है **[UP बी.एड. 2014]**
   (a) सैद्धान्तिक (b) व्यावहारिक
   (c) दैवीय (d) सामाजिक

3. पुनर्जन्म की धारणा पर किस व्यवस्था में बल दिया जाता है? **[UP बी.एड. 2014]**
   (a) वर्ण व्यवस्था (b) आश्रम व्यवस्था
   (c) संस्कार व्यवस्था (d) वर्ग व्यवस्था

4. उपयोगितावाद का चरम उद्देश्य है **[UP बी.एड. 2014]**
   (a) अधिकतम सुख की प्राप्ति
   (b) मोक्ष की प्राप्ति
   (c) निर्वाण प्राप्ति
   (d) मुक्ति

5. आधुनिक युग में सर्वप्रथम किस अंग्रेज दार्शनिक ने उपयोगितावाद पर विचार रखे? **[UP बी.एड. 2014]**
   (a) डेविड ह्यूम (b) हचीसन
   (c) हल्वेटियस (d) हालवॉस

6. रेने डेकार्ट के बुद्धिवाद को किस नाम से जाना जाता है? **[UP बी.एड. 2014]**
   (a) वैज्ञानिक बुद्धिवाद
   (b) गणित शास्त्रीय बुद्धिवाद
   (c) मनोवैज्ञानिक बुद्धिवाद
   (d) दार्शनिक बुद्धिवाद

7. द्वैताद्वैत सिद्धान्त के प्रवर्तक हैं **[UP बी.एड. 2013]**
   (a) शंकराचार्य (b) रामानुजाचार्य
   (c) मध्वाचार्य (d) निम्बार्काचार्य

8. पतंजलि का सम्बन्ध है **[UP बी.एड. 2013]**
   (a) योग दर्शन से (b) सांख्य दर्शन से
   (c) न्याय दर्शन से (d) वैशेषिक दर्शन से

9. जैन धर्म का सबसे महत्त्वपूर्ण ग्रन्थ है **[UP बी.एड. 2013]**
   (a) त्रिपिटक (b) कल्प सूत्र
   (c) तोराह (d) हदीस

10. प्लेटो की अध्ययन पद्धति थी **[UP बी.एड. 2012]**
   (a) अनुभवात्मक (b) तुलनात्मक
   (c) निगमनात्मक (d) आगमनात्मक

11. अरस्तू सर्वाधिक प्रभावित था **[UP बी.एड. 2012]**
   (a) द स्टेट्समैन से (b) द अपोलॉजी से
   (c) द रिपब्लिक से (d) द लॉज से

12. बौद्ध दर्शन का अष्टांगिक मार्ग किसमें वर्णित है? **[UP बी.एड. 2012]**
   (a) प्रथम आर्य सत्य में
   (b) द्वितीय आर्य सत्य में
   (c) तृतीय आर्य सत्य में
   (d) चतुर्थ आर्य सत्य में

13. अद्वैत वेदान्त के प्रतिपादक थे? **[UP बी.एड. 2012]**
   (a) शंकराचार्य (b) विवेकानन्द
   (c) गोविन्दाचार्य (d) कपिल

14. वैदिक विचारधारा आधारित है **[UP बी.एड. 2012]**
   (a) महाभारत पर (b) गीता पर
   (c) रामायण पर (d) वेदों पर

15. निम्नलिखित में से कौन यथार्थवादी दार्शनिक नहीं हैं? **[UP बी.एड. 2012]**
   (a) लॉक (b) रसेल
   (c) देकार्त (d) मूर

16. किसे 'मानववाद' का जनक समझा जाता था? **[UP बी.एड. 2011]**
   (a) दांते (b) पेट्रार्क
   (c) इरेस्मस (d) मैकियावेली

17. सुविख्यात चित्र 'सत्यम् शिवम् सुन्दरम्' की रचना की थी **[UP बी.एड. 2011]**
   (a) शोभा सिंह ने
   (b) नन्द किशोर शर्मा ने
   (c) शिवनन्दन नौटियाल ने
   (d) विश्वनाथ मेहता ने

18. 'मनुस्मृति' के अनुसार 'सामान्य धर्म' के लक्षण हैं **[UP बी.एड. 2010]**
   (a) 7 (b) 8 (c) 10 (d) 12

19. निम्नलिखित में से कौन-सा आश्रम इन्द्रियों पर संयम रखने और बौद्धिक विकास करने की शिक्षा देता है? **[UP बी.एड. 2010]**
   (a) ब्रह्मचर्य आश्रम
   (b) गृहस्थ आश्रम
   (c) वानप्रस्थ आश्रम
   (d) संन्यास आश्रम

20. निम्नलिखित में से पुष्टिमार्ग के आचार्य कौन थे? **[UP बी.एड. 2010]**
   (a) रामानुजाचार्य (b) निम्बार्काचार्य
   (c) बल्लभाचार्य (d) मध्वाचार्य

21. भारतीय दर्शन को जैन धर्म का मुख्य योगदान क्या था? **[UP बी.एड. 2008]**
   (a) पुनर्जन्म का सिद्धान्त
   (b) स्यादवाद का सिद्धान्त
   (c) आत्मा के अमरत्व का सिद्धान्त
   (d) ब्रह्म निर्गुणता का सिद्धान्त

22. दर्शन शास्त्र में दर्शन शब्द की उत्पत्ति किस धातु से हुई है?
   (a) दृश से (b) दृष से
   (c) दृश्य से (d) दर्श स

23. शून्यवाद के प्रवर्तक कौन थे?
   (a) प्रभाकर मिश्र (b) नागार्जुन
   (c) महात्मा बुद्ध (d) कुमारिल भट्ट

24. वैशेषिक दर्शन के अनुसार मोक्ष है?
   (a) आनन्द से परिपूर्ण अवस्था
   (b) आनन्दयुक्त अवस्था
   (c) आनन्दरहित अवस्था
   (d) सुखात्मक अवस्था

25. 'आचारमूलक ज्ञान की समीक्षा' (Critique of Practical Reason) ग्रन्थ की रचना किसने की?
   (a) फ्रांसिस बेकन (b) सुकरात
   (c) रेने देकार्त (d) इमैनुअल काण्ट

26. 'भाट्ट' मत के प्रवर्तक हैं?
   (a) प्रभाकर मिश्र (b) जैमिनी
   (c) कुमारिल भट्ट (d) कणाद

27. दर्शनशास्त्र की किस शाखा में नैतिक चेतना का अध्ययन किया जाता है?
   (a) नीतिशास्त्र (b) मूल्य मीमांसा
   (c) ज्ञान मीमांसा (d) इन सभी में

28. पाश्चात्य दर्शन में प्रमाण विज्ञान को सुव्यवस्थित रूप देने का श्रेय किसे दिया जाता है?
   (a) लॉक (b) काण्ट
   (c) स्पिनोजा (d) 'a' एवं 'b' दोनों

29. बुद्धिवादी सम्प्रदाय का समर्थक निम्न में से किसे माना जाता है ?
   (a) देकार्त (b) स्पिनोजा
   (c) लाइबनिज (d) ये सभी

30. अनुभववादी सम्प्रदाय का समर्थक निम्न में से किसे माना जाता है?
   (a) बर्कले (b) लॉक
   (c) ह्यूम (d) ये सभी

31. बुद्धिवाद वह सिद्धान्त है जिसके अनुसार बुद्धि?
   (a) मोक्ष प्राप्ति का साधन है
   (b) ज्ञान प्राप्ति का साधन है
   (c) आत्मनिष्ठ होने का साधन है
   (d) उपरोक्त में से कोई नहीं

32. दुःख के कारणों को जानने के लिए 'द्वादश निदान' का प्रतिपादन किस दर्शन में किया गया है?
   (a) बौद्ध (b) जैन
   (c) सांख्य (d) न्याय

33. विवर्तवाद के प्रतिपादक हैं?
(a) गौतम (b) कपिल
(c) शंकराचार्य (d) कुमारिल भट्ट

34. चार्वाक दर्शन में चार पुरुषार्थों में से किसे चरम लक्ष्य माना गया है?
(a) धर्म (b) अर्थ
(c) काम (d) मोक्ष

35. 'स्याद्वाद' का सम्बन्ध किस दर्शन से है?
(a) बौद्ध (b) जैन
(c) सांख्य (d) वैशेषिक

36. 'सांख्य दर्शन' के सत्कार्यवाद का अर्थ है?
(a) कार्य अपनी उत्पत्ति के पूर्व कारण में विद्यमान नहीं होता
(b) कार्य अपनी उत्पत्ति के पूर्व कारण में विद्यमान रहता है
(c) कार्य की उत्पत्ति सर्वथा नयी होती है
(d) उपरोक्त में से कोई नहीं

37. गुरु मत के प्रवर्तक हैं?
(a) प्रभाकर मिश्र (b) नागार्जुन
(c) कुमारिल भट्ट (d) महावीर स्वामी

38. सभी आस्तिक दर्शन ने किसी न किसी रूप में आत्मा या जीव की सत्ता को स्वीकार किया है, किन्तु आत्मा के स्वरूप पर सभी दर्शन में मतभेद हैं। इस सम्बन्ध में निम्न में से कौन-सा कथन सत्य है?
(a) सांख्य एवं वेदान्त आत्मा को नित्य एवं अविकारी मानते हैं
(b) बौद्ध दर्शन ने आत्मा को 'क्षणिक परिवर्तनों का प्रवाह' कहा है
(c) जैन दर्शन आत्मा को पूर्णतया नित्य मानता है
(d) न्याय एवं वैशेषिक दर्शन आत्मा को नित्य मानता है

39. जैन दर्शन में कर्म को किस रूप में देखा जाता है?
(a) बन्धन (b) काम
(c) मोक्ष का साधन (d) साध्य

40. शंकराचार्य ने ईश्वर की सत्ता किस आधार पर सिद्ध की है?
(a) तर्क (b) बुद्धि
(c) श्रुति (d) विश्वास

41. 'शुद्ध ज्ञान की समीक्षा' (Critique of Pure Reason) किसकी रचना है?
(a) इमैनुअल काण्ट (b) फ्रांसिस बेकन
(c) प्लेटो (d) सुकरात

42. बुद्धि प्रकृति का निर्माण करती है—किसका कथन है?
(a) कपिल (b) इमैनुअल काण्ट
(c) जॉर्ज बर्कले (d) डेविड ह्यूम

43. मीमांसा के अनुसार ज्ञान है?
(a) स्वतः प्रामाण्य (b) परतः प्रामाण्य
(c) 'a' एवं 'b' दोनों (d) इनमें से कोई नहीं

44. भारतीय दर्शन का प्रधान तत्त्व है?
(a) प्रत्यक्ष ज्ञान (b) अनुमति ज्ञान
(c) आध्यात्मिक ज्ञान (d) शब्द ज्ञान

45. 'सांख्यकारिका' के रचयिता हैं?
(a) कपिल (b) असंग
(c) वसुबन्धु (d) नागार्जुन

46. नव्य न्याय का सम्बन्ध है?
(a) तत्त्वशास्त्र से (b) तर्कशास्त्र से
(c) नीति शास्त्र से (d) सौंदर्य शास्त्र से

47. न्याय दर्शन में कितने पदार्थों की व्याख्या की गई है, जिनके सम्यक् ज्ञान के द्वारा मोक्ष या अपवर्ग की प्राप्ति हो सकती है?
(a) 12 (b) 14
(c) 15 (d) 16

48. स्पिनोजा ने देकार्त की भाँति चित्-अचित् को दो स्वतन्त्र द्रव्य न मानकर निम्नलिखित में से क्या माना है?
(a) माया (b) पर्याय
(c) गुण (d) 'b' व 'c' दोनों

49. चित्-अचित् की समस्या का समाधान करने के लिए स्पिनोजा ने निम्नलिखित में से किस नियम का प्रतिपादन किया है?
(a) क्रिया-प्रतिक्रियावाद
(b) पूर्व स्थापित सामान्य का नियम
(c) विरोध का नियम
(d) समानान्तरवाद

50. लाइबनिज के अनुसार जड़ का अर्थ निम्नलिखित में से क्या है?
(a) चैतन्य और विस्तार का भेद
(b) स्वरूप का भेद
(c) 'a' व 'b' दोनों
(d) उपरोक्त में से कोई नहीं

51. लाइबनिज चिदणुओं की संख्या निम्नलिखित में से क्या मानते हैं ?
(a) एक
(b) अनेक
(c) एक और अनेक दोनों
(d) उपरोक्त में से कोई नहीं है

52. लाइबनिज के अनुसार प्रत्येक चिदणु व्यक्ति विशेष और स्वतन्त्र होते हुए एक सामंजस्यपूर्ण विश्व की रचना करते हैं। इसके लिए लाइबनिज ने निम्नलिखित में कौन-सी तुलना नहीं की है?
(a) विभिन्न घड़ियों की
(b) एकतान संगीत की
(c) घड़ी और एकतान संगीत दोनों की
(d) सितार की

53. देकार्त के ईश्वर द्वारा बनायी गई विश्वरूपी घड़ियों में दोष भी कभी-कभी उत्पन्न होता है, लेकिन लाइबनिज का ईश्वर निम्नलिखित में से किस प्रकार की घड़ी बनाता है?
(a) घड़ी में दोष आ सकता है
(b) घड़ी की रचना ही ऐसी की गयी है कि उसमें दोष नहीं आ सकता
(c) आ भी सकता है और नहीं भी
(d) उपरोक्त में से कोई नहीं

54. बर्कले निम्नलिखित में से किसका सर्वप्रथम खण्डन करते हैं?
(a) ईश्वर का (b) आत्मा का
(c) विज्ञानों का (d) जड़तत्त्वों का

55. बर्कले के अनुसार हमको निम्नलिखित में से किसका ज्ञान हो सकता है?
(a) जड़तत्त्व और उसके गुणों का
(b) जड़तत्त्व और उसके पर्यायों का
(c) 'a' व 'b' दोनों से
(d) उपरोक्त में से कोई नहीं

56. लॉक के अनुसार ज्ञान की प्राप्ति होती है?
(a) केवल संवेदन से
(b) केवल स्वसंवेदन से
(c) संवेदन और स्वसंवेदन दोनों से
(d) अन्तः प्रज्ञा से

57. निम्नांकित में से क्या बर्कले को स्वीकार्य नहीं है?
(a) जड़-द्रव्य का खण्डन
(b) अमूर्त-प्रत्ययों का खण्डन
(c) प्रत्ययवाद का खण्डन
(d) ईश्वर का अस्तित्व

58. जिस वस्तु पर हमको या दूसरों को अनुभव नहीं होता है, बर्कले के अनुसार निम्नलिखित में से किसको उसका अनुभव होता है ?
(a) विज्ञानों को (b) जड़ वस्तुओं को
(c) ईश्वर को (d) आत्मा को

59. जैन दर्शन के अनुसार?
(a) जन्म बन्धन का कारण है और समाधि मोक्ष का कारण है
(b) आस्तव बन्धन का कारण है और निर्जरा मोक्ष का कारण है
(c) आस्तव बन्धन का कारण है और संवर मोक्ष का कारण है
(d) अधर्म बन्धन का कारण है और धर्म मोक्ष का कारण है

60. निम्नलिखित में से कौन-सा कथन सत्य है?
(a) योगाचार एवं सौत्रान्तिक विज्ञानवादी हैं
(b) योगाचार एवं सौत्रान्तिक बाह्यानुमेयवादी हैं
(c) योगाचार, बाह्यानुमेयवादी एवं सैत्रान्तिक विज्ञानवादी हैं
(d) सौत्रान्तिक, बाह्यानुमेयवादी एवं योगाचार विज्ञानवादी हैं

61. जैन दर्शन के अनुसार निम्नलिखित में से कौन-सा एक पूर्ण ज्ञान का प्रकार है?
(a) श्रुति (b) अवधि
(c) मनः पर्याय (d) कैवल्य

62. रामानुज के मतानुसार धर्म एवं अधर्म का निर्णय किया जाता है?
(a) मानव स्वभाव के अनुसार
(b) समय एवं परिस्थिति के अनुसार
(c) ईश्वर के स्वभाव के अनुसार
(d) सामाजिक आवश्यकतानुसा

63. पुरुषार्थ है?
(a) पुरुष की सम्पत्ति
(b) पुरुष का लक्ष्य
(c) जो मनुष्य के द्वारा चाहा जाए
(d) जो मनुष्य के पास है

64. गाँधी के पूर्ण सत्य का अर्थ है?
(a) ईश्वर
(b) विश्व का दिग्दर्शन
(c) मानवता की सेव
(d) सुखात्मक अनुभूति

65. गाँधी की सम्पूर्ण विचारधारा आधारित है?
(a) राजनीति पर
(b) धर्म एवं नैतिकता पर
(c) सत्य एवं अहिंसा पर
(d) पारिवारिक पृष्ठभूमि पर

66. गाँधी के अनुसार अहिंसा का अर्थ है?
(a) प्राणीमात्र की हत्या न करना
(b) किसी भी प्राणी को मन, वचन तथा कर्म से कष्ट न पहुँचाना
(c) मनुष्यों की हत्या न करना
(d) हिंसा न करना

67. निम्नलिखित में से कौन-सा तर्क गाँधी के नीतिशास्त्र के सम्बन्ध में सही नहीं है?
(a) सत्य साध्य है
(b) अहिंसा साधन है
(c) साधन और साध्य एक ही सिक्के के दो पहलू हैं
(d) अहिंसा का अर्थ हत्या न करना मात्र है

68. कर्म-पुद्गलों का जीव की ओर प्रवाहित होना जैन मतानुसार कहा जाता है?
(a) आस्तव (b) बन्ध
(c) संवर (d) निर्जरा

69. निम्नलिखित में से कौन-सा दर्शन कर्म तथा पुनर्जन्म के सिद्धान्त में विश्वास करता है, किन्तु आत्मा की नित्यता में विश्वास नहीं करता?
(a) मीमांसा (b) चार्वाक
(c) बौद्ध (d) वैशेषिक

70. बौद्ध मत के अष्टांग-मार्ग में निम्नलिखित में से कौन समाहित नहीं है?
(a) सम्यक् दृष्टि (b) सम्यक् ज्ञान
(c) सम्यक् संकल्प (d) सम्यक् समाधि

71. बौद्ध अष्टांगिक मार्ग में सम्यक् कर्मान्त का अर्थ है?
(a) चार आर्य सत्यों के पालन का दृढ़ संकल्प
(b) सत्य बोलना, असत्य न बोलना
(c) इन्द्रियानुभव के सुखों का त्याग तथा अहिंसा, ब्रह्मचर्य आदि का पालन
(d) उचित रीति से जीविकोपार्जन करना

72. लॉक द्रव्य को निम्नलिखित में से क्या मानते हैं?
(a) ज्ञेय (b) अज्ञेय
(c) 'a' व 'b' दोनों (d) शून्य

73. लॉक के अनुसार द्रव्य की कल्पना मिश्र विज्ञान है, जो कई सरल प्रत्ययों से मिलकर बनती है। ये सरल प्रत्यय निम्नलिखित में से किसका प्रतिनिधित्व करते हैं?
(a) विज्ञानों का (b) वस्तुओं का
(c) ईश्वर का (d) द्रव्य का

74. लॉक के अनुसार मूलगुण निम्नलिखित में किसमें पाए जाते हैं?
(a) आकार (b) द्रव्य
(c) प्रकाश (d) गति

75. बर्कले बाह्य तत्त्व को निम्नलिखित में से क्या मानते हैं?
(a) ज्ञेय (b) अज्ञेय
(c) 'a' व 'b' दोनों (d) कुछ नहीं

76. सांख्य दर्शन के प्रवर्तक हैं?
(a) कपिल (b) ईश्वर कृष्ण
(c) पंचशिख (d) विज्ञानभिक्षु

77. सांख्य मत में विश्व का आदि कारण है?
(a) पुरुष (b) प्रकृति
(c) ईश्वर (d) ब्रह्म

78. योग दर्शन के प्रवर्तक हैं?
(a) कपिल (b) गौतम
(c) अक्षपाद (d) पतञ्जलि

79. मीमांसा दर्शन के प्रवर्तक हैं
(a) पतञ्जलि (b) प्रभाकर
(c) जैमिनी (d) शबरस्वामी

80. भाट्ट मत के प्रवर्तक हैं?
(a) कुमारिल (b) प्रशस्तपाद
(c) शबरस्वामी (d) प्रभाकर

81. अद्वैत वेदान्त के प्रतिपादक थे?
(a) गोविन्दाचार्य (b) शंकराचार्य
(c) विवेकानन्द (d) गौड़पादाचार्य

82. गीता का आदर्श है?
(a) सन्यासवाद (b) निषेधवाद
(c) सन्देहवाद (d) निरासक्त कर्मवाद

83. जैनियों के अनुसार अनन्त चतुष्ट्य में नहीं है?
(a) अनन्त ज्ञान (b) अनन्त ऐश्वर्य
(c) अनन्त शक्ति (d) अनन्त आनन्द

84. जैनियों के अनुसार कर्म का भेद नहीं है?
(a) प्रारब्ध धर्म (b) मोहनीय कर्म
(c) आयुष कर्म (d) वेदनीय कर्म

85. जैन मतानुसार जीवन में पुद्गल प्रवाह को रोकने के मोक्ष के साधन को कहते हैं?
(a) त्रिरत्न (b) निर्जरा
(c) संवर (d) आश्रव

86. प्रतीत्यसमुत्पाद का अर्थ है?
(a) एक वस्तु के उपस्थित होने पर किसी वस्तु की उत्पत्ति
(b) किसी वस्तु के उपस्थित होने पर किसी वस्तु की उत्पत्ति नहीं
(c) किसी वस्तु के उपस्थित न होने पर किसी वस्तु की उत्पत्ति नहीं
(d) शून्य से किसी वस्तु की उत्पत्ति

87. गीता में उपदेश निहित है?
(a) कर्मों के त्याग का
(b) इहलौकिक कर्मों के त्याग का
(c) सभी प्रकार के कर्मों के त्याग का
(d) पारलौकिक कर्मों के त्याग का

88. व्यक्ति को कर्म का सम्पादन करना चाहिए
(a) कर्तव्य-बुद्धि से (b) ज्ञान-बुद्धि से
(c) भक्ति-बोध से (d) फल कामना से

89. लॉक द्रव्य का ज्ञान निम्नलिखित में से किस प्रमाण से मानते हैं?
(a) प्रत्यक्ष से (b) उपमान से
(c) अनुमान से (d) शब्द से

90. निम्नलिखित में से कौन-सा लॉक का कथन है?
(a) मैं ईश्वर को जानता हूँ
(b) मैं सोचता हूँ, इसलिए मैं हूँ
(c) सत्ता अनुभवमूलक है
(d) द्रव्य, 'मैं नहीं जानता' क्या है

91. जैन धर्म में त्रिरत्न को मोक्ष का साधन बताया गया है, निम्नलिखित में कौन त्रिरत्न नहीं है?
(a) सम्यक् भावना (b) सम्यक् दर्शन
(c) सम्यक् ज्ञान (d) सम्यक् चरित्र

92. जैन धर्म में मोक्ष प्राप्त व्यक्ति को निम्नलिखित में से क्या नहीं कहते हैं?
(a) अर्हत (b) जिन
(c) केवली (d) बुद्ध

93. ऋत के नियम का सम्बन्ध निम्नलिखित में से किस काल से है ?
(a) सैन्धव काल से (b) वैदिक काल से
(c) महाकाव्य काल से (d) पुराण काल से

94. ऋत के नियम का अभिरक्षण निम्नलिखित में से कौन देवता करता है?
(a) विष्णु (b) रुद्र
(c) अग्नि (d) वरुण

95. जैन नीतिशास्त्र में बन्धन दो प्रकार के स्वीकार किये हैं। एक प्रकार के बन्धन को भाव-बन्धन कहते हैं, दूसरे प्रकार के बन्धन को निम्नलिखित में से क्या कहेंगे?
(a) क्रिया बन्धन (b) जालन्धर बन्धन
(c) उड्डयान बन्धन (d) द्रव्य बन्धन

96. अपने में उपस्थित कषायों के कारण जीव बन्धन में पड़ता है, कषाय निम्नलिखित में से किसको अपनी ओर आकर्षित करते हैं?
(a) पुद्गल को (b) आकाश को
(c) अधर्म को (d) श्रद्धा को

97. जैन धर्म में कर्म का स्वरूप निम्नलिखित में से किस प्रकार का है?
(a) चेतन (b) जड़
(c) 'a' व 'b' दोनों (d) न जड़ न चेतन

98. वैशेषिक दर्शन के प्रणेता हैं?
(a) गौतम (b) कपिल
(c) जैमिनी (d) कणाद

99. इस दर्शन का नाम वैशेषिक है, क्योंकि?
(a) यह एक ऋषि विशेष द्वारा प्रवर्तित है
(b) इसमें विशेष नामक पदार्थ की चर्चा की गई है
(c) यह एक विशेषण है
(d) यह विशेष्य-विशेषण भाव को प्रदर्शित करता है

100. चार्वाक दर्शन को कहा जाता है?
(a) लोकायत मत
(b) शैव मत
(c) वैष्णव मत
(d) ब्राह्मणवादी मत

101. बौद्ध दर्शन के अनुसार तथागत वह है जिसने
(a) मौन को अपनाया हो
(b) शान्ति को अपनाया हो
(c) निर्वाण को अपनाया हो
(d) दु:खों को अपनाया हो

102. न्याय दर्शन के प्रवर्तक हैं?
(a) कपिल
(b) गौतम/अक्षपाद
(c) कणाद
(d) पतञ्जलि

103. स्पिनोजा द्रव्य की संख्या निम्नलिखित में से कितनी मानते हैं?
(a) एक (b) दो
(c) तीन (d) चार

104. देकार्त के दर्शन का केन्द्रीय बिन्दु आत्मा का विचार है तो स्पिनोजा के दर्शन का निम्नलिखित में से कौन-सा केन्द्रीय विचार है?
(a) आत्मा (b) ईश्वर
(c) जगत (d) 'a' व 'b' दोनों

105. दर्शन के सिद्धान्त (Principia Philosophia) किसकी रचना है ?
(a) रेने देकार्त (b) एस. राधाकृष्णन
(c) इमैनुअल काण्ट (d) अरस्तू

106. निम्न में से किस दार्शनिक ने सन्देह विधि द्वारा आत्मा की सत्ता को प्रमाणित करने का प्रयास किया है?
(a) फ्रांसिस बेकन (b) चार्वाक
(c) जॉन लॉक (d) रेने देकार्त

107. नीतिशास्त्र (Ethics) किस दार्शनिक की प्रमुख कृति मानी जाती है?
(a) इमैनुअल काण्ट
(b) बेनेडिक्टस स्पिनोजा
(c) रेने देकार्त
(d) फ्रांसिस बेकन

108. बेनेडिक्टस स्पिनोजा के अनुसार?
(a) द्रव्य आत्मनिर्भर है
(b) द्रव्य स्वनियन्त्रित है
(c) विकार, पदार्थ का रूपान्तर है
(d) उपरोक्त सभी

109. स्पिनोजा ने ज्ञान के कितने सोपान बताए हैं?
(a) पाँच (b) चार
(c) तीन (d) दो

110. 'ज्ञान का विकास' (Advancement of Learning) किसकी दार्शनिक कृति हैं?
(a) जार्ज बर्कले (b) जॉन लॉक
(c) फ्रांसिस बेकन (d) इमैनुअल काण्ट

111. आधुनिक दर्शन का जनक किसे माना जाता है?
(a) रेने देकार्त
(b) इमैनुअल काण्ट
(c) जार्ज बर्कले
(d) जॉन लॉक

112. रेने देकार्त किस देश के दार्शनिक थे?
(a) इंग्लैण्ड (b) जर्मनी
(c) ग्रीक (d) फ्रांस

113. 'मैं सोचता हूँ, इसलिए मैं हूँ'—यह किसका प्रथम आर्य सत्य माना जाता है?
(a) बेनेडिक्टस स्पिनोजा
(b) चार्वाक
(c) रेने देकार्त
(d) रजनीश

114. ज्यामिति (Geometry) किसकी रचना है?
(a) बेनेडिक्ट्स स्पिनोजा
(b) रेने देकार्त
(c) प्लेटो
(d) अरस्तू

115. देकार्त चित् का गुण चैतन्य मानते हैं, अचित् का गुण निम्नलिखित में से क्या है?
(a) चैतन्य (b) अज्ञान
(c) अगति (d) विस्तार

116. चित्-अचित् के आपसी सम्बन्ध की व्याख्या करने के लिए देकार्त ने निम्नलिखित में से किस मत की स्थापना की है?
(a) पूर्व स्थापित सामंजस्य का नियम
(b) समानान्तरवाद
(c) क्रिया-प्रतिक्रिया
(d) उपरोक्त से कोई नहीं

117. चित्-अचित् विरोधी तत्त्वों में आपसी क्रिया-प्रतिक्रिया के लिए देकार्त ने पीनियल ग्रन्थि की बात कही है। इसको निम्नलिखित में से किसने बनाया है?
(a) देकार्त
(b) अन्य दूसरे मनुष्यों ने
(c) ईश्वर ने कृपा करके बनाया है
(d) उपरोक्त सभी

118. बुद्ध के किस आर्य सत्य में यह विचार निहित है कि दु:ख का कारण अविद्या है?
(a) प्रथम (b) द्वितीय
(c) तृतीय (d) चतुर्थ

119. निम्नलिखित में से कौन न्याय दर्शन का प्रणेता है?
(a) कणाद (b) कपिल
(c) वात्स्यायन (d) गौतम

120. निम्नलिखित में से कौन स्वत: प्रामाण्यवाद का समर्थक है?
(a) मीमांसा (b) बौद्ध
(c) न्याय (d) चार्वाक

121. निम्नलिखित में से कौन मानता है कि जगत आभास है?
(a) उदयन (b) उद्योत्कर
(c) शंकर (d) रामानुज

122. शंकराचार्य ने जगत को मिथ्या माना है, रामानुज का जगत के विषय में निम्नलिखित में से कौन-सा विचार है?
(a) यथार्थ है (b) मिथ्या है
(c) 'a' व 'b' दोनों हैं (d) शून्य

123. गीता निम्नलिखित में से किसे प्रकृति का गुण नहीं मानती है?
(a) सत्व (b) रज
(c) तम (d) वैराग्य

124. गाँधी जी ने सत्य को निम्नलिखित में से क्या माना है?
(a) परम लक्ष्य
(b) परम साधन
(c) लक्ष्य और साध्य दोनों
(d) कुछ भी नहीं

125. सत्याग्रही को निम्नलिखित में से क्या नहीं होना चाहिए?
(a) निर्भय (b) स्वतन्त्र
(c) अहिंसक (d) दुराग्रही

126. गाँधी जी ने कायरतापूर्ण अहिंसा से निम्नलिखित में से किसको श्रेष्ठ कहा है?
(a) निष्क्रियता को (b) अभयपूर्ण हिंसा को
(c) पापाचार को (d) चोरी को

127. शंकर की माया के सम्बन्ध में निम्नलिखित में से कौन सही नहीं है?
(a) यह अनादि है
(b) यह न सत् है न असत्
(c) यह अन्तर्रहित है
(d) यह त्रिगुणात्मिका है

128. वैशेषिकों के अनुसार निम्नलिखित में से किन द्रव्यों में परमाणु नहीं होते?
(a) पृथ्वी एवं जल (b) जल एवं तेज
(c) काल और देश (d) तेज और वायु

129. जैन-दर्शन के अनुसार सम्यक् दर्शन का अर्थ है
(a) जीव के वास्तविक स्वरूप का ज्ञान
(b) तत्त्वज्ञान के प्रति विश्वास या श्रद्धा
(c) पंच महाव्रतों का ज्ञान
(d) इस बात का ज्ञान कि पुद्गल अवास्तविक है

130. बर्कले ने ईश्वर को निम्नलिखित में से किस रूप में माना है?
(a) जड़तत्त्व रूप में
(b) विज्ञान रूप में
(c) आत्मतत्त्व रूप में
(d) जड़ और विज्ञान दोनों रूप में

131. बर्कले के अनुसार निम्नलिखित में से कौन-सी शर्त सत्ता के लिए आवश्यक है?
(a) अनुभव मूलक होना
(b) जड़ मूलक होना
(c) तर्क मूलक होना
(d) इनमें से कोई नहीं

132. न्यायवैशेषिक के अनुसार प्रत्यक्ष ज्ञान किसे कहेंगे?
(a) जिसका ज्ञान आँखों से होता है
(b) जिसका ज्ञान कर्णेन्द्रिय से होता है
(c) जिसका ज्ञान ज्ञानेन्द्रिय से होता है
(d) इन्द्रिय एवं वस्तु के सन्निकर्ष उत्पन्न हैं

133. न्याय निम्नलिखित में से किसको शब्द प्रमाण कहता है?
(a) बुद्धिमानों के वचन को
(b) कलाकारों के वचन को
(c) मजदूरों के वचन को
(d) आप्त व्यक्तियों के वचनों को

134. लाइबनिज का प्रत्येक चिदणु अपना स्वतन्त्र विकास करते हुए निम्नलिखित में से क्या बनाए रखता है?
(a) अपना प्राथमिक स्वरूप
(b) अपना गुण
(c) कुछ भी नहीं बनाए रख पाता है
(d) विश्व की एकतन्त्रता

135. बर्कले निम्नलिखित में से किसका ज्ञान अनुभव द्वारा सम्भव मानते हैं?
(a) विशेषों का
(b) सामान्यों का
(c) 'a' व 'b' दोनों का
(d) उपरोक्त में से कोई नहीं

136. नीतिशास्त्र निम्नलिखित में से क्या है?
(a) प्राकृतिक विज्ञान
(b) आदर्शात्मक विज्ञान
(c) धार्मिक विज्ञान
(d) आध्यात्मिक विज्ञान

137. निम्नलिखित में से कौन तथ्यात्मक कथनों का अपने क्षेत्र में प्रयोग नहीं करता है?
(a) भौतिक विज्ञान (b) वनस्पति विज्ञान
(c) नैतिक विज्ञान (d) जीव विज्ञान

138. लॉक ने निम्नलिखित में से किसे तत्त्व नहीं माना है?
(a) ईश्वर को (b) आत्मा को
(c) विज्ञान को (d) जड़ तत्त्व को

139. मूलगुण और उपगुण का भेद बर्कले के अनुसार निम्नलिखित में से क्या है?
(a) उचित (b) अनुचित
(c) 'a' व 'b' दोनों (d) कुछ भी नहीं

140. निम्न में से लाइबनिज की रचना कौन-सी है?
(a) मोनाडोलोजी
(b) थियोडिसी
(c) डिस्कोर्स ऑन मेटाफिजिक्स
(d) उपरोक्त सभी

141. प्रसिद्ध पाश्चात्य विचारक स्पिनोजा का सम्बन्ध किस देश से है?
(a) फ्रॉंस (b) जर्मनी
(c) हॉलैण्ड (d) ग्रीक

142. लाइबनिज ने द्रव्य को क्या कहा है?
(a) अणु (b) चिदणु
(c) परमाणु (d) विषाणु

143. देकार्त ने निम्न में से किसे द्रव्य कहा है?
(a) ईश्वर (b) चित्त
(c) अचित्त (d) ये सभी

144. आधुनिक 'अनुभववाद' का पिता किसे कहा जाता है?
(a) जॉन लॉक (b) जार्ज बर्कले
(c) लाइबनिज (d) इमैनुअल काण्ट

145. 'बुद्धिवाद' का जनक किसे माना जाता है?
(a) लाइबनिज (b) देकार्त
(c) हीगल (d) प्लेटो

146. देकार्त ने मन और शरीर के बीच सम्बन्ध स्थापित करने के लिए निम्नलिखित में से किसकी कल्पना की है?
(a) ईश्वर की (b) आत्मा की
(c) जीव की (d) पीनियल ग्रन्थि की

147. निम्न में से किस दार्शनिक ने अपना चिन्तन 'सन्देह' से आरम्भ किया?
(a) फ्रांसिस बेकन (b) महावीर स्वामी
(c) रेने देकार्त (d) कुमारिल भट्ट

148. लॉक के अनुसार
(a) ज्ञान का अर्थ प्रत्ययों की अनुकूलता या प्रतिकूलता का प्रत्यक्ष है
(b) आगम एक सम्भाव्य ज्ञान है, यह निश्चयात्मक नहीं होता
(c) मन निष्क्रिय होकर संवेदनों को ग्रहण करता है और प्रत्ययों को मिश्रित करने में सक्रिय हो जाता है
(d) उपरोक्त सभी

149. 'मानवीय ज्ञान के सिद्धान्त' (Principles of Human Knowledge) किस दार्शनिक की रचना है?
(a) जार्ज बर्कले (b) अरस्तू
(c) फ्रांसिस बेकन (d) इमैनुअल काण्ट

150. बर्कले के आत्मा सम्बन्धी विचारों में निम्न में से कौन-सा कथन सही है?
(a) आत्मा जड़ है
(b) आत्मा का अन्तर्बोध होता है
(c) आत्मा का इन्द्रिय बोध होता है
(d) आत्मा असीम है

151. 'आत्मनिष्ठ प्रत्ययवाद' के प्रतिपादक थे?
(a) फ्रांसिस बेकन (b) अरस्तू
(c) प्लेटो (d) जार्ज बर्कले

152. निम्न में से किस दर्शन में कर्म की विशद व्याख्या की गई है, जिसके लिए उसे 'कर्मकाण्ड' भी कहा जाता है?
(a) मीमांसा (b) भगवद्गीता
(c) न्याय (d) सांख्य

153. निम्न में से किस दर्शन में अदृश्य शक्ति के रूप में 'अपूर्व' की कल्पना की गई है?
(a) न्याय (b) योग
(c) मीमांसा (d) वैशेषिक

154. न्याय दर्शन के अनुसार प्रमाण के द्वारा जिस विषय का ज्ञान हो उसे कहा जाता है?
(a) प्रमाण (b) सिद्धान्त
(c) निर्णय (d) प्रमेय

155. विवेक ज्ञान की प्राप्ति के लिए 'योग दर्शन' में किस साधन का सहारा लिया जाता है?
(a) अष्टांगिक मार्ग (b) अष्टांग योग
(c) तपस्या (d) ब्रह्मचर्य

156. गीता में आत्मज्ञान के लिए तीन मार्ग बताए गए हैं। उनमें निम्न में से कौन मार्ग नहीं है?
(a) ज्ञान मार्ग (b) योग मार्ग
(c) भक्ति मार्ग (d) कर्म मार्ग

157. निम्नलिखित में से कौन-सा एक बौद्ध दर्शन के अष्टांग मार्ग में सम्मिलित नहीं है?
(a) सम्यक्-दृष्टि
(b) सम्यक्-ध्यान
(c) सम्यक्-व्यायाम
(d) सम्यक्-स्मृति

158. न्याय वैशेषिक में गुण और कर्म का आश्रय निम्नलिखित में से कौन-सा है?
(a) द्रव्य (b) विचार
(c) मन (d) भाषा

159. लाइबनिज के अनुसार द्रव्य का पारिभाषिक लक्षण है?
(a) स्वतन्त्र सत्ता
(b) स्वतन्त्र क्रिया
(c) स्वतन्त्र ज्ञान
(d) विस्तारहीनता

160. विशिष्टाद्वैत दर्शन के प्रवर्तक हैं?
(a) रामानुज (b) बल्लभ
(c) निम्बार्क (d) मध्वाचार्य

161. यथार्थवाद का प्रथम दार्शनिक निम्नलिखित में कौन था?
(a) सुकरात (b) अरस्तू
(c) बेकन (d) लॉक

162. निम्नलिखित में से कौन यथार्थवादी दार्शनिक नहीं है?
(a) देकार्त (b) लॉक
(c) मूर (d) रसेल

163. देकार्त के अनुसार ईश्वर का प्रत्यय?
(a) स्वयं से उत्पन्न है
(b) मनुष्य की खोज है
(c) प्रत्यक्ष से उत्पन्न है
(d) स्वयं ईश्वर द्वारा उत्पन्न है

164. निम्नलिखित में से ईश्वर का क्या कार्य नहीं है?
(a) सृष्टि का पालन
(b) सृष्टि का सृजन
(c) सृष्टि के सुखों का भोग
(d) सृष्टि का संहार करना

165. जैन धर्म में पुद्गल प्रवाह रोकने के मोक्ष के साधन को निम्नलिखित में से क्या कहते हैं?
(a) निर्जरा (b) संवर
(c) आश्रव (d) त्रिरत्न

166. जैन नीतिशास्त्र में मानव जीवन का परम श्रेय क्या स्वीकार किया गया है?
(a) धर्म (b) अर्थ (c) काम (d) मोक्ष

167. अरस्तू निम्नलिखित में से क्या दर्शनशास्त्र का प्रथम कार्य मानते हैं?
(a) ईश्वर ज्ञान की प्राप्ति
(b) मनुष्य को ही सबका मापदण्ड मानना
(c) उस परम सामान्य तत्त्व का अध्ययन जिससे संसार की उत्पत्ति हुई है
(d) धार्मिक विचारों का खण्डन करना

168. अरस्तू निम्नलिखित में से परम तत्त्व की क्या विशेषता नहीं मानते हैं?
(a) नित्यता (b) कूटस्थता
(c) अपरिणामशीलता (d) अव्याप्तता

169. बौद्ध दर्शन का अष्टांगिक मार्ग किसमें वर्णित है?
(a) प्रथम आर्य सत्य में
(b) द्वितीय आर्य सत्य में
(c) तृतीय आर्य सत्य में
(d) चतुर्थ आर्य सत्य में

170. वैशेषिक दर्शन का मूल ग्रन्थ है?
(a) तत्त्व चिन्तामणि (b) पदार्थ धर्म संग्रह
(c) वैशेषिक सूत्र (d) योगसूत्र

171. निम्न में कौन-सा युग्म सुमेलित नहीं है?
(a) मैं सोचता हूँ, इसलिए मैं हूँ – देकार्त
(b) सर्वेश्वरवाद – स्पिनोजा
(c) चिदणु-सिद्धान्त – लाइबनिज
(d) सत्कार्यवाद – न्याय वैशेषिक

172. पुरुषार्थ कितने होते हैं?
(a) दो (b) तीन
(c) चार (d) ये सभी

173. जीवन का अन्तिम लक्ष्य किस पुरुषार्थ से जुड़ा है?
(a) धर्म (b) अर्थ (c) काम (d) मोक्ष

174. योग शब्द किस धातु से बना है?
(a) युग (b) यथेष्ट
(c) यत्न (d) इनमें से कोई नहीं

175. ग्रीक दर्शन की चिन्तन प्रणाली की शुरूआत किस वाद से हुई?
(a) मनोविज्ञान (b) आध्यात्मिक
(c) भौतिकवाद (d) तत्त्वज्ञान

176. पाइथागोरस ने संसार का निर्माण बताया
(a) जल से (b) संख्या से
(c) वायु से (d) परमाणुओं से

177. ग्रीक दर्शन में अणुवादी दार्शनिकों तक का काल क्या कहलाता है?
(a) आध्यात्मिक चिन्तन
(b) सामाजिक चिन्तन
(c) भौतिकवादी चिन्तन
(d) धार्मिक चिन्तन

178. उपयोगितावाद का विकास कौन-सी शताब्दी में हुआ था?
(a) 18वीं (b) 17वीं
(c) 19वीं (d) 20वीं

179. मध्ययुग में विचारकों और जनता का ध्यान किस तरफ अधिक रहा?
(a) आध्यात्मिकता की ओर
(b) धर्म की ओर
(c) सामाजिकता की ओर
(d) 'a' और 'b' दोनों

180. प्राचीन यूनान में किन दो दार्शनिकों का दृष्टिकोण सुखवाद की ओर था?
(a) एरिस्टीफस (b) एपीक्यूरियन
(c) पाइथागोरस (d) 'a' और 'b' दोनों

181. चार्वाक शब्द की उत्पत्ति हुई
(a) चर्व (b) चबाना
(c) खाना (d) चवम्

182. चार्वाक दर्शन को दूसरे किस नाम से जाना जाता है?
(a) व्यक्तिवाद (b) लोकायत मत
(c) समकालीन (d) आधुनिक दर्शन

183. चार्वाक पंच भूतों में से कौन-से भूत को नहीं जानता?
(a) पृथ्वी (b) वायु
(c) आकाश (d) जल

184. बन्धन को उपनिषद् में दूसरे किस नाम से जाना जाता है?
(a) वृत्ति (b) ग्रन्थि
(c) मोक्ष (d) बन्ध

185. ज्ञान की प्राप्ति के लिए कौन-कौन से चरण हैं?
(a) श्रवण (b) मनन
(c) निदिध्यासन (d) ये तीनों

186. पश्चिमी दर्शन में धर्म को माना गया है
(a) सैद्धान्तिक (b) व्यावहारिक
(c) दैवीय (d) सामाजिक

187. यूनानी दर्शन में बुद्धि द्वारा प्राप्त ज्ञान को क्या कहते हैं?
(a) प्रत्यक्ष ज्ञान (b) परोक्ष ज्ञान
(c) अनुमान (d) शब्द ज्ञान

188. यूनानी दर्शन जगत की कौन-सी सत्ता में विश्वास करता है?
(a) इह-लोक (b) परलोक
(c) स्वर्ग (d) नरक

189. सत्य को देखने वाली हमारी बुद्धि पर हमारी इच्छा कुछ प्रभाव डालती है। यह कथन है
(a) थॉर्नडाइक का (b) विलियम जेम्स का
(c) बार्कर का (d) स्किनर का

190. स्वतन्त्रता का शाब्दिक अर्थ है
(a) इच्छानुसार कार्य करने की स्वतन्त्रता
(b) अवरोध रहित
(c) निरन्तर अग्रसर
(d) उपरोक्त सभी

191. अनुशासन का सम्बन्ध होता है
(a) सामाजिक दर्शन से
(b) व्यक्तिवादी दर्शन से
(c) 'a' और 'b' दोनों
(d) उपरोक्त में से कोई नहीं

192. सुकरात का दर्शन कहता है
(a) Know himself (b) Know thyself
(c) Know theirself (d) Know world

193. दर्शन के आधुनिक युग का पिता किसे माना गया है?
(a) रेने डेकार्ट (b) जॉन लॉक
(c) जॉन कमेनियस (d) स्पिनोजा

194. डेकार्ट के अनुसार जड़ तत्त्व का क्या गुण है?
(a) फैलाव या विस्तार
(b) विचार
(c) मनन
(d) प्रतिक्रिया

195. डेकार्ट के अनुसार चेतन तत्त्व का क्या गुण है?
(a) विचार (b) मनन
(c) प्रतिक्रिया (d) विस्तार

196. डेकार्ट के अनुसार जड़ और चेतन का निर्माता है?
(a) अणु (b) ईश्वर
(c) आत्मा (d) बुद्धि

197. रेने डेकार्ट के बुद्धिवाद को किस नाम से जाना जाता है?
(a) वैज्ञानिक बुद्धिवाद
(b) गणित शास्त्रीय बुद्धिवाद
(c) मनोवैज्ञानिक बुद्धिवाद
(d) दार्शनिक बुद्धिवाद

198. प्राचीन भारत में सुखवाद में कौन-सा दर्शन अधिक विश्वास रखता था?
(a) चार्वाक दर्शन (b) बौद्ध दर्शन
(c) जैन दर्शन (d) न्याय दर्शन

199. आधुनिक युग में सर्वप्रथम किस अंग्रेज दार्शनिक ने उपयोगितावाद पर विचार रखे?
(a) डेविड ह्यूम (b) हचीसन
(c) हल्वेटियस (d) हालवॉस

200. उपयोगितावाद में ज्ञान का स्रोत किसे माना गया है?
(a) अनुभव को
(b) मूर्त विचारों को
(c) अमूर्त विचारों को
(d) उपरोक्त सभी

201. उपयोगितावाद का आधार है
(a) सम्पर्कात्मक मनोविज्ञान
(b) व्यवहारवाद मनोविज्ञान
(c) 'a' और 'b' दोनों
(d) उपरोक्त में से कोई नहीं

202. उपयोगितावाद में मनोवैज्ञानिक सुखवादी सिद्धान्त आधारित है
(a) आध्यात्मिकता पर
(b) व्यावहारिकता पर
(c) नैतिकता पर
(d) सामाजिकता पर

203. उपयोगितावाद का चरम उद्देश्य है
(a) अधिकतम सुख की प्राप्ति
(b) मोक्ष की प्राप्ति
(c) निर्वाण प्राप्ति
(d) मुक्ति

204. बौद्ध दर्शन में शरीर शुद्धि हेतु कौन-से साधन हैं?
(a) शील (b) समाधि
(c) प्रज्ञा (d) ये सभी

205. गाँधी जी मनुष्य को किसका योग मानते हैं?
(a) शरीर (b) मन
(c) आत्मा (d) ये तीनों

206. आध्यात्मिक मुक्ति के लिए गाँधी जी ने किसे सर्वश्रेष्ठ माना?
(a) गीता के अनाशक्ति योग को
(b) वैदिक दर्शन को
(c) उपनिषद् को
(d) वैष्णव धर्म को

207. पाश्चात्य जगत में छठी शताब्दी ईसा पूर्व किस विद्वान् ने दार्शनिक चिन्तन प्रारम्भ किया?
(a) सुकरात (b) अरस्तू
(c) थेलिज (d) कमेनियस

208. जिनथेलीज के अनुसार संसार का निर्माण किस से हुआ?
(a) अग्नि से (b) वायु से
(c) जल से (d) अणुओं से

209. 'मन को कोरी स्लेट' किस विद्वान् ने कहा है?
(a) जॉन लॉक (b) रॉस
(c) जॉर्ज बर्कले (d) काण्ट

210. इस्लाम धर्म के सम्प्रदाय हैं
(a) शिया
(b) सुन्नी
(c) 'a' और 'b' दोनों
(d) उपरोक्त में से कोई नहीं

211. सनातन का अर्थ है
(a) निरन्तर जीवित रहने से
(b) सदा सत्य
(c) श्रेष्ठ
(d) उपरोक्त में से कोई नहीं

212. क्रिश्चियनिटी की उत्पत्ति किस शब्द से हुई?
(a) क्रिश्चियन
(b) क्रिस्टोस
(c) 'a' और 'b' दोनों
(d) उपरोक्त में से कोई नहीं

213. हिन्दू धर्म ग्रन्थों में पुरुष का निर्माण किनसे माना गया है?
(a) शरीर और मन (b) बुद्धि और आत्मा
(c) 'a' और 'b' दोनों (d) में से कोई नहीं

214. पुरुषार्थ का तात्पर्य है
(a) प्रयोग करना
(b) प्रयत्न करना
(c) पुरुषोचित व्यवहार करना
(d) उपरोक्त सभी

215. पश्चिमी दर्शन में बौद्धिक चिन्तन किसे माना जाता है?
(a) व्यावहारिक चिन्तन
(b) दार्शनिक चिन्तन
(c) आध्यात्मिक चिन्तन
(d) सामाजिक चिन्तन

216. दर्शन को अंग्रेजी में क्या कहा जाता है?
(a) Wisdom (b) Knowledge
(c) Love (d) Philosophy

217. फिलॉसफी किन शब्दों से बना है?
(a) फिलॉस (b) सोफिया
(c) फिलानों (d) 'a' और 'b' दोनों

218. पुनर्जन्म की धारणा पर किस व्यवस्था में बल दिया जाता है?
(a) वर्ण व्यवस्था (b) आश्रम व्यवस्था
(c) संस्कार व्यवस्था (d) वर्ग व्यवस्था

219. "जीवन के चार आश्रम व्यक्तित्व के विकास की चार सीढ़ियाँ हैं।" यह किसने कहा?
(a) मनु (b) वेदव्यास
(c) गौतम (d) पन्निकर

220. धर्म शब्द की उत्पत्ति किस शब्द से हुई?
(a) द्विज (b) धारण
(c) ग्रहण करना (d) प्राप्त करना

221. वैदिक दर्शन में 'ऋत्' का अर्थ होता है
(a) जगत की व्यवस्था
(b) कर्म सिद्धान्त
(c) नीति व्यवस्था
(d) उपरोक्त में से कोई नहीं

222. ऋग्वेद में धर्म के चरण कौन-से हैं?
(a) प्रकृतिवादी बहुदेववाद
(b) एकेश्वरवाद
(c) अद्वैतवाद
(d) उपरोक्त सभी

223. उपनिषदों की संख्या है
(a) 98 (b) 106
(c) 108 (d) 211

224. गीता में कौन-से ज्ञान को स्थान दिया गया है?
(a) तार्किक ज्ञान
(b) आध्यात्मिक ज्ञान
(c) 'a' और 'b' दोनों
(d) उपरोक्त में से कोई नहीं

225. गीता में मोक्ष प्राप्ति हेतु कौन-सा मार्ग बताया है?
(a) ज्ञान मार्ग (b) भक्ति मार्ग
(c) कर्म मार्ग (d) उपरोक्त सभी

226. जैन दर्शन के अनुसार मनुष्य का उद्देश्य क्या है?
(a) कैवल्य (b) समाधि
(c) निर्वाण (d) मुक्ति

227. हीनोथीज्म को दूसरे किस नाम से जाना जाता है?
(a) उपयोगितावाद
(b) उदारवाद
(c) कैथीनोथीज्म
(d) उपरोक्त में से कोई नहीं

228. मैक्डोनल के अनुसार हीनोथीज्म का स्वरूप कैसा है?
(a) सत्य (b) असत्य
(c) आभास मात्र (d) इनमें से कोई नहीं

229. हीनोथीज्म की क्या विशेषता है?
(a) बहुदेववाद
(b) किसी एक देवता की महानता अतिशयोक्ति करना
(c) 'a' और 'b' दोनों
(d) उपरोक्त में से कोई नहीं

230. ऋग्वेद के मन्त्रों को कहाँ गाया जाता है?
(a) संगीत में
(b) राजाओं की प्रशंसा में
(c) देवताओं की स्तुति में
(d) उपरोक्त में से कोई नहीं

231. वैदिक विचारधारा आधारित है
(a) वेदों पर (b) रामायण पर
(c) गीता पर (d) महाभारत पर

232. उपयोगितावाद विचारधारा के प्रतिपादक हैं
(a) जेरमी बेन्थम (b) जेम्स मिल
(c) जे.एस. मिल (d) ये सभी

233. अनुशासन के प्रकार हैं
(a) मुक्तात्मक (b) दण्डात्मक
(c) प्रभावात्मक (d) ये तीनों

234. मुक्तात्मक दण्ड में आधार होता है
(a) प्राकृतिक परिणाम
(b) स्वतन्त्रता
(c) 'a' और 'b' दोनों
(d) उपरोक्त में से कोई नहीं

235. प्रयोजनवादी अनुशासन की स्थापना के लिए स्थान देते हैं
(a) आनन्द को
(b) रुचि को
(c) सामाजिक व सहयोगी क्रियाओं को
(d) उपरोक्त तीनों

236. न्याय दर्शन के प्रणेता हैं।
(a) पतंजलि (b) गौतम
(c) कपिल (d) शंकराचार्य

237. न्याय दर्शन के ज्ञान का आधार क्या है?
(a) टीका (b) न्यायसूत्र
(c) तत्त्वशास्त्र (d) नीतिशास्त्र

238. त्रिपिटक कौन-कौन से हैं?
(a) पिटक (b) अभिधम्म पिटक
(c) विनय पिटक (d) ये तीनों

239. बुद्ध के आर्य सत्य हैं
(a) चार (b) छः
(c) पाँच (d) नौ

240. बुद्ध ने दुःख निरोध हेतु कौन-सा मार्ग बताया?
(a) षट्मार्ग (b) अष्टांगिक मार्ग
(c) आध्यात्मिक मार्ग (d) लौकिक मार्ग

241. शूद्रों का कर्त्तव्य है
(a) कृषि करना
(b) सफाई करना
(c) उनसे ऊँचे तीनों वर्णों की सेवा करना
(d) मजदूरी करना

242. श्रम विभाजन पर आधारित व्यवस्था है
(a) पुरुषार्थ (b) वर्ण
(c) आश्रम (d) ये सभी

243. कर्म के सिद्धान्त पर किस व्यवस्था में बल दिया जाता है?
(a) आश्रम व्यवस्था (b) वर्ण व्यवस्था
(c) पुरुषार्थ व्यवस्था (d) ये सभी

244. उपनिषद् में ब्रह्म के कौन-से रूप माने गए हैं?
(a) परब्रह्म (b) अपरब्रह्म
(c) 'a' और 'b' दोनों (d) इनमें से कोई नहीं

245. उपनिषद् दर्शन जगत को मानता है
(a) सत्य (b) असत्य
(c) सत्य व असत्य दोनों (d) इनमें से कोई नहीं

246. उपनिषद् में बन्धन का कारण है
(a) अविद्या (b) कर्मकाण्ड
(c) ज्ञानकाण्ड (d) बन्ध

247. योगाचार-विज्ञानवाद के प्रवर्तक थे
(a) असंग (b) महात्मा बुद्ध
(c) वसु बन्धु (d) 'a' और 'b' दोनों

248. जैन धर्म के प्रथम तीर्थंकर कौन थे?
(a) नाभास्वामी (b) ऋषभदेव
(c) महावीर स्वामी (d) इनमें से कोई नहीं

249. जैन धर्म के सम्प्रदाय हैं
(a) दिगम्बर (b) श्वेताम्बर
(c) हीनयान (d) 'a' और 'b' दोनों

250. जॉन लॉक ने बुद्धिवाद से असन्तुष्ट होकर कौन-सी पुस्तक लिखी?
(a) बुद्धिज्ञान
(b) मानवीय बुद्धि-सम्बन्धी लेख
(c) बुद्धि तत्त्व
(d) बुद्धि की यथार्थता

251. लॉक के अनुसार हमारा समस्त ज्ञान किससे बनता है?
(a) तत्त्वों से (b) मूलसंख्या से
(c) प्रत्ययों से (d) आत्मा से

252. लॉक के अनुसार ज्ञान प्राप्ति के लिए प्रत्ययों को किसकी प्राप्ति होती है?
(a) संवेदना (b) स्वयं संवेदना
(c) श्रुति (d) 'a' और 'b' दोनों

253. स्यात् का अर्थ है
(a) अत्यधिक
(b) न्यूनाधिक
(c) इतना ही नहीं, इससे अधिक
(d) उपरोक्त में से कोई नहीं

254. बौद्ध धर्म के चार आर्य सत्य में से दुःख समुदाय का अर्थ है
(a) जीवन दुःखों से पूर्ण है
(b) इन दुःखों का कारण विद्यमान है
(c) इन दुःखों का अन्त सम्भव है
(d) इन दुःखों के अन्त का उपाय है

255. लॉक के अनुसार प्रत्ययों के प्रकार हैं
(a) सरल प्रत्यय (b) मिश्र प्रत्यय
(c) स्वतन्त्र प्रत्यय (d) 'a' और 'b' दोनों

256. लॉक के अनुसार ज्ञान के प्रथम तथ्य होते हैं
(a) अमूर्त सामान्य नियम
(b) अनुभव के विशेष तथ्य
(c) मूर्त सामान्य नियम
(d) उपरोक्त में से कोई नहीं

257. ग्रीक दर्शन का सूत्र वाक्य है
(a) आश्चर्य करो ताकि तुम जान सको
(b) इच्छा सर्वोपरि
(c) दुःख निरोध
(d) हमेशा अग्रसर रहो

258. यूनानी दर्शन का स्वरूप है
(a) सैद्धान्तिक (b) व्यावहारिक
(c) आध्यात्मिक (d) पारलौकिक

259. यूनानी दर्शन का आरम्भ हुआ
(a) आश्चर्य व उत्सुकता से
(b) दुःख से
(c) सुख से
(d) उपरोक्त में से कोई नहीं

260. यूनानी दर्शन के विश्लेषण के लिए कौन–सी पद्धति को अपनाया जाता है?
(a) मनोवैज्ञानिक
(b) वैज्ञानिक
(c) सामाजिक
(d) दार्शनिक

261. डेकार्ट का प्रसिद्ध वाक्य है
(a) मेरा अस्तित्व है
(b) प्रत्येक वस्तु का अस्तित्व है
(c) मैं सोचता हूँ अतः मैं हूँ
(d) संसार में सब नश्वर है

262. डेकार्ट के अनुसार सत्य ज्ञान का प्रत्यय होता है
(a) जन्मजात (b) अर्जित
(c) 'a' और 'b' दोनों
(d) उपरोक्त में से कोई नहीं

263. अनुभववाद के प्रमुख दार्शनिक हैं
(a) जॉन लॉक (b) जॉर्ज बर्कले
(c) डेविड ह्यूम (d) ये तीनों

264. आदर्शवादी अनुशासन में समर्थक हैं
(a) आत्म-नियन्त्रण के (b) प्रभाव के
(c) स्वतन्त्रता के (d) 'a' और 'b' दोनों

265. जो आदर्शवादी परमवाद के पक्षपाती हैं वे कौन- से अनुशासन का समर्थन करते हैं?
(a) प्रभावात्मक अनुशासन
(b) दण्डात्मक अनुशासन
(c) मुक्तात्मक अनुशासन
(d) स्वतः अनुशासन

266. गाँधी जी कौन–से अनुशासन के समर्थक थे?
(a) मुक्तात्मक
(b) दमनात्मक
(c) प्रभावात्मक
(d) उपरोक्त सभी

उत्तरमाला

1. (a)	**2.** (c)	**3.** (c)	**4.** (b)	**5.** (b)	**6.** (d)	**7.** (d)	**8.** (a)	**9.** (b)	**10.** (c)
11. (d)	**12.** (d)	**13.** (a)	**14.** (d)	**15.** (c)	**16.** (b)	**17.** (a)	**18.** (c)	**19.** (a)	**20.** (c)
21. (b)	**22.** (a)	**23.** (b)	**24.** (c)	**25.** (d)	**26.** (c)	**27.** (a)	**28.** (d)	**29.** (d)	**30.** (d)
31. (b)	**32.** (a)	**33.** (c)	**34.** (c)	**35.** (b)	**36.** (b)	**37.** (a)	**38.** (c)	**39.** (a)	**40.** (c)
41. (a)	**42.** (b)	**43.** (a)	**44.** (c)	**45.** (a)	**46.** (b)	**47.** (d)	**48.** (c)	**49.** (d)	**50.** (c)
51. (b)	**52.** (d)	**53.** (b)	**54.** (d)	**55.** (c)	**56.** (c)	**57.** (c)	**58.** (c)	**59.** (d)	**60.** (d)
61. (d)	**62.** (c)	**63.** (c)	**64.** (a)	**65.** (c)	**66.** (b)	**67.** (d)	**68.** (a)	**69.** (c)	**70.** (b)
71. (c)	**72.** (b)	**73.** (d)	**74.** (b)	**75.** (b)	**76.** (a)	**77.** (b)	**78.** (d)	**79.** (c)	**80.** (a)
81. (b)	**82.** (d)	**83.** (b)	**84.** (a)	**85.** (c)	**86.** (a)	**87.** (c)	**88.** (a)	**89.** (c)	**90.** (d)
91. (a)	**92.** (d)	**93.** (b)	**94.** (d)	**95.** (d)	**96.** (a)	**97.** (b)	**98.** (d)	**99.** (b)	**100.** (a)
101. (d)	**102.** (b)	**103.** (a)	**104.** (b)	**105.** (a)	**106.** (d)	**107.** (b)	**108.** (d)	**109.** (c)	**110.** (c)
111. (a)	**112.** (d)	**113.** (c)	**114.** (b)	**115.** (d)	**116.** (c)	**117.** (c)	**118.** (b)	**119.** (d)	**120.** (a)
121. (c)	**122.** (a)	**123.** (d)	**124.** (a)	**125.** (d)	**126.** (b)	**127.** (c)	**128.** (c)	**129.** (b)	**130.** (c)
131. (a)	**132.** (d)	**133.** (d)	**134.** (d)	**135.** (a)	**136.** (b)	**137.** (c)	**138.** (d)	**139.** (b)	**140.** (d)
141. (c)	**142.** (b)	**143.** (d)	**144.** (a)	**145.** (b)	**146.** (d)	**147.** (c)	**148.** (d)	**149.** (a)	**150.** (b).
151. (d)	**152.** (a)	**153.** (c)	**154.** (d)	**155.** (b)	**156.** (d)	**157.** (b)	**158.** (a)	**159.** (b)	**160.** (a)
161. (b)	**162.** (a)	**163.** (d)	**164.** (c)	**165.** (b)	**166.** (d)	**167.** (c)	**168.** (d)	**169.** (d)	**170.** (c)
171. (d)	**172.** (c)	**173.** (d)	**174.** (a)	**175.** (c)	**176.** (b)	**177.** (c)	**178.** (c)	**179.** (d)	**180.** (a)
181. (a)	**182.** (b)	**183.** (c)	**184.** (b)	**185.** (b)	**186.** (b)	**187.** (b)	**188.** (a)	**189.** (b)	**190.** (a)
191. (c)	**192.** (b)	**193.** (a)	**194.** (a)	**195.** (a)	**196.** (b)	**197.** (b)	**198.** (a)	**199.** (a)	**200.** (a)
201. (a)	**202.** (c)	**203.** (a)	**204.** (d)	**205.** (d)	**206.** (a)	**207.** (c)	**208.** (c)	**209.** (a)	**210.** (c)
211. (a)	**212.** (b)	**213.** (c)	**214.** (b)	**215.** (b)	**216.** (d)	**217.** (d)	**218.** (a)	**219.** (b)	**220.** (b)
221. (a)	**222.** (d)	**223.** (c)	**224.** (c)	**225.** (a)	**226.** (a)	**227.** (c)	**228.** (c)	**229.** (b)	**230.** (c)
231. (a)	**232.** (d)	**233.** (d)	**234.** (c)	**235.** (d)	**236.** (b)	**237.** (b)	**238.** (d)	**239.** (a)	**240.** (b)
241. (c)	**242.** (c)	**243.** (b)	**244.** (c)	**245.** (a)	**246.** (a)	**247.** (d)	**248.** (b)	**249.** (d)	**250.** (b)
251. (c)	**252.** (d)	**253.** (d)	**254.** (b)	**255.** (d)	**256.** (b)	**257.** (a)	**258.** (a)	**259.** (a)	**260.** (b)
261. (c)	**262.** (a)	**263.** (d)	**264.** (d)	**265.** (b)	**266.** (d)				